KB040761

헌법강의 Ⅱ

기본권일반론·개별기본권론·기본의무론

방승주

박영사

Constitutional Law II

General Theory of Fundamental Rights · Individual Fundamental Rights · Fundamental Duties

Prof. Dr. Seung-Ju Bang
School of Law
Hanyang University

Parkyoung Publishing & Company
Seoul, Republic of Korea
2024

■ 머리말 ■

2021년 3월 『헌법강의 Ⅰ-헌법일반론·기본원리론·국가조직론』을 출간한 후 바로 완성될 줄 알았던 『헌법강의 Ⅱ-기본권일반론·개별기본권론·기본의무론』이 2년 9개월만에 드디어 출간되었다. 생각보다 이렇게 시간이 많이 걸린 것은 저자에게 기본권, 특히 사회적 기본권에 관한 연구가 아직 덜 되어 있다 보니, 개별 기본권 하나 하나가 실은 상당히 많은 연구기간을 요하였던 데에 기인한다. 그리하여 늦어도 이번 2023년 2학기가 개강되기 전에 출간을 마무리하려 하였으나 생각대로 되지 않았다. 그나마 학기가 끝날 무렵에라도 이렇게 학생들과 독자들에게 저자의 기본권론 교과서의 선을 보일 수 있게 되어서 참으로 다행이고 개인적으로 매우 기쁘다.

『헌법강의 Ⅰ』에 이어서 『헌법강의 Ⅱ』를 저술하는 과정에서도 저자가 평소에 익히고 생각해 왔던 것과는 상당히 다른 부분들을 많이 발견하고 배웠다. 특히 우리가 전통적으로 사회적 기본권들이라고 불러온 "교육을 받을 권리", "근로의 권리", "노동3권", "인간다운 생활을 할 권리", "건강하고 쾌적한 환경에서 생활할 권리", "혼인과 가족생활 기본권" 등에도 사회적 기본권으로서의 성격 말고도 자유권적 기본권으로서의 성격 등이 포함되어 있을 뿐만 아니라, 그 권리의 보장을 위하여 입법위임과 국가의 의무나 목표조항들이 규정되어 있는 것들이 많은데, 저자는 가급적 우리 헌법제(개)정자들이 의도하고 보장하고자 했던 내용들을 될 수 있으면 문언 그대로 살려서 해석하기 위하여 노력하였다.

이 기본권론 교과서가 출간되기까지도 여러 선학·동료 학자들과 제자들의 직·간접적 도움이 적지 않았다. 우선 기본권론을 저술하면서 늘 느끼는 것이었지만 한국 헌법학의 기초를 다지신 여러 선학들의 저술들과 업적이 없었다면 부족하나마 이 기본권론도 나오기 힘들었을 것이다. 특히 저자의 한국 스승이신 계희열 고려대 명예교수님의 『헌법학 (중)』, 박영사 2007의 저술은 저자에게 『헌법강의 Ⅱ』 교과서를 로스쿨이나 법과대학 강의 교재용이니 적당한 정도로 편저하면 되지 않겠나 하는 다소 안이한 생각이 들 때마다 저자의 마음에 채찍과 경종이 되어 주었다. 그것은 해마다 판을 거듭하고 있는 허영 교수님의 『한국헌법론』과 고 김철수 교수님의 『헌법학개론』, 그리고 고 권영성 교수님의 『헌법학원론』, 고 구병삭 교수님의 『신헌법원론』 등도 역시 마찬가지였다. 저자는 이 원로 선생님들의 직·간접적인 제자로서 그 분들이 평생 걸어가셨던 학문연구의 길을 나름 쫓아가 보려고 애썼지만 그들의 연구성과와 업적을 제대로 따라가기에는 도저히 역부족이 아니었나 하는 생각을 다시 한번 하게 되었음을 솔직하게 고백하지 않을 수 없다.

나아가 여기에서 일일이 열거할 수 없는 여러 선후배·동료 학자들이 저술하신 헌법학 교과서들과 주석서 및 논문으로부터, 그리고 저자가 재직하는 한양대의 여러 선후배·동료교수들과 공·사적으로 대화와 토론을 하면서 많은 자극과 가르침 그리고 학문적 도전의 계기를 부여받았다. 특히 올해로 한양대와 제10회째 3개국 학술세미나를 지속해 오면서 다양한 토론을 하여 속행해 온 독일 콘슈탄츠(Konstanz)대학과 일본 간사이(Kansai)대학 동료교수들과의 학술교류는 저자의 기본권에 관한 생각에도 직·간접적으로 적지 않은 영향을 주었다.

그리고 제30절 환경권을 집필함에 있어서는 '청소년기후행동'의 기후보호헌법소원의 대리인인 이병주 변호사, 김민경 변호사, 윤세종 변호사 그리고 법무법인 광장의 파트너변호사로 재직하고 있는 저자의 동료 김홍균 교수로부터 여러 가지 귀중한 정보와 자료, 조언을 받았으며, 또한 이 외에도 이철송 교수님, 김영환 교수님, 오영근 교수님, 최태현 교수님, 한충수 교수님 등과 온·오프라인에서 여러 가지 유익한 토론을 벌였다. 또한 양창수 교수님, 박성호 교수님, 이호영 법학전문대학원장님, 박재완 법학연구소장님과 또한 로포럼에 참석하신 여러 동료교수님들로부터도 기회될 때마다 격려와 성원 그리고 여러 가지 귀중한 정보와 조언을 받았다.

이 기본권론을 저술함에 있어서 저자는 독일과 오스트리아, 스위스 등 유럽의 여러 헌법학자들의 저술과 그리고 독일 연방헌법재판소를 비롯하여 미국 연방대법원, 유럽인권법원과 유럽사법재판소 등 외국의 다양한 사법기관 판례들로부터 적지 않은 헌법이론적 및 헌법실무적 지혜와 정보를 얻었다. 특히 이센제/키르히호프(Isensee/Kirchhof)가 편찬한 Handbuch des Staatsrechts는 현재 3판으로 제1권부터 제13권까지의 대작이다. 그리고 메르텐/파피어(Merten/Papier)가 편찬한 Handbuch der Grundrechte in Deutschland und Europa 역시 전체 12권으로 독일과 유럽 각국의 기본권에 관한 방대한 저술인데 이 양대 저작들로부터 많은 비교법적 교훈과 영감을 얻었다.

이 책에서 제시된 저자의 여러 생각과 주장들은 기존의 기본권 이론과 판례를 보다 발전시키기 위한 목적으로 그 틀을 유지하되 학문적으로 문제가 있는 부분에 대해서는 비판을 서슴치 않았으며, 우리 학설과 판례에서 아직 미진한 부분들에 대해서는 선진 외국의 학설·판례의 도움을 얻어 그 부족한 부분을 채우고자 노력하였다.

또한 이 책이 출판되기까지는 보다 지근거리에서 저자의 저술작업을 도운 제자들과 동료 학자 등 여러분들의 도움이 컸다. 우선 2022년 독일 하노버(Hannover) 대학교에서 법학박사학위를 취득하고 귀국하여 현재 한양대에서 겸임교수로 강의를 하고 있는 조하늬 박사("더 나은 사회 글로벌 거버넌스와 법 센터" 전문연구원)는 저자의 원고에 대한 사전 리뷰와 방주작성을 맡아 주었을 뿐만 아니라, 제32절 국민의 의무의 초고를 직접 작성하여 주기도 하였으며, 또한 색인 및 교정작업까지 도와주었다. 그리고 저자와 함께 벌써 3년째 매 방학 시즌마다 독일헌법고전강독 세미나에 참여해 오고 있는 홍선기 교수(동국대)는 최종원고를 읽고 유익한 의견을 주었으며, 김현정 박사(고려대 정당법 연구센터 전임연구원)는 최종원고 전체를, 전민형 고려대 박사과정생(도서출판 푸블리우스 대표)은 제27절 교육을 받을 권리와 제30절 환경권을 읽고 꼼꼼하게 교정을 하고 좋은 의견을 주었다. 그리고 추장철 박사(고려대 법학전문대학원 강사, 명지대 객원교수)는 제28절 근로의 권리와 제29절 근로자의 노동3권을, 김종갑 박사(도로교통공단 교통과학연구원 책임연구원)는 제10절 신체의 자유를, 박혜영 박사(성균관대 인권센터 전문위원)는 제27절 교육을 받을 권리를, 공주대학교의 이재희 교수는 제31절 혼인과 가족생활 기본권을, 그리고 서울시립대의 김정수 박사(법학연구소 전문연구원)는 제19절 종교의 자유를 각각 리뷰·교정해 주었고 여러 가지 좋은 지적과 중요 판례 등 정보도 제공하여 주었다. 이 모든 분들께 이 자리를 빌어 감사의 말씀을 전하며 그들의 학문적 가도에 무궁한 발전이 있기를 기원한다.

그리고 저자의 조교이자 제자인 이병철 석사과정생과 임호진 석사과정생은 이 책에 들어 있는 방대한 헌법재판소 판례의 위헌·합헌 분류가 제대로 잘 되었는지에 대한 전수조사와 전체적인 교정작업의 수고를 아끼지 않았으며, 한양대 로스쿨 2학년에 재학중인 김보석 군(14기), 1학년에 재학중인 안성준 군(15기) 등 로스쿨 제자들도 오·탈자 교정 등에 도움을 주었다. 이들의 학문과 앞길에도 무궁한 발전이 있기를 기원한다. 저자와 제자들이 여러 차례 교정을 보면서 틀린 곳을 바로잡으려고 최선을 다해 노력했지만 혹여 놓친 부분이 있을 수 있는데, 이는 전적으로 저자의 책임이며 다음 판을 낼 때에는 보다 더 완벽한 형태로 출판할 것을 다짐하면서 독자들의 너그러운 양해를 구한다.

또한 이 책이 나오기까지 저자를 직·간접적으로 도와주시고 성원해 주신 모든 분들께와 그리고 가족들을 위하여 늘 기도하시는 어머니와 형제·자매, 저자와 평생 동고동락하며 내조를 아끼지 않는 사랑하는 아내와 가족들과 믿음의 형제·자매들 그리고 지금까지 건강을 주시고 학문적 열정을 식지 않게 해 주시는 은혜의 하나님께 진심으로 감사를 드린다.

끝으로 출판사정이 녹록지 않음에도 불구하고 2002년 『헌법소송사례연구』, 2015년 『헌법사례연습』, 2021년 『헌법강의 Ⅰ』에 이어서 다소 방대한 후속 교과서의 출판을 허락해 주심으로써 저자의 연속적인 헌법학 저술작업을 적극적으로 지원해 주고 계시는 박영사 안종만 회장님·안상준 대표님과 조성호 이사님 그리고 저자의 장기간에 걸친 지리한 원고제공에도 불구하고 편집작업을 성실하게 수행해 주신 김상인 편집위원님과 그 밖의 박영사 관계자분들께 이 자리를 빌려 진심으로 감사의 말씀을 전한다.

아무튼 이 책을 통하여 기본권의 해석이론과 헌법재판 실무가 한 단계 더 발전할 수 있는 밑거름과 계기가 제공될 수 있기를 바라며, 또한 판례학습 위주의 건조한 수업이 되기 십상인 로스쿨의 헌법수업에서 보다 풍부하고 활발한 토론이 이루어질 수 있는 자료들과 동기가 부여될 수 있기를 기대해 마지 않는다.

2023. 11. 30.

본격적인 추위를 앞 둔 11월 마지막 날 오후 행당언덕 연구실에서

저자 방승주

■ 차 례 ■

제 1 장   기본권일반론

제 2 장   개별기본권론

제3장 기본의무론

약어표

§	Paragraph
aaO.	am angegebenen Ort
Abs.	Absatz
Anm.	Anmerkung
AöR	Archiv des öffentlichen Rechts
Art.	Artikel
Aufl.	Auflage
Bd.	Band
BGH	Bundesgerichtshof
BGHZ	Entscheidungen des Bundesgerichtshofs in Zivilsachen
BVerfG	Bundesverfassungsgericht
BVerfGE	Bundesverfassungsgerichtsentscheidung
BVerwGE	Bundesverwaltungsgerichtsentscheidung
DÖV	Die Öffentliche Verwaltung
DVBl	Deutsches Verwaltungsblatt
EGMR	Europäischer Gerichtshof für Menschenrechte
EuGH	Gerichtshof der Europäischen Gemeinschaften
EuGRZ	Europäische Grundrechte-Zeitschrift
f.	folgende
ff.	fortfolgende
GG	Grundgesetz
HGR	Handbuch der Grundrechte
Hrsg.	Herausgebende
HStR	Handbuch des Staatsrechts der Bundesrepublik Deutschland
ILO	International Labour Organization
JöR	Jahrbuch des öffentlichen Rechts der Gegenwart
JuS	Juristische Schulung
NJW	Neue Juristische Wochenschrift
NVwZ	Neue Zeitschrift für Verwaltungsrecht
Rn./Rdnr.	Randnummer
S.	Seite
S.Ct.	Supreme Court of the United States
Urt.	Urteil
vgl.	vergleich
VVDStRL	Veröffentlichungen der Vereinigung der Deutschen Staatsrechtslehrer
ZPR	Zeitschrift für Rechtspolitik

제 1 장 기본권일반론

제 1 장   기본권일반론

제 1 절   기본권이란 무엇인가?

I. 기본권의 의의

기본권이란 헌법상 보장된 국민의 기본적인 권리라고 할 수 있다. 권리라고 하는 것은 상대방에 대하여 일정한 것을 요구하여 얻을 수 있는 힘 내지 가능성이라고 할 수 있을 것이다. 권리에는 단순한 법적 권리도 있고, 헌법상의 권리도 있으나, 기본권이라고 할 수 있기 위해서는 반드시 헌법상 인정되는 권리이어야 한다.

1. 헌법상 보장된 국민의 기본적 권리

II. 인권개념과의 구별

기본권이라고 하는 것은 인간이 인간으로서 가져야 할 당연한 권리를 의미하는 인권 개념과 상당히 많은 부분 중첩되는 것이 사실이다. 왜냐하면 오늘날 대부분의 국가의 헌법들은 천부인권으로서의 인권을 실정 헌법으로 보장하고 이를 기본권으로 받아들였기 때문이다. 이와 같이 인권과 기본권은 내용적으로 중첩되지만, 개념적으로는 구분할 필요가 있다. 기본권은 반드시 헌법을 전제로 한 개념인데 반하여, 인권은 국가나 헌법을 전제로 하지 않고서도, 인간이라면 누구나 태어날 때부터 가지고서 태어났다고 할 수 있는 천부적인 권리인 것이다. 이러한 인권은 오늘날 세계인권선언을 비롯한 다양한 국제규범에 의하여 선언되고 확인되고 있는 데서 알 수 있듯이 보편성을 특징으로 하고 있다.

2. 천부적인 권리로서의 인권

3. 천부인권과
창설된 권리

　기본권은 바로 이러한 천부인권을 구체적인 실정헌법으로 받아들인 것을 포함하여, 국가에 의하여 비로소 창설되었다고 할 수 있는 권리의 경우까지 포함한다고 할 수 있다.

Ⅲ. 기본권보장의 역사와 발전

1. 기본권 보장의 역사

4. 기본권의 유
래

　기본권의 이해를 위해서는 우리나라를 비롯한 대부분의 헌법국가들이 보장하고 있는 기본권은 언제부터 유래된 것이고 그것이 어떻게 발전해 가고 있는가를 살펴 볼 필요가 있다.

가. 서구의 기본권보장사

5. 버지니아 권
리장전

　기본권이 헌법상 보장된 국민의 기본적인 권리로서의 의미를 가지게 되는 분기점은 1776년의 버지니아 권리장전이라고 할 수 있다. 따라서 이 시점을 기준으로 기본권이 헌법문서에 의하여 보장되기 전의 시점과 보장된 이후의 시점으로 나눌 수 있다.[1]

6. 기본권 보장
의 전신 문서

　기본권이 헌법문서에 의하여 보장되기 전에는 오늘날과 같은 의미의 보편적인 국민의 권리에 관한 문서라고 할 수는 없다 하더라도 기본권 보장의 전신이라고 할 수 있는 문서들이 존재하는데, 1215년의 영국의 마그나 카르타(Magna Charta Libertatum), 1628년의 권리청원(Petition of Rights), 1647년의 인민협약(Agreements of the People), 1679년의 인신보호법(Habeas Cprpus Act), 1688년의 명예혁명의 권리선언(Declaration of Rights)과 그 소산인 1689년의 권리장전(Bill of Rights)이 있다.

7. 헌법의 우위
사상

　현대적인 의미에서의 최초로 전체적이고 헌법적 효력이 있는 기본권을 실정화한 것은 버지니아 권리장전(1776)이었다. 그리고 미국에서는 18세기 말과 19세기 초에 헌법의 우위사상과 사법심사제도가 확립되기 시작하였다.

---

1) 이하 Klaus Stern, Das Staatsrecht der Bundesrepublik Deutschland, Bd. III/1, München 1988, S. 59

한편 1789년의 프랑스의 인간과 시민에 대한 권리선언(인권선언)은 기본권사의 가장 중요한 초석이라고 칭할 수 있다. 이 인권선언은 1791년 프랑스 헌법의 구성부분이 되었으며, 1793년의 헌법은 비록 발효되지는 못했지만 더욱 자세하게 권리선언을 하였고 여기에는 사회권도 포함되었다. 1795년 헌법에서는 권리선언이 새로운 단계를 보여주고 있다. 즉 구 신분질서와 특권질서가 제거되고 나서 인권에는 시민의 질서를 정당화하는 새로운 기능이 인정되었다. 이에 따라 더 이상 자연적이고 불가양의 인권이 선언되지는 않았고, 오히려 사회 내에서의 권리들로 통하였으며, 천부인권으로서의 평등권은 법 앞의 평등으로 바뀌었고, 재판절차의 법치국가적 보장이 강화되었으며, 사회에 대한 의무가 추가되었다.

독일의 경우 1848년에 이르러서야 비로소 서구의 기본권 관념이 등장하기 시작하였다. 1848년의 독일제국헌법(Paulskirchenverfassung)은 발효되지 못했으나[2], 1848년의 정치적 자유에 대한 요구는 1918년의 혁명에서 비로소 실현되었다. 결국 1919년의 바이마르 공화국 헌법의 연원은 1848년의 제국헌법으로 거슬러 올라간다고 할 수 있다. 바이마르 공화국 헌법은 제2부에서 기본권과 기본의무라고 하는 내용의 자세한 기본권목록을 가지고 있었으며, 특히 사회적 기본권을 두고 있었으나, 1933년의 나치의 집권을 통하여 사실상 실효되었다. 1949년 Bonn기본법에서는 이러한 사회적 기본권들을 의도적으로 포기하고 주로 인간의 존엄과 평등권을 비롯한 자유권적 기본권을 위주로 기본권을 보장하였다.

나. 우리나라의 기본권보장사

한국이 인권을 처음으로 규정한 것은 1919년 4월 11일 대한민국임시헌장의 3개조[3]의 기본권 보장규정이다. 그리고 일제로부터 해방한 후

8. 프랑스 인권 선언문

9. 독일 기본권 보장사

10. 대한민국임 시헌장의 3개조

---

2) Hans—Peter Schneider, Eigenart und Funktionen der Grundrechte im demokratischen Verfassungsstaat, in: Joachim Perels(Hrsg.), Grundrechte als Fundament der Demokratie, 1979, S. 11 ff.(15).

3) 제3조 대한민국의 인민은 男女貴賤 及 貧富의 階級이 無하고 일체 평등임. 제4조 대한민국의 인민은 종교·언론·저작·출판·결사·집회·신서·주소·이전·신체 及 所有의 自由를 享有함. 제5조 대한민국의 인민으로 공민자격이 있는 자는 선거 及 피선거권이 유함.

1948년 미군정하에서의 구속적부심사제가 실시된 바가 있었으며, 본격적으로 기본권이 규정된 것은 1948년의 광복헌법에 의해서이다.

11. 가장 진일보한 헌법

현행 헌법은 헌정사상 처음으로 여야 합의에 의해서 개정된 것으로 이 헌법은 종래의 유신헌법이나 제5공화국 헌법과 달리 기본권보장을 강화하고, 기본권침해의 구제수단으로서 헌법재판제도를 신설함으로써, 기본권 보장의 측면에서 가장 진일보한 헌법이라고 할 수 있다.

2. 기본권의 발전

12. 인권보장의 확대와 기본권의 발전

인권보장은 20세기에 들어와 새로운 국면을 맞게 되었다. 즉 인권보장의 국제화, 사회적 기본권의 확대현상, 기본권의 직접적 효력에 대한 인식증대 및 기본권의 객관적 성격의 강조 등이 바로 그것이다.

Ⅳ. 기본권의 존재형식과 기본권의 도출

13. 헌법 제2장에 국민의 기본권 규정

우리 헌법은 제2장의 국민의 권리와 의무에 관한 제10조부터 제37조에 이르기까지 국민의 기본권을 규정하고 있다. 그러나 여기에서 규정하고 있는 모든 규정이 다 기본권의 성격을 띤 것은 아니다. 예를 들어 국가에 대한 헌법적 위임이나 국가목적조항의 성격을 띤 것들도 있다. 특히 사회적 기본권과 더불어서 그렇다.

14. 경제활동과 관련한 자유보장, 정당의 자유보장, 선거와 관련한 기본권보장

그 밖에 제2장에 속하는 것은 아니지만 기본권적 성격을 띠고 있는 것도 있다. 예컨대 제9장 경제와 관련하여 제119조 제1항은 대한민국의 경제질서는 개인과 기업의 경제상의 자유와 창의를 존중함을 기본으로 한다고 규정하고 있다. 이것은 경제활동과 관련한 개인과 기업의 자유를 보장하고 있는 규정중의 하나로서 이해될 수 있다. 또한 정당의 자유를 규정하고 있는 헌법 제8조에서 정당설립과 활동의 자유, 선거의 원칙을 규정하고 있는 헌법 제41조 제1항과 제67조 제1항에서 선거와 관련한 기본권을 도출할 수 있다.

15. 열거되지 않은 기본권

다음으로 헌법 제37조 제1항은 "국민의 자유와 권리는 헌법에 열거되지 아니한 이유로 경시되지 아니한다."고 하는 규정을 두고 있다. 한편 헌법 제10조는 인간의 존엄과 가치 및 행복추구권을 규정하고 있는데, 행복추구권은 우리 헌법재판소 판례에 의하면 일반적 행동의 자유를 보장하는 포괄적 기본권으로서의 성격을 띤다. 이 헌법 제10조와 헌법 제37조 제1항으로부터 헌법에 열거되어 있지 아니하지만 기본권으로 인정할 수 있는 권리들을 헌법재판소는 다수 도출해 왔다.[4] 가령 일반적 인격권[5], 자기운명결정권[6], 연명치료 중단에 관한 자기결정권[7], 알권리[8], 개인정보자기결정권[9], 평화적 생존권[10], 영토권[11] 등이 그것이다.

한편 우리 헌법재판소는 대학총장후보자 선출에 참여할 권리는 대학의 자치의 본질적인 내용에 포함된다고 하면서 법률상의 권리에 지나지 않는 것이 아니라 헌법상의 기본권이라고 하고 있다.[12]

이러한 헌법재판소의 판례들을 고려할 때, 기본권은 단순히 헌법의 제2장에 규정되어 있는 것만이 전부가 아니고, 이와 같이 헌법의 해석을 통해서 도출되는 기본권이 헌법재판소 판례에 의하여 정립된 것도 있으므로 이러한 기본권들에 대해서도 주목하지 않으면 안 된다.

한편 국제법상의 인권이 국내법적으로 효력을 미치는지 여부가 문제될 수 있다. 헌법 제6조는 "헌법에 의하여 체결·공포된 조약과 일반

16. 대학총장후보자 선출에 참여할 권리

17. 헌법재판소 판례에 의해 정립된 기본권

18. 국제인권의 국내법적 효력 문제

---

4) 이에 대하여는 방승주, 헌법 제10조, 헌법주석 I, 박영사 2013, 283면 이하.
5) 헌재 2005. 10. 27, 2002헌마425, 판례집 제17권 2집, 311; 헌재 1991. 9. 16, 89헌마165, 판례집 제3권, 518, 526-527.
6) 헌재 1990. 9. 10, 89헌마82, 판례집 제2권, 306, 310.
7) 헌재 2009. 11. 26, 2008헌마385, 판례집 제21권 2집 하, 647, 648-649.
8) 헌재 1989. 9. 4, 88헌마22, 판례집 제1권, 176, 188-189; 헌재 2008. 7. 31, 2004헌마1010, 판례집 제20권 2집 상, 236, 236-238 - 태아의 성별. 이 헌법불합치결정에 따라 의료법 제20조 제2항은 2009. 12. 31. 법률 제9906호에 의하여 32주 이전 태아의 성 감별을 금지하는 것으로 개정되었다. 헌재 2015. 6. 25, 2011헌마769 등, 판례집 제27권 1집 하, 513 [위헌]; 헌재 2019. 7. 25, 2017헌마1329, 판례집 제31권 2집 상, 79 [위헌, 각하] - 변호사시험 성적.
9) 헌재 2005. 5. 26, 99헌마513, 판례집 제17권 1집, 668, 683; 헌재 2005. 7. 21, 2003헌마282, 판례집 제17권 2집, 81, 90-91.
10) 헌재 2003. 12. 18, 2003헌마255, 판례집 제15권 2집 하, 655, 655-656; 헌재 2004. 4. 29, 2003헌마814, 판례집 제16권 1집, 601: 소위 통치행위이론 적용 각하. 헌재 2006. 2. 23, 2005헌마268, 판례집 제18권 1집 상, 298, 303: 평화적 생존권 인정. 헌재 2009. 5. 28, 2007헌마369, 판례집 제21권 1집 하, 769, 769: 평화적 생존권 인정 판례 변경.
11) 헌재 2001. 3. 21, 99헌마139, 판례집 제13권 1집, 676, 694-695.
12) 헌재 2006. 4. 27, 2005헌마1047, 판례집 제18권 1집 상, 601, 613-614.

적으로 승인된 국제법규는 국내법과 같은 효력을 가진다.”고 규정하고 있기 때문에, 혹 국제법적으로 인정되는 인권이 국내법과 같은 효력을 가지는지, 가진다면 헌법적 효력을 가지는지 아니면 법률적 효력을 가질 뿐인지가 문제될 수 있다.

19. 국제인권규범의 법적 구속력

　　이 점에 대하여 헌법재판소는 국제연합의 “인권에 관한 세계선언”은 선언적인 의미를 가지고 있을 뿐 법적 구속력을 가진 것은 아니고, 우리나라가 아직 국제노동기구의 정식회원국은 아니기 때문에 이 기구의 제87호 조약 및 제98호 조약이 국내법적 효력을 갖는 것은 아니”라고 판단[13]하고 있으며, 또한 체약국의 가입과 동시에 시행에 필요한 조치를 취하도록 의무화하고 있는 “시민적 및 정치적 권리에 관한 국제규약”의 제22조 제1항에도 단체결성권과 결사의 자유를 보장하고 있으나, 같은 조 제2항은 필요한 범위 내에서의 합법적 제한 가능성을 두고 있을 뿐만 아니라, 또한 이 제22조는 우리의 국내법적인 수정의 필요에 따라 가입당시 유보되었기 때문에, 직접적으로 국내법적 효력을 가지는 것도 아니며, 교원의 지위에 관한 권고 역시 직접적으로 국내법적 효력을 가지지 않음을 밝히고 있다.[14]

V. 기본권과 법률상의 권리의 구분

20. 법률상 보장되는 권리와 구별

　　기본권은 위에서도 지적하였듯이 헌법적으로 보장되는 국민의 기본적인 권리이기 때문에, 단순히 법률상으로 보장되는 권리에 지나지 않은 것과는 구분하여야 한다. 헌법상 기본권은 법률에 의하여 구체화되어 법률상의 권리가 되는 경우가 많이 있지만 모든 법률상의 권리가 헌법상의 기본권이라고 할 수는 없다.

21. 판단의 어려움

　　사실 어떠한 권리가 침해되었을 때, 그것이 단지 법률상의 권리의 침해에 지나지 않는지 아니면 헌법상의 기본권침해에 해당되는지를 판단하는 것은 역시 쉽지 않은 문제이다. 가령 국민이 재산적 손해를 입었

---

13) 그 후, 우리나라는 국제노동기구(ILO)에 1991년 12월 152번째 회원국으로 가입하였으며, 2015년 기준으로 가입국은 187개국이다. 2022년도 동일.
14) 헌재 1991. 7. 22, 89헌가106, 판례집 제3권, 387, 428.

을 때에, 그것이 단지 법률상의 권리침해에 불과한 것이 아니라, 헌법상의 재산권에 대한 침해가 될 수 있는 것과 마찬가지이다.

그럼에도 불구하고 어떠한 권리가 법률상 보장되는 권리이기는 하지만 헌법 자체가 이를 보장한다고 볼 수 없는 권리가 있을 수 있으며, 이 권리에 대한 침해를 이유로 하는 헌법소원심판청구는 가능하지 않다. 왜냐하면 헌법재판소법 제68조 제1항에 의하면 헌법상 보장된 기본권을 침해받은 경우에 비로소 헌법소원심판을 청구할 수 있기 때문이다.

22. 헌법소원심판청구 부적법

그러한 사례에 해당하는 것으로 가령 주민투표권을 들 수 있다.15) 헌법재판소에 따르면 주민투표권은 주민투표법에 의하여 보장되는 주민의 권리라고 할 수는 있어도, 이것이 헌법에 의하여 직접 보장되는 기본권이라고 할 수는 없다고 하는 입장이다.

23. 주민투표권

나아가 대법원에 의하여 재판을 받을 권리가 과연 헌법상 재판을 받을 권리에 포함되는지 여부가 문제된 바 있다. 헌법재판소는 대법원에 의하여 재판을 받을 권리까지 헌법상 재판을 받을 권리에 포함되는 것은 아니라는 입장이다.16)

24. 대법원에 의하여 재판받을 권리

Ⅵ. 기본권의 개념과 도출을 둘러싼 헌법소송법적 귀결

청구인이 공권력의 행사 또는 불행사에 의하여 자신의 기본권을 침해당하였다고 주장을 하면서 헌법소원심판을 청구하는 경우에 과연 이러한 주장에 대하여 헌법재판소는 어떻게 처리하여야 할 것인가는 그가 주장하는 기본권의 존재 여부에 따라 크게 달라질 수 있다.

25. 기본권의 존재여부와 관련

일단 그가 침해 받았다고 주장은 하지만 도대체 침해받을 만한 기본권 자체가 존재하지 않는 경우에는 주장할 만한 기본권과 그 침해의 존재 자체가 없으므로, 이를 이유로 각하할 수 있을 것이다.

26. 기본권 자체가 존재하지 않는 경우 각하

경우에 따라서는 어느 정도의 불이익은 있었다 하더라도 이것이 권

27. 반사적 · 경제적 불이익

---

15) 헌재 2001. 6. 28, 2000헌마735, 판례집 제13권 1집, 1431, 1431-1432.
16) 헌재 1992. 6. 26, 90헌바25, 판례집 제4권, 343.

의 경우 침해
불인정

리침해라고 인정할 수 있는 정도가 아닌 경우에는 자기관련성이 없음을 이유로 각하할 수도 있다. 즉 청구인이 주장하는 권리침해는 단순한 사실상의 반사적 불이익이나 경제적 불이익에 불과한 경우로서 자기관련성이 없다고 하면서 기본권의 침해 자체를 인정하지 않는 것이다.[17]

28. 자기관련성
결여로 가능

만일 청구인이 주장하는 권리의 침해가 권리의 침해라고까지 인정할 단계가 아니어서 기본권침해 자체가 존재하지 않는 경우에는 청구인이 침해받았다고 주장할 만한 기본권 자체가 존재하지 않는다고 할 것이기 때문에, 기본권이 없음을 이유로 각하할 수도 있을 것이며, 청구인 자신의 기본권과 상관이 없으므로 자기관련성의 결여를 이유로 각하할 수도 있다.

29. 헌법상의
권리로 인정되
지 않는 경우
각하

또한 청구인이 주장하는 권리가 과연 헌법상의 권리인지 아니면 법률상의 권리에 불과한지 여부를 판단하여 헌법상의 권리로 인정되지 않을 경우에도 역시 침해된 기본권의 존재 자체가 없으므로 각하할 수 있다.

30. 해석에 의
한 기본권 존재
의 인정 가능성

일단 청구인이 침해받았다고 주장하는 기본권의 존재 자체가 헌법 조항이나 그 해석으로부터 인정될 수 있을 경우에, 다른 요건이 모두 갖추어진 한에서는 본안판단으로 들어가 그 침해여부를 판단하여야 할 것이며, 이 단계에서 기본권침해가 부인될 수도 있을 것이다(기각결정).

---

17) 헌재 2003. 9. 25, 2001헌마814, 편입생특별전형대상자선발시험시행계획 및 공개
경쟁시험공고취소, 판례집 제15권 2집 상, 443, 443-444.

제 2 절   기본권의 이론과 해석, 기본권의 기능

Ⅰ. 기본권의 이론과 해석

기본권의 해석론이 발달한 독일에서는 기본권을 어떠한 관점에서 바라볼 것인가에 대하여 많은 이론이 전개되었다. 기본권을 어떻게 바라볼 것인가, 즉 기본권관에 따라서 기본권에 대한 해석도 달라질 것이기 때문에, 기본권해석론을 전개함에 있어서는 먼저 기본권을 어떻게 바라볼 것인가에 대한 이론적 접근과 기초 지식이 필요하다고 하겠다. 기본권을 어떻게 바라볼 것인가에 관해서는 법실증주의와, 결단주의, 그리고 통합론에서 각각 다른 입장을 가진다. 오늘날 전개되고 있는 많은 기본권이론들의 뿌리도 결국 이러한 기본권관에서 유래한다고 할 수 있다.

1. 법실증주의, 결단주의, 통합론

1. 법실증주의적 기본권이론

가. 옐리네크(Georg Jellinek)의 기본권이론

옐리네크는 지위론(Statuslehre)이라는 기본권이론을 전개하였고 이것은 오늘날까지도 각국의 기본권이론에 상당한 영향을 미치고 있다.

2. 옐리네크의 지위론

이 지위론에 따르면 국민은 국가에 대하여 다음과 같은 네 가지 지위를 가지게 된다. 즉 첫째, 수동적 지위(Der passive Status: status sub-iectionis), 둘째, 소극적 지위(Der negative Status: status libertatis), 셋째, 적극적 지위(Der positive Status: status civitatus), 넷째, 능동적 지위(Der aktive Status: Status der aktiven Zivität)가 바로 그것이다.[1]

3. 수동적, 소극적, 적극적, 능동적 지위

자유란 국가의 자제에서 나오는, 국가의 은총에 기초한, 언제든지 회수할 수 있는, 국가의 법적 제한 안에서의 자유를 말하는 것이다. 결국 옐리네크는 자유를 법적 측면에서 살펴보면 "국가에 법적으로 중요하지 않은(rechtlich irrelevant) 복종자(예속자)의 행위"와 동일하다고 하는

4. 국가에 법적으로 중요하지 않은 복종자의 행위

---

1) Georg Jellinek, System der subjektiven öffentlichen Rechte, Tübingen 1905, S. 94 ff.

결론을 도출한다.[2]

옐리네크에게 있어서 기본권이란 국가에 대한 방어적 성격의 권리, 즉 주관적 공권을 말한다. 옐리네크가 기본권의 주관적 공권성을 인정하지만, 이 권리는 국가의 은총에 기초하고 있는 것이며 국가에 의해서 언제든지 회수될 수 있는 것이다.[3] 해벌레(Häberle)의 표현을 빌자면 이 옐리네크의 지위이론은 발은 민주주의에 디디고 있지만 머리는 후기 절대군주주의에 두고 있는 이론이라고 할 수 있을 것이다.[4]

나. 켈젠(Hans Kelsen)의 기본권이론

켈젠(Kelsen)은 옐리네크와 유사하게 국민의 국가에 대한 관계를 다음과 같은 세 가지 관계로 설명한다.[5] 첫째, 법질서에 복종하는 관계인 수동적 관계, 둘째, 법질서의 제정에 참여하는 관계인 능동적 관계, 셋째, 법질서로부터 자유로운 관계인 소극적 관계가 그것이다.[6]

켈젠은 법질서에 복종하는 의무를 강조하면서 법질서의 제정에 참여하는 능동적 관계에 대해서는 의식적으로 이를 격하시키고 부정하려 한다. 켈젠은 법질서의 제정에 참여하는 다양한 형태를 열거하면서, 법질서에 의무적으로 복종해야 하고, 의무에 의해 그 행동이 구속되는 수동적 관계에서 형성되는 국민이 반드시 주관적 권리의 능동적 관계에 있는 것은 아니라고 한다.[7]

다. 요약과 비판

법실증주의적 입장에서는 기본권을 대국가적 방어권으로 바라본다.

---

2) Georg Jellinek (주 1), S. 104; 계희열, 헌법학(중), 박영사 2007, 26면.
3) Hans—Peter Schneider, Eigenart und Funktionen der Grundrechte im demokratischen Verfassungsstaat, in: Joachim Perels(Hrsg.), Grundrechte als Fundament der Demokratie, 1979, S. 11 ff.(19).
4) Peter Häberle, Grundrechte im Leistungsstaat, in: VVDStRL 30 (1971), S. 43 ff.(80). 앞의 Hans—Peter Schneider (주 3) 에서 간접인용.
5) Hans Kelsen, Allgemeine Staatslehre, Berlin/Zürig, 1966, 150이하. 계희열 (주 2) 27면 이하.
6) 계희열 (주 2), 27면.
7) 계희열 (주 2), 28면.

우선 기본권이라고 하는 것은 국가가 국민의 영역을 침해하지 않음으로써 생기게 되는 자유의 영역이라고 본다. 즉 국가가 국민의 생활영역을 언제든지 간섭하려면 간섭하고 규제할 수 있는데, 그와 같이 하지 않음으로 말미암아 생기게 되는 자유의 영역이 바로 기본권이라고 보는 것이다. 따라서 법실증주의적 입장에서의 기본권은 국가로부터의 자유(Freiheit vom Staat)이며, 이러한 자유는 국가가 요구하면 언제든지 다시 제한될 수 있는 자유에 불과한 것이다.8)

법실증주의적 입장의 학자들이 이와 같이 기본권을 국가로부터의 자유이며, 국가가 언제든지 간섭하고 침해할 수 있으나, 자제함으로써 발생하게 되는 시혜적인 영역이라고 본 배경은 그러한 이론들이 주장된 시대가 바로 입헌군주주의시대였다는 점이다.

따라서 그러한 이론들은 입헌군주주의시대를 배경으로 전개되었고, 당시에는 나름대로의 이론적 가치를 지녔을는지 모르겠으나, 오늘날과 같은 현대 민주주의 헌법 하에서의 기본권이론으로서는 적절치 않은 관점이라고 보아야 하겠다.9) 특히 국가가 언제든지 침해할 수 있으나, 자제함으로써 얻게 되는 반사적 이익에 불과한 것이 기본권이라고 하는 것은, 기본권을 제한함에 있어서도 결코 그 본질적인 내용은 침해할 수 없다고 하는 사고(헌법 제37조 제2항)나 천부인권적 사고(헌법 제10조: 불가침의 기본적 인권)와는 부합하지 않는 기본권관이라고 할 수 있을 것이다.

9. 입헌군주주의적 배경

10. 현대 민주주의 헌법 하에서는 부적절

2. 칼 슈미트(Carl Schmitt)의 기본권이론과 자유주의적 · 법치국가적 기본권이론

칼 슈미트는 기본권을 크게 자유권과 기타의 기본권 그리고 제도보장으로 구별하였다.10)

칼 슈미트 역시 기본권을 국가로부터의 자유(Freiheit vom Staat)로 파악하였다. 하지만 슈미트는 기본권을 인간이 날 때부터 천부적으로 가

11. 칼 슈미트의 이론

12. 국가로부터의 자유

---

8) Carl Schmitt, Verfassungslehre, Berlin 1954, S. 157 ff. 계희열 (주 2), 29–30면.
9) 계희열 (주 2), 29면.
10) 계희열 (주 2), 31면.

지고 태어나게 되는 천부인권적 자유로 보았다. 따라서 이러한 자유의 영역은 원칙적으로 무제한적인 데 반하여, 이러한 영역에 개입하고 침해할 수 있는 국가권력은 원칙적으로 제한적일 수밖에 없는 것으로 보았다(배분의 원리: Verteilungsprinzip).[11]

13. 타 기본권의 중요성 상대화

이러한 천부인권적 자유를 기본권으로 파악하게 되다보니 나머지 청구권적 기본권이나 사회적 기본권 그 밖에 참정권적 기본권 등은 자유권적 기본권에 비하여 그 중요성이 상대적으로 덜한 것으로 비추어질 수밖에 없다.[12]

14. 개인의 자유 보충

슈미트의 제도보장론에 따르게 되면 전통적으로 내려오던 공·사법적 제도들에 대하여 헌법은 그 대강만을 규정함으로써, 입법자가 그러한 제도들의 핵심을 침해하지 못하도록 하며, 그 구체적인 실현은 입법자에게 위임하게 되는 것을 제도보장이라고 한다. 그러한 제도보장에 속하는 것으로는 가령 공법상의 제도로서는 대학제도, 지방자치제도 등을 들 수 있으며, 사법상의 제도로서는 가령 사유재산제도, 혼인제도 등이 그것이다. 헌법은 이러한 제도들을 보장함으로써 개인이 가지는 자유가 잘 보장될 수 있도록 보충하고 있지만, 자유는 결코 제도일 수는 없다고 보고 있기 때문에, 이러한 제도로부터 어떠한 국민의 주관적 권리를 도출하지는 못하는 것으로 이해하는 것이다.[13]

15. 기본권에 대한 입법자의 구속이 필요했던 시대적 배경

다만 슈미트가 당시에 제도보장이론을 전개함으로써, 전통적으로 내려오던 제도의 핵심영역을 입법자가 더 이상 침해할 수 없게 하고, 입법자가 이러한 제도에 구속되도록 한 주된 이론적 배경에는 당시의 기본권은 입법자를 구속하는 것으로 받아들여지지 않았기 때문에, 보다 강력하게 개인의 주관적 기본권을 보장하기 위해서는 기본권을 천부인권으로서 파악할 뿐만 아니라, 전통적으로 내려오는 제도의 핵심적 내용에 입법자를 구속하게 함으로써 간접적으로 국민의 기본권 영역도 보장될 수 있도록 하기 위함이었다고 할 수 있다.

16. 제도보장론의 한계

그렇다면 오늘날 "입법자의 기본권에 대한 구속"이 실정법적으로나

---

11) 계희열 (주 2), 31면.
12) 계희열 (주 2), 33면.
13) 계희열 (주 2), 33면.

또는 이론적으로 관철이 되고 있는 헌법이나 헌법해석론 하에서는 슈미 트가 제도보장론을 전개하던 당시의 이론적 배경이 그대로 적용될 필요 성은 없어졌다고 볼 수 있다. 이러한 의미에서 가령 지방자치제도를 제 도보장으로 보고, 제도보장에 있어서는 소위 "최소보장의 원칙"이 적용 된다고 하면서, 지방자치영역에 대한 입법자의 광범위한 침해나 개입에 도 불구하고, 완화된 심사기준을 적용하는 데 그치고 마는 판례나 학설 들은, 제도보장론의 소극적, 역기능적 측면을 간과하고 있다는 비판을 면할 수 없을 것이다.[14)]

　아무튼 이러한 칼 슈미트의 기본권이론은 오늘날에도 영향을 주어 서, 소위 자유주의적 · 법치국가적 기본권이론으로 전개되고 있다. 자유 주의적 법치국가적 기본권이론에 의하면, 자유는 그 자체로서 목적을 가진 것이고, 그것이 다른 어떠한 목적이나 목표(가령 민주적·정치적 과정 의 활성화, 가치실현, 정치적 공동체의 통합 등)을 위한 수단이 될 수는 없는 것으로 이해한다.[15)] 이것이 이하의 민주주의적 · 기능적 기본권이론이나 사회국가적 기본권이론과 다른 점이라고 할 수 있다.

17. 자유주의 적 · 법치국가 적 기본권 이론

　뵈켄회르데(Böckenförde)는 오늘날 과잉금지의 원칙이나 또는 본질 내용침해금지의 이론들은 이러한 자유주의적 법치국가적 기본권이론에 그 뿌리를 두고 있다고 설명하고 있다.[16)]

18. 과잉금지의 원칙, 본질내용 침해금지

3. 통합론적 기본권이론

가. 스멘트(Rudolf Smend)의 기본권론

(1) 내용과 특징

통합론을 창시한 스멘트(Rudolf Smend)[17)]는 같은 시기에 활동한 슈

19. 민주주의적 상황을 기초로 한 통합론 창시

---

14) 방승주, 중앙정부와 지방자치단체와의 관계 — 지방자치에 대한 헌법적 보장의 내용과 한계를 중심으로, 공법연구 제35집 제1호(2006. 10), 55−119, 69면 이하; 유사한 취지, 한수웅, 헌법학, 법문사 2021, 436−437면.

15) Böckenförde, Grundrechtstheorie und Grundrechtsinterpretation, NJW 1974, S. 1531. 이 논문의 번역으로는 에른스트 볼프강 뵈켄회르데 지음/김효전·정태호 옮김, 헌 법과 민주주의 − 헌법이론과 헌법에 관한 연구, 법문사 2003, 69−104면.

16) Böckenförde (주 15), S. 1531.

17) Rudolf Smend. Verfassung und Verfassungsrecht. in: Staatsrechtliche Abhandlungen

미트가 그의 기본권이론을 과거 자유주의시대의 상황을 기초로 하여 전
개한 것과는 달리 아직 민주주의의 경험이나 역사가 거의 없었던 상황
에서 민주주의적 상황을 기초로 하여 그의 기본권이론을 전개하였다.[18]

20. 실질적 통
합의 요소

스멘트에 따르면 국가란 끊임없이 새롭게 형성되는 통합의 과정
이고 이 통합과정의 법질서가 바로 헌법이다.[19] 기본권은 이러한 법질
서의 기초를 이루며 정치적 생활공동체인 국가를 구성하는 실질적인
계기인 동시에 국가를 정당화하는 실질적 요소라고 한다. 즉 기본권은
국가에게 그 내용과 존엄성을 부여해 주는 실질적(물적) 통합
(sachliche Integration)의 요소(계기)라는 것이다.[20]

21. 가치체계,
법익체계, 문화
체계

이러한 기본권은 국가 전체의 통합을 추구하는, 그리고 헌법의 전
체적 목적을 추구하는 규범으로서 하나의 가치체계, 법익체계 또는 문
화체계를 의미한다.[21] 즉 기본권이란 특정의 공동체에 전래되고 유지되
면서 그 공동체의 바탕을 이루는 가치 및 문화가 그 공동체 구성원의
콘센스(공감대, 합의 Konsens)에 의해 집약되어 나타나며, 이 가치 및 문화
체계로서의 기본권은 통합의 실질적 요소이고 국가를 구성하는 실질적
요소가 된다는 것이다.

22. 정치적 공
동체 형성 및
유지

요컨대 기본권적 가치의 실현을 통하여 정치적 생활공동체인 국가
가 형성되고 유지된다는 것이다.[22] 국가란 과거 군주국가시대에는 군주
를 중심으로 이미 형성되어 존재하는 것으로 전제될 수 있었지만(소위
"짐이 곧 국가"), 오늘날의 민주주의 시대에 있어서는 인간의 계속적이고
의식적인 노력에 의해서만 정치적 통일체로서 형성되고 유지된다. 스멘
트의 표현에 의하면 국가는 날마다 이루어지는 국민투표(Plebiszit)에 의
하여 끊임없이 계속해서 형성되고 유지된다는 것이다.[23]

23. 핵심내용

계희열 교수와 허영 교수가 설명하는 스멘트 기본권이론의 핵심내

---

und andere Aufsätze. Zweite erweiterte Aufl, Berlin 1968. S. 119 ff.

18) 계희열 (주 2), 39면.

19) Rudolf Smend (주 17), S. 189. 계희열 (주 2), 39-40면.

20) 계희열 (주 2), 40면; Rudolf Smend (주 17), S. 160 ff.

21) Rudolf Smend (주 17), S. 264.

22) 계희열 (주 2), 40면.

23) Rudolf Smend (주 17), S. 136.

용을 정리해 보면 다음과 같다.

첫째, 기본권은 국가생활의 방향을 제시하는 지침이 된다. 즉 기본권은 헌법, 입법 및 행정의 지침이 된다. 또한 기본권은 법률에 대한 해석의 원칙이며, 모든 실정법질서를 정당화시켜 주는 정당성의 원천이 된다. 따라서 기본권은 모든 실정법질서의 기초가 되며 행정과 사법 뿐만 아니라 입법까지도 구속한다고 봄으로[24], 바이마르 시대 당시 입법비구속설을 취하던 법실증주의 헌법학자들과는 입장차이가 분명하였다고 할 수 있다.[25]

24. 국가생활의 방향 제시

둘째, 정치적 통일체로서의 국가가 기본권에 의해 비로소 창설된다고 보는 경우 국가의 존재를 전제로 국가와 개인의 대립관계에서 기본권을 보는 소위 영역(한계)설정적 사고(Ausgrenzungsdenken)라는 것은 인정될 수 없다. 즉 기본권을 "국가로부터의 자유로운 영역"(그것이 국가권력의 자제로 인한 것이든, 아니면 국가에 앞서서 존재하는 것으로 보든간에), "국가로부터의 자유(Freiheit vom Staat)", "국가권력의 제한" 또는 "국가작용의 한계" 등으로 볼 수 없게 되며[26], 오히려 이제 "국가로의 또는 국가를 향한 자유(Freiheit zum Staat)"의 이론적 가능성이 열려지게 된다.[27]

25. 영역 설정적 사고의 극복

셋째, 국가가 기본권에 의하여 창설된다고 하는 경우 국가권력을 구성하고 조직하는 통치구조에 관한 규정은 기본권과 대립되는 규정이 아니라 기본권의 실현을 위한 수단 또는 기술적 장치를 의미하게 된다. 바로 여기에 오늘날 국가는 개인의 기본권을 존중하고 보호하기 위해 존재하는 것이지 그 반대가 아니라는 명제가 성립될 수 있는 근거가 있다. 다시 말해서 스멘트의 관점에서는 기본권과 통치구조의 관계가 상호 대립관계의 이원적 구조가 아니라 전체로서 일원적 구조가 되는 것이며[28], 그러한 의미에서 스멘트는 전체로서의 헌법[29]을 강조하였고, 스멘트를 계승한 헷세(Konrad Hesse)는 이러한 원리를 응용하여 헌법의

26. 통치구조는 기본권 실현을 위한 수단

---

24) 계희열 (주 2), 41면.
25) 허영, 헌법이론과 헌법, 박영사 2021, 353면.
26) 계희열 (주 2), 41면.
27) 허영 (주 25), 353면.
28) 계희열 (주 2), 41면; 허영 (주 25), 353면.
29) 계희열 (주 2), 42면.

통일성의 원리를 새로운 헌법해석의 원리 내지 관점으로 삼았음을 발견
할 수 있다.

27. 객관적 규
범, 제도적 이
해, 정치적 성
격 강조

요컨대 스멘트 기본권이론을 세 가지로 특징 지운다면, 첫째, 기본
권을 객관적 규범으로 보는 점, 둘째, 기본권을 제도적으로 이해하는
점, 셋째, 기본권의 정치적 성격을 강조하는 점을 들 수 있다.[30]

(2) 요약과 비판

28. 기 본 권 의
가치질서로의
측면 강조

통합론의 주창자인 스멘트에 의하면 기본권은 일종의 물적(사항적)
통합의 계기 중 하나이다. 즉 기본권은 정치적 공동체의 하나의 문화체
계, 가치체계[31]이고 이것을 계기로 국민이 하나의 정치적 통일체로서
통합을 할 수 있는 계기가 된다고 보았다. 그리고 스멘트는 그의 국가론
이나 헌법이론의 핵심 개념인 통합을 강조하다 보니, 여러 가지 기본권
들 가운데서 가령 언론 · 출판의 자유, 집회·결사의 자유나 선거권과 같
은 일종의 민주주의적 · 정치적 기본권들에 다른 기본권들보다 더 중요
한 의미를 두고 있다. 그 결과 이러한 기본권들로부터는 오히려 의무로
서의 성격을 끌어내기도 하는 것이다.

29. 기 본 권 의
양측면설, 이중
성 이론

스멘트는 이와 같이 기본권의 가치질서로서의 측면을 지나치게 강
조한 끝에, 그것이 가지는 개인의 주관적 권리로서의 측면이 다소 소홀
히 다루어지고 있다는 비판이 이루어졌으나, 스멘트의 제자인 헷세
(Konrad Hesse)가 이러한 주관적 공권으로서의 측면도 다시 강조함으로
써, 기본권은 대국가적 방어권으로서의 측면과 객관적 가치질서로서의
측면이라고 하는 소위 기본권의 양측면성설 또는 이중성이론을 정립하
게 되는 것이다.[32]

30. 현대적 기
본권이론으로
발전

아무튼 이러한 스멘트의 기본권이론으로부터 그 이후 여러 가지 다
양한 현대적 기본권이론들이 발전하게 되는데, 가령 민주주의적 기능적
기본권이론, 가치이론, 사회국가적 기본권이론, 제도적 기본권론(Peter
Häberle) 등이 바로 그것이다.

---

30) 계희열 (주 2), 42면.
31) Rudolf Smend (주 17), S. 264.
32) 콘라드 헷세 저/계희열 역, 통일 독일헌법원론(제20판), 박영사 2001, 179면 이하.

나. 민주주의적 · 기능적 기본권론

민주주의적 · 기능적 기본권이론의 출발점은 기본권을 기본권이 가지고 있는 공적 및 정치적 기능으로부터 이해한다는 것이다. 언론 · 출판, 집회 · 결사의 자유와 같은 민주주의와 관련된 기본권들은 여기에서 매우 주요한 역할을 한다.[33] 기본권은 아래로부터 위로 이루어지는 민주적인 국가형성의 자유로운 절차와 정치적 의사형성의 민주적 절차의 구성요소라고 하는 점에 그 원칙적인 의미가 있다. 기본권적 자유영역은 주로 이러한 절차를 가능하게 하고 보호하기 위하여 보장된다. 기본권은 국민의 자유로운 처분을 위해서가 아니라 국민은 공동체의 구성원이라는 점과 공익을 위하여 국민에게 맡겨진다는 것이다. 기본권은 국가로부터 자유롭고 전국가적인 개인의 영역이라고 하는 사고방식은 이러한 입장에서는 불가능하다.[34] 기본권을 정당화하고 그 내용을 결정하는 것은 민주주의를 형성하는 공적인 과제와 기능이다. 기본권은 기본권주체와 국가 간의 한계설정규범이나 권한분배규범이 아니라 기본권주체로 하여금 공적 관심사와 정치과정에 자유로이 참여시키기 위한 기능창설규범이자 권한창설규범이라는 점에 그 핵심이 있다.[35]

이러한 이론의 귀결은 다음과 같다.

첫째, 개별기본권적 자유는 제도적 기본권관과 가치이론에 있어서와 마찬가지로 자유 그 자체가 아니라 무엇을 위한 자유이다. 자유는 훨씬 더 강력하게 구속되고 객관화된다. 자유의 보장은 정치과정을 가능하게 하고 보장하기 위한 수단이 된다. 자유의 내용과 범위는 그 기능에 따라 결정된다.[36]

둘째, 기본권적 자유의 내용과 범위와 더불어서 그러한 자유권을 행사할지의 여부의 권능도 상대화된다. 자유가 정치적으로 필수적인 공적 기능을 가능하게 하고 보장하기 위하여 보장되는 경우에 그 행사여부는 더 이상 자유권의 주체의 임의에 맡겨지는 것이 아니라, 그것은 의

31. 기본권의 정치적 기능

32. 이론적 귀결

33. 자유는 정치과정을 보장하기 위한 수단

34. 자유권 행사 여부의 권능도 상대화

---

33) Böckenförde (주 15), S. 1534.
34) Böckenförde (주 15), S. 1535.
35) Böckenförde (주 15), S. 1535.
36) Böckenförde (주 15), S. 1535.

무가 되기도 한다.[37]

35. 민주주의 실
현기능이 있는
기본권의 우위

이러한 이해에 의하면 일단 다른 헌법적 가치보다도 민주주의적 가
치에 우위를 두고 있기 때문에 이러한 가치를 실현할 수 있는 기본권이
다른 기본권보다도 우월하게 되는 것이다. 따라서 양 기본권이 충돌할
경우에는 민주주의의 실현기능이 있는 기본권이 효력상 우위를 점하게
되는 것이다.

36. 민주주의적
기능적 기본권
론의 한계

그러나 이와 같은 시각은 문제가 있다. 왜냐하면 헌법상 기본권들
간에는 명백히 가치의 서열을 결정할 만한 뚜렷한 기준이 있다고 보기
힘들기 때문이다. 물론 인간존엄에 가장 가까운 기본권이 가장 중요하
고도 우월하다고 볼 수 있지만 동등하게 인간존엄에 가까운 기본권들이
충돌할 경우에는 과연 어떠한 기본권이 우월하다고 보아야 할 것인지
확실치 않을 수 있기 때문이다. 가장 전형적인 사례를 든다면 표현의 자
유와 인격권이 충돌할 경우에 민주주의적 · 기능적 기본권이론에 의하면
항상 표현의 자유에 우위를 두어야 할 것인데, 사실상 명예나 인격권 역
시 인간의 존엄에 바탕을 둔 것으로서 결코 소홀히 취급할 수 있는 기
본권이 아니라고 할 수 있기 때문이다. 이러한 문제점을 간과하고, 무조
건 민주주의적 또는 정치적 기본권에 우위의 효력을 인정하려 하는 이
론들은 그러한 의미에서 한계가 있다고 할 것이다.

다. 사회국가적 기본권이론

37. 자급자족적
생활공간으로
부터 사회적 생
활공간으로 대
체

사회국가적 기본권이론의 출발점은 한편으로는 자유주의적 기본권
이론과 시민적 법치국가적 자유의 결과이며 다른 한편으로는 일반적인
사회발전에 따라서 개인의 자급자족이라고 하는 지배적 생활공간이 효
율적인 사회적 급부(생산성)와 사회적 관계라고 하는 사회적 생활공간으
로 대체되었다는 점이다.[38] 이 두 가지 요소들은 다음과 같은 결과를
야기하였는데 하나는 인구가 급속히 증가하면서 법적인 자유보장을 실
현하기 위한 사회적 전제조건이 무너지기 시작했다는 것이며, 다른 하

---

37) Böckenförde (주 15), S. 1535
38) Böckenförde (주 15), S. 1535

나는 따라서 법적 자유보장의 실현이 인간 자신에게 맡겨졌을 뿐, 국가에 의하여 보강되지 않으면서 점차적으로 이는 공허한 형식으로 전락되고 말았다는 점이다.39)

　　이 이론은 국민의 대다수에게는 기본권을 실현하기 위한 사회적 전제조건이 주어져 있지 않고 따라서 만약 국가가 자유행사를 위한 전제조건을 사회적 급부를 통하여 제공하지 않으면 이러한 기본권은 결국 쓸모 없는 공론이 되어 버린다는 인식에 입각하고 있다. 기본권적 자유가 하나의 현실적 자유로 보장되기 위해서 더 이상 한계설정적인 법적 자유의 보장만으로는 충분하지 못하다는 것이다.40) 사회국가적 기본권 이론은 법적인 기본권적 자유와 현실적인 기본권적 자유간의 이러한 간극을 극복하고자 하는 것이다. 기본권은 더 이상 부정적인 한계(영역)설정적 성격을 가지는 것이 아니라 국가에 대한 사회적 급부청구권을 매개한다는 것이다. 법적이고 추상적인 자유만이 아니라 현실적 자유가 그 보장내용이 되는 것이다.41)

38. 자유행사의 전제조건 없이는 기본권적 자유는 공론

　　이로부터 첫째로 기본권적 자유의 실현을 위하여 필수적인 사회적 전제조건을 창출할 국가적 의무와, 둘째로 국가적 급부에 대한 또는 국가에 의하여 창설된 시설에의 참여에 대한 기본권적 청구권이 도출되는 것이다.42)

39. 사회적 전제조건 창출의 무와 참여청구권

　　뵈켄회르데는 이러한 기본권이론의 법적인 귀결을 다음과 같이 짓고 있다. 첫째, 구체적인 기본권보장은 가능한 국가적 재원에 달려 있게 된다. 둘째, 자원이 부족한 경우에 재원에 대한 지원과 분배에 대한 결정은 기본권실현을 어떻게 할 것인가에 관한 정치적 재량 즉 기본권갈등의 문제로부터 기본권해석의 문제로 전환된다고 할 수 있다. 이와 함께 이러한 결정권한이 의회로부터 헌법재판소로 넘어가게 된다. 셋째, 이러한 문제는 사법적인 법적용의 방법으로 해결할 수 없기 때문에 그러한 한에서 기본권은 헌법위임으로 환원되게 된다. 이러한 헌법위임은

40. 이 이론의 귀결

---

39) Böckenförde (주 15), S. 1535
40) Böckenförde (주 15), S. 1536
41) Böckenförde (주 15), S. 1536
42) Böckenförde (주 15), S. 1536

입법자와 행정권력을 단지 객관적으로 즉 원칙규범으로서는 구속하지만 극단적인 남용이라고 할 수 있는 불행사를 방어하는 경우 외에 직접적으로 소구가능한 청구권을 근거지우지는 못한다. 넷째, 결과적으로 기본권은 그 사회적인 차원에서는 단순한 헌법위임으로 축소되게 된다는 데에 문제가 있다.[43]

41. 자유권으로부터 급부청구권 도출

이러한 이론은 가령 직업의 자유로부터 근로의 권리를 끌어내고, 학문의 자유로부터 대학에 입학할 수 있는 권리를 끌어내는 것과 같이 자유권으로부터 국가의 일정한 급부청구권을 도출해 내는 것이다.

42. 한국에서는 이론적 필요성 희박

그러나 이와 같은 기본권이론의 전개 필요성은 가령 주로 자유권만을 보장하고 있는 독일 기본법 하에서는 설득력이나 유용성이 어느 정도 인정될 수 있을는지 몰라도, 사회적 기본권을 광범위하게 보장하고 있는 우리 헌법 하에서는 그다지 커다란 설득력을 가지기 힘든 이론이라고 할 수 있을 것이다.

라. 제도적 기본권론

43. 해벌레의 제도적 기본권론

칼 슈미트(Carl Schmitt)가 자유는 결코 제도일 수 없다고 하며 자유와 제도를 엄격히 구별한 데 반해서 페터 해벌레(P. Häberle)는 자유는 제도일 수밖에 없다고 하며 기본권을 제도로서 파악한다.[44]

44. 자유한 법과 국가를 떠나서 존재할 수 없음

칼 슈미트(Carl Schmitt)가 자유와 제도를 반대개념으로 단정하고 있는 것을 비판하면서 해벌레(Häberle)는 자유란 법과 국가를 떠나서 존재할 수 없고 오로지 법에 의하여서만 실현될 수 있고 충족될 수 있는 것이라고 한다. 법적으로 실현되지 않는 자유는 공허한 개념에 불과하기 때문에 자유는 제도로서 그리고 법적 개념으로서 파악해야 한다는 것이다.[45]

45. 오류의 제도개념에 기초

해벌레(Häberle)의 제도개념은 오류(M. Hauriou)의 제도개념에 기초하고 있는데, 이 제도의 개념은 한편으로 법에 있어서 주관적인 것과 객관

---

43) Böckenförde (주 15), S. 1536
44) Peter Häberle, Die Wesensgehaltsgarantie des Art. 19 Abs. 2 Grundgesetzes, 3. Aufl. 1983, S. 99. 이하 계희열 (주 2), 46면 이하와 Böckenförde (주 15), S. 1532 ff. 참고.
45) 허영 (주 25), 355면.

적인 것을 연결하는 것, 다른 한편으로는 사회적 현실을 법과 관련시키
는 것이라고 할 수 있다.46)

　　기본권과 관계되는 법적인 규제는 기본권에 대한 제한이나 침해를
뜻한다고 하기 보다는 모든 사람에 대하여 기본권을 실효성 있게 하기
위한 기본권의 실현이며 기본권을 강화하는 데 지나지 않게 된다.47)

　　그리고 제도적 기본권이론에 있어서 기본권은 개인의 주관적 방어
권적 성격을 갖는 것이 아니라, 기본권에 의하여 보호되는 생활영역을
위한 객관적인 질서원리로서의 성격을 갖는다. 기본권은 제도적인 유형
의 법규정 가운데서 발전되고 실현되는데, 이 법규정은 기본권의 질서
이념에 의하여 유지되고, 그 자체로서 생활관계를 형성하며, 그러한 생
활관계에 규범적 관련성을 부여해 준다.48)

　　이러한 기본권관은 비단 제도보장에만 적용되는 것이 아니라 기본
권 일반 특히 자유권에 대하여서도 적용된다. 개인적인 자유는 "제도적
으로 보장된 생활현실(Lebensverhältnis)" 즉 기본권의 제도적 측면, 다시
말해서 기본권의 내용을 풍부하게 해 주는 규범복합체를 필요로 한다는
것이다.49)

　　여기에서 기본권은 더 이상 법적으로 무제한한 자유주의적 자유를
의미하지 않는다. 기본권적 자유보장은 자유주의적 기본권이론에 있어
서와는 원칙적으로 다른 의미와 내용을 가지게 된다.50)

　　이러한 제도적 기본권이론의 법적인 귀결을 뵈켄회르데는 다음과
도출하고 있다.51)

　　첫째, 기본권의 보호영역을 법률적으로 구체화함에 있어서 자유주
의적·법치국가적 기본권이론에 따를 때보다는 훨씬 더 넓은 형성의 여
지가 있게 된다. 기본권영역에 있어서 모든 법적 규정과 법률은 원칙적
으로 기본권적 자유에 대한 제한으로서 나타나기 보다는 오히려 자유를

46. 법적 규제
는 곧 기본권의
실현이며 강화

47. 객관적인
질서원리로서
의 성격

48. 제도적으로
보장된 생활현
실 내지 규범복
합체 필요

49. 기본권은
더 이상 무제한
한 자유주의적
자유가 아님

50. 이 이론의
귀결

51. 보호영역의
구체화에 있어
서 넓은 형성의
자유

---

46) 계희열 (주 2), 47면.
47) Böckenförde (주 15), S. 1532.
48) Böckenförde (주 15), S. 1532.
49) Böckenförde (주 15), S. 1532.
50) Böckenförde (주 15), S. 1532.
51) Böckenförde (주 15), S. 1533

가능하게 해주는 것이요 실현시켜 주는 것이 된다. 이것은 기본권 내용을 구체화해 주는 법률과 기본권의 제한법률을 구분할 수 있게 해주며, 법치국가적 배분의 원리에 있어서와 같이 입법권한을 엄격히 제한하지 않게 해 준다. 기본권을 구체화해 주는 법률의 경우는 기본권이 어떠한 제한유보를 규정하고 있지 않은 곳에서도 가능하게 된다.[52]

52. 기본권적 자유는 일정한 목표에 지향된 자유

둘째, 기본권적 자유는 더 이상 곧바로 자유를 의미하는 것이 아니라 일정한 목표에 지향된 자유, 즉 자유보장의 제도적·객관적 의미의 실현에 지향되는 자유이게 된다. 그러한 한 자유의 범위와 보호는 자유의 사용방법과 목적설정 여하에 따라서 구분될 수 있게 된다.[53]

53. 현존상태의 보호의 경향

셋째, 제도적 자유보장이 주로 자유를 현실적인 질서, 제도, 형성된 법현실이나 생활현실을 지향함으로써, 첫째는 현존상태의 보호의 경향을 가지게 되며, 또한 둘째는 개인의 주관적 자유를 기본권과 관련된 제도적 질서에 기속시키는 경향이 있게 된다.[54]

4. 결론: 기본권을 어떻게 볼 것인가?

54. 구체적 사례에 다른 이론 적용 검토 필요

개별 기본권을 해석함에 있어서 언제나 타당한 기본권이론은 있을 수 없고 구체적인 경우에 사례에서 그때그때의 구체적 타당성에 따라서 여러 가지 이론들을 검토하여 각각 적용할 수밖에 없을 것이다.

55. 기본권해석에 있어 사례관련적 대처

독일의 경우에도 통설에 따르면 전체적인 기본권에 모두 타당하고 적합한 해석을 가능하게 하는 일반적으로 타당한 이론은 없다고 한다. 따라서 독일연방헌법재판소와 다수설은 기본권해석에 있어서 사례관련적으로 대처한다. 즉 헌법체계 가운데서 해당 기본권의 특별한 의의에 따라서 여러 가지 이론에 입각해서 유동적으로 해석을 한다. 원칙적으로 개별적인 관점들이 일반적으로 적용되지만, 개별적인 경우에 출발점과 강조점이 개별기본권의 본질에 따라 자유주의적, 제도적, 가치결단적, 민주주의적 또는 사회국가적 기본권이론이 되기도 한다.

---

52) Böckenförde (주 15), S. 1532.
53) Böckenförde (주 15), S. 1532.
54) Böckenförde (주 15), S. 1533

기본권의 본질은 전통적인 기본권관에 따르면 구체적인 국가적 침해로부터 개인과 사회의 자유의 영역을 한정하고 보장하는 데에 있다 (침해에 대한 방어적 기능). 기본권의 자유주의적 요소를 근거로 해서 오늘날에도 최대한의 자유에 대한 존중의 원칙이 타당하다. 자유의 제한은 따라서 모든 경우에 단지 법익형량과 비례의 원칙의 고려 하에서만 이루어질 수 있으며 공익의 정당한 사유가 있었을 때에 법률에 의하여 또는 법률을 근거로 하여서만 허용될 수 있다. 이와 같이 기본권을 국가권력에 대한 시민의 방어권으로서 고찰하는 고전적인 기본권관은 아직도 매우 중요한 기본권의 내용을 이루는 것은 사실이지만 이것이 유일한 내용인 것은 아니다.

한편으로는 인간의 존엄과 인격의 자유발현권으로서 행복추구권을 비롯한 전통적 자유권과, 그리고 다른 한편으로는 산업사회에서의 사회적 정의를 실현할 조정자로서 국가가 국민의 자유를 평등하게 실현해야 하는 점을 고려해 볼 때, 기본권은 결코 정적이거나 동질적인 것이 아니라 긴장성과 다양성으로 특징지어져 있다고 볼 수 있다.

오늘날의 기본권관에 따르면 기본권보장에는 그 밖의 관점이 더 곁들여진다. 즉 기본권의 효율성 강화를 위한 기본권의 다차원성의 관점이 추가된다. 이것은 사회적 · 경제적 변화와 변화된 물질적 · 문화적 수요, 그리고 현대국가에서 개인적 자유실현의 여건의 변화 때문에 불가피하다. 오늘날 기본권은 공동체의 생활 속에서 단순한 권력제한이나 한정으로서 보다는 제공과 보장으로서의 의미가 더욱 크다. 즉 국가는 더 이상 敵으로서가 아니라, 자유의 助力者이자 保護者로서 기능한다. 기본권은 결코 그 소극적 성격에서 끝나는 것이 아니라 새로운 차원을 전개하며, 기능적으로 계속해서 확대되어 가고 있는 것이다. 예를 들면 모든 입법과 법해석의 기준이 되며 모든 국가에게 그 최대한의 실현이 과제로 되어 있는, 기본권의 객관적인 가치결단으로서의 차원이다. 즉 기본권은 법의 모든 분야에서 헌법적인 근본결단으로서 적용되고 입법, 행정과 사법에 지침과 동기를 제공하는 객관적인 가치질서이다.[55] 기본

56. 방어적 기능, 법률에 근거한 제한

57. 긴장성, 다양성의 특징

58. 다차원성의 관점

---

55) BVerfGE 21, 362 (372); 39, 1 (41); 73, 261 (269)를 인용하며 Alfred Katz,

권의 보장과 행사는 공동체의 특별한 공공적 관심사라고 할 수 있는데, 이것은 객관적인 헌법원리로서 그리고 따라서 헌법의 가치질서의 본질적인 구성부분으로 보장되기도 한다. 특별히 중대하고도 위협될 수 있는 자유권적 영역은 제도로서도 보장된다. 예컨대 혼인과 가족제도, 재산권과 사유재산제도, 언론제도, 지방자치제도 등이다.

59. 국가의 보호의무

또한 헌법재판소는 개별적 기본권으로부터 국가의 적극적인 행위에 대한 원칙적인 의무를 도출하고 있다. 즉 특별한 기본권 위험적 상황에 대한 보호조치를 취해야 할 국가의 保護義務이다(우리 헌법상 실정법적 근거를 든다면 헌법 제10조, 제2조 제2항과 그 밖에 사회적 기본권 규정들 가운데 있는 국가의 보호의무 규정).

60. 급부청구권 도출

그리고 독일 연방헌법재판소 판례에 따르면 가령 학문의 자유로부터 관계된 기본권주체에게 국가적인 급부(교육설비)에 대한 참여권이 재정적 가능성을 유보로 하여 인정되기도 하였다. 그리고 마찬가지로 대학정원제한과 관련하여서도 이러한 입장을 보였다. 그 밖에 기본권을 조직보장 및 절차보장으로서 보는 관점을 들 수 있다(효과적인 권리보호, 정보와 절차적 참여). 예외적인 경우에는 기본권보장으로부터 급부청구권이 직접 도출되기도 한다.

61. 국가의 존립목적 · 형성원리

국민의 기본권은 국가의 존립목적이자 국가의 형성원리이다. 우리 헌법은 인간의 존엄과 가치를 보장하며, 이러한 기본권에 대한 국가의 보장의무를 지움으로써 이 점을 헌법적으로 확인하고 있다. 기본권은 방어권이자 청구권이며, 그것은 국가에 對한 권리 뿐만 아니라 국가를 向한 권리를 포함한다. 국가로부터의 자유만이 아니라 국가로의 자유를 포함한다는 말이다. 기본권은 인간의 존엄을 보장하고 사회적 정의의 실현의 의무를 지는 민주적 법치국가의 포기할 수 없는 구성부분이다. 기본권에 내재되어 있는 객관적인 가치결단은 모든 국가권력에게 그 최대한의 실현을 위한 의무를 지운다. 즉 국가는 기본권의 발전, 강화 및 효율성 제고를 위한 지속적인 과제를 가진다.[56]

Staatsrecht, Heidelberg, 2002, Rn. 555. 헌재 2005. 5. 26. 2004헌가6, 판례집 제17권 1집, 592. 제31절, III, 3. 참고.

56) Katz (주 55), Rn. 555 f.

II. 기본권의 기능

기본권의 기능이라 함은 기본권이 어떠한 역할과 기능을 하는가의 문제이다. 기본권은 우선 주관적 관점에서 보면 대국가적 방어권이라고 할 수 있으며, 또한 객관적인 가치질서로서의 기능을 갖는다.[57] 그러므로 기본권은 이중적 성격과 기능을 갖는다고 할 수 있다.

62. 기본권의 이중성

1. 대국가적 방어권으로서의 기능

가. 대국가적 방어권의 의의

기본권은 우선적으로 대국가적 방어권으로서의 기능을 갖는다. 대국가적 방어권으로서의 기본권은 기본권의 가장 기본적이고도 원칙적인 기능이라고 할 수 있다. 대국가적 방어권이란 국민이 가지는 기본권에 대하여 국가가 침해할 위험이 있는 경우, 그러한 침해를 하지 말 것(중지할 것)을 요구할 수 있는 권리와 그리고 침해된 경우에 그러한 침해를 배제해 줄 것을 요구할 수 있는 권리를 일컫는다.

63. 중지청구권·방해(침해)배제청구권

나. 대국가적 방어권의 기능을 가진 기본권

이러한 대국가적 방어권은 국민과 국가와의 수직적 양자관계 가운데서 생각할 수 있는 권리로서 모든 자유권적 기본권에 인정될 수 있는 기능과 성격이라고 할 수 있다.

64. 모든 자유권적 기본권에 인정

그리고 그 밖의 사회적 기본권이나 청구권적 기본권으로 보통 분류될 수 있는 기본권이라 하더라도, 이러한 기본권에 자유권적 성격이 인정될 수 있는 경우에는 국가에 의한 적극적인 침해가 가능하므로, 이러한 침해의 위험이 있을 경우 침해를 중지(unterlassen)하고, 침해를 배제(beseitigen)해 줄 것을 요구할 수 있다.

65. 국가의 침해방지, 침해배제 요구

그 대표적인 것이 부모의 자녀에 대한 교육권이다. 부모의 자녀에 대한 교육권의 경우 헌법재판소는 과외금지위헌결정[58] 전까지는 보통

66. 부모의 자녀에 대한 교육권

---

57) 직업선택의 자유와 관련하여 유사한 취지의 헌재 판례로 헌재 2002. 9. 19, 2000 헌바84, 판례집 제14권 2집, 268, 277.

교육을 받을 권리로부터 도출할 수 있는 권리로 보았으나, 과외금지위헌결정부터는 헌법 제36조 제1항의 혼인과 가족생활기본권과 더불어서 헌법 제10조의 행복추구권, 그리고 헌법 제37조 제1항의 열거되지 아니한 기본권으로부터 도출할 수 있는 권리로서 파악하기 시작하였다(이와 달리 저자의 사견으로 제27절, Ⅱ, 나. 참조).

67. 헌법 제36조 제1항에서 자유권적 성격 도출

즉, 헌법재판소에 의하면 부모가 자신의 자녀를 어떻게 교육하고 양육할 것인지에 대하여 스스로 결정할 수 있는 자유가 바로 혼인과 가족생활 기본권으로부터 도출될 수 있다는 것이다. 체계적으로 이 기본권은 종래 학설에 의하면 사회적 기본권으로 평가되었지만, 이러한 체계와 상관없이 헌법재판소는 헌법 제36조 제1항으로부터 자유권적 성격을 도출해 낸 것이다. 그렇다면 역시 부모의 자녀에 대한 교육권 내지 양육권에 대하여 간섭하고 개입하는 국가 공권력 행사에 대하여 기본권 주체인 국민은 방어하고 이를 배제해 달라고 요구할 수 있는 권리를 가지게 되는 것이다.

68. 노동3권, 사회권적 성격을 띤 자유권

또한 노동3권의 경우도 특수성이 있을 수 있다. 노동3권은 단결권, 단체교섭권, 단체행동권으로서 노사 간의 대립을 전제로 한 권리이다. 따라서 이는 처음부터 사인간의 관계에서 인정될 수 있는 권리이나 국가가 이러한 3권을 통하여 근로자들의 권익을 보호하고자 하는 것이라고 할 수 있다. 이 노동3권 역시 체계적으로는 사회권적 또는 생활권적 기본권으로 분류하여 왔으며, 특히 이러한 사인간의 관계를 전제로 하는 기본권의 특수성 때문에 국가가 적극적으로 그 권리를 침해하기는 힘든 것으로 생각할 여지도 없지 않다. 그러나 가령 근로자들이 사용자에 대항하여 단결을 하고, 단체교섭을 하며, 경우에 따라 파업 등 단체행동을 하려는 시도에 대하여 노동 관련법을 통하여 그러한 행사를 까다롭게 하거나 사실상 금지하는 경우가 있을 수 있으며, 이러한 공권력의 행사는 결국 노동3권에 대한 제한이 될 수 있다. 따라서 체계적으로는 사회권적, 또는 생활권적 기본권의 성격을 띠었다 하더라도 국가에 의한 침해와 방해는 얼마든지 가능하기 때문에, 대국가적 방어권으로서의 속성을

---

58) 헌재 2000. 4. 27, 98헌가16, 판례집 제12권 1집, 427, 445-446.

찾아 볼 수 있을 것이다. 그리하여 헌법재판소 역시 초기에는 이를 생활권적 기본권으로 보다가 그 후 사회권적 성격과 자유권적 성격 모두를 다 가지는 것("사회권적 성격을 띤 자유권")으로 파악하고 있다.59)

　이러한 속성은 또한 청구권적 기본권의 경우도 마찬가지로 찾아 볼 수 있다. 가령 국가배상청구권, 형사보상청구권, 범죄피해자구조청구권, 재판청구권, 재판절차진술권 등의 청구권적 기본권은 대부분 법률이 정하는 바에 의하여 보장되는 권리라고 할 수 있다. 그리하여 이러한 청구권적 기본권은 입법자에 의하여 구체화될 때 비로소 행사할 수 있는 권리가 될 수 있지만, 그렇다고 하여 입법자가 그 존재 자체를 폐지하거나 거의 유명무실하게 할 수 있다고 할 수는 없다. 만일 입법자가 헌법이 자신에게 그 형성을 명령하고 있는 그러한 기본권을 형성하는 것이 아니라, 오히려 그 보장 자체를 거부하거나 이를 유명무실하게 하는 정도로 형식적으로만 보장한다면, 결국 헌법이 의도하고 있는 청구권에 대하여 침해하고 있다고 할 수 있을 것이기 때문에, 이러한 상황에서는 역시 청구권적 기본권이라 하더라도 대국가적 방어권으로서의 성격을 끌어낼 수 있을 것이다.

　한편 우리 헌법재판소는 알권리에 대하여도 청구권적 성격을 인정하고 있으나, 자유권이라고 할 수 있는 언론·출판의 자유로부터 이를 도출하고 있다. 아무튼 국가가 일반적으로 접근 가능한 정보원으로부터 정보를 입수하고자 하는 국민의 행위에 대하여 제한하거나 또는 국가가 가지고 있는 정보원을 차단하는 경우, 이는 알권리에 대한 침해라고 할 수 있으며, 따라서 그에 대한 대국가적 방어권은 그러한 정보원에 대한 접근을 적극적으로 허용해 줄 것을 요구하거나, 또는 그러한 정보원에의 접근을 차단하거나 방해하는 행위를 배제해 줄 것을 요구하는 것이라고 할 수 있을 것이다.

69. 청구권적 기본권의 대국가적 방어권 성격

70. 자유권으로서의 알권리

---

59) 헌재 1998. 2. 27, 94헌바13, 판례집 제10권 1집, 32, 32. 이하 제29절, Ⅰ, Ⅱ, 3. 참고.

2. 객관적 가치질서로서의 기능

71. 객관적 가 치질서 기능 수 행

기본권은 동시에 객관적 차원에서는 일종의 가치질서로서의 기능을 수행한다. 이러한 객관적 차원은 당사자의 주관적인 권리와 상관없이 기본권이 가지고 있는 객관적 가치와 중요성의 측면에서 일정한 당사자에게 주관적으로 권리가 인정되지는 않는다 하더라도, 국가가 스스로 기본권적 가치를 실현하기 위하여 노력하고 보장해야 할 의무를 진다고 하는 측면을 말한다고 할 수 있다.

72. 기 본 권 의 확인의무, 보장 의무

이러한 객관적 질서의 차원에서 인정되는 기본권의 기능은 다음과 같은 것들을 들 수 있다. 기본권의 확인의무와 보장의무가 그것이다(제10조).

가. 확인의무60)

73. 기본적 인 권의 존재 인 정 · 존중

확인이라 함은 국가가 개인이 가지는 기본적인 인권의 존재를 인정하고 이를 존중61)하는 것을 말한다. 따라서 이러한 확인의무는 국가가 소극적으로 국민의 기본권을 침해하지 말아야 할 의무62)뿐만 아니라, 적극적으로는 기본적 인권의 존재를 발견하고, 이를 인정해야 할 의무를 포함한다.

74. 확인의무의 차원

확인의무는 우선 기본적 인권의 헌법적 차원에서의 확인의무, 법률적 차원에서의 확인의무, 법집행적 차원에서의 확인의무로 나누어진다.

(1) 헌법적 차원에서의 확인의무: 헌법개정자와 헌법재판소

75. 헌법개정자 의 확인의무

헌법적 차원에서 개인이 가지는 기본적 인권을 확인할 의무를 지는 주체는 먼저 헌법개정자라고 할 수 있다. 만일 현행 헌법상의 기본적 인권의 보장체계가 흠결이 있다거나 불완전 · 불충분한 경우에는 일단 헌법

---

60) 방승주, 헌법 제10조, 사단법인 한국헌법학회, 헌법주석서 Ⅰ(총강 및 기본권 부분), 법제처 2007. 12, 249-363(347-350)면; 방승주, 헌법 제10조, 헌법주석 Ⅰ, 박영사 2013, 370면 이하 참조.

61) 그러한 의미에서 독일 기본법 제1조 제1항의 소위 존중의무와도 비교할 수 있을 것이다.

62) 확인의무와 보장의무를 분리하지 않고서, 국가가 인간의 존엄과 행복추구권을 소극적으로 침해하지 않는 데 그치지 않고, 적극적으로 보장할 의무를 지계하고 있다고 보고 있는 견해로 김철수, 헌법학개론, 박영사 2007, 525면.

차원에서 이러한 문제가 해결되어야 할 필요가 있다. 그러한 관점에서 헌법개정자, 다시 말하면 헌법개정의 발의권자인 대통령과 국회의원은 기본권의 확인 차원에서 헌법개정의 필요성을 검토해야 할 의무가 있다.[63]

　　다음으로 헌법적 차원에서 기본적 인권의 확인기능을 하는 기관은 바로 헌법재판소이다. 헌법재판소는 위헌법률심판이나 헌법소원심판이 청구되면, 그러한 절차에서 기본권의 보호영역과 주체를 확인하게 된다. 국민의 일정한 행위나 생활이 헌법상 보장되는 기본적 인권에 의해서 보호되는 대상인지 여부를 헌법해석을 통하여 확인하여야 한다. 하지만 인간으로서의 존엄과 가치 및 행복추구권, 평등권을 비롯한 많은 기본권보장이 극히 추상적 개념을 내용으로 하고 있기 때문에, 결국 이러한 기본권의 보호영역과 내용은 헌법재판소 재판관에 의해서 구체화되는 과정을 거치지 않을 수 없다. 이러한 구체화과정 역시 기본적 인권의 확인행위라고 할 수 있을 것이다. 헌법재판소는 이러한 확인행위에 있어서 자신의 구체화가 기본적 인권의 창설적 행위가 아니라, 이미 존재하고 있는 국민의 불가침의 기본적 인권을 발견해 낸다고 하는 의미에서 선언적 행위에 해당한다고 해야 할 것이다. 뿐만 아니라 어떠한 개인이 기본적 인권의 주체인지 아닌지를 확인하는 것도 역시 기본적 인권의 확인행위에 해당한다. 따라서 기본권의 주체성에 관한 판단에 있어서도 우리 헌법이 채택한 인간존엄의 가치질서에 따라서 의심스러울 경우에는 자유에 유리하게(in dubio pro libertate)의 원칙에 따라서 신중한 판단을 내려야 할 것이다.

76. 헌법재판소의 확인의무

(2) 법률적 차원에서의 확인의무: 입법부

　　다음으로 기본적 인권의 확인은 법률적 차원에서 이루어질 수 있

77. 법률적 차원에서의 확인의무

---

63) 가령 그 대표적인 대상으로서 헌법 제29조 제2항의 문제점이다. 이 조항은 제3공화국 시절에 대법원(1971. 6. 22. 선고 70다1010)이 인간의 존엄과 가치 및 평등권과 국가배상청구권의 본질적인 내용을 침해한다는 이유로 위헌 선언한 국가배상법 제2조 제1항 단서조항을 유신헌법이 헌법조항으로 끌어올려 놓은 후 아직까지 존재하는 유신헌법의 잔재이다. 이에 대하여는 방승주, "소위 이중배상금지규정과 헌법규정의 위헌심사가능성", 헌법소송사례연구, 박영사 2002, 86－136, 102면 참조.

다. 이러한 법률적 차원에서의 기본권의 확인은 두 가지 방향으로 이루어질 수 있다.

첫째, 입법자가 먼저 개인이 가지는 기본적 인권을 확인해야 한다. 다시 말해서 입법자가 어떠한 국가정책을 입법화해서 추진할 경우에, 가급적 국민의 기본권을 침해하지 않도록 기본권의 최대보장의 원칙 하에서 법률을 제정하여야 한다. 즉 입법자 차원에서의 기본권침해금지가 바로 법률적 차원에서의 기본권 확인이라고 할 수 있을 것이다.

둘째, 기본권 가운데는 그 구체적 내용의 형성을 입법자에게 위임한 기본권이 많이 있다. 특히 절차적·청구권적 기본권과 참정권의 경우가 그러하다. 이러한 기본권들을 구체화시킬 경우에, 각 기본권이 가지는 객관적 가치와 서열을 중시하여 그 기본권에 걸맞은 내용으로 구체화시켜야 할 것이며, 이 때 인간으로서의 존엄과 가치의 실현이 기본권형성의 궁극적 목적이 되도록 하여야 할 것이다. 경우에 따라서는 기본권형성적 법률을 제정하면서 오히려 기본권을 제한하는 경우가 있을 수 있는데, 이것이 무조건 금지된다고 할 수는 없고, 제한하는 목적과 선택한 수단 사이에 비례의 원칙을 잘 유지하면서 헌법적 법익과 충돌하는 기본권적 법익을 조정하고 형량하여야 하는데 이러한 신중한 형량이 바로 기본적 인권의 확인행위가 될 것이다.

(3) 법집행적 차원에서의 확인의무: 행정부와 사법부

이러한 기본권 확인의무는 법집행적 차원, 즉 행정과 사법에 의해서도 이루어져야 한다. 법률을 구체적으로 해석하고 적용하는 기관인 행정과 사법, 특히 법원은 구체적 사건에서 법률을 해석·적용함에 있어서 개인이 가지는 기본적인 인권을 침해하지 않도록 최대한 인권을 존중하는 방향으로 하여야 한다. 법집행기관의 법해석작용에 있어서 최대한 국민의 기본권을 존중하는 것이 바로 법집행적 차원에서의 기본적 인권의 확인행위이다.

특히 헌법의 최고해석기관은 헌법재판소이기 때문에, 헌법재판소의 헌법해석에 국가기관은 모두 기속된다. 따라서 입법자는 물론이거니와 법집행기관인 행정과 사법부도 헌법재판소의 헌법해석에 기속되며, 헌법재판소의 위헌결정에 반하는 취지의 재판을 하여서는 아니 된다.[64] 이러한 의미에서 법원이 헌법재판소의 기본권침해, 즉 위헌결정을 따르고 존중하는 행위도 기본적 인권의 확인행위에 해당한다고 보아야 할 것이다.

나. 보장의무

(1) 보장의 개념

보장이란 국가가 자신이 침해하지 않는다고 하는 차원을 넘어서, 개인이 가지는 기본적 인권이 실현될 수 있도록 하기 위해서 법과 제도를 통해서 적극적인 보호조치를 하는 것을 의미한다. 따라서 이것은 우선 기본권의 실현을 위한 법적 · 제도적 장치의 형성행위(법제도와 조직 및 절차의 보장과 사전적 권리구제절차 – 청문회, 입법예고제), 그리고 기본권이 침해된 경우에 이를 구제해 주기 위한 법적 · 제도적 장치의 형성행위(기본권구제를 위한 절차의 보장, 사후적 권리구제절차 – 사법적 권리구제절차와 헌법재판제도)를 포함한다.

한편 기본권의 침해는 국가에 의해서 이루어지는 경우도 있지만, 외세나 자연재해 또는 개인에 의해서 이루어지는 경우도 있다. 외세나 자연재해에 의해서 개인의 기본적 인권이 침해될 경우에도 국가는 이를 보호해야 할 의무를 진다(제2조 제2항, 헌법 제5조 제2항, 제34조 제6항). 개인에 의해서 기본권적 법익이 침해되거나 침해될 위험이 있을 경우에도 국가가 이를 보호하기 위해서 적극적으로 나서지 않으면 안 되는데 이것을 협의의 기본권보호의무라고 할 수 있다.

따라서 기본권보장의무의 개념은 이러한 여러 가지 기본권의 보호의무를 포괄하는 광의의 개념이라고 할 수 있다.

82. 법과 제도를 통한 적극적인 보호조치

83. 협의의 기본권 보호의무

84. 광의의 개념

---

64) 방승주, "한정위헌결정의 기속력을 부인한 대법원 판결의 위헌여부", 헌법소송사 례연구, 박영사 2002, 343−373면.

(2) 법적 · 제도적 장치의 형성의무

(가) 기본권실현을 위한 조직과 절차의 형성의무

85. 법제도의
적극적 형성

기본권은 그 내용이 실현되기 위해서는 입법자의 적극적인 법제도의 마련이 필수적이다. 이는 특히 기본권의 구체적 내용의 형성을 입법자에게 위임해 놓은 기본권의 경우에 그러하다. 또한 자유권적 기본권이라 하더라도 그 자유권의 실현을 위해서 여러 가지 법적 제도적 장치의 마련을 입법자에게 위임하고 있는 규정들이 있다. 가령 언론 · 출판의 자유와 관련하여 헌법 제21조 제3항(통신 · 방송의 시설기준과 신문의 기능을 보장하기 위하여 필요한 사항은 법률로 정한다)이라든가, 학문과 예술의 자유와 관련하여 제22조 제2항(저작자 · 발명가 · 과학기술자와 예술가의 권리는 법률로써 보호한다)이라든가, 제31조 교육을 받을 권리와 관련하여 제31조 제4항(교육의 자주성 · 전문성 · 정치적 중립성 및 대학의 자율성은 법률이 정하는 바에 의하여 보장된다)이나 제6항(학교교육 및 평생교육을 포함한 교육제도와 그 운영, 교육재정 및 교원의 지위에 관한 기본적인 사항은 법률로 정한다), 또는 재산권의 수용의 경우 헌법 제23조 제3항의 규정들은 모두 기본권의 실현을 위한 제도적 장치의 마련을 입법자에게 위임한 것이다. 따라서 입법자는 이러한 헌법적 위임규정에 따라 해당 기본권의 실현을 위하여 조직과 절차를 마련하는 등 법제도를 형성하여 국민의 기본적 인권을 보장하여야 한다.

86. 사전적 권
리구제절차

또한 사전적 권리구제절차에 해당하는 청문회 제도나 입법예고절차 등은 모두 기본권실현을 위한 보장내용에 속한다.

(나) 기본권구제를 위한 조직과 절차의 형성의무

87. 권리구제를
위한 절차적 기
본권

한편 헌법은 국민의 기본권이나 권리가 침해된 경우에 여러 가지 권리구제를 위한 절차적 기본권을 마련해 놓고 있다. 재판을 받을 권리를 비롯한 청원권과 국가배상청구권 등 절차적 · 청구권적 기본권들이 그것인데, 이러한 기본권들의 경우 위에서도 언급하였듯이 법률이 정하는 바에 의하여 보장되는 기본권이기도 하다. 이러한 기본권들은 입법자가 구체화시키지 않으면 보장되기 힘든 기본권이며, 이러한 기본권들은 대부분 1차적으로 기본권의 침해를 구제받기 위한 절차에 해당하는 기본권에 해당한다. 따라서 입법자가 임의로 그 내용을 지나치게 축소시킨다든가, 그 기본권의 본질내용을 침해하는 경우에는 기본권구제 자체가 불가능하게 될 수도 있다. 따라서 입법자는 불가침의 기본적 인권을 보장하기 위한 제2차적 기본권의 형성을 인권보장의 이념과 정신에 입각하여 충분히 그 절차와 조직을 마련함으로써 완비하지 않으면 안 된다.

아무튼 기본권구제를 위한 헌법재판제도, 권리구제를 위한 각종 재판제도는 모두 이러한 기본권보장을 위한 법적·제도적 장치들이라고 할 수 있다.

88. 헌법재판제도, 권리구제 재판제도

(3) 외세와 자연재해에 의한 침해로부터의 기본권보호의무

(가) 외세에 의한 침해로부터의 기본권보호의무

외세로부터 국민의 기본권이 침해되는 경우가 발생할 수 있다. 우선 국민이 외국에 주재하는 동안 외국이나, 그 국가기관 또는 국제기구에 의해서 기본적 인권이 침해되는 경우가 있을 수 있는데 이러한 경우에 국가는 법률이 정하는 바에 의하여 재외국민을 보호할 의무를 진다(헌법 제2조 제2항).

89. 재외국민의 보호의무

또한 외국의 침략을 받았을 경우에 국가는 우리 국토를 방위해야 할 뿐만 아니라, 국민의 안전과 생명과 재산을 지켜야 할 의무를 지는 것은 당연하다(헌법 제5조 제2항).

90. 국토방위, 국민의 안전·생명·재산 보호의무

(나) 자연재해에 의한 침해로부터의 기본권보호의무

뜻하지 않은 자연재해로 인하여 국민의 재산이나 인명에 대한 손실 또는 손실의 위험이 발생한 경우에 국가는 이를 예방하고 이러한 재해나 그 위험으로부터 국민을 보호할 의무를 진다. 헌법 제34조 제6항은 "국가는 재해를 예방하고 그 위험으로부터 국민을 보호하기 위하여 노력하여야 한다."고 규정하고 있다.

91. 자연재해의 예방과 위험으로부터 보호할 의무

(4) 제3자에 의한 침해로부터의 기본권보호의무(협의의 기본권보호의무)

(가) 기본권보호의무의 개념과 의의

오늘날 가장 빈발하는 것은 제3자에 의한 국민의 기본권적 법익의

92. 국가의 기본권보호의무 이론

침해이다. 아무리 국가가 국민의 기본권을 침해하지 않는다 하더라도, 사인에 의한 기본권적 법익침해가 끊이지 않는다면, 국민은 인간으로서의 존엄과 가치를 가지고 행복하게 살아갈 수 없다. 따라서 이렇게 제3자에 의한 기본권적 법익의 침해나 침해의 위험이 있을 경우에 국가는 피해자의 기본권을 적극적으로 보호할 의무가 있다고 하는 사고가 바로 국가의 기본권보호의무이론이다. 그러므로 이 협의의 기본권보호의무는 가해자와 피해자 그리고 국가라고 하는 삼각관계를 전제로 한 개념이다.[65]

---

65) 이에 대하여는 정태호, 기본권보호의무, 인권과 정의 252(1997. 8.), 83면 이하; 송기춘, 기본권 보장의무에 관한 연구, 서울대학교 법학박사학위논문, 1999; 이승우, 기본권보호의무와 공권이론, 고시연구 제20권 제9호(1999), 71면 이하; 이흥용·이발래, 국가의 기본권보호의무로서 과소보호금지원칙, 사회과학연구 13-1(2000. 8.), 105면 이하; 장영철, 기본권의 제3자적 효력과 기본권보호의무, 공법연구 29-2(2001), 155면 이하; 방승주, 교통사고처리특례법과 국가의 기본권보호의무, 『헌법소송사례연구』 박영사 2002, 440면 이하; 이준일, 기본권으로서 보호권과 기본권의 제3자효, 저스티스 통권 제65호(2002), 65면 이하; 송석윤, 기본권으로서의 안전권에 관한 시론적 연구, 법학논집 제8권 제1호(2003), 1면 이하; 방승주, 국가의 기본권보호의무와 그 이행여부에 대한 헌법재판소의 통제(상)·(하), 고시연구(2004. 8. 9.), 171면 이하(상), 14면 이하(하); 요제프 이젠제(Josef Isensee) 저/김효전 역, 방어권과 국가의 보호의무로서의 기본권, 동아법학 제35호(2004), 161면 이하; 표명환, 국가의 기본권보호의무와 행정법상의 개인적 공권이론, 헌법학연구 제10권 제1호(2004), 277면 이하; 박규하, 헌법국가에 있어서의 국가의 기본권보호의무와 입법부작위에 관한 소고, 외법논집 제19권(2005), 163면 이하; 정상기, 생명과학기술과 기본권, 연세법학연구 제11권 제1호(2005), 67면 이하; 방승주, 사법질서에 있어서 국가의 기본권보호의무, 공법학연구 제7권 제5호(2006. 12.), 47면 이하; 이부하, 헌법영역에서의 기본권보호의무, 공법학연구 제8권 3호(2007), 123면 이하; 이부하, 비례성원칙과 과소보호금지원칙, 헌법학연구 제13권 제2호(2007. 6), 276면 이하; 정문식, 생명윤리법상 국가의 기본권 보호의무, 공법학연구 제8권 제3호(2007), 167-191면; 정문식, 안전에 관한 기본권의 헌법상 근거와 위헌심사기준, 법과 정책연구 제7권 제1호(2007. 6), 217면 이하; 방승주, 배아와 인간존엄, 한양대법학연구소, 법학논총 제25집 제2호(2008), 1면 이하; 정문식, 형성 중인 생명에 대한 국가의 기본권 보호의무, 법학논총 제28권 제2호(2008), 385면 이하; 장영철, 과소보호금지원칙에 관한 연구, 헌법학연구 제14권 제1호(2008. 3), 109면 이하; 허완중, 기본권보호의무에서 과소보호금지원칙과 과잉금지원칙의 관계, 공법연구 제37집 제1·2호(2008. 10), 201면 이하; 이효원, 범죄피해자의 헌법상 기본권보호, 서울대학교 법학, 제50권 제4호(2009), 81면 이하; 장영철, 태아의 생명권에 대한 국가의 보호의무, 공법학연구 제10권 제2호(2009), 129면 이하; 정문식, 과잉금지원칙과 과소금지원칙의 관계, 법과 정책연구 9-1(2009. 6.), 197면 이하; 방승주, 교통사고처리특례법 제4조 제1항의 위헌여부 심사기준, 법률신문 2009년 3월 26일자 제3733호 판례평석; 방승주, 착상전 진단의 헌법적 문제, 헌법학연구 제16권 제4호(2010),

(나) 기본권보호의무의 헌법적 근거

기본권보호의무의 헌법적 근거에 대해서는 학설과 판례의 견해가 다양하게 나뉘고 있다.

93. 학설과 판례

1) 헌법재판소의 입장

① 헌법 제10조 후단

교통사고처리특례법 제4조에 대한 헌법소원사건에서 4인의 합헌의견[66]과 한국보건산업진흥원법 부칙 제3조 위헌소원[67], 민사소송법 제118조 제1항 등 위헌소원[68], 보건범죄단속에관한특별조치법 제5조 위헌소원[69]에서 헌법재판소는 헌법 제10조 후단을 보호의무의 근거로 보았다. 이러한 결정으로 보아 이것이 헌법재판소의 공식적 입장인 것으로 보인다.

94. 헌재의 입장

② 헌법 전문, 헌법 제10조, 헌법 제30조, 헌법 제37조 제1항의 규정

교특법사건의 3인의 위헌의견[70]과 형법 제9조 위헌확인 등 사건의 별개의견[71]은 우리 헌법 전문, 헌법 제10조, 헌법 제30조, 헌법 제37조

95. 3인의 위헌의견

67면 이하; 장영철, 생명공학과 기본권 - 소위 초기 인간배아의 기본권을 중심으로, 헌법학연구 제16권 제4호(2010), 1면 이하; 김범기, 국가의 기본권 보호의무, 경기법학논총 제10호(2010), 1면 이하; 김종보, 헌법의 객관성과 기본권보호의무, 공법학연구 11-4(2010), 27면 이하; 최현선, 입법자의 기본권 보호의무, 동아법학 제48호(2010), 31면 이하; 표명환, 태아의 생명보호에 관한 헌법적 고찰, 토지공법연구 제51권(2010), 343면 이하; 표명환, 기본권해석에 있어서 기본권의 객관법적 성격의 기능과 현대적 쟁점, 법학연구 제42호(2011), 45면 이하; 권영복, 국가의 기본권보호의무와 보험금 압류 및 보험계약 강제해지 제한입법의 필요성, 토지공법연구 제52권(2011), 489면 이하; 정영화, 기업의 사회적 책임과 헌법의 기본권보호, 헌법학연구 제17권 제3호(2011), 111면 이하; 조홍석, 국가의 기본권 보호의무와 개인의 보호청구권, 법과 정책연구 제11집 제3호(2011. 9), 1097면 이하; 표명환, 기본권보호청구권의 구조와 체계에 관한 고찰, 법학연구 제45집(2012. 2), 23-46면; 정혜영, 과소보호금지원칙에 관한 소고, 강원법학 제38권(2013. 2), 631면 이하.

66) 헌재 1997. 1. 16, 90헌마110 등, 판례집 제9권 1집, 90. 김문희, 정경식, 고중석, 신창언 재판관. 합헌의견.

67) 헌재 2002. 11. 28, 2001헌바50, 판례집 제14권 2집, 668.

68) 헌재 2002. 5. 30, 2001헌바28, 판례집 제14권 1집, 490.

69) 헌재 2001. 11. 29, 2000헌바37, 판례집 제13권 2집, 632.

70) 헌재 1997. 1. 16, 90헌마110 등, 판례집 제9권 1집, 90, 김진우, 이재화, 조승형 재판관의 위헌의견.

71) 헌재 2003. 9. 25, 2002헌마533, 판례집 제15권 2집 상, 479, 전효숙 재판관의 별개의견.

제1항의 규정으로부터 그 근거를 찾았다.

2) 학설의 입장
① 기본권의 객관적 가치질서

96. 객관적 가
치질서

이 입장은 실정헌법규정으로부터가 아니라, 기본권이 가지는 객관
적 가치질서의 측면으로부터 그 근거를 찾는다.[72]

② 입헌주의 헌법과 민주공화국의 선언규정

97. 입헌주의,
민주공화국

입헌주의 헌법과 민주공화국의 선언규정으로부터 기본권보장의무
를 도출하고 헌법 제10조 제2문이나 헌법전문은 단지 이를 확인하는 것
으로 보는 견해가 있다.[73]

③ 헌법 제10조 제2문

98. 헌법 제10
조 제2문

헌법 제10조 제2문을 그 근거로 드는 견해가 있다.[74]

④ 종합적 근거

99. 종합적 근
거

기본권의 객관적 가치질서로서의 성격과 개인의 안전보장이라고
하는 국가목적, 헌법전문, 헌법 제10조 제2문, 헌법 제30조 모두를 그
근거로 드는 견해가 있다.[75]

3) 사 견

100. 사견

우선 헌법 제10조 제2문의 기본권보장의무를 그 근거로 들 수 있
다. 다음으로 기본권보호의무의 사상이 드러나는 많은 헌법규정이 존재
한다. "우리들과 우리들의 자손의 안전과 자유와 행복을 … 확보"를 다
짐하는 헌법전문, 헌법 제21조 제4항의 "언론·출판은 타인의 명예나
권리 또는 공중도덕이나 사회윤리를 침해하여서는 아니 된다. 언론·출

---

72) 정태호, 기본권보호의무, 김남진교수정년기념논문집, 현대 공법학의 재조명, (고
   려대학교)법학논집 특별호(1997), 361-409, 390면; 이부하 (주 41), 공법학연구 제
   8권 제3호 (2007), 123-140, 131면.
73) 송기춘 (주 41), 108면.
74) 이승우, "국가의 기본권보호의무," 균재 양승두교수 화갑기념논문집(Ⅰ), 현대공
   법과 개인의 권익보호, 1994, 1153-1187, 1182면; 정문식 (주 41), 공법학연구 제8
   권 제3호 (2007), 167-191, 174면.
75) 김선택, 헌법사례연습(제3판), 법문사, 2004, 274면.

판이 타인의 명예나 권리를 침해한 때에는 피해자는 이에 대한 피해의 배상을 청구할 수 있다"는 규정, 제30조의 "타인의 범죄행위로 인하여 생명·신체에 대한 피해를 받은 국민은 법률이 정하는 바에 의하여 국가로부터 구조를 받을 수 있다"는 규정 등이 그것이다. 요컨대 기본권의 헌법직접적 한계규정으로서 소위 "타인의 권리"(neminem laedere)와 관련된 헌법조문은 국가의 기본권보호의무를 간접적으로 시사하고 있는 규정들이라고 할 수 있다.[76]

(다) 기본권보호의무의 구성요건

기본권보호의무가 성립되기 위해서는 기본권적 보호법익에 대한 사인의 위법한 침해 또는 침해의 위험이 존재하여야 한다.[77]

> 101. 사인의 위법한 침해·침해의 위험 존재

1) 침해의 대상

침해의 대상은 자유권적 기본권의 모든 보호법익이다. 가령 생명, 건강, 재산권, 인신의 자유 등을 들 수 있다. 또한 사적 거래관계에서 침해될 수 있는 보호법익으로서 직업의 자유나 인간의 존엄과 가치 및 행복추구권으로부터 도출되는 일반적 인격권도 포함될 수 있을 것이다.[78] 특히 일반적 인격권에 포함되는 명예나 헌법 제17조의 사생활의 비밀과 자유는 표현의 자유에 의해서 빈번하게 침해될 수 있는 바, 이러한 인격권과 사생활의 비밀과 자유는 우리 헌법 제21조 제4항이 보호하고 있는 중요한 보호대상이 된다고 볼 수 있을 것이다.

> 102. 자유권적 기본권의 모든 보호법익이 침해대상

2) 구성요건적 행위

기본권보호의무의 구성요건이 되는 행위는 기본권적 법익에 대한 현재의 침해와 또한 임박한 침해이다. 예를 들어서 어떠한 출판물을 통

> 103. 현재의 침해 혹은 임박한 침해

---

76) 방승주 (주 40), 헌법소송사례연구, 440-486(463-464면) 참조.
77) 이하 방승주 (주 40), 헌법소송사례연구, 440-486(464면 이하)의 내용을 참고하여 보완함.
78) 사법질서에 있어서 기본권보호의무에 대하여는 방승주 (주 41), 공법학연구 제7권 제5호, 47-83면 참조.

해서 개인의 명예나 사생활의 비밀을 심각하게 침해할 위험이 있는 경우에, 피해자는 가해자가 그러한 출판물을 출판하지 못하도록 출판정지 가처분소송을 제기할 수 있게 될 것이다. 이와 같이 침해행위는 현재 존재할 경우뿐만 아니라, 임박한 경우에도 이러한 국가의 기본권보호의무의 구성요건이 충족될 수 있을 것이다.

104. 침해행위의 위법성 판단기준

그리고 이러한 침해행위의 위법성 판단기준은 헌법이 될 것이다.79) 다시 말해서 헌법적 보호의무의 발동요건으로서는 기본권에 의해서 보호되는 헌법적 법익이 침해되었거나 침해될 위험이 존재하느냐가 될 것이다.

3) 침해행위의 주체

105. 사인

침해행위의 주체는 私人이다. 따라서 국가나 지방자치단체 등 공권력 주체나, 외국 기타 자연재해의 경우는 이러한 협의의 기본권보호의무를 성립시킬 수 있는 침해의 주체가 아니다.

106. 자해행위 보호는 기본권 보호의무에 불포함

또한 자해행위의 경우 가해자가 존재하지 않기 때문에 국가의 적극적인 기본권보호의무가 성립되지 않는다. 기본권의 행사와 그 보호는 자기책임의 원칙에 따라 자신의 자유로운 행위에 대하여 스스로가 책임을 지는 것이 원칙이기 때문이다.

(라) 기본권보호의무의 법적 효과

107. 적절한 수단과 조치 이행

기본권보호의무의 구성요건이 충족되면, 그 법적 효과는 국가의 보호의무의 실현과 그 이행을 위한 수단의 선택이다. 다시 말해서 구체적으로 기본권보호의무가 발생하였기 때문에 그 이행을 위해서 적절한 수단과 조치를 취해야 한다는 것이다.

1) 보호의무의 수범자

108. 모든 국가 기관

보호의무의 수범자는 모든 국가기관이다. 다만 이 보호의무를 수행

---

79) 다만 타인의 침해가 헌법적으로 위법한지 여부의 문제는 결국 충돌하는 헌법적 법익들 상호간의 형량의 문제가 될 수 있다는 점에서, 이러한 요건이 꼭 필요한 것은 아니라는 헤르메스의 지적이 있는 바, 이 부분은 상당히 일리가 있으며, 앞으로 계속 연구해야 할 과제라고 생각한다. 이에 대하여는 방승주 (주 40), 헌법소송사례연구, 465-466면.

함에 있어서는 국가기관이 자신의 일반적인 권한의 범위 내에서, 보호
조치를 이행해야 하는 것이지, 이러한 보호의무가 국가기관에게 새로운
권한을 창설해 주는 것은 아니다. 국가기관은 법치국가의 원칙에 부합
하는 범위 내에서 효과적이고도 적절한 보호조치를 취하여야 한다.

우선 입법자는 보호의 필요성을 충족시킬 수 있는 법률을 제정해야   109. 법률제정,
하며, 항상 기본권적 법익보호를 충분히 할 수 있는 최소한의 수준을 유   입법개선의무
지하여야 하고, 만일 현행 규정과 관련하여 사정이 변경된 경우에는 새
로운 위험상황에 부응하여 대처해야 할 입법개선의무[80]를 지게 된다.
기본권보호를 위한 보호입법의 개정이나 폐지는 허용된다. 하지만 법률
적 보호의 최소한의 수준은 유지될 수 있도록 하여야 한다.

이러한 입법이 이루어지면, 행정부과 사법부가 이러한 법률을 근거   110. 행정부와
로 효과적인 보호의무를 수행하여야 하며, 만일 그와 같은 입법이 존재   사법부의 법률
하지 않는 경우 행정부나 사법부는 구체적인 상황에서 어떠한 조치를   이행
취해야 할 것인지에 관하여 기본권적 법익형량을 현명하게 하여야 할
것이다.

2) 보호조치의 내용

구체적으로 어떠한 보호조치를 취할 것인지의 문제는 기본권의 객   111. 주관적 보
관적인 보호의 필요성과 기본권주체(피해자)의 주관적인 보호의 필요성   호의 필요성을
에 따라서 달라질 것인데, 이러한 문제는 결국 기본권적 법익에 대한 위   종합적 검토
해의 심각성, (현재적이거나 장래의) 침해의 유형, 그 범위와 강도, 그리고
기본권주체 스스로에 의해서 정당하고도 기대 가능한 방법으로 극복될
수 있는 가능성 등을 종합적으로 고려하여 판단해야 할 것이다.

또한 이러한 보호조치의 실행은 현실적으로 가능한 범위 내에서 이   112. 현실적으
루어질 수밖에 없다. 이것은 마치 사회적 기본권이 국가에게 허용된 가   로 가능한 범위
능한 재원이 없는 경우에 제대로 보장될 수 없는 것과 마찬가지로, 가능   내 실현
한 것의 유보 하에 놓인다고 하는 것이다.

---

80) 이에 대하여는 방승주, "독일 연방헌법재판소의 입법자에 대한 통제의 범위와 강
    도", 헌법논총 제7집(1996), 299－348, 347－343면 참조.

113. 입법자에게 넓은 형성의 자유 인정

그러므로 구체적인 보호조치의 결정에 있어서 입법자에게는 넓은 형성의 자유가 인정된다. 이 경우에 법률은 행정부에 구체적인 위험에 대응을 할 것인지 아니면 기다릴 것인지에 대한 결정에 있어서 재량을 부여할 수도 있다. 이러한 재량에 따라 구체적인 보호조치를 수행하지 않거나 거부한 경우에는 그러한 행위가 기본권적 정당성이 있었는지를 추궁하게 된다. 경우에 따라서 특정한 조치 외에는 다른 보호조치가 존재하지 않을 경우에는 이러한 재량은 영으로 수축할 수도 있다.

114. 과소금지 원칙 적용

결국 구체적인 보호조치의 내용을 결정함에 있어서 입법자에게 넓은 형성의 자유가 인정되는 만큼, 보호의무의 이행여부의 통제기준은 소위 과소금지의 원칙(Untermaßverbot)이 된다.

3) 가해자의 지위

115. 가해자의 방어권적 지위

국가의 기본권보호의무를 이행하기 위한 수단을 투입할 경우에, 가해자 역시 기본권주체로서 국가에 대하여는 방어권적 지위에 있다고 하는 점을 잊어서는 안 된다.

116. 가해자의 권리제한에 대한 과잉금지원칙 적용

우선 가해자나 그 밖의 제3자에 대하여 가하는 보호조치는 법치국가원리에 따라서 법률유보의 원칙에 입각하지 않으면 안 되며, 또한 보호조치로 선택한 수단이 보호목적과 적절한 비례관계를 유지하지 않으면 안 된다. 다시 말해서 보호조치는 피해자의 기본권적 법익의 보호라고 하는 목적에 의해서 정당화되지 않으면 안 된다. 결국 한편으로 피해자와의 관계에서는 과소금지의 원칙을 만족하여야 하면서도, 다른 한편으로 가해자에 대해서는 과잉금지의 원칙을 충족시키지 않으면 안 된다.81)

4) 피해자의 지위

117. 보호청구권

피해자의 입장에서는 국가가 그에 대한 보호의무를 전혀 이행하지 아니하거나 충분히 효과적으로 이행하지 않을 경우에 이러한 국가의 기본권보호의무로부터 주관적인 보호청구권이 인정될 수 있을 것인지가

---

81) 이 경우 과소금지의 원칙과 과잉금지의 원칙과의 관계에 관해서는 방승주 (주 40), 헌법소송사례연구, 469면 이하; 마찬가지로 양 원칙을 독자적인 것으로 보는 견해로, 이부하 (주 41), 헌법학연구 제13권 제2호, 275-303면 참조.

문제된다. 다시 말해서 생명권이나 인간존엄권 또는 인격권이나 사생활의 비밀과 보호 등의 기본권적 법익을 침해하거나 침해할 위험이 있는 가해자는 국가가 아니라 사인이었음에도 불구하고, 오히려 무관한 국가에게 구체적으로 자신의 기본권적 법익을 보호해 달라고 요구할 수 있는 보호청구권이 인정될 수 있겠는가의 문제이다. 전통적으로 자유권적 기본권의 경우 국가가 기본권을 침해하지 말 것을 요구하는 대국가적 방어권으로서의 의미가 있을 뿐, 적극적으로 국가에게 구체적인 행위를 요구할 수 있는 기본권이 아니라고 이해해 왔기 때문에, 과연 보호청구권을 인정할 것인지의 문제를 제기하는 것은 기본권이론적 혼란을 초래할 것처럼 보인다.

하지만 기본권이 가지는 객관적 가치질서로서의 측면과, 그리고 헌법 제10조 제2문이 규정하고 있는 국가의 기본권보장의무와 기본권보호의무의 의미는 이렇게 사인에 의한 기본권침해나 침해의 위험이 있는 경우, 구체적으로 보호청구권이 발생할 수 있다고 하는 점에 있다. 이것이 인정되지 않으면, 국가의 기본권보호의무이론은 구체적인 사건에서 피해자가 국가에 대하여 소구할 수 있는 근거가 될 수 없고, 따라서 보호의무의 위반은 위헌법률심판과 같은 객관적 소송에서만 이루어질 수밖에 없을 것이기 때문이다. 다시 말해서 항상 그와 같은 것은 아니라 하더라도, 특정한 경우에는 피해자가 국가에 대해서 보호를 요구할 수 있는 적극적인 청구권이 이 기본권보호의무로부터 도출될 수 있다는 것이 인정되어야 한다는 것이다.

세월호 희생자 유가족들이 청구한 헌법소원심판에서도 청구인들은 보호청구권의 침해를 주장한 바 있다.[82]

118. 기본권보호의무에서 도출

119. 세월호 헌법소원

5) 기본권보호의무위반의 경우 구제수단

만일 입법자가 기본권보호의무를 전혀 이행하지 않고 해태하는 경우에는 헌법재판소법 제68조 제1항에 따라 입법부작위에 대한 헌법소원

120. 진정입법부작위, 부진정입법부작위

---

82) 헌재 2014헌마1189 · 2015헌마9, 신속한 구호조치 등 부작위 위헌확인(심리중). 방승주, 헌법사례연습, 박영사 2015, 145－156면 참조.

심판을 청구할 수 있을 것이며(진정입법부작위), 입법자가 입법의무를 이행하기는 하였으나 불완전·불충분한 입법을 하여 문제가 되는 경우에는 이러한 법률 자체에 대하여 헌법소원심판을 청구할 수 있을 것이다(부진정입법부작위).83)

121. 부작위위법확인소송

또한 행정기관이 보호의무를 이행하지 않는 경우에는 행정소송법 제4조 제3호에 따른 부작위위법확인소송으로도 다툴 수 있을 것이다. 그러한 점에서 보충성의 원칙이 문제가 될 수 있었을 만한 사건이지만 헌법소원심판이 인용된 사건으로 일본군위안부피해자 헌법소원심판사건84)이 있다.

122. 헌법재판소 판례

헌법재판소 판례에 의하면 기본권보장의무로부터 입법자의 입법의무가 도출될 수 있으며, 이를 이행하지 않을 경우에는 헌법소원심판의 청구대상이 되는 입법부작위가 된다고 하고 있다.85)

(마) 기본권보호의무 위반여부의 심사에 있어서 심사기준 내지 통제의 강도

123. 과소금지원칙에 입각한 완화된 심사

기본권보호의무위반을 다투는 입법부작위에 대한 헌법소원심판이나, 또는 법률에 대한 헌법소원심판에서는 보호의무 이행에 있어서 입법자에게 인정되는 넓은 형성의 자유를 고려할 때, 헌법재판소는 소위 과소금지의 원칙에 입각한 완화된 심사를 수행하는 것이 타당하다. 헌법상 기본권보호의무를 어떻게 이행할 것인지는 구체적인 위험상황이나 피해자의 보호필요성의 정도, 국가적 수단동원의 가능성 등 전체를 고려하여 민주적으로 정당화된 입법자가 가장 최적으로 판단할 입장에 있기 때문에 입법자에게는 행위규범으로 기능하지만, 헌법재판소에게는 사후적 통제규범으로서 기능할 뿐이라고 보아야 한다. 따라서 입법자가 보호의무를 수행하기 위해서 명백히 아무런 조치를 취하지 않았다고 판단되지 아

---

83) 기본권보호의무 위반을 이유로 하는 헌법소원심판청구의 적법요건심사에 관해서는 방승주 (주 40), 헌법소송사례연구, 450−460면; 방승주 외 3인, 공권력의 불행사에 대한 헌법소원심판 구조 연구, 헌법재판연구 제29권, 헌법재판소 2018 참고.

84) 헌재 2011. 8. 30, 2006헌마788, 판례집 제23권 2집 상, 366, 384.

85) 이에 관한 사례로는 방승주 외 3인 (주 59), 121−160면. 헌재 2003. 5. 15, 2000헌마192, 판례집 제15권 1집, 551, 552−554 권성 재판관의 반대의견.

니하는 한86), 입법자의 보호의무위반을 확인하기는 힘든 것이다.87)

다. 제도보장

　제도보장은 위에서도 언급하였듯이 전통적으로 내려오는 공적, 사적 제도의 핵심을 입법자가 침해하지 않도록 하기 위하여 그 핵심적 내용을 헌법적으로 보장함으로써, 국민의 기본권을 보다 효과적으로 보호하기 위한 것이라고 할 수 있다. 슈미트(Carl Schmitt)적 의미에서는 자유는 결코 제도일 수 없기 때문에 제도는 자유를 위한 단지 보조적 수단이 될 수 있을 뿐 이러한 제도로부터 어떠한 자유나 권리를 도출해 낼 수는 없게 된다.

124. 슈미트적 제도보장의 문제

　그러나 이에 반하여 해벌레(Häberle)의 제도적 기본권론에 의하면 국민은 국가에 의하여 잘 정돈된 질서 가운데서만 그 자유를 누릴 수 있기 때문에, 진정한 의미의 자유는 법제도에 의하여 잘 정돈된, 제도적으로 보장된 자유인 것이다. 따라서 이러한 의미에서는 기본권은 곧 제도이고 자유는 곧 제도일 수밖에 없다. 그러므로 해벌레와 같은 이해에 따르면 헌법상 기본권은 모두 제도가 되는 것이다.

125. 기본권은 곧 제도, 자유는 곧 제도

　그러나 이러한 이해는 결국 주관적 공권으로서의 기본권을 객관적 차원에서 객관적 가치질서로 이해하는 기본권의 이중적 성격 내지 양측면설과 상당히 유사성을 갖는다고 볼 수 있다.

126. 기본권의 이중성 성격론과 유사

　아무튼 이러한 시각에 따라 기본권을 파악할 경우 헌법 제23조의 재산권은 동시에 객관적으로는 사유재산제도의 보장으로 볼 수 있으며, 또한 헌법 제36조 제1항의 혼인과 가족생활기본권은 동시에 혼인과 가족제도의 보장으로 이해할 수 있는 것은 물론, 그 밖의 기본권들도 역시 동시에 제도로서도 이해할 수 있는 것이다.

127. 제도로서의 자유권의 사례

　헌법재판소 판례에는 칼 슈미트(Carl Schmitt)의 제도보장론에 입각하

128. 헌재 판례

---

86) 이러한 의미에서 명백성통제가 적용될 수 있을 것이다. 이에 관하여는 방승주 (주 56), 299−348면; 방승주(주 41), 공법학연구 제7권 제5호, 47−83(75면 이하) 참조.
87) 위 교통사고처리특례법 제4조에 대한 헌법소원사건에서 4인의 합헌의견은 바로 이러한 입장에 있었으며, 이러한 입장이 타당하다고 생각된다. 헌재 1997. 1. 16, 90헌마110 등, 판례집 제9권 1집, 90. 이에 대한 평석으로 방승주 (주 40), 헌법소송사례연구, 474면 이하.

여 헌법상의 제도를 파악한 사례들이 있다.[88]

129. 보호입원
제도에 관한 판
례의 문제점

한편 헌법재판소의 정신보건법 제24조의 소위 보호입원제도에 관한 위헌심판에서 보호입원제도에 대하여 헌법불합치결정[89]을 선고하였는데, 이 사건은 영장주의를 기본권의 객관적 가치질서의 측면에서 해석할 때 모든 인신구속과 관련되는 사건에 적용된다고 보아야 할 것인가의 문제가 제기되는 사례라고 할 수 있다. 헌재는 단순히 신체의 자유를 과잉하게 침해하여 위헌으로 보았다는 점에서 이러한 관점은 앞으로 더 논의를 해 볼 필요가 있다고 하겠다.

---

88) 헌재 1997. 4. 24, 95헌바48, 판례집 제9권 1집, 435, 444-446 - 직업공무원제도;
헌재 2005. 2. 3, 2001헌가9, 판례집 제17권 1집, 1, 42-43 - 혼인과 가족제도
89) 헌재 2016. 9. 29, 2014헌가9, 판례집 제28권 2집 상, 276 [헌법불합치].

제 3 절 기본권의 보호영역과 주체

Ⅰ. 기본권의 보호영역

1. 보호영역의 의의

기본권의 보호영역이란 기본권에 의하여 보호되는 생활영역이다. 이는 다른 말로 기본권 구성요건 또는 규범영역이라고도 일컫는다. 보호영역은 기본권이 보호하고자 하는 대상적 범위인 데 반하여 기본권주체는 기본권이 보호하고자 하는 인적 범위라고 할 수 있다.

1. 기본권의 구성요건, 규범영역

헌법재판소는 보호영역[1]이라고 하는 개념을 쓰기도 하지만 보호범위 내지는 보장내용 등의 개념을 쓰기도 한다.

2. 헌재의 개념 사용

2. 보호영역의 양태

기본권이 보호하고자 하는 생활영역이라고 해서 이것을 어떠한 공간적 범위로 생각해서는 안 된다. 우리 헌법상 기본권은 국민의 모든 생활영역을 다양하게 보호하고 있기 때문에 어떠한 생활이 문제되는가에 따라서 그것이 정치적, 경제적, 사회적, 문화적 영역일 수도 있고, 정신적 영역 또는 물질적 영역일 수도 있는 것이다.

3. 보호하고자 하는 생활영역

그러나 이러한 보호영역은 그것이 자유권인가 아니면 평등권인가에 따라서 달리 평가할 수 있다.

4. 기본권의 성질에 따른 평가

가. 자유권적 기본권의 보호영역

자유권적 기본권은 대부분 국민의 자유와 관련되는 생활영역으로

5. 자유롭게 행할 자유

---

1) 헌재 2009. 5. 28, 2006헌바109, 판례집 제21권 1집, 545 – '음란'과 헌법상 표현의 자유의 보호영역. 방승주, 직업선택의 자유, 헌법논총 제9집(1998), 211－275, 233면 각주 67 참조.

서, 국민의 일정한 행위나 활동을 국가에 의하여 방해받지 않고 자유롭게 행할 자유나 권리라고 할 수 있다. 가령 언론·출판, 집회·결사의 자유나 직업선택의 자유, 거주·이전의 자유, 학문과 예술의 자유 등과 같이 일정한 생활영역에서 자유롭게 표현하고, 모이고, 단체를 결성하고, 직업을 선택하고, 거주할 곳을 정하고, 학문과 예술 활동을 원하는 대로 할 자유와 같이 국민의 일정한 행위와 관련된 것들이 대부분이라고 할 수 있다.

6. 거동의 임의성을 박탈당하지 않을 자유

한편 신체의 자유와 같은 경우는 적법한 절차나 법률에 의하지 아니하고서는 체포, 구금, 압수, 수색당하지 아니할 자유로서 이는 적극적으로 어떠한 행위를 할 자유이기 보다는, 국가로부터 거동의 임의성을 박탈당하지 아니할 자유라고 할 수 있다.

7. 평온하게 생활하는 상태를 보장

또한 주거의 자유와 같은 경우는 영장에 의하지 아니하고는 국가에 의한 가택의 침입이나 수색을 당하지 아니할 자유이며, 주거에서 평온하게 생활할 수 있는 자유이다. 따라서 이는 국가에 의한 침입이나 수색 또는 도청 등을 당하지 아니하고 평온하게 생활하는 상태 그 자체가 바로 보호대상이 되는 것이다.

8. 정신적 활동, 상태 보호

양심의 자유와 같은 정신적 자유의 경우는 내심으로부터 나오는 일정한 가치판단이나 선과 악, 옳고 그름에 대한 확신 등의 정신적 활동 내지 상태를 보호한다.

나. 평등권의 보호영역

9. 국가로부터 차별받지 않을 권리

평등권은 다른 자유권과는 달리 일정한 생활영역을 보호하는 것이 아니라, 모든 생활영역에서 다른 국민과 비교하여 국가로부터 차별받지 아니할 권리라고 할 수 있다. 따라서 이것은 일정한 생활영역을 전제로 하지 않기 때문에, 보호영역은 존재하지 않는다고 볼 수 있다.

10. 방어권설

그러나 이러한 시각과는 달리 국가에 의하여 차별받지 아니할 권리로서 평등권 역시 일종의 방어권으로서 보는 시각도 있다.[2]

---

2) Michael Sachs저, 방승주 역, 헌법 II - 기본권론, 헌법재판소 2002, 302면.

다. 형성유보가 있는 기본권의 보호영역

가령 "법률이 정하는 바에 의하여 보장된다"고 하는 형식의 기본권들이 다수 존재한다. 가령 선거권, 공무담임권, 청구권적 기본권들을 들 수 있으며, 재산권 역시 형성유보가 달려 있는 기본권이다. 이러한 기본권들의 경우 보호영역 자체가 법률에 맡겨져 있는 것 아닌가 하는 의문이 생길 수 있다.

11. 형성유보

재산권의 경우 헌법 제23조 제1항 제2문은 재산권의 내용과 한계는 법률로 정한다고 규정하고 있다. 그러므로 무엇을 재산권으로 보장할 것인지는 일응 입법자에게 맡겨져 있다고 할 수 있다. 그러나 헌법이 보장한 기본권이 전적으로 입법자의 처분 하에 놓여 있다고 할 수는 없을 것이다. 이와 같이 기본권의 구체적 내용의 형성을 입법자에게 맡겨 놓은 것을 형성적 법률유보라고 하는데, 이러한 형성적 법률유보의 경우에도 그 기본권 자체를 거의 보장하지 않거나 유명무실하게 하는 것은 입법자에게 허용되지 않는다고 볼 수 있기 때문에[3], 입법자가 구체화할 기본권의 보호영역 자체는 헌법적으로 일단 어느 정도의 윤곽이 구상되어 있다고 보아야 할 것이다.

12. 보호영역은 헌법에 규정, 구체적 내용 형성은 입법자에 위임

그러므로 아무리 형성유보가 있는 기본권이라 하더라도 일단 헌법적 구성요건을 먼저 확정해 주지 않으면 안 된다. 그래야만 형성된 법률이 그 기본권을 침해하였는지 여부를 심사할 수 있게 될 것이기 때문이다.

13. 헌법적 구성요건 확정필요

라. 도출된 기본권의 보호영역

헌법이 명시적으로 보장한 것이 아니고, 헌법 제10조나 제37조 제1항 등의 규정을 통하여 또는 그 밖의 기본권 외의 다른 헌법규정(가령 헌법 제41조 제1항이나 제67조 제1항, 헌법 제8조)으로부터 도출된 기본권들의 경우 어떠한 보호영역을 가지는지가 문제될 수 있다.

14. 헌법규정에서 도출되는 기본권

우선 가령 정당의 설립이나 활동의 자유와 같이 사실상 기본권 장에 존재하지 않지만, 기본권과 다름없는 규정내용을 가지고 있는 기본

15. 다른 장에 존재하는 기본권

---

3) 방승주, 교통사고처리특례법 제4조 제1항의 위헌여부 심사기준, 법률신문 2009. 3. 26. 제3733호, 15면.

권의 경우는 도출된 기본권이라고 할 것도 없이 그 자체가 기본권이라고 할 수 있기 때문에, 기본권 장에 존재하는 기본권들과 다름없이 보호영역을 확정해 줄 수 있을 것이다. 이는 선거와 관련한 원칙으로부터 나오는 평등선거권이나 자유선거권, 비밀선거권의 경우도 마찬가지라고 할 수 있을 것이다. 특히 이러한 원칙으로부터 나오는 기본권은 기본권 장에 존재하는 선거권(제24조)과 더불어서 그 보호영역 내지 의미내용을 확정할 수 있기 때문에, 큰 어려움은 없다.

16. 헌법에 명시되지 않은 기본권은 판례에 의해 확정

그러나 가령 일반적 행동의 자유[4], 알권리, 개인정보자기결정권, 자기운명결정권, 일반적 인격권 등과 같이 헌법에 명시되어 있지 아니하나 헌법상 기본권으로부터 헌법재판소가 도출하여 판례로 정립한 기본권의 경우는 그러한 보호될 필요성이 있는 생활영역과 관련하여 그 보호영역이 확정되어야 할 것인데, 보통의 경우 헌법재판소의 판례에 의하여 그 윤곽이 그어진다고 할 수 있을 것이다.

3. 보호영역의 확정

17. 보호영역에 대한 문언적 해석필요

헌법은 보호하고자 하는 국민의 생활영역을 구성요건적 개념을 통하여 매우 간결하게 규정하고 있다. 가령 "모든 국민은 언론·출판, 집회·결사의 자유를 가진다" 등의 형식이다. 따라서 보호영역을 확정하기 위해서는 우선 헌법이 택한 기본권의 구성요건적 개념을 먼저 문언적으로 해석하여야 한다. 이러한 해석에 있어서는 통상적인 언어의 용례를 일단 출발점으로 하지 않을 수 없을 것이다.

18. 단순히 문언적 해석으로 결정할 수 없는 경우

그러나 가령 예술의 자유와 같이, 어떠한 창작활동이나 작품이 예술 활동이나 예술품에 해당하는지 여부를 단순히 문언적 해석으로 결정할 수는 없다. 무엇이 예술에 속하는지 여부는 그 예술계에 종사하는 사람들, 즉 예술가들이 가장 전문적으로 판단할 수 있는 것이며, 어떠한 행위가 예술 활동인가 아닌가 역시 마찬가지이다. 만일 이것을 국가가 타율적으로 결정한다면 그것 자체가 예술의 자유를 침해할 가능성이 있

---

4) 헌재 2003. 10. 30, 2002헌마518, 판례집 제15권 2집 하, 185, 199−200.

기 때문에, 예술의 개념 자체를 열린 개념으로 보고, 가급적 구성요건을 넓게 해석할 필요가 있다. 이 점은 직업선택의 자유에 있어서 "직업"의 개념의 경우에도 마찬가지로 적용된다고 할 수 있다.

이와 같이 보호영역을 확정함에 있어서는 가급적 "의심스러울 경우에는 자유에 유리하게" 해석, 적용할 필요가 있다. 혹시 제한하여야 할 필요성이 있을 경우에는 제한 단계에 가서 검토해 볼 일이다.

19. 의심스러울 경우 자유에 유리하게

4. 보호영역과 헌법직접적 한계(헌법유보)

보호영역이란 기본권이 보호하고자 하는 국민의 생활영역인데 반하여 헌법 직접적 한계 내지는 헌법유보란 이러한 보호영역을 헌법이 직접 제한하거나 일정한 대상영역 내지는 인적 영역을 제외하거나 한정함으로써 보호영역을 축소하는 것을 말한다.

20. 보호영역의 축소

따라서 결과적으로 헌법이 보호하고자 하는 국민의 기본권적 생활영역은 이러한 헌법유보에 의하여 그어지는 한계까지라고 할 수 있을 것이다. 따라서 궁극적으로는 그러한 영역이 헌법에 의하여 보호되는 생활영역이라고 할 수 있기 때문에, 사실상 국민의 어떠한 생활영역이 헌법적으로 보호되는가 여부의 문제는 이러한 헌법직접적 한계까지 모두 고려하여 판단하지 않으면 안 된다.

21. 헌법유보에 의한 한계

그러나 우리가 개념적으로는 헌법이 일정한 기본권에 의하여 보호하고자 하는 생활영역을 일단 보호영역으로 잡아 준 후, 다음 항에서 헌법이 일정한 제약을 가할 경우에 그러한 제약부분을 헌법유보로 보고서, 그러한 헌법유보에 해당하는 생활영역이나 인적 범위는 애초에 보호하고자 하던 생활영역으로부터 배제된다고 이해할 수 있기 때문에, 보호영역과 헌법 직접적 한계(헌법유보)의 개념을 나누어서 단계적으로 검토해 주는 것이 더 적절하다고 보겠다.

22. 단계적 검토

가령 언론·출판의 자유는 넓게 보장되지만(제21조 제1항), 타인의 명예나 권리, 공중도덕이나 사회윤리를 침해하는 언론·출판은 보호되지 않는다(제21조 제4항). 전자는 보호영역, 후자는 헌법직접적 한계, 결국 헌법직접적 한계에 의하여 그어지는 한도 내에서 언론·출판의 자유

23. 언론·출판의 자유와 헌법직접적 한계

는 보호될 수 있다고 보아야 할 것이다.

24. 음란표현과 표현의 자유의 보호영역

위 2009. 5. 28, 2006헌바109결정에서 헌법재판소는 헌법 제21조 제4항을 헌법 직접적 한계조항으로 받아들이지 않고서, 표현의 자유의 제한을 위해서는 바로 헌법 제37조 제2항을 적용해야 하는 것으로 판시하고 있으나, 표현의 자유의 제한과 관련하여 헌법 제21조 제4항은 헌법 제37조 제2항보다 우선하는 특별규정이라고 볼 수 있으며, 이러한 제한사유에 의하여 해결되지 않는 나머지의 경우, 가령 국가안전보장을 목적으로 하는 경우에는 헌법 제37조 제2항이 보충적으로 적용되는 것으로 보아야 할 것이다.

25. 보호영역과 헌법직접적 한계와의 관계

결국 보호영역과 헌법 직접적 한계(헌법유보)는 동전의 앞뒷면과도 같기 때문에, 경우에 따라 일정한 행위가 헌법유보에 의하여 금지될 수 있는 대상이 되는 경우에 이것이 보호영역에 속하지 않는다고 표현을 할 수도 있으나, 전술한 바와 같이 그것은 바람직하지 않은 논리의 전개라고 할 수 있다. 우선 보호영역에 속한다고 보고, 보호영역에 속하는 행위이지만, 결국 헌법직접적 한계(헌법유보)에 해당되기 때문에 제한될 수 있는 행위로서 보아야 할 것인데, 이 경우에도 제한의 한계가 지켜졌는지 여부에 대하여 심사하지 않으면 안 되는 것이다.

26. 헌법유보와 법률유보의 관계

사실상 헌법직접적 한계가 있다 하더라도, 이러한 헌법직접적 한계를 근거로 기본권을 제한하는 입법자의 행위, 즉 법률에 의한 제한이 필요하게 되는 것이며, 이러한 의미에서 헌법유보와 법률유보는 결과에 있어서 큰 차이가 없게 되는 측면이 있다고 하겠다(이 점은 "기본권 제한"의 장에서 상세히 다룸).

5. 보호영역과 기본권 경합

27. 특별한 기본권이 우선, 일반적 기본권은 보충적 적용

특별한 기본권과 일반적 기본권이 경합할 경우에는 특별한 기본권이 적용되고, 일반적 기본권은 배제된다. 그런데 만일 특별한 기본권의 보호영역에는 해당되지 않지만 일반적 기본권의 보호영역에 해당될 수 있는 경우에는 일반적 기본권의 보호를 받게 된다. 따라서 어떠한 행위가 하나의 기본권 보호영역에 해당되지 않는다고 해서 곧바로 그것이 헌법상의 보호를 받을 수 없다고 단정할 수 있는 것이 아니라, 일반적 기본권에 의해서 보호를 받을 수 있는지 여부에 대하여 보충적으로 심사하여야 한다.

　특히 이러한 문제를 독일에서는 "보호영역(Schutzbereich)"과 "규율영역(Regelungsbereich)"의 개념을 구분하여 적용하고 있는 점을 참고로 할 필요가 있다. 가령 독일 기본법상 무기를 휴대하지 아니한 집회가 집회의 자유의 보호영역에 포함되어 헌법적 보호를 받을 수 있으나, 이러한 보호영역에는 포함되지는 않지만 집회개념에 포함될 수 있는 행위, 가령 무기를 휴대한 집회의 경우는 규율영역에 포함되고, 이러한 행위는 우리 헌법 제10조의 행복추구권에 해당하는 기본법 제2조 제1항의 일반적 행동의 자유에 의하여 보호되는 것으로 일단 포섭을 시킨다. 물론 그것이 다른 공익상의 이유로 제한되어야 할지 여부의 문제는 이제 기본법 제2조의 헌법적 한계에 따라서 제한이 정당화되는지 여부를 심사하게 된다.

　그러나 우리 기본권의 경우는 가령 언론의 자유, 집회의 자유 등과 같이 일단 포괄적이고 광범위하게 국민의 생활영역을 일단 보장하고 있기 때문에, 이러한 보호영역과 규율영역을 나누어야 할 필요성은 많지 않아 보인다.

　오히려 앞에서도 언급하였듯이, 기본권의 경합과 관련하여, 어떠한 한 기본권의 보호영역에는 포함되지 않지만, 다른 기본권의 보호영역에 포함된다고 할 수 있을 경우, 그 기본권에 따라 보장될 수 있는 행위인지, 또는 그 기본권의 제한체계에 따라서 제한될 수 있는 기본권인지 여부를 별도로 심사해 주어야 한다.

　이러한 의미에서 어떠한 한 기본권의 보호영역에서 제외되는 경우 모든 위헌성 심사가 배제된다고 하는 헌법재판소의 논리[5]는 반드시 타당한 것은 아니라는 점을 지적해야 할 것이다. 음란표현도 표현의 자유의 보호영역에 포함시켜야 된다고 하는 결론 자체는 타당하다고 보아야 할 것이다.

28. 보호영역과 규율영역의 구분

29. 보호영역과 규율영역의 구분 필요성 적음

30. 기본권제한 여부 별도 심사 필요

31. 헌재 판례의 문제점

---

5) 헌재 2009. 5. 28, 2006헌바109, 판례집 제21권 1집, 545.

Ⅱ. 기본권의 주체

1. 기본권주체의 의의

32. 기본권 의
소유자

기본권주체란 기본권의 소유자를 말한다. 즉 기본권을 가지고 있어서, 기본권을 행사할 수 있고, 침해된 경우에 그 구제를 위하여 유효하게 소구할 수 있는 권리를 가진 자라고 할 수 있다.

33. 기본권향유
능력과 기본권
행사능력

기본권주체는 기본권향유능력과 기본권행사능력의 개념을 구분하여 설명하는 것이 보통이다. 기본권향유능력은 민법상 권리능력 개념과도 같이 유효하게 기본권을 행사할 수 없다 하더라도 기본권 주체로서 인정받을 수 있는 능력을 일컫는다. 기본권행사능력은 마치 민법상 행위능력 개념과도 같이, 실제로 법적으로 유효하게 기본권을 행사할 수 있는 능력을 일컫는다.

34. 권리능력/
행위능력과의
관계

그런데 기본권향유능력과 기본권행사능력은 권리능력과 행위능력의 개념과 항상 일치하는 것은 아니다. 민법상 태아의 경우는 원칙적으로 권리능력이 부인되나(민법 제3조) 단지 예외적으로만 인정되는 데 반하여(민법 제762조)6), 헌법상으로는 태아 역시 생명권과 인간존엄의 기본권주체로서 인정된다. 그리고 사자(死者)의 경우 더 이상 권리능력의 주체가 될 수 없지만, 헌법상 사자는 예외적으로 명예권이나 인격권, 즉 인간존엄권의 기본권주체가 될 수 있기 때문이다.7)

35. 기본권향유
능력과 기본권
행사능력의 구
별

이러한 기본권향유능력과 기본권행사능력의 구별은 가령 피선거권이 연령으로 제한되는 경우에 생각해 볼 수 있다. 대통령의 피선거권은 40세로 제한되어 있는데, 일반적으로 모든 국민은 대통령의 피선거권의 기본권향유능력은 가지나 실제 행사능력은 40세 이상이 될 때 가지게 된다고 할 수 있다.

---

6) 이에 대하여 헌법재판소는 합헌으로 보고 있다. 헌재 2008. 7. 31, 2004헌바81, 판례집 제20권 2집 상, 91 [합헌, 각하].

7) 물론 이 경우 명예권이나 인격권보호의 대상이 과연 누구인가와 관련하여 논란이 되고 있기는 하다. 즉 유족이나 상속자와 같은 제3자의 주관적 권리가 보호의 대상이라고 보는 견해도 있다. Michael Sachs 저/방승주 역 (주 2), 단락번호 26.

2. 기본권주체의 종류

기본권주체는 자연인, 즉 인간생명을 가지고 있는 사람과 그리고 36. 자연인, 법
법인으로 나누어 볼 수 있다.   인

가. 자연인

자연인이란 인간생명을 가지고 있는 실제 사람을 일컫는다. 이러한 37. 실제 사람
자연인에는 국민과 외국인이 모두 포함된다.

(1) 국 민

대한민국 헌법은 기본권의 주체와 관련하여 대부분 '모든 국민은 … 38. 기본권 주
자유를 가진다'거나 '모든 국민은 … 권리를 가진다'고 규정하고 있다. 체로서의 국민
따라서 헌법은 우선 국민을 그 기본권주체로서 인정하고 있음을 볼 수
있다. 그렇다고 하여 외국인은 기본권주체로서 인정할 수 없는가 하는
문제가 제기되지만 헌법제정자의 의도를 고려해 볼 때, 외국인을 기본
권주체로 완전히 배제하고자 한 것은 아니었기 때문에[8], 성질상 외국인
에게도 인정될 수 있는 기본권의 경우 외국인도 기본권주체가 될 수 있
다고 할 수 있다.

국민은 대한민국 국적을 가진 모든 자라고 할 수 있다. 우리 헌법 39. 국민이 되
은 대한민국의 국민이 되는 요건은 법률로 정한다고 하면서 국민이 될 는 요건
수 있는 자격요건을 법률로 위임하고 있고, 이에 따라 국적법이 국민의
요건을 규정하고 있다. 이와 관련하여 학계에서는 국적법은 처음 대한
민국 국민이 되는 요건에 관하여 아무런 규정을 두고 있지 않았기 때문
에 입법불비라고 하면서 늦었지만 그러한 규정을 지금이라도 보완할 필
요가 있다고 하는 견해[9]도 주장되고 있지만, 미군정당시에 제정된 '국
적에 관한 임시조례'(1948. 5. 11. 남조선과도정부법률 제11호)에 의하여 이러

---

8) 기본권의 주체로서 "국민"개념을 쓸 것인지 아니면 "인민"개념을 쓸 것인지에
   관한 헌법제정회의 논의로는 제1회 국회 속기록 제22호, 1948년 7월 1일,
   27-32면.
9) 노영돈, 우리 국적법상 '최초의 대한민국 국민의 범위'규정의 결여문제와 『국적
   에 관한 임시조례』의 효력, 인천법학논총 제5집(2002), 69-91면.

한 문제는 자연히 해결되었다고 보는 견해[10]도 있다.

40. 북한주민도 국민으로 인정

대법원은 조선인을 부친으로 하여 출생한 자는 남조선과도정부법률 제11호 국적에 관한 임시조례에 따라 조선국적을 취득하였다가 제헌헌법의 공포와 동시에 대한민국 국적을 취득하였다고 보고 있으며, 설사 그가 북한주민이라 하더라도 그도 역시 헌법 제3조의 영토조항에 근거하여 대한민국 국민이라고 인정하고 있다.[11] 입법부도 이에 따라 '북한이탈주민의 보호 및 정착지원에 관한 법률'을 통해서 탈북주민들의 정착을 돕고 있다.

41. 헌재 역시 마찬가지

헌법재판소 역시 이러한 대법원 판결이 타당함을 전제로 하여, 어머니가 북한 주민인 밀입국자가 구 국적법 제2조 제1항의 부계혈통주의가 평등권을 침해한다고 하면서 위헌제청신청을 하고, 이를 받아들여 법원이 위헌제청한 구 국적법 제2조 제1항의 위헌여부 심판에서, 부계혈통주의는 평등권을 침해하여 위헌이며, 부모양계혈통주의를 도입한 신 국적법의 부칙 제7조가 그 소급적용을 10년까지로만 한정한 것은 충분하지 않다고 하면서 헌법불합치[12]로 선언한 바 있고, 추후 입법자는 이 경과기간을 20년[13]으로 연장하였다.

(2) 외국인

(가) 외국인의 기본권주체성 인정 필요성

42. "국민" 개념의 사용 여부

우리 헌법은 규정 형식상 거의 모든 규정이 기본권주체로서 "국민"을 전제로 하고 있고, 단지 예외적으로만 가령, "개인"(제10조 제2항), 누구든지(제12조 제3항 – 제6항), 피고인(제12조 제7항), 형사피의자 또는 피고

---

10) 정인섭, 우리 국적법상 최초 국민 확정기준에 관한 검토, 국제법학회논총 제43권 제2호(제84호), 235면 이하.
11) 대법원 1996. 11. 12. 선고 96누1221 판결.
12) 헌재 2000. 8. 31, 97헌가12, 판례집 제12권 2집, 167, 168 – 169.
13) 부칙 제7조 (부모양계혈통주의 채택에 따른 모계출생자에 대한 국적취득의 특례) ①1978년 6월 14일부터 1998년 6월 13일까지의 사이에 대한민국의 국민을 모로 하여 출생한 자로서 다음 각 호의 1에 해당하는 자는 2004년 12월 31일까지 대통령령이 정하는 바에 의하여 법무부장관에게 신고함으로써 대한민국의 국적을 취득할 수 있다. 1. 모가 현재 대한민국의 국민인 자, 2. 모가 사망한 때에는 그 사망 당시에 모가 대한민국의 국민이었던 자. 2001. 12. 19. 법률 제6523호로 개정.

인(제28조), 여자(제32조 제4항), 연소자(제32조 제5항), 근로자(제33조) 등의
기념을 쓰고 있다. 이렇게 국민이 아닌 일반적 개념을 쓰고 있는 경우에
는 외국인도 기본권주체임을 인정하는 데 문언상으로 문제는 없겠으나,
나머지 "국민"개념을 쓴 기본권의 경우 외국인도 그 주체가 될 수 있을
것인지의 문제가 제기된다. 이에 관하여는 학설이 나뉜다.

1) 외국인의 기본권주체성을 부인하는 견해

이 견해에 따르면 우리 헌법 제2장이 "국민의 권리와 의무"를 규정　43. 부인설
하고 있을 따름이기 때문에 국민의 권리만을 보장하는 것이지 외국인의
권리까지 보장하는 것은 아니라고 한다. 우리 헌법상 외국인의 국내법
상의 권리는 헌법 제6조 제2항에 따라 인정되는 특수한 법적 권리이지
기본권과는 무관하다고 한다.[14] 또한 헌법재판소 김종대 재판관 역시
부인설을 취하고 있으나 예외적 적용가능성[15]을 열어두고 있기도 하다.

2) 외국인의 기본권주체성을 인정하는 견해

이 견해는 기본권의 성질에 따라서 외국인도 일정한 범위 내에서　44. 긍정설
기본권의 주체가 된다는 것이다(통설).[16] 헌법이 직접 외국인에게 기본
권의 주체성을 인정하는 경우는 물론 그렇지 않은 경우에도 성질상 인
간의 권리인 경우에는 외국인도 그 주체가 될 수 있다는 것이다.

---

14) 박일경, 신헌법(증보판), 박영사 1964, 186면; 박일경, 기본적 인권과 그 주체, 고
시연구 1974년 10월호, 12면 이하 참조.

15) "그러나 국적법상 우리 국민이 아닌 외국인이라도 우리나라에 입국하여 상당기
간 거주해 오면서 대한민국 국민과 같은 생활을 계속해 온 자라면(예컨대 귀화할
수 있는 실체적 요건을 갖추고 있는 경우) 사실상 국민으로 취급해 예외적으로
기본권 주체성을 인정할 여지는 있다고 본다. 그러나 이는 예외적인 경우이므로
외국인이 국내에 얼마나 거주해야 하고 어떤 생활을 했었어야 하는가 하는 등의
요건은 헌법재판소의 판례에 의해 신중히 형성되어야 할 것이다." 김종대 재판관
의 각하의견: 헌재 2011. 9. 29, 2007헌마1083 등, 판례집 제23권 2집 상, 623,
652-657 [기각].

16) 계희열, 헌법학(중), 박영사 2007, 63면; 성낙인, 헌법학, 법문사 2023, 1031면; 허
영, 한국헌법론, 박영사 2023, 277면; 양건, 헌법강의, 법문사 2022, 273면; 이준일,
헌법학강의, 홍문사 2019, 332면; 한수웅, 헌법학, 법문사 2021, 401면; 권영성, 한
국헌법론, 법문사 2010, 316면; 전광석, 한국헌법론, 집현재 2023, 232면 이하.

3) 소   결

45. 외국인의
기본권주체성
인정 가능

생각건대 우리 헌법상 특히 국민의 권리로만 한정하는 것이 헌법의 취지에 부합한다고 할 수 있는 것 외에는 외국인에게도 그 기본권주체성을 인정하는 것이 오늘날 기본권과 인권의 국제화 추세에 맞고 또한 헌법이 지향하고 있는 인간의 존엄과 가치의 존중에도 부합한다고 볼 수 있다. 국적유무에 따라서 인간으로서의 존엄과 가치여부가 달라지는 것은 아니기 때문이다. 우리 헌법도 국가는 개인이 가지는 불가침의 기본적 인권을 확인하고 이를 보장할 의무를 진다고 하고 있으며 여기에서의 "개인"은 반드시 국민에만 한정되는 것으로 해석해서는 안 될 것이다.

(나) 외국인의 기본권주체성을 인정할 수 있는 기본권
1) 자유권적 기본권

46. 인 간 존 엄
및 자유권적 기
본권

외국인에게 어떤 기본권이 인정될 수 있을 것인가는 그때그때 개별적으로 판단해야 할 것이나, 인간으로서의 존엄과 가치 및 행복추구권을 비롯한 인간의 권리라고 할 수 있는 대부분의 자유권적 기본권의 경우에는 외국인에게도 기본권주체성이 인정되어야 할 것이다. 몇몇 문제가 될 수 있을 만한 기본권들만 검토해 보면 다음과 같다.

47. 외 국 인 의
국내 출·입국
자유의 문제

제14조 거주·이전의 자유에는 출국의 자유와 입국의 자유도 포함된다. 그러므로 외국인의 경우 대한민국 영토 내로의 입국의 자유가 내국인과 마찬가지로 인정되는가 하는 문제가 제기된다. 그리고 대한민국의 영토 내에서 자유로이 체류할 수 있는 권리가 국민과 똑같이 보장될 수 있는지의 문제가 제기되는데, 국민과 외국인은 서로 다르다고 보아야 하지 않을까? 그렇다면 이 경우는 외국인이 내국인과 같이 거주·이전의 자유의 주체가 된다고 보아서는 안 될 것이다. 이러한 연유에서인지 독일 기본법은 거주·이전의 자유는 국민의 권리로 규정하고 있다 (기본법 제11조).

48. 제한가능성
의 차이

하지만 이 경우에도 일단 외국인에게도 거주·이전의 자유가 인정되나 내국인보다는 더욱 많이 제한될 수 있는 것으로 보고서 기본권제

한의 법리로 풀어나간다 하더라도 결론에 있어서는 큰 차이가 없게 될
것이다.

제15조 직업선택의 자유의 영역에서는 일단 외국인에게도 인정될
수 있는 기본권이라고 볼 수 있겠으나 외국인과 내국인이 서로 같을 수
는 없으므로 외국인의 경우 내국인보다 더 많이 제한될 수 있는 권리로
보아야 하지 않을까 한다.[17] 이에 반하여 독일 기본법과 같은 경우 직
업의 자유의 경우도 국민의 권리로 규정하고 있다.

제21조 집회·결사의 자유의 영역에서는 외국인에게도 내국인과
같이 집회·결사의 자유를 인정할 것인가 아니면 내국인의 기본권으로
볼 것인가의 문제가 제기된다. 독일의 경우 집회·결사의 자유는 국민
의 권리로 규정하고 있으나, 유럽 인권협약의 경우 이를 인간의 권리,
즉 인권으로 받아들이고 있다(제11조).[18] 집회·결사의 자유의 경우도
내국인보다는 외국인이 더 많은 제한을 받을 수는 있겠으나(가령 정치적
집회와 결사의 경우), 처음부터 이것이 국민에게만 인정되는 권리라고 보
기는 힘들고 외국인에게도 인정될 수 있는 인권으로서의 기본권이 아닌
가 생각된다.

제23조 재산권의 경우 인간의 권리라고 보아야 할 것이다. 그러므
로 외국인에게도 기본권주체성이 인정된다고 보아야 하지 않을까 한다.
다만 토지재산권에 대해서는 내국인보다 더 많은 제한을 받을 수 있는
것으로 보아야 할 것이다.

2) 평등권

제11조 평등권의 경우 외국인에게도 무조건 다 주체성을 인정할 수
있을 것인지 문제가 된다. 평등권의 경우 외국인과 국민은 무엇을 기준
으로 하느냐에 따라서 같을 수도 다를 수도 있다. 가령 인간을 기준으로

49. 외국인의
직업선택의 자
유의 제한가능
성

50. 인권으로서
집회·결사의
자유

51. 외국인의
재산권 인정

52. 개별 사항
에 따른 평등권
인정

---

17) 헌재 2011. 9. 29, 2007헌마1083 등, 판례집 제23권 2집 상, 623 [기각]; 헌재 2011.
   9. 29, 2009헌마351, 외국인근로자의 고용 등에 관한 법률 제25조 제3항 위헌확인,
   판례집 23-2상, 659. - 직장선택의 자유.

18) Hans-Peter Schneider, Eigenart und Funktionen der Grundrechte im
   demokratischen Verfassungsstaat, in: Joachim Perels(Hrsg.), Grundrechte als
   Fundament der Demokratie, 1979, S. 11 ff.(18).

하였을 때에는 같다고 할 수 있지만 국적을 기준으로 하였을 때에는 다르다고 할 수 있으므로 국민과 외국인을 항상 같다고 취급할 수는 없을 것이다. 그러므로 구체적인 경우에 같게 취급하는 것이 정당하다고 볼 때에는 평등권의 주체로서 국민과 비교될 수 있지만 그렇지 않은 경우에는 국민과 비교될 수는 없지 않을까 한다.

53. 외국인 상호간의 평등

다음으로 외국인들 상호간의 차별이 문제된 경우에 같다고 볼 수 있는 경우에도 다르게 취급한 경우라면 평등권을 주장할 수 있을 것이고 이 경우는 외국인이라 하더라도 평등권의 주체성을 인정할 수 있을 것이다.

54. 합리적 사유 없는 차별은 불가

결론적으로 합리적 사유가 없는 차별은 인간의 존엄과 가치와도 관련되는 문제라고 할 수 있기 때문에 이와 같은 경우에는 외국인도 평등권의 주체가 될 수 있을 것이라고 보아야 할 것이다. 이러한 차원에서 헌법재판소 역시 외국인의 기본권주체성을 인정해 준 바 있다.[19]

3) 참정권적 기본권

55. 국민의 권리로 한정

국민의 권리로서 한정해야 한다고 볼 수 있는 것으로는 정치적 기본권이라고 할 수 있는 선거권, 공무담임권, 정당설립 및 활동의 자유 등을 예로 들 수 있을 것이다. 이것은 한 나라의 정치적 통일형성(통합)을 가능케 해주는 기본권으로서 외국인에게도 무한정하게 인정해 줄 경우에는 오히려 정치적 통합을 해치게 될 가능성도 있다는 점에서 국민의 권리로 한정되는 것으로 보아야 할 것이다.[20]

56. 법률이 정하는 바에 따라 외국인참정권 인정 가능

다만 선거권과 공무담임권의 경우 인간의 권리라고 하기 보다는 국가를 전제로 한 국민의 권리라고 보아야 하므로 원칙적으로 내국인에게만 인정되나 예외적으로 법률이 정하는 바에 따라서 외국인에게도 인정될 수 있을 것이다.[21] 현행 공직선거법은 일정한 요건을 갖춘 외국인에

---

19) 헌재 2001. 11. 29, 99헌마494, 재외동포의 출입국과 법적 지위에 관한 법률 제2조 제2호 위헌확인, 판례집 제13권 2집, 714, 723-724.
20) 동지, 허영 (주 16), 277면; 권영성 (주 16), 289면.
21) 외국인과 복수국적자의 임용과 관련 지방자치단체의 장과 지방의회의 의장은 국가 안보 및 보안·기밀에 관계되는 분야를 제외한 분야에서 대통령령이 정하는 바에 따라 외국인과 복수국적자를 공무원으로 임용할 수 있다(지방공무원법 제25조의2).

게도 지방선거권을 인정해 주고 있다(제15조 제2항 제3호).

4) 청구권적 기본권의 경우

국가에 대하여 일정한 사항을 요구하고 청구할 수 있는 기본권인 청구권적 기본권 역시 원칙적으로 국민의 권리로서 일응 외국인의 기본권주체성은 부인되는 권리라고 할 수 있을 것이다. 다만 인간의 권리 그 자체의 보장을 위한 수단으로서의 절차적 기본권으로서의 성격이 강한 청구권적 기본권들의 경우는 외국인에게도 인정될 수 있다고 보아야 할 것이다. 가령 재판청구권이나, 국가배상청구권22), 범죄피해자구조청구권, 형사보상청구권 등이 그것이다. 이러한 권리들은 외국인이라고 해서 굳이 그 주체성을 배제할 이유가 없다고 할 것이다.

현행 범죄피해자보호법은 상호주의원칙에 따라서 해결하고 있다{第23條 (外國人에 대한 救助) 이 法은 外國人이 被害者이거나 遺族인 경우에는 해당 국가의 相互保證이 있는 경우에만 適用한다}. 국민에 대한 국가의 보호의무는 어느 정도는 국민이 지는 각종의 의무에 대한 반대급부적 성격이 있다고 볼 때, 외국인의 경우 대한민국에 대하여 지는 의무가 국민과 같을 수 없으므로 상호주의원칙에 입각하여 해결하는 것은 나름대로 합리적 이유가 있다고 볼 수 있을 것이다. 다만, 범죄피해를 당한 외국인의 경우도 국가적 도움이 없이는 그 생존 자체가 문제될 수 있을 만한 경우에는, 내국인과 차별하지 말고 가능한 한 도움의 손길을 펴 줄 수 있도록 노력해야 할 것이다.23)

제26조 청원권은 국민의 권리로서 보아야 하지 않을까 생각된다.

5) 사회적 기본권의 경우

사회적 기본권은 통상적으로 국민의 권리로서 이해하는 것이 보통

57. 인간의 권리 자체보장을 위해서만 인정

58. 상호주의원칙 적용

59. 청원권

60. 사회적 기본권

---

22) 외국인의 국가배상청구와 관련하여 독일은 독일 연방공화국에 주소나 거소를 가지고 있는 외국인의 경우에는 독일 국민의 경우와 차별 없이 국가배상청구가 보장되고, 그 밖의 외국인에 대해서는 상호주의원칙에 따라 해결하고 있다. H.-J. Papier, Staatshaftung, in: HStR VIII, 2010, § 180 Rn. 54.

23) 방승주, 범죄피해자구조청구권의 기본권주체, 유럽헌법연구 제19호(2015. 12), 155-191면; 방승주, 헌법사례연습, 박영사 2015, 328면, 32번 사례.

이다. 그러나 인간다운 생활을 할 권리를 비롯한 다수의 사회적 기본권
들은 인간존엄권을 그 바탕으로 하거나 배경에 깔고 있는 기본권들이
많이 있으며, 경우에 따라서는 가령 혼인과 가족생활기본권과 같이 자
유권적 속성을 가지는 기본권들도 있는데, 이러한 기본권들은 상당히
인간의 권리로서의 속성을 인정할 수 있다고 보겠다. 그렇다면 국가적
급부를 전제로 하는 권리라고 하여서 무조건 외국인의 기본권주체성을
부인하는 것은 맞지 않는다고 볼 수 있으며, 인간으로서의 권리의 속성
을 가지는 한도 내에서는 외국인의 기본권주체성을 인정해 줄 필요가
있다.

61. 인간다운
생활을 할 권리
인정 가능

특히 헌법 제34조 인간다운 생활을 할 권리는 헌법 제10조의 인간
의 존엄과 가치와도 직접 관련되는 권리로서 외국인에게도 인정하여야
할 것이다. 다만 사회보장, 사회복지의 범위와 관련하여 외국인에 대해
서는 국가의 재원의 한도가 있는 것이므로, 재원이 허용하는 한도 내에
서는 외국인도 내국인과 같이 사회보장과 복지를 증진할 의무가 있다고
보아야 할 것이며, 그 내용의 구체화는 입법자의 넓은 형성의 자유에 맡
겨져 있다고 보아야 할 것이다.

62. 노동3권,
환경권, 혼인과
가족생활기본
권 인정 가능

헌법 제33조의 노동3권이나, 제35조 환경권, 제36조의 혼인과 가족
생활기본권 등은 외국인이라고 해서 차별해도 되는 권리라고 할 수는
없을 것이다.

63. 헌재의 입
장

사회적 기본권이라고 해서 외국인의 기본권주체성을 일률적으로
부정하는 것은 인간존엄과 가치의 존중정신을 담고 있는 헌법 제10조,
그리고 제34조를 고려할 때 문제가 있다고 할 것이다. 헌법재판소 역시
근로의 권리라고 하는 사회적 기본권에서 자유권적 성격을 찾고 외국인
의 기본권주체성을 인정한 사례가 있다.[24]

(3) 특수문제: 배아, 태아, 미성년자, 사자

64. 배아, 태아,
사자의 기본권
주체성 문제

그런데 인간의 시기 및 종기와 관련하여 과연 배아나 태아 그리고

---

24) 헌재 2007. 8. 30, 2004헌마670, 산업기술연수생 도입기준 완화결정 등 위헌확인,
판례집 제19권 2집, 297, 304－305 － "일할 환경에 관한 권리".

사자도 기본권주체가 되는지 여부가 문제될 수 있다. 그리고 미성년자들의 경우 기본권행사능력이 제한받을 수 있는 측면이 있기 때문에, 이 점에 대하여도 고찰해 본다.

(가) 배 아

최근 생명공학과 생식의학의 발달과 함께, 정자와 난자를 체외에서 수정시킨 체외수정란, 즉 배아가 과연 기본권주체가 될 수 있는지 여부가 문제된다. 이 문제는 특히 '생명윤리 및 안전에 관한 법률'에서 모체의 자궁에 이식하고 남은 나머지 배아(잔여배아)는 5년간 보존하도록 하고, 이 기간이 지나면, 난치병이나 희귀병 또는 불임치료와 관련한 연구의 목적으로 사용할 수 있도록 허용하고 있으며, 이러한 조항에 대하여 배아가 헌법소원심판을 청구한 사건25)이기도 하다.

65. 배아의 기본권주체성

인간의 시기가 언제부터인가에 관해서는 논란이 있을 수 있으나, 정자와 난자가 결합하는 수정시부터 인간생명이 시작되며, 이때부터 인간존엄권의 기본권주체가 된다고 보는 것이 인간생명과 그 존엄의 보호에 충실할 수 있다고 할 수 있다(자세한 내용은 헌법 제10조 인간으로서의 존엄과 가치에서 다룸).

66. 수정시부터 인간생명의 시작, 인간존엄의 기본권 주체

하지만 헌법재판소는 위 2005헌마346 사건에서 배아는 인간으로 인정할 수 없기 때문에 기본권주체성을 인정할 수 없다고 판결하였다. 다만 배아에 대한 국가의 보호의무는 여전히 존재한다고 하는 입장을 보였다.26)

67. 헌재의 입장

(나) 태 아

태아란 인간의 수정란이 모체의 자궁벽에 착상되어 분만하기 전까지의 인간생명이라고 할 수 있다. 인간이 되기 위해서는 이러한 태아에서의

68. 태아의 생명권과 인간존엄의 기본권 주체인정

---

25) 헌재 2010. 5. 27, 2005헌마346 생명윤리 및 안전에 관한 법률 제13조 제1항 등 위헌확인, 공보 제164호, 1015.
26) 헌재 2010. 5. 27, 2005헌마346, 공보 제164호, 1015, 1022. 이에 대한 비판으로, 방승주, 배아와 인간존엄, 한양대학교 법학연구소, 법학논총 제25집 제2호(2008. 6), 1-37면; 방승주, 착상전 진단의 헌법적 문제, 헌법학연구 제16권 제4호(2010. 12), 67면 이하.

성숙과정이 필요하고, 이러한 태아는 완전한 인간으로 태어나기 전단계로서 생명권과 인간존엄의 기본권주체로 인정될 수 있다고 하겠다.[27]

69. 독일 연방헌법재판소의 제2차 낙태판결

독일 연방헌법재판소의 경우 착상 후 12주 이내에 상담을 거쳐서 의사에 의하여 시술한 임신중절의 경우, 위법성이 조각된다고 하는 개정형법 제218a조와 관련 상담규정인 제218b조에 대하여 태아의 생명에 대한 기본권보호의무에 위반된 것으로서 위헌, 무효선언을 하고 입법자가 개정할 때까지 적용할 자세한 경과규정을 제정한 바 있다(BVerfGE 88, 203).

70. 태아의 성감별 금지와 부모의 알권리

우리 헌법재판소는 태아의 성감별금지를 규정하고 있는 의료법 제19조의2 제2항에 대하여, 낙태를 할 가능성이 거의 없다고 볼 수 있는 기간에까지 성감별을 금지하는 것은 부모의 자녀의 성에 대한 알 권리를 침해할 뿐만 아니라, 의사의 경우 직업행사의 자유까지 침해하는 것이라고 하면서 헌법불합치로 결정한 바 있었다.[28] 그러나 남아선호사상이 아직 완전히 사라졌다고 볼 수 없는 우리나라의 특수한 사정을 고려할 때, 입법자가 태아의 생명을 보호하기 위한 조치로서, 성감별을 엄격히 금지한 것은, 생명의 법익이 부모의 알권리나 의사의 직업행사의 자유 등의 법익에 비교할 때에, 서로 비교나 형량대상이 될 수 없는 월등히 우월한 것이라는 점을 고려해 본다면, 입법자의 조치가 정당하였다고 할 것이므로, 그러한 점에서 헌법재판소의 결정은 태아의 생명에 대한 기본권보호의무의 측면을 소홀히 다룬 흠이 있다고 생각된다.

71. 자기낙태죄 헌법불합치 결정

한편 2019년 4월 11일 헌법재판소는 형법상 소위 '자기낙태죄' 조항인 형법 제269조 제1항과 또한 '의사낙태죄' 조항인 형법 제270조 제1항은 모자보건법이 정한 예외를 제외하고는 임신기간 전체를 통틀어 모든 낙태를 전면적·일률적으로 금지하고, 이를 위반할 경우 형벌을 부과함으로써 임신의 유지·출산을 강제하고 있으므로, 태아의 생명 보호라는 공익에 대해서만 일방적이고 절대적인 우위를 부여함으로써 침해의 최소성과 법익의 균형성 등 과잉금지원칙을 위반하여 임신한 여성의 자기결정권을 침해한다고 하면서, 2020. 12. 31.을 시한으로 입법자의

---

27) 헌재 2008. 7. 31, 2004헌바81, 판례집 제20권 2집 상, 91, 92.
28) 헌재 2008. 7. 31, 2004헌마1010, 판례집 제20권 2집 상, 236.

개정을 촉구하면서 그 기간 내에는 이 조항의 계속적용을 명하는 헌법불합치결정[29]을 내렸다. 헌법재판소는 착상 시부터 태아가 모체를 떠나 독자적으로 생존할 수 있는 시점인 임신 22주까지를 임신지속 여부에 대하여 결정할 수 있는 이른바 '결정가능기간'으로 보고, 그 기간의 범위 내에서 낙태허용의 사유와 기간 등에 관한 재량을 입법자에게 부여한 것이다.[30]

　그러나 입법자가 그 기간 내에 이 조항에 대한 개정을 하지 못하여 이제 이 조항 자체가 모두 효력을 상실하게 되었으므로, 낙태는 사실상 합법화가 된 셈이 되었다. 물론 정부는 정부대로 임신 초기(14주까지), 중기(15주－24주), 후기(24주 이후)로 나누어 초기에는 낙태를 자유로이 허용하고, 후기에는 전면 금지하며, 중기에는 일정한 경우에 제한적으로 허용하는 3단계 방식을 입법화하여 정부안으로 제출하였으나, 여성단체는 여성단체 대로 이러한 해결방법은 낙태금지와 다름없다는 이유로, 종교계는 종교계대로 태아의 생명보호가 불충분하다는 이유를 들어 모두 반대[31]하는 와중에 개정안에 대한 국회 합의도 이루어지지 못한 것으로 보인다.

72. 국회의 입법 개선의무 해태

　그러는 사이 태아의 생명권은 누가 보호할 것인지 하는 문제가 대두되고 있다. 태아의 생명에 대한 국가의 기본권보호의무의 관점에서 본다면, 원치 않는 임신의 경우 태아의 생명권과 임신한 여성의 자기결정권과 충돌하는 양상을 보인다 하더라도, 태아는 헌법상 기본권주체로서 문제되는 법익이 다른 법익이 아니라 바로 생명 그 자체이기 때문에, 임신한 여성의 자기결정권 등 생명권이 아닌 다른 기본권들과는 서로 형량이 될 수 없는 법익이라고 생각된다.[32] 백보 양보하여 양 법

73. 태아의 생명에 대한 국가의 기본권보호의무

---

29) 헌재 2019. 4. 11, 2017헌바127, 형법 제269조 제1항 등 위헌소원, 판례집 제31권 1집, 404 [헌법불합치].

30) 헌재 2019. 4. 11, 2017헌바127, 판례집 제31권 1집, 404, 406.

31) '낙태죄 개정안' 모두가 반대, 법률신문 2020. 10. 12, https://www.lawtimes.co.kr/Legal－News/Legal－News－View?serial＝164811 (최종방문일: 2023. 10. 11.)

32) 같은 취지의 독일 연방헌법재판소의 인공임신중절에 관한 판례로는 BVerfGE 39, 1(제1차 인공임신중절판결); BVerfGE 88, 203(제2차 인공임신중절판결): 이 판결의 번역으로는 황치연/방승주/김수철, 임신중절에 관한 결정 (BVerfGE 88, 203), 독일통일관련 독일연방헌법재판소판례번역집, 헌법재판소 1997. 10, 75－198면.

익간의 법익형량의 필요성을 인정한다고 하더라도, 원치 않는 임신으로 인하여 갈등상황에 빠진 임신한 여성의 기본권 충돌 상황을 제대로 해결하기 위해서는, 임신한 여성과 의사가 자신의 주관적 상황과 자의적 결정 그리고 경제적 목적에 따라서 태아의 생명을 함부로 침해하지 못하도록 국가가 생명에 대한 기본권보호의무를 제대로 이행해야 한다고 생각된다. 즉 가령 독일[33]과 같이 12주 이내에 공인된 상담기관에 의한 상담을 거쳐서 의사에 의하여 시술하는 경우 예외적으로 허용하는 방법 등과 같이, 원칙적 낙태금지와 예외적 허용의 방법으로 개정하되 갈등상황에 대한 상담규정도 매우 엄격하고 상세하게 규정할 필요가 있을 뿐만 아니라, 다른 한편 예외적인 낙태를 실행하는 경우에 임신한 여성이 건강을 제대로 보호받을 수 있도록 모성보호법이나 의료보험법 등 비형벌적 모성보호규정을 통하여 모성의 보호도 충분히 강화해야 할 것이다.

74. 위헌적 법상황

아무튼 지금처럼 임신한 여성이 언제든지 어떠한 사유에서이든지 낙태를 전면적으로 할 수 있도록 된 현재의 법상황은 분명히 위헌적인 상황이라고 봐야 할 것이다.

(다) 미성년자

75. 기본권행사 능력의 제한

미성년자는 19세 미만인 자(민법 제4조)로서 민법상 행위능력이 없는 자이며, 이들은 원칙적으로 완전한 기본권향유능력을 가지고 있으나, 기본권행사능력의 경우 일정한 제한이 따를 수 있는 기본권주체라고 할 수 있다. 가령 미성년자들은 자신의 행복추구권이나 다른 자유권의 주체가 되기는 하지만, 부모의 자녀에 대한 양육권에 의하여 이러한 자유가 일정한 제한을 받을 수밖에 없다. 그리고 거주·이전의 자유의 주체이기는 하지만 부모의 양육권에 근거하고 있다고 볼 수 있는 거소지정권(민법 제914조)에 의하여 이들의 거주·이전의 자유는 일정한 제한을 받게 된다. 그러나 이와 같은 경우에 미성년자들이 행복추구권이나 거

76. 부모의 양육권에 근거

---

33) 이에 대해서는 위 독일연방헌법재판소의 BVerfGE 88, 203 제2차 인공임신중절판결과 위 번역문 참조(주 32).

주이전의 자유의 기본권향유능력만을 가지고 행사능력은 없다고 할 수
는 없다. 오히려 그들의 기본권이 부모의 양육권과 충돌하여 일정한 제
약을 받는 상태라고 할 수 있을 것이다. 그리고 그러한 부모의 양육권을
구체화하는 법률(민법상의 거소지정권이나 법정대리에 관한 규정 등)은 정당
한 목적에 의하여 미성년자의 기본권행사능력을 제한하는 규정이라고
할 것이므로 헌법상 정당화될 수 있을 것이나, 이 경우에도 지나치게 미
성년자의 기본권적 지위를 불리하게 규정한다면 헌법적으로 정당화될
수 없을 것이므로 입법자는 실제적 조화의 원리 혹은 비례의 원칙에 부
합하게 입법을 하여야 할 것이다.

미성년자들이 자신의 기본권을 침해당하여 이에 대한 구제를 요구
하는 헌법소원심판을 청구할 경우에, 독자적인 소송능력이 없기 때문에
법정대리인에 의하여 대리가 되어야 할 것이다. 그렇다 하더라도 이 경
우 미성년자들은 법정대리인을 통하여 자신의 기본권침해를 유효하게
주장하고 소구할 수 있으므로, 기본권행사능력의 주체로 인정되는 데는
아무런 지장이 없을 것이다.

다만 미성년자와 법정대리인 간의 이해관계가 충돌되는 상황에서
는 미성년자의 기본권이 효과적으로 보호될 수 있도록 형법과 미성년자
보호법 등 다양한 보호입법이 마련되어야 할 것이다.

(라) 死 者

자연인이란 인간의 생명이 존재하는 생명체이다. 따라서 죽은 사람,
즉 사자에게도 인격권이나 명예권 등의 기본권이 인정될 수 있을 것인
지가 문제된다. 인간의 존엄, 특히 생전에 그 사람이 가지고 있던 인격
권이나 명예는 사망 이후에도 계속해서 존중되어야 할 필요가 있다. 최
소한 이러한 보호는 생전의 인간존엄에 대한 사후적 존중의 표현이라고
할 수 있을 것이다. 기본권이 가지는 객관적 가치질서로서의 측면을 고
려할 때, 인간의 인격이 사후에도 존중되고 보호될 수 있도록 국가는 그
에 대한 보호의무를 진다고 보아야 할 것이다.

또한 이와 관련하여 뇌사를 사망으로 인정할 수 있을 것인지의 문

77. 법정대리인
의 소송대리 필
요

78. 미성년자
기본권 보호입
법 필요

79. 사자의 인
격권, 명예권

80. 뇌사자의
장기적출시 생
전동의 필요

제도 제기된다. 뇌사자의 장기를 적출하는 것은, 만일 그의 생전의 동의
가 없었다면 그에 대한 생명권 및 인간존엄에 대한 침해가 될 수 있을
것이다.[34]

나. 법 인

81. 법인의 유
형

법인(juristische Person)은 관련 법률의 규정에 따라 설립되어, 권리능
력을 갖춘 것으로 의제되는 법인격이라고 할 수 있다(민법 제34조). 이러
한 법인에는 사람의 단체라고 할 수 있는 사단법인(민법 제40조)이나, 일
정한 재산에 법인격을 부여한 재단법인 등이 있으며, 영리를 목적으로
하는지 여부에 따라 영리법인(민법 제39조)과 비영리법인(민법 제32조), 그
리고 사법에 의하여 설립되었는지 아니면 공법에 의하여 설립되었는지
에 따라 사법인과 공법인으로 나누어진다.

82. 법인의 기
본권주체성 인
정

이와 같이 법인격을 갖춘 법인도 기본권의 주체가 될 수 있는지 여
부에 대하여 우리 헌법은 아무런 규정을 하고 있지 않으나, 성질상 순수
히 자연인에게만 인정될 수 있는 기본권이 아닌 기본권의 경우는 법인
에게도 인정될 수 있다고 할 수 있다. 헌법재판소 역시 사단법인 한국영
화인협회의 기본권능력을 인정하면서 법인은 성질상 법인이 누릴 수 있
는 기본권의 주체가 된다고 판시하는 한편, 법인 아닌 사단 · 재단도 기
본권의 주체가 될 수 있다고 하고 있다.[35]

83. 구체적 개
별적 검토 필요

법인의 기본권 주체성 인정 여부도 기본권별로 그리고 구체적 사건
에 따라서 개별적으로 검토해 보아야 한다. 이와 같이 구체적 개별적으
로 살펴보아야 할 필요성은 특히 다음과 같은 점에 있다. 가령 행복추구
권과 같은 경우 얼핏 보기에는 자연인만 누릴 수 있는 기본권인 것으로
생각할 수 있겠지만, 이러한 행복추구권으로부터 우리 헌법재판소는 계
약의 자유나 일반적 인격권을 도출해 내기도 한다. 따라서 이러한 도출
된 기본권의 경우 법인도 그러한 기본권의 주체가 될 수 있을 것인지
여부는 개별적으로 검토하지 않으면 안 된다.

---

34) 방승주, 헌법 제10조, 헌법주석 [1], 박영사 2013, 283－388(321－324)면.
35) 헌재 1991. 6. 3, 90헌마56, 판례집 제3권, 289 (295－296) 참조; 헌재 2006. 1. 26,
   2005헌마424, 판례집 제18권 1집 상, 36, 45.

(1) 사법인

사법인의 경우 내국 사법인과 외국 사법인으로 나누어 볼 수 있다. 외국 사법인의 경우는 원칙적으로 기본권주체성을 부인하되 상호주의의 원칙에 따라 인정해야 한다는 견해36)가 있으나, 오늘날 세계화, 정보화 시대에 외국 기업이라고 해서 우리나라에서 각종 경제적 기본권이나 재판청구권 등 소송절차상의 기본권의 주체성을 부인해야 할 이유는 없다고 할 것이기 때문에, 외국 사법인 역시 외국인에 준해서 이해하되, 성질상 법인에게도 인정될 수 있는 기본권의 경우 그 주체성을 인정하는 것이 타당하지 않을까 생각된다.

우선 순수히 자연인만이 가질 수 있는 기본권의 경우 법인의 기본권주체성을 인정할 수 없을 것이다. 가령 인간으로서의 존엄과 가치, 생명권이나, 신체의 자유 등이 이에 해당한다.

(가) 자유권적 기본권의 경우

헌법 제10조 인간으로서의 존엄과 가치 및 행복추구권은 원칙적으로 자연인에게만 인정되는 권리로 볼 수 있을 것이다. 다만 행복추구권으로부터 파생되는 계약의 자유의 경우와 기업의 평판이나 명예라고 할 수 있는 일반적 인격권의 경우 법인에게도 인정될 수 있을 것인지 문제가 제기되나, 인정된다고 보아야 할 것이다.37) 이와 관련하여 헌법재판소는 동아일보라고 하는 사법인에게 인격권과 양심의 자유의 기본권주체성을 인정한 바 있었으며, 대법원 역시 법인의 인격권의 주체성을 인정 한 바 있다.38)

다만 이러한 헌법재판소의 결정이 과연 법인 역시 양심의 자유와 인격권의 기본권주체가 될 수 있을 것인지를 진지하게 검토한 결과 이루어진 결정인지는 의문이라고 하겠으나, 아무튼 기본권주체성을 인정

84. 내국 사법인과 외국 사법인

85. 자연인만 가질 수 있는 기본권은 주체성 불인정

86. 인간존엄권과 행복추구권 주체 인정 여부

87. 진지한 검토 여부 의문

---

36) BVerfGE 21, 207 (208 f.); BVerfGE 12, 6 (8) 등 독일 연방헌법재판소 판결을 인용하며, 계희열 (주 16), 67면.

37) 방승주 (주 34), 329면.

38) 헌재 1991. 4. 1, 89헌마160, 판례집 제3권, 149, 5-7; 대법원 1997. 10. 24. 선고 96다17851 판결 [설립자확인].

한 판례라고 할 수 있다.

88. 언론사의 인격권

최근 헌법재판소는 방송통신위원회나 선거기사심의위원회가 일정한 경우에 언론사에 대하여 방송통신심의위원회나 언론중재위원회를 통하여 사과문을 게재할 것을 명하도록 하는 규정에 대하여 언론사의 인격권을 과잉하게 침해한다고 하면서 위헌을 선언한 바 있다.39)

89. 사전영장주의, 적법절차의 원칙, 죄형법정주의, 거주·이전의 자유, 직업선택의 자유, 재산권, 주거의 자유

헌법 제12조(신체의 자유)의 경우 원칙적으로 자연인에게만 인정된다고 할 수 있으나, 가령 압수, 수색의 경우 사전영장주의와 적법절차원칙의 경우는 법인에게도 적용되어야 할 것이다. 그리고 제13조의 죄형법정주의 역시 법인에게도 인정되어야 한다. 또한 제14조의 거주·이전의 자유 역시 법인에게도 인정되어야 할 것이다(가령 사무소나 영업지의 이전). 또한 제15조의 직업선택의 자유와 제23조 재산권과 같은 경제적 기본권은 법인, 특히 영리법인에게 인정될 수 있다고 하겠다. 그리고 제16조의 주거의 자유의 보호영역에는 영업공간까지 포함된다고 할 수 있으므로, 법인에게도 인정된다고 할 수 있다.

90. 사생활의 비밀과 자유는 불인정

다만 제17조 사생활의 비밀과 자유의 경우 자연인에게만 인정된다고 보아야 하지 않을까 생각된다. 영업비밀이나 영업의 자유 등은 재산권이나 직업행사의 자유에 의하여 보호될 수 있을 것이기 때문이다.

91. 통신의 비밀

제18조의 통신의 비밀 역시 법인에게도 인정되어야 할 것이다.

92. 양심의 자유의 인정여부 문제

제19조 양심의 자유가 의미하는 양심이란 선과 악, 옳고 그름에 대한 마음으로부터 나오는 진지한 소리와 그러한 음성에 따라 행위를 할 자유라고 할 수 있을 것인데, 이러한 자유는 일반적으로 자연인에게만 인정되는 것이라 하겠으나, 위에서도 언급하였듯이 헌법재판소는 법인에게도(이 경우 법인의 대표자) 인정되는 자유라고 보았다.

93. 종교법인에 인정

제20조 종교의 자유의 경우 특히 종교법인에게 인정되어야 할 것이다.

94. 언론기관에 인정

제21조의 언론·출판의 자유는 언론기관에게 인정되어야 할 것이다. 그리고 집회·결사의 자유의 경우 어떠한 법인간의 모임이나 법인

---

39) 헌재 2012. 8. 23, 2009헌가27, 판례집 제24권 2집 상, 355, 355−356; 헌재 2015. 7. 30, 2013헌가8, 판례집 제27권 2집 상, 1 [위헌].

간의 단체를 결성할 자유의 경우[40]는 법인에게도 인정되어야 할 것이기 때문에 굳이 인정하지 못할 이유는 없다고 할 것이다. 최소한 집회를 준비하고 주최하는 일도 집회의 자유의 보호영역에 포함되므로, 법인 등 단체 역시 이러한 기본권의 주체가 될 수 있을 것이다.[41]

제22조 학문과 예술의 자유 역시, 학문단체나 예술단체 등에게 인정될 수 있어야 할 것이다.

95. 학문단체 및 예술단체에 인정

(나) 평등권

법인 역시 평등권의 기본권 주체로 인정하는 데에는 별다른 어려움이 없다.[42]

96. 평등권의 기본권 주체 인정

(다) 참정권적 기본권

선거권과 피선거권, 공무담임권과 같이 참정권적 기본권의 경우 법인이 그 기본권의 주체가 될 수는 없다. 다만 정당활동의 자유의 경우 법인격 없는 사단인 정당에게 인정될 수 있는 자유라고 보아야 할 것이다.[43]

97. 정당활동의 자유만 정당에 주체성 인정

(라) 청구권적 기본권의 경우

청구권적 기본권의 경우, 굳이 자연인에게만 인정된다고 볼 수 있는 범죄피해자구조청구권이나 형사보상청구권과 같은 경우가 아니면 법인의 기본권주체성을 부인할 이유가 없다.

98. 청구권적 기본권 인정가능

특히 재판청구권이나, 국가배상청구권은 법인에게도 인정할 필요성이 충분하다고 볼 수 있으며, 청원권 역시 법인에게도 인정될 필요가 있다고 보인다.

99. 재판청구권, 국가배상청구권 인정

(마) 사회적 기본권

끝으로 사회적 기본권은 국민으로 하여금 인간다운 생활을 할 수

100. 사회적 기본권 원칙적으로 불인정

---

40) 헌재 2006. 12. 28, 2004헌바67, 판례집 제18권 2집, 565, 574-575; 헌재 2000. 6. 1, 99헌마553, 판례집 제12권 1집, 686-723.
41) Höfling, in: Sachs GG, 4. Aufl., München 2007, Art. 8, Rn. 47.
42) 헌재 2006. 12. 28, 2004헌바67, 판례집 제18권 2집, 565.
43) 헌재 2007. 10. 30, 2007헌마1128, 공보 제133호, 1134, 1.

있도록 하고 자유를 누릴 수 있기 위한 최소한의 경제적, 물질적 요건을 갖추게 하기 위한 기본권이라 할 수 있다. 그러므로 이러한 기본권들은 자연인에게 인정되는 권리이지 법인에게는 인정될 수 없는 기본권이라 할 수 있을 것이다.

101. 단체교섭권, 단체행동권 인정

다만 노동3권과 관련해서 단체교섭권이나 단체행동권은 그 자체가 노동조합에게 인정될 수 있는 권리이므로, 처음부터 이러한 단체를 전제로 한 기본권이라고 보아야 할 것이다.

(2) 공법인

102. 기본권의 수범자에 해당

공법인은 사실상 국가의 영역에 속하는 기관이다. 공법인은 원칙적으로 기본권의 주체가 아니라, 기본권의 수범자, 즉 기본권의 구속을 받는 준국가기관에 해당된다고 볼 수 있다.

> **독일 연방헌재 판례** 원칙적으로 공법인의 기본권주체성은 부인된다. 원칙적으로 기본권주체이며 동시에 기본권의 수범자인 경우에는 기본권이 효력을 가질 수 없기 때문이다. 공법인은 권한규범을 근거로 해서 행위할 뿐이지 개인적인 자유권을 행사하는 것이 아니다. 기본권은 국민과 국가와의 관계이며 따라서 똑같은 국가단체 내에서 두 가지 공공기관간의 주관적인 공권은 생각할 수 없다. 하나의 공권력의 다른 기관의 기능과 재산의 침해로 야기된 갈등상황은 단지 권한분쟁이라고 할 수 있으며 그 규제는 헌법과 그 부속법규의 조직규정에서 이루어지는 것이지 기본권에 의하여 이루어지는 것이 아니다.[44]

103. 예외적 인정 가능성

그러나 문제는 공법인임에도 불구하고 예외적으로 기본권의 주체성을 인정해야 할 공법인이 있는가 하는 것이다.

(가) 독일 연방헌법재판소 판례와 학설

1) 독일 연방헌법재판소 판례

104. 독일의 교회, 방송국, 대학교의 기본권 주체성 인정

이에 관하여 독일에서는 예외적으로 교회와 방송국, 그리고 대학교의 경우에 기본권주체성을 헌법재판소 판례로 인정하여 왔다. 독일의

---

44) BVerfGE 68, 193 (205 ff.); 75, 192 (195 ff.)를 인용하며 Alfred Katz, Staatsrecht, Heidelberg, 2002, Rn. 605.

경우 교회와 대학교는 모두 공법인에 해당하나, 사실상 그러한 기관들
은 기본권에 의하여 보호되는 생활영역에 뿌리를 두고 있다는 점에서
기본권의 주체성을 인정하고 있는 것으로 볼 수 있다. 이에 반하여 지방
자치단체의 기본권주체성은 인정하지 않고 있다.

> **독일 연방헌재 판례** 1967. 5. 2.의 연방헌법재판소의 첫 번째 원칙판결에서 공법
> 인의 기본권주체성은 원칙적으로 부인되지만 "예외적으로 관계되는 법주체가
> 기본권에 의해서 보호되는 生活영역에 직접적으로 귀속되는 경우에는" 이는
> 달리 판단되어야 한다고 선언하였다. 교회와 공법상의 단체의 지위가 있는 종
> 교단체에 대하여는 추가적으로 "이러한 법주체들은 일반적인 공법상의 사단과
> 는 원칙적으로 구별되는데 그 이유는 이들이 국가에 의해 설립된 것이 아니라,
> 국가외적 영역에 뿌리를 두고 있고 또한 자기의 고유영역에 있어서 국가적 과
> 제를 수행하지도, 국가권력을 행사하지도 않기 때문이다"라고 하고 있다
> (BVerfGE 21, 362(373f.))
>
> 두 번째 원칙판결(BVerfGE 61, 82(162f.))에서 방송매체로 이러한 예외를 확대
> 하면서 마찬가지 입장을 표명하였고 가령 "특정한 유형의 재단"과 같은, 다른
> 법인에 대해서도 그러한 여지가 남게 된다고 하였다.
>
> 세 번째 원칙판결에서 이러한 관점은 다시 반복되고 있다(BVerfGE 68,
> 193(207)). 예외들을 요약하면서 연방헌법재판소는 더 나아가 "여기에서는 개별
> 기본권의 실현을 위해서도 국민에 봉사하는, 그리고 독자적이고, 국가로부터
> 독립되거나 또는 여하간 거리를 두고 있는 시설(Einrichtungen)로서 존재하고
> 있는 공법인이 문제가 되는 것"이라고 강조하고 있다. - 이는 1977년에 해당되
> 는 판결에서 나타났던 표현이다(BVerfGE 45, 63(79)).
>
> 이 밖에 연방헌법재판소는 일찍이 특정한 기본권과 관련하여 모든 공법인의
> 소송상의 기본권능력을 인정하였다. 이는 국가 자체와 그리고 독일연방철도청
> 과 같은 단순한 참여능력있는 조직(Organizationseinheiten)도 해당된다.

2) 학 설

문제는 공법인의 기본권주체성 부인의 예외가 이러한 세 가지 유형
으로서 끝나는 것인지[45] 그 구조나 과제에 비추어 기본권유형적 위험상
황 또는 "기본권의 보호 필요성"이 받아들여져야 되는 법인은 없는지

105. 자연인의
기본권적 보호
가치를 갖는가

---

45) Klaus Stern, Das Staatsrecht der Bundesrepublik Deutschland, Bd III/1, S. 1158.

이다. 중심이 되는 문제는 사법인에 있어서만이 아니고 공법인에 있어서도 자연인의 기본권과 마찬가지의 가치를 갖는 기본권적 보호가치가 있는지 여부의 문제이다.

　　공법인의 기본권주체성의 문제는 일반적으로 대답될 수 없고 더군다나 사법인의 기본권주체성을 인정하는 근거인 "사적 자치"와는 다른 근거에 기하고 있다.46) 공법인의 기본권능력의 원칙적 긍정은 있을 수 없다. 그렇다고 연방헌법재판소와 같은 광범위한 부인적 태도도 기본권과 기본법 제19조의 내용상 문제가 되고 있는 법인의 "본질"에 부합하지 않는다. 슈테른(Stern)에 따르면 개별 공법상의 법인에 대하여 각각의 기본권에 비추어서 보호필요성이 심사되어야 한다는 것이다.47)

　　이는 세부적인 연구를 전제로 하나 이를 심사하기 위해서 슈테른(Stern)은 다음과 같이 원칙을 제시하고 있다.

　　첫째, 사법인에 있어서와 마찬가지로 공법인에 있어서도 기본권의 본질상 비자연인에게 귀속될 수 있는 기본권만이 적용될 수 있는 것으로 보아야 한다는 것이다. 따라서 자연인의 개성이 부각되는 그러한 기본권들의 경우 공법인의 기본권주체성은 인정되지 않는다. 그리고 사법인에게는 적용될 수 있는 특정한 기본권들이 공법상에게는 테마상 적용될 수 없는 것이 있다. 즉 양심상 병역거부권(기본법 제4조 제3항), 사립학교설립권(기본법 제7조 제4항) 등이다. 따라서 실제로 문제될 수 있는 것은 평등권(기본법 제3조), 언론·출판·방송·학문과 예술의 자유(기본법 제5조), 결사의 자유(기본법 제9조), 직업의 자유(기본법 제12조)와 재산권(기본법 제14조)이라는 것이다.

　　둘째, 기본법 제19조 제3항은 법인의 기본권능력을 규정하고 있다. 결과적으로 공법상의 법인에 대하여 기본권능력을 문제삼는 다음과 같은 사고는 문제가 있다. 즉 공법인을 신탁자, 관리인 또는 국민기본권의 대변인으로 설명하는 것이다. 예컨대 직능단체(berufsständische Kammer), 대학 등의 경우 공법인이 이러한 구성원, 이해관계의 관리자로서 나타

---

46) Stern (주 45), S. 1158
47) Stern (주 45), S. 1159.

날 수 있지만 신탁적 기본권능력을 인정할 경우에 문제는 이로 인해서
구성원의 기본권능력과 충돌하는 상황이 올 수 있다는 것이다. 이러한
이유로 기본권신탁(Grudrechtstreuhand)은 원칙적으로 부인할 수밖에 없다
(S.1159)는 것이다.

요컨대, 연방헌법재판소의 다음과 같은 확인은 타당하다고 하고 있다.
즉 "공법인이 공적 업무, 즉 공익을 위해서 업무를 수행한다고 하는 상황 하
나만 가지고서 개인이 기본권을 향유함에 있어서 그 개인의 기본권을 보호
하는 '관리자'가 되는 것이 아니다. 비록 생존배려(공공서비스)(Daseinsvorsorge)
에 있어서와 같이 공적 업무의 수행이 그 개인의 기본권실현에도 간접적으
로 기여가 될지는 모른다 하더라도, 공법인이 공동과제의 수행영역을 떠나게
되면, 그를 사인의 '관리자'로서 보아야 할 이유는 더욱 없다. 원칙적으로
국민은 스스로 자기의 기본권을 향유하며 또한 경우에 따른 침해도 스스
로 주장한다고 볼 것이다. 여기에서 언급되는 바와 같이 대리(Vertretung)
는 개인의 자유의 침해위험을 수반할 것이다. 기본권적으로 보장된 인간
의 자유는 원칙적으로 공법인의 합리적 고권에 의해서 관리되어서는 안
된다."[48]

셋째, 특히 베터만(K.A. Bettermann)에 의해서 주장되는 견해와는 달
리 슈테른(Stern)에 따르면 공법인이 사법적으로, 특히 경제적 거래를 한
다고 해서 그의 기본권능력이 일반적으로 인정되는 것은 아니라고 한
다[49]. 이와 관련하여 국고의 기본권에 대한 기속(Fiskalbindung der
Grundrechte)의 다른 측면으로서, 국가재정주체(Fiskus)의 기본권 능력이
문제가 된다. K.A. Bettermann에 따르면 공법인은 이러한 행위영역에서
는 자연인이나 사법인과 마찬가지로 국가고권에 복속하게 된다. 즉 똑
같은 보호가치상황이 인정된다는 것이다.[50]

이에 반해서 연방헌법재판소는 전체 주식을 지방자치단체가 소유
하고 있는 사법인에 대해서 그가 "공적인 업무"를 수행하고 있는 한, 사
법인의 기본권능력을 부인하고 있다. 왜냐하면 이 경우에 "기본권유형

*110. 연방헌법
재판소의 입장*

*111. 사경제의
주체로 나서는
경우*

*112. 지방자치
단체 출자 私法
人의 경우*

---

48) BVerfGE 61, 82 (103f.); Stern (주 45), S. 1160에서 인용.
49) Stern (주 45), S. 1160.
50) Stern (주 45), S. 1161.

적 위험상황"이 결여되어 있기 때문이라는 것이다{BVerfGE 4, 63(79)}. 이러한 거부적 태도는 널리 받아들여지고 있는데 그 이유로서 뒤리히(G. Dürig)의 주장이 들어지고 있다. 즉 "둘이 같은 것을 하는 경우에, 이는 항상 같은 것이 아니다(Wenn zwei dasselbe tun, ist es eben nicht immer dasselbe)"는 것이다. 공법인이 실제로 제한적으로만 가능한 사법상의 행위형식을 빌어서 기본권능력을 취득할 수는 없다는 것이다. Stern도 이에 동조하고 있지만 특수한 사항은 주의가 요구된다고 하였다.[51]

113. 뒤리히의 구별기준

　　G. Dürig는 공법상 법인의 기본권 능력에 대하여 두 가지 논거를 제시하고 있는데 이는 구별기준으로서 여전히 타당성을 갖는다.

114. 국가의 시혜에 의존 여부

　　첫째, 조직체가 "국가의 시혜"에 의하여 존재하고 있느냐? 즉 그 자체가 스스로 해체할 권한이 있느냐 없느냐?

115. '국가의 연장된 팔' 여부

　　둘째, 국가가 법인에 의하여 행사된 업무를 국가적 과제로 받아들일 수 있는지와 그래도 되는지? 즉 법인이 "국가의 연장된 팔"로서 행위하고 있는지의 문제이다.

116. 공법인의 설립과 목적의 분석필요

　　이러한 문제를 연구하는 데 있어서는 종래의 설명에 따르면 공법인의 설립과 목적의 분석이 결정적으로 중요하다. 이러한 심사결과 공법인이 단지 형식적으로만 국가로부터 분리되었고, 실질적으로는 직접적으로 국가행정에 귀속되는 기관업무로서 수행될 수 있는 행정활동에 종사한다고 하는 결론이 나면 기본권능력은 인정되지 않는다.

117. 지방자치단체의 경우 부인

　　다음으로 지방자치단체에 대하여 연방헌법재판소는 기본권능력을 부인하였다. 처음에는 공동업무수행을 이유로 부인하다가 나중에는 다음과 같은 근거로 전면 부인하였다. 즉 지방자치단체도 결코 국가로부터 독립된 독자적 제도(Einrichtungen)가 아니다. 그들에게 연방과 지방의 헌법에 의해서 보장된 자치행정권이 주어지기 때문에, 기본권적으로 보호되는 생활영역에 그들은 귀속되지 않는다(BVerfGE 61, 82(103))는 것이다. 슈테른(Stern)도 이에 원칙적으로 동의하고 있다.[52] 즉 이들은 독자적이긴 하지만 헌법적으로 보장되는 기본권을 갖고 있지 못하다고

---

51) Stern (주 45), S. 1161.
52) Stern (주 45), S. 1166.

한다.

지방자치단체가 행하는 경제행위에 관해서도 위에서 설명된 연방과 지방의 공법인에 대한 설명과 다르지 않다.

첫째, 연방헌법재판소는 특히 뒤리히(Dürig)의 설명에 근거해서 경제행위에 대한 국가와 지자체의 기본권능력을 부인하고 있다. 즉 이것이 생존배려(공공서비스)적 성격(가령 전기, 수도, 가스 등의 공급)인 한에서 그리고 경제행위가 완전히 이 단체의 지배하에 있는 사기업에 의해서 행사되는 경우에도 그렇다는 것이다. 만일 공법인의 기본권능력을 부인하는 경우에는 공법인이 그 유일한 지배주체가 되어 있는 사법인의 경우 역시 달리 판단할 이유가 없다는 것이다. "그렇지 않은 경우에는 공법인의 기본권능력은 각각의 조직체의 형태에 적지 아니 좌우되게 될 것이며, 생존배려(공공서비스)주체 자체에 의해서냐, 아니면 이에 대하여 독립된, 사법상의 행정주체에 의해서 수행되느냐의 문제가 중요하게 될 것이라는 것이다. 지방자치단체의 생존배려(공공서비스)라는 공적 업무에 전적으로 종사하는 기업은 따라서 민관 공동행정이 수행되는 특별한 현상형태일 뿐이다. 이 기업은 기본권주체성 문제와 관련, 행정주체와 달리 취급할 아무런 이유가 없다."(BVerfGE 45, 63(80); 61, 82(102)) 슈테른(Stern)도 이에 동의하며 단체의 법적 형태는 기본권능력이 존재하는지 여부에 대하여 결정적이 될 수 없다고 한다.[53]

둘째, 공법인의 전체 또는 일부가 순수히 경제적으로 경쟁관계에서 활동하는 사례들은 아직까지 연방헌법재판소에 의해서 완결적으로 결정되지 못했다. 예컨대 공법상의 저축은행(Sparkasse), 보험공단, 연방철도청, 체신부 그리고 지자체 고유기업 등이 이에 해당한다.

지자체 고유기업 등에 대해서는 수행되어야 할 생존배려(공공서비스) 때문에 기본권능력이 부인되며 연방헌법재판소에 따르면 이는 의심의 여지가 없다.[54]

118. 지방자치단체의 경제행위

119. 경제행위에 대한 기본권능력 부인

120. 사경제적 경쟁관계에 있는 공기업의 경우

121. 지자체 고유기업

---

53) Stern (주 45), S. 1167.
54) Stern (주 45), S. 1168.

(나) 한국 헌법재판소 판례

122. 공법인에
대해 원칙적으
로 기본권 주체
성 부인

우리 헌법재판소 역시 국가와 지방자치단체, 또는 그 기관이나 공법인은 원칙적으로 기본권의 수범자이지 주체가 될 수 없음을 분명히 하고 있다.55)

123. 국립대학
교 기본권 주체
성 인정

다만 예외적으로 서울대학교와 같은 국립대학교는 대학의 자치의 기본권주체성을 인정하고 있다.56)

124. 강원대 로
스쿨 사건

일례로 2015년 강원대학교 로스쿨에 대한 모집정원제한조치에 대한 헌법소원심판에서 헌법재판소는 대학의 자율권의 주체로서 강원대학교의 기본권주체성과 청구인능력을 인정하고 심판대상의 위헌을 확인한 바 있다.57)

125. 대학교수
회와 교수

한편 국립대학과 사립대학 여부를 불문하고 대학과 교수 그리고 교수회 모두가 단독 또는 중첩적으로 대학의 자치의 주체가 될 수 있음을 인정한 판례도 있다.58)

126. 공영방송
국의 언론의 자
유 기본권 주체
인정

또한 KBS와 같이 공영방송국의 경우는 언론의 자유의 기본권주체가 될 수 있을 것이다. 이들은 공법인임에도 불구하고 공영방송국의 구성원들은 국민의 알권리를 충족시키기 위해서 보도와 편집의 자유 등,

---

55) 헌재 2006. 2. 23, 2004헌바50, 구 농촌근대화촉진법 제16조 위헌소원, 판례집 제18권 1집 상, 170; 헌재 2014. 6. 26, 2013헌바122, 판례집 제26권 1집 하, 561 [합헌]; 헌재 2000. 11. 30, 99헌마190, 농업기반공사및농지관리기금법 위헌확인, 판례집 제12권 2집, 325, 325-326.

56) 헌재 1992. 10. 01, 92헌마68, 1994학년도 신입생선발입시안에 대한 헌법소원, 판례집 제4권, 659, 667-669. 이 판례는 서울대학교의 1994년 신입생선발입시안을 헌법소원심판의 대상이 되는 공권력의 행사로 보고 있으면서도 동시에 이를 대학의 자치라고 하는 기본권의 행사로 파악하고, 청구인이 받은 불이익은 그로 인한 반사적 불이익에 지나지 않는다는 것이나, 청구인과 서울대학교와의 관계는 국민과 공법상의 영조물, 즉 공권력의 행사자와의 관계에 있는 것이다. 따라서 공권력의 행사자에게 동시에 기본권적 지위를 인정하게 되면 결과적으로 그와의 관계에서 기본권의 주체인 헌법소원청구인의 기본권침해를 부인하는 결과 밖에 되지 않게 될 것이다. 서울대학교가 대학의 자치의 기본권주체로서의 지위를 주장할 수 있을 경우는 교육부 등과 같은 국가로부터 자율권을 침해 받았을 경우인 것이지, 이와 같이 기본권주체와의 관계에서 그러한 기본권을 주장할 수 있는 것으로 볼 수는 없을 것이다.

57) 헌재 2015. 12. 23, 2014헌마1149, 판례집 제27권 2집 하, 710 [인용(위헌확인), 인용(취소)].

58) 헌재 2006. 4. 27, 2005헌마1047, 판례집 제18권 1집 상, 601, 601-602.

언론과 출판의 자유가 보장되지 아니하면 안 되기 때문이다. 최근 공법
상 재단법인이 최다출자자인 방송사업자(방송문화진흥회)에게 기본권 주
체성이 인정된다고 하는 판례가 나온 바 있다.59) 다음으로 공영방송에
해당한다고 할 수 있는 문화방송의 헌법소원에 대하여 특별히 기본권주
체성 여부에 대하여 판단하지 않고 적법하다고 전제하고 본안판단을 한
사례도 발견된다.60)

    한편 공법인성과 사법인성을 겸유한 경우에는 기본권주체성을 인
정할 수 있다고 하고 있다.61)

    문제는 이러한 사례들 말고도 예외적으로 공법인의 기본권주체성
을 인정할 수 있을 만한 경우가 더 있는가 하는 점이고, 또한 무엇을 기
준으로 판단할 것인가의 문제인데 이 점과 관련해서는 전술한 독일의
연방헌법재판소와 학설을 참고해 볼 필요가 있을 것이다.

127. 공법인성
과 사법인성을
겸유한 경우
128. 기타의 사
례

3. 기본권주체성과 관련한 소송법적 귀결

가. 헌법소원청구능력

    기본권주체는 자신의 기본권이 침해된 경우에 헌법재판소법 제68
조 제1항에 따라 헌법소원심판을 청구할 수 있다. 이 때 청구인의 헌법
소원청구능력을 인정할 수 있을 것이다. 그리고 자기관련성, 현재관련
성, 직접관련성과 같은 관련성이 인정된다면 헌법소원의 청구적격이 인
정된다고 볼 수 있을 것이다.62)

129. 헌법소원
청구능력 인정

나. 개별적 사례: 독임제 국가기관의 기본권주체성 여부

    특히 독임제 국가기관이 개인적으로 헌법소원심판을 청구할 경우
에 그 기본권주체성을 인정할 수 있을 것인가가 문제된다. 지금까지의
헌법재판소 판례를 살펴보면 우선 대통령 노무현의 헌법소원심판의 청

130. 독임제 국
가기관의 기본
권주체성 인정

---

59) 헌재 2013. 9. 26, 2012헌마271, 판례집 제25권 2집 하, 68.
60) 헌재 2007. 11. 29, 2004헌마290, 판례집 제19권 2집, 611 [인용(취소), 각하].
61) 헌재 2000. 6. 1, 99헌마553, 판례집 제12권 1집, 686, 709.
62) 헌재 1995. 9. 28, 92헌마23, 지방교육자치에관한법률 제13조 제1항에 대한 헌법
    소원, 판례집 제7권 2집, 343, 351.

구인능력을 인정하였으며[63], 지방자치단체장인 하남시장의 경우에도
헌법소원심판 청구인능력을 인정한 바 있다.[64] 이에 반하여 송파구 구
청장[65]과 교육위원[66]의 청구인능력을 부인한 사례도 있다.

---

63) 헌재 2008. 1. 17, 2007헌마700, 판례집 제20권 1집 상, 139, 141.
64) 헌재 1995. 3. 23, 95헌마53, 판례집 제7권 1집, 463, 471－472 ; 헌재 1999. 5. 27,
    98헌마214, 판례집 제11권 1집, 675, 696 ; 헌재 2005. 5. 26, 2002헌마699 등, 판례
    집 제17권 1집, 734, 743－744 등을 인용하며, 헌재 2009. 3. 26, 2007헌마843, 공
    보 제150호, 738, 742－743.
65) 헌재 1996. 3. 28, 96헌마50.
66) 헌재 1995. 9. 28, 92헌마23, 판례집 제7권 2집, 343, 352.

제 4 절 기본권의 효력(수범자)

Ⅰ. 기본권의 효력(수범자)의 의의

기본권의 효력의 문제는 기본권이 누구에게 구속력을 미치는가, 즉 누가 기본권의 수범자인가 하는 문제이다. 따라서 이것은 기본권의 주체와도 밀접한 관련을 가지는 문제이다. 기본권의 주체는 기본권을 행사하고 주장할 수 있는 자인데 반하여 기본권의 수범자는 기본권에 구속되고, 기본권을 보장할 의무를 지는 자인 것이다.

1. 기본권에 구속되는 자

우리 헌법 제10조 제2항은 "국가는 개인이 가지는 불가침의 기본적 인권을 확인하고 이를 보장할 의무를 진다"고 하고 있다. 이로부터 국가는 기본권의 수범자임을 알 수 있다. 즉 국가기관에 해당될 수 있는 모든 기관은 기본권의 수범자라고 할 수 있으며, 기본권에 구속된다고 할 수 있다. 그러나 문제는 국가기관임에도 불구하고 혹 기본권에 구속되지 아니하는 기관이 있는지, 또한 국가기관으로서 원칙적으로 기본권에 구속을 받지만, 일정한 활동이나 행위의 경우에는 기본권에 구속되지 않는지 여부의 문제가 중요한 예외가 될 수 있을 것이다.

2. 모든 국가기관

한편 위 조항에서도 알 수 있듯이 원칙적으로 국가가 기본권의 수범자이며, 사인은 기본권의 주체이지 수범자가 될 수는 없는 것이다. 그러나 오늘날 사인이라 하더라도 다른 사인의 기본권적 법익을 침해할 수 있는 가능성을 가지고 있기 때문에, 이로부터 기본권을 보호하기 위해서는 사인도 역시 기본권에 구속된다고 하는 소위 기본권의 대사인적 효력론이 나오기 시작하였다. 이 문제는 특히 기본권의 객관적 가치질서로서의 측면에서 사인 역시 다른 사람의 기본권을 존중하여야 하며, 그렇지 못할 경우에는 국가가 개입하여 그 기본권주체를 보호해 주어야 할 책임과 의무가 있다고 하는 사고와 연결될 수 있다. 아무튼 기본권의 효력(수범자)론은 이와 같이 두 가지의 영역으로 나누어서 고찰을 해 볼

3. 기본권의 대사인적 효력

수 있다.

Ⅱ. 기본권의 수범자로서 국가

4. 국가, 국가
기관, 공법인

국가와 국가기관 그리고 지방자치단체를 비롯한 공법인은 기본권의 구속을 받게 되는 기본권의 수범자이다.

1. 국가기관

가. 입법부: 국회

5. 국회의 기본
권 구속

입법부인 국회 역시 기본권에 구속을 받는다. 따라서 국회가 입법활동을 함에 있어서는 국민의 기본권을 확인하고 보장할 의무를 지며, 기본권을 침해해서는 안 된다. 헌법상 충돌하는 헌법적 법익(가령 공익과 기본권)이 있을 경우에 이를 조정하고 형량하는 것은 원칙적으로 입법자의 책임이다. 그러나 그러한 과정에서 입법자가 공익만을 앞세우고, 개인의 기본권적 법익의 중요성을 지나치게 소홀하게 다루거나 형량하는 경우에는, 비례의 원칙이나 과잉금지의 원칙에 위반되어 법률이 위헌의 결과가 될 수 있다.

6. 국회의 내부
기관 구성행위
는 제외

국회의 내부기관이라고 할 수 있는 상임위원회(보건복지위 등)의 구성행위를 통해서도 국민의 기본권을 침해할 수 있는지 여부가 문제된 바 있다. 그러나 헌법재판소는 국회의 내부기관의 구성행위는 대외적 효력을 가지는 행위가 아니기 때문에, 국민의 기본권을 침해할 수 없다고 밝힌 바 있다.1) 결국 내부기관을 구성하는 행위 그 자체가 국민의 기본권을 침해할 수는 없고, 국회의 입법행위 그 자체에 의해서 관련된 국민의 기본권이 침해되는 경우에 비로소 헌법소원심판으로 다툴 수 있게 될 것이라는 의미가 될 것이다.

---

1) 헌재 1999. 6. 24, 98헌마472, 판례집 제11권 1집, 854, 860.

나. 행정부

행정부 역시 기본권의 구속을 받는다는 것은 법치국가원리에서 나
오는 법의 최고성, 그 가운데 헌법과 법의 우위 및 행정의 합법률성의
원칙으로부터 당연하게 나오는 귀결이라고 할 수 있다. 행정부가 행정
행위나 처분을 할 경우에, 당연히 헌법상의 제원리에 구속되며, 또한 행
정의 합법률성의 원칙에 따라 법률적 근거에 따라 할 수 있는 것이다.
특히 일정한 행정작용을 함에 있어서 국민의 기본권, 특히 평등원칙 등
을 준수하지 않으면 안 된다. 만일 행정작용에 의하여 기본권이 침해되
는 경우에는 헌법재판소법 제68조 제1항에 따라서 다른 법률에 의한 구
제절차를 경유하여 헌법소원심판을 청구할 수 있다.

다만 우리 헌법재판소법 제68조 제1항은 법원의 재판을 헌법소원
심판의 대상에서 제외하고 있으므로, 법원의 재판을 거친 후에는 헌법
재판소가 위헌으로 결정한 법령을 계속 적용함으로써, 국민의 기본권을
침해한 재판과 함께 행정처분을 다투는 경우가 아니면, 헌법소원심판을
받아들이지 않고 있다. 다시 말해서 재판소원이 배제되어 있다고 해서,
처분만 따로 분리하여 헌법소원심판을 청구한다 해도 헌법재판소는 위
와 같은 예외적인 경우가 아니면 받아들이지 않고 있다는 것이다.[2]

이러한 점을 고려해 볼 때, 행정부의 기본권 구속의 측면에서 본다
면, 기본권구속의 사각지대가 발생할 가능성을 배제할 수 없다는 점에
문제가 있으며, 헌재법 제68조 제1항의 취지를 살려서, 재판소원이 배제
되어 있다 하더라도, 원처분에 대한 헌법소원심판을 적법한 것으로 받
아들여, 헌법재판소가 처분의 위헌여부, 즉 처분의 합헌성통제를 제대로
행사해야 할 필요가 있다고 생각된다.

다음으로 행정입법의 경우도 기본권에 구속됨은 당연하다. 다만 행
정내부적 효력을 가질 뿐인 행정규칙이나 행정명령의 경우는 상위의 법
규명령과 더불어서 대외적 효력을 가지는 법규명령적 성격을 가지는 경
우에는 국민의 기본권을 침해할 수 있으므로, 그러한 경우에는 헌법소
원심판의 대상이 될 수 있다. 그러한 한에서 기본권의 구속을 받는다고

7. 행정부의 기
본권 구속

8. 재판소원 배
제

9. 처분의 합헌
성통제 필요

10. 법령보충적
행정규칙의 경
우

---

[2] 헌재 1998. 5. 28, 91헌마98, 판례집 제10권 1집, 660, 660–662.

할 수 있을 것이다.

11. 행정계획의 기본권 구속

행정계획의 경우는 행정청이 장래에 실행할 것을 목표로 세운 계획이라고 볼 수 있는데, 이러한 계획도 역시 기본권의 구속을 받는다고 할 수 있다. 그리하여 행정계획에 의해서도 국민의 기본권이 침해될 수 있음을 헌법재판소는 확인한 바 있다.[3]

12. 행정사법의 기본권 구속

행정이 만일 사법형식을 띠고서 공공과제를 직접적으로 수행하는 행위, 즉 行政私法(Verwaltungsprivatrecht)의 경우{가령 급부행정, 생존배려(공공서비스), 즉 운수사업, 전기 · 수도 · 가스 공급사업 우편전신사업 등}에는 공권력이 비록 사법형식을 띠고서 행위를 한다 하더라도 기본권에 엄격히 구속된다고 볼 수 있다.[4]

13. 조달행위의 기본권 구속

행정청이 행하는 각종의 조달행위의 경우도 기본권에 구속되는지 여부가 문제될 수 있다.[5] 조달행위라고 하는 것은 행정청이 행정업무를 수행하기 위하여 필요한 각종의 물품 등을 구비하고 조달하는 행위라고 할 수 있다. 국가가 행정업무를 수행하기 위하여 필요한 것은 전 국가적 범위에서 매우 광범위하다고 할 수 있다. 가령, 군수품의 조달, 도시계획추진을 위한 각종 장비의 조달, 통상적인 행정업무를 위하여 필요한 물품의 조달 등이 그것이다. 결국 이러한 여러 가지 국가가 필요로 하는 물품이나 그 밖의 용역의 조달을 위해서는 대규모의 국가예산의 지출이 전제로 되는 것이며, 이러한 예산을 어떻게 어디에 쓰느냐에 따라서 그러한 예산집행이 혜택을 받는 국민과 그렇지 않은 국민으로 나누어질 수 있게 된다. 다시 말해서 이러한 행위는 사인들 간의 사적 시장에서의 경쟁관계에 커다란 영향을 줄 수 있게 될 것이다. 그러므로 만일 국가가 공개입찰에 의하지 아니하고 수의계약을 통해서 위와 같은 조달행위를 행하는 경우에는 바로 평등의 원칙에 위반될 수 있으며, 관련당사자들의 평등권을 침해할 수 있다. 그러므로 이러한 조달행위의 경우에도 국가는 국민의 평등권이나 직업선택의 자유 등 기본권을 존중하여야 하기

---

3) 헌재 1992. 10. 01, 92헌마68, 서울대학교의 "'94학년도 대학입학고사 주요요강", 판례집 제4권, 659, 668-669.

4) Alfred Katz, Staatsrecht, Heidelberg, 2002, Rn. 607 ff.

5) 기본권에 구속되지 않는다고 하는 견해로, Katz (주 4), Rn. 612.

때문에 이러한 영역에서도 기본권에 구속된다고 볼 수 있을 것이다.

이러한 문제를 적절히 해결하기 위하여 "국가를 당사자로 하는 계약에 관한 법률"[6]이 존재하고 있다. 이 법은 국제입찰에 의한 정부조달계약, 국가가 대한민국 국민을 계약상대자로 하여 체결하는 계약(세입의 원인이 되는 계약을 포함한다) 등 국가를 당사자로 하는 계약에 대하여 적용한다.

독일에서는 소위 국고행정(國庫行政)에 있어서 기본권의 효력에 관하여 다음과 같이 학설이 나뉜다.

즉 제1설에 따르면 사법의 형식으로 공적 과제를 직접적으로 수행하는 경우에 공권력주체는 기본권에 구속되며, 이에 반하여 협의에 있어서의 국고행위는 구속되지 않는다는 것이다. 물론 후자의 경우에도 국고행위(國庫行爲)가 공법의 형식으로 행해진다면 기본권에 위배될는지도 모르는 결과를 야기하기 위하여 사법의 형식이 남용되는 경우에는 기본권에 구속된다고 하는 입장이 그것이다.[7]

다음으로 제2설(Konrad Hesse)에 의하면 이러한 견해는 논거가 불충분하다고 하면서, 행정행위의 일반적 규범에의 구속으로부터 행정을 전적으로 혹은 부분적으로 벗어나게 하기 위하여 사법의 형식이 이용된다면, 이는 적절한 과제수행을 위하여 합목적적이거나 꼭 필요한 것일 수는 있으나 이는 기본권에 대하여는 타당하지 않다고 한다. 헌법에 의하여 구성된 국가는 그 어느 곳에서도 사인처럼 임의대로 할 권리를 갖지 못한다고 한다. 헌법은 기본권에 있어서 국가작용의 형식뿐만 아니라, 그 내용적 형성도 중요시한다. 따라서 사법의 형식으로 행해지기 때문에 헌법의 효력이 미치지 않는 유보된 국가작용이 있다고 생각하는 것은 금지된다는 것이다. 결론적으로 국고행정도 기본권에 구속된다고 보아야 한다는 것이다.[8] 그리고 제1설과 같은 국고효력론은 이제는 더 이

14. 국가를 당사자로 하는 계약에 관한 법률 규정

15. 국고행정의 기본권 효력에 관한 학설
16. 제1설: 국고행위 배제

17. 제2절: 국고효력론은 더 이상 설득력 없음

---

6) 헌법재판소는 국가를당사자로하는계약에관한법률 제27조 제1항 중 '입찰참가자격의 제한기간을 대통령령이 정하는 일정기간으로 규정하고 있는 부분'은 명확성의 원칙과 포괄위임입법금지의 원칙에 위반된다고 하는 이유로 헌법불합치 선언한 바 있다. 헌재 2005. 6. 30, 2005헌가1, 판례집 제17권 1집, 796, 796-797.
7) 콘라드 헷세 저/계희열 역, 통일 독일헌법원론(제20판), 박영사 2001, 219-220면.
8) 콘라드 헷세 저/계희열 역 (주 7), 220-221면.

상 시대에 맞지 않는 것으로 보는 입장도 있다.9)

18. 행정의 私
法으로의 도피
방지

생각건대, 만일 국가가 행정행위를 사법의 형식을 빌어서 할 경우에, 기본권의 구속으로부터 벗어날 수 있게 된다면, 국가는 일정한 목표를 달성함에 있어서 국민 기본권의 보호가 장애가 될 경우에는 기본권 구속을 피하기 위해서라도 사법형식을 빌어서 행위를 하게 될 위험이 있다. 소위 사법으로의 도피현상이 그것이다. 따라서 국가가 일정한 행정목적을 달성하기 위해서 사법형식을 취하는 경우라 하더라도 기본권의 구속으로부터 벗어나서는 안 된다고 보아야 할 것이다. 그리고 협의의 국고작용의 경우에도 기본권에 구속된다고 보는 헷세(Hesse)의 견해가 타당하다고 생각된다.

19. 헌재의 입
장

헌법재판소는 사경제의 주체로서 활동하는 국고작용의 경우에 민간인에 비하여 우대하는 것은 평등의 원칙에 위반된다고 함으로써, 국고작용의 경우는 원칙적으로 사인과 동등하게 취급하여야 한다는 입장10)을 보이고 있으나, 구체적 사안에 따라서 차별의 합리적 이유가 있는 경우에는 우대가 가능하다는 판례11)도 있다.

다. 사법부

20. 법관의 기
본권에 대한 구
속

사법작용(재판) 역시 기본권에 구속되는 것은 당연하다. 우리 헌법 제103조는 "법관은 헌법과 법률에 의하여 그 양심에 따라 독립하여 심판한다"고 규정하고 있다. 이 조항은 법관의 헌법에의 구속을 확인하고 있다. 법관이 재판을 함에 있어서 무엇보다도 중시해야 할 것은 기본권에 대한 구속이다. 충돌하는 헌법적 법익과 기본권적 법익들을 실제적 조화의 원리에 맞게 잘 형량할 의무가 법관에게 있다.

21. 헌법합치적
해석 및 기본권
합치적 해석 의
무

이러한 차원에서 법관은 법률을 구체적 사건에 적용하고 해석함에 있어서, 법률조항의 문구가 명확하지 않을 경우에, 법률에 대한 헌법(기

---

9) Friedhelm Hufen, Staatsrecht II, 2. Aufl., München 2009, S. 105.
10) 헌재 1991. 5. 13, 89헌가97, 판례집 제3권, 202, 212－214 － 국가; 헌재 1992. 10. 01, 92헌가6, 판례집 제4권, 585, 598 － 지방자치단체.
11) 헌재 2004. 3. 25, 2003헌바22, 판례집 제16권 1집, 411, 417－419 － 합리적 사유가 있는 경우 차별 가능.

본권)합치적 해석을 해야 할 의무가 있으며, 또한 민사재판이라 하더라
도, 당사자 일방이 타방에 의하여 기본권적 법익을 지나치게 침해받고
있을 경우에는 민법상의 일반조항에 대한 적절한 기본권합치적 해석을
통하여 기본권보호의무를 이행하여야 한다.[12]

2. 지방자치단체

지방자치단체도 역시 헌법상 권력분립의 구조 하에서 본다면, 행정
의 영역에 포함된다고 볼 수 있다. 이러한 자치행정의 주체로서 공법인
이라고 할 수 있는 지방자치단체가 기본권에 구속되는 것은 당연하다.

22. 지방자치단
체의 기본권 구
속

3. 공법인

공행정업무를 수행하기 위하여 공법에 의하여 설립된 법인을 공법
인이라고 할 수 있다. 이러한 공법인은 사실상 국가의 연장된 팔이라고
할 수 있으며, 공적 과제를 수행한다고 하는 측면에서 기본권에 구속된
다고 하는 것은 마찬가지이다.

23. 공 법 인 의
기본권 구속

그러나 공법인의 출자형식상 사법인적 성격도 겸유하고 있는 경우
가 있을 수 있는데, 이러한 경우에는 어느 정도 기본권주체로서의 성격
도 겸유한다고 보아야 할 것이다.

24. 사 법 인 적
성격 겸유 시
기본권 주체성
인정

그리고 공법인의 경우에도 예외적으로 기본권에 의하여 보호되는
생활영역에 직접적으로 귀속되는 경우에는 그 공법인 역시 기본권의 주
체가 될 수 있다고 하는 점은 전술한 바와 같다. 가령 국립대학교와 국
(공)영방송국과 같은 경우 학문의 자유와 언론·출판의 자유의 주체가
될 수 있다는 점이 바로 그것이다. 이러한 경우에는 결국 기본권의 수범
자로서의 지위도 가지면서 동시에 기본권주체로서의 이중적 지위를 가
진다는 데 그 특색이 있음을 주의해야 할 것이다.[13] 다만 이 지위의 문

25. 공 법 인 의
예외적 기본권
주체성 인정사
례

---

12) 이에 관해서는 방승주, 사법질서에 있어서 국가의 기본권보호의무 - 최근 독일
연방헌법재판소 판례의 분석을 중심으로 -, 공법학연구 제7권 제5호(2006. 12),
47-83면.
13) Hufen (주 9), S. 99.

제는 상대적인 문제이므로 그러한 공법인이 국가와의 관계에서는 기본
권주체성을 주장할 수 있을 테지만, 가령 공법인(공법상의 영조물)을 이용
하는 사인과의 관계에서는 기본권의 수범자로서 기본권에 구속되는 지
위에 있다고 보아야 할 것이다. 1994년 서울대학교 신입생선발입시안에
대한 헌법소원 결정에서 헌법재판소는 서울대학교와 청구인간의 관계에
서 서울대학교의 법적 지위를 기본권주체로서 파악함으로써[14] 이러한
점을 오해한 흠이 있지 않나 생각된다.

Ⅲ. 기본권의 수범자로서 사인: 대사인적 효력, 사법질서에 있어서 기본권의 효력

26. 사인은 원
칙적으로 기본
권 주체

사인도 역시 기본권의 수범자로 볼 것인가의 문제가 바로 기본권의
대사인적 효력 내지 제3자효이론이다. 원칙적으로 사인은 기본권의 주
체이기 때문에, 기본권의 수범자는 아니라고 할 수 있다. 그러나 특정한
사인이나 특정한 기본권의 경우에 사인 역시 기본권의 구속을 받는 수
범자로 볼 수 있을 것인가의 문제이다.

27. 기본권 수
범자 인정 가능
성

이러한 문제는 대사인적 효력의 문제는 오늘날 기본권이 단순히 대
국가적 방어권의 차원에 머무르는 것이 아니라, 객관적인 가치질서로서
의 측면을 가지기 때문에, 사인 역시 기본권의 수범자가 될 수 있다고
하는 논리가 나올 수 있는 것이다.

28. 기 본 권 의
방사효과

아무튼 오늘날에는 기본권이 국가의 모든 법질서에 효력을 미친다
고 할 수 있기 때문에(소위 기본권의 방사효과), 사법질서(私法秩序)라고
해서 기본권이 적용되지 않고 오로지 사적자치의 원리만이 타당한 예외
적인 영역으로 남을 수는 없는 것이다.

29. 효력부인론
과 효력인정론

사인들간의 법질서, 즉 사법질서 내에 기본권이 효력을 가지는가
하는 문제에 대하여는 다음과 같이 효력부인론과 효력인정론으로 나눌
수 있으며, 효력인정론의 경우에는 직접효력설과 간접효력설로 나누어
서 설명을 해 볼 수 있다.

---

14) 헌재 1992. 10. 01, 92헌마68, 판례집 제4권, 659, 670.

1. 효력부인론

효력부인론은 사인간의 법질서에는 기본권의 효력이 미치지 않는다고 보는 입장이다. 이러한 논리는 우선 기본권의 구속에 관한 규정(우리 헌법 제10조 제2문)은 오로지 국가를 그 수범자로 하고 있기 때문에 국민은 수범자가 될 수 없다고 하는 논거를 든다. 그리고 국민은 기본권의 주체인데, 만일 기본권의 주체이면서도 동시에 기본권의 수범자가 될 경우에는 기본권에 오히려 구속을 당하여 결국 국민의 자유가 제한될 수밖에 없고 기본권주체로서의 지위가 상실될 수 있기 때문에, 국민은 기본권에 구속되지 않는다고 하는 논리가 가능하다.

따라서 이러한 효력부인론에 의하면, 사인간의 계약이 어떠한 내용을 담든지, 그것은 사적 자치에 의한 것이기 때문에, 그러한 계약내용이 비록 당사자의 기본권을 지나치게 제한하거나 침해한다 하더라도, 국가는 그러한 사적 자치에 개입해서는 안 된다고 하는 것이다.

만일 이러한 논리를 계속 유지한다면, 국가는 사인간의 계약에 대하여 어떠한 경우에도 개입하지 못하고 그 효력을 부인할 수 없게 될 것이다.

2. 효력인정론

가. 직접효력설

사인간의 법질서, 즉 사법질서에 있어서도 기본권은 직접 효력을 미친다고 보는 견해가 바로 직접효력설이다. 달리 말해서 민법상의 어떠한 일반조항의 매개가 없이도 기본권은 사법질서에 직접 효력을 미쳐서 적용될 수 있다는 것이다.

직접효력설에 의할 경우, 법원은 가령 민법상의 신의성실 조항이나 공서양속 조항이 없다 하더라도, 헌법상 기본권을 직접 근거로 하여 사인간의 계약의 효력을 파기하고 계약내용을 변경할 수 있다는 것을 의미한다.

30. 국민은 기본권에 비구속

31. 국가의 사적자치 개입 불가

32. 계약 개입 불가

33. 사법질서에 기본권의 직접 효력

34. 계약 개입 가능

나. 간접효력설

35. 사적자치의 존중, 사법질서에 간접효력

간접효력설은 직접효력설과 같이 기본권이 사법질서에 직접효력을 발휘하여 일정한 기본권을 근거로 사인간의 계약이 무효화될 수 있을 경우에는, 당사자 간의 사적 자치가 오히려 침해될 수 있는 문제점이 있기 때문에, 이러한 사적 자치도 적절히 존중하면서, 사인간의 기본권이 잘 존중될 수 있도록 하기 위해서는 신의성실의 원칙이나 공서양속 등과 같은 민법상의 일반조항이나 불확정 법개념을 매개나 투입구로 하여 기본권이 사법질서에 효력을 발휘하게끔 하여야 한다고 하는 논리이다.

36. 민법상 일반조항의 기본권 합치적 해석

결국 법원이 민법상의 일반조항을 해석함에 있어서 기본권에 합치되는 해석을 함으로써, 지나치게 일방적으로 기본권적 법익을 제약당한 당사자의 기본권이 구제될 수 있는 방향으로 재판을 하여야 한다는 것을 의미한다.

3. 결 론

37. 기본권의 대사인적 효력과 기본권 보호의무의 관계

오늘날 국가는 사법질서에 있어서도 기본권보호의무를 지기 때문에, 사법질서에 있어서 당사자 일방이 상대방에 의하여 지나치게 기본권적 법익을 침해당하고 있을 경우에는 국가는 그 기본권의 보호의무를 이행하지 않으면 안 된다고 볼 수 있다. 이때 국가기관은 바로 법원이라고 할 수 있으며, 법원이 민법상 일반조항을 해석함에 있어서, 당사자가 침해받고 있는 기본권의 의미와 중요성을 제대로 잘 해석하고 적용함으로써, 침해된 기본권을 보호해 줄 수 있는 방향으로 민법의 일반조항을 해석하고 적용해야 할 것이다.

38. 기본권보호의무이론으로 설명 가능

이러한 차원에서 본다면 기본권의 대사인적 효력의 문제 역시 기본권보호의무이론에 의하여 잘 설명될 수 있다고 볼 수 있다.[15]

---

15) 방승주 (주 12), 47-83면.

Ⅳ. 우리 헌법상 기본권의 대사인적 효력 해석론

1. 헌법규정

우리 현행헌법은 독일 기본법 제9조 제3항과 같이 근로자의 단결권에 대하여 직접적 사인효력을 인정하는 명문규정을 두고 있지도 않고, 또한 사인간의 기본권효력을 부인하는 명문규정도 없다. 다만 사인간의 효력이 전제되어 있는 규정들이 있다. 가령 제21조 제4항, 제32조 제4항, 제33조, 제35조 등이 그것이다. 그러나 이 규정들이 기본권의 효력과 관련하여 직접효력의 근거규정이라고 할 수는 없다.[16]

사인간의 기본권효력을 인정할 것인지의 여부와 어떻게 인정할 것인지의 문제는 학설과 판례에 맡겨져 있다고 할 수 있다. 우리나라 학설의 경우 대체로 독일 이론의 영향 하에 원칙적으로 사인간의 기본권효력을 인정하면서도 학자에 따라 다른 설명을 하고 있다.

39. 현행 헌법상 사인간의 효력을 전제한 규정

40. 학설·판례에 맡겨짐

2. 학 설

제1설(다수설): 기본권은 그 성질상 사인 간에 적용될 수 없는 국가배상청구권, 형사보상청구권 등 청구권적 기본권[17]을 제외하고는 사법상의 일반원칙(민법 제2조와 제103조)을 통해서 간접적으로 사인 간에도 효력을 미치는 것이 원칙이지만, 헌법의 명문상 또는 해석상 사인 간에 직접적인 효력을 미치는 기본권도 있는데 가령 인간의 존엄과 가치 및 이를 바탕으로 하는 행복추구권(제10조), 근로자의 노동3권(제33조)을 비롯하여 합리적인 근로조건의 보장에 관한 규정(제32조 제3항, 제4항, 제5항), 언론·출판의 자유(제21조), 참정권(제24조, 제25조, 제72조, 제130조) 등이 이에 속한다고 한다.[18]

41. 간접적 효력이 원칙, 일부 직접적 효력 적용

---

16) 이에 반하여 가령 헌법 제21조 제4항을 언론·출판의 자유의 대사인적 효력을 명문화한 것으로 보는 견해는 김철수, 헌법학개론, 박영사 2007, 405면; 허영, 한국헌법론, 박영사 2023, 294-295면.

17) 김철수 (주 16), 411면.

18) 김철수 (주 16), 411-412면.

42. 언론 · 출
판의 자유에만
직접적 효력 인
정

　　제2설(허영): 현행헌법은 언론 · 출판의 자유가 현대사회에서 가지는
사회통합적 · 민주적 기능의 중요성을 감안해서 이 기본권에 대해서만
특별히 직접적인 사인효력을 인정하고 있고, 나머지 기본권들은 사법상
의 일반원칙을 통해서 간접적으로만 사인간에 적용될 수 있다고 보는
것이 해석상 무리가 없다고 한다.[19] 다만 기본권규정의 성질상 사인 상
호간의 관계에는 전혀 영향을 미칠 수 없는 사항들에 속하는 것은 사인
간의 기본권효력문제에서 제외되며 이에 속하는 것으로는 대개 사법절
차적 권리에 속하는 것들인데 예컨대 죄형법정주의 · 이중처벌금지원
칙 · 사전영장주의 · 연좌제금지 · 자백의 증거능력제한 · 무죄추정원칙 등
과 또한 고문을 받지 아니할 권리 및 불리한 진술거부권(제12조 제2항), 영
장제시요구권(제12조 제3항), 체포 · 구속이유를 알 권리(제12조 제5항), 변호
인의 도움을 받을 권리(제12조 제4항, 제5항), 군사법원재판의 거부권(제27조
제2항), 신속한 공개재판을 받을 권리(제27조 제3항), 형사보상청구권(제28
조) 등을 들 수 있고, 그 밖에 수범자가 국가권력일 수밖에 없는 것으로
는 소급입법에 의한 참정권제한과 재산권박탈금지(제13조 제2항), 청원권
(제26조), 국가배상청구권(제29조), 범죄피해자의 구조청구권(제30조), 형사
피해자의 재판절차진술권(제27조 제5항) 등도 들고 있다.[20]

3. 비판 및 사견

43. 기 본 권 의
대사인효 규정
없음

　　헌법의 명문규정이 없음에도 불구하고 일정한 기본권의 직접적인
대사인적 효력을 인정하자고 하는 것은 별로 설득력이 없다. 또한 언
론 · 출판의 자유의 민주적 기능을 고려해서 이 기본권에 한해서 헌법이
직접적 효력을 두고 있다고 보는 제2설의 입장도 역시 타당하지 않다.
왜냐하면 헌법 제21조 제4항의 규정은 오히려 언론 · 출판의 자유가 가
지는 민주적 기능을 강조하고 있는 규정이라기보다는 언론 · 출판의 자
유의 한계를 헌법적으로 확인하고 있는 규정이라고 보아야 하기 때문이
다. 언론 · 출판의 자유는 특별히 타인의 명예나 권리를 침해할 가능성

---

19) 허영 (주 16), 295면.
20) 허영 (주 16), 297－298면.

이 많고 따라서 이 경우 민법상 손해배상이 보장된다는 것을 헌법적으로 확인하였을 뿐 그 이상도 이하도 아니다. 가령 사인간에 언론·출판의 자유의 직접적 효력을 인정할 수 있기 위해서는 언론·출판의 자유에 방해가 되는 그 어떠한 私的인 제약도 이는 허용되지 않고 따라서 무효라고 하는 취지의 규정이 있다면 아마도 이것은 언론·출판의 자유의 직접적인 대사인적 효력을 인정할 수 있는 근거규정이 될 것이다. 그러나 현행헌법상 그러한 규정은 없다.

그러나 다수설이나 소수설이 인정하고 있듯이 기본권의 수범자가 국가일 수밖에 없는 기본권들은 애초부터 기본권의 제3자적 효력이 적용될 수 없는 기본권들이라 할 수 있을 것이다. 그 외의 기본권들은 그것이 인간의 존엄과 가치이든 평등권이든 아니면 언론·출판의 자유와 같이 민주주의적 관점에서 중요성이 많은 기본권이든 그렇지 않은 것이든 간에 간접적으로 즉 사법상의 일반규정을 통하여 사인 간에도 효력을 갖는다고 할 것이며, 이 경우 국가는 기본권을 보호할 의무를 지기 때문에 사법질서에 있어서도 그러한 보호의무의 실현을 통하여, 사인 상호간의 기본권의 효력을 간접적으로 의무지울 수 있을 것이다.

이것은 독일의 최근의 논의에서와 같이 사인간의 간접적 효력을 기본권의 보호의무(Schutzpflicht)에 의하여 근거지우면서 기본권의 다차원적 성격을 폭넓게 인정하고 국민의 기본권보장을 극대화시키려는 새로운 이론제시로서 기본권의 제3자효문제에 대하여 보다 나은 설명을 가능하게 하기 때문이다. 결국 간접적 제3자효라는 것은 국가와 기본권주체인 사인과 또 다른 사인 사이의 3각 관계에서 발생하는 문제이기 때문에[21] 이것은 바로 기본권의 보호의무에 존재하고 있는 국가와 가해자 및 피해자의 3각 관계와도 다를 바 없다고 할 수 있다.[22]

이와 관련하여 동시에 제기되는 문제는 이러한 사법질서에 있어서의 기본권의 보호의무의 실현에 있어서 입법자와 법원 그리고 헌법재판소의 권한의 분배문제이다.

44. 기본권보호 의무실현을 통한 간접효 인정

45. 국민의 기본권 보장 극대화

46. 권한분배의 문제

---

21) Georg Hermes, NJW 1990, S. 1764 ff. (1766).
22) 이에 대하여 방승주 (주 12), 47−83면 참조.

　우선적으로 입법자는 사법질서에 있어서의 기본권적 지위들 간의 갈등문제에 있어서 실제적 조화의 원리, 가장 신중한 절충의 원칙에 부합하게 제반 법익형량을 먼저 입법적으로 해결해야 하며 그러한 의미에서 입법자는 기본권보호의무의 실현에 우선권을 가진다고 할 수 있다. 이러한 법익 형량에 있어서는 입법자가 광범위한 형성의 자유를 가지기 때문에 그만큼 헌법재판소의 통제의 강도는 줄어들지 않을 수 없다. 하지만 문제되는 기본권적 법익과 또한 이에 대한 침해의 중대성과 강도 등에 따라서 그 통제의 정도가 강화될 수도 있다.

　한편 법원도 이러한 기본권의 보호의무를 실현해야 하지만 입법자와는 다른 입장에 놓인다는 점을 지적해야 할 것이다. 즉 법원은 우선적으로 사법입법자에 의한 이익형량이나 평가에 구속되며 이러한 입법자의 규정이 없는 경우에 한에서 특히 일반규정이나 불확정개념을 헌법합치적으로 해석함으로써 사인 상호간의 기본권적 법익의 충돌을 실제적 조화의 원리에 부합하게 조정하고 절충해야 할 것이다. 법원이 기본권의 사법규정에 대한 의미나 효력을 오해하고서 판결한 경우에는 법원의 판결은 위헌일 수 있으나, 현행법상 법원의 판결은 헌법소원의 대상에서 제외되어 있기 때문에 헌법재판소에 의한 통제가능성은 현실적으로 매우 어렵다. 다만 위헌법률심사에 있어서나 법률에 대한 직접적인 헌법소원심판에 있어서 헌법재판소는 소위 한정합헌이나 한정위헌 결정을 통하여 구체적인 적용사례나 해석가능성을 위헌으로 판단하고 있는 실무를 전개하고 있다. 이것은 법원의 판단작용에 대하여 직접적인 영향을 미치지 않을 수 없고 결과적으로 법원에 대한 통제가 되고 있는 것이 사실이다. 이에 따라 대법원이 정면으로 반기를 들고 나온 사례도 있기는 하지만 대체적으로 이러한 헌법재판소의 한정합헌이나 한정위헌결정을 존중하고 있으며 이것은 헌법재판소결정의 기속력규정의 취지를 존중하는 것이라고 할 수 있고 나아가 헌법질서의 통일성을 위하여 바람직스러운 일이라 할 것이다. 어쨌든 헌법재판소가 규범통제를 통하여 규범적용통제의 가능성을 열어 놓고 있는 실무를 고려할 때 헌법재판과 일반재판과의 기능법적 한계설정의 문제는 우리에게 있어서도 역시 현안이 되어 가고 있는 문제라고 아니할 수 없다.

가. 사법질서를 통한 기본권보호의무 이행의 일차적 책임자: 입법자

기본권이 가지고 있는 객관적 가치질서로서의 의의 때문에, 우선적으로 입법자는 사적인 거래관계 등, 사법질서에서 충돌할 수 있는 기본권적 법익을 적절히 형량하고 조정하여 이를 사법상의 규정으로 입법할 의무를 진다.

49. 입법의 의무

이러한 입법의무는 주로 가령 신의성실의 원칙이나 공서양속 조항과 같은 일반조항의 형식으로 나타날 수도 있지만, 그러한 일반조항은 추상적이고 불명확하여 사실상 입법자의 기본권충돌에 대한 형량이나 조정역할을 법관에게 위임한 것이나 마찬가지라고 할 수 있다. 그러나 입법자는 가능하다면 사법질서에서 나타날 수 있는 기본권적 법익들 간의 충돌에 대한 조정이나 형량의 내용을 보다 구체적으로 명문화하여 규정할 필요가 있다. 이러한 입법을 통해서 입법자는 나름대로의 기본권보호의무를 이행하는 것이 되기 때문이다.

50. 구체적 명문화 필요

가령 상법 제41조의 경우 "영업을 양도한 경우에 다른 약정이 없으면 양도인은 10년간 동일한 특별시·광역시·시·군과 인접 특별시·광역시·시·군에서 동종영업을 하지 못 한다"(제1항)고 영업양도인의 경업을 금지하고 있다. 그러나 이와 같은 규정의 경우 서울시와 그 밖의 농촌지역과를 동일하게 10년간 경업을 금지함으로써, 지나치게 영업양도인의 직업선택의 자유를 제한하는 것은 아닌지, 즉 영업양도인과 영업양수인의 기본권적 법익충돌에 대한 형량에 있어서 지나치게 영업양수인에게만 유리하게 한 것은 아닌지의 문제가 제기된다. 하지만 이러한 경업금지에 대하여 헌법재판소는 합헌으로 판단하였다.[23] 아무튼 이러한 상법규정의 경우 대표적으로 입법자의 차원에서 나름대로 기본권간의 충돌을 조정한 케이스에 해당한다고 하겠다.

51. 영업양도인의 겸업금지 사례

그 외에도 가령 친생부인에 관한 소의 제척기간을 출생을 안 날로부터 1년 이내로 한 민법규정에 대하여 이러한 규정은 夫의 인간존엄과

52. 친생부인의 소의 제척기간 사례

---

23) 헌재 1996. 10. 4, 94헌가5, 판례집 제8권 2집, 228, 228-229.

가치 등 기본권을 지나치게 제한한 것으로서 헌법에 합치하지 아니하다
고 한 헌법재판소의 결정24)은 친생부인에 관한 소의 제척기간을 통하여
충돌하는 사인들 간의 기본권적 법익의 형량을 민법을 입법한 입법자가
제대로 하지 못한 것으로 판단하여 헌법불합치로 선언한 사례에 해당한
다고 할 수 있을 것이다.

**53. 헌법재판소
의 입법자에 대
한 사후통제**

한편 입법자가 그와 같은 형량을 제대로 하지 못할 경우에 이를 사
후적으로 통제함으로써 기본권보호의무를 이행할 수 있는 기관은 바로
헌법재판소라고 할 수 있을 것이다.

나. 사법질서에 대한 해석·적용에 있어서 기본권보호의무 이행의 책
임자: 법원

**54. 법률해석을
통한 보호의무
이행**

법원은 사인 간의 계약을 둘러싼 분쟁에 대하여 재판을 할 경우에,
당사자 간에 대립되는 기본권적 법익간의 형량을 입법자가 사법의 제정
을 통하여 해 놓은 경우에는 그러한 규정에 따라서 재판을 하고, 그렇지
않은 경우에는 관련 사법규정이나 일반조항을 해석하면서, 기본권이 가
지고 있는 의미나 중요성을 제대로 살려서 재판을 하지 않으면 안 된다.

**55. 법원의 기
본권합치적 해
석**

이와 같이 법원이 법률에 대한 기본권합치적 해석을 함에 있어서,
당사자 중 어느 일방이 지나치게 기본권적 법익을 침해당한 경우에는
그 기본권의 중요성을 살려서 민법상의 일반조항을 해석하고 그에 따른
결론을 맺음으로써, 사법질서에 있어서의 국가의 기본권보호의무를 이
행할 수 있게 되는 것이다.

**56. 대광고 대
강의석 군 사례**

대법원이 기본권의 대사인적 효력과 관련하여 간접효력설을 지지
하면서 종립학교법인의 적극적 종교의 자유와 학생의 소극적 신앙의 자
유간의 충돌의 문제와 관련한 불법행위 책임 문제를 종교의 자유의 대
사인효로 풀어서 판결을 한 사례로 대광고등학교 강의석 군 사건25)을
들 수 있으며, 이보다 앞선 판결로 기독교 재단이 설립한 숭실대학교의
채플학점 이수의무제를 둘러싸고 다투어진 학생의 숭실대학교에 대한

---

24) 헌재 1997. 3. 27, 95헌가14, 판례집 제9권 1집, 193, 193-195.
25) 대법원 2010. 4. 22. 선고 2008다38288 전원합의체 판결 【손해배상(기)】 〈종립
사립고교 종교교육 사건〉

학위수여이행청구사건[26]을 들 수 있다.

그 밖에 통행으로 인하여 주거의 안전과 평온을 침해받은 경우 주 거의 자유에 우월성을 인정한 판례[27], 표현의 자유와 인격권의 충돌 사 례[28], 근린공원 내의 개인 소유 토지상에 골프연습장을 설치하는 것이 인근 주민들에 대한 불법행위가 되지 않는다고 본 사례[29], 대학교의 인 접 대지 위에 건축 중인 24층 아파트 중 18층 초과부분에 대한 건축공 사를 소유권에 기한 방해배제청구권을 근거로 하여 금지한 사례[30] 등이 있다.

57. 기타 사례

---

26) 대법원 1998. 11. 10. 선고 96다37268 판결【학위수여이행】.
27) 대법원 1962. 6. 2. 선고 62아3 판결【통행로확인】.
28) 대법원 1988. 10. 11. 선고 85다카29 판결 【위자료등】.
29) 대법원 1995. 5. 23. 자 94마2218 결정 【공작물설치금지가처분】.
30) 대법원 1995. 9. 15. 선고 95다23378 판결 【공사중지가처분이의】.

제 5 절 기본권의 제한

Ⅰ. 기본권제한의 의의

1. 국민의 기본
적 권리행사 금
지, 방해, 침해

헌법적으로 보장되는 국민의 기본적 권리의 행사를 하지 못하게 하
거나 방해하거나 그러한 권리를 침해하는 모든 국가적 행위는 기본권의
제한이라고 할 수 있다. 기본권제한이라고 해서 반드시 모두 위헌인 것
은 아니다. 기본권제한의 한계를 지키면서 헌법적으로 정당화될 수 있
는 제한은 위헌이 아니라 정당한 제한이다. 기본권제한의 한계를 지키
지 아니하고 헌법적으로 정당화될 수 없는 기본권제한을 일컬어서 비로
소 기본권침해라고 할 수 있는 것이다.

Ⅱ. 기본권제한의 필요성

2. 기본권 제한
의 필요성

기본권은 헌법이 보장하는 개인의 기본적인 권리이다. 그러나 이러
한 개인의 기본권이 무제약적으로 행사될 수 있게 된다면, 그러한 기본
권의 행사는 다른 사람의 기본권이나 또는 헌법적으로 보호되는 공익을
훼손하고 침해하게 될 가능성이 있다. 그러므로 개인이 가지는 기본권
은 경우에 따라서 제한되어야 할 필요성이 있는 것이다.

3. 개별적 법률
유보와 일반적
법률유보

기본권 제한의 필요성에 대하여 헌법은 다양하게 대처하고 있다.
우선 헌법 자체가 기본권충돌 상황에 대하여 일정한 한계를 그어 놓고
기본권에 대한 직접적인 한계조항을 두고 있는 경우가 있다. 다음으로
는 헌법이 기본권의 제한필요성을 인정하고 구체적인 제한은 입법자에
게 일임하고 있는 경우도 있다. 후자의 경우에도 개별 기본권의 보장규
정에서 입법자에게 제한을 위임하는 규정도 있으며(개별적 법률유보), 일
반적으로 기본권에 대한 제한을 위임하고 있는 규정(일반적 법률유보: 헌
법 제37조 제2항)도 있다.

Ⅲ. (자유권적) 기본권침해의 3단계 심사도식

어떠한 공권력 행사가 국민의 기본권을 침해하였는지 여부에 대하여는 다음과 같은 3단계 심사도식에 따라서 심사하는 것이 간편하고도 일목요연하다. 우선 이러한 3단계 심사도식은 일단 자유권적 기본권의 침해여부에 대한 심사에 적용될 수 있으며, 그 밖에 평등권, 청구권적 기본권, 사회적 기본권의 침해여부에 대한 심사에 있어서는 각 기본권의 특수성이나 구조가 자유권적 기본권과는 다른 부분이 있으므로 그 특성에 맞는 심사를 하여야 할 것이다.

4. 3단계 심사도식

1. 보호영역의 확인

먼저 개별 기본권의 보호영역을 확인할 필요가 있다. 기본권의 보호영역을 어떻게 확인할 것인가 하는 문제는 이미 기본권의 주체에 관한 장에서 다루었듯이, 우선 개별 기본권의 구성요건에 대한 해석으로부터 출발하여야 할 필요가 있다. 기본권의 구성요건, 가령 "언론", "출판", "집회", "결사", "재산권", "직업", "학문", "예술" 등과 같은 개념을 해석함에 있어서는 그와 관련된 사실관계와 생활영역에 대한 이해를 전제로 한다. 그리하여 헌법이 해당 기본권에 의하여 보호하고자 하는 국민의 생활영역을 가늠하고 나면 그러한 생활영역이 기본권보호영역으로 확정될 것이다.

5. 개별 기본권의 보호영역 확정

2. 제 한

일단 기본권보호영역이 확정되고 나면, 그러한 보호영역에 해당되는 행위를 방해하거나 금지하는 모든 공권력의 행위는 바로 기본권에 대한 제한이 된다고 할 수 있다.

6. 보호영역에 대한 제한

우선 기본권의 제한으로서 가장 먼저 고려될 수 있는 것은 입법적 제한, 즉 법률이다. 헌법이 기본권행사에 직접적인 한계를 그을 때는 물론이거니와, 기본권제한을 위임하는 법률유보의 경우도 모두 입법자가

7. 입법적 제한

해당 기본권의 제한을 위한 법률을 마련하지 아니하면, 행정부나 사법부가 헌법을 직접 근거로 하여 기본권을 제한할 수는 없다. 즉 법률에 의한 제한이 일단 존재한 후, 그러한 제한법률을 근거로 하여 법 적용기관은 기본권제한규정을 집행할 뿐인 것이다.

가. 전통적인 제한(침해)개념

전통적인 제한개념은 네 가지 전제를 가지고 있다.[1] 즉 제한은

8. 목적성

(1) 목적적이어야 하며 전혀 다른 목적에 지향된 국가행위의 단순히 예기치 않던 결과가 아닐 것

9. 직접성

(2) 직접적이어야 하지 국가행위의 의도되었기는 하지만 단지 간접적인 결과가 아닐 것

10. 법률행위

(3) 단순한 사실적 작용이 아니라 법적인 효과가 있는 법률행위일 것

11. 명령과 강제

(4) 명령과 강제로써 관철될 것이다.

나. 제한개념의 확대

12. 제한개념의 확대 문제

제한개념의 확대에는 기본권의 주관적 보장내용을 확대하고 객관적으로 보완한 자유주의적 법치국가로부터 사회적 법치국가로의 발전이 그 근저에 깔려 있다. 계속해서 많은 생활을 국가에 의존하게 되다보니, 개인은 많은 생활 가운데서 국가의 행위를 생존보장적으로만이 아니라 생존위협적으로, 자유증진적으로만이 아니라 자유제한적으로 경험하게 된다. 국가와 개인이 많은 점에서 관련을 하면 할수록 그들 간에는 더욱 많은 갈등의 가능성이 발생하게 된다. 조직, 절차, 참여 및 급부에 대한 기본권의 의의가 많아질수록 조직행위, 절차형성, 참여규정 및 급부규정이 가지는 제한적 성격에 대한 문제도 많이 제기된다.[2]

13. 네 가지 기준 모두의 확대 적용

제한개념의 확대는 고전적인 네 가지 기준 모두에 다 적용된다. 제한은 개인에게 기본권의 보호영역에 해당되는 행위를 전적으로 또는 부분적으로 불가능하게 하는 모든 국가의 행위이며 이것은 이러한 작용이

---

1) Pieroth/Schlink, Grundrechte — Staatsrecht II, Heidelberg 2011, Rn. 251.
2) Pieroth/Schlink (주 1), Rn. 252.

목적적인지 아니면 의도하지 않던 바인지, 직접적인지 아니면 간접적인지, 법적인지 아니면 사실적인지, 명령과 강제에 의하여 이루어지는지 여부와는 상관없다. 물론 그 작용은 공권력에 귀속가능한 행위에 기인해야 한다.

가령 도주 중인 범죄혐의자에게 쏜 경찰공무원의 오발탄이 이와 상관없는 행인을 맞히는 경우에나 아이에게 면역주사를 맞히는 과정에서 어머니에게 감염되는 경우는 의도되지 않던 사실적 침해라고 할 수 있다. 명령이나 강제가 없이 이루어지는 사실적 제한은 전화통화의 도청이나 그 밖의 정보와 관련된 침해에서 그 예를 들 수 있다.[3]

14. 사례

다. 제한개념 확대의 귀결

제한개념의 확대는 일정한 결과를 수반한다. 즉 첫째로 모든 사실적 작용을 포함시키는 경우에 국가적 행위가 기본권의 행사를 단지 어렵게 할 뿐인 경우와 반면 사실상 불가능하게 하는 경우의 한계획정의 어려움이다. 둘째로 의도하지 않던 간접적 작용을 포함시키는 경우에는 국가행위가 지향되었던 개인에 대하여서만이 아니라 국가에 의하여 상황에 따라서는 전혀 의도하지 않았던 제3자에 대하여서도 제한이 존재할 수 있는데 이 경우에 그 사람만이 일방적으로 이를 의식할 수 있다. 이러한 문제가 겹쳐질 수도 있다. 이것은 과학기술적인 시설, 특히 핵에너지설비와 관련되어 나타날 수 있다.[4]

15. 한계획정의 어려움

셋째로 제한개념을 둘러싼 논의는 그것이 실체법적인 측면만이 아니라 소송법적 측면을 가진다. 흔히 소송법적 측면이 부각되는 경우도 많다. 즉 광범위한 제한영역이 실체법적으로 정당화를 필요로 하게 하는 것은 실체법적으로 널리 정당화된다. 그리고 동시에 이것이 가능한 소송의 대상이 되게 하는 것은 수많은 소송에 대한 우려를 유발시킨다. 건강, 자연보호 및 환경과 관련한 사항은 개인으로 하여금 그 성공가능성여부를 불문하고 법원으로 내몰게 되며 이것은 법원으로 하여금 많은

16. 소송법적 귀결

---

3) Pieroth/Schlink (주 1), Rn. 254.

4) Pieroth/Schlink (주 1), Rn. 256.

부담을 줄 수 있다.

17. 제약과 부담의 한계설정의 어려움

제한개념의 확대에 따른 결과문제는 일도양단 식으로 해결될 수는 없다. 기본권의 행사를 불가능하게 하는 것과 단순히 어렵게 하는 것을 구분함에 있어서와 또한 제3자의 중대한 관련과 중대치 않은 관련을 구분함에 있어서 제약(Beeinträchtigung)과 부담(Belästigung)간의 한계가 문제가 된다. 그러나 이러한 한계를 긋는 것은 어렵다.5)

18. 국가적 제약은 기본권 제한으로 간주

확실한 것은 개인으로 하여금 기본권적으로 보호되는 행위를 불가능하게 하거나 또는 기본권에 의하여 보호되는 행위가 국가적 제재를 위한 근거(Anknüpfungspunkt)가 되는 경우에는 항상 제한이 존재한다는 것이다. 기본권에 의하여 보호되는 행위와 관련하여 국가의 부정적인 공표, 암시와 경고들도 만약 이것이 기본권에 의하여 보호되는 행위를 구체적으로 제약(beeinträchtigt)하는 경우에는 제한(Eingriff)으로서 간주된다.6)

19. 우리 헌재의 판례

이러한 독일의 제한개념의 확대현상을 우리 헌법재판소의 판례에서도 찾아보면 다음과 같은 사례들을 생각해 볼 수 있다.

20. 사실적 행위에 대한 헌법소원사건

첫째, 법적 행위가 아니라 사실적 행위인 경우에도 공권력 행사성을 인정하는 경우로서 권력적 사실행위7)나, 경고8) 등에 대한 헌법소원사건들을 들 수 있다.

21. 사실상의 기본권침해 결과와 구분 필요

다만 이러한 헌법소원사건들은 공권력행사의 (권력적) 사실행위가

---

5) Pieroth/Schlink (주 1), Rn. 257.
6) Pieroth/Schlink (주 1), Rn. 258.
7) 헌재 2001. 7. 19, 2000헌마546, 유치장내 화장실설치 및 관리행위 위헌확인, 판례집 제13권 2집, 103; 헌재 2003. 12. 18, 2001헌마163, 계구사용행위 위헌확인, 판례집 제15권 2집 하, 562, 572; 헌재 2005. 5. 26, 2001헌마728, 수갑 및 포승 시용(施用) 위헌확인, 판례집 제17권 1집, 709, 720; 헌재 2005. 5. 26, 2004헌마49, 계호근무준칙 제298조 등 위헌확인, 판례집 제17권 1집, 754, 762; 헌재 2002. 7. 18, 2000헌마327, 신체과잉수색행위 위헌확인, 판례집 제14권 2집, 54; 헌재 2003. 12. 18, 2001헌마754, 과다감사 위헌확인, 판례집 제15권 2집 하, 609; 헌재 1995. 7. 21, 92헌마144, 서신검열 등 위헌확인, 판례집 제7권 2집, 94, 102−103; 헌재 1993. 7. 29, 89헌마31, 공권력행사로 인한 재산권침해에 대한 헌법소원, 판례집 제5권 2집, 87, 105−106; 헌재 1999. 5. 27, 97헌마137, 재소자용수의착용처분 위헌확인, 판례집 제11권 1집, 653.
8) 헌재 2007. 11. 29, 2004헌마290, 경고 및 관계자 경고 처분취소, 판례집 제19권 2집, 611; 대법원 2005. 2. 17. 선고 2003두14765 판결 【대표자문책경고처분취소】.

주로 문제된 사건들이다. 이와 구분해야 할 것은 사실상의 기본권침해
의 결과가 초래되는 경우이다. 이러한 사실상의 기본권침해의 결과가
초래되는 것은 공권력행사가 법률행위일 경우에도 발생할 수 있기 때문
에, 공권력행사의 사실행위에 의한 기본권침해의 사례들과는 구분해야
할 것이다.

둘째, 규율의 직접 상대방이 아닌 제3자에게 자기관련성을 인정한
사례를 들 수 있다.9)

22. 제3자에 자
기관련성이 인
정되는 경우

3. 제한의 한계

기본권을 제한함에 있어서도 제한의 한계를 지키지 않으면 안 된
다. 기본권제한의 한계는 개별적인 법률유보 규정이나, 일반적 법률유보
조항인 헌법 제37조 제2항에 그 윤곽이 그려져 있다. 즉 국가안전보장·
질서유지·공공복리 등과 같은 목적에 부합하여야 하고, 필요한 최소한의
제한이어야 하며(과잉금지의 원칙), 법률로써 제한하여야 한다(기본권제한
의 형식적 요건). 이러한 제한의 한계에는 주로 법치국가원리에서 나오는
여러 가지 원칙들이 포함되는데, 기본권제한법률이 그러한 한계를 준수
하고 있는지 여부를 심사해 주어야 하고, 만일 한계를 유월 또는 일탈한
경우에는 헌법적으로 정당화될 수 없는 기본권제한으로 비로소 위헌적
인 기본권제한 즉, 기본권침해가 되는 것이다.

23. 법치국가원
리에서 나오는
여러 원칙들

Ⅳ. 기본권제한의 체계

기본권제한에 대한 헌법적 체계를 먼저 이해할 필요가 있다. 이미
언급했듯이 기본권제한체계에는 헌법직접적 한계와 법률유보가 있다.

24. 기본권제한
에 대한 헌법적
체계

---

9) 헌재 1998. 11. 26, 94헌마207, 방송법 제17조 제3항 등 위헌확인, 판례집 제10권
2집, 716; 헌재 2005. 6. 30, 2003헌마841, 뉴스통신진흥에관한법률 제10조 등 위헌
확인, 판례집 제17권 1집, 996.

1. 헌법직접적 한계

기본권제한을 헌법이 직접적으로 하는 경우를 헌법직접적 한계 내지는 헌법유보라고 할 수 있다. 이는 헌법이 기본권주체를 제한하는 경우와 또는 보호영역 자체를 제한하는 경우로 나누어 볼 수 있다.

가. 기본권주체에 대한 헌법직접적 제한

헌법 제29조 제2항과 같은 경우에는 헌법이 제1항에서 보장한 국가배상청구권에 대하여 일정한 기본권주체, 즉 군인, 군무원, 경찰공무원에 대하여 제한하는 규정이라고 할 수 있다. 물론 여기에 기타 법률이 정하는 자까지 포함시켜서 국가배상청구권의 행사를 제한할 수 있는 기본권주체의 범위를 일부 법률로 위임하고 있기도 하다.

이 헌법 제29조 제2항은 이러한 명문 규정이 없다 하더라도 법리상 당연히 인정될 수 있는 헌법적 한계에 해당한다고 하기 보다는, 헌법제(개)정자가 명시적으로 일정한 기본권주체에 대하여 기본권의 행사를 제한하도록 하는 규정이기 때문에 다른 헌법직접적 한계 조항과 비교할 때 이질적이라고 할 수 있다.

이 조항은 이미 언급하였듯이 대법원이 위헌으로 결정한 법률조항을 위헌논란을 차단하기 위해서 유신헌법 제정당시 헌법으로 끌어 올려, 그 후 두 차례의 헌법개정에도 불구하고 지금까지 유지되어 오고 있는 조항인 점도 간과해서는 안 될 것이다.

나. 기본권보호영역에 대한 헌법직접적 제한

(1) 헌법 제21조 제4항

헌법 제21조 제4항은 "언론·출판은 타인의 명예나 권리 또는 공중도덕이나 사회윤리를 침해해서는 아니된다. 언론·출판이 타인의 명예나 권리를 침해한 때에는 피해자는 이에 대한 피해의 배상을 청구할 수 있다."고 규정하고 있다.

언론·출판의 자유는 타인의 명예나 권리 또는 공중도덕이나 사회윤리를 해칠 수 있는 위험이 다른 기본권의 경우보다 더욱 크다. 따라서 우리 헌법 제21조 제4항은 언론·출판의 자유의 내재적 한계를 명시적으로 확인함으로써 이를 강조하고 있다고 할 수 있다.

(2) 헌법 제23조 제2항

헌법 제23조 제2항은 "재산권의 행사는 공공복리에 적합하도록 하여야 한다."고 규정하고 있다.

이에 대하여 헌법재판소는 "재산권행사의 사회적 의무성을 헌법 자체에서 명문화하고 있는 것은 사유재산제도의 보장이 타인과 더불어 살아가야 하는 공동체생활과의 조화와 균형을 흐트러뜨리지 않는 범위 내에서의 보장임을 천명한 것으로서 재산권의 악용 또는 남용으로 인한 사회공동체의 균열과 파괴를 방지하고 실질적인 사회정의를 구현하겠다는 국민적 합의의 표현이라고 할 수 있으며 사법영역에서도 신의성실의 원칙이라든가 권리남용금지의 원칙, 소유권의 상린관계 등의 형태로 그 정신이 투영되어 있는 것이다. 재산권행사의 사회적 의무성은 헌법 또는 법률에 의하여 일정한 행위를 제한하거나 금지하는 형태로 구체화될 이치이나 이는 (토지)재산의 종류, 성질, 형태, 조건, 상황, 위치 등에 따라 달라질 것이다."고 판시한 바 있다.[10]

31. 공공복리 적합 의무

32. 공동체생활과의 조화와 균형

(3) 헌법 제8조 제2항

헌법 제8조 제2항은 "정당은 그 목적·조직과 활동이 민주적이어야 하며, 국민의 정치적 의사형성에 참여하는 데 필요한 조직을 가져야 한다"고 규정하고 있다. 그리고 제4항에서는 "정당의 목적이나 활동이 민주적 기본질서에 위배될 때에는 정부는 헌법재판소에 그 해산을 제소할 수 있고, 정당은 헌법재판소의 심판에 의하여 해산된다"고 규정하고 있다. 결국 헌법적으로 보장되는 정당의 설립과 활동의 자유는 "민주적"이어야 한다는 그리고 민주적 기본질서에 위배되어서는 안 된다고 하는 헌법적 한계 하에 놓여 있다고 보아야 할 것이다.

33. 정당설립·활동의 자유에 대한 헌법직접적 한계

---

10) 헌재 1989. 12. 22, 88헌가13, 판례집 제1권, 357, 372.

2. 법률유보

법률유보는 기본권제한을 입법자에게 일임한 것을 말한다. 법률유보는 개별적 법률유보와 일반적 법률유보로 나눌 수 있으며, 입법자에게 기본권의 구체화를 일임한 경우에는 형성적 법률유보, 제한을 일임한 경우에는 제한적 법률유보라고 할 수 있다.

가. 개별적 법률유보와 일반적 법률유보

개별 기본권규정에서 헌법이 입법자에게 기본권제한을 일임해 놓고 있는 경우를 개별적 법률유보라고 하고, 기본권 전체에 대하여 제한 가능성을 입법자에게 일임해 놓고 있는 경우를 일반적 법률유보(제37조 제2항)라고 한다.

헌법이 아무런 조건 없이 기본권제한을 입법자에게 일임하고 있는 경우 이를 단순 법률유보(가령 제12조 제1항, 제33조 제3항)라고 하고, 일정한 가중된 요건을 명시한 후 그 조건 하에 기본권제한이나 형성을 일임하고 있는 경우에는 이를 가중 법률유보(가령 제23조 제3항, 제32조 제2항, 제3항)라고 한다.

나. 형성적 법률유보와 제한적 법률유보

형성적 법률유보는 기본권의 내용과 한계 또는 행사를 위한 절차 등에 대하여 입법자가 구체화할 것을 일임하고 있는 법률유보라고 할 수 있으며, 제한유보는 기본권제한을 입법자에게 일임한 규정을 일컫는다. 형성유보를 근거로 입법자가 기본권의 내용과 한계를 정하거나 기본권행사를 위한 절차를 마련할 수 있지만, 이러한 형성법률의 경우에도 기본권제한적 효과가 따를 수 있음을 주의해야 한다. 따라서 어떠한 법률조항이 형성인지 제한인지 애매한 경우가 있을 수 있다.

그러나 우리 헌법상 "법률이 정하는 바에 의하여"라고 하는 표현이나 "… 내용과 한계는 법률로 정한다" 등의 표현을 가진 유보는 형성유보로 보아야 할 것이다.

○ "(체포 또는 구속을 당한 자의 가족 등) 법률이 정하는 자"
 − 체포 구속의 일시·장소가 지체없이 통지되어야 한다(제12조
  제5항)
○ "법률로 정한다":
 − "통신·방송의 시설기준과 신문의 기능을 보장하기 위하여
  필요한 사항(제21조 제3항)
 − 재산권의 내용과 한계: 제23조 제1항 제2문
 − 학교교육 및 평생교육을 포함한 교육제도와 그 운영, 교육재
  정 및 교원의 지위에 관한 기본적인 사항: 제31조 제6항[11])
 − 근로의 의무의 내용과 조건: 제32조 제2항 − 민주주의원칙
  에 따라(가중적 형성유보)
 − 근로조건의 기준: 제32조 제3항 − 인간의 존엄성을 보장하
  도록(가중적 형성유보)
 − 환경권의 내용과 행사: 제35조 제2항
○ "법률로써 보호한다."(제22조 제2항)
○ "보상은 법률로써 하되"(제23조 제3항)
○ "법률이 정하는 바에 의하여"
 − 제12조 제4항, 제24조, 제25조, 제26조, 제27조 제5항, 제29
  조 제1항, 제30조, 제31조 제4항, 제32조 제1항, 제6항, 제
  33조 제3항, 제34조 제5항)
○ "법률에 의한 재판을 받을 권리"(제27조)
○ "법률이 정하는"(제31조 제2항, 제33조 제2항, 제3항)

　형성법률인 경우 위헌성 판단은 기본권 제한의 한계 규정인 헌법
제37조 제2항에 따른 과잉금지 내지 비례의 원칙의 적용을 받는 것이
아니라, 그러한 형성법률이 그 재량의 한계인 자유민주주의 등 헌법상
의 기본원리를 지키면서 관련 기본권이나 객관적가치질서의 보장에 기
여하는지 여부에 따라 판단된다고 하는 헌법재판소의 입장도 있다.[12]

39. 형성법률의 위헌성 판단

---

11) 헌재 2003. 2. 27, 2000헌바26, 판례집 제15권 1집, 176.
12) 헌재 2003. 12. 18, 2002헌바49, 판례집 제15권 2집 하, 502를 인용하며, 헌재
　2006. 4. 27, 2005헌마1047·1048(병합), 판례집 제18권 1집 상, 601, 620. 형성적

3. 헌법내재적 한계?

독일 기본법의 경우는 제한되고 있는 기본권 말고도 문구에 따를 때 제한될 수 없는 많은 기본권들도 있다. 이러한 경우에 그러한 기본권들이 도대체 제한될 수 없는 것인지 아니면 소위 헌법내재적 한계에 의하여 제한될 수 있는 것인지의 문제가 제기된다. 기본법이 가지고 있는 인간상에 내재하는 공동체 관련성을 근거로 하여 그리고 헌법의 통일성과 헌법규정들간의 충돌을 막기 위해서 오늘날 무제한한 기본권 규범은 없고 법률유보가 없는 기본권이라 할지라도 일정한 한계 하에 놓이며 아무런 제한을 받지 않는 자유란 사회 공동체내에서는 생각할 수 없다는 입장이 전반적으로 받아들여지고 있다. 여기에서 기본권의 내재적 한계이론이 나온다. 따라서 내재적 한계란 모든 기본권, 즉 법률유보가 없는 기본권에도 성질상 내재하거나 기본법의 체계 및 가치질서로부터 나오는 기본적인 한계이며 내적인 제한이라는 것이다. 모든 기본권의 원칙적인 제한가능성 이외에도 그러한 내재적 한계는 항상 헌법 자체로부터 나와야 한다는 것이 받아들여지고 있다(제3자의 기본권 및 헌법적 서열을 가지는 법적 가치와의 충돌에 의한 제한).

가. 3한계 이론

독일 기본법 제2조 제1항은 인격의 자유로운 발현권의 한계를 3가지로 제시하고 있다. 즉 타인의 권리·헌법질서·도덕률이다. 이러한 3가지 한계가 다른 기본권의 내재적 한계로도 적용되어야 한다는 것이다.

나. 개념내재적 한계이론

기본권의 내재적 한계를 개별적인 기본권의 개념정의를 통해서 설명하려 한다. 즉 문제가 되고 있는 개별 기본권의 개념을 가급적이면 좁게 해석함으로써 결과적으로는 기본권의 내재적 한계를 인정하려는 입

법률유보에 의한 기본권제한의 경우 완화된 심사를 해야 할 필요성에 대하여 방승주, 교통사고처리특례법 제4조 제1항의 위헌여부 심사기준, 법률신문 2009. 3. 25. 15면.

장이다. 가령 법률유보조항이 없는 독일 기본법 제5조 제3항의 예술의
자유의 내재적 한계를 근거지우기 위해서 예술의 개념에 윤리적인 요소
까지 포함시킴으로써 도덕적이고 윤리적인 예술 활동만을 이 예술의 자
유의 보호영역에 포함시키려는 것이다.

다. 국가공동체유보이론

모든 기본권은 국가공동체의 존립을 전제로 할 뿐 아니라 국가공동
체에 의해서 비로소 보장되는 것이기 때문에 국가의 존립을 위해서 꼭
필요한 법익을 침해하는 기본권의 행사는 있을 수 없다고 하는 입장으
로서 국가존립의 보장을 기본권의 내재적 한계로 보는 입장이다(초기 독
일연방행정재판소 판례).

43. 국가존립의 보장을 위한 한계

라. 헌법의 통일성이론

헌법의 통일성을 유지하고 헌법이 추구하는 전체적인 가치질서를
실현시키기 위해서는 실제적 조화원리에 의한 해석이 필요하고 그러한
필요성으로부터 기본권의 내재적 한계를 이끌어 내려는 입장이다.

44. 실제적 조화원리에 의한 해석의 필요성

그러나 독일의 통설은 마지막 헌법의 통일성이론[13]인데 이에 따르
면 기본법 제2조 제1항이나 기본법 제5조 제2항 등의 다른 기본권의 한
계조항이 원용될 수는 없다고 한다. 원칙적으로 내재적 한계를 확정함
에 있어서 개별기본권의 특수성으로부터 출발해야 하는데 이 경우에 그
한계를 확인하기 위하여 매우 중요한 것은 개별 기본권이 그 밖의 헌법
규범들 특히 기본법 제1조, 제20조와 또한 다른 기본권 및 기본법의 가
치질서와 조화를 이루어야 한다는 점이다. 가장 중요한 해석원리는 논
리적–목적론적 의미표상으로서 헌법의 통일성이다. 왜냐하면 헌법의
본질은 국가공동체의 정치적 및 사회적 생활의 통일적 질서가 되는 데
에 존재하기 때문이다(가장 조심스럽고 가능한 한 최적의 이익균형의 원칙).
기본권은 이에 따라서 다른 헌법규범들과 충돌하거나 다른 기본권주체
의 기본권과 충돌하는 곳에서 주로 "내재적 한계"를 가진다(제한의 정당

45. 타인의 기본권과 충돌하는 지점에서 내재적 한계 존재

---

13) 이하 Alfred Katz, Staatsrecht, Heidelberg, 2002, Rn. 644 이하 참조.

화로서 충돌하는 헌법규범).

46. 권영성 교수의 주장

국내에서 권영성 교수는 독일기본법 제2조 제1항과 같은 일반적 헌법유보에 해당하는 명문규정이 없더라도 타인의 권리·도덕률·헌법질서 등의 존중은 국가적 공동생활을 위하여 기본권에 당연히 내재하는 제약사유라고 하였다.14)

47. 내재적 한계이론에 대한 비판

그러나 독일에서 논의된 내재적 한계이론은 유보가 없는 기본권이 존재하는 독일 기본법상의 기본권해석론에서는 타당할지 모르지만, 우리 헌법상 기본권해석론과 관련해서는 소위 일반적 법률유보조항이라고 할 수 있는 헌법 제37조 제2항에 포섭되지 않는 기본권제한은 생각하기 힘들기 때문에, 이러한 내재적 한계이론의 도입 필요성은 없다고 할 수 있겠다. 따라서 권영성 교수의 이론은 받아들일 수 없다.

48. 헌재의 내재적 한계론

한편 헌법재판소도 간통죄에 관한 1990. 9. 10. 89헌마82 결정에서 이를 합헌으로 선언하면서 "개인의 성적 자기결정권도 국가적·사회적 공동생활의 테두리 안에서 타인의 권리·공중도덕·사회윤리·공공복리 등의 존중에 의한 내재적 한계가 있는 것이며, 따라서 절대적으로 보장되는 것은 아닐 뿐만 아니라 헌법 제37조 제2항이 명시하고 있듯이 질서유지(사회적 안녕질서), 공공복리(국민공동의 행복과 이익) 등 공동체 목적을 위하여 그 제한이 불가피한 경우에는 성적 자기결정권의 본질적 내용을 침해하지 않는 한도에서 법률로써 제한할 수 있는 것이다."고 밝히고 있다.

49. 기본권의 내재적 한계의 헌법적 확인

이것은 헌법 제21조 제4항의 언론·출판의 자유와 관련한 헌법직접적 한계에서 명시한 것과 헌법 제37조 제2항의 기본권제한의 목적 사유와 관련된 것이다. 결국 우리 헌법상 기본권 제한의 목적적 한계로 들고 있는 사유들은 기본권의 내재적 한계라고 볼 수 있는 사유들을 헌법적으로 확인했을 뿐이라는 입장을 보여주고 있다.

---

14) 권영성, 헌법학원론, 법문사 2010, 346면.

V. 기본권제한의 한계

어떠한 기본권제한이 헌법상 근거가 있는 제한이라 하더라도, 그것이 정당화되기 위해서는 기본권제한의 한계를 준수한 것이라야 한다. 이러한 제한의 한계는 몇 가지의 관점에서 나누어서 고찰해 볼 수 있다.

50. 기본권제한의 한계

1. 목적상의 한계

기본권제한은 우선 기본권을 제한하는 목적이 헌법에 의하여 정당화될 수 있어야 한다. 헌법에 의하여 정당화될 수 있는 목적은 헌법이 제시하고 있는 헌법직접적 한계에 해당하는 것이거나 아니면 개별적 법률유보와 일반적 법률유보에서 제시하고 있는 기본권제한의 목적에 합치되는 것이어야 한다.

51. 헌법에 의한 정당화

가령 헌법 제21조 제4항의 타인의 명예나 권리, 사회윤리와 공중도덕의 보호, 헌법 제23조 제2항의 "공공복리", 제3항의 "공공필요", 헌법 제37조 제2항의 "국가안전보장, 질서유지, 공공복리" 등의 목적이 목적상의 한계에 해당한다.

52. 목적상의 한계

그리고 경제질서에 관한 제119조 이하에도 입법자가 추구할 수 있는 경제적 규제와 조정에 해당할 수 있는 여러 가지 목적을 찾을 수 있다(헌법 제119조 제2항, 제123조 제2항, 제123조 제3항, 제125조).

53. 경제적 규제 및 조정의 목적

이러한 목적상의 한계는 이하에서 설명할 과잉금지의 원칙에서 소위 목적의 정당성 차원으로 심사할 수 있게 된다.

54. 목적의 정당성 심사

2. 방법상의 한계: 과잉금지의 원칙

다음으로 기본권제한을 함에 있어서 입법자는 방법상의 한계에 놓인다. 입법자가 정당한 목적을 달성하기 위하여 선택할 수 있는 방법은 여러 가지가 있을 수 있는데, 그러한 방법은 목적과의 일정한 상관관계가 있어야 한다. 이를 비례의 원칙 내지는 과잉금지의 원칙이라고 하는데, 다음과 같은 구체적인 세부원칙으로 나누어서 살펴 볼 수 있다.

55. 방법상의 한계

가. 방법의 적정성

56. 목적 달성
에 어느 정도
기여

입법자가 선택한 방법은 추구하는 목적을 달성하기에 적합해야 한다는 것이다. 여기에서 방법의 적정성은 입법자가 추구하는 목적을 달성하기 위해서 가장 효율적인 수단을 선택해야 하는 것은 아니고, 목적을 달성하는 데 어느 정도 기여를 할 수 있으면 된다. 가장 효율적이고도 합목적적인지 여부는 정책결정기관이 판단할 문제이지 헌법재판소가 판단할 문제는 아니기 때문에, 헌법재판소는 목적과 방법의 최소한의 상관관계의 유무만을 판단하는 것이다.

나. 침해의 최소성

57. 덜 침해적
인 수단

침해의 최소성은 입법자가 목적을 달성하기 위하여 동일한 효과를 가지는 가능한 수단 중 가장 덜 침해적인 수단을 선택하여야 한다는 것이다. 따라서 보다 덜 침해적인 다른 수단이 있음에도 더 침해적인 수단을 선택하였다면 침해의 최소성 원칙에 위반이 된다.

58. 입법자에
대한 통제의 강
도 조절 필요성

사실상 이 단계에서의 심사는 매우 엄격한 심사가 될 가능성이 많다. 왜냐하면 상정하기에 따라서 덜 침해적인 수단은 늘 찾을 수 있기 때문이다. 그러므로 헌법재판소가 이 경우에 어느 정도의 심사기준을 선택해야 할 것인지를 조절하는 것은 매우 중요한 문제가 된다.[15)

다. 법익의 균형성

59. 목적과 수
단 사이의 균형

법익의 균형성이란 입법자가 추구하는 목적의 중요성과 또한 선택한 수단에 의하여 침해되는 기본권의 중대성이 서로 균형을 이루어야 한다는 것이다. 이는 좁은 의미의 비례성의 원칙이라고도 한다. 목적의 중요성은 크지 않은데, 기본권침해가 더 중대한 경우에는 법익의 균형성을 상실한 것으로 위헌이 될 수 있다.

---

15) 이에 관해서는 방승주, 헌법강의 I - 헌법일반론 · 기본원리론 · 국가조직론, 박영사 2021, 320-321면 참조.

3. 내용상의 한계: 본질내용 침해금지

내용상의 한계는 기본권을 제한한다 하더라도 그 본질내용만은 더 이상 침해할 수 없다고 하는 원칙을 말한다. 헌법 제37조 제2항에서 본질내용침해금지는 바로 이것을 명문화한 규정이라고 할 수 있다.

60. 본 질 내 용 침해금지

그런데 기본권의 본질내용이 무엇인지가 문제될 수 있다. 이에 관하여는 절대적 본질내용설과 상대적 본질내용설, 주관적 본질내용설과 객관적 본질내용설 등으로 나눠진다.

61. 본질내용의 다양성

가. 절대적 본질내용설

절대적 본질내용설에 의하면 기본권에는 절대적으로 침해할 수 없는 핵심적 내용이 존재하기 때문에 그러한 내용은 절대적으로 침해할 수 없다고 하는 입장이라고 할 수 있다. 독일의 슈테른(Stern)과 같은 학자들이 취하는 입장이라고 할 수 있다.

62. 절대적으로 침해 불가능한 핵심영역 존재

절대적 본질내용설은 본질내용을 개별사례와 구체적인 문제와는 무관한 확정된 크기로서 이해한다. 이것은 본질적 핵심, 기본권의 핵, 기본적 질, 최소한의 내용, 최소한의 지위 등의 개념으로 막연하게 제시되고 있다. 완전히 불가침으로 남아야 하는 것은 지금까지 더 정확하게 결정되지 못하고 있다.

63. 개별사례, 구체적인 문제와는 무관

따라서 독일연방헌법재판소 판례에 따를 때, 기본권에 대하여 모든 제한에도 불구하고 아직 무엇인가 남아 있어야 한다는 것 이상을 잡을 수는 없다. 그것이 누구에게 남아야 하는지는 미정이다. 즉 독일연방헌법재판소는 "기본법 제19조 제2항(본질내용의 침해금지)이 기본권 핵의 여지없는 박탈을 개별적인 경우에 금하고 있는지 또는 기본권의 본질적 핵은 그 자체로서 가령 기본법에 규정된 일반에게 주어진 보장을 실제적으로 박탈함으로써 침해되는 것인지"를 물었다. 한편으로는 모든 개인이 기본권을 아직 사용할 수 있다는 것이 중요할 수도 있고 다른 한편으로는 일반적으로 아직 기본권이 사용될 수 있다는 것이 중요할 수도 있다.

64. 누군가에게 무엇인가가 남아 있을 것

경찰의 사격에 의하여 그가 쏜 사람의 생명을 남김없이 박탈할 수

65. 생명권제한의 경우

있다. 그러나 일반적인 보장으로서 생명권(기본법 제2조 제2항 제1문)의 본
질내용이 침해된 것은 아니다.

66. 개별 상황
에 따라 달리
판단 가능

독일 기본법 제19조 제2항이나 우리헌법 제37조 제2항은 이에 대
하여 아무런 대답을 주고 있지는 않다. 이것은 자유와 권리의 본질적인
내용은 그 어떠한 경우에도 침해되어서는 안 된다는 것을 말하고 있지
만, 기본권에 따라서 그리고 개인이 처한 개별적 상황의 다양성에 따라
서 달리 판단될 수 있다. 결국 이 문제는 개별 기본권에 대하여 별도로
대답될 수 있을 것이다.

67. 생명권과
신체불훼손권
의 본질내용

독일기본법 제2조 제2항 제3문은 생명권에 대한 제한을 규정하고
있다. 생명에 대한 제한은 항상 생명의 박탈을 의미하기 때문에 기본법
제2조 제2항 제1문의 본질내용은 아무 개인에게서도 생명이 박탈되어
서는 안 된다는 식으로 이해될 수는 없다. 여기에서 일반을 위한 보장
에서 본질내용이 찾아져야 할 것이다. 그러나 생명권의 경우와는 달리
전체적으로와 부분적으로 제한될 수 있는 신체불훼손권의 경우는 좀
다르다. 여기에서는 일반을 위한 보장에서 본질내용을 찾을 이유가 전
혀 없다.

68. 개인을 위
한 보장

의심스러울 경우에는 일반을 위한 보장에서 본질내용을 찾을 것이
아니고 개인을 위한 보장에서 찾아야 할 것이다. 기본권은 개인에게 보
장되어 있으며 만약 한 개인이 자신의 기본권을 전혀 사용할 수 없는
경우에는 다른 사람이 이를 이용할 수 있다 하더라도 그에게는 쓸모없
는 것이기 때문이다.[16]

69. 토지재산권
의 본질내용

헌법재판소는 재산권과 관련한 본질내용과 관련하여, "토지재산권
의 본질적인 내용이라는 것은 토지재산권의 핵이 되는 실질적 요소 내
지 근본요소를 뜻하며, 따라서 재산권의 본질적인 내용을 침해하는 경
우라고 하는 것은 그 침해로 사유재산권이 유명무실해지고 사유재산제
도가 형해화되어 헌법이 재산권을 보장하는 궁극적인 목적을 달성할 수
없게 되는 지경에 이르는 경우라고 할 것이다."[17]라고 판시하고 있으며,
또한 변호인의 조력을 받을 권리의 본질적인 내용과 관련하여, "변호인

---

16) Pieroth/Schlink (주 1), Rn. 319.
17) 헌재 1989. 12. 22, 88헌가13, 판례집 제1권, 357, 373.

과의 자유로운 접견은 신체구속을 당한 사람에게 보장된 변호인의 조력
을 받을 권리의 가장 중요한 내용이어서 국가안전보장·질서유지·공
공복리 등 어떠한 명분으로도 제한될 수 있는 성질의 것이 아니다."라고
판시하고 있기도 하다.[18]

나. 상대적 본질내용설

상대적 본질내용설은 기본권의 본질내용의 침해는 결국 비례의 원
칙에 입각한 심사 끝에 그것이 과잉한 침해에 해당하면 본질내용침해이
고 그렇지 않을 경우에는 본질내용침해가 아니라고 할 수 있는 것이라
는 것이다. 결국 각 기본권은 절대적인 본질내용이라고 하는 것은 있을
수 없으며, 개별적이고 구체적 사례마다 달리 판단될 수밖에 없다고 하
는 입장이다. 독일의 마운츠(Maunz)와 같은 학자의 입장이 그것이다.

상대적 본질내용설에 따르면 본질내용은 모든 개별기본권 뿐만이
아니라 모든 개별사례에서 별도로 결정되어야 한다. 개별사례에 참여하
고 있는 공적·사적 이익의 비중과 형량에 의하여 비로소 본질내용의
침해여부가 확인될 수 있다는 것이다. 만약 기본권이 구체적으로 결정되
어야 하는 문제에 비하여 적은 비중이 인정되는 경우에는 본질내용의 침
해는 없다. 그리고 만약 구체적으로 결정되어야 하는 문제에 비하여 보
다 큰 비중이 기본권에 인정될지라도 기본권이 침해되는 경우에는 본질
내용의 침해가 인정된다. 따라서 이것은 비례의 원칙이라고 할 수 있고
좁은 의미에 있어서 비례성의 표지가 반복되고 있음을 알 수 있다.[19]

우리 헌법재판소 판례 가운데에도 상대적 본질내용설에 가까운 판
례가 발견된다.[20]

70. 과잉 침해 시 본질내용침해

71. 좁은 의미의 비례성 표지 반복

72. 우리 헌재 판례

---

18) 헌재 1992. 1. 28, 91헌마111, 판례집 제4권, 51, 52.
19) Pieroth/Schlink (주 1), Rn. 313.
20) 가령 헌재 1995. 5. 25, 95헌마105: "본질적인 내용을 침해하였거나 이를 과도하게
제한한 것이라고 보기 어렵다"; 헌재 1996. 8. 29, 95헌가15: "합리적인 범위내의
제한이라고 볼 수 있으므로, 이 제한은 재판청구권의 본질적 내용을 침해한 것으
로 볼 수 없다."

다. 인간존엄과 동일시설

73. 인간존엄과
본질내용을 동
일시

본질내용을 인간존엄과 동일하게 보는 입장이 인간존엄과 동일시설이라고 할 수 있다. 그러나 그렇게 이해하는 경우에 이 본질내용침해 금지 조항은 더 이상 쓸모가 없게 될 것이라고 하는 비판이 제기된다. 왜냐하면 독일 기본법 제79조 제3항의 헌법개정의 한계규정에서 이미 그 침해가 금지되고 있기 때문이라는 것이다. 뿐만 아니라 모든 기본권이 다 인간의 존엄과 관계를 가지는 것도 아니라는 것이다. 물론 기본권이 인간존엄을 내용으로 하고 있는 곳에서는 인간의 존엄은 현실적으로 이 기본권의 본질내용과 일치하게 되기는 할 것이다.[21]

74. 우리 헌재
판례

우리 헌법재판소도 이와 같은 인간존엄과 동일하게 본질적 내용을 파악하는 입장의 판시를 한 적도 있다.[22]

라. 소 결

75. 인간 존엄
과 가치가 기본
권의 핵심

일단 사실 모든 기본권의 가장 핵심은 역시 인간으로서의 존엄과 가치라고 할 수 있다. 따라서 개별기본권이 인간으로서의 존엄과 가치와 직결이 되고 있고, 그러한 존엄과 가치를 침해하는 정도에 해당된다면 일단 기본권의 본질내용을 침해하는 것이라고 할 수 있을 것이다.

76. 상대적 본
질내용설이 더
타당

그렇지만 기본권마다 절대적인 핵심내용이 존재하여서 그에 대한 침해는 더 이상 할 수 없다고 하는 절대적 본질내용설 보다는 개별적이고 구체적인 사례에서 비례의 원칙에 입각한 심사를 하여 기본권 침해가 인정될 경우에는 본질내용침해도 인정될 수 있다고 하는 상대적 본질내용설이 더 타당하게 들린다.

77. 헌재 역시
상대적 본질내
용설

우리 헌법재판소도 과잉금지원칙 위반여부를 심사한 후 별도의 심사기준으로 본질내용침해 여부를 심사하기 보다는 이를 거의 부차적으로만 취급하는 경향이 있음을 볼 때, 대체로 상대적 본질내용설을 취하고 있다고 볼 수 있다.

---

21) Pieroth/Schlink (주 1), Rn. 320.
22) 헌재 1990. 8. 27, 89헌가118, 도로교통법 제50조 제2항 등에 관한 위헌심판: "...인간의 존엄과 가치를 훼손하는 것이므로 진술거부권의 본질적 내용을 침해하는 법률이다."

우리 헌법 제21조 제2항의 검열금지는 언론·출판의 자유에 대한 제한에 있어서 본질적 내용의 침해금지를 구체화하고 있는 규정이라고 이해할 수 있을 것이다.

78. 검열금지

4. 형식상의 한계: 법률이 가져야 할 형식적 요건

우리 헌법 제37조 제2항은 기본권을 제한함에 있어서 "법률로써" 제한하도록 명하고 있다. 따라서 "법률로써"라고 하는 요건은 기본권제한입법이 갖추어야 할 형식적 조건을 말해 주고 있다. 여기에는 몇 가지 법치국가원리에서 나오는 원칙들이 포함된다.

79. 법률로써 제한

가. 법률유보와 의회유보23)

기본권을 제한하는 입법형식이 법률로 되어 있지 아니하고 행정입법으로 되어 있는 경우에 제일 먼저 과연 기본권제한의 형식적 한계를 지켰는지 특히 법률유보의 원칙을 지켰는지 여부를 심사하여야 한다. 그러나 법률유보의 원칙이 모든 입법사항을 다 형식적 의미의 법률로 규정하라는 것은 아니기 때문에 여기에서 말하는 법률개념은 실질적 의미의 법률일 수도 있다는 점이 법률유보원칙의 특징이다.

80. 실질적 의미의 법률로 제한 가능

다만 기본권의 행사 또는 그 실현과 관련되는 본질적인 내용은 형식적 의미의 입법자인 국회가 제정하는 법률로 하여야 하지 행정입법으로 위임해서는 안 된다고 하는 것이 의회유보이며, 의회유보는 보다 강화된 법률의 형식요건이라고 할 수 있을 것이다. 의회유보는 결국 행정입법으로의 위임금지를 포함하는 개념이다.

81. 행정입법으로의 위임금지 포함

나. 포괄위임입법금지의 원칙24)

포괄위임입법금지의 원칙(헌법 제75조)은 기본권제한을 대통령령으로 위임함에 있어서 구체적으로 범위를 정하여서 할 것을 명령하는 원칙으로서, 위임금지인 의회유보와 구별되는 개념이다. 포괄위임금지의

82. 위임가능성을 전제로, 구체적 범위 규정

---

23) 방승주 (주 15), 205-209면.
24) 방승주 (주 15), 205-209면.

원칙은 위임가능성을 전제로, 위임을 할 경우에 반드시 구체적으로 범위를 정하여서 하라는 것이다.

83. 위임규정의 명확성 원칙

따라서 이것은 위임규정의 명확성의 원칙에 해당된다고 할 수 있다. 포괄위임입법금지의 원칙 심사에 있어서 침해영역, 특히 조세나 형벌규정의 경우에는 위임규정의 명확성의 정도가 훨씬 엄격하게 요구된다고 할 수 있다.

다. 명확성의 원칙[25]

84. 기본권제한의 명확성 원칙

모든 법률규정은 무엇을 금지하고 무엇을 허용하는지 국민이 알 수 있게끔 명확하지 않으면 안 된다. 이것을 명확성의 원칙이라고 하는데, 특히 기본권을 제한하는 입법은 이러한 명확성의 원칙을 준수하지 않으면 안 된다.

85. 위축 효과

특히 표현의 자유를 제한하는 입법의 경우 명확하지 않을 경우에는 표현의 자유에 대한 위축효과를 야기할 수 있기 때문에, 이러한 영역에서는 보다 엄격한 심사기준이 적용된다.

라. 신뢰보호의 원칙[26]

86. 신뢰보호 원칙에 따른 제한

법치국가원리에서 신뢰보호의 원칙이 도출되는데, 국민의 기본권을 제한하는 입법은 국민이 가지게 된 정당한 신뢰를 보호하지 않으면 안 된다. 따라서 소급입법을 통해서 국민의 신뢰를 침해해서는 안 된다. 이 문제는 진정소급입법과 부진정소급입법으로 나누어서 해결하고 있다.

마. 개별사건법률금지의 원칙

87. 법률의 원칙적 일반성·추상성

원칙적으로 법률은 국민의 권리와 의무에 관한 일반적이고도 추상적인 규율이라고 말할 수 있기 때문에, 법률은 일반성과 추상성을 그 특징으로 한다. 따라서 원칙적으로 개별사건법률, 즉 처분법률은 금지된다. 이에 대하여는 헌법이 특별히 명문으로 규정하고 있지는 않지만 헌

---

25) 방승주 (주 15), 211–216면.
26) 방승주 (주 15), 224–240면.

법 제11조의 평등의 원칙에 위반될 소지가 있기 때문에 그에 따라서 금지되는 것이 원칙이나, 합리적 사유가 있는 차별이 예외적으로 허용될 수 있는 바와 같이 개별사건법률 역시 합리적 사유가 있는 예외적인 경우에는 허용될 수 있다.27)

---

27) 헌재 1996. 2. 16, 96헌가2, 5·18민주화운동(民主化運動)등에관한특별법(特別法) 제2조 위헌제청(違憲提請) 등, 판례집 제8권 1집, 51.

제 6 절 기본권의 충돌과 경합

Ⅰ. 기본권의 충돌

1. 기본권충돌의 의의

1. 상이한 기본
권주체의 대립

기본권의 충돌은 상이한 기본권주체가 대립적으로 국가에 대하여 자신의 기본권을 보장해 줄 것을 요구하는 경우에 발생할 수 있는 문제이다.

2. 헌재의 정의

헌법재판소는 "기본권의 충돌이란 상이한 복수의 기본권주체가 서로의 권익을 실현하기 위해 하나의 동일한 사건에서 국가에 대하여 서로 대립되는 기본권의 적용을 주장하는 경우를 말하는데, 한 기본권주체의 기본권행사가 다른 기본권주체의 기본권행사를 제한 또는 희생시킨다는 데 그 특징이 있다."고 설명하고 있다.[1]

3. 유보없는 기
본권의 문제

기본권의 충돌의 문제는 원래 유보 없는 기본권이 존재할 경우에 발생할 수 있는 문제라고 할 수 있다. 가령 독일 기본법상의 예술의 자유와 같이 유보 없는 기본권과 다른 기본권이 충돌할 경우에 어떠한 법리에 따라 해결할 것인지의 문제가 바로 그것이다. 따라서 이는 유보 없는 기본권의 헌법적 한계에 관한 문제와도 일맥상통하는 문제라고 할 수 있다.

4. 유보없는 기
본권 비존재

그러나 우리 기본권체계에서는 유보 없는 기본권은 존재하지 아니하고, 일단 헌법 제37조 제2항이 존재하여 국민의 모든 자유와 권리는 국가안전보장 · 질서유지 · 공공복리를 위하여 필요한 경우에는 제한할 수 있도록 되어 있다. 따라서 처음부터 유보 없이 보장되어 충돌할 수 있는 기본권은 원칙적으로 존재하지 않는다고 보아야 할 것이다.

5. 헌법제정자
의 대비

우선 기본권이 충돌할 수 있는 가능성에 대해서는 헌법제정자도 대

---

1) 헌재 2005. 11. 24, 2002헌바95, 판례집 제17권 2집, 392, 401.

비를 해 놓고 있다. 가령 언론·출판의 자유 등 표현의 자유는 다른 사람의 사생활의 자유나 인격권을 침해할 가능성이 있고 그 양 기본권은 서로 충돌할 수 있는 가능성이 있다. 따라서 이 점에 대하여 헌법은 제21조 제4항에 언론·출판은 타인의 명예나 권리 또는 공중도덕이나 사회윤리를 침해하여서는 아니 된다고 하면서 언론·출판의 한계를 명시하고 있다. 그러나 양 법익이 충돌할 경우에 구체적인 해결방법에 대하여는 입법자가 정하지 않을 수 없는 것이다. 그리하여 이에 관하여 규정하고 있는 것이 바로, 명예훼손죄에 대한 처벌, 명예훼손에 대한 손해배상청구와 명예회복에 적당한 처분(민법 제764조), 반론보도청구권제도, 정정보도청구권제도 등에 관한 규정이 존재하는 것이다.

2. 기본권충돌의 해결방법

결국 이러한 입법자의 해결책은 당사자의 기본권에 대한 제한으로 나타날 수 있으며, 그러한 제한이 가령 표현의 자유나 사생활의 자유, 그리고 개인의 인격권 등의 보호를 위하여 정당화될 수 있고, 일정한 한계를 준수하는 한 합헌적인 제도라고 할 수 있을 것이며, 헌법상의 기본권의 충돌의 문제는 결국 입법자가 충돌하는 기본권이 최대한 실현될 수 있는 방법, 즉 실제적 조화의 원리에 따라서 먼저 적절히 법익형량을 하여 그 해결가능성을 마련하여야 할 것이다. 그러한 과정에서 기본권 충돌의 문제는 결국 기본권제한을 통해서 해결되는 것이 보통이라고 할 수 있다.

6. 실제적 조화의 원리와 법익형량

행정부나 사법부 등 법적용기관은 구체적인 분쟁이 발생한 경우에, 이러한 입법자의 해결을 근거로 하여 법집행을 하게 될 것이며, 충돌하는 기본권적 법익의 형량의 기준을 법률이 마련해 놓은 경우에는 그 기준에 따라서, 그리고 그에 대하여 법집행기관에게 재량을 부여한 경우에는, 법집행기관이 충돌하는 기본권이 최대한 실현이 될 수 있는 방향으로 법익형량을 하여야 할 것이다. 요컨대 기본권의 충돌의 문제는 기본권의 제한문제로서 접근할 수 있을 것이다.

7. 기본권제한의 문제로 접근

기본권이 충돌하는 경우에 이를 해결하는 방법으로 헌법재판소는

8. 구제적 해결방법

기본권의 서열이론에 따른 해결과, 법익형량의 원리, 실제적 조화의 원리에 따른 해결 등을 택하고 있다.[2]

가. 기본권의 서열이론에 따른 해결

9. 혐연권과 흡연권

기본권의 서열이론에 따라 기본권충돌을 해결한 사례는 혐연권과 흡연권의 충돌 사례가 있다.[3]

나. 실제적 조화의 원리에 따른 해결

10. 정정보도청구권

실제적 조화의 원리에 따른 해결사례로는 정정보도청구권 사건을 들 수 있다.[4]

11. 비례의 원칙에 입각한 심사

위 판례들을 살펴보면 헌법재판소는 결국 비례의 원칙에 입각한 심사를 하고 있음을 알 수 있다.[5]

Ⅱ. 기본권의 경합[6]

12. 수개의 기본권 관련

기본권의 경합은 하나의 공권력행사에 의하여 하나의 기본권주체에게 여러 개의 기본권이 관련될 수 있을 경우에 발생할 수 있는 문제이다.

13. 기본권심사의 기준제공

이러한 기본권의 경합의 문제는 기본권 충돌의 경우와 달리 기본권 침해여부를 심사함에 있어서 어떠한 기본권을 근거로 위헌여부를 심사해야 할 것인지의 기준을 제공해 주기 때문에 실제적 의미가 있는 문제라고 할 수 있다.

14. 해결방식

하나의 공권력행사에 의하여 여러 개의 기본권이 관련될 수 있을 때, 어떠한 기본권을 기준으로 위헌여부를 심사해야 할 것인가에 대하

---

2) 헌재 2005. 11. 24, 2002헌바95, 판례집 제17권 2집, 392, 401.
3) 헌재 2004. 8. 26, 2003헌마457, 판례집 제16권 2집 상, 355, 361; 헌재 2005. 11. 24, 2002헌바95, 판례집 제17권 2집, 392, 401–402.
4) 헌재 1991. 9. 16, 89헌마165, 판례집 제3권, 518, 528–529; 헌재 2005. 11. 24, 2002헌바95, 판례집 제17권 2집, 392, 402–403.
5) 헌재 2005. 11. 24, 2002헌바95, 판례집 제17권 2집, 392, 403–405.
6) 이에 관하여 방승주, 직업선택의 자유, 헌법논총 제9집(1998), 211–275면.

여는 다음과 같은 두 가지 방향에서 접근해 볼 수 있을 것이다.

1. 일반적 기본권과 특별한 기본권의 관계

만일 일반적 기본권과 특별한 기본권이 경합되는 경우에는 특별한 기본권이 적용되고, 일반적 기본권은 그 적용이 배제된다고 볼 수 있다.

15. 특별한 기본권 우선 적용

가. 행복추구권과 다른 기본권

가령 행복추구권과 직업선택의 자유가 동시에 문제되고, 청구인이 그 두 가지의 기본권침해를 모두 주장할 경우에는 직업선택의 자유만을 기준으로 위헌여부를 심사하고 일반적 기본권인 행복추구권은 적용하지 않아도 될 것이다.[7]

16. 직업선택의 자유와 행복추구권의 경합

행복추구권은 일반적 행동의 자유를 포함하는 포괄적 기본권으로서 다른 기본권에 대하여 일반적 기본권이라고 할 수 있기 때문에, 나머지 기본권과 함께 경합되는 경우에는 그 적용이 배제되고 나머지 특별한 기본권의 침해여부만 심사하면 족한 것이다.[8]

17. 일반적 행동의 자유

나. 직업선택의 자유와 공무담임권

직업선택의 자유는 공무담임권에 비하여 일반적 기본권이라고 할 수 있다. 공무담임권은 공직에 취임할 수 있는 권리이며 일종의 공직이라고 하는 직업을 선택할 수 있는 권리라고 할 수 있기 때문에, 직업선택의 자유에 비하여 특별한 기본권이라고 할 수 있다. 따라서 공직에 대한 제한이 문제되는 경우에는 공무담임권의 침해여부를 심사하면 되고, 일반적인 직업선택의 자유의 침해여부는 문제 삼지 않아도 될 것이다.

18. 공무담임권이 특별한 기본권

---

7) 방승주 (주 6), 226면; 헌재 2003. 9. 25, 2002헌마519, 판례집 제15권 2집 상, 454, 472.

8) 헌재 2002. 8. 29, 2000헌가5, 판례집 제14권 2집, 106, 123; 헌재 2002. 8. 29, 2000헌마556, 판례집 제14권 2집, 185, 197; 헌재 2003. 12. 18, 2001헌마754, 판례집 제15권 2집 하, 609, 628.

다. 언론 · 출판의 자유와 학문의 자유 및 예술의 자유

19. 학문적 표현 및 예술적 표현의 자유의 우선 적용

학문연구나 예술창작의 결과를 발표하는 학문적 표현이나 예술적 표현의 경우는 일반적인 표현의 자유라고 할 수 있는 언론 · 출판의 자유보다 특별한 기본권이라고 할 수 있을 것이므로, 이러한 경우에 양 기본권이 모두 문제가 될 수 있는 경우에는 특별한 기본권인 학문의 자유나 예술의 자유가 적용되고 일반적 표현의 자유는 배제된다고 보아야 할 것이다.

20. 검열금지의 보충적 적용

다만 검열금지(헌법 제21조 제2항)는 보다 강화된 언론 · 출판의 자유의 내용이라고 보아야 할 것이므로 이것은 보충적으로 적용된다고 봐야 할 것이다.

라. 집회의 자유와 학문, 예술, 종교의 자유

21. 학문, 예술, 종교의 자유가 우선 적용

또한 학문과 예술 그리고 종교목적을 위한 집회의 경우에도 결국 학문, 예술, 종교의 자유에 의하여 특별히 보호된다고 할 수 있기 때문에, 이 경우 굳이 일반적 집회의 자유를 적용할 필요는 없을 것이다.

22. 허가금지의 보충적 적용

다만 마찬가지로 허가의 금지(헌법 제21조 제2항)는 보충적으로 적용된다고 봐야 할 것이다.

마. 결사의 자유와 정당설립의 자유, 단결권

23. 정당설립의 자유 우선 적용

정당설립의 자유(헌법 제8조 제1항)는 결사의 자유에 대하여 특별한 기본권이라고 볼 수 있다. 그러므로 정당설립의 자유가 문제될 경우에는 결사의 자유의 적용은 배제된다.[9]

24. 단결권 우선 적용

단결권의 경우도 역시 마찬가지인데, 그것이 문제된 경우에는 결사의 자유는 적용할 필요가 없다.

---

9) 헌재 1999. 12. 23, 99헌마135, 판례집 제11권 2집, 800, 810−811.

바. 인간존엄권과 행복추구권, 그리고 행복추구권으로부터 도출된 기
  본권 상호간 또는 그것과 다른 기본권과의 경합의 경우

헌법재판소는 행복추구권으로부터 일반적 인격권, 일반적 행동의
자유 등을 도출한다. 이러한 기본권들이 상호 경합되거나 다른 기본권
과 경합될 경우, 그리고 인간존엄권과 경합될 경우에 어떻게 적용해야
할 것인지가 문제될 수 있다.[10]

25. 도출된 기
본권의 경합

(1) 인간으로서의 존엄과 가치와의 경합

행복추구권은 인간으로서의 존엄과 가치와 경합되는 경우가 많이
발생할 수 있다. 오히려 일반적 인격권은 양 기본권으로부터 도출되기
도 한다. 이렇게 인간으로서의 존엄과 가치 및 행복추구권으로부터 도
출되는 일반적 인격권은 인격의 핵심영역과 인간의 신체적·정신적 정체
성과 완전성을 보호하는 인간으로서의 존엄과 가치의 경우와는 달리 그
자체가 불가침적 성격을 가지고 있지는 않고 헌법 제37조 제2항에 따라
서 법률에 의하여 제한될 수 있는 성질의 기본권이다. 따라서 그 제한이
허용되지 않는 인간으로서의 존엄과 가치의 핵심영역과 일반적 인격권
이 경합될 경우에는 당연히 인간으로서의 존엄과 가치의 핵심영역을 기
준으로 판단하고 그에 대한 제한은 더 이상 허용되지 않는다고 보아야
할 것이다.

26. 인간 존엄
권을 핵심영역
으로 판단

(2) 일반적 인격권과 일반적 행동의 자유와의 경합

그 밖에 일반적 인격권은 행복추구권으로부터 도출되는 다른 일반
적 행동의 자유와도 경합될 수 있다.[11] 가령 이러한 경우에는 인간으로
서의 존엄과 가치에 보다 더 가깝다고 볼 수 있는 일반적 인격권의 효
력이 보다 강하다고 볼 수 있을 것이므로 이를 기준으로 그 제한가능성
여부를 판단해야 할 것이다. 따라서 일반적 인격권의 제한을 정당화할
수 있는 다른 헌법적 법익이 존재할 경우에만 비례의 원칙에 따라서 그

27. 일반적 인
격권을 기준으
로 제한가능성
판단

---

10) 이에 관하여는 방승주, 헌법 제10조, 헌법주석 I, 박영사 2013, 339−341면 참조.
11) Michael Sachs저, 방승주 역, 헌법 II, 기본권론, 헌법재판소 2002, 228−252, 250면
  참조.

제한이 허용된다고 보아야 할 것이다.

(3) 일반적 인격권과 다른 기본권과의 경합

28. 개별 기본권을 우선 적용

그리고 일반적 인격권과 가령 사생활의 기본권이나 주거의 자유 그리고 통신의 자유와 같이 개인의 사생활영역을 그 보호영역으로 하는 기본권들이 경합할 수 있다. 이러한 경우에는 우선적으로 특별한 기본권이라고 할 수 있는 개별 기본권이 우선적으로 적용된다고 보아야 할 것이며, 이로써 보호되지 않는 그 나머지 영역에 대해서는 보충적으로 이 일반적 인격권이 적용된다고 보아야 할 것이다. 우리 헌법하에서는 사생활영역은 대부분 헌법 제17조의 사생활의 비밀과 자유에 의해서 보호될 수 있기 때문에, 이러한 영역을 제외한 나머지 영역들을 일반적 인격권으로 포섭하여야 할 것이다.

(4) 일반적 행동의 자유와 다른 기본권과의 경합

29. 일반적 행동의 자유는 보충적 적용

그리고 일반적 행동의 자유와 다른 특별한 기본권이 경합할 경우에는 역시 특별한 기본권이 우선적으로 적용되고, 일반적 기본권에 해당하는 일반적 행동의 자유는 보충적으로 적용된다고 할 것이다.

30. 계약의 자유와 직업선택의 자유

그리고 계약의 자유와 직업선택의 자유가 경합하는 경우에도 직업선택의 자유가 특별한 기본권이기 때문에 우선적으로 적용된다고 보아야 할 것이다. 특히 직업선택의 자유의 경우에는 헌법재판소가 소위 단계이론을 수용한 결과, 좁은 의미의 직업선택의 자유의 제한의 경우는 직업행사의 자유의 제한에 있어서 보다 더욱 엄격하게 심사하고 있는 것을 볼 수 있는데, 이에 따라 단순한 계약의 자유와 직업선택의 자유가 경합하는 경우에는 직업선택의 자유의 제한체계에 따라서 그 위헌여부를 심사하는 것이 기본권 보호에 더 유리하다고 보아야 할 것이다.

사. 일반적 평등권과 특별한 평등권

31. 일반적 평등권

헌법 제11조 제1항 제1문은 모든 국민은 법 앞에 평등하다고 규정함으로써, 일반적인 평등권을 보장하고 있다.

그렇지만 각 영역에서 구체화된 특별한 평등권 규정이 많이 있다. 가령 혼인과 가족생활영역에서의 양성평등을 보장하고 있는 헌법 제36조 제1항, 여자의 근로에 대한 특별한 보호와 차별금지(제32조 제4항), 국가유공자상이군경 및 전몰군경의 유가족에 대한 우선적 근로기회의 부여(제32조 제6항)가 그것이다.

다음으로 보통선거권과 평등선거권(제41조 제1항, 제67조 제1항)은 일반적 평등원칙에 대하여 특별한 평등규정이라고 할 수 있다.

이와 같이 특별한 평등권이 문제된 경우에는 일반적 평등권의 적용은 배제된다.

2. 소위 상상적 경합관계

상상적 경합의 경우에는 경합하고 있는 두 개의 기본권이 병행적으로 적용된다. 상상적 경합에는 두 가지 기본권들이 내용적으로 서로 관련이 되어 있어서 통일적인 효력을 가지게 되는 경우와 특별한 내용을 가진 기본권들이 상호 병립적으로 효력을 가지며 서로 독자적인 한계를 가지는 경우가 있다.[12)]

상상적 경합이 존재하는 경우에 각 기본권에 존재하는 기본권의 한계 내지는 법률유보 중에서 어떤 것이 적용되어야 하는지가 결정되어야 한다.

이에 관하여는 가령 최약효력설이나 최강효력설이 주장될 수 있다. 가령 "기본권이 경쟁하는 사례가 발생한 경우에는 그 특정사안과 가장 직접적인 관계가 있는 기본권을 중심으로 해서, 최강효력설에 따라 풀어나가려는 융통성 있는 자세가 필요하다"고 하는 허영 교수[13)]의 입장 역시 최강효력설의 입장이라고 할 수 있다.

그러나 이러한 문제를 해결하기 위해서는 헤어쪼그(Herzog)가 적절히 지적하고 있듯이, 모든 기본권은 국가의 권력에 의한 침해위험이 있고 따라서 보호되어야 하는 인간의 일정한 행위방식을 염두에 두고 있

32. 특별한 평등권 규정 적용

33. 보통선거권과 평등선거권

34. 일반적 평등권 적용 배제

35. 경합하는 두 개의 기본권 병렬 적용

36. 제한의 기준

37. 최약효력설, 최강효력설

38. 개별상황에 따른 선택 필요

12) 이에 관하여 방승주 (주 6), 211-275, 225면.
13) 허영, 한국헌법론, 박영사 2023, 300면.

고, 역으로 모든 기본권의 한계와 법률유보는 기본권의 행사로 인하여
제3자나 공공에 대하여 위험이 초래될 수 있는 행위방식을 염두에 두고
있다. 상상적 경합이 실제로 존재하는 경우에는 전자의 관점은 두 가지
기본권의 병합적 적용을 통해서 문제없이 해결될 것이다. 이에 반해 후
자의 관점을 위해서는 구체적인 경우에 발생할 수 있는 위험상황에 대
하여 면밀한 분석이 필요하다. 각각의 경우에 따라 구체적으로 적용 가
능한 기본권의 한계 내지는 법률유보가 선택되어야 할 것이다.14)

39. 헌재의 입
장

헌법재판소는 출판사및인쇄소의등록에관한법률 제5조의2 제5호 등
위헌제청결정에서 이 문제에 관하여 다음과 같이 판시하고 있다.

> **판례** 이 사건 법률조항은 언론·출판의 자유, 직업선택의 자유 및 재산권을 경
> 합적으로 제약하고 있다. 이처럼 하나의 규제로 인해 여러 기본권이 동시에
> 제약을 받는 기본권경합의 경우에는 기본권침해를 주장하는 제청신청인과 제
> 청법원의 의도 및 기본권을 제한하는 입법자의 객관적 동기 등을 참작하여 사
> 안과 가장 밀접한 관계에 있고 또 침해의 정도가 큰 주된 기본권을 중심으로
> 해서 그 제한의 한계를 따져 보아야 할 것이다. 이 사건에서는 제청신청인과
> 제청법원이 언론·출판의 자유의 침해를 주장하고 있고, 입법의 일차적 의도도
> 출판내용을 규율하고자 하는 데 있으며, 규제수단도 언론·출판의 자유를 더
> 제약하는 것으로 보이므로 언론·출판의 자유를 중심으로 해서 이 사건 법률
> 조항이 그 헌법적 한계를 지키고 있는지를 판단하기로 한다.
>
> (헌재 1998. 4. 30, 95헌가16, 판례집 제10권 1집, 327, 337-337)

40. 비판

이 결정에 대해서는 저자가 선행논문15)에서 다음과 같이 비판을
가한 바 있다.

> 『우선 "기본권침해를 주장하는 제청신청인과 제청법원의 의도 및 기본권을 제
> 한하는 입법자의 객관적 동기"16)는 참작사유는 될 수 있을지언정 그것이 기본

---

14) 방승주 (주 6), 226면.
15) 방승주 (주 6), 231–233면.
16) 이러한 기준은 추측컨대 "경쟁하는 기본권간의 효력의 우열은 기본권을 주장하
　　는 기본권주체의 의도와 기본권을 제한하는 공권력의 동기를 감안해서 개별적
　　으로 판단하되 기본권의 효력이 되도록 강화되는 방향의 해결책을 모색하는 것
　　이 가장 바람직하다고 할 것"이라는 기본권경합에 관한 허영 교수의 설명(헌법

권경합문제를 해결할 수 있는 기준이 될 수는 없을 것이다.[17] 또한 "사안과 가장 밀접한 관계에 있는지 여부"라고 하는 기준도 마찬가지로 밀접한 관계에 있는 다른 기본권이 존재할 경우에 어떻게 적용해야 할 것인지를 설명하고 있지 못하고, 마지막으로 "침해의 정도가 큰 주된 기본권을 중심으로" 해서 제한의 한계를 따져 보아야 한다고 하고 있으나 헌법적 한계 내지는 법률유보의 내용을 서로 달리 하고 있는 기본권이 경합하는 경우에는 각각의 헌법적 한계 내지는 법률유보에 입각한 기본권침해의 중대성은 달리 심사될 수밖에 없기 때문에, 헌법재판소가 이러한 논리로 단순히 언론·출판의 자유의 위반여부만 심사하고 만 것은 기본권제한에 대한 심사과정의 일부를 누락시킨 것 아닌가 하는 의심을 주고 있다고 하겠다. 구체적으로 이 사건에서는 음란 또는 저속한 간행물을 출판한 출판사의 등록을 취소할 수 있도록 규정하고 있는 출판사및인쇄소의등록에관한법률 제5조의2 제5호가 청구인의 직업선택의 자유를 침해하는 것은 아닌지에 대하여 단계이론에 따른 과잉금지의 원칙 위반여부도 심사하였어야 할 것이다.[18]」

이론과 헌법, 박영사 2021, 420−421면; 한국헌법론, 박영사 2023, 300면)에 영향을 받은 것으로 보인다.

17) 오히려 제청신청인이나 제청법원이 주장하지 않았다 하더라도 관계된 다른 기본권이 존재하면 경합적인 적용을 하여 그에 대한 침해여부를 심사하여야 할 것이다. 또한 이 사건의 경우 입법자의 객관적인 동기가 출판내용을 규제하고자 함에 있다 할지라도 이것은 동시에 출판업 수행의 내용적 규제를 의미하기 때문에 입법자의 객관적인 의도는 별로 도움이 되지 않는다고 보여진다.

18) 헌법재판소는 엄격한 의미의 음란표현은 언론·출판의 자유의 보호영역에 해당되지 않는다고 보고 있다(판례집 제10권 1집, 327 (341)). 그러면서도 동시에 음란한 간행물 출판에 대한 제재조치가 과연 언론·출판의 자유를 과잉으로 제한하는 것이 아닌지를 심사하고 있다. 그러나 오히려 음란한 간행물이 언론·출판의 자유에 의하여 보호될 수 없는 언론·출판의 범위에 속한다면 다른 기본권의 보호영역에 포섭될 수 있는지 여부에 따라 그에 대한 침해여부를 심사하였어야 할 것이다. 즉 첫 번째로 언론·출판의 자유에 의하여 보호되지 못하는 표현은 일반적 행동의 자유라고 할 수 있는 행복추구권에 포섭될 수 있다(Pieroth/Schlink, Grundrechte−Staatsrecht II, 2011, Rn. 346f. 참고. "설령 음란표현이 행복추구권의 한 내용으로서 인정된다 하더라도"라고 하는 헌법재판소의 지적은 이 점을 어느 정도 인정한 듯 한 표현으로 보인다[344]). 두 번째로 표현물을 제작하여 유통하는 것은 출판업이라고 하는 직업의 자유의 보호영역에 포함된다고 볼 수 있다(이 경우에는 굳이 행복추구권의 침해여부는 심사될 필요가 없을 것이다). 여기에서 직업의 자유를 규정하고 있는 우리 헌법 제15조의 어느 곳도 타인의 명예나 권리 또는 공중도덕이나 사회윤리를 침해해서는 아니된다고 하는 헌법적 한계를 직접 규정하고 있지 않다. 즉 공중도덕이나 사회윤리에 위반되는 표현물을 출판하는 업이라 하더라도 처음부터 직업의 자유의 보호영역 단계에서 배제되는 것이 아니라 헌법 제37조 제2항에 따라 국가안전보장·질서유지·공공복리를 위하여 비

41. 판례의 변
경

아무튼 헌법재판소는 음란표현은 언론·출판의 자유의 보호영역에 포함되지 않는다고 하는 위 판례를 변경하여, 언론·출판의 자유의 보호영역에 포함된다고 보고, 그 위헌여부를 심사하고 있음은 "기본권의 보호영역"에 관한 장에서 설명한 바와 같다.19)

42. 언론·출
판의 자유와 직
업선택의 자유
의 경합

언론·출판의 자유와 직업선택의 자유가 경합되는 경우에, 각 기본권의 제한체계는 약간 상이하다고 할 수 있다. 언론·출판의 자유의 경우에는 헌법 제21조 제2항의 검열금지와 또한 제4항에서의 헌법 직접적 한계조항이 있는데 반하여, 직업선택의 자유의 경우에는 헌법 자체가 명시하고 있지는 않지만 단계이론에 따라서 직업행사의 자유에 대한 제한으로부터 주관적 사유에 의한 직업선택의 자유에 대한 제한, 객관적 사유에 의한 직업선택의 자유의 제한의 순서로 보다 엄격한 정당화사유를 요구하고 있다. 이러한 제한체계의 상이성을 고려할 때, 어떠한 한 기본권의 침해여부의 심사가 끝났다고 해서 그것으로 만족할 것이 아니라, 나머지 기본권을 기준으로 하는 심사에 있어서도 모두 정당화될 수 있는지 여부를 심사하여야 할 것이다.

43. 기본권 제
한체계의 상이
성의 상대화

우리 헌법 하에서는 결국 헌법 제37조 제2항의 일반적 법률유보 조항이 최후에는 보충적으로 적용될 수 있기 때문에, 기본권의 제한체계의 상이성은 모두 상대화될 수밖에 없다. 따라서 상상적 경합의 경우에도 독일과 같이 제한체계가 전혀 다른 기본권들이 경합하는 경우는 찾아 볼 수 없기 때문에, 어떠한 기본권을 기준으로 제한의 정당화를 살피든지 결과에 있어서는 큰 차이가 나타나기 힘들다는 점에서 상상적 경합이론은 헌법재판소 판례에서 심각하게 논의되지 않고 있는 것 아닌가 생각된다.

44. 구체적 개
별적 판단

그러나 위에서도 지적하였듯이, 각 기본권의 특성에 따라서 기본권 제한의 체계가 상이한 것은 사실이므로, 상상적 경합의 경우에 어떠한

로소 제한될 수 있을 뿐이며 그 경우에도 단계이론에 따른 과잉금지의 원칙의 적용을 받는다 할 것이다. 따라서 헌법재판소가 언론·출판의 자유의 제한에 대한 과잉금지원칙 위반 여부를 심사하는 대신에 오히려 직업의 자유의 제한에 대한 과잉금지원칙 위반여부를 심사하였어야 할 것이다.

19) 헌재 2009. 5. 28, 2006헌바109, 공보 제152호, 1109, 7-8.

기본권을 기준으로 제한을 정당화시킬 것인지를 구체적 개별적으로 판단하여야 할 것이다.

헌법재판소는 민법 제3조와 민법 제762조에 대한 헌법소원심판에서 사산된 태아의 경우 손해배상청구권의 주체가 될 수 없다고 하는 해석과 그 근거규정에 대하여 합헌결정을 하면서, 주로 태아의 생명권에 대한 보호의무의 관점에서만 심사하였고, 평등권과 그 밖에 재산권침해 여부의 문제는 도외시하였다.[20] 그러나 이러한 태도가 기본권경합이론의 관점에서 적절했는지는 의문이다.

45. 2004헌바81에 대한 비판

한편 재산권의 침해 여부를 심사하고, 그 후 평등권침해 여부도 심사한다고 한 판례가 있다.[21] 그리고 직업선택의 자유와 평등권이 경합하고 있는 경우에 하나로 묶어 판단함이 상당하다고 본 판례도 있다.[22]

46. 기타

---

20) 헌재 2008. 7. 31, 2004헌바81, 판례집 제20권 2집 상, 91, 100-101.

21) 헌재 2009. 5. 28, 2005헌바20, 판례집 제21권 1집 하, 446, 462.

22) 헌재 2008. 10. 30, 2006헌마1098, 판례집 제20권 2집 상, 1089, 1105-1105(신 안 마사 사건).

제 2 장 개별기본권론

제 2 장   개별기본권론

제 7 절   인간으로서의 존엄과 가치[1]

I. 인간으로서의 존엄과 가치보장의 헌법적 의의

우리 헌법은 인간으로서의 존엄과 가치를 국민의 권리와 의무를 규정하고 있는 헌법 제2장의 첫 번째 조문에 위치시키고 있다. 이것은 개인이 가지는 여러 가지 기본권들 가운데 인간으로서의 존엄과 가치가 가장 기본적이고도 중요한 기본권이며, 동시에 모든 기본권의 근원이 되는 원리이기도 함을 분명히 해주고 있다. 동시에 헌법 제10조는 국가에 불가침의 기본적 인권을 확인하고 보장할 의무를 지움으로써, 국가가 개인을 위해서 존재하는 것이지 개인이 국가를 위해서 존재하는 것이 아님을 확실히 해주고 있다.

1. 가장 기본적이고 중요한 기본권

헌법재판소는 인간의 존엄과 가치를 "모든 기본권의 종국적 목적이자 기본이념"이라고 하면서, 인간의 존엄과 가치는 "인간의 본질적이고도 고유한 가치로서 모든 경우에 최대한 존중되어야 한다."[2]고 하고 있다. 또한 "우리 헌법에서 최고의 가치를 가지는 핵심적인 조항으로서 헌법에 의하여 창설된 모든 국가기관의 공권력행사는 이를 효과적으로 실현하고 이에 봉사하기 위하여 존재하는 것으로 체계적으로 최상위의 목

2. 모든 경우에 최대한 존중

3. 최상위의 목표규정

---

1) 이하 제7절 인간으로서의 존엄과 가치 및 제8절 행복추구권은 방승주, 헌법 제10조, (사) 한국헌법학회 편, 헌법주석 (I), 박영사 2013, 283-388면을 기초로 수정·보완한 것임.

2) 헌재 2001. 7. 19, 2000헌마546, 판례집 제13권 2집, 103, 111; 헌재 2002. 7. 18, 2000헌마27, 판례집 제14권 2집, 54, 62-63.

표규정"이라고 하면서, "규범적으로 이는 모든 국가작용뿐만 아니라 사회생활에서도 국민 개개인은 통치의 대상이나 지배의 객체가 되어서는 안 되고 그 자체가 목적적 존재로서 섬김의 대상이 되어야 하는 것이고, 국민 개개인의 그 인격이 최고도로 자유롭게 발현될 수 있도록 최대한으로 보장되어야 한다는 의미"[3]라고 하고 있다.

4. 근본규범, 헌법개정의 한계

또한 인간의 존엄은 독일의 경우[4]와는 달리 우리 헌법에는 명문의 헌법개정금지조항이 없기는 하지만 우리 헌법 전체의 근본규범에 해당하는 것으로서 헌법개정의 한계에 해당한다고 볼 수 있으며, 기본권제한의 한계인 본질내용침해금지의 판단기준이라고 할 수 있다.

5. 헌법상 최고의 구성원리, 주관적 권리

인간으로서의 존엄과 가치는 우리 헌법상 최고의 구성원리[5]라고 할 수 있다. 이 말은 모든 국가권력은 이러한 인간으로서의 존엄과 가치에 구속되며, 모든 국가권력 행사의 기준이 된다는 의미이다. 뿐만 아니라 인간존엄은 개인의 주관적 권리로서의 의미를 갖는다.

6. 실질적 이념, 목적

인간의 존엄은 우리 헌법의 가장 중추적 구성원리라고 할 수 있는 민주주의원리, 법치국가원리, 사회국가원리의 실질적 이념이자 목적이다. 민주주의원리는 정치적 공동체의 구성원으로서 인간의 존엄을 실현하기 위한 정치적 형식원리이다.[6] 다음으로 법치국가원리는 법공동체의

---

3) 헌재 2005. 5. 26, 99헌마513, 판례집 제17권 1집, 668, 695.

4) Günter Dürig, in: Maunz−Dürig, Grundgesetz Sonderdruck, − Kommentierung der Artikel 1 und 2 Grundgesetz von Güter Dürig, Art. 1 Abs. 1 GG, Rn. 9.

5) Richter/Schuppert/Bumke저, 방승주 역, 독일헌법판례해설(Casebook Verfassungsrecht, 4. Aufl., München 2001), 헌법재판소, 2003, 79; BVerfGE 45, 187 (227 f.); Josef Wintrich, Zur Problematik der Grundrechte, Heft 71 der Arbeitsgemeinschaft für Forschung des Landes Nordrhein−Westfalen, 1957; BVerfGE 6, 36 − Günter Dürig, aaO, Rn. 14에서 재인용.

6) Zippelius, in: BK−GG(Lfg. Dez. 1989), Art. 1 Abs. 1 u, 2 GG, Rn. 9, 19: "각 개인의 양심이 접근 가능한 최후의 도덕적 기관이라고 하는 칸트의 자율사상은 민주적 정당성의 이념과 밀접한 관련을 가진다. 칸트의 이러한 자율사상은 결국 각 개인이 다른 사람과 똑같은 도덕적 판단권한과 존엄을 가진다고 하는 것을 의미하며 이러한 사상을 법적 공동생활질서에 적용해 본다면, 모든 사람이 동등한 도덕적 권한을 가지고서 공적 과제, 특히 법과 정의의 문제에 관하여 함께 토론하고 결정하여야 한다고 하는 결론에 이른다. 이것은 결국 공동체 질서가 모든 사람의 동등한 참여 가운데 이루어져야 한다고 하는 사고에 도달하게 된다. 민주주의는 법과 정치적 의사형성이 개별 국민의 이성에 의한 양심적 결정에 궁극적인 뿌리를 두고 있는 국가형태라고 할 수 있기 때문에, 인간존엄을 가장 잘 존중하

구성원으로서 인간의 존엄과 자유, 평등을 실현하기 위하여 국가적 결정과정을 합리화하고 예측 가능하게 하기 위한 법적 형식원리라고 할 수 있다.[7] 그리고 사회국가원리는 사회적 공동체의 구성원으로서 인간의 존엄, 즉 물질적 최저한의 생활보장을 비롯한 인간다운 생활이념을 실현하기 위한 사회적 형식원리라고 할 수 있다. 이러한 원리들은 모두 궁극적으로는 개인의 인간존엄을 실현하기 위한 객관적인 조건들이자 제도적 장치인 것이다.

Ⅱ. 인간존엄의 국제적 보장과 헌법적 수용[8]

1. 인간존엄의 국제적 보장[9]

2차 대전 이후 독일과 일본 등은 조직적인 민족말살, 고문, 강제추방, 단종, 사체의 산업적 이용, 생체실험 등 나치즘과 군국주의에 의한 끔찍한 비인간적 만행을 저지른 후, 다시는 이와 같은 역사적 과오를 반복해서는 안 된다고 하는 다짐을 천명하는 의미에서 인간존엄의 불가침을 헌법적으로 천명하였다.

7. 2차 세계대전 이후 인간존엄의 불가침 천명

1949년 독일의 본(Bonn) 기본법은 제1조에서, "① 인간의 존엄은 불가침이다. 이를 존중하고 보호하는 것은 모든 국가권력의 의무이다. ② 따라서 독일 국민은 불가침·불가양의 인권을 세계의 모든 인간 공동체, 평화 그리고 정의의 기초로서 인정한다. ③ 이하의 기본권은 직접 효력을 갖는 법으로서 입법, 집행, 사법을 구속한다."라고 규정하였다.

8. 독일의 본(Bonn) 기본법 제1조

그리고 1946년에 제정된 일본 헌법은 제13조 제1항에서 "모든 국민은 개인으로서 존중된다. 생명·자유 및 행복추구에 대한 국민의 권리에 대해서는 공공의 복지에 반하지 않는 한 입법 기타의 국정상에서

9. 일본 헌법 제13조 제1항

고 자율적 개인이 법적·정치적 영역에서도 스스로 발전해 나갈 수 있는 가장 많은 기회를 열어주는 국가형태라고 볼 수 있다."

7) 계희열, 헌법학(상), 박영사 2004, 352면 이하.

8) 이에 대하여는 특히 이재명, 인간존엄의 헌법적 접근, 중앙대학교 대학원 박사학위논문 1991, 68 이하 참고할 것.

9) 인간존엄권의 역사적 발전에 대해서는 김철수, 헌법학개론, 박영사 2007, 478-479면을 참조할 것.

최대의 존중을 필요로 한다"고 규정하였고[10], 제24조에서 " …법률은 개인의 존엄과 양성의 본질적 평등에 입각하여 제정되어야 한다."고 규정하였다.[11]

10. 국제법 규범에 성문화

인간존엄을 보장하려고 하는 노력은 인권보장의 국제화 추세에 따라서 여러 국제법 규범에 성문화되기에 이르렀다. 가령 1945년의 국제연합헌장 전문[12], 1948년의 세계인권선언 제1조[13], 1966년의 국제인권규약 A규약 전문[14] 등은 인간의 존엄성을 명문으로 보장하고 있다. 1950년의 유럽인권협약은 제3조에 인간의 존엄성을 규정하고 있을 뿐만 아니라 1953년부터 회원국을 법적으로 구속하고 있다.[15]

11. 제 네 바 협정, Genocide금지 협정

그 밖에도 1949년 12월 8일의 전쟁부상자의 보호에 관한 제네바협정, 1949년 12월 9일의 Genocide금지협정에서 인간의 존엄과 가치를 국제법적으로 보장하고 있다.[16]

2. 인간존엄의 헌법적 수용

12. 1962년 헌법

인간의 존엄과 가치 규정이 처음 도입된 것은 1962. 12. 26 헌법 제6호에 의해서이다. 즉 당시 헌법 제8조는 "모든 국민은 인간으로서의 존엄과 가치를 가지며, 이를 위하여 국가는 국민의 기본적 인권을 최대한으로 보장할 의무를 진다"고 규정하였다.

---

10) 김철수 (주 9), 479면.
11) 계희열, 헌법학(중), 박영사 2007, 189－190. 그 밖의 헌법의 규정사례는 같은 책 각주 1) 참조.
12) 전문은 "기본적 인권과 인간의 존엄과 가치와 남녀 및 대소 각국의 동권에 관한 신념을 다시 한 번 확인"하고 있으며, 제1조 제8항 등에서 "인간의 인권과 기본적 자유를 존중할 것"을 규정하고 있다. 김철수 (주 9), 476.
13) "모든 인간은 태어날 때부터 자유이며, 존엄성과 권리에 있어서 평등하다. 인간은 천부의 이성과 양심을 지니고 있으며, 동포애의 정신으로써 서로 행동하여야 한다." 김철수 (주 9), 476면.
14) "인류사회의 모든 구성원의 고유의 존엄 및 평등의 또 불가박탈의 권리를 인정하는 것이 세계에 있어서의 자유, 정의 및 평화의 기초를 이룬다는 것을 고려하고, 이러한 권리가 인간의 고유의 존엄에서 유래한 것을 인정하고... 김철수 (주 9), 480면.
15) 계희열 (주 11), 190면.
16) 김철수 (주 9), 480면.

1962년 헌법개정안은 국가재건최고회의에서 다루었다는 것[17) 외에 접근 가능한 자료가 전혀 없으며, 당시의 헌법개정 논의에 관한 언급도 찾아보기 힘들다. 인간존엄 규정을 도입한 최초의 배경이나 목적 등에 대한 명시적 언급을 확인할 수 없으나, 전후 인간존엄을 실정 헌법으로 확인한 독일 등 여러 선진국들의 사례를 따랐을 것으로 추정된다.

13. 다른 선진
국 입법례 추종

그 후 1980. 10. 27 헌법 제9호에 의하여 여기에 행복추구권과 기본적 인권의 확인의무 규정을 추가하여 오늘날과 같은 규정으로 개정되었다. 즉 "모든 국민은 인간으로서의 존엄과 가치를 가지며, 행복을 추구할 권리를 가진다. 국가는 개인이 가지는 불가침의 기본적 인권을 확인하고 이를 보장할 의무를 진다"고 하는 현행 헌법규정의 문구는 1980년 헌법 제9조로부터 유래한다.

14. 1980년 헌
법

Ⅲ. 인간으로서의 존엄과 가치의 법적 성격

인간존엄권의 기본권보호영역을 확정하기 전에 우리 학계에서는 인간의 존엄과 가치가 단순히 하나의 객관적 원리만을 뜻하는 것인지 아니면 그 자체가 기본권적 성격을 아울러 가지는 것인지 논란이 되고 있다. 헌법 제10조의 인간으로서의 존엄과 가치의 주관적 기본권성을 인정할 것인가의 여부는 과연 이의 침해를 주장하면서 헌법소원을 통하여 구제받을 수 있느냐 여부를 판가름하는 매우 중요한 문제가 될 수 있다고 본다.

15. 인간존엄권
의 법적 성격

기본권적 성격 부인론의 주장 요지는 대체로, 인간존엄이 객관적 헌법원리를 규범화한 것으로서 모든 "기본권의 이념적 전제", "기본권의 근원 내지 핵"[18)이며, 인간존엄과 다른 기본권과의 관계는 "목적과 수단의 관계"[19)에 있다고 하는 것이다. 그리고 인간의 존엄과 가치 자체

16. 기본권적
성격 부인론

---

17) 국가재건최고회의본회의회의록 제27호: 헌법개정안과 관련 어석제 의원의 제안설 명에 이어 기명투표 결과 재적 25명, 재석 22명 중 가 22표로서 만장일치로 의결 하였다는 사실 외에, 국가재건최고회의상임회의회의록을 살펴보아도 헌법개정안과 관련한 기록은 찾지 못하였다.

18) 권영성, 헌법학원론, 법문사 2010, 378면; 권영설, 헌법이론과 헌법담론, 법문사 2006, 645면.

는 기본권이 아니기 때문에 그 침해를 이유로 헌법소원심판으로 다툴 수 없다고 하는 견해[20]도 있다. 그러면서 이와 같이 인간존엄을 헌법원리로서만 파악한다고 해서 그 규범적 보호의 정도가 낮아지는 것은 아니라는 것이다.[21]

17. 헌법원리 및 기본권적 성격 인정론

하지만 다수설[22]과 헌법재판소 판례는 인간존엄의 헌법원리[23]로서의 성격뿐만 아니라, 기본권으로서의 성격도 인정하고 있는 바, 이는 독일에서의 사정[24]과 유사하다고 할 수 있다.

---

19) 허영, 한국헌법론, 박영사 2023, 366면.

20) 정종섭, 헌법학원론, 박영사 2022, 422면.

21) Dreier의 주석을 인용하며, 정문식, "독일에서의 인간의 존엄과 생명권의 관계", 공법학연구 제7권 제2호(2006), 265－294(276).

22) 계희열 (주 11), 200－201면; 김철수 (주 9), 480면; 성낙인, 헌법학, 법문사 2022, 1115면; 홍성방, 헌법학(중), 박영사 2015, 17면 이하; 양건, 헌법강의, 법문사 2022, 361면; 장영수, 헌법학, 홍문사 2022, 568면 이하; 김선택, "행복추구권"과 "헌법에 열거되지 아니한 권리"의 기본권체계적 해석", 안암법학 창간호(1993), 177－203, 201면; 김선택, 헌법 제9조 제1문 전단 「인간으로서의 존엄」의 의미와 법적 성격, 고려대학교 대학원 석사학위논문, 1983, 80면 이하; 이준일, 헌법학강의, 홍문사, 2019, 394면; 이재명 (주 8), 180면; 김병곤, 인간의 존엄, 교육과학사 1996, 256면; 한수웅, "헌법 제10조의 인간의 존엄성", 헌법학연구 제13권 제2호(2007. 6), 239－273면.

23) "헌법 제10조에서 규정한 인간의 존엄과 가치는 헌법이념의 핵심으로, 국가는 헌법에 규정된 개별적 기본권을 비롯하여 헌법에 열거되지 아니한 자유와 권리까지도 이를 보장하여야 하며, 이를 통하여 개별 국민이 가지는 인간으로서의 존엄과 가치를 존중하고 확보하여야 한다는 헌법의 기본원리를 선언한 조항이다." 헌재 2000. 6. 1, 98헌마216, 판례집 제12권 1집, 622, 648－648.

24) Herdegen은 "인간존엄을 기본권적 가치질서의 핵심적 지위로서 그리고 기본권적 가치 및 권리체계의 객관적인 기초로서 파악한다고 해서 인간존엄을 주관적 기본권으로서 볼 수 없는 것은 아니라고 한다. 인간존엄을 침해하는 경우에는 대부분 다른 자유권이나 평등권과 관련될 수밖에 없고 따라서 헌법소원의 길도 열려져 있는 것은 사실이다. 그렇다고 하여 기본권으로서의 인간존엄의 중요성을 결정적으로 약화시킬 수 있는 논거가 될 수는 없다. 특히 오늘날 발달하고 있는 생명공학과 관련하여 개별적인 자유권이나 평등권 가지고서 이러한 개인의 인격성에 대한 위험을 효과적으로 방어하기에는 충분하지 않다. 또한 일반적 인격권의 경우 기본법 제2조 제1항의 일반적 행동의 자유와 기본법 제1조 제1항의 인간존엄이 함께 규범적 근거가 되고 있는 사실은 인간존엄의 기본권으로서의 성격을 말해주고 있다. 특히 기본권체계에서 차지하고 있는 인간존엄의 특별한 지위와 자율적 인격체로서 개인의 보호를 위한 그 중심적 기능을 고려해 볼 때 인간존엄은 기본권으로서의 성격을 가지기에 충분하다. 왜냐하면 인간존엄은 우선적으로 인류로서의 인간 또는 추상적인 인간상을 보호하는 것이 아니라, 인격체로서 구체적 개인의 존중 요구권을 보호하는 것이기 때문이다. 그리고 인간존엄의 사상

생각건대, 우리 학계의 기본권적 성격 부인론은 인간의 존엄에 관한 공격의 경우 다른 구체적이고 특별한 기본권에 대한 침해를 유발하며 그렇지 않은 경우에는 일반적 행동의 자유의 침해를 유발하기 때문에 그러한 인간존엄의 침해사례들은 모두 구체적 기본권을 원용하여 구제받을 수 있다고 하는 뒤리히의 논리에 영향을 받은 것은 아닌가 생각된다.[25]

뒤리히(Günter Dürig)는 독일 기본법 제1조 제1항의 인간존엄을 정점으로 하는 기본권 목록과 본질 내용 침해금지를 규정하는 기본법 제19조 제2항[26], 그리고 헌법개정의 한계에 관한 기본법 제79조 제3항[27]을 전체적으로 기본법이 결단한 가치 및 권리체계[28]로 보고서, 이러한 가치보호체계는 흠결이 없기 때문에 굳이 인간존엄을 주관적 공권으로 구성할 필요가 없다고 주장한다. 즉 일반적 행동의 자유를 규정하고 있는 기본법 제2조 제1항은 주자유권(主自由權)으로서, 그리고 기본법 제3조 제1항은 주평등권(主平等權)으로서, 그리고 그 이후의 기본권들은 이러한 주자유권과 주평등권의 특별한 규정들로서 구체적이고도 특별한 개별적 자유권과 평등권을 규정함으로써 전체적으로 흠결 없는 기본권 보장체계를 갖추고 있기 때문에, 굳이 기본법 제1조 제1항의 인간존엄을 주관적인 공권으로서 봐야 할 필요가 없다고 보는 것이다. 다시 말해서 이러한 개별적 기본권 목록에서 기본법이 혹 흠결을 가지고 있다 하더라도, 인간존엄에 대한 국가적 침해는 기본법 제2조 제1항의 주자유권과 기본법 제3조 제1항의 주평등권에 의해서 얼마든지 보호될 수 있

18. 뒤리히의 논리에 영향 추정

19. 뒤리히의 가치 및 권리체계

사적 배경을 고려할 때도 인간존엄을 단순히 객관적인 원리나 질서이념으로 파악하는 것은 문제가 있다. 가령 홀로코스트의 희생자들에 대하여 오늘날 헌법에 따를 때, 그들의 독자적인 존엄권에 대한 침해를 거부한다든가 국가적 테러를 단지 객관적인 존엄원리에 대한 침해로서만 간주하는 것은 받아들이기 힘든 것으로 보인다. 그리고 인간존엄을 단순히 객관적인 원리로서만 보는 것은 인간존엄이 다른 기본권으로 전환되도록 촉진할 위험성이 있다. 따라서 인간존엄을 기본권으로 보는 통설의 입장이 타당하다."고 하고 있다. Herdegen, Art. 1 Abs. 1 GG, Rn. 26, S. 19; 그 밖에도 Zippelius (주 6), Rn. 26.

25) 같은 지적으로 계희열 (주 11), 203면.
26) Günter Dürig (주 4), Rn. 8.
27) Günter Dürig (주 4), Rn. 9.
28) Günter Dürig (주 4), Rn. 5 이하.

기 때문에, 굳이 기본법 제1조 제1항의 인간존엄을 주관적인 공권으로서 구성하려고 노력해야 할 필요가 없다고 하는 것이다.[29]

20. 헌법 제10조의 이중적 성격

그러나 우리 헌법 제10조는 인간존엄이 불가침임을 선언하고 있는 독일 기본법 제1조 제1항과는 달리, 기본권의 주체와 내용을 특정하고 있다. 즉 모든 국민은 인간으로서의 존엄과 가치를 가진다는 것인데, 모든 국민은 법 앞에 평등하다고 하는 제11조가 평등원칙으로서의 의의뿐만 아니라, 평등권이라고 하는 주관적 기본권으로서의 성격을 가지고 있는 것과 마찬가지로, 인간으로서의 존엄과 가치라고 하는 것 역시, 헌법의 최고원리로서의 측면뿐만 아니라, 자율적 인격성을 가진 주체로서 존엄하게 대우받을 권리로서의 이중적 성격을 가지고 있다고 생각된다.

21. 인간 자체의 고유가치 보호를 위한 영역 필요

물론 행복추구권과 평등권을 비롯한 나머지 기본권들을 통해서 자유롭고 평등한 존재로서의 국민의 인간존엄성이 실현될 수는 있으며, 혹 인간존엄의 침해사례의 경우에도 나머지 기본권들의 침해를 주장함으로써 기본권구제를 받을 수 있는 것이 보통이라고 볼 수 있을 것이다. 하지만 이러한 구체적이고 개별적인 기본권들이 다 보호하지 못하는 인간 자체의 고유 가치를 보호해야 할 영역은 여전히 남는다고 할 수 있다. 인간으로서의 존엄과 가치는 헌법 제10조 제2문이 규정하고 있는 바와 같이 "개인이 가지는 불가침의 기본적 인권을 확인"하기 위한 기준, 그리고 또한 헌법 제37조 제1항의 열거되지 않은 기본권을 확인하기 위한 기준[30]이 되기도 하지만, 인간의 고유가치 그 자체를 보호하는 기본권으로서의 성격을 여전히 가지고 있다고 볼 수 있을 것이다. 특히 이러한 인간이 가지는 고유가치의 보호필요성은 생명공학의 눈부신 발전으로 인한 인간생명과 존엄의 보호필요성, 그리고 정보화시대에 개인정보의 보호필요성 등을 비롯한 새로이 제기되는 갖가지 인간존엄침해 사례에 대하여 효과적으로 방어할 수 있는 무기가 될 수 있을 것이다.

22. 원칙규범 및 주관적 권리로서의 성격

결론적으로 "인간의 존엄과 가치는 인간을 개인이나 집단의 특정한

---

29) Günter Dürig (주 4), Rn. 13.
30) 헌법 제10조 인간존엄권과 헌법 제37조 제1항의 관계를 쌍방적 기본권창설관계라고 보는 견해, 김선택 (주 22), 1983, 90면; 계희열 (주 11), 209면 역시 이러한 맥락에 있다고 볼 수 있을 것이다.

목적을 위한 수단으로 삼음으로써 인간의 자율적 인격성을 부정하는 모든 국가적 조치에 대한 방어권적 성격을 인정할 수 있다고 볼 때, 원칙규범이자 동시에 주관적 권리로서의 성격을 가진다고 할 수 있을 것"31)이다.

Ⅳ. 헌법의 최고원리로서 "인간으로서의 존엄과 가치"

헌법의 최고원리로서 인간존엄은 다음과 같은 기능을 한다.

23. 인간존엄의 기능

1. 국가생활의 최고 지도원리로서의 기능

헌법 제10조에서 규정한 인간으로서의 존엄과 가치는 모든 국가생활을 지도하고 그 방향을 설정해 주는 최고의 이념이자 지도원리가 된다. 국가는 모든 국민의 인간으로서의 존엄과 가치 및 행복추구권 그리고 불가침의 기본적 인권을 확인하고 이를 보장하여야 하기 때문에 모든 국가작용에 있어서 이러한 기본권을 존중하고 이를 실현하여야 할 뿐만 아니라, 국민의 기본권보장을 국가정책의 최고 목표로 삼아야 하는 것이다.32)

24. 국가생활의 최고 지도원리

또한 인간존엄의 실현을 위하여 국가행위의 조직과 절차33)가 잘 보장되어야 한다고 하는 요청은 바로 이러한 인간존엄의 객관적 가치질서로서의 측면으로부터 도출될 수 있는 새로운 논거로 부상하고 있다.

25. 국가행위의 조직과 절차 보장

2. 헌법과 법률의 해석기준으로서의 기능

헌법 제10조의 인간으로서의 존엄과 가치는 헌법과 일반 법률의 해석에 있어서 해석의 기준이 된다. 헌법과 법률을 해석함에 있어서 과연

26. 헌법과 법률 해석의 기준

---

31) 방승주, "호주제의 위헌성 여부", 헌법소송사례연구, 박영사 2002, 380면.
32) 헌재 2000. 6. 1, 98헌마216, 판례집 제12권 1집, 622, 648.
33) Alfred Katz, Staatsrecht, 15., Aufl., Heidelberg 2002, Rn. 583 ff.; Michael Sachs저, 방승주 역, 헌법 Ⅱ - 기본권론(Verfassungsrecht Ⅱ - Grundrechte 2000), 헌법재판소 2002, 226면.

국민의 기본권이 우선하는지 아니면 국가적 공익이 우선하는지 애매할 경우에는 자유의 우선의 원칙에 따라서 국민의 기본권이 우선할 수 있도록 해석하여야 한다. 입법기관은 법률을 제정함에 있어서 헌법과 기본권에 직접 구속되며, 법집행기관인 행정과 사법은 헌법과 법률에 구속되기 때문에 각 국가기관이 헌법과 법률을 해석하고 집행함에 있어서 우리 헌법이 천명하고 있는 최고 구성 원리로서의 인간존엄을 기준으로 삼아야 하는 것이다.

3. 헌법개정의 한계로서의 기능

27. 헌법개정의 한계

우리 헌법에는 독일 기본법 제79조 제3항과 같은 영원불변의 보장, 즉 헌법개정의 대상이 될 수 없는 조항을 명문으로 확정하고 있는 헌법조항은 없다. 그러나 인간으로서의 존엄과 가치보장은 헌법개정의 대상이 될 수 없다고 하는 것이 우리 학계의 통설이다. 인간존엄과 가치의 실현은 우리 헌법의 근본적인 결단이자 원리에 해당된다고 볼 수 있기 때문에 이러한 인간으로서의 존엄과 가치를 비롯한 그 실현을 내용으로 하고 있는 여러 기본적 인권들은 헌법개정의 대상이 될 수 없다고 보아야 할 것이다.

4. 기본권제한의 한계원리로서의 기능

28. 기본권의 핵, 본질

우리 헌법은 제37조 제2항에서 국민의 모든 자유와 권리는 국가안전보장·질서유지·공공복리를 위하여 필요한 경우에 한하여 법률로써 제한할 수 있으며, 제한하는 경우에도 자유와 권리의 본질적인 내용을 침해할 수 없다고 확인하고 있다. 인간으로서의 존엄과 가치는 모든 기본권의 핵이자 본질에 해당한다고 할 수 있다. 따라서 기본권제한에 있어서 넘어설 수 없는 한계가 무엇인지를 밝힘에 있어서 인간으로서의 존엄과 가치가 그 기준이 된다고 할 수 있을 것이다.

29. 절대적 기본권

기본권으로서 인간존엄권 자체의 경우 인간 자체가 가지는 고유가치 내지 신체적·정신적 정체성과 완전성이라고 하는 핵심적 보호영역이 인간존엄권의 본질내용으로서 그 어떠한 사유에 의해서도 침해할 수 없는 절대적 기본권이라고 보아야 할 것이다. 그 밖에 인간존엄권으로부터 도출되는 여러 가지 일반적 인격권 등의 기본권의 경우는 그와 상반된 다른 헌법적 법익과 충돌하는 경우, 그때그때 비례의 원칙에 입각하여 제한의 한계를 설정하여야 할 것이다.

5. 불가침의 기본적 인권을 확인하기 위한 기준으로서의 기능

헌법 제10조 제2문은 국가는 개인이 가지는 불가침의 기본적 인권을 확인하고 이를 보장할 의무를 진다고 규정하고 있다. 뿐만 아니라 헌법 제37조 제1항은 국민의 자유와 권리는 헌법에 열거되지 아니한 이유로 경시되지 아니한다고 규정하고 있다. 개인이 가지는 불가침의 기본적 인권이 무엇인가 그리고 혹 열거되지 아니한 자유와 권리는 어떠한 것들이 있는가를 확인하는 기준은 바로 인간으로서의 존엄과 가치라고 말할 수 있을 것이다.

30. 불가침의 기본적 인권 확인 기준

V. 기본권으로서 "인간으로서의 존엄과 가치"의 보호영역

1. 인간으로서의 존엄과 가치의 구체화방법

인간의 존엄의 보호영역을 어떻게 해석하고 확정할 것인가의 방법론이 먼저 문제된다. 인간존엄 개념의 추상성과 개방성으로 인하여 그 보호영역을 확정하는 것이 간단한 문제가 아니다. 특히 문언적 해석은 인간존엄개념의 추상성으로 인하여 용이하지 않다. 이와 같은 인간존엄의 추상성과 개방성으로 인하여 각자가 생각하는 주관적 정의관념을 유입시킬 가능성이 매우 큰 사실에 비추어 볼 때, 치펠리우스[34]가 잘 제

31. 보호영역의 해석·확정 문제

---

34) Zippelius (주 6), Rn. 16: "인간존엄의 개념을 넓게 해석하면 할수록 그 개념은 변천가능한 부분적 정의관념으로 채워질 수 있으며, 그로 인하여 인간존엄의 불가침성의 의미는 불가피하게 변화될 수밖에 없다. 동시에 인간존엄을 넓게 해석하면 할수록 의회의 입법권한을 그만큼 더 축소할 수밖에 없게 된다. 이러한 것들을 고려해 볼 때, 인간존엄이라고 하는 기본권 보장은 엄격하게 해석하고 이와 동시에 앞으로 계속 발전할 필요가 있는 정의의 문제는 언제든지 바로잡을 수 있

의하였듯이 인간존엄의 개념은 가급적 엄격하게 해석하고, 구체적인 정의의 문제는 의회의 다수결에 맡기는 것도 한 방법이 될 수 있을 것이라고 생각된다. 하지만 그렇다고 하여 인간존엄 자체의 보호영역 확정을 어떠한 방법으로 하든 포기할 수는 없다. 그러므로 인간존엄의 구체화 방법에 대하여 먼저 생각해 보아야 할 것이다.

32. 역사적 접근방법

첫째, 역사적 접근방법을 생각해 볼 수 있다. 우리 헌법 제10조의 인간의 존엄과 가치가 처음 도입된 것은 1962년 헌법인데, 유감스럽게도 그 도입배경과 그 규정의 의미내용을 확인할 수 있는 헌법개정사적 자료는 존재하지 않는다. 다만 당시 독일 기본법 등 선진국의 입법례를 따랐을 것으로 추정할 수 있을 뿐이다. 그러므로 역사적 접근방법은 결국 이러한 독일 등의 헌법에 인간존엄 보장이 도입된 역사와 배경을 추적하는 것이 한 방법이 될 수 있을 것이다.

33. 비교법적 접근방법

둘째, 비교법적 접근방법이다. 결국 같은 맥락이 되겠지만 선진국의 입법례와 그 배경, 그리고 국제법적 인권보장내용의 참조이다.

34. 체계적 접근방법

셋째, 체계적 접근을 통한 인간존엄의 구체화이다. 이것은 우리 헌법이 채택하고 있는 다른 기본권들과의 관계 가운데서 그 의미내용을 밝히는 것이다.

35. 사례적 접근방법

넷째, 사례적 접근방법이다. 치펠리우스가 잘 지적하고 있듯이 인간존엄의 의미의 보다 자세한 구체화는 헌법재판소의 헌법실무를 통해서 이루어질 수 있다. 헌법재판소의 실무에서 인간존엄의 구체화는 보다 구체적인 적용문제들에 대하여 결정을 내려야 할 필요에 직면하게 되며, 가능한 한 그 밖의 가치관과 공동체의 확립된 일반적 정의관념을 지향하는 합리적 논증에 입각하여 구체적인 해석과정에서 형량을 통해서 이루어지게 된다.[35] 이 경우에 헌법해석기관에게는 헌법개념의 구체화를 위한 재량이 적지 아니하게 주어지게 된다. 이와 같은 개념을 해석함에 있어서는 역사적 해석뿐만 아니라, 조문의 체계를 고려하는 체계적 해석과 그리고 사례 비교적 방법이 중요한 역할을 하게 된다. 처음에

고 가치관의 변화에 적응할 수 있는 의회의 다수결에 의한 규정에 맡길 필요가 있다고 본다."

35) BVerfGE 34, 287 f.를 인용하며, Zippelius (주 6), Rn. 17.

개념의 핵심과 그에 속하는 사례유형으로부터 출발하여 주어진 사건에 있어서 일정한 사례유형이 기존의 명백한 사례들과 유사한 것으로 평가되어 보호영역에 포함될 수 있는지 여부를 심사하게 된다. 이러한 방법으로 규범적 유형이 구체화되고 계속 발전할 수 있게 된다. 이와 같은 사례 비교적 방법은 인간존엄의 개념에 개방성과 발전 가능성을 부여해 준다. 이러한 방법은 인간존엄의 개념을 생활현실과 관련시켜서 그것을 통해서 제기되는 적용 문제들을 구체화시킬 수 있게 하는 길을 열어준다.[36]

2. "존엄"과 "가치" 개념의 구별필요성 여부

우리 헌법은 독일 기본법과는 달리 인간의 존엄이라고 하는 개념만을 쓰지 않고, 가치라고 하는 개념을 하나 더 붙이고 있다. 따라서 헌법이 쓰고 있는 인간존엄과 인간가치의 개념이 서로 다른 것인지 아니면 같은 것인지, 그 개념들을 먼저 해명해 볼 필요가 있다.

36. 존엄과 가치 개념 구별 필요성

가. 구분설

존엄과 가치개념을 구분하는 입장이 있다. "인간으로서의 존엄이란 인간의 본질로 간주되고 있는 인격의 내용을 의미하고, 인간의 가치란 이러한 인간에 대한 총체적 평가를 의미한다"고 하는 견해[37]가 그 것이다.

37. 인격의 내용과 총체적 평가

나. 동일시설

이에 반하여 우리 학계의 대부분의 견해는 인간의 존엄과 가치개념을 구분하지 않고 같은 의미로 본다. "인간은 원래 가치있는 존재이며, 존엄의 개념도 원래 가치개념[38]이기 때문에 가치라는 말이 불필요하나

38. 가치 개념의 해석 불필요, 헌법의 가치질서적 성격 분명화

---

36) BVerfGE 30, 25를 인용하며 Zippelius (주 6), Rn. 17.
37) 한태연, 헌법학, 법문사 1977, 302 – 이재명 (주 8)에서 재인용.
38) 치펠리우스가 지적하고 있듯이, 존엄은 그 내용에 따를 때 도덕적 자율능력을 가진 존재로서 인간에게 귀속되는 특별한 가치이다. Zippelius (주 6), Rn. 49.

그럼에도 불구하고 헌법이 명시적으로 이를 규정한 것은, 인간은 가치 있는 존재이고 그 존엄성도 가치개념이라는 것을 확인하는 의미가 있으며, 더 나아가 우리 헌법의 가치질서적 성격을 분명히 하는 의의가 있다고 하겠다"고 하면서 그 이상의 의미를 찾기는 어렵다[39]든가, "존엄이라는 개념이 이미 가치개념임에도 불구하고 가치라는 표현을 덧붙이고 있다고 본다면, 가치라는 표현은 더 이상 해석의 필요성이 없다고 보는 것이 타당하다. 다만 굳이 그 의미를 찾는다면 인간의 존엄이 단순한 존재개념이 아니라 헌법적 가치를 부여받은 개념임을 분명히 하고, 나아가서 우리 헌법의 가치질서적 성격을 뚜렷하게 함에 있다"고 보는 견해[40] 등이 그것이다.

다. 사 견

39. 존엄과 가치의 개념은 동일

일반적으로 존엄한 것은 모두 가치가 있다고 할 수 있으나, 가치가 있다고 해서 모두 존엄하다고 할 수는 없을 것이다. 존엄의 개념은 주로 인격성을 가진 존재의 속성에 관한 표현인 데 비하여, 가치의 개념은 인격적 주체이든 아니면 사물이든 불문하고, 귀중하고도 값어치가 있는 경우에 그 속성을 나타내는 개념이라고 볼 수 있을 것이다. 그렇다면 가치있는 존재는 결코 함부로 다루어서는 안 된다고 하는 당위성이 이 가치 개념에 내포되어 있다고 볼 수 있는데, 존엄성의 주체는 사물이 아니라, 인격을 가진 인간에 국한된다고 할 수 있을 것이므로, 결국 존엄의 개념과 가치의 개념은 서로 다르지 않다고 보는 것이 타당하다고 생각된다.

3. 인간존엄의 근거

40. 존엄 근거에 관한 이론

인간존엄의 보호영역 내지 그 의미내용을 밝히기 전에 과연 인간이 왜 존엄하다고 하는지 그 근거에 대한 이론을 검토해 볼 필요가 있다. 그러한 근거에 관한 이론은 다음과 같은 세 가지 접근이 있다.

---

39) 계희열 (주 11), 194면.
40) 이재명 (주 8), 27면.

가. 가치이론 또는 천부적 품성론(Mitgifttheorie)

가치이론 또는 천부적 품성론[41]은 인간존엄을 일정한 인간적 속성, 즉 인간을 나타내주는 특성을 인간존엄의 근거로 이해한다. 이 이론은 기독교적 인간존엄론과 자연법적─이상주의적 인간존엄론의 두 가지로 나눌 수 있다.

41. 일정한 인간적 속성

(1) 기독교적 인간존엄론

첫째, 기독교적 인간존엄론이다. 기독교적 사상에 따르면 인간은 하나님의 형상(imago─Dei)대로 창조되었기 때문에 다른 어떠한 피조물과도 구별되는 하나님과 동일한 고유가치를 가지며 따라서 인간은 존엄하다고 설명하고 있다. 이에 따라 카톨릭적 사회이론은 "인간의 불가침적 존엄"과 "하나님의 피조물이며 그 영혼을 자신의 형상과 같게 창조한 인간의 존엄"을 보호할 필요성을 신봉하고 있기도 하다.[42]

42. 하나님의 형상론

(2) 칸트의 윤리학

둘째, 인간존엄사상의 근거가 되는 두 번째 사상은 이성에 의해서 지배되는 도덕적 자율이다. 자기 자신에 대한 이성적 지배에 인간존엄의 근거가 있다고 하는 사상은 고대, 특히 스토아 철학으로 거슬러 올라간다.[43] 인간은 천성적으로 자유롭고 자기목적적 존재라고 하는 이러한 사상은 그 후 토마스 아퀴나스에게서도 나타난다.[44] 이성에 지배되는 도덕적 자율론은 칸트 윤리학의 중심개념이기도 하다. 칸트 윤리학에 의하면 자신의 양심적 결정에 따라서 올바르게 행위하는 것, 즉 "자기 자신과 일반적인 입법에만" 복종하는 것이 모든 도덕의 원리이다. 자기 스스로 입법한 법 이외의 아무 법에도 복종하지 않는 데에 이성적 존재의 존엄이 존재한다. 모든 가치를 결정하는 그러한 자율적이고 도덕적인 입법은 바로 그 이유 때문에 존엄, 즉 무조건적이고 비교 불가능한 가치를 가질 수밖에 없다. 따라서 자율은 인간 그리고 모든 이성적 존재

43. 도덕적 자율과 자신에 대한 이성적 지배

---

41) "Mitgifttheorie"는 신으로부터 은총으로 받은 선물이라고 하는 의미로서 천부적 품성론이라고 번역할 수 있을 것이다.

42) Zippelius (주 6), Rn. 4.

43) Cicero, De officiis, I, 105 ff.를 인용하며, Zippelius (주 6), Rn. 6.

44) Zippelius (주 6), Rn. 6.

의 존엄의 근거이다.[45] 그러므로 각자는 스스로 양심적 결정을 할 수 있는 능력을 존중받아야 하며, 자기목적으로서도 존중되어야 한다. "인간은 어떠한 인간에 의해서도 (다른 사람에 의해서이건 아니면 자기 스스로에 의해서이건) 단순한 수단으로서가 아니라, 항상 동시에 목적으로 사용되어야 하며, 여기에 그의 존엄(인격성)이 존재한다."[46]

(3) 비판 및 평가

44. 모든 인간에게 인간존엄의 인정

이 두 가지 인간존엄론은 인간존엄을 그것이 실제로 현실화되어 있는지 또는 현실화될 가능성이 있는지 여부와 상관없이, 그리고 실제적으로 그러한 속성이 결여되어 있거나 변형되어 있는지 여부와 상관없이, 모든 인간에게 인간존엄을 인정하고자 하는 경향을 공통적으로 가지고 있다. 다만 기독교적 인간존엄론은 기독교 신앙을 가지고 있지 않은 사람들에게는 인간존엄의 근거로서 설득하기가 어렵다는 점이 문제이다.[47]

45. 칸트의 윤리학 명제의 모호성

또한 인간을 단순한 수단이 아니라 목적으로 취급하라고 하는 칸트의 윤리학적 명제 역시 그 자체가 애매모호하여 많은 문제들에 대하여 개방적이라고 하는 점은 이미 쇼펜하우어[48]가 지적한 바와 같다. 그리고 오늘날 인간은 목적으로서만이 아니라, 수단으로서 이용될 경우도 허다하다고 하는 점 등의 약점을 가진 것이 사실이다.

나. 능력이론(Leistungstheorie)

46. 정체성 형성능력

이에 반하여 능력이론은 인간존엄을 인간이라면 항상 가지고 있는 어떤 것이나 또는 인간으로서 존재하고 있는 어떤 것으로서 설명하지 않고, 획득해야 하는 어떤 것으로서 설명한다. 이 이론에 따르면 사람들은 존엄을 정체성 형성과 자기표현의 도달 가능한 과정에서 비로소 얻

---

45) Kant, Grundlegung der Metaphysik der Sitten, 2. Aufl., 1786, S. 73, 76 f. – Zippelius (주 6), Rn. 7에서 재인용.

46) Kant, Metaphysik der Sitten, Tugendlehre, 1797, § 38; Zippelius (주 6), Rn. 7.

47) Horst Dreier, in: ders.(Hrsg), Grundgesetz–Kommentar, Bd I, 2. Aufl. 2004, Art. 1 Abs. 1, Rn. 55; 계희열 (주 11), 195면.

48) Schopenhauer, Die Welt als Wille und Vorstellung, I § 62. – Zippelius (주 6), Rn. 8에서 재인용.

게 된다는 것이다. 이 이론에서는 자유권적 기본권과 비교하여 인격적
정체성과 사실적 자기결정에 대한 독자적 형성의 계기가 특히 강조된
다. 치펠리우스에 의하면 존엄은 "그 내용에 따를 때 도덕적 자율능력을
가진 존재로서 인간에게 귀속되는 특별한 가치이다. 따라서 존엄의 주
체는 그러한 도덕적 자율능력이 있는 그러한 인간이다."라고 하고 있는
바, 이러한 입장도 능력이론과 맥락을 같이 하고 있다고 보인다.[49]

하지만 이 이론은 이러한 능력을 더 이상 보여줄 수 없는 인간은
인간존엄의 주체로 파악할 수 없게 된다는 데에 약점을 가지고 있다.[50]

다. 의사소통이론(Kommunikationstheorie)

비교적 최근에 주목받고 있는 이론으로서 소위 호프만의 의사소통이
론이 있다. 호프만은 인간존엄의 국가구조적 측면[51]과 국가구성기능[52]에
보다 중점을 두고 인간존엄을 파악하고 있다. 호프만에 따르면 존엄이라
고 하는 것은 어떠한 본질이나 특성 또는 능력이 아니라, 하나의 관계개
념 또는 의사소통개념이다. 따라서 인간존엄은 사회적인 존중요구에 대한
적극적 평가를 통한 사회적 승인 가운데서 구성된다.[53] 다시 말해서 존엄

47. 이론적 약점

48. 인간존엄의 국가구성 기능

---

49) 하지만 치펠리우스는 그렇다고 하여 인간존엄은 정신적 장애인과 같이 인간적
   인격성이 상실되어 있는 경우 그리고 가령 아동과 유아의 경우와 같이 자기의식
   과 도덕적 결정능력이 아직 형성되지 않은 인격의 전단계에서는 물론, 심지어 한
   때 인간이었던 사체에 있어서도 인간존엄이 존중되어야 한다는 결론을 배제하는
   것은 아니라고 하고 있다. Zippelius (주 6), Rn. 49.
50) Horst Dreier (주 47), Rn. 56; 이러한 인식능력이나 이성능력을 인간존엄의 근거
   로 보는 이론에 대한 자세한 비판으로는 김일수, "배아 생명에 대한 법적 이해와
   법정책의 방향", 형사정책연구 제13권 제3호(통권 제51호, 2002 – 가을호), 5–
   24, 10면.
51) Hasso Hofmann, Die versprochene Menschenwürde, AöR 118 (1993), S. 353 (365).
52) "기본법상 인간존엄의 주체는 기본법의 전문에 의하면 이 근본규범에 기초하여
   국가를 건설한 독일 국민이다. 이것은 물론 일반적인 원리의 단순한 선언이나 집
   단적인 가치의식의 표명과는 다르며 그 이상이다. 즉 그것은 모리스 오류가 제도
   론에서 지칭한 것과 같은 설에 대한 합치된 의사가 존재하는 것이다. 그러한 한
   기본법상 인간존엄 보장은 그것과 함께 다른 무엇보다도 특별한 하나의 법공동
   체가 구성되었다는 점에서, 역설적으로 말하면 개방적 시작(Anfang)일 뿐만 아니
   라, 동시에 종료(Ende)이며, 종결(Abschluß)이자 배제(Ausschluß)이다.": Hofmann
   (주 51), S. 353 (367).
53) Hofmann (주 51), S. 353 (364).

을 인간의 의사소통적 관계와 사회적 기대(Geltungsanspruch) 가운데 있는 인간 상호간의 존중으로서 파악하고 있다.[54] 존엄을 이해하기 위해서는 개인을 더불어 살아가는 인간(Mitmenschlichkeit)으로서 파악해야 한다는 것이다.

호프만에 따르면 이러한 사상이 결코 새로운 것은 아니다. 왜냐하면 푸펜도르프(Samuel Pufendorf)가 이미 그와 유사한 사상을 펼쳤다는 것이다. 그리하여 인간존엄의 보호법익은 개인의 일정한 속성이나 능력이 아니라, 동료 인간의 연대성에 있다는 것이다. 따라서 인간존엄은 결국 구체적인 승인공동체(Anerkennungsgemeinschaft)와 유리해서는 생각할 수 없다고 하는 것이다.[55] 이러한 연대공동체 내에서 인간존엄은 더 이상 단순히 생명, 불가침성에 대한 상호간의 존중이나 상호간의 불간섭이라고 하는 소극적 의미에서의 자유 이상으로서, 정치적 공동생활의 목적을 위한 상호간의 승인을 의미하는 것이다.[56]

4. 인간존엄의 정의

50. 뒤리히의 객체설의 내용과 문제점

인간존엄의 정의와 관련하여 헌법재판소[57]나 학설[58]은 대체로 칸

---

54) Hofmann (주 51), S. 353 (364 ff.).
55) Hofmann (주 51), S. 353 (364).
56) Hofmann (주 51), S. 353 (370): 이러한 이유에서 호프만은 아직 태어나기 전의 생명이나, 사자에 대해서는 상호간의 사회적 존중요구권의 주체가 될 수 없는 것으로 보고 있다. 그리고 상호간의 존중요구의 능력이나 도덕적 자율능력이 아직 없거나 정신적 장애 등으로 인하여 그러한 능력이 없는 자들에 대해서는 다음과 같은 말로 대답하고 있다. 즉 어느 누구도 타인을 경멸해서는 안 되며, 또한 우리 가운데 어느 누구도 다른 사람보다 높아져서는 안되고, 우리가 서로 공동체의 일원으로서 똑같이 존엄한 존재로 상호 승인하는 약속은 어느 누구에게 다른 개인에 대하여 이러한 똑같이 존엄한 지위를 원칙적으로 부인할 수 있는 권한을 부여하지 못하게 하고 있다(S. 376). 의사소통적 합의가능성을 인간존엄성의 근거로 보는 입장에 대한 비판으로는 김일수 (주 50), 10면.
57) 객체설을 받아들였다고 볼 수 있는 판례로는 가령, 헌재 2005. 5. 26, 99헌마513, 판례집 제17권 1집, 668, 695. 그 밖에 변호인의 조력을 받을 권리와 관련하여 피의자·피고인을 형사절차의 단순한 객체로 삼아서는 안된다고 판시한 사례로, 헌재 2004. 9. 23, 2000헌마138, 판례집 제16권 2집 상, 543, 554.
58) "인간에게 인격자로서의 정체성이 보장될 때 인간이 단순한 수단으로 또는 객체로 전락되는 것을 막을 수 있게 된다. 즉 개인의 국가에 대한 관계에서 개개 인간은 국가권력의 객체가 아니라 주체로서 국가권력의 구성적 지위를 갖게 되며,

트의 도덕형이상학적 정언명령59)에 입각하여 뒤리히가 전개한 소위 객체설(Objektformel)의 입장을 따르고 있다고 보인다. 따라서 이러한 독일의 객체설의 내용과 문제점을 살펴 볼 필요가 있다.

가. 소극적 정의 그리고 객체설(Objektformel)

(1) 정의의 포기 내지 소극적 정의

독일에서 특히 기본법 해석의 초기에 인간존엄을 더 이상 자세히 확정할 필요가 없다고 하는 사실상 포기60)적 입장들이 있었다.61) 마찬가지로 "인간존엄은 해석되지 않는 테제"라고 하는 호이스의 유명한 표현이나, 인간존엄은 일반적으로 타당한 그리고 추상적인 파악이 가능하지 않다고 보는 학자들도 역시 같은 입장이라고 볼 수 있다.

51. 정의의 포기설

이와 같이 인간존엄을 정의하지 않게 되면 인간존엄의 내용을 소극적으로 즉 침해 양태로부터 구체적 사건에 따라 구체화할 가능성이 열려지게 된다. 그리고 이러한 소극적 정의의 방식에는 독일 연방헌법재판소가 기여한 바도 크다. 이러한 소극적 정의는 어렵기도 할 뿐만 아니라, 흔히 고착화의 위험에 빠질 수 있는 한정적 정의의 부담으로부터 자유로울 수 있으며 헌법해석에 있어서 상당히 유동적인 입장을 취할 수 있다는 장점을 가지고 있다.

52. 유동적인 헌법해석 가능성

하지만 그에 못지않은 단점은 구체적인 경우에 인간존엄의 내용 확정을 명백성이나 합의에 의존할 수밖에 없다는 데에 있다. 이것은 가령 고문, 모욕, 추방 등과 같이 전형적인 인간존엄 침해 사례의 경우에는 충분히 해결될 수 있을지 모르나, 새로이 제기되는 민감한 문제들에 대해서는 별다른 도움이 되지 않는다는 데에 문제가 있다.62)

53. 합의에 의존

개인의 개인에 대한 관계에서 일방이 타방의 객체가 아니라 상호 대등한 주체가 된다" 계희열 (주 11), 197, 199면.

59) Kant, Metaphysik der Sitten, Tugendlehre, 1797, § 38: Zippelius (주 6), Rn. 7.

60) Michael Sachs저, 방승주 역 (주 33), 215면.

61) H.‐C. Nipperdey, Die Würde des Menschen, in: Die Grundrechte II, S. 1 ff.(1); F. Klein, in: B. Schmidt‐Bleibtreu/F. Klein (Hrsg), Kommentar zum Grundgesetz, 8 Aufl. 1995, Art. 1 Rn. 1 — 이하 Horst Dreier (주 47), Rn. 51에서 재인용.

62) Horst, Dreier (주 47), Rn. 52 참조.

(2) 객체설

54. 뒤 리 히 의
객체설

뒤리히는 칸트의 윤리학적 정언명령에 기초하여 소위 객체설(Objektformel)을 전개하였으며, 독일 연방헌법재판소도 이러한 객체설을 따르고 있다.

55. 침해 양태
로부터 소극적
정의

뒤리히는 인간존엄이라고 하는 불확정 법개념의 내용은 실무에 비추어 침해 양태로부터 소극적으로 확정하는 것이 가장 좋다고 보고 있다. 그리고 모든 정의의 시도는 간단한 것이 가장 좋다는 점을 고려할 때, 다음과 같이 인간존엄의 침해를 정의하고 있다. 즉 "구체적인 인간이 객체, 단순한 수단, 어떠한 단위로 전락될 경우에 인간존엄은 침해된다."63) 그 밖에 인간이 어떠한 국가적 절차의 객체로 전락되는 경우 인간의 존엄은 침해된다는 것이다.64) 뒤리히는 이렇게 국가적 절차의 단순한 객체로 전락되는 경우로서 형사소추 과정에서 진실을 밝혀내기 위해서 약물이나 거짓말탐지기 등, 화학적 또는 심리학적 수단을 사용하는 경우65), 법적 진술권의 거부66) 등과 그 밖의 여러 가지 사례들을 들고 있다.

(3) 독일 연방헌법재판소의 입장

56. 독일 연방
헌법재판소의
객체설

독일 연방헌법재판소는 인간존엄에 대한 침해로서 우선 "모욕, 낙인, 박해, 추방"을 들었다(BVerfGE 1, 332 [348]). 그 후 연방헌법재판소는 인간을 국가적 행위의 단순한 객체로서 만드는 것은 인간존엄에 반한다고 보았다(BVerfGE 9, 89 [95]; 57, 250 [275]). 인간의 존엄은 "도덕적 인격"과 인간의 "사회적 가치와 존중요구"라는 것이다.(BVerfGE 9, 167 [171]) 하지만 도청판결67)에서는 이러한 객체설이 충분하지 않은 것으로서 보고 더욱 구체화하고 있다.68)

57. 독일 연방
헌재의 도청판
결에서의 입장

『기본법 제79조 제3항에 따라서 헌법개정에 의해서도 침해될 수 없는, 기본법 제1조에서 규정된 인간존엄의 불가침원칙과 관련되는 것

---

63) Günter Dürig (주 4), Rn. 28.
64) Günter Dürig (주 4), Rn. 34.
65) Günter Dürig (주 4), Rn. 35.
66) Günter Dürig (주 4), Rn. 36.
67) BVerfGE 30, 1 (25 f.).
68) BVerfGE 30, 1 (25 f.).

은 모두가, 어떠한 상황에서 인간존엄이 침해될 수 있는지의 확정에 달려 있다. 이것은 분명히 일반적으로 말할 수는 없고, 항상 구체적인 사건을 보면서만 말할 수 있다. 인간이 국가권력의 단순한 객체로 전락되어서는 안 된다고 하는 것과 같은 일반적 표현은, 단순히 인간존엄의 침해사례들이 발견될 수 있는 방향을 제시할 수 있을 뿐이다. 인간은 적지 않게 여러 상황과 사회적 발전의 단순한 객체일 뿐만 아니라, 자기의 이익이 고려되었는지 여부와 상관없이 여기에 편입되지 않으면 안 되는 한에서, 법의 단순한 객체이기도 하다. 하지만 그것만으로 인간존엄의 침해가 있다고 할 수는 없다. 추가되어야 할 것은, 인간이 자신의 주체성을 근본적으로 문제시되게 하는 취급을 당한다는 사실, 또는 구체적인 경우에 그러한 취급에 인간존엄에 대한 자의적(恣意的)인 무시가 있다는 사실이다. 즉 법률을 집행하는 공권력의 인간에 대한 취급은, 그러한 취급이 인간존엄과 관계되는 경우에는 인간이 인간이기 때문에 가지는 가치에 대한 무시의 표현, 즉 이러한 의미에서 '경멸적 취급 (verächtliche Behandlung)'이어야 한다.』

그러나 이러한 구체화의 시도에 대하여 인간존엄의 자의적인 무시 외에 자의적이 아닌 무시가 허용될 수 있을 것인가의 비판을 제기하면서 여전히 종전의 객체설이 유용하다고 보는 것이 일반적이다.[69]

58. 종전의 객체설 고수 경향

우리 학계에서도 "인간에게 인격자로서의 정체성이 보장될 때 인간이 단순한 수단으로 또는 객체로 전락되는 것을 막을 수 있게 된다. 즉 개인의 국가에 대한 관계에서 개개 인간은 국가권력의 객체가 아니라 주체로서 국가권력의 구성적 지위를 갖게 되며, 개인의 개인에 대한 관계에서 일방이 타방의 객체가 아니라 상호 대등한 주체가 된다."고 보는 견해[70]는 이러한 객체설적 입장에 속한다고 할 수 있을 것이다.

59. 우리 학계의 객체설적 입장

(4) 객체설에 대한 비판

이러한 객체설에 대해서는 전통적인 유형의 명백한 인간존엄침해를 확인하는 데는 유용하나 그 밖의 사례에 대한 판단에 있어서는 한계

60. 객체설에 대한 비판

---

69) 같은 비판으로는 Hofmann (주 51), S. 353ff(360); Pieroth/Schlink, Grundrechte-Staatsrecht Ⅱ, Heidelberg, Rn. 360; Horst Dreier (주 47), Rn. 53.

70) 계희열 (주 11), 197, 199면.

를 드러낸다는 비판이 따르고 있다.

61. 애매모호하고 불분명

첫째, 이 이론은 지나치게 애매모호하고 불분명[71]하여 각자가 생각하는 주관적 정의(正義)관념을 유입시킬 여지가 크다는 것이다.[72] 드라이어는 객체설의 가장 결정적인 비판을 다음에서 찾고 있다. 즉 이 객체설은 겉으로 보기에는 세계관적으로 중립적인 기준인 것 같아 보여도, 자세히 들여다보면 곧바로 모든 유형의 주관적 가치평가의 유입을 가능케 하는 관문의 역할을 수행하고 있다는 점이다. 이것은 현대의 생명윤리와 관련한 논란에 있어서 특히 그러하다는 것이다.[73]

62. 문의상의 한계

둘째, 이 이론은 인간존엄침해를 확정하기 위한 수단으로서 문의상의 한계를 드러내고 있다는 것이다. 왜냐하면 모든 인간은 살아가는 과정에서 다른 인간은 물론 국가에 의해서도 목적이 아니라 수단으로서 취급되기도 한다. 이 점은 독일 연방헌법재판소가 도청판결에서 지적한 바와도 같다.[74]

63. 도청판결의 한계

또한 연방헌법재판소가 도청판결[75]에서 시도한 바와 같이 '인간의

---

71) 같은 취지로 김영환, 인간의 존엄에 대한 논의의 재구성: "형이상학 없는 인간의 존엄", 법철학연구 제23권 제1호(2020. 4. 7-36, 19면). 그는 이 논문에서 인간존엄을 존중하는 것은 사람의 자존심을 손상시키거나 굴욕시키지 않는 것이라고 보면서 Hofmann의 의사소통이론이나 Margalit의 소극적 정당화 이론을 옹호하는 입장을 보이고 있다. 그러나 이러한 소위 "상호승인"은 태어난 인간들만을 전제로 한 것으로 아직 태어나지 않은 태아나 배아의 경우 상호승인의 주체가 될 수 없고 따라서 처음부터 인간존엄의 주체가 아니라 태어난 인간의 단순한 객체로 전락될 수밖에 없다고 하는 문제가 있다{이에 관하여 자세한 것은 방승주 (주 1), 313, 317-321면.}. 김영환 교수 역시 "배아를 인간의 존엄보호영역 안으로 포함시킨다면, 굴욕적이지 않은 행위임에도 불구하고 인간의 존엄이 침해되는 경우가 발견되기도 합니다."라고 하면서 의사소통이론의 한계도 어느 정도 인정하고 있는 듯하지만, 결론적으로는 "청구권의 담지자" 즉 인간존엄권의 기본권 주체는 태어난 인간일 뿐이라고 단정(27면)하고 있다. 어차피 상호승인이론을 따르면 그러한 결론에 이를 수밖에 없다. 이는 독일의 Ipsen, Dreier, Hofmann, Podlech 등과 같은 "출생시설"과 궤를 같이 하는 것으로서 태아의 기본권 주체성을 인정하는 독일 연방헌법재판소{BVerfGE 39, 1 (41); BVerfGE 88, 203 (251f.). Richter/Schuppert/Bumke저, 방승주 역, 독일헌법판례해설 (주 5), 80-81면}나 우리 헌법재판소의 판례와도 배치된다. 출생시설의 내용과 그 문제점에 대하여 상세한 것은 방승주 (주 1), 312, 317-321면.

72) Horst Dreier (주 47), Rn. 53; 동지, Pieroth/Schlink (주 69), Rn. 360; Zippelius (주 6), Rn. 15.

73) Horst Dreier (주 47), Rn. 53.

74) BVerfGE 30, 1 (25 f.).

주체성을 근본적으로 문제시되게 하는 취급'과 같은 기준이나 또는 '인간의 존엄에 대한 자의적인 무시와 인간의 가치에 대한 경멸' 등의 기준과 같은 보다 상세히 구체화하려는 시도에 대해서도, 자의적이지 않은 인간존엄에 대한 무시 역시 인간존엄에 대한 침해라고 할 수 있으며,[76] 침해자의 의도는 인간존엄침해 여부의 기준이 될 수 없고, 또한 좋은 의도에 의한 인격적 가치에 대한 무시도 인간존엄의 침해가 될 수 있다는 점을 들고 있다.[77]

결국 도청판결에서 전개된, 보다 상세화된 기준의 이러한 문제점 때문에 대체로 종전의 객체설을 지지하면서 몇 가지 방향에서 인간존엄의 침해사례로 인정할 수 있는 영역들을 제시하는 경향들을 보이고 있다.

64. 종전 객체설과 침해사례 영역

5. 인간존엄침해의 전형적 사례[78]

인간존엄의 근거와 내용에 대한 많은 논란에도 불구하고 독일에서는 다음과 같은 세 가지 분야가 인간존엄의 보호영역에 포함된다고 하는 데 대하여 전반적인 합의가 이루어져 있으며, 이러한 내용은 우리 헌법상 인간존엄과 가치의 보호영역의 구체화를 위해서도 상당한 이론적 참고가 될 수 있다고 생각된다.[79]

65. 인간존엄의 보호영역

(1) 인간존엄은 우선 모든 인간의 법적인 평등을 보장한다. 따라서 인간존엄은 모든 유형의 체계적인 차별과 천대를 금지한다. 즉 이것은 가령 전형적으로 노예제도, 농노제도 그리고 인신매매 등을 금지하며 체계적인 경멸, 일정한 민족이나 인간집단의 추방 등을 금지한다. 그리고 일정한 인간집단을 제2계급이나 천민으로 전락시키는 신분제 역시 금지된다.

66. 인간의 법적 평등보장

우리 헌법은 이러한 이유에서 헌법 제11조 제1항에서 "모든 국민은

67. 헌법 제11조

75) BVerfGE 30, 1 (25 f.).
76) Pieroth/Schlink (주 69), Rn. 360; Horst Dreier (주 47), Rn. 53.
77) Horst Dreier (주 47), Rn. 53.
78) Horst Dreier (주 47), Rn. 58-61; 마찬가지로 Pieroth/Schlink (주 69), Rn. 361 참조.
79) Hasso Hofmann (주 51), S. 353 ff.(363); Horst Dreier (주 47), Rn. 58-61; Pieroth/Schlink (주 69), Rn. 361.

법 앞에 평등하다. 누구든지 성별·종교 또는 사회적 신분에 의하여 정치적 · 경제적 · 사회적 · 문화적 생활의 모든 영역에 있어서 차별을 받지 아니한다.”고 선언하고 있을 뿐만 아니라, 제2항에서는 “사회적 특수계급의 제도는 인정되지 아니하며 어떠한 형태로도 이를 창설할 수 없다”고 하고 있다. 오늘날 사회적 신분은 모두 철폐되었기 때문에 이 조문은 사실상 사문화되어 있는 것처럼 보이나, 이를 실질적으로 이해하여 새로운 사실상의 신분제도의 고착화를 방지해야 할 국가적 보호의무의 근거로 이해할 필요가 있다고 보인다.

68. 신체적·정신적 정체성과 완전성의 보장

(2) 인간존엄은 인간의 주체성, 특히 신체적 및 정신적인 정체성과 완전성의 보장을 요구한다. 따라서 이러한 정체성과 완전성을 침해하는 모든 종류의 고문, 세뇌 또는 그 밖의 경멸적 취급은 금지된다. 제2차 세계대전 때 나치와 일본군에 의해서 자행된 민족말살, 강제추방, 생체실험, 성노예의 강제동원 등과 그 밖에 인신매매와 감금, 강제노동 등도 전형적인 인간존엄 침해라고 보아야 할 것이다.

69. 신체의 자유와 적법절차의 보장 고문금지

우리 헌법은 법률에 의하지 아니하고는 체포 · 구속 · 압수 · 수색 또는 심문을 받지 아니하며, 법률과 적법절차에 의하지 아니하고는 처벌 · 보안처분 또는 강제노동을 받지 아니한다고 확인하고 있다. 따라서 법률과 적법절차 없이 이루어지는 이와 같은 조치들은 헌법 제12조 제1항의 침해일 뿐만 아니라, 인간의 존엄을 침해하는 조치가 될 소지가 크다. 한편 형사소송절차에서의 강압적 수사에 의한 인권침해를 방지하기 위하여 특별히 고문금지를 명문화(헌법 제12조 제2항)하고 있는데, 이 고문금지 역시 인간의 존엄과 가치를 보호하는 구체적 인권보호조항이라고 볼 수 있을 것이다.

70. 인간다운 생존의 보장

(3) 인간존엄은 모든 사람의 인간다운 생존의 보장을 요구한다. 따라서 이로부터 국가 전체의 경제적 발전과 재정적 능력에 부합하는 물질적 최저생계기준이 인간존엄으로부터 도출될 수 있다.

71. 사회국가적 차원에서 구체화

우리 헌법 제34조의 인간다운 생활을 할 권리는 사회국가적 차원에서 인간존엄을 보다 구체화한 조항이라고 할 수 있을 것이다. 물론 인간다운 생활을 위한 물질적 최저생활의 기준은 각 나라의 문화적 경제적 수준에 따라서 달리 평가될 수 있을 것이다.

6. 인간으로서의 존엄과 가치로부터 도출되는 기본권

가. 일반적 인격권

우리 헌법재판소는 일반적 인격권을 인간의 존엄성으로부터 도출[80]하기도 하고, 인간의 존엄과 가치 및 행복추구권으로부터 도출[81]하기도 하고 있다.

먼저 반론권에 해당하는 정정보도청구권은 헌법 제10조의 인간으로서의 존엄과 가치로부터 도출되는 일반적 인격권과 헌법 제17조의 사생활의 비밀과 자유를 언론에 의하여 침해받은 피해자에게 신속하고도 적절한 방어의 수단으로 주어진 것이다. 결국 정정보도청구권은 이와 같이 헌법상 보장된 인격권에 바탕을 둔 것으로 보는 것이다.[82]

72. 일반적 인격권의 도출

73. 정정보도청구권

나. 생명권

생명권에 대해서 헌법재판소는 인간의 존엄으로부터 직접 도출하고 있지는 않고, 모든 기본권의 전제로서 기본권 중의 기본권이라고 이해하고 있다.

74. 모든 기본권의 전제

> 판례 "인간의 생명은 고귀하고, 이 세상에서 무엇과도 바꿀 수 없는 존엄한 인

---

80) 헌재 1991. 9. 16, 89헌마165; 1999. 5. 27, 97헌마137, 판례집 제11권 1집, 653, 665(재소자용수의착용처분); 헌재 2001. 7. 19, 2000헌마546(유치장내화장실설치및 관리행위 위헌확인), 판례집 제13권 2집, 103, 112.

81) 헌재 2005. 7. 21, 2003헌마282, 판례집 제17권 2집, 81, 90.

82) "헌법의 위 조항들을 종합해 볼 때 언론기관에 의하여 일반적인 인격권이나 사생활의 비밀과 자유를 침해받은 피해자에게 인간의 존엄과 가치 및 사생활의 비밀과 자유권을 보호하기 위하여 신속하고도 적절한 방어의 수단이 주어져야 함이 형평의 원리에 부합한다고 할 것이다. 그러므로 이 법이 규정한 반론권으로서의 정정보도청구권은 바로 헌법상 보장된 인격권에 그 바탕을 둔 것으로서, 피해자에게 보도된 사실적 내용에 대하여 반박의 기회를 허용함으로써 피해자의 인격권을 보호함과 동시에 공정한 여론의 형성에 참여할 수 있도록 하여 언론보도의 객관성을 향상시켜 제도로서의 언론보장을 더욱 충실하게 할 수도 있을 것이라는 취지 아래 헌법의 위에 든 각 조항들을 근거로 하여 제정된 것이다." 헌재 1991. 9. 16, 89헌마165, 판례집 제3권, 518, 527.

간존재의 근원이다. 이러한 생명에 대한 권리는 비록 헌법에 명문의 규정이 없다 하더라도 인간의 생존본능과 존재목적에 바탕을 둔 선험적이고 자연법적인 권리로서 헌법에 규정된 모든 기본권의 전제로서 기능하는 기본권 중의 기본권이라 할 것이다. 따라서 사형은 이러한 생명권에 대한 박탈을 의미하므로, 만약 그것이 인간의 존엄에 반하는 잔혹하고 이상한 형벌이라고 평가되거나, 형벌의 목적달성에 필요한 정도를 넘는 과도한 것으로 평가된다면 앞서 본 헌법 제12조 제1항 및 제110조 제4항의 문언에도 불구하고 우리 헌법의 해석상 허용될 수 없는 위헌적인 형벌이라고 하지 않을 수 없을 것이다."[83]

다. 자기운명결정권, 성적 자기결정권

75. 자기운명결정권, 성적 자기결정권

또한 인간의 존엄과 가치를 인격권으로 보고서 그 인격권과 행복추구권으로부터 자기운명결정권과 성적 자기결정권을 도출하기도 한다.[84]

라. 알권리

76. 알권리 도출

알권리는 헌법 제21조로부터 도출된다고 하고 있으면서도 또한 헌법 제10조와도 관련된다고 하고 있다.[85]

7. 인간으로서의 존엄과 가치에 관한 헌법재판소 판례

가. 인간존엄의 침해를 인정한 사례

77. 동성동본금혼, 호주제 등

헌법재판소는 형벌체계상 정당성을 잃은 과중한 법정형[86], 지나치게 열악한 보호감호시설[87], 동성동본금혼조항[88]과 호주제[89], 친생부인의 소의 제척기간을 "그 출생을 안날로부터 1년내"로 규정한 민법 제

---

83) 헌재 1996. 11. 28, 95헌바1, 판례집 제8권 2집, 537, 545.
84) 헌재 1990. 9. 10, 89헌마82, 판례집 제2권, 306, 310.
85) 헌재 1989. 9. 4, 88헌마22; 1991. 5. 13, 90헌마133; 1992. 2. 25, 89헌가104.
86) 헌재 2004. 12. 16, 2003헌가12, 판례집 제16권 2집 하, 446, 457-457; 1992. 4. 28, 90헌바24, 판례집 4, 225, 236; 2002. 11. 28, 2002헌가5, 판례집 제14권 2집, 600, 606-606; 2003. 11. 27, 2002헌바24, 판례집 제15권 2집 하, 242.
87) 헌재 1991. 4. 1, 89헌마17 등.
88) 헌재 1997. 7. 16, 95헌가6, 민법 제809조 제1항 위헌제청, 판례집 제9권 2집, 1.
89) 헌재 2005. 2. 3, 2001헌가9, 판례집 제17권 1집, 1; 2005. 12. 22, 2003헌가5, 판례집 제17권 2집, 544.

847조 제1항[90]), 인간으로서의 기본적 품위를 유지할 수 없도록 하는 행위[91]), 과잉한 신체수색행위[92]), 과도한 계구사용행위[93]), 변호사에 대한 업무정지명령[94]), 미결수용자에 대한 재소자용수의착용강제[95]), 사람의 육체적·정신적 상태나 건강에 대한 정보공개의 강제[96]) 등을 인간으로서의 존엄과 가치 내지 인격권에 대한 침해로 보았다.

또한 헌법재판소는 일본군위안부 피해자 헌법소원사건[97])에서 일본군위안부 피해자들의 일본에 대한 배상청구권의 실현 및 인간으로서의 존엄과 가치의 회복에 대한 장애상태를 제거하는 행위를 다 하지 아니한 부작위는 청구인들에 대한 중대한 기본권침해를 초래하여 위헌이라고 한 바 있으며, 또한 원폭피해자 헌법소원사건[98])에서 원폭피해자들의 일본에 대한 배상청구권을 실현하도록 협력하고 보호하여야 할 의무를 다하지 아니한 부작위에 대해서도 마찬가지 이유에서 위헌으로 판단하였다.

한편 법인도 인격권의 주체가 될 수 있음을 인정하면서 방송사업자의 의사에 반하여 사과행위를 강제하는 것은 법인인 방송사업자의 인격권을 침해한다고 보았다.[99])

78. 일본군위안부피해자 헌법소원

79. 방송사에 대한 사과행위의 강요

---

90) 헌재 1997. 3. 27, 95헌가14, 96헌가7(병합), 판례집 제9권 1집, 193.
91) 헌재 2001. 7. 19, 2000헌마546, 판례집 제13권 2집, 103, 112.
92) 헌재 2002. 7. 18, 2000헌마327, 신체과잉수색행위위헌확인, 판례집 제14권 2집, 54~64.
93) 헌재 2003. 12. 18, 2001헌마163, 판례집 제15권 2집 하, 562, 580; 2005. 5. 26, 2004헌마49, 판례집 제17권 1집, 754, 763.
94) 헌재 1990. 11. 19, 90헌가48, 판례집 제2권, 393, 401.
95) 헌재 1999. 5. 27, 97헌마137, 판례집 제11권 1집, 653, 665.
96) 헌재 2007. 5. 31, 2005헌마1139, 공보 제128호, 646, 651: "이 사건 법률조항은 사생활 보호의 헌법적 요청을 거의 고려하지 않은 채 인격 또는 사생활의 핵심에 관련되는 질병명과 그렇지 않은 것을 가리지 않고 무차별적으로 공개토록 하고 있으며, 아무런 비공개요구권도 인정하고 있지 않다. 그리하여 그 공개 시에 인격이나 사생활의 심각한 침해를 초래할 수 있는 질병명(예를 들어 후천성면역결핍증, 정신분열장애, 매독, 인공항문)을 예외 없이 공개함으로써 사생활의 비밀을 심각하게 침해하고 있다."
97) 헌재 2011. 8. 30, 2006헌마788, 판례집 제23권 2집 상, 366, 367.
98) 헌재 2011. 8. 30, 2008헌마648, 판례집 제23권 2집 상, 417, 418.
99) 헌재 2012. 8. 23, 2009헌가27, 판례집 제24권 2집 상, 355.

나. 인간존엄의 침해를 부인한 사례

80. 정정보도청
구권

이에 반하여 정정보도청구권[100], 사형제도[101], 좌석안전띠강제착용
제[102], 소변채취강요[103] 간통죄[104], 인지청구의 소의 제소기간을 부 또
는 모의 사망을 안 날로부터 1년 내로 규정한 것[105], 기초생활보장제도
의 보장단위인 개별가구에서 교도소·구치소에 수용 중인 자를 제외토
록 규정한 '국민기초생활 보장법 시행령'조항[106], 마약류사범이 구치소
에 수용되는 과정에서 반입금지물품의 소지·은닉 여부를 확인하기 위
하여 실시한 구치소 수용자에 대한 항문 내 정밀신체검사[107]등은 인간
의 존엄과 가치나 인격권을 침해하는 것이 아니라고 보았다.

81. 교도관의
동행계호행위
등

그리고 교도관의 동행계호행위는 인간으로서의 존엄과 가치에 대
한 제한이라고 하기 보다는 일반적 행동의 자유에 대한 제한을 초래할
수 있다고 보았으나 그 침해는 인정하지 않았다.[108]

82. 퇴직급여법
적용의 기준

한편 헌법재판소는 '계속근로기간 1년 이상인 근로자인지 여부'라
는 기준에 따라 퇴직급여법의 적용 여부를 달리한 것에는 합리적 이유
가 있다고 인정되고, 그 기준이 인간의 존엄성을 전혀 보장할 수 없을
정도라고도 보기 어려우므로 이 사건 법률조항은 헌법 제32조 제3항에
위반된다고 할 수 없다고 한 바 있다.[109]

8. 결 론

83. 인간의 신

지금까지 논의한 인간존엄에 대한 다양한 헌법해석 방법론을 토대

---

100) 헌재 1991. 9. 16, 89헌마165, 판례집 제3권, 518.
101) 헌재 1996. 11. 28, 95헌바1, 형법 제250조등 위헌소원, 판례집 제8권 2집,
537-572. 이에 반하여 독일에서는 사형이 인간존엄에 합치되지 않는다는 의견
이 지배적이다. Zippelius (주 6), Rn. 70.
102) 헌재 2003. 10. 30, 2002헌마518, 판례집 제15권 2집 하, 185, 208.
103) 헌재 2006. 7. 27, 2005헌마277, 판례집 제18권 2집, 280, 286.
104) 헌재 1990. 9. 10, 89헌마82, 판례집 제2권, 306, 311. 이후 판례변경: 헌재 2015. 2.
26, 2009헌바17 등, 판례집 제27권 1집 상, 20.
105) 헌재 2001. 5. 31, 98헌바9, 판례집 제13권 1집, 1140, 1146-1147.
106) 헌재 2011. 3. 31, 2009헌마617 등, 판례집 제23권 1집 상, 416.
107) 헌재 2006. 6. 29, 2004헌마826, 공보 제117호, 938.
108) 헌재 2010. 10. 28, 2009헌마438, 공보 제169호, 1956, 1959.
109) 헌재 2011. 7. 28, 2009헌마408, 판례집 제23권 2집 상, 118, 119.

로 헌법 제10조의 인간으로서의 존엄과 가치라고 하는 기본권의 보호영 체적·정신적·
심령적 정체성
과 완전성의 보
장
역을 간략하게 정의해 본다면, 결국 인간의 신체적(身體的), 정신적(精神
的) 내지 심령적(心靈的) 정체성과 완전성 그리고 인간의 인격적 자율성
을 침해받지 않고 이를 존중받을 권리라고 할 수 있을 것이다.

　　다만 이러한 정의가 인간존엄을 모두 다 포괄할 수는 없을 것이고, 84. 목적을 위
한 일방적 수단
으로 전락시키
는 모든 행위
혹 구체적 사례에서는 개별 기본권이나 헌법규정(가령 헌법 제12조 제2항
의 고문금지)에 의하여 보완되거나 중첩적으로 보호되고 있는 부분도 있
을 것이다. 그러나 이러한 보호영역의 설정을 통해서 오늘날 발생하고
있는 여러 가지 인격적 경멸과 무시, 그리고 인간이나 인간생명을 "동시
에(zugleich)" 목적적 존재로서 취급하는 것이 아니라, 국가나 사회 또는
개인적 목적을 위한 일방적 수단으로 전락시키는 모든 행위는 결국 인
간존엄에 대한 침해라고 평가할 수 있을 것이다.

Ⅵ. 인간으로서의 존엄과 가치의 기본권주체

1. 헌법상 인간상

가. 헌법 제10조의 인간의 개념

　　우리 헌법이 전제하고 있는 인간상은 뒤리히[110)가 잘 지적하였듯 85. 자율적 인
간
이, 자유롭고 평등한 인간이며, 자기 스스로 주체적으로 결정할 수 있을
뿐만 아니라, 자신의 삶과 주변 환경을 주체적으로 형성해 나갈 수 있으
며, 자신의 결정과 행동에 대하여 스스로 책임질 수 있는 자율적 인간이

---

110) 뒤리히는 인간존엄은 불가침이라고 하는 이러한 객관적 헌법의 규범적 언명은
　　존재적으로 주어진 것(Seinsgegebenheit)에 기초하고 있는 가치에 관한 언명을 포
　　함하고 있다고 하면서, 이와 같이 시간과 공간을 초월하여서 "존재"하며, 또한 법
　　적으로 실현"되어야 하는" 인간존엄이라고 하는, 존재적으로 주어진 것은 다음
　　가운데 있다고 보고 있다. 즉 "모든 인간은 비인간적 자연과 자신을 구별하며, 또
　　한 자기 자신을 의식하고 자기 스스로를 규정하며 자신과 환경을 형성할 수 있는
　　능력을 가진 정신이 있기에 인간이다." 이러한 인간관은 또한 그 자체 존재적 측
　　면에서 상호 불가분의 관계에 있는 두 가지 부분적 가치를 포함하는데, 이것은
　　일반적 행동의 자유와 일반적 평등에 규범적으로 반영되어 있다. 즉 첫째, 모든
　　인간은 자유롭다는 것이고, 둘째 모든 인간이 이러한 자유를 가지며, 그러한 한
　　에서 평등하다고 하는 사실이다. Günter Dürig (주 4), Rn. 17.

라고 할 수 있을 것이다.

86. 잠재적 능력

인간존엄 속에 내재해 있는 자기 스스로와 주변 환경을 형성해 나갈 수 있는 자율적 능력은 인간 자체에 내재되어 있는 추상적인 능력이지, 구체적이고 개별적인 인간 개인에 있어서 언제든지 똑같이 실현될 수 있는 가치인 것은 아니다. 이러한 의미에서 인간의 자율적 능력은 잠재적인 능력이라고 보아야 할 것이다. 가령 민법상 권리능력 개념 역시 개인이 가진 개별적 능력과 상관없이 인정되는 것과 마찬가지로 헌법상 인간존엄 역시 모든 인간에게 인정되는 추상적 속성 내지 가치라고 보아야 할 것이다.[111]

87. 자율적 형성능력 없는 자의 인간존엄 인정

그렇게 본다면 존엄이라고 하는 일반적인 인간의 고유가치는 구체적 인간이 자율적 형성능력을 처음부터 가지고 있지 않은 경우(가령 정신적 장애인[112]과 같이)에도 존재한다.[113] 그리고 자율적인 도덕적 인격성을 발전시킬 수 있는 능력을 가지고 있지 않은 기형아에 대해서도 인간존엄이 인정된다.[114]

88. 범죄자의 인간존엄 인정

뿐만 아니라, 범죄자와 같이 구체적인 인간이 자신의 자유를 남용하여 스스로의 인격적 가치를 격하시키는 경우에도 존엄이라고 하는 일반적인 인간의 고유가치는 존재하는 것이다.[115]

89. 침해에 대한 주관적 동의와 관계없는 인간존엄 보호 필요

그리고 존엄이라고 하는 일반적인 인간의 고유가치는 구체적인 인간이 자기 스스로 결정할 수 있는 능력과 자유에 대한 침해에 동의한 경우에도 그러한 국가적 행위는 인간존엄 자체를 침해하는 것이다. 가령 피고인의 동의하에 자백제를 사용하도록 한 경우라도 진실발견에 있어서 헌법적으로 불법적 방법이 사용되었음에는 아무런 변화가 없다. 이러한 결론은 인간존엄을 보호해야 할 국가의 객관적인 의무(헌법 제10조 제2문)로부터도 도출될 수 있다. 이러한 객관적인 가치보호규정을 고려할 때, 구체적인 기본권주체의 주관적 동의가 있다고 해서 국가가 이

---

111) Günter Dürig (주 4), Rn. 19.
112) Zippelius (주 6), Rn. 50.
113) Günter Dürig (주 4), Rn. 20.
114) 다만 인간의 형상을 띠고 있지 않은 소위 괴물과 관련해서만 의문이 제기되고 있다고 한다. 이에 대해서는 Zippelius (주 6), Rn. 52. Anm. 70 참조.
115) Günter Dürig (주 4), Rn. 21; Zippelius (주 6), Rn. 50.

러한 객관적인 보호의무로부터 면제되는 것은 아니다.

존엄이라고 하는 일반적인 인간의 고유가치는 구체적으로 생존하는 인간에 있어서 그 실현여부와는 상관이 없기 때문에, 구체적인 인간이 아직 태어나지 않았거나 죽은 경우라 하더라도, 그에 대한 공격은 인간존엄 자체에 대한 침해가 될 수 있다.[116)]

90. 태아 및 사자의 인간존엄 보호

나. 헌법이 추구하는 인간상

헌법재판소에 따르면 『우리 헌법질서가 예정하는 인간상은 "자신이 스스로 선택한 인생관·사회관을 바탕으로 사회공동체 안에서 각자의 생활을 자신의 책임 아래 스스로 결정하고 형성하는 성숙한 민주시민"(헌재 1998. 5. 28, 96헌가5, 판례집 제10권 1집, 541, 555 ; 헌재 2000. 4. 27, 98헌가16 등, 판례집 제12권 1집, 427, 461)인바, 이는 사회와 고립된 주관적 개인이나 공동체의 단순한 구성분자가 아니라, 공동체에 관련되고 공동체에 구속되어 있기는 하지만 그로 인하여 자신의 고유가치를 훼손당하지 아니하고 개인과 공동체의 상호연관 속에서 균형을 잡고 있는 인격체라 할 것이다.』[117)]

91. 헌재 판례

이러한 우리 헌법재판소 판례는 독일 연방헌법재판소의 공동체 관련적이고 공동체 구속적인 인간상에 관한 판례[118)]로부터 영향을 받은 듯하다.

92. 독일 연방 헌재 판례의 영향

다. 헌법 제10조의 인간개념과 헌법이 추구하는 인간상과의 관계

그러나 이러한 인간상에서 제시된 균형 잡힌 인격체로서의 인간이 아닌 사람은 인간의 존엄과 가치의 주체가 될 수 없는가 하는 의문이 제기될 수 있다. 즉 보통의 인간들의 경우는 이러한 인간상에 별 문제없

93. 자율적 결정능력이 결여된 자에 대한 적용 문제

---

116) Günter Dürig (주 4), Rn. 23.
117) 헌재 2003. 10. 30, 2002헌마518, 판례집 제15권 2집 하, 185, 201.
118) "기본법의 인간상은 고립된 주권적 개인주의의 인간상이 아니다. 기본법은 오히려 개인의 고유가치를 침해하지 않으면서도 개인의 공동체 관련성과 공동체 구속성의 의미에서의 개인과 공동체간의 긴장관계를 택하였다." BVerfGE 4, 15 f.; 65, 44; 45, 187, 227.

이 포섭이 가능하나, 가령 태아나, 배아, 그리고 식물인간이나 뇌사자 등과 같이 인간으로서의 자율적 결정능력을 가지고 있지 못하다고 볼 수 있는 인간존재들에 대해서 과연 이러한 인간상이 적용될 수 있겠는가의 문제가 제기되기 때문이다.

하지만 이러한 균형 있는 인격을 갖추지 못한 사람 역시 인간의 존엄과 가치의 주체라고 하는 것에는 이론의 여지가 없다. 그러므로 이러한 인간상에 관한 언급은 헌법 제10조가 전제하고 있는 인간의 개념에는 잘 부합하지 않으며, 오히려 인간상 내지 인간관 보다는 우리 헌법이 추구하고 있는 국가관 내지 공동체상이 무엇인가의 문제와 더 관련성이 있지 않나 생각된다. 즉 우리 헌법이 추구하는 국가관은 공동체이익만을 절대시하는 전체주의적 국가관이나, 아니면 개인의 이익만을 절대시하는 고립된 개인주의적 국가관이 아니라, 공동체이익과 개인적 이익의 충돌을 적절히 조화시킴으로써 공동체 구성원이 함께 더불어 살아가는 인격주의적 국가관 내지 공동체관을 추구한다고 하는 측면에서 그러하다.

요컨대, 헌법 제10조의 인간으로서의 존엄과 가치보장 규정이 보호하는 보호대상은 어떠한 이상적 인간상도 아니고 일정한 인간성도 아니며, 또한 추상적 인간이나 인류가 아니라, 구체적 인간으로서의 개인임을 분명히 하여야 할 것이다.[119]

2. 외국인의 기본권주체성

헌법 제10조는 모든 국민이 인간으로서의 존엄과 가치를 가진다고 밝히고 있다. 따라서 인간으로서의 존엄과 가치의 기본권주체에 국민이 포함된다고 하는 것은 당연하다. 다만 외국인이 이러한 인간존엄권의 기본권주체가 될 수 있는지가 문제될 수 있다.[120] 이에 대해서 우리 학

94. 인격주의적 국가관

95. 구체적 인간으로서 개인 보호

96. 외국인의 기본권 주체성 인정

119) 동지, Zippelius (주 6), Rn. 55.
120) Hofmann에 따르면 국가설립을 위한 공동체 구성원 상호간의 존중약속이라고 할 수 있는 인간존엄은 국민에 대한 의미와 외국인에 대한 의미가 같지 않다고 보고 있다. 다시 말해서 국가구성의 약속으로서의 인간존엄의 효력은 내국인에게만 미친다고 보는 것이다. Hasso Hofmann (주 51), S. 353 (375) 참조.

계의 다수설[121]은 외국인 역시 인간의 존엄과 가치의 기본권주체임을
인정하고 있으며, 또한 헌법재판소 판례도 외국인의 기본권주체성을 원
칙적으로 인정[122]하고 있다.

여기에서 우리 헌법제정자가 "모든 국민"이라고 하는 표현으로써
외국인을 굳이 배제하려고 했다고 볼 수는 없을 것이다. 왜냐하면 헌법
제10조 제2문은 "국가는 개인이 가지는 불가침의 기본적 인권을 확인하
고 이를 보장할 의무를 진다"고 확인하고 있는데, 인간의 존엄과 가치는
대표적인 불가침의 기본적 인권에 해당한다고 할 수 있다. 그리고 "개
인"의 개념은 국민뿐만 아니라 외국인을 포함한 모든 인간을 의미한다
고 볼 수 있기 때문이다. 따라서 인간의 존엄과 가치의 기본권주체는 국
민과 외국인, 그리고 무국적자를 포함한 모든 인간이라고 보는 것이 타
당하며, 그것이 우리 헌법이 추구하고 있는 "객관적 가치질서"의 측면에
서도 합당하다고 볼 수 있다.

헌법재판소는 외국인에게 모든 기본권이 무한정 인정될 수 있는 것
이 아니라 원칙적으로 '국민의 권리'가 아닌 '인간의 권리'의 범위 내에
서만 인정될 것인바, 인간의 존엄과 가치 및 행복추구권은 '인간의 권리'
로서 외국인도 그 주체가 될 수 있고, 평등권도 인간의 권리로서 참정권
등에 대한 성질상 제한 및 상호주의에 의한 제한이 있을 수 있을 뿐이
다(헌재 2001. 11. 29, 99헌마494, 판례집 제13권 2집, 714, 723-724 참조)[123]고
보고 있다.

그리고 여기에서 말하는 인간이란 육체, 심령, 정신의 총합체[124]라
고 할 수 있는 자연인으로서의 인간을 말한다고 할 수 있다. 이러한 인
간이면 성별, 인종, 피부색을 막론하고, 또한 그가 범죄자나 수형자이든,

97. 개인에 외국인을 포함

98. 인간의 권리

99. 자연인으로서의 인간

121) 가령, 계희열 (주 11), 209면.
122) 헌재 2001. 11. 29, 99헌마494, 판례집 제13권 2집, 714. 다만 국민과 유사한 지위
    에 있는 외국인에게만 기본권주체성을 인정하려하는 듯한 표현이 나오고 있으나,
    어떠한 외국인이 국민과 유사한 지위에 있는 외국인인지는 밝히고 있지 아니하
    다. "인간의 존엄과 가치 및 행복추구권은 '인간의 권리'로서 외국인도 그 주체가
    될 수 있다"고 명시적으로 인정하고 있는 판례로는 헌재 2007. 8. 30, 2004헌마
    670, 판례집 제19권 2집, 297, 303.
123) 헌재 2007. 8. 30, 2004헌마670, 공보 제28호, 982, 983.
124) 계희열 (주 11), 210면.

아니면 장애자와 노약자이든, 식물인간이든 이른 바 살만한 가치가 있
는 사람이든, 없는 사람이든 불문하고 인간으로서의 존엄과 가치를 갖
는다.

3. 태아의 기본권주체성

100. 태아의 기
본권 주체성 문
제

한편 생명권의 기본권주체성과도 연관시켜 검토해 보아야 할 문제
로서 우선 태아가 인간으로서의 존엄과 가치의 기본권주체가 될 수 있
는지가 문제된다.

101. 다수설 기
본권 주체성 긍
정

이에 대하여는 "태아가 생물학적 독립성이나 행위능력이 없다고 하
여 존엄권의 향유자가 될 수 없다고 할 수는 없다"125)거나, "태아는 법
상 자연인이라고 할 수는 없지만 태아도 생명권의 주체가 될 수 있으므
로 인간의 존엄과 가치의 기본권주체성을 인정하는 것이 타당하다"거
나126), "태아의 경우에도 생명과 건강에 대한 보호의 필요성을 부정할
수 없다"127)거나, "미성년자, 정신병자, 범죄인, 기형아, 태아, 이른바 식
물인간을 막론하고 인간으로서의 존엄과 가치의 주체가 된다."는 등 태
아의 기본권주체성을 긍정하는 입장이 압도적 다수설이라고 할 수 있다.

102. 독일 연방
헌재의 입장

독일 연방헌법재판소의 경우 태아에 대하여 생명권과 인간존엄권
의 주체성128)을 인정해 오고 있다. 동 재판소는 다음과 같이 밝히고 있
다. "인간존엄은 이미 태아의 생명에게도 인정되는 것이며, 태어난 생명
이라야 비로소, 또는 교육에 의하여 인격성이 갖추어져야 비로소 주어
지는 것이 아니다."129)

103. 늦어도 착
상 이후부터

결론적으로 인간의 존엄성은 늦어도 수정란이 모체의 자궁에 착상
된 이후부터는 부여되어야 할 것인바, 태아에게도 인간의 존엄과 가치
의 주체성이 인정된다.

104. 헌재 입장

한편 헌법재판소는 태아의 생명권의 기본권주체성을 인정하고 있다.

---

125) 계희열 (주 11), 210면.
126) 성낙인 (주 22), 1115면.
127) 장영수 (주 22), 470-471면.
128) BVerfGE 39, 1; BVerfGE 88, 203.
129) Richter/Schuppert/Bumke저, 방승주 역 (주 5), 80면.

> 판례 인간의 생명은 고귀하고, 이 세상에서 무엇과도 바꿀 수 없는 존엄한 인간 존재의 근원이다. 이러한 생명에 대한 권리, 즉 생명권은 비록 헌법에 명문의 규정이 없다 하더라도 인간의 생존본능과 존재목적에 바탕을 둔 선험적이고 자연법적인 권리로서 헌법에 규정된 모든 기본권의 전제로서 기능하는 기본권 중의 기본권이다. 모든 인간은 헌법상 생명권의 주체가 되며, 형성 중의 생명인 태아에게도 생명에 대한 권리가 인정되어야 한다. 따라서 태아도 헌법상 생명권의 주체가 되며, 국가는 헌법 제10조에 따라 태아의 생명을 보호할 의무가 있다.
>
> (헌재 2008. 7. 31, 2004헌바81, 판례집 제20권 2집 상, 91, 92-92)

> 판례 위에서 이미 살펴본 바와 같이 이 사건 규정의 태아 성별 고지 금지는 낙태, 특히 성별을 이유로 한 낙태를 방지함으로써 성비의 불균형을 해소하고 태아의 생명권을 보호하기 위해 입법된 것이므로 그 목적이 정당하다 할 것이다.
>
> (헌재 2008. 7. 31, 2004헌마1010, 판례집 제20권 2집 상, 236, 252-252)

4. 배아의 기본권주체성

최근 생명공학[130] 내지 유전자공학의 발달과 함께 배아의 법적 지위가 문제될 수 있는데, 과연 배아[131]도 인간이라고 하는 범주에 포함

105. 배아의 기본권 주체성 문제

---

130) 생명공학과 관련한 법적 문제에 대하여는 박은정, 생명공학시대의 법과 윤리, 이화여대출판부 2000, 특히 인간존엄내용의 불명확성에 대한 지적으로 147; 같은 지적으로 이상돈, 생명공학과 법, 아카넷, 2003, 124면; 이인영 외, 생명인권보호를 위한 법정책, 삼우사, 2004; 강희원, "배아복제와 인간존엄성의 정치학", 법제연구 제20호(2001), 7-37, 30면; 김일수 (주 50); 황상익, "인간 배아 연구의 윤리 - 인간줄기세포 연구를 중심으로 -", 형사정책연구 제13권 제3호(통권 제51호, 2002 - 가을호), 25-51면; 이인영, "인간배아보호를 위한 법정책에 관한 고찰", 형사정책연구 제13권 제3호(통권 제51호, 2002 - 가을호), 53-86면; 신동일, "배아 생명보호를 위한 형법적 개입의 시기", 형사정책연구 제13권 제3호(통권 제51호, 2002 - 가을호), 87-107면.

131) 여기에서 배아의 개념은 법학적 개념과 의학적 개념이 다를 수 있다. 독일의 배아보호법 제8조에 따르면 배아(Embryo)라 함은 이미 수정된, 그리고 발전 가능한 핵융합시점부터의 수정란을 의미하며 나아가 그 밖의 전제조건이 존재하는 경우에 분화가 가능하며 개체로 발전할 수 있는, 배아로부터 추출된 만능세포를 일컫는다. 이에 반하여 의학적 용어에 따르면 배아의 개념은 착상 후부터 장기형성이 완료되는 임신 3개월의 종료시점까지의 태아(Leibesfrucht)를 지칭한다. 핵융합시부터 착상까지의 수정란은 접합체(Zygote)라 하며, 임신 3개월 후부터 출생시까지를 태아(Fetus)라 한다. Peter Zaar, Wann beginnt die Menschenwürde nach Art.

시킬 수 있을 것인지가 문제된다.[132] 문제는 인간존엄의 시기를 언제부터로 볼 것인가이다.[133]

가. 헌법재판소의 입장

106. 배아의 기
본권 주체성 불
인정 입장

하지만 헌법재판소는 생명윤리 및 안전에 관한 법률에 대한 헌법소원 사건에서 착상 전 인간배아의 기본권 주체성을 부인하였다. 즉 "초기배아는 수정이 된 배아라는 점에서 형성 중인 생명의 첫걸음을 떼었다고 볼 여지가 있기는 하나 아직 모체에 착상되거나 원시선이 나타나지 않은 이상 현재의 자연과학적 인식 수준에서 독립된 인간과 배아 간의 개체적 연속성을 확정하기 어렵다고 봄이 일반적이라는 점, 배아의 경우 현재의 과학기술 수준에서 모태 속에서 수용될 때 비로소 독립적인 인간으로의 성장가능성을 기대할 수 있다는 점, 수정 후 착상 전의 배아가 인간으로 인식된다거나 그와 같이 취급하여야 할 필요성이 있다는 사회적 승인이 존재한다고 보기 어려운 점 등을 종합적으로 고려할 때, 기본권 주체성을 인정하기 어렵다."고 보았다.[134]

나. 비 판

107. 배아의 기
본권 주체성 인
정 필요

체외에서 수정된 인간배아도 과연 인간존엄의 기본권주체인가? 나는 이 문제에 대하여 그렇다고 대답하고 싶다. 즉 인간의 시기는 정자와 난자가 수정된 시점이라고 봐야 한다는 의미이다. 다시 말해서 헌법재판소와 같이 모체의 자궁에 착상되기 전까지는 인간존엄이나 생명권의 주체가 되지 못한다고 본다면, 가령 장차 인공자궁 등의 과학기술이 발전하여 모체에 착상되지 않은 채 체외에서 수정된 인간배아가 인간으로 태어나게 된다면, 그 인간도 역시 똑같은 인간임에도 불구하고 기본권

---

1 GG, Baden‒Baden 2005, S. 15. 여기에서 배아라 함은 정자와 난자가 결합하여 핵융합을 한 후 착상되기 전까지의 수정란(주로 시험관을 통한 체외수정란이 문제가 될 것이다)을 일컫는 것으로 보고 이하의 내용을 다루기로 한다.

132) 최근 배아일 외 12인이 생명윤리및안전에관한법률 제13조 제1항 등에 관하여 헌법소원심판을 청구(2005헌마346)하였으며, 현재 헌법재판소가 심리중이다.

133) 이하 Peter Zaar (주 131)를 주로 참조.

134) 헌재 2010. 5. 27, 2005헌마346, 판례집 제22권 1집 하, 275, 275‒276.

주체가 될 수 없다고 하는 말이 되기 때문에 이는 받아들이기 힘들다.

뿐만 아니라, 우리 모든 인간은 모두 수정란의 시기를 거쳐서 완전한 인간으로 태어났다. 그러므로 모체에 착상되기 전이라면 가령 체외에서 수정된 인간배아, 특히 소위 잔여배아에 대해서 난치병 등의 치료를 위한 연구목적으로 사용되어도 된다고 한다면, 장차 태어날 잠재적인 인간생명이 이미 태어난 인간들을 위한 일방적 수단으로 사용되는 것이기 때문에, 객체설에 따를 경우 이는 전형적인 인간존엄과 생명권에 대한 침해라고 할 것이다.

다만 모체에 착상되고 남은 잔여배아의 경우에 대해서는 그렇다면 어떻게 해야 할 것인가 하는 어려운 문제가 남는데, 아무튼 이 착상되기 전 단계의 인간배아는 태아나 혹은 이미 태어난 인간과는 상당히 다른 것만은 분명한 사실이다. 그러므로 그들에 대한 보호의 정도는 태아나 이미 태어난 인간에 대한 보호의 정도와는 달리 할 수 있음을 인정하지 않을 수 없다고 하는 측면에서 나는 이미 발표한 선행 연구에서 이 배아에 대한 존엄보호는 어느 정도 상대화될 수밖에 없다고 주장한 것이다.[135]

108. 잔여배아의 문제

5. 사자(死者)의 기본권주체성

다음으로 사자(死者)의 인간존엄의 주체성이 문제될 수 있다. 특히 생자의 명예나 인격권이 사후에는 얼마든지 침해되어도 괜찮은지의 문제가 제기되고 있다.

109. 사자의 기본권 주체성 문제

이 문제에 관하여 우리 학설에는 원칙적으로 생자(生者)에게만 인간의 존엄과 행복추구권을 인정하고, 사자에 대해서는 가족관계와의 관련 하에서 제한적으로 인정하고 있는 견해[136], 인간의 시체는 인격주체성이 결여되어 있기 때문에 원칙적으로 인간으로서의 존엄과 가치를 인정할 수 없다고 할 것이나 예외적으로 인정되는 경우가 있을 수 있다고 하면서 예컨대 인간의 사체를 산업용으로 이용하는 것 등을 그 예로 드

110. 예외적 인정설

---

135) 이에 대한 자세한 것은 방승주 (주 1), 307-321면 참조.
136) 김철수 (주 9), 491면.

는 견해[137], 인간의 시체에는 인격성이 없기 때문에 원칙적으로 존엄권
의 주체가 될 수 없으나, 독일 연방헌법재판소의 판례와 같이 예외적으
로 사자의 존엄권을 인정해야 할 경우가 있다고 보는 견해[138], 사자에
게는 생존하는 인간과 같은 정도로 공동체구속성과 공동체관련성을 갖
는 인격이 인정된다고 보기 힘들기 때문에 사자의 기본권주체성은 제한
적으로 인정할 수밖에 없다는 견해[139], 사체와 관련해서는 인간의 존엄
과 가치에 대한 국가의 보호의무 및 객관적 가치가 문제되는 것이며 특
히 해부나 장기이식 등은 이러한 인간의 존엄과 가치에 합당하게 모든
과정이 이루어져야 한다고 보는 견해[140], 인간인 이상 살아 있는 인간
존재는 물론이고 사망한 인간 존재에도 인간존엄이 인정되나 사자의 경
우에는 인간존엄의 보호범위가 한정되며, 그 범위의 결정에는 해당 공
동체의 문화가 큰 영향을 미친다는 견해[141] 등 제한적 또는 예외적 인
정설이 대부분이다.

111. 신중한 취
급요구설

이에 반하여 사자의 인격이나 명예는 그가 생전에 누렸던 인간존엄
권의 "반사적 효과"로 보는 것이 타당하며, 사자가 인간존엄권을 현재도
누리고 있는 결과라고 할 수는 없다고 하면서도, 다만 사자도 한때 인간
으로서 인간존엄성을 보유하였던 자라는 점에 비추어 비록 그 존재구조
상의 불완전성이 인정된다 하더라도 출생전의 불완전한 개체인 수정란
이나 전배아와 마찬가지로 그 신중한 취급이 요구된다고 하는 견해[142]
도 있다. 따라서 우리 학계의 다수설은 원칙적으로 사자에 대하여 인간
존엄의 주체성을 인정하지 않으나, 예외적으로 인정하는 제한적 또는
예외적 인정설이다.

112. 사후 인격
권, 명예의 존
중 필요

독일의 경우 사자의 인간존엄의 보호의 문제가 초기에는 논란이 되
었으나 오늘날 거의 통설적으로 인정되고 있다.[143] 인간의 존엄, 특히

---

137) 권영성 (주 18), 380면.
138) 계희열 (주 11), 211면.
139) 성낙인 (주 22), 1116면.
140) 홍성방 (주 22), 34면.
141) 정종섭 (주 20), 333면.
142) 이재명 (주 8), 213면.
143) 다만 인간존엄성이 인간의 사망과 동시에 종료되는 것이 원칙이라고 보는 견해
　　도 있다. 가령 Michael Sachs저, 방승주 역 (주 33), 220면.

생전에 그 사람이 가지고 있던 인격권이나 명예는 사망 이후에도 계속해서 존중되어야 할 필요가 있다. 그렇다고 해서 이 경우 죽은 사체가 인간의 존엄의 주체가 된다고 할 수는 없고, 생전의 인간존엄에 대한 사후적 존중의 표현이라고 보아야 할 것이다.[144] 다만 사자 자신이 직접 인간의 존엄과 가치의 기본권주체가 될 수 없다고 해서 국가에게 사후적인 인간존엄에 대한 보호의무가 면제되는 것은 아니다.[145] 따라서 사체를 산업적 이용을 위한 단순한 객체로 전락시키는 것은 인간존엄에 반하는 것이며, 사체해부와 장기이식도 존엄한 방법으로 이루어져야 한다. 공동묘지로의 강제는 인간존엄에 반하지 않는다고 한다.[146]

　　사자의 인간의 존엄성은 주로 뇌사자의 장기적출과 관련하여 문제된다. 여기에서 사망한 사람은 심장박동이 완전히 멈춘 사람을 의미하며, 뇌사한 사람의 경우 아직 사체라고 할 수는 없다. 따라서 아직 사체라고 할 수 없는 뇌사자의 장기를 적출하는 것이 그 사람의 인간의 존엄과 가치를 침해하는 것이 아닌지의 문제가 제기된다.[147] 그러나 본인이 생전에 장기이식에 동의를 하였거나, 이러한 동의 여부가 불분명한 경우 가족들의 동의가 있는 경우에 뇌사자의 장기를 적출하는 것은 인

113. 뇌사자의 장기적출의 문제

---

144) Herdegen (주 24), Rn. 54: 사자가 인간의 존엄의 주체라고 할 경우, 사후에 사자의 인격권이나 명예권침해에 대한 소송은 제3자 소송담당의 법리로 해결해야 할 것이라는 입장도 있다. 이에 관하여 Richter/Schuppert/Bumke저, 방승주 역 (주 5), 81면. 그 밖에 사자의 기본권을 인정하기 위해서는 기본권침해의 구제절차를 명확히 할 필요가 있으며, 예컨대 입법을 통해 사자의 존엄권이나 명예권의 침해에 대해 주장할 수 있는 가족이 없을 경우에는 공익의 대표자로서 검사가 사자의 기본권을 직접 대리하거나 대리할 자를 지정할 수 있도록 할 필요가 있다는 견해 (장영수 (주 22), 471－472면)도 있다.

145) BVerfGE 30, 173, 194: "만일 인간이기 때문에 존엄성이 인정되는 인간의 이러한 일반적인 존중요구권이 사후에도 격하되거나 무시될 수 있다고 한다면, 모든 기본권에 기초하고 있는 인간존엄의 불가침성이라고 하는 헌법적으로 보장된 원칙과 합치하지 않을 것이다. 이에 따라서 기본법 제1조 제1항에서 인간존엄에 대한 공격으로부터 개인을 보호할, 모든 국가 권력에게 부과된 의무는 사망과 함께 종료되지 않는다." 이 메피스토－클라우스만 결정의 내용소개와 평석으로는 계희열, "메피스토－클라우스만 결정, 고려대학교 법학연구소", 판례연구 제2집(1983. 2), 7－45면 참고할 것.

146) BVerfGE 50, 262를 인용하며, Zippelius (주 6), Rn. 53.

147) 생명권의 침해로 보는 견해로는 양건 (주 22), 395면; 뇌사를 사망시점으로 보려는 것은 장기이식의 필요에 따른 것으로 법적 사망시점으로는 적절치 않다고 보는 견해로, 박은정 (주 130), 241－245면.

간존엄에 대한 침해라고 보지 않는다.[148] 그렇지만 그러한 동의가 없음에도 불구하고 뇌사자로부터 장기를 적출하는 것은 사후적으로도 존중되어야 할 인간존엄에 대한 침해라고 할 수 있다.[149]

114. 강제 사체 해부의 문제

다음으로 타인의 범죄행위로 사망한 사람에 대한 사체해부의 경우 사자의 인간의 존엄권을 침해하는 것이 아닌지가 문제된다. 즉 범죄나 또는 알 수 없는 원인에 의하여 사망한 자의 경우, 정확한 사망의 원인과 시간을 규명하기 위하여 사체를 검시하거나 해부해야 할 필요성이 있을 수 있다.[150] 이 경우 유족의 동의가 있는 경우에는 문제가 되지 않으나, 유족이 이를 거부하거나 반대할 경우에, 검시나 사체해부를 강제하는 것은 사자의 인간존엄이나 혹은 유족의 인격권을 침해하는 것은 아닌지가 문제될 수 있다.

115. 유족의 일반적 행동의 자유의 범위에 속함

하지만 그러한 사체해부는 사자의 일반적인 존중요구권을 격하시키거나 사자를 모욕하는 것은 아니며, 또한 유족의 일반적 행동의 자유의 범위 내에서 보장되는 시신보호권(Recht auf Totenfürsorge)이 침해되는 것도 아니라고 하는 독일 연방헌법재판소의 결정[151]을 참고할 필요가

---

148) 가령, 계희열 (주 11), 212면. 다만 생전에 본인의 동의가 없었을 경우, 가족들의 동의만 가지고서 장기적출을 허용하는 문제는 본인의 자율적 인격성을 핵심으로 하는 인간으로서의 존엄과 가치를 침해할 수 있으며, 그리고 인간존엄과 행복추구권으로부터 도출되는 일반적 인격권(자기결정권)을 침해할 수 있다는 점에서 문제가 될 수 있다{자기결정권에 대하여는 Michael Sachs저, 방승주 역 (주 33), 247면 참조}. 또한 이 점을 경계하는 견해로 김일수 (주 50), 5−24(11).

149) Herdegen (주 24), Rn. 54: 그와 같은 생전의 동의나 법적 근거 없이도 장기를 비롯한 신체의 일부를 이식하는 것이 허용되어야 하고, 사인의 규명이나 전염병의 퇴치 등을 위해 시체의 해부와 실험도 허용되어야 한다는 주장이 있다고 하면서 이에 대하여 동의 없는 시체의 해부나 활용은 엄격한 기준에 따라서만 제한적으로 허용되어야 할 것이라고 하는 견해{계희열 (주 11), 212−213면}가 있으나, 언제 어떠한 기준에 따라서 동의 없이도 시체의 해부나 활용이 허용될 수 있을 것인지가 밝혀져야 할 문제라고 할 수 있을 것이다.

150) 법원은 사실을 발견함에 필요한 때에는 검증을 할 수 있으며(형사소송법 제139조), 이러한 검증에는 사체의 해부와 분묘의 발굴도 포함된다(동법 140조). 다만 이러한 사체의 해부 또는 분묘의 발굴을 하는 때에는 예를 잊지 아니하도록 주의하고 미리 유족에게 통지하여야 한다(동법 제141조 제4항).

151) 유족의 시신보호권은 합헌적 질서에 해당한다고 할 수 있는 형사소송법의 사체해부에 관한 규정(독일형사소송법 제87조)에 그 한계가 있다는 것이다. 이 규정은 한 인간의 죽음을 초래한 범죄의 발견, 확인 및 소추에 관한 공익에 기여를 한다는 것이다. 그리고 이 형사소송법 규정은 이러한 공익목적을 위해서 이루어

있다.

　헌법재판소는 일제강점하 반민족행위 진상규명에 관한 특별법 제2　116. 헌재의 입
조 제9호 위헌제청사건[152]에서 "이 사건 법률조항에 근거하여 친일반민　장
족행위반민규명위원회(이하 '반민규명위원회'라 한다)의 조사대상자 선정 및
친일반민족행위결정이 이루어지면, 조사대상자의 사회적 평가에 영향을
미치므로 헌법 제10조에서 유래하는 일반적 인격권이 제한받는다."고
보았다. 그리고 "이러한 결정에 있어서 대부분의 조사대상자는 이미 사
망하였을 것이 분명하나, 조사대상자가 사자(死者)의 경우에도 인격적
가치에 대한 중대한 왜곡으로부터 보호되어야 한다."고 하면서, 사자의
명예권의 기본권주체성을 인정하는 듯한 판시를 함과 동시에, "사자(死
者)에 대한 사회적 명예와 평가의 훼손은 사자(死者)와의 관계를 통하여
스스로의 인격상을 형성하고 명예를 지켜온 그들의 후손의 인격권, 즉
유족의 명예 또는 유족의 사자(死者)에 대한 경애추모의 정을 제한하는
것"이라고 함으로써 동시에 유족의 인격권보호와도 관련된다고 본 바
있다.

　또한 인수자가 없는 시체를 생전의 본인의 의사와는 무관하게 해부　117. 시체 해부
용 시체로 제공될 수 있도록 규정한 '시체 해부 및 보존에 관한 법　및 보존에 관한
률'(2012. 10. 22. 법률 제11519호로 개정된 것) 제12조 제1항 본문(이하 '이 사　법률 제12조 제
건 법률조항'이라 한다)에 대한 헌법소원심판[153]에서 헌법재판소는 이 사　1항 본문 위헌
건 법률조항은 청구인의 시체 처분에 대한 자기결정권을 침해한다고 보
았다.

지는 유족의 시체보호권에 대한 제한을 헌법적인 비례원칙에 부합할 수 있도록
보장하고 있다는 것이다. 즉 사체의 해부가 형사소추기관의 임무수행을 위하여
필요하고도 적합하며 구체적인 경우에 보다 덜 침해적인 방법이 없거나 또는 적
합하지 아니할 경우에만 사체해부명령이 발부될 수 있다는 것이다. 사체해부를
위한 이러한 필요성에 대한 요건은 독일 형사소송법 제87조에 명시적으로 규정
되어 있지는 않으나 형사소추기관의 임무와 일반적인 권한으로부터 도출된다는
것이다. BVerfG, 2. Kammer des Zweiten Senats, Beschluß vom 18. 01. 1994 - 2
BvR 1912-93, NJW 1994, S. 783ff.(784).
152) 헌재 2010. 10. 28, 2007헌가23, 판례집 22-2상, 761 [합헌].
153) 헌재 2015. 11. 26, 2012헌마940, 판례집 제27권 2집 하, 335 [위헌].

6. 법인의 기본권주체성

118. 법인의 기본권 주체성 불인정

인간의 존엄은 육체·정신·심령의 합일체라고 할 수 있는 자연적 인간의 신체적·정신적 정체성과 완전성, 그리고 자율적 인격성을 보호하는 것이다. 따라서 법인은 이러한 인간존엄의 기본권주체가 될 수 없다고 보아야 할 것이다.154)

119. 인격권의 기본권주체 별론

다만, 인간으로서의 존엄과 가치 및 행복추구권으로부터 도출되는 "인격권"의 기본권주체가 될 수 있는지 여부의 문제는 별론으로 생각해 볼 필요가 있다.155)

VII. 인간으로서의 존엄과 가치에 대한 헌법적 한계와 제한

120. 헌법적 한계와 제한체계

우리 헌법상 인간의 존엄과 가치의 기본권에 대한 헌법적 한계와 제한체계를 살필 필요가 있다.

1. 인간존엄의 제한가능성

121. 헌법 제37조 제2항의 적용 가능성 여부

우선 헌법 제10조 자체에는 인간의 존엄과 가치에 대한 헌법적 한

---

154) Zippelius (주 6), Rn. 56.

155) 즉 헌법재판소의 민법 제764조에 관한 사죄광고결정(헌재 1991. 4. 1, 89헌마160, 판례집 제3권, 149)에 의하면 법인이든 자연인이든 인격권 내지 양심의 자유의 기본권주체가 될 수 있음을 인정한 바 있다. 우리 헌법재판소는 인격권을 인간의 존엄과 가치 및 행복추구권으로부터 도출하고 있다. 법인의 브랜드 가치나 기업의 이미지 또는 평판 등이 넓은 의미의 인격권의 범주에 포함될 것인지, 아니면 재산권의 보호 영역하에 드는 것으로 봐야 할 것인지는 좀 더 검토해 볼 필요가 있지만, 이를 인정하는 경우 법인 역시 헌법 제10조에서 도출되는 인격권의 기본권주체가 될 수 없다고 단정할 수는 없을 것이다(이와 달리 정종섭 (주 20), 337면). 최근 헌법재판소 역시 법인의 인격권의 주체성을 인정한 바 있다. 즉 "법인도 법인의 목적과 사회적 기능에 비추어 볼 때 그 성질에 반하지 않는 범위 내에서 인격권의 한 내용인 사회적 신용이나 명예 등의 주체가 될 수 있고 법인이 이러한 사회적 신용이나 명예 유지 내지 법인격의 자유로운 발현을 위하여 의사결정이나 행동을 어떻게 할 것인지를 자율적으로 결정하는 것도 법인의 인격권의 한 내용을 이룬다"는 것이다(헌재 2012. 8. 23, 2009헌가27, 판례집 제24권 2집 상, 355, 363-364). 한편 사람이 모인 집단의 경우 집단적 명예권이 있을 수 있다. 이러한 인간집단의 경우 헌법 제10조로부터 파생된 인격권의 기본권주체가 될 수는 없는지 논의해 볼 필요가 있다고 생각된다.

계조항을 담고 있지 아니하다. 그렇다면 헌법 제37조 제2항으로 돌아갈 수밖에 없다. 과연 헌법 제37조 제2항을 근거로 인간의 존엄과 가치를 제한할 수 있는지 있다면 어떠한 경우에 그러한지가 문제될 수 있다.

가. 부인설

먼저 제한가능성을 부인하는 입장을 살펴보면, "헌법 제10조 제1문 전단이 규정하고 있는 인간의 존엄과 가치는 최고의 헌법가치이며 기본 권적 가치체계에 있어서 최고의 가치이기 때문에 어떠한 경우에도 제한 될 수 없다."고 하면서 헌법 제37조 제2항에 따라서 인간의 존엄과 가치 를 포함하는 모든 기본권을 제한할 수 있는 것 같이 규정되어 있다 하 더라도, 최고의 가치인 인간존엄권을 제한할 수 있다면, 이는 헌법의 자 기부정을 의미하기 때문에 인간존엄권에 대한 제한은 불가하다는 입 장156)이다.

122. 최고가치 의 인간존엄 제 한 불가설

나. 제한적 인정설

인간으로서의 존엄과 가치의 기본권적 성격을 부인하면서 최고원 리로서의 인간존엄의 제한가능성을 부인하되, 그로부터 도출되는 기본 권들에 대해서만 제한가능성을 인정하는 입장157)이 있다.

123. 도출되는 기본권제한가 능설

다. 인정설

헌법 제37조 제2항에 따르면 모든 자유와 권리를 제한할 수 있게 하고 있으므로, 인간으로서의 존엄과 가치도 법률로 제한할 수 있다고 보는 견해158), "인간의 존엄과 가치로부터 비롯되는 구체적 권리로서의 성격은 일반적인 기본권과 마찬가지로 제한의 대상이 된다. 그것은 헌 법 제37조 제2항의 기본권제한의 일반원리에 따른 제한을 의미한다. 따 라서 구체적 기본권성을 인정하면서도 절대적 기본권에 준하여 제한이

124. 기본권제 한의 일반원리 에 따른 제한가 능설

---

156) 계희열 (주 11), 213-214면.
157) 홍성방 (주 22), 35면; 정종섭 (주 20), 443-444면.
158) 김철수 (주 9), 514면.

아니 된다고 보는 견해는 결과적으로 구체적 기본권으로서 인간의 존엄과 가치를 부정하게 될 우려가 있다"고 하는 견해159)가 그것이다.

라. 헌법재판소

125. 과잉금지
원칙에 따른 심
사 선택

우리 헌법재판소의 판례를 살펴보면, 인간으로서의 존엄과 가치의 핵심적 영역에 해당하는 부분이 문제될 경우에는 과잉금지의 원칙이나 비례의 원칙에 입각한 심사, 즉 법익간의 형량을 전혀 하지 않는다고 볼 수는 없지만, 내용적으로 상세하게 하지 아니하고, 인간존엄권의 침해를 확인하고 있음을 볼 수 있다.

126. 유치장내
화장실 사건

가령 미결수용자들에 대하여 유치장내 차폐시설이 되어 있지 아니한 화장실사용을 강제한 사건의 경우, 헌법재판소는 이러한 행위는 인간으로서의 기본적 품위를 유지할 수 없도록 하는 것으로서, 수인하기 어려운 정도라고 보여지므로 전체적으로 볼 때 비인도적·굴욕적일 뿐만 아니라 동시에 비록 건강을 침해할 정도는 아니라고 할지라도 헌법 제10조의 인간의 존엄과 가치로부터 유래하는 인격권을 침해하는 정도에 이르렀다고 판단하였다.160) 이 사례에서 가령 자살행위 방지나 도주의 위험 등 수용자의 유치장의 질서와 안전 그리고 미결수용자의 생명보호 등의 목적과 그 목적달성을 위해서 취해진 조치간의 비례의 원칙에 입각한 심사를 내용적으로 자세하게 수행하지는 않고 있는 것이다.

127. 미결수용
자에 대한 과도
한 신체수색

또한 경찰서 유치장 내의 수용자에 대하여 과도한 신체검사를 함으로써 심한 모욕감과 수치심을 안겨준 사건의 경우도 과잉금지의 원칙을 언급하기는 하였지만 내용적으로 상세히 심사하지는 않고, 청구인들의 인간으로서의 기본적 품위를 유지할 수 없도록 한 행위로서 수인하기 어려운 정도라고 판단한 사례161)가 있는가 하면, 마약류사범에 대한 정밀 알몸수색의 경우162)에는 역시 과잉금지원칙 위반여부를 심사하면서 과잉한 제한이라고 보지 아니한 바 있다.

---

159) 성낙인 (주 22), 1119－1120면.
160) 헌재 2001. 7. 10, 2000헌마91등(병합), 판례집 제13권 2집, 103, 111－112.
161) 헌재 2002. 7. 18, 2000헌마327, 판례집 제14권 2집, 54, 63.
162) 헌재 2006. 6. 29, 2004헌마826, 공보 제117호, 938, 939.

그리고 친생부인의 소의 제척기간을 "그 출생을 안날로부터 1년 내"라고 규정한 민법 제847조 제1항에 대해서 헌법재판소는 "그런데 이 사건의 경우 친생부인의 소의 제척기간을 일률적으로 자의 출생을 안날로부터 1년으로 규정함으로써 부가 자의 친생자 여부에 대한 의심도 가지기 전에 그 제척기간이 경과하여 버려 결과적으로 부로 하여금 혈연관계가 없는 친자관계를 부인할 수 있는 기회를 극단적으로 제한하고 또 자의 출생 후 1년이 지나서 비로소 그의 자가 아님을 알게 된 부로 하여금 당사자의 의사에 반하면서까지 친생부인권을 상실하게 되는 것이다. 이는 인간이 가지는 보편적 감정에도 반할 뿐 아니라 자유로운 의사에 따라 친자관계를 부인하고자 하는 부의 가정생활과 신분관계에서 누려야 할 인격권 및 행복추구권을 침해하고 있는 것이다"라고 함으로써 과잉금지의 원칙에 따른 위헌여부의 심사를 내용적으로 상세히 하고 있지 않음을 볼 수 있다.

또한 형벌체계상 정당성을 잃은 과중한 법정형에 대해서 헌법재판소는 "형사법상 책임원칙은 기본권의 최고이념인 인간의 존엄과 가치에 근거한 것으로, 형벌은 범행의 경중과 행위자의 책임, 즉 형벌 사이에 비례성을 갖추어야 함을 의미한다."고 전제하고 형벌이 죄질과 책임에 상응하도록 비례성을 지켜야 한다고 하면서, 과중한 법정형은 기본권을 제한하는 입법을 함에 있어서 지켜야 할 헌법적 한계인 과잉금지의 원칙 내지는 비례의 원칙에도 어긋난다고 하고 있다.

한편 우리 헌법재판소는 사형제도에 관한 합헌결정에서 인간존엄성의 활력적인 기초를 의미하는 생명권이라 하더라도 타인의 생명이나 중대한 공공의 이익의 보호를 위해서 헌법 제37조 제2항에 따라 불가피하게 제한될 수밖에 없다고 보고 있다.[163]

128. 친생부인의 소 제척기간 사건

129. 과중한 법정형

130. 생명권의 불가피한 제한 인정

---

163) 헌재 1996. 11. 28, 95헌바1, 판례집 제8권 2집, 537, 545. 다만 사형제도의 경우, 테러리스트나 납치범이 인질살해를 위협하고 있는 급박한 상황에 있어서와는 달리, 이미 범죄자에 의하여 피해자의 생명이 희생된 후의 일이기 때문에, 사형에 해당하는 범죄자를 죽여야만 피해자의 목숨을 살릴 수 있는 것이 아니며, 살인범에 대한 사형집행이 반드시 범죄에 대한 일반예방의 효과가 있는지도 과학적으로 입증된 바가 없기 때문에, 살인범의 생명을 국가가 앗아가야 할 정당화사유를 찾기 힘들다. 기껏해야 피해자와 국민의 응보감정의 실현을 생각해 볼 수 있으

131. 결론

결론적으로 헌법재판소는 인간으로서의 존엄과 가치의 제한 가능성을 완전히 부인하고 있다고 할 수는 없다.

마. 사 견

132. 독일 연방
헌재 사례

기본법 제10조에서 인간존엄의 불가침을 선언하고 있는 독일의 경우도, 인간존엄의 침해여부를 심사함에 있어서 과잉금지의 원칙을 기준으로 상반된 법익과의 형량을 하고 있는 사례들을 볼 수 있다.164) 여기에서 인간존엄의 보호영역도 경우에 따라서는 형량이 될 수 있다고 하는 점을 알 수 있다. 물론 인간존엄의 핵심영역에 대한 제한과는 달리 이러한 넓은 보호영역의 침해는 그러한 양태 자체만을 근거로 일반적으로 인간존엄의 침해로 판단할 수 있는 것은 아니다. 또한 일반적으로 받아들여지고 있는 내밀영역에 대한 가장 중대한 제한(동의불능자의 피임시술이나 사적영역의 가장 내밀한 영역에 대한 수색과 같이)도 보다 고차원적인 헌법적 법익의 보호를 위해서는 인간존엄과 합치하다고 보는 것도 인간존엄의 내용과 상반된 법익간의 형량가능성을 보여주고 있는 것이다.165)

나, 이러한 응보감정의 실현은 인간의 존엄을 최고의 가치로 선언하고 있는 우리 헌법적 이념이나, 범죄자의 교화와 개선에 형벌의 궁극적인 목적을 두고 있는 근대 형법이념에도 부합하지 않는다고 보아야 할 것이다. 따라서 사형은 생명권과 인간존엄을 침해하는 위헌적인 제도라고 보아야 할 것이다. 동지, 재판관 김진우와 조승형의 반대의견. 위 판례집 제8권 2집, 537, 550 이하; 김철수 (주 9), 516면.

164) 독일 연방헌법재판소가 인간의 존엄을 과잉금지의 원칙을 기준으로 형량한 사례로서는 가령 무기징역판결을 들 수 있다. 즉 "원칙적으로 인간존엄을 침해하는 무기징역을 통한 인격의 변형(Persönlichkeitsdeformation)은 구체적인 경우에 가장 중한 죄의 징벌의 경우에만 감수할 수 있는 것으로 보일 수 있다" BVerfGE 64, 261 (272); 72, 105 (116, 118). 매우 유사하게 장기보호감호에 대한 판단에 대해서도 인간존엄의 관점에서 순수한 도식적 고찰방법은 너무 불충분하다. 보호감호는 피보호감호자의 지속적인 위험성으로 인하여 그러한 보호감호가 "필요한" 경우에만 인간존엄보장과 합치한다. BVerfGE 109, 13 (149 ff.). 사후적 인간존엄의 보호가 점차적으로 약화되는 것은 인간존엄보장의 주변영역에 의한 형량가능성을 보여주고 있는 사례이다. BVerfGE 30, 173 (196) – Herdegen (주 24), Rn. 44,에서 재인용.

165) Herdegen (주 24), Rn. 44. S. 30, 국가구성원리로서 인간존엄은 일정 범위 내에서 제한될 수 있다고 보는 입장으로 Hasso Hofmann (주 51), S. 353 ff.(374). 국내에

생각건대, 인간의 신체적·정신적 정체성과 완전성, 즉 자율적 인 격성과 관련된 핵심적 인간존엄권은 절대적인 기본권이라고 보아야 하지만, 일반적 인격권과 같이 인간존엄권으로부터 파생되거나 도출되는 그 밖의 기본권들은 다른 헌법적 법익과의 충돌의 경우에 비례의 원칙에 따라서 형량될 수 있는 상대적 기본권으로 보아야 하지 않나 생각된다.166)

> 133. 인간존엄 권은 절대적 기 본권, 파생되는 그 밖의 기본권 은 상대적 기본 권

그리고 인간존엄과 가치에 대한 제한이 원칙적으로 불가능하다 하더라도, 혹 생명권이나 그 밖에 다른 사람의 인간의 존엄과 가치와 충돌할 수 있는 상황이 있을 수도 있을 것이다.167) 가령 단식으로 자살을 택한 수형자에게 그의 의사에 반하여 강제로 영양을 공급하는 경우, 또는 독극물을 마신 자를 병원으로 후송하여 그곳에서 강제적으로 구토제를 먹여 생명을 구하기 위한 노력을 하는 경우, 비록 본인이 스스로 생명을 단절하고자 한 意思에 반하여 강제적으로 생명구출조치를 취하는 것이 그의 자율적 인격성에 대한 침해가 된다 하더라도, 생명가치의 고귀함과 중대성으로 인하여 이러한 조치가 정당화될 수 있다고 보아야 하지 않을까 생각된다.168)

> 134. 인간존엄 과 생명권의 충 돌

다음으로 인간의 존엄과 가치 그 자체는 아니라 하더라도 최소한 그로부터 파생되는 인격권이나 명예권 등은 경우에 따라서 다른 사람의 표현의 자유나 알권리 등을 이유로 제한될 수 있는 경우가 발생할 수 있다. 그러므로 이러한 파생적 기본권의 제한 가능성은 다른 기본권과

> 135. 인격권· 명예권 제한 가 능

서 인간존엄권이 다른 기본권과 충돌할 때 형량가능한 상대적 기본권이라고 보는 견해로 이준일 (주 22), 399면; 이에 반하여 형량가능성을 부인하고 있는 입장으로는 Schmidt-Jortzig, DÖV 2001, S. 925 ff.(931): "다른 헌법적 지위들과의 실제적 조화 가운데서 제한을 정당화하는 형량은 있을 수 없다. 또한 인간존엄의 주체의 인간으로서의 발달과정이나 침해행위의 깊이 내지는 중대성에 따라서 인간존엄보호를 단계화하는 것도 가능하지 않다. 존엄을 가진 인간존재는 항상 완전히 존재하든지 아니면 전혀 존재하지 않든지 둘 중의 하나이다."; 독일 논의에 대한 자세한 소개로는 정문식 (주 21), 287-288면 참조할 것.

166) 동지, Zippelius (주 6), Rn. 89.
167) 이에 대하여 부정적으로는 Pieroth/Schlink (주 69), Rn. 365.
168) 그 밖에 자율적 의사능력이 없는 정신장애인에 대하여 그 의사와 상관없이 영구 피임조치를 하는 경우는 인간존엄에 대한 제한이 정당화될 수 있는 사례가 될 수 있을 것인지 검토를 요한다.

의 관계상 처음부터 내재될 수밖에 없다.

2. 제한의 헌법적 정당화

136. 제한의 헌법적 근거

이와 같이 예외적으로 인간의 존엄과 가치 또는 그로부터 파생된 기본권을 제한할 경우에 그러한 제한을 정당화할 수 있는 헌법적 근거가 무엇인가가 문제된다. 위에서도 언급하였듯이 그 경우는 헌법 제37조 제2항의 국가안전보장, 질서유지, 공공복리 등의 헌법적 법익과 타인의 기본권이 될 수 있을 것인 바, 그 구체적 사례들을 살펴볼 필요가 있다.

137. 국민의 생명보호를 위한 다른 국민의 생명권 제한

인간으로서의 존엄과 가치의 핵심적 영역, 즉 신체적·정신적 정체성과 완전성의 보호가 문제되는 경우 이보다 우선하는 다른 헌법적 법익은 생각하기 힘들다. 다만, 국민의 생명과 안전을 보호하기 위하여, 군인이나, 경찰공무원, 소방공무원을 생명의 위험이 있는 장소에 투입시켜서, 국민생명을 구출하거나 보호하게 하는 경우, 그들의 인간존엄과 생명권을 제한하는 것 아닌가 하는 점을 생각해 볼 수 있다. 이 경우 군인과 경찰공무원, 소방공무원 등은 다른 국민의 생명보호라고 하는 보다 높은 헌법적 법익을 위해서 그들의 생명의 위험을 감수하게 하는 것이며, 이 경우 그들은 자신들에게 부여된 직무상의 과제를 수행하는 것이므로, 이들의 자율적 인격성을 침해하거나 그들을 국가적 목적을 위한 단순한 수단으로 전락시키는 사례에 해당되지는 않는다고 보아야 할 것이다. 그러므로 이들에 대해서는 인간존엄권이 아니라 생명권의 제한이 이루어지는 것이며, 이 때 이들의 생명권의 제한은 국가의 안전보장이나 질서유지 또는 국민의 생명보호라고 하는 또 다른 헌법적 법익의 보호 필요성에 의해서 정당화될 수 있을 것이다.

138. 인간의 존엄과 알권리의 충돌

그 밖에 인간의 존엄과 가치로부터 도출되는 인격권이나 명예권의 경우, 헌법 제21조 제1항의 언론·출판의 자유나 그로부터 도출되는 국민의 알권리 등과 충돌할 수 있다. 이 경우에 입법자나 헌법재판소는 양 법익을 실제적 조화의 원칙에 맞게 잘 형량하여야 하며, 인격권을 제한하는 법률 또는 보도의 자유나 알 권리를 제한하는 법률이 그와 상반되는 다른 헌법적 법익을 비례의 원칙에 맞지 않게 과잉하게 제한하는 것은 아닌지 헌법 제37조 제2항에 따라서 심사하여야 할 것이다.[169] 다만 사자의 인격권의 경우, 그 사람이 사망한 시점이 오래되면 오래될수록 표현의 자유의 법익에 비하여 점차적으로 그 강도를 잃어갈 것이기 때문에 양 법익간의 형량의 결론이 바뀔 수도 있을 것이다.[170]

3. 제한의 한계

가. 과잉금지의 원칙

우선 인간으로서의 존엄과 가치의 중심적 보호영역에 해당하는 자율적 인격성, 인간의 신체적·정신적 정체성과 완전성은 원칙적으로 불가침으로 제한될 수 없는 영역이라고 보아야 할 것이다. 다만 예외적으로 인간으로서의 존엄과 가치와 마찬가지로 중요한 생명권이나 다른 사람의 인간으로서의 존엄과 가치가 서로 충돌하는 극히 예외적인 상황에서는 이러한 인간으로서의 존엄과 가치도 제한될 수 있는 가능성이 있으며, 형량대상이 될 수도 있다.

139. 예외적 영향 가능성

그리고 인간으로서의 존엄과 가치로부터 도출되는 그 밖의 인격권 등은 다른 헌법적 법익과 충돌하는 경우 제한될 수 있으며, 다만 그 제한의 한계가 준수되어야 할 것이다. 특히 제한하는 경우에 과잉금지의 원칙과 비례의 원칙이 준수되어야 하고, 실제적 조화의 원리 등 충돌하는 양 법익이 최대한 실현될 수 있는 방법으로 절충과 조화점을 찾지 않으면 안 될 것이다.

140. 파생되는 기본권 제한 가능, 제한의 한계 준수

나. 본질내용침해금지

제한하는 경우에도 그 본질내용을 침해할 수 없다고 하는 소위 본질내용침해금지조항은 인간존엄과 가치에 대하여 어떠한 의미를 가지는지가 문제된다.

141. 본질내용 침해금지

---

169) 공적 인물인가 여부의 기준에 따라서 표현의 자유와 명예 보호간의 형량을 달리 하고 있는 판례로 헌재 1999. 6. 24, 97헌마265 [기각] - 강원일보사건.

170) Herdegen (주 24), Rn. 53.

142. 핵심영역
보호, 기본권
제한의 한계

143. 인간의 고
유가치가 본질
내용에 해당

144. 사인간의
효력

본질내용침해금지는 국가권력이 국민의 기본권을 제한함에 있어서도 그 본질적인 내용은 결코 침해할 수 없도록 금지하고 있는 것이므로, 기본권이 가지고 있는 인권적 성격 또는 인간존엄과 결부된 핵심영역을 국가권력의 처분으로부터 보호하고자 하는 조항이라고 할 수 있을 것이다.[171] 결국 인간으로서의 존엄과 가치는 기본권제한의 한계가 되는 본질내용을 구체화하기 위한 기준이 될 수 있을 것이다. 다만 여기에서 본질내용이라고 해서 반드시 고정되어 있는 어떠한 내용이라고 할 수는 없을 것이며, 구체적인 사례 가운데서 충돌하는 헌법적 법익과 가치를 비교·형량하는 과정에서 제한되는 기본권의 본질내용이 확인될 것이다.

그리고 인간으로서의 존엄과 가치는 그 자체가 본질로만 구성된 기본권이라고 할 수 있을 것이기 때문에 위에서 지적하였듯이 극히 예외적인 경우를 제외하고는 원칙적으로 제한이 불가하다. 그 밖에 인간으로서의 존엄과 가치로부터 도출되는 기본권은 제한이 가능하나, 그 본질내용은 침해할 수 없다고 할 것이다. 여기에서 본질내용이라 할 때에는 결국 자율적 인격성과 신체적·정신적 정체성과 완전성 등 인간의 고유가치에 해당하는 부분이 바로 본질내용으로서 침해가 불가한 영역이라고 보아야 할 것이다.

Ⅷ. 인간존엄권의 대사인적 효력의 문제

1. 문제제기

인간존엄권은 원칙적으로 대국가적 방어권으로서의 성격을 가진다. 하지만 인간으로서의 존엄과 가치가 가지는 최고 헌법원리로서의 성격과 그 중요성에 비추어 사인 간에도 직접 효력을 미치는 기본권인지 여부가 문제될 수 있다. 여기에 대해서는 학설이 갈리고 있다.

---

171) Günter Dürig (주 4), Rn. 8.

2. 직접효력설

직접효력설은 인간존엄보장은 국민들 상호간의 관계에서도 직접 구속력 있는 것으로 효력을 발휘한다고 한다. 이것은 가령 일반적 인격권의 경우와 같이 소위 간접적 제3자효가 충분하게 형성되지 않은 곳에서 그 실제적 의미를 얻게 된다는 것이다. 인간존엄규정이 인간존엄을 곧바로 불가침인 것으로 선언한다고 하는 것으로부터 국가권력에 대해서만 아니라 모든 사람에게 다른 사람의 인간존엄에 대한 침해금지명령이 도출된다는 것이다. 이러한 일반적인 금지는 국가의 기본권보호의무에 의해서 인간존엄을 침해당한 모든 사람에 의해서 주장될 수 있는 권리구제절차의 보장과 연결된다는 것이다.[172)]

치펠리우스에 따르면 이러한 제3자효는 특히 일반적 인격권의 경우에 발휘된다. 독일 연방법원(BGH)도 기본법은 인간존엄에 대한 존중요구권과 인격의 자유로운 발현권을 모든 사람에 의해서 존중되어야 하는 사적 권리로서도 받아들였다고 판시하였다는 것이다. 요컨대 인간존엄의 보호는 협의의 사적 생활영역과 그 기본조건이 관계되는 곳에서 어떠한 사람이 무제한적으로 다른 사람의 처분 하에 놓여서는 안 된다고 하는 것을 요구한다는 것이다.[173)] 하지만 치펠리우스는 인간존엄의 보장이 私法 규정의 해석과 법률흠결의 보충을 위한 지침으로서도 적용되는 한에서 인간존엄의 간접적 제3자효가 적용될 수 있다고 보고 있다. 그리하여 가령 계약당사자의 인간존엄을 침해하는 법률행위는 선량한 풍속 위반을 이유로 무효이며, 그리고 인간존엄과 합치되지 않는 계약이행은 기대불가능한 것으로서 신의성실의 원칙에 위반되므로 거절할 수 있다는 것이다.[174)]

하지만 니퍼다이는 인간존엄규정을 모든 법률관계에 적용되는 강행규정으로 보고 가령 법률상 금지규정에 위반된 법률행위는 무효로 하고 있는 독일민법 제134조와 같은 무효사유에 해당한다고 하면서 직접

145. 직접구속력, 타인의 인간존엄에 대한 침해금지명령 도출

146. 모든 사람에 의해서 존중되어야 하는 사적 권리

147. 직접적인 대사인효 부여

---

172) Zippelius (주 6), Rn. 36, 46.
173) BVerfGE 72, 170 f.를 인용하며, Zippelius (주 6), Rn. 35.
174) Zippelius (주 6), Rn. 36, 46.

적인 대사인효를 부여하고자 하였다.

148. 김철수 교
수

우리나라에서 김철수 교수는 사인 간에 직접 적용되는 기본권으로 협의의 인간의 존엄과 가치·행복추구권을 들고 있다.175)

3. 간접효력설

149. 간접적 제
3자효설

이러한 니퍼다이의 견해에 대하여 뒤리히는 반론을 제기하면서, 대국가적 효력의 측면에서 보호의 강도와 대사인적 효력의 측면에서 보호의 강도는 결코 같을 수 없다는 점을 강조하고 간접적 제3자효설을 주장하였다.176) 왜냐하면 국가가 침해자로서는 더 이상 금지되어 있는 경우라 할지라도, 동일한 사적 주체들 간의 관계에 있어서는 바로 그 인간존엄에 근거하여 다른 사람의 인간존엄을 법적으로 적법하게 처분할 수 있는 권리가 사인에게는 인정될 수 있기 때문이라는 것이다. 다시 말해서 사법상의 거래에 있어서는 절대적인 강행규정에 의하여 간섭받지 아니하고서, 동일하게 존중하여야 할 인간존엄의 주체를 위하여 이러한 인간존엄에 미달하는 것(unterschreiten) 역시 인간존엄에 해당할 수 있다는 것이다. 이러한 사적 자치 내지 자율적 결정권은 그러한 사적 거래의 수정가능성이 배제되는 데에 그 한계가 있는 데 반하여, 국가에게는 이미 그러한 인간존엄에 대한 우발적 침해 자체가 처음부터 금지되어 있다는 것이다.177) 따라서 사법상의 거래에 있어서는 전통적으로 내려오는 사법상의 가치충족이 필요한 일반조항을 통하여 인간존엄을 간접적으로 실현하는 것이 더 타당하다고 하는 것이다.178)

---

175) 김철수 (주 9), 411면.
176) Günter Dürig (주 4), Rn. 16.
177) Günter Dürig (주 4), Rn. 16.
178) Dürig는 다만 이렇게 할 경우에 이러한 전통적인 사법상의 일반조항이 지나치게 과부가 걸리게 될 수 있으며, 이러한 우려로 인하여 인간존엄규정이 사법적 거래에서 효력을 발휘하지 못하게 될 수 있는 위험도 있기 때문에 가장 좋은 것은 전통적인 일반조항 대신에 인간존엄이라고 하는 새로운 일반조항을 도입하는 것이라고 제의한 바 있다. Günter Dürig (주 4), Rn. 16. S. 11.

4. 절충설

이에 반하여 "인간의 존엄성규정은 전체법질서의 객관적 요소로서
사인에 대하여 효력을 갖는다. 즉 사인 상호간의 관계에 있어서 존엄권
이 개별 기본권이나 법률에 의해 충분히 보장되지 못하는 경우 존엄권
은 사인에게도 직접 또는 간접으로 적용되며 사인을 구속한다. 존엄권
을 직접 또는 간접 적용하느냐의 문제는 구체적 상황에 따라 그때그때
존엄권의 임무와 기능을 고려하여 헌법질서의 테두리 내에서 판단할 문
제이지 획일적으로 정할 수 없는 문제"라고 하는 계희열 교수의 입장은
절충적 입장에 속한다고 볼 수 있을 것이다.

150. 계희열 교
수: 구체적 상
황에 따른 고려

그 밖에 직접효력인지 간접효력인지 여부를 밝히지 않고, "인간으
로서의 존엄과 가치는 대국가적 효력과 대사인적 효력을 모두 갖는데
그 이유는 인간의 존엄과 가치가 기본권이기 때문에 인정되는 것이 아
니라, 그것이 우리 헌법의 최고구성원리이기 때문에 인정되는 것"이라
고 보는 견해179)나 기본권 보장의 이념적 기초이고 최고원리로서 모든
국가권력과 사인에 대하여 효력을 갖는다고 보는 견해180)도 모두 절충
적 입장이라고 생각된다.

151. 최고구성
원리

5. 판 례

가. 인간의 존엄과 가치

(1) 대법원 판례

대법원은 헌법 제10조의 인간의 존엄과 가치 그리고 행복추구권으
로부터 생명권과 인격권을 도출하고 있으며 인격권의 내용에는 명예를
침해당하지 아니할 권리가 포함된다고 보고 있고, 헌법 제21조 제4항이
보호하고자 하는 기본권적 법익이 바로 타인의 명예나 권리임을 강조하
고 있는데, 이것은 일부 학설181)이 지적하는 바와 같이 언론·출판의

152. 인간존엄
의 간접적 대사
인효 인정

---

179) 홍성방 (주 22), 35면. 그러나 인간존엄을 개인의 기본권으로서 파악한 이상 기본
   권으로서의 인간존엄권이 가지는 대사인적 효력의 문제도 제기된다고 보아야 할
   것이다.
180) 정종섭 (주 20), 357면.

자유의 직접적인 대사인적 효력이 아니라 오히려 인격권 내지 명예권 궁극적으로는 인간의 존엄과 가치의 간접적인 대사인적 효력이 인정되고 있음을 보여주는 것이라 하겠다.182)

153. 표현된 내용의 관계에 따른 구별

한편 이 판례에서 대법원은 언론·출판의 자유와 인격권으로서의 명예권이 충돌할 경우 이러한 충돌을 조정하는 방법과 기준을 자세하게 보여주고 있다. 특히 언론·출판의 자유와 명예보호 사이의 한계를 설정함에 있어서 표현된 내용이 사적(私的) 관계에 관한 것인가 공적(公的) 관계에 관한 것인가에 따라 차이가 있다는 점을 유의하여야 한다는 입장인데 이것은 헌법재판소와 같은 입장인 것으로 보인다.

(2) 헌법재판소 판례

154. 헌재의 입장

헌법재판소도 역시 대법원과 마찬가지로 "신문보도의 명예훼손적 표현의 피해자가 공적 인물인지 아니면 사인인지, 그 표현이 공적인 관심 사안에 관한 것인지 순수한 사적인 영역에 속하는 사안인지의 여부에 따라 헌법적 심사기준에는 차이가 있어야 한다."는 입장을 보여 주고 있다.183)

155. 헌법재판소 인간존엄의 대사인적 효력 암시

또한 헌법재판소는 직업안정법 제46조 제1항 제2호가 규정하고 있는 공중도덕상 유해한 업무에 취직하게 할 목적으로 직업소개·근로자모집 또는 근로자공급을 한 자 중 "공중도덕상 유해한 업무" 부분이 명확성의 요구를 충족하는지 여부에 대하여 결정하면서 "예컨대, 윤락행위의 경우 법률상 금지되어 있을 뿐만 아니라 여성을 성상품화하여 인간의 존엄을 해치고 선량한 풍속을 극도로 저해하는 행위로서 공중도덕에 극히 유해한 업무라고 할 것"184)이라고 판시한 바 있다. 이로써 우리 헌법재판소는 사인간의 윤락행위 등의 사적 거래나 계약의 경우는 인간

---

181) 허영 (주 19), 364면 이하.

182) 대법원 2002. 1. 22. 선고 2000다37524, 37531 판결 [손해배상(기)]; 대법원 1998. 9. 4. 선고 96다11327 판결 [손해배상(기)]; 대법원 1998. 2. 10. 선고 95다39533 판결 [손해배상(기)]; 대법원 1996. 4. 23. 선고 95다6823 판결 [손해배상(기)].

183) 이 사건은 민법상 손해배상청구사건이 아니라 형법상 명예훼손죄에 대한 불기소처분과 관련한 헌법소원사건이기는 하지만 이러한 기준은 민사상의 불법행위판단의 기준도 될 수 있을 것이라고 생각된다. 헌재 1999. 6. 24, 97헌마265 [기각] - 강원일보사건.

184) 헌재 2005. 3. 31, 2004헌바29, 판례집 제17권 1집, 429, 435.

존엄에 위반되는 행위로서 선량한 풍속에 위반되는 행위라고 하는 입장
을 간접적으로 표명함으로써 (직접적인지 간접적인지는 불분명하나) 인간존
엄의 대사인적 효력을 암시하였다고 생각된다.

(3) 평 가

제10조 인간의 존엄과 가치 및 행복추구권은 대국가적 효력을 가질
뿐만 아니라 대사인적 효력을 가지는 것이라고 할 것이다. 다만 직접효
력을 갖는가 혹은 간접효력을 갖는가 하는 점인데, 실무상 결론에 있어
서는 큰 차이가 없지만 사법질서에 있어서 사적 자치를 존중하기 위해
서는 민법 제2조의 '신의성실의 원칙'이나 제103조의 '공서양속'의 해석
을 통하여 간접적으로 효력을 발휘한다는 간접효력설의 논리가 직접효
력설보다 타당다고 볼 수 있다.

그리고 명예훼손적 표현을 통한 인격권의 침해와 같이 불법행위가
문제되는 경우에는, 인간의 존엄과 가치나 행복추구권 또는 사생활의
비밀과 보호라고 하는 기본권적 법익의 보호를 위하여 입법자는 민법
제751조와 제764조를 마련하고 있는데, 이러한 '불법행위'의 해석을 통
하여 간접적으로 적용되는 것이라고 볼 수 있을 것이다. 따라서 일부 학
설185)이 주장하고 있듯이 인간의 존엄과 가치라고 해서 굳이 직접효력
이 인정되는 기본권이라고 할 필요는 없다고 생각된다.

나. 생명권

다음으로 헌법 제37조 제1항에 따라 열거되지 않은 기본권 중 하나
이며 인간존엄과 가치의 전제로서 생명권의 제3자효의 문제를 생각해
보아야 할 것이다.

(1) 판 례

대법원 판례에는 생명권의 침해를 불법행위로 인정하고 그로 인한
재산적 손해발생을 인정한 사례도 보인다.186) "불법행위로 인하여 생명
권이 침해되었을 경우, 가해자는 피해자가 장래 얻을 수 있는 수입을 상

(우측 여백 주석)
156. 간접효력
설이 타당

157. 인격권보
호를 위한 입법

158. 생명권의
제3자효

159. 생명권침
해 불법행위

---

185) 김철수 (주 9), 411면.
186) 대법원 1966. 6. 7, 선고 66다535 판결【손해배상】.

실한 데 대한, 손해를 배상하여야 할 의무가 있다 할 것이며, 장래 얻을 수 있는 수입의 상실은 통상의 손해라 할 것으로서, 생명권의 침해가 있을 당시, 본건 피해자와 같은 환경에 있는 여자라고 하여도, 본건 불법행위가 없었더라면, 오히려 특별한 사정이 없는 한, 장래 수입이 전연 없을 것이라, 미리 단정할 수 없다고 보는 것이 조리에 맞는다 할 것이며, 노동에 의한 수입은 최소한도의 수입을 의미한다 할 것이므로, 특별한 사정이 없는 한, 본건 피해자와 같은 환경에 있었다고 하여, 농업노동에 의한 최소한도의 수입도, 장래 얻을 수 있는 수입으로 볼 수 없다는, 원판결 판단은, 생명권침해로 인한 재산적 손해발생에 관한 법리를 오해한 것이라 할 것으로서, 이점에 관한 상고논지는 이유 있고, 원판결은 파기를 면치 못할 것이다."는 것이 그것이다.

160. 다운증후군 대법원 판례

다음으로 다운증후군을 발견하지 못하여 태어난 아이가 의사를 상대로 손해배상청구를 한 사건에서 대법원은 "인간 생명의 존엄성과 그 가치의 무한함에 비추어 볼 때, 어떠한 인간 또는 인간이 되려고 하는 존재가 타인에 대하여 자신의 출생을 막아 줄 것을 요구할 권리를 가진다고 보기 어렵고, 장애를 갖고 출생한 것 자체를 인공임신중절로 출생하지 않은 것과 비교해서 법률적으로 손해라고 단정할 수도 없으며, 그로 인하여 치료비 등 여러 가지 비용이 정상인에 비하여 더 소요된다고 하더라도 그 장애 자체가 의사나 다른 누구의 과실로 말미암은 것이 아닌 이상 이를 선천적으로 장애를 지닌 채 태어난 아이 자신이 청구할 수 있는 손해라고 할 수는 없다"[187]고 한 바 있다.

(2) 평 가

161. 생명침해에 대한 간접효력 인정

기본권 가운데는 열거되어 있지 않지만 인간의 권리라고 할 수 있는 생명권과 같은 가장 존엄한 권리가 있을 수 있는데, 이러한 생명권은 생명권을 침해하려 하는 자들이 국가이건 사인이건 그 어떠한 자들에 대해서도 침해배제 또는 방해배제청구권을 주장할 수 있는 방어권이라고 할 수 있을 것이다. 생명침해에 대해서는 민법상 불법행위를 구성하

---

187) 대법원 1999. 6. 11, 선고 98다22857 판결; 이에 대하여 김선택, 출생전 인간생명의 헌법적 보호, 헌법논총 제16집(2005), 172면 참조.

므로 이를 통한 간접효력을 인정할 수 있을 것이고 생명을 담보로 하는 계약 역시 민법 제103조의 공서양속 위반을 이유로 하는 간접효력을 인정할 수 있을 것이다.

Ⅸ. 기본권 경합의 문제

인간의 존엄과 가치의 특별한 기본권은 헌법 제36조 제1항, 헌법 제34조 등을 들 수 있다. 이러한 일반·특별의 관계에 있는 기본권이 경합될 경우에는 특별한 기본권이 적용되고 일반적 기본권은 배제되기 때문에 별로 문제될 것이 없으나, 인간의 존엄권과 다른 기본권이 경합될 경우에는 어떠한 기본권을 적용하여야 할 것이며, 어떠한 제한체계에 따라야 할 것인지가 문제될 수 있다.

162. 인간의 존엄과 타 기본권의 경합

위에서 이미 언급하였듯이 인간으로서의 존엄과 가치는 모든 기본권의 근원이자 기본권 중의 기본권으로서의 역할을 수행하는 것이다. 따라서 이러한 헌법상 최고의 기본권적 이념을 실현하기 위해서 행복추구권과 평등권을 비롯한 그 밖의 구체적 기본권이 존재하는 것이다. 따라서 인간으로서의 존엄과 가치와 그 밖의 다른 기본권이 경합될 경우에는 구체적이고 특별한 기본권이 우선적으로 적용된다고 보아야 할 것이다. 다만 다른 기본권들의 경우 가령 헌법 제21조 제4항이나 제23조 제3항, 제29조 제2항 등과 같이 특별히 각 개별 기본권에 대한 헌법적 유보가 있는 경우도 있고, 또한 개별적 법률유보가 존재하는 기본권도 있다. 그로 인하여 이와 같이 제한체계가 다른 기본권과 인간존엄권이 경합될 경우에 어떠한 기본권제한체계에 따라서 기본권을 제한하여야 할 것인지가 문제될 것이다. 이 경우에는 인간으로서의 존엄과 가치의 핵심적 영역이 관련되는 경우에는 이 핵심영역의 불가침성을 고려하여 이를 기준으로, 그 밖에 인간으로서의 존엄과 가치로부터 도출되는 기본권과 다른 기본권이 경합될 경우에는 특별한 기본권을 기준으로 기본권제한문제를 해결하면 될 것이다.

163. 구체적이고 특별한 기본권 우선 적용

X. 타 기본권과의 관계

1. 헌법 제37조 제1항과의 관계

164. 쌍방적 기
본권창설관계

인간으로서의 존엄과 가치는 후술하는 바와 같이 헌법 제10조 제2
문의 개인이 가지는 불가침의 기본적 인권의 확인을 위한 기준이 될 뿐
만 아니라, 헌법 제37조 제1항의 열거되지 않은 기본권의 확인을 위한
기준이 되기도 한다. 후자를 쌍방적 기본권 창설관계188)라고 할 수 있
을 것이다.

165. 헌재 입장

우리 헌법재판소도 헌법 제37조 제1항은 헌법에 명시적으로 규정
되지 아니한 자유와 권리라도 헌법 제10조에서 규정한 인간의 존엄과
가치를 위하여 필요한 것일 때에는 이를 모두 보장함을 천명하는 것189)
이라고 보고 있다.

2. 타 기본권과의 관계

166. 인간가치
의 고유하고 핵
심적인 영역

헌법 제10조의 인간으로서의 존엄과 가치는 헌법의 최고구성원리
이기도 하면서, 인간이 가지는 자율적 인격성과 그 정체성·완전성을 보
호영역으로 하는 주관적 방어권이기도 하다. 그러나 이러한 인간의 존
엄과 가치를 구체적인 생활영역별로 더 자세히 규정하고 이를 기본권으
로 보장하는 것이 나머지 개별 기본권이라고 볼 수 있을 것이다. 따라서
행복추구권과 평등권 그 밖의 모든 다른 기본권들은 인간으로서의 존엄
과 가치의 내용을 알려주는 역할을 하기도 한다. 그럼에도 불구하고 그
러한 기본권에 의해서 모두 보호되지 않는 인간가치의 고유하고도 핵심
적인 영역이 있을 수 있는데, 인간으로서의 존엄과 가치는 바로 이러한
영역을 주관적 권리로서 보호한다고 보아야 할 것이다.

167. 개인의 기
본적 인권 확인
기준

그리고 헌법의 개별 기본권이 구체적으로 다 열거하지 못한 나머지
생활영역이 있을 수 있으며, 또한 현대의 과학기술의 발전과 여러 가지

---

188) 김선택 (주 22), 1983, 90면; 계희열 (주 11), 209면.
189) 헌재 2002. 1. 31, 2001헌바43, 판례집 제14권 1집 , 49, 57; 헌재 2004. 9. 23, 2000
헌마138, 판례집 제16권 2집 상, 543, 559.

사회적 환경의 변화에 따라서 인권에 대한 새로운 침해형태들이 속속
출현할 수 있다. 이와 같이 새로이 보호의 필요성이 대두되는 경우, 개
인이 가지는 기본적인 인권을 확인할 수 있는 기준이 되는 것이 바로
인간으로서의 존엄과 가치라고 할 수 있을 것이다.

　모든 기본권이 그렇다고 할 수는 없지만 대다수의 기본권들, 특히
국민의 권리라기보다는 인간의 권리로서 천부인권적 성격을 가지는 기
본권들의 경우 그 침해는 인간으로서의 존엄과 가치의 침해가능성을 동
반할 수 있다.

168. 천부인권
적 성격의 기본
권

　한편 헌법재판소는 이와 관련하여 "자유와 권리의 보장은 일차적으
로 헌법상 개별적 기본권규정을 매개로 이루어지지만, 기본권제한에 있
어서 인간의 존엄과 가치를 침해한다거나 기본권형성에 있어서 최소한
의 필요한 보장조차 규정하지 않음으로써 결과적으로 인간으로서의 존
엄과 가치를 훼손한다면, 헌법 제10조에서 규정한 인간의 존엄과 가치
에 위반된다고 할 것이다."190)고 판시한 바 있다.

169. 헌재 판례

　지금까지 헌법재판소 판례를 통해서 나타난 개별 기본권과 인간존
엄권과의 관계에 관해 살펴보면 다음과 같다.

170. 개별 기본
권과 인간존엄
권과의 관계

가. 신체의 자유

　신체의 안전이 보장되지 아니한 상황에서는 어떠한 자유와 권리도
무의미해질 수 있기 때문에 신체의 자유는 인간의 존엄과 가치를 구현
하기 위한 가장 기본적인 최소한의 자유로서 모든 기본권 보장의 전제
가 된다.191)

171. 가장 기본
적인 최소한의
자유

나. 양심의 자유

　양심의 자유가 인간존엄성과 밀접한 관련을 가지고 있으나 그에 대
한 제한가능성을 인정하고 있는 판례로서 다음을 들 수 있다.

172. 제한가능
성 인정 판례

---

190) 헌재 2000. 6. 1, 98헌마216, 판례집 제12권 1집, 622, 648.
191) 헌재 2003. 11. 27, 2002헌마193, 판례집 제15권 2집 하, 311, 320.

판례 "인간의 존엄성 유지와 개인의 자유로운 인격발현을 최고의 가치로 삼는 우리 헌법상의 기본권체계 내에서 양심의 자유의 기능은 개인적 인격의 정체성과 동질성을 유지하는 데 있다."192)

"비록 양심의 자유가 개인의 인격발현과 인간의 존엄성실현에 있어서 매우 중요한 기본권이기는 하나, 양심의 자유의 본질이 법질서에 대한 복종을 거부할 수 있는 권리가 아니라 국가공동체가 감당할 수 있는 범위 내에서 개인의 양심상 갈등상황을 고려하여 양심을 보호해 줄 것을 국가로부터 요구하는 권리이자 그에 대응하는 국가의 의무라는 점을 감안한다면, 입법자가 양심의 자유로부터 파생하는 양심보호의무를 이행할 것인지의 여부 및 그 방법에 있어서 광범위한 형성권을 가진다고 할 것이다."193)

판례 "이른바 개인적 자유의 시초라고 일컬어지는 이러한 양심의 자유는 인간으로서의 존엄성 유지와 개인의 자유로운 인격발현을 위해 개인의 윤리적 정체성을 보장하는 기능을 담당한다. 그러나 내심의 결정에 근거한 인간의 모든 행위가 헌법상 양심의 자유라는 보호영역에 당연히 포괄되는 것은 아니다."194)

다. 근로의 권리

173. 인간존엄에 부합하는 근로조건기준

헌법 제32조 제3항은 "근로조건의 기준은 인간의 존엄성을 보장하도록 법률로 정한다"고 규정하고 있다. 무릇 근로자의 근로조건은 당사자간의 자유로운 계약에 의하는 것이 원칙이지만 이 경우 일반적으로 경제적·사회적 약자인 근로자에게 불리한 계약이 체결될 수 있으므로 근로조건이 인간의 존엄성에 적합하도록 최저기준을 법률로 정함으로써 근로자를 보호하고 근로자가 근로조건을 감내할 수 있도록 하기 위하여 근로기준법을 제정케 하고 있는 위 헌법 제32조 제3항은 계약자유의 원칙에 대한 수정을 의미한다.195)

174. 근로조건 기준의 구체화는 법률에 유보

헌법 제32조 제3항은 "근로조건의 기준은 인간의 존엄성을 보장하도록 법률로 정한다"고 하여 적어도 근로자들의 인간존엄성을 확보하는

---

192) 헌재 2004. 8. 26, 2002헌가1, 판례집 제16권 2집 상, 141, 151.
193) 헌재 2004. 8. 26, 2002헌가1, 판례집 제16권 2집 상, 141; 따름 판례: 헌재 2004. 10. 28, 2004헌바61, 2004헌바62, 2004헌바75(병합) 병역법 제88조 제1항.
194) 헌재 2002. 4. 25, 98헌마425, 판례집 제14권 1집, 351, 363.
195) 헌재 2005. 9. 29, 2002헌바11, 공보 제108호, 995, 998.

데 필요한 최저한의 근로조건의 기준을 법률로 정하도록 규정하고 있다. 이처럼 헌법이 근로조건의 기준을 법률로 정하도록 한 것은 인간의 존엄에 상응하는 근로조건에 관한 기준의 확보가 사용자에 비하여 경제적 사회적으로 열등한 지위에 있는 개별 근로자의 인간존엄성의 실현에 중요한 사항일 뿐만 아니라, 근로자와 그 사용자들 사이에 이해관계가 첨예하게 대립될 수 있는 사항이어서 사회적 평화를 위해서도 민주적으로 정당성이 있는 입법자가 이를 법률로 정할 필요성이 있으며, 인간의 존엄성에 관한 판단기준도 사회 경제적 상황에 따라 변화하는 상대적 성격을 띠는 만큼 그에 상응하는 근로조건에 관한 기준도 시대상황에 부합하게 탄력적으로 구체화하도록 법률에 유보한 것이다.196)

라. 진술거부권

헌법이 진술거부권을 기본적 권리로 보장하는 것은 형사피의자나 피고인의 인권을 형사소송의 목적인 실체적 진실발견이나 구체적 사회 정의의 실현이라는 국가적 이익보다 우선적으로 보호함으로써 인간의 존엄성과 생존가치를 보장하고 나아가 비인간적인 자백의 강요와 고문을 근절하려는데 있다.197)

175. 비인간적인 자백의 강요와 근절 목적

마. 교육을 받을 권리

헌법 제31조 제1항이 "모든 국민은 능력에 따라 균등하게 교육을 받을 권리를 가진다."라고 규정하여 모든 국민에게 균등하게 교육을 받을 권리를 기본권으로 보장한 이유는 모든 국민에게 노동에 의한 생활 유지의 기초를 다지게 하여 국민의 인간으로서의 존엄과 법 앞에서의 평등을 교육의 측면에서 실현하고자 함에 있다.198)

176. 균등하게 교육을 받을 권리

교육을 받을 권리는 국민이 인간으로서의 존엄과 가치를 가지며 행복을 추구하고(헌법 제10조) 인간다운 생활을 영위하는데(헌법 제34조 제1

177. 인간존엄 실현의 전제

---

196) 헌재 1996. 8. 29, 95헌바36, 판례집 제8권 2집, 90, 97−98.
197) 헌재 1990. 8. 27, 89헌가118, 판례집 제2권, 222, 229.
198) 헌재 1990. 10. 8, 89헌마89, 판례집 제2권, 332, 342.

항) 필수적인 전제이자 다른 기본권을 의미있게 행사하기 위한 기초이고, 민주국가에서 교육을 통한 국민의 능력과 자질의 향상은 바로 그 나라의 번영과 발전의 토대가 되는 것이므로, 헌법이 교육을 국가의 중요한 과제로 규정하고 있는 것이다.[199)]

바. 재산권

178. 자유로운 경제활동과 사유재산제도의 보장

우리 헌법은 제23조 제1항 제1문에서 "모든 국민의 재산권은 보장된다."고 규정하고, 제119조 제1항에서 "대한민국의 경제질서는 개인과 기업의 경제상의 자유와 창의를 존중함을 기본으로 한다."고 규정함으로써, 국민 개개인이 사적 자치(私的 自治)의 원칙을 기초로 하는 자본주의 시장경제질서 아래 자유로운 경제활동을 통하여 생활의 기본적 수요를 스스로 충족할 수 있도록 하면서, 사유재산의 자유로운 이용·수익과 그 처분 및 상속을 보장하고 있다. 이는 이러한 보장이 자유와 창의를 보장하는 지름길이고 궁극에는 인간의 존엄과 가치를 증대시키는 최선의 방법이라는 이상을 배경으로 하고 있는 것이다(헌재 1993. 7. 29, 92헌바20, 판례집 제5권 2집, 36, 44 ; 1989. 12. 22, 88헌가13, 판례집 제1권, 357, 368).[200)]

사. 혼인과 가족생활기본권

179. 혼인·가족제도의 보장

헌법 제36조 제1항은 "혼인과 가족생활은 개인의 존엄과 양성의 평등을 기초로 성립되고 유지되어야 하며, 국가는 이를 보장한다."고 규정하고 있는바, 이는 혼인제도와 가족제도에 관한 헌법원리를 규정한 것으로서 혼인제도와 가족제도는 인간의 존엄성 존중과 민주주의의 원리에 따라 규정되어야 함을 천명한 것이라 볼 수 있다. 따라서 혼인에 있어서도 개인의 존엄과 양성의 본질적 평등의 바탕위에서 모든 국민은 스스로 혼인을 할 것인가 하지 않을 것인가를 결정할 수 있고 혼인을 함에 있어서도 그 시기는 물론 상대방을 자유로이 선택할 수 있는 것이

---

199) 헌재 2000. 4. 27, 98헌가16, 판례집 제12권 1집, 427, 448.
200) 헌재 1999. 4. 29, 94헌바37, 판례집 제11권 1집, 289, 302-303.

며, 이러한 결정에 따라 혼인과 가족생활을 유지할 수 있고, 국가는 이를 보장해야 하는 것이다.[201]

아. 생명권

인간의 생명은 고귀하고, 이 세상에서 무엇과도 바꿀 수 없는 존엄한 인간존재의 근원이다. 이러한 생명에 대한 권리는 비록 헌법에 명문의 규정이 없다 하더라도 인간의 생존본능과 존재목적에 바탕을 둔 선험적이고 자연법적인 권리로서 헌법에 규정된 모든 기본권의 전제로서 기능하는 기본권 중의 기본권이라 할 것이다. 따라서 사형은 이러한 생명권에 대한 박탈을 의미하므로, 만약 그것이 인간의 존엄에 반하는 잔혹하고 이상한 형벌이라고 평가되거나, 형벌의 목적달성에 필요한 정도를 넘는 과도한 것으로 평가된다면 앞서 본 헌법 제12조 제1항 및 제110조 제4항의 문언에도 불구하고 우리 헌법의 해석상 허용될 수 없는 위헌적인 형벌이라고 하지 않을 수 없을 것이다.[202]

180. 인간존재
의 근원

---

201) 헌재 1997. 7. 16, 95헌가6, 판례집 제9권 2집, 1, 17.
202) 헌재 1996. 11. 28, 95헌바1, 판례집 제8권 2집, 537, 545.

제 8 절　행복추구권

1. 서론

　　1980년 헌법은 인간으로서의 존엄과 가치 및 기본권보장의무 규정에 행복추구권을 삽입하였다. 초기 행복추구권이 도입된 이래로 그 의미, 법적 성격, 다른 헌법규정과의 체계적 관계 등과 관련하여 여러 가지 비판과 문제점들이 제기되어 왔으나, 1988년 헌법재판소가 설립되어 활동한 이래로, 행복추구권과 관련한 많은 판례를 축적하여, 행복추구권의 법적 성격이나 구체적인 보호영역 등에 관한 문제들이 어느 정도 정리되어 가고 있다.

I. 연　혁

2. 행복추구권
도입 연혁

　　"모든 국민은 [⋯] 행복을 추구할 권리를 가진다."고 하는 헌법 제10조 제1문 후단은 1980년 제5공화국 헌법에 도입되었다. 1972년의 유신헌법 제8조는 "모든 국민은 인간으로서의 존엄과 가치를 가지며, 이를 위하여 국가는 국민의 기본적 인권을 최대한으로 보장할 의무를 진다"라고 하는 간단한 조문구조를 가지고 있었다. 이에 대하여 제8차 개헌인 1980년 헌법 개정 논의당시 정부의 법제처 산하에 헌법개정안심의의 기초자료에 관한 조사·연구임무를 맡아 구성된 헌법연구반1) 논의 가

---

1) 당시 헌법연구반의 설치, 구성, 임무에 대하여는 당시 박윤흔 법제처 기획관리관의 설명, 제103회 국회 헌법개정심의특별위원회회의록 제16호, 1980년 3월 6일, 2-3 참조. 그에 따르면 당시 헌법연구반은 정부조직법 제27조에 의해서 법체처가 관장하는 국내외 법제에 관한 조사연구기능의 일환으로 국내외 헌법제도를 연구하기 위하여 법제처 내부기구로 설치 운영하였고, 연구위원은 30명으로 법학자 10명, 정치학자, 6명, 경제학자 6명, 법조인 3명, 관계공무원 5명으로 구성하였으며, 임무는 헌법개정안이나 또는 그 요강을 작성하는 것이 아니고, 이후 헌법개정안 또는 그 기본요강을 마련함에 있어서 기초자료로 활용하기 위하여 항목별로 우리나라의 과거 또는 현재의 헌법제도 및 관련 외국제도와 그 운영실태를 분석 평가하고, 채택가능성이 있는 여러 제도의 제유형과 채택시 예상되는 문제점 등을 분석하는 것이었다. 한편 연구반위원장은 법제처장인 김도창, 제1분과 (전문, 총강, 헌법개정)위원장 문홍주, 제2분과(정부형태, 대통령, 내각, 국회, 선

운데는, 생명권, 인격권, 행복추구권, 알 권리, 읽을 권리, 들을 권리 등을 추가하여 구체화하자는 의견2)과 현행대로 두자고 하는 의견3)이 주장되기도 하였다.4) 하지만 당시 헌법개정안 심의과정에서 국회특위안에 따르도록 하자고 하는 헌법개정안요강작성소위원회5)의 입장에 따라서 현행헌법과 같은 형태로 채택되었다.6)

거제도, 지방자치)위원장 박일경, 제3분과(기본권, 사법제도, 헌법보장)위원장 이종극, 제4분과(재정, 경제)위원장 김성훈이었다.

2) 구체화하자는 의견의 요지는 "첫째, 이 규정은 기본권의 기본원리적 규정으로서 근대헌법사상의 자연법적 이념을 확인하여 헌법의 기본가치를 명시하는 것이라고 해석하고 있다. 따라서 이 규정이 너무 간결한 추상적 규정이기 때문에 이 조문이 지닌 본래의 의미가 적절히 인식되고 있지 못해서 실제의 헌법해석이나 입법 및 법제 운영면에서 크게 기여하지 못하고 있다. 둘째, 국민의 인권보장에의 소망, 인권에의 의지를 참작하고 새로이 변모된 사회상황, 정치상황에서 인권규정의 보완을 꾀할 수 있다. 셋째, 추상적이고 간결한 규정이 의례적, 강령적인 것에 그쳐 버리는 것을 시정함과 아울러 기본권의 보장을 보다 실효적이게 할 수 있다"는 것이었다. 그리고 "법치국가"를 추가하자는 의견도 있었다. 그 요지는 "첫째, 현행헌법에는 우리나라의 법치국가성에 관한 규정이 없으므로 명시할 필요가 있다. 둘째, 서독 기본법가 같이 민주적·사회적 법치국가"를 규정하거나 터키헌법 제10조 제2항과 같이 기본권의 보호와 성격의 일반규정에서 규정할 수도 있다. 따라서 우리 헌법도 국가의 기본권 보장의무와 함께 규정할 수 있다"는 것이다. 법제처, 헌법연구반 보고서, 법제처, 1980. 3, 77–78면.

3) 그 요지는, "첫째 개별 기본권조항에서 이를 규정하고 있으므로 굳이 기본원리규정에서 구체화할 필요성이 없다. 둘째, 구체적 규정을 두더라도 실효적 규정이 될 수 없다."는 것이다. 헌법연구반 보고서 (주 2), 78면.

4) 당시 공화당안은 현규정에 "행복을 추구할 권리"를 삽입하는 것이었고, 신민당안은 현행규정대로 하는 것이었으며, 6인시안에 의하면 생명권, 인격권, 행동자유권, 행복추구권, 알고 읽고 들을 권리를 추가하고 사회단체나 개인으로부터의 침해금지규정을 신설하는 것이었다. 헌법연구반 보고서 (주 2), 78면.

5) 제4공화국 헌법에 의하면 대통령이 헌법개정안을 발의하면 바로 국민투표로 확정할 수 있었기 때문에(제124조 제1항 제2항) 정부는 법제처에 헌법개정심의위원회와 헌법연구반을 설치하고 헌법개정안 심의를 위한 개초작업을 수행하였으며, 이 헌법연구반보고서를 토대로 헌법개정안요강작성소위원회에서 정부헌법개정안을 최종 확정한 것으로 보인다. 이 요강작성소위원회의 논의 끝에 국회특위안대로 하되, 현행대로 두자는 의견이 있었다는 것을 본회의에 보고하기로 하고, 현행규정과 같은 문언으로 결정하였다. 헌법개정안요강작성소위원회회의록, 제3차 회의, 1980년 6월 5일자, 4.

6) 문홍주, 제6공화국 한국헌법, 해암사 1988, 212–213면 - 홍성방, 헌법학(중), 박영사 2015, 38면에서 재인용.

Ⅱ. 유래와 입헌례

3. 버지니아권
리장전, 미국독
립선언서

행복추구권은 인간의 생명, 자유, 재산을 인권의 핵심으로 보는 로크의 사상적 영향을 받아[7] 미국의 헌법문서에서 유래한 것으로 알려져 있다.[8] 1776년의 버지니아권리장전(Virginia Bill of Rights) 제3조에서는 "최선의 정부형태는 최대한도의 안전과 행복을 형성해 낼 능력이 있는 정부"라고 하여 국민의 안전과 '행복'이 국가의 목적임을 밝히고 있다.[9] 또한 1776년 7월 4일의 미국독립선언서는 모든 인간이 평등하게 창조되었으며 창조주로부터 일정한 불가양의 권리들, 그 중에서도 생명, 자유와 '행복의 추구'를 부여받았다는 것, 새로운 정부를 창설함에 있어서 그들의 안전과 '행복'을 가장 효과적으로 확보하여 줄 것으로 보이는 정부형태를 기초로 할 것임을 선언하고 있다.[10]

4. 일본국헌법

그 밖에 1947년 일본국헌법 제13조[11]에도 행복추구권이 보장되고 있다.

Ⅲ. 행복추구권의 법적 성격

5. 권리로서의
성격 논란

1980년 헌법에 최초로 행복추구권이 도입되고 나서, 그것이 도대체 권리로서의 성격을 가지는 것인지 여부에 대하여 많은 논란이 이루어졌다.

1. 학 설

가. 권리로서의 성격 부인론

6. 윤리·실천
규범, 원리

먼저 행복추구라고 하는 말의 상대성과 세속성 때문에 규범화의 대

---

7) 이에 대하여 김선택, "헌법재판소판례에 비추어 본 행복추구권", 헌법논총 제10집 (1998), 7-39, 14면.
8) 홍성방 (주 6), 37면.
9) 김선택 (주 7), 7-39, 15면.
10) 김선택 (주 7), 7-39, 15면; 홍성방 (주 6), 38면, 각주 2.
11) "모든 국민은 개인으로서 존중된다. 생명·자유 및 행복추구에 대한 국민의 권리에 대해서는 공공의 복지에 반하지 않는 한 입법, 기타의 국정상에서 최대의 존중을 필요로 한다."고 규정하고 있다. 김철수, 헌법학개론, 박영사 2007, 479면.

상이 될 수 없는 것을 규범화시킨 것으로서, 권리를 내용으로 한다기보다는 인간의 존엄과 가치가 갖는 윤리규범적 성격과 실천규범적 성격을 강조하는 의미 밖에 없다고 하면서, 그 규범적 의미를 축소하고 무시하려는 입장[12], 행복추구는 구체적 권리로 존재하는 것이 아니라, 자기결정원리와 같이 국가와 국민간의 관계를 지배하는 지배원리일 뿐 아니라, 국민의 기본권을 보장함에 있어 상위에 존재하는 이념이고 기본가치이며 근본원리라고 하는 견해가 바로 그것이다.

나. 권리로서의 성격 인정론

행복추구권을 안락하고 만족스러운 삶을 추구할 수 있는 권리로서 자유권으로서의 성격과 사회적 기본권으로서의 성격을 아울러 가지는 기본권 전반에 관한 총칙적 규정으로 보는 견해[13]나, 인간의 존엄과 가치와 더불어 포괄적 기본권으로서 광의로는 생명권, 자기결정권, 인격권, 알 권리·읽을 권리·들을 권리까지 포함하며, 최협의의 행복추구권에는 일반적 행동자유권과 신체의 불훼손 및 평화적 생존권이 포함되는 것으로 보는 견해[14], 일반적 인격권과 무정형적 행동들을 포괄하는 일반적 행동의 자유 및 열거되지 않은 기본권 인정의 실질적 기준역할을 모두 포함하는 포괄규범으로서의 성격을 가진다는 견해[15], 협의의 인격권과 인격발현권(일반적 행동의 자유)을 포함하는 일반적 인격권이 바로 행복추구권이라고 보는 견해[16], 일반적 행동자유권과 개성의 자유로운 발현권 그리고 자기결정권을 포함하는 포괄적·보충적 기본권이라고 보는 견해[17], 구체적 내용을 일일이 열거하기는 힘들다고 보면서도 행복추구권의 보호대상은 행복을 추구하는 개인의 활동으로서 주관적 권리라고 보는 견해[18], 일반적 자유와 권리라는 개인적 '지위'와 그에

7. 학설의 입장

---

12) 허영, 한국헌법론, 박영사 2023, 373면.
13) 권영성, 헌법학원론, 법문사 2010, 384면.
14) 김철수 (주 11), 495, 509면.
15) 김선택, 행복추구권과 헌법에 열거되지 아니한 권리의 기본권체계적 해석, 안암법학 창간호(1993), 177−203, 202면; 동지, 계희열, 헌법학(중), 박영사 2007, 225면.
16) 홍성방 (주 6), 40면.
17) 성낙인, 헌법학, 법문사 2023, 1126면.

상응하는 객관적 '규범'으로 보는 견해19) 등이 그것이다.20)

2. 판 례

8. 헌재와 대법원

헌법재판소는 "헌법 제10조의 행복추구권은 국민이 행복을 추구하기 위하여 필요한 급부를 국가에게 적극적으로 요구할 수 있는 것을 내용으로 하는 것이 아니라, 국민이 행복을 추구하기 위한 활동을 국가권력의 간섭 없이 자유롭게 할 수 있다는 포괄적인 의미의 자유권으로서의 성격을 가진다."21)고 하고 있으며, 대법원 역시 주관적 권리로서의 성격을 인정하고 있다.22)

3. 사 견

9. 체계적 관련성 밝힐 필요

헌법개정 당시 행복추구권이 도입된 배경이 어떻든, 그리고 "행복추구"라고 하는 개념과 의미가 아무리 상대적이고 세속적이어서 규범적 의미를 결한 것 같이 보인다 하더라도 그것이 헌법에 기본권으로서 규정된 이상 그 규범적 의미와 다른 헌법 규정과의 체계적 관련성을 밝혀 주어야 한다는 데에는 이론이 있을 수 없을 것이다.

10. 주관적 권리로서의 성격 여부

행복추구권의 법적 성격과 관련하여 그것이 실정권이냐 자연권이냐 하는 논란은 이미 시대에 뒤떨어졌을 뿐만 아니라, 더 이상 실익이 없는 논쟁이므로 논급할 필요가 없을 것이다. 다만 여기에서 문제가 되는 것은 행복추구권이 인간으로서의 존엄과 가치와 함께 객관적 원리나 원칙으로서의 성격만을 가지는지 아니면 주관적 권리로서의 성격까지 모두 가지는가가 문제될 것이다.

11. 인간존엄권과 일체성 인정 불가

행복추구권이 인간으로서의 존엄과 가치와 밀접불가분의 관계에 있다는 것은 조문의 구조상 부인할 수 없을 것이다. 그렇다고 하여 인간

---

18) 장영수, 헌법학, 홍문사 2022, 574면.
19) 이준일, 헌법학강의, 홍문사 2019, 402면
20) 그 밖에도 양건, 헌법강의, 법문사 2022, 362면.
21) 헌재 2002. 12. 18, 2001헌마546, 판례집 제14권 2집, 890, 902-903; 1995. 7. 21, 93헌가14, 판례집 제7권 2집, 1, 32.
22) 대법원 1992. 5. 8, 91누7552 판결.

으로서의 존엄과 가치와 결합된 일체의 권리라고 볼 수는 없을 것이다. 이는 연혁적으로 볼 때, 인간으로서의 존엄과 가치가 먼저 규정되었으며, 나중에 행복추구권이 추가되었다는 사정을 고려할 때 그러하다. 물론 인간존엄권의 간명성을 구체화시키기 위한 목적으로 행복추구권을 더 추가하였다고 하는 논거가 있을 수 있으나, 헌법 개정 논의 당시 과연 그것만이 동기가 되었는지 여부가 불확실하며, 또한 행복추구권이 하나 더 추가되었다고 해서 인간존엄권이 좀 더 구체화되었다고 말하기는 힘들기 때문이다.

　　다음으로 우리 헌법 제10조는 "모든 인간은 […] 행복을 추구할 권리를 가진다."라고 규정하여 기본권으로서의 행복추구권을 엄연히 보장하고 있다. 그럼에도 불구하고 그 권리로서의 성격을 부인하는 모든 논거는 문언적 해석의 중요성을 지나치게 등한시하고 있다고 생각된다.[23)]

12. 문언적 해석

　　행복추구권은 인간으로서의 존엄과 가치와 더불어 천부인권적 성격을 가지는 자연권을 헌법적으로 실정화한 것이라고 볼 수 있기 때문에, 이를 근거로 구체적으로 국가에게 무엇을 요구할 수 있는 권리는 아니고, 다만 국가가 개인의 행복 추구 활동을 간섭하거나 방해할 경우에 이에 대한 방어권으로서의 성격을 가진다고 볼 것이다.

13. 방어권으로서의 성격

　　끝으로 행복추구권은 이와 같이 주관적 권리로서 성격을 가지지만, 동시에 객관적인 가치질서로서의 성격도 가짐을 잊어서는 안 된다. 이러한 객관적 가치질서의 개념에는 국가의 기본권 확인의무와 보장의무, 그리고 기본권 보호의무가 포함된다. 국가는 기본권 보호의무를 지기 때문에, 국민의 행복추구권이 제3자에 의해서 침해될 경우에는 그 보호를 위해서 개입할 수 있게 되는 것이다.

14. 객관적 가치질서

---

23) 심지어 행복추구권의 침해에 대하여 권리구제절차를 통하여 주장할 수 없다고 하는 견해(정종섭, 헌법학원론, 박영사 2022, 447면)도 있으나, 행복추구권은 뒤에서 보는 바와 같이 헌법소원심판을 통하여 구제받을 수 있는 대표적인 주관적 기본권 중 하나라고 하는 것이 헌법재판소의 확립된 판례이다.

Ⅳ. 행복추구권과 다른 기본권과의 관계

15. 다른 기본
권과의 관계

행복추구권을 이와 같이 이해할 경우 다른 기본권과의 관계가 문제된다.

1. "인간으로서의 존엄과 가치"와의 관계

16. 인간존엄권
의 보호영역

우선 인간으로서의 존엄과 가치는 헌법의 최고구성원리이며 최고의 이념과 가치를 선언하고 있는 객관적 가치 결단에 해당한다. 그리고 인간의 자율적 인격성, 인간의 신체적·정신적 정체성과 완전성, 즉 인간의 핵심적 고유가치에 대한 국가적 침해를 방어할 수 있는 대국가적 방어권으로서 주관적 기본권이기도 하다. 동시에 인간으로서의 존엄과 가치는 모든 기본권의 근원이기 때문에 각 기본권의 해석의 기준이 되기도 한다.

17. 모든 인간
활동을 보호하
는 자유권

이에 비하여 행복추구권은 이러한 인격적 가치를 실현하기 위해서 필요한 모든 인간 활동을 보호하는 자유권으로서의 성격을 가진다. 여기에는 일반적 인격권과 인격의 자유로운 발현권, 일반적 행동의 자유가 포함된다. 일반적 인격권 부분은 인간존엄권과 결합되어 도출될 수 있다. 그리고 나머지 인격의 자유로운 발현권과 일반적 행동의 자유는 구체적 개별적 자유권들과 중첩될 수 있으며, 이 경우에는 특별한 기본권이 우선 적용되고, 그러한 열거된 자유권에 의해서 보호되지 않는 나머지 생활영역은 바로 이 행복추구권에 의하여 보호된다.

2. "헌법 제37조 제1항"과의 관계

18. 자유와 권
리의 구별

그리고 헌법 제37조 제1항은 국민의 자유와 권리는 헌법에 열거되지 아니한 이유로 경시되지 아니한다고 규정하고 있다. 여기에서 말하는 자유와 권리는 헌법상 모든 기본권이라고 볼 수 있다. 그런데 헌법상 기본권 중 "자유"와 "권리"는 구분할 필요성이 있다. 즉 헌법상 "자유"라고 하는 개념을 사용한 기본권은 주로 천부인권적 자유이며, 여기에서는 몇 개의 예외를 제외하고는 대부분 개별적인 제한적 법률유보가 없는 데 반하여, "권리"의 뜻으로서 "권"이라고 하는 개념을 사용한 기본권, 즉 대부분의 사회적 기본권이나 청구권적 기본권의 경우, 그리고 참정권의 경우 "법률이 정하는 바에 의하여" 라고 하는 개별적인 형성적 법률유보가 달린 것이 보통이다. 결국 헌법 제37조 제1항은 이러한 여러 기본권들 가운데 혹 헌법에 열거되지 아니하였을 경우에도 국가는 그러한 자유나 권리에 대해서 존중을 하여야 한다고 하는 의미라고 볼 수 있을 것이다.

이에 반하여 행복추구권은 일단 인격의 자유로운 발현권과 일반적 행동의 자유라고 하는 포괄적 자유권이기 때문에, 나머지 사회권적 기본권이나 청구권적 기본권과 관련해서는 모권으로서의 역할을 수행할 수 없다. 그에 비하여 헌법 제37조 제1항은 이러한 권리들에 대해서도 존중할 것을 명령하고 있는 것이다.

결국 열거되지 아니한 자유권적 기본권의 구체적인 내용은 헌법 제10조의 인간으로서의 존엄과 가치 및 행복추구권을 기준으로, 또한 열거되지 아니한 사회권적 기본권의 구체적인 내용은 헌법 제10조의 인간으로서의 존엄과 가치 및 헌법 제34조 제1항의 인간다운 생활을 할 권리를 기준으로, 그리고 열거되지 아니한 청구권적 기본권의 확인은 헌법 제10조의 인간으로서의 존엄과 가치 및 청원권[24]을 기준으로, 그리고 열거되지 아니한 참정권적 기본권의 확인은 헌법 제10조의 인간으로서의 존엄과 가치 및 제13조 제2항의 참정권을 기준으로, 끝으로 열거되지 아니한 평등권의 경우 헌법 제10조의 인간으로서의 존엄과 가치 및 헌법 제11조 제1항의 일반적 평등원칙을 기준으로 그 구체적 내용을 확인할 수 있을 것이다.

행복추구권은 무정형적 자유에 대한 포괄규범으로 헌법 제37조 제1

19. 청구권적기본권·사회적 기본권의 모기본권

20. 헌법 제10조, 헌법 제34조 제1항, 헌법 제13조 제2항, 헌법 제11조 제1항에서 확인 가능

21. 정형과 무형적 자유구분 모호

---

24) 우리 헌법상 청구권적 기본권의 모기본권이라고 볼 수 있는 기본권을 굳이 찾으라면 헌법 제26조의 청원권을 고려해 볼 수 있지 않을까 생각되며, 이점에 대해서는 앞으로 계속적인 연구를 요한다. 아무튼 "청원권은 오늘날에도 권리구제수단으로서 간과할 수 없는 기능을 수행하고 있다. 권리구제절차가 미비되어 있는 경우는 말할 것도 없고, 사법제도가 확립되고 권리구제절차가 마련되어 있는 경우에도 엄격한 절차나 요건들, 과도한 비용이나 노력 등의 이유로 청원권은 비정상적인 권리구제수단으로서의 기능을 수행한다"{계희열 (주 15), 621면}고 하는 견해를 근거로 해 볼 때, 청원권을 청구권적 기본권의 모기본권으로 보는 것도 불가능한 것은 아니라고 생각된다.

항은 정형적 자유에 대한 포괄규범으로 보는 견해25)가 있으나, "정형"과 "무정형"을 나누는 기준이 우선 애매모호하다는 문제점이 있다. 따라서 정형적이든 무정형적이든 열거되지 아니한 각 기본권들을 위와 같은 모권으로서의 기본권을 기준으로 하여 확인하고 존중하도록 명령하고 있는 것이 헌법 제37조 제1항이라고 이해할 수 있지 않을까 생각된다.26)

이 점을 도표로 그려 설명한다면 다음과 같다.

[기본권 체계도]

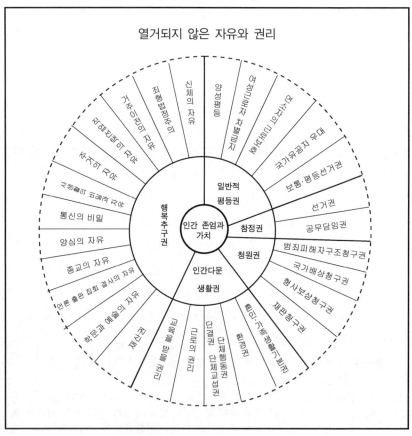

---

25) 김선택 (주 15), 177－203, 202면; 김선택 (주 7), 7－39, 34면.
26) 가령 무정형적 행위 중 하나라고 볼 수 있는 "하객들에 대한 음식물 접대행위"를 헌법재판소는 헌법 제37조 제1항과 헌법 제10조의 행복추구권에 의하여 보호되는 행위로 본 바 있다. 헌재 1998. 10. 15, 98헌마168, 판례집 제10권 2집, 586, 596.

V. 행복추구권의 보호영역

1. "행복"의 개념과 행복추구권의 보호영역

행복의 개념은 어찌 보면 법적 개념은 아니다. 따라서 행복추구권 자체가 가지는 법적인 개념 정의나 보호영역의 확정 자체가 쉽지 않은 것만은 사실이다. 그렇다고 하여 행복추구권이라고 하는 기본권이 무의미하다거나 다른 기본권과의 체계상 그 의미를 축소하거나 무시하는 것은 적절하지 않다.

행복이란 일응 각자가 하고 싶은 일을 추구하는 것이라고 말할 수 있을 것이다. 결국 행복의 기준은 각자의 주관에 따라서 모두 달라질 수밖에 없다. 우선 가장 기초적인 인간의 육체적 욕구가 충족되지 않을 경우, 행복을 느낄 수는 없을 것이며, 그렇다고 이러한 기초적인 육체적 욕구의 충족만으로 모두 행복을 느낄 수 있는 것은 아니다. 즉 인간은 그 밖의 여러 가지 개인적, 사회적 활동을 펼치게 될 때, 인간으로서의 존엄과 가치를 느끼며, 나름대로의 행복한 생활을 영위해 나갈 수 있게 될 것이다. 그러므로 행복추구권에서 말하는 행복 개념을 반드시 인간의 인격성과 동떨어진 어떠한 세속적 의미로만 이해한다거나, 물질이나 정신 등 어떠한 일정한 기준에 입각한 행복으로만 국한하여 이해하는 것은 육체·정신·심령의 합일체라고 할 수 있는 인간의 자유와 행복을 지나치게 단편적으로만 이해하는 것이라고 할 수밖에 없을 것이다.

행복추구권은 적극적으로 각자가 하고 싶은 일을 할 수 있는 권리, 그리고 소극적으로는 하고 싶지 않은 일을 하지 않을 권리, 다시 말해서 일반적인 행동의 자유이며, 또한 개성이나 인격의 자유로운 발현권이라고 보아야 할 것이다.[27] 이러한 의미에서 행복추구권은 포괄적 자유

22. 개념 정의, 보호영역 확정의 어려움

23. 육체적 욕구 및 정신적 욕구의 충족

24. 인격의 자유로운 발현권, 포괄적 자유권

---

27) 이러한 의미에서 독일 기본법 제2조 제1항의 인격의 자유로운 발현권과도 유사하다고 볼 수 있을 것인데, 독일연방헌법재판소는 이 조항을 일반적 행동의 자유로 파악하고 있다. 독일연방헌법재판소 판례에 따르면 이러한 일반적 행동이 자유에 의해서 보호되는 행위에는 특별히 재산권이나 직업 등 다른 기본권과 관계되지 않는 한에서의 사적 계약체결 여부(BVerfGE 8, 274/328; BVerfGE 89, 214/231), 헬멧을 착용하지 아니하고서 오토바이를 타는 것이나 안전띠를 착용하지 아니하고서 승용차

권[28]이라고 보아야 할 것이며, 다른 구체적이고 개별적인 자유권이 존재하지 않을 경우에 보충적으로 적용될 수 있는 기본권이라고 할 것이다. 따라서 이러한 행복추구권을 적극적으로 국가에게 자기가 행복하다고 생각하는 바를 요구하고 청구할 수 있는 근거로 삼을 수는 없다. 즉 행복추구권은 사회적 기본권의 모권이라고 볼 수는 없기 때문이다.[29] 행복추구권은 포괄적 기본권으로서 자유권의 모권이라고 할 수 있기 때문에, 그에 포함되는 보호영역을 일일이 열거할 수는 없다.

25. 일반적 인 격권과 자기결 정권

이러한 의미에서 행복추구권을 포괄적 자유권으로서 인간으로서의 존엄과 가치와 결합하여 그로부터 일반적 인격권을 도출하고, 또한 개성 또는 인격의 자유로운 발현권과 여러 가지 자기결정권이 도출된다고 보는 헌법재판소의 입장은 타당하다고 본다. 그러므로 지금까지 헌법재판소가 인정한 행복추구권의 보호영역에 해당하는 것들을 중심으로 그 내용을 살펴보면 다음과 같다.[30]

2. 일반적 인격권

26. 자기운명결 정권 등

우리 헌법재판소는 위에서도 언급하였듯이 일반적 인격권을 인간

를 운전하는 것(BVerfGE, NJW 1987, 180), 동물을 사육하는 것(BVerfGE 10, 55/59), 숲 속에서의 승마(BVerfGE 80, 137/154 f.), 술과 마약을 즐기는 것(BVerfGE 90, 145/171), 공공의 장소에서의 흡연, 의복과 장식을 통하여 외모를 가꾸는 것, 여가와 휴식을 활용하는 것. 그리고 개별 기본권에 해당하지 않는 무엇인가를 하지 않을 자유, 요구당하지 않을 자유 등이 있다. Pieroth/Schlink, Grundrechte, Staatsrecht II, 2011, Rn. 405; 그 밖의 사례들에 대해서는 Richter/Schuppert/Bumke저, 방승주 역, 독일헌법판례해설(Casebook Verfassungsrecht, 4. Aufl., München 2001), 헌법재판소, 2003, 95−123면; Michael Sachs저, 방승주 역, 헌법 II − 기본권론(Verfassungsrecht II − Grundrechte 2000), 헌법재판소 2002, 228−252(233) 참조.

28) 이러한 의미에서 행복추구권에 생존권적 및 청구권적 기본권의 성격을 인정하는 견해{가령 김철수 (주 11), 490면; 권영성 (주 13), 384면 등}와 입장을 달리한다. 사회권적, 청구권적 기본권들은 보통 우리 헌법상 "법률이 정하는 바에 의하여" 보장되는 것이 보통이다. 이러한 권리들은 위에서도 지적하였듯이 헌법 제37조 제1항의 열거되지 아니한 권리로서 충분히 포섭될 수 있을 것이므로 행복추구권에는 자유권적 성격만 인정하는 것이 타당하다고 보인다.

29) 왜냐하면 사회적 기본권의 모권이라고 볼 수 있는 것은 헌법 제34조이기 때문이다.

30) 이와 관련된 문헌으로 송길웅, "헌법재판소에 의한 행복추구권의 구체화", 헌법학연구 제10권 제3호(2004), 173−219면.

의 존엄성으로부터 도출[31]하기도 하고, 인간의 존엄과 가치 및 행복추구권으로부터 도출[32]하기도 하고 있다. 이러한 일반적 인격권에는 여러 가지 자기결정권[33]이 포함된다고 볼 수 있는데, 헌법재판소는 자기운명결정권과 성적자기결정권, 개인정보자기결정권, 소비자의 자기결정권을 포함시키고 있다.

그러나 이 일반적 인격권의 영역에 포함되어야 하는 것은 헌법 제10조와 더불어서 개인의 인격영역과 불가분의 관계에 놓여 있는 요소들이다. 이러한 요소들은 우리 헌법하에서는 특히 사생활의 비밀과 자유, 그리고 주거의 자유와 통신의 자유에 의해서 보호되는 경우에는 그러한 특별한 기본권에 포섭되는 것으로 보아야 할 것이다. 그 나머지 요소들의 경우, 이러한 일반적 인격권에 의하여 보호되는 것으로 보아야 할 것이다.

27. 사생활의 비밀과 자유 등 특별한 기본권에 포섭

이러한 인격권에 해당되는 사례들을 독일 연방헌법재판소의 판례에 따라 살펴보면 성명권[34], 명예권[35], 초상권[36], 언어권[37], 공개적인

28. 독일 연방헌재 사례

---

31) 헌재 1991. 9. 16, 89헌마165 결정; 헌재 1999. 5. 27, 97헌마137, 판례집 제11권 1집, 653, 665(재소자용수의착용처분); 헌재 2001. 7. 19, 2000헌마546, 판례집 제13권 2집, 103, 112.

32) 헌재 2005. 7. 21, 2003헌마282, 판례집 제17권 2집, 81, 90; 헌재 2005. 5. 26, 99헌마513, 판례집 제17권 1집, 668, 683.

33) 자기결정권을 광의와 협의로 나누고, 협의의 자기결정권은 낙태나 치료, 장기기증 등 생명과 신체에 관한 문제와 같이 헌법 제17조에 의해 포섭되기 어려운 사항에 관한 결정을 보호영역으로 한다고 보는 견해{성낙인 (주 17), 1134면 이하}가 있으나, 이러한 자기결정권은 오히려 인간의 존엄과 가치의 핵심영역인 자율적 인격성과 신체적·정신적 정체성과 완전성 등 핵심적인 인간가치의 보호의 문제와 관련되는 부분이 아닌가 생각된다. 이러한 의미에서 행복추구권에서만 도출되는 것이 아니라 인간존엄권과 함께 행복추구권으로부터 도출되는 권리로서 파악하는 것이 더 타당하다고 생각된다. 한편 "자기결정권이란 개인이 자신의 삶에 관한 중대한 사항에 대하여 스스로 자유롭게 결정하고 그 결정에 따라 행동할 수 있는 권리를 의미한다."(1133)고 하면서도, 자기결정권은 결정의 측면을, 일반적 행동자유권은 행동의 측면을 강조한다는 점에서 양자는 구별된다고 하고 있다. 그러나 가령 계약의 자유나 성적자기결정권의 영역은 결정과 행동을 분리하기 힘든 영역이 아닌가 생각된다.

34) BVerfGE 78, 38 (49).

35) BVerfGE 54, 208 (217).

36) BVerfGE 54, 148 (155).

37) BVerfGE 54, 148 (155); 54, 208 (217).

자기묘사권38), 독자적인 인격상에 관한 권리39), 반론권40), 재사회화의 기회권41), 스스로를 책망하지 않을 권리42), 성전환을 인정받을 권리43), 자신의 권리영역을 통한 자기결정권44), 자신의 혈통을 알 권리45) 등이 있다.

가. 자기운명결정권, 성적자기결정권

29. 헌재 판례

헌법재판소는 인간의 존엄과 가치를 인격권으로 보고서 그 인격권과 행복추구권으로부터 자기운명결정권과 성적자기결정권을 도출하기도 한다.46) 즉 헌법재판소에 따르면 "개인의 인격권 · 행복추구권에는 개인의 자기운명결정권이 전제되는 것이고, 이 자기운명결정권에는 성행위 여부 및 그 상대방을 결정할 수 있는 성적자기결정권이 또한 포함되어 있으며 간통죄의 규정이 개인의 성적자기결정권을 제한하는 것임은 틀림없다"47)고 하고 있다.

30. 사생활의 비밀과 자유와의 관계

하지만 이러한 성적자기결정은 헌법 제17조의 사생활의 비밀과 자유에 의해서도 보호될 수 있는 생활영역이다. 따라서 성행위 여부 및 그 상대방을 결정할 수 있는 자유는 우선적으로는 특별한 기본권인 헌법 제17조의 사생활 기본권에 의해서 보호되는 것으로 보고, 일반적 기본권인 행복추구권은 그 적용이 배제되는 것으로 봐야 했던 것은 아닌가 하는 의문이 제기된다.

나. 개인정보자기결정권

31. 헌법적 근거

헌법재판소는 개인정보자기결정권과 관련하여 이 권리를 현대 정보화 사회에서 새로이 보호할 필요성이 대두된 새로운 독자적 기본권이

---

38) BVerfGE 54, 148 (155).
39) BVerfGE 99, 185 (193 f.).
40) BVerfGE 97, 125 (146).
41) BVerfGE 35, 202 (235).
42) BVerfGE 38, 105 (114 f.).
43) BVerfGE 49, 286 (298 ff.).
44) BVerfGE 72, 155 (170 ff.).
45) BVerfGE 79, 256 (268 f.).
46) 헌재 1990. 9. 10, 89헌마82, 판례집 제2권, 306, 310.
47) 헌재 1990. 9. 10, 89헌마82, 판례집 제2권, 306, 310.

라는 입장을 취하다가, 다시 헌법 제10조의 인간의 존엄과 가치 및 행복추구권으로부터 도출되는 일반적 인격권과 헌법 제17조의 사생활의 비밀과 자유에 의해서 보장되는 권리로 보고 있어 헌법적 근거와 관련하여 일관되지 못한 입장을 취하고 있는 것으로 보인다.

우선 주민등록법상 지문채취의 위헌성 여부에 대하여 다룬 사건에 서 헌법재판소는 "개인정보자기결정권의 헌법상 근거로는 헌법 제17조의 사생활의 비밀과 자유, 헌법 제10조 제1문의 인간의 존엄과 가치 및 행복추구권에 근거를 둔 일반적 인격권 또는 위 조문들과 동시에 우리 헌법의 자유민주적 기본질서 규정 또는 국민주권원리와 민주주의원리 등을 고려할 수 있으나, 개인정보자기결정권으로 보호하려는 내용을 위 각 기본권들 및 헌법원리들 중 일부에 완전히 포섭시키는 것은 불가능 하다고 할 것이므로, 그 헌법적 근거를 굳이 어느 한두 개에 국한시키는 것은 바람직하지 않은 것으로 보이고, 오히려 개인정보자기결정권은 이들을 이념적 기초로 하는 독자적 기본권으로서 헌법에 명시되지 아니한 기본권이라고 보아야 할 것이다."[48]고 판시한 데 반하여, 이 결정이 선고된 지 두 달도 안 되어 선고된 교육정보시스템(NEIS) 결정에서는 "인간의 존엄과 가치, 행복추구권을 규정한 헌법 제10조 제1문에서 도출되는 일반적 인격권 및 헌법 제17조의 사생활의 비밀과 자유에 의하여 보장되는 개인정보자기결정권은 자신에 관한 정보가 언제 누구에게 어느 범위까지 알려지고 또 이용되도록 할 것인지를 그 정보주체가 스스로 결정할 수 있는 권리이다. 즉 정보주체가 개인정보의 공개와 이용에 관하여 스스로 결정할 권리를 말한다. 개인정보자기결정권의 보호대상이 되는 개인정보는 개인의 신체, 신념, 사회적 지위, 신분 등과 같이 개인의 인격주체성을 특징짓는 사항으로서 그 개인의 동일성을 식별할 수 있게 하는 일체의 정보라고 할 수 있고, 반드시 개인의 내밀한 영역이나 사사(私事)의 영역에 속하는 정보에 국한되지 않고 공적 생활에서 형성되었거나 이미 공개된 개인정보까지 포함한다. 또한 그러한 개인정보를

32. 판례의 변천

---

48) 헌재 2005. 5. 26, 99헌마513, 판례집 제17권 1집, 668, 683; 헌재 2010. 5. 27, 2008 헌마663, 판례집 제22권 1집 하, 323, 334.

대상으로 한 조사·수집·보관·처리·이용 등의 행위는 모두 원칙적으로 개인정보자기결정권에 대한 제한에 해당한다(憲裁 2005. 5. 26, 99헌마513등, 공보 105, 666, 672)"[49]고 판시하고 있다.

33. 질병관련정보 공개 강제

하지만 공직자에 대하여 병역사항, 특히 질병과 관계된 정보의 공개를 강제하도록 한 데 대하여 헌법재판소는 헌법 제17조의 사생활의 비밀과 자유를 침해하는 것으로 본 바 있다.[50]

다. 소비자의 자기결정권

34. 행복추구권에서 도출

한편 헌법재판소는 소비자의 행복추구권으로부터 소비자의 자기결정권을 도출하기도 한다. 즉 "구입명령제도는 소주판매업자의 직업의 자유는 물론 소주제조업자의 경쟁 및 기업의 자유, 즉 직업의 자유와 소비자의 행복추구권에서 파생된 자기결정권을 지나치게 침해하는 위헌적인 규정이다"[51]라는 것이다.

35. 인격권의 범주 포섭 문제

그러나 이러한 소비자의 자기결정권이 인간으로서의 존엄과 가치와 결부하여 행복추구권으로부터 파생되는, 다시 말해서 일반적 인격권의 범주에 포함될 수 있을 것인지는 의문이다. 헌법재판소도 이러한 자기결정권을 행복추구권으로부터만 도출하고 있는 것으로 볼 때, 일반적 인격권의 범주에 포함시키고 있는 것 같지는 않다. 따라서 이러한 소비자의 자기결정권과 같은 경우는 오히려 일반적 행동의 자유에서 보호되

---

49) 헌재 2005. 7. 21, 2003헌마282, 판례집 제17권 2집, 81, 90-91.

50) 사람의 육체적·정신적 상태나 건강에 대한 정보, 성생활에 대한 정보와 같은 것은 인간의 존엄성이나 인격의 내적 핵심을 이루는 요소이다. 따라서 외부세계의 어떤 이해관계에 따라 그에 대한 정보를 수집하고 공표하는 것이 쉽게 허용되어서는 개인의 내밀한 인격과 자기정체성이 유지될 수 없다. '공직자 등의 병역사항 신고 및 공개에 관한 법률' 제8조 제1항 본문 가운데 '4급 이상의 공무원 본인의 질병명에 관한 부분'(이하 '이 사건 법률조항'이라 한다)에 의하여 그 공개가 강제되는 질병명은 내밀한 사적 영역에 근접하는 민감한 개인정보로서, 특별한 사정이 없는 한 타인의 지득(知得), 외부에 대한 공개로부터 차단되어 개인의 내밀한 영역 내에 유보되어야 하는 정보이다. 이러한 성격의 개인정보를 공개함으로써 사생활의 비밀과 자유를 제한하는 국가적 조치는 엄격한 기준과 방법에 따라 섬세하게 행하여지지 않으면 아니된다. 헌재 2007. 5. 31, 2005헌마1139, 공보 제128호, 646.

51) 헌재 1996. 12. 26, 96헌가18, 판례집 제8권 2집, 680, 681.

는 것으로 보는 것이 더 적절하다고 생각된다.

라. 기 타

학설 중에는 이 일반적 인격권에 이른바 인격의 영역, 즉 개인적 영역, 사적 영역, 그리고 비밀영역의 보호가 포함된다고 하면서, 개인영역은 개인적인 생활과 창조적 활동을 전개할 수 있는 정적과 평온의 영역이라고 하고, 사적 영역은 직장, 친지, 가족, 친척, 인근에 같이 일상생활하는 생활영역을 말한다고 하고, 비밀영역은 각자가 비밀유지의 이익이 있을 때의 모든 경우를 말한다고 설명하는 견해52)도 있다. 이러한 개인적 비밀영역은 독일에서는 기본법 제2조 제1항에 의하여 보호되는 일반적 인격권의 보호영역하에 속하는 것으로 이해되고 있다.53)

하지만 이러한 이해는 사생활의 비밀과 자유를 특별한 기본권으로 보호하고 있지 않은 독일 기본법 하에서는 타당한 설명일지 모르나, 우리 헌법 하에서는 이러한 개인영역은 헌법 제17조의 사생활의 비밀과 자유의 보호영역에 포함될 수 있기 때문에 이와 같은 영역을 굳이 행복추구권에 포함시킬 필요는 없을 것이라고 생각된다. 행복추구권의 보충적 기본권으로서의 성격을 고려한다면 이와 같이 보호영역을 배분하는 것이 합리적이라고 생각된다.54)

36. 영역삼분설

37. 영역삼분설의 문제점

---

52) 홍성방 (주 6), 57면과 각주 1)의 독일문헌 참고할 것.

53) 이러한 사적인 것에 대한 인격권에 대하여 독일 연방헌법재판소는 첫째, 내밀영역(사생활의 핵심영역으로서 동시에 인간존엄에 의해서도 강력하게 보호되는 핵심영역), 둘째 사적 영역, 셋째, 사회적 영역으로 단계화시켜 각각의 사적인 이익들이 어느 정도로 보호가치가 있는지를 구분하고 있다. BVerfGE 80, 367 (376 ff.). 이에 관하여 Michael Sachs저, 방승주 역 (주 27), 228−252(233) 참조.

54) 헌법재판소 역시 이와 같이 보고 있다. 헌재 2007. 5. 31, 2005헌마1139, 공보 제128호, 646, 650: "사생활의 비밀은 국가가 사생활영역을 들여다보는 것에 대한 보호를 제공하는 기본권이며, 사생활의 자유는 국가가 사생활의 자유로운 형성을 방해하거나 금지하는 것에 대한 보호를 의미한다. 구체적으로 사생활의 비밀과 자유가 보호하는 것은 개인의 내밀한 내용의 비밀을 유지할 권리, 개인이 자신의 사생활의 불가침을 보장받을 수 있는 권리, 개인의 양심영역이나 성적 영역과 같은 내밀한 영역에 대한 보호, 인격적인 감정세계의 존중의 권리와 정신적인 내면생활이 침해받지 아니할 권리 등이다. 요컨대 헌법 제17조가 보호하고자 하는 기본권은 사생활영역의 자유로운 형성과 비밀유지라고 할 것이다(헌재 2003. 10. 30, 2002헌마518, 판례집 제15권 2집 하, 185, 206−207)." 이에 대해서는 뒤 제20

38. 이른바 신
원권

특히 6.25를 전후로 한 시기에 국군과 경찰에 의한 학살사건들의 생존자와 유가족들이 국가에 대하여 진상규명과 명예회복 그리고 국가배상을 해 줄 것을 요구하며, 그러한 입법을 하지 않는 입법자의 입법부작위에 대하여 헌법소원심판을 청구한 사건들이 많이 있는데[55], 이와 같이 국가로부터 억울하게 희생당한 사건의 피해자와 생존자 그리고 유가족이 국가에 대하여 진상규명을 요구하고, 명예회복, 정당한 배상을 청구할 수 있는 권리(이른바 '신원권')는 헌법 제10조의 인간으로서의 존엄과 가치와 행복추구권 및 국가의 기본권 보호의무, 헌법 제37조 제1항으로부터 도출되는 기본권이라 할 수 있을 것이다.[56]

3. 개성의 자유로운 발현권과 일반적 행동의 자유

39. 포괄적 의
미의 자유권

헌법재판소는 행복추구권에 개성(인격)의 자유로운 발현권과 일반적 행동의 자유가 포함되는 것으로 보고 있다.[57] 헌법재판소는 그리고 이러한 일반적 행동의 자유로부터 계약의 자유도 도출되는 것으로 보고 있다. 그리고 헌법재판소는 이 일반적 행동자유권이 포괄적인 의미의 자유권으로서 일반조항적인 성격을 가짐을 강조하고 있다.[58]

40. 개인의 법
적 지위에 대한
일반적 침해로
부터의 자유

한편 이러한 일반적 행동의 자유 말고도 개인의 법적 지위에 대한 일반적 침해로부터의 자유도 함께 보호되는 것으로 보아야 할 것이다 (후술).

절, Ⅱ, 2. 참조.

55) 가령 헌재 2003. 5. 15, 2000헌마192 등, 판례집 제15권 1집, 551 [각하]; 헌재 2003. 6. 26, 2000헌마509 등, 판례집 제15권 1집, 741 [각하].

56) 이에 관해서는 방승주 외 3인, 공권력의 불행사에 대한 헌법소원심판 구조 연구, 헌법재판연구 제29권, 헌법재판소 2018, 54-55면과 각주 107) 참조.

57) 헌법재판소는 개성의 자유로운 발현권과 일반적 행동의 자유의 개념을 같이 쓰고 있는 것으로 봐서 양 내용이 서로 다른 것이 아님을 알 수 있고, "발현"이라고 하는 것은 "행동"하고 연관지어서 생각할 수 있기 때문에 서로 같은 내용이라고 이해하는 것이 적절해 보인다.

58) 헌재 2003. 10. 30, 2002헌마518, 판례집 제15권 2집 하, 185, 199-200; 1991. 6. 3, 89헌마204, 판례집 제3권, 268, 276; 헌재 1995. 7. 21, 93헌가14, 판례집 제7권 2집, 1, 32; 헌재 1997. 11. 27, 97헌바10, 판례집 제9권 2집, 651, 673; 2000. 6. 1, 98헌마216, 판례집 제12권 1집, 622, 648).

가. 일반적 행동의 자유

(1) 일반적 행동의 자유의 내용

헌법재판소는 "행복추구권 속에 함축된 일반적인 행동자유권과 개성의 자유로운 발현권은 국가안전보장, 질서유지 또는 공공복리에 반하지 않는 한 입법 기타 국정상 최대의 존중을 필요로 하는 것이라고 볼 것이다. 일반적 행동자유권에는 적극적으로 자유롭게 행동을 하는 것은 물론 소극적으로 행동을 하지 않을 자유 즉 부작위의 자유도 포함"[59]된다고 본다.

한편 이 일반적 행동자유권은 "가치 있는 행동만 그 보호영역으로 하는 것은 아닌 것으로, 그 보호영역에는 개인의 생활방식과 취미에 관한 사항도 포함되며, 여기에는 위험한 스포츠를 즐길 권리와 같은 위험한 생활방식으로 살아갈 권리도 포함된다."고 하고 있다.[60]

그리고 소극적으로 하기 싫은 일에 대한 강요 역시 일반적 행동의 자유에 대한 제한으로 본 사례도 있다. 즉 법률상 근거 없이 의무도 없는 소변채취를 강요한 행위를 당하였다면 헌법 제10조의 인간의 존엄과 가치 및 행복추구권에 의하여 보장되는 일반적인 행동의 자유권[하기 싫은 일(소변을 받아 제출하는 일)을 하지 않을 자유, 자기 신체 상태나 정보에 대하여 외부에 알리지 않을 자유]과 헌법 제12조에 의하여 보장되는 신체의 자유의 침해 여부가 문제가 된다고 본 것이다.[61]

이에 반하여 영내에 기거하는 군인은 그가 속한 세대의 거주지에서 등록하여야 한다고 규정하고 있는 주민등록법규정은 영내 기거 현역병의 일반적 행동자유권을 제한하는 것은 아니라고 보았다.[62]

옆주: 41. 적극적 자유와 소극적 자유 / 42. 개인의 생활방식 및 취미에 관한 사항도 포함 / 43. 하기 싫은 일을 강요당하지 않을 권리 / 44. 현역병의 경우

---

59) 헌재 1991. 6. 3, 89헌마204, 판례집 제3권, 268, 275-276; 헌재 1998. 5. 28, 96헌가5, 판례집 제10권 1집, 541, 549; 헌재 1998. 10. 29, 97헌마345, 판례집 제10권 2집, 621, 633; 헌재 1991. 6. 3, 89헌마204, 판례집 제3권, 268, 275.
60) 헌재 2003. 10. 30, 2002헌마518, 판례집 제15권 2집 하, 185, 199-200.
61) 헌재 2006. 7. 27, 2005헌마277, 판례집 제18권 2집, 280, 286. 이 사건에서 일반적 행동의 자유를 인간으로서의 존엄과 가치와 행복추구권으로부터 파생하는 것으로 보고 있는데, 종전 판례에 비추어 인간의 존엄과 가치를 더 붙인 것은 일관성이 없는 판시 아니었나 생각된다.
62) 헌재 2011. 6. 30, 2009헌마59, 판례집 제23권 1집 하, 445. 이 사건에서 헌법재판소는 관련규정이 선거권, 거주·이전의 자유에 대한 관련성 자체를 부인하고 있

(2) 일반적 행동의 자유와 자기책임원리

45. 의사결정이
나 행위책임과
무관한 제재

그리고 헌법재판소는 일반적 행동자유권을 인정하는 이유를 "개인
이 행위를 할 것인가의 여부에 대하여 자유롭게 결단하는 것을 전제로
하여 이성적이고 책임감 있는 사람이라면 자기에 관한 사항은 스스로
처리할 수 있을 것이라는 생각"에서 찾고 있다.[63] 또한 이러한 책임원
칙과 관련하여 형벌을 포함한 법적 제재는 기본적으로 행위자의 의사결
정과 책임의 범위에 상응하는 것이어야 하고, 자신의 의사결정이나 행
위책임과 무관한 제재는 '책임원칙'에 반하거나, 타인에 해악을 주지 않
는 한 자유롭게 행동할 수 있고 자신과 무관한 사유로 인한 법적 제재
로부터 자유로울 것을 내포하는 헌법 제10조의 행복추구권의 취지에 어
긋난다[64]고 보고 있다.

(3) 계약의 자유

46. 일반적 행
동자유권으로
부터 파생

이러한 일반적 행동의 자유에는 우선 계약의 자유가 포함된다. "법
률행위의 영역에 있어서는 계약을 체결할 것인가의 여부, 체결한다면 어
떠한 내용의, 어떠한 상대방과의 관계에서, 어떠한 방식으로 계약을 체
결하느냐 하는 것도 당사자 자신이 자기의사로 결정하는 자유뿐만 아니
라 원치 않으면 계약을 체결하지 않을 자유 즉 원치 않는 계약의 체결은
법이나 국가에 의하여 강제 받지 않을 자유인 이른바 계약자유의 원칙
도, 여기의 일반적 행동자유권으로부터 파생되는 것이라 할 것이다."[65]

으며, 또한 영내거주 군인과 일반국민이나 장교 등과의 차별취급 여부 논의 자체
를 부인하고 있는 것으로 보인다. 그렇다면 해당 기본권들에 대한 관련성 자체를
부인하고 있는 것이므로 본안판단으로서의 기각결정이 아니라 적법요건 결여의
의미에서의 각하결정을 내리는 것이 논리 일관된 것이 아니었나 생각되며, 굳이
본안판단을 할 여지가 있었다면, 일단 기본권의 관련성, 즉 기본권제한 가능성을
분명하게 인정한 후, 그 침해를 부인하였어야 할 것이라고 생각된다.

63) 헌재 2003. 10. 30, 2002헌마518, 판례집 제15권 2집(하), 185, 199－200; 헌재
2005. 12. 22, 2004헌바64, 공보 제111호, 124, 128; 헌재 1991. 6. 3, 89헌마204, 판
례집 제3권, 268, 276 ; 헌재 2000. 6. 1, 98헌마216, 판례집 제12권 1집, 622, 648.
64) 헌재 2005. 7. 21, 2004헌가30, 판례집 제17권 2집, 1, 14.
65) 헌재 1991. 6. 3, 89헌마204, 판례집 제3권, 268, 275－276; 헌재 1998. 5. 28, 96헌
가5, 판례집 제10권 1집, 541, 549; 헌재 1998. 10. 29, 97헌마345, 판례집 제10권 2
집, 621, 633; 헌재 1991. 6. 3, 89헌마204, 판례집 제3권, 268, 275.

그리고 이 계약의 자유에 대한 구체적인 내용도 밝히고 있다. 즉 "계약의 자유란 계약 체결의 여부, 계약의 상대방, 계약의 방식과 내용 등을 당사자의 자유로운 의사로 결정하는 자유"를 말한다.66) 또한 이 계약의 자유를 사적 자치의 원칙과 동일한 개념으로 보기도 한다. 즉 이 사적 자치의 원칙이란 자신의 일을 자신의 의사로 결정하고 행하는 자유뿐만 아니라 원치 않으면 하지 않을 자유로서 우리 헌법 제10조의 행복추구권에서 파생되는 일반적 행동자유권의 하나라는 것이다.67)

하지만 이 계약의 자유를 청구인의 재산권을 자유로이 사용, 수익할 자유에 포함되는 것으로 본 사례68)도 있다.

(4) 그 밖의 일반적 행동의 자유의 제한사례

한편 의료행위를 지속적인 소득활동이 아니라 취미, 일시적 활동 또는 무상의 봉사활동으로 삼는 것에 대한 금지69), 친구나 친지 등으로부터 대가를 받고 운전교육을 하는 일체의 유상 운전교육행위에 대한 금지70), 금품을 대가로 해서는 다른 사람을 중개하거나 대신하여 그 이해관계나 국정에 관한 의견 또는 희망을 해당 기관에 진술할 수 없게 하는 것71), 학교운영위원 선거에 있어서 직원대표 입후보 규정을 두지 않음으로 직원대표위원 활동을 통하여 사회형성에 적극적으로 참여하는 행위를 제한하는 것72)은 일반적 행동의 자유에 대한 제한이며, 설립자가 사립학교를 자유롭게 운영할 자유 역시 일반적인 행동의 자유권에 의하여 보호되는 것으로 보고 있다.73)

47. 사적 자치의 원칙과 동일개념

48. 재산권의 내용설

49. 일반적 행동 자유의 제한 사례

---

66) 헌재 2002. 1. 31, 2000헌바35, 판례집 제14권 1집, 14, 22; 헌재 1991. 6. 3, 89헌마 204, 판례집 제3권, 268, 275-276; 헌재 1998. 5. 28, 96헌가5, 판례집 제10권 1집, 541; 헌재 1998. 10. 29, 97헌마345, 판례집 제10권 2집, 621, 633; 헌재 1999. 12. 23, 98헌가12 등, 판례집 제11권 2집, 659; 헌재 2001. 5. 31, 99헌가18 등, 공보 제57호, 14, 35; 헌재 2002. 2. 28, 2001헌바73, 판례집 제14권 1집, 141, 149.

67) 헌재 2003. 5. 15, 2001헌바98, 판례집 제15권 1집, 534, 546-547.

68) 헌재 2006. 6. 29, 2005헌마1167, 판례집 제18권 1집 하, 498, 506.

69) 헌재 2002. 12. 18, 2001헌마370, 판례집 제14권 2집, 882, 887; 헌재 2005. 5. 26, 2003헌바86, 판례집 제17권 1집, 630, 637-638.

70) 헌재 2003. 9. 25, 2001헌마447, 판례집 제15권 2집 상, 420, 432-433.

71) 헌재 2005. 11. 24, 2003헌바108, 판례집 제17권 2집, 409, 415.

72) 헌재 2007. 3. 29, 2005헌마1144, 공보 제126호, 345, 346.

73) 헌재 2001. 1. 18, 99헌바63, 판례집 제13권 1집, 60, 68; 헌재 2006. 4. 27, 2005헌

50. 일체의 이
의제기 금지

또한 헌법재판소는 4 · 16세월호참사 피해구제 및 지원 등을 위한
특별법 제6조 제3항 등 위헌확인사건에서 이 법 시행령상 이의제기금지
조항은 법률유보원칙을 위반하여 법률의 근거 없이 대통령령으로 청구
인들에게 세월호 참사와 관련된 일체의 이의 제기 금지 의무를 부담시
킴으로써 일반적 행동의 자유를 침해한다고 판시하였다.[74]

(5) 기타 행복추구권(과 인간으로서의 존엄과 가치 등 다른 기본권)으로부터 도출되는 권리

51. 행복추구권
에서 도출되는
그 밖의 권리

그 밖에도 헌법재판소는 행복추구권으로부터 여러 가지 권리들을
도출해 내고 있다. 즉 부모의 자녀에 대한 교육권[75], 경제활동의 자
유[76], 미결수용자의 접견교통권[77], 가족의 미결수용자에 대한 접견
권[78], 흡연권[79], 인간다운 생활공간에서 살 권리[80] 등이 그것이다.

나. 법적 지위에 대한 일반적 침해로부터의 자유

52. 일반적 행
동의 자유에 포
함

다음으로 기본권적으로 보호되는 개인의 법적 지위에 대한 일반적
침해로부터의 자유도 이러한 일반적 행동의 자유에 포함되는 것으로 볼
수 있을 것이다. 이러한 법적 지위에는 합법적으로 이루어진 개인의 모
든 이익 전체라고 할 수 있으며, 이러한 이익과 지위에 대한 일반적인
침해로부터의 자유를 행복추구권은 보장한다고 할 수 있다. 다시 말해
서 개인이 가지는 어떠한 법적 지위에 대하여 국가가 이를 부당하게 제
한하거나 빼앗아서는 안 되는데, 결국 이러한 법적 지위의 포괄적 보호
의 문제는 다른 특별한 기본권에 의해서 보호되지 아니하는 경우에는
행복추구권과 그로부터 도출되는 일반적 행동의 자유에 의해서 보호되

마1119, 판례집 제18권 1집 상, 631, 643.
74) 헌재 2017. 6. 29, 2015헌마654, 판례집 제29권 1집, 305 [위헌, 기각, 각하]. 이에
관해서는 방승주, 세월호참사 피해구제 및 지원 등을 위한 특별법 시행령상 이의
제기금지조항의 위헌여부, 헌법사례연습, 박영사 2015, 104-116면 참조.
75) 헌재 2007. 3. 29, 2005헌마1144, 공보 제126호, 345, 349.
76) 헌재 2002. 11. 28, 2001헌바50, 판례집 제14권 2집 , 668, 679.
77) 헌재 2003. 11. 27, 2002헌마193, 판례집 제15권 2집 하, 311, 329. 같은 판례로 대
법원 1992. 5. 8. 선고, 91부8 판결{공1992. 8. 1.(925), 2151}.
78) 헌재 2003. 11. 27, 2002헌마193, 판례집 제15권 2집 하, 311, 329.
79) 헌재 2004. 8. 26, 2003헌마457, 판례집 제16권 2집 상, 355, 360.
80) 헌재 1994. 12. 29, 94헌마201, 판례집 제6권 2집, 510, 522.

는 것으로 보아야 하는 것이다.[81]

우리 헌법재판소 판례에서는 가령 자의적인 기소유예처분[82]이나 기소중지처분[83]의 경우, 비록 전과는 아니지만 불필요하게 기소유예라고 하는 신분상 전력이 남게 되어 이로 인한 여러 가지 불이익을 입을 수 있다는 점에서 법적 지위에 대한 침해의 사례에 해당한다고 볼 수 있을 것이다.

53. 우리 헌재 판례

VI. 행복추구권의 기본권주체

행복추구권도 역시 원칙적으로 자연인만이 기본권의 주체라고 볼 수 있다. 왜냐하면 인간으로서의 존엄과 가치를 가지는 인간만이 하고 싶은 일을 하고, 하고 싶지 않은 일을 하지 않을 자유, 즉 일반적 행동의 자유와 개성 및 인격의 자유로운 발현권을 가질 수 있기 때문이다.

54. 자연인

그러나 이러한 행복추구권에는 일반적 행동의 자유에서 도출되는 계약체결의 자유, 그리고 성명권과 명예권 등이 포함되는 일반적 인격권이 포함되는데, 우선 계약체결의 자유의 경우 법인에게 인정하지 못할 이유가 없다.[84] 그리고 성명권이나 명예권 등과 같은 일반적 인격권에 법인의 상호권이나 사회적 평판 명예 등이 포함된다고 본다면, 그러한 범위 내에서 법인의 기본권주체성도 인정해 줄 필요가 있다고 할 수 있을 것이다.[85]

55. 예외적으로 법인의 기본권 주체성 인정

다음으로 이렇게 자연인에게만 인정된다고 할 때, 구체적으로 외국인과, 태아, 배아, 그리고 사자의 경우 기본권주체성이 인정될 수 있을 것인지가 문제된다.

56. 외국인, 태아, 배아, 사자의 기본권주체성

---

81) 이러한 관점에 대해서는 Michael Sachs저, 방승주 역 (주 27), 228-252(234) 참조.
82) 헌재 1993. 3. 11, 92헌마191, 판례집 제5권 1집, 170; 1989. 10. 27, 89헌마56, 판례집 제1권, 309.
83) 헌재 1997. 2. 20, 95헌마362, 판례집 제9권 1집. 179.
84) 동지, 계희열 (주 15), 225면; Michael Sachs저, 방승주 역 (주 27), 228-252(235); 이에 반하여, 김철수 (주 11), 490면; 성낙인 (주 17), 1127면.
85) 최근 헌법재판소도 법인의 인격권의 주체성을 인정한 바 있음은 전술한 바와 같다. 헌재 2012. 8. 23, 2009헌가27, 판례집 제24권 2집 상, 355, 363-364.

57. 외국인에게
기본권 주체성
인정

　　우선 행복추구권은 전국가적, 초국가적 자연권으로서 당연히 외국인에게도 인정된다고 보아야 할 것이다. 이것은 인간의 존엄과 가치의 경우와 마찬가지라고 보아야 할 것이다. 헌법재판소는 "외국인에게 모든 기본권이 무한정 인정될 수 있는 것이 아니라 원칙적으로 '국민의 권리'가 아닌 '인간의 권리'의 범위 내에서만 인정될 것인바, 인간의 존엄과 가치 및 행복추구권은 '인간의 권리'로서 외국인도 그 주체가 될 수 있고, 평등권도 인간의 권리로서 참정권 등에 대한 성질상 제한 및 상호주의에 의한 제한이 있을 수 있을 뿐이다(헌재 2001. 11. 29. 99헌마494, 판례집 제13권 2집, 714, 723 – 724 참조)"[86]고 하고 있다. 이와 관련하여 국민의 권리의 성격을 띤 기본권의 경우, 외국인이 그 기본권의 주체성을 인정받을 수 없다 하더라도, 보충적으로 이 행복추구권을 통해서 그러한 생활영역에서의 일반적 보호는 받을 수 있는 것으로 볼 수 있을 것이다.

58. 태아의 기
본권 주체성 인
정

　　그리고 태아가 행복추구권의 기본권주체가 될 것인가의 문제가 제기될 수 있다. 행복추구권은 자기가 하고 싶은 일을 하고, 하고 싶지 않은 일을 하지 않을 자유라고 할 것인데, 모체의 태중에 있는 태아 역시 인간으로서의 존엄과 가치의 기본권주체로서 자신의 능력이 미치는 범위 내에서 하고 싶은 대로 할 수 있는 인간이라고 할 수 있기 때문에, 당연히 행복추구권의 주체성도 인정하지 않으면 안 될 것이다.[87]

59. 배아의 기
본권 주체성 인
정

　　다만 배아의 경우 과연 행복추구권의 기본권주체성을 인정할 수 있을 것인가가 문제된다. 인간으로서의 존엄과 가치의 기본권주체성을 인정한다면, 행복추구권의 주체성도 같이 인정할 수밖에 없을 것이다. 다만 그 보호의 강도와 관련하여서, 착상시부터는 완전한 행복추구권의 보호를 받지만, 착상 전까지의 배아는 착상 후의 배아에 대한 보호보다 완화된 보호를 받을 수 있다.

60. 사자의 기
본권 주체성의
예외적 인정 가
능성?

　　다음으로 사자(死者)의 행복추구권의 기본권주체성을 인정할 것인지가 문제될 수 있다. 행복추구권은 천부인권적 자연권으로서 살아 있는 사람의 권리라고 보아야 할 것이다. 다만 사자 역시 생전의 인간존엄

---

86) 헌재 2007. 8. 30, 2004헌마670, 공보 제28호, 982, 3.
87) 계희열 (주 15), 226면.

권 내지 인격권과 명예권은 사후적으로도 존중받을 필요가 있다는 것은 전술한 바와 같다. 그러나 일반적 행동의 자유나 그 밖에 살아 있는 인간을 전제로 할 수 있는 계약의 자유, 자기결정권[88] 등은 사자에게 인정할 수는 없을 것이다.

VII. 행복추구권의 제한

헌법 제10조의 행복추구권에는 독일 기본법 제2조 제1항과 같은 헌법 직접적 한계조항(타인의 권리, 헌법질서, 도덕률)이 존재하지 않는다. 그리고 개별적 법률유보조항 역시 없다. 그러나 행복추구권 역시 헌법 제37조 제2항의 일반적 법률유보조항에 따라 국가안전보장·질서유지·공공복리를 위하여 필요한 경우에 한하여 제한될 수 있다. 다만 제한하는 경우에도 그 본질내용은 침해할 수 없다.

61. 일반적 법률유보

1. 제한의 헌법적 정당화

행복추구권의 제한을 위해서는 헌법 제37조 제2항의 국가안전보장, 질서유지, 공공복리에 해당되는 헌법적 법익에 의하여 그 제한이 정당화되지 않으면 안 된다.

62. 헌법 제37조 제2항에 따른 제한 가능

헌법재판소는 가령 성적 자기결정권의 한계에 대하여, "그러나 개인의 성적자기결정권도 국가적·사회적·공공복리 등의 존중에 의한 내재적 한계가 있는 것이며, 따라서 절대적으로 보장되는 것은 아닐 뿐만 아니라 헌법 제37조 제2항이 명시하고 있듯이 질서유지(사회적 안녕질서), 공공복리(국민공동의 행복과 이익) 등 공동체 목적을 위하여 그 제한

63. 성적 자기결정권의 한계

---

88) 다만 자기결정권과 관련하여 생전에 장기기증의 동의가 없었던 경우 뇌사자의 장기기증을 유족들이 동의할 수 있는가의 문제와 관련하여, 이 경우 뇌사자의 생전의 자기결정권을 침해하는 것 아닌가 여부의 문제가 제기될 수 있다. 뇌사의 경우 아직 사망이라고 받아들이지 않는 법학적 견지에서 본다면, 뇌사자의 경우도 자기결정권의 주체성이 인정될 수밖에 없고, 그렇지 않다 하더라도 생전의 자기결정권은 존중되어야 하므로, 생전의 명시적 의사가 확인될 수 없는 경우에 장기기증 가능성의 문제에 대해서는 신중한 접근을 요한다.

이 불가피한 경우에는 성적자기결정권의 본질적 내용을 침해하지 않는
한도에서 법률로써 제한할 수 있는 것이다"[89]고 밝히고 있다.

64. 사적자치권의 제한 가능성

그리고 계약의 자유에 해당하는 사적자치권의 제한가능성에 대해
서도, "이 사적 자치권(계약자유권)도 국가안전보장, 질서유지 및 공공복
리를 위하여 필요한 경우에는 법률로써 제한될 수 있고 다만, 그 제한은
필요 최소한에 그쳐야 하며 사적자치권의 본질적인 내용을 침해할 수
없다"고 판시하고 있다.[90]

2. 제한의 한계

65. 과잉금지원칙 및 본질내용침해금지 준수

행복추구권의 제한에 있어서도 과잉금지의 원칙 등 제한의 한계법
리를 준수해야 하며, 본질내용침해금지에 따라서 그 본질내용을 침해해
서는 안 된다.

66. 일반적 인격권의 경우 엄격, 일반적 행동의 자유의 경우 엄격

다만 행복추구권에서 도출되는 기본권들 가운데, 일반적 인격권과
같이 인간으로서의 존엄과 가치와 밀접하게 관련되면 될수록 그 가치와
중요성이 높아진다고 할 수 있기 때문에, 이러한 기본권에 대한 제한의
경우는 과잉금지원칙의 침해 여부의 심사가 보다 엄격하게 이루어질 필
요가 있을 것이다. 이에 비하여 일반적 행동의 자유는 일반적 인격권보
다는 덜 중요할 수 있기 때문에, 다른 법익과의 충돌시 실제적 조화의
원리에 맞게 적절히 형량하여야 할 것이며, 과잉금지원칙 위반 여부의
심사에 있어서도 일반적 인격권의 경우보다는 완화된 심사를 할 수 있
을 것이다.

67. 인간존엄 영역에 더 가까운 기본권 우선적 보호

일반적 인격권과 사생활의 기본권에 의해서 보호되는 사적인 비밀
영역은 인간의 자기 정체성과 관련되는 생활영역이기 때문에 그 영역
이 침해될 경우 인간의 존엄성 자체가 침해될 수 있다. 따라서 우리 헌
법이 선택한 인간존엄의 가치질서에 따라 보다 중요한 기본권과 덜 중
요한 기본권(또는 헌법적 법익)과의 형량의 경우에는, 인간으로서의 존엄
영역에 가까운 더 중요한 기본권이 우선하여 보호될 수 있도록 하되,

---

89) 헌재 1990. 9. 10, 89헌마82, 판례집 제2권, 306, 310.
90) 헌재 2003. 5. 15, 2001헌바98, 판례집 제15권 1집, 534, 546−547.

충돌하는 법익들 간에 실제적 조화가 잘 이루어질 수 있도록 하여야 할 것이다.

헌법 제37조 제2항의 본질내용침해금지는 행복추구권 가운데 절대적으로 침해할 수 없는 어떠한 객관적인 내용을 보호한다고 하기 보다는 비례의 원칙에 따라 상대적으로 결정될 수 있는 내용이라고 볼 수 있을 것이다. 다만, 행복추구권이 보호하는 일반적 인격권의 경우, 인간으로서의 존엄과 가치와의 밀접불가분성 때문에, 이러한 인격권의 제한은 신중을 기해야 하며, 그 본질내용은 인간으로서의 존엄과 가치가 될 수 있다. 다음으로 일반적 행동의 자유의 경우도 공익상 필요에 의하여 제한하지 않으면 안 되는 불가피한 사유가 그 제한을 정당화하지 않는 한, 자유우선(in dubio pro libertate)의 원칙에 따라서 일반적 행동의 자유가 우선하는 것으로 보아야 할 것이고, 이를 침해하면 과잉금지의 원칙뿐만 아니라, 일반적 행동의 자유의 본질내용도 침해되는 것으로 보아야 할 것이다.

68. 상대적 본질내용설

VIII. 행복추구권의 효력

1. 대국가적 효력

행복추구권은 원칙적으로 대국가적 방어권으로서의 효력을 가진다. 이는 헌법 제10조 2문이 밝히고 있는 바, 국가는 개인이 가지는 불가침의 기본적 인권을 확인하고 이를 보장할 의무를 진다는 규정이 말해 주고 있다. 여기에서 기본권에 구속되는 수범자는 국가임을 알 수 있다. 이러한 국가에는 지방자치단체와 공법인 등이 모두 포함되는 것으로 보아야 할 것이다. 따라서 국가와 지방자치단체 등은 개인의 행복추구권을 침해해서도 안 되지만, 사인에 의한 행복추구권의 침해도 방지하고 이를 보호해야 할 의무를 진다.

69. 대국가적 방어권

국가의 모든 법질서에는 기본권이 가지는 객관적인 가치질서나 소위 방사효과(파급효과)가 미치기 때문에, 국가기관의 모든 법집행자들은 국민의 행복추구권의 중요성을 인식하고 여기에 구속되어 법집행을 하

70. 객관적인 가치질서 내지 방사효과

여야 하는 것이다.

2. 대사인적 효력

71. 간접적 대
사인효

사인의 경우도 예외적으로 기본권에 구속될 수 있으며, 행복추구권
의 경우도 마찬가지이다. 학설에 따라서는 직접적 효력을 주장하는 견
해가 있으나, 그러할 필요는 없고, 간접효력으로 충분하다고 생각된다.

72. 민법상 사
적자치의 원리

이와 같이 기본권의 대사인적 효력과 관련하여 간접효력설을 택하
는 것은 민법상 사적자치의 원리, 그리고 계약의 자유 자체가 바로 이러
한 행복추구권에 의해서 보호되는 자유이기 때문에, 사인간의 사적 계
약에 대하여 행복추구권이 직접 개입하여 효력을 발하는 것으로 보는
경우에는 오히려 역설적으로 그 사적 자치와 계약의 자유 자체가 후퇴
하고 침해될 수 있기 때문이다.

가. 일반적 인격권

73. 민법상 불
법행위 관련 규
정에 간접효

우선 일반적 인격권의 경우 사인의 표현의 자유 등에 의해서 침해
가 빈발할 수 있다. 이때에도 이러한 대사인적 효력은 직접적 효력을 미
친다고 하기 보다는 민법상 불법행위 관련 규정 등을 통한 간접적 효력
이 미치는 것으로 보아야 할 것이다. 이 점은 표현의 자유와 명예권의
보호에 대한 대법원의 많은 판례들이 보여주고 있다.[91]

나. 일반적 행동의 자유

74. 사 법 상 의
일반조항에 대
한 간접효

그리고 일반적 행동의 자유의 경우 역시 계약의 자유나 그 밖의 일
반적 자유를 침해하는 사인의 행위에 대해서는 공정거래법상 관련규정
이나, 기타 사법상의 일반조항을 통하여 그 효력을 미치게 할 수 있기
때문에 역시 간접효력에 의한 해결이 타당하다고 보아야 할 것이다.

75. 우월적 지
위를 이용한 불
공정거래행위

사인간의 계약에 있어서 어떠한 사인이 우월적 지위를 이용하여 자
유로운 경쟁을 저해하거나 일방적인 불이익을 끼칠 수 있는 경우를 예

---

91) 앞의 제7절 Ⅷ, 5, 가 (1) 참조.

방하기 위하여 입법자는 공정거래법을 제정하였으며, 또한 법원 역시 구체적인 사례에 동법을 적용함에 있어서 불공정거래행위의 개념의 해석을 통하여 계약체결의 자유를 보호하는 기능을 수행하고 있다. 즉 공정거래법상 "불이익제공"이나 "가격차별", "기타의 거래거절" 등 "불공정거래행위" 개념의 해석을 통하여 사법적 거래에 있어서 불공정거래행위가 있는지 여부를 판단하면서 기본권의 효력을 간접적으로 미치게 하는 것이다.

　　가령 대법원은 2005. 12. 8. 선고 2003두5327 판결에서 "불이익제공을 불공정거래행위로 규정하고 있는 것은 거래과정에서 거래상의 지위를 이용하여 일방당사자가 그보다 열등한 지위에 있는 타방당사자의 자유의사를 구속하여 일방적으로 상대방에게만 불이익이 되도록 거래조건을 설정하거나 변경하는 등 상대방에게 일방적으로 불이익을 주게 되는 경우에는 공정한 경쟁의 기반을 침해할 우려가 있기 때문에 이를 규제하고자 함에 그 취지가 있는 반면, 가격차별을 불공정거래행위로 규정하고 있는 것은 가격차별로 인하여 차별취급을 받는 자들의 경쟁력에 영향을 미치고, 경쟁자의 고객에게 유리한 조건을 제시하여 경쟁자의 고객을 빼앗는 등 경쟁자의 사업활동을 곤란하게 하거나 거래상대방을 현저하게 불리 또는 유리하게 하는 등 경쟁질서를 저해하는 것을 방지하고자 함"에 그 취지가 있다고 판시하고 있다.

76. 대법원 판례

Ⅸ. 행복추구권에 관한 헌법재판소 판례

1. 행복추구권 침해를 인정한 사례

먼저 행복추구권 침해를 인정한 사례를 열거하면 다음과 같다.

77. 침해 인정 사례

가. 일반적 인격권, 성적 자기결정권

친생부인의 소를 '그 출생을 안 날로부터 1년내'로 제한 한 것[92]은

78. 친생부인의 소

---

92) 헌재 1997. 3. 27, 95헌가14 등, 판례집 제9권 1집. 193.

일반적 인격권의 침해이다.

**79. 태아의 성
감별**

그리고 헌법재판소는 헌법 제10조로부터 도출되는 일반적 인격권
으로부터 장래 가족의 구성원이 될 태아의 성별 정보에 대한 접근을 국
가로부터 방해받지 않을 부모의 권리를 도출한 후, 태아의 성별에 대하
여 고지하는 것을 금지하는 규정은 이러한 부모의 태아 성별 정보에 대
한 접근을 방해받지 않을 권리를 침해한다고 보았다.93)

**80. 혼인빙자간
음죄, 간통죄**

헌법재판소는 형법 제304조의 혼인빙자간음죄에 대하여 종전에 합
헌으로 보던 판례94)를 변경하여 남성의 성적 자기결정권을 침해하여 위
헌이라고 보았다.95) 그리고 간통죄를 규정한 형법 제241조에 대해서도
판례를 변경하여 위헌선언하였다.96)

나. 일반적 행동의 자유, 자기책임원리

**81. 일반적 행
동의 자유 침해
사례**

특수건물소유자에게 특약부화재보험계약 체결의 강제97), 검사의 자
의적인 기소유예처분98) 또는 기소중지처분99), 18세 미만자에 대한 당구
장 출입금지100), 기부금품모집행위금지 및 행정자치부장관등 허가제101),
경조 기간 중 주류 및 음식물접대 금지102), 경찰청장이 경찰버스를 동
원하여 서울광장을 둘러싸 통행을 제지한 행위103) 등은 일반적 행동의
자유의 침해이다.

**82. 형벌의 책
임주의 원칙 위
반 사례**

한편 선거범죄로 인하여 당선이 무효로 된 때를 비례대표지방의회
의원의 의석 승계 제한사유로 규정한 공직선거법 제200조 제2항 단서
중 '비례대표지방의회의원 당선인이 제264조(당선인의 선거범죄로 인한 당

---

93) 헌재 2008. 7. 31, 2004헌마1010 등, 판례집 제20권 2집 상, 236, 251-252.
94) 헌재 2002. 10. 31, 99헌바40 등, 판례집 제14권 2집, 390.
95) 헌재 2009. 11. 26, 2008헌바58 등, 판례집 제21권 2집 하, 520, 528.
96) 헌재 2015. 2. 26, 2009헌바17 등, 판례집 제27권 1집 상, 20 [위헌].
97) 헌재 1991. 6. 3, 89헌마204, 판례집 제3권, 268.
98) 헌재 1993. 3. 11, 92헌마191, 판례집 제5권 1집, 170; 헌재 1989. 10. 27, 89헌마56,
    판례집 제1권, 309.
99) 헌재 1997. 2. 20, 95헌마362, 판례집 제9권 1집, 179.
100) 헌재 1993. 5. 13, 92헌마80, 판례집 제5권 1집, 365.
101) 헌재 1998. 5. 28, 96헌가5, 판례집 제10권 1집, 541.
102) 헌재 1998. 10. 15, 98헌마168, 관보 1998. 10. 28. 69, 73.
103) 헌재 2011. 6. 30, 2009헌마406, 판례집 제23권 1집 하, 457.

선무효)의 규정에 의하여 당선이 무효로 된 때' 부분104)은 자기책임의 범
위를 벗어나는 제재라고 보았으며, 또한 종업원 등의 일정한 범죄행위
에 대하여 영업주에게 어떠한 잘못이 있는지를 전혀 묻지 아니하고 곧
바로 그를 종업원 등과 같이 처벌하도록 하고 있는 규정에 대하여 헌법
상 법치국가원리에 내재하며 헌법 제10조로부터 도출되는 형벌의 책임
주의 원칙에 반한다고 보았다.105)

다. 계약의 자유 또는 사적자치의 침해

고려기간 내에 상속의 한정승인 내지 상속포기 안한 경우 단순승인 **83. 상속 관련**
간주106), 상속회복청구권의 행사기간을 상속 개시일로부터 10년으로 제 **사례**
한한 것107)은 계약의 자유 또는 사적자치의 침해이다.

라. 인간으로서의 존엄과 가치 및 행복추구권 또는 그 이념

동성동본금혼제108), 학교정화구역내의 극장 시설 및 영업을 금지하 **84. 동성동본금**
고 있는 학교보건법 제6조 제1항 본문 제2호 중 '극장'부분(아동·청소년 **혼 등**
의 인격권, 문화향유권 침해)109), 미결수용자에 대한 재소자용 수의 착용
처분110)은 인간으로서의 존엄과 가치 및 행복추구권을 동시에 침해한
사례이다.

---

104) 헌재 2009. 6. 25, 2007헌마40, 판례집 제21권 1집 하, 850.
105) 헌재 2010. 7. 29, 2009헌가14 등, 판례집 제22권 2집 상, 140, 158. 이 판례에서는
     과연 형벌에 관한 책임주의가 인간존엄권으로부터 도출되는지 아니면 행복추구
     권으로부터 도출되는지를 분명하게 밝히고 있지는 않다. 같은 취지의 판례로 헌
     재 2010. 7. 29, 2009헌가18 등, 판례집 제22권 2집 상, 163, 174; 헌재 2010. 7. 29,
     2009헌가25 등, 판례집 제22권 2집 상, 183, 191; 헌재 2009. 10. 29, 2009헌가6, 판
     례집 제21권 2집 하, 1; 헌재 2009. 7. 30. 2008헌가10, 판례집 제21권 2집 상, 64;
     헌재 2009. 7. 30, 2008헌가24, 공보 제154호, 1435; 헌재 2009. 7. 30, 2008헌가18,
     공보 제154호, 1427; 헌재 2009. 7. 30. 2008헌가14, 판례집 제21권 2집 상, 77; 헌
     재 2009. 7. 30, 2008헌가16, 판례집 제21권 2집 상, 97; 헌재 2009. 7. 30, 2008헌가
     17, 공보 제154호, 1418; 헌재 2007. 11. 29, 2005헌가10, 판례집 제19권 2집, 52.
106) 헌재 1998. 8. 27, 96헌가22 등, 공보 제29호, 693, 699−700.
107) 헌재 2001. 7. 19, 99헌바9, 판례집 제13권 2집, 1, 1.
108) 헌재 1997. 7. 16, 95헌가6 등, 판례집 제9권 2집, 1.
109) 헌재 2004. 5. 27, 2003헌가1, 판례집 제16권 1집, 670, 672.
110) 헌재 1999. 5. 27, 97헌마137, 판례집 제11권 1집, 653, 665.

마. 단순히 행복추구권의 침해 확인

85. 피구속자 면회제한

단순히 행복추구권의 침해를 확인한 사례로서 피구속자의 면회제한111)이 있다.

바. 특별한 기본권의 침해와 더불어서 행복추구권침해도 확인한 사례

86. 치과전문의 자격시험 불실시 등

치과전문의 자격시험 불실시로 전문과목 표시를 하지 못하게 한 것112)을 행복추구권 침해로 확인한 사례는 보충적 기본권으로서의 행복추구권의 의미와 기본권경합이론의 법리를 아직 인식하지 못한 상태에서 병렬적으로 침해를 확인한 경우라고 생각된다.

2. 행복추구권 침해를 부정한 사례

가. 일반적 인격권, 성적 자기결정권, 개인정보자기결정권113)

87. 간통죄 위헌

과거에 간통죄의 형사처벌114)은 성적 자기결정권의 침해가 아니라고 봤으나 판례를 변경하여 간통죄는 성적 자기결정권 및 사생활의 비밀과 자유를 침해하여 위헌이라고 보았다.115)

88. 채무불이행자명부 공개제도 등

그리고 채무불이행자명부나 그 부본은 누구든지 보거나 복사할 것을 신청할 수 있도록 규정한 민사집행법 제72조 제4항116)(4:5 합헌), 검사의 '혐의없음' 불기소처분 등에 관한 수사경력자료의 보존 및 보존기간을 정한 구 '형의 실효 등에 관한 법률' 제8조의2 제1항 제1호 중 검사의 '혐의없음'의 불기소처분이 있는 경우에 관한 부분 및 제2항 제2호 등117)은 개인정보자기결정권을 침해하지 않는다고 보았다.

---

111) 헌재 2003. 11. 27, 2002헌사129, 판례집 제14권 1집, 433, 439－440.
112) 헌재 1998. 7. 16, 96헌마246, 공보 제29호, 673, 681.
113) 전술한 바와 같이 판례에 따라서는 이를 열거되지 않은 독자적 기본권으로 보기도 하나, 일단 헌법 제10조의 행복추구권으로부터 도출하는 판례에 따라 이하에서 그 사례를 보기로 한다.
114) 헌재 1990. 9. 10, 89헌마82, 판례집 제2권, 306.
115) 헌재 2015. 2. 26, 2009헌바17 등, 형법 제241조 위헌소원 등, 판례집 27－1상, 20 [위헌].
116) 헌재 2010. 5. 27, 2008헌마663, 판례집 제22권 1집 하, 323.
117) 헌재 2009. 10. 29, 2008헌마257, 판례집 제21권 2집 하, 372, 373; 헌재 2012. 7. 26, 2010헌마446, 판례집 제24권 2집 상, 248.

나. 일반적 행동의 자유

음주운전 여부확인을 위한 음주측정[118], 사법시험 시행일을 일요일로 정한 것[119](휴식권), 인천국제공항고속도로를 이용하는 영종도민에 대한 고속도로사용료의 징수[120], 도로교통법 제50조 제1항 및 제2항 위반으로 운전면허가 취소된 사람에 대한 5년간 운전면허취득자격제한제도[121], 이륜자동차와 원동기장치자전거에 대한 고속도로, 자동차전용도로의 통행금지제[122], 국가보안법 제9조 제2항의 편의제공죄의 처벌(한정합헌)[123], 세무대학폐교[124], 학교운영위원회의 입후보자에서 실무담당자인 일반직원대표를 제외한 것[125], 시력기준에 미달시 제1종 운전면허대상 차량의 운전금지[126] 자필증서에 의한 유언에 있어서 '주소의 자서'와 '날인'을 유효요건으로 규정하고 있는 민법 제1066조 제1항[127], 공공기관의 공문서를 표준어 규정에 맞추어 작성하도록 하는 구 국어기본법 제14조 제1항 및 초·중등교육법상 교과용 도서를 편찬하거나 검정 또는 인정하는 경우 표준어 규정을 준수하도록 하고 있는 제18조 규정[128], 주취 중 운전 금지규정을 2회 이상 위반한 사람이 다시 이를 위반한 때에는 운전면허를 필요적으로 취소하도록 하고 있는 도로교통법 제93조 제1항 제2호 규정[129], 의료인이 아닌 자의 의료행위를 전면적으로 금지한 의료법 규정[130](4:5 합헌), 대마의 흡연을 범죄로 규정하여 처벌하고 있는 '마약류관리에 관한 법률' 규정[131], 국민건강보험에의 강제

89. 음주측정 등

---

118) 헌재 1997. 3. 27, 96헌가11, 판례집 제9권 1집, 245.
119) 헌재 2001. 9. 27, 2000헌마159, 판례집 제13권 2집, 353, 355.
120) 헌재 2005. 12. 22, 2004헌바64, 공보 제111호, 124, 128.
121) 헌재 2005. 4. 28, 2004헌바65, 판례집 제17권 1집, 528, 546.
122) 헌재 2007. 1. 17, 2005헌마1111, 공보 제124호, 167.
123) 헌재 1992. 4. 14, 90헌바23, 판례집 제4권, 162, 171; 헌재 1997. 1. 16, 92헌바6 등, 판례집 제9권 1집, 1, 28; 1997. 1. 16, 89헌바240, 판례집 제9권 1집, 45, 79 참조.
124) 헌재 2001. 2. 22, 99헌마613, 판례집 제13권 1집, 367, 368.
125) 헌재 2007. 3. 29, 2005헌마1144, 공보 제126호, 345, 346.
126) 헌재 2003. 6. 26, 2002헌마677, 판례집 제15권 1집, 823, 824.
127) 헌재 2008. 12. 26, 2007헌바128, 판례집 제20권 2집 하, 648.
128) 헌재 2009. 5. 28, 2006헌마618, 판례집 제21권 1집 하, 746.
129) 헌재 2010. 3. 25, 2009헌바83, 공보 제162호, 693.
130) 헌재 2010. 7. 29, 2008헌가19 등, 판례집 제22권 2집 상, 37, 38.
131) 헌재 2010. 11. 25, 2009헌바246, 공보 제170호, 2087.

가입제도132), 국민건강보험공단이 사위 기타 부당한 방법으로 보험급여 비용을 받은 요양기관에 대하여 급여비용에 상당하는 금액의 전부 또는 일부를 징수할 수 있도록 한 국민건강보험법 제52조 제1항 규정(자기책임원리)133), 교도관의 동행계호행위134), 피치료감호자에 대한 치료감호가 가종료되었을 때 필요적으로 3년간의 보호관찰이 시작되도록 하고 있는 치료감호법 규정135), 공무원이 취급하는 사건 또는 사무에 관하여 사건 해결의 청탁 등을 명목으로 금품을 수수하는 행위를 규제하는 구 변호사법 제111조136), 총포와 아주 비슷하게 보이는 것으로서 대통령령이 정하는 모의총포의 소지를 처벌하는 규정137), 이륜자동차를 운전하여 고속도로 또는 자동차전용도로를 통행한 자를 형사처벌하도록 한 도로교통법규정138) 등은 일반적 행동의 자유를 침해한 것이 아니다.

다. 계약의 자유 또는 사적자치

90. 토지거래허가제 등

경과실로 인한 실화자에 대한 피해자의 손해배상청구권 제한139)은 계약의 자유의 침해로 보지 않았으나, 최근 헌법재판소가 판례를 변경140)한 바 있다. 그 밖에 토지거래허가제141), 상속법제의 포괄·당연승계주의142), 수차의 도급사업의 경우 하수급인을 사업주로 하기 위하여 근로복지공단의 승인을 얻도록 한 조항143), 화물자동차운송주선사업자에게 적재물배상보험등 가입의무제144), 궁박한 상태를 이용하여 현저하

---

132) 헌재 2003. 10. 30, 2000헌마801, 판례집 제15권 2집 하, 106, 106−107.
133) 헌재 2011. 6. 30, 2010헌바375, 판례집 제23권 1집 하, 390, 398.
134) 헌재 2010. 10. 28, 2009헌마438, 공보 제169호, 1956, 1960.
135) 헌재 2012. 12. 27, 2011헌마285, 판례집 제24권 2집 하, 589.
136) 헌재 2012. 4. 24, 2011헌바40, 판례집 제24권 1집 하, 107.
137) 헌재 2011. 11. 24, 2011헌바18, 판례집 제23권 2집하, 410, 423.
138) 헌재 2011. 11. 24, 2011헌바51, 판례집 제23권 2집하, 430.
139) 헌재 1995. 3. 23, 92헌가4 등, 판례집 제7권 1집, 289.
140) 이 실화책임에 관한 법률은 실화자만을 보호할 뿐 실화피해자의 손해배상청구권을 지나치게 제한한다는 이유로 판례를 변경하여 헌법불합치로 선언되었다. 헌재 2007. 8. 30, 2004헌가25, 공보 제131호, 931.
141) 헌재 1997. 6. 26, 92헌바5, 판례집 제9권 1집, 595, 605.
142) 헌재 2004. 10. 28, 2003헌가13, 판례집 제16권 2집 하, 76, 76−77.
143) 헌재 2004. 10. 28, 2003헌바70, 판례집 제16권 2집 하, 178, 178.
144) 헌재 2006. 3. 30, 2005헌마349, 판례집 제18권 1집 상, 427, 427.

게 부당한 이익을 취득한 자에 대한 처벌[145], 탁주의 공급구역제한제도
(소비자의 자기결정권)[146], 요양기관 강제지정제[147](의료소비자의 자기결정
권), 임대사업자로 하여금 특별수선충당금을 적립하도록 한 임대주택법
제17조의3 제1항[148], 보증인에게 주채무와 동일한 내용의 채무를 부담
하게 한 민법 제428조 제1항 및 제429조 제1항[149] 등은 계약의 자유나
사적 자치에 대한 침해가 아니라고 하였다.

라. 인간으로서의 존엄과 가치 및 행복추구권 침해 부인

준재심사유의 제한[150], 존속상해치사죄의 가중처벌제[151], 정당·의
석수를 기준으로 한 기호배정[152], 지방의회에 청원시 지방의회 의원의
소개를 얻도록 한 것[153], 단체보험에서 타인의 생명보험에서 일반적으
로 요구되는 피보험자의 개별적 동의를 요건으로 하지 않은 것[154], 인
지청구의 소의 제소기간을 부 또는 모의 사망을 안 날로부터 1년내로
규정한 것[155] 등은 인간으로서의 존엄과 가치에 대한 침해도 행복추구
권의 침해도 아니라고 보았다.

91. 존속상해치
사죄 가중처벌
등

마. 단순히 행복추구권의 침해 부인

전투경찰순경의 시위진압 임무 투입[156], 18세미만자의 노래연습장
출입금지[157], 의료기관의 교통사고환자에 대한 진료비의 직접청구제
한[158], 국가유공자 등에 대한 일정한 수급기준규정[159], 임용결격·당연

92. 전투경찰순
경의 시위진압
임무 투입 등

---

145) 헌재 2006. 7. 27, 2005헌바19, 판례집 제18권 2집, 125.
146) 헌재 1999. 7. 22, 98헌가5, 판례집 제11권 2집, 26, 27.
147) 헌재 2002. 10. 31, 99헌바76, 판례집 제14권 2집, 410, 438.
148) 헌재 2008. 9. 25, 2005헌바81, 판례집 제20권 2집 상, 462.
149) 헌재 2010. 5. 27, 2008헌바61, 판례집 제22권 1집 하, 205.
150) 헌재 1996. 3. 28, 93헌바27, 판례집 제8권 1집, 179.
151) 헌재 2002. 3. 28, 2000헌바53, 판례집 제14권 1집, 159, 159−160.
152) 헌재 2004. 2. 26, 2003헌마601, 판례집 제16권 1집, 337.
153) 헌재 1999. 11. 25, 97헌마54, 판례집 제11권 2집, 583, 589−590.
154) 헌재 1999. 9. 16, 98헌가6, 판례집 제11권 2집, 228.
155) 헌재 2001. 5. 31, 98헌바9, 판례집 제13권 1집, 1140, 1141.
156) 헌재 1995. 12. 28, 91헌마80, 판례집 제7권 2집, 851.
157) 헌재 1996. 2. 29, 94헌마13, 판례집 제8권 1집, 126.
158) 헌재 2004. 2. 26, 2002헌바97, 판례집 제16권 1집, 272, 273−274.

퇴직공무원의 특별채용시 사실상 근무기간의 불인정160), 법 시행 전에 설정된 담보물권자와의 관계에서 임금우선특권의 비보장161), 물가연동제에 의한 연금액조정규정162), 대마의 흡연행위에 대한 처벌163), 법무사 사무원 수의 제한164), 분만급여(分娩給與)의 범위ㆍ상한기준을 보건복지부장관이 정하도록 위임한 의료보험법 제31조 제2항의 규정165), 범죄행위로 인하여 형사처벌을 받은 경찰공무원에게 그에 상응하는 신분상의 불이익을 과하는 것166), 재건축참가자에게 재건축불참자의 구분소유권에 대한 매도청구권을 인정한 것167), 수질개선부담금의 부과168), 수용자에게 신문기사내용의 제한허용169), 국민연금법상 강제가입규정170), 학원설립등록의무위반시 처벌제도171), 법정수수료제도172) '군사정전에 관한 협정 체결 이후 납북피해자의 보상 및 지원에 관한 법률' 제2조 제1호가 납북자의 범위에 있어서 6ㆍ25 전쟁 중 납북자를 제외하고 있는 것173), 학교정화구역 내의 납골시설의 설치ㆍ운영을 절대적으로 금지하고 있는 구 학교보건법 조항174), 분묘의 설치기간을 제한하는 규정을 신설하면서 이를 당해 조항의 시행 후 최초로 설치되는 분묘부터 적용하도록 한 구 '장사 등에 관한 법률' 부칙조항175) 등에 대해서 행복추구권 침해를 부인하였다.

159) 헌재 2003. 7. 24, 2002헌마522ㆍ604, 2003헌마70ㆍ80(병합) 참전유공자예우에 관한법률 제6조 제1항 위헌확인; 헌재 2000. 6. 1, 98헌마216, 판례집 제12권 1집, 622; 2007. 3. 29, 2004헌마207, 공보 제126호, 318, 318−319.
160) 헌재 2004. 4. 29, 2003헌바64, 판례집 제16권 1집, 520, 527.
161) 헌재 2006. 7. 27, 2004헌바20, 판례집 제18권 2집, 52, 63.
162) 헌재 2005. 6. 30, 2004헌바42, 판례집 제17권 1집, 973.
163) 헌재 2005. 11. 24, 2005헌바46, 판례집 제17권 2집, 451.
164) 헌재 1996. 4. 25, 95헌마331, 판례집 제8권 1집, 465.
165) 헌재 1997. 12. 24, 95헌마390, 판례집 제9권 2집, 817.
166) 헌재 1998. 4. 30, 96헌마7, 판례집 제10권 1집, 465, 465.
167) 헌재 1999. 9. 16, 97헌바73, 판례집 제11권 2집, 285.
168) 헌재 1998. 12. 24, 98헌가1, 판례집 제10권 2집, 819, 819.
169) 헌재 1998. 10. 29, 98헌마4, 판례집 제10권 2집, 637, 637.
170) 헌재 2001. 2. 22, 99헌마365, 판례집 제13권 1집, 301, 301.
171) 헌재 2001. 2. 22, 99헌바93, 판례집 제13권 1집, 274, 274.
172) 헌재 2002. 6. 27, 2000헌마642, 판례집 제14권 1집, 644, 656.
173) 헌재 2009. 6. 25, 2008헌마393, 판례집 제21권 1집 하, 915.
174) 헌재 2009. 7. 30, 2008헌가2, 판례집 제21권 2집 상, 46.
175) 헌재 2009. 9. 24, 2007헌마872, 판례집 제21권 2집 상, 738, 738−738.

바. 특별한 기본권의 침해와 더불어서 행복추구권침해도 부인한 사례

이러한 사례는 보충적 기본권으로서의 행복추구권의 의미와 기본권경합이론의 법리를 아직 인식하지 못한 상태에서 병렬적으로 침해를 부인한 사례들도 있지만, 청구인들이 주장한 행복추구권을 비롯한 기본권의 침해에 대하여 이를 부인하는 결론을 내린 것들도 많이 있다.

93. 기본권침해 부인 사례

가령 국산영화의무상영제176)는 공연장경영자의 행복추구권을 침해하지 않는다고 본 것177), 학교보건법 소정의 학교환경위생정화구역 안에서 노래연습장의 시설·영업을 금지하는 것178), 공무원의 정년제179), 약사의 한약조제권의 한시적 인정180), 금고이상의 형의 집행유예판결시 공무원의 임용결격 및 당연퇴직181)과 자격정지 이상의 형의 선고유예의 판결시 경찰공무원의 당연퇴직182), 경감 이하 경찰공무원의 정년을 57세로 정한 것183), 국세관련 경력공무원에게 세무사자격을 부여하지 않는 것184), 특허청의 경력공무원에게 변리사자격을 부여하지 않는 것185), 노인들의 국민연금가입제한186), 교통사고로 사람을 사상한 후 법 소정의 필요한 구호조치와 신고를 하지 아니한 때 운전면허를 필요적으로 취소하도록 한 규정187), '청소년이용음란물'의 제작 등 행위의 가중처벌188), 장애로 인한 추가지출비용을 반영한 별도의 최저생계비를 결정하지 않은 것.189), 음주측정거부자에 대한 필요적면허취소제도190), 국립

94. 국산영화의 무상영제 등

176) 헌재 1995. 7. 21, 94헌마125, 판례집 제7권 1집, 155.
177) 헌재 1995. 7. 21, 94헌마125, 판례집 제7권 2집, 155, 156.
178) 헌재 1999. 7. 22, 98헌마480, 공보 제37호, 715, 715.
179) 헌재 1997. 3. 27, 96헌바86, 판례집 제9권 1집, 325.
180) 헌재 1997. 11. 27, 97헌바10, 판례집 제9권 2집, 651, 673. 일반적 기본권으로서의 행복추구권의 침해를 결론적으로 부인함.
181) 헌재 1997. 11. 27, 95헌바14 등, 판례집 제9권 2집, 575, 587. 이러한 판례는 2002. 8. 29, 2001헌마788 지방공무원법 제31조 제5호 등 위헌확인 결정에서 변경되어 위헌선언을 하였다. 이 사건에서는 이제 기본권 경합 이론을 제대로 인식한 듯, 타당하게도 공무담임권의 침해만을 확인하고 있다.
182) 헌재 1998. 4. 30, 96헌마7, 판례집 제10권 1집, 465, 476.
183) 헌재 2007. 6. 28, 2006헌마207, 경찰공무원법 제24조 제1항 제1호 위헌확인.
184) 헌재 2001. 9. 27, 2000헌마152, 판례집 제13권 2집, 338, 346.
185) 헌재 2001. 9. 27, 2000헌마208, 판례집 제13권 2집, 363, 375.
186) 헌재 2001. 4. 26, 2000헌마390, 판례집 제13권 1집, 977, 978.
187) 헌재 2002. 4. 25, 2001헌가19, 판례집 제14권 1집, 235, 235.
188) 헌재 2002. 4. 25, 2001헌가27, 판례집 제14권 1집, 251, 253.

사범대학졸업자중교원미임용자임용등에관한특별법 제2조가 1990. 10. 8. 이후졸업자들을 구제대상에서 제외한 것191), 구 군사법원법 제7조, 제23조, 제24조, 제25조상의 관할관제도192), 민법 부칙 제10조 제1항193) (민법이 제정되면서 부동산물권변동에 관하여 형식주의로 대전환하는 과정에서 중대한 공익적 목적을 위하여 그 경과조치로서 부득이 구법하에서 취득한 물권에 대하여 민법 시행후 장기간 등기를 하지 않고 방치한 경우에 한하여 물권변동의 효력을 상실시키고 채권적 효력으로서의 등기청구권만 존속시키는 정도의 제한을 가하였다 하여 이를 가지고 소급입법에 의한 재산권박탈이라거나 부당한 재산권의 침해라고 볼 수 없고, 청구인들의 평등권이나 행복추구권을 침해하는 것이라고도 할 수 없다), 물리치료사와 임상병리사로 하여금 의사의 지도하에서만 복무하도록 한 것194), 1994년도 생계보호기준195), 자동차등록신청대행업무를 일반행정사 이외의 자동차매매업자 및 자동차제작·판매자 등에게도 중첩적으로 허용하는 것196), 다단계판매에서 다른 가입자의 영업활동에 의하여 상위가입자가 이익을 얻을 수 없도록 규제하는 것197), 사납금제를 금지하기 위하여 택시운송사업자의 운송수입금 전액 수납의무와 운수종사자의 운송수입금 전액 납부의무198), 자연공원내 집단시설지구의 지정·개발에 관한 자연공원법 제16조 제1항 제4호 및 제21조의2 제1항199), 생명보험에서는 보험계약자 등의 중과실에 의한 사고의 경우에도 보험자가 면책될 수 없도록 한 규정200), 행정사를 제외하고 법무사에게만 고소고발장 작성을 허용한 법무사법 제2조 제1항 제2호201), 명의신탁의 사법적 효력에 관한 부동산실권리자명의등기에관한

---

189) 헌재 2004. 10. 28, 2002헌마328, 공보 제98호, 1187, 1188.
190) 헌재 2004. 12. 16, 2003헌바87, 판례집 제16권 2집 하, 489, 489.
191) 헌재 2004. 9. 23, 2004헌마192, 판례집 제16권 2집 상, 604, 604.
192) 헌재 1996. 10. 31, 93헌바25, 판례집 제8권 2집, 443, 444.
193) 헌재 1996. 12. 26, 93헌바67, 판례집 제8권 2집, 800, 800.
194) 헌재 1996. 4. 25, 94헌마129, 판례집 제8권 1집, 449, 463－464.
195) 헌재 1997. 5. 29, 94헌마33, 판례집 제9권 1집, 543, 544.
196) 헌재 1997. 10. 30, 96헌마109, 판례집 제9권 2집, 537, 545.
197) 헌재 1997. 11. 27, 96헌바12, 판례집 제9권 2집, 607, 607－608.
198) 헌재 1998. 10. 29, 97헌마345, 판례집 제10권 2집, 621, 621.
199) 헌재 1999. 7. 22, 97헌바9, 판례집 제11권 2집, 112, 112.
200) 헌재 1999. 12. 23, 98헌가12, 판례집 제11권 2집, 659, 659.

법률(1995. 3. 30. 법률 제4944호, 이하 "부동산실명법"이라 한다) 제4조 제1항,
제2항 본문202), 게임물판매업자의 등록의무위반시 처벌규정203), 유족의
범위를 "동학혁명참여자의 자녀 및 손자녀"로 한정한 것204), 금연구역
의 지정제205) 등이 그것이다.

X. 기본권경합 문제

1. 기본권 경합이론206)

가. 일반기본권과 특별기본권의 경합의 경우

일반기본권에 해당하는 행복추구권은 그 자체가 일반적 행동의 자
유라고 하는 포괄적 기본권으로서의 성격을 가지기 때문에 다른 특별한
기본권과 늘 경합할 수밖에 없다. 이 경우 일반적 기본권인 행복추구권
은 특별한 기본권에 대해서 그 적용이 배제되며, 혹 그 특별한 기본권에
의해서 보호되지 않는 나머지 영역이 있는 경우에는 바로 이 행복추구
권에 의해서 보충적으로 보호된다고 보아야 할 것이다.207)

95. 일반적 기
본권, 원칙적
적용배제

나. 상상적 경합의 경우

그러나 가령 헌법 제11조 제1항의 평등권과 같이 상상적으로 경합
되는 경우에는 일반특별의 경우가 아니기 때문에 경합되는 각 기본권을
모두 적용하여야 한다. 상상적으로 경합될 경우에는 어떠한 기본권의
제한 체계에 따라야 할 것인가의 문제가 제기될 수 있는데, 우리 헌법상

96. 기본권의
제한 체계에 따
름

---

201) 헌재 2000. 7. 20, 98헌마52, 판례집 제12권 2집, 114, 127.
202) 헌재 2001. 5. 31, 99헌가18, 판례집 제13권 1집, 1017, 1017.
203) 헌재 2002. 2. 28, 99헌바117, 판례집 제14권 1집, 118, 119.
204) 헌재 2005. 12. 22, 2005헌마119, 판례집 제17권 2집, 804, 805.
205) 헌재 2004. 8. 26, 2003헌마457, 판례집 제16권 2집 상, 355.
206) 이에 대하여는 방승주, "직업선택의 자유", 헌법논총 제9집(1998), 211－275,
   224－234면.
207) 가령 행복추구권의 보충적 성격을 명시하고 있는 판례로 헌재 2013. 8. 29, 2011
   헌마122, 공보 제203호, 1179, 1182－1182; 헌재 2013. 6. 27, 2011헌마475, 공보 제
   201호, 847, 849; 헌재 2009. 3. 26, 2006헌마240, 판례집 제21권 1집 상, 592, 612.

원칙적으로 모든 기본권은 제37조 제2항에 따라 제한될 수 있기 때문에 사실상 제한체계의 차이는 상대화될 수밖에 없다.

2. 인간으로서의 존엄과 가치와의 경합

97. 인간 존엄의 핵심영역을 기준으로 판단

행복추구권은 인간으로서의 존엄과 가치와 경합되는 경우가 많이 발생할 수 있다. 오히려 일반적 인격권은 양 기본권으로부터 도출되기도 한다. 이렇게 인간으로서의 존엄과 가치 및 행복추구권으로부터 도출되는 일반적 인격권은 인격의 핵심영역과 인간의 신체적·정신적 정체성과 완전성을 보호하는 인간으로서의 존엄과 가치의 경우와는 달리 그 자체가 불가침적 성격을 가지고 있지는 않고 헌법 제37조 제2항에 따라서 법률에 의하여 제한될 수 있는 성질의 기본권이다. 따라서 그 제한이 허용되지 않는 인간으로서의 존엄과 가치의 핵심영역과 일반적 인격권이 경합될 경우에는 당연히 인간으로서의 존엄과 가치의 핵심영역을 기준으로 판단하고 그에 대한 제한은 더 이상 허용되지 않는다고 보아야 할 것이다.

3. 일반적 인격권과 일반적 행동의 자유와의 경합

98. 일반적 인격권을 기준으로 제한 가능성 판단

그 밖에 일반적 인격권은 행복추구권으로부터 도출되는 다른 일반적 행동의 자유와도 경합될 수 있다.[208] 가령 이러한 경우에는 인간으로서의 존엄과 가치에 보다 더 가깝다고 볼 수 있는 일반적 인격권의 효력이 보다 강하다고 볼 수 있을 것이므로 이를 기준으로 그 제한 가능성 여부를 판단해야 할 것이다. 따라서 일반적 인격권의 제한을 정당화할 수 있는 다른 헌법적 법익이 존재할 경우에만 비례의 원칙에 따라서 그 제한이 허용된다고 보아야 할 것이다.

4. 일반적 인격권과 다른 기본권과의 경합

99. 특별한 기본권의 우선 적용

그리고 일반적 인격권과 가령 사생활의 기본권이나 주거의 자유 그

---

208) Michael Sachs저, 방승주 역 (주 27), 228－252(250) 참조.

리고 통신의 자유와 같이 개인의 사생활영역을 그 보호영역으로 하는 기본권들이 경합할 수 있다. 이러한 경우에는 우선적으로 특별한 기본권이라고 할 수 있는 개별 기본권이 우선적으로 적용된다고 보아야 할 것이며, 이로써 보호되지 않는 그 나머지 영역에 대해서는 보충적으로 이 일반적 인격권이 적용된다고 보아야 할 것이다. 우리 헌법 하에서는 사생활영역은 대부분 헌법 제17조의 사생활의 비밀과 자유에 의해서 보호될 수 있기 때문에, 이러한 영역을 제외한 나머지 영역들을 일반적 인격권으로 포섭하여야 할 것이다.

5. 일반적 행동의 자유와 다른 기본권과의 경합

그리고 일반적 행동의 자유와 다른 특별한 기본권이 경합할 경우에는 역시 특별한 기본권이 우선적으로 적용되고, 일반적 기본권에 해당하는 일반적 행동의 자유는 보충적으로 적용된다고 할 것이다.

100. 특별한 기본권 적용

그리고 계약의 자유와 직업선택의 자유가 경합하는 경우에도 직업선택의 자유가 특별한 기본권이기 때문에 우선적으로 적용된다고 보아야 할 것이다. 특히 직업선택의 자유의 경우에는 헌법재판소가 소위 단계이론을 수용한 결과, 좁은 의미의 직업선택의 자유의 제한의 경우는 직업행사의 자유의 제한에 있어서 보다 더욱 엄격하게 심사하고 있는 것을 볼 수 있는데, 이에 따라 단순한 계약의 자유와 직업선택의 자유가 경합하는 경우에는 직업선택의 자유의 제한체계에 따라서 그 위헌여부를 심사하는 것이 기본권 보호에 더 유리하다고 보아야 할 것이다.

101. 계약의 자유와 직업의 자유 경합의 경우 직업의 자유 우선적용

6. 헌법재판소의 구체적 판례

헌법재판소 역시 행복추구권과 다른 기본권이 경합될 경우에는 행복추구권이 보충적 일반적 기본권이라는 점에서 그 적용이 배제된다고 보고 있다. 그 사례로 결사의 자유[209]·재산권[210], 영업의 자유·재산

102. 행복추구권이 보충적 일반적 기본권

---

209) 헌재 2012. 12. 27, 2011헌마562 등, 판례집 제24권 2집 하, 617, 625.
210) 헌재 2002. 8. 29, 2000헌가5, 판례집 제14권 2집, 106, 123-123.

권211), 재산권212), 직업의 자유213), 공무담임권214), 선거권215) 등이 행복
추구권과 경합한 경우에 행복추구권의 적용을 명시적으로 배제한 바 있
어 이제 일반 특별관계에 있는 기본권 경합에 대해서는 일반 기본권 배
제의 원리가 확립된 것으로 보인다.

---

211) 헌재 2002. 8. 29, 2000헌마556, 판례집 제14권 2집, 185, 197-197.

212) 헌재 2003. 10. 30, 2000헌마801, 판례집 제15권 2집 하, 106, 132-132; 헌재 2004.
2. 26, 2001헌마718, 판례집 제16권 1집, 313, 323.

213) 헌재 2012. 12. 27, 2011헌마562 등, 판례집 제24권 2집 하, 617, 625; 헌재 2003.
12. 18, 2001헌마754, 판례집 제15권 2집 하, 609, 628-628; 헌재 2003. 9. 25, 2002
헌마519, 판례집 제15권 2집 상, 454, 472; 헌재 2003. 4. 24, 2002헌마611, 판례집
제15권 1집, 466, 478; 헌재 2004. 11. 25, 2002헌마809, 판례집 제16권 2집 하,
398, 419; 헌재 2004. 1. 29, 2002헌바36, 판례집 제16권 1집, 87, 99; 헌재 2006. 4.
27, 2005헌마997, 판례집 제18권 1집 상, 586, 595; 헌재 2007. 5. 31, 2007헌바3,
공보 제128호, 589; 2007. 8. 30, 2006헌바96, 공보 제28호, 979, 4.

214) 헌재 2006. 6. 29, 2005헌마44, 판례집 제18권 1집 하, 319, 331-332; 헌재 2006. 7.
27, 2005헌마821, 공보 제118호, 1193, 1195-1195; 헌재 2000. 12. 14, 99헌마112,
판례집 제12권 2집, 399, 408; 헌재 2005. 10. 27, 2004헌바41, 판례집 제17권 2집,
292, 308.

215) 헌재 2004. 4. 29, 2002헌마467, 판례집 제16권 1집, 541, 543-543; 헌재 2006. 4.
27, 2005헌마1190, 판례집 제18권 1집 상, 652, 658-658; 헌재 2007. 3. 29, 2005헌
마985, 공보 제126호, 325, 330.

제 9 절 평등권

I. 평등권의 의의와 법적 성격

평등권이란 국가에 의하여 평등하게 취급받을 권리라고 할 수 있다. 헌법 제11조 제1항 제1문은 "모든 국민은 법 앞에 평등하다"고 규정하고 있다. 이 헌법 제11조 제1항 제1문은 모든 국가기관이 존중해야 하는 일반적인 평등의 원칙을 선언하고 있을 뿐만 아니라, 주관적으로는 평등하게 취급받을 권리를 보장하는 주관적 공권으로서의 성격을 가진다.

1. 일반적인 평등원칙 선언·주관적 공권

II. 평등권에 관한 헌법규정의 구조

곧이어 헌법 제11조 제1항 제2문은 누구든지 성별·종교 또는 사회적 신분에 의하여 정치적·경제적·사회적·문화적 생활의 모든 영역에 있어서 차별을 받지 아니한다고 규정함으로써, 이러한 평등의 원칙을 보다 더 구체적으로 부연하여 확인하고 있다고 할 수 있다. 그렇다면 성별, 종교 또는 사회적 신분에 의하여 차별받지 않을 권리, 그리고 정치적, 경제적, 사회적, 문화적 생활의 모든 영역에 있어서 차별을 받지 아니할 권리는 보다 구체화된 평등권이라고 할 수 있을 것이다.

2. 구체화된 평등권 규정

한편 헌법 제11조 제2항은 사회적 특수계급을 부인하고 있으며, 제3항은 훈장 등 영전과 관련한 특권도 역시 인정할 수 없음을 분명히 함으로써, 사회적 신분에 의한 차별금지를 보다 구체화하고 있다고 할 수 있다. 이 제2항과 제3항은 우리 사회가 과거 역사에서 가지고 있던 사회적 계급이나 신분제도를 철폐한다고 하는 것과 그리고 오늘날에 와서도 영전과 관련하여 어떠한 특권이나 그러한 특권의 상속을 부인하고 금지함으로써, 새로운 사회적 계급이나 특수신분의 발생을 원천적으로

3. 사회적 특수계급, 특권, 신분제도 불인정

금지하고 모든 국민이 법 앞에 평등하다고 하는 평등이념을 실현하기 위한 것이라고 할 수 있다.

4. 혼인·가족 생활 영역에 있어서 양성평등

다음으로 평등의 원칙 내지 평등권이 개별적 영역에서 구체화된 특별한 평등권이라고 할 수 있는 규정들을 본다면 우선 헌법 제36조 제1항은 혼인과 가족생활 영역에 있어서의 양성평등의 보장을 들 수 있다. 가령 호주제에 관한 위헌법률심판 결정에서 헌법재판소는 헌법 제11조가 아니라 헌법 제36조 제1항을 기준으로 그 위헌여부를 판단하고 있다.

> [판례] 헌법 제36조 제1항은 혼인과 가족생활에서 양성의 평등대우를 명하고 있으므로 남녀의 성을 근거로 하여 차별하는 것은 원칙적으로 금지되고, 성질상 오로지 남성 또는 여성에게만 특유하게 나타나는 문제의 해결을 위하여 필요한 예외적 경우에만 성차별적 규율이 정당화된다. 과거 전통적으로 남녀의 생활관계가 일정한 형태로 형성되어 왔다는 사실이나 관념에 기인하는 차별, 즉 성역할에 관한 고정관념에 기초한 차별은 허용되지 않는다.
> (헌재 2005. 2. 3, 2001헌가9, 판례집 제17권 1집, 1, 18-19)

5. 선거의 평등

또한 헌법 제41조 제1항과 제67조 제1항의 보통선거와 평등선거는 선거에 있어서의 평등을 보장하고 있다. 이러한 보통선거와 평등선거 원칙으로부터 주관적인 권리도 도출된다고 할 수 있다. 이러한 특별한 평등권은 일반적 평등원칙에 우선하여 적용된다.

6. 특별한 차별 금지

또한 특별한 차별금지에 관한 규정도 있다. 근로관계에 있어서 여성의 차별금지(제32조 제4항), 병역의무 이행으로 인한 차별금지(제39조 제2항)가 그것이다.

7. 특별한 보호 명령

나아가서는 일정한 경우에는 특별한 보호를 요구하는 경우도 있다. 여자의 근로(제32조 제4항)와 연소자의 근로(제32조 제5항)가 그것이며, 국가유공자 등에 대한 우선적 근로기회의 부여(제32조 제6항)조항도 있다.

8. 국가유공장 등 취업보호

이와 관련하여 국가유공자와 그 유족 등 취업보호대상자가 국가기관이 실시하는 채용시험에 응시하는 경우에 10%의 가산점을 주도록 한 것은 청구인의 평등권과 공무담임권을 침해하지 않는다[1]고 보았다가

나중에 판례를 변경하여 일반 공직시험 응시자들의 평등권을 침해한다고 보았다.[2]

Ⅲ. 평등권 침해여부의 심사기준

국가 공권력이 국민의 평등권을 침해하였는지 여부에 대하여는 자의금지를 기준으로 심사하는 것이 원칙이다. 그러나 일정한 경우에는 단순히 이러한 자의금지가 아니라 비례의 원칙에 입각한 엄격한 심사기준을 동원하기도 한다. 평등원칙에 관한 심사기준을 일찍이 발전시켰으며, 우리 헌법재판소가 그 모델을 따르고 있다고 할 수 있는 독일 연방헌법재판소의 심사기준을 먼저 살펴 본 후, 우리 헌법재판소의 심사기준을 알아보기로 한다.[3]

9. 자의금지, 비례원칙에 입각한 엄격심사

1. 독일 연방헌법재판소의 심사기준[4]

가. 자의금지에 의한 심사

평등의 원칙은 국가로 하여금 본질적으로 같은 것을 자의적으로 다르게, 본질적으로 다른 것을 자의적으로 같게 취급하는 것을 금지한다. 평등의 원칙 위반여부에 대한 심사기준으로서 자의금지를 선택하는 경우에는 평등의 원칙에 대한 위반은 차별의 불합리성이 명백할 경우에만 확인될 수 있다. 즉 "입법자에 의하여 명령된 차별에 대하여 사리적으로 명백한 이유가 더 이상 발견되지 않아서 이를 고수하는 경우에는 일반

10. 차별의 불합리성이 명백할 경우

---

1) 헌재 2001. 2. 22, 2000헌마25, 판례집 제13권 1집, 386, 386－387.
2) 헌재 2006. 2. 23, 2004헌마675, 판례집 제18권 1집 상, 269, 270－271.
3) 양국 헌법재판소의 판례 비교로서는 Seung－Ju Bang, Der allgemeine Gleichheitssatz in der Rechtsprechung des deutschen Bundesverfassungsgerichts und des koreanischen Verfassungsgerichts, 법학논총 제26집 제1호(2009. 3), 67면 이하; 방승주, 일반적 평등원칙 심사기준의 발달에 관한 비교법적 고찰 - 독일 연방헌법재판소와 한국 헌법재판소 판례의 분석을 중심으로, 현동 정만희 교수 정년기념, 한국헌법학의 동향과 과제, 피앤씨미디어 2019, 434－458면.
4) 이에 관하여는 방승주, 독일 연방헌법재판소의 입법자에 대한 통제의 범위와 강도, 헌법논총 제7집(1996), 299, 320면 참조.

적 정의감정에 반한다고 할 수 있을 경우에 비로소 헌법재판소는 법규정을 평등의 원칙에 위반되는 것으로서 무효로 선언할 수 있다"5)고 보는 경우가 바로 이에 해당하는 것이다.

11. 명백성 통제 적용

이 경우에 사용되는 통제기준은 명백성 통제라고 할 수 있고 평등의 원칙의 실현에 있어서 입법자의 우선권을 인정한 경우라고 할 수 있다.

나. 중간적 입장에 의한 심사

12. 사실관계와 관련되는 인적 집단의 불평등 취급

만일 개인과 관련된 표지가 아니라 특정한 사실관계와 관련되는 인적 집단의 불평등취급이 문제가 되는 경우에는 비례의 원칙에 입각한 엄격한 심사도 단순한 자의금지에 의한 심사도 충분치 않다고 하면서 이 경우에는 이러한 불평등 취급이 정당화되고 있는지의 문제와 관련하여 규율된 생활영역 및 사물영역의 특수성에 중요한 의미가 부여된다고 한다.6)

다. 비례의 원칙에 의한 심사

13. 인적 집단들에 대한 상이한 취급

입법자가 인적 집단들을 상이하게 취급하거나 다른 기본권의 향유에 불리하게 작용하는 규정들을 제정하는 경우에는 이러한 차별을 정당화시킬 수 있을 만큼 중요한 유형의 근거들이 존재하고 있는지를 상세히 심사한다.7) 이러한 새로운 기준에 의한 심사는 주로 연방헌법재판소의 제1재판부에 의하여 사용되기 시작하였으나 최근 제2재판부 역시 이러한 새로운 공식을 사용하고 있다.

2. 우리 헌법재판소 판례

14. 완화된 심사기준과 엄격한 심사기준의 구분

헌법재판소는 과거의 판례에서는 자의금지와 비례의 원칙의 기준이 분명히 구분되지 않았으나 제대군인가산점 판결에서부터는 완화된 심사기준과 엄격한 심사기준을 나누어서 적용하기 시작하였다.

---

5) BVerfGE 8, 174, 183.
6) BVerfGE 89, 365 [376]
7) BVerfGE 88, 87 [96 f.]; 91, 346 [363]

가. 과거 판례

판례 헌법상의 평등의 원칙은 일체의 차별적 대우를 부정하는 절대적 평등을
의미하는 것이 아니라 입법과 법의 적용에 있어서 합리적인 근거가 없는 차별
을 하여서는 아니 된다는 상대적 평등을 뜻하고 따라서 합리적인 근거가 있는
차별 내지 불평등은 평등의 원칙에 반하는 것이 아니다. 그리고 합리적인 근
거가 있는 차별인가의 여부는 그 차별이 인간의 존엄성 존중이라는 헌법원리
에 반하지 아니하면서 정당한 입법목적을 달성하기 위하여 필요하고도 적정한
것인가를 기준으로 하여 판단하여야 한다(헌법재판소 1994. 2. 24, 선고, 92헌
바43 결정 참조).

누범을 가중 처벌하는 것은 전범에 대한 형벌의 경고적 기능을 무시하고 다
시 범죄를 저질렀다는 점에서 비난가능성이 많고, 누범이 증가하고 있다는 현
실에서 사회방위, 범죄의 특별예방 및 일반예방이라는 형벌목적에 비추어 보아,
형법 제35조가 누범에 대하여 형을 가중한다고 해서 그것이 인간의 존엄성 존
중이라는 헌법의 이념에 반하는 것도 아니며, 누범을 가중하여 처벌하는 것은
사회방위, 범죄의 특별예방 및 일반예방, 더 나아가 사회의 질서유지의 목적을
달성하기 위한 하나의 적정한 수단이기도 하는 것이므로 이는 합리적 근거 있
는 차별이어서 헌법상의 평등의 원칙에 위배되지 아니한다고 할 것이다.

(헌재 1995. 2. 23, 93헌바43, 판례집 제7권 1집, 222, 236-236)

나. 제대군인 가산점 판례

판례 평등위반 여부를 심사함에 있어 엄격한 심사척도에 의할 것인지, 완화된
심사척도에 의할 것인지는 입법자에게 인정되는 입법형성권의 정도에 따라 달
라지게 될 것이다. 먼저 헌법에서 특별히 평등을 요구하고 있는 경우 엄격한
심사척도가 적용될 수 있다. 헌법이 스스로 차별의 근거로 삼아서는 아니 되
는 기준을 제시하거나 차별을 특히 금지하고 있는 영역을 제시하고 있다면 그
러한 기준을 근거로 한 차별이나 그러한 영역에서의 차별에 대하여 엄격하게
심사하는 것이 정당화된다. 다음으로 차별적 취급으로 인하여 관련 기본권에
대한 중대한 제한을 초래하게 된다면 입법형성권은 축소되어 보다 엄격한 심
사척도가 적용되어야 할 것이다.

(헌재 1999. 12. 23, 98헌마363, 판례집 제11권 2집, 770, 787-787)

다. 제대군인가산점 판례 이후의 보완 판례

제대군인가산점 이후에도 헌법재판소는 위의 새로운 공식을 약간
씩 더 부연 설명하거나 발전시켜 가고 있다. 몇 가지 중요한 것들을 들
면 다음과 같다.

> **판례** 헌재 2003. 9. 25, 2003헌마30, 판례집 제15권 2집 상, 501: 공무원
> 임용및시험시행규칙 제12조의3 위헌확인
>
> 일반적인 평등원칙의 위반 내지 평등권의 침해 여부에 대한 헌법재판소의 통
> 상의 심사기준은 입법과 법의 적용에 있어서 합리적인 근거가 없는 자의적 차별
> 이 있는지 여부이다(헌재 1998. 9. 30, 98헌가7, 판례집 10-2, 484, 503- 504 참조).
> 그런데 입법자가 설정한 차별이 국민들 간에 단순한 이해관계의 차별을 넘
> 어서서 기본권에 관련된 차별을 가져온다면 헌법재판소는 그러한 차별에 대해
> 서는 자의금지 내지 합리성 심사를 넘어서 목적과 수단 간의 엄격한 비례성이
> 준수되었는지를 심사하여야 할 것이다. 나아가 사람이나 사항에 대한 불평등
> 대우가 기본권으로 보호된 자유의 행사에 불리한 영향을 미칠 수 있는 정도가
> 크면 클수록, 입법자의 형성의 여지에 대해서는 그만큼 더 좁은 한계가 설정되
> 므로, 헌법재판소는 보다 엄격한 심사척도를 적용함이 상당하다.
> 헌법재판소는 제대군인 가산점 사건에서 "차별적 취급으로 인하여 관련 기
> 본권에 대한 중대한 제한을 초래하게 된다면 입법형성권은 축소되어 보다 엄
> 격한 심사척도가 적용되어야 할 것이다."고 한 바 있는데(헌재 1999. 12. 23, 98
> 헌마363, 판례집 11-2, 770, 787), 이러한 판시는 차별적 취급으로 인하여 기본
> 권에 중대한 제한을 초래할 수록 보다 엄격한 심사척도가 적용되어야 한다는
> 취지이며, 기본권에 대한 제한이기는 하나 중대하지 않은 경우에는 엄격한 심
> 사척도가 적용되지 않는다는 취지는 아니라고 볼 것이다.
> (헌재 2003. 9. 25, 2003헌마30, 판례집 제15권 2집 상, 501, 510-510)

> **판례** 헌재 2007. 5. 31, 2006헌바49, 판례집 제19권 1집, 600: 상속세 및
> 증여세법 제73조 제1항 중 증여세납부세액이 1천만원을 초과하는 경우 부분
> 위헌소원
>
> 평등원칙 심사는 차별근거와 규율영역의 특성 등에 따라 그 심사의 강도를
> 달리한다. 즉, 입법자의 형성의 자유와 민주국가의 권력분립적 기능질서를 보
> 장하는 차원에서, 일반적으로 헌법재판소의 심사기준이 되는 통제규범으로서
> 의 평등원칙은 단지 자의적인 입법의 금지만을 의미한다. 그러므로 헌법재판

소는 입법자의 결정에서 차별을 정당화할 수 있는 합리적인 이유를 찾아볼 수 없는 때에만 평등원칙의 위반을 선언하게 된다(헌재 1997. 1. 16, 90헌마110 등, 판례집 9-1, 90, 115 참조).

그러나 헌법에서 특별히 평등을 요구하고 있는 경우, 다시 말하여 헌법이 직접 차별의 근거로 삼아서는 안 되는 기준이나 차별을 특히 금지하는 영역을 제시하는 경우에는 그러한 기준을 근거로 한 차별이나 그러한 영역에서의 차별에 대하여 엄격히 심사하여야 하며, 차별적 취급으로 인하여 관련 기본권에 대한 중대한 제한이 초래되는 경우에도 엄격한 심사척도를 적용하여야 한다(헌재 1999. 12. 23, 98헌마363, 판례집 11-2, 770, 787-788 참조). 여기서 엄격히 심사를 한다는 것은 단지 차별의 합리적 이유의 유무만을 확인하는 정도를 넘어, 차별의 이유와 차별 간의 상관관계에 대해서, 즉 비교대상 간의 사실상의 차이의 성질 및 비중 또는 입법목적(차별목적)의 비중과 차별의 정도에 적정한 균형관계가 이루어져 있는지에 대해서도 심사함을 의미한다(헌재 2001. 2. 22, 2000헌마25, 판례집 13-1, 386, 403; 헌재 2003. 6. 26, 2002헌가14, 판례집 15-1, 624, 657 등 참조).

(헌재 2007. 5. 31, 2006헌바49, 판례집 제19권 1집, 600, 605-606)

라. 중간적 심사기준

헌법재판소는 국가유공자등예우및지원에관한법률 제34조 제1항 위헌확인 사건에서 이 사건 법률조항은 다른 기본권에 대한 중대한 제한을 초래하게 되어 엄격심사를 하여야 하는 것이지만, 국가유공자와 그 유족 등에 대해서는 헌법이 우선적 근로의 기회를 부여하도록 하고 있으므로 그러한 범위 내에서 입법자에게 형성의 자유가 인정되기 때문에, 보다 완화된 비례의 원칙 심사가 요구된다고 함으로써, 중간적 심사기준을 택하고 있음을 볼 수 있다.

16. 입법자의 형성의 자유 인정과 완화된 비례원칙 심사

> 판례 헌재 2001. 2. 22, 2000헌마25, 판례집 제13권 1집, 386 국가유공자등예우및지원에관한법률 제34조 제1항 위헌확인
> 이 사건 가산점제도의 경우와 같이 입법자가 국가유공자와 그 유족 등에 대하여 우선적으로 근로의 기회를 부여하기 위한 입법을 한다고 하여도 이는 헌법에 근거를 둔 것으로서, 이러한 경우에는 입법자는 상당한 정도의 입법형성권을 갖는다고 보아야 하기 때문에, 이에 대하여 비례심사와 같은 엄격심사를

적용하는 것은 적당하지 않은 것으로 볼 여지가 있다.

그러나 이 사건의 경우는 비교집단이 일정한 생활영역에서 경쟁관계에 있는 경우로서 국가유공자와 그 유족 등에게 가산점의 혜택을 부여하는 것은 그 이외의 자들에게는 공무담임권 또는 직업선택의 자유에 대한 중대한 침해를 의미하게 되는 관계에 있기 때문에, 헌법재판소의 위 결정에서 비례의 원칙에 따른 심사를 하여야 할 두 번째 경우인 차별적 취급으로 인하여 관련 기본권에 대한 중대한 제한을 초래하게 되는 경우에는 해당한다고 할 것이다.

따라서 자의심사에 그치는 것은 적절치 아니하고 원칙적으로 비례심사를 하여야 할 것이나, 구체적인 비례심사의 과정에서는 헌법에서 차별명령규정을 두고 있는 점을 고려하여 보다 완화된 기준을 적용하여야 할 것이다.

(헌재 2001. 2. 22, 2000헌마25, 판례집 제13권 1집, 386, 405-405)

마. 자의금지 심사기준

17. 자의금지기준 구체화

헌법재판소는 제대군인가산점 판결 이후에 자의금지 심사기준에 대해서도 보다 구체화시키고 있음을 볼 수 있다.

> **판례** 헌법상 평등의 원칙은 일반적으로 입법자에게 본질적으로 같은 것을 자의적으로 다르게, 본질적으로 다른 것을 자의적으로 같게 취급하는 것을 금하고 있는 것으로 해석되고, 평등원칙위반여부를 심사함에 있어 엄격한 심사척도에 의할 것인지, 완화된 심사척도에 의할 것인지는 입법자에게 허용되는 입법형성권의 정도에 따라서 달라지는데(헌재 1999. 12. 23, 98헌마363, 판례집 11-2, 770, 787 참조), 특별한 사정이 없는 한, 법률의 평등원칙위반여부는 입법자의 자의성이 있는지의 여부만을 심사하게 된다.
>
> 자의금지원칙의 위반에 대한 심사요건은 ① 본질적으로 동일한 것을 다르게 취급하고 있는가 하는 차별취급의 여부와 ② 이러한 차별취급이 자의적인가의 여부라고 할 수 있다. ①의 기준과 관련하여 두 개의 비교집단이 본질적으로 동일한지의 여부에 대한 판단은 일반적으로 관련 헌법규정 및 당해 법규정의 의미와 목적에 달려 있다. 그리고 ②의 기준과 관련하여 차별취급의 자의성은 합리적인 이유가 결여된 것을 의미한다.
>
> (헌재 2004. 12. 16, 2003헌바78, 판례집 제16권 2집 하, 472, 486-487)

> **판례** 일반적으로 평등권의 침해 여부에 대한 심사는 그 심사기준에 따라 자의금지원칙에 의한 심사와 비례의 원칙에 의한 심사로 나누어 볼 수 있으나, 이

사건 노동조합법조항('이 법에 의하여 설립된 노동조합이 아니면 노동조합이라는 명칭을 사용할 수 없다.'라고 하고, 이에 위반할 경우 형사 처벌하도록 규정한 '노동조합 및 노동관계조정법')은 헌법에서 특별히 평등을 요구하고 있는 경우, 즉 헌법이 스스로 차별의 근거로 삼아서는 아니되는 기준을 제시하거나 차별을 특히 금지하고 있는 영역을 제시하고 있는 경우라고 볼 수 없고, 위와 같은 차별적 취급으로 인하여 단결권 자체가 박탈되는 것과 같이 기본권에 대한 중대한 제한을 초래하는 경우라고도 볼 수 없으므로, 이는 완화된 심사척도인 자의금지원칙에 의하여 심사하는 것으로 족할 것이다(헌재 1999. 12. 23, 98헌바33, 판례집 11-2, 732, 749; 헌재 2001. 6. 28, 2001헌마132, 판례집 13-1, 1441, 1464-1465 참조).

(헌재 2008. 7. 31, 2004헌바9, 판례집 제20권 2집 상, 50, 63-63)

완화된 심사기준 적용사례는 가령 준법서약서[8], 백화점 셔틀버스[9], 공무원보수규정 제8조 제2항 별표16 위헌확인[10], 소년보호사건에 있어 제1심 결정에 의한 소년원 수용기간을 항고심 결정에 의한 보호기간에 산입하지 아니하는 소년법 제33조[11], 구 '태평양전쟁 전후 국외 강제동원희생자 등 지원에 관한 법률' 제6조 제1항 중 "강제동원생환자" 정의에 관한 제2조 제2호가 의료지원금 지급 대상의 범위에서 국내 강제동원자를 제외하고 있는 태평양전쟁 국외 강제동원자 지원 사건[12] 등을 들 수 있다. 헌법재판소는 일제강점 하 강제동원피해자들이 제기한 일

18. 완화된 심사기준 적용사례

---

8) 헌재 2002. 4. 25, 98헌마425 등, 판례집 제14권 1집, 351, 368.
9) 헌재 2001. 6. 28, 2001헌마132, 판례집 제13권 1집, 1441, 1464-1466.
10) 헌재 2016. 6. 30, 2014헌마192, 공보 제237호, 1113 [기각].
11) 헌재 2015. 12. 23, 2014헌마768, 소년법 제32조 등 위헌확인, 판례집 제27권 2집 하, 693 [기각].
12) 헌재 2011. 2. 24, 2009헌마94, 판례집 제23권 1집 상, 143; 헌재 2011. 12. 29, 2009헌마182·2009헌마183(병합), 태평양전쟁 전후 국외 강제동원희생자 등 지원에 관한 법률 제1조 위헌확인·태평양전쟁 전후 국외 강제동원희생자 등 지원에 관한 법률 제2조 제1호 가목 등 위헌확인 [기각]; 헌재 2012. 7. 26, 2011헌바352, 구 태평양전쟁 전후 국외 강제동원희생자 등 지원에 관한 법률 제2조 제1호 나목 위헌소원, 판례집 제24권 2집 상, 133 [합헌,기각]; 헌재 2015. 12. 23, 2011헌바139, 대일항쟁기강제동원피해조사및 국외강제동원 희생자 등 지원에 관한 특별법 제7조 제4호 위헌소원, 판례집 제27권 2집 하, 456 [합헌]; 헌재 2015. 12. 23, 2013헌바11, 판례집 제27권 2집 하, 467 [합헌], 대일항쟁기 강제동원 피해조사 및 국외 강제동원 희생자 등 지원에 관한 특별법 제2조 제3호 다목 등 위헌소원.

련의 위 헌법소원심판사건에서 강제동원피해자법상 위로금 지원금 등의 법적 성격을 시혜적 성격의 금전급부라고 하고, 평등권침해여부의 심사 역시 자의금지원칙에 입각한 완화된 심사를 하고 있으나, 이러한 지원금 등이 소위 "국가부재책임" 내지 국가배상적 성격이 있는 것이며, 또한 다른 기본권에 대한 중대한 제한을 초래할 수 있는 것이므로 비례의 원칙에 입각한 엄격한 심사기준을 동원해야 한다는 견해13)가 있다.

바. 기타 부담금의 요건과 관련한 심사기준

19. 부담금 관련 심사기준

부담금이 갖추어야 할 요건으로서 헌법재판소는 ⅰ) 특별한 공익사업인지 여부, ⅱ) 특별히 밀접한 관련성이 있는지 여부, ⅲ) 지속적인 심사의 존재여부를 심사함으로써 평등원칙 심사에 갈음하는 판례가 보이고 있다.14)

Ⅳ. 평등권의 기본권 주체

20. 국민, 외국인

평등권의 경우 인간 자체의 평등을 전제로 하는 경우에는 전국가적 초국가적 인권이라고 할 수 있으므로 그러한 경우에는 국민만이 아니라, 외국인도 평등권의 기본권주체가 될 수 있다고 할 수 있을 것이다.

21. 구체적 개별적 검토 필요

그러나 국민과 외국인의 구별, 특히 다른 기본권의 기본권주체성 인정을 전제로 하는 경우에는 구체적 개별적으로 검토해 보아야 할 것이다.

22. 상호주의에 따른 제한

헌법재판소는 "평등권도 인간의 권리로서 참정권 등에 대한 성질상의 제한 및 상호주의에 따른 제한이 있을 수 있을 뿐"이라고 전제하면서 재외동포법의 적용대상에서 정부수립이전이주동포, 즉 대부분의 중국동포와 구 소련동포 등을 제외한 재외동포의 출입국과 법적 지위에 관한 법률 제2조 제2호가 자신들의 평등권을 침해한다고 주장하면서 청구한 헌법소원심판에서 "청구인들이 주장하는 바는 대한민국 국민과의

---

13) 방승주, 일제식민지배청산 관련 헌법재판소판례에 대한 헌법적 분석과 평가 - 일제강점하 일본군위안부피해자와 강제동원피해자들의 헌법소원사건들을 중심으로, 헌법학연구 제22권 제4호(2016. 12), 39-83면.
14) 헌재 2008. 9. 25, 2007헌가9, 판례집 제20권 2집 상, 424, 436.

관계가 아닌, 외국국적의 동포들 사이에 재외동포법의 수혜대상에서 차별하는 것이 평등권 침해라는 것으로서 성질상 위와 같은 제한을 받는 것이 아니고 상호주의가 문제되는 것도 아니므로, 청구인들에게 기본권 주체성을 인정함에 아무런 문제가 없다"고 판시한 바 있다.[15)]

법인과 법인격 없는 단체, 정당도 역시 평등권의 기본권주체가 될 수 있다.

23. 법인, 법인격 없는 단체, 정당

V. 평등권의 대사인적 효력

원칙적으로 기본권의 주체인 사인이 평등권에 구속되는가 하는 문제가 평등권의 대사인적 효력의 문제이다. 이러한 문제는 특히 고용에 있어서 남녀차별이나 임금차별 등의 경우에 있어서 문제가 될 수 있다.

24. 특히 고용영역에서의 대사인적 효력 문제

가령 A라고 하는 회사가 고용계약을 체결하면서 여성에 대하여 결혼하는 경우에 퇴직할 것을 조건으로 한다든가, 또는 출산하는 경우에 불이익을 감수할 것을 조건으로 하는 경우에, 실제로 그러한 상황이 발생하는 경우에 그 계약을 근거로 해고나 또는 출산으로 인한 여타의 불이익을 줄 수 있는가 하는 문제이다.

25. 결혼퇴직조항

이와 같은 경우 헌법 제11조의 성별에 따른 차별금지, 즉 남녀 평등과 또한 헌법 제36조 제1항의 혼인과 가족생활 기본권, 그리고 제32조 제4항의 여자의 근로에 대한 특별한 보호 및 차별금지규정에 이러한 기업주도 구속을 받는다고 보아야 할 것이다. 다만 그러한 구속을 구체화하기 위해서 입법자는 나름대로 노동법상 그러한 노동관계에 있어서 남녀차별을 금지하거나 철폐하는 내용의 법률을 먼저 제정하게 될 것이고, 법원은 그와 같은 법적 분쟁이 있을 경우에 그 법률을 근거로 해고나 임금차별에 대한 무효나 취소판결을 하게 될 수 있을 것이다.

26. 기업주도 구속

혹 그러한 법률적 근거 규정이 없는 경우에 법원은 민법상 신의성실의 원칙 등 일반조항의 해석을 통하여 헌법 제11조나 헌법 제36조 제1항 혼인과 가족생활의 보호, 그리고 헌법 제32조 제4항에서 보장되는

27. 일반조항의 해석으로 평등권 실현 가능

---

15) 헌재 2001. 11. 29, 99헌마494, 판례집 제13권 2집, 714, 723–724.

평등권을 실현하는 판결을 내릴 수 있을 것이다.

28. 남녀고용평등과 일·가정 양립 지원에 관한 법률

현재 헌법의 평등이념에 따라 고용에서 남녀의 평등한 기회와 대우를 보장하고 모성 보호와 여성 고용을 촉진하여 남녀고용평등을 실현함과 아울러 근로자의 일과 가정의 양립을 지원함으로써 모든 국민의 삶의 질 향상에 이바지하는 것을 목적으로 하는 "남녀고용평등과 일·가정 양립 지원에 관한 법률"(법률 제17602호)이 시행중이다.

29. 남녀차별금지

이 법 제7조에서는 "사업주는 근로자를 모집하거나 채용할 때 남녀를 차별하여서는 아니 된다"(제1항) "사업주는 여성 근로자를 모집·채용할 때 그 직무의 수행에 필요하지 아니한 용모·키·체중 등의 신체적 조건, 미혼 조건, 그 밖에 고용노동부령으로 정하는 조건을 제시하거나 요구하여서는 아니 된다"(제2항)고 규정하고 있다.

30. 동일가치노동 동일임금원칙

또한 제8조에서는 "사업주는 동일한 사업 내의 동일 가치 노동에 대하여는 동일한 임금을 지급하여야 한다"(제1항). "동일 가치 노동의 기준은 직무 수행에서 요구되는 기술, 노력, 책임 및 작업 조건 등으로 하고, 사업주가 그 기준을 정할 때에는 제25조에 따른 노사협의회의 근로자를 대표하는 위원의 의견을 들어야 한다"(제2항). "사업주가 임금차별을 목적으로 설립한 별개의 사업은 동일한 사업으로 본다"(제3항)고 규정하고 있다.

VI. 차별금지

31. 예시조항

헌법 제11조는 차별금지의 표지와 영역을 밝히고 있다. 이러한 표지와 영역은 예시적인 것이라고 할 수 있다. 즉 여기에서 밝히고 있지 않은 다른 표지와 영역에서의 차별도 역시 금지되지만 헌법은 특별히 이러한 표지와 영역에서의 차별을 금지하는 것으로 명시하고 있는 것이다.

1. 차별금지의 표지

가. 성 별

32. 남녀평등원칙 선언

헌법은 우선 성별에 의한 차별을 금지하고 있다. 이는 남녀평등원칙을 선언한 것이라고 할 수 있다. 그리고 헌법은 여자의 근로에 대해서는 특별한 보호를 강조하고 있으며 그에 대한 차별을 금지하고 있다(제32조 제4항). 뿐만 아니라, 혼인과 가족생활영역에서의 양성평등을 강조하고 있다(제36조 제1항).

한편 법률적으로는 헌법상 양성평등 이념을 실현하기 위한 국가와 지방자치단체의 책무 등에 관한 기본적인 사항을 규정함으로써 정치·경제·사회·문화의 모든 영역에서 양성평등을 실현하는 것을 목적으로 현재 양성평등기본법이 시행되고 있다(제1조). 이 법은 개인의 존엄과 인권의 존중을 바탕으로 성차별적 의식과 관행을 해소하고, 여성과 남성이 동등한 참여와 대우를 받고 모든 영역에서 평등한 책임과 권리를 공유함으로써 실질적 양성평등을 이루는 것을 기본이념으로 한다(제2조).

하지만 남녀의 생물학적 차이에 기인하는 차별이나 그 밖에 합리적 차별은 인정될 수 있다. 그러므로 남녀차별이 과연 헌법에 위반되는지 여부는 개별적으로 심사하여 판단할 문제이다.

헌법재판소는 제대군인가산점의 경우 남자에게만 병역의무를 부과하고 있는 현실을 감안할 때, 결과적으로 남녀차별에 해당한다고 보고서, 이러한 차별은 또한 공무담임권에 대한 중대한 제한을 초래한다고 하는 이유로 비례의 원칙에 입각한 엄격심사를 한 후 위헌선언을 한 바 있다.16)

또한 호주제17)와 "자는 부의 성과 본을 따르고"라고 하는 소위 부성주의조항(민법 제781조 본문 전단 부분)에 대해서도 헌법불합치결정을 하였다.18)

그리고 헌법재판소는 부계혈통주의를 채택하고 있었던 구 국적법 제2조 제1항과 신 국적법 부칙 제7조에 대하여도 부모양계혈통주의의 소급을 10년까지로만 허용한 부칙 제7조 제1항의 경과규정에 대하여 평등원칙 위반으로 보고 잠정적인 계속적용을 명하는 헌법불합치결정19)

33. 양성평등기본법 시행, 실질적 양성평등

34. 생물학적 차이에 기인하는 합리적 차별 인정

35. 제대군인가산점 실질적 남녀차별

36. 호주제 헌법불합치

37. 구 국적법상 부계혈통주의

16) 헌재 1999. 12. 23, 98헌마363, 판례집 제11권 2집, 770, 785-786.
17) 헌재 2005. 2. 3, 2001헌가9, 판례집 제17권 1집, 1, 2-3.
18) 헌재 2005. 12. 22, 2003헌가5, 판례집 제17권 2집, 544-576.
19) 헌재 2000. 8. 31, 97헌가12, 판례집 제12권 2집, 167, 181-182.

을 선고하였다.

38. 혼인빙자간 음죄

또한 혼인빙자간음죄에 관한 형법 제304조 중 "혼인을 빙자하여 음행의 상습없는 부녀를 기망하여 간음한 자"부분에 대하여 종전 합헌결정[20]을 변경하여 남성의 성적자기결정권 및 사생활의 비밀과 자유를 침해하는 것으로 헌법에 위반된다는 결정을 선고하였음은 전술한 바와 같다.[21]

> 판례 "혼인빙자간음죄가 다수의 남성과 성관계를 맺는 여성 일체를 '음행의 상습 있는 부녀'로 낙인찍어 보호의 대상에서 제외시키고 보호대상을 '음행의 상습없는 부녀'로 한정함으로써 여성에 대한 남성우월적 정조관념에 기초한 가부장적·도덕주의적 성 이데올로기를 강요하는 셈이 된다. 결국 이 사건 법률조항은 남녀평등의 사회를 지향하고 실현해야 할 국가의 헌법적 의무(헌법 제36조 제1항)에 반하는 것이자, 여성을 유아시(幼兒視)함으로써 여성을 보호한다는 미명 아래 사실상 국가 스스로가 여성의 성적자기결정권을 부인하는 것이 되므로, 이 사건 법률조항이 보호하고자 하는 여성의 성적자기결정권은 여성의 존엄과 가치에 역행하는 것이다."
>
> (헌재 2009. 11. 26, 2008헌바58 등, 판례집 제21권 2집 하, 520)

39. 병역법 제3 조 제1항

그 밖에 남자에게만 병역의무를 지도록 하는 병역법 제3조 제1항에 대하여 여러 건의 헌법소원심판이 청구되었으며 일부는 각하(99헌마744, 2000헌마30)된 바 있고, 일부는 기각[22]되었다.

나. 종 교

40. 종교의 유 무, 종류에 따 른 차별 금지

종교의 유무 또는 종교의 종류에 따른 차별은 금지된다. 우리나라에서는 종교에 의한 차별은 별로 문제되고 있지 않다고 볼 수 있다.[23] 다만 사기업이나 사립학교의 입학관계에서 종교를 이유로 하는 차별문제가 나타날 수 있다.

---

20) 헌재 2002. 10. 31, 99헌바40, 2002헌바50(병합).

21) 헌재 2009. 11. 26, 2008헌바58 등, 판례집 제21권 2집 하, 520, 528.

22) 헌재 2010. 11. 25, 2006헌마328, 판례집 제22권 2집 하, 446, 446-448; 헌재 2023. 9. 26, 2019헌마423, 병역법 제3조 제1항 전문 등 위헌확인. 아래 제32절, Ⅳ. 2, 다. (1) 참조.

23) 아래 제19절, Ⅴ, 2, 참조.

우리 헌법은 종교의 자유를 보장(제20조 제1항)하고 국교를 인정하지
않으며 정교분리의 원칙을 두고 있다(제20조 제2항)

헌법재판소는 사법시험 1차 시험을 일요일에 시행하는 것은 종교의
자유나 평등의 원칙을 침해하지 않는다고 밝힌 바 있다.[24]

다. 사회적 신분

사회적 신분이 무엇인가에 대하여 선천적 신분설과 후천적 신분 포
함설로 나뉜다. 전자는 출생에 의하여 고정된 생래적 신분, 즉 인종,
존·비속, 가문, 문벌 등을 의미한다고 보는 데 반하여 후자는 선천적
신분은 물론 후천적으로 취득한 신분도 포함되는 것으로 본다.

선천적 신분설은 신분개념을 지나치게 좁게 파악한다고 지적되는
데 반하여, 후천적 신분설은 지나친 확대가능성이 있다는 비판이 있으
나 평등은 상대적 평등이고 결국 합리적 사유 있는 차별은 인정된다고
볼 수 있으므로 후자로 이해하는 것이 타당하다.

존속살해죄에 대한 가중처벌이 존·비속이라고 하는 사회적 신분에
의한 차별이 되는가가 문제될 수 있는 바, 일본은 이에 대하여 위헌으로
결정[25]한 후 형법개정을 통해 폐지한 바 있으나, 우리 헌법재판소는 합
헌으로 판단하였다.[26]

한편 자기 또는 배우자의 직계존속을 고소하지 못하도록 규정한 형사
소송법 제224조가 비속을 차별 취급하여 평등권을 침해하는지 여부에 대
하여 4:5 합헌결정을 내린 바 있다. 이 사건은 위헌의견이 5인으로 다수였
지만 위헌결정에 이르기 위한 정족수에 달하지 못하여 합헌으로 선고되었
으므로 법정의견과 반대의견의 요지를 각각 인용해 보면 다음과 같다.

> **판례** 범죄피해자의 고소권은 형사절차상의 법적인 권리에 불과하므로 원칙적
> 으로 입법자가 그 나라의 고유한 사법문화와 윤리관, 문화전통을 고려하여 합
> 목적적으로 결정할 수 있는 넓은 입법형성권을 갖는다. 가정의 영역에서는 법

---

24) 헌재 2001. 9. 27, 2000헌마159, 판례집 제13권 2집, 353, 361.
25) 最高裁(大)判 昭 48. 4. 4. 昭和 45(1973)年(あ), 제1310호.
26) 헌재 2002. 3. 28, 2000헌바53, 판례집 제14권 1집, 159.

률의 역할보다 전통적 윤리의 역할이 더 강조되고, 그 윤리에는 인류 공통의 보편적인 윤리와 더불어 그 나라와 사회가 선택하고 축적해 온 고유한 문화전통과 윤리의식이 강하게 작용할 수밖에 없다. 우리는 오랜 세월동안 유교적 전통을 받아들이고 체화시켜 이는 현재에 이르기까지 일정한 부분 엄연히 우리의 고유한 의식으로 남아 있다. 이러한 측면에서 '효'라는 우리 고유의 전통규범을 수호하기 위하여 비속이 존속을 고소하는 행위의 반윤리성을 억제하고자 이를 제한하는 것은 합리적인 근거가 있는 차별이라고 할 수 있다.

따라서, 이 사건 법률조항은 헌법 제11조 제1항의 평등원칙에 위반되지 아니한다.

재판관 이공현, 재판관 김희옥, 재판관 김종대, 재판관 이동흡, 재판관 목영준의 위헌의견

유교적 전통을 기반으로 한 가족제도의 기본질서 유지라는 이 사건 법률조항의 입법목적에 정당성은 있지만, 고소권을 박탈하여 기본권을 제한한다는 방식은 차별의 목적과 정도의 비례성과 관련하여 문제점이 있다. 존비속이라는 신분관계는 범죄의 죄질과 책임의 측면에서 경중을 고려할 수 있는 요소는 될 수 있을지언정 국가형벌권의 행사 자체를 부정할 이유는 되지 못한다. 법이 보호할 가치가 없는 존속에 대해서까지 국가의 형벌권 행사를 포기하고 범죄피해자인 비속에 대한 보호의무를 저버리는 것은 차별의 목적과 수단 간에 합리적인 균형관계가 있다고 볼 수 없으며, 고소권을 박탈하는 것만이 가족제도의 기본질서를 유지하기 위한 유일하고 불가결한 수단이라고 할 수도 없다.

따라서, 이 사건 법률조항은 차별 목적의 비중과 차별의 정도 간에 비례성을 갖춘 것이라고 할 수 없으므로, 헌법상 평등원칙에 위배된다.

(헌재 2011. 2. 24, 2008헌바56, 공보 제173호, 343, 343-344)

47. 합헌 사례   사회적 신분에 의한 차별이지만 합리적 차별로서 합헌이라고 본 사례로서는 각 상습범들에 대하여 일률적으로 1년 이상의 유기징역형에 처하도록 규정한 폭력행위등처벌에관한법률 제2조 제1항[27], 누범에 대하여 가중처벌을 하는 형법 제35조[28], 사실상 노무에 종사하는 공무원에 대하여서만 근로3권을 보장하고 그 이외의 공무원들에 대하여는 근로3권의 행사를 제한하고 있는 국가공무원법 제66조 제1항[29], 현역의원

---

27) 헌재 1989. 9. 29, 89헌마53, 판례집 제1권, 302.
28) 헌재 1995. 2. 23, 93헌바43, 판례집 제7권 1집, 222, 223.

에게 선거개시일 전일까지 의정보고활동을 허용하는 것은, 국회의원이 국민의 대표로서의 지위에서 행하는 순수한 의정활동보고일 뿐이고, 의 정활동보고라는 명목 하에 이루어지는 형태의 선거운동이 아니며, 다만 후보자 사이의 개별적인 정치활동이나 그 홍보의 기회라는 면에서 현실 적인 불균형이 생겨날 가능성이 있으나 이는 국회의원이 가지는 고유한 기능과 자유를 가능한 한 넓게 인정하고 보호하는 결과 생겨나는 사실 적이고 반사적인 효과에 불과하므로 평등권 등을 침해한다고 할 수 없 다고 보았다.[30]

이에 비하여 위헌으로 본 것으로는 다음과 같은 사례들이 있다. 즉 재심결정에 대하여 교원에게만 행정소송을 제기할 수 있도록 하고 학교 법인에게는 이를 금지한 교원지위향상을위한특별법 제10조 제3항에 대 하여 학교법인의 평등권과 재판청구권을 침해하였다는 이유로 종전 합 헌결정[31]을 변경하여 위헌결정[32]을 한 바 있고, 또한 사립대학 교육기 관의 교원이 구 사립학교법 제53조의2 제3항의 위임에 의하여 만들어진 학교법인의 정관에 따른 기간임용제의 적용을 받음으로써 다른 사립교 육기관의 교원 및 국·공립대학교 교원과 비교하여 차별을 받는 것은 모두 합리적이고 정당한 사유가 있으므로 평등권 위반은 아니라고 한 결 정[33]을 변경하여 이 조항은 교원위법정주의 원칙에 위반된다고 하면서 헌법불합치결정을 선고하였다.[34]

48. 위헌 사례

그 밖에 정부투자기관의 직원을 임원이나 집행간부들과 마찬가지 로 취급하여 지방의회의원직에 입후보를 하지 못하도록 하고 있는 구 지방의회의원선거법 제35조 제1항 제6호의 입후보금지 규정[35]과 동성 동본금혼규정인 민법 제809조 제1항에 대하여 위헌 내지 헌법불합치결 정[36]을 선고하였다.

49. 기타 사례

29) 헌재 1992. 4. 28, 90헌바27, 판례집 제4권, 255, 256.
30) 헌재 2001. 8. 30, 2000헌마121, 판례집 제13권 2집, 263, 265.
31) 헌재 1998. 7. 16, 95헌바19, 판례집 제10권 2집, 89, 90.
32) 헌재 2006. 2. 23, 2005헌가7, 판례집 제18권 1집 상, 58.
33) 헌재 1998. 7. 16, 96헌바33, 판례집 제10권 2집, 116, 117-118.
34) 헌재 2003. 2. 27, 2000헌바26, 판례집 제15권 1집, 176; 헌재 2003. 12. 18, 2002헌 바14, 판례집 제15권 2집 하, 466.
35) 헌재 1995. 5. 25, 91헌마67, 판례집 제7권 1집, 722, 723.

라. 기타 기준

50. 기타 차별
금지사유

그 밖에 언어 · 인종 · 출신지역 · 신체적 장애 · 정치적 신념이나 세계관 등을 들 수 있다.

51. 헌재 판례

헌법재판소는 산업연수생이 연수라는 명목하에 사업주의 지시 · 감독을 받으면서 사실상 노무를 제공하고 수당 명목의 금품을 수령하는 등 실질적인 근로관계에 있는 경우에도, 근로기준법이 보장한 근로기준 중 주요사항을 외국인 산업연수생에 대하여만 적용되지 않도록 하는 것은 자의적인 차별이라 보았다.[37] 그런데 이 판례에서 헌법재판소는 국적에 의한 차별의 경우 헌법이 특별히 차별을 금하고 있는 표지도 아니고, 또한 그로 인하여 제한되는 기본권도 근로의 권리라고 하는 사회적 기본권이기 때문에 중대한 제한도 아니라고 하면서 엄격심사가 아니라 자의금지를 기준으로 한 심사를 하여야 한다고 하였다. 그러면서도 결국 평등권 침해를 확인하고 있는데, 이는 헌법상 차별금지의 표지는 열거규정이 아니라 예시규정이며, 따라서 국적에 의한 차별 역시 엄격심사가 가능할 뿐만 아니라, 사회적 기본권에 대한 제한 역시 중대한 기본권의 제한이 될 수 있으므로 그 사유로도 엄격심사가 가능하다고 보아야 할 것이다. 그러한 엄격심사 하에 위헌을 선고하였다면 논리적으로 더 일관성 있었지 않았겠나 생각된다.

2. 차별금지의 영역[38]

가. 정치적 영역

52. 무소속과
정당후보간 차
별

정치적 영역에서는 무엇보다도 무소속 후보와 정당후보간의 기탁금의 액수에 차등을 둔 국회의원선거법 제33조와 제34조[39]에 대해서 헌법재판소는 헌법불합치결정을 내렸다. 이와 같은 결정은 지방선거와 관련해서도 다시 반복된 바 있다.

---

36) 헌재 1997. 7. 16, 95헌가6, 판례집 제9권 2집, 1, 1－2.
37) 헌재 2007. 8. 30, 2004헌마670, 판례집 제19권 2집, 297.
38) 이하는 방승주, 위헌입법의 현황과 대책, 저스티스 제106호(2008. 9), 254－292
(272－273)면 참조.
39) 헌재 1989. 9. 8, 88헌가6, 판례집 제1권, 199면 이하.

또한 1인 1표 비례대표제하에서는 무소속 후보를 지지한 유권자들의 표가 비례대표의석배분에 반영되지 않기 때문에 결과적으로 평등선거의 원칙에 위반된다고 하는 입장도 표명한 바 있다.[40]

53. 위헌(1인1표 비례대표제 위헌)

한편 선거권의 행사를 위해서는 주민등록에 등록될 것을 요구함으로써 재외국민들로 하여금 국정선거권은 물론, 지방선거권과 국민투표권[41] 그리고 주민투표권[42]까지 행사하지 못하도록 한 것은 재외국민의 선거권과 평등권을 침해하고 보통선거원칙에 위반된다고 하는 결정도 내린 바 있다. 이 결정은 헌법재판소가 과거에 합헌으로 결정했던 공직선거법조항을 판례를 변경하여 헌법불합치로 선언한 것이다.

54. 주민등록을 요건으로 재외국민선거권배제 헌법불합치

그 밖에 다른 지방선거 후보자와는 달리 기초의회의원선거의 후보자에 대해서만 정당표방을 금지한 것[43]과 지방자치단체의 장으로 하여금 당해 지방자치단체의 관할구역과 같거나 겹치는 선거구역에서 실시되는 지역구 국회의원선거에 입후보하고자 하는 경우 당해 선거의 선거일 전 180일까지 그 직을 사퇴하도록 하는 규정은 모두 평등의 원칙에 위배[44]된다고 선고한 바 있다.

55. 기초의회의원후보 정당표방금지 위헌

나. 경제적 영역

경제적 영역에서 헌법재판소는 많은 법률들에 대하여 평등원칙 위반으로 위헌 내지 헌법불합치결정을 내려 왔다.

56. 경제적 영역

개발제한구역의 지정으로 인하여 가령 종래의 용도대로 더 이상 사용할 수 없는 토지의 경우에도 아무런 보상을 하지 않는 도시계획법 제21조[45], "법 시행 이전부터 개인의 주거용으로 택지를 소유하고 있는 경우"를, "법 시행 이후에 택지를 취득한 경우"나 "법 시행 이전에 취득하였다고 하더라도 투기목적으로 취득한 택지의 경우"와 동일하게 취급

57. 평등 위반 사례

---

40) 헌재 2001. 7. 19, 2000헌마91, 판례집 제13권 2집, 77면 이하, 79면.
41) 헌재 2007. 6. 28, 2004헌마644, 공보 제129호, 763 이하.
42) 헌재 2007. 6. 28, 2004헌마643, 공보 제129호, 755 이하.
43) 헌재 2003. 1. 30, 2001헌가4, 판례집 제15권 1집, 7면 이하 ; 헌재 2003. 5. 15, 2003헌가9, 판례집 제15권 1집, 503면 이하.
44) 헌재 2003. 9. 25, 2003헌마106, 판례집 제15권 2집 상, 516면 이하.
45) 헌재 1998. 12. 24, 89헌마214, 판례집 제10권 2집, 927면 이하.

하여 과도한 부담금을 부과시킨 택지소유상한에 관한 법률 경과규정46), 공무원 또는 공무원이었던 자가 재직 중의 사유로 금고 이상의 형을 받은 때에는 대통령령이 정하는 바에 의하여 퇴직급여 및 퇴직수당의 일부를 감액하여 지급하도록 한 공무원연금법 제64조 제1항 제1호47), '1998. 5. 27. 전에 상속개시 있음을 알았으나 위 일자 이후 상속채무초과사실을 안 상속인을 특별한정승인의 소급적용의 범위에서 제외한 것48), '국세징수의 예에 의하여 징수할 수 있는 청구권'을 일률적으로 재단채권으로 규정함으로써 본질적으로 동일한 것을 다르게 취급하고 (파산선고 후의 이자 또는 채무불이행에 의한 손해배상과 실질적으로 동일한 성격을 갖는 청구권을 어떤 경우는 후순위파산채권으로, 어떤 경우는 재단채권으로 규정) 또 다른 한편으로는 본질적으로 다른 것을 동일하게 취급(우선권이 있는 채권과 없는 채권 또는 다른 순위의 우선권이 있는 채권을 동일한 우선순위를 갖게 함)하고 있는 파산법 제38조 제2호49), 배우자상속과 이혼시 재산분할의 재산관계의 본질적이고도 다양한 차이점을 무시하고 이를 동일하게 다루는 것50), 부동산실명법 시행 후 법을 위반한 명의신탁자 및 법 시행일로부터 1년 이내에 실명등기를 하지 아니한 기존 명의신탁자 등에 대하여 부동산가액의 100분의 30에 해당하는 과징금을 부과할 수 있도록 규정한 부동산실명법 제5조 제1항, 제12조 제2항 중 제5조 제1항 적용부분51) 등은 모두 평등의 원칙에 위반된다고 판시하고 있다.

다. 사회적 영역

58. 사회적 영역에서의 평등위반 사례
59. 국·공립사범대학 출신자 교육공무원 우선채용제 등

다음으로 사회적 영역에서도 헌법재판소는 많은 법률에 대하여 평등원칙 위반을 확인하였다.

대표적으로 교육공무원임용에서 국·공립사범대학 출신자들을 우선채용하도록 한 교육공무원법 제11조 제1항52), 정부수립 이전 이주 동

---

46) 헌재 1999. 4. 29, 94헌바37, 판례집 제11권 1집, 289면 이하.
47) 헌재 2007. 3. 29, 2005헌바33, 공보 제126호, 288 이하.
48) 헌재 2004. 1. 29, 2002헌가22, 판례집 제16권 1집, 29면 이하, 30-31면.
49) 헌재 2005. 12. 22, 2003헌가8, 판례집 제17권 2집, 577면 이하, 580면.
50) 헌재 1997. 10. 30, 96헌바14, 판례집 제9권 2집, 454면 이하, 455면.
51) 헌재 2001. 5. 31, 99헌가18, 판례집 제13권 1집, 1017면 이하.

포를 법률의 적용범위에서 제외한 재외동포의출입국과 법적 지위에 관한 법률53), 국적취득에 있어서 부계혈통주의에 따른 구 국적법 제2조 제1항54), 산업연수생에 대하여 근로기준법의 일부조항 적용배제55), 월남전에 참전한 자가 생전에 고엽제후유증환자로 등록신청을 하지 아니하고 사망한 경우 그 유족에게 유족등록신청자격을 부인하는 것56) 등은 모두 평등원칙 위반이라고 보았다.

라. 문화적 영역

문화적 영역에서 평등원칙 위반을 이유로 하는 위헌선언은 그렇게 많지는 않다. 신문법의 위헌여부가 문제되었던 바, 1개 일간신문사의 시장점유율 30%, 3개 일간신문사의 시장점유율 60% 이상인 자를 시장지배적사업자로 추정하는 신문법 제17조는 신문사업자인 청구인들의 신문의 자유와 평등권을 침해57)한다고 판시한 바 있다.

60. 문화적 영역 평등위반 사례

Ⅶ. 평등권의 제한

평등권은 우선 헌법이 직접 제한하거나 차별, 또는 특별한 보호를 명하고 있는 경우와 헌법 제37조 제2항에 따라서 법률로 제한하는 경우로 나누어 볼 수 있다.

61. 헌법직접적 제한, 일반적 법률유보

1. 헌법직접적 제한

가. 정당특권

정당은 다른 결사와는 달리 국가에 의하여 국고보조를 받으며, 헌법재판소의 정당해산 심판에 의하지 아니하고는 해산되지 않는 특별한

62. 국고보조·정당해산

---

52) 헌재 1990. 10. 8, 89헌마89, 판례집 제2권, 332면 이하.
53) 헌재 2001. 11. 29, 99헌마494, 판례집 제13권 2집, 714면 이하.
54) 헌재 2000. 8. 31, 97헌가12, 판례집 제12권 2집, 167면 이하.
55) 헌재 2007. 8. 30, 2004헌마670, 공보 제131호, 982 이하, 983.
56) 헌재 2001. 6. 28, 99헌마516, 판례집 제13권 1집, 1393면 이하.
57) 헌재 2006. 6. 29, 2005헌마165, 판례집 제18권 1집 하, 337면 이하, 338면.

보호를 받는다(헌법 제8조 제3항 제4항).

나. 군인 · 군무원 · 경찰공무원 등의 국가배상청구권의 제한

63. 소위 이중
배상금지

헌법 제29조 제2항은 특히 군인 · 군무원 · 경찰공무원 등에 대하여만 일정한 조건 하에 국가배상청구권을 제한하고 있는데 이는 헌법직접적인 국가배상청구권 제한일 뿐만 아니라 평등권의 제한이기도 하다.

다. 공무원의 노동3권 제한[58]

64. 헌법 제33
조 제2항

헌법 제33조 제2항은 공무원인 근로자는 법률이 정하는 자에 한하여 단결권 · 단체교섭권 및 단체행동권을 가진다고 규정하며 또한 동조 제3항은 법률이 정하는 주요방위산업체에 종사하는 근로자의 단체행동권은 법률이 정하는 바에 의하여 이를 제한하거나 인정하지 아니할 수 있다고 규정하고 있는데 이러한 규정은 특별한 신분관계를 고려한 제한이라고 할 수 있다.

라. 국가유공자 · 상이군경 및 전몰군경의 유가족에 대한 우선적 근로기회의 부여[59]

65. 헌법 제32
조 제4항

헌법 제32조 제4항은 국가유공자 · 상이군경 및 전몰군경의 유가족에 대하여 법률이 정하는 바에 의하여 우선적 근로기회를 부여하도록 규정하고 있다.

마. 대통령의 형사상 특권(제84조), 국회의원의 불체포특권과 면책특권(제44조 – 제45조)

66. 대통령·국
회의원의 특권

대통령은 내란 또는 외환의 죄를 범한 경우를 제외하고는 재직 중 형사상의 소추를 받지 아니한다고 규정하고 있다(제84조).[60] 그리고 국회의원은 현행범인인 경우를 제외하고는 회기중 국회의 동의 없이 체

---

58) 아래 제29절, Ⅲ, 5, 참조.
59) 아래 제28절, Ⅴ, 5, 참조.
60) 방승주, 헌법강의 Ⅰ−헌법일반 · 기본원리론 · 국가조직론, 박영사 2021, 432−433면.

포 또는 구금되지 아니한다(제44조).61) 또한 국회의원은 국회에서 직무
상 행한 발언과 표결에 관하여 국회 외에서 책임을 지지 아니한다(제45
조).62) 이는 헌법기관의 직무와 관련된 헌법상의 특권이라고 볼 수 있
을 것이다.

바. 국회의원의 겸직금지(제43조)

국회의원은 법률이 정하는 직을 겸직할 수 없다(제43조).63) 겸직금
지는 다른 공직이나 직업을 가지지 못하게 함으로써 공무담임권이나 직
업선택의 자유과 함께 평등권을 제한하는 측면이 있으나, 공직수행을
위해서 불가피하게 필요한 경우에 헌법이 이를 직접 규정하고 있다.

67. 헌법 제43
조

2. 법률에 의한 제한

그 밖에 입법자는 같은 것을 같게 다른 것을 다르게 다룰 의무와
권한이 있다. 한편 국가안전보장, 질서유지, 공공복리를 위하여 필요한
경우에는 국민의 자유와 권리를 제한할 수 있으며, 특히 다른 기본권을
제한하는 과정에서 불가피하게 평등권의 제한이 초래될 수도 있다. 그
러므로 이와 같은 경우에는 헌법 제37조 제2항에 따라 법률에 의한 평
등권 제한이 과연 자의금지나 비례의 원칙을 위반하지 아니하였는지를
심사하여야 한다.

68. 헌법 제37
조 제2항

---

61) 방승주 (주 60), 307-309면.
62) 방승주 (주 60), 309-311면.
63) 방승주 (주 60), 306면.

제 10 절 신체의 자유

I. 서 론

우리 헌법은 제10조에서 인간으로서의 존엄과 가치 및 행복추구권, 그리고 제11조에서 평등권을 규정한 후, 제12조에서 신체의 자유를 보장하고 있다. 신체의 자유는 자신의 신체의 자유로운 거동을 침해받지 아니할 자유라고 할 수 있다. 물론 그러한 거동 이전에 신체 자체에 대한 침해를 받지 아니할 권리를 포함한다고 할 수 있다.

신체의 자유가 침해될 수 있는 문제 상황은 여러 가지가 있을 수 있다. 우선 국가에 의하여 침해될 수 있다. 가령 과거 권위주의 정권 하에서는 반정부 시위를 주동하거나 가담한 자들을 공권력을 동원하여 잡아들이고, 감금하고, 이들을 신문하면서 고문하고, 고문을 통해서 강제로 자백을 얻어내고, 이러한 자백을 근거로 기소하여 재판을 하고, 형사처벌을 하는 경우가 있었다.

과거 유신정권 하에서 선량한 시민들이 간첩으로 조작되어 사형선고된 후 다음 날 형장의 이슬로 사라진 인혁당 사건의 경우는 독재정권의 불법행위에 의하여 신체의 자유와 생명권이 침해된 전형적 사례라고 할 수 있는데, 그 과정에서 불법적인 체포와 감금, 고문과 살해 등, 말할 수 없는 인권침해가 이루어졌다고 볼 수 있다.

범죄혐의에 대한 수사를 위하여 사람을 강제로 잡아들이는 경우, 또한 잡아들인 사람을 일정한 장소에 일정한 기간 가두어 놓는 경우, 형벌을 집행하기 위하여 자유형을 부과하는 경우 등은 모두 신체의 자유에 대한 제한에 해당한다. 이러한 제한들이 법률과 적법절차에 의하지 않은 경우, 그리고 처벌이 과잉한 경우는 모두 헌법적으로 정당화되지 아니하는 신체의 자유에 대한 침해라고 할 수 있을 것이다.

한편 신체의 자유의 법익은 사인에 의해서도 얼마든지 침해될 수 있다. 가령 어떠한 사람을 감금해 두고서 외부출입을 금한 상태에서 그 사람의 노동력을 착취하는 현대판 노예의 사례나, 또는 성매매 여성을 감금해 두고서 성매매를 강요하고, 성노예로 전락시키는 등의 행위들은 모두 사인에 의하여 자행되는 신체의 자유와 인간존엄에 대한 침해라고 할 수 있다. 물론 그 사람들이 탈출하려다 적발되는 경우, 구타나 고문을 하는 것은 말할 나위도 없는 신체의 자유에 대한 침해라고 할 수 있다.

신체적 법익의 침해

이와 같은 사인에 의한 신체의 자유에 대한 침해는 당연히 형사처벌 대상이 되는 것으로서, 국가는 이러한 형벌조항을 통하여 신체의 자유에 대한 기본권보호의무를 이행하게 된다. 만일 국가가 사인에 의한 그러한 침해행위가 존재함에도 이를 방지하기 위한 노력을 기울이지 않는다면 기본권보호의무의 불이행이라고 할 수 있을 것이다.

6. 국가의 기본권보호의무

신체의 자유에 관한 헌법 제12조는 다른 어떠한 기본권보다도 더 자세한 규정을 가지고 있다. 따라서 이 규정들이 담고 있는 신체의 자유와 관련된 헌법적 보장의 내용과 보호영역이 무엇인지를 확인하는 것이 중요하다.

7. 가장 상세한 조항

신체의 자유는 자유권적 기본권의 대표적 기본권이라고 할 수 있다. 자유권적 기본권은 대국가적 방어권으로서의 기능이 일차적이며, 다음으로 사인에 의한 침해가 있을 경우에 이에 대하여 보호해야 할 국가의 의무가 존재한다는 점에서 동시에 객관적 질서로서의 측면도 갖는다.

8. 대표적 자유권

II. 신체의 자유의 보호영역

9. 헌법 제12조
제1항

제12조 제1항은 모든 국민은 신체의 자유를 가진다. 누구든지 법률에 의하지 아니하고는 체포·구속·압수·수색 또는 심문을 받지 아니하며, 법률과 적법한 절차에 의하지 아니하고는 처벌·보안처분 또는 강제노역을 받지 아니한다고 규정하고 있다.

10. 선언의 의미

헌법 제12조 제1항에서 모든 국민은 신체의 자유를 가진다고 하는 선언의 의미가 무엇일까가 먼저 문제된다.

11. 생물학적·
물리적 형체

우선 여기에서 신체라고 하는 것은 자연인으로서의 인간의 신체를 말한다고 할 수 있는데, 인간은 주지하듯이 영혼과 육체로 구성되어 있으며, 육체는 인간의 정신과 영혼을 담고 있는 생물학적이며 물리적인 형체라고 할 수 있을 것이다. 이러한 인간의 신체는 스스로 생각하고 의욕하는 바대로 움직이고 거동하는 것을 본질로 하고 있으며, 따라서 신체의 자유라고 하는 것은 이와 같이 인간이 신체적으로 움직이고 싶을 때 움직이고, 거동하고 싶을 때 거동할 수 있으며, 반대로 움직이지 않고 싶을 때 움직이지 않을 수 있는 자유를 말한다고 할 수 있다. 인간의 모든 정신적 자유도 신체의 자유가 없이는 제대로 행사할 수 없기 때문에, 신체의 자유는 모든 다른 자유와 기본권의 행사를 위한 가장 기초적이고도 필수적인 자유라고 할 수 있을 것이다.[1]

12. 신체의 완전성 보장

여기에서 신체(의 완전성: Integrity) 자체도 신체적 거동의 전제가 되는 것이 되므로 신체의 자유의 보호영역에 포함된다고 볼 수 있을 것이며, 따라서 신체를 훼손당하지 않을 권리는 이 신체의 자유로부터 도출될 수 있는 권리라고 볼 수도 있을 것이다.[2]

13. 신체를 훼손당하지 않을 권리

그러면서도 동시에 인간으로서의 존엄과 가치는 자율적인 인격체로서 인간의 신체적, 정신적, 심령적 완전성과 정체성(Identity)을 침해받지 아니할 권리[3]라고 할 수 있기 때문에, 신체를 훼손당하지 않을 권리는 이러한 인간으로서의 존엄과 가치로부터도 도출되는 권리라고 할 수

---

1) 헌재 2001. 6. 28, 99헌가14, 판례집 제13권 1집, 1188, 1205.
2) 동지, 헌재 2004. 12. 16, 2002헌마478, 판례집 제16권 2집 하, 548, 563.
3) 위 제7절, V, 5, (2) 참조.

있을 것이다.

결국 신체의 자유는 신체 자체를 침해받지 않을 자유, 그리고 신체적 거동의 자유를 모두 포괄하는 자유권적 기본권의 대표적 기본권이라고 볼 수 있을 것이다.

14. 신체불훼손권과 신체적 거동의 자유

신체의 자유 역시 절대적 기본권이라고 볼 수는 없다. 즉 가령 범죄를 저지른 자에 대하여 국가가 적극적으로 신병을 확보하여, 수사를 하고 필요한 경우에 구속할 뿐만 아니라, 범죄에 상응하는 처벌을 하여야만, 범죄를 예방할 수 있게 된다(범죄의 특별예방과 일반예방). 이러한 필요성으로 인하여 범죄를 저지른 자는 국가에 의하여 신체의 자유를 제한받을 수밖에 없다. 그러나 그와 같이 국가가 형벌권을 행사하는 과정에서도, 법률에 따라 그리고 적법한 절차에 따라 하지 아니할 경우에는, 형사소추와 형벌권 행사의 남용으로 인하여 치명적인 인권침해가 가능한 것이 바로 신체의 자유의 영역인 것이다.

15. 형벌권 형사과정에서 적법한 절차 준수 필요

우리 헌법 제12조는 이 점을 의식하고, 신체의 자유에 대한 제한의 구체적인 양태를 열거하고 있다. 즉 "체포·구속·압수·수색 또는 심문"과 또한 "처벌·보안처분 또는 강제노역"이 바로 그것이다. 다시 말해서 이러한 제한은 법률과 적법한 절차에 의해서만 이루어질 수 있다고 하는 것을 말해 주는 것이다.

16. 제한의 양태 열거

1. 불법의 체포·구속을 당하지 않을 권리

체포란 국가가 범죄혐의 등을 수사하고 소추하기 위하여 사람의 신체를 강제로 잡아들이는 것을 의미한다. 구속은 그와 같이 잡아들인 사람의 신체를 일정한 장소에 가두어 놓는 것을 의미한다.

17. 체포와 구속의 의미

헌법재판소는 형사소송법상 구속에 대하여 다음과 같이 판시하고 있다.

18. 헌재의 구속의 정의

판례 형사소송법상 구속이라 함은 수사절차 또는 공판절차에서 수사기관 또는 법원에 의하여 피의자 또는 피고인을 구인 또는 구금하는 대인적 강제처분의 하나를 말하며, 수사 또는 공판절차에서 피의자 또는 피고인을 구속하는 것은 공판정 등에의 출석을 보장하고, 도망 및 증거인멸로 인한 수사와 심리의 방해를 제거함으로써 실체적 진실발견을 위한 증거의 수집·보전을 가능하게 하며, 공판절차를 통하여 구체적으로 확정된 국가형벌권의 실현이라는 공익상의 목적을 확보하기 위한 불가피한 조치라는데 그 목적의 정당성을 두고 있다. 그러나 구속이라는 대인적 강제처분은 피의자나 피고인의 신체의 자유에 대한 중대한 제한으로서 구인 또는 구금된 피의자 또는 피고인 본인은 물론, 그 가족의 일반 사회생활에도 중대한 영향과 변화를 가져오게 할 뿐 아니라, 일반인에게는 범죄자의 인상을 심어 주어 그들의 명예를 손상하고 피구속자의 가족을 정신적·경제적인 곤궁에 처하게 하며, 공판절차에 있어서도 피고인 또는 피의자의 정당한 자기권리의 주장과 방어의 기회가 제한받게 되어 기본권보장에 상당한 장애가 되고 있다.

(헌재 1992. 12. 24, 92헌가8, 판례집 제4권, 853, 879-880)

19. 법률에 의하지 않은 신체적 거동의 임의성 제한금지

헌법 제12조 제1항은 법률에 의하지 아니하고는 체포·구속을 받지 않는다고 함으로써, 법률에 의하지 않는 신체적 거동의 임의성에 대한 제한을 금지하고 있다.

20. 법관이 발부한 영장 제시 필요

그리고 체포·구속을 할 때에는 원칙적으로 검사의 신청에 의하여 법관이 발부한 영장을 제시하지 않으면 안 된다. 다만, 현행범인인 경우와 장기 3년 이상의 형에 해당하는 죄를 범하고 도피 또는 증거인멸의 염려가 있을 때에는 사후에 영장을 청구할 수 있다(제12조 제3항).

21. 체포·구속적부심사청구권

불법적으로 체포·구속을 당하지 않을 권리는 헌법 제12조 제6항의 체포·구속적부심사청구권이라고 하는 절차적 권리에 의하여 다시 한 번 보호되고 있다.

22. 병에 대한 영창처분 위헌

헌법재판소는 2020년 9월 24일 재판관 7:2의 의견으로, 병에 대한 징계처분으로 일정기간 부대나 함정 내의 영창, 그 밖의 구금 장소에 감금하는 영창처분이 가능하도록 규정한 구 군인사법 제57조 제2항 중 '영창'에 관한 부분이 헌법에 위반된다는 결정을 선고하였다.[4]

---

4) 헌재 2020. 9. 24, 2017헌바157, 2018헌가10(병합), 군인사법 제57조 제2항 제2호 위헌소원. 이에 대하여는 위 조항이 영장주의에도 위배되어 위헌이라는 4인 재판관의 법정의견에 대한 보충의견과 위 조항이 헌법에 위반되지 않는다는 2인 재판관의 반대의견이 있음.

2. 불법의 압수·수색을 당하지 않을 권리

압수란 국가공권력이 사인이 소유하고 있는 일정한 물건을 강제로 빼앗아 가는 것을 말한다. 또한 수색이란 국가공권력이 일정한 물건이나 사람 등 증거를 찾아내기 위해서 사인의 신체나 또는 소지품, 그 밖에 거주지나 사무실 등에 대하여 뒤지는 행위를 말한다. 이러한 압수수색은 보통 범죄혐의가 있는 경우에 형사소추를 위하여 검사가 신청하여 법관이 발부한 영장의 제시하에 이루어져야 한다. 다만 가택의 수색은 우선 주거의 불가침을 규정한 헌법 제16조의 보호영역에 해당한다고 할 수 있다.

23. 압수·수색의 의미

특정한 범죄혐의사실과 상관없이 경찰이 자의적으로 행인을 불러 신분증을 조사하거나 신체를 수색하는 등의 행위는 헌법상 불법의 압수·수색을 당하지 않을 권리를 침해할 소지가 있기 때문에 금지된다고 보아야 할 것이다.

24. 범죄혐의와 상관없는 불심검문·수색금지

3. 불법의 심문을 받지 않을 권리

심문이란 범죄혐의사실에 대한 수사나 재판절차의 진행을 위하여 관련 당사자에게 질문을 하고 그에 대하여 답변을 요구하는 것을 말한다. 이러한 심문 역시 법률에 의한 경우가 아니면 할 수 없다.

25. 법률에 의한 심문가능

4. 불법의 처벌을 받지 않을 권리

헌법 제12조 제1항은 법률과 적법한 절차에 의하지 아니하고는 처벌받지 아니한다고 하고 있다. 따라서 법률과 적법한 절차에 의하지 아니한, 즉 불법적 처벌을 받지 아니할 권리가 신체의 자유에 포함된다고 볼 수 있다.

26. 적법절차에 의하지 않은 처벌을 받지 않을 권리

여기에서 처벌은 주로 형사처벌을 의미한다고 할 수 있지만, 그 밖의 처벌 가령 행정벌이나 그 밖의 징계 등도 법률과 적법한 절차에 의하지 아니하면 허용되지 아니한다고 넓게 새겨야 할 것이다.

27. 형사처벌, 행정벌, 징계 포함

그리고 처벌의 경우에도 범죄의 경중에 따른 적정한 처벌을 받아야지 지나치게 과중한 형벌의 경우는 역시 신체의 자유를 침해하는 것

28. 범죄의 경중에 따른 적정한 처벌만 가능

으로 볼 수 있을 것이나 헌법재판소는 보통 명시적으로 신체의 자유에 대한 침해를 확인하고 있지는 않다. 단지 헌법재판소는 과중한 처벌의 경우 형벌의 양이 행위자의 책임의 정도를 초과함으로 인하여 비례의 원칙 또는 과잉금지의 원칙에 위반된다5)고 하는 입장을 보이고 있을 뿐이다.

29. 비례원칙 위반 형벌조항 사례

이러한 기준에 입각하여 형벌조항이 비례의 원칙에 위반된다고 본 것으로는 행위가 야간에 행해지고 흉기 기타 위험한 물건을 휴대하였다는 사정만으로 일률적으로 5년 이상의 유기징역형에 처하도록 규정한 폭력행위 등 처벌에 관한 법률 제3조 제2항6), 금융기관의 임·직원이 범하는 특정경제범죄를 가중 처벌하는 특정경제범죄가중처벌등에관한법률 제5조 제4항 제1호7), 마약의 단순매수를 영리매수와 동일한 법정형으로 처벌하는 특정범죄가중처벌등에관한법률 제11조 제1항8), 상관을 살해한 경우 사형만을 유일한 법정형으로 규정하고 있는 군형법 (1962. 1. 20. 법률 제1003호로 제정된 것) 제53조 제1항9) 등이 있다.

30. 합헌 사례

이에 반하여 합헌결정을 선고한 것으로는 가령 '자신이 투약하기 위해 마약류관리법 제2조 제3호 가목에 해당하는 향정신성의약품(이하 '이 사건 향정신성의약품'이라고 한다)을 매수하는 경우'에도 '무기 또는 5년 이상의 징역'의 법정형으로 처벌하도록 정한 마약류 관리에 관한 법률 제58조 제1항 본문 등 위헌소원사건10)이 있다.

5. 불법의 보안처분을 받지 않을 권리

31. 형벌 이외의 예방적 조치

보안처분이란 사회에 위험을 초래할 가능성이 있는 자를 치료, 교육, 재사회화함으로써 그 위험으로부터 사회의 안전을 보호하기 위한 목적으로 행하는, 형벌 이외의 모든 예방적 조치를 일컫는다.

---

5) 헌재 2004. 12. 16, 2003헌가12, 판례집 제16권 2집 하, 446.
6) 헌재 2004. 12. 16, 2003헌가12, 폭력행위등처벌에관한법률 제3조 제2항 위헌제청, 판례집 제16권 2집 하, 446, 446-447.
7) 헌재 2006. 4. 27, 2006헌가5, 판례집 제18권 1집 상, 491.
8) 헌재 2003. 11. 27, 2002헌바24, 판례집 제15권 2집 하, 242.
9) 헌재 2007. 11. 29, 2006헌가13, 판례집 제19권 2집, 535.
10) 헌재 2019. 2. 28, 2016헌바382, 판례집 제31권 1집, 22.

형사처벌과는 별도로 취해지는 보안처분[11]은 형벌과 마찬가지로 신체의 자유에 대한 지나친 침해의 가능성이 있기 때문에, 어떠한 경우에 그와 같은 보안처분이 요구되는지에 대하여 사전에 규정된 법률과 적법한 절차에 따라서 이루어지지 않으면 안 된다.

32. 형벌과 유사한 침해 가능성

헌법재판소는 보안처분은 사회보호를 위한 것으로 형벌과 병과한다고 하여서 그 자체만으로 이중처벌금지의 원칙에 위반되는 것은 아니라고 하는 입장을 보이고 있다.[12]

33. 이중처벌금지원칙에 위반 안됨

이와 관련하여 일종의 보안처분으로서 소위 전자발찌의 소급적용을 명하는 법률{(특정 범죄자에 대한 위치추적 전자장치 부착 등에 관한 법률 부칙(2008. 6. 13. 법률 제9112호)} 제2조 제1항(2010. 4. 15. 법률 제10257호로 개정된 것)이 소급입법금지의 원칙에 위반되는지 여부가 문제되어 이에 대하여 헌법소원심판이 청구되었으며 헌법재판소는 동 법률 부칙 제2조 제1항이 형벌불소급의 원칙과 과잉금지의 원칙에 위반되지 않는다고 보았다.[13]

34. 전자발찌의 소급적용 가능

헌법재판소는 디엔에이감식시료 채취 대상범죄에 대하여 형의 선고를 받아 확정된 사람으로부터 디엔에이감식시료를 채취할 수 있도록 규정한 디엔에이신원확인정보의 이용 및 보호에 관한 법률(이하 '이 사건 법률') 제5조 제1항 제1호, 제4호, 제6호 등은 청구인의 신체의 자유를 침해하지 않는다고 보았으며, 또한 이 사건 법률 시행 당시 디엔에이감식시료 채취 대상범죄로 이미 징역이나 금고 이상의 실형을 선고받아 그 형이 확정되어 수용 중인 사람에게 디엔에이감식시료 채취 및 디엔에이확인정보의 수집 · 이용 등 이 사건 법률을 적용할 수 있도록 규정한 부칙 제2조 제1항 중 제5조 제1항 각 호의 어느 하나에 해당하는 죄와 경합된 죄로 징역이나 금고 이상의 실형을 선고받아 그 형이 확정되어 수용 중인 사람에 관한 부분이 소급입법금지원칙에 위배되지 않는다고 보았다.[14]

35. 디엔에이 감식시료 채취 사건

---

11) 헌재 1997. 11. 27, 92헌바28, 판례집 제9권 2집, 548, 549.
12) 헌재 1997. 11. 27, 92헌바28, 판례집 제9권 2집, 548, 549.
13) 헌재 2012. 12. 27, 2010헌가82 등, 판례집 제24권 2집 하, 281.
14) 헌재 2014. 8. 28, 2011헌마28 등, 판례집 제26권 2집 상, 337. 이에 대하여 위헌론으로 조하늬, DNA신원확인정보 채취 · 이용의 헌법적 문제: "디엔에이 신원확인정보의 이용 및 보호에 관한 법률" 부칙 제2조 제1항의 신회보호원칙 위반여부를 중심으로, 한양대 대학원 석사학위논문 2015.

6. 불법의 강제노역을 받지 아니할 권리

36. 처벌 이외의 강제노역 금지

강제노역이란 본인의 의사와 상관없이 일정한 노동을 강요하는 것을 말한다. 범죄에 대한 처벌로서 정당하게 부과하는 노역을 제외하고는 본인의 의사에 반하는 노역은 부과할 수 없다.

Ⅲ. 형사절차상의 원칙

37. 범죄수사·소추과정에서의 인권 침해가능성 사전 예방

헌법 제12조와 제13조는 적법절차와 죄형법정주의 그 밖의 여러 가지 형사절차상의 기본권들을 규정하고 있다. 형사절차상의 기본권은 형사소추를 목적으로 체포·구속을 당한 이후에도 피의자나 피고인으로서 범죄수사와 소추과정에서 당할 수 있는 여러 가지 인권의 침해가능성을 사전에 예방하기 위한 것들이라고 할 수 있다.

1. 적법절차

38. 헌법 제12조 제1항 후단

헌법 제12조 제1항 후단은 "법률과 적법한 절차에 의하지 아니하고는 처벌·보안처분 또는 강제노역을 받지 아니한다"고 규정하고 있다. 그리고 제12조 제3항에서도 체포·구속·압수 또는 수색을 할 때에는 "적법한 절차"에 따라 검사의 신청에 의하여 법관이 발부한 영장을 제시하여야 한다고 하면서 적법한 절차가 다시 언급되고 있다. 여기에서 "적법한 절차"의 의미가 무엇인지 먼저 문제가 된다.

39. 문법적 해석

우선 문법적으로 볼 때, 적법한 절차는 처벌·보안처분 또는 강제노역과 관련되는데, "적법"에서 법은 헌법과 법률 그리고 그 밖의 법률하위규정, 예를 들어서 형사절차와 관련된 여러 가지 법규명령과 규칙 등까지 모두 포함한다고 할 수 있다. 따라서 법률에 규정되어 있지 않다 하더라도, 헌법상 기본권에 의하여 보장되고 있거나 헌법원리에 비추어 요구되는 절차에 위반되는 경우에는 적법한 절차를 거쳤다고 볼 수 없을 것이다.

40. 형사절차적 기본권

이러한 적법한 절차에 해당하는 중요한 내용들이 헌법 제12조 제2

항 이하에서 나오는 여러 가지 형사절차적 기본권에서 구체화되고 있다
고 볼 수 있다.

> **판례** 신체의 자유는 정신적 자유와 함께 모든 기본권의 기초가 되는 것임에도
> 역사적으로 국가에 의하여 특히 형벌권의 발동형식으로 침해되어 온 예가 많
> 으므로 헌법은 제12조 제1항에서 적법절차의 원칙을 선언한 후 같은 조 제2항
> 내지 제7항에서 적법절차의 원칙으로부터 도출될 수 있는 내용 가운데 특히
> 중요한 몇 가지 원칙을 열거하고 있는바, 이 사건 관련 조항인 헌법 제12조 제
> 3항은 "체포·구속·압수 또는 수색을 할 때에는 적법한 절차에 따라 검사의
> 신청에 의하여 법관이 발부한 영장을 제시하여야 한다.⋯⋯"라고 규정함으로써
> 영장주의를 천명하고 있다.
> (헌재 1997. 3. 27, 96헌바28, 판례집 제9권 1집, 313, 319-320)

가령 고문을 통해서 또는 불리한 진술에 대한 강요를 통하여 범하
지도 않은 죄를 자백하게 만들어서 이를 유죄판단의 증거로 사용하게
된다면, 비록 형식적으로는 증거에 따른 재판이 이루어졌다 하더라도,
결코 정의로운 재판과 처벌이 이루어졌다고 할 수 없고, 오히려 그러한
재판은 불법적인 권력의 남용으로서 국민의 생명과 신체 등의 법익을
침해할 뿐이다.

41. 고문을 통한 불리한 진술 강요 금지

국가권력에 의하여 체포·구속을 당한 경우에는 어느 누구나 국가
권력 앞에서 위축될 수밖에 없고, 그로 인하여 검사나 경찰 등의 수사권
력에 의하여 자신이 범한 행위와 책임 이상의 내용으로 과잉하게 기소
되거나 또는 형사처벌을 당할 수 있는 가능성이 상존한다. 이와 같은 경
우에 특히 무기의 평등이 이루어지지 않으면 안 되는데, 바로 이러한 이
유에서 체포·구속을 당한 경우에 변호인의 조력을 받을 권리를 보장하고
있는 것이다(제12조 제4항). 따라서 변호인의 조력을 받을 권리가 행사되
지 못한 상태에서 형사절차가 진행되었다면 이 또한 적법한 절차에 따
른 것이라고 하기 어려운 것이다.

42. 변호인의 조력을 받을 권리 보장

한편 체포 또는 구속의 이유와 그리고 변호인의 조력을 받을 권리
가 있음을 고지받지 아니하고는 체포 또는 구속을 당하지 아니한다고
함으로써, 소위 미란다 원칙을 헌법이 구체화하고 있다. 이러한 절차가

43. 소위 미란다 원칙

형사소송법에 규정되어 있는지 여부와 상관없이, 이러한 절차는 헌법상의 절차로서 국가는 반드시 준수해야 하고, 따라서 그와 같은 고지가 없이 이루어진 체포와 구속은 적법한 절차에 따른 것이라 할 수 없다.

44. 적법절차의 구성부분

이러한 점을 생각해 본다면, 이하에서 설명하는 형사절차상의 기본권은 적법한 절차의 중요한 구성부분들이라고 할 수 있다.

45. 국가권력행사의 실체적 정당성 요구하는 헌법원리

다만 우리 헌법재판소는 헌법 제12조에서 규정된 "적법한 절차"를 적법절차원리의 근거로 보면서도, 이러한 적법절차는 단순히 형사절차상의 원리에 지나지 않은 것이 아니라, 국가권력행사의 실체적 정당성까지도 요구하는 헌법상의 원리로 그 의미를 확대하고 있다.

> **판례** 우리 현행 헌법에서는 제12조 제1항의 처벌, 보안처분, 강제노역 등 및 제12조 제3항의 영장주의와 관련하여 각각 적법절차의 원칙을 규정하고 있지만 이는 그 대상을 한정적으로 열거하고 있는 것이 아니라 그 적용대상을 예시한 것에 불과하다고 해석하는 것이 우리의 통설적 견해이다. 다만 현행 헌법상 규정된 적법절차의 원칙을 어떻게 해석할 것인가에 대하여 표현의 차이는 있지만 대체적으로 적법절차의 원칙이 독자적인 헌법원리의 하나로 수용되고 있으며 이는 형식적인 절차뿐만 아니라 실체적 법률내용이 합리성과 정당성을 갖춘 것이어야 한다는 실질적 의미로 확대 해석하고 있으며, 우리 헌법재판소의 판례에서도 이 적법절차의 원칙은 법률의 위헌여부에 관한 심사기준으로서 그 적용대상을 형사소송절차에 국한하지 않고 모든 국가작용 특히 입법작용 전반에 대하여 문제된 법률의 실체적 내용이 합리성과 정당성을 갖추고 있는지 여부를 판단하는 기준으로 적용되고 있음을 보여주고 있다(당 헌법재판소 1989. 9. 8, 선고, 88헌가6 결정; 1990. 11. 19, 선고, 90헌가48 결정 등 참조). 현행 헌법상 적법절차의 원칙을 위와 같이 법률이 정한 절차와 그 실체적인 내용이 합리성과 정당성을 갖춘 적정한 것이어야 한다는 것으로 이해한다면, 그 법률이 기본권의 제한입법에 해당하는 한 헌법 제37조 제2항의 일반적 법률유보조항의 해석상 요구되는 기본권제한법률의 정당성 요건과 개념상 중복되는 것으로 볼 수도 있을 것이나, 현행 헌법이 명문화하고 있는 적법절차의 원칙은 단순히 입법권의 유보제한이라는 한정적인 의미에 그치는 것이 아니라 모든 국가작용을 지배하는 독자적인 헌법의 기본원리로서 해석되어야 할 원칙이라는 점에서 입법권의 유보적 한계를 선언하는 과잉입법금지의 원칙과는 구별된다고 할 것이다. 따라서 적법절차의 원칙은 헌법조항에 규정된 형사절차상의

> 제한된 범위내에서만 적용되는 것이 아니라 국가작용으로서 기본권제한과 관
> 련되든 관련되지 않든 모든 입법작용 및 행정작용에도 광범위하게 적용된다고
> 해석하여야 할 것이고, 나아가 형사소송절차와 관련시켜 적용함에 있어서는
> 형벌권의 실행절차인 형사소송의 전반을 규율하는 기본원리로 이해하여야 하
> 는 것이다. 더구나 형사소송절차에 있어서 신체의 자유를 제한하는 법률과 관
> 련시켜 적용함에 있어서는 법률에 따른 형벌권의 행사라고 할지라도 신체의
> 자유의 본질적인 내용을 침해하지 않아야 할 뿐 아니라 비례의 원칙이나 과잉
> 입법금지의 원칙에 반하지 아니하는 한도내에서만 그 적정성과 합헌성이 인정
> 될 수 있음을 특히 강조하고 있는 것으로 해석하여야 할 것이다.
> (헌재 1992. 12. 24, 92헌가8, 판례집 제4권, 853, 874-878)

이와 같이 적법절차의 의미를 확대하는 것은 적법절차의 원칙이 영
미 헌법상의 대원칙으로 적용되고 있는 점에 영향을 받은 것으로 보이
나, 우리 헌법상 중요한 구조원리로서 통설과 판례에 의하여 받아들여
지고 있는 법치국가원리의 내용과 상당부분 중첩되는 내용이 되지 않나
생각된다. 위 판례에서 헌법재판소도 적법절차원리와 과잉금지원칙의
중첩가능성에 대해서 언급을 하고 있으면서도 그 구별필요성을 강조하
고, 적법절차원리의 위반여부에 대하여 심사하는 듯 하고 있으나, 그 심
사의 내용은 결국 과잉금지의 원칙 위반여부를 심사해야 한다고 하는
내용으로 채워져 있고, 곧이어 과잉금지의 원칙 위반여부의 심사를 하
는 것을 볼 수 있는데, 이 점을 고려할 때 과연 적법절차원칙의 독자적
내용이 무엇인지의 문제를 제기하게 한다.[15]

46. 과잉금지원칙과의 중첩가능성

아무튼 적법절차원칙에 위배된다고 본 사례로는 구속영장(拘束令狀)
의 실효(失效) 여부를 검사(檢事)의 의견에 좌우되도록 한 형사소송법 제
331조 단서 규정[16], 보석허가결정에 대하여 검사의 즉시항고를 허용하
여 그 즉시항고에 대한 항고심의 재판이 확정될 때까지 그 집행이 정지
되도록 한 형사소송법 제97조 제3항의 규정[17]을 들 수 있다.

47. 적법절차원칙 위반 사례

---

15) 마찬가지로 아예 적법절차원칙의 위반 여부를 과잉금지의 원칙에 따라 심사하고
   있는 판례로서는 헌재 2004. 9. 23, 2002헌가17, 판례집 제16권 2집 상, 379, 390.
16) 헌재 1992. 12. 24, 92헌가8, 판례집 제4권, 853, 853−854.
17) 헌재 1993. 12. 23, 93헌가2, 판례집 제5권 2집, 578.

48. 합헌 사례

그리고 적법절차원칙에 위배되지 않는다고 본 사례로 사회보호법 시행 전에 금고 이상의 형을 받아 그 전부 또는 일부의 집행을 받거나 면제된 자는 같은 법 제5조 제1호의 규정을 적용함에 있어서는 실형을 받은 것으로 본다고 규정하면서 특별히 형의실효등에관한법률 제7조에 따라 실효된 형을 제외한다는 규정을 두고 있지는 않는 사회보호법 부칙 제3조 제1항[18], 보안관찰처분[19] 등을 들 수 있다.

49. 표현의 자유 관련

한편 표현의 자유에 대한 제한입법에 대하여 적법절차원칙 위반가능성을 언급한 판례[20]도 보인다.

50. 청문의 기회를 보장하지 않는 징계처분의 적법절차원리 위반

또한 헌재가 사립학교교원에 대하여 기소가 되기만 하면 직위해제처분을 하도록 하고 있는 구 사립학교법 제58조의2 제1항 단서는 직업선택의 자유를 과잉하게 침해하며 또는 무죄추정원칙에도 위반된다고 확인[21]하고 있는바, 내용적으로 볼 때에는 당사자로 하여금 청문 등의 기회를 보장하지 않은 상태에서 일방적으로 징계처분보다도 더한 기본권제한의 불이익을 가하여 적법절차에 위반된 것이라는 취지의 판시를 하고 있기 때문에 이 사건은 적법절차원리에 대한 위반을 확인한 사례로도 분류해 볼 수 있다고 생각된다.

2. 영장주의

가. 사전영장주의의 원칙

(1) 영장주의의 의의

51. 법관의 영장 필요

헌법 제12조 제3항은 "체포·구속·압수 또는 수색을 할 때에는 적법한 절차에 따라 검사의 신청에 의하여 법관이 발부한 영장을 제시하여야 한다. 다만, 현행범인인 경우와 장기 3년 이상의 형에 해당하는 죄를 범하고 도피 또는 증거인멸의 염려가 있을 때에는 사후에 영장을 청구할 수 있다"고 규정함으로써, 체포·구속·압수·수색의 경우에는

---

18) 헌재 2001. 3. 21, 99헌바7, 판례집 제13권 1집, 525, 527.
19) 헌재 1997. 11. 27, 92헌바28, 판례집 제9권 2집, 548, 549.
20) 헌재 2002. 6. 27, 99헌마480, 전기통신사업법 제53조등 위헌확인(동법 제71조 제7호중 제53조 제3항 부분), 판례집 제14권 1집, 616, 634.
21) 헌재 1994. 7. 29, 93헌가3 등, 판례집 제6권 2집, 1 [위헌,합헌].

원칙적으로 사전에 법관이 발부한 영장을 제시할 것을 요구하고 있다.

"영장주의란 형사절차와 관련하여 체포·구속·압수 등의 강제처분을 함에 있어서는 사법권 독립에 의하여 그 신분이 보장되는 법관이 발부한 영장에 의하지 않으면 아니된다는 원칙이고, 따라서 영장주의의 본질은 신체의 자유를 침해하는 강제처분을 함에 있어서는 중립적인 법관이 구체적 판단을 거쳐 발부한 영장에 의하여야만 한다는 데에 있다고 할 수 있다."[22]

52. 영장주의의 의미

영장주의는 인신의 구속 여부에 관한 결정은 헌법에 의하여 그 신분의 독립이 보장되어 있는 법관의 최종적 결정에 좌우되도록 하는 것을 그 본질내용으로 한다고 할 수 있다. 그러므로 이러한 법관의 결정의 효력을 유명무실하게 하거나 법관의 결정이 없이도 인신의 구속이나 구속의 연장이 결정될 수 있도록 하는 것은 이러한 영장주의에 위반된다고 볼 수 있다.

53. 인신구속은 법관의 최종적 결정에 유보

헌법재판소는 영장주의가 적법절차원리에서 나온 것으로 보고 있다.[23]

54. 적법절차로 부터 도출

(2) 판사의 독자적인 영장발부 가능성

그런데 헌법 제12조 제3항에서는 검사의 신청에 의하여 법관이 발부한 영장을 제시하도록 하고 있으므로 과연 법원이 검사의 신청이 없이 독자적으로 구속이나 구인을 위한 영장을 발부할 수 없는지 여부의 문제가 제기된다.

55. 법원이 독자적 발부 가능 문제

이에 대하여 헌법재판소는 영장을 검사의 신청에 의하여 법관이 발부하도록 하는 경우에 그 영장은 허가장의 성질을 가지며, 검사의 신청이 없이 법관이 영장을 발부할 수 있도록 하는 제도는 명령장의 성격을 갖는다고 하면서 검사의 신청이 없이도 판사가 독자적으로 영장을 발부할 수 있다고 보고 있다.[24]

56. 허가장의 성격, 명령장의 성격

---

22) 헌재 1997. 3. 27, 96헌바28, 판례집 제9권 1집, 313, 320.
23) 헌재 1993. 12. 23, 93헌가2, 판례집 제5권 2집, 578, 596.
24) 헌재 1997. 3. 27, 96헌바28, 판례집 제9권 1집, 313, 321-322.

나. 사전영장주의의 예외

57. 도피 또는 증거인멸의 염려

사전영장주의에도 예외가 있다. 즉 현행범인인 경우와 장기 3년 이상의 형에 해당하는 죄를 범하고 도피 또는 증거인멸의 염려가 있을 때에는 사후에 영장을 청구할 수 있다(제12조 제3항 단서). 또한 비상계엄이 선포된 때에는 법률이 정하는 바에 의하여 영장제도에 관하여 특별한 조치가 취해질 수 있다(제77조 제3항)

58. 주거불명의 경우에만

현행범인이라도 경미한 죄의 현행범인인 경우에는 주거가 불명한 때에만 체포영장 없이 체포가 가능하고(형소법 제214조) 긴급체포의 경우에도 사후에 구속영장을 반드시 제시해야 하는데 체포 후 48시간 내에 영장청구를 하도록 규정되어 있다(형소법 제200조의3과 4).

59. 영장 없는 현행범인 체포 합헌

헌법재판소에 의하면 현행범인은 누구든지 영장 없이 체포할 수 있다고 규정한 형사소송법(1954. 9. 23. 법률 제341호로 제정된 것) 제212조(이하 '이 사건 현행범인체포조항'이라 한다)는 헌법상 영장주의에 반하지 않는다.[25] 그리고 헌법재판소는 헌법에서 현행범인 체포의 경우 사전영장원칙의 예외를 인정하고 있을 뿐 사후 영장의 청구 방식에 대해 특별한 규정을 두지 않고 있는 이상 이 사건 영장청구조항이 사후 체포영장 제도를 규정하지 않았다고 하여 헌법상 영장주의에 위반된다고 볼 수는 없다고 보았다. 또한, '범인과 범증의 명백성'이 외부적으로 명백하여야 하는 현행범인 체포의 특수성, 현행범인 체포에 따른 구금의 성격, 형사절차에 불가피하게 소요되는 시간 및 수사현실 등을 종합적으로 고려하면, 체포한 때부터 "48시간 이내"를 사후영장의 청구기간으로 정한 것이 입법재량을 현저히 일탈한 것으로 볼 수도 없다고 하면서, 이 사건 영장청구조항은 헌법상 영장주의에 반하지 않는다고 판시하였다.[26]

60. 긴급체포제도

한편 형사소송법상 사전영장주의의 예외로서 긴급체포제도[27]가

---

25) 헌재 2012. 5. 31, 2010헌마672, 판례집 제24권 1집 하, 652.
26) 헌재 2012. 5. 31, 2010헌마672, 판례집 제24권 1집 하, 652.
27) 긴급체포제도는 1995. 12. 29. 법률 제5054호에 의하여 처음 도입되어 1997. 1. 1. 부터 시행되었는데, 당시 법 제200조의4 제1항에 따르면 검사 또는 사법경찰관이 제200조의3의 규정에 의하여 피의자를 체포한 경우 피의자를 구속하고자 할 때에는 체포한 때부터 48시간 이내에 검사는 관할 지방법원판사에게 구속영장을 청구하여야 하고, 사법경찰관은 검사에게 신청하여 검사의 청구로 관할지방법원

1997년부터 실시되기 시작한 이래 영장체포건수에 비하여 영장없는 긴급체포건수가 무려 7배나 많다고 보고되는 등 수사실무에서 긴급체포제도가 남발[28]되자 그 위헌여부가 논란이 되고 있다.[29] 긴급체포란 검사 또는 사법경찰관이 피의자가 사형·무기 또는 장기 3년이상의 징역이나 금고에 해당하는 죄를 범하였다고 의심할 만한 상당한 이유가 있고, 피의자가 증거를 인멸할 염려가 있거나, 도망하거나 도망할 우려가 있어 긴급을 요하여 지방법원판사의 체포영장을 받을 수 없는 때에는 그 사유를 알리고 영장없이 피의자를 체포할 수 있도록 한 형사소송법상의 제도이다.

위헌논란의 핵심은 헌법상 영장주의에 따라 예외적으로 긴급체포를 한 경우라 하더라도 48시간 내에 체포영장을 청구하도록 해야 하는데 체포영장이 아니라 구속영장을 청구하도록 하고 있고, 또한 긴급체포 후 구속하지 않고 석방을 하는 경우에는 사후체포영장을 청구하지 않아도 되도록 되어 있어 이것이 헌법상 영장주의에 위반되는 것 아닌가 하는 점이다.[30] 긴급체포의 남용가능성 등을 고려해 볼 때, 긴급체포

61. 사후구속영장이 아닌 체포영장 청구 필요

판사에게 구속영장을 청구하여야 한다. 그리고 제1항에 의하여 구속영장을 청구하지 아니하거나 발부받지 못한 때에는 피의자를 즉시 석방하여야 한다고 규정하였다. 긴급체포의 경우 사후 체포영장 청구를 하지 않고 구속영장을 청구하도록 하고 있는 것이 위헌인지 여부에 대하여 2007년 사개특위에서도 다시 한 번 논의가 이루어졌으나, 이와 관련해서 사후체포영장제도를 도입하지는 못한 채로, 결국 긴급체포 후 48시간 내 석방을 한 경우에는 법원에 석방통지의무를 지우는 쪽으로 논의를 매듭짓고 그 결과를 반영하여 이 제200조의4 제1항과 제2항을 개정하여 현행법에까지 이르고 있는데, 제1항에 "지체없이"라고 하는 단어를 넣어서 체포 후 지체없이 구속영장을 청구하도록 하였고, 구속영장 청구시 제200조의3 제3항에 따른 긴급체포서를 첨부하도록 하였으며, 긴급체포 후 석방된 자의 인적 사항 등을 법원에 통지하도록 한 것(제200조의4 제4항과 제5항) 등이 개선된 점이다.

28) 문성도, 긴급체포제도와 예외적인 사후영장원칙, 형사법연구 제31권 제2호(2019 여름), 131-159, 140면 참조.
29) 이에 관한 상세한 논의로는 문성도 (주 28); 류부곤, 인신구속제도의 개선 필요성과 방향 - 긴급체포 및 구속의 제도적 개선점을 중심으로, 비교형사법연구 제19권 제4호(2018. 1), 137-167면 등 참조.
30) 여전히 사후체포영장 청구에 관한 규정의 흠결이 있는 것은 영장주의에 대한 위반으로 위헌이라고 하는 지적{문성도 (주 28), 150면}과 더불어서, 수사실무상 긴급체포의 필요성을 인정하면서도 수사절차에서의 인신구속은 원칙적으로 사법기관의 주도적 통제 하에 이루어져야 한다는 취지의 개선의견{류부곤 (주 29)}등이

의 경우에도 사후 48시간 내에 법원에 체포영장을 청구하도록 함으로써, 인신구속에 대한 사법부의 철저한 통제가 이루어질 수 있도록 하는 것이 헌법상 영장주의의 정신에 부합하는 것이 아닐까 생각된다.

다. 사전영장주의의 적용영역

62. 행정상 즉시강제

체포·구속·압수 또는 수색을 할 때에는 원칙적으로 검사의 신청에 의하여 법관이 발부한 영장을 제시하여야 한다. 소위 행정상 즉시강제도 영장주의의 적용대상이 되는지 여부가 논란이 될 수 있다.

63. 임의이행을 기다릴 시간적 여유가 없을 때

헌법재판소는 행정상 즉시강제는 상대방의 임의이행을 기다릴 시간적 여유가 없을 때 하명 없이 바로 실력을 행사하는 것으로서, 그 본질상 급박성을 요건으로 하고 있어 법관의 영장을 기다려서는 그 목적을 달성할 수 없다고 하면서 원칙적으로 영장주의가 적용되지 않는다고 보고 있다.31) 행정상 즉시강제를 할 수 있는 요건으로서 헌법재판소는 "행정상 즉시강제란 행정강제의 일종으로서 목전의 급박한 행정상 장해를 제거할 필요가 있는 경우에, 미리 의무를 명할 시간적 여유가 없을 때 또는 그 성질상 의무를 명하여 가지고는 목적달성이 곤란할 때"를 들고 있다. 즉 이러한 경우 직접 국민의 신체 또는 재산에 실력을 가하여 행정상 필요한 상태를 실현하는 작용이며, 법령 또는 행정처분에 의한 선행의 구체적 의무의 존재와 그 불이행을 전제로 하는 행정상 강제집행과 구별된다고 한다.32)

64. 예외적인 강제수단

헌법재판소에 의하면 "행정강제는 행정상 강제집행을 원칙으로 하며, 법치국가적 요청인 예측가능성과 법적 안정성에 반하고, 기본권 침해의 소지가 큰 권력작용인 행정상 즉시강제는 어디까지나 예외적인 강제수단이라고 할 것이다. 이러한 행정상 즉시강제는 엄격한 실정법상의

제시되고 있다. 헌법재판소는 전술한 48시간 이내 영장청구제도가 합헌이라고 하는 판시(2010헌마672) 외에 이 문제에 관한 헌법재판소의 본안판단은 아직 이루어지지 않고 있는 것으로 보이나 향후 이에 대한 헌법재판소의 입장을 더 주목해 볼 필요가 있다.

31) 헌재 2002. 10. 31, 2000헌가12, 판례집 제14권 2집, 345, 359.
32) 헌재 2002. 10. 31, 2000헌가12, 판례집 제14권 2집, 345, 353.

근거를 필요로 할 뿐만 아니라, 그 발동에 있어서는 법규의 범위 안에서
도 다시 행정상의 장해가 목전에 급박하고, 다른 수단으로는 행정목적
을 달성할 수 없는 경우이어야 하며, 이러한 경우에도 그 행사는 필요
최소한도에 그쳐야 함을 내용으로 하는 조리상의 한계에 기속된다.”[33]
고 한다.

라. 영장주의 위반 여부에 대한 헌법재판소 판례

영장주의에 위반된다고 본 사례로는 보석허가결정에 대하여 검사
의 즉시항고를 허용하여 그 즉시항고에 대한 항고심의 재판이 확정될
때까지 그 집행이 정지되도록 한 형사소송법 제97조 제3항의 규정[34]을
들 수 있다.

헌법재판소는 보호의무자 2인의 동의와 정신건강의학과 전문의 1
인의 진단으로 정신질환자에 대한 보호입원이 가능하도록 한 정신보건
법(2011. 8. 4. 법률 제11005호로 개정된 것) 제24조 제1항 및 제2항이 신체
의 자유를 침해한다고 보면서 계속 적용을 명하는 헌법불합치 결정[35]을
하였으나 이 판례에서 영장주의 위반에 대해서는 따로 언급을 하지는
않았다.

영장주의에 위반되지 않는다고 본 사례로는 강제지문채취제도를
들 수 있다.

> 판례 이 사건 법률조항은 수사기관이 직접 물리적 강제력을 행사하여 피의자
> 에게 강제로 지문을 찍도록 하는 것을 허용하는 규정이 아니며 형벌에 의한
> 불이익을 부과함으로써 심리적·간접적으로 지문채취를 강요하고 있으므로 피
> 의자가 본인의 판단에 따라 수용여부를 결정한다는 점에서 궁극적으로 당사자
> 의 자발적 협조가 필수적임을 전제로 하므로 물리력을 동원하여 강제로 이루
> 어지는 경우와는 질적으로 차이가 있다. 따라서 이 사건 법률조항에 의한 지
> 문채취의 강요는 영장주의에 의하여야 할 강제처분이라 할 수 없다. 또한 수
> 사상 필요에 의하여 수사기관이 직접강제에 의하여 지문을 채취하려 하는 경

**65. 영장주의
위반 사례**

**66. 정신보건법
상 보호입원의
위헌성**

67. 합헌 사례

33) 헌재 2002. 10. 31, 2000헌가12, 판례집 제14권 2집, 345, 353.
34) 헌재 1993. 12. 23, 93헌가2, 판례집 제5권 2집, 578, 598 – 600.
35) 헌재 2016. 9. 29, 2014헌가9, 판례집 제28권 2집 상, 276.

우에는 반드시 법관이 발부한 영장에 의하여야 하므로 영장주의원칙은 여전히 유지되고 있다고 할 수 있다.

(헌재 2004. 9. 23, 2002헌가17, 판례집 제16권 2집 상, 379, 379-379)

3. 미란다 원칙

68. 미란다 원칙

헌법 제12조 제5항은 "누구든지 체포 또는 구속의 이유와 변호인의 조력을 받을 권리가 있음을 고지받지 아니하고는 체포 또는 구속을 당하지 아니한다. 체포 또는 구속을 당한 자의 가족 등 법률이 정하는 자에게는 그 이유와 일시·장소가 지체없이 통지되어야 한다."고 규정하고 있다.

가. 체포·구속의 이유와 변호인의 조력을 받을 권리를 고지받을 권리

69. 헌법 제12조 제5항 제1문

우선 헌법 제12조 제5항 제1문의 권리는 체포·구속의 이유와 변호인의 조력을 받을 권리를 고지받을 권리라고 칭할 수 있을 것이다.

70. 형사피의자·피고인 모두 적용

누구든지 자신이 국가기관으로부터 왜 체포 또는 구속을 당하는지 알지도 못한 채, 체포 또는 구속을 당한다면 이를 수긍할 수 있는 사람은 없을 것이다. 그리고 체포·구속의 이유를 들었다 하더라도, 그러한 체포 또는 구속이 부당하다고 볼 수 있을 경우에는 적절하게 방어할 수 있는 기회를 가지지 않으면 안 된다. 따라서 체포·구속 시에는 이와 같이 그 이유와 변호인의 조력을 받을 수 있다고 하는 사실을 고지받고, 변호인의 조력을 받을 권리를 행사할 수 있는 기회를 가져야 한다. 이러한 권리 역시 형사피의자이든 피고인이든 모두 적용된다고 할 수 있다.

71. 적법절차원칙의 구체화

이러한 권리를 보장하는 것 역시 적법절차원칙을 헌법이 구체화하는 사례라고 할 수 있다. 이러한 권리는 영미법계로부터 유래한 것으로 소위 미란다 원칙이라고 불리는 것인데, 이러한 원칙을 위반한 상태에서 체포·구속을 한다면, 이는 적법절차원칙을 위반한 것으로서 그러한 체포·구속은 불법적인 것이고, 따라서 이는 곧바로 신체의 자유에 대한 침해가 된다고 보아야 할 것이다.

나. 가족 등 통지의무

한편 체포 또는 구속을 당한 자의 가족 등에게는 체포 또는 구속의 이유와 일시, 장소를 통지하여야 한다. 체포 또는 구속을 당한 자의 경우, 변호인의 도움을 받을 필요가 있을 뿐만 아니라, 무엇보다도 가족이나 혹은 가족이 없는 자의 경우 가장 가까운 사람이 그의 체포·구속사실을 알아야 그에게 필요한 도움을 줄 수 있게 될 것이다. 따라서 이와 같은 고지를 하지 아니하고 체포·구속을 한다면 이는 헌법상 보장되는 적법절차원칙을 위반하는 것이 될 것이다.

형사소송법은 이러한 제도를 구체화하는 규정을 두고 있다. 즉 피고인에 대하여 범죄사실의 요지, 구속의 이유와 변호인을 선임할 수 있음을 말하고 변명할 기회를 준 후가 아니면 구속할 수 없다. 다만, 피고인이 도망한 경우에는 그러하지 아니하다(형소법 제72조).

또한 피고인을 구속한 때에는 변호인이 있는 경우에는 변호인에게, 변호인이 없는 경우에는 법정대리인, 배우자, 직계친족과 형제자매(형소법 제30조 제2항) 중 피고인이 지정한 자에게 피고사건명, 구속일시·장소, 범죄사실의 요지, 구속의 이유와 변호인을 선임할 수 있는 취지를 알려야 한다(형소법 제87조).

헌법 제12조 제5항에서 말하는 체포·구속은 적법절차에 의한 영장구속(형소법 제200조의2)은 물론이고, 현행범인체포 등 긴급을 요하는 때의 영장 없는 긴급체포(형소법 제200조의3, 제212조)의 경우를 포함한다.

4. 죄형법정주의

우리 헌법은 제12조 제1항 후단에 "법률과 적법한 절차에 의하지 아니하고는 처벌·보안처분 또는 강제노역을 받지 아니한다."라고 규정하고, 제13조 제1항 전단에 "모든 국민은 행위시의 법률에 의하여 범죄를 구성하지 아니하는 행위로 소추되지 아니하며"라고 규정하여 죄형법정주의를 천명하였고, 이를 근거로 형법 제1조 제1항은 "범죄의 성립과 처벌은 행위시의 법률에 의한다."라고 규정하고 있다.

죄형법정주의(nulla poena sine lege)는 행위시의 법률에 의하여 범죄

72. 가족, 지인에 통지

73. 형사소송법 규정

74. 변호인, 법정대리인, 배우자, 직계친족, 형제자매에게 고지

75. 영장구속·긴급체포 모두 포함

76. 죄형법정주의

77. 죄형법정주의의 내용

를 구성하지 아니하는 행위로 처벌받지 아니한다는 원칙을 말한다. 이
것은 구체적으로 첫째 법률 없으면 범죄 없다(nullum crimen sine lege), 둘
째 사전에 제정된 법률에 의하지 아니하고는 처벌되지 아니한다(nulla
poena sine lege praevia), 셋째 죄 없으면 벌 없다(nulla poena sine culpa)는
원칙을 그 내용으로 한다.36) 죄형법정주의는 국가형벌권의 자의적 행사
로부터 개인의 자유를 보호하고자 하는 법치국가원리의 주요구성부분
중 하나이다.

78. 파생원칙   이 죄형법정주의로부터 파생되는 원칙37)은 다음과 같다.

가. 관습형법금지의 원칙

79. 관습형법금
지

형벌법규는 반드시 형식적 의미에서의 법률로 규정되어야 하며 관
습형법은 허용되지 않는다.38)

나. 형벌불소급의 원칙

80. 사후법에
의한 처벌금지

헌법 제13조 제1항 전단은 "모든 국민은 행위시의 법률에 의하여
범죄를 구성하지 아니하는 행위로 소추되지 아니하며"라고 하면서 죄형
법정주의의 내용이라고 할 수 있는 형벌불소급의 원칙을 규정하고 있다.
이것은 사후법에 의한 처벌을 금지함으로써 국민의 법생활에 예측가능
성을 보장하기 위한 것이다. 여기에서 적용되는 소급효의 금지는 절대적
금지를 의미하는 것이지, 공익과의 형량이 유보되어 있는 원칙적 금지가
아니다.39) 그리고 소급효가 금지되는 형법은 형사실체법을 의미하는 것
이지 형사소송법과 같은 절차법을 의미하는 것이 아니다. 이 절차법에는
단지 일반적인 신뢰보호의 원칙이 적용될 뿐이지 소급효의 절대적 금지
를 의미하는 형벌불소급의 원칙이 적용되는 것은 아니다.40)

81. 소급입법에

우리 헌법은 소급입법에 의한 참정권의 제한 또는 재산권의 박탈만

---

36) 허영, 한국헌법론, 박영사 2022, 409면.
37) 허영 (주 36), 409면; 계희열, 헌법학(중), 2007, 294면.
38) Uhle in: Merten/Papier, Handbuch der Grundrechte in Deutschland und Europa, 1.
Aufl. 2013, § 129 Rechtsstaatliche Prozeßgrundrechte und -grundsätze, Rn. 88.
39) Uhle (주 38), Rn. 88.
40) Uhle (주 38), Rn. 88.

을 금지하고 있으나(제13조 제2항), 소급입법에 의한 형벌의 강화도 허용
되지 않는다고 볼 것이다.

　　공소시효에 관한 규정은 소급효금지에 해당되지 아니한다고 하는
것이 우리 헌법재판소41)와 독일연방헌법재판소42)의 입장이다. 가령 사
형에 해당하는 범죄의 공소시효를 현행법의 15년에서 20년으로 연장하
고 이를 과거에 행해진 범죄에 적용하는 것은 죄형법정주의의 위반이
아니라는 것이다.

　　우리 헌법재판소는 형벌불소급의 원칙은 "행위의 가벌성" 즉 형사
소추가 "언제부터 어떠한 조건하에서" 가능한가의 문제에 관한 것이고,
"얼마동안" 가능한가의 문제에 관한 것은 아니므로, 과거에 이미 행한
범죄에 대하여 공소시효를 정지시키는 법률이라 하더라도 그 사유만으
로 헌법 제12조 제1항 및 제13조 제1항에 규정한 죄형법정주의의 파생
원칙인 형벌불소급의 원칙에 언제나 위배되는 것으로 단정할 수는 없
다43)고 판시하였다.

　　헌법재판소는 "형벌불소급원칙에서 의미하는 '처벌'은 형법에 규정
되어 있는 형식적 의미의 형벌 유형에 국한되지 않으며, 범죄행위에 따
른 제재의 내용이나 실제적 효과가 형벌적 성격이 강하여 신체의 자유
를 박탈하거나 이에 준하는 정도로 신체의 자유를 제한하는 경우에는
형벌불소급원칙이 적용되어야 한다. 노역장유치는 그 실질이 신체의 자
유를 박탈하는 것으로서 징역형과 유사한 형벌적 성격을 가지고 있으므
로 형벌불소급원칙의 적용대상이 된다."고 하면서 "노역장유치조항은 1
억 원 이상의 벌금형을 선고받는 자에 대하여 유치기간의 하한을 중하
게 변경시킨 것이므로, 이 조항 시행 전에 행한 범죄행위에 대해서는 범
죄행위 당시에 존재하였던 법률을 적용하여야 한다. 그런데 부칙조항은
노역장유치조항의 시행 전에 행해진 범죄행위에 대해서도 공소제기의
시기가 노역장유치조항의 시행 이후이면 이를 적용하도록 하고 있으므
로, 이는 범죄행위 당시 보다 불이익한 법률을 소급 적용하도록 하는 것

---

41) 헌재 1996. 2. 16, 96헌가2, 판례집 제8권 1집, 51,
42) BVerfGE 25, 269.
43) 헌재 1996. 2. 16, 96헌가2, 판례집 제8권 1집, 51, 53-53

으로서 헌법상 형벌불소급원칙에 위반된다.”고 판단하였다.[44]

다. 유추적용의 금지

85. 유사성질의
법률조항 적용
금지

유추(Analogie)적용이라 함은 법률에 규정이 없는 사항에 대하여 그
것과 유사한 성질을 가지는 사항에 관한 법률 또는 법조항을 적용하는
것을 말한다. 형벌법규의 유추적용을 허용할 경우에는 형벌법규의 명확
성이 없어지게 되고 자의적인 법적용이 가능하게 되어 이를 금지하는
것이다.[45]

라. 절대적 부정기형의 금지

86. 선고형의
기간 불확정

절대적 부정기형이라 함은 자유형에 대한 선고형의 기간을 재판에
있어 확정하지 아니하고 행형의 경과에 따라 사후에 결정하는 형벌제도
를 말하는데 이는 금지된다.

마. 명확성의 원칙

87. 구성요건의
명확성

형벌규정의 명확성의 원칙이란 법률에서 범죄와 형벌을 규정하고
있는 구성요건이 가급적 명확하게 규정되어야 할 것을 말한다.[46] 그렇
지 않은 경우에는 범죄가 되는 행위에 대한 예측가능성이 없기 때문에
법관의 자의적인 법적용이 가능하게 되기 때문이다.

88. 법관의 보
충적 해석을 필
요로 하는 개념
사용 가능

우리 헌법재판소는 형벌법규의 명확성의 원칙과 관련하여 “처벌법
규의 구성요건이 명확하여야 한다고 하여 입법권자가 모든 구성요건을
단순한 의미의 서술적인 개념에 의하여 규정하여야 한다는 것은 아니
다. 처벌법규의 구성요건이 다소 광범위하여 어떤 범위에서는 법관의
보충적인 해석을 필요로 하는 개념을 사용하였다고 하더라도, 그 점만
으로는 헌법이 요구하는 처벌법규의 명확성에 반드시 배치되는 것이라
고는 볼 수 없다. 그렇지 않으면, 처벌법규의 구성요건이 지나치게 구체

---

44) 헌재 2017. 10. 26, 2015헌바239 등, 판례집 제29권 2집 하, 17 [위헌, 합헌]. 아래
　　제32절, Ⅳ, 4, 라, (2) 참조.
45) Uhle (주 38), Rn. 88.
46) Uhle (주 38), Rn. 88.

적이고 정형적이 되어 부단히 변화하는 다양한 생활관계를 제대로 규율
할 수 없게 될 것이기 때문이다. 다만, 자의를 허용하지 않는 통상의 해
석방법에 의하더라도 당해 처벌법규의 보호법익과 그에 의하여 금지된
행위 및 처벌의 종류와 정도를 누구나 알 수 있도록 규정되어 있어야
하는 것이다. 따라서 처벌법규의 구성요건이 어느 정도 명확하여야 하
는가는 일률적으로 정할 수 없고, 각 구성요건의 특수성과 그러한 법적
규제의 원인이 된 여건이나 처벌의 정도 등을 고려하여 종합적으로 판
단하여야 한다(헌법재판소 1989. 12. 22, 선고, 89헌가13 결정; 1990. 1. 15, 선고,
89헌가103 결정; 1992. 4. 28, 선고, 90헌바27 등(병합) 결정 참조)"고 판시하고
있다.[47]

    그리고 헌법재판소는 다소 광범위하고 어느 정도의 범위에서는 법
관의 보충적인 해석을 필요로 하는 개념을 사용하여 규정하였다고 하더
라도 그 적용단계에서 다의적(多義的)으로 해석될 우려가 없는 이상 그
점만으로 헌법이 요구하는 명확성의 요구에 배치된다고는 보기 어렵다
고 보고 있다.[48] 그렇지 않으면 처벌법규의 구성요건이 지나치게 구체
적이고 정형적이 되어 부단히 변화하는 다양한 생활관계를 제대로 규율
할 수 없게 될 것이기 때문이라는 것이다.

89. 적용단계에서 다의적 해석 가능성 유무

5. 이중처벌의 금지원칙

    우리 헌법 제13조 제1항 후단에서는 "동일한 범죄에 대하여 거듭
처벌받지 아니한다."고 규정하고 있다. 이것은 한 번 형사판결이 확정되
어 기판력이 발생하면 같은 사건에 대해서는 다시 심판할 수 없다는 이
른바 이중처벌의 금지원칙을 선언한 것이다. 이는 법치국가의 중요한
내용의 하나로서 법적 안정성과 신뢰보호에 바탕을 둔 "일사부재리의

90. 일사부재리의 원칙의 형사법적 귀결

---

47) 헌재 1993. 3. 11, 92헌바33, 판례집 제5권, 29, 47; 헌재 1991. 7. 8, 91헌가4, 판례
    집 제3권, 336, 340 이하.
48) 헌재 1989. 12. 22, 88헌가13, 판례집 1, 357, 383; 헌재 1994. 7. 29, 93헌가4 등, 판
    례집 제6권 2집, 15, 32; 헌재 1996. 12. 26, 93헌바65, 판례집 제8권 2집, 785, 793;
    헌재 2000. 6. 29, 98헌가10, 판례집 제12권 1집, 741, 748; 헌재 2001. 12. 20, 2001
    헌가6 등, 공보 64, 26, 31; 헌재 2002. 1. 31, 2000헌가8; 헌재 2002. 4. 25, 2001헌
    가27, 판례집 제14권 1집, 251, 260 − 261.

원칙(ne bis in idem)"의 형사법적 귀결이라고 할 수 있다.[49]

91. 재심은 당사자의 이익을 위해서만 가능

이중처벌은 금지되기 때문에 입법자는 이 헌법상의 원리를 존중해서 확정판결이 있은 때에는 면소의 선고를 해야 하고(형소법 제326조 제1호), 유죄의 확정판결에 대한 재심은 그 선고받은 자의 이익을 위해서만 가능하도록(형소법 제420조) 법률로 정하고 있다. 따라서 무죄의 확정판결이 있은 경우에는 설령 새로운 사실이나 증거에 의하여 범죄의 확증이 생기더라도 선고받은 자가 불이익을 당하게 될 재심절차는 허용되지 않는다.[50]

92. 형사처벌에 국한

그리고 헌법 제13조 제1항의 이중처벌금지원칙에서 규정하고 있는 '처벌'은 원칙적으로 범죄에 대한 국가의 형벌권 실행으로서의 과벌을 의미하고, 국가가 행하는 일체의 제재나 불이익처분을 모두 그 '처벌'에 포함시킬 수는 없다는 것이 헌법재판소 판례이다.[51]

93. 합헌 사례

이중처벌금지원칙에 위배되지 않는다고 본 사례로는 보안처분[52], 형벌과 병과하는 보호감호제도[53], 청소년성보호법상 신상공개제도[54] 등을 들 수 있다.

6. 무죄추정의 원칙

94. 판결이 확정될 때까지 무죄로 추정

헌법 제27조 제4항은 형사피고인은 유죄의 판결이 확정될 때까지는 무죄로 추정된다고 규정하고 있다. 형사피고인은 비록 하급심에서 유죄판결이 선고되었다 하더라도 그 판결이 확정될 때까지는 무죄로 추정하여야 한다는 것을 의미한다.

95. 피의자·피고인 모두에게 적용

헌법재판소는 "무죄추정의 원칙은 형사절차와 관련하여 아직 공소

---

49) Uhle (주 38), Rn. 89.
50) 허영 (주 36), 413면 참조.
51) 헌재 1994. 6. 30, 92헌바38, 판례집 제6권 1집, 619, 627; 2002. 7. 18, 2000헌바57, 판례집 제14권 2집, 1, 18; 2003. 6. 26, 2002헌가14, 판례집 제15권 1집, 624; 2003. 7. 24, 2001헌가25, 판례집 제15권 2집 상, 1, 10－13 참조; 헌재 2004. 10. 28, 2003헌가18, 판례집 제16권 2집 하, 86, 99.
52) 헌재 1997. 11. 27, 92헌바28, 판례집 제9권 2집, 548, 549.
53) 헌재 1989. 7. 14, 88헌가5, 판례집 제1권, 69, 83－84.
54) 헌재 2003. 6. 26, 2002헌가14, 판례집 제15권 1집, 624.

가 제기되지 아니한 피의자는 물론 비록 공소가 제기된 피고인이라 할
지라도 유죄의 판결이 확정될 때까지는 원칙적으로 죄가 없는 자로 다
루어져야 하고, 그 불이익은 필요최소한에 그쳐야 한다는 원칙을 말한
다. 이 원칙은 언제나 불리한 처지에 놓여 인권이 유린되기 쉬운 피의자
나 피고인의 지위를 옹호하여 형사절차에서 그들의 불이익을 필요한 최
소한에 그치게 하자는 것으로서 인간의 존엄성 존중을 궁극의 목표로
하고 있는 헌법이념에서 나온 것"이라고 판시하고 있다.55)

그리고 무죄추정의 원칙은 형사절차 내에서 원칙으로 인식되고 있
으나 형사절차뿐만 아니라 기타 일반 법생활영역에서의 기본권 제한과
같은 경우에도 적용된다고 보고 있다.56)

또한 이러한 원칙이 제도적으로 표현된 것으로는, 공판절차의 입증
단계에서 거증책임(擧證責任)을 검사에게 부담시키는 제도, 보석 및 구속
적부심 등 인신구속의 제한을 위한 제도, 그리고 피의자 및 피고인에 대
한 부당한 대우 금지 등이 있다고 한다.57)

또한 헌법상 무죄추정의 원칙에 따라, 유죄판결이 확정되기 전의
피의자 또는 피고인은 아직 죄 있는 자가 아니므로 그들을 죄 있는 자
에 준하여 취급함으로써 법률적·사실적 측면에서 유형·무형의 불이
익을 주어서는 아니되고, 특히 미결구금은 신체의 자유를 침해받는 피
의자 또는 피고인의 입장에서 보면 실질적으로 자유형의 집행과 다를
바 없으므로 인권보호 및 공평의 원칙상 형기에 전부 산입되어야 한다
고 본다.58)

무죄추정의 원칙은 형사피고인에 대해서만이 아니라 형사피의자에
게도 적용된다. 그리고 무죄추정의 원칙상 예외적으로 도주나 증거인멸
의 우려가 있는 경우를 제외하고는 불구속수사와 불구속재판을 원칙으

96. 일반 법생
활영역에서도
적용

97. 검사의 거
증책임 등

98. 미결구금일
형기산입원칙

99. 형사피의자
에게도 적용,
불구속수사·
재판 원칙

---

55) 헌재 1997. 5. 29, 96헌가17, 판례집 제9권 1집, 509, 517; 헌재 2002. 1. 31, 2001헌
바43, 판례집 제14권 1집, 49, 59-60.
56) 헌재 2005. 5. 26, 2002헌마699, 판례집 제17권 1집, 734, 744-745.
57) 헌재 2001. 11. 29, 2001헌바41, 판례집 제13권 2집, 699, 703.
58) 헌재 2009. 6. 25, 2007헌바25, 공보 153, 1244, 1252 참조; 헌재 2009. 12. 29, 2008
헌가13, 판례집 제21권 2집 하, 710, 721; 헌재 2009. 6. 25, 2007헌바25, 판례집 제
21권 1집 하, 784.

로 한다. 그리고 범죄사실의 입증책임이 기소자측에 있는 것이지, 무죄의 입증책임이 피고인에게 있는 것이 아니다. 또한 "의심스러울 경우에는 피고인의 이익으로"라고 하는 원칙이 적용되어야 하므로 범죄혐의에 관하여 입증을 하지 못하는 경우에는 무죄선고를 하여야 한다.[59]

100. 기소이유로 업무정지명령·직위해제처분 위헌

이 원칙과 관련하여, 헌법재판소는 형사사건으로 공소제기가 되었다는 사실만으로 변호사에 대하여 업무정지명령을 내리거나, 교원 혹은 공무원에 대하여 무조건적인 직위해제처분을 하도록 한 것은 아직 유무죄가 가려지지 아니한 상태에서 유죄로 추정하는 것이 되며 이를 전제로 한 불이익한 처분이라고 판시한 바 있다.[60]

101. 합헌 사례

무죄추정의 원칙에 위배되지 않는다고 본 사례로는 경찰공무원에 대한 증인적격의 인정[61], 증인신문사항의 서면제출을 명하고 이를 이행하지 않을 경우에 증거결정을 취소할 수 있는 권한의 근거가 되는 형사소송법 제279조(재판장의 소송지휘권) 및 제299조(불필요한 변론 등의 제한)[62], 공소제기후 구금된 지방자치단체장에 대하여 직무를 정지하는 지방자치법 제111조 제1항 제2호[63] 등이 있다.

102. 위반 사례

무죄추정의 원칙에 위배되는 것으로 본 사례로는 미결수용자에게 재소자용의류착용 강제[64], 형사사건으로 기소되면 필요적으로 직위해제처분을 하도록 한 국가공무원법 규정[65], 관세법상 몰수할 것으로 인정되는 물품을 압수한 경우에 있어서 범인이 당해관서에 출두하지 아니하거나 또는 범인이 도주하여 그 물품을 압수한 날로부터 4월을 경과한 때에는 당해 물품은 별도의 재판이나 처분없이 국고에 귀속한다고 하는 규정(舊 關稅法 제215조 중 제181조 부분)[66], 지방자치단체의 장이 금고 이

---

59) 권영성, 헌법학원론, 법문사 2010, 438면; 대법원 1992. 9. 1. 선고 92도1405 판결【강간치상】.

60) 헌재 1990. 11. 19, 90헌가48, 판례집 제2권, 393, 402; 헌재 1994. 7. 29, 93헌가3 등, 판례집 제6권 2집, 1, 12; 헌재 1998. 5. 28, 96헌가12, 판례집 제10권 1집, 560, 569 등을 인용하며 헌재 2002. 1. 31, 2001헌바43, 판례집 제14권 1집, 49, 60.

61) 헌재 2001. 11. 29, 2001헌바41, 판례집 제13권 2집, 699, 703.

62) 헌재 1998. 12. 24, 94헌바46, 판례집 제10권 2집, 842, 854.

63) 헌재 2011. 4. 28, 2010헌마474, 판례집 제23권 1집(하), 126.

64) 헌재 1999. 5. 27, 97헌마137, 판례집 제11권 1집, 653, 665.

65) 헌재 1998. 5. 28, 96헌가12, 판례집 제10권 1집, 560.

66) 헌재 1997. 5. 29, 96헌가17, 판례집 제9권 1집, 509.

상의 형의 선고를 받은 경우 부단체장으로 하여금 그 권한을 대행하도록 한 지방자치법 제101조의2 제1항 제3호[67]), 형사사건으로 기소된 교원에 대하여 필요적으로 직위해제처분을 하도록 한 사립학교법 제58조의2 제1항 단서 규정[68]) 등이 있다.

7. 연좌제금지

우리 헌법은 근대법의 이념인 자기책임의 원리에 입각하여 누구든지 "자기의 행위가 아닌 친족의 행위로 인하여 불이익한 처우를 받지 아니한다."(제13조 제3항)고 규정함으로써 우리 사회의 오랜 병폐인 연좌제를 금지하고 있다. 이러한 불이익에는 비단 형사상의 불이익에만 국한되는 것은 아니고 행정상 또는 정치적 불이익처분도 포함된다고 볼 수 있다.

연좌제에 해당되지 않는다고 본 사례로는 배우자의 중대 선거범죄를 이유로 후보자의 당선을 무효로 하는 공직선거및선거부정방지법 제265조 본문 중 '배우자'에 관한 부분[69]), 배우자에 대한 형 선고로 인한 당선무효규정[70]) 등이 있다.

그리고 연좌제에 가깝다고 본 사례로는 친족의 재산까지도 검사가 적시하기만 하면 증거조사 없이 몰수형이 선고되게 되어 있는 반국가행위자의처벌에관한특별조치법 제8조[71])의 경우가 있다.

103. 친족의 행위로 말미암은 형사상·행정상·정치적 불이익 금지

104. 합헌 사례

105. 연좌제에 가깝다고 본 사례

---

67) 판례변경: 헌재 2010. 9. 2, 2010헌마418, 판례집 제22권 2집 상, 526 [헌법불합치].
　　종전 합헌결정은 헌재 2005. 5. 26, 2002헌마699, 판례집 제17권 1집, 734, 745.
68) 헌재 1994. 7. 29, 93헌가3 등, 판례집 제6권 2집, 1, 11 [위헌, 합헌].
69) 헌재 2005. 12. 22, 2005헌마19, 판례집 제17권 2집, 785.
70) 헌재 2011. 9. 29, 2010헌마68, 공직선거법 제265조 위헌확인, 판례집 제23권 2집 상, 692 [기각].
71) 헌재 1996. 1. 25, 95헌가5, 판례집 제8권 1집, 1, 2.

Ⅳ. 형사절차상의 권리

1. 고문을 받지 아니할 권리

가. 보호영역

106. 육체적, 정신적 고통을 가하는 것

고문이란 어떠한 사실을 인정하게 하기 위하여 육체적, 정신적 고통을 가하는 것을 말한다. 이러한 고문은 국가 공권력이 범죄혐의가 있는 자를 체포하여 그 자로 하여금 자신이 범한 죄를 자백하게 할 뿐만 아니라, 그와 공범관계에 있는 사람들의 신원과 소재지 등에 대하여 밝힐 것을 강요하는 수사기법으로 동서고금을 막론하고 자행되어 왔었다. 특히 일제시대 항일투사나 독립운동가담자들에 대한 일본경찰의 고문방식의 악랄성과 다양성(통닭처럼 나무에 거꾸로 매달아 고춧가루 물 뿌리기, 몸의 두께 정도 밖에 안되는 벽실에 홀로 가두어 놓기, 인두로 지지기, 전기고문, 물고문 등)은 이루 말할 수 없었고, 또한 과거 유신정권이나 5공화국 당시 독재권력하에서도 이른 바 통닭구이, 전기고문, 물고문, 심지어 성고문까지 자행된 사실은 이미 널리 알려진 바이다. 잠을 안재우고 너무 장시간 동안 피의자 신문을 하는 것도 고문의 헌법적 금지의 관점에서 문제가 있다고 볼 수 있다.

107. 인간의 존엄성 침해

이러한 고문은 인간의 존엄성을 침해하고 파괴하는 행위이다. 왜냐하면 일정한 사실을 밝혀내기 위한 목적으로 인간을 인간이 아닌 하나의 물건이나 짐승으로 취급하는 것과 같기 때문이다. 고문에 의하여 신체와 정신적 건강은 물론 생명까지도 위험이 초래될 수 있다. 따라서 인간존엄을 침해하는 가장 대표적인 방법이 바로 이 고문이라고 할 수 있으며, 헌법제(개)정자는 형사절차에서 수사목적으로 흔히 자행될 수 있는 이러한 인권침해를 방지하기 위하여 명시적으로 고문을 금지하고 있는 것이다.

108. 신체불훼손권과 공통의 보호영역

이러한 점을 고려하여 볼 때, 고문을 받지 아니할 권리는 신체를 훼손당하지 아니할 권리(신체불훼손권)와 공통된 내용과 보호영역을 갖는다고 할 수 있을 것이다. 왜냐하면 고문은 신체의 훼손을 동반하는 것이 일반적이기 때문이다.

고문은 다른 증거가 없을 경우에, 피의자에게 자백을 강요하기 위한 목적으로 쓰여지는 것이 보통이다. 그러므로 만일 자백이 피고인에게 불리한 유일한 증거일 경우에는 그러한 자백은 증거로서 사용할 수 없도록 하고 있는 것도(제12조 제7항), 수사과정에서 무리한 자백의 강요와 고문을 방지하기 위한 목적을 갖는다고 할 수 있을 것이다. 형사소송법 역시 피고인의 자백이 고문, 폭행, 협박, 신체구속의 부당한 장기화 또는 기망 기타의 방법으로 임의로 진술한 것이 아니라고 의심할 만한 이유가 있는 때에는 이를 유죄의 증거로 하지 못한다(제309조)고 규정하고 있고, 또한 피고인의 자백이 그 피고인에게 불이익한 유일의 증거인 때에는 이를 유죄의 증거로 하지 못한다(제310조)고 확인하고 있다.

109. 자백의 증거능력 배제

나. 제 한

고문을 받지 아니할 권리에 대하여 우리 헌법은 아무런 개별적 법률유보조항을 두고 있지 아니하다. 다시 말해서 가령 "법률에 의하지 아니하고는 고문당하지 아니한다"는 방식으로 규정하고 있는 것이 아니라, 아무런 조건 없이 고문을 받지 아니한다고 규정하고 있는 것이다.

110. 개별적 법률유보조항 없음

그렇다면 일반적 법률유보조항인 헌법 제37조 제2항에 따라 법률로써 제한될 수 있는 권리인지를 살펴보아야 할 것이다. 하지만 고문은 인간의 신체적, 정신적인 완전성과 정체성을 침해하는 행위로서 인간존엄의 본질을 곧바로 침해하는 행위라고 할 수 있다. 따라서 고문을 받지 아니할 권리는 헌법 제37조 제2항에서 열거된 국가안전보장, 질서유지, 공공복리 등 그 어떠한 사유에 의해서도 제한될 수 없는 절대적인 권리라고 보아야 할 것이다.

111. 일반적 법률유보조항에 의해서도 제한 불가

다. 제한의 한계

고문을 받지 아니할 권리는 절대적인 권리로서 어떠한 제한도 허용될 수 없다고 보는 이상 제한의 한계에 관한 문제는 더 이상 거론할 여지가 없다고 할 수 있다.

112. 어떠한 제한도 불가

2. 형사상 불리한 진술을 강요당하지 아니할 권리와 자백의 증거능력제한

113. 불리한 진술거부권

진술의 임의성[72]을 보장하기 위한 권리로서 고문을 받지 아니할 권리와 함께 불리한 진술거부권이 보장되고 있다.

가. 불리한 진술거부권

(1) 보호영역

114. 형사상 불리한 법적 효과를 초래할 만한 모든 사실에 대한 진술

여기에서 불리한 진술이란 범죄의 구성요건에 해당하는 행위를 하였는지 여부에서부터, 또한 행위를 하였음을 시인하였다 하더라도 양형에 불리한 영향을 미칠 만한 사유에 이르기까지 형사상 자신에게 불리한 법적 효과가 미칠 만한 모든 사실에 대한 진술을 의미한다고 할 수 있을 것이다.

> **판례** 헌법이 진술거부권을 기본적 권리로 보장하는 것은 형사피의자나 피고인의 인권을 형사소송의 목적인 실체적 진실발견이나 구체적 사회정의의 실현이라는 국가적 이익보다 우선적으로 보호함으로써 인간의 존엄성과 생존가치를 보장하고 나아가 비인간적인 자백의 강요와 고문을 근절하려는데 있다. 또한 이러한 진술거부권은 형사절차에서만 보장되는 것은 아니고 행정절차이거나 국회에서의 질문 등 어디에서나 그 진술이 자기에게 형사상 불리한 경우에는 묵비권을 가지고 이를 강요받지 아니할 국민의 기본권으로 보장된다. 따라서 현재 형사피의자나 피고인으로서 수사 및 공판절차에 계속 중인 자 뿐만 아니라 교통사고를 일으킨 차량의 운전자 등과 같이 장차 형사피의자나 피고인이 될 가능성이 있는 자에게도 그 진술내용이 자기의 형사책임에 관련되는 것일 때에는 그 진술을 강요받지 않을 자기부죄(自己負罪) 거절의 권리가 보장되는 것이다. 또한 진술거부권은 형사상 자기에게 불리한 내용의 진술을 강요당하지 아니하는 것이므로 고문 등 폭행에 의한 강요는 물론 법률로서도 진술을 강제할 수 없음을 의미한다. 그러므로 만일 법률이 범법자에게 자기의 범죄사실을 반드시 신고하도록 명시하고 그 미신고를 이유로 처벌하는 벌칙을 규정하는 것은 헌법상 보장된 국민의 기본권인 진술거부권을 침해하는 것이 된다. (헌재 1990. 8. 27, 89헌가118, 판례집 제2권, 222, 229-230)

---

72) 헌재 2004. 9. 23, 2000헌마138, 판례집 제16권 2집 상, 543, 575.

불리한 진술 거부권 침해가 아니라고 본 사례로는 교통사고를 일으 115. 합헌 사례
킨 운전자에게 신고의무를 부담시키고 있는 도로교통법 제50조 제2항,
제111조 제3호(한정합헌)[73], 음주측정[74], 국가보안법상 불고지죄[75] 등의
사례가 있다.

위 "음주측정"사건 판례에서 헌법재판소는 진술이란 생각이나 지 116. 진술거부권에 대한 제한 자체가 존재하지 않음
식, 경험사실을 언어로 표현하는 것을 의미하기 때문에 혈중알콜농도를
측정하기 위하여 호흡을 강요하는 것은 "진술"을 강요하는 것이 아니라
고 하면서도, 결국 결론적으로는 불리한 진술 거부권에 위배되지 않는
다고 하는 표현을 사용하였다. 그러나 이러한 논리에 일관성이 있으려
면 호흡은 진술이 아니기 때문에 호흡의 강요는 진술거부권에 대한 제
한 자체가 되지 않는다고 표현하였어야 할 것이다.

한편 음주측정과 같은 신체의 일정한 상태의 확인 내지 조사는 그 117. 영장주의와 적법절차 원칙의 위반 여부 심사
로 인하여 헌법 제12조에서 규정된 다른 기본권, 가령 영장이 없는 수
색을 받지 아니할 권리에 대한 제한이 되지 않는지를 검토하여야 할 것
인바, 헌법재판소 역시 이어서 영장주의와 적법절차 원칙의 위반 여부
와 그 밖에 양심의 자유의 위반 여부를 심사한 후 각각 그 위반을 부인
하였다.

그러나 영장주의의 경우, 호흡측정이 영장을 필요로 하는 강제처분 118. 구체적 결론
이 아니라고 하는 이유로 영장주의를 위반하지 아니하였다고 하고 있으
며, 또한 음주측정 거부는 내면에서 나오는 선악과 옳고 그름에 대한 판
단의 문제가 아니기 때문에 양심의 자유의 보호영역에 해당되지 아니한
다고 보았다(헌재 1997. 3. 27, 96헌가11, 판례집 제9권 1집, 245, 264–264). 그
에 반하여 적법절차원칙 위반여부에 대하여는 음주측정제도의 합리성과
정당성의 측면에서 내용적으로 심사를 한 후, 적법절차원칙 위반이 아
니라고 보았다. 결국 영장주의와 양심의 자유는 그 보호영역에 해당되
지 않는다고 하는 결론인데 반하여, 적법절차원칙은 보호영역에 해당하
나 침해는 아니라고 하는 결론에 다다른 것이다.

---

73) 헌재 1990. 8. 27, 89헌가118, 판례집 제2권, 222, 225.
74) 헌재 1997. 3. 27, 96헌가11, 판례집 제9권 1집, 245.
75) 헌재 1998. 7. 16, 96헌바35, 구 국가보안법 제10조 위헌소원.

119. 과잉금지
원칙 심사와 내
용적으로 중복

헌법재판소는 "이 사건 법률조항은 우리나라의 음주문화, 측정방법의 편이성 및 정확성, 측정방법에 관한 국민의 정서 등 여러 가지 요소들을 고려한 것으로서, 추구하는 목적의 중대성(음주운전 규제의 절실성), 음주측정의 불가피성(주취운전에 대한 증거확보의 유일한 방법), 국민에게 부과되는 부담의 정도(경미한 부담, 간편한 실시), 처벌의 요건과 처벌의 정도에 비추어 헌법 제12조 제1항 후문의 적법절차가 요청하는 합리성과 정당성을 갖추고 있다고 판단된다."[76)]고 보았는데 이 내용은 사실상 과잉금지원칙 위반여부의 심사에서 전개되는 목적의 정당성, 방법의 적정성, 침해의 최소성, 법익의 균형성 심사의 차원에서도 전개될 수 있는 내용이 아니었나 생각되며, 그러한 의미에서 적법절차원칙의 심사기준으로서의 독자성이 무엇인지를 비판적으로 검토해 볼 필요성이 있다고 하겠다.

(2) 제 한

120. 개별적 법
률유보 비존재

불리한 진술 거부권 역시 고문을 받지 아니할 권리와 마찬가지로 아무런 개별적 법률유보가 없다. 따라서 일반적 법률유보인 헌법 제37조 제2항에 따라 국가안전보장, 질서유지, 공공복리를 위하여 제한될 수 있을 것인지 여부가 문제될 수 있다.

121. 인간존엄
의 본질 침해
소지

형사상 자신에게 불리하다고 판단되는 사실에 대하여 진술을 거부하는 것은 내심적 판단에 해당하는 문제로서, 그러한 진술에 대한 강요는 수사기관의 정신적, 육체적 고통이나 압력을 가함으로써 이루어지게 되는 것이 보통이다. 따라서 아무리 공익 목적을 위한 것이라 하더라도 불리한 진술을 강요하는 것이 국가에게 허용되는 경우에는 유·무형의 외압과 고문이 가해질 우려나 위험성이 큰 것이 사실이다. 그렇다면 이러한 강요는 인간존엄의 본질을 침해할 소지가 있기 때문에 그러한 범위 내에서는 아무리 중요한 공익을 위한다 하더라도 허용되어서는 안될 것이다. 다만 인간존엄에 대한 침해에 이르지는 않는 것으로서, 공익목적상 일정한 사실관계를 파악해야 할 필요성이 있을 경우, 그에 관한 실험(가령 음주측정)에 응하도록 의무를 지우는 정도의 제한은 보다 우월

---

76) 헌재 1997. 3. 27, 96헌가11, 판례집 제9권 1집, 245, 262.

한 공익을 보호하기 위하여 허용된다고 볼 수 있을 것이다.

다만 전술한 바와 같이 헌법재판소는 음주측정을 위해서 호흡을 강요하는 것은 진술을 강요하는 것이 아니라는 이유로 불리한 진술 거부권의 보호영역에서 제외하고 있으나, 진술을 넓은 의미로 자신의 상태에 관한 표현과 표시까지 포함되는 것으로 이해한다면, 자신의 신체 상태에 대한 검사나 확인 등을 거부하는 것 역시 불리한 진술의 거부에 포함시킬 수 있을 것이며, 그와 같이 보호영역 해당성을 인정한 후, 그러한 제한이 과잉금지원칙 등 제한의 한계를 준수하였는지 여부에 대하여 심사할 수도 있었을 것이다.

122. 신체상태에 대한 검사·확인 거부

(3) 제한의 한계

이와 같이 보다 우월적인 공익을 보호하기 위해서 불리한 진술거부권이 일부 제한되는 경우에도 필요한 최소한에 그쳐야 한다고 하는 과잉금지의 원칙이 적용되는 것은 다른 기본권에 있어서와 마찬가지이다.

123. 과잉금지원칙 적용

그런데 적법절차의 원칙을 동원하여 제한의 한계를 심사할 수 있는 기준으로 삼고 있다. 그러나 전술한 음주측정거부사건에서는 내용상 과잉금지원칙의 위반여부의 심사와 별반 다르지 않다고 볼 수 있다.

124. 적법절차원칙

나. 자백의 증거능력 제한

헌법 제12조 제7항은 피고인의 자백이 고문·폭행·협박·구속의 부당한 장기화 또는 기망 기타의 방법에 의하여 자의로 진술된 것이 아니라고 인정될 때 또는 정식재판에 있어서 피고인의 자백이 그에게 불리한 유일한 증거일 때에는 이를 유죄의 증거로 삼거나 이를 이유로 처벌할 수 없다고 규정하고 있다.

125. 증거능력제한

이것은 고문·폭행·협박·구속의 부당한 장기화 또는 기망 등의 방법을 통하여 얻어낸 이른바 '임의성이 없는 자백'과 피고인의 자백이 그에게 불리한 유일한 증거인 경우에는 이를 뒷받침해 주는 다른 보강증거가 없는 한 이를 유죄의 증거로 삼거나 이를 이유로 처벌할 수 없게 함으로써, 자백을 받아내기 위한 인신의 자유에 대한 부당한 침해를

126. 고문을 받지 아니할 권리와 불리한 진술거부권과 연관

봉쇄하고자 하는 것이다. 따라서 이것은 고문을 받지 아니할 권리 및 불리한 진술거부권과 연관관계를 가진다.

127. 전문증거의 증거능력 제한

형사소송법은 이러한 원칙을 존중하여 피고인의 자백이 고문, 폭행, 협박, 신체구속의 부당한 장기화 또는 기망 기타의 방법으로 임의로 진술한 것이 아니라고 의심할 만한 이유가 있는 때(제309조)와 피고인의 자백이 그 피고인에게 불이익한 유일의 증거인 때(제310조)에는 각각 이를 유죄의 증거로 하지 못한다고 하고 있다. 또한 형사소송법 제311조 내지 제316조에 규정한 것 이외에는 공판준비 또는 공판기일에서의 진술에 대신하여 진술을 기재한 서류나 공판준비 또는 공판기일외에서의 타인의 진술을 내용으로 하는 진술은 이를 증거로 할 수 없다고 하고 있다(제310조의2)고 함으로써, 전문증거의 증거능력을 제한하고 있다.

128. 합헌 사례

헌법재판소는 검사가 작성한 피의자신문조서에 대한 증거능력의 인정요건을 정한 형사소송법 제312조 제1항 단서가 검사가 작성한 피의자신문조서에 대하여 그것이 전문증거임에도 불구하고 증거능력을 인정할 수 있도록 한 것은 형사소송법이 목적으로 하는 "실체적 진실의 발견"과 "신속한 재판"을 위한 것으로서 그 목적의 정당성이 인정된다고 하고 있다.[77]

V. 체포·구속을 당한 자의 절차적 기본권

1. 변호인의 조력을 받을 권리

129. 무자력의 경우 국선변호인

누구든지 체포 또는 구속을 당한 때에는 즉시 변호인의 조력을 받을 권리를 가진다. 다만 형사피고인이 스스로 변호인을 구할 수 없을 때에는 법률이 정하는 바에 의하여 국가가 변호인을 붙인다(제12조 제4항).

가. 보호영역

130. 피의자·피고인 모두에게 보장

변호인의 조력을 받을 권리는 체포 또는 구속을 당하는 모든 사람에게 주어지는 권리이다. 따라서 피의자이든 피고인이든 상관없다. 다만

---

77) 헌재 1995. 6. 29, 93헌바45, 판례집 제7권 1집, 873, 873-874.

개인이 변호인을 선임할 수 없을 경우에 국가가 변호인을 붙여야 할 의무를 지는 것은 형사피고인에 대해서이다.[78]

헌법재판소는 변호인의 조력이란 변호인의 충분한 조력을 의미한다고 한다.[79] 변호인의 조력을 받을 권리를 보장하는 것은 무기평등의 원칙을 형사소송절차에서 실현함으로써 국가의 일방적인 형벌권 행사로부터 인신의 자유를 효과적으로 보호하기 위한 것이다.[80]

131. 무기평등의 원칙 실현

다음으로 헌법재판소는 변호인의 조력을 받을 권리에 피고인이 그의 변호인을 통하여 수사서류를 포함한 소송관계 서류를 열람·등사하고 이에 대한 검토결과를 토대로 공격과 방어의 준비를 할 수 있는 권리도 포함된다고 보아야 한다고 하면서 변호인의 수사기록 열람·등사에 대한 지나친 제한은 피고인에게 보장된 변호인의 조력을 받을 권리를 침해하는 것이라고 밝혔다.[81]

132. 수사기록 열람, 등사권 포함

나. 제 한

체포·구속을 당한 자가 개인적으로 변호인을 선임하여 조력을 받고자 하거나 또는 자력이 없는 피고인이 국가에게 국선변호인 선임을 요청함에도 불구하고 변호인의 조력을 받지 못하도록 방해하거나 국선변호인을 선임해 주지 않는 행위는 변호인의 조력을 받을 권리에 대한 제한이라고 할 수 있다.

133. 방해하거나 국선변호인 불선임행위

다. 제한의 한계

변호인의 조력을 받을 권리 역시 헌법 제37조 제2항에 따라 필요한 경우에 한하여 법률로써 제한할 수 있는 권리라고 보아야 할 것이다.

134. 헌법 제37조 제2항

다만 변호인의 조력을 받을 권리 가운데 변호인 접견권은 가장 필수적인 권리로서 국가안전보장, 질서유지, 공공복리 등 그 어떠한 명목

135. 변호인 접견권은 가장 필수적인 권리

---

78) 헌재 1995. 7. 21, 92헌마144, 판례집 제7권 2집, 94, 105-106.
79) 헌재 1997. 11. 27, 94헌마60, 판례집 제9권 2집, 675, 696.
80) 헌재 1992. 1. 28, 91헌마111, 판례집 제4권, 51, 60-61; 대법원 2003. 11. 11. 선고 2003모402 결정 【준항고인용에대한재항고】.
81) 헌재 1997. 11. 27, 94헌마60, 판례집 제9권 2집, 675, 696-697; 헌재 2010. 6. 24, 2009헌마257, 공보 제165호, 1193, 1193.

으로라도 제한할 수 없는 권리라고 하는 것이 헌법재판소의 판례[82]이다.

> **판례** 변호인(辯護人)과의 자유로운 접견(接見)은 신체구속을 당한 사람에게 보장된 변호인(辯護人)의 조력(助力)을 받을 권리(權利)의 가장 중요한 내용이어서 국가안전보장(國家安全保障), 질서유지(秩序維持), 공공복리(公共福利) 등 어떠한 명분으로도 제한될 수 있는 성질의 것이 아니다.

2. 체포 · 구속적부심사청구권

136. 헌법 제12조 제6항

누구든지 체포 또는 구속을 당한 때에는 적부의 심사를 법원에 청구할 권리를 가진다(제12조 제6항).

가. 보호영역

137. 체포, 구속의 정당성 심사 법원에 청구

체포 또는 구속을 당했을 경우, 그 체포 또는 구속이 정당한 것인지 여부에 대한 심사를 법원에 청구할 수 있는 권리가 체포 · 구속적부심사청구권이다.

138. 구속의 헌법적 정당성 여부

또한 여기에서의 "적부"란 체포 또는 구속의 헌법적 정당성 여부라고 하는 것이 우리 헌법재판소의 입장이다.[83]

나. 법적 성격

139. 청구권적 기본권

체포 · 구속적부심사청구권은 국가에 대하여 일정한 행위를 해 줄 것을 요구할 수 있는 권리로서 청구권적 기본권으로서의 성격을 가진다.

140. 제도적 보장

헌법재판소 역시 이 기본권을 청구권적 기본권으로 파악하고 있으면서 동시에 제도적 보장으로 보고 있기도 하다.[84]

141. 제도보장적 성격의 지나친 강조의 문제점

그런데 제도적 보장의 경우는 일반적으로 기본권과 구분되는 개념으로서 전통적으로 내려오던 공적 또는 사적 제도들을 헌법이 보장하며, 입법자는 그 제도를 구체화함에 있어서 그 제도의 핵심을 제한하거나 침해하지 못하도록 보장한다고 하는 취지이다. 구속 · 적부심사청구

---

82) 헌재 1992. 1. 28, 91헌마111, 판례집 제4권, 51, 51−52.
83) 헌재 2004. 3. 25, 2002헌바104, 판례집 제16권 1집, 386, 397.
84) 헌재 2004. 3. 25, 2002헌바104, 판례집 제16권 1집, 386, 394.

권의 경우는 이러한 관점에서 볼 때, 전통적으로 내려오던 공적 또는 사적 제도 가운데 하나라고 할 수도 없을 뿐만 아니라, 헌법은 주관적 권리와 상관없는 객관적인 제도를 보장하는 것이 아니라, 모든 사람에게 체포 또는 구속을 당한 경우에 국가에게 청구할 수 있는 권리로서 보장하고 있는 것이다. 따라서 그 구체적 절차는 입법자가 형성해야 하는 것은 맞지만 제도적 보장의 성격을 강조하다 보면 자칫 주관적 권리로서의 성격을 간과할 수도 있기 때문에 이 점을 주의해야 할 필요는 있을 것이다.

다. 기본권주체

기본권의 주체는 체포 또는 구속을 당한 모든 사람이다. 즉 국민에게만 한정된 것이 아니고 외국인도 포함되는 권리이다.

142. 국민, 외국인 포함

라. 제 한

체포 또는 구속을 당한 자가 체포 또는 구속의 적부심사를 청구하지 못하게 하는 모든 국가 공권력의 행위는 이 기본권에 대한 제한이라고 할 수 있다. 이 권리 역시 국가안전보장, 질서유지, 공공복리를 위하여 필요한 경우에는 제한될 수 있는 기본권이라고 일응 말할 수 있을 것이다. 그런데 그 제한이 불가피할 경우가 아니면 허용되지 않는다고 보아야 할 것이다.

143. 불가피한 경우 법률로 제한 가능

마. 제한의 한계

체포·구속적부심사청구권 역시 제한하는 경우에도 공익목적에 의하여 정당화될 경우 필요한 최소한에서만 제한된다고 할 수 있으므로 이러한 의미에서 과잉금지의 원칙을 준수해야 할 것이다.

144. 과잉금지 원칙 준수

바. 위헌심사의 기준

헌법재판소는 체포·구속적부심사청구권에 대하여 제도적 보장으로서의 성격이 강한 것으로서 입법자가 이를 구체화함에 있어서는 넓은

145. 자의금지 원칙

형성의 자유가 주어지며, 위헌심사를 위해서는 자의금지가 기준이 된다고 보고 있다.

> **판례** 본질적으로 제도적 보장의 성격이 강한 절차적 기본권에 관하여는 상대적으로 광범위한 입법형성권이 인정되기 때문에, 관련 법률에 대한 위헌성심사를 함에 있어서는 자의금지원칙(恣意禁止原則)이 적용되고, 따라서 현저하게 불합리한 절차법규정이 아닌 이상 이를 헌법에 위반된다고 할 수 없다. 아울러 입법자는 그 입법과정에서 법률의 구체적 내용, 명칭 등에 관련하여 다양한 선택을 할 수 있고, 나아가 헌법규정의 적용영역에 관련하여 헌법적 요구사항을 상회하는 법률을 제정할 수도 있는 것이다.
>
> (헌재 2004. 3. 25, 2002헌바104, 판례집 제16권 1집, 386, 395-395)

146. 엄격한 비례의원칙 심사 필요

그러나 이 조항의 규율형식을 살펴보면 "법률이 정하는 바에 의하여" 보장되는 다른 기본권이나 또는 종전 1980년 헌법상의 체포·구속적부심사청구권의 규정태도와는 달리 소위 형성유보를 두고 있지 않고, "누구든지 …청구할 권리를 가진다."라고 규정하고 있다. 따라서 형성유보를 둔 기본권의 경우와는 달리 헌법이 직접 청구권적 기본권을 체포·구속을 당한 모든 사람에게 보다 강력히 보장하고 있는 것이다. 그러므로 입법자의 구체적 형성이 이러한 체포·구속적부심사청구권을 침해하였는지 여부는 단순히 자의금지를 기준으로 하는 심사가 아니라, 필요한 최소한의 경우에 한하여 부득이하게 제한한 것인지를 심사하는 엄격한 심사기준(과잉금지의 원칙)에 따라서 심사되어야 할 것 아닌가 판단된다.

사. 개별사례

147. 피고인에 대한 문제

피고인에 대하여 체포·구속적부심사청구권을 인정하고 있지 아니한 것은 헌법 제12조 제6항 위반이 아닌지 문제될 수 있다.

148. 헌재의 입장

이와 관련하여 헌법재판소는 『헌법 제12조 제6항에 입법형식 등에 대한 특별한 제한이 설정되어 있지 아니한 이상, 입법자는 미군정법령 제176호 제17조 내지 제18조와 같이 전반적인 영역에 대하여 적용되는

일반법의 형식을 선택할 수도 있고(Civil Action의 성격을 가진 미국식 인신
보호영장제도의 형식을 전반적으로 수용한 일본의 인신보호법 등 참조), 형사소
송법과 같은 개별 법률을 통하여 한정적인 영역에만 적용되는 체포 · 구
속적부심사제도를 규정할 수도 있는데, 위와 같은 개별규정 등이 헌법
적 요구사항을 충족시키는 이상 최소한 그 적용영역에 대하여는 입법형
성의무가 제대로 이행되었다고 보아야 한다. 다만 헌법 제12조 제6항에
는 당사자의 '법관 대면기회'가 명시적으로 규정되어 있지 아니하므로
모든 당사자(피체포자 · 구속자)에게 '법관 대면기회'를 보장하는 것이 그
본질적 내용에 포함된다고 보기 어렵고, 따라서 피고인에게 당해 구속
자체의 헌법적 정당성에 관하여 법원으로부터 심사받을 수 있는 구속취
소청구권을 인정하고 있는 형사소송법 제93조의 경우도 그 적용영역에
대하여는 헌법 제12조 제6항이 요구하는 최소한도의 요건을 충족시킨
것으로 볼 수 있다.」[85]는 입장을 보이고 있다.

    그런데 형사소송법 제93조는 구속취소제도에 대하여 규정하고   **149. 구속취소**
있을 뿐, 피고인이 구속취소를 청구할 수 있는 권리로서 규정하고 있   **제도**
지는 아니하다. 따라서 이 조항에 대하여 구속취소청구권을 인정하고
있다고 보면서 헌법 제12조 제6항이 요구하는 최소한도의 요건을 충
족시킨 것으로 볼 수 있다고 하는 헌법재판소의 입장에는 찬성하기
힘들다.

    한편 헌법재판소는 전격기소의 경우에 피고인이 구속적부심사청구   **150. 전격기소**
권을 행사할 수 없게 되는 법적 공백상태가 발생한다고 하는 점을 고려   **헌법불합치**
하여, 체포 · 구속적부심사청구권의 주체를 피의자로 한정하고 있는 형
사소송법 규정에 대하여 헌법불합치결정을 내리면서 입법자가 개정할
때까지 계속적용명령을 내렸다.[86] 이에 관하여는 재판관 3인의 반대의
견이 제시되어 있다.[87]

---

85) 헌재 2004. 3. 25, 2002헌바104, 판례집 제16권 1집, 386, 397.
86) 헌재 2004. 3. 25, 2002헌바104, 판례집 제16권 1집, 386, 402.
87) 헌재 2004. 3. 25, 2002헌바104, 판례집 제16권 1집, 386, 405 – 409.

3. 미결수용자의 접견교통권

151. 무죄추정
의 원리에 근거

헌법재판소는 미결수용자가 가족이나 친지 등 변호인 외의 다른 사람들을 만나고 교통할 수 있는 권리를 헌법 제10조의 행복추구권과 헌법 제27조 제4항의 무죄추정의 원리에 근거하는 기본권으로 보고 있다. 미결수용자가 형사절차에서 제대로 공격, 방어를 하기 위해서는 그러한 접견교통권이 보장되지 않으면 안 된다는 것이다.

> [판례] 구속된 피의자 또는 피고인이 갖는 변호인 아닌 자와의 접견교통권은 가족 등 타인과 교류하는 인간으로서의 기본적인 생활관계가 인신의 구속으로 인하여 완전히 단절되어 파멸에 이르는 것을 방지하고, 또한 피의자 또는 피고인의 방어를 준비하기 위해서도 반드시 보장되지 않으면 안 되는 인간으로서의 기본적인 권리에 해당하므로 이는 성질상 헌법상의 기본권에 속한다고 보아야 할 것이다.
>
> 미결수용자의 접견교통권은 헌법재판소가 헌법 제10조의 행복추구권에 포함되는 기본권의 하나로 인정하고 있는 일반적 행동자유권으로부터 나온다고 보아야 할 것이고, 무죄추정의 원칙을 규정한 헌법 제27조 제4항도 그 보장의 한 근거가 될 것이다.
>
> (헌재 2003. 11. 27, 2002헌마193, 판례집 제15권 2집 하, 311, 312-313)

제 11 절 거주·이전의 자유

헌법 제14조는 모든 국민의 거주·이전의 자유를 보장하고 있다. 거주·이전의 자유는 다른 모든 기본권행사의 전제가 되는 기본권이라고 볼 수 있다. 다시 말해서, 인간이 정치, 경제, 사회, 문화 등 모든 생활영역에서 자신의 활동을 전개해 나가기 위해서는 자신의 신체를 자유로이 움직여서 원하는 곳에서 체류하고 거주할 수 있지 않으면 안 된다. 그러므로 거주·이전의 자유는 그 자체로서도 자유이기도 하지만 다른 자유와 권리의 행사를 가능하게 해주는 그러한 자유라고 할 수 있을 것이다.

이 거주·이전의 자유는 연혁적으로는 종교의 자유와도 밀접한 관계에 있었지만1), 오늘날에는 주로 직업생활을 영위하기 위한 목적으로 거주지나 체류지를 옮기는 경우가 대부분이어서, 직업선택의 자유와 재산권과 함께 경제적 기본권의 범주에 속한다고 할 수 있다. 그렇다고 하여 거주·이전의 자유가 반드시 경제적 생활의 목적만을 위한 것은 아니고, 그 밖의 다른 목적을 위해서라도 거주지와 체류지를 변경할 자유는 보장된다고 할 수 있다.

헌법재판소는 『우리 헌법 제14조는 "모든 국민은 거주·이전의 자유를 가진다."고 규정하고 있다. 거주·이전의 자유는 국가의 간섭 없이 자유롭게 거주지와 체류지를 정할 수 있는 자유로서 정치·경제·사회·문화 등 모든 생활영역에서 개성신장을 촉진함으로써 헌법상 보장되고 있는 다른 기본권들의 실효성을 증대시켜주는 기능을 한다. 구체적으로는 국내에서 체류지와 거주지를 자유롭게 정할 수 있는 자유영역뿐 아니라 나아가 국외에서 체류지와 거주지를 자유롭게 정할 수 있는 '해외여행 및 해외이주의 자유'를 포함하고 덧붙여 대한민국의 국적을 이탈할 수 있는 '국적변경의 자유' 등도 그 내용에 포섭된다고 보아야

1. 거주·이전의 자유의 의의

2. 경제적 기본권의 범주

3. 거주·이전의 자유의 기능

---

1) 홍성방, 헌법학(중), 박영사 2015, 199면.

한다. 따라서 해외여행 및 해외이주의 자유는 필연적으로 외국에서 체류 또는 거주하기 위해서 대한민국을 떠날 수 있는 "출국의 자유"와 외국체류 또는 거주를 중단하고 다시 대한민국으로 돌아올 수 있는 '입국의 자유'를 포함한다.』[2]고 하고 있는 바, 거주·이전의 자유의 구체적 내용은 아래 보호영역에서 살피기로 한다.

Ⅰ. 거주·이전의 자유의 연혁

4. 대한민국임시헌장 제4조

1919. 4. 11. 대한민국임시헌장 제4조는 "대한민국의 인민은 신교·언론·저작·출판·결사·집회·신서·주소·이전·신체 급 소유의 자유를 향유함"이라고 규정함으로써 이전의 자유를 최초로 규정하였으며, 이어서 1919. 9. 11. 대한민국임시헌법 제8조 제5항(거주 이전의 자유), 1944. 4. 22. 대한민국임시헌장 제5조 제2항(거주, 여행 급 통신 비밀의 자유)에서도 규정되었다.

5. 1948년 헌법 제10조

1948년 광복 헌법 제10조는 "모든 국민은 법률에 의하지 아니하고는 거주와 이전의 자유를 제한받지 아니하며 주거의 침입 또는 수색을 받지 아니한다."고 규정하였다. 이 규정은 계속 유지되다가 1960. 6. 15. 헌법 제10조에서 "모든 국민은 거주와 이전의 자유를 제한받지 아니하며 주거의 침입 또는 수색을 받지 아니한다."로 개정됨으로써, 개별적 법률유보조항이 삭제되었다. 이러한 규정이 1962년 12월 26일 헌법 제12조에서 현행 헌법과 같은 "모든 국민은 거주·이전의 자유를 가진다."로 바뀌어 현행 헌법에 이르고 있다.

6. 헌법제정 당시 거주·이전의 자유의 의미

헌법제정회의록[3]에는 거주와 이전의 자유의 구체적 내용이 무엇인지에 대하여 별다른 언급이 없으나, 1948년 헌법초안을 작성한 유진오 박사는 그의 헌법해의에서 거주와 이전의 자유에 대하여 다음과 같이 설명하고 있다. "본조 전단에서 거주라 함은 일정한 장소에 정착하여 생활을 영위함을 말하는 것이므로 그것은 결국 이전의 자유에 포함되는

---

2) 헌재 2004. 10. 28, 2003헌가18, 판례집 제16권 2집 하, 86, 95-96.
3) 제1회 국회 속기록 제23호, 1948년 7월 1일, 11면.

것이며 따라서 이곳에 거주와 이전의 자유라 함은 보통 생각하는 이전의 자유를 의미하는 것인데, 이전의 자유는 보통 2개로 논을 수 있다. 1은 국내에서 자유로이 이전하며 자유로이 주거를 정할 수 있음을 말하며, 타는 국외에 자유로이 이주할 수 있음을 말한다."4)

유진오 박사의 해의에 의하면 거주와 이전의 자유는 주거를 자유로이 옮길 수 있는 자유라고 할 수 있을 것이다. 그러므로 거주·이전의 자유의 주된 보호대상은 체류지와 거주지의 변경이라고 할 수 있을 것이다.

7. 주거를 옮길 수 있는 자유

Ⅱ. 거주·이전의 자유의 보호영역

거주·이전의 자유는 국내에서의 거주·이전의 자유와 해외로의 거주·이전의 자유로 나누어 볼 수 있다. 여기에 국적이탈의 자유까지 포함시키기도 한다.

8. 국내에서의 자유, 해외로의 자유

거주·이전의 자유는 신체의 자유와도 관계가 있다. 그러나 신체의 자유는 주로 국가의 수사권발동으로부터의 신체활동의 임의성을 보장하기 위한 것이라면, 거주·이전의 자유는 국민에게 체류지와 거주지를 자유롭게 결정할 수 있는 자유를 보장하기 위한 것이다.

9. 신체의 자유와의 관계

1. 국내에서의 거주·이전의 자유

우선 모든 국민은 국내에서 체류지와 거주지를 마음대로 정할 수 있으며, 또한 일정한 장소에서 체류와 거주를 강요받지 않을 권리가 있다. 다시 말하면 어떠한 장소에서 계속 체류 또는 거주하거나 또는 어떠한 장소에서 계속 체류 또는 거주하지 말 것을 강요받지 않을 자유가 있다.

10. 체류지와 거주지를 정할 자유

우선 체류지를 옮긴다는 것은 여행을 한다는 것을 의미한다. 따라서 거주·이전의 자유에는 국내에서 자유로이 여행할 권리가 포함된다

11. 여행의 자유

---

4) 유진오, 헌법해의, 명세당 1949, 39면.

고 할 수 있을 것이다.

12. 이사할 자유

다음으로 거주지를 옮긴다는 것은 이사를 한다는 것을 의미한다. 따라서 거주·이전의 자유에는 이사의 자유도 포함된다고 보아야 할 것이다.

13. 통행의 자유?

여기에서 일정한 장소로의 통행의 자유가 거주·이전의 자유에 포함될 것인가가 문제될 수 있다. 이 문제는 특히 노무현 전 대통령의 서거 후, 경찰이 시청 앞 광장을 버스로 폐쇄한 데 대하여 일부 시민들이 거주·이전의 자유의 침해를 주장한 서울특별시 서울광장통행저지행위 위헌확인 사건(2009헌마406)에서도 문제가 된 바 있다.

> **판례** 서울특별시 서울광장통행저지행위 위헌확인
>
> 1. 거주·이전의 자유는 거주지나 체류지라고 볼 만한 정도로 생활과 밀접한 연관을 갖는 장소를 선택하고 변경하는 행위를 보호하는 기본권인바, 이 사건에서 서울광장이 청구인들의 생활형성의 중심지인 거주지나 체류지에 해당한다고 할 수 없고, 서울광장에 출입하고 통행하는 행위가 그 장소를 중심으로 생활을 형성해 나가는 행위에 속한다고 볼 수도 없으므로 청구인들의 거주·이전의 자유가 제한되었다고 할 수 없다.
>
> 2. 이 사건 통행제지행위는 서울광장에서 개최될 여지가 있는 일체의 집회를 금지하고 일반시민들의 통행조차 금지하는 전면적이고 광범위하며 극단적인 조치이므로 집회의 조건부 허용이나 개별적 집회의 금지나 해산으로는 방지할 수 없는 급박하고 명백하며 중대한 위험이 있는 경우에 한하여 비로소 취할 수 있는 거의 마지막 수단에 해당한다. 서울광장 주변에 노무현 전 대통령을 추모하는 사람들이 많이 모여 있었다거나 일부 시민들이 서울광장 인근에서 불법적인 폭력행위를 저지른 바 있다고 하더라도 그것만으로 폭력행위일로부터 4일 후까지 이러한 조치를 그대로 유지해야 할 급박하고 명백한 불법·폭력 집회나 시위의 위험성이 있었다고 할 수 없으므로
>
> 이 사건 통행제지행위는 당시 상황에 비추어 필요최소한의 조치였다고 보기 어렵고, 가사 전면적이고 광범위한 집회방지조치를 취할 필요성이 있었다고 하더라도, 서울광장에의 출입을 완전히 통제하는 경우 일반시민들의 통행이나 여가·문화 활동 등의 이용까지 제한되므로 서울광장의 몇 군데라도 통로를 개설하여 통제 하에 출입 하게 하거나 대규모의 불법·폭력 집회가 행해질 가능성이 적은 시간대라든지 서울광장 인근 건물에의 출근이나 왕래가 많

은 오전 시간대에는 일부 통제를 푸는 등 시민들의 통행이나 여가·문화활동에 과도한 제한을 초래하지 않으면서도 목적을 상당 부분 달성할 수 있는 수단이나 방법을 고려하였어야 함에도 불구하고 모든 시민의 통행을 전면적으로 제지한 것은 침해의 최소성을 충족한다고 할 수 없다.

또한 대규모의 불법·폭력 집회나 시위를 막아 시민들의 생명·신체와 재산을 보호한다는 공익은 중요한 것이지만, 당시의 상황에 비추어 볼 때 이러한 공익의 존재 여부나 그 실현 효과는 다소 가상적이고 추상적인 것이라고 볼 여지도 있고, 비교적 덜 제한적인 수단에 의하여도 상당 부분 달성될 수 있었던 것으로 보여 일반 시민들이 입은 실질적이고 현존하는 불이익에 비하여 결코 크다고 단정하기 어려우므로 법익의 균형성 요건도 충족하였다고 할 수 없다.

따라서 이 사건 통행제지행위는 과잉금지원칙을 위반하여 청구인들의 일반적 행동자유권을 침해한 것이다.

(헌재 2011. 6. 30, 2009헌마406, 판례집 23-1 하, 457, 457-458)

〈참고〉 방승주, 헌법사례연습, 박영사 2015, 214면: 세월호 추모집회와 경찰의 차벽설치 및 최루액 물대포 사용의 위헌여부.

일부 학설은 이전의 자유는 집회나 집단적 행동의 자유와도 밀접한 관계에 있다고 하면서 거주·이전의 자유에 이동의 자유가 포함되는 것으로 본다. 이동의 자유를 제한함으로써 사실상 표현의 자유를 제한하는 결과를 초래하기도 하고, 직접 현장에서 하는 의사전달을 억제할 수 있는 수단이 될 수도 있기 때문이라는 것이다.[5]

14. 이동의 자유?

그러나 일정한 장소를 통행할 수 있는 자유는 체류지나 거주지의 변경, 또는 여행 자체와는 상관없는 통행의 자유로서, 헌법 제10조의 행복추구권으로부터 도출되는 일반적 행동의 자유에 의하여 보호되는 자유로 보는 것이 더 타당하다고 생각된다.

15. 일반적 행동의 자유에 포함

판례 이 사건 법률조항은 이륜차의 구조적 특성에서 비롯되는 사고위험성과 사고결과의 중대성에 비추어 이륜차 운전자의 안전 및 고속도로 등 교통의 신속과 안전을 위하여 이륜차의 고속도로 등 통행을 금지하기 위한 것이므로 입

---

5) 권영성, 헌법학원론, 법문사 2010, 468면.

법목적은 정당하고, 이 사건 법률조항이 이륜차의 고속도로 등 통행을 전면적으로 금지한 것도 입법목적을 달성하기 위하여 필요하고 적절한 수단이라고 생각된다.

이륜차의 주행 성능(배기량과 출력)이 4륜자동차에 뒤지지 않는 경우에도 이륜차의 구조적 특수성에서 우러나오는 사고발생 위험성과 사고결과의 중대성이 완화된다고 볼 수 없으므로, 이륜차의 주행 성능(배기량과 출력)을 고려하지 않고 포괄적으로 금지하고 있다고 하여 부당하거나 지나치다고 보기 어렵다.

이륜차에 대하여 고속도로 등의 통행을 전면적으로 금지하더라도 그로 인한 기본권 침해의 정도는 경미하여, 이 사건 법률조항이 도모하고자 하는 공익에 비하여 중대하다고 보기 어렵다.

따라서 이 사건 법률조항은 청구인의 고속도로 등 통행의 자유(일반적 행동의 자유)를 헌법 제37조 제2항에 반하여 과도하게 제한한다고 볼 수 없다.

(헌재 2007. 1. 17, 2005헌마1111, 판례집 제19권 1집, 110.)

16. 집회의 자유에 대한 제한

그리고 일정한 장소로의 통행이나 이동을 저지함으로써, 집회나 시위를 방해하는 행위는 집회의 자유를 제한하는 행위로서 그 위헌성 여부를 심사할 수 있을 것이다.[6]

17. 거주지나 체류지의 변경 포함

다만 거주지나 체류지를 변경하기 위하여 장소를 이동하는 것은 거주·이전의 자유의 한 내용으로서 보호될 수 있다고 보아야 할 것이다.

2. 해외로의 거주·이전의 자유

18. 입·출국의 자유

거주·이전의 자유는 해외로 자유로이 여행을 하고, 그곳에 체류지와 거주지를 정할 수 있는 자유를 포함한다. 이와 같이 해외로 출국할 수 있는 자유는 다시 국내로 입국할 수 있는 자유를 전제로 한다. 다시 말해서 해외의 여행을 마치고 국내로 다시 입국하고자 할 경우에는 언제든지 입국할 수 있는 자유가 포함된다고 보아야 할 것이다.

19. 해외체류·여행의 자유

물론 해외에서도 목적하는 장소에서 체류하고 또한 필요한 경우에

---

6) 다만 위 사건에서 청구인은 직접적으로 집회의 자유의 침해를 주장하지는 않고, 거주·이전의 자유와 평등권, 행복추구권의 침해만을 주장하고 있다.

거주지를 정하여 그곳에서 정주할 수 있는 자유 역시 거주·이전의 자유에서 보장된다고 할 수 있다. 물론 이러한 거주·이전의 자유가 해외인 외국에서까지 그 나라 헌법상 기본권으로 보장될 것인지의 문제는 그 나라 헌법에 따라서 결정될 사항이다. 하지만 일정한 장소에서 체류하고 여행할 수 있는 자유는 거의 천부인권에 가까운 권리라고 할 수 있을 것이다. 그러한 한에서 일단 외국에 입국하여 그곳에서 여행하고 움직일 수 있는 자유 자체를 그 외국이 제한하거나 막을 수는 없을 것이다. 다만 체류지의 차원을 넘어서 거주지를 설정하고 그곳에 정주하는 것은 외국인이 당연히 누릴 수 있는 천부인권이라고 보기는 힘들 것이다. 어떠한 나라에서의 정주는 원칙적으로 그 나라 국적을 가진 국민들에게 인정되는 권리라고 보아야 할 것이기 때문이다.

이러한 점에서 외국인이 국내에 입국을 하는 경우에도 일단 입국을 한 이후에 그들의 자유로운 여행을 국가가 금지하거나 방해할 수는 없다고 보아야 할 것이다. 다만 그들이 장기적으로 체류하고 거주를 할 경우에는 국가의 허가를 받아야 한다고 할 수 있을 것이며, 이러한 허가는 헌법 제37조 제2항에 의한 제한이라고 보아야 할 것이다.

20. 외국인의 체류·여행의 자유

3. 국적 이탈의 자유

다음으로 전술한 헌법재판소 판시에도 나와 있듯이 국민이 우리 대한민국의 국적을 포기하고, 다른 나라의 국적을 취득하여 그곳에서 정주할 권리, 즉 국적변경의 자유가 거주·이전의 자유에서 보장되는지 여부가 문제될 수 있다.

21. 국적변경의 자유

일단 다른 나라로 떠날 수 있는 출국의 자유가 보장되는 것은 전술한 바와 같지만, 국적을 포기할 자유는 오히려 국적에 관한 기본권에 의하여 보호된다고 보아야 할 것이 아닌가 생각된다. 다시 말해서 국적에 관한 기본권은 헌법상 열거되지 아니한 자유로서 헌법 제2조 제1항에 의하여 전제된 기본권으로 보장되는데, 여기에는 우선 국민이 국가에 의하여 강제로 국적을 박탈당하지 않을 자유가 포함되고, 또한 나아가 국적포기와 국적변경의 자유가 포함된다고 볼 수 있기 때문이다.

22. 국적을 포기할 자유: 국적에 관한 기본권에 의하여 보호

23. 국적 선택
의 자유: 국적
에 관한 기본권
또는 행복추구
권으로부터 파
생

　　일반적으로 새로운 국적을 취득하는 것은 그 국가에 가서 사는 것
을 목적으로 하는 것이 일반적이므로, 국적변경은 거주·이전의 자유가
없이는 보장될 수 없는 것이나, 국적을 자유로이 선택한다고 하는 것은
일정한 국가에의 소속, 즉 국민으로서의 신분을 선택할 수 있는 자유와
권리에 해당되기 때문에, 이러한 자유와 권리는 국적에 관한 기본권에
의하여 보장되거나 또는 행복추구권으로부터 파생되는 것으로 이해하는
것이 더욱 타당해 보인다.

24. 무 국 적 의
자유 인정 안됨

　　한편 무국적의 자유는 인정되지 아니한다는 것도 보통 거주·이전
의 자유 하에서 설명되고 있다.[7]

[판례] 국적법 제12조 제1항 등 위헌확인

　국적을 이탈하거나 변경하는 것은 헌법 제14조가 보장하는 거주·이전의 자
유에 포함되므로 법 제12조 제1항 단서 및 그에 관한 제14조 제1항 단서는 이
중국적자의 국적선택(국적이탈)의 자유를 제한하는 것이라 할 것이고, 그것이
병역의무이행의 확보라는 공익을 위하여 정당화될 수 있는 것인지가 문제된다.
　(헌재 2006. 11. 30, 2005헌마739, 판례집 제18권 2집, 528, 537 [기각,각하])

[판례] 국적법 제12조 제2항 위헌확인 등

　1. 복수국적자가 대한민국 국민의 병역의무나 국적선택제도에 관하여 아무
런 귀책사유 없이 알지 못하는 경우란 상정하기 어려운 점, 귀책사유 없이 국
적선택기간을 알지 못하는 외국 거주 복수국적자라면 그가 생활영역에서 외
국의 국적과 대한민국 국적을 함께 가지고 있다는 사실이 그의 법적 지위에
별다른 영향을 미치지 않을 것인 점, 이 사건 법률조항들이 병역법 제2조, 제8
조를 아울러 살펴보아야 제1국민역에 편입되는 시기를 알 수 있도록 하고 있
다는 것만으로 불완전한 입법이라거나, 수범자가 이를 알 것이라고 기대하기
어렵다고 할 수 없는 점, 이 사건 법률조항들이 민법상 성년에 이르지 못한
복수국적자로 하여금 18세가 되는 해의 3월 31일까지 국적을 선택하도록 하고
있다는 것만으로 현저하게 불합리하다거나 국적이탈의 자유를 과도하게 제한
하고 있다고 보기 어려운 점 등을 고려하여, 이 사건 법률조항들이 복수국적
자의 국적이탈의 자유를 침해하지 않는다는 선례의 견해를 그대로 유지하기
로 한다.

---

7) 가령, 계희열, 헌법학 (중), 박영사 2007, 515면; 홍성방 (주 1), 122면.

2. 이 사건 법률조항들은 복수국적자인 남성과 여성을 달리 취급하고 있으나, 대한민국 국민인 남성은 헌법과 병역법이 정하는 바에 따라 병역의무를 수행하여야 하고, 이 사건 법률조항들은 복수국적자인 남성이 복수국적을 이용하여 병역의무를 면탈하려는 것을 방지하기 위하여 구체적인 병역의무가 발생하는 제1국민역에 편입된 때를 기준으로 3개월 이내에만 병역의무의 해소 없이 대한민국 국적을 이탈할 수 있도록 한 것이므로, 차별에 합리적인 이유가 있고, 따라서 평등권을 침해하지 않는다.

재판관 박한철, 재판관 이정미, 재판관 김이수, 재판관 안창호의 반대의견

주된 생활 근거를 외국에 두고 있고, 대한민국 국민의 권리를 향유한 바도 없으며, 대한민국에 대한 진정한 유대 또는 귀속감이 없이 단지 혈통주의에 따라 대한민국의 국적을 취득하였을 뿐인 복수국적자가 자신에게 책임을 돌릴 수 없는 사유 등으로 이 사건 법률조항들에서 정한 기간 내에 대한민국 국적을 이탈하지 못한 경우에도 병역의무를 해소하지 않고서는 자신의 주된 생활 근거가 되는 국가의 국적을 선택할 수 없게 된다.

복수국적자인 남성에 대하여 국적선택절차에 관한 개별적 관리·통지를 하고 있지 않은 현실에서 위와 같은 복수국적자는 자신이 대한민국 국민으로서 병역의무를 이행하여야 하고, 이를 면하기 위해서는 제한된 기한 내에 대한민국 국적을 이탈하여야 한다는 사실에 관하여 전혀 알지 못할 수 있는데, 이 사건 법률조항들을 예외 없이 적용하는 것은 복수국적자에게 심히 부당한 결과를 초래할 수 있다. 이 사건 법률조항들에서 정한 기간 내에 대한민국 국적을 이탈하지 못한 복수국적자에 대하여 위 기간 내에 대한민국 국적을 이탈하지 못한 데에 정당한 사유, 또는 위 기간이 경과한 후에 대한민국 국적을 이탈하여야만 하는 불가피한 사유 등을 소명하도록 하여, 그러한 사유가 인정되는 경우에는 예외적으로 대한민국 국적의 이탈을 허용하더라도 복수국적을 이용한 병역면탈은 충분히 예방할 수 있다. 또한, 위와 같은 문제점은 대한민국 국적을 이탈한 복수국적자에 대하여 대한민국으로의 입국이나, 대한민국에서의 체류자격·취업자격 등을 제한하는 방법으로도 해결할 수 있다.

따라서 이 사건 법률조항들은 과잉금지원칙을 위반하여 청구인들의 국적이탈의 자유를 침해한다.

(헌재 2015. 11. 26, 2013헌마805 등, 판례집 제27권 2집 하, 346 [기각])

판례 헌재 2020. 9. 24, 2016헌마889, 병역준비역에 편입된 복수국적자 국
적이탈 제한 사건

심판대상 법률조항의 입법목적은 병역준비역에 편입된 사람이 병역의무를
면탈하기 위한 수단으로 국적을 이탈하는 것을 제한하여 병역의무 이행의 공
평을 확보하려는 것이다.

복수국적자의 주된 생활근거지나 대한민국에서의 체류 또는 거주 경험 등
구체적 사정에 따라서는 사회통념상 심판대상 법률조항이 정하는 기간 내에
국적이탈 신고를 할 것으로 기대하기 어려운 사유가 인정될 여지가 있다. 주
무관청이 구체적 심사를 통하여, 주된 생활근거를 국내에 두고 상당한 기간 대
한민국 국적자로서의 혜택을 누리다가 병역의무를 이행하여야 할 시기에 근접
하여 국적을 이탈하려는 복수국적자를 배제하고 병역의무 이행의 공평성이 훼
손되지 않는다고 볼 수 있는 경우에만 예외적으로 국적선택 기간이 경과한 후
에도 국적이탈을 허가하는 방식으로 제도를 운용한다면, 병역의무 이행의 공
평성이 훼손될 수 있다는 우려는 불식될 수 있다.

병역준비역에 편입된 복수국적자의 국적선택 기간이 지났다고 하더라도, 그
기간 내에 국적이탈 신고를 하지 못한 데 대하여 사회통념상 그에게 책임을
묻기 어려운 사정 즉, 정당한 사유가 존재하고, 병역의무 이행의 공평성 확보
라는 입법목적을 훼손하지 않음이 객관적으로 인정되는 경우라면, 병역준비역
에 편입된 복수국적자에게 국적선택 기간이 경과하였다고 하여 일률적으로 국
적이탈을 할 수 없다고 할 것이 아니라, 예외적으로 국적이탈을 허가하는 방안
을 마련할 여지가 있다.

심판대상 법률조항의 존재로 인하여 복수국적을 유지하게 됨으로써 대상자
가 겪어야 하는 실질적 불이익은 구체적 사정에 따라 상당히 클 수 있다. 국가
에 따라서는 복수국적자가 공직 또는 국가안보와 직결되는 업무나 다른 국적
국과 이익충돌 여지가 있는 업무를 담당하는 것이 제한될 가능성이 있다. 현
실적으로 이러한 제한이 존재하는 경우, 특정 직업의 선택이나 업무 담당이 제
한되는 데 따르는 사익 침해를 가볍게 볼 수 없다.

심판대상 법률조항은 과잉금지원칙에 위배되어 청구인의 국적이탈의 자유를
침해한다.

(헌재 2020. 9. 24, 2016헌마889, 공보 제288호, 1274.)[8]

---

8) 이후 2022. 9. 15. 법률 제18978호로 국적법이 개정되었음(시행 2022. 10. 1.)

Ⅲ. 거주·이전의 자유의 주체

우선 거주·이전의 자유의 기본권주체에는 자연인과 법인이 모두 포함될 수 있다. 법인의 경우도 일정한 장소에 법인의 소재지를 둘 수 있어야 하며, 또한 그 소재지를 옮길 수 있는 자유가 있어야 할 것이다.

또한 거주지와 체류지를 옮길 수 있는 자유는 원칙적으로 인간에게 당연히 인정될 수 있는 권리로서 생각해 볼 수도 있으나, 이 자유에 출국과 입국의 자유를 포함시키게 되면, 과연 외국인도 이 자유의 기본권주체가 될 수 있을 것인가에 대하여 한번 더 검토하게 된다. 다시 말하면 대한민국의 국민이 아닌 외국인이 우리나라에 입국하는 것이 당연한 천부인권으로 인정될 수 있는가 하는 점이 그것이다.

독일의 경우는 거주·이전의 자유를 인간의 권리가 아니라, 국민의 권리로 규정하고 있다. 외국인이 국민과 똑같은 입장에서 출·입국의 자유를 주장할 수 있다고 보기는 힘들 것이나, 이 문제는 가령 인간의 권리로서 외국인에게도 거주·이전의 자유를 넓게 인정하되 출·입국의 경우에 국민과는 달리 출·입국을 보다 더 제한할 수 있는 정당화사유가 있을 수 있으므로, 외국인의 출·입국의 자유는 국민의 경우보다는 더 제한할 수 있는 것으로 이해하는 경우에도, 거주·이전의 자유를 국민의 권리로 보는 방법과 비교할 때, 결과에 있어서는 크게 달라지지 않을 것이다.

Ⅳ. 거주·이전의 자유에 대한 기본권보호의무와 대사인적 효력

1. 기본권보호의무

SBS 방송국의 소위 "SOS" 프로그램의 현대판 노예의 인권침해실태에서 드러나고 있듯이 오늘날에도 인간을 가두어 두고서 성이나 노동착취를 위한 노예로 전락시키고 있는 경우를 가끔 볼 수 있다. 이는 인권에 대한 사인의 침해의 전형적 사례인데, 가해자는 피해자의 거주·이전의 자유를 철저하게 억압하면서 도망가지 못하게 하는 것이 보통이다.

25. 자연인, 법인

26. 외국인의 입국의 자유?

27. 독일의 경우: 국민의 자유

28. 현대판 노예제도

29. 인권보호를
위한 국가적 조
치 필요

국가는 개인이 가지는 불가침의 기본적 인권을 확인하고 보장할 의무를 지는데, 이와 같은 가해자들을 국가가 그냥 방치해 둔다면, 기본권에 대한 보호의무를 다한다고 볼 수 없을 것이다. 그러므로 이들에 대해서는 형벌로 처벌해야 할 뿐만 아니라, 그러한 인권침해사례가 발생하지 않도록 국가가 철저하게 관리·감독하고, 나아가 피해자가 발견된 경우, 그들의 인권을 보호하기 위한 구체적인 조치를 취하지 않으면 안될 것이다. 이것이 거주·이전의 자유에 대한 국가의 기본권보호의무의 이행이 될 것이다.

2. 대사인적 효력

30. 고용계약시 거주요건

가령 사인이 다른 사인과 고용계약을 체결하면서, 반드시 직장의 소재지 부근으로 거주지를 옮길 것을 조건으로 하는 경우와 같이, 계약을 통하여 거주·이전의 자유를 일정부분 제약하는 경우가 있을 수 있다.

31. 간접적 제3 자효

이러한 경우에 거주·이전의 자유를 근거로 하여 그 계약이 무효라고 볼 수 있을 것인가 하는 문제가 제기될 수 있는데, 만일 그와 같이 본다면 거주·이전의 자유의 직접효력을 인정하는 것이 될 것이고, 그렇지 아니하고 그와 같은 제약이 사회상규에 위반된다거나 신의성실의 원칙 또는 공서양속에 위반되는 것으로 보되, 그 근거를 거주·이전의 자유에 대한 과도한 제한으로 보는 경우에는 간접효력을 인정하는 경우가 될 것이다.

32. 사법상의 일반조항 등을 통한 간접효

그러나 기본권의 대사인적 효력에서도 이미 설명하였듯이, 사인간의 계약 역시 행복추구권으로부터 도출되는 계약의 자유나 사적 자치에 의하여 보호되는 행위이므로, 무조건 거주·이전의 자유의 효력이 직접 미치는 것으로 적용하여 사인간의 계약의 효력을 무효로 한다면, 그로 인하여 계약의 자유나 사적 자치에 대한 제한이 지나칠 수도 있다는 점을 간과해서는 안 된다. 따라서 거주·이전의 자유의 효력은 사법상의 일반조항이나 불확정 법개념을 통해서 간접적으로 효력을 미치는 것으로 보는 것이 타당하다고 할 것이다.9)

V. 거주·이전의 자유의 제한

물론 거주·이전의 자유도 헌법 제37조 제2항이 규정하고 있는 기본권제한입법의 한계조항인 과잉금지원칙에 위반되지 않는 한 법률로써 제한할 수 있다.

33. 헌법 제37조 제2항

우선 국가안보를 목적으로 하는 거주·이전의 자유의 제한 사례로는 병역의무의 이행을 위하여 병영생활을 강제하는 것, 통일부장관의 허가를 받지 아니하고서 북한지역으로 여행하는 것을 금지하는 것, 군사시설설치를 위한 토지의 수용, 전시 군사작전을 위한 주민의 소개조치 등을 들 수 있다.

34. 국가안보를 위한 제한 사례

질서유지를 위한 거주·이전의 자유의 제한 사례로는 전염병의 예방을 위하여 발병자를 격리조치시키는 것, 범죄자에 대하여 형벌로 자유형을 부과하는 것, 재범의 우려가 있는 자에 대하여 보호감호조치를 하는 것, 성범죄자로서 재범의 우려가 있는 자에 대하여 전자발찌를 부착하고 일정한 지역을 출입하지 못하게 하는 것, 범죄혐의가 있는 자나 병역의무자에 대하여 출국제한조치를 내리는 것, 테러나 전쟁 위험이 있는 지역에 대하여 여행제한조치를 내리는 것 등을 들 수 있다.

35. 질서유지를 위한 제한 사례

한편 공공복리를 위한 제한으로서는 도로, 철도, 댐 건설 등, 공공의 필요를 위하여 주거지를 수용함으로써 이주를 강제하는 것 등을 들 수 있다.

36. 공공복리를 위한 제한 사례

또한 거주·이전의 자유는 부부의 동거의무(민법 제826조 제1항)와, 부모의 자녀에 대한 거소지정권(민법 제914조)에 의하여 제한될 수 있다.

37. 부부의 동거의무, 부모의 거소지정권

---

9) 이에 반하여 거주·이전의 자유를 직접 또는 간접 적용하느냐의 문제는 구체적 상황에 따라 그때그때 거주·이전의 자유의 임무와 기능을 고려하여 헌법질서의 테두리 내에서 판단할 문제이며 획일적으로 정할 수 없는 문제라고 보는 견해로는 계희열 (주 7), 518면.

VI. 거주 · 이전의 자유의 제한의 한계

38. 본질내용
침해금지 등

거주 · 이전의 자유의 제한에 있어서도 제한의 헌법적 한계를 준수하지 않으면 위헌적 제한으로서 침해이다. 다시 말해서 거주 · 이전의 자유를 제한하기 위해서는 국가안전보장 · 질서유지 · 공공복리를 위하여 필요한 경우에 한하여 법률로써 제한할 수 있으며, 제한하는 경우에도 거주 · 이전의 자유의 본질적인 내용은 침해할 수 없다(헌법 제37조 제2항).

구체적인 사례를 보면 다음과 같다.

1. 위헌사례

39. 국가보안법
상 잠입 · 탈출
죄

헌법재판소의 판례 가운데 거주 · 이전의 자유의 침해를 이유로 법률을 위헌선언한 사례는 찾아보기 힘들지만, 국가보안법의 잠입 · 탈출죄의 경우 국가의 존립 · 안전이나 자유민주적 기본질서에 해악을 끼칠 명백한 위험이 없는 경우까지도 형사처벌을 하는 경우에는 위헌이 될 소지가 있다고 하면서 한정합헌으로 선언한 사례는 그나마 위헌적 입장의 판례라고 볼 수 있다.

> **사례** 구법(구 국가보안법) 제6조 제1항을 문리 그대로 해석 · 운영하면 "잠입"과 "탈출"의 동기나 목적 또는 수단, 방법을 가리지 아니하고 반국가단체의 지배하에 있는 지역으로부터 우리나라에 들어오거나 그 지역으로 나가는 행위(특히 제3국에 거주하다가 그 지역으로 나가는 행위)가 모두 그 처벌대상이 될 수 있다. 따라서 국가의 존립 · 안전이나 자유민주적 기본질서에 해악을 끼칠 명백한 위험이 없는 경우까지도 형사처벌이 확대될 소지가 있다. 이는 죄형법정주의나 평화통일의 원칙에 저촉될 뿐만 아니라 행복추구권에서 도출되는 국민의 일반적 행동의 자유, 거주 · 이전의 자유에서 도출되는 출입국의 자유 등에 대한 과도한 제한을 초래할 가능성이 있다.
>
> 이러한 사실은 신법 제6조 제1항이 그 구법조항의 구성요건에 "국가의 존립 · 안전이나 자유민주적 기본질서를 위태롭게 한다는 정을 알면서"라는 주관적 구성요건을 추가하고 또 신법 제1조 제2항에서 앞서 본 바와 같은 그 법의 해석준칙을 천명한 것에서도 뚜렷이 엿볼 수 있다.
>
> 그러므로 이 조항도 앞서 본 우리 재판소의 결정취지에 따라 그 소정의 행

위 가운데 국가의 존립·안전이나 자유민주적 기본질서에 무해한 행위는 처벌에서 배제하고 이에 해악을 끼칠 명백한 위험이 있는 경우에만 이를 적용하는 것으로 그 적용범위를 축소제한하면 헌법에 합치되고 위와 같은 위헌성은 제거된다.

(헌재 1997. 1. 16, 89헌마240, 판례집 제9권 1집, 45, 80-81.)

2. 합헌사례

이에 반하여 거주·이전의 자유의 침해여부가 문제되었지만 침해를 부인한 사례는 상당히 다수가 있다.

40. 합헌 사례

가. 국내에서의 거주·이전의 자유의 제한사례

국내에서의 거주·이전의 자유의 침해를 부인한 사례로서는 자경농지의 양도소득세 면제대상자를 "대통령령이 정하는 바에 따라 농지소재지에 거주하는 거주자"라고 위임한 구 조세특례제한법 제69조 제1항 제1호[10], 인천국제공항고속도로를 건설한 민간사업시행자가 고속도로사용료를 징수하는 근거인 사회간접자본시설에 대한 민간투자법 제3조의 '관계법률' 중 같은 법 제2조 제13호 나목의 '유료도로법' 부분과 같은 법 제25조 제4항[11], 개발제한구역 내·외의 지가차액을 기준으로 부담금을 산정하는 것[12], 민간사업시행자에게 집합건물법에 의한 매도청구권을 부여함으로써 청구인들의 의사에 반하여 시가에 따라 매도하도록 하는 구 주택법 제18조의2 제1항 전문 제2호[13], 한약업사의 허가 및 영업행위에 대하여 지역적 제한을 가한 내용의 약사법 제37조 제2항[14], 거주지를 기준으로 중·고등학교의 입학을 제한하는 교육법시행령 제71조 및 제112조의6[15], 재건축 참가자 또는 이들의 합의에 의하여 지정된 자는 재건축 불참자에 대하여 그 구분소유권 및 대지사용권을 시가로

41. 국내 거주 이전 제한 사례

---

10) 헌재 2003. 11. 27, 2003헌바2, 판례집 제15권 2집 하, 281, 282－283.
11) 헌재 2005. 12. 22, 2004헌바64, 공보 제111호, 124, 125.
12) 헌재 2007. 5. 31, 2005헌바47, 판례집 제19권 1집, 568.
13) 헌재 2010. 7. 29, 2009헌바240 등, 공보 제166호, 1442.
14) 헌재 1991. 9. 16, 89헌마231, 판례집 제3권, 542; 헌재 1991. 9. 16, 90헌바20.
15) 헌재 1995. 2. 23, 91헌마204, 판례집 제7권 1집, 267, 279－280.

매도할 것을 청구할 수 있도록 하고 있는 규정(집합건물의소유및관리에관한법률 제47조 제4항)[16], 과밀억제권역안에서 대통령령이 정하는 본점 또는 주사무소의 사업용 부동산을 취득할 경우에 취득세를 중과세하도록 한 지방세법 제112조 제3항의 해당규정[17], 법인의 대도시내의 부동산등기에 대하여 통상세율(通常稅率)의 5배를 규정하고 있는 구 지방세법 제138조 제1항 제3호[18] 등을 들 수 있다.

나. 해외로의 출국금지 사례

42. 해외로의
출국제한 사례

해외로의 출국을 금지하나 거주·이전의 자유의 침해를 부인한 사례로는 법무부령이 정하는 금액 이상의 추징금을 납부하지 아니한 자에게 출국을 금지할 수 있도록 한 출입국관리법 제4조 제1항 제4호[19], 1980년 해직 공무원의 보상 등에 관한 특별조치법 제2조 제5항의 보상금산출을 위한 기간산정에 있어 '이민'을 사유로 하는 보상 제한[20], 통상 31세가 되면 입영의무 등이 감면되나 해외체제를 이유로 병역연기를 한 사람에게는 36세가 되어야 이에 해당되도록 한 구 병역법 제71조 제1항 단서 제6호[21] 등이 있다.

---

16) 헌재 1999. 9. 16, 97헌바73, 판례집 제11권 2집, 285, 303-304.
17) 헌재 2000. 12. 14, 98헌바104, 판례집 제12권 2집, 387, 387-388.
18) 헌재 1996. 3. 28, 94헌바42, 판례집 제8권 1집, 199, 206-207.
19) 헌재 2004. 10. 28, 2003헌가18, 판례집 제16권 2집 하, 86, 97.
20) 헌재 1993. 12. 23, 89헌마189, 판례집 제5권 2집, 622, 645-646.
21) 헌재 2004. 11. 25, 2004헌바15, 판례집 제16권 2집 하, 373.

제 12 절 직업선택의 자유[1]

Ⅰ. 직업선택의 자유의 의의

헌법 제15조는 모든 국민은 직업선택의 자유를 가진다고 함으로써 생활의 기본적인 수요를 충족할 수 있도록 직업선택의 자유를 보장하고 있다. 직업은 인간의 개성신장을 위한 가장 기본적인 조건이라고 할 수 있고 이러한 직업의 자유가 보장되어야 우리 헌법이 채택하고 있는 사회적 시장경제질서에서의 경제적 기초가 유지될 수 있다.

1. 개성신장을 위한 기본적 조건

1. 직업선택의 자유와 직업의 자유

우리 헌법은 직업선택의 자유만을 규정하고 있으나 이 규정이 오직 직업을 선택할 수 있는 자유만을 보장한다고 볼 수는 없다.[2] 오늘날과 같은 산업사회에서는 직업을 선택할 수 있는 자유뿐만이 아니라 직업의 행사까지도 폭넓게 보장되지 않으면 직업선택의 자유가 유명무실해 질 수 있다. 뿐만 아니라 직업을 선택하기 위하여 필요한 훈련을 받을 수 있는 자유도 여기에 포함된다고 할 것이다. 따라서 우리 현행헌법은 직업선택의 자유를 규정하고 있지만 넓은 의미의 직업의 자유를 보장하고 있는 것으로 보아야 할 것이다.

2. 넓은 의미의 직업의 자유

헌법재판소도 역시 마찬가지 입장이다.

3. 헌재의 입장

---

1) 이에 대하여는 방승주, 직업선택의 자유 - 헌법재판소의 지난 10년간의 판례를 중심으로, 헌법논총 제9집(1998), 211－275면.
2) 독일 기본법 제12조 제1항은 모든 국민은 직업, 직장과 직업훈련장을 자유로이 선택할 수 있는 권리를 가진다. 직업행사는 법률에 의하여 또는 법률을 근거로 하여 규율될 수 있다고 규정함으로써 직업과 관련한 포괄적인 자유의 내용을 그 대상으로 삼고 있다.

> **판례** 체육시설의설치·이용에관한법률시행규칙 제5조에 대한 헌법소원
>
> 헌법 제15조는 직업선택의 자유를 규정하고 있는데 이는 자기가 선택한 직업에 종사하여 이를 영위하고 언제든지 임의로 그것을 전환할 수 있는 자유로서 민주주의·자본주의 사회에서는 매우 중요한 기본권의 하나로 인식되고 있는 것이다. 왜냐하면 직업선택의 자유는 근세 시민사회의 출범과 함께 비로소 쟁취된 기본권으로서 중세 봉건적 신분사회에서는 인정될 수 없었던 것이며 현대사회에서도 공산주의 국가에서는 원칙적으로 인정되지 않는 기본권이기 때문이다.
>
> 여기서 직업이란 생활의 기본적 수요를 충족시키기 위한 계속적인 소득활동을 의미하며 그러한 내용의 활동인 한 그 종류나 성질을 불문하는데 헌법재판소는 직업선택의 자유를 비교적 폭넓게 인정하고 있으며 그에 관련하여 여러 개의 판례를 남기고 있는 것이다(헌재 1989. 11. 20, 89헌가102 결정; 1990. 10. 8, 89헌가89 결정; 1990. 10. 15, 89헌마178 결정; 1990. 11. 19, 90헌가48 결정; 1991. 6. 3, 89헌마204 결정 각 참조).
>
> (헌재 1993. 5. 13, 92헌마80, 판례집 제5권, 365, 373-374.)

2. 직업의 개념

4. 직업개념의 확정

직업선택의 보호영역을 확정하는 것은 우선 직업개념을 어떻게 정의할 것인지에서부터 문제가 시작된다. 직업의 개념을 어떻게 정의할 것인가에 따라서 국민의 일정한 활동이 헌법상 보호되는 직업일 수도 있고 그렇지 않을 수도 있기 때문이다. 헌법제정자가 직업의 개념을 입법자에게 위임하지 않고 있다는 것은 입법자에 의하여 비로소 구체화될 수 있는 다른 기본권과 비교할 때 중요한 의미를 지닌다. 어떠한 직업활동이 헌법상 보호되는 직업에 해당되는가의 문제가 당연히 입법자에 의해서 결정될 수 있는 것은 아니다. 즉 이 문제는 직업개념을 누가 결정할 것인가와 관계되는 문제[3]인데 만약 국민의 생활영역에서 전개될 수

---

3) 독일 연방헌법재판소의 경우 약국판결(BVerfGE 7, 377)은 사적 자율에 가까운 태도였으나, 수공업결정(BVerfGE 13, 97)에서는 입법자의 형성의 자유에 맡기는 입장을 취하였다는 것에 대하여는 Rüdiger Breuer, Freiheit des Berufs, in: HStR VI, § 147, Rn. 35 ff. 참조.

있는 다양한 직업을 모두 입법자가 정의하여 보호되는 직업과 그렇지 않은 직업으로 나눌 수 있다고 한다면, 헌법상 직업선택의 자유는 유명무실하게 될 수 있기 때문이다.

우리 헌법재판소는 체육시설의 설치·이용에 관한 법률시행규칙 제5조에 대한 헌법소원[4])에서 직업에 대하여 처음으로 정의하였다. 즉 "직업이란 생활의 기본적 수요를 충족시키기 위한 계속적 소득활동을 의미하며 그러한 내용의 활동인 한 그 종류나 성질을 불문"한다는 것이다.

5. 당구장사건 에서 정의

이러한 직업개념은 상대적으로 넓은 직업개념이라고 할 수 있다. 헌법재판소의 입장과는 달리 직업의 개념에 법적인 허용성(Erlaubtheit)이 개념요소로서 들어가야 하는가가 문제될 수 있는데 이러한 요소는 직업개념의 요소로서 적당치 않다. 왜냐하면 법률적으로 금지되어 있다는 이유로 그 직업이 헌법상 직업개념에서 배제될 수 있다면 법률과 헌법이 뒤바뀌게 될 것이다. 따라서 이와 같은 요건은 직업개념에서 배제되는 것이 옳으며 단계이론이나 과잉금지의 원칙으로 법률적 금지 자체가 헌법적으로 정당화되는지가 걸러져야 될 것이다.[5]) 국내에서도 직업개념의 3요소로서 생활수단성, 계속성, 공공무해성[6])이 들어지고 있는데 그러한 공공무해성이 바로 허용성에 해당되는 것이라고 본다면 공공에 유해가 되는 직업활동은 헌법상 직업개념에서 배제된다는 논리나, 오히려 그러한 직업활동에 대한 금지법률 자체가 단계이론이나 과잉금지의 원칙에 따라 심사되어야 할 성질의 것이라고 할 수 있을 것이다. 즉 허용되지 않는 직업은 직업의 개념규정 단계에서 배제될 것이 아니라 직업의 자유의 제한의 단계에서 공익적 사유에 의하여 그 제한이 정당화될 수 있는 활동인 것으로 이해하는 것이 기본권 보장의 측면에서 보다 효과적이라고 할 것이다.[7])

6. 생활수단성, 계속성, 공공무 해성?

---

4) 헌재 1993. 5. 13, 92헌마80, 판례집 제5권 1집, 365, 374.
5) Breuer (주 3), Rn. 44.
6) 허영, 한국헌법론, 박영사 2023, 537면.
7) 동지, Stefan Langer, Strukturfragen der Berufsfreiheit, JuS 1993, S. 203 ff.(204); 이러한 요건을 심사할 경우에는 금지된 활동이 기본권에 의해서 보호되는 타인의 법익을 수단이나 도구로 삼고 있는지 여부에 따라서 판단해야 할 것이다.(207)

Ⅱ. 직업의 자유의 보호영역

1. 헌법재판소의 입장

가. 내 용

7. 직업의 자유 와 단계이론

헌법재판소는 변호사법 제10조 제2항에 대한 위헌심판[8]에서 처음으로 직업선택의 자유에는 직업선택, 직업종사, 직업변경 및 직장선택의 자유가 포함된다고 언급하였다. 그 후 체육시설의 설치ㆍ이용에 관한 법률시행규칙 제5조에 대한 헌법소원[9]에서 직업선택의 자유에는 직업결정의 자유, 직업종사(직업수행)의 자유, 전직의 자유 등이 포함되며 직업결정의 자유나 전직의 자유에 비하여 직업종사(직업수행)의 자유에 대하여서는 상대적으로 더욱 넓은 법률상의 규제가 가능하다고 하는 단계이론이 처음으로 언급된 후 확립된 판례로 정착되었다.

8. 보호영역의 확장

직업의 자유의 보호영역은 판례에서 계속 확장되고 있는 것을 볼 수 있다. 즉 헌법재판소는 주세법 제38조의7 등에 대한 결정에서 경쟁의 자유[10]가, 또한 행정사법 제35조 제1항 제1호 등에 대한 결정[11]에서는 겸직의 자유가 직업의 자유에 포함됨을 각각 처음으로 언급하였고, 자동차운수사업법 제24조 등에 대한 결정[12]에서는 직업선택의 자유에 경영의 자유를 의미하는 기업의 자유가 포함된다고 판시하였다. 직업의 자유의 주체는 자연인뿐만 아니라 법인도 될 수 있다.[13] 즉 법인의 설립 자체가 직업선택의 한 방법이라는 것이다.[14]

9. 객관적 법질 서의 구성요소

나아가 헌법재판소는 직업의 자유가 국민의 주관적인 공권일 뿐 아니라 사회적 시장경제질서라고 하는 객관적 법질서의 구성요소[15]가 된

---

8) 헌재 1989. 11. 20, 89헌가102, 판례집 제1권, 329.
9) 헌재 1993. 5. 13, 92헌마80, 판례집 제5권 1집, 365.
10) 헌재 1996. 12. 26, 96헌가18, 판례집 제8권 2집, 680.
11) 헌재 1997. 4. 24, 95헌마90, 판례집 제9권 1집, 474 (480).
12) 헌재 1998. 10. 29, 97헌마345, 판례집 제10권 2집, 621
13) 헌재 1996. 3. 28, 94헌바42, 지방세법 제138조 제1항 제3호 등 위헌소원, 판례집 제8권 1집, 199.
14) 헌재 1996. 4. 25, 92헌바47, 축산업협동조합법 제99조 제2항 위헌소원, 판례집 제8권 1집, 370.
15) 헌재 1995. 7. 21, 94헌마125, 영화법 제26조 등 위헌확인, 판례집 제7권 2집, 155;

다고 보고 있다.

나. 평 가

(1) 우리 헌법재판소가 헌법 제15조가 단지 직업선택의 자유라는 개념만을 가지고 있지만 직업활동의 거의 전반을 포괄하는 넓은 의미의 직업의 자유로 이해하고 있는 것은 타당하다고 할 수 있다. 직업교육장 선택의 자유가 직업선택의 자유에 포함된다고 할 경우에는 서울대학교 의 1994년 대학입시요강에 관한 결정16)에서 청구인의 직업선택의 자유 의 침해여부를 심사했어야 했을 것이다.

10. 넓은 의미 의 직업의 자유 견지 타당

(2) 또한 학설에 따라서는 직업의 자유로부터 계약의 자유17)와 직 업상 거주·이전의 자유18)도 도출된다고 보기도 한다. 그러나 우리 헌 법재판소는 계약의 자유는 헌법 제10조의 일반적 행동의 자유로서의 행 복추구권으로부터 나온다고 보고 있고, 거주·이전의 자유는 헌법 제14 조에 의하여 보호된다고 본다.19)

11. 계약의 자 유와 거주·이 전의 자유?

(3) 다음으로 직업의 자유는 독자적인 직업(자영업) 뿐 아니라 종속 적인 직업(비자영업)도 보호한다는 점이다. 물론 종속적인 직업에서 독자 적인 직업으로 전환하는 경우가 있을 수 있다.20)

12. 자영업과 비자영업

종속적인 직업을 직업의 자유에 의하여 보호하게 될 경우에는 고용 주의 영업의 자유나 재산권이 일정한 범위 내에서 제약을 받지 않을 수 없는데 바로 여기에서 직업의 자유의 대사인적 효력 내지는 보호의무의 문제가 나온다고 할 수 있다.21)

13. 비자영업 (종속적 직업) 에 있어서 대사 인효

헌재 1997. 4. 24, 95헌마273, 행정사법시행령 제2조 제3호 위헌확인, 판례집 제9 권 1집, 487.

16) 헌재 1992. 10. 1, 92헌마68 등 병합, 판례집 제4권, 659.

17) Breuer (주 3), Rn. 63.

18) Breuer (주 3), Rn. 67.

19) 독일과는 달리 우리 헌법상 각 기본권규정은 기본권효력의 강도 면에서 차이가 없 기 때문에 굳이 그와 같이 계약의 자유와 직업상의 거주·이전의 자유를 직업의 자유로부터 도출된다고 해야 될 것인지에 대하여는 이견이 있을 수 있을 것이다.

20) Breuer (주 3), Rn. 42.

21) Breuer (주 3), Rn. 65; Georg Hermes, Grundrechtsschutz durch Privatrecht auf neuer Grundlage?, NJW 1990, S. 1764 ff.

(4) 직업활동의 축소와 확대의 문제

법률에 의하여 그 유형이 확정된 직업활동의 내용과는 달리 그 직업에 종사하는 자가 해당 직업활동을 축소하거나 확대하고자 할 수 있다. 법률적 직업유형으로부터 벗어나려는 목적은 전자의 경우에는 직업활동의 특화에 있으며 후자의 경우에는 다른 조건이나 서비스의 제공을 결부시키는 데 있다고 할 수 있다. 특화된 활동이나 추가된 활동을 하기 위해서 추가적인 법적 요건이 필요한 경우에 직업의 자유의 침해 여부가 문제될 수 있는데, 이 경우에도 역시 문제되는 것은 그것이 주관적 또는 객관적 요건에 의한 직업선택의 자유의 제한인지 아니면 단순한 직업수행의 자유의 규율인지의 문제이다. 이에 대하여는 일정한 직업활동의 영역을 축소하여 특화하거나 아니면 다른 영역을 추가하여 확대하는 경우에 이것이 독자적인 직업을 구성하는지 아니면 단순히 기존의 직업의 일부에 지나지 않는지가 관건이 된다. 즉 독자적인 직업인 경우에는 이에 대한 법적인 금지는 주관적 혹은 객관적 허가요건에 의한 직업선택의 자유의 제한이 된다고 할 수 있으며, 특화되거나 또는 추가되는 활동이 단순히 그 직업의 일부를 구성하는 경우에는 직업행사의 자유에 대한 제한이라고 할 수 있다.22)

(5) 다음으로 공무원직도 직업개념에 포함될 것인지가 문제된다. 독일 연방헌법재판소에 따르면 공무원직에는 직업공무원규정(Art. 33 GG)이 우선 적용된다고 보고 있다. 동일한 자격을 가진 자들이 공무원직을 동일하게 취득할 수 있는 권리는 바로 직업공무원제 규정으로부터 나온다고 보고 있다.23) 그러므로 공무원의 경우 우선적으로 직업의 자유를

---

22) Breuer (주 3), Rn. 40.

23) "기본법 제12조 제1항에서의 "직업"의 개념은 원칙적으로 국가에 유보되어 있는 사항에 관한 활동을 하는 직업들과 "국가적으로 기속된" 직업들도 포함한다. 하지만 "공무원"인 직업들에 대하여는 기본법 제33조가 전반적으로 특별규정을 가능하게 하고 있다. … 수적으로 한정된 직장에 의하여 제한된 개인의 직업선택의 자유는 모든 공직에 대하여 같은 자격을 가진 경우에(기본법 제33조 제2항) 모든 사람이 동등하게 접근할 수 있도록 됨으로써 보장된다."(BVerfGE 7, 377 (397 f.)). "직업이 공법적 구속과 의무에 의하여 '공직'의 성격을 띠면 띨수록 기본법 제33조에 의거한 특별규정들이 기본법 제12조 제1항으로부터 나오는 기본권의 효력을 사실적으로 더욱 강하게 배제할 수 있다."(BVerfGE 7, 377 (398)) "기본법 제12

행사하기 보다는 맡겨진 국가권력을 행사한다고 볼 수 있다는 것이
다.24)

우리 헌법재판소의 경우 공무원직에 대하여도 직업선택의 자유를
적용하고 있는데 오히려 독일 연방헌법재판소의 입장과 같이 헌법 제7
조의 직업공무원제나 헌법 제25조의 공무담임권에 의하여 그 직이 보호
되며 따라서 이 경우 직업의 자유의 적용은 배제된다고 보아야 하지 않
을까 생각된다. 다만 공무원의 경우도 부업은 직업의 자유하에서 보호
된다고 할 것이다.

(6) 다음으로 부업(Nebenberuf)도 역시 직업의 자유의 보호대상이 된
다.25) 노동시장의 수급사정을 고려하여 공무원의 부업을 제한할 수 있
는가의 문제가 독일에서 다투어지고 있으나 가능하다고 보고 있다.26)
그러나 학문과 예술분야의 부업 등과 같이 질적인 경쟁이 문제가 되는
분야의 부업에 대해서는 그것이 공무수행에 지장을 주지 않는 한에서는
금지될 수 없다고 보고 있다.27)

16. 공무담임권
또는 직업공무
원제에 의한 보
호

17. 부업의 보
호

2. 직업선택의 자유와 직업수행의 자유

직업선택의 자유란 원하는 직업을 타인의 의사에 영향을 받지 않고
서 선택할 수 있는 자유이다. 이것은 내적인 결정만이 아니라 외부적 행
위로 선택할 수 있는 자유이다. 그리고 소극적 측면에서 직업선택의 자
유에는 특정한 직업의 선택을 강제받지 않을 자유가 포함된다.28)

직업수행의 자유는 선택된 직업에서 이루어질 수 있는 모든 현실적

18. 소극적 자
유 포함

19. 직업수행의
자유

조는 이러한 경우에 있어서는 직업에 대한 자유로운 접근가능성을 보장하는 것
은 아니다. 이 조항은 오히려 국가의 조직구성권(Organisationsgewalt)에 의하여
제한된다. 국가적인 행정의 제도와 과제를 규정하고 이러한 국가적 과제들이 수
행되어야 하는 양식과 방법을 자세하게 규정하는 것, 특히 또한 – 기본법 제33
조의 원칙의 범위내에서 – 누구에게 이러한 국가적 과제의 수행을 맡길 것인가
를 규정하는 것은 국가의 조직구성권에 맡겨져 있다."(BVerfGE 16, 6 (21 f.))

24) Breuer (주 3), Rn. 47.
25) Hans–Jürgen Papier, DVBl. 1984, S. 804.
26) Breuer (주 3), Rn. 54.
27) Breuer (주 3), Rn. 52.
28) Breuer (주 3), Rn. 56.

활동을 포함한다. 이에는 가령 일정한 직업의 구체적인 노동이나 생산영역의 범위와 내용을 결정하는 것, 또한 공급과 제품조달, 생산공정의 조직 그리고 영업라인 조직 다른 사람의 고용, 기계나 설비의 선택과 형성 및 사용, 자원과 자본의 조달, 광고 그리고 마켓팅 등이 이러한 범위에 속한다.

20. 명확한 구분 불가능

그러나 직업선택과 직업수행을 명확하게 구분하는 것은 가능하지 않다고 보여진다.[29]

3. 직장선택의 자유

21. 자영업자의 직장선택의 자유: 점포개설의 자유

직업의 자유에는 직장선택의 자유가 포함된다.[30] 직장선택의 자유가 비자영업자에게 뿐 아니라 자영업자에게도 적용되는 것인지가 문제될 수 있다. 직장선택의 자유는 자영업자의 경우에는 점포개설의 자유를 의미하는데 이것은 브로이어(Rüdiger Breuer)에 따르면 경제적인 거주·이전의 자유의 보호영역이 아니라 직업의 자유의 보호영역에 속한다고 하고 있다.[31] 이에 반해서 비자영업자의 경우는 자유로이 직장을 선택할 수 있는 자유가 직장선택의 자유이다.

22. 직장선택의 자유 제한 사례

직장을 선택하는 것 역시 직업의 자유하에서 보호되기 때문에 직장을 가령 출신지역 등과 같은 특정지역에 국한시키는 것은 직장선택의 자유를 침해하는 것이다.[32] 그리고 계약상 경쟁금지나 고용계약의 해지의 경우에 금전을 납부할 의무를 부과하는 등의 계약의 경우에는 직장선택의 자유의 간접적 제3자효[33]가 적용될 수 있다. 따라서 근로자가 직업훈련비용을 보상해야 한다거나 상여금을 반환해야 하는 등의 계약상의 의무조항은 이러한 직장선택의 자유의 관점에서 그것이 상황에 맞고, 적정하며 시간적으로 한정이 되어 있는 한에서 그리고 직장선택을

---

29) Breuer (주 3), Rn. 58; Papier (주 25), S. 803.
30) 허영 (주 6), 539면.
31) Breuer (주 3), Rn. 68.
32) Breuer (주 3), Rn. 71.
33) BVerfGE 81, 242; Hermes (주 21) S. 1764 ff; 기본권의 대사인적 효력이론에 대하여는 방승주, 사법질서에 있어서 기본권의 효력, 독일의 이론과 판례를 중심으로, 청암정경식박사화갑기념논문집, 법과 인간의 존엄 1997, 266-289면 참조.

부당하게 어렵게 하지 않는 한에서 합법적이고 유효하다고 할 수 있다.[34]

4. 직업교육장(Ausbildungsstätte)선택의 자유

직업교육장이란 일반적인 학교교육을 넘어서 하나 또는 몇 개의 직업교육에 기여하는 모든 시설을 의미한다.[35] 독일 기본법과는 달리 우리 헌법은 이와 같은 직업교육장 선택의 자유를 명문으로 포함하고 있지 않으나 넓은 의미의 직업활동의 자유를 보장한다는 관점에서 보면 우리 헌법상 직업의 자유 역시 이러한 직업교육장 선택의 자유도 보호한다고 볼 수 있다.[36]

23. 직업교육장이란

독일 연방헌법재판소는 이러한 직업교육장 선택의 자유의 의미를 전통적인 방어권으로서만이 아니라 국가적 급부에의 참여를 기본권적으로 보장하는 것으로서 보았다.[37] 그러나 자유권으로부터 이와 같이 참여권적 성격을 도출하는 것은 사회적 기본권규정을 가지고 있지 않은 독일에서는 필요할지 모르나 우리 헌법하에서는 그럴 필요성이 없다고 보여진다. 오히려 이에 따른 문제는 헌법 제31조의 교육을 받을 권리 등 사회적 기본권에 의하여 해결되어야 할 몫이기 때문이며 더구나 이러한 사회적 기본권의 실현은 입법자의 우선적 과제로서 입법자에게 광범위한 형성의 자유가 인정되는 영역이라고 할 수 있다.

24. 독일 연방 헌재 판례와 국내 적용 필요성

헌법재판소는 최근 2009. 2. 26, 2007헌마1262, 법학전문대학원 설치·운영에 관한 법률 제1조 등 위헌확인사건에서부터 명시적으로 직업선택의 자유의 보호영역에 직업교육장 선택의 자유도 포함시키고 있다.

25. 헌재 판례

> 판례 헌법 제15조에 의한 직업선택의 자유라 함은 자신이 원하는 직업 내지 직종을 자유롭게 선택하는 직업선택의 자유뿐만 아니라 그가 선택한 직업을 자기가 결정한 방식으로 자유롭게 수행할 수 있는 직업수행의 자유를 포함한다

---

34) Breuer (주 3), Rn. 72.
35) Breuer (주 3), Rn. 75.
36) 동지, 허영 (주 6), 539면; 권영성, 헌법학원론, 법문사 2010, 576면.
37) BVerfGE 33, 303 (330 f.).

(헌재 1995. 7. 21, 94헌마125, 판례집 7-2, 155, 162 ; 2002. 11. 28, 2001헌마596, 판례집 14-2, 734, 742). 그리고 직업선택의 자유에는 자신이 원하는 직업 내지 직종에 종사하는데 필요한 전문지식을 습득하기 위한 직업교육장을 임의로 선택할 수 있는 '직업교육장 선택의 자유'도 포함된다.

그런데 법 제26조 제2항 및 제3항이 로스쿨에 입학하는 자들에 대하여 학사 전공별로, 그리고 출신 대학별로 로스쿨 입학정원의 비율을 각각 규정한 것은 변호사가 되기 위하여 필요한 전문지식을 습득할 수 있는 로스쿨에 입학하는 것을 제한하는 것이기 때문에 직업교육장 선택의 자유 내지 직업선택의 자유를 제한한다고 할 것이다.

법 제26조 제2항 및 제3항이 직업교육장 선택의 자유를 제한한 것은 비례의 원칙에 위배되지 아니하므로 청구인들의 직업교육장 선택의 자유 내지 직업선택의 자유를 침해하지 아니한다고 할 것이다.

(헌재 2009. 2. 26, 2007헌마1262, 판례집 제21권 1집 상, 248, 258, 260-261)

판례 헌법 제15조에 의한 직업선택의 자유라 함은 자신이 원하는 직업 내지 직종을 자유롭게 선택하는 직업선택의 자유뿐만 아니라 그가 선택한 직업을 자기가 결정한 방식으로 자유롭게 수행할 수 있는 직업수행의 자유를 포함하고, 직업선택의 자유에는 자신이 원하는 직업 내지 직종에 종사하는데 필요한 전문지식을 습득하기 위한 직업교육장을 임의로 선택할 수 있는 '직업교육장 선택의 자유'도 포함된다(헌재 2009. 2. 26, 2007헌마1262, 판례집 21-1 상, 248, 259 등 참조).

우선, 2년제 미용고를 비롯한 고등학교학력인정 평생교육시설이라는 직업교육장은 그러한 미용기술을 습득할 수 있는 유일한 교육기관이 아니고, 고등기술학교를 통하여 미용기술을 습득할 수도 있고, 대학이나 전문대학 등의 미용학과 등에 입학하는 방법 등도 존재하며, 미용사자격시험의 응시자격에도 어떠한 학력을 요구하고 있지 않아 미용사가 되려는데 장애가 된다고 보기도 어렵다.

따라서, 이 사건 시행령조항이 직업교육장 선택의 자유 내지 직업선택의 자유를 침해하고 있다고 보기 어렵다.

(헌재 2011. 6. 30, 2010헌마503, 판례집 제23권 1집 하, 534, 544.)

Ⅲ. 직업의 자유의 주체

1. 자연인

우선 직업의 자유의 주체는 자연인이다. 자연인으로서 국민이 문제   26. 국민
될 것은 없다.

단지 외국인이 과연 직업의 자유의 기본권주체가 될 수 있는가 하   27. 외국인
는 것이 문제될 수 있다. 가령 독일 기본법의 경우 직업의 자유는 독일
인의 기본권으로 하고 있다. 그러나 인간이 태어나서 자신이 생계를 위
하여 어떠한 직업을 선택하여 수행할 것인지는 천부인권적 자유라고 해
야 할 것이다. 그렇다면 외국인이라고 해서 직업의 자유의 기본권 주체
성을 부인할 이유가 없다.[38] 외국인의 기본권주체성은 좁은 의미의 직
업선택의 자유 뿐만 아니라, 직업행사의 자유, 전직의 자유, 직장선택의
자유, 직업교육장 선택의 자유 등 넓은 의미의 직업의 자유 모두 해당된
다고 봐야 할 것이다.

우리 헌법재판소는 외국인에 대하여 직장선택의 자유의 기본권주   28. 헌재 입장
체성만을 제한적으로 인정하고 있으며[39], 근로의 권리와 관련해서는 '일
할 환경에 관한 권리'의 기본권 주체성을 인정하고 있다.[40]

2. 법 인

다음으로 법인 역시 그 성질상 기본권주체성을 인정할 수 있는 기   29. 법인의 기
본권의 경우에는 법인에게도 인정할 수 있다.[41] 즉 기본권의 성질상 자   본권주체성
연인에게만 전속된 천부인권적 자유나 권리가 아닌 경우에는 법인에게

---

38) 동지, 허영, (주 6), 538면; 정재황, 헌법학, 박영사 2022, 1146면. 이에 반하여 독일
    문헌들을 인용하며 외국인의 기본권의 주체성을 인정하지 않는 견해로 계희열, 헌
    법학(중), 박영사 2007, 630면이 있으나 독일 기본법은 직업의 자유가 국민의 권리
    이다. 부인설로 권영성 (주 36), 570면; 정종섭, 헌법학원론, 박영사 2022, 750면 등.
39) 헌재 2011. 9. 29, 2009헌마351, 판례집 제23권 2집 상, 659
40) 헌재 2007. 8. 30, 2004헌마670, 판례집 제19권 2집, 297; 헌재 2016. 3. 31, 2014헌
    마367, 판례집 제28권 1집 상, 471; 헌재 2021. 12. 23, 2020헌마395, 판례집 제33
    권 2집, 912, 920.
41) 허영 (주 6), 538면.

도 인정될 수 있는데, 직업선택의 자유와 재산권이 대표적이다. 즉 영리를 추구하는 기업과 같은 경우 기업에의 투자를 어떤 정도로 어느 곳에 할 것인지를 결정할 자유가 있는데, 이를 영업의 자유라 한다. 이 영업의 자유는 단지 직업의 행사 뿐 아니라, 자본의 투입이 관련되므로 재산권의 행사 역시 그 중요한 요소가 된다. 그러므로 법인 역시 직업의 자유의 주체가 되며 내국은 물론 외국 사법인 역시 마찬가지라 할 것이다.[42)

Ⅳ. 직업의 자유의 제한

30. 단계이론의 적용

헌법재판소는 직업의 자유의 제한에 있어서 직업행사의 자유의 제한과 직업선택의 자유의 제한의 경우로 나누어서 그 요건의 엄격성을 달리하여 심사하고 있는데 이것은 독일 연방헌법재판소의 소위 약국판결(BVerfGE 7, 377)에서 전개된 단계이론을 받아들인 것이다.

1. 독일 연방헌법재판소의 단계이론

31. 약국판결의 단계이론

독일 연방헌법재판소가 소위 약국판결에서 전개한 단계이론의 내용을 보면 다음과 같다.

가. 직업수행(행사)의 자유에 대한 규제

32. 순수한 직업행사에 대한 규율

"입법자는 직업선택의 자유에 영향을 미치지 않고 오히려 직업수행자가 자신의 직업활동을 구체적으로 어떠한 방법으로 형성해야 하는지를 정할 뿐인 순수한 직업행사만을 규율하는 경우에 입법자는 가장 자유롭다. 여기에서는 합목적성의 관점이 상당한 정도로 고려될 수 있다. 이에 따라 일반에 대한 해악과 위험을 방지하기 위해서 직업수행자에게 어떠한 의무가 이행되어야 하는지를 예측할 수 있다. 직업의 장려와 직업수행자의 보다 많은 사회적 기여의 목적은 직업행사의 자유를 어느

---

42) 헌재 1996. 3. 28, 94헌바42, 판례집 8-1, 199; 헌재 2000. 6. 1, 99헌마553, 판례집 12-1, 686.

정도 제한하는 규정을 정당화할 수 있다. 그러한 한 가령 지나치게 부담이 되는 그리고 기대가능성이 없어서 그 자체 위헌인 법적 의무부과만이 금지될 따름이다. 이러한 예외를 제외하고는 여기에서 문제가 되고 있는 직업의 자유의 제한은 기본권주체를 너무 과도하게 침해하는 것이 아니다. 왜냐하면 그는 이미 직업을 가지고 있으며 이를 행사할 권한이 방해되는 것은 아니기 때문이다."

나. 주관적 전제조건에 의한 직업선택의 자유의 제한

"이에 반해 이미 직업을 특정한 전제조건의 충족에 따라 허가하는 것은, 즉 직업선택의 자유와 관계되는 규율은 단지 이를 통하여 개인의 자유보다 우선하는 우위의 공익이 보호되어야 하는 한에서만 정당화된다. 여기에서 문제되는 요건이 "주관적" 전제조건 특히 사전교육과 직업훈련인가 또는 직업희망자의 개인적 자질과는 무관하여 그가 아무런 영향을 끼칠 수 없는 허가의 객관적 조건인가가 구별된다.

33. 특정한 전제조건의 충족에 다른 허가

주관적 전제조건을 규율하는 것은 직업교육의 법적 질서의 일부분이다. 이것은 특정한 – 그리고 대부분 일정한 방법으로 – 자질을 갖춘 직업희망자에게만 직업종사를 허용한다. 그러한 제한은 사리상 정당화된다. 그러한 제한은 많은 직업이 이론적이고 실무적인 교육에 의하여서만 얻어질 수 있는 특정한 기술적 지식과 (넓은 의미에서의) 자격을 필요로 하고 이러한 직업의 행사는 그러한 지식이 없이는 불가능하거나 사리에 맞지 아니하여 일반에 대하여 해악이나 심지어 위험을 초래하게 될 것이라는 점에 근거하고 있다. 입법자는 주어진 생활관계로부터 나오는 요청을 구체화하고 "정형화"할 뿐이다. 개인에게는 규정된 형식적 교육의 형태로 단지 그가 그 직업을 적법하게 행사하고자 하는 경우에 원칙적으로 사리상 습득해야 하는 것만 요구될 뿐이다. 따라서 이러한 자유제한은 가능한 해악과 위험을 방지하기 위한 적절한 수단이라고 볼 수 있다. 그리고 이것은 모든 직업희망자에게 균등하며 또한 그들에게 사전에 고지가 되었기 때문에, 개인이 이미 직업선택을 하기 전에 자신에게 요청된 조건들을 충족하는 것이 가능하였는지 여부에 관하여 판단

34. 주관적 전제조건에 대한 규율

할 수 있기 때문에 이러한 제한은 가능하다. 여기에서 규정된 주관적 전제조건들이 직업활동의 적법한 이행이라고 하는 추구된 목적에 대하여 비례관계를 벗어나서는 안 된다는 의미에서 비례의 원칙이 적용된다."

다. 객관적 허가요건에 의한 직업선택의 자유의 제한

35. 객관적 조건에 따른 직업 허가

"직업을 객관적 조건에 따라 허가하는 경우는 이와 다르다. 객관적 조건의 충족 여부는 개인의 영향력과는 상관이 없다. 이것은 기본권의 의미에 반한다. 왜냐하면 자신에 의하여 요청된 모든 전제조건들을 충족시킴으로써 이미 현실적으로 직업을 선택하였고 또한 행사해도 되었던 그 사람은 그럼에도 불구하고 직업에 대한 허가를 받지 못할 수 있다. 이러한 자유제한은 사전교육과 직업훈련이 장기적이었고 전문적으로 특수할수록, 이러한 직업교육의 선택과 동시에 이러한 구체적인 직업이 선택되었다는 것이 명백할수록 중대하고 이에 따라 심각하게 느껴진다. 이에 대하여 우선적으로 전문적이고 윤리적으로 자격을 갖춘 지원자에 의한 직업행사가 일반에 대한 어떠한 직접적인 해악을 초래할 것인가가 명백하지 않기 때문에 이러한 직업선택의 자유의 제한과 추구된 결과간의 상호관계가 흔히 명백하게 설명될 수 없게 될 것이다. 따라서 그 제한의 동기가 사리에 맞지 않을 가능성이 매우 크다. 특히 직업허가의 제한은 이미 진행되고 있는 직업활동의 경쟁보호에 기여할 것이라는 추측도 가능한데 이것은 일반적인 견해에 따르면 직업선택의 자유의 제한을 결코 정당화할 수 없는 동기이다. 전문적이고 윤리적으로 (추정상) 완전히 적합한 지원자를 차단하는 가장 조야하고 가장 극단적인 수단의 선택에 의하여 — 평등원칙에 대한 위반은 차치하고 개인의 자유권은 극도로 민감하게 침해될 수 있다. 이로부터 그러한 자유가 제한될 필요성이 있다는 것은 특별히 엄격히 입증되어야 한다고 할 수 있다. 일반적으로 압도적으로 중요한 공익(Gemeinschaftsgut)에 대한 입증가능하거나 고도의 개연성이 있는 중대한 위험만이 직업선택의 자유에 대한 침해를 정당화할 수 있을 것이다. 그 밖의 공공이익(Gemeinschaftsinteressen)의 장려라고 하는 목적, 소속인의 수적 제한에 의한 직업의 사회적 기득권의 배려는 그러한 목적이 그 밖의 입법적 조치를 정당화하게 될 것이라 하더라도 충분하지 않다.

입법자는 기본법 제12조 제1항 제1문에 따른 규율을 함에 있어서 그때그때 직업선택의 자유를 가장 최소한으로 침해하게 될 "단계"로 하여야 하고 다음의 "단계"는 우려되는 위험이 이전 "단계"의 합헌적 수단에 의하여 효과적으로 제지될 수 없다고 하는 것이 높은 개연성을 가지고서 설명될 수 있는 경우에 비로소 취해질 수 있다."[43]

36. 단계적 제한

2. 우리 헌법재판소의 단계이론

우리 헌법재판소도 역시 직업의 자유의 제한과 관련하여 이러한 단계이론을 받아들였으나 독일 기본법의 규정과는 다른 상황을 감안하여 변용하고 있다.

37. 단계이론의 수용

단계이론이 처음으로 언급된 것은 법무사법시행규칙에 대한 헌법소원[44]에서 재판관 이성렬의 반대의견을 통해서이다(380 이하). 즉 직업선택에 대한 제한에 있어서는 직업행사에 대한 제한에 있어서보다 엄격한 제약을 받는다고 보며 또한 주관적 사유를 이유로 하는 직업선택에 대한 제한의 경우보다는 객관적 사유를 이유로 하는 경우에 침해의 진지성이 가장 크므로 매우 엄격한 요건을 갖춘 경우에만 이것이 허용된다고 하는 3단계이론에 대한 명확한 인식이 처음으로 나타났다. 그러나 이와 같이 각 단계에 따라서 제한의 엄격성이 강하게 요구된다 하더라도 각각의 경우에 있어서 어느 범위에서 제한이 허용되는 것인지는 일률적으로 말할 수는 없다고 하면서 ① 제한의 목적 내지는 필요성, ② 제한되는 직업의 성질과 내용, ③ 제한의 정도 및 방법 등을 종합적으로 비교·교량하여 신중히 결정하여야 한다. 그러나 이 경우에 "제한의 목적이 사회·경제 정책적인 경우에는 그 타당성 여부의 판단은 1차적으로 입법기관의 권한 내지 책무로서, 그 제한이 명백히 비합리적이고 불공정하지 아니하는 한 그 판단은 가급적 존중되어야 할 것"이라고 하고 있다.

38. 법무사법시행규칙 사건에서 이성렬 재판관의 반대의견

---

43) BVerfGE 7, 377 (405 ff.)
44) 헌재 1990. 10. 15, 89헌마178, 판례집 제2권, 365.

39. 당구장 사건에서 단계이론 최초도입

그 후 직업행사의 자유와 직업선택의 자유에 대하여 법률상의 규제의 정도를 달리할 수 있다고 하는 단계이론적 인식이 다수의견에 의하여 반영된 것은 이미 언급한 1993. 5. 13. 체육시설의 설치·이용에 관한 법률시행규칙 제5조에 대한 헌법소원에서이다.45)

40. 군법무관임용법부칙 제3항 사건

그리고 주관적 요건에 의한 직업선택의 자유의 제한을 처음으로 언급한 것은 1995. 6. 29. 군법무관임용법 부칙 제3항 등에 대한 헌법소원46)에서였다.

41. 객관적 요건에 의한 직업선택의 자유의 제한

그러나 객관적 요건에 의한 직업선택의 자유의 제한에 관한 명시적 언급은 과거 판례에서는 나타나지 않고 있지만 내용상 직업허가제도에 대한 판례들이 바로 이에 해당된다고 할 수 있다. 그러나 2000년대에 들어와 당사자의 능력이나 자격과 상관없는 객관적 사유에 의한 직업의 자유의 제한과 심사척도에 대해서 언급하고 있는 판례가 보이기 시작하고 있다.47)

42. 단계이론에 따른 헌재판례 분석

다음에서는 우리 헌법재판소의 직업의 자유의 제한에 관한 판례를 직업행사의 자유에 대한 제한과 주관적 및 객관적 요건에 의한 직업선택의 자유의 제한으로 나누어서 분석하여 본다. 직업활동의 전체 영역은 서로 유기적인 관계에 있기 때문에 어떠한 활동에 대한 제한이 직업행사의 자유에 대한 제한인지 아니면 직업선택의 자유에 대한 제한인지를 명확하게 구분하는 것은 매우 쉽지 않고, 또한 파피어(Papier)48)의 지적대로 상대적일 수밖에 없다. 그러나 이와 같이 구분함으로써 직업의 자유의 제한에 있어서 과잉금지의 원칙의 적용을 좀 더 투명하고 예측 가능하게 하기 위해서 이하에서 이러한 분석을 시도해 보기로 한다.

가. 직업행사의 자유에 대한 제한

43. 가장 낮은 단계의 제한

직업의 자유에 대한 제한이 불가피한 경우에는 그 제한의 정도가

---

45) 그 후 헌재 1993. 5. 13, 92헌마80, 판례집 제5권, 365, 373－374 등.
46) 헌재 1995. 6. 29, 90헌바43, 판례집 제7권 1집, 854, 869.
47) 헌재 2002. 4. 25, 2001헌마614, 판례집 제14권 1집, 410; 헌재 2006. 5. 25, 2003헌마715 등, 판례집 제18권 1집 하, 112, 123.
48) Papier (주 25), S. 803.

가장 약한 직업행사의 자유에 대한 제한의 방법으로 입법목적을 달성하기 위한 시도를 사용해야 한다. 이 경우에도 국가안전보장, 질서유지, 공공복리의 관점에서 필요한 최소한의 침해가 될 수 있도록 하여야 하기 때문에 이 경우에도 역시 과잉금지의 원칙이 적용된다.

헌법재판소는 그동안의 많은 판례에서 직업행사의 자유의 제한입법에 대하여 과잉금지의 원칙에 따라 그 위헌여부를 심사하여 왔다. 이러한 사례들을 유형별로 나누는 방법으로는 직업행사의 제한의 목적에 따른 방법과 직업행사제한의 내용에 따른 방법이 있을 수 있다. 전자의 경우는 경제규제 등 공익의 내용에 따른 것이고 후자의 경우에는 영업지의 제한, 업무내용의 제한, 업무방식의 제한, 영업상 일정한 의무의 부과, 의무위반 시 일정한 제재 등이 속한다고 할 수 있다. 이하에서는 후자의 방법에 따라서 유형화해 보겠다.

44. 과잉금지원칙 적용

(1) 영업지의 제한

먼저 영업지를 제한하는 규정을 위헌으로 한 사례를 들 수 있다. 이에 해당하는 것으로 우선 1989. 11. 20. 변호사법 제10조 제2항에 대한 위헌심판[49])에서 헌법재판소는 변호사 개업지에 대한 제한을 규정한 변호사법 제10조 제2항을 직업행사의 자유에 대한 과잉제한이라고 보았다.

45. 변호사개업지 제한 위헌

다음으로 1997. 3. 27. 학교보건법 제6조 제1항 제13호 위헌확인결정[50])에서 대학 및 이와 유사한 교육기관의 정화구역 안에서 당구장시설을 하지 못하도록 기본권을 제한하는 것은 교육의 능률화라는 입법목적의 달성을 위하여 필요하고 적정한 방법이라고 할 수 없으므로 이 사건 법률조항 중 위 각 대학 및 이와 유사한 교육기관에 관한 부분은 기본권제한의 한계를 일탈한 것으로 헌법에 위반된다[51])고 결정하였다. 영업지를 제한하는 것은 자영업자의 직장선택의 자유[52])에 대한 제한이라고

46. 정화구역내 당구장영업금지 위헌

---

49) 헌재 1989. 11. 20, 89헌가102, 판례집 제1권, 329, 339.
50) 헌재 1997. 3. 27, 94헌마196 등, 판례집 제9권 1집, 375.
51) 헌재 1997. 3. 27, 94헌마196 등, 판례집 제9권 1집, 375, 386－387.
52) Breuer (주 3), Rn. 66 ff.

할 수 있다.

이에 반하여 1991. 9. 16. 약사법 제37조 제2항의 위헌여부에 관한 헌법소원53)결정에서 헌법재판소는 한약업사의 영업지제한은 직업의 자유에 대한 침해가 아니라고 보았다. 한약업사의 경우에는 시험을 공고할 때 영업허가 예정지역과 그 허가 예정인원을 공고하고, 그 시험에 응시하고자 하는 자는 응시원서에 영업예정지 및 약도를 첨부하도록 하고 있으며, 미리 공고한 영업허가예정지별로 허가 예정 인원수를 합격시키고 있어 한약업사는 처음부터 지역적 제한과 인원제한이 있음을 전제로 시험을 치르고 영업허가도 받게 된다는 것이다. 그리고 현행 약사법체계상 한약업사의 지위는 약사가 없는 제한된 지역에서 약사업무의 일부를 수행하는 보충적인 직종에 속하는 것이기 때문에 한약업사가 영업지 제한의 규제를 받는 것이 그의 거주·이전의 자유 또는 직업선택의 자유를 제한하는 것이거나 평등의 원칙에 위배된다고 할 수 없다는 것이다.

(2) 업무내용의 제한

업무내용을 제한한 사례로서 일정한 연령 이하의 경우 출입을 금지시킨 규제조항을 위헌으로 선언한 결정이 있다. 즉 1993. 5. 13. 체육시설의 설치·이용에 관한 법률시행규칙 제5조에 대한 헌법소원54)에서 헌법재판소는 당구장(撞球場) 경영자인 청구인에게 당구장 출입문에 18세 미만자에 대한 출입금지 표시를 하게 하는 법령은 직접적으로 청구인에게 그러한 표시를 하여야 할 법적 의무를 부과하는 사례에 해당하는 경우로서, 그 표시에 의하여 18세 미만자에 대한 당구장 출입을 저지하는 사실상의 규제력을 가지게 되는 것이므로 이는 결국 그 게시의무규정으로 인하여 당구장 이용고객의 일정범위를 당구장 영업대상에서 제외시키는 결과가 된다고 할 것이고 따라서 청구인을 포함한 모든 당구장 경영자의 직업종사(직업수행)의 자유를 제한하여 헌법상 보장되고 있는 직업선택의 자유를 침해하는 것이라고 보았다.

---

53) 헌재 1991. 9. 16, 89헌마231, 판례집 제3권, 542.
54) 헌재 1993. 5. 13, 92헌마80, 판례집 제5권 1집, 365.

마찬가지의 것으로 1996. 2. 29. 풍속영업의규제에관한법률 제3조 제5호 등 위헌확인결정[55]에서는 18세 미만자들의 노래연습장 출입금지는 노래연습장업자의 직업행사의 자유의 제한이나 이러한 금지규정이 과잉금지의 원칙에 위배하여 직업행사의 자유를 침해하였다고 볼 수 없다고 하였다. 여기에서 헌법재판소는 노래연습장의 성격을 성인이나 일정한 연령 이상의 미성년자만 출입할 수 있는 곳으로 할 것인지 일반적으로 미성년자에게도 출입이 허용되는 장소로 할 것인지는 입법정책의 문제라고 보았다.

49. 18세 미만 노래연습장 출입금지 합헌

그리고 1996. 8. 29. 지가공시및토지등의평가에관한법률시행령 제30조 등 위헌확인[56] 결정에서 헌법재판소는 공공적 성격을 갖는 감정평가라는 업무와 관련하여 자격제도를 도입하고, 유자격자 사이에서도 대형화·법인화를 유도하기 위한 정책적 고려에서 감정평가의 대상과 목적에 따른 업무상의 차등을 둘 것인지 여부 및 그 기준을 어떻게 정할 것인가 하는 등의 문제는 궁극적으로 "국토의 효율적인 이용과 국민경제의 발전에 이바지"(법 제1항)하고자 하는 목적을 염두에 둔 입법자의 합리적 재량의 범위 내에 속하는 것으로서 감정평가업자의 업무범위 등을 제한하고 감정평가법인의 설립을 위한 최소한의 인원을 규정한 것은 우리 헌법이 요구하는 경제질서하에서 수긍되는 성질과 정도의 것으로 이를 들어 우리 헌법의 경제질서에 반한다고 할 수 없다고 하였다.

50. 감정평가법인설립을 위한 최소한의 인원 규정 합헌

또한 1997. 11. 27. 약사법 부칙 제4조 제2항 위헌소원[57]에서 이 사건 법률조항은 그 개정 이전부터 한약을 조제하여 온 약사들에게 향후 2년간만 한약을 조제할 수 있도록 하고 그 이후는 이를 금지함으로써 직업수행의 자유를 제한하고 있으나 직업의 자유의 본질내용을 침해하는 것은 아니라고 판시하였다.[58]

51. 약사들에 대한 한약조제 한시적 허용 합헌

다음으로 부설주차장의 용도변경을 원칙적으로 금지하면서 용도변

52. 부설주차장의 용도변경금지 합헌

55) 헌재 1996. 2. 29, 94헌마13, 판례집 제8권 2집, 126.
56) 헌재 1996. 8. 29, 94헌마113, 판례집 제8권 2집, 141, 165.
57) 헌재 1997. 11. 27, 97헌바10, 판례집 제9권 2집, 651.
58) 이 결정에 있어서 신뢰보호의 문제는 "Ⅵ. 직업의 자유의 제한과 신뢰보호의 원칙" 참조.

경의 허용기준을 대통령령에 위임하고 있는 주차장법 제19조의4 제1항
을 건물소유권자의 재산권이나 직업선택의 자유에 대한 공공이익을 위
한 부득이한 제한으로 본 1998. 2. 27. 주차장법 제19조의4 제1항 위헌
소원59)도 이 유형에 해당된다고 볼 수 있다.60)

**53. 밀수품에
대한 감정행위
금지 합헌**

그리고 1998. 3. 26. 관세법 제186조 제1항 위헌확인결정61)에서 헌
법재판소는 밀수품에 대한 감정행위를 금지하고 있는 위 조항을 합헌으
로 보았다.62) 이 사건에서 직업행사의 자유에 대한 제한이 과도하여 그
직업을 더 이상 영위하는 것이 무의미할 정도로 그 직업활동의 영역을
축소하여 좁은 의미의 직업선택의 자유를 제한한 것인지를 처음으로 심
사하였다는 점이 특기할 만하다. 즉 이것은 지나친(erdrosselnd) 직업행사
의 제한은 직업선택의 자유의 제한에 가깝다는 독일 연방헌법재판소의
판례와도 유사하다고 볼 수 있다.

**54. 건축사업무
범위위반 필요
적 등록취소사
유로 규정 위헌**

끝으로 1995. 2. 23. 건축사법 제28조 제1항 제2호에 대한 결정63)
에서는 건축사가 업무범위를 위반하여 업무를 행한 경우 이를 필요적
등록취소 사유로 규정하고 있는 건축사법 제28조 제1항 단서 제2호는
건축사와 같이 일정한 자격 또는 허가요건을 요하는 타전문직종에서 업
무범위를 위반한 경우 임의적 취소나 영업정지의 불이익을 당하는 데
비추어 과도하게 무거운 제재를 가하는 것이고, 또한 건축사법 제28조
제1항의 등록의 "필요적 취소사유"와 "임의적 취소사유"로 규정된 다른
경우와 비교해 보아도 과도하게 무거운 제재를 가하는 것으로서 헌법상
기본권인 직업선택의 자유를 제한하는 입법으로서 과잉금지원칙에 위배
되고, 헌법 제15조 소정의 직업선택의 자유의 본질적 내용을 침해한 것
이라고 보았다.

---

59) 헌재 1998. 2. 27, 95헌바59, 판례집 제10권 1집, 103.
60) 이 사건은 직업선택의 자유보다는 재산권의 제한에 직접적인 관련이 있다고 보
여진다.
61) 헌재 1998. 3. 26, 97헌마194, 판례집 제10권 1집, 302.
62) 이 사건에서 헌법재판소는 처음으로 헌법 제15조에 의한 직업선택의 자유는 "좁
은 의미의 직업선택의 자유"와 직업수행의 자유를 포함하는 직업의 자유를 뜻한
다고 함으로써 직업선택의 자유의 개념적 혼란을 피하고자 하고 있는데 이러한
수식은 앞으로도 유지해야 할 것으로 보인다.
63) 헌재 1995. 2. 23, 93헌가1, 판례집 제7권 1집, 130.

(3) 업무방식의 제한

업무방식을 제한하는 것 역시 직업행사에 대한 규제라고 할 수 있다. 이에 속하는 것으로 우선 1996. 4. 25. 법무사법시행규칙 제35조 제4항 위헌확인결정[64]을 들 수 있는데 헌법재판소는 사무원의 수를 제한하고 있는 위 규정에 대하여 자의적 차별이라거나 사적 경제활동에 대한 부당한 간섭이라고 할 수 없고, 위 입법 목적 또한 정당하다면서 합헌으로 보았다.

그리고 1996. 4. 25. 의료기사법 제1조 등 위헌소원결정[65]에서 물리치료사와 임상병리사를 의사의 진료를 지원하는 측면에서 의사의 지도하에서만 업무를 담당하도록 한 위 조항을 합헌으로 선언하였다. 이 결정에서 헌법재판소는 물리치료사와 임상병리사의 업무가 의료행위 중에서 상대적으로 위험성이 덜하고 의사로 하여금 직접 수행하게 하지 않아도 될 만한 것이라고 가정하더라도, 입법부가 여러 가지 정책적인 고려하에 이를 의사로 하여금 담당하도록 하면서, 이와 별도로 물리치료사와 임상병리사제도를 두어 의사에게 고용되어 의사의 지도하에서 각 업무를 수행하게 함으로써 의사의 진료행위를 지원하도록 제도를 마련하였다고 하더라도 특별한 사정이 없는 한 이를 두고 입법재량을 남용하였다거나 그 범위를 일탈하였다고 판단할 수는 없다고 보았다.

그리고 1997. 11. 27. 구 방문판매등에관한법률 제18조 제1항 등 위헌소원[66]에서 헌법재판소는 다단계판매에 대한 규제는 직업수행의 자유에 대한 제한으로서 과잉금지의 원칙에 위배되지 않는다고 판시하였다.

또한 1998. 2. 27. 공중위생법시행규칙 [별표3] 중 2의 나의 (2)의 (다)목 위헌확인[67]결정에서 헌법재판소는 공중위생법시행규칙[별표3]중 2의 나의 (2)의 (다)목이 선량한 풍속의 유지 및 국민의 건강증진을 위하여 터키탕(증기탕) 업소안에 이성의 입욕보조자를 둘 수 없도록 규정

55. 법무사 사무원수 제한 합헌

56. 의료기사법 제1조 등 합헌

57. 다단계판매에 대한 규제 합헌

58. 터키탕 이성 입욕보조자 금지 합헌

---

64) 헌재 1996. 4. 25, 95헌마331, 판례집 제8권 1집, 465.
65) 헌재 1996. 4. 25, 94헌마129, 95헌마121(병합), 판례집 제8권 1집, 449.
66) 헌재 1997. 11. 27, 96헌바12, 판례집 제9권 2집, 607.
67) 헌재 1998, 2. 27, 97헌마64, 판례집 제10권 1집, 187.

하고 있는 것은 터키탕 영업을 금지시키거나 입욕보조자 자체를 둘 수
없도록 제한하고 있는 것은 아니기 때문에 터키탕 영업에 종사하는 자
들의 재산권이나 직업의 자유를 본질적으로 침해한 것이라고 할 수 없
다고 보았다.

59. 담배자판기
설치금지 합헌

　　그리고 1995. 4. 20. 부천시담배자동판매기설치금지조례 제4조 등
에 대한 결정[68]에서 헌법재판소는 담배 자판기설치를 금하고 있는 위
조항에 대하여 자판기를 통한 담배판매는 그 특성상 익명성·비노출성
등으로 인하여 청소년으로 하여금 담배구입을 용이하게 함으로써 청소
년보호에 유해한 결과를 초래할 수 있으므로 청소년 보호를 위한 자판
기설치의 제한은 반드시 필요하며 이로 인하여 담배소매인의 직업수행
의 자유의 제한은 법익형량상 감수될 수밖에 없다고 하였다.

> **판례** 학교급식법 제2조 등 위헌확인
>
> 　이 사건 조항들로 인한 청구인들의 직업의 자유의 제한은 '직업선택의 자유'
> 가 아닌 '직업수행의 자유'에 대한 제한이므로, '월등하게 중요한 공익이나 명백
> 하고 확실한 위험을 방지하기 위한 필요' 등과 같은 정당화 사유는 요구되지 않
> 고 헌법 제37조 제2항이 정하는 과잉금지원칙 위배 여부만을 판단하면 족하다.
> 　이 사건 조항들이 추구하고자 하는 공익은 학교급식을 학교의 장이 직접 관
> 리·운영하도록 함으로써 학교급식의 질과 위생 상태를 향상시켜 성장기에 있
> 는 청소년들의 건강을 증진시키고자 하는 것이고, 침해되는 사익은 위탁급식
> 업체가 학교급식을 위탁받아 이를 행할 수 없거나 또는 학교위탁급식업을 계
> 속 영위하더라도 식재료의 선정 및 구매·검수에 관한 업무는 행할 수 없음으
> 로 인한 영업상의 손실이라고 할 것이다. 그런데 성장기의 청소년들의 건강증
> 진은 현재 세대뿐만 아니라 미래 세대에까지 그 중요성이 크다는 점을 고려한
> 다면, 이 사건 조항들이 추구하고 있는 공익이 침해받는 사익보다 더 크다고
> 할 수 있으므로 법익의 균형성 요건도 충족한다
> (헌재 2008. 2. 28, 2006헌마1028, 판례집 제20권 1집 상, 311, 325-326.)

(4) 업무의 중첩적 허용

60. 자격의 중
첩적 허용 합헌

　　일정한 업무영역을 해당 자격소지자에 대하여 독점적으로 인정하

---

68) 헌재 1995. 4. 20, 92헌마264, 279(병합), 판례집 제7권 1집, 564.

지 않고 다른 지역에 있는 자에게 중첩적으로 허용하고 있는 것이 당해 자격증 소지자의 직업행사의 자유에 대한 제한이 되는가의 문제도 여러 번 제기되었다. 그러나 이와 같은 문제에 대하여 헌법재판소는 대체적으로 청구인들의 직업의 자유를 침해하는 것이 아니라고 보고 있다.

이에 속하는 것으로는 1997. 3. 27. 엔지니어링기술진흥법시행규칙 제3조 제1항 제2호 위헌확인[69] 결정, 안경사에게 한정된 범위 내의 시력검사를 허용하고 있는 의료기사법시행령 제2조 제1항 제8호이 안과의사의 전문적인 의료영역을 정면으로 침해하는 것이라고 할 수는 없고, 나아가 그 규정이 청구인의 직업선택(수행)의 자유를 침해하는 것이라고도 보기 어렵다고 본, 1993. 11. 25. 의료기사법시행령 제2조에 대한 헌법소원결정[70], 행정기관에서 발급하는 서류를 외국어로 번역하는 일을 외국어번역행정사는 물론이고 어느 누구라도 할 수 있도록 하여 이를 전적으로 당해 서류의 번역을 위촉하는 의뢰자의 판단에 따르도록 한 것을 합헌으로 본 1997. 4. 24. 행정사법시행령 제2조 제3호 위헌확인[71], 1997. 10. 30. 자동차등록신청대행업무를 일반행정사 이외의 자동차매매업자 및 자동차제작·판매자 등에게도 중첩적으로 허용한 자동차관리법 제2조 제7호 등 위헌확인[72]결정 등이 바로 그것이다.

61. 구체적 사례들

(5) 의무부과와 위반에 대한 제재

영업활동의 일정한 내용을 법적으로 강제하는 것 역시 직업행사의 자유에 대한 제한이라고 할 수 있다. 이에 해당하는 것으로 우선 1996. 3. 28. 종합유선방송법 제2조 제1호 등 위헌소원[73]을 들 수 있다. 이 결정에서 헌법재판소는 종합유선방송법 제27조 제1항에서의 공중파방송의 동시재송신의 의무화는 종합유선방송의 공익성의 확보와 난시청지역 시청자의 시청료이중부담의 문제를 해결하기 위한 조치로서 입법목적의

62. 영업활동내용에 대한 법적 강제

---

69) 헌재 1997. 3. 27, 93헌마159, 판례집 제9권 1집, 344.
70) 헌재 1993. 11. 25, 92헌마87, 판례집 제5권 2집, 468, 485.
71) 헌재 1997. 4. 24, 95헌마273, 판례집 제9권 1집, 487.
72) 헌재 1997. 10. 30, 96헌마109, 판례집 제9권 2집, 537.
73) 헌재 1996. 3. 28, 92헌마200, 판례집 제8권 1집, 227.

정당성이 인정되고, 의무화되는 공중파방송도 공영방송인 한국방송공사와 교육방송의 2개로 한정되어 제한의 방법과 정도의 적정성도 인정되므로, 이로써 중계유선방송사업자의 재산권이나 직업선택의 자유 등이 침해되었다고 할 수 없다고 하였다.

63. 자도소주 50%이상 구입 명령제도 위헌

또한 1996. 12. 26. 주세법 제38조의7 등에 대한 위헌제청[74]결정에서 헌법재판소는 경제질서에 관한 국가의 규제권한이 직업의 자유의 제한의 목적이 될 수 있으며 그러한 입법목적과 국세청장의 자도소주 50%이상 구입명령제도가 그러한 목적을 달성하기에 적합한지 등을 비례의 원칙에 입각하여 심사하고 그러한 명령제도는 직업의 자유를 침해한다고 보았다. 헌법재판소는 이 결정에서 "기본권인 직업행사의 자유를 제한하는 법률이 헌법에 저촉되지 아니하기 위하여는 그 기본권의 침해가 합리적이고 이성적인 공익상의 이유로 정당화할 수 있어야 한다. 물론 입법자는 경제정책의 목표와 그 목표를 달성하기 위하여 적합한 수단을 결정하는데 있어서 광범위한 형성의 자유가 부여되고, 또한 경제정책적 조정조치를 통하여 시장경제의 자유로운 힘의 대결을 수정할 수 있다."고 하면서도 "그러나 자유로운 직업행사에 대한 침해는 그 침해가 공익상의 충분한 이유로 정당화되고 또한 비례의 원칙을 준수하여야 비로소 직업의 자유와 조화될 수 있다."고 하였다.[75]

64. 국산영화의 무상영제 합헌

반면에 1995. 7. 21. 영화법 제26조 등 위헌확인결정[76]에서 헌법재판소는 국산영화의무상영제를 합헌으로 보았다. 헌법재판소는 헌법 제119조 제2항 규정이 대한민국의 경제질서가 개인과 기업의 창의를 존중함을 기본으로 하고 있으나, 그것이 자유방임적 시장경제질서를 의미하는 것이 아니라고 하면서 따라서 입법권자가 국내의 영화시장을 수요와 공급의 법칙만에 의하여 방치할 경우 외국영화에 의한 국내 영화시장의 독점이 초래되고, 국내 영화의 제작업은 황폐하여진 상태에서 외국영화

---

74) 헌재 1996. 12. 26, 96헌가18, 판례집 제8권 2집, 680.
75) 소수의견의 경우 경제정책을 실현함에 있어서 국가가 광범위한 입법형성의 자유를 가지기 때문에 그러한 범위 내에서 자도소주 50%이상 구입명령제도는 헌법에 위반되지 않는다고 보았다. 헌재 1996. 12. 26, 96헌가18, 판례집 제8권 2집, 680, 707.
76) 헌재 1995. 7. 21, 94헌마125, 판례집 제7권 2집, 155.

의 수입업과 이를 상영하는 소비시장만이 과도히 비대하여질 우려가 있다는 판단하에서, 이를 방지하고 균형있는 영화산업의 발전을 위하여 국산영화의무상영제를 둔 것이므로, 이를 들어 우리 헌법의 경제질서에 반한다고는 볼 수 없다는 것이다. 이 결정에서 헌법재판소는 직업선택의 자유가 주관적 공권으로서의 성격도 가지지만 사회적 시장경제질서라고 하는 객관적 법질서의 구성요소이기도 하다는 점을 처음으로 언급하였다.

또한 1996. 3. 28. 지방세법 제138조 제1항 제3호 등 위헌소원[77])에서는 대도시내에서 설립 등의 목적을 위하여 취득하는 부동산등기에 대하여 통상보다 높은 세율의 등록세를 부과하는 지방세법 제138조 제1항 제3호가 법인의 직업수행의 자유를 침해하는지에 대하여 헌법재판소는 이 사건 조항이 단순히 지방자치단체의 재원조달이라는 목적을 넘어서 인구와 경제력의 대도시 집중을 억제함으로써 대도시주민의 생활환경을 보존·개선하고 지역간의 균형발전 내지는 지역경제를 활성화하려는 복지국가적 정책목표에 이바지하는 규정이므로 그 목적의 정당성이 인정되고 침해의 최소성과 법익의 균형성도 갖추어졌다고 보았다.

65. 대도시 취득 부동산등기에 대한 높은 세율의 등록세 부과 합헌

영업활동에 일정한 의무를 부과하고 이에 위반할 경우에 일정한 제재조치를 가하는 것 역시 직업행사에 대한 규제라고 볼 수 있다. 이에 해당하는 것으로는 위에서 언급한 주세법 제38조의7에 대한 결정과 1998. 5. 28. 의료보험법 제33조 제1항 위헌법률심판[78])의 경우를 들 수 있다. 이 결정에서 헌법재판소는 전국민을 상대로 의료보험이 실시되고 있는 우리나라의 의료보험체계하에서 의료기관으로서는, 요양기관의 지정이 취소되고 일정기간 동안 재지정이 금지되면, 의료보험환자의 진료와 치료 등을 하지 못하게 됨으로써 막대한 수입의 감소를 가져와 그 운영에 큰 지장을 초래하게 되므로, 요양기관지정의 취소는 의료기관 개설자에게는 막대한 불이익을 주는 제재적 처분으로서 헌법이 보장하고 있는 직업선택의 자유의 한 내용인 직업수행의 자유를 제한하는 것

66. 의무부과와 위반에 대한 제재

---

77) 헌재 1996. 3. 28, 94헌바42, 판례집 제8권 1집, 199.
78) 헌재 1998. 5. 28, 96헌가1, 판례집 제10권 1집, 509.

이라고 하였다.[79)]

67. 편의치적의 방법에 의한 선박수입규제 해석 합헌

그 밖에 편의치적(Flag of Convenience)의 방법에 의한 선박수입을 구 관세법 제180조 제1항 본문 소정의 "사위 기타 부정한 방법으로 관세를 포탈한 경우"에 해당되는 것으로 해석하더라도 죄형법정주의 내용인 명확성의 원칙과 유추해석금지에 위반된다고 볼 수 없고, 헌법상의 재산권보장이나 직업선택의 자유(영업의 자유)에 위배되지 아니한다고 한 1998. 2. 5. 관세법 제180조 제1항 등에 대한 위헌소원결정[80)]도 이 유형에 속한다고 할 것이다.

68. 지방세법 제112조 제5항 등 합헌

그 밖에 1998. 5. 28. 지방세법 제112조 제5항 등 위헌소원결정[81)]에서 헌법재판소는 "청구인은 법인이 아닌 개인사업자로 자동차부품 제조업에 종사하고 있는데, 위 지방세법 제112조 제5항 및 제132조의2 제3항이 법인을 제외하고 개인만을 대상으로 1가구당 1대 초과 승용차량의 취득 및 등록에 대하여 취득세와 등록세를 2배로 중과한다고 하여 위 제조업을 수행할 수 없을 정도로 비용부담이 커서 청구인이 개인기업의 형태로 위 직업에 종사하는 것이 제한받고 있다고 보기 어렵다."고 결정하였고, 1998. 10. 29, 97헌마345 결정에서 헌법재판소는 운수종사자들에 대하여 운송수입금의 전액을 납부하도록 강제하고 있는 자동차운수사업법 제24조는 기업의 자유를 포함하는 직업선택의 자유의 본질적 내용을 침해하였다고 볼 수 없다고 선언하였다.

69. 기타 판례

(6) 기 타

> **판례** **고용허가제**
>
> 외국 인력의 국내 도입과 관련하여 어떠한 제도를 채택할 것인지, 그 도입규모 및 업종 등은 어떻게 정할 것인지 등은 기본적으로 입법부의 입법재량에 속한다 할 것이다. 외국인력 도입과 관련한 다양한 제도 사이의 명확한 우열을 가리기는 어렵고 이는 기본적으로 정책판단의 문제라 할 수 있다. 이러한 이유로 각국은 그 나라의 실정에 맞게 다양한 형태의 외국인근로자 도입제도

---

79) 헌재 1998. 5. 28, 96헌가1, 판례집 제10권 1집, 509, 514-515.
80) 헌재 1998. 2. 5, 96헌바96, 판례집 제10권 1집, 4.
81) 헌재 1998. 5. 28, 95헌바18, 판례집 제10권 1집, 583.

를 채택하고 있고 우리나라에서도 우리의 실정에 맞는 입법재량적 판단하에 외국인 고용에 관한 기본법으로서 이 사건 법률이 제정된 것임은 앞서 본 바와 같다.

그러므로 이 사건 조항들로 인해 청구인들이 제한받는 직업수행의 자유에 대한 위헌심사를 함에 있어서는 '월등하게 중요한 공익이나 명백하고 확실한 위험을 방지하기 위한 필요' 등과 같이 객관적 사유에 의한 직업선택의 자유에 대한 제한에서 요구되는 정도의 정당화 사유는 필요하지 않다고 할 것이고 좁은 의미의 직업선택의 자유에 비하여 상대적으로 폭넓은 법률상의 규제가 가능한 것으로 보아 다소 완화된 심사기준을 적용할 수 있을 것이다.

이 사건 조항들은 헌법상 보장된 청구인들의 기본권인 직업수행의 자유를 헌법 제37조 제2항에 위반하여 과도하게 제한한다고 볼 수 없다.

(헌재 2009. 9. 24, 2006헌마1264, 판례집 제21권 2집 상, 659, 677-679.)

판례 **변호사 의무연수의무 부과: 변호사법 제31조의2 제1항 위헌확인**

심판대상조항은 법학전문대학원 출신 변호사들에게 본격적이고 실질적인 실무수습의 기회를 갖도록 함으로써 사회적 신뢰를 쌓을 수 있도록 하기 위한 것으로서 그 목적의 정당성과 수단의 적합성이 인정된다. 2012년 처음 실시된 의무종사 또는 의무연수는 준비의 미비, 감독 기능의 소홀, 법조기관 간의 협조 미흡 등으로 시행착오가 많았으나, 대한변호사협회 연수에도 법무법인 위탁이 가능하고, 법무부장관이 법률사무종사기관을 지원하거나, 개선, 시정 명령을 하도록 하여 실무수습의 내용을 담보할 제도들도 마련되었다. 또한 의무연수 또는 의무종사의 선택권 보장, 대상기관의 확대, 기간통산제도 등을 통해 실무수습의 다양성을 보장하고 있으므로 피해 최소성원칙에 어긋나지 않는다. 실무교육 능력이 검증되지 않은 상황에서 소비자인 국민의 권익을 보호하고 법학전문대학원 출신 변호사들의 실무능력을 향상한다는 점에서 법익 균형성도 인정되므로, 심판대상조항은 과잉금지원칙에 위배되어 청구인의 직업수행의 자유를 침해하지 않는다.

(헌재 2013. 10. 24, 2012헌마480, 판례집 제25권 2집 하, 294.)

판례 **치과의사전문의의 수련 및 자격인정 등에 관한 규정 제18조 제1항 위헌확인**

심판대상조항은 치과의사로서 외국의 의료기관에서 치과전문의 과정을 이수한 사람이라도 다시 국내에서 치과전문의 수련과정을 이수하도록 하여 국내 실정에 맞는 경험과 지식을 갖추도록 하기 위한 것이므로 입법목적이 정당하고, 그 수단 또한 적합하다. 외국의 의료기관에서 치과전문의 과정을 이수한 사람에 대해 그 외국의 치과전문의 과정에 대한 인정절차를 거치거나, 치과전문의 자격시험에 앞서 예비시험제도를 두는 등 직업의 자유를 덜 제한하는 방법으로도 입법목적을 달성할 수 있고, 이미 국내에서 치과의사면허를 취득하고 외국의 의료기관에서 치과전문의 과정을 이수한 사람들에게 다시 국내에서 전문의 과정을 다시 이수할 것을 요구하는 것은 지나친 부담을 지우는 것이므로, 심판대상조항은 침해의 최소성원칙에 위배되고 법익의 균형성도 충족하지 못한다.

　따라서 심판대상조항은 과잉금지원칙에 위배되어 청구인들의 직업수행의 자유를 침해한다.

　(헌재 2015. 9. 24, 2013헌마197, 공보 제228호, 1459, 1459-1460)

나. 주관적 요건에 의한 직업선택의 자유의 제한(자격제)

70. 일정한 자격 · 전문지식 습득요건

　직업의 자유에 대한 2단계 제한은 일정한 주관적 사유를 이유로 한 직업선택의 자유의 제한이다. 즉 직업선택의 자유를 그 직업수행에 필요한 일정한 자격과 전문지식을 습득케 함으로써 그러한 요건을 충족시키지 못한 사람의 경우에는 이 직업을 획득하지 못하게 하는 것이다. 가령 사법시험에 합격하여야 법조인이 될 수 있다든가, 의사고시에 합격해야 의료인이 될 수 있는 것 등이다.

71. 전제조건에 충족의 경우 직업수행 불가나 위험초래

　이것은 이러한 전제조건이 충족되지 않는 경우에는 직업수행 자체가 불가능하거나 또는 적당치 않을 경우와 그리고 일반에게 위험이나 해악을 초래하게 되는 경우에 이러한 주관적 전제조건에 의한 직업선택의 자유의 제한은 정당화된다.[82]

(1) 위헌결정

72. 위헌결정 사례

　종래까지 우리 헌법재판소의 판례상으로는 주관적 요건에 의한 직업선택의 자유에 대한 제한법률을 위헌선언한 사례는 발견되지 않았다. 이는 아래에서 보는 바와 같이 직업활동과 관련하여 일정한 자격제도를

---

82) Pieroth/Schlink, Grundrechte Staatsrecht II, 2011, Rn. 925.

규정하는 것은 입법자의 형성의 자유에 맡겨져 있다고 보았기 때문인 것 같다. 그러나 최근에는 위헌결정 사례도 보이기 시작하고 있다.

판례 아동복지법 제29조의3 제1항 위헌확인(아동학대관련범죄자 취업제한 사건)

이 사건 법률조항은 아동학대관련범죄전력자를 10년 동안 아동관련기관인 체육시설 및 '초·중등교육법' 제2조 각 호의 학교에 취업을 제한하는 방법으로 아동학대를 예방함으로써, 아동들이 행복하고 안전하게 자라나게 하는 동시에 체육시설 및 학교에 대한 윤리성과 신뢰성을 높여 아동 및 그 보호자가 이들 기관을 믿고 이용할 수 있도록 하는 입법목적을 지니는바 이러한 입법목적은 정당하다. 그러나 이 사건 법률조항은 아동학대관련범죄전력만으로 그가 장래에 동일한 유형의 범죄를 다시 저지를 것을 당연시하고, 형의 집행이 종료된 때부터 10년이 경과하기 전에는 결코 재범의 위험성이 소멸하지 않는다고 보며, 각 행위의 죄질에 따른 상이한 제재의 필요성을 간과함으로써, 아동학대관련범죄전력자 중 재범의 위험성이 없는 자, 아동학대관련범죄전력이 있지만 10년의 기간 안에 재범의 위험성이 해소될 수 있는 자, 범행의 정도가 가볍고 재범의 위험성이 상대적으로 크지 않은 자에게까지 10년 동안 일률적인 취업제한을 부과하고 있는데, 이는 침해의 최소성 원칙과 법익의 균형성 원칙에 위배된다. 따라서 이 사건 법률조항은 청구인들의 직업선택의 자유를 침해한다.

청구인들은 심판대상조항에 의하여 형이 확정된 때부터 형의 집행이 종료되거나 집행을 받지 아니하기로 확정된 후 10년까지의 기간 동안 아동관련기관인 체육시설 또는 '초·중등교육법' 제2조 각 호의 학교를 운영하거나 그에 취업할 수 없게 되었다. 이는 일정한 직업을 선택함에 있어 기본권 주체의 능력과 자질에 따른 제한에 해당하므로 이른바 '주관적 요건에 의한 좁은 의미의 직업선택의 자유'에 대한 제한에 해당한다.

(헌재 2018. 6. 28, 2017헌마130 등, 판례집 제30권 1집 하, 696, 705.)

---

(2) 합헌결정

주관적 사유에 의한 직업선택의 자유의 제한이라고 하는 명시적인 언급은 없지만 이에 해당하는 첫 번째 결정으로는 1989. 3. 17. 사법서사법시행규칙에 관한 헌법소원결정[83]을 들 수 있다. 이 결정에서 헌법재판소는 "사법서사법에 위 동등 이상의 규정을 정하지 아니하여 경합

73. 합헌결정 사례

---

83) 헌재 1989. 3. 17, 88헌마1, 판례집 제1권, 9, 21.

자 환산 규정의 근거를 잃게 되었고 따라서 서기직 종사기간이 전혀 주사직 종사기간으로 환산되지 아니함으로써 사법서사자격의 문호를 좁혀 직업선택의 자유를 제한하는 결과가 되었다 해도 직업선택의 자유가 제한될 수 없는 절대적 자유가 아닐진대 이와 같은 제한은 위에서 본 바와 같이 서기직의 지위를 고려하여 사법서사의 자질저하를 막고 대국민 위해를 방지코자하는 공공복리를 위한 제한으로 보아야 할 것이고, 그 제한이 헌법상의 비례의 원칙 내지 과잉금지의 원칙의 위배로 보여지지는 않는다."고 하였다.

74. 주관적 요건에 의한 직업선택의 자유의 제한 최초언급

다음 1995. 6. 29. 군법무관임용법 부칙 제3항 등에 대한 헌법소원 결정[84]에서 일정한 요건을 갖춘 자에 대하여만 변호사의 자격을 인정하는 것은 기본권 주체의 능력과 자질에 의한 제한으로서 이른바 "주관적 요건에 의한 직업선택의 자유의 제한"이라는 것을 처음으로 언급하였다. 즉 "일반적으로 직업선택의 자유를 제한함에 있어, 어떤 직업의 수행을 위한 전제요건으로서 일정한 주관적 요건을 갖춘 자에게만 그 직업에 종사할 수 있도록 제한하는 경우에는, 이러한 주관적 요건을 갖추도록 요구하는 것이, 누구에게나 제한 없이 그 직업에 종사하도록 방임함으로써 발생할 우려가 있는 공공의 손실과 위험을 방지하기 위한 적절한 수단이고, 그 직업을 희망하는 모든 사람에게 동일하게 적용되어야 하며, 주관적 요건 자체가 그 제한목적과 합리적인 관계가 있어야 한다는 비례의 원칙이 적용되어야 할 것이다."는 것이다.

75. 비례의 원칙 적용

헌법재판소는 주관적 요건에 의한 직업선택의 제한에 있어서 비례의 원칙이 적용되어야 한다고 하면서, 그러나 그러한 제한에 있어서는 "누구에게나 제한 없이 그 직업에 종사하도록 방임함으로써 발생할 우려가 있는 공공의 손실과 위험의 방지"의 요건이 갖추어져야 함을 제시하고 있다.

76. 자격제도의 형성

다음으로 1996. 10. 4. 법무사법 부칙 제3조 등 위헌소원[85]결정에서 헌법재판소는 어떤 자격제도를 만들면서 그 자격요건을 어떻게 설정할 것인가 하는 것은 그 업무의 내용과 제반여건 등을 종합적으로

---

84) 헌재 1995. 6. 29, 90헌바43, 판례집 제7권 1집, 854, 869.
85) 헌재 1996. 10. 4, 94헌바32, 판례집 제8권 2집, 345.

고려한 입법형성의 자유에 속하는 것이라고 하면서 다만 그 자격요건의 설정이 재량의 범위를 넘어 명백히 불합리하게 된 경우에는 평등권 침해 등의 위헌 문제가 생길 수도 있다고 하였다. 즉 "이 사건 법률조항들이 정리의 직에 있던 자에 대하여는 법무사자격인정의 기회를 부여하지 않은 것도 앞에서 본 바와 같이 원칙적으로 입법자의 형성의 자유에 속하는 사항이라 할 것이며, 법무사제도의 입법취지 등에 비추어 15년 이상 법원서기보 이상의 직에 있던 자에게만 법무사자격을 인정한 것은 그 입법목적의 정당성과 방법의 상당성 등이 인정된다 할 것이므로 그로 인하여 청구인의 직업선택의 자유가 침해되었다고 볼 수 없다."는 것이다.

1998. 2. 27. 미수복지등에서귀순한의약업자에관한특별조치법 부칙 제4항 위헌소원결정[86]에서 헌법재판소는 미수복지에서 귀순한 의약업자에게 어떠한 조치를 취할 것인지, 대한민국에서 의사 또는 한의사로서 활동할 수 있는 기회를 어떤 방법으로 어느 정도로 부여할 것인지는 보건의료정책에 관한 입법자의 광범위한 입법정책에 맡겨져 있다 할 것이고(헌법재판소 1993. 11. 25, 선고, 92헌마87 결정 참조), 그러한 입법자의 정책판단은 그것이 현저히 자의적이거나 불합리하여 입법형성권의 한계를 일탈하였거나 입법형성권을 남용한 것이 아닌 한 존중되어야 한다고 판시하였다.

77. 입법자의 넓은 형성의 자유 인정 사례

> **판례** 헌법 제15조에 의한 직업선택의 자유는 자신이 원하는 직업을 자유롭게 선택하는 좁은 의미의 직업선택의 자유와 그가 선택한 직업을 자기가 원하는 방식으로 자유롭게 수행할 수 있는 직업수행의 자유를 포함하는 직업의 자유를 뜻한다(헌재 1998. 3. 26, 97헌마194; 헌재 2009. 7. 30, 2007헌마1037).
>
> 청구인과 같은 학원설립·운영자는 학원법 위반으로 벌금형을 선고받을 경우 이 사건 효력상실조항에 따라 그 등록은 효력을 잃게 되고, 다시 등록을 하지 않는 이상 학원을 설립·운영할 수 없게 된다. 이는 일정한 직업을 선택함에 있어 기본권 주체의 능력과 자질에 따른 제한으로서 이른바 '주관적 요건에 의한 좁은 의미의 직업선택의 자유의 제한'에 해당한다.

---

86) 헌재 1998. 2. 27, 96헌바5, 판례집 제10권 1집, 131.

좁은 의미의 직업선택의 자유를 제한함에 있어, 어떤 직업의 수행을 위한 전제요건으로서 일정한 주관적 요건을 갖춘 자에게만 그 직업에 종사할 수 있도록 제한하는 경우에는 이러한 주관적 요건을 갖추도록 요구하는 것이 누구에게나 제한 없이 그 직업에 종사하도록 방임함으로써 발생할 우려가 있는 공공의 손실과 위험을 방지하기 위한 적절한 수단이고, 그 직업을 희망하는 모든 사람에게 동일하게 적용되어야 하며, 주관적 요건 자체가 그 제한목적과 합리적인 관계가 있어야 한다는 과잉금지의 원칙이 적용된다(헌재 2009. 7. 30, 2007헌마1037).

(헌재 2014. 1. 28, 2011헌바252, 판례집 제26권 1집 상, 54, 61-61.)

판례 정원제에 의한 사법시험합격자 결정방법: 사법시험법 제4조 등 위헌소원

시험제도란 본질적으로 응시자의 자질과 능력을 측정하는 것이며, 합격자의 결정을 상대평가(정원제)와 절대평가 중 어느 것에 의할 것인지는 측정방법의 선택의 문제일 뿐이고, 이 사건 법률조항이 사법시험의 합격자를 결정하는 방법으로 정원제를 취한 이유는 상대평가라는 방식을 통하여 응시자의 자질과 능력을 검정하려는 것이므로 이는 객관적 사유가 아닌 주관적 사유에 의한 직업선택의 자유의 제한이다.

사법시험의 합격자를 선발하는 방법으로 절대평가제를 택한다고 하더라도 합격선 또는 난이도의 조정 여부에 따라 합격자 수가 제한되고 그 결과 법조직업에의 진입장벽이 높아질 수 있으므로 절대평가제가 이 사건 법률조항에 의한 정원제(상대평가제)보다 직업선택의 자유를 반드시 덜 침해한다고 보기 어렵고, 달리 정원제보다 직업선택의 자유를 적게 제한할 방법도 발견되지 않는다. 또한 이 사건 법률조항은 법무부장관이 합격선발예정인원을 정할 때 법조와 비법조를 망라하여 구성된 사법시험관리위원회의 심의의견을 듣도록 하여 전문성의 수준 및 사회적인 수요를 반영한 적정 합격자 수를 도출하도록 규정하고 있으므로 이 사건 법률조항은 기본권 제한에 관한 침해최소성 원칙에 부합하며, 나아가 청구인들의 직업선택의 자유가 제한되는 불이익이 위와 같은 공익에 비하여 결코 크다고 할 수 없어 법익의 균형성도 갖추었다

(헌재 2010. 5. 27, 2008헌바110, 판례집 제22권 1집 하, 232, 233.)

판례 헌재 2015. 7. 30, 2012헌마1030, 판례집 제27권 2집 상, 332 [기각]

헌법 제15조에 의한 직업선택의 자유는 자신이 원하는 직업을 자유롭게 선택하는 좁은 의미의 직업선택의 자유와 그가 선택한 직업을 자기가 원하는 방식으로 자유롭게 수행할 수 있는 직업수행의 자유를 포함하는 직업의 자유를

뜻한다(헌재 1998. 3. 26, 97헌마194). 심판대상조항은 일정한 형을 선고받고 확정된 후 일정기간이 경과되지 아니한 자는 사회복지법인이나 시설의 종사자가 될 수 없다고 규정하고 있으므로, 법률이 정한 결격사유에 해당하는 자는 일정기간동안 사회복지법인이나 시설의 종사자가 될 수 없다. 이는 일정한 직업을 선택함에 있어 기본권 주체의 능력과 자질에 따른 제한으로서 이른바 '주관적 요건에 의한 좁은 의미의 직업선택의 자유의 제한'에 해당한다(헌재 2009. 7. 30, 2007헌마1037).

　좁은 의미의 직업선택의 자유를 제한함에 있어, 어떤 직업의 수행을 위한 전제요건으로서 일정한 주관적 요건을 갖춘 자에게만 그 직업에 종사할 수 있도록 제한하는 경우에는 이러한 주관적 요건을 갖추도록 요구하는 것이 누구에게나 제한 없이 그 직업에 종사하도록 방임함으로써 발생할 우려가 있는 공공의 손실과 위험을 방지하기 위한 적절한 수단이고, 그 직업을 희망하는 모든 사람에게 동일하게 적용되어야 하며, 주관적 요건 자체가 그 제한목적과 합리적인 관계가 있어야 한다는 과잉금지원칙이 적용되어야 할 것이다(헌재 1995. 6. 29. 90헌바43; 헌재 2009. 7. 30, 2007헌마1037 등 참조). 다만 과잉금지원칙을 적용함에 있어 일정한 직업의 업무에 실질적으로 필요한 자격요건과 결격사유를 어떻게 설정할 것인가에 관하여는 업무의 내용과 제반여건 등을 종합적으로 고려하여 입법자가 결정할 사항으로서 폭넓은 입법재량권이 부여되어 있으므로, 다른 방법으로 직업의 자유를 제한하는 경우에 비하여 보다 유연하고 탄력적인 심사가 필요하다(헌재 2005. 5. 26, 2002헌바67; 헌재 2008. 9. 25, 2007헌마419 등 참조).

판례 헌재 2016. 9. 29, 2016헌마47 등, 판례집 제28권 2집 상, 553 [기각]

1. 변호사시험의 응시기간과 응시횟수를 법학전문대학원의 석사학위를 취득한 달의 말일 또는 취득예정기간 내 시행된 시험일부터 5년 내에 5회로 제한한 변호사시험법(2011. 7. 25, 법률 제10923호로 개정된 것) 제7조 제1항(이하 '응시기회제한조항'이라 한다)이 변호사시험에 5회 모두 불합격한 청구인들의 직업선택의 자유를 침해하는지 여부(소극)
2. 응시기회 제한이 없는 의사·약사 등의 다른 자격시험 및 사법시험 응시자들과 비교하여 위 조항이 변호사시험 응시자들의 평등권을 침해할 가능성이 있는지 여부(소극)

판례 헌재 2003. 9. 25, 2002헌마519, 판례집 제15권 2집 상, 454 [기각]

학원강사의 자격제를 설정한 이 사건 법률조항 및 그 위임에 따라 '대학 졸업 이상의 학력 소지자일 것'을 일반학원 강사의 자격기준 중 하나로 규정한 동법시행령 제12조 제2항과 그에 따른 별표 2의 일반학원 자격기준 항목 제2호(이하 모두 합쳐 '이 사건 심판대상 조항들'이라고 한다)가 대학 재학 이하 학력 소지자의 직업선택의 자유 이외에 행복추구권도 제한하고 있다고 볼 것인지 여부(소극)

판례 응시결격사유: 변호사법 제5조 제2호 등 위헌확인

변호사시험에 응시하여 합격하여야만 변호사의 자격을 취득할 수 있으므로, 금고 이상의 형의 집행유예를 선고받고 그 유예기간이 지난 후 2년이 지나지 아니한 자의 변호사시험 응시자격을 제한하고 있는 응시 결격조항은 변호사 자격을 취득하고자 하는 청구인의 직업선택의 자유를 제한한다.

위와 같은 직업선택의 자유에 대한 제한이 헌법상 용인되기 위해서는 기본권 제한의 한계 원리인 과잉금지원칙에 따라 변호사 자격제도가 추구하는 공익의 달성을 위하여 적합하고, 기본권 제약에 비추어 볼 때 필요하며, 또 제한의 목적과 적정한 비례관계를 유지하여야 한다.

다만 응시 결격조항은 변호사의 자격을 부여하기 위한 자격시험에 관한 내용을 구성하는 것으로 결국 변호사 자격제도의 한 부분을 차지하는 것인데, 어떠한 직업분야에 관하여 자격제도를 만들면서 그 자격요건을 어떻게 설정할 것인가에 관하여는 국가에게 폭넓은 입법재량권이 부여되어 있으므로, 다른 방법으로 직업의 자유를 제한하는 경우에 비하여 유연하고 탄력적인 심사가 필요하다(헌재 2008. 9. 25, 2007헌마419, 판례집 20-2 상, 616, 623; 헌재 2012. 11. 29, 2011헌마801, 판례집 24-2 하, 231, 236 참조).

응시 결격조항은 과잉금지원칙에 반하여 청구인의 직업선택의 자유를 침해하지 아니한다.

(헌재 2013. 9. 26, 2012헌마365, 판례집 제25권 2집 하, 94, 104.)

(3) 소 결

78. 보다 중대한 공익적 사유

자격요건에 대한 규율은 주관적 요건에 의한 직업선택의 자유의 제한이 되는데 이 경우는 분명히 직업수행의 자유의 제한에 있어서 보다 중대한 공익적 사유가 이러한 직업선택의 자유의 제한을 정당화하는 경우에만 가능하다고 보아야 할 것이다.

79. 소위 명백성 통제

그러나 우리 헌법재판소는 대체적으로 일정한 자격요건에 관하여

규정하는 것은 입법자의 형성의 자유에 속한다고 하면서 그 입법행위가
재량의 범위를 넘어 명백히 불합리하게 된 경우에는 평등권 침해 등의
위헌문제가 발생할 수 있다고 하고, 소위 명백성 통제[87]에 머무르고 있
는데 이는 단계이론의 관점에서 보면 좀 더 엄격한 심사가 이루어져야
하는 경우가 아닌가 하는 의문이 든다. 최소한 과잉금지의 원칙에 따른
심사를 항상 하였어야 하지 않는가 하는 생각이 든다.

다. 객관적 요건에 의한 직업선택의 자유의 제한(허가제)

직업의 자유에 대한 3단계제한은 기본권 주체의 주관적 사유와는
무관한 객관적 전제조건이 없는 경우에 직업선택의 자유를 제한하는 것
이다. 이 경우는 직업을 희망하는 기본권주체의 주관적 자격과는 상관
없는 객관적인 조건을 이유로 직업선택의 자유를 제한하는 것이기 때문
에 직업의 자유에 대한 가장 큰 제약이라고 할 수 있다. 따라서 명백하
고도 현존하는 위험을 방어하기 위해서만 이러한 제한은 허용된다고 볼
수 있다. 즉 압도적으로 중대한 공익에 대하여 명백하고도 현존하는 중
대한 위험을 방지하기 위하여 필요한 경우에만 이러한 객관적 사유에
의한 직업선택의 자유의 제한이 정당화된다고 할 수 있다.[88]

80. 압도적으로
중대한 공익 필
요

이러한 기준에 따를 때 일정 업종에 대한 적정분포의 관점이나 기
존업체의 보호의 관점, 동일업종의 수의 제한 등의 관점에 따라 행해지
는 영업허가제, 지정제, 특허제 등은 위헌일 수 있다.

81. 영업허가
제, 지정제, 특
허제 위헌

> **판례** 경비업법 제7조 제8항 등 위헌확인
> 이 사건 법률조항은 청구인들과 같이 경비업을 경영하고 있는 자들이나 다
> 른 업종을 경영하면서 새로이 경비업에 진출하고자 하는 자들로 하여금 경비
> 업을 전문으로 하는 별개의 법인을 설립하지 않는 한 경비업과 그밖의 업종간
> 에 택일하도록 법으로 강제하고 있다. 따라서 이미 선택한 직업을 어떠한 제

---

87) 이에 대하여는 방승주, 독일연방헌법재판소의 입법자에 대한 통제의 범위와 강
도, 헌법논총 제7집, 299-348, 308면 이하 참조, 계희열, 헌법재판과 국가기능 -
헌법재판의 기능적 및 제도적(관할권적) 한계를 중심으로 -, 헌법재판소 창립10
주년 기념 세미나, 한국 헌법재판의 회고와 전망, 137-194, 152-153면 참조.
88) Pieroth/Schlink (주 82), Rn. 925.

약아래 수행하느냐의 관점이나 당사자의 능력이나 자격과도 상관없는 객관적 사유에 의한 이러한 제한은 직업의 자유에 대한 제한 중에서도 가장 심각한 제약이 아닐 수 없다. 따라서 이러한 제한은 월등하게 중요한 공익을 위하여 명백하고 확실한 위험을 방지하기 위한 경우에만 정당화될 수 있다고 보아야 한다. 헌법재판소가 이 사건을 심사함에 있어서는 헌법 제37조 제2항이 요구하는바 과잉금지의 원칙, 즉 엄격한 비례의 원칙이 그 심사척도가 된다는 것도 바로 이러한 이유 때문이다.

(헌재 2002. 4. 25, 2001헌마614, 판례집 제14권 1집, 410 [위헌])

(1) 위헌결정
(가) 취업기회나 자격취득기회의 사실상 박탈

82. 국·공립 사범대학 출신의 교육공무원 우선 임용제 위헌

1990. 10. 8. 교육공무원법 제11조 제1항에 대한 헌법소원결정[89]에서 헌법재판소는 국·공립 사범대학 출신의 교육공무원 우선 임용제는 사립 사범대학 졸업자 및 교직과정이수자들의 교육공무원취업기회를 사실상 봉쇄하는 기능을 하므로 직업선택의 자유에 대한 제한이며 이에 대한 정당화근거가 없다고 보았다. 이 경우는 교육공무원 임용에 관한 것이므로 공무담임권의 침해가 우선 적용되는 것으로 보았어야 하지 않을까 한다.

83. 법무사시험 불실시 위헌

1990. 10. 15. 법무사법시행규칙에 대한 헌법소원결정[90]에서 법무사법시행규칙 제3조 제1항은 법원행정처장이 법무사를 보충할 필요가 없다고 인정하면 법무사시험을 실시하지 아니해도 된다는 것으로서 상위법인 법무사법 제4조 제1항에 의하여 모든 국민에게 부여된 법무사자격취득의 기회를 하위법인 시행규칙으로 박탈한 것이어서 평등권과 직업선택의 자유를 침해한 것이라고 보았다.

84. 사실상 객관적 사유에 의한 직업선택의 자유 제한

위의 두 사건은 자격과 관련한 주관적 사유에 의한 제한과 관련되면서도 자격을 가지고 있는 자들에게도 취업의 기회를 사실상 봉쇄하거나 자격취득의 기회 자체가 박탈된 경우에 해당하므로 이것은 오히려 객관적 사유에 의한 직업선택의 자유의 제한에 가깝다고 보인다.

---

89) 헌재 1990. 10. 8, 89헌마89, 판례집 제2권, 332, 350.
90) 헌재 1990. 10. 15, 89헌마178, 판례집 제2권, 365.

> **판례** 안마사에 관한 규칙 위헌결정에서 전효숙, 이공현, 조대현 재판관의 의견
>
> 모든 국민은 직업선택의 자유를 가지고 있고(헌법 제15조), 누구나 자유롭게 자신이 종사할 직업을 선택하고, 그 직업에 종사하며, 이를 변경할 수 있다. 따라서 직업의 자유에 대한 제한은 반드시 법률로써 하여야 할 뿐만 아니라 국가안전보장, 질서유지 또는 공공복리 등 정당하고 중요한 공공의 목적을 달성하기 위하여 필요하고 적정한 수단, 방법에 의해서만 가능하다(헌재 1989. 11. 20. 89헌가102, 판례집 1, 329, 336). 특히 헌법재판소는 당사자의 능력이나 자격과 상관없는 객관적 사유에 의한 직업의 자유의 제한은 월등하게 중요한 공익을 위하여 명백하고 확실한 위험을 방지하기 위한 경우에만 정당화될 수 있고, 따라서 이 경우 헌법 제37조 제2항이 요구하는 과잉금지의 원칙, 즉 엄격한 비례의 원칙이 그 심사척도가 된다고 판시한 바 있다(헌재 2002. 4. 25, 2001헌마614, 판례집 14-1, 410, 427).
>
> 안마사 자격인정에 있어서 비맹제외기준은 시각장애인이 아닌 사람의 직업선택의 자유를 직접 침해하고 있고, 이는 당사자의 능력이나 자격과 상관없는 객관적 허가요건에 의한 직업선택의 자유에 대한 제한을 의미하므로, 헌법 제37조 제2항이 요구하는 과잉금지의 원칙을 충족하여야 할 것이다.
>
> (헌재 2006. 5. 25, 2003헌마715 등, 판례집 18-1 하, 112, 123-124)

이 결정 이후 국회는 의료법에 안마사업에 대한 비맹인제외규정을 의료법으로 끌어 올려 규정하였으며, 이에 대하여 다시 한번 헌법소원심판이 청구되었는데 이번에는 헌법재판소가 합헌결정을 하였다. 사실상 종전의 위헌결정을 합헌으로 변경한 것으로 평가할 수 있다.[91]

85. 사실상 판례 변경

(나) 자격취소 또는 직위해제

1990. 11. 19. 변호사법 제15조에 대한 위헌심판결정[92]에서 헌법재판소는 법무부장관은 형사사건으로 공소가 제기된 변호사에 대하여 그 판결이 확정될 때까지 업무정지를 명할 수 있다고 규정하고 있는 변호사법 제15조는 과잉금지의 원칙에 위배되어 헌법 제15조의 직업선택의

86. 형사기소시 변호사업무정지 위헌

---

91) 헌재 2008. 10. 30, 2006헌마1098 등, 판례집 제20권 2집 상. 1089, 1089−1090; 헌재 2013. 6. 27, 2011헌가39 등, 판례집 제25권 1집, 409, 422.
92) 헌재 1990. 11. 19, 90헌가48, 판례집 제2권, 393.

자유를 침해하고 있다고 하였다.

87. 형사기소된 교원에 대한 필요적 직위해제 위헌

그리고 1994. 7. 29. 사립학교법 제58조의2 제1항 단서 및 제3호 위헌법률심판결정[93]에서 형사사건으로 기소된 교원에 대하여 필요적으로 직위해제처분을 하도록 규정하고 있는 사립학교법 제58조의2 제1항 단서 및 제3호는 제소된 사안의 심각한 정도, 증거의 확실성 여부 및 예상되는 판결의 내용 등을 고려하지 아니하고 약식명령을 청구한 사건 이외의 형사사건으로서 공소가 제기된 경우, 당해 교원이 자기에게 유리한 사실의 진술이나 증거를 제출할 방법조차 없이 일률적으로 판결의 확정시까지 직위해제처분을 하도록 하고 있기 때문에, 과잉금지의 원칙에 위배되어 헌법 제15조를 침해한다고 하였다. 헌법재판소는 이 사건 법률규정이 사립학교 교원의 직업수행의 자유를 침해하는 것이라고 하고 있으나[94] 더 이상 직업을 수행하지 못하도록 하는 것이므로 직업선택의 자유를 침해하는 것이라고 할 수 있다(실질적 직업선택의 자유의 제한).

88. 형사기소된 공무원에 대한 일률적 직위해제 위헌

이와 마찬가지의 사건으로 형사사건으로 기소되기만 하면 그가 국가공무원법 제33조 제1항 제3호 내지 제6호에 해당하는 유죄판결을 받을 고도의 개연성이 있는가의 여부에 무관하게 경우에 따라서는 벌금형이나 무죄가 선고될 가능성이 큰 사건인 경우에 대해서까지도 당해 공무원에게 일률적으로 직위해제처분을 하지 않을 수 없도록 한 이 사건 규정은 헌법 제37조 제2항의 비례의 원칙에 위반되어 직업의 자유를 과도하게 침해하고 헌법 제27조 제4항의 무죄추정의 원칙에도 위반된다고 본 1998. 5. 28의 구 국가공무원법 제73조의2 제1항 단서 위헌제청사건[95]을 들 수 있다. 그러나 이것은 오히려 공무담임권 내지는 직업공무원제도에 위배되는 것으로 보아야 하지 않았을까 한다.[96]

---

93) 헌재 1994. 7. 29, 93헌가3, 7, 판례집 제6권 2집, 1.
94) 헌재 1994. 7. 29, 93헌가3, 7, 판례집 제6권 2집, 1, 13.
95) 헌재 1998. 5. 28, 96헌가12, 판례집 제10권 1집, 560.
96) 즉 헌법재판소는 기본권경합에 관한 문제를 이미 1998. 4. 30, 95헌가16 사건에서 다루었으면서도 그 후의 결정인 이 사건에서 직업선택의 자유와 공무담임권 내지는 직업공무원제도의 법적 경합관계 즉 일반 · 특별관계를 고려하지 않았다고 보여진다.

(다) 법인의 설립 봉쇄

한편 1996. 4. 25. 축산업협동조합법 제99조 제2항 위헌소원[97]에서 헌법재판소는 "법인의 설립은 그 자체가 간접적인 직업선택의 한 방법이다. 그런데 이 사건 심판대상조항에 의하여 청구인의 법인설립(축협법 제4조에 의하여 축협은 법인이다)이 제한됨으로써 헌법상의 직업의 자유가 제한된다"고 보았다.

89. 법인설립 제한

(라) 겸직금지

다음으로 겸직의 자유가 직업의 자유에 포함됨을 처음으로 언급하면서 이에 대한 금지가 직업선택의 자유를 침해함을 확인한 것으로는 1997. 4. 24. 행정사법 제35조 제1항 제1호 등 위헌확인결정[98]에서였다. 즉 일반적으로 겸직금지규정은 당해 업종의 성격상 다른 업무와의 겸직이 업무의 공정성을 해칠 우려가 있을 경우에 제한적으로 둘 수 있다 할 것이므로 겸직금지규정을 둔 그 자체만으로는 위헌적이라 할 수 없으나, 위 법률 제35조 제1항 제1호는 행정사의 모든 겸직을 금지하고, 그 위반행위에 대하여 모두 징역형을 포함한 형사처벌을 하도록 하는 내용으로 규정하고 있으므로 공익의 실현을 위하여 필요한 정도를 넘어 직업선택의 자유를 지나치게 침해하는 위헌적 규정이라는 것이다.

90. 직업선택의 자유 침해사례

한편 겸영금지와 관련하여 객관적 사유에 의한 직업의 자유의 제한에 대한 심사척도를 위하여 엄격한 비례의 원칙을 제시하면서 위헌선언한 판례도 보인다.

91. 엄격한 비례의 원칙(월등하게 중요한 공익) 적용사례

> 판례 "이미 선택한 직업을 어떠한 제약아래 수행하느냐의 관점이나 당사자의 능력이나 자격과도 상관없는 객관적 사유에 의한 이러한 제한은 직업의 자유에 대한 제한 중에서도 가장 심각한 제약이 아닐 수 없다. 따라서 이러한 제한은 월등하게 중요한 공익을 위하여 명백하고 확실한 위험을 방지하기 위한 경우에만 정당화될 수 있다고 보아야 한다. 헌법재판소가 이 사건을 심사함에 있어서는 헌법 제37조 제2항이 요구하는바 과잉금지의 원칙, 즉 엄격한 비례의 원칙이 그 심사척도가 된다는 것도 바로 이러한 이유 때문이다."[99]

---

97) 헌재 1996. 4. 25, 92헌바47, 판례집 제8권 1집, 370.
98) 헌재 1997. 4. 24, 95헌마90, 판례집 제9권 1집, 474, 480.

> **판례** 경비업법 제7조 제8항 등 위헌확인
>
> 이 사건 법률조항은 과잉금지원칙을 준수하지 못하고 있다. (1) 목적의 정당성 : 비전문적인 영세경비업체의 난립을 막고 전문경비업체를 양성하며, 경비원의 자질을 높이고 무자격자를 차단하여 불법적인 노사분규 개입을 막고자 하는 입법목적 자체는 정당하다고 보여진다. (2) 방법의 적절성 : 먼저 "경비업체의 전문화"라는 관점에서 보면, 현대의 첨단기술을 바탕으로 한 소위 디지털 시대에 있어서 경비업은 단순한 경비자체만으로는 '전문화'를 이룰 수 없고 오히려 경비장비의 제조·설비·판매업이나 네트워크를 통한 정보산업, 시설물 유지관리, 나아가 경비원교육업 등을 포함하는 '토탈서비스(total service)'를 절실히 요구하고 있는 추세이므로, 이 법에서 규정하고 있는 좁은 의미의 경비업만을 영위하도록 법에서 강제하는 수단으로는 오히려 영세한 경비업체의 난립을 방지하는 역효과를 가져올 수도 있다. 또한 "경비원의 자질을 높이고 무자격자를 차단하여 불법적인 노사분규 개입을 방지하고자" 하는 점도, 경비원교육을 강화하거나 자격요건이나 보수 등 근무여건의 향상을 통하여 그 목적을 효과적이고 적절하게 달성할 수 있을지언정 경비업체로 하여금 일체의 겸영을 금지하는 것이 적절한 방법이라고는 볼 수 없다. (3) 피해의 최소성 : 이 사건 법률조항은 그 입법목적 중 경비업체의 전문화 추구라는 목적달성을 위하여 효과적이거나 적절하지 아니하고 오히려 그 반대의 결과를 가져올 수 있다는 점은 앞에서 본 바와 같고, 다른 입법목적인 경비원의 자질향상과 같은 공익은 이 법의 다른 조항에 의하여도 충분히 달성할 수 있음에도 불구하고 노사분규 개입을 예방한다는 이유로 경비업자의 겸영을 일체 금지하는 접근은 기본권침해의 최소성 원칙에 어긋나는 과도하고 무리한 방법이다. (4) 법익의 균형성 : 이 사건 법률조항으로 달성하고자 하는 공익인 경비업체의 전문화, 경비원의 불법적인 노사분규 개입 방지 등은 그 실현 여부가 분명하지 않은데 반하여, 경비업자인 청구인들이나 새로이 경비업에 진출하고자 하는 자들이 짊어져야 할 직업의 자유에 대한 기본권침해의 강도는 지나치게 크다고 할 수 있으므로, 이 사건 법률조항은 보호하려는 공익과 기본권침해간의 현저한 불균형으로 법익의 균형성을 잃고 있다.
>
> (헌재 2002. 4. 25, 2001헌마614, 판례집 제14권 1집, 410 [위헌])

---

99) 헌재 2002. 4. 25, 2001헌마614, 경비업법 제7조 제8항 등 위헌확인, 판례집 제14권 1집, 410.

(마) 공직취임금지

그리고 1997. 7. 16. 검찰청법 제12조 제4항 등에 대한 위헌확인결 92. 퇴임후 2년
내 공직취임금
지 위헌
정100)에서 "검찰청법 제12조 제4항은 검찰총장 퇴임 후 2년 이내에는
법무부장관과 내무부장관직 뿐만 아니라 모든 공직에의 임명을 금지하
고 있으므로 심지어 국·공립대학교 총·학장, 교수 등 학교의 경영과 학
문연구직에의 임명도 받을 수 없게 되어 있다. 그 입법목적에 비추어 보
면 그 제한은 필요 최소한의 범위를 크게 벗어나 직업선택의 자유와 공
무담임권을 침해하는 것으로서 헌법상 허용될 수 없다"고 판시하였다.
이 경우 역시 공무담임권은 직업선택의 자유에 비해 특별법에 해당함에
도 불구하고 직업선택의 자유의 침해를 언급하고 있는 것은 기본권 경
합의 법리가 아직 정리되지 않았음을 보여주고 있는 것이다.

(2) 합헌결정

(가) 경업금지

다음으로 경업금지의무와 직업선택의 자유의 제한문제를 처음으로 93. 영업양도인
에 대한 경업금
지 합헌
다룬 것으로는 1996. 10. 4. 상법 제41조 제1항에 대한 위헌법률심판결
정101)에서이다. 이 결정에서 헌법재판소는 "영업양도인의 경업가능성은
영업의 종류 및 영업지 등에 따라 다양하게 나타날 수 있어 경업금지구
역과 기간을 세분한다는 것이 입법기술상 쉽지 아니할 뿐 아니라, 구 상
법(1984. 4. 10. 법률 제3724호로 개정되고 1994. 12. 22. 법률 제4796호로 개정되
기 전의 것) 제41조 제1항은 그에 반하는 특약을 인정하고 있고 그 위반
에 대한 처벌규정을 두고 있지 않으며 경업과 손해 사이에 상당인과관
계가 있어야만 손해배상을 청구할 수 있어서 일률적인 경업금지구역 및
기간의 설정에서 오는 불합리성이 완화되고 있는 점 등에 비추어 입법
재량권의 한계를 벗어나 직업선택의 자유를 과잉침해한 것으로 볼 수
없다고 결정하였다.

그러나 서울특별시와 같은 광범위한 지역 내에서도 동 구별없이 양 94. 비판
도 후 10년간 경업금지 간주를 규정하고 있는 이 사건 규정은 양도인의

---

100) 헌재 1997. 7. 16, 97헌마26, 판례집 제9권 2집, 72.
101) 헌재 1996. 10. 4, 94헌가5, 판례집 제8권 2집, 228.

직업선택의 자유를 지나치게 제한한 것이 아닌가 생각된다. 이 경우 오히려 양수인이 직업선택의 자유에 간접적으로 구속된다고 보아야 하지 않을까 한다(간접적 제3자효).102)

(나) 직업허가

95. 유료직업소개업에 대한 허가제 합헌

1996. 10. 31. 직업안정및고용촉진에관한법률 제10조 제1항 등에 대한 위헌소원결정103)에서 헌법재판소는 "이와 같이 직업소개업은 그 성질상 사인이 영리목적으로 운영할 경우 근로자의 안전 및 보건상의 위험, 근로조건의 저하, 공중도덕상 해로운 직종에의 유입, 미성년자에 대한 착취, 근로자의 피해, 인권침해 등의 부작용이 초래될 수 있는 가능성이 매우 크므로 유료직업소개사업은 노동부장관의 허가를 받아야만 할 수 있도록 제한하는 것은 그 목적의 정당성, 방법의 적절성, 피해의 최소성, 법익의 균형성 등에 비추어 볼 때 합리적인 제한이라고 할 것이고 그것이 직업선택자유의 본질적 내용을 침해하는 것으로 볼 수 없다"고 하면서 직업소개업의 허가의 종류와 내용 기준 등을 모두 대통령령에 위임한 것도 포괄위임입법금지의 원칙에 위배되지 않는다고 보았다.

96. 사견: 포괄위임금지원칙 위반

그러나 이 경우는 객관적 허가요건에 의한 제한에 해당되고, 객관적 허가요건에 의한 직업선택의 자유의 제한을 위해서는 압도적으로 중요한 공익적 사유가 있을 때에만 가능하다는 것이 단계이론의 적용이다. 따라서 허가의 종류와 내용, 기준 등은 반드시 법률로 정할 것이고 이를 모두 대통령령에 위임한 것은 반대의견과 같이 포괄위임입법금지의 원칙에 위배된다고 보는 것이 타당하다고 생각된다.

(다) 정년제도

97. 공무원정년제 합헌

정년제도 역시 객관적인 사유에 의한 직업선택의 자유의 제한이라고 할 수 있다. 헌법재판소는 1997. 3. 27. 국가공무원법 제74조 제1항 제1호 등 위헌소원결정104)에서 공무원정년제도가 직업공무원제도를 규

---

102) 이에 대하여는 BVerfGE 81, 242; Hermes (주 21), S. 1764 ff 참조.
103) 헌재 1996. 10. 31, 93헌바14, 판례집 제8권 2집, 422. 최근 같은 결정으로 1998. 11. 26, 97헌바31, 직업안정법 제33조 등 위헌소원결정.

정한 헌법 제7조와 공무담임권을 규정한 헌법 제25조에 위반되지 않는
다고 보면서도 또한 직업선택의 자유를 침해하지 않는다고 하였다.

(라) 당연퇴직

그리고 당연퇴직규정도 객관적 요건에 의한 직업선택의 자유의 제
한에 속한다고 할 수 있다. 헌법재판소는 1997. 11. 27. 국가공무원법
제69조 등 위헌소원 등 결정105)에서 "공무원에게 가해지는 신분상 불이
익과 보호하려는 공익을 비교할 때 금고 이상의 형의 집행유예 판결을
받은 것을 공무원 임용 결격 및 당연퇴직사유로 규정한 이 사건 법률조
항이 입법자의 재량을 일탈하여 직업선택의 자유나 공무담임권, 평등권,
행복추구권, 재산권 등을 침해하는 위헌의 법률조항이라고 볼 수는 없
다"고 하였다.

98. 공무원 당
연퇴직제도 합
헌

라. 기 타

직업선택의 자유에 대한 제한이기는 하지만 주관적 사유에 의한 제
한인지 객관적 사유에 의한 제한인지 명백하게 밝히지 않고 과잉금지원
칙 위반여부를 심사한 사례도 보인다.

99. 불분명한 사
례

> **판례** 이 사건 공고는 청구인들을 실질적으로 서울, 부산지역에 새롭게 확대될
> 신규카지노업에 진입하기 위한 경쟁에 참여할 수 없도록 함으로써 종국적으로
> 신규시장에의 진입을 막아 직업선택의 자유를 제한하고 있다고 할 수 있다.
> 그러나 이 사건 공고가 새로운 카지노업 시장을 예외적으로 확대하면서도 청
> 구인들의 진입을 제한하였다고 하여도 기본권제한의 한계 내의 것으로 과잉금
> 지의 원칙에 위배된다고 할 수 없다.
> (헌재 2006. 7. 27, 2004헌마924, 공보 제118호, 1174, 1181.)

> **판례** 법학전문대학원 설치 예비인가 배제결정 취소 등
> 또한 법학전문대학원제도에 의하면, 법학전문대학원에 입학하여 소정의 교
> 육과정을 마친 사람만이 변호사시험에 응시할 수 있는바, 이 사건 법률조항은

---

104) 헌재 1997. 3. 27, 96헌바86, 판례집 제9권 1집, 325.
105) 헌재 1997. 11. 27, 95헌바14 등 병합, 판례집 제9권 2집, 575.

총 입학정원을 한정함으로써 변호사시험에 응시할 수 있는 자격을 얻기 위한 단계로의 진입을 규제하고 있다. 이처럼 이 사건 법률조항은 변호사시험에 응시하기 위한 주관적 전제조건인 법학전문대학원의 학위를 취득할 수 있는 인원을 제한함으로써 변호사를 직업으로 선택하고자 하는 일반 국민의 직업선택의 자유를 제한한다.

앞에서 본 바와 같이 이 사건 법률조항은 학위과정의 설치·운영에 관한 대학의 자율권을 제한하고 있으므로 이를 제한함에는 헌법 제37조 제2항의 과잉금지 원칙을 준수하여야 할 것이다.

한편, 위 법률조항이 일반 국민의 직업선택의 자유를 제한하고 있지만, 법학전문대학원은 교육기관으로서의 성격과 함께 법조인 양성이라는 국가의 책무를 일부 위임받은 직업교육기관 및 자격부여기관으로서의 성격을 함께 가지고 있고, 입법자는 일정한 전문분야에 관한 자격제도를 마련함에 있어 광범위한 입법재량을 가지고 있으므로(헌재 2000. 4. 27, 97헌바88, 판례집 12-1, 495, 501-502 ; 헌재 2000. 7. 20, 98헌마52, 판례집 12-2, 114, 123 등 참조), 이 사건 법률조항의 위헌성을 판단함에 있어 헌법 제37조 제2항의 요구는 다소 완화된다고 할 것이다.

이 사건 법률조항에 의한 인가주의와 총 정원주의에 의하여 법학전문대학원을 설치·운영하고자 하는 각 대학의 자율성이 일부 제한되고 변호사가 되고자 하는 일반 국민의 직업선택의 자유가 다소 제한되는 것은 사실이다.

그러나 국가로부터 법조 인력의 양성이라는 책무를 위임받은 기관으로서의 법학전문대학원의 성격을 고려해 볼 때, 법학전문대학원의 설치 및 운영에 대한 국가의 개입은 불가피하고, 이러한 제한으로 인해 각 대학 및 국민이 입는 불이익이 인력 배분의 효율성, 질 높은 법학교육의 담보, 양질의 법률서비스 제공에 의한 사회적 비용의 절감, 법조직역에 대한 국민의 신뢰회복 등의 공익에 비하여 결코 크다고 할 수 없다. 따라서 이 사건 법률조항은 법익의 균형성 요건 또한 갖추고 있다.

결국 이 사건 법률조항이 과잉금지 원칙에 위배되어 대학의 자율권과 국민의 직업선택 자유를 지나치게 제한한다고 할 수 없다.

(헌재 2009. 2. 26, 2008헌마370 등, 판례집 제21권 1집 상, 292, 306-309)

판례 의료법 제61조 제1항 중 「장애인복지법」에 따른 시각장애인 중 부분 위헌확인

이 사건 법률조항은 신체장애자 보호에 대한 헌법 제34조 제5항의 헌법적

요청 등에 바탕을 두고 시각장애인의 생계를 보장하기 위한 것으로, 이러한 헌법적 요청과 일반국민의 직업선택의 자유 등 기본권이 충돌하는 상황이 문제될 수 있는바, 위 법률조항이 헌법 제37조 제2항에 의한 기본권제한입법의 한계를 벗어났는지 여부를 심사함에 있어서, 구체적인 최소침해성 및 법익균형성 심사과정에서 이러한 헌법적 요청뿐만 아니라, 일반국민의 기본권 제약 정도, 시각장애인을 둘러싼 기본권의 특성과 복지정책의 현황, 시각장애인을 위한 직업으로서의 안마사제도와 그와 다른 대안의 가능성 등을 종합하여 형량할 필요가 있을 것이다. 한편 이 사건 법률조항과 같이 시각장애인에 대한 우대처우로 인하여 비시각장애인의 직업선택의 자유 등 기본권이 제한받는 경우 직업선택의 자유에 대한 과잉제한 여부와 평등권 침해 여부가 동시에 문제되는데, 그러한 경우에는 직업선택의 자유 침해 여부와 평등권 침해 여부를 따로 분리하여 심사할 것이 아니라 하나로 묶어 판단함이 상당하다.

이 사건 법률조항은 시각장애인에게 삶의 보람을 얻게 하고 인간다운 생활을 할 권리를 실현시키려는 데에 그 목적이 있으므로 입법목적이 정당하고, 다른 직종에 비해 공간이동과 기동성을 거의 요구하지 않을 뿐더러 촉각이 발달한 시각장애인이 영위하기에 용이한 안마업의 특성 등에 비추어 시각장애인에게 안마업을 독점시킴으로써 그들의 생계를 지원하고 직업활동에 참여할 수 있는 기회를 제공하는 이 사건 법률조항의 경우 이러한 입법목적을 달성하는 데 적절한 수단임을 인정할 수 있다. 나아가 시각장애인에 대한 복지정책이 미흡한 현실에서 안마사가 시각장애인이 선택할 수 있는 거의 유일한 직업이라는 점, 안마사 직역을 비시각장애인에게 허용할 경우 시각장애인의 생계를 보장하기 위한 다른 대안이 충분하지 않다는 점, 시각장애인은 역사적으로 교육, 고용 등 일상생활에서 차별을 받아온 소수자로서 실질적인 평등을 구현하기 위해서 이들을 우대하는 조치를 취할 필요가 있는 점 등에 비추어 최소침해성원칙에 반하지 아니하고, 이 사건 법률조항으로 인해 얻게 되는 시각장애인의 생존권 등 공익과 그로 인해 잃게 되는 일반국민의 직업선택의 자유 등 사익을 비교해 보더라도, 공익과 사익 사이에 법익 불균형이 발생한다고 단정할 수도 없다.

따라서 이 사건 법률조항이 헌법 제37조 제2항에서 정한 기본권제한입법의 한계를 벗어나서 비시각장애인의 직업선택의 자유를 침해하거나 평등권을 침해한다고 볼 수는 없다.

(헌재 2008. 10. 30, 2006헌마1098 등, 판례집 제20권 2집 상, 1089 [기각])

> **판례** 의료법 제82조 제1항 위헌제청 등
>
> 이 사건 자격조항은 시각장애인에게 안마업을 독점시킴으로써 그들의 생계를 지원하고 직업활동에 참여할 수 있는 기회를 제공하는 것인바, 신체장애자 보호에 대한 헌법적 요청에 의하여 시각장애인의 생계, 인간다운 생활을 할 권리를 보장하기 위한 것으로서 정당한 목적 달성을 위한 적절한 수단이 된다. 시각장애인의 생존권보장을 위한 불가피한 선택에 해당하는 점, 이에 반하여 일반국민은 안마업 외에도 선택할 수 있는 직업이 많다는 점 등을 고려하면 이 사건 자격조항이 최소침해성원칙에 반한다고 할 수 없다. 또한 시각장애인 안마사제도는 생활전반에 걸쳐 시각장애인에게 가해진 유·무형의 사회적 차별을 보상해 주고 실질적인 평등을 이룰 수 있는 수단이며, 이 사건 자격조항은 시각장애인과 비시각장애인을 둘러싼 여러 상황을 적절하게 형량한 것으로서 법익 불균형이 발생한다고 할 수 없으므로, 이 사건 자격조항이 비시각장애인을 시각장애인에 비하여 비례의 원칙에 반하여 차별하는 것이라고 할 수 없을 뿐 아니라, 비시각장애인의 직업선택의 자유를 과도하게 침해하여 헌법에 위반된다고 보기도 어렵다.
>
> (헌재 2013. 6. 27, 2011헌가39 등, 판례집 제25권 1집, 409 [합헌])

마. 소 결

100. 단계이론의 적용

헌법재판소는 헌법 제15조의 직업선택의 자유에 대하여 직업행사의 자유와 직업선택의 자유를 포함하는 넓은 의미의 직업의 자유로 해석하면서, 직업선택의 자유에 대한 규제에 있어서보다는 직업행사의 자유에 대한 규제에 있어서 국가가 보다 넓은 형성의 자유를 갖게 된다고 함으로써 단계이론을 적용하고 있다.

101. 엄격심사의 정도 구분 불분명

그러나 초기 헌법재판소는 직업수행의 자유의 제한과 직업선택의 자유의 제한을 나누어서 각각의 요건의 엄격성을 달리한다는 점은 인정하면서도 직업수행의 자유가 아닌 직업선택의 자유의 제한의 경우에 어느 정도의 엄격한 요건이 필요한지를 아직 정형화시키지 못하고 있었다. 특히 주관적 요건에 의한 직업선택의 자유의 제한과 객관적 요건에 의한 직업선택의 자유의 제한이 각각 어떠한 공익적 사유가 필요한지에 대하여 구별가능한 기준을 제시하기 보다는 단순히 과잉금지의 원칙의 위반여부만을 심사하였던 모습은 직업선택의 자유의 제한에 있어서 과잉금지의 원칙의 구체화라고 할 수 있는 단계이론이 정착단계에 있었기 때문이라고 할 수 있다.

그러나 근래 헌법재판소가 판례106)를 거듭하면서 객관적 사유에 의한 직업의 자유의 제한에 있어서의 심사척도로서 엄격한 비례의 원칙("월등하게 중요한 공익")을 들고 있는 점은 단계이론에 있어서 심사기준의 엄격성의 정도를 달리해야 할 필요성이 있음을 헌법재판소가 분명히 인식하고 있다고 하는 것을 드러내 준다고 하겠다.

102. 엄격한 비례원칙의 원칙

V. 직업의 자유에 대한 제한의 한계

직업의 자유에 대한 제한의 한계는 역시 단계이론에 따라서 직업행사의 자유에 대한 제한의 경우 입법자에게 가장 넓은 형성의 자유가 주어지므로, 그에 대한 제한은 공익목적에 의하여 정당화되면 된다.

103. 직업행사의 자유에 대한 제한의 경우

다음으로 주관적 사유에 의한 제한의 경우에는 일정한 주관적 요건에 의한 직업선택의 자유의 제한이므로 국민의 건강보호 등과 같은 보다 중요한 공익이 그 제한을 정당화할 경우에 이를 제한할 수 있다.

104. 주관적 사유에 의한 제한의 경우

끝으로 객관적 사유에 의한 제한의 경우에는 일정한 직업을 선택하여 행사할 수 있는 주관적 요건을 갖추었음에도 불구하고 객관적 사유에 의하여 그 직업의 선택을 제한하는 것이니 만큼, 압도적으로 중요한 공익이 그 제한을 정당화하는 예외적인 경우에만 객관적 사유에 의한 제한이 가능하다고 할 것이다.

105. 객관적 사유에 의한 제한의 경우

이상의 각 단계에서 결국 헌법 제37조 제2항에 따른 과잉금지의 원칙을 기준으로 하는 심사를 하되, 직업행사의 자유의 제한의 경우에는 가장 완화된 심사를, 객관적 사유에 의한 직업선택의 자유의 경우에는 가장 엄격한 심사를 하여야 할 것이다.107) 객관적 사유에 의한 제한은 일정한 직업의 선택을 금지하지 않는 경우 명백하고도 현존하는 위험이 발생할 가능성이 있어서 그러한 위험을 방지하기 위하여 불가피하게 요

106. 객관적 사유에 의한 직업선택의 자유의 경우에는 가장 엄격한 심사

---

106) 헌재 2002. 4. 25, 2001헌마614, 경비업법 제7조 제8항 등 위헌확인, 판례집 제14권 1집, 410.

107) 방승주 (주 1), 260면.

구되는 예외적인 경우에만 객관적인 사유에 의한 제한이 가능하다고 보아야 할 것이다.

> **판례** 직업의 자유 제한에 있어서는 '직업행사'의 자유 제한과 '직업선택'의 자유 제한의 경우로 나누어서 그 요건의 엄격성을 달리하여 심사하여야 하는바, 특히 당사자의 능력이나 자격과 상관없는 객관적 사유에 의한 직업선택의 자유의 제한은 월등하게 중요한 공익을 위하여 명백하고 확실한 위험을 방지하기 위한 경우에만 정당화될 수 있다(헌재 2002. 4. 25, 2001헌마614, 판례집 14-1, 410, 427 참조).
>
> 한편 직업행사의 자유에 대한 제한에 있어서는 직업선택의 자유에 비하여 상대적으로 그 침해의 정도가 작다고 할 것이며, 이에 대하여는 공공복리 등 공익상의 이유로 비교적 넓은 법률상의 규제가 가능하지만(헌재 2002. 6. 27, 2000헌마642등, 판례집 14-1, 644, 652 참조), 그 경우에도 헌법 제37조 제2항에서 정한 한계인 '과잉금지의 원칙'은 지켜져야 한다.
>
> (헌재 2008. 2. 28, 2006헌마1028, 판례집 20-1 상, 311, 324-325)

> **판례** 고용허가제: 외국인근로자의 고용 등에 관한 법률 제7조 등 위헌확인
>
> 직업의 자유는 크게 직업선택의 자유와 직업수행의 자유로 나눌 수 있는데 우리 헌법재판소는 직업의 자유의 제한에 대한 위헌심사에서도 기본적으로는 비례의 원칙을 적용하고 있다. 그러나 구체적으로는 직업선택의 자유와 직업수행의 자유는 기본권 주체에 대한 그 제한의 효과가 다르기 때문에 제한에 있어서 적용되는 기준도 다르며, 특히 직업수행의 자유에 대한 제한의 경우 인격발현에 대한 침해의 효과가 일반적으로 직업선택 그 자체에 대한 제한에 비하여 작기 때문에 그에 대한 제한은 보다 폭넓게 허용된다(헌재 2002. 12. 18, 2000헌마764, 판례집 14-2, 856, 870).
>
> 따라서 직업의 자유를 제한함에 있어서도 다른 기본권과 마찬가지로 헌법 제37조 제2항에서 정한 과잉금지의 원칙은 준수되어야 할 것이지만 직업수행의 자유는 입법자의 재량의 여지가 많은 것으로 그 제한을 규정하는 법령에 대한 위헌 여부를 심사하는데 있어서 좁은 의미의 직업선택의 자유에 비하여 상대적으로 폭넓은 법률상의 규제가 가능한 것으로 보아 다소 완화된 심사기준을 적용하여 왔다(헌재 2007. 2. 22, 2003헌마428, 판례집 19-1, 118, 140-142 ; 헌재 2007. 5. 31, 2003헌마579, 판례집 19-1, 662, 683 참조).
>
> (헌재 2009. 9. 24, 2006헌마1264, 판례집 제21권 2집 상, 659, 676-677.)

Ⅵ. 직업의 자유와 다른 기본권과의 경합108)

직업의 자유는 다른 기본권과 제도보장들과 다양한 체계적·경합적 관계 하에 있다. 동일한 기본권주체의 하나의 행위가 여러 개의 기본권 규정과 관계되는 경우에 기본권경합의 문제가 발생한다.109) 기본권의 경합은 법적 경합(Gesetzeskonkurrenz)과 상상적 경합(Idealkonkurrenz)으로 나누어 볼 수 있다.110) 법적 경합의 경우에는 각각의 경우에 특별규정에 해당하는 기본권이 우선적 효력을 가진다. 즉 직업의 자유나 아니면 그와 관계되는 보장규정이 내용적인 특별성을 근거로 하여 체계적으로 우선적 효력을 가지게 된다. 특별규정에 해당하는 우선적 보장은 그보다 일반적인 규정을 배제하여 결과적으로는 그것만 유일하게 적용된다.111) 이에 반하여 상상적 경합의 경우에는 경합하고 있는 두 개의 기본권이 병행적으로 적용된다.112) 상상적 경합에는 두 가지 기본권들이 내용적으로 서로 관련이 되어 있어서 통일적인 효력을 가지게 되는 경우와 특별한 내용을 가진 기본권들이 상호 병립적으로 효력을 가지며 서로 독자적인 한계를 가지는 경우가 있다.113)

107. 다른 기본권·제도보장과의 경합

상상적 경합이 있는 경우에는 각 기본권에 존재하는 기본권의 한계 내지는 법률유보 중에서 어떤 것이 적용되어야 하는지가 결정되어야 한다. 이 경우에 "의심스러울 경우에는 자유에 유리하게(in dubio pro libertate)"나 "의심스러울 경우에는 자유에 불리하게(in dubio contra libertatem)"와 같은 극단적인 해결방법은 적당하지 않다.114) "최약효력설" 또는 "최강효력

108. 상상적 경합의 경우 적용 기준

---

108) 이하 방승주 (주 1), 224면 이하 참조.

109) Albert Bleckmann/Claudia Wiethoff, Zur Grundrechtskonkurrenz, DÖV 1991, S. 722 ff; Breuer (주 3), Rn. 96.

110) Roman Herzog, Art. 5 Abs. 1, 2 GG, in: Maunz—Dürig Kommentar zum GG(Lfg. 28 1989), Rn. 31 ff.; Rupert Scholz, Art. 12, GG, in: Maunz—Dürig Kommentar zum GG(Lfg. 19), Rn. 113; Breuer (주 3), Rn. 96.; 이밖에 다른 기준에 의한 고찰로서는 Albert Bleckmann/Claudia Wiethoff (주 109), S. 722 ff; Lothar H. Fohmann, Konkurrenzen und Kollisionen im Grundrechtsbereich, EuGRZ 1985, S. 49 ff.

111) Breuer (주 3), Rn. 96.

112) Scholz (주 110), Rn. 121; Breuer (주 3), Rn. 96.

113) Breuer (주 3), Rn. 96.

114) Herzog (주 110), Rn. 37.

설"115)의 양자택일 역시 마찬가지이다. 이러한 문제를 해결하기 위해서는 Herzog가 적절히 지적하고 있듯이 모든 기본권은 국가의 권력에 의한 침해위험이 있고 따라서 보호되어야 하는 인간의 일정한 행위방식을 염두에 두고 있고, 역으로 모든 기본권의 한계와 법률유보는 기본권의 행사로 인하여 제3자나 공공에 대하여 위험이 초래될 수 있는 행위방식을 염두에 두고 있다. 상상적 경합이 실제로 존재하는 경우에는 전자의 관점은 두 가지 기본권의 병합적 적용을 통해서 문제없이 해결될 것이다. 이에 반해 후자의 관점을 위해서는 구체적인 경우에 발생할 수 있는 위험상황에 대하여 면밀한 분석이 필요하다. 각각의 경우에 따라 구체적으로 적용 가능한 기본권의 한계 내지는 법률유보가 선택되어야 할 것이다.116)

1. 일반 · 특별관계의 기본권간의 경합

가. 직업의 자유와 행복추구권

109. 직업의 자유>일반적 행동의 자유

    헌법재판소는 헌법 제10조의 행복추구권으로부터 일반적 행동의 자유를 도출하고 있다. 직업의 자유는 이러한 일반적 행동의 자유를 규정하고 있는 행복추구권보다 내용상 특별성을 가지기 때문에 법적 경합의 원리에 따라서 우선적인 효력을 가진다.117) 따라서 직업의 자유가 적용될 수 있을 경우에는 별도로 행복추구권의 위헌여부의 심사는 배제된다고 해야 할 것이다.

나. 직업의 자유와 공무담임권, 직업공무원제도

110. 공무담임권 > 직업선택의 자유

    우리 헌법상으로는 직업공무원제118) 말고도 공무담임권이 규정되

---

115) 허영 (주 6), 300면. 허영 교수는 "기본권이 경쟁하는 사례가 발생한 경우에는 그 특정사안과 가장 직접적인 관계가 있는 기본권을 중심으로 해서 최강효력설에 따라 풀어나가려는 융통성 있는 자세가 필요하다"고 하고 있다.

116) Herzog (주 110), Rn. 37.

117) 한편 계약의 자유를 행복추구권으로부터 도출하고 있는 우리 헌법재판소의 입장과는 달리 이를 직업의 자유의 한 내용으로 보는 견해도 있다. Breuer (주 3) Rn. 97; Rudolf Wendt, Berufsfreiheit als Grundrecht der Arbeit, DÖV 1984, S. 601ff.

118) 직업공무원제의 내용에 대하여는 헌재 1989. 12. 18, 89헌마32 등, 판례집 제1권,

어 있다. 따라서 공무담임권은 직업선택의 자유보다 우선적 효력을 갖
는지 그리고 직업선택의 자유의 적용을 배제하는지의 문제가 제기될 수
있다.

초기 헌법재판소는 공무원직의 선택 또는 제한과 관련한 대부분의
사례에서 직업선택의 자유의 위반여부를 함께 심사[119]하거나 공무담임
권의 위반여부를 심사하지 않았으나[120], 서서히 기본권경합이론이 정립
되면서부터는 직업선택의 자유와 공무담임권이 경합될 경우 공무담임권
의 침해 여부를 기준으로 심판대상조항의 위헌여부를 심사하고 있다.[121]

공무담임권은 법률이 정하는 바에 의하여 보장되는 데 비해 직업선
택의 자유는 그러한 개별적 유보조항이 없어 외관상으로는 그 효력 면
에서 차이가 있어 보이지만 우리 헌법상 일반적 법률유보조항(헌법 제37
조 제2항)이 양 규정에 모두 적용될 수 있으므로 헌법 규정상 그러한 차
이는 거의 없어지게 된다고 볼 수 있다. 다만 헌법재판소 판례는 직업선
택의 자유에 대하여 단계이론에 따라 기본권제한을 심사하고 있다는 점
에서 좀 더 효과적인 보호가 가능한지의 문제가 제기될 수 있다. 그러나
공무원직은 그 자체가 다른 사적인 직업들과는 달라서 그 수[122]가 한정
이 되어 있을 뿐만 아니라 일정한 자격요건을 갖추어야 하기 때문에 처
음부터 주관적 및 객관적 사유에 의한 제한이 전제되어 있다. 그러므로
공무원직 선택의 제한과 사적인 직업선택의 자유의 제한의 경우는 공익
상의 요청의 정도가 서로 다를 수밖에 없다. 그리고 공무원직의 수행의

**111. 초기 헌재
판례**

**112. 기본권제
한 체계나 효력
상 차이**

343, 352 이하; 장영수, 헌법사례연습 1998, 111면 이하 참조.
119) 헌재 1997. 3. 27, 96헌마86, 판례집 제9권 1집, 325; 헌재 1997. 7. 16, 97헌마26,
검찰청법 제12조 제4항 등 위헌확인, 판례집 제9권 2집, 72, 80; 헌재 1998. 5. 28,
96헌가12, 구 국가공무원법 제73조의2 제1항 단서 위헌제청, 판례집 제10권 1집,
560, 569.
120) 헌재 1990. 10. 8, 89헌마89, 교육공무원법 제11조 제1항에 대한 헌법소원, 판례집
제2권, 332, 350; 이에 반하여 1995. 5. 25, 90헌마196, 국공립중등교원우선임용의
법적 기대권 등에 대한 헌법소원결정에서 조승형 재판관은 반대의견에서 우선임
용권을 헌법상의 공무담임권으로 파악하고 있다. 판례집 제7권 1집, 669, 683.
121) 가령 헌재 2000. 12. 14, 99헌마112 등, 판례집 제12권 2집, 399, 408; 헌재 2005.
10. 27, 2004헌바41, 판례집 제17권 2집, 292, 308.
122) 공무원직의 경우 "특히 직장의 수는 국가의 조직구성권한에 속한다." BVerfGE 84,
133 (147).

경우는 직업행사의 자유가 아니라 공권력의 행사에 해당하며 공무원관계에서 근무의무를 지게 되므로 이 경우에 직업수행의 자유의 적용은 가능하지 않다. 따라서 공무원직의 선택 내지는 제한에 있어서는 공무담임권과 직업공무원제도에 관한 헌법규정이 직업의 자유에 대한 특별법으로서 우선적으로 적용되어야 하며 그러한 한 직업의 자유의 적용은 배제된다고 보아야 할 것이다.[123]

> 판례 다음으로, 직업의 자유 침해 여부에 관하여 보건대, 침해한 기본권 주체의 행위에 적용될 수 있는 여러 기본권들 중의 하나가 다른 기본권에 대하여 특별법적 지위에 있는 경우에는 기본권의 경합은 성립되지 않고 특별법적 지위에 있는 기본권이 우선적으로 적용되고 다른 기본권은 배제되는바, 공무원직은 그 자체가 다른 사적인 직업들과는 달라서 그 수가 한정되어 있을 뿐만 아니라 일정한 자격요건을 갖추어야 하기 때문에 처음부터 주관적 및 객관적 사유에 의한 제한이 전제되어 있다. 따라서 공무원직의 선택 내지는 제한에 있어서는 공무담임권에 관한 헌법규정이 직업의 자유에 대한 특별규정으로서 우선적으로 적용되어야 하며 직업의 자유의 적용은 배제된다고 보아야 할 것이므로(헌재 2000. 12. 14. 99헌마112 등, 판례집 12-2, 399, 408 참조), 위 부분에 대하여도 별도 판단을 하지 아니한다.
>
> (헌재 2005. 10. 27, 2004헌바41, 판례집 제17권 2집, 292, 308-308)

다. 그 밖의 다른 기본권과의 경합관계

113. 직업상 거주·이전의 자유 > 일반 거주·이전의 자유

거주·이전의 자유와 직업상의 거주·이전의 자유간에는 일반·특별의 관계로서 법적 경합이 존재한다. 그러므로 직업상의 거주·이전의 자유와 점포개설의 자유는 헌법 제15조의 직업선택의 자유에 의하여 보호된다.[124]

114. 영업목적 주거의 경우 주거의 자유>직업의 자유

그리고 직업의 자유와 주거의 자유(헌법 제16조)간에도 일정한 직업상의 목적으로 이용되는 주거공간(사무실, 공장 등)이 문제가 되는 경우에

---

123) Scholz는 원칙적으로 직업의 자유는 공무원관계에 적용될 수 없다고 보고 있다. Scholz (주 110), Rn. 207; Breuer (주 3), Rn. 98. Vgl. BVerfGE 7, 377 (397 f.); 39, 334 (369).

124) Scholz (주 110), Rn. 200 ff; Günter Dürig, Kommentar zum GG(Lfg. 66 2012), Art. 11 GG, Rn. 30ff; Breuer (주 3), Rn. 68.

는 경합관계가 존재한다. 이러한 공간을 직업상 또는 영업상 이용하는
것은 직업행사의 자유의 일부라고 할 수 있겠지만 그러한 경우에 주거
의 자유(헌법 제16조)가 직업의 자유에 대하여 특별규정이라고 본다. 따
라서 양 기본권간에는 법적 경합관계가 존재한다. 그러므로 직업상 또
는 영업상 이용되는 주거공간의 보호를 위해서는 헌법 제16조만 적용되
고 제15조는 적용되지 않는다.[125]

2. 상상적 경합

그 밖의 기본권들에 대하여 직업의 자유는 상상적 경합관계에 있어
내용적으로 보완되며 병행적인 효력을 가진다.

115. 병행적 효력

가. 평등의 원칙

직업의 자유는 흔히 평등의 원칙과 상상적 경합관계에 놓이게 된
다. 이러한 경우에 직업의 자유의 구체적인 내용과 범위는 평등취급의
원칙과 자의금지의 의미에서의 차별금지와의 상관관계 가운데서 결정된
다. 우리 헌법재판소 판례 가운데서는 국·공립사범대학 등 출신자를
교육공무원인 국·공립학교 교사로 우선하여 채용하도록 규정한 교육공
무원법 제11조 제1항이 평등의 원칙과 직업선택의 자유에 위반된다고
보아 위헌으로 선언한 1990. 10. 8, 89헌마89 결정[126]을 그 예로 들 수
있을 것이다.

116. 직업의 자유와 평등권

나. 재산권

직업의 자유는 특히 재산권보장과 중첩적인 보장관계에 있다. 독일 연
방헌법재판소는 양 기본권의 보호영역에 대하여 다음과 같이 구분하고 있
다. 즉 직업의 자유는 우선적으로 인격과 관련된다. 직업의 자유는 연방헌
법재판소에 따르면 개인적인 능력발휘와 생계유지 영역에서의 인격의 자유
로운 발현권을 구체화하는 것이며 또한 주로 "미래지향적(zukunftgerichtet)"

117. 직업의 자유와 재산권

---

125) Scholz (주 110), Rn. 203.
126) 헌재 1990. 10. 8, 89헌마89, 판례집 제2권, 332, 350.

이다. 이에 반해서 재산권보장은 "대상과 관련한(objektbezogen)" 보장기능을 한다. 즉 개인이 자신의 근로와 능력발휘를 통해 획득한 재산적 가치를 보장하는 목적을 갖는다는 것이다.127) 결국 이러한 정의에 따르면 재산권보장은 소득된 바를 보호하는 데 반해서 직업의 자유는 소득활동 자체를 보호한다고 할 수 있다.128)

118. 계약갱신 요구제나 전월 세상한제

다만 주택이나 상가 등을 임대하여 소득을 올리는 경우 이 소득행위는 주택과 상가 등에 대한 사용·수익 행위에 해당되기 때문에, 재산권행사에 해당되면서 동시에 직업의 행사이기도 하다. 따라서 최근 도입되어 헌법소원심판이 청구된 주택임대차보호법상 계약갱신요구제나 전월세상한제의 경우 임대인의 재산권행사에 대한 제한이자 동시에 직업행사의 자유에 대한 제한이 될 수 있다.

119. 일반적인 경제활동 내지 기업활동의 영역

일반적인 경제활동 내지는 기업활동의 영역에서 원칙적으로 모든 경제적 자유는 직업의 자유와 재산권에 의하여 중첩적으로 보장된다. 이에 해당하는 것으로는 특히 기업의 처분의 자유, 투자의 자유, 생산의 자유, 시장진입과 시장활동의 자유, 성장의 자유, 가격결정의 자유, 조직의 자유, 광고와 판매의 자유 및 근로조건, 근로장소, 근로내용, 임금, 근로자의 참여 등에 관한 사용주의 급부제공 및 처분권 등129)이며 또한 경쟁의 자유130) 역시 이러한 관계 하에서 보장된다.

120. 기능적으로 구별되는 한에서 구분

한편 기본권 제한과 관련하여 독일 연방헌법재판소는 일반적으로 직업의 자유와 재산권은 본질적으로 동일한 차원에 놓이는 것으로 보고 있다. 대다수의 경우 직업행사에 대한 규제는 곧 재산권의 내용적 한계가 된다. 그러나 모든 경우에 다 그런 것은 아니다. 그리고 양 기본권의 한계를 자동적으로 같게 보는 것은 허용되지 않는다. 그러한 한 양 기본권의 보장 내용과 한계는 서로 그것이 기능적으로 구별되는 한에서 구분되어야 한다.131)

---

127) BVerfGE 30, 292 (335).
128) BVerfGE 30, 292 (335); Scholz (주 110), Rn. 147; Breuer (주 3), Rn. 100.
129) Scholz (주 110), Rn. 132 f.
130) Scholz (주 110), Rn. 144.
131) Scholz (주 110), Rn. 150.

다. 언론 · 출판의 자유

언론 · 출판의 자유 역시 직업의 자유와 상상적 경합관계에 있다.[132] 언론 · 출판 역시 헌법 제15조의 직업활동의 대상이 될 수 있기 때문이다.

출판(신문)의 자유와 관련해서는 출판(신문)의 자유가 출판(신문)의 직업적 측면까지 포괄하며 따라서 직업의 자유에 대한 특별규정이라고 하는 입장[133]이 있는 반면, 발행인, 기자, 논설가 등 전형적인 신문업도 직업의 자유 하에서 보호되는 직업이라고 보는 입장[134]이 있으나, 언론 · 출판의 자유는 직업의 자유의 특별법적 관계에 있는 것이 아니기 때문에 언론 · 출판업의 경우 언론 · 출판의 자유의 관점에서만이 아니라 직업의 자유의 관점에서도 기본권제한의 한계를 일탈했는지 여부를 심사해야 할 것이다. 더구나 언론 · 출판의 자유의 경우 헌법 제21조 4 항은 "언론 · 출판은 타인의 명예나 권리 또는 공중도덕이나 사회윤리를 침해해서는 아니 된다. 언론 · 출판이 타인의 명예나 권리를 침해한 때에는 피해자는 이에 대한 피해의 배상을 청구할 수 있다."고 규정함으로써 헌법적 한계를 직접 규정하고 있으며, 다른 한편으로는 헌법 제21조 제2항에서 언론 · 출판에 대한 허가나 검열은 인정되지 아니한다고 규정함으로써 제한의 한계를 직접 명시하고 있기 때문에 기본권제한의 요건이나 한계 면에서 직업의 자유의 제한의 경우와 다른 기준이 적용될 수 있다는 점을 고려할 때 더욱 그렇다.

우리 헌법재판소는 1998. 4. 30. 출판사 및 인쇄소의 등록에 관한 법률 제5조의2 제5호 등 위헌제청결정[135]에서 여러 기본권이 경합하는 경우에 어떠한 기본권을 기준으로 심사해야 할 것인지를 다루고 있다. 헌법재판소는 이 결정에서 "이 사건 법률조항은 언론 · 출판의 자유, 직

121. 언론 · 출판의 자유와 직업의 자유
122. 학설의 대립

123. 헌재의 입장

---

132) Scholz (주 110) Rn. 170 f; Herzog (주 110), Rdnr. 142.
133) Herzog (주 110), Rn. 141 f.; Pieroth/Schlink는 직업의 자유와 출판의 자유는 전체적으로 일반 · 특별의 관계에 있지 아니하나 편집인이라고 하는 직업활동은 그것이 신문사를 통해서 이루어진다고 하는 추가적인 표지를 통해서 특징지워진다고 하면서 그러한 한 출판(신문)의 자유는 직업의 자유에 대한 특별성을 가진다고 하고 있다. Pieroth/Schlink, Grundrechte, Staatsrecht II(11. Auflage), Heidelberg 1995, Rn. 372.
134) Scholz (주 110), Rn. 170.
135) 헌재 1998. 4. 30, 95헌가16, 판례집 제10권 1집, 327.

업선택의 자유 및 재산권을 경합적으로 제약하고 있다. 이처럼 하나의 규제로 인해 여러 기본권이 동시에 제약을 받는 기본권경합의 경우에는 기본권침해를 주장하는 제청신청인과 제청법원의 의도 및 기본권을 제한하는 입법자의 객관적 동기 등을 참작하여 사안과 가장 밀접한 관계에 있고 또 침해의 정도가 큰 주된 기본권을 중심으로 해서 그 제한의 한계를 따져 보아야 할 것"이라고 하면서, 이 사건에서는 "제청신청인과 제청법원이 언론·출판의 자유의 침해를 주장하고 있고, 입법의 일차적 의도도 출판내용을 규율하고자 하는 데 있으며, 규제수단도 언론·출판의 자유를 더 제약하는 것으로 보이므로 언론·출판의 자유를 중심으로 해서 이 사건 법률조항이 그 헌법적 한계를 지키고 있는지를 판단하기로 한다."고 하고 있다.[136]

124. 헌재 판례에 대한 비판

우선 "기본권침해를 주장하는 제청신청인과 제청법원의 의도 및 기본권을 제한하는 입법자의 객관적 동기"[137]는 참작사유는 될 수 있을지언정 그것이 기본권경합문제를 해결할 수 있는 기준이 될 수는 없을 것이다.[138] 또한 "사안과 가장 밀접한 관계에 있는지 여부"라고 하는 기준도 마찬가지로 밀접한 관계에 있는 다른 기본권이 존재할 경우에 어떻게 적용해야 할 것인지를 설명하고 있지 못하고, 마지막으로 "침해의 정도가 큰 주된 기본권을 중심으로" 해서 제한의 한계를 따져 보아야 한다고 하고 있으나 헌법적 한계 내지는 법률유보의 내용을 서로 달리 하고 있는 기본권이 경합하는 경우에는 각각의 헌법적 한계 내지는 법률유보에 입각한 기본권침해의 중대성은 달리 심사될 수밖에 없기 때문

---

136) 헌재 1998. 4. 30, 95헌가16, 판례집 제10권 1집, 327 (337).

137) 이러한 기준은 추측컨대 "경쟁하는 기본권간의 효력의 우열은 기본권을 주장하는 기본권주체의 의도와 기본권을 제한하는 공권력의 동기를 감안해서 개별적으로 판단하되 기본권의 효력이 되도록 강화되는 방향의 해결책을 모색하는 것이 가장 바람직하다고 할 것"이라는 기본권경합에 관한 허영 교수의 설명(헌법이론과 헌법, 박영사 2021, 420–421면; 한국헌법론 (주 6), 300면)에 영향받은 것으로 보인다.

138) 오히려 제청신청인이나 제청법원이 주장하지 않았다 하더라도 관계된 다른 기본권이 존재하면 경합적인 적용을 하여 그에 대한 침해여부를 심사하여야 할 것이다. 또한 이 사건의 경우 입법자의 객관적인 동기가 출판내용을 규제하고자 함에 있다 할지라도 이것은 동시에 출판업 수행의 내용적 규제를 의미하기 때문에 입법자의 객관적인 의도는 별로 도움이 되지 않을 것으로 보인다.

에, 헌법재판소가 이러한 논리로 단순히 언론 · 출판의 자유의 위반여부만 심사하고 만 것은 기본권제한에 대한 심사과정의 일부를 누락시킨 것 아닌가 하는 의심을 주고 있다고 하겠다. 구체적으로 이 사건에서는 음란 또는 저속한 간행물을 출판한 출판사의 등록을 취소할 수 있도록 규정하고 있는 출판사및인쇄소의등록에관한법률 제5조의2 제5호가 청구인의 직업선택의 자유를 침해하는 것은 아닌지에 대하여 단계이론에 따른 과잉금지의 원칙 위반여부도 심사하였어야 할 것이다.139)

라. 학문과 예술의 자유

직업의 자유는 학문과 예술의 자유와 역시 상상적 경합관계에 있다. 학문적 직업은 학문의 자유에 의해서만이 아니라 직업의 자유에 의해서도 보호된다. 그리고 예술활동 역시 예술의 자유에 의해서만이 아니라 직업의 자유에 의해서도 보호된다. 만일 학문 · 예술활동이 공무활동으로 수행되는 경우에는 직업의 자유 대신 직업공무원제도와 공무담

125. 학문 · 예술의 자유와 직업의 자유

---

139) 헌법재판소는 엄격한 의미의 음란표현은 언론 · 출판의 자유의 보호영역에 해당되지 않는다고 보고 있다(판례집 제10권 1집, 327, 341). 그러면서도 동시에 음란한 간행물 출판에 대한 제재조치가 과연 언론 · 출판의 자유를 과잉으로 제한하는 것이 아닌지를 심사하고 있다. 그러나 오히려 음란한 간행물이 언론 · 출판의 자유에 의하여 보호될 수 없는 언론 · 출판의 범위에 속한다면 다른 기본권의 보호영역에 포섭될 수 있는지 여부에 따라 그에 대한 침해여부를 심사하였어야 할 것이다. 즉 첫 번째로 언론 · 출판의 자유에 의하여 보호되지 못하는 표현은 일반적 행동의 자유라고 할 수 있는 행복추구권에 포섭될 수 있다(Pieroth/Schlink (주 82), Rn. 353 f. 참고. "설령 음란표현이 행복추구권의 한 내용으로서 인정된다 하더라도"라고 하는 헌법재판소의 지적은 이 점을 어느 정도 인정한 듯 한 표현으로 보인다[330]). 두 번째로 표현물을 제작하여 유통하는 것은 출판업이라고 하는 직업의 자유의 보호영역에 포함된다고 볼 수 있다(이 경우에는 굳이 행복추구권의 침해여부는 심사될 필요가 없을 것이다). 여기에서 직업의 자유를 규정하고 있는 우리 헌법 제15조의 어느 곳도 타인의 명예나 권리 또는 공중도덕이나 사회윤리를 침해해서는 아니된다고 하는 헌법적 한계를 직접 규정하고 있지 않다. 즉 공중도덕이나 사회윤리에 위반되는 표현물을 출판하는 업이라 하더라도 처음부터 직업의 자유의 보호영역 단계에서 배제되는 것이 아니라 헌법 제37조 제2항에 따라 국가안전보장 · 질서유지 · 공공복리를 위하여 비로소 제한될 수 있을 뿐이며 그 경우에도 단계이론에 따른 과잉금지의 원칙의 적용을 받는다 할 것이다. 따라서 헌법재판소가 언론 · 출판의 자유의 제한에 대한 과잉금지원칙 위반 여부를 심사하는 대신에 오히려 직업의 자유의 제한에 대한 과잉금지원칙 위반여부를 심사하였어야 할 것이다.

임권규정이 적용될 것이다.[140]

126. 사립학교 교원 기간제임 명제

　　헌법재판소는 1998. 7. 16. 사립학교법 제53조의2 제2항 위헌소원 등[141])에서 사립대학 교육기관의 교원을 정관이 정하는 바에 따라 기간을 정하여 임면할 수 있도록 규정한 구 사립학교법 제53조의2 제3항이 헌법에 위반되는지 여부와 관련하여, 주로 교육의 자주성·전문성·정치적 중립성 및 대학의 자율성과 학문의 자유의 침해여부에 대하여서만 심사하고 합헌으로 선언하였다. 그러나 이 경우에 직업의 자유의 위반여부도 심사할 수 있었을 것이다.

127. 서울대학교의 94학년도 대학입학고사 주요요강 사건

　　한편 1992. 10. 1. 1994학년도 신입생선발입시안에 대한 헌법소원결정[142])에서도 헌법재판소는 서울대학교의 94학년도 대학입학고사주요요강에서 인문계열 대학별고사의 제2외국어에 일본어를 제외한 것이 헌법에 위반하는지 여부에 대하여 교육의 자주성, 대학의 자율성과 청구인들의 교육의 기회균등의 관점에서만 고찰하고 있으나, 청구인들의 직업선택의 자유의 관점에서도 다루어줄 수도 있었지 않았을까 생각된다. 왜냐하면 직업의 자유에는 대학과 같은 직업훈련장 선택의 자유가 포함된다고 할 수 있기 때문이다.[143]

마. 기 타

128. 종교의 자유 등

　　그 밖에도 종교의 자유(헌법 제20조)[144]나 근로자의 노동기본권(헌법 제33조)[145] 등도 직업의 자유와 상상적 경합관계에 있을 수 있다.

---

140) Scholz (주 110), Rn. 181 f.
141) 헌재 1998. 10. 1, 96헌바33 등 병합, 헌법재판소공보 제29호, 620면 이하.
142) 헌재 1992. 10. 1, 92헌마68 등, 판례집 제4권, 659.
143) 독일 연방헌법재판소는 국가가 독점하고 있는 교육기관, 특히 대학에 관한 한 직업의 자유와 평등의 원칙 그리고 사회국가원리로부터 참여권이 도출될 수 있다고 보고 있다. Vgl. BVerfGE 33, 303 (330 ff.); 43, 291 (313 ff.); Scholz (주 110), Rn. 183. 그러나 이 사건의 경우 서울대학교라는 특정 학교에의 입학기회를 제한하는 것이기 때문에 직업선택의 자유가 판단의 기준으로 원용될 수는 없다고 보는 견해로는 전광석, 1994학년도 서울대학교 신입생선발시안에 대한 헌법소원, 사법행정 1993. 4. 40−51, 50면 참조.
144) Scholz (주 110), Rn. 166 ff.
145) Scholz (주 110), Rn. 199 ff.

제 13 절 재산권

Ⅰ. 재산권보장[1]의 헌법상의 의의

1948년 광복헌법은 제15조에서 "재산권은 보장된다. 그 내용과 한 계는 법률로써 정한다. 재산권의 행사는 공공복리에 적합하도록 하여야 한다. 공공필요에 의하여 국민의 재산권을 수용, 사용 또는 제한함은 법 률의 정하는 바에 의하여 상당한 보상을 지급함으로써 행한다."고 규정 함으로써, 현행 헌법 제23조의 재산권보장의 내용과 거의 같은 내용을 담고 있었다. 헌법제정회의 당시 재산권조항에 대해서는 별다른 이의가 없이 그대로 통과가 되었다.

1. 1948년 광복 헌법 제15조

이 광복헌법을 기초한 유진오 박사는 그의 『헌법해의』에서 우리 헌 법상 재산권의 유래를 바이마르 공화국 헌법의 재산권보장에서 찾았으 며, 이 바이마르 헌법은 재산권의 신성불가침과 절대성을 특징으로 하 였던 자유주의적 재산권보장과는 달리, 재산권은 의무를 포함한다고 하 는 규정을 둠으로써 재산권자가 재산권을 공공복리를 위하여 이용할 의 무를 진다는 점을 강조하였다.[2]

2. 바이마르 헌 법으로부터의 유래

재산권은 국민의 물질적 생존을 위한 기초가 될 뿐만 아니라, 더 나아가 이 재산권이 보장될 때에, 그 밖의 모든 정신적 자유와 경제적 자유를 누릴 수 있게 되므로, 재산권의 보장은 자유권적 기본권의 가장 초석이 되는 기본권이라고 할 수 있다.

3. 물질적 생존 이 기초이자 정 신적 자유의 기 반

다만 위에서 유진오 박사가 지적한 바와 같이, 우리 헌법이 채택하 고 있는 재산권의 보장은 소유권의 신성불가침성과 절대성을 내용으로 하는 자유주의적 재산권이 아니라, 그 사용을 함에 있어서 공공복리에 적합하게 하여야 하는 사회적 의무를 내포하는 사회국가적 재산권을 보

4. 사회국가적 재산권

---

1) 정하중, 헌법재판소의 판례에 있어서 재산권보장, 헌법논총 제9집(1998), 277-340면.
2) 유진오, 헌법해의, 명세당 1949, 45-46면.

장하고 있음을 간과하여서는 아니 된다.

5. 재산권의 사
회적 구속성과
공용제한의 구
분

이와 같은 재산권의 사회적 의무, 내지 사회적 구속성과 재산권에 대한 수용, 사용, 제한을 어떻게 구분할 것인지 하는 문제가 재산권이라고 하는 기본권해석론에 있어서 가장 어려운 난제라고 할 수 있다. 이 문제는 구체적인 사례를 전제로 하여 헌법재판소가 그 구분을 어떻게 해 오고 있는지 하는 점을 염두에 두고서 현실과 연관 지어 생각하는 것이 의미가 있다고 하겠다.

II. 재산권의 법적 성격

6. 주관적 공
권·객관적 가
치질서
7. 사유재산제
도의 근본핵심

재산권 역시 주관적 공권으로서의 성격과 객관적 가치질서로서의 성격을 모두 가지고 있다.

첫째, 객관적 질서로서의 측면은 재산권의 보장이 사유재산제도의 근본핵심이라고 하는 점에 있다. 이 사유재산제도는 자유주의와 사회주의를 구분하는 가장 근본적이고도 핵심적인 요소로서, 사유재산제도의 보장3)이 없이는 자본주의적 시장경제의 실현이 불가능하다. 사회주의 국가이지만 자본주의시장경제를 도입한 중국 역시 최근 헌법을 개정하여 개인의 사소유권을 인정하기 시작한 점은 이를 잘 말해 주고 있다.

8. 사유재산제
도와 자본주의
경제질서의 관
계

사유재산제도와 자본주의 경제질서의 관계를 생각해 보면, 소유권의 신성불가침과 절대성을 기초로 하는 자본주의 시장경제질서는 자유주의적 시장경제질서라고 할 수 있을 것이다. 그 정반대의 위치에 놓이는 것이 사유재산제도를 전혀 인정하지 않는 사회주의적 계획경제질서라고 할 수 있을 것이다. 개인의 사소유권을 원칙적으로 널리 인정하면서도, 재산권의 행사에 있어서 공공복리 적합의무를 부과하고, 공공필요가 있는 경우 보상을 전제로 수용, 사용, 제한할 수 있도록 하는 제도는 사회적 시장경제질서로서 수정자본주의 경제에 해당한다고 할 수 있을 것이다. 이러한 측면에서 우리 헌법은 사회적 시장경제질서를 채택하고

---

3) 토초세 과세로 인하여 원본 자체가 잠식되는 경우는 수득세인 토초세의 본질에도 반하고 사유재산권보장 취지에도 위반된다고 하는 헌재 판례로 헌재 1994. 7. 29, 92헌바49 등, 판례집 제6권 2집, 64, 66.

있음을 간접적으로 알 수 있다.

한편 객관적 가치질서로서의 측면에서 가장 강조해야 할 것은 국가의 기본권보호의무라고 할 수 있으며, 또한 주관적 권리로서의 재산권을 실현하기 위한 절차와 조직을 보장하여야 할 국가의 의무라고 할 수 있을 것이다. 제3자에 의하여 재산권적 법익을 침해받게 되는 경우 국가가 국민의 재산권을 보호하기 위하여 적극적인 보호조치를 취하여야 한다는 것이다. 이를 위한 것으로는 형법상 사기죄나 배임죄 등 재산적 범죄에 대한 각종 처벌제도를 들 수 있을 것이며, 또한 재산적 손해를 야기한 경우에 그에 대한 배상을 제도화시킨 채무불이행이나 불법행위에 대한 손해배상의무가 바로 그와 같은 제도들이라고 볼 수 있을 것이다. 이러한 여러 가지 민사법상의 제도들은 바로 헌법 제23조의 재산권의 구체적인 내용을 형성하는 것일 뿐만 아니라, 재산권적 법익에 대한 제3자의 침해가 있을 경우에 이를 보호하기 위한 제도들이라고 할 수 있을 것이다.

한편 조직과 절차의 보장의무는 주로, 공공필요에 의한 재산권의 수용, 사용, 제한의 경우 그에 대한 보상을 위한 절차와 조직이 마련되어 있지 아니하면, 재산권은 형해화될 수 있으므로, 재산권의 보장을 위해서는 이러한 절차와 조직의 형성이 매우 중요하다고 볼 것이다.

둘째, 주관적인 권리로서의 측면은 재산권은 일종의 주관적 방어권[4]으로서 재산권주체가 사적 유용성이 있는 재산권 객체에 대하여 자유로이 사용, 수익, 처분할 수 있는 배타적인 권리라고 하는 점에 그 핵심이 있다.[5] 다만 우리 헌법 제23조 제2항은 재산권의 행사는 공공복리에 적합하여야 한다고 규정하고 있기 때문에, 이러한 자유에는 어느 정도 사회적인 의무를 내포한다고 할 수 있다.

> 9. 국가의 기본권보호의무
>
> 10. 조직과 절차의 보장의무
>
> 11. 사용·수익·처분 가능한 배타적 권리

---

4) Walter Leisner, Eigentum, in: HStR VIII 3. Aufl., 2010, § 173, Rn. 54.
5) Leisner (주 4), Rn. 43, 47 ff.

Ⅲ. 재산권의 주체

12. 모든 국민

재산권의 주체는 우선 모든 국민이다. 따라서 국가나 지방자치단체는 국고로서의 지위를 가질 수는 있지만 그렇다고 재산권의 주체로 볼 수는 없다.

13. 내국사업인·외국인

또한 내국 사법인[6]과 외국인도 재산권의 주체가 된다. 왜냐하면 재산권은 천부인권적 기본권에 해당되기 때문에 외국인과 무국적자를 포함한 모든 자연인에게 그 주체성이 인정된다.[7] 행위능력 여부는 문제되지 않는다.[8] 다만 외국인의 토지 취득과 관련해서는 상호주의의 원칙에 따라 토지의 취득 또는 양도를 금지하거나 제한할 수 있다. 다만 헌법과 법률에 따라 체결된 조약의 이행에 필요한 경우에는 그렇지 않다(부동산 거래신고 등에 관한 법률 제7조).

14. 태아의 기본권주체성

다음으로 태아도 재산권의 주체가 될 수 있는지 문제를 제기해 볼 수 있다. 민법 제3조와 제762조를 근거로 대법원은 사산된 태아의 경우 손해배상청구권의 주체가 될 수 없다고 새기고 있다. 민법 제762조는 "태아는 손해배상의 청구에 관하여는 이미 태어난 것으로 본다"고 하였는 바, 비록 사산되어서 태어났다 하더라도, 태아로서 생존한 동안은 이미 태어난 것으로 보고, 손해배상청구의 주체가 될 수 있었으나, 죽어서 태어났으므로 그 손해배상청구권은 부모나 형제 등 다른 사람에게 상속되는 것으로 이해할 수도 있었을 것이다. 그러나 헌법재판소는 사산된 태아의 경우 권리능력의 주체가 될 수 없는 것으로 보는 것이 국가의 기본권보호의무에 위반되는 것은 아니라고 보았다.[9]

15. 헌재 입장에 대한 비판

이 경우 오히려 태아 역시 재산권의 주체가 될 수 있다고 본다면, 손해배상청구의 주체가 될 수 있는 것으로 새길 수 있으며, 의료과실로 사산하는 경우, 그 태아 본인의 생명에 대해서도 손해를 배상해야 하는

---

6) Friedhelm Hufen, Staatsrecht II, Grundrechte, 6. Aufl., München, S. 584.; Michael Sachs 저/방승주 역, 헌법 II - 기본권론, 헌법재판소 2002, 562면; 계희열, 헌법학 (중), 박영사 2007, 560면.

7) 계희열 (주 6), 560면.

8) Hufen (주 6), S. 584.

9) 헌재 2008. 7. 31, 2004헌바81, 판례집 제20권 2집 상, 91, 101-106.

민법상의 채무로 인하여 태아의 생명에 대하여 보다 더 많은 주의를 기울이게 될 것이므로, 그와 같이 법률을 적용하고 해석하는 것이 태아의 생명권에 대한 기본권보호의무를 더 제대로 이행하는 것이 될 것이라고 생각된다. 이와 같은 해석이 기본권합치적인 해석이라고 판단되며, 그러한 의미에서 이 사건 판결에서 반대의견10)이 더욱 올바른 해석이라고 생각된다.

다만 반대의견을 낸 두 재판관 중 어느 누구도 태아의 재산권의 기본권주체성을 언급하고 있지 아니하나, 이와 같이 손해배상청구권을 태아의 경우에 인정하려 한다면, 태아의 재산권의 기본권주체성을 먼저 인정하는 것이 타당하다고 보아야 할 것이다. 16. 태아의 기본권주체성 인정 필요

Ⅳ. 재산권의 내용과 한계

우리 헌법상의 재산권에 관한 규정은 다른 기본권 규정과는 달리 그 내용과 한계가 법률에 의해 구체적으로 형성되는 기본권형성적 법률유보의 형태를 띠고 있다. 그리하여 헌법이 보장하는 재산권의 내용과 한계는 국회에서 제정되는 형식적 의미의 법률에 의하여 정해진다. 17. 기본권형성적 법률유보

그러나 헌법 제23조 제1항 제1문에 따를 때 모든 국민의 재산권은 보장된다고 하고 있기 때문에, 헌법적 재산권 개념은 입법자가 재산권의 내용과 한계를 정하기 전에 이미 존재하는 것이다. 만일 그렇지 않다면 재산권은 법률에 따른 재산권이 될 것이고, 재산권은 헌법적 재산권이 아니라 법률에 의한 재산권이 되어 기본권으로서의 재산권은 아무런 의미가 없게 되고 말 것이기 때문이다.11) 그러므로 헌법적 재산권 개념과 그 보호영역을 확정하는 것이 매우 중요하다. 18. 헌법적 재산권 개념

재산권의 내용과 한계를 정함에 있어서는 재산적 가치가 있는 대상들의 사실상의 특성을 유형적으로 우선 분류해 볼 필요가 있다.12) 이러한 19. 유형적 분류 필요

---

10) 헌재 2008. 7. 31, 2004헌바81, 판례집 제20권 2집 상, 91, 94−95.

11) Leisner (주 4), Rn. 11, 50.

12) 이에 관해서는 독일의 Leisner와 Depenheuer가 잘 구분해서 설명하고 있기 때문에 이들의 구분을 기초로 하여 이하의 내용을 전개해 보기로 한다.

유형에 따라서 법이 현실 가운데 존재하는 재산적 가치가 있는 것을 단순히 받아들이는 경우가 있고, 나아가 재산적 가치가 있는 것을 구체적으로 구분하여 그것을 사용할 수 있도록 하는 경우도 있으며, 그리고 어떠한 경우에는 그 존재 자체를 법적으로 형성해야 할 때가 있기 때문이다.

20. 자연적으로 구분 가능한 법익

첫째, "자연적으로 구분 가능한 법익"에 대한 재산권이다. 이것은 가령 어떠한 동산에 대한 재산권과 같이 법 외적으로도 구분가능하고, 지배가능하기 때문에 소위 "자연적인 재산권능력(Eigentumsfähigkeit)"이 있는 것이다. 가령 어떠한 동상이나 조형물에 대한 재산권은 이에 대한 입법적인 구체화가 없다 하더라도 다른 모든 사람들에 대하여 그 물건에 대한 모든 형태의 접근을 거부할 권리로서 헌법적으로 보호될 수 있을 것이다.13)

21. 본질적으로 구분이 필요한 법익

둘째, "본질적으로 구분이 필요한 법익"에 대한 재산권인데 특히 토지재산권이 그러하다. 즉 이 재산권의 경우에 입법자가 우선적으로 가령 물권적 전제조건(토지의 경계설정, 등기부에의 등기)을 창설하는 등, 어떠한 경우에 일정한 대상이 재산권능력을 갖출 수 있는지를 개별적으로 구분해 줘야 한다. 그렇게 할 때 비로소 이 재산권은 배타적 권리로서 보호될 수 있다. 재산권이라고 하는 것은 사적인 재산영역을 구분하기 위하여 가장 중요한 법적 제도라고 하는 독일 연방헌법재판소의 판시는 바로 이와 같은 경우에 가장 잘 들어맞는 설명이라고 할 수 있다. 이러한 경우에야 말로 법질서에 의한 구체적 형성을 필요로 하는 것이다.14)

22. 법률에 의하여 그 자체로 비로소 인정될 수 있는 법익

셋째, "법률에 의하여 그 자체로 비로소 인정될 수 있는 법익"에 대한 재산권이다. 가령 청구권, 특히 무체재산권과 같이 입법자가 일정한 입법행위를 하고 나서야 비로소 헌법적인 보호가 가능해질 수 있는 그러한 재산권이 그것이다. 가령 특허권, 상표권은 입법자가 그 내용을 규정하고 나서야 비로소 헌법 제23조 제1항의 재산권으로 보호될 수 있는 것이다.15)

---

13) Leisner (주 4), Rn. 15. 데펜호이어(Depenheuer)도 역시 라이즈너(Leisner)의 이러한 설명을 바탕으로 "자연적으로 구분된 법익"에 대한 재산권으로 설명하고 있는데 내용은 마찬가지이다. Otto Depenheuer, Eigentum, in: HGR V, § 111, Rn. 47.

14) Leisner (주 4), Rn. 16.

헌법이 보장하는 재산권의 내용과 한계를 정하는 법률은 결국 헌법
적으로 존재하는 재산권의 내용과 보호영역을 구체화하는 것에 지나지
않는다 할 것이기 때문에, 이러한 재산권의 내용과 한계에 대한 규정은
원칙적으로 재산권을 제한한다는 의미가 아니라 재산권을 "형성"[16]한다
는 의미를 갖는다. 그러나 현실에 있어서는 입법자가 재산권의 내용과
한계, 그리고 사회적 제약을 구체화하는 과정에서 불가피하게 재산권에
대한 제한도 수반될 수밖에 없는 것도 사실이다.[17] 그리하여 과연 어디
까지가 사회적 제약의 한계 내의 재산권의 내용·한계 규정이고, 어디
까지가 재산권의 수용·사용 또는 제한에 해당되는 것인지를 구분하는
것이 매우 중요하다. 왜냐하면 후자의 경우에만 우리 헌법 제23조 제3
항이 정당한 보상을 할 것을 규정하고 있기 때문이다.

입법자의 재산권에 대한 어떠한 규정이 헌법적으로 정당한 재산권
에 대한 내용과 한계에 관한 규정, 또는 사회적 제약의 구체화인지 여부
를 판단함에 있어서는 재산적 법익들 간의 사실 상황의 차이를 기준으
로 하는 위 세 가지 분류로부터 일정한 결론을 도출해 볼 수 있겠다.

즉 첫째, 자연적으로 구분가능하거나 또는 구분되어 있는 법익에 대
한 재산권의 경우에 입법자가 굳이 재산권의 내용을 정할 필요가 없다.

둘째, 본질적으로 구분이 필요한 법익에 대한 재산권의 경우 입법
자는 보다 상세한 내용규정을 할 필요가 있다.

그리고 마지막으로 셋째, 무체재산권(無體財産權)과 같은 경우 만일
입법자가 그에 관하여 아무런 규정을 하지 않는 경우 무엇이 재산권인
지를 파악할 수가 없다. 그러므로 입법자는 이에 대한 내용을 규정할 권
한이 부여되는 것이다. 이에 반하여 헌법과 헌법재판은 그러한 내용을

(여백 주석: 23. 형성은 제한을 수반 / 24. 상이한 유형으로부터 사회적 제약의 구체화에 대한 결론 / 25. 내용규정이 필요없는 경우 / 26. 보다 상세한 내용규정이 필요한 경우 / 27. 무엇이 재산권인지 파악할 수 없는 경우)

15) Leisner (주 4), Rn. 17. 이에 대하여 데펜호이어는 "법률에 의하여 비로소 출현될
수 있는 법익"에 대한 재산권이라고 하면서 약간의 표현상의 차이를 보여주고 있
는데 내용상 라이즈너의 설명과 같은 내용이라고 생각된다. Depenheuer (주 13),
Rn. 49.
16) 그때그때의 형성이 과연 어떠한 제한(Eingriff)으로서의 성격이 부여되어야 할 것
인지 또는 한계(Schranken)로서의 성격이 부여되어야 할 것인지가 불분명하다고
하면서 이 형성(Gestaltung)개념에 대하여 상당히 설득력 있게 비판적 의견을 피
력하고 있는 입장으로 Leisner (주 4), Rn. 141.
17) 동지, 계희열 (주 6), 561쪽.

정할 수가 없다. 그렇다고 해서 그러한 재산권의 대상이나 내용에 대하여 입법자에게 무한정한 처분권이 인정되는 것은 아니고, 만일 입법자가 기본권에 의하여 보장된 재산권적 영역에서의 행위의 근본요소에 속하는 어떠한 것을 박탈하거나 유보하는 경우, 그러한 재산권에 대한 소극적 또는 부정적 형성은 그 자체로 위헌일 수 있다.[18] 입법자는 가장 엄격한 한계 내에서만 어떠한 사항에 대하여 사적인 재산권능력을 부인할 수 있다.[19]

28. 우리 헌재: 사유재산제도 침해불가

　　우리 헌법재판소는 재산권의 내용과 한계를 정하는 법률의 경우에도 사유재산제도나 사유재산을 부인하는 것은 재산권 보장규정에 대한 침해를 의미하고, 결코 재산권형성적 법률유보라는 이유로 정당화될 수 없다고 하고 있다.[20]

29. 사회적 수인한도 유월금지 경제이론: 분리이론

　　아무튼 재산권의 내용과 한계를 정하는 법률이 사회적 수인한도를 넘어서 재산권자의 재산권적 법익을 지나치게 축소시키거나 제한하는 경우 이는 과도한 내용과 한계규정으로서 헌법에 위반될 수 있다. 이 문제는 한편으로는 재산권의 내용 및 한계규정(헌법 제23조 제1항)과 다른 한편으로는 공공필요에 의한 재산권의 수용·사용 또는 제한(헌법 제23조 제3항)의 관계를 어떻게 파악할 것인지와 밀접한 관련이 있다. 즉 수인한도를 넘어서는 재산권의 내용 및 한계규정은 보상을 필요로 하는 수용·사용 또는 제한으로 전환된다고 볼 것인지(소위 경계이론), 아니면 이 재산권의 내용 및 한계규정과 공공필요에 의한 재산권의 수용·사용 또는 제한은 처음부터 전혀 별개의 제도로서 사회적 수인한도를 넘는다고 해서 전자가 후자로 전환되는 것은 아니고 양자는 분리된다고 볼 것인지에 관한 것이다. 이와 관련하여 우리 헌법재판소는 독일 연방헌법재판소의 소위 자갈채취판결(BVerfGE 58, 300. 1981)에 의하여 받아들여진 소위 분리이론을 수용하여 비슷한 논리를 전개하고 있으나, 우리 헌법 제23조 제3항의 경우 "수용"만 규정하고 있는 것이 아니라, "사용"과

---

18) BVerfGE 24, 367 (388 f.); 58, 300 (339)를 인용하며, Leisner (주 4), Rn. 18.
19) BVerfGE 25, 112 (117 f.); 26, 215 (222) 등 독일 연방헌법재판소의 확립된 판례, Leisner (주 4), Rn. 18.
20) 헌재 1993. 7. 29, 92헌바20, 판례집 제5권, 36.

"제한"도 규정하고 있어서 전혀 다른 해석론(도그마틱 Dogmatik)이 필요하다고 하는 것을 간과한 측면이 있지 않나 생각된다. 아무튼 자세한 것은 재산권에 대한 제한 부분에서 다루기로 하고, 이하의 항목에서는 우선 보호영역에 관하여 살피기로 한다.

구체적인 보호영역으로 들어가기 전에 재산권의 내용과 재산권의 한계가 서로 같은 개념인가 여부가 문제 될 수 있으므로 이에 대하여 간략하게 언급하고 넘어가기로 한다. 재산권의 내용은 구체적으로 재산적 가치가 있는 대상들을 무엇으로 할 것인지 그리고 그 대상물에 대하여 권리주체가 어떠한 방식으로 권리행사를 하게 할 것인지, 즉 그 법적 지위에 관한 사항이 내용이기 때문에 이러한 내용이 먼저 결정된 후, 한계는 그 외연의 것이라고 할 수 있을 것이다. 그러므로 내용과 한계는 서로 불가분의 관계에 있는 것이기는 하지만, 한계라고 하는 개념에는 제한개념도 포함될 수 있다고 하는 것을 염두에 둔다면, 내용과 한계를 동일시 할 경우에는 입법자가 재산권의 제한을 가하게 되면 그 범위 내에서 재산권의 내용이 형성된다고 봐야 하므로 헌법적 재산권 개념에 상당히 반하는 해석이 될 수 있다. 그러므로 재산권의 내용과 한계의 개념은 일응 구별되어야 한다는 구별론21)이 기본권 친화적인 해석이론 전개를 위해서 더욱 설득력이 있다고 생각된다.

30. 재산권의 내용개념과 한계개념의 구분 필요성

> [판례] 우리 헌법상의 재산권에 관한 규정은 다른 기본권규정과는 달리 그 내용과 한계가 법률에 의해 구체적으로 형성되는 기본권 형성적 법률유보의 형태를 띠고 있으므로, 재산권의 구체적 모습은 재산권의 내용과 한계를 정하는 법률에 의하여 형성되고, 그 법률은 재산권을 제한한다는 의미가 아니라 재산권을 형성한다는 의미를 갖는다.
>
> (헌재 1993. 7. 29, 92헌바20, 판례집 제5권 2집, 36.)

---

21) 가령 라이즈너는 재산권의 내용이 한계로부터 나오는 것이 아니고, 제한될 내용이 먼저 결정된 다음에 한계는 그 내용에 대한 외부로부터의 제한을 의미하는 것이기 때문에, 문언적으로도 서로 다르다. 즉 내용이 한계에 의하여 결정될 수 있는 것은 아니라고 한다. Leisner (주 4), Rn. 128, 143, 149.

1. 재산권의 개념과 보호영역

가. "재산(Vermögen)"과 재산권(Eigentum)의 개념

31. 사유재산권
이란

사유재산권은 사유재산제도를 기초로 사유재산을 임의로 사용·수익·처분할 수 있는 주관적 공권이다. 우리 헌법 제23조 제1항은 재산권의 내용과 한계는 법률로 정한다고 하고 있다. 따라서 그 구체적인 내용은 입법자의 형성에 유보되어 있다. 그러나 입법자가 재산권의 내용과 한계를 법률로 정한다고 하더라도, 헌법이 전제하고 있는 재산권을 지나치게 한정하거나 축소하는 경우 그러한 형성법률 자체가 헌법상 재산권을 침해할 수 있다. 그러므로 먼저 헌법상 재산권의 개념과 그 보호영역을 살펴 볼 필요가 있다.

32. 재산의 개
념

먼저 재산(Vermögen)의 개념이 문제된다. 재산이란 우선 자신의 땀과 노력[22]으로 벌어들인 모든 것이다. 사유재산의 정당성의 근거로서 받아들여지고 있는 것 중의 하나가 바로 노동이며, 재산이라고 하는 것은 자신의 노력의 결과로서 축적된 것이기 때문에 특별히 보호할 필요성이 있다. 그리고 이 재산의 보전이야 말로 사회계약이론에서 국가를 설립한 목적이 되는 것이다.[23] 재산이라고 하는 것은 결국 자신의 생계유지를 위하여 선택한 직업을 통하여 벌어들인 재산적 가치가 있는 모든 것, 즉 물건, 토지, 건물, 금전, 유가증권, 임금채권 등의 모든 유체재산과 무체재산이 다 포함된다. 나아가 자신의 노력으로 얻지는 아니하였으나, 부모나 가족 등으로부터 상속이나 증여를 통하여 얻은 재산적 가치가 있는 모든 것도 역시 재산에 포함된다. 재산이란 결국 사적 유용성[24]이 있는 것으로서 그 권리주체에게 배타적으로 귀속될 수 있으며 (사적 유용성, 배타적 귀속성), 그 권리주체가 자신의 이익을 위해서 사용, 수익, 처분할 수 있는(처분가능성) 모든 재산적 가치가 있는 것이라 할 수 있다.

---

22) Leisner (주 4), Rn. 118.
23) BVerfGE 53, 257 (291); 69, 272 (301). Depenheuer (주 13), Rn. 4, 9. 물론 Manfred Brockner, Arbeit, 1992, S. 354 ff.와 같은 노동이론에 대한 비판적 견해 역시 존재한다. Depenheuer (주 13), Rn. 4.
24) Leisner (주 4), Rn. 43 ff.

그런데 재산권이라고 할 때에는 이러한 재산적 가치가 있는 것들에 대한 재산권자[25)]의 주관적인 법적 지위라고 할 수 있다. 재산권이 보호하는 것은 권리주체가 직업의 자유 등 자유권의 행사를 통하여 벌어 들인 것, 즉 소득한 바(Erworbene)인 데 반하여, 직업의 자유가 보호하는 것은 소득하는 행위(Erwerbende)를 보호하는 것이다.[26)] 따라서 단지 장차 소득을 얻을 가능성이나 기회(Chance) 또는 "자신의 토지를 장래에 건축 이나 개발목적으로 사용할 수 있으리라는 기대가능성이나 신뢰 및 이에 따른 지가상승의 기회"[27)] 등은 재산권의 보호영역에 포함되지 않는다.

33. 재산권의
개념: 주관적인
법적 지위

한편 독일에서는 독일 연방법원(BGH)의 판례[28)]로 정립된 소위 "설 립되고 운영중인 영리기업(eingerichteter und ausgeübter Gewerbebetrieb)"의 경우 과연 재산권의 보호영역에 포함될 것인지 여부가 논란이 되고 있 다.[29)] 그러나 이 영리기업은 기업활동을 위하여 재산권자가 자본과 인 력을 투자하여 경영 중인 기업이므로, 투자된 영업재산에 대한 사용·수익이라는 측면에서 영업은 재산권의 행사(사용, 수익)인 동시에, 직업 행사의 자유에도 해당된다고 할 수 있을 것이다.[30)]

34. 설립되고
운영중인 영리
기업

헌법 제23조의 재산권보장은 한편으로는 원칙적으로 재산이나 재 산적 가치 있는 대상 자체의 박탈을 금지함으로써 그 존재(속)를 보장 하기도 하지만{존재(속)보장: "모든 국민의 재산권은 보장된다."}, 예외 적으로 공공의 필요가 있어 불가피하게 재산권의 전부 또는 일부를 재

35. 존재(속)보
장과 가치보장

---

25) 이 재산권자의 개념은 1948년 헌법제정 당시 제헌의회 의원들에 의해서도 쓰인 개념이다.

26) 방승주, 직업선택의 자유, 헌법논총 제9집(1998), 211 – 275, 229면.

27) 헌재 1998. 12. 24, 89헌마214 등, 판례집 제10권 2집, 927, 951.

28) 가령 BGH 92, 34, Rn. 9; BGHZ 78, 41, Rn. 17.

29) 이에 관해서는 Leisner (주 4), Rn. 198.

30) 감염병예방법상 코로나19로 인한 영업제한의 경우 재산권에 대한 제한인지 여부 가 문제될 수 있다. 그리고 이 제한이 헌법 제23조 제3항에 따른 공공필요에 의 한 재산권의 제한에 해당된다고 볼 수 있을 것인지, 영업제한으로 인한 손실에 대해서는 무엇을 기준으로 어느 정도의 보상이 이루어져야 정당한 보상이라고 할 수 있을 것인지 문제된다. 이에 관한 논의로는 방승주, 코로나19로 인한 영업 제한과 손실보상 – 그 헌법적 성격과 한계, 공법학연구 제23집 제2호(2022), 3– 45면과 그곳에서 인용된 문헌들 참고. 집합제한조치로 발생한 영업손실에 대하여 아무런 보상규정을 두지 않은 데 대한 헌법소원심판청구를 기각한 헌재 결정으 로 헌재 2023. 6. 29, 2020헌마1669, 판례집 제35권 1집 하, 202.

산권자로부터 수용(박탈)하거나, 재산권을 사용 또는 제한해야 할 경우에는 정당한 보상을 지급함으로써, 적어도 그 재산적 가치만이라도 보장할 수 있도록 하고 있는 것이다(수용의 경우: 가치보장, 사용 또는 제한의 경우: 존재(속)보장 및 가치보장)[31].

나. 헌법상 재산권의 보호영역 포함여부에 대한 구체적 사례들

36. 재산적 가치가 있는 사법상의 권리

현행법상 헌법 제23조의 재산권보호를 받을 수 있는 재산권을 일별해 본다면 다음과 같다. 일단 어떠한 재산적 가치에 대하여 그 권리주체가 배타적으로 사용, 수익, 처분할 수 있는 권리가 민법상의 소유권(민법 제211조)인데, 이 소유권을 비롯하여 민법상 인정되는 모든 채권과 물권, 그 밖에 지적 재산권 등, 사적 유용성이 있는 것으로, 그 재산권주체에게 배타적으로 귀속되는 재산적 가치가 있는 사법상의 권리[32]는 헌법상 재산권보호의 대상이 된다.

37. 공법(사회보험법)상의 재산적 가치가 있는 권리

그리고 헌법상 재산권은 이러한 민(사)법상의 재산권 개념에 머무르지 않는다. 오늘날과 같이 사회보장이 정비되고 국민의 생활이 국가의 사회복지제도에 의하여 잘 형성되는 국가체제 하에서는 공법(사회보험법)상의 재산적 가치가 있는 권리 역시 헌법상 재산권으로 보호되어야 할 필요성이 있을 수 있다. 다만 공법상의 재산적 가치가 있다고 하여 모든 공법상의 권리가 재산권의 보장을 받는다고 할 수는 없을 것이기 때문에 그 한계를 긋는 것이 필요한데, 이에 대해서는 항을 달리하여 서술하기로 한다.

38. 상속권

그리고 상속권은 독일과 달리 우리 헌법은 명문으로 규정하고 있지는 않지만 우리 헌법재판소는 재산권의 내용으로 받아들이고 있다. 그리고 상속제도나 상속권의 내용은 입법자가 입법 정책적으로 결정하여야 할 사항으로서 원칙적으로 입법자의 입법형성의 자유에 속한다고 하는 것이 우리 헌법재판소 판례이다.[33] 상속제도에 대한 입법에 있어서는 일반 재산권에 관한 입법에 있어서보다 입법자의 형성의 자유가 넓

---

31) 이에 관해서는 아래 VII, 5. (2) 참고.
32) BVerfGE 89, 1 (6).
33) 헌재 2004. 4. 29, 2003헌바5, 판례집 제16권 1집, 509, 517.

다고 이해되고 있는데, 그것은 상속의 경우 재산권의 존재(속)의 보호가 아니라, 피상속인으로부터 상속인으로의 재산권 이전이 보호될 수 있는 가가 문제되기 때문이다.34)

다음으로 헌법재판소에 의하여 그동안 인정된 그 밖의 재산권 사례들을 살펴보면 우선 광업권35)과 (관행)어업권36), 주주권37), 환매권38)은 헌법상 재산권에 의하여 보호된다. 이에 반하여 헌법재판소는 국가보위에 관한 특별조치법 제5조 제4항에 의하여 인정되는 우선매수권39)은 헌법 제23조에 의하여 직접 보장되는 재산권은 아니고 입법정책상 인정되는 수혜적인 성질의 권리라고 하였으며, 자연해몰지(포락토지)에 대해서도 헌법 제23조의 보호를 받는 재산권으로 인정하지 않았다.40)

39. 광업권, 어업권, 주주권, 환매권

아무튼 헌법재판소는 헌법 제23조 제1항 제2문의 재산권의 내용과 한계를 규정하는 것은 "입법자가 장래에 있어서 추상적이고 일반적인 형식으로 재산권의 내용을 형성하고 확정하는 것"으로 파악하고 있다.41)

40. 헌재의 정의

요컨대, 어떠한 재산적 가치가 있는 것을 재산권보호의 대상에서 제외하는 것이 헌법적으로 부당한지 여부는 다음과 같은 기준에 따라 판단될 수 있을 것이다. 즉 재산권이 가지는 개인의 자유보장적 기능을 고려하여, 그것이 자신의 노력으로 얻은 성과로서 개인적 자유와 생존의 보장을 위한, 소위 개인적 관련성이 크면 클수록 재산권의 내용으로 더욱 강하게 보장될 수 있을 것이며, 그 반대로 그 내용이 사회적 관련

41. 개인의 자유보장적 기능

34) 가령 Volker Epping, Grundrechte, 9. Aufl., Rn. 458.

35) 헌재 2015. 10. 21, 2014헌바170, 판례집 제27권 2집 하, 44.

36) 헌재 1999. 7. 22, 97헌바76 등, 판례집 제11권 2집, 175.

37) 헌재 2015. 5. 28, 2013헌바82 등, 판례집 제27권 1집 하, 216.

38) 헌재 1994. 2. 24, 92헌가15 등, 판례집 제6권 1집, 38, 38-39. 마찬가지로 헌재 1995. 10. 26, 95헌바22, 판례집 제7권 2집, 472, 483-483; 헌재 1996. 4. 25, 95헌바9, 판례집 제8권 1집, 389, 389-389; 헌재 1998. 12. 24, 97헌마87 등, 판례집 제10권 2집, 978, 996. 징발재산정리에 관한 특별조치법상의 환매권 역시 마찬가지로 헌재 1995. 2. 23, 92헌바14, 공보 제9호, 107; 헌재 1995. 2. 23, 93헌바29, 공보 제9호, 134.

39) 헌재 1998. 12. 24, 97헌마87 등, 판례집 제10권 2집, 978, 979.

40) 헌재 1999. 11. 25, 98헌마456, 판례집 제11권 2집, 634, 641.

41) 가령 헌재 2005. 9. 29, 2002헌바84, 판례집 제17권 2집, 98, 98-99; 헌재 1999. 4. 29, 94헌바37, 택지소유상한에관한법률 제2조 제1호 나목 등 위헌소원.

성이나 기능이 크면 클수록 그만큼 더 그 재산권의 행사에 입법자가 개입할 여지가 크다는 것이다.42) 결국 입법자는 이러한 개인적 관련성과 사회적 관련성, 그리고 사익과 공익을 구체적, 개별적 사례에서 적절하고도 신중하게 형량하고 조정43)하는 가운데서 재산권의 내용과 한계를 결정할 수밖에 없다고 할 것이다.

2. 재산적 가치 있는 공법상의 권리의 재산권 보호44)

42. 재산권 보호를 위한 전제조건

오늘날 헌법상 재산권 개념은 사법상의 재산권 개념보다 훨씬 넓어서 공법상의 재산적 가치가 있는 법적 지위까지도 포함하는 것으로 보고 있다. 그러나 공법상의 재산적 가치가 있는 법적 지위라고 해서 모두가 다 재산권의 보호를 받을 수 있는 것은 아니다. 독일 연방헌법재판소의 판례는 이에 대한 전제조건을 제시한 바 있고, 우리 헌법재판소도 이를 수용하였으므로, 그 내용을 간략하게 살펴보기로 한다.

가. 초기 독일 연방헌법재판소의 입장

43. 초기 재산권보호 부인

초기 독일 연방헌법재판소는 공법적으로 성립된 재산적 가치가 있는 지위들은 원칙적으로 재산권보호를 받지 못하는 것으로 보았다.45) 그러나 이후의 판결에서 연방헌법재판소는 주관적인 공권의 근거가 되는 사실관계가 개인에게 재산권주체의 법적 지위와 같으며, 이를 보상 없이 박탈하는 경우에 기본법의 법치국가 원리에 반하게 될 정도로 중요한 법적 지위를 설정하는 경우에는 재산권의 보호를 받는다고 보았다.46)

---

42) 같은 취지 Depenheuer (주 13), Rn. 11.
43) Depenheuer (주 13), Rn. 15.
44) 이에 관하여는 방승주, 독일사회보험법상 급여수급권과 재산권보장 – 독일연방헌법재판소의 판례를 중심으로, 헌법논총 제10집(1999), 431면 이하 참조할 것.
45) BVerfGE 1, 264 (278 f.); 2, 380; 4, 219 (239).
46) BVerfGE 40, 65 (83).

나. 재산권의 보호를 받을 수 있는 전제조건

(1) 3가지 전제조건

독일 연방헌법재판소는 수많은 판례에서 재산권보장은 개인의 행동과 형성의 자유를 보완해 주며, 따라서 특히 시민이 자신의 노동과 급부를 통하여 획득하였고, 주로 국가적 보장에 의존하고 있는 것이 아니라 자신의 급부와 등가물(Äquivalent eigener Leistung)임이 입증되는 공법상의 권리 내지 지위는 기본법 제14조의 의미에서 재산권이라고 하였다.47)

44. 자신의 급부와 등가물

사회보험법상의 지위가 재산권의 보호를 받을 수 있는 전제조건은,

(가) 이러한 재산적 가치있는 법적 지위가 사적 유용성이 있는 배타적 권리로서 권리주체에 귀속될 것이다.

(나) 이러한 지위는 그것이 보험가입자의 상당한 자기기여(nicht unerhebliche Eigenleistungen der Versicherten)에 근거하고,

(다) 이와 함께 그의 생존보장(Existenzsicherung der Berechtigten)에 기여하는 경우에 재산권보장의 보호를 받는다.48)

45. 재산권보호를 위한 전제조건

이러한 전제조건이 결여된 경우에 사회보험법상의 지위에 대한 법률적 제한은 다른 기본권의 보호를 받을 수 있을지는 몰라도 재산권보장의 보호를 받지는 못한다. 이러한 범위를 초월하는 재산권보장에 의한 보호는 헌법의 전체 구조에 비추어 볼 때 타당하지 않다는 것이다.

46. 전제조건 결여시 재산권보호 불가

사회보험법상의 지위가 보험가입자의 적지 아니한 독자적 급부(상당한 자기기여)에 근거하는지의 문제는 보통 개별사례에 입각해서만 판단된다. 하지만 이를 위한 보다 일반적인 기준이 있다. 즉 보험가입자 자신의 급부로서는 그 자신이 납부한 기여금만 고려되는 것이 아니라 보통의 경우 가입자를 위하여 제3자에 의하여 보험주체에 유입된 부담금

47. 개별사례에 입각해 판단

---

47) BVerfGE 14, 288 (293); 30, 292 (334); 53, 257 (291); 69, 272 (300); 72, 9 (19 f.); 72, 175 (193); 그러나 사법상의 권리가 만일 보상에 의한 것이 아닐 경우, 가령 증여나 상속 등에 의하여 취득한 경우에도 역시 기본법 제14조의 의미에서의 재산권이라는 점에서 이와 같이 자신의 급부와의 등가물일 것을 전제로 하는 것은 이의의 여지가 없지 않다는 지적으로는 Hans−Jürgen Papier, in: Maunz−Dürig Grundgesetz Kommentar, Art. 14(Lfg. 83 2018), Rn. 239 참조.

48) BVerfGE 69, 272 (300); 72, 9 (18 f.).

도 포함된다. 여기에 속하는 것으로는 가령 연금보험과 의료보험의 영역에서의 사용자 부담금을 들 수 있는데 이는 근로자의 독자적 기여(자기기여)에 포함시킬 수 있다.[49]

48. 객관적 기준

사회보험법상의 지위가 권리주체의 생존보장에 기여하는지의 문제를 판단하기 위해서는 기본권주체가 그 개인적인 재산상태에 따를 때, 사회보험법상의 급여액에 적지 아니 의존하고 있는지가 관건이 될 수는 없다. 오히려 공법상의 급부가 그 목적에 따를 때 권리주체의 생존보장에 기여하도록 규정되어 있는지에 대한 객관적 확인이 중요하다. 개인의 필요성 여부가 아니라, 어떠한 지위가 대다수 국민의 생존보장에 기여할 수 있다고 하는 상황이 중요하다.[50]

49. 재량적 급여 재산권 보호 대상 아님

물론 보험법상의 급여가 보험주체의 재량에 달려있는 경우에 보험가입자는 헌법상 재산권보장에 의하여 보호될 수 있는 재산권주체로서의 법적 지위를 가지지 못한다.[51]

(2) 특히 "자기기여(Eigenleistung)"의 기준에 관하여

50. 국가의 일방적인 재산권 급부는 비포함

독일 기본법 제14조(우리 헌법 제23조와 유사)의 보장기능은 국가의 재산박탈과 재산변경의 방어에 있으며, 따라서 이러한 보장기능은 시민의 재산적 가치가 있는 수고에 대한 반대급부라고 할 수 있는 공법상의 권리를 포함할 수 있다. 이러한 공법상의 권리들은 국가와 상관없는 사적 재산상태와 성질상 매우 비슷하다. 이에 반하여 재산권은 국가의 일방적인 재산적 급부(Vermögensgewärleistung)의 유지를 보장하지는 못한다. 왜냐하면 재산권은 국가의 부담을 전제로 하는 보장의무나 급부의무를 내용으로 하고 있지는 않기 때문이다.[52]

51. 재산권 범위의 무한 확대 방지기능

이러한 보장기능 때문에 자기기여(Eigenleistung)라고 하는 기준은 재산권의 범위가 무한히 확대되는 것을 막아 준다. 특히 그것이 (진정한) 재산적 급부로서 국가에게 제공되었는지 여부를 불문하고서 권리주체에

---

49) BVerfGE 69, 302 f.
50) BVerfGE 69, 303.
51) BVerfGE 63, 174.
52) Papier (주 47), Rn. 240.

의한 모든 재산적 희생, 모든 자본과 노동의 투자 또는 그 밖의 모든 물질적, 비물질적 재화를 포함할 수는 없다. 공권력에 대한 국민의 공법적 청구권은 다음의 전제조건 하에서만 기본법 제14조의 의미에서의 "재산권"이다. 즉 이러한 청구권은 국가나 그 밖의 고권적 주체의 재산을 증가시킨, 권리주체나 또는 그를 대신하는 제3자의 재산적 가치가 있는 금전적, 물질적 급부나 근무를 보상하는 것이어야 한다. 그것이 독자적 급부와 관련이 있으면 되는 것이지, 민법적 의미에서 상호간의 계약에 의한 진정한 상대관계와 교환관계가 필요한 것이 아니다. 국민의 공법적 청구권이 전적으로 자신의 금전적, 물질적 급부나 노력에 대한 보상이어야 하는 것도 아니다. 그것은 전적으로 국가의 일방적인 급부를 기초로 한 것이 아니면 된다. 따라서 재산권보호에는 가령 장학법상의 장학금에 대한 청구권, 자녀양육비, 청소년부조와 사회적 부조에 대한 청구권, 특히 전쟁희생자연금으로부터 나오는 사회적 보상청구권 등은 포함될 수 없다. 그러나 이러한 청구권들이 원칙적으로 다른 헌법규정과 원리, 즉 인간존엄규정이나 사회국가원리에 의하여 보장되는 것은 배제되지 않는다.[53]

이러한 세 가지 전제조건을 우리 헌법재판소도 받아들였다.

52. 헌재의 수용

> **[판례]** 헌법재판소는 종래의 결정에서 군인연금법상의 연금수급권(헌재 1994. 6. 30. 92헌가9, 판례집 6-1, 543, 550), 공무원연금법상의 연금수급권(헌재 1995. 7. 21. 94헌바27 등, 판례집 7-2, 82, 90; 1996. 10. 4. 96헌가6, 판례집 8-2, 308, 329 ; 1999. 4. 29. 97헌마333, 판례집 11-1, 503, 513), 국가유공자의 보상수급권(헌재 1995. 7. 21. 93헌가14, 판례집 7-2, 1, 22)을 헌법상의 재산권에 포함시켰다. 특히 구 공무원연금법 제64조 제1항에 대한 위헌소원사건에서 헌법재판소는 공법상의 권리가 재산권보장의 보호를 받기 위해서는 '개인의 노력과 금전적 기여를 통하여 취득되고 자신과 그의 가족의 생활비를 충당하기 위한 경제적 가치가 있는 권리'여야 한다고 판시하였다(헌재 1995. 7. 21. 94헌바27 등, 판례집 7-2, 82, 90).
>
> 공법상의 권리가 헌법상의 재산권보장의 보호를 받기 위해서는 다음과 같은 요건을 갖추어야 한다. 첫째, 공법상의 권리가 권리주체에게 귀속되어 개인의

---

53) Papier (주 47), Rn. 243.

이익을 위하여 이용 가능해야 하며(사적 유용성), 둘째, 국가의 일방적인 급부에 의한 것이 아니라 권리주체의 노동이나 투자, 특별한 희생에 의하여 획득되어 자신이 행한 급부의 등가물에 해당하는 것이어야 하며(수급자의 상당한 자기기여), 셋째, 수급자의 생존의 확보에 기여해야 한다. 이러한 요건을 통하여 사회부조와 같이 국가의 일방적인 급부에 대한 권리는 재산권의 보호대상에서 제외되고, 단지 사회법상의 지위가 자신의 급부에 대한 등가물에 해당하는 경우에 한하여 사법상의 재산권과 유사한 정도로 보호받아야 할 공법상의 권리가 인정된다. 즉 공법상의 법적 지위가 사법상의 재산권과 비교될 정도로 강력하여 그에 대한 박탈이 법치국가원리에 반하는 경우에 한하여, 그러한 성격의 공법상의 권리가 재산권의 보호대상에 포함되는 것이다.

(헌재 2000. 6. 29, 99헌마289, 판례집 제12권 1집, 913, 948-949.)

53. 위 판례의 의의

그러나 위 사건에서는 적립금 자체의 재산권적 성격이 문제된 것으로서 사회보험법상의 지위 내지 권리의 재산권적 성격이 문제된 것은 아니었기 때문에, 이러한 전제조건에 대하여 헌법재판소가 원칙적으로 받아들였다고 하는 데에 그 의의를 찾을 수 있을 것이다.

54. 후속 판례들

다만 그 이후 사회보험법상의 권리가 재산권의 보호를 받을 수 있는지 여부가 문제된 사건들이 나왔다.

> **사례** 또 이 사건 규정이 재산권을 침해한다는 주장에 대하여 보건대, 건강보험수급권과 같이 공법상의 권리가 헌법상의 재산권으로 보호받기 위해서는 국가의 일방적인 급부에 의한 것이 아니라 수급자의 상당한 자기기여를 전제로 한다. 그런데 국민건강보험은 개인의 보험료와 국가의 재정으로 운영되고 이 사건 규정의 적용에 의하여 청구인들과 같은 수용자에게 보험급여가 정지되는 경우 동시에 보험료 납부의무도 면제된다. 그렇다면 수급자의 자기기여가 없는 상태이므로 이 사건 규정에 의하여 건강보험수급권이 정지되더라도 이를 사회보장수급권(인간다운 생활을 할 권리)으로 다룰 수 있음은 별론으로 하고 재산권 침해로 다룰 수는 없다고 할 것이다(헌재 2000. 6. 29. 99헌마289, 판례집 12-1, 913, 948-949 참조).
>
> (헌재 2005. 2. 24, 2003헌마31, 판례집 제17권 1집, 254, 260.)

55. 위 판례에 대한 비판

이 사건에서 헌법재판소는 수용자에게 보험급여가 정지되는 경우 동시에 보험료 납부의무도 면제된다고 하는 이유로 자기기여가 없으므로 재산권침해의 문제로 다룰 수 없다고 하였으나, 종전에 계속 보험료를 납부하여 왔다면, 수형 중에도 일단 의료보험의 혜택을 받을 수 있는 사회보험법상의 권리는 존재한다고 볼 수 있으며, 수용자 신분이 된 후, 보험료 납부의무는 없다 하더라도, 지금까지 납부한 보험료에 대한 반대급부로서 의료보험의 혜택을 받을 수 있다고 생각할 수 있을 것이므로, 당장 자기 기여가 없다는 이유로 재산권 침해로 다툴 수 없다고 한 것은 논리의 회피가 아닌가 한다. 일단은 재산권보장의 보호영역에 포함시킨 후, 그러한 제한은 상당한 사회적 수인한도 내에 머무는 '재산권의 내용 및 한계규정'으로서 재산권침해는 아니라고 하는 논리로 나가는 것도 가능했을 것이다.

한편 장해보상연금청구권에 대하여 그 재산권적 성격을 인정한 판례도 나왔다.

56. 장해보상연금청구권

판례 이와 같이 보상금수급권은 법률에 의하여 비로소 인정되는 권리이지만, 법정요건을 갖춘 후 발생하는 보상금수급권은 구체적인 법적 권리로 보장되고, 그 성질상 경제적·재산적 가치가 있는 공법상의 권리라 할 것이다(헌재 2006. 11. 30, 2005헌바25, 판례집 18-2, 471, 476).

한편, 공법상의 재산적 가치 있는 지위가 헌법상 재산권의 보호를 받기 위하여는, 우선 입법자에 의하여 수급요건, 수급자의 범위, 수급액 등 구체적인 사항이 법률에 규정됨으로써 구체적인 법적 권리로 형성되어 개인의 주관적 공권의 형태를 갖추어야 한다(헌재 2000. 6. 29, 99헌마289, 판례집 12-1, 913, 949).

공법상의 권리인 사회보험수급권이 재산권적인 성질을 가지기 위해서는, ① 공법상의 권리가 권리주체에게 귀속되어 개인의 이익을 위해 이용 가능해야 하고(사적 유용성), ② 국가의 일방적인 급부에 의한 것이 아니라 권리주체의 노동이나 투자, 특별한 희생에 의하여 획득되어 자신이 행한 급부의 등가물에 해당하는 것이어야 하며(수급자의 상당한 자기기여), ③ 수급자의 생존의 확보에 기여해야 한다(생존보장에 기여).

이러한 기준에 비추어 볼 때, 청구인들은 법 소정의 요건을 갖추어 장해보상연금을 이미 수령하던 자들이므로 청구인들의 장해보상연금청구권은 헌법상 보장되는 재산권의 범주에 속한다고 볼 것이다.

(헌재 2009. 5. 28, 2005헌바20, 판례집 제21권 1집 하, 446, 459.)

57. 다른 사회
보험보다 더욱
강력한 보호 필
요

　　그리고 이 판례에서 산재보상보험의 경우에 다른 사회보험의 경우
보다는 재산권의 보호를 더욱 엄격히 받아야 할 필요가 있다고 하였다.

> 판례 장해급여제도는 본질적으로 소득재분배를 위한 제도가 아니고, 사업자가
> 근로자 및 사용자 자신을 위하여 근로자의 평균임금에 상응하게 일정 비율로
> 납입한 보험료를 바탕으로 불의의 산재사고에 대비하여 피재 근로자에게 산재
> 사고 이전의 생활수준의 골격을 보장해 주기 위하여 마련된 제도로서 손해배
> 상 내지 손실보상적 급부인 점에 그 본질이 있으므로, 장해급여는 손해배상에
> 서의 일실수입에 대응하는 개념이며, 산재보상보험의 두 가지 성격 중 사회보
> 장적 급부로서의 성격은 상대적으로 약하고 재산권적인 보호의 필요성은 보다
> 강하다고 볼 수 있어 다른 사회보험수급권에 비하여 보다 엄격한 보호가 필요
> 하다 할 것이다.
>
> 　이와 달리 최고보상제도는 소득의 재분배를 주요한 목적 내지 기능으로 하
> 는 제도인바, 손해배상 내지 손실보상적 급부인 장해급여제도를 운영함에 있
> 어서 최고보상제도의 시행이 필수적인 요소라고 볼 수는 없다. 따라서 장해보
> 상연금수급권이 사회보장수급권의 성격을 가지고 있어 그 형성에 입법자의 재
> 량이 인정된다 하더라도 일반적으로 입법자의 광범위한 입법재량이 허용되는
> 공적 부조의 경우에 비하여 입법형성권의 범위는 상당히 축소되는 것으로 보
> 아야 할 것이고, 산업재해보상보험이 사회보험적 성격이 있다는 이유만으로
> 법이 최고보상제도를 신설하여 기존 장해보상연금 수급자의 정당한 신뢰를 침
> 해하는 것은 정당화되기 어렵다 할 것이다.
>
> 　장해급여제도에 사회보장 수급권으로서의 성격도 있는 이상 소득재분배의
> 도모나 새로운 산재보상사업의 확대를 위한 재원 마련의 목적으로 최고보상제
> 를 도입하는 것 자체는 입법자의 결단으로서 입법자의 형성적 재량권의 범위
> 내에 있다고 볼 여지도 있을 것이다. 그러나 그러한 경우에도 원칙적으로 최
> 고보상제도 시행 이후 산재를 입는 근로자들부터 적용하는 것은 별론으로 하
> 고, 제도의 시행 이전에 이미 재해를 입고 산재보상수급권이 확정적으로 발생
> 한 청구인들에 대하여 그 수급권의 내용을 일시에 급격히 변경하여 가면서까
> 지 적용할 수 있는 것은 아니라고 보아야 할 것이다.54)
>
> 　더욱이 입법자로서는 법 개정에 따른 경과규정, 즉 심판대상조항을 마련함에
> 있어, 예컨대 ① 장해보상연금 외에 직업을 갖는 등 소득이 있는 자와 그렇지
> 아니한 자를 구분하여, 전자의 경우 별도의 소득 액수에 따라 차등하여 감액하

---

54) 헌재 2009. 5. 28, 2005헌바20, 판례집 제21권 1집 하, 446, 468.

고 후자와 같이 전적으로 장해보상연금만으로 생활하는 자에 대하여는 연금감
액을 하지 않거나, ② 상당한 장기간에 걸쳐 단계적으로 감액의 비율을 조정하
거나, ③ 평균임금 자체는 고정시킨 채 통상임금, 물가 등의 변동에 따라 대통
령령이 정하는 기준에 따라 평균임금을 조정하는 규정(법 제38조 제3항, 법 시
행령 제25조 참조)의 적용을 중지함으로써 갑작스런 연금액의 축소로 인한 충
격을 완화하면서 실질연금액의 점진적 감소를 꾀하는 방법 등을 통하여 공·
사익의 조화를 도모하고 기존 수급자들의 신뢰를 최대한 배려하는 수단을 택
할 수도 있었을 것으로 보인다.

그런데, 심판대상조항은 그와 같은 최소한의 배려조차 하지 아니하고 기존의
장해연금 수급자들에 대하여 장해보상일시금 수급의 경우와 비교하여 개략적
으로 산출된 2년 6개월의 경과기간 동안만 구법을 적용하도록 하고, 2003. 1.
1.부터는 일률적이고 전면적으로 최고보상제도를 적용하도록 하고 있으므로,
심판대상조항은 이 점에서 보더라도 신뢰보호원칙에 위배되는 것으로 평가하
지 않을 수 없다.

(헌재 2009. 5. 28, 2005헌바20, 판례집 제21권 1집 하, 446, 471.)

한편 헌법재판소는 의료보험수급권은 의료보험법이라는 입법에 의
하여 구체적으로 형성된 권리이며 의료보험법상 재산권의 보장을 받는
공법상의 권리라고 보는 데 반하여[55] 생활유지능력이 없거나 경제능력
을 상실한 사람들을 대상으로 정부가 의료서비스를 제공하는 공공부조
제도로서의 의료급여 수급권은 순수하게 사회정책적 목적에서 주어지는
권리로 본다.[56]

58. 의료보험수급권

그리고 공무원의 퇴직급여의 제한사유인 범죄행위를 공무원으로
재직하던 중에 범한 죄로 한정하여 보는 경우는 재산권의 침해라고
볼 수 없지만, 퇴직 후에 범한 죄에도 적용되는 것으로 보는 것은 과
잉금지의 원칙에 반하여 재산권의 본질적인 내용을 침해하는 것으로
보았다.[57]

59. 퇴직급여 제한사유로서 퇴직후 범죄행위 위헌

그 밖에 사립학교교원연금과 관련해서도 후불임금적 성격과 재산

60. 사립학교교원연금

55) 헌재 2000. 6. 29, 99헌마289, 판례집 제12권 1집, 913.
56) 헌재 2009. 9. 24, 2007헌마1092, 판례집 제21권 2집 상, 765, 784-785; 헌재 2009.
   11. 26, 2007헌마734, 판례집 제21권 2집 하, 576, 599-600.
57) 헌재 2002. 7. 18, 2000헌바57, 판례집 제14권 2집, 1, 1.

권적 성격을 모두 인정하고 법 시행일 이후에 이행기가 도래하는 퇴직연금 수급권의 내용을 변경하는 데 대해서도 진정소급입법에 해당되지 않고 재산권침해는 문제될 여지가 없다고 본 판례58)가 있는데, 이는 사회보험법상 연금수급권의 재산권적 성격과 소급입법금지의 원칙의 법리에 대해서 제대로 이해를 하지 못한 것이기 때문에 앞으로 판례의 변경이 요청된다고 하겠다.59)

> **[판례]** 공무원연금법 제47조 등 위헌소원
>
> 사학연금법상 연금제도는 공무원연금법상 연금제도와 그 적용 대상이 서로 달라 각각 독립하여 운영되고 있을 뿐 동일한 사회적 위험에 대비하기 위한 하나의 통일적인 제도라고 할 것인바, 사학연금법상 각종 급여는 모두 사회보험에 입각한 사회보장적 급여로서의 성격을 가짐과 동시에 공로보상 내지 후불임금으로서의 성격도 함께 가지고, 특히 퇴직연금수급권은 사회보장적 급여인 동시에 경제적인 가치가 있는 권리로서 헌법 제23조에 의하여 보장되는 재산권으로서의 성격을 지닌다. 따라서 퇴직연금 수급자가 퇴직 후에 사업소득이나 근로소득을 얻게 된 경우, 입법자는 사회정책적인 측면과 국가의 재정 및 기금의 상황 등 여러 가지 사정을 참작하여 폭넓은 재량으로 퇴직연금 지급 정도를 위와 같은 소득과 연계하여 일부 축소할 수 있다고 할 것인바, 이 사건 심판대상조항과 같이 소득심사제에 의하여 퇴직연금 중 일부의 지급을 정지하는 것은 포괄위임금지의 원칙에 위배되는 등 특별한 사정이 없는 한 위헌이라고 볼 수 없다. 사학연금의 재정운영방식에서 비롯되는 저부담·고급여 체계, 인구구조의 고령화, 평균수명의 연장 등과 같은 인구통계학적인 요인, 저금리기조 등 경제변수의 변화 등에 따라 연금재정이 점차적으로 악화될 것으로 예상되는 점은 공무원연금의 상황과 동일하기 때문에 사학연금에 있어서도 공무원연금과 마찬가지로 퇴직연금지급정지제도를 시행할 필요성이 충분히 인정된다.
>
> 이 사건 심판대상조항은 법 시행일 이후에 이행기가 도래하는 퇴직연금 수급권의 내용을 변경함에 불과하고, 이미 종료된 과거의 사실관계 또는 법률관계에 새로운 법률이 소급적으로 적용되어 과거를 법적으로 새로이 평가하는 진정소급입법에는 해당하지 아니하므로 소급입법에 의한 재산권 침해는 문제

---

58) 헌재 2009. 7. 30, 2007헌바113, 판례집 제21권 2집 상, 225.
59) 이에 관하여 자세한 것은 방승주, 헌법강의 I, 박영사 2021, 233면 이하 참고.

될 여지가 없다.

이 사건 심판대상조항에 의해 달성하려는 공익은 사학 연금 재정의 악화에 대비하여 사학연금제도의 유지·존속을 도모하려는 것으로 그 공익적 가치는 매우 큰데 반하여, 퇴직연금 수급권의 성격상 급여의 구체적인 내용은 가변적 인 것일 수 있고, 제반 사정을 고려하면 연금수급자들의 신뢰는 퇴직 후에도 현 제도 그대로 연금액을 받을 것이라는 것이 아니며, 그러한 신뢰에 기하여 투자 등의 조치를 취하는 것은 아닐뿐더러, 이 사건 심판대상조항은 퇴직연금 중의 일부의 지급을 정지할 뿐이므로, 퇴직연금 수급자들이 입는 불이익은 그 다지 크지 않다. 따라서 보호하려는 퇴직연금 수급자의 신뢰의 가치에 비하여 유지하려는 공익적 가치가 더욱 긴급하고 중요하므로, 이 사건 심판대상조항 이 헌법상 신뢰보호의 원칙에 위반된다고 할 수 없다.

(헌재 2009. 7. 30, 2007헌바113, 판례집 제21권 2집 상, 225)

그러나 전몰군경유족과 상이군경연금법상 유족연금수급권에 대해 서 헌법재판소는 그 재산권성을 부인한 바 있다.

61. 유족연금수 급권 재산권성 부인

판례 **국가유공자 예우 등에 관한 법률 제9조 본문 위헌제청**

전몰군경유족(戰歿軍警遺族)과상이군경연금법(傷痍軍警年金法)이 폐지되기 이전에 전몰한 군경의 유족의 연금법에 의한 유족연금수급권은 1984.8.2. 이 사건 법률조항 시행 전에 이미 소멸한 것이므로 이 사건 법률조항이 연금법에 의한 유족연금을 수급할 수 있는 내용으로 규정하지 아니하였다고 하더라도 연금법에 의한 유족연금수급권인 재산권을 소급입법에 의하여 박탈을 한 것이 라고 할 수 없다.

또한 동법 시행 전 또는 그 시행 중에 전공상을 받은 군경이라 하더라도 동 법 제4조 단서에 정한 확인을 받지 아니하면 헌법이 보장하는 재산권으로서의 연급수급권 자체가 발생하지 않는 것으로 보아야 하므로, 이 사건 법률조항이 연금법 시행 전 또는 그 시행 중에 전공상을 입은 군경으로서 동법 제4조 단 서 소정의 확인을 받지 않은 자의 그 상이를 받은 때로부터의 연금법상의 연 급수급권을 인정하는 내용으로 규정되지 아니하였다 하여 이 사건 법률조항이 소급입법(遡及立法)에 의하여 위와 같은 상이군경의 재산권을 박탈한 규정이 라고 할 수 없다.

(헌재 1995. 7. 21, 93헌가14, 판례집 제7권 2집, 1.)

3. 재산권과 조세·부담금 부과60)

62. 조세부과는
재산권 제한

국민에 대한 국가의 조세부과는 원칙적으로 사유재산권에 대한 침해가 아니나 납세의무자의 사유재산의 사용·수익·처분권을 유명무실하게 할 정도의 중과세는 재산권에 대한 침해로 볼 수 있을 것이다. 우리 헌법재판소는 보통 조세부과로 인하여 재산권이 침해될 수 있다고 보고 있다.

> 판례 제23조 제1항에서 국민의 재산권보장에 관한 원칙을 선언함으로써 조세법률관계에 있어서도 국가가 과세권행사라는 이름 아래 법률의 근거와 합리적 이유 없이 국민의 재산권을 함부로 침해할 수 없도록 하였다.61)

> 판례 헌법 제23조 제1항이 보장하고 있는 사유재산권은 사유재산에 관한 임의적인 이용, 수익, 처분권을 본질로 하기 때문에 사유재산의 처분금지를 내용으로 하는 입법조치는 원칙으로 재산권에 관한 입법형성권의 한계를 일탈하는 것일 뿐만 아니라 조세의 부과·징수는 국민의 납세의무에 기초하는 것으로서 원칙으로 재산권의 침해가 되지 않는다고 하더라도 그로 인하여 납세의무자의 사유재산에 관한 이용, 수익, 처분권이 중대한 제한을 받게 되는 경우에는 그것도 재산권의 침해가 될 수 있는 것이다.62)

63. 판례에 대
한 비판

그러나 과세에 대하여 이와 같이 국민의 납세의무를 근거로, 국민의 재산권의 행사를 형해화하는 경우와 같이 극단적인 경우가 아니라면 재산권의 제한이 아니라고 보고서, 그 밖에 과세요건 법정주의, 과세요건 명확주의, 과세요건 평등주의63) 등의 관점으로만 심사하는 데 대해서는 과세가 가장 전형적으로 국민의 재산권과 관련될 수 있으며, 그러한 의미에서 재산권에 입각한 실질적인 심사가 필요함에도 불구하고 이를 회피한다고 하는 비판을 면할 수 없을 것이다.64)

---

60) 소순무, 조세와 헌법재판, 헌법논총 제9집(1998), 341-429면.
61) 헌재 1992. 12. 24, 90헌바21, 판례집 제4권, 890, 903.
62) 헌재 1997. 12. 24, 96헌가19, 96헌바72(병합), 판례집 제9권 2집, 762.
63) 오스트리아 역시 조세법률에 대한 위헌선언은 재산권 보다는 평등권을 근거로 하고 있다고 한다. K. Korinek, Wirtschaftliche Freiheiten, in: HGR VII/1, § 196, Rn. 34.
64) 이에 관하여는 방승주, 과세의 재산권적 한계 ─ 소위 "반액과세의 원칙"에 대한 비판과 그 대안을 중심으로, 헌법학연구 제13권 제1호(2007. 3), 411, 423면 이하;

이러한 관점에서 과세의 경우에도 결국 비례의 원칙에 입각하여 재산권에 대한 과잉한 제한을 초래하는지 여부를 개별적이고 구체적인 사례에서 실질적으로 따져야 할 것이다.

헌법재판소도 종합부동산세에 관한 헌법불합치결정에서 이러한 관점에서 재산권침해 여부를 과잉금지원칙을 기준으로 심사한 후 그 위헌을 확인하고 있다.[65]

나아가 심사기준과 관련해서도 헌법재판소는 정책목적을 포함하는 조세의 경우에는 그러한 정책목적을 위하여 선택한 조세의 수단이 적합성, 필요성, 법익균형성을 모두 갖추었는지 여부에 대하여 비례의 원칙에 입각하여 심사하여야 한다는 점을 강조하고 있다.[66] 이러한 관점에서 헌법재판소는 주거 목적으로 한 채의 주택만을 보유한 경우에도 무차별적으로 종합부동산세를 과세하는 것은 과잉금지의 원칙에 위반된다고 판시하였다.[67]

> 판례 부가가치세 제도 운영의 기초가 되는 사업자등록이 제대로 이루어지지 않으면 법인세, 소득세, 지방세 등의 정확한 과세산정이 곤란할 뿐 아니라 실질적 담세자인 최종소비자에 대한 조세의 전가가 원활하고 적정하게 이루어지는 것을 기대하기 힘들어 결국 부가가치세 제도는 물론이고 세제 전반의 부실한 운영을 초래할 우려가 있고 현재까지도 세금계산서의 수수질서가 확립되어 있지 못하고 있어 무자료 거래가 성행하고 과세자료의 노출을 회피하고자 세금계산서의 수수를 기피하는 관행이 완전히 고쳐졌다고도 볼 수 없다. 나아가 납세자들이 사업자등록 자체를 회피함으로써 근거과세와 공평과세의 실현에 역행하는 일까지 발생하고 있으므로 이에 적절하고 효율적으로 대처할 현실적 필요성이 절실하며 구 부가가치세법 제22조 제1항 제1호에 의한 가산세만으로

방승주, 헌법과 조세정의, 헌법학연구 제15권 제4호(2009. 12), 1면 이하 참조할 것. 위 논문에서도 언급하고 있듯이 독일 연방헌법재판소는 BVerfGE 115, 97(2 BvR 2195/99) 결정에서부터 판례를 변경하여 소위 이 반액과세의 원칙을 더 이상 따르지 않고 있다. BVerfGE 95, 267 (300); 105, 17 (32 f.); 108, 186 (233); 93, 121 (138); 115, 97 (108 ff.). 그러나 이 원칙이 일종의 방향 표지나 경고기능을 수행할 수 있다고 보면서, 그것을 위반할 경우에 그만큼 입증책임이 가중된다고 보는 견해로 Leisner (주 4), Rn. 151−153.

65) 헌재 2008. 11. 13, 2006헌바112, 판례집 제20권 2집 하, 1, 63.
66) 헌재 2008. 11. 13, 2006헌바112, 판례집 제20권 2집 하, 1, 63−64.
67) 헌재 2008. 11. 13, 2006헌바112, 판례집 제20권 2집 하, 1, 70.

64. 구제적 · 개별적 심사 필요

65. 종부세 사건 과잉금지 심사

66. 정책세의 경우에도 과잉금지 심사

는 부가가치세 제도의 근간인 사업자등록을 이행하도록 강제하기에 충분하지
못하다고 볼 여지가 있다. 따라서 이 사건 법률조항은 납세자의 재산권을 침
해한다고 볼 수 없다.

(헌재 2011. 3. 31, 2009헌바319, 판례집 제23권 1집 상, 335)

67. 재산권침해
부인 사례

　　그 밖에도 재산권의 본질내용을 침해하지 않는다거나 재산권침해가
아니라고 본 사례로서 납부불성실가산세[68], 1세대 3주택 이상에 해당하
는 자에 대한 장기보유특별공제 배제, 가중세율조항 등[69], 토지공개념의
일환인 유휴토지의 보유단계에서 발생하는 지가상승액을 조세로 환수하
게 하여 조세부담의 형평과 지가의 안정 및 토지의 효율적인 이용을 도
모하는 데 이바지하게 한 토지초과이득세법 규정[70]을 들 수 있다.

68. 특별부담금
의 합헌성을 위
한 전제조건

　　그리고 헌법재판소는 조세유사적 성격의 특별부담금이 헌법에 위
반되지 않기 위한 전제조건을 제시한 바 있다. 즉 "특별부담금을 부과함
으로써 국민의 재산권을 제한하는 법률규정이 헌법에 위배되지 않기 위
하여는 헌법 제37조 제2항에서 정하고 있는 과잉금지의 원칙이 지켜져
야 하고, 평등의 원칙에 위배되어서는 아니 됨은 물론이며, 특히 조세유
사적 성격을 지니고 있는 특별부담금의 부과가 과잉금지의 원칙과 관련
하여 방법상 적정한 것으로 인정되기 위해서는, 이러한 부담금의 부과
를 통하여 수행하고자 하는 특정한 경제적·사회적 과제에 대하여 특별
히 객관적으로 밀접한 관련이 있는 특정집단에 국한하여 부과되어야 하
고, 이와 같이 부과·징수된 부담금은 그 특정과제의 수행을 위하여 별
도로 지출·관리되어야 하며 국가의 일반적 재정수입에 포함시켜 일반
적 국가과제를 수행하는 데 사용하여서는 아니 된다."고 하는 것이 그것
이다.[71]

---

68) 헌재 1999. 6. 24, 98헌바68, 판례집 제11권 1집, 753, 762－764.
69) 헌재 2010. 10. 28, 2009헌바67, 판례집 제22권 2집 하, 101.
70) 토지초과이득세의 과세대상이 되는 유휴토지 등의 가액을 산정하는 토지초과이
　　득세법 제8조 제4항 제1호 및 토지초과이득을 계산하는 같은 법 제11조 제1항.
　　헌재 1999. 4. 29, 96헌바10 등, 판례집 제11권 1집, 399.
71) 헌재 1999. 10. 21, 97헌바84, 판례집 제11권 2집, 433 [합헌].

Ⅴ. 재산권의 헌법 직접적 한계: 헌법 제23조 제2항

1. 공공복리적합의무 조항의 의의

헌법 제23조 제2항은 재산권의 헌법 직접적 한계, 제3항은 재산권에 대한 넓은 의미의 제한을 규정하고 있다. 헌법 제23조 제1항 제2문에서 재산권의 내용과 한계는 법률로 정하도록 하고 있는데, 이 제1항 제2문은 재산권의 내용과 한계를 입법자가 구체적으로 정하도록 위임하고 있는 조항인 데 반하여, 제2항의 공공복리적합의무 조항은 재산권주체가 재산권을 행사함에 있어서, 그리고 입법자와 행정부 및 법원 등 국가공권력이 재산권의 내용과 한계규정을 정립하거나 해석·적용함에 있어서 구속되고 준수해야 하는 원칙이자 의무를 규정하고 있다.[72]

소위 시민적, 자유주의적 법치국가 하에서 사유재산권은 신성불가침을 모토로 하여 재산권주체가 그의 재산권을 어떠한 방식으로 행사하든 그 누구도 간섭할 수 없는 절대적인 권리였는데 반하여, 소위 사회적 법치국가 하에서 이 재산권은 신성불가침의 절대적 자유가 아니라, 공동체에 대하여 일정한 사회적 의무를 지는 권리로서의 의미를 가지게 되었다. 그러한 점에서 이 공공복리적합의무조항은 우리 헌법이 사회적 법치국가임을 나타내주는 중요한 징표 중 하나라고도 할 수 있다.[73]

헌법재판소는 "재산권 행사의 사회적 의무성을 헌법에 명문화한 것은 사유재산제도의 보장이 타인과 더불어 살아가야 하는 공동체 생활과의 조화와 균형을 흐트러뜨리지 않는 범위 내에서의 보장임을 천명한 것이다."[74]고 하였다.

> **판례** 헌법은 "모든 국민의 재산권은 보장된다. 그 내용과 한계는 법률로 정한다."(제23조 제1항), "재산권의 행사는 공공복리에 적합하도록 하여야 한다."(제23조 제2항)고 규정함으로써, 재산권이 헌법적으로 보장됨을 천명함과 동시에 재산권은 법률로써 규제될 수 있고 그 행사 또한 일정한 제약을 받을 수 있다

69. 공공복리적합의무

70. 사회적 법치국가의 중요한 징표 중 하나

71. 공동체 생활과의 조화와 균형

---

72) 계희열 (주 6), 563면.
73) 계희열 (주 6), 563면.
74) 헌재 1989. 12. 22, 88헌가13, 판례집 제1권, 357.

는 것을 밝히고 있다.

　재산권이 헌법상 기본권이기는 하지만, 구체적인 재산권으로서 법질서 내에서 인정되고 보호받기 위해서는 입법자에 의한 형성을 필요로 한다. 즉, 재산권은 그 내용이 입법자에 의하여 법률로 구체화됨으로써 비로소 권리다운 모습을 갖추게 된다. 입법자는 재산권의 내용을 구체적으로 형성함에 있어서 사적 재산권의 보장이라는 요청(헌법 제23조 제1항 제1문)과 재산권의 사회적 기속성에서 오는 요청(헌법 제23조 제2항)을 함께 고려하고 조정하여 양 법익이 조화와 균형을 이루도록 하여야 한다.

　(헌재 2005. 9. 29, 2002헌바84 등, 판례집 제17권 2집, 98, 116-117.)

판례 우리 헌법상의 재산권에 관한 규정은 다른 기본권 규정과는 달리 그 내용과 한계가 법률에 의해 구체적으로 형성되는 기본권형성적 법률유보의 형태를 띠고 있다. 그리하여 헌법이 보장하는 재산권의 내용과 한계는 국회에서 제정되는 형식적 의미의 법률에 의하여 정해지므로 이 헌법상의 재산권 보장은 재산권형성적 법률유보에 의하여 실현되고 구체화하게 된다. 따라서 재산권의 구체적 모습은 재산권의 내용과 한계를 정하는 법률에 의하여 형성된다. 물론 헌법이 보장하는 재산권의 내용과 한계를 정하는 법률은 재산권을 제한한다는 의미가 아니라 재산권을 형성한다는 의미를 갖는다. 이러한 재산권의 내용과 한계를 정하는 법률의 경우에도 사유재산제도나 사유재산을 부인하는 것은 재산권 보장규정의 침해를 의미하고, 결코 재산권형성적 법률유보라는 이유로 정당화될 수 없다.

　(헌재 1993. 7. 29, 92헌바20, 판례집 제5권 2집, 36, 44-45)

2. 공공복리적합의무의 수범자

72. 재산권주체

　헌법 제23조 제2항의 수범자는 우선 재산권주체라고 할 수 있다. 그러므로 재산권자는 어떠한 형태이든 자신의 재산권을 행사할 때에 공공복리에 적합하게 해야 할 의무를 진다.

73. 입법자의 구체화 필요

　또한 헌법 제23조 제1항 제2문에 따라 재산권의 내용과 한계를 정하는 입법자는 재산권 관련 입법을 할 때에 바로 재산권자가 그들의 재산권을 공공복리에 적합하게 행사할 수 있도록 그 내용을 구체화할 수 있고 하여야 한다.

나아가 이 헌법 제23조 제2항은 헌법 직접적 한계로서 그 수범자를 입법자로 한정하고 있지 않는 데서 알 수 있듯이 입법자가 구체화한 재산권의 내용과 한계를 해석하고 적용함에 있어서 행정부와 법원 등 법집행기관까지 구속한다고 할 수 있다.[75] 다만 일반적으로 입법자의 경우는 재산권의 내용과 한계를 구체화하여야 하므로, 재산권을 어떻게 행사해야 공공복리에 적합하다고 할 것인지에 관하여 헌법의 제반 원리와 규정들을 고려해서 확정해야 하기 때문에 직접적으로 이 조항에 구속된다고 할 수 있는 데 반해서, 법률의 해석·적용기관인 행정부와 사법부가 보다 더 직접적으로 구속되는 것은 입법자가 구체화한 법률이라고 할 수 있다. 이것이 권력분립의 원칙과 국가권력의 기능에 부합하는 해석이라고 할 것이다.

74. 법집행기관

3. 공공복리적합의무조항의 내용적 요소

가. 재산권의 행사

헌법 제23조 제2항에서 말하고 있는 재산권의 행사는 재산권주체가 자신의 재산권을 사용·수익·처분하는 일체의 행위를 의미한다. 오늘날 헌법상 재산권의 개념은 과거에 비하여 훨씬 더 확대되고 넓어지는 경향이 있기 때문에(가령 사회보험법상 연금수급권 등), 각 재산권의 구체적 행사에 있어서 그 행사의 양태는 그만큼 다양할 수 있다. 그리고 공공복리에 적합한 것이 어떠한 것인가는 막연히 추상적으로 정해질 수 있는 것은 아니고 시대와 상황에 따라서 달라질 수 있다고 할 것인바[76], 결국 공익과 사익 간의 적절한 비례관계가 잘 지켜지고 있는가 하는 관점에서 그때그때 구체적인 법익형량을 통하여 판단할 수밖에 없을 것이다.

75. 재산권 행사의 의의

나. 공공복리 적합

누구든지 재산권을 행사할 때에는 자신의 이익을 위해서 하는 것이

76. 공동체의 전체적인 이익

---

75) 동지, 계희열 (주 6), 563면.
76) 동지, 계희열 (주 6), 563−564면.

일반적이다. 그런데 그러한 재산권의 행사가 때로는 공동체에 대해서는 해악이 될 수 있는 가능성도 배제할 수 없다. 공공복리라고 하는 것은 공동체의 전체적인 이익이라고 할 수 있으며, 재산권의 행사가 공동체의 이익에 반하거나 해악을 끼치는 방법으로 이루어지게 되면 이것은 헌법적 한계에 직면하게 되는 것으로서 공공복리에 적합하지 않은 것이다. 따라서 입법자는 재산권자가 그와 같이 하지 못하도록 재산권행사에 일정한 제한을 가할 수밖에 없을 것이고, 그 구체적인 내용은 재산권의 내용과 한계를 정하는 법률로 규정해야 할 것이다.[77]

77. 헌법 제37조 제2항의 공공복리와 동일 개념

여기에서 말하는 공공복리라고 하는 것은 헌법 제37조 제2항에서 규정하고 있는 "공공복리"와 같은 개념이라고 봐야 할 것이지만, 헌법 제23조 제3항에 규정되어 있는 "공공필요"개념과 같다고 할 수는 없을 것이다. 불가피하게 재산권을 수용·사용·제한을 하는 것은 공공의 필요가 있는 예외적인 경우에 한하여 허용될 것이기 때문에, 공공필요는 공동체의 전체적인 이익 개념인 공공복리 보다는 훨씬 더 좁은 개념이라고 봐야 할 것이다.

78. 재산권과 동등하거나 그 이상의 가치

이 공공복리를 판단함에 있어서는 재산권이라고 하는 헌법적 법익에 비추어 그와 동등하거나 그 이상의 가치나 중요성을 가지는 공익이어야 한다고 할 것이다. 즉 공익 개념이 매우 추상적이기 때문에, 자칫 잘못하면 입법자가 재산권에 대하여 한계를 긋기 위한 명목으로서 공익이 재산권이라고 하는 헌법적 법익에 비추어서 훨씬 그에 못 미치는 가치나 중요성 밖에 가지지 않는 것도 전부 공익에 포함될 수 있다고 한다면, 헌법적 재산권은 입법자의 법률적 제한으로 공동화(空同化)될 수 있을 것이다. 그러므로 입법자가 소위 재산권의 사회적 기속의 원인에 해당하는 공익에 대해서 결국 그것이 재산권에 동등하거나 그 이상의 가치나 중요성을 가지는지 여부에 대하여 헌법적으로 평가하는 것은 매우 중요한 과정이라고 할 수 있을 것이다.[78] 결국 재산권의 내용과 한

---

77) 같은 취지로 재산권의 사회적 구속 조항(독일 기본법 제14조 제2항 제1문)은 재산권의 내용과 한계는 법률로 정한다고 하는 법률유보(기본법 제14조 제1항 제2문)를 분명하게 해 준다고 보는 견해로 Leisner (주 4), Rn. 143 f.

78) 이에 관하여 Leisner (주 4), Rn. 158.

계를 정하는 규정이 헌법 제23조 제1항 제2문과 제2항을 위반했는지 여부에 대하여 비례의 원칙 심사를 하면서 목적의 정당성 심사 단계에서 이에 관한 심사를 해야 할 것이다.

4. 헌법 제23조 제1항 제2문과의 관계

헌법 제23조 제1항 제2문은 재산권의 내용과 한계를 법률로 정한다고 하고 있고, 제2항은 재산권의 행사는 공공복리에 적합하여야 한다고 규정한다.

이 제1항 제2문과 제2항은 서로 다른 것인지 혹은 같은 것인지가 논란이 될 수 있다.[79] 전자는 재산권의 내용과 한계에 관해서는 입법자가 정한다는 것으로서 그 수범자가 입법자임을 분명히 하고 있다. 그에 반하여 후자는 재산권의 행사를 공공복리에 적합하도록 해야 한다고 하고 있기 때문에, 그 우선적 수범자가 재산권자임을 알 수 있다. 그러면서도 동시에 입법자 역시 이 조항을 근거로 재산권자의 사회적 의무를 구체화할 수 있기 때문에, 입법자의 관점에서는 제1항 제2문에 따라 재산권의 내용과 한계를 정함에 있어서는 제2항의 공공복리적합의무를 적절히 고려하게 될 것이다.

그러므로 헌법 제23조 제1항 제2문과 제2항은 입법자적 관점에서 본다면 한꺼번에 재산권의 내용과 한계를 정할 수 있는 헌법적 근거조항이 된다고 보아도 좋을 것이다. 물론 재산권의 내용을 정함에 있어서는 헌법상 평등의 원칙 등 다른 헌법적 원리들도 입법자는 고려해야 하는 것은 당연한 것이다.[80] 헌법재판소 역시 도시의 건전한 발전을 도모하고 공공복리를 증진할 목적 등으로 도시계획시설에 관한 연차별 집행계획을 통하여 도시계획사업의 시행 시까지 토지사용을 제한하는 도시계획법 제6조에 대하여 "입법자가 토지재산권에 관한 권리와 의무를 일반·추상적으로 확정하는, 재산권의 내용과 한계에 관한 규정이자 재산권의 사회적 제약을 구체화하는 규정이다(헌법 제23조 제1항 및 제2항)"라

79. 내용과 한계규정과의 관계

80. 수범자의 관점

81. 재산권의 내용과 한계규정 권한의 헌법적 근거

---

79) 구별론으로는 계희열 (주 6), 564면.
80) 계희열 (주 6), 565면.

고 하면서 심판대상조항이 헌법 제23조 제1항과 제2항을 동시에 구체화
하는 법률조항임을 강조하고 있음을 볼 수 있다.[81]

82. 수범자의 차
이점의 필요

다만 전술한 바와 같이 헌법 제23조 제1항 제2문과 제2항의 수범
자가 각각 다르다고 하는 점은 간과해서는 안 될 것이다.[82]

5. 공공복리적합의무의 한계

83. 사회적 수
인 한도

헌법 제23조 제1항·제2항에 따른 재산권의 내용·한계에 관한 규
정과 헌법 제23조 제3항에 따른 공공필요에 의한 재산권의 수용·사용
또는 제한에 관한 규정의 관계를 어떻게 볼 것인가에 따라서 공공복리
적합의무의 한계 문제는 헌법 제23조 제3항의 수용·사용 또는 제한의
한계와 상당부분 유사하거나 내용적으로 중첩될 수 있다. 특히 분리이
론의 입장에서 양 제도를 서로 구별되는 다른 제도로 보는 것이 아니라,
헌법 제23조 제1항·제2항을 사유재산권과 사유재산제도의 보장에 관
한 헌법적 원칙 천명과 더불어서 재산권의 내용·한계에 대한 법률유보
원칙의 천명으로, 그리고 헌법 제23조 제3항을 넓은 의미의 재산권 제
한의 구체적 유형과 그 요건을 확인하는 규정으로 본다면, 이 재산권의
내용·한계에 관한 규정과 재산권의 수용·사용 또는 제한은 보는 시각
에 따라서 어느 정도 중첩될 수 있는 소지도 없지 않으나, 일단 입법자
의 재산권의 내용·한계 규정입법 및 사회적 기속(공공복리적합의무)을
구체화하는 입법에도 헌법적 한계가 있다고 할 수 있으며, 후술하는 바
와 같이 여기에는 재산권에 대한 제한적 요소가 포함될 수 있기 때문에
헌법 제37조 제2항의 비례(과잉금지)의 원칙과 본질내용침해금지 원칙이
적용될 수 있을 것이다.[83] 물론 사회적 기속의 수인한도를 넘어서 과도
하게 재산권을 침해하는 경우에는 헌법 제23조 제3항에 위반될 수 있음
은 당연하다.

---

81) 가령 헌재 1999. 10. 21, 97헌바26, 도시계획법 제6조 위헌소원, 판례집 제11권 2
집, 383; 헌재 2013. 10. 24, 2012헌바376, 판례집 제25권 2집 하, 216 등.
82) 각각이 독립된 재산권제한의 근거가 된다고 보는 견해로 계희열 (주 6), 564면.
83) 계희열 (주 6), 565면.

가. 재산권의 내용 · 한계 및 사회적 기속(공공복리적합의무)의 구체화 입법의 한계

재산권의 내용과 한계는 입법자의 형성적 법률유보에 맡겨져 있으며 재산권의 공공복리적합의무를 구체화하는 것 역시 입법자에게 맡겨져 있다. 그러나 재산권의 내용과 한계를 형성함에 있어서 공공복리적합의무를 지나치게 강화하는 경우에는 재산권보장이 유명무실하게 될 수 있기 때문에 이러한 사회적 기속의 한계가 중요한 문제로 떠오른다.

84. 형성적 법률유보

헌법재판소는 "토지재산권에 대한 제한입법은 토지의 강한 사회성 내지는 공공성으로 말미암아 다른 재산권에 비하여 보다 강한 제한과 의무가 부과될 수 있으나, 역시 다른 기본권에 대한 제한입법과 마찬가지로 과잉금지원칙을 준수해야 하고, 재산권의 본질적 내용인 사적 이용권과 원칙적인 처분권을 부인하여서는 아니 되며, 특히 토지재산권의 사회적 의미와 기능 및 법의 목적과 취지를 고려하더라도 당해 토지재산권을 과도하게 제한하여서는 아니 된다(헌재 2012. 7. 26, 2009헌바328, 공보 제190호, 1328, 1333)."고 판시하고 있는데, 여기에 사회적 제약을 구체화하는 재산권의 내용 · 한계 규정의 헌법적 한계의 핵심이 다 들어 있다고 할 수 있다. 즉 과잉금지의 원칙과 본질적 내용(사적 이용권과 원칙적 처분권) 침해금지가 그것이다.

85. 과잉금지의 원칙 본질적 내용 침해금지

또한 헌법재판소는 "재산권의 행사가 사회적 연관성과 사회적 기능을 가지면 가질수록 입법자에 의한 보다 광범위한 제한이 허용된다. 즉 재산권의 이용과 처분이 소유자의 개인적 영역에 머무르지 아니하고 국민일반의 자유행사에 큰 영향을 미치거나 국민일반이 자신의 자유를 행사하기 위하여 문제되는 재산권에 의존하는 경우에는 입법자가 공동체의 이익을 위하여 개인의 재산권을 제한하는 규율권한은 더욱 넓어진다."고 하는 판시를 반복하고 있다.[84] 특히 헌법재판소는 "토지는 생산이나 대체가 불가능하여 공급이 제한되어 있고 우리나라의 가용토지면적이 인구에 비하여 절대적으로 부족한 반면에, 모든 국민이 생산 및 생

86. 사회적 관련성과 제한가능성의 비례성

---

[84] 헌재 1998. 12. 24, 89헌마214 등, 판례집 제10권 2집, 927, 945; 헌재 1999. 10. 21, 97헌바26, 도시계획법 제6조 위헌소원, 판례집 제11권 2집, 383, 406을 인용하며, 헌재 2005. 9. 29, 2002헌바84 등, 판례집 제17권 2집, 98, 117.

활의 기반으로서 토지의 합리적인 이용에 의존하고 있으므로, 토지는 국민경제의 관점에서나 그 사회적 기능에 있어서 다른 재산권과 같게 다루어야 할 성질의 것이 아니어서 다른 재산권에 비하여 보다 강하게 공동체의 이익을 관철할 것이 요구된다.”고 보았다. 그러면서 동시에 토지재산권에 대한 한층 더 강한 규제의 필요성과 그에 관한 입법부의 광범위한 형성의 자유의 근거를 국가가 가지는 국토의 효율적이고 균형 있는 이용·개발과 보전권한(헌법 제122조)에서 찾았다.[85]

87. 사회적 수인한도의 한계

한편 헌법재판소는 사회적 수인한도의 한계로서 첫째, 토지를 종래 합법적으로 행사된 토지이용의 목적으로도 사용할 수 없는 경우, 둘째, 토지에 대한 이용방법의 제한으로 말미암아 토지에 대한 사용·수익을 전혀 할 수 없는 경우에는 수인의 한계를 넘는 특별한 재산적 손해가 발생하였으며, 토지소유자가 수인해야 하는 사회적 제약의 한계를 넘는 것이라고 보았다.[86]

88. 토지의 강한 사회성, 강한 제한과 의무

그리고 헌법재판소는 도시계획법 제6조에 대한 위헌소원에서도 마찬가지로 “토지재산권에 대한 제한입법은 토지의 강한 사회성 내지는 공공성으로 말미암아 다른 재산권에 비하여 보다 강한 제한과 의무가 부과”될 수 있으나, 그럼에도 불구하고 다른 기본권제한 입법과 마찬가지로 “비례의 원칙을 준수해야 하고, 재산권의 본질적 내용인 사적 이용권과 원칙적인 처분권을 부인하여서는 안 된다”고 강조하고 있다.[87] 그리고 또한 이 결정에서 헌법재판소는 “도시계획시설의 지정으로 말미암아 당해 토지의 이용가능성이 배제되거나 또는 토지소유자가 토지를 종래 허용된 용도대로도 사용할 수 없기 때문에 이로 말미암아 현저한 재산적 손실이 발생하는 경우에는, 원칙적으로 사회적 제약의 범위를 넘는 수용적 효과를 인정하여 국가나 지방자치단체는 이에 대한 보상을

---

85) 헌재 1998. 12. 24, 89헌마214 등, 판례집 제10권 2집, 927, 946; 헌재 1999. 10. 21, 97헌바26, 도시계획법 제6조 위헌소원, 판례집 제11권 2집, 383, 406−407을 인용하며, 헌재 2005. 9. 29, 2002헌바84 등, 판례집 제17권 2집, 98, 117.

86) 헌재 1998. 12. 24, 89헌마214 등 도시계획법 제21조에 대한 위헌소원, 판례집 제10권 2집, 927.

87) 헌재 1999. 10. 21, 97헌바26, 도시계획법 제6조 위헌소원, 판례집 제11권 2집, 383, 408.

해야 한다."고 판시하였다.[88]

나아가 헌법재판소는 도시계획결정 후 계획의 시행에 소요되는 기간이 과도하게 길 경우에 수인한도를 넘을 수 있다는 점에서 그 기간적 한계를 제시하기도 하였다. 즉 "어떠한 경우라도 토지의 사적 이용권이 배제된 상태에서 토지소유자로 하여금 10년 이상을 아무런 보상없이 수인하도록 하는 것은 공익실현의 관점에서도 정당화될 수 없는 과도한 제한으로서 헌법상의 재산권보장에 위배된다."고 보았다.[89] 하지만 그 구체적인 보상의 정도는 입법자가 결정해야 할 것이므로, 해당 조항에 대하여 잠정적 계속적용을 명하는 헌법불합치결정을 선고하였다.[90]

89. 기간적 한계

나. 재산권의 핵 또는 본질내용 침해 금지

입법자는 헌법 제23조 제1항과 제2항에 따라 재산권의 내용과 한계를 정해야 하고 또한 재산권의 행사를 공공복리에 적합하게 하도록 하는 입법을 할 수 있다. 그러나 입법자의 재산권의 내용·한계 규정과 사회적 기속의 구체화에도 한계가 있는데, 적어도 재산권의 본질 내용이나 그 핵심은 입법자가 더 이상 건드릴 수 없다고 봐야 한다. 그것이 헌법 제37조 제2항에 규정되어 있는 소위 본질내용침해 금지 조항에도 부합하는 해석이다.[91] 다시 말해서 재산권자에게 그 어떠한 핵심적인 재산권 내용은 여전히 남아 있어야 한다는 것이다. 그러므로 재산권의 어떠한 본질 내용이나 핵심이 전혀 남지 않은 채, 오로지 공공의 복리만을 위해 재산권을 희생시키는 소위 "전체주의적인 사회적 기속(totale Sozialbindung)"은 헌법상 허용될 수 없다고 봐야 할 것이다.[92]

90. 재산권의 본질 내용이나 그 핵심

---

88) 헌재 1999. 10. 21, 97헌바26, 도시계획법 제6조 위헌소원, 판례집 제11권 2집, 383, 409, 417.

89) 헌재 1999. 10. 21, 97헌바26, 도시계획법 제6조 위헌소원, 판례집 제11권 2집, 383, 416.

90) 헌재 1999. 10. 21, 97헌바26, 도시계획법 제6조 위헌소원, 판례집 제11권 2집, 383, 417.

91) 같은 취지, Leisner (주 4), Rn. 150.

92) Leisner (주 4), Rn. 150; 계희열 (주 6), 565면.

판례 헌법 제37조 제2항은 "국민의 모든 자유와 권리는 국가안전보장·질서유지 또는 공공복리를 위하여 필요한 경우에 한하여 법률로써 제한할 수 있으며, 제한하는 경우에도 자유와 권리의 본질적인 내용을 침해할 수 없다"고 규정하고, 특히 재산권과 관련하여 헌법 제23조 제2항은 "재산권의 행사는 공공복리에 적합하도록 하여야 한다"고 규정하고 있는바, 이러한 헌법의 취지는 국민의 재산권은 원칙적으로 이를 보장하고, 예외적으로 공공복리 등을 위하여 법률로써 제한할 수 있되, 그 경우에도 본질적인 내용은 침해할 수 없고, 설사 재산권의 본질적인 내용의 침해가 없을지라도 비례의 원칙 내지 과잉금지의 원칙에 위배되어서는 안 된다는 것이다(헌재 1990. 9. 3, 89헌가95, 판례집 2, 245, 253). 따라서 재산권을 제한하는 입법을 함에 있어서도 입법목적의 정당성과 그 목적달성을 위한 방법의 적정성, 피해의 최소성, 그리고 그 입법에 의해 보호하려는 공공의 필요와 침해되는 기본권 사이의 균형성을 모두 갖추어야 하며, 이를 준수하지 않은 법률 내지 법률조항은 기본권제한의 입법적 한계를 벗어난 것으로 헌법에 위반된다(헌재 1997. 3. 27, 94헌마196 등, 판례집 9-1, 375, 383)

(헌재 1999. 7. 22, 97헌바76 등, 판례집 제11권 2집, 175, 197.)

판례 일정한 문화재에 대한 보유·보관을 금지하는 것은 문화재에 관한 재산권 행사의 사회적 제약을 구체화한 것으로 재산권의 내용과 한계를 정하는 것이며 헌법 제23조 제3항의 보상을 요하는 수용 등과는 구별된다. 다만 위와 같은 입법 역시 다른 기본권에 대한 제한입법과 마찬가지로 비례의 원칙을 준수하여야 하며, 재산권의 본질적 내용인 사적 유용성과 처분권을 부인해서는 아니된다.

(헌재 2007. 7. 26, 2003헌마377, 판례집 제19권 2집, 90, 105.)

6. 사회적 제약을 구체화하여 재산권의 내용과 한계를 정하는 규정으로 파악한 헌법재판소 판례

91. 재산권의 내용과 한계규정으로서 합헌 사례

헌법재판소가 외형상으로는 재산권에 대한 제한으로 보이나 그 법적 성격을 헌법 제23조 제1항·제2항에 따른 재산권의 사회적 제약을 구체화하여 재산권의 내용과 한계를 정하는 규정으로 파악하고 합헌결정을 한 사례로는 다음과 같은 것들이 있다.

즉, 주식소각 또는 주식병합(감자명령)93), 무면허 매립자가 시행한
매립공사구역 내의 시설 기타의 물건에 대한 국유화94), 도시계획실효결
정의 실효제도의 적용범위에 관한 경과규정95), 학교보건법상 영업금지
내지 제한96), 도시계획법상 공공시설의 무상귀속97), 도시 및 주거환경
정비법상 정비기반시설 무상귀속98), 학교교지의 유상귀속99), 자연공원
법에 따른 토지재산권제한(현상유지의무나 사용제한)100), 토지거래허가

92. 구체적 사
례

---

93) 헌재 2003. 11. 27, 2001헌바35, 판례집 제15권 2집 하, 222, 236−237; 헌재 2004.
   10. 28, 99헌바91, 판례집 제16권 2집 하, 104, 126.
94) 헌재 2005. 4. 28, 2003헌바73, 판례집 제17권 1집, 496, 496−497. 권성 재판관의
   반대의견 있음.; 헌재 2000. 6. 1, 98헌바34, 판례집 제12권 1집, 607, 618−619.
95) 헌재 2005. 9. 29, 2002헌바84 등, 판례집 제17권 2집, 98, 120−125.
96) 헌재 2004. 10. 28, 2002헌바41, 판례집 제16권 2집 하, 138, 152−153; 헌재 2006.
   3. 30, 2005헌바110, 판례집 제18권 1집 상, 371. 권성 재판관의 반대의견; 헌재
   2011. 10. 25, 2010헌바384, 판례집 제23권 2집 하, 1; 헌재 2010. 11. 25, 2009헌바
   105 등, 판례집 제22권 2집 하, 398.
97) 헌재 2003. 8. 21, 2000헌가11 등, 판례집 제15권 2집 상, 186. 이 사건의 경우 4:5
   합헌, 즉 위헌의견이 과반수로 더 많았다. 즉 재판관 하경철, 김효종, 김경일의
   위헌의견은 이 사건 조항을 헌법 제23조 제1항과 제2항에 해당하는 소위 재산권
   의 내용과 한계를 정하는 규정으로 본다 하더라도 사회적 수인한도를 넘어서기
   때문에 과잉금지의 원칙에 위반되어 위헌이라는 것이다. 나아가 재판관 권성, 주
   선회의 경우 시설물의 박탈은 단순히 헌법 제23조 제1항과 제2항에 따른 재산권
   의 내용과 한계를 정하는 규정인 것이 아니라 재산권의 박탈을 의미하는 소위 입
   법수용에 해당한다는 것이며, 이 경우에 정당한 보상을 지급하여야 함에도 그러
   한 규정이 없음으로 인하여 헌법 제23조 제3항의 정당보상원칙에 위반된다는 것
   이다. 그러므로 이 사건 법률조항은 보는 시각에 따라서 헌법 제23조 제1항과 제
   2항에 따른 재산권의 내용과 한계를 정하는 규정으로 보면서도 의견이 합헌과
   위헌의견으로 갈리기도 하였고, 나아가 헌법 제23조 제3항에 따른 수용으로 보고
   보상이 결여되어 위헌으로 판단한 견해도 존재한 사례이다.
98) 헌재 2013. 10. 24, 2011헌바355, 공보 제205호, 1498; 헌재 2012. 7. 26, 2011헌마
   169, 판례집 제24권 2집 상, 285; 헌재 2015. 3. 26, 2014헌바156, 판례집 제27권 1
   집 상, 273; 헌재 2015. 2. 26, 2014헌바177, 판례집 제27권 1집 상, 184; 헌재
   2016. 12. 29, 2015헌바333.
99) 헌재 2021. 4. 29, 2019헌바444 등, 판례집 제33권 1집, 454.
100) 헌재 2003. 4. 24, 99헌바110 등, 판례집 제15권 1집, 371, 395−396. 이 사건의 경
   우 위헌결정의 정족수가 모자라 합헌결정이 되었던 사례였다. 그러나 각하 입장
   을 취한 재판관들도 원칙적으로 5인의 의견이 재판의 전제성을 인정했던 것이므
   로, 만일 쟁점별 평결방식에 의했다면 본안판단을 했어야 한다. 따라서 본안 판
   단에 들어가 그 위헌여부에 대한 입장 표명을 한다고 가정할 때, 4인의 각하의견
   가운데 1명의 재판관이라도 위헌(헌법불합치)의견이 나왔을 경우, 이 사건 법률
   조항은 위헌 내지 헌법불합치결정이 이루어질 수도 있었던 것이다. 그러므로 이
   경우와 같은 사례가 헌법재판소가 개인이 가지는 불가침의 기본적 인권을 확인

제101), 특별관리지역에는 그 지정 당시부터 지목이 대(垈)인 토지와 기존
의 단독주택이 있는 토지에만 단독주택을 신축할 수 있도록 한 구 '공공주택건설
등에 관한 특별법 시행령'조항{제4조의2 제1항 [별표 1] 제1호 나목 3) (1)}102),
도로로 사용되는 토지의 사권 행사 제한103), 민법상 취득시효제도104),
국가 등의 점유를 자주점유로 추정하는 추정조항105), 소멸시효제도106),
가축전염병예방법상 살처분107), 배출가스저감장치 반납조항108), 환매권

할 의무를 방기한 사례가 아닌가 생각되는 바이다. 아무튼 이 자연공원법상 보상
없는 토지재산권제한 사건이 대표적으로 헌법 제23조 제1항, 제2항에 따른 재산
권의 내용과 한계를 정하는 규정과 헌법 제23조 제3항에 따른 공공필요에 의한
사용, 제한의 중간적 영역에 해당하는 사례 아닌가 생각되고, 자연보존지구와 같
은 경우에는 사실상 공공필요를 위한 토지재산권에 대한 제한에 해당되기 때문
에 정당한 보상이 이루어져야 한다고 할 수 있다. 따라서 이러한 보상을 하지 않
은 입법부작위는 위헌이라고 하는 확인이 이루어졌어야 할 것이라고 생각된다;
헌재 2006. 1. 26, 2005헌바18, 판례집 제18권 1집 상, 1. 권성 재판관의 반대의견
있음. 개인적으로 권성 재판관의 의견이 더욱 설득력 있게 들린다. 즉 보상 없는
제한의 경우 그것이 사회적 수인한도를 넘는 경우에는 헌법 제23조 제3항에 위반
된다고 보는 것이 타당할 것이다. 그렇지 않고 단순히 헌법 제37조 제2항에 위반
된다고 보기만 하면 보상과 관련해서 헌법 제23조 제3항의 정당보상의 원칙에 위
반됨에도 불구하고 이를 회피하는 판결을 내리는 데 불과하다고 보인다.

101) 헌재 1989. 12. 22, 88헌가13, 판례집 제1권, 357, 380: 다만 이 사건은 위헌결정을
  위한 정족수가 모자라 4:5 합헌결정된 사례이다; 헌재 1997. 6. 26, 92헌바5, 판례
  집 제9권 1집, 595.
102) 헌재 2017. 9. 28, 2016헌마18, 판례집 제29권 2집 상, 504.
103) 헌재 2013. 10. 24, 2012헌바376, 판례집 제25권 2집 하, 216.
104) 헌재 1993. 7. 29, 92헌바20, 판례집 제5권 2집, 36, 36−37; 헌재 2015. 6. 25, 2014
  헌바404, 판례집 제27권 1집 하, 508.
105) 헌재 2019. 9. 26, 2016헌바314 결정; 헌재 2020. 4. 23, 2018헌바350, 판례집 제32
  권 1집 상, 331. 추정조항에 대한 이석태 재판관과 이은애 재판관의 반대의견.
106) 헌재 2008. 11. 27, 2004헌바54, 판례집 제20권 2집 하, 186. 김희옥 재판관, 송두
  환 재판관의 반대(헌법불합치) 및 조대현 재판관의 반대(한정위헌) 의견 있음.
107) 헌재 2014. 4. 24, 2013헌바110, 판례집 제26권 1집 하, 88 이 결정에서 이정미 재
  판관의 반대의견은 심판대상조항은 재산권에 대한 사회적 제약이 수인의 한계를
  넘어 권리자에게 가혹한 부담이 발생하는 예외적인 경우 이를 완화하기 위하여
  규정된 보상규정이므로, 일반적인 급부행정보다 위임의 구체성과 명확성이 더 요
  구된다고 보고 있는데, 이 의견이 더 설득력이 있다고 생각된다. 다만 살처분의
  경우 재산권의 박탈은 있지만 소유권을 국가가 취득하지는 않는다는 점에서 공
  용수용으로 보기는 힘든 측면이 있으나, 적어도 공용제한으로 볼 수 있기 때문
  에, 이에 대한 정당한 보상을 지급하여야 한다는 헌법 제23조 제3항에 위반된다
  고 하는 논리의 전개가 이루어졌더라면 더 설득력이 있었을 것이라고 생각된다.;
  헌재 2015. 10. 21, 2012헌바367, 판례집 제27권 2집, 708. 이 법에 따른 보상에 대
  하여 "시혜적인 입법조치"에 불과하다고 판단하고 있음.

의 행사기간을 수용일로부터 10년 이내로 제한한 조항[109], 공익사업 변환에 따른 환매권 행사기간을 공익사업의 변경을 고시한 날로부터 기산하도록 한 조항[110], 특정주식의 양도소득에 대한 장기보유특별공제 배제[111], 구 도시계획법상 가설건축물 임차인의 영업손실에 대하여 보상하지 않는 것(제4조 제1항)[112], 양식어업 면허기간 연장 불허의 경우 손실보상 제외[113], 일정 기간 내에 등록하지 않을 경우 관행어업권의 실효(박탈)[114], 일정한 문화재에 대한 보유, 보관을 금지하는 것[115], 수용을 양도소득세부과대상에서 제외하지 않은 것[116], 학교용지 확보[117], 청중이나 관중에게 당해 공연에 대한 반대급부를 받지 아니하는 경우에는 상업용 목적으로 공표된 음반 또는 영상저작물을 재생하여 공중에게 공연할 수 있도록 한 저작권법 조항[118], 건설공사를 위하여 문화재발굴허가를 받아 매장문화재를 발굴하는 경우 그 발굴비용을 사업시행자로 하여금 부담하도록 한 구 문화재보호법 조항[119], 관리처분계획의 인가고

---

108) 헌재 2019. 12. 27, 2015헌바45, 판례집 제31권 2집 하, 65.

109) 헌재 2011. 3. 31, 2008헌바26, 판례집 제23권 1집 상, 237. 조대현 재판관과 이동흡 재판관의 반대의견 및 목영준 재판관의 반대의견이 있는데, 전자의 반대의견이 다수의견보다 설득력이 있어 보이며, 후자의 반대의견과 관련해서는 일반적으로 명확성의 원칙 위반을 판단하기에 앞서서 법률조항에 대한 헌법합치적 해석이 가능할 경우에는 명확성원칙 위반이라고 하는 결론을 피할 수 있지 않나 하는 이의제기가 일단 가능할 것으로 보인다.

110) 헌재 2012. 11. 29, 2011헌바49, 판례집 제24권 2집 하, 119. 송두환 재판관의 반대의견 있음. 반대의견이 더 설득력 있지 않나 생각된다.

111) 헌재 2011. 3. 31, 2009헌가22, 판례집 제23권 1집 상, 217.

112) 헌재 2012. 3. 29, 2010헌바470, 판례집 제24권 1집 상, 509.

113) 헌재 2006. 5. 25, 2003헌바115 등, 판례집 제18권 1집 하, 39. 김경일, 송인준, 주선회 재판관의 반대(위헌)의견과 권성 재판관의 반대(위헌)의견이 있음; 헌재 2001. 3. 21, 99헌바81 등, 판례집 제13권 1집, 577. 4:5 합헌으로 위헌정족수가 모자라 합헌이 된 사례로서 위헌의견이 5인으로 다수였음.

114) 헌재 1999. 7. 22, 97헌바76 등, 판례집 제11권 2집, 175.

115) 헌재 2007. 7. 26, 2003헌마377, 판례집 제19권 2집, 90, 105.

116) 헌재 2011. 10. 25, 2010헌바134, 판례집 제23권 2집 상, 857; 헌재 2002. 6. 27, 2001헌바44, 판례집 제14권 1집, 590, 596−598; 헌재 2007. 4. 26, 2006헌바71, 판례집 제19권 1집, 502, 507−512; 헌재 2008. 7. 31, 2006헌바95, 판례집 제20권 2집 상, 149, 159−160; 헌재 2012. 11. 29, 2011헌바11.

117) 헌재 2010. 4. 29, 2008헌바70, 판례집 제22권 1집 상, 648. 조대현 재판관의 반대의견 있음.

118) 헌재 2019. 11. 28, 2016헌마1115 등, 판례집 제31권 2집 상, 526.

시가 있으면 별도의 행정처분 없이 정비구역 내 소유자의 사용·수익을 정지하는 '도시 및 주거환경정비법' 제49조 제6항 중 '주거용 건축물의 소유자' 부분[120], 관리처분계획인가의 고시가 있으면 별도의 영업손실보상 없이 재건축사업구역 내 임차권자의 사용·수익을 중지시키는 '도시 및 주거환경정비법' 조항[121], 수용된 토지 등의 인도의무 위반시 형사처벌[122], 민간 주택건설사업 시행자에게 매도청구권을 인정한 구 주택법 조항[123], 국민연금법상 연금보험료 강제징수[124], 상가임대차 계약갱신요구권 행사기간을 5년에서 10년으로 연장한 것[125] 등이 그것이다.

93. 위헌 사례　　　　다음으로 과잉금지의 원칙에 반하여 재산권의 침해를 인정한 사례로서는 협의대상자를 파악하기 어렵다는 이유로 사업시행자에게 타인의 재산을 처분 또는 사용할 수 있게 한 공공용지의 취득 및 손실보상에 관한 특례법 제6조[126], 본인의 문화재의 보유·보관행위 이전에 타인이 한 당해 문화재에 관한 도굴 등이 처벌되지 아니하여도, 본인이 그 정을 알고 보유·보관하는 경우 처벌하도록 규정한 구 문화재보호법 조항(제82조 제4항 및 법 제104조 제4항)[127] 등을 들 수 있다.

---

119) 헌재 2010. 10. 28, 2008헌바74, 판례집 제22권 2집 하, 41.
120) 헌재 2015. 11. 26, 2013헌바415, 판례집 제27권 2집 하, 191; 헌재 2020. 11. 26, 2017헌바350 등, 판례집 제32권 2집, 431.
121) 헌재 2020. 4. 23, 2018헌가17, 판례집 제32권 1집 상, 29. 이석태 재판관의 반대의견 있음; 헌재 2014. 1. 28, 2011헌바363, 판례집 제26권 1집 상, 69. 김이수 재판관의 반대의견 있음.
122) 헌재 2020. 5. 27, 2017헌바464 등, 판례집 제32권 1집 하, 285. 이석태, 김기영, 문형배, 이미선 재판관의 벌칙조항에 대한 반대의견이 있는바, 그것이 더 설득력 있어 보인다; 헌재 2020. 11. 26, 2017헌바350 등, 판례집 제32권 2집, 431; 헌재 2020. 5. 27, 2017헌바464 등, 판례집 제32권 1집 하, 285.
123) 헌재 2009. 11. 26, 2008헌바133, 판례집 제21권 2집 하, 545; 헌재 2010. 7. 29, 2009헌바240 등, 공보 제166호, 1442; 헌재 2010. 12. 28, 2010헌바219, 공보 제171호, 183. 조대현, 김종대 재판관의 반대의견 있음.
124) 헌재 2001. 2. 22, 99헌마365, 판례집 제13권 1집, 301.
125) 헌재 2021. 10. 28, 2019헌마106 등. 이영진 재판관의 반대의견 있음.
126) 헌재 1995. 11. 30, 94헌가2, 판례집 제7권 2집, 538, 546-547.
127) 헌재 2007. 7. 26, 2003헌마377, 판례집 제19권 2집, 90.

7. 헌법 제23조 제3항의 공공필요에 의한 수용·사용·제한 과의 관계: 분리이론 수용에 대한 비판

헌법 제23조 제2항의 공공복리적합의무와 헌법 제23조 제3항의 공공필요에 의한 수용·사용·제한 제도는 서로 어떠한 관계에 있나 하는 것이 문제된다. 학계에서는 독일 학설과 판례의 영향을 받아 소위 경계이론과 분리이론으로 나뉘고 있다.[128]

소위 경계이론은 과거 독일 연방법원이 전개한 논리로서 사회적 수인한도를 넘어서는 재산권의 내용규정이나 사회적 기속에 관한 규정은 별도로 보상규정을 두고 있지 않다 하더라도 사회적 수인한도를 넘는 경우 보상이 필요한 공용수용으로 전환되어 보상을 지급해야 한다고 하는 논리이다. 어떠한 재산권 제한 입법이 의도적, 목적적으로 재산권을 수용하고자 한 법률이 아니었다 하더라도, 재산권자에게 사회적 수인한도를 넘어서는 특별희생을 강요하게 된다면 그것은 일종의 수용으로 전환되기 때문에 헌법 제23조 제3항(독일 기본법 제14조 제3항)에 따라 정당한 보상이 이루어져야 한다는 것이다. 이에 따라 합법적인 재산권 제한의 경우에는 "수용적 침해"가 되는 것이고, 위법한 재산권 제한의 경우에는 "수용유사적 침해"가 되어 법원에 의하여 적절한 보상이 이루어져야 한다는 것이 독일 연방법원의 판례에 따른 소위 경계이론이다.[129]

이에 반하여 1981년 독일 연방헌법재판소의 소위 자갈채취결정[130] 이래로 연방헌법재판소가 채택한 소위 분리이론에 따르면 재산권의 내용과 한계를 정하는 것과 공용수용제도는 서로 전혀 다른 제도로서 수인한도나 특별희생 여하에 따라서 애초에 입법자가 의도적, 목적적으로 공용수용을 하고자 한 것이 아니었음에도 불구하고, 재산권의 사용에 대한 제한이 지나치게 과도한 경우에 수용으로 전환되는 것은 아니고, 여전히 재산권의 내용과 한계규정으로 머무는 것이기 때문에, 일반적인

94. 소위 경계이론과 분리이론

95. 소위 경계이론

96. 소위 분리이론

---

128) 경계이론과 분리이론의 학설상의 다툼에 관해서는 방승주 (주 30), 11-12면과 그곳에서 인용된 문헌들 참고.

129) Depenheuer (주 13), Rn. 33.

130) BVerfGE 58, 300.

기본권제한의 한계 원리인 비례의 원칙에 따라 심사할 수 있을 뿐이다. 즉 공용수용이 되기 위해서는 입법자가 의도적, 목적적으로 공용수용에 관한 규정과 또한 소위 불가분조항으로서 보상에 관한 규정을 두어야 하고, 그에 따른 수용이 이루어질 때 비로소 재산권을 수용당하게 되는 당사자는 보상을 지급받을 수 있는 것이지, 수인한도나 특별희생 여하에 따라서 보상규정이 없음에도 불구하고 유추적용 등을 통해서 보상이 이루어질 수 있는 것(dulde und liquidiere!: 참으라 그리고 정산하라!)은 아니라는 것이다. 재산권의 내용과 한계규정이 수인한도를 넘어서서 재산권자의 재산권을 과도하게 제한하는 경우 당사자는 일차적으로 그 처분에 대한 취소를 행정소송으로 다투어야 할 것이고, 만일 비례의 원칙에 위반되는 경우 그 처분은 취소될 수 있으며, 비례의 원칙에 반하지 않는 경우 그것은 재산권에 대한 내용과 한계규정의 범위 내에 있는 것으로 수인한도 내에 있기 때문에 보상 없이 감수해야 한다는 것이다. 그리고 입법자는 재산권에 대한 내용과 한계를 정하는 규정이 비례의 원칙에 부합하도록 하기 위해서는 지나치게 가혹한 부담에 대해서는 적절히 조정적 의미가 있는 보상을 할 수 있다고 본다. 이를 독일에서는 소위 '조정의무가 있는 내용·한계규정(Ausgleichspflichtige Inhalts-und Schrankenbestimmungen)'[131]이라고 일컫는다.

97. 우리 헌재의 분리이론 수용

우리 헌법재판소 역시 독일 연방헌법재판소의 이러한 소위 분리이론을 수용하여 헌법 제23조 제1항과 제2항에 따른 재산권의 내용과 한계를 정하는 규정과 헌법 제23조 제3항에 따른 공용침해 규정은 다른 재산권제한이라고 보면서[132] 재산권의 내용과 한계규정이 지나치게 재산권자에게 과도한 부담을 강요하는 경우 그 자체로 위헌이며, 이러한 경우에 적절히 조정적 의미의 보상이 필요하다고 보았다.[133] 그러나 여기에서 말하는 보상은 반드시 금전적 보상일 필요는 없고, 매수청구권

---

131) BVerfGE 58, 137(Pflichtexemlarentscheidung: 의무납본 결정). Depenheuer (주 13), Rn. 89, 93.

132) 헌재 1999. 4. 29, 94헌바37, 판례집 제11권 1집, 289.

133) 헌재 1998. 12. 24, 89헌마214 등, 판례집 제10권 2집, 927, 956, 959; 헌재 1999. 10. 21, 97헌바26, 도시계획법 제6조 위헌소원, 판례집 제11권 2집, 383, 384.

이나 수용신청권의 부여, 지정의 해제 등 다양한 보상 가능성을 통하여 재산권에 대한 가혹한 침해를 적절하게 조정하기 위한 조정적 의미의 보상[134]이라 할 수 있을 것이다.

　　그러나 독일 연방헌법재판소의 분리이론을 사실상 거의 그대로 받아들이는 것은 재산권에 관한 양국 헌법의 조문상의 차이를 간과한 것으로서 문제가 있다고 생각된다. 즉 독일 기본법 제14조 제3항은 공용수용과 그에 대한 보상에 관하여 규정하고 있는 데 반하여, 우리 헌법 제23조 제3항은 "수용" 뿐만 아니라, "사용 또는 제한"까지 규정하고 있어서, 이 공용수용·사용·제한 규정 내에서 이미 공공필요에 의한 수용뿐만 아니라, 사용이나 제한의 경우에도 보상을 하도록 규정하고 있기 때문이다.

98. 양국 헌법의 조문상의 차이를 간과

　　따라서 독일의 소위 경계이론이나 분리이론을 적용하지 않더라도, 공공필요에 의한 재산권에 대한 과도한 제한의 경우에는 정당한 보상을 지급하도록 헌법이 명령하고 있기 때문에, 헌법 제23조 제3항의 문언에 대한 해석을 적절히 함으로써 재산권제한과 관련하여 발생하는 보상의 문제를 독일에서보다 더 융통성 있게 해결할 수 있는 가능성이 열리게 된다.

99. 독일보다 더 융통성 있는 해결가능성 有

　　즉 독일 연방헌법재판소나 우리 헌법재판소가 말하는 소위 조정의무가 있는 내용·한계규정의 경우 그 조정은 헌법 제23조 제3항에서 규정하고 있는 "공공필요에 의한 사용 또는 제한에 대한 정당한 보상"의 개념으로 해결할 수 있다. 즉 공공필요에 의한 재산권의 수용·사용 또는 제한에 대하여 각각 보상의 정도를 비례의 원칙에 맞게 탄력적으로 조절할 수 있기 때문, 다시 말해서 공공필요에 의한 사용 또는 제한에 대해서 모든 경우에 다 보상을 해야 하는 것이 아니라 사회적 수인한도를 넘어서는 제한일 경우에 비로소 보상이 필요하다고 하는 해석이 가능하기 때문에, 이렇게 우리 헌법조문에 더욱 적합한 해석론을 놔두고 조문구조와도 맞지 않는 독일의 분리이론을 굳이 수용하여 재산권 해석

100. 독일의 분리이론 우리 헌법 제23조의 체계에 맞지 않음

---

134) 헌재 2006. 1. 26, 2005헌바18; 헌재 2020. 4. 23, 2018헌가17; 헌재 2020. 9. 24, 2018헌마1163.

이론을 어렵게 전개할 필요가 없다고 생각된다.[135)]

101. 회색지대의 재산권제한도 있음

다만 앞에서 재산권의 사회적 제약을 구체화하는 재산권의 내용·한계 규정에 관한 헌법재판소의 사례에서 보았듯이, 재산권과 관련되는 모든 규정들의 위헌의 경우에 다 헌법 제23조 제3항에 의한 정당한 보상이 주어져야 한다고 할 수는 없다. 가령 환매권의 행사기간 규정과 같이 재산권의 행사 절차나 기한, 방법과 관련되는 재산권 관련조항들은 그것이 위헌이라고 판단되었다 하더라도 곧바로 보상이 필요하다고 할 수는 없는 상태에서 입법자가 그 위헌성을 제거함으로써 다시 합헌상태가 회복될 수 있는 경우도 있을 수 있다고 본다. 즉 평등원칙 위반 등의 이유로 그 자체가 위헌인 재산권 제한 규정이기는 하지만, 그렇다고 해서 반드시 보상이 따라야 하는 것은 아니라고 할 수 있는 회색지대의 재산권제한도 있을 수 있다고 하는 점이다.

102. 분리이론 채택시 헌법 제23조 제3항의 공공필요에 의한 사용·제한 사문화

다만 독일식 분리이론을 무비판적으로 차용할 경우에는 헌법 제23조 제3항의 공공필요에 의한 재산권의 사용 또는 제한의 의미가 거의 유명무실하게 될 수 있기 때문에 헌법 제23조에서 수용이 아닌 사용이나 제한의 경우에도 정당한 보상을 하도록 명령하고 있는 헌법취지를 가능한 한 잘 살려서 재산권보장을 기하는 해석을 할 필요가 있음을 강조하고자 한다.

---

135) 헌법사적으로 볼 때에도 1948년 헌법 제15조의 제정 논의를 보게 되면 당시 헌법 제정안 제15조에 대하여 "재산권의 내용과 한계는 법률로써 정하지만 그러나 법률로써 정하더라도 이유 없이 재산을 수탈하는 경우는 없다는 것을 보장한다는 말로써 표현한 것"이라는 등의 전문위원 유진오의 설명을 보더라도 재산권의 내용·한계는 법률로 정한다는 규정과 공공필요에 의한 재산권의 수용·사용 또는 제한에 관한 규정이 서로 다른 제도라기보다는 재산권보장에 관한 원칙 선언과 재산권제한의 요건과 한계를 천명한 규정들로 통합적으로 해석할 수 있음을 알 수 있다고 생각된다. 국회도서관, 헌법제정회의록, 헌정사자료 제1집, 1967, 141, 147, 148, 150면.

Ⅵ. 재산권의 제한: 제23조 제3항

1. 재산권 제한의 의의와 종류

가. 재산권 제한의 의의

재산권은 사적 유용성이 있는 것으로서 권리주체가 배타적으로 사용·수익·처분할 수 있는 공·사법상의 법적 지위라고 할 수 있음은 전술한 바와 같다. 결국 재산권의 제한이란 이러한 재산적 가치가 있는 대상에 대하여 사용·수익·처분할 수 있는 배타적 권리나 법적 지위를 박탈하거나, 금지하거나, 방해하거나, 그에 대하여 어떠한 제약을 가하는 모든 공권력의 행위라고 할 수 있다. 특히 이러한 행위를 입법자가 법률로 할 경우 입법자는 재산권의 내용을 법률로 정할 수 있는 권한이 있기 때문에 과연 그것이 재산권의 내용에 대한 결정에 지나지 않은 것인지, 아니면 보상이 필요한 재산권에 대한 제한인지 명확하게 구분하는 것은 쉽지 않은 문제이다.

더욱이 공공복리를 위한 목적을 가지고서 의도적이고 목적적으로 재산권을 제한(합법적 제한)하고자 하였으나, 통상적인 재산권 제한적 효과의 범위를 넘어서, 비전형적이고 예기치 않은 과도한 재산권침해적 효과가 발생한 경우에 과연 그것이 입법자가 재산권의 내용과 공공복리 적합의무를 구체화한 결정에 따른 데 불과하여 아무런 보상을 하지 않아도 되는 것인지, 아니면 헌법 제23조 제3항에 따라 보상을 해야 하는 것인지(독일 연방법원(BGH)식 "수용적 침해") 아니면 그 구제는 어떠한 방식으로 이루어져야 할 것인지의 문제가 제기된다.

나아가 법률에 따른 합법적 제한이 아니고, 위법한 공권력 행사로 인하여 재산권 침해적 효과가 발생한 경우 그러한 재산권 침해적 효과에 대해서는 과연 헌법 제23조 제3항에 따른 보상이 필요한 재산권제한으로 봐야 할 것인지(독일 연방법원(BGH)식 "수용유사적 침해"), 아니라면 그 구제는 어떠한 방식으로 이루어져야 할 것인지의 문제도 제기된다.

이 문제는 기본권 일반이론에서 기본권제한의 개념과도 밀접한 관련이 있는 문제이기도 하다. 즉 전통적 개념으로서 기본권제한(Eingriff)

103. 재산적 가치가 있는 대상에 대한 사용·수익·처분을 금지·방해·제약하는 공권력의 행위

104. 비전형적이고 예기치 않은 과도한 재산권 침해적 효과

105. 위법한 공권력행사로 인한 재산권 침해적 효과

106. 전통적 제한개념 확대와 관련

은 공권력행사가 목적적·의도적이어야 하고, 직접적이어야 하며, 법률에 의한 것이어야 하고, 또한 명령과 강제에 의한 것이어야 했으나, 오늘날 기본권제한 개념의 확대 현상에 따라서 기본권제한 개념은 이러한 요건으로부터 벗어나서 어떠한 기본권제약(Beeinträchtigung)이 목적적·의도적인 행위에 의한 것이든 아니면 부수적 결과로 나타난 것이든, 직접적이든 간접적이든, 법률에 의한 것이든 아니면 사실행위에 의한 것이든, 명령과 강제에 의한 것이든 아니든 상관없이 기본권행사에 제약을 초래하는 모든 공권력 행사에 대하여 넓게 기본권제한 개념에 포함시켜서 기본권침해 여부를 확인하고 과잉한 경우 그 위헌을 선언하고, 기본권침해를 구제하여 온 것이다.

107. 어떤 하나의 원칙 이론만 옳은 것은 아님

재산권제한의 경우에도 바로 이러한 기본권제한개념의 확대 현상의 예외는 아니었으나, 다만 재산권침해가 인정될 경우에는 일반적으로 그에 대한 보상이 따라야 한다고 할 수 있기 때문에, 보상이 필요한 재산권침해와 보상이 필요 없는 단순한 재산권에 대한 내용·한계 규정 내지 사회적 제약의 경계를 분명하게 긋는 문제와 관련하여, 나라마다 그리고 법원 판례마다 그 나라의 실정법과 판례법에 따라서 각각 서로 다른 판단 내지 결정을 해 온 것이기 때문에, 어떠한 하나의 원칙이나 이론만이 올바르고도 유일한 기준이 될 수 있는 것은 아니다.

108. 내용·한계규범도 재산권적 지위에 대한 박탈·제한 초래 가능

다만 재산권의 내용에 관한 규정은 입법자가 어떠한 재산적 가치가 있는 대상에 대하여 헌법 제23조 제1항의 재산권보장에 포함시켜 보호해야 하는 것으로 결정하는 일반적·추상적 규정이라 할 수 있을 것인데, 다만 이러한 입법자의 결정이 이루어지게 되면, 그 보호범위에 포함되지 못하는 재산적 가치가 있는 대상을 소유하거나 향유하고 있었던 관련 당사자들은 그때부터 더 이상 그와 관련된 재산권보호를 받지 못하게 될 수도 있기 때문에, 그러한 내용규정은 관련 당사자들에 대한 경과규정을 포함하고 있지 않을 경우에는 그들의 재산권적 지위에 대한 박탈 내지 제한을 의미할 수도 있다. 특히 오늘날 대부분의 재산적 가치가 있는 대상에 대해서는 헌법 제23조의 재산권보호의 대상으로 실정법이 보호하고 있는 상태에 있기 때문에, 입법자가 공익적 필

요에 의하여 이러한 법률을 개정하고자 하는 경우 그것은 단순히 장래를 향하여 재산권의 내용을 일반적·추상적으로 규정하는 데 지나지 않는 것이 아니라, 지금까지 재산권 보장을 받아 오던 법적 지위들에 대하여 그 지위를 소급적으로 박탈하거나 제한하는 결과를 초래할 수 있는 것이다. 그러므로 그러한 입법자의 규정은 단순히 헌법 제23조 제1항과 제2항에 따른 내용·한계규정이 되는 것이 아니라, 헌법 제23조 제3항에 따른 보상이 필요한 재산권에 대한 수용·사용 또는 제한이 될 수도 있는 것이며, 당연히 당사자들의 신뢰보호의 필요성을 검토하여 공익에 비하여 그들의 신뢰보호이익이 우월하다고 할 수 있는 경우에는 그러한 규정들은 신뢰보호의 원칙에도 반하여 위헌이 될 수 있는 것이다.[136]

그러므로 넓은 의미의 재산권의 제한은 헌법 제23조 제1항과 제2항에 따라 입법자가 재산권의 내용과 한계를 정하면서도 얼마든지 발생할 수 있으며, 헌법 제23조 제3항은 재산권보장 정신을 존중하기 위해서 그것이 재산권 박탈을 의미하는 수용의 경우이든, 아니면 재산권의 내용과 한계 내지 사회적 제약을 구체화하는 과정에서 발생할 수 있는 사용 또는 제한이든 반드시 법률로써 해야 하며, 또한 정당한 보상을 지급할 것을 요구하고 있는 규정으로 봐야 할 것이다.

109. 넓은 의미의 재산권 제한

나. 재산권 제한의 유형

헌법 제23조 제1항 제2문은 재산권의 내용과 한계는 법률로 정한다고 하고 있고, 제2항은 재산권행사의 공공복리적합의무를, 제3항은 공공필요에 의한 재산권의 수용·사용 또는 제한 및 그 보상에 관해서 규정하고 있다.

110. 재산권 제한의 유형

전술하였듯이 헌법재판소는 독일 연방헌법재판소의 분리이론을 받

111. 헌재의 분리이론 수용의 결과

---

136) 신뢰보호원칙이나 소급입법에 의한 재산권박탈금지조항에 반하지 않는다고 본 판례로 헌재 1999. 7. 22, 97헌바76 등, 판례집 제11권 2집, 175(관행어업권에 대한 2년 이내 등록의무); 헌재 1999. 7. 22, 98헌마480 등, 공보 제37호, 715(법령의 시행일 이전에 적법하게 설치한 기존의 노래연습장 시설을 이전 또는 폐쇄하도록 규정한 부칙조항); 헌재 2011. 11. 24, 2009헌바292(친일반민족행위자의 재산 환수).

아들여 재산권제한을 헌법 제23조 제1항과 제2항에 의한 재산권의 내용과 한계에 관한 규정과 헌법 제23조 제3항에 의한 공용침해규정(주로 공용수용)으로 나누어서 재산권의 박탈의 경우가 아닌 한 재산권의 사용·수익과 관련된 제한의 경우에는 거의 모두 재산권의 내용과 한계규정으로 간주하고, 이 제한의 경우에는 헌법 제23조 제3항에 따른 보상이 필요 없는 제한인 것으로 본다. 다만 비례의 원칙에 위반되어 과도한 제한일 경우 이는 헌법위반으로서 합헌인 재산권제한이 되기 위해서는 입법자에 의한 적절한 조정(지정해제나 매수청구권 등)이 필요하다고 하는 것이다. 요컨대 헌법재판소는 재산권제한을 이원화하여 재산권의 내용과 한계에 관한 규정과 공용침해로 나누고 있다.

112. 재산권보장정신에 반하는 해석

그러나 이러한 이원화와 소위 분리이론에 따른 해석은 헌법 제23조 제3항의 "공공필요에 의한 재산권의 사용 또는 제한"이라고 하는 실정법 조항의 의미를 거의 유명무실화하고, 재산권의 사용·수익권에 대한 과도한 제한의 경우에도 조정적 의미의 지정해제나 매수청구권만 보장하면 그동안 받아 왔던 재산권 제한에 대한 정당한 보상을 하지 않아도 되는 것처럼 오도할 수 있기 때문에, 재산권보장 정신에 매우 반하는 해석으로 앞으로 이러한 해석은 바뀌어야 할 것이라고 생각된다.

113. 헌법 제23조 제1항, 제2항과 제232조 제3항과의 관계

헌법 제23조 제1항 제2문은 재산권의 내용과 한계는 법률로 정한다고 하는 원칙의 선언이다. 그리고 제2항의 공공복리적합의무는 재산권행사의 헌법적 한계를 명시하고 있는 조항이다. 결국 재산권의 내용을 정하고 일정한 경우에 재산권 행사의 한계를 정하는 것은 입법자가 할 수밖에 없는 것이기 때문에, 이에 대한 원칙 선언을 한 것이다. 그리고 불가피하게 재산권제한을 할 경우 구체적인 재산권 제한의 양태와 또한 어떠한 조건 하에서 할 수 있는지에 관해서 규정한 것이 헌법 제23조 제3항이다.

114. 재산권의 내용·한계에 관한 규율은 보상이 필요한 공용제한이 될 수 있음

그러므로 재산권 제한의 종류는 헌법 제23조 제1항·제2항의 재산권의 내용·한계규정과 헌법 제23조 제3항의 공용침해로 나눌 수 있는 것이 아니라, 오히려 헌법 제23조 제1항·제2항의 사회적 기속의 구체화를 위한 재산권의 내용·한계 규정에 의한 제한은 헌법 제23조 제3항

이 명시하고 있는 재산권의 수용, 사용, 제한과 중첩될 수 있으며, 헌법 제23조 제3항은 이러한 제한들 가운데 정당한 보상이 필요한 넓은 의미의 재산권제한(수용·사용 또는 제한)에 관한 요건과 보상의 원칙을 선언하고 있는 것으로 보는 것이 합당하다.

2. 공공필요에 의한 재산권의 수용·사용 또는 제한

가. 공용수용

공공필요에 의하여 재산권을 박탈하는 경우 이를 공용수용이라 한다. 이 경우 일반적으로 재산적 가치가 있는 대상 전체나 일부의 소유권을 국가나 공공단체로 이전하는 것, 즉 재화의 조달을 수용개념의 중요한 표지로 보고 있다. 다만 재산적 가치가 있는 물건, 가령 토지재산권의 일부 권능, 즉 사용·수익권을 박탈하는 경우는 우리 헌법상으로는 공용사용과 공용제한 개념이 존재하기 때문에, 이러한 재산권적 권능의 일부 박탈을 굳이 공용수용 개념에 포함시킬 필요는 없다고 생각된다.

115. 공공필요에 의한 재산권 박탈

어쨌든 수용은 재산권자의 의사에 반하여 재산적 가치가 있는 대상에 대한 배타적 사용·수익·처분권을 국가나 공공단체가 박탈하여 일반적으로 그 소유권을 이전시키는 것이기 때문에 이에 대해서는 어느 국가이든지 법률로써 하되 그에 따른 보상을 하도록 하고 있다.

116. 일반적으로 소유권의 이전이 존재

따라서 수용의 경우는 재산권에 대한 가장 중대한 침해라고 할 수 있기 때문에 굳이 수인한도를 넘어서는지 여부를 심사할 필요 없이 특별희생으로 보고 그에 대한 정당한 보상을 지급하여야 할 것이다.

117. 수인한도 심사 필요없음

수용과 관련하여 법률 자체에 의한 소위 입법수용과 법률을 근거로 하는 행정부에 의한 행정수용으로 수용의 유형을 구분할 수 있다. 입법수용의 경우는 법률 그 자체에 의하여 국민의 재산권이 국가로 귀속되게 하는 경우라 할 수 있고, 행정수용의 경우는 법률을 근거로 하여 행정부가 국민의 일정한 재산권을 국가의 소유로 귀속시키는 경우라 할 것이다.

118. 입법수용과 행정수용

입법수용의 사례로는 등기부가 복구되지 않은 토지이지만 하천으로 편입된 토지를 보상 없이 국유로 규정한 구 하천법 제3조[137]의 경우

119. 입법수용의 사례

를 들 수 있다.

120. 민간개발
업자에 수용권
부여 허용됨

수용의 주체와 관련하여 민간개발(업)자138)나 지방공기업139)에 수용권을 준다 하더라도 그것이 헌법 제23조 제3항에 위반되는 것은 아니라는 것이 우리 헌법재판소 판례이다. 또한 주택재건축사업 시행자에게 매도청구권을 부여한 것도 마찬가지로 위헌이 아니라고 본다.140)

121. 구분소유
권에 대한 매도
청구권은 공용
수용

재래시장 재건축참가자에게 재건축불참자의 구분소유권에 대한 매도청구권을 인정하는 것에 대하여 헌법재판소는 그 소유권을 사실상 박탈하는 것이므로 헌법 제23조 제3항의 공용수용에 해당한다고 보았으나, 보통 시가에 의한 매도가격은 나름 정당한 보상에 해당된다고 보았고, 그 밖에 과잉금지의 원칙에 위반되지 않는다고 보면서 헌법에 위반되지 않는다고 판단하였다.141)

122. 매도청구
권 합헌 사례

이 보다 앞서서 집합건물의 소유 및 관리에 관한 법률상 매도청구권의 법적 성격에 대해서 헌법 제23조 제1항, 제2항에 따른 제한인지 아니면 헌법 제23조 제3항에 따른 제한인지를 명확하게 밝히지는 않은 채 과잉금지원칙 심사를 하고 합헌을 선고한 바 있다.142)

123. 징발매매
15년 환매기한
합헌

그 밖에 헌법재판소는 징발매매에 대하여 매매라고 하는 법형식과 상관없이 그 법적 성격을 공용수용으로 보면서143)도 15년의 환매기한에 대하여 합헌으로 판단하였다.144)

---

137) 헌재 2010. 2. 25, 2008헌바6, 하천법 제3조 위헌소원, 판례집 제22권 1집 상, 161; 헌재 1998. 3. 26, 93헌바12, 판례집 제10권 1집, 227.

138) 헌재 2009. 9. 24, 2007헌바114, 판례집 제21권 2집 상, 562; 헌재 2013. 2. 28, 2011헌바250, 판례집 제25권 1집, 59.

139) 헌재 2012. 3. 29, 2010헌바370, 판례집 제24권 1집 상, 472.

140) 헌재 2010. 12. 28, 2008헌바57, 판례집 제22권 2집 하, 624; 헌재 2010. 12. 28, 2008헌마571(주택재건축사업시행자에게 매도청구권을 인정한 도시 및 주거환경정비법 제39조 위헌확인 사건) 판례집 제22권 2집 하, 768; 헌재 2011. 11. 24, 2010헌가95 등, 판례집 제23권 2집 하, 176; 헌재 2014. 3. 27, 2012헌가21, 판례집 제26권 1집 상, 342; 헌재 2017. 10. 26, 2016헌바301, 공보 제253호, 1095; 헌재 2019. 11. 28, 2017헌바241, 공보 제278호, 1230.

141) 헌재 2006. 7. 27, 2003헌바18, 판례집 제18권 2집, 32.

142) 헌재 1999. 9. 16, 97헌바73 등, 판례집 제11권 2집, 285.

143) 헌재 1995. 2. 23, 92헌바14, 공보 제9호, 107; 헌재 1995. 2. 23, 92헌마256 등.

144) 헌재 1995. 2. 23, 92헌바14, 공보 제9호, 107. 이와 관련하여 환매권의 발생기간을 증권상환 완료 후 5년 이내에 군사상 필요가 소멸한 경우로 제한한 조항에 대한 반대의견으로 김진우 재판관과 조승형 재판관의 반대의견 있음; 헌재 1995. 2.

이에 반하여 '토지의 협의취득일 또는 수용의 개시일부터 10년 이내로 제한한 환매권 발생기간 제한조항에 대하여 위헌(헌법불합치)으로 판단한 사례도 있다.[145]

> **판례** 헌법 제23조 제3항은 "공공필요에 의한 재산권의 수용·사용 또는 제한 및 그에 대한 보상은 법률로써 하되, 정당한 보상을 지급하여야 한다"라고 하여 재산권 행사의 사회적 의무성의 한계를 넘는 재산권의 수용·사용·제한과 그에 대한 보상의 원칙을 규정하고 있다. 따라서 공공필요에 의한 재산권의 공권력적·강제적 박탈을 의미하는 공용수용은 헌법 제23조 제3항에 명시되어 있는 대로 국민의 재산권을 그 의사에 반하여 강제적으로라도 취득해야 할 공익적 필요가 있을 것, 수용과 그에 대한 보상은 모두 법률에 의거할 것, 정당한 보상을 지급할 것의 요건을 갖추어야 한다(헌재 1994. 2. 24, 92헌가15 등, 판례집 6-1, 38, 55; 헌재 1998. 3. 26, 93헌바12, 판례집 10-1, 226, 243).
> (헌재 2000. 4. 27, 99헌바58, 판례집 제12권 1집, 544, 552.)

> **판례** 일반적으로 재산권의 수용이란 공공필요에 의한 재산권의 공권력적, 강제적 박탈을 의미하고, 강제적 박탈이란 국민의 재산권을 그 의사에 반하여 취득하는 것을 의미한다.
> (헌재 1998. 3. 26, 93헌바12, 판례집 10-1, 226, 243 참조)[146]

> **판례** 공용수용이란 특정한 공익사업의 시행을 위하여 법률에 의거하여 타인의 토지 등의 재산권을 강제적으로 취득하는 제도를 말한다. 공용수용의 목적은 특정한 공익사업을 위한 재산권의 강제적 취득이고, 공익사업의 범위는 법률에 의해서 정해진다.
> (헌재 2014. 10. 30, 2011헌바172 등, 판례집 제26권 2집 상, 639.)

23, 93헌바29, 공보 제9호, 134; 헌재 1995. 10. 26, 95헌바22, 판례집 제7권 2집, 472; 헌재 2001. 6. 28, 99헌바106, 판례집 제13권 1집, 1307. 윤영철 재판관과 권성 재판관의 반대의견 있음.

145) 헌재 2020. 11. 26, 2019헌바131, 판례집 제32권 2집, 469.

146) 헌재 2000. 6. 1, 98헌바34, 판례집 제12권 1집, 607, 618.

나. 공용사용

공용필요에 의하여 재산권을 사용하는 경우 이를 공용사용이라 한다. 가령 토지재산권의 경우 지역권이나 지상권을 설정하여 장기간 토지를 사용한다든가, 또는 도시계획에 따라 택지조성이나 주택건설을 하기 위한 목적으로 일정한 토지를 수용한 후, 그 인근 토지까지 일정한 기간 동안 사용하는 경우를 들 수 있다.

재산권자의 의사에 반하여 재산권을 국가나 공공단체가 사용하는 것은 수용 다음으로 중대한 재산권에 대한 제한이라고 할 수 있다. 그러므로 이 역시 법률로써 하되 정당한 보상을 지급해야 하며, 또한 사용목적을 달성하여 더 이상 그 토지나 재산에 대하여 사용할 필요가 없어진 경우에는 즉시 재산권자가 그 재산을 자유로이 사용할 수 있도록 국가나 공공단체가 지상권이나 지역권을 해제한다든가 재산권의 사용을 중단하고 재산권자에게 사용·수익권을 반환해야 할 것이다.

판례 전원개발촉진법 제6조의2 제1항 위헌소원 (고압송전선 미 보상 선하지 공용사용 사건)

사회적 필요가 분명하고 대규모 자본투입이 불가피하지만 자발적으로 이루어지기 어려운 기존 공익사업의 전반적인 성격을 고려해 볼 때, 전원개발사업 또한 그 공공성을 인정함에 달리 어려움이 없다. 나아가 송전선 철거를 면하고 전력공급의 공백을 방지하기 위해서는 그간 보상이 이루어지지 않았던 선하지의 사용권원을 공용사용의 방법으로 사업자가 신속하게 확보할 수 있도록 하는 것이 필요하다.

사업자인 한국전력공사의 특수성에 더하여, 공용사용의 필요성에 관한 판단 권한이 산업통상자원부장관에게 최종적으로 유보되어 있는 점까지 종합적으로 고려하면, 사용조항은 헌법 제23조 제3항의 '공공필요성'을 갖추고 있다.

사용조항은 전원개발사업자로 하여금 사용재결을 받아 미 보상 선하지에 관한 사용권원을 취득할 수 있도록 규정하고 있고, 기간조항은 이에 따른 구분지상권을 설정·등기하면 그 구분지상권이 '송전선로가 존속하는 때까지' 존속되도록 정하고 있다. 사업자가 선하지의 사용권원을 확보하지 못하거나 구분지상권의 존속기간이 명시적으로 한정되어 송전선이 철거되면, 대체선로를 마련하는 데 적지 않은 시일이 소요될 뿐만 아니라 경우에 따라서는 물리적으로 대체선로를 설계하는 것이 불가능할 수도 있고, 대체선로 예정지 소유자가 협의를 거부하여 전력공급의 공백이 초래될 수도 있는데, 현대생활에서 전기에너지의 중요성을 고려하면 심판대상조항 외에 전력공급의 안정성을 담보할 수 있는 다른 방법을 달리 상정하기 어렵다.

고압송전선이 통과하는 토지라 하더라도 송전선이 설치된 특정고도 이하로 선하지를 사용하는 데는 별다른 제약을 받지 아니하고, 특정고도 이상으로는 토지사용이 제한되는 점을 고려하여 선하지 소유자에게 정당한 보상을 제공하고 있다. 나아가 송전선 이설요청권 등을 두어 온전한 토지사용권을 회복할 수 있는 방안까지 마련한 점을 감안하면, 심판대상조항은 과잉금지원칙에 반하지 않는다.

재판관 이미선의 기간조항에 대한 반대의견

기간조항은 그 구분지상권의 존속기간을 '송전선로가 존속하는 때까지'로 정하고 있어 존속기간을 예측할 수 없을 뿐만 아니라 영구적일 수도 있음을 배제할 수 없고, 이러한 재산권 제한이 헌법적으로 허용되기 위해서는 이에 상응하는 정당한 보상이 이루어져야 한다.

그런데 고압송전선이 통과하게 되면 선하지가 속한 필지 전체가 지가 하락을 면하기 어려운 반면, 보상기준면적은 지가하락이 수반되는 토지면적의 일부에 불과하다. 특정고도 이상으로는 해당 필지의 개발이 사실상 영구적으로 불가능하지만, 보상은 사용재결 후 1회로 국한되어 변화된 현실상황에 따른 추가보상을 달리 기대할 수 없으므로, 이를 온전한 보상으로 보기 어렵다. 이설비용의 전부 또는 상당부분을 선하지 소유자가 부담하게 되는 송전선 이설요청권은 심판대상조항으로 인한 부담을 완화하거나 조정한다고 볼 수도 없다.

안정적인 전력공급을 위하여 송전선로 선하지 전역에 걸쳐 구분지상권의 존속기간을 일률적으로 정할 필요가 있다고 하더라도, 기간을 특정하여 선하지 소유자의 예측가능성을 보장하고 추후 변화된 현실상황이 반영된 보상을 추가적으로 받도록 하는 방안도 충분히 고려해 볼 수 있다. 그럼에도 선하지 소유자로 하여금 사실상 영구지상권을 감내하도록 하여 전력공급의 안정성을 담보하기 위한 비용을 선하지 소유자에게 오롯이 부담시키고 있는 기간조항은, 과잉금지원칙에 반하여 재산권을 침해하는바 헌법에 위반된다.

(헌재 2019. 12. 27, 2018헌바109, 판례집 제31권 2집 하, 113.)

다. 공용제한

공공필요에 의하여 재산권을 제한하는 경우 이를 공용제한이라 한다.
이 공용제한행위는 애당초 처음부터 목적적 · 의도적으로 이루어질
수밖에 없다.147) 왜냐하면 공공복리를 위한 필요에 의하여 입법자가 법
률로써 재산권에 대한 사용 · 수익권을 포함하여 재산권행사의 범위를
일정한 한도 내에서 축소하는 것이 재산권 제한행위라 할 수 있으므로,
입법자가 이에 관한 규정을 할 때에는 그러한 목적과 의도를 처음부터
담을 수밖에 없는 것이다.

그런데 만일 입법자가 단순히 재산권의 내용 또는 사회적 제약을
구체화하기 위한 목적으로 법률을 규정하였으나, 그 부수적인 결과로
인하여 입법자가 예상하지 않던 중대한 재산권 제한 효과가 직접적으로
초래된 경우, 만일 그러한 재산권 제한 효과가 사회적 수인한도를 넘어
서 재산권자에게 과도하게 특별한 희생을 강요하고 소위 부담평등의 원
칙을 넘어서는 결과를 야기하였다면, 이는 정당한 보상이 필요한 공용
제한으로 귀속시켜야 할 것이다. 따라서 이에 관해서는 입법자의 평가
와는 달리 헌법재판소는 헌법 제23조 제3항에 따라 정당한 보상이 필요
한 공용제한이라고 보고서, 입법자에게 적정한 보상입법을 마련해야 할
입법개선의무를 부과하는 헌법불합치결정148)을 선고할 수 있을 것이다.

한편 입법자가 나름대로 공용제한과 그에 대한 보상규정을 법률로
마련해 놓았으나, 행정청이 이를 집행하는 과정에서 입법자에 의하여
규정되지 않은 예상치 않은 비전형적 손해가 발생하는 경우, 그러한 손
해 역시 공용제한에 따른 손해로 보고서 그에 대하여 보상을 해 주어야
할 것인가 하는, 법 집행단계에서의 구체적이고 개별적 차원의 문제가
제기될 수 있다. 생각건대, 이는 합법적인 재산권제한 행위에 따른 비전
형적이고 예기치 않은 재산권침해적 결과(독일 연방법원의 '수용적 침해')라
고 할 수 있으므로, 그러한 손해에 대하여는 입법자가 보상규정을 마련
해 두었어야 할 것이지만, 그렇지 않았기 때문에 일종의 입법적 흠결에

---

147) 이에 반하여 홍강훈, 코로나19 집합금지 · 제한명령의 손실보상문제에 대한 「독자
적 분리이론」에 의한 해결, 공법연구 제50집 제1호(2021. 10), 367-405, 382면.
148) 가령 헌재 1998. 12. 24, 89헌마214 등, 판례집 제10권 2집, 927, 959.

해당한다고 할 수 있을 것이다. 그러나 만일 입법자가 이러한 비전형적이고 예기치 않은 결과의 발생에 대해서 입법 당시에 알았더라면 당연히 보상 범위에 포함시켰을 것이라고 간주되는 경우, 즉 보상규정의 결여가 일종의 '입법의도에 반하는 규정흠결(planwidrige Relelungslücken)'에 해당된다고 할 수 있을 경우 법원은 그와 유사한 규정을 유추 적용하여 적정한 보상을 하는 것이 합목적적일 뿐만 아니라, 헌법합치적 법률해석이 될 것 아닌가 생각된다. 다만 법원이 그와 같이 하지 않고서 규정흠결을 내포하고 있는 법률조항의 위헌법률심판을 제청하거나 또는 헌재법 제68조 제2항에 따라 당사자가 헌법소원심판을 청구하는 경우, 헌법재판소는 해당 법률조항 자체가 위헌이라고 하기 보다는 그러한 손해에 대하여 보상규정을 마련하지 않은 입법부작위에 대해서만 위헌을 확인할 수 있을 것이다(다만 불완전·불충분한 입법, 즉 부진정입법부작위의 경우 불완전·불충분한 법률조항 자체에 대하여 헌법불합치결정을 선고하는 것이 헌법재판소의 현재까지의 실무이다.).[149]

이러한 경우 결과적으로 보상규정이 결여되어 위헌인 법률에 따라 공용제한행위가 이루어졌으므로, 이러한 공용제한행위에 대하여 위법한 (위헌인) 재산권제한으로 보고, 그 재산권침해적 효과에 대하여 보상청구권을 인정하게 되면, 이는 독일 연방법원(BGH)의 '수용유사침해'와 유사한 해결방법이 될 수 있을 것이다.[150]

131. 수용유사침해 사례

아무튼 보상규정이 결여된 공용제한 규정의 경우 그 제한의 정도나 기간에 따라서 사회적 수인한도를 넘어서 재산권자에게 특별한 희생을 강요하는 결과가 되는 경우에, 이는 더 이상 단순한 재산권의 내용이나 사회적 제약을 구체화하는 규정으로 머무는 것이 아니라, 정당한 보상이 필요한 공용제한이며 입법자는 그에 대한 보상규정을 제정하지 않을 경우 헌법 제23조 제3항을 침해하는 것이다. 여기에서의 보상은 가령

132. 사회적 수인한도를 넘어서, 특별한 희생을 강요하는 결과 강요

---

149) 이러한 결정유형 방식에 관해서는 방승주 외 3인, 공권력의 불행사에 대한 헌법소원심판 구조 연구, 헌법재판연구 제29권, 헌법재판소 2018, 159면 참조.

150) 다만 독일 연방법원(BGH)은 보상규정이 결여된 법률에 따른 행정청의 공용수용의 경우에는 수용유사침해와 그에 대한 보상청구권을 부인하는 데 반하여, 법규명령이나 조례에 보상규정이 결여된 경우 그에 따른 행정청의 공용수용의 경우에는 이를 인정한다고 한다. 홍강훈 (주 147), 373면.

자연보호구역이나 도시계획구역의 지정으로 인한 현상유지의무나 사용 · 수익권의 제한 사례와 같이 지금까지 감수해 온 재산권자에 대한 장기간에 걸친 과도한 제한에 대한 보상이 포함되어야 하는 것이고, 기타 지정해제나 매수청구권 또는 수용청구권 등의 보장을 통한 해결은 재산권의 존재(존속)보장 우선의 원칙상 정당한 보상이 될 수 없다. 그것은 지금까지의 제한에 대한 보상은 아니기 때문이다. 이 점이 바로 헌법재판소가 현재 구사하고 있는 독일 연방헌법재판소식의 소위 "조정의무가 있는 내용 · 한계규정"과 확연히 다른 점이다.

133. 비전형적이고 예기치 못한 손해의 발생

끝으로 비전형적이고 예기치 못한 손해의 발생과 그에 대한 보상은 입법자가 처음부터 예상할 수 없었거나 통상적으로 예상하기 쉽지 않았던 것이므로, 이러한 사례들에 대해서 법률로써 일일이 다 완벽하게 규정하기는 힘들다. 그러므로 그러한 예기치 않던 침해적 결과(손해)에 대한 보상에 관한 규정은 그만큼 포괄적이고 일반적인 형태의 규정으로 하거나, 보다 상세한 것은 행정입법으로 어느 정도 포괄적으로 위임하더라도 상관없다고 봐야 할 것이며, 따라서 보상규정의 명확성원칙이나 포괄위임입법금지원칙에 대한 위반 여부의 문제와 관련해서는 심사의 강도가 그만큼 완화될 수 있다고 봐야 할 것이다.

> **판례** 습지보전법 제20조의2 제1항 위헌소원 (습지보호지역 등에서의 광업권 매수 사건)
>
> 공익적 목적으로 설정된 특정 지역 내에서 일정한 행위를 제한하는 조항(이하 '행위제한조항'이라 한다)이 재산권을 침해하는지가 문제되는 경우 비례원칙이 심사기준이 되지만, 행위제한에 대한 보상으로서 토지 등의 매수를 규정한 조항(이하 '매수조항'이라 한다)만이 심판대상이 되어 그 위헌성을 다투는 이 사건의 경우에는 '행위제한조항이 재산권의 사회적 제약의 한계를 넘는 과도한 부담을 초래하고 있는가', '만약 그렇다면 매수조항을 비롯한 보상규정이 이러한 과도한 부담을 완화하여 재산권의 사회적 제약을 합헌적으로 조정하고 있는가'라는 두 단계의 심사를 거치는 것이 타당하다.
>
> 습지보호지역으로 지정되면 그 지역 내에서는 광물의 채굴이 금지되는데, 이로써 광업권자는 때에 따라 사회적 수인한도를 넘는 가혹한 부담을 받을 수도 있다. 그러나 미채굴 광물에 대하여 갖는 권리가 일반 재산권만큼 보호가치가

확고한 것은 아니고, 광물 채굴 절차의 진행 정도에 따라 광업권의 재산적 가치가 낮거나 거의 없을 수 있어, 광물의 채굴 금지로 인하여 광업권자에게 항상 사회적 제약의 한계를 넘는 과도한 부담이 부과된다고 볼 수는 없다.

심판대상조항이 행정청에 재량을 부여하면서 매수 요건에 관하여 '습지보호지역등의 생태계를 보전하기 위하여 필요한 지역 등에서'라고만 규정하여 그 요건에 대하여 구체적으로 정하지 않고 있더라도, 과도한 재산권의 부담을 완화·조정하는 역할을 하는 매수조항의 경우 반드시 법률로써 구체적인 보상의 요건을 규정하여야 하는 것은 아니고 법률에 보상의 근거를 두고 있으면 족한 점, 실제로 매수청구제도를 운용함에 있어서 행정기관은 광업권의 재산권 제한의 정도가 비교적 높을 수 있다는 점을 충분히 고려하여 매수 여부를 결정하여야 하고 법원도 이 점을 참작하여 재산권을 충분히 보장하는 방향으로 사법심사를 하여야 하는 점, 입법자가 관련조항에서 광업권의 분할매수제도를 통하여 광업권자의 부담을 특별히 배려하고 있는 점 등에 비추어, 심판대상조항은 광물의 채굴 금지에 따른 광업권의 부담을 합헌적인 범위 내에서 완화·조정하고 있다고 할 것이므로 광업권자의 재산권을 침해하지 않는다.

(헌재 2015. 10. 21, 2014헌바170, 판례집 제27권 2집 하, 44.)

3. 소위 수용적 침해와 수용유사적 침해 이론의 적용 필요성

독일 연방헌법재판소는 전술한 자갈채취판결에서 분리이론을 채택한 이후 소위 수용적 효과가 있는 경우나 수용유사적 효과가 있는 경우에 보상청구권을 인정할 필요성을 부인하였으나, 이미 언급하였듯이 우리 헌법조문 구조상 분리이론은 적합하지 않으므로, 과연 독일 연방법원식 수용적 침해나 수용유사침해이론을 적용해야 할 필요가 있을 것인지를 살펴 볼 필요가 있다. 즉 독일 연방법원은 공권력에 의한 재산권침해가 적법한 침해이건, 위법한 침해이건 또는 의도적인 침해이건 아니면 비의도적인 침해이건, 사회적 수인한도를 넘는 특별한 희생으로서의 재산권 침해에 대하여 수용적 침해나 수용유사침해에 해당된다고 봐서 기본법 제14조 제3항에 근거한 보상청구권을 인정한 것이다.[151]

이미 앞에서 상세히 지적하였듯이 우리 헌법 제23조 제3항은 수용

151) 이상 정하중, 헌법상의 재산권보장체계에 있어서 경계이론과 분리이론, 서강법학 연구 제5권 (2003), 57-86, 61-62면.

134. 독일식 수용적 침해나 수용유사침해이론 도입·적용 필요성?

135. 헌법 제23조 제3항으로 포섭 가능

외에도 사용이나 제한의 개념을 사용함으로써, 수용 외에도 국가의 공익목적을 위한 재산권제한의 다양한 양태에 대해서도 정당한 보상을 지급하도록 명하고 있다. 따라서 독일 기본법 제14조 제3항과 같이 보상이 필요한 재산권침해에 대하여 오로지 "수용"만을 규정하고 있는 법제하에서 다양하게 발생하는 적법·위법한 재산권제한행위로 인한 수용적 효과나 수용유사적 효과에 대해서 보상청구권을 광범위하게 인정해 줄 필요가 있었던 독일과 같은 경우와 달리, 이 수용적 침해나 수용유사적 침해의 사례들은 그 (독일 연방법원의) 판례법상 취지에 부합하게 우리 헌법 제23조 제3항의 '공용사용'이나 '공용제한' 개념에 포섭시켜 적용해 줄 수 있을 것이라고 사료된다.

136. 학계와 실무의 실정법에 부합하는 해석·적용 노력 필요

특히 전통적인 기본권제한 개념을 벗어나서 국가의 침해의도와 상관없는 부수적 침해나 간접적 침해, 그리고 사실상의 침해나 명령과 강제를 동원하지 않은 비고권적 침해의 경우에도 광범위하게 넓은 의미의 재산권제한성이 인정되는 한, 이에 대한 적절한 보상청구권을 보장함으로써 헌법 제23조의 재산권보장정신을 더욱 살릴 수 있을 것이라 생각된다. 그러한 의미에서 앞으로 학계는 물론 실무 역시 이와 관련된 문제에 더욱 관심을 기울일 필요가 있다고 생각된다.

137. 수용유사침해이론에 가까운 헌재 판례

부정적이기는 하지만 어느 정도 관련된다고 볼 수 있는 헌법재판소 판례로는 다음과 같은 것들을 들 수 있으며, 사회적 수인한도를 넘기 때문에 토지재산권에 대한 제한 등이 '수용적 효과'를 야기한다고 보는 입장의 판례들[152]은 독일의 수용유사침해나 수용적 침해이론에 매우 가까운 판례들이 아닌가 생각된다.

> **[판례] 토지수용법 제48조 제2항 위헌소원**
>
> 공권력의 작용에 의한 손실(손해)전보제도를 손실보상과 국가배상으로 나누고 있는 우리 헌법 아래에서는 불법사용의 경우에는 국가배상 등을 통하여 문제를 해결할 것으로 예정되어 있고 기존 침해상태의 유지를 전제로 보상청구나 수용청구를 함으로써 문제를 해결하도록 예정되어 있지는 않으므로 토지수

---

152) 가령 헌재 1999. 10. 21, 97헌바26, 도시계획법 제6조 위헌소원, 판례집 제11권 2집, 383, 409, 417; 헌재 2003. 4. 24, 99헌바110 등, 판례집 제15권 1집, 371, 395-396, 397.

용법 제48조 제2항 중 "사용" 부분이 불법사용의 경우를 포함하지 않는다고 하더라도 憲法에 위반되지 아니한다.

(헌재 1997. 3. 27, 96헌바21, 판례집 제9권 1집, 304 [전원재판부])

[판례] 공익사업을위한토지등의취득및보상에관한법률 제72조 위헌소원

입법자에 의한 재산권의 내용과 한계의 설정은 기존에 성립된 재산권을 제한할 수도 있고, 기존에 없던 것을 새롭게 형성하는 것일 수도 있다. 이 사건 조항은 종전에 없던 재산권을 새로이 형성한 것에 해당되므로, 역으로 그 형성에 포함되어 있지 않은 것은 재산권의 범위에 속하지 않는다. 그러므로 청구인들이 주장하는바 '불법적인 사용의 경우에 인정되는 수용청구권'이란 재산권은 존재하지 않으므로, 이 사건 조항이 그러한 재산권을 제한할 수는 없다.

다만, 입법자는 재산권의 형성에 있어서도 헌법적 한계를 준수하여야 하는 바, 이 사건 조항이 '적법한 공용사용'의 경우에 한정하여 수용청구권을 인정한 것은 공용제한에 대한 손실보상을 정하는 법의 취지에 따른 결과로서 입법목적을 달성하기 위한 합리적 수단이며, 불법적 사용에 대해서는 법적인 구제수단이 따로 마련되어 있어 반드시 수용청구권을 부여할 필요는 없으므로, 이 사건 조항이 재산권의 내용과 한계에 관한 입법형성권을 벗어난 것이라 할 수 없다.

이 사건 조항은 합법적인 토지사용을 전제로 하여 손실보상의 차원에서 수용청구권을 인정하고 있는바, 현실적으로 발생하는 공권력에 의한 불법적인 토지 사용으로 인한 토지소유자의 피해에 대해서는 다른 법률에 의한 구제수단이 구비되어 있다. 입법자가 적법한 사용과 불법적인 사용을 구분하여 전자에 대해서만 수용청구권을 마련한 것이 자의적인 것이라거나 비합리적인 것이라 할 수 없으므로, 이 사건 조항은 평등권을 침해하지 않는다.

(헌재 2005. 7. 21, 2004헌바57, 판례집 제17권 2집, 58.)

[판례] 사법상의 형식의 매매라 하더라도 실질적으로 공용수용에 해당하는 경우에는 헌법 제23조에 의한 재산권이 보장되어야 함도 우리 헌법재판소는 강조하고 있다. 즉 "따라서 이 법에 의한 협의취득은 그 법적 성격이 사법상의 매매계약이라 할지라도 그 실질적, 기능적 측면을 보면 공용수용과 별로 다를 바가 없다고 보아야 할 것이다." 이 법에 의한 협의취득이 실질적으로도 그 당사자간의 자유로운 의사에 바탕을 둔 사법상의 매매계약이라면 이 법 제9조가 토지수용의 경우의 환매권 규정(토지수용법 제71조, 제72조)과 동일한 내용의 규정을 둔 입법이유를 이해하기 어렵고, 거꾸로 말하면 입법자도 이 법의 적용

을 받는 협의취득이 실질적, 기능적으로는 헌법 제23조 제3항의 공용수용과 다를 바가 없다는 인식 위에서 이 법을 만든 것이 아닌가 생각된다(앞서 본 법무부장관 및 건설부장관의 의견에도 그러한 취지가 담겨 있음을 엿볼 수 있다). 그렇다면 이 사건의 경우와 같이 국민의 재산권 보장이라는 헌법이념에서 문제를 보아야 하는 사안에 있어서는, 이 법에 의한 협의취득은 이를 헌법 제23조 제3항에서 말하는 "재산권의 수용"과 동일한 것으로 보아 다루는 것이 옳고, 또 이렇게 보는 것이 보다 현실을 직시하여 공권력이 사법상 법률행위의 형식을 빌림으로써 헌법의 재산권(기본권) 보장기능을 약화 또는 형해화하거나 필요이상의 과다한 토지 등을 함부로 취득한 후 그 일부를 공익을 빙자하여 영리의 목적으로 이용·처분하는 등 여러 가지 반헌법적 사태가 생기는 것을 막을 수 있는 건전한 헌법해석이 된다 할 것이다.

(헌재 1994. 2. 24, 92헌가15 등, 판례집 제6권 1집, 38 (59, 60).)

Ⅶ. 재산권제한의 한계

1. 목적상의 한계: 공공필요

가. 공공필요와 공공복리

138. 공용제한의 목적

재산권제한의 목적으로서 검토해 볼 수 있는 관련 헌법조항은 우선 헌법 제23조 제3항의 "공공필요"와 다음으로 일반적 법률유보조항인 헌법 제37조 제2항의 국가안전보장·질서유지 또는 공공복리(헌법 제37조 제2항)이다. 그러나 재산권에 대한 제한과 관련해서는 헌법 제23조 제3항이 제37조 제2항에 비하여 특별한 조항이라고 할 수 있으므로 특별법 우선의 원칙상 재산권제한과 관련한 입법목적으로서는 헌법 제23조 제3항이 우선적으로 고려될 수 있을 것이다.

139. 공공복리

다음으로 입법자가 헌법 제23조 제2항의 공공복리적합의무를 구체화하는 규정을 하는 경우에는 당연히 헌법 제23조 제2항의 공공복리가 그 목적조항이 될 것인데, 여기에서의 공공복리는 헌법 제37조 제2항에서의 공공복리와 같은 의미라고 봐야 할 것이다.

140. 공공복리와 공공필요의 개념적 차이

다음으로 공공필요와 공공복리와의 개념의 차이를 어떻게 봐야 할 것인지도 문제된다. 헌법재판소는 재산권의 수용을 위한 요건으로서의

'공공필요'는 일반적인 기본권제한의 목적 중 하나로서 헌법 제37조 제2항의 '공공복리'보다 좁은 개념으로 이해하고 있다. 다시 말해서 재산권자의 재산권을 박탈할 수 있는 정도의 공익에 해당하려면 일반적인 공공복리보다는 훨씬 더 엄격한 조건 하에 이루어져야 한다는 의미가 될 것이다.

> **판례** 오늘날 공익사업의 범위가 확대되는 경향에 대응하여 재산권의 존속보장과의 조화를 위해서는, '공공필요'의 요건에 관하여, 공익성은 추상적인 공익 일반 또는 국가의 이익 이상의 중대한 공익을 요구하므로 기본권 일반의 제한사유인 '공공복리'보다 좁게 보는 것이 타당하며, 공익성의 정도를 판단함에 있어서는 공용수용을 허용하고 있는 개별법의 입법목적, 사업내용, 사업이 입법목적에 이바지 하는 정도는 물론, 특히 그 사업이 대중을 상대로 하는 영업인 경우에는 그 사업 시설에 대한 대중의 이용·접근가능성도 아울러 고려하여야 한다.
> (헌재 2014. 10. 30, 2011헌바172 등, 판례집 제26권 2집 상, 639.)

다만 전술하였듯이 헌법 제23조 제3항의 넓은 의미의 재산권 제한에는 재산권의 박탈을 의미하는 수용뿐만 아니라, 사용 또는 제한 역시 포함되므로, 각각의 경우 요구되는 공공필요의 정도가 어떠할 것인가 하는 문제가 제기되는데, 결국 재산권제한의 중대성에 비례하여 수용의 경우 압도적으로 중요한 공익이, 다음으로 사용의 경우 중요한 공익이, 마지막으로 제한의 경우 일반적인 공익이 이를 정당화하는 경우에 허용된다고 할 수 있을 것이다. 달리 말해서 재산권제한의 중대성의 정도에 따라 비례하여 공공필요라고 하는 정당화요건의 엄격성 역시 달라진다고 해야 할 것이다.

141. 공용제한으로 인한 재산권제한의 중대성에 비례하여 정당화요건의 엄격성도 달라짐

나. 공공필요의 개별적 요소

헌법재판소는 공공필요의 개별적 요소로서 공공성과 필요성의 두 가지를 들고 있는데 그 내용은 다음과 같다.

142. 개별요소

(1) 공익성

헌법재판소는 공용수용이 허용될 수 있는 공익성에 관해서는 법률

143. 개별적·구체적 심사 필요

유보의 원칙에 따라서 법률이 명확하게 규정하고 있는 사항으로 한정되
지 않으면 안 된다고 하고 있다. 그리고 공익사업의 범위는 입법정책적
으로 결정할 문제로서 시대와 사회경제적 여건에 따라서 공익사업에 해
당할 것인지 여부가 달리 판단될 수 있다고 본다. 그런데 현재 공익사업
에 해당될 수 있는 사업에 대해서는 '공익사업을 위한 토지 등의 취득
및 보상에 관한 법률' 및 각 개별법이 열거하고 있으나, 이는 공공성 유
무를 판단하는 일응의 기준을 제시한 것에 불과하므로, 사업인정 단계
에서 공공성이 있는 사업인지 여부에 대하여 개별적 구체적으로 심사하
여야 한다고 본다.153)

**144. 공익성의
정도 판단기준**

그리고 공익성의 정도를 판단하기 위한 기준으로서 헌법재판소는 개
별법의 입법목적, 사업내용, 사업이 입법목적에 이바지 하는 정도는 물론,
특히 그 사업이 대중을 상대로 하는 영업인 경우에는 그 사업 시설에 대
한 대중의 이용·접근가능성도 아울러 고려하여야 한다고 본다.154)

(2) 필요성

**145. 재산권침
해를 정당화할
정도의 공익의
우월성**

다음으로 공공필요라고 하는 개념에는 공공복리나 공익사업을 위
하여 필요한 경우를 의미하므로 그 중요한 하나의 요소가 필요성이다.
헌법재판소는 이 필요성이 인정되기 위해서는 "공용수용을 통하여 달성
하려는 공익과 그로 인하여 재산권을 침해당하는 사인의 이익 사이의
형량에서 사인의 재산권침해를 정당화할 정도의 공익의 우월성이 인정
되어야 한다."고 하는 기준을 제시하였다. 특히 사업시행자가 사인인 경
우에는 위와 같은 공익의 우월성이 인정되는 것 외에도 사인은 경제활
동의 근본적인 목적이 이윤을 추구하는 일에 있으므로, 그 사업 시행으
로 획득할 수 있는 공익이 현저히 해태되지 않도록 보장하는 제도적 규
율도 갖추어져 있어야 한다(헌재 2009. 9. 24, 2007헌바114 참조)는 추가적
요건을 제시하였다.155)

---

153) 헌재 2014. 10. 30, 2011헌바172 등, 판례집 제26권 2집 상, 639, 647−648.
154) 헌재 2014. 10. 30, 2011헌바172 등, 판례집 제26권 2집 상, 639.
155) 헌재 2014. 10. 30, 2011헌바172 등, 판례집 제26권 2집 상, 639, 647−648.

다. 사업주체에 따른 공공필요성 여부에 대한 판단

한편 사업주체가 국가가 아니라 민간기업이 될 경우 그 공공필요성의 판단이 달라지는지 여부가 문제될 수 있다. 이에 대하여 헌법재판소는 민간기업에게 산업단지개발사업에 필요한 토지 등을 수용할 수 있도록 규정한 산업입지 및 개발에 관한 법률 제11조 제1항 등 위헌소원 사건에서 공공필요성 여부에 대한 판단은 그 사업주체가 국가인가 아니면 민간기업인가에 따라 달라지지 않는다는 입장을 표한 바 있다.156) 그 이유로서 헌법재판소는 다음과 같은 요지의 내용을 들었다.

> 판례 "오늘날 산업단지의 개발에 투입되는 자본은 대규모로 요구될 수 있는데, 이러한 경우 산업단지개발의 사업시행자를 국가나 지방자치단체로 제한한다면 예산상의 제약으로 인해 개발사업의 추진에 어려움이 있을 수도 있고, 만약 이른바 공영개발방식만을 고수할 경우에는 수요에 맞지 않는 산업단지가 개발되어 자원이 비효율적으로 소모될 개연성도 있다. 또한 기업으로 하여금 산업단지를 직접 개발하도록 한다면, 기업의 참여를 유도할 수 있는 측면도 있을 것이다. 그렇다면 민간기업을 수용의 주체로 규정한 자체를 두고 위헌이라고 할 수 없으며, 나아가 이 사건 수용조항을 통해 민간기업에게 사업시행에 필요한 토지를 수용할 수 있도록 규정할 필요가 있다는 입법자의 인식에도 합리적인 이유가 있다."157)

이에 대하여 김종대 재판관은 다음과 같은 요지의 반대의견을 피력하였는데, 상당한 설득력을 가지고 있는 의견이라 생각된다.

> 판례 〈김종대 재판관의 반대의견〉 "민간기업이 수용의 주체가 되는 경우는 국가가 수용의 주체가 되어 그 수용의 이익을 공동체 전체의 것으로 확산시키는 역할을 자임하는 경우와 비교하여 수용의 이익이 공적으로 귀속될 것이라는 보장이 힘들다는 점에서, 그와 같은 수용이 정당화되기 위해서는 당해 수용의 공공필요성을 보장하고 수용을 통한 이익을 공공적으로 귀속시킬 수 있는 더욱 심화된 입법적 조치가 수반되어야만 한다. 이를테면, 해당 사업의 수용으로 인한 개발이익에 대하여 지속적인 환수조치를 보장한다거나 그 기업의 수용으

146. 사업주체에 따라 판단 달라지는지 여부

147. 반대의견

---

156) 헌재 2009. 9. 24, 2007헌바114, 판례집 제21권 2집 상, 562.
157) 헌재 2009. 9. 24, 2007헌바114, 판례집 제21권 2집 상, 562

로 인한 영업상 수익에 대한 공적 사용의 방도를 마련하고 해당 지역민들에 대한 의무적인 고용할당제를 실시한다거나 하는 조치 등을 부가함으로써 수용을 통해 맺게 된 풍성한 과실을 수용자와 피수용자를 포함한 공동체가 함께 향유하도록 제도적으로 규율하여야 하는 것이다. 이러한 법적·제도적 보완이 행하여 지지 않는 한, 이 사건 조항들에 따른 민간기업에 의한 수용은 우리 헌법상 재산권 보장의 가치와 부합되기 어렵다.

또한, 부득이 이 사건 조항들에 따라 민간기업에게 수용권한을 부여할 경우라도, 수용재결에 이르기 전까지 사업시행자에게 미리 일정한 비율의 토지를 매수할 것을 법적 요건으로 규정하는 등과 같이, 사업시행자의 일방적인 의사에 의해 토지소유자의 재산권이 상실되는 것을 완화할 수 있는 여러 방도를 모색하는 일도 충분히 가능하다 할 것이나 이러한 입법적 고려가 부재한 점은 헌법상 과잉금지원칙의 정신에 부합하지 않는다."158)

라. 공공필요성에 관한 헌법재판소의 구체적 판례

148. 토지보상법상 공익사업

우선 공익사업을 위한 토지 등의 취득 및 보상에 관한 법률(토지보상법)은 제4조159)에서 공익사업에 해당될 수 있는 사업이 무엇인지에 관하여 자세하게 열거하고 있다. 그러나 이는 헌법재판소가 판시하고 있듯이 공공필요성 여부를 판단하는 데 일응의 자료는 될 수 있지만 법률

---

158) 헌재 2009. 9. 24, 2007헌바114, 판례집 제21권 2집 상, 562.

159) 1. 국방·군사에 관한 사업, 2. 관계 법률에 따라 허가·인가·승인·지정 등을 받아 공익을 목적으로 시행하는 철도·도로·공항·항만·주차장·공영차고지·화물터미널·궤도(軌道)·하천·제방·댐·운하·수도·하수도·하수종말처리·폐수처리·사방(砂防)·방풍(防風)·방화(防火)·방조(防潮)·방수(防水)·저수지·용수로·배수로·석유비축·송유·폐기물처리·전기·전기통신·방송·가스 및 기상 관측에 관한 사업, 3. 국가나 지방자치단체가 설치하는 청사·공장·연구소·시험소·보건시설·문화시설·공원·수목원·광장·운동장·시장·묘지·화장장·도축장 또는 그 밖의 공공용 시설에 관한 사업, 4. 관계 법률에 따라 허가·인가·승인·지정 등을 받아 공익을 목적으로 시행하는 학교·도서관·박물관 및 미술관 건립에 관한 사업, 5. 국가, 지방자치단체, 「공공기관의 운영에 관한 법률」 제4조에 따른 공공기관, 「지방공기업법」에 따른 지방공기업 또는 국가나 지방자치단체가 지정한 자가 임대나 양도의 목적으로 시행하는 주택 건설 또는 택지 및 산업단지 조성에 관한 사업, 6. 제1호부터 제5호까지의 사업을 시행하기 위하여 필요한 통로, 교량, 전선로, 재료 적치장 또는 그 밖의 부속시설에 관한 사업, 7. 제1호부터 제5호까지의 사업을 시행하기 위하여 필요한 주택, 공장 등의 이주단지 조성에 관한 사업, 8. 그 밖에 별표에 규정된 법률에 따라 토지 등을 수용하거나 사용할 수 있는 사업.

이 열거하고 있다고 해서 당연히 공공필요성이 있다고 단정할 수 있는
것은 아니다. 그리하여 헌법재판소 역시 구체적으로 문제된 사업을 개
별적으로 심사하고 있는데, 그 사례를 들면 다음과 같다.

즉 산업단지의 개발[160], 도시계획시설사업[161], 국토계획법상 교통
시설이나 수도·전기·가스공급설비 등의 기반시설[162]의 경우 공공필
요성이 인정되었다.

그러나 체육시설의 경우 과연 공공필요성이 인정되는 기반시설이
될 수 있을 것인지는 각 체육시설에 따라 달리 판단될 수 있다는 전제
하에 헌법재판소의 다수의견은 구체적인 내용적 제한이 없이 기반시설
로서의 체육시설의 종류와 범위를 대통령령에 전부 위임한 것은 포괄위
임입법금지의 원칙에 위반된다고 보았으며, 구체적으로 회원제 골프장
과 같은 체육시설의 경우 공공필요성이 인정될 수 있을 것인지에 관해
서는 재판관들의 의견이 갈리었다.[163]

**149. 공공필요
성 인정 사례**

150. 위헌 사례

2. 형식상의 한계: 법률유보

가. "법률로써"의 의미

재산권 제한의 형식은 원칙적으로 국회가 제정한 형식적 의미의 법
률이어야 한다. 그러나 그렇다고 하여 공공필요에 의한 재산권에 대한
수용·사용 또는 제한과 그에 대한 보상에 관한 모든 규정을 의회 입법
자가 전부 규정해야 하는 것은 아니라고 할 수 있다. 즉 본질적인 내용
에 대해서는 형식적 입법자인 국회가 직접 결정하여야 하지만, 나머지
세부적이고 기술적인 사항들에 대해서는 구체적으로 범위를 정하여 대
통령령이나 부령 등 시행령으로 위임할 수 있다(헌법 제75조와 제95조).

**151. 형식상의
한계**

---

160) 헌재 2009. 9. 24, 2007헌바114, 판례집 제21권 2집 상, 562.
161) 헌재 2011. 6. 30, 2008헌바166 등, 판례집 제23권 1집 하, 288.
162) 헌재 2011. 6. 30, 2008헌바166 등, 판례집 제23권 1집 하, 288. 따름 판례: 헌재
    2014. 7. 24, 2013헌바294.
163) 헌재 2011. 6. 30, 2008헌바166 등, 판례집 제23권 1집 하, 288.

나. 위임입법의 범위와 한계

152. 의회유보와 포괄위임금지원칙

여기에서 적용될 수 있는 원리 역시 의회유보의 원칙과 포괄위임금지의 원칙이라 할 수 있을 것인데, 양 원리의 적용에 있어서도 결국 국민의 재산권에 대한 침해의 중대성이 크면 클수록 그만큼 국회가 직접 그 제한의 요건과 보상에 관하여 더욱 상세하게 규정을 하여야 하는 데 반하여, 침해의 중대성이 낮고 덜 본질적인 재산권 제한에 해당되면 될수록, 그에 관해서는 보다 폭넓게 행정입법으로 위임을 할 수 있다고 봐야 할 것이다.

153. 국회가 가급적 상세한 규정 필요

이러한 법리를 적용해 본다면, 공용수용의 경우는 국회가 정하는 형식적 법률로 수용의 요건과 정당한 보상에 관하여 가급적 상세한 규정을 국회 스스로가 마련해야 할 것이며, 기본권 침해의 중대성이 점점 더 약화된다고 할 수 있는 공용사용과 공용제한으로 내려올수록 가장 본질적이고 기본적인 규정만을 국회가 직접 규정하고 난 후, 나머지 세부사항은 행정입법으로 위임해도 된다고 봐야 할 것이다.

> **판례** 위 특별조치법(特別措置法) 제5조 제4항은 "대통령(大統領)은 동원대상지역(動員對象地域)내의 토지 및 시설의 사용(使用)과 수용(收用)에 대한 특별조치(特別措置)를 할 수 있다. 이에 대한 보상(補償)은 징발법(徵發法)에 준하되 그 절차는 대통령령으로 정한다"라고 규정하여 보상(補償)을 징발법(徵發法)에 준하도록 하고 있을 뿐 토지수용(土地收用)·사용(使用)의 요건과 범위 및 한계 등에 관한 기본적인 사항조차도 규정하지 않은채 포괄적으로 대통령령에 위임하고 있어, 재산권 제한을 법률로써 하도록 규정한 헌법(憲法) 제23조 제3항 및 위임입법의 한계를 규정한 헌법(憲法) 제75조에 위반되고, 또 징발법(徵發法)에 의한 보상(補償)은 사용(使用)에 대한 보상(補償)이므로 그 보상규정(補償規定)은 위 특별조치법(特別措置法)에 의한 토지수용(土地收用)의 경우에 보상기준(補償基準)이 될 수 없을 뿐만 아니라 징발법(徵發法)의 규정대로 과세표준을 기준으로 보상(補償)을 한다면 이는 정당한 보상(補償)이 될 수도 없어 위 특별조치법(特別措置法) 제5조 제4항은 재산권을 수용(收用)하는 경우 정당한 보상(補償)을 지급하도록 규정한 헌법(憲法) 제23조 제3항에 위배된다. (헌재 1994. 6. 30, 92헌가18, 판례집 제6권 1집, 557.)

> **판례** 구 공익사업을 위한 토지 등의 취득 및 보상에 관한 법률 제70조 제5항
> 위헌소원(개발제한구역 토지 수용보상금 사건)
> 　비록 하위법령인 공익사업법 시행규칙에서 토지 등의 수용으로 인한 보상액
> 의 산정 및 평가방법을 구체화하고 있다 하더라도, 이 사건 법률조항들이 포괄
> 위임입법금지원칙에 위배되는지 여부에 관하여 앞서 검토한 바와 같이, 이 사
> 건 법률조항들과 관련 법률조항들을 종합하여 보면, 이미 법률로 공익사업으
> 로 취득하는 토지 등에 대한 구체적인 보상액 산정 및 평가방법의 내용 및 범
> 위의 기본사항을 규정하고 있다. 따라서 재산권을 수용하여 이루어지는 보상
> 은 법률에 근거하여 이루어지며, 구 공익사업법은 보상에 관한 본질적인 내용
> 을 법률에서 직접 규정하고 있으므로 법률로써 하는 보상에 반하지 아니한다.
> 　(헌재 2011. 12. 29, 2010헌바205 등, 판례집 제23권 2집 하, 628.)

다. 불가분(결부)조항 여부

재산권 제한의 형식과 관련하여 수용·사용 또는 제한에 관한 규정과 보상에 관한 규정이 반드시 하나의 같은 법률로 규정해야 하는지 여부의 문제가 제기되고 있다. 이는 독일 기본법 제14조 제3항이 수용에 관한 법률은 반드시 보상에 관한 내용을 같이 규정해야 한다는 것(소위 불가분 또는 결부조항: Junktim－Klausel)으로서 만일 어떠한 수용법률이 보상에 관하여 규정하지 않았다면, 이 법률은 그 자체가 위헌이라고 하는 것을 내용으로 한다.

154. 소위 불가
분조항의 내용

살피건대, 독일 기본법 제14조 제3항 제2문은 "수용은 보상의 종류와 범위를 정한 법률에 의하여 또는 법률에 근거하여서만 행하여진다."고 규정하고 있다. 따라서 이 조항을 문언적으로 해석해 볼 때, 수용과 보상에 관한 규정은 같은 법률에 의해서나 또는 법률을 근거로 해서 규정되어야 한다고 할 수 있다. 그러나 우리 헌법 제23조 제3항은 그와 같은 조문구조가 아니라 "공공필요에 의한 재산권의 수용·사용 또는 제한 및 그에 대한 보상은 법률로써 하되, 정당한 보상을 지급하여야 한다."고 규정하였을 뿐이다. 그러므로 수용과 보상은 가능한 한 하나의 법률로 규정하는 것이 바람직하고 입법자가 보상 없이 수용을 남용하는 것을 보다 더 효과적으로 방지할 수 있을 것이지만, 문언상으로 볼 때

155. 독일기본
법과 우리 헌법
규정의 차이

수용과 보상에 관한 일반조항적 성격을 띤 법률을 마련해 놓은 뒤, 이후 공용수용·사용 또는 제한을 할 경우에 기존 보상규정을 준용하거나 그 조항을 끌어 오는 형식으로 규정하는 것이 금지된다고 볼 수는 없을 것이다.

라. 법률 이외의 형식에 의한 재산권 제한

156. 법률 외의 형식

예외적으로 법률 이외의 형식으로 재산권을 제한할 수 있는 경우는 헌법 제76조 제1항에 의한 대통령의 긴급재정경제처분·명령을 들 수 있다.

3. 내용상의 한계: 본질내용침해금지

157. 공용제한의 경우 보충적 적용

재산권 제한과 관련하여 헌법 제37조 제2항은 헌법 제23조 제3항에 대하여 일반조항이지만, 헌법 제23조 제3항에 없는 내용이 존재한다. 즉 본질내용침해금지 조항이 바로 그것이다. 그러므로 이 본질내용침해금지 조항은 재산권 제한의 경우에도 보충적으로 적용되어야 할 것이다.

158. 상대설과 절대설

그런데 재산권 제한과 관련하여 본질내용이 어떠한 의미를 가지는가와 관련해서는 기본권일반이론에서 설명하였듯이, 절대적 본질내용설과 상대적 본질내용설이 있을 수 있으나, 우리 헌법재판소는 재산권과 관련해서는 다음과 같은 절대적 본질내용설에 근접한 내용의 판시를 한 적도 있다.

> 판례 "재산권의 본질적인 내용이라는 것은 재산권의 핵이 되는 실질적 요소 내지 근본적 요소를 뜻하며, 재산권의 본질적인 내용을 침해하는 경우라고 하는 것은 그 침해로 인하여 사유재산권이 유명무실해지거나 형해화(形骸化) 되어 헌법이 재산권을 보장하는 궁극적인 목적을 달성할 수 없게 되는 지경에 이르는 경우라고 할 것이다(헌재 1989. 12. 22, 88헌가13 결정 참조)."[164]

---

164) 헌재 1990. 9. 3, 89헌가95, 판례집 제2권, 245, 256.

판례 헌재 1997. 8. 21, 94헌바19, 95헌바34, 97헌가11(병합), 근로기준법
제30조의2 제2항 위헌소원(퇴직금 판결):
"이 사건 법률조항이 근로자에게 그 퇴직금 전액에 대하여 질권자나 저당권
자에 우선하는 변제수령권을 인정함으로써 결과적으로 질권자나 저당권자가
그 권리의 목적물로부터 거의 또는 전혀 변제를 받지 못하게 되는 경우에는,
그 질권이나 저당권의 본질적 내용을 이루는 우선변제수령권이 형해화하게 되
므로 이 사건 법률조항 중 "퇴직금" 부분은 질권이나 저당권의 본질적 내용을
침해할 소지가 생기게 되는 것이다."165)

그러나 재산권의 핵, 그리고 재산권의 본질은 그 어떠한 경우에도
침해할 수 없다고 한다면, 결국 헌법 제23조 제3항의 수용에 의한 재산
권 박탈은 상당히 어려워질 수 있다. 물론 이 경우 정당한 보상을 지급
하는 경우에는 본질내용을 침해하는 것이 아니라고 주장할 수도 있을
것이지만 그렇게 되면 이것은 이미 절대적 본질내용설이 아니라 상대적
본질내용설이 되는 것이다.

요컨대, 다른 기본권제한의 한계에 있어서와 마찬가지로 비례의 원
칙에 반하지 않을 경우에는 기본권의 본질내용도 역시 침해되지 않는다
고 보는 방식, 즉 기본권의 본질내용도 상대적으로 그때그때 달리 판단
될 수 있다고 보는 해결 방식이, 재산권제한의 내용적 한계에 있어서도
다르지 않다고 봐야 할 것이다.

159. 절대설의 문제점

160. 비례의 원칙에 입각 상대적 본질내용설

4. 방법상의 한계

가. 비례(과잉금지)원칙의 적용: 재산권제한에 있어서 단계이론

헌법 제23조 제3항은 공공필요에 따라 넓은 의미의 재산권제한을
해야 할 필요가 있을 경우에 대비하여 "수용", "사용", "제한"의 개념을
제시함으로써, 재산권침해의 강도에 따라 재산권제한의 양태를 구별하
여 규정하고 있고, 또한 각각의 경우에 정당한 보상을 지급하도록 명하
고 있다.

161. 수용·사용·제한

---

165) 헌재 1997. 8. 21, 94헌바19, 95헌바34, 97헌가11(병합), 판례집 제9권 2집, 243.

162. 직업의 자
유에 있어서와
같은 단계이론
적용 필요

아직까지 학계나 실무에서 재산권제한에 있어서 단계이론 적용의 필요성을 주장한 입장은 보이지 않는다. 그러나 한국에서의 독일식 분리이론 적용의 부적합성의 근거인 헌법 제23조 제3항의 조문구조를 자세하게 들여다보면, 자연스럽게 마치 직업선택의 자유에 대한 제한과 관련하여 적용하고 있는 소위 단계이론을 재산권제한의 양태에 따라 유사하게 적용할 수 있다고 판단되므로, 이에 대하여 다음에서 설명하기로 한다.

나. 공공필요에 의한 재산권제한: 가장 낮은 단계의 제한

163. 가장 낮은
단계의 제한

직업선택의 자유에 있어서 가장 낮은 단계의 제한에 해당하는 것은 소위 직업행사의 자유에 대한 제한이다. 입법자가 공익목적을 위하여 직업의 자유를 제한할 수 있지만 가장 덜 침해적인 직업의 자유에 대한 제한은 행사의 자유에 대한 제한인데, 일반적인 공익목적의 추구를 위하여 입법자가 가장 넓은 형성의 자유를 가지고 직업행사에 대한 규제를 가할 수 있다.

164. 재산권행
사에 대한 제한

그와 마찬가지로 공공필요에 따라서 입법자가 넓은 의미의 재산권제한을 가할 필요가 있다 하더라도, 입법자는 재산권자의 재산권을 가장 덜 침해하는 방법을 선택해야 하는데 그것이 바로 수용 · 사용을 제외한 그 밖의 재산권행사에 대한 제한이라고 할 수 있다. 가령 자연보호, 문화재보호, 도시계획 등을 이유로 하여 재산권에 대하여 보존의무나 현상유지의무 등을 부과하는 경우를 들 수 있다.

165. 보상 필요
성 여부의 한계
기준

이 때 대두되는 문제는 과연 재산권의 공공복리적합의무(사회적 기속)의 범위 내에 드는 것으로서 보상이 필요 없는 재산권 제한과, 보상이 필요한 재산권 제한의 한계는 어떻게 그을 것인가 하는 것이다.

166. 상황구속
성이론, 특별희
생이론, 침해의
중대성이론

결국 사회적 수인한도 내에 있는 재산권의 내용규정과 보상이 필요한 재산권제한과의 한계의 문제인데, 그 경계는 헌법재판소가 소위 분리이론을 적용하면서도, 조정이 필요한 내용 · 한계규정과 조정이 필요 없는 내용 · 한계규정을 구분하기 위해서 동원한 상황구속성이론[166]이

---

166) "토지가 놓여 있는 객관적 상황(공부상 지목, 토지의 구체적 현황 등)", 헌재

나 특별희생(Sonderopfer)이론 또는 침해의 중대성이론 등을 구체적, 개별적으로 응용하고 참작하여 그때그때 판단하여야 할 것으로 생각된다. 그 가운데서도 가장 중요한 기준은 소위 특별희생이론과 부담평등[167]의 원칙 그리고 침해의 중대성이론이라고 할 것이다.

우선 특별희생이론에 의하면 재산권에 대한 제한이 일반적·추상적 규정에 의하여 이루어진 것이 아니고 개별적·구체적 처분에 의하여 이루어진 경우로서 공공복리를 위한 재산권제한이 일부 국민들에게만 이루어져서 그들이 특별한 희생을 당하는 경우 그들에 대해서는 평등의 원칙상 적어도 그 손실에 대해서 보상청구권을 보장해야 한다는 것이다.

그러므로 이 특별희생이론에 의하면 원칙적으로 일반적·추상적 법률에 의한 사회적 제약의 구체화와 재산권의 내용·한계 규정은 관련 재산권자가 수인해야 하는 수인한도 내에서의 부담이라 할 수 있는 것이다. 그러나 일반적이고 추상적인 재산권제한법률을 근거로 하여 개별적이고 구체적인 재산권행사에 대한 제한 명령이나 처분이 이루어진 경우에는 얼마든지 특별희생이 발생할 수 있다고 해야 할 것이다.

그러나 특별희생이 발생하였다 하더라도 재산권 행사에 대한 제한 기간이 그다지 길지 않았다든가 또한 여전히 해당 재산권의 현재의 상태대로 계속 행사할 수 있었다든가 하는 경우라면, 그 제한의 정도가 그다지 중대하다고 보기 어려울 것이다. 결국 특별희생성이 인정되는 경우라 하더라도, 말 그대로 희생이라고 인정될 수 있을 정도로 기본권 행사에 대한 중대한 제한이 초래되었다고 평가할 수 있을 경우라면 이러한 경우에 대하여 입법자는 정당한 보상의 보장 하에 공익목적을 추구하는 법률을 제정해야 할 것이다.

그리고 공용제한의 경우에는 '일반적인 공익목적'을 추구할 필요가 있는 정도라면 입법자는 가장 넓은 형성의 자유를 가지고서 재산권제한 입법을 제정할 수 있다고 할 수 있을 것이며, 따라서 비례(과잉금지)의 원칙 역시 가장 완화된 기준으로 심사하면 될 것이다.

167. 특별희생 이론

168. 특별희생 발생가능성

169. 재산권제 한의 기간 고려

170. 완화된 기준

1998. 12. 24, 89헌마214 등, 판례집 제10권 2집, 927, 953.

167) 헌재 1998. 12. 24, 89헌마214 등, 판례집 제10권 2집, 927, 957.

다. 공공필요에 의한 재산권 사용: 중간 단계의 제한

**171. 지 역 권 ,
지상권 설립**

다음 단계로 강한 재산권제한은 국가나 공공단체의 재산권사용이
다. 국가나 공공단체가 공익목적을 위하여 강제로 사인의 재산권을 사
용하거나 또는 지역권, 지상권을 설정하여 아예 물권을 점유하게 되면,
그 재산권자는 그러한 범위 내에서 자신의 재산권을 행사(사용 · 수익 · 처
분)하지 못하게 될 것이므로 단순한 재산권제한 이상으로 중대한 침해
가 야기된다.

**172. 중간 정도
의 엄격한 심사
기준**

그렇다면 이러한 침해의 중대성에 비례하여 공익목적 역시 단순한
공익보다는 '보다 중요한 공익'이 달성될 필요가 있을 경우라야 할 것이
며, 그에 비례하여 비례의 원칙 위반여부의 심사 역시 중간 정도의 엄격
한 심사기준을 동원하여 그 위헌여부를 판단해야 할 것이다.

**173. 특별희생
해당성**

그리고 공용사용 역시 토지수용법이나 그 밖에 공용지역권이나 지
상권에 관한 다른 법률을 근거로 하여 일정한 토지재산권이나 재산에
대한 사용을 강제하는 경우가 대부분일 것이므로, 특별희생에 해당된다
고 봐야 할 것이며, 토지수용법이 규정하고 있듯이 공용사용에 대한 보
상에 관한 규정도 입법화되어 있다고 할 수 있다.

**174. 사회통념
상 질서유지나
재난극복을 위
한 것으로서 단
기간에 걸친 것
은 제외**

다만 토지나 그 밖의 동산에 대한 공용사용이 불가피할 경우라 하
더라도 가령 치안유지 등 경찰행정법상의 목적이나 혹은 소방이나 재해
구호 등을 위한 경우와 같이 단기간에 걸친 것으로서 사회 통념상 질서
유지나 재난극복을 위한 것으로서 재산권침해의 정도가 그다지 중대하
다고 보기 힘든 경우라면, 재산권자가 보상 없이 감내해야 하는 사회적
수인한도 내의 재산권의 내용 · 한계(사회적 기속) 규정에 불과한 것으로
봐야 할 것이다.

라. 공공필요에 의한 재산권수용: 가장 높은 단계의 제한

**175. 재산권침
해의 중대성이
가장 큰 공용수
용**

마지막으로 공공필요에 의하여 재산권을 수용하는 것은 국가나 공
공단체가 재산권자로부터 그 재산을 강제로 박탈하여 취득(소유권 이전)
하는 것이기 때문에 재산권침해의 중대성이 가장 심하다고 할 수 있다.
그리고 헌법 제23조 제1항 제1문은 개인의 주관적 공권으로서 사유재산

권 뿐만 아니라 사유재산제도 자체도 보장하는 것이기 때문에, 헌법이 공용수용을 가능하게 했다고 해서 보상(정산)을 하기만 하면 언제든지 수용할 수 있는 것으로 본다면, 이는 재산권에 대한 일차적 존재(속)보 장의 원칙에 위반되는 것이다. 그러므로 수용의 방법이 아니라도 얼마 든지 덜 침해적인 공용사용이나 공용제한과 같은 다른 재산권 제한 방 식에 의하여 공익목적을 추구할 수 있을 경우에는, 수용에 의한 공익목 적 추구는 허용되지 않는다고 봐야 한다. 그러한 의미에서 공용수용을 위해서는 '압도적으로 중요한 공익'이 재산권에 대한 수용을 정당화하는 예외적인 경우가 아니면 수용을 허용해서는 안 될 것이다. 이것이 바로 재산권에 대한 존재(속)를 보장하는 헌법 제23조의 사유재산제도의 보장 정신에 부합하는 해석이며, 블가피하게 재산권을 수용하지 않으면 안 되는 예외적인 경우에는 정당한 보상 즉, 통상적인 시장가격에 따른 재 산가치에 대한 보장을 통해서 재산권자의 특별한 희생과 부담을 완화하 고 보상하지 않으면 안 된다.

그러한 의미에서 재산권에 대한 수용은 재산권자의 수중에 있는 재 산권을 국가나 공공단체가 박탈하는 것이기 때문에, 그것이 아무리 광 범위하게 이루어진다 하더라도 특별희생성을 부인하기 힘든 것이다. 그 리고 침해의 중대성의 관점에서 보더라도 재산권을 박탈하는 것은 가장 중대한 침해라 할 수 있으므로 그에 대한 보상 필요성은 크게 어렵지 않게 인정될 수 있을 것이다.

176. 수용의 특 별희생성

> **판례** 헌법 제23조 제3항의 공용수용의 요건
>
> 공공필요에 의한 재산권의 공권력적, 강제적 박탈을 의미하는 공용수용은 헌 법상의 재산권 보장의 요청상 불가피한 최소한에 그쳐야 한다. 즉 공용수용은 헌법 제23조 제3항에 명시되어 있는 대로 국민의 재산권을 그 의사에 반하여 강제적으로라도 취득해야 할 공익적 필요성이 있을 것, 법률에 의거할 것, 정 당한 보상을 지급할 것의 요건을 모두 갖추어야 한다(헌재 1995. 2. 23, 92헌바 14 참조).
>
> (헌재 2014. 10. 30, 2011헌바172 등, 판례집 제26권 2집 상, 639, 646-647.)

5. 재산권제한에 있어서 가중요건: 정당한 보상(補償)

가. 정당한 보상의 의의

177. 헌법 제23
조 제3항

헌법 제23조 제3항은 재산권의 수용·사용 또는 제한의 경우 정당
한 보상을 지급하여야 한다고 하고 있다. 여기에서 정당한 보상이 어떠
한 정도의 보상인지가 문제될 수 있다.

178. 보상의 연
혁

연혁적으로 볼 때, 보상에 관한 헌법규정은 상당한 보상(1948년 –
1960년 헌법 제15조), 정당한 보상(1962년 – 1969년 헌법 제20조 제3항), 단순
한 법률에 의한 보상(1972년 헌법 제20조 제3항), 공익 및 관계자의 이익을
정당하게 형량하여 법률로 정하는 보상(1980년 헌법 제22조 제3항)을 거쳐
서 다시 정당한 보상으로 복귀하였다.

179. 의미는 크
게 다르지 않음

그러나 상당한 보상이든 정당한 보상이든 또는 공익과 사익을 정당
하게 형량하는 보상이든 그 의미가 크게 다르지는 않다고 생각된다.

180. 완전보상

어쨌든 우리 헌법재판소와 대법원에 의할 때 정당한 보상이란 완전
보상을 의미한다고 한다.[168] 그러나 무엇을 기준으로 하는 완전보상인
가를 생각해 볼 때, 이 완전보상 개념 자체도 뚜렷한 기준은 없다고 할
수 있다. 다만 일반적으로 통상적인 시장가격 내지 거래가격을 기준으
로 하여 그에 대한 정당한 보상을 지급하여야 하는 것으로 이해할 수
있다. 물론 시장가격 내지 거래가격 역시 사정에 따라 다를 수 있으므로
가장 일반적이고 통상적이라고 할 수 있는 시장가격의 평균을 기준으로
하여 보상액을 산정하면 될 것이다.

> 판례 여기서 '정당한 보상'이란 '원칙적으로' 피수용재산의 객관적인 재산가치를
> 완전하게 보상하는 것이어야 한다는 완전보상을 뜻하는 것으로서, 재산권의
> 객체가 갖는 객관적 가치란 그 물건의 성질에 정통한 사람들의 자유로운 거래
> 에 의하여 도달할 수 있는 합리적인 매매가능가격, 즉 시가에 의하여 산정되는
> 것이 '보통이다'(헌재 1995. 4. 20, 93헌바20 등, 판례집 7-1, 519, 533-534; 헌재
> 2001. 4. 26, 2000헌바31, 판례집 13-1, 932, 938 참조).
> 그러나 헌법 제23조 제3항에 규정된 '정당한 보상'의 원칙이 모든 경우에 예
> 외없이 개별적 시가에 의한 보상을 요구하는 것이라고 할 수 없다.

---

168) 헌재 1990. 9. 3, 89헌가95, 판례집 제2권, 245, 256.

(헌재 2002. 12. 18, 2002헌가4, 판례집 제14권 2집, 762, 769-770.)

> 판례 구 공익사업을 위한 토지 등의 취득 및 보상에 관한 법률 제70조 제5항 위헌소원 (개발제한구역 토지 수용보상금 사건)
>
> 이 사건 법률조항들은 수용되는 토지 등의 구체적인 보상액 산정 및 평가방법으로 '투자비용·예상수익 및 거래가격'을 규정하고 있다. 이는 피수용재산의 객관적인 재산가치를 완전하게 보상하기 위하여 그 토지 등의 성질에 정통한 사람들의 자유로운 거래에 의하여 도달할 수 있는 합리적인 매매가능 가격 즉 시가를 산정하기 위하여 참고할 수 있는 적정한 기준이라 할 수 있으므로, 이 사건 법률조항들은 '정당한 보상'을 지급하여야 한다고 규정한 헌법 제23조 제3항에 위배되지 아니한다.
>
> (헌재 2011. 12. 29, 2010헌바205 등, 판례집 제23권 2집 하, 628.)

그런데 우리 헌법 제23조 제3항은 '수용' 외에도 '사용' 또는 '제한'을 규정하고 있으며, 수용은 재산권의 박탈 또는 재산권의 이전, 사용은 재산에 대한 국가(공공단체)의 사용, 제한은 재산에 대한 재산권자의 사용·수익·처분권에 대한 제한을 의미하므로, 각각의 경우 재산권 침해의 중대성에 걸맞은 시장(거래)가격에 따른 보상이 되어야 할 것이다. **181. 기본권침해의 중대성에 비례하는 보상**

즉, 수용의 경우에는 토지 등 당해 재산의 거래가격을 기준으로, 사용의 경우에는 통상적으로 그 재산에 대한 임대(사용)료의 시장가격으로, 그리고 제한의 경우에는 재산에 대한 사용·수익·처분권 등 재산권행사가 축소·제한됨으로 인하여 발생하는 손실의 시장가격으로 보상액을 산정하여야 할 것이다. **182. 수용: 시장가격에 의한 보상**

물론 국가가 공공필요에 의하여 토지재산권 등을 수용·사용 또는 제한하는 경우에 이와 같이 시장(거래)가격을 기준으로 하는 정당한 보상을 지급하여야 하지만, 국가 재정의 한계로 인하여 보상액이 시장가격에 미달될 수밖에 없을 경우, 그럼에도 불구하고 공익적 필요에 의하여 공익사업을 추진할 수밖에 없는 경우에는, 결국 공익과 사익을 적절히 조정하여 국가의 재정능력이 미치는 범위 내에서 최대한 시장가격에 근접한 보상이 이루어져야 할 것이다. 그러한 의미에서 토지보상법 등 수용관련 법률이 '공시지가'를 보상액 산정의 기준으로 한다 하더라도, **183. 공시지가에 의한 보상 합헌**

이것이 헌법 제23조 제3항의 정당보상원칙에 위반되는 것은 아니라고 하는 것이 헌법재판소의 판례이다.169) 이 보상에 관해서는 국가재정에 대한 고권을 가지고 있는 입법자가 넓은 형성의 자유를 가지고 결정을 해야 할 것이다. 다만 수용·사용 또는 제한과 그 보상의 전 과정에서 당사자들을 평등하게 취급해야 한다고 하는 점에서 헌법 제11조의 평등의 원칙이 잘 준수되어야 할 것이다.

나. 소위 존재(속)보장과 가치보장

184. 소위 존재 (속)보장과 가 치보장

헌법 제23조의 재산권보장과 관련하여 많이 출현하고 있는 개념 중 하나가 바로 소위 존재(속)보장과 가치보장 개념일 것이다. 존속보장은 독일어의 Bestandsgarantie를, 그리고 가치보장은 Wertgarantie를 번역한 개념인데, 이러한 개념들은 모두 독일 기본법상 재산권 해석론(도그마틱)으로부터 들어온 개념으로 우리 재산권보장을 설명할 때 독일식 설명을 그대로 차용하게 되면 자칫 재산권에 관한 실정헌법상의 조문구조의 차이나, 혹은 희생보상원칙에 입각한 손실보상법리에 관한 거의 완벽할 정도로 완비된 독일의 판례법형성, 그리고 이를 통한 실정법(손실보상법 내지 국가배상법)상의 흠결에 대한 보충가능성의 상당한 차이를 간과할 수 있는 측면이 없지 않아 보인다.

185. 독일연방 법원(BGH)의 판례와 그 문제 점

우선 독일 연방법원(BGH) 판례에 의할 경우, 재산권보장은 원칙적으로 존재(속)보장이지만, 만일 재산권의 내용과 한계와 사회적 기속을 구체화하는 규정이 사회적 수인한도를 넘어서 특별한 희생을 유발하고 결과적으로 소위 수용적 효과나 수용유사적 효과를 야기하는 경우에 그 당사자에게는 보상청구권이 인정된다는 것이다. 결국 재산권은 존재(속)보장이 원칙이지만 공익상 재산권의 존재(속)보장이 어려울 경우에는 보상을 통해서 그 가치가 보장되어야 한다는 것이다. 이러한 의미에서 당

---

169) 헌재 2002. 12. 18, 2002헌가4, 판례집 제14권 2집, 762, 769−770; 헌재 1995. 4. 20, 93헌바20 등, 판례집 제7권 1집, 519, 537−537; 헌재 1999. 12. 23, 98헌바13 등, 판례집 제11권 2집, 721; 헌재 2001. 4. 26, 2000헌바31, 판례집 제13권 1집, 932; 헌재 2020. 2. 27, 2017헌바246 등; 헌재 2009. 6. 25, 2007헌바104, 공보 제153호, 1273; 헌재 2012. 3. 29, 2010헌바411, 공보 제186호, 627.

사자에게 공권력에 의한 재산권침해가 있을 경우 "참으라 그리고 정산하라(dulde und liquidiere)"라는 독일 학계와 실무에서 수용법과 관련하여 널리 회자되던 말이 나오는 것이며, 결국 이렇게 문제를 해결할 경우 헌법상 재산권보장은 존재(속)보장이라기보다는 가치보장 쪽으로 그 무게가 기울어져 재산권의 존재(속)에 대한 보호라고 하는 재산권보장의 일차적 기능이 상실될 우려가 없지 않다고 하는 문제점을 지적할 수 있다.

그러나 만일 재산권의 내용과 한계(사회적 기속)에 관한 규정과 공용수용에 관한 규정은 전혀 다른 법제도로서 입법자가 직접 수용과 보상에 대하여 결정한 법률에 의하거나 그 법률을 근거로 하는 수용의 경우가 아닌 한, 사법부가 사회적 수인한도를 넘는 과도한 재산권 제한에 대하여 그 특별희생성을 인정하고 수용적 효과나 수용유사적 효과와 보상청구권을 인정하지 못하도록 하게 되면, 재산권보장은 원칙적으로 존재(속)보장이 되는 것이며, 어떠한 재산권침해가 있을 때에 단순히 참고 정산하기만 하면 되는 것이 아니라, 먼저 공권력의 재산권 제한행위에 대하여 행정소송으로 다투어서 이를 취소하거나, 헌법소원심판청구를 통하여 관련 공권력행사나 해당 법률조항의 위헌·무효의 확인을 받아야 한다는 것이다. 결국 이를 통하여 적법하거나 위법한 공권력행사에 의하여 재산권침해를 받은 당사자는 그 손실에 대한 보상을 입법자의 추후 입법을 통하여 받을 수 있는 것이지, 법원의 유추적용이나 혹은 희생보상원칙에 입각한 판례법을 통하여 보상청구가 인용될 수 있는 것은 아니라고 하는 것이고, 이것이 바로 분리이론의 핵심임은 전술한 바와 같다.

186. 분리이론의 핵심

이러한 독일식 분리이론을 수용하게 되면 흔히 헌법 제23조 제1항·제2항의 재산권의 내용과 한계(사회적 기속)에 관한 규정은 존재(속)보장으로, 그리고 헌법 제23조 제3항은 가치보장인 것으로 단순화시킬 수 있게 될 것이나, 앞에서 분리이론 수용은 우리 실정헌법의 조문구조상의 차이 때문에 허용될 수 없다고 본 나의 입장에서는 우리 헌법조문에 대하여 달리 파악할 수밖에 없다. 즉 헌법 제23조 제1항 제1문은 재산권 자체, 즉 존재(속)에 대한 보호와 보장을 천명한 것이다. 다만 그

187. 존재(속) 보장과 가치보장에 대한 제대로 된 해석

내용과 한계는 법률로 정하되 재산권의 행사에 공공복리적합의무를 부
과함으로써 재산권자에 대하여 사회적 한계와 의무를 부과한 것이다.
그리고 재산권의 존재 자체를 헌법적으로 보장하는 것이 원칙이나, 공
공복리나 공공필요에 의하여 불가피하게 수용·사용 또는 제한할 수밖
에 없을 경우에는 보상을 통하여 그 재산가치를 보장해야 한다는 것이
다. 여기에서 재산권 자체의 존재를 박탈하는 것은 수용일 뿐이므로, 이
경우에는 존재(속)보장이 가치보장으로 전환된다고 할 수 있을 것이다.
그러나 나머지 사용 또는 제한의 경우는 당연히 존재(속)보장에서 가치
보장으로 전환되는 것이 아니라, 여전히 재산권 자체의 존재(속)를 보장
하면서, 동시에 그 재산권의 행사가 제한된 만큼의 가치까지 국가가 보
장해야 한다는 것을 의미하는 것이기 때문에, 공용사용과 공용제한의
경우에는 여전히 존재(속)와 가치를 보장하는 것이라 할 수 있다. 이렇
게 해석할 때 비로소 우리 헌법 제23조 제3항의 "사용" 또는 "제한" 그
리고 그에 대한 "정당한 보상"의 의미가 제대로 살아나게 될 것이다.

**188. 분리이론
의 포기 필요성**

만일 이 공용사용과 공용제한 및 그에 대한 보상에 관한 실정헌법
상의 이러한 차이를 간과하게 되는 경우, 헌법 제23조 제1항·제2항에
따른 재산권제한(소위 "조정의무가 있는 내용·한계 규정")은 실상은 공용제
한임에도 불구하고 "정당한 보상"이 없는 허울만의 존재(속)보장으로 전
락되어 버리고 말 수 있기 때문에 분리이론에 따른 재산권해석이론은
변경되어야 마땅하다고 생각된다.

다. 제한 양태에 따른 정당한 보상

**189. 완전보상
의 의미 역시
개별적 검토 필
요**

우리 헌법재판소나 대법원은 "정당한 보상"은 완전보상을 의미한다
고 보고 있다.[170] 그러나 과연 완전보상이 손실보상의 실제에서 제대로
잘 지켜지고 있는지는 의문이다. 전술하였듯이 토지보상법 등에서는 주
로 토지에 대한 수용의 경우에도 거래가격에 의한 보상이 아니라 공시
지가에 의한 보상을 기준으로 하고 있으며, 헌법재판소 역시 이에 대하

---

170) 헌재 1990. 6. 25, 89헌마107, 판례집 제2권, 178, 178; 헌재 1991. 2. 11, 90헌바17
등, 판례집 제3권, 51; 헌재 1998. 3. 26, 93헌바12, 판례집 제10권 1집, 227.

여 정당보상원칙에 위반되지 않는다고 보고 있음은 전술한 바와 같다. 따라서 완전보상의 의미 자체도 재산권제한의 양태와 국가재정의 현실을 기초로 구체적, 개별적으로 판단할 수밖에 없는 것이다.

그러므로 이 "정당한 보상"의 개념은 공용수용, 공용사용 그리고 공용제한의 경우에 각각 그 재산의 거래가격, 사용가치 혹은 재산권행사에 대한 제한으로 인하여 초래된 손실의 시장가격을 기준으로 하는 보상이 되어야 할 것이지만, 다른 한편으로 공익사업을 추진해서 얻게 될 국가적 공익, 국가의 재정상황 등 공익적 측면과, 재산권침해를 받게 되는 재산권자의 이익을 모두 고려하여 입법자가 넓은 형성의 자유의 범위 내에서 결정할 수 있는 것으로 봐야 할 것이다.

190. 공용제한 양태에 따른 정당한 보상의 비례에 적합한 적용 필요

> 판례 │ 헌법 제23조 제3항이 요구하는 보상의 방법과 범위를 정하는 것은 입법자에게 위임되어 있어, 입법자는 헌법이 요구하는 보상의무를 형성하고 구체화시킨다. 그러나 보상의 방법과 정도에 관한 입법자의 입법형성권은 헌법이 요구하는 정당한 보상의 범위 내에서 공공의 이익과 피수용자 및 이해관계인의 이익, 수용의 목적과 공공사업의 특수성 등을 고려하여 타당한 보상의 방법과 정도를 정하여야 하는 것이다.
>
> (헌재 2000. 4. 27, 99헌바58, 판례집 제12권 1집, 544, 553-554)

헌법재판소는 상법 제360조의2 등 위헌소원심판(포괄적 주식교환 사건)171)에서, 심판대상 법률조항이 주식재산권에 대한 제한임을 인정하였으나, 과잉금지의 원칙에 위반되는 것은 아니라는 취지로 판시하였다. 이 사례는 주식 재산권 행사에 일정한 제한을 가할 경우에 헌법 제23조 제3항에 따른 공공필요에 의한 제한성을 인정한다 하더라도 반드시 보상이 필요한 경우가 아니라 사회적 수인한도 내에 머무는 제한인 것으로 평가한 것으로 볼 수 있다.

191. 사회적 수인한도내의 제한 사례

이처럼 재산권의 대상이나 목적의 성질 여하에 따라서 그에 대한 제한이 반드시 보상이 따라야 하는 것은 아님을 알 수 있다. 그러므로 재산권에 대한 "제한"에 해당한다 하더라도 헌법 제23조 제3항에 따른

192. 조정의무가 있는 내용·한계 규정과 같은 낯선 개념은 필요없었음

---

171) 헌재 2015. 5. 28, 2013헌바82 등, 판례집 제27권 1집 하, 216.

"정당한 보상"이 반드시 필요치 않은 사회적 수인한도 내에 머무는 제한은 얼마든지 있을 수 있으며, 그러한 제한은 헌법 제23조 제1항과 제2항에 따른 내용과 한계 및 사회적 제약을 구체화하는 법률(재산권의 내용·한계 규정)에 해당하는 것으로 판단할 수 있다. 그러므로 한편으로는 제23조 제1항과 제2항, 그리고 다른 한편으로는 동조 제3항을 서로 다른 제도로만 이해할 필요는 없다고 보인다. 즉 사회적 수인한도를 넘어서 특별한 희생을 의미하는 경우에 필요한 보상은 헌법 제23조 제3항에 따른 보상으로 이해할 수 있을 것이기 때문이고, 그 경우 보상에 관한 법률이 없을 때에는 유사 법률을 준용하거나 유추적용172) 등을 통해서 보상할 수도 있을 것이며, 그것은 법원의 과제라 할 수 있기 때문에, 헌법재판소로서는 적절히 심판대상 법률에 대하여 위헌확인을 한 후, 입법자의 개정 필요성이나 혹은 법원의 해석을 통한 보충 필요성을 지적하는 것으로 머무는 결정을 하면 된다고 생각된다. 우리 실정헌법 조문구조에 맞지 않는 소위 "조정의무가 있는 내용·한계 규정"이라고 하는 낯선 개념은 우리 헌법 제23조의 해석 하에서는 필요 없었던 개념이다.

193. 헌법 제23조 제3항의 문언에 반하는 해석

　　다만 지금까지 분리이론을 채택한 헌법재판소 판례 전개의 결과, 사회적 수인한도를 넘는 과도한 사회적 제약의 경우에도 이에 대해서는 헌법 제23조 제1항·제2항에 따른 재산권에 대한 내용과 한계를 정하는 규정인 것으로만 보고, 단순히 비례의 원칙에 위반하여 위헌이지만 헌법 제23조 제3항에 따른 정당한 보상이 필요한 것은 아니라고 판단한 사례들173)(전술한 "조정의무가 있는 내용·한계 규정" 사례들)은 공공필요에 의한 재산권에 대한 사용 또는 제한의 경우에 정당한 보상을 하라고 하는 헌법 제23조 제3항의 명령에 반하는 해석을 한 것이 아닌가 생각된다. 그 결과 자연보호법이나 문화재보호법, 도시계획법상의 보존의무, 현상유지의무 등에 의하여 장기간 동안 광범위하게 재산권 행사(사용·수익권)에 대한 제한을 받아왔던 재산권자들에 대해서도 지금까지의 제

---

172) 헌재 2010. 2. 25, 2008헌바6, 판례집 제22권 1집 상, 161, 170; 대법원 1995. 11. 24, 선고 94다34630 판결; 대법원 2001. 9. 25, 선고 2001다30445 판결; 대법원 2003. 6. 27, 선고 2003다16221 판결.

173) 가령 헌재 1998. 12. 24, 89헌마214 등, 판례집 제10권 2집, 927, 947.

한에 관해서는 사실상 아무런 보상청구권을 인정하지 않은 채, 단지 위
헌(헌법불합치)을 확인하면서 조정적 의미의 보상조치(가령 지정해제, 매수
청구권, 수용청구권, 경과규정 등)를 할 입법개선의무를 부과해 온 것은 헌
법 제23조 제3항의 정당보상원칙에 대한 위반이라고 여겨지므로, 헌법
재판소가 장기간 동안 이러한 특별희생을 당해 온 당사자들의 재산권에
대하여 앞으로는 보다 더 적극적으로 보호하는 방향으로 판례를 변경해
야 할 것 아닌가 생각된다.

라. 보상의 방법과 범위 등에 관한 헌법재판소 판례

보상기준이 헌법 제23조 제3항의 정당한 보상의 원칙에 반한다고
판단한 사례로서 징발법상 보상은 사용에 대한 보상임에도 불구하고 국
가보위에 관한 특별조치법에 의한 토지수용의 경우에도 이 징발법상 과
세표준을 기준으로 보상하는 것[174]을 들 수 있다.

이에 반하여 정당보상의 원칙에 반하지 않는다고 본 것으로는 토지
수용위원회가 일방적으로 정한 수용개시일에 권리를 취득할 수 있도록
한 '공익사업을 위한 토지 등의 취득 및 보상에 관한 법률' 조항(제40조
제1항, 제2항 및 제45조 제1항)과 보상금의 공탁만으로 소유권을 취득할 수
있도록 한 조항(동법 제40조 제2항 제1호 및 제45조 제1항)[175], 당해 사업인
정고시일에 가장 가까운 시점에 공시된 공시지가를 기준으로 수용된 토
지의 보상액을 산정하도록 한 규정[176]과 소위 사업인정의제조항[177] '부
동산 가격공시 및 감정평가에 관한 법률'에 의한 공시지가를 기준으로
토지수용으로 인한 손실보상액을 산정하되, 개발이익을 배제하고 공시
기준일부터 재결 시까지의 시점 보정을 인근 토지의 가격변동률과 생산
자물가상승률에 의하도록 한 토지보상조항[178], 사업인정고시일 전의 공

194. 정당한 보
상의 원칙 위반
사례

195. 합헌 사례

---

174) 헌재 1994. 6. 30, 92헌가18, 판례집 제6권 1집, 557, 570-571.
175) 헌재 2011. 10. 25, 2009헌바281, 판례집 제23권 2집 상, 793.
176) 헌재 2007. 11. 29, 2006헌바79, 판례집 제19권 2집, 576; 헌재 2009. 7. 30, 2007헌
     바76, 판례집 제21권 2집 상, 185; 헌재 2011. 4. 28, 2010헌바114, 판례집 제23권
     1집 하, 47.
177) 헌재 2011. 4. 28, 2010헌바114, 판례집 제23권 1집 하, 47; 헌재 2011. 11. 24, 2010
     헌바231, 판례집 제23권 2집 하, 341.

시지가를 기준으로 수용보상액을 산정하는 규정[179], 손실보상액의 산정을 개별공시지가가 아닌 표준지공시지가를 기준으로 하도록 한 것[180], 사업인정 이전에 관련 절차를 거쳤으나 협의가 성립되지 아니한 경우 토지조서 및 물건조서의 내용에 변동이 없는 때에는 다시 협의 등 절차를 거치지 않도록 규정한 '공익사업을 위한 토지 등의 취득 및 보상에 관한 법률' 조항[181], 도시환경정비사업의 시행자에 대한 임시수용시설의 설치 의무부과 조항[182], 세입자에 대하여 이주대책을 제공하지 않은 것[183] 등이 있다.

> **판례** 헌법 제23조 제3항에 규정된 "정당한 보상"이란 원칙적으로 피수용재산의 객관적인 재산가치를 완전하게 보상하는 것이어야 한다는 완전보상을 뜻하고, 토지의 경우에는 그 특성상 인근유사토지의 거래가격을 기준으로 하여 토지의 가격형성에 미치는 제 요소를 종합적으로 고려한 합리적 조정을 거쳐서 객관적인 가치를 평가할 수밖에 없는데, 제외지에 대한 보상규정인 1984년의 개정 하천법 부칙 제2조 제1항은 보상대상토지, 보상의 주체, 보상의무에 관하여 스스로 규정하고 있고, 동 조 제4항의 위임에 근거한 "법률 제3782호 하천법중개정법률 부칙 제2조의 규정에 의한 하천편입토지의 보상에 관한 규정"(대통령령 제11919호) 제9조, 제10조, 제12조는 보상의 기준과 방법 등에 관하여 규정하고 있는바, 이러한 규정들의 내용을 종합적으로 고려하여 볼 때 1984년의 개정하천법이나 그 시행령에 규정된 보상의 내용이 헌법에서 요구하는 정당한 보상의 원리에 위배된다고 할 수 없다.
>
> (헌재 1998. 3. 26, 93헌바12, 판례집 제10권 1집, 227.)

---

178) 헌재 2013. 12. 26, 2011헌바162, 판례집 제25권 2집 하, 640.

179) 헌재 2009. 9. 24, 2008헌바112, 판례집 제21권 2집 상, 606; 헌재 2009. 12. 29, 2009헌바142, 공보 제159호, 108; 헌재 2011. 5. 26, 2009헌바296, 판례집 제23권 1집 하, 17; 헌재 2011. 8. 30, 2009헌바245, 판례집 제23권 2집 상, 323; 헌재 2012. 3. 29, 2010헌바370, 판례집 제24권 1집 상, 472.

180) 헌재 2001. 4. 26, 2000헌바31, 판례집 제13권 1집, 932; 헌재 2009. 6. 25, 2007헌바60, 판례집 제21권 1집 하, 836; 헌재 2009. 11. 26, 2009헌바141, 판례집 제21권 2집 하, 563; 헌재 2011. 8. 30, 2009헌바245, 판례집 제23권 2집 상, 323.

181) 헌재 2009. 6. 25, 2007헌바104, 공보 제153호, 1273.

182) 헌재 2014. 3. 27, 2011헌바396, 판례집 제26권 1집 상, 420.

183) 헌재 2006. 2. 23, 2004헌마19, 판례집 제18권 1집 상, 242, 245-246.

판례 조선철도(주)주식의 보상금 청구에 관한 헌법소원

공권력의 불행사로 인한 기본권침해는 그 불행사가 계속되는 한 기본권침해의 부작위가 계속된다 할 것이므로, 공권력의 불행사에 대한 헌법소원심판은 그 불행사가 계속되는 한 기간의 제약이 없이 적법하게 청구할 수 있다.

우리 헌법은 제헌 이래 현재까지 일관하여 재산의 수용, 사용 또는 제한에 대한 보상금을 지급하도록 규정하면서 이를 법률이 정하도록 위임함으로써 국가에게 명시적으로 수용 등의 경우 그 보상에 관한 입법의무를 부과하여 왔는바, 해방 후 사설철도회사의 전 재산을 수용하면서 그 보상절차를 규정한 군정법령 제75호에 따른 보상절차가 이루어지지 않은 단계에서 조선철도의통일폐지법률에 의하여 위 군정법령이 폐지됨으로써 대한민국의 법령에 의한 수용은 있었으나 그에 대한 보상을 실시할 수 있는 절차를 규정하는 법률이 없는 상태가 현재까지 계속되고 있으므로, 대한민국은 위 군정법령에 근거한 수용에 대하여 보상에 관한 법률을 제정하여야 하는 입법자의 헌법상 명시된 입법의무가 발생하였으며, 위 폐지법률이 시행된 지 30년이 지나도록 입법자가 전혀 아무런 입법조치를 취하지 않고 있는 것은 입법재량의 한계를 넘는 입법의무 불이행으로서 보상청구권이 확정된 자의 헌법상 보장된 재산권을 침해하는 것이므로 위헌이다.

(헌재 1994. 12. 29, 89헌마2, 판례집 제6권 2집, 395.)

판례 그러나 보훈기금법 시행 전에는 여전히 이 사건 분조합원이 분조합 자산에 관한 소유권을 합유하고 있었다면, 보훈기금법 부칙 제5조는 이 사건 분조합 또는 분조합원의 사유재산을 박탈하여 보훈기금에 귀속시키기 위한 개별적 처분법률이고, 보훈기금법의 어디에도 이 사건 분조합의 자산을 수용하기 위하여 헌법이 정한 요건과 절차를 규정하고 있지 아니하여, 보훈기금법 부칙 제5조는 국민의 재산권을 보장하는 헌법 제23조 제1항, 제3항에 위반된다.

(헌재 1994. 4. 28, 92헌가3, 판례집 제6권 1집, 203, 204.)

6. 헌법 제23조 제3항과 헌법 제37조 제2항과의 관계

196. 헌법 제37
조 제2항은 보
충적 적용

전술하였듯이 헌법 제23조 제3항은 재산권제한과 관련하여 헌법이 설정하고 있는 특별한 요건에 관한 규정이므로, 일반적 기본권제한의 요건에 관한 규정인 헌법 제37조 제2항의 적용은 배제된다. 다만 헌법 제23조 제3항에서 규정되지 않은 범위 내에서 보충적으로 적용될 수 있는 가능성은 열려져 있다.

197. 과잉금지
원칙과 정당보
상의 원칙

그리고 비례(과잉금지)의 원칙은 법치국가원리에서 도출되는 불문헌법적 원리에 해당되는 것이므로, 가령 헌법 제37조 제2항에서 "필요한 경우에 한하여"라고 하는 문구가 없다 하더라도 적용할 수 있는 원칙이라 할 수 있다. 그러므로 재산권 제한과 관련해서 이 원칙은 일반적 차원에서 적용될 수 있는 것이며, 그와 더불어 헌법 제23조 제3항이 특별히 제시한 "정당보상"의 원칙이 추가적으로 심사되어야 하는 것이다. 이 정당보상원칙 위반여부의 심사에 있어서도 각 재산권제한 양태에 따라서 각각 비례의 원칙이 달리 적용될 수 있음은 전술한 바와 같다.

198. 합헌 사례

헌법재판소 역시 민간기업이 도시계획시설사업의 시행자로서 심판대상인 수용조항에 따라 수용권을 행사하는 것이 과잉금지원칙에 반하여 헌법상 재산권을 침해하는 것인지를 심사한 후, 이 사건 수용조항은 피수용권자의 재산권을 과도하게 침해하여 헌법 제23조 제3항 혹은 제37조 제2항에 위반된다고 볼 수 없다고 판시한 바 있다.[184]

---

184) 헌재 2011. 6. 30, 2008헌바166 등, 판례집 제23권 1집 하, 288, 310; 헌재 2014. 7. 24, 2012헌바294 등, 판례집 제26권 2집 상, 60. 서기석 재판관의 수용조항에 대한 별개의견 있음.

제14절 언론·출판의 자유

Ⅰ. 언론·출판의 자유의 의의

우리 헌법 제21조 제1항에서 제4항까지는 언론·출판의 자유1)를 보장하고 있다. 언론·출판의 자유는 자유로이 말하고 듣고 볼 수 있는 자유, 즉 인간과 인간이 서로 소통할 수 있는 자유를 보장하는 것이다. 이것은 인간이 사회적 동물로서 사회의 공동생활 가운데서 누려야 하는 가장 기본적인 의사표현의 자유의 보장이라고 할 수 있다.

1. 의사표현의 자유

이러한 의사표현의 자유는 민주국가에 있어서 없어서는 안 될 민주주의의 구성요소라고 할 수 있다. 언론·출판의 자유가 보장되지 않는 민주주의는 없고, 민주주의가 없이는 언론·출판의 자유도 보장될 수 없다는 점에서 양자는 불가분의 관계에 놓여 있다고 할 수 있다. 왜냐하면 민주주의는 다양한 의사들의 합의를 전제로 하는 정치체제이고 이는 자유로운 의사의 표현 특히 반대할 수 있는 자유, 즉 야당의 자유가 없이는 건전한 합의의 형성은 불가능하기 때문이다. 그러므로 언론·출판의 자유는 이와 같이 자유로운 합의를 통한 공동체의 통합을 가능하게 하는, 민주주의에 있어서 필수불가결한 기본권이라고 할 수 있다.

2. 민주주의의 구성요소

Ⅱ. 언론·출판의 자유의 법적 성격

언론·출판의 자유는 우선적으로 자신의 의사를 자유롭게 표현하고 전파할 수 있는 자유와 알 권리 그리고 언론매체에 접근할 수 있는 권리를 국가에 의하여 방해받지 아니할 주관적 공권으로서 대국가적 방어권이라고 할 수 있다.

3. 대국가적 방어권

나아가 전술하였듯이 언론매체, 특히 전통적으로 가장 중요한 언론

4. 제도적 보장

---

1) 계희열, 헌법상 언론·출판의 자유, 고려대학교 법학논집 제34집 1998, 1-44면.

매체라고 할 수 있는 방송·통신, 신문기업을 설립하고 이를 운영하며, 이러한 매체를 통하여 의사소통을 할 자유는 헌법 제21조 제3항에 따라 입법자가 구체화하는 법적 제도에 의하여 보장되지 않으면 안 된다. 그러한 의미에서 방송[2]·통신제도 그리고 신문제도는 입법자에 의하여 구체화되어야 할 제도적 보장 중의 하나라고 할 수 있다. 제도적 보장의 경우 전통적으로 내려오는 제도를 입법자가 구체화하고 형성할 수 있으나, 그 제도의 핵심적인 내용이나 본질을 침해해서는 안 된다고 하는 것이다. 그러므로 입법자가 방송·통신 및 신문기업의 설립을 지나치게 까다롭게 하여 사실상 언론기업 설립을 불가능하게 한다든가 또는 몇몇 언론기업에게만 설립을 허가하여 소수의 언론기업이 독·과점을 하게 한다든가 하는 것은 방송·통신과 신문제도의 제도적 보장 정신에 반할 수 있다.

5. 조직과 절차의 보장

국민이 언론매체를 통하여 언론·출판의 자유를 제대로 행사할 수 있으려면 이러한 방송·통신과 신문제도에 관한 설립과 조직 그리고 이용과 법적 분쟁 해결을 위한 절차(정정보도, 반론보도, 추후보도 등 언론중재와 기타 관련 소송) 등에 관하여 상세한 규정을 두어야 할 것이다. 그러한 의미에서 입법자는 언론의 자유를 제도적으로 형성하고 언론매체 설립과 이용에 관한 조직과 절차 등을 보장해야 할 의무를 진다고 할 것이다.

6. 국가의 기본권보호의무

한편 이 언론·출판의 자유나 알 권리, 언론매체에의 접근권이 제3자, 즉 다른 사인에 의하여 방해되거나 침해되는 경우, 국가는 이러한 침해나 침해의 위험에 대하여 적극적으로 보호할 의무를 질 수 있다고 하는 것은 언론·출판의 자유의 경우에도 마찬가지이다. 그리고 반대로 만일 개인의 인격권이나 명예권이 사인의 과도한 언론·출판의 자유의 남용에 의하여 침해가 될 경우, 그 개인은 돌이킬 수 없는 명예훼손을 당할 수도 있다. 그러므로 이와 같은 경우에 대비하여 헌법 제21조 제4항은 언론·출판이 타인의 명예나 권리를 침해한 때에는 피해자는 이에 대한 피해의 배상을 청구할 수 있다고 하는 민법상의 손해배상청구에 관하여 헌법적 차원에서 확인을 하고 있다. 결국 언론·출판이 가지고

---

2) 동지, 헌재 2003. 12. 18, 2002헌바49, 판례집 제15권 2집 하, 502, 517.

있는 사회적 영향력으로 인하여 그 남용의 경우 그와 충돌할 수 있는 인격권이나 명예권의 보호 역시 동시에 중요한 헌법적 법익이므로, 입법자는 이러한 충돌을 적절히 조정하고 형량하는 법률을 마련하여야 하며, 법적용기관이나 사법부는 실제적 조화의 원리에 따라 양 법익이 최대한 실현될 수 있도록 잘 조정하고 절충을 하여야 할 것이다.

이러한 차원에서 언론·출판의 자유는 주관적 권리의 차원을 넘어서 민주주의를 실현하기 위해서 국가가 이 자유를 제도로서 잘 보호하고 보장해야 하는 객관적인 가치질서이기도 한 것이다. 이 객관적 가치질서에 제도보장과 국가의 기본권보호의무 그리고 대사인적 효력 등이 포함된다고 할 수 있다.

7. 객관적인 가
치질서

Ⅲ. 언론·출판의 자유의 보호영역

1. 언론·출판의 자유에 대한 헌법규정

언론·출판의 자유에 관하여 우리 헌법 제21조는 "① 모든 국민은 언론·출판의 자유……를 가진다. ② 언론·출판에 대한 허가나 검열……은 인정되지 아니한다. ③ 통신·방송의 시설기준과 신문의 기능을 보장하기 위하여 필요한 사항은 법률로 정한다. ④ 언론·출판은 타인의 명예나 권리 또는 공중도덕이나 사회윤리를 침해하여서는 아니된다. 언론·출판이 타인의 명예나 권리를 침해한 때에는 피해자는 이에 대한 피해의 배상을 청구할 수 있다."고 규정하고 있다.3)

8. 헌법 제21조

---

3) 참고로 독일 기본법 제5조는 "(1) 모든 사람은 자신의 의견을 말로 문자로 그림으로 자유롭게 표현하고 보급하며 또한 일반적으로 접근가능한 정보원으로부터 방해받지 않고서 정보를 얻을 권리(알 권리)를 가진다. 신문의 자유와 방송 및 필름에 의한 보도의 자유는 보장된다. 검열은 금지된다. (2) 이러한 권리들은 일반적인 법률의 규정과, 청소년을 보호하기 위한 법적 규정 그리고 개인의 명예권에 그 한계가 있다. (3) 예술과 학문, 연구와 교수는 자유이다. 교수의 자유는 헌법충성으로부터 자유로운 것은 아니다."고 규정하고 있다. 국내 헌법교과서들 중 다수가 바로 이러한 독일 기본법상 의사표현의 자유에 관한 주석이나 해석론으로부터 많은 영향을 받아 우리 언론·출판의 자유에 대한 해석론을 전개하고 있는 것으로 보이나, 여기에서도 실정헌법상의 조문구조의 차이를 고려하는 해석을 하지 않으면 안 될 것이다.

9. 각 항의 의미

　　제1항은 모든 국민에게 언론·출판의 자유가 보장됨을 천명하고 있다. 제2항은 언론·출판에 대한 허가나 검열은 인정되지 아니한다고 함으로써 언론·출판의 자유에 대한 제한의 한계를 헌법적으로 못 박고 있다. 따라서 그 어떠한 목적을 위해서도 언론·출판의 자유에 대한 허가나 검열은 인정되지 않는다. 이것은 언론·출판의 자유의 본질적 내용을 헌법적으로 명시해 주고 있는 규정이라고 할 수 있다. 제3항은 통신 및 방송시설을 통한 언론의 자유와 신문기능을 통한 출판의 자유를 보장하기 위하여 필요한 사항을 입법자에게 규정하도록 입법위임하고 있는 규정으로서 형성적 법률유보라고 할 수 있다. 통신 및 방송시설과 신문기능을 통한 의사의 전달은 불특정 다수에게 미칠 수 있는 힘을 가지고 있기 때문에 그 전파가능성이 개인의 단순한 자연적 의사표현과는 비교할 수 없는 중요성이 있다. 따라서 이것은 제도적으로 보장되어야 하며 이러한 제도적 보장은 입법자가 구체화하지 않으면 안 된다. 그러나 입법자는 이를 구체화함에 있어서 지나치게 방송시설이나 신문기능의 설립요건을 까다롭게 하거나 그 활동에 지나친 제약을 가하는 경우에는 방송매체와 신문을 통한 언론·출판의 자유에 대한 형성이 아니라 제한이라고 할 수 있고 따라서 이것은 금지된다고 할 수 있다.

2. 보호영역

10. 보호영역의 가늠

　　우리 헌법 제21조 제1항은 "모든 국민은 언론·출판의 자유와 집회·결사의 자유를 가진다."라고만 규정하고 있다. 여기에서 "언론·출판의 자유"의 보호영역이 무엇인가 하는 것이 먼저 문제된다. 특히 헌법은 언론의 자유와 출판의 자유를 따로 분리해서 열거하지 않고서 언론·출판의 자유로 한데 묶었는데, 그렇게 묶은 헌법제정자의 의도가 무엇인가도 함께 고려하면서 보호영역을 가늠해야 할 것이다.

11. 의사소통의 자유

　　인간이면 누구나 태어나면서 말하고, 듣고, 보고. 이를 통하여 알권리와 자유를 가지며, 이로써 정치, 경제, 사회, 문화의 모든 영역에서 타인과 의사소통을 하면서 자신의 인격을 발현하고 행복을 추구할 권리를 가진다. 그러므로 인간이 가지고 있는 천부적 자유 가운데 가장 중요

한 자유가 바로 이러한 의사소통의 자유라고 할 수 있고, 우리 헌법제정
자는 개인적 의사소통의 자유를 언론·출판의 자유로 그리고 집단적 의
사소통의 자유를 집회·결사의 자유로 묶어 보장하고자 하였다.

그리고 이 의사소통의 자유는 다른 특별한 기본권에 의해서도 경합
적으로 보호된다고 할 수 있는데, 학문·예술의 자유, 종교의 자유, 통
신의 자유 등이 바로 그것이다. 이러한 의사표현의 자유의 경합적 보장
가능성으로 인하여 다른 특별한 자유와 언론·출판의 자유와의 관계설
정이 문제될 수 있다. 즉 학문·예술이나 종교의 영역에서의 의사표현
의 자유에 대해서는 학문·예술이나 종교의 자유만 적용되는지 아니면
헌법 제21조 제2항의 제한의 한계나 제3항의 헌법직접적 한계조항도 적
용되는지 하는 문제도 제기된다. 이에 관해서는 기본권 경합 부분에서
상세히 다루기로 하고, 이하에서는 일단 언론·출판의 자유의 보호영역
을 먼저 다루기로 한다.

12. 다른 특별
한 기본권과의
경합

언론·출판의 자유의 보호영역을 다룸에 있어서는 이 언론·출판
의 자유가 민주주의에 있어서 차지하는 결정적 지위를 고려하지 않으면
안 될 것이다. 즉 과거 일제강점기에는 총독부를 비롯하여 해방 후에는
독재와 군사정권이 자신들의 정권을 수호하기 위하여 국민의 자유로운
의사소통을 어떻게 통제하려 하였는지, 그리고 오늘날 자본주의가 지배
하고 있는 현대사회에서 거대 자본은 어떻게 언론권력을 장악하고 국민
의 눈과 귀를 가리려 할 수 있는지, 다양한 언론·출판의 자유의 침해
양태들을 염두에 둔다면 언론·출판과 관련하여 가장 많이 보호되어야
할 생활영역에 대하여 차례차례 가늠해 나갈 수 있을 것이다.

13. 권력과 자
본의 언론 장악

선거를 통한 민주적 정당성이 없이 국가권력을 장악하거나 탈취한
쿠데타세력이 가장 두려워하는 것이 바로 자유로운 언론제도이다. 그리
하여 폭력과 불법적 방법으로 권력을 탈취한 세력이든 아니면 형식적으
로는 선거를 통해서 집권을 한 세력이든 민주적 정당성이 없거나 상실
한 독재 권력은 동서를 막론하고 언론을 최우선적으로 장악하여 이를
자신들의 정당성을 알리는 홍보수단으로 전락시키는 것이 특징이다. 또
한 민주선거에 의하여 집권을 한 정권이라 하더라도, 실정으로 인하여

14. 자유로운
언론제도

집권 연장이 어렵다고 전망될 경우, 언론장악을 통하여 국민의 눈과 귀와 입을 가려 집권을 계속 더 연장하려는 정치적 유혹을 받기 쉽다고 하는 것은 오늘날의 역사가 우리에게 가르쳐 주는 교훈이기도 하다.

15. 언론기관과 매체의 자유의 보호

그러므로 이 언론·출판의 자유에서는 개인의 의사표현의 자유뿐만 아니라 방송이나 신문의 자유 등 언론기관과 매체의 자유를 국가권력의 침해로부터 어떻게 보호할 것인가, 그리고 이 자유를 사인에 의하여 침해받지 않도록 하기 위하여 국가가 어떻게 제도적으로 잘 보장하고 이를 보호해야 할 것인가가 동시에 중요하다고 하는 것을 알 수 있다.

가. 의사표현의 자유

16. 자신의 생각·의사를 자유롭게 표현하고 주장할 자유

의사표현의 자유는 자신이 뜻하는바 의사(意思, Meinung)나 생각을 자유롭게 표현하고 주장하며, 이를 상대방에게 널리 전파하고 알릴 수 있는 자유이다. 어떠한 방식으로 자신의 의사를 표현할 것인가, 즉 말, 글, 문자, 도형, 형상, 플래카드, 그림, 사진, 영상 등 그 표현의 수단은 중요하지 않다. 그리고 그것이 정치적 의사표현이든 아니든, 그것이 여론형성에 영향을 미칠 수 있든 아니든, 그리고 그것이 특별히 매체를 통하지 않고서 사인 상호간에 이루어지든, 아니면 방송과 신문 또는 인터넷 언론매체나 전기통신을 통하여 불특정 다수를 상대로 하든 상관없이 자신의 생각이나 의사를 표현하는 모든 표현은 이 의사표현의 자유에 의하여 헌법적으로 보호된다.

나. 사실표현(전달)의 자유

17. 사실에 대한 전달도 포함 여부

"의사표현의 자유"를 명문으로 규정하고 있는 독일과 같은 헌법 하에서는 "의사"의 개념에 단순한 "사실의 표현(전달)"도 포함될 것인지가 논란이 될 수 있다. 우리의 경우 헌법 제21조 제1항에 "언론·출판의 자유"라고만 규정되어 있어, "의사"와 "사실전달"의 구별 필요성이 독일에서와 같이 명문조항에 대한 해석의 문제로 떠오르는 것은 아니다. 그러나 단순한 사실의 전달과 의사의 표현은 명백히 구분되는 개념이다. 다만 양자가 모두 언론·출판의 자유의 보호영역에 포함되는지 그리고 포함된다 하더라도 그 보호의 필요성은 서로 다른지 여부를 검토해 볼 필요가 있다.

생각건대, 국민이 알아야 하는 정치·경제·사회·문화 등 국가생활영역의 모든 사실과 국민적 관심사에 대한 전달이 단순한 '사실의 전달'이라 해서 특별히 '의사'나 '생각' 또는 '평가'보다 덜 보호되어야 할 이유는 없다고 생각된다. 뿐만 아니라 이 사실에 관한 전달을 어떻게 취사·선택하느냐에 따라서 그러한 편집 과정에 편집자의 주관적 의사가 개입 또는 반영될 수 있다고 할 것이므로, 여기에서 단순한 의사의 표현인지, 사실에 대한 전달인지를 구별하여 각각에 대하여 보호의 강도를 달리해야 할 것은 아니지 않나 생각된다.

특히 어떠한 사실에 대한 전달이 진실한 사실이 아니라 허위사실의 전달일 경우까지도 언론·출판의 자유에 의하여 보호되어야 하는가 하는 것이 그로 인하여 침해될 수 있는 인격권이나 명예권의 보호를 위해서 현실적으로 중요하게 떠오르는 문제이다. 따라서 이 '의사'와 '사실'의 표현(전달), 그리고 '진실한 사실'과 '허위사실'의 표현(전달)의 구분 필요성은 우리에게 있어서도 마찬가지로 중요하다. 특히 각종 인터넷 매체를 통한 가짜뉴스와 허위사실표현[4]이 횡행하고 있으며, 소위 극 사실적 컴퓨터 그래픽(CG)이나 소위 딥 페이크(deep fake)[5] 기법을 동원한 가짜 표현물들을 통하여 뜻하지 않게 개인의 인격권(명예권)이 중대하게 침해될 수도 있는 오늘날 디지털 메타버스 시대의 현실을 고려해 볼 때, 허위사실표현(전달)에 대한 규제의 필요성과 또한 그와 동시에 그로 인하여 침해될 수 있는 언론·출판의 자유의 보호필요성 간의 충돌의 문

18. 편집자의 주관적 의사

19. '진실한 사실'과 '허위사실'의 표현

---

4) 이에 대한 형사처벌의 헌법적 문제에 관하여는 이문한, 가짜뉴스 형사처벌과 언론·출판의 자유, 한국학술정보 2020; 같은 이, 코로나19 관련 가짜뉴스 등 '공공의 이익'을 해하는 허위사실 표현에 대한 형사처벌과 헌법상 언론·출판의 자유, 법학평론 제11권(2021. 4), 201 – 251면; 같은 이, 공직선거법상 허위사실공표죄와 정치적 표현의 자유 – 대법원 2020. 7. 18, 선고 2019도13328 전원합의체 판결을 중심으로, 형사법의 신동향 통권 제68호(2020), 302 – 336면.

5) 이승환, Metaverse begins 메타버스 비긴즈 – 인간·공간·시간의 혁명, 굿모닝미디어 2021, 88면. 정치적 영역에서의 메타버스 활용가능성과 문제점에 대해서는 방승주, 메타버스의 민주적 활용은 가능한가 – '메타의회'를 중심으로, 월간참여사회 2022년 1~2월호.

제는 여전히 해결되어야 할 중요한 헌법적 과제가 되고 있다.

20. '사실'에 대한 표현과 전달

어쨌든 이러한 허위사실표현(전달)에 대해서는 진실한 사실의 표현(전달)보다는 더 많은 규제의 필요성을 인정할 수 있다 하더라도, '사실'에 대한 표현과 전달이 이 언론·출판의 자유, 특히 보도의 자유에 있어서 가장 중요한 구성부분임은 부인할 수 없다고 할 것이다.

다. 알 권리

(1) 알 권리의 내용

21. 일반적으로 접근 가능한 정보원으로부터 방해받지 않고 정보를 수집할 자유

우리 통설적 헌법교과서나 헌법재판소 판례는 알 권리, 즉 정보의 자유란 일반적으로 접근가능한 정보원으로부터 방해받지 않고 정보를 수집하고 수집된 정보를 취사·선택하여 활용할 수 있는 자유라고 설명하고 있다.[6] 그런데 여기에서 일반적으로 접근 가능한 정보원으로부터 방해받지 않고 정보를 수집할 자유라고 하는 말도 독일 기본법 제5조 제1문에 명문화되어 있는 규정 내용이다.

(2) 알 권리의 헌법적 근거

22. 명문규정이 없음

그러나 우리 헌법에는 독일 기본법과 달리 알 권리에 관한 명문규정이 없으므로 그 근거를 어디에서 찾을 수 있을 것인지가 논란이 될 수 있다.

23. 헌법 제21조 제1항과 제3항

생각건대, 특정 국가의 실정법 규정으로부터 나오는 해석론을 굳이 차용하지 않고서도, 이 알 권리는 우리 헌법 제21조 제1항의 언론·출판의 자유와 제3항의 방송·통신 및 신문제도에 관한 헌법적 보장으로부터 충분히 도출될 수 있다고 생각된다.

24. 의사소통의 상대방

왜냐하면 국민이 언론·출판의 자유를 향유하고 의사소통을 하기 위해서는 소통의 상대방이 필요하기 때문이다.[7] 즉 민주주의에서 지배를 담당하고 있는 국민대표가 어떠한 국가적 의사결정을 하고 있는지에 대하여 투명하게 알 수 있어야만 그에 대한 정치적 의사형성이 가능하

---

6) 계희열, 헌법학(중), 박영사 2007, 436면; 허영, 한국헌법론, 박영사 2023, 645–646면; 권영성, 헌법학원론, 법문사 2010, 500면.

7) 동지, 계희열 (주 6), 435면.

게 될 것이다. 따라서 국민들의 의사소통의 자유로서 언론·출판의 자유가 제대로 보장되기 위해서는, 국가적 생활에 관하여 민주적으로 통제를 하여야 할 일정한 사항에 관하여 국민이 사전에 정보를 제대로 파악하고 그에 관한 평가와 의사를 표현하고 전달할 수 있지 않으면 안 되는 것이다. 따라서 알 권리는 언론·출판의 자유에 내재되어 있다고 할 수 있으며, 또한 더 나아가 이 언론·출판의 자유와 더불어서 헌법상 '민주적 기본질서'(헌법 전문, 헌법 제4조, 헌법 제8조)와 '국민주권원리'(헌법 제1조)로부터 국민은 국가생활의 전반에 관하여 정보를 공개해 달라고 요구할 수 있는 권리가 도출된다고 봐야 할 것이다. 다른 한편 헌법재판소가 잘 지적하고 있듯이, 국정의 공개(국회 회의공개의 원칙: 헌법 제50조 제1항, 재판의 공개: 헌법 제109조)에 관한 규정 역시 국가적 의사결정 과정과 그 결과를 국민에게 낱낱이 공개할 것을 요구하고 있는 것이며, 이러한 공개원칙의 보장으로부터도 국가에 정보를 요청할 수 있는 권리가 도출된다고 할 수 있다.

> **판례** **공권력에 의한 재산권침해에 대한 헌법소원**
>
> "사상 또는 의견의 자유로운 표명은 자유로운 의사의 형성을 전제로 하는데, 자유로운 의사의 형성은 충분한 정보에의 접근이 보장됨으로써 비로소 가능한 것이며, 다른 한편으로 자유로운 표명은 자유로운 수용 또는 접수와 불가분의 관계에 있다고 할 것이다. 그러한 의미에서 정보에의 접근·수집·처리의 자유 즉 "알 권리"는 표현의 자유에 당연히 포함되는 것으로 보아야 하는 것이다.
>
> 이와 관련하여 인권에 관한 세계선언 제19조는 "모든 사람은 모든 수단에 의하여 국경을 초월하여 정보와 사상을 탐구하거나 입수 또는 전달할 자유를 갖는다"라고 하여 소위 "알 권리"를 명시하고 있기도 하다.
>
> "알 권리"는 민주국가에 있어서 국정의 공개와도 밀접한 관련이 있는데 우리 헌법에 보면 입법의 공개(제50조 제1항), 재판의 공개(제109조)에는 명문규정을 두고 행정의 공개에 관하여서는 명문규정을 두고 있지 않으나, "알 권리"의 생성기반을 살펴볼 때 이 권리의 핵심은 정부가 보유하고 있는 정보에 대한 국민의 알권리 즉, 국민의 정부에 대한 일반적 정보공개를 구할 권리(청구권적 기본권)라고 할 것이며, 또한 자유민주적 기본질서를 천명하고 있는 헌법 전문과 제1조 및 제4조의 해석상 당연한 것이라고 봐야 할 것이다."[8]

판례 **기록등사신청에 대한 헌법소원**

헌법 제21조는 언론·출판의 자유, 즉 표현의 자유를 규정하고 있는데 이 자유는 전통적으로 사상 또는 의견의 자유로운 표명(발표의 자유)과 그것을 전파할 자유(전달의 자유)를 의미하는 것으로서 사상 또는 의견의 자유로운 표명은 자유로운 의사의 형성을 전제로 한다. 자유로운 의사의 형성은 정보에의 접근이 충분히 보장됨으로써 비로소 가능한 것이며, 그러한 의미에서 정보에의 접근·수집·처리의 자유, 즉 "알 권리"는 표현의 자유와 표리일체의 관계에 있으며 자유권적 성질과 청구권적 성질을 공유하는 것이다. 자유권적 성질은 일반적으로 정보에 접근하고 수집·처리함에 있어서 국가권력의 방해를 받지 아니한다는 것을 말하며, 청구권적 성질은 의사형성이나 여론 형성에 필요한 정보를 적극적으로 수집하고 수집을 방해하는 방해제거를 청구할 수 있다는 것을 의미하는바 이는 정보수집권 또는 정보공개청구권으로 나타난다. 나아가 현대 사회가 고도의 정보화 사회로 이행해감에 따라 "알 권리"는 한편으로 생활권적 성질까지도 획득해 나가고 있다. 이러한 "알 권리"는 표현의 자유에 당연히 포함되는 것으로 보아야 하며 인권에 관한 세계선언 제19조도 "알 권리"를 명시적으로 보장하고 있다.

헌법상 입법의 공개(제50조 제1항), 재판의 공개(제109조)와는 달리 행정의 공개에 대하여서는 명문규정을 두고 있지 않지만 "알 권리"의 생성기반을 살펴볼 때 이 권리의 핵심은 정부가 보유하고 있는 정보에 대한 국민의 "알 권리", 즉 국민의 정부에 대한 일반적 정보공개를 구할 권리(청구권적 기본권)라고 할 것이며, 이러한 "알 권리"의 실현은 법률의 제정이 뒤따라 이를 구체화시키는 것이 충실하고도 바람직하지만, 그러한 법률이 제정되어 있지 않다고 하더라도 불가능한 것은 아니고 헌법 제21조에 의해 직접 보장될 수 있다고 하는 것이 헌법재판소의 확립된 판례이다.

(헌재 1991. 5. 13, 90헌마133, 판례집 제3권, 234.)

25. 정보공개청구권

헌법재판소의 이러한 결정이 내려진 후 국회는 1996. 12. 31. 법률 제5242호로 '공공기관의 정보공개에 관한 법률'을 제정하여 모든 국민에게 정보공개청구권을 인정하는 등 국민의 알 권리 실현을 위한 구체적인 입법조치를 취하였고 이 정보공개법은 1998. 1. 1.부터 시행되었다.

---

8) 헌재 1989. 9. 4, 88헌마22, 판례집 제1권, 176, 188－190.

라. 언론기관에의 접근권

다음으로 언론·출판의 자유에는 언론기관에 자유로이 접근할 수 있는 자유도 포함된다고 할 수 있겠다. 통상 이를 소위 액세스권[9]이라고 설명하고 있으나 가급적 우리 실정헌법으로부터 그 근거를 도출해 낼 필요가 있다고 하겠다.

26. 소위 액세스권

그러한 의미에서 이 언론기관에의 접근권을 생각해 본다면, 첫째, 누구나 언론기관을 이용하여 자유롭게 자신의 의사표현을 할 수 있는 기회가 보장되어야 한다는 측면에서 언론기관에의 참여권이라 할 수 있을 것이다. 그러나 개인이 방송이나 신문 등 언론기관에 참여하여 자신의 의사를 표현하기 위해서는 방송(신문)사의 사전 허락을 받지 않으면 안 될 것이다. 왜냐하면 언론기관 입장에서는 아무리 모든 국민에게 언론·출판의 자유와 언론기관에의 접근권이 있다고 하여 원하는 모든 사람들에게 다 그 기회를 보장해 줄 수는 없을 것이기 때문이다. 그렇다면 일반적인 언론기관에의 접근권은 언론기관의 방송과 신문보도에 참여할 수 있는 기회가 공평하게 보장되어야 한다는 차원일 것이므로, 오히려 이는 언론기관의 공정성과 사회적 책임으로부터 나오는 반사적 차원의 권리로서, 의사표현의 자유와 평등권으로부터 도출되는 권리라고 봐야 할 것이다.

27. 언론기관에의 참여권

둘째, 만일 언론기관이 개인이나 집단에게 보도로 인하여 일정한 피해를 야기할 경우, 그러한 보도가 사실에 입각하지 않았거나 혹 사실에 입각했다 하더라도 상당부분 편집과정에서 당사자의 명예를 훼손하는 방향으로 보도가 되어 인격권이나 명예권 침해 등 손해를 야기하는 경우에, 이 피해자는 그 언론기관에 그 내용을 바로 잡고 잘못된 보도를 시정해 달라고 요구할 수 있는 권리가 있다고 해야 할 것이다. 이는 일반적으로는 언론으로 인한 피해에 대한 손해배상뿐만 아니라, 명예회복에 적당한 처분을 통하여 그 피해를 다시 복구할 수 있는 권리가 민사상으로 보장되고 있는바(민법 제764조), 우리 헌법 제21조 제4항은 언

28. 피해복구를 위한 시정조치 요구권

---

9) 계희열 (주 6), 454면; 허영 (주 6), 655면; 성낙인, 헌법학, 법문사 2023, 1307-1308면.

론·출판이 타인의 명예나 권리를 침해한 때에는 피해자는 이에 대한 피해의 배상을 청구할 수 있다고 규정함으로써, 언론기관에 대한 피해자의 손해배상청구 뿐만 아니라, 피해 복구를 위한 시정조치를 요구할 권리가 있음을 헌법적으로 확인하고 이를 보장하고 있다고 할 것이다.

29. 헌법 제21조 제4항 제2문

따라서 언론보도에 의한 피해를 입은 자가 언론기관에 접근하여 그 피해를 구제받을 권리는 이러한 헌법 제21조 제4항 제2문에 그 근거가 있다고 봐야 할 것이며, 이것을 구체화하고 있는 법률상 권리들이 민법 제764조나 언론중재법상 정정보도청구권(제14조), 반론보도청구권(제16조), 추후보도청구권(제17조) 등이라 할 수 있을 것이다.

30. 신속한 피해구제

다만 언론피해를 당한 자는 해당 언론기관에 대하여 민·형사상의 책임을 물을 수도 있겠지만, 언론기관의 고의·과실 책임을 입증하기 쉽지 않을 뿐만 아니라, 위법성 조각사유 등으로 인하여 민·형사상의 책임을 묻기도 곤란한 경우도 많고 또한 소송을 통한 구제가 상당한 시일이 걸리는 데 반하여, 언론중재법상의 피해구제제도를 통할 경우 언론기관의 고의·과실 책임 여하와 상관없이 비교적 신속한 피해구제를 받을 가능성이 있는 것이다.

31. 정정보도청구권, 반론보도청구권, 추후보도청구권

그러므로 좁은 의미의 언론기관에 대한 접근권은 이와 같이 언론기관에 의하여 피해를 입은 당사자들이 손해배상과 다양한 방식의 피해복구를 요구할 수 있는 권리라고 할 것이며, 언론중재법은 이를 정정보도청구권10), 반론보도청구권, 추후보도청구권으로 구체화하였다고 할 것이다.

32. 사영언론기업에 대한 접근권

다만 사영기업인 언론기관에 대하여 기본권으로서 언론기관에의 접근권을 어떻게 헌법이론적으로 설명할 수 있을 것인지가 문제될 수 있을 것이다. 생각건대, 헌법 제21조 제3항에서 국가가 방송·통신 및 신문기업을 제도적으로 보장하고 허가하는 것은 방송사나 신문사 사주가 자신의 영업의 자유나 혹은 언론·출판의 자유를 행사함에 있어서 그 언론기관을 사유화하여 단순한 사익추구의 수단으로 삼아, 그에 대한 개인의 자유로운 접근권을 자의적으로 선별하거나 차별할 수 있는

---

10) 헌재 2006. 6. 29, 2005헌마165 등 병합, 판례집 제18권 1집 하, 337, 403.

권한을 부여한 것이 아니다. 오히려 언론·출판의 자유와 방송 및 신문
제도의 보장은 원칙적으로 누구에게나 언론기관에 대한 공평한 접근권
을 부여함으로써 방송과 신문의 다양성과 공정성을 도모하고, 국민에게
알 권리를 보장하기 위한 것이다.

　그러므로 사영기업이라 하더라도 방송·통신이나 신문사를 포함하
는 언론기관이 국민에게 자유롭고 공평하게 접근할 수 있는 권리를 보
장할 의무는 다음에서 그 헌법적 근거를 찾을 수 있을 것이다.

　첫째, 헌법상 방송·통신 및 신문의 자유에 대한 제도적 보장(헌법
제21조 제3항)으로부터 나오는 일종의 객관적인 의무이다.

　둘째, 사영 언론기관이라 하더라도 언론·출판의 자유의 객관적 가
치질서로서의 성격11)과 그리고 헌법 제10조의 인간으로서의 존엄과 가
치나 인격권 및 제11조의 평등권의 대사인적 효력에 직·간접적으로 구
속된다고 봐야 할 것이다.

　셋째, 언론기관과 같은 사회적으로 중요한 공적 과제를 수행하는
기관은 그것이 아무리 사영기업이라 하더라도, 우리 헌법 제1조가 선언
하고 있는 공화국의 원리로부터 그 기능에 걸맞은 공적 책임이 뒤따르
게 되는 것이다.12)

　넷째, 헌법 제21조 제4항은 언론·출판이 타인의 명예나 권리, 공
중도덕이나 사회윤리를 침해해서는 안 될 뿐만 아니라, 전술하였듯이
피해자의 배상청구권도 확인하고 있는바, 입법자는 이 헌법직접적 한계
조항을 근거로 공영은 물론 사영 언론기관의 경우에도 공정보도의 의무
와 사회적 책임, 그리고 손해배상과 피해복구책임에 관해서 구체적 입
법을 할 수 있는 것이다.13)

　언론기관의 방송(신문)의 자유와 보도의 자유 그리고 일반 국민의
의사표현의 자유 및 인격권(명예권)이 서로 충돌할 경우에는 충돌하는

33. 헌법적 근
거

34. 제도적 보
장

35. 객관적 가
치질서

36. 공화국의
원리

37. 헌법직접적
한계조항

38. 실제적 조
화의 원리

---

11) 동지, 계희열 (주 6), 455면.
12) 이에 관해서는 방승주, 헌법강의 I, 박영사 2021, 123−127(특히 127)면; 방승주,
　　민주공화국 100년의 과제와 현행헌법, 헌법학연구 제25권 제2호(2019. 6),
　　137−192, 181면 참고.
13) 동지, 헌재 2006. 6. 29, 2005헌마165 등, 판례집 제18권 1집 하, 337, 376,
　　384−385, 399.

양 기본권적 법익들이 최대한 실현될 수 있도록 실제적 조화의 원리와 비례의 원칙에 따라 해결하여야 할 것이다.[14] 다만 충돌하는 양 법익들의 헌법적 근거와 관련하여 헌법해석자가 어떠한 헌법적 근거나 가치에 우위를 두느냐에 따라서 헌법해석의 결론이 달라질 수 있다.

39. 정정보도청구권

정정보도청구권에 관한 언론중재법조항의 위헌여부에 대한 심판에서 헌법재판소는 ⅰ) 정정보도청구의 요건으로 언론사의 고의·과실이나 위법성을 요하지 않도록 규정한 언론중재법 제14조 제2항, 제31조 후문이 신문사업자인 청구인들의 언론의 자유를 침해하지 않는다고 전원일치로 판단하였다. 언론중재법 제14조 제2항은 정정보도로 인하여 위축될 가능성이 있는 신문의 자유와 진실에 부합한 정정보도로 인하여 얻어지는 피해구제의 이익 간에 조화를 이루고 있다고 본 것이다.[15] 그리고 ⅱ) 정정보도청구의 소와 관련하여 가처분소송절차에 따라, 증명이 아니라 소명에 의하여 재판하도록 한 언론중재법조항(제26조 제6항 본문 전단 중 '정정보도청구' 부분)은 언론기관의 보도의 자유를 지나치게 위축시킬 수 있고 공정한 재판을 받을 권리를 침해한다는 이유로 헌법에 위반된다(위헌의견 6인)고 판단하였다.[16] 또한 ⅲ) 언론중재법 시행 전의 언론보도로 인한 정정보도청구에 대하여도 언론중재법을 소급적용하도록 한 부칙조항(제2조 중 '제14조 제2항, 제26조 제6항 본문 전단 중 정정보도청구 부분, 제31조 후문' 부분)도 진정소급입법에 해당된다고 하면서 이를 예외적으로 허용할 특단의 사정도 보이지 않는다는 이유로 소급입법금지의 원칙에 위반되어 위헌이라고 판단하였다.[17]

마. 언론기관의 자유

40. 가장 중심적인 보호영역

다음으로 언론·출판의 자유의 가장 중심적인 보호영역이라고 할

---

14) 헌재 1991. 9. 16, 89헌마165, 정기간행물의등록등에관한법률 제19조 제3항, 제16조 제3항'의 위헌여부에 관한 헌법소원, 판례집 제3권, 51.

15) 헌재 2006. 6. 29, 2005헌마165 등, 판례집 제18권 1집 하, 337, 403.

16) 헌재 2006. 6. 29, 2005헌마165 등, 판례집 제18권 1집 하, 337, 407. 김경일, 송인준, 조대현 재판관의 반대의견 있음.

17) 헌재 2006. 6. 29, 2005헌마165 등, 판례집 제18권 1집 하, 337, 408. 조대현 재판관의 반대의견 있음.

수 있는 것이 언론기관의 자유이다. 언론기관, 즉 방송·통신이나 신문
은 이 방송·통신기관이나 신문기관을 설립하여 정치, 경제, 사회, 문화
에 관한 각종 국민적 관심사를 보도하고 방송과 신문내용을 편집할 수
있는 자유를 가진다. 물론 언론기관의 설립자의 입장에서 본다면 언론
사를 자유로이 운영할 수 있는 영업의 자유도 보장되는 것은 당연하다.
다만 언론기관의 사주와 방송·신문기자 간에 보도의 자유를 둘러싸고
갈등이 벌어질 수 있기 때문에, 이러한 문제, 즉 방송과 신문의 내(부)적
자유의 문제를 어떻게 헌법적으로 풀어야 할 것인가 하는 쉽지 않은 문
제도 제기된다.

(1) 언론기관설립의 자유
1) 언론기관설립의 자유의 의의

우선 언론·출판의 자유는 언론기관을 자유로이 설립할 수 있는 언
론기관설립의 자유를 그 내용으로 한다. 이 언론기관에는 방송국과 신
문사가 있으므로 언론기관설립의 자유에는 방송국 설립의 자유와 신문
사 설립의 자유가 포함된다고 할 것이다.

41. 방송국·
신문사 설립의
자유

그런데 방송과 신문은 설립을 위한 장비나 시설, 각 매체가 가지는
국민적 여론형성에 미치는 파급효나 영향력, 매체의 특성 등 모든 부분
이 서로 다르다. 특히 방송의 경우 공중파 방송의 경우에는 주파수가 유
한하기 때문에 누구에게나 방송시설의 설립을 허가해 줄 수도 없는 한
계가 있다. 그러므로 이러한 매체가 가지는 특성에 따라서 각 언론기관
의 설립요건을 어떻게 해야 할 것인지, 허가제로 할 것인지 등록제로 할
것인지, 방송사와 신문사의 겸영과 오늘날 널리 일반화되고 있는 인터
넷신문이나 뉴스통신의 겸영을 허락할 것인지, 그리고 언론매체가 가지
는 민주주의적 기능을 고려하여 언론의 공정성과 사회적 책임을 준수할
수 있도록 하기 위하여 국가가 언론매체의 운영에 간섭하고 규제할 수
있는 가능성을 어느 정도로 두어야 할 것인지 등이 모두 다를 수 있는
것이다.

42. 방송과 신
문의 상이성

2) 언론기관설립의 자유와 제도적 보장

43. 제도적 보장과 입법위임

헌법 제21조 제3항은 통신·방송의 시설기준과 신문의 기능을 보장하기 위하여 필요한 사항은 법률로 정한다고 하여 방송·통신 및 신문의 설립 및 기능을 제도적으로 보장하는 동시에 그에 관한 내용은 입법자에게 맡기고 있다. 이것은 언론기관설립의 요건을 입법자가 구체적으로 형성할 것을 규정하고 있는 것으로서 만일 설립조건을 지나치게 까다롭게 규정하는 경우에는 언론기관설립의 자유를 침해하는 결과가 될 수도 있다.[18]

44. 공정성과 사회적 책임의 중요성

그러므로 입법자는 방송의 자유와 신문의 자유를 보장하면서도 민주주의적 여론형성과 국민의 알 권리의 실현에 있어서 언론매체가 가지는 파급력과 영향력을 고려하여 그 공정성과 사회적 책임의 중요성을 고려하여 양 법익이 최적으로 실현될 수 있도록 실제적 조화의 원리에 따라서 제도형성을 해야 할 것이다. 언론의 공정성과 사회적 책임만 강조하여 국가가 지나치게 언론기관에 개입하려 할 경우에는 방송의 자유와 신문의 자유가 과잉하게 제한될 우려가 있고, 반대로 방송의 자유와 신문의 자유만을 지나치게 보장한 나머지 언론매체가 가지는 공정성과 사회적 책임을 위한 규제가 소홀히 될 경우, 자칫 잘못하면 언론기관의 지나친 상업주의나 편향성으로 인하여 국민들의 언론기관을 통한 의사표현의 자유와 알 권리의 실현 그리고 이를 통한 자유롭고 민주적인 정치적 의사형성 자체가 소홀히 될 수도 있기 때문이다.

45. 입법자의 형성의 자유

다만 헌법 제21조 제3항은 이에 관한 규율을 입법자에게 법률로 규정하도록 위임하고 있기 때문에, 입법자는 넓은 형성의 자유를 가진다고 할 수 있다.

3) 언론기관설립의 자유의 기본권주체

46. 미성년자 제외 합헌

언론기관설립의 자유의 주체는 언론출판의 자유의 주체와 같다. 헌법재판소는 발행인과 편집인의 결격사유로 미성년자를 규정한 데 대하

---

18) 가령 헌법재판소 역시 헌재 1992. 6. 26, 90헌가23 결정에서 "해당시설을 자기 소유이어야 하는 것으로 해석하는 한 헌법 제12조 제1항, 제21조 제3항, 제37조 제2항에 위반"된다고 확인한 바 있다.

여 합헌으로 보았다.19)

4) 언론기관설립에 관한 구체화 입법

헌법 제21조 제3항의 방송·통신 및 신문제도에 관한 입법위임에
따라 제정된 법률로는 무엇보다 '신문 등의 진흥에 관한 법률(신문법)'
과 방송법을 들 수 있다.

우선 신문법은 신문 등의 발행의 자유와 독립 및 그 기능을 보장하
고 사회적 책임을 높이며 신문산업을 지원·육성함으로써 언론의 자유
신장과 민주적인 여론형성에 기여함을 목적(제1조)으로 제정되었다. 그
리하여 이 법에서 신문과 인터넷신문 또는 인터넷뉴스서비스를 전자적
으로 발행하고자 할 경우 필요한 등록요건에 대하여 상세한 규정을 두
고 있다(제9조). 그리고 대기업과 그 계열회사는 일반일간신문을 경영하
는 법인이 발행한 주식 또는 지분의 1/2을 초과하여 취득 또는 소유할
수 없도록 하고 있으며, 또한 일간신문을 경영하는 법인의 이사 중 그
상호 간에 친족관계에 있는 자가 그 총수의 1/3을 넘지 못한다고 함으
로써 대기업의 신문사에 대한 독과점 또는 신문사의 족벌경영을 제한하
고 있다(제18조).

그리고 이 법은 신문 및 인터넷신문에 대한 언론의 자유와 독립을
보장하면서도(제3조 제1항, 제2항), 이들에 대하여 인간의 존엄과 가치 및
민주적 기본질서를 존중하여야 할 의무를 부과하고 있다(제3조 제3항).
한편 신문 및 인터넷신문의 편집의 자유와 독립이 보장되며(제4조 제1
항), 신문사업자와 인터넷신문사업자는 편집인의 자율적인 편집을 보장
하여야 한다(제4조 제2항)고 명문화함으로써 전술한 신문의 내부적 자유
의 문제를 우선 편집의 자유 우호적으로 규율해 놓았다.

다음으로 방송법은 방송의 자유와 독립을 보장하고 방송의 공적 책
임을 높임으로써 시청자의 권익보호와 민주적 여론형성 및 국민문화의
향상을 도모하고 방송의 발전과 공공복리의 증진에 이바지함을 목적(제1
조)으로 규정되었다. 방송법에 따르면 지상파방송사업을 하고자 하는 자

(측주)
47. 신문법·방송법
48. 신문법의 목적, 내용
49. 신문·인터넷신문의 의무 등
50. 방송법의 목적, 내용

---

19) 헌재 2012. 4. 24, 2010헌마437, 판례집 제24권 1집 하, 171.

는 방송통신위원회(제9조 제1항), 위성방송사업을 하고자 하는 자는 과학기술정보통신부장관(동조 제2항)의 허가를 받아야 한다. 그리고 방송채널사용사업·전광판방송사업 또는 음악유선방송사업을 하고자 하는 자는 과학기술정보통신부장관에게 등록을 하여야 한다. 다만 종합편성이나 보도에 관한 전문편성을 행하는 방송채널사용사업을 하려는 자는 방송통신위원회의 승인을 받아야 하고, 상품소개와 판매에 관한 전문편성을 행하는 방송채널사용사업을 하려는 자는 과학기술정보통신부장관의 승인을 받아야 한다(동조 제5항).

51. 주식지분에 대한 소유제한 규정

한편 방송사업의 경우에는 국·공영방송과 종교방송사업자를 제외한 나머지 방송사업자에 대해서는 주식지분에 대한 40% 소유제한규정을 두고 있다. 즉 대통령령으로 정하는 특수한 관계에 있는 자(배우자, 6촌 이내의 혈족 또는 4촌 이내의 인척 등)가 소유하는 주식 또는 지분을 포함하여 지상파방송사업자 및 종합편성 또는 보도에 관한 전문편성을 행하는 방송채널사용사업자의 주식 또는 지분 총수의 40%를 초과하여 소유할 수 없다고 하는 규정이 그것이다(방송법 제8조 제2항). 한편 이 규정에도 불구하고 대기업과 그 계열회사(특수관계자를 포함) 또는 일간신문이나 뉴스통신을 경영하는 법인은 지상파방송사업자의 주식 또는 지분 총수의 10%를 초과하여 소유할 수 없으며, 종합편성 또는 보도에 관한 전문편성을 행하는 방송채널사용사업자의 주식 또는 지분 총수의 30%를 초과하여 소유할 수 없도록 더욱 엄격히 제한하고 있다(동조 제3항).

52. 시청자의 권익보호규정

방송법은 시청자의 권익보호규정(제3조)을 두고 있으며, 방송편성의 자유와 독립을 보장함으로써(제4조), 역시 전술한 방송 내부적 자유의 문제를 입법적으로 해결해 놓고 있다. 그리고 방송에 대해서도 인간의 존엄과 가치 및 민주적 기본질서를 존중해야 할 공적 책임(제5조)과 또한 공정하고 객관적인 보도를 할 의무(제6조)를 부과하고 있는 것은 신문법에 있어서와 마찬가지이다.

5) 관련 헌법재판소 판례

53. 일간신문· 방송사업 겸영 금지 합헌

헌법재판소는 일간신문과 뉴스통신이나 방송사업을 겸영하지 못하도록 하고 있는 구 신문법 제15조 제2항은 청구인들의 신문의 자유를

침해하지 않는다고 보았다.[20]

다만 일간신문사 지배주주의 뉴스통신사 또는 다른 일간신문사 주식·지분의 소유·취득을 제한하는 동법 제15조 제3항은 신문사업자인 청구인들의 신문의 자유를 침해한다고 하면서 입법자가 개정할 때까지 잠정적으로 계속적용을 명하는 헌법불합치결정을 선고하였다.[21]

그리고 이 결정에서 시장지배적 사업자의 기준을 1개 일간신문사의 시장점유율 30%, 3개 일간신문사의 시장점유율 60% 이상인 자로 함으로써 공정거래법보다 더 쉽게 시장지배적 사업자로 추정되도록 한 동법 제17조도 신문사업자인 청구인들의 신문의 자유와 평등권을 침해하여 위헌이라고 판단하였다.[22]

(2) 언론기관의 자유

1) 언론기관의 자유의 유형

언론기관의 자유에는 크게 신문의 자유와 방송의 자유가 있다.

방송의 자유는 방송시설을 통하여 뉴스와 시사, 교양, 연예, 오락, 영화 등 각종 방송프로그램을 제작, 편집, 보도, 송출을 함으로써 국민들에게 알 권리를 충족시키고 여론을 형성할 수 있는 자유이며, 여기에는 방송사의 경영을 위하여 광고방송을 할 자유도 포함된다고 할 것이나, 다만 일반 방송과 광고방송의 보호의 정도는 달리 할 수 있을 것이다. 방송의 자유는 주관적 권리, 즉 대국가적 방어권으로서의 측면과 함께, 제도적 보장 내지 객관적 가치질서로서의 측면의 2중적 성격을 가진다.[23]

54. 일간신문의 뉴스통신사 등 겸영제한 헙법불합치

55. 시장지배적 사업자 추정규정 위헌

56. 신문·방송의 자유
57. 방송의 자유

---

20) 헌재 2006. 6. 29, 2005헌마165, 판례집 제18권 1집 하, 337, 343. 이에 대해서는 권성, 김효종, 조대현 재판관의 반대의견(위헌)이 있음.
21) 헌재 2006. 6. 29, 2005헌마165, 판례집 제18권 1집 하, 337, 343-344.
22) 헌재 2006. 6. 29, 2005헌마165, 판례집 제18권 1집 하, 337, 345. 주선회, 이공현 재판관의 반대의견 있음.
23) 동지, 헌재 2003. 12. 18, 2002헌바49, 방송법 제74조 위헌소원, 판례집 제15권 2집 하, 502; 이은애, 방송법 제74조 위헌소원, 헌법재판소결정해설집(2003년), 헌법재판소 2004, 803-837, 817면.

판례 **방송법 제74조 위헌소원**

　방송의 자유는 주관적 권리로서의 성격과 함께 자유로운 의견형성이나 여론형성을 위해 필수적인 기능을 행하는 객관적 규범질서로서 제도적 보장의 성격을 함께 가진다.

　이러한 방송의 자유의 보호영역에는, 단지 국가의 간섭을 배제함으로써 성취될 수 있는 방송프로그램에 의한 의견 및 정보를 표현, 전파하는 주관적인 자유권 영역 외에 그 자체만으로 실현될 수 없고 그 실현과 행사를 위해 실체적, 조직적, 절차적 형성 및 구체화를 필요로 하는 객관적 규범질서의 영역이 존재하며, 더욱이 방송매체의 특수성을 고려하면 방송의 기능을 보장하기 위한 규율의 필요성은 신문 등 다른 언론매체보다 높다. 그러므로 입법자는 자유민주주의를 기본원리로 하는 헌법의 요청에 따라 국민의 다양한 의견을 반영하고 국가권력이나 사회세력으로부터 독립된 방송을 실현할 수 있도록 광범위한 입법형성재량을 갖고 방송체제의 선택을 비롯하여, 방송의 설립 및 운영에 관한 조직적, 절차적 규율과 방송운영주체의 지위에 관하여 실체적인 규율을 행할 수 있다.

　입법자가 방송법제의 형성을 통하여 민영방송을 허용하는 경우 민영방송사업자는 그 방송법제에서 기대되는 방송의 기능을 보장받으며 형성된 법률에 의해 주어진 범위 내에서 주관적 권리를 가지고 헌법적 보호를 받는다.

　(헌재 2003. 12. 18, 2002헌바49, 판례집 제15권 2집 하, 502 [합헌])

58. 신문의 자유

　신문의 자유는 지면인쇄를 통하여 뉴스와 논평, 시사, 교양, 연예, 오락 등의 내용을 편집하여 보급함으로써 국민에게 알 권리를 충족시키고 국민의 의사와 여론을 형성할 수 있는 자유라고 할 수 있다. 신문의 자유에도 역시 신문의 경영을 위하여 광고를 할 자유도 포함되나 그 보호의 정도는 달리 할 수 있을 것이다.

59. 방송·통신융합, IPTV

　또한 오늘날 인터넷 등 정보통신기술이 발달함에 따라서 차츰 방송과 통신이 융합되고 있으며, 또한 방송사 역시 인터넷 디지털 방송과 신문에 참여할 수 있을 뿐만 아니라, 신문 역시 지면인쇄 없이 인터넷을 통한 신문보도와 방송 송출만 하는 것도 기술적으로는 얼마든지 가능한 상황이다. 그리고 과거 종합유선방송24)에 이어서 오늘날 인터넷 멀티미디어 방송(IPTV: Internet Protocol Television)(인터넷 멀티미디어 방송사업법 제2

조 제1호)의 경우 굳이 지상파를 이용하지 않고서도 방송이 가능하기 때문에, 종래와 같은 지상파 방송과 같은 주파수의 제한성은 방송·통신기술의 발달에 따라 상당부분 상대화되고 있는 것으로 보인다. 그러므로 이러한 사실상황의 변화가 방송설립의 자유에 대한 규제 필요성에 어느 정도로 영향을 미칠 수 있을 것인지에 대하여 다각적으로 검토하여, 방송의 자유를 더욱 신장하면서도 동시에 방송의 공공적 책임을 강화시킬 수 있는 제도적 방안을 마련하고 개선해 나가야 할 책임은 입법자에게 있다고 할 것이다.

2) 언론기관의 자유의 기본권주체: 공법인의 기본권주체성

국·공영방송의 경우 이는 일종의 국가기관이나 지방자치단체 또는 공공단체에 의하여 설립된 것으로서 보통 출자지분의 50%이상이 국가나 지방자치단체 또는 공사 등에 의하여 출연된 방송사25)의 경우 국·공영이라 할 수 있을 것이다.

60. 국·공영 방송

이러한 국·공영기관의 경우 국가기관의 '연장된 팔'이라고 할 수 있으므로 원칙적으로 기본권의 주체가 아니라 기본권의 수범자라고 할 수 있다.

61. 국가기관의 '연장된 팔'

그러나 대학이나 방송과 같이 애당초 국민의 자유영역에 뿌리를 두고 기본권의 실현에 기여할 수 있는 그러한 기관의 경우 비록 국·공립이라 하더라도 예외적으로 기본권의 주체가 될 수 있다고 봐야 할 것이다.26)

62. 예외적인 '공업인의 기본권 주체성'

우리 헌법재판소 역시 강원대학교 법학전문대학원 사례의 경우 기본권주체성을 인정하여 그의 헌법소원심판청구가 적법하다고 봤으며27), 한국방송(KBS)이나 문화방송(MBC)28)과 같은 공영방송의 경우에도 역시

63. 문화방송 사례

---

24) 헌재 2001. 5. 31, 2000헌바43 등, 구 유선방송관리법 제22조 제2항 제6호 중 제11조 제1항 제1호 부분위헌소원, 판례집 제13권 1집, 1167.

25) 가령 공법상 재단법인이 최다출자자(방송문화진흥회)인 주식회사 문화방송에게 기본권주체성을 인정한 사례로 헌재 2013. 9. 26, 2012헌마271, 판례집 제25권 2집 하, 68. 결정요지 1. 참조.

26) 이에 관해서는 제1장, 제3절, II, 2, 나, (2) 참조.

27) 헌재 2015. 12. 23, 2014헌마1149, 판례집 제27권 2집 하, 710 [인용(위헌확인), 인용(취소)].

28) 헌재 2007. 11. 29, 2004헌마290, 판례집 제19권 2집, 611.; 헌재 2013. 9. 26, 2012

기본권주체성이 인정되어 그들이 언론·출판의 자유, 방송과 보도의 자유의 주체가 될 수 있다고 할 것이다. 다만 국·공영 방송의 경우 그것이 동시에 국가의 '연장된 팔'이라고 할 수 있으며, 또한 국민의 세금으로 운영된다고 하는 측면에서 민영방송보다 더 많은 공공성과 공적 책임을 질 수밖에 없다고 봐야 할 것이고, 그러한 의미에서 운영의 상당부분을 기업에 대한 광고에 의존하는 일반 민영방송보다는 그 방송프로그램의 공공성에 대한 요구가 더욱 높아 질 수 있으며, 따라서 시청자와 국민이 적극적으로 참여하여 방송의 공공성을 통제할 수 있는 공적 규제의 가능성이 보다 많이 보장되어야 할 것이다.

3) 언론기관의 자유의 내용

64. 세부적 자유

언론기관의 자유는 다음과 같은 자유들을 내용으로 한다.

i) 보도의 자유

65. 정의

보도의 자유라 함은 언론기관이 출판물이나 방송·통신 등 매체를 통해 사실에 대한 소식과 평가적 의사를 전달함으로써 여론형성에 참여할 수 있는 자유를 말한다.

66. 종류

보도의 자유는 출판물에 의한 보도의 자유와 방송·통신 등 매체를 통한 보도의 자유로 나누어 볼 수 있다.

67. 출판물에 의한 보도의 자유

출판물에 의한 보도의 자유는 신문, 잡지 등 출판물에 의하여 사실에 관하여 전달하고 논평할 수 있는 자유이다. 그리고 이와 같은 내용의 활동을 전파매체나 인터넷 등 방송이나 뉴미디어에 의하여 할 수 있는 자유 역시 언론·출판의 자유에 의하여 보장된다고 볼 수 있다.

68. 편집·편성의 자유

이러한 보도의 자유에는 편집·편성의 자유가 포함된다고 할 수 있을 것이다. 신문이나 방송이 어떠한 내용을 어떻게 편집 또는 편성하여 보도할 것인지를 자유롭게 결정할 수 있을 때 비로소 보도의 자유가 제대로 보장될 수 있을 것이기 때문이다.

69. 허가·검열의 금지

이러한 보도의 자유는 신문이나 방송 등 언론기관의 보도내용에 대

헌마271, 판례집 제25권 2집 하, 68.

한 국가적 간섭으로부터의 자유를 주된 내용으로 한다고 할 수 있다. 특히 언론·출판에 대한 허가나 검열은 금지된다(헌법 제21조 제2항).

그리고 사실과 다른 허위보도도 이러한 보도의 자유에 포함될 것인가가 문제될 수 있으나, 허위보도는 원칙적으로 언론·출판의 자유에 의해서 보호될 수 없다고 보아야 할 것이다.[29] 왜냐하면 언론기관은 진실한 사실에 대한 올바른 전달을 통해서 국민이 정치적 의사형성을 올바르게 할 수 있도록 도움을 줘야 하는 공적 책임을 지는 기관이기 때문이다. 따라서 언론기관이 진실이라고 믿을 만한 정당한 사유가 없이 또는 의식적으로 허위로 보도하는 것은 보도의 자유에 의하여 보호되지 않는다.

> 판례 신속한 보도를 생명으로 하는 신문의 속성상 허위를 진실한 것으로 믿고서 한 명예훼손적 표현에 정당성을 인정할 수 있거나, 중요한 내용이 아닌 사소한 부분에 대한 허위보도는 모두 형사제재의 위협으로부터 자유로워야 한다. 시간과 싸우는 신문보도에 오류를 수반하는 표현은, 사상과 의견에 대한 아무런 제한 없는 자유로운 표현을 보장하는 데 따른 불가피한 결과이고 이러한 표현도 자유토론과 진실확인에 필요한 것이므로 함께 보호되어야 하기 때문이다. 그러나 허위라는 것을 알거나 진실이라고 믿을 수 있는 정당한 이유가 없는데도 진위를 알아보지 않고 게재한 허위보도에 대하여는 면책을 주장할 수 없다.
> (헌재 1999. 6. 24, 97헌마265, 판례집 제11권 1집, 768, 768-769.)

ii) 취재의 자유

취재의 자유라 함은 언론기관이 어떠한 사실에 관하여 독자나 시청자에게 전달하기 위하여 취재원으로부터 정보를 획득할 수 있는 자유를 말한다.

취재의 자유가 제대로 보장될 수 있으려면 취재원묵비권이 인정되지 않으면 안 된다고 하는 견해가 주장되고 있다.[30] 취재원묵비권(취재원비닉권)이라 함은 "언론매체의 종사자로서 일정한 정보를 수집한 자가

70. 허위보도의 원칙적 배제

71. 취재의 자유의 정의

72. 취재원묵비권

---

29) 허영 (주 6), 650면.
30) 허영 (주 6), 650-651면.

자신이 수집한 정보의 출처를 비밀로 할 수 있는 권리 또는 검찰의 수
사과정이나 재판과정에서 이에 대한 증언을 요구받았을 때 이를 거부할
수 있는 권리"[31]를 말한다.

iii) 보급의 자유

73. 보급의 자
유의 정의

보급의 자유라 함은 언론기관이 발행한 출판물이나 방송통신 등의
내용을 독자나 시청자에게 널리 배포하고 전파할 수 있는 자유를 말한
다. 따라서 신문보급 내지 배포에 대한 국가의 간섭은 신문의 자유에 대
한 중대한 침해가 된다. 이러한 의미에서 신문의 공동배달 등을 위해서
설립하는 신문유통원이 오히려 신문보급의 자유를 제약하는 요인이 되
지 않도록 주의할 필요가 있다.[32]

74. 신문기업의
존립과 관련

신문의 제작 배포 및 보급의 전 과정에 국가가 어떠한 형태로든 개
입하여 방해하는 것은 금지되는데, 이러한 전 과정은 신문기업의 존립
과도 밀접한 관련이 있는 것이다.

75. 광고도 보
호대상

신문기업의 존립의 보장과 관련하여 제기되는 중요한 문제는 광고
의 문제이다. 신문의 광고는 오늘날 신문의 재정에 있어서 가장 중요한
원천이라고 할 수 있다. 학설[33]과 판례[34]는 이러한 광고가 언론출판의
자유에 의해서 보호되는 대상으로 이해하고 있다.

iv) 방송 · 출간시기의 결정, 편집활동 등의 자유

76. 방송 · 신
문 편집의 자유

방송과 신문을 언제 어떠한 방식으로 송출, 출간할 것인지 그리고
방송프로그램과 신문의 내용을 어떻게 편집할 것인지 등에 대하여 결정
하는 것 역시 방송과 신문의 자유에 포함된다고 볼 수 있다.[35]

(3) 언론기관의 특권

77. 구 체 적 ·
개별적 심사 필
요

현대 민주국가에서 국민이 자신의 정치적 의사를 형성하기 위한 대

---

31) 계희열 (주 6), 445면.
32) 허영 (주 6), 651면.
33) 계희열 (주 6), 443면.
34) 헌재 2005. 10. 27, 2003헌가3, 판례집 제17권, 189.
35) 권영성 (주 6), 507－508면.

부분의 정보는 언론기관으로부터 얻는다. 따라서 언론기관의 보도의 자유가 없이는 결코 정치적 의사와 여론이 공정하고 자유롭게 형성될 수 없다. 그러므로 민주주의에 있어서 국민의 정치적 의사와 여론의 형성을 매개하는 언론의 기능과 중요성에 비추어 언론기관에게는 일정한 특권이 부여될 수 있다.36) 다만 언론기관에게 이러한 특권을 부여함에 있어서는 언론에 의하여 피해를 입을 수 있는 당사자들의 인격권이나 명예권의 보호도 동시에 존중되어야 하기 때문에, 양 법익이 최적으로 실현될 수 있는 접점을 찾아야 한다. 따라서 이 특권에 해당된다고 할 수 있는 쟁점들에 대해서는 그와 관련된 구체적인 헌법소원심판이 청구될 경우 구체적·개별적으로 심사하고 검토해 보아야 할 필요가 있다.

언론기관의 공공적 기능을 위한 특권들로서 언급되고 있는 것으로는 국가기관에 대한 정보청구권, 허위보도의 경우에 상당한 이유가 있는 때에는 형사상 면책특권, 명예훼손의 보도도 내용이 진실이며 공공의 이익을 위한 것일 때에는 형사상의 처벌을 면제받는 특권(형법 제310조), 언론기관종사자들의 증언거부특권(취재원묵비권) 등이 있다.37)

특히 이 취재원묵비권의 인정여부에 관해서는 학설이 갈리는데, 인정설로는 "취재의 자유에는 취재원묵비권이 당연히 포함된다고 보아야 한다. 취재원을 밝히지 아니할 권리는 신문의 진실보도·사실보도 및 공정보도를 위한 불가결한 전제조건이기 때문이다. 취재원묵비권이 인정되지 않는 경우 취재원의 봉쇄효과를 가져오게 되어 신문이 진실보도의 공적 기능을 수행하기 어렵게 된다."는 견해38), 부정설로서는 "증언거부(취재원묵비권)에 대해서는 국내외의 통설이 언론기관의 공공적 기능에도 불구하고 이를 인정하지 않고 있다."고 하는 간단한 입장표명39)과, 중립설로서 "보통 편집의 자유는 보장되지만 증언거부권은 인정될 수 없다고 본다."40)고 하면서도 "취재원비닉권(取才源秘匿權)을 인정하지 않

78. 특권으로 거론되는 내용들

79. 취재원묵비권에 관한 학설

---

36) 계희열 (주 6), 441면.
37) 계희열 (주 6), 441면.
38) 허영 (주 6), 651면.
39) 권영성 (주 6), 507면. 그러면서도 충돌하는 법익에 대한 비교형량 필요성에 관한 일본 및 미국 판례에 대해서는 그곳 각주 1) 참조.
40) 계희열 (주 6), 441면.

는 경우 정보의 제공자는 자신의 신분이 노출될 경우 예상되는 일정한 보복이나 불이익 등으로 인해 정보의 제공을 기피하게 될 것이고, 인정하는 경우 재판의 공정성 확보라는 또 다른 헌법적 가치와 상충될 수 있고 경우에 따라서는 남용의 위험이 있다."41)고 하는 견해를 들 수 있다.

80. 사법부의 견해

각국 헌법재판소나 대법원의 입장을 간단히 살펴본다면, 독일 연방헌법재판소의 경우 취재원묵비권은 자유신문제도의 불가결의 요소42)라고 하는 데 반하여 미국 연방대법원은 케이스 바이 케이스로 취재원의 공개와 비공개를 사안에 따라 비교·형량하여 결정하고 있고, 일본 최고재판소는 과거에는 부정적이었으나 최근에는 소극적 긍정설 쪽으로 바뀌고 있다고 한다.43)

81. 헌재의 입장

우리 헌법재판소 판례에서 취재원묵비권에 관한 직접적인 언급은 아직 보이지 않고 있으나, 공적 인물의 활동에 관한 신문보도가 명예훼손적 표현을 담고 있는 경우 언론의 자유와 명예권의 충돌을 어떻게 조정해야 할 것인지 그리고 공적 인물의 공적 활동에 관한 명예훼손적 표현이 문제된 경우 형법 제310조의 위법성 조각사유 규정을 어떻게 해석해야 할 것인지와 관련해서 신속한 보도의 필요성에 우월적 입장을 밝힌 강원일보사건44)이 존재한다.

82. 신속한 보도를 생명으로 하는 신문의 명예훼손적 표현

이 판례에서 헌법재판소는 신속한 보도를 생명으로 하는 신문의 속성상 허위를 진실한 것으로 믿고서 한 명예훼손적 표현에 정당성을 인정할 수 있거나, 중요한 내용이 아닌 사소한 부분에 대한 허위보도는 모두 형사제재의 위협으로부터 자유로워야 한다고 보았다. 또한 명예훼손죄규정의 해석기준과 관련하여 "첫째, 명예훼손적 표현이 진실한 사실이라는 입증이 없어도 행위자가 진실한 것으로 오인하고 행위를 한 경우, 그 오인에 정당한 이유가 있는 때에는 명예훼손죄는 성립되지 않는 것으로 해석하여야 한다. 둘째, 형법 제310조 소정의 "오로지 공공의 이

---

41) 계희열 (주 6), 445면 이하.
42) BVerfGE 10, 162 등을 인용하며, 계희열 (주 6), 445면 각주 90 참조.
43) 이에 대하여는 계희열 (주 6), 445면 각주 90과 그곳에서 인용된 장석권, 팽원순, 성낙인의 논문과 관련 판례들 참조.
44) 헌재 1999. 6. 24, 97헌마265, 판례집 제11권 1집, 768.

익에 관한 때에"라는 요건은 언론의 자유를 보장한다는 관점에서 그 적용범위를 넓혀야 한다. 셋째, 형법 제309조 소정의 "비방할 목적"은 그 폭을 좁히는 제한된 해석이 필요하다. 법관은 엄격한 증거로써 입증이 되는 경우에 한하여 행위자의 비방 목적을 인정하여야 한다."고 하는 기준을 제시하였다.[45]

(4) 언론기관의 책임

언론의 책임과 의무와 관련해서 방송법과 신문법은 자세한 규정을 두고 있다. 우선 방송법은 방송편성의 자유와 독립(제4조), 방송의 공적 책임(제5조), 방송의 공정성과 공익성(제6조)에 관하여 규정하고 있다. 신문법 역시 신문 등의 자유와 책임(제3조), 편집의 자유와 독립(제4조), 독자의 권리보호(제6조), 불공정거래행위의 금지 등(제7조), 연수에 대한 지원(제8조)에 대하여 규정하고 있다. 이러한 규정들은 전술하였듯이 헌법 제21조 제4항의 언론·출판의 자유의 헌법직접적 한계를 구체화한 규정들이라 할 수 있다.

83. 언론의 책임과 의무

(5) 언론기관 내부적 자유

언론기관의 내부적 자유로서 편집·편성의 자유가 문제된다. 그 핵심은 신문기업 또는 방송기관 내부에서 기자의 편집권이 언론의 자유의 한 내용으로서 보장되는가 하는 것이다. 다시 말해서 기자들이 어떠한 사실에 관하여 취재하여 편집하고 보도하는 과정에서 발행인이나 경영권자가 그 편집이나 보도 내용에 대하여 간섭하고 개입할 수 있을 것인가 하는 문제이다.[46]

84. 언론인의 편집과 보도의 자유

생각건대, 편집권에 대한 경영권의 간섭이나 개입은 보통 국가기관이나 또는 광고주의 특별한 지시나 지침이 있을 경우나 혹은 그러한 지시나 지침이 없었다 하더라도, 경영권이 사실상 자체적으로 보도 내용에 대하여 사전 검열을 하여, 정계나 재계 권력자의 비위에 거슬릴 만한

85. 국가뿐 아니라 경영권으로부터의 편집의 자유 중요

---

45) 헌재 1999. 6. 24, 97헌마265, 판례집 제11권 1집, 768, 결정요지 2. 참조.
46) 계희열 (주 6), 446면 이하.

내용의 보도를 사전에 금지하거나 핵심내용을 완화시키고자 하는 때에
이루어질 수 있을 것이다. 결국 이는 언론권력이 정계나 재계와 유착함
으로써 언론의 권력에 대한 비판과 감시기능을 제대로 하지 못하게 할
뿐만 아니라, 국민의 알 권리와 제대로 된 정치적 의사와 여론형성에도
방해가 될 소지가 상당히 크다고 여겨진다. 그러므로 언론이 정치권력
이나 재계와 유착하지 않도록 하려면 기자들의 편집권은 국가로부터 뿐
만 아니라, 경영권으로부터도 제대로 독립되어야 한다고 할 수 있을 것
이다.

86. 경영권자의
입장

그러나 이에 대해서 다른 한편 경영권자의 입장에서는 신문기업의
일정한 정치적 이념을 추구하고 또한 신문기업의 이윤을 추구하기 위해
서 일정한 내용의 기사나 보도내용의 삭제나 변경을 요구할 수 있어야
되는 것 아닌가 하는 이의가 제기될 수 있다.

87. 간접적 제3
자효설

이 방송이나 신문의 내적 자유와 관련하여 기본권의 간접적 제3자
효설로 해결하고자 하는 입장이 있다. 즉 언론출판사주 내지는 발행인
과 편집인간의 기본권적 법익의 충돌의 문제라고 보면서 언론·출판의
자유의 객관적 질서로서의 성질상 내부적 자유가 지나치게 제한되어서
는 안 될 것이며 간접적 제3자효의 방식으로 해결할 수 있을 견해[47]가
그것이다.

88. 내부문제설

이에 대하여 언론기관 내부에서 발행인과 편집인 간의 관계를 제3
자로 보는 것은 적절하지 않다고 하는 비판도 제기된다.[48] 즉 "편집권
이나 경영권은 모두 하나의 신문기업의 내부문제이고, 경영권이 편집권
의 제3자가 아니기 때문이다. 신문기업 내에서의 분업을 이유로 이를
주장할 수도 없다. 결국 발행인의 출판의 자유를 보장하면서 신문기업
내에서 편집인의 언론인의 지위를 확보하여 주는 일은 입법자의 과제이
다."라는 것이 그것이다.[49]

89. 사견

생각건대, 언론사 내부적인 업무와 과제의 분배차원에서 나누어지

---

47) 권영성 (주 6), 508면.
48) 계희열 (주 6), 447면.
49) 자세한 것은 계희열 (주 6), 446면 이하; 박용상, 표현의 자유, 현암사 2002, 722면
    이하 참조.

는 발행인과 편집인의 관계를 제3자의 관계로 보는 것은 적절치 않다고
보는 후자의 견해가 옳지 않은가 생각된다. 특히 방송은 물론 신문 역시
모두 하나의 법인격으로서 발행인과 편집인은 내부적 기관에 불과하고
대외적으로는 한 기관이기 때문이다.

그리고 민주적 여론의 형성이라는 관점에서 그리고 방송·신문의 90. 방송·신
문의 공적 임무
공적 임무를 고려할 때 방송과 신문의 내부적 자유가 보장되어야 한다
는 견해가 타당하다고 생각된다.[50] 다만 이 견해는 경영권에 책임을 진
사주가 방송프로그램이나 신문의 편집에 대해서 전혀 아무런 간섭을 할
수 없다고 하는 것도 문제가 될 수 있다고 하면서 언론사의 사시에 부
합하는 편집방향을 제시하고 이에 맞는 인사권을 행사할 수는 있어야
된다고 보고 있는바[51], 사주나 발행인이 직원인 편집인에 대하여 전혀
아무런 영향력을 미칠 수 없다면 그것은 방송이나 신문이 가지고 있는
일정한 사시나 경향을 유지할 수도 없다는 것을 의미하는 것이기 때문
에 어느 정도 타당한 지적이라고 생각된다. 이러한 모든 사항은 결국 방
송·통신과 신문제도에 관해서 구체화할 수 있는 입법자의 형성의 자유
에 맡겨져 있다고 할 것이다.

Ⅳ. 언론·출판의 자유의 한계와 제한

1. 언론·출판의 자유의 한계와 제한체계

헌법 제21조 제4항은 언론·출판의 자유를 타인의 명예나 권리 또 91. 헌법직접적
한계
는 공중도덕이나 사회윤리를 해하지 않는 범위 내에서 보장하고 있다.
따라서 이것은 언론·출판의 자유의 한계를 헌법이 직접적으로 규정하
고 있는 사례이다. 언론·출판을 통해서 타인의 명예나 권리, 즉 명예권
이나 인격권 등을 침해하는 것은 헌법적으로 보호되지 않는다는 것이
다. 뿐만 아니라 공중도덕이나 사회윤리를 침해하는 언론·출판의 경우
도 역시 우리 헌법 제21조가 보장하고 있는 언론·출판의 자유에 의하

---

50) 계희열 (주 6), 448면.
51) 계희열 (주 6), 448면.

여 보호되지 않는다.

92. 헌법직접적 한계와 일반적 법률유보와의 관계

그러면 이러한 헌법직접적 한계와 헌법 제37조 제2항은 어떠한 관계를 갖는가가 문제된다. 헌법 제37조 제2항의 일반적 법률유보는 기본권의 행사는 절대적일 수는 없고, 다른 헌법적 법익의 보호를 위하여 제한이 가해질 수 있다고 하는 것을 명문으로 확인한 규정이다. 따라서 이것은 일반적인 내용이고, 구체적으로 언론·출판의 자유의 한계를 규정하고 있는 것은 헌법 제21조 제4항이라고 할 수 있다. 그러므로 입법자는 특별히 타인의 명예와 인격권 등의 보호를 위하여 그리고 공중도덕이나 사회윤리의 침해를 방지하기 위하여 언론·출판의 자유를 제한하는 법률을 규정할 수 있다고 할 것이다. 그밖에 국가안전보장·질서유지·공공복리를 이유로 제한이 가능하지만 이 경우에도 언론·출판의 자유의 본질적인 내용은 침해할 수 없으며(헌법 제37조 제2항), 본질적인 내용의 마지노선은 언론·출판에 대한 허가나 검열의 금지(헌법 제21조 제2항)이다.

93. 타인의 명예·권리·공중도덕·사회윤리를 침해하는 언론·출판의 보호영역 포함 여부

타인의 명예나 권리와 공중도덕이나 사회윤리를 침해하는 언론·출판이 제21조 제1항의 언론·출판의 자유의 보호영역에 포함될 것인지의 문제는 논란이 있을 수 있으나, 일단 포함된다고 보고서 다만 그러한 내용의 언론·출판은 제21조 제4항에 따라서 입법자에 의하여 제한될 수 있다고 보아야 할 것이다.[52] 혹 헌법 제21조 제1항의 보호영역에 포함되지 않는 것으로 보는 경우에는 적어도 제10조 후단의 일반적 행동의 자유로서의 행복추구권의 보호영역 하에 포함시켜서 보호될 수 있는지 여부를 검토해야 할 것이다. 물론 이 경우에도 역시 헌법 제37조 제2항에 따라 국가안전보장·질서유지·공공복리를 위하여 필요한 경우에

---

52) 이에 관해서는 제3절, I, 4. 제5절, IV, 1, 나, (1). 제12절, V. 2, 다. 헌재 2009. 5. 28, 2006헌바109, 판례집 제21권 1집, 545, 결정요지 2. - '음란'과 헌법상 표현의 자유의 보호영역(558-560). 방승주, 직업선택의 자유, 헌법논총 제9집(1998), 211-275, 233면 각주 67. 이와 관련한 논의로 윤정인, 자유권 보호영역의 범위와 한계, 고려대 대학원 박사학위논문, 2012. 12. 80면 이하. 이문한, 가짜뉴스 등 허위사실 표현에 대한 형사적 규제와 그 헌법적 한계 - 실무적용사례 분석을 중심으로, 한양대 대학원 박사학위논문, 2020. 2. 39면 이하와 각각 그곳에서 인용된 문헌들 참조.

한하여 법률로써 제한하는 것은 가능하다고 할 것이다.

한편 대통령은 전시·사변 또는 이에 준하는 국가비상사태에 있어서 병력으로써 군사상의 필요에 응하거나 공공의 안녕질서를 유지할 필요가 있을 때에 법률이 정하는 바에 의하여 계엄을 선포할 수 있는데, 이 계엄에는 비상계엄과 경비계엄이 있으며, 비상계엄이 선포된 때에는 법률이 정하는 바에 의하여 언론·출판·집회·결사의 자유 등에 관하여 특별한 조치를 할 수 있다(헌법 제77조 제3항). 그러나 이 조항은 차후 헌법개정의 기회가 있을 때 개정되어야 할 것이라고 생각된다. 왜냐하면 국가긴급사태에서라 하더라도 정치적 자유권이 보장되어야만 긴급권의 남용에 대해서 국민이 알고 이에 대하여 비판함으로써 통제할 수 있게 될 것이기 때문이다.53)

94. 국가비상사태시 특별한 조치 가능

2. 언론·출판의 자유의 제한

가. 제한법률과 형성법률(제도적 보장)의 구분

헌법 제21조 제1항은 언론·출판의 자유를 보장하며 그 보호영역은 전술하였듯이 의사표현의 자유, 사실전달의 자유, 알 권리, 언론기관에의 접근권, 언론기관의 자유(신문·방송의 자유, 취재, 보도, 보급, 송출의 자유 등)가 모두 포함된다. 언론·출판이 타인의 명예나 권리, 공중도덕이나 사회윤리를 침해해서는 안 된다고 하는 헌법직접적 한계(헌법유보)를 근거로 입법자는 언론·출판의 자유의 한계를 구체화하는 법률을 제정할 수 있으며, 그러한 구체화 과정에서 언론·출판의 자유, 특히 언론기관의 자유는 불가피하게 제한될 수 있다. 그리고 헌법 제37조 제2항의 일반적 법률유보조항을 근거로 해서는 국가안전보장을 위해서 알 권리 등이 제한될 수 있다.

95. 언론·출판의 자유의 한계·제한체계

아무튼 헌법 제21조 제1항에 의하여 보장되는 언론·출판의 자유의 보호영역에 해당되는 국민의 행위에 대하여 금지, 방해, 부담 등의 제약을 초래하는 모든 공권력의 행사는 언론·출판의 자유에 대한 제한

96. 언론·출판의 자유에 대한 제한의 의미

---

53) 방승주 (주 12), 417면.

이 될 수 있다. 이러한 제한이 헌법적으로 정당화될 수 없을 경우에는 위헌적인 언론·출판의 자유에 대한 침해가 될 것이므로, 그 정당화 여부를 헌법 제21조 제2항 및 제4항과 헌법 제37조 제2항의 제 원칙과 목적에 비추어 심사하여야 한다.

97. 제한법률과 형성법률의 구분

여기에서 과연 제한법률과 형성법률을 구분할 수 있을 것인지의 문제가 제기된다. 즉, 방송·통신의 설립기준과 신문의 기능에 대해서는 입법자가 법률로 그에 관하여 제도적 보장을 잘 해야 하는 것이기 때문에, 그러한 제도적 보장 차원에서 입법자가 형성한 법률의 경우에, 제한법률과는 달리 어떠한 기본권 제약에 대해서도 정당화가 필요 없을 것인지 하는 문제이다. 이에 관해서 헌법재판소는 방송법 제74조의 위헌소원에서 그와 같은 논리로 판시를 하여 합헌선언을 하였으므로, 아래 항에서 먼저 그 내용을 살펴본 후 결론을 내려 보기로 한다.

나. 형성법률의 위헌여부에 대한 심사기준

98. 협찬고지에 대한 규제와 입법형성의 자유

헌법재판소는 방송법 제74조 위헌소원심판에서 협찬고지에 대한 규제와 관련하여 다음과 같이 판시하였다.

> 판례 방송사업자의 주관적 권리로서 방송운영의 자유는 이를 허용하는 형성법률에 의해 비로소 그 형성된 기준에 따라 성립되는 것이므로 이러한 형성법률에 대한 위헌성 판단은 기본권 제한의 한계 규정인 헌법 제37조 제2항에 따른 과잉금지 내지 비례의 원칙의 적용을 받는 것이 아니라, 그러한 형성법률이 그 재량의 한계인 자유민주주의 등 헌법상의 기본원리를 지키면서 방송의 자유의 실질적 보장에 기여하는지 여부에 따라 판단된다.
>
> 이 사건 법률조항은 여타의 법익을 위한 방송의 자유에 대한 제한이 아니라 방송사업의 운영을 규율하는 형성법률로서, 협찬고지를 민영방송사업의 운영에 필수적인 재원조달수단의 하나로 보장하는 한편 그 허용범위를 제한함으로써 방만한 협찬에 의하여 협찬주 등의 사적 이익이 방송프로그램 제작과정에 부당한 영향력을 행사하여 방송프로그램의 상업성을 부채질하거나 방송편성의 자유와 독립을 해할 우려를 방지하고, 방송광고로서 금지 내지 규제되는 사항을 우회적으로 달성하거나 한국방송광고공사를 통한 위탁광고제도를 비켜가는 등의 수단으로 협찬고지를 이용하는 것을 방지할 목적으로 입법된 것임은 앞

서 본 바와 같다. 또 위 조항은 방송사업자뿐 아니라 시청자 및 방송관련종사
자 등 각 이해관계를 고려하여 헌법상 방송의 자유를 실질적으로 보장하기 위
하여 필요한 규제이며, 그것이 방송의 자유의 객관적 보장영역으로서 필수적
요소인 민영방송사업의 수익성을 부인할 정도로 영업활동에 대한 제한을 가하
거나, 민영방송사업자의 사적 자치에 의한 형성이나 결정의 기본적 요소를 박
탈하는 정도에 이르지 아니하므로 헌법상 기본원리를 준수하면서 그 입법형성
의 재량의 범위 내에서 행해졌다고 볼 수 있어 헌법에 합치된다.

(헌재 2003. 12. 18, 2002헌바49, 판례집 제15권 2집 하, 502, 522.)

이에 반하여 김영일, 권성, 주선회 재판관은 다음과 같이 반대(위헌) 의견을 밝혔다.

99. 반대의견

판례 〈김영일, 권성, 주선회 재판관의 반대의견〉

방송의 자유가 실현되기 위하여 입법자에 의한 구체적인 형성을 필요로 하
고, 그 결과 방송의 자유를 규율함에 있어서 입법자의 광범위한 형성권이 인정
된다는 사실은, 입법자가 구체적으로 형성한 결과인 이 사건 법률조항의 내용
적 위헌성을 판단함에 있어서 고려해야 할 하나의 중요한 관점이 될 수 있으
나, 이 사건에서 문제되는 바와 같이, 위임법률의 명확성여부의 판단에 결정적
으로 영향을 미치는 관점은 아니다. 즉, 방송의 자유가 입법자에 의한 형성을
필요로 한다는 문제와 입법자에 의한 위임이 명확해야 한다는 문제는 원칙적
으로 별개의 문제인 것이다.54)

결론적으로, 이 사건 법률조항으로부터 대통령령이 정할 내용의 대강을 전혀
예측할 수 없고, 다른 한편으로는 협찬고지가 허용되는 범위에 관하여 전적으
로 행정부에 위임하는 것을 정당화하는 합리적인 사유를 발견할 수 없으므로,
이 사건 법률조항은 입법위임의 명확성을 요청하는 헌법 제75조에 위반되는
규정으로서 위헌으로 판단되어야 한다.55)

살피건대, 반대의견에 찬성한다. 비록 협찬고지를 허용하는 것은
입법자의 형성의 자유에 속한다고 할 수 있어도, 어떠한 협찬고지가 허
용되고 어떠한 협찬고지가 금지되는지에 대하여 그 내용을 대통령령에

**100. 사견: 반
대의견에 찬성**

---

54) 헌재 2003. 12. 18, 2002헌바49, 판례집 제15권 2집 하, 502, 527.
55) 헌재 2003. 12. 18, 2002헌바49, 판례집 제15권 2집 하, 502, 529.

위임한 수권조항만을 가지고서는 무엇이 대통령령으로 규정될 것인지에 대하여 하등의 예측가능성이 없다고 보이고, 나아가 뒤의 벌칙조항과 더불어서 이 사건 심판대상조항은 비록 형벌규정의 구성요건까지는 아니라 하더라도 위반 시 과태료 부과가 될 수 있는 근거규정이 되고 있으면서도 어떠한 위반의 경우에 과태료 부과대상이 될 것인지의 요건에 대해서는 법률이 아니라 대통령령으로 정하도록 위임하고 있기 때문이다. 이 방송법 제74조의 규정 자체가 협찬고지의 허용에 관한 규정이기 때문에 형성법률의 외관을 띠고 있지만, 위반 시 벌칙규정과 결부해서 방송광고의 자유를 상당부분 제한하고 있기 때문에 그 내용의 대강이나 기준이 적어도 위임조항 자체에 드러나 있어야 할 것이라고 생각된다. 반대의견이 잘 지적하고 있듯이 그러한 대강의 규정을 하는 것이 입법적으로 어렵다거나, 수시로 변화무쌍한 기술적·세부적 사항에 해당되어 전적으로 행정입법으로 위임해야 할 필요성이 있는 성격의 규정이라고 보기도 힘들다. 따라서 심판대상조항은 헌법 제75조에 위반된다고 하는 반대의견이 더 설득력 있다고 생각된다. 이 사건 심판에서 포괄위임입법금지의 원칙, 즉 위임의 명확성과 관련해서는 반대의견이 타당하다고 생각된다.

다. 특히 "알 권리"의 제한

101. 무제한의 권리가 아님

"알 권리"도 헌법유보(제21조 제4항)와 일반적 법률유보(제37조 제2항)에 의하여 제한될 수 있음은 물론이다. 그리고 "알 권리"가 있다고 해서 헌법상 보호되고 있는 다른 사람의 권리를 침해할 수 있는 것은 아니다. 그리고 국가기밀 등의 정보는 헌법 제37조 제2항의 "국가안전보장"을 위해서 그 공개가 제한될 수 있는 것은 당연하다. 따라서 알 권리 역시 무제한으로 보호될 수 있는 권리는 아님을 알 수 있다.

102. 사생활과 국가기밀의 보호 필요성에 의한 제한

물론 개인의 사생활이나 국가기밀의 보호 등 다른 법익의 보호가 문제되지 않을 경우에는 가능하면 국가가 가지고 있는 정보는 최대한 공개할 필요가 있는 것은 당연하다.[56]

---

56) 동지, 헌재 1989. 9. 4, 88헌마22, 판례집 제1권, 176, 188-190; 헌재 1991. 5. 13,

국가기밀을 보호하거나 그 누설을 방지하기 위하여 알 권리를 제한하는 법률로는 군사기밀보호법, 형법(제98조 제2항 등), 국가보안법(제4조 제2항), 군사기지 및 군사시설보호법(군사기지법), 국가정보원법 등이 있다.

103. 국가기밀 보호입법

> **판례** "청구인의 자기에게 정당한 이해관계가 있는 정부 보유 정보의 개시(開示) 요구에 대하여 행정청이 아무런 검토 없이 불응하였다면 이는 청구인이 갖는 헌법 제21조에 규정된 언론·출판의 자유 또는 표현의 자유의 한 내용인 "알 권리"를 침해한 것이라 할 수 있으며, 그 이외에도 자유민주주의 국가에서 국민주권을 실현하는 핵심이 되는 기본권이라는 점에서 국민주권주의(제1조), 각 개인의 지식의 연마, 인격의 도야에는 가급적 많은 정보에 접할 수 있어야 한다는 의미에서 인간으로서의 존엄과 가치(제10조) 및 인간다운 생활을 할 권리(제34조 제1항)와 관련이 있다 할 것"이다.
> (헌재 1989. 9. 4, 88헌마22, 판례집 제1권, 176, 188-190.)

3. 제한의 한계

헌법 제21조 제4항에 따라 타인의 명예와 권리, 공중도덕이나 사회윤리를 보호하거나 헌법 제37조 제2항의 국가안전보장·질서유지·공공복리를 위해서 언론·출판의 자유를 제한할 수 있다 하더라도 필요한 경우에 한하여 할 수 있으며, 또한 언론·출판의 자유의 본질적인 내용은 침해할 수 없다. 언론·출판의 자유의 본질적인 내용을 침해하는 것이 바로 언론·출판에 대한 허가나 검열이라 할 수 있기 때문에 우리 헌법 제21조 제2항은 이를 금지하고 있는 것이다. 이하에서는 그 내용에 대하여 순서대로 보기로 한다.

104. 검열금지, 과잉금지, 본질 내용 침해금지

가. 사전검열의 금지

헌법재판소가 헌법 제21조 제2항의 검열이 사전검열을 의미한다고 하면서 사전검열에 해당하기 위한 요건을 제시한 것은 영화법 제12조에 대한 위헌제청결정[57]에서 최초였다. 그러나 이 헌재의 원칙 결정은 독

105. 헌법재판소의 사전검열 금지 법리의 유래

90헌마133, 판례집 제3권, 234, 245-247.

일 연방헌법재판소의 판례를 따른 것이므로, 독일 연방헌법재판소의 판례는 어디에서 유래되었으며 그 내용은 어떠한지를 먼저 살펴 볼 필요가 있다.

(1) 독일 연방헌법재판소 판례와 학설

106. 독일 연방
헌재 판례

우선 독일 연방헌법재판소의 BVerfGE 33, 52, (71 f.) 판결은 다음과 같이 판시하고 있다.

독일 연방헌재 판례 『판례와 통설에 의하면 기본법 제5조 제1항 제3문의 검열(Zensur)은 사전검열(Vorzensur)만을 의미한다. 사전검열(Vorzensur)이나 예비검열(Präventivzensur)이란 정신적 작품의 창작이나 배포를 제한하는 조치, 특히 그 내용에 대한 해당관청의 사전심사와 허가를 조건으로 하는 조치(허가조건부 금지)를 말한다. 따라서 영화와 관련하여서 검열은 검열원칙에 의하여 심사하고, 그 심사 결과에 따라서 공적인 상영을 허가하거나 금지하는 관할 관청에 공적으로 상영되어야 하는 필름을 사전에 제출하라고 하는 명령과 함께 심사되지 않은 필름을 상영하지 못하도록 하는 일반적인 금지를 의미한다(소위 형식적 검열개념).』[58]

『이미 그러한 유형의 통제절차와 허가절차의 존재는 정신적 생활을 마비시킨다. 검열금지는 그러한 사전통제의 전형적 위험을 방지하여야 한다. 그러므로 검열금지는 하등의 예외가 있어서는 안 되고, 기본법 제5조 제2항에 따른 "일반적 법률"에 의한 예외도 허용되지 않는다. 헌법은 이러한 모든 검열의 절대적 금지로써 단지 사전검열만을 의미하였을 뿐이다. 정신적 작품이 일단 대중에 공개되고 그 효력을 발휘할 수 있을 경우에는 기본법 제5조 제1항 제1문과 제2문 및 제2항에서 나오는 바와 같이, 언론·출판의 자유와 그 한계에 대한 일반적 원칙이 적용된다. 검열금지가 사후검열, 즉 정신적 작품의 공연 후에야 발하여지는 통제조치와 사후조치들을 포함한다고 할 경우에 이것은 무의미하게 될 것이다.』[59]

『이러한 기본법 제5조 제1항 제3문의 의미는 그 연혁에 의하여 입증된다. 바

---

57) 헌재 1996. 10. 4, 93헌가13, 91헌바10, 영화법 제12조등 위헌제청, 판례집 제8권 2집, 212.

58) Noltenius, Die freiwillige Selbstkontrolle der Filmwirtschaft und das Zensurverbot des Grundgesetzes, 1958, S. 32와 S. 106을 인용하며 BVerfGE 33, 52 (72).

59) BVerfGE 33, 52 (72).

> 이마르 헌법 제118조 제2항 제1문 전단의 문구상 동일한 규정은 당시의 통설에
> 따르면 마찬가지로 사전검열에만 국한되었다(Häntschel, in: Anschütz/Thoma,
> Handbuch des Deutschen Staatsrechts, 1932, 2. Bd., S. 665 ff.와 인용 참조).
> 헌법제정위원회의 원칙위원회(Grundsatzausschuß)에서 헌법제정위원인 Bergsträser
> 박사가 사전검열은 단지 검열의 일부일 뿐이라고 강조한 바 있다. 즉 "우리는
> 사후검열도 원하지 않는다." 이러한 표현은 하지만 더 이상 추종되지 않았다.
> 오히려 위원회는 결국 바이마르 헌법 제118조의 표현에 입각한 안에 합의하였
> 다. 일반 수정위원회는 마지막 안에서 완전히 바이마르 헌법 제118조 제2항 제
> 1문 전단의 표현을 그대로 따랐다(JöR, Bd. 1, S. 83, 88).」[60]

검열금지의 네 가지 요소는 1958년 독일의 놀테니우스(Noltenius)가 쓴 『영화산업의 자율적인 자기통제와 기본법상 검열금지』[61]라고 하는 단행본에서 유래하며 이를 전술한 연방헌법재판소 판례가, 그리고 학계에서는 슈타르크(Starck)와 데겐하르트(Degenhardt)가 인용하고 있다.

107. 검열금지의 4요소의 원리

"검열금지는 19세기 경 출판의 자유에 대한 투쟁의 산물이고 당시에 전개된 의미로서 바이마르 헌법을 통하여 기본법에 받아들여졌다. 그러므로 검열은 사전검열이나 예비검열을 의미한다.[62] 기본법 제5조 제1항 제3문의 검열금지는 제1항 제1문과 제2문의 기본권과 관련하여 허가조건부 금지를 발하는 것, 의사표현을 사전적 허가에 따라서만 허용하는 사전검열은 허용되지 않는다고 선언한다. 검열은 항상 계획된 상연의 내용과 관계된다. 검열의 기술적 과정은 네 가지 요소로 구성된다.[63] 즉 특별한 허가 없는 의사표현의 금지, 의사표현을 공개하기 전에 행정관청에 제출하라고 하는 명령, 관청에 의한 허가 또는 금지, 금지를 관철할 수 있는 행정관청의 강제수단이 그것이다. 검열금지는 우선 출판과 관련해서 발전되어 왔고 그 효력을 얻게 되었지만 정보의 자유(알권리)를 제외하고는 기본법 제5조 제1항에서 열거된 자유, 방송 및 필름

108. 독일 연방헌재의 수용

60) BVerfGE 33, 52 (73). 이 판례를 따른 후속 판례로는 BVerfGE 47, 198 (236); BVerfGE 73, 118 (166); BVerfGE 83, 130 (155); BVerfGE 87, 209 (230).
61) Noltenius (주 58), S. 106.
62) BVerfGE 33, 52 (71); 47, 198 (236)
63) Noltenius (주 58), S. 106

에 대하여서도 위에서 정의된 의미에서 적용되며, 그 밖의 모든 형태의 의사표현, 즉 예컨대 강연, 연극, 전시 등에 대해서도 적용된다. 요컨대 검열금지는 의사표현의 자유, 출판의 자유, 방송의 자유 및 필름의 자유의 개념 하에 들어오는 모든 표현들에 적용된다. 정보의 자유와 관련해서는 독자(讀者), 시청자(視聽者), 관객이 그들에 의하여 이용된 정보원에 대하여 검열조치가 이루어질 경우 그들의 정보의 자유가 침해되는 것을 의미한다."[64]

(2) 우리 헌법재판소 판례

109. 우리 헌재의 수용

　　이러한 독일 연방헌법재판소와 학설에 의하여 받아들여진 검열의 네 가지 요소는 전술한 영화법 제12조 등에 대한 위헌제청 결정 이래로 우리 헌법재판소에 의해서도 확립된 판례로 받아들여졌던바, 헌법 제21조에서 금지하고 있는 것은 사전검열이라는 점과 검열의 네 가지 요소에 관하여 판시하고 있는 이 원칙판결의 내용을 인용해 보면 다음과 같다.

> [판례] "그러므로 헌법 제21조 제2항이 언론·출판에 대한 검열금지를 규정한 것은 비록 헌법 제37조 제2항이 국민의 자유와 권리를 국가안전보장·질서유지 또는 공공복리를 위하여 필요한 경우에 한하여 법률로써 제한할 수 있도록 규정하고 있다고 할지라도 언론·출판의 자유에 대하여는 검열을 수단으로 한 제한만은 법률로써도 허용되지 아니 한다는 것을 밝힌 것이다. 물론 여기서 말하는 검열은 그 명칭이나 형식에 구애됨이 없이 실질적으로 위에서 밝힌 검열의 개념에 해당되는 모든 것을 그 대상으로 하는 것이다.
> 　　그러나 검열금지의 원칙은 모든 형태의 사전적인 규제를 금지하는 것이 아니고, 단지 의사표현의 발표 여부가 오로지 행정권의 허가에 달려있는 사전심사만을 금지하는 것을 뜻한다. 그러므로 검열은 일반적으로 허가를 받기 위한 표현물의 제출의무, 행정권이 주체가 된 사전심사절차, 허가를 받지 아니한 의사표현의 금지 및 심사절차를 관철할 수 있는 강제수단 등의 요건을 갖춘 경

---

64) BVerfGE 27, 88 (102); Herzog, in: Maunz/Dürig, GG, Art. 5 Abs. 1, 2 Rn. 301. Christian Starck, in: v. Mangoldt/Klein/Starck, Das Bonner Grundgesetz, Bd. 1 (3. Aufl.), Art. 5 Abs. 1, 2, Rn. 102; 검열금지의 네 가지 요소에 관한 Starck의 언급은 Degenhart, in: Bonner Kommentar zum Grundgesetz(Lieferung November 1988), Art. 5 Abs. 1 u. 2, Rn. 744에서도 인용됨.

우에만 이에 해당하는 것이다.

(헌재 1996. 10. 4, 93헌가13 등, 판례집 제8권 2집, 212.)

그리고 이 판례에서 민간인으로 구성된 자율적 기관으로서 영화를 심의하는 기관인 공연윤리위원회가 과연 행정청에 해당되는가 하는 것이 문제되었는데, 이에 대해서 헌법재판소는 "검열을 행정기관이 아닌 독립적인 위원회에서 행한다 하더라도 행정권이 주체가 되어 검열절차를 형성하고 검열기관의 구성에 지속적인 영향을 미칠 수 있는 경우라면 실질적으로 보아 검열기관은 행정기관이라고 보아야 한다."고 보았으며 이러한 헌법재판소의 원칙판결의 입장은 후속판례에서도 확립된 판례로 계속 이어지고 있다.65)

110. 민간심의 기구의 경우도 실질적 행정기관

즉 헌법재판소는 공연윤리위원회의 심의를 받지 아니한 음반을 판매·배포 또는 대여할 목적으로 보관하는 것을 금지하고 위반 시 처벌하는 규정66), 공연윤리위원의 사전심의를 받지 않은 비디오물의 판매 등의 금지67), 비디오물에 대하여 한국공연예술진흥협의회의 사전심의를 받도록 하는 것68), 비디오물의 복제에 대하여 공연윤리위원회의 사전심의를 받도록 하는 것69), 영상물등급위원회에 의한 등급분류보류제70), 영상물등급위원회에 의한 외국음반 국내제작 추천제도71), 외국비디오물

111. 위헌 사례

---

65) 헌재 1992. 6. 26, 90헌바26, 판례집 제4권, 362.

66) 헌재 1996. 10. 31, 94헌가6, 음반및비디오물에관한법률 제16조 제1항 등 위헌제청, 판례집 제8권 2집, 395; 헌재 1997. 3. 27, 97헌가1, 음반및비디오물에관한법률 제16조제2항 등 위헌제청, 판례집 제9권 1집, 267.

67) 헌재 1998. 12. 24, 96헌가23, 판례집 제10권 2집, 807.

68) 헌재 1999. 9. 16, 99헌가1, 음반및비디오물에관한법률 제17조 제1항 등 위헌제청, 판례집 제11권 2집, 245.

69) 헌재 2000. 2. 24, 99헌가17, 구 음반및비디오물에관한법률 제16조 제1항 등 위헌제청, 판례집 제12권 1집, 107.

70) 헌재 2001. 8. 30, 2000헌가9, 판례집 제13권 2집, 134, 134-135. "영화는 시청각을 표현수단으로 하는 영상매체의 특수성을 고려할 때 청소년 보호 등을 위하여 상영 전에 심사·규제할 필요성이 크므로, 영화에 대한 사전검증은 인정되어야 한다."고 하는 송인준 재판관의 반대의견(151-155)이나 "공연윤리위원회와 한국공연예술진흥협의회와는 달리 행정권으로부터 형식적·실질적으로 독립된 민간자율기관이라고 보아야 하는바, 행정권과 독립된 민간 자율기관에 의한 영화의 사전심의는 헌법이 금지하지 않을 뿐 아니라 오히려 필요하다."고 하는 주선회 재판관의 반대의견(135-136)은 귀담아 들을 필요가 있다고 생각된다.

을 수입 시 영상물등급위원회의 수입추천제[72], 영상물등급위원회에 의한 비디오물 등급분류보류제도[73], 한국광고자율심의기구에 의한 방송광고의 사전심의[74], 사전심의를 받지 않은 의료광고의 금지[75], 의료기기와 관련하여 심의를 받지 아니하거나 심의 받은 내용과 다른 내용의 광고를 하는 것에 대한 금지[76], 사전심의를 받지 않은 건강기능식품의 기능성 광고 금지[77] 등은 사전검열로 위헌이라고 보았다.

112. 합헌 사례　이에 반하여 게임물판매업자가 되고자 하는 자로 하여금 대통령령이 정하는 바에 의하여 문화관광부장관 또는 시장·군수·자치구의 구청장에게 등록하도록 요구하는 것[78], 비디오물 등급분류[79] 등은 사전검열이 아니라고 하면서 합헌선언을 하였다.

나. 과잉금지의 원칙

(1) 과잉금지원칙의 구체적 요소

113. 목적의 정당성의 기준　과잉금지의 원칙에는 주지하듯이 목적의 정당성, 방법의 적정성, 침해의 최소성, 법익의 균형성의 심사요소가 있다. 언론·출판의 자유에 대한 제한의 경우 헌법 제21조 제4항에서 확인되고 있는 헌법직접적 한계조항이 있기 때문에, 여기에서 열거되고 있는 입법목적, 즉 타인의 명예와 권리, 공중도덕이나 사회윤리가 목적의 정당성을 심사하기 위한 헌법적 기준이 될 수 있다. 다음으로 여기에서는 열거되어 있지 않지만 알 권리의 제한을 위한 목적으로서 헌법 제37조 제2항의 "국가안전보장"이 고려될 수 있겠다. 나머지 "질서유지"와 "공공복리"는 언론·출판

---

71) 헌재 2006. 10. 26, 2005헌가14, 판례집 제18권 2집, 379, 380.
72) 헌재 2005. 2. 3, 2004헌가8, 구 음반·비디오물및게임물에관한법률 제16조 제1항 등 위헌제청, 판례집 제17권 1집, 51.
73) 헌재 2008. 10. 30, 2004헌가18, 판례집 제20권 2집 상, 664. 조대현 재판관의 한정위헌 의견 있음.
74) 헌재 2008. 6. 26, 2005헌마506, 판례집 제20권 1집 하, 397.
75) 헌재 2015. 12. 23, 2015헌바75, 판례집 제27권 2집 하, 627.
76) 헌재 2020. 8. 28, 2017헌가35 등, 판례집 제32권 2집, 78.
77) 헌재 2018. 6. 28, 2016헌가8 등, 판례집 제30권 1집 하, 313; 헌재 2019. 5. 30, 2019헌가4, 공보 제272호, 636.
78) 헌재 2002. 2. 28, 99헌바117, 판례집 제14권 1집, 118.
79) 헌재 2007. 10. 4, 2004헌바36, 공보 제132호, 1023.

의 자유를 제한하기 위해서 고려될 수 있는 입법목적으로서는 굳이 동원되어야 할 필요가 있을 것인지 의문이다. 왜냐하면 그 목적보다는 더 특별한 목적이라고 할 수 있는 것이 타인의 명예와 권리, 공중도적이나 사회윤리라고 할 수 있기 때문이다.

나머지 방법의 적정성, 침해의 최소성, 법익의 균형성 심사는 다른 기본권침해의 심사에 있어서와 유사하게 적용하면 될 것이라고 생각된다.

114. 나머지 심사요소들

(2) 소위 "명백하고 현존하는 위험"의 원칙과 이중기준의 원칙

언론·출판의 자유를 제한하기 위해서는 단순한 공익목적 정도만 가지고서는 안 되고, 공공의 안녕질서에 대한 명백하고도 현존하는 위험이 언론·출판의 자유 등 표현의 자유의 제한을 정당화할 경우에만 할 수 있다고 하는 원칙이 미국 연방대법원에 의하여 전개된 소위 "명백하고 현존하는 위험"의 원칙이다. 이러한 원칙은 가령 금지되는 집회나 시위에 관한 규정인 '집회 및 시위에 관한 법률' 제5조 제1항 제2호80)에도 실정법적으로 반영되어 있다. 뿐만 아니라 우리 헌법재판소에 의해서도 적지 않게 이러한 법리가 적용되기도 하였다.81)

115. 명백하고 현존하는 위험의 원칙

---

80) "집단적인 폭행, 협박, 손괴(損壞), 방화 등으로 공공의 안녕 질서에 직접적인 위험을 끼칠 것이 명백한 집회 또는 시위"

81) 헌재 1990. 4. 2, 89헌가113, 국가보안법 제7조에 관한 위헌심판, 판례집 제2권, 49: 이런 점에서 표현의 자유는 민주주의의 제도적 토대라고 할 수 있어 헌법에서 보장된 여러 기본권 가운데에서도 특히 중요한 기본권이며, 그러기에 의사표현에 대하여 형벌을 과하는 법률은 최고도의 명확성이 요구될 뿐더러 그 의사표현행위를 처벌하기 위해서는 그것이 장래에 있어 국가나 사회에 단지 해로운 결과를 가져올 수 있는 성향을 띠었다는 것만으로는 부족하고, 법률에 의하여 금지된 해악을 초래할 명백하고도 현실적인 위험성이 입증된 경우에 한정되어야 하는 것이다(명백하고도 현존하는 위험의 원칙).(67); 헌재 1992. 1. 28, 89헌가8, 판례집 제4권, 4, 16.; 헌재 1992. 2. 25, 89헌가104, 판례집 제4권, 64: "군사기밀이라 함은 비공지의 사실로서 관계기관에 의하여 적법절차에 따라 군사기밀로 분류표시 또는 고지된 군사관련 사항이어야 할 뿐만 아니라 아울러 그 내용이 누설될 경우 국가의 안전보장에 명백한 위험이 초래된다고 할 수 있을 정도로 그 내용 자체가 실질적인 비밀가치를 지닌 비공지의 사실에 한하는 것이라고 한정해석되어야 할 것이다."(97−98); 헌재 2014. 12. 19, 2013헌다1, 통합진보당 해산 (통합진보당 해산 청구 사건), 판례집 제26권 2집 하, 1: "또한 정당해산이 엄격하고 한정된 조건 하에서 이루어져야 한다는 제도의 한계를 고려하면, 실질적 해악을 끼칠 구체적 위험을 야기하는 경우에 해당하기 위해서는 적어도 발언 내용이 구체적으로 실현될 가능성이 있어야 하고, 그러한 위험은 명백하고 임박할 것을 요한

116. 소위 이중
기준의 원칙

그리고 언론·출판의 자유가 민주주의에서 차지하는 중요성과 비중을 고려할 때, 다른 경제적 기본권의 경우와는 달리 이러한 정신적 기본권의 제한을 위해서는 훨씬 더 엄격한 심사기준이 적용되어야 한다고 하는 소위 이중기준의 원칙 역시 미국 연방대법원에 의하여 전개된 법리로 이 역시 우리 헌법재판소 판례에서도 비록 소수의견에 의해서이기는 하지만 인용된 적이 있다.[82]

117. 명백하고
현존하는 위험
의 법리에 대한
평가

우선 명백하고도 현존하는 위험의 법리는 민주주의에 있어서 표현의 자유가 가지는 절대적 가치를 보다 우월적으로 강력하게 보호해야 할 필요성이 있다고 하는 헌법적 이해에 기반을 두고 있는 것으로 우리 헌법 하에서도 이러한 법리의 적용은 국가보안법 제7조에 관한 위헌심판[83]과 같이 국가적 법익보호를 위하여 언론·출판의 자유를 제한하는 법률의 위헌 여부에 관한 심판이나 최근 집회 및 시위에 관한 법률 제11조 제1호 위헌소원(각급 법원 인근 옥외집회 금지사건)[84] 등에서 나름 긍

다고 할 것이다. 즉, 표현 내용이 실현될 가능성이 없거나, 표현과 위험 사이의 근접성이 인정되지 않는 경우라면 실질적 해악을 끼칠 구체적 위험성이 부정된다고 보아야 하며, 그렇게 하지 않을 경우 정당해산제도는 정치적 표현의 자유에 대한 심대한 제약으로 오작동할 수 있다."(213-214).; 헌재 2013. 3. 21, 2010헌바70 등, 구 헌법 제53조 등 위헌소원: "긴급조치 제1호는 유신헌법을 부정하거나 반대하고 폐지를 주장하는 행위 중 실제로 국가의 안전보장과 공공의 안녕질서에 대한 심각하고 중대한 위협이 명백하고 현존하는 경우 이외에도, 국가긴급권의 발동이 필요한 상황과는 전혀 무관하게 헌법과 관련하여 자신의 견해를 단순하게 표명하는 모든 행위까지 처벌하고, 처벌의 대상이 되는 행위를 전혀 구체적으로 특정할 수 없으므로, 이는 표현의 자유 제한의 한계를 일탈한 것이다."(19).: 헌재 2013. 3. 21, 2010헌바132 등, 구 헌법 제53조 등 위헌소원 (구 헌법 제53조 등 위헌소원 사건), 판례집 제25권 1집, 180, 200.

82) 헌재 1991. 6. 3, 89헌마204, 화재로 인한 재해보상과 보험가입에 관한 법률 제5조 제1항의 위헌여부에 관한 헌법소원, 판례집 제3권, 268. 변정수, 김양균 재판관의 반대의견: "이 사건 화보법에 의한 보험가입강제는 재산적·경제적 권리(자유)와 관련된 헌법적 제한으로서 그에 관한 합헌성의 판단기준은, 신체 및 정신작용과 관련된 인신보호를 위한 기본권 등에 대한 제한의 합헌성 판단기준이 엄격하게 적용되는 것과는 달리 관대하게 적용됨으로써 국가의 재량의 범위를 비교적 넓게 인정하는 것이 현대 민주국가의 추세이며 이것이 이른바 기본권 제한입법에 있어서 적용되어야 할 2중 기준의 원칙이다."(286).

83) 헌재 1990. 4. 2, 89헌가113, 판례집 제2권, 49, 결정요지 3.과 헌재 1992. 1. 28, 89헌가8, 판례집 제4권, 4, 결정요지 1. 참조.

84) 헌재 2018. 7. 26, 2018헌바137, 판례집 제30권 2집, 71, 75-76: "집회의 금지는 원칙적으로 공공의 안녕질서에 대한 직접적 위협이 명백하게 존재하는 경우에 한

정적 역할을 하였다고 할 수 있다.

다만 우리 헌법 제21조 제4항은 타인의 명예나 권리 또는 공중도덕 118. 표현의 자유와 인격권의 충돌의 경우
이나 사회윤리라고 하는 언론·출판의 자유와 충돌할 수 있는 또 다른
헌법적 법익을 제시하고 있는바, 이 가운데 "공중도덕"이나 "사회윤리"
라고 하는 가치는 매우 추상적이고, 규범을 적용하는 사회와 시대에 따
라서 매우 상대적으로 해석될 수밖에 없는 막연한 개념인 데 반하여, 타
인의 명예나 권리는 주로 헌법 제10조의 인간으로서의 존엄과 가치나
헌법 제17조의 사생활의 기본권에 의하여 보호되어야 하는, 개인적 법
익으로서 인격권이나 명예권을 일컫는다고 할 수 있다.[85] 그러므로 이
언론·출판의 자유가 국가안전보장이라고 하는 국가적 법익이 아니라,
인격권이나 명예권과 같은 개인적 법익과 충돌하는 영역에서는 항상 이
인격권이나 명예권에 대한 명백하고 현존하는 위험이 존재할 경우에만
언론·출판의 자유를 제한할 수 있다고 해석할 수는 없을 것이다.[86] 만
일 그렇게 보는 경우, 언론·출판의 자유가 개인의 인격권에 비하여 원
칙적으로 우월하다고 하는 공식을 정립하는 것이 될 것이나, 우리 헌법
상 인간존엄권이나 사생활의 자유가 가지는 근본적인 가치와 비중에 비
추어 볼 때, 언론·출판의 자유, 구체적으로는 의사표현의 자유나 방송
및 신문(보도)의 자유가 이 인격권에 항시 우월하다고 단정할 수는 없을
것이다. 그러한 의미에서 이 명백하고도 현존하는 위험의 법리를 우리

하여 허용될 수 있는 것으로서, 집회의 자유를 보다 적게 제한하는 다른 가능성
이 없는 경우에 비로소 고려될 수 있는 최종 수단이다(헌재 2003. 10. 30, 2000헌
바67 등 참조)."

85) 헌재 2012. 5. 31, 2010헌마88, 판례집 제24권 1집 하, 578, 589: "헌법 제21조 제4
항은 "언론·출판은 타인의 명예나 권리 ……를 침해하여서는 아니 된다."라고
규정하고 있으므로, '타인의 사생활, 명예 등 권리'를 보호법익으로 하고 있는 이
사건 법률조항의 과잉금지원칙 위반 여부를 검토함에 있어서는 위 헌법조항의
취지를 충분히 감안하여야 한다."

86) 이에 반하여 이러한 개인적 법익과 의사표현의 자유의 충돌의 경우에도 "명백하
고 현존하는 위험"의 법리를 적용하는 견해로, 이석태, 김기영, 문형배 재판관의
반대의견, 헌재 2020. 11. 26, 2016헌마275 등, 판례집 제32권 2집, 502, 520: "따라
서 이 사건 법률조항은 실질적으로 타인의 법익 침해에 대한 '명백하고 현존하는
위험'이 있는 정보가 아니라 권리침해의 가능성 또는 개연성이 있는 정보가 최장
30일간 유통되는 것을 막는 기능을 한다고 볼 수 있을 것이다."

헌법 하에서 적용할 경우에는 그때그때 구체적 개별적으로 충돌하는 헌법적 보호법익이 무엇인지를 확인하고 양 법익을 신중하게 형량하는 가운데 실제적 조화의 원리에 따라 양 법익이 최대한 실현될 수 있도록 하지 않으면 안 될 것이다.

119. 이중기준의 원칙에 대한 평가

다음으로 소위 이중기준의 원칙 역시 정신적 기본권과 경제적 기본권이 충돌할 경우에는 정신적 기본권이 우월하다고 하는 법리인데 이러한 이분법과 정신적 기본권의 우월성이 늘 분명하고도 명백한 것은 아니다. 오히려 충돌하는 헌법적 법익들이 개인관련성이 큰지 아니면 사회적 관련성이 더 큰지를 그때그때 구체적으로 살펴서 법익형량을 하는 가운데 어떠한 헌법적 법익이 더 우월한지를 판단해야 할 것이므로, 미국 연방헌법 하에서 연방대법원에 의해서 전개된 이중기준의 원칙이 우리 헌법 하에서도 언제나 그대로 적용될 수는 없을 것이라고 생각된다.

(3) 상업광고에 대한 규제의 경우

120. 완화된 심사기준 적용

헌법재판소는 "상업광고에 대한 규제에 의한 표현의 자유 내지 직업수행의 자유의 제한은 헌법 제37조 제2항에서 도출되는 비례의 원칙(과잉금지원칙)을 준수하여야 하지만, 상업광고는 사상이나 지식에 관한 정치적, 시민적 표현행위와는 차이가 있고, 인격발현과 개성신장에 미치는 효과가 중대한 것은 아니므로, 비례의 원칙 심사에 있어서 '피해의 최소성' 원칙은 '입법목적을 달성하기 위하여 필요한 범위 내의 것인지'를 심사하는 정도로 완화되는 것이 상당하다."고 보고 있다.[87]

(4) 주요 헌법재판소 판례

121. 위헌 사례

앞에서 이미 언급된 것들 외에 언론·출판의 자유를 과잉금지의 원칙에 위반하여 침해하는 것으로 본 대표적 사례들로서는 문화예술계 블랙리스트의 작성 등과 지원사업 배제 지시[88], 국가공무원법상 초·중등학교 교육공무원의 소위 '그 밖의 정치단체' 결성 관여 또는 가입금

---

87) 헌재 2005. 10. 27, 2003헌가3, 판례집 제17권 2집, 189. 윤영철, 김효종, 주선회 재판관의 반대의견 있음.
88) 헌재 2020. 12. 23, 2017헌마416, 판례집 제32권 2집, 684.

지89), 선거운동기간 중 인터넷게시판 실명확인을 요구한 공직선거법 조항(제82조의6 제1항)90), 인터넷언론사에 대해 선거일 전 90일부터 선거일까지 후보자 명의의 칼럼 등을 게재하는 보도를 제한하는 '인터넷선거보도 심의기준 등에 관한 규정' 조항91), 인터넷신문의 고용 요건을 규정한 신문법 시행령상 고용조항(제2조 제1항 제1호 가목), 확인조항(제4조 제2항 제3호 다목과 라목), 부칙 제2조92), 인터넷게시판 본인확인조치의무를 부과한 '정보통신망 이용촉진 및 정보보호 등에 관한 법률' 및 동법 시행령 조항(인터넷게시판 본인확인제)93), 탈법행위에 의한 문서·도화의 배부·게시 등 금지조항에 인터넷이 포함되는 것으로 해석하는 것94), 공익을 해할 목적의 허위통신 금지(일명 미네르바 사건)95), 행형법상 징벌의 일종인 금치처분을 받은 자에 대하여 금치기간 중 집필을 전면 금지한 행형법시행령 제145조 제2항 본문 중 "집필" 부분96), 학교정화구역내의 극장 시설 및 영업을 금지하고 있는 학교보건법 조항97), 공공의 안녕질서 또는 미풍양속을 해하는 내용의 통신을 금하는 전기통신사업법 제53조 제1항98), 국가보안법 제6조 제2항의 구성요건 가운데 "목적수행" 개념(한정합헌)99), 미성년자에게 음란성 또는 잔인성을 조장할 우려가 있거나 기타 미성년자로 하여금 범죄의 충동을 일으킬 수 있게 하는 만화(소

---

89) 헌재 2020. 4. 23, 2018헌마551, 판례집 제32권 1집 상, 489. 이 점과 관련하여 이선애, 이은애, 이종석 재판관의 반대의견 있음.

90) 헌재 2021. 1. 28, 2018헌마456 등, 공직선거법제82조의6 제1항 등위헌확인 (선거운동기간 중 인터넷게시판 실명확인 사건), 판례집 제33권 1집, 32. 이선애, 이종석, 이영진 재판관의 반대의견 있음.

91) 헌재 2019. 11. 28, 2016헌마90, 판례집 제31권 2집 상, 484. 이선애, 이종석, 이영진 재판관의 반대의견 있음.

92) 헌재 2016. 10. 27, 2015헌마1206 등, 판례집 제28권 2집 하, 1.

93) 헌재 2012. 8. 23, 2010헌마47 등, 판례집 제24권 2집 상, 590.

94) 헌재 2011. 12. 29, 2007헌마1001 등, 판례집 제23권 2집 하, 739.

95) 헌재 2010. 12. 28, 2008헌바157 등, 판례집 제22권 2집 하, 684.

96) 헌재 2005. 2. 24, 2003헌마289, 판례집 제17권 1집, 261.

97) 헌재 2004. 5. 27, 2003헌가1 등, 판례집 제16권 1집, 670.

98) 헌재 2002. 6. 27, 99헌마480, 판례집 제14권 1집, 616. 이에 관하여는 방승주/황성기, [11] 전기통신사업법상 불온통신의 규제와 표현의 자유, in: 방승주, 헌법소송 사례연구, 박영사 2002, 297-342면.

99) 헌재 2002. 4. 25, 99헌바27 등, 판례집 제14권 1집, 279. 헌재 1997. 1. 16, 89헌마240, 판례집 제9권 1집, 45.

위 "불량만화")의 반포 등 행위를 금지하고 이를 위반하는 자를 처벌하는 미성년자보호법 조항[100], 저속한 간행물을 발간한 출판사에 대해 등록취소를 가능케 한 출판사 및 인쇄소의 등록에 관한 법률 제5조의2 제5호의 "저속한 간행물"에 관한 부분[101], 음반제작자에 대하여 일정한 시설을 갖추어 등록할 것을 요구하는 구 음반에 관한 법률 제3조 제1항 및 제13조 제1호는 제3조 제1항 각호에 규정한 시설을 자기 소유이어야 하는 것으로 해석하는 것(한정위헌)[102], 정기간행물의등록등에관한법률 제7조 제1항 제9호 소정의 "해당시설"을 자기 소유이어야 하는 것으로 해석하는 것(한정위헌)[103] 등이 있다.

122. 합헌 사례
한편 헌법재판소가 합헌으로 본 사례로는 금치기간 중 집필을 금지하도록 한 '형의 집행 및 수용자의 처우에 관한 법률' 제112조 제3항 본문 중 미결수용자에게 적용되는 제108조 제10호에 관한 부분이 있으나, 이 결정에서 4인의 재판관들은 집필행위 자체는 정신활동과 관계되는 지극히 개인적인 행위로서 수용시설의 질서와 안전의 유지에 어떤 위험을 줄 수 있는 행위가 아니고, 수용시설의 규율을 위반하였다는 귀책사유와 금지되는 집필행위는 그 내용적 관련성이 매우 희박하다고 하는 이유로 이 조항은 청구인의 표현의 자유를 침해한다고 하는 반대의견을 표하였다.[104] 그 밖에 인터넷상의 청소년유해매체물 정보의 경우 18세 이용금지 표시 외에 추가로 '전자적 표시'를 하도록 하여 차단소프트웨어 설치 시 동 정보를 볼 수 없게 한 동법 시행령 제21조 제2항 및 '청소년유해매체물의 표시방법'에 관한 정보통신부고시[105], 가상의 아동·청소년이용음란물의 배포 등을 형사처벌 대상으로 정하고 있는 구 '아동·청소년의 성보호에 관한 법률' 조항(제8조 제2항 및 제4항 중 아동·청소년이용음란물 가운데 "아동·청소년으로 인식될 수 있는 사람이나 표현물이 등

---

100) 헌재 2002. 2. 28, 99헌가8, 미성년자보호법 제2조의2 제1호 등 위헌제청, 판례집 제14권 1집, 87. 죄형법정주의로부터 파생되는 명확성의 원칙 위반.
101) 헌재 1998. 4. 30, 95헌가16, 판례집 제10권 1집, 327.
102) 헌재 1993. 5. 13, 91헌바17, 판례집 제5권 1집, 275.
103) 헌재 1992. 6. 26, 90헌가23, 판례집 제4권, 300.
104) 헌재 2014. 8. 28, 2012헌마623, 판례집 제26권 2집 상, 381.
105) 헌재 2004. 1. 29, 2001헌마894, 판례집 제16권 1집, 114. 결정요지 5.

장하여 그 밖의 성적 행위를 하는 내용을 표현하는 것"에 관한 부분) 등이 있다.

다. '알 권리' 제한의 정당화

(1) 제한의 한계

알 권리의 제한과 관련하여 가장 문제가 되는 것은 국가기밀의 보호이다. 그것은 헌법 제37조 제2항의 "국가안전보장"을 위한 것이기 때문에 알 권리의 제한을 위한 정당화 사유가 될 수 있다. 즉 국가안전보장이라고 하는 법익 보호를 위해서 필요한 경우에 한하여 국민의 알 권리가 제한되어야 한다.

따라서 첫째, 알 권리를 제한하는 법률은 법치국가적 통제원리 가운데 하나로서 무엇보다도 과잉금지의 원칙을 준수해야 할 것이다.

둘째, 경우에 따라 국가기밀을 누설하는 경우 형법이나 국가보안법 등 관련 법률에 따라 중대한 처벌의 대상이 될 수도 있기 때문에, 어떠한 사항이 실질적으로 국가기밀에 해당되는지 여부는 명확하게 규정되어야 한다. 다시 말해서 죄형법정주의 원칙상 형벌법규의 명확성의 원칙의 적용이 엄격하게 이루어져야 한다고 할 수 있다.

다음으로 알 권리를 제한하는 법률을 근거로 국가기밀에 해당하는 활동을 하는 공권력에 대해서 민주주의 원리에 따른 통제를 가해야 할 필요가 있다. 즉, 어떠한 정보가 누설되는 경우 국가안보에 위해를 초래할 수 있어 국가기밀로 해야 할 필요성이 있는 경우라 하더라도, 그 기밀에 접근할 수 있는 인적 범위를 어느 정도로 해야 할 것인지의 문제는 주권자로서 국민의 국가권력에 대한 민주적 통제와 관련하여 매우 중요하다. 특히 기밀로 되어 있는 사항일수록 그에 대하여 어느 누구도 알 수 없는 한에서는 그에 대한 통제가 불가능할 것이기 때문에, 기밀지정은 주로 국가안보를 담당하는 공권력에 의하여 자칫 권력의 남용과 비리 등의 문제를 덮는 은폐의 도구로 이용될 수 있다. 그러므로 국가기밀과 관련한 민주적 국정통제는 국회나 소관 상임위원회가 대정부질문이나(헌법 제62조), 국정조사 혹은 국정감사(헌법 제61조)를 통하여 수행하여야 할 것이며, 이러한 과정에서 국민의 알 권리에 대한 정부의 부당한

123. 국가기밀의 보호

124. 과잉금지원칙

125. 형벌법규의 명확성의 원칙

126. 국회에 의한 민주적 통제

제한 가능성을 민주적 방식으로 통제할 수 있을 것이며, 국민의 알 권리가 필요한 범위를 넘어서서 과도하게 제한되어 있는 경우에는 국가기밀 관련 법률 자체를 개정할 수 있을 것이다.

(2) 관련 헌법재판소 판례

127. 국가보안법 제4조 제1항 제2호 나목 한정합헌

헌법재판소는 1997. 1. 16. 92헌바6, 26, 93헌바34, 35, 36(병합) 결정에서 국가보안법 제4조 제1항 제2호 나목[106]의 위헌 여부에 대하여 한정합헌결정을 하였다. 이 결정에서 가장 핵심적인 내용은 국가가 어떠한 정보에 대하여 단순히 기밀로 지정한다고 해서 다 국가기밀이 되는 것이 아니라, 그 내용이 누설될 경우 국가안보에 위해가 초래될 수 있기 때문에 기밀로 보호해야 할 필요성(요비닉성)과 기밀로서의 실질적 가치(실질비성)가 있어야 함을 강조하였다.

판례 **국가보안법 제6조 제1항 등에 대한 헌법소원**

(1) 일반적으로 국가기밀은 일반인에게 알려지지 아니한 것 즉 비공지의 사실(넓은 의미)로서 국가의 안전에 대한 불이익의 발생을 방지하기 위하여 그것이 적국 또는 반국가단체에 알려지지 아니하도록 할 필요성 즉 "요비닉성"이

---

106) 이와 관련하여 독일 형법 제93조(국가기밀의 개념)는 "(1) 국가기밀이라 함은 단지 제한된 인원에게만 접근이 가능하며 독일 연방공화국의 대외적 안전에 대한 중대한 불이익의 위험을 방지하기 위해서 외부세력에 대하여 비밀이 유지되어야 하는 사실, 대상 또는 인식이다. (2) 자유민주적 기본질서에 위배되거나 또는 연방공화국의 조약상대국에 비밀을 유지한 상태에서 국가 간에 체결된 군비감축(Rüstungsbeschränkungen)에 위배되는 사실은 국가기밀이 아니다."라고 하는 내용으로 되어 있다. 국가보안법 제4조 제1항 제2호의 가목은 바로 이 독일 형법 제93조 제1항을 다분히 참고하여 규정한 것으로 보이는데 국가기밀에 대한 개념조항이 있으면, 이 개념에 해당되지 않는 것은 국가기밀이 아니라고 하는 반대해석이 가능할 것이다. 따라서 독일 형법에는 우리 국가보안법 제4조 제1항 제2호 나목과 같은 조항은 없다. 그럼에도 불구하고 우리 국가보안법 제4조 제1항 제2호는 가목 외에 나목을 설치하고, "가목 외의 군사상 기밀 또는 국가기밀의 경우"를 추가하여 이를 탐지·수집·누설·전달하거나 중개한 때에는 사형·무기 또는 7년 이상의 징역에 처하도록 하고 있어 이 나목에 해당하는 군사상 기밀 또는 국가기밀의 개념을 둘러싸고 형벌조항의 명확성의 원칙과 과잉금지의 원칙에 위반되는 것 아닌지의 문제가 끊임없이 제기될 수 있다고 생각된다. 이 사건(92헌바6등) 외에도 가령 헌재 2014. 11. 27, 2012헌바363. 당해사건 무죄판결로 인하여 각하; 헌재 2000. 8. 23, 2000헌바62. 청구기간 경과로 각하.

있는 동시에, 그것이 누설되는 경우 국가의 안전에 명백한 위험을 초래한다고 볼 만큼의 실질적 가치가 있는 것 즉 "실질비성"을 갖춘 것이어야 한다.

(2) 신 국가보안법 제4조 제1항 제2호의 "가"목과 "나"목에 공통적인 "국가기밀"의 의미는, 결국 일반인에게 알려지지 아니한 것으로서 그 내용이 누설되는 경우 국가의 안전에 명백한 위험을 초래한다고 볼 만큼의 실질가치를 지닌 사실, 물건 또는 지식이라고 한정해석해야 하고, 그 중 "가"목 소정의 국가기밀은 그 중요성과 가치의 정도에 있어서 "한정된 사람에게만 지득이 허용되고" 또 "보다 고도의" 국가기밀을 의미하며 그 이외의 것은 "나"목 소정의 국가기밀에 해당한다고 이해할 수 있다. 그리고 구체적으로 어떤 경우가 위 "나"목 소정의 국가기밀에 해당하는가의 판단은 결국 법적용당국이 위에서 제시한 해석기준에 비추어 한정된 사람에게만 지득이 허용되고 있는지의 여부와 당해 기밀사항이 국가안전보장에 미치는 기능 등을 합리적으로 판단하여 결정할 수밖에 없다.

(3) 같은 법 제4조 제1항은 그 행위주체를 "반국가단체의 구성원 또는 그 지령을 받은 자"로 한정하고 있을 뿐만 아니라 각 소정의 행위가 "반국가단체의 목적수행을 위한 행위"일 것을 그 구성요건으로 하고 있어 "행위주체"와 "행위태양"의 면에서 제한을 하고 있고, 또 "국가기밀"의 일반적 의미를 위와 같이 헌법합치적으로 한정해석을 하는 이상, 위 "나"목의 구성요건이 다소 불명확하다고 하더라도 그 사실만으로는 위 "나"목의 규정이 헌법에 위반된다고 할 정도로 죄형법정주의가 요구하는 명확성의 원칙에 반한다거나 국민의 표현의 자유 내지 "알 권리"를 과도하게 제한하는 것이라고는 볼 수 없다.

(4) 따라서 같은 법 제4조 제1항 제2호 "나"목은, 그 소정의 "군사상 기밀 또는 국가기밀"을 일반인에게 알려지지 아니한 것으로서 그 내용이 누설되는 경우 국가의 안전에 명백한 위험을 초래한다고 볼 만큼의 실질가치를 지닌 사실, 물건 또는 지식이라고 해석하는 한 헌법에 위반되지 아니한다고 할 것이다."

(헌재 1997. 1. 16, 92헌바6 등, 판례집 제9권 1집, 1, 4-5.)

한편 헌법재판소는 군사기밀보호법 제6조 등에 관한 위헌심판에서 군사기밀보호법에 대하여 역시 헌법합치적 해석을 하고 한정합헌결정을 하였다.

128. 군사기밀 보호법 한정합헌

판례 군사기밀의 범위는 국민의 표현의 자유 내지 "알 권리"의 대상영역을 최대한 넓혀줄 수 있도록 필요한 최소한도에 한정되어야 할 것이며 따라서 군사

> 기밀보호법 제6조, 제7조, 제10조는 동법 제2조 제1항의 "군사상의 기밀"이 비공지의 사실로서 적법절차에 따라 군사기밀로서의 표지를 갖추고 그 누설이 국가의 안전보장에 명백한 위험을 초래한다고 볼 만큼의 실질가치(實質價値)를 지닌 것으로 인정되는 경우에 한하여 적용된다 할 것이므로 그러한 해석 하에 헌법에 위반되지 아니한다.
>
> (헌재 1992. 2. 25, 89헌가104, 판례집 제4권, 64, 결정요지 1, 다.)

129. 위헌 사례   그 밖에도 확정된 형사소송기록의 복사신청에 대한 서울지방검찰청의정부지청장의 거부행위[107], 변호사시험 성적을 합격자에게 공개하지 않도록 규정한 변호사시험법 제18조 제1항 본문[108] 등은 청구인의 헌법상의 기본권인 "알 권리"를 침해하였다고 보았다.

130. 합헌 사례   이에 반하여 알 권리의 침해를 부정한 사례로는 청소년유해매체물로 인정된 인터넷 정보에 대하여 '전자적 표시'를 요구하는 것[109] 등이 있다.

V. 언론·출판의 자유와 타 기본권과의 경합

131. 특별한 기본권과 경합시 언론·출판의 자유 적용 배제   언론·출판의 자유는 각 영역에서 의사표현의 자유를 내용으로 하고 있는 각 기본권과 우선 경합될 수 있다. 가령 학문·예술의 자유, 종교의 자유 등이 그것이다. 이 경우 학문·예술, 종교적 의사표현과 또한 학문·예술 분야의 방송과 신문, 출판의 경우에는 이 학문·예술의 자유와 종교의 자유가 더 특별한 기본권이라고 할 수 있을 것이므로, 그 기본권에 의하여 보호된다. 따라서 그 영역에서의 표현의 자유에 대한 제한이 문제될 경우에는 일반적 기본권인 언론·출판의 자유는 원칙적으로 배제된다고 볼 수 있다.

132. 검열금지 원칙은 보충적 적용   다만 헌법재판소는 헌법 제21조 제2항을 학문·예술적 의사표현과 관련해서도 적용되는 것으로 보고, 사전검열금지의 판례를 전개하고 있

---

107) 헌재 1991. 5. 13, 90헌마133, 판례집 제3권, 234.
108) 헌재 2015. 6. 25, 2011헌마769 등, 판례집 제27권 1집 하, 513.
109) 헌재 2004. 1. 29, 2001헌마894, 판례집 제16권 1집, 114.

음은 전술한 바와 같다.

다음으로 언론기관의 자유와 관련해서 언론사는 동시에 경영기업 이라 할 수 있으므로, 이들의 자유는 직업 또는 영업의 자유와 경합될 수 있다. 직업의 자유가 일반인들과 관련해서는 언론 · 출판의 자유와 일반 · 특별의 관계에 있다고 하기는 힘든 데 반해서, 언론기업이나 기자들의 경우는 일반인과 다르다. 즉 언론기업과 방송 또는 신문기자의 경우 자신의 취재업무나 보도업무는 언론의 자유의 보호를 받으면서도, 동시에 자신의 영업의 자유나 직업행사의 자유의 보호영역에 해당되기도 한다. 이 때 만일 경찰이 기자의 사무실을 수색하고 컴퓨터 등 취재 자료를 압수할 경우, 해당 기자는 이러한 공권력행사에 의하여 자신의 언론 · 출판(취재 및 보도)의 자유와 직업행사의 자유를 침해받았다고 주장하면서 헌법소원심판을 청구할 수 있을 것인데, 이 경우 헌법재판소는 무엇을 기준으로 위헌심사를 해야 할 것인가가 문제될 수 있다.

133. 영업의 자유와의 경합의 경우

일반적으로 언론 · 출판의 자유가 차지하는 민주주의에 있어서의 의의와 중요성을 고려할 때, 언론기관에 종사하는 기자들의 취재와 보도는 헌법 제21조의 언론 · 출판의 자유와 동조 제2항의 사전검열금지조항에 의하여 매우 두터운 헌법적 보호를 받는다고 할 수 있을 것이며, 따라서 이들에 대해서는 언론 · 출판의 자유가 직업의 자유에 비하여 특별한 기본권이라고 해야 할 것이다. 그러므로 위 사례의 경우 특히 경찰이 기자가 보도한 보도내용과 관련하여 압수 · 수색을 하였다면, 헌법 제21조의 언론 · 출판의 자유를 기준으로 위헌여부를 심사하면 될 것이다. 다만 그러한 경우는 별로 발생할 가능성이 없지만, 가령 음란표현이나 혹은 명백히 허위의 사실이나 공공에 해악을 초래할 수 있는 표현의 경우 처음부터 언론 · 출판의 자유의 보호영역에서 제외된다고 해석하게 되면110), 그러한 표현은 더 이상 헌법적으로 보호되는 언론 · 출판이라 할 수 없으므로, 그에 대한 제재 역시 언론 · 출판의 자유에 대한 제한 이라 할 수 없게 된다. 그러므로 이렇게 볼 경우 가령 위 기자가 언론 ·

134. 언론인의 경우 언론 · 출판의 자유가 특별한 기본권

---

110) 가령 판례를 변경(헌재 2009. 5. 28, 2006헌바109 등, 판례집 제21권 1집 하, 545. 결정요지 2. 참조)하기 전 헌법재판소 입장, 헌재 1998. 4. 30, 95헌가16, 판례집 제10권 1집, 327. 이와 관련 위 각주 51) 참고.

출판의 자유의 보호영역에 해당될 수 없는 명백한 허위의 사실보도를 했다는 이유로 사무실에 대한 압수·수색을 당했다면, 이 경우에는 그 기자의 일반적인 기본권이라 할 수 있는 직업행사의 자유에 대한 제한이 될 수 있다고 해야 할 것이다. 그렇다면 그러한 제한이 헌법 제37조 제2항과 그리고 직업의 자유에 있어서 단계이론의 적용에 따라서도 정당화될 수 있을 것인지를 보충적으로 심사해야 할 것이다.

135. 방송운영의 자유가 특별한 기본권

헌법재판소는 방송법 제74조 위헌소원심판에서 방송운영의 자유가 직업수행의 자유에 비하여 특별한 기본권이라고 보고 이를 기준으로 심판대상조항의 헌법적 정당성 심사가 이루어져야 한다고 보았다. 다만 이 사건에서 헌법재판소 다수의견은 협찬고지에 관한 규율은 일종의 형성법률이라고 하는 이유로, 그에 대한 내용적 제한을 방송의 자유에 대한 제한으로 받아들이지 않았기 때문에 매우 완화된 심사를 한 것으로 보인다. 아무튼 이 사건에서도 방송사의 방송의 자유가 영업의 자유보다 우선하여 위헌여부 심사의 기준이 된다고 하는 취지라면 기본권경합과 관련하여 나름 타당한 논리라고 생각된다.

> **[판례] 방송법 제74조 위헌소원**
>
> 이 사건 법률조항은 앞서 본 바와 같이 방송사업운영과 관련하여 광고방송의 한 형태인 협찬 내지 협찬고지의 허용과 그 범위를 규율하고 있다. 이 경우 방송운영의 자유는 방송사업에 의한 직업수행의 자유이므로 일반적인 직업수행의 자유보다 방송운영의 자유에 더 밀접하고 특별한 관계를 갖고 있으므로 방송운영의 자유에 의하여 이 사건 법률조항의 헌법적 정당성 심사가 이루어져야 한다.
>
> (헌재 2003. 12. 18, 2002헌바49, 판례집 제15권 2집 하, 502, 522-523.)

제 15 절 집회 · 결사의 자유

Ⅰ. 서 론

집회 및 결사의 자유는 집단적인 의사표현을 가능하게 하는 자유로서 우리 헌법은 제21조에 언론 · 출판의 자유와 함께 이를 보장하고 있다.

집회의 자유는 국민이 국가의 일정한 정치적 쟁점에 대하여 집단적으로 의사표현을 하여야 할 필요가 있을 때에 함께 모여서 자신들의 의사를 표출할 수 있는 자유이다. 이에 비하여 결사의 자유는 어떠한 정치, 경제, 사회, 문화 등과 관련된 일정한 목적을 추구하기 위해서 여러 사람이 하나의 단체를 결성하고, 그 단체의 구성원으로 활동할 수 있는 자유를 보장하는 것이다. 따라서 집회의 경우에는 일정한 단체의 결성을 목적으로 하지 않은 채 그때그때 일정한 정치적, 사회적 이슈에 관한 집단적 의사를 표현할 수 있는 자유인 데 반하여, 결사의 자유는 집단적인 의사표현과 활동을 단체결성에 의하여 수행할 수 있는 자유라고 하는 점에서 서로 다르다.

다만 정치적 결사의 자유는 정당설립과 활동의 자유(헌법 제8조)에 의하여 보장되고 있기 때문에 이러한 정당설립과 활동의 자유가 결사의 자유의 특별한 기본권으로 기능한다고 할 수 있다.[1] 그리고 노동운동과 관련한 결사의 자유는 단결권에 의하여 보장되기 때문에 이 단결권 역시 결사의 자유에 대한 특별한 기본권이라고 할 수 있다.

1. 집단적인 의사표현의 자유

2. 집회의 자유와 결사의 자유의 차이

3. 정치적 결사의 자유

---

1) 헌재 1999. 12. 23, 99헌마135, 판례집 제11권 2집, 800: "이 사건 법률조항은 '누구나 국가의 간섭을 받지 아니하고 자유롭게 정당을 설립하고 가입할 수 있는 자유'를 제한하는 규정이다. 정당에 관한 한, 헌법 제8조는 일반결사에 관한 헌법 제21조에 대한 특별규정이므로, 정당의 자유에 관하여는 헌법 제8조 제1항이 우선적으로 적용된다. 그러나 정당의 자유를 규정하는 헌법 제8조 제1항이 기본권의 규정형식을 취하고 있지 아니하고 또한 '국민의 기본권에 관한 장'인 제2장에 위치하고 있지 아니하므로, 이 사건 법률조항으로 말미암아 침해된 기본권은 '정당의 설립과 가입의 자유'의 근거규정으로서, '정당설립의 자유'를 규정한 헌법 제8조 제1항과 '결사의 자유'를 보장하는 제21조 제1항에 의하여 보장된 기본권이라 할 것이다."

4. 민주주의에
있어서 없어서
는 아니되는 기
본권

어쨌든 집회의 자유와 결사의 자유도 민주주의에 있어서 국민이 정치적 의사형성을 자유롭게 하기 위해서 없어서는 아니 되는 중요한 기본권 가운데 하나라고 할 수 있다.

Ⅱ. 집회의 자유

1. 집회의 자유의 개념과 유형

가. 집회의 자유의 개념

5. 헌법해석에
의한 구체화 필
요

헌법 제21조 제1항은 모든 국민은 언론·출판의 자유와 집회·결사의 자유를 가진다고 규정하고 있다. 집회의 자유가 무엇인가 하는 것은 헌법이 자세하게 규정하고 있지 아니하다. 그러므로 집회의 개념이 무엇인가 하는 것은 헌법해석의 방법을 통해서 구체화하여야 한다.

6. 목적 불문
사람의 모임

집회라고 하는 것은 우선 문언적으로 해석할 때 사람이 모이는 것을 뜻한다. 이 때 어떠한 목적을 위해서 모이는가 하는 것은 불문한다. 집회의 성격을 생각할 때 정치적, 경제적, 사회적, 문화적 목적의 집회가 모두 가능하다. 이들 가운데 경제적 목적의 집회는 직업선택의 자유나 기업의 자유 또는 계약의 자유 등 경제활동의 자유에 의해서도 보호된다고 보아야 할 것이다. 그리고 사회적 목적과 문화적 목적의 집회의 경우, 가령 친교나, 학문, 예술, 그리고 체육행사 등의 목적을 위해서 집회하는 것도 집회의 자유에 의해서 보호되기도 하지만, 이러한 활동의 경우는 보다 직접적으로는 학문의 자유나 예술의 자유 그리고 사생활의 자유에 의해서 우선적으로 보호될 것이며, 관련되는 특별한 기본권이 없는 경우에는 최소한 일반적 행동의 자유를 보호하고 있는 헌법 제10조의 행복추구권에 의해서 보호된다고 보아야 할 것이다.

7. 정치적 목적
의 집회

특히 정치적 목적의 집회의 경우, 국가적으로 이슈가 되고 있는 정치적 사안에 대하여 국민적 여론이나 의사를 집단적으로 표시하기 위한 목적으로 모이는 경우가 대부분인데, 이러한 모임과 집회는 민주주의에 있어서 정치적 의사와 여론형성에 직접 영향을 미칠 뿐만 아니라, 정치권력에 대한 비판과 통제의 기능을 가지는 것이기 때문에 매우 중요하며 이러한 행위는 바로 이 집회의 자유에 의하여 가장 중심적으로 보호되는 것으로 보아야 할 것이다.

집회라고 할 수 있기 위해서는 복수의 사람이 모여야 할 것이다. 여기에서 2인 이상을 기준으로 할 것인가 아니면 3인 이상[2]을 기준으로 할 것인가는 중요하지 않다고 본다. 특정한 목적을 위해서 모인 경우에는 단 2인이라 하더라도 집회의 성격을 인정하여야 한다. 정치적 이슈에 관한 개인적 의사표현을 위해서 1인 시위를 하는 경우를 감안한다면 2인의 집회의 의미를 무시할 수 없을 것이다.

집회의 장소 역시 불문한다. 일단 옥내집회의 경우 집회가 사회에 미치는 영향력이나 파급효과의 면에서 옥외집회와 비교할 때, 매우 미미하다고 할 수 있기 때문에, 집회로 인하여 야기될 수 있는 문제점들이 훨씬 적다고 할 수 있고, 따라서 그러한 집회의 경우는 옥외집회에 비하여 그 제한필요성이 훨씬 적거나 거의 없다고 볼 수 있을 것이다.

그러나 옥외집회, 즉 공공의 도로나 광장, 공원과 같이 개방된 공간에서의 집회는 그 규모에 따라서 그러한 집회로 인하여 교통의 방해나 사고의 위험 등 여러 가지 문제를 야기할 수 있다. 그러한 문제를 줄이기 위한 목적으로 집회 및 시위에 관한 법률(이하 '집시법')이 존재한다고 볼 수 있다.

따라서 집시법은 옥외집회와 옥내집회를 구분하여 규율한다. 집시법(제2조 제1호)은 옥외집회라 함은 천장이 없거나 사방이 폐쇄되지 않은 장소에서의 집회를 말한다고 규정하고 있다. 그리고 옥외집회만이 신고의무의 적용대상이 된다(동법 제6조)

집회·시위장소는 집회·시위의 목적을 달성하는 데 있어서 매우 중요한 역할을 수행하는 경우가 많기 때문에 집회·시위장소를 자유롭게 선택할 수 있어야만 집회·시위의 자유가 비로소 효과적으로 보장되므로 장소선택의 자유는 집회·시위의 자유의 한 실질을 형성한다.[3]

그리고 헌법 제21조가 말하는 집회의 개념에는 일정한 장소에서 이

8. 복수의 사람의 모임

9. 장소불문

10. 옥외집회

11. 옥외집회와 옥내집회

12. 장소는 목적달성을 위하여 중요

13. 시위의 자유도 포함

---

2) 가령 계희열, 헌법학(중), 박영사 2007, 481면.
3) 헌재 2005. 11. 24, 2004헌가17, 판례집 제17권 2집, 360.

동하지 않고 모이는 집회뿐만 아니라, 다른 장소로 이동하면서 다중에게 집단적 의사나 위력을 나타내는 집회, 다시 말해서 시위의 자유도 포함된다고 할 수 있다.

14. 집 시 법 상
시위의 정의

집시법(제2조 제2호)은 시위라 함은 다수인이 공동목적을 가지고 도로·광장·공원 등 공중이 자유로이 통행할 수 있는 장소를 진행하거나 위력 또는 기세를 보여 불특정 다수인의 의견에 영향을 주거나 제압을 가하는 행위를 말한다고 하고 있다.

15. 가장 효과
적인 의사표현
방법

이러한 시위는 집단적인 의사를 가장 효과적으로 표현할 수 있는 방법으로서 민주주의에서 시민이 정치권력에 대하여 직접 찬반의사를 표시하고 여론을 형성할 수 있는 수단으로서 집회의 자유에 의하여 전형적으로 보호되는 행위양식이라고 볼 수 있을 것이다.

> [판례] 집회(集會)및시위(示威)에관한법률(法律) 제2조 제2호 소정의 "시위(示威)"의 개념요소
>
> 집회(集會)및시위(示威)에관한법률(法律) 제2조 제2호의 "시위(示威)"는 그 문리(文理)와 개정연혁(改正沿革)에 비추어 다수인이 공동목적을 가지고 (1) 도로·광장·공원 등 공중이 자유로이 통행할 수 있는 장소를 진행함으로써 불특정다수인의 의견에 영향을 주거나 제압을 가하는 행위와 (2) 위력(威力) 또는 기세(氣勢)를 보여 불특정다수인의 의견에 영향을 주거나 제압을 가하는 행위를 말한다고 풀이되므로, 위 (2)의 경우에는 "공중(公衆)이 자유로이 통행할 수 있는 장소"라는 장소적 제한개념은 시위(示威)라는 개념의 요소라고 볼 수 없다.[4]

나. 유 형

16. 집회의 유
형

집회는 다음과 같이 여러 가지 유형[5]으로 나누어 볼 수 있다.

(1) 옥외집회와 옥내집회

17. 집회에 있
어서 장소의 의
미

집회의 목적·내용과 집회의 장소는 일반적으로 밀접한 내적인 연관관계에 있기 때문에, 집회의 장소에 대한 선택이 집회의 성과를 결정

---

4) 헌재 1994. 4. 28, 91헌바14, 판례집 제6권 1집, 281, 281-282.
5) 이러한 유형에 대하여는 계희열 (주 2), 482면 이하 참조.

짓는 경우가 적지 않다. 집회장소가 바로 집회의 목적과 효과에 대하여 중요한 의미를 가지기 때문에, 누구나 '어떤 장소에서' 자신이 계획한 집회를 할 것인가를 원칙적으로 자유롭게 결정할 수 있어야만 집회의 자유가 비로소 효과적으로 보장되는 것이다. 따라서 집회의 자유는 다른 법익의 보호를 위하여 정당화되지 않는 한, 집회장소를 항의의 대상으로부터 분리시키는 것을 금지한다.

집시법이 옥외집회와 옥내집회를 구분하는 이유는, 옥외집회의 경우 외부세계, 즉 다른 기본권의 주체와 직접적으로 접촉할 가능성으로 인하여 옥내집회와 비교할 때 법익충돌의 위험성이 크다는 점에서 집회의 자유의 행사방법과 절차에 관하여 보다 자세하게 규율할 필요가 있기 때문이다. 이는 한편으로는 집회의 자유의 행사를 실질적으로 가능하게 하기 위한 것이고, 다른 한편으로는 집회의 자유와 충돌하는 제3자의 법익을 충분히 보호하기 위한 것이다.[6]

> 18. 옥외집회와 옥내집회의 구분 이유

(2) 주간집회와 야간집회

일몰 이후 일출 전까지의 집회는 야간집회, 그리고 일출 후 일몰 전까지의 집회를 주간집회라고 할 수 있다. 집시법은 야간집회를 원칙적으로 금지하고 있다. 즉 누구든지 해가 뜨기 전이나 해가 진 후에는 옥외집회 또는 시위를 하여서는 아니 된다. 다만, 집회의 성격상 부득이하여 주최자가 질서유지인을 두고 미리 신고한 경우에는 관할경찰관서장은 질서 유지를 위한 조건을 붙여 해가 뜨기 전이나 해가 진 후에도 옥외집회를 허용할 수 있다(법 제10조). 그러나 헌법상 집회의 자유는 주간집회와 야간집회를 나누지 않고 있다. 질서유지와 관련하여 야간집회의 경우 훨씬 더 질서유지의 어려움이 있을 것으로 예상할 수 있지만, 현행 집시법은 야간집회의 경우 사실상 허가제에 가깝게 하고 있기 때문에 집회의 자유에 대한 지나친 제한이 아닌가 하는 의문이 든다.

> 19. 일몰 전후로 하는 구분

헌법재판소도 이러한 점을 감안하여 동 조항에 대하여 헌법불합치 결정[7]을 내린바 있었고, 나중에는 이 조항 중 '시위'에 관한 부분을 '해

> 20. 야간집회금지 헌법불합치·한정위헌

---

6) 헌재 2003. 10. 30, 2000헌바67, 판례집 제15권 2집 하, 41, 42-43.

가 진 후부터 같은 날 24시까지의 시위에 적용하는 한 헌법에 위반된다'
고 하는 한정위헌결정8)을 내린 바 있다(후술).

(3) 공개집회와 비공개집회

21. 불특정다수의 참여 허락 여부

불특정 다수에게 참여가 허락되어 있는 공개집회와 일정한 집단에게만 참여가 허락되어 있는 비공개집회로 나눌 수 있으며, 집회의 자유는 공개집회이든 비공개집회이든 모두 보호하는 것으로 보아야 할 것이다.

(4) 평화적 집회와 비평화적 집회

22. 평화·무기휴대 여부

헌법 제21조가 보호하는 것은 평화롭고 무기를 휴대하지 않은 집회라고 하여야 할 것이다. 폭력적인 집회 또는 다른 사람의 생명이나 건강에 위해를 가할 수 있는 무기를 휴대한 집회의 경우, 집단적인 의사표현의 자유의 한계를 넘어서는 것이라고 할 수 있기 때문에, 이러한 집회의 경우 헌법 제21조에 의하여 보호되지 못한다고 보아야 할 것이다.

23. 질서유지 의무

집시법 제16조는 집회 또는 시위의 주최자에게 집회 또는 시위에 있어서의 질서유지 의무를 부과하고 있다. 그리고 비평화적 집회나 신고된 목적, 일시, 장소, 방법 등의 범위를 뚜렷이 벗어나는 집회를 금지하고 있다. 물론 집회나 시위 과정에서 일부 소수의 폭력적 행위에 의하여 그 집회 전체가 다 비평화적 집회나 시위가 된다고 할 수는 없다.9) 다만 무기를 휴대한 집회의 경우 대부분 평화롭지 못한 집회에 해당한다고 보아야 할 것이다. 집시법 제16조 제3항 제1호에서 열거하는 위험한 물건을 휴대하고 집회를 하거나 하게 하는 경우, 그 휴대만으로도 비평화적 집회라고 할 수 있을 것이나, 그 밖의 물건들의 경우 단지 그 휴대만으로 비평화적 집회라고 단정할 수는 없을 것이다.

(5) 계획된 집회와 우발적 집회

24. 사전계획 여부

사전에 계획된 것인지 여부에 따라서 계획된 집회와 우발적 집회로

---

7) 헌재 2009. 9. 24, 2008헌가25, 판례집 제21권 2집 상, 427.
8) 헌재 2014. 3. 27, 2010헌가2 등, 판례집 제26권 1집 상, 324.
9) 계희열 (주 2), 484면.

나눌 수 있으나, 헌법 제21조의 집회의 자유는 이 양자를 모두 보호하는 것으로 보아야 할 것이다.

집시법 제6조 제1항에 의하면 옥외집회나 시위를 개최하는 경우에 옥외집회나 시위를 시작하기 720시간 전부터 48시간 전에 신고하도록 규정하고 있다. 하지만 우발적 집회의 경우 사전에 신고할 수 있는 시간적 여유가 없기 때문에 사전신고가 이루어지지 아니하였다 해서 우발적 집회에 대하여 모두 불법으로 간주하는 것은 집회의 자유에 대한 지나친 제한이 될 수 있을 것이다.

25. 사전 신고

긴급집회의 경우에도 위와 같은 신고의무는 준수될 수 없기 때문에 신고의무조항은 사전에 미리 계획된 집회의 경우에만 적용되는 것으로 보아야 할 것이다.[10]

26. 긴급집회

긴급집회와 관련하여 소위 플래시 몹(flash mob. 우리말로는 '번개모임' 또는 '번개집회' 정도가 가장 적확한 말이 아닐까 한다.)을 통한 집회가 문제된다. 플래시 몹이란 수많은 사람이 사회관계망서비스(SNS), 블로그, 문자나 메신저 등 현대적 디지털 의사소통수단을 통해서 서로 의사소통을 하고 공개적 장소에서 자발적으로 갑자기 모여 약속된 공통의 행위를 연출한 후 재빨리 흩어지는 모임이라고 할 수 있다.[11] 이 플래시 몹은 2003년 미국 뉴욕 맨해튼의 한 호텔에서 시작되었는데, 당시 로비에 사람들이 갑자기 모인 후에 박수를 치고 15초 후에 순식간에 흩어져 이 광경을 보던 사람들을 어리둥절하게 만들었으며, 그 후 2006년 벨로루시 대학생들이 대통령 부정선거에 항의하며 수도 민스크 중앙광장에서 관영지인 소비에트 벨로루시를 보다 갑자기 일제히 신문을 찢어버리는 퍼포먼스를 연출하였고, 국내에서도 비슷한 시기에 번화가 한복판에서

27. 플래시 몹

---

10) 계희열 (주 2), 486면. 마찬가지로 즉흥적 집회(Spontanversammlungen)나 긴급집회(Eilversammlungen)와 같이 사전 신고를 할 수 없는 상황에서 신고를 하지 않았다고 하여 당연히 금지되어야 할 불법집회가 되는 것은 아니라고 하는 독일 연방헌법재판소의 판례로 BVerfGE 128, 226 (261).

11) Conrad Neumann, Flashmobs, Smartmobs, Massenpartys — Die rechtliche Beurteilung moderner Kommunikations— und Interaktionsformen, NVwZ 2011, S. 1171 ff.(1171) 참조. 그는 여기에서 플래시 몹(Flashmob)과 스마트 몹(Smartmob), 그리고 다중파티(Massenparty)의 개념을 구분하고 있다.

괴성을 지르거나 사람들이 많이 모인 곳에서 혼자 노래를 부르는 등의 퍼포먼스를 하였다고 한다.[12] 독일의 경우 2009년 8월 브라운슈바이크 성 위에서의 다중소풍(Massenpicknick)행사가 이와 관련한 논란의 정점을 찍었으며, 또한 독일 연방노동법원은 2009년 9월 22일 판결[13]에서 조합원들이 단체협약에서 조직하고 개최한 플래시 몹을 허용되는 투쟁수단으로 간주하여 놀라게 하였다고 한다.[14] 이 연방노동법원의 판결에 대하여 독일 연방헌법재판소 역시 헌법적으로 문제될 것이 없다고 판결[15] 한 것은 우리에게 시사하는 바가 적지 않다고 생각된다.

28. 현대적인 의사소통과 상호작용의 한 형식

이러한 플래시 몹을 통한 집회에 대하여 사전 신고를 하지 않은 집회로서 규제할 것인지 아니면 현대적인 의사소통과 상호작용의 한 형식으로 받아들여야 할지의 문제가 제기될 수 있으나, 모임 자체가 공공의 안녕질서에 크게 위해를 준다고 할 수 없는 한 그러한 집회를 굳이 금지되는 미신고집회로 취급하여 모두 불법화하고 규제하려 하는 것은 오늘날 디지털 뉴미디어를 통한 언론의 자유와 집단적 의사표시의 자유를 지나치게 제한할 우려가 있으므로 신중을 기할 필요가 있는 것 아닌가 생각된다. 그러므로 언론·출판 및 집회의 자유와 혹은 최소한 일반적 행동의 자유에 의해서 보호될 수 있는 행위에는 해당될 수 있을 것이기 때문에, 앞으로 이와 관련된 소송사건이 제기되는 경우 보다 구체적으로 충돌하는 헌법적 법익들이 무엇인지를 상세히 살펴보고 이 문제에 대하여 신중하게 판단할 필요가 있다고 생각된다.

(6) 정치적 집회와 비정치적 집회

29. 정치적 성격의 유무

정치적 성격의 유무에 따른 분류로서 정치적 집회와 비정치적 집회가 있다.

---

12) 이상 이준섭, 집회의 자유와 경찰권 행사에 관한 연구 - 선진 집회제도를 위한 법·제도적 방안을 중심으로, 영남대 대학원 박사학위논문, 2010. 12., 215-216면 참조.

13) BAG Urteil vpm 22. 9. 2009, 1 AZR 972/08.

14) Neumann (주 11), S. 1171 ff.

15) BVerfG vom 16. 3. 2014, 1 BvR 3185/09, ZTR 2014, S. 262-265.

2. 집회의 자유의 기능과 법적 성격

가. 집회의 자유의 기능

집회의 자유는 개인의 인격발현의 요소이자 민주주의를 구성하는 요소라는 이중적인 헌법적 기능을 가지고 있다. 인간의 존엄성과 자유로운 인격발현을 최고의 가치로 삼는 우리 헌법질서 내에서 집회의 자유도 다른 모든 기본권과 마찬가지로 일차적으로는 개인의 자기결정과 인격발현에 기여하는 기본권이다. 뿐만 아니라 집회를 통하여 국민들이 자신의 의견과 주장을 집단적으로 표명함으로써 여론의 형성에 영향을 미친다는 점에서, 집회의 자유는 표현의 자유와 더불어 민주적 공동체가 기능하기 위하여 불가결한 근본요소에 속한다.[16]

30. 인격발현의 요소, 민주주의 구성 요소

> **판례**   집회의 자유는 대의민주주의를 채택하고 있는 우리 헌법 체제에서 주권자인 국민의 의사를 국가기관에 직접 전달하고, 모든 사람이 자유롭게 자신의 의사를 표현하는 한편 다른 사회 구성원과 자유롭게 정보와 의견을 교환함으로써 인간의 존엄과 가치를 실현할 수 있도록 하는 기본권이다. 이런 점에서 집회의 자유는 언론 · 출판의 자유와 함께 민주주의 실현을 위한 필수적 기본권이라 할 수 있다. 집회의 자유는 집회의 시간 · 장소 · 방법 · 목적 등을 스스로 결정하는 것을 내용으로 하며, 구체적으로 보호되는 주요 행위는 집회의 준비 · 조직 · 지휘 · 참가 및 집회 장소와 시간의 선택 등이다(헌재 2016. 9. 29. 2014헌가3 등 참조)
>
> (헌재 2018. 7. 26, 2018헌바137, 판례집 제30권 2집, 71, 74.)

나. 법적 성격

집회의 자유도 우선적으로 국가권력에 대한 주관적 방어권으로서의 성격을 가지며, 다른 한편 객관적 가치질서로서의 성격을 갖는다. 이러한 객관적 가치질서로서의 성격에는 특히 다른 국민에 의해서 집회의 자유가 방해받을 경우에, 국가가 이를 적극적으로 보호해야 할 의무, 즉 기본권보호의무도 포함된다고 볼 수 있을 것이다.

31. 주관적 방어권, 객관적 가치질서

언론 · 출판의 자유와 함께, 집회 · 결사의 자유는 민주주의를 가능

32. 가장 정치적 성격이 짙은 기본권

---

16) 헌재 2003. 10. 30, 2000헌바67, 판례집 제15권 2집 하, 41, 41–42.

하게 하는 가장 정치적 성격이 짙은 기본권으로서 이러한 자유가 방해받는 경우 민주주의적인 의사소통이 불가능하게 된다. 따라서 국가는 이러한 자유가 최대한 실현될 수 있도록 보호해야 할 뿐만 아니라, 집회 및 시위에 관한 법률을 통해서 사전에 신고되지 않은 집회의 경우 불법시위로 간주하여 금지하고 그 위반 시 처벌을 하게 되면 결과적으로 이는 헌법이 금지하고 있는 집회에 대한 허가가 될 수밖에 없음을 주의해야 할 것이다.

3. 집회의 자유의 기본권주체

33. 자연인, 법인

자연인이 집회의 자유의 주체가 된다는 것은 당연하다. 그런데 법인도 집회의 자유의 주체가 될 수 있을 것인지가 문제될 수 있다. 내국사법인이나 권리능력 없는 사단은 비록 집회 자체에는 참가할 수 없다 하더라도 집회를 개최하고 주관할 수는 있기 때문에, 이들도 집회의 자유의 주체가 된다고 볼 수 있다.[17]

34. 외국인

자연인 가운데 내국인은 당연히 포함되지만 외국인의 기본권주체성을 인정할 것인가의 문제가 제기된다. 집회의 자유는 집단적인 의사표현(출)의 자유이다. 따라서 이러한 넓은 의미의 표현의 자유는 언론·출판의 자유와 함께 천부인권적 성격이 강한 자유라고 보아야 할 것이다. 그렇다면 외국인에게도 인정되어야 할 것이나, 집회의 자유가 가지는 정치적 성격으로 인하여 외국인의 경우 내국인보다 제한을 더 많이 받는다고 할 수는 있을 것이다.

35. 독일의 경우

참고로 독일의 경우 집회·결사의 자유는 국민의 권리로 규정하고 있다(독일 기본법 제8조: "모든 독일인").

4. 집회의 자유의 보호영역

36. 집단적 의사표현, 시위의 자유, 장소선택의 자유

집회의 자유에는 헌법재판소가 잘 판시하고 있듯이, "집회를 통하여 형성된 의사를 집단적으로 표현하고 이를 통하여 불특정 다수인의

---

17) Höfling, in: Sachs GG, 4. Aufl., München 2007, Art. 8, Rn. 47.

의사에 영향을 줄 자유를 포함한다. 따라서 이를 내용으로 하는 시위의
자유 또한 집회의 자유를 규정한 헌법 제21조 제1항에 의하여 보호되는
기본권이다. 한편 집회 · 시위의 자유에는 집회 · 시위의 장소를 스스로
결정할 장소선택의 자유가 포함된다."[18] "집회 · 시위장소는 집회 · 시위
의 목적을 달성하는데 있어서 매우 중요한 역할을 수행하는 경우가 많
기 때문에 집회 · 시위장소를 자유롭게 선택할 수 있어야만 집회 · 시위
의 자유가 비로소 효과적으로 보장된다. 따라서 장소선택의 자유는 집
회 · 시위의 자유의 한 실질을 형성한다."[19]

> **판례** 집회의 자유는 집회의 시간, 장소, 방법과 목적을 스스로 결정할 권리를
> 보장한다. 집회의 자유에 의하여 구체적으로 보호되는 주요행위는 집회의 준
> 비 및 조직, 지휘, 참가, 집회장소 · 시간의 선택이다. 따라서 집회의 자유는 개
> 인이 집회에 참가하는 것을 방해하거나 또는 집회에 참가할 것을 강요하는 국
> 가행위를 금지할 뿐만 아니라, 예컨대 집회장소로의 여행을 방해하거나, 집회
> 장소로부터 귀가하는 것을 방해하거나, 집회참가자에 대한 검문의 방법으로
> 시간을 지연시킴으로써 집회장소에 접근하는 것을 방해하는 등 집회의 자유행
> 사에 영향을 미치는 모든 조치를 금지한다.
> (헌재 2003. 10. 30, 2000헌바67, 판례집 제15권 2집 하, 41, 42. 결정요지 3.)

> **판례** 집회의 자유에 의하여 보호되는 것은 단지 '평화적' 또는 '비폭력적' 집회
> 이다. 집회의 자유는 민주국가에서 정신적 대립과 논의의 수단으로서, 평화적
> 수단을 이용한 의견의 표명은 헌법적으로 보호되지만, 폭력을 사용한 의견의
> 강요는 헌법적으로 보호되지 않는다. 헌법은 집회의 자유를 국민의 기본권으
> 로 보장함으로써, 평화적 집회 그 자체는 공공의 안녕질서에 대한 위험이나 침
> 해로서 평가되어서는 아니 되며, 개인이 집회의 자유를 집단적으로 행사함으
> 로써 불가피하게 발생하는 일반대중에 대한 불편함이나 법익에 대한 위험은
> 보호법익과 조화를 이루는 범위 내에서 국가와 제3자에 의하여 수인되어야 한
> 다는 것을 헌법 스스로 규정하고 있는 것이다.
> (헌재 2003. 10. 30, 2000헌바67, 판례집 제15권 2집 하, 41, 42. 결정요지 2.)

---

18) 헌재 2003. 10. 30, 2000헌바67 등, 판례집 제15권 2집 하, 41, 53를 인용하며, 헌
   재 2005. 11. 24, 2004헌가17, 판례집 제17권 2집, 360, 366.
19) 헌재 2005. 11. 24, 2004헌가17, 판례집 제17권 2집, 360, 366.

5. 제 한

가. 집회의 자유에 대한 제한

37. 보호영역에 대한 방해금지 강제

집회의 자유의 보호영역에 드는 행위를 방해하거나 금지하는 모든 공권력의 행위와 그리고 일정한 집회에의 참가를 원치 않음에도 불구하고 그 집회에 대한 참가를 강요하는 모든 공권력의 행위는 집회의 자유에 대한 제한이라고 할 것이다.

38. 헌법 제37조 제2항

집회의 자유에 대한 제한은 헌법 제37조 제2항에 따라 국가안전보장, 질서유지, 공공복리를 위하여 필요한 경우에 한하여 법률로써 할 수 있다. 헌법재판소는 집회의 자유에 대한 제한에 관하여 다음과 같이 판시하고 있다.

> 판례 집회의 자유를 제한하는 대표적인 공권력의 행위는 집시법에서 규정하는 집회의 금지, 해산과 조건부 허용이다. 집회의 자유에 대한 제한은 다른 중요한 법익의 보호를 위하여 반드시 필요한 경우에 한하여 정당화되는 것이며, 특히 집회의 금지와 해산은 원칙적으로 공공의 안녕질서에 대한 직접적인 위협이 명백하게 존재하는 경우에 한하여 허용될 수 있다. 집회의 금지와 해산은 집회의 자유를 보다 적게 제한하는 다른 수단, 즉 조건을 붙여 집회를 허용하는 가능성을 모두 소진한 후에 비로소 고려될 수 있는 최종적인 수단이다.
> (헌재 2003. 10. 30, 2000헌바67 등, 판례집 제15권 2집 하, 41, 43.)

나. 집시법상 집회의 자유에 대한 제한의 내용

39. 공공의 안녕질서를 위한 제한

현행 집시법은 공공의 안녕질서를 위하여 집회의 자유에 대한 다양한 제한규정을 두고 있다.

(1) 신고의무

40. 720시간전부터 48시간전까지

첫째, 신고의무이다. 우선 옥외집회나 시위를 주최하려는 자는 목적, 일시, 장소, 주최자·연락책임자·질서유지인의 인적 사항과 연락처, 참가 예정 단체와 인원, 시위의 경우 그 진로와 약도 등 집회 계획의 상세를 기재한 신고서를 집회 시작 720시간 전부터 48시간 전에 관할 경찰서장에 제출하여야 한다(집시법 제6조).

(2) 시간적 제한

둘째, 시간적 제한이다. 즉 집시법 제10조는 "누구든지 해가 뜨기 41. 야간옥외집
전이나 해가 진 후에는 옥외집회 또는 시위를 하여서는 아니 된다. 다 회 금지
만, 집회의 성격상 부득이하여 주최자가 질서유지인을 두고 미리 신고
한 경우에는 관할경찰관서장은 질서 유지를 위한 조건을 붙여 해가 뜨
기 전이나 해가 진 후에도 옥외집회를 허용할 수 있다."고 규정하고 있
다. 그런데 헌법재판소는 종전의 합헌결정[20]을 변경하고서 전술하였듯
이 이 조항에 대해서 헌법불합치를 선고하였으며, 또한 국회의 입법개
선이 이루어지지 않자 추후에는 다시 한정위헌을 선고한 바 있다. 헌법
재판소는 야간옥외집회에 관한 일반적 금지를 규정하고 있는 집시법 제
10조 본문과 관할 경찰서장에 의한 예외적 허용을 규정한 단서조항은
그 전체로서 야간옥외집회에 대한 허가를 규정한 것이라고 평가하고 이
는 헌법 제21조 제2항에 정면으로 위반된다고 보았으며, 이 조항들에
대해서는 2010. 6. 30.을 시한으로 입법자가 개정할 때까지 잠정적으로
계속 적용할 것을 명하는 헌법불합치결정을 선고했던 것이다.[21] 그러나
그 시한이 경과되었음에도 불구하고 국회가 이 조항을 개정하지 않자,
헌법재판소는 집시법 제10조 본문 중 '시위'에 관한 부분 및 제23조 제3
호 중 '제10조 본문' 가운데 '시위'에 관한 부분은 각 '해가 진 후부터 같
은 날 24시까지의 시위'에 적용하는 한 헌법에 위반된다고 하는 한정위
헌결정을 선고하였다.[22] 다시 말해서 해가 진 후부터 그 날 24시간까지

---

20) 헌재 1994. 4. 28, 91헌바14, 판례집 제6권 1집, 281, 282. 변정수 재판관의 반대의
   견 있음.
21) 헌재 2009. 9. 24, 2008헌가25, 판례집 제21권 2집 상, 427.
22) 헌재 2014. 3. 27, 2010헌가2 등, 판례집 제26권 1집 상, 324. 김창종, 강일원, 서기
   석 재판관은 단순 (전부)위헌 의견이었다. 재차 한정위헌결정으로 헌재 2014. 4.
   24. 2011헌가29, 판례집 26−1상, 574. 위 2010헌가2 등 결정과 관련하여 대법원은
   2014. 7. 10, 선고 2011도1602 판결에서 집시법의 위 각 조항의 '시위'에 관한 부
   분 중 '해가 진 후부터 같은 날 24시까지' 부분이 헌법에 위반된다는 일부 위헌의
   취지라고 보고서 종전 한정위헌결정의 기속력을 부인하던 입장과 달리 헌법재판
   소의 이 한정위헌결정의 효력을 인정하였다. 이는 대법원이 그간 법률에 대한 해
   석권한은 대법원을 최고법원으로 하는 법원에 전속되어 있는 권한이라고 하면서
   헌법재판소가 행한 법률에 대한 헌법합치적 해석 중 하나인 한정위헌결정은 헌
   법재판소의 단순한 견해에 불과한 것으로 기속력이 없다고 하는 종래의 확립된

는 시위가 허용되어야 한다고 본 것이다. 헌법불합치결정이 선고된 지
13년이 넘었고, 재차 한정위헌결정이 선고된 지 벌써 9년이 넘었음에도
불구하고 아직까지 이 조항에 대하여 국회가 개정을 하지 않고 있는데,
이로 인하여 법을 적용하는 검찰이나 재판 실무에서 상당한 혼란이 야
기될 수 있으므로 국회는 조속한 시일 내에 헌법재판소의 결정 취지대
로 법조문을 개정해야 할 것이다.

(3) 장소적 제한

**42. 집시법 제
11조**

　셋째, 장소적 제한이다. 구 집시법 제11조(2004. 1. 29. 법률 제7123호
로 개정되기 전)는 1. 국회의사당, 각급법원, 헌법재판소, 국내주재 외국의
외교기관, 2. 대통령관저, 국회의장공관, 대법원장공관, 헌법재판소장공
관, 3. 국무총리공관, 국내주재 외국의 외교사절의 숙소(다만, 행진의 경우
예외)의 청사 또는 저택의 경계로부터 1백미터 이내의 장소에서는 옥외
집회나 시위를 금지하는 규정을 두고 있었다.

**43. 헌재의 위
헌결정**

　그런데 헌법재판소가 그동안 장소적 제한을 규정하고 있던 집시법
제11조 제1호 중 "국내 주재 외국의 외교기관" 부분에 대하여 위헌결
정23)을 선고하자 그 후 개정된 집시법 제11조는 제1호에서 "국내 주재
외국의 외교기관"을 삭제하고, 아울러 같은 조 제3호에 규정되어 있던
"국내주재 외국의 외교사절의 숙소" 부분을 삭제하는 한편, "국내주재
외국의 외교기관이나 외교사절의 숙소"에 관한 제4호를 신설한 후, "다
만, 다음 각목의 1에 해당하는 경우로서 외교기관이나 외교사절의 숙소
의 기능이나 안녕을 침해할 우려가 없다고 인정되는 때에는 그러하지
아니하다."라고 규정하였고, 각목에는 "가. 당해 외교기관이나 외교사절
의 숙소를 대상으로 하지 아니하는 경우, 나. 대규모 집회 또는 시위로
확산될 우려가 없는 경우, 다. 외교기관의 업무가 없는 휴일에 개최되는

　　입장(대법원 1996. 4. 9. 선고 95누11405 판결; 대법원 2001. 4. 27. 선고 95재다14
　　판결. 이에 대하여는 방승주, 헌법소송사례연구, 박영사 2002, 343면 이하 참조.)
　　을 실질적으로 변경한 것인지 아니면 일부 위헌으로 볼 수 있는 경우에만 국한에
　　서 그 한정위헌결정의 기속력을 인정하는 것인지는 좀 더 지켜봐야 할 것으로 보
　　이기는 하지만, 어쨌든 매우 괄목할 만하고 고무적인 판결이라고 생각된다.
　23) 헌재 2003. 10. 30, 2000헌바67 등, 판례집 제15권 2집 하, 41.

경우"를 신설하였다.

그러나 그 후에도 헌법재판소는 이 가운데 제11조 제1호 중 "국회 의사당" 부분[24], 제11조 제3호 중 "국무총리 공관" 부분[25], 제11조 제1 호 중 "각급 법원" 부분[26]에 대하여 각 개정시한까지 잠정적인 계속 적 용을 명하는 헌법불합치결정을 선고하였다.

그러자 국회는 헌법재판소의 헌법불합치 결정의 취지에 따라 국회 의사당, 국무총리 공관, 각급 법원, 헌법재판소의 경계 지점으로부터 100 미터 이내의 장소에서 집회·시위를 예외적으로 허용하도록 옥외집회 및 시위의 금지 장소에 관한 규정을 개정함으로써 집회·시위의 자유와 공공의 안녕질서의 조화를 도모하려 하였다고 개정이유를 밝히면서, 현 행 규정과 같이 집시법 제11조(2020. 6. 9. 법률 제17393호)를 개정하였다.

다음으로 주거지역이나 학교 주변 지역, 군사시설보호구역 등 집시 법이 정하는 일정한 경우에는 그 거주자나 관리자가 시설이나 장소의 보호를 요청하는 경우에 집회나 시위의 금지 또는 제한을 통고할 수 있 다. 다만 이에 대해서는 집회장소에 대한 선택의 자유를 과도하게 제한 하여 집회의 개최 자체를 어렵게 만들 가능성이 있다는 점에서 위헌이 라고 하는 주장[27]도 제기되고 있다.

---

24) 헌재 2018. 5. 31, 2013헌바322 등, 판례집 제30권 1집 하, 88.
25) 헌재 2018. 6. 28, 2015헌가28 등, 판례집 제30권 1집 하, 297.
26) 헌재 2018. 7. 26, 2018헌바137, 판례집 제30권 2집, 71, 76: 이 결정에서 헌법재판 소는 "입법자로서는 심판대상조항으로 인하여 발생하는 집회의 자유에 대한 과 도한 제한 가능성이 완화될 수 있도록, 법관의 독립과 구체적 사건의 재판에 영 향을 미칠 우려가 없는 옥외집회·시위는 허용될 수 있도록 그 가능성을 열어두 어야 한다."고 하고 또한 "심판대상조항은 과잉금지원칙을 위반하여 집회의 자유 를 침해한다."고 하면서 헌법불합치결정을 선고하고 있는바, 이러한 헌법불합치 결정은 종래의 이 심판대상조항에 대한 합헌결정(헌재 2005. 11. 24, 2004헌가17, 판례집 제17권 2집, 360, 4인의 반대의견 있음)과는 전혀 다른 상반된 입장이며, 오히려 종래의 합헌결정에서의 4인의 반대의견에 부합하는 결정이라고 할 수 있 음에도 불구하고, 명시적으로 판례변경을 하지 않고서 헌법불합치결정을 하였다 고 보이는데, 헌법재판소가 왜 그렇게 하였는지 그 이유를 알 수 없다. 만일 판례 를 변경하였다면 그 뜻을 명시적으로 분명히 밝혔어야 마땅할 것이다.
27) 계희열 (주 2), 496면.

(4) 질서유지를 위한 제한

47. 각종 제한

그 밖에도 집시법은 공공의 안녕질서를 유지하기 위한 제한을 하고 있는데, 교통 소통을 위한 제한(제12조), 확성기 등 사용 제한 등 소음발생에 대한 제한(제14조 제1항)규정이 그것이다.

48. 공공의 안녕 질서에 직접적인 위협

또한 해산된 정당의 목적을 달성하기 위한 집회나 시위, 공공의 안녕 질서에 직접적인 위협을 끼칠 것이 명백한 집회나 시위는 모두 금지하고 있다(제5조).

49. 금지 통고

그리고 신고된 옥외집회나 시위가 집시법상 금지된 집회나 시위에 해당된다고 판단될 때에는 관할경찰관서장이 신고서 접수 48시간 이내에 금지 통고를 할 수 있으며, 집회 또는 시위가 집단적인 폭행 등으로 공공의 안녕 질서에 직접적인 위험을 초래한 경우에는 남은 기간의 해당 집회 또는 시위에 대하여 신고서를 접수한 때부터 48시간이 지난 경우에도 금지 통고를 할 수 있다(제8조).

50. 자진해산 요청과 해산명령

그리고 관할경찰관서장은 집시법상 금지된 집회나 시위 또는 신고를 하지 않은 집회나 시위에 대해서는 상당한 시간 이내에 자진 해산할 것을 요청하고 이에 따르지 아니하면 해산을 명할 수 있다(제20조).

51. 코로나19 확산방지를 위한 제한

그 밖에 집회의 자유에 대한 제한 사례로는 코로나19 바이러스 감염병의 확산을 방지하기 위해서 각 시민 단체들이 신고한 광복절 집회나 개천절 집회, 그리고 한글날 집회 등에 대하여 관할 지방자치단체나 경찰청이 집회금지처분을 하는 경우를 들 수 있다. 이에 대하여 각 시민 단체가 집회금지의 취소를 구하는 가처분신청을 행정법원에 제기하였으나, 광복절 집회와 같은 경우 일부 인용이 되기도 하였지만[28], 이로 인한 코로나19의 재확산 사태 등을 고려하여 그 후의 가처분신청은 계속 기각되었다.[29]

---

28) 가령 서울행정법원 제11부, 2020. 8. 14, 2020아12441; 서울행정법원 제3부, 2020. 10. 2, 2020아12845.

29) 서울행정법원 제5부, 2020. 9. 29, 2020아12828; 서울행정법원 제1부, 2020. 10. 8, 2020아878; 서울행정법원 제1부, 2020. 10. 8, 2020아879; 서울행정법원 제13부, 2020. 9. 29, 2020아849.

6. 집회의 자유의 제한의 한계

집회의 자유에 대한 제한 역시 제한의 한계를 준수하지 않으면 안 되는데, 헌법 제37조 제2항에 따라 국가안전보장이나 질서유지를 위해서 필요한 최소한으로 제한하지 않으면 안 된다. 즉 과잉금지의 원칙을 준수해야 한다. 그리고 충돌하는 헌법적 법익들이 최대한 실현될 수 있도록 실제적 조화의 원리에 맞는 해결을 하여야 한다.

52. 과잉금지의 원칙

특히 이 집회의 자유를 제한하기 위해서는 공공의 안녕질서에 대하여 명백하고 현존하는 위험이 존재하지 않으면 안 된다고 하는 원칙이 적용되고 있다.30)

53. 명백하고 현존하는 위험

그리고 헌법 제21조 제2항은 집회·결사에 대한 허가는 인정되지 아니한다고 규정하고 있다. 따라서 사전에 신고하지 않은 집회를 금지하는 것은 이러한 집회의 허가제에 가깝기 때문에 그 위헌성 여부의 문제가 제기되고 있으나, 헌법재판소는 집시법상 신고 규정(제6조 제1항)과 미신고 옥외집회 및 시위에 대하여 처벌을 하는 규정(제22조 제2항)에 대하여 합헌결정31)을 선고한 바 있다.

54. 집회·결사에 대한 허가

7. 헌법재판소 판례

헌법재판소가 이미 언급한 것 외에 집회의 자유에 대한 침해를 확인한 사례로는 구 '집회 및 시위에 관한 법률'상 '재판에 영향을 미칠 염려가 있거나 미치게 하기 위한 집회·시위'와 '민주적 기본질서에 위배되는 집회·시위' 금지 및 처벌조항32), 헌법의 민주적 기본질서에 위배되는 집회 또는 시위를 금지하고 이에 위반한 자를 형사처벌하는 구 집시법(1962. 12. 31. 법률 제1245호로 제정되고, 1980. 12. 18. 법률 제3278호로 개정되기 전의 것) 제3조 제1항 제3호 및 구 집시법(1973. 3. 12. 법률 제2592호로 개정되고, 1980. 12. 18. 법률 제3278호로 개정되기 전의 것) 제14조 제1항 본문 중 제3조 제1항 제3호 부분33), 직사살수행위34) 등이 있고, 이에

55. 위헌 사례

---

30) 가령 헌재 2018. 7. 26, 2018헌바137, 판례집 제30권 2집, 71, 75-76.
31) 헌재 2014. 1. 28, 2012헌바240 등. 판례집 제26권 1집, 34.
32) 헌재 2016. 9. 29, 2014헌가3 등, 판례집 제28권 2집 상, 258.

반하여 집회의 자유를 침해하지 않는 것으로 본 사례로는 채증활동규칙 및 경찰의 집회 참가자에 대한 촬영행위[35] 등이 있다.

> **판례** "현저히 사회적 불안을 야기시킬 우려가 있는 집회 또는 시위"를 주관하거나 개최한 자를 처벌하고 있는 개정 전 집회및시위에관한법률 제3조 제1항 제4호, 제14조 제1항은 문언해석상 그 적용범위가 과도하게 광범위하고 불명확하므로, 헌법상 보장된 집회의 자유를 위축시킬 수 있고 법운영 당국에 의한 편의적·자의적 법운영집행을 가능하게 함으로써 법치주의와 권력분립주의 및 죄형법정주의에 위배될 수 있으며 법집행을 받는 자에 대한 평등권 침해가 될 수 있어 기본권제한의 한계를 넘어서게 되어 위헌의 소지가 있다.
>
> 그러나 민주체제 전복을 시도하는 집회·시위나 공공의 질서에 관한 법익침해의 명백한 위험이 있는 집회·시위까지 집회의 자유라는 이름으로 보호하는 것이 헌법이 아닌 것이며, 대중적 집회에는 뜻밖의 자극에 의하여 군중의 흥분을 야기시켜 불특정 다수인의 생명·신체·재산 등에 위해를 줄 위험성이 내재되어 있는 것으로 이를 막자는 데도 위 조문의 취의가 있다고 할 것인즉 위 조문의 합헌적이고 긍정적인 면도 간과해서는 안될 것이므로, 헌법과의 조화, 다른 보호해야 할 법익과의 조정하에 해석상 긍정적인 면을 살리는 것이 마땅하다.
>
> 따라서 위 조문은 각 그 소정행위가 공공의 안녕과 질서에 직접적인 위협을 가할 것이 명백한 경우에 적용된다고 할 것이므로 이러한 해석하에 헌법에 위반되지 아니한다.
>
> (헌재 1992. 1. 28, 89헌가8, 판례집 제4권, 4, 4-5, 결정요지 2.)

Ⅲ. 결사의 자유

1. 결사의 자유의 의의와 그 기능

가. 결사의 자유의 의의

56. 단체결성의 자유

결사의 자유라 함은 공동의 목적을 가진 다수인이 자발적으로 계속

---

33) 헌재 2016. 9. 29, 2014헌가3 등, 판례집 제28권 2집 상, 258.
34) 헌재 2020. 4. 23, 2015헌마1149, 판례집 제32권 1집 상, 376.
35) 헌재 2018. 8. 30, 2014헌마843, 판례집 제30권 2집, 404. 이진성, 김이수, 강일원, 이선애, 유남석 재판관의 이 사건 촬영행위에 대한 반대의견 있음.

적인 단체를 결성할 수 있는 자유를 말한다.[36)]

이 경우에 단체의 목적이 가령 학문적 목적에 있는 경우에는 학문의 자유, 예술적 목적에 있는 경우에는 예술의 자유, 종교적 목적에 있는 경우에는 종교의 자유가 각각 결사의 자유에 우선하는 특별기본권이라고 할 수 있을 것이기 때문에 이 경우에는 그러한 각 기본권이 우선적으로 적용된다고 보아야 할 것이며, 결사의 자유는 보충적으로 적용될 것이다. 그리고 정치적 결사의 경우에는 정당설립과 활동의 자유(헌법 제8조)에 의해서 보호되며, 또한 노동단체의 설립의 자유는 단결권(헌법 제33조)에 의해서 우선적으로 보호되는 것으로 보아야 할 것이다.

57. 특별한 기본권이 없는 경우 그 기본권에 의한 보호

나. 결사의 자유의 기능

인간은 사회적 동물로서 다른 사람과 더불어서 살아갈 수밖에 없는 존재이다. 다른 사람과 더불어서 산다는 것은 그들과 끊임없이 교류하며 관계를 형성하면서 살아간다는 것이다. 이러한 교류와 관계형성의 방법 가운데 중요한 하나가 바로 공동의 목적을 추구하는 단체를 결성하는 것이다. 이러한 단체를 결성함으로써 공동의 목적과 이념을 추구하는 사람들이 그 단체의 구성원으로서 자신들의 목적과 이념을 보다 효율적으로 달성할 수 있는 가능성이 있게 된다. 따라서 이러한 결사의 자유는 자신의 개성을 단체를 통하여 실현할 수 있는 가능성을 열어주는 것이며, 또한 단체를 통한 집단적 의사표현을 가능케 함으로써 국민적 정치의사와 여론을 보다 효과적으로 형성할 수 있게 하며 그로 인하여 민주주의가 보다 더 활성화할 수 있게끔 하는 기능을 수행한다고 할 수 있다.

58. 개성실현의 수단, 집단적 의사표현 가능

2. 결사의 자유의 법적 성격

결사의 자유 역시 주관적 공권으로서 대국가적 방어권의 성격을 가지며, 동시에 객관적 가치질서로서의 성격을 지닌다. 이러한 결사의 자

59. 대국가적 방어권의 성격, 객관적 가치질서

---

36) 허영, 한국헌법론, 박영사 2023, 675면.

유가 다른 국민에 의하여 침해되는 경우에 국가는 이 결사의 자유를 보호할 의무를 가진다.

60. 민주주의적 법질서 공고화

이러한 결사의 자유의 보장을 통해서 민주주의적 법질서가 더욱 공고하게 될 수 있다.

3. 결사의 자유의 보호영역

61. 단체결성, 가입, 활동, 해체의 자유

결사의 자유는 적극적으로는 어떠한 단체를 설립할 수 있는 자유, 단체에 가입하여 활동할 수 있는 자유, 단체를 해체할 수 있는 자유를 보장하며, 소극적으로는 단체를 설립하지 않을 자유, 단체에 가입하지 않을 자유, 단체의 해체를 강요받지 않을 자유 등이 포함된다고 할 수 있다.

62. 소극적 자유도 보장

아무튼 어떠한 단체의 설립과 해체 그리고 단체구성원으로 가입하여 활동하거나 하지 않는 것을 국가에 의하여 간섭받지 않고 자유롭게 할 수 있는 자유가 보장된다고 할 수 있다.

63. 공법상의 결사 제외

결사의 자유의 보호영역에 공법상의 결사37)나 특별한 공공목적에 의하여 구성원의 자격을 정하고 있는 특수단체의 조직활동38)까지 포함되는 것은 아니라고 하는 것이 헌법재판소의 판례이다.

> 판례 헌법 제21조가 규정하는 결사의 자유라 함은 다수의 자연인 또는 법인이 공동의 목적을 위하여 단체를 결성할 수 있는 자유를 말하는 것으로 적극적으로는 ① 단체결성의 자유, ② 단체존속의 자유, ③ 단체활동의 자유, ④ 결사에의 가입·잔류의 자유를, 소극적으로는 기존의 단체로부터 탈퇴할 자유와 결사에 가입하지 아니할 자유를 내용으로 하는바, 위에서 말하는 결사란 자연인 또는 법인의 다수가 상당한 기간 동안 공동목적을 위하여 자유의사에 기하여 결합하고 조직화된 의사형성이 가능한 단체를 말하는 것으로 공법상의 결사는 이에 포함되지 아니한다.
> (헌재 1996. 4. 25, 92헌바47, 판례집 제8권 1집, 370, 377.)

---

37) 헌재 1996. 4. 25, 92헌바47, 판례집 제8권 1집, 370; 헌재 2000. 11. 30, 99헌마190, 판례집 제12권 2집, 325, 326.
38) 헌재 1997. 5. 29, 94헌바5, 판례집 제9권 1집, 519, 520.

> **판례** 농지개량조합을 공법인으로 보는 이상, 이는 결사의 자유가 뜻하는 헌법
> 상 보호법익의 대상이 되는 단체로 볼 수 없어 조합이 해산됨으로써 조합원이
> 그 지위를 상실하였다고 하더라도 조합원의 '결사의 자유'가 침해되었다고 할
> 수 없다.
> (헌재 2000. 11. 30, 99헌마190, 판례집 제12권 2집, 325, 326.)

4. 결사의 자유의 주체

결사의 자유의 주체는 우선 자연인이라고 할 수 있다. 자연인에는
내국인뿐만 아니라 외국인도 포함된다고 보아야 할 것이다. <small>64. 자연인(내·외국인)</small>

뿐만 아니라 법인 역시 다른 법인과 함께 더 큰 단체를 만들 수 있
는 것이기 때문에, 법인도 결사의 자유의 주체가 된다고 할 수 있다. 물
론 이 경우에 법인은 사법인을 말하며, 공법인은 원칙적으로 기본권의
주체가 될 수 없다고 보아야 할 것이다. <small>65. 사법인</small>

법인 등 결사체도 그 조직과 의사형성에 있어서, 그리고 업무수행
에 있어서 자기결정권을 가지고 있어 결사의 자유의 주체가 된다고 봄
이 상당하므로, 축협중앙회는 그 회원조합들과 별도로 결사의 자유의
주체가 된다는 것이 헌법재판소의 판례[39]이다. <small>66. 축협중앙회 인정</small>

5. 결사의 자유의 제한

결사의 자유 역시 무제한으로 보장될 수 있는 것은 아니다. 헌법
제37조 제2항에 따라서 국가안전보장, 질서유지, 공공복리를 위하여 필
요한 경우에 한하여 법률로써 제한될 수 있다. <small>67. 헌법 제37조 제2항</small>

6. 제한의 한계

물론 이와 같이 제한하는 경우에도 제한의 한계를 지키지 않으면
안 된다. 특히 과잉금지의 원칙을 준수하여야 하며, 또한 결사의 자유의
본질내용을 침해해서는 아니된다(헌법 제37조 제2항). <small>68. 과잉금지의 원칙, 본질내용 금지</small>

---

39) 헌재 2000. 6. 1, 99헌마553, 판례집 제12권 1집, 686.

69. 허가 금지

결사에 대한 허가 역시 허용되지 아니한다(헌법 제21조 제2항).

70. 국가비상사태

국가비상사태 시에 이루어지는 결사의 자유에 대한 제한(헌법 제77조 제3항)은 정상적 상황에서보다 더 제한될 수는 있으나, 여전히 비례의 원칙에 입각하여 이루어져야 하는 것은 마찬가지라고 할 수 있겠다.

7. 헌법재판소 판례

가. 심사기준

71. 공적 성격의 결사에 대한 규제의 경우 완화된 심사

결사의 자유의 경우도 다른 기본권과 마찬가지로 헌법 제37조 제2항의 과잉금지의 원칙이 대표적인 제한의 한계로 작용하는 것은 당연하다. 다만 구체적으로 과잉금지의 원칙을 심사함에 있어서 결사의 성격에 따라서 그것이 공적 성격을 띠는 결사인 경우, 그 규제에 대한 위헌여부의 심사는 일반 사적 결사의 경우보다 완화된 기준으로 심사해야한다는 것이 헌법재판소의 판례이다.

> **판례** 상공회의소는 상공업자들의 사적인 단체이기는 하나, 설립·회원·기관·의결방법·예산편성과 결산 등이 상공회의소법에 의하여 규율되고, 단체결성·가입·탈퇴에 상당한 제한이 있는 조직이며 다른 결사와 달리 일정한 공적인 역무를 수행하면서 지방자치단체의 행정지원과 자금지원 등의 혜택을 받고 있는 법인이므로, 이 사건 법률조항에 의한 결사의 자유 제한이 과잉금지원칙에 위배되는지 판단할 때에는, 순수한 사적인 임의결사에 비해서 완화된 기준을 적용할 수 있다.
> (헌재 2006. 5. 25, 2004헌가1, 공보 제116호, 750.)

72. 입법재량의 한계

한편 방법의 적정성 심사의 경우 입법자가 목적을 달성하는 데 전혀 적합하지 않은 수단을 선택하였는지, 즉 목적달성에 전혀 기여할 가능성이 없는지를 심사하는 것이기 때문에 목적의 정당성 심사와 더불어서 매우 완화된 심사를 하는 단계이다. 헌법재판소는 이러한 완화된 심사기준을 기준으로 심사함에도 불구하고 입법목적 달성을 하기 위하여 결사의 자유 등 기본권의 본질적인 내용을 침해하는 수단을 선택하였다는 이유로 입법재량의 한계를 넘어섰다고 판단하기도 하였다.

> 판례 입법목적을 달성하기 위한 수단의 선택 문제는 기본적으로 입법재량에
> 속하는 것이기는 하지만 적어도 현저하게 불합리하고 불공정한 수단의 선택은
> 피하여야 할 것인바, 복수조합의 설립을 금지한 구 축산업협동조합법(1994.12.
> 22. 법률 제4821호로 개정되기 전의 것) 제99조 제2항은 입법목적을 달성하기
> 위하여 결사의 자유 등 기본권의 본질적 내용을 해하는 수단을 선택함으로써
> 입법재량의 한계를 일탈하였으므로 헌법에 위반된다.[40)]
> (헌재 1996. 4. 25, 92헌바47, 판례집 제8권 1집, 370, 370-371, 결정요지 다.)

나. 결사의 자유의 침해 사례

헌법재판소가 결사의 자유를 침해한다고 본 사례로서는 우선 "약사 또는 한약사가 아니면 약국을 개설할 수 없다."고 규정한 약사법 제16 조 제1항은 법인을 구성하여 약국을 개설·운영하려고 하는 약사들 및 이들 약사들로 구성된 법인의 직업선택의 자유와 결사의 자유를 침해한 다고 보고서 헌법불합치결정[41)]을 선고하였다.

73. 법인의 결
사의 자유제한
헌법불합치

그리고 같은 구역 내에 2개 이상의 조합의 설립을 금지하는 구 축 산업협동조합법 제99조 제2항[42)], 검찰총장 퇴직후 일정기간 동안 政黨 의 發起人이나 黨員이 될 수 없도록 하는 검찰청법 제12조 제5항, 부칙 제2항[43)], 전화·컴퓨터통신을 이용한 농협 이사 선거운동 사건[44)], 사회 복무요원의 정치적 행위를 금지하는 법률조항 중 '그 밖의 정치단체에 가입하는 등 정치적 목적을 지닌 행위'에 관한 부분[45)] 등이 결사의 자 유를 침해하는 것으로 보았다.

74. 기타 위헌
사례

다. 합헌사례

다음으로 결사의 자유를 침해하지 않는다고 본 사례로는 상공회의 소가 설립될 수 있는 행정구역에서 광역시에 속해 있는 군을 제외하고

75. 합병시 자
산·조직·직
원승계 조항 등

---

40) 헌재 1996. 4. 25, 92헌바47, 판례집 제8권 1집, 370, 370-371.
41) 헌재 2002. 9. 19, 2000헌바84, 판례집 제14권 2집, 268. 결정요지 1.
42) 헌재 1996. 4. 25, 92헌바47, 판례집 제8권 1집, 370.
43) 헌재 1997. 7. 16, 97헌마26, 판례집 제9권 2집, 72: 정치적 결사의 자유.
44) 헌재 2016. 11. 24, 2015헌바62, 구 농업협동조합법 제50조 제4항 등 위헌소원, 판 례집 제28권 2집 하, 197. 결사의 자유 및 표현의 자유 침해.
45) 헌재 2021. 11. 25, 2019헌마534, 공보 제302호, 1524.

있는 상공회의소법 제5조 제1항 본문 중 "광역시의 군을 제외한다." 고
하는 부분46), 住宅建設促進法 제3조 제9호가 "職場組合"의 構成員자격
을 "주택이 없는 근로자"로 한정한 것47), 기존의 축협중앙회를 해산하
여 신설되는 농협중앙회에 합병토록 하고 신설 농협중앙회가 기존 축협
중앙회의 자산ㆍ조직 및 직원을 승계하도록 규정한 농업협동조합법 조
항(부칙 제2조 제2호, 제6조, 제7조 제1항, 제2항, 제10조, 제11조)48) 등이 있다.

76. 국민연금법
상 강제가입규
정

　　그리고 국민연금법상 강제가입규정49)은 행복추구권 침해가 아니라
고 하고 있는바, 소극적 결사의 자유에 대한 침해여부에 대해서는 심사
하지 않은 것으로 보인다.

---

46) 헌재 2006. 5. 25, 2004헌가1, 공보 제116호, 750.
47) 헌재 1994. 2. 24, 92헌바43, 판례집 제6권 1집, 72, 72-73; 헌재 1997. 5. 29, 94헌
　　바5, 판례집 제9권 1집, 519, 520; 헌재 2006. 12. 28, 2004헌바67, 판례집 제18권 2
　　집, 565, 565-566.
48) 헌재 2000. 6. 1, 99헌마553, 판례집 제12권 1집, 686, 688.
49) 헌재 2001. 2. 22, 99헌마365, 판례집 제13권 1집, 301.

제 16 절 참정권

I. 참정권의 의의

참정권이란 정치에 참여할 수 있는 권리이다. 이 참정권은 옐리네크(Georg Jellinek)가 구분하고 있는 국민의 4가지 지위 가운에 능동적 지위(status activus)로서 적극적으로 국가를 위해서 활동할 수 있는 능동적 시민의 권리(Status der aktiven Zivität)[1]라 할 수 있다.

우리 헌법상 참정권이라고 하는 개념은 헌법 제13조 제2항에 언급되고 있다. 즉 모든 국민은 소급입법에 의하여 참정권의 제한을 받거나 재산권을 박탈당하지 아니한다는 것이 그것이다. 다만 이 참정권에 어떠한 기본권이 포함되는지 명확하게 나와 있지는 않으나, 통상적으로 선거권과 피선거권 그리고 국민투표권, 공무담임권 등이 포함된다고 할 수 있으며, 여기에 정당설립과 활동의 자유도 이 범주에 속한다고 할 것이다. 정당설립과 활동의 자유는 정당을 설립하고 정당에 가입하여 활동을 할 수 있는 자유이다. 그리고 선거권은 국민대표의 선출에 참여할 수 있는 권리이며, 피선거권은 반대로 국민대표로 선출될 수 있는 권리이고, 국민투표권은 국민이 국정에 관해서 표결로 국가의사를 결정할 수 있는 권리로서 정책국민투표에 관해서는 헌법 제72조에, 헌법개정안 국민투표에 대해서는 제130조 제2항에 규정되어 있다. 공무담임권은 선출직 공무원이나 직업공무원이 되어 국민을 위한 봉사자로서 공무를 담당할 수 있는 권리이다.

요컨대 참정권이란 선거에 참여하여 국민대표를 선출하거나, 또는 국민대표로 출마하여 선거에서 당선되어 선출직 공무원이 되거나, 국민투표에 참여함으로써 국가적 의사결정에 참여하거나, 공무원이 되어 국민에 대한 봉사자로서 국정에 참여할 수 있는 권리를 통칭한다. 참정권

1. 능동적 지위

2. 참정권의 종류

3. 참정권의 의의

---

1) Georg Jellinek, System der subjektiven öffentlichen Rechte, Tübingen 1905, S. 136.

은 가장 정치적인 성격이 강한 기본권으로서 국민들이 하나의 정치적 공동체로 통합[2]될 수 있는 계기를 마련하는 기본권이라고 할 수 있다.

Ⅱ. 참정권의 법적 성격

4. 국가를 향한 권리

참정권은 선거나 국민투표를 통하여 국가권력을 창설하고 국가권력에 정당성을 부여하는 민주시민의 정치적 기본권을 뜻하므로, 국가를 위한 또는 국가를 향한 권리로서의 성격이 강하다. 나아가 루돌프 스멘트(Rudolf Smend)와 같은 경우에는 민주주의를 위하여 시민이 정치에 적극적으로 참여하는 것은 일종의 소명이요 의무라고 하면서 참정권의 의무적 성격을 강조하기도 하였다.[3]

5. 국민의 주관적 공권

그러나 오늘날 자유로운 민주국가에서 시민의 정치참여에 의하여 국가가 창설되고 국가가 정당화된다 하더라도, 참정권에 의무적 성격을 부여하는 데에는 한계가 있다 할 것이고, 정당설립과 활동, 선거나 투표, 공무담임을 통해서 적극적으로 국가권력을 창설하고, 국정에 참여할 수 있는 권리는 어디까지나 국민의 주관적 공권이기 때문에 국가공권력에 의해서 부당하게 간섭을 받거나 차별을 받지 않을 권리의 속성이 있다.

6. 객관적 가치질서

나아가 참정권은 민주주의의 실현을 위한 제도적 장치로서 객관적 가치질서로서의 측면도 갖는다고 할 수 있다. 참정권을 통하여 국가권력이 비로소 형성되고 또한 정당화될 수 있다. 따라서 국민의 참정권의 행사 없이는 국가권력의 창출은 물론 국가권력의 행사 또한 불가능해진다고 할 수 있다. 그러나 그렇다고 해서 전술하였듯이 참정권이 곧바로 국민의 의무가 된다고 볼 수는 없다. 국민의 자발적인 참여 하에 정치적 의사가 형성될 때 진정한 민주주의가 실현될 수 있기 때문이다.

7. 제도적 보장

다만 선거권과 피선거권, 그리고 국민투표에 관한 제도 등을 어떻게 형성할 것인가 하는 것은 입법자가 구체화시킬 수밖에 없다. 그러므

---

2) Rudolf Smend, Verfassung und Verfassungsrecht, in: Staatsrechtliche Abhandlungen und andere Aufsätze, Zweite erweiterte Aufl., Berlin 1968, S. 119 ff.(154).
3) Smend (주 2), S. 119 ff.

로 선거제도와 국민투표제도, 그리고 정당제도에 관한 규정과 관련해서
는 입법자가 헌법이 보장하는 핵심적 내용을 침해하지 않으면서 참정권
의 내용과 절차에 관하여 잘 형성하지 않으면 안 된다. 이러한 의미에서
참정권에도 역시 제도적 보장의 측면이 존재한다고 할 수 있으며, 우리
헌법은 선거권(제24조)이나 공무담임권(제25조)에 대하여 "법률이 정하는
바에 의하여" 이 권리들을 가진다고 규정하고 있는 것이다.

Ⅲ. 참정권의 주체

참정권은 국가의 구성원으로서 국가권력을 창설하고 국가의 의사   8. 국민의 권리
형성과 국가권력의 행사에 능동적으로 참여할 수 있는 권리이기 때문
에, 이것은 정치적 공동체의 구성원 즉 국민의 권리라고 할 것이다. 따
라서 외국인은 그 주체가 될 수 없다.

참정권을 행사하기 위해서는 일정한 능력이 요구되기 때문에 우리   9. 기본권행사
헌법과 선거법은 기본권행사능력에 관한 규정을 두고 있다. 가령 피선   능력
거권의 행사능력을 대통령의 경우 만 40세(헌법 제67조 제4항)로 한다거
나 국회의원과 지방자치단체의 의회의원 및 장의 선거권과 피선거권이
각각 만 18세로 규정된 것(공직선거법 제15조와 제16조), 법관정년제(헌법
제105조, 법원조직법 제45조 제4항) 등이 그것이다.

이러한 연령에 의한 참정권행사능력의 제한은 참정권의 행사가 정   10. 연령에 의
치적 판단과 사리를 분별할 수 있으며 그 공직을 제대로 수행할 수 있   한 제한
는 평균적인 능력을 요구하기 때문에 정당화될 수 있지만, 지나친 제한
은 기본권을 부당하게 제한하는 결과가 될 수 있다.

헌법재판소는 그동안 구 공직선거법이 선거권 연령을 20세[4]나 19   11. 선거권 연
세[5]로 규정한 데 대하여 선거권연령을 몇 세로 규정할 것인지를 정하는   령
것은 입법자의 형성의 자유에 속한 것이라고 하는 이유로 모두 합헌결
정을 선고한 바 있다.

---

4) 헌재 1997. 6. 26, 96헌마89, 판례집 제9권 1집, 674.
5) 헌재 2013. 7. 25, 2012헌마174, 판례집 제25권 2집 상, 306.

Ⅳ. 참정권의 종류

1. 정당설립과 활동의 자유[6]

가. 정당설립과 활동의 자유의 보호영역

12. 정당설립과 활동의 자유

우리 헌법 제8조 제1항은 정당의 설립은 자유이며 복수정당제는 보장된다고 규정하고 있다. 이 규정에 따라 정당을 설립하고, 정당에 가입하여 활동할 수 있는 자유가 보장되는데, 정당은 국민의 정치적 의사를 매개하는 기능을 하는 국가와 국민 사이의 중간적 기관의 역할을 수행하므로, 이 정당을 통하여 국민들은 선거에 출마하기도 하고 선거운동을 벌이기도 하며 야당의 경우 국정에 대한 비판, 통제, 대안 형성의 기능을 수행한다. 그러므로 이러한 정당을 설립하고 정당활동을 할 수 있는 자유는 헌법이 보장하는 중요한 참정권 중 하나라고 할 수 있다.[7]

나. 정당설립과 활동의 자유에 대한 제한

13. 간섭·규제·금지

국가가 국민들의 자발적인 정치적 의사형성을 위하여 정당을 설립하고 정당에 가입하거나 가입하지는 않더라도 정당과 관계를 맺으며 정치적 활동하고자 하는 모든 행위에 대하여 간섭하고 규제하며 금지하는 행위는 정당설립과 활동의 자유에 대한 제한이 된다.

14. 국고보조제도

다만 정당을 보호하거나 정당의 운영자금을 보조하기 위한 입법의 경우에는 헌법 제8조 제3항에 근거한 것으로서 입법자가 정당제도를 입법적으로 형성하기 위한 것이라 할 것이다.

15. 정당해산제도

정당설립과 활동의 자유는 헌법 제8조 제4항의 정당해산제도에 따라 정당의 목적이나 활동이 민주적 기본질서에 위배된 때와 그리고 헌법 제37조 제2항의 일반적 법률유보조항에 따른 공익목적을 위하여 불가피하게 제한할 수도 있다.

---

6) 정당제도와 정당의 자유에 관한 자세한 것은 방승주, 헌법강의 I, 2021, 156-186면 참조.

7) 이에 관해서는 방승주 (주 6), 166-168면 참조.

다. 제한의 한계

정당설립과 활동의 자유를 제한하는 모든 조치 역시 헌법 제37조
제2항의 비례(과잉금지)의 원칙에 따라서 필요한 경우에 한하여 법률로
써 제한할 수 있다. 그리고 강제적 정당해산은 헌법상 핵심적인 정치적
기본권인 정당활동의 자유에 대한 근본적 제한이므로, 헌법재판소는 이
에 관한 결정을 할 때 헌법 제37조 제2항이 규정하고 있는 비례원칙을
준수해야 한다고 하면서도 헌법 제8조 제4항의 명문규정상 요건이 구비
된 경우에도 해당 정당이 위헌적 문제성을 해결할 수 있는 다른 대안적
수단이 없고, 정당해산결정을 통하여 얻을 수 있는 사회적 이익이 정당
해산결정으로 인해 초래되는 정당활동 자유 제한으로 인한 불이익과 민
주주의 사회에 대한 중대한 제약이라는 사회적 불이익을 초과할 수 있
을 정도로 큰 경우에 한하여 정당해산결정이 헌법적으로 정당화될 수
있다고 판시하였다.[8]

16. 비례(과잉
금지)의 원칙

라. 관련 헌법재판소 판례

헌법재판소는 2014년 12월 통합진보당 해산심판에서 동 정당의 해
산결정[9]을 선고한 바 있었으며, 그 밖에 정당에 대한 후원을 금지한 구
정치자금법 규정[10]에 대하여 정당활동의 자유와 국민의 정치적 표현의
자유를 침해한다고 보았다.

17. 통합진보당
해산심판

2. 선거권과 선거의 원칙

우리 헌법 제24조는 "모든 국민은 법률이 정하는 바에 의하여 선거
권을 가진다"고 규정하고 있으며, 헌법 제41조 제1항, 제67조 제1항에서
는 선거의 원칙[11]에 대하여 규정하고 있는 바, 이는 객관적인 원리인
동시에 선거권과 이 원칙으로부터 주관적인 기본권이 도출된다고 볼 수

18. 선거권

---

8) 헌재 2014. 12. 19, 2013헌다1, 판례집 제26권 2집 하, 1, 결정요지 5, 라.
9) 헌재 2014. 12. 19, 2013헌다1, 판례집 제26권 2집 하, 1.
10) 헌재 2015. 12. 23, 2013헌바168, 판례집 제27권 2집 하, 511.
11) 이에 관하여는 방승주, 헌법 제41조, (사) 한국헌법학회 편, 헌법주석[국회, 정부]
제40조－제100조, 경인문화사 2017, 17－67면.

있다.[12] 그리고 헌법은 선거와 국민투표의 공정한 관리 및 정당에 관한 사무를 처리하기 위하여 선거관리위원회에 관한 규정을 두고 있다(제114조-제116조). 선거권과 선거의 원칙은 민주주의를 실현하기 위한 가장 중요한 제도적 요소라고 할 수 있으므로 선거권을 해석함에 있어서는 이러한 선거의 원칙이 민주주의에서 차지하는 중요성과 의의를 충분히 고려하지 않으면 안 된다.

가. 선거권의 보호영역

19. 입법자의 형성의 자유

헌법 제24조는 모든 국민은 법률이 정하는 바에 의하여 선거권을 가진다고 규정하고 있다. 헌법제정자는 선거권의 구체적인 내용을 법률로 규정하도록 위임하고 있지만, 그렇다고 해서 입법자의 형성의 자유가 무한한 것은 아니다. 오히려 전술한 선거의 원칙에 엄격하게 구속될 뿐만 아니라, 민주주의에 있어서 선거제도가 가지는 의의와 중요성을 고려할 때에 이러한 국민의 선거권을 구체화시키고 보장하는 것이 선거법의 주된 역할이자 기능이라고 할 수 있으며, 국민대표를 선출하여 국회를 구성하고 대통령과 정부를 출범시킴으로써, 국가기관이 원활하게 작동하게 하고 대의민주주의가 기능할 수 있도록 하는 목적에 비견할 정도로 중요한 불가피한 사유가 선거권의 제한을 정당화하는 예외적인 경우가 아니면 선거권의 제한은 불가하다고 보아야 할 것이다.

20. 선거의 원칙

그러므로 선거권의 내용과 그 보호영역을 고찰함에 있어서는 선거의 원칙을 함께 고려하지 않으면 안 되며, 이 선거의 원칙에 의해서 그 내용이 구체화될 수 있으므로 이하에서는 선거의 원칙의 구체적인 내용을 서술하면서 선거권의 보호영역과 내용을 살펴보기로 한다.[13]

(1) 보통선거원칙과 (보통)선거권

21. 국민이면 누구나

보통선거원칙(보통선거권)은 일정한 연령에 달한 국민이면 누구나 다 선거에 참여할 수 있어야 한다는 원칙이다. 보통선거원칙은 입법자

---

12) 동지, Martin Morlok, in: Dreier, GG(2. Aufl.), Art. 38, Rn. 59.
13) 이하에서는 저자의 헌법강의 I (주 6), 137면 이하의 내용과 가급적 중복되지 않는 범위 내에서 서술하기로 한다.

에게 일정한 국민집단을 정치적, 경제적 또는 사회적 이유로 선거권의 행사로부터 배제하는 것을 금지하며 또한 원칙적으로 모든 국민이 그의 선거권을 가능한 한 평등한 방법으로 행사할 수 있어야 한다는 것을 요구한다.14)

민주주의의 역사는 일정한 신분에만 국한되던 선거권을 전체 일반 국민에게로 확대해 온 역사라고 할 수 있다. 즉 신분, 성별, 종교, 빈부 등과 상관없이 국민이면 누구나 다 선거에 참여할 수 있어야 한다는 것이다. 따라서 이러한 보통선거의 원칙은 일종의 일반적 평등의 원칙에 뿌리를 두고 있는 것이라 할 수 있다.

22. 일반적 평등의 원칙에 뿌리

한편 보통선거의 원칙은 선거할 수 있는 권리인 선거권뿐만 아니라, 직접 선거의 후보로 출마할 수 있는 권리, 즉 국민의 대표로 출마할 수 있는 피선거권과 관련해서도 적용된다. 다만 피선거권의 연령은 가령 대통령의 경우 40세로 되어 있는 것과 같이, 반드시 선거권연령과 같게 보장되어야 하는 것은 아니다.

23. 피선거권

이 보통선거의 원칙은 또한 공천권과도 관계된다.

24. 공천권

헌법재판소는 선거권행사를 위하여 국내에 주민등록이 되어 있을 것을 요건으로 한 공직선거법 조항15), 집행유예자에 대한 선거권제한16)은 그들의 선거권을 침해할 뿐만 아니라, 보통선거의 원칙에도 위반된다고 판시한 바 있으나, 선거권 연령을 19세로 제한한 것은 보통선거의 원칙에 위반되지 않는다고 보았다(다만 3인의 반대의견 있음).17)

25. 보통선거원칙 위반 사례

그 사이에 선거권 연령은 18세 이상으로 개정되었다(2020. 1. 14. 법률 제16864호로 개정된 공직선거법 제15조).

26. 선거권 연령

---

14) BVerfGE 58, 202 (205); 방승주 (주 6), 138면.

15) 헌재 2007. 6. 28, 2004헌마644 등, 판례집 제19권 1집, 859 [헌법불합치]. 이에 관하여는 방승주, 재외국민 선거권제한의 위헌여부 – 2004헌마644 공직선거및선거부정방지법 제15조 제2항 등 위헌확인사건을 중심으로, 헌법학연구 제13권 제2호 (2007. 6), 305–349면.

16) 헌재 2014. 1. 28, 2013헌마105, 판례집 제26권 1집 상, 189 [위헌,각하].

17) 헌재 2013. 7. 25, 2012헌마174, 판례집 제25권 2집 상, 306 [기각]. 그 밖의 사례들에 대해서는 방승주 (주 6), 138–142면 참조.

(2) 평등선거원칙과 (평등)선거권

27. 평등선거의
의의

평등선거는 모든 사람이 그의 선거권을 형식적으로 가능한 한 평등한 방법으로 행사할 수 있어야 한다는 것을 말한다.[18]

28. 형식적 평등

독일의 피로트(Pieroth)에 따르면 평등선거의 원칙은 일반적 평등의 원칙에 대한 특별법이라고 하고 있다. 이에 반해서 독일연방헌법재판소의 확립된 판례에 따르면 선거의 평등은 "일반적 평등원칙의 적용사례"라고 한다.[19] 이러한 판례는 선거평등의 침해를 이러한 선거의 원칙조항(헌법 제41조 제1항, 제67조 제1항)의 적용영역 외에서의 선거평등의 침해에 대하여 헌법소원을 가능하게 할 수 있다는 데에 그 의미가 있다. 내용에 있어서는 선거평등은 개별적 평등원칙으로서 다루어지고 있다. 즉 선거평등은 일반적 평등의 원칙과 그 "훨씬 강력하게 형식화되었다는 점"[20]과 그 "형식적 성격"에 의하여 구분된다. 즉 입법자에게는 형성의 자유가 극히 제한적으로만 인정된다는 것이다. 이러한 영역에서의 차별은 언제나 특별한 정당화 사유를 요구한다.[21]

29. 1인 1표에
의한 비례대표
제

헌법재판소는 1인 1표에 의한 비례대표제 배분방식은 합리적 이유 없이 무소속 후보자에게 투표하는 유권자를 차별하는 것이므로 평등선거의 원칙도 침해한다고 보았다.[22]

30. 선거구 인
구편차

그리고 최대선거구와 최소선거구간의 비율이 2:1을 넘어서는 국회의원지역선거구구역표에 대하여 위헌으로 판단하고 2015. 12. 31.을 시한으로 입법자가 개정할 때까지 잠정적으로 계속 적용할 것을 명하는 헌법불합치결정을 선고[23]한 바 있으며, 지방의회의원선거에 있어서 인구편차의 문제는 상한인구수와 하한인구수 4:1의 비율을 기준으로 위헌 여부를 판단해 오다가[24], 2018년부터 보다 엄격하게 인구편차 상하 50%(인구비례 3:1)의 기준을 적용하기 시작하였다.[25]

---

18) BVerfGE 79, 161 (166). 방승주 (주 6), 143면 이하 참조.
19) BVerfGE 1, 208 (242).
20) BVerfGE 4, 375 (382).
21) BVerfGE 4, 375 (382 ff.); 69, 92 (106); 82, 322 (338). Pieroth, in: Jarass/Pieroth, 2011, Art. 38 GG, Rn. 7.
22) 헌재 2001. 7. 19, 2000헌마91, 판례집 제13권 2집, 77, 79.
23) 헌재 2014. 10. 30, 2012헌마192 등, 판례집 제26권 2집 상, 668.
24) 헌재 2007. 3. 29, 2005헌마985 등, 판례집 제19권 1집, 287; 방승주 (주 11), 33면.

한편 헌법재판소의 헌법불합치결정에 따라 개정된 공직선거법이 재외국민들에 대하여 대통령선거권과 전국구비례대표국회의원선거권은 부여하였지만 지역구국회의원선거권을 배제한 데 대하여 재외국민들이 또다시 청구한 헌법소원심판에서 헌법재판소는 해당조항이 보통선거의 원칙에 위반되지 않는다고 보았다.[26) 그러나 국내에 주민등록이나 재외동포법상 거소신고가 되어 있는 국민들에 대해서는 지역구국회의원선거권과 비례대표국회의원선거권의 1인 2표를 부여한 데 반하여, 그렇지 못한 국민들에 대해서는 전국구국회의원선거권 1인 1표를 부여한다는 점에서 국회의원의 의석수에 미치는 영향력과 관련하여 계산가치와 결과가치의 불평등을 초래한다. 따라서 이 경우에는 보통선거의 원칙을 적용할 것이 아니라, 평등선거의 원칙을 적용해야 하며, 또한 심판대상조항은 이 원칙에 위반된다고 판단된다.[27)

31. 재외국민 선거권제한

(3) 직접선거원칙과 (직접)선거권

직접선거란 대표자의 선출이 결정적으로 선거인에 의하여, 즉 투표를 통하여 그리고 투표 시에 확정되는 것이 보장되는 선거를 말한다.[28) 이러한 원칙에 입각한 직접선거권이란 유권자가 던진 표로써 국민대표가 결정되도록 요구할 수 있는 권리라고 할 수 있을 것이다. 즉 국민대표와 유권자 사이에 제3의 기관이나 다른 변수가 개입되어 유권자가 던진 표의 의미가 굴절 또는 왜곡되지 않고서 유권자의 의사가 직접 선거의 결과에 반영되는 것이 보장되는 선거권이다.

32. 직접선거의 의의

---

25) 헌재 2018. 6. 28, 2014헌마189, 판례집 제30권 1집 하, 627; 헌재 2019. 2. 28, 2018헌마415 등, 판례집 제31권 1집, 225. 재작년에 출판된 저자의 헌법강의 1, 2021, 146면에 이 판례들에 대한 언급이 누락되어 있어 여기에서 우선 보완하기로 한다.
26) 헌재 2014. 7. 24, 2009헌마256 등, 판례집 제26권 2집 상, 173 [헌법불합치, 기각, 각하].
27) 방승주, 재외국민의 지역구국회의원선거권 배제조항의 위헌여부 – 헌재 2014. 7. 24, 2009헌마256, 2010헌마394(병합) 결정, 법률신문 2014. 9. 25, 13면. 비슷한 견해로 헌재 2014. 7. 24, 2009헌마256 등, 판례집 제26권 2집 상, 173 [헌법불합치, 기각, 각하], 이진성, 서기석 재판관의 반대의견(보통선거원칙과 평등선거원칙 위반). 그 밖의 게리맨더링과 평등선거의 원칙에 관해서는 방승주 (주 6), 146면 이하 참조.
28) 방승주 (주 6), 148면 참조.

33. 비례대표와
직접선거

　　헌법재판소는 직접선거의 원칙은 의원의 선출뿐만 아니라, 정당의
비례적인 의석확보도 선거권자의 투표에 의하여 직접 결정될 것을 요구
한다고 보았고, 이에 따라 1인 1표에 의한 전국구비례대표제도는 이 직
접선거의 원칙에 위반된다고 보았다.[29]

(4) 비밀선거원칙과 (비밀)선거권

34. 비밀선거의
의의

　　비밀선거는 선거인이 누구에게 투표하였는가를 제3자가 알 수 없도
록 비밀이 보장된 상태에서 선거가 실시되어야 한다는 것이다. 이 비밀
선거가 보장되어야만 유권자가 자신의 의사대로 자유롭게 선거에 참여
할 수 있을 것이기 때문에 이 비밀선거의 원칙은 자유선거의 원칙과 밀
접한 관련을 가진다.

35. 대사인효

　　선거의 비밀은 대사인적 효력을 가진다. 선거인 자신의 공표행위는
선거의 전이나 후에는 가능하지만 투표행위 당시에는 허용되지 않는다.[30]

36. 비밀선거권

　　이 원칙에 입각하여 비밀리에 선거할 수 있는 권리가 바로 비밀선
거권이라 할 수 있다.

37. 원칙 간의
충돌

　　다만 비밀선거의 원칙과 보통선거의 원칙이 충돌하는 경우가 발생
할 수 있다. 가령 팩시밀리를 통한 선상부재자투표제도를 도입할 경우
에 선거의 비밀이 완벽하게 보장되기는 힘든 것이 사실이다. 그러나 비
밀선거의 원칙은 그 자체를 위한 것이 아니기 때문에, 선거의 비밀을 포
기하더라도 선거에 참여하겠다고 하는 선거인의 의지가 있다면 그것을
존중하여 한 사람이라도 빠짐 없이 선거에 참여할 수 있도록 하는 것이
더욱 중요하다. 따라서 이 경우에는 보통선거의 원칙이 비밀선거의 원
칙에 우월하다고 봐야 할 것이다. 이러한 의미에서 헌법재판소가 선상
부재자투표를 도입하지 않은 입법부작위에 대하여 위헌을 확인하고 관
련 공직선거법 제38조 제3항 및 제158조 제4항에 대하여 입법자가 개정
할 때까지 잠정적 계속 적용을 명하는 헌법불합치결정[31]을 선고한 것은

---

29) 헌재 2001. 7. 19, 2000헌마91, 판례집 제13권 2집, 77, 95-96; 그 밖의 헌재 판례
　　에 대해서는 방승주 (주 6), 148-149면 참조.
30) Jarass/Pieroth (주 21), Rn. 17.
31) 헌재 2007. 6. 28, 2005헌마772, 판례집 제19권 1집, 899; 방승주 (주 6), 137면.

의미가 있다고 할 것이다.

(5) 자유선거원칙과 (자유)선거권

선거인의 결정의 자유를 침해할 수 있는 직접적 또는 간접적 강제나 압력이 존재하지 않는 선거를 자유선거라고 할 수 있다.[32] 선거인이 어떠한 공권력이나 사인의 간섭이나 방해를 받지 않고 자유로이 유권자가 판단하는 정치적 의사에 따라 선거에 참여할 수 있는 권리가 바로 자유선거권이라 할 수 있다.[33]

38. 자유선거의 의의

나. 제 한

선거권의 보호영역에 해당됨에도 불구하고 이에 대하여 방해, 개입, 간섭 또는 금지하는 모든 공권력의 행위는 선거권에 대한 제한이라 할 수 있다. 선거의 원칙과 관련한 선거권에 대한 제한 양태는 다음과 같다.

39. 방해 · 개입 · 간섭금지

(1) 보통선거권과 평등선거권에 대한 제한

보통선거권과 평등선거권은 선거와 관련한 국가의 차별을 통해서 침해된다.[34] 이것은 선거권자나 입후보자에게 불이익을 가함으로써 그리고 "동등한 사례"에 혜택을 줌으로써 발생할 수 있다. 그러한 의미에서 입후보자 개인과 정당은 비교가능하다. 평등선거원칙은 선거결과의 확인절차를 포함하는 선거심사제도의 설치를 요구한다.[35] 보통선거와 평등선거원칙은 입법자로 하여금 우편선거나 사전선거제도를 도입하거나[36], 경쟁관계에 있는 입후보자와 입후보자그룹간의 기존의 차이를 해소할 의무를 지우는 것은 아니다.[37] 그러나 상황에 따라서 입법자는 적법하고 시의적절한 선거준비를 감독할 의무를 질 수는 있다. 후보자 공천과 관련하여서 정당이 보통선거와 평등선거원칙을 침해할 수 있다.

40. 선거와 관련한 차별

---

32) 이하 방승주 (주 11), 37－41면 참조.
33) 관련 판례에 대해서는 방승주 (주 6), 149－153면 참조.
34) Jarass/Pieroth (주 21), Rn. 11.
35) BVerfGE 85, 148 (158).
36) BVerfGE 12, 139 (142); 15, 165 (167).
37) BVerfGE 78, 350 (358).

41. 과다한 기
탁금액

헌법재판소는 과다한 기탁금액의 규정은 재력없는 사람의 국회진
출을 막기 때문에 보통·평등선거원리에 위반된다고 보았다.[38] 그 밖에
주민등록요건에 의한 재외국민의 선거권제한[39], 선원의 부재자투표 규
정하지 않은 것[40] 등에 대하여 헌법불합치결정을 선고하였음은 전술한
바와 같다.

42. 점자형 선
거공보

한편 헌법재판소는 점자형 선거공보의 작성 여부를 후보자의 임의
사항으로 규정하고 그 면수를 책자형 선거공보의 면수 이내로 한정하고
있는 공직선거법 제65조 제4항이 시각장애인의 선거권과 평등권을 침해
하는 것은 아니라고 보았다.[41]

(2) 직접선거권에 대한 제한

43. 다른 의사
결정의 개입

직접선거원칙은 만약 선거행위와 선거결과 사이에 입후보자 자신 외
에 다른 의사결정이 개입되는 경우에 침해된다. 이것은 국가의 법적 및
사실적 행위를 통해서, 그리고 국가적 규제를 근거로 사인에 의하여 이루
어질 수 있다. 이에 반해서 법적인 근거가 없는 사인의 그러한 행위는 직
접선거원칙을 침해하는 것은 아니다. 명부에 의한 선거(예컨대 전국구와 같
이)의 경우에 명부를 추후에 변경(첨가, 삭제, 순위의 변경)하는 것은 직접성
을 침해하는 것이다.[42] 정당으로부터 탈당한 후보에게 의원직을 박탈하
는 것은 전체적으로 유효한 것이 아니라 그러한 탈당이 자유의사에 의한
것이고 제명에 의하여 이루어진 것이 아닐 경우에만 유효하다.[43]

44. 1인 1표에
의한 전국구비
례대표제선거

전술하였듯이 헌법재판소는 1인 1표에 의한 전국구비례대표제선거
는 직접선거의 원칙에 위반된다고 확인하였다.[44]

---

38) 헌재 1989. 9. 8, 88헌가6, 국회의원선거법 제33조제34조의 위헌심판제청, 판례집
   제1권, 199. 지방의회의원선거법 제36조 제1항 중 광역의회의원 후보자 기탁금
   700만원도 마찬가지. 헌재 1991. 3. 11, 91헌마21, 지방의회의원선거법 제36조제1
   항에 대한 헌법소원, 판례집 제3권, 91.
39) 헌재 2007. 6. 28, 2004헌마644 등, 판례집 제19권 1집, 859; 방승주 (주 11), 2004
   헌마644 헌법소원심판 청구사건에 대한 참고인 의견.
40) 헌재 2007. 6. 28, 2005헌마772, 공직선거법 제38조 등 위헌확인.
41) 헌재 2014. 5. 29, 2012헌마913, 공보 제212호, 1016.
42) BVerfGE 3, 45 (51); 7, 77 (84).
43) Jarass/Pieroth (주 21), Rn. 12.
44) 헌재 2001. 7. 19, 2000헌마91 등, 공직선거및선거부정방지법 제146조제2항 위헌

(3) 비밀선거권에 대한 제한

비밀선거원칙은 국가적 조치에 의한 부당한 공표를 통해서 침해된다. 가령 개인의 투표내용에 대한 법원의 증거제시도 이에 속한다. 선거의 비밀은 나아가서 국가에게 시야가 가려진 투표장과 최소한 덮을 수 있는 투표용지를 사용하는 방법에 의하여 투표행위의 비밀을 보장하는 조치를 해야 할 의무를 부과한다. 우편선거가 허용되는 한에서 입법자는 선거의 비밀을 위협하는 남용을 제거할 의무가 있으며, 공무원은 이에 대하여 감독하고 우편선거의 경우에 선거비밀과 선거의 자유가 보장되도록 배려할 의무가 있다.45)

45. 부당한 공표

(4) 자유선거권에 대한 제한

자유선거의 원칙은 국가적인 강제와 압력에 의하여 침해될 수 있다. 즉 유권자에 어떠한 내용적인 영향을 미쳐서는 안 된다. 선거를 할 것인지의 여부와 관련하여서 이것은 선거의무를 부과하는 경우에 발생할 수 있다. 선거를 어떻게 할 것인지와 관련하여서는 한 입후보자나 정당을 다른 입후보자나 선거운동에 참여하는 모든 정당에 비하여 당 차원에서 우대하거나 당선가능성을 배제하는 경우에 일어날 수 있다. 흔히 입후보자의 기회균등과 정당의 기회균등에 대한 침해는 동시에 선거권에 대한 침해라고 할 수 있다.

46. 국가적 강제·압력

자유선거의 원칙도 대사인적 효력을 가진다. 사인의 선거에 대한 영향력 행사는 언론·출판의 자유의 차원에서 허용된다. 그러나 사기업주가 특정후보에 대한 지지를 이유로 고용자를 해고하는 것 등은 무효가 될 수 있다.46)

47. 대사인적 효력

다. 제한의 정당화

보통선거와 평등선거의 제한은 특별한 정당화사유를 필요로 한다. 이것은 헌법규정에 포함되어 있을 수 있다. 예컨대 피선거권의 연령의

48. 정당화사유

확인, 판례집 제13권 2집, 77.
45) Jarass/Pieroth (주 21), Rn. 16; BVerfGE 59, 119 (127).
46) Jarass/Pieroth (주 21), Rn. 15.

제한(헌법 제67조 제4항). 그밖에 선거권과 피선거권에 있어서 연령의 제한은 법률(공직선거법 제15조, 제16조)로 규정되어 있다.

49. 저지조항
(Sperrklausel)

비례대표제의 운영과 관련하여 소위 저지조항이 평등선거의 원칙에 위반되지 않는지 여부의 문제가 제기될 수 있다.47) 이와 관련하여 독일 연방헌법재판소는 의회의 원활한 기능을 보장하기 위한 목적으로 일정한 득표율에 미달하는 정당의 경우 비례대표제 의석을 배분하지 아니하는 소위 저지조항(Sperrklausel)은 원칙적으로 평등선거의 원칙에 반하지 않는다고 보았으나48), 통일 후 첫 번째 전체 독일 선거라고 하는 특수한 상황 하에서 5% 저지조항을 독일 전체 선거구에 획일적으로 적용하는 것은 허용되지 않는다49)고 본 바 있다. 또한 독일 연방헌법재판소는 평등선거원칙을 선거비용의 보상50), 기부금을 둘러싼 정당 간의 경쟁51) 등에 대해서도 확대 적용하고 있다. 이 경우에는 선거운동에 있어서 평등 보다는 기회의 균등을 말하고 있지만 내용에 있어서는 크게 다르지 않다.52)

50. 헌재 판례

헌법재판소는 『저지조항의 인정여부, 그 정당성여부는 각 나라의 전체 헌정 상황에 비추어 의석배분에서의 정당 간 차별이 불가피한가에 따라 판단되어야 하는바, 현행 저지조항에서 설정하고 있는 기준이 지나치게 과도한 것인지의 판단은 별론으로 하더라도, 현행 저지조항은 지역구의원선거의 유효투표총수를 기준으로 한다는 점에서 현행 의석배분방식이 지닌 문제점을 공유하고 있다.』고 하면서 1인 1표에 의한 전국구비례대표제 의석배분에 있어서 저지조항은 1인 1표 전국구비례대표제가 가지는 유권자의 정당지지도를 그대로 직접 반영하지 못한다고 하는 문제점을 포함하고 있는 것으로 보았다.53) 한편 이 1인 1표 전국구

---

47) 이하, 방승주 (주 11), 34-35면 참조.
48) BVerfGE 1, 208 (247 f.); 82, 322 (338); 95, 408 (419, 421 f.) 등을 인용하며, Magiera, in: Sachs, GG (8 Aufl.), Art. 38 GG, Rn. 99.
49) BVerfGE 82, 322 (339 ff.).
50) BVerfGE 69, 92 (106).
51) BVerfGE 69, 92 (106).
52) Hans Meyer, Wahlgrundsätze, Wahlverfahren, Wahlprüfung, in: HStR III 2005, § 46, Rn. 35.
53) 헌재 2001. 7. 19, 2000헌마91, 판례집 제13권 2집, 77, 98.

비례대표제 위헌결정에서 헌법재판소는 무소속후보를 지지한 선거인의
경우 정당후보자를 지지한 선거인에 비하여 전국구비례대표의석배분에
아무런 영향을 미칠 수 없기 때문에 결과적으로 투표가치의 불평등을
강요받게 되는 것이므로 평등선거원칙에도 위반됨을 인정한 바 있다.[54]

그 밖에 금치산자, 한정치산자와 수형자 및 선거법위반사범 등에
대한 선거권 제한(공직선거법 제18조, 제19조)의 경우가 정당화되는 사유에
의한 선거권의 규제인지의 여부는 논란이 되고 있으나[55], 최근 헌법재
판소는 종전 합헌결정을 변경하여 집행유예자에 대해서는 보통선거원칙
위반으로 위헌선언[56]을 하였음은 전술한 바와 같다.

51. 수형자 · 집행유예자에 대한 선거권 제한

> 판례 **공직선거법 제18조 제1항 제2호 위헌확인(집행유예자 선거권제한 사건)**
>
> 심판대상조항은 집행유예자에 대하여 전면적 · 획일적으로 선거권을 제한하
> 고 있다. 집행유예자는 3년 이하의 징역 또는 금고의 형을 선고받으면서 정상
> 에 참작할 만한 사유가 있어 1년 이상 5년 이하의 기간 그 형의 집행을 유예받
> 아 사회의 구성원으로 생활하고 있는 사람이다. 집행유예 선고가 실효되거나
> 취소되지 않는 한, 집행유예자는 교정시설에 구금되지 않고 일반인과 동일한
> 사회생활을 하고 있으므로, 그들의 선거권을 제한해야 할 필요성이 크지 않다.
> 따라서 심판대상조항은 청구인들의 선거권을 침해하고, 보통선거원칙에도 위
> 반하여 집행유예자를 차별취급하는 것이므로 평등원칙에도 어긋난다.
> (헌재 2014. 1. 28, 2013헌마105, 판례집 제26권 1집 상, 189, 결정요지 2.[57])

직접선거, 자유선거와 비밀선거의 제한의 정당화는 충돌하는 헌법
으로부터 나올 수 있다. 이 경우 특히 그때그때 완전히 순수하게 실현될
수 없는 개별 선거원칙 그 자체가 해당된다고 할 수 있다.[58] 그리하여
우편선거의 경우나 신뢰하는 사람을 통한 대리선거의 경우에는 선거의

52. 제한의 정당화

---

54) 헌재 2001. 7. 19, 2000헌마91, 판례집 제13권 2집, 77, 98.
55) 비판적으로 허영, 한국헌법론, 박영사 2023, 627면 참조.
56) 헌재 2014. 1. 28, 2013헌마105, 판례집 제26권 1집 상, 189 [위헌,각하].
57) 같은 날 같은 내용의 선고로는 헌재 2014. 1. 28, 2012헌마409 등, 판례집 제26권 1집 상, 136, 결정요지 1.
58) BVerfGE 3, 19 (24 f.).

비밀이 침해되지만 보통선거의 원칙에 의하여 정당화된다.[59]

53. 원양선원들
의 부재자 선거

전술하였듯이 우리 헌법재판소도 원양선원들에 대하여 팩시밀리를 통한 선거의 방법을 보장하지 않은 것은 그들의 선거권을 침해할 뿐만 아니라 보통선거의 원칙에 위반된다고 선언한 사건에서 팩시밀리를 통한 선거의 방법이 비록 비밀선거의 원칙에 위배될 여지가 있다 하더라도 그들에게 선거권을 보장하는 것이 더욱 중요하므로 이 경우 보통선거의 원칙이 비밀선거의 원칙에 더 우월하다고 판단하였다.[60]

3. 선거운동의 자유[61]

가. 선거운동의 자유의 헌법적 근거[62]

54. 국민주권원
리

우리 헌법은 제1조에서 대한민국은 민주공화국이며, 대한민국의 주권은 국민에게 있고, 모든 권력은 국민으로부터 나온다고 하고 있다. 이는 국가의 주인이 바로 국민이며 모든 국가기관을 구성할 수 있는 권한이 국민에게 있음을 천명하는 조항이다. 따라서 선거는 국가기관을 구성하기 위한 행위이므로, 일정한 후보자를 국민의 대표로 선출하여 국가기관을 담당하게 하기 위한 모든 행위는 국민의 당연한 권리로서 이러한 국민주권원리로부터 도출된다고 볼 수 있을 것이다.

55. 정치적 의
사형성의 자유

그리고 헌법 제8조 제2항은 정당은 그 목적·조직과 활동이 민주적이어야 하며, 국민의 정치적 의사형성에 참여하는 데 필요한 조직을 가져야 한다고 규정하고 있다. 여기에서 말하는 정치적 의사형성은 국가를 이끌고 갈 통치권자와 국민의 대표가 누가 되어야 할 것인지(인물선거)와 또한 이러한 대표자들로 하여금 국가를 어떠한 방향으로 이끌고 나가게 해야 할 것인지(정책결정)를 모두 포함하여, 국가가 정치적 방향

---

59) Jarass/Pieroth (주 21), Rn. 21.
60) 이 점과 선거원칙 상호간의 관계에 대해서는, 방승주 (주 15), 313–318면.
61) 이하는 방승주, 선거운동의 자유와 제한에 대한 평가와 전망, 헌법학연구 제23권 제3호(2017. 9.), 25–67면에 게재된 내용을 최근 판례를 반영하여 수정·보완하였음.
62) 이하 방승주, 재외국민 선거권 행사의 공정성 확보방안 연구, 대검찰청, 2011, 68–69면 참조.

을 결정함에 있어서 국민이 주도적으로 참여하여야 함을 의미한다. 따라서 이 조항으로부터 우리는 국민의 정치적 의사형성의 자유를 도출해낼 수 있다.

그리고 헌법 제24조는 모든 국민에게 법률이 정하는 바에 의하여 선거권을 보장하고 있다. 선거권을 올바로 행사할 수 있으려면 후보로 출마한 자들이 어떠한 사람들인지 제대로 알아야 하고, 또한 후보로 출마한 자들 역시 국민에게 자신들을 제대로 알려야 한다. 즉 헌법재판소도 지적하고 있듯이[63] 선거권을 갖는다고 하는 것은 동시에 선거운동을 할 수 있는 권리를 갖는다는 것을 뜻한다.

56. 후보자에 대한 정보

다음으로 헌법 제41조 제1항과 제67조 제1항에서는 국회의원과 대통령의 선거에 있어서 보통·평등·직접·비밀선거의 원칙을 규정하고 있고, 비록 명문은 아니라 하더라도 자유선거의 원칙까지 전제로 하고 있다.[64] 선거운동의 자유와 관련하여 중요한 의미가 있는 원칙은 보통선거와 평등선거 그리고 자유선거의 원칙이라 할 수 있다. 보통선거는 일정한 연령에 달한 모든 국민이 선거권을 가져야 한다는 원칙을 말하지만, 선거운동과 관련해서는 선거권을 갖는 모든 국민들이 선거운동을 할 수 있어야 한다는 것을 의미하며, 평등선거원칙은 선거운동과 관련해서는 모든 선거권자가 평등하게 선거운동을 할 수 있어야 함을 뜻하는 원칙이라 할 수 있다. 또한 자유선거원칙은 선거운동의 자유를 포함하는 원칙이라고 할 수 있다.

57. 보통선거, 평등선거, 자유선거

한편 헌법 제21조의 언론·출판·집회·결사의 자유는 말하고, 듣고, 보고, 알 자유, 즉 의사소통과 표현의 자유를 의미하는 것이며, 정치적 의사소통과 표현을 모두 포함하여 보장하는 것이다. 선거운동을 하기 위해서는 이러한 정치적 의사소통이 없이는 불가능하므로, 이 언론·출판·집회·결사의 자유는 선거운동의 자유를 보장하는 헌법적 근거규정이라고 할 수 있다. 따라서 정치적 의사표현에 대한 사전검열도 헌법 제21조 제2항에 의하여 금지된다고 할 수 있다.

58. 언론·출판·집회·결사의 자유

---

63) 헌재 1995. 4. 20, 92헌바29, 판례집 제7권 1집, 499, 506.
64) 선거운동에 있어서 선거원칙에 대한 위반의 문제에 대하여는 Dieter Kallerhoff, Kommunal Praxis spezial 2/2009, S. 80 ff.

헌법 제116조 제1항은 "선거운동은 각급 선거관리위원회의 관리 하에 법률이 정하는 범위 안에서 하되, 균등한 기회가 보장되어야 한다."고 규정하고 있다. 이 조항은 직접적으로 "선거운동"을 언급하고 있으며, 선거운동의 "균등한 기회"가 보장되어야 한다고 규정하고 있으므로, 이 조항이 선거운동의 자유의 가장 직접적인 근거규정이라고 할 수 있다. 다만 헌법재판소는 선거운동의 기회균등으로부터 선거의 공정성을 도출해 내고 있으나, 불법·타락선거의 반대개념으로서의 공정성이 이 조항으로부터 도출된다고 볼 것인지는 의문이다. 오히려 이것은 헌법 제37조 제2항의 "질서유지"로부터 도출되는 것으로 보고, 헌법 제116조 제1항으로부터는 기회균등원칙이 도출될 뿐인 것으로 보아야 하지 않을까 생각된다. 또한 이 규정은 얼핏 보기에는 선거운동에 관해서는 균등한 기회만 보장하면 얼마든지 입법자가 알아서 정하는 대로 선거운동을 규제할 수 있는 것처럼 규정되어 있으나, 선거운동은 그 자체가 전술한 바와 같이 국민주권원리, 국민의 언론·출판·집회·결사의 자유와 그리고 정치적 의사형성의 자유와 밀접한 관련을 가지고 있는 것이기 때문에, 입법자의 형성의 자유에 무한정 맡겨버릴 수는 없고 그 제한을 위해서는 그 정당화 사유가 엄격하게 요청된다고 보아야 할 것이다.[65]

그리고 헌법 제10조는 모든 국민에게 행복을 추구할 수 있는 권리를 보장하고 있다. 이러한 행복추구권은 일반적 행동의 자유로서 헌법이 명문으로 규정하고 있지 않은 자유를 헌법 제37조 제1항과 함께 포괄적으로 보장하고 있다고 할 수 있다.

종합적으로 우리 헌법은 국민의 대표를 선출하는 선거에 있어서 후보자 개인은 물론, 정당과 단체뿐만 아니라 유권자 개인이 선거에서 일정한 후보가 당선되거나 또는 당선되지 않도록 하기 위하여 행하는 모든 정치적 표현행위, 즉 선거운동의 자유를 보장하고 있다.

헌법재판소는 선거운동의 자유를 언론·출판·집회·결사의 자유

---

65) 동지, 헌재 1994. 7. 29, 93헌가4, 6(병합), 대통령선거법 제36조 제1항 위헌제청, 구 대통령선거법 제34조 등 위헌제청(병합).

와 선거권에 의하여 동시에 보호되는 것으로 파악하고 있다.[66]

나. 선거운동의 자유의 기본권주체

선거운동의 자유의 헌법적 근거를 헌법 제116조 제1항, 제1조, 제8 조, 제21조 제1항, 제24조, 제41조 제1항, 제67조 제1항으로부터 찾았다 면, 선거운동의 자유의 기본권주체 역시 이 규정들을 근거로 검토해 보 아야 할 것이다.

63. 기본권주체 의 근거

우선 헌법 제116조 제1항은 주체가 될 만한 것에 대하여 언급하고 있지 않다. 기본권주체에 대하여 언급을 하고 있는 조항은 기본권조항 인 제21조 제1항, 제24조, 제10조, 제37조 제1항 정도인데 주지하듯이 이 조항들은 "국민"이라고 하는 표현을 담고 있으나, 이 "국민"이 외국 인을 배제하는지에 대하여는 기본권의 성질에 따라서 달라지는 것으로 이해되고 있다. 즉 인권에 해당된다고 할 수 있는 기본권들의 경우 외국 인들에게도 그 기본권주체성을 인정할 수 있다고 하는 것이다. 그러나 "모든 권력은 국민으로부터 나온다"고 하는 제1조 제2항 후단과 "국민 의 정치적 의사형성"을 규정하고 있는 헌법 제8조 제2항의 "국민"은 문 자 그대로 대한민국의 국적을 소지하고 있는 국민임을 알 수 있다. 왜냐 하면 국가권력의 소재와 근원으로서의 국민, 정치적 의사형성의 주체로 서의 국민은 그 나라 정치적 공동체의 구성원, 즉 시민권을 가진 사람이 어야 하기 때문이다. 다만 지방자치선거와 관련하여 외국인들에게도 선 거권을 부여하고 있는 점을 고려하면, 그러한 범위 내에서 입법론적으 로는 법률상의 권리로 지방선거권을 갖는 외국인에게 선거운동의 권리 도 부여할 수 있을 것이다.

64. 정치적 공 동체의 구성원

그러므로 대한민국 국적을 가지는 모든 국민들은 선거운동의 자유 의 주체가 될 수 있다. 다시 말해서 후보자 본인은 물론, 정당과 그리고 여러 가지 이익단체와 시민단체 등 단체를 포함하여, 유권자 개개인이

65. 국민

---

66) 헌재 2004. 4. 29, 2002헌마467, 판례집 제16권 1집, 541, 550. 그 밖에 선거운동의 자유의 헌법적 근거를 선거권과 피선거권에서가 아니라 헌법 제21조 제1항과 제 116조에서 찾는 견해로, 정종섭, 단체의 선거운동 제한의 위헌 여부, 헌법판례연 구(2), 2000, 257면 이하(276 – 279).

모두 선거운동의 자유의 주체이다.

66. 기업? 단체와 관련하여 기업이 선거운동의 자유의 주체가 될 수 있을 것인지, 그리고 기업이나 단체가 정치자금을 기부할 수 있을 것인지의 문제는 별도로 논의해 보아야 할 필요가 있다.[67] 이 문제는 특히 재외선거와 관련하여 외국에서 재외국민이 경영하는 기업이 국내에 정치자금을 기부할 수 있을 것인가 그리고 그 단체가 선거운동에 참여할 수 있을 것인가와 관련하여 문제가 될 수 있다고 생각된다.

67. 기업주? 예컨대, 기업주가 자신이 고용하고 있는 근로자들에 대하여 특정한 후보나 정당을 지지해 줄 것을 부탁하거나 또는 권유할 수 있을 것인지하는 문제이다. 우리 공직선거법은 원칙적으로 이를 금지하고 있으나, 이러한 일들이 특히 해외에서는 종종 발생할 수 있기 때문에 문제가 될 수 있을 것이다. 그러나 경제적 종속 관계에 있다고 볼 수 있는 고용관계에서 업주가 근로자에 대하여 일정한 방향으로 선거를 해 줄 것을 권유하거나 강요하는 것은 유권자 본인의 자유로운 의사에 따른 결정을 방해할 수 있기 때문에, 다른 유권자의 선거의 자유를 침해할 수 있는 가능성이 있고, 따라서 국가는 그의 선거의 자유의 보호와 선거의 공정성을 위해서 이를 금지할 필요가 있다고 생각된다.[68]

68. 선거권연령에 달하지 않은 청소년(미성년자) 포함 선거운동의 자유는 정치적 의사형성의 자유와 정치적 표현의 자유로부터 도출되는 기본권으로서 선거에 출마한 후보가 당선되거나 낙선되도록 하기 위하여 자신의 정치적 의사를 표현할 수 있는 권리이므로, 이는 비단 선거권자에게만 국한된다고 할 수는 없다. 즉 19세 미만자들 역시 선거권을 주장하면서 공직선거법 제15조에 대하여 헌법소원심판을 청구하였다든가 최근 제19대 대통령선거에서 자신들만의 모의선거결과를 발표한 데에서 알 수 있듯이, 그들 역시 정치적 의사형성의 주체가 되기를 원할 뿐만 아니라, 인간은 정치적 동물로서 누가 대통령이나 국회의원 등 국민의 대표가 되어야 할지에 대하여 같은 국민으로서 당연

---

67) 단체의 정치자금기부금지조항에 대한 합헌결정으로 헌재 2010. 12. 28, 2008헌바 89, 구 정치자금에 관한 법률 제12조 제2항 등 위헌소원, 판례집 제22권 2집 하, 659.
68) 공직선거법 제85조 제3항은 이 점을 반영한 조항이라고 보인다.

히 관심을 가질 수밖에 없으며, 그와 관련된 정치적 의사표현을 하는 것은 거의 인간으로서의 권리에 해당된다고 해도 과언이 아니다. 이러한 의미에서 저자는 선행연구[69]에서 선거권연령에 도달하지 못한 미성년자인 국민 역시 선거운동의 자유의 주체가 된다고 보아야 할 것이며 이에 대하여 더욱 논의를 할 필요가 있다고 주장한 바 있었다.[70]

그 사이 선거권연령은 2020. 1. 14. 법률 제16864호에 의하여 19세 이상에서 18세 이상으로, 선거운동을 할 수 없는 사람의 연령은 19세 미만에서 18세 미만으로 조정되었다(공직선거법 제15조 및 제60조). 지난 2020년 8월 선거권이 없는 16세 청소년으로 하여금 선거운동을 하게 했다는 이유로 부산지방법원이 노동당 부산시 당 위원장에 대하여 벌금 100만원을 선고한 사례[71]가 있어 논란이 된 바 있다. 하지만 최근 2022년 1월 11일 국회 본회의에서 정당가입 제한연령을 18세에서 16세로 하향조정하는 정당법 일부개정법률안(대안)이 통과되어 16세 이상의 국민이라면 누구나 정당에 가입할 수 있도록 하였다. 이 개정된 정당법은 공포한 날로부터 시행하도록 하였으므로 2022년 시행된 3월의 국회의원 재보궐선거와 6월의 지방선거에서부터 18세 청소년이 정당추천후보자로서 해당 공직선거에 출마할 수 있는 가능성이 열렸다는 점에서 청소년의 적극적인 정치참여의 측면에서 매우 고무적인 일이라고 생각된다.

다. 선거운동의 자유의 보호영역

헌법적 차원에서 선거운동의 자유는 선거와 관련하여 일정한 선거에서 자기 스스로나, 지지하는 후보가 당선되게 하기 위하여, 또는 지지하지 않는 후보가 당선되지 못하도록 하기 위하여 행하는 모든 정치적 의사표현행위와 활동의 자유라고 할 수 있다. 그렇다면 선거운동의 자유의 보호영역은 이와 같이 선거에 영향을 미치기 위하여 행하는 모든 정치적 의사표현행위와 활동이라고 할 수 있을 것이다.

69. 16세 이상 국민 정당가입 가능

70. 후보자의 당선을 위한 모든 의사표현행위와 활동

---

69) 방승주 (주 61), 34면.
70) 청소년들의 정치참여와 선거권 확대방안에 관하여는 김효연, 아동·청소년의 정치적 참여와 선거권 연령, 고려대학교 대학원 박사학위논문, 2015을 참고할 것.
71) 부산지법 서부지원 2020. 8. 20, 2020고합94.

71. 소위 사전
선거운동

우리나라에서는 공직선거법이 선거운동기간을 정하고 이러한 기간
보다 더 이전에 선거운동을 하는 경우에는 소위 사전선거운동으로 금지
해 왔고 이를 위반할 경우에 사전선거운동금지위반죄로 처벌을 하여 왔
기 때문에, 일반 국민들이 헌법적으로 보장되는 선거와 관련된 정치적
의사표현행위를 하는 것을 죄악시하고 금기시 해 왔던 것이 사실이다.
그리고 공직선거법은 이러한 사전선거운동금지뿐만 아니라 그 밖의 여
러 가지 양태의 각종 선거운동방법에 관한 규제를 통해서 국민의 자유
로운 선거운동을 여러 측면에서 옥죄어 왔던 것이다.

72. 헌법상 보
호영역 먼저 확
정

그러나 선거운동의 자유의 보호영역은 이와 같이 법률적 차원에서
규제가 이루어지지 않은 나머지 영역이 헌법상 보호영역인 것이 아니고
거꾸로 헌법상의 보호영역을 먼저 확정한 후에, 필요에 따라서 그러한
보호영역에 대한 제한을 해야 할 필요성이 있는지를 법치국가원리로부
터 도출되는 여러 원칙, 특히 과잉금지의 원칙에 입각하여 심사해야 하
는 것이다.

73. 가능한 한
널리 인정

다시 말해서 헌법적 차원에서의 선거운동의 자유의 보호영역은 가
능한 한 널리 인정되어야 하며, 법률적 차원이나 사법부의 해석을 통한
보호영역의 축소는, 보호영역의 정의에 해당되지 않는 행위는 곧 헌법
과 선거법상 인정되지 않는 행위일 뿐만 아니라 더 나아가 형사적으로
처벌대상이 되기도 하기 때문에, 그러한 정의 자체를 매우 신중하게 하
지 않으면 안 된다고 본다.[72)]

라. 선거운동의 자유에 대한 제한

(1) 제한의 양태

74. 주체 · 보
호영역 · 대상

선거운동의 자유에 대한 제한은 첫째, 주체에 대한 제한과 둘째, 선
거운동의 자유의 보호영역에 대한 제한, 셋째, 대상에 대한 제한(공직선
거법 제85조 제3항)으로 나타날 수 있다.

75. 주체에 대
한 제한

첫째, 주체에 대한 제한은 만일 어떠한 공직선거에 있어서 선거운
동을 할 수 있는 주체를 법률이 제한하여 선거운동을 할 수 없도록 금

---

72) 이에 대하여 자세한 것은 방승주 (주 62), 69-72면.

지한다면 이는 주체에 대한 제한이라고 할 수 있다.

이러한 주체에 대한 제한은 전술한 바와 같이 헌법 제41조 제1항과 제67조 제1항의 "보통선거의 원칙"에 반할 수 있기 때문에 그와 같이 제한해야 할 불가피한 사유에 의하여 정당화되는 예외적인 경우가 아니면 선거운동의 주체를 제한해서는 안 된다.73) 다시 말해서 헌법 제37조 제2항에서 규정하고 있는 "질서유지"를 위하여 필요한 경우에 한하여 제한하여야 하는 것이다.

민주주의의 역사는 보통선거가 관철되는 역사라고 해도 과언이 아니듯이, 이 보통선거의 원칙이 보다 실질적으로 실현되기 위해서는 선거운동의 주체와 관련해서도 모든 국민에게 선거운동의 자유가 주어져야 한다.

이러한 관점에서 선거권자는 물론, 선거권연령에 도달하지 않은 자, 단체를 포함한 모든 국민들에게 선거운동의 자유가 보장되어야 하며, 선거법은 그러한 방향으로 개정되어야 할 것이고 그것이 바로 헌법의 요청이라고 할 것이다.

둘째, 보호영역에 대한 제한양태는 다양하게 나타날 수 있다. 선거운동의 궁극적인 목적은 후보로 출마한 경우에는 당선되기 위하여, 그리고 후보가 아닌 경우, 지지자의 경우는 자신이 지지하는 후보가 당선되도록 하기 위하여, 그리고 지지하지 않는 자의 경우는 자신이 지지하지 않는 후보가 낙선되도록 하기 위하여 하는 모든 행위가 헌법상 선거운동의 자유에 해당한다고 할 수 있고, 우리 헌법은 이러한 자유를 넓게 보장하고 있다. 그러므로 이러한 행위를 금지하는 모든 국가 공권력 행사는 선거운동의 자유에 대한 제한이 된다.

셋째, 선거운동의 대상에 대한 제한이 이루어질 수 있다. 즉 특정한 사람들이나 특정한 관계에 있는 사람들에 대하여 선거운동을 할 수 없도록 금지하는 경우가 그러한 것이다(공직선거법 제85조 제3항).

요컨대, 원칙적으로 선거운동의 기간, 방법, 대상, 비용 등 선거운

76. 보통선거의 원칙에 위배 가능

77. 보통선거원칙의 실현을 위하여

78. 선거권연령에 미달된 청소년

79. 당선·낙선을 위한 모든 행위에 대한 제한

80. 대상에 대한 제한

81. 선거운동과 관련한 행위에

---

73) 방승주 (주 15), 303-350면; 헌재 2007. 6. 28, 2004헌마644 등, 판례집 제19권 1집, 859 [헌법불합치].

대한 모든 제
약

동과 관련한 행위에 제약을 가하는 모든 국가 공권력의 작용은 선거운
동의 자유에 대한 제한이라고 할 수 있으며, 헌법상 선거운동의 자유보
다 더 중요한 다른 공익이 그 제한을 불가피하게 요구하는 예외적인 경
우에 그러한 제한이 이루어질 수 있다고 보아야 할 것이다.

(2) 제한의 목적 - 공정성, 기회의 균등

82. 올바른 정
치적 의사형성

선거운동의 자유를 제한하기 위한 정당한 목적에 해당하는 것으로
는 일단 첫째, 국민의 정치적 의사형성이 올바르게 될 수 있도록 하는
것이다. 국민의 정치적 의사형성에는 전술한 바와 같이 누가 가장 국가
권력의 담당자로서 적임이겠는가에 대하여 국민이 자유롭게 판단하고
올바르게 결정할 수 있도록 하는 것이 포함된다.

83. 금품제공,
허위사실공표

그러므로 이러한 자유롭고 올바른 판단에 방해가 될 수 있는 방법
으로 이루어지는 모든 선거운동은 선거운동 자체가 가지고 있는 내재적
한계를 벗어난 것으로서 그에 대한 제한은 정당화될 수 있을 것이다. 이
러한 사례에 해당하는 것이 전형적인 불법적 선거운동이라고 할 수 있
는 금품제공이나 여러 가지 이익제공을 통한 선거운동과 허위사실공표
등을 통한 선거운동이라고 할 수 있을 것이다. 이러한 행위에 대하여 규
제함으로써 선거의 공정성을 도모하는 것은 헌법 제37조 제2항의 "질서
유지"에 의하여 정당화된다고 보인다.

84. 선거의 혼
탁과 과열의 방
지

둘째, 선거의 혼탁과 과열의 방지(헌재)가 과연 정당한 제한목적이
될 수 있을 것인가? 선거운동의 열기가 뜨거워지다 보면 때로는 이로
인하여 과열되고 혼탁한 선거가 이루어지는 것은 아닌지 우려가 될 수
있으나, 이러한 과열이나 외견적 혼탁만으로 선거운동의 자유를 제한하
는 것은 정당한 목적이 될 수 없다. 왜냐하면 국가가 국민들의 정치적
열기의 정도를 스스로 정해서 강요할 수는 없는 것이며, 때로는 뜨거운
열기가 바로 민주주의의 동력이 될 수 있는 것이고 그것은 국민의 정치
적 자유의 결과이기 때문이다.

85. 기회의 균
등

셋째, 선거운동에 있어서 기회의 균등(헌법 제116조 제1항)은 정당한
목적이 될 수 있다. 다만 기회의 균등이 선거운동의 자유의 보장보다 더

앞서서는 안 될 것이다. 다시 말해서 기회의 균등과 공정성의 보장을 위한다는 명목으로 아예 관련되는 선거운동 자체를 전면적으로 금지하는 입법이나 그러한 규제는 선거운동의 자유의 중요성에 비추어 정당화될 수 없다. - 가령 공직선거법 제93조 제1항의 문서 · 인쇄물 등의 배부금지 조항은 이러한 관점에서 위헌이라고 보인다. 경제력의 차이로 인한 불공정성 야기는 여기에서 국가가 걱정해야 할 사유는 아니다. 오히려 자유로이 인쇄물 등을 배포할 수 있도록 하되, 일정한 비용의 한도 내에서 하도록 규제하면 기회의 균등도 이루어질 수 있을 것이기 때문이다.

(3) 제한의 한계

선거운동의 자유 역시 무제한적으로 인정될 수 있는 자유는 아니고 위에서 지적한 선거운동의 자유를 제한할 수 있는 정당한 목적이 존재할 경우에는 필요한 경우에 한하여 법률로써 제한할 수 있는 것이다. 따라서 헌법 제37조 제2항의 과잉금지원칙을 준수하는 가운데서 선거운동의 자유가 제한될 수 있을 뿐이다.

86. 과잉금지의 원칙

(4) 침해여부에 대한 심사에 있어서 심사기준

선거운동의 자유에 대한 침해가 있는지 여부에 대한 심사기준을 엄격한 심사기준으로 해야 할 것인지 아니면 완화된 심사기준으로도 족한지 하는 문제가 제기된다. 이에 대해서는 단체의 선거운동금지에 대하여 합헌선언을 한 공직선거 및 선거부정방지법 제87조 단서 위헌확인결정[74]에서 이재화, 김문희 재판관의 소수의견과 그리고 헌법재판소의 재외국민선거권제한 헌법불합치결정[75]에서 잘 설명하고 있다. 즉 전술한 바와 같이 선거운동의 자유가 국민주권과 민주주의 그리고 정치적 의사형성의 자유의 하나로서 가지는 중요성에 비추어 이를 제한하지 않으면 안 되는 불가피한 공익적 사유가 존재하는 예외적인 경우에 한하여 선거운동의 자유를 제한할 수 있는 것이기 때문에 그만큼 엄격한 심사기

87. 엄격한 심사기준 필요

---

74) 헌재 1999. 11. 25, 98헌마141, 판례집 제11권 2집, 614.
75) 헌재 2007. 6. 28, 2004헌마644 등, 판례집 제19권 1집, 859 [헌법불합치].

준이 동원되어야 할 것이다.

마. 현행 공직선거법상 선거운동의 자유에 대한 규율내용과 관련 헌법재판소 판례

(1) 선거운동의 주체에 대한 제한

(가) 공직선거법의 규정

88. 외관상 누구나

공직선거법은 제58조에서 선거운동이라 함은 당선되거나, 되게 하거나, 되지 못하게 하기 위한 행위를 말한다고 정의하고, 다만 1. 선거에 관한 단순한 의견개진 및 의사표시, 2. 입후보와 선거운동을 위한 준비행위, 3. 정당의 후보자 추천에 관한 단순한 지지·반대의 의견개진 및 의사표시, 4. 통상적인 정당활동, 5. 설날·추석 등 명절 및 석가탄신일·기독탄신일 등에 하는 의례적인 인사말을 문자메시지(그림말·음성·화상·동영상 등 포함)로 전송하는 행위는 선거운동으로 보지 않는다고 하고 있으며(제1항), 이어서 누구든지 자유롭게 선거운동을 할 수 있다고 한 후, 그러나 이 법 또는 다른 법률의 규정에 의하여 금지 또는 제한되는 경우에는 그러하지 아니하다고 규정하고 있다. 그리하여 마치 선거운동을 누구나 할 수 있는 것과 같은 외관을 보여주고 있다.

89. 선거운동을 할 수 없는 자

공직선거법 제60조는 선거운동을 할 수 없는 자를 열거하고 있는데, 1. 대한민국 국민이 아닌 자(다만 공직선거법 제15조 제2항 제3호에 따른 외국인이 해당 선거에서 선거운동을 하는 경우는 제외), 미성년자(18세 미만의 자), 3. 법 제18조 제1항의 규정에 의하여 선거권이 없는 자, 4. 국가공무원과 지방공무원(다만 정당법 제22조 제1항 제1호 단서의 규정에 의하여 정당의 당원이 될 수 있는 공무원 - 국회의원, 지방의회의원, 정무직 공무원 제외), 5. 제53조 제1항 제2호 내지 제7호에 해당하는 자(제5호 및 제6호의 경우에는 그 상근직원) - 각급선거관리위원회위원 또는 교육위원회의 교육위원76), 다른 법령의 규정에 의하여 공무원의 신분을 가진 자, 공공기관의

---

76) 2016. 2. 26, 지방교육자치에 관한 법률(법률 제10046호) 부칙 제2조 제1항의 규정에 의하여 동법 제2장 교육위원회 규정 및 제7장 교육의원선거에 관한 규정은 2014년 6월 30일까지만 효력을 가지면서 교육의원선거는 더 이상 실시되지 않았으므로 이 교육위원회 부분은 삭제되어야 한다는 것을 저자가 이미 2017년 9월에

운영에 관한 법률 제4조 제1항 제3호에 해당하는 기관 중 정부가 100분의 50 이상의 지분을 가지고 있는 기관(한국은행을 포함한다)의 상근 임원, 농업협동조합법, 수산업협동조합법, 산림조합법, 엽연초생산협동조합법에 의하여 설립된 조합의 상근 임원과 이들 조합의 중앙회장, 지방공기업법 제2조에 규정된 지방공사와 지방공단의 상근 임원, 정당법 제22조 제1항 제2호의 규정에 의하여 정당의 당원이 될 수 없는 사립학교 교원, 6. 예비군 중대장급 이상의 간부, 7. 통·리·반의 장 및 읍·면·동주민자치센터에 설치된 주민자치위원회위원, 8. 특별법에 의하여 설립된 국민운동단체로서 국가 또는 지방자치단체의 출연 또는 보조를 받는 단체(바르게살기운동협의회·새마을운동협의회·한국자유총연맹)의 상근 임·직원 및 이들 단체들(시·도 조직 및 구·시·군 조직을 포함)의 대표자, 9. 선상투표신고를 한 선원이 승선하고 있는 선박의 선장이 그것이다.

이들을 대별해 보면 대한민국 국민이 아닌 자, 미성년자, 선거권이 없는 자, 공무원과 공기업의 상근임원, 정부출연단체의 상근 임·직원 및 대표자, 선상투표선박 선장이다.

90. 선거운동을 할 수 없는 자에 대한 대별

그리고 제87조에서 단체의 선거운동을 금지하면서 해당 기관·단체를 열거하고 있다. 즉 1. 국가·지방자치단체, 2. 제53조(공무원 등의 입후보) 제1항 제4호 내지 제6호에 규정된 기관·단체, 3. 향우회·종친회·동창회, 산악회 등 동호인회, 계모임 등 개인 간의 사적 모임, 4. 특별법에 의하여 설립된 국민운동단체로서 국가 또는 지방자치단체의 출연 또는 보조를 받는 단체(바르게살기운동협의회[77])·새마을운동협의회·한국자유총연맹), 5. 법령에 의하여 정치활동이나 공직선거에의 관여가 금지된 단체, 6. 후보자 또는 후보자의 가족이 임원으로 있거나, 후보자 등의 재산을 출연하여 설립하거나, 후보자 등이 운영경비를 부담하거나 관계법규나 규약에 의하여 의사결정에 실질적으로 영향력을 행사하는 기관·단체, 7. 구성원의 과반수가 선거운동을 할 수 없는 자

91. 단체의 선거운동 금지

발표한 선행연구 (주 61)에서 지적하였음에도 5년 이상 지난 현재까지 공직선거법 제53조 제1항 제2호에서 "교육위원회의 교육위원" 부분이 그대로 규정되어 있는데 정비가 필요해 보인다.

77) 헌재 2013. 12. 26, 2010헌가90, 공직선거법 제103조 제2항 등 위헌제청(합헌).

로 이루어진 기관·단체(제1항)가 그것이다. 또한 선거에 있어서 후보자
(후보자가 되고자 하는 자를 포함)의 선거운동을 위하여 연구소·동우회·
향우회·산악회·조기축구회, 정당의 외곽단체 등 그 명칭이나 표방하
는 목적 여하를 불문하고 사조직 기타 단체를 설립하거나 설치할 수 없
다고 규정하고 있다(제2항).

(나) 헌법재판소 판례

92. 주요 헌재
결정

지금까지 선거운동의 주체와 관련한 제한규정과 관련하여 내린 헌
법재판소의 결정은 매우 많으나[78], 그 가운데 중요한 의미가 있는 결정
을 언급하면 다음과 같다.

93. 언론인에
대한 선거운동
금지조항 위헌

우선 2016년 6월 헌법재판소는 언론인에 대하여 선거운동을 금지
하고 있는 구 공직선거법 제60조 제1항 제5호 중 "제53조 제1항 제8호
에 해당하는 자" 부분(금지조항)과 또한 이 금지조항 위반 시 처벌을 하
도록 규정한 구 공직선거법 제255조 제1항 제2호 가운데 제60조 제1항
제5호 중 "제53조 제1항 제8호에 해당하는 자" 부분(처벌조항)은 선거운
동의 자유를 침해하여 헌법에 위반된다고 선고하였는데[79] 타당하다고
생각된다.

94. 사회복무요
원 선거운동제
한 합헌

병역법 제33조 제2항 제2호 위헌확인결정[80]에서 헌법재판소는 사
회복무요원이 선거운동을 할 경우 경고처분 및 연장복무를 하게 하는
병역법 제33조 제2항 제2호 중 공직선거법 제58조 제1항의 선거운동에
관한 부분이 사회복무요원인 청구인의 선거운동의 자유를 침해하지 않
는다고 결정하였다. 이에 대하여 김이수, 안창호, 강일원 재판관은 사회
복무요원에 대하여 선거운동을 일부 허용하더라도 선거의 공정성을 훼

---

78) 자치단체장 - 헌재 2003. 9. 25, 2003헌마105, 공직선거 및 선거부정방지법 제53
조 제3항 위헌확인; 2006. 7. 27, 2003헌마758, 2005헌마72(병합) 공직선거 및 선거
부정방지법 제53조 제3항 위헌확인; 1999. 5. 27, 98헌마214, 공직선거 및 선거부
정방지법 제53조 제3항 위헌확인(위헌); 1995. 5. 25, 91헌마57, 구 지방의회의원
선거법 제35조 등에 대한 헌법소원(각하). 교원 - 2012. 7. 26, 2009헌바298, 국가
공무원법 제65조 제2항 등 위헌소원; 2004. 3. 25, 2001헌마710, 정당법 제6조 1호
등 위헌확인,

79) 헌재 2016. 6. 30, 2013헌가1, 판례집 제28권 1집, 413.

80) 헌재 2016. 10. 27, 2016헌마257.

손할 위험이 있다고 보기 어려우므로 일괄적으로 이들의 선거운동을 금지하는 것은 사회복무요원의 선거운동의 자유를 과잉하게 침해하는 것이라고 밝혔다.

또한 국민건강보험공단 상근 직원의 선거운동을 금지하고 있는 구 공직선거 및 선거부정방지법 제60조 제1항 제9호는 선거운동의 자유를 침해하지 않는다고 결정하였으나, 이 사건에서 4인의 재판관은 공직선거법 제85조 제2항 및 제86조 제1항의 규정에 의하여 그 지위를 이용하여 하는 선거운동 및 선거에 영향을 미치는 행위를 하지 못하게 되어 있으므로 여기서 더 나아가 그 밖의 선거운동 일체를 포괄적으로 금지하는 규정을 다시 두는 것은 선거운동의 자유를 침해하여 위헌이라고 보았다.[81]

    95. 국민건강보험공단 상근직원 선거운동금지 위헌

그리고 헌법재판소는 공무원이 선거운동의 기획에 참여하거나 그 기획의 실시에 관여하는 행위를 금지하는 공직선거법 제86조 제1항 제2호와 이러한 금지조항에 위반하는 경우 처벌을 하는 제255조 제1항 제10호에 대하여 종전의 합헌결정[82]을 변경하여 "공무원이 '그 지위를 이용하여' 하는 선거운동의 기획행위를 막는 것으로도 충분하다."고 하면서 공무원의 정치적 표현의 자유와 평등권을 침해하는 것으로 보았다.[83]

    96. 공무원의 선거운동기획 참여금지 위헌

한편 공무원의 지위를 이용하여 선거에 영향을 미치는 행위에 대하여 1년 이상 10년 이하의 징역 또는 1천만 원 이상 5천만 원 이하의 벌금에 처하도록 규정한 공직선거법 제255조 제5항 중 제85조 제1항의 "공무원이 지위를 이용하여 선거에 영향을 미치는 행위" 부분은 형벌체계상의 균형을 현저히 상실하여 헌법에 위반된다고 보았으나, 공직선거법 제85조 제1항 중 "공무원이 그 지위를 이용하여 선거에 영향을 미치는 행위" 부분은 헌법에 위반되지 아니한다고 선고하였다.[84]

    97. 공무원의 지위이용 선거에 영향 미치는 행위제한 위헌

다음으로 헌법재판소는 각종 단체는 선거운동을 할 수 없게 금지하

    98. 단체의 선거운동금지 합헌

---

81) 헌재 2004. 4. 29, 2002헌마467, 공직선거 및 선거부정방지법 제60조 제1항 제9호 위헌확인, 판례집 제16권 1집, 541.
82) 헌재 2005. 6. 30, 2004헌바33, 판례집 제17권 1집, 927.
83) 헌재 2008. 5. 29, 2006헌마1096, 판례집 제20권 1집, 270.
84) 헌재 2016. 7. 28, 2015헌바6, 판례집 제28권 2집, 92.

면서, 예외적으로 노동조합에만 이를 허용하고 있는 구 공직선거 및 선거부정방지법 제87조 단서는 평등원칙에 위반되지 않는다고 판결하였다.[85] 그러나 전술한 바와 같이, 이 결정에서 김문희, 이재화 재판관은 선거운동의 자유와 단체의 선거운동의 자유의 인정 필요성과 관련하여 매우 의미 있고도 중요한 반대의견을 개진하였는데, 앞으로 헌법재판소는 이 반대의견과 같이 판례를 변경해야 할 필요가 있다고 생각된다.[86]

99. 조합장의 입후보시 임기만료 90일전 해임조항 및 지방의회의원 겸직금지 조항 위헌

그리고 일찍이 헌법재판소는 조합장이 지방의회의원의 입후보자가 되고자 하는 때에는 지방의회의원의 임기만료일 전 90일까지 그 직에서 해임되어야 하고, 지방의회의원은 농업협동조합 등의 조합장직을 겸할 수 없게 하고 있던 지방의회의원선거법 제35조 제1항 제7호 및 지방자치법 제33조 제1항 제6호 중 농업협동조합·수산업협동조합·축산업협동조합·산림조합·엽연초생산협동조합·인삼협동조합의 조합장에 대한 부분은 국민의 참정권을 제한함에 있어서 합리성 없는 차별대우의 입법이라고 하는 이유로 위헌선언[87]을 하였다.

100. 한국철도공사 상근직원 등에 대한 선거운동제한 위헌

최근 들어와 헌법재판소는 한국철도공사의 상근직원에 대하여 선거운동을 금지하고 이를 위반한 경우 처벌하도록 규정한 공직선거법 제60조 제1항 제5호 중 제53조 제1항 제4호 가운데 '한국철도공사의 상근직원 부분'과, 같은 법 제255조 제1항 제2호 중 위 해당 부분[88], 광주광역시 광산구 시설관리공단의 상근직원이 당원이 아닌 자에게도 투표권을 부여하는 당내경선에서 경선운동을 할 수 없도록 금지·처벌하는 공직선거법 제57조의6 제1항 본문의 '제60조 제1항 제5호 중 제53조 제1항 제6호 가운데 지방공기업법 제2조에 규정된 지방공단인 광주광역시 광산구시설관리공단의 상근직원'에 관한 부분 및 같은 법 제255조 제1항 제1호 중 위 해당 부분[89] 등이 청구인들의 선거운동의 자유 또는 정

---

85) 헌재 1999. 11. 25, 99헌마141.
86) 방승주 (주 62), 78면 이하.
87) 헌재 1991. 3. 11, 90헌마28, 지방의회의원선거법 제28조 등에 대한 헌법소원, 판례집 제3권, 63.
88) 헌재 2018. 2. 22, 2015헌바124, 판례집 제30권 1집 상, 216. 김창종, 조용호 재판관의 반대의견 있음.
89) 헌재 2021. 4. 29, 2019헌가11, 공직선거법 제57조의6 제1항 등 위헌제청 (지방공

치적 표현의 자유를 침해하여 위헌이라고 확인하였다.

그리고 후보자의 배우자가 그와 함께 다니는 사람 중에서 지정한 1명도 명함교부를 할 수 있도록 한 공직선거법조항[90], 거의 비슷한 내용으로 예비후보자의 배우자가 함께 다니는 사람 중에서 지정한 자도 선거운동을 위하여 명함교부 및 지지호소를 할 수 있도록 한 공직선거법 제60조의3 제2항 제3호 중 '배우자' 관련 부분[91] 등은 선거운동의 기회균등 원칙에 반하여 평등권을 침해한다고 보았다.

101. 명함교부 제한조항 위헌

(2) 선거운동의 기간에 대한 제한
(가) 공직선거법의 규정

선거운동기간에 대해서는 공직선거법 제59조가 선거개시일부터 선거일 전일까지에 한하여 할 수 있도록 하되 다음과 같은 몇 가지 예외를 두고 있다. 1. 예비후보자 등이 선거운동을 하는 경우, 2. 문자메시지를 전송하는 방법으로 선거운동을 하는 경우. 이 경우 자동 동보통신의 방법으로 전송할 수 있는 자는 후보자와 예비후보자에 한하되 그 횟수는 8회에 한한다. 3. 인터넷 홈페이지 또는 그 게시판·대화방 등에 글이나 동영상 등을 게시하거나 전자우편을 전송하는 방법으로 선거운동을 하는 경우. 이 경우 전자우편 전송대행업체에 위탁하여 전자우편을 전송할 수 있는 사람은 후보자와 예비후보자에 한한다. 4. 선거일이 아닌 때에 전화를 이용하거나 말(확성기를 사용하여 옥외에서 다중을 상대로 하는 경우 제외)로 선거운동을 하는 경우, 5. 후보자가 되려는 사람이 선거일 전 180일(대통령선거의 경우 선거일 전 240일)부터 해당 선거의 예비후보자등록신청 전까지 자신의 명함을 직접 주는 경우가 그것이다.

102. 선거운동 기간

예비후보자 등록은 대통령선거의 경우 선거일 전 240일, 지역구국

103. 예비후보자 등록

단 상근직원의 경선운동 금지 사건), 판례집 제33권 1집, 397. 이종석, 이영진 재판관의 반대의견 있음.

90) 헌재 2016. 9. 29, 2016헌마287, 공직선거법 제93조 제1항 제1호 위헌확인 (후보자의 명함교부 주체 관련조항 사건), 판례집 제28권 2집 상, 568.

91) 헌재 2013. 11. 28, 2011헌마267, 공직선거법 제60조의3 제2항 제1호 등 위헌확인 (공직선거 예비후보자의 배우자 등의 선거운동에 관한 사건), 판례집 제25권 2집 하, 473.

회의원선거 및 시 · 도지사선거의 경우 선거일 전 120일, 지역구시 · 도
의회의원선거, 자치구 · 시의 지역구의회의원 및 장의 선거의 경우 선거
기간개시일 전 90일, 군의 지역구의회의원 및 장의 선거의 경우 선거기
간개시일 전 60일이다(공직선거법 제60조의2).

104. 예비후보
자등록 후부터
선거일 전까지

즉 예비후보자 등의 경우는 예비후보자등록 후부터 선거일 전까지
일정한 방법으로 선거운동을 할 수 있는 데 반하여, 일반 유권자들은 후
보자등록 후 선거일 전까지, 즉 대통령선거의 경우 22일, 국회의원선거
의 경우 13일간의 짧은 기간 동안만 선거운동에 참여할 수 있을 뿐이다.

(나) 헌법재판소 판례

105. 사전선거
운동금지 합헌

헌법재판소는 사전선거운동금지에 대하여 지금까지 확립된 판례로
합헌결정을 선고해 오고 있다.[92]

106. 인터넷선
거운동

특히 예비후보자 등에 대하여는 인터넷을 통한 선거운동을 선거기
간 전부터 허용해 주는 데 반하여 일반 유권자들에게는 여전히 허용하
지 않고 있는 공직선거법 제59조 제3호에 대하여 헌법재판소는 여전히
합헌의 입장을 유지하고 있다.[93] 다만 이 사건에서 김종대, 송두환 재판
관은 위헌의견을 펴고 있다.

107. 유권자들
의 선거운동기
간 매우 짧음

그러나 헌법이 보장하고 있는 일반 유권자들의 선거운동의 자유를
매우 짧은 선거운동기간 동안만 허용하고, 그 이전의 인터넷상에서의
선거운동 역시 사전선거운동으로 금지하고 이를 위반할 경우 처벌하는
것은 선거의 공정성만을 지나치게 강조하고 선거운동의 자유를 지나치
게 경시한 것으로서 헌법에 위반되므로, 선거운동기간의 제한규정은 입
법자가 삭제하거나 헌법재판소가 위헌으로 선고하여야 할 것이라고 생
각된다.[94]

---

92) 헌재 1994. 7. 29, 93헌가4; 2001. 8. 30, 2000헌마121; 2005. 9. 29, 2004헌바52, 판
례집 제17권 2집, 160, 170－171; 2013. 12. 26, 2011헌바153; 2015. 4. 30, 2011헌바
163; 2016. 6. 30, 2014헌바253.

93) 헌재 2010. 6. 24, 2008헌바169, 공직선거법 제59조 제3호 위헌소원, 판례집 제22
권 1집 하, 497.

94) 동지, 정만희, 헌법과 통치구조, 법문사 2003, 392면; 박종보, 헌법 제116조, 법제
처, 헌법주석서 IV(2010. 2), 372－387, 377면; 이성환, "선거관계법에 대한 헌법재

백 보 양보하여 선거운동기간을 존치한다 하더라도, 가령 예비후보자 등이 선거운동을 할 수 있는 기간부터는 마찬가지로 일반 유권자 역시 그에 상응하게 선거운동을 할 수 있어야 하며, 특히 인터넷을 통한 선거운동의 경우는 당연히 인정되어야 할 것이다. 이러한 관점에서 공직선거법 제59조 제3호는 김종대, 송두환 재판관의 반대의견이 주장하고 있듯이 일반 유권자들의 평등권을 침해하는 것으로서 입법자가 최소한 이 규정을 시급히 보완해야 할 것으로 생각된다.

108. 일반유권자에게도 선거운동의 자유 동일하게 보장할 필요

(3) 선거운동의 방법에 대한 제한

(가) 공직선거법의 규정

공직선거법은 전술한 주체와 기간의 제한 외에 매우 자세하게 선거운동방법에 관하여 규율하고 있으며, 이러한 방법 외의 선거운동에 대해서는 철저하게 금지하고 이를 위반하는 경우 처벌하는 조항으로 가득하다.

109. 금지와 위반시 처벌

선거운동방법과 관련한 규제의 내용은 매우 다양하고 광범위해서, 여기에서는 제목을 나열하는 정도로 간략하게 파악하고 주로 헌법재판소에서 문제가 되었던 규제내용 위주로 보다 자세하게 살펴보기로 한다.

110. 규제의 내용 다양하고 광범위

공직선거법은 다음과 같은 여러 가지 선거운동방법과 관련한 규제조항들을 두고 있다.[95] 선거운동기구의 설치(제61조), 정당선거사무소의 설치(제61조의2), 선거사무관계자의 선임(제62조), 선거운동기구 및 선거사무관계자의 신고(제63조), 선거벽보(제64조)[96], 선거공보(제65조)[97], 선

111. 다양한 규제조항

판소 결정의 문제점", 헌법실무연구회(편), 헌법실무연구 제1권(2000), 321-339, 332-333면; 이욱한, "선거운동규제의 법리", 공법연구 제28집 제4호 제1권(2000), 101-114, 109-111면; 최희경, "정치적 표현에 관한 헌법적 고찰 - 선거운동의 자유를 중심으로", 이화여대 법학연구소, 법학논집 제15권 제1호(2010), 259-291, 271면. 이에 반하여 국회의원선거와의 형평상 대통령선거의 선거기간을 오히려 현재보다도 더 단축시켜야 한다는 견해로, 김도협, "선거운동에 관한 규제와 그 개선방안에 관한 고찰", 세계헌법연구 제18권 1호(2012), 185-219, 194면.

95) 이하 방승주 (주 11), 헌법 제41조 주석내용을 수정·보완함.
96) 헌재 1999. 9. 16, 99헌바5, 공직선거및선거부정방지법 제64조 제1항: 선전벽보에 비정규학력게재금지 합헌, 판례집 제11권 2집, 326; 헌재 2010. 3. 25, 2009헌바121, 공직선거법 제250조 제1항 등 위헌소원.
97) 헌재 2014. 5. 29, 2012헌마913, 공보 212, 1016: 헌법재판소는 이 결정에서 후보자

거공약서(제66조), 현수막(제67조), 어깨띠 등 소품(제68조), 신문광고(제69조), 방송광고(제70조), 방송연설(제71조98), 제72조), 경력방송(제73조, 제74조), 공개장소에서의 연설·대담(제79조)99), 연설금지장소(제80조), 후보자 등 초청 대담·토론회(제81조, 제82조, 제82조의2, 3)100), 정보통신망을 이용한 선거운동(제82조의4), 선거운동정보의 전송제한(제82조의5), 인터넷 언론사 게시판·대화방의 실명확인제(제82조의6)101), 인터넷광고(제82조의7), 교통편의의 제공(제83조), 무소속후보자의 정당표방제한(제84조)102), 공무원 등의 선거관여 등 금지(제85조), 공무원 등의 선거에 영향을 미치는 행위 금지(제86조)103), 단체의 선거운동금지(제87조)104), 타후보자를

가 시각장애선거인을 위한 점자형 선거공보 1종을 책자형 선거공보 면수 이내에 서 임의로 작성할 수 있도록 한 공직선거법(2010. 1. 25, 법률 제9974호로 개정된 것) 제65조 제4항 중 대통령선거에 관한 부분은 시각장애인의 선거권과 평등권을 침해한다고 볼 수 없다는 이유로 헌법소원청구를 기각함.

98) 헌재 1999. 6. 24, 98헌마153, 자치구·시·군의 장선거에서 후보자의 방송연설을 종합유선방송만을 이용하여 실시하고 지역방송국을 이용할 수 없도록 방송연설 매체를 제한한 법 제71조 합헌.

99) 선거운동기간 중 공개장소에서 비례대표국회의원후보자의 연설·대담을 금지하는 공직선거법(2010. 1. 25. 법률 제9974호로 개정된 것) 제79조 제1항 및 공직선거법(2004. 3. 12. 법률 제7189호로 개정된 것) 제101조는 비례대표국회의원후보자인 청구인의 선거운동의 자유 및 정당활동의 자유와 평등권을 침해하지 않는다고 하는 판례로 헌재 2013. 10. 24, 2012헌마311, 공보 205, 1544.

100) 헌재 1999. 1. 28, 98헌마172, 판례집 제11권 1집, 84: 언론기관에 의한 후보자의 초청범위 등의 제한을 가능하도록 한 법 제82조 제2항 합헌; 헌재 1998. 8. 27, 97헌마372 (병합), 판례집 제10권 2집, 461, 방송토론회진행사항결정행위 취소: 대통령선거방송토론위원회가 여론조사결과 평균지지율 10%이상 후보만 초청한 결정 합헌; 헌재 2009. 3. 26, 2007헌마1327, 2009헌마437(병합), 판례집 제21권 1집 상, 708: 선거방송대담토론회의 참가기준으로 여론조사결과 평균지지율 5%이상을 요구하고 있는 공직선거법조항 합헌. 마찬가지로 헌재 2013. 10. 24, 2012헌마347.

101) 헌재 2010. 2. 25, 2008헌마324, 2009헌바31(병합), 판례집 제22권 1집 상, 347: 인터넷언론사에 대하여 선거운동기간 중 게시판·대화방 등에 정당·후보자에 대한 지지·반대의 글을 게시할 수 있도록 하는 경우 실명을 확인받도록 하는 기술적 조치를 할 의무, 위와 같은 글이 "실명인증"의 표시가 없이 게시된 경우 삭제할 의무를 부과한 것은 명확성의 원칙, 사전검열금지의 원칙에 위배되지 않음. 헌재 2015. 7. 30, 2012헌마734 등 결정에서도 공직선거법상 인터넷 실명제 합헌결정.

102) 헌재 2003. 5. 15, 2003헌가9·10(병합); 헌재 2003. 1. 30, 2001헌가4; 헌재 1999. 11. 25, 99헌바28.

103) 헌법재판소는 공무원의 선거운동기획행위를 전면 금지하고 있는 공직선거법 제86조 제1항 제2호 등에 대하여 종전의 합헌판례를 변경하여 한정위헌을 선언하

위한 선거운동금지(제88조), 유사기관의 설치금지(제89조), 시설물설치 등
의 금지(제90조), 확성장치와 자동차 등의 사용제한(제91조), 영화 등을
이용한 선거운동금지(제92조), 탈법방법에 의한 문서·도화의 배부·게
시 등 금지(제93조)[105], 방송·신문 등에 의한 광고의 금지(제94조), 신
문·잡지 등의 통상방법 외의 배부 등 금지(제95조), 허위논평·보도 등
금지(제96조), 방송·신문의 불법이용을 위한 행위 등의 제한(제97조), 선
거운동을 위한 방송이용의 제한(제98조), 구내방송에 의한 선거운동금지
(제99조), 녹음기 등의 사용금지(제100조), 타연설회 등의 금지(제101조),
야간연설 등의 제한(제102조), 각종 집회 등의 제한(제103조), 연설회장에
서의 소란행위 등의 금지(제104조), 행렬 등의 금지(제105조)[106], 호별방문
의 제한(제106조)[107], 서명·날인운동의 금지(제107조), 여론조사의 결과
공표 금지(제108조)[108], 선거여론조사를 위한 휴대전화 가상번호의 제공

였다. 헌재 2008. 5. 29, 2006헌마1096, 공보 140, 807.

104) 헌재 1999. 11. 25, 98헌마141, 판례집 제11권 2집, 614, 법 제87조 단서: 단체의
    선거운동 제한 합헌. 이에 대한 비판으로는 방승주 (주 62), 80–86면; 단체의 선
    거운동에 대하여 부정적 견해로, 성낙인, "선거제도와 선거운동", 저스티스 통권
    제130호 (2012. 6), 6–36, 27면.

105) 헌법재판소는 '구 공직선거 및 선거부정방지법'(1997. 11. 14, 법률 제5412호로 개
    정된 것) 제93조 제1항에 대한 위헌소원사건(헌재 2001. 8. 30, 99헌바92 등,
    13–2, 174)에서 합헌결정을 선고한 이래 다수의 위헌소원사건에서 합헌결정을
    선고한 바 있고(헌재 2001. 10. 25, 2000헌마193, 13–2, 526; 헌재 2001. 12. 20,
    2000헌바96등, 13–2, 830; 헌재 2002. 5. 30, 2001헌바58, 14–1, 499; 헌재 2006.
    5. 25, 2005헌바15, 공보 116, 803; 헌재 2007. 1. 17, 2004헌바82, 19–1, 1; 헌재
    2008. 10. 30, 2005헌바32, 20–2상, 750; 헌재 2009. 2. 26, 2006헌바626, 21–1상,
    211; 헌재 2009. 5. 28, 2007헌바24, 21–1하, 599; 헌재 2009. 7. 30, 2007헌마718,
    21–2상, 311), 이와 유사한 취지의 내용을 규정하고 있던 '구 지방의회의원선거
    법' 제181조 제2호 등 위헌소원사건(헌재 1995. 4. 20, 92헌바29, 7–1, 499)에서도
    합헌결정을 선고한 바 있다. 이에 반하여 그 위헌성을 지적하는 견해로, 고민수,
    "유권자의 선거운동의 자유에 대한 제한과 문제점 - 공직선거법 제93조 제1항 위
    헌확인사건(2007헌마718)에 대한 헌법적 고찰", 언론과 법, 제8권 제2집(2009),
    29–48면; 윤영미, "선거의 공정성에 관한 검토", 헌법학연구 제16권 제3호(2010.
    9), 573–612면; 최희경(주 94), 274면; 방승주 (주 62), 96–104면; 종전의 합헌 결
    정(헌재 2009. 7. 30, 2007헌마718, 21–2상)을 변경하고 동조항에 대하여 한정위
    헌을 선고한 결정으로 헌재 2011. 12. 29, 2007헌마1001, 2010헌바88, 2010헌마
    173·191(병합), 판례집 제23권 2집 하, 799 참조.

106) 헌재 2006. 7. 27, 2004헌마215, 공직선거및선거부정방지법 제105조 제1항 위헌확
    인: 합헌.

107) 헌재 2016. 12. 29, 2015헌마509·1160(병합).

(제108조의2), 정책ㆍ공약에 관한 비교평가결과의 공표제한(제108조의3), 서신ㆍ전보 등에 의한 선거운동의 금지(제109조)[109], 후보자 등의 비방금지(제110조)[110], 허위사실 등에 대한 이의제기(제110조의2), 의정활동 보고(제111조)[111], 기부행위의 정의(제112조)[112], 후보자 등의 기부행위제한(제113조)[113], 정당 및 후보자의 가족 등의 기부행위제한(제114조), 제3자의 기부행위제한(제115조), 기부의 권유ㆍ요구 등의 금지(제116조), 기부받는 행위 등의 금지(제117조), 선거일 후 답례금지(제118조) 등의 사례가 보여주고 있듯이 아주 자세한 제한과 금지 및 이에 위반할 경우에 대한 처벌규정[114]을 두고 있어, 공직선거법이 마치 선거운동의 제한에 관한 법전인 것 같은 인상마저 주고 있다.

---

108) 헌재 1995. 7. 21, 92헌마177, 199(병합), 판례집 제7권 2집, 112, 113: 대통령선거법 제65조 위헌확인: "대통령선거의 중요성에 비추어 선거의 공정을 위하여 선거일을 앞두고 어느 정도의 기간 동안 선거에 관한 여론조사결과의 공표를 금지하는 것 자체는 그 금지기간이 지나치게 길지 않는 한 위헌이라고 할 수 없다."; 헌재 1999. 1. 28, 98헌바64, 판례집 제11권 1집, 33; 헌재 1998. 5. 28, 97헌마362, 판례집 제10권 1집, 712; 헌재 1998. 5. 28, 97헌마362 등 - 기각(법 제108조 제1항).

109) 헌재 2007. 8. 30, 2004헌바49, 판례집 제19권 2집, 258 - 합헌. 이에 대하여 위헌의 입장으로, 최희경(주 94), 276면.

110) 헌재 2010. 11. 25, 2010헌바53, 판례집 제22권 2집 하, 425, 공직선거법 제110조 등 위헌확인 - 합헌.

111) 헌재 1996. 3. 28, 96헌마18 등, 법 제111조 등 위헌확인 - 기각.

112) 헌재 2014. 2. 27, 2013헌바106, 공보 209, 474: 헌법재판소는 이 판례에서 공직선거법(2004. 3. 12, 법률 제7189호로 개정된 것) 제257조 제1항 제1호의 '제113조 제1항' 중 '후보자가 되고자 하는 자' 부분(이하 '이 사건 법률조항'이라 한다)은 죄형법정주의의 명확성원칙에 위배되지는 않으며, 동법 제112조 제2항 제6호가 '그 밖에 위 각 호의 어느 하나에 준하는 행위로서 중앙선거관리위원회규칙으로 정하는 행위'로 규정하는 것은 포괄위임입법금지 원칙에 위배되지 않고, 기부행위의 제한기간을 폐지하여 상시 제한하도록 한 이 사건 법률조항들은 일반적 행동자유권 등을 침해하지 않는다고 보았다.

113) 헌재 2010. 9. 30, 2009헌바201, 공보 186, 1684: 공직선거법(2004. 3. 12, 법률 제7189호로 개정된 것)제113조 제1항 등 위헌소원 - 합헌.

114) 이와 관련 공직선거법상 사후매수죄에 대한 합헌결정으로, 헌재 2012. 12. 27, 2012헌바47. 이에 대한 비판으로 방승주, "후보단일화와 공직선거법상 사후매수죄의 위헌여부 - 헌재 2012. 12. 27, 2012헌바47 공직선거법 제232조 제1항 제2호 위헌소원결정에 대한 비판", 안암법학 제40호(2013), 1 이하, 1-34면 참고.

(나) 헌법재판소 판례의 내용과 그에 대한 비판

이러한 공직선거법 규정들과 관련한 헌법재판소 판례들은 위 각주에서 제시하고 있으므로 이를 참고하기 바라며, 이하에서는 선거운동의 자유와 관련하여 특히 문제가 될 수 있는 판례들을 보다 자세히 짚어 보기로 한다.

112. 선거운동의 자유와 관련된 주요 판례들

1) 문서·인쇄물 배부금지(제93조 제1항) 합헌결정

헌법재판소는 소위 탈법방법에 의한 인쇄물·도화 등 배부금지 조항에 대하여 계속해서 합헌결정을 내려오다가, 최근 인터넷을 통한 선거운동이 기타 이와 유사한 것에 포함되는 것으로 해석하는 한 위헌임을 선고[115]하여 선거일 전 180일부터 금지되어 오던 인터넷을 통한 선거운동의 규제가 풀렸다. 그러나 그 이후에도 문서나 인쇄물 등의 배부 행위 자체에 대해서는 여전히 합헌입장을 유지하고 있다.

113. 탈법방법에 의한 인쇄물·도화 등 배부금지 합헌

그러나 김이수, 이진성, 강일원 재판관의 반대의견이 잘 지적하고 있듯이[116] 문서나 인쇄물 등을 통한 선거운동을 이와 같이 광범위하게 규제하는 것은 선거의 공정성을 위한다는 명목으로 헌법상 허용될 수 있는 정치적 의사표현의 수단들을 지나치게 광범위하게 제한하는 것이기 때문에 정치적 표현의 자유와 선거운동의 자유를 침해하여 위헌이라고 생각되며, 판례가 변경되어야 하리라고 본다.

114. 반대의견

2) 호별방문금지(제106조) 합헌결정

헌재는 호별방문금지조항에 대해서도 선거의 공정 및 유권자의 사생활의 평온 등을 보장하기 위한 것으로서 불법선거, 금권선거 등이 잔존하는 선거역사 및 정치현실, 호별방문 방법 자체에 내재된 선거 공정을 깨뜨릴 우려, 선거 특성에 적합한 다른 선거운동방법의 존재 등을 고려할 때 이를 지나친 제한이라 할 수 없다고 하면서 선거운동의 자유에

115. 호별방문 금지조항 합헌

---

115) 헌재 2011. 12. 29, 2007헌마1001, 2010헌바88, 2010헌마173·191(병합), 판례집 제23권 2집 하, 799.
116) 헌재 2016. 12. 29, 2015헌마509·1160(병합); 헌재 2014. 4. 24, 2011헌바17, 2012헌바391(병합).

대한 침해가 아니라고 판단하고 있다.117)

116. 반대의견

그러나 김이수, 이진성 재판관의 반대의견에 찬성한다. 즉 호별방문에 의한 선거운동은 후보자 등이 유권자를 직접 대면하여 자신을 홍보할 수 있는 가장 간단하고 손쉬운 방법에 해당하며 그 효과는 매우 클 수 있는 데 반하여, 호별방문을 허용할 경우에 우려되는 금품수수 등의 부작용은 다른 기부행위 금지조항이나 처벌조항에 의하여 얼마든지 규제할 수 있으므로, 이를 전면적으로 금지하는 것은 선거운동의 자유에 대한 과잉한 제한이라고 생각된다.

3) 비례대표 국회의원후보자 연설·대담금지 합헌결정

117. 비례대표 국회의원후보자 연설·대담 금지 합헌

헌법재판소는 비례대표국회의원후보자에 대하여 연설·대담의 방법으로 하는 선거운동을 금지한 공직선거법 조항에 대하여 계속해서 합헌선언을 해오고 있으나, 이 부분과 관련하여 2016. 12. 29. 2015헌마509·1160 결정의 5인의 반대의견이 주장하고 있는 위헌론이 더 설득력 있다고 생각된다.

118. 반대의견

즉 비례대표국회의원 선거와 관련해서는 정당이 선거공보의 작성, 방송시설을 이용한 방송연설, 신문광고, 인터넷광고 등을 할 수 있으나 이와 같은 방법은 고액의 비용이 들기 때문에 신생정당이나 소수정당은 이러한 방법들을 사실상 활용하기 어려워지므로, 연설·대담 등의 방법이 효과적일 수 있음에도 이를 전면적으로 금지하는 것은 과잉금지원칙에 위반하여 선거운동의 자유를 침해한다고 하는 것이다.

4) 행진, 인사, 연달아 소리 지르는 행위금지 합헌결정

119. 2 인 이상 거리행진 소리 지르는 행위금지 합헌

헌법재판소는 2006. 7. 27. 2004헌마215, 공직선거 및 선거부정방지법 제105조 제1항 등 위헌확인 결정에서 선거운동으로서 2인을 초과하여 거리를 행진하는 행위 및 연달아 소리 지르는 행위를 금지하는 구 공직선거법 제105조 제1항 제1호와 제3호가 선거운동의 자유를 침해하지 않는다고 하면서 합헌결정을 하였다.

---

117) 헌재 2016. 12. 29, 2015헌마509·1160(병합), 판례집 제28권 2집, 684.

현행 공직선거법 제105조는 누구든지 5명(후보자와 함께 하는 경우 후보자 포함 10명)을 초과하여 거리를 행진하는 행위, 다수의 선거구민에게 인사하는 행위, 연달아 소리 지르는 행위(공개장소에서의 연설·대담에서 당해 정당이나 후보자에 대한 지지를 나타내기 위하여 연달아 소리 지르는 경우는 제외)를 모두 금지하고 있어 그 수가 5인으로 늘어났을 뿐 여전히 같은 내용의 규제를 가하고 있다.

120. 현행 공직
선거법 제105조

그러나 자유민주주의 국가에서 선거운동의 차원으로 선거구민들에게 인사하고 또 지지자를 연호하면서 행진하는 행위가 어느 정도 선거의 과열을 불러 올 수 있다 하더라도, 이것은 후보자와 일반 유권자들의 정치적 표현의 자유이고 선거운동의 자유에 해당하는 것 아닌가 생각된다. 따라서 그러한 행위들을 유형화하여 전면 금지하고 있는 것은 선거운동의 자유에 대한 지나친 침해 아닌가 생각되며 또한 공개 장소에서의 연설·대담에서 하는 행위는 금지되지 않기 때문에 금지되는 행위와 그렇지 않은 행위간의 구별이 애매모호할 수 있고, 따라서 금지행위의 위반에 대하여 처벌하는 조항은 죄형법정주의에서 파생되는 형벌조항의 명확성의 원칙에도 반할 수 있다고 생각된다.

121. 유권자들
의 정치적 표현
의 자유

5) 인터넷실명제 합헌결정

헌법재판소는 2015. 7. 30. 2012헌마734, 2013헌바338(병합), 공직선거법 제82조의6 제1항 등 위헌확인 결정에서 인터넷언론사가 선거운동기간 중 당해 홈페이지의 게시판 등에 정당·후보자에 대한 지지·반대의 정보를 게시할 수 있도록 하는 경우 실명을 확인받도록 하는 기술적 조치를 하여야 하고 이를 위반하는 때에는 과태료를 부과하는 구 공직선거법 제82조의6 제1항, 공직선거법 제82조의6 제6항, 제7항, 제261조 제1항 제1호는 명확성의 원칙에 위반되지 않을 뿐만 아니라, 정치적 익명표현의 자유, 개인정보자기결정권 등을 침해하지 않는다고 하면서 합헌결정을 하였다.

122. 정치적 익
명표현의 자유,
개인정보자기
결정권에 위배
되지 않음

그러나 이 사건에서 이정미, 김이수, 이진성, 강일원 재판관의 반대의견이 더 설득력 있지 않은가 생각된다. 즉 이 사건 법률조항이 규제하

123. 반대의견
이 더 설득력

고 있는 선거운동기간이 정치적 표현의 자유를 행사함에 있어 가장 긴
요한 시기라고 볼 수 있는 점과 표현의 자유의 보장이 민주주의의 근간
이 되는 중요한 헌법적 가치라는 점을 고려할 때 익명표현의 자유를 제
한하는 데 따르는 불이익이 선거의 공정성 유지라는 공익보다 결코 더
작다고 볼 수 없어 이 사건 법률조항은 표현의 자유를 과잉 침해한다는
것이다.

124. 판례변경 최근 2021년 1월에 헌법재판소는 종전의 이 합헌결정을 변경하고
서 동 조항에 대하여 위헌결정[118]을 선고하였음은 괄목할 만하다 하겠
다. 다만 무슨 연유에서인지 판례변경에 관한 명시적 언급이 없어 이 점
은 다소 의아하다. 아무튼 이 결정에 따르면 심판대상조항은 게시판 등
이용자의 익명표현의 자유 및 개인정보자기결정권과 인터넷언론사의 언
론의 자유를 침해하여 위헌이라고 선고하였다.

6) 서신에 의한 선거운동금지 합헌결정

125. 서 신 에 의한 선거운동 방법 전면 금지 합헌 헌법재판소는 2007. 8. 30. 2004헌바49, 공직선거 및 선거부정방지
법 제109조 제1항 단서 위헌소원 사건에서 선거기간 중 서신에 의한 선
거운동방법을 전면 금지한 동법 제109조 제1항 본문의 "서신" 부분, 즉
서신에 의한 선거운동금지가 선거운동의 자유나 평등권을 침해하는 것
은 아니라고 하면서 합헌결정을 하였다.

126. 반대의견 타당 그러나 조대현, 김희옥 재판관은 서신에 의한 선거운동은 그 효과
에 비하여 비용이 저렴하고 그 횟수와 방법과 분량을 제한 없이 허용
하더라도 선거의 공정을 해할 위험성이 크지 않다고 하면서 공선법은
선거운동비용의 총액을 규제하고 있으므로 그 총액의 한도에서 어떠한
선거운동방법을 선택할 것인지는 후보자에게 맡겨도 무방하다고 하는
입장으로 위헌의견을 표한 바 있는데 이러한 견해가 타당하다고 생각
된다.

---

118) 헌재 2021. 1. 28, 2018헌마456 등, 판례집 제33권 1집, 32, 이선애, 이종석, 이영진
　　재판관의 반대의견 있음.

7) 정규학력게재조항 및 허위사실공표죄, 후보자비방죄 합헌결정

① 비정규학력게재금지조항 합헌결정

헌법재판소는 2009. 11. 26. 2008헌마114, 공직선거법 제64조 제1항 등 위헌확인 결정에서 선전벽보 등에 비정규학력의 게재를 금지하는 공직선거법 제64조 제1항 및 제250조 제1항이 선거운동의 자유 등 기본권을 침해하지 않는다고 결정하였다.[119]

127. 비정규학력 게재 금지 합헌

다만 입법자로서는 유권자들이 필요로 하는 '후보자가 받은 교육'에 관한 정보제공의 기회를 제한하기에 앞서 학력주의의 병폐를 극복하기 위한 노력을 하여야 하고, 또한 비정규교육도 후보자의 세계관, 신념, 자질 등에 영향을 미치는 요소로서 후보자에 대한 평가에 고려할 수 있는 것이므로 그 실질을 보다 구체적이고 명료하게 표시할 수 있는 여지가 있는지 살펴 유권자의 알 권리와 후보자의 선거운동의 자유를 충분히 보장하도록 숙고하여야 한다고 하면서 일종의 촉구(경고)결정에 가까운 결정을 하고 있다.

128. 일종의 촉구(경고)결정에 가까운 결정

그리고 조대현 재판관은 정규학력 뿐만 아니라 비정규학력도 공직후보자가 가지는 관심과 노력과 능력을 나타내는 징표라고 할 수 있으므로 이에 관한 사항을 공직후보자들이 정확하게 알리고 선거권자가 제대로 알 수 있게 할 필요가 있다고 하면서 이 사건 법률조항은 선거운동의 자유를 과잉하게 제한하는 것으로 헌법 제37조 제2항에 위반된다고 하였는데, 이러한 반대의견이 더욱 설득력 있게 들린다.[120]

129. 반대의견이 더 설득력

② 당선목적 허위사실공표죄 합헌결정

또한 2010. 3. 25. 2009헌바121, 공직선거법 제250조 제1항 등 위헌소원사건에서 정규학력에 준하는 외국의 교육과정을 이수한 학력을 게재하는 경우 반드시 수학기간을 기재하도록 하고 이에 위반한 행위에 대해서는 학력을 허위로 기재하는 경우와 같이 "5년 이하의 징역 또는

130. 외국교육과정 학력 게재 시 수학기간 기재의무 위반 처벌조항 합헌

---

119) 마찬가지로 헌재 2008. 3. 25, 2007헌바72, 공직선거법 제250조 제1항 위헌소원; 2000. 11. 30, 99헌바95, 공직선거 및 선거부정방지법 제250조 제1항 위헌소원; 1999. 9. 16, 99헌바5, 공직선거 및 선거부정방지법 제64조 제1항 등 위헌소원.

120) 마찬가지로 헌재 2000. 11. 30, 99헌바95, 공직선거 및 선거부정방지법 제250조 제1항 위헌소원에서 김영일, 김경일 재판관의 반대의견.

3천만 원 이하의 벌금"으로 처벌하는 것은 형벌체계상 현저히 균형을
잃었거나 행위자의 책임에 비해 지나치게 가혹한 형벌인 것은 아니라고
하면서 합헌결정을 내린 바 있다.

131. 비판

그러나 정규학력에 준하는 외국학위과정을 게재하였으나, 법규정에
대하여 제대로 알지 못한 채 수학기간을 실수로 빠뜨렸을 경우에도 허
위사실을 게재한 것과 마찬가지의 형벌을 부과하는 것은 형벌 체계상
비례의 원칙에 위반되는 것 아닌지 하는 의심이 든다.

**132. 허위사실
공표죄 합헌**

그보다 한 해 전에 헌법재판소는 당선되거나 되게 할 목적으로 선
전문서 기타의 방법으로 후보자에게 유리하도록 재산에 관하여 허위의
사실을 공표한 자를 처벌하는 공직선거법 제250조 제1항 부분에 대하여
죄형법정주의의 명확성원칙에 위배된다고 할 수 없다고 판단하였다.[121]

③ 낙선목적 허위사실공표죄 합헌결정

**133. 방송으로
허위의 사실을
공표한 자 부분**

헌법재판소는 2009. 9. 24. 2008헌바168, 공직선거법 제250조 제2
항(소위 낙선목적 허위사실공표죄[122]) 위헌소원결정에서 동 조항 중
"방송으로 허위의 사실을 공표한 자"에 대한 부분이 형벌체계상 비례의
원칙에 반하지 않으며 평등원칙에도 위반되지 않는다고 보았다.

④ 후보자비방죄 합헌결정

**134. 위헌선언
에 필요한 정족
수에 미달**

헌법재판소는 2013. 6. 27. 2011헌바75, 공직선거법 제251조 위헌
소원결정에서 공직선거법 제251조 중 '후보자가 되고자 하는 자'에 관한
부분에서 '후보자가 되고자 하는 자'와 '공공의 이익'이라는 부분은 죄형
법정주의의 명확성의 원칙에 위반되지 않는다고 결정하였다. 다만 이
결정에서 위헌의견이 5인이었으나 위헌선언에 필요한 정족수에 미달하
여 합헌결정이 선고된 것이다.

---

121) 헌재 2009. 3. 26, 2007헌바72, 판례집 제21권 1집 상, 406.
122) 허위사실공표죄의 헌법적 문제점에 대해서는 김종철, 공직선거법 제250조 제2항
(낙선목적 허위사실공표죄)와 관련한 대법원 판결에 대한 헌법적 검토 - 소위 '정
봉주 사건'을 중심으로, 법학연구 제25권 제2호(2015), 1-32면; 임지봉, 공직선거
에서 후보자에 대한 의혹제기와 표현의 자유의 한계설정 - 소위 '조희연 교육감
사건'의 제1심, 제2심 판결을 중심으로, 연세 공공거버넌스와 법 제7권 제1호
(2016. 2), 111-133면; 조소영, 정치적 표현행위에 대한 공직선거법상의 한계에
대한 헌법적 검토 - 공직적격검증을 위한 의혹제기와 공직선거법상의 허위사실
공표죄, 공법연구 제44집 제1호(2015. 10), 145-166면 등.

⑤ 사 견

과거 선거에서 문제가 된 정봉주 사건, 조희연 교육감 사건, 그리고 김해호 목사사건[123] 등을 보면 특히 낙선목적 허위사실공표죄가 정치적 표현의 자유를 제한하는 측면이 많이 있어 보인다.

그러나 다른 한편 최근 가짜뉴스 등 흑색선전의 폐해가 폭증하고 있는 사실[124], 그리고 지난번 제19대 대선에서 제기된 송민순 전 외교부장관의 문재인 대선후보를 상대로 하는 소위 대북결재의혹 제기 사건[125], SBS의 '세월호 고의 인양지연 의혹' 보도 사건[126], 중앙선관위의 사이버선거범죄대응센터에서 허위사실공표에 해당된다고 삭제요구[127]를 한 문재인 대통령의 "아들 문준용의 5급 공무원 특채" 의혹 게재 사건[128] 등의 경우를 종합적으로 고려해 볼 때, 대선이나 총선 등 선거를 앞두고 기승을 부리는 유력 후보에 대한 허위사실공표가 선거에 미칠 영향과 그 위험성, 그리고 그로 인한 유권자의 선거의 자유와 선거의 공정성을 보호할 필요성도 못지않게 크다고 할 수 있으므로, 헌법재판소

---

123) http://news.heraldcorp.com/issueplus/view.php?ud=201612140311376946609_1 (최종방문 2017. 8. 30); "박근혜 전 대표는 최태민이라고 하는 사람과 그의 딸 최순실이라는 사람의 허수아비에 불과하다. 최씨 부녀의 육영재단 개입을 통한 부정축재 여부 등을 검증해 달라"고 요청했다가 오히려 허위사실공표죄로 실형을 받아 옥고를 치루고 최근 재심신청을 하였다고 함.

124) 2017. 5. 10. 검찰의 발표에 의하면 18대 대선당시와 비교할 때 19대 대선의 경우 가짜뉴스 등 흑색선전사범이 51.6% 증가하였다고 함. http://daily.hankooki.com/lpage/society/201705/dh20170510110227137800.htm (최종방문 2017. 8. 30)

125) http://www.newdaily.co.kr/news/article.html?no=343403 (최종방문 2017. 8. 29).

126) http://news.khan.co.kr/kh_news/khan_art_view.html?artid=201705152151025&code=940100 (최종방문 2017. 8. 29). 이에 관해서는 최진봉 교수, 김동진 사무처장 작성, 5월 2일 SBS 8뉴스 <차기 정권과 거래? 인양 지연 의혹 조사> 보도 경위 진상조사보고서.

127) http://www.sedaily.com/NewsView/1ODFHEDGO5 (최종방문 2017. 8. 29).

128) http://news.naver.com/main/read.nhn?mode=LSD&mid=sec&sid1=123&oid=305&aid=0000020662 (최종방문 2017. 8. 29). 이와 관련하여 최근 국민의 당은 문준용씨에 대한 의혹 제보조작 사건과 관련하여 당 차원에서 대국민 사과를 하였으며 (http://www.nocutnews.co.kr/news/4824036) (최종방문 2017. 8. 29), 제보조작 사건의 당사자인 김성호 전 의원, 김인원 변호사 등 국민의당 공명선거추진단 관계자와 이준서 전 최고위원, 이유미씨 등이 공직선거법 위반 혐의로 기소된 상태에 있다(http://www.yonhapnewstv.co.kr/MYH20170821002900038/?did=1825m) (최종방문 2017. 8. 29).

의 입장과 달리 허위사실공표죄나 후보자비방죄에 대하여 위헌으로 보아야 할 것인지의 문제는 좀 더 신중하게 검토해 보아야 할 필요가 있다고 여겨진다.

8) 기 타

137. 한정위헌 결정 사례

그 밖에도 헌법재판소는 초기에 정당추천후보자에게 무소속후보자에 비하여 소형인쇄물을 2종 더 제작·배부할 수 있도록 한 국회의원선거법 제56조의 규정은 불평등한 것으로서 위헌적인 규정이라고 봤으면서도, 무소속후보자에게 소형인쇄물을 추가로 배부할 수 있도록 허용하는 경우에는 위헌성의 소지가 제거될 수 있다고 하는 이유로, 위 규정 역시 당해 지역구에서 정당이 소형인쇄물 2종을 추가 배부하는 경우에는 무소속후보자에게도 그에 준하는 종류의 소형인쇄물을 제작·배부할 수 있도록 선거운동의 기회를 균등하게 허용하지 아니하는 한 헌법에 위반된다고 하면서 한정위헌결정을 선고한 바 있었다.[129]

138. 인터넷언론사에 대한 후보자명의의 칼럼게재 제한규정 위헌 등

그리고 최근 헌법재판소는 인터넷언론사에 대해 선거일 전 90일부터 선거일까지 후보자 명의의 칼럼 등을 게재하는 보도를 제한하는 '인터넷선거보도 심의기준 등에 관한 규정' 조항[130]에 대해서는 선거운동의 자유나 정치적 표현의 자유를 침해한다고 하는 이유로 위헌결정을 선고하였으며, 공직선거 선거운동 시 확성장치 사용에 따른 소음 규제기준 부재[131]에 대해서는 청구인의 건강하고 쾌적한 환경에서 생활할 권리를 침해하여 위헌이라고 하면서 헌법불합치결정을 선고하였다.

9) 종합적 평가

139. 선거운동에 대한 지나친 규제는 자유선거의 원칙에 위배될 가능성

공정선거를 명목으로 너무 자세하게 선거운동을 제한하고 규제하는 것은 자유선거의 원칙에 비추어 볼 때 문제가 있다. 그 사이에 선거운동금지와 관련된 여러 조항들이 삭제된 것을 볼 때, 선거운동금지가

---

129) 헌재 1992. 3. 13, 92헌마37 등, 판례집 제4권, 137.
130) 헌재 2019. 11. 28, 2016헌마90, 판례집 제31권 2집 상, 484.
131) 헌재 2019. 12. 27, 2018헌마730, 공직선거법 제79조 제3항 등 위헌확인, 판례집 제31권 2집 하, 315

지나치게 과도하다고 하는 비판을 어느 정도 반영하는 노력의 결과인 것으로 보이기는 하나, 근본적으로 선거운동을 공직선거법상 "선거운동을 할 수 있는 자"로 국한하여 마치 일부 정치인들만이 누릴 수 있는 특권인 것처럼 전제하고, "원칙적인 금지와 예외적인 허용" 방식으로 규제하려고 하는 태도가 문제이며, 이는 선거운동의 자유와 정당설립 및 활동의 자유를 비롯한 정치적 자유와 언론·출판·집회·결사의 자유 등 민주주의적 표현의 자유를 폭 넓게 보장하고 있는 우리 헌법의 정신에 부합하지 않다.

그러므로 선거운동 규제에 관한 공직선거법의 전체적인 패러다임을 혁신적으로 개선하여 명실상부하게 선거운동의 "원칙적인 허용과 예외적인 금지"의 방향으로 과감하게 나아가야 할 것이라고 생각한다.[132]

140. 공직선거법의 패러다임 개혁 필요

(4) 선거운동의 대상에 대한 제한
(가) 공직선거법의 규정

공직선거법 제85조 제3항은 누구든지 교육적·종교적 또는 직업적인 기관·단체 등의 조직 내에서의 직무상 행위를 이용하여 그 구성원에 대하여 선거운동을 하거나 하게 하거나, 계열화나 하도급 등 거래상 특수한 지위를 이용하여 기업조직·기업체 또는 그 구성원에 대하여 선거운동을 하거나 하게 할 수 없다고 규정함으로써, 일정한 관계에 있는 자들에 대하여 선거운동을 금지하고 있다. 이는 선거운동의 대상에 대한 제한이라고 할 수 있다.

141. 단체나 조직구성원에 대한 선거운동 금지

---

132) 이에 관한 자세한 지적으로는 방승주 (주 62), 67면 이하 참조할 것. 동지, 성낙인 (주 104), 23면; 김종서, "인터넷 선거운동의 주요 쟁점 검토", 헌법학연구 제18권 제2호(2012), 1-50면; 홍석한, "선거운동의 자유와 규제에 관한 헌법적 고찰 - 헌법재판소 판례에 대한 평가를 중심으로", 헌법학연구 제19권 제4호(2013. 12), 123-156면; 이에 반하여 선거운동에 대한 제한을 최소화해야 하나 우리 현실을 감안할 때 선거운동에 대한 규제가 불가피하다는 의견으로, 임종훈, "선거운동의 자유와 현행 선거법상 규제의 문제점", 공법연구 제29집 제4호(2001), 29-44, 42-44면.

(나) 헌법재판소 판례

142. 특수관계
이용 선거운동
금지 합헌

헌법재판소는 1995. 5. 25. 93헌바23, 대통령선거법 제162조 제1항
제1호 등 위헌소원결정에서 누구든지 교육기관이나 종교적·직업적 단
체 등에 대한 특수관계를 이용하여 선거운동을 할 수 없다고 규정한 구
대통령선거법 제60조 제2항과 그 벌칙조항이 죄형법정주의의 명확성의
원칙에 위반되지 않는다고 결정한 바 있다.

(5) 기탁금과 선거운동의 비용에 대한 제한

(가) 공직선거법의 규정

1) 기탁금

143. 각 선거에
있어서 기탁금

우선 공직선거의 후보자가 되기 위해서는 대통령선거의 경우 3억
원[133), 지역구국회의원선거는 1천500만원[134), 비례대표국회의원선거는
500만원, 시·도의회의원선거는 300만원, 시·도지사선거는 5천만원,
자치구·시·군의 장 선거는 1천만원, 자치구·시·군 의원선거는 200
만원의 기탁금을 납부하도록 되어 있는데(제56조 제1항), 이 기탁금은 일
정한 득표율을 득표하지 못하는 경우 선거비용을 공제한 나머지를 국고
로 환수하고, 일정한 득표율 이상을 득표한 경우에는 규정에 따라 후보
자에게 반환한다(제57조).

144. 득표율에
따른 기탁금의
반환

즉 i) 대통령선거, 지역구국회의원선거, 지역구지방의회의원선
거[135) 및 지방자치단체의 장선거의 경우 가. 후보자가 당선되거나 사망
한 경우와 유효투표총수의 100분의 15이상을 득표한 경우에는 기탁금
전액, ii) 후보자가 유효투표총수의 100분의 10이상 100분의 15미만을
득표한 경우에는 기탁금의 100분의 50에 해당하는 금액, iii) 예비후보
자가 사망하거나 제57조의2 제2항 본문에 따라 후보자로 등록될 수 없
는 경우에는 제60조의2 제2항에 따라 납부한 기탁금 전액, 그리고 iv)

133) 대통령선거 후보자등록 요건으로 5억원의 기탁금 납부를 규정한 구 공직선거법
　　제56조 제1항 제1호가 후보예정자의 공무담임권을 침해한다고 본 결정으로 헌재
　　2008. 11. 27, 2007헌마1024.
134) 헌재 2016. 12. 29, 2015헌마509·1160(병합). 비례대표국회의원 기탁금 1,500만원
　　은 과다하여 정당활동의 자유를 침해함.
135) 헌재 2011. 6. 30, 2010헌마542, 판례집 제23권 1집, 545.

비례대표국회의원선거 및 비례대표지방의회의원선거의 경우 당해 후보
자명부에 올라 있는 후보자 중 당선인이 있는 때에는 기탁금 전액(다만
제189조 및 제190조의2에 따른 당선인의 결정전에 사퇴하거나 등록이 무효로 된
후보자의 기탁금은 제외)이 그것이다(제57조 제1항).

2) 선거비용

공직선거법 제119조는 선거비용에 대하여 정의를 하면서 선거비용
이라 함은 당해 선거에서 선거운동을 위하여 소요되는 금전·물품 및
채무 그 밖에 모든 재산상의 가치가 있는 것으로서 당해 후보자가 부담
하는 비용과 다음 각 호의 어느 하나에 해당하는 비용을 말한다고 하고
있다. 즉 1. 후보자가 이 법에 위반되는 선거운동을 위하여 지출한 비용
과 기부행위제한규정을 위반하여 지출한 비용, 2. 정당, 정당선거사무소
의 소장, 후보자의 배우자 및 직계존비속, 선거사무장·선거연락소장·
회계책임자가 해당 후보자의 선거운동(위법선거운동 포함)을 위하여 지출
한 비용과 기부행위제한규정을 위반하여 지출한 비용, 3. 선거사무장·
선거연락소장·회계책임자로 선임된 사람이 선임·신고되기 전까지 해
당 후보자의 선거운동을 위하여 지출한 비용과 기부행위제한규정을 위
반하여 지출한 비용, 4. 제2호 및 제3호에 규정되지 아니한 사람이라도
누구든지 후보자, 제2호 또는 제3호에 규정된 자와 통모하여 해당 후보
자의 선거운동을 위하여 지출한 비용과 기부행위제한규정을 위반하여
지출한 비용이 그것이다.

그리고 선거권자의 추천을 받는데 소요된 비용 등 선거운동을 위한
준비행위에 소용되는 비용, 정당의 후보자선출대회비용 기타 선거와 관
련한 정당 활동에 소용되는 정당비용 등을 비롯하여 10가지로 열거하고
있는 "선거비용으로 인정되지 아니하는 비용"에 대하여 제120조에서 자
세하게 규정하고 있다.

한편 선거비용제한액을 선거별로 산정되는 금액으로 하면서(제121
조), 이러한 선거비용제한액을 선거구선거관리위원회가 선거별로 중앙선
거관리위원회규칙이 정하는 바에 따라 공고하도록 하고 있다(제122조).

145. 공직선거
법상 선거비용
의 정의

146. 선거비용
으로 인정되지
아니하는 비용

147. 선거비용
제한액의 공고

148. 선거비용
의 보전

　　그리고 선거구선거관리위원회는 다음 각 호의 규정에 따라 후보자
(정당추천후보자와 정당)가 이 법의 규정에 의한 선거운동을 위하여 지출
한 선거비용[정치자금법 제40조(회계보고)의 규정에 따라 제출한 회계보
고서에 보고된 선거비용으로서 정당하게 지출한 것으로 인정되는 선거
비용을 말함]을 제122조(선거비용제한액의 공고)의 규정에 의하여 공고한
비용의 범위 안에서 대통령선거 및 국회의원선거에 있어서는 국가의 부
담으로, 지방자치단체의 의회의원 및 장의 선거에 있어서는 당해 지방
자치단체의 부담으로 선거일 후 보전하도록 하고 있다. 즉, 1. 대통령선
거, 지역구국회의원선거, 지역구지방의회의원선거136) 및 지방자치단체
의 장선거의 경우 가. 후보자가 당선되거나 사망한 경우 또는 후보자의
득표수가 유효투표총수의 100분의 15 이상인 경우에는 후보자가 지출한
선거비용의 전액, 나. 후보자의 득표수가 유효투표총수의 100분의 10이
상 100분의 15미만인 경우에는 후보자가 지출한 선거비용의 100분의
50에 해당하는 금액. 2. 비례대표국회의원선거 및 비례대표지방의회의
원선거의 경우 후보자 명부에 올라 있는 후보자 중 당선인이 있는 경우
에 당해 정당이 지출한 선거비용의 전액이다.

(나) 헌법재판소 판례
1) 기탁금 관련 판례

149. 기탁금에
관한 헌재 판례

　　지금까지 헌법재판소는 국회의원선거법 제33조, 제34조에 대한 헌
법불합치결정137)을 비롯해서 많은 결정에서 과다한 기탁금조항에 대하
여 헌법불합치 내지는 위헌결정을 내려 왔으며, 이러한 헌법재판소의
결정을 반영하여 공직선거법은 각 공직선거에서 기탁금의 액수를 적정
한 정도로 조정하여 왔다.

150. 비례대표
국회의원후보
자에 대한 기탁
금제도 위헌

　　2016. 12. 29, 2015헌마509·1160(병합) 결정에서 헌법재판소는 비
례대표 국회의원후보자에 대한 1,500만원의 기탁금제도와 관련하여, 정
당에 대한 선거로서의 성격을 가지는 비례대표국회의원선거는 인물에

---

136) 헌재 2011. 6. 30, 2010헌마542, 판례집 제23권 1집, 545.
137) 이에 대하여는 방승주, 헌법불합치결정, 헌법재판소 헌법재판연구원, 헌법재판 주
　　요선례연구 1, 2012, 420-456면.

대한 선거로서의 성격을 가지는 지역구국회의원선거와 근본적으로 그 성격이 다르고, 공직선거법상 허용된 선거운동을 통하여 선거의 혼탁이나 과열을 초래할 여지가 지역구국회의원선거보다 훨씬 적다고 볼 수 있으며 비례대표국회의원선거에서 실제 정당에게 부과된 전체 과태료 및 행정대집행비용의 액수는 후보자 1명에 대한 기탁금액인 1,500만원에도 현저히 미치지 못하는데, 후보자 수에 비례하여 기탁금을 증액하는 것은 지나치게 과다한 기탁금을 요구하는 것으로서 정당 활동의 자유 등을 침해한다고 보았다.

그 밖에 국회의원 후보자등록시 2천만원의 기탁금을 납부토록 한 공직선거및선거부정방지법 제56조 제1항 제2호[138]에 대해서도 위헌으로 보았으며, 기탁금 반환 관련조항에 대한 최근의 위헌결정사례로서는 지방자치단체의 장 선거 예비후보자가 정당의 공천심사에서 탈락한 후 후보자등록을 하지 않은 경우를 기탁금 반환 사유로 규정하지 않은 구 공직선거법 제57조 제1항 중 제1호 다목의 '지방자치단체의 장선거'에 관한 부분[139]과 지역구국회의원선거 예비후보자의 기탁금 반환 사유로 예비후보자가 당의 공천심사에서 탈락하고 후보자등록을 하지 않았을 경우를 규정하지 않은 공직선거법 제57조 제1항 제1호 다목 중 지역구국회의원선거와 관련된 부분[140]에 대하여 위헌결정(재산권 침해)을 선고하였다.

151. 국회의원 후보자등록시 2천만원의 기탁금 위헌

2) 선거비용보전 관련 판례

헌법재판소는 2011. 6. 30, 2010헌마542, 공직선거법 제57조 제1항 제1호 등 위헌확인 결정에서 기초의회의원선거의 선거비용이 계속적으로 증가하는 추세에 있어 선거비용의 보전을 일정한 범위로 제한하는

152. 공직선거법상 선거비용 보전기준 합헌

---

138) 헌재 2001. 7. 19, 2000헌마91 등, 판례집 제13권 2집, 77.
139) 헌재 2020. 9. 24, 2018헌가15 등, 공보 제288호, 1230.
140) 헌재 2018. 1. 25, 2016헌마541, 판례집 제30권 1집 상, 173. 이 결정에서 헌법재판소는 재산권의 침해만을 확인하고 있는데, 이와 같이 공천심사에서 탈락하고 후보자등록을 하지 않은 경우에까지 기탁금을 반환하지 않을 경우, 공천탈락과 기탁금 국고귀속을 우려하여 공직선거에의 출마 자체를 꺼려 할 수 있는 가능성을 배제할 수 없다는 차원에서 본다면 피선거권 등 참정권에 대한 제한가능성도 있을 수 있는 것 아닌가 하므로 이 부분에 대한 검토도 필요한 것으로 보인다.

것이 불가피한데, 그 보전기준을 어느 정도로 정할 때 국가예산을 합리
적으로 조정하고 나아가 무분별한 후보난립을 방지할 수 있을 것인지를
두고 입법자로서 10% 혹은 15%의 득표율이란 기준을 정하였다고 하여
이를 두고 지나치게 과도한 것이라고 단정할 수 없다고 하면서 합헌결
정을 하였다.

153. 반대의견

그러나 이강국, 이동흡, 송두환 3인의 재판관은 중선거구제에 의하
여 당선에 필요한 득표율이 필연적으로 낮아지게 되었음에도 불구하고
소선거구제를 채택하고 있는 여타 선거와 동일한 기준으로 선거비용을
보전함에 따라 선거비용을 보전 받지 못하는 후보자의 범위를 상대적으
로 더욱 넓히는 것은 본질적으로 성격이 다른 기초의회의원 입후보자들
을 다른 선거에 입후보한 자와 동일하게 취급함으로써 불합리한 차별을
발생시키는 것이라고 하며 위헌의견을 개진하였다.

3) 정치자금법상 후원회 관련 판례

**154. 후원회 관
련조항 위헌 사
례**

헌법재판소가 후원회 관련조항에 대하여 위헌을 확인한 사례로서
는 국회의원예비후보자가 당내경선에 참여하지 않고 정식 후보자 등록
을 하지 않음으로써 후원회를 둘 수 있는 자격을 상실한 때에는 후원회
로부터 후원받은 후원금 전액을 국고에 귀속하도록 하고 있는 정치자금
법 제21조 제3항 제2호의 '국회의원 예비후보자'에 관한 부분[141], 대통
령선거경선후보자가 당내경선 과정에서 탈퇴함으로써 후원회를 둘 수
있는 자격을 상실한 때에는 후원회로부터 후원받은 후원금 전액을 국고
에 귀속하도록 하고 있는 구 정치자금법 제21조 제3항 제2호의 '대통령
선거경선후보자'에 관한 부분[142], 특별시장·광역시장·특별자치시장·
도지사·특별자치도지사(이하 '광역자치단체장'이라 한다) 선거의 예비후보
자를 후원회지정권자에서 제외하고 있는 정치자금법 제6조 제6호 부분
(평등권 침해)[143] 등이 있다.

---

141) 헌재 2009. 12. 29, 2008헌마141 등, 정치자금법 제21조 제3항 제2호(국회의원예비
후보자 부분) 위헌확인, 판례집 제21권 2집 하, 869.
142) 헌재 2009. 12. 29, 2007헌마1412, 정치자금법 제21조 제3항 제2호(대통령선거경선
후보자 부분) 위헌확인, 판례집 제21권 2집 하, 846.

4. 공무담임권

가. 헌법적 근거와 다른 제도 및 원리와의 관계

헌법 제25조는 모든 국민은 법률이 정하는 바에 의하여 공무담임권을 가진다고 규정하고 있다.

이 공무담임권은 국민이 주권자로서 국민대표로서 선출되거나 일정한 절차를 거쳐서 공직에 취임할 수 있는 권리를 의미한다. 그러므로 국민이 어떠한 공직을 담임할 것을 국가에게 요구할 수 있는 권리라고 할 수는 없고, 공직에 취임할 수 있는 기회를 평등하게 향유할 수 있도록 요구할 수 있는 권리, 즉 공직에 대한 평등한 접근권이라고 보는 것이 적절할 것이다.

그러므로 이 공무담임권에는 국민대표로서 선출되기 위해서 공직 후보자로 출마할 수 있는 권리, 즉 피선거권과, 또한 대통령의 임명이나 공무원시험 등 일정한 절차를 거쳐서 직업공무원이 될 수 있는 권리가 모두 포함된다.

전자는 선거제도와 그리고 후자는 직업공무원제도와 밀접한 관련을 가진다. 그러므로 국민은 이 선거권, 피선거권 그리고 공직취임권 등 참정권의 행사를 통해서 일정한 기간 동안 국가권력을 담당하고 행사하는 책임 있는 민주시민(Citoyen)으로서 등장하게 된다. 모든 국민이 참정권의 행사를 통하여 국가권력을 창설하고 행사하는 원리가 바로 우리 헌법 제1조가 선언하고 있는 민주공화국의 원리[144]라고 할 수 있다.

그리고 선거제도와 마찬가지로 직업공무원을 비롯한 공무원제도 역시 국회가 법률로서 구체화해야 하는 입법사항이다. 그러므로 공무담임권 역시 "법률이 정하는 바에 의하여" 행사할 수 있는 것이다. 물론 입법자는 공무담임권을 법률로 구체화하고 형성할 때, 헌법 제7조가 보장하고 있는 직업공무원제도 및 국민이 능동적 시민으로서 국가권력을 창설하고 행사하는 공화국의 원리의 본질과 정신을 잘 준수하면서 그

155. 헌법 제25조

156. 공직에 취임할 수 있는 권리

157. 피선거권, 직업공무원이 될 수 있는 권리

158. 선거제도, 직업공무원제도 밀접한 관련

159. 형성적 법률유보

---

143) 헌재 2019. 12. 27, 2018헌마301 등, 정치자금법 제6조 위헌확인 (정치자금법상 후원회지정권자 사건), 판례집 제31권 2집 하, 294.
144) 이에 대하여는 방승주 (주 6), 117–129면.

핵심을 침해하지 않도록 하는 것이 중요할 것이지만, 이러한 제도적 형
성과 관련해서는 입법자에게 넓은 형성의 자유가 주어진다고 봐야 할
것이다.

나. 보호영역과 성격

160. 주관적 공
권, 객관적 가
치질서

공무담임권은 공직선거에 출마하여 국민대표가 될 수 있는 권리와
공직에 취임할 수 있는 기회에 관한 권리이다. 따라서 이러한 권리를 국
가에 의하여 방해받지 않을 권리, 즉 대국가적 방어권으로서 주관적 공
권으로서의 성격을 가지며, 동시에 선거제도와 직업공무원제도 그리고
공화국원리와 민주주의를 실현하는 객관적 가치질서로서의 의미를 지닌
다. 물론 이 객관적 가치질서로서의 의미에는 국가가 국민의 참정권을
실현하기 위해서 적극적으로 선거제도와 공무원 제도를 형성할 의무를
지운다. 그러한 의무 가운데는 평등하게 공무를 담임할 수 있도록 공정
한 선거제도와 그리고 각자의 능력과 공직에 대한 적합성에 따라서 차
별없이 공무를 담임할 수 있는 기회를 보장해야 할 의무가 포함된다.

161. 국가의 기
본권 보호의무

그러면서도 혹시 이러한 피선거권과 공직취임권의 행사가 제3자에
의하여 방해를 받거나 방해될 위험이 있을 경우 국가가 적극적으로 나
서서 이를 막고 보호해야 하는 국가의 기본권 보호의무도 있음을 간과
해서는 안 될 것이다.

162. 피선거권

피선거권은 그에 관하여 공직선거법이 규정하고 있으며, 선출직 외
의 공직에 취임할 수 있는 공직취임권은 대통령의 공무원임명권(제78조),
대법원장이 갖는 법관임명권(104조 제3항)과 관련되고, 공무원 임용과 관
련해서는 국가공무원법, 지방공무원법, 교육공무원법, 법원조직법, 국회
법, 헌법재판소법 등에 해당 공무원의 임용조건과 자격기준 등이 상세
하게 규정되어 있다.

다. 다른 기본권과의 관계

163. 공무담임
권과 직업선택
의 자유와의 관
계

우선 공무담임권과 직업선택의 자유와의 관계이다. 공무담임권 역
시 공직에 취임할 수 있는 권리로서 일종의 직업으로서의 공무원이 될

수 있는 권리이므로 공무원 개인적으로는 공무원직이 일종의 직업으로
서 생계의 수단이 되기도 한다. 그러나 직업선택의 자유와 비교를 해 볼
때, 일반적 직업의 경우에는 국민의 자신의 생계유지를 위해서 일정한
직업을 선택하고 이를 수행하는 것이 자유라고 할 수 있으며, 그러한 직
업을 희망하여 선택하는 사람이 아무리 많다 하더라도 그것이 문제되지
는 않는다. 그러나 공직의 경우에는 그 수가 처음부터 제한되어 있으며,
공직에 취임하기 위해서는 공무원임용시험에 합격하는 등 일정한 주관
적 조건을 충족시키지 않으면 안 된다. 그리고 일반 직업의 경우에는 그
직업을 수행하는 것이 자유에 해당한다고 할 수 있는 데 반하여, 공직을
수행하는 것은 자유가 아니라 오히려 공무원으로서 국가에 지는 복무의
무라고 할 수 있다. 이러한 여러 가지 점에서 공직은 일반 직업과는 다
르다고 할 수 있으므로, 공무담임권은 직업의 자유에 대하여 특별한 기
본권이라 할 수 있다.

    그리고 공직취임권과 평등권과의 관계이다. 공직취임권은 공직에
취임할 수 있는 기회를 평등하게 보장받는 권리, 즉 누구든지 공직에 취
임할 수 있는 기회를 균등하게 가질 권리라고 할 수 있다. 그러한 점에
서 본다면 공직취임권은 공무담임에 있어서 기회의 평등이라 할 것이므
로, 일반적 평등권에 비하여 특별한 평등권의 요소나 성격이 있다 할 것
이다. 다만 그렇다고 해서 평등권과 경합할 경우에 굳이 일반적 평등권
의 적용을 배제할 것까지는 없고, 양자를 다 다루어주는 것이 위헌여부
의 심사에 대한 보다 분명한 결론을 도출해 낼 수 있게 될 것이라고 생
각된다.

   164. 공직취임
권과 평등권과
의 관계

라. 공무담임권에 대한 제한

    공무담임권의 보호영역에 해당되는 행위에 대하여 국가가 간섭하
고 방해하거나 금지하는 모든 공권력의 행위와 공무원신분에 대한 부당
한 박탈행위[145]는 공무담임권에 대한 제한이 된다. 즉 피선거권의 행사
를 합당하지 않은 이유에서 제한한다든지, 또는 공직에 취임할 수 있는

   165. 국가의 간
섭, 방해, 금지
행위 등

---

145) 헌재 2003. 10. 30, 2002헌마684 등, 판례집 제15권 2집 하, 211.

기회를 지나치게 어렵게 하거나 혹은 차별적으로 그 기회를 제한 또는 차단하는 모든 행위들은 공무담임권에 대한 제한이 될 수 있다.

마. 제한의 한계

166. 헌법 제37조 제2항

이 공무담임권 역시 헌법 제37조 제2항에 따라 국가안전보장, 질서유지, 공공복리를 위하여 필요한 경우 법률로써 제한할 수 있다. 다만 피선거권의 경우 나이로 제한할 수 있으며, 공직취임권 역시 임기제로 일정한 연령에 도달하면 공직을 더 이상 수행할 수 없도록 하고 있는 바, 이와 같이 연령에 의한 제한은 그 자체가 과도하다고 할 수 없는 한, 입법자의 형성의 자유에 속한다.

167. 공직적합성 심사가능

그리고 연령에 의한 제한 외에 공직에 취임하기 위한 능력과 적합성 등을 평가하기 위하여 일정한 시험을 실시하는 것은 공직의 적정한 수행을 위해서 필요한 전제조건의 심사라 할 것이므로 정당한 제한이라 할 수 있다.

168. 과잉금지, 본질내용 침해 금지

결국 헌법 제37조 제2항에 따라서 공무담임권을 제한함에 있어서도 과잉금지의 원칙이 준수되어야 하며[146], 또한 공무담임권의 본질내용이 침해되어서는 안 된다.

바. 헌법재판소 판례

(1) 위헌판례

169. 공무담임권 침해 사례

헌법재판소가 공무담임권을 침해한다고 본 사례로는 총장임용후보자선거에서 후보자에게 기탁금을 납부하도록 하고 납부된 기탁금의 일부만을 반환하도록 한 대학 규정[147], 비례대표 기탁금조항(정당활동의 자유와 공무담임권 침해)[148], 2013. 1. 1.부터 판사임용자격에 일정 기간 법

---

146) 헌재 2015. 4. 30, 2014헌마621; 헌재 2016. 12. 29, 2015헌마1160 등.

147) 헌재 2021. 12. 23, 2019헌마825, 대구교육대학교 총장임용후보자 선정규정 제23조 제1항 제2호 등 위헌확인. 마찬가지로 헌재 2018. 4. 26, 2014헌마274, 전북대학교 총장임용후보자 선정에 관한 규정 제15조 제1항 제9호 등 위헌확인, 판례집 제30권 1집 상, 647.

148) 헌재 2016. 12. 29, 2015헌마1160 등; 헌재 2016. 12. 29, 2015헌마509 등, 판례집 제28권 2집 하, 684, 결정요지 6.

조경력을 요구하는 법원조직법 부칙 제1조 단서 중 제42조 제2항에 관한 부분 및 제2조[149], 경찰공무원 및 소방공무원의 응시상한 연령 30세 규정[150], 지방자치단체의 장(이하 '자치단체장'이라 한다.)이 금고 이상의 형을 선고받고 그 형이 확정되지 아니한 경우 부단체장이 그 권한을 대행하도록 규정한 지방자치법 제111조 제1항 제3호[151], 비례대표국회의원 후보자명부상의 차순위 후보자의 승계까지 부인하는, 당선인의 선거범죄로 인한 당선무효조항[152], 대통령선거 후보자등록 요건으로 5억 원의 기탁금 납부를 규정한 공직선거법 제56조 제1항 제1호[153], 5급 공개경쟁채용시험의 응시연령 상한을 '32세까지'로 한 부분[154], 공직선거및선거부정방지법 제16조 제3항의 주민등록을 요건으로 국내거주 재외국민의 지방선거 피선거권을 제한하는 것[155], 금고 이상의 형의 선고유예를 받은 경우에는 군무원직에서 당연히 퇴직하는 것으로 규정한 구 군무원인사법 제27조 중 같은 법 제10조에 의한 국가공무원법 제33조 제1항 제5호 부분[156], 국 · 공립학교의 채용시험에 국가유공자와 그 가족이 응시하는 경우 만점의 10퍼센트를 가산하도록 규정하고 있는 국가유공자등예우및지원에관한법률 제31조 제1항 · 제2항, 독립유공자예우에관한법률 제16조 제3항 중 국가유공자등예우및지원에관한법률 제31조 제1항 · 제2항 준용 부분, 5 · 18민주유공자예우에관한법률 제22조 제1항 · 제2항[157], 향토예비군 지휘관이 금고 이상의 형의 선고유예를 받은 경

149) 헌재 2012. 11. 29, 2011헌마786 등, 판례집 제24권 2집 하, 214.

150) 헌재 2012. 5. 31, 2010헌마278, 판례집 제24권 1집 하, 626.

151) 헌재 2010. 9. 2, 2010헌마418, 판례집 제22권 2집 상, 526.

152) 헌재 2009. 10. 29, 2009헌마350 등, 공직선거법 제200조제2항 단서 위헌확인, 판례집 제21권 2집 하, 426; 헌재 2009. 6. 25, 2007헌마40, 공직선거법 제200조 제2항 단서 위헌확인, 판례집 제21권 1집 하, 850; 헌재 2009. 6. 25, 2008헌마413, 공직선거법 제200조 제2항 단서 위헌확인, 판례집 제21권 1집 하, 928.

153) 헌재 2008. 11. 27, 2007헌마1024, 판례집 제20권 2집 하, 477.

154) 헌재 2008. 5. 29, 2007헌마1105, 국가공무원법 제36조 등 위헌확인, 판례집 제20권 1집 하, 329.

155) 헌재 2007. 6. 28, 2004헌마644 등, 공직선거및선거부정방지법 제15조제2항 등 위헌확인(제16조 제3항,제37조 제1항), 판례집 제19권 1집, 859.

156) 헌재 2007. 6. 28, 2007헌가3, 구 군무원인사법 제27조 위헌제청, 판례집 제19권 1집, 802.

157) 헌재 2006. 2. 23, 2004헌마675 등, 국가유공자등예우및지원에관한법률 제31조제1

우에 당연 해임되도록 한 규정158), 경찰공무원이 자격정지 이상의 형의
선고유예를 받은 경우 당연퇴직하도록 규정하고 있는 이 사건 법률조
항159), 공개전형의 실시에 관한 사항을 대통령령에 위임한 교육공무원
법 제11조 제2항이 공립중등학교 교사 임용시험에 있어서 사범대 가산
점 및 복수·부전공 가산점에 대한 헌법 제37조 제2항이 요구하는 법률
적 근거가 될 수 있는지 여부160), 국가인권위원회의 인권위원은 퇴직
후 2년간 교육공무원이 아닌 공무원으로 임명되거나 공직선거및선거부
정방지법에 의한 선거에 출마할 수 없도록 규정한 국가인권위원회법 제
11조161), 금고 이상의 형의 선고유예를 받은 경우에는 공무원직에서 당
연히 퇴직하는 것으로 규정한 국가공무원법 조항(제69조 중 제33조 제1항
제5호 부분)162), 자격정지 이상의 형의 선고유예를 받은 경우에 군공무원
직에서 당연히 제적하도록 규정한 군인사법 조항(제40조 제1항 제4호 중
제10조 제2항 제6호 부분)163), 지방자치단체의 장으로 하여금 당해 지방자
치단체의 관할구역과 같거나 겹치는 선거구역에서 실시되는 지역구 국
회의원선거에 입후보하고자 하는 경우 당해 선거의 선거일 전 180일까
지 그 직을 사퇴하도록 규정하고 있는 공직선거및선거부정방지법 제53
조 제3항164), 금고 이상의 형의 선고유예를 받은 경우에는 공무원직에
서 당연히 퇴직하는 것으로 규정한 지방공무원법 제61조 중 제31조 제5
호 부분165), 국회의원 후보자등록시 2천만원의 기탁금을 납부토록 한

　　　　　항 등 위헌확인(제29조 제1항 각호1,각호3), 판례집 제18권 1집 상, 269.
　158) 헌재 2005. 12. 22, 2004헌마947, 향토예비군설치법시행규칙 제10조 제3항 제5호
　　　위헌확인, 판례집 제17권 2집, 774.
　159) 헌재 2004. 9. 23, 2004헌가12, 구 경찰공무원법 제21조 위헌제청, 공보 제97호,
　　　962.
　160) 헌재 2004. 3. 25, 2001헌마882, 2002학년도 대전광역시 공립중등학교교사 임용후
　　　보자선정경쟁시험 시행요강 취소, 판례집 제16권 1집, 441.
　161) 헌재 2004. 1. 29, 2002헌마788, 국가인권위원회법 제11조 위헌확인, 판례집 제16
　　　권 1집, 154.
　162) 헌재 2003. 10. 30, 2002헌마684 등, 국가공무원법 제33조 제1항 제5호 등 위헌확
　　　인, 국가공무원법 제69조 위헌확인, 판례집 제15권 2집 하, 211.
　163) 헌재 2003. 9. 25, 2003헌마293 등, 군인사법 제40조 제1항 제4호 위헌확인, 판례
　　　집 제15권 2집 상, 536.
　164) 헌재 2003. 9. 25, 2003헌마106, 판례집 제15권 2집 상, 516.
　165) 헌재 2002. 8. 29, 2001헌마788 등, 판례집 제14권 2집, 219.

공직선거및선거부정방지법 제56조 제1항 제2호166), 공무원채용시험의 응시연령의 기준일을 그 시험의 최종시행일로 하고 당해 시험의 최종시험일을 예년과 달리 연도말로 정함으로써 전년도 공무원채용시험의 제1차 시험에 합격한 자로 하여금 응시상한연령을 5일 초과하게 하여 당해 시험의 제2차 시험에 응시할 수 있는 자격을 박탈한 조치167), 제대군인이 공무원채용시험 등에 응시한 때에 과목별 득점에 과목별 만점의 5% 또는 3%를 가산하는 제대군인가산점제도168), 제대군인이 공무원채용시험 등에 응시한 때에 5% 이내의 범위 내에서 가점을 주도록 한 구 국가유공자예우등에관한법률 제70조169), 국가공무원과 지방공무원으로서 공직선거의 후보자가 되고자 하는 자는 누구나 선거일 전 60일까지 그 직을 사퇴하도록 한 공직선거및선거부정방지법 제53조 제3항(단, 국회의원으로서 대통령선거와 국회의원선거에 입후보하는 경우, 지방의회의원으로서 당해 지방의회의원선거에 입후보하는 경우나 지방자치단체의 장으로서 당해 지방자치단체의 장 선거에 입후보하는 경우에는 예외)170), 검찰총장 퇴임후 2년 이내에는 법무부장관과 내무부장관직뿐만 아니라 모든 공직에의 임명을 금지하는 검찰청법 제12조171), 정부투자기관의 경영에 관한 결정이나 집행에 상당한 영향력을 행사할 수 있는 지위에 있다고 볼 수 없는 직원을 임원이나 집행간부들과 마찬가지로 취급하여 지방의회의원직에 입후보를 하지 못하도록 하고 있는 구 지방의회의원선거법 제35조 제1항 제6호의 입후보금지 규정172), 시(市)·도의회의원 후보자에게 700만원의

---

166) 헌재 2001. 7. 19, 2000헌마91 등, 판례집 제13권 2집, 77.
167) 헌재 2000. 1. 27, 99헌마123, 1999년도 공무원채용시험시행계획 위헌확인, 판례집 제12권 1집, 75.
168) 헌재 1999. 12. 23, 98헌마363, 제대군인지원에관한법률 제8조 제1항 등 위헌확인, 판례집 제11권 2집, 770.
169) 헌재 1999. 12. 23, 98헌바33, 구 국가유공자예우등에관한법률 제70조 등 위헌소원, 판례집 제11권 2집, 732.
170) 헌재 1999. 5. 27, 98헌마214, 공직선거및선거부정방지법 제53조 제3항 등 위헌확인, 판례집 제11권 1집, 675.
171) 헌재 1997. 7. 16, 97헌마26, 檢察廳法 제12조 제4항 등 違憲確認, 판례집 제9권 2집, 72.
172) 헌재 1995. 5. 25, 91헌마67, 지방의회의원선거법 제35조등에 대한 헌법소원, 판례집 제7권 1집, 722.

기탁금을 부과하고 있는 지방의회의원선거법 제36조 제1항173), 지방의
회의원선거법 제35조 제1항 제7호 및 지방자치법 제33조 제1항 제6호
중 농업협동조합·수산업협동조합·축산업협동조합·산림조합·엽연초
생산협동조합·인삼협동조합의 조합장에 대한 부분174), 국회의원선거법
(國會議員選擧法) 제33조의 기탁금(寄託金)175) 등이 있다.

(2) 합헌판례

170. 침해가 아
니라고 본 사례

헌법재판소가 공무담임권의 침해가 아니라고 본 사례로는 교육위
원과 초중등교원 간의 겸직금지176), 선거범으로서 형벌을 받은 자에 대
하여 일정기간 피선거권을 정지하는 규정(50만원 이상의 벌금형을 선고받은
선거범에 대하여 6년간 지방의회의원 피선거권을 제한하는 규정)177), 시·도지
사선거에서의 5천만원 기탁금제도178), 경찰대학의 입학 연령을 21세 미
만으로 제한하고 있는 경찰대학의 학사운영에 관한 규정179), 대학교원
을 제외하고 교육공무원의 정년을 65세에서 62세로 단축한 교육공무원
법 제47조 제1항180) 등이 있다.

5. 국민투표권

가. 헌법적 근거

171. 헌법 제72
조와 헌법 제
130조 제2항

헌법 제72조는 대통령은 필요하다고 인정할 때에는 외교·국방·
통일 기타 국가안위에 관한 중요정책을 국민투표에 붙일 수 있다고 규
정하고 있다. 그리고 헌법 제130조 제2항은 헌법개정안에 대한 국민투

---

173) 헌재 1991. 3. 11, 91헌마21, 지방의회의원선거법 제36조제1항에 대한 헌법소원,
    판례집 제3권, 91.
174) 헌재 1991. 3. 11, 90헌마28, 판례집 제3권, 63.
175) 헌재 1989. 9. 8, 88헌가6, 국회의원선거법 제33조제34조의 위헌심판제청, 판례집
    제1권, 199.
176) 헌재 1993. 7. 29, 91헌마69, 판례집 제5권 2집, 145.
177) 헌재 1993. 7. 29, 93헌마23.
178) 헌재 1996. 8. 29, 95헌마108.
179) 헌재 2009. 7. 30, 2007헌마991, 경찰대학의 학사운영에 관한 규정 제17조 위헌확
    인, 판례집 제21권 2집 상, 364.
180) 헌재 2000. 12. 14, 99헌마112 등, 판례집 제12권 2집, 399.

표를 규정하고 있다. 전자를 정책국민투표, 후자를 헌법개정국민투표라
할 수 있는데, 둘 다 국민투표에 회부가 이루어질 때 비로소 국민들이
투표에 참여할 수 있다고 하는 점에서 잠재적 기본권[181]의 성격을 가진
다. 국민투표권이 헌법의 명문조항이 없이 이러한 제도적 측면으로부터
도출되는 잠재적 기본권으로서의 성격이 있다 하더라도 보호영역과 제
한 및 제한의 한계를 살펴보면 다음과 같다.

나. 보호영역

국민투표는 주권자인 국민이 국가적 의사에 대하여 직접 결정한다
고 하는 점에서 직접민주주의 제도들 가운데 가장 전형적이고 일반적인
형태라 할 수 있다. 우리 헌법은 전술한 국가안위에 관한 중요 정책에
대한 결정과 헌법개정의 확정을 위해서 국민투표가 회부될 수 있다.

전자의 정책 국민투표에 대통령이 자신의 신임을 묻는 신임투표가
포함되겠는가 하는 것이 노무현 전 대통령 당시 문제된 바 있다. 헌법재
판소는 노무현 대통령에 대한 탄핵심판에서 이 정책 국민투표에는 대통
령 자신에 대한 신임을 묻는 투표는 포함되지 않음에도 불구하고 대통
령이 그러한 신임을 묻는 국민투표를 실시하려 한 것은 헌법에 위반된
다고 하면서 그 위헌성을 확인한 바 있다.[182] 그러므로 헌법재판소에
의하면 대통령의 진퇴를 결정하는 신임 국민투표는 이 정책 국민투표의
제도적 요소에 포함되지 않기 때문에, 국민들 역시 그러한 내용의 투표
권을 행사할 수 없다.

172. 정책 국민투표와 헌법개정투표

173. 정책 국민투표에 신임투표는 포함되지 않음

---

181) 이에 대하여는 방승주 (주 15), 306면, 각주 4); 방승주 (주 6), 154면; 방승주, 수
   도가 서울이라는 사실이 과연 관습헌법인가, 공법학연구 제6권 제1호(2005. 2),
   153 – 175, 155면 참고.

182) 헌재 2004. 5. 14, 2004헌나1, 판례집 제16권 1집, 609, 결정요지 11. 이와 관련 대
   통령이 국회 본회의에서 행한 시정연설에서 정책과 결부하지 않고 단순히 대통
   령의 신임 여부만을 묻는 국민투표를 실시하고자 한다고 밝힌 것에 대해 청구한
   헌법소원심판에서 이러한 행위는 헌법소원의 대상이 되는 "공권력의 행사"에 해
   당되지 않는다고 하면서 각하결정을 하였으나, 4인의 반대의견은 공권력의 행사
   에 해당되며, 피청구인 노무현 대통령의 그러한 발언은 청구인들의 참정권 내지
   국민투표권과 정치적 의사표명을 강요받지 아니할 자유를 침해한다고 보았다. 헌
   재 2003. 11. 27, 2003헌마694 등, 판례집 제15권 2집 하, 350.

174. 헌법 개정
안이 가결될 경
우

나머지 헌법 개정안이 국회 재적의원 2/3에 의하여 가결될 경우 국
민들은 이 헌법 개정안의 찬반에 대하여 투표로 결정할 수 있다.

다. 제 한

175. 작위나 부
작위에 의한 금
지나 방해행위

만일 대통령이 외교 · 국방 · 통일 등 국가안위에 관한 주요정책에
관하여 국민투표에 붙였거나 혹은 헌법 개정안이 국회 재적의원 2/3에
의하여 가결되어 국민투표에 회부되었음에도 불구하고 일정한 국민이나
국민집단이 이 국민투표에 참여할 수 없도록 법률로 금지하고 있거나
혹은 국민투표에 참가할 수 있는 절차적, 제도적 장치를 마련해 놓고 있
지 않다면 입법자의 그러한 행위와 또한 행정부의 그 법률을 근거로 하
는 금지행위는 모두 국민의 국민투표권을 제한하는 행위이다.

176. 보통 ·
평등 · 직접 ·
비밀선거와 자
유선거의 원칙
적용

그리고 헌법 제41조 제1항과 제67조 제1항의 선거의 원칙으로 일
컬어지는 보통 · 평등 · 직접 · 비밀선거와 자유선거의 원칙이 투표의 경
우에도 그대로 적용된다고 할 것이다. 즉 일정한 연령에 도달한 국민이
라면 누구나 다 국민투표에 참여할 수 있어야 하며, 투표권을 행사함에
있어서 평등의 원칙이 준수되어야 한다. 즉 1인 1표의 원칙에 따라서
국민 누구에게나 자신이 던질 표의 가치가 동일하게 주어져야 한다. 그
리고 투표에 참가하는 유권자가 투표한 결과대로 정책과 헌법 개정안의
가부가 곧바로 결정되어야 하며, 그 중간에 아무런 다른 기관의 의사가
개입되어서는 안 된다고 하는 의미에서 직접투표의 원칙이 준수되어야
하며, 투표는 비밀리에 행해져야 하고 자유로이 행해져야 한다고 하는
점에서 비밀투표와 자유투표의 원칙이 모두 적용되어야 한다.

177. 투표의 조
작가능성 방지,
사후검증 가능
성

만일 투표결과에 대해서 분쟁이 있는 경우 이 결과를 추후에 다시
검증할 수 있어야 하기 때문에, 검증 가능성이 없는 모든 컴퓨터나 인터
넷 투표의 방식은 아직까지 이러한 투표의 소위 공개성의 원칙(Grundsatz
dar öffentlichkeit)[183]이나 직접투표의 원칙에 위반될 수 있기 때문에 아직
은 시기상조이나, 소위 대체불가토큰(non fungible tocken)이나 블록체인

---

183) BVerfGE 123, 39. 이에 대하여는 방승주, 재외국민 선거권 행사의 공정성 확보방
안 연구, 대검찰청, 2011. 9, 17면 참조.

등의 기법이 발달하여 투표의 조작이나 해킹가능성이 완전히 배제될 수 있고, 사후 검증가능성이 보장될 수 있다면 장차 이러한 현대적인 첨단 정보기술(IT)에 기반한 인터넷이나 모바일 투표의 도입도 가능할 것이라고 생각된다. 관건은 투표의 조작가능성 방지와 투표결과에 대한 다툼이 발생할 경우 사후검증가능성이 있는가이다.

국민투표에 참여할 수 있는 연령은 선거권과 마찬가지로 18세이면 될 것임에도 국민투표법 제7조는 2007년 19세로 하향 조정된 이래 아직까지 변함없이 그대로 유지되고 있다. 입법자가 2020년 공직선거법상 선거권연령을 18세로 하향조정할 때 이 조항도 개정했어야 했는데 누락한 것이 아닌가 생각된다.

어쨌든 국민투표권에 대한 다양한 제한은 헌법 제37조 제2항에 따라 국가안전보장·질서유지·공공복리라고 하는 공익목적의 실현을 위해서 법률로써 할 수 있으나 당연히 필요한 경우에 한하여 과잉금지의 원칙과 평등의 원칙 등 헌법상의 원칙에 따라서 이루어져야 한다.

라. 제한의 한계

헌법 제37조 제2항에 따라 국가안전보장·질서유지·공공복리를 위하여 법률로써 국민투표권을 제한한다 하더라도 필요한 경우에 한하여 할 수 있으며, 제한하는 경우에도 국민투표권의 본질적인 내용은 침해할 수 없다.

그리고 국민투표권을 제한함에 있어서 국민들 집단을 차별해서는 안 되고, 같은 것은 같게, 다른 것은 다르게 대우해야 한다.

마. 헌법재판소 판례

지금까지 헌법재판소가 국민투표권의 침해를 확인한 사례로서는 주민등록을 요건으로 재외국민의 국민투표권을 제한하는 국민투표법 제14조 제1항[184], 재외선거인의 국민투표권을 제한한 국민투표법 제14조 제1항 중 '그 관할 구역 안에 주민등록이 되어 있는 투표권자 및 「재외

178. 국민투표권 연령

179. 헌법 제37조 제2항

180. 과잉금지, 본질내용 침해금지

181. 재외국민 국민투표권 제한 헌법불합치 등

---

184) 헌재 2007. 6. 28, 2004헌마644 등, 판례집 제19권 1집, 859. 결정요지 7.

동포의 출입국과 법적 지위에 관한 법률」제2조에 따른 재외국민으로서
같은 법 제6조에 따른 국내거소신고가 되어 있는 투표권자' 부분[185], 신
행정수도의건설을위한특별조치법[186] 등이 있다.

> 판례 헌법 제72조의 중요정책 국민투표와 헌법 제130조의 헌법개정안 국민투표
> 는 대의기관인 국회와 대통령의 의사결정에 대한 국민의 승인절차에 해당한
> 다. 대의기관의 선출주체가 곧 대의기관의 의사결정에 대한 승인주체가 되는
> 것은 당연한 논리적 귀결이다. 재외선거인은 대의기관을 선출할 권리가 있는
> 국민으로서 대의기관의 의사결정에 대해 승인할 권리가 있으므로, 국민투표권
> 자에는 재외선거인이 포함된다고 보아야 한다. 또한, 국민투표는 선거와 달리
> 국민이 직접 국가의 정치에 참여하는 절차이므로, 국민투표권은 대한민국 국
> 민의 자격이 있는 사람에게 반드시 인정되어야 하는 권리이다. 이처럼 국민의
> 본질적 지위에서 도출되는 국민투표권을 추상적 위험 내지 선거기술상의 사유
> 로 배제하는 것은 헌법이 부여한 참정권을 사실상 박탈한 것과 다름없다. 따
> 라서 국민투표법조항은 재외선거인의 국민투표권을 침해한다.
> 　국민투표법조항이 위헌으로 선언되어 즉시 효력을 상실하면 국민투표를 실
> 시하고자 하여도 투표인명부를 작성할 수 없게 되므로, 입법자가 국민투표법
> 조항을 개선할 때까지 일정 기간 국민투표법조항을 잠정적으로 적용할 필요가
> 있다. 또한 국민투표의 절차상 기술적인 측면과 국민투표의 공정성 확보의 측
> 면에서 해결되어야 할 많은 문제들이 존재한다. 그러므로 국민투표권조항에
> 대하여 헌법불합치결정을 선고하되, 다만 입법자의 개선입법이 있을 때까지
> 계속적용을 명하기로 한다.
> 　(헌재 2014. 7. 24, 2009헌마256 등, 판례집 제26권 2집 상, 173.)

182. 국회의 국
민투표법 개정
의무 해태
　　　이 국민투표법 제14조 제1항의 "그 관할 구역 안에 주민등록이 되
어 있는 투표권자" 및 "재외국민으로서 재외동포법 제6조에 따른 국내
거소신고가 되어 있는 투표권자" 부분은 헌법재판소의 헌법불합치결정
에도 불구하고 아직까지 개정되지 않고 있는데 이렇게 장기간 동안 입
법자가 헌법재판소의 헌법불합치결정에 응하지 않고 있는 것은 상당히

---

185) 헌재 2014. 7. 24, 2009헌마256 등, 판례집 제26권 2집 상, 173.
186) 헌재 2004. 10. 21, 2004헌마554 등, 판례집 제16권 2집 하, 1. 이에 관해서는 방승
　　주 (주 181), 앞의 논문 참조.

이례적이라 하겠다.[187]

다음으로 주민투표법상 주민투표권은 헌법상 기본권이라고 할 수는 없어도 주민등록을 요건으로 주민투표권을 부여하는 것은 국내거주 재외국민들에 대한 차별이라고 할 수 있으므로[188] 이에 대하여는 평등권을 기준으로 한 심사가 가능하며, 주민투표법 제5조 제1항에 대하여 헌법불합치선언을 하였다.[189]

183. 재외국민에 대한 주민투표법상 차별 헌법불합치

---

187) 이에 관해서는 방승주, [기고] "진정 개헌하려면 국민투표법부터 개정하라" 한국일보, 2018. 3. 2.자 참고.
188) 동지, 방승주 (주 15), 317면.
189) 헌재 2007. 6. 28, 2004헌마643, 판례집 제19권 1집, 843.

제 17 절 학문과 예술의 자유

I. 서 론

1. 학문 · 예술
의 자유가 함께
규정되어 있는
이유

우리 헌법 제22조는 "모든 국민은 학문과 예술의 자유를 가진다."
고 규정함으로써 학문과 예술의 자유를 보장하고 있다. 헌법이 학문과
예술의 자유를 함께 보장하고 있는 것은 학문의 자유와 예술의 자유가
서로 공통적인 성격과 밀접한 관련을 가지고 있기 때문이다. 즉 학문은
진리를 탐구하는 행위이고, 예술은 아름다움(美)을 추구하는 행위[1]로서
양자가 모두 자유 없이는 진리탐구와 미의 추구행위 자체가 불가능하기
때문이다. 그리고 진리의 탐구이든 미의 탐구이든 인간의 직관(Intuition)
적인 요소들이 작용할 경우가 많이 있다. 물론 학문의 경우에 직관[2]에
의한 결론은 다시 합리성에 의하여 검증되어야 하기는 하지만, 많은 진
리의 발견이 학자의 직관에 의한 가설의 수립과 그 검증을 통하여 이루
어지는 경우가 적지 않은 것이다.

2. 문화국가적
요소

뿐만 아니라 학문과 예술의 자유는 우리 헌법이 추구하는 문화국가
적 목표와 제도들(헌법 전문, 제9조, 제22조, 제31조) 가운데 가장 중추적 요
소라 할 수 있다. 자연과학과 인문 · 사회과학을 포함하는 학문과 예술
의 발전이 없이 국가가 다른 나라와의 경쟁에서 승리할 수 없을 것이며,
또한 인간이 문화[3]적으로 풍요롭고 행복한 삶을 영위해 나갈 수 없게
될 것이다.

3. 학문 · 예술
의 장려와 진흥
필요

그러므로 국가는 이 학문과 예술의 자유를 침해하지 않도록 해야
할 뿐만 아니라, 학문과 예술이 더욱 잘 발전할 수 있도록 대학과 교육
그리고 문화예술과 관련한 법제도를 잘 정비함으로써 학문과 예술을 장
려하고 진흥하지 않으면 안 된다. 그러나 본디 자유를 본질로 하는 학문

---

1) 계희열, 헌법학(중), 박영사 2007, 363면.
2) 동지, Christian Starck, in: v. Mangoldt/Klein/Starck, GG I, Art. 5 Abs. 3, Rn. 353.
3) 계희열 (주 1), 363면.

과 예술의 영역에 국가가 어느 정도까지 개입하여 장려하고 보호할 것
인가 하는 것, 그리고 그 기회를 어떻게 공평하게 보장할 것인가 하는
것은 간단한 문제가 아니다.

특히 국가가 학문과 예술의 자유를 보호하고 지원하기 위해서는 먼 | 4. 학문과 예술
저 학문과 예술활동에 해당되는 행위가 무엇인지를 잘 가려야 할 것이 활동의 보호
며, 또한 학문과 예술의 자유와 충돌하는 다른 헌법적 법익이 존재할 경
우에 무엇을 우선하여 보호해야 할 것인지를 헌법적 관점에서 잘 형량
하지 않으면 안 된다.

이하에서는 이러한 문제의식을 가지고서 학문과 예술의 자유를 각 | 5. 별도의 고찰
각 별도로 고찰해 보기로 한다.

Ⅱ. 학문의 자유

1. 학문의 자유의 연혁

학문의 자유는 전형적으로 독일에서부터 나타난 기본권으로서 이 | 6. 학문의 자유
는 독일이 일찍이 교수직을 공무원화하였던 것과 밀접한 관련이 있었 의 최초의 헌법
다. 학문의 자유를 규정한 최초의 헌법은 1849년 프랑크푸르트 제국헌 적 보장
법 제152조("학문과 그에 대한 교수(Lehre: 가르치는 것)는 자유이다")이며, 바
이마르헌법 제142조와 오늘날 독일 기본법 제5조 제3항에 학문, 연구
및 교수의 자유가 이를 이어받고 있다.[4] 지적재산권에 대한 보호규정을
처음 둔 것 역시 독일 바이마르 헌법 제158조이다.[5]

우리 헌법이 학문의 자유를 최초로 규정한 것은 1948년 광복헌법 | 7. 1948년 광복
에서였다. 즉 "모든 국민은 학문과 예술의 자유를 가진다. 저작자, 발명 헌법
가와 예술가의 권리는 법률로써 보호한다."(제14조)고 하는 것이 그것이
다.[6]

이 조항은 1960년 제4차 개정 때까지는 같은 제14조로, 그리고 제5 | 8. 이후 연혁

---

4) Starck (주 2), Rn. 351.
5) 홍성방, 헌법학(중), 박영사 2015, 233면.
6) 유진오, 헌법해의, 명세당 1949, 44면.

차부터 제7차 개정(유신헌법)때까지는 제19조로, 제8차 개정(1980년)헌법
에서는 제21조로 동일한 내용이 유지되다가, 제9차 개정헌법인 현행
1987년 헌법 제22조에서는 제2항을 신설하여 저작자 · 발명가 예술가의
권리보호조항을 두면서 여기에 "과학기술자"를 추가하였다.

9. 유진오의 설
명

　　유진오는 그의 헌법해의에서 "이는 종래와 같이 학문(특히 대학)이
관권의 지배를 받아서 그에 좌우되는 것을 방지하며, 또한 예술가가 그
와 같은 지배를 받아 어용예술가가 되는 것을 방지하고자 한 규정"이라
고 하고 있다.

2. 보호영역

가. 학문의 개념과 학문의 자유의 보호영역

10. 학문의 개
념

　　학문의 자유의 보호영역을 확정하기 위해서는 학문의 개념을 먼저
정의해볼 필요가 있다. 그러나 학문의 개념을 정의하는 것은 마치 예술
의 개념을 정의하는 것과 마찬가지로 쉽지 않은 것이 사실이다.[7] 학문
의 자유를 가장 먼저 헌법적으로 보장한 나라라고 할 수 있는 독일의
학설이나 판례가 기본법상 학문, 연구, 교수의 자유(기본법 제5조 제3항)
와 관련하여 학문개념을 어떻게 정의하고 있는지를 참고해 보면 다음
과 같다.

11. 학문적 독
자법칙성

　　우선 학설을 살펴보면, 일찍이 스멘트(Rudolf Smend)는 학문적 연구
의 성격은 일정한 형태에 결부되어 있는 것이 아니며, 따라서 형식적으
로 정의될 수 없다고 지적한 바 있다.[8] 그리고 기본법 제5조 제3항의
학문의 자유에 관하여 주석을 쓴 슈타르크(Christian Starck)도 예술개념과
마찬가지로 학문개념 역시 본질상 완결되어 있지 않으며, 따라서 간단
하게 정의되거나 한정될 수 없는, 그 어떠한 독자법칙성을 가지고 있는
이미 주어져 있는 바를 고려하지 않으면 안 된다고 하고 있다. 학문의
자유를 통하여 헌법적으로 보장되는 독자법칙성은 그 어떠한 형식 또는

---

7) 동지, 계희열 (주 1), 364면.
8) Rudolf Smend, VVDStRL 4 (1928), S. 44, 61 ff. 67. Starck (주 2), Rn. 352에서 재
인용.

그 밖의 어떠한 내용적 가치에 구속된 한계설정을 금지한다는 것이다.[9)]
피로트/쉴링크(Pieroth/Schlink) 역시 학문적 과정은 계속해서 이상하고도
경이로운 내용과 형태를 얻게 되며, 그러한 한에서 개방되어 있는 개념
이라고 보고 있다.[10)]

한편 독일 연방헌법재판소는 학문의 자유와 관련된 판례에서 학문
을 대체로 다음과 같이 정의하고 있다. 즉 학문은 "내용과 형식에 따를
때 진리(Wahrheit)를 발견하기 위한 진지하고도 계획적인 추구로 간주되
는 모든 활동"[11)]이라는 것이다. 학자들은 이러한 정의에 다음과 같은
추가적 설명을 덧붙인다. 즉 "진지한"이라고 하는 표지는 학문이 항상
일정한 지식수준을 전제로 하고 이를 배려한다는 것을 나타내 주며, 또
한 "계획적"이라고 하는 표지는 방법론적으로 정돈된 사고의 의미로 이
해된다는 것[12)], 그리고 "진리의 발견"은 이미 획득된 인식들을 공적 토
론의 장에 올려, 거기에서 비판적으로 문제제기를 함으로써 본질적으로
활력을 얻게 된다는 것이다.[13)]

우리 학자들 가운데서도 이러한 독일 학설과 판례를 참고하여 학문

12. 독일 연방
헌법재판소의
정의

13. 우리 학설

---

9) Starck (주 2), Rn. 352. 그는 또한 예술 역시 정신적 산물의 하나이기 때문에 학
   문을 정신적 산물로만 특징지으려 하는 것은 충분치 못하다고 하고 있다. 그리고
   진리(Wahrheit)를 학문의 목표로 설정하게 되면, 학문이라고 하는 헌법적 개념의
   해석에 대하여 아직 해명되지 않은 그 밖의 개념으로 부담을 지우게 될 뿐만 아
   니라, 나아가 다른 특별한 기본권으로 보호되고 있는 종교 및 신앙개념과도 중첩
   될 수 있다고 하고 있다. 그러나 헌법이 보호하고 있는 국민의 모든 생활영역은
   상당부분 어느 정도 중첩될 수밖에 없는 속성이 있기 때문에, 학문의 자유를 다
   른 기본권적 생활영역과 완전히 엄격하게 한계설정을 하는 것은 처음부터 가능
   하지 않다. 결국 종교의 자유에서 추구하고 있는 진리는 종교적 진리라고 할 것
   이며, 이에 반하여 학문적 추구의 대상은 학문적 진리라고 봐야 할 것이다. 물론
   신학 영역에서는 이 두 가지가 함께 경합될 수 있는 가능성도 완전히 배제할 수
   는 없을 것이다.
10) Pieroth/Schlink, Grundrechte, Staatsrecht II, 27 Aufl, 2011, Rn. 671.
11) BVerfGE 35, 79 (113); 47, 327 (367); 90, 1 (12); Pieroth/Schlink (주 10), Rn. 670.
12) Pieroth/Schlink (주 10), Rn. 670; 동지, Michael Sachs 저/방승주 역, 헌법 II - 기
    본권론, 헌법재판소 2002, 411면. 그리고 독일 연방헌법재판소의 대학판결
    (BVerfGE 35, 79)에서의 학문개념과 관련한 번역으로는 Richter/Folke/Bumke 저,
    방승주 역, 독일헌법판례교재 - Casebook Verfassungsrecht 4, überarbeitete und
    aktualisierte Auflage, 헌법재판소 2003, 216－221면; 김선택, 생명공학시대에 있어
    서 학문연구의 자유, 헌법논총 제12집, 헌법재판소 2001, 229－275, 244－245면.
13) Pieroth/Schlink (주 10), Rn. 670.

개념을 그와 유사하게 전개하고 있기도 하다. 즉 "학문이란 현재의 지식을 바탕으로 하여 방법론적으로 일관성 있고 비판적으로 심사숙고한 사고를 통하여 진리를 탐구하는 진지한 시도"[14]라고 한다거나, "학문의 자유는 그 내용과 형식으로 보아 진리와 진실을 진지하게 계획적으로 탐구하는 자유"[15]라고 보거나 혹은 "일정한 수준 이상에서 이루어지는 진리추구활동"[16]이라는 입장들이 그것이다. 또한 이와는 달리 "'학문의 자유'란 '진리탐구의 자유'를 뜻한다."고 하면서 "진리탐구란 인간의 생활권 내에서 일어나는 실체적 내지 관념적 현상(과거·현재·미래의 현상 포함)과 그들 상호관계를 논리적·철학적·실험적 방법으로 분석·정리함으로써 새로운 사실과 진리를 찾아내려는 모든 인간적 노력의 대명사이다."[17]라거나, 혹은 "학문은 자연과 사회의 변화·발전에 관한 법칙 또는 진리를 탐구하고 인식하는 행위"[18]라고 하기도 하고, "학문이라 함은 인식 대상, 가치, 판단 등 어떠한 대상에 대하여 지적으로 탐구하고 궁구하는 행위를 말한다."고 하면서 "이는 존재 그 자체와 현존재를 둘러싸고 발생하거나 일체의 실체적 또는 관념적 현상과 그들 상호간의 관계를 다양한 방법(예: 연역적·논리적·원리적·경험적 방법 등)으로 진지하고 계획적으로 탐구하는 것을 의미한다."[19]고 하는 등 다양한 견해들이 제시되고 있다.

14. 헌법재판소의 정의

　　우리 헌법재판소 역시 "학문의 자유에서 말하는 '학문'이란 일정한 지식수준을 기반으로 방법론적으로 정돈된 비판적인 성찰을 함으로써 진리를 탐구하는 활동을 말한다."[20]고 함으로써 독일 학설·판례를 받아들인 우리 학설과 유사한 방식으로 학문을 정의하고 있다.

15. 사견

　　살피건대, 학문이란 일정한 지식수준과 방법론적으로 정돈된 과정

---

14) 계희열 (주 1), 364-365면.
15) 김철수, 헌법학개론, 박영사 2007, 810면.
16) 김선택 (주 12), 247면.
17) 허영, 한국헌법론, 박영사 2023, 486면; 명재진, 헌법 제22조, 헌법주석 [1], 박영사 2013, 785-816, 786면.
18) 권영성, 헌법학원론, 박영사 2010, 545면.
19) 정종섭, 헌법학원론, 박영사 2022, 616면.
20) 헌재 1992. 11. 12, 89헌마88, 판례집 제4권, 739, 756를 인용하며, 헌재 2003. 9. 25, 2001헌마814 등, 판례집 제15권 2집 상, 443, 451.

을 기초로 진리를 발견하기 위한 진지하고도 계획적인 추구라고 할 수
있다. 또한 진리의 발견과 그 방법 및 비판 자체도 다시금 학문의 대상
이 되며, 한 번 발견된 학문적 인식 역시 새로운 인식의 발견에 의하여
잘못된 것으로 판명될 경우에는 변경될 수 있는 것은 당연하다. 따라서
진리의 발견은 미래를 향하여 개방적이어야 한다는 점이 학문개념과 관
련하여 중요한 요소가 될 것이다.[21]

　　독일 연방헌법재판소가 잘 판시하고 있듯이, 학문의 자유는 "지식
을 습득하고 그것을 해석하고 전달함에 있어서 학문적 독자법칙성에 기
반을 둔 과정, 행위방식과 결정들"을 보호한다.[22] 중심적인 것은 진리의
추구와 인식과정의 원칙적인 무종결성이다. 방법과 결론의 정당성은 문
제되지 않는다. 이에 반해서 미리 정해진 의견이나 결론이 단지 학문적
인 발견이나 입증가능성의 외관을 띠고 있는 경우에는 학문의 자유의
보호대상에 속하지 않는다. 학문의 개념은 상위개념이라고 할 수 있는
바, 그것은 연구와 교수로 이루어지고 있다.[23] 따라서 학문의 자유는 학
문적 연구(Forschung)와 그 결과를 가르칠 수 있는 학문적 교수(강
학)(Lehre)를 보호한다.[24] 이것은 독일 기본법상 명문규정에 나와 있는
자유 중의 하나들이기는 하지만 우리 학문의 자유의 카테고리에 다 포
함된다고 볼 수 있고, 여기에 추가적으로 연구결과발표의 자유와 학문
적 집회 · 결사의 자유도 모두 학문의 자유에 포함된다고 할 수 있다.[25]

16. 학문적 독
자법칙성에 기
반을 둔 과정
보호

나. 학문연구의 자유

　　학문연구의 자유는 연구의 대상, 방법, 시기, 장소에 대하여 연구자

17. 연구의 대
상, 방법, 시기,

---

21) 동지, Starck (주 2), Rn. 353.
22) BVerfGE 47, 327 (367).
23) BVerfGE 35, 79 (113).
24) Jarass, in: Jarass/Pieroth, Grundgesetz, München 2011, Art. 5, Rn. 122 ff.
25) 이것들 모두가 학문의 연속적인 과정에 불과하여 굳이 구분할 필요가 없다고 보
　　는 견해{김선택 (주 12), 249-250면}도 있으나 연구와 교수(강학), 그리고 연구
　　결과 발표와 학회활동 등이 일부는 중첩되기도 하지만 그렇지 않은 부분도 있는
　　것이 사실이므로, 각각 구분하여 개별적으로 학문의 자유의 보호영역 내지 내용
　　에 포함시켜 설명하는 것이 더 적절하다고 생각된다. 인간의 모든 자유는 전체적
　　으로 서로 연결되어 있을 수밖에 없다.

장소에 대한 결
정의 자유

18. 학문연구의
내용과 방법

19. 학문연구의
자유의 절대성
여부

가 국가나 다른 제3자의 명령이나 강제 또는 지시를 받지 않고 자유로
이 결정할 수 있는 것을 의미한다.[26] 그리고 이러한 연구를 독자적으로
할 것인지 또는 공동으로 할 것인지 등도 문제되지 않는다.

학문연구의 내용과 방법과 관련해서도 자유이다. 자연과학에 있어
서 실험적 방법, 통계나 여론조사를 통한 사회과학적 방법, 규범에 대한
해석을 중심으로 하는 규범과학적 방법, 비교학적 방법, 분석학적 방법
등 각 학문분과에 고유한 방법이나 또는 새로운 방법에 대한 선택도 모
두 연구자의 자유에 속한다. 학문적 연구의 결과가 성공적인가 실패인
가는 중요하지 않다.[27]

이러한 학문적 연구의 자유와 관련하여 국내에서는 절대적 자유에
속한다고 보거나[28] 혹은 사이비학문이 아니면 학문의 자기통제에 맡기
는 것이 옳다는 견해[29]가 있는가 하면, 일부 학설은 가령 유전자공학이
나 핵실험과 같이 공동(公共)의 안녕질서(安寧秩序)에 현저한 위험을 초래
할 수 있는 학문연구의 경우는 항상 절대적일 수는 없고, 일정한 규제를
받을 수밖에 없다고 보는 견해들[30]이 있는데, 후자의 견해들이 타당하
다고 생각된다. 왜냐하면 학문연구의 자유는 원칙적으로 자유이지만 연
구자의 실험과정에서 발생할 수 있는 실수에 의하여 공공의 안녕질서에
명백히 위해를 가할 수 있는 경우나, 혹은 연구 단계에서 인간존엄권,
인격권 또는 생명권, 정보에 관한 자기결정권[31] 등 다른 사람의 기본권
과 같은 헌법적 법익을 확실히 침해할 가능성이 있는 연구(가령 유전자
조작 등)에 대해서는 연구단계라고 해서 무한정 허용될 수는 없고 오히
려 국회가 그에 대한 규제입법[32]을 할 수 있다고 봐야 할 것이기 때문

---

26) 동지, 허영 (주 17), 487면.
27) 동지, Starck (주 2), Rn. 353.
28) 헌재 1992. 11. 12, 89헌마88; 김철수 (주 15), 813면; 명재진 (주 17), 792면.
29) 계희열 (주 1), 357면. 또한 사이비 학문들을 걸러내기 위해서는 학문의 자율성과
    다양성이 보장되어야 한다는 견해로 정문식, 학문의 자유와 입법정책, 법과 정책
    연구 제6집 제2호(2006. 2), 569~597, 578면.
30) 양건, 헌법강의, 법문사 2022, 626면; 성낙인, 헌법학, 법문사 2023, 1271면; 김선
    택 (주 12), 242면.
31) Dieter Lorenz, Wissenschaft darf nicht alles! – Zur Bedeutung der Rechte anderer
    als Grenze grundrechtlicher Gewährleistung, in: Festschrift für Peter Lerche 1993, S.
    267 ff.(275).

이다.33)(이 문제에 관해서는 아래 5. 학문의 자유의 한계와 제한에서 보다 상세히 다루기로 한다.)

　전술하였듯이 연구는 내용과 형태에 따를 때 진리를 발견하기 위한 진지하고도 계획적인 추구이다.34) 그리고 이것은 일정한 지식수준과 방법론적으로 정돈된 과정을 전제로 하는데 이 경우에 응용연구는 포함되지만 이미 알려진 지식을 단순히 적용할 뿐인 것은 포함되지 않는다.35)

　일정한 목적을 가지고 수행하는 목적연구와 정부 등에 의하여 연구용역을 수탁받아 행하는 위임연구는 그 위탁자가 내용적 결론에 본질적으로 영향을 주지 않으며, 학문적 방법이 적용되는 한36) 학문의 자유에 의하여 보호된다. 정치적인 활동들은 학문적인 기반에 근거하고 있는 경우에도 학문이라고 할 수 없다. 학문과 정치적 활동의 경계는 학문적 연구의 결과를 실제적 행동으로 옮기는가 아니면 그 행위에 단순히 영향을 미치고자 할 뿐인가 하는 데에 있다.37) 특정한 세계관에 입각한 운동, 정치적 선전이나 이데올로기적 주입 등은 학문에 해당되지 않는다.38) 모든 연구활동은 그 보조적인 활동과 함께 보호된다. 연구의 기획도 보호되며 마찬가지로 연구결과의 출판도 보호된다. 나아가서 사설 연구기관의 설립도 학문의 자유의 보호영역에 해당된다.39) 이에 반하여 학문적 지식의 경제적 이용은 직업의 자유에 의하여 보호된다.40)

20. 진리를 발견하기 위한 진지하고도 계획적인 추구

21. 목적연구와 위임연구

---

32) 가령 생명윤리 및 안전에 관한 법률 제20조 인간복제금지, 제21조 이종 간 착상금지, 개인정보보호법 제16조 개인정보의 수집 제한이나 제18조 개인정보의 목적 외 이용·제공 제한 등.

33) 동지, Pieroth/Schlink (주 10), Rn. 674. 한편 배아보호법상 인간배아에 대한 연구 금지는 학문의 자유와 형량할 필요도 없이, 오로지 생명권과 신체불훼손권에 대한 국가의 기본권보호의무 이행의 차원이라고 하는 지적으로는 Dieter Lorenz (주 31), S. 274 f. Starck (주 2), Rn. 415.

34) BVerfGE 35, 79 (113); 47, 327 (367).

35) Jarass (주 24), Rn. 122.

36) Starck (주 2), Rn. 355; Jarass (주 24), Rn. 122.

37) Starck (주 2), Rn. 357; Jarass (주 24), Rn. 122.

38) Starck (주 2), Rn. 357.

39) Starck (주 2), Rn. 361.

40) Jarass (주 24), Rn. 122.

다. 교수(강학)의 자유

22. 연구결과 전달과 교수의 자유

학문의 자유의 보호영역은 연구결과를 전달하는 것을 포함해서 학자의 연구와 관련 있는 학문적 敎授(강학)(Lehre)의 자유를 포함한다. 이 학문적 연구의 결과를 발표하고 전달하는 교수(강학)는 독자적이어야 하며 어떤 지시와 무관하게 실행되어야 한다. 교수(강학)의 자유는 반드시 자신이 연구한 것을 전달하고 가르치는 것에만 국한되는 것이 아니라, 다른 사람이 행한 연구결과를 전달하는 것도 포함한다.[41] 그러한 의미에서 교수의 자유는 연구의 자유보다는 그 범위가 더 넓게 미친다고 할 수 있다. 교수(강학)는 가령 강의, 세미나, 교과서, 방송 등 다양한 형태로 그리고 대학 외에서도 학문적 연구의 결과를 전달하는 것이라면 이루어질 수 있다.[42] 그리고 예술대학에 소속되어 있는 교수의 경우 일반 학문적 교수와 마찬가지로 학생들에게 예술과 예술관련 학문을 전파하고 가르칠 수 있는 자유, 즉 예술교수(강학, 교습)의 자유가 보장되는 것은 당연하다.[43]

23. 중등학교에서의 수업은 교수(강학)가 아님

이에 반하여 학교에서의 수업은 그것이 이러한 전제를 충족하고 있지 않기 때문에 교수(강학)가 아니다.[44] 비록 교사가 자신의 독자적인 연구의 결과를 전달하고 가르치는 경우라 하더라도 그것은 교수(강학)의 자유에 해당되지 않는다.[45] 중등학교 학생들에 대한 수업과 관련해서

---

41) Starck (주 2), Rn. 375.

42) Starck (주 2), Rn. 358.

43) Starck (주 2), Rn. 318.

44) 헌재 2003. 9. 25, 2001헌마814 등, 판례집 제15권 2집 상, 443.

45) Starck (주 2), Rn. 360. 우리 헌법재판소 역시 확정적으로 판시하고 있지는 않지만 마찬가지 입장을 가지고 있는 것으로 보인다. "교사의 수업권은 전술과 같이 교사의 지위에서 생겨나는 직권인데, 그것이 헌법상 보장되는 기본권이라고 할 수 있느냐에 대하여서는 이를 부정적으로 보는 견해가 많으며, 설사 헌법상 보장되고 있는 학문의 자유 또는 교육을 받을 권리의 규정에서 교사의 수업권이 파생되는 것으로 해석하여 기본권에 준하는 것으로 간주하더라도 수업권을 내세워 수학권을 침해할 수는 없으며 국민의 수학권의 보장을 위하여 교사의 수업권은 일정범위 내에서 제약을 받을 수밖에 없는 것이다. 만일 보통교육의 단계에서 개개인의 교사에 따라 어떠한 서적이든지 교과서로 선정될 수 있고 또 어떤 내용의 교육이라도 실시될 수 있다면 교육의 기회균등을 위한 전국적인 일정수준의 교육의 유지는 불가능하게 될 것이며 그 결과, 예컨대 국어교육에서 철자법 같은 것이 책자나 교사에 따라 전혀 다르게 가르쳐져 크나 큰 갈등과 혼란이 야기될 수 있는 것이다." 헌재 1992. 11. 12, 89헌마88, 판례집 제4권, 739, 757-758.

교사는 학생들에게 표준적인 교과과정 내용을 가르치고 인격을 함양시켜야 한다는 점에서 더 많은 제약을 받을 수밖에 없으며, 더욱이 공립학교 교사의 경우에는 또한 공무원으로서 국가에 대하여 공무원관계 하에, 그리고 사립학교 교사 역시 학교에 대하여 준공무원적 관계 하에 놓인다. 그러한 한 그들은 더욱 강력하게 헌법 제31조 제4항 및 제6항에 따른 학교제도에 대한 입법적 규율에 구속될 수 있다.[46]

대학 교수의 경우 특히 학과의 내용, 방법과 과정에 대하여 결정하는 것은 교수(강학)의 자유의 보호영역 하에 포함된다. 또한 시험도 교수(강학)를 종결하는 의미가 있다고 하는 점에서 교수(강학)의 자유에 포함된다.[47]

24. 대학교수의 학과의 내용과 방법 등에 대한 결정의 자유

라. 연구결과 발표의 자유

학문의 자유에는 연구결과를 발표할 자유도 포함된다. 이 연구결과의 발표는 주로 관련 학술회의에서 학자들이 자신이 연구한 중간적 결과나 최종적 결과를 발표하거나 토론하는 과정에서 이루어지는 것이 보통이다. 그 후 자신의 연구결과를 학술지에 게재하거나 그 밖에 책으로 출판하는 방법을 취한다. 그러나 이러한 방법 말고도 가령 대학 외의 다른 사설 연구기관이나 또는 정부기관 또는 방송이나 신문 또는 영화[48]를 통하여 연구결과를 발표할 수 있으며, 오늘날에는 사회적 관계망(SNS)이나 유튜브 등 현대적인 인터넷 정보기술에 기반하고 있는 매체를 통하여 일반 대중에게 발표할 수도 있다.

25. 연구 결과 발표의 방법, 장소, 학습지 불문

아무튼 이 연구결과 발표의 자유는 일정 부분 교수(강학)의 자유와 중첩되는 부분이 있을 수 있으나, 일반적으로 대학이나 대학원에서 교수가 연구한 내용을 모두 다 전달할 수 없는 경우도 많고, 또한 그렇게 해야 하는 것도 아니기 때문에 교수(강학)의 자유와 상당 부분 구분되는 영역도 있다. 이러한 연구결과의 발표는 주로 동료 교수와 학자 간의 모임인 학회에서 이루어지는 것이 보통이라고 할 수 있다.

26. 교수의 자유와 중첩 가능하나 일치하지는 않음

---

46) 아래 제27절, Ⅴ. 참조.
47) Jarass (주 24), Rn. 122a.
48) 헌재 1996. 10. 4, 93헌가13 등, 판례집 제8권 2집, 212.

27. 학문의 의
사표현의 자유

이 연구결과 발표는 학문적 의사표현에 해당된다고 할 수 있기 때문에 헌법 제21조에서 보장되는 일반적인 언론·출판의 자유에 비하여 특별한 기본권으로서의 의미가 있다. 따라서 학문적 의사표현의 자유가 문제될 경우에는 헌법 제22조의 학문의 자유가 특별한 기본권으로서 적용되는 것이며, 일반적인 언론·출판의 자유는 배제된다. 다만 언론·출판의 자유에 대한 제한의 한계(헌법 제21조 제2항)나 또는 헌법적 한계(헌법 제21조 제4항)는 헌법 제22조의 경우에 없는 특별한 조항이라 할 수 있으므로 학문적 의사표현의 자유의 경우에도 이 규정들이 적용될 수 있을 것이라고 생각된다.

마. 학문적 집회·결사의 자유

28. 학문적 집
회·결사의 자
유, 대학설립의
자유

학문의 자유에는 학문적 토론을 위한 집회와 학문적 토론을 위한 단체를 결정할 수 있는 결사의 자유가 모두 포함된다. 학문적 연구단체는 주로 학회가 될 것이지만, 거기에 국한되지 않고, 학문 연구기관인 대학을 설립할 자유 역시 넓게 본다면 이 학문적 결사의 자유에 포함된다고 봐야 할 것이다.

29. 헌법 제21
조의 집회·결
사의 자유는 배
제

그리고 학자들이 자신이 연구한 결과를 발표하고 토론하기 위해서는 학문적 집회가 필수적이다. 그러므로 이 학문의 자유에는 학문적 집회의 자유가 포함된다. 그리고 이 학문적 집회의 자유나 학문적 결사의 자유는 일반적인 집회나 결사의 자유에 비하여 보다 특별한 기본권에 해당된다고 할 수 있으므로 학문적 집회·결사의 경우에는 헌법 제22조의 학문의 자유의 적용을 받고, 일반적인 기본권인 헌법 제21조의 집회·결사의 자유의 적용은 배제된다.

30. 허가금지는
보충적 적용

다만 헌법 제21조 제2항에 따른 집회·결사에 대한 허가금지는 집회·결사의 자유에 대한 제한의 한계조항으로서 학문적 집회·결사의 자유에도 그대로 적용된다고 봐야 할 것이다. 실제로 집시법의 경우 학문·예술 등에 관한 집회의 경우 신고의무 등 이 법률의 적용대상에서 제외하고 있다(제15조).

바. 대학의 자유와 자치

대학의 자유와 자치 역시 학문의 자유로부터 도출되는 주관적 공권일 뿐만 아니라 학문의 자유의 객관적 가치질서의 측면에서 보장되는 제도라고 할 수 있다. 이에 대해서는 편의상 항을 달리하여 설명하기로 한다.

31. 주관적 공권, 객관적 가치질서

3. 학문의 자유의 법적 성격

학문의 자유는 대국가적 방어권일 뿐 아니라 "학문, 연구와 교수의 국가에 대한 관계를 규율하는 객관적인 가치결단적 원칙규범"을 포함하고 있다.[49] 즉 학문과 예술의 자유는 객관적 가치질서로서의 성격을 가지며, 이것은 우리 헌법이 문화국가를 지향함을 제도적으로 표현한 것이라고 할 수 있다.[50] 그러므로 국가는 국민의 주관적 공권을 침해하지 않는 소극적인 자세에만 머무를 것이 아니라, 적극적으로 학문과 예술을 진흥하고 장려하며 학문의 자유의 보장을 위한 조직과 절차[51]를 마련함으로써 문화국가를 창달하기 위하여 노력할 의무(헌법 제9조)가 있다고 볼 것이다.

32. 대 국 가 적 방어권, 객관적인 가치결단적 원칙규범

4. 학문의 자유의 주체

학문의 자유는 모든 사람의 기본권이다.[52] 즉 독자적인 책임 하에 학문적인 방법으로 활동하거나 활동하고자 하는 모든 사람에게 허용된다.[53] 즉 대학교수에게만 인정되는 것은 아니다. 따라서 학생들도 학문적으로 활동하고 있는 경우에는 학문의 자유를 원용할 수 있다.[54] 하지만 학생의 수업의 자유는 학문의 자유에 의하여 보호되는 것이 아니라

33. 모든 사람의 기본권

---

49) BVerfGE 35, 79 (112); 47, 327 (368); 88, 129 (136). Jarass (주 24), Rn. 118; 허영 (주 17), 465-466면.
50) 동지, 김선택 (주 12), 247-248면.
51) 동지, 정문식 (주 29), 576면.
52) Starck (주 2), Rn. 358.
53) BVerfGE 35, 79 (112).
54) BVerfGE 55, 37 (67 f.).

직업의 자유에 의하여 보호된다.55) 또한 사무직에 종사하는 사람은 그에게 위임된 과제가 학문적 활동을 포함하는 경우에만 학문의 자유를 원용할 수 있다. 하지만 학문적인 과제인지의 경계설정은 학문의 자유의 목적에 부합해야 한다.56)

34. 법인, 대학, 단과대학, 공법상의 사단

나아가 학문의 자유는 학문을 담당하고 조직하는 법인, 특히 대학과 단과대학에게도 그것이 공법상의 사단인 경우에도 역시 주어진다. 전문대학의 경우는 학문의 자유와 단지 부차적으로만 관련된다. 사적인 연구기관은 학문적인 것으로 평가될 수 있고 특히 거기에서 종사하고 있는 학자들이 충분한 재량을 가지고 있는 한에서 학문의 자유를 원용할 수 있다.57)

35. 헌재 결정

헌법재판소는 고신대학교 재학생들이 신입생자격 제한조치와 관련하여 자신들의 학문의 자유, 대학자치에의 참여권 등이 침해되었다고 주장하면서 제기한 헌법소원심판에 대하여 자기관련성 결여로 각하한 바 있다.58).

5. 학문의 자유의 효력

36. 국가기관, 대학, 대학의 기관

학문의 자유는 우선 좁은 의미에 있어서의 국가기관을 기속한다. 하지만 학자 개인은 대학 내지 그 기관에 대하여서도 학문의 자유를 원용할 수 있다. 학문적 활동이 사적인 권리의 행사에 의하여 제한되는 경우에는 학문의 자유의 방사효과, 즉 대사인적 효력이 고려되어야 한다. 가령 학문적인 비판을 보호하기 위하여 경영권이 제한되기도 한다. 사립대학에서 활동하는 학자들에게도 자율적인 재량이 인정되어야 한다. 그렇지 않은 경우에는 이러한 연구기관은 더 이상 학문기관이라 할 수 없기 때문에 학문의 자유에 의하여 보호될 수 없다.59)

---

55) Jarass (주 24), Rn. 79. 이에 관해서는 위 제12절, IV, 2, 라. 참조.
56) Jarass (주 24), Rn. 79.
57) Jarass (주 24), Rn. 79a.
58) 김철수 (주 15), 812면은 이 판례를 학생의 학문의 자유의 기본권주체성에 대하여 소극적 입장인 판례로 들고 있으나 이것은 자기관련성이 없어 각하한 판결에 지나지 않는다.
59) 같은 취지, 계희열 (주 1), 374－375면.

　　학문의 자유가 사인에 의하여 침해되거나 침해될 위험이 있는 경우 국가는 학문의 자유의 보호를 위하여 적극적으로 보호의무를 이행하여야 한다. 이러한 보호의무의 구체적인 내용은 입법자가 결정하여야 하기 때문에 입법자에게 광범위한 형성의 자유가 부여된다. 특히 우리 헌법 제31조 제4항은 교육의 자주성·전문성·정치적 중립성 및 대학의 자율성은 법률이 정하는 바에 의하여 보장된다고 함으로써 대학의 자율성과 교육의 자주성 및 전문성을 법제도로서 보장하도록 하고 있기 때문에, 제3자에 의한 학문의 자유와 대학의 자유의 침해가능성에 대한 기본권보호의무의 이행 역시 법률로 상세하게 규정해야 한다.

37. 학문의 자유에 대한 기본권 보호의무

　　만일 대학교원이 대학운영자에 의하여 부당하게 신분상의 불이익을 받음으로써 학문의 자유를 침해받을 위험이 있을 경우 대학운영자가 경영의 자유나 대학의 자치를 남용하지 못하도록 국가는 조직과 절차에 관한 규정을 통하여 적극적인 보호장치를 마련하지 않으면 안 된다. 그러한 의미에서 대학교원의 재임용제도에 대한 남용은 학문의 자유를 침해할 수 있는 것이므로, 이 문제는 단순히 교원지위법정주의의 문제[60]에 지나지 않는 것이 아니라 바로 학문의 자유에 대한 국가의 기본권보호의무의 문제로 직결되는 것이다.

38. 대학교원의 재임용제도와 학문의 자유의 보호필요성

6. 학문의 자유의 한계와 제한

가. 학문의 자유의 헌법적 한계

　　헌법 제22조의 학문의 자유나 헌법 제31조 제4항의 대학의 자율성에 관한 조항 어디에도 직접적인 헌법적 한계조항은 들어 있지 않다. 그러나 학문적 결과를 발표하는 행위의 경우 일종의 학문적 의사표현에 해당된다고 할 수 있기 때문에, 일반적 의사표현의 자유를 보장하고 있는 헌법 제21조 제4항에서 규정하고 있는 언론·출판의 자유의 헌법직접적 한계가 바로 학문과 예술의 자유의 한계조항으로 적용될 수 있을 것인지를 검토해 볼 필요가 있다.

39. 헌법 제21조 제4항의 준용 가능성

---

60) 이에 반하여 헌재 2003. 12. 18, 2002헌바14 등, 판례집 제15권 2집 하, 466, 이에 대해서는 아래 7. 참조.

우선 헌법 제21조 제4항은 언론·출판이 타인의 명예나 권리 또는 공중도덕이나 사회윤리를 침해해서는 안 된다고 규정하고 있다. 앞의 타인의 명예나 권리는 헌법적 차원의 기본권을 일컫는 것인데 반하여 뒤의 공중도덕이나 사회윤리는 윤리적 차원의 가치라고 할 수 있다. 전자의 경우는 인간존엄권, 인격권, 사생활의 기본권과 같이 헌법이 기본권으로서 보호하고 있는 기본적 인권을 언론·출판이 침해할 수 없다고 하는 것으로 상당히 구체적인 데 반하여, 후자의 공중도덕이나 사회윤리의 경우 그때그때 시대상황과 그 공동체의 가치관에 따라서 달라질 수 있는 매우 추상적 개념이라 할 수 있다. 그렇다면 이 두 가지 헌법적 한계 가운데 학문적 의사표현의 자유에 대한 한계로서 원용할 수 있는 것으로서 전자, 즉 존엄권, 인격권, 사생활의 비밀과 자유와 같은 다른 사람의 기본권은 적용이 가능할 것이나, 후자의 공중도덕이나 사회윤리는 학문연구 결과를 발표하는 자유에 대한 한계규범으로서 매우 추상적이고 모호할 수 있기 때문에 이를 이유로 하는 연구결과발표의 자유에 대한 제한은 학문의 자유를 과잉하게 침해할 수 있다.

헌법 제21조 제4항의 헌법적 한계에 관한 항목[61]에서 이미 설명하였듯이 헌법직접적 한계(헌법유보)라 하더라도 결국 입법자가 이를 근거로 제정한 기본권제한법률을 근거로 하여 언론·출판의 자유가 제한될 수 있을 뿐이기 때문에, 사실상 이 헌법직접적 한계조항은 헌법 제37조 제2항의 일반적 법률유보조항에 대하여 특별규정으로서의 기능을 한다고 봐야 한다. 따라서 연구결과를 발표하는 표현행위가 타인의 명예나 권리를 침해할 경우 입법자는 타인의 명예나 권리를 보호하기 위한 입법을 할 수 있는 것이며, 그러한 범위 내에서 학문의 자유와 다른 사람의 기본권을 신중하게 절충하고 조정할 수 있다고 봐야 하되 양 법익이 최대한 실현될 수 있도록 실제적 조화의 원리에 따른 해결을 해야 할 것이다.

이에 반하여 학문적 연구결과가 아무리 공중도덕이나 사회윤리를 침해할 가능성이 있어 보인다 하더라도 이것만을 이유로 하여 연구의

---

61) 위 제14절, IV, 1. 참조.

자유나 연구결과발표의 자유를 제한하는 것은 전술하였듯이 '공중도덕'
이나 '사회윤리'가 학문의 자유의 한계규정으로서 독자적으로 기능하기
가 일단 헌법적 차원에서 매우 힘들다고 보이기 때문에, 목적의 정당성
자체에서 과잉금지의 원칙에 위배될 소지가 상당히 크다고 생각된다.

결국 헌법 제21조 제4항의 헌법직접적 한계조항을 헌법 제22조의
학문의 자유와 관련된 의사표현에 준용할 경우에는 이와 같이 개인적
법익의 보호를 위한 것인지 아니면 사회적 법익의 보호를 위한 것인지
를 준별하여 개인적 법익의 보호를 위한 한계만이 목적에 합치되게 적
용될 수 있고, 나머지 사회적 법익의 보호를 위한 한계는 지나치게 추상
적이어서 학문의 자유의 한계로 원용하기에 적합하지 않다고 판단된다
(학문적 표현에 있어서 헌법 제21조 제4항의 헌법직접적 한계 적용의 준별론).

43. 개인적 법
익(타인의 권
리·명예)와
사회적 법익(공
중도덕·사회
윤리)의 준별론

나. 학문의 자유에 대한 제한

전술하였듯이 학문의 자유 역시 다른 헌법적 법익과 충돌할 수 있
는 가능성을 배제할 수 없기 때문에 그러한 경우에 불가피하게 헌법의
통일성의 관점에서 다른 헌법적 법익의 보호를 위한 경우 제한될 필요
성이 있을 수 있다. 다만 학문의 자유에 대한 제한은 원칙적으로 학문
자체의 통제에 맡겨 두는 것이 가장 바람직하다고 할 수 있으며 제한하
는 경우에도 전술하였듯이 타인의 기본권이나 그 밖의 헌법적 법익과의
충돌이 문제되는 예외적인 경우에만 법률로써 학문의 자유와의 실제적
인 조화를 도모할 수 있어야 할 것이다.

44. 다른 헌법
적 법익과 충돌
시 헌법의 통일
성의 관점에서
제한 가능

학문의 자유 역시 학문연구의 자유와 교수(강학)의 자유, 연구결과
발표의 자유, 학문적 집회·결사의 자유 등을 포함하는 것으로서 보다
내면적인 영역이 있는가 하면, 외부적 실현요소들이 있는 바, 외부적으
로 실현하는 요소일수록 다른 헌법적 법익과의 충돌가능성이 있을 수
있기 때문에 그러한 경우에는 필요한 최소한의 제한이 이루어질 수 있
다고 할 것이며, 반면 연구의 자유와 같이 내면적 영역에 가까울수록 그
제한을 위하여서는 보다 진지한 정당화사유가 요구된다고 할 것이다.[62]

45. 연구의 자
유와 연구결과
발표의 자유의
제한 구분 필요

---

62) 동지, 김철수, 헌법학신론, 박영사 2013, 803면; 정종섭 (주 19), 625면.

46. 타인의 권
리침해를 전제
로 하는 연구의
자유에는 헌법
적 한계가 그어
짐

　　다만 이미 언급하였듯이 타인의 생명권, 건강권, 타인의 정보에 관한 자기결정권 등 기본권적 법익의 침해를 전제로 하거나 침해의 위험성이 있는 학문연구는 헌법적 차원에서의 한계[63]에 부딪힐 수 있기 때문에 그에 대한 연구의 금지 또는 제한은 헌법적으로 정당화될 수 있다고 할 것이다. 다만 구체적인 제한법률에 대해서는 구체적·개별적 사안에서 과연 헌법적으로 정당화될 수 있을 것인지의 심사를 해야 한다.

47. 타인의 권
리나 헌법적 법
익의 침해가능
성이 없는 연구
는 사실상 절대
적 보호 필요

　　학문의 자유의 제한과 관련하여 학문연구의 자유는 '절대적 자유'라고 하는 견해에 대하여 절대적 자유는 있을 수 없다고 하면서 비판하는 견해[64]가 있다. 생각건대, 국민의 많은 생활 영역 가운데는 로빈슨 크루소가 살고 있는 무인도와 같은 상황이나 공간이 여러 차원에서 많이 있을 수 있다. 타인의 권리나 공공의 안녕질서에 전혀 위해를 가하지 않는 무해한 개인적 생활영역은 얼마든지 있을 수 있으며, 그러한 영역에 국가가 함부로 개입해서는 안 되는 것은 당연하다. 즉 학문연구의 자유의 경우 처음부터 타인의 생명권, 인격권, 정보에 관한 자기결정권이나 공공의 안녕질서 등 다른 헌법적 법익에 대하여 위해를 가할 가능성이 없는 연구의 경우 그에 대하여 헌법적 한계는 존재하지 않는다.[65] 그러므로 이러한 경우 마치 내심적 양심의 자유나 사상의 자유와 같이 사실상 절대적 자유[66]라고 칭하지 못할 이유는 없다고 생각된다.[67] 다만 어떠한 학문적 연구에서 다른 사람의 생명이나 유전자를 실험대상으로 삼아 유전자 조작[68]을 하려 하는 경우는 그 사람이나 혹은 인간배아의 생명

---

63) 동지, 김선택 (주 12), 239면. 특히 오늘날 유행하고 있는 코로나19 바이러스와 같이 "전염성이 강한 바이러스" 연구의 위험성에 관하여 241면. 그 밖에 정문식 (주 29), 585면.

64) 가령 김선택 (주 12), 257면. 이를 인용하며 허완중, 헌법 으뜸편 - 기본권론, 박영사 2020, 407면.

65) Starck (주 2), Rn. 415.

66) "절대적 자유"라고 하는 개념을 쓰고 있는 독일 연방헌법재판소 판례로 가령 BVerfGE 35, 79 (112).

67) 위 견해{김선택 (주 12), 265면}도 결국 실질적으로는 이 점을 인정하고 있는 것으로 보인다.

68) 생명공학(유전자조작)의 불가예측성과 위험성 그리고 그 규제필요성에 관해서는 김선택 (주 12), 236면; 정문식, 학문의 자유와 입법정책, 법과 정책연구 제6집 제2호(2006. 2), 569-597면 등 참조

권이나 존엄권[69], 건강권 또는 신체불훼손권과 같은 헌법적 법익이 침해될 가능성이나 위험성이 있기 때문에 이러한 연구는 처음부터 헌법적 한계 하에 놓이는 것이다.[70] 따라서 입법자의 그러한 연구에 대한 규제는 이 헌법적 한계에 의하여 정당화될 수 있는 제한이라고 봐야 할 것이다. 그 밖의 연구의 경우는 헌법적 한계가 존재하지 않기 때문에 그에 대한 입법자의 규제는 헌법적으로 정당화될 수 없어서 과잉금지의 원칙에 위반될 가능성이 많다고 할 것이다.

> 판례 학문의 자유라 함은 진리를 탐구하는 자유를 의미하는데, 그것은 단순히 진리탐구의 자유에 그치지 않고 탐구한 결과에 대한 발표의 자유 내지 가르치는 자유(편의상 대학의 교수의 자유와 구분하여 수업(授業)의 자유로 한다) 등을 포함하는 것이라 할 수 있다. 다만, 진리탐구의 자유와 결과발표 내지 수업의 자유는 같은 차원에서 거론하기가 어려우며, 전자는 신앙의 자유·양심의 자유처럼 절대적인 자유라고 할 수 있으나, 후자는 표현의 자유와도 밀접한 관련이 있는 것으로서 경우에 따라 헌법 제21조 제4항은 물론 제37조 제2항에 따른 제약이 있을 수 있는 것이다. 물론 수업의 자유는 두텁게 보호되어야 합당하겠지만 그것은 대학에서의 교수의 자유와 완전히 동일할 수는 없을 것이며 대학에서는 교수의 자유가 더욱 보장되어야 하는 반면, 초·중·고교에서의 수업의 자유는 후술하는 바와 같이 제약이 있을 수 있다고 봐야 할 것이다
> (헌재 1992. 11. 12, 89헌마88, 판례집 제4권, 739.)

> 판례 사립학교법 제28조 제1항 본문 위헌소원
> 학교법인은 사립학교만을 설치·경영함을 목적으로 하는 법인(법 제2조 제2항)인 만큼 사립학교의 교원이나 교수들과 달리 법인자체가 학문활동이나 예술활동을 하는 것으로 볼 수는 없고 이 사건 법률조항은 학교교육에 필요한 시설과 설비를 갖추고 그 운영에 필요한 재산을 실효적으로 확보하는데 역점이 있어 오히려 국민의 교육을 받을 권리를 적극적으로 보장하는 규정으로 보아야 한다. 따라서 이 사건 법률조항이 학문·예술의 자유나 교육을 받을 권리

---

69) 배아의 기본권 주체성에 관해서는 위 제7절, VI, 4. 참조. 그 밖에 방승주, 배아와 인간존엄, 법학논총 제25집 제2호(2008. 6), 1−35면; 방승주, 착상전 진단의 헌법적 문제, 헌법학연구 제16권 제4호(2010. 12), 67−116면.
70) 독일에서 학문의 자유의 보호영역에서 위험한 연구를 제외시키려는 시도에 대하여 정문식 (주 29), 582면.

를 제한하는 것으로 볼 수는 없다.

(헌재 2001. 1. 18, 99헌바63, 판례집 제13권 1집, 60, 76-77.)

> **판례** 헌법 제22조에 의해서 보호되는 학문의 자유는 진리를 탐구하는 자유를
> 의미하는바, 단순한 진리탐구에 그치지 않고 탐구한 결과에 대한 발표의 자유
> 내지 가르치는 자유 등을 포함한다. 그러나 국가가 세무대학과 같은 국립대학
> 을 설치·조직·폐지하는 등의 조직권한은 원칙적으로 당해 대학에 재직 중인
> 자들의 기본권에 의해서 제한되지 아니한다. 게다가 이 사건 폐지법(부칙 제4
> 조 제3항)은 세무대학소속 교수·부교수·조교수 및 전임강사의 신분보장에
> 관하여 교육공무원법의 해당 조항을 준용함으로써 세무대학을 폐지하더라도
> 교수들의 지속적인 학문활동을 보장하는 등 기존의 권리를 최대한 보장하고
> 있다. 따라서, 이 사건 폐지법에 의한 세무대학의 폐교로 인하여 곧바로 청구
> 인 자신의 진리탐구와 연구발표 및 교수의 자유가 침해되는 것은 아니다.
>
> (헌재 2001. 2. 22, 99헌마613, 판례집 제13권 1집, 367, 380.)

48. 국·공립
대학의 통폐합
시 구성원들의
청문권 보장 필
요

이 사건과 같이 국·공립 대학을 폐지하거나 통합하는 경우에는 마
치 지방자치단체의 통폐합의 경우에 청문의 원리와 공익의 원리가 적용
되는 바와 같이[71] 사전에 학내 구성원들에게 의견청취의 기회를 줌으로
써 기본권침해 가능성을 최소화시킬 필요가 있다고 생각된다.[72]

다. 학문의 자유와 대학의 자치의 내적 충돌 가능성

49. 학문의 자
유와 대학의 자
치의 충돌 가능
성

때로는 교수의 학문의 자유와 대학의 자치가 충돌할 수도 있다. 가
령 교수가 일정한 학문적 주장을 하거나 사회적 참여 또는 대학 자체의
잘못을 시정하기 위하여 학자의 소신에 입각한 표현을 하였다가 이를
이유로 대학행정당국으로부터 인사상의 불이익을 받는 경우가 비일비재
하다. 이러한 경우 학자의 학문의 자유가 대학교의 행정당국의 경영의
자유나 대학의 자치에 의하여 상당 부분 위축될 수 있는 가능성이 있다.
그리고 만일 재임용을 앞둔 교수가 학자의 소신에 입각한 발언을 이유

---

71) 이에 관해서는 방승주, 행정구역개편론의 헌법적 검토, 헌법학연구 제15권 제1호
(2009. 3), 1-49, 41-43면.
72) 동지 Starck (주 2), Rn. 381.

로 인사상의 불이익을 입는다면 그는 더 이상 학문의 자유, 즉 연구와
교수의 자유를 향유할 수 없게 될 수 있다.

　이러한 경우 과연 대학행정당국의 대학 경영의 자유가 우선할 것인
가 아니면 교수의 학문의 자유가 우선할 것인가가 문제될 수 있다. 이에
관하여 살피건대, 진리를 탐구하고 이미 정립된 기존의 지식과 학설 및
사회와 국가적 현실에 대하여 비판하며 새로운 진리를 발견해야 할 사
명과 책임이 있는 학자들의 학문의 자유는 국가와 사회가 지속적으로
발전하며 유지될 수 있게 하기 위하여 가장 필수적이고도 기본적인 자
유이자 원동력이라 할 수 있을 것이다.[73] 학자가 학문적 소신에 입각한
연구발표나 발언을 근거로 하여, 대학경영당국이 그에 대한 인사상의
불이익을 주거나 (재)임용거부를 할 수 있다고 한다면 그것은 대학의 행
정당국의 대학의 자치나 경영의 자유의 헌법적 한계를 넘어서는 것이
아닌가 생각된다. 다만 교수의 개인적 비리나 비행을 근거로 하는 징계
나 인사상의 불이익처분은 학자의 학술적 연구발표나 혹은 발언을 근거
로 하는 것은 아니므로 대학의 자치에 입각하여 학내의 적법 절차에 따
라 수행할 수 있다.

라. 국가의 학문적 장려에 있어서 균형과 기회균등의 문제

　국가나 공공단체에 의하여 설립된 연구재단을 통한 학문적 장려가
지나치게 자연과학이나 공학계통에 치중되고, 인문사회학과 예술문화
쪽에 소홀하게 된다면 정신과학의 발전을 위해서 바람직스럽지 못하다
고 생각된다. 이것은 과학기술의 발전을 통하여 경제적 또는 정치적 이
득을 얻는 기업이나 정권에 의하여 조장되거나 주도되는 측면이 있을
수 있기 때문에[74], 이러한 현상이 지나칠 경우는 국가가 균형 있는 학
문진흥을 위하여 노력할 의무에 반할 수 있다고 생각된다. 오늘날 학문
간의 균형발전 역시 매우 중요한 문제로 제기되는 것이 사실이다.[75]

50. 원칙적으로
교수의 학문의
자유가 우선

51. 학문간 균
형발전을 위한
균형있는 지원
과 장려 필요

---

73) 같은 취지 판례로 BVerfGE 47, 327 (368).
74) 이와 관련한 타율적 개입의 필요성에 관한 지적으로 김선택 (주 12), 240면.
75) 국가의 차별적인 재정지원 가능성과 그 문제점에 대한 지적으로 정문식 (주 29),
　　588면. 국가균형발전 일반에 관한 헌법적 문제로는 방승주, 국가균형발전에 대한

7. 학문의 자유에 대한 제한의 정당화

52. 소위 유보
없는 기본권

독일 기본법상 학문의 자유는 예술의 자유와 마찬가지로 소위 유보
가 없는 기본권이다. 이 유보가 없다고 하는 말은 우리 헌법상 기본권조
항 자체에 개별적 법률유보 규정이나 혹은 국민의 모든 자유와 권리는
국가안전보장 · 질서유지 · 공공복리를 위하여 필요한 경우에 한하여 제
한될 수 있다고 하는 헌법 제37조 제2항과 같은 포괄적이고 일반적인
법률유보조항 마저도 없기 때문에 외관상으로는 마치 제한이 없는 무제
한적 기본권인 것으로 보이기도 한다. 이러한 경우 이 기본권에 대한 제
한이 어떠한 헌법적 논리에 따라서 정당화될 수 있을 것인지를 둘러싸
고 과거 독일에서는 소위 기본법 제2조 제1항의 '타인의 권리', '헌법질
서', '도덕률'과 같은 3한계 혹은 기본법 제5조 제2항에서 의사표현의 자
유의 한계로 규정되어 있는 '일반적 법률' 및 '청소년의 보호'의 헌법적
한계를 끌어와서 한계로 삼아야 한다고 하는 이론들이 주장되기도 하였
다. 그러나 독일 연방헌법재판소는 이러한 논리들을 모두 거부하고 이
제 유보 없는 기본권에 대해서는 다른 기본권이나 헌법적 법익이 그 제
한을 정당화하는 경우에 제한될 수 있다고 하는 논리로 정리된 상태이
다.76)

53. 일반적 법
률유보

그러나 우리 헌법상으로는 헌법 제37조 제2항이 존재하고 있기 때
문에 일단 논리적으로는 모든 기본권은 이 조항에 따라서 제한될 수 있
다. 그러나 학문과 예술의 자유와 같이 개별적 법률유보조항이 없는 기
본권을 제한하기 위해서는 그와 충돌하는 다른 헌법적 법익이 이를 정
당화하는 예외적인 경우로 축소할 필요가 있다. 다시 말해서 헌법 제37
조 제2항에서 열거하고 있는 국가안전보장 · 질서유지 · 공공복리를 보
다 구체화해 줄 수 있는 다른 헌법적 법익의 침해가 우려가 되는 경우
에 필요한 최소한의 범위 내에서 비례의 원칙에 따라 법률로써 제한될
수 있다는 의미이다.

54. 단계이론의
적용 가능성

결국 여기에서 마치 후술하는 바와 같이 예술의 자유에 대한 제한

헌법적 고찰과 제도개선 방안연구, 국가균형발전위원회, 2020 참조.
76) Starck (주 2), Rn. 328 이하와 아래 Ⅳ, 6, 나, (4), (나) 참조.

의 경우 제시된 슈타르크(Starck)적 의미의 단계이론을 우리 헌법 하에서
도 적용할 수 있을 것인지가 문제된다.

　　살피건대 사물의 본질이나 법칙상 학문의 자유에서 학문연구의 자
유의 경우는 교수(강학)의 자유보다는 학자들이 외부적 효과가 없이 가
장 내적으로 수행할 수 있는 것도 사실이다. 따라서 연구결과를 학생들
에게 교수(강학)하거나 외부로 발표할 자유보다는 보다 더 내면적이며
본질적이라 할 수 있다. 또한 비례의 원칙에 입각하여 생각해 볼 때 어
떠한 충돌하는 다른 헌법적 법익만 없다면 학문연구 자체를 금하거나
제한해야 할 하등의 이유가 없다. 따라서 이 연구의 자유는 외부적 효과
를 야기할 수 있는 교수(강학)의 자유나 연구결과발표의 자유보다는 훨
씬 더 강력하게 보호된다고 보는 것이 합당하다.

　55. 연구의 자유는 연구결과 발표의 자유보다 더욱 강력한 보호 필요

　　다시 말해서 우리 헌법 하에서는 이 단계이론적 접근방법이 훨씬
더 비례원칙에 부합한다고 생각된다. 다만 그렇다고 해서 연구의 자유
의 경우만을 따로 떼어서 절대적 자유로서 더 이상 제한할 수 없는 본
질내용인 것으로 평가할 수는 없고, 그때그때 충돌하는 다른 헌법적 법
익을 고려해서 판단해야 할 것임은 전술한 바와 같다. 이러한 헌법해석
에 대해서는 예술의 자유에서 보다 더 상세하게 다루어보기로 한다.

　56. 단계이론적 적용이 비례원칙에 부합

8. 헌법재판소 판례

　　우선 헌법재판소가 학문의 자유에 대한 침해로 본 사례로는 구 유
신헌법 제53조 하에서 발해진 대통령 긴급조치 제9호[77] 등이 있다.

　57. 위헌 사례: 대통령긴급조치 제9호

> **판례** 구 헌법 제53조 등 위헌소원
>
> 　긴급조치 제9호 제1항 다호, 제5항에서는 허가받지 않은 학생의 모든 집회·
> 시위와 정치관여행위를 금지하고, 이를 위반한 자에 대하여는 주무부장관이
> 학생의 제적을 명하고 소속 학교의 휴업, 휴교, 폐쇄조치를 할 수 있도록 규정
> 하였다.
>
> 　이는 집회·시위의 자유, 학문의 자유와 대학의 자율성 내지 대학자치의 원
> 칙을 본질적으로 침해하는 것이며, 행위자의 소속 학교나 단체 등에 대한 불이

---

77) 헌재 2013. 3. 21, 2010헌바132 등, 판례집 제25권 1집, 180 [위헌].

익을 규정하여, 자기가 결정하지 않은 것이나 결정할 수 없는 것에 대하여는 책임을 지지 않고 책임부담의 범위도 스스로 결정한 결과 내지 그와 상관관계가 있는 부분에 국한됨을 의미하여 책임의 한정원리로 기능하는 헌법상의 자기책임의 원리(헌재 2009. 12. 29. 2008헌바139, 판례집 21−2하, 800, 811; 헌재 2010. 6. 24. 2007헌바101 등, 판례집 22−1하, 417, 432 참조)에도 위반된다.

(헌재 2013. 3. 21, 2010헌바132 등, 판례집 제25권 1집, 180, 207.)

58. 금치기간 중 집필행위를 금지

한편 금치기간 중 집필행위를 금지하고 있는 행형법시행령 조항(제145조 제2항 중 '집필' 부분)은 집필의 내용이나 목적과 상관없이 모든 집필행위를 금지하고 있는 것이기 때문에 이 집필이 만일 학술활동과 관련한 경우 집필금지는 학문의 자유에 대한 제한이 될 수 있다고 하고 있다. 다만 가장 직접적으로 관련되는 것은 표현의 자유라고 하면서 결론적으로 이 집필금지조항은 법률유보원칙에 위반되고 또한 표현의 자유를 과잉하게 제한하는 것으로 헌법에 위반된다고 판단하였다.[78]

59. 임기만료 교원에 대한 재임용거부

그리고 헌법재판소는 임기만료 교원에 대한 재임용거부는 교원지위법상 징계처분 기타 그 의사에 반하는 불리한 처분에 버금가는 효과를 가지므로 이에 대해서는 마땅히 교육인적자원부 교원징계재심위원회의 재심사유, 나아가 법원에 의한 사법심사의 대상이 되어야 함에도 불구하고 이에 대하여 아무런 규정을 하고 있지 않는 교원지위법조항은 헌법 제31조 제6항 소정의 교원지위법정주의에 위반된다고 하였다.[79] 그러나 부당한 재임용거부의 경우에는 해당 교원이 더 이상 학문연구도 수행하기 힘들게 될 것이므로 교원의 신분보호에 관하여 규정을 두고 있지 않은 것은 해당 교원의 학문의 자유를 침해한 것이라고 할 수 있을 것이다.[80]

60. 합헌 사례

다른 한편 학문의 자유를 침해하지 않는 것으로 본 사례로는 교과용 도서의 국정제[81], 세무대학설치법폐지법률[82], 법학전문대학원 설치

---

78) 헌재 2005. 2. 24, 2003헌마289, 판례집 제17권 1집, 261, 276, 김경일, 송인준, 주선회 재판관의 반대의견 있음.
79) 헌재 2003. 12. 18, 2002헌바14 등, 판례집 제15권 2집 하, 466.
80) 같은 취지, 명재진 (주 17), 798면.
81) 헌재 1992. 11. 12, 89헌마88, 판례집 제4권, 739.

예비인가 배제결정[83] 등이 있다.

그리고 헌법재판소가 공권력의 행사·불행사가 학문의 자유와 관련이 없다고 보고서 학문의 자유에 대한 제한 자체를 부인한 사례로는 치과전문의자격시험의 불실시[84], 학교법인이 의무를 부담하고자 할 때 관할청의 허가를 받도록 하고 있는 사립학교법 제28조 제1항 본문[85], 사법시험 제1차시험에 응시함에 있어 어학과목을 영어로 한정하고 다른 시험에서 일정 수준의 합격점수를 얻도록 요구하는 사법시험법 조항(제9조 제1항 중 '대통령령이 정하는 과목' 부분 및 제2항, 동법 시행령 제4조 제1항 등 관련 조항)[86], 헌법소원에 있어서 변호사강제주의[87] 등이 있다.

61. 학문의 자유에 대한 제한 자체를 부인한 사례

Ⅲ. 대학의 자유와 자치

헌법에 가장 먼저 대학의 자유를 보장한 독일에서 학문의 자유는 주로 대학의 자유로서 논의되어 왔다. 그것은 진리를 탐구하기 위한 진지하고도 계획적인 추구로서 모든 학문적 활동은 주로 대학이나 대학 부설 연구기관 내에서 이루어져 왔기 때문이다. 특히 독일에서는 대학이 주로 국가에 의하여 설립된 공법인의 형태를 띠고 있기 때문에 대학의 경우 공법인임에도 불구하고 예외적으로 학문의 자유의 주체로서 전통적으로 인정되어 왔던 것이다.

62. 독일에서의 학문의 자유와 대학의 자유와 자치

---

82) 헌재 2001. 2. 22, 99헌마613, 판례집 제13권 1집, 367 [기각,각하].

83) "청구인들이 법학전문대학원의 교수로서 활동할 수 있는 기회를 갖지 못하게 됨으로써 구체적으로 담당할 법률과목 등에 다소 변동이 있을 수 있고 법학전문대학원이 설치될 경우와 비교하여 교수로서의 지위에 불이익이 발생할 여지는 있을 수 있으나, 이는 학교법인 국민학원이 법학전문대학원 예비인가를 받지 못함에 따른 반사적 결과로서 사실적·간접적·경제적 불이익에 지나지 않는다." 헌재 2008. 11. 27, 2008헌마372, 공보 제146호, 1857, 1859.

84) 헌재 1998. 7. 16, 96헌마246, 판례집 제10권 2집, 283. 치과전문의자격시험 실시를 위한 시행규칙 개정 등을 하지 않은 보건복지부장관의 입법부작위는 헌법에 위반되는 것으로 확인하였다. 다만 이 부작위로 인하여 학문의 자유가 제한되는 것은 아니라고 보았다.

85) 헌재 2001. 1. 18, 99헌바63, 판례집 제13권 1집, 60.

86) 헌재 2007. 4. 26, 2003헌마947 등, 판례집 제19권 1집, 514.

87) 헌재 2010. 3. 25, 2008헌마439, 헌법재판소법 제25조 제3항 위헌확인, 판례집 제22권 1집 상, 524.

63. 헌법 제31
조 제4항의 대
학의 자율성

　　우리 헌법은 제22조에서 학문의 자유를 보장하고 있고, 또한 제31
조 제4항에서는 "대학의 자율성"[88]은 법률이 정하는 바에 의하여 보장
된다고 선언하고 있기 때문에 대학의 자유(자율)는 학문의 자유의 내용
으로 보든 또는 국가가 법률로 보장하는 제도적 보장으로 보든 학문의
자유의 가장 중심적인 내용이 되고 있는 것만은 분명한 사실이다.

64. 사설연구기
관에도 적용

　　그리고 전술하였듯이 학문의 자유에는 대학 외에서 사설 연구기관
을 설립하여 운영할 자유도 포함된다. 그러나 학문연구는 대학에 의하
여 이루어지는 것이 사실이고, 대학 외의 연구기관에서도 연구원이나
학자들이 설립자나 운영자로부터 학문적 자율과 독립성이 보장되는 경
우에는 헌법이 보장하는 학문의 자유를 향유할 수 있는 것이므로[89], 대
학의 자유에서 설명되는 내용들은 이러한 연구기관에도 그대로 준용될
수 있을 것이다.

1. 대학설립의 자유

65. 학문의 자
유의 보호영역
중 하나로서 대
학설립의 자유
의 의미

　　대학의 역사가 수백 년이나 되는 영국(케임브리지, 옥스퍼드)이나 미
국(하버드), 독일(훔볼트) 등의 경우 대학을 새로이 설립하는 것은 상당히
낯선 얘기처럼 들릴 수도 있다. 더욱이 전술한 바와 같이 전통적으로 대
학을 국립으로 운영하고 대학교수를 공무원화하였던 독일에서는 대학
역시 예외적으로 기본권의 주체가 되는 공법인으로 인정하고 학문의 자
유를 주로 대학의 자유로 논해 왔던 전통이 있었기 때문에, 사설 연구기
관을 설립할 자유도 학문의 자유의 보호영역으로 인정하고 있기는 하지
만 그 의미가 그다지 크다고 보기는 힘들다.

66. 우리나라에
서 대학설립의
자유의 의미

　　그러나 사립대학의 비율이 국·공립대학보다 훨씬 많은 우리나라
의 경우에는 전통적으로 대학이 국립으로 운영되어 왔던 것이 아니라,
외국 선교사나 민족 선각자들에 의하여 민립대학의 형태로 설립·운영
되어 대한민국의 교육구국과 학문발전에 다대한 영향을 미쳐 왔던 전통
이 있기 때문에 원칙적으로 국·공립 형식의 대학이 지배해 온 독일에

---

88) 제27절, Ⅴ, 1, 라. 참조.
89) Starck (주 2), Rn. 403.

서의 대학제도와 상당히 다른 측면이 존재할 것이라고 생각된다.

독일 헌법해석학으로부터 많은 영향을 받아 온 국내 헌법교과서들
이 대학의 자유와 관련하여 대학설립의 자유를 거의 언급하지 않고 있
는 것은 바로 독일의 학문의 자유와 대학제도에 관한 해석을 거의 그대
로 무난하게 받아들인 데에 기인하는 것 아닌가 생각된다. 그러나 대학
은 학문연구를 위하여 존재하는 가장 중요한 기관이라고 할 수 있기 때
문에, 오늘날에도 이 대학을 설립하여 운영할 자유는 여전히 학문의 자
유나 대학의 자유에 있어서 가장 우선적으로 언급하지 않으면 안 되는
중요한 자유라고 생각된다.

67. 대학설립과 운영의 자유는 학문·대학의 자유 중 가장 중요한 자유

그리고 전술한 바와 같이 대학이 아니더라도 사설 연구기관을 설립
하여 운영할 자유 역시 학문의 자유의 보호영역에 포함된다. 다만 이 학
문의 자유로부터 국가에게 대학이나 일정한 학문연구기관을 설립해 줄
것을 요구하고 청구할 수 있는 권리까지 도출된다고 보기는 힘들다. 학
령인구의 감소로 인하여 기존의 대학정원도 다 채우지 못하는 현재의
상황 하에서는 더욱 그렇다고 할 수밖에 없다. 다만 대학은 넘쳐나지만
학문적 수준은 천차만별이기 때문에 대학이 갖추어야 할 인적·물적 인
프라의 수준을 정하고 대학의 학문적 수준을 전체적으로 균형 있게 향
상시키는 문제는 국가의 학문장려의 의무와 과제에 포함된다고 보아야
할 것인데 이 부분은 선진국의 대학운영 사례들을 잘 참고해 볼 필요가
있다고 하겠다.

68. 연구기관을 설립하여 운영할 자유

2. 대학의 자치

가. 대학의 자치의 내용

대학의 자치는 학문연구기관으로서의 대학이 대학의 운영에 관한
모든 사항을 외부의 간섭 없이 자율적으로 결정할 수 있을 때에만 그
실효성을 기대할 수 있기 때문에 대학의 자유를 그 본질로 한다. 전술한
바와 같이 우리 헌법 역시 대학의 자율성보장을 명문으로 두고 있다(제
31조 제4항).

69. 대학운영에 관한 모든 사항 자율적 결정

여기에서 대학의 운영에 관한 것은 대학에서 인사, 학사(연구, 강의),

70. 대학행정의 전반

전형, 재정, 학칙, 학위수여 등 대학행정의 전반을 일컫는 것이며 이러한 대학의 행정과 운영이 외부의 간섭으로부터 벗어나 대학 구성원 자체에 의하여 이루어지는 것이 바로 대학의 자유이고 자치이다.[90]

71. 최종적 결정권은 교수에게 유보

다만 대학은 학문연구기관인 것이므로, 대학에서의 학문연구와 교수(강학)와 관련된 모든 사항에 대한 최종적 결정권은 연구와 강의의 주체라고 할 수 있는 대학교수들에게 유보될 수 있도록 조직과 절차가 제도적으로 보장되지 않으면 학문연구의 자유는 무의미하게 될 것이다.

72. 대학총장 후보자 선출에 참여할 권리

헌법재판소는 대학총장 후보자 선출에 참여할 권리는 대학의 자치의 본질적인 내용에 포함된다고 하면서 이는 결국 헌법상의 기본권으로 인정할 수 있다고 하고 있다.[91]

나. 대학의 자치의 헌법적 근거

73. 학문의 자유 혹은 헌법 제31조 제4항

대학의 자치의 헌법적 근거와 관련하여 그것이 학문의 자유에서 보장되는 것으로 봐야 할 것인지 아니면 헌법 제31조 제4항이 대학의 자율성을 명시하고 있으므로 이로부터 헌법적 근거를 찾아야 할 것인지가 논란이 되고 있다.

74. 학문의 자유의 객관적 가치질서의 측면으로부터 당연히 도출

그러나 전술한 바와 같이 대학의 자유의 본질은 대학의 자치에 있으며 대학의 자치는 학문의 자유의 객관적 가치질서로서의 측면으로부터 당연히 도출되는 헌법적 요청이므로 자율성규정에 관한 헌법적 규정이 없다 하더라도 대학의 자치는 보장된다고 봐야 할 것이다. 따라서 헌법 제31조 제4항은 대학의 자치의 근거규정이라고 하기 보다는 선언적, 확인적 규정[92]이라고 봐야 할 것이다.

> [판례] **교원 재임용의 심사요소에 관한 사립학교법 제53조의2의 위헌 여부**
> 또한 헌법 제22조 제1항이 학문의 자유를 보장하고 헌법 제31조 제4항이 대학의 자율성을 보장하는 이유는 진리탐구와 지도적 인격의 도야라는 대학의 기능을 충분히 발휘할 수 있도록 하기 위함인데, 이러한 대학의 자율에는 대학

---

90) 허영 (주 17), 490면.
91) 헌재 2006. 4. 27, 2005헌마1047 등, 판례집 제18권 1집 상, 601, 602, 결정요지 2.
92) 동지, 명재진 (주 17), 790면. "보완규정"으로 보는 견해로 허영 (주 17), 492면.

시설의 관리·운영만이 아니라 연구와 교육의 내용, 그 방법과 대상, 교과과정의 편성, 학생의 선발과 전형 및 특히 교원의 임면에 관한 사항도 포함된다(헌재 2006. 4. 27. 2005헌마1119). 그러므로 대학교원이 교원으로서의 능력과 자질을 기본적으로 갖추고 있는지를 어떤 기준으로 평가할 것인지에 대해서는 대학의 의사가 존중되어야 하고, 이는 재임용의 경우에도 마찬가지이다. 특히 설립자의 의사와 재산으로 독자적인 교육목적을 구현하기 위해 설립되는 사립학교의 경우 그 설립의 자유와 운영의 독자성을 보장하는 것이 중요하므로(헌재 2001. 1. 18. 99헌바63), 법률에서 사립대학교육기관의 교원임용에 관한 구체적인 기준을 강제하는 것은 대학의 자율권을 훼손할 우려가 있다.

그러므로 교원 재임용 심사의 기준으로 위 세 가지 기준을 예시하는 한편 이를 바탕으로 대학의 설립이념이나 해당 교원의 업무 형태 등을 감안하여 적절한 평가 기준을 마련할 수 있도록 한 이 사건 법률조항은, 교원의 신분이 부당하게 박탈되지 않도록 함과 동시에 대학의 자율성을 보장할 수 있게 한 것으로서 입법재량의 한계를 벗어났다고 보기 어려우므로, 교원지위법정주의에 위반되지 아니한다.

(헌재 2014. 4. 24, 2012헌바336, 사립학교법 제53조의2 제7항 위헌소원, 판례집 제26권 1집 하, 56.)

다. 대학의 자치의 법적 성격

대학의 자치는 대국가적 방어권으로서 주관적인 공권인 동시에 학문의 자유로부터 나오는 객관적 가치질서이자 제도적 보장이라고 할 수 있다. 헌법재판소 역시 이 대학의 자치 내지 대학의 자율을 대학에게 주어지는 주관적 기본권으로 인정하고 있다.[93]

75. 주관적인 공권, 객관적 가치질서, 제도적 보장

---

93) 헌재 1992. 10. 1, 92헌마68 등, 판례집 제4권, 659, 670; 헌재 2006. 4. 27, 2005헌마1047 등, 판례집 제18권 1집 상, 601, 613-614. 이에 반하여 대학의 자치를 기본권이 아니라, 대학의 학문적 조직과 절차를 보장하기 위한 객관적 제도보장으로서만 파악하고자 하는 견해{박종보, 국립대학의 기본권 주체성과 대학의 자율성, 법학논총 제38집 제4호(2021. 12), 1-28, 17-18면}가 있으나, 단순히 절차와 조직보장을 위한 객관적 질서 내지 제도보장으로서만 보는 경우 교수를 비롯한 학내 구성원들이 향유할 수 있는 대학의 자유라고 하는 주관적 공권으로서의 측면이 소홀히 될 여지가 있어 선뜻 동의하기가 어렵다. 그리고 또한 (공)법인이 아닌 경우 기본권주체가 될 수 없다고 하는 취지의 견해(13면)에 대해서도 마찬가지로 동의하기 힘들다. 가령 정당과 같은 경우 소위 법인격 없는 사단으로서 정당설립과 활동의 자유의 주체성이 인정되는 사례(2004헌바67, 위 제3절, II, 2,

라. 대학의 자치의 주체

76. 대학 자체,
각 단과대학의
학장, 그 구성
원인 교수회, 교
수

대학의 자치의 주체가 누구인지 하는 것이 문제될 수 있다. 대학의 학사, 인사, 재정 등 대학 운영 전반에 관하여 자율적으로 결정할 수 있는 주체는 당연히 우선적으로 대학 자체이다. 따라서 대학의 운영을 책임지고 있는 총장을 비롯하여 각 단과대학의 학장과 그 구성원인 교수회와 교수들이 바로 대학의 자치의 주체라고 할 수 있다.[94] 그리고 국립대학 교수와 교수회 역시 대학의 자치(율)의 기본권주체이다.[95]

77. 국 · 공립
대학의 경우 기
본권의 주체이
자 수범자

또한 국 · 공립대학에 있어서는 대학 자체가 국가를 향해서는 대학의 자치의 기본권주체가 되면서도 그들의 구성원인 교수회와 교수 그리고 학생들에 대해서는 기본권의 수범자, 즉 공권력의 행사자로 기능하는 복합적 성격을 가지는 것이 특징이다.[96] 이는 후술하는 바와 같이 국 · 공립 예술대학의 경우에도 마찬가지로 적용된다.

78. 직원과 학
생의 기본권 주
체성

그런데 대학에는 대학행정을 담당하는 직원과 대학에서 강의를 수강하는 학생들 역시 대학의 구성원이라 할 수 있으므로 이들의 대학의 자치의 주체성이 문제될 수 있다. 우선 학문연구와 교수(강학)와 관련이 거의 없거나 상당히 거리가 있는 영역에서의 대학행정에 관한 의사결정에 있어서는 직원자치회(가령 노동조합)와 학생자치회가 대학의 의사결정에 상당 부분 참여할 수 있을 것이다. 그리고 학생 자치활동과 관련된 영역에서는 그야 말로 학생자치를 원칙으로 해야 할 것이다. 나아가 강

나, (1), (다) 참조)가 보여주듯이, 국 · 공립 대학의 경우에도 마찬가지로 공법인이냐 아니면 공법상 영조물에 지나지 않느냐 하는 법적 형식의 측면 보다는 대학이 역사적으로 볼 때 원래부터 기본권에 의하여 보호되는 생활영역에 뿌리를 두고 있었던 것이고. 또한 실제로 그곳에 모인 사람(교수)들의 단체가 학문의 자유와 대학의 자유의 주체로서 기본권을 향유할 때 그 기관이 독자적인 학문기관으로서의 기능을 제대로 할 수 있다고 하는 실질적 관점이 더 중요하다고 생각되기 때문이다. 헌법재판소 역시 강원대 로스쿨사건(2014헌마1149)이나 위 1994년 서울대입시요강사건(92헌마68)에서도 바로 이 점을 중시했던 것으로 이해된다. 이에 관해서는 위 제3절, II, 2, 나, (2), (나) 참조.

94) 헌재 2006. 4. 27, 2005헌마1047 등, 판례집 제18권 1집 상, 601, 613−614; 헌재 2013. 11. 28, 2007헌마1189 등, 판례집 제25권 2집 하, 398; 헌재 2014. 1. 28, 2011 헌마239, 공보 제208호, 327.

95) 헌재 2006. 4. 27, 2005헌마1047 등, 판례집 제18권 1집 상, 601. 결정요지 1.

96) 동지, 김선택 (주 12), 251−252면.

의 커리큘럼과 관련해서도 학생들은 수요자 입장에서 자신들의 의사를 개진할 수 있을 것이며, 대학은 그들의 의견을 최대한 반영하되 최종적 의사결정은 교수회(faculty)에 유보되어 있다고 봐야 할 것이다.

마. 대학의 자치의 한계와 제한

대학이 대학의 운영과 관련한 모든 사항은 자율적으로 결정할 수 있다고 하는 것이 대학의 자치의 내용인데, 이 대학의 자치와 관련해서는 헌법 제22조나 헌법 제31조 제4항이 별도의 특별한 헌법적 한계규정을 두고 있지는 않고 헌법 제37조 제2항의 일반적인 법률유보조항만 있을 뿐이다.

79. 일반적인 법률유보조항

그러나 대학의 자치 역시 다른 헌법적 법익들을 침해할 수 없다고 할 것이기 때문에 헌법적 한계 내에서 보장된다고 할 수 있을 것이며, 만일 학내에서 이러한 헌법적 한계를 유월하는 침해행위가 발생할 경우 입법자는 공공의 안녕질서나 타인의 기본권보호를 위해서 대학의 자치를 제한하는 조치를 취할 수 있을 것이다.

80. 헌법적 한계 내에서 보장

이와 관련하여 가령 학내에서 집회 및 시위가 발생하거나 그 밖에 폭력행위나 공중에 위해를 가할 수 있는 위험한 실험 등이 공개적으로 이루어질 경우 과연 학내에 국가의 공권력이 투입될 수 있을 것인지 하는 문제가 제기될 수 있다.

81. 국가의 공권력의 투입 가능성

과거 60년대부터 80년대에 이르기까지 독재와 군사정권에 맞서서 민주화를 이루기 위한 시위가 주로 대학 캠퍼스로부터 시작하여 이 사회를 주도적으로 변혁시켜 왔었던 우리의 헌정사를 생각해 볼 때, 비록 학내에서 외관상 위험한 것으로 보이는 집회나 시위 또는 어떠한 운동이 벌어진다 하더라도, 이는 학문적 공동체가 역사적 고뇌 끝에 국가와 사회의 변혁과 발전을 도모하기 위하여 학문적 양심을 행동으로 옮기는 집단지성의 표시라고 해야 할 것이기 때문에, 이러한 행위들은 학문의 자유와 양심의 자유 그리고 언론·출판과 집회의 자유에 의하여 중첩적으로 보호되는 행위들이라 할 것이다. 따라서 만일 학내에서 공공의 안녕질서에 대한 명백하고도 현존하는 위험이 발생하여 대학이 자율적으

82. 명백하고도 현존하는 위험이 발생한 예외적인 경우가 아니면 불가

로 학내의 질서를 유지할 수 없을 정도에 이르러, 불가피하게 공권력의 투입을 요청하는 예외적인 상황이 아닌 한, 국가의 공권력이 질서유지를 명목으로 함부로 학내에 들어와서 경찰력을 행사하는 것은 헌법에 위반된다고 봐야 할 것이다.

83. 대학의 자율적 질서유지권

위험한 실험이나 폭력사태 등의 경우에도 자율적인 학문적 판단과 대학의 자율적 질서유지권에 따라 해결하여야 한다. 대학의 요청이 없음에도 경찰력을 학내로 투입하는 것은 대학의 자치권을 침해하여 위헌이라 할 것이다.

84. 대학의 자치는 최대한 존중

다만 대학의 자율권 역시 헌법 제37조 제2항에 따라서 필요한 경우에 한하여 법률로써 제한될 수 있는 것은 당연하다. 그리고 다른 헌법적 법익이나 기본권과 충돌할 경우에는 다른 기본권의 보호를 위해서 이 대학의 자율권도 제한될 수도 있는 것은 헌법이론적으로 당연한 귀결이나, 학문의 자유를 본질 내용으로 하고 있는 대학의 자치는 최대한 존중될 수 있는 방향으로 법익충돌문제를 해결할 필요성이 있다고 하겠다.

85. 자의금지원칙

헌법재판소는 대학의 자유에 대한 제한법률의 위헌심사와 관련하여 자의금지원칙을 기준으로 그 본질내용을 침해하였는지를 심사하고 있으므로 완화된 기준에 입각하고 있는 것으로 보인다.[97]

> **판례** 서울교육대학교 등 2017학년도 수시모집 입시요강 위헌확인 (교육대학교 등 수시모집 입시요강 위헌확인 사건)
>
> 헌법 제22조 제1항이 보장하고 있는 학문의 자유와 헌법 제31조 제4항에서 보장하고 있는 대학의 자율성에 따라 대학이 학생의 선발 및 전형 등 대학입시제도를 자율적으로 마련할 수 있다 하더라도, 이러한 대학의 자율적 학생 선발권을 내세워 국민의 '균등하게 교육을 받을 권리'를 침해할 수 없으며, 이를 위해 대학의 자율권은 일정부분 제약을 받을 수 있다.
>
> (헌재 2017. 12. 28, 2016헌마649, 판례집 제29권 2집 하, 537.)

---

97) 헌재 2006. 4. 27, 2005헌마1047 등, 교육공무원법 제24조 제4항 등 위헌확인, 판례집 제18권 1집 상, 601, 615.

바. 헌법재판소 판례

헌법재판소가 대학의 자율 또는 자치를 침해하여 위헌이라고 본 사   86. 위헌 사례
례로서는 교육부장관이 강원대학교법학전문대학원의 2015학년도 및
2016학년도 신입생 각 1명의 모집을 정지하도록 한 행위[98]가 있다. 그
리고 헌법재판소는 대학교육기관의 교원은 당해 학교법인의 정관이 정
하는 바에 따라 기간을 정하여 임면할 수 있다고 규정한 구 사립학교법
제53조의2 제3항은 교원지위법정주의에 위반된다고 보았다.[99]

이에 반하여 대학의 자율을 침해하지 않는다고 본 사례로는 교원   87. 합헌 사례
재임용의 심사요소로 학생교육·학문연구·학생지도를 언급하되 이를
모두 필수요소로 강제하지 않는 사립학교법 제53조의2 제7항 전문[100],
이사회와 재경위원회에 일정 비율 이상의 외부인사를 포함하는 내용 등
을 담고 있는 국립대학법인 서울대학교 설립·운영에 관한 법률 조항
(제9조 제1항, 제2항 및 제18조 제2항)[101], 대학의 장이 단과대학장을 보할
때 그 대상자의 추천을 받거나 선출의 절차를 거치지 아니하고, 해당 단
과대학 소속 교수 또는 부교수 중에서 직접 지명하도록 하고 있는 교육
공무원 임용령 제9조의4(침해될 가능성 부인)[102], 법학전문대학원의 인가
기준, 정원 등을 정한 법학전문대학원 설치·운영에 관한 법률조항(제5조
제2항, 제6조 제1항, 제7조 제1항)[103], 사립대학 교육기관의 교원을 정관이
정하는 바에 따라 기간을 정하여 임면할 수 있도록 규정한 구 사립학교
법 제53조의2 제3항(판례변경 전)[104], 대학교원 기간임용제 탈락자 구제
를 위한 특별법 제2조 제2호, 제4조, 제5조의 규정[105], 사립학교 교원이
선거범죄로 100만 원 이상의 벌금형을 선고받아 그 형이 확정되면 당연

---

98) 헌재 2015. 12. 23, 2014헌마1149, 판례집 제27권 2집 하, 710 [인용(위헌확인), 인
    용(취소)].
99) 헌재 2003. 2. 27, 2000헌바26, 구 사립학교법 제53조의2 제3항 위헌소원, 판례집
    제15권 1집, 176: 헌법불합치(판례변경).
100) 헌재 2014. 4. 24, 2012헌바336, 판례집 제26권 1집 하, 56.
101) 헌재 2014. 4. 24, 2011헌마612, 판례집 제26권 1집 하, 150 [기각, 각하].
102) 헌재 2014. 1. 28, 2011헌마239, 공보 제208호, 327 [각하].
103) 헌재 2009. 2. 26, 2008헌마370 등, 판례집 제21권 1집 상, 292 [기각, 각하].
104) 헌재 1998. 7. 16, 96헌바33 등, 판례집 제10권 2집, 116. 추후 판례변경됨.
105) 헌재 2006. 4. 27, 2005헌마1119, 판례집 제18권 1집 상, 631.

퇴직이 되도록 규정한 사립학교법 조항(제57조 중 국가공무원법 제33조 제1
항 제6호의 '다른 법률에 의하여 자격이 정지된 자' 가운데 '구 공직선거법 제266
조 제1항 제4호 중 100만 원 이상의 벌금형의 선고를 받아 그 형이 확정된 자' 부
분)106) 등이 있다.

Ⅳ. 예술의 자유

1. 들어가며

88. 예술의 개념 정의의 어려움

우리 헌법은 제22조에서 학문과 예술의 자유를 보장하고 있다. 그
런데 예술의 개념이 무엇인가를 확정하는 것은 매우 지난한 일이다. 예
술활동을 하고자 하는 사람들에게 그 정의를 맡길 경우, 객관적으로 예
술에 해당되지도 않는 행위를 예술의 이름으로 포장하여 법적 보호를
받고자 할 수 있다. 그런가 하면 만일 예술개념을 국가가 정하거나 그
질적 평가를 하는 경우 정당한 예술행위임에도 불구하고 권력의 마음에
들지 않은 예술이나 예술가를 보호의 대상에서 제외할 가능성도 배제할
수 없고, 이는 히틀러107)나 스탈린 독재 하에서 행해진 바와 같은 예술
에 대한 국가적 통제의 문을 여는 일이 될 것이다.

89. 자유는 정의와 친하지 않음

본디 자유란 정의(定義)와는 거리가 있는 것으로서 예술의 자유는
어떠한 행위를 예술로 정의하거나 질적 평가108)를 하는 순간 그에 해당
되지 않는 행위는 예술의 자유에서 배제하는 것을 의미하기 때문에 그
자체가 매우 위험스러운 일로서 바람직스럽지 않은 것도 사실이다.

90. 헌재는 예술의 자유 관련 사건도 사전검열금지 위반 여부의 문제로 접근 경향

이러한 예술의 자유의 성격상 헌법재판소 역시 예술의 자유가 문제
될 수 있는 많은 헌법소원심판 사건들을 주로 헌법 제21조의 언론·출
판의 자유의 문제, 그 가운데서 사전검열금지 위반여부의 문제로 주로

---

106) 헌재 2008. 4. 24, 2005헌마857, 판례집 제20권 1집 상, 665 [기각]. 역시 교수의
    자유도 침해하지 않는다고 함.
107) 정치적 선전수단으로서 예술의 역사적 사례들에 대해서는 양소연, 예술의 자유
    보호영역 확정을 위한 '예술'의 개념, 헌법재판연구 제3권 제2호(2021. 12), 215−
    253, 220−221면 참조.
108) Starck (주 2), Rn. 298.

다루는 것들이 대부분이고 실질적으로 예술의 자유와 그 한계문제에 대
하여 본격적으로 다룬 사건들은 그다지 찾아보기 힘들다.

　　그러나 아무리 예술의 개념을 정의하는 것이 바람직하지 않고 또한
힘들다 하더라도 만일 정의를 하지 않으면 보호도 할 수 없게 되는 것
이므로 헌법적 개념으로서의 예술이 무엇인지를 어느 정도 정의하는 것
은 불가피하다.109)

91. 정의를 하
지 않으면 보호
도 할 수 없음

　　그러므로 이하에서는 예술의 개념을 먼저 살펴 본 후. 보호영역, 헌
법적 한계, 제한 및 제한의 한계 등의 순서대로 고찰해 보기로 한다.

92. 예술의 개
념 우선 고찰필
요

2. 예술의 자유의 의의와 보호영역

가. 예술의 자유의 의의와 예술 개념의 정의의 문제

　　먼저 다른 것도 마찬가지이지만 예술의 자유에 대하여 학계와 실무
에서 많은 논의가 전개되어 온 독일의 학설과 연방헌법재판소 판례110)
에 따르면, 예술의 자유의 의의와 과제는 "특히 예술의 독자법칙성에 기
초하는, 그리고 심미학적 성찰에 의하여 정해진 과정, 행위방식과 결정
들이 공권력의 어떠한 간섭으로부터 자유로워야 한다."111)는 데에 있다
고 한다. 즉 "예술적 창조과정이 자유로이 전개될 수 있으려면, 예술가
가 현실을 만나고, 이러한 만남 가운데서 예술가가 경험하는 유형과 방
법이 사전에 규정되어서는 안 된다."112)는 것이다. 또한 "예술은 예술가
의 인상, 경험, 체험이 특정한 형태언어의 매개에 의하여 직접적인 관조
로 표현되는... 자유로운 창조적 형성"113)이라는 것이다. 이에 대해서 아

93. 실질적 예
술개념: 자유로
운 창조적 형성

---

109) Jarass (주 24), Rn. 106; Starck (주 2), Rn. 298.

110) 이하 Jarass (주 24), Rn. 105 ff. 참조. 독일의 학설과 판례에 관한 상세는 Richter
외 3인 공저/방승주 역 (주 12), 206－216면; Michael Sachs저, 방승주 역 (주 12),
396－410면; 계희열 (주 1), 377면 이하.

111) BVerfGE 30, 173 (190) － 메피스토 결정. Richter외 3인 공저/방승주 역 (주 12),
208면. 이 결정에 대하여 거의 전문번역을 제공하고 있을 뿐만 아니라 이 결정이
기본권의 대사인적 효력 및 예술의 자유와 관련하여 가지는 의미에 대한 상세한
평석으로 계희열, 메피스토-클라우스 만 결정(Mephisto－Klaus Mann Beschluss),
판례연구(고려대 법학연구소), 제2호(1983), 7－45면. 그 외에도 BVerfGE 31, 229
(238 f.).

112) BVerfGE 30, 173 (190); 31, 229 (238 f.); Jarass (주 24), Rn. 105.

래에서 상술하듯이 슈타르크(Starck)는 '실질적 예술개념'이라고 칭하고 있다.114)

94. 한계설정을 위한 그 밖의 추가적 기준 필요

이에 대하여 독일 기본법 제5조의 예술의 자유에 대한 주석을 쓴 야라스(Jarass)는 예술에 대한 법관만능주의(Kunstrichtertum)를 방지하기 위해서는, 이러한 독일 연방헌재의 정의는 가급적 넓게 이해되어야 한다고 한다. 즉 여기에 물론 징표적 성격을 갖는 것이기는 하지만 한계설정을 위한 그 밖의 기준들이 추가되어야 한다고 한다.

95. 저작자가 작품을 예술작품으로 간주한다는 상황과 제3자의 인정

즉 우선 예술이 존재한다는 것을 말해주는 것은 그 저작자가 작품을 예술작품으로서 간주한다는 상황이라는 것이다.115) 그밖에 예술문제에 일가견 있는 제3자가 문제되고 있는 형상을 예술작품으로서 받아들이는지(제3자의 인정)가 중요할 수 있다고 한다.116) 그밖에 형식적, 유형적 고찰을 할 때 특정한 작품타입(가령 그림, 시 등)의 속성요건을 충족하거나 작품이 계속된 해석의 방법으로 계속 새로운 의미가 부여되는 경우에는 예술작품이라고 할 수 있다고 한다.

96. 정치적, 종교적, 기타 목적에 의하여 예술작품으로서의 성격이 바뀌는 것은 아님

그리고 예술작품을 통해서 정치적, 종교적 또는 그 밖의 목적이 추구되는 경우라 하더라도 예술작품으로서의 성격이 바뀌는 것은 아니라고 본다.117) 또한 예술작품이 어떠한 수준에 도달되었는지는 중요한 것이 아니며118), 특히 풍자(Satire)도 예술일 수는 있지만 반드시 그러한 것은 아니라고 한다.119) 그리고 외설(Pornographie)과 예술은 서로 배제관계에 있는 것이 아니며120), 예술개념의 적용에 있어서 전문적인 독립 기관에 판단의 여지를 부여할 수도 있다고 하고 있다.121)

97. 슈타르크의 예술개념

또 다른 주석을 쓴 슈타르크(Starck)122)는 독일 연방헌법재판소의 위

---

113) BVerfGE 30, 173 (189), 67, 213 (226).

114) Starck (주 2), Rn. 302.

115) Rudolf Wendt, in v. Münch/Kunig, GGK I, 6. Aufl., 2012, Art. 5 Rn. 91.

116) Rudolf Wendt (주 115), Rn. 92.

117) BVerfGE 67, 213 (227 f.); Jarass (주 24), Rn. 106a.

118) BVerfGE 75, 369 (377).

119) BVerfGE 86, 1 (9); Jarass (주 24), Rn. 106a.

120) BVerfGE 83, 130 (139); Jarass (주 24), Rn. 106a.

121) BVerwGE 77, 75 (85).

122) Starck (주 2), Rn. 302. 예술의 개념에 관하여는 양소연 (주 107), 227－233면. 홍성방, 헌법학, 현암사 2008, 514－516면; 한수웅, 헌법학, 법문사 2021, 851－852면;

예술개념들을 다음과 같이 세 가지 예술개념으로 잘 정리하고 있다.

첫째, '실질적 예술개념'이다. 즉 예술적 활동의 본질적인 것은 "예술은 예술가의 인상, 경험, 체험이 특정한 형태언어의 매개에 의하여 직접적인 관조(觀照. Anschauung)로 표현되는... 자유로운 창조적 형성이다. 모든 예술적 활동은 합리적으로 설명될 수 없는 의식적, 무의식적 과정의 상호작용이다. 예술적 창조에 있어서는 직관, 환상 그리고 예술적 통찰(깨달음·오성 Kunstverstand)이 함께 작용을 한다. 그것은 주로 전달이 아니라, 표현이며 더욱이 예술가의 개인적 인격성에 대한 직접적 표현이다."

98. 실질적 예술개념

둘째, '형식적 개념'이다. 즉 예술작품의 본질적인 것은 형식적, 유형적 고찰을 할 때 특정한 작품타입의 속성요건을 충족되는 것에 있다는 것이다. 이러한 형식적 개념은 그림, 조각, 시 등과 같은 예술가의 활동과 그 결과와 연관되어 있다.

99. 형식적 개념 특정한 작품타입의 속성요건

셋째, '의사소통이론적(개방적) 예술개념'이다. 즉 예술가적 표현의 특징적 표지는 그 전달하고자 하는 내용의 다양성으로 인하여 계속적인 해석의 방법으로 계속적으로 그 밖의 의미를 도출해 낼 수 있어서 사실상 무궁무진하고 다층적인 정보전달이 가능하게 된다는 점이라는 것이다.

100. 개방적 예술개념

결론적으로 헌법상 예술에 해당되는지 여부는 이러한 실질적, 형식적, 개방적 예술개념을 모두 고려하여 판단해야 할 것이다. 동시에 인터넷 정보기술이 첨단화되고 있는 오늘날 인터넷이나 소위 메타버스(Metaverse) 내에서 초현실적이면서도 실제적인 예술활동과 예술작품의 출현이 얼마든지 가능하다고 하는 점을 고려하여 매체와 미래를 향해서 개방적인 예술개념을 적극 수용하여야 할 것이다.

101. 위 세가지 개념을 모두 고려하여 판단 필요

나. 보호영역과 보호되는 행위

예술의 자유에 관한 국내 헌법해석론에 결정적인 영향을 미친 독일 연방헌법재판소나 학설에 의하면 예술의 자유는 독자적인 예술활동, 소위 "작품영역(예술창작영역 Werkbereich)" 외에도, 전시, 판매, 출판과 같이 예

102. 작품영역과 작용영역의 구분

허완중 (주 64), 414-415면 등.

술작품을 제3자에 전달하는 영역, 즉 "작용영역(예술표현영역 Wirkbereich)" 도 보호한다고 한다.123) 그리고 때로는 이 두 가지 영역이 한꺼번에 동시에 이루어지기도 한다.124) 예술작품에 대한 광고도 보호된다.125) 독일 연방헌법재판소에 의하면 예술작품의 경제적인 평가, 즉 수입목적은 원칙적으로 예술의 자유에 의해서가 아니라 다른 기본권 즉 직업의 자유에 의하여 보호된다고 한다.126) 다만 국가가 직업행사에 대한 규제의 방법으로 예술내용에 대한 영향력을 행사하거나 자유로운 예술활동을 실제로 불가능하게 하는 경우에는 예외적으로 예술의 자유가 적용되어야 한다고 한다.127)

103. 국내 통설

국내 학설은 거의 일치하여 예술의 자유에는 예술창작의 자유, 예술표현의 자유, 예술적 집회 · 결사의 자유가 포함된다고 보고 있다.

(1) 예술창작의 자유

104. 예술창작을 위한 모든 행위보호

예술창작의 자유는 예술작품을 창작하기 위하여 가령 재료나 기구의 수집 등과 같이 필요한 준비행위부터 시작해서 예술작품을 창작하는 모든 행위를 보호한다. 즉 어떠한 작품을 만들 것인지 그 예술작품의 기획, 예술작품의 형성, 창작의 방법 등 예술작품의 형성과 관련하여 예술가가 그 어떠한 국가적 지시나 간섭을 받지 않고서 자유로이 할 수 있다고 하는 의미이다.

105. 목적 · 동기 불문

창작의 목적이나 동기도 문제되지 않는다. 즉 그것이 종교적 목적이든 정치적 목적이든 그리고 어떠한 작품을 예술작품으로 만들고자 한 의도가 있든 없든 작가의 창조적 형성행위는 보호되는 것이다.

> 판례 그 중 예술창작의 자유는 예술창작활동을 할 수 있는 자유로서 창작소재, 창작형태 및 창작과정 등에 대한 임의로운 결정권을 포함한 모든 예술창작활

---

123) BVerfGE 30, 173 (189); 67, 213 (224); Jarass (주 24), Rn. 107.
124) Jarass (주 24), Rn. 107.
125) BVerfGE 77, 240 (251); Jarass (주 24), Rn. 107.
126) BVerfGE 31, 227 (239); 49, 382 (392); 71, 162 (176); Jarass (주 24), Rn. 107. 이에 대하여 비판적인 의견으로는 Starck (주 2), Rn. 313.
127) Jarass (주 24), Rn. 107.

동의 자유를 그 내용으로 한다. 따라서 음반 및 비디오물로써 예술창작활동을
하는 자유도 이 예술의 자유에 포함된다.

(헌재 1993. 5. 13, 91헌바17, 판례집 제5권 1집, 275.)

(2) 예술표현의 자유

예술표현의 자유는 예술작품을 전시하고 상영하고 공연하는 모든 106. 예술작품
행위의 자유이다. 이는 예술작품을 보급할 수 있는 자유라고 할 수 있으 의 전시·상
며, 그 매체가 어떠한 형태이든지 가령 음반, 비디오, 책이든지 또는 오 영·공연의 자
늘날 인터넷 정보기술에 기반하는 유튜브나 사회관계망(SNS)을 통한 상 유
영이나 전시이든지 그 어떠한 형태라 하더라도 상관없다. 그리고 이 예
술표현의 자유는 그러한 음반제작사나 출판사 등도 향유할 수 있는 자
유이다.

그리고 가령 행위예술이나 무대예술과 같이 창작과 표현이 동시에 107. 행위예술
이루어지는 경우도 많이 있다. 이나 무대예술

판례 학교보건법 제6조 제1항 제2호 위헌제청

헌법 제22조는 예술의 자유를 기본권으로 보장하고 있는바, 예술의 자유는
예술창작품을 표현하는 예술표현의 자유를 포함한다. 또한 헌법 제21조 제1항
은 모든 국민은 언론·출판의 자유를 가진다고 규정하여 언론·출판의 자유를
보장하고 있는바, 의사표현의 자유는 바로 언론·출판의 자유에 속한다. 의사
표현·전파의 자유에 있어서 의사표현 또는 전파의 매개체는 어떠한 형태이건
가능하며 그 제한이 없다고 하는 것이 우리 재판소의 확립된 견해이다. 즉, 담
화·연설·토론·연극·방송·음악·영화·가요 등과 문서·소설·시가·도화·
사진·조각·서화 등 모든 형상의 의사표현 또는 의사전파의 매개체를 포함한
다고 할 것이다(헌재 1993. 5. 13, 91헌바17, 판례집 5-1, 275, 284; 2001. 8.
30, 2000헌가9, 판례집 13-2, 134, 146-147).

(헌재 2004. 5. 27, 2003헌가1 등, 판례집 제16권 1집, 670.)

판례 예술표현의 자유는 창작한 예술품을 일반대중에게 전시·공연·보급할 수
있는 자유이다. 예술품보급의 자유와 관련해서 예술품보급을 목적으로 하는
예술출판자 등도 이러한 의미에서의 예술의 자유의 보호를 받는다고 하겠다.
따라서 비디오물을 포함하는 음반제작자도 이러한 의미에서의 예술표현의 자

유를 향유한다고 할 것이다

(헌재 1993. 5. 13, 91헌바17, 판례집 제5권 1집, 275.)

> **판례** 영화법 제12조 등에 대한 위헌제청
>
> 영화도 의사표현의 한 수단이므로 영화의 제작 및 상영은 다른 의사표현수단과 마찬가지로 언론·출판의 자유에 의한 보장을 받음은 물론, 영화는 학문적 연구결과를 발표하는 수단이 되기도 하고 예술표현의 수단이 되기도 하므로 그 제작 및 상영은 학문·예술의 자유에 의하여도 보장을 받는다.
>
> (헌재 1996. 10. 4, 93헌가13, 헌재 1996. 10. 31, 94헌가6.)

(3) 예술적 집회 · 결사의 자유

108. 예술적 집회개최 및 단체를 결성할 자유

나아가 예술적 집회·결사의 자유는 예술활동을 위해서 예술가들이 집회를 개최하고 결사를 조직할 수 있는 자유이며, 이는 헌법 제21조의 집회·결사의 자유에 대하여 특별한 기본권이라 할 수 있다.

3. 예술의 자유의 기본권주체

109. 창작자, 전파자, 법인, 단체, 국·공립 예술대학과 예술기관 포함

전술하였듯이 예술의 자유의 주체는 예술작품을 만드는 사람만이 아니라 예술작품을 대중에 전파하는 사람, 가령 출판사[128]나 음반제작사, 교향악단 운영자, 극장 그리고 박물관(Museum)도 포함된다.[129] 예술의 자유는 법인과 단체에게도 적용될 수 있다. 예술의 자유의 주체는 나아가 예술학교와 음악학교, 예술대학[130]도 포함되고 그 밖의 국·공립 예술기관들은 물론 이러한 기관 내에서 예술적으로 활동하는 사람들도 포함된다.[131]

110. 국립예술대학의 기본권주체성

국립대학이라 하더라도 공법상의 사단이나 공법인 역시 기본권에 의하여 보호되는 생활영역에 직접적으로 귀속되는 경우 예외적으로 기본권의 주체로 인정되는 법리[132]에 따라서 예외적으로 기본권주체가 되

---

128) BVerfGE 30, 173 (191); 36, 321 (331).
129) 동지, Starck (주 2), Rn. 323.
130) 동지, Starck (주 2), Rn. 324.
131) 동지, Starck (주 2), Rn. 325. 이에 반해 허영 (주 17), 498-499면.
132) 이에 대해서는 위 제3절, II, 2, 나, (2) 참조.

는 것은 국립 예술대학이라 하더라도 역시 마찬가지이다.

　예술활동이 직업적인가 또는 단지 때에 따라서 이루어지는 것인가 는 중요한 것이 아니다. 이에 반해 예술을 단지 이용하는 자는 예술의 자유의 주체라고 할 수 없다.

111. 직업성, 항 상성 불문

4. 예술의 자유의 효력

　예술의 자유의 수범자는 모든 국가 공권력이다. 따라서 국가에 의 하여 설립된 국·공립 예술기관도 예외적으로 기본권의 주체임은 전술 한 바와 같다. 그러나 그 안에서 예술활동을 하는 사람들에 대하여 그 기관의 행정과 운영을 담당하는 자들은 다시금 예술의 자유의 수범자가 된다고 봐야 할 것이다. 이와 같이 국·공립 예술기관 내부 조직이나 구성원 간의 다차원적인 관계는 국·공립대학에 있어서 대학 행정당국 이 국가를 향해서는 대학의 자유(치)의 기본권주체가 될 수 있지만, 대 학교수와 학생들에 대해서는 기본권의 수범자로 등장할 수밖에 없는 이 치와 같다. 마찬가지로 국·공립 예술대학의 경우에도 대학행정과 운영 의 담당자는 교수와 학생들에 대해서는 예술의 자유의 수범자 입장이 될 것이다.

112. 모든 국가 공권력

　마찬가지로 국·공립 박물관이나, 국·공립 교향악단이나 오페라하 우스 등 예술단 운영자는 예술작품이나 교향악 등 연주의 기획을 담당 하고 있는 예술감독이나 음악감독에 대해서는 예술의 자유의 수범자로 등장하게 될 것이지만, 국가를 향해서는 다시 예외적으로 예술의 자유 의 기본권주체가 되는 것이다. 따라서 행정을 담당하는 국·공립 예술 기관의 운영자나 관리자가 예술작품의 전시, 기획이나 혹은 연주할 곡 이나 상연할 연극 또는 오페라의 내용에 관해서 간섭하는 것은 예술가 들의 예술의 자유를 침해할 수 있다.

113. 국·공립 박물관, 국·공 립 교향악단

　사립 예술기관 내에서는 그 기관의 운영자뿐만 아니라 예술감독이 나 음악감독 역시 기본권주체이다. 그러므로 이러한 사인의 경우에는 일반적으로 국가나 공공단체와 같이 가령 평등원칙(헌법 제11조)이나 문 화예술의 증진의무(헌법 제9조) 등에 직접적으로 구속되는 것은 아니다.

114. 예술감독, 음악감독은 기 본권주체

따라서 이들이 어떠한 예술작품을 전시하거나 구매할 것인지, 어떠한 음악가의 작품을 연주하고 오페라와 연극을 상연할 것인지는 모두 그 사립 예술기관의 독자적 재량에 따라 선택할 수 있다.

115. 사법상의 계약관계

어떠한 예술가의 작품은 구매하고 다른 예술가의 작품은 구매하지 않았다 하더라도 평등원칙에 위반될 소지는 없다. 그리고 이 사설 예술기관 내부에서 운영자와 예술감독과의 관계에 관한 문제는 사법상의 계약 관계로 해결될 수 있는 문제이다.[133] 따라서 아무리 예술의 자유라 하더라도 사인인 예술기관 관리자를 직접 구속하는 것은 아니다.

116. 예술작품 선정에 있어서 공정성에 더욱 구속될 수 있음

그러나 국·공립 예술기관의 경우 전시하거나 공연할 예술작품을 어느 한 쪽 장르나 경향으로만 선정할 경우에는 지나치게 편파적으로 예술작품을 선정함으로써 예술가를 차별한다고 하는 논란을 불러일으킬 소지도 배제할 수 없다. 그러므로 국·공립 예술기관이 전시 또는 상영할 예술작품을 선정할 경우에는 명망있는 예술가를 감독으로 영입하여 그의 감독 하에 예술작품을 선정하거나 혹은 예술감독 위원회에서 합의제로 예술작품을 선정하게 할 수도 있을 것이다. 다만 중앙국가나 지방자치단체 산하 예술기관이 각각 자신들의 정체성에 맞는 예술작품을 선정하게 되면 국가 전체적으로 보면 다극적인 예술작품의 상연이나 공연이 이루어지게 되는 결과가 될 것이다.

117. 예술의 독자법칙성

아무튼 예술작품의 전시, 공연 또는 음악연주는 예술의 독자법칙성[134]에 맞게 이루어져야 할 것이며, 언론기관 내부에서도 '자유언론'의 원칙에 따라서 편집인의 자유를 보장해야 하는 것과 마찬가지로, 학문기관과 예술기관 내부에서도 '자유학문'과 '자유예술'의 원칙에 따라서 학자와 예술가의 자유가 더욱 중시되어야 할 것이다. 다만 사립 예술기관의 경우 운영자나 행정담당자는 일반적 행동의 자유 등 다른 기본권의 주체가 될 수는 있는 것이므로 계약의 자유에 따라서 어느 정도는 예술가의 자유가 운영자에 의하여 제약될 수 있는 가능성은 열려져 있다고 봐야 할 것이고 그것이 사적 자치의 원리이다.[135]

---

133) 동지, Starck (주 2), Rn. 327.
134) Starck (주 2), Rn. 319.
135) 이상 Starck (주 2), Rn. 326–327 참조.

사적 권리의 적용과 관철이 예술의 자유를 제약하는 경우 헌법상 예술의 자유에 대한 가치결단과 또한 예술의 자유의 방사효과(Ausstrahlungswirkung)를 고려해야 한다.136) 이 경우 법익형량과 실제적 조화가 이루어져야 하며 사인의 권리가 효과적으로 보호되기도 해야 한다.137)

118. 예술의 자유의 방사효과

5. 예술의 자유와 다른 기본권과의 경합

예술의 자유와 다른 기본권이 경합하는 경우 경합하는 기본권이 모두 다 적용되어야 하는지 또는 어떠한 기본권이 다른 기본권에 대하여 특별한 기본권으로서 다른 기본권을 배제하는 관계에 있는지 여부를 살펴 볼 필요가 있다.

119. 일반·특별관계 혹은 상상적 경합

우선 예술의 자유는 창조적 형성의 표현행위에 해당하므로 그 표현의 수단이 어떠한 것이든지 그리고 표현의 목적이 어떠하든지 간에 예술의 자유에 의하여 보호될 수 있다. 그런데 그러한 예술작품을 통하여 일정한 의사표현을 할 경우에는 헌법 제21조 제1항의 언론·출판의 자유에 의해서도 보호될 수 있는데, 예술표현과 관련해서는 이 헌법 제22조의 예술의 자유가 일반적인 언론·출판의 자유에 비하여 특별한 기본권이라고 할 수 있으므로 일반적 기본권은 배제된다고 할 것이다.138)

120. 언론·출판의 자유와 경합

그리고 예술창작 자체가 종교적 목적을 띨 수도 있다. 이 경우에는 종교의 자유와 경합될 수 있는바, 종교의 자유와 종교적 표현 역시 언론·출판의 자유에 대하여 특별한 기본권이라고 할 수 있으므로 종교적 표현이 문제가 될 경우에는 그 표현은 종교의 자유에 의하여 보호됨과 동시에 예술표현이기도 하므로 예술의 자유에 의해서도 보호된다. 결국 종교의 자유와 예술의 자유는 상상적 경합관계로서 종교적 목적의 예술작품이나 창작행위는 양 기본권에 의하여 보호된다고 할 수 있다.139)

121. 종교의자유와의 경합

한편 예술작품의 창작과 작품의 유통·판매를 통해서 예술가는 직

122. 직업의 자유와의 경합

---

136) BVerfGE 30, 173 (195); 81, 278 (297); 119, 1 (21)을 인용하며 Jarass (주 24), Rn. 112,
137) BVerfGE 119, 1 (23)을 인용하며 Jarass (주 24), Rn. 112,
138) 동지, Starck (주 2), Rn. 311.
139) 동지, Starck (주 2), Rn. 312.

업생활을 영위할 수도 있다. 그러므로 이 경우 직업의 자유와 경합될 수 있다. 그러나 예술의 자유는 직업의 자유에 비하여 특별한 기본권이라고 할 수 있으므로, 예술가로서의 직업생활을 하는 예술가는 일반적인 직업행사의 자유의 규율이나, 직업선택을 위한 주관적 또는 객관적 전제조건에 의한 제한을 받지 않는다고 할 것이다. 만일 국가가 일정한 예술가가 되기 위해서 주관적 또는 객관적 전제조건을 규정하여 그러한 전제조건을 충족시키지 못하는 자에 대하여 예술행위를 금하는 경우에는 예술의 자유에 대한 침해가 될 수 있기 때문에 예술가의 예술작품의 판매 등 전파행위와 관련해서는 직업선택의 자유의 적용은 배제되고 예술의 자유의 보호를 받는다고 봐야 할 것이다.[140]

123. 재산권과의 관계

또한 예술가의 창작의 결과로 나온 작품은 그 자체로 재산권의 보호를 받는다고 할 수 있다. 우리 헌법 제22조 제2항은 저작자·발명가·과학기술자와 예술가의 권리는 법률로써 보호한다고 규정하고 있다. 예술가의 권리는 저작권으로서 헌법 제23조 제1항의 재산권의 보장 대상이 된다. 예술의 자유와 재산권의 보호는 상상적으로 경합한다고 볼 수 있다.[141]

124. 예술적 집회·결사

그리고 끝으로 예술가들이 예술적 집회와 결사를 할 수 있다. 이 경우 역시 예술의 자유가 일반적인 집회의 자유나 결사의 자유에 대하여 특별한 기본권이라 할 수 있으므로 양 기본권이 경합되는 경우 일반적 집회·결사의 자유는 배제되고 예술의 자유가 적용된다고 할 수 있다. 다만 예술가들이 가령 거리를 무대로 삼아 예술행위를 펼칠 경우에는 집회 및 시위에 관한 법률에 따른 제한을 받는다고 할 수 있을 것이다.[142]

---

140) 동지, Starck (주 2), Rn. 313.
141) 동지, Starck (주 2), Rn. 314.
142) 동지, Starck (주 2), Rn. 315.

6. 예술의 자유의 한계와 제한

가. 예술의 자유의 헌법적 한계

헌법 제22조는 위에서 학문의 자유와 관련해서 언급하였듯이 예술의 자유와 관련해서도 아무런 직접적인 한계규정을 두고 있지 않다. 단지 헌법 제37조 제2항에 일반적 법률유보규정을 두고 있을 따름이다.

125. 일반적 법률유보규정

그러나 예술작품을 창조하고 이 작품을 보급하는 것은 일종의 예술과 관련한 의사표현에 해당된다고 할 수 있다. 특히 예술의 유형 중의 하나라고 할 수 있는 소설이나 그 밖에 해학, 풍자 등을 통하여 유명 정치인을 빗대어 그의 명예를 훼손하는 내용의 표현을 하는 경우 예술표현의 자유의 헌법적 한계가 문제될 수 있다.[143]

126. 예술표현의 자유의 헌법적 한계

예술적 표현은 헌법 제22조가 헌법 제21조의 언론·출판의 자유에 대하여 특별한 규정으로서 그 적용을 배제하고 예술의 자유에 의하여 보호될 것이지만, 헌법 제21조 제4항에서 언론·출판은 타인의 명예나 권리 또는 공중도덕이나 사회윤리를 침해하여서는 아니 된다고 하고 있기 때문에, 이 헌법적 한계조항은 언론·출판과 관련한 부분에 있어서는 창조적 형성행위라고 할 수 있는 예술적 표현에 대해서도 헌법적 한계로 작용한다고 보아야 할 것이다.

127. 헌법적 한계로 작용

다만 예술표현과 충돌할 수 있는 다른 법익이 헌법적 차원에서 보호되는 법익이어야 한다는 것이 중요할 것이다. 그렇다면 헌법 제21조 제4항은 일종의 표현의 자유가 가지는 헌법적 한계를 예시하고 있다고 봐야 할 것이고, 가령 예술의 자유와 충돌할 수 있는 다른 기본권적 법익이나 헌법적 법익들이 있다면, 그 헌법적 법익의 보호를 위해서 불가피하게 예술의 자유에는 헌법적 차원에서 한계(Schranke)가 그어질 수밖

128. 타인의 명예와 권리

---

143) 가령 독일 바이에른 주 수상인 슈트라우스(Strauß) 캐리커쳐 사건(BVerfGE 75, 369)에서 독일 연방헌법재판소는 법복과 각모를 착용한 다른 돼지와 교미를 하고 있는 돼지로 묘사하고 있는 어떤 잡지의 캐리커쳐와 관련하여 기본법 제1조 제1항에 의하여 보호되는 인간의 명예의 핵심을 침해하는 이 캐리커쳐는 예술활동의 자유(기본법 제5조 제3항)에 포함되지 않는다고 하면서, 해당 잡지사에 대하여 모욕죄로 벌금형에 처한 법원의 형사판결에 대하여 제기한 헌법소원심판청구를 기각하였다. Michael Sachs저, 방승주 역 (주 12), 406면.

에 없다. 그러한 의미에서 타인의 명예와 권리를 헌법적 차원에서 보다 구체적으로 살펴본다면 우선적으로 인간존엄권과 일반적 인격권, 명예권, 생명권, 신체의 자유(신체불훼손권), 재산권 등을 들 수 있다.

129. 인간의 존엄권, 생명권

따라서 예술창작영역은 물론이거니와 예술표현영역에서 인간의 존엄권이나 생명권을 침해할 수 있는 경우에는 그러한 예술행위는 아예 창작 단계에서부터 헌법적으로 허용되지 않는다고 봐야 할 것이다.[144] 다시 말해서 이 경우에는 예술의 자유와 인간존엄권 또는 생명권은 서로 형량될 수 있는 관계가 아니기 때문에, 예술가는 타인의 인간존엄권과 생명권(가령 무대 위에서의 살인)을 예술이라는 이름으로 침해하는 작품을 형성해서는 안 되는 것이다. 따라서 혹 그러한 작품을 창작하였다 하더라도 이것은 표현영역 단계에서 더 이상 보급, 전시, 상영되어서는 안 된다고 하는 것이다.

130. 인격권, 명예권

다음으로 창작의 소재가 과거나 현재의 인물을 묘사하고 있어 타인의 인간존엄권이나 생명권까지는 아니지만 그의 인격권이나 명예권을 어느 정도 제약하거나 혹은 무대 위에서 신체의 일부를 상해할 수 있는 가능성이 있는 경우에는 예술의 자유와 충돌하는 다른 기본권, 즉 인격권과 신체불훼손권(타인이 어느 정도의 상해에 동의하였는지 여부 등의 고려 하에)과 형량을 하여야 할 것이다. 형량 결과 타인의 명예권이나 인격권을 예술작품이 과잉하게 침해할 소지가 있는 경우에는 그 작품의 창작이나 보급은 법률로써 필요한 최소한에 한하여 제한할 수 있을 것이다.

131. 재산권

다른 사람의 건물의 담벼락에 스프레이나 페인트 등으로 그림을 그리는 것 역시 예술행위에 해당된다고 할 수 있기는 하나, 다른 사람의 재산권을 침해할 수 있으므로 이 타인의 재산권은 예술의 자유의 한계로서 작용한다.

132. 청소년에게 유해한 내용은 청소년에게만 보급이나 상영제한

그리고 예술의 자유가 청소년들에게 유해한 내용이라고 해서 항상 예술행위가 금지되는 것은 아니다. 가령 성에 대한 묘사가 성인들에 대해서는 과도하다고 볼 수 없으나 청소년들에 대해서는 유해할 수도 있을 경우에는 청소년들에 대해서만 그 예술작품의 보급이나 상영시간 및

---

144) 같은 취지 BVerfGE 75, 369.

장소를 부분적으로 제한하는 방식으로 절충적 해결방법을 모색할 수도 있을 것이다. 다만 인터넷이나 모바일 등 각종 매체를 통하여 청소년들이 원할 경우에는 얼마든지 제한된 예술품에 대해서도 접근할 수 있다고 하는 점에서 그러한 해결방법의 실효성에 대한 문제는 계속 제기될 수 있는 것은 사실이다.

다음으로 헌법 제21조가 언론·출판은 "공중도덕"이나 "사회윤리"를 침해하여서는 아니 된다고 규정하고 있기 때문에, 논리적으로 보면 일단은 예술표현에 대해서도 이 한계가 적용되는 것으로 볼 수 있다. 그러나 학문의 자유와 관련해서 언급하였듯이[145] "공중도덕"이나 "사회윤리"라고 하는 가치는 그 사회나 공동체 구성원의 법의식이나 윤리의식에 따라서 매우 유동적일 수 있는 것이기 때문에, 일부 국민집단의 법의식이나 윤리의식에 따라 어떠한 예술창작이나 예술표현이 공중도덕이나 사회윤리를 침해해서 처음부터 헌법적 차원에서 금지된다고 단언하기는 힘들다고 생각된다.

133. 공중도덕, 사회윤리는 지나치게 추상적

타인의 명예나 권리와 같은 경우에는 타인의 기본권을 침해할 수 있는 예술표현은 전술하였듯이 인격권에 대한 중대한 침해나 생명권의 침해가 허용되지 않는 것과 같이 헌법적 차원에서 사안의 경중에 따라 형량할 필요도 없이, 또는 형량을 한 후에 금지된다고 할 수 있겠으나, "공중도덕"이나 "사회윤리"의 내용이 헌법적으로 확정되어 있다고 볼 수 없는 한, 이를 근거로 하여 예술의 자유의 헌법적 한계를 긋는 것은 설득력이 매우 떨어진다. 따라서 그 사회의 윤리나 공중도덕을 침해하기 때문에 규제되어야 할 예술표현이 무엇이 될 것인지는 충돌하는 실질적인 규범적 가치들 상호 간의 형량문제로 넘어가야 할 것이고, 결국 이는 헌법 제37조 제2항에 따른 예술의 자유에 대한 법률적 제한의 과잉여부의 문제가 되는 것이다(헌법적 한계와 법률적 제한의 단계화).

134. 충돌하는 실질적인 규범적 가치들 상호 간의 형량문제

---

145) 위 II, 5. 가 참조.

나. 예술의 자유에 대한 제한에 있어서 단계이론

(1) 예술의 자유의 제한에 있어서 단계이론

**135. 작품영역
과 작용영역**

슈타르크(Starck)는 기본법 제5조에 대한 그의 주석서(1985)[146]에서 예술의 자유의 제한과 관련하여 전술한 예술의 자유의 "작품영역(창작영역)"과 "작용영역(표현영역)"을 구분하는 소위 단계이론을 언급하였다.[147] 그리고 이 단계이론에 대해서는 독일 연방헌법재판소가 예술의 광고와 관련된 소위 '헤른부르크 보고서' 판결[148]에서 비판적 입장을 취하며 상당한 거리를 두고 있었던바, 그 이후 개정판(제6판, 2010)에서 이러한 연방헌재 판례입장에도 불구하고, 결론적으로 법익형량을 보다 더 상세하게 구조화하기 위해서는 이 단계이론을 고수할 수밖에 없다고 하는 입장을 취하였다.[149]

**136. 이 단계이
론의 국내학설
에 대한 영향**

그러므로 이 단계이론을 변형하여 수용한 것으로 보이는 국내 주요 학설들이 과연 독일 학설과 판례의 이러한 동향을 어느 정도까지 비판적으로 반영하고, 우리의 헌법조문에 입각한 해석론을 전개한 것인지 사뭇 궁금해지는 것이 사실이다. 그러므로 우선 이 단계이론과 독일 연방헌법재판소의 판례입장을 간단히 살펴 본 후, 우리 학설과 판례를 비교·분석하고, 과연 예술의 자유의 제한에 있어서 우리는 어떠한 이론 또는 심사기준을 택해야 할 것인지를 생각해 보기로 한다.

**137. 단계이론
의 핵심**

우선 전술한 바와 같이 예술의 자유에 대해서 소위 "작품영역(창작영역)"과 "작용영역(표현영역)"으로 구분한 뒤, 전자의 영역에서는 가능한 한 법적인 제한이 없이 자유로이 예술의 자유를 누릴 수 있어야 하는 데 반하여, 후자의 영역에서는 예술작품의 전파 여부(ob)와 방법(wie)과 관련해서, 그리고 예술창작의 준비(재료조달)와 관련해서도 다른 동료 시민들에 대한 외부적 효과로 인하여 그 제한가능성이 더욱 강해질 수 있다고 하는 것이 바로 슈타르크(Starck)가 제시한 단계이론의 핵심이다.[150]

---

146) v. Mangoldt/Klein/Starck (주 2), Rn. 207 ff.
147) 그는 자신의 주석서 (주 2)에서 언급한 예술의 자유의 제한에 관한 자신의 단계
    이론을 간략하게 요약하고, 그 이후 독일 연방헌법재판소의 이에 대한 거부에 대
    하여 보고하고 있다. Starck (주 2), Rn. 330.
148) BVerfGE 77, 240 (253 ff.).
149) Starck (주 2), Rn. 332.

다만 이러한 소위 "작품(예술창작)영역"과 "작용(예술표현)영역"에 대한 구분론과 그리고 그 제한에 있어서 단계이론에 대해서 슈타르크 역시 가령 행위예술[151], 거리예술, 예술적인 무대예술과 음악연주 등의 경우에는 예술창작과 예술표현이 한꺼번에 동시에 이루어진다고 하는 이유에서 모든 예술영역에 다 타당한 것은 아니라고 하는 유보적 입장을 전술한 1985년 판 주석에서 이미 암시한 바 있었기는 하다.[152]

138. 예술창작과 표현이 동시에 일어나는 예술의 경우 적용불가

(2) 독일 연방헌법재판소의 단계이론에 대한 거부적 태도와 예술의 자유의 제한에 대한 심사기준

이 단계이론에 대해서 독일 연방헌법재판소는 가차 없는 비판적 판시를 하였다.[153] 즉 예술의 자유는 모두 소위 유보가 없는 기본권으로서, 이는 작품(창작)영역 뿐만 아니라 작용(표현)영역에도 적용되며, 작품(창작)영역과 작용(표현)영역에 따라 예술의 자유의 기본권의 보호효과를 단계화하는 것은 고려되지 않는다는 것이다.[154]

139. 독일 연방헌재의 단계이론에 대한 거부

> **독일 연방헌재 판례** BVerfGE 77, 240 - 헤른부르크 보고서
>
> 물론 이로부터 작품영역과 작용영역에 따라 분리되는 단계이론은 예술의 자유의 제한을 위하여 다음과 같은 의미로 전개되는 것은 아니다. 즉 작품영역에 대해서는 단지 헌법적으로 보호된 법익들만이 한계로서 동원될 수 있는 데 반하여, 작용영역에 대해서는 기본법적으로 보호되는 법익으로 환원되는 것이 아니라, 민주적 법질서의 특권에 대한 적대감(Privilegienfeindlichkeit)에 그 근거가 있는 [...] 일반적 법질서가 기준이 된다는 그러한 의미이다. 시대착오적 행렬 사례(BVerfGE 67, 213 ff.)[155]가 보여주고 있듯이, 일정한 예술적 표현에 있어서는 작품영역과 작용영역이 결합되어 있으며, 양 영역들간의 흐름이 유동적이고 또한 작품영역에는 예술종류에 따라서 극도로 다양한 의미가 주어지며, 예술을 매개하는 행위 자체도 예술작품에 대하여 상당한 관련을 가질 수

---

150) Starck (주 2), Rn. 330.
151) Starck (주 2), Rn. 330.
152) Starck (주 2), Rn. 330; Starck (주 2), Rn. 207.
153) BVerfGE 77, 240 (253 ff.). 이에 대해서는 Richter외 3인 공저/방승주 역 (주 12), 214-216면.
154) Starck (주 2), Rn. 331. Richter외 3인 공저/방승주 역 (주 12), 214-216, 215면.
155) 이에 대하여는 Richter외 3인 공저/방승주 역 (주 12), 206-207면.

있다고 하는 것은 그러한 단계화를 인정할 수 없는 논거가 된다. 그렇게 단계
화된 한계를 통한 해결은 예술의 자유가 유보 없이 보장되고 있다는 점, 그리
고 이것은 작품영역이 - 상술한 바와 같이 - 예술의 자유의 보장범위에 포함된
다면 작용영역에 대해서도 적용된다고 하는 점 때문에도 불가하다.156) 이러한
인식으로부터 연방헌법재판소는 이미 "메피스토" 결정에서 예술의 자유의 보장
은 작품영역과 작용영역에 동일하게 관련되고 또한 양 영역들은 불가분의 통
일성을 이룬다고 하는 점을 확인한 바 있다(vgl. BVerfGE 30, 173 [189]).157)

하지만 그렇다고 해서 이로부터 기본법 제5조 제3항 제1문에 해당되는 모든
행위들이 똑같은 보호를 필요로 한다고 하는 결론이 나오는 것은 아니다. 이
행위들은 전혀 상이한 "외부효과"를 가질 수 있다. 따라서 문제되는 행위가 예
술의 자유의 핵심에 가깝게 귀속될 수 있으면 있을수록 그리고 그 행위가 창
조의 영역에서 더 많이 이루어지면 이루어질수록, 그만큼 더 국가적 제한은 허
용되지 않는다. 하지만 이로부터 예술의 자유가 작품영역에서는 작용영역에서
보다 오히려 우위를 점한다고 하는 하나의 사실상의 추정이 나오는 것은 아니
다. 그때그때 구체적인 행위가 연방헌법재판소가 전개한 원칙의 준수 하에서
이루어진 방식대로 제한되어도 되는지 여부에 대하여 개별적으로 확인할 필요
가 있다. 심사기준(Prüfungsmaßstab)은 그 행위가 작품영역에 해당되는지 아니
면 작용영역에 해당되는지와 상관없이 어쨌든 동일한 것이다. 사실상의 상태,
외부효과의 정도 그리고 예술관련성의 강도가 헌법적으로 보호되는 법익들
(Belange)의 중요성과 이와 동시에 형량의 결론에 영향을 미칠 뿐이다.158)

**140. 예술의 자
유의 핵심영역
에 가까우면 가
까울수록 예술
의 자유가 더욱
보호**

요컨대 독일 연방헌법재판소는 슈타르크의 단계이론을 거부하고는
있지만, 창작영역이냐 표현영역이냐를 가리지 않고서 충돌하는 어떠한
법익이 예술의 자유의 핵심영역에 가까우면 가까울수록 예술의 자유가
더욱 보호되어야 하고, 그렇지 않을수록 다른 법익이 우위에 있을 수 있
다고 하는 것이다. 결국 예술의 자유에 대한 헌법적 한계를 판단함에 있
어서 굳이 예술창작영역과 예술표현영역을 구분하여 획일적으로 전자에
대하여 우위를 인정하는 것이 아니라, 연방헌재 특유의 "~하면 할수록
…하다"는 식(Je mehr…desto weniger)의 심사기준을 사용하고 있음을 알

---

156) BVerfGE 77, 240, 254. Richter외 3인 공저/방승주 역 (주 12), 215면.
157) BVerfGE 77, 240 (254).
158) BVerfGE 77, 240 (254 f.).

수 있다. 이러한 심사기준의 사용은 재산권의 침해 여부와 관련해서도 개인적 관련성에 가까우면 가까울수록 재산권이 우월하고 사회적 관련성이 크면 클수록 그 제한가능성이 크다고 하거나 직업의 자유에 있어서도 직업선택 자체에 대한 제한에 가까우면 가까울수록 더욱 직업의 자유에 대한 침해가능성이 있다고 보는 방식과도 유사하다고 판단된다.

(3) 우리 학설과 판례

(가) 학 설

우리 학설은 우선 예술의 자유의 보호영역과 관련해서 예술창작의 자유와 예술표현의 자유를 구분하는 전술한 독일 연방헌법재판소의 구분론을 거의 통설159)적으로 받아들이고 있다.

> 141. 예술창작과 예술표현의 자유 구분론

그러나 양 영역(예술창작과 예술표현)에 대한 제한 가능성을 어떻게 볼 것인지에 대해서는 견해가 다양하게 갈리는 것으로 보이나, 대체로 첫째, 실질적으로 단계이론을 수용하되 예술창작도 절대적 자유가 아니라는 입장(창작상대설)과, 둘째, 실질적으로 단계이론을 수용하되 예술창작은 절대적 자유로 제한이 불가하다는 입장(창작절대설), 셋째, 단계이론의 수용여부에 대하여 구체적 언급이 없는 입장(단계이론수용 유보설)으로 나뉜다.

> 142. 제한 가능성에 대한 학설

1) 예술창작 상대적 자유설

우선 '개념내재적 한계설'이 있다. 예술 개념에 해당될 수 없는 사이비예술은 보호의 대상에서 제외된다고 하는 견해160)이다. 그리고 이 학설은 "예술표현의 자유는 예술창작의 자유에 봉사하는 기능을 하는 것이 사실이고, 따라서 예술표현의 자유가 보다 많이 제한될 수 있는 것은 사실"이라고 전제하지만, 그러나 그렇다고 해서 예술창작의 자유도 절대적 자유는 아니라고 보면서 결국 헌법 제37조 제2항에 의한 일반적 법률유보에 따른 제한이 가능한 것으로 보되 실제적 조화의 원리에 의

> 143. 개념내재적 한계설

---

159) 가령 계희열 (주 1), 383-384, 388면과 이하 후술하는 문헌들 참조.
160) 계희열 (주 1), 388면.

한 해결을 강조하는 입장161)이다.

144. 보호강도에 차등을 두는 입장들

그리고 예술창작의 자유와 예술표현의 자유를 구분하되 양자를 절대적 자유와 상대적 자유로 대비하지는 않지만, 후자가 전자보다 더욱 많이 제한될 수 있다거나162), 전자가 후자보다 더욱 강력하게 보호된다고 하는 견해들163)도 마찬가지로 예술창작 상대적 자유설에 해당되는 것으로서 결론적으로는 독일 연방헌법재판소의 입장과 상당히 유사한 입장을 보이고 있다.

2) 예술창작 절대적 자유설

145. 예술창작의 자유 절대, 예술표현의 자유 상대

이에 반하여 예술창작의 자유와 예술표현의 자유를 구분하면서, 특별히 상세한 근거를 들지는 않고 있지만, 전자는 절대적 자유이고 후자는 상대적 자유라고 주장하는 견해들164)이 있다. 그리고 예술 활동이 내면에 그치지 않고 외면적 행위로 나타나는 경우에는 법률에 의해 제한될 수 있다고 보는 견해165) 역시 구체적 언급은 없으나 반대로 읽어 보면 예술 활동이 내면에 그치는 경우에는 제한될 수 없다고 하는 취지로 볼 수 있기 때문에 마찬가지 입장으로 보인다.

3) 단계이론수용여부 유보설

146. 소위 내재적 한계설

또한 예술의 자유의 기능과 본질상 법률로써 예술의 자유를 제한하는 것은 적당치 않다166)고 하면서도, '헌법의 통일성'의 관점에서 민주적 기본질서, 타인의 권리와 명예, 재산권, 공중도덕이나 사회윤리가 예술의 자유에 대한 제한의 근거가 될 수 있다고 하는 소위 내재적 한계설167)이 있다. 다만 이 학설은 공중도덕이나 사회윤리를 이유로 하는

---

161) 계희열 (주 1), 388면.
162) 권영성 (주 18), 551면; 허완중 (주 64), 417면.
163) 정만희, 헌법강의, 동아대학교 출판부 2019, 446면; 정종섭 (주 19), 631면; 김하열, 헌법강의, 박영사 2023, 523면.
164) 김철수 (주 62), 831면. 학문과 예술의 자유에 대한 제한을 함께 언급하면서 유사한 취지로, 구병삭, 신헌법원론, 박영사 1996, 473면; 홍성방 (주 122), 518면; 김학성, 헌법학원론, 박영사 2012, 533면.
165) 양건 (주 30), 641면.
166) 허영 (주 17), 499면.

제한은 새로운 예술의 경향을 억압할 수 있기 때문에 신중을 기해야 하며, 예술에 대한 진흥과 예술간섭주의는 구분되어야 함을 강조하고 있다.168)

그러나 이 학설은 예술의 자유의 제한과 관련하여 창작영역과 표현영역을 구분해서 제한의 여부와 방법을 달리할 것인지, 즉 전술한 단계이론의 적용 여부에 대해서는 구체적 입장을 밝히지 않고 있는 것으로 보아 유보설로 분류할 수 있을 것이다.169)

147. 또 다른
유보설

(나) 판 례

우리 헌법재판소 역시 학문의 자유와 관련하여 연구의 자유는 절대적 자유170)에 해당된다고 하는 입장이기는 하나, 예술의 자유와 관련해서는 예술창작의 자유가 예술표현의 자유보다 더욱 강한 보호를 받는다고 할 것인지 혹은 절대적 자유에 해당된다고 할 것인지 여부에 대한 뚜렷한 입장을 보여주고 있는 결정은 아직 안 보인다.

148. 헌재 판례

다만 예술표현의 자유가 무제한한 자유가 아니라고 한 판시가 있다.171)

149. 예술표현
의 자유 무제한
아님

---

167) 허영 (주 17), 499－5001면. 예술표현의 자유는 헌법 제37조 제2항에 의하여 그리고 그 밖에 타인의 명예나 권리, 공중도덕이나 사회윤리 등과의 관계에서 제한될 수 있다고 보는 견해들(성낙인 (주 30), 1282면; 전광석, 한국헌법론, 집현재 2023, 374면; 이승우, 헌법학, 두남 2009, 654면)과 예술의 자유와 충돌할 수 있는 기본권으로 명예권, 사생활의 기본권과 성적 자기결정권을 들면서 이를 헌법직접적 제한규범으로 파악하고 있는 견해(이준일, 헌법학강의, 홍문사 2019, 543면)도 비구분설 내지 유보설에 해당되는 것으로 이해된다.

168) 마찬가지로 명재진 (주 17), 805면.

169) 역시 단계이론에 대하여 특별한 입장을 표시하지 않고 있으나 청소년보호를 위한 음화 등 반포죄(형법 제243조)나 제조죄(형법 제244조)의 해석과 적용에 있어서 – 청소년보호법 제7조 이하의 규정들과 유기적인 관련 속에서 – 상응하는 단계적 구체화가 필요하다고 보는 입장(장영수, 헌법학, 홍문사 2022, 737－738면)이 있으나, 그러한 생각의 정확한 근거나 출처에 대해서는 밝히고 있지 않으므로 그것이 슈타르크(Starck)적 의미의 단계이론을 의미하는 것인지 여부는 확실치 않지만 그 내용을 참고했을 가능성도 배제할 수 없다.

170) 헌재 1992. 11. 12, 89헌마88, 교육법 제157조에 관한 헌법소원, 판례집 제4권, 739, 756.

171) 헌재 1993. 5. 13, 91헌바17, 음반에관한법률 제3조 등에 대한 헌법소원, 판례집 제5권 1집, 275.

(4) 사견: 어떻게 봐야 할 것인가?

(가) 일부 전형적 예술유형(장르)의 경우에 한하여 단계이론수용

150. 전통적이고도 전형적 예술의 경우 단계이론 수용

결론적으로 창작과 표현이 동시에 함께 이루어지는 예술유형(장르)를 제외한 전통적이고도 전형적인 예술에 대해서는 단계이론을 수용할 수 있을 것이다.

151. 예술창작과 예술표현은 불가분의 일체

예술가가 창작을 하는 것은 단순히 자기만족만을 위해서 하는 것이 아니라 예술작품을 다른 사람에게 보임으로써 자신의 창조적 인격을 외부로 발현시키고, 그것을 통하여 대중과 호흡하며 대중들로부터 다시 예술창작을 위한 더 많은 다른 영감을 얻게 되는 연속적 과정인 것이다. 따라서 독일 연방헌법재판소가 메피스토 결정[172]에서 강조하고 있듯이 예술창작과 창작물을 외부로 전달하고 보급하는 것은 서로 분리될 수 있는 것이 아니라, 불가분의 일체를 이룬다고 할 수 있다.

152. 창작과 동시에 전시나 표현이 이루어지는 예술도 존재

그리고 일찍이 단계이론의 주창자였던 슈타르크(Starck)도 인정하였듯이 행위예술이나 거리예술, 한번 상연하고 사라지고 마는 그러한 성격의 무정형의 예술들은 모두 창작과 동시에 전시나 표현이 이루어지는 것이 사실이다. 다만 정보통신과 모바일 기술이 고도로 발전된 오늘날에는 이러한 행위예술이나 거리예술들마저도 행인이나 제3자가 영상에 기록하여 사회관계망(SNS) 등 인터넷 매체로 유포하게 되는 경우, 음반이나 동영상으로 제작되는 효과가 발생한다. 어쨌든 창작과 표현(보급)이 한꺼번에 이루어지는 것이다.

153. 예술창작 절대적 자유설은 현대미술에는 통용될 수 없음

따라서 창작영역과 표현영역을 양분하여 외부적 효과를 가지는 표현영역은 상대적 자유이요, 창작영역은 절대적 자유에 해당한다고 획일적으로 보는 국내의 예술창작 절대적 자유설은 가령 회화, 조각, 시, 소설, 작곡 등과 같은 전통적인 유형(장르)의 예술들의 경우에는 어느 정도 타당하지만, 오늘날의 현대 예술 전반에 걸쳐 모두 다 통용될 수 있는 주장은 아니라고 생각된다.

154. 예술창작 영역의 경우

다만 우리가 여기에서 확인할 수 있는 것은 예술품의 전시, 보급, 상영, 음반제작이나 시·소설의 출판과 같이 외부적 효과(Außenwirkung)

---

172) BVerfGE 30, 173 (189).

를 가지는 예술표현행위에 대해서는, 아직 외부적 효과가 없거나 준비 단계에 있을 뿐인 예술창작영역에 비해서 다른 사람의 기본권과 충돌할 가능성이 더 많다는 것은 사실이다. 그러므로 소설원고의 집필과 같이 아직 발표하기 전이어서 외부적 효과가 전혀 없거나 혹은 준비단계에 지나지 않을 뿐인 예술창작영역의 경우에는 예술의 자유에 대한 제한 필요성이 사실상 거의 없다고 봐야 할 것인 데 반하여, 나머지 외부적 효과가 있는 예술품의 전시, 상영, 보급, 출판 등의 경우에는 충돌하는 다른 기본권적 법익이 무엇인가에 따라서 형량이 없이, 혹은 충돌하는 다른 헌법적 법익과의 신중한 형량을 통해서 양 법익이 최적으로 실현 될 수 있도록 실제적 조화를 기하는 방법으로 예술의 자유를 제한할 필 요가 있는 것이다.

예를 들어 어떠한 예술이 창작과 동시에 상영이 되는 경우에도 그 내용이 타인의 명예나 인격권의 핵심적 영역을 직접적으로 침해할 가능 성이 있다면, 이러한 예술행위는 예술가 스스로 최대한 다른 방식으로 표현하여야 할 것이다. 즉 타인의 명예나 권리를 침해하지 않는 방법이 나, 표현을 사용하거나, 또는 창작소재가 되고 있는 인물을 완전히 타자 화(Verfremdung) 또는 소설화(Fiktionalisierung)[173]시켜 명예훼손의 가능성 을 사전에 차단해야 할 필요가 있을 것이다. 물론 풍자나 캐리커쳐의 경 우 그 예술에 고유한 독자법칙성이 있으므로 그로 인한 인격권의 침해 가능성만을 일방적으로 받아들일 경우 예술의 자유에 대한 헌법의 객관 적 가치결단이 소홀히 될 수 있는 가능성도 부인할 수 없으므로 최대한 예술에 적합한 해석을 하는 등 충돌하는 양 법익을 최대한 실현할 수 있도록 실제적 조화를 잘 이루어야 한다(이에 관해서는 전술한 독일 연방헌 재의 메피스토 결정 참조).

결국 기준은 창작행위이든 표현행위이든 타인의 명예나 권리 등 다 른 헌법적 법익을 침해할 가능성이나 위험성이 있는가 하는 점이다. 따 라서 창작영역과 표현영역을 엄밀하게 획일적으로 구분하여 보호의 강 도를 달리 하려 하는 것은 적절치 않을 수 있다. 다만 작가가 어떤 한

제한 필요성 없 으나 예술표현 영역의 경우 충 돌하는 헌법적 법익과의 형량 을 거쳐 최적의 실현

155. 예술창작 과 예술표현이 동시에 이루어 지는 현대미술 의 경우

156. 다른 헌법 적 법익의 침해 가능성

---

173) Starck (주 2), Rn. 335.

소설을 창작의 단계에서 원고형태로만 가지고 있는 상태와 출판사에 원고를 넘겨 출판을 하고 있거나 그 후의 상태는 외부적 효과에 있어서는 천양지차라고 할 수 있다. 만일 인격권이나 명예권의 침해가 문제될 경우 그 소설의 출판에 대해서는 관련 당사자가 민사적으로 출판중지가처분소송을 제기하거나, 형사적으로는 명예훼손죄로 고소하여 형사기소를 하게 할 수도 있을 것이다.

157. 슈타르크의 단계이론에 대한 평가와 사견

요컨대, 창작영역과 표현영역을 구분하여 그 외부적 효과의 정도에 따라서 금지여부(ob)나 제한의 정도와 방법(wie)을 달리하는 슈타르크(Starck)식 단계이론은 전통적 유형(장르)의 예술에 대해서는 여전히 효용성이 있다고 할 수 있는 데 반하여, 행위예술이나 거리예술과 같이 창작과 표현이 동시에 이루어지는 예술의 경우, 금지여부(ob)나 제한정도와 방법(wie)을 달리할 수 있는 가능성 자체가 아예 없기 때문에 이 경우에는 단계이론을 적용할 여지가 처음부터 없다. 따라서 ⅰ) 인간존엄과 생명권과 같은 중대한 헌법적 법익과 충돌할 수 있는 경우에는 형량이 필요 없이 헌법적 차원에서 인간존엄권과 생명권이 예술의 자유보다 우선한다고 할 수 있으며, ⅱ) 예술의 자유와 다른 헌법적 법익이 충돌할 경우에는 어떠한 법익이 더 중요한지 그리고 어떠한 법익침해가 더 중대한지에 관하여 신중하게 형량을 한 후, 예술의 자유에 대한 금지나 제한 여부와 그 정도를 각각 달리 판단해야 할 것이다. 이 때 물론 비례의 원칙과 본질내용침해금지의 원칙(헌법 제37조 제2항)을 적용해야 하는 것은 당연하다.

(나) 예술의 자유와 다른 헌법적 법익간의 충돌 시 구체적 형량요소들

158. 구체적·개별적 판단

우리 헌법은 예술의 자유도 일반적 법률유보(헌법 제37조 제2항) 하에 놓이는 것으로 규정하고 있지만, 예술의 자유의 성격과 속성상 다른 헌법적으로 보호되는 법익과 명백히 충돌할 경우에만 필요한 최소한에 한하여 법률에 의하여 제한될 수 있다.[174] 실질적으로는 ⅰ) 충돌하는

---

174) BVerfGE 67, 213 (228).

법익간의 형량이 아예 필요 없거나 ⅱ) 충돌하는 법익간의 형량이 필요
한 경우에 비례의 원칙을 단계적으로 적용해야 하며175), 충돌하는 다른
헌법적 법익이 무엇인지 그리고 그 제한(침해)의 중대성이 어느 정도인
지에 따라서 모두 구체적, 개별적으로 판단을 하여야 한다.

예술의 자유와 다른 헌법적 법익간의 충돌의 경우에 그 형량 필요
성과 관련한 이하의 독일 판례와 학설은 우리에게 시사해 주는 바가 많
다. 그러므로 예술의 자유와 다른 기본권과의 충돌과 관련한 헌법재판
소 판례가 상대적으로 적은 우리의 실무를 고려하여, 독일의 주요 기본
법주석의 내용을 참고하여 비교적 상세히 소개해 보기로 한다.

159. 형량 필요 성과 관련한 독 일 판례와 학설

독일 판례와 학설 **1) 제한의 정당화(헌법적 한계)**

예술의 자유는 기본법 제5조 제2항의 한계(일반적 법률, 청소년의 보호)나
또는 기본법 제2조 제1항의 한계(타인의 권리, 도덕률, 헌법질서)의 적용을 받
지 않는다.176) 예술의 자유는 헌법적으로 보호되는 다른 가치(충돌하는 헌법)
에 의해서만 제한될 수 있는데177), 이 경우 (진정한) 제한은 법률적 근거를 필
요로 한다.178) 특별권력관계(특별한 신분관계)가 있다고 해서 예술의 자유에
대하여 제한할 수 있는 권한이 인정되는 것은 아니다.179)

형량의 경우에는 관련 예술유형(장르)의 구조적 표지(Strukturmerkmal)를 고
려해야 한다.180) 그리고 헌법제정자가 예술의 자유를 유보 없는 기본권으로 보
장한 취지가 무의미하게 되지 않도록 주의해야 한다.181)

다른 헌법적 가치에 의한 예술의 자유에 대한 제한은 가장 대표적으로 예술
행위의 양식(Modalität)들만 문제되고 있을 뿐이거나, 혹은 - 예술 창작 과정에
서 일정한 행위가 이루어졌는지와 상관없이 - 일정한 행위가 일반적으로 금지
되는 경우(일반적 법률에 의한 제한)에 검토될 수 있다.182) 예술표현영역에서
는 예술창작영역에서보다 예술의 자유에 대한 제한이 더욱 가능해진다.183) 그

---

175) Jarass (주 24), Rn. 114.
176) BVerfGE 30, 173 (191 f.); 67, 213 (228); 83, 130 (139). Jarass (주 24), Rn. 113.
177) BVerfGE 67, 213 (228); 119, 1 (23).
178) Jarass (주 24), Rn. 113.
179) Jarass (주 24), Rn. 113, 금치기간 중 집필금지가 학문과 예술의 자유를 침해할 수
    있다고 본 우리 헌법재판소 판례(2003헌마289)도 이와 대동소이한 의미로 이해된다.
180) BVerfGE 81, 298 (306); Jarass (주 24), Rn. 114.
181) Jarass (주 24), Rn. 114.
182) Jarass (주 24), Rn. 114.

밖에 형량에 있어서는 예술작품 전체를 고려해야 한다.184) 예술작품에 대하여 여러 가지 해석이 가능할 경우에는 충돌하는 다른 법익을 가장 덜 침해하는 해석을 택해야 한다.185) 끝으로 국가적 조치가 그 밖의 경우에도 기본권의 행사의욕을 반감시킬 가능성이 있을 것인지 여부에 대하여 정밀하게 심사할 필요가 있다고 한다.186)

2) 제한(약)(Beeinträchtigung)사례

예술의 자유는 만약 국가가 예술가에 대하여 예술창작영역이나 예술표현영역에서 가령 금지, 형법적 제재 등을 통해서 예술행위를 방해하는 경우에 제한이 존재한다.187)

타인소유나 공공소유 용지의 이용을 금하는 것은 예술의 자유에 대한 제한이라 할 수는 없다.188) 그것은 방어권으로서 예술의 자유의 보호영역을 넘어서는 것이다. 다만 예외적인 경우에 예술에 대한 지원 또는 증진의무의 부작위로 인한 기본권제한 가능성을 별도로 검토해 볼 여지는 있다.189)

공공 도로상에서의 예술행위를 규제하는 것은 이 행위가 교통에 방해를 야기하지 않는 한, 예술의 자유에 대한 제한이 된다. 왜냐하면 이 경우 물자배분의 부족 등이 문제되는 것이 아니라, 공공도로의 이용에 대한 단순한 방해가 문제되는 정도이기 때문이다.190) 음악가들이 거리에서 확성기를 사용하지 않고서 연주하는 음악(소위 '버스킹')은 노상에 대한 공동이용에 해당되거나 위험성이 없는 특별사용허가 청구권의 행사로 볼 수 있다고 한다.191)

그리고 만일 어떠한 유형(장르)의 예술은 지원하면서 다른 유형(장르)의 예술에 대해서는 지원하지 않는다면 이는 차별에 의한 예술의 자유에 대한 제한이 될 수 있다. 다만 예술의 지원과 진흥을 어느 정도로 어떠한 방식으로 할 것인지는 입법자에게 넓은 형성의 자유가 인정되는 영역이기는 하다. 그 결정은 독립적인 예술가전문위원회에 맡기는 것이 예술에 대하여 가장 합당하게 행하는 것이 될 것이다.192)

---

183) BVerfGE 77, 240 (253 ff.). Jarass (주 24), Rn. 114.
184) BVerfGE 67, 213 (228 f.). Jarass (주 24), Rn. 114.
185) BVerfGE 67, 213 (230); 80, 298 (307); Jarass (주 24), Rn. 11;4.
186) BVerfGE 83, 130 145 f; Jarass (주 24), Rn. 114.
187) Jarass (주 24), Rn. 109.
188) Jarass (주 24), Rn. 109.
189) Jarass (주 24), Rn. 109.
190) Jarass (주 24), Rn. 110.
191) Jarass (주 24), Rn. 110.

한편 문화예술에 대한 국가적 진흥과 장려의무에도 불구하고 예술에 대하여 재정적 지원을 요구할 수 있는 주관적 청구권이 예술의 자유로부터 도출되는 것은 아니라고 한다.193) 또한 독일 연방행정재판소는 예술가의 계속근무청구권도 인정하지 않았다.194)

그리고 예술의 자유와 충돌하는 다른 헌법적 법익들은 다음과 같은 사례들이 있는데 우리에게 시사해 주는 바가 크므로 소개해 보기로 한다.

ⅰ) 청소년보호

독일에서 청소년보호는 헌법적으로 보호되는 대표적인 법익 중의 하나로서 예술의 자유를 제한한다.195) 다만 전술한 단계이론을 주창한 슈타르크(Starck)에 의하면 청소년보호를 이유로 하는 예술창작과 예술표현에 대한 금지(ob)는 불가능하고, 다만 예술표현의 양식 및 방법(wie)과 관련한 제한만 가능할 뿐이라고 한다.196) 독일의 연방헌법재판소와 연방행정재판소에 의하면 명백히 청소년에 유해한 예술작품을 청소년들에게 배포하는 것은 금지될 수 있다.197) 청소년유해잡지 여부를 심사하는 심사기관에 법익형량과 관련하여 사법심사가 불가능한 재량을 부여하는 것은 허용되지 않는다.198) 이 기관의 구성은 법률로 규정해야 한다.199) 그리고 당해 예술가는 사전에 청문(聽聞)의 기회가 주어져야 한다.200)

ⅱ) 기타 공법

기타 공법적 내용을 살펴보면 우선 건축법상 기형적 건축작품은 금지될 수 있다. 왜냐하면 이것은 인근주민들의 재산권과 다른 기본권을 보호하기 위해서 그렇다.201) 그리고 기본법 제20a조(자연적 생활기반의 보호)는 주변경관을 해치는 건축에 대한 제한을 허용한다.

---

192) Jarass (주 24), Rn. 110a.
193) Jarass (주 24), Rn. 111,
194) BVerwGE 62, 55 (60); Jarass (주 24), Rn. 111,
195) BVerfGE 83, 130 (139 f.). — 이에 관해서는 Richter외 3인 공저/방승주 역 (주 12), 212–214면 참조. Jarass (주 24), Rn. 115,
196) Starck (주 2), Rn. 313; Jarass (주 24), Rn. 115,
197) BVerfGE 30, 336 (350); BVerwGE 39, 197 (208); Jarass (주 24), Rn. 115,
198) BVerwGE 91, 211 (213 f.) 그리고 이와 달리 BVerwGE 77, 75 (85); Jarass (주 24), Rn. 115,
199) BVerfGE 83, 130 (153); Jarass (주 24), Rn. 115,
200) BVerwG, NJW 1999, 78; Jarass (주 24), Rn. 115,
201) BVerwG, NVwZ 91, 984; Jarass (주 24), Rn. 116; Starck (주 2), Rn. 348.

그리고 사실상 기독교국가인 독일에 특유한 주장으로 보이는바, 학설에 의하면 예술의 자유가 종교적 감수성에 대한 객관적으로 중대한 침해를 정당화하는 것은 아니라고 한다.[202] 그리고 조용한 공휴일에는 예술적 공연을 금지할 수 있다고 한다.[203]

한편 국가안보를 위한 예술품의 반출금지는 연방공화국과 그 기반의 존립에 대한 직접적이고도 현존하는 위험을 초래할 경우에만 금지될 수 있다고 한다.[204] 또한 위헌적 조직의 상징에 대한 사용이 예외 없이 금지되는 것은 아니라고도 한다.[205] 연방국기와 국가의 보호를 위한 형벌조항은 예술영역에서는 제한적으로 적용될 수 있다고 한다.[206] 연방공화국에 대한 모독의 경우도 역시 마찬가지이다.[207] 명예훼손에 관한 형벌조항은 명예의 핵심이 침해되는 경우 예술의 자유에 대하여 일반적으로 우위에 있다고 한다.[208]

iii) 사법(Privatrecht)

예술적 활동에 의하여 일반적 인격권이 제약되는 경우에는 예술의 자유의 방사효과가 준수되어야 하고, 이 경우 형량이 필요하다. 한편으로는 묘사된 인물의 인격권에 미칠 수 있는 불리한 효과를 고려하여야 하며, 다른 한편으로는 출판금지와 관련되는 자유로운 예술이라고 하는 법익도 고려해야 한다.[209] 그러나 인간존엄과 관련되는 인격권에 대한 중대한 침해는 일반적으로 허용되지 않는다.[210] 어떤 소설이 살아 있는 사람을 강하게 암시하면 할수록, 그만큼 그로 인한 인격권의 침해는 면탈되기 어렵다.[211] 그리고 예술가도 일반적으로 계약상의 합의를 준수해야 한다.[212] 제3자의 재산권에 대한 침해는 허용되지 않는다. 공정거래법상의 규정들도 준수되어야 한다.[213] 하지만 공정거래와 관련

---

202) Starck (주 2), Rn. 340; Jarass (주 24), Rn. 116,

203) BVerwG, NJW 1994, 1976; Jarass (주 24), Rn. 116.

204) BVerfGE 33, 52 (70 f); Jarass (주 24), Rn. 116.

205) BVerfGE 77, 240 (256). 이에 대하여는 Richter외 3인 공저/방승주 역 (주 12), 214-216면 참조. Jarass (주 24), Rn. 116.

206) BVerfGE 81, 278 (293 ff.) - 연방국기. 이에 대하여는 Richter외 3인 공저/방승주 역 (주 12), 209-211면 참조. BVerfGE 81, 298 (304 ff.); Jarass (주 24), Rn. 116.

207) BVerfG, NJW 2001, 597; Jarass (주 24), Rn. 116.

208) Jarass (주 24), Rn. 116.

209) BGH, NJW 2005, 2847; Jarass (주 24), Rn. 117.

210) BVerfGE 67, 213 (228) - 시대착오적 행렬. 이에 대하여는 Richter외 3인 공저/방승주 역 (주 12), 2069-207면 참조. BVerfGE 75, 369 (380). Jarass (주 24), Rn. 117.

211) BVerfGE 119, 1 (30); BGH, NJW 2009, 3577 f. Jarass (주 24), Rn. 117.

212) BGHZ 55, 77 (80 f.); Jarass (주 24), Rn. 117.

한 해석에 있어서는 예술의 자유의 헌법적 보장이 고려되어야 한다.[214] 그리고 예술작품의 전파를 전면적으로 금지하는 것은 일반적으로 허용되지 않는다.[215] 저작권에 대한 제약이 그다지 크지 않을 경우에는 예술의 자유에 우위가 두어져야 한다.[216] 해고제한 역시 예술의 자유에 의하여 제한될 수 있다.[217] 극장기업에서 인사위원회와 경영위원회의 공동결정은 원칙적으로 허용된다고 한다.[218]

다. 예술의 자유에 대한 법률적 제한

입법자는 예술의 자유에 대한 헌법적 한계를 구체화하기 위하여 법률로 예술의 자유를 제한할 수 있으나 결국 헌법 제37조 제2항에 따라 과잉금지의 원칙과 본질내용침해금지원칙을 준수해야 한다.

160. 과잉금지, 본질내용침해 금지

헌법재판소가 예술의 자유의 침해로 본 사례로는 국가보안법 제7조 제1항(문언 그대로 해석·운영할 경우 한정합헌)[219], 학교정화구역 내의 극장시설 및 영업을 금지하고 있는 학교보건법 제6조 제1항 제2호(학문과 예술의 자유 침해)[220], 행형법상 징벌의 일종인 금치처분을 받은 자에 대하여 금치기간 중 집필을 전면 금지한 행형법시행령 제145조 제2항 본문 중 "집필" 부분[221] 등이 있다.

161. 위헌 사례

> **판례** 영화법 제12조 등에 대한 위헌제청
>
> 영화도 의사표현의 한 수단이므로 영화의 제작 및 상영은 다른 의사표현수단과 마찬가지로 언론·출판의 자유에 의한 보장을 받음은 물론, 영화는 학문적 연구결과를 발표하는 수단이 되기도 하고 예술표현의 수단이 되기도 하므로 그 제작 및 상영은 학문·예술의 자유에 의하여도 보장을 받는다.
>
> (헌재 1996. 10. 4. 93헌가13, 91헌바10 (병합), 판례집 8-2, 212.)

213) BGHZ 130, 205 (219 f.); Jarass (주 24), Rn. 117.
214) BGH, NJW 2005, 2857 f; Jarass (주 24), Rn. 117.
215) BGHZ 130, 205 (218 f.); Jarass (주 24), Rn. 117.
216) BVerfG-K, NJW 2001, 599; Jarass (주 24), Rn. 117.
217) BAGE 46, 163 (173); Jarass (주 24), Rn. 117.
218) BVerwGE 62, 55 (57 ff.); Jarass (주 24), Rn. 117.
219) 헌재 1990. 4. 2, 89헌가113, 판례집 제2권, 49, 57-58.
220) 헌재 2004. 5. 27, 2003헌가1 등, 판례집 제16권1집, 670 [위헌, 헌법불합치].
221) 헌재 2005. 2. 24, 2003헌마289, 판례집 제17권 1집, 261.

162. 합헌 사례   헌법재판소가 예술의 자유에 대한 침해가 아니라고 본 사례로는 문신시술 등을 무면허의료행위로 처벌하는 의료법 제27조 제1항[222] 등이 있다. 그 밖에 예술의 자유의 보호영역과 무관하다고 본 사례로는 인터넷상의 청소년유해매체물 정보의 경우 18세 이용금지 표시 외에 추가로 '전자적 표시'를 하도록 한 정보통신망 이용촉진 및 정보보호 등에 관한 법률 시행령 제21조 제2항 및 '청소년유해매체물의 표시방법'에 관한 정보통신부고시[223] 등이 있다.

V. 저작자 · 발명가 · 과학기술자와 예술가의 권리

163. 헌법 제22조 제2항   헌법 제22조 제2항은 저작자 · 발명가 · 과학기술자와 예술가의 권리는 법률로써 보호한다고 규정하고 있다. 이는 대한민국이 저작자 · 발명가 · 과학기술자와 예술가 등 학문과 예술 종사자들의 권리를 법적으로 보호함으로써 그들의 학문과 예술을 장려하고 진흥할 뿐만 아니라, 궁극적으로는 우리 헌법 제9조가 부과하고 있는 국가의 전통문화의 계승 · 발전과 민족문화의 창달을 위하여 노력할 의무를 이행하고, 이로써 궁극적으로는 문화국가를 이룩하기 위한 목적이라고 할 수 있다.[224]

164. 구체화 법률   이를 위하여 저작자의 권리와 이에 인접하는 권리를 보호하고 저작물의 공정한 이용을 도모함으로써 문화 및 관련 산업의 향상발전에 이바지함을 목적으로 저작권법이, 또한 발명을 보호 · 장려하고 그 이용을 도모함으로써 기술의 발전을 촉진하여 산업발전에 이바지함을 목적으로 특허법 등이 규정되어 있다. 그 밖에도 지식재산 기본법, 발명진흥법, 과학기술기본법, 숙련기술장려법, 문화재보호법, 학술진흥법 등도 제정되어 시행되고 있다.[225]

165. 저작자의 저작인격권   저작권법은 저작자의 저작인격권[226](동법 제3절)을 보호하고 있다. 그

---

222) 헌재 2014. 8. 28, 2013헌마514, 의료법 제27조 제1항 등 위헌확인; 헌재 2016. 10. 27, 2016헌바322, 의료법제27조 제1항 등 위헌소원.
223) 헌재 2004. 1. 29, 2001헌마894, 판례집 제16권 1집, 114, 136.
224) 동지, 허영 (주 17), 501 – 502면.
225) 동지, 허영 (주 17), 501 – 502면.
226) 저작인격권의 일신전속성과 그 권한행사 위임의 한계에 관해서는 대법원 1995.

리고 저작권은 헌법 제23조의 재산권의 보호영역에 포함되는 권리이다.

헌법재판소는 식품이나 식품의 용기·포장에 "음주전후" 또는 "숙 취해소"라는 표시를 금지하고 있는 식품의약품안전청 고시가 청구인들 의 영업의 자유와 헌법상 재산권인 특허권을 침해하여 위헌이라고 보았 다.227)

166. 위헌 사례

---

10. 2. 94마2217 결정 참조; 박성호, 저작권법, 박영사 2023, 249면 이하.

227) 헌재 2000. 3. 30, 99헌마143, 식품등의표시기준 제7조 별지1 식품등의세부표시기 준 1. 가. 10) 카)위헌확인, 판례집 제12권 1집, 404.

제 18 절   양심의 자유

Ⅰ. 서 론

1. 헌법 제19조

헌법 제19조는 "모든 국민은 양심의 자유를 가진다"고 규정하고 있다. 세계 주요 국가의 기본권보장사를 살펴 볼 때 양심의 자유는 종교의 자유와 함께 가장 오래 전부터 보장되어 온 기본권 중의 하나로 알려져 있다.[1]

2. 양심의 자유 연혁

우리의 경우 대한민국임시헌장에서는 신교(1919. 4. 11. 및 1919. 9. 11.) 혹은 신앙의 자유(1944. 4. 22.)의 보장은 있었으나 양심의 자유에 관한 언급은 없었다. 우리 헌법사에서 최초로 양심의 자유를 규정한 것은 1948. 7. 17. 광복헌법 제12조에서였다. 이 1948년 헌법부터 1960년 헌법 때까지는 신앙과 양심의 자유가 함께 보장되었으나, 1962년 헌법부터 1972년 헌법에서는 신앙의 자유가 종교의 자유로 바뀌고, 양심의 자유가 종교의 자유의 다음 항에 놓인 데 반해서, 1980년 헌법부터 1987년 현행 헌법에서는 양심의 자유가 종교의 자유의 바로 앞 조항으로 보장되고 있다.

---

1) 양심의 자유는 이미 1647년 영국의 인민협약(Agreement of the People)에 규정되었으나 발효되지는 못하였다. 양심의 자유가 종교의 자유와 함께 명시적으로 처음 규정된 것은 1663년 영국 국왕에 의해 미국식민지(Rhodes Island)에 부여된 식민지헌장에서였다고 한다. 독일에서는 양심의 자유가 최초로 규정된 세속적인 개인의 자유였으나 19세기 독일 헌법들에서는 양심의 자유를 종교의 자유의 하부형태로 보는 등 양심의 자유는 종교의 자유와 밀접하게 연결되어 있었다. 이상 계희열, 양심의 자유, 고시연구 1997. 6., 74-87(74-75)면; 계희열, 헌법학(중), 박영사 2007, 330-331면 참조. 독일의 역사적 발전에 대해서는 E.-W. Böckenförde, Das Grundrecht der Gewissensfreiheit, in: VVDStRL Heft 28, 1970, 36 ff.(37). 영국과 미국, 스위스, 독일 등 주요 선진국 헌법상 양심의 자유의 보장에 대한 개요로는 Richard Bäumlin, Das Grundrecht der Gewissensfreiheit, in: VVDStRL Heft 28, 1970, S. 3-32(10). 그 밖에도 박종보, 양심의 자유의 규범구조와 보호범위 - 준법서약제를 중심으로, 민주법학 제22권(2002. 8), 243-273(243-246)면 참조.

어쨌든 우리 헌법사에서 보더라도 양심의 자유는 신앙 내지 종교의 자유와 밀접 불가분의 관계에 있는 것을 간접적으로 알 수 있다.

1948년 헌법을 기초한 유진오 박사는 이 양심의 자유는 신앙의 자유와 함께 법률유보가 없는 것으로 보아서 일종의 절대적 자유로서의 의미를 가지는 것으로 이해하였다.[2]

헌법 제19조는 "모든 국민은 양심의 자유를 가진다"고 규정하고 있다. 헌법 제19조가 보장하는 양심의 자유에 과연 양심형성의 자유뿐만 아니라, 양심실현의 자유까지 포함될 것인지 여부에 관해서 국내 학설은 의견이 갈리었으나, 헌법재판소 판례는 국가보안법 제10조 불고지죄에 관한 헌법소원심판 이래로, 양심형성의 자유(forum internum)뿐만 아니라 양심실현의 자유(forum externum)까지 포함되며, 전자의 경우는 절대적 자유이지만 후자의 경우는 법률에 의하여 제한될 수 있는 상대적 자유라고 하는 입장을 계속해서 유지해 오고 있다. 양심의 자유가 단지 양심 형성이나 양심적 결정과 관련되는 내심적 자유에만 머무르는 것으로 이해한다면 양심의 자유는 별반 의미 없는 것이 되어버리고 말 것이다. 오히려 내심으로 형성한 양심을 외부적으로 표명하고, 실현하는 것이 과연 보장될 수 있겠는가, 그리고 그 경우 국가의 법질서와 충돌할 경우에는 어떻게 해야 할 것인가와 관련하여 이 양심의 자유의 의미가 더욱 드러날 수 있게 되는 것이다. 그러므로 이하에서는 양심의 개념과 양심의 자유의 보호영역, 주체, 효력, 그리고 그에 대한 제한 및 제한의 한계, 양심의 자유와 다른 기본권과의 경합문제에 관하여 순서대로 고찰해 보기로 한다.

3. 종교의 자유와의 밀접 불가분의 관계
4. 유보없는 자유

5. 양심형성의 자유, 양심실현의 자유도 포함

---

2) 유진오, 헌법해의, 명세당 1949, 41면.

II. 양심의 개념과 양심의 자유의 보호영역

1. 독일 학설과 판례

6. 독일학설·
판례의 영향

다른 것들도 마찬가지지만 양심의 개념과 양심의 자유의 보호영역에 관한 우리 헌법재판소의 입장은 대체로 독일의 학설과 판례로부터 많은 영향을 받았다. 그러므로 이하에서는 먼저 양심의 개념과 양심의 자유의 보호영역에 관한 독일의 주요 기본법 주석서 등 학설과 연방헌법재판소 판례를 먼저 대략적으로 살펴보기로 한다.

7. 독일 연방헌
법재판소의 정
의

독일 연방헌법재판소는 양심적 결정을 다음과 같이 정의하고 있다. "기본법 제4조 제3항(양심상 집총병역거부)의 의미에서의 양심적 결정이란 모든 진지한 도덕적 결단, 즉 善과 惡의 범주에 지향된 결단으로서 개인이 일정한 상황에서 스스로 구속되며 무조건적인 의무로서 느끼게 되어 진지한 良心上의 葛藤이 없이는 이에 역행할 수 없는 결정이다."[3]

8. 아른트의 양
심 일반적 효력
을 지향

이 결정을 인용하면서 아른트(Arndt)는 양심은 오로지 "선"과 "악"의 윤리적 범주에 지향되어 있으며, 추구되기는 하지만 지배될 수는 없고, 오히려 나름대로 객관적인 가치질서를 가리킴으로써 인간으로 하여금 경성하게 하며, 따라서 일반적 효력을 지향하는 경향을 가진다[4]고 함으로써 개인의 양심에 대하여 상당히 일반적 효력을 지향하는 경향이 있음을 강조하고 있다.

9. 슈타르크에
따른 법적 개념
으로서 양심의
개념

1985년 망골트/클라인/슈타르크의 기본법 제4조에 대한 주석(슈타르크 집필)[5]에 의하면 양심의 개념은 법적 개념[6]이라고 하고 있다. 양심의 개념은 그 자체로서 명확해야 한다, 즉 무엇을 보호하는 것인지가 충분히 객관화될 수 있어야 한다. 헌법개념으로서의 "양심"은 정치적 공동

---

3) BVerfGE 12, 45 (55). 이에 반하여 양심은 결코 대상, 내용, 이유, 동기와 관련하여 무제한적 성격이 있으며 따라서 양심은 도덕적 대상에만 국한된 것이 아니라고 하면서 원칙적으로 도덕성에 지향된 이 독일 연방헌재판례를 비판하는 견해로 E.-W. Böckenförde (주 1), S. 68.

4) Adolf Arndt, Umwelt und Recht, NJW 1966, S. 2204 ff.(2205).

5) v. Mangoldt/Klein/Starck, Das Bonner Grundgesetz, Bd 1, 3. Aufl., 1985, Art. 4 Abs. 1, 2 Rn. 36.

6) 이 점에 대한 강조로서는 이미 E.-W. Böckenförde (주 1), S. 36, 51.

生活의 기초와 관계된다. 이것은 모든 국민에 대하여 통일적으로 규정
되어야 한다. 그러므로 어떠한 종교단체 혹은 철학적 전통이나 학설에
의한 양심개념의 보다 특별한 내용들은 도외시되지 않으면 안 된다. 양
심의 개념을 정의하는 데 있어서 어려움은 다음에 있다. 즉 무엇이 양심
의 소리일 수 있는지를 정의하고자하는 경우에 양심의 자유는 제한되게
될 것이라는 점이다. 왜냐하면 구체적인 경우에 양심이 어떠한 맥락과
어떠한 명령을 가지고서 나타나게 될는지를 미리 모두 예단할 수는 없
기 때문이다. 나아가 양심을 객관화하는 데에는 다음과 같은 어려움이
따른다. 즉 종국에 가서는 개인적으로 받아들여진 가치척도와 그 불가
침성 그리고 가치충돌을 해결하기 위한 척도들이 양심적 결정의 내용을
이루게 될 것이라는 상황이다. 양심을 이미 받아들여진 일정한 가치질
서에 맞출 것을 요구하는 것은 양심의 자유를 침해할 것이다. 그러므로
남는 것, 그리고 객관화될 수 있는 것은 오로지 결정의 대상과 결정자의
태도를 통해서 간파할 수 있는 결정의 진지성과 중대성(die Ernsthaftigkeit
und das Gewicht der Entscheidung)일 뿐이라는 것이다.

　　그리고 피로트/쉴링크[7])에 의하면 양심의 자유의 본질적인 요소는
인간의 개인적 정체성을 구성하며 그에게 주관적으로 구속력 있게 명령
하며, 구체적인 상황에서 "선한" 또는 "옳은" 것으로서 일정한 행위를
하게 하거나, "악한" 또는 "옳지 못한" 것으로서 일정한 행위를 하지 못
하게 하는 도덕적 태도(Haltung)라고 한다.

　　양심의 자유의 보호영역과 관련하여 독일 연방헌법재판소와 학계
의 다수설은 기본법 제4조 제1항이 개별적인 경우에 양심의 형성과 양
심적 결정의 자유(forum internum)를 보장할 뿐만 아니라, 양심실현의
자유(forum externum)까지 포함한다고 본다.[8]) 작위에 의한 양심의 실현
을 적극적 양심실현(aktive Gewissensverwirklichung)이라고 하고 부작위에
의한 양심실현을 소극적 양심실현(passive Gewissensverwirklichung)이라고
한다.[9])

10. 양심의 자유의 본질적인 요소

11. 독일 연방헌재와 다수설

---

7) Pieroth/Schlink, Grundrechte, Staatsrecht II, 27. Aufl. 2011, Rn. 564.
8) Roman Herzog, Maunz－Dürig GG, Art. 4, Rn. 135; v. Mangoldt/Klein/Starck (주 5),
　Rn. 37; Pieroth/Schlink (주 7), Rn. 566.

12. 양심실현의
자유 인정 여부

독일에서도 양심실현의 자유를 인정할 것인지 여부와 관련하여, (ⅰ) 내심적 영역의 자유(forum internum)까지만 인정하는 견해(양심실현의 자유 부인설)와 (ⅱ) 적극적으로 작위 또는 부작위에 의한 양심실현의 자유(forum externum) 모두를 인정하는 견해(적극적 양심실현의 자유 인정설), (ⅲ) 소극적으로 부작위에 의한 양심실현의 자유까지만 인정하는 입장 (소극적 양심실현의 자유 인정설)으로 나눌 수 있다.

ⅰ) 양심실현의 자유 부인설

13. 내심적 자
유만 인정설

양심실현의 자유를 인정할 것인지와 관련해서 독일 기본법 제4조 제3항에서 양심적 병역거부권을 보장하고 있기 때문에 이에 대한 반대 해석으로 제4조 제1항의 양심의 자유에는 더 이상 그 밖의 양심실현의 자유는 인정되지 않고, 단지 내심적 자유(forum internum)만 인정된다고 보는 견해10)가 있다. 이러한 견해에 따르면 언론의 자유, 직업의 자유나 다른 민주적 참여권과 같은 많은 자유권들이 있기 때문에 이와 같이 내심적 자유로만 축소해서 해석하더라도 기본권상의 심대한 법적 흠결은 발생하지 않는다는 것이다.

14. 소극적 침
묵의 자유까지
만 인정설

한편 외부적 행위로 나타나지 않는 것은 법적 규율의 대상이 아니라는 것을 전제로, 양심의 자유가 의미 있으려면 소극적으로 내심의 양심에 대해서 고백을 강요당하지 않을 자유, 즉 침묵의 자유까지만 인정하고, 그 나머지 양심적 활동의 자유는 인격의 자유로운 발현권(일반적 행동의 자유11))이나 의사표현의 자유의 문제로 보고자 하는 견해12)가 일찍이 독일에서 주장된 바 있었다. 이러한 견해들도 대체로 양심실현

---

9) Roman Herzog (주 8), Rn. 138.

10) 가령 Claus Eiselstein, Das "forum externum" der Gewissensfreiheit – ein Weg in die Sackgasse, DÖV 1984, S. 794 ff.(798); Zippelius, BK – GG, Art. 4 GG (58. Lfg. Dez. 1989 Drittbearb.) Rn. 47; Zippelius, in: VVDStRL Heft 28, 1970, S. 91. {다만 치펠리우스는 양심실현의 자유까지 포함되는 것으로 볼 경우 그 한계를 면밀하게 형성해야 한다고 보고서 이러한 이론전개도 동시에 가능하다고 보는 이중적 입장이라고 할 수 있는바(S. 95), 이에 대해서는 후술}. 그 밖에 Leisner, in: VVDStRL Heft 28, 1970, S. 112 f.: Frowein, in: VVDStRL Heft 28, 1970, S. 138 f.

11) Doehring, in: VVDStRL Heft 28, 1970, S. 95.

12) Heinrich J. Scholler, Die Freiheit des Gewissens, Berlin 1958, S. 129.

의 자유 부인설에 가깝다고 생각되며 이러한 견해는 소극적으로 침묵의 자유까지만 인정하고자 한 종래 우리 학설에 영향을 미친 것으로 보인다.

ii) 적극적 양심실현의 자유설

전술한 바와 같이 독일의 오늘날 통설은 독일 기본법 제4조 제1항의 양심의 자유에 양심실현의 자유 내지 양심활동의 자유(forum ex-ternum)가 포함된다고 본다.13)

슈타르크에 의하면 양심과 관련하여 생각(Denken)하고, 말(Reden)하고 행동(Handeln)할 자유가 보장된다는 것이다. 만일 양심의 형성과 양심적 결정의 자유만 보장하는 경우에 이 양심의 자유는 소위 "세뇌(洗腦, Gehirnwäsche)"로부터의 보호 외에 아무런 의미가 없다는 것이다.14) 한편 양심을 외부로 표현 내지 실현하는 것은 작위에 의해서도 가능하지만 부작위에 의해서도 가능하다고 한다. 양심의 자유의 보장은 양심과 관련한 작위와 부작위를 원칙적으로 전혀 구분하지 않는다는 것이다.15)

이와 같이 적극적으로 양심에 따라 행동하거나(작위) 행동하지 아니할(부작위) 자유까지 양심의 자유에 포함되는 것으로 볼 경우, 그 한계가 문제되는데 이에 대해서는 후술한다.

iii) 소극적 양심실현의 자유설

양심의 자유에는 부작위에 의하여 소극적으로 개인적 양심을 실현할 수 있는 자유(소위 부작위권: Unterlassungsrecht)까지만을 포함할 뿐이라고 보는 입장이 있다.16) 독일 기본법상 양심의 자유는 병역의무나 선서의무, 의학적 정당화사유가 있을 경우 임신중절필요 등과 같은 경우에

15. 양심활동의 자유 포함설

16. 작위·부작위에 의한 양심실현의 자유 모두 인정

17. 양심의 자유의 한계가 문제

18. 부작위에 의한 소극적 양심실현의 자유까지만 인정설

---

13) Richard Bäumlin (주 1), S. 3 ff.; E.-W. Böckenförde (주 1), S. 33 ff; Kopp, in: VVDStRL Heft 28, 1970, S. 92; Marcic, in: VVDStRL Heft 28, 1970, S. 94-95; Novak, in: VVDStRL Heft 28, 1970, S. 96; Dürig, in: VVDStRL Heft 28, 1970, S. 98; Pfeifer, in: VVDStRL Heft 28, 1970, S. 122.

14) v. Mangoldt/Klein/Starck (주 5), Rn. 37.

15) v. Mangoldt/Klein/Starck (주 5), Rn. 38.

16) 가령 Adolf Arndt (주 4), S. 2206.

있어서 양심적 병역거부나 선서거부, 인공임신중절을 거부할 수 있어야
하며, 이것이 바로 자유주의와 민주주의가 결합된 자유로운 민주주의에
있어서 관용의 원칙이라고 하는 것이다.17)

iv) 기타: 부인설과 적극적 양심실현의 자유설이 모두 가능하다고
보는 설

19. 제한해석의
가능성

치펠리우스는 전술한 제한해석과 확대해석이 모두 가능하다고 보
는 입장이다.18) 제한 해석이 가능한 이유로는 신앙의 자유와 양심의 자
유의 구체적 실현 형태로서 기본법 제4조가 고백의 자유와 양심적 병역
거부권(제3항) 등을 들고 있기 때문에 만일 독일 기본법 제4조 제1항의
양심의 자유가 그 밖의 다른 형태의 양심실현의 자유를 보장한다면 그
러한 특별한 형태의 양심실현의 자유는 굳이 언급할 필요가 없었다고
하는 것이며 이것이 헌법제정사에서도 드러난다고 하는 것이다.

20. 확대해석의
가능성

그러면서도 동시에 양심의 자유에 그 밖의 양심실현의 자유가 널리
포함되는 것으로 보는 해석도 가능하다고 본다. 다만 다수설과 독일 연
방헌법재판소와 같이 양심실현의 자유가 포함된다고 해석할 경우에는
다른 사람의 생명이나 재산권 등 양심의 자유와 충돌할 수 있는 다른
헌법적 법익에 의하여 양심실현의 자유에 대한 한계를 설정할 필요가
있음을 강조하고 있다.

21. 양심상의
의무와 법적 의
무의 충돌시 해
결방법

양심상의 의무와 법적 의무가 충돌할 경우 어떠한 때에 양심상의
의무에 따르고 법적 의무를 거부할 수 있을 것인가 하는 문제와 관련해
서 그는 다음과 같이 설명하고 있다. 즉 법적 의무와 충돌할 경우에는
단지 진지하고 불가항력적(不可抗力的)인 것으로 생각되며19), 믿을 만하
게(신빙성 있게) 설명된 양심상의 의무(義務)만이 존중될 수 있다고 한
다.20) 그리고 만일 법적 의무와 양심상의 의무를 동시에 충족시킬 수

---

17) Adolf Arndt (주 4), S. 2206.
18) Zippelius (주 10), BK-GG, Rn. 50; Zippelius, (주 10), 1970, S. 95.
19) BVerfGE 12, 55; 48, 173; BVerwGE 7, 247; BVerwG, NVwZ 1987, 695.
20) Zippelius (주 10), BK-GG, Rn. 52. 독일 연방행정재판소(BVerwGE 7, 242 등)가 제
    시한 이 신빙성(Glaubwürdigkeit) 기준에 대하여 이해할 만은 하지만 그렇다고 그
    것이 문제를 해결해 주지는 못한다고 하면서 신빙성은 양심에 대한 하나의 징표는

있는 방법이 있는 경우에는 이 길을 선택하여야 한다고 한다. 중대한 양심상의 동기가 존재한다고 볼 수 있는 징표는 당사자가 자신의 양심적 결정을 위해서 일반적으로 중대한 불이익을 감수할 용의가 있다는 것이다. 중대한 양심상의 의무가 법적인 의무에 우선하는 한에서 이러한 제한적인 "시민불복종"은 헌법적으로 정당화되며, 엄격한 의미에서는 하등의 법적 불복종이라고 할 수 없다는 것이다.[21]

2. 우리 학설과 판례

(1) 학 설

우선 양심의 개념과 관련하여 협의설과 광의설로 나뉜다. 협의설[22]은 전술한 독일 연방헌법재판소나 우리 헌법재판소의 음주측정결정이나 준법서약서결정상의 양심개념과 대체로 유사하게 양심의 개념을 "어떤 일의 옳고 그름을 판단함에 있어서 그렇게 행동하지 않고는 자신의 인격적인 존재가치가 파멸되고 말 것이라는 강력하고 진지한 '마음의 소리'"라고 하여, 선과 악, 옳고 그름에 대한 내심에서 우러나는 진지한 윤리적·도덕적 판단과 관련한 것으로 보는 데 반하여, 광의설[23]은 이러한 윤리적·도덕적 판단을 넘어서 세계관, 인생관, 주의, 신조를 포함하여 널리 사상의 자유까지도 포함되는 것으로 본다.

다음으로 양심의 자유의 보호영역과 관련해서 학설을 크게 삼분한다면 첫째, 양심의 자유에는 양심형성의 자유만 포함되고 작위에 의한

22. 양심의 개념과 관련된 협의설과 광의설

23. 우리 학계의 학설

될 수 있을지언정 기준이 될 수는 없다고 하는 비판으로는 E.-W. Böckenförde (주 1), S. 70.

21) BVerfGE 12, 55; 48, 173; BVerwGE 7, 247; Zippelius (주 10), BK-GG, Rn. 52.

22) 가령 허영, 한국헌법론 전정19판, 박영사 2023, 464면; 정종섭, 헌법학원론 제13판, 박영사 2022, 572-573면; 한수웅, 헌법학 제11판, 법문사 2021, 724-725면; 한수웅, 헌법 제19조의 양심의 자유, 헌법논총 제12집, 헌법재판소 2001, 387-442(432)면.

23) 가령 계희열 (주 1). 332-333면; 권영성, 헌법학원론 개정판, 법문사 2010, 487면; 김철수, 헌법학개론 제19전정신판, 박영사 2007, 798면; 구병삭, 신헌법원론 제3전정판, 박영사 1996, 452면; 양건, 헌법강의 제11판, 법문사 2022, 589면; 성낙인, 헌법학 제23판, 법문사 2023, 1249면; 김명재, 헌법상의 양심의 자유의 보호범위, 헌법학연구 제13권 제3호(2007. 9), 425-450(436)면.

것이든 부작위에 의한 것이든 양심실현의 자유는 포함되지 않는다고 보
는 양심실현의 자유 부인설24)과, 둘째, 양심의 자유에는 양심형성의 자
유(forum internum)와 작위나 부작위에 의한 양심실현의 자유(forum ex-
ternum)가 모두 포함된다고 보는 적극적 양심실현의 자유설25), 셋째, 양
심의 자유에 양심형성의 자유와 단지 부작위에 의한 양심실현의 자유,
즉 침묵의 자유('십자가 밟기'와 같은 양심의 推知禁止)까지만 포함되는 것으
로 보는 소극적 양심실현의 자유설26)이 있다. 그러나 침묵의 자유까지
만 인정하고 나머지 실현의 자유는 표현의 자유 등의 영역으로 보는 이
소극적 양심실현의 자유 인정설은 거의 양심실현의 자유 부인설에 가깝
다고 할 수 있다.27)

(2) 헌법재판소 판례

24. 초기 우리
헌법재판소의
견해

헌법재판소는 양심의 개념과 관련하여 초기 판례에서는 세계관, 인
생관, 주의, 신조를 포함하는 광의의 양심개념을 표명하였으나(민법 제
764조 사죄광고 결정28) 등), 그 후 이러한 초기 양심개념을 인용하면서도

---

24) 독일의 경우 가령 Eiselstein (주 10). 양심실현(표현)의 자유와 관련해서는 모두
표현의 자유에 의해서 보장되는 것으로 파악하는 국내 학설(가령 김철수, 헌법학
개론 제13전정신판, 박영사 2001, 578면. 일부 학설변화의 단면으로 2007, 798면)
은 전술한 독일의 소극적 양심실현의 자유 인정설의 영향을 받은 것으로 보이는
데 이는 내용적으로는 사실상 부인설에 가깝다고 생각된다.

25) 가령 계희열 (주 1), 341면; 허영 (주 22), 470면; 김문현, 양심의 자유 소고, 이화
여대 법학연구소, 법학논집 제6권 제1호(2001. 6), 1-21(16)면; 김명재 (주 23),
434면; 한수웅 (주 22), 헌법논총 제12집, 407면; 정종섭 (주 22), 579면; 박종보
(주 1). 604-605면.

26) 가령 권영성 (주 23), 478면; 구병삭 (주 23), 454면; 멀리는 박일경, (증보판) 신헌
법, 박영사 1971, 219면.

27) 동지, 계희열 (주 1), 341면.

28) 헌재 1991. 4. 1, 89헌마160, 판례집 제3권, 149, 153-154: "여기의 양심이란 세계
관·인생관·주의·신조 등은 물론, 이에 이르지 아니하여도 보다 널리 개인의
인격형성에 관계되는 내심에 있어서의 가치적·윤리적 판단도 포함된다고 볼 것
이다. 그러므로 양심의 자유에는 널리 사물의 시시비비나 선악과 같은 윤리적 판
단에 국가가 개입해서는 안 되는 내심적 자유는 물론, 이와 같은 윤리적 판단을
국가권력에 의하여 외부에 표명하도록 강제받지 않는 자유 즉 윤리적 판단사항
에 관한 침묵의 자유까지 포괄한다고 할 것이다. 이와 같이 해석하는 것이 다른
나라의 헌법과 달리 양심의 자유를 신앙의 자유와도 구별하고 사상의 자유에 포
함시키지 않은 채 별개의 조항으로 독립시킨 우리헌법의 취지에 부합할 것이며,

여기서 헌법이 보호하고자 하는 양심은 어떤 일의 옳고 그름을 판단함에 있어서 그렇게 행동하지 않고는 자신의 인격적 존재가치가 파멸되고 말 것이라는 강력하고 진지한 마음의 소리로서의 절박하고 구체적인 양심을 말하는 것이지 막연하고 추상적인 개념으로서의 양심이 아니라고 하는 협의적 입장을 추가함으로써(가령 음주측정 결정[29]), 준법서약서 결정[30]) 양심의 개념과 관련하여 광의와 협의의 양심개념을 동시에 혼용하고 있어서 다소 불분명한[31] 입장을 보여주고 있다.

그리고 양심의 자유의 보호영역과 관련해서는 초기에는 양심형성의 자유와 침묵의 자유 내지 부작위에 의한 양심실현의 자유 정도까지만 포함되는 것으로 보다가(소극적 양심실현의 자유 인정설적 입장)[32], 국가보안법상 불고지죄에 대한 헌법소원심판결정[33]에서부터 양심형성과 양심적 결정의 자유(forum internum)는 물론이거니와 이 양심적 결정을 작위나 부작위에 의하여 외부로 실현할 수 있는 양심실현의 자유(forum externum)도 양심의 자유의 보호영역에 포함된다고 봄으로써 양심의 자유의 보호영역을 외부영역으로 확대하였다(적극적 양심실현의 자유설).[34]

25. 불고지죄
헌법소원 결정

이는 개인의 내심의 자유, 가치판단에는 간섭하지 않겠다는 원리의 명확한 확인인 동시에 민주주의의 정신적 기초가 되고 인간의 내심의 영역에 국가권력의 불가침으로 인류의 진보와 발전에 불가결한 것이 되어 왔던 정신활동의 자유를 보다 완전히 보장하려는 취의라고 할 것이다."

29) 헌재 1997. 3. 27, 96헌가11, 판례집 제9권 1집, 245, 263.
30) 헌재 2002. 4. 25, 98헌마425 등, 판례집 제14권 1집, 351, 363.
31) 한수웅 (주 22), 헌법논총 제12집, 432면; 양건 (주 23), 586면. 그는 이러한 변화에 대하여 양심의 개념의 문제와 양심의 자유의 제한의 문제를 혼동하고 있기 때문이라고 하면서 예컨대 준법서약서의 문제를 양심의 자유의 제한의 문제로서 보지 않고 아예 양심 영역의 문제가 아니라고 보기 위해 양심의 의미를 좁게 한정하고 있다고 비판하고 있다. 또한 이러한 변화에 대한 비판적 지적으로는 김효종, 주선회 재판관의 반대의견, 헌재 2002. 4. 25, 98헌마425 등, 판례집 제14권 1집, 351, 373. 이에 반하여 양심형성과 관련된 경우(가령 사죄광고)에는 광의의 양심개념을, 양심실현과 관련된 경우(음주측정, 준법서약)에는 협의의 양심개념을 사용하는 경향이 있다고 분석함으로써 헌재 태도에 관하여 이해를 하고 있는 듯한 입장으로는 김명재 (주 23), 436–437면.
32) 헌재 1991. 4. 1, 89헌마160, 민법 제764조의 위헌여부에 관한 헌법소원, 판례집 제3권, 149, 153–154; 헌재 1997. 3. 27, 96헌가11, 판례집 제9권 1집, 245, 263; 헌재 1997. 11. 27, 92헌바28, 판례집 제9권 2집, 548, 571.
33) 헌재 1998. 7. 16, 96헌바35, 판례집 제10권 2집, 159 [합헌].
34) 이 결정의 의의에 대하여는 무엇보다 한수웅 (주 22), 헌법논총 제12집, 435면.

26. 개인의 인
격형성과의 관
련성 강조

　　그리고 헌법재판소는 독점규제및공정거래에관한법률 제27조 위헌소원결정[35]에서는 개인의 인격형성과 관련되지 않는 경우는 양심의 자유의 보호영역에 속하지 않음을 분명히 하였다.

> **판례** 양심은 옳고 그른 것에 대한 판단을 추구하는 가치적·도덕적 마음가짐으로, 개인의 소신에 따른 다양성이 보장되어야 하고 그 형성과 변경에 외부적 개입과 억압에 의한 강요가 있어서는 아니되는 인간의 윤리적 내심영역이다. 보호되어야 할 양심에는 세계관·인생관·주의·신조 등은 물론, 이에 이르지 아니하여도 보다 널리 개인의 인격형성에 관계되는 내심에 있어서의 가치적·윤리적 판단도 포함될 수 있다. 단순한 사실관계의 확인과 같이 가치적·윤리적 판단이 개입될 여지가 없는 경우는 물론, 법률해석에 관하여 여러 견해가 갈리는 경우처럼 다소의 가치관련성을 가진다고 하더라도 개인의 인격형성과는 관계가 없는 사사로운 사유나 의견 등은 그 보호대상이 아니라고 할 것이다.
>
> (헌재 2002. 1. 31, 2001헌바43, 판례집 14-1, 49, 56.)

3. 결론(사견)

27. 선과 악, 옳
고 그름에 대한
윤리적·도덕
적 가치판단

　　우선 양심은 선과 악, 옳고 그름에 대하여 인간의 가장 심오한 내면으로부터 들려오는 음성[36]이자 윤리적·도덕적 판단이라 할 수 있다. 다만 그것이 무엇인지에 관하여 정의하려 든다면 구체적이고 개별적인 경우에, 양심적 결정을 한 것임에도 불구하고 그러한 정의에 해당되지 않는다고 하는 이유로 그러한 내면으로부터 나오는 개별적 결정이나 판단이 양심의 자유로서 보호받지 못하는 사례도 충분히 발생할 수 있다. 그러므로 양심이 무엇인가 하는 문제와 관련해서는 그 내용을 지나치게 엄격하게 정의하려 해서는 안 되고, 오히려 선과 악, 옳고 그름에 대한 윤리적·도덕적 가치판단과 관련하여 개인의 마음 속 깊은 곳으로부터 들려오는 진지하고도 중대한 음성이라고 일응 말할 수 있을 것이다.

---

35) 헌재 2002. 1. 31, 2001헌바43, 판례집 제14권 1집, 49.

36) 이에 반하여 양심은 어떠한 음성(소리)가 아니라 기능일 뿐이라고 보는 견해로서 Niklas Luhman, Das Gewissensfreiheit und das Gewissen, in: AöR 90 (1965), S. 257 ff.(285).

이와 관련하여 치펠리우스(Zippelius)에 이어서 독일의 본 기본법 주석서에서 제4조에 대한 주석을 집필한 뮈클[37]은 독일에서 양심의 자유에 관한 학설을 종합하여, 어떠한 양심적 활동이 헌법상 양심의 자유에 의하여 보호될 수 있기 위한 기준을 다음과 같이 4가지로 잘 정리하고 있는데, 이는 우리 헌법 하에서도 적용될 수 있는 의미 있는 기준이 될 수 있다고 판단된다.

첫째, 개인성(Individualität)이다. 양심의 자유의 헌법적 보장의 의미는 개인의 도덕적 정체성(Identität)과 완전성(Integrität)의 보호이다. 순수히 개인적 기본권으로서 보호되고 있는 이 양심의 자유는 모든 기본권 주체들의 고도의 개인적인 양심과 관련되는 것이다.[38] 중요한 것은 오로지 양심의 자유의 개인성일 뿐이지 가령 "건전하고 정의롭게 생각하는 사람들"의 "객관화된" 평균적 양심이 아니라는 것인데 이러한 특성이 바로 양심의 자유의 개인성이다.[39]

둘째, 도덕성(Moralität)이다. 사람들이 가지는 모든 확신이 다 양심이라고 할 수는 없고, 또한 그 확신으로부터 나오는 모든 결정이 다 양심적 행위라고 할 수도 없다. 여기에 추가해야 하는 것이 그러한 확신의 특징과 방향이 "선"과 "악"이라고 하는 도덕적 카테고리, 즉 윤리적·도덕적 숙고를 지향하는가 하는 것이다. 여기에서 그러한 확신이 어떠한 원천으로부터 유래하는가 즉 그것이 종교적인 것인가 아니면 비종교적인 것인가는 중요하지 않다.[40]

셋째, 실존성(Existentialität)이다. 형성되고 획득된 확신은 당사자의 인격에 대해서 실존적 의미가 부여될 수 있을 정도로 기본권주체에게 본질적이지 않으면 안 된다는 것인데 이것이 바로 실존성이다. 누구나

28. 뮈클의 4가지 기준

29. 개인성: 개인의 도덕적 정체성과 완전성의 보호

30. 도덕성: 윤리적·도덕적 숙고의 지향

31. 실존성: 기본권 주체에게 본질적인 의미

---

37) Mückl, BK−GG, Art. 4 GG (135. Aktualisierung August 2008 (Viertbearbeitung) Rn. 80 ff.
38) 이에 관하여는 일찍이 아른트{Adolf Arndt (주 4), S. 2205.}, 루만{Niklas Luhman (주 36), S. 258, 262.}과 뵈켄회르데{E.−W. Böckenförde (주 1), S. 65, 70.}등에 의해서 강조된 바 있다. 그 밖에 H. Bethge, Gewissensfreiheit, in: HStR Ⅶ, 3. Aufl., 2009, § 158, Rn. 64.
39) Mückl (주 37), Rn. 80.
40) Mückl (주 37), Rn. 81.

양심의 자유를 원용하여 자신의 목적을 달성하려는 경향을 방지하고, 양심의 자유를 한낱 동전 한 닢으로 전락시키지 않으려면 이러한 엄격한 요건이 필요하다고 하는 것이다.[41]

32. 수긍가능성: 기본권 주체의 설명의

넷째, 수긍가능성(Plausibilität)이다. 양심 내지 양심에 기반한 결정이라고 하는 것은 당연히 개인적 · 주관적 성격을 띨 수밖에 없는 것이므로 양심적 결정인지 여부를 결정하기 위해서는 기본권주체가 양심의 자유의 기본권을 원용하는 것만으로 충분하지 않고, 오히려 그 기본권주체는 설명의무를 진다고 봐야 한다. 이러한 설명의무는 그의 태도가 내용적으로는 아니지만, 형식적으로 수긍할 만한 것인지에 대하여 통제할 수 있게 해 준다.

33. 수긍가능성과 개인성의 충돌가능

다만 이 수긍가능성은 기본권주체 본인이 판단하는 것이 아니라 다른 사람이나 사회 일반이 판단을 해야 하는 것이기 때문에, 양심이라고 하는 것은 고도로 개인적인 윤리적 판단이라고 하는 특성, 즉 첫 번째 개인성의 기준과는 상당히 충돌하는 요소가 될 수 있음도 지적하지 않을 수 없다.

34. 양심적 결정의 진지성과 중대성 심사 · 통제 방법과 절차 필요

그리고 우리 헌법 하에서는 별도로 독일 등 다른 선진국 헌법례와는 달리 세계관이나 주의나 신조, 혹은 사상의 자유에 대해서 별도의 명문규정을 두고 있지 않기 때문에 개인이 옳다고 확신하고 있는 세계관, 주의, 신조나 사상 역시 이러한 양심의 개념 범주에서 배제되는 것으로 보는 것은 양심의 자유를 지나치게 축소함으로써 공허하게 할 수 있는 가능성이 있기 때문에 신중을 기해야 할 것이라고 생각된다.[42] 이러한

---

41) Mückl (주 37), Rn. 82. 마찬가지로 양심은 그 사람의 "거창한" 그리고 "사소한" 표현들 가운데서 실존에 대하여 비판적으로 확증하고 책임을 지게 하는, 그리하여 그 사람에게 연속성을 부여하는 개인적 기능을 의미한다고 보는 견해로 Richard Bäumlin (주 1), S. 9. 보임린은 또한 일정한 사안에 대한 결정이 사람(인격)의 건설 내지 파괴(Konstituirerung bzw. Dekonstituierung der Person)와 그리고 정신적 · 도덕적 실존으로서 그 사람(인격)의 정체성(Identität)과 관련하여 중요한 의미를 가지는 경우에 양심의 문제가 제기된다고 봄으로써 다양한 기준들 간의 충돌에 있어서 한계를 그을 수 있을 것이라고 하며, 나아가 양심과 관련된 결정의 영역은 고정적인 것이 아니고, 오히려 역사적 · 사회적으로 그리고 개별적 상황에 따라 다를 수 있다고 한다. S. 18, 27; Marcic (주 13), S. 113.

42) 독일의 뵈켄회르데도 역시 양심적 확신은 일반적인 원칙으로서 뿐만 아니라, 구체적인 상황관련적 명령으로서도 나타날 수 있으며, 종교적 확신은 물론 이성적

의미에서 양심개념과 관련해서는 광의설이 옳다고 생각되나, 양심의 자유의 남용가능성을 방지하기 위해서는 전술한 4가지 기준을 통해서 양심적 결정의 진지성과 중대성을 심사하고 통제할 수 있는 방법과 절차가 마련될 필요가 있을 것이다.

다음으로 양심의 자유의 보호영역과 관련해서는 내면의 법정에서 이루어지는 양심형성과 양심적 결정의 자유(forum internum)는 물론, 형성된 양심을 외부로 표현(표명)하고 이를 적극적 또는 소극적으로 실현할 수 있는 양심실현의 자유(forum externum)가 모두 포함되며, 후자의 양심실현의 자유와 관련해서는 작위에 의한 적극적 양심실현이든 아니면 부작위에 의한 소극적 양심실현이든 모두 보장된다고 봐야 할 것이다. 결국 적극적 양심실현의 자유설이 옳다고 생각된다.

이와 관련하여 적극적 양심실현의 자유설을 취하면서도 양심적 병역거부권을 부인하는 근거를 우리 헌법이 독일 기본법과는 달리 양심적 병역거부권을 명시적으로 보장하지 않기 때문이라는 이유를 드는 견해들[43]이 있다. 그러나 전술하였듯이 양심실현의 자유를 인정할 수 있으려면 가령 기본법 제4조 제3항의 양심적 병역거부권과 같이 실정법적 근거를 필요로 하다고 하면서 그렇지 않는 한 반대해석에 의하여 나머지 양심실현의 자유는 인정되지 않는 것으로 보는 견해가 독일에서의 양심실현의 자유 부인설의 핵심이다. 헌법에 열거되어 있지 않다는 이유로 양심적 병역거부권을 인정하지 않는 논리는 그 밖의 나머지 모든 양심상 거부권, 가령 선서의무나 낙태 등 그 밖의 법적 의무나 명령에 대하여 양심상의 이유로 거부할 권리도 역시 인정할 수 없다고 하는 논리에 지나지 않는다. 그러나 이는 사실상 양심실현의 자유 부인론과 실질적으로 다를 바 없는 결론이라 할 수 있으므로 논리적으로 모순이라 아니할 수 없다. 따라서 이와 같은 주장은 받아들일 수 없다.

35. 양심의 자유의 보호영역과 관련하여 적극적 양심실현의 자유설이 타당

36. 적극적 양심실현의 자유설 중 양심적 병역거부권 부인하는 견해는 논리적 모순

또는 정치적 확신으로부터도 형성될 수 있다고 보고 있다. E.-W. Böckenförde (주 1), S. 68-69. 그리고 독일 기본법 제정의 편집상의 실수로 신조 내지 확신 (Überzeugung)의 자유가 빠지게 되었음을 지적하면서 양심의 자유에는 그러한 신조의 자유도 널리 포함된다고 보는 견해로서 Heinrich J. Scholler (주 12), S. 115.

43) 허영 (주 22), 472면. 같은 취지로 한수웅 (주 22), 헌법논총 제12집, 418-419면.

37. 침묵의 자
유까지만 인정
하는 학설은 양
심실현의 자유
부인설에 가까
움

　　그리고 양심실현의 자유 중 부작위에 의한 양심실현의 자유까지만 인정한다면서도 양심추지의 금지, 즉 침묵의 자유까지만 인정하고 그 이상은 표현의 자유에 의하여 보호되는 것으로 보고자 하는 학설(박일경, 김철수, 권영성, 구병삭 등)이 있다. 그러나 부작위에 의하여 양심을 실현하는 것은 자신의 양심에 반하는 법적 의무나 명령에 대하여 거부할 수 있는 자유나 권리가 양심의 자유에 포함된다는 것을 의미하기 때문에, 그저 '십자가 밟기'와 같은 양심추지가 금지되고 마음 속에 형성된 양심에 대해서 고백하거나 밝히지 않는 정도의 소극적 침묵의 자유44)에 그치는 것이 아니라는 점을 고려할 때, 오히려 이 입장은 전술하였듯이 양심실현의 자유 부인설에 가까운 것이므로 역시 받아들일 수 없다.

Ⅲ. 양심의 자유의 주체

38. 자연인, 외
국인 모두 포함

　　양심의 자유는 선과 악, 옳고 그름에 관한 개인의 내심으로부터 나오는 윤리적·도덕적 판단과 관련되는 자유이기 때문에, 고도로 개인적인 권리(höchtpersönliches Individualrecht)45)이며, 성질상 집단이나 종교단체 등 법인의 권리가 될 수 없다.46) 양심의 자유는 성질상 자연인만이 누릴 수 있는 기본권으로서 인간이면 누구나 다 누릴 수 있는 천부인권적 기본권이라 할 것이므로, 외국인 역시 기본권의 주체가 될 수 있다.

39. 원칙적으로
법인 불포함

　　법인의 경우는 자연인이 아니기 때문에 양심의 자유의 기본권주체가 되기는 기본권의 성질상 곤란하다고 봐야 할 것이다. 그러나 이와 달리 헌법재판소는 사죄광고 판결에서 법인 역시 양심의 자유의 기본권주체가 될 수 있다고 하는 취지의 판시를 한 바 있었는데, 과연 자연인이 아닌 법인이 양심형성을 할 수 있을 것인지 하는 부분에 대하여 진지한 접근을 했던 판례인지 의문이 드는 것이 사실이다. 헌법 제10조로부터

---

44) 오늘날 법치국가에서 십자가 밟기와 같은 양심추지나 침묵의 자유는 사실상 그 의미가 거의 없다고 보는 견해로 한수웅 (주 22), 헌법논총 제12집, 436면.

45) E.−W. Böckenförde (주 1), S. 111.

46) E.−W. Böckenförde (주 1), S. 65, 111; Richard Bäumlin (주 1), S. 18에 의하면 법인에게는 사람의 정체성과 관련한 문제가 제기될 수 없다는 것이다.

도출되는 일반적 인격권의 경우는 법인에게도 그 주체성을 인정해 줄 수 있는 여지가 있다고 할 것이나, 양심의 자유는 과연 그렇게 볼 수 있을 것인지는 좀 더 신중한 검토가 필요하다고 하겠다.[47]

> **판례** 따라서 사죄광고의 강제는 양심도 아닌 것이 양심인 것처럼 표현할 것의 강제로 인간양심의 왜곡·굴절이고 겉과 속이 다른 이중인격형성의 강요인 것으로서 침묵의 자유의 파생인 양심에 반하는 행위의 강제금지에 저촉되는 것이며 따라서 우리 헌법이 보호하고자 하는 정신적 기본권의 하나인 양심의 자유의 제약(법인의 경우라면 그 대표자에게 양심표명의 강제를 요구하는 결과가 된다.)이라고 보지 않을 수 없다.
>
> (헌재 1991. 4. 1, 89헌마160, 판례집 3, 149, 154.)

이와 대비하여 단지 인격권과의 관련성만을 언급하고 있는 최근 판례로는 다음을 들 수 있다.

40. 인격권과의 관련성만 언급하는 판례

> **판례** **공직선거법 제8조의3 제3항 등 위헌제청**
>
> 이 사건 법률조항들은 선거기사심의위원회로 하여금 언론사에 대하여 그 의사에 반하여 사과문을 게재할 것을 결정할 수 있도록 하고, 해당 언론사가 사과문 게재 명령을 지체 없이 이행하지 않을 경우 그 발행인 등에 대한 형사처벌을 통하여 그 실효성을 담보하고 있다. 사과의 여부 및 사과문의 구체적인 내용은 선거기사심의위원회라는 행정기관에 의해 결정되는 것이지만, 이 사건 법률조항들은 그 사과문이 마치 언론사 스스로의 결정에 의해 작성된 것처럼 해당 언론사의 이름으로 대외적으로 표명되도록 하며, 그 결과 독자들로 하여

---

47) 동지, 한수웅 (주 22), 헌법논총 제12집, 434면. 양심의 자유의 정치화·사회화·집단화에 대하여 반대하는 견해로 Marcic (주 13), S. 110, 113; 이에 반하여 긍정적 입장으로는 김명재 (주 23), 431–433면; Häberle, in: VVDStRL Heft 28, 1970, S. 110, 112. 또한 Bachof, in: VVDStRL Heft 28, 1970, S. 126 f. 바호프는 양심은 다른 사람과의 의사소통 과정에서 형성될 뿐만 아니라 더욱 첨예(분명)하게 된다고 하면서 사람들은 양심을 형성하고 주장할 수 있는 사회적 관계와 집단 가운데서 이러한 의사소통을 필요로 하며, 선전(Propaganda)은 또 다른 문제인데, 양심적 결정을 위해서 활동하고 또한 그것을 효과적으로 관철하고자 하는 사람들은 이를 위해 상황에 따라서는 선전과 집단적 지지(Gruppenunterstützung)를 필요로 하는데 이는 언론의 자유와 결사의 자유 뿐만 아니라 양심의 자유의 문제일 수도 있다고 주장하였다. 그 밖의 긍정적 발언으로 Vogel, in: VVDStRL Heft 28, 1970, S. 127.

금 해당 언론사가 선거와 관련하여 객관성과 공정성을 저버린 보도를 했다는 점을 스스로 인정한 것으로 생각하게 만듦으로써, 언론에 대한 신뢰가 무엇보다 중요한 언론사의 사회적 신용이나 명예를 저하시키고 인격의 자유로운 발현을 저해한다(헌재 2012. 8. 23. 2009헌가27 참조).

따라서 이 사건 법률조항들은 언론사의 의사에 반한 사과행위를 강요함으로써 언론사의 인격권을 제한하는바, 이 사건의 쟁점은 이러한 제한이 헌법 제37조 제2항이 정한 기본권 제한의 헌법적 한계를 준수하고 있는지 여부이다.

(헌재 2015. 7. 30, 2013헌가8, 판례집 27-2상, 1 [위헌])

판례 방송법 제100조 제1항 제1호 위헌제청

구 방송법(2008. 2. 29. 법률 제8867호로 개정되고, 2009. 7. 31. 법률 제9786호로 개정되기 전의 것) 제100조 제1항 제1호 중 '방송사업자가 제33조의 심의규정을 위반한 경우'에 관한 부분 및 방송법(2009. 7. 31. 법률 제9786호로 개정된 것) 제100조 제1항 제1호 중 '방송사업자가 제33조의 심의규정을 위반한 경우'에 관한 부분(이하 '이 사건 심판대상조항'이라 한다)이 방송사업자의 인격권을 침해하는지 여부(적극)

(헌재 2012. 8. 23, 2009헌가27, 판례집 24-2상, 355 [위헌])

Ⅳ. 양심의 자유의 대사인적 효력 및 기본권 보호의무

1. 양심의 자유의 대사인적 효력

41. 수범자: 국가

양심의 자유는 우선적으로 국가에 의하여 침해될 가능성이 높으므로 우선적으로 국가가 양심의 자유를 존중하고 침해하지 말아야 할 의무를 지는 수범자라고 할 수 있다. 그러한 관점에서 국가적 공동체를 위한 목적을 추구함에 있어서도 가급적 개인의 양심적 결정을 존중하는 차원에서 관용의 원칙에 따라 대안을 마련하고 형성할 의무48)를 진다고 할 수 있다.

42. 대사인적 효력의 문제

그러나 양심의 자유는 사인 간의 관계에서도 충분히 침해되거나 침해될 위험이 있기 때문에 과연 사인 간이나 사법질서에도 양심의 자유

---

48) 계희열 (주 1), 346면; 정종섭 (주 22), 595면.

가 그 효력을 발휘할 수 있을 것인지 하는 문제가 제기된다.

이 문제는 사법상의 계약 당사자 중 일방이 양심상의 이유로 계약
상 의무를 이행하지 못하겠다고 할 경우에 과연 그 당사자가 양심의 자
유를 원용할 수 있을 것인지 하는 상황에서 발생할 수 있다.[49] 가령 고
용관계에서 근로자가 양심상의 이유로 일정한 근무명령을 따르지 않는
다는 이유로 해고를 할 경우, 판사는 헌법상 양심의 자유의 직접 혹은
간접적 효력을 원용하여 이러한 해고를 무효로 판결할 수 있을 것인가
하는 문제이다. 이러한 문제는 특히 종교적 사유로 인한 작업지시 불이
행의 경우에도 역시 마찬가지로 발생할 수 있다.

나아가 도급이나 용역계약의 경우에도 양심상 혹은 종교적 사유에
의하여 일정한 급부를 이행하지 않는 경우[50], 사인 상호간의 관계에서
양심의 자유나 종교의 자유를 원용한 급부불이행이 정당화될 수 있을
것인지 하는 문제가 제기되는 것이다.[51]

이와 관련해서는 직접효력설과 간접효력설이 있을 수 있으나[52] 기
본권일반이론에서 밝힌 바와 같이 사법질서에 있어서 사적자치의 원칙
을 동시에 보장할 수 있도록 하기 위해서는 민법상 신의성실의 원칙이나
공서양속 등 일반조항[53]을 통해서 양심의 자유가 간접적으로 효력을 발
휘하는 것으로 새기는 간접효력설이 보다 설득력 있을 것으로 사료된다.

*43. 양심을 이
유로 하는 계약
상 의무불이행*

*44. 도급 · 용
역계약의 경우*

*45. 양심의 자
유의 간접적 효
력*

2. 양심의 자유에 대한 국가의 기본권보호의무(객관적 가치질
서로서 측면)

양심의 자유 역시 주관적 권리인 동시에 객관적 가치질서의 요소로
서 기능한다.[54] 이 객관적 가치질서로서의 기능적 요소 가운데 가장 중

*46. 양심의 자
유와 국가의 기
본권보호의무*

---

49) 부정설로는 v. Mangoldt/Klein/Starck, Kommentar zum Grundgesetz, Bd 1, 6. Aufl.,
    2010, Art. 4 Abs. 1, 2 Rn. 137. 긍정설로는 Hamel, Die Grundrechte IV/1, S. 75 f.
50) 계희열 (주 1), 344면.
51) 지속적 계약의 경우에도 부정적으로는 v. Mangoldt/Klein/Starck (주 49), Rn. 138
52) 이에 관한 독일 학설에 대해서는 계희열 (주 1), 344면 각주 51). 간접효력설로
    가령 김문현 (주 25), 17면.
53) v. Mangoldt/Klein/Starck (주 49), 꾸. 137. 한수웅 (주 22), 헌법논총 제12집,
    423면.

요한 것이 바로 국가의 기본권보호의무이다. 만일 제3자에 의하여 개인
의 양심의 자유가 침해되거나 침해될 위험이 있을 경우 국가가 적극적
으로 나서서 양심의 자유를 보호할 의무가 있다고 해야 할 것인가의 문
제가 바로 양심의 자유에 대한 국가의 보호의무의 문제이다. 이와 관련
하여 국가의 기본권보호의무가 있다고 해서 국가가 사전에 선과 악이
무엇인지, 그리고 옳고 그름이 무엇인지, 인간의 윤리적 · 도덕적 판단영
역에 머무르는 사항에 대하여 미리 결론을 내려놓고서 이를 국민에게
강요하는 방식의 기본권보호의무 이행이라면 그것은 오히려 개인적 차
원에서 다양할 수밖에 없는 양심적 결정의 자유에 대한 침해가 될 수
있기 때문에 주의해야 할 것이다. 오히려 국가와 사회가 개인의 다양한
윤리적 · 도덕적 판단과 양심의 소리를 존중하고 그 소리에 귀 기울이는
사회적 풍토와 법적 시스템을 조성하는 것이 중요할 것이다.

47. 내부고발자에 대한 국가의 보호 필요

이 문제는 오늘날 소위 내부고발자의 보호와 관련해서 현안이 될
수도 있는 문제라고 생각된다. 어떠한 사람이 직장이나 기업 등에서 발
생하는 동료나 상사의 범죄행위에 대하여 인지하고, 공익적 차원에서
이를 고발하여 바로 잡지 않으면 안 되겠다고 하는 고도의 윤리적 · 도
덕적 판단 하에 해당 범죄를 저지른 사람과 사실에 대하여 밝히는 이른
바 '양심선언'을 하거나 고소 · 고발을 하거나 혹은 그러한 시도를 할 경
우, 기업이나 국가기관의 내부조직은 어떻게 해서라도 그러한 행위를
방지하거나 방해하고, 해당 당사자에게 유 · 무형의 불이익이나 압력을
가하려 드는 것은 오늘날에도 어렵지 않게 경험할 수 있는 있는 사회적
현상이다. 어떤 개인이 고도의 윤리적 · 도덕적 갈등을 거쳐서 자신이
입을지 모르는 불이익을 감수하고서라도 사회적 해악을 바로잡기 위한
목적으로 자신이 속한 사회의 부패나 범죄를 고발하는 양심선언이나,
범죄인에 대하여 실제로 고소 · 고발을 하는 경우, 만일 이 사람에 대하
여 국가가 적극적으로 나서서 신변보호를 해 주지 못한다면, 그 사회의
내부적 문제나 해악들은 더 이상 외부로 드러나지 않은 채, 속으로 곪아
썩어 급기야 더 큰 사회적 위기와 해악에 직면하게 될 수 있다. 그러므

---

54) 양심의 자유의 양면성에 관하여 허영 (주 22), 448면.

로 이러한 소위 내부 고발자나 범죄피해자를 국가가 적극적으로 보호하는 제도를 보다 섬세히 마련하는 것은 양심의 자유의 보호와 직결되는 문제가 아닌가 생각된다.

　　나아가 본인이 과거 잘못된 국가적 범죄에 연루되었으나 공소시효 등 오랜 세월이 경과했음에도 불구하고, 그 국가적 범죄의 진상이 제대로 밝혀지지 않은 상태에서 적극적 또는 소극적으로 그러한 국가적 불법행위에 관여하거나 연루된 사실에 대하여 밝히는 당사자들의 '양심선언'은 소위 '과거사'에 대한 진상과 사실관계를 밝히는 매우 중요한 단서가 될 수 있다. 그러므로 비록 국가의 체계적이고 총체적인 불법행위[55]에 연루되었으나, 자신의 그러한 잘못된 행위에 대하여 윤리적·도덕적으로 깊이 뉘우치고 반성한 끝에 그에 관하여 공식적으로 사과하거나 양심선언을 하는 경우, 국가는 양심의 자유에 대한 보호의무로부터 이러한 양심선언자가 사회적으로 불이익을 입지 않고 살아 갈 수 있도록, 그리고 오히려 그러한 양심선언이 자유롭고 원활하게 이루어질 수 있도록 그들에 대한 적극적인 보호조치를 마련할 의무가 있다고 봐야 할 것이다.[56]

48. 양심선언자에 대한 보호조치 필요

Ⅴ. 양심의 자유의 한계와 제한

　　양심실현의 자유는 독일이나 우리 헌법상 무제약적으로 보호될 수는 없다. 독일의 경우에는 내재적 한계이론을 통해서 "중대하고도 우월적인 공익적 사유"[57] 등, 충돌하는 헌법적 법익에 의하여 제한할 수 있고 우리의 경우에는 이러한 내재적 한계를 헌법 제37조 제2항이 확인하고 있으므로 이에 따른 제한이 가능하다. 제한의 경우에 과잉금지의 원칙이 준수되어야 하는 것은 물론이다.

49. 양심실현의 자유의 제한

---

55) 이에 관해서는 방승주, 사후적으로 위헌선언된 긴급조치에 대한 국가배상책임, 헌법학연구 제25권 제3호(2019. 9.), 215－274(262)면.

56) 민주공화국의 원리의 관점에서 책임있는 민주시민(Citoyen)의 도덕적 책무에 관하여는 방승주, 민주공화국 100년의 과제와 현행헌법, 헌법학연구 제25권 제2호(2019. 6.), 137－192(181－183)면.

57) Roman Herzog (주 8), Rn. 154.

1. 양심실현의 자유의 한계와 관련한 독일 학설과 판례

50. 내재적 한계·다른 기본권 및 법익에 의한 제한가능성

적극적으로 양심실현의 자유를 인정할 경우에 문제는 양심실현의 자유가 어디까지 보호될 수 있겠는가의 문제가 제기되는데 대체로 독일 연방헌법재판소와 학설은 유보 없는 양심의 자유의 한계로서는 소위 내재적 한계, 혹은 다른 기본권이나 헌법적 법익에 의한 제한가능성을 드는 것이 보통이다.

51. 법적 의무에 대한 거부권

양심실현의 여러 가지 차원과 관련하여 우선 가장 중요한 것으로서는 법적 의무(명령)에 대한 不服從權(불복종권, 거부권)이다. 국민에게 그 양심적 결정과 충돌하는 법적 의무가 부과된 경우에 이에 대하여 복종(服從)을 거부(拒否)할 수 있는 권리(ein Recht zur Gehorsamverweigerung)가 있다는 것이다. 그러한 한에서 양심의 자유는 양심상의 이유에 의한 저항권(抵抗權) 외에 다른 것이 아니라는 것이다.[58] 독일에서 문제가 된 사례들을 들어 보면 다음과 같다.

52. 공과금 이나 납세의 거부 문제

우선 양심의 자유를 이유로 공과금이나 납세를 거부하는 것이다. 그 이유는 핵발전소에 대한 반대, 의료보험에 의한 낙태시술 반대 등이다. 독일 연방헌법재판소는 이와 관련하여 그 누구도 법질서를 자신의 신앙이나 양심에 따라서 형성할 수 있는 권리를 갖지는 못한다[59]고 결정하였다. 즉 양심의 자유가 국민 개개인에게 자신의 확신을 일반 법규범의 유효성 여부에 대한 판단기준으로 삼을 권리를 주고 있는 것은 아니다는 것이다.[60]

53. 군비로의 사용 반대

또한 예산의 군비(軍費)로의 사용을 반대하면서 양심을 이유로 납세를 거부하는 것이 문제될 수 있는데 연방헌법재판소는 납세의무는 양심의 자유에 대한 제한이 아니라고 보고 있다. 즉 납세의무자는 예산사용에는 책임이 없고 납세의무와 예산사용은 상호 무관하기 때문이라는 것이다.[61]

54. 면역의무에 반대하는 양심적 결정은 수용 불가

또한 천연두에 대한 면역의무이다. 법적인 면역의무의 경우에 인간

---

58) Roman Herzog (주 8), Rn. 138.
59) BVerfGE 67, 26 (37).
60) BVerfGE 67, 26 (37).
61) BVerfG, NJW 1993, S. 455; Pieroth/Schlink (주 7), Rn. 587.

의 생명과 건강의 보호 즉 매우 중대한 법익의 보호가 입법목적이라고 할 수 있다. 그러나 동시에 면역을 거부하는 경우에도 보통의 경우에는 이러한 법익에 대하여 아무런 위험이 발생하지 않을 수 있고 따라서 양심적 결정이 ― 그것이 우선 진지한 것으로서 받아들여졌다면 ― 고려되어야 한다는 것이다. 그러나 양심상의 이유에 의한 면역거부가 타인의 생명과 건강에 대한 직접적인 침해의 결과를 초래할 수 있으며 이러한 경우에 양심의 자유에 따른 양심적 결정은 더 이상 헌법적으로 용인될 수 없다는 것이다.[62] 면역의무는 국민의 건강보호, 특히 전염병예방을 위하여 존재한다. 면역의무에 반대하는 양심적 결정은 받아들일 필요가 없다.[63]

나아가서 양심의 자유는 기본권의 한계영역을 넘지 않는 한에서, 국가에 의하여 금지된 행위를 적극적으로 할 수 있는 권리를 보장하는지가 논란이 되고 있다.[64] **55. 금지된 행위를 할 권리?**

헤어쪼그(Herzog)에 의하면 양심의 자유는 개별적이고 구체적인 행위의 거부와 관련될 수 있을 뿐 아니라, 어떠한 법제도(Normenkomplexen)와도 충돌할 수 있으며 이 경우에 개인에게 이러한 법제도에 복종하지 않을 권리를 보장하기도 한다. 독일 기본법상 가장 중요한 구체적 사례는 기본법 제4조 제3항의 양심상의 이유에 의한 병역거부권이다. 그리고 양심상 거부권 행사가 가능한 또 다른 법제도의 사례로서는 종립학교 설립에 관한 학교법 규정이나 혼인에 관한 가족법 규정을 들 수 있다고 한다.[65] **56. 양심의 자유와 병역거부권**

슈타르크(Starck)에 의하면 형법적 영역에서 양심의 자유는 제한될 수밖에 없다. 양심에 따라서 행위하고 또한 범죄를 범하는 자에게는 형법적으로 보호되는 법익으로 맞서야 한다. 국가는 내적 평화를 위하여 **57. 형법적 영역에서 양심의 자유는 제한**

---

62) Roman Herzog (주 8), Rn. 138.
63) v. Mangoldt/Klein/Starck (주 5), Rn. 56.
64) 긍정적으로는 Roman Herzog (주 8), Rn. 140. 그는 양심의 자유에 대한 원용이 과연 신빙성이 있는 것인가는 다투어질 수 있는 문제이긴 하더라도 양심적 이유에 의한 납세거부도 허용된다고 본다. 다만 대안은 그가 직접 납세를 하는 대신 국가가 강제집행을 할 수 있도록 함으로써 양심과의 갈등을 회피할 수 있게 하는 것이라고 하고 있다.
65) Roman Herzog (주 8), Rn. 139.

원칙적으로 형법의 효력을 개인적 양심의 유보 하에 놓을 수는 없다.[66]

58. 독일 연방헌재 대체복무거부자 처벌 합헌

독일 연방헌법재판소는 대체복무거부자를 처벌하는 형벌조항에 대하여 합헌으로 선언한 여호와의증인 판결에서 다음과 같이 판시하였다.

> **독일 연방헌재 판례** "양심의 자유는 주관적인 공권일 뿐 아니라 동시에 가치결단적인 근본규범이며, 국가가 여러 가지 형태로 행위를 할 때에 - 형사소송에서 양형을 함에 있어서도 - 가치기준을 정해주는 효력을 발휘하고 또한 이를 준수할 것을 요구하는 헌법상 최고서열의 규범이다. 양심의 자유는 양심범에 대하여 일반적인 "우호적 태도의 원칙(Wohlwollensgebot)"으로서 기능한다. 그러한 원칙의 구체적인 영향과 이로부터 나오는 국가형벌권의 헌법적 한계는 개별적인 심사를 통해서만 도출될 수 있으며 이때에 각각의 경우에 한편으로는 국가질서 및 법의 권위에 대한 의미와 다른 한편으로는 양심상 가책의 정도와 이로부터 발생하는 강제적 상황들이 고려의 대상이 되어야 한다."[67]

59. 양심의 문제는 형사소송절차 내에서 결정

부작위에 의한 범죄와 진정부작위범도 역시 그것이 신앙이나 양심의 이유에 의한 경우에도 범죄이다. 적극적인 행위의무가 규정되어 있지 않고 범죄가 단지 수동적으로 이루어진 경우에는 형법상 보호되고 있는 내적 평화에 대한 침해가 경미하게 평가되어야 하며 또한 구체적인 정황에 따라서 양형의 방법으로 형이 감경되거나 극단적인 경우에는 형을 면제할 수 있을 것이다. 그러나 양심의 문제가 형사소송절차 밖에서 결정될 수는 없기 때문에 형사소송절차는 실행되어야 한다.[68]

2. 양심의 자유의 제한에 관한 헌법재판소 판례

60. 헌재 판례 많지 않음

우리 헌법재판소 판례상 양심의 자유에 관한 판례는 실상 그렇게 많지는 않다. 몇 가지 중요한 판례들을 간략하게 소개하면 다음과 같다.

61. 사죄광고

우선 양심의 자유의 침해 사례로서 자신이 잘못하지 않은 일에 대하여 잘못을 했다는 사죄광고를 강요하는 것은 그것이 자연인이든 법인[69]이든 그의 양심의 자유를 침해한다고 본 결정을 들 수 있다. 헌법

---

66) v. Mangoldt/Klein/Starck (주 5), Rn. 52.
67) BVerfGE 23, 127 (134).
68) v. Mangoldt/Klein/Starck (주 5), Rn. 53.

재판소가 1991. 4. 1. 89헌마160 결정에서 이 사죄광고에 대하여 한정위
헌을 선고한 이후 그와 유사한 사례에서도 비록 침해된 기본권은 인격
권으로 보고 있기는 하지만 이러한 입장을 반복하고 있다.[70]

　　그리고 양심상의 이유로 병역을 거부하는 자들에 대하여 처벌을 하
는 병역법 제88조 제1항에 대하여 입법자에게 대체복무제도를 도입할
것을 권고[71]하면서 줄곧 합헌[72]으로 선언하여 왔으나, 최근 헌법재판소
는 대체복무제도를 병역의 한 유형으로 규정하지 않은 부작위가 양심적
병역거부자들의 양심을 침해한다고 하면서 병역법 제5조에 대하여 헌법
불합치결정을 선고하였다.[73]

62. 헌법불합치 사례: 양심적 병역거부

　　한편 양심의 자유에 대한 침해가 아니라고 본 사례는 더 많이 있다.
우선 국가보안법 위반사범에 대하여 인지를 한 경우 신고의무를 부과하
고 신고를 하지 않을 경우 처벌을 하는 소위 불고지죄는 양심의 자유를
침해하지 않는다고 보았다. 헌법재판소는 이 결정에서 "내심적 자유, 즉
양심형성의 자유와 양심적 결정의 자유는 내심에 머무르는 한 절대적 자
유라고 할 수 있지만, 양심실현의 자유는 타인의 기본권이나 다른 헌법적
질서와 저촉되는 경우 헌법 제37조 제2항에 따라 국가안전보장·질서유
지 또는 공공복리를 위하여 법률에 의하여 제한될 수 있는 상대적 자유라
고 할 수 있다."고 보았다.[74] 결국 양심형성의 자유(forum internum)는 절
대적 자유로서 더 이상 제한할 수 없는 양심의 자유의 본질적인 내용이라
고 봐야 할 것이며, 이에 반하여 양심실현의 자유(forum externum)는 헌법
제37조 제2항에 따라 제한될 수 있는 상대적 자유라고 본 것이다.

63. 합헌 사례로 불고지죄

　　그 밖에 이적표현물의 소지행위를 처벌하는 국가보안법 제7조 제5
항[75], 전투경찰순경으로 전입된 청구인에 대하여 발하여진 시위진압명

64. 그 밖의 합헌 사례

---

69) 헌재 1991. 4. 1, 89헌마160, 판례집 제3권, 149, 153.
70) 헌재 1991. 4. 1, 89헌마160, 판례집 제3권, 149, 151-152.
71) 헌재 2004. 8. 26., 2002헌가1, 판례집 제16권 2집 상, 141 [합헌]. 같은 입장으로
　　대법원 2004. 7. 15, 선고 2004도2965 전원합의체 판결.
72) 헌재 2011. 8. 30, 2008헌가22 등, 판례집 제23권 2집 상, 174 [합헌].
73) 헌재 2018. 6. 28, 2011헌바379 등, 판례집 제30권 1집 하, 370 [헌법불합치, 합헌].
　　같은 취지로 대법원 2018. 11. 1, 선고, 2016도10912 병역법위반.
74) 헌재 1998. 7. 16, 96헌바35, 판례집 제10권 2집, 159 [합헌].
75) 헌재 2004. 8. 26, 2003헌바85 등, 판례집 제16권 2집 상, 297; 헌재 2015. 4. 30,

령[76]), 민사집행법상 재산명시의무를 위반한 채무자에 대하여 법원이 결정으로 20일 이내의 감치에 처하도록 규정한 민사집행법 제68조 제1항[77]), 연말정산 간소화를 위하여 의료기관에게 환자들의 의료비 내역에 관한 정보를 국세청에 제출하는 의무를 부과하고 있는 소득세법조항 등을 들 수 있다.[78])

65. 의료비 내역정보 제출의무 합헌

특히 이 결정에서 헌법재판소는 의사의 의료비 내역정보의 제출의무에 대하여 일단 양심의 자유, 특히 양심실현의 자유에 대한 제한으로 파악한 후 그 제한이 과잉금지의 원칙에 위반되지 않는다고 판단하였다.

> **판례** 의사가 자신이 진찰하고 치료한 환자에 관한 사생활과 정신적·신체적 비밀을 유지하고 보존하는 것은 의사의 근원적이고 보편적인 윤리이자 도덕이고, 환자와의 묵시적 약속이라고 할 것이다. 만일 의사가 환자의 신병(身病)에 관한 사실을 자신의 의사에 반하여 외부에 알려야 한다면, 이는 의사로서의 윤리적·도덕적 가치에 반하는 것으로서 심한 양심적 갈등을 겪을 수밖에 없을 것이다. 그런데 소득공제증빙서류 제출의무자들인 의료기관인 의사로서는 과세자료를 제출하지 않을 경우 국세청으로부터 행정지도와 함께 세무조사와 같은 불이익을 받을 수 있다는 심리적 강박감을 가지게 되는바, 결국 이 사건 법령조항에 대하여는 의무불이행에 대하여 간접적이고 사실적인 강제수단이 존재하므로 법적 강제수단의 존부와 관계없이 의사인 청구인들의 양심의 자유를 제한한다.
>
> 그러나 이 사건 법령조항은 근로소득자들의 연말정산 간소화라는 공익을 달성하기 위하여 그에 필요한 의료비내역을 국세청장에게 제출하도록 하는 것으로서, 그 목적의 정당성과 수단의 적절성이 인정된다. 또 이 사건 법령조항에 의하여 국세청장에게 제출되는 내용은, 환자의 민감한 정보가 아니고, 과세관청이 소득세 공제액을 산정하기 위한 필요최소한의 내용이며, 이 사건 법령조항으로 얻게 되는 납세자의 편의와 사회적 제비용의 절감을 위한 연말정산 간소화라는 공익이 이로 인하여 제한되는 의사들의 양심실현의 자유에 비하여 결코 적다고 할 수 없으므로, 이 사건 법령조항은 피해의 최소성 원칙과 법익의 균형성도 충족하고 있다. 따라서 이 사건 법령조항은 헌법에 위반되지 아

2012헌바95 등, 판례집 제27권 1집 상, 453 [합헌].

76) 헌재 1995. 12. 28, 91헌마80, 판례집 제7권 2집, 851.
77) 헌재 2014. 9. 25, 2013헌마11, 판례집 제26권 2집 상, 593 [기각].
78) 헌재 2008. 10. 30, 2006헌마1401 등, 판례집 제20권 2집 상, 1115 [기각].

니한다.

(헌재 2008. 10. 30, 2006헌마1401 등, 판례집 20-2상, 1115 [기각])

그 밖에 양심의 자유에 대한 침해가 아니라고 판단한 사례로서는 음주측정거부자에 대하여 반드시 면허를 취소하도록 규정하고 있는 도로교통법 제78조 제1항 단서 제8호[79]가 있다. 그런데 이 결정에서 헌법 재판소는 과연 음주측정강제가 양심의 자유에 대한 제한에 해당되는지 여부에 대하여는 아무런 상세한 언급을 하지 않은 채, 결론 부분에서 재산권, 직업선택의 자유, 행복추구권 또는 양심의 자유에 대한 과도한 제한에 해당하지 않는다고 판시하고 있을 뿐인데, 과연 음주측정을 요구하는 것이 운전자의 양심형성이나 양심실현과 관련되는 공권력행사라고 할 수 있는지 그것이 아니라면 애초부터 양심의 자유에 대한 제한은 될 수 없다고 밝혔어야 했던 것은 아닌가 생각된다.

이러한 논리적 전개를 잘 보여 주고 있는 결정은 바로 준법서약제에 대한 헌법소원심판 결정[80]인데 이 결정에서 헌법재판소는 어떠한 경우에 양심의 자유가 문제될 수 있는지에 관하여 다음과 같은 세 가지의 요건을 밝히고 있다.

> **판례** 헌법상 그 침해로부터 보호되는 양심은 첫째 문제된 당해 실정법의 내용이 양심의 영역과 관련되는 사항을 규율하는 것이어야 하고, 둘째 이에 위반하는 경우 이행강제, 처벌 또는 법적 불이익의 부과 등 법적 강제가 따라야 하며, 셋째 그 위반이 양심상의 명령에 따른 것이어야 한다.
>
> (헌재 2002. 4. 25, 98헌마425 등, 판례집 14-1, 351, 363.)

헌법재판소는 이러한 세 가지 기준에 따라서 준법서약의 내용이 양심의 영역과 관련되는지를 심사한 끝에 결론적으로 이 사건 준법서약제는 양심의 영역을 건드리지 않으며[81], 이 사건 규칙조항에 의하여 준법서약서의 제출이 반드시 법적으로 강제되어 있는 것이 아니라는 이유

66. 음주측정거부자 면허취소 합헌

67. 준법서약제에 대한 헌법소원심판 결정

68. 준법서약서 합헌결정과 그 문제점

---

79) 헌재 2004. 12. 16, 2003헌바87, 판례집 제16권 2집 하, 489 [합헌].
80) 헌재 2002. 4. 25, 98헌마425 등, 판례집 제14권 1집, 351.
81) 헌재 2002. 4. 25, 98헌마425 등, 판례집 제14권 1집, 351, 364.

로82) 양심의 자유와 상관없다고 보았으나 다만 그 결론과 관련해서는

---

82) 헌재 2002. 4. 25, 98헌마425 등, 판례집 제14권 1집, 351, 365. 이 결정에서 반대 의견(김효종, 주선회 재판관)은 이 사건 준법서약서는 비전향장기수에 대한 요구 의 관점에서 볼 때 사상 내지 주의에 대한 표명을 사실상 강제하는 측면이 있다 는 이유로 양심의 자유와 무관한 것이 아니라 양심의 자유에 대한 제한이 된다고 보고 있으며, 이러한 양심의 자유에 대한 제한은 헌법 제37조 제2항에 따라 법률 로써 하지 않으면 안 됨에도 불구하고 법률적 근거도 없이 법무부령인 가석방심 사등에관한 규칙(1998. 10. 10. 법무부령 제467호)에 의하여 시행하고 있으므로 법률유보원칙에도 위반될 뿐만 아니라 양심의 자유를 과잉금지의 원칙에 반하여 침해하므로 위헌이라고 보았다. 반대의견이 잘 지적하고 있듯이 가석방이 아무리 국가의 혜택부여라 하더라도, 혜택을 받기 위하여 자신의 내심적 소신이나 세계 관, 주의, 신조 등을 드러낼 수밖에 없는 상황, 즉 양심의 표명을 사실상 강제받 고 있는 상황(준법서약서를 제출하지 않는 것은 비전향장기수들에 대하여 과거 의 사상전향서를 제출하지 않는 것과 마찬가지로 내심적 사상을 표명할 수밖에 없는 효과를 가진다는 점)을 고려해 볼 때, 이러한 사실상의 표명강제가 양심과 는 상관이 없다고 본 것은, － 반대의견이 잘 지적하고 있듯이 － 양심개념을 넓 게 인정했던 초기 판례의 입장과는 상당히 거리가 있는 판시가 아닌가 생각된다. 이 결정에서 반대의견은 추상적이고 개방적인 헌법개념을 어떠한 방법으로 해석 해야 할 것인가, 즉 헌법학방법론의 관점에서 매우 중요한 문제를 제기하고 있 다. 즉 양심의 자유 관련 판례가 아직 많이 나오지 않은 상태에서 다수의견과 같 이 양심의 자유의 제한을 인정할 수 있기 위한 3가지 전제조건을 연역적으로 제 시하는 방법은 "다양한 사안들을 개별적·구체적으로 다루지 않고, 그 세 가지의 요건에 맞는지 여부에 관한 형식적·개념적 적합성 여부만 다루게 됨으로써 양 심의 자유와 같은 중대하고 민감한 기본권 사건에서 실체와 유리된 형식적 헌법 재판을 하게 되는 자승자박이 될 수도 있는 것"이라고 비판하고 있는데, 이는 마 치 1969년 10월 스위스 베른(Bern)에서 개최된 독일국법학자대회에서 양심개념의 법적 내용은 어떠한 곳으로부터 연역되어서는 안 된다고 본 보임린(Bäumlin)의 주장{Richard Bäumlin (주 1), S. 4, 20, 22.}을 떠올리게 하는 것으로서, 구체적· 개별적 사례를 통한, 그리고 미래를 향하여 개방된 사례관련적 헌법해석방법론 (Topik Methode)의 강조에 다름 아니라고 할 수 있기 때문에, 이러한 방법론적 비판은 지극히 타당하고도 적절한 비판이라고 생각된다. 그리고 나아가 양심의 자유에 대한 사실상의 간접적 제한의 결과가 초래된 경우{판례집 14－1, 351, 371－381(375).}, 이를 기본권에 대한 제한으로 귀속시킬 것인지, 즉 기본권제한 개념과 관련하여 "법적 강제"를 중심으로 파악해 왔던 종래의 협의의 제한개념으 로부터 벗어나서 사실상의 간접적 제한의 결과까지도 폭넓게 기본권제한 개념에 포섭시키는 기본권제한개념의 확대경향(이에 대해서는 제5절, III, 2, 나. 제한개 념의 확대 참조)에 관해서 다수의견은 어떠한 입장인지에 대해서 분명히 밝히고, 구체적으로 이 사건에서 사상이나 신조에 대한 사실상의 표명강제가 기본권제한 개념의 확대경향에도 불구하고 왜 기본권제한에 포섭되지 않는지에 대하여 보다 확실하게 논증할 필요가 있었던 것이 아니었나 생각된다. 결론적으로 비전향장기 수 등 국가보안법사범과 집시법사범들에 대한 준법서약서의 제출요건은 양심(세 계관, 인생관, 주의, 신조, 사상)표명을 사실상 강제하는 효과가 있었던 것이기 때 문에, 이는 양심의 자유의 보호영역을 건드리는 것이며, 따라서 가석방 심사에

각주에서 상세하게 밝힌 이유로 인하여 찬성하기 어렵고 오히려 반대의 견이 옳다고 생각된다.83)

> 판례 이와 같이 법적 강제가 아니라 단순한 혜택부여의 문제에 그칠 경우에는 비록 그 혜택이 절실한 것이어서 이를 외면하기가 사실상 고통스럽다고 하더라도 이는 스스로의 선택의 문제일 뿐, 이미 양심의 자유의 침해와는 아무런 관련이 없다. 단지 그 혜택부여의 공평성 여부라는 평등원칙 위배의 차원에서 헌법적으로 검토될 여지가 있을 뿐이다.
>   결국 이 사건 규칙조항에 따른 준법서약서의 제출은 단지 국가로부터 가석방이라는 은전을 부여받기 위한 요소일 뿐으로서 이러한 수혜요건을 충족시켜줄 것인가 여부는 당해 수형자가 자신의 내심의 소리에 따라서 여전히 자유롭게 선택할 수 있는 것이다.
>   (헌재 2002. 4. 25, 98헌마425 등, 판례집 14-1, 351, 366.)

다음으로 사업자단체의 독점규제 및 공정거래법 위반행위가 있을 때 공정거래위원회가 당해 사업자단체에 대하여 "법위반사실의 공표"를 명하는 것(동법 제27조 부분)은 일반적 행동의 자유와 명예권에 대한 침해이며 또한 무죄추정의 원칙에 대한 위반이라고 보았지만 양심의 자유의 보호영역에는 해당되지 않는다고 보았으며84), 그리고 보안관찰제도85)

69. 침해 부인 사례

있어서 국가보안법사범과 집시법위반사범들에 대해서만 법률의 근거가 없이 오로지 법무부령으로써 이 준법서약서의 제출을 요구하는 것은 법률유보원칙에 위반되고, 또한 양심의 자유에 대한 과잉한 침해가 될 뿐만 아니라, 평등원칙 위반 여부와 관련해서도 양심의 자유에 대한 중대한 제한을 초래할 수 있으므로 엄격한 심사기준에 의할 경우 양심사범들과 그 밖의 사범들 사이에 존재하는 차이가 준법서약서 제출요구와 그에 따른 가석방혜택부여 라고 하는 정도의 차별을 정당화할 수 없을 정도로 비례관계를 벗어났다고 판단될 경우 평등원칙에도 위반될 수 있다. 이러한 의미에서 반대의견에 찬성한다. 특별권력관계 내지 특수한 신분관계 내에서의 내심적 자유(forum internum)에 대한 사실상의 간접적 제한문제에 관한 논의로 Knöpfle, in: VVDStRL Heft 28, 1970, S. 108 ff.; Böckenförde (주 1), S. 109.

83) 마찬가지로 국법질서의 준수가 국민의 의무라는 것은 옳은 전제이지만 그렇다고 해서 국법질서의 준수를 '서약'하는 것이 국민의 당연한 의무인 것은 아니라고 하는 입장에서 이 준법서약제의 위헌성을 적확하게 지적하는 견해로 박종보 (주 1). 266-272면. 이에 반하여 김승대, 준법서약제 등 위헌확인, 가석방심사등에관한규칙 제14조 제2항 위헌확인, 헌법재판소결정해설집 (2002년), 헌법재판소, 2003, 81-95면.

역시 양심의 자유를 침해하지 않는다고 보았다.

70. 양심의 자유의 보호영역 해당 부인 사례

끝으로 청구인이 주장하는 양심의 자유에 대한 침해에 대하여 다른 기본권의 침해여부에 대한 심사로 족하다고 보면서 양심의 자유의 침해 여부를 따로 심사하지 않고 주장을 배척하거나, 양심의 자유의 보호영 역에 해당되지 않는다고 본 사례들은 많이 있다. 가령 종교, 나이, 임신 또는 출산, 성적 지향, 성별 정체성 등의 사유를 이유로 한 차별·혐오 표현을 금지하는 서울시학생인권조례 제5조 제3항86), 미결수용자의 종 교행사 등에의 참석 금지87), 형집행유예 시 사회봉사를 명할 수 있도록 한 형법 제62조의2 제1항88), 구치소장이 청구인과 배우자의 접견을 녹 음한 행위89), 공인회계사 시험 응시자격 제한90), 증여세 신고의무91), 업 종별로 수입금액이 일정 규모 이상인 사업자에게 성실신고확인서를 제 출하도록 하고 있는 소득세법 조항92), 민법상 자필증서에 의한 유언의 유효요건으로 '주소의 자서'를 정하고 있는 민법 제1066조 제1항 중 '주 소' 부분93), 보안관찰처분대상자의 '출소 후 신고'94), 열 손가락 지문날 인의무를 부과하는 주민등록법시행령 제33조 제2항95), 재심청구를 제한 하는 구 형사소송법 제434조 제2항96) 등의 사례들이 바로 그와 같은 것 들이다.

---

84) 헌재 2002. 1. 31, 2001헌바43, 판례집 제14권 1집, 49 [위헌]. 이에 관하여는 김승 대, 독점규제및공정거래에관한법률 제27조 위헌소원, 헌법재판소결정해설집 (2002 년), 헌법재판소, 2003, 1−24면.
85) 헌재 1997. 11. 27, 92헌바28, 판례집 제9권 2집, 548 [합헌,각하].
86) 헌재 2019. 11. 28, 2017헌마1356, 공보 제278호, 1379, 1385.
87) 헌재 2011. 12. 29, 2009헌마527, 판례집 제23권 2집 하, 840, 848.
88) 헌재 2012. 3. 29, 2010헌바100, 판례집 제24권 1집 상, 414, 421.
89) 헌재 2012. 12. 27, 2010헌마153, 판례집 제24권 2집 하, 537, 550.
90) 헌재 2012. 11. 29, 2011헌마801, 판례집 제24권 2집 하, 231, 237.
91) 헌재 2022. 2. 24, 2019헌바225 등, 공보 제305호, 428, 433.
92) 헌재 2019. 7. 25, 2016헌바392, 공보 제274호, 805, 809.
93) 헌재 2011. 9. 29, 2010헌바250 등, 판례집 제23권 2집 상, 614, 620; 헌재 2008. 12. 26, 2007헌바128, 판례집 제20권 2집 하, 648, 662.
94) 헌재 2001. 7. 19, 2000헌바22, 판례집 제13권 2집, 18, 27.
95) 헌재 2005. 5. 26, 99헌마513 등, 판례집 제17권 1집, 668, 684; 헌재 2015. 5. 28, 2011헌마731, 판례집 제27권 1집 하, 279, 287.
96) 헌재 2020. 2. 27, 2017헌바420, 판례집 제32권 1집 상, 56, 61.

VI. 제한의 한계

다른 기본권과 마찬가지로 양심의 자유 역시 국가안전보장·질서
유지·공공복리를 위하여 필요한 경우에 한하여 법률로써 제한할 수 있
지만, 제한하는 경우에도 양심의 자유의 본질적인 내용은 침해할 수 없
다. 그 본질적인 내용에 해당하는 것이 양심형성의 자유라고 할 것이다.

그러므로 내적인 양심형성에까지도 영향을 미치려는 그 어떠한 국
가적 작용은 양심의 자유의 본질적인 내용을 침해하는 것으로서 위헌이
라고 봐야 할 것이다. 가령 세뇌행위, 자백을 위한 약물사용, 최면술, 마
취분석[97] 등과 같이 개인의 존엄성, 즉 자율적 인격성을 가진 개인의
신체적·정신적·심령적 완전성(Integrität)과 정체성(Identität)[98]의 전부
또는 일부를 침해할 수 있는 모든 수단의 동원은 내면적 자유인 양심형
성의 자유 자체에 대한 침해가 될 수 있다.

그러나 형성된 양심을 외부 세계에서 실현하고자 하는 행위는 경우
에 따라서 국법질서에 반할 수도 있고, 또한 다른 사람의 기본권과 충돌
할 수도 있다. 그러므로 이러한 경우에는 헌법 제37조 제2항에 따라 법
률로써 제한할 수 있되, 필요한 경우에 한하여 해야 하므로 과잉금지의
원칙이 적용된다.

다만 양심의 자유는 인간의 존엄성과 밀접한 관련을 가지는 인격적
정체성[99]과 직결되는 기본권이라 할 수 있으므로, 양심의 자유와 충돌
하는 헌법적 법익이 모두 최적으로 실현될 수 있도록, 다시 말해서 양심
의 자유를 존중하면서도 입법목적을 달성할 수 있도록 실제적 조화의
원리[100]에 따라 가능한 대안을 마련해야 할 필요가 있다.[101] 이것을 우

71. 일반적 법
률유보와 침해
금지

72. 내적인 양
심형성에 영향
을 미치는 국가
작용은 위헌

73. 과잉금지
원칙의 적용

74. 관용의 원
칙·우호적 태
도의 원칙

---

97) 계희열 (주 1), 335면.
98) 방승주, 헌법 제10조, (사) 한국헌법학회 편, 헌법주석 [I], 박영사 2013, 283−
388(327)면. 위 제7절 VII, 1. 마 참조.
99) E.−W. Böckenförde (주 1), S. 67; Niklas Luhman (주 36), S. 264−270; Richard
Bäumlin (주 1), S. 18.
100) Richard Bäumlin (주 1), S. 18; 콘라드 헷세 지, 계희열 역, 통일독일헌법원론(제
20판), 박영사 2001, 203면.
101) 계희열 (주 1), 345면; 김명재 (주 23), 456면; 한수웅 (주 22), 헌법논총 제12집,
427면; E.−W. Böckenförde (주 1). S. 61, 104는 양심적 결정의 진지성을 파악할

리는 '관용의 원칙'102), 내지는 '우호적 태도의 원칙'(Wohlwollensgebot)103)
이라 할 수 있을 것이다.

75. 실제적 조
화의 원리 적용
시 입법자는 넓
은 형성의 자유
를 가짐

　　한편으로 양심의 자유와 다른 한편으로 공익적 과제나 혹은 다른
사람의 양심과의 충돌의 경우에 이러한 실제적 조화의 원리를 어떻게
적용해야 할 것인가 하는 문제와 관련해서 보임린은 먼저 기본권의 내
용을 전제로 하여 추후에 한계규정을 통하여 제한을 하는 전통적 기본
권이론만 가지고서는 충분하지 않고, 오히려 양심의 자유로부터 구체화
된 과제들(Konkretisierungsaufträge)도 나오며, 이는 특히 평등원칙에 있어
서와 마찬가지로 입법자가 그 수범자가 된다고 주장한 바 있다.104) 이
러한 관점은 양심의 자유와 공익적 과제와의 실제적 조화에 있어서 입
법자는 넓은 형성의 자유를 가진다고 하는 논리로 연결될 수 있는 주장
이라고 생각된다.

76. 관용의 원
칙에 따라 대체
복무제도도 도
입 필요

　　이러한 '관용의 원칙', 혹은 소위 '우호적 태도의 원칙'에 따라 양심
적 병역거부자들에게는 병역의무를 대체할 수 있는 대체복무제도를 도
입함으로써 그들이 자신의 양심과 충돌하지 않으면서도 국가에 대한 의
무를 이행할 수 있도록 도모할 필요가 있는 것이다. 헌법재판소가 최근
에 판례를 변경하여 대체복무제도를 병역의무의 종류에 포함시키지 않
은 것을 헌법에 합치되지 않는다고 판단105)한 것은 바로 그와 같은 맥
락에 의한 것으로 이는 정당한 결정이었다고 할 것이다.

77. 양심적 결
정이 진지한 것
인지 심사할 절
차 마련 필요

　　나아가 이러한 관용의 원칙에 따라서 양심상의 명령과 실정법적 의

　　　수 있도록 소위 "부담스러운 대안(lästige Alternativen)"이 필요하다고 보고 있다.
　　　Richard Bäumlin (주 1), S. 21−22. Niklas Luhman (주 36), S. 273, 283.
102) 계희열 (주 1), 345면; 한수웅, 병역법 제88조 제1항 제1호 위헌제청, 헌법재판소
　　　결정해설집 (2004년), 헌법재판소 2005, 325−377(399); 김명재 (주 23), 452면.
　　　Adolf Arndt (주 4), S. 2206.; Zippelius (주 10),　 BK−GG, Rn. 86.; E.−W.
　　　Böckenförde (주 1), S. 61: "관용의 체계와 부분적인 의무면제", S. 65; Richard
　　　Bäumlin (주 1), S. 9는 "이 관용은 결코 주관적 지위의 정당화를 의미할 수는 없
　　　다. 그것은 합리적이고 의사소통이 가능한 양심형성의 한계를 인정하는 것 이상
　　　도 이하도 아니다."라고 하고 있다. S. 20.
103) M. Herdegen, Gewissensfreiheit, in: HGR IV, § 98, Rn. 40. BVerfGE 23, 127 (134).
　　　한수웅 (주 22), 헌법학, 740−741면.
104) Richard Bäumlin (주 1), S. 21.
105) 헌재 2018. 6. 28, 2011헌바379 등, 판례집 제30권 1집 하, 370.

무가 충돌할 경우에 대한 대안(가령 대체복무제도)을 마련할 경우, 양심의 자유를 원용하는 사람의 양심적 결정이 과연 진지한 것인지를 심사하고 판단할 수 있는 절차를 국가(입법자)가 마련함으로써 양심의 자유의 남용을 방지하는 것은 국가의 존립목적과 의무이행의 공평을 추구하기 위해서 당연히 필요하다고 할 것이다.106) 이 경우 법적 의무에 비하여 부담스러운 대안이 제시되어야 법적 의무이행에 있어서의 형평의 원칙이 지켜질 수 있을 것이다.

Ⅶ. 양심의 자유와 다른 기본권과의 경합

양심의 자유는 선과 악, 옳고 그름과 관련한 인간 내면에서 나오는 윤리적·도덕적 음성과 관련되는 자유이기 때문에, 이러한 윤리적·도덕적 영역과 관련되는 양심의 자유는 다른 기본권과 중첩되거나 경합될 수 있는 가능성이 충분히 있다.

78. 다른 기본권과의 경합가능성 다분

첫째 주관적 권리로서 인간의 존엄과 가치와 중첩되거나 경합될 가능성이 있다.107) 인간으로서의 존엄과 가치의 핵심은 자율적 인격으로서의 인간의 정신적·신체적·심령적 정체성과 완전성을 침해받지 않을 자유라고 할 수 있는데, 선과 악, 옳고 그름에 대한 인간 내면의 심오한 윤리적·도덕적 판단능력은 다른 동물들은 일반적으로 가지지 못한 인간 고유의 정신적 특성이라고 할 수 있다. 자신의 내면으로부터 나오는 양심의 소리와 양심적 의무를 거스르는 것은 자신의 인격성의 파괴나 심각한 양심적 갈등을 느끼지 않고서는 가능하지 않기 때문에 이러한 양심적 판단은 자기 자신의 인간적 정체성과도 밀접·불가분의 관계에 있다고 할 수 있는 것이다. 그렇다면 인간의 이러한 윤리적·도덕적 정체성(Identität)은 결국 인간으로서의 존엄과 가치, 즉 인간존엄권과 중첩될 수밖에 없다. 이러한 인간 내면의 윤리적·도덕적 판단영역, 즉 양심형성의 자유와 양심적 결정의 자유(forum internum)는 인간존엄의 핵

79. 인간의 존엄과 가치와 중첩·경합

---

106) E.-W. Böckenförde (주 1), S. 66; Niklas Luhman (주 36), S. 284.
107) Zippelius (주 10), BK-GG, Rn. 56; BVerfGE 12, 45 (53 f).

심영역을 이룬다고 할 수 있기 때문에 이에 대해서는 불가침의 절대적 자유라 할 수 있는 것이다. 나머지 양심실현의 자유의 부분은 양심적 판단이 각자 인간의 주관적 판단에 따른 것일 수도 있다는 점에서 다른 사람의 기본권이나 헌법질서와 충돌할 수도 있기 때문에, 헌법 제37조 제2항에 따라 제한이 가능하되, 입법자와 법 적용기관은 전술한 양심우호적 태도의 원칙에 따라서 최대한 양심실현의 자유도 동시에 존중될 수 있는 대안을 찾아야 할 것이며, 그렇게 될 때에 인간존엄권이 존중되는 자유로운 민주적 기본질서[108]가 실현될 수 있게 될 것이다.

80. 종교적 자유와의 중첩

둘째, 선과 악, 옳고 그름에 대한 윤리적 · 도덕적 판단은 종교적 영역과도 밀접 불가분의 관계에 있다. 양심의 자유가 종교 또는 신앙의 자유와 함께 보장되어 왔던 독일[109] 등 서구 헌법사적 전통은 바로 이러한 연유에 기인하는 것이다. 다만 종교와 신앙적 관점에서의 선과 악, 옳고 그름이 반드시 인류의 보편적인 윤리적 · 도덕적 가치판단과 항상 일치한다고 볼 수는 없고, 또한 어떠한 한 종교의 윤리적 · 도덕적 가치와 잣대는 다른 종교나 사회 일반의 그것과 상당히 다를 수 있다고 하는 점에서 양심의 자유와 종교(신앙)의 자유는 각각 별개로 보장될 필요가 있는 것이다.[110] 이러한 현상을 대표적으로 잘 보여주고 있는 것이 양심적 병역거부인바, 비단 여호와의증인과 같은 종교뿐만 아니라 불교도나, 특정 종교와 무관한 일반인들 가운데서도 양심적 병역거부자들이 상당수 나오고 있다고 하는 점을 생각해 보면 쉽게 알 수 있다. 다만 종교적 이유에서 병역을 거부하는 양심적 병역거부자들의 경우 종교의 자유가 양심의 자유에 비하여 특별한 기본권[111]으로 적용될 수 있을 것이다.

---

108) 같은 취지로 계희열 (주 1), 330면. 허영 (주 22), 475면; 김효종, 주선회 재판관의 반대의견, 헌재 2002. 4. 25, 98헌마425 등(준법서약서), 판례집 제14권 1집, 351, 371-372.

109) 이에 관한 상세에 대해서는 E.-W. Böckenförde (주 1), S. 33 ff. 신앙 · 고백, 종교의 자유의 행사는 구체적인 사례에서 양심의 자유와 동시에 이루어질 수 있지만, 반드시 그래야 하는 것은 아니다. S. 50.

110) 양심이 윤리적 확신을 나타내는 것이라면 신앙은 종교적 확신을 나타낸다는 점에서 타당하게 양자를 구별하는 견해로 계희열 (주 1), 333면.

111) 같은 취지 양건 (주 23), 586면.

셋째, 양심은 학문의 자유와도 경합될 수 있다. 우선 학문의 자유는 진리를 탐구하고 전파하는 자유인데, 진리의 개념의 본질은 어떠한 사물이나 인간적 혹은 사회적 현상의 옳고 그름의 문제와도 밀접 불가분의 관계를 가지며, 특히 인간의 윤리적 · 도덕적 판단과 관련한 문제는 법학이나 신학, 철학, 윤리학과 같은 학문분과의 연구와 논의의 대상이 되는 것이다. 물론 자연과학 등 다른 학문분과에서는 인간의 윤리적 · 도덕적 판단의 문제가 아닌 보다 객관적인 사물의 이치나 법칙 등이 문제가 된다. 아무튼 공통적인 것은 진리의 탐구인데 이러한 진리 탐구나 연구결과의 발표와 관련하여 국가 공권력이 그 행위를 방해하거나 간섭하거나 일정한 불이익이나 제재를 가하는 경우, 관련되는 학자나 연구자는 학문의 자유뿐만 아니라, (학문적) 양심의 자유에 대한 침해를 주장할 수 있게 될 것이다. 그러한 점에서 양 자유는 알정 부분 경합될 수도 있으나, 진리탐구와 관련된 양심은 일반적인 양심에 비하여 특별법의 지위에 있다고 봐야 할 것이므로, 일반적 양심의 자유에 의해서 보다는 학문의 자유에 의해서 우선적으로 보호된다고 봐야 할 것이다.112)

81. 학문의 자유와의 경합

넷째, 양심의 자유는 또한 직업의 자유와도 경합될 수 있다. 일정한 직업에 종사하는 사람은 그 직업과 관련하여 자신의 고객이나 환자 등에 대하여 그들의 인격권이나 명예, 개인정보 등이 침해되지 않도록 해야 할 법적, 도덕적 의무를 진다. 그런데 만일 과세당국이나 수사기관 등 국가기관이 의료기록이나 개인의 사생활정보와 같은 민감한 개인정보가 포함되어 있는 정보의 제출의무 등을 부과하는 경우, 당사자는 윤리적 · 도덕적 차원에서 그러한 법적 의무에 대하여 상당한 저항감을 가질 수 있다. 당사자는 일종의 직업적 양심으로부터 나오는 가책을 느낄 수 있는 바, 이와 같이 법률상 의무와 양심상의 의무가 서로 충돌할 경우에는 당사자의 양심상 의무도 최대한 존중될 수 있는 다른 대안을 마련해 줄 필요성이 있음은 전술한 바와 같다.

82. 직업의 자유와의 경합

다섯째, 양심상의 표현은 언론 · 출판의 자유에 의해서도 보호받을 수 있기 때문에 양심적 결정을 외부로 표현하는 행위는 양심의 자유와

83. 언론 · 출판의 자유와 중첩

---

112) 동지, 양건 (주 23), 586면.

언론·출판의 자유에 의하여 동시에 보호될 수 있다. 다만 양심적 결정은 보통의 경우 각자의 주관적 판단이나 신조에 달려 있을 수 있기 때문에, 그 모든 주관적 판단과 결정을 모두 양심의 카테고리에 포함시킬수 있는 것은 아니다. 양심적 결정에 의한 표현은 양심의 자유에 의해서보다 두터운 보호를 받을 수 있겠으나, 양심적 결정인지 여부가 매우 주관적이라 할 수 있을 것이므로, 개인이 주장하는 양심적 결정에 관한 표명이나 표현은 일단은 일반적 기본권으로서 언론·출판의 자유에 의해서 무리 없이 보호될 수 있을 것이다. 다만 가령 양심선언과 같이 진지한 양심적 판단이나 결정을 외부로 표명하고자 하는 사람이 국가 공권력에 의하여 그러한 표명이나 표현을 하지 못하도록 방해나 제재를 받을 경우, 그 사람은 양심실현의 자유와 언론·출판의 자유의 침해를 동시에 주장할 수 있을 것이나, 과연 그것이 진지한 양심적 결정에 대한 표명인지 그리하여 동시에 양심의 자유에 의해서도 보호될 것인지 여부는 일단 행정당국에 의해서 그리고 최종적으로는 사법기관에 의해서 판단될 수 있을 것이며, 신빙성 있고 진지한 양심적 결정으로 판명되는 경우에는 보다 특별한 기본권인 양심의 자유에 의해서 보다 두텁게 보호될 수 있을 것이다.[113)]

---

113) 삼분설의 입장에서 같은 취지로, 박종보 (주 1), 605면.

제 19 절 종교의 자유

Ⅰ. 헌법적 근거

헌법 제20조는 "① 모든 국민은 종교의 자유를 가진다. ② 국교는 인정되지 아니하며, 종교와 정치는 분리된다."고 규정함으로써 종교의 자유와 정교분리의 원칙을 선언하고 있다.

1. 헌법 제20조

Ⅱ. 연혁과 의의

1. 연 혁

1919. 4. 11. 대한민국임시헌장 제4조는 "대한민국 인민은 신교 · 언론 · 저작 · 출판 · 결사 · 집회 · 신서 · 주소 · 이전 · 신체 급 소유의 자유를 향유함"이라고 규정하였으며, 같은 해 9. 11. 개정된 대한민국임시헌법 제8조는 "대한민국의 인민은 법률 범위 내에서 좌열 각항의 자유를 유함. 1. 신교의 자유, 2. 재산의 보유와 영업의 자유, 3. 언론, 저작 출판, 집회, 결사의 자유, 4. 서신 비밀의 자유, 5. 거주 이전의 자유"라고 규정하였다. 그리고 1925. 4. 7. 개정된 대한민국임시헌법은 기본권에 관한 규정을 두지 않았으며, 1927. 4. 11. 대한민국임시약헌은 제3조에서 "대한민국의 인민은 법률상 평등이며 일체 자유와 권리가 있음"이라고 선포하였고, 1940. 10. 9. 대한민국임시약헌 제2조 역시 포괄적으로 "대한민국의 인민은 일체 평등이며, 법률의 범위 내에서 자유와 권리를 가짐"이라고 규정하였으며, 1941. 11. 28. 대한민국건국강령, 제3장 제4조 다항에서 "신체자유와 거주 언론 · 저작 · 출판 · 신앙 · 집회 · 결사 · 유행 · 시위운동 · 통신비밀 등의 자유가 있음"이라고 확인하였다. 1944. 4. 22. 대한민국임시헌장 제5조는 "대한민국의 인민은 좌열 각항

2. 1919. 4. 11. 대한민국임시 헌장 제4조

의 자유와 권리를 향유함"이라고 규정하면서 1호에서 언론, 출판, 집회, 결사, 파업 급 신앙의 자유를 보장하였다.

3. 1948년 헌법

1948년 광복헌법 제12조 "모든 국민은 신앙과 양심의 자유를 가진다. 국교는 존재하지 아니하며, 종교는 정치로부터 분리된다"고 규정하였다.

4. 1962년 헌법

1962년 제5차 개정헌법 제16조에서는 "① 모든 국민은 종교의 자유를 가진다. ② 국교는 인정되지 아니하며, 종교와 정치는 분리된다."고 하면서 신앙의 자유를 종교의 자유로 바꾸었다.

5. 1980년 헌법과 현행 헌법

1980년 제8차 개정헌법에서 이 조항의 위치는 제19조로 바뀌었을 뿐 내용은 그대로였으며, 현행 제9차 개정헌법에서는 이 조문의 위치가 제20조로 바뀌었고 역시 내용은 그대로였다.

6. 1919년 이래 계속 규정

이러한 종교의 자유의 연혁을 고려해 볼 때, 우리 헌법은 1919년 대한민국임시헌장 이래로 이 신앙과 종교의 자유를 거의 계속해서 규정하고 보장해 왔음을 알 수 있다.

2. 의 의

7. 유진오가 설명하는 신앙의 자유의 의의

1948년 헌법을 기초한 유진오 선생은 그의 헌법해의에서 신앙의 자유와 관련하여 다음과 같이 설명하고 있다. 즉, "신앙의 자유는 이를 역사적으로 볼 때에는 자유권 중에서 가장 중요한 의미를 가지고 있었으며 구라파 각국에서는 많은 유혈과 투쟁을 거쳐서 국민이 획득한 자유이다. 그러함으로 본조에 유사한 규정은 각국 헌법 중에 거의 빠짐없이 규정되어 있다. 신앙의 자유는 종교적 행위의 자유와 종교적 결사의 자유를 포함하고 있으며, 또 특정한 종교에 대한 신앙 또는 불신앙을 외부에 표명하는 자유와 신앙여하 또는 불신앙에 의하여 법률상의 불이익을 받지 않을 권리를 포함하고 있다. 신앙 또는 불신앙을 공무에 취임하는 요건으로 하며 또 취학의무를 인정한 학교에서 종교적 교육을 실시하는 것 같은 것은 본조에 위반하는 것이다. 이곳에 주의를 요하는 것은 본조의 신앙의 자유는 양심의 자유와 함께 법률로써 하더라도 제한할 수 없는 절대적 자유로 되어 있는데(이것은 다른 자유가 제14조의 학문과 예술의 자유를 제외하고는 대개 법률로 제한할 수 있는 것으로 되어 있는 것과 상이한 점이다), 그것은 결코 미신의 자유를 인정한 것은 아니며 또 종교를 빙자하야 행하는 범죄행위를 방임한다는 것은 아니다. 현하 우리나라에 있어서는 신앙의 일흥(저자주: 이름) 밑에 미신이 상당히 횡행하고 있으며, 또 그를 이용하야 사기적 행위를 하는 자가 적지 않은데 그는 당연히 범죄행위로써 처벌하여야 할 것이다."[1]

우리가 지금 누리고 있는 대부분의 자유와 평등을 비롯한 기본권과 인권은 역사적으로 볼 때 항상 당연히 보장되었던 것이 아니라, 시민들이 전제 왕권에 맞서 싸우면서 투쟁의 결과로 쟁취해 낸 것이라 할 수 있다. 즉 1776년 버지니아 권리장전이나 1789년 불란서 인권선언 등에서 천명하고 있는 사람은 날 때부터 자유롭고 평등하게 태어났다고 하는 자유와 평등의 선언, 그리고 재산권과 행복추구권, 종교의 자유의 보장 등은 당시에 당연히 누리고 있던 권리가 아니라 귀족, 종교지도자, 시민들이 주권을 가진 군주에 맞서서 투쟁하고, 신분제의회를 거쳐 국민의회를 성립시키는 과정을 거쳐서, 이제 일반 국민들이 국민주권을 행사할 수 있게 되면서 쟁취해 낸 것이 바로 자유와 평등이라고 할 수 있다.

> 8. 기본권과 인권보장은 시민의 투쟁의 결과

특히 종교의 자유야 말로 유럽에서는 신민들은 자기가 소속되어 있는 영토의 영주나 군주가 믿는 종교를 믿어야 했었기 때문에, 종교나 종파의 자유도 사실상 없었다가 점차 신·구교간의 종교전쟁을 거치면서 종교의 자유와 정교분리의 원칙도 확립되어 갔다고 할 수 있다.

> 9. 신·구교간의 종교전쟁 이후 확립

이러한 배경에서 국가가 일정한 종교를 강요하게 되면, 다른 신앙과 종교 혹은 종파를 가진 국민들은 자신의 신앙과 종교의 자유를 억압당할 수밖에 없으며, 이로 인해서 수많은 종교전쟁이 일어났던 것이 우리 인류의 역사라고 할 수 있다.

> 10. 신앙·종교의 자유의 억압의 결과

그러므로 종교의 자유와 정교분리의 원칙은 불가분의 관계에 있다고 해야 할 것이다. 만일 특정한 종교가 국교로 선포되어 있는 경우에는 다른 종교를 가지고 있는 사람들의 경우는 그만큼 종교의 자유를 누릴

> 11. 종교의 자유와 정교분리 원칙은 불가분의 관계

---

1) 유진오, 헌법해의, 명세당 1949, 40-41면.

수 없게 될 것이다.

Ⅲ. 종교의 자유

1. 보호영역

12. 신앙의 자유, 신앙고백의 자유, 종교활동의 자유 보호

종교의 자유는 신(절대자, 초월적 존재)과 내세(피안의 세계)에 대하여 믿고, 그러한 믿음을 고백하며 그 믿음에 따라 행동을 하고, 자신의 삶을 형성할 수 있는 자유라고 할 것이다. 그러므로 종교의 자유는 자신이 어떠한 초월적 존재나 신을 믿을 것인지, 내세가 있다고 믿을 것인지 여부와 관련하여 자유로이 내적인 신앙을 형성하고, 또한 그러한 신앙에 따른 신앙고백과 신앙적 표현 및 예배와 선교 등 종교활동을 할 수 있을 뿐만 아니라, 이러한 종교활동을 위하여 종교단체를 결성하거나 가입하고, 종교적 집회에 참여할 수 있는 자유라고 할 것이다.

13. 적극적 · 소극적 종교의 자유

그러한 신앙의 자유, 신앙고백의 자유, 종교활동의 자유 등은 적극적인 자유라면, 일정한 신앙형성과 신앙고백, 그리고 종교활동에 대하여 강제받지 않을 자유는 소극적 자유라고 할 수 있을 것이다.

14. 내심적 자유와 외부적 자유

신앙의 자유는 내적인 종교적 확신, 종교적으로 형성된 내심적 자유(forum internum)와 관련되며, 신앙고백의 자유는 내적인 신앙적 확신을 외부로 표명할 자유, 즉 외부적 자유(forum externum)와 관련된다.[2] 그리고 종교활동의 자유는 기본권주체의 종교적 확신에 따라 적극적으로 활동할 수 있는 자유라고 할 수 있다.[3]

> 판례 이러한 종교의 자유의 구체적 내용에 관하여는 일반적으로 신앙의 자유, 종교적 행위의 자유 및 종교적 집회 · 결사의 자유의 3요소를 내용으로 한다고 설명되고 있다.
>
> (헌재 2001. 9. 27, 2000헌마159, 판례집 13-2, 353, 360.)

---

2) v. Mangoldt/Klein/Starck, Kommentar zum Grundgesetz, 6. Aufl., 2010, Art. 4 Rn. 34–35.

3) 동지, Michael Sachs 저/방승주 역, 헌법 Ⅱ - 기본권론, 헌법재판소 2002, 333면.

2. 기본권주체

신앙과 종교의 자유 역시 천부인권적인 인간의 권리로서 내국인은
물론 외국인에게도 인정되는 기본권이라 할 수 있다. 그리고 종교의 자
유는 양심의 자유와는 달리 종교법인 등 단체나 법인도 주체가 될 수
있는 기본권이라 할 것이다.

15. 자연인, 단
체, 법인 모두
포함

3. 효 력

가. 대국가적 방어권

종교의 자유는 전통적으로 신앙의 자유나 종교의 자유를 침해하는
공권력 행사에 대한 개인 또는 집단의 방어권이다. 이 종교의 자유로부
터 개인이나 집단이 신앙의 자유나 예배(의식)의 자유를 행사할 수 있도
록 국가의 행위를 적극적으로 요구할 수 있는 (급부)청구권이 도출될 수
있는 것은 아니다.[4]

16. 대국가적
방어권으로서
의 종교의 자유

나. 대사인적 효력

종교의 자유가 사법질서에서도 효력을 가지는지 여부가 문제가 될
수 있다. 몇 가지 사례를 중심으로 살펴보면 다음과 같다.

17. 종교의 자
유의 사법질서
에 있어서 효력

만일 근로자가 연 중 특정한 날에는 자신의 종교행사로 인하여 근
무를 하지 않고자 하는 경우, 고용자에게 휴가를 요구할 수 있을 것인가
하는 문제가 제기될 수 있다. 이 경우 근로자는 고용계약을 체결할 때
자신의 종교행사를 위하여 특정한 날의 경우 유급 또는 무급으로 휴가
를 요구할 수 있을 것이며, 고용주 역시 그러한 계약에 따라 추후에 유
급이든 무급이든 근로자의 종교행사를 위한 휴가를 보장해 주면 될 것
이다. 결국 이 역시 계약의 자유에 입각하여 해결할 수 있는 문제이기
때문에, 계약조건에 종교행사를 이유로 하는 특정일의 휴가보장에 대하
여 아무런 특약이나 사전 협약이 없었다면, 그 근로자는 종교의 자유를
원용하여 특정한 날짜에 당연히 휴가를 요구할 수 있는 것은 아니라고

18. 근로관계에
있어서 종교의
자유

---

4) v. Mangoldt/Klein/Starck (주 2), Rn. 18.

할 것이다.[5]

19. 근무 중 히 잡착용 고용주와 지속적으로 근로관계를 맺고 있는 여직원이 히잡(Kopftuch)과 같은 이슬람 복장을 착용하는 것이 노동법상 문제가 될 수 있다. 독일 학설과 판례에서도 히잡의 착용은 그 여직원이 종교의 자유를 행사하는 것이기 때문에 원칙적으로 문제될 것이 없을 것이나[6] 다만 가령 고객들에게 점원의 일정한 외양이나 복장이 기대된다고 할 수 있는 특별한 경우 '불문의 부수적 의무'가 있다고 봐야 할 것이라는 견해[7]가 주장되는 등 이 문제에 관하여 논란이 있다. 다만 히잡착용을 이유로 하는 해고와 관련하여 그것이 정당화될 수 있는 것인지 여부에 대해서는 한편으로는 근로자의 종교의 자유와 다른 한편으로는 고용주의 영업의 자유의 형량의 문제이며, 이 형량에 있어서는 근로자의 활동의 성격이 어떠한 것인지가 중요한 역할을 할 것이라고 보고 있다.[8]

20. 신앙적 결 정에 의한 민법 상 불법행위는 손해배상 책임 어떠한 민법상의 불법행위가 신앙적 내지 양심적 결정에 의거할 경우에 타인의 법익과 충돌할 수 있다. 민법상 불법행위 규정(민법 제750조 이하)에서 보호되는 법익은 헌법적으로도 보호되기 때문에(가령 신체와 생명, 재산 등), 양심이나 신앙을 지향하는 적극적 행위에 의하여 생명이나 신체 혹은 재산권을 침해하는 경우 민법상 불법행위를 구성하여 손해배상의 책임을 지는 것은 당연하다.[9]

21. 친족 · 상 속법과 관련한 종교의 자유 효 력 친족 · 상속법과 관련한 사법질서에서도 종교의 자유가 효력을 발할 수 있다. 가령 부모의 일방이 특정한 종파에 속한다는 이유로 친권행사의 적합성을 부인하는 것은 신앙의 자유에 부합하지 않으며, 부모 중 일방이 그의 신앙공동체에 날 때부터 속해 있었는지 아니면 개종을 하였는지 여부만을 기준으로 친권의 허용 여부를 결정하는 것도 허용되지 않는다. 그리고 신앙적 결단을 조건으로 하여 재산을 상속시키겠다고 하는 유언은 종교의 자유의 관점에서 구체적 개별적으로 판단해야 한

---

5) v. Mangoldt/Klein/Starck (주 2), Rn. 138.
6) v. Mangoldt/Klein/Starck (주 2), Rn. 139.
7) 이에 관해서는 v. Mangoldt/Klein/Starck (주 2), Rn. 139와 그곳에서 인용된 문헌들 참고.
8) v. Mangoldt/Klein/Starck (주 2), Rn. 140.
9) v. Mangoldt/Klein/Starck (주 2), Rn. 141.

다. 즉 신앙적 결정을 단순히 금전적 가치가 있는 유산을 통하여 매수하는 차원에 지나지 않은 경우 그러한 신앙조건부 유산상속은 선량한 풍속에 위반되며 따라서 무효이다. 그 밖의 경우에 그러한 유산상속은 유언의 자유에 포함된다.[10]

다. 국가의 기본권 보호의무

종교의 자유는 국가로 하여금 신앙과 종교의 자유를 침해하지 말 것을 명할 뿐만 아니라, 이러한 자유가 제3자나 사회에 의하여 침해(방해)될 위험이 있거나 침해(방해)될 경우에 국가에게 적극적으로 그 종교의 자유의 행사를 보호할 의무를 부과한다.[11]

22. 종교의 자유와 국가의 기본권 보호의무

4. 제　한

신앙과 양심에 따른 적극적인 행위는 경우에 따라서 타인의 권리나 공공복리를 해칠 수 있는 가능성도 배제될 수 없으며, 그러한 침해가 헌법에 의하여 보호될 수는 없는 것이기 때문에, 신앙과 양심에 따른 행위도 무제한적으로 보장될 수는 없다.[12]

23. 종교의 자유 제한가능

위에서 언급한 종교의 자유의 모든 보호영역에 대한 공권력의 제한이나 방해는 모두 종교의 자유에 대한 제한이지만, 그러한 제한은 헌법 제37조 제2항에 따라 국가안전보장, 질서유지, 공공복리를 위하여 필요한 경우에 한하여 이루어질 수 있으며, 제한의 경우에도 종교의 자유의 본질적인 내용은 침해될 수 없다.

24. 헌법 제37조 제2항에 따른 제한

여기에서 본질적인 내용에 해당된다고 할 수 있는 것은 내심적 신앙의 자유(forum internum)라고 할 것이다. 누가 내심으로 어떠한 신을 믿을 것인지 말지, 내세가 있다고 믿을 것인지 아닌지 하는 이러한 내심에서의 신앙의 자유야 말로 마치 양심형성의 자유와 마찬가지로 그 자체는 더 이상 침해될 수 없는 본질적인 자유에 해당하여 어떠한 경우에도

25. 침해할 수 없는 본질적인 내용은 내심적 신앙의 자유 (forum internum)

---

10) v. Mangoldt/Klein/Starck (주 2), Rn. 141.
11) v. Mangoldt/Klein/Starck (주 2), Rn. 142.
12) v. Mangoldt/Klein/Starck (주 2), Rn. 14.

제한될 수 없는 절대적 자유라고 해야 할 것이다.[13]

26. 외부적 자유(forum ex-ternum)는 제한 가능

다만 이러한 신앙을 외부로 표현하고 신앙에 따라 활동하고 종교적 집회·결사에 참여하는 행위는 경우에 따라서 다른 헌법적 법익과 충돌하는 경우 필요한 경우에 한하여 제한될 수 있다고 봐야 할 것이다.

> **판례 교도소 내 부당처우행위 위헌확인**
>
> 종교의 자유는 일반적으로 신앙의 자유, 종교적 행위의 자유 및 종교적 집회·결사의 자유라는 3요소로 구성되어 있다. 그 중 종교적 집회·결사의 자유는 종교적 목적으로 같은 신자들이 집회하거나 종교단체를 결성할 자유를 말하는데, 이 사건 종교행사 처우는 청구인이 종교집회에 참석하는 것을 제한한 행위이므로 청구인의 종교의 자유, 특히 종교적 집회·결사의 자유를 제한한다.
>
> (헌재 2015. 4. 30, 2013헌마190, 공보 제223호, 729 [기각, 각하])

5. 제한의 한계

27. 다른 헌법적 법익보호를 위하여 제한 정당화 가능

다른 기본권과 마찬가지로 종교의 자유 역시 과잉금지의 원칙에 따라 제한될 수 있는 것이며, 그 제한을 위해서는 국가안전보장, 질서유지, 공공복리 등 종교의 자유보다 더 우월한 다른 헌법적 법익의 보호를 위해서 불가피한 경우에 그 제한이 정당화될 수 있다고 봐야 할 것이다. 종교의 자유에 대한 제한 역시 헌법 제37조 제2항의 과잉금지원칙에 따라 그 위헌여부를 심사한다.

28. 침해인정 사례

종교의 자유에 대한 침해를 인정한 사례로서는 미결수용자 등 종교집회 참석 불허처분[14]을 들 수 있다. 그리고 코로나19와 관련하여 지자체가 종교집회를 불허한 처분과 관련하여 교회가 자치단체장을 상대로 제기한 집행정지신청을 법원이 인용한 사례[15]가 있으며, 또한 헌법재판

---

13) 1948년 헌법 제정 당시 같은 논리로 전문위원 권승열, 헌법제정회의록 (제헌의회), 국회도서관 1967, 139-140면.

14) 헌재 2014. 6. 26, 2012헌마782, 판례집 제26권 1집 하, 670 [인용-(위헌확인)]; 헌재 2011. 12. 29, 2009헌마527, 판례집 제23권 2집 하, 840 [인용-(위헌확인)]

15) 가령 서울행정법원 제11행정부 2021. 7. 16, 2021아11821 결정 (집행정지). 수원지방법원 제4행정부 2021. 7. 17, 2021아3720 결정 (집행정지).

소에 헌법소원심판이 청구되어 심판 회부된 사례[16]도 있다. 위 행정법
원의 집행정지 인용결정들은 공권력행사의 종교의 자유에 대한 침해를
직접적으로 확인한 것은 아니지만, 코로나19방역을 이유로 종교집회를
지나치게 제한한 조치에 대하여 법원이 어느 정도 통제를 가한 사례라
고 평가할 수 있다.

이에 반하여 종교의 자유를 침해하는 것이 아니라고 본 사례로서는
종교단체가 운영하는 학교 형태 혹은 학원 형태의 교육기관도 예외 없
이 학교설립인가 혹은 학원설립등록을 받도록 규정하고 있는 교육법 제
85조 제1항 및 학원의설립·운영에관한법률 제6조[17], 사법시험 시행일
을 일요일로 정한 것(제42회 사법시험 제1차시험 시행일자)[18], 법학적성시험
시행공고에서 시험시행일을 일요일로 정하고 있는 것[19], 교원임용시험
을 일요일에 실시하도록 한 2010학년도 서울특별시 공립 중등학교 교사
임용후보자 선정 경쟁시험 시행공고[20], 군종장교가 가지는 종교의 자유
의 내용 및 군종장교가 종교활동을 수행하면서 소속 종단의 종교를 선
전하거나 다른 종교를 비판한 것[21], 학교 정화구역 내 납골시설금지[22],
금치기간 중 공동행사 참가를 정지하는 형의 집행 및 수용자의 처우에
관한 법률 제108조[23], 미결수용자를 대상으로 한 개신교 종교행사를 4
주에 1회, 일요일이 아닌 요일에 실시한 행위[24], 국가 또는 지방자치단
체 외의 자가 양로시설을 설치하고자 하는 경우 신고하도록 규정하고
이를 위반한 경우 처벌하는 노인복지법 제32조 제1항 제1호[25], 기반시
설부담금을 건축연면적이 200제곱미터를 초과하는 건축물의 건축행위

29. 침해부인
사례

---

16) 헌재 2023. 6. 29, 2021헌마63 [각하].
17) 헌재 2000. 3. 30, 99헌바14, 판례집 제12권 1집, 325 [합헌,각하].
18) 헌재 2001. 9. 27, 2000헌마159, 판례집 제13권 2집, 353 [기각]; 헌재 2010. 6. 24,
   2010헌마41, 공보 제165호, 1210 [기각,각하].
19) 헌재 2010. 4. 29, 2009헌마399, 판례집 제22권 1집 하, 147 [기각,각하].
20) 헌재 2010. 11. 25, 2010헌마199, 공보 제170호, 2144 [기각].
21) 대법원 2007. 4. 26, 선고 2006다87903 판결, [손해배상(기)][공2007.6.1.(275),772]:
   종교적 중립의무 위반 아님.
22) 헌재 2009. 7. 30, 2008헌가2, 판례집 제21권 2집 상, 46 [합헌].
23) 헌재 2016. 5. 26, 2014헌마45, 판례집 제28권 1집 하, 335 [위헌,기각,각하].
24) 헌재 2015. 4. 30, 2013헌마190, 공보 제223호, 729 [기각,각하].
25) 헌재 2016. 6. 30, 2015헌바46, 판례집 제28권 1집 하, 571 [합헌].

에 부과하고, '기반시설 표준시설비용'과 '기반시설에 대한 용지비용' 및 건축연면적을 기반시설부담금을 산정하는 기준으로 하여, 부담률은 100분의 20으로 하되 지역특성에 따라 100분의 25 범위 내에서 부담률을 가감할 수 있게 한 기반시설부담금에 관한 법률 제8조 제1항 등26), 징벌혐의의 조사를 위하여 14일간 청구인을 조사실에 분리수용하고 공동행사참가 등 처우를 제한한 행위27), 아프가니스탄 등 전쟁 또는 테러위험이 있는 해외 위난지역에서 여권사용을 제한하거나 방문 또는 체류를 금지한 외교통상부 고시28) 등이 있다.

Ⅳ. 정교분리의 원칙

1. 정교분리의 의의

30. 정교분리원칙의 의의

1948년 광복헌법 제12조에 신앙과 양심의 자유, 국교부인과 정교분리의 원칙이 선언되어 있었는데, 이 정교분리의 원칙에 관하여 유진오 선생은 그의 헌법해의에서 다음과 같이 설명하고 있다.

31. 유진오의 설명

"제3항의 종교와 정치의 분리문제는 현재에 있어서는 그다지 중요성이 없는 것 같으나, 역사상으로 볼 때에는 구미각지에서 종교와 정치의 관계가 너무 밀접하여서 여러 가지 폐해를 야기하고 때로는 유혈의 참극을 일으킨 일도 적지 않았으며 우리나라에 있어서도 고려시대에는 불교가, 이조시대에는 유교가 국교와 같은 대우를 받어 그 때문에 폐해도 적지 않았었음으로 금후 그와 같은 폐해를 방지하기 위하야 주의적으로 본조에서 국교는 장래 두지 않으며 종교는 정치로부터 분리하는 것을 명시한 것이다."29)

32. 국가의 종교적 중립

"종교와 정치는 분리된다" 함은 정교분리의 원칙을 선언한 것으로, 국가가 국교를 정할 수 없을 뿐만 아니라, 국가는 종교적 중립을 지켜야

---

26) 헌재 2010. 2. 25, 2007헌바131 등, 판례집 제22권 1집 상, 104 [합헌,각하].
27) 헌재 2014. 9. 25, 2012헌마523, 판례집 제26권 2집 상, 551 [기각,각하].
28) 헌재 2008. 6. 26, 2007헌마1366, 판례집 제20권 1집 하, 472.
29) 유진오 (주 1), 41면.

한다는 것을 뜻한다.[30] 따라서 어떠한 특정 종교를 국가가 우대하여 지원을 하거나 공무원임용에 있어서 특정한 종교인을 우대하거나 차별하는 행위를 하여서는 안 된다. 다만 오늘날 현대국가가 사회적 법치국가로서 국민에 대하여 다양한 문화적, 복지혜택을 부여하고 있는바, 종교가 수행하고 있는 사회봉사 역할과 상당 부분 공익적 측면에서 부합하는 것이 현실이고, 따라서 일정한 범위 내에서 국가와 종교가 협력[31]을 하는 경우가 정도의 차이는 있으나 각 정교분리원칙을 채택하고 있는 각 나라에게 발생하는 공통적 현상이라고 할 것이다.

결국 정교분리의 원칙과 종교의 자유의 적절하고도 조화로운 해석을 어떻게 해야 할 것인지가 문제인데, 이 문제에 관해서는 단순히 헌법의 문헌적 해석만 가지고서는 부족하고 비교헌법적으로 각 나라의 규범과 현실을 고찰해 보면서 시사점을 얻을 필요가 있다고 생각된다.

33. 비교헌법적 고찰 필요

2. 비교헌법적 관점에서의 정교분리의 원칙

국가와 종교가 분리되어 있지 않고서 제도적, 기능적으로 결합되어 있는 경우, 다른 종교나 세계관을 가지고 있는 신민이나 국민들은 그러한 체제에서 편안하게 안식할 수 없었다. 그리하여 신앙의 자유와 종교의 자유는 결국 국가와 종교 간에 서로 간섭하지 않고 중립을 지키며 각자의 영역을 침해하지 않는 정교분리의 원칙이 확립되는 과정에서 점차 발전되어 왔다고 해도 과언이 아니나, 이 원칙이 확립되는 과정은 각 나라의 정치적·종교적·역사적 사정에 따라서 상당히 다를 수밖에 없다고 할 것이므로 간단히 각국의 상황을 비교법적으로 고찰[32]해 본 후 우리 헌법 제20조 제2항의 의미를 살펴보기로 한다.

34. 국가와 종교의 제도적·기능적 결함

---

30) 김철수 외, 주석헌법, 법원사 1992, 177면; 양건, 헌법강의, 법문사 2022, 619면.

31) 현대 사회국가에서의 국가와 종교간의 협력 필요성에 대해서는 지규철, 정교분리제도와 미국연방대법원 판례의 형성, 부경대 인문사회과학연구 제9권 제2호(2008), 151면.

32) 정교분리의 비교헌법적 고찰로는 정상우, 정교분리 원칙의 모델에 관한 비교헌법학적 연구, 헌법학연구 제20권 제1호(2014. 3), 221-254면.

가. 독 일

독일의 종교의 자유의 역사는 세속권력과 교회 간의 투쟁 가운데서 그 기초가 이루어진 중세로 거슬러 올라간다. 11세기 중반 이래로 신성 로마제국 당시 세속권력을 대표하는 황권과 교회권력을 대표하는 교황권의 우위를 둘러싸고 상호 경쟁을 벌여 왔을 뿐 아니라, 1517년 루터의 종교개혁 이후 신·구교간의 갈등과 1555년 아우구스부르크 종교화의 및 30년 전쟁 후 1648년 베스트팔렌 조약을 통한 종교적 관용[33]을 경험하면서 점차 종교의 자유를 쟁취[34]해 왔던 독일의 경우 국교제도 (Staatskirchentum)와 국교고권(Staatskirchenhoheit)의 형식[35]으로 주로 신교가 지배하는 지역의 경우에 국왕에 의한 교회체제(landesherrliche Kirchenregiment)가 존재하였다. 또한 1794년 프로이센 일반 란트법 제17조 – 제19조 II, 11에는 "국가에 의하여 수용된 교회공동체"에 관한 규정을 두고 있었는데, 이러한 교회공동체는 지속적으로 공익적 목적에 종사하는 일종의 공공단체(öffentliche Korporation)[36]로서의 법적 지위와 사법상의 권리능력을 부여받았다. 결국 이러한 조항들이 바이마르 헌법

---

33) Morlock, in: Dreier GG Kommentar, 3. Aufl., 2018, WRV Art 137, Rn. 1.

34) v. Mangoldt/Klein/Starck (주 2), Rn. 1.

35) Morlock (주 33), Rn. 1.

36) 일찍이 Rudolf Sohm은 1873년의 『국가와 교회와의 관계(Das Verhältnis von Staat und Kirche, Darmstadt 1873)』라고 하는 저서에서 신학적 의미에서가 아니라 법적 의미에서의 교회는 소위 '보이지 않는 영적 교회'가 아니라, 교회헌법을 가진 성도들의 모임으로서 '보이는 교회'를 교회라고 칭할 수밖에 없으며, 결국 하나의 공공단체(öffentliche Corporation)라고 파악하면서, 사적 단체와는 달리 공공단체는 국가와 결합 되어 있는 단체라고 정의하고 있다(S. 18ff. 특히 S. 26 f.). 그리고 공공단체로서의 교회와 단순한 종교단체를 구분하고 있는데 법적 의미에서의 단순한 종교단체, 교파(Sekte)는 단순히 사적 단체로서의 성격만을 가지는 구원(치유)수단의 관리를 위한 공동체라는 점에서 공공단체로서의 교회와 다르다고 하며(S. 28), 또한 교회는 국가와 다른 고유한 과제를 가진 구원(치유)시설 (Heilsanstalt)이지 국가시설(Staatsanstalt)인 것은 아니고, 또한 국가의 구성부분도 아니며, 국가에 대하여 독자적인 기관이라고 한다(S. 29). 교회가 가지는 권력도 단체권력(Corporationsgewalt)일 뿐이지, 국가권력(Staatsgewalt)이 아니라는 것이다 (S. 30). 그리고 교회가 공공단체로서 교회세를 거두고 목회자들이 공무원으로서의 대우를 받는 등 다양한 특권을 누리는 대신 국가 역시 교회의 내부 행정에 개입하고 영향력을 미칠 수 있는 권한과 의무가 있다고 보는 것이다(S. 38 f.). 그러면서 그는 정교분리는 결국 법적인 의미에서 교회를 없애는 것과 같다면서 교회의 법적 개념은 정교분리가 아니라 정교결합을 요구한다고 하고 있다(S. 43).

제137조 제2항과 제4항 및 제5항으로 계승되고 있다. 그렇지만 그것이 국가와 교회의 분리를 의미하는 것은 아니었고, 교회에 대한 국가의 감독은 여전히 남아 있었기 때문에, 교회는 국가적 제도의 일종으로서 파악되었다.[37]

국가의 교회에 대한 감독시스템을 배제하기 위한 목적으로 1848/ 1849년 바울교회헌법 제147조는 "모든 종교단체는 자신의 사무를 독자적으로 규율하고 관리한다. 다만 일반 국법을 준수한다. 어떠한 종교단체도 다른 단체에 비하여 국가에 의하여 우대를 받지 아니한다. 나아가 국교는 존재하지 아니한다."고 하는 규정을 두었으나 주지하듯이 이 헌법은 발효되지 못하였고, 여기에서 언급한 정교분리의 원칙은 결국 바이마르 헌법 제137조에 의해서 비로소 효력이 있는 헌법규정으로 탄생될 수 있었다.[38]

그리고 독일 기본법 제140조는 이 바이마르헌법상의 교회헌법을 기본법의 일부로 계수함으로써 기본법 제4조의 종교의 자유를 조직적으로 보완하고 있다. 다시 말해서 바이마르 헌법 제136조부터 제139조와 제141조를 계수한 기본법 제140조 가운데 바이마르 헌법 제137조는 "국교는 존재하지 아니한다."고 국교금지를 선언하고 있는데(제1항), 독일 헌법학계에서는 바로 이 국교금지조항을 정교분리원칙으로 받아들이는 데에 별다른 이견이 없다.[39] 이 바이마르헌법 제137조가 독일 기본법 제4조 제1항과 제2항에서 보장되고 있는 종교의 자유와 어떠한 관계에 있는지에 대해서는 다음과 같이 3가지로 견해가 갈린다.

첫째, 이 조항과 기본권 간에는 양 규범을 분리해 주는 구덩이가 가로 놓여 있다고 하면서, 양 조항은 각자 별도의 독자적인 규율대상을 내용으로 하는데 종교의 자유는 개인의 자유권을 내용으로, 그리고 바이마르헌법 제137조는 국가와 교회 간의 제도적인 기본관계를 내용으로 한다고 보는 분리설(Trennungsthese)이 있다. 이 분리설에 의하면 그럼에

36. 1848/1849년 바울교회헌법 제147조

37. 독일 기본법 제140조에 바이마르헌법상 정교분리원칙 계수

38. 분리설

---

37) Morlock (주 33), Rn. 2.
38) Morlock (주 33), Rn. 3.
39) Axel v. Campenhausen/Unruh, in: v. Mangoldt/Klein/Starck, GG III, Art. 137 WRV, Rn. 3.

도 불구하고 기본권 규정과 제도 규정 간에 "본질적 관계"가 존재하기 때문에, 만일 제도적 보장에 대한 제한이 이루어지는 경우에는 교회와 종교단체의 종교의 자유가 동시에 제한될 수 있으며, 따라서 이 경우 독일연방헌법재판소법 제90조 이하와 결부하여 동법 제93조 제1항 제4a호에 따라서 헌법소원심판을 청구할 수 있다고 하고 있다. 이와 같이 분리설에 입각하여 국교금지규정을 제도적으로 이해하는 학설은 현재까지도 주장되고 있다.[40]

39. 통일설

그리고 기본권을 중심으로 하여 통일적으로 파악하고자 하는 통일설(Einheitsthese)이 있다. 이 통일설에 따르면 전체 종교헌법은 – 기본법의 일부로 받아들인 – 바이마르 교회규정 가운데 포함되어 있는 종교에 대한 규정들을 포함해서 일관성 있게 종교의 자유의 기본권의 관점으로부터 고찰되고 도출되어야 한다고 본다.[41] 결국 통일설은 결론적으로 종교의 자유의 기본권을 전체 종교헌법의 기본규정으로 설명하는 것이다.

40. 절충설

셋째, 절충설(Vermittlungsthese)이 있다.[42] 이 설은 바이마르헌법상 교회조항을 순수히 기본권적으로만 고찰하는 것은, 적어도 종교단체와 관련하여 공법상의 사단이라고 하는 법적 지위를 얻을 수 있는 가능성을 열어 놓았는데 이러한 법적 지위는 결코 종교의 자유로부터 당연히 도출될 수 있는 것이 아니라고 하는 점에 비추어 받아들일 수 없다고 보는 것이다.[43] 다른 한편 종교의 자유와 기본법 제140조의 국가교회법 규정들 간의 관계도 명백하다는 것이다. 결론적으로 기본법 제4조 제1항과 제2항으로부터 나오는 종교의 자유의 기본권은 '근본규범(Grundnorm)'

---

40) Grzeszik, AöR 129 (2004), S. 187 ff.; 같은 이, in: Heinig/Walter (Hrsg), S. 131, 132 ff.; Maurer, FS Starck, S. 335 (349 f.).를 인용하며, Axel v. Campenhausen/Unruh (주 39), Rn. 1.

41) 가령 Walter, Religionsverfassungsrecht, S. 200 ff. 이러한 의미에서 BVerfGE 102, 370 (387, 395). 여기에서 바이마르헌법 제137조 제5항에 따른 종교단체의 공법인으로서의 지위는 종교의 자유를 발현하기 위한 수단이며 기본법 제4조 제1항과 제2항의 종교의 자유의 기본권에 의해서 형성된다고 판시하고 있다. 이상 Axel v. Campenhausen/Unruh (주 39), Rn. 1.에서 재인용.

42) Axel v. Campenhausen/Unruh (주 39), Rn. 1.는 이 설을 지지하고 있다.

43) Axel v. Campenhausen/Unruh (주 39), Rn. 1.

이라고 할 수는 없지만 '종교헌법적 근본결단(religionsverfassungsrechtliche Grundentscheidung)'으로 평가될 수 있다는 것이다. 이를 기초로 하여 기본법의 일부가 된 바이마르 헌법상의 교회조항은 불가피한 도출이라고까지 할 수는 없지만, 특별한 종교의 자유의 보호의무차원의 다양한 표출들인 것으로 이해된다는 것이다. 따라서 동시에 바이마르 교회법 조항이 제한되는 경우 기본법 제4조 제1항과 제2항을 통해서 그에 대한 헌법소원을 제기할 수 있게 된다는 것이다.[44] 그리고 캄펜하우젠/운루 (Axel v. Campenhausen/Unruh)는 통일설(결합설)에 입각해서 볼 경우에도 바이마르 헌법 제137조의 의의는 특별히 종교의 자유의 조직적 측면의 강조, 즉 교회와 그 밖의 종교단체의 독자성을 받아들이고 그 활동을 명시적으로 보장하는 데에 있다고 하는 것이 인정되고 있음을 강조하고 있다.[45]

어쨌든 기본법의 일부가 된 바이마르 헌법 제137조 제1항에서 국교는 존재하지 아니한다고 함으로써 국교를 부인하고 있는바, 이 조항이 그 전(1919년 바이마르 헌법 이전)까지 인정되어 왔던 국교제도를 명시적으로 폐지하고, 국가와 교회의 분리원칙을 선언하되, 교회와 그 밖의 종교단체를 공법상의 사단으로 두고, 교회가 교회세를 부과할 수 있으며 또한 사법상 권리능력을 가진다고 하는 명시적 규정 등을 둠으로써 엄격한 정교분리원칙에 대하여 예외를 설정하고, 종교단체의 조직적 측면을 제도적으로 보장하고자 한 것이 독일 기본법상 정교분리의 원칙의 특성이라고 할 수 있을 것이다.[46]

41. 국교제도의 폐지와 교회세 부과

---

44) Axel v. Campenhausen/Unruh (주 39), Rn. 1.

45) Axel v. Campenhausen/Unruh (주 39), Rn. 1

46) 이에 관하여 균형있는 정교분리의 독자적인 절충식 분리시스템으로 파악하고 있는 견해로 Morlock (주 33), Rn. 14. 마찬가지로 절충설적 입장에서 Axel v. Campenhausen/Unruh (주 39), Rn. 2.는 이 규정으로 인하여 그 전까지 존재하던 영역사단으로서의 국교회(Staatskirche)가 더 이상 존재할 수 없게 되었으며, 계속 이어져 내려오고 있는 소위 Landeskirche라고 하는 교회의 명칭은 단지 역사적 의미 밖에 없는 지역적 활동범위를 표현하고 있을 뿐이라고 한다. 오히려 국교회 제도에 대한 효과보다 더 의미가 있는 것은 국가와 종교 내지 종교단체 간의 관계가 새로운 헌법적 기초 위에 놓이고 근본적으로 새롭게 규정되었다는 상황이라는 것이다. 왜냐하면 국가와 교회 간의 모든 제도적 결합은 장차 더 이상 허용되지 않는다고 하는 의미에서 국교분리 원칙의 뿌리가 놓였다고 하는 점이라고

42. 교회의 활
동에 대한 국가
의 모든 개입
금지

바이마르 헌법 제137조 제1항에 의하여 교회가 국가조직에 직접적으로 편입되는 것뿐만 아니라, 교회의 "고유한 사무" 영역에서 강론, 질서 등 교회의 활동에 대한 국가의 모든 개입 역시 금지된다. 하지만 이 정교분리의 원칙은 국가와 교회 내지 종교단체 간의 일체의 관여를 모두 배제하는 것은 아니다. 이 분리의 원칙은 오로지 상이한 영역들 간의 적절한 한계설정을 위한 전제조건을 조성할 뿐이다. 교회가 그 핵심영역에서 국가와 혼합되는 것으로부터 자유로워야 하고, 또한 국가 역시 교회법에 구속되는 것으로부터 자유로워야 하는 것은 바이마르 헌법 제137조 제1항에 규정된 관계의 하나의 측면일 뿐이다. 이 분리는 동시에 국가와 교회가 자신들의 과제를 수행함에 있어서 자유를 오히려 강화해 준다고 한다.[47]

43. 우호적인
분리

결론적으로 독일에서 교회와 국가의 제도적 내지 조직적 분리는 양 영역 간의 광범위한 협력(Kooparation)을 배제하지 않으며, 독일의 정교분리는 엄격한 분리라고 하기 보다는 오히려 우호적인 분리[48]라고 보는 절충설이 독일에서의 유력설이 아닌가 생각된다.

나. 프랑스

44. 프랑스의
라이시떼 원칙
과 1905년 정교
분리법

프랑스는 1789년 프랑스혁명 이래 전통적으로 왕정과 교권주의에 대항하였던 공화주의·반교권주의 투쟁과정에서 형성된 소위 '라이시떼'(laïcité: 정교분리원칙)가 공화주의와 함께 국가를 구성하는 가장 중요

하면서 이 국가와 종교단체 간의 분리는 엄격한 분리가 아니라 원칙적인 분리라고 보고 있다. 요컨대 바이마르헌법 제137조 제1항으로써 국가와 종교단체의 임무가 상이하다고 하는 데 대한 현대적인 이해뿐만 아니라, 국가와 종교의 계속적인 분화의 역사적 발전까지 헌법적으로 확인하게 되었다는 것이다. 그럼에도 불구하고, 독일 기본법에는 정교분리의 원칙이 명시적으로 규정되어 있지 않다고 기술하고 있는 국내 일부 학설들{최우정, 학교 내에서의 종교의 자유 - 교내에서의 강제적 채플수업에 대한 문제를 중심으로, 법학논고(경북대학교), 제21집 (2004. 12.), 160면, 각주 18}과 이를 인용하는 박종보, 헌법 제20조, (사) 한국헌법학회 편, 헌법주석 [I], 박영사 2013, 621-641(623)면}은 독일 기본법 제140조에 의하여 받아들여진 바이마르헌법 제137조의 국교금지규정(제1항)의 존재와 그 헌법적 의미에 대하여 간과한 것이 아닌가 생각된다.

47) Axel v. Campenhausen/Unruh (주 39), Rn. 7.
48) Axel v. Campenhausen/Unruh (주 39), Rn. 10, Rn. 11 ff.

한 헌법원리 중 하나로 정립되어 있다. 이 정교분리의 원칙을 보다 구
체화하는 법률로 1905년 정교분리에 관한 법률(이하 '정교분리법'이라 함)
이 제정되었으며, 프랑스의 종교의 자유와 정교분리의 문제는 바로 이
1905년 정교분리법을 기초로 어느 정도의 예외와 카톨릭교회의 반발에
대한 유연한 대처를 위한 법개정 내지 제정을 거듭하면서 해결해 나가
고 있다.[49] 그러므로 이하에서는 1905년 정교분리법의 내용이 무엇인
지를 간단히 살펴봄으로써 프랑스의 국교분리의 원칙에 관하여 살펴보
기로 한다.

첫째, 양심과 종교의 자유의 보장이다(법 제1조). 1905년 정교분리법
의 가장 정점에는 세인의 기대와는 달리 정교분리에 관한 어떠한 구체
적 내용이 아니라, 오히려 공화국은 양심의 자유를 보장하고(제1조 제1
문), 또한 종교행사의 자유를 보장한다(동조 제2문)라고 하는 선언이 먼저
나온다.

45. 양심과 종교의 자유 보장

물론 이 종교행사의 자유는 그 밖의 조항들에 포함되어 있는 공공
질서를 이유로 하는 명령(소위 종교경찰)에 의하여 제한될 수 있다. 이 양
심의 자유와 종교의 자유는 한편으로는 정교분리원칙의 내용이 되면서
도 다른 한편 정교분리원칙의 요소들에 대한 제한의 근거가 되기도 한
다. 즉 가령 공립학교 교사는 무슬림 신도라 하더라도 바로 이 정교분리
원칙에 따라서 히잡착용이 금지되지만, 학생들의 경우에는 그들의 양심
의 자유와 종교의 자유에 의하여 이러한 정교분리원칙이 다시 제한을
받기 때문에 그들은 히잡을 착용할 수 있다는 것이다.[50]

46. 종교행사의 자유의 제한

둘째, 프랑스 정교분리원칙의 본질적인 내용은 교회와 종교의 사립
화 내지 사영화(동법 제2조 제1항 제1문 전문)에 있다고 할 수 있다. 즉 국

47. 교회와 종교의 사립화

---

49) 이에 관한 상세한 소개로는 지규철, 프랑스공교육에서의 비종교성과 학생의 종교
의 자유 - 이슬람스카프논쟁을 중심으로, 고려법학 제54호(2009. 9.), 33 – 64면;
한동훈, 프랑스 헌법상 정교분리의 원칙 - 1905년 교회와 국가의 분리에 관한 법
률을 중심으로, 가천법학 제11권 제1호 (2018. 3. 31.), 55 – 96면. 한동훈, 프랑스
헌법상 정교분리(laïcité)의 원칙, 헌법재판연구원, 2018; 정상우 (주 32), 236 – 240
면. Hans – Georg Franzke, Die Laizität als staatskirchenrechtliches Leitprinzip
Frankreichs, DÖV 2004, S. 383 ff.

50) Hans – Georg Franzke (주 49), S. 384.

가는 모든 종교적, 철학적, 세계관적 그리고 도덕적 및 윤리적 세계관에 대하여 중립적이라고 하는 것이다. 바로 국가의 이 종교적 중립성 때문에 공무원들은 공무영역에서 가령 이슬람 히잡을 착용함으로써 자신들의 신앙 내지 세계관을 드러내서는 안 되고 심지어 공무 외에서도 그들에게는 자제할 의무가 있다고 보는 것이다.[51)]

48. 종교의 중
립성의 한계:
공공복리

다만 국가의 종교적 중립성은 물론 공공질서에 그 한계가 있는데, 가령 소녀 할례(Beschneidung)는 그것이 종교적 동기에 의한 것이라 할지라도 공공질서에 반하는 것이며, 따라서 국가의 종교적 중립성에도 불구하고 그러한 행위는 범죄로서 형사처벌 대상이 되는 것이다. 이 공공질서는 어떠한 교파나 이단들의 해악적 경향에 대해서도 한계를 그어준다.[52)]

49. 급료지급금
지

셋째, 급료지급금지이다(동법 제2조 제1항 제1문 제2호). 동법 제2조 제1항 제1문 제2호는 성직자나 그 밖의 교회 직원들에 대한 급료를 국가가 지급하는 것을 금지하고 있다.

50. 성직자에
대한 의전사례
비는 예외

다만 국가의 위탁을 받아 정치가나 퇴역 군인 등이 참석한 상태에서 국가의 현충일 등에 수행하는 종교적 행사를 위하여 성직자에게 지급하는 간헐적인 사례비는 금지된 급료가 아니라고 간주된다. 동법 제2조 제2항은 종교의 자유의 행사를 가능하게 하거나 용이하게 하기 위하여 학교, 병원, 요양원, 교도소와 군대 등 시설에서 종사하는 성직자들에게는 이러한 급료지급금지의 예외를 허용하고 있다. 뿐만 아니라 정교분리와 마찬가지로 헌법적 서열을 가지고 있는 수업의 자유(사립학교의 자유)와 관련해서 주로 카톨릭교회에 의해서 운영되는 사립학교 교사들의 봉급에 대한 국가적 재정지원은 이 급료지급금지 규정에 대한 위반이 아닌 것으로 보고 있다.[53)]

51. 공적 종교
시설은 사적 종
교단체 소유로
전환

넷째, 모든 공적 종교시설(영조물)은 사적 종교단체 소유로 전환되었다(제2조 제3항). 원래 프랑스의 모든 공적 종교시설은 1789/1790년 프랑스 혁명 당시 국가의 재산으로 양도되었었다. 그리하여 1905년까지

---

51) Hans‒Georg Franzke (주 49), S. 385.
52) Hans‒Georg Franzke (주 49), S. 385.
53) Hans‒Georg Franzke (주 49), S. 385.

계속해서 국가, 광역자치단체나 기초자치단체에 의하여 취득되거나 건축된 교회건물들은 마찬가지로 국가와 자치단체의 소유가 되었다. 종교단체에 귀속된 재산은 공적 종교시설에 의하여 관리되었다. 그런데 바로 이 1905년 정교분리법 제2조 제3항이 이 공적 종교시설을 폐지하고 향후 1년 내에 모든 동산과 부동산을 새로이 설립되는 사적 예배의식단체에 모두 양도해야만 하도록 의무를 부과하였다(동법 제3조, 제4조, 제18조, 제19조). 그리하여 이 법 발효 당시 국가와 지방자치단체 소유이었던 카톨릭교회와 개신교의 교회당 및 유대교 회당은 국가와 지방자치단체에 의하여 사적 예배의식단체가 무상으로 사용할 수 있도록 양도하였다(제13조). 1905년 이후에는 새로운 교회당의 건설비용은 종교단체가 부담을 하며, 따라서 그 종교단체가 교회당의 소유주가 된다.[54]

다만 카톨릭교회의 경우 1905년부터 1924년까지 이 예배의식단체 설립을 거부하였기 때문에, 1907년 법은 1901/1881년 단체법에 따른 단체에 의한 공적 종교행사도 가능하도록 허용하였다. 그런데 이 단체들의 경우는 예배의식단체가 아니라 문화단체에 해당되었다.[55]

> 52. 카톨릭의 거부

다섯째, 보조금지원금지이다(제2조 제1항 제1문 제1호). 법 제2조 제1항 제1문 제1호에 따르면 공화국은 어떠한 종교단체에 대해서도 보조금 지원을 하지 아니한다. 이러한 금지는 또한 1905년 법에 따른 예배의식단체에 대해서도 적용되지만(제19조 마지막 항 제1문), 1907/1901/1881년 법에 따른 문화단체에 대해서는 적용되지 않는다. 그러한 한에서 종교단체를 문화단체로서 구성하는 것은 이 단체에게는 유리할 수 있는 것이다. 그리하여 무슬림들은 수많은 문화단체를 설립하였다. 만일 이 단체들이 공공에 유용한 것으로 인정되지 않는 경우, 이 단체들에게는 다른 관점에서 불이익이 따를 수도 있는 것이다.[56]

> 53. 보조금 지원 금지

아무튼 이 조항은 예배를 위해서 사용되는 건물의 보수에 대해서는 그 예외를 두고 있다(제13조 마지막 항 및 제19조 마지막 항 제2문).[57] 그리

> 54. 예배당 보수 예외

---

54) Hans-Georg Franzke (주 49), S. 385.
55) Hans-Georg Franzke (주 49), S. 385.
56) Hans-Georg Franzke (주 49), S. 386.
57) Hans-Georg Franzke (주 49), S. 386.

고 1960년부터는 (1959. 12. 31. Debré 법률에 의하여) 헌법적 서열을 가지는 수업의 자유(사립학교의 자유)의 관점에서 카톨릭 종립학교가 대다수를 점하고 있는 사학에 대한 국가적 재정지원은 더 이상 법 제2조 제1항 제1문 제3호의 보조금지원금지에 대한 위반에 해당되지 않게 되었다.58)

55. 종립사학에
대한 국가의 재
정지원 합헌

이렇게 학교에 대한 재정지원을 가능하게 한 Debré 법의 위헌여부가 다투어지지 않은 것은 아닌데, 이와 관련하여 프랑스 헌법위원회 (Conseil constitutionnel)는 1977. 11. 23. 종립사학에 대한 국가의 재정지원이 헌법에 위반되지 않는다고 판결한 이래로 더 이상 문제되지 않고 있다.59)

56. 직접적 지
원 금지

그 사이에 이 보조금지원금지는 종교단체에 대한 직접적인 지원에 대해서만 금지하는 것으로 상당히 완화되어 적용되고 있다. 그리하여 금지되는 직접적인 보조금지원의 사례로 간주된 것은 클로드비히 (Chlodwig) 프랑스국왕 세례 1,500주년을 축하하기 위한 1996년 교황방문비용의 일부에 대한 Reims시의 지원을 들 수 있다. 간접적인 것으로서 허용되는 지원의 사례로는 예배의식단체가 교회당을 건축하기 위해서 대출한 차입금에 대한 국가적 보증, 교회당 건축을 위하여 자치단체와 예배의식단체 간 99년간 연 1프랑의 상징적 임료지불을 조건으로 하는 지상권계약, 교회의 복지시설에 대한 공적 자금지원, 예배의식단체에 기부한 헌금의 면세 등을 들 수 있다.60)

57. 국가영역에
종교적 상징 부
착 및 설치 금
지

여섯째, 국가적 영역에서 종교적 상징의 금지이다(제28조). 국가의 종교적 중립의 원칙으로부터 국가적인 영역에서는 어떠한 종교적 상징을 위한 공간도 두어서는 안 된다고 하는 결론이 도출된다. 그리하여 법 제28조에 따라 공적인 건축물 위에나 공공장소나 그와 유사한 곳에 어떠한 종교적 징표나 상징을 부착하거나 설치해서는 안 된다.61)

58. 예외

다만 예배를 드리는 예배당 건물이나 묘지, 비석 위의 그림과 그리고

---

58) Hans-Georg Franzke (주 49), S. 386.
59) Hans-Georg Franzke (주 49), S. 386.
60) Hans-Georg Franzke (주 49), S. 386.
61) Hans-Georg Franzke (주 49), S. 386.

박물관이나 전시장은 예외이다. 이에 따라서 시청청사나 법원건물, 공립학교나 공립 병원에 십자가상을 부착하는 것은 허용되지 않는다. 하지만 1999. 3. 11. 낭트 항소법원의 결정에 따르면 방데지방(Départements Vendée)의 로고에는 비록 십자가 문양이 하나 있기는 하지만, 그것은 종교적 표식이 아니라, 그 지방의 동일성을 식별해 주는 수단일 뿐이기 때문에, 공립학교의 정문에서 그 표식을 반드시 철거해야 하는 것은 아니라고 보았다.62)

다. 미 국

미국은 수정헌법 제1조에 의하여 국교창설금지(정교분리)의 원칙과 종교행사의 자유가 선언되고 있는 대표적인 나라 중 하나라고 할 수 있다.63) 그리하여 미국에서는 교회와 국가의 관계와 관련하여 독일의 교회헌법보다 더 엄격한 분리가 이루어지고 있다고 평가되고 있으나, 개별 사례마다 연방대법원이 전통적 역사를 고려하는 등 원칙에서 벗어나는 다른 판례들도 상당수 펼쳐 오고 있기 때문에 반드시 그렇게 획일적으로 평가할 수 있을 것인지는 의문이다.

59. 미국 수정헌법 제1조의 국교창설금지(정교분리원칙)

이 미국 수정헌법 제1조는 "의회는 국교를 창설하거나 또는 자유로운 종교행사를 금지하는 법률을 제정해서는 안 된다."고 선언하고 있다. 미국 연방대법원(Supreme Court)은 Eversion v. Board of Education 사건 판결64)에서 이 조항과 관련하여 국가는 결코 국교를 창설해서도 안 될 뿐만 아니라, 또한 종교나 개별 종교단체를 지원하는 법률들을 제정해서도 안 된다고 해석하였다. 제퍼슨(Thomas Jefferson)의 표현을 인용하면

60. 교회와 국가 간의 분리의 벽

---

62) Hans—Georg Franzke (주 49), S. 386.

63) 이하는 Stefan Muckel/Markus Ogorek, Staatliche Kirchen— und Religionsförderung in Deutschland und den USA, DÖV 2003, S. 305 ff.를 주로 참고하면서 접근 가능한 범위 내에서 연방대법원 판결을 대조·확인하였음. 그 밖에 미국 연방대법원의 정교분리원칙에 관한 판례의 상세한 소개로는 지규철, (주 31), 143－174면. 종교행사의 자유에 대해서는 임지봉, 미국헌법상 종교행위의 자유, 미국헌법연구 제19권 제1호(2008. 2.), 145－169면.

64) Everson v. Board of Education, 330 U.S. 1 (15 f.) (1947). 이 판결에 관한 상세는 지규철 (주 31), 153면 이하. 그 밖에 "분리의 벽"을 언급한 판례로 Reynolds v. United States, 98 U.S. 145 (164) (1878).

서 연방대법원은 이 조항은 교회와 국가 간의 분리의 벽("wall of separa‑tion between Church and State")으로서의 기능을 하는 것이라고 판시하였는데, 이는 국가는 물론 교회로 하여금 각자의 업무에 개입하는 것을 금지한다는 것이다.[65]

61. Lemon Test 3가지 심사기준

1971년 미국 연방대법원은 공금으로 종립학교교사의 봉급을 지급하고 봉급의 15% 범위 내에서 보조금과 일반교과과목의 교재대금을 지원해 주는 펜실바니아주 법률의 위헌여부가 문제된[66] Lemon v. Kurtzman 판결[67]에서 연방대법원은 이 법률이 국교창설금지조항에 위배되어 위헌이라고 판결하였다. 여기에서 연방대법원은 종교에 대한 국가의 재정지원이 이 정교분리조항에 합치하는지 여부에 대한 심사에 있어서 기준이 될 수 있는 3가지 심사기준(소위 Lemon Test)을 개발하였는데 그 내용은 다음과 같다. 즉 "ⅰ) 법률이 세속적인 입법목적을 가져야 한다. ⅱ) 법률의 주된 혹은 1차적 효과가 종교를 촉진하지도 혹은 억제하지도 않는 것이어야 한다. ⅲ) 법률이 과도한 정교유착을 조성해서는 안 된다"[68]는 것이 바로 그것이다. 그러나 이러한 기준들은, 그 기준에 입각해서 내려지기는 했지만 부분적으로 이 레몬 결정과 상호 모순되는 연방대법원 판례가 나오게 되자 상당한 비판을 받게 되었다. 개별 대법관들은 일련의 반대의견을 통해서 이 레몬기준에 대하여 반대입장을 표명하면서 다른 대안을 제시하기도 하였다. 그리하여 이 레몬기준은 더 이상 그 원래의 형태대로 적용되지는 않고, 오히려 전용가능성(divertibility), 직접적 또는 간접적 지원의 구별, 종교침투성, 실질적 이익 등[69] 많은 다른 기준들에 의하여 수정·보완되면서 부분적으로 탄력성 있게[70] 운용되고 있다.[71] 몇 가지 사례별로 살펴보면 다음과 같다.

62. 종교단체에 대한 면세혜택

첫째, 면세혜택이다. 교회와 다른 종교단체에 대한 면세혜택이 미

---

65) Muckel/Ogorek (주 63), S. 306.
66) 지규철 (주 31), 156면.
67) Lemon v. Kurtzman, 403 U.S. 602 (612 f.) (1971).
68) 493 U.S. 602 (613) (1971); Muckel/Ogorek (주 63), S. 306; 지규철 (주 31), 156면.
69) 지규철 (주 31), 158–159, 163면.
70) 지규철 (주 31), 157면.
71) Muckel/Ogorek (주 63), S. 306.

국에서도 적지 않게 이루어지고 있다. 교회는 우선 지방자치차원의 기
본과세로부터 늘 면제를 받고 있으며, 또한 연방과 州차원에서 각 종교
단체에 대해서는 소득세 면세나 감세 혜택이 부여되고 있다.[72] 많은 주
들의 경우 종교단체에 의하여 거래된 상품에 대해서는 매상세를 부과하
지 않는다.[73] 그리고 성직자들의 경우 과세대상 소득산정에 있어서 교
회가 그들에게 제공한 주거에 대한 월세나 혹은 교회가 직접 주거임차
를 위하여 지불한 금액에 대해서는 공제를 받을 수 있다.[74] 또한 많은
주에서는 교회에 헌납하는 마지막 유산처분에 대해서는 상속세 부과대
상에서도 제외하고 있다.[75] 또한 교회에 헌금을 한 사람들에게는 소득
세에서 기부금 공제를 해 줌으로써 간접적으로 교회에 혜택을 주고 있
다.[76]

    이미 Lemon v. Kurtzman 판결로 3개의 Lemon 심사기준이 확립되
기 전인 Waltz v. Tax Commission 판결에서 이 3개의 기준 가운데 첫
번째와 세 번째 기준이 위헌심사에 사용되었다. 즉 교육, 복지나 종교적
목적으로 사용되는 토지에 대해서 재산세를 부과하지 않는 것이 이 수
정헌법 제1조의 국교창설금지(정교분리)의 원칙에 위반되는 것이 아닌지
가 문제된 이 Waltz v. Tax Commission 판결[77]에서 우선 연방대법원은
이러한 재산세면세가 특정한 교회나 종교단체 등에 대해서만 적용되는
것이 아니라 병원, 도서관, 놀이터, 과학, 그리고 전문가, 역사 및 애국
단체 등 비영리단체나 준공공단체 등에도 면세의 혜택이 주어지는 것이
기 때문에[78] 세속적 목적에 기여한다고 보았다. 그리고 교회와 국가 간
에 과도한 유착금지에 대해서도 위배되지 않는다고 보았다. 즉 대법관

63. Waltz   v.
Tax Commission
판결

---

72) 26 United States Code Service § 501 (c) (3) (2002); Muckel/Ogorek (주 63), S.
    307; 지규철 (주 31), 163−164면.
73) 가령 General Statutes of North Carolina § 105−164.13 (31); Muckel/Ogorek (주
    63), S. 307.
74) 28 United States Code Service 107 (2002); Muckel/Ogorek (주 63), S. 307.
75) 가령 General Statutes of North Carolina § 105−3 (2); Muckel/Ogorek (주 63), S.
    307.
76) 26 United States Code Service 170 (1994). New Jersey Annotated Statues § 54:
    8A−37 (b) (4) 2002; Muckel/Ogorek (주 63), S. 307.
77) Walz v. Tax Commission of City of New York, 397 U.S. 664 (667) (1970).
78) 397 U.S. 664 (673) (1970).

들의 다수의견은 다투어지고 있는 재산세면세는 헌법적으로 문제될 것
이 없다고 하면서, 이것이 교회 영역과 국가영역의 허용될 수 없는 유착
을 초래하는 것은 아니라고 하였으나79), 더글라스(Douglas) 대법관은 재
산세면제조항은 신자와 비신자를 차별하는 효과를 가져오므로 국교창설
금지조항에 위배되어 위헌이라고 하는 취지의 반대의견을 제시하기도
하였다.80)

64. 종립학교에
대한 국가의 재
정지원

둘째, 종립학교에 대한 국가(州)의 재정지원의 문제이다. 교회가 운
영주체인 사학과 대학에 대하여 직·간접적인 혜택을 부여하는 국가적
(州의) 조치는 계속해서 법적 소송의 대상이 되어 왔다. 연방대법원은 대
학에 대한 재정지원에 대해서보다는 초·중·고교에 대한 재정적 지원
에 대하여 훨씬 비판적으로 판단하였다.81) 연방대법원은 학교에서 교육
내용이 전달되는 방식으로부터 이러한 구별필요성을 도출해 냈다. 즉
연방대법원의 견해에 의하면 초·중·고교의 종교적 성격은 학교에서
교육되고 있는 모든 교과과정에서 나타날 수 있는 데 반하여, 대학에서
는 종교적 요소와 세속적 요소가 일반적으로 더욱 간단하게 구별될 수
있다는 것이다. 대학생들의 경우 종교적 주입이 가능한 한 배제될 수 있
는 데 반하여, (초·중·고교) 학생들의 경우 그 청소년기의 감수성으로
인하여 교사의 신앙적 표명에 더욱 민감할 수밖에 없다는 것이다.82)

65. 통학버스요
금 지원 허용

그럼에도 불구하고 연방대법원은 종립학교에 대하여 혜택을 부여
하는 모든 국가(州)행위에 대하여 위헌선언을 한 것은 아니다. 가령
1947년 연방대법원은 종립학교를 다니는 자녀의 부모에게 자녀의 통학
버스요금을 지원하는 것에 대하여 허용되는 것으로 보았다. 대법관들은
특히 공립학교에 다니는 학생들의 부모들 역시 그 자녀들의 통학을 위
하여 지출되는 비용을 보상받는다고 하는 사정을 감안하였다.83) 또한

---

79) 397 U.S. 664 (675) (1970).
80) 397 U.S. 664 (700, 716) (1970).
81) Tilton v. Richardson, 403 U.S. 672 (687) (1971). Muckel/Ogorek (주 63), S. 307.
    이러한 구별에 대한 비판적 견해로는 지규철 (주 31), 159면.
82) Roemer v. Board of Public Works, 426 U.S. 736 (750) (1976); School District of
    Abington v. Schempp, 374 U.S. 203 (242) (1963); McCollum v. Board of Education,
    333 U.S. 203 (216) (1948); Muckel/Ogorek (주 63), S. 307.

그 직접적인 수혜자가 교회가 아니라, 학생이나 학부모로서 종교중립적으로 운영되는 지원제도는 연방대법원의 견해에 의하면 국교창설금지(정교분리)조항에 위반되지 않는다는 것이다. 그리고 연방대법원은 정교분리의 원칙을 동등원칙의 의미로 해석을 하기도 하였는데, 이를 통하여 직접적 혜택과 간접적 혜택을 구분하기도 하였다. 국가(州)는 지원제도를 종교중립적으로 형성하는 과정에서 종립학교를 지원할 수 있다고 하는 완화된 입장은 이미 연방대법원이 Board of Education v. Allen, 392 U.S. 236 (1968) 판결에서 제시한 바 있었다.84)

학생을 위한 국가적 지원은 원칙적으로 허용된다고 하는 법리는 Zobrest v. Catalina School District 판결85)에서도 나타나고 있다. 이 사건에서의 원고는 청각장애로 태어난 학생 James Zobrest였는데 원고에게는 그의 공립학교 재학기간 동안 장애인복지법(Individuals with Disabilities Act)에 따라서 수화통역사가 지원되었다. 그의 부모는 그가 9학년이 되기 직전에 카톨릭 사립학교로 전학을 시키자, 아리조나 교육행정당국은 전학 이후 수화통역사를 지원하는 것은 연방헌법과 주헌법상의 국교창설금지(정교분리)규정에 위반된다고 보고서, 수화통역사의 계속적 지원을 거부하였다. 렝퀴스트(Rehnquist) 대법원장의 연방대법원은 Eversion판결에서와 같이 판결이유에서 국교창설금지(정교분리)조항은 결코 종교적 지원의 효과를 발생하는 모든 국가적 재정지원의 예외 없는 금지를 내용으로 하는 것은 아니라고 판시하였다. 헌법은 국가로 하여금 종교에 대해서 적대적으로가 아니라, 오히려 신중한 중립성을 지키도록 한다는

66. 학생을 위한 국가적 지원은 원칙적으로 허용

---

83) Everson v. Board of Education, 330 U.S. 1 (17 f.); Muckel/Ogorek (주 63), S. 307; 지규철 (주 31), 153–155면.

84) 연방대법원은 이 사건에서 국가가 뉴욕의 한 종립학교 학생에게 세속과목수업을 위한 교과서를 무상으로 대여해도 되는지 여부의 문제에 대하여 판단해야 했다. 대법관들은 이 교과서의 무상대여는 Everson사건에서 합헌으로 선언된 통학버스 요금지원 문제와 유사하다고 보았다. 왜냐하면 양 사건에서의 국가적 지원의 혜택은 교회가 아니라 주로 부모와 학생이 받는다고 하는 사실 때문이다. 교과서라고 하는 것이 단지 공립학교 학생들만을 위해서 제작된 것이 아닌 한, 정교분리의 원칙에 대한 위반은 우려할 필요가 없다고 본 것이다. Board of Education v. Allen, 392 U.S. 236 (244) (1968). 이에 대한 상세는 지규철 (주 31), 155면 이하.

85) Zobrest v. Catalina School District, 509 U.S. 1 (10) (1993).

것이다. 수화통역사를 지원한다고 해서 카톨릭 사립학교로 하여금 원고에 대한 지원의무로부터 면제시키는 것은 아니며, 따라서 종교에 대한 직접적인 지원이라고 할 수도 없다는 취지인 것이다. 그리고 이 장애인 복지법의 진정한 수혜자는 교회가 아니라 장애인 학생이라는 것이다. 수화통역자의 종립학교 출근은 "부모 개인의 사적 결정의 결과"일 뿐인 것이고 그것이 국가(州)의 결정으로 치부될 수 있는 것은 아니라는 것이다.86) 그리하여 연방대법원은 카톨릭 사립학교 학생에 대한 수화통역사의 지원은 수정헌법 제1조의 정교분리의 원칙에 반하지 않는다고 판결하였다.

67. Aguilar판결
및 Ball판결의
법리 폐기

연방대법원은 이와 같이 국가의 재정적 지원제도를 종교중립적으로 형성함에 있어서 종립학교를 지원할 수 있다고 하는, 정교분리의 원칙에 대한 완화된 해석을 오늘날까지 계속 고수하고 있으며, 직접적 지원과 간접적 지원의 구별 역시 계속해서 등장하고 있는 법리이다. 다만 연방대법원은 1997년 Agostini v. Felton 판결87)에서 레몬(Lemon)기준에 입각하여 공립교사를 사립학교에 파견하여 보강수업을 하는 것을 금지한 항소심을 파기했다. 그리고 이 판결에서 연방대법원은 1985년에 마찬가지 쟁점이 문제가 되었던 뉴욕시의 Title I 프로그램이 교회와 정부 간의 과도한 유착을 초래한다고 하면서 위헌으로 판단한 Aguilar판결88)과 Ball판결89)에서 전개된 법리를 더 이상 받아들이기 힘든 법리로 폐기하면서90), 이 판결들에서와는 달리 교회와 정부 간의 과도한 유착을 초래하는 것은 아니라고 12년 만에 판례를 변경하였다. 연방대법원은 이 판결에서 종립학교의 교육적 기능을 보조하는 정부의 모든 직접적 지원이 일종의 "상징적인 정교일치(symbolic union between church and

---

86) 509 U.S. 1 (10), 113 S.Ct. 2462 (2467) (1993).

87) Agostini v. Felton, 521 U.S. 203 (1997).

88) Aguilar v. Felton, 473 U.S. 402 (1985).

89) School Dist. of Grand Rapids v. Ball, 473 U.S. 373, 105 S.Ct. 3216, 87 L.Ed.2d.267 (1985). 이 사건에서 연방대법원은 공립학교제도상의 자금지원을 받는 공동체교육프로그램을 통하여 비공립학교에도 혜택을 부여하는 미시간주의 계획은 국교창설금지조항에 위배되어 위헌이라고 판단하였다. 지규철 (주 31), 164면.

90) 521 U.S. 203 (234) (1997).

state)"라고 하는 이유에서 무효라고 하는 Ball판결 법리에 대해서도 거리를 두면서 그러한 법리가 더 이상 유효하지 않음을 분명히 확인하였다.[91] 사립학교에서 성적이 떨어지는 학생들을 위한 보충수업을 수행하기 위하여 공립교사를 사립학교에 파견해도 되는지를 둘러싼 이 Agostini 사건에서의 쟁점은, 사립학교로의 수화통역사파견과 비교할 때 양 사건에 대한 차별을 정당화할만한 아무런 중대한 차이를 포함하고 있지 않다고 본 것이다.[92] 연방대법원은 교회와 국가 간의 과도한 유착의 금지(the prohibition of excessive entanglement)는 Lemon심사기준의 하등의 독자적인 기준이라 할 수는 없고, 오히려 1차적으로 종교적 촉진효과의 금지라고 하는 두 번째 심사기준의 차원에서 나타나게 되는 많은 관점들 중 하나로서 고려될 수 있을 뿐이라고 보았다.[93] 그리고 Aguilar 판결에서 교회와 정부 간에 과도한 유착이 있는지를 판단하기 위하여 검토한 세 가지 관점들, 즉 ⅰ) 지원프로그램이 공립학교교사가 학생들에게 종교에 대한 주입교육을 하지 않도록 "공권력에 의한 철저한 모니터링"을 필요로 하는지, ⅱ) 지원프로그램이 교육위원회와 종립학교 간의 "행정적 협력"을 필요로 하는지, ⅲ) 지원프로그램이 "정치적 분열"의 위험을 증가시킬 수 있는지의 문제에 대해서 각 기준의 심사의 필요성을 사실상 전면 부인하고, 공립학교 교사의 자질을 신뢰하는 한, 공권력에 의한 철저한 모니터링의 필요성도 없다고 하면서 결론적으로 공립학교교사의 사립학교로의 파견을 내용으로 하는 이 사건 뉴욕시의 Title I 지원프로그램은 과도한 정교유착을 초래하지 않는다고 판단을 하였고, 이 판결에서 전개한 법리와 충돌하는 범위 내에서 종전의 Aguilar와 Ball판례를 변경(overrule)한다고 판시하였다.[94]

셋째, 공립학교와 대학교에서의 종교적 요소에 관한 문제이다. 미국에서는 공립학교에서의 종교적 수업내용과 표현형태의 경우에 정교분리의 원칙이 가장 분명하게 드러나고 있다. 연방대법원은 정교분리의

68. 공립학교와 대학교에서의 종교적 요소

---

91) 521 U.S. 203 (226) (1997).
92) 521 U.S. 203 (226) (1997).
93) 521 U.S. 203 (232) (1997).
94) 521 U.S. 203 (237) (1997), 117 S. Ct. 1997 (2017).

원칙을 근거로 국가(州)는 종교를 지원(장려)할 수 없다고 하는 전술한 Eversion v. Board of Education 판결에서 정립된 입장을 기초로 하여 1948년에는 주립 학교에서의 종교수업에 대하여 위헌으로 판단하였다.[95] 나아가 교실에 십계명을 부착하는 것[96]과 공립학교에서 다윈의 진화론 수업을 금지하는 법률[97]에 대하여 창조론 수업[98]과 마찬가지로 위헌으로 선언하였다. 그리고 학교에서의 기도[99]에 대해서 뿐만 아니라 기도 대신 도입한 "침묵의 시간"[100]에 대해서까지 위헌으로 판단하였다.[101] 이러한 연방대법원의 학교기도금지에 대해서는 법학계 뿐만 아니라 일반 사회로부터 상당히 분노에 찬 반응을 촉발시켰으며[102], 심지어 주에 따라서는 헌법에 학교기도조항을 명시적으로 삽입하고자 하는 일련의 헌법개정 움직임까지도 있었으나 성공하지는 못했다고 한다.[103]

69. 연방대법원의 종교수업금지 완화 입장

그러나 연방대법원의 이러한 엄격한 태도에 비하여 점차 공립학교에서의 종교수업에 관하여 상당히 완화된 태도를 보이는 판결들도 내려졌는데, 이는 국민들이 가지고 있는 종교적 필요성을 공권력이 완전히 무시할 수는 없다고 하는 사고가 이러한 유형의 연방대법원 판례에 점차

---

95) McCollum v. Board of Education, 333 U.S. 203 (1948); Muckel/Ogorek (주 63) S. 307.
96) Stone v. Graham, 449 U.S. 39 (1980).
97) Epperson v. Arkansas, 393 U.S. 97 (1968).
98) Edwards v. Aquillards, 482 U.S. 578 (1987).
99) Engel v. Vitale, 370 U.S. 421 (435) (1962). 연방대법원은 이 판결에서 모든 개별 정부는 공식적인 기도문을 제공하거나 허용하는 것을 삼가해야 하며, 또한 정부는 이러한 오로지 종교적인 활동은 인간 각자에게 맡겨서 그러한 종교활동을 할 것인지를 그가 스스로 선택할 수 있게 해야 한다고 판시하였다.
100) 가령 Code of Alabama § 16−1−20 1 (Supp 1982)을 들 수 있으며, 이와 유사한 법은 Arizona, Arkansas, Connecticut, Indiana, Kansas, Massachusetts, Michigan 등에서 제정되었다. Muckel/Ogorek (주 63), S. 309에서 재인용.
101) Wallace v. Jaffree, 472. U.S. 38 (1985); Muckel/Ogorek (주 63), S. 309. 연방대법원은 주법에 의하여 명령된 이러한 내적 성찰의 기회는 기도를 위해서 뿐만 아니라 명상을 위해서도 이용될 수 있지만, 연방대법원은 전술한 레몬 심사기준에 따를 때 궁극적으로 종교권장목적 금지에 반할 수 있다고 본 것이다.
102) 가령 Nancy E. Drane, The Supreme Court's Missed Oportunity: The Constitutionality of Sudent−Led Graduation Prayer in Light of the Crumbling Wall Between Church and State, 31 Loy. U. Chi. L.J. 497 (Loyola University Chicago Law Journal, Spring 2000, p. 497); Muckel/Ogorek (주 63), S. 309에서 재인용.
103) Muckel/Ogorek (주 63), S. 309.

적으로 영향을 미친 결과라고 할 수 있다. 결국 초창기 연방대법원이 세웠던 교회와 국가 간의 '분리의 벽'은 점차적으로 허물어져 왔다고 할 수 있는데104), 이러한 변화를 반영하는 판례로는 가령 1952년 학교에서의 종교수업금지를 완화시킨 Zorach v. Clauson 판결105)을 들 수 있다. 연방대법원은 공립학교에서는 종교수업이 이루어져서는 안 된다는 입장을 고수하기는 하였지만, 그럼에도 불구하고 헌법이 학생들로 하여금 정규수업시간 동안 교회에 의하여 조직되고, 학교건물 밖에서 실시되는 종교적 강론에 참여하는 것까지 금지하는 것은 아니라고 하였다.

　1955년에 연방대법원은 국가의 종교적·세계관적 중립성과 관련하여 수립한 재정지원에 관한 원칙을 학생들의 자치활동에 대한 재정지원에 확대하였다. 연방대법원은 5 : 4의 간발의 견해 차이로, 다른 학생출판물과 달리 "Wide Awake"라고 하는 기독학생신문에 대해서는 재정지원을 하지 않기로 한 버지니아대학의 결정은 청구인인 Rosenberger의 표현의 자유를 침해하여 위헌이라고 판결을 하였다.106) 대학행정당국은 신문에 대한 재정지원 거부의 근거로 이 신문이 "기독교적 관점"을 대변했으며, 주립대학은 종교에 대한 지원을 할 수 없다고 하는 이유를 들었다. 종교동아리에 대한 직접 지원의 경우 그 돈이 오로지 세속적 활동만을 위해서 사용될 것이라는 것을 보장할 수 없다는 것이었다. 그러나 케네디(Kennedy) 대법관이 작성한 연방대법원의 다수견해는 이러한 거부는 차별에 해당하며, 본 사건의 이슈에 관한 몇 가지 관점의 배제는 한 가지 관점의 배제와 마찬가지로 수정헌법 제1조에 대한 침해가 되고, 또한 재단의 우려가 대학행정당국으로 하여금 차별을 허용하는 것은 아니라는 등의 이유로 위헌결정을 하였다.107)

　넷째, 군대에서의 예배당설치의 문제이다. 미국은 전 세계에서 군인의 예배프로그램에 가장 많은 지원을 하는 국가라고 할 수 있다. 군

70. 학생들의 자치활동에 대한 국가의 재정지원 문제

71. 군대내 예배당

---

104) 렝퀴스트(Rehquist) 대법관은 이 '분리의 벽'의 철폐를 대표적으로 주도한 대법관이다. 이에 관하여는 지규철 (주 31), 165－166면.

105) Zorach v. Clauson, 343 U.S. 306 (1952).

106) Rosenberger v. Virginia, 515 U.S. 819 (1995). 이 판결에 대해서는 임지봉 (주 63), 155－158면.

107) Rosenberger v. Virginia, 515 U.S. 819 (1995).

성직자는 제도적으로 독특한 두 가지의 복합적 지위를 가지고 있다고 할 수 있다. 첫째, 군 성직자는 조직적으로 군의 서열질서에 편입된 군인이라 할 수 있다. 그는 명령에 복종을 해야 하는 동시에, 국가의 녹을 먹으면서 국가의 각종 지원금을 제공받을 수 있다. 둘째, 군 성직자는 일반적으로 교회의 승인을 거쳐서 임명된 성직자이다. 그리하여 군 성직자는 일요일에는 예배를 집례하고, 또한 교회의 예식에 따라 장례절차도 주관한다. 이 군 성직의 특징이라고 할 수 있는 종교 및 국가직의 연관성은 미국 수정헌법 제1조의 국교창설금지(정교분리)원칙에 비추어 볼 때, 결코 당연한 것으로 받아들이기는 쉽지 않다. 이와 같이 군 성직자가 육·해·공군 할 것 없이 통일된 제복을 착용하고서 국가의 승인 하에 군인들의 신앙(영혼구원)업무에 종사하고 있다는 사실로 인하여, 여러 법학 문헌에서는 국가에 의하여 종교가 허용될 수 없는 정도로 지원되고 있고 또한 이를 통하여 군인의 사기앙양이 제도화되고 있다고 하는 취지의 비판적 견해들[108]이 나오고 있다. 그러나 아직까지 군대에서의 이러한 예배당운영에 대한 국가적 지원이 미국 수정헌법 제1조의 국교창설금지(정교분리) 조항에 반하는지 여부에 대한 연방대법원의 판결은 보이지 않고 있으나, 군대 내에서의 예배당설치는 오랜 전통상 정교분리의 원칙에 위반되지 않는다고 하는 항소심 판결은 나와 있다.[109]

72. 교회의 국
가적 복지업무
에의 참여문제 다섯째, 교회의 국가적 복지업무에의 참여문제이다. 미국 의회는

---

108) Julie B. Kaplan, Military Mirrors on the Wall: Noneestablishment and the Chplaincy, 95 Yale Law Journal 1210. Cavanaugh, Note: The United States Military Chplaincy Program: Another Seam in the Favric of our Society, 59 Notre Dam Law Review 181 (203). Muckel/Ogorek (주 63), S. 309에서 재인용.

109) 가령 Katcoff v. Marsh, 755 F.2d 223 (1985). 이 연방항소심은 군대에서의 예배는 국교창설금지(정교분리)원칙이 도입되기 오래 전부터 거의 200년이 넘게 전통적으로 행해져 오던 것이기 때문에, 마치 연방대법원이 네브라스카 의회의 개회 전 기도가 기독교인들의 오랜 전통이었음을 근거로 헌법에 위반되지 않는다고 판단하였듯이{Marsch v. Chambers, 463 U.S. 783 (1983)}, 군대에서의 예배 역시 Lemon 심사기준 위반 의심에도 불구하고 정교분리원칙에 위반되지 않는다고 하는 결론을 내렸다. 그 밖에 사관학교에서의 만찬기도(supper prayer)는 정교분리의 원칙에 위배된다고 하며 소를 일부 인용한 항소심판결로 Mellen v. Bunting, 327 F.3d 355 (4th Cir. 2003) 참조. 최근 육군훈련소 내 종교행사에 참석하도록 한 행위가 정교분리원칙에 위배되어 청구인들의 종교의 자유를 침해하였다고 본 우리 헌법재판소의 결정으로 헌재 2022. 11. 24. 2019헌마941, 판례집 제34권 2집, 591.

1981년 청소년가족생명법(Adolescent Family Life Act)을 제정하였다. 이 법은 청소년과 성인을 상대로 가족계획 및 임신과 관련한 의학적, 사회적, 경제적, 법적 및 심리학적 문제에 대하여 상담하는 기관들을 위한 공적 재정지원에 관하여 규정하고 있다. 해당 지원조항에 따르면 지원대상 조직은 그것이 교회와의 연관성이 있는지 여부와 상관없이 지원을 받을 수 있다. 그러나 비종교적 조직의 경우 지원을 신청할 때, 종교 기관과 연계하여 활동할 의향이 있는지 여부에 대하여 정보를 제공할 의무가 있다.110) 이 법이 과연 레몬(Lemon)심사기준에 의할 때 정교분리의 원칙에 위반되지 않는지에 관하여 위헌소송이 제기되었다. 렝퀴스트(Rehnquist) 대법원장의 연방대법원은 1988. 6. 29, ⅰ) 이 법은 비록 임신한 십대에 대하여 상담을 제공하는 종교기관 등에게 그 자금이 종교적 목적을 위해서 사용되지 않도록 할 것을 명시적으로 요구하지 않고서 지원금을 제공하고 있기는 하지만, 그렇다고 하여 종교에 대하여 주로 우대하는 효과를 발휘하는 것이 아니며, ⅱ) 이 법은 정부가 종교와 지나치게 유착하는 결과를 초래하는 것도 아니지만, ⅲ) 이 법이 적용될 경우에 국교창설금지조항에 위반되는지(적용위헌) 여부에 대하여 심사하도록 사건을 지방법원에 환송한다고 판시하였다.111)

여섯째, 교회가 운영주체인 병원의 문제이다. 미국에서 교회가 설립한 병원은 사설 건강의료기관 중 가장 커다란 비중을 차지한다. 교회 설립 병원은 주로 사법상 공익단체에 의하여 운영된다. 그리하여 이 공익단체는 국내 세법상 소득세 공제를 받으며, 또한 州法에 따라 수많은 기타 세제상의 혜택을 받는다. 교회병원의 가장 중요한 수입원천은 환자들에 대한 진료인데, 이 의료비에 대해서는 국가가 보전을 해 준다. 교회들은 자신들이 운영하는 병원이 의료보험이 안 되어 있거나 충분치 않은 난민, 육체적 · 정신적 장애인과 AIDS환자 등의 치료를 목적으로 한다는 것을 강조한다. 이러한 환자들의 치료를 위해 필요한 비용은 많은 경우에 연방과 주가 공동으로 재정지원을 하는 의료보험제도와 의료

73. 교회가 운영하는 병원에 대한 국가적 재정지원문제

---

110) 42 United States Code Service, § 300 z 이하.
111) Bowen v. Kendrick, 487 U.S. 589 (1988).

요양이 필요한 사람들을 지원하는 의료요양제도에 의하여 충당된다. 이 국가적 재정지원은 환자뿐만 아니라 궁극적으로는 병원을 위한 것임에도 불구하고 의료영역에서 교회와 국가 간의 이러한 협력은 판례에 의하여 문제시되지 않고 있다.[112]

일곱째, 국가의 교회당 수리비 지원의 문제이다. 이와 관련한 연방대법원 판례는 아직 나와 있지 않으나, 학설[113]은 만일 교회당이 상당히 역사적 의미가 있는 경우라면 그 건물의 수리 · 보수와 관련된 비용의 지원은 레몬(Lemon)심사기준에 의할 경우 ⅰ) 그러한 지원이 반드시 종교적 목적에 해당한다고 할 수 없고, ⅱ) 그 지원의 주된 효과가 종교 지원에 있다고 할 수도 없으며, ⅲ) 그러한 지원이 있다고 해서 국가와 교회간의 과도한 유착의 결과를 초래한다고 볼 수도 없기 때문에 역사적 의미가 있는 교회당의 수리 · 보수비용에 대한 국가적 지원은 국교창설금지(정교분리)조항에 대한 위반이라 할 수는 없다고 보고 있다.

라. 소 결

그 밖에 영국 국교회는 헨리8세의 이혼문제와 반교황주의에서 비롯된 1534년 수장령(Acts of Supremacy)을 통한 종교개혁에 의해서 성립되었으며, 그리하여 주교가 상원에서 당연직 의원이 되고 학교에서 종교교육이 이루어지는 등 국교에 대한 특권이 없었던 것은 아니지만, 20세기에 들어와 노동당이 등장하면서 영국 헌정의 발전이 계급적인 차원에 중점을 두게 되었고, 영국 국교회 역시 종교적 관용정책을 펴 왔기 때문에 국교의 유지에도 불구하고 온건한 정교분리의 원칙과 종교의 자유가 보장되었다. 그리하여 1988년 교육 개혁법의 발효 이후에는 공립학교에서 기독교정신을 중심으로 하면서도 다양한 종교학습의 기회가 확대되었고, 각종 평등법이 제정되어 있을 뿐 아니라, 1998년 인권법은 유럽인권협약을 영국 국내법으로 수용한 것으로 사실상 헌법상의 지위를 가지

---

112) Muckel/Ogorek (주 63), S. 312.
113) 가령 Diana A. Keever, Public Funds and the Historical Preservation of Churches: Preserving History or advancing Religion?, Florida State University Law Review, Spring, 1994, p. 1327를 인용하며, Muckel/Ogorek (주 63), S. 312.

고 있으며, 유럽인권협약 제9조의 사상·양심·종교의 자유는 영국에서
의 헌법상 기본권으로 효력을 발휘하고 있다.[114]

    독일 기본법은 제140조에서 바이마르 헌법 제137조의 교회헌법을
그대로 받아들여서 교회의 공법상의 사단으로서의 지위를 부여하고 권
리능력을 인정하는 등 구체적인 제도를 보장하고 있다. 그리고 기본법
제4조 제1항과 제2항에서의 신앙·종교의 자유 조항과의 관계와 관련하
여 철저히 종교의 자유의 입장에서 통일적으로 설명하려는 통일설과,
양 조항을 서로 분리해서 이해하는 분리설, 그리고 종교의 자유에 주안
점을 부여하면서도, 교회와 종교단체의 제도적 측면을 강화하고 있다
보는 절충설로 나뉘어지며, 독일에서의 정교분리는 교회와 국가와의 분
리를 전제로 하되 상당히 협력적 또는 우호적 분리의 입장으로 평가할
수 있을 것이다.

    그리고 프랑스의 경우 프랑스혁명 때부터 전통적으로 카톨릭 교권
주의와의 투쟁 가운데서 라이시떼원칙과 공화주의원리가 프랑스헌법의
구조적 원리로 정립되어 왔으며, 1905년 정교분리법이 제정된 이후 카
톨릭과의 갈등 가운데 관련 법률의 제개정을 거듭하면서, 정교분리원칙
적용의 엄격성에 다소 간의 변화가 이루어져 왔으나, 대체로 국가공무
원이나 공립학교 교사의 경우 자신의 종교의 자유보다는 정교분리의 원
칙이 보다 우월한 것으로, 이에 반하여 학생들의 경우에는 종교의 자유
가 더 우월하여 이 종교의 자유가 다시 정교분리의 원칙을 제한하는 원
리로 적용되고 있음을 볼 수 있다.

    미국의 경우 수정헌법 제1조에서 국교창설금지(정교분리)의 원칙과
종교행사의 자유가 선언되고 보장되며 이 원리는 수정헌법 제14조의 적
법절차 원리를 통해서 모든 주 헌법에도 효력을 가진다. 1971년에 소위
레몬 사건 판결에서 연방대법원이 종립학교에 대한 국가적 지원이 헌법
에 위반되는지 여부를 심사하기 위하여 공권력행사(지원)의 목적·효
과·유착의 3가지 관점에서의 심사기준을 정립한 이후, 그 기준이 이후
의 판례에 의하여 어느 정도 수정·보완 내지 변천을 거치면서 적용되

**76. 독일: 협력
적 또는 우호적
분리의 입장**

**77. 프랑스: 라
이시떼원칙과
공화주의원리**

**78. 미국: Lemon
test 공권력행사
(지원)의 목적·
효과·유착**

---

114) 정상우 (주 32), 223-227면.

고 있다. 그리고 전통적으로 청교도들이 건국한 기독교적 전통의 핵심
에 대해서는 연방대법원이 엄격한 정교분리의 원칙 적용을 회피해 나가
면서 역사적 전통을 중시하는 판례도 형성되어 있음을 볼 때, 미국 역시
정교분리의 원칙은 종교의 자유와 종교적 평등의 원칙 그리고 미국의
역사 가운데 뿌리가 박힌 기독교적인 역사적 전통을 모두 고려하여 상
당히 유연하게 적용되고 있지 않나 생각되는데, 서구의 기독교적 전통
을 가지는 이러한 나라들의 정교분리원칙과 종교의 자유의 관계에 관한
고찰은 우리에게 시사해 주는 의미가 적지 않다고 여겨진다.

79. 일본   한편 2차세계대전 패전 이후 미국의 강력한 영향력 행사 하에 헌법
을 제정하면서 국교금지와 종교의 자유를 명문화한 일본의 경우, 최근
2010년 空知太神社事件(소라치타신사사건)에서 스나가와市가 시유지를 空
知太神社에 무상으로 사용하게 하는 행위는 헌법상 정교분리원칙에 위
반된다고 판결한 바 있는데, 이러한 최고재판소 판례와 일본의 정교분
리원칙115) 역시 참고할 만한 가치가 있다고 하겠다.

3. 종교의 자유와 정교분리의 원칙과의 관계

80. 종교의 자
유와 정교분리
원칙의 관계   헌법 제20조 제2항에서 천명하고 있는 정교분리의 원칙과 종교의
자유가 어떠한 관계에 있는 것인지에 관해서 논란이 있을 수 있다. 우리
헌법은 종교의 자유와 정교분리의 원칙을 규정함에 있어서 독일이나 미
국 헌법과 비교해 본다면 하나의 조항에서 양자를 모두 규정하고 있기
때문에 미국 헌법 쪽에 더 가깝지 않나 생각된다. 미국에서도 국교창설
금지(정교분리)원칙과 종교의 자유와의 관계에 관하여 이원론과 일원론
으로 대립되는데, 이원론에 따르면 종교의 자유는 목적이고, 정교분리의
원칙은 수단이며 정교분리는 종교의 자유의 정치조직원리라는 것이다.
이에 비해 일원론에 따르면 자유와 분리는 별개의 개념이나 원리가 아
니고 동일한 권리의 양면이기 때문에 분리는 자유를 보장하고 자유는

---

115) 이 판결과 일본의 정교분리에 관해서는 민경식, 일본헌법에 있어서의 정교분리 -
　　2010년의 공지태신사소송 최고재대법정판결을 중심으로, 중앙법학 제12집 제3호
　　(2010. 9), 87-115면 참조.

분리를 요청한다는 것이다. 즉 일원론은 양자를 통일적으로 파악하고 정교분리의 원칙은 종교의 자유를 이면에서 보장하는 표리일체의 불가분의 관계로 파악한다.116)

　이 정교분리에 대하여 일종의 제도보장으로 설명하는 견해들이 있다.117) 과연 정교분리가 제도보장에 해당될 것인지 그리고 종교의 자유와 어떤 관계에 있다고 봐야 할 것인지를 살피기에 앞서서 제도보장의 의미를 간단히 확인하고 갈 필요가 있다. 제도보장 혹은 제도적 보장은 기본권일반이론에서 살펴보았듯이 독일 바이마르시대에 칼 슈미트(Carl Schmitt)가 주장한 것으로서 입법자는 전통적으로 내려오는 공·사적 제도에 대하여 입법적으로 보장하되 그 핵심을 침해해서는 안 된다고 하는 이론으로, 당시 입법자를 구속하지는 않는다고 본 기본권의 효력을 보완하기 위하여 전개한 이론이다. 우리 헌법 하에서도 이러한 제도보장에 해당된다고 볼 수 있는 것으로는 가령 사적 제도로서 사유재산제도, 혼인과 가족제도, 학교와 대학제도 등을 들 수 있으며 공적 제도로서는 지방자치제도와 그 밖에 공적, 사적 제도로서 헌법 제21조 제3항에 따른 통신·방송·신문제도 등을 들 수 있다. 이렇게 소위 제도보장으로서 일컬을 수 있는 제도들의 특징은 헌법이 이 제도를 적극적으로 수용했을 뿐만 아니라, 입법자가 헌법상의 제도를 구체화하기 위하여 이를 입법적으로 형성할 필요가 있다고 하는 것이다. 이 때 전통적으로 내려오던 제도의 핵심적 요소를 입법자가 침해해서는 안 된다는 것이다.

　이러한 관점에서 볼 때, 과연 정교분리를 일종의 제도보장으로 볼 수 있을 것인지, 그리고 그러한 시각이 과연 종교의 자유와 또한 이를 위한 "정교분리"라고 하는 원칙의 속성과 부합될 수 있을 것인지 의문이 들기 때문이다. 다시 말해서 Carl Schmitt의 제도보장론에 따르면 제도는 결코 자유와 동일할 수는 없는 것이고, 전통적으로 내려오던 인간

81. 제도보장으로서의 정교분리원칙 문제

82. 제도보장으로 파악하는 것은 부적절

---

116) 지규철, 미국에서의 정교분리에 관한 연구, 고려대학교 대학원 박사학위논문, 1992, 23면 이하를 인용하며, 계희열, 헌법학(중), 박영사 2007, 360면 각주 42).

117) 가령 양건 (주 30), 619면; 성낙인, 헌법학, 법문사 2023, 1267면; 지규철 (주 31), 147–148면; Axel v. Campenhausen/Unruh (주 39), Rn. 1.

의 여러 관습이나 관행 등을 입법적으로 구체화한다고 하는 것이기 때문에, 정교분리를 제도보장으로 보게 되면 국가가 종교를 제도적으로 구체화할 수 있는 것으로 오해를 야기할 가능성도 없지 않다고 생각된다. 제도는 일반적으로 국가에 의하여 창설되고 형성되는 것이기 때문에, 정교분리를 제도로 보는 순간 종교의 자유 역시 국가적 제도 중 하나로 볼 여지도 완전히 배제할 수 없다. 역사적으로 볼 때 종교의 자유를 보장하기 위하여 탄생된 정교분리의 원리를 국가적 제도로 이해하고 정교분리에 관하여 국가가 제도적으로 구체화시킬 수 있다고 보게 되면, 그러한 과정에서 종교의 자유가 상당히 국가에 의하여 제도화되고 제한될 가능성을 배제하기 힘들기 때문에 정교분리를 제도보장으로 보는 데는 주의가 요구되지 않나 생각된다. 그리고 오늘날 제도적 기본권론과 같은 현대적 기본권이론에 의하면 굳이 특정한 자유와 관련된 제도들만 제도보장이 아니라 현대 국가에서의 모든 자유는 국가에 의한 입법적 구체화 없이는 제대로 보장될 수 없다고 하는 관점에서 모든 자유를 제도라고 보는 시각도 존재할 뿐만 아니라, 자유가 가지는 이중적 성격 내지 양측면성을 고려한다면 정교분리를 칼 슈미트적 의미의 제도보장으로 파악하는 것은 이미 낡은 이론으로서 적절치 않은 것 아닌가 생각된다.[118]

83. 종교의 자유를 보장하기 위한 헌법상의 원칙

요컨대, 정교분리는 인류가 종교의 자유를 쟁취하기 위한 투쟁과정에서 얻어 낸 산물일 뿐 아니라, 우리의 경우도 일제 총독부에 의한 신사참배 강요 등 일제의 강압적 지배에 맞서 1919. 3. 1. 기독교대표 16인, 천도교대표 15인, 불교대표 2인의 민족대표 33인의 주도하에 전 민족적으로 거사했던 3·1대혁명의 정신과 1919. 4. 11. 대한민국임시헌장 이래로 계속하여 천명되고 보장되어 온 우리 헌법상 신앙·종교의 자유보장의 역사적 의미를 고려할 때, 이 국교금지와 정교분리의 원칙은 종교의 자유를 보장하기 위한 헌법상의 원칙으로 보는 것이 더 적절하다고 생각된다. 그리고 자유는 분리와 독립을 전제로 한다는 점에서, 종교의 자유의 보장만으로도 국교제도나 제정일치는 금지된다고 봐야

---

118) 계희열 (주 116), 360면.

한다. 이러한 관점에서 헌법 제20조 제2항의 국교금지와 정교분리의 원칙은 역사적으로 침해되어 왔던 종교의 자유를 원칙의 측면에서 보다 분명하게 확인하고 있는 조항이라고 생각된다.

4. 정교분리원칙의 내용

가. 국교금지

국교란 국가가 국가의 종교로 채택하거나, 또는 이를 우대하여 특혜를 부여하는 국가적 종교를 말하며 국교의 금지는 국가의 이러한 국가적 종교를 채택하는 행위를 금지하는 것을 의미한다. 다시 말하자면 국가와 종교의 동일시를 금지하는 것을 의미한다. <u>84. 국가적 종교채택 행위 금지</u>

한편 국가가 지배자를 신격화 또는 우상화하거나, 그렇게 하려는 모든 시도 역시 국가를 종교와 일치(Identifizierung)시키는 행위로서 이 역시 금지된다고 하겠다. <u>85. 국가적 지배의 신격화 또는 우상화 금지</u>

비록 영국의 경우와 같이 국교가 존재하지만 온건한 정교분리와 종교의 자유가 보장되는 사례가 있으므로 우리의 경우에도 특정한 종교를 국교로 설립하는 헌법개정이 가능하겠는가 하는 문제를 제기해 볼 수 있다. 그러나 이 종교의 자유는 1911년 대한민국임시헌장부터 그리고 국교금지 및 정교분리는 1948년 광복헌법부터 우리 헌법의 정체성을 이루는 내용이므로 이를 폐지하는 내용의 헌법개정은 허용되지 않는다고 할 것이다. 그러므로 형식적 의미의 국교라 하더라도 우리 헌법상으로는 국가적 종교를 채택할 수 없다고 봐야 할 것이며, 이것이 카톨릭이나 개신교 등의 기독교가 주종을 이루는 서구 민주주의국가들과 달리 종교가 다원적으로 존재하고 있는 우리 현실에서 국교금지원칙에 대한 올바른 해석이라 할 것이다. <u>86. 정교분리원칙을 폐지하는 헌법 개정 불가</u>

나. 국가(정치)의 종교에 대한 중립 및 개입금지

정교분리의 원칙은 국가가 종교에 대하여 중립을 지키며 개입하지 말 것을 명하는 원칙이다. 이 종교적 중립과 개입금지는 첫째, 특정종교 <u>87. 종교적 중립과 개입금지</u>

에 대한 우대나 차별의 금지와 둘째, 국가의 종교적 활동금지로 나누어
볼 수 있다.119)

(1) 특정종교에 대한 국가적 우대나 차별의 금지

88. 특정 종교
에 대한 우대
및 차별 금지

정교분리의 원칙은 국가가 특정한 종교에 대하여 우대하거나 차별하
는 것을 금지한다. 그러나 종교단체에 대해서 소득세나 재산세를 면제하
거나 또는 종교단체에 대한 기부금에 대하여 소득세 부과대상에서 공제
혜택을 부여하는 등의 혜택 부여는 특정한 종교에 대해서만 적용하는 것
이 아니라, 모든 종교와 그리고 모든 공익단체에 대해서도 적용된다는 점
에서 문제될 것이 없다고 할 것이다. 그리고 사찰을 문화재로 지정하여
특별한 보호와 지원을 하는 경우에 결과적으로 특정 종교나 종교단체에
대한 우대의 결과가 초래되는 것은 사실이지만 이는 문화재로서 보호의
가치가 있기 때문에 특별한 보호가 이루어질 수 있다고 봐야 할 것이다.

(2) 국가에 의한 종교교육과 종교적 활동의 금지

89. 국 · 공립
학교에서의 종
교교육 및 종교
활동 · 행사주
관 · 참여 금지

정교분리의 원칙은 국가로 하여금 국 · 공립학교에서 종교교육, 종
교적 활동이나 행사를 주관하거나 참여하는 것을 금지한다. 이에 반하
여 사립학교, 특히 종교단체에서 설립한 종립학교의 경우 학교의 시책
에 입각하여 일정한 종교교육이나 채플을 하는 것은 가능하다. 다만 학
생이나 부모가 학교에 대한 선택권이 없이 국가가 강제배정을 하는 상
황에서는 학생이나 부모의 종교과목 이수 여부에 대한 선택권이 주어져
야 할 것이다.120)

90. 대학교의
종교과목 개설
가능

그리고 대학의 경우 종교학과나 신학대학의 경우 종교과목에 대한
강좌개설과 강의가 가능한 것은 당연하고, 그 밖의 학과에서도 교양과
목으로서 종교에 관한 강좌의 개설은 얼마든지 가능하다고 할 것이다.
왜냐하면 대학과 대학에서의 과목 수강은 학생들의 선택사항이므로 특
정 종교과목을 수강할 것인지 여부는 학생들의 자율적 선택에 맡겨진

---

119) 이하 계희열 (주 116), 360－362면 참조.
120) 대법원 2010. 4. 22, 2008다38288 전원합의체 판결[손해배상(기)].

것이기 때문이다. 다만 채플이수가 학칙상 의무로 되어 있는 경우, 이를 이수하지 않아서 졸업요건을 충족하지 못하여 졸업을 하지 못한 학생이 숭실대를 상대로 제기한 사건에서 대법원은 숭실대의 손을 들어 준 바 있었다. 학교를 선택한 것은 그 학교의 학칙에 따른다는 것이 전제된다는 이유에서이다.[121]

다. 종교의 정치에 대한 중립 및 개입금지

다음으로 정교분리의 원칙은 종교가 정치에 대한 중립과 개입금지를 내용으로 한다. 다만 기본권의 수범자는 원칙적으로 국가이기 때문에, 정교분리의 원칙 역시 종교의 자유의 보장을 위한 원칙이라는 의미에서 본다면 이 원리의 수범자 역시 국가라고 할 것이다. 그렇다면 종교역시 정치에 개입하고 간섭하는 것은 바람직스럽지 않지만, 가령 종교의 사회적 참여의 차원에서 정치에 대하여 비판을 하고 올바른 방향으로 갈 수 있도록 경종을 울리는 것은 종교의 사회적 역할이라 할 것이다. 그러므로 정치에 대한 종교의 비판에 대하여 그것이 정교분리의 원칙에 반한다는 명목으로 그들의 비판적 의견을 억압하려 한다면 그것은 종교의 자유와 언론·출판의 자유에 대한 침해가 될 수 있으므로 주의를 요한다고 할 것이다.

91. 정치에 대한 중립 및 개입금지

어쨌든 종교는 다른 모든 단체들과 마찬가지로 자신들의 이해관계와 관련되는 것은 물론, 그 밖의 모든 국가적·국민적 관심사에 관하여 종교나 종교단체의 입장을 자유로이 표명할 수 있는데, 이는 우리 헌법 제21조의 표현의 자유에 의하여 얼마든지 보장된다고 할 것이다.[122]

92. 종교적 표현의 자유 보장

5. 개별 사례

헌법재판소는 개방이사제도는 국가가 특정종교의 교육을 강제하거나 특정종교를 우대하도록 하는 규정이 아니므로 헌법 제20조 제2항이 정한 정교분리 원칙의 위반 여부는 문제되지 아니한다고 보았다.[123]

93. 개방이사제도

---

121) 대법원 1998. 11. 10, 96다37268 판결[학위수여이행].
122) 계희열 (주 116), 362면.
123) 헌재 2013. 11. 28, 2007헌마1189 등, 판례집 제25권 2집 하, 398.

94. 학교(학원) 설립의 경우 인가나 등록주의

또한 학교나 학원설립에 인가나 등록주의를 취했다고 하여 감독청의 지도·감독하에서만 성직자와 종교지도자를 양성하라고 하는 것이 되거나, 정부가 성직자양성을 직접 관장하는 것이 된다고 할 수 없고, 또 특정 종교를 우대하는 것도 아니므로 이는 더 나아가 살펴볼 필요 없이 헌법 제20조 제2항이 정한 국교금지 내지 정교분리의 원칙을 위반한 것이라 할 수 없다고 하였다.124)

95. 합헌 사례

그 밖에 정교분리의 원칙에 위반되지 않는다거나 법적으로 문제가 없다고 본 사례들로서는 교리에 의거하여 국기경례를 거부한 고교생에 대한 징계(제적)처분125), 성직자의 범인 은닉행위에 대한 처벌126), 지방자치단체가 유서 깊은 천주교 성당 일대를 문화관광지로 조성하기 위하여 상급 단체로부터 문화관광지 조성계획을 승인받은 후 사업부지 내 토지 등을 수용재결한 사안에서, 문화관광지 조성계획 승인과 그에 따른 토지 등에 대한 수용재결127) 등이 있다.

96. 주요 사례

개별 사례로서 중요한 몇 가지만 간략히 추가적으로 검토해 보면 다음과 같다.

(1) 학교에서의 종교교육 문제

97. 사립학교에서의 종교교육과 학생의 소극적 신앙의 자유 충돌

국·공립학교에서의 종교교육은 정교분리의 원칙상 당연히 허용되지 않는다. 그러나 사립학교에서의 종교교육의 문제는 다르다. 사립학교는 사학의 자유에 따라 종교교육을 실시할 자유가 있지만, 반면 학생의 경우 소극적 신앙의 자유가 있기 때문에 양자는 서로 충돌할 수 있으며, 결국 이는 기본권충돌의 문제이기도 하다.

98. 학생의 학교선택권이 있는가가 기준

이 문제를 해결하는 가장 중요한 기준으로서는 학생의 학교선택권이 있었는가 여부이다. 그리하여 대법원은 사립대학의 경우 비록 채플이수를 졸업요건으로 한다 하여도 학생은 대학 선택권이 있었으므로 채

---

124) 헌재 2000. 3. 30, 99헌바14, 판례집 제12권 1집, 325, 341−342.
125) 대법원 1976. 4. 27, 75누249 판결 [행정처분취소(제적처분취소)].
126) 대법원 1983. 3. 8, 82도3248 판결 [국가보안법위반·현주건조물방화치상·현주건조물방화예비·계엄법위반·집회및시위에관한법률위반·특수공무집행방해·범인은닉·범인도피].
127) 대법원 2009. 5. 28, 2008두16933 판결, [토지수용재결처분취소등][공2009하,1127].

플이수의무가 종교의 자유를 침해하지 않는다고 본 데 반하여[128], 강제
배정된 일반 사립고교에서 종교교육을 받지 않았다 해서 징계를 한 행
위는 학생의 신앙의 자유를 침해하는 것으로서 불법행위성을 인정한 바
있다.[129]

(2) 종교정당

그 밖에 특정한 종교관련 정당설립을 인정하게 되면 그것은 정교분
리의 원칙에 위반되는 것 아닌가 하는 의문이 생길 수 있다. 그러나 종
교인 역시 헌법 제8조의 정당설립과 활동의 자유를 행사할 수 있으므
로, 정치에 참여할 수 있을 뿐만 아니라, 일정한 종교관련 정당을 설립
할 수도 있다고 봐야 할 것이다.

99. 종교관련
정당설립 가능

다만 만약의 경우 특정한 종교적 색채를 띤 정당이 가령 자신들이
추구하는 종교를 국교로 삼겠다고 하는 식의 당헌이나 정강정책을 추구
한다면, 만약 이 정당이 나중에 정권을 장악하고, 국회의원 총선거에서
헌법개정이 가능한 정도의 다수의석을 점할 수 있을 정도로 세력이 확
대될 가능성이 있는 경우에는 정교분리원칙을 폐지하고 국교를 특정 종
교로 선포하는 그러한 헌법개정을 하게 될 가능성도 배제할 수 없을 것
이다.

100. 정교분리
와 관련한 헌법
개정 목적은 허
용되지 않음

만일 특정한 종교적 정책을 추구하는 정당의 설립과 활동은 가능하
다 하더라도, 자신들의 종교를 국교로 삼는다거나 아니면 정교분리원칙
을 폐지할 목적이 있는 것이 아니라면, 그러한 정당의 설립과 활동 정도
만 가지고서 현행법상 정교분리의 원칙에 위반된다고 하기는 곤란하지
않을까 한다.

101. 정당의 설
립과 활동의 자
유의 범위내

서구 유럽의 경우도 기독교민주당이나 기독교사회당 등 종교와 관
련된 정당이 전통적인 거대 정당으로 확립되어 있음에도 그러한 정당과
관련하여 정교분리의 원칙이 문제되고 있지는 않는 것은 그 정당들이
자유민주적 기본질서와 종교의 자유 그리고 정교분리의 원칙을 존중하

102. 서구 유럽
의 경우

---

128) 대법원 1998. 11. 10, 96다37268 판결[학위수여이행].
129) 대법원 2010. 4. 22, 2008다38288 전원합의체 판결 [손해배상(기)].

기 때문일 것으로 생각된다.

(3) 국가조찬기도회

한편 일부 학설[130]은 1968년부터 실시해 오고 있는 국가조찬기도
회가 정교분리의 원칙에 위반되는 것 아닌가 하는 문제를 제기하고 있
다. 이 학설에 의하면 이 국가조찬기도회는 기독교단체인 사단법인 대
한민국국가조찬기도회가 주관하여 실시하는 것임에도 불구하고, 이 기
도회가 한편으로는 권위주의 정권 하에서 대통령의 독재를 정당화하기
위한 도구로나 혹은 일부 기독교인 정치인들의 정치적 입신양명을 위한
발판으로 이용되기도 하였으며, 다른 한편으로 교회나 교계 지도자가
정치권력을 이용하여 영향력과 교세의 확대를 도모하려 했다고 하는 관
점에서 미국 연방대법원의 레몬(Lemon)심사기준을 적용해 볼 경우 정교
의 유착가능성을 배제할 수 없으므로 정교분리의 원칙에 위배될 가능성
을 배제할 수 없다고 판단하고 있다.[131]

(4) 종교단체 운영 교도소

우리나라에도 민영교도소 등의 설치·운영에 관한 법률[132]에 따라
민간, 즉 현재 교회단체가 운영하는 교도소[133]가 존재한다. 종교단체가

---

130) 가령 송기춘, '국가조찬기도회'의 헌법적 문제, 헌법학연구 제18권 제1호(2012. 3),
347-392면.
131) 다만 전술하였듯이 레몬(Lemon)심사기준은 미국 연방대법원이 그 이후의 판례에
서 수정·보완을 하였고, 주로 교회나 종교단체에 대한 국가적 지원의 위헌여부를
판단하는 심사기준으로 개별 사안마다 상당히 탄력적으로 적용되고 있는 데 비하
여, 국가조찬기도회의 주체는 국가가 아니라 사단법인 대한민국국가조찬기도회라
고 하는 사적 단체인 것이므로 이러한 미국 연방대법원의 레몬심사기준을 액면
그대로 적용할 수 있을 것인지는 좀 더 검토해 볼 필요가 있지 않나 생각된다.
132) 이 법은 「형의 집행 및 수용자의 처우에 관한 법률」 제7조에 따라 교도소 등의
설치·운영에 관한 업무의 일부를 민간에 위탁하는 데에 필요한 사항을 정함으
로써 교도소 등의 운영의 효율성을 높이고 수용자(收容者)의 처우 향상과 사회
복귀를 촉진함을 목적으로 한다(제1조).
133) 소망교도소의 가장 큰 특징은 교화형 교도소라는 점인데, 기독교 정신에 입각하
여 운영되며 수용자에게 IFI(The Inner Change Freedom Initiative)프로그램이 적용
된다고 한다. 즉 '내면의 변화, 자유로움의 첫걸음'이라는 의미의 IFI 프로그램은
수용자의 내적 변화를 통해 재사회화를 촉진시키는 것이며, 프로그램의 가치와
철학을 기독교적 사랑과 용서, 회복과 치유에 두고 있다고 한다. 이상해, 국가업무

교도소를 운영하고자 하는 것은 선교를 통한 인간내면의 변화를 통하여 수용자의 교정·교화는 물론 재사회화에 실질적 도움을 주기 위한 목적을 가진 것으로서, 교정업무의 주체라고 할 수 있는 국가와 민간인 종교단체가 협업을 하는 대표적 사례라고 할 수 있을 것이다.

이 법은 "교정법인의 임직원과 민영교도소등의 장 및 직원은 수용자에게 특정 종교나 사상을 강요하여서는 아니 된다."고 규정함으로써 수용자의 종교의 자유에 대한 침해를 금지하고 있는 규정을 두고 있다. 그러므로 민영교도소의 운영에 의한 종교의 자유에 대한 침해 논란은 일단 법률상으로는 상당히 완화되는 측면이 있다. 다만 실제 운영상으로는 이러한 정교협력이 헌법상 정교분리의 원칙에 위반될 소지는 없는지와 그 한계는 어디까지인지의 문제는 앞으로 검토해 봐야 할 숙제라고 할 것이다.[134]

105. 종교의 자유침해 금지 규정

(5) 군대 내 종교행사 참석 강제

헌법재판소는 2022. 11. 24. 2019헌마941 결정에서 육군훈련소 내 종교행사 참석의 강제에 대하여 이는 정교분리원칙에 위배될 뿐만 아니라 청구인들의 종교의 자유를 침해한다고 보았다.

106. 육군훈련소 종교행사 참석 강제 위헌

> 판례 피청구인이 청구인들로 하여금 개신교, 천주교, 불교, 원불교 4개 종교의 종교행사 중 하나에 참석하도록 한 것은 그 자체로 종교적 행위의 외적 강제에 해당한다. 이는 피청구인이 위 4개 종교를 승인하고 장려한 것이자, 여타 종교 또는 무종교보다 이러한 4개 종교 중 하나를 가지는 것을 선호한다는 점을 표현한 것이라고 보여질 수 있으므로 국가의 종교에 대한 중립성을 위반하

의 민영화에 관한 법적 문제 – 안전영역에서의 행형부문을 중심으로, 지방자치법연구 제11권 제4호(2011. 12), 359–406(396면 주 147)에서 재인용. 법무부는 2015. 2. 5. 6년간의 소망교도소 운영성과를 긍정 평가하고 (재)아카페와의 교정업무 위탁계약기간을 20년 갱신하였다고 한다. 유영재/유정우, 민영교도소 평가와 제도적 개선방안에 관한 연구, 한국공안행정학회보 제62호(2016), 93–127(97)면.

134) 이와 관련하여 레몬(Lemon)심사기준에 따라 심사한 후 정교분리원칙 위반으로 보는 견해로, 박홍우, 미국헌법상의 국교설립금지 원칙, 헌법논총 제13집, 헌법재판소 2002, 379–442(439–441)면. 미국 수정헌법 제1조 국교창설조항 위반으로 확인한 미국 제8항소 순회법원 판결로, Americans United For Seperation v. Prison Fellow. 509 F.3d 406 (8th Cir. 2007).

여 특정 종교를 우대하는 것이다. 또한, 이 사건 종교행사 참석조치는 국가가 종교를, 군사력 강화라는 목적을 달성하기 위한 수단으로 전락시키거나, 반대로 종교단체가 군대라는 국가권력에 개입하여 선교행위를 하는 등 영향력을 행사할 수 있는 기회를 제공하므로, 국가와 종교의 밀접한 결합을 초래한다는 점에서 정교분리원칙에 위배된다.

(헌재 2022. 11. 24. 2019헌마941, 판례집 34-2, 591, 591-592)

Ⅴ. 다른 기본권과의 관계

1. 교육을 받을 권리

107. 교육을 받을 권리와 종교교육

헌법 제31조는 능력에 따라 균등하게 교육을 받을 권리를 보장한다. 청소년들의 경우 이 교육을 받을 권리에 따라서 자신의 학교와 교사로부터 어떠한 교육을 받을 것인지를 선택할 권리가 이 교육을 받을 권리나 혹은 헌법 제10조의 행복추구권으로부터 나오는 일반적 행동의 자유에 의하여 보장된다고 할 것이지만, 부모 역시 자녀에 대하여 교육을 할 의무와 권리를 가지기 때문에 그러한 범위 내에서 자녀의 교육권은 부모의 자녀에 대한 교육권에 의하여 일정한 제한을 받을 수밖에 없다.

108. 학생의 신앙·종교의 자유가 우선

한편 자녀의 신앙과 종교와 관련된 교육의 경우에는 부모가 보다 더 민감하게 관심을 가지고 신앙과 종교교육에 관여할 수 있는 권리가 있다고 할 수 있으나, 자녀 역시 본인 자신이 신앙과 종교의 자유의 주체이므로, 부모가 바라는 신앙과 종교에 따르지 않을 수도 있다. 또한 사립학교 설립자의 경우 설립자의 종교 및 선교의 자유에 따라 학교를 설립하고 학생들에게 일반 교과목과 더불어서 일정한 범위 내에서 종교교육을 수행할 수 있다. 이러한 종립학교의 경우에는 결국 학교와 학생 그리고 부모의 신앙·종교의 자유가 서로 충돌할 수 있는 가능성이 있다고 하겠다. 그러나 신앙·종교의 자유 역시 양심의 자유와 마찬가지로 초월적 세계나 신의 존재 혹은 종교적 세계관에 대하여 자신의 내면의 신앙을 기초로 하지 않을 수 없는 것이므로, 그것이 적극적이든 혹은 소극적이든 학생 본인의 신앙·종교의 자유가 기준이 되어야 할 것으로

생각된다. 다만 아직까지 자신의 인격이 공고하게 형성되었다고 볼 수
없는 미성년자의 경우 학교나 부모가 그들에 대한 신앙·종교교육을 통
해서 학생이 신앙과 종교적 세계관을 확고하게 가질 수 있도록 도움을
주는 조력자 역할을 할 수는 있을 것이며, 그리고 그 선에서 머무르지
않으면 학생의 신앙의 자유와 인격의 자유로운 발현권을 침해할 가능성
이 있다고 하겠다. 만일 강제배정된 종립학교의 종교교육에 대해서 학
생이든 부모이든 특정 종교교육에 대해서 반대하는 경우, 다른 수업을
들을 수 있는 대체가능성을 보장해 주지 않으면, 이는 학생의 신앙·종
교의 자유와 부모의 자녀에 대한 교육권을 침해할 수 있다고 하는 점은
대법원의 대광고등학교 대 강의석 군 사건 판결135)이 잘 보여주고 있다
고 하겠다.

그에 비하여 공립학교의 경우 정교분리와 국가의 종교적 세계관적
중립의무로 인하여 종교과목을 수업할 수는 없는 것은 당연하다.136) 그
러므로 종립학교와는 달리 공립학교에서는 학교와 학생 그리고 부모 간
의 종교의 자유의 충돌문제가 발생하기는 힘들다.

109. 공립학교의 경우

2. 평등권 내지 종교적 이유에 의하여 차별받지 않을 권리

헌법 제11조는 종교에 의한 차별을 금지하고 있기 때문에, 국가공
권력이 종교를 이유로 차별을 하는 경우 평등권뿐만 아니라, 종교의 자
유에 대한 제한도 초래된다. 다만 종교의 자유에 대한 모든 위헌적 침해
가 항상 종교에 의하여 차별받지 않을 권리와 관련된다고 볼 수는 없다.
다만 종교를 이유로 하는 차별이 허용될 것인지 여부에 대한 심사기준
의 논거들은 종교의 자유의 제한이 허용될 것인지에 관한 논거와 마찬
가지 것이 될 수밖에 없을 것이다.137)

110. 종교를 이유로 한 차별금지

135) 대법원 2010. 4. 22, 2008다38288 전원합의체 판결(종립 사립고교 종교교육 사건).
136) 이를 명시적으로 확인하는 법률조항으로 교육기본법 제6조 제2항: "국가와 지방
   자치단체가 설립한 학교에서는 특정한 종교를 위한 종교교육을 하여서는 아니
   된다."
137) v. Mangoldt/Klein/Starck (주 2), Rn. 151.

3. 거주·이전의 자유

111. 종교의 자
유와 출국의 자
유

거주·이전의 자유는 그 목적이 여하하든 자신이 살 거처를 자유로
이 옮기고 정하여 이전할 수 있는 자유라고 할 수 있다. 역사적으로 볼
때 유럽에서는 특히 종교개혁 이후 신·구교 간 종교적 갈등과 전쟁을
겪으면서 점차 종교의 자유와 양심의 자유가 확립되기 시작하였는데,
적어도 신민이 군주의 종교에 따르지 않을 경우에는 출국하여 이민을
갈 수 있는 자유를 보장하는 차원에서 종교의 자유와 출국의 자유는 밀
접한 관련이 있었다.

112. 종교적 거
주·이전의 자
유 보장

그러나 종교의 자유가 보장되고 정교분리의 원칙이 확립되어 있는
나라에서는 종교적 목적의 거주·이전의 자유가 특별히 문제되는 상황
은 잘 발생하기 힘들 것이나 어쨌든 신앙적·종교적 목적으로 거주지를
이전할 자유를 행사하는 것은 동시에 종교의 자유에 의해서도 보호된다
고 보아야 할 것이다.

4. 언론·출판, 집회·결사의 자유

113. 선교와 포
교의 자유 및
종교적 표현의
자유 보장

개인이나 종교단체가 신앙과 종교를 고백하고 나아가 적극적으로
자신이 가지는 신앙과 종교를 선전하는 행위, 즉 선교와 포교의 자유 역
시 종교의 자유에 의하여 보호된다. 결국 신앙고백과 전도, 선교는 모두
말이나 글 등 인간의 표현수단을 동원하지 않을 수 없는데, 이러한 말이
나 글, 그림, 문자 등을 동원하여 자신의 의사나 가치판단은 물론 사실
관계를 전달하는 행위는 헌법 제21조의 언론·출판의 자유에 의해서도
보장된다. 그러나 이 언론·출판의 자유는 일반적인 의사표현을 보호하
는 것이라면, 신앙과 종교의 자유와 관련된 의사표현은 바로 특별한 기
본권으로서 종교의 자유에 의하여 우선적으로 보호된다고 하겠다. 다만
일반적 표현의 자유의 경우 그에 대한 제한의 한계로 작용하는 검열금
지(헌법 제21조 제2항)는 종교적 표현의 자유에 대해서도 당연히 적용된다
고 보아야 할 것이다.

114. 종교적 집
회·결사의 자
유 보장

한편 종교적 집회·결사의 자유 역시 일반적인 집회·결사의 자유
에 비하여 특별한 기본권이라 할 수 있으므로, 신앙·종교적 목적의 집

회나 결사가 문제될 경우에는 종교의 자유의 보호를 받는다고 할 것이다. 그리고 일반적 집회 · 결사에 대한 제한의 한계로 작용한다고 할 수 있는 허가의 금지(헌법 제21조 제2항)는 종교적 목적의 집회 · 결사의 자유에도 당연히 적용된다고 보아야 할 것이다.

5. 학문 · 예술의 자유

한편 진리의 탐구와 학문적 연구결과를 발표할 자유를 보장하는 학문의 자유와 그리고 예술작품을 창작하고 창작된 예술작품을 전시, 상연, 보급할 자유인 예술의 자유는 신앙과 종교와 관련해서 본다면 상호 밀접한 관련을 가질 수 있다. 가령 신학과 같이 성서나 경전에 대한 연구 그리고 신앙과 종교 및 종교적 세계관과 관련된 연구는 일반적으로 학문의 자유에 의해서도 보호되지만 그러한 행위가 일정한 신앙의 고백과 선교 등 신앙 · 종교적 목적이 결부되어 있는 경우에는 특별히 종교의 자유에 의해서 보장된다고 봐야 할 것이다.

115. 신학, 성서, 경전에 관한 연구 및 신앙과 종교적 세계관에 관련된 연구는 특별히 종교의 자유에서 보장

그리고 신앙과 종교와 관련된 예술작품을 창작하고 전시, 상연, 보급하는 경우도 예술의 자유에 의하여 보호된다고 할 수 있지만, 만일 그러한 예술창작이나 예술작품의 전시, 상연, 보급 자체가 일종의 신앙고백이나 선교적 목적을 가지는 경우 이는 신앙 · 종교의 자유에 의해서 특별히 보호된다고 봐야 할 것이다.

116. 신앙과 종교와 관련된 경우 종교의 자유에 의하여 특별히 보호

6. 경제활동의 자유

만일 종교단체가 재정수입을 목적으로 경제활동을 하는 경우 그러한 경제활동은 재산권과 영업의 자유 등 경제활동과 관련되는 기본권에 의하여 보호되는 것이지, 특별히 종교의 자유에 의하여 보호되는 것은 아니다. 가령 카톨릭 서적을 판매하는 카톨릭 서점은 자신의 신앙고백의 자유가 아니라 직업의 자유를 실행하는 것이다. 이에 반하여 교회 입구에서 신도들이나 종교단체 구성원들이 신앙고백서적을 판매하는 경우 이는 신앙고백과 종교행사의 자유에 해당된다. 수도승이나 수녀들과 같

117. 신앙고백서적 판매는 신앙고백 및 종교행사의 자유에 해당

이 직업활동이 동시에 종교적 고백으로서 행사되는 한에 있어서는 직업의 자유는 특별한 기본권인 종교의 자유에 의하여 배제된다고 봐야 할 것이다. 그러한 직업활동에 대한 제한은 단순히 직업의 자유를 기준으로 할 것이 아니라 종교의 자유를 기준으로 하여 판단해야 할 것이다.[138]

118. 종교단체의 재산은 재산권의 보호영역에 해당

그리고 종교단체가 취득하여 보유하고 있는 재산은 헌법 제23조 제1항의 재산권의 보호를 받는다. 다만 재산권의 사회적 기속과 공공필요에 의한 수용·사용·제한의 경우 그 재산이 기여하는 종교적 또는 세계관적 목적이 잘 고려되어야 할 것이다.[139] 종교시설에 대한 경매나 매각 등 일반 민사소송에 따른 절차를 진행함에 있어서는 그것이 종교목적의 시설에 해당하며 이를 기반으로 해당 종교기관에 소속된 신도들의 신앙·종교의 자유의 행사에 미치는 영향이나 범위, 보호필요성 등을 다각적으로 신중하게 고려할 필요성이 있다고 하겠다.

---

138) v. Mangoldt/Klein/Starck (주 2), Rn. 158.
139) v. Mangoldt/Klein/Starck (주 2), Rn. 159.

제 20 절   사생활의 기본권[1]

Ⅰ. 사생활의 기본권의 의의

개인의 사생활 영역과 관련될 수 있는 모든 기본권들을 포괄하여 사생활의 기본권이라 칭할 수 있는데, 여기에는 주거의 자유, 사생활의 비밀과 자유, 통신의 비밀과 자유가 포함된다. 이 기본권들 외에도 혼인과 가족생활 기본권에도 개인의 사생활과 관련되는 자유가 포함될 수 있기는 하지만 주로 위 세 가지 기본권은 개인이 공적 생활영역으로 드러내 놓고 싶지 않은 개인적이고 내밀한 사적 영역들을 보호함으로써 인간의 존엄과 가치 및 행복추구권이 실현될 수 있도록 해 주는 기본권들이라 할 것이다.

1. 개인적이고 내밀한 사적 영역의 보호

Ⅱ. 사생활의 비밀과 자유

1. 헌법적 의의와 입법례 및 연혁

가. 헌법적 의의

헌법 제17조는 "모든 국민은 사생활의 비밀과 자유를 침해받지 아니한다."고 규정함으로써 사생활의 비밀과 자유의 불가침을 보장하고 있다.

2. 헌법 제17조

인간은 누구나 자신의 사생활 영역이 있어서 그것을 국가나 제3자가 함부로 들여다보거나 감시하거나 혹은 그 내용이 공개될 경우 자유로운 사적 생활을 평온하고 자유롭게 영위할 수 없게 될 것이다. 그러한

3. 행복을 추구하기 위한 모든 사적 활동과 생활의 보호

---

1) 이하 주거의 자유, 사생활의 비밀과 자유, 통신의 비밀과 자유의 보호영역, 제한, 제한의 한계에 관한 내용은 방승주/성선제, 테러 및 범죄예방을 위한 도·감청제도와 사생활의 보호에 관한 비교법적 고찰, 치안정책연구소, 2006 중 제4장의 Ⅱ의 내용을 대폭 수정하고 최근까지의 헌법재판소 판례를 보완하였음.

사생활에는 연애, 성관계, 가족생활, 취미생활, 여가와 스포츠, 일기 등 개인이 자신의 행복을 추구하기 위해서 하는 모든 사적인 활동과 생활이 포함된다. 이러한 개인적 사생활이 국가나 제3자에 의하여 감시, 감청, 녹음, 녹화되거나 또는 그러한 녹음과 녹화가 언론을 통해서 본인의 의사에 반하여 공개되는 경우, 당사자는 심한 모멸감이나 명예를 훼손당할 수 있게 될 것이며 그로써 그의 인격권이 침해될 것이다.

4. 인터넷과 SNS의 발달로 인하여 사생활의 비밀과 자유 보장 필요성이 더욱 커짐

특히 오늘날에는 인터넷과 사회관계망서비스(Social Network Service)가 발달함에 따라서 사생활에 대한 수많은 불법적 엿보기 영상이 유통되고 있어 그로 인한 개인의 사생활의 자유와 인격권의 침해와 다툼이 빈발하고 있으며, 그럴수록 헌법 제17조의 사생활의 비밀과 자유의 중요성은 그 어느 때보다 더욱 커지고 있다.

5. 개인정보자기결정권이 포함

뿐만 아니라 개인의 신상정보, 신체적 특성, 학력, 경력 등 개인적 정보 자체가 본인의 의사와 상관없이 공개되거나 보관, 처리, 유통, 이용되는 경우 개인은 자신의 의사와 상관없이 자신에 관한 개인적 신상정보가 사회적으로 떠돌면서 언제 어디에서 어떠한 불이익을 받을지 모르는 불안한 상태에 놓일 수밖에 없고, 경우에 따라서는 범죄의 표적이 될 수 있기도 하다. 그러므로 이러한 개인적 정보의 생성, 보관, 처리, 이용 등에 대해서는 정보주체가 스스로 결정할 수 있도록 소위 '정보에 관한 자기결정권(개인정보자기결정권)'이 보장되지 않으면 안 되는데, 이 개인정보자기결정권 역시 사생활의 비밀과 자유의 범주에 포함된다고 할 수 있을 것이다.

6. 사생활의 불가침을 보호하는 모기본권

아무튼 헌법 제17조는 헌법 제16조의 주거의 자유, 그리고 제18조의 통신의 비밀과 함께 사생활의 기본권의 가장 중심적인 기본권으로서 개인의 사생활영역의 불가침을 포괄적으로 보호하는 모기본권으로서의 역할을 수행한다고 봐야 할 것이다.

나. 입법례와 연혁

7. 미국의 프라이버시권

프라이버시의 권리가 가장 먼저 논의되고 판례를 통하여 하나의 헌법적 권리로 확립된 나라는 미국이다. 미국에서는 워렌(Warren)과 브랜

다이스(Brandeis) 논문에서 이 프라이버시권을 인정할 필요성이 최초로 주장되었다[2]. 프라이버시를 권리로 인정하는 주 최고법원 판결은 이미 1905년에 나왔으며, 점차 대부분의 주가 판례를 통해 프라이버시를 권리로 인정하게 되었는데 그 헌법적 근거는 행복추구권에서 찾았다.[3] 그리고 미국연방대법원은 1957년 이래 수정헌법 제1조의 언론의 자유, 수정헌법 제4조의 주거의 불가침, 수정헌법 제5조와 제14조의 적법절차 등을 근거로 하여 프라이버시를 인정해 왔으며, 그 후 프라이버시 권리가 헌법상의 권리로 인정된 것은 1965년 Griswold v. Connecticut 판결에서였다.[4]

독일은 프라이버시권에 대하여 명시적으로 규정하고 있지 않으나 기본법 제1조의 인간의 존엄권과 기본법 제2조 제1항의 인격의 자유로운 발현권에 의하여 사적 생활영역이 보호되는 것으로 보고 있으며, 그 밖에 주거의 자유, 통신의 자유, 종교·양심의 자유, 혼인과 가족생활보장에 의해서도 보호되는 것으로 보고 있다.[5]

8. 독일 기본법 제1조 및 제2조 제1항에서 사적 영역 보호

프라이버시 보호와 관련한 각국의 입법으로는 가령 미국의 프라이버시보호법(Privacy Act. 1974), 독일의 연방정보보호법(Bundesdatenschutzgesetz, 1977), 프랑스의 정보처리·축적·자유에 관한 법률(약칭 개인정보보호법 1978), 영국의 정보보호법(Data Protection Act 1984), 일본의 행정기관이 보유하는 전자계산기 처리와 관련된 개인정보에 관한 법률(약칭 개인정보보호법, 1988) 등이 있으며[6], 우리나라에서는 1994. 1. 7. 공공기관의개인정보보호에관한법률이 공포되었었으며 오늘날에는 개인정보보호법이 시행되고 있다.

9. 각국의 입법례

---

2) The Right to Privacy, Harv L. Rev., 1890, p 193; 윤명선/김병묵, 헌법체계론, 법지사 1998, 506면; 계희열, 헌법학(중), 박영사 2007, 392면.
3) 계희열 (주 2), 392면.
4) Griswold v. Connecticut, 381 U.S. 479 (1965); 계희열 (주 2), 392면.
5) 계희열 (주 2), 393면.
6) 계희열 (주 2), 393면.

2. 보호영역

가. 사생활의 비밀과 자유

10. 모든 내밀한 영역의 비밀과 자유

　　모든 국민은 사생활의 비밀과 자유를 침해받지 아니한다. 사생활의 비밀과 자유의 보호영역은 개인의 사적인 생활과 관련되는 모든 내용에 미친다. 즉 개인적인 생각, 말, 독백, 대화, 취미생활, 여가생활, 가족생활, 문화생활 등 개인이 공개를 꺼리는 모든 내밀한 영역의 비밀과 자유가 이 기본권에 의하여 보호된다고 할 수 있다.

11. 헌재의 정의

　　우리 헌법재판소는 "사생활의 비밀은 국가가 사생활영역을 들여다 보는 것에 대한 보호를 제공하는 기본권이며, 사생활의 자유는 국가가 사생활의 자유로운 형성을 방해하거나 금지하는 것에 대한 보호를 의미한다. 구체적으로 사생활의 비밀과 자유가 보호하는 것은 개인의 내밀한 내용의 비밀을 유지할 권리, 개인이 자신의 사생활의 불가침을 보장받을 수 있는 권리, 개인의 양심영역이나 성적 영역과 같은 내밀한 영역에 대한 보호, 인격적인 감정세계의 존중의 권리와 정신적인 내면생활이 침해받지 아니할 권리 등이다."라고 판시하고 있다.[7]

(1) 사생활의 비밀

12. 숨기고 싶은 비밀은 물론 굳이 공개할 필요가 없는 개인적 사항에 대한 보호

　　인간이면 누구나 자신만이 알고 있으며, 타인에게 공개를 꺼리는 숨기고 싶은 비밀을 간직하고 있기 마련이다. 그러한 내밀한 영역뿐만 아니라, 나아가 공개된다고 해서 특별히 문제될 것이 없다 하더라도, 굳이 타인에게 공개할 필요가 없는 개인적 사항들이 국가의 감시나 타인의 호기심으로 인하여 외부로 유출되거나 공개되며, 오늘날 인터넷이나 SNS를 통하여 자신도 모르는 사이에 유포될 경우, 그 사람은 사생활 자체에 커다란 위협을 받을 수밖에 없을 것이며, 만일 이러한 일들이 빈발하는 경우 사람들은 혼자서 거주하는 공간에서조차도 어떠한 말이나 행동도 자유롭게 할 수 없게 될 것이다,

13. 비밀성을 침해받지 않을 권리

　　그러므로 헌법 제17조의 사생활의 비밀과 자유는 우선 자신이 사회

---

7) 헌재 2003. 10. 30, 2002헌마518, 판례집 제15권 2집 하, 185, 206.

에 공개되지 아니한 내밀하거나 사적인 사항들과 관련하여 그 비밀성을
침해받지 않을 권리를 보호한다.

그러나 그러한 비밀성은 자신이 아무리 사적인 활동을 했다 하더라
도 대중과 사회에 공개된 장소에서 드러나게 행위한 경우까지도 모두
그 비밀의 불가침성을 요구할 수는 없을 것이기 때문에, 사적 공간에서
이루어진 일인지 아니면 사회적 공간에서 이루어진 일인지에 따라서 그
보호의 정도는 달리해야 할 것이다.

헌법재판소도 공적 영역의 활동은 사생활의 비밀과 자유의 보호대
상이 아니라고 보고 있다.

> 판례 헌법 제17조가 보호하고자 하는 기본권은 '사생활 영역'의 자유로운 형성
> 과 비밀유지라고 할 것인바, 공적인 영역의 활동은 다른 기본권에 의한 보호는
> 별론으로 하고 사생활의 비밀과 자유가 보호하는 것은 아니라고 할 것이다(헌
> 재 2003. 10. 30, 2002헌마518, 판례집 15-2하, 185, 207 참조).
> (헌재 2010. 3. 25, 2007헌마1191, 판례집 22-1상, 506, 514)

(2) 사생활의 자유

다음으로 누구든지 자신의 개인적 삶을 원하는 시간과 원하는 장소
에서 그리고 원하는 상대방과 자유롭게 영위할 수 있는 권리를 가지는
데, 이와 같이 자신의 개인적 삶을 자신이 원하는 대로 영위할 자유가
사생활의 자유라고 할 것이다. 그러한 사생활에는 개인적인 성생활, 가
족생활, 취미생활, 여가생활을 비롯하여 종교, 학문, 예술 등과 관련되는
경우에도 개인적 차원에서 이루어질 경우 사생활의 일부를 구성한다고
할 수 있을 것이지만, 그러한 생활을 보호하는 다른 특별한 기본권이 있
을 경우에는 그 특별한 기본권의 보호영역에 포함된다고 할 것이다.

그러므로 사생활의 자유는 행복추구권과 밀접한 관련을 가지지만
보다 개인적인 삶 자체와 관련되는 권리로서 좀 더 구체적인 특별한 권
리라 할 것이다.

14. 행위가 이
루어진 공간에
따라 보호정도
의 차이 존재

15. 공적 영역
의 활동 보호·
배제

16. 특별한 기
본권이 있을 경
우 그에 의하여
보호

17. 행복추구권
에 비하여 특별
한 권리

> **판례** 성폭력범죄의처벌등에관한특례법 제13조 위헌소원(통신매체이용음란죄 위헌소원 사건)
>
> 다만 청구인이 심판대상조항으로 인하여 침해되었다고 주장하는 '사생활의 비밀과 자유'는 사생활영역을 외부로부터 차단함으로써 사생활영역을 보호하려는 사생활의 비밀과 개인의 자율적인 사생활형성에 대한 국가의 간섭과 방해를 막고자 하는 사생활의 자유라는 상이한 두 가지 영역을 보호하고 있는데, 이 사건의 경우 청구인이 이미 스스로 타인에게 메시지를 전송한 이상, 청구인의 의사에 반하여 청구인의 사적인 생활영역이 공개된 것은 아니고, 심판대상조항으로 인하여 국가가 메시지 송신과 관련된 개인정보를 청구인의 의사에 반하여 공개할 수 있는 것도 아니므로 이를 두고 사생활의 비밀이 침해되었다고 보기 어렵고, 심판대상조항으로 인하여 청구인의 가족관계, 성적 영역 등과 같이 인격권의 핵심영역에 속하는 사생활을 스스로 형성할 수 없도록 국가가 간섭한다거나, 청구인이 사회적 인격상을 형성할 수 있는 자기결정권의 행사를 저해할 우려가 발생하였다고 보기 어려우므로 사생활의 자유가 침해되었다고 보기는 어렵다.
>
> (헌재 2016. 3. 31, 2014헌바397, 판례집 28-1상, 403, 410)

> **따름 판례** 헌재 2019. 5. 30, 2018헌바489, 성폭력범죄의 벌 등에 관한 특례법제 13조 위헌소원

18. 주거의 자유와의 차이

주거의 자유와 구분되는 것은 이러한 사생활은 단순히 주거 내에서 머물지 않기 때문에[8] 주거 밖의 공간에서 이루어지는 개인적인 생활도 그것이 공개를 전제로 하지 않는 한 사생활 영역에 포함될 수 있다는 것이다. 주거의 자유의 경우 사생활 영역에 대한 "공간적 보호"인 데 비하여 사생활의 비밀과 자유는 개인의 "사생활(privacy) 자체에 대한 보호"에 중점이 있다고 하겠다.

나. 개인정보자기결정권

19. 개인신상정보의 이용과 사생활 보호의 문제

다음으로 오늘날과 같은 인터넷 시대에는 개인의 신상정보가 국가

---

8) Matthias Kötter, DÖV 2005, S. 225 ff.(234).

나 사인에 의하여 아무런 제한 없이 조사, 축적, 관리, 이용, 처리되는 경우, 국가 공권력이나 사인이 그 사람의 개인 정보에 대하여 특정할 수 있게 될 것이며, 그리하여 원하는 때에 원하는 사항과 관련하여 그 사람의 개인정보를 일정한 목적으로 그 사람의 개인적 의사와 상관없이 일 방적으로 이용하고 처리하여 결국 그 사람의 개인적 인격권이나 명예, 심지어는 개인적인 신체의 자유나 주거의 불가침마저도 위태롭게 할 수 있는 가능성이 있다.

그러므로 이러한 개인정보는 그것이 내밀한 사적 정보에 해당하든 지 아니면 그것이 공개적 생활 가운데서 이루어진 일이라 하더라도 그 사람과 관련하여 특정한 정보로 처리된 경우 이러한 정보가 그 사람의 의사와 상관없이 유통될 경우 그 피해의 심각성은 이루 말할 수 없게 될 것이기 때문에 이러한 개인정보들에 대해서 특별히 보호해야 할 필 요성이 더욱 커진다고 할 수 있다.

20. 신상정보와 관련 개인정보 는 특별히 보호 해야 할 필요성 이 존재

그러므로 '정보에 관한 자기결정권', 즉 개인정보자기결정권을 오늘 날 많은 나라들이 사생활의 기본권을 따로 규정하지 않은 경우에는 행 복추구권이나 인격의 자유로운 발현권 등으로부터 도출하여 보호하고 있다(가령 독일). 우리나라의 경우 헌법 제17조의 사생활의 비밀과 자유 가 보장되어 있기 때문에, 이 개인정보자기결정권은 이 사생활의 비밀 과 자유에 의해서 보호되는 것으로 볼 수 있을 것이나, 헌법재판소는 오 늘날 헌법 제10조와 헌법 제17조로부터 도출되는 독자적인 기본권으로 파악하고 있는 것으로 보인다. 즉 헌법재판소는 개인정보자기결정권을 헌법의 여러 기본권과 원리들을 이념적 기초로 하는 독자적 기본권으로 서 헌법에 명시되지 아니한 기본권으로 보기도 하였으나[9] 최근에는 주 로 헌법 제10조 제1문으로부터 도출되는 일반적 인격권과 헌법 제17조 의 사생활의 비밀과 자유에서 그 헌법적 근거를 찾고 있다.[10]

21. 헌법 제10 조 및 헌법 제 17조에서 개인 정보자기결정 권 도출

---

9) 헌재 2005. 5. 26, 99헌마513 등(주민등록법상 지문날인제도), 판례집 제17권 1집, 668, 683. 따름 판례: 헌재 2009. 10. 29, 2008헌마257, 판례집 제21권 2집 하, 372.
10) 위 제8절, V. 2. 나. 참조. 헌재 2017. 12. 28, 2015헌마994, 판례집 제29권 2집 하, 438, 462.

> **판례** 인간의 존엄과 가치, 행복추구권을 규정한 헌법 제10조 제1문에서 도출되
> 는 일반적 인격권 및 헌법 제17조의 사생활의 비밀과 자유에 의하여 보장되는
> 개인정보자기결정권은 자신에 관한 정보가 언제 누구에게 어느 범위까지 알려
> 지고 또 이용되도록 할 것인지를 그 정보주체가 스스로 결정할 수 있는 권리
> 이다. 개인정보자기결정권의 보호대상이 되는 개인정보는 개인의 신체, 신념,
> 사회적 지위, 신분 등과 같이 개인의 인격주체성을 특징짓는 사항으로서 그 개
> 인의 동일성을 식별할 수 있게 하는 일체의 정보라고 할 수 있고, 반드시 개인
> 의 내밀한 영역이나 사사(私事)의 영역에 속하는 정보에 국한되지 않으며, 공
> 적 생활에서 형성되었거나 이미 공개된 개인정보까지 포함한다. 또한 그러한
> 개인정보를 대상으로 한 조사·수집·보관·처리·이용 등의 행위는 모두
> 원칙적으로 개인정보자기결정권에 대한 제한에 해당한다(헌재 2015. 7. 30,
> 2014헌마340 등 참조).
> (헌재 2017. 12. 28, 2015헌마994, 판례집 29-2하, 438, 462.)

22. 독자적 기본권으로서의 개인정보자기결정권

이 판례에서 헌법재판소가 지적하고 있듯이 개인정보자기결정권은 반드시 私事에 관한 정보만을 포함하는 것은 아니라고 하는 점을 고려해 볼 때, 이 개인정보자기결정이 반드시 사생활의 비밀과 자유의 보호 영역 내에 국한되는 기본권은 아니라고 하는 것을 알 수 있고, 그러한 범위 내에서는 그것을 열거되지 않은 기본권으로 보든 혹은 헌법 제10조나 헌법 제17조로부터 도출되는 기본권으로 보든 어느 정도 독자적인 기본권으로서의 성격을 부인할 수는 없을 것으로 생각된다.

23. 헌재 역시 별도로 심사

헌법재판소 역시 헌법 제17조의 사생활의 비밀과 자유의 기본권과 개인정보자기결정권의 침해 여부를 각각 별도로 심사한 판례들이 있다.

> **판례** 보안관찰법 제2조 등 위헌소원(보안관찰처분대상자에 대한 신고의무 부
> 과 사건)
> 심판대상조항은 대상자의 출소사실, 거주예정지 변동 등 개인의 사적 영역에
> 관한 정보에 대하여 신고의무를 부과하고 이를 이행하지 않는 경우 형사처벌
> 하도록 정하고 있어 대상자의 사생활의 비밀과 자유를 제한하며, 이와 같이 수
> 집된 개인정보는 교도소의 장 등에 의해 관할경찰서장에게 통보되거나 향후
> 보안관찰처분의 청구 및 결정 시에 이용되므로 대상자의 개인정보자기결정권
> 도 제한한다. 출소후신고조항 및 위반 시 처벌조항, 변동신고조항 및 위반 시

처벌조항의 내용에 차이가 있으므로 위 조항들이 과잉금지원칙에 위배되는지 순서대로 살펴본다.

(헌재 2021. 6. 24, 2017헌바479, 판례집 33-1, 650, 661.)

> 판례 **특정 범죄자에 대한 위치추적 전자장치 부착 등에 관한 법률 제5조 등 위헌소원(전자장치 부착명령 및 준수사항 부과 사건)**
>
> 이 사건 전자장치부착조항은 피부착자의 위치와 이동경로를 실시간으로 파악하여 피부착자를 24시간 감시할 수 있도록 하고 있으므로 피부착자의 사생활의 비밀과 자유를 제한하며, 피부착자의 위치와 이동경로 등 '위치 정보'를 수집, 보관, 이용한다는 측면에서 개인정보자기결정권도 제한한다.
>
> 한편 전자장치를 강제로 착용하게 함으로써 피부착자는 옷차림이나 신체활동의 자유가 제한되고, 24시간 전자장치 부착에 의한 위치 감시 그 자체로 모욕감과 수치심을 느낄 수 있으므로 헌법 제10조로부터 유래하는 인격권을 제한한다.
>
> 그러므로 이 사건 전자장치부착조항에 의하여 제한받는 피부착자의 기본권은 사생활의 비밀과 자유, 개인정보자기결정권 및 인격권이다.
>
> (헌재 2012. 12. 27, 2011헌바89, 판례집 24-2하, 364, 379)

> 판례 **전기통신사업법 제32조의7 등 위헌확인**
>
> 청소년이 이동통신사업자와 전기통신서비스 제공에 관한 계약을 체결하면서 청소년유해매체물등 차단수단 설치에 동의하여 차단수단을 설치한 경우, 이 사건 통지조항에 의하여 이동통신사업자는 차단수단이 삭제되거나 차단수단이 15일 이상 작동하지 아니할 경우 매월 법정대리인에 대하여 그 사실을 통지하여야 한다. 청소년이 청소년유해매체물등 차단수단을 삭제하였는지 여부나 차단수단이 작동하지 않도록 하였는지 여부 등은 해당 청소년의 사생활의 비밀과 자유에 속할 뿐 아니라, 청소년유해매체물등을 대하는 해당 청소년의 성향이나 태도 등을 유추할 수 있는 자료로서 청소년의 실명 등의 자료와 결합하여 개인의 동일성을 식별할 수 있게 하는 개인정보에 해당한다고 할 것이므로, 이 사건 통지조항은 해당 청소년의 사생활의 비밀과 자유 및 개인정보자기결정권을 제한한다.
>
> (헌재 2020. 11. 26, 2016헌마738, 판례집 32-2, 522, 531 (기각, 합헌))

헌법재판소는 성적 자기결정권과 헌법 제17조의 사생활의 비밀과 자유의 침해를 동시에 주장하는 경우 이에 대해서 각각 별도로 심사[11]

24. 성적 자기결정권과 사생활의 비밀·자유도 별도로 심사

한 바 있는데 이는 성적 자기결정권은 헌법 제10조의 행복추구권으로부터 도출되는 기본권이고, 사생활의 비밀과 자유는 헌법 제17조의 기본권으로 별도의 기본권으로 파악하는 헌법재판소의 입장에 연유한다고 생각된다.

> **판례** 군형법 제92조의5 위헌소원('그 밖의 추행'을 형사처벌하도록 한 구 군형법 제92조의5에 대한 위헌소원 사건)
>
> 이 사건의 쟁점은 심판대상조항이 죄형법정주의의 명확성원칙에 위반되는지 여부, 과잉금지원칙을 위반하여 군인들의 성적자기결정권, 사생활의 비밀과 자유, 신체의 자유를 침해하는지 여부, 평등원칙에 위반되는지 여부이다.
>
> 청구인은 심판대상조항이 '합의 없이 이루어진 동성 사이의 성폭력'과 '합의에 의해 이루어진 동성 사이의 성적 행위'를 동일하게 형사처벌하는 것은 자기책임원칙에 반하는 비합리적인 차별로서 평등원칙에 위반된다는 취지로 주장하나, 이는 심판대상조항이 합의 여부를 불문하고 '그 밖의 추행'을 모두 형사처벌하도록 규정하고 있기 때문인바, 이러한 심판대상조항이 합리적인지에 관하여 과잉금지원칙 위반 여부에서 판단하는 이상 이를 별도로 판단하지 아니한다.
>
> (헌재 2016. 7. 28, 2012헌바258, 판례집 28-2상, 1, 8 (김이수, 이진성, 강일원, 조용호 재판관의 명확성의 원칙 위반이라는 반대의견 있음).)

3. 기본권 주체

25. 자연인

사생활의 비밀과 자유의 주체는 사적인 생활을 영위하는 자연인으로서의 사람이다. 그러므로 이러한 자유는 내국인이든 외국인이든 모두 누릴 수 있으며, 무국적자 역시 마찬가지이다.

26. 법인은 기본권주체에서 제외

법인은 이러한 개인적인 삶을 누리는 주체가 될 수 없기 때문에 사생활의 비밀과 자유의 기본권주체라 할 수는 없다. 법인이 가지는 영업비밀이나 사회적 평판 등은 기껏해야 헌법 제10조의 행복추구권으로부터 도출되는 일반적 인격권을 통해서 보호되는 것으로 볼 수는 있겠으나, 자연인으로서 개인적 삶을 전제로 하는 사적 생활의 주체가 될 수는 없다고 본다.

---

11) 헌재 2016. 7. 28, 2012헌바258, 판례집 제28권 2집 상, 1, 8.

4. 효 력

가. 대국가적 효력

사생활의 비밀과 자유는 대국가적 방어권으로서 주관적 공권이다. 따라서 국가는 개인의 사생활 영역을 침해해서는 안 된다. 만일 이러한 사생활의 비밀이나 자유가 국가에 의하여 침해되거나 방해된 경우에는 당사자는 그러한 침해나 방해에 대하여 배제해 줄 것을 청구할 수 있을 것이다.

27. 대국가적 방어권

나. 대사인적 효력

사생활의 비밀이나 자유가 다른 사인이나 기업에 의하여 침해되는 경우가 있을 수 있는데, 이는 민법상 불법행위를 구성한다고 할 것이다. 그러므로 불법행위로 인한 손해배상청구권이 성립될 것이며, 사법질서에서 사생활의 비밀과 자유는 민법상 불법행위조항 등을 통하여 간접적으로 효력을 발휘한다고 할 것이다.

28. 간접적 대사인적 효력

다. 국가의 기본권보호의무

국가는 개인의 사생활의 비밀이나 자유 혹은 개인정보자기결정권이 다른 사인에 의하여 침해될 위험이 있거나 침해될 경우 이를 적극적으로 방지하고 보호하기 위한 기본권보호의무를 진다고 할 수 있다(헌법 제10조 제2문).

29. 제3자에 의한 침해의 경우 국가의 기본권 보호의무

개인의 사생활의 비밀과 자유를 보호하기 위하여 국가는 어떤 개인이 다른 개인의 사생활의 비밀과 자유를 침해하지 못하도록 법률로 일정한 행위에 대한 금지조항과 처벌조항을 마련하여 보호하고 있다.

30. 일정한 행위에 대한 금지조항 및 처벌조항 마련

우선 사생활에 대한 공개로 인한 개인의 명예권이나 인격권 침해에 대하여 형사상 명예훼손죄나 민사상 손해배상제도와 정보에 관한 자기결정권(개인정보자기결정권) 보호를 위한 개인정보 보호법과 공공기관의 정보공개에 관한 법률상 개인정보 보호제도를 들 수 있다. 그리고 언론중재 및 피해구제 등에 관한 법률 제5조 제1항은 "언론, 인터넷뉴스서

31. 구체적 법제도

비스 및 인터넷 멀티미디어 방송은 타인의 생명, 자유, 신체, 건강, 명예, 사생활의 비밀과 자유, 초상(肖像), 성명, 음성, 대화, 저작물 및 사적(私的) 문서, 그 밖의 인격적 가치 등에 관한 권리(이하 "인격권"이라 한다)를 침해하여서는 아니 되며, 언론 등이 타인의 인격권을 침해한 경우에는 이 법에서 정한 절차에 따라 그 피해를 신속하게 구제하여야 한다." 고 함으로써 인격권에 대한 보호의무와 침해시 구제의무를 강조하고 있기도 하다.

32. 신용정보의 이용 및 보호에 관한 법률

나아가 가령 특정인의 소재·연락처 및 사생활 등 조사 과정에서 자행되는 불법행위를 막고 개인정보 등의 오용·남용으로부터 개인의 사생활의 비밀과 평온을 보호하기 위하여 탐정 유사 명칭의 사용 금지를 규정한 '신용정보의 이용 및 보호에 관한 법률' 제40조 후단 제5호의 경우는 사생활의 비밀과 보호를 위한 제도 중 하나라 할 것이다.[12]

33. 정보통신망 법상 임시 차단 조치

오늘날에는 개인의 사생활이 정보통신망을 통하여 침해될 가능성이 많다. '정보통신망 이용촉진 및 정보보호 등에 관한 법률' 제44조의2 제2항은 정보통신망을 통하여 일반에게 공개된 정보로 말미암아 사생활 침해나 명예훼손 등 타인의 권리가 침해된 경우 그 침해를 받은 자가 삭제요청을 하면 정보통신서비스 제공자는 권리의 침해 여부를 판단하기 어렵거나 이해당사자 간에 다툼이 예상되는 경우에는 30일 이내에서 해당 정보에 대한 접근을 임시적으로 차단하는 조치를 하여야 한다고 규정하고 있다. 이 '임시조치'제도는 바로 사생활의 비밀과 보호를 위한 것인데, 이에 대하여 헌법재판소는 이 사생활의 보호를 헌법 제21조 제4항에서 보호하는 타인의 권리와 명예에 포함되는 것으로서 보고, 이러한 제도들이 표현의 자유를 침해하는지 여부를 심사함에 있어서 고려해야 할 요소라고 판시하고 있다.[13]

34. 정보통신망 법상 사이버스 토킹 처벌조항

또한 '공포심이나 불안감을 유발하는 문언을 반복적으로 도달하게

---

12) 이 조항으로 인하여 직업선택의 자유의 침해를 주장하는 헌법소원에 대하여 헌법재판소는 기각(합헌)결정을 내린 바 있다. 헌재 2018. 6. 28, 2016헌마473, 판례집 제30권 1집 하, 663. 2020. 8. 5, 시행 신용정보법 제40조 개정으로 신용정보회사 등이 아니면 탐정 등 명칭 사용 가능.

13) 헌재 2012. 5. 31, 2010헌마88, 판례집 제24권 1집 하, 578. 판시사항 및 결정요지 참조.

한 행위'를 처벌하는 정보통신망 이용촉진 및 정보보호 등에 관한 법률 제74조 제1항 제3호 등(소위 사이버스토킹을 처벌조항)은 불건전한 정보통신망이용으로부터 개인의 사생활의 평온을 보호함과 아울러 정보의 건전한 이용풍토를 조성하기 위한 것이다.[14)

그리고 헌법재판소가 형벌체계의 균형성을 상실하여 평등원칙에 위배되지 않는다고 보고 있는 형법 제321조의 주거·신체수색죄의 보호법익 역시 사생활의 비밀과 자유이다.[15)

한편 공공기관이 보유·관리하는 개인정보를 공개하면 개인의 사생활의 비밀 또는 자유를 침해할 우려가 있다고 인정되는 경우에 이를 비공개할 수 있도록 규정하고 있는 '공공기관의 정보공개에 관한 법률' 제9조 제1항 제6호 본문이 명확성의 원칙에 위배되는지, 그리고 청구인의 알권리(정보공개청구권)을 침해하는지 여부가 문제된 위헌소원 사건에서 헌법재판소는 이 사건 법률조항이 헌법에 위반되지 않는다고 보았는데[16), 이 조항 역시 개인의 사생활의 비밀과 자유를 보호하기 위한 것이라 할 수 있다.

다음으로 공판정에서 진술인의 사생활의 비밀과 자유를 보호하기 위하여 녹취를 금지할 필요성이 있을 수도 있으므로 이와 관련하여 헌법재판소는 형사소송법 제56조의2 제2항의 의미를 다음과 같이 해석하고 있다.[17)

35. 주거·신체수색죄

36. 정보공개법상 비공개제도 합헌

37. 공판정에서의 녹취금지

> **판례** 형사소송규칙 제40조에 대한 헌법소원
>
> 피고인이나 변호인에 의한 공판정에서의 녹취는 진술인의 인격권 또는 사생활의 비밀과 자유에 대한 침해를 수반하고, 실체적 진실발견 등 다른 법익과 충돌할 개연성이 있으므로, 녹취를 금지해야 할 필요성이 녹취를 허용함으로써 달성하고자 하는 이익보다 큰 경우에는 녹취를 금지 또는 제한함이 타당하다. 따라서 형사소송법 제56조의2 제2항의 규정은 반드시 공판정에서의 속기 또는 녹취권을 당사자의 절대적인 권리로서 보장하려는 취지라고 볼 수는 없

---

14) 헌재 2016. 12. 29, 2014헌바434, 판례집 제28권 2집 하, 373. 결정요지 2. 참조.
15) 헌재 2019. 7. 25, 2018헌가7 등, 공보 제274호, 802.
16) 헌재 2010. 12. 28, 2009헌바258, 판례집 제22권 2집 하, 721.
17) 헌재 1995. 12. 28, 91헌마114, 판례집 제7권 2집, 876, 876. 재판관 김진우, 재판관 조승형, 재판관 정경식의 반대의견 있음.

> 고, 단지 당사자가 자신의 비용으로 속기 또는 녹취를 할 수 있다는 근거를 마
> 련한데 불과하며, 반드시 법원이나 재판장의 허가를 배제하는 취지는 아니다.
> (헌재 1995. 12. 28, 91헌마114, 판례집 7-2, 876, 876)

**38. 성폭력처벌
법상 피해자보
호조항**

　　그리고 성폭력처벌법은 공개 법정에서의 증언으로 인한 피해자의
신상정보 노출 위험을 방지하고 피해자의 사생활을 보호하기 위해서 성
폭력범죄에 대한 심리를 결정으로써 공개하지 아니할 수 있도록 하고,
증인으로 소환받은 성폭력범죄의 피해자와 그 가족은 증인신문의 비공
개를 신청할 수 있도록 하고 있으며(제31조 제1항, 제2항), 재판에 관여하
는 공무원이나 진술조력인 등은 피해자의 인적사항과 사진, 사생활에
관한 비밀 등을 공개하거나 다른 사람에게 누설하여서는 아니되고, 그
외 누구든지 피해자의 인적사항, 사진 등을 피해자의 동의를 받지 아니
하고 신문 등 인쇄물에 싣거나 방송법 제2조 제1호에 따른 방송 또는
정보통신망을 통하여 공개하지 못하도록 하고 있다(성폭력처벌법 제24조,
제38조 제2항). 그리고 이 같은 의무를 위반한 경우 형사처벌을 하도록
하여 피해자의 신상정보 공개나 사생활 비밀 누설로 인한 피해를 차단
하기 위한 엄격한 규정을 마련하고 있는데(성폭력처벌법 제50조 제2항)[18],
이러한 제도들은 모두 성폭력피해자와 그 가족의 사생활보호를 위한 것
들이라 하겠다.

**39. 사실적시
명예훼손죄 합
헌**

　　그 밖에 특히 사생활의 비밀과 자유를 보호하기 위하여 표현의 자
유를 제한하고 있는 법제도로서 형법 제307조 제1항의 사실적시 명예훼
손죄가 있는데 이에 대하여 헌법재판소는 다음과 같은 이유에서 합헌으
로 보고 있다.[19]

---

18) 헌재 2021. 12. 23, 2018헌바524, 판례집 제33권 2집, 760, 775.
19) 헌재 2021. 2. 25, 2017헌마1113 등, 판례집 제33권 1집, 261, 262. 이에 대하여 유
　　남석, 이석태, 김기영, 문형배 재판관의 반대의견이 있음; 헌재 2016. 2. 25, 2013
　　헌바105 등, 판례집 제28권 1집 상, 26, 26. 재판관 김이수, 재판관 강일원의 반대
　　의견 있음.

판례 형법 제307조 제1항 위헌확인(사실적시 명예훼손죄에 관한 위헌확인 등 사건)

오늘날 매체가 매우 다양해짐에 따라 명예훼손적 표현의 전파속도와 파급효과는 광범위해지고 있으며, 일단 훼손되면 완전한 회복이 어렵다는 외적 명예의 특성상, 명예훼손적 표현행위를 제한해야 할 필요성은 더 커지게 되었다. 형법 제307조 제1항은 공연히 사실을 적시하여 사람의 명예를 훼손하는 자를 형사처벌하도록 규정함으로써 개인의 명예, 즉 인격권을 보호하고 있다. 명예는 사회에서 개인의 인격을 발현하기 위한 기본조건이므로 표현의 자유와 인격권의 우열은 쉽게 단정할 성질의 것이 아니며, '징벌적 손해배상'이 인정되는 입법례와 달리 우리나라의 민사적 구제방법만으로는 형벌과 같은 예방효과를 확보하기 어려우므로 입법목적을 동일하게 달성하면서도 덜 침익적인 수단이 있다고 보기 어렵다. 형법 제310조는 '진실한 사실로서 오로지 공공의 이익에 관한 때에 처벌하지 아니'하도록 정하고 있고, 헌법재판소와 대법원은 형법 제310조의 적용범위를 넓게 해석함으로써 형법 제307조 제1항으로 인한 표현의 자유 제한을 최소화함과 동시에 명예훼손죄가 공적인물과 국가기관에 대한 비판을 억압하는 수단으로 남용되지 않도록 하고 있다.

만약 표현의 자유에 대한 위축효과를 고려하여 형법 제307조 제1항을 전부위헌으로 결정한다면 외적 명예가 침해되는 것을 방치하게 되고, 진실에 부합하더라도 개인이 숨기고 싶은 병력·성적 지향·가정사 등 사생활의 비밀이 침해될 수 있다. 형법 제307조 제1항의 '사실'을 '사생활의 비밀에 해당하는 사실'로 한정하는 방향으로 일부위헌 결정을 할 경우에도, '사생활의 비밀에 해당하는 사실'과 '그렇지 않은 사실' 사이의 불명확성으로 인해 또 다른 위축효과가 발생할 가능성은 여전히 존재한다. 헌법 제21조가 표현의 자유를 보장하면서도 타인의 명예와 권리를 그 한계로 선언하는 점, 타인으로부터 부당한 피해를 받았다고 생각하는 사람이 법률상 허용된 민·형사상 절차에 따르지 아니한 채 사적 제재수단으로 명예훼손을 악용하는 것을 규제할 필요성이 있는 점, 공익성이 인정되지 않음에도 불구하고 단순히 타인의 명예가 허명임을 드러내기 위해 개인의 약점과 허물을 공연히 적시하는 것은 자유로운 논쟁과 의견의 경합을 통해 민주적 의사형성에 기여한다는 표현의 자유의 목적에도 부합하지 않는 점 등을 종합적으로 고려하면, 형법 제307조 제1항은 과잉금지원칙에 반하여 표현의 자유를 침해하지 아니한다.

(헌재 2021. 2. 25, 2017헌마1113 등, 판례집 33-1, 261, 262)

> [판례] 공공기관의 정보공개에 관한 법률 제9조 제1항 제6호 가목 등 위헌소원
> (공공기관 보유 개인정보 비공개할 수 있도록 한 규정 위헌소원 사건)
>
> 개인정보가 정보주체의 의사와 무관하게 누구에게나 노출되어 개인의 사생활의 비밀과 자유가 침해되는 것을 방지하고자 하는 이 사건 법률조항의 입법목적은 정당하고, 공개하면 개인의 사생활의 비밀 또는 자유를 침해할 우려가 있다고 인정되는 개인정보를 비공개할 수 있도록 한 것은 그 입법목적을 달성하기 위한 효과적이고 적절한 수단이라고 할 수 있다. 한편, 정보공개법은 비공개대상으로 정할 수 있는 개인정보의 범위를 공개될 경우 개인의 사생활의 비밀 또는 자유를 침해할 우려가 있다고 인정되는 정보로 제한하고 있으며, 공개청구한 정보가 비공개대상정보에 해당하는 부분과 공개가 가능한 부분이 혼합되어 있는 경우로서 공개청구의 취지에 어긋나지 아니하는 범위 안에서 두 부분을 분리할 수 있는 때에는 비공개대상정보에 해당하는 부분을 제외하고 공개하도록 규정하고 있으며(정보공개법 제14조), 공공기관은 비공개대상정보에 해당하는 개인정보가 비공개의 필요성이 없어진 경우에는 그 정보를 공개대상으로 하여야 한다고 규정하여(정보공개법 제9조 제2항), 국민의 알권리(정보공개청구권)를 필요·최소한으로 제한하고 있다. 나아가 이 사건 법률조항에 따른 비공개로 인하여 법률상 이익을 침해받은 자를 위한 구제절차(이의신청, 행정심판, 행정소송)도 마련되어 있어, 국민의 알권리(정보공개청구권)와 개인정보 주체의 사생활의 비밀과 자유 사이에 균형을 도모하고 있으므로 이 사건 법률조항은 청구인의 알권리(정보공개청구권)를 침해하지 아니한다.
>
> (헌재 2010. 12. 28, 2009헌바258, 판례집 22-2하, 721, 722.)

5. 제 한

40. 헌법 제37조 제2항에 따라 제한 가능

헌법 제17조의 사생활의 비밀과 자유 역시 개별적 법률유보가 없으나, 일반적 법률유보조항인 헌법 제37조 제2항에 따라서 국가안전보장·질서유지·공공복리를 위하여 필요한 경우에는 제한될 수 있다.

41. 도·감청, 비밀카메라 사용, 녹음·녹화, 위치추적

그러므로 도·감청 장비나 비밀카메라 등을 통하여 국민의 사생활을 엿듣거나 엿보는 행위, 그리고 녹음, 녹화하는 행위와 나아가 이동통신장비의 위치추적을 통하여 개인의 이동경로를 추적하는 행위[20]는 사

---

20) 독일에서 이러한 행위를 정보에 관한 자기결정권(Grundrecht auf informationelle Selbstbestimmung)의 제한으로 보는 견해로 가령 Ralf P. Schenke, AöR 2000, S. 1 ff,(23).

생활의 비밀과 자유권에 대한 제한이 된다.

6. 제한의 한계

사생활의 비밀과 자유에 대한 제한의 한계도 주거의 자유의 제한의 한계에 있어서와 마찬가지로 목적상, 형식상, 방법상, 내용상의 한계를 갖는다. 개인의 사생활 영역은 위에서도 언급하였듯이 주거에 머무르지 않기 때문에 주거 밖에서 이루어지는 통신내용에 대한 감청행위는 헌법 제37조 제2항으로부터 나오는 기본권제한의 한계를 지켜야 할 것이다.

42. 기본권제한에 대한 목적상, 형식상, 방법상, 내용상의 한계 존재

내밀한 사적 영역에 근접하는 민감한 개인정보를 공개함으로써 사생활의 비밀과 자유를 제한하는 국가적 조치에 대한 위헌심사기준에 관하여 헌법재판소는 다음과 같이 판시한 바 있다.[21]

43. 위헌심사기준에 대한 헌재 판례

> **판례** 사람의 육체적·정신적 상태나 건강에 대한 정보, 성생활에 대한 정보와 같은 것은 인간의 존엄성이나 인격의 내적 핵심을 이루는 요소이다. 따라서 외부세계의 어떤 이해관계에 따라 그에 대한 정보를 수집하고 공표하는 것이 쉽게 허용되어서는 개인의 내밀한 인격과 자기정체성이 유지될 수 없다. 이 사건 법률조항에 의하여 그 공개가 강제되는 질병명은 내밀한 사적 영역에 근접하는 민감한 개인정보이다. 인간이 아무리 공동체에서 어울려 살아가는 사회적 존재라 할지라도 개인의 질병명은 외부세계와의 접촉을 통하여 생성·전달·공개·이용되는 것이 자연스럽거나 필요한 정보가 아니다. 오히려 특별한 사정이 없는 한 타인의 지득(知得), 외부에 대한 공개로부터 차단되어 개인의 내밀한 영역 내에 유보되어야 하는 정보인 것이다. 공무원의 질병명 정보 또한 마찬가지이다. 이 사건에서 문제되고 있는 것은 병역면제 처분의 사유인 질병명으로서 이는 해당 공무원의 공적 활동과 관련하여 생성된 정보가 아니라 그 이전에, 그와 무관하게 개인에게 부과된 것으로서 극히 사적인 정체성을 드러내는 정보이다. 질병이 병역처분, 특히 병역면제 여부를 판가름함에 있어서 본질적인 요소라고는 하지만 그것은 개인이 선택·조정 가능한 사항이 아니었다. 이러한 성격의 개인정보를 공개함으로써 사생활의 비밀과 자유를 제한하는 국가적 조치는 엄격한 기준과 방법에 따라 섬세하게 행하여지지 않으

---

21) 헌재 2007. 5. 31, 2005헌마1139, 공보 제128호, 646, 650: 제8절, p. 213, 각주 54 참고.

면 아니된다.

(헌재 2007. 5. 31, 2005헌마1139, 판례집 19-1, 711, 725)

44. 개인적 관련성이 클수록 사생활의 본질내용에 가까움

특히 본질내용침해금지와 관련하여 사생활의 비밀과 자유권의 본질내용이 무엇인가의 문제가 제기된다. 개인적 사생활은 고도로 개인적 관련성이 있는 생활로부터 사회적 관련성이 있는 생활에 이르기까지 그 태양이 다양하다고 할 수 있다. 그런데 사생활의 핵심내용으로서 침해되어서는 안 되는 영역이라고 할 수 있는 것은 순수히 개인적 관련성이 있는 생활로서 그것이 공개될 경우에 개인의 인격권이나 존엄성이 침해된다고 할 수 있는 그러한 생활영역이라고 할 수 있을 것이다. 따라서 개인의 생활이 개인적 관련성이 크면 클수록, 그것은 사생활의 본질내용에 가까우며, 사회적 관련성이 크면 클수록 그에 대한 제한가능성도 보다 커질 수 있다고 할 수 있을 것이다.

45. 개인적 영역과 관련된 대화의 내용은 사생활의 핵심 또는 본질내용에 해당

이러한 관점에서 본다면, 주거 내에서 이루어지든 아니면 주거 밖의 공간에서 이루어지든, 극히 개인적인 영역과 관련된 대화의 내용으로서 범죄와 상관없는 내용의 대화는 사생활의 핵심영역 또는 본질내용에 해당하는 것으로서 국가에 의해서이든 사인에 의해서이든 감청되거나 녹음되어서는 안 될 것이다.

46. 기본권제한의 한계로서 영장주의

한편 끝으로 개인정보와 관련한 수사기관의 강제처분의 경우 헌법재판소는 영장주의가 적용된다고 보고 있다.[22] 따라서 헌법 제12조 제3항과 제16조 제2문에서 보장되고 있는 헌법상 영장주의는 형사절차상의 원리로서 수사기관의 개인정보와 관련한 강제처분에 의한 기본권제한의 한계로서 작용한다고 할 수 있다.

7. 헌법재판소 판례

가. 위헌 판례

47. 위헌 사례

사생활의 비밀과 자유 내지 개인정보자기결정권에 대한 침해를 인

---

22) 헌재 2018. 6. 28, 2012헌마538, 판례집 제30권 1집 하, 596, 609.

정한 사례로는 다음과 같은 것들이 있다.

(1) 수사기관에 의한 정보통신사업자 등에 대한 통신사실·위치정보추적자료 등 제공요청행위

이에 해당하는 것으로는 통신비밀보호법상 통신사실 확인자료와 관련한 통지조항(개인정보자기결정권)[23], 수사기관 등에 의한 통신자료 제공 통지제도(적법절차원칙과 개인정보자기결정권)[24] 등이 있다.

48. 통신사실확인자료 관련 통지조항

(2) 범죄인의 신상정보등록제도

헌법재판소에 의하면 법무부장관이 성범죄자의 등록된 신상정보를 20년간 보존·관리하도록 규정한 성폭력범죄의 처벌 등에 관한 특례법 제42조 제1항(카메라 등 이용 촬영범죄자 신상정보 등록제도)(개인정보자기결정권)[25]은 헌법에 위반된다.

49. 성범죄자의 등록정보 20년간 보존·관리 조항

(3) 기 타

그 밖에 헌법재판소에 의하면 통신제한조치기간의 연장을 허가함에 있어 총연장기간 또는 총연장횟수의 제한을 두지 않은 통신비밀보호법 제6조 제7항 단서[26], 변동신고조항 및 이를 위반할 경우 처벌하도록 정한 보안관찰법 제27조 제2항 중 제6조 제2항 전문에 관한 부분('변동신고조항 및 위반 시 처벌조항')[27], 형법 제304조 중 "혼인을 빙자하여 음행의 상습없는 부녀를 기망하여 간음한 자" 부분[28], 4급 이상 공무원들의 병역 면제사유인 질병명을 관보와 인터넷을 통해 공개하도록 하는 '공직자등의 병역사항 신고 및 공개에 관한 법률' 제8조 제1항 본문 가운데

50. 그 밖의 위헌 사례

---

23) 헌재 2018. 6. 28, 2012헌마191 등, 판례집 제30권 1집 하, 564, 564. 김창종, 서기석, 조용호 재판관의 이 사건 요청조항과 통지조항에 대한 반대의견 있음.

24) 헌재 2022. 7. 21, 2016헌마388 등.

25) 헌재 2015. 7. 30, 2014헌마340 등, 판례집 제27권 2집 상, 370.

26) 헌재 2010. 12. 28, 2009헌가30, 판례집 제22권 2집 하, 545, 547.

27) 헌재 2021. 6. 24, 2017헌바479, 판례집 제33권 1집, 650. 헌법불합치.

28) 헌재 2009. 11. 26, 2008헌바58 등, 판례집 제21권 2집 하, 520. 위헌. 성적자기결정권 및 사생활의 비밀과 자유 침해. 이강국, 조대현, 송두환 재판관의 합헌의견 있음.

'4급 이상의 공무원 본인의 질병명'에 관한 부분[29], 배우자 있는 자의
간통행위 및 그와의 상간행위를 2년 이하의 징역에 처하도록 규정한 형
법 제241조(간통죄)[30], 통신매체이용음란죄 신상정보 등록제도(개인정보
자기결정권)[31], 피청구인 대통령의 지시로 피청구인 대통령 비서실장, 정
무수석비서관, 교육문화수석비서관, 문화체육관광부장관이 야당 소속
후보를 지지하였거나 정부에 비판적 활동을 한 문화예술인이나 단체를
정부의 문화예술 지원사업에서 배제할 목적으로 개인의 정치적 견해에
관한 정보를 수집 · 보유 · 이용한 행위(소위 블랙리스트사건)[32], 국민건강
보험공단이 2013. 12. 20. 서울용산경찰서장에게 청구인들의 요양급여내
역을 제공한 행위(개인정보자기결정권)[33], 형제자매에게 가족관계등록부
등의 기록사항에 관한 증명서 교부청구권을 부여하는 '가족관계의 등록
등에 관한 법률' 제14조 제1항 본문 중 '형제자매' 부분[34], '가족관계의
등록 등에 관한 법률' 제14조 제1항 본문 중 '직계혈족이 제15조에 규정
된 증명서 가운데 가족관계증명서 및 기본증명서의 교부를 청구'하는
부분이 불완전 · 불충분하게 규정되어 있어 가정폭력 피해자의 개인정보
를 보호하기 위한 구체적 방안을 마련하지 아니한 것(개인정보자기결정
권)[35], 인터넷회선패킷감청제도[36], 인터넷게시판 본인확인제(이용자의 개
인정보자기결정권)[37], 법원에서 불처분결정된 소년부송치 사건에 대한 수
사경력자료의 보존기간 및 삭제에 관하여 규정하지 않은 형실효법 조
항[38] 등도 모두 헌법에 위반된다.

---

29) 헌재 2007. 5. 31, 2005헌마1139, 판례집 제19권 1집, 711. 이에 관해서는 제8절. V.
　　2. 나. 참조.
30) 헌재 2015. 2. 26, 2009헌바17 등, 판례집 제27권 1집 상, 20.
31) 헌재 2016. 3. 31, 2015헌마688, 판례집 제28권 1집 상, 540. 이정미, 김창종, 안창
　　호 재판관의 합헌의견 있음.
32) 헌재 2020. 12. 23, 2017헌마416, 판례집 제32권 2집, 684.
33) 헌재 2018. 8. 30, 2014헌마368, 판례집 제30권 2집, 363. 김창종, 조용호 재판관의
　　반대의견 있음.
34) 헌재 2016. 6. 30, 2015헌마924, 판례집 제28권 1집 하, 697, 697.
35) 헌재 2020. 8. 28, 2018헌마927, 판례집 제32권 2집, 196, 196.
36) 헌재 2018. 8. 30, 2016헌마263, 판례집 제30권 2집, 481.
37) 헌재 2012. 8. 23, 2010헌마47 등, 판례집 제24권 2집 상, 590.
38) 헌재 2021. 6. 24, 2018헌가2, 판례집 제33권 1집, 638.

나. 합헌 판례

헌법재판소가 헌법 제17조나 개인정보자기결정권을 침해하지 않는 다고 본 사례로서 다음과 같은 것들이 있다.

51. 합헌 사례

(1) 전자발찌 부착제

19세 미만자에 대하여 성폭력범죄를 저지른 때 전자장치 부착기간 의 하한을 2배 가중하는 '특정 범죄자에 대한 보호관찰 및 전자장치 부 착 등에 관한 법률' 조항('부착기간 가중조항')39), 교도소 구치소의 수용자 가 교정시설 외부로 나갈 경우 도주 방지를 위하여 해당 수용자의 발 목에 전자장치를 부착하도록 하는 행위40) 등은 헌법에 위반되지 아니 한다.

52. 부착 기간 가중조항 등

> [판례] **공직선거및선거부정방지법 제93조 제1항 위헌소원**
>
> 자신의 인격권이나 명예권을 보호하기 위하여 대외적으로 해명을 하는 행위 는 표현의 자유에 속하는 영역일 뿐 이미 사생활의 자유에 의하여 보호되는 범주를 벗어난 행위이고, 또한, 자신의 태도나 입장을 외부에 설명하거나 해명 하는 행위는 진지한 윤리적 결정에 관계된 행위라기보다는 단순한 생각이나 의견, 사상이나 확신 등의 표현행위라고 볼 수 있어, 그 행위가 선거에 영향을 미치게 하기 위한 것이라는 이유로 이를 하지 못하게 된다 하더라도 내면적으 로 구축된 인간의 양심이 왜곡 굴절된다고는 할 수 없다는 점에서 양심의 자 유의 보호영역에 포괄되지 아니하므로, 공직선거및선거부정방지법 제93조 제1 항은 사생활의 자유나 양심의 자유를 침해하지 아니한다.
>
> (헌재 2001. 8. 30, 99헌바92 등, 판례집 13-2, 174, 176)

(2) 수용자의 접견내용 녹음 · 녹화

형집행법 제41조 제2항 제1호, 제3호 중 '미결수용자의 접견내용의 녹음 · 녹화'에 관한 부분41), 징벌혐의의 조사를 받고 있는 수용자가 변

53. 교도관의 접견참여 · 기 록 등

---

39) 헌재 2016. 5. 26, 2014헌바68 등, 판례집 제28권 1집 하, 244, 244. 피부착자의 사 생활의 비밀과 자유, 개인정보자기결정권, 신체의 자유, 인격권과 재판을 받을 권 리를 침해하지 않는다고 판단하였다.

40) 헌재 2018. 5. 31, 2016헌마191 등, 판례집 제30권 1집 하, 257.

41) 헌재 2016. 11. 24, 2014헌바401, 판례집 제28권 2집 하, 165.

호인 아닌 자와 접견할 당시 교도관이 참여하여 대화내용을 기록하게 한 행위('접견참여·기록')[42], 구치소장이 청구인과 배우자의 접견을 녹음한 행위(사생활의 비밀과 자유)와 검사의 요청에 따라 청구인과 배우자의 접견녹음파일을 제공한 행위(개인정보자기결정권)[43] 등은 헌법에 위반되지 아니한다.

(3) CCTV 설치의무와 계호행위

54. 어린이집 CCTV 설치 의 무조항 등

어린이집에 폐쇄회로 텔레비전(Closed Circuit Television, 이하 'CCTV'라 한다)을 원칙적으로 설치하도록 정한 영유아보육법 제15조의4 제1항 제1호, 구치소장이 CCTV를 이용하여 청구인을 계호한 행위[44], 엄중격리 대상자의 수용거실에 CCTV를 설치하여 24시간 감시하는 행위[45] 등은 헌법에 위반되지 아니한다.

(4) 범죄인의 신상정보 등록제 및 공개제

55. 성폭력범죄 자의 신상정보 등록제

성폭력범죄자의 신상정보 등록제(개인정보자기결정권)[46], 성폭력범죄의 처벌 등에 관한 특례법 부칙 제7조 제1항에 따른 신상정보 공개·고지조항 소급적용(인격권 및 개인정보자기결정권)[47], 주거침입준강제추행죄 신상정보 등록제(개인정보자기결정권)[48], 청소년성보호법상 신상공개제도[49], 공중장소밀집장소추행죄 신상등록제도[50], 성적목적공공장소침입

---

42) 헌재 2014. 9. 25, 2012헌마523, 판례집 제26권 2집 상, 551.

43) 헌재 2012. 12. 27, 2010헌마153, 판례집 제24권 2집 하, 537.

44) 헌재 2016. 4. 28, 2012헌마549 등, 판례집 제28권 1집 하, 48; 헌재 2011. 9. 29, 2010헌마413, 판례집 제23권 2집 상, 726.

45) 헌재 2008. 5. 29, 2005헌마137 등, 판례집 제20권 1집 하, 187.

46) 헌재 2014. 7. 24, 2013헌마423 등, 판례집 제26권 2집 상, 226. 김이수, 이진성 재판관의 반대의견 있음. 따름 판례: 헌재 2015. 10. 21, 2014헌마637 등.

47) 헌재 2016. 12. 29, 2015헌바196 등, 판례집 제28권 2집 하, 404. 신상정보공개조항에 대하여 김이수, 이진성 재판관의, 그리고 신상정보고지조항에 대하여 김이수, 이진성, 강일원재판관의 반대의견 있음.

48) 헌재 2017. 5. 25, 2016헌마786.

49) 헌재 2003. 6. 26, 2002헌가14, 판례집 제15권 1집, 624. 5인 재판관의 반대의견 있음. 또한 제10절. III. 5. 참조.

50) 헌재 2017. 12. 28, 2016헌마1124, 판례집 제29권 2집 하, 556. 이진성 김이수 재판관의 반대의견 있음. 따름 판례: 헌재 2020. 6. 25, 2019헌마699, 판례집 제32권 1

죄 전과자 신상정보 등록(개인정보자기결정권)51), 아동·청소년 성매수죄에 관한 신상정보 등록제52), 가상의 아동·청소년이용음란물 배포자 신상정보 등록53), 아동·청소년이용음란물 배포·소지자 신상정보 등록제54) 등은 모두 헌법에 위반되지 아니한다.

(5) 보안관찰처분대상자의 신고제

그 밖에도 보안관찰처분대상자에 대한 출소 후 신고조항 및 위반 시 처벌조항55)은 헌법에 위반되지 아니한다.

56. 출소후 신고조항

(6) 실명인증 및 본인확인제

인터넷게임 관련 본인인증제(개인정보자기결정권)56), 이동통신서비스 가입시 본인확인제(개인정보자기결정권)57), 공직선거법상 실명인증자료의 보관 및 제출의무(개인정보자기결정권)58)는 헌법에 위반되지 아니한다.

57. 인터넷게임 관련 등

(7) 주민등록지문날인제도

주민등록법법상 지문날인제도59)와 주민등록법 시행령 별지 제30호(열 손가락 지문날인)60)는 헌법에 위반되지 아니한다.

58. 열 손가락 지문날인

집 하, 486. 이석태, 이영진, 김기영 재판관의 반대의견 있음.

51) 헌재 2016. 10. 27, 2014헌마709, 판례집 제28권 2집 상, 732.

52) 헌재 2016. 2. 25, 2013헌마830, 판례집 제28권 1집 상, 227.

53) 헌재 2016. 3. 31, 2014헌마785, 판례집 제28권 1집 상, 509.

54) 헌재 2017. 10. 26, 2016헌마656, 판례집 제29권 2집 하, 103. 김이수, 이진성 재판관의 반대의견 있음.

55) 헌재 2021. 6. 24, 2017헌바479, 판례집 제33권 1집, 650: 헌법불합치.

56) 헌재 2015. 3. 26, 2013헌마517, 판례집 제27권 1집 상, 342.

57) 헌재 2019. 9. 26, 2017헌마1209, 판례집 제31권 2집 상, 340.

58) 헌재 2010. 2. 25, 2008헌마324 등, 판례집 제22권 1집 상, 347.

59) 헌재 2005. 5. 26, 99헌마513 등, 판례집 제17권 1집, 668. 법률유보의 원칙과 과잉금지의 원칙에 위반되어 위헌이라고 하는 송인준, 주선회, 전효숙 재판관의 반대의견 있음.

60) 헌재 2015. 5. 28, 2011헌마731, 판례집 제27권 1집 하, 279. 이정미, 김이수, 이진성 재판관의 반대의견 있음.

(8) 기 타

그 밖에 사생활의 비밀과 자유 내지 개인정보자기결정권에 대한 침해를 부인한 사례로서 송·수신이 완료된 전기통신에 대한 압수·수색영장 집행 사실을 수사대상이 된 가입자에게만 통지하도록 하고, 그 상대방에 대해서는 통지하지 않도록 한 통신비밀보호법 제9조의3 제2항 중 '통지의 대상을 수사대상이 된 가입자로만 한정한 부분'은 적법절차원칙에 위배되어 개인정보자기결정권을 침해하지 않는다고 보았다.[61]

그리고 "계간 기타 추행한 자는 1년 이하의 징역에 처한다."라고 규정한 구 군형법 제92조 중 "기타 추행"에 관한 부분[62], '청소년 보호법' 제28조 제1항 본문 중 제2조 제4호 나목 1)에 의하여 청소년유해물건으로 고시된 '요철식 특수콘돔(GAT-101) 등' 및 '약물주입 콘돔(AMOR LONG LOVE) 등'의 판매에 관한 부분, '청소년유해물건(성기구) 및 청소년 출입·고용금지업소 결정 고시' 중 '⊙ 청소년유해물건(성기구)목록, 3. 남성용 여성 성기자극 기구류, -요철식 특수콘돔(GAT-101) 등, -약물주입 콘돔(AMOR LONG LOVE) 등' 부분[63], 자동차 운전자에게 좌석안전띠를 매도록 하고, 이를 위반했을 때 범칙금을 납부하도록 통고하는 도로교통법 제118조[64], 경찰공무원에게 재산등록 의무를 부과하고 있는 공직자윤리법 시행령 제3조 제4항 제6호[65], 변호사에게 전년도에 처리한 수임사건의 건수 및 수임액을 소속 지방변호사회에 보고하도록 규정하고 있는 구 변호사법 제28조의2[66], 교도소장이 수용자가 없는 상태에서 실시한 거실 및 작업장 검사행위[67], 교도소장, 구치소장이 청구인에 대한 규율위반사유와 징벌처분의 내용 등을 양형참고자료로 관할 법원에 통보한 행위[68], 공직선거에 후보자로 등록하고자 하는 자가 제출하여야 하는

61) 헌재 2018. 4. 26, 2014헌마1178, 판례집 제30권 1집 상, 675.
62) 헌재 2011. 3. 31, 2008헌가21, 판례집 제23권 1집 상, 178. 성적자기결정권 및 사생활의 비밀과 자유 침해하지 않음. 김종대, 목영준, 송두환 재판관의 반대의견 있음.
63) 헌재 2021. 6. 24, 2017헌마408, 판례집 제33권 1집, 711.
64) 헌재 2003. 10. 30, 2002헌마518, 판례집 제15권 2집 하, 185.
65) 헌재 2010. 10. 28, 2009헌마544, 판례집 제22권 2집 하, 285.
66) 헌재 2009. 10. 29, 2007헌마667, 판례집 제21권 2집 하, 266.
67) 헌재 2011. 10. 25, 2009헌마691, 판례집 제23권 2집 하, 82.

금고 이상의 형의 범죄경력에 실효된 형을 포함시키고 있는 공직선거법 제49조 제4항 제5호[69], 피보안관찰자의 신고의무 위반행위에 대한 처벌조항[70], 통신매체를 이용한 음란행위를 처벌하는 '성폭력범죄의 처벌 등에 관한 특례법' 제13조 중 '성적 수치심이나 혐오감' 부분[71], 연말정산 간소화를 위하여 의료기관에게 환자들의 의료비 내역에 관한 정보를 국세청에 제출하는 의무를 부과하고 있는 소득세법 제165조 제1항 중 「조세특례제한법」을 제외한 부분과, 소득세법 제165조 제4항, 소득세법 시행령 제216조의3 제1항 제3호 본문, 제2항(개인정보자기결정권)[72], 서울특별시 교육감 등이 졸업생의 성명, 생년월일 및 졸업일자 정보를 교육정보시스템(NEIS)에 보유하는 행위(개인정보자기결정권)[73], 개별 의료급여기관으로 하여금 수급권자의 진료정보를 국민건강보험공단에 알려줄 의무 등 의료급여 자격관리 시스템에 관하여 규정한 보건복지부장관 고시 조항(수급권자의 개인정보자기결정권)[74], 법원의 제출명령이 있을 때 그 사용목적에 필요한 최소한의 범위 안에서 거래정보 등을 제공할 수 있음을 규정하고 있는 '금융실명거래 및 비밀보장에 관한 법률' 제4조 제1항 단서 중 제1호의 '법원의 제출명령'에 관한 부분(개인정보자기결정권)[75], 통계청장이 2015. 11. 1.부터 2015. 11. 15.까지 2015 인구주택총조사의 방문 면접조사를 실시하면서, 담당 조사원을 통해 청구인에게 피청구인이 작성한 2015 인구주택총조사 조사표의 조사항목들에 응답할 것을 요구한 행위와 그 근거법률인 통계법 제5조의3 제2항[76], 김포시장

---

68) 헌재 2016. 4. 28, 2012헌마549 등, 판례집 제28권 1집 하, 48. 5명의 재판관이 위헌으로 보았으나 인용결정에 이르기 위한 정족수를 채우지 못하여 기각결정이 선고된 사례.

69) 헌재 2008. 4. 24, 2006헌마402 등, 판례집 제20권 1집 상, 674.

70) 헌재 2015. 11. 26, 2014헌바475, 판례집 제27권 2집 하, 284.

71) 헌법재판소는 이 사건 법률조항이 아예 사생활의 비밀과 자유와는 관련되지 않는다고 하는 취지로 판시하고 있다. 헌재 2016. 3. 31, 2014헌바397, 판례집 제28권 1집 상, 403. 따름 판례: 헌재 2019. 5. 30, 2018헌바489.

72) 헌재 2008. 10. 30, 2006헌마1401 등, 판례집 제20권 2집 상, 1115.

73) 헌재 2005. 7. 21, 2003헌마282 등, 판례집 제17권 2집, 81. 제8절. V. 2. 나. 참조.

74) 헌재 2009. 9. 24, 2007헌마1092, 판례집 제21권 2집 상, 765.

75) 헌재 2010. 9. 30, 2008헌바132, 판례집 제22권 2집 상, 597.

76) 헌재 2017. 7. 27, 2015헌마1094, 판례집 제29권 2집 상, 219.

이 김포경찰서장에게 청구인들의 이름, 생년월일, 전화번호, 주소를 제공한 행위(개인정보자기결정권)[77], 교도관이 미결수용자와 변호인 간에 주고받는 서류를 확인하고, 소송관계서류처리부에 그 제목을 기재하여 등재한 행위(개인정보자기결정권)[78], 채무불이행자명부나 그 부본은 누구든지 보거나 복사할 것을 신청할 수 있도록 규정한 민사집행법 제72조 제4항(개인정보자기결정권)[79], 수사경력자료의 보존 및 보존기간을 정하면서 범죄경력자료의 삭제에 대해 규정하지 않은 '형의 실효 등에 관한 법률' 제8조의2(개인정보자기결정권)[80], 공직선거 후보자의 범죄경력 제출·공개제도[81], 보장법상의 급여신청자에게 금융거래정보의 제출을 요구할 수 있도록 한 보장법시행규칙 제35조 제1항 제5호[82], 가축전염병의 발생 예방 및 확산 방지를 위해 축산관계시설 출입차량에 차량무선인식장치를 설치하여 이동경로를 파악할 수 있도록 한 구 가축전염병예방법 제17조의3 제2항(개인정보자기결정권)[83], 거짓이나 그 밖의 부정한 방법으로 보조금을 교부받거나 보조금을 유용하여 어린이집 운영정지, 폐쇄명령 또는 과징금 처분을 받은 어린이집에 대하여 그 위반사실을 공표하도록 한 구 영유아보육법 제49조의3 제1항 제1호(인격권, 개인정보자기결정권)[84], 변호사시험 합격자 명단 공고제[85], 정보통신서비스 제공자가 이용자의 주민등록번호를 수집·이용하는 것을 원칙적으로 금지한 후, 정보통신서비스 제공자가 본인확인기관으로 지정받은 경우 예외적으로 이를 허용하는 '정보통신망 이용촉진 및 정보보호 등에 관한 법률' 제23조의2 제1항 제1호(개인정보자기결정권)[86], 학교폭력 관련 학교생활기록(개인정보자기결정권)[87], 성기구 관련 음란물건판매죄[88], 정보주체의 배우자나 직계혈

---

77) 헌재 2018. 8. 30, 2016헌마483, 판례집 제30권 2집, 552.
78) 헌재 2016. 4. 28, 2015헌마243, 판례집 제28권 1집 하, 122.
79) 헌재 2010. 5. 27, 2008헌마663, 판례집 제22권 1집 하, 323.
80) 헌재 2012. 7. 26, 2010헌마446, 판례집 제24권 2집 상, 248.
81) 헌재 2013. 12. 26, 2013헌마385.
82) 헌재 2005. 11. 24, 2005헌마112, 공보 제110호, 1246.
83) 헌재 2015. 4. 30, 2013헌마81, 판례집 제27권 1집 하, 66.
84) 헌재 2022. 3. 31, 2019헌바520, 공보 제306호, 522.
85) 헌재 2020. 3. 26, 2018헌마77 등, 판례집 제32권 1집 상, 268.
86) 헌재 2015. 6. 25, 2014헌마463, 판례집 제27권 1집 하, 586.
87) 헌재 2016. 4. 28, 2012헌마630, 판례집 제28권 1집 하, 87.

족이 정보주체의 위임 없이도 정보주체의 가족관계 상세증명서의 교부 청구를 할 수 있도록 하는 '가족관계의 등록 등에 관한 법률' 제154조 제1항 본문 중 '배우자, 직계혈족은 제15조 제1호에 규정된 가족관계증명서에 대한 상세증명서의 교부를 청구할 수 있다.' 부분[88] 등은 헌법재판소에 의하면 헌법에 위반되지 아니한다.

성폭력범죄의 처벌 등에 관한 특례법 제13조 위헌소원 사건에서 청구인은 심판대상조항 중 '자기의 성적 욕망을 유발하거나 만족시킬 목적'이나 '성적 수치심 또는 혐오감을 일으키는 말 등'은 그 개념이 모호하고 주관적이어서 진지하게 성관계에 관하여 동의 여부를 묻는 경우까지 처벌하는 것으로 막연히 해석되고 있으므로, 죄형법정주의 명확성 원칙에 위반되며, 심판대상조항은 예외를 두지 아니하고 통신매체를 통한 일정한 내용의 표현 자체를 금지하므로 표현의 자유를 침해하고, 통신매체로 전달되는 정보의 내용에 따라 형사처벌을 예정하고 있어 통신의 자유를 침해하고, 개인의 사생활인 성적 영역에 국가권력이 개입하여 처벌함으로써 사생활의 비밀과 자유 및 성적 자기결정권을 침해한다고 주장하였다.[90] 이에 대하여 헌법재판소는 결론적으로 통신의 자유, 사생활의 비밀과 자유가 제한되었다고 볼 수 없고, 다만 표현의 자유가 제한되고 있다고 보고서 헌법재판소의 선례를 인용하면서 합헌결정을 하였다.[91]

60. 성폭력범죄의 처벌 등에 관한 특례법 제13조 위헌소원 사건 합헌

Ⅲ. 주거의 자유

우리 헌법 제16조는 "모든 국민은 주거의 자유를 침해받지 아니한다. 주거에 대한 압수나 수색을 할 때에는 검사의 신청에 의하여 법관이 발부한 영장을 제시하여야 한다."고 규정하고 있다.

61. 헌법 제16조

---

88) 헌재 2013. 8. 29, 2011헌바176, 판례집 제25권 2집 상, 413. 박한철, 이정미 재판관의 입법개선을 촉구하는 별개의견 있음.
89) 헌재 2022. 11. 24, 2021헌마130, 판례집 제34권 2집, 634.
90) 헌재 2019. 5. 30, 2018헌바489.
91) 헌재 2019. 5. 30, 2018헌바489.

1. 헌법적 의의와 입법례 및 연혁

가. 헌법적 의의

62. 공간적 영역에 대한 불가침 보장

주거는 인간의 사적 생활의 가장 기본적 단위이자 공간이라고 할수 있다. 만일 주거의 불가침이 보장되지 않을 경우 인간은 모든 사생활의 비밀과 자유를 누릴 수 없게 될 것이며, 결국 궁극적으로는 인간으로서 존엄과 가치를 유지하기 힘들게 될 것이다. 그러므로 이 주거의 자유는 인간이 인간으로서 최소한의 존엄을 누리면서 개인적 생활을 할 수있는 공간적 영역에 대한 불가침을 보장하는 기본권이라 할 것이다.

63. 국가공권력에 의한 침해와 영장제도

이러한 주거의 평온에 대한 침해는 주로 국가 공권력에 의해서 이루어질 수 있다. 국가가 형사소추권을 실행하기 위하여 주거를 압수·수색할 필요가 있을 경우인데, 국가 형사소추권의 행사 역시 국가의 안전보장이나 개인적·사회적 법익이나 기본권의 보호를 위하여 없어서는 안 된다. 결국 주거의 불가침과 국가 형사소추권행사 필요성 간의 충돌을 조화롭게 해결할 수 있는 제도적 장치로서 헌법은 제16조 제2문에서 바로 영장제도를 두고 있다.

64. 사인에 의한 침해도 가능

그리고 또한 주거의 평온에 대한 위협이나 침해는 사인에 의해서도 얼마든지 이루어질 수 있다. 그러므로 사인에 의한 주거의 불가침을 방지하기 위해서 주거침입죄 등 형벌조항을 두고 있다.

나. 입법례와 연혁

65. 주거의 자유에 대한 각국의 입법례

주거의 자유의 불가침이 처음 기본권으로 인정된 것은 1776년 버지니아 권리장전 제10조에서였고, 그 후 1776년 펜실바니아헌법과 1780년의 메사추세츠헌법에도 유사한 보장이 규정되었다.[92]

66. 주거의 불가침의 효시

1831년 벨기에 헌법 제10조에서 "주거는 불가침이다."라고 규정한것이 효시이다. 그리고 1848/1849년 프랑크푸르트 제국헌법의 기본권장에 이 조항이 그대로 계수되었고(제140조), 1848. 12. 5./1850. 1. 31.의 프로이센 헌법 제6조에 전수되었다. 이에 이어서 바이마르공화국 헌법

---

92) 계희열 (주 2), 406면.

제15조는 "모든 독일인의 주거는 그를 위한 자유공간이며 불가침이다."
라고 규정하였다.[93] 독일 기본법 제13조 제1항은 "주거는 불가침이다."
라고 규정하였고, 압수·수색의 경우에 영장주의가 규정되어 있는데,
1998년 헌법개정으로 테러와 범죄예방을 위한 주거감청에 관한 규정이
주거의 자유에 삽입되었다.

　오늘날 세계의 거의 모든 헌법이 주거의 자유를 규정하고 있으며,
또한 1948년 세계인권선언 제12조, 1966년 국제인권규약(B규약) 제17조
I, 1950년 유럽인권협약 제8조 등에서도 마찬가지이다.[94]

67. 국제인권규범

　우리 헌법상 주거의 불가침을 연혁적으로 살펴보면, 우선 1919. 4.
11. 대한민국임시헌장 제4조는 "대한민국의 인민은 주소 …의 자유를
향유함"이라고 하고 있다. 이 주소의 자유가 다음 나오는 이전의 자유와
결부하여 본다면 오늘날 거주·이전의 자유와도 유사하게 보일 수도 있
으나, 주소라는 의미는 주거라는 의미와도 통할 수 있기 때문에, 이것이
어느 정도는 주거의 자유의 의미를 가질 수도 있지 않나 생각된다. 다만
1911. 9. 11. 개정된 대한민국임시헌장 제8조는 제5항에서 거주 이전의
자유를 선언하고 있을 뿐 주거의 자유에 대해서 따로 언급하고 있지는
않았다. 그 후 1944. 4. 22. 개정된 대한민국임시헌장 제5조 제2호는 거
주, 여행 급, 통신, 비밀의 자유를 선언하고 있는데, 이 제2호의 기본권
들은 사생활의 기본권과 매우 밀접한 내용을 지니고 있다고 보이며, 제
7호는 "법률에 의치 않으면 가택의 침입, 수색, 출입제한 혹 봉폐(封閉)
를 받지 않는 권리를 선언하고 있는데, 이 '가택침입을 받지 않을 권리'
는 주거의 불가침 외에 다름 아니라고 생각된다.

68. 우리 헌법상의 연혁

　그리고 1948년 광복헌법 제10조는 "모든 국민은 법률에 의하지 아
니하고는 거주와 이전의 자유를 제한받지 아니하며 주거의 침입 또는 수
색을 받지 아니한다."고 함으로써 주거의 자유를 보장하였고, 이 규정은
1960. 11. 29. 제4차 개정 헌법까지 유지되었다. 그리고 1962. 12. 26. 제
5차 개정 헌법 제14조 "모든 국민은 주거의 침입을 받지 아니한다. 주거

69. 1948년 광복헌법 이후

---

93) BVerfGE 32, 54; Michael Sachs 저/방승주 역, 헌법 Ⅱ - 기본권론, 헌법재판소
　　2002, 334-335면.
94) 계희열 (주 2), 406면.

에 대한 수색이나 압수에는 법관의 영장을 제시하여야 한다."고 규정함
으로써 주거의 불가침과 압수·수색의 경우 영장주의를 규정하고 있는
현행 헌법과 거의 유사한 내용이 처음 시작되었다. 이 규정은 1972. 12.
27. 제7차 개헌인 유신헌법 제14조에 의하여 "모든 국민은 법률에 의하
지 아니하고는 주거의 자유를 침해받지 아니한다. 주거에 대한 압수나
수색에는 검사의 요구에 의하여 법관이 발부한 영장을 제시하여야 한
다."고 개정됨으로써 처음으로 '검사의 영장요구제도'가 도입되었다. 이
러한 조항이 1980. 10. 27. 제8차 개정 헌법에서는 제15조로 조문의 위
치가 바뀌었고, "법률에 의하지 아니하고는"이라는 개별적 법률유보조항
이 빠졌으며, "요구"가 "신청"으로 바뀐 외의 내용은 그대로 유지되었다.
그리고 1987년 제9차 개헌에 의한 현행 헌법 제16조에서 "모든 국민은
주거의 자유를 침해받지 아니한다. 주거에 대한 압수나 수색을 할 때에
는 검사의 신청에 의하여 법관이 발부한 영장을 제시하여야 한다."고 함
으로써 1980년 헌법 제15조의 내용이 거의 그대로 유지되었다.

2. 보호영역

70. 사생활의 공간적 영역을 보호하기 위한 기본권

모든 국민은 주거의 자유를 침해받지 아니한다(헌법 제16조). 주거의
자유는 국민의 사생활의 공간적 영역을 보호하기 위한 기본권이라고 할
수 있다. 이 기본권은 거주자의 허가 없이 국가공권력이 주거공간에 침
입할 경우에 침해될 수 있다. 물리적인 침입이 아니라 하더라도 도청장
비나 비밀카메라를 설치함으로써 주거공간에 대하여 청각적으로나 시각
적으로 감시하고, 녹음 또는 녹화하는 것은 역시 주거의 자유에 대한 침
해라고 할 수 있다.

71. 주거라고 할 수 있는 모든 형태의 공간 영역 보호

주거의 자유의 보호영역에 포함될 수 있는 공간적 영역은 우선 주
거라고 할 수 있는 모든 형태의 공간이 된다. 가령 그 주거공간이 자신
의 소유이든 임대이든 무상대차이든, 항상적이든 임시적이든, 고정식이
든 이동식(가령 콘테이너, 요트, 캠핑카, 이동식 주택)이든 상관없다.95)

---

95) Piroth/Schlink, Grundrechte ‒ Staatsrecht II, 27. Aufl., Heidelberg u.s.w., 2011, Rn.
948.

영업이 이루어지는 사무실의 경우 주거에 포함될 것인지의 문제에 대하여 논란이 될 수 있다. 이에 관해서는 주거의 자유와 개인의 사생활 관련성을 고려해 볼 때 이러한 영업공간은 주거공간이 아니며 주거는 가정의 범위 내에서 개인을 보호하는 것에 국한된다고 하는 부정설이 있을 수 있다.96) 이에 반하여 직업의 자유와 재산권을 통해서 표현되고 있는 노동, 직업과 사업이 인간의 자아실현에 대하여 가지는 의미를 고려할 때, 이러한 영업공간 역시 주거공간에 포함시킬 필요가 있다고 하는 긍정설97)도 있을 수 있는데, 독일 연방헌법재판소98)는 이 긍정설의 입장이고, 유럽법원(유럽사법재판소)은 부정설의 입장이다.99)

생각건대, 영업이 이루어지는 공간에서도 국민의 여러 가지 형태의 사생활이 영위될 수 있으며, 오늘날 오피스텔이나 주거와 공장이 결합된 경우와 같이 주거공간과 사무실 혹은 사업장의 결합형태의 공간도 다양한 형태로 발전되어 가고 있으므로, 이러한 생활영역을 보호하기 위해서는 이 역시 넓게 주거의 자유의 보호영역에 포함시켜야 할 것이다.100)

다만 이러한 공간의 경우 사회적 관련성이 보다 크기 때문에 순수한 주거공간의 경우 보다는 더 크게 제한될 수 있는 가능성이 있는데, 피로트/쉴링크(Pieroth/Schlink)101)가 제안하고 있는 다음과 같은 3유형의 구분은 주거의 자유의 보호영역 해당여부를 판단하는 데 좋은 지침이 된다고 생각된다. 즉 첫째, 영업공간이 독자적인 주거와 통합되어 있고, 주거와 마찬가지로 일반인의 출입이 제한되어 있는 경우(거실사무실, 다락작업실, 지하실공장 등), 둘째, 주거와 분리되어 있기는 하지만 일반인의 자유로운 출입은 제한되어 있는 경우{의원(醫院), 공장, 식당 등}, 셋째, 일

72. 영업공간 포함에 관한 문제

73. 영업공간도 보호영역에 포함가능

74. 주거공간의 3유형

---

96) E. Stein, Staatsrecht, 10. Aufl., § 23 I. 계희열 (주 2), 408면에서 재인용. Pieroth/Schlink (주 95), Rn. 949.
97) Pieroth/Schlink (주 95), Rn. 949.
98) BVerfGE 32, 54 [69 ff.].
99) EuGH, EuGRZ 1989, 395 (401) — Hoechst. 이와는 달리 EGMR(유럽인권법원), Urteil vom 16. 12. 1992 - 72/1991/324/394, NJW 1993, 718; Michael Sachs 저/방승주 역 (주 93), 544면.
100) Michael Sachs 저/방승주 역 (주 93), 544면; Pieroth/Schlink (주 95), Rn. 949.
101) Pieroth/Schlink (주 95), Rn. 950.

반인들의 자유로운 출입이 허용되어 있는 경우(백화점, 놀이공원 등)가 그
것이다. 이 가운데 셋째 유형의 경우 일반인의 출입이 허용된 시간 동안
에는 주거의 자유의 보호영역에 해당되지 않는다. 그에 비하여 이 영업
공간들은 두 번째 사례와 마찬가지로 영업을 종료한 이후에만 주거의
자유의 보호영역에 해당될 수 있다. 첫 번째 사례는 주거의 자유의 보호
영역에 포함되는 데 아무런 문제가 없다.

3. 주거의 자유의 기본권 주체

75. 자연인   주거의 자유의 기본권주체는 우선 자연인이다. 내국인이든 외국인이
든 혹은 무국적자이든 자신이 거주하고 있는 공간적 영역은 불가침이다.

76. 법인   그리고 내국 사법인[102]이나 단체의 사무 공간은 그 법인이나 단체
구성원들의 사무나 영업을 위한 공간으로서 주거의 개념에 포함되며,
그러한 공간 역시 주거의 자유의 보호를 받을 필요가 있기 때문에 이들
역시 기본권 주체가 된다고 본다.[103]

4. 주거의 자유의 효력과 기본권보호의무

77. 대국가적
방어권   주거의 자유는 우선 대국가적 방어권이다. 그러므로 국가는 개인의
사적 생활의 공간적 영역을 침해하여 가택의 평온을 해쳐서는 안 된다.
범죄의 수사 등을 위해서는 사전에 검사의 신청에 의하여 법관이 발부
한 영장을 제시하여야 한다.

78. 간접적 대
사인적 효력   한편 주거의 자유는 사법질서에 있어서도 효력이 있으며 주로 민법
상 일반조항을 통해서 간접적 효력을 미친다고 볼 수 있다. 가령 독일
연방헌법재판소는 임차인 역시 주거의 자유의 기본권 주체이기 때문에
만일 임대차계약에 임대인이 언제든지 집에 들어가도 괜찮다고 하는 특
약을 설정한 경우 임차인의 주거의 자유는 간접적으로 제3자효를 발휘
할 수 있다고 하는 취지의 판시를 하기도 하였다.

---

102) Michael Sachs 저/방승주 역 (주 93), 545면.
103) 계희열 (주 2), 412면.

> **독일 연방헌재 판례** 나아가 기본법 제13조 제1항의 간접적 제3자효는 가령 임대
> 인에게 언제든지 집에 들어가도 괜찮다고 하는 특약을 설정한 경우(독일 민법
> 제138조 제1항) 그러한 특약에 대한 심사에 있어서 기존의 임대차계약의 내용
> 적 통제를 함에 있어서 고려될 수 있다.[104]

사인에 의한 주거침입을 방지하기 위하여 주거침입죄에 대한 처벌 79. 주거침입죄
조항이 있는데 이는 주거의 자유에 대한 국가의 기본권보호의무 이행의
일환이라고 할 수 있다. 이에 대하여 헌법재판소는 다음과 같이 판시하
고 있다.

> **판례** 주거침입죄는 인간생활의 기본 조건으로서 다른 사람의 방해를 받지 않
> 고 배타적으로 사용하는 주거 등의 공간을 침입하는 범죄로 그 공간의 평온과
> 안전을 보호법익으로 한다. 주거 등의 공간은 사생활의 중심으로 개인의 인격
> 과 불가분적으로 연결되어 있으므로 그 불가침이 보장되지 않고서는 인간 행
> 복의 최소한의 조건인 개인의 사적 영역이 지켜질 수 없다. 이에 헌법 제16조
> 에서는 모든 국민은 주거의 자유를 침해받지 아니한다고 규정하여 주거의 자
> 유를 기본권으로 특별히 보호하고 있는바, 주거는 생활의 기초단위로서 구성
> 원 전체의 인격이 형성되고 발현되는 사적 공간이므로 그 보호의 필요성이 매
> 우 크다.
>
> (헌재 2020. 9. 24. 2018헌바171, 판례집 32-2, 263, 269)

5. 제 한

이러한 주거공간에 대하여 거주자의 허락을 받지 않고서 침입하는 80. 허락 없는
모든 행위와 청각적 및 시각적 감시장비(監視裝備)의 설치를 통한 주거생 침입행위 및 감
활에 대한 감시는 주거의 자유에 대한 제한이 된다. 뿐만 아니라 오늘날 시장치 설치,
이동통신수단인 휴대폰의 위치추적도 기술적으로 가능하기 때문에, 주 위치추적은 주
거 내에서 이동통신의 이용 도중 통화자의 위치가 추적되는 경우에는 거의 자유에 대
통신의 자유뿐만 아니라 간접적으로 주거의 자유에 대한 제한이 가해지 한 제한에 해당

---

104) BVerfGE 89, 1 (13). 이에 대한 비판적 입장으로는 Michael Sachs 저/방승주 역
　　(주 93), 554면.

고 있다고 할 수 있다.[105)

81. 영장주의

헌법 제16조 제2문에 따라서 주거에 대한 압수나 수색의 경우 검사의 신청에 의하여 법관이 발부하는 영장을 제시할 경우 가능하나, 도청이나 감청장비 또는 비밀카메라의 설치는 이러한 압수나 수색에 해당되지는 않는다.

82. 범죄예방 및 수사를 위한 장치설치에는 영장주의 적용

그러나 범죄예방 또는 범죄수사를 위하여 주거공간에 감청장비나 비밀카메라를 설치하여 녹음 또는 녹화하는 것은 통신의 자유는 물론 주거의 자유에 대한 심대한 침해를 유발할 수 있기 때문에, 헌법상 적법절차 뿐 아니라 후술하듯이 헌법 제12조 제3항 및 제16조 제2문에 의한 영장주의가 적용된다고 봐야 할 것이다.

83. 헌법 제37조 제2항에 따른 제한 가능

그리고 주거의 자유에 대한 제한 역시 헌법 제37조 제2항에 따라 법률로써 하되 과잉금지의 원칙에 입각하여 주거의 자유를 필요한 최소한으로 제한하여야 하고, 그 본질내용은 침해해서는 안 된다.

6. 주거에 대한 압수 · 수색의 경우 영장주의

가. 헌법 제16조 제2문의 영장주의의 의미

84. 영장주의의 의미

헌법 제16조 제2문은 "주거에 대한 압수나 수색을 할 때에는 검사의 신청에 의하여 법관이 발부한 영장을 제시하여야 한다."고 규정함으로써 주거의 자유에 대한 제한은 원칙적으로 법관에 의한 영장을 필요로 하고 있다. 이는 신체의 자유에 대한 제한에 있어서 영장주의와 같은 의미[106)로서, 사생활의 공간적 영역인 주거의 자유를 제한해야 할 필요가 있을 경우 그 허용여부를 법관이 결정하도록 한 일종의 법관유보[107)라 할 수 있다.

> **판례** 헌법 제16조는 "모든 국민은 주거의 자유를 침해받지 아니한다. 주거에 대하여 압수나 수색을 할 때에는 검사의 신청에 의하여 법관이 발부한 영장을 제시하여야 한다."라고 규정하고 있다. 이와 같은 주거의 자유와 관련한 영장주의

---

105) Vgl. Ralf P. Schenke (주 20), S. 1 ff.(21).
106) 헌재 2018. 4. 26, 2015헌바370 등, 판례집 제30권 1집 상, 563, 572.
107) 동지, 계희열 (주 2), 414면.

는 1962. 12. 26. 헌법 제6호로 헌법이 전부 개정되면서 처음으로 명시되었다.

헌법 제12조 제3항의 영장주의는 적법절차원칙에서 도출되는 원리로서, 형
사절차와 관련하여 체포·구속·압수·수색의 강제처분을 함에 있어서는 사
법권독립에 의하여 신분이 보장되는 법관이 발부한 영장에 의하지 않으면 아
니 된다는 원칙이다. 따라서 영장주의의 본질은 강제처분을 함에 있어서는 중
립적인 법관이 구체적 판단을 거쳐 발부한 영장에 의하여야만 한다는 데에 있
다(헌재 2012. 5. 31, 2010헌마672). 이러한 영장주의는 사법권독립에 의하여
신분이 보장되는 법관의 사전적·사법적 억제를 통하여 수사기관의 강제적인
압수·수색을 방지하고 국민의 기본권을 보장하기 위한 것이다(헌재 2004. 9.
23, 2002헌가17등). 헌법 제12조 제3항의 영장주의에 관한 위와 같은 헌법재판
소 결정의 취지는 헌법 제16조의 영장주의를 해석하는 경우에도 마찬가지로
고려되어야 한다.

(헌재 2018. 4. 26, 2015헌바370 등, 판례집 30-1상, 563, 572)

주거에 대한 압수나 수색을 하기 위해서는 정당한 이유가 있어야   85. 객관적 필
하며, 또한 적법한 절차에 따라 발부된 영장이 필요하다. 우선 정당한   요성과 적법절
이유란 범죄혐의가 있어야 하고 이를 수사해야 할 객관적 필요성이 있   차에 따른 영장
어야 한다. 그리고 영장은 검사의 신청에 의하여 법관이 발부한 것이어   발부
야 하며, 영장에는 압수할 물건과 수색할 장소 등이 명시되어야 하고,
그 대상을 포괄적으로 기재하는 일반영장은 허용되지 않는다.108)

나. 영장주의의 예외

헌법 제12조 제3항은 "체포·구속·압수 또는 수색을 할 때에는   86. 영장주의의
적법한 절차에 따라 검사의 신청에 의하여 법관이 발부한 영장을 제시   예외에 관한 규
하여야 한다. 다만, 현행범인인 경우와 장기 3년 이상의 형에 해당하는   정 없음
죄를 범하고 도피 또는 증거인멸의 염려가 있을 때에는 사후에 영장을
청구할 수 있다."라고 규정함으로써, 사전영장주의에 대한 예외를 명문
으로 인정하고 있다. 이에 반하여 헌법 제16조 후문은 "주거에 대한 압
수나 수색을 할 때에는 검사의 신청에 의하여 법관이 발부한 영장을 제

---

108) 계희열 (주 2), 414-415면.

시하여야 한다."라고 규정하고 있을 뿐 영장주의에 대한 예외를 명문화하고 있지 않다.

87. 현행범 체포 및 긴급구속은 영장주의 예외에 해당

그러나 현행범을 체포하거나 긴급구속을 할 때에는 합리적인 범위 내에서 영장 없이 주거에 대한 압수나 수색을 할 수 있다고 보고 있다.109) 헌법재판소는 영장주의의 예외에 대하여 다음과 같이 판시하고 있다.110)

판례 헌법 제16조에서 영장주의에 대한 예외를 마련하지 아니하였다고 하여, 주거에 대한 압수나 수색에 있어 영장주의가 예외 없이 반드시 관철되어야 함을 의미하는 것은 아닌 점, 인간의 존엄성 실현과 인격의 자유로운 발현을 위한 핵심적 자유영역에 속하는 기본권인 신체의 자유에 대해서도 헌법 제12조 제3항에서 영장주의의 예외를 인정하고 있는데, 이러한 신체의 자유에 비하여 주거의 자유는 그 기본권 제한의 여지가 크므로, 형사사법 및 공권력 작용의 기능적 효율성을 함께 고려하여 본다면, 헌법 제16조의 영장주의에 대해서도 일정한 요건 하에서 그 예외를 인정할 필요가 있는 점, 주거공간에 대한 압수·수색은 그 장소에 혐의사실 입증에 기여할 자료나 피의자가 존재할 개연성이 충분히 소명되어야 그 필요성을 인정할 수 있는 점, 헌법 제12조 제3항 단서에서 현행범인 체포나 긴급체포의 경우에 사전영장원칙의 예외를 둔 것은 그 체포의 긴급성에 비추어 사전에 압수·수색·검증영장을 발부받을 것을 기대하기 어렵기 때문이며, 또한 체포영장 발부 이후 혐의사실 입증에 기여할 자료나 피의자가 존재할 개연성이 충분히 소명되어 압수·수색영장을 발부받은 경우에도 그 자료나 피의자가 계속 그 장소에 존재하지 않는 한 그 집행의 실효성을 기대할 수 없게 되므로, 체포영장이 발부된 경우에도 영장 없이 그 장소에 대한 압수·수색을 하여야 할 긴급한 상황은 충분히 발생할 수 있는 점, 헌법 제16조가 주거의 자유와 관련하여 영장주의를 선언하고 있는 이상, 그 예외는 매우 엄격한 요건 하에서만 인정되어야 하는 점 등을 종합하면, 헌법 제16조의 영장주의에 대해서도 그 예외를 인정하되, 이는 ① 그 장소에 범죄혐의 등을 입증할 자료나 피의자가 존재할 개연성이 소명되고, ② 사전에 영장을 발부받기 어려운 긴급한 사정이 있는 경우에만 제한적으로 허용될 수 있다고 보는 것이 타당하다.

---

109) 계희열 (주 2), 415면.
110) 헌재 2018. 4. 26, 2015헌바370 등, 판례집 제30권 1집 상, 563, 573.

(헌재 2018. 4. 26, 2015헌바370 등, 판례집 30-1상, 563, 573.)

판례 '체포영장 집행시 별도 영장 없이 타인의 주거 등을 수색할 수 있도록 한 형사소송법 조항 위헌소원 및 위헌제청 사건': 형사소송법 제216조 제1항 제1호 위헌소원 등

심판대상조항은 체포영장을 발부받아 피의자를 체포하는 경우에 필요한 때에는 영장 없이 타인의 주거 등 내에서 피의자 수사를 할 수 있다고 규정함으로써, 앞서 본 바와 같이 별도로 영장을 발부받기 어려운 긴급한 사정이 있는지 여부를 구별하지 아니하고 피의자가 소재할 개연성만 소명되면 영장 없이 타인의 주거 등을 수색할 수 있도록 허용하고 있다. 이는 체포영장이 발부된 피의자가 타인의 주거 등에 소재할 개연성은 소명되나, 수색에 앞서 영장을 발부받기 어려운 긴급한 사정이 인정되지 않는 경우에도 영장 없이 피의자 수색을 할 수 있다는 것이므로, 헌법 제16조의 영장주의 예외 요건을 벗어나는 것으로서 영장주의에 위반된다.

(헌재 2018. 4. 26, 2015헌바370 등, 판례집 30-1상, 563 [헌법불합치]111))

다음으로 행정상 즉시강제의 경우에도 영장이 필요한가 하는 문제가 논란이 되고 있으며 이에 대해서는 필요설과 불요설, 그리고 절충설이 있다.112) 이와 관련하여 소화나 전염병 예방과 같이 순수한 행정목적을 위한 경우나 특히 긴급을 요하는 경우 이외에는, 주거에 대한 압수·수색의 경우에도 영장을 필요로 한다고 보는 절충설이 타당하며113), 가령 특별사법경찰의 경우와 같이 행정단속과 동시에 형사상의 목적을 동시에 추구할 수 있는 사례의 경우에는 더욱 그러하지 않나 생각된다.

헌법재판소는 강제력이 개입되지 아니한 임의수사와 이를 통한 수사기관 등의 통신자료 취득에는 영장주의가 적용되지 아니한다고 본다.114)

88. 행정상 즉시강제와 영장 필요 여부

89. 강제력이 개입되지 아니한 임의수사

111) 이러한 헌법불합치결정에 따라 형사소송법 제216조는 2019. 12. 31. 법률 제16850호에 의하여 개정되었다.
112) 이에 관해서는 제2장, 제10절, III. 2. 다. 및 계희열 (주 2), 310-311과 415면 참조.
113) 계희열 (주 2), 415면 참조. 행정상 즉시강제의 경우 영장주의의 예외를 인정하는 판례로 헌재 2002. 10. 31, 2000헌가12, 판례집 제14권 2집, 345, 353. 권성, 주선회 재판관의 반대의견 있음.
114) 헌재 2022. 7. 21, 2016헌마388 등.

> 판례 살피건대, 이 사건 법률조항은 수사기관 등이 전기통신사업자에 대하여 통신자료의 제공을 요청할 수 있는 권한을 부여하면서 전기통신사업자는 '그 요청에 따를 수 있다'고 규정하고 있을 뿐, 전기통신사업자에게 수사기관 등의 통신자료 제공요청에 응하거나 협조하여야 할 의무를 부과하지 않으며, 달리 전기통신사업자의 통신자료 제공을 강제할 수 있는 수단을 마련하고 있지 아니하다. 따라서 이 사건 법률조항에 따른 통신자료 제공요청은 강제력이 개입되지 아니한 임의수사에 해당하고 이를 통한 수사기관 등의 통신자료 취득에는 영장주의가 적용되지 아니하는바, 이 사건 법률조항은 헌법상 영장주의에 위배되지 아니한다.
>
> (헌재 2022. 7. 21, 2016헌마388 등)

7. 제한의 한계

90. 본질내용 침해금지

헌법 제37조 제2항에 따라서 국가안전보장·질서유지·공공복리를 위하여 이러한 주거의 자유는 법률로써 제한될 수 있으나, 반드시 필요한 경우에 한하여야 하며, 제한하는 경우에도 이러한 주거의 자유의 본질적인 내용은 침해할 수 없다.

91. 실제적 조화의 원리에 따른 제한

결국 과잉금지의 원칙과 본질내용침해금지의 원칙이 잘 준수되어야 하며, 주거의 자유의 보호의 필요성과 제한의 목적이 서로 실제적 조화의 원리에 따라 비례에 맞게 조화를 이루지 않으면 안 된다.115)

92. 제한행위

주거에 대한 압수·수색의 경우 법관이 발부한 영장을 제시한 후 수사관들이 직접 주거에 진입함으로써 제한행위가 이루어지는 것이 보통이다.

93. 주거에 대한 감청조치의 영장주의 적용 문제

이에 비하여, 주거에 대한 감청조치의 경우 압수·수색에는 해당되지 않으므로 과연 영장주의가 적용되어야 하는지 여부가 논란이 될 수 있으나, 전술한 바와 같이 헌법상 영장주의는 국가의 형사소추를 위한 강제처분의 경우에 전반적으로 적용되어야 하는 일종의 법관유보라고 할 수 있으므로, 감청 등을 통한 주거의 자유에 대한 제한 역시 법관의 허가가 없이는 허용되지 않는다고 봐야 할 것이다. 그리고 법관의 영장

---

115) 계희열 (주 2), 415면.

이 발부되었다 하더라도 감청을 실행하는 과정에서는 헌법 제37조 제2
항에 따른 과잉금지원칙과 본질내용침해금지원칙을 준수하지 않으면 안
된다. 이 문제에 관하여 보다 상세히 검토해 보면 다음과 같다.116)

가. 목적상의 한계

우선 주거의 자유를 제한하는 감청조치는 헌법 제37조 제2항에 따
라 국가안전보장 · 질서유지 또는 공공복리를 위하여 필요한 경우에 한
하여 가능하다. 특별히 범죄수사를 위한 통신제한조치(통신비밀보호법 제5
조, 제6조)와 국가안보를 위한 통신제한조치(동법 제7조) 및 긴급통신제한
조치(제8조)는 국가안전보장 · 질서유지라고 하는 헌법적 법익에 의하여
일단 정당화될 수 있을 것이다.

94. 국가안전보
장 · 질서유지
또는 공공복리
를 위해서만 제
한가능

나. 형식상의 한계: 법률유보원칙

주거의 자유를 제한하는 감청조치는 법률적 근거가 있어야 한다.
이러한 법률적 근거로 통신비밀보호법을 들 수 있을 것이다. 그런데 주
거의 자유에 대한 제한조치에 관하여 어느 범위까지 형식적 의미의 법
률로 규정할 것인가가 문제된다. 감청조치는 국민의 사생활 영역에 대
한 심각한 침해를 야기할 수 있으며, 사생활영역에 대한 침해는 인간존
엄의 침해로 이어질 수 있다. 그러므로 감청조치를 통한 주거의 자유의
제한에 관한 본질적인 내용들은 모두 형식적 의미의 법률로 규정되어
있어야 하고, 시행령에 위임해서는 안될 것이며, 한편 감청조치를 허가
할 수 있는 권한을 가진 법관이나 법관의 허가에 따라서 감청조치를 실
행할 수 있는 권한을 가진 검사, 사법경찰관 또는 정보수사기관(통비법
제8조)에게 지나친 재량이 주어진다면 그것은 법률유보의 원칙에 위반될
소지가 있다고 할 것이다.

95. 법률적 근
거 필요

---

116) 이상 방승주/성선제 (주 1), 153-155면 참조.

다. 방법상의 한계: 과잉금지의 원칙

96. 필요한 최소한의 경우에 한하여 감청가능

범죄수사를 위한 또는 국가안보를 위한 감청조치의 경우도 필요한 최소한에 그쳐야 할 것이다. 가령, 주거에 설치한 감청장비를 통하여 범죄나 국가안보와 관련 없는 개인의 사생활의 비밀과 자유에 해당하는 내용의 대화가 이루어지는 경우에는 이에 대한 녹음을 중단하여야 할 것이며, 또한 녹음된 경우에는 이를 폐기하는 등의 조치가 법적으로 의무화되어야 할 것이다. 그렇지 않고 범죄와 상관없는 내용의 대화가 녹음되어 이것이 외부로 공개되는 경우에는 사생활의 비밀과 자유는 물론 개인의 명예나 인격권이 심히 침해될 우려가 있기 때문이다. 그러므로 감청장비설치를 통하여 주거에서 이루어지는 대화의 내용을 녹음할 경우에는 감청을 실행하는 수사기관이 대화의 내용을 동시에 들으면서, 범죄와 관련되는 내용의 대화만을 녹음하는 방법을 선택하여야 할 것이고[117], 혹 범죄와 상관없는 내용의 대화가 녹음된 경우에는 그러한 부분에 대하여 즉시 삭제하거나 폐기하는 조치가 뒤 따라야 할 것이다.[118]

라. 내용상의 한계: 본질내용 침해금지

97. 본질적내용 침해금지

헌법 제37조 제2항 제2문에 따를 때, 감청장비를 주거에 설치하여 주거의 자유를 제한하는 경우에도 주거의 자유의 본질적인 내용은 침해할 수 없다. 주거의 자유의 본질적인 내용이 과연 무엇일까 하는 것은 주거 전체가 공간적 범위를 뜻하기 때문에, 그 가운데 가장 핵심적인 영역이 따로 존재할 수는 없다고 본다. 감청장비의 설치를 통한 주거의 자유의 제한은 주거의 불가침성에 대한 청각적 제한을 뜻하기 때문에, 그 본질적인 내용의 침해인지 여부는 대화의 내용과 밀접한 관련을 갖지 않을 수 없다. 그러므로 범죄와 상관없는 대화에 대한 감청과 녹음은 감청장비의 설치를 통한 주거의 자유의 본질적 내용에 대한 침해가 될 수 있을 것이라고 본다. 그러므로 이 경우 주거의 자유에 대한 본질내용의 침해 문제는 결국 과잉금지의 원칙 내지는 비례원칙의 심사와 별로 달

---

117) Matthias Kötter (주 8), S. 228.
118) Vgl. BVerfGE 109, 279 (BVerfG, 1 BvR 2378/98), Absatz 169.

라질 것이 없다고 본다.

8. 헌법재판소 판례

헌법재판소가 헌법 제16조 제1항 제1문의 주거의 불가침이나 제2   98. 위헌 사례
문의 영장주의에 위반된다고 확인한 사례로는 체포영장을 집행하는
경우 필요한 때에는 타인의 주거 등에서 피의자 수사를 할 수 있도록
한 형사소송법 제216조 제1항 제1호 중 제200조의2에 관한 부분119)이
있다.

Ⅳ. 통신의 비밀과 자유

1. 헌법상 의의

헌법재판소는 통신의 비밀을 사생활의 비밀과 자유로부터 떼어 내   99. 헌법상 의
어 별도로 보장한 이유와 통신보호법 제정의 취지를 다음과 같이 설명   의
하고 있다.120)

> [판례] 헌법 제18조에서는 "모든 국민은 통신의 비밀을 침해받지 아니한다."라고
> 규정하여 통신의 비밀보호를 그 핵심내용으로 하는 통신의 자유를 기본권으로
> 보장하고 있다. 통신의 자유를 기본권으로서 보장하는 것은 사적 영역에 속하
> 는 개인간의 의사소통을 사생활의 일부로서 보장하겠다는 취지에서 비롯된 것
> 이다.
> 통신은 기본적으로 개인과 개인간의 관계를 전제로 하는 것이지만, 통신의
> 수단인 우편이나 전기통신의 운영이 전통적으로 국가독점에서 출발하였기 때
> 문에, 통신의 영역은 다른 사생활 영역에 비하여 국가에 의한 침해 가능성이
> 매우 큰 영역이라 할 수 있고, 이것이 사생활의 비밀과 자유에 포섭될 수 있는
> 사적 영역에 속하는 통신의 자유를 헌법이 별개의 조항을 통해서 기본권으로
> 보호하고 있는 이유라 할 것이다(헌재 2001. 3. 21, 2000헌바25, 판례집 13−1,

---

119) 헌재 2018. 4. 26, 2015헌바370 등, 판례집 제30권 1집, 563.
120) 헌재 2004. 11. 25, 2002헌바85, 판례집 제16권 2집 하, 345, 350; 헌재 2001. 3. 21,
    2000헌바25, 판례집 제13권 1집, 652, 658.

652, 658 – 658 참조).

통신비밀보호법이 제정되기 전에는 통신비밀의 침해는 형법, 우편법 등의 개별법에 의해 규제되어 왔다. 그런데 현대사회가 정보화사회로 변모하고 과학기술의 발전으로 많은 새로운 통신수단이 개발됨에 따라 사람들은 한편으로는 광범하고 신속한 정보를 향유할 수 있게 되었으나, 다른 한편으로는 통신의 비밀에 대한 침해를 가능케하는 많은 감청장치들도 함께 개발되어 사생활의 비밀과 통신의 자유가 심각한 위협을 받게 되었다. 이에 따라 통신비밀의 보호 및 제한에 관한 사항을 포괄적, 체계적으로 정비하여 개인의 사생활의 비밀과 통신의 비밀과 자유를 보장하기 위하여 1993. 12. 27. 법률 제4650호로 통신비밀보호법이 제정되었다.

(헌재 2004. 11. 25, 2002헌바85, 판례집 16-2하, 345, 350.)

2. 보호영역

가. 통신의 비밀

100. 통신의 개념

모든 국민은 통신[121]의 비밀을 침해받지 아니한다. 통신의 개념에는 전기와 전자장비에 의한 모든 통신, 그리고 서신과 우편에 의한 통신까지 모두 포함된다고 볼 수 있다.[122] 특히 감청과 관련되는 것은 전화, 팩스, 메신저와 같은 온라인상의 의사소통기능 등을 통한 대화, 이메일 등의 모든 대화수단이다.[123] 통신비밀보호법에 따르면 "통신"이라 함은 우편물 및 전기통신을 말하며(통신비밀보호법 제2조 제1호), "전기통신"이라 함은 전화 · 전자우편 · 회원제정보서비스 · 모사전송 · 무선호출 등과 같이 유선 · 무선 · 광선 및 기타의 전자적 방식에 의하여 모든 종류의 음향 · 문언 · 부호 또는 영상을 송신하거나 수신하는 것을 말한다(동법 제2조 제3호). 통신의 자유의 보호영역에는 통신내용의 비밀뿐만 아니라,

---

121) 통신의 속성으로서 당사자간의 동의, 비공개성, 당사자수의 비제한성, 당사자의 특정성을 들고 있는 견해로는 황성기, 통신제한조치의 헌법적 한계와 구체적 통제방안, 정보법학 제3호(1999. 12), 107 – 143(110)면.

122) "통신의 주요한 수단인 서신의 당사자나 내용은 본인의 의사에 반하여 공개될 수 없으므로 서신의 검열은 원칙적으로 금지된다고 할 것이다" 헌재 1998. 8. 27, 96헌마398, 판례집 제10권 2집, 416, 427; 황성기 (주 121), 115면.

123) 동지, 김일환, 첨단과학기술사회에서 통신비밀의 헌법상 보호범위와 제한에 관한 고찰, 헌법학연구 제10권 제1호 (2004. 3), 331 – 338(323)면.

통화와 관련된 모든 통신사실에 관한 내용의 비밀이 포함된다.[124]

통신의 비밀은 통신내용의 비밀뿐만 아니라 통신관여자의 인적 동일성 · 통신시간 · 통신장소 · 통신횟수 등 통신으로 발생하는 외형적 사실관계의 비밀을 포함한다.[125]

나. 통신의 자유

통신의 자유를 통하여 국민은 다른 사람과의 정치적, 경제적, 사회적, 문화적인 모든 의사소통이 가능하여지게 되므로 이러한 통신의 자유는 민주주의에 있어서 없어서는 안 되는 가장 기본적인 기본권이라고 할 수 있다.

> **[판례]** 전기통신사업법 제32조의4 제2항 등 위헌확인(이동통신서비스 가입 본인확인 사건)
>
> 헌법 제18조에서는 "모든 국민은 통신의 비밀을 침해받지 아니한다."라고 규정하여 통신의 비밀보호를 그 핵심내용으로 하는 통신의 자유를 기본권으로 보장하고 있다(헌재 2001. 3. 21. 2000헌바25). 심판대상조항은 휴대전화 통신계약을 체결하려는 자, 즉 휴대전화를 통한 문자 · 전화 · 모바일 인터넷 등 통신기능을 사용하고자 하는 자에게 반드시 사전에 본인확인 절차를 거치는 데 동의해야만 이를 사용할 수 있도록 한다. 통신의 자유란 통신수단을 자유로이 이용하여 의사소통할 권리(헌재 2010. 10. 28. 2007헌마890 참조)이고, 이러한 '통신수단의 자유로운 이용'에는 자신의 인적사항을 누구에게도 밝히지 않는 상태로 통신수단을 이용할 자유, 즉 통신수단의 익명성 보장도 포함된다. 따라서 심판대상조항은 익명으로 통신하고자 하는 청구인들의 통신의 자유를 제한한다.
>
> 반면, 심판대상조항이 통신의 비밀을 제한하는 것은 아니다. 통신의 비밀이란 서신 · 우편 · 전신의 통신수단을 통하여 개인 간에 의사나 정보의 전달과 교환(의사소통)이 이루어지는 경우, 통신의 내용과 통신이용의 상황이 개인의 의사에 반하여 공개되지 아니할 자유를 의미한다(헌재 2016. 11. 24. 2014헌바401). 그러나 가입자의 인적사항이라는 정보는 통신의 내용 · 상황과 관계없는

---

124) 동지, 황성기 (주 121), 117면; 김일환 (주 123), 321면; 백윤철, 통신의 자유와 전자적 침해, 헌법학연구 제10권 제1호 (2004. 3). 339–377(345)면.

125) 헌재 2018. 6. 28, 2012헌마191 등, 판례집 제30권 1집 하, 564, 576.

'비 내용적 정보'이며 휴대전화 통신계약 체결 단계에서는 아직 통신수단을 통하여 어떠한 의사소통이 이루어지는 것이 아니므로 통신의 비밀에 대한 제한이 이루어진다고 보기는 어렵다. 또한 전기통신사업법상 통신자료(제83조 제3항)와 통신비밀보호법상 통신사실확인자료(제2조 제11호, 제13조)를 분리하여 이를 취득하려는 수사기관 등에게 각각의 법률에 따른 별도의 요건과 절차를 요구하는 이원적인 규율 체계상, 어느 전화번호의 가입자 인적사항이 공개된다 하여 그것만으로는 개인 간의 의사소통의 존재 여부나 그 내용에 접근할 수는 없다. 따라서 심판대상조항에 의해서는 통신의 비밀이 제한되지 않으며, 오직 인적사항을 밝히지 않는 방식으로 통신수단을 이용할 자유라는 의미에서의 통신의 자유만이 문제된다.

(헌재 2019. 9. 26, 2017헌마1209, 판례집 31-2상, 340, 353)

다. 사생활의 비밀과 자유와의 차이점

103. 통신의 비밀과 사생활의 비밀과 자유의 관계

사생활의 비밀과 자유와의 차이점은 통신의 내용이 단순히 개인적 사생활에 국한되지 않고, 정치, 경제, 사회, 문화 등 公私의 모든 분야와 관련될 수 있다는 점이다. 따라서 통신의 비밀이 반드시 사생활의 비밀과 자유의 특별한 기본권이라고 단정할 수는 없을 것이다.126)

3. 효력과 기본권보호의무

가. 효 력

104. 대국가적 방어권 및 간접적 대사인효력

헌법 제18조의 통신의 비밀 역시 대국가적 방어권으로서 주관적 공권이며, 또한 사법질서에서 통신의 자유가 침해되는 경우 민법상 불법행위를 구성하므로 손해배상책임이 있다고 하겠다. 따라서 통신의 비밀과 자유 역시 민법상의 불법행위조항 등을 통하여 간접적으로 사법질서에서 효력을 가진다고 할 수 있다.

---

126) 이에 반하여 우리 헌법재판소는 통신의 자유를 사생활의 비밀과 자유의 특별한 규정으로 파악하고 헌법이 통신의 자유를 따로 규정하고 있는 것은 그만큼 국가에 의한 침해가능성이 많기 때문이라고 보고 있다. 헌재 2001. 3. 21, 2000헌바25, 판례집 제13권 1집, 652; 역시 사생활의 비밀과 자유와 통신의 자유와의 관계를 일반·특별관계로 파악하고 있는 입장으로는 김일환 (주 123), 319-320면.

나. 기본권보호의무

국가가 통신의 비밀과 자유를 보호하기 위한 목적으로 입법한 법률의 사례로서 통신비밀보호법을 들 수 있다. 입법자가 통신의 비밀을 보호하기 위해서는 불법으로 취득된 타인 간의 대화내용의 공개를 금지할 필요가 있는 반면, 다른 한편으로 이러한 대화내용을 공익상 목적으로 공개할 공개자의 표현의 자유가 과잉하게 침해되지 않도록 양 기본권적 법익 간의 충돌을 잘 조화있게 입법을 해야 한다.

이와 관련하여 헌법재판소는 이렇게 통신의 비밀과 표현의 자유가 충돌할 때에는 양 기본권이 최대한 실현될 수 있도록 실제적 조화의 원리에 따른 해결이 필요하다고 하고 있다.[127]

105. 통신의 비밀과 자유를 보호할 국가의 보호의무 존재

106. 실체적 조화의 원리

> **판례** 헌법 제18조에서는 "모든 국민은 통신의 비밀을 침해받지 아니한다."라고 규정하여 통신의 비밀보호를 그 핵심내용으로 하는 통신의 자유를 기본권으로 보장하고 있다. 통신의 자유를 기본권으로서 보장하는 것은 사적 영역에 속하는 개인간의 의사소통을 사생활의 일부로서 보장하겠다는 취지에서 비롯된 것이다(헌재 2001. 3. 21, 2000헌바25, 판례집 13−1, 652, 658). 이 사건 법률조항이 불법 감청·녹음 등을 통하여 취득한 타인간의 대화내용을 공개·누설하는 경우 그러한 취득행위에는 관여하지 않고 다른 경로를 통하여 그 대화내용을 알게 된 사람이라 하더라도 처벌하는 것은 위와 같이 헌법 제18조에 의하여 보장되는 통신의 비밀을 보호하기 위함이다.
>
> 그러나 이 사건 법률조항은 다른 한편으로는 위법하게 취득한 타인간의 대화내용을 공개하는 자를 처벌함으로써 그 대화내용을 공개하는 자의 표현의 자유를 제한하게 된다. 즉, 위법하게 취득한 타인간의 대화내용이 민주국가에서 여론의 형성 등 공익을 위해 일반에게 공개할 필요가 있는 것이라 하더라도 이 사건 법률조항이 그 대화내용의 공개를 금지함으로써, 이를 공개하려고 하거나 공개한 자는 표현의 자유를 제한받게 되는 것이다. 따라서 이 사건 법률조항에 의하여 대화자의 통신의 비밀과 공개자의 표현의 자유라는 두 기본권이 충돌하게 된다.
>
> 이와 같이 두 기본권이 충돌하는 경우 헌법의 통일성을 유지하기 위하여 상충하는 기본권 모두 최대한으로 그 기능과 효력을 발휘할 수 있도록 조화로운 방법이 모색되어야 하므로, 과잉금지원칙에 따라서 이 사건 법률조항의 목적

---

127) 헌재 2011. 8. 30, 2009헌바42, 판례집 제23권 2집 상, 286, 294.

이 정당한 것인가, 그러한 목적을 달성하기 위하여 마련된 수단이 표현의 자유를 제한하는 정도와 대화의 비밀을 보호하는 정도 사이에 적정한 비례를 유지하고 있는가의 관점에서 심사하기로 한다(헌재 1991. 9. 16, 89헌마165, 판례집 3, 518, 528-529 참조).

(헌재 2011. 8. 30, 2009헌바42, 판례집 23-2상, 286, 294)

판례 통신비밀보호법 제10조 제1항 등 위헌소원

이 사건 법률조항에서 사인이 감청설비를 제조·수입·판매 등을 하기 위해서는 정보통신부장관의 인가를 받도록 규정한 것은 사인에 의한 통신비밀 침해행위를 사전에 예방하기 위한 것이다. 국가기관의 경우에는 감청설비의 보유 및 사용이 당해기관 내·외부기관에 의하여 관리·감독되고, 사인에 대한 통신비밀침해행위를 통제하기 위한 여러 가지 법률적 장치들이 법에 마련되어 있다. 따라서, 국가기관에 대해서는 정보통신부장관의 인가를 요구하는 방식으로 규제할 필요성이 사인에 비하여 현저히 적으며 이러한 규제수단이 적절하다고 하기도 어렵다.

(헌재 2001. 3. 21, 2000헌바25, 판례집 13-1, 652, 652)

4. 제 한

107. 감청행위에 의한 제한

국가가 국민의 이러한 통신을 감청장비 등을 통하여 엿듣고 녹음하는 행위는 통신의 자유에 대한 제한이다. 통신비밀보호법에 따르면 "감청"이라 함은 전기통신에 대하여 당사자의 동의없이 전자장치·기계장치 등을 사용하여 통신의 음향·문언·부호·영상을 청취·공독하여 그 내용을 지득 또는 채록하거나 전기통신의 송·수신을 방해하는 것을 말한다(통신비밀보호법 제2조 제7호).[128] 통신의 자유는 전형적으로 이러한 감청행위에 의하여 제한된다.

108. 헌법 제37조 제2항에 따라 법률로 제한 가능

통신의 자유는 헌법 제18조가 개별적 법률유보를 규정하고 있지 않기 때문에, 헌법 제37조 제2항의 일반적 법률유보에 따라서 국가안전보장·질서유지·공공복리를 위하여 필요한 경우에는 법률로써 제한될 수 있다.

---

[128] 이러한 감청의 정의가 명확성의 원칙에 위반되지 않는다는 판례로 헌재 2004. 11. 25, 2002헌바85, 판례집 제16권 2집, 345.

5. 제한의 한계

통신의 자유에 대한 제한 역시 목적상, 형식상, 방법상, 내용상의 한계를 지켜야 하며, 그 구체적인 내용은 이미 주거의 자유와 사생활의 비밀과 자유 하에서 언급한 내용과 거의 같다.

다만 방법상의 한계와 관련하여 과잉금지의 원칙에 따라서 필요한 최소한의 제한만을 하여야 하므로, 통신의 제한의 여러 가지 형태를 단계화하여 될 수 있으면 가장 낮은 단계부터 사용하고, 그러한 단계만으로는 범죄예방이나 수사 또는 위험방지를 할 수 없을 경우에 다음 단계를 사용하는 방법을 취하여야 할 것이다.

다시 말해서 통신의 자유를 제한하는 형태는 ⅰ) 감청장치를 사용하여, 감청을 실행하는 사람이 엿듣기만 하는 단계, ⅱ) 내용을 녹음하는 단계로 나누어질 수 있다. 만일 녹음을 하지 않고서 청취만으로도 충분한 경우에는 녹음을 하여서는 안 될 것이다. 그리고 범죄와 관련 없는 통화가 이루어지는 경우에는 역시 녹음을 하여서는 안 될 것이다.

또한 통신의 자유의 본질적인 내용이 무엇인가와 관련해서는 통신의 자유도 역시 자유로운 대화와 의사소통을 보장하기 위한 수단이므로, 대화의 내용과 관련하여 본질적인 내용과 그렇지 않은 내용으로 나누어질 수 있을 것인가가 문제된다. 통신의 자유는 통신의 내용을 불문하고 통신의 당사자들이 비밀리에 자유로이 대화할 수 있는 가능성을 보장하는 기본권이다. 즉 통신의 자유는 그것이 개인적 사생활과 관련되어 있든, 아니면 학문적, 예술적, 직업적인 대화이든 그 내용을 불문하고 통신 자체를 보장하는 기본권이라고 보아야 할 것이다. 그러므로 통신의 자유의 제한과 관련하여 본질내용침해금지의 문제는 통신의 자유의 제한을 정당화하는 그 밖의 다른 공익이나 그 위험성을 통신의 자유와 개별적으로 비교·형량하는 과잉금지의 원칙이나 비례의 원칙에 따라서 판단하지 않으면 안 될 것이다.

109. 목적상, 형식상, 방법상, 내용상의 한계 준수

110. 제한의 단계화

111. 제한의 형태

112. 본질내용 침해금지원칙 준수 및 다른 공익과의 비교 형량 필요

6. 헌법재판소 판례

가. 합헌사례

113. 타인 간의 대화를 녹음 또는 청취하여 지득한 대화의 내용을 공개하거나 누설한 자를 처벌하는 조항 합헌

헌법재판소는 공개되지 아니한 타인 간의 대화를 녹음 또는 청취하여 지득한 대화의 내용을 공개하거나 누설한 자를 처벌하는 통신비밀보호법 제16조 제1항 제2호 중 '대화의 내용'에 관한 부분(이하 '이 사건 법률조항')은 사람의 명예가 훼손되었는지 여부와는 무관하게 사적 대화의 비밀 그 자체를 보호함으로써 사생활의 비밀을 보호하는 데 본질이 있다 할 것이므로 형법상 명예훼손행위와 이 사건 법률조항이 금지하는 대화내용의 공개 행위 사이에 비교대상으로 삼을 만한 본질적인 동일성이 있다고 보기 어렵다고 하면서 평등원칙에 위배되지 않으며, 또한 대화의 내용을 공개한 자의 표현의 자유를 과잉하게 침해하는 것은 아니라고 보았다. 이에 대하여 이강국 재판관은 이 사건 법률조항은 불법 감청·녹음 등으로 생성된 정보를 합법적으로 취득한 자가 이를 공개 또는 누설하는 경우에도 그것이 진실한 사실로서 오로지 공공의 이익을 위한 경우에는 이를 처벌하지 아니한다는 특별한 위법성조각사유를 두고 있지 아니하여 상호 충돌하는 기본권 중 통신비밀 등의 보호만을 일방적으로 과도하게 보호하고 표현의 자유 보장을 소홀히 하거나 포기하여 표현의 자유를 지나치게 제한하는 결과가 되었고, 그 범위에서는 헌법에 위반된다고 하면서 한정위헌의 의견을 제시하였다.129)

114. 사인의 감청설비 제조·수입 등 인가원칙 합헌

그리고 사인이 감청설비를 제조·수입·판매 등을 하기 위해서는 정보통신부장관의 인가를 받도록 규정한 통신비밀보호법 제10조 제1항은 사인에 의한 통신비밀 침해행위를 사전에 예방하기 위한 것으로서 이 조항이 국가기관과는 달리 사인만 인가를 받도록 규정하고 있다고 하여 이를 두고 자의적인 차별이라 할 수는 없다고 판시하였다.130)

115. 기타 합헌사례

그 밖에 합헌으로 본 사례로는 미결수용자가 교정시설 내에서 규율위반행위 등을 이유로 금치처분을 받은 경우 금치기간 중 서신수수, 접견, 전화통화를 제한하는 '형의 집행 및 수용자의 처우에 관한 법률' 제

---

129) 헌재 2011. 8. 30, 2009헌바42, 판례집 제23권 2집 상, 286.
130) 헌재 2001. 3. 21, 2000헌바25, 판례집 제13권 1집, 652.

112조 제3항 본문 중 미결수용자에게 적용되는 제108조 제11호 부분('서신수수제한 조항'), 제12호 부분('접견제한 조항'), 제9호 부분('전화통화제한 조항')131), 이동통신서비스 가입시 본인확인제132), 수용자가 작성한 집필문의 외부반출 금지 및 영치133), 교도소장의 수용자 서신 개봉·열람행위134), 온라인서비스제공자의 아동음란물 발견·삭제·전송방지 등 조치 의무135), 징벌혐의 조사를 위한 분리수용 및 처우제한136), (미결)수용자의 서신검열137), 수용자가 국가기관에 서신을 발송할 경우에 교도소장의 허가를 받도록 하는 것138), 금치기간 중 서신수수를 금지139) 등이 있다.

나. 위헌사례

헌법재판소가 통신의 비밀과 자유를 침해한 것으로 본 사례로는 통신비밀보호법상 수사기관에 의한 위치정보 추적자료 요청제도140), 인터넷회선패킷감청제도141), 수용자가 밖으로 내보내는 모든 서신을 봉함하지 않은 상태로 교정시설에 제출하도록 규정하고 있는 '형의 집행 및 수용자의 처우에 관한 법률 시행령' 제65조 제1항142), 통신제한조치기간

116. 위헌 사례

---

131) 헌재 2016. 4. 28, 2012헌마549 등, 판례집 제28권 1집 하, 48. 김이수, 이진성, 강일원 재판관의 이 사건 신문열람제한조항에 대한 반대의견 있음.
132) 헌재 2019. 9. 26, 2017헌마1209, 판례집 제31권 2집 상, 340.
133) 헌재 2016. 5. 26, 2013헌바98, 판례집 제28권 1집 하, 234.
134) 헌재 2021. 9. 30, 2019헌마919, 판례집 제33권 2집, 309.
135) 헌재 2018. 6. 28, 2016헌가15, 판례집 제30권 1집 하, 350: 온라인서비스제공자의 영업수행의 자유, 서비스이용자의 통신의 비밀과 표현의 자유를 침해하지 않음.
136) 헌재 2014. 9. 25, 2012헌마523, 판례집 제26권 2집 상, 551, 560.
137) 헌재 1995. 7. 21, 92헌마144, 판례집 제7권 2집, 94; 헌재 1998. 8. 27, 96헌마398, 판례집 10-2, 416.
138) 헌재 2001. 11. 29, 99헌마713, 판례집 제13권 2집, 739, 739.
139) 헌재 2014. 8. 28, 2012헌마623, 판례집 제26권 2집 상, 381 [기각,각하].
140) 헌재 2018. 6. 28, 2012헌마191 등, 판례집 제30권 1집 하, 564. 통신의 자유와 개인정보자기결정권 침해; 헌재 2018. 6. 28, 2012헌마538, 판례집 제30권 1집 하, 596, 597. 김창종, 서기석, 조용호 재판관의 이 사건 요청조항에 대한 반대의견 있음; 헌재 2022. 7. 21, 2016헌마388 등.
141) 헌재 2018. 8. 30, 2016헌마263, 판례집 제30권 2집, 481.
142) 헌재 2012. 2. 23, 2009헌마333, 판례집 제24권 1집 상, 280. 이동흡 재판관의 이 사건 시행령조항에 대한 한정위헌의견 있음.

연장 무제한 허가제도[143] 등이 있다.

V. 각 기본권 상호 간의 관계

117. 기본권 경합

사생활의 기본권에 속하는 각 기본권들(헌법 제16조, 제17조, 제18조) 상호 간의 관계가 어떠한지가 문제된다.

118. 일반·특별 관계: 특별한 기본권으로 심사

헌법재판소는 통신제한조치기간 연장 무제한 허가제도에 관한 위헌제청사건에서 통신의 비밀은 사생활의 비밀과 자유에 대한 특별한 기본권으로 파악하고 헌법소원청구인이 양 기본권침해를 주장한 경우, 특별한 기본권인 통신의 비밀의 침해여부만을 심사하면 되고 사생활의 비밀과 자유의 침해여부는 검토할 필요가 없다고 보았다.[144]

119. 사생활의 비밀과 통신의 비밀 자유와 동시 심사 사례

이에 비하여 형집행법 제41조 제2항 제1호, 제3호 중 '미결수용자의 접견내용의 녹음·녹화'에 관한 부분에 대한 위헌소원 사건에서는 청구인의 사생활의 비밀과 자유 및 통신의 비밀에 대한 침해 여부를 심사한 후, 침해를 부인한 바 있다.[145] 그러나 이 사건의 경우 접견을 녹음하는 경우에는 헌법 제17조의 사생활의 비밀과 자유가, 그리고 화상접견시스템을 통한 화상접견을 녹음·녹화하는 경우에는 헌법 제18조의 통신의 비밀이 제한되는 것으로 보아 양 기본권의 침해여부를 동시에 심사한 것으로 보인다.

120. 2015년 인구주택총조사 위헌확인 사건

한편 2015년 인구주택총조사 위헌확인 사건에서도 헌법재판소는 청구인의 사생활의 비밀과 자유 및 주거의 자유와 개인정보자기결정권의 침해주장에도 불구하고 개인정보자기결정권의 침해여부만을 심사하여 기각결정을 선고하였다.

---

143) 헌재 2010. 12. 28, 2009헌가30, 판례집 제22권 2집 하, 545, 547(헌법불합치). 적법절차의 원칙에도 위반된다고 하는 조대현 재판관의 별개의견과 이공현, 김희옥, 이동흡 재판관의 반대의견 있음.
144) 헌재 2001. 3. 21, 2000헌바25, 판례집 제13권 1집, 652, 658. 헌재 2010. 12. 28, 2009헌가30, 판례집 제22권 2집 하, 545, 557.
145) 헌재 2016. 11. 24, 2014헌바401, 판례집 제28권 2집 하, 165.

판례 2015년 인구주택총조사 위헌확인(표본조사대상 가구에 대한 방문 면접 조사 사건)

2015 인구주택총조사 조사표의 조사항목들은 성명, 나이, 종교 등과 같은 '가구원에 관한 사항', 가구 구분, 거주기간 등과 같은 '가구에 관한 사항', 거처의 종류, 총 방수 등과 같은 '주택에 관한 사항'으로 구성되어 있는데, 이는 개인의 인격주체성을 특징짓는 사항들로서 독자적으로 또는 결합하여 그 개인의 동일성을 식별할 수 있게 하므로 개인정보자기결정권에 의하여 보호되는 개인 정보에 해당한다. 표본조사 대상으로 선정된 청구인은 정당한 사유가 없는 한, 피청구인이 작성한 2015 인구주택총조사 조사표의 조사항목들에 대한 응답요구에 응할 의무가 있으므로, 심판대상행위는 청구인의 개인정보자기결정권을 제한한다.

청구인은 심판대상행위가 사생활의 비밀과 자유, 주거의 자유도 침해한다고 주장한다. 그런데 청구인이 침해받았다고 주장하는 사생활 및 주거의 평온은 통계의 기초자료가 되는 정보들을 수집하기 위해 표본조사 대상 가구를 방문하여 조사하는 과정에서 부득이하게 발생할 수밖에 없는 것인바, 그것이 독자적으로 기본권 침해를 불러온다고 볼 만한 특별한 사정이 없는 이 사건에서는 위 기본권들에 대해서 따로 판단하지 않는다.

(헌재 2017. 7. 27, 2015헌마1094, 판례집 29-2상, 219, 225)

1. 사생활의 비밀과 자유 및 개인정보자기결정권의 관점

가. 상상적 경합으로 본 사례

우선 헌법재판소가 개인정보자기결정권을 헌법 제10조 제1문에서 도출되는 일반적 인격권 및 헌법 제17조의 사생활의 비밀과 자유에 의하여 보장되는 권리로 파악하고서 사생활의 비밀과 자유 및 개인정보자기결정권, 인격권이 동시에 제한된다고 보고 그 침해여부를 심사한 판례들[146]이 있는데 주로 전자장치(발찌) 부착제와 관련되는 헌법소원에서이다.

121. 주로 전자장치 부착제 관련 헌법소원

---

146) 헌재 2020. 11. 26, 2016헌마738, 판례집 제32권 2집, 522, 531. 헌재 2012. 12. 27, 2010헌가82 등, 판례집 제24권 2집 하, 281: 사생활의 비밀과 자유, 개인정보자기결정권, 인격권. 헌재 2015. 9. 24, 2015헌바35, 공보 제228호, 1444, 1447(위치추적 전자장치 부착명령 소급 청구 사건).

> **판례** 이 사건 전자장치부착조항은 피부착자의 위치와 이동경로를 실시간으로 파악하여 피부착자를 24시간 감시할 수 있도록 하고 있으므로 피부착자의 사생활의 비밀과 자유를 제한하며, 피부착자의 위치와 이동경로 등 '위치 정보'를 수집, 보관, 이용한다는 측면에서 개인정보자기결정권도 제한한다.
>
> 한편 전자장치를 강제로 착용하게 함으로써 피부착자는 옷차림이나 신체활동의 자유가 제한되고, 24시간 전자장치 부착에 의한 위치 감시 그 자체로 모욕감과 수치심을 느낄 수 있으므로 헌법 제10조로부터 유래하는 인격권을 제한한다.
>
> 그러므로 이 사건 전자장치부착조항에 의하여 제한받는 피부착자의 기본권은 사생활의 비밀과 자유, 개인정보자기결정권 및 인격권이다.
>
> (헌재 2012. 12. 27, 2011헌바89, 판례집 24-2하, 364, 379)

> **판례** 전자장치 부착은 위치와 이동경로를 실시간으로 파악하여 피부착자를 24시간 감시할 수 있도록 하고 있으므로 피부착자의 사생활의 비밀과 자유를 제한하고, 피부착자의 위치 정보를 수집·보관·이용할 수 있도록 한다는 측면에서 개인정보자기결정권도 제한하며, 24시간 전자장치 부착에 의한 위치 감시로 모욕감과 수치심을 느낄 수 있게 하므로 인격권을 제한한다(헌재 2012. 12. 27. 2010헌가82 등 참조).
>
> (헌재 2015. 9. 24, 2015헌바35, 공보 제228호, 1444, 1447.)

> **판례** 전자장치부착법의 부착명령은 피부착자의 위치와 이동경로를 실시간으로 파악하여 피부착자를 24시간 감시할 수 있도록 하고 있으므로 피부착자의 사생활의 비밀과 자유를 제한하고, 아울러 피부착자의 '위치와 이동경로에 관한 정보'를 수집, 보관, 이용한다는 측면에서 개인정보자기결정권도 제한하며, 피부착자의 인격권을 제한한다(헌재 2012. 12. 27, 2011헌바89, 판례집 24-2하, 364, 379).
>
> (헌재 2013. 7. 25, 2011헌마781, 판례집 25-2상, 274, 282)

122. 청소년성보호법상 신상공개제도

또한 헌법재판소는 청소년성보호법상 신상공개제도와 관련해서는 일반적 인격권과 사생활의 비밀과 자유를 동시에 제한하는 것으로 보았다.

> 판례 신상공개제도는 국가가 개인의 신상에 관한 사항 및 청소년의 성매수 등에 관한 범죄의 내용을 대중에게 공개함으로써 개인의 일반적 인격권을 제한하며, 한편 사생활의 비밀에 해당하는 사항을 국가가 일방적으로 공개하는 것이므로, 이는 일반적 인격권과 사생활의 비밀의 자유를 제한하는 것이라 할 것이다.
> (헌재 2003. 6. 26, 2002헌가14, 판례집 15-1, 624, 642)

그리고 누범가중조항 및 전자발찌 조항 사건[147]에서는 사생활의 비밀과 자유, 개인정보자기결정권, 인격권이 모두 제한된다고 보았다.

123. 누범가중조항 및 전자발찌 조항 사건

> 판례 이 사건 전자장치부착조항은 전자장치가 부착된 자(이하 '피부착자'라 한다)의 위치와 이동경로를 실시간으로 파악하여 피부착자를 24시간 감시할 수 있도록 하고 있으므로 피부착자의 사생활의 비밀과 자유를 제한하며, 피부착자의 위치와 이동경로 등 '위치 정보'를 수집, 보관, 이용한다는 측면에서 개인정보자기결정권도 제한한다.
> 한편 전자장치를 강제로 착용하게 함으로써 피부착자는 옷차림이나 신체활동의 자유가 제한되고, 24시간 전자장치 부착에 의한 위치 감시 그 자체로 모욕감과 수치심을 느낄 수 있으므로 헌법 제10조로부터 유래하는 인격권을 제한한다.
> (헌재 2012. 12. 27, 2010헌바187, 판례집 24-2하, 325, 337)

이동통신서비스 가입 본인확인제 사건에서 헌법재판소는 통신의 자유와 개인정보자기결정권을 상상적 경합관계로 보고 그 침해여부를 모두 심사하였다.[148]

124. 이동통신서비스 가입 본인확인제 사건

> 판례 이 사건의 쟁점은 결국 심판대상조항이 가입자의 개인정보를 제공해야만 휴대전화 통신계약을 체결할 수 있게 한다는 측면에서 통신의 자유와, 개인정보의 수집 범위와 처리절차 측면에서 개인정보자기결정권을 침해하는지 여부이다.
> (헌재 2019. 9. 26, 2017헌마1209, 판례집 31-2상, 340, 354)

---

147) 헌재 2012. 12. 27, 2010헌바187, 판례집 제24권 2집 하, 325.
148) 헌재 2019. 9. 26, 2017헌마1209, 판례집 제31권 2집 상, 340, 354.

나. 일반 · 특별관계로 본 사례

그에 반하여 인간존엄권, 행복추구권, 인격권을 비롯하여 사생활의 비밀과 자유는 개인정보 자기결정권의 헌법적 근거로 거론되는 것들로서, 특별한 사정이 없는 이상 개인정보자기결정권에 대한 침해 여부를 판단함으로써 위 기본권들의 침해 여부에 대한 판단이 함께 이루어지므로 그 침해 여부를 별도로 심사하지 않은 판례들149)도 있어 기본권 경합과 관련하여 헌법재판소의 입장에는 다소 불안정한 모습이 나타나고 있다. 인터넷상 청소년유해매체물 이용자에 대한 본인확인제 사건150)에서도 마찬가지로 개인정보자기결정권 침해여부만 심사하였다.

> **판례** 주민등록법 제17조의8 등 위헌확인(주민등록법시행령 제33조 제2항)
>
> 청구인들은 심판대상인 이 사건 시행령조항 및 경찰청장의 보관 등 행위에 의하여 침해되는 기본권으로서 인간의 존엄과 가치, 행복추구권, 인격권, 사생활의 비밀과 자유 등을 들고 있으나, 위 기본권들은 모두 개인정보자기결정권의 헌법적 근거로 거론되는 것들로서 청구인들의 개인정보에 대한 수집 · 보관 · 전산화 · 이용이 문제되는 이 사건에서 그 보호영역이 개인정보자기결정권의 보호영역과 중첩되는 범위에서만 관련되어 있다고 할 수 있으므로, 특별한 사정이 없는 이상 개인정보자기결정권에 대한 침해 여부를 판단함으로써 위 기본권들의 침해 여부에 대한 판단이 함께 이루어지는 것으로 볼 수 있어 그 침해 여부를 별도로 다룰 필요는 없다고 보인다.
>
> (헌재 2005. 5. 26, 99헌마513 등, 판례집 17-1, 668, 684)

---

149) 헌재 2005. 5. 26, 99헌마513 등, 판례집 제17권 1집, 668, 684; 헌재 2012. 7. 26, 2010헌마446; 헌재 2014. 7. 24, 2013헌마423 등; 헌재 2014. 8. 28, 2011헌마28 등, 판례집 제26권 2집 상, 337: 디엔에이감식시료의 채취 및 디엔에이신원확인정보 수집 · 이용 관련조항 사건. 이에 관해서는 위 제10절. II. 5. 참조. 따름 판례로 헌재 2020. 5. 27, 2017헌마1326, 판례집 제32권 1집 하, 384. 이석태, 이영진, 김기영 재판관의 반대의견 있음; 헌재 2015. 4. 30, 2013헌마81, 판례집 제27권 1집 하, 66, 73; 헌재 2015. 7. 30, 2014헌마340 등, 판례집 제27권 2집 상, 370; 헌재 2017. 5. 25, 2016헌마786; 헌재 2020. 3. 26, 2018헌마77 등, 판례집 제32권 1집 상, 268 (변호사시험 합격자 명단 공고 사건).

150) 헌재 2015. 3. 26, 2013헌마354, 판례집 제27권 1집 상, 312. 마찬가지로 헌재 2015. 7. 30, 2014헌마340 등, 판례집 제27권 2집 상, 370. 헌재 2016. 9. 29, 2015헌마913; 헌재 2017. 5. 25, 2016헌마141.

이에 반하여 거짓이나 그 밖의 부정한 방법으로 보조금을 교부받거나 보조금을 유용하여 어린이집 운영정지, 폐쇄명령 또는 과징금 처분을 받은 어린이집에 대하여 그 위반사실을 공표하도록 한 구 영유아보육법 제49조의3 제1항 제1호에 대한 헌법소원심판에서는 청구인이 사생활의 비밀과 자유 및 헌법 제10조로부터 도출되는 소위 '망각할 권리'의 침해도 동시에 주장했음에도 불구하고, 인격권과 개인정보자기결정권 침해여부를 중심으로 심사하였다.

`판례` 한편 청구인은 심판대상조항이 헌법 제10조로부터 도출되는 망각할 권리와 헌법 제17조의 사생활의 비밀과 자유를 침해한다고 주장하나, 심판대상조항과 가장 밀접하고 주된 기본권인 인격권 및 개인정보자기결정권 침해 여부에 관하여 판단하는 이상 이에 관하여는 별도로 판단하지 아니한다.

(헌재 2022. 3. 31, 2019헌바520, 공보 제306호, 522, 526)

2. 통신의 비밀과 자유의 관점

가. 개인정보자기결정권과의 경합

통신의 비밀과 자유의 기본권은 사생활의 비밀과 자유나 개인정보자기결정권과 흔히 경합될 수 있는 가능성이 많다고 보인다. 실제로 헌법소원심판이 청구된 경우 헌법재판소가 어떠한 기본권을 기준으로 심사하였는지를 살펴볼 필요가 있다.

우선 수사기관 등에 의한 통신자료 제공요청 사건의 경우 일응 통신의 비밀과 자유와 가장 밀접하게 관련될 것으로 보임에도 헌법재판소는 영장주의, 명확성의 원칙, 과잉금지원칙 및 적법절차원칙에 위배하여 개인정보자기결정권을 침해하였는지만을 심사한 후 헌법불합치결정[151]을 선고하였다. 헌법재판소는 개인정보자기결정권이 통신의 비밀에 비하여 특별한 기본권이라고 본 것이 아닌가 생각된다.

126. 인격권과 개인정보자기결정권 별도심사 사례

127. 통신의 비밀·자유, 사생활의 비밀·자유, 개인정보자기결정권의 경합

128. 수사기관 등에 의한 통신자료 제공요청 사건

---

151) 헌재 2022. 7. 21, 2016헌마388의 결정문에 의하면 2022헌마105, 2022헌마110 청구인들은 그 침해도 주장하였다.

나. 변호인의 조력을 받을 권리와의 경합

129. 교도소장
의 서신 개봉·
열람행위에 대
한 헌법소원

교도소장의 서신 개봉·열람행위에 대한 헌법소원에서 헌법재판소
는 주로 변호인의 조력을 받을 권리의 관점에서만 심사를 하였다.

> 판례 형의 집행 및 수용자의 처우에 관한 법률 시행령 제65조 제2항 위헌확인
> 등(교도소장이 수용자의 변호인이 수용자에게 보낸 서신을 개봉한 후 교부한
> 행위 등에 관한 위헌소원 사건)
>
> 청구인은 이 사건 서신개봉행위가 통신비밀의 자유를 침해한다고도 주장한
> 다. 그러나 그 내용을 살펴보면 청구인은 미결수용자의 일반 서신 개봉 문제
> 를 다투는 것이 아니라 미결수용자와 변호인 사이의 서신 개봉 문제를 쟁점으
> 로 하고 있다. 변호인의 조력을 받을 권리의 주요 내용은 신체구속을 당한 사
> 람과 변호인 사이의 충분한 접견교통을 허용하여야 한다는 것으로, 이는 교통
> 내용에 대한 비밀보장과 부당한 간섭의 배제를 포괄하며(헌재 1995. 7. 21. 92
> 헌마144 참조), 청구인의 주장은 위와 같은 의미의 변호인의 조력을 받을 권리
> 침해에 관한 것이라고 볼 수 있으므로, 통신비밀의 자유 침해 여부에 대하여는
> 별도로 판단하지 아니한다.
>
> (헌재 2021. 10. 28, 2019헌마973, 판례집 33-2, 508, 515)

다. 사생활의 비밀과 자유와의 경합

(1) 일반·특별관계로 본 사례

130. 교도소장
의 서신개봉·
열람행위 헌법
소원사건

헌법재판소는 교도소장의 서신개봉·열람행위로 인하여 청구인의
사생활의 비밀과 자유 및 통신의 비밀이 침해되었다고 주장하는 헌법소
원사건에서 통신의 비밀이 사생활의 비밀과 자유에 대하여 특별한 기본
권이라고 보고 통신의 비밀의 침해여부만을 심사하였다.

> 판례 수용자 서신 개봉·열람 행위 위헌확인(수용자 서신 개봉·열람행위 사건)
>
> 청구인은 피청구인의 서신개봉행위가 통신의 자유를 침해함과 동시에 사생
> 활의 비밀과 자유도 침해한다는 취지로 주장한다. 그러나 사생활의 비밀과 자
> 유에 포섭될 수 있는 사적 영역에 속하는 통신의 자유는 헌법이 제18조에서
> 별도의 기본권으로 보장하고 있으므로, 통신의 자유 침해 여부를 판단하는 이
> 상 사생활의 비밀과 자유 침해 여부에 관하여는 별도로 판단하지 아니한다(헌
> 재 2010. 12. 28, 2009헌가30; 헌재 2019. 9. 26, 2017헌마1209 참조).

청구인은 피청구인의 서신개봉행위가 공정한 재판을 받을 권리 및 개인정보
자기결정권을 침해한다고도 주장한다. 그러나 피청구인은 청구인에게 온 서신
을 개봉하였을 뿐, 청구인의 재판상 권리 행사에 영향을 미칠 의사로 서신의
내용을 열람하거나 청구인의 동일성을 식별할 수 있게 하는 정보를 수집·보
관하였다고 볼 근거가 없으므로, 피청구인의 서신개봉행위로 인해 청구인의
공정한 재판을 받을 권리 및 개인정보자기결정권이 제한된다고 볼 수 없다.

따라서 이하에서는 피청구인의 서신개봉행위가 청구인의 통신의 자유를 침
해하는지 여부에 관하여 살펴보기로 한다.

(헌재 2021. 9. 30, 2019헌마919, 판례집 33-2, 309, 315)

판례 전기통신사업법 제32조의4 제2항 등 위헌확인(이동통신서비스 가입 본
인확인 사건)

청구인들은 사생활의 비밀과 자유도 제한된다고 주장하나, 사생활의 비밀과
자유에 포섭될 수 있는 사적 영역에 속하는 통신의 자유는 헌법이 제18조에서
별도의 기본권으로 보장하고 있고, 개인정보의 제공으로 인한 사생활의 비밀
과 자유가 제한되는 측면은 개인정보자기결정권의 보호영역과 중첩되는 범위
에서 관련되어 있다. 따라서 심판대상조항이 청구인들의 통신의 자유, 개인정
보자기결정권을 침해하는지 여부를 판단하는 이상 사생활의 비밀과 자유 침해
여부에 관하여는 별도로 판단하지 아니한다(헌재 2015. 3. 26, 2013헌마354; 헌
재 2018. 6. 28, 2012헌마191 등 참조).

청구인들은 그 외에도 휴대전화 단말기와 가입자의 인적사항이 연결됨으로
써 휴대전화로 생성된 위치정보, 아이피(IP) 주소 등 인터넷 접속 정보를 파악
할 수 있는 길이 열리게 되어 사생활의 자유가 제한된다고 주장한다. 그러나
심판대상조항은 본인확인을 거친 후에는 더 이상의 개인정보 수집이나 보관을
의무화하는 규정이 아니며, 이동통신서비스 가입자의 개인정보가 통신에 관한
각종 정보와 연결될 수 있다는 가능성이 있다고 하여 그것만으로 본인의 통신
이용 상황과 내용이 수사기관 등 제3자에 의하여 파악될 것이라고 단정할 수
는 없다. 심판대상조항이 휴대전화 위치정보의 수집이나 아이피(IP) 주소 등
정보의 수집·보관의무를 부과하는 것도 아니다. 청구인들의 위와 같은 주장
을 이유로 한 사생활의 비밀과 자유의 제한 문제는 심판대상조항으로 인하여
발생하는 것이 아니다.

(헌재 2019. 9. 26, 2017헌마1209, 판례집 31-2상, 340, 354)

(2) 상상적 경합으로 본 사례

131. 인터넷회선 감청 위헌확인 사건

그러나 인터넷회선 감청 위헌확인[152] 사건의 경우 헌법재판소는 통신의 비밀과 자유뿐만 아니라 사생활의 비밀과 자유도 제한되는 것으로 보고서 양 기본권의 침해여부에 대하여 심사하기도 하였다.

> **판례** 헌법 제18조는 '모든 국민은 통신의 비밀을 침해받지 아니한다.'라고 규정하여 통신의 비밀 보호를 그 핵심내용으로 하는 통신의 자유를 기본권으로 보장하고 있다. 이 사건 법률조항은 현대 사회에 가장 널리 이용되는 의사소통수단인 인터넷 통신망을 통해 송·수신하는 전기통신에 대한 감청을 범죄수사를 위한 통신제한조치의 하나로 정하고 있으므로, 일차적으로 헌법 제18조가 보장하는 통신의 비밀과 자유를 제한한다.
>
> 헌법 제17조에서 보장하는 사생활의 비밀이란 사생활에 관한 사항으로 일반인에게 아직 알려지지 아니하고 일반인의 감수성을 기준으로 할 때 공개를 원하지 않을 사항을 말한다. 감시, 도청, 비밀녹음, 비밀촬영 등에 의해 다른 사람의 사생활의 비밀을 탐지하거나 사생활의 평온을 침입하는 행위, 사적 사항의 무단 공개 등은 타인의 사생활의 비밀과 자유의 불가침을 해하는 것이다. 인터넷회선 감청은 해당 인터넷회선을 통하여 흐르는 모든 정보가 감청 대상이 되므로, 이를 통해 드러나게 되는 개인의 사생활 영역은 전화나 우편물 등을 통하여 교환되는 통신의 범위를 넘는다. 더욱이 오늘날 이메일, 메신저, 전화 등 통신뿐 아니라, 각종 구매, 게시물 등록, 금융서비스 이용 등 생활의 전 영역이 인터넷을 기반으로 이루어지기 때문에, 인터넷회선 감청은 타인과의 관계를 전제로 하는 개인의 사적 영역을 보호하려는 헌법 제18조의 통신의 비밀과 자유 외에 헌법 제17조의 사생활의 비밀과 자유도 제한하게 된다.
>
> 따라서 인터넷회선 감청도 범죄수사를 위한 통신제한조치 허가 대상으로 정한 이 사건 법률조항이 과잉금지원칙에 반하여 피의자 또는 피내사자와 같은 대상자뿐만 아니라 이용자들의 통신 및 사생활의 비밀과 자유를 침해하는지 여부에 대하여 본다.
>
> (헌재 2018. 8. 30, 2016헌마263, 판례집 30-2, 481, 496)

132. 교도소장이 수용자의 대화와 접견내용을 녹음·녹화하는 행위

그리고 교도소장이 수용자의 대화와 접견내용을 녹음·녹화하는 행위도 통신의 비밀 및 사생활의 비밀과 자유를 모두 제한한다고 보고

---

152) 헌재 2018. 8. 30, 2016헌마263, 판례집 제30권 2집, 481, 496.

서 양 기본권의 침해여부를 모두 심사하였다.[153)]

라. 개인정보자기결정권 및 사생활의 비밀과 자유의 경합

헌법재판소는 통신비밀보호법상 위치정보추적자료 제공요청조항의 경우 개인정보자기결정권과 통신의 자유는 상상적으로 경합한다고 본 데 비하여, 통신의 자유는 사생활의 비밀과 자유에 대하여 특별한 기본권이라고 봄으로써 사생활의 비밀과 자유의 기본권침해 여부에 대해서는 심사를 배제하였다.[154)]

133. 통신비밀
보호법상 위치
정보추적자료
제공요청조항

마. 표현의 자유 및 사전검열금지와 예술창작의 자유

수용자가 작성한 집필문의 외부반출을 규정한 '형의 집행 및 수용자의 처우에 관한 법률' 제49조 제3항에 대한 위헌소원사건에서 청구인은 통신의 자유 외에도 표현의 자유 또는 예술창작의 자유와 사전검열금지의 침해를 주장하였다. 그러나 헌법재판소는 이 사건에서 제한되는 기본권은 통신의 자유로만 보고서 그 침해여부를 심사한 후 합헌결정을 선고하였다.[155)]

134. 수용자가
작성한 집필문
의 외부반출
관련 사건

끝으로 우리 헌법재판소는 헌법 제10조의 행복추구권으로부터 일반적 인격권을 도출해 내고 있는데, 이 일반적 인격권에 포함되는 많은 생활영역이 사실은 우리 헌법 제17조의 사생활의 비밀과 자유의 보호영역에 포함되는 내용임은 이미 제3절 행복추구권에서 언급한 바 있다. 그러므로 앞으로 헌법재판소는 사생활의 비밀과 자유라고 하는 특별한 기본권에 의하여 보호가 가능한 생활영역들은 모두 헌법 제17조에 포섭을 시켜 적용하는 쪽으로 판례를 변경해야 할 것이라고 생각된다.

135. 사생활과
관련되는 일반
적 인격권은 헌
법 제17조의 보
호영역으로

---

153) 헌재 2016. 11. 24, 2014헌바401, 판례집 제28권 2집 하, 165, 174.
154) 헌재 2018. 6. 28, 2012헌마191 등, 판례집 제30권 1집 하, 564, 576.
155) 헌재 2016. 5. 26, 2013헌바98, 판례집 제28권 1집 하, 234, 241.

제 21 절 재판청구권

I. 재판청구권의 의의

1. 헌법 제27조

헌법 제27조는 "① 모든 국민은 헌법과 법률이 정한 법관에 의하여 법률에 의한 재판을 받을 권리를 가진다. ② 군인 또는 군무원이 아닌 국민은 대한민국의 영역 안에서는 중대한 군사상 기밀·초병·초소·유독음식물공급·포로·군용물에 관한 죄 중 법률이 정한 경우와 비상계엄이 선포된 경우를 제외하고는 군사법원의 재판을 받지 아니한다. ③ 모든 국민은 신속한 재판을 받을 권리를 가진다. 형사피고인은 상당한 이유가 없는 한 지체 없이 공개재판을 받을 권리를 가진다. ④ 형사피고인은 유죄의 판결이 확정될 때까지는 무죄로 추정된다. ⑤ 형사피해자는 법률이 정하는 바에 의하여 당해 사건의 재판절차에서 진술할 수 있다."고 규정하고 있다.

2. 무죄추정의 원칙

이 가운데 제4항을 무죄추정의 원칙이라 하는데 이것은 신체의 자유 하에서 이미 다루었다.[1]

3. 헌재 판례

헌법재판소에 의하면 재판청구권은 재판절차를 규율하는 법률과 재판에서 적용될 실체적 법률이 모두 합헌적이어야 한다는 의미에서의 법률에 의한 재판을 받을 권리뿐만 아니라, 비밀재판을 배제하고 일반국민의 감시 하에서 심리와 판결을 받음으로써 공정한 재판을 받을 수 있는 권리를 포함하고 있다.[2]

4. 재판청구권의 의의

요컨대 재판청구권은 독립된 법관에 의하여 헌법과 법률에 의거하여 양심에 따라 적법하고도 공정하며 신속하게 공개적으로 재판을 받을 수 있는 권리를 보장함으로써 침해된 권리의 구제와 보호의 실효성을 기하기 위한 절차적 기본권이라고 할 수 있다.

---

1) 제2장, 제10절, III, 6. 참조.
2) 헌재 1996. 12. 26, 94헌바1, 판례집 제8권 2집, 820.

Ⅱ. 재판청구권의 법적 성격

재판청구권은 재판이라는 국가적 행위를 청구할 수 있는 적극적인 측면과 또한 헌법과 법률이 정한 법관이 아닌 자에 의한 재판 및 법률에 의하지 아니한 재판을 받지 아니할 수 있는 방어적 측면을 가지고 있다. 그리고 법치국가에 있어서 없어서는 안 되는 사법절차의 제도적 보장으로서 객관적 질서의 측면을 가지고 있다. 다시 말하면 국민이 재판을 받을 권리를 실현하기 위해서는 국가, 특히 입법자가 재판과 관련한 조직과 절차를 포함하는 제도들을 구체적으로 잘 형성해서 갖추어 놓지 않으면 안 된다. 그러한 측면에서 재판을 받을 권리는 입법자에 의한 구체적 형성을 필요로 하는 권리라 할 수 있다.

5. 적극적, 방어적 측면 및 객관적 질서로서의 측면

그리고 이 재판을 받을 권리는 일반적으로 국가에 의하여 보장된 기본권이나 권리들을 공권력이나 사인에 의하여 침해 받은 경우, 그 구제를 받기 위한 절차적 기본권이라 할 수 있다. 즉 이 재판을 받을 권리는 다른 실체적 권리가 침해되거나 침해될 우려가 있는 경우 그 권리의 구제와 보호를 받기 위한 절차적 기본권이라 할 수 있다. 그러므로 국민이 공권력이나 제3자에 의하여 권리침해를 받은 경우 국가에게 적극적으로 그 구제를 청구할 수 있는 적극적인 청구권으로서의 의미를 지니는 한편, 국가에 의하여 헌법과 법률이 정한 법관에 의하지 않은, 그리고 공정하지 않은 재판을 받지 않을 권리의 측면도 가지기 때문에 그러한 의미에서는 상당부분 방어권으로서의 측면도 동시에 가지고 있다고 할 수 있다.

6. 절차적 기본권

Ⅲ. 재판청구권의 보호영역과 내용

헌법 제27조가 보장하는 재판을 받을 권리의 내용과 보호영역은 우선 ⅰ)일반적인 재판을 받을 권리(재판청구권)의 측면과, 또한 개별적으로는 ⅱ) 법관에 의한 재판을 받을 권리. ⅲ) 법률에 의한 재판을 받을 권리, ⅳ) 신속한 재판을 받을 권리. ⅴ) 공개재판을 받을 권리, ⅵ) 공

7. 내용과 보호영역

정한 재판을 받을 권리, vii) 형사피해자의 재판절차진술권으로 나누어
서 보호영역을 고찰해 볼 수 있다.

1. 일반적인 재판을 받을 권리

가. 보호영역

8. 재판을 청구
할 수 있는 권
리

국민은 헌법과 법률이 정한 법관에 의하여 법률에 의한 재판을 받
을 권리를 가진다. 이 권리의 적극적인 의미는 국가에 재판을 청구할 수
있는 권리이고 소극적 의미는 헌법과 법률이 정한 재판을 제외하고는
재판을 받지 않을 권리이다.

9. 헌법 제27조
제1항에 대한
헌법재판소의
분석

헌법재판소는 헌법 제27조 제1항 전단 부분인 "헌법과 법률이 정한
법관에 의하여" 재판을 받을 권리라 함은 헌법과 법률이 정한 자격과
절차에 의하여 임명되고(헌법 제104조, 법원조직법 제41조 내지 제43조), 물적
독립(헌법 제103조)과 인적독립(헌법 제106조, 법원조직법 제46조)이 보장된
법관에 의한 재판을 받을 권리를 의미한다고 보고 있다. 나아가 후단의
"법률에 의한" 재판을 받을 권리라 함은 법관에 의한 재판은 받되 법대
로의 재판 즉 절차법이 정한 절차에 따라 실체법이 정한 내용대로 재판
을 받을 권리를 보장하자는 취지라고 보고 있으며, 재판에 있어서 법관
이 법대로가 아닌 자의(恣意)와 전단에 의하는 것을 배제한다는 것이지
여기에서 곧바로 상고심재판을 받을 권리가 발생한다고 보기는 어렵다
고 본다. 즉 "재판이란 사실확정과 법률의 해석적용을 본질로 함에 비추
어 법관에 의하여 사실적 측면과 법률적 측면의 한 차례의 심리검토의
기회는 적어도 보장되어야 할 것이며, 또 그와 같은 기회에 접근하기 어
렵도록 제약이나 장벽을 쌓아서는 안 된다고 할 것으로, 만일 그러한 보
장이 제대로 안되면 재판을 받을 권리의 본질적 침해의 문제가 생길 수
있다고 할 것이다. 그러나 모든 사건에 대해 똑같이 세 차례의 법률적
측면에서의 심사의 기회의 제공이 곧 헌법상의 재판을 받을 권리의 보
장이라고는 할 수 없을 것이다."라는 것이다.3)

---

3) 헌재 2002. 2. 28, 2001헌가18, 판례집 제14권 1집, 98; 헌재 2000. 6. 29, 99헌가9,
판례집 제12권 1집, 753; 헌재 1998. 12. 24, 94헌바46, 판례집 제10권 2집, 842,

현행법에 따를 때 재판을 받을 권리의 유형에는 민사·형사·행정·헌법재판을 받을 권리가 있다. 헌법재판을 받을 권리는 재판청구권의 파생이다.4) 그러나 대법원의 재판을 받을 권리가 재판청구권에 반드시 포함되는 것은 아니다. 마찬가지로 헌법재판소는 상소심재판을 받을 권리가 재판을 받을 권리에 당연히 포함되는 것은 아니며, 상소를 할 수 있는지, 상소이유를 어떻게 규정해야 할 것인지 하는 등의 문제는 모두 입법정책의 문제라고 보고 있다.5)

10. 상소심재판을 받을 권리가 당연히 포함되는 것은 아님

그 밖에 헌법재판소는 국민참여재판을 받을 권리6), 합의부에 의한 재판을 받을 권리7), 재심청구권8), 피고인 스스로 치료감호를 청구할 수 있는 권리나, 법원으로부터 직권으로 치료감호를 선고받을 수 있는 권리9) 등도 역시 마찬가지로 재판청구권의 보호영역에 당연히 포함되는 것은 아니라고 보고 있다.

11. 그 밖에 국민참여재판을 받을 권리 등 포함 안됨

850; 헌재 1995. 9. 28, 92헌가11 등, 판례집 제7권 2집, 264, 278; 헌재 1993. 11. 25, 91헌바8, 판례집 제5권 2집, 396, 396; 헌재 1992. 6. 26, 90헌바25, 판례집 제4권, 343, 350. 변정수 재판관의 반대의견 있음.

4) 헌재 1993. 5. 13, 92헌가10 등, 판례집 제5권 1집, 226, 246.

5) 헌재 2004. 12. 16, 2003헌바105, 판례집 제16권 2집 하, 505, 512; 헌재 2004. 12. 16, 2003헌바105, 판례집 제16권 2집 하, 505, 513; 헌재 2002. 6. 27, 2002헌마18, 공보 제70호, 594, 595; 헌재 2002. 5. 30, 2001헌마781, 판례집 제14권 1집, 555; 헌재 1996. 3. 28, 93헌바27, 판례집 제8권 1집, 179, 187; 헌재 1993. 11. 25, 91헌바8, 판례집 제5권 2집, 396; 헌재 1992. 6. 26, 90헌바25, 판례집 제4권, 343.

6) 헌재 2009. 11. 26, 2008헌바12; 헌재 2014. 1. 28, 2012헌바298, 판례집 제26권 1집 상, 99; 헌재 2015. 7. 30, 2014헌바447, 판례집 제27권 2집 상, 270; 헌재 2016. 12. 29, 2015헌바63; 헌재 2015. 7. 30, 2014헌바447, 판례집 제27권 2집 상, 270, 270; 헌재 2021. 9. 30, 2019헌바510; 헌재 2022. 1. 27, 2020헌바537 등.

7) 헌재 2021. 8. 31, 2020헌바357, 4. 이에 반하여 특정범죄가중법 조항의 적용을 받는 피고인에 대한 합의부 관할 배제조항에 대하여 이를 재판을 받을 권리에 대한 제한으로 받아들이고 이러한 단독판사와 합의부간의 사물관할 배분이 입법형성의 자유를 벗어나 재판청구권을 침해한 것으로 볼 수 없다고 본 판례로는 헌재 2019. 7. 25, 2018헌바209 등, 공보 제274호, 843, 853.

8) 헌재 2003. 1. 30, 2001헌바95, 판례집 제15권 1집, 69, 76; 헌재 1996. 10. 31, 94헌바3, 판례집 제8권 2집, 466, 474−475; 헌재 1993. 11. 25, 91헌바8, 판례집 제5권 2집, 396, 404−405.

9) 헌재 2021. 1. 28, 2019헌가24 등, 판례집 제33권 1집, 1; 헌재 2010. 4. 29, 2008헌마622, 판례집 제22권 1집 하, 126.

나. 제 한

12. 법원에의
접근제한 및 소
송제기의 제한

우선 법원에의 접근 자체를 제한하거나 방해하는 것은 일반적인 재판청구권에 대한 제한이라고 할 수 있다. 여기에는 가령 출소기간의 제한, 상소의 제한, 재판상 화해 간주 등 법원에 소송제기 자체를 하지 못하게 하거나 일정한 요건을 결부시키는 모든 제한 내지 제약들이 이에 해당된다고 할 수 있다.

다. 제한의 한계

13. 과잉금지원
칙

일반적인 재판청구권에 대한 제한이나 법원에 대한 접근 제한 역시 헌법 제37조 제2항의 과잉금지원칙의 적용을 받는다.

(1) 침해 인정 사례

① 제소금지규정

14. 각종 제소
금지 규정들

재임용에서 탈락한 사립대학 교원의 권리구제절차를 형성하면서 분쟁의 당사자이자 재심절차의 피청구인인 학교법인에게는 교원소청심사특별위원회의 재심결정에 대하여 소송으로 다투지 못하게 한 '대학교원 기간임용제 탈락자 구제를 위한 특별법' 제9조 제1항[10]), 재심결정에 대하여 교원에게만 행정소송을 제기할 수 있도록 하고 학교법인에게는 이를 금지한 교원지위향상을위한특별법 제10조 제3항[11]), 이의신청 및 심사청구를 거치지 아니하고서는 지방세 부과처분에 대하여 행정소송을 제기할 수 없도록 한 지방세법 제78조 제2항[12])의 경우 헌법재판소는 제소 자체를 하지 못하도록 한 것이기 때문에 재판청구권을 침해했다고 보았다.

② 상소의 제기 또는 상소권회복청구권의 전면적 봉쇄

15. 적법절차원
칙과 동시에 재
판청구권 침해

반국가행위자의 처벌에 관한 특별조치법 제5조 등 및 헌법재판소법 제41조 등에 대한 헌법소원사건에서 헌법재판소는 재판청구권이 곧바로 모든 사건에서 상고심 또는 대법원의 재판을 받을 권리를 인정하는 것이라고 보기는 어렵다 하더라도, 형사재판에서 피고인이 중죄를 범한

---

10) 헌재 2006. 4. 27, 2005헌마1119, 판례집 제18권 1집 상, 631.
11) 헌재 2006. 2. 23, 2005헌가7 등, 판례집 제18권 1집 상, 58(판례변경).
12) 헌재 2001. 6. 28, 2000헌바30, 판례집 제13권 1집, 1326.

중죄인이라거나 외국에 도피 중이라는 이유만으로 상소의 제기 또는 상
소권회복청구를 전면 봉쇄하는 것은 적법절차원칙과 동시에 재판청구권
을 침해한 것이다.[13]

③ 재판상 화해 또는 합의 간주조항

헌법재판소는 "국가배상법 제16조 중 심의회의 배상결정은 신청인
이 동의한 때에는 민사소송법의 규정에 의한 재판상의 화해가 성립된
것으로 본다."라는 부분[14]이 청구인의 재판청구권을 침해한다고 보았는
데, 그 가장 핵심적인 이유는 배상결정절차에 있어서 심의회의 제3자
성·독립성이 희박한 점, 심의절차의 공정성·신중성도 결여되어 있는
점, 심의회에서 결정되는 배상액이 법원의 그것보다 하회하는 점, 신청
인의 배상결정에 대한 동의에 재판청구권을 포기할 의사까지 포함되는
것으로 볼 수 없는 점 등을 들었다. 이러한 점들을 종합하여 볼 때 심판
대상 법률조항이 입법목적을 달성하기 위하여 동의된 배상결정에 재판
상의 화해와 같은 강력하고 최종적인 효력까지 부여하여 재판청구권을
제한하는 것은 헌법 제37조 제2항의 과잉금지원칙에 위반될 뿐만 아니
라, 사법작용인 분쟁해결권한을 법관으로 구성되는 사법부에 귀속시키
고 법관에 의한 재판을 청구할 수 있는 기본권을 보장하는 헌법의 정신
에도 부합하지 않는다고 본 것이다.[15]

또한 학교안전사고 예방 및 보상에 관한 법률 제37조 등 위헌제청
사건에서도 헌법재판소는 "공제회는 공제급여 지급결정을 둘러싼 법률
상 분쟁에 있어 재심사청구인과 마찬가지로 일방당사자에 지나지 않으
므로, 공제회 역시 공제급여의 존부 및 범위에 관하여 법관에 의하여 재
판을 받을 기회를 보장받음으로써 재결의 효력에서 벗어날 수 있어야
한다. 재심사청구인이 학교안전사고로 피해를 입은 자로서 그 권리를
두텁게 보호받아야 할 지위에 있다고 하더라도, 이것이 곧 분쟁의 상대
방인 공제회의 법원에 대한 접근을 제한하는 이유는 될 수 없다."[16]고

16. 심의회의
배상결정에 대
한 재판상 화해
간주

17. 학교안전공
제회가 재심사
청구인 간 재결
내용과 동일한
합의 성립 간주
조항

13) 헌재 1993. 7. 29, 90헌바35, 판례집 제5권 2집, 14, 15, 31.
14) 헌재 1995. 5. 25, 91헌가7, 판례집 제7권 1집, 598.
15) 헌재 1995. 5. 25, 91헌가7, 판례집 제7권 1집, 598, 612.
16) 헌재 2015. 7. 30, 2014헌가7, 판례집 제27권 2집 상, 16, 37.

하면서 학교안전사고에 대한 공제급여결정에 대하여 학교안전공제중앙
회 소속의 학교안전공제보상재심사위원회가 재결을 행한 경우 재심사청
구인이 공제급여와 관련된 소를 제기하지 아니하거나 소를 취하한 경우
에는 학교안전공제회와 재심사청구인 간에 당해 재결 내용과 동일한 합
의가 성립된 것으로 간주하는 '학교안전사고 예방 및 보상에 관한 법률'
제64조[17]는 공제회의 재판청구권을 침해한다고 보았다.

18. '정신적 손해에 관한 부분에 대하여 재판상 화해 간주

한편 헌법재판소가 구 광주민주화운동관련자보상등에관한법률 제
16조 제2항 위헌제청 사건[18]에서 명시적으로 재판청구권의 침해는 언
급하지 않았지만 '5·18민주화운동과 관련하여 입은 피해' 중 '정신적
손해'에 관한 부분에 대하여 재판상 화해가 이루어진 것으로 간주함으
로써 심판대상조항이 5·18보상법상 보상금 등의 성격과 중첩되지 않는
정신적 손해에 대한 국가배상청구권의 행사를 금지한 것은 국가배상청
구권을 침해한다고 확인한 바 있다. 그러나 이 사건에서도 동시에 재판
청구권의 침해까지 확인했어야 하는 것 아닌가 한다.

④ 상속회복청구권 행사의 제척기간

19. 진정상속인에게 너무 가혹한 결과

헌법재판소는 민법 제999조 제2항 및 구 민법 제999조에 의하여
준용되는 민법 제982조 제2항 중 상속회복청구권의 행사기간을 상속 개
시일로부터 10년으로 제한한 것[19]은 진정상속인의 재판청구권을 박탈
하는 것으로서 과잉금지원칙에 위반된다고 보았다. 즉 "진정상속인은
상속개시일부터 10년 이내에 등기, 분할, 처분 등의 권리행사를 반드시
하여야 하고 만일 그 권리행사를 하지 않던 중 상속재산에 대한 침해가
있었다면 역시 반드시 위 10년의 기간 내에 회복하여야 하며 일단 그
기간이 경과하기만 하면 진정상속인의 귀책사유나 참칭상속인의 선의,
악의를 불문하고 설사 침해가 그 기간 경과 후에 있어도 일방적으로 진
정상속인은 그 권리를 상실하게 된다. 이것은 진정상속인에게 너무 가
혹한 결과를 가져오고 특히 침해가 상속개시일부터 10년이 경과된 이후
에 발생한 경우에는 권리를 회복할 수 있는 방법이 재판상 불가능하게

---

17) 헌재 2015. 7. 30, 2014헌가7, 판례집 제27권 2집 상, 16.
18) 헌재 2021. 5. 27, 2019헌가17, 판례집 제33권 1집, 521.
19) 헌재 2001. 7. 19, 99헌바9 등, 판례집 제13권 2집, 1.

된다. 그렇게 되는 결과 상속개시 후 10년이 경과되기 전에는 상속권의 침해가 없다가 그 기간 경과 후 침해가 있는 경우 상속회복청구권은 발생하기도 전에 소멸해 버리고 참칭상속인은 침해행위를 한 순간 이 사건 법률조항에 의하여 상속개시시에 소급하여 권리를 취득하게 되는 도저히 받아들이기 어려운 기이한 결론에 이르게 된다."는 것이다.[20]

⑤ 소송비용 관련 출정제한

청구인이 출정하기 이전에 여비를 납부하지 않았거나 출정비용과 영치금과의 상계에 미리 동의하지 않았다는 이유로 출정제한행위를 한 것은, 피청구인에 대한 업무처리지침 내지 사무처리준칙인 '민사재판 등 소송 수용자 출정비용 징수에 관한 지침'을 위반하여 청구인이 직접 재판에 출석하여 변론할 권리를 침해한 것으로서, 형벌의 집행을 위하여 필요한 한도를 벗어났다고 보았다.[21]

⑥ 항고권 제한

금융기관의 연체대출금에 관한 경매절차에 있어서 경락허가결정에 대하여 항고를 하고자 하는 자에게 담보로서 경락대금의 10분의 5(법률 제2153호의 제5조의2는 10분의 3)에 해당하는 현금 등을 공탁하게 하고, 항고장에 담보의 공탁이 있는 것을 증명하는 서류를 첨부하지 아니한 때에는 원심법원이 항고장을 접수한 날로부터 7일 내에 각하결정을 하여야 하며, 위 각하결정에 대하여 즉시항고를 할 수 없도록 규정한 특별조치법 제5조의2는 합리적 근거없이 금융기관에게 차별적으로 우월한 지위를 부여하여 경락허가결정에 대한 항고를 하고자 하는 자에게 과다한 경제적 부담을 지게 함으로써 특히 자력이 없는 항고권자에게 부당하게 재판청구권인 항고권을 제한하는 내용의 것이라 아니할 수 없는 것이므로 헌법 제11조 제1항, 제27조 제1항 및 제37조 제2항에 위반된다고 보았다.[22]

20. 형벌의 집행을 위하여 필요한 한도를 벗어남

21. 금융기관의 연체대금에 관한 특별조치법 제5조의2 위헌심판

---

20) 헌재 2001. 7. 19, 99헌바9 등, 판례집 제13권 2집, 1, 11.
21) 헌재 2012. 3. 29, 2010헌마475, 판례집 제24권 1집 상, 615, 624.
22) 헌재 1989. 5. 24, 89헌가37 등, 판례집 제1권, 48, 58. 한병채 재판관의 반대의견 있음.

⑦ 기 타

그 밖에 헌법재판소는 수증자가 증여자의 채무를 인수한 것이 틀림 없는 경우라도 배우자 또는 직계존·비속간의 증여라 하여 당해 채무액 을 공제하지 아니하고 다만 예외적으로 직업·성별·연령·소득 및 재 산상태 등으로 보아 채무를 변제할 능력이 있다고 객관적으로 인정되는 수증자가 국가·지방자치단체 기타 대통령령으로 정하는 금융기관 등의 채무 또는 재판상 확정되는 채무를 인수한 경우에 한하여 이를 재산가 액에서 공제한다는 상속세법 제29조의4 제2항23)은 결국 실지조사와 쟁 송의 번거로움을 피하고 편리한 세금징수의 방법만을 강구한 나머지 조 세형평이나 국민의 기본권 보장은 도외시한 채 오직 조세행정의 편의만 을 위주로 하여 제정된 매우 불합리한 법률이고 기본권 경시와 행정편 의주의 및 획일주의의 정도가 지나쳐 평등권, 재산권, 재판청구권 등 중 대한 기본권을 제한함으로써 얻어지는 공익과 제한되는 기본권사이에 합리적인 비례관계가 유지되었다고 볼 수 없다는 이유로 위헌이라고 보 았다.24)

(2) 침해 부인 사례

① 제소의 금지 또는 제척기간 등 권리행사기간 제한 규정

헌법재판소는 소송이나 상소 혹은 항고 등을 금지하고 있는 소송법 조항에 대하여 재판청구권을 침해하는 것은 아니라고 본 사례들이 많이 있다.

그러한 사례로서 재판에 대한 헌법소원을 배제하고 있는 헌법재판 소법 제68조 제1항 본문 중 "법원의 재판을 제외하고는" 부분25)을 들 수 있다.

다음으로 상고, 항소, 항고 등에 대하여 제한을 하고 있는 조항에 대하여 재판청구권침해를 부인한 사례들로서 우선 형사소송법 사례로서

---

23) 헌재 1992. 2. 25, 90헌가69 등, 판례집 제4권, 114, 120.
24) 헌재 1992. 2. 25, 90헌가69 등, 판례집 제4권, 114, 124. 조규광, 이시윤 재판관의 반대의견 있음.
25) 헌재 2012. 7. 26, 2011헌마728, 공보 제190호, 1453; 헌재 2009. 3. 26, 2006헌마 1133, 공보 제150호, 725; 헌재 1997. 12. 24, 96헌마172 등, 판례집 제9권 2집, 842.

는 사실오인 또는 양형부당을 이유로 원심판결에 대한 상고를 할 수 있는 경우를 사형, 무기, 10년 이상의 징역 또는 금고형을 선고받은 자만이 상고할 수 있도록 하고 그보다 낮은 형을 선고받은 자가 상고하는 것을 허용하지 않고 있는 형사소송법 제383조 제1호, 제4호[26], 소송기록접수통지를 받은 후 일정한 기간 내 항소이유서를 제출하지 아니한 경우 항소기각결정을 하도록 규정하고 있는 형사소송법 제361조의4 제1항[27], 항고를 제한하고 있는 형사소송법 제262조 제2항[28], 상소기간을 재판서 송달일이 아닌 재판선고일로부터 계산하는 형사소송법 제343조 제2항[29] 등이 있다.

그리고 법관에 대한 징계처분 취소청구소송을 대법원의 단심재판에 의하도록 한 구 법관징계법 제27조[30]에 대한 합헌결정 역시 유사한 사례에 포함시킬 수 있다. 26. 구 법관징계법 제27조

다음으로 민사소송법 사례로서는 소액사건에 대하여 상고의 이유를 제한하는 소액사건심판법 제3조[31], 재정신청기각결정에 대하여 재항고, 즉, 즉시항고는 허용되고 보통항고는 허용되지 않는 것[32], 민사소송법 제391조 중 '소송비용에 관한 재판에 대하여는 독립하여 항소하지 못한다.' 부분[33], 소송기록접수통지를 받은 후 20일의 기간 내에 상고이유서를 제출하지 아니한 경우 판결로 상고를 기각하도록 한 민사소송법 제429조 본문[34], 민사소송법 제370조 제1항이 당사자신문에 임하여 선 27. 민소법 사례

---

26) 헌재 2012. 5. 31, 2010헌바90 등, 판례집 제24권 1집 하, 378; 헌재 2015. 9. 24, 2012헌바798, 판례집 제27권 2집 상, 620; 헌재 2018. 1. 25, 2016헌바272, 판례집 제30권 1집 상, 78; 헌재 2020. 3. 26, 2018헌바202.

27) 헌재 2005. 3. 31, 2003헌바34, 판례집 제17권 1집, 363.

28) 헌재 1996. 10. 31, 94헌바3, 판례집 제8권 2집, 466, 467.

29) 헌재 1995. 3. 23, 92헌바1, 판례집 제7권 1집, 358.

30) 헌재 2012. 2. 23, 2009헌바34, 판례집 제24권 1집 상, 80.

31) 헌재 2012. 12. 27, 2011헌마161, 공보 제195호, 197; 헌재 2011. 6. 30, 2010헌바395, 판례집 제23권 1집 하, 404; 헌재 2009. 2. 26, 2007헌마1388, 4; 헌재 2009. 2. 26, 2007헌마1433, 공보 제149호, 506, 506; 헌재 2005. 3. 31, 2004헌마933; 헌재 2001. 9. 27, 2000헌바93; 헌재 1995. 10. 26, 94헌바28, 판례집 제7권 2집, 464, 468-470; 헌재 1992. 6. 26, 90헌바25, 판례집 제4권, 343, 348-353.

32) 헌재 1996. 10. 31, 94헌바3; 헌재 2011. 11. 24, 2008헌마578 등; 헌재 2020. 9. 24, 2019헌바48, 6.

33) 헌재 2010. 3. 25, 2008헌마510, 공보 제162호, 730.

서한 당사자가 거짓 진술을 한 때에는 과태료에 처한다고만 규정하고 있을 뿐 '상대방 당사자가 법원에 대하여 거짓 진술한 당사자를 과태료에 처할 것을 신청할 권리'를 포함하여 규정하지 아니한 것(이른바 부진정입법부작위)[35], 특별항고사유를 한정하고 있는 민사소송법 제449조 제1항[36], 소송비용에 대한 독립적인 상소를 제한하는 민사소송법 제361조[37], 집행관의 집행처분에 대한 이의 재판에 대하여 통상항고를 허용하지 않는 민사집행법 제16조 제1항[38], 민사소송법 제393조가 부대항소인의 동의 없는 항소인의 항소취하를 허용하는 것[39] 등도 재판청구권 침해를 부인한 사례들이다.

28. 제(출)소기간 제한조항

한편 제(출)소기간 제한조항에 대한 합헌 사례로서 우선 형사소송법 사건으로는 정식재판 청구기간을 '약식명령의 고지를 받은 날로부터 7일 이내'로 정하고 있는 형사소송법 제453조 제1항 중 피고인에 관한 부분[40], 비용보상청구권의 제척기간을 무죄판결이 확정된 날부터 6개월로 규정한 구 형사소송법 제194조의3 제2항[41], 제1심의 형사판결에 대한 항소제기기간을 판결선고 후 7일 이내로 정하고 있는 형사소송법 제343조 제2항 및 제358조[42] 등을 들 수 있다.

29. 사법(私法)조항에 대한 합헌사례

또한 마찬가지로 사법(私法)조항에 대한 합헌사례로서는 가령 '신주를 발행한 날로부터 6월' 내로 제소기간을 제한하고 있는 상법 제429조[43], 특허무효심결에 대한 소는 심결의 등본을 송달받은 날부터 30일 이내에 제기하도록 한 특허법 제186조 제3항[44], 출소기간을 제한하고 있는 회사정리법 제149조[45] 등을 들 수 있다.

---

34) 헌재 2008. 10. 30, 2007헌마532, 판례집 제20권 2집 상, 1180.

35) 헌재 2008. 9. 25, 2007헌바23, 판례집 제20권 2집 상, 496.

36) 헌재 2007. 11. 29, 2005헌바12, 판례집 제19권 2집, 559.

37) 헌재 1996. 2. 29, 92헌바8, 판례집 제8권 1집, 98.

38) 헌재 2011. 10. 25, 2010헌바486 등, 판례집 제23권 2집 하, 26.

39) 헌재 2005. 6. 30, 2003헌바117, 판례집 제17권 1집, 897.

40) 헌재 2013. 10. 24, 2012헌바428, 판례집 제25권 2집 하, 224. 김이수, 이진성, 강일원, 서기석 재판관의 반대의견 있음; 헌재 2016. 4. 28, 2015헌바184.

41) 헌재 2015. 4. 30, 2014헌바408 등, 판례집 제27권 1집 하, 1.

42) 헌재 2007. 11. 29, 2004헌바39, 판례집 제19권 2집, 548.

43) 헌재 2020. 3. 26, 2017헌바370, 판례집 제32권 1집 상, 220.

44) 헌재 2018. 8. 30, 2017헌바258, 판례집 제30권 2집, 346.

그리고 상속회복청구권의 행사기간을 상속 개시일로부터 10년으로 제한한 구 민법 제999조 제2항에 대하여 헌법재판소가 위헌선언[46]한 후 입법자의 개정에 따라, "상속회복청구권은 그 침해를 안 날부터 3년, 상속권의 침해행위가 있는 날부터 10년을 경과하면 소멸된다."고 규정하고 있는 민법 제999조 제2항에 대하여 헌법재판소는 합헌으로 보았다.[47]

30. 위헌결정
에 따라 개정된
민법 제999조
제2항

한편 과세표준신고서를 제출한 자에 대하여 과세표준 등에 대한 경정을 청구할 수 있도록 한 것(경정청구제도)[48], 경정청구기간을 법정신고기한이 지난 후 3년 이내로 정하고 있는 구 국세기본법 제45조의2 제1항 본문 중 "법정신고기한이 지난 후 3년 이내" 부분[49], 중앙토지수용위원회의 재결에 대하여 이의를 신청하는 경우 1월의 이의신청기간을 규정한 토지수용법 제73조 제2항[50], 구 지가공시및토지등의평가에관한법률 제8조 제1항이 표준지공시지가에 관하여 그 이의신청기간을 '공시일로부터 60일 이내'의 기간으로 규정하고 있는 것[51], 토지수용위원회의 수용재결서를 받은 날로부터 60일 이내에 보상금증감청구소송을 제기하도록 한 '공익사업을 위한 토지 등의 취득 및 보상에 관한 법률' 제85조 제1항 전문 중 관련 부분[52], 노동위원회에 대한 부당해고 구제신청을 부당해고가 있었던 날로부터 3개월 이내에 하도록 규정한 근로기준법 제28조 제2항[53] 등도 권리행사기간 제한규정에 대하여 합헌으로 본 사례들이다.

31. 경정청구제
도 등

---

45) 헌재 1996. 8. 29, 95헌가15, 판례집 제8권 2집, 1.
46) 헌재 2001. 7. 19, 99헌바9 등, 판례집 제13권 2집, 1, 11.
47) 헌재 2010. 7. 29, 2005헌바89, 판례집 제22권 2집 상, 212; 헌재 2009. 9. 24, 2008헌바2, 공보 제156호, 1713; 헌재 2008. 7. 31, 2006헌바110, 공보 제142호, 1064; 헌재 2002. 11. 28, 2002헌마134, 판례집 제14권 2집, 756; 상속회복청구권에 대하여 단기의 제척기간을 규정하고 있는 민법 제999조 제2항을 적용함에 있어 공동상속인을 참칭상속인의 범위에 포함시키는 것에 대해서는 헌재 2006. 2. 23, 2003헌바38 등, 판례집 제18권 1집 상, 97. 송인준 재판관의 반대의견 있음.
48) 헌재 2009. 5. 28, 2006헌바104, 판례집 제21권 1집 하, 529.
49) 헌재 2016. 10. 27, 2015헌바195 등, 판례집 제28권 2집 상, 579.
50) 헌재 2002. 11. 28, 2002헌바38, 판례집 제14권 2집, 689.
51) 헌재 1996. 10. 4, 95헌바11, 판례집 제8권 2집, 354.
52) 헌재 2016. 7. 28, 2014헌바206, 공보 제238호, 1206.
53) 헌재 2012. 2. 23, 2011헌마233, 공보 제185호, 521.

32. 재정신청제 도

한편 재정신청권자를 '고발을 한 후보자와 정당(중앙당에 한함) 및 해당 선거관리위원회'로 제한하고, 재정신청 대상범죄에 공직선거법 제 243조 위반죄를 포함하지 아니한 구 공직선거법 제273조 제1항[54], 재정 신청기간에 관한 형사소송법 부칙 제5조 제3항 중 "이 법 시행 전에 대 검찰청에 재항고가 계속중인 사건의 경우에는 재항고기각결정을 통지받 은 날부터 10일 이내" 부분[55] 역시 합헌으로 보았다.

② 심리불속행제도

33. 상고심절차 에 관한 특례법 등

다음으로 심리불속행제도에 대하여 헌법재판소는 전반적으로 합헌 으로 보고 있다. 즉 '상고심절차에 관한 특례법' 제4조 제1항[56], 심리불 속행 상고기각판결을 할 수 있도록 하고 이 경우 이유 기재를 생략할 수 있도록 규정한 구 '상고심절차에 관한 특례법' 제4조 제1항 및 제5조 제1항 중 제4조에 관한 부분[57], 재항고 사건에 대하여 심리불속행 조항 중 일부만을 준용하는 '상고심절차에 관한 특례법' 제7조[58], 상고이유 제한 및 상고허가제를 규정한 구 소송촉진등에관한특례법 제11조 및 제 12조[59] 등이 그것이다.

---

54) 헌재 2015. 2. 26, 2014헌바181, 판례집 제27권 1집 상, 195.
55) 헌재 2009. 6. 25, 2008헌마259, 판례집 제21권 1집 하, 900.
56) 헌재 2012. 8. 23, 2012헌마367, 공보 제191호, 1666; 헌재 2012. 5. 31, 2010헌마 625 등, 공보 제188호, 1128.
57) 헌재 2010. 12. 28, 2009헌바410, 공보 제171호, 172; 헌재 2012. 7. 26, 2011헌마 728, 공보 제190호, 1453; 헌재 2012. 11. 29, 2012헌마388, 공보 제194호, 1910; 헌 재 2011. 12. 29, 2010헌마344, 판례집 제23권 2집 하, 893; 헌재 2009. 4. 30, 2007 헌마589, 판례집 21-1하, 379; 헌재 2008. 5. 29, 2007헌마1408, 공보 제140호, 846; 헌재 2007. 7. 26, 2006헌마1447 등; 헌재 2007. 7. 26, 2006헌마551 등, 판례 집 제19권 2집, 164; 헌재 2006. 7. 27, 2006헌마466; 헌재 2006. 4. 27, 2004헌마 441; 헌재 2006. 3. 30, 2005헌마462 등; 헌재 2005. 9. 29, 2005헌마567, 공보 제 108호, 1060; 헌재 2002. 11. 28, 2002헌마459; 헌재 2002. 5. 30, 2001헌마781, 판례 집 제14권 1집, 555; 헌재 2001. 2. 22, 99헌마461, 판례집 제13권 1집, 328; 헌재 1997. 10. 30, 97헌바37 등, 판례집 제9권 2집, 502; 헌재 1998. 2. 27, 96헌마92, 공 보 제26호, 257.
58) 헌재 2012. 3. 29, 2010헌마693, 공보 제186호, 722.
59) 헌재 1995. 1. 20, 90헌바1, 판례집 제7권 1집, 1. 상고심리불속행제도에 대하여 사 실상 상고허가제를 도입한 변형적인 입법에 불과하다고 하면서 헌법재판소의 합 헌적 입장에 대하여 비판적 견해로는 성낙인, 헌법학, 법문사 2023, 1614면.

③ 재심청구나 재심제기기간 등 제한

재심청구나 재심제기기간 등 제한조항에 대하여 합헌으로 판단한
사례들 역시 많이 있다.

우선 민사소송법 사례들로서는 가령 '판결에 영향을 미칠 중요한
사항에 관하여 판단을 누락한 때'를 재심사유로 규정한 민사소송법 제
451조 제1항 제9호[60], 판결에 영향을 미칠 중요한 사항에 관하여 판단
누락이 있는 경우에도 당사자가 상소에 의하여 그 사유를 주장하였거나
이를 알고도 주장하지 아니한 때에는 재심을 제기할 수 없도록 해석되
는 민사소송법 제451조 제1항 제9호 조항 부분[61], 국가의 부동산 소유
권 취득이 점유취득시효의 완성에 따른 것으로 정당하다는 법원의 판결
이 확정된 후 그 부동산이 개인의 소유로 밝혀진 경우를 민사소송법상
재심사유로 규정하지 않은 민사소송법 제451조 제1항[62], 재심사유를 알
고도 주장하지 아니한 때에 재심의 소를 제기할 수 없도록 규정한 민사
소송법 제451조 제1항 단서[63], 동일한 이유로 다시 재심을 청구하는 것
을 금지하는 형사소송법 제434조 제2항[64], 친생자관계 존부 확인의 소
의 확정판결에 대한 재심을 민사소송법에서 정한 재심제기 기간 안에
제기하도록 한 구 민사소송법 제426조[65], 청구인들에게 관할청의 이사
선임처분에 대해 재심을 요청할 권리를 부여하지 아니한 것[66], 상소에
의하여 주장하였던 사유를 재심사유로 하여 재심의 소를 제기할 수 없
도록 규정한 민사소송법 제451조 제1항 제9호 중 "상소에 의하여 그 사
유를 주장하였거나" 부분[67], 재심사유를 한정하여 규정하고 있는 형사
소송법 제420조[68], 과학기술의 발전으로 인해 기존의 확정판결에서 인

---

60) 헌재 2016. 12. 29, 2016헌바43, 판례집 제28권 2집 하, 574.
61) 헌재 2012. 12. 27, 2011헌바5; 헌재 2013. 6. 27, 2012헌바414; 헌재 2014. 1. 28,
   2013헌바54; 헌재 2017. 6. 29, 2017헌바55; 헌재 2017. 7. 27, 2016헌바455; 헌재
   2019. 2. 28, 2016헌바457, 7.
62) 헌재 2009. 10. 29, 2008헌바101, 판례집 제21권 2집 하, 218.
63) 헌재 2015. 12. 23, 2015헌바273.
64) 헌재 2020. 2. 27, 2017헌바420, 판례집 제32권 1집 상, 56.
65) 헌재 2018. 12. 27, 2017헌바472, 판례집 제30권 2집, 729.
66) 헌재 2013. 5. 30, 2010헌바292, 공보 제200호, 614.
67) 헌재 2012. 12. 27, 2011헌바5, 판례집 제24권 2집 하, 354.
68) 헌재 2011. 6. 30, 2009헌바430, 판례집 제23권 1집 하, 377.

정된 사실과는 다른 새로운 사실이 드러난 경우를 민사소송법상 재심의
사유로 인정하고 있지 않는 민사소송법 제451조 제1항 제7호 및 동조
제2항 중 '제7호' 부분[69], 재심사유를 한정적으로 규정하고 있는 민사소
송법 제451조 제1항[70], 재심사유를 정하면서 화해의 합의가 없는 경우
를 제외한 민사소송법 제431조[71] 등이 있다.

36. 형사소송법
사례

다음으로 형사소송법 사례로서 소송기록접수통지를 받은 후 일정
한 기간 내 상고이유서를 제출하지 않은 경우 상고기각결정을 하도록
규정하고 있는 형사소송법 제380조[72]이 있으며, 또한 헌법재판소법 사
례로서 헌법재판소법 제68조 제2항에 의한 헌법소원을 청구하여 인용된
자에게만 재심청구를 인정하는 헌법재판소법 제75조 제7항[73]이 있다.

④ 주민투표소송배제

37. 주민투표소
송 배제

주민투표소송배제조항에 대하여 헌법재판소는 합헌으로 보았다. 즉
중·저준위 방사성폐기물 처분시설의 유치 여부에 관한 주민투표가 발
의된 지역의 주민이 아닌 사람들에게 국가정책사항에 관한 주민투표에
있어서 주민투표소송을 배제하도록 규정한 주민투표법 제8조 제4항 중
제25조, 제26조 제1항, 제2항의 규정을 적용하지 아니하도록 한 부분[74]
이 그것이다.

⑤ 소송요건에 관한 규정

38. 소송요건에
관한 규정

다음으로 소송요건을 갖추지 못한 경우 부적법·각하 결정을 하게
되는데, 이러한 소송요건에 관한 소송법 규정들에 대하여 합헌으로 판
단한 사례들로서 우선 헌법재판소법 관련 사례로서는 헌법소원심판에
있어 반드시 변호사를 대리인으로 선임하도록 규정하고 있는 헌법재판
소법 제25조 제3항(변호사강제주의)[75], 헌법소원심판청구의 적법요건 중

---

69) 헌재 2009. 4. 30, 2007헌바121, 판례집 제21권 1집 하, 158.
70) 헌재 2004. 12. 16, 2003헌바105, 판례집 제16권 2집 하, 505.
71) 헌재 1996. 3. 28, 93헌바27, 판례집 제8권 1집, 179, 180.
72) 헌재 2004. 11. 25, 2003헌마439, 판례집 제16권 2집 하, 425.
73) 헌재 2000. 6. 29, 99헌바66, 판례집 제12권 1집, 848.
74) 헌재 2009. 3. 26, 2006헌마99, 판례집 제21권 1집 상, 565.
75) 헌재 2010. 3. 25, 2008헌마439, 판례집 제22권 1집 상, 524; 헌재 2004. 4. 29, 2003
　　헌마532; 헌재 2001. 9. 27, 2001헌마152, 판례집 제13권 2집, 447; 헌재 1990. 9. 3,
　　89헌마120, 판례집 제2권, 288.

의 하나로 권리보호이익을 요구하는 것과, 기본권의 침해가 있은 날로
부터 180일 이내에 헌법소원을 제기하도록 한 헌법재판소법 제69조 제1
항 본문76), 헌법재판소법 제68조 제2항에 의한 헌법소원심판의 청구기
간을 규정하고 있는 헌법재판소법 제69조 제2항77), 헌법재판소법 제68
조 제1항 본문 중 "기본권을 침해받은" 부분78) 등이 있다.

    그리고 행정소송법 관련 사례로는 항고소송의 대상인 처분의 개념   39. 행소법 사
(제2조 제1항 제1호)79) 역시 합헌으로 보았다. 그리고 필요적 행정심판 등 례
전치주의에 관해서도 합헌으로 본 사례들이 많이 있다. 가령 자동차운
전학원에 대한 행정처분에 대하여 필요적 행정심판 전치주의를 택한 구
도로교통법 제101조의380), 주세법에 따른 의제주류판매업면허의 취소처
분에 대한 행정소송에 관하여 필요적 행정심판전치주의를 규정한 국세
기본법 제56조 제2항 중 '주세법 제8조 제4항 제1호에 따른 의제주류판
매업면허의 취소처분'에 관한 부분81), 교원에 대한 징계처분에 관하여
재심청구를 거치지 아니하고서는 행정소송을 제기할 수 없도록 한 국가
공무원법 제16조 제2항 중 교원에 대한 부분82), 중앙토지수용위원회의
재결에 불복하는 경우 반드시 이의신청을 거치도록 한 토지수용법 제73
조 제1항83), 산업재해보상보험법상의 보험급여결정에 대한 행정소송을
제기하기 위하여 심사청구 · 재심사청구의 행정심판을 거치도록 한
것84), 지방공무원이 면직처분에 대해 불복할 경우 행정소송 제기에 앞
서 반드시 소청심사를 거치도록 한 지방공무원법 제20조의2 중 '제67조
에 따른 처분'에 관한 부분(필요적 소청심사 전치주의)85) 등이 그것이다.

---

76) 헌재 2001. 9. 27, 2001헌마152, 판례집 제13권 2집, 447.
77) 헌재 2003. 2. 27, 2001헌마461, 공보 제78호, 256, 257.
78) 헌재 2005. 5. 26, 2004헌마671, 판례집 제17권 1집, 785.
79) 헌재 2009. 4. 30, 2006헌바66, 판례집 제21권 1집 하, 80. "이 사건 법률조항은 국
    민의 효율적인 권리구제를 어렵게 할 정도로 입법재량권의 한계를 벗어났다고
    단정할 수 없다(89).
80) 헌재 2008. 10. 30, 2007헌바66, 판례집 제20권 2집 상, 830; 헌재 2002. 10. 31,
    2001헌바40, 판례집 제14권 2집, 473.
81) 헌재 2016. 12. 29, 2015헌바229, 판례집 제28권 2집 하, 498.
82) 헌재 2007. 1. 17, 2005헌바86, 판례집 제19권 1집, 54.
83) 헌재 2002. 11. 28, 2002헌바38, 판례집 제14권 2집, 689.
84) 헌재 2000. 6. 1, 98헌바8, 판례집 제12권 1집, 590.

⑥ 소취하 간주 등

다음으로 소취하 간주 규정이나 중재신청 철회 간주 규정에 대해서
도 합헌으로 보고 있다. 즉 항소심 기일에 2회 불출석한 경우 항소취하
간주를 규정한 민사소송법 제268조 제4항 중 같은 조 제2항을 준용하는
부분86), 집행절차에서 배당에 대한 이의를 신청한 채권자가 이의소송의
최초 변론기일에 출석하지 아니한 때에는 소를 취하한 것으로 보도록
한 민사소송법 제596조87), 배당기일에 이의한 사람이 배당이의의 소의
첫 변론기일에 출석하지 아니한 때에는 소를 취하한 것으로 보도록 한
민사집행법 제158조88), 민사소송의 당사자가 2회에 걸쳐 기일에 불출석
하고 그로부터 1개월 이내에 기일지정신청이 없는 경우 소가 취하된 것
으로 간주하는 민사소송법 제268조 제1항 및 제2항89) 등과, 중재신청인
이 중재기일에 1회 불출석하는 경우 중재신청을 철회한 것으로 간주하
는 정기간행물의등록등에관한법률 제18조 제5항90)이 그것이다.

⑦ 재판상 화해 간주

헌법재판소는 재판상 화해 간주조항에 대하여 대체로 합헌결정을
선고한 것이 많이 있다. 즉 보상금 등의 지급결정에 동의한 때에는 특수
임무수행 등으로 인하여 입은 피해에 대하여 재판상 화해가 성립된 것
으로 보는 '특수임무수행자 보상에 관한 법률' 제17조의291), 특수임무수
행자 등이 보상금 등의 지급결정에 동의한 때에는 특수임무수행 또는
이와 관련한 교육훈련으로 입은 피해에 대하여 재판상 화해가 성립된
것으로 보는 '특수임무수행자 보상에 관한 법률' 제17조의2 가운데 특수
임무수행 또는 이와 관련한 교육훈련으로 입은 피해 중 '정신적 손해'에
관한 부분92), 위원회의 보상금 등 지급결정에 동의한 때 재판상 화해의

---

85) 헌재 2015. 3. 26, 2013헌바186, 판례집 제27권 1집 상, 261.
86) 헌재 2013. 7. 25, 2012헌마656, 판례집 제25권 2집 상, 318.
87) 헌재 2001. 2. 22, 2000헌가1, 판례집 제13권 1집, 201.
88) 헌재 2005. 3. 31, 2003헌바92, 판례집 제17권 1집, 396.
89) 헌재 2012. 11. 29, 2012헌바180, 판례집 제24권 2집 하, 180.
90) 헌재 1999. 7. 22, 96헌바19, 판례집 제11권 2집, 73.
91) 헌재 2011. 2. 24, 2010헌바199, 공보 제173호, 417.
92) 헌재 2021. 9. 30, 2019헌가28, 판례집 제33권 2집, 232, 232; 헌재 2009. 4. 30,
2006헌마1322, 판례집 제21권 1집 하, 246.

성립을 간주하는 '민주화운동관련자 명예회복 및 보상 등에 관한 법률' 제18조 제2항[93]), 심의위원회의 배상금 등 지급결정에 신청인이 동의한 때에는 국가와 신청인 사이에 민사소송법에 따른 재판상 화해가 성립된 것으로 보는 세월호피해지원법 제16조[94] 등이 그것이다.

⑧ 기타 재판절차에의 접근 기회의 제한

그 밖에 재판절차에의 접근기회를 제한하거나 차단하는 규정들에 대해서 합헌으로 본 사례들로서는 다음과 같은 것들이 있다. 가령 제3자가 친생자관계의 생존 당사자 일방만을 상대로 하여 친생자관계 존재 확인의 소를 제기할 수 있도록 하는 민법 제865조 제1항 중 제862조에 의하여 소를 제기할 수 있는 "이해관계인"이 친생자관계 존재 확인의 소를 제기할 수 있다고 한 부분 및 가사소송법 제28조 중 친생자관계 존부 확인의 소에 같은 법 제24조 제2항 중 "어느 한쪽이 사망한 경우에는 그 생존자를 상대방으로 한다."를 준용하는 부분[95](청구인에게 피고 적격을 부여하지 않음으로써 재판절차에의 접근 기회를 제한), 국가소추주의를 규정한 형사소송법 제246조[96] 등이 그것이다.

> 42. 재판절차 접근기회 제한 합헌 사례

⑨ 합의부 관할 배제조항

합의부 관할 배제조항에 대하여 합헌으로 본 사례가 있다. 가령 특정범죄가중법 제5조의4 제5항 제1호에 해당하는 사건을 합의부의 심판권에서 제외하는 법원조직법 제32조 제1항 제3호 단서 라목 중 '특정범죄 가중처벌 등에 관한 법률 제5조의4 제5항 제1호'에 관한 부분[97]이 그것이다.

> 43. 합의부 관할 배제조항

⑩ 불복절차

민법상 비영리법인의 청산인을 해임하는 재판에 대하여 불복신청을 할 수 없도록 규정한 구 비송사건절차법 제36조 중 제119조 전문의 청산인 해임 재판에 관한 부분을 준용하는 부분[98]), 건축법의 개정으로

> 44. 불복신청 배제조항 등

---

93) 헌재 2018. 8. 30, 2014헌바180 등, 판례집 제30권 2집, 259.
94) 헌재 2017. 6. 29, 2015헌마654, 판례집 제29권 1집, 305. 이에 대하여는 방승주, 헌법사례연습, 박영사 2015, 104-116면.
95) 헌재 2014. 2. 27, 2013헌바178, 판례집 제26권 1집 상, 293.
96) 헌재 2007. 7. 26, 2005헌마167, 공보 제130호, 874.
97) 헌재 2019. 7. 25, 2018헌바209 등, 공보 제274호, 843.

이행강제금에 대한 불복절차가 과태료의 재판에서 행정소송으로 변경되었음에도, 위 개정 건축법 시행 이전에 부과된 이행강제금에 대해서는 종전의 불복절차에 의하여 다투도록 규정한 구 건축법 부칙 제9조[99] 등에 대하여 합헌으로 보았다.

⑪ 소송비용 관련조항

45. 변호사보수
와 소송비용산
입 관련 조항
등

소송비용과 관련한 조항으로서 첫째, 변호사보수와 소송비용산입 관련 조항이 있다. 가령 변호사비용을 소송비용에 산입하도록 하고 있는 민사소송법 제109조 제1항(변호사보수 산입조항)[100], 소송을 대리한 변호사에게 당사자가 지급하였거나 지급할 보수는 대법원규칙이 정하는 금액의 범위 안에서 소송비용으로 인정한다고 규정한 민사소송법 제109조 제1항 중 '당사자가 지급하였거나 지급할 보수' 부분[101], 무죄판결이 확정된 형사피고인에게 국선변호인의 보수에 준하여 변호사 보수를 보상하여 주도록 규정한 형사소송법 제194조의4 제1항 후문의 '변호인이었던 자에 대하여는 국선변호인에 관한 규정을 준용한다.'는 부분 중 보수에 관한 부분[102], 소취하간주의 경우 소송비용을 원칙적으로 원고가 부담하도록 한 민사소송법 제114조 제2항 중 제98조를 준용하는 부분 가운데 '소취하간주'에 관한 부분과 소취하간주의 경우에도 변호사보수를 소송비용에 산입하도록 한 민사소송법 제109조 제1항 중 '소취하간주'에 관한 부분[103], 구 '변호사보수의 소송비용 산입에 관한 규칙' 제3조 제1항 별표 중 '소송목적의 값이 100만 원까지는 소송비용에 산입되는 비율을 10%로 정한 부분'[104], 변호사보수를 소송비용에 산입하여 패소한 당사자의 부담으로 한 구 민사소송법 제99조의2 제1항[105] 등이 그것이다.

---

98) 헌재 2013. 9. 26, 2012헌마1005, 판례집 제25권 2집 하, 118.
99) 헌재 2011. 12. 29, 2010헌바343, 판례집 제23권 2집 하, 646.
100) 헌재 2019. 11. 28, 2018헌바235 등, 공보 제278호, 1285; 헌재 2011. 5. 26, 2010헌바204, 공보 제176호, 820.
101) 헌재 2016. 6. 30, 2013헌바370 등, 판례집 제28권 1집 하, 469.
102) 헌재 2013. 8. 29, 2012헌바168, 판례집 제25권 2집 상, 469.
103) 헌재 2017. 7. 27, 2015헌바1, 판례집 제29권 2집 상, 33.
104) 헌재 2008. 12. 26, 2006헌마384, 판례집 제20권 2집 하, 734.
105) 헌재 2002. 4. 25, 2001헌바20, 판례집 제14권 1집, 289.

둘째, 보증금 공탁 또는 소송비용 담보제공명령 관련 민사소송법 조항들이 있다. 가령 민사소송법 제117조 제1항 제1문 중 "소장·준비서면, 그 밖의 소송기록에 의하여 청구가 이유 없음이 명백한 때 등 소송비용에 대한 담보제공이 필요하다고 판단되는 경우"에 관한 부분 및 민사소송법 제120조 제2항[106], 국내에 주소 등을 두고 있지 아니한 원고에게 법원이 소송비용담보제공명령을 하도록 한 구 민사소송법 제117조 제1항[107], 매각허가결정에 대한 항고 시 보증으로 매각대금의 10분의 1에 해당하는 금전 또는 유가증권을 공탁하게 하고, 이를 증명하는 서류를 제출하지 않은 경우 결정으로 각하하도록 규정한 민사집행법 제130조 제3항, 제4항[108], 회생계획 불인가결정에 대한 재항고 시 보증으로 금전 등을 공탁하게 하고, 보증을 제공하지 아니한 때에는 각하하도록 한 '채무자 회생 및 파산에 관한 법률' 제247조 제7항 후문 중 제4항 및 제5항[109], 법원 직권으로 원고에게 소송비용에 대한 담보제공을 명할 수 있도록 한 민사소송법 제117조 제2항 중 제1항의 '소장·준비서면, 그 밖의 소송기록에 의하여 청구가 이유 없음이 명백한 때 등 소송비용에 대한 담보제공이 필요하다고 판단되는 경우'에 관한 부분 및 원고가 담보를 제공하지 않을 경우 변론 없이 판결로 소를 각하할 수 있다고 규정한 민사소송법 제124조 본문[110], 민사소송법 제117조 제1항 전문 중 "소장·준비서면, 그 밖의 소송기록에 의하여 청구가 이유 없음이 명백한 때"[111], 경락허부에 대하여 채무자나 소유자 또는 경락인이 경락허가결정에 대하여 항고를 할 때에는 보증으로 경락대금의 10분의 1을 공탁하도록 한 민사소송법 제642조 제4항[112], 공

46. 보증금 공탁 또는 소송비용 담보제공명령 관련 민사소송법 조항들

---

106) 헌재 2019. 4. 11, 2018헌바431, 판례집 제31권 1집, 483.

107) 헌재 2011. 12. 29, 2011헌바57, 판례집 제23권 2집 하, 728; 헌재 2016. 9. 29, 2016헌바10.

108) 헌재 2018. 1. 25, 2016헌바220, 판례집 제30권 1집 상, 68; 헌재 2018. 8. 30, 2017헌바87, 판례집 제30권 2집, 314; 헌재 2012. 7. 26, 2011헌바283, 판례집 제24권 2집 상, 125.

109) 헌재 2016. 6. 30, 2014헌바456 등, 판례집 제28권 1집 하, 535.

110) 헌재 2016. 2. 25, 2014헌바366, 공보 제233호, 384.

111) 헌재 2012. 11. 29, 2011헌바173.

112) 헌재 2001. 3. 21, 99헌바114 등, 판례집 제13권 1집, 639. 김영일 재판관의 반대의견 있음; 헌재 1996. 4. 25, 92헌바30, 판례집 제8권 1집, 353.

탁금을 별단예금으로 취급하여 연 1%의 이자만을 붙이고 있고 나아가 1만원 미만의 단수에 대하여는 이자를 붙이지 않고 있는 대법원규칙 제2조 및 제4조113), 부동산 매각허가결정에 대한 즉시항고가 기각된 경우 항고인이 공탁한 항고보증금 중 반환하지 아니하는 금액의 이율을 상한의 제한 없이 대법원규칙에 위임한 민사집행법 제130조 제7항114) 등이 그것이다.

47. 소송비용 패소자 부담조항

셋째, 소송비용 패소자 부담조항이 있다. 즉 소송비용을 패소한 당사자가 부담하도록 규정한 민사소송법 제98조115) 역시 합헌으로 보았다.

48. 인지첩부제도

넷째, 인지첩부제도이다. 행정소송에서 인지액과 송달료 납부를 명하는 보정명령을 받고도 보정기간 내에 이를 이행하지 않은 원고에 대해 재판장으로 하여금 명령으로 소장을 각하하도록 규정한, 행정소송법 제8조 제2항에 의하여 준용되는 민사소송법 제254조 제1항, 제2항 중 '소장에 법률의 규정에 따른 인지를 붙이지 아니한 경우'에 관한 부분과 행정소송법 제8조 제2항에 의하여 준용되는 민사소송법 제255조 제2항 중 제254조 제1항, 제2항을 준용하는 부분116), "국(國)은 국가(國家)를 당사자(當事者)로 하는 소송(訴訟) 및 행정소송절차(行政訴訟節次)에 있어서 민사소송(民事訴訟)등 인지법(印紙法) 규정의 인지(印紙)를 첩부하지 아니한다."라고 규정하고 있는 인지첩부 및 공탁제공에 관한 특례법 제2조117), 민사소송절차의 소장에 일률적으로 인지를 첩부하도록 하면서 인지액의 상한을 규정하지 아니한 '민사소송 등 인지법' 제1조 본문 중 '민사소송절차의 소장'에 관한 부분118), 민사소송법 제399조 제2항 중 "항소인이 제1항의 기간 이내에 항소장에 법률의 규정에 따른 인지를 붙이지 아니한 흠을 보정하지 아니한 때에는 원심재판장은 명령으로 항소장을 각하하여야 한다."는 부분119), 소가에 따라 제1심 소장의 인지액

---

113) 헌재 1995. 2. 23, 90헌마214, 판례집 제7권 1집, 245, 249.
114) 헌재 2014. 10. 30, 2013헌바368, 판례집 제26권 2집 상, 658.
115) 헌재 2013. 5. 30, 2012헌바335, 판례집 제25권 1집, 318.
116) 헌재 2019. 9. 26, 2019헌바219, 공보 제276호, 1098, 1098.
117) 헌재 1994. 2. 24, 91헌가3, 판례집 제6권 1집, 21; 헌재 2017. 6. 29, 2017헌가14.
118) 헌재 2015. 6. 25, 2014헌바61, 판례집 제27권 1집 하, 461.
119) 헌재 2012. 7. 26, 2009헌바297, 판례집 제24권 2집 상, 17.

을 정하고, 항소장에는 제1심 소장 인지액의 1.5배의 인지를 붙이도록
규정하고 있는 민사소송 등 인지법 제2조 제1항 및 제3조 전단[120], 소
송물가액에 대하여 일정한 비율의 인지첩부를 요구하고 있는 민사소송
등인지법 제2조 제1항[121], 소장에 미리 일정액(一定額)의 인지(印紙)를 붙
이도록 규정하고 있는 민사소송(民事訴訟)등인지법(印紙法) 제1조[122], 상
소(上訴) 시에는 1심소장(審訴狀) 인지액(印紙額)보다 두 배 또는 세 배의
인지(印紙)를 붙이도록 되어 있는 민사소송(民事訴訟) 등 인지법(印紙法)
제3조[123] 등이 그것이다.

⑫ 기타 민사소송법상 제반 제도들

ⅰ) 민사소송법상 간이각하제도

민사소송법 제45조 제1항 중 "소송의 지연을 목적으로 하는 것이
분명한 경우" 부분, 제47조 제3항 및 제48조 단서 중 "제척 또는 기피
신청이 각하된 경우" 부분[124]에 대하여 합헌으로 보았다.

49. 민사소송법
상 간이각하제
도

ⅱ) 기판력

확정판결의 기판력을 규정하고 있는 민사소송법 제216조 제1항[125]
에 대하여 합헌으로 보았다.

50. 확정판결의
기판력

ⅲ) 소송구조제도

소송구조에 관한 민사소송법 조항들에 대하여 합헌으로 본 사례들
이 많이 있는데, 소송구조의 요건을 규정한 민사소송법 제128조 제1
항[126], 소송구조에 대한 재판을 소송기록을 보관하고 있는 법원이 하도
록 한 민사소송법 제128조 제3항[127], 패소할 것이 분명한 경우에는 소
송구조를 하지 않을 수 있게 하는 민사소송법 제128조 제1항 단서[128],

51. 소송구조에
관한 민사소송
법 조항들

---

120) 헌재 2011. 8. 30, 2010헌바427, 판례집 제23권 2집 상, 353.
121) 헌재 1996. 10. 4, 95헌가1, 판례집 제8권 2집, 258.
122) 헌재 1996. 8. 29, 93헌바57, 판례집 제8권 2집, 46, 47.
123) 헌재 1994. 2. 24, 93헌바10, 판례집 제6권 1집, 79.
124) 헌재 2008. 6. 26, 2007헌바28 등, 공보 제141호, 899; 헌재 2019. 9. 26, 2018헌바
197.
125) 헌재 2010. 11. 25, 2009헌바250, 판례집 제22권 2집 하, 419.
126) 헌재 2016. 7. 28, 2014헌바242 등, 판례집 제28권 2집 상, 30.
127) 헌재 2016. 7. 28, 2015헌마105 등, 판례집 제28권 2집 상, 119.
128) 헌재 2013. 2. 28, 2010헌바450 등, 공보 제197호, 373.

구조결정을 받은 피구조자가 본안소송에서 패소하여 소송비용의 부담재판을 받은 경우에는 유예받은 비용을 지급하도록 한 민사소송법상의 소송상 구조의 객관적 범위[129], 패소할 것이 명백한 경우 소송구조의 거부를 인정하는 민사소송법 제118조 제1항 단서[130] 등이 그것이다.

iv) 보조참가인의 소송행위의 효력제한

52. 민사소송법 제70조 제2항

보조참가인의 소송행위가 피참가인의 소송행위와 저촉되는 경우에는 그 효력이 없다고 규정한 민사소송법 제70조 제2항[131]은 합헌으로 보았다.

v) 사법보좌관제도

53. 사법보좌관 제도

사법보좌관에 의한 소송비용액 확정결정절차를 규정한 법원조직법 제54조 제2항 제1호 중 "「민사소송법」(동법이 준용되는 경우를 포함한다)상의 소송비용액 확정결정절차에서의 법원의 사무"[132], 사법보좌관에게 민사소송법에 따른 독촉절차에서의 법원의 사무를 처리할 수 있도록 규정한 법원조직법 제54조 제2항 제1호 중 '민사소송법에 따른 독촉절차에서의 법원의 사무'에 관한 부분과 사법보좌관의 지급명령에 대한 이의신청 기간을 2주 이내로 규정한 민사소송법 제470조 제1항 중 '사법보좌관의 지급명령'에 관한 부분[133]에 대하여 합헌으로 보았다.

v) 법정이율 등 기타

54. 법정이율의 위임

금전채무불이행으로 인한 손해배상액산정의 기준이 되는 법정이율을 그 금전채무의 이행을 구하는 소장 등이 채무자에게 송달된 날의 다음날부터 이자제한법의 범위 안에서 대통령령으로 정하는 이율에 의하도록 한 구 소송촉진등에관한특례법 제3조 제1항[134]에 대하여 합헌으로 보았다.

---

129) 헌재 2002. 5. 30, 2001헌바28, 판례집 제14권 1집, 490.
130) 헌재 2001. 2. 22, 99헌바74, 판례집 제13권 1집, 250.
131) 헌재 2001. 11. 29, 2001헌바46, 판례집 제13권 2집, 707.
132) 헌재 2009. 2. 26, 2007헌바8 등, 판례집 제21권 1집 상, 45.
133) 헌재 2020. 12. 23, 2019헌바353, 공보 제291호, 134.
134) 헌재 2000. 3. 30, 97헌바49, 판례집 제12권 1집, 303.

2. 헌법과 법률이 정한 법관에 의하여 재판을 받을 권리

가. 헌법과 법률이 정한 법관에 의한 재판을 받을 권리의 보호영역

우선 헌법은 사법권을 법관으로 구성된 법원에 귀속시키고 있으며, 법원을 최고법원인 대법원과 각급법원으로 조직하고, 법관의 자격은 법률로 정하도록 입법자에게 위임하고 있다(헌법 제101조). 이에 따라 법관의 자격은 법원조직법에서 정하고 있으며, 그 밖에 헌법재판소와 헌법재판관의 자격과 임명에 대해서는 헌법 제6장과 헌법재판소법이 규정하고 있다. 그러므로 헌법과 법률이 정한 법관이란 재판과 관련한 헌법과 이 헌법의 위임에 의하여 입법된 법원조직법, 헌법재판소법 등 재판과 관련한 제반 소송법이 정한 법관을 의미한다고 할 수 있다.

헌법재판소[135]에 의하면 법관에 의한 재판을 받을 권리를 보장한다고 하는 것은 결국 법관이 사실을 확정하고 법률을 해석·적용하는 재판을 받을 권리를 보장한다는 뜻이고, 그와 같은 법관에 의한 사실확정과 법률의 해석적용의 기회에 접근하기 어렵도록 제약이나 장벽을 쌓아서는 아니 된다고 할 것이며, 만일 그러한 보장이 제대로 이루어지지 아니 한다면, 헌법상 보장된 재판을 받을 권리의 본질적 내용을 침해하는 것으로서 우리 헌법상 허용되지 않는다고 하는 것은 전술한 바와 같다.

가령 입법자가 지나치게 과중한 법정형[136]이나 몰수·추징[137] 등을 규정함으로써 법관의 양형재량을 거의 인정하지 않은 경우나 일정한 요건에 해당되기만 하면 재범의 위험성 유무에도 불구하고 보호감호를 선고하여야 할 의무를 법관에게 부과하는 경우[138]는 법관에 의한 재판을 받을 권리에 대한 침해도 인정할 수 있을 것이나, 법관의 양형결정권에 대한 침해를 인정하면서도 재판청구권의 침해를 명시적으로 밝히고

55. 법관은 헌법과 제반 소송법 등 법률이 정한 법관

56. 헌재의 재판청구권의 정의

57. 재판청구권 침해여부 심사에 대한 다양한 사례

---

135) 헌재 2000. 6. 29, 99헌가9, 판례집 제12권 1집, 753, 763; 헌재 1995. 9. 28, 92헌가 11 등, 판례집 제7권 2집, 264, 278.

136) 헌재 2003. 11. 27, 2002헌바24, 판례집 제15권 2집 하, 242. 이러한 법률은 인간으로서의 존엄과 가치를 침해한다고 본 데 대하여 위 제7절, Ⅶ, 1, 라. 참조

137) 가령 헌재 2004. 3. 25, 2001헌바89, 판례집 제16권 1집, 346. 김효종 재판관의 반대의견 있음.

138) 헌재 1989. 7. 14, 88헌가5 등, 판례집 제1권, 69 [위헌].

있지는 않은 사례들(위 과도한 법정형이나 몰수·추징사례)도 발견된다. 마찬가지로 헌법재판소는 징역형을 선고하는 경우 부정거래행위로 인한 이득액 또는 손실회피액의 1배 이상 3배 이하에 상당하는 벌금을 필요적으로 병과하도록 정한 자본시장법 제443조가 청구인의 재판을 받을 권리도 침해한다며 청구한 헌법소원심판에서도 헌법재판소는 이 사건 심판대상조항이 책임과 형벌간의 비례원칙에 위배되는지 여부의 문제에 포함된다는 이유로 재판을 받을 권리의 침해 여부에 대하여 별도로 심사하지는 않았다.[139]

58. 법관의 양형결정권이나 법관독립 침해 부인 사례

이에 반하여 입법자가 법정형 책정에 관한 여러 가지 요소의 종합적 고려에 따라 법률 그 자체로 법관에 의한 양형재량의 범위를 좁혀 놓았다고 하더라도 그것이 당해 범죄의 보호법익과 죄질에 비추어 범죄와 형벌 간의 비례의 원칙상 수긍할 수 있는 정도의 합리성이 있다면 이러한 법률을 위헌이라고 할 수 없다고 하고 있다. 즉 법률조항이 작량감경을 하더라도 별도의 법률상 감경사유가 없는 한 집행유예의 선고를 할 수 없도록 그 법정형의 하한을 높여 놓았다 하여 곧 그것이 법관의 양형결정권을 침해하였다거나 법관독립의 원칙에 위배된다고 할 수 없고 나아가 법관에 의한 재판을 받을 권리를 침해하는 것이라고도 할 수 없다는 것이다.[140]

59. 소극적 방어권 포함

헌법과 법률이 정한 법관에 의한 재판을 받을 권리는 헌법과 법률이 정한 법관에 의하지 않은 재판을 받지 않을 방어권을 포함한다고 봐야 할 것이다.[141]

---

139) 헌재 2020. 12. 23, 2018헌바230, 판례집 제32권 2집, 622, 628; 유사 판례: 헌재 2019. 12. 27, 2018헌바381.

140) 헌재 2006. 12. 28, 2005헌바35, 판례집 제18권 2집, 589, 595; 헌재 1995. 10. 26, 92헌바45, 판례집 제7권 2집, 397; 헌재 1995. 4. 20, 91헌바11, 판례집 제7권 1집, 478; 헌재 1995. 4. 20, 93헌바40, 판례집 제7권 1집, 539. 재범의 집행유예를 금지하는 형법 제62조 제1항 단서에 대해서도 마찬가지이다. 헌재 2003. 1. 30, 2002헌바53, 판례집 제15권 1집, 105; 헌재 1998. 12. 24, 97헌바62 등, 판례집 제10권 2집, 899.

141) 계희열, 헌법학(중) 신정2판, 박영사 2007, 641면.

나. 법률에 의한 법관을 확정하기 위한 규정의 명확성의 원칙

재판을 받을 권리가 법치국가적 기능을 효과적으로 수행할 수 있기 위해서는 법률에 의한 법관을 확정하기 위한 모든 규정들은 충분히 명확하지 않으면 안 된다. 물론 그렇다고 해서 관련 규정들이 해석이 필요한 개념들을 사용할 수 없다고 하는 것은 아니다. 하지만 어떠한 조작가능성을 사전에 차단하기 위해서 해당 규정의 기준들이 주관적인 평가의 여지를 가능한 한 피할 수 있도록 규정되지 않으면 안 될 것이다.[142)]

60. 사전에 명확한 관련 기준 규정 필요

다. 합헌적인 법관

헌법과 법률에 의한 법관이란 합헌적 법관을 의미한다.[143)] 즉 합헌적 법관이라 함은 헌법과 합헌적 법률이 정한 절차에 따라 법관의 자격을 갖추고 임명되었으며, 인적·물적 독립이 보장되고, 법률에 규정된 적법한 절차에 따라 사건이 배당되었으며, 제척, 기타의 사유로 재판관여가 금지되지 아니한[144)] 법관을 의미한다. 특히 합헌적 법관의 요건을 갖추기 위해서는 헌법상 법관의 독립이 보장된 법관이어야 한다. 그리고 법관의 확정에 있어서 하위규범이 상위의 형식적 의미의 법률규정에 위반되는 경우 이는 합헌적 법관의 요건을 충족시킬 수 없다.[145)]

61. 헌법상 독립이 보장된 자격있는 법관

라. 헌법과 법률이 정한 법관에 의하여 재판을 받을 권리에 대한 제한

헌법과 법률이 정한 법관에 의하여 재판을 받지 못하도록 하는 모든 제도들은 바로 이 권리를 제한하는 것이라 할 수 있다. 헌법직접적으로는 군사법원이나 혹은 예외법원에 의한 재판을 강요하는 것 역시 크게는 이 권리에 대한 제한이라 할 수 있다. 특히 6·25 한국전쟁 발발을 전후 하여 전국에서 벌어진 군경의 소위 "예비검속"[146)]과 전국적으

62. 법관에 의해 재판을 받지 못하게 하는 모든 제도를 포함

---

142) Michael Sachs 저/방승주 역, 헌법 II - 기본권론, 헌법재판소 2002, 662-663면.
143) Michael Sachs 저/방승주 역 (주 142), 663면.
144) 계희열 (주 141), 641면.
145) Michael Sachs 저/방승주 역 (주 142), 663면.
146) 한국전쟁 직후 국민보도연맹원을 체포, 연행한 근거가 된 예비검속제도는 1914년 일제가 제정한 '행정집행령 상의 예비검속'이 적용된 것인데, 일제의 즉결처분권, 조선형사령(1910)의 강제처분권과 함께 경찰력 강화의 주요 무기였다고 한다. 강

로 자행된, 군경에 의한 재소자나 민간인[147])에 대한 즉결처형과 학
살[148])은 대표적으로 헌법과 법률에 의한 법관에 의한 재판을 받을 권리
를 침해한 사례가 아닌가 생각된다. 비상계엄 하에서 일반 사법제도를
그 필요성과 상관없이 과도하게 제한하여 일반국민으로 하여금 군사상
의 필요성과 상관없이 군사재판을 받게 한다면 그것 역시 바로 이 법관
에 의한 재판을 받을 권리에 대한 침해가 될 것이다.

**63. 유신 헌법
제53조에 기하
여 취해진 대통
령 긴급조치 법
관에 의하여 재
판을 받을 권리
침해**

헌법재판소도 유신헌법 제53조에 기하여 취해진 대통령 긴급조치
제1호 제6항[149]), 제2호 제4항, 제5항[150])과 같이 행위가 군사상 필요나
군대의 조직과 관련되었는지 여부와 상관없이 자의적으로 일반 국민들
로 하여금 군사재판을 받게 하는 것은 헌법과 법률에 의한 법관에 의하
여 재판을 받을 권리를 침해하여 위헌이라고 판단하였다.

**64. 몇 가지 쟁
점들**

문제가 될 수 있는 몇 가지 쟁점들을 개별적으로 검토해 보면 다음
과 같다.

(1) 군사법원

**65. 일반 법원
에 의한 재판과
같다고 볼 수
없음**

군사법원에 의한 군사재판은 재판관의 자격요건 등을 고려해 볼 때
헌법과 법원조직법 등이 정한 법관의 자격을 갖춘 법관으로 구성되는
일반 법원에 의한 재판과 같다고 볼 수는 없다.

**66. 헌법 제110
조, 제27조 제2
항에 명문화**

그러나 군사법원은 특별법원으로서 헌법 제110조에 근거를 두고
있을 뿐 아니라, 헌법 제27조 제2항은 제1항에 대한 예외로서 군사법원

성현, 한국 사상통제기제의 역사적 형성과 '보도연맹 사건', 1925－50, 서울대학교
사회학과 박사학위논문, 2012, 377면을 인용하며 김동춘, 한국전쟁 시기의 인권침
해 - 한국 정부, 군과 경찰의 인권침해를 중심으로, 사회와 역사 제124집(2019년),
129－161(136)면.

147) 양민학살이 아니라 민간인학살이라는 개념을 사용해야 한다는 타당한 지적으로
는 김동춘, 민간인 학살문제, 왜 어떻게 해결되어야 하나, 전쟁과 인권 - 학살의
세기를 넘어서, 한국전쟁 전후 민간인학살 심포지움 자료집, 2000. 6. 21. 한인섭,
한국전쟁과 형사법 - 부역자 처벌 및 민간인 학살과 관련된 법적 문제를 중심으
로, 서울대학교 법학 41권 2호(2000), 135－179, 137면, 각주 4)에서 재인용.

148) 김동춘 (주 146), 134면.

149) "이 조치를 위반한 자와 이 조치를 비방한 자는 비상군법회의에서 심판, 처단한
다."

150) 헌재 2013. 3. 21, 2010헌바132 등, 판례집 제25권 1집, 180(위헌).

에 의한 재판을 명문화하고 있다. 군사법원에 의한 재판의 상고심은 원
칙적으로 대법원의 관할로 되고 있기 때문에(헌법 제110조 제2항) 전체적
으로 군사법원제도는 위헌이 아니라고 하는 것이 헌법재판소 판례[151]와
학설[152]의 입장이다.

일반 민간인은 원칙적으로 군사법원의 재판을 받지 않을 권리가 있
다. 다만 중대한 군사상 기밀·초병·초소·유독음식물공급·포로·군
용물에 관한 죄 중 법률이 정한 경우와 비상계엄이 선포된 경우에는 예
외적으로 군사법원의 재판을 받는다(제27조 제2항). 그러나 이 조항에서
"중대한"이라고 하는 서술어는 그 이후의 모든 범죄에 다 미치는 것이
기 때문에 그러한 범죄를 저질렀다 하더라도 중대한 경우가 아니라면
군사재판을 받지 않는다.

67. 중대한 군
사상의 문제인
경우

특히 계엄법 제12조는 비상계엄해제 후에도 대통령이 필요하다고
인정할 때에는 군사법원의 재판권을 1월 이내에 한하여 연기할 수 있다
고 규정하여 그에 대한 위헌여부의 논란이 있다.[153]

68. 계엄법 제
12조의 위헌문
제

헌법재판소가 군사법원에 의한 재판을 받지 않을 권리의 침해를 인
정하지 않은 사례로서는 현역병의 군대 입대 전 범죄에 대한 군사법원
의 재판권을 규정하고 있는 군사법원법 제2조 제2항 중 제1항 제1호의
'군형법 제1조 제2항의 현역에 복무하는 병' 부분[154]이 있다.

69. 합헌 사례

이에 반하여 침해인정 사례로는 '전투용에 공하는 시설'을 손괴한
군인 또는 군무원이 아닌 국민이 군사법원에서 재판받도록 하는, 구 군
사법원법 제2조 제1항 제1호 중 '구 군형법 제1조 제4항 제4호' 가운데
'구 군형법 제69조 중 전투용에 공하는 시설의 손괴죄를 범한 내국인에
대하여 적용되는 부분'[155]이 있다.

70. 위헌 사례

(2) 배심·참심제와 국민참여재판제도

배심제란 일반 시민으로 구성된 배심원단이 직업법관과는 독립하

71. 배심제와
참심제

---

151) 헌재 1996. 10. 31, 93헌바25, 판례집 제8권 2집, 443 [합헌].
152) 가령 김철수, 헌법학개론, 박영사 2007, 1065면; 계희열 (주 141), 642면.
153) 김철수 (주 152), 1450면. 대법원 1985. 5. 28. 선고 81도1045 전원합의체 판결.
154) 헌재 2009. 7. 30, 2008헌바162, 판례집 제21권 2집 상, 280.
155) 헌재 2013. 11. 28. 2012헌가10, 판례집 제25권 2집 하, 338.

여 사실문제에 대한 평결을 내리고, 법관이 그 사실판단과 관련한 평결
결과에 구속되는 재판제도라 할 수 있으며[156], 참심제란 일반시민인 참
심원이 직업법관과 함께 재판부의 일원으로 참여하여 직업법관과 동등
한 권한을 가지고 사실문제 및 법률문제를 모두 판단하는 재판제도를
일컫는다.[157] 이와 관련하여 헌법과 법률이 정한 직업법관이 아닌 배심
원이 사실심에만 관여하고 법률심에 관여하지 않는다면 무방하나 법률
심에까지 관여한다면 헌법 제27조 제1항에 위배된다고 하는 입장[158]이
대체로 종래의 통설로 받아들여졌지만[159], 사실인정과 법률적용이 명확
하게 구분될 수 있는 것은 아니기 때문에 이를 기준으로 배심제의 위헌
여부를 판단할 수는 없다고 하는 취지의 유력설도 제기된 바 있다.[160]

72. 국민참여재판법

우리나라에서도 배심·참심제의 도입에 관한 논의가 활발하게 이
어지다가 2007. 6. 1. 사법의 민주적 정당성과 신뢰를 높이기 위하여 국
민이 형사재판에 참여하는 제도를 도입하는 국민의 형사재판 참여에 관
한 법률(국민참여재판법)이[161] 제정되어 2008. 1. 1.부터 시행되기 시작
하였다. 이 법은 국민참여재판이 적용되는 대상사건의 범위(법 제5조),
피고인의 의사확인(법 제8조), 일정한 사유가 있는 경우 국민참여재판배
제(법 제9조), 배심원의 수(중형의 경우 9인, 그 외의 경우 7인, 피고인(변호인)
이 공소사실을 인정한 때 5인)(법 제13조 및 제14조), 배심원의 자격요건(법 17
조 내지 제21조), 선정절차(법 제22조 내지 제31조), 공판준비 등(제36조, 제37
조, 제41조), 국민참여재판 배심원의 평의 및 평결(법 46조)에 관하여 규정
하고 있는데, 배심원단의 유무죄에 대한 평결과 양형에 관한 의견은 법
원을 구속하지 않는다(법 제46조 제5항). 하지만 법원이 배심원단의 평결
과 다른 재판을 하는 경우에는 판결서에 그 이유를 기재하도록 하고 있

---

156) 박종현, 헌법 제27조, (사) 한국헌법학회 편, 헌법주석 [I], 박영사 2013, 953 –
    1000(963)면.
157) 박종현 (주 156), 964면.
158) 김철수 (주 152), 1065면; 계희열 (주 141), 642면; 권영성, 헌법학원론, 법문사
    2010, 611 – 612면; 허영, 한국헌법론, 박영사 2023, 435면; 강경근, 헌법학, 법문사
    2007, 636면 등.
159) 가령 박종현 (주 156), 967면; 계희열 (주 141), 642면.
160) 이와 관련한 논의와 학설대립에 대해서는 박종현 (주 156), 965 – 967면.
161) 이 법에 따른 국민참여재판제도에 관해서는 박종현 (주 156), 967 – 969면 참조.

는데 이는 법원이 정당한 사유 없이 배심원단의 평결과 다른 재판을 할
수 없도록 하기 위한 조항이다.162)

　　다만 우리 헌법재판소는 국민참여재판을 받을 권리가 헌법 제27조
제1항의 재판을 받을 권리에 포함되지는 않는다고 하는 입장임은 전술
한 바와 같다.163) 우리 헌법에는 아직 배심·참심제나 국민참여재판에
관한 명확한 근거가 없기 때문에, 배심원의 사실심이나 법률심에 대한
의견에 직업법관이 법적으로 구속되는 형태의 재판이나, 혹은 현행 국
민참여재판제도에 따라 재판을 받을 권리를 재판청구권의 내용으로서
인정하는 데에는 한계가 있다고 본 것으로 이해된다.164)

73. 국민참여재판을 받을 권리는 보호영역에 비포함

(3) 통고처분

　　재정범에 대한 국세청장·세무서장·재무부장관·세관장의 벌금·과
료·몰수 등의 통고처분과 교통범칙자에 대한 경찰서장의 통고처분은 법
관이 아닌 행정직공무원에 의한 것이지만, 처분을 받은 당사자의 임의의
승복을 발효요건으로 하고 불응시에는 정식재판의 절차가 보장되어 있으
므로 헌법 제27조 제1항에 위배되지 않는다고 하는 것이 통설이다.165)

74. 통고처분은 법관에 의한 재판받을 권리를 침해하지 않음

　　헌법재판소는 통고처분을 행정심판이나 행정소송의 대상에서 제외
하고 있는 관세법 제38조 제3항 제2호는 재판청구권을 침해하였거나 적
법절차에 위배되지 않는다고 보았다.166)

75. 통고처분

(4) 약식절차

　　약식절차는 공판전 약식명령으로서 벌금 또는 과료와 같은 재산형
에 한하여 과할 수 있는 공판 전의 간이소송절차이기 때문에, 또 약식명

76. 약식절차는 재판청구권을 침해하지 않음

---

162) 계희열 (주 141), 643면.
163) 위 각주 6) 참조.
164) 배심원의 의견에 대한 법적 구속에 부정적 견해로서는 가령 김일환, 국민참여재
　　판제도의 헌법합치적인 정비방안, 헌법학연구 제18권 제3호(2012. 9.), 309－
　　341(337)면. 이에 반하여 구속된다고 하여 법관의 독립성을 침해하는 것은 아니
　　라고 하는 입장으로 가령 황성기, 한국에서의 참심제와 배심제의 헌법적합성, 법
　　과 사회 제26권(2004. 6.), 123－143(139)면.
165) 김철수 (주 152), 1066면; 계희열 (주 141), 644면.
166) 헌재 1998. 5. 28, 96헌바4, 판례집 제10권 1집, 610.

령을 받은 경우에는 정식재판을 청구하여 일반재판을 받을 수 있는 권리가 있기 때문에 재판청구권의 침해가 아니라고 보는 것이 통설이다.167)

77. 약식명령보 다 중한 형 배 제조항 합헌

헌법재판소는 약식절차에서 피고인이 정식재판을 청구한 경우 약식명령보다 더 중한 형을 선고할 수 없도록 한 형사소송법 제457조의 2168), 약식절차에 관한 형사소송법 제448조 제1항169) 등에 대하여 재판을 받을 권리에 대한 침해가 아니라고 하였다.

(5) 즉결심판 · 가사심판 · 보호처분

78. 즉결심판, 가사심판, 보호 처분은 법관에 의한 재판에 해 당

시 · 군법원 등의 즉결심판, 가정법원의 가사심판, 가정법원소년부 또는 지방법원소년부의 보호처분 등은 헌법과 법률이 정한 법관에 의한 재판이므로 문제가 없다.170)

(6) 행정기관에 의한 재결 또는 결정

79. 헌법 제107 조 제3항 행정 심판 절차의 헌 법적 근거

행정쟁송에 있어서 행정심판의 재결, 결정전치주의에 의한 국가배상청구의 사전결정 내지 재정은 그것이 사법적 처분임에도 불구하고 행정직공무원 등이 행한다는 점에서 위헌의 여지가 없지 아니하나 헌법 제107조 제3항은 재판의 전심절차로서 행정심판을 할 수 있다고 하여 그에 관한 헌법적 근거가 되고 있다. 다만 행정심판의 절차는 법률로 정하되 사법절차가 준용되어야 한다(제107조 제3항 제2문). 행정기관에 의한 심판은 재판의 전심절차로서만 허용되기 때문에 그에 관해서는 반드시 정규법원에 의한 정식재판의 길이 열려 있어야 한다.

80. 이의신청 및 심사청구 전 치주의 위헌

다만 이의신청 및 심사청구를 거치지 않고서는 지방세부과처분에 대하여 행정소송을 제기할 수 없도록 한 지방세법 제78조 제2항171)은

---

167) 김철수 (주 152), 1066면; 계희열 (주 141), 643면.
168) 헌재 2005. 3. 31, 2004헌가27 등, 판례집 제17권 1집, 312.
169) 헌재 2016. 4. 28, 2015헌바184, 3.
170) 김철수 (주 152), 1066면; 계희열 (주 141), 643면.
171) 헌재 2001. 6. 28, 2000헌바30, 판례집 제13권 1집, 1326. 이 사건에서 헌법재판소 는 심판대상조항의 위헌성을 주로 헌법 제107조 제3항에 입각하여 심사하고 재 판청구권은 부수적으로 심사하고 있다.

법관에 의한 재판을 받을 권리를 침해한다고 보았다. 또한 특허청의 심판절차에 의한 심결이나 보정각하결정은 특허청의 행정공무원에 의한 것으로서 이를 헌법과 법률이 정한 법관에 의한 재판이라고 볼 수 없으므로 특허법 제186조 제1항은 법관에 의한 사실확정 및 법률적용의 기회를 박탈한 것으로서 헌법상 국민에게 보장된 "법관에 의한" 재판을 받을 권리의 본질적 내용을 침해하는 위헌규정이라고 보았다.172)

이에 반하여 법관에 의한 재판을 받을 권리의 침해를 부인한 사례로서는 치료감호심의위원회의 구성에 관한 구 치료감호법 제37조 제2항173), 보호감호를 규정한 사회보호법을 폐지하면서 사회보호법폐지법률 부칙 제2조가 가출소, 집행면제 등 보호감호의 관리와 집행에 관한 종전의 사회보호위원회의 권한을 법관이 아닌 「치료감호법」에 따른 치료감호심의위원회로 하여금 행사하도록 한 것174), 주택관리사와 전기·가스분야 등의 기술자를 확보하지 않은 채 이들을 채용한 것처럼 허위로 주택관리업등록을 한 경우 필요적으로 주택관리업등록을 말소하도록 규정한 주택건설촉진법 제39조의2 제1항 단서 중 제1호 부분175), 필요적 등록 말소처분 규정(구 건설산업기본법 제83조 단서 중 제5호)176), 일정한 사유에 해당하면 필요적으로 자격을 취소하도록 한 소방법상 필요적 자격취소사유 규정177), 청소년보호위원회에 의하여 이루어지는 청소년성보호법상 신상공개제도178), 구성요건의 일부를 행정기관이 결정하도록 한 구 청소년보호법 제2조 제3호 가목 등179) 등이 있다.

관계행정청이 등급분류를 받지 아니하거나 등급분류를 받은 게임물과 다른 내용의 게임물을 발견한 경우 관계공무원으로 하여금 이를 수거·폐기하게 할 수 있도록 한 구 음반·비디오물및게임물에관한법률

81. 합헌 사례

82. 음·비·게법 상 관계공무원 의 수거폐기규 정 합헌

---

172) 헌재 1995. 9. 28, 92헌가11 등, 판례집 제7권 2집, 264.
173) 헌재 2012. 12. 27, 2011헌마276, 판례집 제24권 2집 하, 579.
174) 헌재 2009. 3. 26, 2007헌바50, 판례집 제21권 1집 상, 396.
175) 헌재 2003. 6. 26, 2001헌바31, 판례집 제15권 1집, 691.
176) 헌재 2001. 3. 21, 2000헌바27, 판례집 제13권 1집, 665.
177) 헌재 2001. 5. 31, 99헌바94, 판례집 제13권 1집, 1150.
178) 헌재 2003. 6. 26, 2002헌가14, 판례집 제15권 1집, 624, 626; 헌재 2016. 5. 26, 2014헌바68 등, 판례집 제28권 1집 하, 244.
179) 헌재 2000. 6. 29, 99헌가16, 판례집 제12권 1집, 767.

제24조 제3항 제4호 중 게임물에 관한 규정 부분180)도 합헌으로 보았다.

83. 위 결정의 문제점

다만 이 결정은 재판청구권의 제한 가능성을 매우 형식적으로 다룬 것으로서 절차법적 성격이 아닌 규범이라고 해서 재판청구권을 침해할 가능성이 없다고 보았는데, 이러한 판단은 재판청구권의 보호영역이나 내용을 매우 형식적으로만 다루고 그 실질을 도외시하였다고 하는 점에서 상당히 문제가 있지 않나 생각된다. 왜냐하면 이 사건에서 문제가 된 음반 등이 행정상 즉시강제에 의하여 폐기되는 경우 실제로 재판절차에서 법관에 의하여 폐기대상이 되는 물건인지 여부에 대하여 판단 받을 기회조차 가지기도 전에 행정청의 판단에 의하여 폐기됨으로써 아예 소의 이익마저 없애버릴 뿐만 아니라, 당사자의 법정 진술권까지도 제대로 보장되고 있지 않고 있기 때문이다. 그러므로 이 사건 법률조항의 경우 법관에 의하여 공정하고도 신속한 권리구제를 받을 수 있는 권리인 재판을 받을 권리에 대한 제한 가능성이 전혀 없다고 할 수 없으므로 과잉금지원칙에 입각하여 그 침해여부를 심사할 필요가 있었던 것 아닌가 생각된다.

다. 제한의 한계

84. 과잉금지원 칙
85. 합헌 사례

헌법 제37조 제2항의 과잉금지원칙이 제한의 한계로 작용한다.

헌법재판소가 법관에 의한 재판을 받을 권리의 침해를 부인하면서 합헌으로 본 사례들은 다음과 같은 것들이 있다.

86. 작량감경을 하여도 집행유 예를 선고할 수 없게 한 경우

첫째, 작량감경을 하더라도 집행유예를 선고할 수 없도록 한 것이다. 가령, 작량감경을 하여도 집행유예를 선고할 수 없도록 법정형을 정한 특정범죄 가중처벌 등에 관한 법률 제12조 등181), 작량감경을 하더라도 별도의 법률상 감경사유가 없는 한 집행유예의 선고를 할 수 없도록 그 법정형의 하한을 높여 놓은 성폭력범죄의 처벌 및 피해자보호 등에 관한 법률 제5조 제2항182), 작량감경(酌量減輕)을 하여도 집행유예(執

---

180) 헌재 2002. 10. 31, 2000헌가12, 판례집 제14권 2집, 345.
181) 헌재 1999. 5. 27, 96헌바16, 판례집 제11권 1집, 529. 김용준, 김문희, 이재화, 고중석 재판관의 반대의견 있음.
182) 헌재 2001. 11. 29, 2001헌가16, 판례집 제13권 2집, 570, 581. 하경철, 김영일, 주

行猶豫)를 선고할 수 없도록 법정형(法定形)을 정한 것[183] 등이 그것이다.

둘째, 과도한 법정형 등 사례이다. 즉 수뢰액이 5천만 원 이상인 때 87. 과도한 법
정형 사례
에는 무기 또는 10년 이상의 징역에 처하도록 한 특정범죄가중처벌등에
관한법률 제2조 제1항 제1호가 작량감경을 하여도 집행유예를 선고할
수 없도록 법정형을 정한 것[184], 폭력범죄로 2회 이상의 징역형을 받아
그 집행을 종료하거나 면제를 받은 후 3년 내에 다시 집단적·흉기휴대
적 폭력범죄를 범한 경우에 누범가중을 하도록 한 폭력행위등처벌에관
한법률 제3조 제4항[185], 벌금형을 체납액 상당액으로 정액화하고 있는
조세범처벌법 제10조[186] 등에 대하여 합헌으로 보았다.

셋째, 기피신청 관할 등 조항이다. 가령 기피신청에 대한 재판을 그 88. 기 피 신 청
관할 등 조항
신청을 받은 법관의 소속 법원 합의부에서 하도록 한 민사소송법 제46
조 제1항 중 '기피신청에 대한 재판의 관할'에 관한 부분('관할조항')[187]과
기피신청을 받은 법관에 대해 구체적인 의견서나 소명자료를 제출하도
록 요구하지 않는 민사소송법 제45조 제2항, 제46조 제2항 단서 중 각
'기피'에 관한 부분('의견조항')[188], 형사소송에서 기피신청이 소송지연을
목적으로 함이 명백한 경우에는 그 신청을 받은 법원 또는 법관이 이를
기각하도록 하고, 이 경우 소송이 정지되지 않으며, 이에 대한 즉시항고
는 재판의 집행을 정지하는 효력이 없도록 규정한, 형사소송법 제20조
제1항, 제22조 본문, 제23조 제2항 중 각 "기피신청이 소송의 지연을 목
적으로 함이 명백한 때"에 관한 부분[189]에 대하여 합헌으로 보았다.

선회 재판관의 반대의견 있음.
183) 헌재 1995. 4. 20, 93헌바40, 판례집 제7권 1집, 539; 헌재 1997. 8. 21, 93헌바60,
    판례집 제9권 2집, 200, 207, 212; 헌재 1995. 10. 26, 92헌바45, 판례집 제7권 2집,
    397, 408.
184) 헌재 2006. 12. 28, 2005헌바35, 판례집 제18권 2집, 589. 조대현, 김종대, 이동흡,
    목영준 재판관의 반대의견 있음; 헌재 2004. 4. 29, 2003헌바118, 판례집 제16권 1
    집, 528.
185) 헌재 2002. 10. 31, 2001헌바68, 판례집 제14권 2집, 500. 김영일, 김효종, 주선회
    재판관의 반대의견 있음.
186) 헌재 1999. 12. 23, 99헌가5 등, 판례집 제11권 2집, 703.
187) 헌재 2013. 3. 21, 2011헌바219, 판례집 제25권 1집, 216; 헌재 2020. 6. 25, 2017헌
    바516, 공보 제285호, 979.
188) 헌재 2020. 6. 25, 2017헌바516, 공보 제285호, 979.
189) 헌재 2009. 12. 29, 2008헌바124, 판례집 제21권 2집 하, 791.

89. 재판관 기 피 제한 규정

넷째, 재판관 기피 제한 규정이다. 즉 동일한 사건에 대하여 2명 이상의 재판관을 기피할 수 없도록 규정한 헌법재판소법 제24조 제4항[190]에 대하여 합헌선언을 하였다.

90. 고등법원 원외재판부 사례

다섯째, 고등법원 원외재판부 사례이다. 즉 재판업무의 수행상 필요가 있는 경우 고등법원 부로 하여금 그 관할구역 안의 지방법원 소재지에서 사무를 처리할 수 있도록 한 법원조직법 제27조 제4항, 고등법원 원외재판부의 재판사무 범위를 정한 고등법원 부의 지방법원 소재지에서의 사무처리에 관한 규칙 제4조 제1항 제1호 및 제2호[191]은 합헌이라고 보았다.

91. 보안관찰처분 또는 보호감호제도

여섯째, 보안관찰처분 또는 보호감호제도이다. 즉 보안관찰처분의 요건과 절차를 규정한 보안관찰법 제2조, 제3조, 제4조, 제12조 제1항, 제14조(보안관찰처분 근거조항)[192], 피보호감호자에 대하여 '형의 집행 및 수용자의 처우에 관한 법률'상 징벌 조항을 준용하는 사회보호법 조항[193]은 합헌이라고 보았다.

92. 선고유예 제한

일곱째, 선고유예 제한이다. 가령 자격정지 이상의 형을 받은 전과가 있는 자에 대하여 선고유예를 할 수 없도록 규정한 형법 제59조 제1항 단서[194], 범행의 시기는 불문하고 선고유예기간 중 자격정지 이상의 형에 처한 판결이 확정되면 선고유예가 실효되는 것으로 규정하고 있는 형법 제61조 제1항[195] 등에 대하여 합헌으로 보았다.

93. 정정보도청 구권제도

여덟째, 정정보도청구권제도이다. 정기간행물의 등록 등에 관한 법률 제19조 제3항, 제16조 제3항(정정보도청구권제도)[196]에 대하여 합헌으로 보았다.

---

190) 헌재 2016. 11. 24, 2015헌마902, 판례집 제28권 2집 하, 318.
191) 헌재 2013. 6. 27, 2012헌마1015, 판례집 제25권 1집, 601.
192) 헌재 2015. 11. 26, 2014헌바475, 판례집 제27권 2집 하, 284.
193) 헌재 2016. 5. 26, 2015헌바378, 판례집 제28권 1집 하, 286.
194) 헌재 2020. 6. 25, 2018헌바278, 판례집 제32권 1집 하, 427; 헌재 2011. 6. 30, 2009헌바428, 판례집 제23권 1집 하, 368; 헌재 1998. 12. 24, 97헌바62 등, 판례집 제10권 2집, 899, 909.
195) 헌재 2009. 3. 26, 2007헌가19, 판례집 제21권 1집 상, 321.
196) 헌재 1991. 9. 16, 89헌마165, 판례집 제3권, 518. 한병채, 이시윤 재판관의 반대의견 있음.

아홉째, 기타사례로서 농지소유자가 농지를 농업경영에 이용하지 아니하여 농지처분명령을 받았음에도 불구하고 정당한 사유 없이 이를 이행하지 아니하는 경우, 당해 농지의 토지가액의 100분의 20에 상당하는 이행강제금을 그 처분명령이 이행될 때까지 매년 1회 부과할 수 있도록 하는 구 농지법조항들에 따른 이행강제금의 액수를 법원이 정하는 재량권을 행사할 수 없는 것[197], 행정심판법상 처분 개념을 규정한 행정심판법 제2조 제1호 및 제3조 제1항 중 '처분'에 관한 부분[198] 등에 대하여 합헌으로 보았다.

94. 기타 사례

3. 법률에 의한 재판을 받을 권리

헌법 제27조 제1항은 법률에 의한 재판을 받을 권리를 보장하고 있다. 재판청구권에서 소위 "법률에 의한 재판"을 받을 권리의 의미와 내용을 검토해 볼 필요가 있다.

95. 의미와 내용

가. 법률의 의미

여기에서 법률이 과연 무엇을 의미하는지의 문제가 제기된다. 여기에서 말하는 법률이 반드시 형식적 의미의 법률에만 국한된다고 볼 수는 없을 것이다. 왜냐하면 법관은 헌법과 법률에 의하여 그 양심에 따라 재판을 하여야 하기 때문에(헌법 제103조), 넓게는 헌법과 법률 및 하위법규를 포함하며, 관습법이나 조리 혹은 헌법재판소나 대법원의 확립된 판례 등도 고려를 하여 재판을 하여야 한다.

96. 헌법, 법률, 하위법규, 관습법, 조리, 판례 모두를 포함

그리고 헌법 제75조와 제95조에 따라서 입법자인 국회는 자신이 제정한 법률로 일정한 입법사항을 행정부에 위임할 수 있으며, 실체법의 내용은 물론 절차법과 관련해서도 본질적이고 중요한 입법사항이 아닌 한 행정부나 대법원 또는 헌법재판소의 규칙이나 지방자치단체의 조례로 정하도록 위임할 수 있기 때문에 이러한 하위법규도 역시 모두 재판의 근거가 될 수 있는 실질적 법률개념에 포함된다고 봐야 할 것이다.

97. 형식적 혹은 실질적 의미 법률인지에 관한 적용차이 존재

---

197) 헌재 2010. 2. 25, 2008헌바98 등, 공보 제161호, 529; 헌재 2010. 2. 25, 2008헌바116, 공보 제161호, 536; 헌재 2016. 12. 29, 2015헌바449.
198) 헌재 2014. 6. 26, 2012헌바333, 판례집 제26권 1집 하, 518.

다만 각 재판에 따라서 이 법률 개념이 형식적 의미의 법률인지 아니면 실질적 의미의 법률인지에 관한 적용의 차이는 있을 수 있다.

98. 형사재판은 형식적 의미의 법률을 의미

즉 형사재판의 경우에는 죄형법정주의의 원칙상 형사 실체법은 형식적 의미의 법률을 의미한다고 봐야 할 것이다. 헌법재판소 역시 "법률에 의한 재판이라 함은 '형사재판에 있어서는 적어도 그 기본원리인 죄형법정주의와 절차의 적법성뿐만 아니라 절차의 적정성까지 보장되는 적법절차주의에 위반되지 않는 실체법과 절차법에 따라 규율되는 재판'으로 피고인의 방어활동이 충분히 보장되고, 실질적 당사자대등이 이루어진 공정한 재판을 의미한다."고 하고 있다.199)

99. 민사·행정재판은 형식적 의미의 법률과 불문법도 포함, 소송절차에 대해서는 소송절차에 관한 규칙도 해당

그리고 민사·행정재판에서 그 실체법은 형식적 의미의 법률 뿐 아니라 일체의 성문법과 이에 저촉되지 아니하는 관습법·조리와 같은 불문법도 포함된다. 그리고 형사·민사·행정재판을 불문하고 모든 재판은 그 절차법에 관한 한 원칙적으로 형식적 의미의 법률이어야 하지만 일정한 소송절차에 관해서는 대법원이나 헌법재판소의 규칙으로 위임하는 경우도 있기 때문에 소송절차에 관한 규칙도 재판의 근거규범이 될 수 있을 것이다.

나. 법률에 의한 재판을 받을 권리의 보호영역

100. "법률에 의한"은 자의와 전단에 의한 판단 배제 의미

여기에서 법률에 의한 재판을 받을 권리가 무엇인지에 관하여 헌법재판소는 "법률에 의한" 재판을 받을 권리라 함은 법관에 의한 재판은 받되 법대로의 재판 즉 절차법이 정한 절차에 따라 실체법이 정한 내용대로 재판을 받을 권리를 보장하자는 취지라고 할 것으로, 이는 재판에 있어서 법관이 법대로가 아닌 자의와 전단에 의하는 것을 배제한다는 것200)으로 이해하고 있다.

101. 헌법과 법률에 구속된 법해석 및 법적용

법률에 의한 재판은 결국 법관이 헌법과 법률에 구속되어 일정한 법해석 방법론에 입각하여 법률을 해석하고 그 해석의 결과를 구체적 사실관계에 적용함으로써, 결론을 도출해 내는 재판을 일컫는다고 할

---

199) 헌재 1993. 7. 29, 선고, 90헌바35 결정을 인용하며 헌재 1997. 11. 27, 94헌마60, 판례집 제9권 2집, 675, 693; 헌재 1993. 7. 29, 90헌바35, 판례집 제5권 2집, 14, 15.
200) 헌재 1992. 6. 26, 90헌바25, 판례집 제4권, 343 [349].

수 있다. 결국 법률에 의한 재판을 받을 권리란 학문적으로 납득할 만하며 객관적이고 예측가능한 법해석방법론을 통하여 해석된 법률에 의하여 재판을 받을 권리라고 할 수 있을 것이다. 헌법재판소는 소위 "법대로의 재판"[201)]을 강조하고 있는데, 법률을 어떻게 해석하여 재판하는 것이 올바른 법해석방법에 의한 "법대로의 재판"인지, 즉 법관의 법률에 대한 구속의 관점에서 바로 올바른 법해석방법론에 대하여 보다 많은 관심을 기울일 필요가 있다.

이러한 법해석방법론과도 어느 정도 관련이 있다고 할 수 있는 결정이 최근 선고되었는데, 바로 한정위헌결정의 기속력을 부인한 대법원의 재심기각결정에 대하여 취소한 헌법재판소의 결정들이 바로 그것인데 이하에서 살펴보기로 한다.

102. 한정위헌 결정의 기속력에 반하는 재판에 대한 취소

다. 제 한

법관이 실체법과 절차법에 따라 재판을 해야 함에도 불구하고, 법률적 근거가 없이 자의와 전단에 의해서 재판을 하거나, 혹은 법관이 법률에 대한 해석의 한계를 넘어서거나 해석이나 유추를 통하여 사실상 새로운 법률을 창설하여 재판을 하는 경우, 그러한 해석이나 법률의 적용은 결국 법률에 의한 재판을 받을 권리를 제한(침해)하는 것이라 할 수 있을 것이다. 이러한 사례에 해당하는 것은 헌법재판소가 최근 위헌으로 취소한 후술하는 대법원판결들이 될 것이다.

103. 법해석의 한계를 넘어선 재판 사례

라. 제한의 한계

헌법 제37조 제2항의 과잉금지의 원칙이 제한의 한계로서 작용한다.

104. 과잉금지

(1) 침해 인정 사례

2022. 7. 21. 헌법재판소는 한정위헌결정의 기속력을 부인하여 재심사유로 받아들이지 아니한 법원의 재심기각판결 및 대법원의 재심상고기각판결은 법률에 의한 재판을 받을 권리를 침해한다고 보았다.[202)]

105. 25년만의 일련의 재판취소

---

201) 헌재 1992. 6. 26, 90헌바25, 판례집 제4권, 343 [349].

헌법재판소의 이 결정들은 헌법재판소가 1997. 12. 24. 96헌마172 결정에서 심판대상 대법원결정이 기본권을 침해하여 위헌이라고 하면서 취소한 이래로, 약 25년 만에 다시 위헌으로 취소한 일련의 재판취소 결정들에 해당한다.203)

106. 법률에 의하여 재판을 받을 권리의 침해

요컨대 헌법재판소가 위헌이든, 헌법불합치든 혹은 한정위헌이든, 결론적으로 "위헌"으로 결정한 법률을 적용함으로써 국민의 기본권을 침해한 재판은 물론, 나아가 헌법재판소의 한정위헌결정의 기속력을 부인하면서, 헌법재판소법 제75조 제7항에 따른 재심청구를 기각함으로써 국민의 기본권을 침해한 재판 역시 위헌으로 취소한다는 것이다. 그런데 이러한 재판은 결국 '법률에 의하여 재판을 받을 권리'를 침해한다고 하는 것이 이 결정의 핵심적 취지이다. 특히 문제가 된 당해사건 판결에서 대법원은 이미 폐지되어 효력이 상실된 법률의 부칙 규정이 특별한 사정이 있는 경우에 유효한 것으로 해석하고 있다. 헌법재판소는 바로 그러한 해석이 조세법률주의 원칙에 위반되어 위헌이라고 하면서 한정위헌결정204)을 선고함으로써 헌법소원심판을 인용하였음에도 대법원은 그러한 한정위헌결정은 헌재법 제75조 제7항 소정의 "헌법소원이 인용된 경우"에 해당되지 아니한다고 하면서 헌재의 한정위헌결정의 기속력을 부인한 후, 헌재법 제75조 제7항에 따른 청구인의 재심청구를 기각한 것이 문제된 것이다.205) 그러므로 애초부터 폐지된 법률의 부칙조항

---

202) 헌재 2022. 7. 21, 2013헌마496, 공보 제310호, 1022, 1027; 헌재 2022. 7. 21, 2013헌마497, 공보 제310호, 1029; 헌재 2022. 7. 21, 2013헌마242, 공보 제310호, 1015.

203) 이 보다 약 20일 앞서서 공무원의 뇌물죄와 관련하여 공무원의제조항이 없음에도 불구하고 해석을 통하여 청구인을 공무원으로 간주함으로써 가중처벌을 한 법원의 해석·적용이 죄형법정주의 원칙에 위반된다는 이유로 한정위헌결정을 선고한 헌재 2012. 12. 27, 2011헌바117 결정을 기초로 하여 청구한 재심에 대해서 다시 기각결정을 한 데 대하여 제기한 헌법소원심판에서 재심기각판결을 위헌선언하고 취소한 것으로 헌재 2022. 6. 30, 2014헌마760 등, 공보 제309호, 864. 이 결정에서는 헌재가 명시적으로 "법률에 의하여 재판을 받을 권리"로 지칭하지 않고 단순히 재판청구권을 침해하는 것이라고 확인하고 있을 뿐이나 위 2013헌마496 등 사건들과 마찬가지로 법률에 의하여 재판을 받을 권리를 침해하는 것이라고 볼 수 있을 것이다.

204) 헌재 2012. 5. 31, 2009헌바123 등, 판례집 제24권 1집 하, 281.

205) 이 문제에 대하여는 방승주, 조세법률주의와 헌법재판 – 헌법재판소의 2009헌바123·126(병합), 구 조세감면규제법 부칙 제23조에 대한 위헌소원결정과 관련한

을 해석으로 유효한 것으로 간주하여 적용한 그 재판 자체가 "법률에 의한 재판"이라고 볼 수 없었던 것이다.

그리고 이는 공무원의 뇌물죄 관련 사건에서도 공무원의제조항이 없음에도 불구하고 해석을 통하여 청구인을 공무원에 포함시킴으로써 뇌물죄에 대하여 가중처벌을 한 (대)법원의 해석 역시 죄형법정주의 원칙에 위반된다고 하는 한정위헌결정206)과 그 후 헌재법 제75조 제7항에 따른 청구인들의 재심청구에도 불구하고 기각결정을 한 광주고등법원과 대법원의 기각결정들에 대하여 위헌·취소를 선고한 헌법재판소의 2014헌마760 결정도 마찬가지로 법률에 의한 재판을 받을 권리의 침해 사례라 할 수 있다.207)

107. 공무원의 뇌물죄 가중처벌 사건

한편 헌법재판소는 구 상속세법 제7조의2 제1항 중 "용도가 객관적으로 명백하지 아니한 것 중 대통령령으로 정하는 경우"를 추정규정으로 보지 아니하고 간주(看做)규정으로 해석하는 것208) 역시 마찬가지로 조세법률주의에 위반되어 재판청구권을 침해(한정위헌)하는 것으로 보았

108. 또 다른 조세법률주의 및 재판청구권 침해 사례

헌법적 쟁점들을 중심으로, 법학논총 제29집 제4호(2012. 12), 199-222면; 방승주, 헌법재판소의 2012. 5. 31. 2009헌바123·126(병합), 구 조세감면규제법 부칙 제23조 위헌소원 결정을 둘러싼 헌법소송법적 쟁점에 대한 검토, 헌법실무연구 제13권, 박영사 2012, 592-609면. 저자는 이 논문에서 헌법재판소의 이 2009헌바 123·126(병합)결정은 종래의 한정위헌결정과는 약간 다른 소위 "해석위헌결정"(602-605면)이라고 칭하고 있다. 일반적으로 한정위헌은 어떠한 법률조문의 해석가능성이 여러 가지일 경우 위헌으로 해석될 수 있는 가능성을 배제하는 결정유형이다. 이에 반하여 당해사건 판결에서 대법원은 이미 폐지되어 효력이 상실된 법률을 해석으로 유효하다고 전제하고 적용했던 것이기 때문에, 이러한 해석은 헌법상 조세법률주의에 위반된다고 하는 것이 헌법재판소의 한정위헌결정의 취지였던 것이다. 그렇다면 이는 종래의 한정위헌결정과는 약간 다른 것이었으므로 저자는 위 논문에서 "해석위헌"이라 칭했던 것인데 아무튼 폐지되어 효력이 상실된 법률을 법원이 해석을 통하여 유효하다고 적용하는 것은 일반적으로 "법률에 의한 재판"의 한계를 벗어난 것이었다고 평가할 수 있을 것이고(이미 법률은 폐지되어 효력이 상실되었으므로), 또한 한정위헌결정의 기속력을 부인하면서 재심을 기각한 대법원 판결 역시 같은 이유로 여전히 법률에 의한 재판이라고 할 수 없다고 봐야 하기 때문에, 2022. 7. 21. 헌법재판소가 선고한 일련의 재판취소 결정들은 정당하다고 할 것이다.

206) 헌재 2012. 12. 27, 2011헌바117, 판례집 제24권 2집 하, 387.

207) 헌재 2022. 6. 30, 2014헌마760 등, 공보 제309호, 864.

208) 헌재 1994. 6. 30, 93헌바9, 판례집 제6권 1집, 631, 633. 이렇게 간주규정을 해석하는 것은 법적 청문권에 대한 침해로 파악하고 있는 견해로 장석조, 우리 헌법상 절차적 기본권, 헌법논총 제9집, 헌법재판소 1998, 431-599(551)면.

는데, 이러한 해석 역시 법률에 의한 재판을 받을 권리를 침해한 것이라고 평가할 수 있을 것이다.

(2) 침해 부인사례

109. 민사소송
법 제202조

헌법재판소가 합헌으로 본 사례로서 민사소송법 제202조 중 "변론 전체의 취지" 및 "자유로운 심증으로" 부분[209]이 있다.

4. 신속한 재판을 받을 권리

가. 신속한 재판을 받을 권리의 보호영역

110. 신속한 재
판을 받을 권리

헌법은 제27조 제3항에서 '모든 국민은 신속한 재판을 받을 권리를 가진다.'고 하여 피고인으로 하여금 신속한 재판을 받을 권리를 기본권으로 보장하고 있다.

111. 불필요한
재판 지연 금지

신속한 재판의 의미 내지 보호영역에 관해서는 헌법재판소가 다음과 같이 잘 밝히고 있다. 즉 "신속한 재판이라 함은 적정한 재판을 확보함에 필요한 기간을 넘어 부당히 지연된 재판이 아닌 재판을 의미한다. 신속한 재판은 국가적 견지에서는 적정하고 실효성 있는 형벌제도의 운용을 위하여 중요하지만, 피고인의 입장에서는 유리한 증거를 확보하고 재판에 수반한 정신적 불안, 사회적 불이익을 최소화하는 데 커다란 의의가 있는 것이다. 불필요한 재판의 지연은 피고인에게 인신구속의 부당한 장기화를 초래하여 허위자백과 물심양면의 고통을 강요하게 되고, 오랫동안 형사피고인이라는 불명예를 짐지울 뿐만 아니라 증거의 멸실, 왜곡에 의하여 실체적 진실 발견이 저해될 염려가 있다. 또한 재판결과 설사 유죄로 된다 하더라도 피고인의 위와 같은 불안정한 상태의 신속한 해소도 중요한 의미를 갖고 있다고 할 것이므로 신속한 재판은 적법절차에 의한 공정한 재판 못지않게 형사재판에 있어서 지켜져야 할 준칙인 것이다."[210]라는 것이 그것이다.

112. 필요 재판
기간 이상으로

여기에서 말하는 신속한 재판은 비단 형사재판을 의미한다고 할 수

---

209) 헌재 2012. 12. 27, 2011헌바155, 판례집 제24권 2집 하, 433.
210) 헌재 1997. 11. 27, 94헌마60, 판례집 제9권 2집, 675, 694.

는 없고, 모든 재판을 포함한다고 할 수 있다. 다만 신속한 재판만을 강조하는 경우 공정한 재판을 위하여 필요한 절차나 시간 등이 자칫 소홀히 될 수도 있기 때문에, 헌법재판소가 잘 지적하듯이 공정한 재판을 하기 위해서 필요한 재판기간 이상으로 재판이 부당하게 장기화되는 것은 이러한 신속한 재판을 받을 권리를 침해할 수 있다고 하는 것이다.

장기화 되는 것은 침해가 될 수 있음

결국 신속한 재판을 받을 권리는 그때그때 법관이 공정하고 올바른 판단을 내리기 위해서 필요한 제반 적법절차를 모두 거치기 위하여 필요로 하는 기간 이상으로 재판을 부당하게 장기화하지 않는 재판을 받을 권리라고 할 수 있을 것이며, 이를 통하여 권리구제의 효율성[211]과 소송경제[212]에도 기여할 수 있는 권리라 할 것이다.

113. 적법절차를 위하여 필요한 기간 이상 부당하게 장기화하지 않는 재판

어떤 경우에 재판이 지연된 것인가는 사건의 내용·심리의 곤란성·지연의 원인과 정도·피고인에 대한 불리한 영향 등을 종합하여 판단해야 한다. 헌법재판소는 재판이 지연된 까닭이 재판부구성원의 변경, 재판의 전제성과 관련된 본안심리의 필요성, 청구인에 대한 송달불능 등인 경우에는 법원이 재판을 특별히 지연시킨 것은 아니라고 하고 있다.[213]

114. 구체적·개별적 판단 필요

헌법재판소는 이 신속한 재판을 받을 권리로부터 "시간적 단축" 뿐만 아니라 "효율적인 절차의 운영"의 요소까지 도출해 내고 있다.[214] 그리고 "강제집행절차에서의 신속한 재판의 요청은 단순히 헌법 제27조 제1항이 정한 재판청구권의 제한의 원리에 그치는 것이 아니라 재판청구권과 관련되어 있으면서 독자적인 헌법적 가치를 갖는 것으로 파악되어야 한다."[215]고 보고 있다.

115. '효율적인 절차의 운영'의 요소 도출

나. 제 한

신속한 재판을 받을 권리는 정당한 재판을 하기 위하여 필요한 절차와 과정을 위해서 필요한 기간 이상으로 지나치게 재판의 기간을 오래 끄는 경우 제한될 수 있다. 이 신속한 재판을 받을 권리는 동시에 신

116. 신속하고도 효과적인 권리보호에 지장을 초래할 수 있는 국가적 조치

211) 헌재 2009. 7. 30, 2007헌마732, 판례집 제21권 2집 상, 335, 342.
212) 헌재 1995. 11. 30, 92헌마44, 판례집 제7권 2집, 646.
213) 헌재 1993. 11. 25, 92헌마169, 판례집 제5권 2집, 489.
214) 헌재 2007. 3. 29, 2004헌바93, 판례집 제19권 1집, 199, 206.
215) 헌재 2005. 3. 31, 2003헌바92, 판례집 제17권 1집, 396, 403.

속한 권리구제를 통해서 재판의 실효성을 도모하는 것도 그 내용으로
할 수 있으므로, 신속하고도 실효성 있는 권리보호를 위하여 취하는 잠
정적 권리보호제도는 모두 신속한 재판을 받을 권리의 보호영역에 포함
되는 것이라 할 수 있다. 또한 사전적인 권리보호를 위한 조치 역시 궁
극적으로는 권리보호의 실효성을 위한 것이므로 이러한 제도들 역시 신
속한 재판을 받을 권리의 보호영역에 포함된다고 할 것인데, 결국 이러
한 제도의 목적이나 취지에 반하여 신속하고도 효과적인 권리보호에 지
장을 초래할 수 있는 국가적 조치들은 이 신속한 재판을 받을 권리에
대한 제한에 해당된다고 할 것이다.

다. 제한의 한계

**117. 과잉금지
원칙**

헌법 제37조 제2항의 과잉금지원칙이 제한의 한계로서 작용한다.

(1) 침해 인정 사례

**118. 침해인정
사례**

신속한 재판을 받을 권리의 침해를 인정한 사례로는 군사법경찰관
의 구속기간의 연장을 허용하는 군사법원법 제242조 제1항 중 제239조
부분[216]), 항소법원에의 기록송부 시 검사를 거치도록 한 형사소송법 제
361조 제1항, 제2항[217]), 국가보안법 제7조(찬양·고무) 및 제10조(불고지)
의 죄는 구성요건이 특별히 복잡한 것도 아니고 사건의 성질상 증거수
집이 더욱 어려운 것도 아님에도 불구하고 국가보안법 제19조가 제7조
및 제10조의 범죄에 대하여서까지 형사소송법상의 수사기관에 의한 피
의자구속기간 30일보다 20일이나 많은 50일을 인정한 것[218]) 등이 있다.

(2) 침해 부인 사례

**119. 침해부인
사례**

헌법재판소가 신속한 재판을 받을 권리의 침해를 부인한 사례로는
국가보안법 제19조 중 같은 법 제8조의 죄에 관한 구속기간연장 부
분[219]), 선거범죄에 대한 재정신청절차에서 사전에 검찰청법상의 항고를

---

216) 헌재 2003. 11. 27, 2002헌마193, 판례집 제15권 2집 하, 311.
217) 헌재 1995. 11. 30, 92헌마44, 판례집 제7권 2집, 646.
218) 헌재 1992. 4. 14, 90헌마82, 판례집 제4권, 194, 195.

거치도록 한 공직선거법 제273조 제2항 중 형사소송법 제260조 제2항 부분[220]), 변론의 병합, 분리와 관련하여 법원에게 재량을 부여한 형사소송법 제300조[221]), 헌법재판사건의 심판기간을 180일로 정한 헌법재판소법 제38조 본문[222]), 부동산 강제경매절차에서 남을 가망이 없는 경우의 경매취소를 규정한 민사집행법 제102조 제2항[223]), 국가배상법 제9조의 배상결정전치주의[224]), 자백간주로 인한 피고 패소판결을 항소의 대상에서 제외하는 규정을 두지 않은 민사소송법 제390조 제1항[225]), 학교법인이 기본재산을 매도하고자 할 때 관할청의 허가를 받도록 하는 사립학교법 제28조 제1항 본문 중 '매도'에 관한 부분[226]) 등이 있다.

5. 공정한 재판을 받을 권리

헌법 제27조에는 공정한 재판을 받을 권리에 대한 언급은 없지만 이는 헌법상 기본권이나 법률상 권리의 침해를 구제받기 위하여 재판을 청구하는 국민과 당사자에게 당연히 인정되는[227]), 어떻게 본다면 재판을 받을 권리 자체에 내재해 있다고 볼 수 있는 권리이며 동시에 원리이다. 공정한 재판을 받을 권리는 공정한 심리를 받을 권리를 말하는데, 이를 위해서는 관할권을 가진 법원은 당사자주의와 구두변론주의에 입각하여 공개 법정에서 당사자들이 충분히 공격과 방어를 할 수 있도록[228]), 그들의 법정 진술권(Anspruch auf rechtliches Gehör)을 충분히 보장

120. 공정한 심리를 받을 권리와 법정 진술권의 보장

---

219) 헌재 1997. 8. 21, 96헌마48, 판례집 제9권 2집, 295; 헌재 1997. 6. 26, 96헌가8 등, 판례집 제9권 1집, 578.
220) 헌재 2015. 2. 26, 2014헌바181, 판례집 제27권 1집 상, 195.
221) 헌재 2011. 3. 31, 2009헌바351, 판례집 제23권 1집 상, 347.
222) 헌재 2009. 7. 30, 2007헌마732, 판례집 제21권 2집 상, 335. 조대현, 김종대 재판관의 반대의견 있음.
223) 헌재 2007. 10. 25, 2006헌바39, 판례집 제19권 2집, 482; 헌재 2007. 3. 29, 2004헌바93, 판례집 제19권 1집, 199.
224) 헌재 2000. 2. 24, 99헌바17 등, 판례집 제12권 1집, 239.
225) 헌재 2015. 7. 30, 2013헌바120, 판례집 제27권 2집 상, 106.
226) 헌재 2012. 2. 23, 2011헌바14, 판례집 제24권 1집 상, 190; 헌재 2016. 12. 29. 2016헌바144.
227) 동지, 성낙인 (주 59), 1616면.
228) 동지, 계희열 (주 141), 646면.

하지 않으면 안 된다.

가. 공정한 재판을 받을 권리의 보호영역

121. 공정한 재판을 받을 권리의 의미

공정한 재판을 받을 권리의 의미에 대하여 헌법재판소는 다음과 같이 설명하고 있다. "우리 헌법은 명문으로 '공정한 재판'이라는 문구를 두고 있지는 않으나, 학자들 사이에는 우리 헌법 제27조 제1항 또는 제3항이 "공정한 재판을 받을 권리"를 보장하고 있다고 하는 점에 이견이 없으며, 헌법재판소도 "헌법 제12조 제1항·제4항, 헌법 제27조 제1항·제3항·제4항을 종합하면, 우리 헌법이 '공정한 재판'을 받을 권리를 보장하고 있음이 명백하다(헌재 1996. 12. 26, 94헌바1 판례집 8-2, 808, 816)"라고 판시하는 등, '공정한 재판'을 받을 권리가 국민의 기본권임을 분명히 하고 있다(헌재 1994. 4. 28, 93헌바26, 판례집 6-1, 348, 355-364; 1996. 1. 25, 95헌가5, 판례집 8-1, 1, 14 등 각 참조)."

122. 적법절차에 따라 진술·공격·방어할 수 있는 공평한 기회의 보장

헌법재판소에 의하면 여기서 '공정한 재판'이란 헌법과 법률이 정한 자격이 있고, 헌법 제104조 내지 제106조에 정한 절차에 의하여 임명되고 신분이 보장되어 독립하여 심판하는 법관으로부터 헌법과 법률에 의하여 그 양심에 따라 적법절차에 의하여 이루어지는 재판을 의미하며, 공개된 법정의 법관의 면전에서 모든 증거자료가 조사·진술되고, 이에 대하여 검사와 피고인이 서로 공격·방어할 수 있는 공평한 기회가 보장되는 재판을 받을 권리도 그로부터 파생되어 나온다(위 95헌가5 판례 참조).[229]

123. 피고인에게 유리한 주장과 자료를 제출할 기회 보장

그리고 헌법재판소는 형사재판에서 사실·법리·양형과 관련하여 피고인이 자신에게 유리한 주장과 자료를 제출할 기회를 보장하는 것[230]은 공정한 재판을 받을 권리의 보호영역에 포함된다고 보고 있다.

> **판례** 헌법 제27조 제1항은 "모든 국민은 헌법과 법률이 정한 법관에 의하여 법률에 의한 재판을 받을 권리를 가진다.", 같은 조 제3항은 "모든 국민은 신속한 재판을 받을 권리를 가진다. 형사피고인은 상당한 이유가 없는 한 지체없이

---

229) 헌재 2001. 8. 30, 99헌마496, 판례집 제13권 2집, 238, 244.
230) 헌재 2021. 8. 31, 2019헌마516 등, 공보 제299호, 1103.

공개재판을 받을 권리를 가진다."라고 규정하여, 형사피고인에게 공정하고 신속한 공개재판을 받을 권리를 보장하고 있다. 공정한 재판을 받을 권리 속에는 신속하고 공개된 법정의 법관 면전에서 모든 증거자료가 조사·진술되고 이에 대하여 피고인이 공격·방어할 수 있는 기회가 보장되는 재판, 즉 원칙적으로 당사자주의와 구두변론주의가 보장되어 당사자에게 공소사실에 대한 답변과 입증 및 반증의 기회가 부여되는 등 공격·방어권이 충분히 보장되는 재판을 받을 권리가 포함되어 있다. 이에 더하여 무죄추정의 원칙을 규정하고 있는 헌법 제27조 제4항을 종합하면, 형사피고인은 형사소송절차에서 단순한 처벌대상이 아니라 절차를 형성·유지하는 절차의 당사자로서, 검사에 대하여 '무기대등의 원칙'이 보장되는 절차를 향유할 헌법적 권리를 가진다(헌재 2012. 5. 31, 2010헌바403 참조).

헌법은 피고인의 반대신문권을 미국이나 일본과 같이 헌법상의 기본권으로까지 규정하고 있지는 않다. 그러나 형사소송법은 제161조의2에서 상대 당사자의 반대신문을 전제로 한 교호신문제도를 규정하고 있고, 제310조의2에서 법관의 면전에서 진술되지 아니하고 피고인에 대한 반대신문의 기회가 부여되지 아니한 진술에 대하여는 원칙적으로 증거능력을 부여하지 아니하는 내용을 규정하고 있으며, 제312조 제4항, 제5항에서 피고인 또는 변호인이 공판준비 내지 공판기일에서 원진술자를 신문할 수 있는 때에 한하여 피고인 아닌 자의 진술을 기재한 조서나 진술서의 증거능력을 인정하도록 규정함으로써 피고인에게 불리한 증거에 대하여 반대신문할 수 있는 권리를 인정하고 있는바, 이는 공정한 재판을 받을 권리를 형사소송절차에서 구현하고자 한 것이다(헌재 1998. 9. 30, 97헌바51; 헌재 2013. 12. 26, 2011헌바108 참조).

(헌재 2021. 12. 23, 2018헌바524, 판례집 33-2, 760, 768)

한편 헌법재판소는 공정한 재판을 받을 권리에는 공정한 헌법재판을 받을 권리도 포함되며, 국회가 선출하여 임명된 재판관 중 공석이 발생한 경우, 국회는 공정한 헌법재판을 받을 권리의 보장을 위하여 공석인 재판관의 후임자를 선출하여야 할 구체적 작위의무를 부담한다[231]고 판시하기도 하였다.

124. 공정한 헌법재판을 받을 권리와 공석인 후임재판관을 선출할 작위의무

---

231) 헌재 2014. 4. 24, 2012헌마2, 판례집 제26권 1집 하, 209, 210.

나. 제 한

"공정"은 재판 자체가 가지고 있는 속성으로서 그것이 행정재판이든 형사재판이든 민사재판이든 재판의 결론이 정확한 사실관계에 입각하여 헌법과 법률에 따라 실체적 권리와 절차적 권리를 모두 준수하고 당사자 간의 공격과 방어권이 충분하게 보장된 상태에서 재판이 이루어져야만 담보될 수 있다. 따라서 독일 기본법 제103조 제1항의 법정 진술권과 같이 당사자들이나 이해관계인들이 재판절차에 나와서 진술하고 상대방의 주장과 재판진행절차를 모두 청취하고, 필요한 경우에 공격과 방어를 원활하게 할 수 없으면 공정한 재판을 기대하기 힘들다. 따라서 이러한 과정과 절차에 제약을 가하는 모든 제도나 조치들은 결국 공정한 재판을 제한하는 것이라 할 수 있다.

한편 심급제도나 재심제도 역시 잘못된 재판을 바로 잡고 정당한 재판을 보장하기 위한 제도들이다. 그러므로 상소를 제한하거나 재심을 제한하는 모든 제도들은 이 정당한 재판을 받을 권리에 대한 제한이 될 수도 있다.

헌법재판소는 위에서 본 바와 같이 영상물에 수록된 19세 미만 성폭력범죄 피해자 진술에 관한 증거능력 특례조항(구 성폭력처벌법 제30조 제6항)이 영상물에 수록된 미성년 피해자의 진술에 대하여 원진술자의 법정진술 없이도 증거능력이 부여될 수 있도록 정함으로써 피고인의 반대신문권 행사를 제한하고 있다고 하면서 이는 헌법 제27조에서 보장하는 공정한 재판을 받을 권리에 대한 제한이라고 파악232)하고 있다.

결국 재판에서 공격 · 방어권을 제대로 보장하지 않는 경우 이는 공정한 재판을 받을 권리에 대한 제한으로 받아들이는 것인데, 이 법정에서의 공격 · 방어권은 실체적 진실을 발견하기 위하여 필수적인 법정 진술권에 포함되는 것이라 할 것이다. 그러므로 우리 헌법재판소는 독일 기본법(제103조 제1항)이 명문으로 보장하고 있는 법정 진술권(Anspruch auf rechtliches Gehör)의 내용을 법정에서의 공격 · 방어권으로 파악하고 이러한 권리를 공정한 재판을 받을 권리에서 찾는 것으로 보인다.

---

232) 헌재 2021. 12. 23, 2018헌바524, 판례집 제33권 2집, 760, 768.

다. 제한의 한계

이 공정한 재판을 받을 권리에 대한 제한 역시 헌법 제37조 제2항 의 과잉금지원칙을 준수해야 하는 것이므로 헌법재판소는 과잉금지원칙 위반여부에 대하여 심사[233]를 하고 있다.

129. 과잉금지 원칙

(1) 침해 인정 사례

헌법재판소가 공정한 재판을 받을 권리를 침해한 것으로 본 사례로 는 다음과 같은 것들이 있다. 즉 별건으로 공소제기 후 확정되어 검사가 보관하고 있는 서류에 대하여 법원의 열람·등사 허용 결정이 있었음에 도 검사가 청구인에 대한 형사사건과의 관련성을 부정하면서 해당 서류 의 열람·등사를 허용하지 아니한 행위[234], 영상물에 수록된 '19세 미만 성폭력범죄 피해자'의 진술에 관하여 조사 과정에 동석하였던 신뢰관계 인 내지 진술조력인의 법정진술에 의하여 그 성립의 진정함이 인정된 경우에도 증거능력을 인정할 수 있도록 정한 '성폭력범죄의 처벌 등에 관한 특례법' 제30조 제6항 중 '제1항에 따라 촬영한 영상물에 수록된 피해자의 진술은 공판준비기일 또는 공판기일에 조사 과정에 동석하였 던 신뢰관계에 있는 사람 또는 진술조력인의 진술에 의하여 그 성립의 진정함이 인정된 경우에 증거로 할 수 있다' 부분 가운데 19세 미만 성 폭력범죄 피해자에 관한 부분[235], 검사가 법원의 증인으로 채택된 수감 자를 그 증언에 이르기까지 거의 매일 검사실로 하루 종일 소환하여 피 고인측 변호인이 접근하는 것을 차단하고, 검찰에서의 진술을 번복하는 증언을 하지 않도록 회유·압박하는 한편, 때로는 검사실에서 그에게 편의를 제공하기도 한 행위[236](공정한 재판을 받을 권리·적법절차의 원칙 위 반), 재소자용수의착용처분[237], 피고인의 소재를 확인할 수 없는 때 피 고인의 진술없이 재판할 수 있도록 제1심 공판의 특례를 규정한 소송촉 진등에관한특례법 제23조[238], 피고인 등의 반대신문권을 제한하고 있는

130. 침해인정 사례

---

233) 가령 헌재 2021. 12. 23, 2018헌바524, 판례집 제33권 2집, 760, 768.
234) 헌재 2022. 6. 30, 2019헌마356, 공보 제309호, 874, 874.
235) 헌재 2021. 12. 23, 2018헌바524, 판례집 제33권 2집, 760, 760.
236) 헌재 2001. 8. 30, 99헌마496, 판례집 제13권 2집, 238.
237) 헌재 1999. 5. 27, 97헌마137 등, 판례집 제11권 1집, 653.
238) 헌재 1998. 7. 16, 97헌바22, 판례집 제10권 2집, 218. 이영모 재판관의 반대의견

형사소송법 제221조의2 제5항[239]), 궐석재판을 규정한 반국가행위자의 처벌에 관한 특별조치법 제7조 제5항[240]), 법원의 수사서류 열람·등사 허용결정에도 불구하고 검사가 열람·등사를 거부하는 행위(신속·공정한 재판을 받을 권리)[241]), 사법경찰관인 피청구인이 위험발생의 염려가 없음에도 불구하고 사건종결 전에 압수물을 폐기한 행위[242]), 등이 있다.

131. 항고나 상고, 재심의 공정한 재판 관련성

그리고 항고나 상고 혹은 재심 등은 잘못된 결정이나 판결들을 바로 잡기 위한 것이므로 공정한 재판을 받을 권리와 밀접한 관련이 있다고 하겠다. 이와 관련하여 위헌확인을 한 사례들로서는 다음과 같은 것들이 있다.

132. 즉시항고 제기기간

첫째, 즉시항고 등 제기기간이 지나치게 짧은 경우이다. 가령 즉시항고 제기기간을 3일로 제한하고 있는 형사소송법 제405조[243]), 인신보호법상 즉시항고 제기기간 3일[244]) 등이 그것이다.

133. 법정진술권의 미보장

둘째, 당사자에게 법정에서 진술하고 청문을 할 수 있는 충분한 기회를 보장하지 않는 경우, 즉 법정진술권의 미보장이다. 가령 디엔에이감식시료채취영장 발부 과정에서 채취대상자에게 자신의 의견을 밝히거나 영장 발부 후 불복할 수 있는 절차 등에 관하여 규정하지 아니한 '디엔에이신원확인정보의 이용 및 보호에 관한 법률' 제8조[245]), 법원의 수사서류 열람·등사 허용 결정에도 불구하고 검사의 수사기록 등사 거부 행위[246]), 국가정보원직원법 제17조 제2항 중 "직원(퇴직한 자를 포함한다)이 사건당사자로서 직무상의 비밀에 속한 사항을 진술하고자 할 때에는

있음.

239) 헌재 1996. 12. 26, 94헌바1, 판례집 제8권 2집, 808, 809. 이 사안을 법적 청문권의 침해로 파악하고 있는 견해로 장석조 (주 208), 554면.

240) 헌재 1996. 1. 25, 95헌가5, 판례집 제8권 1집, 1. 이 사안을 법적 청문권의 침해로 보는 견해로 장석조 (주 208), 552면.

241) 헌재 2010. 6. 24, 2009헌마257, 판례집 제22권 1집 하, 621. 김희옥 재판관의 반대의견 있음; 헌재 1997. 11. 27, 94헌마60, 판례집 제9권 2집, 675.

242) 헌재 2012. 12. 27, 2011헌마351, 판례집 제24권 2집 하, 601.

243) 헌재 2018. 12. 27, 2015헌바77 등, 판례집 제30권 2집, 642. 이은애, 이종석 재판관의 반대의견 있음. 이 결정 이후 2019. 12. 31. 즉시항고 제기기간은 7일로 늘어났다.

244) 헌재 2015. 9. 24, 2013헌가21, 판례집 제27권 2집 상, 461.

245) 헌재 2018. 8. 30, 2016헌마344 등, 판례집 제30권 2집, 516.

246) 헌재 2017. 12. 28, 2015헌마632, 판례집 제29권 2집 하, 417.

미리 원장의 허가를 받아야 한다."는 부분[247]), 정정보도청구를 가처분절
차에 따라 소명만으로 인용될 수 있게 하는 것[248]) 등이 있다.

셋째, 헌법 제12조 제1항에서 보장하는 적법절차원리나 헌법 제12
조 제4항의 변호인의 조력을 받을 권리 혹은 헌법 제27조 제4항의 무죄
추정의 원칙 등에 대한 위반 상태에서 재판절차가 진행되는 경우 공정
한 재판을 받을 권리에 대한 제한도 수반된다고 할 수 있을 것이다.

> 134. 적법절차
> 원리 등 위반
> 사례

그러한 사례로서는 가령 수형자와 소송대리인인 변호사의 접견을
일반 접견에 포함시켜 시간은 30분 이내로, 횟수는 월 4회로 제한한 구
형집행법시행령 제58조 제 2항 및 동항 중 각 '수형자'에 관한 부분, 동
시행령 동조 제3항[249]), 수형자인 청구인 이 헌법소원 사건의 국선대리
인인 변호사를 접견함에 있어서 그 접견내용을 녹음, 기록한 피청구인
의 행위[250]), 변호사와 접견하는 경우에도 수용자의 접견은 원칙적으로
접촉차단시설이 설치된 장소에서 하도록 규정하고 있는 형집행법시행령
제58조 제4항[251]), 형집행법 제88조가 형사재판의 피고인으로 출석하는
수형자에 대하여 사복착용을 허용하는 동법 제82조를 준용하지 아니한
것[252]) 등이 있다.

> 135. 구체적 사
> 례

(2) 침해 부인 사례

헌법재판소가 공정한 재판을 받을 권리를 침해하지 않는다고 본 사
례로는 정당해산심판절차에서의 민사소송법령을 준용하도록 하고 있는
헌재법 제40조 제1항[253]), 동석한 신뢰관계인의 성립인정의 진술만으로
성폭력 피해아동의 진술이 수록된 영상녹화물의 증거능력을 인정할 수
있도록 규정한 구 '아동·청소년의 성보호에 관한 법률' 제18조의2 제5
항 중 "제1항부터 제3항까지의 절차에 따라 촬영한 영상물에 수록된 피
해자의 진술은 공판준비 또는 공판기일에 조사과정에 동석하였던 신뢰

> 136. 침해 부인
> 사례

---

247) 헌재 2002. 11. 28, 2001헌가28, 판례집 제14권 2집, 584.
248) 헌재 2006. 6. 29, 2005헌마165 등, 판례집 제18권 1집 하, 337, 406.
249) 헌재 2015. 11. 26, 2012헌마858, 판례집 제27권 2집 하, 306.
250) 헌재 2013. 9. 26, 2011헌마398, 판례집 제25권 2집 하, 26.
251) 헌재 2013. 8. 29, 2011헌마122, 판례집 제25권 2집 상, 494.
252) 헌재 2015. 12. 23, 2013헌마712, 판례집 제27권 2집 하, 670.
253) 헌재 2014. 2. 27, 2014헌마7, 판례집 제26권 1집 상, 310.

관계에 있는 자의 진술에 의하여 그 성립의 진정함이 인정된 때에는 증
거로 할 수 있다."는 부분254), 기타 특히 신용할 만한 정황에 의하여 작
성된 문서'를 당연히 증거능력 있는 서류로 규정하고 있는 형사소송법
제315조 제3호가 규정한 문서에 공범이 다른 사건에서 피고인으로서 한
진술을 기재한 공판조서가 포함된다고 보는 것255), 보상금증감의 소에
서 당사자적격을 규정하고 있는 구 공익사업을 위한 토지 등의 취득 및
보상에 관한 법률 제85조 제2항 중 '제1항의 규정에 따라 제기하고자
하는 행정소송이 보상금의 증감에 관한 소송인 경우 당해 소송을 제기
하는 자가 토지소유자인 때에는 사업시행자를 피고로 한다'는 부분256),
증거신청의 채택 등에 대하여 법원의 재량을 인정하고 있는 형사소송법
제295조 및 형사소송법 제296조 제2항257), 공시송달의 방법으로 기일통
지서를 송달받은 당사자가 변론기일에 출석하지 아니한 경우 자백간주
규정을 준용하지 않는 민사소송법 제150조 제3항 단서258), 형사소송법
제297조 제1항 전문 중 "재판장은 증인이 피고인의 면전에서 충분한 진
술을 할 수 없다고 인정한 때에는 피고인을 퇴정하게 하고 진술하게 할
수 있다."는 부분259), 소환된 증인 또는 그 친족 등이 보복을 당할 우려
가 있는 경우 재판장은 당해 증인의 인적 사항의 전부 또는 일부를 공
판조서에 기재하지 아니하게 할 수 있고, 이때 증인의 인적사항이 증인
신문의 모든 과정에서 공개되지 아니하도록 한 특정범죄신고자 등 보호
법 제11조 제2항, 제3항 및 피고인을 퇴정시키고 증인신문을 행할 수
있도록 규정한 같은 법 제11조 제6항 중 '피고인을 퇴정시키고 증인신
문을 행할 수 있다.'는 부분260), 법정출석 수형자의 운동화착용불허행
위261), 항소법원이 원심법원에 사건을 환송하여야 할 사유로 공소기각

---

254) 헌재 2013. 12. 26, 2011헌바108, 판례집 제25권 2집 하, 621. 이진성, 안창호, 서기
    석 재판관의 반대의견 있음. 유사한 내용의 성폭력처벌법 조항에 대한 위헌 결정
    으로 헌재 2021. 12. 23, 2018헌바524 참조.
255) 헌재 2013. 10. 24, 2011헌바79, 판례집 제25권 2집 하, 141.
256) 헌재 2013. 9. 26, 2012헌바23, 판례집 제25권 2집 상, 708.
257) 헌재 2013. 8. 29, 2011헌바253 등, 판례집 제25권 2집 상, 424.
258) 헌재 2013. 3. 21, 2012헌바128, 판례집 제25권 1집, 223.
259) 헌재 2012. 7. 26, 2010헌바62, 판례집 제24권 2집 상, 93.
260) 헌재 2010. 11. 25, 2009헌바57, 판례집 제22권 2집 하, 387.

또는 관할위반의 재판이 법률에 위반됨을 이유로 파기하는 경우만을 규
정하고 있을 뿐 '필요적 변호를 규정하고 있는 형사소송법 제282조에
위반됨을 이유로 원심판결을 파기하는 경우'를 포함하여 규정하지 아니
한 형사소송법 제366조[262]), 형사재판에서 증거의 증명력에 대한 평가를
법관의 자유로운 판단에 맡기는 자유심증주의 원칙을 규정하고 있는 형
사소송법 제308조[263]), 특별검사에 의한 수사대상을 특정인에 대한 특정
사건으로 한정한 한나라당 대통령후보 이명박의 주가조작 등 범죄혐의
의 진상규명을 위한 특별검사의 임명 등에 관한 법률 제2조와 특별검사
가 공소제기한 사건의 재판기간과 상소절차 진행기간을 일반사건보다
단축하고 있는 이 사건 법률 제10조[264]), 소송의 지연을 목적으로 함이
명백한 경우에 신청을 받은 법원 또는 법관이 이를 기각할 수 있도록
규정한 형사소송법 제20조 제1항[265]), 공시송달에 의한 소환절차에 따라
피고인이 출석하지 않은 상태에서 그의 진술 없이 유죄판결을 하는 것
을 허용하는 소송촉진등에관한특례법 제23조[266]), 러·일전쟁 개전시부
터 1945년 8월 15일까지 친일반민족행위자가 취득한 재산을 친일행위
의 대가로 취득한 재산으로 추정하는 친일재산귀속법 제2조 제2호 후
문[267]) 등이 있다.

　　그리고 형사소송법 사례로서 공정한 재판을 받을 권리의 침해를 부
인한 사례들로서는 가령 검사 작성의 피의자신문조서에 대한 증거능력
의 인정요건을 정한 형사소송법 제312조 제1항 본문[268]), '피고인 등'에
대하여 차폐시설을 설치하고 신문할 수 있도록 한 형사소송법 제165조
의2 제3호[269]), 형사재판에 계속 중인 사람에 대하여 출국을 금지할 수
있다고 규정한 출입국관리법 제4조 제1항 제1호[270]), 항소심에서 심판대

**137. 형사소송
법 사례**

---

261) 헌재 2011. 2. 24, 2009헌마209, 판례집 제23권 1집 상, 157.
262) 헌재 2010. 2. 25, 2008헌바67, 판례집 제22권 1집 상, 189.
263) 헌재 2009. 11. 26, 2008헌바25, 판례집 제21권 2집 하, 510.
264) 헌재 2008. 1. 10, 2007헌마1468, 판례집 제20권 1집 상, 1.
265) 헌재 2006. 7. 27, 2005헌바58, 판례집 제18권 2집, 139.
266) 헌재 2005. 7. 21, 2005헌바21, 판례집 제17권 2집, 67.
267) 헌재 2011. 3. 31, 2008헌바141 등, 판례집 제23권 1집 상, 276.
268) 헌재 2005. 5. 26, 2003헌가7, 판례집 제17권 1집, 558.
269) 헌재 2016. 12. 29, 2015헌바221, 판례집 제28권 2집 하, 474.

상이 된 사항에 한하여 법령위반의 상고이유로 삼을 수 있도록 상고를
제한하는 형사소송법 제383조 제1호[271]), 항소심에서 공소장변경을 허용
하고 있는 형사소송법 제370조 중 제298조 제1항을 준용하는 부분[272]),
피고인 등의 증거신청에 대하여 법원의 재량에 의하여 증거채택 여부를
결정할 수 있도록 한 형사소송법 제295조, 형사소송법 제296조 제2
항[273]), 재정신청사건의 심리를 비공개원칙으로 하는 형사소송법 제262
조 제3항 및 재정신청사건의 심리 중 관련 서류 및 증거물의 열람 또는
등사를 불허하는 같은 법 제262조의2 본문[274]), 피고인 또는 변호인이
형사소송법 제56조의2 제2항에 기하여 녹취를 하고자 할 때에는 미리
법원의 허가를 받도록 규정한 형사소송규칙 제40조[275]), 피고인 등이 상
당한 이유 없이 상소를 제기함으로써 불가피하게 소요되는 미결구금기
간에 대하여 이를 피고인의 불이익으로 하여 본형에 산입하지 않도록
한 소송촉진등에관한특례법 제24조[276]), 공판조서의 절대적 증명력을 규
정한 형사소송법 제56조[277]) 등이 있다. 그 밖에 구속기간을 제한하고
있는 형사소송법 제92조 제1항[278]), 증인신문사항의 서면제출을 명하고
이를 이행하지 않을 경우에 증거결정을 취소할 수 있는 권한의 근거가
되는 형사소송법 제279조(재판장의 소송지휘권) 및 제299조(불필요한 변론
등의 제한)[279]), 보안관찰법상 보안관찰제도[280]), 변호인이 있는 피고인에
게 변호인과는 별도로 공판조서열람권을 부여하지 않는 형사소송법 제
55조 제1항[281]) 진술을 요할 자가 외국거주로 인하여 진술할 수 없는 경

270) 헌재 2015. 9. 24, 2012헌바302, 판례집 제27권 2집 상, 514.
271) 헌재 2015. 9. 24, 2012헌마798, 판례집 제27권 2집 상, 620.
272) 헌재 2012. 5. 31, 2010헌바128, 판례집 제24권 1집 하, 391.
273) 헌재 2012. 5. 31, 2010헌바403, 판례집 제24권 1집 하, 419.
274) 헌재 2011. 11. 24, 2008헌마578 등, 판례집 제23권 2집 하, 455.
275) 헌재 1995. 12. 28, 91헌마114, 판례집 제7권 2집, 876, 887.
276) 헌재 1994. 12. 29, 92헌바31, 판례집 제6권 2집, 367, 368.
277) 헌재 2012. 4. 24, 2010헌바379, 판례집 제24권 1집 하, 60.
278) 헌재 2001. 6. 28, 99헌가14, 판례집 제13권 1집, 1188. 윤영철, 권성 재판관의 반
　　대의견 있음.
279) 헌재 1998. 12. 24, 94헌바46, 판례집 제10권 2집, 842.
280) 헌재 1997. 11. 27, 92헌바28, 판례집 제9권 2집, 548.
281) 헌재 1994. 12. 29, 92헌바31, 판례집 제6권 2집, 367, 368.

우에 예외적으로 전문증거의 증거능력을 인정하는 형사소송법 제314조 중 외국거주에 관한 부분[282], 직접주의와 전문법칙의 예외를 규정한 형사소송법 제314조[283] 등이 있다.

한편 송달제도와 관련하여 재판의 당사자가 송달장소 변경을 신고하지 아니한 경우 종전의 송달장소로 송달서류를 등기우편으로 발송하도록 한 민사소송법 제171조의2 제2항[284], 임의경매절차에 한하여 일반채권자와 달리 금융기관에 대한 발송송달의 특례를 인정하는 것[285] 등도 마찬가지로 합헌으로 보았다.

138. 송달제도

그리고 기피·제척 관련 민사소송법에 대한 것으로서 기피신청에 대한 재판을 그 신청을 받은 법관의 소속 법원 합의부에서 하도록 한 민사소송법 제46조 제1항 중 '기피신청에 대한 재판의 관할'에 관한 부분[286], 민사소송법 제45조 제1항 중 "소송의 지연을 목적으로 하는 것이 분명한 경우" 부분, 제47조 제3항 및 제48조 단서 중 "제척 또는 기피 신청이 각하된 경우" 부분[287] 등 역시 공정한 재판을 받을 권리를 침해하지 않는다고 보았다.

139. 기피·제척

한편 국가 및 지방자치단체의 점유를 달리 정하지 아니하고 사인의 점유와 동일하게 자주점유로 추정하도록 한 민법 제197조 제1항 중 '소유의 의사로' 부분('이 사건 추정조항')으로 인하여 제한되는 기본권을 헌법재판소의 법정의견은 재산권으로만 보았으나, 반대의견은 재판청구권의 일종인 공정한 재판을 받을 권리 또한 재산권과 함께 제한된다고 보면서 이 사건 추정조항은 재산권뿐만 아니라 공정한 재판을 받을 권리도 침해한다고 보았다.[288]

140. 자주점유 추정조항

그리고 즉시항고 제기기간과 관련하여 즉시항고의 제기기간을 3일

141. 즉시항고 제기기간

282) 헌재 2005. 12. 22, 2004헌바45, 판례집 제17권 2집, 712. 윤영철, 권성, 김효종 재판관의 반대의견 있음.
283) 헌재 1998. 9. 30, 97헌바51, 판례집 제10권 2집, 541. 조승형 재판관의 반대의견 있음; 헌재 1994. 4. 28, 93헌바26, 판례집 제6권 1집, 348.
284) 헌재 2002. 7. 18, 2001헌바53, 판례집 제14권 2집, 20.
285) 헌재 2011. 11. 24, 2009헌바100, 판례집 제23권 2집 하, 204.
286) 헌재 2013. 3. 21, 2011헌바219, 판례집 제25권 1집, 216.
287) 헌재 2008. 6. 26, 2007헌바28 등, 공보 제141호, 899, 900.
288) 헌재 2020. 4. 23, 2018헌바350, 판례집 제32권 1집 상, 331, 342, 350.

로 정한 형사소송법 제405조[289]), 즉시항고기간을 규정하지 아니한 비송
사건절차법 제248조 제3항과 즉시항고기간에 관한 민사소송법 제414조
제1항 중 1주일 부분[290]), 개인회생절차에서 면책취소신청 기각결정에
대한 즉시항고의 근거규정을 두고 있지 아니한 '채무자 회생 및 파산에
관한 법률' 제627조[291] 등에 대해서도 합헌으로 보았다.

142. 재판 시
사복착용 불허

재판 시 사복착용 불허에 대해서도 가령 '형의 집행 및 수용자의
처우에 관한 법률' 제88조가 민사재판의 당사자로 출석하는 수형자에
대하여, 사복착용을 허용하는 형집행법 제82조를 준용하지 아니한
것[292])은 합헌으로 보았다.

143. 재판방식
을 결정으로 한
것

재판방식을 결정으로 한 것 역시 합헌으로 보았는데, 즉 변경회생
계획의 인가 여부에 대한 재판의 방식을 '결정'으로 정한 채무자회생법
제282조 제2항 본문 중 제242조 제1항을 준용하는 부분 가운데 '결정'에
관한 부분[293])이 그것이다.

144. 검사가 작
성한 피의자신
문조서에 대한
증거능력 인정
요건의 완화

검사가 작성한 피의자신문조서에 대한 증거능력 인정요건의 완화
와 관련하여 검사(檢事) 작성의 피의자신문조서(被疑者訊問調書)에 대한
증거능력(證據能力)의 인정요건을 정한 형사소송법(刑事訴訟法) 제312조
제1항 단서[294])를 합헌으로 보았다.

145. 헌재법 사
례

그리고 헌법재판소법 제68조 제2항에 따른 헌법소원이 인용된 경
우 당해 소송사건에만 재심을 허용하는 헌법재판소법 제75조 제7항, 비
형벌조항에 대한 위헌결정의 효력을 장래효 원칙으로 정한 헌법재판소
법 제75조 제6항 중 '제68조 제2항에 따른 헌법소원을 인용하는 경우
제47조를 준용'하는 부분이 '진실·화해를 위한 과거사정리 기본법' 제2
조 제1항 제3호, 제4호에 규정된 '민간인 집단희생사건'과 '중대한 인권
침해·조작의혹사건' 피해자의 유족의 재판청구권을 침해하지 않는다고

---

289) 헌재 2012. 10. 25, 2011헌마789, 판례집 제24권 2집 하, 84; 헌재 2011. 5. 26, 2010
     헌마499, 판례집 제23권 1집 하, 254.
290) 헌재 1998. 8. 27, 97헌바17, 판례집 제10권 2집, 398.
291) 헌재 2017. 7. 27, 2016헌바212, 판례집 제29권 2집 상, 139.
292) 헌재 2015. 12. 23, 2013헌마712, 판례집 제27권 2집 하, 670.
293) 헌재 2021. 7. 15, 2018헌바484, 판례집 제33권 2집, 32.
294) 헌재 1995. 6. 29, 93헌바45, 판례집 제7권 1집, 873, 873.

보았다.295)

　　그리고 특정공무원범죄의 범인에 대한 추징판결을 범인 외의 자가
그 정황을 알면서 취득한 불법재산 및 그로부터 유래한 재산에 대하여
그 범인 외의 자를 상대로 집행할 수 있도록 규정한 '공무원범죄에 관한
몰수 특례법 제9조의2에 대한 위헌제청사건에서 헌법재판소는 제3자는
심판대상조항에 의한 집행에 관한 검사의 처분이 부당함을 이유로 재판
을 선고한 법원에 재판의 집행에 관한 이의신청을 할 수 있으며(형사소
송법 제489조), 또한 제3자는 각 집행절차에서 소송을 통해 불복하는 등
사후적으로 심판대상조항에 의한 집행에 대하여 다툴 수 있다고 하는
이유로 심판대상조항이 적법절차원칙에 위반되지 않는다고 보았다.296)
그러나 재판관 3인의 반대의견은 몰수와 마찬가지로 형에 준하여 평가
되는 추징인데도 심판대상조항에 의하면 제3자는 자신의 재산에 추징
집행을 당하기 전에 '추징 집행이 공무원범죄몰수법의 소정 요건을 충
족하여 적법한지 여부'에 대하여 법관으로부터 판단 받을 기회를 전혀
가지지 못하므로, 이러한 측면에서 심판대상조항(공무원범죄에 관한 몰수
특례법 제9조의2)은 제3자에 대하여 헌법 제27조 제1항 소정의 '헌법과
법률이 정한 법관에 의하여 법률에 의한 재판을 받을 권리'를 제한한다
고 보고서 심사한 후 이 사건 심판대상조항은 적법절차원칙에 위배되어
헌법에 위반된다고 보았다.297)

　　한편 상속재산분할에 관한 사건을 가사비송사건으로 분류하고 있
는 가사소송법 제2조 제1항 제2호 나목 10)298)에 대하여도 합헌으로 보
았다.

　　그리고 토지수용위원회 재결권과 의견진술 제한과 관련하여 가령
토지수용위원회로 하여금 재결에 관한 사항을 관장하도록 한 것과, 심
리에 있어서 토지수용위원회가 필요하다고 인정하는 경우에만 토지소유
자 등이 출석하여 의견을 진술하도록 한 것299), 토지수용위원회에 관한

295) 헌재 2021. 11. 25, 2020헌바401, 판례집 제33권 2집, 621, 621.
296) 헌재 2020. 2. 27, 2015헌가4, 판례집 제32권 1집 상, 1.
297) 헌재 2020. 2. 27, 2015헌가4, 판례집 제32권 1집 상, 1, 19.
298) 헌재 2017. 4. 27, 2015헌바24, 판례집 제29권 1집, 81.

규정인 공익사업법 제51조, 제52조 제1항, 제2항, 제3항, 제5항, 제6항, 제7항, 제8항, 구 공익사업법 제49조, 제52조 제4항, 제9항 및 토지수용위원회의 심리에 있어서 이해관계인들의 출석에 의한 진술을 제한하는 공익사업법 제32조 제2항300)에 대하여 합헌으로 보았다.

149. 접견횟수 초과로 인한 변호사접견 불허 등

그 밖에 피청구인이 접견횟수 초과를 이유로 청구인에 대하여 변호사와의 접견을 불허한 처분301)도 합헌으로 보았고, 가사소송법 제7조 제1항 중 "가정법원의 변론기일에 소환을 받은 당사자는 본인이 출석하여야 한다. 다만, 특별한 사정이 있을 때에는 재판장의 허가를 받아 대리인을 출석하게 할 수 있다."고 한 부분302)과 관련 청구인은 공정한 재판을 받을 권리의 침해를 주장하였으나 헌법재판소는 심판대상조항이 재판청구권 자체를 제한하지 않는다고 판단하였다.

6. 공개재판을 받을 권리

가. 보호영역

150. 제 3 자 의 방청제도

공개재판이란 재판의 공정성을 확보하기 위하여 재판의 심리와 판결을 이해관계가 없는 제3자도 방청하게 하는 제도를 말한다.303)

151. 자 연 인 , 법인, 내 · 외국 공법인을 포함

형사피고인은 상당한 이유가 없는 한 지체없이 공개재판을 받을 권리를 가진다(헌법 제27조 제3항 제2문. 제109조 제1문). 그러나 이러한 공개재판을 받을 권리의 주체는 재판(심리와 판결)의 공개원칙을 천명한 헌법 제109조 제1문을 고려할 때, 모든 국민이라고 할 수 있으며 자연인뿐만 아니라 법인 그리고 심지어 내 · 외국 공법인도 포함된다고 할 수 있다.

152. 예외적 비 공개

다만 국가의 안전보장 또는 안녕질서를 방해하거나 선량한 풍속을 해할 염려가 있을 때에는 법원의 결정으로 심리에 한하여 이를 공개하지 않을 수 있다(제109조 제2문).

---

299) 헌재 2009. 6. 25, 2007헌바104, 공보 제153호, 1273.
300) 헌재 2007. 11. 29, 2006헌바79, 판례집 제19권 2집, 576.
301) 헌재 2004. 12. 16, 2002헌마478, 판례집 제16권 2집 하, 548.
302) 헌재 2012. 10. 25, 2011헌마598, 판례집 제24권 2집 하, 76.
303) 계희열 (주 141), 648면.

나. 제 한

공개재판을 받을 권리에 대한 제한은 재판을 이해관계가 없는 제3
자에게 공개하지 않는 경우 발생할 수 있다. 전술하였듯이 국가의 안전
보장이나 사생활의 비밀과 자유 등을 보호하기 위한 목적으로 일정한
경우에 제한이 가능하다(제109조 제2문).

다. 제한의 한계

헌법 제37조 제2항의 과잉금지원칙이 제한의 한계로서 적용된다.
대법원은 법원이 형사재판에 관하여 방청권을 발행하여 방청인의
수를 제한하는 것은 공개재판주의에 반하지 않는다고 보았다.[304]

7. 형사피해자의 재판절차진술권

가. 재판절차진술권의 의미와 보호영역

형사피해자는 법률이 정하는 바에 의하여 당해 사건의 재판절차에
서 진술할 수 있다(제27조 제5항).

형사피해자의 재판절차진술권이란 범죄로 인한 피해자가 당해사건
의 재판절차에 증인으로 출석하여 자신이 입은 피해의 내용과 사건에
관하여 의견을 진술할 수 있는 권리이다. 여기에서의 형사피해자의 개
념은 제30조의 범죄피해자보다 넓은 개념이다.[305] 헌법재판소에 의하면
형사실체법상으로는 직접적인 보호법익의 주체로 해석되지 않는 자라
하여도 문제되는 범죄 때문에 법률상 불이익을 받게 되는 자라면 헌법
상 형사피해자의 재판절차진술권의 주체가 될 수 있기 때문이다.[306]

이 재판절차진술권의 의미에 관하여 헌법재판소는 "헌법은 제27조
제5항을 신설하여 형사피해자의 재판절차에서의 진술권을 규정하고 있
다. 위 규정의 취지는 법관이 형사재판을 함에 있어서 피해자의 진술을

---

304) 대법원 1990. 6. 8. 선고 90도646 판결; 성낙인 (주 59), 1620면.
305) 계희열 (주 141), 649면.
306) 헌재 1992. 2. 25, 90헌마91, 판례집 제4권, 130; 헌재 1993. 3. 11, 92헌마48, 판례
    집 제5권 1집, 121; 장석조 (주 208), 469면.

청취하여 적절하고 공평한 재판을 하여야 한다는 것을 뜻할 뿐만 아니라 이에 더 나아가 형사피해자에게 법관으로 하여금 적절한 형벌권을 행사하여 줄 것을 청구할 수 있는 사법절차적 기본권을 보장해 준 적극적 입장에 있는 것이라 할 것이다."307)고 하고 있다.

나. 제 한

158. 진술권이나 청문권에 제약을 가하는 제도 및 조치

형사피해자는 비록 검사는 아니지만 자신이 고소한 사건에 대하여 기소가 이루어져 형사재판이 개시된 경우 필요하다면 그 법정에 나가서 진술하고 청취할 수 있어야 한다. 이로써 실체적 진실을 밝히고, 가해자인 피고인에 대하여 그 책임에 합당한 죄를 물을 수 있게 될 것이다. 그러므로 형사피해자의 이러한 진술권이나 청문권에 제약을 가하는 모든 조치나 제도들은 형사피해자의 재판절차진술권에 대한 제한이 된다 할 수 있다.

159. 실체법의 형성에 해당하는 것은 제외

한편 헌법재판소는 입법자의 형성은 동시에 제한이 될 수 있기는 하지만, 실체법의 형성은 절차법에 대한 제한이 될 수 없다고 보면서, 따라서 실체법의 형성에 지나지 않은 것은 재판청구권에 대한 제한이나 침해가 될 수 없다고 보고 있다.308)

다. 제한의 한계

160. 과잉금지원칙

헌법 제37조 제2항의 과잉금지원칙이 제한의 한계로서 작용한다.

(1) 침해 인정 사례

161. 침해 인정 사례

헌법재판소가 재판절차진술권을 침해한 것으로 인정한 사례로서는 청구인에 대한 상해 피의사실을 인정한 검사의 기소유예처분309), 법리오해와 수사미진의 잘못이 있는 검사의 불기소처분310), 공정거래위원장

---

307) 헌재 1989. 4. 17, 88헌마3, 판례집 제1권, 31 [37].
308) 헌재 2009. 2. 26, 2007헌바82, 판례집 제21권 1집 상, 105, 118.
309) 헌재 2010. 6. 24, 2008헌마716, 판례집 제22권 1집 하, 588.
310) 가령 헌재 2006. 11. 30, 2006헌마59, 공보 제122호, 1414; 헌재 2001. 4. 26, 99헌마671, 공보 제56호, 474.

의 자의적인 고발권 불행사311) 등을 들 수 있다.

(2) 침해 부인 사례

그리고 재판절차진술권의 침해를 부인한 사례로서는 형사피해자를 약식명령의 고지 대상자에서 제외하고 있는 형사소송법 제452조와 형사피해자를 정식재판청구권자에서 제외하고 있는 형사소송법 제453조 제1항312), "결정은 구두변론에 의거하지 아니할 수 있다."고 규정하고 있는 형사소송법 제37조 제2항 중 '재정신청에 대한 결정' 부분313), 재정신청이 이유 없는 때에 하는 기각결정이 확정된 사건에 대하여 다른 중요한 증거를 발견한 경우를 제외하고는 소추를 금지하는 형사소송법 제262조 제4항 후문 중 '재정신청이 이유 없는 때에 하는 기각결정에 관한 부분'314), 공정거래위원회의 무혐의처분315), 재정신청기간에 관한 형사소송법 부칙 제5조 제3항 중 "이 법 시행 전에 대검찰청에 재항고가 계속 중인 사건의 경우에는 재항고기각결정을 통지받은 날부터 10일 이내" 부분316), 재정신청의 대상을 공무원의 직무에 관한 죄 중에서 인신구속에 관한 직무를 행하는 자 등에 의하여 발생하는 인권침해 유형의 범죄에 한정하고 있는 형사소송법 제260조 제1항317) 등을 들 수 있다.

그리고 교통사고처리특례법 제4조 제1항 본문 중 업무상과실 또는 중대한 과실로 인한 교통사고로 말미암아 피해자로 하여금 상해에 이르게 한 경우 공소를 제기할 수 없도록 한 부분이 교통사고 피해자의 재판절차진술권을 침해하는지 여부와 관련하여 종래의 합헌 판례318)를 일부 변경하여 평등권을 침해한다고 보았지만, 재판절차진술권과 국가의

162. 침해 부인 사례

163. 교통사고 처리특례법 제4조 제1항 본문

---

311) 헌재 1995. 7. 21, 94헌마136, 판례집 제7권 2집, 169, 170.

312) 헌재 2019. 9. 26, 2018헌마1015, 판례집 제31권 2집 상, 417.

313) 헌재 2018. 4. 26, 2016헌마1043, 공보 제259호, 767.

314) 헌재 2011. 10. 25, 2010헌마243, 판례집 제23권 2집 하, 93.

315) 헌재 2011. 6. 30, 2009헌마582, 판례집 제23권 1집 하, 480.

316) 헌재 2009. 6. 25, 2008헌마259, 판례집 제21권 1집 하, 900.

317) 헌재 1997. 8. 21, 94헌바2, 판례집 제9권 2집, 223, 223. 이재화, 조승형, 이영모 재판관의 반대의견 있음. 형사피해자의 재판청구권(재판절차진술권)의 관점에서 이 결정에 대한 논평으로 장석조 (주 208), 500-502면.

318) 헌재 1997. 1. 16, 90헌마110 등, 판례집 제9권 1집, 90.

기본권보호의무를 침해한 것은 아니라고 보았다.[319]

Ⅳ. 재판청구권의 주체

1. 자연인

164. 자연인으로 내·외국인, 무국적자 모두 포함

재판청구권의 기본권주체에는 우선 모든 자연인이 포함된다. 즉 권리구제를 위한 절차적 기본권인 재판청구권에 대해서 굳이 대한민국 국적을 가진 국민만이 주체가 되는 것은 아니고, 기본권이나 권리침해를 받은 모든 주체 즉 내국인이든 외국인이든, 무국적자든 할 것 없이 자연인과 법인이 모두 기본권의 주체가 될 수 있는 것이다.

165. 헌재 판례

헌법재판소 역시 외국인이 재판을 받을 권리의 기본권주체가 될 수 있음을 인정한 바 있다.[320]

2. 법 인

166. 공 법 인, 내국 사법인, 외국 공법인, 외국 사법인 모두 포함

다음으로 내국 사법인 역시 법인으로서 권리를 침해받은 경우 재판을 통하여 그 구제를 받을 필요가 있기 때문에, 내국 사법인도 권리구제를 위한 절차적 기본권으로서 재판청구권의 기본권주체가 된다. 그리고 내국 공법인의 경우 역시 국가나 다른 공법인과의 권리침해를 둘러싸고 법적 분쟁을 벌일 수 있기 때문에 공법인 역시 재판청구권의 주체가 될 수 있다. 또한 외국 사법인과 공법인도 역시 재판절차에 참여할 수 있다.

167. 공법인의 기본권주체성

본디 공법인의 기본권주체성은 국·공립 대학교나 방송국과 같이 예외적인 경우에 기본권의 주체성이 인정된다고 할 수 있지만, 재판을 받을 권리의 경우 침해된 기본권이 여타의 다른 기본권이나 권리라 하더라도 그 구제를 위해서 법률이 정한 범위 내에서 소송을 제기할 수 있다고 할 것이다.

---

319) 헌재 2009. 2. 26, 2005헌마764 등, 판례집 제21권 1집 상, 156.
320) 헌재 2018. 5. 31, 2014헌마346, 판례집 제30권 1집 하, 166, 181.

다만 가령 어떠한 국가기관이 국민으로부터 명예훼손을 받았다고 주장하면서 개인을 상대로 손해배상소송을 제기할 수 있을 것인지의 문제가 제기될 수 있을 것이나, 국가기관은 본디 기본권의 수범자이지 기본권의 주체가 될 수 없는 것이기 때문에 그러한 소송제기는 불가하다 할 것이다. 다만 국가가 사경제의 주체로서 국민을 상대로 하여 선의취득 등 부동산 소유권을 다투는 등의 민사소송을 제기하는 것은 사경제 주체의 대등한 당사자로서 가능하다고 봐야 할 것이고, 또한 국민이 국가기관을 상대로 행정소송이나 헌법소원심판을 제기하는 경우 그 국가기관이 피고나 피청구인이 되어 그 소송에 참여할 권리와 의무가 있는 것은 당연하다고 할 것이다.

168. 국가기관의 경우 사경제의 주체로서 소송에 참여할 권리와 의무가 있음

다음으로 외국이나 외국 공법인을 상대로 국민이 손해배상청구 등 민사소송을 제기하는 경우 이러한 소송이 적법할 것인가의 문제가 제기되지만 외국의 경우 소위 국가면제(state immunity)의 대상이 되어 원칙적으로 그러한 소송의 당사자로서 소송에 응해야 할 의무는 없다고 할 것이나 그 국가가 자발적으로 소송에 응하는 경우에는 이러한 국가면제의 이익이 탈락된다고 봐야 할 것이다. 그리고 국가가 상행위 등 민사상 거래의 당사자가 된 경우 등 예외적인 경우에는 민사소송의 당사자가 될 수 있다고 하는 것이 국제법적으로 인정되고 있는 국제관행이라고 할 수 있다. 여기에 소위 '중대한 인권침해'의 경우도 국가면제의 예외사유가 될 수 있을 것인가의 문제가 제기[321]되고 있으나 국제사법재판소의 Ferrini판결의 다수견해는 아직까지 그러한 관행이 정착되었다고 보기 어렵다는 이유로 중대한 인권침해가 국가면제의 예외사유가 되지 않는다고 본 데 반하여, 이탈리아 헌법재판소는 이러한 국제사법재판소의 판결에 대한 이행법률을 위헌선언함으로써 사실상 국제사법재판소의 판

169. 외국 및 외국 공법인은 국가면제의 대상, 예외적으로 민사소송의 당사자가 될 수 있음

---

321) 일본군 위안부피해자들이 일본국을 상대로 하여 제기한 손해배상소송에서 인용 판례로 서울중앙지방법원 제34민사부 2021. 1. 8, 선고 2016가합505092 판결(손해배상), 각하 판례로 서울중앙지방법원 제15민사부 2021. 4. 21, 선고 2016가합580239 판결(손해배상). 각하 판결은 서울고등법원 2023. 11. 23. 선고 2021나2017165 판결로써 취소되었다. 해당 항소심은 피고인 일본국이 원고들에게 청구금액과 2023. 9. 21.부터 2023. 11. 23.까지는 연 5%의, 그 다음날부터 다 갚는 날까지는 연 12%의 비율로 계산한 돈을 지급하라고 명하였다.

결을 무효화하고 중대한 인권침해의 경우 국가면제의 예외사유가 된다고 하는 이론을 고수하였다.[322]

170. 국가면제의 예외사유

아무튼 적어도 외국이 상행위에 참여하여 사인과 같이 사경제주체로서 거래의 당사자로 행위한 경우에는 대한민국 민사재판의 당사자가 될수 있는 권리와 의무가 있다고 할 것이며, 국제관행의 확립 여하에 따라이러한 국가면제의 예외사유는 앞으로 더 늘어나게 될 수 있을 것이다.

V. 효 력

1. 대국가적 효력

171. 국가에 대한 방어권적 효력

재판을 받을 권리는 헌법과 법률이 정하는 법관에 의하여 법률에의한 재판을 받을 권리이므로 이러한 재판청구의 상대방은 국가(법원)이다. 그러므로 재판을 받을 사유가 있으며 요건이 갖추어졌음에도 불구하고 만일 법원이 재판을 거부하는 경우 이는 재판을 받을 권리에 대한침해가 될 수 있다. 그러므로 재판을 받을 권리의 수범자는 국가(법원)이며 국민의 정당한 재판청구에 대해서 국가가 응하지 않는 부작위에 의하여 재판을 받을 권리가 침해될 수 있다.

2. 대사인적 효력

172. 원칙적으로 사인에 의해 침해받을 가능성은 없음

다른 기본권적 법익은 사인에 의해서도 침해될 수 있다. 그러나 재판은 사인이 할 수 있는 것이 아니기 때문에, 원칙적으로 이 재판을 받

---

322) 이에 관한 논의로는 방승주, 중대한 인권침해와 국가면제 – 헌법적 시각에서 본 국가면제의 예외법리의 가능성과 한계, 한국비교공법학회·한국공법학회 '공법과 국가'연구포럼·한양대 법학연구소 주최 공동학술대회, 『중대한 인권침해와 국가면제 – 헌법과 국제법적 관점에서 본 국가면제 예외법리의 가능성과 한계』 발제집, 2021. 8. 27. 1–25면과 그곳에서 인용한 문헌; 이권일, 중대한 인권침해와 국가면제 – 헌법적 관점에서 본 국가면제 법리의 해석과 헌법소송 가능성, 같은 발제집, 27–46면(공법학연구 제22권 제4호, 2021. 11. 3–25면); 강병근, 국제법 발전과 대한민국 법원의 역할 – 최근 국가면제 관련 판결을 중심으로, 같은 발제집, 47–71면; 황명준, 주권면제의 파급력 – 2021년 대한민국 재판 실행 및 나미비아의 최신 대처를 중심으로, 73–97면.

을 권리가 사인에 의하여 침해될 가능성은 거의 없다고 생각된다.[323]

이에 반하여 가령 사인이 출소기간을 경과하게 함으로써 법원에의 접근을 방해한 사례와 같은 소위 판결 편취 또는 사취(詐取)의 사례나, 혹은 부제소 약정의 경우 그 약정이 사회질서에 위반되는지 여부를 판단함에 있어서는 재판청구권(법적 청문권)이 기준이 될 수 있다고 하면서, 그러한 한에서 재판청구권(특히 법적 청문권)에 대해서도 대사인적 효력을 인정할 수 있다고 주장하는 견해[324]가 있으나 재판청구권(특히 법적 청문권)의 수범자는 여전히 국가이지 사인이 아니라고 하는 점에서 이러한 주장은 받아들이기 어렵지 않나 생각된다.

173. 판결 편취 사례의 경우 대사인효 인정설의 문제점

---

323) 동지, 계희열 (주 141), 618면.
324) 가령 구병삭, 신헌법원론 제3전정판, 박영사 1996, 674면을 인용하면서, 장석조, 사법행위 청구권, 안암법학 통권 제6호(1997), 299 – 339(334); 같은 이, 판결의 편취와 절차적 기본권, 법조 46권(1997. 10), 31 – 71(59 – 71)면; 같은 이 (주 208), 505, 564 – 568면. 생각건대, 상대방의 사해행위나 기망행위에 의하여 법원에의 접근이 방해된 경우에는 제소기간 경과 등에 대하여 법원이 예외를 인정하거나 혹은 강제집행이 개시될 때 비로소 채무자가 채권자의 기망행위를 알게 된 경우에는 청구이의의 소를 허용함으로써 당사자를 구제할 수 있을 것이며, 그러한 공정한 재판을 위한 법해석과 적용의 최종책임자는 법원(상소심을 포함)이라고 할 수 있을 것이다. 그리고 법원은 당사자의 진술권(청문권)을 보장해야 할 의무를 질 뿐 아니라, 당사자가 제출한 모든 진술과 자료들을 고려해야 할 의무가 있다고 하는 것이 이 견해가 주장하는 법적 청문권의 핵심이라 할 수 있으므로, 그러한 한에서 필요한 경우 재심이나 혹은 상소기간과 상관없이 상소를 허용함으로써 {이러한 경향의 대법원 판결로는 장석조 (주 208), 576면, 각주 415 참조}, 채권자의 기망행위에 의하여 잘못 내려진 확정판결의 기판력을 배제하여 구제하는 방법도 해결 방안 중 하나가 될 수 있을 것이라 생각된다. 그럼에도 불구하고 판결의 기판력 유지를 기본 전제로 하면서, 법적 청문권의 대사인적 효력을 인정하고자 하는 이 견해는 채권자의 기망에 속아 잘못된 판결을 내린 법원의 책임과 공정한 재판을 내릴 의무의 해태를 결과적으로 사인의 책임으로 전가시키는 것은 아닌지, 그리고 재판청구권이나 법적 청문권(진술권)의 직접 수범자라 할 수 없는 당사자(채권자)가 어떻게 다른 당사자(채무자)의 재판청구권이나 법적 청문권을 침해할 수 있다는 것인지 여전히 의문이다. 결국 법적 진술(청문)권이 제대로 보장되지 않은 상태에서 당사자 일방의 기망행위에 속아 부당하게 내려진 판결의 경우 이는 대부분 공정한 재판을 받을 권리에 대한 침해라 할 수 있으므로, 이 경우 재판에 대한 헌법소원을 허용하게 되면 그 재판이 취소될 수 있고, 기망행위에 의하여 사기재판을 받은 채무자가 실체법적으로는 물론 절차법적으로도 구제될 수 있는 가능성이 열리게 될 것이다. 이러한 의미에서라도 재판소원제도는 조속히 도입할 필요성이 크다고 생각된다.

3. 재판을 받을 권리의 실현을 위한 조직과 절차의 보장

국가는 국민의 재판청구권을 실현하기 위한 소송제도를 법률로 충분하게 형성하지 않으면 안 된다. 즉 국민의 효과적인 권리보호의 보장을 위해서 민사, 형사, 행정, 헌법재판 등을 위한 재판기관과 법관의 수와 그 조직을 충분히 마련해야 할 뿐만 아니라, 권리침해를 받은 국민이 합헌적인 소송절차를 통하여 신속하고 공정하게 권리의 구제를 받을 수 있도록 관련 소송절차와 조직을 형성하지 않으면 안 된다.

나아가 오늘날 소송을 제기하기 위해서는 변호인선임 등 많은 소송비용이 상당히 드는 것이 보통이기 때문에, 자력이 없는 국민들도 침해된 권리를 효과적으로 구제받을 수 있기 위해서는 국선대리인이나 소송구조제도325) 등을 통하여 권리침해로부터 보호를 받을 수 있는 제도적 장치가 마련되지 않으면 그들에게 재판청구권은 유명무실한 권리에 지나지 않을 것이다. 그러므로 국가(입법자)는 재판청구권의 실현을 위하여 소송구조나 국선대리인 선임제도를 비롯하여 자력 없는 국민들도 권리구제절차에 참여할 수 있는 실질적 가능성(조직과 절차)을 마련하고 형성할 의무를 진다.

VI. 제 한

1. 헌법직접적 한계

군인과 군무원 등은 헌법 제110조 제1항에 규정된 특별법원인 군사법원에 의한 재판을 받게 된다. 이것은 재판을 받을 권리에 대한 헌법직접적 제한(한계)이 된다.

일반국민도 대한민국의 영역 안에서 중대한 군사상 기밀 · 초병 · 초소 · 유독음식물공급 · 포로 · 군용물에 관한 죄 중 법률이 정한 경우와 비상계엄이 선포된 경우에는 예외적으로 군사법원의 재판을 받는다

---

325) 헌재 2002. 5. 30, 2001헌바28, 판례집 제14권 1집, 490, 496. 이러한 소송구조제도
나 재판비용 및 변호사 보수의 구조 등은 사회국가원리의 소송법적 구현의 일종
으로 볼 수 있을 것이다. 동지, 장석조 (주 208), 556면.

(제27조 제2항).

헌법이 직접 특정처분 등에 대한 소송제기를 금지하여 재판청구권을 제한하는 경우도 있다. 헌법 제64조 제4항은 국회의 자율권을 존중하는 취지에서 국회에서 행한 의원에 대한 자격심사와 징계 및 제명의 처분에 대해서는 법원에 제소할 수 없게 하였다.

178. 헌법이 직 접 특정처분 등에 대한 소송제기 금지 사례

또한 비상계엄 하에서의 군사재판은 군인·군무원의 범죄나 군사에 관한 간첩죄의 경우와 초병·초소·유독음식물공급·포로에 관한 죄 중 법률이 정한 경우에 한하여 단심으로 할 수 있으나, 다만 사형을 선고한 경우에는 그러하지 아니하다(헌법 제110조 제4항).

179. 비상계엄 하에서 법률이 정한 경우에 단 심으로 가능

이와 같이 재판과 관련하여 헌법이 직접 그 제한가능성을 열어 두고 있는 조항들은 재판을 받을 권리에 대한 헌법직접적 한계 내지 제한 조항이라 할 수 있다.

180. 헌법이 직 접 제한가능성 을 열어 두고 있는 조항

2. 법률에 의한 제한

재판청구권은 제37조 제2항에 따른 제한을 받게 된다. 즉 국가안전보장·질서유지·공공복리를 위하여 필요한 경우에 한하여 법률로써 제한할 수 있다. 이러한 법률로는 가령 법원조직법·민사소송법·형사소송법·행정소송법·헌법재판소법·군사법원법 등 각종 재판절차에 관한 법률이 있다.

181. 헌법 제37 조 제2항에 따 른 제한

그리고 앞의 보호영역에서 언급한 바, 일반적인 재판을 받을 권리(재판청구권) 뿐만 아니라, 법관에 의한 재판을 받을 권리, 법률에 의한 재판을 받을 권리, 신속한 재판을 받을 권리, 공개재판을 받을 권리, 공정한 재판을 받을 권리, 형사피해자의 재판절차진술권는 일종의 특별한 재판청구권이라 할 수 있는데, 이 특별한 재판청구권들 역시 헌법 제37조 제2항에 의하여 국가안전보장·질서유지·공공복리를 위하여 필요한 경우에 한하여 법률로써 제한될 수 있음은 전술한 바와 같다.

182. 특별한 재 판청구권

870 제 2 장 개별기본권론

Ⅶ. 제한의 한계

1. 과잉금지원칙

183. 과잉금지
원칙

재판을 받을 권리는 법률에 의하여 보장되는 권리, 즉 형성적 법률유보 형태로 보장되는 기본권이지만 헌법재판소는 그 침해여부를 심사할 때 이러한 형성적 법률유보가 없는 다른 기본권과 마찬가지로 헌법 제37조 제2항에 따라 과잉금지원칙 위반여부를 심사하고 있다. 가령 확정판결의 기판력을 규정하고 있는 민사소송법 제216조 제1항에 대한 위헌소원[326], 민법 제999조 제2항 및 구 민법 제999조에 의하여 준용되는 제982조 제2항 중 상속회복청구권의 행사기간을 상속 개시일로부터 10년으로 제한한 것[327], 피고인의 소재를 확인할 수 없는 때 피고인의 진술없이 재판할 수 있도록 제1심 공판의 특례를 규정한 소송촉진등에관한특례법 제23조 위헌소원[328] 등 많은 사례가 있다. 이 상속회복청구권의 행사기간 10년 제한 사례의 경우 재판청구권의 침해여부를 재산권, 행복추구권의 자유권의 침해여부와 구별하지 않고서 통합적으로 헌법 제37조 제2항의 과잉금지원칙에 따라 심사한 후 위헌결론을 내렸으며, 위의 소송촉진등에 관한 특례법 제23조 위헌소원사건과 반국가행위자의 처벌에관한특별조치법 제2조제1항 제2호 등 위헌제청 사건[329] 등 다수의 사례에서는 헌법 제12조 제1항의 적법절차원칙 위반여부와 함께 과잉금지원칙 위반여부를 심사하였다.

2. 본질내용침해금지

184. 본질내용
침해금지

헌법재판소는 "재판이란 사실확정과 법률의 해석적용을 본질로 함에 비추어 법관에 의하여 사실적 측면과 법률적 측면의 한 차례의 심리검토의 기회는 적어도 보장되어야 할 것은 물론, 또 그와 같은 기회에

---

326) 헌재 2010. 11. 25, 2009헌바250, 판례집 제22권 2집 하, 419.
327) 헌재 2001. 7. 19, 99헌바9 등, 판례집 제13권 2집, 1.
328) 헌재 1998. 7. 16, 97헌바22, 판례집 제10권 2집, 218.
329) 헌재 1996. 1. 25, 95헌가5, 판례집 제8권 1집, 1.

접근하기 어렵도록 제약이나 장벽을 쌓아서는 안 된다 할 것인바, 만일 그러한 보장이 제대로 안되면 헌법상 재판을 받을 권리의 본질적 침해의 문제가 생길 수 있다"고 하고 있다.330)

3. 입법형성권의 범위와 한계 및 심사기준

가. 과잉금지원칙 적용사례

우선 헌법재판소가 재판청구권을 침해하여 위헌이라고 본 법조항의 위헌여부에 대한 심사를 살펴보면 과잉금지원칙에 위반된다고 판시하고 있지만 실제로 과잉금지원칙 심사의 4가지 요소를 조목조목 상세히 심사하고 있지는 않은 사례로서 가령 국가배상법 제16조에 관한 위헌심판331) 사건이 있다.

185. 국가배상법 제16조에 관한 위헌심판

나. 완화된 심사기준 적용 사례

이에 반하여 합헌결정을 선고한 사례들의 경우에는 입법자의 형성의 자유를 인정하여 완화된 심사기준을 적용한 것으로 보인다. 그리고 헌법재판소는 재판청구권에 대한 입법형성권의 한계로서 '효율적인 권리보호'332)를 제시하기도 한다.

186. 입법자의 형성의 자유

헌법재판소는 재판청구권에 대한 입법형성의 한계와 관련하여 "재판절차가 국민에게 개설되어 있다 하더라도, 절차적 규정들에 의하여 법원에의 접근이 합리적인 이유로 정당화될 수 없는 방법으로 어렵게 된다면, 재판청구권은 사실상 형해화될 수 있으므로, 바로 여기에 입법형성권의 한계가 있다."333)고 보고 있다.

187. 입법형성의 한계: 사실상 형해화

또한 형사보상법 제19조 제1항 등 위헌확인 사건에서 헌법재판소

188. 본질내용 침해금지 여부 심사

---

330) 헌재 1992. 6. 26, 90헌바25, 판례집 제4권, 343.
331) 헌재 1995. 5. 25, 91헌가7, 판례집 제7권 1집, 598, 609.
332) 헌재 2002. 10. 31, 2001헌바40, 판례집 제14권 2집, 473, 481.
333) 헌재 2009. 4. 30, 2006헌마1322, 판례집 제21권 1집 하, 246, 265; 헌재 2006. 2. 23, 2005헌가7, 판례집 제18권 1집 상, 58, 72-73 등; 헌재 2002. 10. 31, 2001헌바40, 판례집 제14권 2집, 473, 481; 헌재 1992. 6. 26, 90헌바25, 판례집 제4권, 343, 349.

는 이 사건 불복금지조항의 위헌여부를 심사함에 있어서 입법자가 재판
청구권에 대한 입법형성권의 한계를 일탈했는지 여부를 심사하면서 과
잉금지원칙 위반여부에 대해서는 별반 상세하게 심사하지 않은 채 사실
상 재판청구권의 본질내용을 침해하였는지를 주로 심사한 것으로 보인
다.334)

189. 완화된 심
사기준 적용 사
례

헌법재판소는 재판청구권의 침해여부와 관련하여 합리성원칙 내지
자의금지기준 등 완화된 심사기준을 사용할 필요성에 대하여 강조335)하
고 있는데 이는 법률이 정하는 바에 의하여 구체화될 필요가 있다고 할
수 있는 대부분의 청구권적 기본권의 경우에 공히 적용될 수 있는 법리
가 아닐까 생각된다.

190. 증거의 증
명력 판단에 관
한 등 자유심증
주의

실제로 형소법 제308조에서 헌법재판소는 자의금지를 기준으로 한
심사를 한 후 심판대상 법률조항이 증거의 증명력 판단에 관하여 자유
심증주의를 규정한 것이 불합리하다거나 입법형성권의 한계를 현저히
벗어나 형사피고인이 공정한 재판을 받을 권리를 침해하는 것이라고 볼
수 없다고 판시하였다.336) 또한 입법자에 의한 구체적인 소송구조 제도
의 형성이 헌법상 보장된 기본권인 재판청구권의 본질적 내용을 침해하
거나 재판청구권을 형해화할 정도로 입법재량을 현저히 불합리하게 또
는 자의적으로 행사하였다고 인정되지 않는 한 헌법에 위반된다고 볼
수 없다고 한 민사소송법 제118조 제1항 등 위헌소원사건337)의 경우도
마찬가지이다.

다. 보다 완화된 심사기준 적용 사례

191. 특수임무
수행자 보상에
관한 법률 등
위헌확인 사건

헌법재판소는 특수임무수행자 보상에 관한 법률 등 위헌확인 사건
에서는 보상법상의 보상금 수급권의 경우 국가배상청구권과는 달리 보

334) 헌재 2010. 10. 28, 2008헌마514 등, 판례집 제22권 2집 하, 180, 191.
335) 헌재 2009. 11. 26, 2008헌바25, 판례집 제21권 2집 하, 510, 517; 헌재 2009. 3. 26,
　　2006헌마99, 판례집 제21권 1집 상, 565, 574; 헌재 2005. 5. 26, 2003헌가7, 판례집
　　제17권 1집, 558, 567 ; 헌재 1998. 9. 30, 97헌바51, 판례집 제10권 2집, 541, 550 ;
　　헌재 1998. 12. 24, 94헌바46, 판례집 제10권 2집, 842, 851.
336) 헌재 2009. 11. 26, 2008헌바25, 판례집 제21권 2집 하, 510, 519.
337) 헌재 2002. 5. 30, 2001헌바28, 판례집 제14권 1집, 490, 496.

상법에 의하여 비로소 특별히 인정되는 권리로서 수급권에 관하여 그
구제절차를 포함하여 구체적인 사항을 정하는 것은 입법자의 보다 광범
위한 입법형성 영역에 속한다고 하면서 입법자에게 보다 넓은 형성의
자유를 부여하면서 재판상 화해간주 조항에 대하여 합헌으로 판시하고
있다.338)

　　뿐만 아니라 신속한 재판을 받을 권리에 대한 구체화에 있어서는 다
른 사법절차적 기본권에 비하여 폭넓은 입법재량이 허용된다고 보았다.339)

192. 폭넓은 입
법재량

4. 명확성의 원칙

　　다음으로 법치국가의 원리에서 나오는 명확성의 원칙은 재판청구권
침해여부를 심사하는 데 있어서 중요한 부수적 원리가 되고 있는데, 가
령 전술한 불변기간 명확화의 원칙 위반을 이유로 하여 위헌(헌법불합치)
으로 선언된 지방자치법 제131조 제6항에 관한 위헌제청 사건340), 구(舊)
국세기본법(國稅基本法) 제61조 제1항 단서(但書) 중 괄호 내인 "결정(決定)
의 통지(通知)를 받지 못한 경우에는 동조(同條) 동항(同項) 단서(但書)에
규정하는 결정기간(決定期間)이 경과한 날" 부분341), 위법한 처분에 대한
행정소송은 심판청구에 대한 "결정의 통지를 받지 못한 경우에는 제81
조 단서의 결정기간이 경과한 날"로부터 60일내에 제기하여야 한다고
규정하고 있는 국세기본법 제56조 제2항 중 괄호 부분342), "지방자치단
체의 장이 제4항의 기간내에 결정을 하지 아니할 때에는 그 기간이 종
료된 날로부터 60일 이내에 …… 관할고등법원에 소를 제기할 수 있다"
라고 규정한 지방자치법 제131조 제5항 전단343) 등의 경우에 그러하다.

193. 명확성의
원칙 관련 헌재
결정례

---

338) 헌재 2009. 4. 30, 2006헌마1322, 판례집 제21권 1집 하, 246, 268.
339) 헌재 2007. 3. 29, 2004헌바93, 판례집 제19권 1집, 199, 206; 헌재 1999. 9. 16, 98
　　헌마75, 판례집 제11권 2집, 364, 371.
340) 헌재 1998. 6. 25, 97헌가15, 판례집 제10권 1집, 726.
341) 헌재 1996. 11. 28, 96헌가15, 판례집 제8권 2집, 526.
342) 헌재 1992. 7. 23, 90헌바2 등, 판례집 제4권, 493.
343) 헌재 1998. 6. 25, 97헌가15, 판례집 제10권 1집, 726; 헌재 1993. 12. 23, 92헌바11,
　　판례집 제5권 2집, 606; 헌재 1993. 12. 23, 92헌가12, 판례집 제5권 2집, 567; 헌재
　　1992. 7. 23, 90헌바2 등, 판례집 제4권, 493.

194. 법관 사건
배당 규칙 명확
한 규정 필요

　　그 밖에 소송절차, 특히 법관에게 사건을 배당하는 규칙 등은 가능한 한 명확하게 규정함으로써, 특정한 사건이나 당사자가 누구냐에 따라 재판을 담당하는 법관이 자의적으로 결정되거나 조작되지 않도록 사전의 예측가능성이 담보되어야 할 필요가 있음은 전술한 바와 같다.

875 제 22 절 국가배상청구권

제 22 절 국가배상청구권

I. 서 론

헌법 제29조가 보장하고 있는 국가배상청구권은 공무원의 불법행위로 인하여 손해를 입은 국민이 국가나 공공단체에 대하여 배상을 청구할 수 있는 권리인데, 헌법이 배상요건이나 절차, 내용과 관련하여 극히 간단한 규정만을 두고 있으며, 또한 구체적인 내용에 대해서는 법률이 정하는 바에 따르도록 위임을 하고 있기 때문에 헌법해석을 법률에 의존하고 있는 대표적인 사례가 아닌가 생각된다.

그러나 국가배상청구권에 관한 헌법해석을 보다 적절히 수행하기 위해서는 헌법적 차원에서 입법자의 형성의 자유의 한계를 보다 분명하게 긋는 일이 필요하다고 생각된다. 이를 위해서는 우리와 같이 민주주의와 법치주의를 택하고 있는 여러 헌법국가들이 국가배상책임과 관련하여 어떠한 내용을 택하고 있는지에 관하여 비교헌법적으로 고찰하는 것이 우리 헌법의 해석에도 의미 있는 시사점을 줄 것이라고 생각된다. 왜냐하면 헌법적 차원에서는 매우 추상적으로 규정되어 있기 때문에, 법치국가원리와 민주주의원리를 채택하고 있는 다른 헌법국가들이 국가배상제도를 어떻게 규정하고 있으며 어떠한 헌법적 전통에 따라서 이를 규율하고 있는가 하는 문제는 우리 국가배상청구권을 어떻게 입법적으로 구체화할 수 있을 것인지에 관하여 법정책적으로 보다 풍부한 선택가능성과 상상력을 제공해 줄 수 있을 것이기 때문이다.

국가배상청구권에 관한 국내 교과서가 거의 획일적으로 국가배상법상의 쟁점을 중심으로 다루고 있는 현실을 감안할 때 헌법적 차원에서의 이러한 고찰은 매우 의미가 있다고 생각된다. 따라서 이하에서는 국가배상책임제도에 대한 보다 넓은 입법형성의 가능성을 제시하면서 어디까지가 입법형성의 한계에 해당한다고 볼 수 있을 것인지 그리고

1. 국가배상청구권의 구체적 내용

2. 헌법적 차원에서 입법자의 형성의 자유의 한계

3. 헌법체계적 해석을 통한 입법형성의 자유의 한계 도출

그것이 왜인지를 헌법체계적인 해석의 관점에서 제시하면서 국가배상청
구권의 내용을 고찰해 보기로 한다.

Ⅱ. 국가배상청구제도의 의의와 연혁

1. 헌법규정

4. 헌법 제29조
국가배상청구
권

헌법 제29조 제1항은 "공무원의 직무상 불법행위로 손해를 받은 국
민은 법률이 정하는 바에 의하여 국가 또는 공공단체에 정당한 배상을
청구할 수 있다. 이 경우 공무원 자신의 책임은 면제되지 아니한다."고
규정하고 있으며, 이어 제2항은 "군인·군무원·경찰공무원 기타 법률
이 정하는 자가 전투·훈련 등 직무집행과 관련하여 받은 손해에 대하
여는 법률이 정하는 보상 외에 국가 또는 공공단체에 공무원의 직무상
불법행위로 인한 배상은 청구할 수 없다."고 규정하고 있다.

2. 의 의

5. 국가나 공공
단체의 불법행
위로 인한 손해
의 배상을 청구
할 수 있는 권
리

국가배상청구권이란 국가나 공공단체의 불법행위로 인하여 손해를
입은 국민이 국가나 공공단체에 대하여 그 배상을 청구할 수 있는 권리
이다. 국가나 공공단체는 주로 그 소속 공무원의 행위로 활동을 하기 때
문에 공무원의 직무상 불법행위로 인하여 손해를 입은 국민은 국가나
공공단체에 대하여 그 배상을 청구할 수 있게 되는 것이다. 이러한 국가
배상청구권 내지 국가배상청구제도는 법치국가원리를 헌법의 기본원리
로 삼고 있는 대부분의 민주주의 국가에서 폭넓게 보장되고 있다.[1] 민
주적 기본질서를 채택하고 있는 헌법은 만일 국가가 국민에 대하여 위
법한 행위를 하여 국민의 권리를 침해하였을 경우, 소송을 통하여 그 권
리의 구제를 받을 수 있는, 소위 1차적 권리구제(Primärrechtsschutz)를 위
한 재판청구권을 보장할 뿐만 아니라, 나아가 국가의 불법행위로 인하

---

1) 국가배상제도와 법치국가원리의 관계에 관해서는 Oliver Dörr, § 1 Staatshaftung
in Europa: Vergleichende Bestandsnahme, in: Oliver Dörr (Hrsg), Staatshaftung in
Europa, 2014, S. 1ff.(2, 7).

여 손해가 발생한 경우 그 피해자에 대하여 손해를 배상함으로써 2차적 권리구제(Sekundärrechtsschutz)를 위한 제도를 두고 있는 것이다.

국가는 개인이 가지는 기본적 인권을 확인하고 이를 보장해야 할 의무를 지는데, 오히려 국가가 불법행위를 통하여 국민의 자유와 권리 그리고 이익을 침해한 경우 그에 대해서 배상책임을 짐으로써 궁극적으로는 국민의 침해된 기본권의 구제를 위해서 - 즉 1차적으로는 침해된 권리 자체의 회복을 위하여, 그리고 2차적으로는 그 손해의 배상을 위하여 - 끝까지 노력을 해야 한다고 하는 기본권보장의무 및 법치국가원리와 밀접 불가분의 관계에 있는 권리로서, 기본권보장을 위한 절차적 기본권이라 할 수 있다.

6. 기본권 보장을 위한 절차적 기본권

3. 국가배상책임제도의 역사적 발전과 연혁

가. 국가배상책임제도의 역사적 발전과 입법례

국가배상제도는 역사적 발전 과정에서 다음과 같은 네 가지 모델로 발전되어 왔다. 즉 첫째, 공무원만이 자신이 저지른 불법에 대하여 개인적으로 배상책임을 지는 공무원배상책임(Beamtenhaftung), 둘째, 국가만 배상책임을 지는 국가배상책임(Staatshaftung), 셋째, 공무원이 개인적으로 배상책임을 지지만, 국가가 이러한 채무를 인수하여 공무원배상책임이 국가배상책임으로 전환되는 직무배상책임(Amtshaftung 가령 독일), 넷째, 공무원배상책임과 국가배상책임의 양 모델이 조합된 형태로서 국가와 공무원이 병렬적으로 연대하여 배상책임을 지는 연대배상책임(Kumulative Haftung)이 그것이다.2) 이와 같이 국가배상제도가 상이한 모델로 발전된 데에는 과연 공무원의 불법행위를 국가의 행위로 귀속시킬 수 있을 것인가 하는 문제에 대한 이론이나 사상이 다른 데에 기인한다. 다시 말하면 오랜 기간 동안 법학에서는 공무원의 불법행위가 국가에게 귀속될 수 있을 것인지 하는 데 대하여 논란이 이어져 왔다. 그리고 19세기에

7. 공무원배상책임, 국가배상책임, 직무배상책임, 연대배상책임 모델

---

2) 이하 Oliver Dörr, § 5 Deutschland, in: Oliver Dörr (Hrsg), Staatshaftung in Europa, 2014, S. 123; Maurer/Waldhoff, Allgemeines Verwaltungsrecht, 19 Aufl., München 2017, § 26, Rn. 1.

와서도 로마법상의 위임이론(Mandatstheorie)[3]에 따라 고용주인 국가는 그 공무원에게 불법행위를 위임할 수 없고 오로지 합법적 행위만 위임할 수 있기 때문에, 공무원의 불법행위는 국가에 귀속되지 않고 단지 공무원 개인에게 귀속될 뿐이었다.[4] 따라서 국가는 위법한 국가적 행위에 대해서 배상책임을 질 수 없고 오로지 공무원만이 책임의 주체가 될 수 있다는 것이다. 왜냐하면 사법상의 위임이 공무원관계의 법적 기초가 되었으며, 따라서 국가의 불법은 위임에 반하는 것으로서(contra man-datum) 그것은 오로지 공무원 개인에게 귀속될 뿐이기 때문이었다("si excessit, privatus est"). 공무원은 다른 사람에게 손해를 끼치는 경우 일반사인과 마찬가지로 스스로 배상책임을 져야 한다는 것이다.

8. 공무원과 국가는 공법상의 관계

이러한 시각이 바뀌기 시작한 것은 19세기 말에 이르러서였다. 즉 공무원관계는 사법상의 관계가 아니라 공법상의 관계에 속하며, 그리하여 공무원은 국가의 기관으로서 행위를 한 것이므로, 국가도 공무원과 함께, 혹은 국가만이 공무원의 행위에 대하여 직접 책임을 져야 한다고 하는 시각이 싹트기 시작한 것이다.[5]

9. 국가배상책임 헌법에 명문화는 유럽국가들의 헌법적 전통

그 후로 국가배상책임을 헌법에 명문화하는 것이 여러 유럽 국가들의 헌법적 전통으로 자리 잡게 되었다. 가령 1920년 오스트리아 연방헌법, 1920년 체코슬로바키아 헌법, 1921년 폴란드 3월 헌법 제121조, 세르비아, 크로아티아, 슬로베니아 왕국헌법 제18조 제3항, 1922년 리투아니아와 라트비아 헌법의 경우가 그러하였다. 그리고 독일 바이마르 헌법 제131조는 공무원의 배상책임을 국가가 인수하여 간접적으로 배상책임을 지는 현행 독일 기본법 제34조의 전신이라고 할 수 있으며, 이 바이마르 헌법 제131조는 1931년 스페인 공화국헌법 제41조의 모델이 되기도 하였다.

10. 공무원책임 입법례

이에 반하여 공무원책임을 규정한 몇몇 유럽국가 헌법은 더 오래 전으로 거슬러 올라가는데, 1794년의 프로이센 일반 란트법 제88조, 제89조 제2항 제10호와, 1529년 리투아니아 제1규약(법관), 1865년 이탈리

---

3) Bonk, Art. 34, in: Sachs GG Kommentar, 6. Aufl., Rn. 9.
4) Maurer/Waldhoff (주 2), § 26, Rn. 3.
5) Oliver Dörr (주 2), S. 123.

아 민사소송법의 경우가 그러하였다.[6]

프랑스에서는 국참사원(Conseil d'Etat)의 판례를 중심으로 국가배상 　11. 프랑스
책임제도가 발전하였고, 1918년 이래 국가와 공무원이 경합적으로 책임
을 지는 '책임중복의 원칙'이 확립되었다.[7] 제2차 세계대전 후에는 국가
의 무과실책임제도가 나타나기 시작하였다. 그리하여 프랑스에서는 "손
해 있는 곳에 국가책임이 있다"고 하는 원칙이 성립되었다.[8]

그리고 보통법(Common Law) 국가인 아일랜드와 영국에서는 과실책　　12. 아일랜드,
임주의와 무과실책임주의를 병행하여 운용하고 있다.[9]　　　　　　　　　영국

독일 연방헌법재판소가 연방의 입법권한 결여를 이유로 위헌·무　　　13. 독일
효[10]를 선언하여 더 이상 효력을 발휘할 수 없었던 독일의 1981년 국가
배상법은 – 기존의 민법(BGB) 제839조에 의거한 소위 면책적 채무인수
에 해당하는 직무배상책임(기본법 제34조)의 틀로부터 벗어나서 – 국가가
자신의 기관인 공무원의 위법한 행위에 대하여 직접적, 우선적, 배타적
배상책임을 짐을 명문화하였으며(제1조), 나아가 기본권침해에 대해서는
국가의 무과실책임(제2조 제2항)을 신설하였었다.[11]

그리고 1990년 이후에 국가배상법을 새로이 개정한 유럽국가들의　　14. 유 럽 국 가
경우 포르투갈을 제외하고는 거의 다 전통적인 과실책임요건을 포기하　들: 과실책임요
였음은 특기할 만하다.[12] 물론 그 보다 훨씬 전부터 그리스(1941년 민법)　건 포기
와 스위스(1958년 책임법)의 경우 무과실책임의 일종인 소위 원인(인과관
계)책임(Kausalhaftung)제도를 두고 있었음도 참고할 만하다.[13]

나. 우리 헌법상 국가배상청구권의 연혁

1948년 광복헌법은 제27조 제1항에서 "공무원은 주권을 가진 국민　　15. 1948년 헌
　　　　　　　　　　　　　　　　　　　　　　　　　　　　　　　　　법

---

6) Oliver Dörr (주 1), S. 3 f.
7) 계희열, 헌법학(중), 박영사 2007, 658면.
8) 계희열 (주 7), 658면.
9) Oliver Dörr (주 1), S. 17.
10) BVerfGE 61, 149.
11) Oliver Dörr (주 2), S. 124.
12) Oliver Dörr (주 1), S. 17.
13) Oliver Dörr (주 1), S. 17.

의 수임자이며 언제든지 국민에 대하여 책임을 진다. 국민은 불법행위를 한 공무원의 파면을 청원할 권리가 있다."고 규정하고14), 제2항에서 "공무원의 직무상 불법행위로 인하여 손해를 받은 자는 국가 또는 공공단체에 대하여 배상을 청구할 수 있다. 단, 공무원 자신의 민사상이나 형사상의 책임이 면제되는 것은 아니다."고 규정함으로써, 국가배상청구권을 공무원의 책임규정 및 공무원파면청구권과 함께 규정하였었다. 이와 관련하여 유진오는 공무원의 불법행위책임에 대하여 공무원 자신이 배상책임을 지는 데 대하여는 이론이 없으나, 국가나 공공단체도 직접 책임을 지는지에 대해서는 논란이 있으므로 이에 대하여 분명히 하는 의미가 있음을 지적한 바 있다.15)

16. 1960년 헌법 이후

제3차 개헌에 의한 1960년 헌법에서 제27조 제3항으로, 제5차 개헌에 의한 1962년 헌법에서는 다시 제26조로 이동하였으며, 제7차 개헌에 의한 1972년 소위 유신헌법 제26조 제1항에서 처음으로 "법률이 정하는 바에 의하여"라는 문구가 삽입되었고, 또한 제2항에 "군인·군속·경찰공무원 기타 법률로 정한 자가 전투·훈련등 직무집행과 관련하여 받은 손해에 대하여는 법률이 정한 보상 이외에 국가나 공공단체에 공무원의 직무상 불법행위로 인한 배상은 청구할 수 없다."고 하는 소위 이중배상 금지 규정이 신설된 이래 현행 헌법 제29조에 이르기까지 더 이상의 개정 없이 동일한 내용을 유지해 오고 있다. 유신헌법의 개정은 철저히 비밀리에 몇몇 소수에 의하여 이루어졌기 때문에16) "법률이 정하는 바에 의하여"라고 하는 문구가 왜 들어갔는지에 대해서는 분명하게 확인할 방법은 없으나 국가배상청구권의 구체적 내용과 행사절차 등에 대하여

---

14) 우선 제1항 중 공무원책임규정과 관련하여 헌법초안을 작성한 유진오는 그의 헌법해의에서 이 규정이 민주국가에서는 당연한 원칙이지만, 관존민비사상을 가진 자가 적지 않은 우리나라에서는 특별한 현실적 의미를 갖는다고 보았고. 선거직을 포함한 전 공무원에게 적용되며, 다음으로 파면청구권규정과 관련하여 불법행위를 행한 공무원에 대한 파면청구는 제21조의 청원권으로도 행사할 수 있으나, 우리나라에서는 장래 공무원이 직권남용을 행할 위험성이 대단히 많으므로 이를 방지하기 위한 주의적 규정이고, 국가가 심사할 의무를 진다(제21조 제2항)고 설명하고 있다. 유진오, 헌법해의, 명세당 1949, 63-64면.

15) 유진오 (주 14), 64면.

16) 송우, 한국헌법개정사, 집문당 1980, 288면.

입법위임을 하는 의미가 있었을 것으로 추정된다.

Ⅲ. 국가배상청구권의 법적 성격

우리나라에서는 국가배상청구권의 성격과 관련하여 다음과 같은 몇 가지 문제에 관하여 논란이 되고 있다.

17. 쟁점

1. 자기책임인가 대위책임인가?

가. 자기책임설

이 견해에 의하면 국가의 배상책임은 국가가 자신의 행위에 대하여 스스로 책임을 지는 것이지 공무원의 책임을 대신 지거나 혹은 사용자책임을 지는 것이 아니라고 한다.[17] 그 논거로는 국가 또는 공공단체는 그 기관 또는 기관을 구성하는 공무원을 통해서 행위를 하는 것이므로 그로 인한 효과는 위법·적법을 불문하고 국가에 귀속된다는 점과 헌법이나 국가배상법 규정에 "공무원에 대신하여..."라는 표현이나 독일(기본법 제34조와 민법 제839조)과 같이 공무원의 책임을 국가가 면책적으로 인수한다고 하는 의미의 규정이 없다고 하는 점을 든다.[18] 그리고 역사적으로도 국가무책임의 원칙에서 국가책임의 원칙으로, 대위책임의 원칙에서 자기책임의 원칙으로 발전하여 왔음을 지적하면서 자기책임설에서는 국가의 책임은 국가 자신의 위험책임이기 때문에 그 책임은 공무원의 고의·과실과 관계없이 발생하는 것이며, 본질적으로 무과실책임이라고 한다.[19]

18. 국가가 자신의 행위에 대해 스스로 책임을 짐

나. 대위책임설

이 견해에 의하면 국가의 배상책임은 국가(공공단체)가 피해자 보호를 위하여 직무상 불법행위를 행한 공무원을 대신하여 책임을 지는 일

19. 직무상 불법행위를 행한 공무원을 대신하여 책임을 짐

---

17) 허영, 한국헌법론, 박영사 2023, 683면.

18) 계희열 (주 7), 663면.

19) 권영성, 헌법학원론, 법문사 2010, 624면.

종의 대위책임이라고 한다. 그 논거로는 공무원의 위법행위는 국가 등의 대리인으로서 수권이나 위임에 위반하여 행한 행위이므로 국가 등은 그 책임을 지지 않는다는 점, 국가배상법 제2조 제1항은 공무원 자신의 불법행위책임을 전제로 하고 있다는 점, 국가의 가해공무원에 대한 구상권이 인정되고 있는 점 등을 들고 있다.[20]

다. 절충설

20. 고의·중과실은 국가 대위책임, 경과실은 자기책임

이 견해에 의하면 가해 공무원에 대한 국가의 구상권 존재 유무를 기준으로 공무원의 고의나 중과실의 경우에는 국가의 구상권이 인정되므로 국가의 대위책임으로, 경과실의 경우에는 구상권이 인정되지 않으므로 국가 스스로의 자기책임으로 인정된다는 입장이다.[21]

라. 사 견

21. 기본권보장과 법치국가의 이념

헌법은 공무원이 직무상 불법행위로 인한 손해에 대해서는 국가와 공공단체에 대하여 배상을 청구할 수 있다고 함으로써 국민이 국가에게 직접 배상청구권을 행사할 수 있음을 보장하고 있다. 즉 피해자가 국가를 상대로 직접 배상을 청구할 수 있는 권리를 헌법이 보장하고 있다는 점이 중요하다. 국가배상책임은 법치국가사상에 연원하고 있으며 헌법 제10조 제2문의 국가의 기본권보장의무에 뿌리를 두고 있다고 할 수 있으므로 어떻게 해석하는 것이 기본권보장과 법치국가의 이념에 더 충실할 것인가를 기준으로 판단해야 할 것이다.

22. 국가 자신의 직접 책임

결론적으로 국가 자신의 직접 책임이라고 봐야 할 것이다. 첫째, 대위책임설은 법치국가원리에 부합하지 않는 국가무책임사상에 기반을 두고 있는 것으로서 우리 헌법과 같이 민주공화국의 원리와 자유민주적 기본질서 및 법치국가원리를 헌법의 구조원리로 채택하고 있는 헌법 하에서는 적합하지 않은 관념이다. 둘째, 공무원이 저지른 불법행위에 대한 책임을 면책적으로 국가가 인수하여 대신 진다고 하는 취지의 규정

---

20) 대부분의 행정법학자들이 이 견해를 취하고 있다고 한다. 계희열 (주 7), 663면.
21) 계희열 (주 7), 663면.

이 우리 헌법에는 없다고 하는 점을 고려할 때 더욱 그러하다.[22)]

　절충설의 경우 구상권의 인정여부에 따라 국가배상청구권의 법적 성격을 달리 보고 있는데 이는 국가배상법상 구상권의 인정 여부에 따라 헌법을 해석하는 것이기 때문에 적절치 않다.[23)]

23. 절충설의 문제점

2. 입법방침인가 직접효력규정인가?

　국가배상청구권이 입법방침인가 직접효력 규정인가 하는 것이 논쟁이 되고 있다. 이는 국가배상청구권이 법률이 정하는 바에 의하여 행사할 수 있는 것으로 규정하고 있기 때문이기도 하는데 입법방침설에 의하면 "법률이 정하는 바에 의하여"라는 법률유보가 있기 때문에 구체적인 입법이 없는 한 방침규정(방침적 권리)에 불과하다고 본다. 그리고 이 설에 의하면 본 조항에 의한 구상권은 추상적 권리이므로 구체적 구상권은 법률에 의해서만 생긴다고 한다.[24)]

24. 입법방침설

　이에 비하여 직접효력규정설은 헌법 제29조는 직접효력을 발생하는 규정이며, 따라서 거기에 규정된 권리도 현실적인 권리를 의미한다고 보는 입장이다.[25)] 헌법 제29조의 "법률이 정하는 바에 의하여"라고 하는 법률유보는 배상책임의 여부에 관해서가 아니라, 권리의 행사절차를 법률로써 정한다는 의미일 뿐이라고 보는 견해이다.[26)]

25. 직접효력규정설

22) 동지, 유진오 (주 14), 64면. 그는 제27조 제2항의 국가배상청구권의 의미와 관련하여 불법행위를 행한 공무원뿐만 아니라, 국가나 공공단체도 직접 손해배상의 책임을 짐을 명시한다는 점에 중요한 의의가 있다고 설명하고 있다.

23) 동지, 허영 (주 17), 689면.

24) 이 설을 주장하는 국내(김도창)와 일본 학설에 대해서는 구병삭. 신헌법원론, 박영사 1995, 701면의 주 1)의 문헌과 김철수, 헌법학개론 제19전정신판, 박영사 2007, 1105면 참조.

25) 김철수, 헌법학신론 제21전정신판, 박영사 2013, 1144면. 그는 여기에서 1972년의 소위 유신헌법이 대법원의 국가배상법 제2조 제1항 단서에 대한 위헌결정의 효력을 뒤엎기 위해서 국가배상청구권을 단순한 입법방침으로 바꿨으며, 1980년과 1987년 헌법도 여전히 그러한 규정을 답습하고 있다고 지적하면서 그럼에도 불구하고 직접효력을 가지며 그 의미는 국가배상법이 헌법의 국가배상이념에 위반될 경우 심사척도가 된다는 데에 있다고 하고 있다. '존부확인적'이 아니라 '기본권실현적' 내지 '행사절차적' 법률유보로 보는 견해로 허영 (주 17), 683면; 성낙인, 헌법학, 법문사 2023, 1632면. 양건, 헌법강의, 법문사 2022, 942면.

26) 가령 정종섭, 헌법학원론, 박영사 2022, 925면.

생각건대, 우리 기본권 가운데는 이 규정 말고도 이러한 형성유보를 전제로 하고 있는 기본권들이 많이 있는데, 가령 선거권이나 공무담임권, 그리고 여러 청구권적 기본권들이 그것이다. 나아가 형성적 법률유보의 대표적인 것으로서 재산권을 들 수도 있다. 이러한 형성유보가 있는 기본권들에 대하여 모두 입법방침에 불과하고, 직접 효력이 없는 기본권이라고 하면 헌법소원과 위헌법률심판제도가 활성화된 오늘날 우리 헌법의 해석에 부합하는 해석이라고 할 수 있을 것인지는 너무나도 자명하기 때문에 이러한 논쟁은 다소 진부한 논쟁이 아닌가 생각된다.

26. 헌법 직접
효력을 가지는
기본권

결국 국가배상청구를 법률이 정하는 바에 의하여 할 수 있다 해서 이 청구권이 단지 입법방침에 불과한 것이 아니라, 입법자에 대해서 일정한 최소한의 국가배상청구권의 본질을 반드시 보장하지 않으면 안 되는 헌법적 의무를 부과하고 있으며, 나아가 만일 구체적인 사건에서 국가배상법이 위헌적으로 헌법상 국가배상청구권을 제대로 보장하고 있지 못하다면, 그 위헌을 주장하여 효력을 상실시키고, 합헌적인 법률에 기하여 국가에 배상청구를 받을 수 있는 근거조항이라고 할 수 있기 때문에 직접효력을 가지는 기본권이라고 보아야 할 것이다.[27]

3. 공권인가 사권인가?

27. 공권설

국가배상청구권이 공권인가 사권인가에 관해서도 논란이 되고 있다. 우선 공권설은 국가배상청구권이 헌법규정에 의해서 직접 효력을 가지는 권리이고, 그 성질이 일반적인 사권과는 달리 일정한 경우에는 양도나 압류의 대상이 되지 아니하며(국가배상법 제4조), 그 주체가 외국인인 경우 상호주의에 입각한 제한을 받음(국가배상법 제7조)을 그 논거로 한다.[28]

---

27) 유진오 역시 1948년 헌법 제27조 제2항의 국가배상청구권과 관련하여 별도의 법률적 규정이 없을 경우에도 이 규정을 근거로 국가배상을 청구할 수 있음을 분명히 밝히고 있다. 유진오 (주 14), 65면. 독일 문헌으로는 가령 Wolfgang Rüfner, Leistungsrechte, in: HGR II, § 40, Rn. 5.

28) 계희열 (주 7), 669면.

이에 반하여 사권설은 국가배상청구권이 국가가 사적인 사용자의 지위에서 지는 사용자책임에 지나지 않고, 공권으로 이해하는 경우에는 많은 제약이 가능할 것이기 때문에 권리보장상 부적합하다고 주장한다.[29]

28. 사권설

국가배상법의 역사적 발전을 검토해 보면 각 국의 국가배상제도는 애초 민법상 불법행위법에 의존하던 국가배상책임이 민법으로부터 벗어나서 독자적인 배상책임제도로 전환하였음을 확인할 수 있다.[30]

29. 독자적인 배상책임제도

국가배상책임이란 국가가 공무원을 통하여 직무를 수행함에 있어서 위법한 행위에 의하여 국민에게 손해를 끼쳤을 경우 그에 대하여 배상책임을 지는 제도를 말하는 것이므로, 이러한 직무상 불법행위와 손해배상책임의 문제는 사법상의 평등한 주체간의 관계에서 발생한 문제가 아니라, 고권적 주체인 공권력과 국민 간의 관계에서 발생하는 문제이다. 그리고 국가와 공무원간의 관계 역시 과거에는 이를 민법상의 사용자책임 관계로 파악을 하였으나, 현대 민주주의 국가에서는 공법적 관계인 공무원관계로 파악한다.

30. 현대 민주주의 국가에서는 공법적 관계로 파악

따라서 국가배상청구권 역시 이를 사권으로 파악할 것이 아니라 국가 공권력과 국민간의 관계에서 벌어지는 불법행위책임과 손해에 대한 전보의 문제이므로 이는 주관적 공권으로서 대국가적 청구권으로 파악하는 것이 당연하다.[31]

31. 대국가적 청구권으로서의 국가배상청구권

---

29) 김철수 (주 25), 1145면.
30) 독일 연방헌법재판소 역시 국가배상법은 여러 가지 이유에서 민법으로부터 결별하고 공법의 구성부분이 되었음을 강조한 바 있다. BVerfGE 61, 149 (176). Bonk (주 3), Rn. 7.
31) 동지, 허영 (주 17), 685면.

Ⅳ. 국가배상청구권의 내용

헌법 제29조 제1항은 공무원의 직무상 불법행위로 손해를 받은 국민은 법률이 정하는 바에 의하여 국가 또는 공공단체에 배상을 청구할 수 있다고 규정하고 있다. 그러므로 국가배상청구권 행사의 헌법적 요건에 대하여 개별적으로 검토해 볼 필요가 있는데 가장 핵심적인 요소들을 든다면 ⅰ) 공무원의 직무상 불법행위, ⅱ) 손해를 받은 국민, ⅲ) 법률유보, ⅳ) 국가 또는 공공단체, ⅴ) 배상 청구이다. 순서대로 그 헌법적 의미와 내용을 살펴보기로 한다.

1. 공무원의 직무상 불법행위

가. 공무원의 개념

공무원이라 함은 국가나 공공단체에 의하여 채용됨으로써 국민에 대하여 책임을 지고 국가나 공공단체의 공적 업무를 수행하는 사람을 일컫는다. 이 공무원에는 국가공무원은 물론 지방공무원도 포함되며, 또한 공공단체, 즉 국가나 지방자치단체의 출연에 의하여 설립된 공법상의 사단이나 영조물의 직원들까지 포함하는 넓은 의미의 공무원을 뜻한다고 봐야 할 것이다. 그리고 민간인이지만 국가나 공공단체로부터 공무를 수탁받아 이행하는 공무수탁사인의 경우도 넓은 의미의 공무원으로 보아야 할 것이다.[32]

나. 직무행위

다음으로 손해를 입게 된 원인행위가 직무행위이어야 한다. 직무행위라 함은 공무원이 국가나 공공단체로부터 위임을 받아 수행하는 공적 업무수행이라고 할 것이다. 공무원이 사인의 지위에서 다른 국민들에게 끼친 불법행위로 인한 손해에 대해서는 민법상 불법행위 책임을 져야 할 뿐, 그에 대해서까지 국가가 책임을 질 수는 없는 것이다.[33]

---

32) 동지 계희열 (주 7), 659면. 구체적 대법원 판례는 같은 곳 각주 15) 참조.
33) 유진오 (주 14), 65면. 한편 스페인을 제외한 대부분의 유럽 국가들의 국가배상법

(1) 직무행위의 범위

이 직무행위가 권력작용만을 포함하는가(협의설) 아니면 비권력(관리)작용도 포함하는가(광의설)[34], 나아가 사법상의 작용(사경제행위)까지도 포함하는가(최광의설)[35]에 대하여 논란이 되고 있다.

예로부터 전통적으로 사경제주체로서 행위하는 국가 공권력 주체를 소위 국고(Fiskus)라고 칭해 왔다. 이 국고는 국가가 자신의 재산을 관리하기 위하여 일종의 사경제주체로서 활동을 하여 왔으며, 특별히 법률로 정한 경우가 아니면 사인과 마찬가지로 민법 등 사법의 적용을 받아 왔다. 그러므로 국가나 공공단체가 사경제주체로서 행한 불법행위로 인하여 상대방에 손해를 끼친 경우 이는 일반적인 민법상 계약이나 불법행위책임을 지게 될 것이기 때문에, 굳이 국가배상책임으로 접근하지 않더라도 문제될 것은 없다.[36]

그러므로 직무행위에는 권력작용과 비권력(관리)작용은 포함되지만, 사경제행위는 포함되지 않는다고 보는 다수설이 적절하다고 보인다.[37]

(2) 입법적 불법과 국가배상책임

다음으로 입법작용과 사법작용도 포함될 것인지가 문제될 수 있다. 입법작용과 사법작용 역시 국가 공권력 행사에 포함되며, 국회의원과 판사는 모두 공무원으로서 이들의 직무상 불법행위로 인하여 손해를 입은 국민은 국가에 대하여 배상을 청구할 수 있는 것은 당연하고 대법원

35. 협의설, 광의설, 최광의설

36. 사경제주체로서 국고

37. 사경제 행위 불포함

38. 입법·사법적 불법에 대한 배상청구 가능

은 이러한 태도를 견지하고 있다. Oliver Dörr (주 1), S. 6.

34) 계희열 (주 7), 660; 권영성 (주 19), 623면; 허영 (주 17), 687면; 구병삭 (주 24), 703면.

35) 가령 김철수 (주 25), 1145면은 국가배상청구권의 성질을 사권으로 파악하는 이상 사경제행위 역시 직무행위에 포함되는 것으로 봐야 할 것이라고 하는 데 반하여 정재황, 헌법학, 박영사 2022, 1285–1286면은 공권설을 취하면서도 최광의설을 택하고 있다.

36) 같은 취지의 판례로 대법원 2004. 4. 9. 선고 2002다10691 판결; 대법원 1999. 11. 26. 선고 98다47245 판결; 대법원 1996. 6. 22. 선고 99다7008 판결.

37) 동지, 계희열 (주 7), 660면. 같은 취지의 판례로 대법원 2004. 4. 9, 선고 2002다10691 판결; 대법원 1999. 11. 26. 선고 98다47245 판결; 대법원 1998. 7. 10. 선고 96다38971 판결; 1997. 7. 22. 선고 95다6991 판결. 같은 취지의 독일 학설로 Bonk (주 3), Rn. 3.

판례의 입장 역시 마찬가지이다.

39. 극히 예외적으로 입법작용에 대한 국가배상책임 인정

다만 대법원은 국회의 입법부작위로 인한 손해배상이 문제된 소위 '거창사건'판결에서 "국회의원은 입법에 관하여 원칙적으로 국민 전체에 대한 관계에서 정치적 책임을 질 뿐 국민 개개인의 권리에 대응하여 법적 의무를 지는 것은 아니므로, 국회의원의 입법행위는 그 입법 내용이 헌법의 문언에 명백히 위배됨에도 불구하고 국회가 굳이 당해 입법을 한 것과 같은 특수한 경우가 아닌 한 국가배상법 제2조 제1항 소정의 위법행위에 해당한다고 볼 수 없"다고 함으로써 입법작용에 대한 국가배상책임의 인정가능성을 극히 예외적으로만 인정하고 있다.[38]

40. 제3자 관련적 직무의무위반 요건

제3자 관련적 직무의무위반의 요건을 위법성의 요건으로 명문화하고 있는 독일의 경우 판례는 의회에 의한 입법적 불법과 또한 법규명령에 의한 불법의 경우 처분법률과 같이 그 수범자를 일정한 범위 내로 특정할 수 있는 경우를 제외하고는 이 제3자 관련적 직무의무위반이 없음을 이유로 배상책임이 성립되지 않는다고 본다. 또한 이러한 법령을 집행·적용한 공무원의 집행행위도 그 근거된 법령이 사후에 위헌(위법) 확인이 되었다 하더라도 당시 그 공무원에게는 위헌(법)인 법령에 대한 폐기 내지 적용거부권한이 없었던 것이므로 그의 유책성을 인정할 수 없고 따라서 배상책임을 인정할 수 없다고 보는 것이다. 물론 이 법령이 헌법재판소나 법원에 의하여 위헌(위법)으로 확인된 이후에 계속 집행·적용을 하게 되면 이는 당연히 직무의무위반으로 불법행위를 구성한다고 본다.[39]

41. 국회의원의 면책특권과 배상청구권

입법적 불법의 경우에도 개별의원들은 기본권보호의무라고 하는 직무의무를 지고 있으며, 만일 명백히 위헌인 법률을 고의 또는 과실로 통과시킨 경우에는 국민 일반뿐만 아니라, 그 법률(보호규범)과 관련되는 개별 국민들(타인)의 권리를 침해할 수 있고, 또한 의원들의 직무의무위반에 있어서 고의·과실책임도 인정할 수 있기 때문에 불법행위가 성립될

---

38) 대법원 2008. 5. 29. 선고 2004다33469 판결. 이 판결의 문제점과 입법적 불법에 대한 국가배상책임에 대하여는 방승주, 사후적으로 위헌선언된 긴급조치에 대한 국가배상책임, 헌법학연구 제25권 제3호(2019. 9), 215−274(231−238)면.

39) 이에 관한 상세는 방승주 (주 38), 220−226면.

수 있다고 본다. 그리고 의원이 가지는 면책특권 역시 입법적 불법가능
성을 거부할 수 있는 근거가 되지 않는다.[40] 의원의 면책특권은 국회의
원이 국회에서 직무상 행한 발언과 표결에 대하여 국회 외에서 책임을
지지 않는다는 것이고 여기에서의 책임이란 국회의원이 소신껏 행한 발
언이나 표결을 이유로 그 어떠한 세력에 의해서도 책임추궁을 당하거나
탄압을 받아서는 안 된다는 것으로서 이는 궁극적으로는 의회의 자유를
보장하기 위한 것이다.[41] 국가배상책임의 경우는 공무원의 직무상 불법
행위로 입은 손해에 대하여 국가가 책임을 지는 것이므로, 명백히 위헌
인 법률을 고의나 과실로 국회(국회의원)가 통과시켜 관련 국민에게 손해
를 야기한 경우에 국가가 이에 대하여 책임을 지고 배상을 하는 것은
의원의 면책특권을 직접 제한하지는 않기 때문이다. 다만 국가가 국회
의원의 고의나 중과실의 경우 내부적인 관계에서 구상권을 행사할 수
있을 것인지의 문제가 제기되는데, 이것은 면책특권에 반하기 때문에
허용되지 않는다고 봐야 할 것이다. 요컨대, 입법적 불법(작위나 부작위)
으로 인하여 손해를 입은 국민의 경우 국가를 상대로 배상을 청구할 수
있지만, 의원 개인에 대해서는 청구할 수 없으며, 또한 고의·중과실의 경
우에도 국가는 의원에 대한 구상권을 행사할 수 없다고 봐야 할 것이다.

(3) 사법적 불법과 국가배상책임

　　다음으로 사법적 불법에 대한 국가배상책임과 관련해서는 판사들
에 대한 국가배상책임의 특례를 입법적으로 둔다거나(가령 독일 민법 제
839조 제2항), 판례로서 판사의 직무행위로 인한 불법행위책임을 매우 제
한적으로 인정하려 드는 경향이 있다. 그 근거로서는 기판력과 법관의
독립을 드는 것이 보통이다.[42] 그러나 이 기판력과 법관독립은 사법적
불법으로 인한 배상책임문제하고는 직접적 관련성이 없다. 우선 행정소
송 등 제1차적 권리구제를 위한 소송과 이 국가배상소송의 소송물이 공

42. 법관독립과
사법적 불법으
로 인한 배상책
임 문제

---

40) Prodromos Dagtoglou, Ersatzpflicht des Staates bei legislativem Unrecht?, Tübingen
　　1963, S. 47f.; 방승주 (주 38), 228면.
41) Dagtoglou (주 40), S. 47.
42) 이에 관해서는 방승주 (주 38), 258면 이하.

무원의 직무행위의 위법성을 다투는 점에서 부분적으로 같을 수는 있지만 완전히 같다고 볼 수 없기 때문에 전소인 행정소송의 결론이 국가배상소송에 어느 정도 영향을 줄 수는 있지만 기판력에 의한 차단효과가 발생하는 것은 아니다. 또한 만일 국가배상소송에서 전소의 위법성과 법관의 고의·과실책임을 다시 한 번 판단할 수 있게 되면, 판사들이 추후에 지게 될지 모를 책임으로 인하여 소신껏 판결을 할 수 없어 이는 결과적으로 법관독립에 저해가 될 수 있다고 하는 논리이나, 이러한 법관의 독립이 기본권보호의무나 해당 피해자의 권리구제의 필요성 보다 더 우월하다고 보기는 힘들다. 따라서 기판력이나 법관의 독립은 사법적 불법에 대한 국가배상책임의 성립에 아무런 장애가 될 수 없다.[43]

43. 대법원 판례
　　대법원 판례[44] 역시 예외적인 경우에 법관의 직무행위에 의한 국가배상책임을 인정하고 있다.

다. 불법행위

44. 불법행위 요건
　　다음으로 국가배상책임이 인정될 수 있기 위해서는 공무원의 불법행위가 있어야 한다. 따라서 법률에 따른 적법한 행위에 의하여 초래된 손해나 손실에 대해서는 헌법 제23조 제3항에 따라 손실보상이 이루어져야 하는 것이고, 불법행위로 인한 손해의 경우에는 국가에 대하여 배상청구를 할 수 있다. 다만 어떠한 행위가 불법행위에 해당하는 것인지 하는 문제에 대해서는 논란이 있을 수 있다.

45. 헌법 제29조 제1항의 불법행위 개념
　　우리 헌법 제29조 제1항의 불법행위가 반드시 공무원의 고의·과실이 있을 것을 요건으로 하는가가 문제된다. 비교법적으로 볼 때 이러한 유책요건이 국가배상책임을 인정하는 데 반드시 필요한 요건이라고

---

43) 방승주 (주 38), 258면; Marten Breuer, Staatshaftung für judikatives Unrecht, Tübingen 2011, S. 170 ff., 647 ff.

44) 대법원 2003. 7. 11. 선고 99다24218 판결. 판결요지 [1]: "법관의 재판에 법령의 규정을 따르지 아니한 잘못이 있다 하더라도 이로써 바로 그 재판상 직무행위가 국가배상법 제2조 제1항에서 말하는 위법한 행위로 되어 국가의 손해배상책임이 발생하는 것은 아니고, 그 국가배상책임이 인정되려면 당해 법관이 위법 또는 부당한 목적을 가지고 재판을 하였다거나 법이 법관의 직무수행상 준수할 것을 요구하고 있는 기준을 현저하게 위반하는 등 법관이 그에게 부여된 권한의 취지에 명백히 어긋나게 이를 행사하였다고 인정할 만한 특별한 사정이 있어야 한다."

보기는 힘들고[45] 오히려 오늘날에는 무과실책임이나 책임의 객관화, 탈
개인화 현상이 두드러지게 나타나고 있다. 이러한 추세에 비추어 볼 때
우리 국가배상법 제2조 제1항이 공무원의 고의·과실을 불법행위의 요
건으로 제시하고 있는 것이 국민의 국가배상청구권을 지나치게 제한하
는 것이 아닌지 하는 문제가 제기된다. 이에 대하여 헌법재판소는 합헌
으로 보고 있으나, 심판대상조항 중 '긴급조치 제1호, 제9호의 발령·적
용·집행을 통한 국가의 의도적·적극적 불법행위에 관한 부분'은 청구
인들의 국가배상청구권을 침해하여 헌법에 위반된다고 하는 반대의견[46]
도 개진된 바 있다.

　　우선 국가배상법 제2조 제1항은 "국가나 지방자치단체는 공무원 또
는 공무를 위탁받은 사인(이하 "공무원"이라 한다)이 직무를 집행하면서
고의 또는 과실로 법령을 위반하여 타인에게 손해를 입히거나, 「자동
차손해배상 보장법」에 따라 손해배상의 책임이 있을 때에는 이 법에
따라 그 손해를 배상하여야 한다."고 규정함으로써 직무상 불법행위에
대하여 고의 또는 과실이라고 하는 주관적 책임요소를 요건으로 두고
있다. 결국 국가배상법은 공무원의 직무상 불법행위와 관련하여 과실책
임주의를 채택하고 있다고 할 수 있으며, 이러한 국가배상법 제2조 제1
항의 고의·과실요건에 대하여 헌법재판소는 국가배상청구권을 과도하
게 제한하는 것이 아니라고 보고 있다.[47]

(1) 고의·과실 책임요건

　　첫째, 고의·과실 요건이 필요한지 여부에 관해서 먼저 살펴본다.

46. 국가배상법
의 과실책임주
의

47. 고의··과
실 요건의 필요
성 문제

---

45) Oliver Dörr (주 1), 15 ff. 불법행위책임법의 법적 기초를 민법상 불법행위법에 두
　　고 있거나(벨기에, 덴마크, 이탈리아), 헌법이 민법을 차용한 나라들(독일, 오스트
　　리아, 스웨덴, 헝가리)은 대부분 과실책임주의를 택하고 있으며, 또한 포르투갈의
　　경우 특별법을 통해서 그리고 튀르키예와 같은 경우에는 민법에 의거한 판례를
　　통하여 과실책임주의를 따르고 있는 데 반하여, 에스토니아, 그리스, 폴란드, 루
　　마니아, 스위스, 체코와 같은 나라의 경우 무과실책임주의를 따르고 있고, 아일랜
　　드와 영국과 같은 보통법(common law) 국가의 경우에는 과실책임주의와 무과실
　　책임주의를 병행하여 사용하고 있다.
46) 헌재 2020. 3. 26, 2016헌바55 등, 판례집 제32권 1집 상, 162: 김기영, 문형배, 이
　　미선 재판관.
47) 헌재 2015. 4. 30, 2013헌바395, 판례집 제27권 1집 상, 564.

국내 학설[48]과 판례는 대부분 직무상 불법행위는 고의·과실에 의하여 법령에 위반한 행위라고 파악하고 있다. 즉 위법성을 인정하기 위해서는 공무원의 고의·과실책임이 필요하다고 보는 것이다.

48. 국가의 대위책임 사상의 영향

그런데 이와 같이 공무원의 고의·과실에 의한 위법행위가 반드시 필요하다고 보는 견해들은 헌법상 불법행위 개념을 국가배상법과 민법의 불법행위 개념을 통해서 해석하는 입장들로서, 국가배상의 성질과 관련하여 국가무책임사상 및 공무원의 불법행위에 대한 국가의 대위책임 사상의 영향으로부터 여전히 완전하게 자유롭지는 못한 견해들인 것으로 보인다.[49]

49. 자기책임 사상에서 무과실책임 및 주관적 책임요소 배제 도출

이에 반하여 국가배상책임의 본질이 국가가 행한 불법행위에 대한 자기책임으로 파악하는 경우에는 불법행위성을 인정하기 위하여 반드시 고의·과실책임이 필요한 것은 아니며, 국가가 공행정작용을 하는 과정에서 끼칠 수 있는 손해에 대하여 일종의 위험책임[50]을 지는 것이므로 고의·과실과 상관없는 무과실책임[51]으로 보거나 헌법 제29조의 불법행위개념에는 주관적 책임요소가 배제되어 있다고 보는 견해[52]도 있다.

50. 비교법적 고찰

실제로 비교법적으로 볼 때 국가배상책임제도를 도입한 많은 나라들 가운데서는 국가의 자기책임과 직접책임, 그리고 무과실책임[53]을 채택하고 있기도 하다. 이러한 입법사례들을 고려할 때 우리 헌법 제29조의 불법행위로 인한 손해에 대한 국가배상책임이 반드시 공무원의 고의·과실만을 전제로 하고 있다고 단정할 수는 없다고 생각된다.

---

48) 계희열 (주 7), 661면; 허영 (주 17), 687면; 권영성 (주 19), 623면; 김철수 (주 25), 1148면. 양건 (주 25), 946-947면.

49) 같은 취지의 비판으로 김중권, 국가배상법상의 과실책임주의의 이해전환을 위한 소고, 법조 58권 8호(2009. 8), 45-90(65).

50) 가령 양건 (주 25), 942면.

51) 계희열 (주 7), 663면. "배상책임자가 지는 책임은 무과실책임이다."

52) 김중권 (주 49), 71면은 이러한 관점에서 국가배상법 제2조에 의거하여 가해 공무원의 개인적 책임을 전제로 하여 국가책임의 성립을 부정한다든지, 국가가 아닌 공무원 개인에게 책임을 묻는다든지 하는 것은 그 자체로 위헌을 면치 못한다고 보고 있는데 매우 의미가 있는 주장이라고 생각된다.

53) 가령 에스토니아, 그리스, 리투아니아, 폴란드, 루마니아, 스위스, 슬로바키아, 체코 등. Oliver Dörr (주 1), S. 16. 한편 독일, 스위스, 헝가리의 정보보호법은 위법한 개인정보조사나 취급에 대하여 과실여부와 상관없이 손해배상의무를 부과하고 있다. Oliver Dörr (주 1), S. 12.

다만 입법자가 헌법 제29조 제1항의 위임을 받아 국가배상법을 규정함에 있어서 공무원의 고의·과실에 의한 불법행위개념을 도입한 것이 반드시 헌법 제29조 제1항에 위반되는가의 문제는 별론이라고 할 것이다. 왜냐하면 헌법 제29조 제1항은 소위 형성적 법률유보를 둠으로써 입법자에게 국가배상책임제도의 도입과 관련하여 넓은 형성의 자유를 부여하고 있기 때문이다.

하지만 고의·과실에 의한 불법행위 개념에 의하여 불법행위로 인한 손해를 인정하는 범위가 지나치게 좁아질 수 있고, 경우에 따라 권리구제의 사각지대가 발생할 가능성을 배제할 수 없다. 가령 공무원의 직무상 불법행위로 인하여 손해를 입었음에도 불구하고 피해자가 자신에게 손해를 끼친 공무원이 누구인지, 그리고 그에게 과실책임이 있는지 등을 입증하기 힘든 경우가 훨씬 더 많을 것이기 때문이다. 나아가 과거 권위주의 정권 하에서 국가 공권력이 총체적·체계적으로 불법행위를 저질러서 많은 국민들의 생명·신체에 손해를 끼쳤을 뿐만 아니라, 이를 은폐하고 누설을 금지해 온 국가불법의 경우에는 국민의 입장에서 공무원의 고의·과실을 입증하는 것은 거의 불가능에 가까운 일이 아닐 수 없다.

결국 현 단계에서는 헌법 제29조 제1항의 불법행위가 반드시 과실책임을 전제로 하고 있지 않음과 그리고 공무원의 주관적 책임요소를 입증하는 것이 용이하지 않음을 감안하여 과실책임의 객관화나 탈개인화, 과실책임의 추정, 조직과실 개념의 도입 등을 통한 법관의 법보충적 해석이 필요하다고 봐야 할 것이다.[54]

한편 행위 당시에는 법령에 따른 합법적 행위였으나 사후에 해당 행위의 근거인 법령이나 처분에 대하여 헌법재판소나 법원이 위헌(위법) 선언을 함으로써 사후에 법적 근거나 처분의 효력이 상실된 경우, 해당 공무원의 행위의 위법성이 인정될 것인지의 문제가 제기된다.

이와 관련하여 대법원은 사후적 위헌[55](위법[56])확인이 있다고 하

51. 입법자의 형성의 자유

52. 불법행위로 인한 손해인정 범위의 지나친 축소문제 발생

53. 법관의 법보충적 해석 필요

54. 사후의 공무원 행위의 위법성 인정여부

55. 사후적 위헌확인의 경우

---

54) 이에 관해서는 김중권 (주 49), 78면.
55) 대법원 2014. 10. 27. 선고 2013다217962 판결. 최근 이 판결은 후술하는 대법원 2022. 8. 30. 선고 2018다212610 전원합의체 판결에 의하여 변경되었다.

여 해당 공무원의 법집행행위가 당연히 불법행위가 되는 것은 아니라고 하는 입장이다. 이러한 판례에 동조하는 일부 학설57) 역시 입법작용과 관련하여 법률이 위헌으로 결정된 경우 입법기관의 책임문제는 개별 의원들의 고의·과실의 입증문제 때문에 사실상 인정되지 않는다고 하며, 또한 위헌인 법률을 집행함으로 인해서 손해가 발생한 경우 행정기관의 책임문제는 위헌판결 전까지의 법률은 유효한 것이므로 그 책임을 물을 수 없다고 본다.

56. 대통령 긴급조치, 국가배상청구사례

그러나 가령 유신시대 대통령 긴급조치의 발령행위와 그에 기한 수사·기소 행위 및 재판행위에 대한 국가배상청구사례가 보여주듯이 ⅰ) 경우에 따라서는 일정한 요건 하에 입법작용 역시 불법행위가 될 수 있으며, ⅱ) 또한 통상적인 공무원이라면 명백히 자의적이고 위헌이라고 충분히 판단할 수 있는 상황 하에서는 행정(경찰)공무원이나 검사로서는 그 적용을 배제하기 위한 노력과 주의의무를 다 해야 하며, ⅲ) 판사 역시 헌법재판기관에 해당 법률에 대하여 위헌제청을 하는 등 주의의무를 다 하지 않은 경우 위법성을 인정할 수 있다고 봐야 할 것이다.58)

57. 대법원 전원합의체 판례 변경

최근 대법원 전원합의체59)에서 자신의 종전 판결들60)을 번복하고서 결론적으로 대통령의 긴급조치 발령 및 집행행위의 위법성을 인정하

---

56) 대법원 2000. 5. 12. 선고 99다70600 판결. 결정요지 [1]: "어떠한 행정처분이 후에 항고소송에서 취소되었다고 할지라도 그 기판력에 의하여 당해 행정처분이 곧바로 공무원의 고의 또는 과실로 인한 것으로서 불법행위를 구성한다고 단정할 수는 없는 것이고, 그 행정처분의 담당공무원이 보통 일반의 공무원을 표준으로 하여 볼 때 객관적 주의의무를 결하여 그 행정처분이 객관적 정당성을 상실하였다고 인정될 정도에 이른 경우에 국가배상법 제2조 소정의 국가배상책임의 요건을 충족하였다고 봄이 상당할 것이며, 이때에 객관적 정당성을 상실하였는지 여부는 피침해이익의 종류 및 성질, 침해행위가 되는 행정처분의 태양 및 그 원인, 행정처분의 발동에 대한 피해자측의 관여의 유무, 정도 및 손해의 정도 등 제반 사정을 종합하여 손해의 전보책임을 국가 또는 지방자치단체에게 부담시켜야 할 실질적인 이유가 있는지 여부에 의하여 판단하여야 한다." 같은 취지 대법원 2004. 6. 11. 선고 2002다31018 판결.

57) 류지태/박종수, 행정법신론 제18판, 박영사 2021, 506면. 역시 부정적으로 박균성, 행정법강의 제19판, 박영사 2022, 558면.

58) 이에 관한 논의로는 방승주 (주 38) 및 그곳의 관련 문헌들 참조.

59) 대법원 2022. 8. 30. 선고 2018다212610 전원합의체 판결.

60) 대법원 2014. 10. 27. 선고 2013다217962 판결; 대법원 2015. 3. 26. 선고 2012다48824 판결; 대법원 2015. 7. 23. 선고 2015다212695 판결(심리불속행 상고기각).

고 국가배상청구를 인용한 것은 매우 중요한 의미가 있다고 하겠다. 다만 그 이유에서 입법작용과 사법작용의 불법행위 성립 가능성 및 행정기관의 법집행 거부가능성 등 학계에서 제기된 여러 문제제기[61)]에 대하여 아직까지 충분히 다루어지지 않은 상당한 쟁점들이 남아 있다고 보이므로 앞으로 이에 대하여 더 활발한 비판과 논의가 이루어질 필요가 있다고 생각된다.

(2) 제3자 관련적 직무의무위반 또는 소위 '사익보호성' 요건

둘째, 소위 '사익보호성' 요건을 포함시킬 것인가 여부가 문제될 수 있다.[62)] 논자에 따라서는 국가배상법상 법령을 위반한 행위(위법행위)의 개념을 직무의무 위반 개념으로 파악하기도 한다.[63)] 즉 국가배상법상 위법행위는 독일식의 소위 제3자 관련적 직무의무 위반을 의미한다고 보는 입장[64)]이다. 또한 소위 '사익보호성'[65)] 개념을 통해서 직무의무가

58. 사익보호성 개념의 포함여부

---

61) 가령 방승주 (주 38); 다만 김선수 대법관과 오경미 대법관은 저자와 같이 판사의 불법행위책임을 인정하는 별개의견을 제시하였는데 타당하다 하겠다. 대법원 (주 59) 김선수, 오경미 대법관의 별개의견. 이 판결에 대한 평석으로 김중권, 긴급조치와 관련한 국가배상책임에서 재판상의 불법의 문제 – 대상판결: 대법원 2022. 8. 30. 선고 2018다212610 전원합의체판결, 인권과 정의, 통권 제510호(2022. 12), 109–124면; 윤진수, 위헌인 대통령 긴급조치로 인한 국가배상책임 – 대법원 2022. 8. 30. 선고 2018다212610 전원합의체 판결, 민사법학 제101호(2022. 12), 139–182면; 김광수, 긴급조치와 국가배상 – 대법원 2022. 8. 30. 선고 2018다212610 전원합의체 판결, 경찰법연구 제21권 제3호(2023), 89–119; 정남철, 긴급조치와 국가배상, 행정판례연구 XXVII–2(2022), 217–255면; 이재승, 긴급조치 제9호를 적용한 법관의 책임 – 대법원 2022. 8. 30. 2018다212610 전원합의체 판결, 민주법학 제31호(2023. 3), 135–175면.

62) 이와 관련하여 독일은 제3자 관련적 직무의무 위반을 배상책임의 인정을 위한 전제조건으로 하고 있는데, 이로써 해당 법규범이 당사자를 보호하는 것을 목적으로 하고 있는지를 살핌으로써 배상청구가 가능한 인적 범위와 배상책임을 제한하고 있다. 또한 마찬가지로 그리스 역시 처음부터 개인적인 보호규범의 침해를 명시적 요건으로 두고 있다. 이에 반하여 포르투갈의 국가배상법은 권리의 침해와 더불어서 법적으로 보호되는 이익의 침해를 요건으로 하고 있다. 루마니아에서는 헌법에서 포괄적인 규정을 둠으로써 전에 적용되던 주관적 권리침해요건으로부터 벗어나고 있다. Oliver Dörr (주 1), S. 7.

63) 류지태/박종수 (주 57), 510면. 같은 입장의 판례로 대법원 2001. 10. 23. 선고 99다36280 판결.

64) 류지태/박종수 (주 57), 512면.

65) 류지태/박종수 (주 57), 512면.

일반 공익의 보호만을 위한 것이 아니라, 개별적이고 구체적인 국민의 사익보호를 위한 것일 경우 그에 대한 위반이 불법행위를 구성한다고 보기도 한다. 그 밖에 법원은 이러한 사익보호성을 직무행위와 손해 간의 상당인과관계[66]의 성립을 위한 요건으로 받아들이기도 한다.

59. 제3자 관련적 직무의무 위반요소

이와 같이 제3자 관련적 직무의무 위반요소를 위법성요건에 가미하게 되면 결국 배상책임의 인정을 그만큼 제한하는 결과가 될 것이다.[67]

(3) 법령의 내용

60. 공무원의 직무상 불법행위

셋째, 헌법 제29조 제1항은 공무원의 직무상 불법행위를 손해배상의 전제조건으로 하고 있으며, 국가배상법 제2조 제1항은 이를 받아 법령위반을 불법행위로 보고 있으므로 어떠한 법령을 위반할 때 불법행위가 될 것인지가 문제된다.

61. 법령의 범위

이와 관련 '법령'의 범위에 엄격한 의미의 법률·명령에 국한하는 견해(협의설)와 나아가 인권존중, 권력남용금지, 신의성실, 공서양속 등도 포함한다는 견해(광의설)로 대립된다. 광의설은 직무의무의 근거는 헌법, (형식적) 법률, 법규명령, 자치법규 등 성문법 뿐만 아니라 법의 일반원칙, 관습법 등 불문법이 포함될 수 있다는 점을 지적한다.[68] 판례 역시 마찬가지이다.

> **대법원 판례** 공무원의 부작위로 인한 국가배상책임을 인정하기 위하여는 공무원의 작위로 인한 국가배상책임을 인정하는 경우와 마찬가지로 '공무원이 그 직무를 집행함에 당하여 고의 또는 과실로 법령에 위반하여 타인에게 손해를 가한 때'라고 하는 국가배상법 제2조 제1항의 요건이 충족되어야 할 것인바, 여기서 '법령에 위반하여'라고 하는 것이 엄격하게 형식적 의미의 법령에 명시적으로 공무원의 작위의무가 규정되어 있는데도 이를 위반하는 경우만을 의미하는 것은 아니고, 국민의 생명, 신체, 재산 등에 대하여 절박하고 중대한 위험

---

66) 가령 대법원 2010. 9. 9. 선고 2008다77795 판결; 대법원 2015. 5. 28. 선고 2013다41431 판결. 사익보호성을 상인과관계성립 요건으로 파악하는 데 대한 타당한 비판으로는 류지태/박종수 (주 57), 513면과 박균성 (주 57), 561면; 그 밖의 판례에 대해서는 홍정선, 행정법원론(상), 박영사 2017, 769면 이하.

67) 방승주 (주 38), 223면.

68) 류지태/박종수 (주 57), 514면.

상태가 발생하였거나 발생할 우려가 있어서 국민의 생명, 신체, 재산 등을 보호하는 것을 본래적 사명으로 하는 국가가 초법규적, 일차적으로 그 위험 배제에 나서지 아니하면 국민의 생명, 신체, 재산 등을 보호할 수 없는 경우에는 형식적 의미의 법령에 근거가 없더라도 국가나 관련 공무원에 대하여 그러한 위험을 배제할 작위의무를 인정할 수 있을 것이지만, 그와 같은 절박하고 중대한 위험상태가 발생하였거나 발생할 우려가 있는 경우가 아니라면 원칙적으로 공무원이 관련 법령을 준수하여 직무를 수행하였다면 그와 같은 공무원의 부작위를 가지고 '고의 또는 과실로 법령에 위반하였다고 할 수는 없을 것이므로, 공무원의 부작위로 인한 국가배상책임을 인정할 것인지 여부가 문제되는 경우에 관련 공무원에 대하여 작위의무를 명하는 법령의 규정이 없다면 공무원의 부작위로 인하여 침해된 국민의 법익 또는 국민에게 발생한 손해가 어느 정도 심각하고 절박한 것인지, 관련 공무원이 그와 같은 결과를 예견하여 그 결과를 회피하기 위한 조치를 취할 수 있는 가능성이 있는지 등을 종합적으로 고려하여 판단하여야 할 것이다.[69]

다만 행정규칙의 경우는 법령보충적 행정규칙과 같이 상위 법규명령과 더불어서 대외적 효력이 인정될 수 있을 경우에 법령의 범위에 포함될 수 있다고 본다.[70]

그리고 헌법에 의하여 체결된 조약과 일반적으로 승인된 국제법규의 경우 국내법과 같은 효력이 있으므로(헌법 제6조) 그에 대한 공무원의 위반행위는 불법행위가 될 수 있다.

2. 손해를 받은 국민

국가배상을 청구할 수 있는 주체는 공무원의 직무상 불법행위로 인하여 손해를 입은 국민이다. 여기에서 손해라 함은 재산적, 정신적 손해를 모두 포함하며, 공무원의 불법행위와 상당인과관계에 있는 손해에 한한다고 해야 할 것이다.

특히 공무원의 직무상 불법행위에는 가령 생명·신체적 법익을 비롯해서 자유와 권리에 대한 침해도 있을 수 있기 때문에 헌법 제29조

62. 대외적 효력(구속력)

63. 조약과 일반적으로 승인된 국제법

64. 재산적·정신적 손해를 입은 국민

65. 헌법 제23조에서 보호하는 권리보다 넓음

---

69) 대법원 1998. 10. 13. 선고 98다18520 판결, 판결요지 1.
70) 류지태/박종수 (주 57), 514면.

제1항의 국가배상청구권이 보호하는 보호법익은 헌법 제23조에서 보호하는 재산적 가치가 있는 권리보다 훨씬 넓다고 할 수 있다. 물론 구체적 불법행위로 인한 손해에 대하여 국가배상법상의 손해배상액이 확정되고 나면 그러한 배상액이 생명·신체적 법익 훼손에 대한 배상이라 하더라도 재산권보호의 대상이 되는 것은 당연하다. 이에 반하여 공무원의 불법행위에 의하여 침해되기 전의 생명·신체적 법익이나 자유와 권리는 모두 헌법 제23조의 재산권보호의 대상이 되는 것은 아니다. 생명권이나 신체의 자유 혹은 그 밖의 다른 기본권에 의해서 보호되는 것은 물론이다.

66. 현실로 입은 확실한 손해

판례에 의하면 불법행위로 인하여 배상할 손해는 현실로 입은 확실한 손해에 한한다.71)

67. 국가배상청구의 주체

그리고 국가배상청구의 주체로 이 조항에서 국민을 들고 있으나, 굳이 외국인이 배제된다고 볼 수는 없을 것인데 이에 대해서는 기본권주체에서 언급하기로 한다.

3. 법률이 정하는 바에 의하여

68. 형성적 법률유보

국가배상청구권은 원칙적으로 국가가 직무상 불법행위로 인하여 국민에게 가한 손해에 대해서는 그 책임을 져야 한다고 하는 원칙으로부터 출발한 것인데, 그 구체적인 요건이나 절차 등에 대해서 헌법이 모두 규정할 수는 없다. 따라서 그 자세한 내용에 대해서는 법률로 정하도록 위임하고 있기 때문에 일종의 형성적 법률유보에 맡겨진 청구권적 기본권이라 할 수 있다.

69. 기본권의 본질내용 침해금지

그러므로 국가배상청구권의 구체적인 내용은 법률로 정해진다고 할 수 있으나, 국가의 직무상 불법행위로 인한 손해에 대하여 국가가 책임을 지고 그에 대하여 배상을 하여야 한다고 하는 법치국가원리로부터 나오는 기본권의 본질내용은 입법자가 건드릴 수 없다고 봐야 할 것이다.

---

71) 대법원 2020. 10. 15. 선고 2017다278446 판결.

4. 배상책임자: 국가 또는 공공단체

국가배상청구권 행사의 대상, 즉 배상책임의 주체는 국가 또는 공공단체이다. 보다 구체적으로는 공무원의 불법행위가 귀속되는 국가적 법주체가 배상책임의 주체가 된다.[72]

70. 배상책임의 주체

이 문제와 관련하여 우선 비교법적으로 살펴보면 국가배상책임제도의 기초를 민법상 불법행위제도에 두고서 공무원 개인의 과실행위와 연계시키고 있는 나라들의 경우에도 해당 법주체가 공무원을 대신하여 책임을 지거나 혹은 공무원과 더불어서 책임을 지고 있다.[73] 그리고 불법행위법을 통하여 우회하지 않고서 직접 국가가 배상책임을 지는 나라들의 경우 배상책임의 주체를 변경할 필요가 없이, 문제되고 있는 위법한 직무행위가 누구에게 귀속되는가에 따라 결정된다. 그리하여 배상책임을 지는 법주체의 결정은 누가 그 공무원에게 구체적인 직무행위를 위임하였는지 혹은 그 공무원이 누구와 고용(공무원)관계를 맺고 있는지, 아니면 문제되고 있는 위법한 직무행위가 누구의 직무영역에 속하는지에 따라 결정된다.[74]

71. 위법한 직무행위가 귀속되는 자

우리 학계에서는 국가기관 중 구체적으로 어떤 기관에게 배상책임이 있는지에 관해서보다는 국가(공공단체)에게만 청구할 수 있는지 아니면 국가(공공단체)나 공무원에게 선택적으로 청구할 수 있는지에 관해서 주로 논의가 되고 있다.

72. 배상청구의 상대방

우선 선택적 청구권 긍정설(선택적 청구권설)에 따르면 헌법 제29조 제1항 단서에 따라 공무원의 민사상 또는 형사상의 책임은 면제되는 것이 아니므로 피해자는 국가(공공단체)에 대한 청구권과 공무원에 대한 청구권을 선택적으로 행사할 수 있다고 본다.[75]

73. 선택적 청구권설

이에 비하여 선택적 청구권 부정설(대국가적 청구권설)에 따르면 본조 단서는 내부적 구상책임에 관한 것이고, 또한 국가배상청구권 보장

74. 대국가적 청구권설

---

72) Oliver Dörr (주 1), S. 21.
73) 벨기에, 덴마크, 독일, 아일랜드, 이탈리아, 슬로베니아. Oliver Dörr (주 1), S. 21.
74) Oliver Dörr (주 1), S. 21.
75) 유진오, 강병두, 박일경, 문홍주, 이상 김철수 (주 25), 1149면에서 재인용; 구병삭 (주 24). 706-707면; 경과실의 경우까지 모두 선택적 청구권을 인정하는 행정법 학자로서 류지태/박종수 (주 57), 524면.

의 취지는 피해자구제에 만전을 기하는 데 있는 것이므로, 배상능력이 충분한 국가나 공공단체만이 배상책임을 진다고 봐야 한다는 것이다.[76]

75. 절충설

한편 절충설은 공무원의 경과실의 경우에는 국가에 대해서만, 고의·중과실의 경우에는 선택적으로 청구할 수 있다고 본다.[77]

76. 원칙적으로 국가에 대해서만 청구 가능

생각건대 공무원의 불법행위로 인한 손해에 대한 국가의 책임은 대위책임이 아니고 국가의 자기책임이므로 원칙적으로 국가에 대해서만 청구할 수 있는 것으로 보는 것이 타당하다. 다만 공무원의 책임은 여전히 면제되지 않는다고 하는 의미는 대내적 및 대외적 관계에서 모두 적용될 수 있다. 피해자 입장에서는 불법행위를 행한 공무원이나 국가에 선택적으로 배상을 청구할 수 있을 때 권리구제의 신속성이나 효율성면에서 더 유리할 뿐만 아니라, 공무원에게 법령준수의무에 보다 더 충실할 것을 경고하는 의미도 있겠으나, 만일 경과실의 경우까지 모두 공무원에게도 연대책임을 지울 경우에는 공무원의 사기가 저하되어 행정의 효율성이 떨어질 수도 있다. 그러므로 행정작용에 있어서 통상적으로 발생할 수 있는 경과실로 인한 손해발생의 경우에는 전적으로 국가가 책임을 지되, 고의·중과실의 경우에는 국가와 공무원이 연대하여 책임을 지도록 하면 법령준수에 대한 경고기능이나, 공무원의 사기저하방지, 피해자구제 만전 등의 목적을 모두 달성할 수 있게 될 것이다.

77. 절충설이 적절

그러므로 경과실의 경우에는 국가에게만, 그리고 고의 · 중과실의 경우에만 선택적으로 청구가 가능하다고 보는 절충설의 입장이 가장 적절한 해결이라고 봐야 하지 않을까 생각된다.

78. 공공단체에 대해서도 국가배상법 준용 필요

다음으로 국가배상법 제2조 제1항은 배상책임자에 대하여 국가 또는 지방자치단체만을 규정하고 있기 때문에 나머지 공공단체의 경우는 피해자에 대하여 어떠한 법에 따라 책임을 지는가가 문제될 수 있는 바, 민법의 규정에 따라 배상책임을 진다고 보는 견해[78]도 있으나, 헌법이 공공단체에 대하여 배상책임을 명문화하고 있는 점을 고려할 때, 공공

---

76) 권영성 (주 19), 625면; 허영 (주 17), 668면.
77) 대법원 1996. 2. 15. 선고 95다38677 전원합의체 판결: 판결요지 (2). 이러한 판례에 대한 찬성의견으로 장영수, 헌법학 제14판, 홍문사 2022, 926면.
78) 가령 계희열 (주 7), 662면; 양건 (주 25), 949면.

단체에 대해서도 국가배상법을 준용하여야 되지 않을까 생각된다.

공무원에 대한 선임 · 감독자와 봉급 등 기타 비용에 대한 부담자가 다를 경우에 피해자는 선택적으로 청구할 수 있다(국가배상법 제6조 제1항). 79. 비용부담자
가 다를 경우
선택적 청구

5. 정당한 배상의 청구

정당한 배상이란 손해를 받은 데 대하여 정당한 보전(Ausgleich)의 지급을 의미한다. 이는 헌법 제23조 제3항에서 규정하고 있는 "정당한"과 같은 뜻이라고 보아야 할 것이다.[79] 다만 배상은 불법행위로 인한 손해를 전제로 하는 데 반하여, 보상은 합법적 행위로 인한 손해를 전제로 하기 때문에 각 손해에 대한 전보가 반드시 같다고 할 수는 없을 것이다. 80. 정당한 배
상

이에 관하여 독일의 국가배상책임에 관한 저명한 학자인 오쎈뷜(Ossenbühl)과 되르(Dörr)는 다음과 같이 배상과 보상의 개념을 구분하고 있는데 참고할 만하다. 즉 손해배상은 법령위반이 없었을 경우의 상태를 회복하고자 하는 데 반하여, 보상은 당사자가 받은 특별한 희생으로서의 손해에 대하여 단지 적정한 보전(Ausgleich)만을 지급할 뿐이며, 이는 받은 손해의 정도에 따라 다르지만 일반적으로는 피해자에 대하여 그러한 손해가 발생하지 않았을 경우의 가정적 상황을 전제로 하지는 않는다는 것이다.[80] 81. 독일의 배
상과 보상개념

어쨌든 비교법적으로 고찰해 볼 때 이러한 두 가지의 구분기준이 반드시 지켜지고 있지는 아니하다. 이와 관련하여 나라마다 상이한 기준이 적용되고 있으나, 우선 민법상 불법행위법에 의거하여 국가배상책임제도를 운용하고 있는 나라들의 경우 일반적으로 손해에 대한 전보로 82. 다른 나라
들의 배상규정

---

79) 독일에서도 독일 기본법 제14조 제3항에 따라 재산권수용의 경우에 요청되는 소위 형량 보상은 완전한 시장가치가 보장되어야 한다는 것이 중론이며, 이와 관련하여 소위 수용유사침해나 수용적 침해의 경우에 관습법적으로 인정되고 있는 보상의 경우도 넓은 의미의 국가배상법의 카테고리에 포함된다고 보면서 이때의 보상 역시 같은 원칙에 따라서 이루어져야 한다고 하고 있다. 이에 관하여 가령 Oliver Dörr (주 2), S. 147. 그 밖에 방승주, 코로나 19로 인한 영업제한과 손실보상 – 그 헌법적 성격과 한계, 공법학연구 제23권 제2호(2022. 5), 3–45(28–34)면.

80) Oliver Dörr (주 1), S. 22; Ossenbühl/Cornils, Staatshaftungsrecht, 6. Aufl., München 2013, S. 320 f.

서 정당한 손해배상(veritabler Schadenersatz)을 규정하고 있는데, 이 경우 부분적으로는 원상회복(Naturalrestitution)의 원칙이 적용되고 있는 데 반해서, 국가의 불법행위에 대한 전보로서 오로지 금전배상만 규정되어 있는 나라들도 있다.[81]

83. 소위 징벌적 손해배상

그리고 영국과 아일랜드에서는 소위 징벌적 손해배상이 규정되어 있기도 하며, 일종의 제재적 성격을 띤 국가배상제도를 채택한 입법례도 있다.[82]

84. 정신적 손해의 배상문제

한편 정신적 손해에 대한 위자료 배상과 관련해서는 공무원의 중과실이나 혹은 일정한 권리나 법익에 대한 침해나, 중대한 위법성의 요건 등과 같은 보다 까다로운 요건을 결부시키고 있기도 하다.[83] 또한 정신적 손해배상은 법위반의 확인만으로는 더 이상 충분한 배상이 될 수 없을 경우에 한하여 보충적으로 적용하는 나라도 있다.[84] 재산적 손해에 대한 배상에는 일반적으로 일실소득(逸失所得) 또는 수입(entgangener Gewinn: lucrum cessans)도 포함되는데 유럽사법재판소 역시 이러한 배상은 유럽연합 국가배상법상 권리구제의 효율성의 원칙에 따라 요청된다고 보고 있다.[85]

6. 공무원 자신의 책임

85. 공무원 자신의 책임

헌법 제29조 제1항 제2문은 공무원 자신의 책임은 면제되지 않는

---

81) 폴란드의 경우 피해자가 두 가지 방식 가운데 하나를 선택할 수 있는 데 반해서, 프랑스에서는 법원이 피고인 국가에게 선택권을 부여하며, 스페인에서는 배상책임자가 당사자의 양해 하에 금전배상을 원상회복으로 대체할 수 있다고 한다. 이에 관해서는 Oliver Dörr (주 1), S. 22.

82) 그리하여 헝가리에서는 법률에 규정된 사무처리기간을 심대하게 경과시킨 경우 처리비용의 두 배를 환급하며, 마찬가지로 폴란드에서는 재판지연의 경우에 책임이 있는 당해 법원은 독자적 재원에 의하여 정액의 금전배상을 지급해야 한다. Oliver Dörr (주 1), S. 22.

83) 가령 에스토니아, 오스트리아, 루마니아의 경우. Oliver Dörr (주 1), S. 23.

84) 가령 슬로바키아, 체코. Oliver Dörr (주 1), S. 22.

85) 오스트리아에서는 특별히 중대한 주의의무 위반의 경우에만 규정되어 있으며, 에스토니아에서는 행위를 한 공무원에게 아무런 과실책임이 없을 경우 일실수입에 대한 보전은 소멸한다. 라트비아에서는 다양한 손해배상유형에 대한 상한액이 규정되어 있다. Oliver Dörr (주 1), S. 23.

다고 규정하고 있다.

이 책임이 면제되지 않는다고 하는 것은 국가와 공무원간의 관계에
서와 공무원과 피해자와의 관계에서 모두 해당된다고 할 수 있을 것이
다. 전자의 경우 구상권의 문제로, 후자의 경우 소위 연대채무로서 피해
자는 선택적으로 배상청구를 할 수 있다고 할 것이며, 만일 공무원에게
배상능력이 결여된 경우에는 국가에게 청구함으로써 피해자에 대한 배
상과 구제에 만전을 기하기 위한 규정이라고 할 수 있을 것이다. 실제로
국가배상법 제2조 제2항은 공무원에게 고의나 중과실이 있을 경우 국가
나 지방자치단체가 구상권을 청구할 수 있다고 규정하고 있고 대법원
역시 전술한 바와 같이 고의·중과실의 경우 국가나 공무원에게 선택적
으로 배상을 청구할 수 있다고 보고 있다.

한편 이 구상권규정은 공무원으로 하여금 직무수행에 있어서 보다
신중하게 주의의무를 다할 것을 경고하는 일종의 경고기능[86])을 수행하
면서도 통상적인 경과실로 인한 손해발생의 경우에는 국가만이 책임을
짐을 명시함으로써 공무원의 사기저하를 방지하고 소신껏 직무수행에
전념할 수 있게 하는 기능을 한다고 볼 수 있을 것이다.

86. 국가와 공
무원간의 관계,
공무원과 피해
자와의 관계

87. 주의의무에
대한 경고기능
및 직무수행에
전념하게 하는
기능

V. 국가배상청구권의 기본권주체

국가배상청구권의 기본권주체는 우선 국민이다. 여기에서 말하는
국민에는 자연인 뿐만 아니라 법인(내국 사법인)도 포함된다고 봐야 할
것이다. 왜냐하면 공무원의 직무상 불법행위로 인한 손해는 자연인뿐만
아니라 법인도 입을 수 있기 때문이다.

그리고 외국인의 경우도 공무원의 직무상 불법행위로 인하여 손해
를 입은 경우에는 국가배상을 청구할 수 있다고 봐야 한다. 가령 공무원
의 직무상 불법행위로 인하여 내·외국인이 포함된 다수의 사람들이 손
해를 받았을 경우, 그 피해자들 가운데 외국인이라고 해서 이들의 배상
청구권을 배제한다면 이는 외국인들 역시 그 기본권의 주체가 된다고

88. 기본권 주
체: 국민, 외국
인, 법인, 외국
사법인

89. 외국인의
경우

---

86) Bonk (주 3), Rn. 108.

할 수 있는 평등권이나 평등원칙에도 위반될 것이기 때문이다.

90. 외국 사법
인 포함

여기에서 외국인이라 할 때에는 외국 사법인도 포함된다고 봐야 할 것이다. 다만 이와 같이 외국인의 기본권주체성을 인정하는 인정설의 경우에는 국가배상청구권에 대해서도 외국인의 주체성을 인정하는 데 대하여, 부인설은 상호주의에 입각해서 법률이 정하는 바에 의하여 보호할 수 있는 것으로 본다. 우리 국가배상법은 상호주의를 택하고 있다 (제7조).

VI. 국가배상청구권의 한계와 제한

1. 국가배상청구권의 헌법적 한계

91. 헌법 제29
조 제2항에 따
른 직접제한

헌법 제29조 제2항은 "군인·군무원·경찰공무원 기타 법률이 정하는 자가 전투·훈련 등 직무집행과 관련하여 받은 손해에 대하여는 법률이 정하는 보상 외에 국가 또는 공공단체에 공무원의 직무상 불법행위로 인한 배상은 청구할 수 없다."고 규정함으로써, 일정한 기본권주체들에 대하여 일정한 조건 하에 국가배상청구권을 헌법이 직접 제한하고 있다.

92. 대법원의
소위 이중배상
금지 조항 위헌
판결

이 규정은 소위 이중배상금지조항으로서 1971년에 대법원이 같은 내용의 국가배상법 제2조 제1항 단행 규정에 대하여 인간으로서의 존엄과 가치 및 평등권 그리고 국가배상청구권을 침해하여 위헌이라고 선고하자[87], 제7차 개헌인 유신헌법을 통하여 위헌논란을 차단하기 위한 목적으로 위헌결정된 법률조항이 헌법조문으로 끌어 올려진 후, 아직까지 개정되지 않은 채 그 효력을 유지하고 있다.

93. 개정의 필
요

그러나 이 조항은 전술한 바와 같이 대법원이 이미 위헌으로 결정한 법률조항을 헌법으로 끌어 올린 조항으로서, 헌법조항이기는 하지만 보다 근본적인 헌법조항에 위반되는 헌법조항이 아닌지 문제가 제기되고 있다. 그러한 의미에서 이 조항은 앞으로 반드시 개정되어야 할 조항

---

87) 대법원 1971. 6. 22. 선고 70다1010 전원합의체 판결.

이 아닌가 생각된다.[88]

다음으로 전술하였듯이 헌법 제45조의 국회의원의 면책특권은 입법적 불법의 경우 국가배상청구권에 대한 헌법적 한계조항이 될 수는 없고, 단지 의원의 고의 · 중과실의 경우 구상권을 제한하는 근거규정은 될 수 있다고 할 것이다.

94. 국회의원의 면책특권

2. 국가배상청구권의 제한

국가배상청구권 역시 무제약적으로 보장될 수는 없다. 물론 그 이전에 국가배상청구권의 구체적 내용과 그 요건 및 행사절차 등에 대해서는 입법자가 법률로 구체화하지 않으면 안 된다. 이 과정에서 만일 입법자가 지나치게 국가배상청구권의 본질내용을 훼손하거나 축소시키는 경우 이는 국가배상청구권에 대한 침해가 이루어질 수 있다.

95. 법률로써 국가배상청구권 제한

한편 일단 입법자가 규정한 국가배상청구권의 보장 내용이라 하더라도 헌법 제37조 제2항에 따라 국가안전보장 · 질서유지 또는 공공복리를 위해서 필요한 경우에 한하여 법률로써 제한할 수 있다.

96. 일반적 법률유보

그러한 내용으로서는 가령 국가배상청구권의 행사 요건으로서 공무원의 고의 · 과실 책임요건, 배상청구권의 소멸시효 등의 제도들을 들 수 있다. 앞에서 언급한 사항들을 제외하고 몇 가지 주요 사항들을 검토해 보면 다음과 같다.

97. 행사요건 규정

가. 1차적 권리구제 우선의 원칙을 두어야 할 것인가?

국가배상청구소송을 다투기 전에 가령 행정소송과 같이 공무원의 위법행위에 대하여 직접 다투는 소위 1차적 권리구제(Primärrechtsschutz) 우선의 원칙이 적용되어야 하는가가 문제될 수 있다.

98. 1차적 권리구제 우선의 원칙 적용

비교법적으로 보면 당사자가 과실로 1차적 권리구제를 위한 청구기간을 경과시켜 권리구제를 받지 못함으로 인하여 손해가 발생한 경우 배상책임을 배제[89]하거나 삭감[90]하고 있는 나라가 있다. 독일[91], 포르

99. 비교법적 고찰

---

88) 이에 관한 상세에 대해서는 방승주, 소위 이중배상금지규정과 헌법규정의 위헌심사가능성, 헌법소송사례연구 박영사 2002, 86-136면.

투갈, 스웨덴과 같이 당사자가 자신의 과실로 권리구제절차의 제소기간
을 경과시킨 경우 배상책임을 배제시키는 나라들도 있다.[92] 그에 반하
여 프랑스와 그리스에서는 1차적 권리구제절차를 경유하지 않은 것이
국가배상소송에 원칙적으로 아무런 지장이 되지 않는다.[93]

100. 대법원의 심급절차의 경유 요구에 대한 비판

우리 대법원 역시 – 1차적 권리구제절차 경유의 원칙과는 다르지만
– 사법작용에 대한 국가배상책임 인정과 관련한 판시에서 심급절차가
있는 경우와 없는 경우를 구분하여 심급절차가 있을 경우에는 피해자
자신의 책임으로 그러한 절차를 경유하지 않은 경우에는 국가배상청구
를 배제하고 있는데[94], 이러한 법리는 국가배상법에 구체적인 실정법
조항이 없음에도 불구하고 사법작용에 대한 국가배상책임을 사실상 배
제하는 논리라고 할 수 있기 때문에 문제가 있지 않나 생각된다.

101. 1차적 권리구제절차의 경유 위헌적

아무튼 결론적으로 1차적 권리구제절차의 경유를 필요적 국가배상
청구의 요건으로 하는 것은 우리 헌법이나 국가배상법이 이를 구체적으
로 규정하고 있지 않은 점을 고려할 때, 국가배상청구권에 대한 과도한
제한이거나 본질내용에 대한 침해가 될 소지가 있기 때문에 입법형성의
자유의 한계나 법보충적 해석의 한계를 넘어서는 것이라고 판단된다.

나. 행정심판전치주의

102. 행정심판 전치주의

다음으로 국가배상청구권을 어느 법원에서 다툴 것인가가 문제되는
데, 이와 관련 가령 배상심의회의 심판과 같이 행정심판을 반드시 거칠
것(행정심판전치주의)을 요구[95]할 수 있는가의 문제가 제기된다. 1984년의

---

89) 가령 덴마크, 에스토니아, 이탈리아, 라트비아, 헝가리. Oliver Dörr (주 1), S. 24.
90) 가령 폴란드. Oliver Dörr (주 1), S. 24.
91) Oliver Dörr (주 2), S. 148.
92) 이러한 요건들에 대하여 유럽사법재판소(EuGH)는 유럽연합법상 국가배상청구권
   을 효율적으로 보장하는 원칙에 위반되는 것은 아니라고 판단한 바 있다. Oliver
   Dörr (주 1), S. 24.
93) Oliver Dörr (주 1), S. 24.
94) 가령 대법원 2003. 7. 11. 선고 99다24218 판결. 동지, 류지태/박종수 (주 57),
   508면.
95) 그러한 입법사례로 가령 에스토니아, 프랑스, 라트비아, 오스트리아, 스위스, 슬로
   바키아, 스페인, 체코, 튀르키예가 있다. Oliver Dörr (주 1), S. 26.

유럽평의회 권고안(원칙 IV)이 제시한 바와 마찬가지로, 그러한 행정심판
의 경유요건이 국가배상소송에 장애가 되어서는 안 된다고 할 것이며[96],
우리 현행 국가배상법도 구 국가배상법 제9조의 규정[97]과 달리, 배상심
의회의 심의를 반드시 경유하도록 하고 있지는 않다(2008. 3. 14. 개정).

다. 입증책임

국가적 위법행위는 행정 내부의 조직적인 문제이므로 그 과실책임
을 피해자가 입증하는 것은 쉬운 일이 아니다. 그러므로 공무원의 직무
상 위법행위가 있을 경우 과실을 추정하거나 입증책임의 완화를 위한
제도들이 필요하다.[98]

또한 행정소송에 있어서 증거에 대한 직권조사나 직권탐지의 원
칙[99]이 입증책임 완화에 도움이 될 수 있다. 그리고 정확한 손해의 범
위나 정도 등까지 피해자가 모두 입증을 해야 하는 것은 아니고, 이는
개별 사례에 따라 법원에 맡겨져 있기도 하다.[100]

라. 소멸시효

국가배상청구권은 소멸시효의 적용을 받는 것이 보통이다. 국가배
상제도를 민법상 불법행위법의 체계에 따라 규율하고 있는 나라[101]에서
는 보통 민법의 일반원칙에 따라서 소멸시효가 규정되고 그 밖에는 특
별법에 따라 규정된다.[102]

103. 입증책임
의 완화를 위한
제도 필요

104. 증거에 대
한 직권조사나
직권탐지

105. 소멸시효
의 적용

---

96) Oliver Dörr (주 1), S. 26, 30.
97) 헌법재판소는 구 국가배상법 제9조의 배상결정전치주의가 법관에 의한 재판을
받을 권리, 신속한 재판을 받을 권리를 제한하여 국민의 재판청구권을 침해하는
지 여부에 대한 심판에서 이를 부인하고 합헌결정을 한 바 있었다. 헌재 2000. 2.
24, 99헌바17 등, 판례집 제12권 1집, 239.
98) 가령 덴마크, 독일, 프랑스, 아일랜드, 오스트리아, 포르투갈, 스페인 등. Oliver
Dörr (주 1), S. 26.
99) 가령 에스토니아, 그리스, 라트비아, 루마니아, 스위스 등. Oliver Dörr (주 1), S.
26.
100) 가령 에스토니아, 폴란드, 튀르키예 등. Oliver Dörr (주 1), S. 26.
101) 벨기에, 덴마크, 독일, 아일랜드, 리투아니아, 폴란드, 포르투갈, 루마니아, 스웨
덴, 슬로베니아, 헝가리 등. Oliver Dörr (주 1), S. 26.
102) 에스토니아, 프랑스, 리투아니아, 스위스, 슬로바키아, 스페인, 체코, 오스트리아

106. 일반적 소
멸시효의 적용
예외

　　일반적 공무원의 불법행위가 아니라 국가가 총체적·체계적으로 불법행위를 저질렀던 과거 권위주의 정권시절 국가불법행위에 대한 배상청구의 경우103) 무차별적으로 일반적인 소멸시효를 적용하는 것은, 권위주의 정권이 계속되던 시절 동안 국가불법에 대한 소송제기가 사실상 불가능했음에도 불구하고 이러한 국가불법에 대한 배상책임을 전면적으로 부인하는 결과가 될 수밖에 없기 때문에, 이러한 일반적 소멸시효의 적용은 국가배상청구권의 본질적 내용을 침해한다고 볼 수 있을 것이다. 헌법재판소 역시 마찬가지 입장이다.104)

> 판례 　민법 제166조 제1항 등 위헌소원(과거사 국가배상청구 '소멸시효' 사건)
> 　　그러나 일반적인 국가배상청구권에 적용되는 소멸시효 기산점과 시효기간에 합리적 이유가 인정된다 하더라도, 과거사정리법 제2조 제1항 제3호에 규정된 '민간인 집단희생사건', 제4호에 규정된 '중대한 인권침해·조작의혹사건'의 특수성을 고려하지 아니한 채 민법 제166조 제1항, 제766조 제2항의 '객관적 기산점'이 그대로 적용되도록 규정하는 것은 국가배상청구권에 관한 입법형성의 한계를 일탈한 것인데, 그 이유는 다음과 같다.
> 　　민간인 집단희생사건과 중대한 인권침해·조작의혹사건은 국가기관이 국민에게 누명을 씌워 불법행위를 자행하고, 소속 공무원들이 조직적으로 관여하였으며, 사후에도 조작·은폐함으로써 오랜 기간 진실규명이 불가능한 경우가 많아 일반적인 소멸시효 법리로 타당한 결론을 도출하기 어려운 문제들이 발생하였다. 이에 2005년 여·야의 합의로 과거사정리법이 제정되었고, 그 제정 경위 및 취지에 비추어볼 때 위와 같은 사건들은 사인간 불법행위 내지 일반적인 국가배상 사건과 근본적 다른 유형에 해당됨을 알 수 있다.
> 　　이와 같은 특성으로 인하여 과거사정리법에 규정된 위 사건 유형에 대해 일반적인 소멸시효를 그대로 적용하기는 부적합하다. 왜냐하면 위 사건 유형은 국가가 현재까지 피해자들에게 손해배상채무를 변제하지 않은 것이 명백한 사안이므로, '채무자의 이중변제 방지'라는 입법취지가 국가배상청구권 제한의 근거가 되기 어렵기 때문이다. 또한 국가가 소속 공무원을 조직적으로 동원하여 불법행위를 저지르고 그에 관한 조작·은폐를 통해 피해자의 권리를 장기간 저해한 사안이므로, '채권자의 권리불행사에 대한 제재 및 채무자의 보호가치

　　등. Oliver Dörr (주 1), S. 26.
103) 방승주 (주 38), 264면.
104) 헌재 2018. 8. 30, 2014헌바148 등, 판례집 제30권 2집, 237, 238 – 239.

있는 신뢰 보호'라는 입법취지도 그 제한의 근거가 되기 어렵기 때문이다. 따라서 위와 같은 사건 유형에서는 '법적 안정성'이란 입법취지만 남게 된다. 그러나 국가배상청구권은 단순한 재산권 보장의 의미를 넘어 헌법 제29조 제1항에서 특별히 보장한 기본권으로서, 헌법 제10조 제2문에 따라 개인이 가지는 기본권을 보장할 의무를 지는 국가가 오히려 국민에 대해 불법행위를 저지른 경우 이를 사후적으로 회복·구제하기 위해 마련된 특별한 기본권인 점을 고려할 때, 국가배상청구권의 시효소멸을 통한 법적 안정성의 요청이 헌법 제10조의 국가의 기본권 보호의무와 헌법 제29조 제1항의 국가배상청구권 보장 필요성을 완전히 희생시킬 정도로 중요한 것이라 보기 어렵다.

(헌재 2018. 8. 30, 2014헌바148 등, 판례집 30-2, 237, 238-239)

마. 재판상화해 간주

헌법재판소는 5·18민주화운동과 관련하여 보상금 지급 결정에 동의하면 '정신적 손해'에 관한 부분도 재판상 화해가 성립된 것으로 보는 구 '광주민주화운동 관련자 보상 등에 관한 법률' 제16조 제2항 가운데 '광주민주화운동과 관련하여 입은 피해' 중 '정신적 손해'에 관한 부분 및 구 '5·18민주화운동 관련자 보상 등에 관한 법률' 제16조 제2항 가운데 '5·18민주화운동과 관련하여 입은 피해' 중 '정신적 손해'에 관한 부분은 청구인들의 국가배상청구권을 침해한다고 판시하였다.[105] 재판상화해 간주 규정은 자칫 당사자들의 재판청구권을 침해할 수 있고, 위 사건과 같이 정신적 손해에 관한 부분은 배상을 받지 못했음에도 불구하고 재판상화해로 간주하게 되면 그 부분 역시 재판청구권과 국가배상청구권을 과도하게 침해하는 것이라고 확인한 것이다.

107. 재판상화해 간주 규정은 국가배상청구권 침해

Ⅶ. 국가배상청구권의 효력

국가배상청구권은 공무원의 직무상 불법행위로 인하여 손해를 받은 국민이 국가와 공공단체를 상대로 그 배상을 청구하는 권리이다. 그러므로 이는 국가를 상대로 청구할 수 있는 권리, 즉 대국가적 청구권으

108. 대국가적 청구권으로서의 효력

---

105) 헌재 2021. 5. 27, 2019헌가17, 판례집 제33권 1집, 521, 522.

로서의 효력이 있다.

109. 방어권으로 인정 가능

이러한 청구권의 경우도 만일 국가가 국민으로 하여금 이 청구권을 행사하지 못하도록 방해하거나 제약을 가하는 경우 국민은 그에 대한 방어권이 인정될 수 있을 것이다.

110. 대사인적 효력 없음

한편 청구권적 기본권은 일반적으로 국가를 전제로 하는 기본권이 므로 사인 상호간의 효력을 가지기는 힘들다고 봐야 할 것이다.

Ⅷ. 다른 기본권과의 경합

111. 국가배상 청구권과 재판 청구권의 경합 적 제한

국가배상청구권은 국가배상심의회의 결정에 의해서 이루어지는 경 우도 있지만, 불복할 경우 소송을 통하여 확정된다. 그러므로 국가배상 청구권을 제한하는 어떠한 법률조항이 있는 경우 이는 동시에 재판을 받을 권리를 제한하는 것이 될 수 있다. 그러므로 국가배상청구권과 재 판청구권은 동시에 경합적으로 제한될 수 있다.

112. 평등권과 의 경합

그 밖에 일정한 기본권주체들에 대해서만 국가배상청구를 금지하 거나 제한하는 경우 이는 평등권에 대한 제한이 될 수 있으므로 헌법 제11조의 평등권과도 경합될 수 있다.

113. 배상청구 권의 과도한 제 한은 재산권의 제한

끝으로 국가배상법에 의하여 확정된 배상청구권의 경우 헌법 제23 조의 재산권의 보호를 받는 재산권의 내용이라고 할 수 있기 때문에, 배 상청구권에 대하여 과도하게 제한하는 경우 이는 헌법 제23조의 재산권 에 대한 제한이 될 수 있음도 간과해서는 안 될 것이다.

제 23 절 범죄피해자구조청구권

Ⅰ. 범죄피해자구조청구권의 의의

헌법 제30조는 "타인의 범죄행위로 인하여 생명·신체에 대한 피해를 받은 국민은 법률이 정하는 바에 의하여 국가로부터 구조를 받을 수 있다."고 규정하고 있다. 그러므로 타인의 범죄행위로 인하여 생명·신체에 대한 피해를 받은 국민이 국가에 대하여 구조를 청구할 수 있는 권리가 범죄피해자구조청구권이다.

1. 국민이 국가에 대하여 범죄피해의 구조를 청구할 수 있는 권리

Ⅱ. 범죄피해자보상에 관한 법사학적 고찰, 입법례와 헌법개정의 연혁[1]

1. 범죄피해자보상에 관한 법사학적 고찰 및 입법례

범죄행위의 희생자에 대하여 국가적 보상을 보장해야 한다고 하는 사상은 20세기 후반에 들어와서야 나타나기 시작하였다. 하지만 학계에서는 법의 역사에서 그 유래를 추구하는 시도가 계속해서 시도되었다. 그리하여 많은 논자들이 바벨론의 함무라비 법전을 그 효시로 지적하기도 한다.[2] B.C. 1775년 경 이집트에서 유래하는 이 법전은 범인을 잡을 수 없었던 경우에는 공동체가 강도의 희생자에게 범죄로 인하여 잃게 된 모든 것을 보상해 주어야 한다는 규정을 담고 있다. 만일 피해자가 사망한 경우에 공동체는 다른 규정을 근거로 하여 그 유족에게 일정한

2. 함무라비 법전

---

1) 이하 방승주, 범죄피해자구조청구권의 기본권주체, 유럽헌법연구 제19호(2015. 12), 155-191(162-168)을 기초로 함.
2) Stephen Schafer, The Victim and his Criminal - A study in functional responsibility, New York 1966, S. 11 f. 등을 인용하며, Torsten Otte, Staatliche Entschädigung für Opfer von Gewalttaten in Österreich, Deutschland und der Schweiz, Mainz 1998, S. 17. 이하 법사학적 고찰은 Otte의 위 책을 주로 참고함.

액을 보상하여야 했다. 이러한 규정들은 고대에도 입법자가 희생자에 대한 보상을 규정하기 위한 노력을 하였다고 하는 것을 말해주고 있기 는 하다. 그러나 이러한 보상이 곧 국가적 보상인 것은 아니었다. 왜냐 하면 함무라비 법전에 따르면 범인이 체포될 수 있었던 경우에는 공동 체가 희생자에 대하여 보상을 할 필요가 없었기 때문이다. 그 대신에 이 법전은 범인으로 하여금 발생한 손해에 대하여 스스로 배상할 의무를 부과하였다.[3]

3. 19C 영국의 벤담

19세기에 이르러서야 비로소 배상이라고 하는 형벌의 목적이 르네 상스를 맞이하게 된다. 손해를 보게 된 희생자에 대한 국가의 사회적 의 무를 강조한 첫 번째 사람은 바로 영국의 법률가이자 철학가인 Jeremy Bentham이다. 벤담은 국가가 범인에 의하여 발생된 손해에 대한 배상 보다는 형벌에 더 많은 신경을 쓰고 있다고 비판하였다. 즉 손해배상의 확보가 일반적인 안전의 중요한 구성부분이라는 것이다. 이 경우에 공 동체에 전가된 손해는 개인의 부담에 비추어서 그다지 중대하지 않다는 것이다.

4. 이탈리아 Garofalo와 Ferri

또한 19세기 초에 이탈리아의 범죄사회학자인 Garofalo와 Ferri 역 시 마찬가지 주장을 하였다. 즉 납세를 하는 시민들을 범죄로부터 보호 하는 것은 국가의 의무라는 것이다. 국가가 공공의 안전을 조세에 대한 가장 중요한 반대급부로서 보장할 수 없다면, 우선적으로 배상의무가 있는 범인을 잡아들일 수 없는 경우에는 국가가 범죄피해자에 대하여 보상할 의무를 진다는 것이다.[4] 1885년 로마에서 개최된 국제 행형학회 에서 Garofalo는 범죄희생자에 대한 보상은 정의와 사회적 안전의 문제 라고 역설한 바 있다.[5]

5. 국제 행형학 회

보상의 문제는 그 이후 St. Petersburg(1890), Christiana(1891), Paris (1895), Brüssel(1900)에서 개최된 국제 행형학회에서 거의 망라하다시피

---

3) 절도에 관한 함무라비 법전 제8조 제12조 및 상해죄에 관한 동 법전 제206조 참 조. Torsten Otte (주 2), S. 17.

4) Clemens Amelunxen, Das Opfer der Starftat – Ein Beitrag zur Viktimologie, Hamburg 1970, S. 119 등을 인용하며, Torsten Otte (주 2), S. 19.

5) Torsten Otte (주 2), S. 19.

논의가 되었다. 특히 범죄피해자가 벌금으로부터 나오는 국가의 소득에 참여할 수 있어야 한다는 점이 강조되었다. 하지만 이 회의에서 채택된 결의안은 각 국가의 입법에는 별다른 영향을 주지 못하였다.[6] 다만 Garofalo와 Ferri의 제안에 영향을 받아 멕시코는 1929년에, 쿠바는 1936년에 각각 범죄피해자보상제도를 입법화하기는 하였으나 재정적 이유로 제대로 실현되지는 못하였다고 한다.[7]

하지만 영국의 여류 법률가인 Margery Fry가 영국 주간지인 "The Observer"에 "피해자에 대한 정의(Justice for Victims)"라는 제목으로 논문을 발표하고 나서 이러한 상황은 완전히 바뀌었다. 1957년 7월 7일에 출판된 이 논문에서 Fry는 하나의 극단적인 사례를 들면서 피해자를 위한 국가적 조치가 얼마나 불충분한지에 대하여 역설하였다.[8] 이미 그녀의 이전 논문에서 Fry는 국가적 보상을 통한 피해자보호를 강조하였다. Fry의 이러한 논문은 영국에서는 물론 미국에서 상당한 반향을 얻었다. 영국 사법위원회는 1961년에 범죄피해자 보상에 관한 백서를 출간하였다. 이 백서는 최초의 현대적인 범죄피해자보상법에 반영되었다.

6. 영국 여류 법률가 Margery Fry

이미 영국에서 범죄피해자보상법(Criminal Injuries Compensation Scheme)이 발효되기 1년 전인 1963년에 뉴질랜드에서 범죄피해자보상법 (Criminal Injuries Compensation Act 1963)이 통과되었다. 그리고 바로 이어서 캘리포니아(1965), 뉴욕(1966) 등 미국의 각 주들이 상응하는 법률을 제정하였다. 또한 캐나다의 Saskatschewan(1967), Neufundland(1968) 등이 그 뒤를 이었다. 그리고 오스트레일리아의 Neusüdwales(1967)과 Queenland(1968)에서도 범죄피해자보상법이 발효하였다.[9]

7. 1963년 뉴질랜드 범죄피해자보상법

1970년대 초반에는 계속해서 서유럽 국가들이 영국의 입법례를 따

8. 1970년대 초반 서유럽 국가들

---

6) Torsten Otte (주 2), S. 19.
7) 민경식, 범죄피해자의 구조청구권, 월간고시 1988년 2월호, 155 – 168(156 – 157)면.
8) Margery Fry는 1951년에 습격으로 시력을 잃은 피해자에 대하여 보고하였는데 민사법원은 그에게 11,500 파운드의 보상을 허용하였다. 이러한 액수를 감옥에 갇힌 두 죄수가 매주 5실링씩 지불하게 한다면, 피해자가 전액을 받기 위해서는 무려 442년을 살아야 한다는 것이다. Edelhertz/Geis, Public Compensation to Victims of Crime, 2. Aufl., New York, London 1975, S. 10을 인용하며, Torsten Otte (주 2), S. 20.
9) Torsten Otte (주 2), S. 19 f..

라서 범죄피해자보상법을 통과시켰다. 첫 번째 국가는 스웨덴(1971)이며 오스트리아와 아일랜드(1972)가 그 뒤를 따랐다. 1976년에는 독일이 오스트리아의 입법례를 따라 범죄피해자보상법(Opferentschädigungsgesetz)을 통과시켰다. 스위스에서는 1993년 1월 1일에 피해자구호법(Opferhilfegesetz)이 발효하였다.[10] 일본에서도 1980년 "범죄피해자 등 급부금 지급법"이 제정되었다.[11]

9. 범죄피해자 보상에 관한 유럽협약

그리고 1983년 11월 24일 범죄피해자보상에 관한 유럽협약[12]이 체결되었다. 유럽이사회에서 작성한 이 협약은 1977년의 각료위원회의 결의안에 기초한 것으로서, 범죄피해자의 상황에 대처하는 것은 정의와 사회적 연대를 이유로 필요하며 범인이 알려지지 않거나 무자력일 경우에 특히 그러하다고 하는 생각에서 이 협약이 체결되었다.[13] 이 협약은 범죄피해자보상에 관한 국가적 규정들의 조화를 이루기 위한 목적을 추구한다. 이를 위하여 최소한의 규정이라고 하는 형태로 지침이 제시되었다. 이 협약에 대한 비준에 의하여 체약국은 국내 법규정 및 행정법규들을 동 협약에 포함된 원칙에 부합하게 개정해야 한다. 그리고 이 협약의 그 밖의 목적은 체약국 간의 협조를 보장하고 특히 해외범죄피해자에 대하여 범죄가 발생한 국가의 보상을 보장하기 위한 것이다. 나아가 범죄피해자보상과 관련한 모든 문제에 있어서 체약국 간의 상호 지원체계를 구축하는 것이다.[14]

10. 최소기준

이 협약은 다음과 같은 최소기준을 제시하고 있다. 즉 국가는 피해자의 손해가 다른 재원에 의하여 완전히 배상될 수 없는 경우에 국가가 보상을 하여야 한다. 직접적으로 고의적 범죄에 기인하는 중대한 상해나 건강손상을 입은 사람들은 국가적 급부를 받는다. 피해자가 사망한 경우에는 부양을 받을 권리가 있는 유족들이 보상을 지급받는다. 특히 범인이 소추되거나 처벌될 수 없는 경우에도 국가적 급부는 보장

---

10) Torsten Otte (주 2), S. 20.
11) 계희열, 헌법학(중), 박영사 2007, 693면.
12) Das Europäische Übereinkommen über die Entschädigung für Opfer von Gewalttaten vom 24. November 1983.
13) Torsten Otte (주 2), S. 22.
14) 이에 관해서는 Torsten Otte (주 2), S. 22 ff.

된다.[15]

요컨대 범죄피해자보호법을 제정하게 된 각국의 입법례나 범죄피 해자보상에 관한 유럽협약의 목적 등을 고려해 볼 때, 이 법의 입법목적 은 주로 사회국가적 동기에 있다고 할 수 있으며, 따라서 범죄발생지가 어디냐가 중요한 것이 아니라, 범인이 누구인지 알 수 없거나 그가 무자 력인 경우에 범죄로 인한 손해에 대하여 국가가 보상을 해 준다고 하는 데에 있음을 알 수 있다.

11. 사회국가적 동기

2. 헌법개정의 연혁과 범죄피해자 보호입법

가. 헌법개정의 연혁

우리 나라에서는 1981년 7월 3일 정부가 「범죄피해자보상제도의 대강」을 발표한 바 있는데, 이는 범죄로부터의 해방을 국가가 보다 완 벽히 보장하도록 촉구하고, 피해를 국가구성원 전체가 나누어 분담하게 함으로써 피해자 개인의 피해를 최소화하자는 취지에서 마련된 것이었 으나 국가 재정형편을 이유로 그 실시는 계속 미루어져 왔다.[16]

12. 1981년 범 죄피해자보상 제도의 대강

범죄피해자구조청구권을 최초로 우리 헌법에 도입한 것은 제9차 헌 법개정에 의한 현행 헌법이었다. 당시 범죄피해자구조청구권을 도입하 기로 한 헌법개정안은 민주정의당(이하 '민정당')안이었는데, 결국 이 안 의 취지대로 헌법개정안이 의결되었다고 볼 수 있다.

13. 제9차 헌법 개정에 의한 현 행헌법 최초 도 입

1987년 8월 국회에 제출된 민정당의 헌법개정안은 우선 재외국민 에 대한 국가의 보호를 강화하기로 하여 재외국민은 법률이 정하는 바 에 의하여 국가의 보호를 받도록 하였으며, 그 이유로서 현행헌법은 재 외국민의 보호를 선언적으로만 규정하였는바, 재외국민의 권익을 보호 하고, 내외국민의 일체감을 조성함으로써 조국에 대한 귀속감을 확고히 하기 위하여 국가에 재외국민의 실질적 권익보호를 위한 노력의무를 명 문화하는 것이라고 밝히고 있다.[17]

14. 재외국민의 실질적 권익보 호

---

15) Torsten Otte (주 2), S. 23.
16) 민경식 (주 7), 158면.
17) 제135회 국회 헌법개정특별위원회회의록 제7호 (부록), 5면.

15. 형사피해자
에 대한 국가구
호 조항 신설

또한 형사피해자에 대한 국가구호 등 보호조항 신설에 대하여 다음과 같이 밝히고 있다. 즉 일정한 형사사건으로 인하여 생명·신체에 피해를 당한 국민에 대하여 가해자의 무자력 등으로 그 피해에 대한 보상을 받을 방법이 없는 경우에는 법률이 정하는 바에 따라 국가가 이를 구호하도록 하는 형사피해자 구호제도를 신설한다고 하면서 그 이유로 국민이 흉악범죄에 의하여 피해를 당하여 피해자 본인은 물론 그 가족의 생존권마저 엄청난 위험을 받게 되는 경우에는 국가에서 구호를 해주도록 하였는바, 이는 국가재정 형편상 커다란 부담이 될 것이 명백하나, "국민의 범죄로부터 해방"을 국가가 보다 완벽히 보장하도록 촉구하고 피해를 국가 구성원 전체가 함께 나누어 부담함으로써 피해자 개개인의 피해를 최소화한다는 취지에서 형사피해자 구호제도를 신설하고자 하는 것이라고 밝히고 있다.[18]

16. 피해자의
권리 헌법적 차
원으로 격상

이 범죄피해자구조청구권은 헌법 제27조 제5항의 형사피해자의 재판절차진술권[19]과 더불어서, 그동안 헌법이 국가와 가해자 피해자와의 3각 관계에서 가해자인 피고인·피의자의 인권보호에만 일방적으로 치중해 오던 관행에서 벗어나서 처음으로 피해자에 대한 보호와 지원에 관심을 기울이고 피해자의 권리를 적극적으로 헌법적 차원으로 격상시켜 보장한 "피해자의 기본권"이라고 하는 데 헌법적 의미가 있다. 이 피해자의 기본권이 아직 다른 나라의 헌법에는 유사한 사례가 없다 하더라도[20] 오히려 우리 헌법이 선구적으로 범죄피해자에 대한 국가의 기본

---

18) 제135회 국회 헌법개정특별위원회회의록 제7호 (부록), 8면.

19) 이에 관해서는 위 제21절 재판청구권, III, 7. 참조.

20) 학설에 따라서는 범죄피해자구조청구권은 법률로 보장하는 것으로 족하고 굳이 헌법적 기본권으로 보호할 필요까지 있는가 하는 의문을 제기하는 경우도 있으나, 이 '피해자의 기본권'은 오랜 기간 동안 형사소송법학계나 실무계에서 도외시 되어 왔던 피해자 중심의 형사소송이 국내·외 학계로부터 새로이 관심을 받으면서 1987년 우리 헌법에도 반영된 것으로 볼 수 있으며, 그러한 의미에서 이 기본권은 여타 다른 나라 보다 오히려 선도적인 의미를 가지는 기본권이라 할 수 있다. 그러므로 다른 나라 헌법에 없는 기본권이라 하여 애써 그 의미를 반감시키거나 축소시키는 해석(가령 정종섭, 헌법학원론, 박영사 2022, 959면, "기본권의 남발·포화")은 적절치 않다고 본다. 독일의 경우 피해자는 오늘날 형사소송에서 소송주체로 간주되어 많은 절차적 권리가 보장되고 있다. 나아가 연방헌법재판소까지는 아니지만{(BVerfGE 51, 176 (187)}, 학계{가령 Dieter Dölling, Täter, Opfer und

권보호의무를 구체화하는 기본권을 규정한 것이니만큼 그 의미를 제대로 살려서 적극적으로 해석해 나갈 필요가 있다.

나. 범죄피해자 보호입법[21]

1987년에 헌법 제30조의 범죄피해자구조청구권이 도입되기 전인 1981. 1. 29. 제정된 '소송촉진 등에 관한 특례법'에는 법원이 일정한 범죄피해자에 대하여 직권 또는 피해자나 그 상속인의 신청에 의하여 범죄행위로 인하여 발생한 직접적인 물적 피해 및 치료비 손해의 배상을 명할 수 있는 배상명령제도(제25조)가 도입되었다.

그리고 1987. 11. 28. 형사소송법에 재판절차진술권을 구체화하는 범죄피해자등의 진술권(제294조의2)가 신설되었으며, 또한 같은 날 헌법 제30조의 범죄피해자구조청구권을 구체화하는 법률로서 '범죄피해자구조법'이 제정되어 1988. 7. 1.부터 시행되었다.

그 후 1990년대에 들어와 '특정강력범죄의 처벌에 관한 특례법'(1990), '성폭력범죄의 처벌 및 피해자보호 등에 관한 법률'(1994년), '가정폭력범죄의 처벌 등에 관한 특례법' 및 '가정폭력방지 및 피해자보호 등에 관한 법률'(1997년), '특정범죄신고자 등 보호법'(1999) 등이 제정되었다.

그리고 2000년대에 들어와서는 '청소년의 성보호에 관한 법률'(2000년), '성폭력범죄의 처벌 및 피해자보호 등에 관한 법률'(2003년), '성매매방지 및 피해자보호 등에 관한 법률'(2004), '아동·청소년의 성보호에 관한 법률'(2009년)이 제(개)정되었다.

2004년 9월에 발표된 법무부의 범죄피해자 보호·지원 종합대책

Verfassung, in: Gedächtnisschrift für Winfried Brugger Verfassungsvoraussetzungen 2013, S. 649 ff.(657)}에서는 피해자가 국가의 형사소추를 요구할 수 있는 권리 역시 헌법적으로 도출된다고 보는 견해도 유력하게 주장되고 있다. 피해자의 신고에도 불구하고 국가의 보호를 제대로 받지 못한 채, 무참히 희생을 당하고 마는 크고 작은 사건들이 끊임없이 일어나고 있는 우리의 현실을 고려할 때 이 범죄피해자의 기본권의 의미와 중요성은 앞으로도 계속 더 강조하고 발전시켜 나갈 필요가 있다고 본다.

21) 이에 관해서는 김성돈, 우리나라 범죄피해자 우호적 형사정책의 과거, 현재, 그리고 미래, 피해자학연구 제20권 제1호(2012), 105–130면 참조.

(2004. 9. 1.)은 지금까지 성폭력범죄나 가정폭력범죄와 같은 특정한 범죄 유형과 관련하여 여성 및 아동·청소년 등의 보호에 초점이 맞추어져 있었던 것에서 벗어나서, 모든 범죄피해자를 대상으로 그 적용범위를 확대했다는 데 그 의미가 있다.[22] 특히 2005. 12. 23.에는 범죄피해자 보호·지원을 위한 기본법적 성격의 '범죄피해자보호법'이 제정·공포 되었다.

22. 범죄피해자 보호법으로 통합

　　그리고 2010년 5월 14일에는 기존의 '범죄피해자구조법'이 폐지되 고, 그 내용이 범죄피해자 보호·지원의 기본 정책 등을 정하고 타인의 범죄행위로 인하여 생명·신체에 피해를 받은 사람을 구조(救助)함으로 써 범죄피해자의 복지 증진에 기여함을 목적으로 하는 '범죄피해자보호 법'으로 통합되었다. 그리고 같은 날 범죄피해자를 보호·지원하는 데 필요한 자금을 조성하기 위하여 범죄피해자보호기금을 설치하고, 그 관 리·운용에 관하여 필요한 사항을 규정하는 것을 목적으로 하는 '범죄 피해자보호기금법'이 제정되고 2011. 1. 1.부터 시행되어 오늘에 이르고 있다.

23. 형사소송법 과 검찰청법상 피해자보호제 도

　　그 밖에 형사소송법과 검찰청법 등에는 수사절차와 형사재판절차 에서 피해자의 여러 가지 권리와 제도들이 보장되고 있다. 우선 수사절 차와 관련해서는 가해자를 고소할 수 있는 고소권(형소법 제223조), 불기 소처분에 대한 검찰항고제도(검찰청법 제10조), 재정신청제도(형소법 제260 조, 제262조), 검사의 피해자에 대한 통지제도(형소법 제259조의2)가 있으 며, 재판절차와 관련해서는 재판절차진술권(형소법 제294조의2), 피해자진 술의 비공개제도(형소법 제294조의3), 피해자 등의 공판기록 열람·등사권 (형소법 제294조의4) 등이 있다. 이러한 여러 권리와 제도들은 수사와 재 판의 개시, 수사와 재판정보의 취득, 재판절차진술 및 피해자신상보호를 위한 내용들이지만 아직까지 우리 형사소송법이 실질적으로 피해자 중 심의 형사소송절차의 운용으로서 평가되기에는 상당히 미흡하다고 평가 되고 있다.[23]

---

22) 김성돈 (주 21), 111면.
23) 가령 김성돈 (주 21), 126면.

Ⅲ. 범죄피해자구조청구권의 본질과 법적 성격

범죄피해자구조청구권이 어떠한 이론적 근거에 연원하는 것이며 또한 어떠한 법적 성격을 가지는지가 논란이 되고 있으므로 이에 관한 학설을 먼저 살펴보기로 한다.

24. 이론적 근거

1. 국가책임설

국가는 범죄의 발생을 예방하고 진압할 책임이 있으므로 범죄로 인하여 피해를 입은 국민에게 배상책임을 져야 한다는 이론이다. 이 경우 국가는 무과실 배상책임을 지는 것이라고 본다.[24]

25. 국가의 배상책임설

2. 사회보장설

범죄로 인한 피해를 피해자에게만 전담시키지 않고 국가가 그를 도와줌으로써 사회국가의 이념을 실현해야 한다는 것이다. 이 경우 국가는 범죄피해자에게 그 피해를 배상해야 할 책임은 없으나 사회보장적인 차원에서 범죄피해를 구조해야 한다는 것이다.[25]

26. 사회보장적 차원

3. 사회분담설

범죄피해자구조는 세금에 의한 보험의 형태를 통하여 범죄로 인한 피해를 국가가 사회구성원에게 분담시키는 것이라고 한다.

27. 세금에 의한 보험의 형태

---

24) 계희열 (주 11), 698면
25) 정연주, 헌법 제30조, (사) 한국헌법학회 편, 헌법주석 [1], 박영사 2013, 1029-1035(1031); 전광석, 한국헌법론 제17판, 집현재 2023, 520면은 범죄피해자구조청구권의 이론적 근거는 취약하다고 하면서, 본질적으로 보면 헌법적 기본권이라기보다는 오히려 입법정책적 문제라고 하면서 이 기본권의 의미를 깎아 내리고 있는 듯 하나, 이 범죄피해자구조청구권이 가지는 기본권보호의무의 실현으로서의 의미, 국가가 기본권보호의무를 다 하지 못한 데 대한 책임을 지는 의미, 사회보장적 성격을 모두 함유한 청구권적 기본권으로서 매우 중요한 의미가 있다고 보는 필자와 배치되는 견해이다. 실정헌법상 보장되어 있는 기본권은 그 의미를 가급적 적극적으로 새길 필요가 있지 않나 생각된다.

4. 복합적 성격설

28. 배상청구권
적 · 사회보장
적 성격

대부분의 학설[26]과 헌법재판소 판례[27]는 범죄피해자구조청구권의 법
적 성격을 국가책임사상으로부터 나오는 배상청구적 성격과 사회국가원리
에서 나오는 사회보장적 성격을 동시에 가지는 것으로 파악하고 있다.

5. 사 견

29. 기본권보호
의무와의 관계

전통적 사회계약이론에 의하면 국가는 개인의 생명과 신체 및 재산
을 안전하게 보호할 책임과 권한을 가진다. 우리 헌법 역시 이 사회계약
원리를 반영하여 제10조에 기본권보장(보호)의무를 규정하고 있다. 이 기
본권보호의무는 특히 국민이 다른 사람에 의하여 기본권적 법익을 침해
받거나 침해받을 위험에 처해 있을 때에 국가가 피해자를 가해자로부터
적극적으로 보호해야 한다는 것이다. 따라서 국가가 타인의 범죄로부터
국민을 보호해야 할 책임을 다 하지 못한 경우 국가는 피해자와 그 유족
에 대하여 책임을 져야 하는 것은 당연하다. 다시 말해서 국가의 국민생
명 · 신체의 안전을 타인의 범죄로부터 보호하지 못하거나 아니한 부작
위는 일종의 국가적 불법행위를 구성할 수 있다. 이러한 불법행위로 인

---

26) 가령 계희열 (주 11), 698면; 허영, 한국헌법론, 박영사 2023, 696면; 김철수, 헌법
학신론, 법문사 2013, 1157면; 권영성, 헌법학원론, 법문사 2010, 641면; 성낙인,
헌법학 제23판, 법문사 2023, 1654면; 양건, 헌법강의 제11판, 법문사 2022, 958면;
홍성방, 헌법학(중), 박영사 2015, 442면; 정만희, 헌법강의 제3판, 동아대학교 출
판부 2019, 520면; 정종섭 (주 20), 960면(국가책임적 요소를 지적하고 있기도 하
나 결론에 있어서는 생존권적 성격을 띤 청구권이라고 봄); 강경근, 헌법, 법문사
2002, 657면; 김학성, 헌법학원론, 피앤씨미디어 2014, 698면; 김백유, 헌법학 II -
기본권론, 조은 2016, 2199면; 정재황, 헌법학, 박영사 2022, 1298면; 장영수, 헌법
학 제14판, 홍문사 2022, 935면; 이준일, 헌법학강의, 홍문사 2019, 750면; 이효원,
범죄피해자의 헌법상 기본권보호, 서울대학교 법학 제50권 제4호(2009. 12), 81면
이하(94); 임종훈, 범죄피해자구조청구권에 관한 고찰, 헌법학연구 제15권 제4호
(2009. 12), 397면 이하(406); 장영철, 헌법학, 박영사 2022, 582면; 허완중, 헌법 으
뜸편 - 기본권론, 박영사 2020, 545면; Alexander Böhm, Entschädigung für
Ausländer als Opfer von Gewalttaten, ZRP 1988, S. 420 ff.(422); Siegfried Kauder,
Entschädigung für deutsche Opfer von im Ausland begangenen Gewalttaten, ZRP
2003, S. 402 ff.(403).

27) 헌재 2011. 12. 29, 2009헌마354, 판례집 제23권 2집 하, 795 [기각], 결정요지 1.

하여 국민이 피해를 입은 경우 그는 국가에 대하여 배상을 청구할 수 있
다고 하는 것은 헌법 제29조 제1항에 의하여 보장되는 권리이다. 다만
타인의 범죄로 인한 생명·신체의 피해에 대하여 국가가 보호하지 못한
경우 공무원의 고의·과실의 주관적 책임요소의 입증이 쉽지 않기 때문
에 이러한 경우에는 국가에 대하여 무과실책임을 지울 필요성이 있다.

　　나아가 타인의 범죄로 인하여 생명이나 신체의 피해를 입은 유족이
나 가족은 생계를 책임지던 가장이나 가족의 사망이나 질환·장해로 인
하여 생계유지에 직접적인 타격을 받을 수 있다. 그러므로 범죄자의 무
자력(無資力)이나 혹은 도주나 주거불명 등으로 인하여 아무런 배상을
받지 못하는 피해자나 유가족들에 대하여 국가가 생활배려의 의미에서
구호(救護)를 제공하는 것은 사회국가적 차원에서 당연히 요청되며 또한
정당화될 수 있다.

30. 피해자와 유가족에 대한 사회국가적 차원의 구호제공

　　따라서 범죄피해자구조청구권은 국가책임 내지 국가배상원리와 사
회국가원리로부터 나오는 복합적 성격, 다시 말해서 한편으로는 청구권
적 기본권이면서도 다른 한편으로는 사회적 기본권이라고 보는 것이 타
당하다.

31. 청구권적 및 사회적 기본권

　　또한 범죄행위와 피해가 임박하거나 현재 진행중인 상황에서의 구
조는 그야 말로 생명·신체 자체에 대한 보호청구권을 의미하기 때문에
이 청구권은 국가의 기본권(생명권)보호의무로부터 나오는 보호청구권이
라고 할 수 있다. 헌법 제30조의 구조청구권은 후술하는 바와 같이 생
명·신체에 대한 '사전적 구조'가 문제되는 경우에는 생명·신체에 대한
보호청구권이며, '사후적 구조'가 문제되는 경우에는 금전적 보상청구권
이라 할 수 있다.

32. 보호청구권과 금전적 보상청구권

Ⅳ. 기본권주체

　　범죄피해자구조청구권의 주체는 타인의 범죄행위로 인하여 생명·
신체의 피해를 입은 국민이다. 여기에서 말하는 국민에는 생명·신체가
있어야 하므로 자연인인 것은 당연하나, 여기에 해외범죄피해자는 포함

33. 주체

되는지 그리고 외국인은 기본권주체가 될 수 없는지가 문제된다. 왜냐 하면 범죄피해자보호법은 해외범죄피해자를 보호대상에서 제외하고 있 으며, 또한 외국인의 경우 상호주의원칙에 따라서 보호하고 있을 뿐이 기 때문에, 헌법적 차원에서 기본권주체를 명확하게 하는 것이 우선 필 요하다. 이하에서는 기본권주체에 관하여 특히 해외범죄피해자인 국민 과 외국인이 포함될 수 있는지를 전통적인 법해석방법과 비교법적 고찰 에 따라서 살펴보기로 한다.

1. 해외범죄피해자의 포함여부

가. 전통적 해석방법론에 의한 해석

(1) 문언적 해석

34. 국내범죄 및 해외범죄 포함

헌법 제30조는 "타인의 범죄행위로 인하여 생명·신체에 대한 피 해를 받은 국민은 법률이 정하는 바에 의하여 국가로부터 구조를 받을 수 있다."고 규정하고 있다. 여기에서 "타인의 범죄행위로 인하여 생 명·신체에 대한 피해를 받은 국민"은 국내범죄는 물론 해외범죄도 포 함된다고 볼 수 있다. 즉 타인의 범죄행위로 인하여 생명·신체에 대한 피해를 받기만 하면 되지, 반드시 국내에서 발생한 범죄로 인하여 피해 를 받은 자일 것을 요건으로 하고 있지 아니하다.

35. 입법자의 형성의 자유의 한계

다음에 이어지는 "법률이 정하는 바에 의하여 국가로부터 구조를 받을 수 있다."고 하는 말은 범죄피해구조의 절차, 방법 그리고 내용에 관하여 입법자에게 입법위임을 한 것이라고 볼 수 있다. 이 경우 입법자 는 절차와 방법 그리고 내용으로 범죄피해자를 구조할 것인지를 결정함 에 있어서 국가의 재정상황 등을 고려하여 넓은 형성의 자유를 가진다 고 볼 수 있다. 그러나 그렇다고 하여 입법자가 헌법이 규정하고 있는 범죄피해자구조청구권자의 범위를 자의적으로 제한하거나 좁힐 수 있는 것은 아니라고 할 수 있다.

36. 해외범죄피 해자도 포함

요컨대 "타인의 범죄행위로 인하여 생명·신체에 대한 피해를 받은 국민"의 개념에는 해외범죄피해자도 당연히 포함된다고 볼 수 있다. 그 러므로 만일 해외범죄피해자를 범죄피해자구조청구권의 기본권주체에서 배제하는 입법은 그렇게 하지 않으면 안 되는 불가피한 사유에 의하여 정당화될 수 있을 경우에만 허용된다고 보아야 할 것이며, 단순히 국가의 재정상의 이유만으로는 정당화될 수 없다고 보아야 할 것이다.

(2) 역사적 해석

위 법사학적 고찰과 헌법개정의 연혁을 보라.

(3) 체계적 해석

헌법조문에 대한 체계적 해석에 의할 경우에도 역시 해외범죄피해자가 청구권자의 범위에서 제외되어서는 안 된다고 하는 결론이 나온다.

우선 헌법상 평등의 원칙을 고려할 때, 타인의 범죄행위로 인하여 생명이나 신체에 피해를 당한 국민의 경우 그것이 국내에서 발생한 범죄로 인한 것이든 아니면, 해외에서 발생한 범죄로 인한 것이든, 그러한 범죄로 인하여 자신과 가족들의 생존에 커다란 위협을 받게 되었으며, 가해자의 불명이나 무자력으로 인하여 범죄피해에 대한 민사상의 손해배상을 제대로 받지 못함으로 인하여 겪게 되는 여러 가지 곤궁한 상태를 국가가 사회적 배려의 차원에서 보상하는 것이라고 볼 수 있다. 그렇다면 범죄발생지가 국내인지 아니면 해외인지 여부는 범죄피해자구조청구권의 보장에 있어서 차별의 기준이 될 수는 없다.

뿐만 아니라 헌법 제10조는 국가의 기본권 보장의무를 규정하고 있다. 국가는 개인이 가지는 불가침의 기본적 인권을 확인하고 이를 보장하여야 하는데, 여기에서의 보장의무에는 타인에 의한 기본권적 법익에 대한 침해를 국가가 예방하고 보호할 의무를 일컫는다고 할 수 있으며, 이를 국가의 기본권보호의무라고 할 수 있다.[28] 타인의 범죄행위로 인한 피해를 구조하는 것은 국가의 기본권보호의무 이행의 일환이라고 할 수 있는바, 이러한 국가의 기본권보호의무는 범죄발생지와 상관없이 헌법 제10조에 의하여 부여되는 국가의 의무라고 할 수 있다.

나아가 헌법 제2조 제2항의 재외국민에 대한 국가의 보호의무를 고

---

28) 동지, 이효원 (주 26), 102면 이하.

재외국민 보호
의무

려할 때, 국가는 재외국민들의 생명이나 신체의 안전에 대하여 가능한
범위 내에서 보호해야 할 의무를 진다고 할 수 있다. 해외범죄로 인한
피해자를 구조하는 것은 이러한 재외국민에 대한 보호의무의 이행에 있
어서 중요한 일부를 차지한다고 할 수 있다.

42. 결론

　　이와 같이 범죄피해자구조청구권의 사회적 기본권으로서의 성격,
평등의 원칙, 국가의 기본권보호의무, 재외국민에 대한 국가의 보호의무
등 헌법규정 전반을 체계적으로 해석할 때, 해외범죄피해자를 범죄피해
자구조청구권의 청구권자의 범위에서 제외하는 것은 헌법의 취지에 부
합된다고 볼 수 없다.

(4) 목적론적 해석

43. 도입 목적

　　범죄피해자구조청구권 도입의 목적이 무엇인가에 대하여는 몇 가
지 이론이 있을 수 있다.[29]

44. 국가책임이
론에 따른 해석

　　첫째, 범죄를 예방하여야 할 국가의 책임을 다하지 못한 데 대하여
국가가 일종의 배상을 하기 위한 것이라고 보는 국가책임이론이다. 이
러한 이론에 의할 경우, 국가가 공권력행사를 할 수 없는 해외에서 일어
난 범죄에 대하여는 책임을 지지 않아도 된다고 하는 생각을 할 수도
있을 것이다. 반면에 이 이론에 의할 경우에는 국내에서 발생한 모든 범
죄피해자에 대하여 국가가 보상을 하여야 할 것이지, 가해자의 불명이
나 무자력 등을 이유로 보상을 받을 수 없는 피해자에 국한할 문제는
아니다. 그런데 우리 헌법개정자는 처음부터 가해자의 무자력 등을 이
유로 보상을 받지 못하는 범죄피해자들에 대하여 이러한 아픔을 사회가
공동으로 나누어지고자 하는 의도로 범죄피해자구조청구권을 도입한 것
이다. 따라서 처음부터 국가책임이론에 따라 범죄피해자구조청구권을
도입하였다고 보기는 힘들다.

45. 사회적 배
려차원의 해석

　　둘째, 범죄피해로 인한 곤궁상태를 도와주고자 하는 사회적 배려차
원에서 범죄피해자구조를 이해하는 이론이 있을 수 있다. 우리 헌법개정

---

29) 이에 대하여는 이건호, 범죄피해자구조제도에 관한 연구, 한국형사정책연구원
　　1999, 33면 이하.

자 역시 전술한 바와 같이 이러한 사회적 배려 차원에서 범죄피해자구조청구권을 도입하였다고 할 수 있다. 범죄피해자구조청구권을 일종의 사회적 기본권으로서 이해하는 경우에, 해외에서 발생한 범죄로 인하여 피해를 당한 국민은 상황에 따라서는 고립무원의 상태로서 아무도 도와주지 않는 외롭고 곤궁한 처지에 놓이게 되는 경우가 대부분이라고 할 수 있다. 이러한 경우에 국가와 사회가 범죄피해자 본인이나 그 가족을 도와주어야 할 필요성은 국내범죄피해자의 경우보다 더욱 클 수 있다.

따라서 범죄피해자구조청구권의 도입목적을 고려한 목적론적 해석에 의할 경우에도 해외범죄피해자를 청구권자의 범위에서 제외하는 것은 타당하지 않다고 할 수 있다.

46. 결론

(5) 소 결

헌법 제30조에 대한 문언적, 역사적, 체계적, 목적론적 해석과 비교법적 고찰에 의할 경우에, 해외범죄피해자를 청구권자의 범위에서 배제하는 것은 헌법에 위반된다고 할 수 있다.

47. 해외범죄피해자 배제는 위험

나. 비교법적 고찰

범죄피해자구조와 관련하여 국내범죄에 의한 피해인지 아니면 해외범죄에 의한 피해인지를 가리지 아니하고 모두 보호하는 대표적인 입법례로서 오스트리아와 독일[30]을 들 수 있다.

48. 오스트리아 · 독일

(1) 오스트리아 범죄피해자구조법[31]

오스트리아 범죄피해자구조법(Verbrechensopfergesetz)은 제1조에서 청구권자에 관하여 규정하고 있다. 즉 오스트리아 국민이 6월 이상의 자유형에 해당하는 위법하고 고의적인 행위로 신체나 건강에 피해를 당

49. 오스트리아 범죄피해자구조법 제1조 제1항

---

30) 오스트리아, 독일, 스위스의 범죄피해자구조제도에 대하여는 Torsten Otte (주 2) 참조할 것.

31) Bundesgesetz vom 9. Juli 1972 über die Gewährung von Hilfeleistungen an Opfer von Verbrechen (Verbrechensopfergesetz – VOG) 최근 개정 BGBl. I Nr. 4/2010 (NR: GP XXIV AB 544 S. 49. BR: AB 8242 S. 780.)

하였거나 또는 공범이 아닌 자로서 이러한 행위와 관련하여 신체나 건강에 피해를 당하였음에도 오스트리아 국가배상법에 따른 청구를 할 수 없으며, 그리고 그로 인하여 치료비가 발생하거나 소득능력이 감소되었음이 인정될 수 있는 경우에 구조를 청구할 수 있다. 그리고 만일 전술한 범죄행위가 발생한 후에 오스트리아 국적을 취득한 경우에는 이러한 범죄가 내국 또는 오스트리아 선박이나 항공기 내에서 발생한 경우에만 구조를 청구할 수 있다(제1조 제1항).

50. 오스트리아 범죄피해자구조법 제1조 제2항

한편 책임능력이 없는 자가 행한 범죄나 또는 행위자가 긴급행위에 의하여 행한 경우, 그리고 범인에 대한 소추가 사망이나 공소시효의 만료 또는 기타사유로 더 이상 불가능하게 된 경우나, 또한 범인을 알 수 없거나 존재하지 않기 때문에 소추를 할 수 없는 경우에도, 범죄피해구조는 이루어진다(제1조 제2항).

51. 오스트리아 범죄피해자구조법 제1조 제3항

소득능력감소를 이유로 하는 경우에는 이러한 상태가 최소한 6개월 이상 지속될 것으로 예측되거나 또는 범죄행위로 인하여 중상을 입은 경우에만 구조가 이루어질 수 있다(제1조 제3항).

52. 오스트리아 범죄피해자구조법 제1조 제6항

오스트리아 범죄피해자구조법 제1조 제6항에 따르면 유럽연합시민들의 경우 오스트리아 국민과 마찬가지로 내국에서나 또는 오스트리아 선박이나 항공기 내에서 행해진 범죄로 인하여 피해를 당한 경우에는 범죄피해자구조를 청구할 수 있다. 그리고 외국에서 행해진 범죄로 인하여 피해를 당한 경우, 그들이 정기적인 거주지를 오스트리아에 두고 있으며 그러한 행위가 오스트리아 법에 의한 범죄를 구성하는 경우 역시 마찬가지이다.

53. 국적주의 바탕

오스트리아 범죄피해자구조법은 본질적으로 국적주의를 바탕으로 하고 있다. 범죄피해자구조청구권을 위한 기본적 전제는 부상을 당한 피해자가 오스트리아 국민일 것이다. 이 경우 범죄피해자가 청구권의 근거가 되는 범죄행위가 이루어진 이후에 비로소 오스트리아 국적을 취득한 경우라도 상관없다. 이것은 동법 제1조 제2항의 문언으로부터와, 또한 이 법률조항에 대한 다른 해석은 결국 평등원칙을 위반하게 될 것이라는 사실로부터 나온다. 또한 오스트리아 국민이 해외에서 체류하다가 범죄피해자가 된 경우에도 역시 마찬가지가 적용된다. 범죄가 외국에서 행해진 경우에도 오스트리아인은 국가의 보상을 받는 것이다. 이것은 특히 오스트리아 입법자가 범죄피해자구조법을 통과시킬 당시 외국에서 범죄피해자가 된 오스트리아 국민은 일반적으로 체류국가에 의하여 아무런 보상을 받지 못하였기 때문에 더욱 요청되었다. 외국에서 행해진 행위가 범죄피해자구조법 제1조 제2항의 구성요건을 만족하는지 여부는 오로지 오스트리아 형법에 따라서 결정될 뿐이다.[32]

(2) 독일 범죄피해자보상법

독일은 최근의 범죄피해자보상법[33]의 개정으로 해외범죄로 인한 피해자들에 대한 구조청구권을 도입하였다. 외국에서의 범죄로 인한 범죄피해자구조에 대하여는 범죄피해자보상법 제3a조가 규정하고 있다.

우선 범죄피해자구조에 대한 청구권자에 대하여는 동법 제1조가 규정하고 있는데 그 주요 내용을 살펴보면 다음과 같다.

즉 이 법의 적용영역 또는 독일 선박이나 항공기에서 자신이나 다른 사람에 대한 고의적이고, 위법한 범죄행위나 또는 그에 대한 합법적 방어행위에 의하여 건강상의 상해를 입은 자는 건강과 경제에 미친 결과를 근거로 신청에 의하여 연방급양법(Bundesversorgungsgesetz)규정을 준용하여 급양을 받는다. 이 규정의 적용은 가해자가 위법성조각사유에 대한 착오로 인하여 범행을 하였다고 하여 배제되지는 않는다(제1항).

그리고 독(毒)의 고의적 첨가와 그리고 공동의 위험이 있는 수단을 가지고 행해진 범죄에 의하여 다른 사람의 신체 및 생명에 대한 위험을 최소한 과실로 야기하는 경우 전술한 범죄행위에 해당된다(제2항).

그리고 외국인은 그가 유럽연합 회원국 국민이거나 또는 독일인과 동일하게 취급하도록 하는 유럽연합법의 규정이 그에 대하여 적용가능

[여백 주석]
54. 범죄피해자보상법 제3a조

55. 독일 범죄피해자보상법 제1조 제1항

56. 독일 범죄피해자보상법 제1조 제2항

57. 독일 범죄피해자보상법 제1조 제4항·제5항

---

32) Torsten Otte (주 2), S. 42.
33) Gesetz über die Entschädigung für Opfer von Gewalttaten (Opferentschädigungsgesetz – OEG) in der Fassung der Bekanntmachung vom 7. Januar 1985 (BGBl. I S. 1), das zuletzt durch Artikel 3 des Gesetzes vom 20. Juni 2011 (BGBl. I S. 1114). http://www.gesetze-im-internet.de/oeg/BJNR011810976.html

하거나 또는 상호주의가 보장되는 경우에 이 범죄피해자구조를 청구할 수 있다(제4항). 적어도 장기 6월의 잠정적 체류를 위해서 합법적으로 연방영역에 체류하고 있는 그 밖의 외국인은 다음과 같은 내용으로 범죄피해자구조를 받게 된다. 즉 최소한 3년 이상 연방영역에서 합법적으로, 지속적으로 체류한 외국인은 독일인과 같은 액수를 지급받게 된다. 연방영역에서 3년 미만 합법적으로 체류한 외국인은 단지 소득과 무관한 구조금만을 지급받는다. 여기에서 말하는 합법적 체류는 법적 또는 사실적 사유에 의해서나 또는 중대한 공익상의 이유에 의하여 신병 인도가 이루어진 경우에도 인정된다(제5항).

58. 독일 범죄피해자보상법 제1조 제6항

또한 장기 6월의 잠정적 체류를 위하여 연방영역에 합법적으로 체류하고 있는 외국인 피해자 역시 그들이 독일인과 또한 제1조 제4항과 제5항에 규정된 범죄피해자구조청구권이 있는 외국인과 3촌 이내의 친인척이거나 제1조 제8항의 유족인 경우, 또는 1983년 11월 24일자로 체결된 범죄피해자보상에 관한 유럽연합조약의 회원국인 경우에는 제1조 제5항 제2호의 외국인과 같은 구조금을 받게 된다(제6항).

59. 독일 범죄피해자보상법 제1조 제8항

피해자의 유족은 신청에 의하여 연방급양법의 규정을 준용하여 범죄피해자에 대한 구조청구권을 갖는다(제8항).

60. 외국에서의 범죄에 관한 규정

외국에서의 범죄의 경우 범죄피해자구조에 대하여는 제3a조가 규정하고 있는데 내용은 다음과 같다.

61. 독일 범죄피해자보상법 제3a조 제1항

독일인과 제1조 제4항 내지 제5항 제1호의 외국인이 외국에서 발생한 범죄로 인하여 건강상의 상해를 입은 경우 그들은 건강상 및 경제상의 결과를 근거로 신청에 의하여 그들이 이 법의 적용영역 내에서 상시적이고 합법적인 체류를 하고 있으며 그리고 범죄발생 당시 장기 6월의 잠정기간 동안 범죄발생장소에 체류한 경우에 제3a조 제2항에 따른 보상을 받는다(제1항).

62. 독일 범죄피해자보상법 제3a조 제2항

피해자는 피해결과를 근거로 필요한 치료와 심리치료를 포함하는 의학적 재활조치를 받는다. 나아가 피해자는 피해의 정도에 따라서 25급 이하의 경우에는 714 유로, 30에서 40급의 경우 1,428 유로, 50에서 60급의 경우 5,256 유로, 70에서 90급의 경우 9,192 유로와 100급의 경우 14,976 유로의 일시금을 받는다. 여러 개의 지체가 상실된 경우나 감각기관손상이나 뇌손상과 지체상실이 결합된 경우, 또는 중화상이나 두개 이상의 지체를 완전히 사용하지 못할 경우에는 일시금이 25,632 유로에 달한다(제2항).

제1항의 요건이 존재하는 사람이 외국에서의 범죄행위로 살해된 경우에는 직계혈족을 예외로 연방급양법 제38조의 의미에서의 유족과 그리고 부양청구권자가 일시금을 받는다. 일시금은 부모 전부를 잃은 경우에는 2,364 유로를, 부모 중 일방을 잃은 경우에는 1,272유로를 그리고 그 밖의 경우에 4,488 유로에 달한다. 나아가 자신의 미성년자를 외국에서의 범죄행위로 인하여 잃은 부모를 포함하는 유족은 필요한 심리치료 비용을 청구할 수 있다. 운구와 장례를 위한 비용으로, 만일 제3자가 그 비용을 부담하지 않는 경우 1,506 유로를 추가적으로 지급받는다(제3항).

63. 독일 범죄피해자보상법 제3a조 제3항

다른 공적 또는 사적 보장체계나 급양체계에 의한 지급청구권은 제2항과 제3항에 따른 지급에 있어서 정산된다. 여기에는 또한 범죄피해와 관련하여 국가의 사회보장이나 급양체계로부터 나오는 급부청구권도 포함된다. 그리하여 정산액은 제1항에 따른 신청서 제출 시점에 획득한 일시금청구에 상응하는 액수를 기초로 한다(제4항).

64. 독일 범죄피해자보상법 제3a조 제4항

만일 중대한 과실로 개별 사건의 상황에 따라 요청되는 보험청구를 해태한 피해자의 경우 제2항에 따른 청구를 할 수 없다. 그 밖에 피해자에게 제2조 제1항 제1문이나 제2항의 거부사유가 존재하는 경우에도 제2항에 따른 청구를 할 수 없다(제5항).

65. 독일 범죄피해자보상법 제3a조 제5항

유족의 경우 제5항에 따른 배제사유가 유족 자신이나 살해된 피해자에게 존재하는 경우에는 제2항에 따른 청구를 할 수 없다(제6항).

66. 독일 범죄피해자보상법 제3a조 제6항

(3) 오스트리아와 독일의 범죄피해자구조법이 우리에게 주는 시사점

오스트리아는 처음부터 그리고 독일은 최근 법개정을 통하여 범죄피해자구조와 관련하여 영토주의가 아니라 국적주의를 취하고 있다. 뿐만 아니라, 유럽연합시민을 포함하여 그 밖의 외국인들의 경우에도 일정한 요건 하에 범죄피해자구조청구를 할 수 있도록 하고 있다.

67. 오스트리아 국적주의 채택 및 외국인의 구조청구 보장

68. 독일 국적
주의 채택 및
상호주의 완화

특히 독일은 오랜 기간 동안 영토주의와 또한 상호주의를 취하고 있었으나, 학계에서 지속적으로 이를 개선하는 것이 바람직하다는 견해가 대두되었으며, 최근 이러한 견해를 반영하여 보다 적극적으로 국적주의를 채택하고 또한 상호주의를 상당히 완화하는 법개정을 단행한 것으로 생각된다.[34]

69. 해외범죄피
해자 적극적으
로 포함

이는 범죄피해자의 경우 전체적으로 우선 사망의 경우에는 그 유족에게, 그리고 부상의 경우에는 본인에게 건강의 회복과 그 기간 동안 경제활동불능으로 인한 경제적 타격이 심할 수 있기 때문에, 그로 인하여 상당한 경제적·정신적 고통 가운데 처하게 되는 것이 보통이며, 이러한 곤궁한 상황은 범죄발생의 장소에 따라서 달라지는 것이 아니다. 따라서 독일의 경우도 해외범죄피해자에 대해서도 적극적으로 범죄피해자구조법의 적용대상에 포함시켜서 위에서 소개한 바와 같이 피해의 정도에 따라서 일시금 등 여러 가지 구조청구권을 보장하고 있음을 알 수 있다.

70. 범죄지 불
문 범죄피해자
보호

이러한 태도는 우리 헌법과 관련하여 살펴볼 때에도 헌법 제11조의 평등의 원칙, 제30조의 범죄피해자구조청구권, 제34조의 인간다운 생활권 등의 관점에서도 오히려 요청되는 것이라고 할 수 있고, 독일이나 오스트리아는 그와 같은 관점에서 범죄지를 가리지 아니하고, 범죄피해자구조를 보장하는 것이라 할 수 있다.

71. 구조대상범
죄피해 개정 필
요

우리 역시 범죄피해자보호법이 평등원칙에 위반되지 않으려면 구조대상범죄피해에 해외범죄피해를 포함시키는 방향으로 조속히 개정하지 않으면 안될 것이라고 생각한다.

다. 헌법재판소의 입장

72. 해외범죄피
해자 헌법소원

헌법재판소는 2011. 12. 29. 해외범죄피해를 당한 청구인이 구 범죄피해자구조법 제2조 제1항의 해외범죄피해제외규정과 동법 제12조

---

34) 이에 관한 문헌으로는 Dirk H. Dau, Drittes Gesetz zur Änderung des OEG - viel Lärm um (fast) nichts, SGb 2009, S. 695 ff; ders., Gewaltopferentschädigung bei Straftaten gegen Ausländer und bei Auslandstaten—Änderung des OEG, jurisPR—SozR 16/2009 Anm. 7.

제2항의 구조금지급신청기간과 관련하여 이 조항들이 자신의 범죄피해
자구조청구권과 평등권, 행복추구권을 침해할 뿐만 아니라, 국가의 사회
보장ㆍ복지증진의무(헌법 제34조 제2항)를 위반하였다고 주장하며 제기한
헌법소원을 다음과 같은 이유로 기각하였다.

> 판례 범죄피해자 구조청구권을 인정하는 이유는 크게 국가의 범죄방지책임 또
> 는 범죄로부터 국민을 보호할 국가의 보호의무를 다하지 못하였다는 것과 그
> 범죄피해자들에 대한 최소한의 구제가 필요하다는 데 있다. 그런데 국가의 주
> 권이 미치지 못하고 국가의 경찰력 등을 행사할 수 없거나 행사하기 어려운
> 해외에서 발생한 범죄에 대하여는 국가에 그 방지책임이 있다고 보기 어렵고,
> 상호보증이 있는 외국에서 발생한 범죄피해에 대하여는 국민이 그 외국에서
> 피해구조를 받을 수 있으며, 국가의 재정에 기반을 두고 있는 구조금에 대한
> 청구권 행사대상을 우선적으로 대한민국의 영역 안의 범죄피해에 한정하고,
> 향후 해외에서 발생한 범죄피해의 경우에도 구조를 하는 방향으로 운영하는
> 것은 입법형성의 재량의 범위 내라고 할 것이다. 따라서 범죄피해자구조청구
> 권의 대상이 되는 범죄피해에 해외에서 발생한 범죄피해의 경우를 포함하고
> 있지 아니한 것이 현저하게 불합리한 자의적인 차별이라고 볼 수 없어 평등원
> 칙에 위배되지 아니한다.
>
> (헌재 2011. 12. 29, 2009헌마354, 판례집 23-2하, 795, 795-796)

그러나 전술한 바와 같이 해외범죄피해를 지원대상에서 제외한 것
은 범죄피해자구조청구권의 사회국가적 성격을 고려할 때 타당하지 않
으며, 기본권주체를 자의적으로 축소하는 것으로 헌법 제30조의 범죄피
해자구조청구권과 평등권을 침해한다고 봐야 할 것이다.35)

73. 비판

2. 외국인의 기본권주체성

헌법 제30조의 범죄피해자구조청권의 경우 외국인도 기본권주체가
될 수 있을 것인지 여부에 대하여 문제가 될 수 있다. 가령 국내에 체류
하고 있는 외국인이 다른 외국인이나 또는 대한민국 국민이 범한 범죄

74. 문제 제기

---

35) 방승주 (주 1)과 재외국민보호의 관점에서 같은 견해로 장진숙, 재외국민의 범죄
  피해와 국가의 보호의무, 유럽헌법 제28호(2019. 1.), 345－388(384)면 참조.

로 인하여 피해를 당한 경우에 범죄피해자구조청구를 할 수 있을 것인
지 여부의 문제이다.

**75. 비교법적
고찰**

해외범죄피해자에 대하여도 구조청구권을 인정하는 오스트리아나
독일의 경우 외국인에 대해서도 범죄피해자구조청구권을 인정하고 있다.

가. 오스트리아

(1) 유럽경제지역협정 당사자의 국민의 경우

**76. 오스트리아
범죄피해자구
조청구권의 인
적범위**

유럽경제지역에 관한 협정 당사자국가의 국민은 오스트리아 국민
과 마찬가지로, 만약 범죄피해자구조법 제1조 제2항에 따른 범죄행위가
내국에서나 또는 오스트리아 선박 또는 항공기에서 범해진 경우에는 범
죄피해자구조를 받는다(§ 1 Abs. 7 Nr. 1 VOG). 그리고 그러한 행위가 외
국에서 범해진 경우와 또한 EG 국민이 유럽경제지역협정 본장 제28조
와 제31조에 따라 점포개설과 거주·이전의 자유를 근거로 오스트리아
에 계속적 체류를 하는 경우에도 마찬가지이다.

**77. 국적을 이
유로 하는 차별
금지**

오스트리아가 유럽경제공동체(EG)에 가입함으로써 범죄피해자구조
청구권의 인적 범위는 EG국민들에게까지 확대되지 않을 수 없게 되었
다. 애당초에는 오스트리아국민에게만 구조청구권을 부여하려 하였던
원래의 규정은 국적을 이유로 하는 차별금지를 규정하고 있는 유럽경제
지역협정 제4조에 위반되었다.[36]

(2) 그 밖의 외국인

**78. 그 밖의 외
국인의 경우 제
외**

그 밖의 외국인들은 그들이 오스트리아 체류 중에 범죄피해자가 되
었다 하더라도 오스트리아 국가의 보상을 받지 못한다. 따라서 범죄피
해에 대한 지원은 본국에 맡겨지게 된다. 1971년의 정부안에 대한 설명
에서는 외국인의 경제적 상황에 대한 확인이 흔히 극복할 수 없을 정도
로 어렵다는 점이 지적되었다.[37]

---

36) Torsten Otte (주 2), S. 44.
37) Torsten Otte (주 2), S. 45.

나. 독 일

독일 범죄피해자보상법 제1조 제1항에 규정되어 있는 "...한 자"의 표현을 고려할 때 우선 모든 범죄피해자는 그 국적을 불문하고 국가적 보상을 청구할 수 있다. 즉 동법은 보상을 독일국적(Staatsangehörige)이나 독일민족(Volkszugehörige)에게만 국한하는 것으로 명시하지는 않고 있다. 물론 외국인의 보상청구권은 일정한 전제조건을 충족하여야 한다.

79. 독일 모든 범죄피해자 포함

독일의 경우에도 처음에는 범죄피해자에 대한 사회적 보상과 관련한 외국인의 법적 지위에 대하여 상호주의가 지배하였다. 이 원리에 따르면 고국에서 독일인들에게도 같은 보상청구권을 보장하는 외국인들만이 청구권자의 범위에 포함될 수 있다. 따라서 범죄피해자보상법을 전혀 규정하고 있지 않는 나라 출신의 외국인 범죄피해자는 국가적 보상에 대한 청구권을 갖지 못한다. 상호 보증이 있는지 여부는 행정관청이 직권으로 심사한다.

80. 처음에는 상호주의 지배

그런데 독일에서는 제2차 범죄피해자보상법 개정법률 이래로 외국인에 대한 구호는 매우 상세한 규정에 의하여 분명히 개선되었다. 유럽공동체 회원국 국민은 원칙적으로 독일인과 같은 정도의 지원을 받는다. 이 규정은 유럽법원(EuGH)의 소위 Cowan사건 결정에 대한 직접적인 반응이라고 할 수 있다. 영국 국민인 William Cowan은 프랑스 여행 도중 역사 출구에서 강도를 만나 부상을 당하여 프랑스 법원에 범죄피해자보상청구를 하였으나, 영국의 경우 프랑스와 상호주의 협정을 체결한 바가 없다는 이유로 청구를 기각하였다. Cowan은 이러한 결정은 유럽경제공동체조약 제7조의 차별금지조항에 위반된다고 하면서 제소하였고, 유럽법원은 차별금지조항을 다음과 같이 해석하면서 청구인의 손을 들어주었다. 즉 유럽공동체 회원국은 공동체법을 근거로 거주·이전의 자유를 향유하는 사람들을 범죄피해자보상에 있어서 자국 국민들에 비하여 차별해서는 안 된다는 것이다. 왜냐하면 이 사람들의 신체와 생명은 자국 국민들은 물론 자국에 거주하고 있는 사람들의 경우와 마찬가지로 똑같이 보호되어야 하기 때문에 가능한 범죄로부터의 보호가 문제되는 한에서 그리고 범죄가 발생하여 체류국에서 규정된 보상청구권이

81. 독일의 외국인에 대한 구호

문제가 되는 경우에 있어서도 차별금지가 적용된다는 것이다.[38]

또한 독일 범죄피해자보상법에 따르면 그 밖의 외국인들에게도 독일인과 평등한 취급을 요구하는 유럽공동체 관련 규정이 적용될 수 있는 한에서 보상지원에 대한 청구권을 갖는다. 이 규정은 유럽의 확대경향과 유럽경제공동체의 향후 발전을 고려한 것이다. 하지만 이 규정은 범죄피해자의 청구권이 유럽공동체 회원국 국민이거나 상호주의를 근거로 하여 이미 발생하지 않은 경우에만 의미를 갖는다.[39]

그 밖의 외국인들(비특혜 외국인)에 대해서, 특히 1990년 6월 30일 후에 범죄피해자가 된 비유럽공동체 외국인에 대해서는 범죄피해자보상법 제1조의 제5항 내지 제7항이 적용된다. 범죄피해자보상법 제2차 개정법률에 의하여 도입된 국제적 적용범위를 전체 독일 거주자로 확대한 것은 범죄발생 당시 피해자보상에 대하여 아무 청구권이 없었던, 독일에 사는 터키인에 대한 공격이 계기가 되었다. 이 규정에 따르면 범죄피해 외국인에 대한 지원은 독일에서의 체류기간과 이와 관련된 통합과정이 결정적인 기준이 된다. 합법적으로 계속해서 최소한 3년 이상 독일에 체류한 외국인은 독일인과 마찬가지로 피해자보상을 받을 수 있다. 만일 다양한 외국인 관련 법률의 체류 허가가 부여된 경우라면 그 체류는 합법적인 것으로 간주할 수 있다. 나아가 인도적인 이유나 상당한 공익에 의하여 지체된 체류는 합법적인 것으로 간주된다. 그러나 독일에서의 계속적인 체류가 3년 미만인 외국인의 경우는 범죄피해자보상법이나 연방급양법에 따른 지원을 받지 못한다.[40]

다. 범죄피해자보호법의 규정과 그 문제점

현행 범죄피해자보호법은 이 문제를 소위 상호주의원칙에 따라서 해결하고 있다. 즉 제23조(외국인에 대한 구조)에 따르면 이 법은 외국인이 구조피해자이거나 유족인 경우에는 해당 국가의 상호보증이 있는 경

---

38) Vgl. EuGH 2. Februar 1989 - Ian William Cowan gegen Trésor public, 186/87 - Slg. 1989 - 2, 195(220 ff.). Torsten Otte (주 2), S. 93.
39) Torsten Otte (주 2), S. 93.
40) Torsten Otte (주 2), S. 94.

우에만 적용한다고 규정하고 있다.

이러한 소위 상호주의에 따른 해결은 헌법적 차원에서 접근해 볼 때 여러 가지 문제가 있다고 생각된다.

85. 상호주의의 문제점

첫째, 범죄피해자를 국가적으로 돕는 중요한 이론적 근거 중의 하나가 국가책임이론이라고 하는 것은 전술한 바와 같다. 국가의 통치권이 미치는 대한민국의 영토 내에서 체류하고 있던 중 타인의 범죄행위로 인하여 생명이나 신체에 피해를 당한 외국인의 경우도 국민의 경우와 마찬가지로, 국가가 유지해야 할 질서유지의 의무를 다하지 못한 탓에 범죄피해를 당하였다고 할 수 있다. 범죄피해자구조가 모두 국가가 범죄를 예방하지 못한 데 대한 책임을 지기 위하여 하는 것은 아니라 하더라도, 일응 그러한 책임 부분을 부인하기 힘든 요소가 있다고 할 때에, 타인의 범죄로부터 생명과 신체를 보호해야 할 책임은 헌법 제10조의 인간으로서의 존엄과 가치 및 생명권과 그리고 그에 대한 기본권보장(보호)의무로부터 도출되는 것이라고 할 수 있다. 이러한 인간존엄권과 생명권의 기본권주체와 그리고 기본권보호의무의 범위에는 당연히 외국인도 포함된다고 할 수 있다.

86. 국내에서 피해를 당한 외국인에 대한 국가책임 문제

비록 헌법 제30조의 범죄피해자구조청구권이 다른 기본권과 마찬가지로 "국민"이라고 하는 개념을 쓰고 있다 하더라도, 이것이 반드시 대한민국 국민으로 한정하라고 하는 뜻은 아니라고 할 수 있다. 왜냐하면 범죄로 인하여 위협받는 법익은 주로 생명이나 신체와 같은 가장 중요하고도 근본적인 인간의 권리에 해당되는 것이기 때문이다.[41] 따라서 그와 같은 법익보호의 의무를 다하지 못한 데 대하여 국가가 어느 정도 책임을 지는 의미가 있다고 볼 수 있는 범죄피해자구조청구권의 기본권주체에는 당연히 외국인도 포함된다고 보아야 할 것이다.[42]

87. 생명·신체와 같은 근본적 인간의 권리주체에 외국인 포함

둘째, 범죄피해자구조청구권은 사회적 기본권으로서 공동체가 범죄피해를 당한 유족과 본인의 치료와 생계유지를 위하여 사회적 도움을

88. 사회적 배려의 관점에서 외국인 포함

---

41) 전술한 유럽법원(EuGH)의 Cowan사건에 대한 판결취지도 이와 마찬가지라고 생각된다.

42) 외국인 노동자들의 인권보호의 필요성 차원에서 같은 취지로 김성돈 (주 21), 120−121면.

받지 않으면 안 되는 곤궁상태에 대하여 공동으로 부담하고자 하는 사
회적 배려로서의 성격이 있음은 전술한 바와 같다. 이러한 사회적 배려
의 대상에 외국인이 포함될 것인지의 문제는 몇 가지 관점에서 생각해
보아야 할 것이다.

89. 인간존엄과 가치에 따른 해석 필요

　　우선 우리 헌법 제34조의 인간다운 생활을 할 권리는 그 뿌리가 인
간으로서의 존엄과 가치에 있다고 할 수 있다. 인간존엄권과 인간다운
생활권은 인간이면 누구나가 누려야 할 가장 기초적인 권리로서 인권이
라고 할 수 있을 것이다. 따라서 외국인 역시 기본권주체가 될 수 있어
야 할 것이다. 물론 사회적 기본권의 구체적 실현에 관하여는 입법자가
국가의 재정상황을 고려하여 특정한 사회적 급부의 대상에 외국인을 포
함시킬 것인지 여부에 대하여 정책적으로 선별할 수는 있을 것이다. 왜
냐하면 국가적 재원에는 한계가 있을 것이기 때문에, 국민을 우선급부
의 대상으로 삼는 것은 어쩔 수 없기 때문이고 국가는 궁극적으로 국민
의 보호를 우선으로 삼아야 할 것이기 때문이다. 문제는 국가의 재원이
허용되는 범위에서도 외국인이 단지 외국인이라는 이유로 인간으로서의
존엄성이 침해되고 있는 상황에서까지 국가가 그에 대한 도움과 배려를
제공할 수 없다고 한다면, 이것은 인간존엄을 가장 최고의 가치로 삼고
있는 우리 헌법의 근본적 가치결단에도 부합하지 않게 된다. 그런데 국
내에 거주하면서 타인의 범죄행위로 인하여 생명이나 신체에 피해를 당
한 외국인의 경우는 상황에 따라서 인간존엄과 가치를 침해당하며 삶의
기반마저 송두리째 잃게 될 수 있으며, 그 역시 인간으로서 사회적 배려
가 필요한 상태가 될 수 있다. 그렇다면 그가 범죄피해자구조를 청구할
경우에 상호주의원칙을 요구하면서 그의 청구를 거부한다는 것은 헌법
이 추구하는 이념과는 부합하지 않는다고 할 수 있다.

90. 개정 필요성

　　따라서 범죄피해자보호법 제23조(구 범죄피해자구조법 제10조)가 상호
보증이 있는 경우에 한하여 외국인도 범죄피해자구조를 청구할 수 있도
록 한 것은 개선되어야 할 것이라고 생각된다.

3. 생명 · 신체에 대한 피해를 받은 국민

헌법 제30조는 생명 · 신체에 대한 피해를 받은 국민이라고 하는 표현을 쓰고 있다. 먼저 생명에 대한 피해를 받은 국민의 경우 그는 이미 사망하였으므로 사자(死者)라고 할 것이다. 이 조항은 死者를 명시적으로 기본권주체에 포함시킨 유일한 규정이라고 생각된다.[43] 다만 사자는 국가로부터 구조를 받을 수 있는 능력이 없으므로, 그를 대리하여 직계존 · 비속이나 가족이 국가에 대하여 구조를 청구할 수 있다고 봐야 할 것이다.

신체에 대한 피해를 받은 국민의 경우 자신이 직접 국가에 구조를 청구하면 될 것이므로 문제되지 않는다.

91. 사자(死者)는 헌법 제30조에 따른 기본권주체

92. 신체피해자는 직접 청구가능

V. 보호영역

범죄피해자구조청구권은 타인의 범죄로 인하여 생명 · 신체의 피해를 받은 국민이 국가에 구조를 청구할 수 있는 권리이다. 그러므로 ⅰ) 헌법적 구성요건은 타인의 범죄로 인한 생명 · 신체의 피해이며 또한 ⅱ) 그 법적 효과는 법률이 정하는 바에 의하여 국가로부터 구조를 받을 수 있음이다.

93. 헌법적 구성요건

1. 타인의 범죄로 인한 생명 · 신체의 피해

여기에서 말하는 범죄는 생명이나 신체에 대한 형사범죄를 일컫는다. 그리고 피해는 생명을 잃는다든가 신체에 상해를 입어 이를 치료하는 데 상당한 의료비가 소요되거나 혹은 장해로 인하여 후유증이 발생

94. 생명이나 신체에 대한 형사범죄

---

43) 예외적으로 사자의 기본권주체성을 인정할 수 있는 기본권으로서는 인간존엄권이 있다. 이에 대해서는 앞의 제7절, Ⅵ, 5. 참조. 이 헌법 제30조는 국가가 생명권 등 기본권보호의무를 등한시하여 국민이 생명을 잃게 된 경우, 생명을 잃은 국민인 死者도 事後的으로 국가의 기본권보호의무위반이나 자신의 보호청구권침해를 다툴 수 있다고 하는 헌법적 근거가 될 수 있을 것이다. 이와 관련된 문제에 대하여 Hanui Jo, Staatliche Schutzpflichten hinsichtlich des Rechts auf Leben und ihre postmortale Geltendmachung, Göttingen 2022, S. 120 ff; 조하늬, 국가의 생명보호의무 위반과 사후(死後) 헌법소원, 공법연구 제51집 제3호(2023. 2), 321 −353면.

하는 등 생명과 신체적·정신적 피해를 모두 포함한다고 봐야 한다.

2. 국가로부터의 구조

가. 구조의 의미

95. 위험으로부터 구원하는 것

일상 언어적 용례에 따를 때 구조란 사람이 생명이나 신체에 위험을 당했을 때 위험으로부터 그 사람을 구원하는 것을 의미[44]한다. "타인의 범죄행위로 인하여 생명·신체에 대한 피해를 받은 국민"이라고 하는 문구에서 '범죄행위'와 그로 인한 '피해'의 개념은 이미 완료되었는가 아니면 임박하거나 현재 진행중인가에 따라서 사전적 구조와 사후적 구조로 나누어서 의미를 새겨볼 수 있다.

(1) 사전적 구조

96. 임박하거나 현재 진행중인 범죄를 예방하거나 제지

만일 범죄행위가 아직 완료된 것이 아니라 임박하거나 현재 진행중인 경우에 구조는 국가가 경찰력을 동원하여 임박하거나 현재 진행중인 범죄를 예방하거나 제지함으로써 피해자를 타인의 범죄행위로부터 구출하는 것을 의미한다. 이것을 우리는 '사전적 구조'라고 할 수 있을 것이다.

97. 국가의 기본권보호의무와 피해자의 보호청구권 적용

헌법 제30조에 따라서 모든 국민은 타인의 범죄행위로 인하여 생명·신체에 대한 피해의 위험이 있을 경우 국가에 구조요청을 하고, 국가로부터 구조를 받을 수 있는 권리가 있다. 이때의 구조는 진정한 의미의 구조로서 생명·신체라고 하는 1차적 권리에 대한 보호(Primärrechtsschutz)를 위한 것이며 여기에서 적용될 수 있는 것이 바로 국가의 기본권보호의무이고, 또한 피해자 입장에서는 국가의 보호를 청구할 수 있는 보호청구권이 현실화되는 순간이다.

98. 사전적 구조에 해당하는 행위

이 사전적 구조에 해당하는 행위로서 국민의 생명·신체 및 재산의 보호와 범죄의 예방·진압 및 수사는 경찰관 직무집행법에 따를 때 첫 번째와 두 번째 직무범위에 해당하는 것이다(제2조). 그리고 이 법은 범

---

44) 재난 따위를 당하여 어려운 처지에 빠진 사람을 구하여 줌.

죄의 예방과 제지 및 위험방지를 위한 출입에 관하여 상세히 규정하고
있다(제6조, 제7조).

(2) 사후적 구조

만일 범죄행위가 이미 완료된 경우 그 피해자에 대한 구제는 현행
범죄피해자보호법이 규정하고 있는 절차에 따라 피해자에 대한 구조금
을 지급함으로써 이행될 수 있을 것이다. 다만 이것은 2차적 권리구제
(Sekundärrechtsschutz)의 의미가 있는 것으로서 범죄피해에 대한 '사후적
구조'라고 칭할 수 있을 것이다.

99. 피해자에
대한 2차적 권
리구제

이 사후적 지원으로서의 구조는 한편으로는 국가가 국민의 생명·
신체에 대한 보호의무를 다하지 못한 데 대하여 책임을 지는 국가배상
으로서의 의미와, 다른 한편으로는 범죄피해로 인하여 초래된 피해자와
가족 등의 생계유지의 어려움에 대한 사회국가적 부조의 의미가 복합된
것으로 파악할 수 있다.

100. 국가배상
및 사회국가적
부조

범죄피해자에 대한 보호 역시 경찰관의 직무범위에 해당되며(경찰관
직무집행법 제2조 제2의2호), 사후적 구조에 대한 상세는 범죄피해자보호법
이 규정하고 있다.

101. 법률적 보
호

나. 구조책임기관

헌법 제30조는 국가로부터 구조를 받을 수 있다고 규정하고 있다.
전술한 바와 같이 타인의 범죄행위에 의하여 생명·신체에 대한 피해의
위협을 받고 있는 사전적 구조의 경우 피해자에 대한 보호책임이 있는
기관은 당연히 경찰이다. 그러므로 특별히 자치경찰제가 시행되고 있지
않은 지역에서는 국가경찰이, 자치경찰제가 시행되고 있는 지역에서는
자치경찰이 타인의 범죄행위로부터 피해자의 생명·신체를 보호하기 위
한 사전적 구조의 책임을 진다고 할 것이다.

102. 경찰의 보
호책임

3. 법률유보

"법률이 정하는 바에 의하여"라고 하는 문구는 구조의 내용과 절차
등에 대하여 입법자가 구체화시켜야 함을 나타내는 일종의 형성적 법률

103. 형성적 법
률유보

유보를 의미한다. 이에 대하여는 후술한다.

VI. 제한과 제한의 한계

1. 형성적 법률유보

104. 형성적 법률유보

헌법 제30조는 타인의 범죄로 인하여 생명·신체의 피해를 받은 국민은 "법률이 정하는 바에 의하여" 국가에 구조를 청구할 수 있다고 하고 있다. 따라서 이 범죄피해자구조청구권도 입법자가 구체적으로 그 내용을 형성하도록 위임을 하고 있는 형성적 법률유보가 있는 기본권 중의 하나이다.

105. 입법자에게 광범위한 형성의 자유 인정

일단 형성적 법률유보가 있는 기본권의 경우 입법자에게 넓은 형성의 자유가 인정될 수 있다.[45] 그러나 그러한 자유에도 한계가 있는 법이므로 입법자의 형성의 자유의 내용과 그 한계가 어디까지인지를 살펴볼 필요가 있다.

2. 입법자의 형성의 자유와 그 한계[46]

106. 입법형성의 자유와 그 한계

헌법재판소는 범죄피해자구조청구권을 형성하는 입법자에게는 광범위한 입법재량이 인정되지만, 당해 입법이 단지 범죄피해를 입은 경우에 국가에 대한 구조청구권을 행사할 수 있는 형식적인 권리나 이론적인 가능성만을 허용하는 것이어서는 아니 되고, 상당한 정도로 권리구제의 실효성이 보장되도록 해야 한다[47]고 하면서 그 한계를 밝히고 있다. 입법자의 형성의 자유의 내용과 한계는 기본권주체의 관점과 그리고 구조청구권행사의 절차·방법·내용의 관점으로 나누어서 살펴볼 수 있을 것이다.

---

45) 헌재 2011. 12. 29, 2009헌마354, 판례집 제23권 2집 하, 795, 801.
46) 방승주 (주 1), 181-183면.
47) 헌재 2011. 12. 29, 2009헌마354, 판례집 제23권 2집 하, 795, 801.

가. 기본권주체의 구체화에 있어서 입법자의 형성의 자유와 한계

위에서 살펴 본 바와 같이 범죄의 발생장소에 따라서 국민을 차별하는 것은 평등의 원칙에 위반되기 때문에, 입법자는 기본권주체와 관련하여 국민을 차별하여서는 안 된다.

또한 외국인이 범죄피해를 당한 경우에도, 범죄피해에 대한 보호와 보상의 경우는 생명에 대한 국가의 기본권보호의무와 또한 인권으로서의 사회적 기본권의 성격을 띠고 있기 때문에, 처음부터 상호주의를 원칙으로 외국인을 제외하는 것은 헌법의 취지라고 할 수 없다.

그러한 이유에서 입법자는 우선 범죄발생장소와 그리고 피해자가 국민인지 여부와 상관없이 원칙적으로 평등하게 범죄피해자를 구조하지 않으면 안 된다.

다만 해외범죄로 인한 피해의 경우, 범죄발생국이 외국인에 대하여 범죄피해자구조를 하는지 여부에 따라서, 중복지원을 정산하는 정도와 방법 등에 대하여는 입법자가 그의 재량으로 결정할 문제라고 보아야 할 것이다.

그리고 해외범죄피해의 경우 운구나 장례비 그리고 피해자의 귀국을 위해서 소요되는 비용 등을 고려하여 국내 범죄피해의 경우보다 구조금을 더 많이 책정할 것인지 등을 포함하여 구체적인 구조금액에 차등을 두는 등의 문제 역시 구체적인 상황을 고려하여 입법자가 알아서 판단할 문제라고 해야 할 것이다.

한편 외국인의 경우 독일의 입법례와 같이 계속하여 3년 이상 합법적으로 체류할 것 등과 같은 합법적 체류조건과 그 기간에 대하여 어떻게 규정할 것인지와, 그리고 외국인이 본국으로 다시 귀국하였을 경우에 과연 그 지급내용을 언제까지 그리고 어느 정도까지 하여야 할 것인지 등에 대하여 구체적으로 규정하는 것은 입법자의 형성의 자유의 범위에 속한다고 할 수 있다.

이와 관련하여 상호 보증이 있는 나라와 그렇지 않은 나라의 경우 어느 정도 차등을 둘 것인지 여부의 문제가 제기될 수 있으며, 차등여부와 그 방법에 대한 결정 역시 입법자의 형성의 자유에 속하는 문제라고 할 수 있을 것이다.

나. 범죄피해자구조청구의 절차, 방법, 내용의 구체화에 있어서 형성의 자유와 한계

114. 구조청구의 절차, 방법, 내용 입법형성의 자유

그 밖에 범죄피해자구조청구의 절차, 방법, 내용을 어떻게 할 것인지에 대한 결정에 있어서 입법자는 넓은 형성의 자유를 갖는다고 할 수 있다.

특히 범죄피해의 정도를 구분하여 구체적인 구조금을 정하고, 그 후 치료와 재활 및 생계유지비를 포함시킬 것인지 여부 등 전반적인 구조의 내용에 관해서는 입법자가 국가적 재정상황을 고려하여 재량으로 결정하여야 할 것이다.

115. 헌법상의 제 원칙, 평등원칙의 준수

다만 이를 구체화함에 있어서는 헌법상의 제 원칙을 준수하되 특히 같은 상황에 대해서는 같은 구조금을 보장하는 것을 내용으로 하여 평등원칙이 준수될 수 있도록 하여야 할 것이며, 또한 다른 사회보험법상이나 혹은 사회보장적 지원 혹은 국가배상 등이 있는 경우에 중첩되지 않도록 이중지원을 방지하고 정산을 하게 함으로써, 국가적 재원이 필요한 곳에 골고루 배분될 수 있도록 하여야 할 것이다.

3. 제한과 제한의 한계

116. 비례의 원칙의 적용

형성유보가 있는 기본권이라 하더라도 만일 입법자가 입법형성의 한계를 넘어서 헌법 자체가 보장하고 있는 기본권의 본질내용을 건드리는 경우에는 이는 제한이 될 것이며, 그것이 과도한 경우에는 비례의 원칙에 위반하여 과도한 제한이 될 수 있을 것이다.

117. 원칙적으로 완화된 비례의 원칙 심사

그러므로 형성적 법률유보가 있는 기본권이라고 해서 비례의 원칙을 적용할 수 없는 것은 아니고, 다만 입법자의 형성의 자유가 있는 점을 감안하여 원칙적으로 완화된 비례의 원칙 심사로서 족하다고 할 수 있을 것이다. 물론 입법자의 입법목적이 다른 헌법조항에 의하여 보호되는 법익에 충돌하거나 침해할 수 있을 경우에는 보다 엄격한 심사기준이 적용되어야 할 것이다.

118. 과잉금지의 원칙

그러한 의미에서 헌법 제37조 제2항의 과잉금지의 원칙은 여전히 헌법 제30조의 범죄피해자구조청구권의 제한의 경우에도 적용되는 제한의 한계원리라고 봐야 할 것이다.[48)]

4. 범죄피해자보호법상 규율내용

가. 구체적 내용

현행 범죄피해자보호법은 전술한 사전적 구조에 관한 내용은 전혀 언급이 없고 사후적 구조에 관해서만 규율하고 있다. 사전적 구조에 관해서는 경찰관 직무집행법이 주로 규율하고 있음은 전술한 바 있다.

119. 사후적 구조

(1) 구조의 내용

범죄피해자보호법은 국가 및 지방자치단체로 하여금 범죄피해자의 피해정도 및 보호·지원의 필요성 등에 따라 상담, 의료제공(치료비 지원 포함), 구조금 지급, 법률구조, 취업 관련 지원, 주거지원, 그 밖에 범죄피해자의 보호에 필요한 대책을 마련하도록 의무를 부과하고 있다(법 제7조). 따라서 사후적 구조의 내용에는 위에서 언급하고 있는 여러 가지 내용이 모두 포함될 수 있다.

120. 구조의 내용

그 밖에 범죄피해자보호법은 형사절차상의 권리 보장에 관하여 확인하고 있으며(법 제8조), 또한 피해자의 권리에 관한 정보를 제공할 국가의 의무규정을 두고 있는데 이는 범죄피해자를 위한 '미란다원칙'[49)]을 구현하는 규정이라고 할 수 있을 것이다.

121. 형사절차상의 권리 보장

(2) 구조금

① 지급의 요건

국가는 구조대상 범죄피해를 받은 사람(이하 '구조피해자'라 함)이 ⅰ) 피해의 전부 또는 일부를 배상받지 못하는 경우, ⅱ) 자기 또는 타인의 형사사건의 수사 또는 재판에서 고소·고발 등 수사단서를 제공하거나

122. 구조금 지급요건

---

48) 이에 반하여 한수웅, 형성적 법률유보를 가지는 기본권에서 과잉금지원칙의 적용여부 – 헌법재판소결정에서 드러난 과잉금지원칙 적용의 문제점을 중심으로, 헌법실무연구 제9권(2008), 379–417면.

49) 김성돈 (주 21), 123면.

진술, 증언 또는 자료제출을 하다가 구조피해자가 된 경우에 구조금을 지급받을 수 있다.

② 구조금의 종류

123. 구조금 종류

구조금은 유족구조금·장해구조금 및 중상해구조금으로 구분하며, 일시금으로 지급한다(법 제17조 제1항). 유족구조금은 구조피해자가 사망하였을 때 법 제18조에 따라 선순위 유족에게 지급한다. 순위가 같은 유족이 2명 이상일 경우 똑같이 나누어 지급한다(동조 제2항). 장해구조금 및 중상해구조금은 해당 구조피해자에게 지급한다(동조 제3항).

③ 구조금 지급의 예외

ⅰ) 친족관계의 경우

124. 구조피해자와 가해자의 친족관계

범죄행위 당시 구조피해자와 가해자 사이에 ⅰ) 부부(사실상 혼인관계를 포함), ⅱ) 직계혈족, ⅲ) 4촌 이내의 친족, ⅳ) 동거친족 관계가 있는 경우에는 전부를, 또한 그 밖의 친족관계가 있을 경우에는 일부를 지급하지 아니한다(법 제19조 제1항, 제2항).

ⅱ) 범죄행위를 자초한 경우

125. 구조금 지급 예외규정

또한 구조피해자가 ⅰ) 해당 범죄행위를 교사 또는 방조하는 행위, ⅱ) 과도한 폭행·협박 또는 중대한 모욕 등 해당 범죄행위를 유발하는 행위, ⅲ) 해당 범죄행위와 관련하여 현저하게 부정한 행위, ⅳ) 해당 범죄행위를 용인하는 행위, ⅴ) 범죄 조직에 속하는 행위(해당 범죄피해와 관련이 없을 경우에는 제외), ⅵ) 범죄행위에 대한 보복으로 가해자 또는 그 친족이나 그 밖에 가해자와 밀접한 관계가 있는 사람의 생명을 해치거나 신체를 중대하게 침해하는 행위를 한 때에도 구조금을 지급하지 아니한다(법 제19조 제3항).

126. 일부지급 제한

구조피해자가 ⅰ) 폭행·협박 또는 모욕 등 해당 범죄행위를 유발하는 행위, ⅱ) 해당 범죄피해의 발생 또는 증대에 가공(加功)한 부주의한 행위 또는 부적절한 행위를 한 경우 구조금의 일부를 지급하지 아니한다(법 제19조 제4항).

127. 사회통념상 부적절할 경우

이와 같은 예외규정에서 제시한 기준에도 불구하고 사회통념상 지급하거나 지급하지 않는 것이 적절하지 않다고 인정되거나 특별한 사정이 있는 경우에는 구조금의 전부 또는 일부를 지급하거나, 지급하지 아니할 수 있다(동조 제6항, 제7항).

iii) 다른 법령에 따른 배상이나 급여 등을 받을 경우

구조피해자나 유족이 해당 구조대상 범죄피해를 원인으로 하여 국가배상법이나 다른 법령에 따른 급여 등을 받을 수 있는 경우에는 대통령령으로 정하는 바에 따라 구조금을 지급하지 아니한다(법 제20조). 128. 이중 배상 금지

그리고 국가는 구조피해자나 유족이 해당 구조대상 범죄피해를 원인으로 하여 손해배상을 받은 경우 그 범위 내에서 구조금을 지급하지 아니한다(법 제21조). 129. 손해배상 을 받은 경우

④ 구조금액

유족구조금은 구조피해자의 사망 당시(신체에 손상을 입고 그로 인하여 사망한 경우에는 신체에 손상을 입은 당시)의 월급액이나 월실수입액 또는 평균임금에 24개월 이상 48개월 이하의 범위에서 유족의 수와 연령 및 생계유지상황 등을 고려하여 대통령령으로 정하는 개월 수를 곱한 금액으로 지급한다(법 제22조 제1항). 130. 유족구조 금액 산정

장해구조금과 중상해구조금은 구조피해자가 신체에 손상을 입은 당시의 월급액이나 월실수입액 또는 평균임금에 2개월 이상 48개월 이하의 범위에서 피해자의 장해 또는 중상해의 정도와 부양가족의 수 및 생계유지상황 등을 고려하여 대통령령으로 정한 개월 수를 곱한 금액으로 한다(동조 제2항) 131. 장해구조 금 및 중상해구 조금 산정

구조피해자의 월급액이나 월실수입액이 평균임금의 2배를 넘는 경우에는 평균임금의 2배에 해당하는 금액을 구조피해자의 월급액이나 월실수입액으로 본다(동조 제4항). 132. 평균임금 의 2배

⑤ 지급 절차

지급절차와 관련하여 지급신청(법 제25조), 구조결정(법 제25조), 재심신청(법 제27조), 긴급구조금의 지급 등(법 제28조), 결정을 위한 조사 등(법 제29조), 구조금의 환수(법 제30조)에 관하여 범죄피해자보호법이 상세한 규정을 두고 있다. 133. 지급절차 규정

⑥ 소멸시효와 수급권의 보호

134. 소멸시효

그리고 구조금을 받을 권리는 2년의 소멸시효의 적용을 받으며(법 제31조), 양도하거나 담보로 제공하거나 압류할 수 없다(법 제32조).

(2) 입법내용의 헌법적 문제점

135. 범죄피해자보호법의 문제점

전술하였듯이 범죄피해자보호법은 범죄피해자구조청구권의 주체와 관련하여 해외범죄피해자를 제외하고 있고, 또한 외국인을 상호주의에 따라서만 보호하고 있는데 이는 입법형성의 자유를 유월하여 헌법에 위반된다고 보인다.

136. 입법개선 필요성

또한 범죄피해자보호법은 전술한 바와 같이 구조금 지급과 관련해서만 상세한 규정을 둘 뿐 법 제7조가 규정하고 있는 그 밖의 지원들에 대해서는 별다른 상세한 규정을 두고 있지 않은 것으로 보이는데, 이에 관해서도 국회가 보다 상세한 규정을 법률로 마련해야 할 것이라고 생각된다.

제 24 절 형사보상청구권

I. 의 의

헌법 제28조는 "형사피의자 또는 형사피고인으로서 구금되었던 자가 법률이 정하는 불기소처분을 받거나 무죄판결을 받은 때에는 법률이 정하는 바에 의하여 국가에 정당한 보상을 청구할 수 있다."고 규정함으로써 형사보상청구권을 보장하고 있다.

형사보상청구권이라 함은 형사피의자 또는 형사피고인으로서 구금되었던 자가 불기소처분을 받거나 무죄판결을 받은 때에 그가 입은 물질적·정신적 피해에 대하여 국가에 보상을 청구할 수 있는 권리이다.[1]

형사보상제도는 국가가 형사사법권을 잘못 행사함으로써 무고한 사람을 구금하여 수사하고 기소함으로써 끼친 정신적·물질적 손해에 대하여 국가가 보상을 하는 일종의 손실보상제도라고 할 수 있다.[2] 만일 국가가 무고한 사람을 구금하여 기소를 하였으나 법원에 의하여 무죄판결이 확정되는 경우 그 인권침해와 고통은 말로 다 할 수 없을 것이다. 따라서 이러한 명백한 불법의 경우에는 공무원의 과실여부와 상관없이 손실을 보상하도록 함으로써, 권리구제를 위한 절차를 보장하고 있는 것이므로 이 형사보상청구권은 국가배상청구권과 마찬가지로 법치국가원리와 인권존중에 그 이론적 뿌리가 있는, 권리구제를 위한 절차적 기본권으로서의 의미를 가진다.[3]

1. 헌법 제28조 형사보상청구권

2. 형사보상청구권의 의의

3. 절차적 기본권으로서의 손실보상제도

---

1) 동지, 유진오, 헌법해의, 명세당 1949, 60−61면. "그것은 何等의 犯罪를 行하지 않은 者가 拘禁되는 것은 그의 身體의 自由에 對한 重大한 侵害이며, 그의 情神上, 物質上의 損失은 形言할 수 없을 만큼 크겠음으로 그 損失에 對하야 報償을 하는 것은 關係公務員의 故意過失을 不問하는 것이 人權擁護上으로보아 妥當하기 때문이다. 그러나 本條의 損失報償請求權은 제27조 제2항의 損害賠償請求權과 달러서 그를 請求할랴면 法律의 規定이 있음을 요하므로 本條의 國民의 權利를 空文化시키지 않기 위하야 損失報償法을 至急히 制定할 必要가 있을 것이다."
2) 유진오 (주 1), 60면; 계희열, 헌법학(중), 박영사 2007, 685면.
3) 구병삭, 신헌법원론 제3전정판, 박영사 1996, 685면.

더불어서 이 형사보상청구권은 공권력의 남용에 대하여 경고하는
기능도 가진다고 할 것이다.[4]

그러므로 만일 공무원의 고의·과실로 무고한 사람을 잘못 구금한
상태에서 수사하고 기소한 경우에는 그에 대하여 별도로 국가배상을
청구할 수 있는 것은 당연하다.[5] 다만 국가배상을 청구할 수 있는 범
위 내에서는 중복해서 형사보상금을 받을 수는 없다고 봐야 할 것이다.
현행 '형사보상 및 명예회복에 관한 법률'(이하 '형사보상법'으로 약칭) 역
시 국가배상을 받은 경우에 그 손해배상의 액수가 형사보상금보다 같
거나 많을 때에는 보상하지 않는 것으로 규정하고 있다(형사보상법 제6
조 제2항).

II. 형사보상청구권의 입법례와 연혁

1. 입법례

형사보상청구권을 처음 규정한 것은 1849년의 프랑크푸르트헌법
제138조였으나 이 헌법은 시행되지는 못하였다. 그 후 독일에서는 가령
1904년의 미결구류보상법과 같은 개별 입법을 통해서 형사보상제도가
시행되었다.[6] 제2차 세계대전 후 1947년 이태리헌법(제24조 제4항)[7],
1947년 일본헌법(제40조), 포르투갈헌법(1997년 현행헌법 제29조 제6항) 등
이 형사보상청구권을 규정하고 있다고 한다.[8]

---

4) 계희열 (주 2), 686면.
5) 헌재 2010. 10. 28, 2008헌마514 등, 판례집 제22권 2집 하, 180, 189: "국가의 형사
   사법행위가 고의·과실로 인한 것으로 인정되는 경우에는 국가배상청구 등 별개의
   절차에 의하여 인과관계가 있는 모든 손해를 배상받을 수 있으므로, 형사보상절
   차로써 인과관계 있는 모든 손해를 보상하지 않는다고 하여 반드시 부당하다고
   할 수는 없을 것이다."
6) 계희열 (주 2), 685면.
7) 구병삭 (주 3), 685면: "동법상의 과오에 대한 보상의 조건과 방법은 법률에 의하
   여 이를 정한다."
8) 계희열 (주 2), 685면.

2. 연 혁

1948년 헌법 제24조 제2항은 "형사피고인으로서 구금되었던 자가 무죄판결을 받은 때에는 법률의 정하는 바에 의하여 국가에 대하여 보상을 청구할 수 있다."고 규정함으로써 무죄판결을 받은 형사피고인에 대해서만 보상청구권을 두었다.   7. 1948년 헌법

1962년 헌법은 조문의 위치를 제25조로 하고, "법률의"를 "법률이"로 "국가에 대하여"를 "국가에"로 고쳤으나 내용은 동일하며, 1980년 헌법은 같은 조문의 위치를 제27조로 변경한 외에는 변함없이 유지하였다.   8. 1962년 헌법

그리고 1987년 헌법은 "형사피의자 또는 형사피고인으로서 구금되었던 자가 법률이 정하는 불기소처분을 받거나 무죄판결을 받은 때에는 법률이 정하는 바에 의하여 국가에 정당한 보상을 청구할 수 있다."고 개정함으로써 피고인보상 외에 피의자보상청구권을 추가하였다.   9. 현행 헌법

Ⅲ. 형사보상청구권의 법적 성격과 본질

1. 법적 성격

형사보상청구권 역시 다른 청구권적 기본권들과 마찬가지로 "법률이 정하는 바에 의하여 … 청구할 수 있다."고 하는 형식으로 규정되어 있어 이 기본권이 단순한 입법방침[9]인지 아니면 직접 효력을 가지는 기본권[10]인지 논란이 될 수 있으나, 보상의 요건이나 내용, 절차 등에 대해서는 법률이 구체화하는 것이지만 입법자가 헌법상 형사보상청구권에 관하여 구체화하는 입법을 하지 않거나 혹은 사실상 이를 무의미하게 하거나 형해화시키는 입법을 해서는 안 되므로, 그러한 의미에서 입법자를 직접 구속하는 청구권적 기본권이라 할 것이다.   10. 청구권적 기본권

다만 입법자가 만일 형사보상법을 구체화하지 않았을 경우 이 규정을 직접 근거로 하여 형사보상을 청구할 수 있겠는가가 문제될 수 있으   11. 청구의 직접근거

---

9) 입법방침설로는 구병삭 (주 3), 687면.
10) 계희열 (주 2), 691면; 권영성, 헌법학원론 개정판, 법문사 2010, 636면; 김철수, 헌법학개론 제19전정신판, 박영사 2007, 1101면.

나, 헌법이 형사보상청구권을 보장하고 있는 한 입법자가 장기간 이를 방치하고 있다면 이 헌법조항을 근거로 하여 법원이 보상을 명할 수 있다고 봐야 할 것이나 이미 형사보상법이 규정되어 있기 때문에 이는 별반 의미 없는 논의라 할 것이다.

2. 형사보상청구권의 본질

12. 본질 내지 이론적 근거

형사보상청구권의 본질 내지 이론적 근거에 대해서는 다음과 같이 여러 견해가 대립되고 있다.

가. 손해배상설

13. 국가의 객 관적 위법행위 에 대한 배상책 임설

손해배상설에 의하면 형사보상은 비록 관계 공무원에게 고의나 과실이 없을지라도 부당한 구속이나 판결이라는 객관적 위법행위가 있는 이상 국가가 객관적 위법행위에 대하여 지는 배상책임이라고 본다.[11] 손해배상설 가운데 일설[12]에 의하면, "국가배상법은 원인행위의 요건을 고의·과실로 하는 데 반하여 형사보상은 고의·과실을 요건으로 하지 않는 무과실책임으로서 적어도 국가행위는 그 시점에서 판단하였을 때 적법한 행위에 의한다."고 하면서도 "그러나 원인행위에 있어서 적법·무과실이라 하더라도 그로 인하여 생긴 결과는 결국 상대방의 인신에 불법적인 손해를 준 것이기 때문에 객관적으로 보아 위법이라 할 수 있다."고 한다. 그러면서 이 점에 착안하여 손해배상책임이 있게 된다고 할 수 있다고 주장한다.[13]

나. 손실보상설

14. 무과실손실 보상책임설

형사보상을 손실보상으로 보는 입장이다. 즉 적법하고 정당한 구속의 경우라 하더라도 무죄판결을 받았을 때에는 그에 대한 정신적·물질

---

11) 권영성 (주 10), 635면은 이 학설의 주장자가 누구인지는 밝히지 않은 채 이 설을 소개하고 있다.
12) 구병삭 (주 3), 686면.
13) 구병삭 (주 3), 686면.

적 손실을 보상해 주어야 한다는 것이다. 이 설의 근거는 공법상의 조절
적 공평보상(調節的 公平報償)에 두고 있고, 무과실손해배상과 같이 무과
실손실보상책임이라고 보는 것이다.[14]

다. 이분설

형사보상을 오판에 대한 보상과 구금에 대한 보상으로 나누어 오판
보상은 위법행위에 기한 손해배상이나, 피의자의 구금에 대한 보상은
적법행위에 기한 손실보상이라고 본다.[15]

> 15. 오판보상과 구금보상의 구분설

라. 사 견

살피건대, 헌법 제29조 제1항의 국가배상과 관련하여 불법행위 성
립요건에 관한 다수설[16]이 주장하는 바와 달리, 헌법 제29조의 국가배
상청구권 자체는 반드시 공무원의 고의·과실책임을 불법행위의 성립요
건으로 명시하고 있지는 않다.[17] 따라서 우리 헌법상 국가배상청구권은
무과실·위법행위에 대한 손해배상청구의 가능성을 열어 두고 있다고 할
수 있다. 나아가 수사기관이 무고한 사람을 구금한 상태에서 수사·기
소하고, 하급심에서 유죄판결을 하였으나 상소심에서 무죄판결이 확정
되는 경우 어쨌든 구속수사를 실행하고 유죄판결을 내린 형사사법 공무
원과 판사들의 과실책임이 완전히 배제된다고 할 수는 없다.

> 16. 손해배상 및 손실보상의 성격

헌법 제28조의 형사보상청구권 역시 공무원의 고의·과실책임을
전제로 하지 않고 있기 때문에, 무과실·적법행위로 인한 손실보상의
측면도 있을 수 있겠으나, 과실추정·위법행위로 인한 손해배상의 측면

> 17. 손실보상과 손해배상의 양쪽 성격을 모두 포함

---

14) 구병삭 (주 3), 686면; 김철수 (주 10), 1100-1101면 및 각주 2)의 문헌들; 계희열
(주 2), 687면; 권영성 (주 10), 635면의 소개; 성낙인, 헌법학, 법문사 2023, 1650
면; 양건, 헌법강의, 법문사 2022, 935면; 이준일, 헌법학강의, 홍문사 2019, 735면;
전광석, 한국헌법론, 집현재 2023, 536면; 정종섭, 헌법학원론, 박영사 2022, 955면;
장영수, 헌법학, 홍문사 2022, 930-931면; 한수웅, 헌법학, 법문사 2021, 950면.

15) 김철수 (주 10), 1100면; 구병삭 (주 3), 686면; 계희열 (주 2), 686-687면; 권영성
(주 10), 635면. 다만 이 교과서들은 모두 이분설의 출처를 따로 밝히고 있지는
않고 있어 누가 이 이분설을 주장하는지는 명확하지 않다.

16) 제22절, Ⅳ, 1, 가, (3), ①을 보라.

17) 이에 관해서는 제22절, Ⅳ, 1, 가, (3), ① 참조.

도 완전히 배제된다고 할 수는 없다. 그러한 의미에서 형사보상청구권
은 손실보상과 손해배상의 양쪽 성격을 모두 포함한다고 볼 수 있다.

18. 형사보상법　　다만 후술하는 바와 같이 공무원의 고의·과실이 입증될 수 있는
경우 국가배상청구가 가능하다고 할 수 있고, 또한 손해배상이 인정되
는 경우 그러한 범위 내에서 손실보상은 지급되지 않도록 하고 있는 형
사보상법은 이러한 복합적 성격을 간접적으로 인정하고 있다고 생각된
다. 따라서 형사보상청구권은 손해배상과 손실보상의 두 가지 성격을
모두 겸유하고 있다고 생각된다.

19. 이분설의
문제점　　이분설의 경우 오판보상과 피의자보상을 나누고 있으나 양자의 경
우 모두 위법·적법으로 분명하게 구분하기는 힘들고, 양자에는 모두
위법·적법, 배상·보상의 두 가지 성격이 섞여 있을 수 있기 때문에
이분설은 따르기 힘들다.

Ⅳ. 형사보상청구권의 기본권주체

20. 국민, 외국
인　　형사보상청구권의 기본권주체는 형사피의자 또는 형사피고인으로
서 구금되었던 자이다. 따라서 일단 자연인으로서 국민이 포함되며, 외
국인 역시 우리 형법과 형사소송법에 따라서 구금될 수 있으므로 이 피
의자와 피고인에 포함될 수 있는 것은 당연하다.[18]

21. 법인은 제
외　　법인은 구금될 수 없으므로 주체에 포함될 수 없다.

---

18) 동지, 계희열 (주 2), 691면.

V. 형사보상청구권의 내용

1. 헌법 제28조의 내용

가. 형사피의자의 형사보상청구권

(1) 형사피의자

형사피의자라 함은 범죄혐의가 있는 자로서 수사를 받고 있지만 아 직 기소되기 전 단계의 자를 의미한다.[19]

22. 범죄혐의가
있는 자

(2) 구 금

구금이라 함은 피고인 또는 피의자를 교도소 또는 구치소에 감금하 는 강제처분이다.[20] 형사소송법상 구금에는 미결구금과 형집행이 포함 되며, 또한 형의 집행을 위한 구치나 노역장유치의 집행도 포함된다.[21]

23. 교도소·
구치소에 감금

구금과 구속은 헌법 제12조의 신체의 자유를 직접적으로 제한하는 것이기 때문에 법률유보와 적법절차원칙을 준수해야 할 뿐만 아니라, 원칙적으로 검사의 신청에 의하여 법관이 발부한 영장에 의하여야 한다 고 하는 영장주의가 적용된다(헌법 제12조 제3항, 형사소송법 제73조).[22] 만 일 이러한 헌법적 원칙을 준수하지 않은 상태에서 불법적으로 구금을 하고 수사한 후 불기소처분을 하거나 기소 후 무죄판결이 확정된 경우 형사보상의 대상이 될 수 있다.

24. 적법절차원
칙 및 영장주의
적용

범죄혐의자라 하더라도 만일 구금되지 않은 상태에서 수사를 받았 다면 그는 형사보상청구를 할 수 없다.

25. 구금되지
않은 자 청구불
가

(3) 법률이 정하는 불기소처분

불기소처분은 검사가 수사 끝에 기소를 하지 않기로 하는 결정을

26. 법률의 규
정

---

19) 계희열 (주 2), 687면.
20) 이재상/조균석/이창온, 형사소송법 제14판, 박영사 2022, 159면; 손동권/신이철, 새로운 형사소송법 제5판, 세창출판사 2022, 268면; 이창현, 형사소송법 제8판, 정독 2022, 305면.
21) 권영성 (주 10), 637면.
22) 이에 대해서는 제10절, III. 2. 참조.

말한다. 만일 형사피의자가 법률이 정하는 불기소처분을 받는 경우, 수사기간 동안 억울하게 구금되었다고 할 수 있으므로 이에 대하여 보상을 청구할 수 있도록 규정한 것이다.

27. 검찰사건사무규칙

현행 검찰사건사무규칙에 따르면 검사가 사건의 수사를 종결할 때에는 공소제기, 불기소, 기소중지 등의 결정을 할 수 있는데, 이 불기소의 유형에는 ① 기소유예, ② 혐의 없음(범죄인정 안됨, 증거불충분), ③ 죄가 안됨, ④ 공소권 없음, ⑤ 각하가 있다(제98조).

28. 형사보상법

형사보상법은 피의자로서 구금되었던 자 중 검사로부터 불기소처분을 받은 경우뿐만 아니라 사법경찰관으로부터 불송치결정을 받은 자를 포함시키고 있다(제27조 제1항. 후술 참조).

나. 형사피고인의 형사보상청구권

(1) 형사피고인

29. 공소제기를 당한 자

형사피고인이라 함은 범죄혐의로 인하여 수사 끝에 검사에 의하여 공소제기를 당한 자를 말한다.[23]

30. 고의·과실과 무관하게 보상청구 가능

형사피고인이 구속 상태에서 재판을 받고 무죄판결을 받게 되면, 그 기간 동안 구금으로 인한 피해는 막심할 것이며, 검사나 판사 등 담당 공무원의 고의·과실 책임을 묻지 않고서 피고인은 그에 대하여 보상을 청구할 수 있다.

(2) 구 금

31. 구금

형사피고인이라 하더라도 구금되지 않았던 피고인은 형사보상을 청구할 수 없다.

(3) 무죄판결

32. 선고에 의한 무죄 확정판결

무죄판결은 법원이 피고인에 대하여 무죄로 선고한 판결을 의미한다. 여기에서 무죄판결은 무죄로 확정된 판결을 의미한다. 따라서 하급심에서 무죄가 선고되었더라도 상소가 계속 중인 경우 아직 형사보상청

---

23) 계희열 (주 2), 686면.

구를 할 수 없을 것이다.

다. 정당한 보상

헌법 제28조가 규정하고 있는 정당한 보상이 어느 정도의 보상인지가 문제될 수 있다. 특히 헌법 제23조 제3항의 "정당한 보상"[24]과 제29조 제1항의 "정당한 배상"[25] 개념들과 각각 비교해 볼 필요가 있다.

형사보상청구권은 형사사법권의 부당한 행사로 인하여 신체의 자유를 침해받은 사람의 정신적, 물질적 및 경제적 피해에 대하여 전보함으로써 침해된 인권을 사후적으로 구제한다는 데 그 법치국가적 및 인권보호적 의미가 있음은 전술한 바와 같다.

그러나 헌법 제23조 제3항에서의 재산권에 대한 공용수용·사용·제한의 경우에 요청되는 "정당한 보상"의 경우에는 시장의 거래 가격에 따라 재산적 손실을 어느 정도 객관적으로 가늠할 수 있으므로 소위 정당한 보상을 가급적 완전보상에 근접하게 계산할 수 있겠으나, 신체의 자유에 대한 침해의 경우 그 손해는 정확한 손실이나 피해의 계산이 용이하지 않다.

그러므로 형사보상에 있어서 정당한 보상은 처음부터 완전보상 개념과는 거리가 있을 수밖에 없으며, 국가의 형사사법권 행사에 있어서 부수적으로 초래될 수밖에 없는 위험에 대한 공평부담의 차원에서, 각 형사피의자와 피고인의 개인적이고 개별적인 특수한 사정들을 전반적으로 고려하여 법원이 그 손해를 측정하고 전보(보상)할 수밖에 없을 것이다. 그러한 의미에서 헌법 제28조의 "정당한 보상"은 헌법 제23조 제3항의 재산권 제한의 경우에 원칙적으로 완전보상을 의미하는 "정당한 보상"과는 다를 수밖에 없다고 봐야 할 것이다.[26]

33. 정당한 보상과 정당한 배상의 비교

34. 법치국가적 및 인권보호적 의미

35. 신체의 자유에 대한 침해의 경우 손해액 계산 어려움

36. 개별적이고 특수한 사정 고려

---

24) 이에 대해서는 제13절, Ⅶ, 5. 참조.
25) 이에 대해서는 제22절, Ⅳ, 1, 마 참조.
26) 동지, 헌재 2010. 10. 28, 2008헌마514 등, 판례집 제22권 2집 하, 180, 189: "이러한 점에서 헌법 제28조에서 규정하는 '정당한 보상'은 헌법 제23조 제3항에서 재산권의 침해에 대하여 규정하는 '정당한 보상'과는 차이가 있다 할 것이다. 헌법 제23조 제3항에서 규정하는 '정당한 보상'이란 원칙적으로 피수용재산의 객관적 재산가치를 완전하게 보상하는 것이어야 하는바(헌재 1995. 4. 20, 93헌바20, 판례

<table>
<tr><td>37. 헌법 제29
조 제1항과 구
별</td><td>또한 헌법 제29조의 국가배상에 있어서 "정당한 배상"과 비교해 본
다면, 손실보상에 있어서는 손해배상의 경우와는 달리 침해행위가 없었
을 경우를 가정하여 인과관계가 있는 손해나 이익을 모두 계산하여 보
상액을 결정할 수는 없기 때문에 헌법 제28조의 형사보상에 있어서의
"정당한 보상"은 헌법 제29조 제1항의 국가배상에 있어서 "정당한 배
상"과 같을 수 없다.27)</td></tr>
</table>

2. 형사보상법상 형사보상청구권의 요건, 내용, 절차

가. 형사보상

(1) 피고인에 대한 보상

① 보상의 요건(제2조)

ⅰ) 무죄판결의 경우

<table>
<tr><td>38. 무죄재판에
따른 보상청구</td><td>형사소송법에 따른 형사소송절차 또는 재심이나 비상상고 절차에
서 무죄재판을 받아 확정된 사건의 피고인이 미결구금을 당하였을 때에
국가에 그 구금에 대한 보상을 청구할 수 있다.</td></tr>
<tr><td>39. 상소, 재심
또는 비상상고의
절차에서 무죄</td><td>또한 상소권회복에 의한 상소, 재심 또는 비상상고의 절차에서 무죄</td></tr>
</table>

집 7-1, 519, 533 참조), 토지수용 등과 같은 재산권의 제한은 물질적 가치에 대한 제한이므로 제한되는 가치의 범위가 객관적으로 산정될 수 있어 이에 대한 완전한 보상이 가능하다. 그런데 헌법 제28조에서 문제되는 신체의 자유에 대한 제한인 구금으로 인하여 침해되는 가치는 객관적으로 산정할 수 없으므로, 일단 침해된 신체의 자유에 대하여 어느 정도의 보상을 하여야 완전한 보상을 하였다고 할 것인지 단언하기 어렵다. 헌법 제23조 제3항에 '보상을 하여야 한다.'라고 규정하는 반면, 헌법 제28조는 '법률이 정하는 바에 의하여 …… 보상을 청구할 수 있다.'라고 규정하고 있는 것은 이러한 점을 반영하는 것이라 할 수 있다."

27) 동지, 헌재 2010. 10. 28, 2008헌마514 등, 판례집 제22권 2집 하, 180, 188－189: "따라서 형사피고인 등으로서 적법하게 구금되었다가 후에 무죄판결 등을 받음으로써 발생하는 신체의 자유 제한에 대한 보상은 형사사법절차에 내재하는 불가피한 위험으로 인한 피해에 대한 보상으로서, 국가의 위법·부당한 행위를 전제로 하는 국가배상과는 그 취지 자체가 상이한 것이고, 따라서 그 보상 범위도 손해배상의 범위와 동일하여야 하는 것이 아니다. 국가의 형사사법행위가 고의·과실로 인한 것으로 인정되는 경우에는 국가배상청구 등 별개의 절차에 의하여 인과관계 있는 모든 손해를 배상받을 수 있으므로, 형사보상절차로써 인과관계 있는 모든 손해를 보상하지 않는다고 하여 반드시 부당하다고 할 수는 없을 것이다."

재판을 받아 확정된 사건의 피고인이 원판결에 의하여 구금되거나 형 집행을 받았을 때에 구금 또는 형의 집행에 대한 보상을 청구할 수 있다.

형사소송법상 구치(제470조 제3항)와 구속(제473조~제475조)은 형사보상의 경우 구금 또는 형의 집행으로 본다.

ⅱ) 면소 등의 경우

형사소송법에 따라 면소 또는 공소기각의 재판을 받아 확정된 피고인이 면소 또는 공소기각의 재판을 할 만한 사유가 없었더라면 무죄재판을 받을 만한 현저한 사유가 있었을 경우와 치료감호법 제7조에 따라 치료감호의 독립 청구를 받은 피치료감호청구인의 치료감호사건이 범죄로 되지 아니하거나 범죄사실의 증명이 없는 때에 해당되어 청구기각의 판결을 받아 확정된 경우에도 국가에 대하여 구금에 대한 보상을 청구할 수 있다(제26조 제1항).

이 경우 피고인에 대한 보상에 관한 규정과 보상결정의 공시에 관한 규정을 준용한다(제26조 제2항).

재판을 받아 확정된 사건의 피고인
40. 형사소송법상 구치·구속
41. 면소·공소기각에 의한 보상청구
42. 준용규정

> 판례 **입법부작위 위헌확인(초과 구금에 대한 형사보상을 규정하지 않은 형사보상법 사건)**
>
> 원판결의 근거가 된 가중처벌규정에 대하여 헌법재판소의 위헌결정이 있었음을 이유로 개시된 재심절차에서, 공소장의 교환적 변경을 통해 위헌결정된 가중처벌규정보다 법정형이 가벼운 처벌규정으로 적용법조가 변경되어 피고인이 무죄판결을 받지는 않았으나 원판결보다 가벼운 형으로 유죄판결이 확정됨에 따라 원판결에 따른 구금형 집행이 재심판결에서 선고된 형을 초과하게 된 경우, 재심판결에서 선고된 형을 초과하여 집행된 구금에 대하여 보상요건을 규정하지 아니한 '형사보상 및 명예회복에 관한 법률' 제26조 제1항(이하 '심판대상조항'이라 한다)이 평등원칙을 위반하여 청구인들의 평등권을 침해하는지 여부(적극)
>
> 심판대상조항은 헌법에 합치되지 아니한다. 위 조항은 2023. 12. 31.을 시한으로 입법자가 개정할 때까지 계속 적용된다.[28]

---

28) 헌재 2022. 2. 24, 2018헌마998 등, 판례집 제34권 1집, 195, 판시사항 1.

② 보상의 내용(제5조)

43. 보상액 상한제도

구금에 대한 보상을 할 때에는 그 구금일수에 따라 1일당 보상청구의 원인이 발생한 연도의 최저임금법에 따른 일급 최저임금액 이상 대통령령으로 정하는 금액 이하의 비율에 의한 보상금을 지급한다. 헌법재판소는 이 보상액 상한제도에 대하여 합헌으로 보았다.

> **판례** 형사보상법 제19조 제1항 등 위헌확인
>
> 형사보상청구권은 헌법 제28조에 따라 '법률이 정하는 바에 의하여' 행사되므로 그 내용은 법률에 의해 정해지는바, 형사보상의 구체적 내용과 금액 및 절차에 관한 사항은 입법자가 정하여야 할 사항이다. 이 사건 보상금조항 및 이 사건 보상금 시행령조항은 보상금을 일정한 범위 내로 한정하고 있는데, 형사보상은 형사사법절차에 내재하는 불가피한 위험으로 인한 피해에 대한 보상으로서 국가의 위법·부당한 행위를 전제로 하는 국가배상과는 그 취지 자체가 상이하므로 형사보상절차로서 인과관계 있는 모든 손해를 보상하지 않는다고 하여 반드시 부당하다고 할 수는 없으며, 보상금액의 구체화·개별화를 추구할 경우에는 개별적인 보상금액을 산정하는데 상당한 기간의 소요 및 절차의 지연을 초래하여 형사보상제도의 취지에 반하는 결과가 될 위험이 크고 나아가 그로 인하여 형사보상금의 액수에 지나친 차등이 발생하여 오히려 공평의 관념을 저해할 우려가 있는바, 이 사건 보상금조항 및 이 사건 보상금시행령조항은 청구인들의 형사보상청구권을 침해한다고 볼 수 없다.
>
> (헌재 2010. 10. 28, 2008헌마514 등, 판례집 22-2하, 180, 180-181)

44. 법원이 고려하여야 할 사항

구금의 종류 및 기간의 장단, 구금기간 중에 입은 재산상의 손실과 얻을 수 있었던 이익의 상실 또는 정신적인 고통과 신체 손상 등 법원이 고려하여야 할 사항에 대해서는 법 제5조 제2항이 상세히 규정하고 있다.

45. 사형 집행에 따른 보상금 지급

그리고 사형 집행에 따른 보상금 지급에 대해서는 구금에 대한 보상금 외에 3천만원 이내에서 모든 사정을 고려하여 법원이 타당하다고 인정하는 금액을 추가적으로 보상하며, 본인의 사망으로 인하여 발생한 재산상의 손실액이 증명되었을 때에는 그 손실액도 보상한다(법 제5조 제3항).

46. 벌금 또는 과료의 집행에 대한 보상

그 밖에 벌금 또는 과료의 집행에 대한 보상을 할 때에는 동조 제1항을 준용하고, 노역장유치의 집행을 한 경우 최저임금법에 따른 일급

최저임금액 이상 대통령령으로 정하는 금액 이하의 비율에 의한 보상금을 지급하며, 몰수집행에 대한 보상을 할 때에는 그 몰수물을 반환하되 그것이 이미 처분되었을 때에는 보상결정 시의 시가를 보상하고, 추징금에 대한 보상을 할 때에는 그 액수에 징수일의 다음 날부터 보상 결정일까지의 일수에 대하여 민법상 법정이율을 적용하여 계산한 금액을 더한 금액을 보상한다(법 제5조 제4항~제7항).

③ 보상청구의 절차

ⅰ) 수소법원

보상청구는 무죄재판을 한 법원에 대하여 하여야 한다.

47. 수소법원

ⅱ) 청구기간

보상청구는 무죄재판이 확정된 사실을 안 날부터 3년, 무죄재판이 확정된 때부터 5년 이내에 하여야 한다(제8조).

48. 청구기간

이 규정은 원래 1년으로 되어 있었으나 청구기간을 1년으로 제한해 놓은 것은 입법자의 입법형성의 자유의 한계를 넘어서서 과잉하게 형사보상청구권을 제한한 것이라고 하는 헌법재판소의 판시에 따라 입법자가 이와 같이 개정하였다.

49. 위헌 결정

판례 형사보상법 제7조 위헌제청

권리의 행사가 용이하고 일상 빈번히 발생하는 것이거나 권리의 행사로 인하여 상대방의 지위가 불안정해지는 경우 또는 법률관계를 보다 신속히 확정하여 분쟁을 방지할 필요가 있는 경우에는 특별히 짧은 소멸시효나 제척기간을 인정할 필요가 있으나, 이 사건 법률조항은 위의 어떠한 사유에도 해당하지 아니하는 등 달리 합리적인 이유를 찾기 어렵고, 일반적인 사법상의 권리보다 더 확실하게 보호되어야 할 권리인 형사보상청구권의 보호를 저해하고 있다.

또한, 이 사건 법률조항은 형사소송법상 형사피고인이 재정하지 아니한 가운데 재판할 수 있는 예외적인 경우를 상정하고 있는 등 형사피고인은 당사자가 책임질 수 없는 사유에 의하여 무죄재판의 확정사실을 모를 수 있는 가능성이 있으므로, 형사피고인이 책임질 수 없는 사유에 의하여 제척기간을 도과할 가능성이 있는바, 이는 국가의 잘못된 형사사법작용에 의하여 신체의 자유라는 중대한 법익을 침해받은 국민의 기본권을 사법상의 권리보다도 가볍게 보호하는 것으로서 부당하다.

(헌재 2010. 7. 29, 2008헌가4, 판례집 22-2상, 1, 1)

50. 비용보상청
구권의 제척기
간 합헌

이에 비하여 무죄판결이 확정된 날부터 6개월로 정한 형사소송법상 비용보상청구권의 제척기간은 위헌의견이 더 많았으나 6인의 정족수에 달하지 못하여 합헌결정된 바 있다.

> 판례 **형사보상법 제194조의3 제2항 위헌소원**
>
> 비용보상청구권의 제척기간을 무죄판결이 확정된 날부터 6개월로 규정한 구 형사소송법(2007. 6. 1. 법률 제8496호로 개정되고 2014. 12. 30. 법률 제12899호로 개정되기 전의 것) 제194조의3 제2항이 재판청구권 및 재산권을 침해하는지 여부(소극)
>
> (헌재 2015. 4. 30, 2014헌바408 등, 판례집 27-1하, 1, 1)

iii) 보상청구에 대한 재판

51. 6개월 이내
에 보상결정

보상청구는 법원 합의부에서 재판하며 검사와 청구인의 의견을 들은 후 결정을 하고 또한 청구를 받은 법원은 6개월 이내에 보상결정을 하여야 한다(제14조).

iv) 보상결정에 대한 불복

52. 1주일 이내
에 즉시항고

보상결정에 대하여는 1주일 이내에 즉시항고를 할 수 있다. 그리고 보상청구에 대한 기각 결정에 대해서도 즉시항고를 할 수 있다(제20조).

53. 위헌결정에
따른 개정

이 규정은 보상의 결정에 대하여는 불복을 신청할 수 없다고 한 구 형사보상법 제19조 제1항에 대하여 헌법재판소가 2010. 10. 28. 이는 형사보상청구권과 재판청구권의 본질적인 내용을 침해한다는 이유로 위헌결정을 선고한 후 2011. 5. 23. 입법자가 개정한 조항이다.

> 판례 **형사보상법 제19조 제1항 등 위헌확인**
>
> 그러나 국가의 형사사법작용에 의하여 신체의 자유가 침해된 국민에게 있어서는 적정하고 합리적인 보상금을 지급받는 것이 매우 중요한 가치라 할 수 있는바, 보상액의 산정에 기초되는 사실인정이나 보상액에 관한 판단에서 오류나 불합리성이 발견되는 경우에도 그 시정을 구하는 불복신청을 할 수 없도록 하는 것은 형사보상청구권 및 그 실현을 위한 기본권으로서의 재판청구권

의 본질적 내용을 침해하는 것이라 할 것이고, 나아가 법적 안정성만을 지나치게 강조함으로써 재판의 적정성과 정의를 추구하는 사법제도의 본질에 부합하지 아니하는 것이라 할 것이다.

(헌재 2010. 10. 28, 2008헌마514 등, 판례집 22-2하, 180, 191-192)

ⅴ) 보상금 지급청구(제21조)

보상금 지급을 청구하려는 자는 보상을 결정한 법원에 대응하는 검찰청에 법원의 보상결정서를 첨부하여 보상금지급청구서를 제출하여야 한다.

만일 보상결정이 송달된 후 2년 이내에 보상금 지급청구를 하지 아니할 때에는 권리를 상실한다.

ⅵ) 보상금 지급기한(제21조의2)

보상금 지급청구서를 제출받은 검찰청은 3개월 이내에 보상금을 지급하여야 하며, 그렇지 아니할 경우 그 다음 날부터 지급하는 날까지의 지연일수에 대하여 민법상 법정이율에 따른 지연이자를 지급하여야 한다.

ⅶ) 보상금 지급의 효과(제22조)

보상금을 받을 수 있는 자가 여러 명인 경우에는 그 중 1명에 대한 보상금 지급은 그 모두에 대하여 효력이 발생한다.

ⅷ) 보상청구권의 양도 및 압류의 금지(제23조)

보상청구권은 양도하거나 압류할 수 없다. 보상금 지급청구권도 또한 같다.

④ 보상결정의 공시

법원은 보상결정이 확정되었을 때에는 2주일 내에 보상결정의 요지를 관보에 게재하여 공시하여야 한다. 이 경우 보상결정을 받은 자의 신청이 있을 때에는 그 결정의 요지를 신청인이 선택하는 두 종료 이상의 일간신문에 각각 한번 씩 공시하여야 하며 그 공시는 신청일부터 30일 이내에 하여야 한다.

형사보상법은 무죄판결을 받은 형사피해자의 명예를 회복할 수 있는 조치로써 이와 같은 공시제도를 두고 있다고 보인다. 이와 별도로 언론 등에 의하여 범죄혐의가 있거나 형사상의 조치를 받았다고 보도 또

- 54. 보상금지급 청구서를 제출
- 55. 권리실효기 간 2년
- 56. 3개월 이내 에 보상금을 지급
- 57. 보상금 지급의 효과
- 58. 보상청구권 의 양도 및 압류의 금지
- 59. 관보게재
- 60. 추후보도청 구권 행사가능

는 공표된 자는 그에 대한 형사절차가 무죄판결 또는 이와 동등한 형태로 종결되었을 때에는 그 사실을 안 날부터 3개월 이내에 언론사 등에 이 사실에 관한 추후보도의 게재를 청구할 수 있으므로(언론중재법 제17조), 무죄판결을 받은 형사피해자는 2개의 일간지 외에도 자신이 범죄혐의가 있거나 형사상의 조치를 받았다고 보도한 모든 언론들에 대하여 추후보도청구권[29]을 행사할 수 있다.

(2) 피의자에 대한 보상
① 보상의 요건(제27조)

61. 피의자 보상 청구

피의자로서 구금되었던 자 중 검사로부터 불기소처분을 받거나 사법경찰관으로부터 불송치결정을 받은 자는 국가에 대하여 그 구금에 대한 보상(이하 '피의자보상')을 청구할 수 있다.

62. 형사보상 대상 제외의 경우

다만 구금된 이후 불기소처분 또는 불송치결정의 사유가 있는 경우와 해당 불기소처분 또는 불송치결정이 종국적인 것이 아니거나, 형사소송법 제247조에 따라 ⅰ) 범인의 연령, 성행, 지능과 환경, ⅱ) 피해자에 대한 관계, ⅲ) 범행의 동기, 수단과 결과, ⅳ) 범행 후의 정황을 참작하여 공소를 제기하지 아니한 경우는 형사보상 대상에서 제외하고 있다(제27조 제1항).

② 지급제한(제27조 제2항)

63. 지급제한

다음과 같은 일정한 경우에는 피의자보상의 전부 또는 일부에 대하여 지급제한을 가할 수 있다. ⅰ) 본인이 수사 또는 재판을 그르칠 목적으로 거짓 자백을 하거나 다른 유죄의 증거를 만듦으로써 구금된 것으로 인정되는 경우, ⅱ) 구금기간 중에 다른 사실에 대하여 수사가 이루어지고 그 사실에 관하여 범죄가 성립한 경우, ⅲ) 보상을 하는 것이 선량한 풍속이나 그 밖에 사회질서에 위배된다고 인정할 특별한 사정이 있는 경우

③ 심의회의 설치

64. 심의회의 설치

피의자보상에 관한 사항을 심의·결정하기 위하여 지방검찰청에

---

29) 이에 관해서는 제14절, Ⅲ, 2, 라. 참조.

피의자보상심의회를 두며, 이 심의회는 법무부장관의 지휘·감독을 받는다(제27조 제3항~제4항).

④ 보상청구의 절차

ⅰ) 피의자보상의 청구와 청구의 상대방

피의자보상을 청구하려는 자는 불기소처분을 한 검사가 소속된 지방검찰청 또는 불송치결정을 한 사법경찰관이 소속된 경찰관서에 대응하는 지방검찰청의 심의회에 불기소처분 또는 불송치결정 사실을 증명하는 서류를 첨부하여 보상을 청구하여야 한다(제28조 제1항, 제2항).

ⅱ) 청구기간

피의자보상의 청구는 불기소처분 또는 불송치결정의 고지 또는 통지를 받은 날부터 3년 이내에 하여야 한다(제28조 제3항).

ⅲ) 피고인에 대한 보상규정 준용

피의자보상에 대하여 특별한 규정이 있는 경우를 제외하고는 그 성질에 반하지 않는 범위 내에서 무죄재판을 받아 확정된 사건의 피고인에 대한 보상에 관한 규정들을 준용한다(제29조).

나. 명예회복

형사보상법은 형사보상에 관한 규정 외에도 무죄판결을 받은 피고인의 명예회복을 위하여 무죄재판의 재판서를 법무부 인터넷 홈페이지에 게재하도록 해당 사건을 기소한 검사가 소속된 지방검찰청에 청구할 수 있는 무죄재판서 게재청구권을 보장하고 있다(제30조).

다만 이는 헌법상의 기본권이 아니라 법률상의 권리이다. 따라서 이 게재 청구가 거부되는 등의 처분이 있다 하더라도 그러한 처분이 헌법 제28조의 형사보상청구권을 제한한다고 할 수는 없고, 다만 헌법 제11조의 평등권을 침해하는지 여부의 문제는 제기될 수 있을 것이다.

Ⅵ. 형사보상청구권의 제한과 제한의 한계

1. 형사보상청구권의 제한

70. 형성적 법률유보

형사보상청구권 역시 다른 청구권적 기본권과 마찬가지로 법률이 정하는 바에 의하여 보장되는 청구권이다. 그러므로 청구권의 구체적 내용, 요건, 절차 등에 대해서는 입법자가 이를 구체화하지 않으면 안 되는데, 그러한 의미에서 이는 형성적 법률유보가 달려 있는 기본권이라 할 것이다.

71. 과잉제한 금지·입법자의 제한의 한계 준수

이와 같이 형성적 법률유보가 있는 기본권의 경우라 하더라도 만일 헌법이 규정하고 있는 최소한의 형사보상청구권의 내용을 지나치게 축소하여 사실상 유명무실하게 하거나 공허하게 하는 경우에는 입법자의 형성의 자유를 일탈하는 것으로서 더 이상 형성이 아니라 헌법상 기본권인 형사보상청구권을 과잉하게 제한하는 것이라 할 수 있다.

72. 헌법 제37조 제2항

그러한 의미에서 이 형사보상청구권 역시 헌법 제37조 제2항에 따라 제한될 수 있는 기본권이라고 할 것이나, 입법자가 제한의 한계를 지켜야 할 것이다.

2. 형사보상입법에 있어서 입법자의 형성의 자유와 그 한계

73. 형성적 법률유보

헌법 제28조의 형사보상청구권 역시 법률이 정하는 바에 의하여 청구할 수 있다고 규정하고 있기 때문에 형성적 법률유보가 달린 기본권이므로 그 구체화에 있어서 입법자는 넓은 형성의 자유를 가질 수밖에 없다.

74. 기본권의 본질내용 침해금지

그러나 그렇다고 하여 입법형성의 자유의 한계가 없는 것은 아니다. 가령 입법자가 형사보상법을 제정 또는 개정하는 과정에서 형사피의자나 형사피고인의 부당한 구금으로 인한 보상청구를 지나치게 어렵게 한다든가 아니면 보상청구를 위한 소제기의 기간을 지나치게 짧게 규정할 경우에는 사실상 형사보상청구권을 유명무실하게 함으로써 기본권의 본질내용을 침해할 수 있는 것이다.

75. 비례의 원칙 준수

그러므로 이와 같이 헌법이 보장하고 있는 형사보상청구권의 본질내용을 침해할 가능성이 있을 경우에는 그러한 범위 내에서 비록 완화된 심사기준이라 할지라도 헌법 제37조 제2항에 따라 과잉금지 내지 비례의 원칙에 입각한 심사를 할 수밖에 없으며 헌법재판소 판례 역시 같은 견해를 취하고 있다.

> **[판례]** 형사보상법 제19조 제1항 등 위헌확인
>
> 국가의 형사사법절차는 법률이 규정하는 바에 따라 구체적 사건에서 범죄의 성립 여부에 관한 수사 및 재판절차를 진행하고, 법원의 심리, 판단 결과 범죄의 성립이 인정되는 경우 그에 대한 형의 양정을 하고 그 형을 집행하는 절차인바, 범죄의 혐의를 받은 피의자가 수사기관의 조사를 받고 법원에 기소되었다 하더라도 심리결과 무죄로 판명되는 경우가 발생할 수 있다. 이렇게 최종적으로 무죄 판단을 받은 피의자 또는 피고인이 수사 및 재판과정에서 상당한 기간 동안 구금되었던 경우가 있을 수 있는바, 이는 형사사법절차에 불가피하게 내재되어 있는 위험이라 할 것이다.
>
> 그런데, 이러한 위험이 형사사법절차에 불가피하게 내재된 것이라 하더라도 그 위험으로 인한 부담을 무죄판결을 선고받은 자 개인에게 지워서는 아니 되고, 이러한 형사사법절차를 운영하는 국가는 이러한 위험에 의하여 발생되는 손해에 대응한 보상을 하지 않으면 안된다. 헌법 제28조는 이러한 권리를 구체적으로 보장함으로써 국민의 기본권 보호를 강화하고 있다.
>
> 그러나 형사보상청구권이라 하여도 '법률이 정하는 바에 의하여' 행사되므로 (헌법 제28조) 그 내용은 법률에 의하여 정해지는바, 이 과정에서 입법자에게 일정한 입법재량이 부여될 수 있고, 따라서 형사보상의 구체적 내용과 금액 및 절차에 관한 사항은 입법자가 정하여야 할 사항이라 할 것이다.
>
> 그러나 이러한 입법을 함에 있어서는 비록 완화된 의미일지언정 헌법 제37조 제2항의 비례의 원칙이 준수되어야 한다. 형사보상청구권은 국가가 형사사법절차를 운영함에 있어 결과적으로 무고한 사람을 구금한 것으로 밝혀진 경우 구금당한 개인에게 인정되는 권리이고, 헌법 제28조는 이에 대하여 '정당한 보상'을 명문으로 보장하고 있으므로, 따라서 법률에 의하여 제한되는 경우에도 이러한 본질적인 내용은 침해되어서는 아니되기 때문이다.
>
> (헌재 2010. 10. 28, 2008헌마514 등, 판례집 22-2하, 180, 187-188)

3. 제한의 한계

형사보상청구권의 제한의 한계로서 작용할 수 있는 것 역시 헌법 제37조 제2항의 과잉금지 내지 비례의 원칙이라고 할 것이다. 물론 형

76. 완화된 심사기준 적용

성유보가 있는 기본권에 대한 제한이 과잉한 제한인지 여부에 대해서는 원칙적으로 엄격한 심사기준이 아니라 완화된 심사기준이 적용된다고 하는 것은 전술한 바와 같다.

Ⅶ. 다른 기본권과의 경합

77. 재판청구권과의 경합

형사보상청구권을 행사하기 위한 제소기간이 지나치게 짧은 경우에는 형사보상청구권에 대한 제한이 됨과 동시에 재판청구권에 대한 제한이 될 수 있다. 양 기본권 가운데 피의자보상청구권과 같은 경우에는 반드시 법원에 의한 재판을 전제로 하는 것은 아니므로, 재판청구권과 형사보상청구권이 반드시 일반특별관계에 있다고 하기는 힘들다. 따라서 두 기본권에 대한 제한이 모두 문제되는 경우에는 상상적 경합으로 양 기본권의 침해여부를 모두 심사해 줘야 할 것이다.

78. 국가배상청구권과의 경합

한편 사법경찰관이나 검사 또는 판사가 죄가 없는 사람임을 명백히 알거나 혹은 알 수 있었음에도 불구하고 고의나 과실로 사람을 구금하여 수사하고 기소한 후 유죄판결을 하였다가 최종 무죄판결이 확정된 경우 이 피해자는 공무원의 과실책임에 의한 불법행위로 인하여 받은 손해에 대하여 국가에 배상을 청구할 수 있다. 따라서 이 경우에는 국가배상청구권도 행사할 수 있다. 다만 전술하였듯이 국가배상청구권은 공무원의 과실책임을 전제로 하는 데 비하여 형사보상청구권은 무과실·결과책임에 입각한 것이므로, 두 가지 청구가 모두 적용될 수 있을 경우에는 피해자는 각각 별도로 청구권을 행사할 수 있다. 다만 전술하였듯이 국가배상금액이 형사보상금액보다 같거나 많은 경우에는 형사보상금은 지급하지 않는다.

79. 평등권과의 경합

다음으로 형사소송법상 재판비용보상청구권(제194조의2)이나 형사보상법상 무죄재판서게재청구권(제30조)은 전술하였듯이 법률상 권리이지만 그 적용과 관련하여 차별취급을 받는 경우 헌법 제11조의 평등권에 대한 제한이 이루어질 수 있다.

제 25 절 청원권

Ⅰ. 청원권의 의의, 역사와 입법례, 제도와 기능

1. 청원권의 의의

가. 청원의 개념

청원(Petitum)이란 용어는 라틴어의 Petitio(독일어의 Bitte와 같음)에서 유래하는 것으로 요구(Verlangen), 제청(Beantragen), 요청(Fordern), 간청(Anliegen), 열망(Begehren) 등을 뜻하며 이 말 가운데는 "어떤 무엇"을 요청한다는 뜻이 들어 있다.1) 우리말의 뜻풀이를 한다면 청원이란 결국 누구에겐가 바라는 바를 들어주도록 요청하는 것이라 할 수 있을 것이다.

1. 청원의 개념

나. 청원권의 의의

헌법 제26조 제1항은 "모든 국민은 법률이 정하는 바에 의하여 국가기관에 문서로 청원할 권리를 가진다."고 규정하고 있다. 청원권이라 함은 국가기관에 문서로 청원할 권리이다.

2. 국가기관에 문서로 청원할 권리

헌법재판소에 의하면 "헌법 제26조와 청원법 규정에 의할 때 헌법상 보장된 청원권은 공권력과의 관계에서 일어나는 여러 가지 이해관계, 의견, 희망 등에 관하여 적법한 청원을 한 모든 국민에게, 국가기관이(그 주관관서가) 청원을 수리할 뿐만 아니라, 이를 심사하여, 청원자에게 적어도 그 처리결과를 통지할 것을 요구할 수 있는 권리"2)를 말한다.

3. 헌재의 정의

---

1) 독일문헌을 인용하면서 계희열, 헌법학(중), 박영사 2007, 623면. 그는 "따라서 이러한 요청을 포함하지 않는 것은 청원이 아니다."라고 하면서 가령 단순한 통지(Mitteilungen), 충고(Belehrungen), 비난(Vorwürfe), 칭찬(Anerkennungen) 등과 같은 단순한 의사표현은 청원이 아니라고 하고 있다.

2) 헌재 1994. 2. 24, 93헌마213 등, 판례집 제6권 1집, 183, 189−190. 대법원의 경우 종전에는 청원권의 의미를 축소하여 해석하는 판례도 있었던 것으로 보이나(가

4. 파면청원권

아래 후술하듯이 1948년 헌법에는 공무원 파면청원권3)까지 규정하고 있었다. 공무원의 비위를 제보하거나 그의 파면을 청원하거나 혹은 일정한 입법사항이나 행정조치를 비롯해서 국민이 국가의 적극적인 행위를 요구하고자 할 때 그 내용과 대상에는 원칙적으로 아무런 제한이 없으며 또한 어떠한 형식에도 구애를 받지 않는다.

5. 청원권의 한계

다만 이러한 청원을 통하여 허위의 사실을 통해서 타인의 명예를 훼손한다든가 혹은 국가기밀이나 사인의 사생활의 비밀을 공개하는 등의 행위를 하는 것은 그 자체가 다른 사람의 기본권을 침해하거나 다른 헌법적 법익과 충돌할 수 있기 때문에 후술하듯이 그러한 내용까지 청원권이 모두 보호한다고 보기는 어렵다. 다만 구체적인 사건과 관련해서는 청원권이 가지는 민주주의적 참여기능을 고려할 때, 관련 법률상 청원권제한조항을 지나치게 넓게 해석해서는 곤란할 것이다.

2. 청원권의 역사와 입법례

6. 고대 청원권: 직접적 의사소통에 기여

청원권의 역사는 고대까지 거슬러 올라간다.4) 고대에 청원권은 처음부터 군주에게 직접 상달되는 진정 내지 요청(Bitte)이라고 하는 의미를 가졌었다. 그리하여 이러한 직접 요청은 개인이든 군주이든 중간적 기구를 거치지 않고서 어떠한 가능한 폐해 내지 비위(Missstände)에 대하여 직접 호소하고 의사소통을 하는 수단이 되었다.

7. 중세 청원권: 등족회의

중세에는 봉건귀족들의 경우 영주에게 등족회의를 통하여 자신들의 불만(gravamina)과 희망(desideria)을 표출하는 것이 허용되었다.

8. 각국 헌법사에서의 청원권

영국에서는 이미 1628년의 권리청원(Petetion of Rights)과 1689년 권

령 대법원 1990. 5. 25. 선고 90누1458 판결), 최근 판례(가령 대법원 2009. 9. 10. 선고 2009도6027 판결)에서는 청원권의 의미를 상당히 적극적으로 해석하고 있을 뿐만 아니라, 청원권의 정의와 관련해서도 헌재판례를 따르고 있는 것으로 보인다. 대법원 2021. 11. 11. 선고 2018다288631 판결.

3) 다만 1962년 제5차 개정 헌법에 따라 이 규정이 삭제됨으로써 공무원의 신분 및 정치적 중립성이 제고되었다고 보는 견해로 헌재 2021. 6. 24, 2020헌마1614, 판례집 제33권 1집, 786, 800.

4) 이하 Friedhelm Hufen, Staatsrecht II - Grundrechte, 6. Aufl., München 2017, S. S. 744f. 참조. Hartmut Bauer, Petitionsrecht, in: HGR V, § 117, Rn. 2.

리장전에서 국왕에 대한 청원권이 수용되었다. 특히 권리장전에서는 청원을 하였다는 이유로 수감되거나 소추를 당하지 않을 권리도 보장되었다.5) 그리고 1791년 미합중국헌법의 첫 번째 헌법개정(수정헌법 제1조)과 1791년 및 1793년 프랑스 헌법에도 마찬가지로 청원권이 명시되었다. 1794년 프로이센 일반 란트법은 군주에게 보내는 진정서(Eingabe)에 대하여 명시적으로 처벌을 면하였으며, 수신인에게는 필요한 주의를 다하여 심사할 의무를 부과하였다. 그리고 1849년의 바울교회헌법(Paulskirchenverfassung)에는 이 청원권이 기본권으로서 실정화되었으나(제159조), 주지하듯이 이 헌법은 효력을 발하지는 못했다. 또한 1850년 프로이센 헌법(제32조)에도 마찬가지의 내용이 규정되었으나, 1871년 제국헌법 제23조는 청원권을 단지 제한적인 형식으로, 즉 제국의회의 청원회부권으로서 규정되었으며, 주로 제국정부에 대한 제국의회의 권한으로서의 의미가 강조되었다.6) 그 후 바이마르헌법 제126조는 1849년 바울교회헌법의 조문을 모델로 하여 1871년의 제국헌법과는 달리 모든 독일 국민의 광범위하고 무제한한 청원권으로서 보장하였으며, 이로써 독일에서의 청원권은 주관적인 공권으로서 인정되었다.7)

이 청원권의 의미는 법원을 통한 권리구제절차가 구축되기 시작하면서 점차 반감되기 시작하였다. 그럼에도 불구하고 독일 바이마르헌법 제126조는 독일인을 위한 청원권을 보장한 후, 나치(국가사회주의)가 이 청원권에 대하여 국가사회주의적 총통국가와는 합치될 수 없는 것으로서 제거하고 청원자를 소추했던 역사적 경험을 하고 나서, 독일 주헌법들과 1949년의 독일 기본법 제정자가 이 전통적 청원권을 기본권목록에 다시 받아들인 것은 당연한 것이었다.8)

9. 권리구제절차의 구축과 청원권

---

5) 계희열 (주 1), 622면; "That is the right of the subjects to petiton the King, and all commitments and prosecutions for such petitioning, are illegal." Michael Brenner, in: v. Mangoldt/Klein/Starck, GGI, Art. 7 Rn. 1. 김종철, 헌법 제26조, (사) 한국헌법학회 편, 헌법주석 [I], 941-951(944)면.

6) Michael Brenner (주 5), Rn. 1.

7) Michael Brenner (주 5), Rn. 1.

8) Hufen (주 4), S. 745.

3. 우리 헌법사에서의 청원권

10. 조선시대
상소제도

조선시대에 신하가 왕에게 직접 상소를 하는 상소제도나 백성이 임금에게 직접 억울함을 호소하고 진정을 한 신문고제도와 격쟁제도, 그리고 암행어사를 파견하여 향토비리를 척결하는 암행어사제도는 백성이나 신민이 왕에게 직접 진정을 하고, 왕이 직접 백성들의 고충을 해결하는 제도였다는 점에서, 전술한 서양법사에서 등장하는 간청제도와 매우 흡사하게 우리나라 청원제도의 모태가 되었던 것이 아닌가 생각된다.9)

11. 우리 헌법
사에서 청원권

다만 우리 헌법사에서 최초로 청원권을 명시적으로 언급한 것은 1919. 9. 11. 대한민국임시헌법 제9조 제4항(입법부에 청원하는 권)에서였다. 그리고 그 수리권은 임시의정원에게 있었다(제21조 제8호).10) 또한 1925. 4. 7. 대한민국임시헌법 제28조에서는 "光復運動者(광복운동자)는 地方議會(지방의회)를 組織(조직)하여 臨時議政院(임시의정원) 議員(의원)을 選擧(선거)하며 臨時政府(임시정부) 及(내지) 臨時議政院(임시의정원)에 請願(청원)함을 得(득)함"이라고 규정하였다.11) 그리고 1944. 4. 22. 대한민국임시헌장 제5조 제5항은 "公訴(공소), 私訴(사소) 及(내지) 請願(청원)을 提出(제출)하는 權利(권리)"를 둠으로써 청원권을 재판청구권과 함께 규정하였다.12)

---

9) 같은 취지의 보다 상세한 연구는 김성배, 청원권의 기원과 청원법의 개선방향, 세계헌법연구 제23권 제3호(2017. 12.), 179−216(187−190)면. 다만 청원권의 기원을 1215년 영국의 대헌장과 이를 바탕으로 선포된 1689년 권리장전에서 찾는 것이 국내·외 학설의 일반적 견해인 것은 아니다. 상세한 것은 Bauer (주 4), Rn. 2, 각주 7의 문헌들 참조.

10) 청원의 수리권을 대통령이나 국무원이 아니라 임시의정원이 가진 것을 근거로 서양식 청원제도를 염두에 둔 것으로 보는 견해로 김성배 (주 9), 192면.

11) 이 헌법 제3조에서는 "대한민국은 광복운동 중에는 광복운동자가 전인민을 대함"이라고 규정하고 있었기 때문에 이 청원권 규정은 광복운동자가 전 인민을 대표하여 임시정부와 임시의정원에서 청원권을 행사할 수 있다고 규정한 것으로 보인다. 1919. 4. 11. 대한민국임시헌장을 비롯한 대한민국임시헌법 문서들은 김광재, 대한민국 헌법의 탄생과 기원, 월비스 2018, 256면 이하 부록 참조.

12) 한편 해방 이후 임시정부인사들로 구성된 남조선과도입법위원회에서 작성한 남조선과도약헌안(1947. 2. 28.) 제2조의 기본권목록에는 청원권이 규정되어 있지 않았으나, 제2장 입법의원의 권한에 청원의 수리 권한이 포함되어 있음을 볼 때, 청원권은 기본권에 당연히 포함되는 것으로 전제하였다고 할 수 있으며, 1947. 8. 6. 남조선과도입법의원에서 의결된 조선임시약헌 제7조에서는 1. 입법의원에 청

그러므로 조선시대의 상소와 신문고제도 및 대한민국임시정부 헌법과 해방 후 여러 헌법초안들이 대부분 일관되게 청원권을 규정해 온 전통을 고려할 때, 1948년 헌법은 청원권을 단순히 외국의 헌법만을 참고하여 도입한 것이 아니었음을 알 수 있다.

1948년 헌법 제21조는 "모든 국민은 국가 각 기관에 대하여 문서로써 청원을 할 권리가 있다. 청원에 대하여 국가는 심사할 의무를 진다."고 규정하였다. 그리고 제27조는 공무원의 국민에 대한 책임과 함께 불법행위를 한 공무원의 파면을 청원할 권리를 규정하였다.

1962년 헌법은 조문의 위치를 제23조로 바꾸고 제1항에 "법률이 정하는 바에 의하여"라고 하는 법률유보 조항을 삽입한 외에는 같은 문구를 유지하였고, 1980년 헌법에서는 제25조로, 1987년 헌법에서는 제26조로 조문의 위치만 바뀌었을 뿐이다.

4. 옴부즈만(Ombudsman)제도

한편 청원제도와 밀접한 관련을 가지고 발전되어 온 것으로 스웨덴에서 유래하는 옴부즈만제도[13]를 들 수 있는데, 우리나라 역시 이를 모태로 국민권익위원회제도를 도입하여 운용하고 있으므로 간략하게 살펴본다.

가. 옴부즈만제도의 유래와 발전

옴부즈만제도는 역사적으로 주로 스웨덴 헌법사에 그 뿌리를 두고 있다. 스웨덴은 1809년 귀족출신의 사법감시관직을 헌법에 도입하였는데 이 사법감시관은 법관과 공무원의 법집행에 관하여 감시하고 국민의 일반적 및 개별적 권리들을 수호하는 역할을 하였다. 국민의 안전 그 자체만이 아니라, 법의 보호 하에 국민의 안전이 잘 보호되고 있다고 하는

원할 권리, 2. 행정주석 급 행정관서에 진소할 권리, 3. 위법행정처분에 대한 재판을 요구할 권리, 4. 법원에 제소하여 법관의 심판을 받을 권리를 규정하였다. 이 가운데 제1호와 제2호가 청원권에 해당한다고 할 수 있다. 해방 후 각종 헌법초안에서의 청원권규정에 관한 상세는 김성배 (주 9), 192–195면.

13) 이하 Hartmut Bauer (주 4), Rn. 12 참조.

확신을 위해서 이러한 제도가 시행되었다. 이러한 옛 스웨덴 헌법제도는 의회의 보조기관으로서 한 사람에게 광범위한 권한과 권위가 인정된 독임제 옴부즈만제도로 발전하였다. 이 옴부즈만의 첫 번째 기능은 기본권보호이며, 두 번째 기능은 사법부와 행정부에 대한 의회통제 지원이다. 이 두 가지 기능은 지속적으로 확대되고 있는 관료주의에 맞서서 사람들이 언제든지 쉽게 접근할 수 있는 통제기관이 필요하다고 하는 점에 상응하는 것이다.

17. 옴부즈만제도의 확산

그리하여 20세기 초 이후 스칸디나비아 국가들은 부분적으로 이 스웨덴의 옴부즈만제도의 원래의 모형과는 상당히 다르기는 하지만 이 제도를 받아들였다. 그리고 1960년대부터는 덴마크모델에 따른 옴부즈만제도가 다른 나라로 널리 수출되기 시작하면서, 소위 "옴부즈마니아(Ombudsmania)"가 세계적으로 널리 확산되었다. 그 사이에 약 120개 국가가 국가적, 지역적 차원에서 이 옴부즈만 제도를 도입하였으며 또한 일종의 비정부기구(NGO)로서 국제옴부즈만협회(International Ombudsman Institute)도 조직되어 있다.

나. 옴부즈만제도의 기능과 특성

18. 핵심적 기능과 특성

이렇게 세계적으로 다양하게 발전된 옴부즈만제도의 핵심적 기능과 특성을 간추리면 다음과 같다.

19. 의회 통제 권한의 보완

첫째, 옴부즈만은 의회의 보조기관으로서 의회의 통제권한을 보완하는 기능을 가진다. 일반적으로 옴부즈만은 의회에 의하여 선출되고 또한 의회에 대하여 책임을 지며 보고할 의무를 가진다. 또한 옴부즈만은 의회의 신임에 종속되기는 하지만 그렇다고 하여 의회의 지시를 받는 것은 아니다. 옴부즈만은 직권으로 조사할 수 있는 권한을 가지는데 이러한 권한을 수행함에 있어서 의회의 통제기능도 고려한다.

20. 국민과 행정부사이의 중개기능

둘째, 옴부즈만은 한편으로는 국민들과, 다른 한편으로는 끊임없이 복잡다단해 지고 있는 행정부 사이에서 중개기능을 담당한다. 중립적인 조정, 비관료적 갈등해결 그리고 국민과 행정부가 상호 근접하게 함으로써 국가적 신뢰를 형성하는 것도 옴부즈만의 중요한 기능과 속성에 해당한다.

셋째, 옴부즈만에 대한 호소는 어떠한 형식이나 비용이 필요 없이 가능하며, 옴부즈만이 어떠한 직무상의 계통을 경유할 필요가 없이 해당 행정청으로 직접 향할 수 있으며, 또한 법원과는 별도로 행정청의 행위에 대하여 임의로 심사할 수 있다.

21. 행정행위에 대한 임의심사 기능

넷째, 심사절차와 관련해서 옴부즈만은 원칙적으로 광범위한 정보조사권, 문서열람권, 출석권, 증인심문권, 조사권 등을 가진다. 다만 일반적으로 옴부즈만은 폐지나 취소할 수 있는 권한은 없고, 그 대신 보통 구속력이 없는 권고의견을 발할 수 있을 따름이다.

22. 심사절차에 대한 구속력 없는 권고의견 제시 기능

다섯째, 관료적 하부구조에도 불구하고 일반적으로 특별히 임명된 사람이 시민을 위한 상담파트너로서 역할을 한다. 보통 일반적으로 정당의 의석비율에 따라 임명되어 구성되는 합의제 기구와는 달리 독임제 기구이므로 합의를 해야 할 필요가 없다.

23. 시민을 위한 상담파트너 기능

여섯째, 옴부즈만은 그 소속이 의회임에도 불구하고 그가 의원이 될 수는 없으며, 또한 그의 임기 역시 경우에 따라서는 의회회기를 넘어설 수 있다고 하는 점에 의하여 옴부즈만의 중립성이 강화된다.

24. 옴부즈만의 중립성

일곱째, 옴부즈만은 자신의 경험으로부터 입법상의 하자를 지적하고, 개혁의 계기를 부여하며, 또한 자신이 가진 홍보가능성을 살려서 특정한 이슈와 관련하여 일반 대중들에게 문제를 첨예화시킬 수 있는 가능성을 가지고 있다.

25. 특정이슈관련 문제제기 및 개혁계기 부여

여덟째, 따라서 흔히 청원권과 의회의 청원제도가 가지는 문제와 비교되는 마찬가지의 문제상황들이 이 옴부즈만 제도와 관련해서도 나타날 수 있다.

26. 청원권의 문제점 그대로 나타날 수 있음

다. 우리나라의 국민권익위원회제도

우리나라에서는 참여정부 시기까지 대통령 소속 하에 국민고충처리위원회와 지방자치단체에 임의기관으로서 시민고충처리위원회가 설치되어 국민의 각종 민원사항을 접수·처리함으로써 국민의 민원과 고충을 처리하는 제도가 실시되기 시작하였다. 그 후 이명박 정부 하인

27. 국민권익위원회제도 실시

2008. 6. 5. "부패방지 및 국민권익위원회의 설치와 운영에 관한 법률"
(부패방지권익위법)이 제정되어 기존의 고충처리위원회와 시민고충처리위
원회는 국가청렴위원회와 행정심판위원회와 함께 국무총리 산하의 국민
권익위원회로 통합되었다.14) 이 법은 고충민원의 처리와 이에 관련된
불합리한 행정제도를 개선하고, 부패의 발생을 예방하며 부패행위를 효
율적으로 규제함으로써 국민의 기본적 권익을 보호하고 행정의 적정성
을 확보하며 청렴한 공직 및 사회풍토의 확립에 이바지함을 목적으로
한다.

28. 국민권익위 원회의 업무

　　국민권익위원회는 ① 국민의 권리보호·권익구제 및 부패방지를 위
한 정책의 수립 및 시행, ② 고충민원의 조사와 처리 및 이와 관련된 시
정권고 또는 의견표명, ③ 고충민원을 유발하는 관련 행정제도 및 그 제
도의 운영에 개선이 필요하다고 판단되는 경우 이에 대한 권고 또는 의
견표명, ④ 위원회가 처리한 고충민원의 결과 및 행정제도의 개선에 관
한 실태조사와 평가 등 전체 21가지 업무를 수행한다(법 제12조)

29. 중앙행정기 관에 해당

　　국민권익위원회는 정부조직법에 따라 중앙행정기관에 해당한다(제2
조 제2항 제3호). 국민권익위원회의 독립성과 위원장 및 위원의 신분은
보장된다.(부패방지권익위법 제16조 제1항, 제2항).

30. 옴부즈만제 도와의 차이

　　우리 권익위원회의 경우 중앙행정기관으로 하고 있는 것으로 봐서,
대부분 의회소속으로 되어 있으면서 행정부와 사법부를 견제하는 기능
을 가지는 스칸디나비아식 옴부즈만제도와는 다르다. 그러나 국민 고충
처리에 관한 임무와 위원회의 독립성, 신분보장, 그리고 결정사항이 권
고에 그치는 점 등은 유사하다고 할 수 있으며, 다만 권익위의 기능에
행정심판기능까지 포함되고 있다고 하는 점이 특징이다.

5. 청원권의 기능

31. 비형식적

　　청원권은 다른 청구권적 기본권과 달리 까다로운 형식적 요건(개인
적 관련성, 구제절차의 경유, 비용, 청구기간 등)에 구애를 받지 않는다. 그리

---

14) 김종철 (주 5), 943-944면

고 청원권은 일반적으로 과거 일이든 현재 일이든, 혹은 장래 일이든 그 시간적 대상과 관련하여 제약을 받지 않을 뿐 아니라[15], 또한 소송 전이든 소송과정에서이든, 심지어 기판력 있는 판결이 선고된 후이든 상관없이 법률이 정한 절차에 따라 행사할 수 있다.[16]

이러한 특성들로부터 청원권이 가지는 민주주의적, 법치국가적 관점에서의 여러 가지 기능과 장점들이 발휘될 수 있는데, 주요한 내용들만 간추려본다면 다음과 같다.[17]

32. 청원권의 기능과 장점

가. 직접민주주의적 참여기능

첫째, 이 청원권은 참정권과 재판청구권 등 권리구제를 위한 절차적 기본권이 활성화된 현대 민주국가에서는 과거와 같은 의미를 그대로 유지하기 힘들게 된 것은 사실이지만, 아직까지 이 청원권을 통해서 국민이 국가기관에 직접 문서로 일정한 사항을 요구하거나 주장함으로써 국가적 의사결정 과정에 영향을 미치거나 참여할 수 있는 기능을 한다. 이는 대의제의 결함을 보완할 수 있는 기제로 작용한다고 할 것이다.[18]

33. 국가적 의사결정과정에 참여기능

나. 통합기능

둘째, 이로써 청원권은 의회민주주의와 대의민주주의에 있어서 필수적인 국민통합과 합의(Konsens)형성기능을 수행할 수 있다. 다시 말해서 대의민주주의는 국민 개개인이 국가적 의사결정과정에 직접 참여하는 데 한계가 있으므로, 국가기관이나 의회에 청원을 하고, 그로부터 청원사항에 대한 답변을 들음으로써 청원인은 국가 공동체의 일원으로서 통합되고, 소외로부터 벗어나서 공감대와 합의(Konsens)를 형성할 수 있는 계기를 가지게 되는 것이다.[19]

34. 국민통합 및 합의형성 기능

---

15) Brenner (주 5), Rn. 17.
16) Brenner (주 5), Rn. 14.
17) 이에 관해서는 주로 Brenner (주 5), Rn. 12이하의 아이디어에 착안함.
18) 동지, 계희열 (주 1), 621면; 김종철 (주 5), 942면; 김성배 (주 9), 182면.
19) Brenner (주 5), Rn. 12; 동지, 계희열 (주 1), 621면; "국민과 국가기관 간의 신뢰와 유대가 강화될 수 있다.", 김종철 (주 5), 942면.

다. 권력제한기능

셋째, 전술하였듯이 권리구제를 위한 다른 절차적 기본권들의 경우 권리주체가 일정한 절차적 전제조건이나 요건을 갖추어야만 그 권리를 행사할 수 있는 데 반하여, 청원권을 행사하는 데 있어서 일반적으로 그러한 까다로운 요건이나 형식을 요하지 않는다.[20]

이렇게 형식적 전제조건으로부터 탈피할 수 있는 청원권의 주체는 다른 절차적 기본권을 행사하기 위하여 입법자가 만들어 놓은 까다로운 요건들로부터 해방되어 국가에 대하여 요구하고자 하는 사항을 자유로이 요구하고 주장할 수 있기 때문에, 절차적 기본권을 까다롭게 구체화하여 국가기관에 대한 접근을 지나치게 어렵게 할 수 있는 입법자의 독점적 권한을 다시금 제한하는 기능을 수행할 수 있다.

라. 국정통제기능

넷째, 청원자는 가령 자신의 권리와는 직접 관련성이 없는 타인의 권리침해를 구제하기 위해서나, 혹은 공익의 실현을 위해서, 혹은 공직자의 비리를 제보하기 위한 목적으로 적극적으로 국가기관에 관련 정보를 제공하고 비리와 폐해의 시정을 요구할 수 있는 가능성이 있다.

만일 의회에 행정부의 위법 또는 비리의 시정을 요구하는 청원이 접수될 경우, 의회는 이를 근거로 대정부 통제(대정부질문이나 국정조사나 국정감사 등)에 착수함으로써 정부에 대한 통제기능을 수행할 수도 있다.[21]

그러므로 청원권은 국가권력의 행사 과정에서 필수적으로 요구되는 합리성과 투명성을 제고하고, 시민적 차원에서 국가권력을 통제하는 기능을 수행할 수 있다.

마. 권리구제기능과 평화보장기능

청원권이 다른 권리구제절차에 비하여 실효성이 있다고 하기는 힘

---

20) Brenner (주 5), Rn. 13.
21) 계희열 (주 1), 621-622면

들다 하더라도, 이와 같이 소송의 전이나 소송 과정에서, 그리고 소송 후에도 청원권을 행사할 수 있고 또한 국가기관에 대하여 여론을 동원한 시민적 통제기능을 수행할 수 있기 때문에, 침해된 개인적 권리구제에 도움이 될 수 있는 가능성을 배제할 수 없다.[22] 경우에 따라서는 이러한 청원권행사를 소송과 병행함으로써 국가기관과 타협이나 조정에 이를 수도 있으므로 어느 정도는 권리구제와 더불어서 평화보장기능도 할 수 있다고 할 것이다.

Ⅱ. 청원권의 법적 성격

1. 자유권설

청원권이 국가기관에 의하여 방해를 받지 않고 자유롭게 의견 또는 희망을 진술할 수 있는 권리라는 점에서 소극적이고 방어적인 자유권적 성격을 가진다고 보는 견해이다.[23]

41. 방어적 자유권적 성격설

2. 청구권설

청원권은 국민이 국가기관에 대하여 일정한 사항을 청구할 수 있고 국가기관은 이를 수리·심사하여 통지해야 할 의무를 가지고 있으므로 청구권적 기본권이라고 보는 견해이다.[24]

42. 청구권적 기본권설

3. 참정권설

청원권은 법률의 제정과 개폐, 공무원의 파면 등의 청원을 내용으로 한다는 점에서 참정권이라고 하는 견해이다.[25]

43. 참정권설

---

22) 계희열 (주 1), 621면.

23) 한태연, 헌법학 1977, 355면. 계희열 (주 1), 627면에서 재인용.

24) 문홍주, 한국헌법, 1995, 329면. 계희열 (주 1), 627면에서 재인용; 양건, 헌법강의, 법문사 2022, 894면; 김철수, 헌법학신론, 박영사 2013, 1078면.

25) Carl Schmitt, Verfassungslehre, Zehnte Aufl., Berlin 2010, S. 169는 청원권을 민주주의적 권리로 본다. 계희열 (주 1), 627면.

4. 복합적 성격의 기본권설

가. 자유권과 청구권의 복합적 기본권설

44. 복합적 성격의 기본권설

청원권은 소극적 측면에서는 청원의 자유를 보장하는 것이고, 적극적 측면에서는 국가기관에 대하여 일정한 국가적 행위를 요구할 수 있음을 내용으로 하는 청구권이므로, 자유권과 청구권의 성격을 아울러 가진 복합적 성격의 권리라는 견해이다.26)

나. 참정권과 청구권의 복합적 기본권설

45. 참정권적 성격도 가진다는 견해

청원권은 참정권적 성격과 청구권적 성격을 가진 복합적 성격의 기본권이라고 하는 견해도 있다.27)

다. 기타 복합적 성격의 기본권설

46. 특정하지 않고서 복수의 기본권설

자유권, 참정권, 청원권 중 복수의 기본권을 특정하지 않고서 이와 같은 여러 기본권적 성격이 복합된 기본권이라고 보는 견해도 있다.28)

5. 사　견

47. 국가의 심사의무

청원권은 국민이 국가기관에 문서로 무엇인가에 관하여 청원할 수 있는 권리로서 국가는 그 청원에 대하여 심사할 의무를 진다.

48. 청구권적 기본권에 해당

국민이 국가기관에 청원한다고 해서 국가가 모두 다 들어 줘야 하는 것은 아니라고 할 수 있지만 적어도 해당 국가기관은 국민의 청원사항에 대하여 진지하게 심사하여야 한다. 심사의 결과 국민의 청원이나 요구사항이 합리적이라고 판단될 경우에는 그 청원사항을 수용하고 이행해야 할 것이다. 그러한 의미에서 청원권은 국가에게 일정한 행위를

---

26) 권영성, 헌법학원론, 법문사 2010, 604면; 구병삭, 신헌법원론, 박영사 1996, 667면; 성낙인, 헌법학, 법문사 2023, 1595면

27) 김성배 (주 9), 182; Mangoldt-Klein, Das Bonner Grundgesetz Bd.I, 1966, S. 507 - 계희열 (주 1), 627면에서 재인용.

28) 계희열 (주 1), 628면; 정종섭, 헌법학원론, 박영사 2022, 829면; 한수웅, 헌법학, 법문사 2021, 915-916면; 허영, 한국헌법론, 박영사 2023, 635면.

요구하는 권리라 할 것이며, 이는 전형적으로 청구권적 기본권에 해당한다고 생각된다.[29]

다만 어떠한 행위를 할 것인지는 그때그때 국민이 요구한 청원사항에 따라서 다를 것이기 때문에, 그 구체적인 요구사항이 재판이라고 한다면 재판청구권에 흡수될 것이고, 공무원의 불법행위에 대한 배상을 요구하는 것이라면 이는 국가배상청구권에 포함될 것이며, 그 밖에 형사보상이나 범죄피해에 대한 보상을 요구하는 것이라면 형사보상청구권과 범죄피해자보상청구권에 포함될 수 있을 것이다. 따라서 이 청원권은 일반적인 청구권, 즉 청구권적 기본권의 모기본권으로서의 의미가 있다고 할 것이다.[30]

49. 청구권적 기본권의 모기본권

III. 청원권의 보호영역과 내용

1. 헌법상 청원권의 보호영역 내지 보장내용

가. 형성적 법률유보

헌법 제26조는 다른 청구권적 기본권과 마찬가지로 "법률이 정하는 바에 의하여"라고 하는 소위 법률유보조항을 두고 있는데, 이는 형성적 법률유보라고 할 수 있다. 즉 청원권의 구체적인 내용과 행사방법 그리고 절차 등을 입법자가 구체화하도록 입법위임을 한 것이다.

50. 입법자에 입법위임

이 형성적 법률유보 역시 입법자의 입법에 따라서 형성이 될 수도 있지만 경우에 따라서는 국가기관에 대한 국민의 헌법상 청원권을 지나치게 까다롭게 한다든가 사실상 유명무실하게 한다면 이는 더 이상 형성이 아니라 제한이 될 수밖에 없다.

51. 형성적 법률유보

나. 국가기관

국가기관은 우선 헌법이 입법기관으로서 국회, 행정기관으로서 대통령과 정부[31], 사법기관으로서 법원[32], 헌법재판기관으로서 헌법재판

52. 헌법 제26조 국가기관의 의미

---

29) 동지, 유진오, 헌법해의, 명세당 1949, 56면.
30) 이에 관해서는 제8절, IV, 2. 참조.

소, 선거관리기관으로서 중앙선거관리위원회, 감사기관으로서 감사원 등 헌법기관뿐만 아니라, 중앙행정기관과 같이 각 국가권력 산하의 기관 역시 국가기관에 해당된다고 할 것이다. 다만 산하 기관의 경우 업무의 속성상 어느 정도 독립성을 갖추고 있는 기관이어야 할 것이며, 단순히 기관 내부 조직에 지나지 않을 경우에는 하부조직에 대한 청원은 그 하부조직의 행위가 귀속되는 상급기관에 귀속된다고 봐야 할 것이다.

53. 지방자치단체 등 공공단체 포함

다음으로 헌법이 청원의 상대방으로서 국가기관만 언급을 하고 있으므로, 지방자치단체 등 공공단체도 포함되는지가 문제될 수 있다. 지방자치단체의 경우 헌법 제117조에 의해서 보장되는 주민의 자치기관으로서 넓은 의미에서는 국가의 행정 영역에 포함된다고 할 수 있지만, 민주주의적 관점에서 본다면 국가권력을 중앙과 지방으로 나누어 권력을 수직적으로 분립함으로써 지역행정에 주민이 직접 참여할 수 있게 하는 기능을 하는 것이 지방자치라 할 것이다. 그러므로 비록 헌법 제26조가 국가기관이라고 칭하고 있다 하더라도 이 "국가기관"이라고 하는 개념에는 넓은 의미로 본다면 지방자치단체 등 공공단체까지 모두 포함된다고 봐야 할 것이다.

54. 청원법 제4조

실제로 청원법은 청원대상 기관에 지방자치단체와 법령에 따라 행정권한을 가지고 있거나 행정권한을 위임 또는 위탁받은 법인 · 단체 또는 그 기관이나 개인도 포함시키고 있다(제4조).

---

31) 유진오 (주 29), 56면은 청원을 직접 국무회의로도 제출할 수 있다고 하고 있으며 국무회의에서는 직접 제출된 청원은 물론 국회나 하급 행정기관으로부터 이송된 청원사항에 대하여 반드시 심사하여야 할 뿐만 아니라 국회로부터 회부된 청원에 대하여는 그 처리상황을 차기 국회에 보고하여야 한다고 한다. 우리 헌법 제89조 제15호는 정부에 제출 또는 회부된 정부의 정책에 관계되는 청원의 심사를 필수적 국무회의의 심의 대상으로 하고 있다.

32) 유진오 (주 29), 56-57면도 법원에 대한 청원이 반드시 금지되는 것은 아니나 재판에 대하여 간섭하는 내용의 청원은 헌법위반이라고 지적하고 있다. 그러나 재판 과정에서 당사자가 판사에게 진정을 하는 등, 판사에게 사실관계에 관하여 알리며 호소하는 것은 얼마든지 할 수 있는 일이라고 할 것이다. 다만 그러한 청원 역시 문서로써 해야 하고, 법관은 그 사항에 대하여 재판에 대한 하나의 참작사유로 볼 수 있을 것이며 필요한 경우에는 재판과정에서 당사자에게 증거제출을 요구하고 제출된 증거에 입각하여 판단하면 될 것이기 때문에 위헌의 문제는 발생하지 않는다고 본다.

> **판례** 지방의회에 청원을 하고자 할 때에 반드시 지방의회 의원의 소개를 얻도
> 록 한 것이 청원권의 과도한 제한에 해당하는지 여부(소극)
> (헌재 1999. 11. 25. 97헌마54, 판례집 11-2, 583, 583)

청원권에 관하여 규정하고 있는 다른 법으로는 국회법(제9장), 지방   55. 다른 법률
자치법(제5장 제8절) 등이 있다.

다. 문서에 의한 청원

헌법이 문서에 의한 청원을 요구하는 것은 국가기관에 청원을 할   56. 문서에 의
때 구두로 하게 되는 경우 국가기관에 무엇을 요구하는지가 분명하지   한 청원요건의
않을 수 있는 데 반하여 문서로 하는 경우 청원인의 의사를 명확하게   근거
확인할 수 있고[33], 국가기관 역시 청원사항에 대하여 심사할 때 이 문
서를 기준으로 심사하여 그 결과를 통보해 줄 수 있게 될 것이다.

다만 오늘날 인터넷 시대에는 문서는 전자문서까지 포함할 수 있다   57. 전자문서
고 봐야 할 것이며, 청원법(제9조 제1항)과 국회법(제123조 제2항) 역시 전   및 인터넷을 통
자문서에 의한 청원가능성을 열어 놓고 있다. 청원과 청원수리 및 심사   한 접수 포함
결과의 통지 등에 대해서는 전자문서에 의한 방법이 기존의 전통적인
문서에 의한 방법보다 훨씬 수월하고 신속할 수 있기 때문에 전자문서
와 인터넷을 통한 접수의 가능성을 배제하지 않는다고 봐야 할 것이다.

라. 국가의 청원심사의무

헌법 제26조 제2항은 국가의 청원심사의무를 지우고 있다. 여기에   58. 국가기관의
서 국가 개념 역시 각 국가기관을 포함한 개념이라고 봐야 할 것이며,   청원심사의무
나아가 지방자치단체 및 공공단체 역시 국가 개념에 포함된다고 넓게
해석해야 할 것이다. 왜냐하면 청원의 대상이 되는 국가기관이 널리 국

---

33) 동지, 유진오 (주 29), 56면. 그는 또한 청원을 구두로 행할 수 없게 한 것은 평온하
   게 청원을 하도록 하고자 한 것이라고 지적하고 있다. 문언상 일본국 헌법 제16조
   ("누구든지 손해의 구제, 공무원의 파면, 법률·명령·규칙의 제정·폐지·개정, 그
   밖의 사항에 관하여 평온하게 청원할 권리를 가지며, 누구든지 이러한 청원을 이유
   로 어떠한 차별대우도 받지 아니한다.")를 떠올리게 하는 주석이라고 생각된다.

가뿐만 아니라 지방자치단체와 공공단체까지 포함된다고 봐야 할 것이므로 청원사항에 대한 심사의무는 청원을 수리한 국가기관이 져야 할 것이기 때문이다.

59. 이유 제시 요구는 불포함

헌법재판소에 의하면 청원사항의 처리결과에 심판서나 재결서에 준하여 이유를 명시할 것을 요구하는 것은 청원권의 보호영역에 포함되지 않는다.[34]

60. 청원심사의 정도

그리고 심사의 정도와 관련해서는 "청원(請願) 소관관서는 청원법(請願法)이 정하는 절차와 범위 내에서 청원사항을 성실·공정·신속히 심사하고 청원인(請願人)에게 그 청원(請願)을 어떻게 처리하였거나 처리하려 하는지를 알 수 있는 정도로 결과통지함으로써 충분하다."고 하고 있다.[35] 그리고 비록 그 처리내용이 청원인이 기대한 바에 미치지 않는다고 하더라도 헌법소원의 대상이 되는 공권력의 불행사가 있다고 볼 수 없다고 한다.[36]

61. 합헌 사례

청원심사의 성실·공정의무 등 헌법원칙에 위반하여 행복추구권, 청원권 등 청구인의 기본권을 침해하였다고 보기 어렵다고 한 사례로 진정각하결정취소 사건[37]이 있다.

2. 청원법상 청원권의 구체적 내용

가. 청원기관(제4조)

62. 청원을 제출할 수 있는 기관

국민이 청원을 제출할 수 있는 기관은 다음과 같다.
(1) 국회·법원·헌법재판소·중앙선거관리위원회, 중앙행정기관
   (대통령 소속 기관과 국무총리 소속 기관을 포함한다)과 그 소속 기관
(2) 지방자치단체와 그 소속 기관
(3) 법령에 따라 행정권한을 가지고 있거나 행정권한을 위임 또는
   위탁받은 법인·단체 또는 그 기관이나 개인

---

34) 헌재 1994. 2. 24, 93헌마213 등, 판례집 제6권 1집, 183, 184.
35) 헌재 1994. 2. 24, 93헌마213 등, 판례집 제6권 1집, 183, 184; 헌재 2004. 5. 27, 2003헌마851, 판례집 제16권 1집, 699, 699-700.
36) 헌재 2004. 5. 27, 2003헌마851, 판례집 제16권 1집, 699, 699-700.
37) 헌재 2009. 9. 24, 2009헌마63, 판례집 제21권 2집 상, 873.

나. 청원사항(제5조)

국민은 ① 피해의 구제, ② 공무원의 위법·부당한 행위에 대한 시정이나 징계의 요구, ③ 법률·명령·조례·규칙 등의 제정·개정 또는 폐지, ④ 공공의 제도 또는 시설의 운영, ⑤ 그 밖에 청원기관의 권한에 속하는 사항에 대하여 청원기관에 청원할 수 있다.

63. 청원 가능 사항

다. 청원 처리의 예외와 모해의 금지

(1) 청원 처리의 예외(제6조)

청원기관의 장은 ① 국가기밀 또는 공무상 비밀에 관한 사항, ② 감사·수사·재판·행정심판·조정·중재 등 다른 법령에 의한 조사불복 또는 구제절차가 진행 중인 사항, ③ 허위의 사실로 타인으로 하여금 형사처분 또는 징계처분을 받게 하는 사항, ④ 허위의 사실로 국가기관 등의 명예를 실추시키는 사항, ⑤ 사인간의 권리관계 또는 개인의 사생활에 관한 사항, ⑥ 청원인의 성명, 주소 등이 불분명하거나 청원내용이 불명확한 사항에 대해서는 처리를 하지 아니할 수 있다. 이 경우 사유를 청원인에게 알려야 한다.

64. 청원처리 예외사항

국회법 역시 ① 재판에 간섭하는 내용의 청원, ② 국가기관을 모독하는 내용의 청원. ③ 국가기밀에 관한 내용의 청원은 이를 접수하지 않는다고 규정하고 있다(제123조 제3항).

65. 접수하지 않는 청원

> **대법원 판례** 국민이 가지는 청원권은 국가기관에 대하여 자신의 의견이나 관심사를 전달할 자유를 보장하는 동시에 이를 통하여 공적인 국가의사의 형성에 영향을 미칠 수 있도록 하는 헌법상의 권리로서 중요한 의미를 가지므로, 이를 제한하여 국민의 청원권 행사가 위축되도록 법을 운용하는 것은 이러한 청원권의 기본취지에 맞는다고 할 수 없다. 그러므로 "누구든지 타인을 모해할 목적으로 허위의 사실을 적시한 청원을 하여서는 아니된다."고 정하는 청원법 제11조에서 '허위사실의 적시'라는 요건을 해석함에 있어서도 청원의 내용이 남김없이 객관적 사실에 부합하는 것이 아니면 바로 위 요건에 해당한다고 볼 것은 아니고, 청원내용의 일부에 객관적 사실에 반하는 점이 포함되었다 하더라도 그것이 전체적으로 볼 때 청원의 중요취지가 허위인 것으로 평가되게 하

는 등으로 그로 인하여 국가기관의 의사형성을 오도할 객관적인 우려가 있는 성질의 것이 아니라면 위 요건이 충족된다고 할 수 없다. 이는 국가기관에 대하여 다른 사람의 비위를 알리면서 그에 대한 조치를 구하는 내용의 청원이라고 하여 다르지 않다.

(대법원 2009. 9. 10. 선고 2009도6027 판결.)

라. 청원기관의 장의 의무(제7조)

66. 청원과 관련된 법령 및 절차·조직 마련 의무

청원기관의 장은 국민의 청원권이 존중될 수 있도록 청원법을 운영하고 소관 관계 법령을 정비하여야 한다. 또한 그는 청원사항에 관한 업무를 주관하는 부서 및 담당인력을 적정하게 두어야 한다.

이는 청원기관의 장에게 청원과 관련한 절차와 조직을 마련하여 국민의 청원권을 보장하도록 청원법을 운영할 의무를 부과하는 것이라 할 수 있다.

마. 청원심의회(제8조)

67. 청원심의회의 설치·운영

청원기관의 장은 공개청원의 공개 여부에 관한 사항, 청원의 조사결과 등 청원처리에 관한 사항, 그 밖에 청원에 관한 사항에 대하여 심의하기 위하여 청원심의회를 설치·운영하여야 한다.

바. 청원의 방법과 절차

(1) 청원의 방법(제9조)

68. 청원서 기입내용

청원은 청원서에 청원인의 성명과 주소 또는 거소를 적고 서명한 문서(전자문서 포함)로 하여야 한다.

행정안전부장관은 서면으로 제출된 청원을 전자적으로 관리하고 전자문서로 제출된 청원을 효율적으로 접수·처리하기 위하여 정보처리시스템을 구축·운영하여야 하며, 대법원, 헌법재판소 및 중앙선거관리위원회는 별도의 온라인청원시스템을 구축·운영할 수 있다. 그에 필요한 사항은 대법원규칙, 헌법재판소규칙, 중앙선거관리위원회규칙 및 대통령령으로 정한다(제10조).

(2) 청원서의 제출

청원인은 청원서를 해당 청원사항을 담당하는 청원기관에 제출하여야 한다. 청원인은 청원서에 이유와 취지를 밝히고, 필요한 때에는 참고자료를 붙일 수 있다(제11조).

69. 청원서 제출방식

국회에 청원을 하려는 자는 의원의 소개를 받거나 국회규칙으로 정하는 기간 동안 국회규칙으로 정하는 일정한 수 이상의 국민의 동의를 받아 청원서를 제출하여야 한다(국회법 제123조 제1항). 지방의회에 청원을 하려는 자는 지방의회의원의 소개를 받아 청원서를 제출하여야 한다(지방자치법 제85조 제1항).

70. 제출요건

(3) 청원의 접수(제12조)

청원기관의 장은 제출된 청원서를 지체 없이 접수하여야 한다.

71. 지체 없는 접수

(4) 공개청원

청원인은 ① 법률·명령·조례·규칙 등의 제정·개정 또는 폐지, ② 공공의 제도 또는 시설의 운영에 관하여 청원을 할 경우 청원의 내용, 접수 및 처리 상황과 결과를 온라인청원시스템에 공개하도록 청원하는 공개청원의 방법을 사용할 수 있다(제11조 제2항).

72. 공개청원의 방법

공개청원을 접수한 청원기관의 장은 접수일부터 15일 이내에 청원심의회의 심의를 거쳐 공개 여부를 결정하고 결과를 청원인에게 알려야 한다(제13조 제1항).

73. 15일 내에 공개여부 결정

청원기관의 장은 공개청원의 공개결정일부터 30일간 청원사항에 관하여 국민의 의견을 들어야 한다. 듣는 방식, 그 밖에 공개청원의 공개 여부 결정기준 등 공개청원의 운영에 필요한 사항은 대법원규칙, 헌법재판소규칙, 중앙선거관리위원회규칙 및 대통령령으로 정한다(제13조).

74. 30일간 국민의 의견 청취

(5) 접수·처리 상황의 통지 및 공개(제14조)

청원기관의 장은 청원의 접수 및 처리 상황을 청원인에게 알려야 한다. 공개청원의 경우에는 온라인청원시스템에 접수 및 처리 상황을

75. 청원 상황 고지 및 공개

공개하여야 한다.

(6) 청원서의 보완 요구 및 이송(제15조)

76. 청원사항
보완요구 가능

청원기관의 장은 청원서에 부족한 사항이 있다고 판단되는 경우에는 보완사항 및 보완기간을 표시하여 청원인에게 보완을 요구할 수 있다.

77. 청원서의
이송

청원기관의 장은 청원사항이 다른 기관 소관인 경우에는 지체 없이 소관 기관에 청원서를 이송하고 이를 청원인(공동청원의 경우 대표자)에게 알려야 한다.

78. 정부에 이
송사항

국회가 채택한 청원으로서 정부에서 처리하는 것이 타당하다고 인정되는 청원은 의견서를 첨부하여 정부에 이송하며, 정부는 청원을 처리한 후 그 처리 결과를 지체 없이 국회에 보고하여야 한다(국회법 제126조).

(7) 반복청원 및 이중청원(제16조)

79. 반복 · 동
일 · 이중청원
의 처리

청원기관의 장은 동일인이 같은 내용의 청원서를 같은 청원기관에 2건 이상 제출한 반복청원의 경우에는 나중에 제출된 청원서를 반려하거나 종결처리할 수 있고, 종결처리하는 경우 이를 청원인에게 알려야 한다. 그러므로 동일내용의 청원에 대하여는 국가기관이 이를 수리, 심사 및 통지를 하여야 할 아무런 의무가 없다.[38]

80. 소관기관의
장에게 이송

동일인이 같은 내용의 청원서를 2개 이상의 청원기관에 제출한 경우 소관이 아닌 청원기관의 장은 청원서를 소관 청원기관의 장에게 이송하여야 한다.

(8) 청원의 취하(제17조)

81. 청원취하

청원인은 해당 청원의 처리가 종결되기 전에 청원을 취하할 수 있다.

사. 청원의 처리 등(제21조)

82. 청원처리
절차

청원기관의 장은 청원심의회의 심의를 거쳐 청원을 처리하여야 한다. 다만 청원심의회의 심의를 거칠 필요가 없는 사항에 대해서는 심의를 생략할 수 있다.

---

38) 헌재 2004. 5. 27, 2003헌마851, 판례집 제16권 1집, 699, 699-700.

청원기관의 장은 청원을 접수한 때에는 특별한 사유가 없으면 90일 이내(공개청원의 경우 공개여부 결정기간 및 국민의 의견을 듣는 기간 제외)에 처리결과를 청원인에게 알려야 한다. 이 경우 공개청원의 처리결과는 온라인청원시스템에 공개하여야 한다.

청원기관의 장은 부득이한 사유로 90일 이내에 청원을 처리하기 곤란한 경우에는 60일의 범위에서 한 차례만 처리기간을 연장할 수 있다. 이 경우 그 사유와 처리예정기한을 지체 없이 청원인에게 알려야 한다.

헌법재판소에 의하면 청원에 대한 회신은 헌법소원심판의 대상이 되는 공권력행사에 해당되지 않는다고 본다.[39]

아. 이의신청(제22조)

청원인은 다음과 같은 경우로서 공개 부적합 결정 통지를 받은 날 또는 제21조에 따른 처리기간이 경과한 날부터 30일 이내에 청원기관의 장에게 문서로 이의신청을 할 수 있다.

① 청원기관의 장의 공개 부적합 결정에 대하여 불복하는 경우

② 청원기관의 장이 법 제21조에 따른 처리기간 내에 청원을 처리하지 못한 경우

청원기관의 장은 이의신청을 받은 날부터 15일 이내에 이의신청에 대하여 인용 여부를 결정하고, 그 결과를 청원인에게 지체 없이 알려야 한다.

자. 모해와 차별대우의 금지

(1) 모해의 금지(제25조)

누구든지 타인을 모해할 목적으로 허위의 사실을 적시한 청원을 하여서는 아니 된다. 이에 위반한 자는 5년 이하의 징역 또는 5천만원 이하의 벌금에 처한다(제27조).

(2) 차별대우의 금지

누구든지 청원을 하였다는 이유로 청원인을 차별대우하거나 불이익을 강요해서는 아니 된다(제26조).

---

39) 헌재 2000. 10. 25, 99헌마458, 판례집 제12권 2집, 273.

(우측 여백 주석)

83. 처리결과 90일 이내 청원인에게 알려야 함

84. 처리기간 연장

85. 회신은 헌법소원대상 안됨

86. 이의신청 절차

87. 15일 이내에 인용 여부 결정

88. 모해의 금지

89. 차별대우의 금지

Ⅳ. 청원권의 기본권주체

1. 자연인

90. 국민의 기본권 주체성

청원권의 기본권주체에는 우선 자연인이 포함되며 여기에는 우선 국민이 기본권주체임은 당연한 것이며, 외국인도 기본권주체에 포함될 것인지 여부가 문제될 수 있다.

91. 외국인의 기본권 주체성

만일 청원권의 성질을 참정권으로 본다면 외국인은 주체에 포함시킬 수 없을 것이다. 그러나 청원권을 청구권적 기본권으로 파악한다면 다른 청구권적 기본권과 마찬가지로 이 청원권 역시 권리구제를 위한 절차적 기본권으로 파악할 수 있다. 즉 다른 기본권이 침해되었을 경우 국가기관에게 그 구제를 직접 호소하는 기본권이라고 할 수 있기 때문에, 이러한 절차적 기본권을 굳이 국민에게만 국한해야 할 이유는 없다. 그러므로 외국인의 기본권주체성도 인정해야 할 것이다.[40]

2. 법 인

92. 법인의 기본권 주체성

다음으로 법인 역시 청원권의 주체가 될 수 있다고 본다. 우선 내국 사법인은 물론이거니와 외국 사법인 역시 국내에 체류하며 경제활동 등을 영위하는 과정에서 절차적 기본권으로서 청원권을 향유해야 할 경우가 있을 수 있는 것이다.

93. 예외적으로 기본권 주체가 될 수 있는 공법인의 경우

다음으로 공법인의 경우에는 예외적으로 기본권의 주체가 될 수 있는 경우, 가령 국·공립 대학교의 경우나, 국·공영 방송국의 경우 예외적으로 학문의 자유나 대학의 자치 그리고 언론·출판의 자유의 주체가 될 수 있는데, 이들의 경우 국가기관을 상대로 청원권의 주체가 될 수 있다고 봐야 할 것이다.[41]

---

40) 김철수 (주 24), 1079면; 성낙인 (주 26), 1596면; 양건 (주 24), 895; 한수웅 (주 28), 916면; 김종철 (주 5), 946면; 외국인의 주체성에 대하여 원칙적으로 인정하지 않지만, 법률의 규정이 있을 경우 가능하다는 견해로 정종섭 (주 28), 829면.
41) 계희열 (주 1), 628면;. Brenner (주 5), Rn. 9; 김철수 (주 24), 1079면 ; 양건 (주 24), 895면; 정종섭 (주 28), 829면; 김종철 (주 5), 946면.

V. 청원권의 효력

청원권은 다른 청구권적 기본권과 마찬가지로 대국가적 청구권이며 이 기본권의 수범자는 국가기관이다. 따라서 사인에게는 그 효력이 직접적으로이든 간접적으로이든 미칠 수 없다. 그러므로 청원권의 대사인적 효력은 인정되지 않는다.[42]

94. 대국가적 효력

VI. 청원권의 제한과 제한의 한계

1. 입법자의 형성의 자유와 그 한계

청원권 역시 형성적 법률유보가 있는 기본권임은 전술한 바와 같다. 다른 청구권적 기본권과 마찬가지로 청원권의 행사방법과 절차에 관해서는 입법자에게 위임이 되어 있는 것이므로 그 구체화입법에 있어서는 입법자가 넓은 형성의 자유를 가진다.

95. 형성적 법률유보와 한계

다만 헌법이 보장하고 있는 청원권의 본질적인 내용을 침해해서는 안 되기 때문에 청원권을 사실상 불가능하게 하거나 유명무실하게 할 정도의 입법형성은 허용되지 않는다고 봐야 할 것이다.[43]

96. 본질내용 침해금지

2. 제 한

청원권 역시 무제한한 기본권이라 할 수는 없고, 헌법 제37조 제2항에 따라 국가안전보장이나 질서유지, 공공복리를 위해서 필요한 경우에 한하여 법률로써 제한할 수 있는 기본권이다.[44]

97. 헌법 제37조 제2항에 따른 제한가능

3. 제한의 한계

이와 같이 국가안전보장이나 질서유지, 공공복리를 위하여 청원권

98. 본질내용 침해금지

---

42) 동지, 계희열 (주 1), 629면; 대사인적 효력까지 인정하는 견해로 성낙인 (주 26), 1596면.
43) 동지, 계희열 (주 1), 630면; 정종섭 (주 28), 833면; 허영 (주 28), 638면,
44) 김철수 (주 24), 1083면; 성낙인 (주 26), 1599면; 정종섭 (주 28), 833면; 허영 (주 28), 638면.

을 제한한다 하더라도 필요한 경우에 한하여야 하고, 또한 그 본질적인
내용을 침해해서는 안 된다.

**99. 완화된 심
사기준 적용**

그러한 의미에서 역시 과잉금지 내지 비례의 원칙이 제한의 한계원
리로 작용할 것이다. 다만 입법자에게 넓은 형성의 자유가 인정되므로
완화된 심사기준이 적용된다고 봐야 할 것이다.

**100. 침해 부인
사례**

헌법재판소가 청원권을 침해하지 않는다고 본 사례로는 국회에 청
원을 할 때 의원의 소개를 얻어 청원서를 제출하도록 한 국회법 제123
조 제1항[45]), 수용자가 발송하는 서신이 국가기관에 대한 청원적 성격을
가지고 있는 경우에 교도소장의 허가를 받도록 한 것[46]), 공무원이 취급
하는 사건 또는 사무에 관하여 사건 해결의 청탁 등을 명목으로 금품을
수수하는 행위를 규제하는 구 변호사법 제111조 중 '청탁한다는 명목으
로 금품을 받은 자'에 관한 부분[47]) 등을 들 수 있다.

VII. 청원권과 다른 기본권과의 관계

**101. 국민의 국
가에 대한 다양
한 요구와 의사
표현**

앞에서도 언급했듯이 국민들은 국가기관에 그 형식과 내용 여하를
막론하고 다양한 방식과 다양한 내용에 관하여 요구, 요청하거나 또한
제안하거나 건의할 수 있다. 나아가 국가의 잘못된 시책에 대해서는 역
시 불만을 표출하면서 그 시정을 요구할 수도 있다. 나아가 자신과 관계
되는 일은 아니지만 이웃의 이익이나 공익을 위해서 제보를 하거나 심
지어 자신이 발견한 공무원의 비리나 부정에 대해서 고발하거나 진정을
할 수도 있다.

**102. 보다 정확
한 권리구제절
차 안내 필요**

그러므로 이러한 모든 요구, 요청, 불만토로, 고발, 고소, 진정 등이
모두 청원사항에 포함될 수 있다고 할 것인데, 이러한 다양한 내용들은
권리구제를 위한 다른 청구권적 기본권과 일정 부분 내용적으로 중첩될
수도 있다. 그러한 경우 국가기관은 국민들의 이러한 청원사항을 보다

---

45) 헌재 2006. 6. 29, 2005헌마604, 판례집 제18권 1집 하, 487; 헌재 2012. 11. 29,
2012헌마330, 공보 194, 1907.
46) 헌재 2001. 11. 29, 99헌마713, 판례집 제13권 2집, 739.
47) 헌재 2012. 4. 24, 2011헌바40, 판례집 제24권 1집 하, 107.

정확한 권리구제절차를 통하여 구제받을 수 있도록 잘 안내를 해야 할 것이다.

아무튼 청원사항의 내용이 재판을 청구하는 것이라면 재판청구권으로, 국가배상청구에 해당하는 경우에는 국가배상청구권으로, 형사보상을 청구하는 것이라면 형사보상청구권으로, 범죄피해에 대한 구제를 구하는 것이라면 범죄피해자구조청구권으로 각 해당 법률이 정하는 절차에 따라서 청구권을 행사해야 할 것이다. 만일 이러한 특별한 청구권적 기본권과 청원권을 동시에 행사하는 경우에는 특별한 청구권적 기본권이 우선 적용된다고 할 수 있으므로, 그러한 범위 내에서 청원권의 행사는 더 이상 필요가 없어지거나(권리보호이익 소멸) 배제가 된다고 봐야 할 것이다.

103. 타 기본권과의 경합

다만 특별한 청구권적 기본권에 의하여 보호되지 못하는 나머지의 영역에서는 보충적으로 이 청원권이 나름대로의 기능과 역할을 수행할 수 있게 될 것이다. 가령 피해자가 아닌 사람도 구체적 소송에서는 당사자능력이나 자기관련성 등의 결여로 각하되는 것이 보통이어서 재판청구 자체가 용이하지 않은 데 반하여, 청원권행사는 당사자가 아니라 하더라도 얼마든지 가능하므로[48], 중요한 이슈에 관하여 일반 공중의 관심을 증폭시킴으로써 사실상 수사기관이나 사법당국으로 하여금 관련 사건에 대한 관심을 더욱 불러일으킴으로써 실질적으로 일종의 민중소송이나 공익소송으로서의 기능이나 역할을 어느 정도 하게 될 수 있다.

104. 민 중 소 송 · 공익소송으로서의 기능 및 역할가능

그 밖에 언론 · 출판의 자유나 집회 · 결사의 자유 등 민주주의적 기본권과 어느 정도 중첩이 될 수 있는 가능성도 배제할 수 없으나, 그렇다고 하여 청원권이 그 기본권들과 완전히 같다고 할 수는 없으며, 보호영역이 상당히 다르다고 봐야 할 것이므로 어떠한 하나의 공권력행사가 양 기본권들을 동시에 제한하는 경우에는 상상적 경합관계에 있다고 할 것이고, 양 기본권의 침해여부를 모두 심사하여야 할 것이다.

105. 상상적 경합관계의 기본권 심사

---

48) 헌재 2015. 4. 30, 2012헌마890, 판례집 제27권 1집 하, 57, 64.

제 26 절   인간다운 생활을 할 권리

I. 서 론

1. 헌법 제34조

헌법 제34조는 모든 국민은 인간다운 생활을 할 권리를 가진다고 규정한 후(제1항), 이어서 국가의 사회보장·사회복지의 증진에 노력할 의무(제2항), 여자의 복지와 권익향상에 노력할 의무(제3항), 노인, 청소년의 복지향상정책 실시의무(제4항), 신체장애자 및 질병·노령 기타의 사유로 생활능력이 없는 국민이 국가로부터 보호를 받을 권리(제5항), 국가의 재해예방과 그 위험으로부터 국민을 보호하기 위하여 노력할 의무(제6항)를 천명하고 있다.

2. 각 조항의 표현방식의 차이

이 각 조항의 문언을 보면 표현방식에 약간의 차이들이 있음을 알 수 있는데, 제1항에서 인간다운 생활을 할 권리를 선언한 후, 나머지 항에서 국가가 지는 의무에 대하여 보다 상세하게 규정하는 형식을 취하고 있으며, 이 의무와 관련해서도 직접적으로 의무라고 하는 표현을 쓴 경우와 의무라는 개념을 쓰지는 않고 노력해야 한다고 하는 취지로 규정하고 있는 조항을 볼 수 있다.

3. 국가의 의무의 정도

그러므로 일단 문언상으로 볼 때, 이러한 표현의 차이는 어느 정도 국가의 의무의 정도에 대하여 그 강약을 조절하기 위한 헌법제(개)정자의 의도가 나타난 것이라고 할 수 있을 것이다.

4. 사회적 기본권의 모기본권

아무튼 인간다운 생활을 할 권리는 소위 사회적 기본권의 모기본권적 성격을 띤 기본권이라 할 수 있지만, 이 권리의 법적 성격, 내용, 법적 효과 등과 관련해서는 상당한 논란이 벌어지고 있다.

5. 최소한의 물질적인 생활을 보장받을 권리

특히 우리 헌법재판소는 인간다운 생활을 할 권리의 내용과 관련하여 인간이 인간답게 살기 위한 최소한의 물질적인 생활을 보장받을 권리라고 이해하고 있으면서도, 그 침해여부에 대한 심사에 있어서는 1994년 생계보호기준에 대한 헌법소원결정[1] 이래로 소위 행위규범과 통제규범 구분론과 또한 명백성 통제를 사용함으로써, 매우 완화된 심사기준을 적용하고 있고, 따라서 인간다운 생활을 할 권리의 침해를 확인한 판례는 극히 드문 예외에 해당하는 것이 사실이다.

그러므로 이하에서는 인간다운 생활을 할 권리의 의의, 보호영역, 주체, 법적 성격, 효력, 제한과 제한의 한계 등에 관하여 살펴봄으로써, 과연 인간다운 생활을 할 권리를 헌법적으로 어떻게 이해해야 타당하다고 결론을 낼 수 있을 것인지 검토해 보기로 한다.

6. 인간다운 생활을 할 권리에 대한 개관

Ⅱ. 인간다운 생활을 할 권리의 의의

인간다운 생활을 할 권리란 인간이 인간으로서 존엄하게 살아갈 권리를 뜻한다. 인간이 인간으로서 최소한의 품위와 존엄을 잃지 않으면서 살아 갈 수 있기 위해서는 최소한 육체적 생존을 위해서 필요한 수요뿐만 아니라, 인간은 사회적 동물이기 때문에 다른 사람과 최소한의 사회·문화적 교류를 할 수 있는 정도의 수요를 충족할 수 있는 물질적 기초가 보장되지 않으면 안 된다.

7. 육체적 생존과 최소한의 사회·문화적 교류

이와 같이 헌법 제34조의 인간다운 생활을 할 권리는 헌법 제10조의 인간으로서의 존엄과 가치와 밀접·불가분의 관계에 있으나, 헌법 제34조가 다른 사회적 기본권과 함께 규정되어 있을 뿐만 아니라, 제2항부터 제6항까지 규정되어 있는 사회복지·사회보장의 증진의무 등 국가의 여러 의무규정을 고려해 볼 때, 실업이나 질병·폐질·노령 등 근로능력을 상실하여 생활능력이 없을 경우 인간의 존엄에 상응하는 최소한의 물질적 수요를 국가에 대하여 요구할 수 있는 사회적 기본권으로 보아야 할 것이다.

8. 인간존엄에 상응하는 최소한의 물질적 수요를 요구할 수 있는 권리

다만 인간다운 생활을 위한 기준이 어느 정도까지 되어야 인간의 품위와 존엄을 잃지 않는 최소한의 물질적 및 사회·문화적 생활이 될 것인지에 관해서는 헌법재판소도 지적하고 있듯이 그것을 획일적으로 말 할 수 있는 것이 아니고, 각 나라의 경제적·재정적 사정과 그 나라

9. 입법자의 구체화 필요

---

1) 헌재 1997. 5. 29, 94헌마33, 판례집 제9권 1집, 543.

의 사회·경제적인 정책, 국민적 합의 등에 의하여 뒷받침되지 않으면 안 되는 것이므로, 이에 대하여는 국회가 구체화할 수밖에 없다고 할 것이다.

Ⅲ. 인간다운 생활을 할 권리의 법적 성격

10. 법적 성격에 관한 기존 논의의 문제

이와 같이 인간다운 생활을 할 권리가 입법자에 의해서 비로소 구체화될 수 있다고 해서 이 인간다운 생활을 할 권리가 ⅰ) 단순히 추상적인 권리에 지나지 않는다거나 혹은 ⅱ) 프로그램규정에 지나지 않는다거나 또는 ⅲ) 형량 끝에 추후에 비로소 그 내용이 확정될 수 있는 잠정적인 권리에 지나지 않는다거나 ⅳ) 불완전한 구체적 권리로 보는 해석은 다음과 같은 점을 고려해 볼 때 적절하지 않은 시각이 아닌가 생각된다.

11. 헌법소원 제도의 존재, 국가목표 조항은 다른 항에 위치함 등 고려 필요

즉 첫째, 적어도 오늘날 헌법재판제도가 활성화되어 국회의 입법부작위에 대해서도 그 위헌을 확인할 수 있는 헌법소원제도가 존재하므로, 국회가 제대로 된 입법을 전혀 하지 않거나, 잘못된 입법을 하는 경우 입법부작위나 혹은 잘못된 입법의 시정을 요구 또는 강제할 수 있는 가능성이 있다는 점, 둘째, 프로그램규정이나 국가목표규정이라고 할 수 있는 내용들은 제2항 이하에서 볼 수 있듯이 그 규범문구가 권리 형식과 달리 별도로 규정되어 있다고 하는 점, 셋째, 잠정적 권리성은 사회적 기본권뿐만 아니라 가령 언론·출판의 자유와 인격권의 충돌의 경우에서 볼 수 있는 바와 같이 다른 기본권의 경우에도 언제나 존재할 수 있는 성질의 것이라는 점 등을 고려한다면 전술한 여러 학설들이 취하는 인간다운 생활을 할 권리의 법적 성격에 대한 다양한 주장들은 모두 만족할 만한 대답이 될 수는 없다.

12. 헌법제(개) 정자의 의도: 구체적으로 규정 방식

헌법제(개)정자는 헌법 제34조를 비롯한 여러 사회적 기본권들을 규정함으로써 국민들이 모두가 골고루 인간답게 잘 살아 갈 수 있는 여러 권리들을 선언하고 보장하였을 뿐만 아니라, 이러한 권리들이 단순히 유명무실한 선언에 그치지 않도록 하기 위하여 국가가 제도적으로

보장해야 할 내용, 국가의 좌표 내지 목표로 설정하고 추진해야 할 내용
까지도 보다 자세하고 구체적으로 규정하는 방식을 택한 것이다.[2]

그러므로 이러한 여러 규정형식상의 차이를 도외시하고서 획일적 13. 올바른 문
으로 사회적 기본권의 법적 성격을 단지 추상적 권리라고 하거나 프로 언적 해석의 필
그램규정에 지나지 않는다고 단순화시켜서 이해하는 것은 헌법에 대한 요
문언적 해석을 그르치는 것이 되므로 지양해야 할 것이라고 생각된다.

특히 다수의 사회적 기본권의 제1항은 "...할 권리를 가진다."고 하 14. 유 기 적 ·
는 권리의 형식을 천명하고 있다. 형식적 측면에서 보면 이는 자유권의 체계적 해석의
규정형식과 다를 바가 없다. 다만 이러한 권리를 구체화하는 국가의 의 필요
무규정과 관련해서 비로소 가령 "법률이 정하는 바에 의하여"라든가
"법률로 정한다."고 하는 문구가 들어가게 되는 것이다. 그러므로 이와
같이 법률에 의하여 구체화되는 것과 헌법이 직접 권리를 선언하고 있
는 것을 유기적·체계적으로 해석해야만 인간다운 생활을 할 권리를 비롯
한 각종 사회적 기본권의 성격을 정확하게 파악할 수 있게 된다.

요컨대, 인간다운 생활을 할 권리와 관련해서 헌법 제34조를 규정 15. 헌법   제34
형식별로 정리하자면, ⅰ) 권리의 천명(인간의 존엄에 상응하는 최소한의 물 조의 규정형식
질적, 사회적 및 문화적 생활의 보장을 요구할 권리)(제34조 제1항), ⅱ) 제도의
보장(사회보장·사회복지제도)(제2항), ⅲ) 입법위임(제3항, 제4항), ⅳ) 국가
의 의무{사회적 약자나 생활능력이 없는 자들의 복지와 권익 보호(제2항, 제3항,
제4항)와 재해예방 및 보호의무(제6항)}로 구분할 수 있다.

학계에서는 가령 각종 사회보장수급권에 대하여 이것이 헌법 제34 16. 사회보장수
조 제1항과 제2항에 의하여 보장되는 사회적 기본권이라고 하는 헌법재 급권의 성격
판소 판시와 관련하여 그것은 법률상 권리에 지나지 않는 것임에도 이
를 사회적 기본권이라고 보는 오류를 범하고 있다는 등의 비판[3]이 이루

---

2) 교육을 받을 권리에 있어서 "적어도" 초등학교에 대한 무상교육의무, 그리고 소
위 근로자의 이익분배균점권과 경영참가권에 관해서도 헌법안에는 없는 것이었
으나 논의과정에서 제안이 이루어져 "적어도"와 "이익분배균점권"은 채택되는 등
1948년 헌법의 제정 당시 사회적 기본권에 관하여 상당히 심도 있게 논의가 된
것은 인상적이다. 이에 대하여는 국회도서관 헌정사자료 제1집, 헌법제정회의록,
1967, 439, 452면 이하.
3) 가령 한수웅, 헌법학, 법문사 2021, 1064면; 김해원, 사회적 기본권에 대한 헌법재

어지고 있다. 그러나 가령 헌법 제23조 제1항의 재산권의 경우, 그 내용과 한계는 법률로 정한다고 하고 있기 때문에 재산권의 내용과 한계는 입법자의 형성의 자유에 맡겨져 있으며 입법자에 의하여 여러 私法上의 소유권, 물권, 채권 등의 권리뿐만 아니라 일정한 요건을 갖춘 사회보험법상의 권리들이 바로 헌법 제23조 제1항의 재산권의 보호영역에 포함되는 권리라고 할 수 있는 것과 마찬가지로, 오늘날 헌법 제34조 제2항의 사회보장·사회복지 증진의무를 구체화하는 입법을 통하여 구체적으로 보장되는 각종 수급권의 경우는 일단 입법적으로 형성된 이후에는 헌법 제34조 제1항의 인간다운 생활을 할 권리의 구체화라 할 수 있으므로, 헌법 제34조 제1항과 제2항으로부터 도출되는 사회적 기본권으로서 소위 사회보장수급권이라고 하는 카테고리로 묶을 수 있는 것이다. 이러한 권리들은 결국 사회적 기본권의 모기본권이라고 할 수 있는 헌법 제34조 제1항의 인간다운 생활을 할 권리로부터 헌법해석을 통하여 도출되어 그 보호영역에 속하는 권리이자, 또한 입법자에 의하여 법률로 구체화된 권리이기 때문에, 헌법 제34조 제1항과 더불어서 제2항, 제3항, 제4항, 제5항에 의하여 보호되는 사회적 기본권이라 할 수 있는 것이다.

17. 사회적 기본권의 모기본권으로서의 성격 이해 필요

그러므로 입법자에 의하여 구체화된 각종 사회보장수급권들은 그것이 법률상의 권리에 불과하기 때문에 언제든지 입법자에 의하여 폐지·삭감·정지(제한)될 수 있는 것이 아니라, 그러한 폐지·삭감·정지 등의 제한을 가하기 위해서는 헌법적 정당화가 필요하고, 그러한 제한이 비례의 원칙에 비추어 과도할 경우 역시 헌법 제37조 제2항에 위반되어 위헌이 될 수 있는 것이다. 그러므로 헌법재판소가 법률상의 각종 사회보장수급권을 사회적 기본권으로 평가하는 데 대하여 법률상 권리와 사회적 기본권을 혼동하고 있다고 하는 취지의 견해들은 이러한 차원에서 헌법 제34조 제1항의 인간다운 생활을 할 권리가 가지는 사회적 기본권의 모기본권으로서의 성격을 제대로 이해하지 못한 데 연유한 것이기 때문에 타당하지 않다고 생각된다.

판소의 판단, 헌법재판연구 제2권 제2호(2015. 12.), 111−143(121)면.

Ⅳ. 인간다운 생활을 할 권리의 보호영역과 구체적 내용

1. 인간다운 생활을 할 권리의 보호영역

인간다운 생활을 할 권리가 어느 정도로 인간답게 살 수 있을 때 그 권리가 충족된 것으로 볼 수 있을 것인지는 보는 관점에 따라서 달라질 수 있을 것이며, 그로 인하여 ⅰ) 물질적 최저생활설[4], ⅱ) 사회적·문화적 최저생활설[5] 등으로 나뉜다.

18. 물질적 최저생활설, 사회적·문화적 최저생활설

인간은 사회적 동물로서 홀로 고립되어 신체적 영양 공급만 해 준다고 해서 그 삶이 인간다운 삶이 된다고 할 수는 없다. 최소한의 사회·문화적 교류가 가능하도록 하는 정도의 생활의 수요가 충족되지 않으면 결코 인간다운 생활이라고 하기 힘들다.

19. 최소한의 사회·문화적 교류 충족필요

그러나 이러한 기준들 역시 정치적 공동체의 합의, 즉 의회에서의 승인을 거쳐서 이루어진 법률로 뒷받침되지 않으면 안 된다. 다만 입법자가 헌법의 규정에도 불구하고 인간다운 생활을 보장하기 위하여 아무런 조치를 취하지 않거나 혹은 전혀 부적절한 기준을 제시할 뿐일 경우에는 이 헌법 제34조 제1항의 인간다운 생활을 할 권리를 근거로 하는 헌법소원을 통하여 인간다운 최저생활을 보장하도록 국가에 요구(청구)할 수 있다고 해야 할 것이다.

20. 정치적 공동체의 합의 필요

2. 인간다운 생활을 할 권리와 사회보장·사회복지증진의무로부터 도출되는 각종 사회보장수급권

헌법재판소는 헌법 제34조 제1항의 인간다운 생활을 할 권리와 제2항의 사회보장·사회복지 증진의무 등으로부터 헌법상 사회적 기본권으로서 사회보장수급권을 도출해 내고 있다. 이 사회보장수급권에는 법률에 의하여 구체화되는 다음과 같은 여러 가지 권리들이 포함되는데 우선 사회보장수급권 도출에 관한 헌법재판소의 판시를 먼저 살펴 본 후,

21. 사회보장수급권을 도출

---

4) 가령 인간존엄에 상응하는 생활에 필요한 "최소한의 물질적인 생활": 헌재 1995. 7. 21, 93헌가14, 판례집 제7권 2집, 1, 31.
5) BVerfGE 125, 175.

그 유형들을 개관해 보기로 한다.

가. 사회보장수급권의 도출과 의미, 입법형성의 자유

22. 사회보장수급권과 사회보험수급권의 도출

헌법재판소는 인간다운 생활을 할 권리가 사회적 기본권의 모기본권이라고 하는 점을 분명히 드러내 주는 판례를 전개하고 있다. 다시 말해서 헌법 제34조 제1항과 제2항으로부터 헌법재판소는 다양한 주체들의 사회보장수급권(독립유공자 등)이나 사회보험수급권(공무원, 사립학교교원)을 도출해 내고 그것이 헌법상 사회적 기본권임을 보여주면서 원칙적으로 입법자의 형성을 통해서 구체화되는 권리이지만 예외적인 경우에는 소구가능한 구체적 권리임을 판시해 주고 있다.

> **판례** 헌법 제34조 제1항은 "모든 국민은 인간다운 생활을 할 권리를 가진다"고 하고, 제2항은 "국가는 사회보장·사회복지의 증진에 노력할 의무를 진다"고 규정하고 있는바, 이 법상의 연금수급권과 같은 사회보장수급권은 이 규정들로부터 도출되는 사회적 기본권의 하나이다. 이와 같이 사회적 기본권의 성격을 가지는 연금수급권은 국가에 대하여 적극적으로 급부를 요구하는 것이므로 헌법규정만으로는 이를 실현할 수 없고, 법률에 의한 형성을 필요로 한다. 연금수급권의 구체적 내용, 즉 수급요건, 수급권자의 범위, 급여금액 등은 법률에 의하여 비로소 확정된다. 그런데 연금수급권과 같은 사회적 기본권을 법률로 형성함에 있어 입법자는 광범위한 형성의 자유를 누린다. 국가의 재정능력, 국민 전체의 소득 및 생활수준, 기타 여러 가지 사회적·경제적 여건 등을 종합하여 합리적인 수준에서 결정할 수 있고, 그 결정이 현저히 자의적이거나, 사회적 기본권의 최소한도의 내용마저 보장하지 않은 경우에 한하여 헌법에 위반된다고 할 것이다(헌재 1997. 5. 29. 94헌마33, 판례집 9-1, 543, 554 참조).
>
> 한편 헌법 제23조에서 보장하고 있는 국민의 재산권은 원칙적으로 헌법 제37조 제2항에서 정하고 있는 요건을 갖춘 경우에만 정당하게 제한할 수 있다. 그런데 이 법상의 연금수급권은 사회보장수급권의 성격을 아울러 지니고 있으므로 순수한 재산권이 아니며, 사회보장수급권과 재산권이라는 양 권리의 성격이 불가분적으로 혼재되어 있다. 공무원연금의 재원은 공무원이 납부하는 기여금과 국가가 부담하는 부담금으로 구성되는데, 이 두 재원을 각각 사회보장급여, 보험료, 후불임금으로 구분하여 정확히 귀속시킬 수가 없다.
>
> 그러므로 비록 연금수급권에 재산권의 성격이 일부 있다 하더라도 그것은

이미 사회보장법리의 강한 영향을 받지 않을 수 없다 할 것이고, 또한 사회보장수급권과 재산권의 두 요소가 불가분적으로 혼재되어 있다면 입법자로서는 연금수급권의 구체적 내용을 정함에 있어 이를 하나의 전체로서 파악하여 어느 한 쪽의 요소에 보다 중점을 둘 수도 있다 할 것이다. 따라서 연금수급권의 구체적 내용을 형성함에 있어서 입법자는 청구인들의 주장과 같이 반드시 민법상 상속의 법리와 순위에 따라야 하는 것이 아니라, 이 법의 입법목적 달성에 알맞도록 독자적으로 규율할 수 있고, 여기에 필요한 정책판단·결정에 관하여는 일차적으로 입법자의 재량에 맡겨져 있다.

(헌재 1999. 4. 29, 97헌마333, 판례집 11-1, 503, 512-514)[6]

나. 사회보장수급권, 사회복지참여권의 유형

헌법 제34조의 조문구조를 살펴보면 제1항의 인간다운생활을 할 권리와 그 이후의 각 항과 결부하여 다음과 같은 다양한 사회보장수급권과 사회복지참여권이 도출될 수 있다.

즉 첫째, 자기기여에 대한 반대급부로서의 성격이 있어 헌법 제23조 제1항의 재산권적 성격과 헌법 제34조 제2항의 사회보장적 성격을 동시에 가지는 사회보험법상의 급여청구권, 둘째, 기여금 납부와 같은 형식은 아니나 국가에 희생과 공헌을 한 데 대한 보은적 성격이 있는 것으로서 역시 헌법 제34조 제2항의 사회보장적 성격과 재산권적 성격을 동시에 가질 수 있을 뿐만 아니라, 헌법 제32조 제6항에도 그 근거가 있는 국가유공자 등의 보상수급권, 셋째, 헌법 제34조 제3항과 제4항에 따라 사회적 약자(여자, 노인, 청소년, 신체장애자)나 생활능력이 없는 자들의 생활보호(공적 부조)청구권, 넷째, 사회복지나 사회적 서비스의 제공을 요구할 수 있는 사회복지참여권, 다섯째, 재해나 재해의 위험으로부터의 보호청구권, 여섯째, 대일항쟁기 희생자나 피해자(일본군 위안부피해자, 강제징용피해자 등)의 보상청구권(헌법전문, 헌법 제10조 제2문, 제2

---

6) 이 결정에 대하여 비판적으로는 방승주, 헌법소송사례연구, 박영사 2002, 52면 이하. 같은 내용의 최근 헌재결정으로 헌재 2014. 5. 29, 2012헌마515, 판례집 제26권 1집 하, 423; 헌재 2019. 11. 28, 2018헌바335, 공보 278, 1300. 이에 대한 평석으로 김영진, 공무원연금법상 유족범위조항에 대한 헌법재판소의 논증 검토 – 헌재 2019. 11. 28, 선고 2018헌바335 결정에 대한 평석, 사회법연구 제41호(2020. 8.), 259－288면.

조 제2문, 제34조 제5항)이 그것이다.

(1) 사회보험법상 급여수급권

25. 사회보험제
도의 운용

오늘날 현대 사회국가에서는 실업, 질병, 폐질, 노령, 사망 등 각종 사고로 인하여 발생할 수 있는 생활에 대한 위험에 대비하여 가입자가 일정한 보험료를 납부하고 국가나 사용자가 부담금을 충당하는 방식으로 이러한 위험에 공동으로 대처하는 사회보장의 한 형식으로 사회보험제도를 운용하고 있다. 우리나라의 경우도 공무원연금법, 군인연금법, 사립학교교직원연금법, 의료보험법, 국민건강보험법, 산업재해보상보험법 등 각종 사회보험법을 제정하여 운용하고 있다.

26. 강제가입,
보험원리와 연
대의 원리 적용

이러한 사회보험법의 특징은 가입이 강제되어 있으며, 가입자의 기여금과, 국가나 사용자의 부담금으로 갹출되는 재정으로 보험금을 충당하며, 한편으로는 보험원리가 적용되면서도 다른 한편으로는 일종의 세대간 계약이나 연대의 원리가 적용되기 때문에 소득의 재분배[7]와 사회보장제도로서의 기능과 의미가 강하게 작용한다는 데에 있다.

27. 재산권으로
보호가능

이 사회보험법상의 수급권은 i) 사적 유용성과 권리주체에의 배타적 귀속성, ii) 자기기여성, iii) 생존보장에의 기여라고 하는 세 가지 전제조건이 갖추어지는 경우 헌법 제23조 제1항의 재산권으로도 보호받을 수 있음은 재산권(제13절, Ⅳ, 2)에서 설명한 바와 같다.

28. 입법자의
넓은 형성의 자
유 인정

우리 헌법재판소 판례에 의하면 자기기여분을 뺀 나머지 부분에 한해서는 사회보장적 성격이 강하기 때문에, 이 부분에 대해서는 입법자가 더욱 넓은 형성의 자유를 가지고 제한하거나 변경을 가할 수 있다고 본다.

29. 각종 연금
법 등

아무튼 공무원연금법[8], 사립학교교직원연금법[9], 군인연금법, 국민건강보험법[10], 산업재해보상보험법[11] 등 각종 사회보험법상의 급여수급

---

7) 이 관점을 인정하기 위한 전제조건에 대해서는 전광석, 사회적 기본권 이론의 형성과 전개, 헌법논총 제29집(2018), 143-216(158-159)면.
8) 헌재 1999. 4. 29, 97헌마333, 판례집 제11권 1집, 503.
9) 헌재 2017. 12. 28, 2016헌바341, 판례집 제29권 2집 하, 357, 360.
10) 헌재 2003. 12. 18, 2002헌바1, 판례집 제15권 2집 하, 441, 448-449.
11) 헌재 2004. 11. 25, 2002헌바52, 판례집 제16권 2집 하, 297; 헌재 2016. 9. 29, 2014

권12)은 헌법 제34조 제1항과 제2항으로부터 도출되는 사회보장수급권
에 포함되기는 하지만, 그 구체적 내용, 즉 수급의 요건, 수급권자의 범
위, 급여액 등은 모두 법률에 의하여 구체화될 수밖에 없기 때문에 연금
수급권 등을 구체화하기 위한 입법에서 입법자는 광범위한 형성의 자유
를 가진다고 하는 것이 헌법재판소의 판례이다.

(2) 국가유공자 등의 보상수급권

둘째, 국가유공자로서 일정한 보상을 받을 수 있는 권리는 헌법 제
34조 제2항, 제32조 제6항에 기초하여 국가유공자법이라는 구체적 법률
에 의하여 형성된 사회적 기본권인 사회보장수급권의 일종이다(헌재
2012. 5. 31. 2011헌마241 참조). 국가유공자법에 의한 보상은 생명 또는 신
체의 손상이라는 특별한 희생에 대한 보상이라는 측면에서 국가유공자
및 그 유족에 대한 국가보은적 성격을 띠고 있고, 아울러 장기간에 걸쳐
수급권자의 생활보호를 위하여 지급된다는 측면에서 사회보장적 성격을
띤 것이라 볼 수 있다.13)

30. 국가유공자 법을 통한 구체화

(3) 생활무능력자의 생활보호청구권

헌법 제34조 제3항은 국가에 대하여 여자의 복지와 권익향상을 위
하여 노력할 의무를 부과하고 있으며, 동조 제4항에서는 노인과 청소년
의 복지향상을 위한 정책실시의무를 지우고 있다. 나아가 동조 제5항에
서는 신체장애자 및 질병·노령 기타의 사유로 생활능력이 없는 국민은
법률이 정하는 바에 의하여 보호를 받는다고 규정함으로써 입법자에게
이들의 보호청구권을 구체화하도록 입법위임을 하고 있다. 권리의 강도

31. 생활보호청 구권 규정

헌바254, 판례집 28-2상, 316, 323.

12) 사회보험법상 연금수급권의 재산권 보호에 관해서는 방승주, 독일사회보험법상
급여수급권과 재산권보장 – 독일 연방헌법재판소의 판례를 중심으로, 헌법논총
제10집, 헌법재판소 1999, 431-467면.

13) 헌재 2010. 5. 27, 2009헌바49; 헌재 2010. 6. 24, 2009헌바111를 인용하며 헌재
2015. 6. 25, 2013헌마128, 판례집 제27권 1집 하, 553, 561; 헌재 1995. 7. 21, 93헌
가14, 판례집 제7권 2집, 1(전몰군경의 유족 및 전공사상자의 수급권의 법적 성
격); 헌재 2003. 7. 24, 2002헌마522 등, 판례집 제15권 2집 상, 169(참전명예수당
수급권의 법적 성격).

면에서 본다면 여자, 노인, 청소년의 권익보호와 복지향상은 국가의 의무로 규정하고 있고, 신체장애자 생활무능력자의 보호청구권은 비록 입법자의 구체화를 전제로 하고 있기는 하지만 권리의 형식으로 규정하고 있는 것이다.

32. 사회복지 및 서비스 참여할 권리 인정

그러나 제3항과 제4항의 여자, 노인, 청소년의 경우에도 헌법 제34조 제1항의 인간다운 생활을 할 권리와 함께 연계하여 국가가 제공하는 사회복지와 사회적 서비스에 참여할 권리가 당연히 인정된다고 할 수 있다.

33. 재산권적 성격 불인정

다만 이러한 사회적 약자나 생활무능력자들이 자신들의 기여에 근거한 것이 아니라 국가의 일방적인 급부에 지나지 않은 보호를 청구할 수 있는 권리는 전술한 사회보험법상의 수급권과는 달리 재산권에 의한 보호를 받지는 못하고, 단지 헌법 제34조 제1항과 제3항, 제4항, 제5항으로부터 나오는 사회적 기본권으로서 생활보호청구권에 의한 보호를 받을 수 있을 뿐이다. 그 내용의 구체화에 있어서는 입법자가 넓은 형성의 자유를 가진다.

34. 관련 특별법

생활무능력자의 생활보호를 보장하기 위한 법률로서는 국민기초생활보장법·의료급여법 등이 있으며 장애인을 위하여는 장애인복지법과 노인을 위한 노인복지법 등이 제정되어 있다. 그리고 국가유공자 예우 등에 관한 법률 등 국가유공자·군인·경찰관들의 유족에 대하여 보호하는 특별법이 있다.

35. 생활보호대상자

생활무능력자는 헌법과 이들 법률을 근거로 생계보호·의료보호·국가보상·가료보호·교육보호·재해구호·연금 등 급여금지급·정착대부금지급 등을 청구할 수 있다. 국민기초생활보장법은 '건강하고 문화적인 최저생활을 유지할 수 있는 수준'에서 생활보호를 하여야 한다고 규정하고 있다(법 제4조).

(4) 사회복지참여청구권

36. 사회복지참여청구권의 도출

헌법 제34조 제1항과 제2항으로부터 모든 국민은 인간다운 생활을 위하여 국가가 마련한 사회복지와 사회적 서비스에 차별 없이 참여할

권리를 가진다. 이를 우리는 사회보장수급권과 구별하여 사회복지참여
청구권이라 칭할 수 있을 것이다. 사회보장수급권의 경우는 국가가 제
정한 사회보험법이나 공적 부조를 위한 법률에 따른 급여를 요구할 수
있는 권리인 데 비하여, 사회복지참여청구권은 국가가 국민의 사회적
복지를 위하여 마련한 여러 제도와 시설을 이용할 수 있는 권리라 할
것이다. 누구든지 일정한 요건을 갖추는 경우 국가가 마련한 다양한 사
회복지제도나 시설을 이용하고 그 혜택을 요구할 수 있는 권리가 헌법
제34조 제1항과 제2항에 의하여 보장된다고 할 수 있을 것이다.

　　이 사회복지제도나 시설에는 가령 양로원, 고아원, 보건소, 탁아소 37. 사회적 시
설 및 제도를
이용할 권리
등과 같이 사회적 약자들을 위한 복지제도나 시설도 있지만, 가령 공공
도서관이나 박물관 혹은 음악당이나 전시관, 공원, 무선통신시설(Wifi)
등을 무료로 이용할 수 있는 제도와 시설 혹은 서비스 역시 사회복지제
도에 속한다고 할 수 있을 것이며, 국민 누구나 이러한 제도와 시설을
이용할 권리가 있는 것이다.

(5) 재해와 재해위험으로부터 보호받을 권리

　　헌법 제34조 제6항은 국가는 재해를 예방하고 그 위험으로부터 국 38. 국가의 보
호의무 및 보호
청구권
민을 보호하기 위하여 노력하여야 한다고 함으로써 국가의 보호의무를
부과하고 있다. 만일 국민이 자연재해이든 인적 재해이든 재해를 당하
여 신체나 생명 혹은 재산상의 피해를 입어 더 이상 다른 사람이나 국
가의 도움이 없이는 생존할 수 없는 지경에 이른 경우, 이 국민에게는
헌법 제10조 제2문의 국가의 기본권 보장의무, 헌법 제34조 제1항의 인
간다운 생활을 할 권리를 근거로 하여 국가에 대한 보호청구권이 구체
화, 현실화된다고 봐야 할 것이다.

(6) 대일항쟁기 희생자나 피해자의 보상·보호청구권

　　대일 항쟁기에 일제에 의하여 강제로 끌려가 희생과 피해를 당한 39. 희생자 및
피해자의 보
상·보호청구
권
일본군 위안부피해자나 강제징용피해자 등 일제 피해자들에 대하여 국
가는 헌법전문의 대한민국임시정부의 법통계승 정신, 헌법 제10조 제2

문 국가의 기본권보장의무, 제2조 제2문 재외국민보호의무를 근거로 이
들을 보호할 의무가 있으며, 생존자와 유족들은 국가에 대하여 보상 및
보호를 요구할 청구권을 가진다.

40. 대일항쟁기 강제동원희생자지원법 등

　　이를 위하여 대일항쟁기 강제동원 피해조사 및 국외강제동원 희생
자 등 지원에 관한 특별법과 일제하 일본군위안부 피해자에 대한 보호·
지원 및 기념사업 등에 관한 법률, 사할린동포 지원에 관한 특별법 등이
있다.

3. 사회보장 · 사회복지제도의 보장과 증진의무

41. 사회보장기본법상 사회보장의 의미

　　헌법적 차원에서 사회보장과 사회복지가 무엇을 의미하는지는 불
확실하나 사회보장기본법은 "사회보장"이란 출산, 양육, 실업, 노령,
장애, 질병, 빈곤 및 사망 등의 사회적 위험으로부터 모든 국민을 보
호하고 국민 삶의 질을 향상시키는 데 필요한 소득 · 서비스를 보장하
는 사회보험, 공공부조, 사회서비스를 말한다고 정의하고 있다(법 제3
조 제1호)

42. 사회보험의 의미

　　이 법에 의하면 "사회보험"이란 국민에게 발생하는 사회적 위험을
보험의 방식으로 대처함으로써 국민의 건강과 소득을 보장하는 제도를
말하며(법 제3조 제2호), "공공부조"란 국가와 지방자치단체의 책임 하에
생활 유지 능력이 없거나 생활이 어려운 국민의 최저생활을 보장하고
자립을 지원하는 제도를 말하고, "사회서비스"란 국가 · 지방자치단체
및 민간부문의 도움이 필요한 모든 국민에게 복지, 보건의료, 교육, 고
용, 주거, 문화, 환경 등의 분야에서 인간다운 생활을 보장하고 상담, 재
활, 돌봄, 정보의 제공, 관련 시설의 이용, 역량 개발, 사회참여 지원 등
을 통하여 국민의 삶의 질이 향상되도록 지원하는 제도를 말한다(법 제3
조 제3호).

43. 사회복지의 의미

　　사회복지란 아동, 노인, 심신장애자 등 특별한 보호를 필요로 하는
자를 위하여 국가 또는 공공단체가 그 보호, 갱생 및 생활자립기반의 조
성 등을 위하여 각종 시설이나 편의수단을 마련하여 이를 제공하는 것
을 말한다.[14] 사회복지사업법에 의하면 "사회복지사업"이란 국민기초생

활보장법, 아동복지법, 노인복지법, 장애인복지법 등 제반 사회복지 관련 법률에 따른 보호 · 선도 또는 복지에 관한 사업과 사회복지상담, 직업지원, 무료 숙박, 지역사회복지, 의료복지, 재가복지(在家福祉), 사회복지관 운영, 정신질환자 및 한센병력자의 사회복귀에 관한 사업 등 각종 복지사업과 이와 관련된 자원봉사활동 및 복지시설의 운영 또는 지원을 목적으로 하는 사업을 말한다고 하고 있다(법 제2조 제1호).

4. 사회적 약자와 생활능력이 없는 자들의 복지와 권익 보호 의무

헌법 제34조 제3항은 국가는 여자의 복지와 권익의 향상을 위하여 노력하여야 한다고 규정하고 있고, 동조 제4항에서는 국가는 노인과 청소년의 복지향상을 위한 정책을 실시할 의무를 진다고 규정하고 있다. 이 조항들은 1987년 현행 헌법에 의하여 처음 신설된 것이다.

과연 여자가 사회적 약자인가 하는 문제는 논란의 여지가 있겠지만, 가부장적 사회문화를 전통으로 해 온 우리 사회에서 여성의 사회적 지위는 아직까지 남성에 비하여 열악하다고 평가되고 있고, 실제로 출산 · 육아 등과 관련하여 여성이 자신의 인격을 발현하고 직업생활을 영위하는 데 상당한 제약이 따를 수 있는 것은 사실이다. 그러므로 헌법제(개)정자는 국가로 하여금 여자의 복지와 권익향상을 위하여 노력할 의무를 부과한 것이다.

그리고 노인은 일정한 연령이 지나면 퇴직과 질병 등으로 인한 소득능력의 감소와 생활의 어려움이 따르기 마련이다. 그리고 청소년의 경우 아직 미성년자로서 학업 중에 있어 독자적 생활능력이 없이 부모의 양육에 의존할 수밖에 없는 자들로서 노인들과 마찬가지로 역시 사회적 약자 계층이라고 할 수 있다. 그러므로 헌법제(개)정자는 국가로 하여금 이 노인과 청소년의 복지향상을 위한 정책을 실시할 의무를 부과함으로써 이들이 인간다운 생활을 할 수 있도록 한 것이다.

44. 여성 · 노인 · 청소년 복지 조항

45. 여성의 사회적 복지 및 권익향상을 위해 노력할 의무 부과

46. 노인 · 청소년의 복지 및 권익향상을 위해 노력할 의무 부과

---

14) 계희열 (주 8), 728면.

47. 노인·청
소년의 사회복
지 참여권

　　전술하였듯이 노인이나 청소년의 경우 국가가 마련한 각종 사회복
지법률에 따른 사회복지시설이나 제도에 참여할 수 있는 권리를 가진다
고 하겠다.

5. 재해를 예방하고 그 위험으로부터 국민을 보호할 의무

48. 헌법 제34
조 제6항

　　헌법 제34조 제6항은 국가는 재해를 예방하고 그 위험으로부터 국
민을 보호하기 위하여 노력하여야 한다고 규정하고 있는데 이 조항 역
시 1987년 현행헌법에 처음 신설된 것이다.

49. 국가존재
목적

　　헌법 제34조 제6항의 재해로부터 국민을 보호할 국가의 의무에 대
해서는 "법률이 정하는 바에 의하여"와 같은 문구가 들어 있지 않다. 그
이유는 국민의 생명과 신체를 재해로부터 보호할 의무는 국가 자체가
존재하는 목적에 해당되는 것이므로, 이를 굳이 법률로 구체화할 필요
가 없이 헌법적 의무로 두고 있다고 할 수 있는 것이다.

50. 구체적 법
률규정

　　다만 각종 재해가 발생할 경우에 국가가 국민에 대하여 어떠한 보
호행위를 하여야 하는지에 관해서는 재난및안전관리기본법, 자연재해대
책법, 재해구호법, 급경사지 재해예방에 관한 법률 등이 규정하고 있다.

51. 각종 재해
보상법

　　그리고 재해로 인한 보상을 위해서는 사회보험법으로서 공무원재
해보상법, 산업재해보상보험법, 농어업재해보험법 등 구체적 법률도 규
정되어 있다.

V. 인간다운 생활을 할 권리의 기본권 주체

인간다운 생활을 할 권리의 기본권 주체는 모든 인간이라고 보아야 한다. 왜냐하면 이 권리는 인간이 인간으로서 존엄하게 살 수 있는 최소한의 물질적 생활의 기초를 보장받을 권리이기 때문에, 대한민국에 체류하고 있는 어떠한 인간이라 하더라도 그들이 만일 생활능력이 없어 인간다운 생활을 할 수 없는 곤궁한 상태나 위기에 처했을 때에는 그들에게도 국가가 그들의 필요한 수요를 충족하지 않으면 안 되기 때문이다. 다시 말해서 인간존엄권이 천부인권인 것과 마찬가지로, 인간다운 생활을 할 권리는 국가적 재정이 허용되는 범위 내에서 대한민국에 체류하고 있는 모든 외국인들에게도 보장될 수 있는 권리라고 봐야 할 것이다.

52. 대한민국에 체류 중인 모든 인간

VI. 인간다운 생활을 할 권리에 대한 제한

인간다운 생활을 할 권리 역시 헌법 제37조 제2항에 따라서 국가안전보장·질서유지·공공복리를 위하여 필요한 경우에 한하여 법률로써 제한될 수 있는 권리라고 하는 것은 예외가 아니다.

53. 법률로써 제한 가능

이와 관련하여 인간다운 생활을 할 권리의 보장 자체가 공공복리라고 할 수 있기 때문에, 공공복리를 이유로 하는 제한은 허용되지 않는다고 하는 견해가 있으나(허영), 공공복리 자체가 하나의 획일적인 단위나 범주라고 할 수는 없는 것이기 때문에, 가령 국가재정적 부족으로 인한 사회보장급여의 축소필요와 같은 경우 사회보장재정의 지속가능성이라고 하는 공공복리를 위해서 필요한 최소한으로 현재의 사회보장급여나 복지제도를 축소할 수도 있다고 봐야 할 것이다.

54. 공공복지를 이유로 하는 제한 가능성

다만 인간다운 생활을 할 권리라고 하는 것이 인간이 인간으로서 인간다운 최저생활을 하기 위한 최소한의 물질적 생활의 수요를 보장받을 수 있는 권리이므로, 그 자체를 제한하거나 축소하는 데에는 상당한 한계가 있을 것으로 생각된다.

55. 제한의 한계가 존재

56. 한계로서
인간존엄권

　　그 한계로 작용할 수 있는 헌법적 근거는 다시 인간존엄으로 돌아
갈 수밖에 없다. 인간존엄권은 원칙적으로 침해할 수 없는 불가침의 것
이기 때문에, 인간다운 생활을 할 권리 역시 같은 차원에서 이해할 수밖
에 없을 것이다.

Ⅶ. 제한의 한계, 통제의 범위와 강도

1. 제한의 한계

57. 비례의 원
칙 및 본질내용
침해금지 원칙
준수

　　인간다운 생활을 할 권리에 대한 제한 역시 헌법 제37조 제2항에
따라 과잉금지원칙 내지 비례의 원칙에 따라야 하며, 또한 그 본질적 내
용은 침해할 수 없다고 하는 한계 하에 놓인다.

58. 심사기준

　　인간다운 생활을 할 권리의 침해여부에 대한 심사기준이 과연 과잉
금지원칙인가 혹은 과소금지원칙인가에 대하여 논란이 있다. 이와 관련
해서는 다음과 같은 몇 가지 관점을 생각해 볼 때, 두 가지의 심사 모두
가능하다고 생각된다.15)

59. 과소금지원
칙에 따른 심사

　　첫째, 인간다운 생활을 할 권리가 인간다운 물질적 최저생활을 보
장받을 권리이며 그 구체적인 내용은 입법자가 구체화해야 하는 권리로
이해하는 경우, 헌법상의 권리를 구체화해야 하는 입법자가 입법의무를
제대로 이행하지 않았는지를 심사하는 차원에서는 일단 기본권보호의무
의 이행여부를 심사할 때 사용하는 소위 과소금지의 원칙과 유사한 방
식으로 심사할 수밖에 없다. 왜냐하면 이 권리는 다른 모든 사회적 기본
권들과 마찬가지로 국가가 적극적으로 국민에게 인간다운 최저생활에
필요한 물질적 수요를 제공해야 하는데 제공하지 않는 것이 기본권의
제한의 형태로 나타날 것이기 때문이다. 즉 일정한 정도의 물질적 수요
의 최소한을 제공해야 함에도 하지 않았는가에 대한 심사 구조는 대국

---

15) 심사기준으로서 과잉금지원칙을 언급할 뿐만 아니라 과소금지원칙(Untermaßver-
bot)를 언급하고 있는 견해로 H. Schäffer/Klaushofer, Zur Problematik sozialer
Grundrechte, in: Merten/Papier/Kucksko-Stadlmayer (Hrsg), HGR Ⅶ/ 2 Aufl., § 20
Rn. 119; Wiederin, Soziale Grundrechte in Österreich, ÖJK (Hrsg). Aktuelle Fragen
des Grundrechtsschutzes, 2005, S. 153 (157 f.).

가적 방어권으로서 과잉금지원칙의 심사구조와는 정반대의 것이 된다고 할 것이다. 그러므로 이때에는 입법자가 인간이 사회적 동물로서 최소한의 존엄을 누리면서 인간답게 살기 위하여 필요한 물질적 수요를 전혀 제공하지 않았는지를 기준으로 하는 소위 과소보장금지원칙에 입각한 심사를 하는 것이다.

둘째, 이미 입법자가 사회보장수급권 등을 법률에 의하여 제도화시킨 후, 일정한 경우에 수급권을 감액한다든가 혹은 일정한 수급자에 대하여 제재16)의 한 형식으로 지급을 중단 또는 감액하는 등의 필요성이 생길 수도 있다. 전자의 경우에는 국가의 재정적 적자로 인하여 불가피하게 사회보장을 감축할 수밖에 없는 경우이고, 후자는 가령 사회보장수급자로 하여금 소위 보충성의 원칙에 따라서 일자리를 얻기 위한 노력을 하여 이 경제적 구조에 다시 편입시키기 위한 목적을 달성하기 위하거나, 혹은 고의나 과실로 사고를 일으킨 경우에 그 사람에 대하여 의료보험수급권을 제한하는 경우17)와 같이 수급권을 정지하거나 제한하는 사례가 그에 해당한다. 이 경우는 "구체적으로 형성된 권리에 대한 제한"18)의 의미가 있다고 하겠다.

이러한 경우에는 모두 소위 과잉금지나 비례의 원칙에 입각하여 목적의 정당성, 방법의 적정성, 침해의 최소성, 법익의 균형성을 심사할 수 있게 되는 것인데, 최근 독일 연방헌법재판소의 경우 과잉금지원칙에 입각한 엄격한 심사 끝에 최저생계비 기준에 미달하는 일련의 사회법전 규정에 대하여 헌법불합치결정19)을 선고하거나 우리 헌법재판소가 전술한 의료보험법 사례20)에서 경과실로 사고를 일으킨 경우까지 의

60. 과잉금지원칙에 따른 심사

61. 과잉금지원칙

---

16) 헌재 2003. 12. 18, 2002헌바1, 판례집 제15권 2집 하, 441, 450.
17) 헌재 2003. 12. 18, 2002헌바1, 판례집 제15권 2집 하, 441.
18) 헌재 2003. 12. 18, 2002헌바1, 판례집 제15권 2집 하, 441, 449.
19) BVerfGE 125, 175; BVerfGE 132, 134; BVerfGE 152, 68.
20) 헌재 2003. 12. 18, 2002헌바1, 판례집 제15권 2집 하, 441, 450. 물론 헌법재판소가 명백하게 과잉금지원칙을 적용한 것은 의료보험수급권의 재산권적 성질 부분이고, 사회적 기본권 부분은 소위 입법자가 재량의 한계를 일탈하였는지, 사회보장제도의 본질을 침해하였는지에 국한하는 듯한 판시를 하고 있기는 하다. 어쨌든 이와 같이 과잉금지원칙 심사와 완화된 심사기준의 적용을 혼합적으로 하는데 대하여 반대하는 반대의견으로서는 김영일 재판관의 의견이 있다(458, 460).

료보험수급권을 제한한 것에 대하여 위헌결정을 한 것은 이러한 예에
해당한다.

62. 보충성 원칙에 따른 심사

다음으로 보충성의 원칙은 과연 사회적 기본권의 위헌여부의 심사
에 있어서 어떠한 역할을 하는지의 의문이 제기될 수 있다. 이 보충성의
원칙은 원칙적으로 모든 인간은 자신의 힘과 노동능력으로 자신의 인간
다운 삶을 영위해 나가는 것이 원칙이고 국가가 개인의 생활을 돕는 것
은 원칙적으로 생활능력이 없는 자에 대하여 보충적으로 할 뿐이라는
것이다.

63. 보충성의 원칙

이와 관련하여 학자에 따라서는 사회국가원리에서 보충성의 원칙
의 역할에 대하여 부정적으로 보는 입장도 있기는 하다.[21] 그러나 개인
은 헌법에 의하여 보장되는 직업의 자유와 재산권 등 자유권적 기본권
의 향유를 통하여 자신의 생계를 유지하는 것이 원칙이고 사회나 국가
가 개인을 돕는 것은 노동능력이나 생활능력이 없어서 더 이상 혼자의
힘으로는 생계를 유지해 나갈 수 없을 경우에 보충적으로 하는 것이 원
칙이라고 할 수 있다.

64. 사회보장급여 제한 기제

그러므로 이 보충성의 원칙은 국가가 노동능력을 상실하여 사회부
조 등 사회보장급여를 받는 사람들로 하여금 다시 경제활동을 재개할
수 있도록 돕고 유도하는 역할을 수행하며 이를 위한 입법을 하는 과정
에서 경우에 따라서는 일정한 사회보장급여를 제한할 수 있는 기제로
작용할 수 있다. 물론 이러한 제재가 인간다운 생활을 위한 최저생계를
상당기간 삭감하거나 제한을 하는 것은 인간다운 생활을 할 권리 자체
를 침해할 수 있기 때문에 과도한 경우에는 위헌이 될 수 있다.[22]

2. 통제의 범위와 강도

65. 통제의 범위와 강도

인간다운 생활을 할 권리의 침해여부에 대한 심사에 있어서 통제의
범위와 강도를 어느 정도로 할 것인지가 문제될 수 있다.

66. 원칙적으로 명백성통제

일반적으로 사회적 기본권의 침해여부에 대한 통제의 강도는 국가

---

21) 가령 전광석 (주 7), 160면.
22) BVerfGE 152, 68. 사회법에 있어서 제재.

가 인간다운생활을 보장하기 위하여 전혀 아무런 입법조치도 하지 않았는가를 기준으로 하는 소위 명백성통제[23]를 원칙으로 한다.

그러나 인간의 생존을 위한 최저생계비를 입법자가 현실에 부합하는 수요를 파악하고 일관성 있는 기준에 입각하여 생계비를 책정하지 않으면, 입법자의 최저생계비를 산출하는 기준과 절차 자체가 잘못될 수도 있다. 그러한 경우는 곧바로 생활능력이 없는 당사자의 최저생계 기준에 훨씬 못 미치는 수요와 급여가 될 수 있고 그로 인하여 그는 인간다운 생활을 할 권리를 침해받을 수 있다.

67. 현실에 부합하는 생계비 책정 필요

그러므로 인간다운 생활권이 인간존엄권과 밀접 불가분의 관계에 있는 사회적 기본권이라고 하는 것을 고려할 때, 헌법재판소로서는 명백성통제라고 하는 매우 형식적이고도 무의미한 통제강도에 만연히 머무를 것이 아니라, 입법자가 행한 최저생계비의 파악이나 계산방법 혹은 기준이 현실적합성이 있는지에 관해서 나름대로 절차통제, 결과통제에 이르기까지 그 통제의 내용을 보다 더 확대함으로써 헌법재판소의 입법자에 대한 통제를 보다 실질화하고 강화할 필요가 있다고 생각된다.[24]

68. 현실에 적합하게 통제 내용 강화 필요

특히 최근 발생하고 있는 복지사각지대에서의 극단적 선택사례가 발생하는 것을 방지하기 위해서는 행정청은 입법자가 정한 복지입법을 구체적으로 집행함에 있어서, 극한으로 내몰린 생활무능력자들에 대해서 계속해서 지속적으로 관찰하고 돌봐야 할 구체적 관찰의무와 보호의무를 진다고 보아야 할 것이다.

69. 국가의 관찰의무와 보호의무

---

23) 헌재 2005. 7. 21, 2004헌바2; 헌재 2004. 10. 28, 2002헌마328; 헌재 2015. 6. 25, 2014헌바269, 판례집 제27권 1집 하, 484, 501(산업재해보상보험법 제37조 제1항 제1호 등 위헌소원 (업무상 질병에서의 입증책임 부담); 헌재 2018. 4. 26. 2016헌마54, 판례집 제30권 1집 상, 701(공무원연금법 제46조의4 등 위헌확인 (공무원연금법상 분할연금 지급특례조항); 헌재 2015. 6. 25. 2013헌마128, 판례집 제27권 1집 하, 553(이명에 대한 상이등급 판정기준을 정한 국가유공자 등 예우 및 지원에 관한 법률 시행규칙 별표4 위헌확인); 헌재 2010. 6. 24, 2009헌바111, 판례집 제22권 1집 하, 529, 540(독립유공자예우에 관한 법률 제4조 제2호 위헌소원).

24) 사회적 기본권 침해여부에 대한 심사기준의 강화 필요성에 대해서는 최규환, 사회적 기본권의 사법심사가능성, 고려대 대학원 박사학위논문, 2014, 236면 이하; 박찬운, 사회권의 성격과 사법구제 가능성, 법학논총 제25집 제3호(2008. 9), 19－44(36－38)면.

헌법재판소가 사회보장입법에 대하여 보다 강력한 통제의 범위와
강도를 구사하는 사례로서는 전술한 독일 연방헌법재판소의 최근 일련
의 최저생계비와 관련된 판결들을 들 수 있다.

요컨대, 인간의 생존과 직결되는 생활비와 가까우면 가까울수록 입
법자의 형성의 자유는 줄어들고, 그에 반하여 사회적·문화적 생활에 필
요한 수요에 가까울수록 그 만큼 더 입법자의 형성의 자유는 넓어진다
고 할 수 있을 것이다. 따라서 헌법재판소의 통제의 강도 역시 전자의
경우에는 엄격심사, 내용통제에 가깝게 할 수 있고, 후자의 경우에는 완
화된 심사, 명백성통제나 납득가능성통제 정도로 그칠 수 있을 것이다.
특히 인간의 최저생계기준과 관련한 급여와 관련해서는 입법자의 형성
의 자유는 그만큼 줄어든다고 봐야 할 것이다. 그 이유는 그만큼 인간존
엄권과 직결될 수 있기 때문이다.

Ⅷ. 헌법재판소의 위헌·합헌결정 사례

1. 합헌결정 사례

헌법재판소가 사회보장수급권을 침해하지 않는다고 하면서 합헌으
로 본 사례로서는 공무원연금법 제33조 제1항(공무원연금법상 장해급여와
국가유공자 보훈급여의 이중지급 금지)[25], 퇴직연금 수급자가 유족연금을 함
께 받게 된 경우 그 유족연금액의 2분의 1을 빼고 지급하도록 하는 구
공무원연금법(2009. 12. 31. 법률 제9905호로 개정되고, 2018. 3. 20. 법률 제
15523호로 전부개정되기 전의 것) 제45조 제4항 중 '퇴직연금 수급자'에 관
한 부분[26], 유족의 범위와 유족연금수급권자의 범위에 형제자매를 규정
하지 아니한 사립학교교직원연금법 조항[27], 공무원과 이혼한 배우자에
대한 분할연금액은 공무원의 퇴직연금액 또는 조기퇴직연금액 중 혼인
기간에 해당하는 연금액을 균등하게 나눈 금액으로 한다는 공무원연금

---

25) 헌재 2013. 9. 26, 2011헌바272, 판례집 제25권 2집 상, 683.
26) 헌재 2020. 6. 25, 2018헌마865, 판례집 제32권 1집 하, 441, 441.
27) 헌재 2010. 4. 29, 2009헌바102, 판례집 제22권 1집 하, 37.

법 제46조의3 제2항에도 불구하고, 민법상 재산분할청구에 따라 연금분할이 별도로 결정된 경우에는 그에 따르도록 한 공무원연금법 제46조의4[28]), 업무상 질병으로 인한 업무상 재해에 있어 업무와 재해 사이의 상당인과관계에 대한 입증책임을 이를 주장하는 근로자나 그 유족에게 부담시키는 산업재해보상보험법(2010. 1. 27. 법률 제9988호로 개정된 것) 제37조 제1항 제2호[29]), 재직기간 합산제도를 규정한 공무원연금법(2009. 12. 31. 법률 제9905호로 개정된 것) 제23조 제2항[30]), 국가유공자 등 예우 및 지원에 관한 법 제6조의4 제1항(국가유공자 등록을 위한 이명에 관한 상이등급 판정기준)[31]), 애국지사로 등록되어 예우를 받기 위해서는 독립운동을 한 사실 외에 그 공로로 건국훈장·건국포장 또는 대통령 표창을 받을 것을 요건으로 규정하고 있는 독립유공자법 제4조 제2호 후단 부분[32]), 퇴역연금의 지급정지제도 자체[33]), '근로능력평가의 기준 등에 관한 고시' 제8조 제3항 [별표 1] 제1장 3. 나. 1), 위 고시 제8조 제3항 [별표 1] 제1장 4. 다. 및 '2016 근로능력판정사업 안내'(2016. 6. 10. 보건복지부지침) 제2장. 2-2. ❹ (1) 중 '평가 대상자의 근로수행능력에 영향을 크게 미치는 2개 이내의 평가대상 질병을 등록하여 평가 의뢰 ※ 다수의 질병에 대해 평가를 요청하는 경우에도 평가는 2종류의 질병까지만 인정하므로 평가받을 질병을 평가대상자에게 확인하여 상태가 더 중한 2종류 이내로 확정하여 평가 의뢰' 부분(인간다운 생활권)[34]), 직장가입자가 소득월액보험료를 일정 기간 이상 체납한 경우 그 체납한 보험료를 완납할 때까지 국민건강보험공단이 그 가입자 및 피부양자에 대하여 보험급여를 실시하지 아니할 수 있도록 한 구 국민건강보험법(2011. 12. 31. 법률

---

28) 헌재 2018. 4. 26, 2016헌마54, 판례집 제30권 1집 상, 701.

29) 헌재 2015. 6. 25, 2014헌바269, 판례집 제27권 1집 하, 484.

30) 헌재 2016. 3. 31, 2015헌바18, 판례집 제28권 1집 상, 414.

31) 헌재 2012. 5. 31, 2011헌마241, 판례집 제24권 1집 하, 671.

32) 헌재 2010. 6. 24, 2009헌바111, 판례집 제22권 1집 하, 529.

33) 헌재 2005. 12. 22, 2004헌가24, 판례집 제17권 2집, 625; 헌재 2003. 9. 25, 2001헌가22, 판례집 제15권 2집 상, 231; 헌재 2005. 10. 27, 2004헌가20, 판례집 제17권 2집, 205; 헌재 2003. 9. 25, 2000헌바94 등, 판례집 제15권 2집 상, 254.

34) 헌재 2019. 9. 26. 2017헌마632, 판례집 제31권 2집 상, 322. 이석태, 이은애, 김기영, 이미선 재판관의 진단서 작성조항 및 이 사건 지침조항에 대한 반대의견 있음.

제11141호로 전부개정되고, 2018. 12. 11. 법률 제15874호로 개정되기 전의 것) 제53조 제3항 제1호(인간다운 생활권)[35], 재요양을 받기 위해서는 당초 상병으로 요양급여를 받았다가 치유되어야 하고, 당초의 상병과 재요양 신청한 상병과의 사이에 의학상 상당인과관계가 있다고 인정되어야 하며, 당초 상병이 치유된 이후 당초 상병과 관련된 증상이 발생한 경우로서, 당초 상병과 유사한 증상이 나타나거나 고정되었던 증상이 더 나빠진 경우 또는 당초 상병이 원인이 되어 새로운 상병이 발생하는 경우이어야 하고, 그 대상 상병을 치유하기 위한 적극적인 치료가 필요하다는 의학적 소견이 있어야 한다고 규정한 산업재해보상보험법 제51조 제1항[36], 보건복지가족부 고시(2007. 1. 23. 제2007-3호) 중 인조테이프를 이용한 요실금수술을 하는 경우 요류역학검사를 실시하도록 하는 부분(인간다운 생활권)[37], 산재보험 임의가입 적용사업의 경우 "그 사업의 사업주가 근로복지공단의 승인을 얻은 날의 다음 날"에 보험관계가 성립한다고 규정한 구 산업재해보상보험법 제10조 제2호(헌법 제34조 제2항과 제6항, 평등원칙)[38], 연금보험료를 낸 기간이 그 연금보험료를 낸 기간과 연금보험료를 내지 아니한 기간을 합산한 기간의 3분의 2보다 짧은 경우 유족연금 지급을 제한한 구 국민연금법 제85조 제2호 중 '유족연금'에 관한 부분(인간다운 생활권, 재산권, 평등권)[39], 일정 범위의 사업을 산업재해보상보험법의 적용 대상에서 제외하면서 그 적용제외사업을 대통령령으로 정하도록 규정한 산업재해보상보험법(2007. 4. 11. 법률 제8373호로 전부개정된 것) 제6조 단서(포괄위임금지, 평등원칙, 인간다운 생활권)[40], 상이연금 지급대상을 1급부터 7급까지로 정하고 있는 구 군인연금법 제23조 제1항(인간다운 생활권)[41], 국민연금제도의 가입대상을 18세 이상 60세 미만의 국민으로 제한하는 국민연금법 제6조(인간다운 생활권, 평등원칙

---

35) 헌재 2020. 4. 23, 2017헌바244, 판례집 제32권 1집 상, 319.
36) 헌재 2018. 12. 27, 2017헌바231, 판례집 제30권 2집, 717.
37) 헌재 2013. 9. 26, 2010헌마204 등, 판례집 제25권 2집 하, 1.
38) 헌재 2005. 7. 21, 2004헌바2, 판례집 제17권 2집, 44.
39) 헌재 2020. 5. 27, 2018헌바129, 판례집 제32권 1집 하, 299.
40) 헌재 2018. 1. 25, 2016헌바466, 판례집 제30권 1집 상, 102.
41) 헌재 2015. 4. 30, 2013헌마435, 판례집 제27권 1집 하, 79.

)42), 상이등급 7급인 전상군경 국가유공자에게 기본연금으로 월 금 180,000원을 지급하도록 한 것(인간다운 생활권, 평등권)43), 급여금수급권 발생시기를 예우법 제6조에서 정한 등록을 한 날이 속하는 달로 규정한 것(인간다운 생활권)44), 국가유공자 등록신청을 한 날이 속하는 달부터 보상을 받을 권리가 발생한다고 규정하고 있는 '국가유공자 등 예우 및 지원에 관한 법률' 제9조 제1항 본문(인간다운 생활권, 평등권, 재산권)45) 등이 있다.

그리고 재혼을 유족연금수급권 상실사유로 규정한 구 공무원연금법 제59조 제1항 제2호 중 '유족연금'에 관한 부분(인간다운 생활권, 재산권)46), 연금연계신청을 일부 대상자에 한하여 소급 허용하는 국민연금과 직역연금의 연계에 관한 법률 부칙 제2조 제2항 제1호(인간다운 생활권, 평등권)47), 체납 보험료를 국세체납처분의 예에 의하여 강제징수할 수 있도록 정하고 있는 국민건강보험법(1999. 2. 8. 법률 제5854호로 제정된 것) 제70조 제3항과 보험료 체납으로 인하여 보험급여가 제한되는 기간 중에 발생한 보험료에 대해서도 강제징수할 수 있도록 한 것(인간다운 생활권, 재산권)48), 기초생활보장제도의 보장단위인 개별가구에서 교도소·구치소에 수용 중인 자를 제외토록 규정한 '국민기초생활 보장법 시행령'(2008. 10. 29. 대통령령 제21095호로 개정된 것) 제2조 제2항 제3호 중 "'형의 집행 및 수용자의 처우에 관한 법률'에 의한 교도소·구치소에 수용 중인 자" 부분(인간다운 생활권, 인간존엄권/행복추구권)49), 참전유공자 중 70세 이상자에게 참전명예수당을 지급하도록 하는 구 참전유공자예우에관한법률(2003. 5. 29. 법률 제6922호로 개정되기 전의 것) 제6조 제1항(인간다운 생활권, 평등권)50), 교도소에 수용된 때에는 국민건강보험급여를

73. 기타 합헌 사례

42) 헌재 2001. 4. 26, 2000헌마390, 판례집 제13권 1집, 977.
43) 헌재 2003. 5. 15, 2002헌마90, 판례집 제15권 1집, 581.
44) 헌재 1995. 7. 21, 93헌가14, 판례집 제7권 2집, 1, 1-2.
45) 헌재 2011. 7. 28, 2009헌마27, 판례집 제23권 2집 상, 104.
46) 헌재 2022. 8. 31, 2019헌가31, 공보 311, 1086.
47) 헌재 2012. 5. 31, 2009헌마553, 판례집 제24권 1집 하, 529.
48) 헌재 2009. 10. 29, 2008헌바86, 판례집 제21권 2집 하, 194.
49) 헌재 2011. 3. 31, 2009헌마617 등, 판례집 제23권 1집 상, 416.
50) 헌재 2003. 7. 24, 2002헌마522 등, 판례집 제15권 2집 상, 169.

정지하도록 한 국민건강보험법 제49조 제4호(건강권, 인간존엄권, 행복추구권, 인간다운 생활권, 재산권)[51], 수용자에 대한 국민기초생활 보장법상 급여 정지조항(인간다운 생활권, 보건권)[52], 산업재해보상보험법 소정의 유족의 범위에 '직계혈족의 배우자'를 포함시키고 있지 않은 산업재해보상보험법 제5조 제3호(인간다운 생활권)[53], 2000. 7. 1. 당시 이미 요양이 종결된 산업재해 근로자들에 대해서는 2008. 7. 1. 이후의 간병급여만을 인정하는 구 산업재해보상보험법(2007. 12. 14. 법률 제8694호) 부칙 제3조 중 "이 법 시행 이후 지급사유가 발생한 간병급여부터 지급한다."는 부분(인간다운 생활권, 평등권)[54], 지뢰피해자 및 그 유족에 대한 위로금 산정 시 사망 또는 상이를 입을 당시의 월평균임금을 기준으로 하고, 그 기준으로 산정한 위로금이 2천만 원에 이르지 아니할 경우 2천만 원을 초과하지 아니하는 범위에서 조정·지급할 수 있도록 한 '지뢰피해자 지원에 관한 특별법'(2014. 10. 15. 법률 제12790호로 제정된 것) 제4조 제1항 제1호, 제2호 나목 및 '지뢰피해자 지원에 관한 특별법'(2016. 3. 22. 법률 제14081호로 개정된 것) 제4조 제6항(인간다운 생활권, 평등권)[55], 공무원이 공무상 질병 또는 부상(이하 '공상'이라 한다)으로 폐질상태로 되어 퇴직하거나, 퇴직 후에 공상으로 폐질상태로 된 때에 한하여 장해급여를 지급하도록 규정하고 있는 구 공무원연금법(2000. 12. 30. 법률 제6328호로 개정되고, 2009. 12. 31. 법률 제9905호로 개정되기 전의 것) 제51조 제1항(인간다운 생활권, 평등권)[56], '대학원에 재학 중인 사람'과 '부모에게 버림받아 부모를 알 수 없는 사람'에 대하여 조건 부과 유예사유를 두지 않은 국민기초생활 보장법 시행령 제8조 제2항 제1호(인간다운 생활권, 평등권)[57], 단독세대주의 국민임대주택 공급을 제한한 '주택공급에 관한 규칙' 제32조 제1항 중 "단독세대주는 40제곱미터 이하의 주택에 한한다." 부분과 주택

---

51) 헌재 2005. 2. 24, 2003헌마31 등, 판례집 제17권 1집, 254, 254. 이에 대한 비판으로는 위 제13절 재산권, IV, 2, 나, (2) 참조.
52) 헌재 2012. 2. 23, 2011헌마123, 판례집 제24권 1집 상, 365.
53) 헌재 2012. 3. 29, 2011헌바133, 공보 186, 657.
54) 헌재 2011. 11. 24, 2009헌바356 등, 판례집 제23권 2집 하, 258.
55) 헌재 2019. 12. 27, 2018헌바236 등, 판례집 제31권 2집 하, 177.
56) 헌재 2011. 11. 24, 2010헌마510, 판례집 제23권 2집 하, 513.
57) 헌재 2017. 11. 30, 2016헌마448, 판례집 제29권 2집 하, 211.

공급에 관한 규칙 제32조 제2항 및 제3항 중 "단독세대주를 제외한다." 부분(인간다운 생활권, 평등권)[58], 일정 범위의 사업을 산업재해보상보험법의 적용 대상에서 제외하면서 그 적용제외사업을 대통령령으로 정하도록 규정한 산업재해보상보험법 제5조 단서(인간다운 생활권, 평등권, 위임입법의 명확성, 헌법 제32조 제3항)[59], 기초연금 수급액을 '국민기초생활 보장법'상 이전소득에 포함시키도록 하는 구 '국민기초생활 보장법 시행령' 제5조 제1항 제4호 다목 중 기초연금법에 관한 부분(인간다운 생활권, 평등권)[60], 국가 등의 양로시설 등에 입소하는 국가유공자에게 부가연금, 생활조정수당 등의 지급을 정지하도록 한 국가유공자등예우및지원에관한법률 제20조 제2항 및 동시행령 제31조 제2항(인간다운 생활권, 재산권, 평등권)[61], 파산면책자에 대한 저소득가구 전세자금 대출제외를 규정하고 있는 국민주택기금전세자금 대출자격부적격자 결정(인간다운 생활권, 평등권)[62], '국가공무원법 제33조 소정의 임용결격사유가 존재함에도 불구하고 공무원으로 임용되어 근무하거나 하였던 자'를 공무원 퇴직연금 수급권자에 포함시키지 않는 공무원연금법 제46조 제1항 중 제3조 제1항 제1호 가목 본문의 '공무원' 부분(인간다운 생활권, 재산권)[63], 진폐근로자의 유족에게 지급되는 진폐유족연금을 진폐보상연금과 같은 금액으로 하고, 종전의 유족보상연금을 초과할 수 없도록 한 산업재해보상보험법 제91조의4 제2항(인간다운 생활권, 평등권)[64], 진폐근로자의 유족에 대하여 유족급여를 지급하지 않고, 진폐유족연금을 지급하도록 한 산업재해보상보험법 제36조 제1항 단서(인간다운 생활권, 평등권)[65], 국민연금기금을 공공자금관리기금에 예탁하도록 한 공공자금관리기금법 제5조 제1항 제1호 및 제2항 제1호(인간다운 생활권, 재산권)[66], 산업재해보상보험법

---

[58] 헌재 2010. 5. 27, 2009헌마338, 판례집 제22권 1집 하, 347.
[59] 헌재 2003. 7. 24, 2002헌바51, 판례집 제15권 2집 상, 103.
[60] 헌재 2019. 12. 27, 2017헌마1299, 판례집 제31권 2집 하, 251.
[61] 헌재 2000. 6. 1, 98헌마216, 판례집 제12권 1집, 622.
[62] 헌재 2011. 10. 25, 2009헌마588, 판례집 제23권 2집 하, 51.
[63] 헌재 2012. 8. 23, 2010헌바425, 판례집 제24권 2집 상, 490.
[64] 헌재 2014. 2. 27, 2012헌바469, 판례집 제26권 1집 상, 241.
[65] 헌재 2014. 2. 27, 2013헌바12 등, 판례집 제26권 1집 상, 256.
[66] 헌재 1996. 10. 4, 96헌가6, 판례집 제8권 2집, 308.

(2007. 12. 14. 법률 제8694호로 전부개정된 것) 제36조 제7항 중 '최고보상기준금액'에 관한 부분(인간다운 생활권, 재산권)[67], 사립학교 교원이 '직무와 관련 없는 과실로 인한 경우' 및 '소속상관의 정당한 직무상의 명령에 따르다가 과실로 인한 경우'를 제외하고 재직 중의 사유로 금고 이상의 형을 받은 경우, 퇴직급여 등을 감액하도록 규정한 구 사립학교교직원연금법 제42조 제1항 전문 중 공무원연금법 제64조 제1항 제1호 준용 부분(인간다운 생활권, 평등권)[68], 연금액조정 및 그의 경과조치에 대한 공무원연금법 제43조의2, 부칙 제9조, 사립학교교직원연금법 제42조 제1항 중 공무원연금법 제43조의2 제1항을 준용하고 있는 부분 및 동법 부칙 제7조 제1항(인간다운 생활권, 재산권, 평등권, 신뢰보호원칙 등)[69], 진폐근로자의 유족에 대하여 유족급여를 지급하지 않고, 진폐유족연금을 지급하도록 한 산업재해보상보험법 제36조 제1항 단서[70] 등이 있다.

2. 위헌결정 사례

74. 침해 인정 사례

한편 헌법재판소가 사회보장수급권을 침해한다고 본 사례로서는 가령 경과실에 의한 범죄행위에 기인하는 보험사고에 대하여 의료보험급여를 제한하는 것[71]을 들 수 있다.

3. 기　타

가. 합헌사례

75. 다른 원칙이나 기본권 침해여부 심사 후 합헌선고 사례

헌법재판소가 사회보장수급권 침해여부에 대한 심사를 하지 않고 신뢰보호원칙이나 재산권 또는 평등권, 법률유보원칙, 포괄위임입법금지의 원칙 등의 침해여부만을 심사한 후 합헌결정을 선고한 사례로는 다음과 같은 것들이 있다.

---

67) 헌재 2014. 6. 26, 2012헌바382 등, 판례집 제26권 1집 하, 532.
68) 헌재 2013. 9. 26, 2010헌가89 등, 판례집 제25권 2집 상, 586; 헌재 2013. 9. 26, 2013헌바170, 판례집 제25권 2집 상, 761.
69) 헌재 2003. 9. 25, 2001헌마93 등, 판례집 제15권 2집 상, 319.
70) 헌재 2014. 2. 27, 2013헌바12 등, 판례집 26−1상, 256.
71) 헌재 2003. 12. 18, 2002헌바1, 판례집 제15권 2집 하, 441.

'가입자자격을 상실한 후 1년이 경과한 국민연금 가입자'는 반환일 76. 구체적 사
시금을 받을 수 없도록 개정된 구 국민연금법 제67조 제1항, 국민연금 례
법 부칙 제16조 제1항(소급입법금지, 신뢰보호원칙, 재산권, 평등권)[72], 처(妻)
사망 시 부(夫)의 유족연금 수급자격을 부(夫)가 60세 이상이거나 장애등
급 2급 이상에 해당하는 경우로 한정한 구 국민연금법 제63조 제1항 제
1호 단서(평등권)[73], 재해근로자의 평균임금이 높은 경우 보험급여를 제
한하기 위하여 최고보상기준금액을 규정한 산업재해보상보험법 제38조
제6항(최고보상기준금액 부분에 한하여)과 장의비의 최고금액을 규정한 제
45조(재산권, 평등원칙, 포괄위임금지)[74], 장해연금 등 장기급여에 대하여 5
년간 이를 행사하지 않으면 소멸한다고 규정한 구 공무원연금법(1991. 1.
14. 법률 제4334호로 개정되고, 2005. 5. 31. 법률 제7543호로 개정되기 전의 것)
제81조 제1항 중 "장기급여" 부분(재산권, 평등권)[75], 군인연금법상 퇴역
연금 수급권자가 군인연금법·공무원연금법 및 사립학교교직원 연금법의
적용을 받는 군인·공무원 또는 사립학교교직원으로 임용된 경우 그 재직
기간 중 해당 연금 전부의 지급을 정지하도록 하고 있는 구 군인연금법
제21조의2 제1항, 구 군인연금법 제21조의2 제1항, 군인연금법 제21조
의2 제1항(재산권, 평등권)[76], 공무원연금법 제3조 제1항 제1호 가목 단서
중 선거에 의하여 취임하는 공무원 가운데 '지방자치법 제93조에서 정
한 지방자치단체의 장'에 관한 부분(평등권)[77], 군인 또는 군인이었던 자
가 복무 중의 사유로 금고 이상의 형을 받은 때에는 대통령령이 정하는
바에 의하여 퇴직급여 및 퇴직수당의 일부를 감액하여 지급하도록 한
군인연금법 제33조 제1항 제1호(재산권, 평등권)[78], 순직공무원의 적용 범
위를 확대한 개정 공무원연금법 제3조 제1항 제2호 라목 규정을 소급하
여 적용하지 아니하도록 한 위 개정 법률 부칙 제14조 제2항(평등권)[79],

---

72) 헌재 2004. 6. 24, 2002헌바15, 판례집 제16권 1집, 719.
73) 헌재 2008. 11. 27, 2006헌가1, 판례집 제20권 2집 하, 1.
74) 헌재 2004. 11. 25, 2002헌바52, 판례집 제16권 2집 하, 297.
75) 헌재 2009. 5. 28, 2008헌바107, 판례집 제21권 1집 하, 712.
76) 헌재 2015. 7. 30, 2014헌바371, 판례집 제27권 2집 상, 256.
77) 헌재 2014. 6. 26, 2012헌마459, 판례집 제26권 1집 하, 629.
78) 헌재 2009. 7. 30, 2008헌가1 등, 판례집 제21권 2집 상, 18.
79) 헌재 2012. 8. 23, 2011헌바169, 판례집 제24권 2집 상, 540.

국가유공자에 해당하는 참전유공자에게 국가유공자법에 의한 보훈급여금과 참전명예수당 중 어느 하나를 지급하도록 한 구'참전유공자예우에 관한 법률'제6조 제1항 단서 중'국가유공자(전상군경 또는 공상군경)'부분(평등권)80), 월남전에 참전한 자가 생전에 고엽제후유증환자로 등록신청을 하지 아니하고 사망한 경우 그 유족에게 유족등록신청자격을 부인하는 것(재산권, 평등권)81), 비혜택 근로자의 출·퇴근 재해를 업무상재해로 인정하지 아니하는 산업재해보상보험법 제37조 제1항 제1호 다목(평등원칙)82), 노인장기요양 급여비용의 구체적인 산정방법 등에 관하여 필요한 사항을 보건복지부령에 정하도록 위임한 노인장기요양보험법 제39조 제3항(법률유보원칙과 포괄위임금지)83), 보상금의 지급수준 및 그 지급액·지급방법 및 그 밖에 필요한 사항을 대통령령으로 정하도록 위임하고 있는, '국가유공자 등 예우 및 지원에 관한 법률'(2006. 3. 3. 법률 제7873호로 개정된 것) 제12조 제4항, 제5항(포괄위임금지)84), 공무원연금법상 급여의 수급권자에게 2 이상의 급여의 수급권이 발생한 때 수급권자의 선택에 의하여 그 중의 하나만을 지급하고 다른 급여의 지급을 정지하도록 한 국민연금법 제52조(재산권, 평등권)85) 등이 그것이다.

나. 위헌사례

77. 다른 헌법적 원리의 침해

이에 반하여 다른 헌법적 원리의 침해로 위헌결정을 선고한 사례로는 다음과 같은 것들이 있다.

(1) 평등원칙

78. 평등원칙 위반 사례

65세 미만의 일정한 노인성 질병이 있는 사람의 장애인 활동지원급

---

80) 헌재 2010. 2. 25, 2007헌마102, 공보 161, 581.
81) 헌재 2001. 6. 28, 99헌마516, 판례집 제13권 1집, 1393. 평등원칙에 있어서는 위헌(헌법불합치).
82) 헌재 2013. 9. 26, 2012헌가16, 판례집 제25권 2집 상, 630. 박한철, 이정미, 김이수, 이진성, 강일원 재판관의 반대의견(헌법불합치) 있음. 4:5로 헌법불합치의견이 다수였으나 위헌선언에 필요한 정족수 미달로 합헌결정된 사례임. 이 결정은 2016. 9. 29, 2014헌바254에 의하여 계속적용을 명하는 헌법불합치결정으로 변경됨.
83) 헌재 2021. 8. 31, 2019헌바73, 판례집 제33권 2집, 123.
84) 헌재 2009. 3. 26, 2008헌바105, 판례집 제21권 1집 상, 457.
85) 헌재 2000. 6. 1, 97헌마190, 공보 46, 466.

여 신청자격을 제한하는 '장애인활동 지원에 관한 법률' 제5조 제2호 본
문 중 '노인장기요양보험법 제2조 제1호에 따른 노인 등' 가운데 '65세
미만의 자로서 치매·뇌혈관성질환 등 대통령령으로 정하는 노인성 질
병을 가진 자'에 관한 부분86), 보훈보상대상자의 부모에 대한 유족보상
금 지급 시 수급권자를 1인에 한정하고 나이가 많은 자를 우선하도록
규정한 '보훈보상대상자 지원에 관한 법률'(2011. 9. 15. 법률 제11042호로
제정된 것) 제11조 제1항 제2호 중 '부모 중 선순위자 1명에 한정하여
보상금을 지급하는 부분', 같은 법 제12조 제2항 제1호 중 '부모 중 나
이가 많은 사람을 우선하는 부분'(평등권)87), 공무상 질병 또는 부상으
로 '퇴직 이후에 폐질상태가 확정된 군인'에 대해서 상이연금 지급에
관한 규정을 두지 아니한 군인연금법 제23조 제1항88), 사립학교 교원
또는 사립학교 교원이었던 자가 재직중의 사유로 금고 이상의 형을 받
은 때에는 대통령령이 정하는 바에 의하여 퇴직급여 및 퇴직수당의 일
부를 감액하여 지급하도록 한 구 '사립학교교직원 연금법' 제42조 제1
항 전문 중 구 공무원연금법 제64조 제1항 제1호(재산권, 평등권)89), 공
무원 또는 공무원이었던 자가 재직중의 사유로 금고 이상의 형을 받은
때에는 대통령령이 정하는 바에 의하여 퇴직급여 및 퇴직수당의 일부
를 감액하여 지급하도록 한 공무원연금법 제64조 제1항 제1호(재산권,
평등권)90), 공무원연금법 제64조 제3항의 급여제한을 퇴직후의 사유에
도 적용하는 것(재산권, 평등권, 명확성의 원칙)91), 근로자가 사업주의 지
배관리 아래 출퇴근하던 중 발생한 사고로 부상 등이 발생한 경우만
업무상 재해로 인정하는 산업재해보상보험법 제37조 제1항 제1호 다
목92) 등이다.

---

86) 헌재 2020. 12. 23, 2017헌가22 등, 판례집 제32권 2집, 574.
87) 헌재 2018. 6. 28, 2016헌가14, 판례집 제30권 1집 하, 339.
88) 헌재 2010. 6. 24, 2008헌바128, 판례집 제22권 1집 하, 473.
89) 헌재 2010. 7. 29, 2008헌가15, 판례집 제22집 2권 상, 16.
90) 헌재 2007. 3. 29, 2005헌바33, 판례집 제19권 1집, 211.
91) 헌재 2002. 7. 18, 2000헌바57, 판례집 제14권 2집, 1.
92) 헌재 2016. 9. 29, 2014헌바254, 판례집 제28권 2집 상, 316, 316.

(2) 신뢰보호원칙과 재산권

2000. 7. 1.부터 시행되는 최고보상제도를 2000. 7. 1. 전에 장해사
유가 발생하여 장해보상연금을 수령하고 있던 수급권자에게도 2년6월의
유예기간 후 2003. 1. 1.부터 적용하는 산재법 부칙(법률 제6100호, 1999.
12. 31.) 제7조 중 "2002. 12. 31.까지는" 부분은 신뢰보호의 원칙에 위배
하여 청구인들의 재산권을 침해한다고 보았다.93)

(3) 포괄위임금지의 원칙 위반

구 군인연금법 제21조 제5항 제3호에서 퇴역연금 지급정지대상기
관을 국방부령으로 정하도록 위임하고 있는 것과 퇴역연금 지급정지의
요건 및 내용을 대통령령으로 정하도록 위임하고 있는 것94), 구 공무원
연금법 제47조 제3호에서 퇴직연금 지급정지대상기관을 총리령으로 정
하도록 위임하고 있는 것과 이 법 제47조 제2호 · 제3호에서 퇴직연금
지급정지의 요건 및 내용을 대통령령으로 정하도록 위임하고 있는
것95), 구 공무원연금법 제47조 제2호, 제3호에서 퇴직연금 지급정지대상
기관을 행정자치부령으로 정하도록 위임하고 있는 것과 심판대상조항에
서 퇴직연금 지급정지의 요건 및 내용을 대통령령으로 정하도록 위임하
고 있는 것96) 등은 포괄위임입법금지의 원칙에 위배되는 것으로 보았다.

---

93) 헌재 2009. 5. 28, 2005헌바20 등, 판례집 제21권 1집 하, 446.
94) 헌재 2005. 12. 22, 2004헌가24, 판례집 제17권 2집, 625; 헌재 2003. 9. 25, 2001헌
　　가22, 판례집 제15권 2집 상, 231 − 군인연금법 제21조 제5항 제2호; 헌재 2010.
　　7. 29, 2009헌가4, 판례집 제22권 2집 상, 95 − 구 군인연금법 제21조 제3항 제2
　　호 등.
95) 헌재 2005. 10. 27, 2004헌가20, 판례집 제17권 2집, 205.
96) 헌재 2003. 9. 25, 2000헌바94 등, 판례집 제15권 2집 상, 254.

제 27 절 교육을 받을 권리

Ⅰ. 서 론

헌법 제31조는 모든 국민에게 능력에 따라 균등하게 교육을 받을 권리를 보장하며, 또한 그 보호하는 자녀에게 초등교육과 법률이 정하는 교육을 받게 할 의무를 지우되 의무교육은 무상으로 함을 선언하고, 이어서 교육의 자주성·전문성·정치적 중립성과 대학의 자율성은 법률이 정하는 바에 의하여 보장함과 동시에 국가의 평생교육 진흥의무, 학교교육 및 평생교육을 포함한 교육제도와 그 운영, 교육재정 및 교원의 지위에 관한 기본적인 사항은 법률로 정함을 천명하고 있다.

1. 헌법 제31조

이로써 우리 헌법은 모든 국민이 자신의 능력에 따라 균등하게 학교교육과 평생교육 등을 받음으로써 자신의 인격을 발현시키고 이로써 민주시민으로 성장하여 인간답고 행복한 삶을 영위할 수 있는 기초를 제도적으로 보장하고 있다.

2. 제도적 보장

이 교육을 받을 권리는 특별히 헌법이 이것이 사회적 기본권이라고 명시적으로 선언을 하고 있지는 않지만 청구권적 기본권 다음으로 이어지면서 자연스럽게 다수의 사회적 기본권 가운데 첫 번째 위치에 위치하고 있다. 만일 인간이 태어나서 제대로 된 교육을 받지 못하는 경우에는 자신의 인격을 발현할 수 없고, 어엿한 공동체의 일원으로서 인간다운 생활을 영위해 나갈 수 없게 된다. 그러므로 우리 헌법제정자는 바로 이 교육을 받을 권리를 인간이 인간답게 살아가기 위한 가장 중요한 권리라고 보고서 사회적 기본권의 첫 번째 자리에 위치시킨 것이 아닌가 생각된다.

3. 사회적 기본권의 첫 번째 위치

아무튼 이 교육을 받을 권리에 관한 헌법 제31조는 학문의 자유와 종교의 자유, 양심의 자유 등 정신적 기본권과 더불어서 교육을 통하여 문화시민을 육성하고 이로써 대한민국이 참다운 문화국가가 될 수 있도

4. 국가목표조항, 입법위임조항

록 할 뿐만 아니라, 이와 함께 민주적 복지국가를 실현하기 위한 권리와 제도의 보장일 뿐만 아니라 국가목표 및 입법위임을 천명하는 조항이라 할 수 있겠다.

5. 고찰의 순서

이하에서는 우선 헌법 제31조의 교육헌법에 대하여 개관을 한 후 (Ⅱ), 주관적 권리로서 교육을 받을 권리(Ⅲ) 이어서 교육의 의무와 의무교육제도의 보장(Ⅳ), 교육의 자주성·전문성·정치적 중립성 및 대학의 자율성 보장(Ⅴ), 국가의 의무와 책임(Ⅵ) 그리고 교육제도에 관한 입법위임(Ⅶ)의 전반적 내용과 그 헌법적 쟁점들을 중심으로 살펴보기로 한다.

6. 교육주체들 간의 헌법적 지위 고려

교육을 받을 권리는 교육을 둘러싸고 부모, 자녀, 교사, 국가 또는 공공단체 등 다양한 주체들 간의 이해가 대립되거나 경합될 수 있는 영역이므로, 각 주체들 간의 헌법적 지위를 보다 면밀히 살피면서 그 헌법적 한계를 긋고 가늠해 나가지 않으면 복잡하게 얽힌 실타래를 풀어나가기 힘들 수 있다. 이하에서는 교육을 받을 권리를 둘러싸고 벌어지는 헌법적 쟁점들을 바로 이러한 관점에서 풀어 나가보기로 한다.

Ⅱ. 헌법 제31조의 교육헌법 개관

1. 개념의 정리

가. 교육을 "받을" 권리("배울 권리")

7. 교육을 "받을" 권리

우리 헌법 제31조 제1항은 "모든 국민은 능력에 따라 균등하게 교육을 받을 권리를 가진다."라고 함으로써 교육을 "받을" 권리라고 표현하였다.

8. 교육과 관련된 다양한 행위 양태

교육과 관련되는 국민적 생활영역은 교육을 시키는 행위, 교육을 하는 행위, 교육을 받는 행위, 교육을 위해서 학교 등 교육기관을 설립하고 운영하는 행위, 교육자를 양성하는 행위, 교육이 제대로 이루어지는지 감독하는 행위 등 매우 다양하게 이루어진다. 교육을 둘러싼 이러한 다양한 행위들은 모두 그 정치적 공동체가 체계적으로 수립하고 운영하는 교육제도 가운데서 이루어질 수밖에 없다. 만일 정치공동체의 구성원 가운데 누구라도 이러한 제도권 내에서 제대로 교육을 받지 못하게 되면 그 공동체로부터 낙오된 삶을 살 수밖에 없고 따라서 그는 자신의 인격발현과 소질계발을 제대로 할 수 없을 뿐만 아니라, 지·덕·체를 겸비한 실력 있고 유능한 인간으로 계속해서 성장할 수도 없게 되는 것이다. 결국 그는 자신의 독자적인 힘으로 인간다운 생활을 영위해 나갈 수도 없을 뿐만 아니라 능동적인 민주시민으로서 정치공동체를 더불어 이끌어 나가는 삶을 살아가는 것은 더욱 기대하기 힘들게 되는 것이다.

그렇다면 위 생활영역 가운데 가장 기초가 되고 중요한 것이 교육을 받는 행위라 할 수 있다.

9. 가장 중요한 행위

나. 교육을 "시킬" 권리("가르칠 권리")

그러나 어떠한 자녀도 그 부모나 보호자가 교육을 시켜주지 않으면 교육을 받을 수 있는 가능성은 없다. 그렇다면 교육을 받을 권리는 교육을 시켜주는 자가 없이는 공염불에 불과하다. 그리고 어린이는 성년이 될 때까지는 친권자가 그 권리를 대리하여 행사할 수밖에 없다. 그렇다면 어린이의 교육을 받을 권리는 부모의 교육을 시킬 권리와 불가분의 일체라고 보지 않을 수 없다.

10. 교육을 "시킬" 권리

우리 헌법 제31조 제2항이 비록 "모든 국민은 그 보호하는 자녀에게 적어도 초등교육과 법률이 정하는 교육을 받게 할 의무를 진다."고 함으로써 교육을 시킬 의무를 부과하고 있지만, 이 조항은 오히려 자녀에게 교육을 "시킬" 부모의 권리를 당연한 전제로 하고 있는 것이다. 전술하였듯이 교육이 정치적 공동체의 성숙한 구성원으로 성장하기 위하여 없어서는 안 될 필수적 요소라면 자녀로 하여금 그러한 교육을 받게 하는 것은 의무이기 이전에 권리이자 자유라 할 것이기 때문이다.

11. 교육을 받게 할 의무이자 권리

따라서 부모의 자녀교육권은 헌법재판소와 같이 굳이 헌법 제36조 제1항의 혼인과 가족생활 기본권에서 찾을 필요가 없이, 자녀의 교육을 받을 권리와 불가분의 일체라고 할 수 있는 부모의 교육을 시킬 권리가 헌법 제31조 제1항과 제2항에서 전제되어 있는 것으로 보고서 이 조항

12. 헌법 제31조 제1항 및 제2항에서 도출

으로부터 도출하는 것이 더 명쾌하다.

다. 교육을 "할" 권리("수업할 권리": pädagogische Freiheit[1])

13. 교사가 필요

부모가 자녀에게 교육을 시키고자 하여도 교육을 할 사람, 즉 교사(교원)가 없다면 교육을 받을 권리는 실현될 수 없다.

14. 교육을 할 권리의 근거

그렇다면 교사(교원) 역시 교육과 관련하여 중요한 주체 중 하나인 것은 분명한 사실이다. 그러나 그렇다고 하여 일부 학설[2]이 주장하고 있듯이 교육을 할 권리가 과연 헌법 제31조 제1항뿐만 아니라 헌법 제10조의 인간의 존엄권과 행복추구권으로부터 도출될 수 있는 기본권인가 하는 문제가 제기된다.

15. 당연히 도출되는 권리는 아님

살피건대 "교육을 할 권리"는 "교육을 받을 권리"와 명백히 문언적으로 다르다. 그러므로 그것은 부모의 자녀에 대한 교육권과 같이 헌법 제31조 제1항과 제2항으로부터 당연히 도출되는 권리라고 할 수는 없다.

16. 헌법 제31조 제4항 및 제6항에서 도출 어려움

오히려 그 근거는 헌법 제31조 제4항과 제6항에서 찾아 볼 수 있을 것인데, 우선 제4항에서 "교육의 자주성·전문성·정치적 중립성"은 교원의 권리 내지 권한의 근거가 될 수도 있지만 또한 역으로 교원의 자유에 대한 제한의 근거가 될 수도 있기 때문에 이 조항으로부터 교육을 할 권리가 직접 도출된다고 하기는 힘들다. 그리고 제6항은 교원의 지위에 관한 기본적인 사항은 법률로 정하도록 하고 있으므로 교원의 보다 구체적인 법적 지위는 법률에 의해서 구체화될 수밖에 없다.

17. 법률상 권리 및 직무권한

따라서 교사(교원)의 "교육을 할 권리"는 헌법 제31조 제4항이나 제6항으로부터 직접 도출될 수 있는 기본권이라고 하기는 힘들고, 결국 부모의 "교육을 시킬 권리"(자녀교육권)에 의하여 신탁되고 위임된 범위 내에서, 그리고 교육제도에 관한 법률이 허용해 준 범위 내에서의 직무권한이자 권리라고 보아야 할 것이다.

---

1) Wißmann, Art. 7-I, Rn. 115(182. Aktualisierung Dezember 2016), in: Kahl/Waldhoff/Walter(Hrsg), Bonner Kommentar zum Grundgesetz, Ordner 3.
2) 정재황, 헌법학 제2판, 박영사 2022, 1181면.

라. 교육을 받을 "권리"인가 교육을 받을 "자유"인가?

다음으로 많은 학설들은 교육을 받을 권리가 국가로부터 방해받지 않고서 교육을 받을 자유를 포함하는 것으로, 그리하여 자유권적 성격과 사회적 기본권으로서의 성격을 공유하고 있는 것으로 설명하고 있다.

우리 헌법은 여러 자유권적 기본권들과 같이 전통적인 천부인권적 자유에 해당하는 것들은 "자유"(학문·예술의 자유, 직업선택의 자유 등)라는 개념을 쓰고 있지만, 국가를 전제로 하거나 국가의 제도적 보장에 의해서만 실현될 수 있는 법적 지위들은 "권리"(가령 선거권, 공무담임권과 여러 청구권적 기본권 및 교육을 받을 권리 등)라고 하는 이름을 붙이고 있다.

교육을 받을 권리야 말로 부모가 자녀에 대하여 교육을 시키고자 하여도 학교 등 교육시설이 정비가 되어 있지 않을 경우에는 사실상 교육을 시킬 수 없고, 또한 교육시설이 있다 하더라도 교육을 시킬 경제적 능력이 없는 경우에는 그 실현이 불가능한 권리이다. 그러므로 교육을 받을 권리의 의미는 국가에 적극적으로 교육기회를 제공해 줄 것을 요구하고 청구할 수 있는 권리라는 점에서 급부청구권(Leistungsrecht) 내지 사회적 기본권에 해당한다.

다만 인간이라면 누구나 자신의 자녀에 대하여 자신의 철학과 종교관·세계관에 입각하여 양육과 교육을 함으로써 자신이 속한 정치적 공동체에 능동적으로 기여할 수 있는 유능한 인재로 키우고 가르칠 자유가 있다. 또한 자녀 역시 부모와 선생의 가르침과 기대에 부응하여 교육을 받을 수 있는 자유가 있다. 부모와 자녀의 이러한 교육을 시키고 교육을 받을 자유에 대해서는 국가가 방해할 수 없다고 하는 관점에서 본다면 대국가적 방어권으로서의 속성도 부인할 수 없다. 그러므로 교육을 받을 권리는 권리의 속성도 있지만 방어권적 자유의 속성도 배제할 수 없다.

마. 교육이란 무엇인가?

교육이란 무엇인가에 대해서는 교육학3) 등 다양한 학문분야에서

18. 학설의 입장

19. 우리 헌법상 자유와 권리 개념의 구분

20. 급부청구권 내지 사회적 기본권의 속성

21. 방어권적 자유의 속성 겸유

22. 인간존엄권과 연관

---

3) 교육학 문헌의 일설에 의하면 교육이란 교육자와 피교육자의 관계를 전제로 하

나름대로 각자의 관점에서 정의할 수 있을 것이며 나름 일면적 타당성
들이 있을 것이다. 이하에서는 교육이라고 하는 것은 인간의 계발이라
할 수 있으므로, 우리 헌법 제10조의 인간존엄권과 연관지어서 정의를
해 보고자 한다.

23. 인간의 존
엄성 존중

　　모든 국민에 대하여 인간으로서의 존엄과 가치를 가지며 행복을 추
구할 권리를 가진다고 선언하고 있는 우리 헌법 제10조를 고려해 볼 때
우리 헌법은 우리 국민(인간)을 존엄성을 가진 인격체로서 존중하고 있
고, 바로 이 인간의 존엄성 존중이 국가의 존재 목적이자 헌법해석의 궁
극적 원리라고 할 수 있을 것이다.

24. 인격적 주
체의 양성

　　이 점을 고려한다면 헌법 제31조가 규정하고 있는 교육을 받을 권
리와 관련한 "교육"의 정의도 결국 이러한 존엄한 인격을 가진 인격적
주체의 양성에 초점을 맞추어야 할 것이다.

25. 교육의 정
의

　　이러한 관점에서 교육이란 인간의 각 발달단계에 맞추어 개인 및
공동체 생활의 능숙한 영위를 위하여 필요한 지식과 이치를 가르치고 깨
우치게 함으로써, 각자의 인격의 자유로운 발현과 소질 및 잠재력의 계
발을 촉진하며, 정치적 공동체의 일원으로서 개인과 공동체의 공영ㆍ발
전에 이바지할 능력 있는 인격체로 양성하는 행위라 할 수 있을 것이다.

26. 헌법재판소
의 교육과 교원
의 정의

　　한편 헌법재판소는 교육에 관하여 "교육이란 학생들의 건전한 지식
과 인격의 신장을 목표로 하여 그들을 지도하고 가르치는 것이고, 이러
한 교육을 담당하는 교원은 미래사회를 이끌어 나갈 학생들로 하여금
자립하여 생활할 수 있는 능력을 길러주는 공교육제도의 주관자로서 주
도적 지위를 담당하도록 주권자인 국민으로부터 위임받은 사람"[4]이라
고 정의하고 있다.

여 가르친다는 의미와 기른다는 의미를 함께 갖는 것으로 풀이되고 있고, 거기에
는 피교육자의 발전 가능성, 교육자의 지도연속성, 그리고 이들을 포괄하는 인격
매개성을 전제로 하고 있다고 한다. 김정환, 교육의 본질과 과제, 박영사 1995, 28
면을 인용하며, 차수봉, 교육헌법의 기본원리 - 교육의 자주성, 전문성, 정치적
중립성의 법리를 중심으로, 공법논총 제2호(2006. 6), 253-280(255)면.
4) 헌재 1997. 12. 24, 95헌바29 등, 판례집 제9권 2집, 780, -786.

바. 교육의 주관자는 누구인가?

헌법상 교육을 받을 권리의 보호영역과 그 한계 등의 문제를 개관
하기 전에 먼저 교육의 궁극적 주관자를 누구라고 봐야 할 것인가에 대
하여 검토해 볼 필요가 있다. 이 문제는 교육학적 접근과 밀접한 관련이
있는 논의가 되겠는데, 교육의 궁극적 주체가 국가인가 아니면 부모를
비롯한 종교단체나 세계관단체 등인가 혹은 그 밖의 공공단체인가의 관
점에 따라서 가령 국가주도의 교육체제, 민간주도의 교육체제, 공공단체
주도의 교육체제 등으로 분류를 해 볼 수 있을 것으로 생각된다.5)

먼저 국가주도의 교육체제의 대표적인 사례가 바로 독일6)이라고
생각된다. 독일이나 프랑스, 영국 등 유럽 국가들은 역사적으로 교육의
주도권을 두고서도 교회(신교와 구교)와 국가가 서로 경쟁을 벌여 왔다.
독일의 경우에는 교육제도와 교육권에 관한 헌법규정과 관련하여 상당
한 변천을 겪어 왔었지만, 교육에 대한 지배권으로부터 교회를 배제하
고자 하는 헌법적 노력 끝에 결국 교육제도는 국가의 감독 하에 놓이는
것으로 헌법이 명시적으로 선언하였다. 그리고 이 국가감독의 의미는
통설적 주석에 따르면 단순한 제3자적 감독에 지나지 않은 것이 아니
라, 교육에 대한 국가의 관할권 내지 주도를 의미하는 것으로 이해한
다.7) 이에 따라 원칙적으로 국가가 교육의 최종적 결정자 역할을 하며,
사학에 대해서는 이러한 국공립교육체제에 대한 대안(Ersatz)으로서 사학
설립과 운영의 자유를 인정하되 그 수준이나 질은 공립학교의 그것에
결코 미달되어서는 안 된다. 따라서 원칙적으로 독일은 국가교육체제이
다. 이에 비하여 사교육, 주로 종교단체나 세계관단체에 의하여 설립되
고 있는 사학 역시 그 설립의 자유가 보장되어 있어 의무교육의 수행이

27. 교육의 주관자

28. 독일의 국가주도 교육체제

---

5) 이에 관하여 계희열, 헌법학(중), 박영사 2007, 762면; 김철수, 헌법학개론, 박영사 2007, 968면; 구병삭, 신헌법원론, 박영사 1995, 574면; 정종섭, 헌법학원론 2022, 860–861면: "자유교육과 공교육".
6) 독일 헌법사에서의 교육을 받을 권리에 관해서는 Siegfried Jenkner, Das Recht auf Bildung und die Freiheit der Erziehung in der deutschen Verfassungs– und Bildungsgeschichte, in: Jach/Jenkner (Hrsg), 50 Jahre Grundgesetz und Schulverfassung, Berlin 2000, S. 1 ff.; Lutz R Reuter, Das Recht auf Bildung in der deutschen Bildungsgescgichte seit 1945, in: Jach/Jenkner 앞의 책 (주 6), S. 17 ff.
7) Wißmann (주 1), Rn. 25,

가능하며, 그 교육의 질 역시 공립학교 이상의 것이 되어야 하기 때문에 결코 질적으로 공립학교에 뒤지지 않으나 이 역시 국가의 감독 하에 놓임을 헌법이 명시하고 있으며, 이러한 사학은 소위 대안학교로서 예외적, 보충적 의미만을 가질 뿐이다.

29. 국가주도교
육의 문제점

이에 반하여 만일 국가가 교육을 주도하게 되면 교육이 정치권력의 입김으로부터 자유로울 수 없으며, 결국 교육이 권력의 의사에 항상 좌우될 수밖에 없을 것이고, 이는 교육의 본질에 부합하지 않다고 하는 관점이 있을 수 있다. 그도 그럴 것이 과거 2차 세계대전 당시 히틀러의 독재는 교육과 학교를 나치 친위대 양성을 위한 첨병역할로 전락시켰다.8) 또한 일본 제국주의 역시 일본에서의 교육은 소위 "황민화교육"이었고, 한반도 조선인에 대한 교육은 제국주의적 식민수탈을 위한 "황국신민화교육"9)이었는데, 이는 다시 말해서 노예교육10) 외에 아무것도 아니었던 데 반하여 민족교육은 철저하게 탄압하였던 우리의 아픈 역사들이다. 이러한 과거 역사들을 돌아본다면 독재와 전제권력의 교육지배11)

---

8) 영국, 프랑스, 미국 등에서와 같이 19세기 사교육법제 내지 교육의 자유론으로부터 20세기적 공교육법제로의 전환을 거치지 않은 독일과 일본 등에서는 이미 19세기 중엽부터 국가주의 사상에 입각하여 그러한 공교육법제의 변형인 독자적인 절대주의적 국가교육법제를 형성하여 근대 교육법의 기본원리마저도 부정하기에 이르렀고, 교육의 종교적 정치적 중립성의 보장은 물론 교육의 자주성의 원리도 부인되었으며, 이는 사이비입헌주의 하에서 파시즘체제를 구축하는 데 결정적인 수단으로 이용되었다고 하는 지적으로 신현직, 교육의 자주성, 전문성, 정치적 중립성의 법리, 교육법학연구 제11호(1999), 153-169(164)면. 나치시대의 "정신적 참수"에 대하여는 미하엘 슈톨라이스 지음/이종수 옮김, 독일 공법의 역사 - 헌법/행정법/국제법의 과거·현재와 미래, 16세기부터 21세기까지, 푸른역사 2021, 172-177면; 미국법상 교육의 자주성·전문성·정치적 중립성에 대해서는 김종철, 미국법상 교육의 자주성·전문성·정치적 중립성, 연세대 법학연구원, 법학연구, 제13권 제3호(2003), 51-85면.

9) 최유리, 일제 말기(1938년~45년) 「내선일체」 론과 전시동원체제, 이화여대 박사학위청구논문, 1995, 35면 이하. 또한 비슷한 맥락에서 독일과 일본에서 의무교육제도 자체는 상당히 일찍부터 시행되었지만 그것은 권력적 교육관에 입각해 교육의 자유를 부정한 것이었고, 교육을 받을 권리보다는 신민(臣民)의 교육을 받을 의무에 기초한 것이었다고 하면서 "식민지배의 수단이 된 교육은 일제의 국가주의적·전체주의적인 교육행정에 의해 지배되는 교육이 되었다."고 하는 평가로 최규환, 헌법상 교육을 받을 권리의 재이해 - 홈스쿨링을 중심으로, 헌법재판연구원 2018, 27-28면.

10) 조국현 의원, 헌법안 제2독회, 1948년 7월 2일, 국회도서관 헌정사자료 제1집, 헌법제정회의록, 1967, 445면.

의 결과가 어떠한 것인지는 명약관화하다.

물론 아무리 국가가 교육을 주관한다 하더라도 그 국가가 민주주의와 법치주의 원칙 하에 철저하게 사법적으로 통제되는 민주적 헌법국가인 경우 국가권력이 교육을 국민에 대한 지배의 수단으로 전락시키는일은 벌어지기 쉽지 않을 것이다. 그럼에도 불구하고 이러한 민주국가체제 하에서도 그때 그때 다수에 의한 지배권력은 언제든지 교육을 자신들의 정치적 지배의 목적을 달성하기 위한 수단으로 삼으려는 강한유혹을 받기 마련이다. 따라서 교육의 정치적 중립성의 문제가 중요한헌법적 이슈가 되는 것이며, 우리 헌법 역시 헌법 제31조 제4항에 교육의 자주성·전문성·정치적 중립성은 법률이 정하는 바에 의하여 보장된다고 하는 교육에 대한 헌법적 원칙을 선언하고 있는 것이다.

30. 국가주도교육과 교육의 정치적 중립성

이와 같이 우리 민족이 일제에 주권을 침탈당하여 민족교육이 위기를 맞이하였을 때 교육구국의 기치를 들고 일어나 민족교육과 인재양성에 힘을 쏟았을 뿐만 아니라, 3·1 독립운동을 비롯한 각종 항일독립투쟁의 거점이 된 것이 바로 서양선교사들과 민족지사들에 의하여 설립된사학(私學)들이었음은 주지하는 역사적 사실이다. 결국 우리 민족과 국가를 일제로부터 구원하여 독립국가로 세우는 데 결정적인 역할을 한것이 사학이라고 할 수 있고, 해방과 1948년 대한민국 정부수립 이후에도 이 사학은 독재에 대한 투쟁과 대한민국의 민주화에 적지 않은 기여를 하였음도 재언을 요하지 않는다.

31. 우리 헌정사에서 사학(私學)의 비중과 의미

1948년 헌법에서 규정되었던 교육기관에 대한 국가감독권 규정이이후 제5차 개헌 때부터 삭제되었으며 그 이후 교육의 자주성·전문성·정치적 중립성의 원칙을 선언하고 있는 현행 헌법에 이르기까지 더이상 교육에 대한 국가감독에 관해서는 헌법이 아무런 언급을 하고 있지 않은 사정 등을 종합해 볼 때, 독일 기본법상 학교제도에 대한 국가감독규정의 해석론을 무비판적으로 수용하여 헌법 제31조가 국가주도의교육체제를 선택한 것 같이 설명하고 있는 후술하는 학설과 판례는 대

32. 교육에 대한 국가감독

---

11) 그 결과 교육행정에 의한 교육지배를 금지하기 위한 목적으로 제정된 일본의 교육기본법의 제정배경을 보더라도 이 점은 분명해진다. 이에 관해서는 신현직 (주 8),162면("극단적인 국가주의의 발호를 초래")과 거기서 인용된 일본 문헌들을 보라.

한민국 헌정사에 있어서 사학의 역할과 의의는 물론 헌법상 조문구조나
내용의 차이를 완전히 간과하고 있다는 결정적 문제가 있다.

**33. 국가주도의
교육체제 선택
하지 않음**

결론적으로 우리 헌법은 결코 국가주도의 교육체제를 선택했다고
볼 수 없고, 오히려 헌법 제31조 제4항이나 제6항을 고려해 볼 때, 학교
제도에 관하여 과연 국가주도의 학교제도로 할지 아니면 사학주도의 학
교제도로 할지 등에 대해서는 민주적 입법자에게 광범위한 형성의 자유
를 부여했다고 할 수 있을 뿐이다. 교육제도에 관한 기본적인 사항을 국
회의 결정에 맡긴 것을 두고서 곧바로 국가주도의 교육체제를 선언한
것처럼 설명하는 것은 완전한 오류라고 생각되며, 이러한 학설12)과 같
은 내용의 헌법재판소 판례 역시 마찬가지의 비판13)으로부터 자유로울
수 없다고 본다.

**34. 심사기준의
선택에 영향**

아무튼 이러한 교육주관자가 누구인가에 대한 이론적 관점은 교육
제도와 관련된 기본권제한 사례의 위헌여부 심사에 있어서 심사기준의
선택에까지 영향을 미칠 수 있기 때문에 매우 중요하고도 본질적인 관
점의 차이라고 판단되므로, 헌법 제31조의 해석론에서 이 점에 대하여
특히 주의를 기울이지 않으면 안 될 것이라고 생각한다.

2. 연혁과 입법례

가. 연 혁

**35. 대한민국임
시헌장 제6조**

1919. 4. 11. 대한민국임시헌장 제6조는 대한민국 인민의 교육의무
를 규정하였다. 또한 1919. 9. 11. 대한민국임시헌법 제10조 제3항 역시

---

12) 대표적 예로 "헌법이 국가에게 학교제도를 통한 교육을 시행하도록 위임하고 있
다는 점에서 학교제도에 관한 포괄적인 국가의 규율권한을 부여하고 있다."고 하
면서 소위 "국가의 교육권한"을 강조하는 한수웅, 교육의 자주성·전문성 및 교
사의 교육의 자유, 저스티스 통권 제101호(2007), 36−59면.

13) 양건, 헌법강의, 법문사 2022, 996면은 교육권의 소재에 관한 판례의 경향을 통제
지향적 결정과 자율지향적 결정의 두 가지 유형으로 나누면서 우리 헌법재판소
판례가 압도적으로 통제지향적 결정이 많음을 지적하면서 이는 교육에 있어서
교육의 자유라는 측면을 소홀히 보았기 때문이라고 하는 비판적 견해를 밝히고
있는데 상당히 공감이 가는 비판이다. 그는 부모, 교원, 단위학교의 교육의 자유
를 확대하는 해석이 필요하다고 덧붙이고 있다.

보통교육을 수하는 의무를 짐을 규정하였으나, 사회적 기본권으로서 교육을 받을 권리에 관한 규정은 없었다. 그 후 1944. 4. 22. 대한민국임시헌장 제5조 제3항은 "법률에 의하여 취학, 취직 급 부양을 요구하는 권리"를 규정하였는데 이 규정이 우리나라 헌정사에서 최초의 "교육을 받을 권리"에 관한 규정으로 보인다.[14]

    1948년 헌법 제16조는 "모든 국민은 균등하게 교육을 받을 권리가 있다. 적어도 초등교육은 의무적이며 무상으로 한다. 모든 교육기관은 국가의 감독을 받으며 교육제도는 법률로써 정한다."고 규정하였는데 모든 교육기관에 대한 국가 감독권을 규정하고 있는 것이 특기할 만하다. 헌법안 자체에서는 의무교육과 관련하여 초등교육으로 한정하면서도 "적어도"라는 말이 없었는데[15], 향후 국가경제의 성장에 따라 의무교육의 확대가능성을 융통성 있게 열어놓기 위해서 이 단어를 삽입하자고 하는 주기용의원[16]의 의견이 받아들여졌다.

36. 1948년 헌법 제16조

    이 규정은 1960년 헌법에서도 계속 유지되다가 제5차 개헌에 의한 1962년 헌법 제27조로 제1항과 제2항은 거의 동일하나 의무교육과 관련하여 초등교육 앞에 "적어도"라고 하는 말이 삭제되었으나, 제4항 "교육의 자주성과 정치적 중립성은 보장되어야 한다." 제5항 "교육제도와 그 운영에 관한 기본적인 사항은 법률로 정한다."고 하는 규정들이 추가

37. 1962년 헌법

---

14) 19세기 구한말과 대한민국임시정부 이후의 헌정사적 분석을 통해 본 현행헌법상 의무교육의 이해에 관해서는 최규환 (주 9), 34면 이하; 대한민국임시헌장 등 대한민국임시헌법 전문은 김광재, 대한민국 헌법의 탄생과 기원, 윌비스 2018, 부록 256-295면.

15) 헌법안 제16조: "모든 국민은 균등하게 교육을 받을 권리가 있다. 초등교육은 의무적이며 무상으로 한다. 모든 교육기관은 국가의 감독을 받으며 교육제도는 법률로써 정한다." 헌법제정회의록 (주 10), 1967, 89면. 전문위원 유진오는 제16조에서 "교육에 관한 국민의 권리"를 규정하였다고 하면서 이 권리의 도입 취지에 대하여 "이전에는 교육을 오로지 자유라고 해서 국가권력으로써 간섭하지 못하게 하는 것만이 민주주의라고 생각하였습니다마는 우리 헌법에는 그런 제도는 취하지 아니하고 교육에 대해서 국가가 지대한 관심을 가졌으며 교육을 받는 것은 국민의 권리임을 밝히는 동시에 특별히 초등교육은 의무적으로 해가지고서 모든 사람에게 반드시 초등교육을 받도록 규정하고 모든 교육기관은 국가의 감독하에 두고 교육제도를 법률로써 정하는 이런 체제를 취해 본 것이올시다."라고 설명하였다. 위 헌법제정회의록, 103면.

16) 헌법제정회의록 (주 10), 439면; 마찬가지로 조국현의원 445-446면.

되었다.

38. 1972년 유
신헌법

그 후 1972년 소위 유신헌법 제27조는 1962년 헌법과 거의 동일한 규정을 유지하지만 제2항의 의무교육과 관련하여 "적어도 초등교육과 법률이 정하는 교육을 받게 할 의무를 진다."고 함으로써 초등교육 이상의 의무교육 가능성을 열어둔 1948년 헌법정신으로 다시 환원하였다.

39. 1980년 헌
법과 현행 1987
년 헌법

제8차 개헌에 의한 1980년 헌법 제29조는 종전 규정과 거의 동일한 내용을 유지하였지만 제4항에 교육의 "전문성" 보장조항을 추가하였고 제5항에 국가의 평생교육 진흥의무조항을 신설하였으며, 제6항에서 "학교교육 및 평생교육을 포함한 교육제도와 그 운영, 교육재정 및 교원의 지위에 관한 기본적인 사항은 법률로 정한다."고 함으로써 현행 1987년 헌법 제31조의 원형이 되었다.

나. 입법례

40. 국제법적
인권선언

교육을 받을 권리는 여러 국제법적 인권선언에 등장하고 있다. 우선 1948. 12. 10. 세계인권선언은 교육을 받을 권리 보장의 출발점이자 전범이 되고 있는데 동 선언 제26조는 모든 인간은 교육을 받을 권리를 가진다고 선언하고 있다. 그 후 수많은 국제협약에서 교육을 받을 권리가 규정된 바 있는데, 1957. 2. 13. 유럽인권협약 추가의정서 제2조 제1문, UN-아동권리협약 제28조, 1966. 12. 16. 경제적, 사회적 및 문화적 권리에 관한 국제협약 제13조 제1항 제1문과 1960. 12. 14. 교육제도에 있어서 차별철폐에 관한 협약 제4조와 제5조, 제3조 e호, 1951. 7. 28. 제네바 난민협약 제22조, 1979. 12. 18. UN-여성권리협약 제10조, 장애인의 교육제도에 대한 차별 없는 접근권, 유럽시민과 난민신청자들의 가족구성원들에 대해서도 보다 특별하게 보장되고 있는 유럽기본권헌장 제14조 제3항의 보편적 교육권 등을 들 수 있다.[17]

41. 세계 헌법
상의 규정

그리고 교육을 받을 권리가 헌법에 규정된 것은 훨씬 이전으로 거슬러 올라간다.[18] 즉 1780년 매사추세츠주헌법이 교육의 중요성을 강조

---

17) Wißmann (주 1), Rn. 9,
18) 이하 계희열 (주 5), 735-736면 참조.

하는 규정을 두었고(제5장 제2조), 1793년 프랑스헌법에는 교육을 받을 권리(제22조)가 규정되었으나, 이 규정은 방침규정(Programmsatz)에 불과했을 뿐만 아니라 이 헌법 자체가 아예 실현되지 못했다. 그 후 1815년의 네덜란드기본법은 제226조에서 공교육은 정부의 지속적 배려의 대상이라고 규정하였고, 1831년의 벨기에헌법도 국비에 의해 공교육을 보장하는 규정을 두었다. 독일의 경우 1848년 프랑크푸르트에 소집된 국민회의가 초등교육의 무료를 규정하였으나(제157조) 이 헌법은 실현되지 못하였다. 1850년의 프로이센 헌법은 제20조 이하에서 교육에 관한 여러 규정을 두었으며, 특히 제25조 제3항에서 무료초등교육을 규정하였다. 1818년의 바이마르헌법은 교육에 관하여 광범위한 규정(제120조 및 제142조 이하)을 하면서 특히 제145조에서는 무상의무교육을 규정하였다. 제2차 세계대전 이후에 제정된 각국의 헌법들은 교육을 받을 권리를 거의 예외 없이 규정하고 있다.

3. 헌법 제31조의 규범구조

헌법 제31조는 여타의 사회적 기본권에 관한 규정과 마찬가지로 첫째, 주관적 권리의 선언, 둘째, 제도적 보장, 셋째, 국가목표(국가의 의무)의 규정, 넷째, 입법위임을 구성요소로 하고 있다.[19]

42. 규범구조

가. 주관적 권리의 보장

제1항은 전술한 바와 같이 모든 국민이 교육을 받을 권리를 가짐을 선언함으로써 주관적 권리를 보장하고 있다.

43. 주관적 권리보장

나. 제도적 보장

제2항과 제3항의 경우 초등학교 이상의 의무교육제도를 보장하고 있고, 또한 의무교육의 경우 무상으로 한다고 선언함으로써 이는 객관적 제도를 넘어서 교육을 받을 권리의 주체들이 국가에게 무상교육의

44. 의무교육제도, 무상교육청구권의 근거규정

---

19) 유사한 아이디어로 Wolfgang Rüfner, Leistungsrechte, in: HGR II, 2006 S. 679 ff; 계희열 (주 5), 751면.

기회를 구체적으로 청구할 수 있는 근거규정이 될 수 있게 하였다.

45. 교육제도의 헌법적 보장

또한 제6항에서 학교교육과 평생교육을 포함한 교육제도 전반에 관한 기본적인 사항은 법률로 정하게 함으로써 교육제도를 헌법적으로 보장하였다.

다. 국가의 의무(국가목표) 규정

46. 국가목표규정

제5항은 국가에게 평생교육 진흥의무를 부과하고 있다. 이와 같이 국가에게 의무를 부과하는 조항은 일종의 국가목표규정에 해당된다고 할 것인데, 이러한 국가목표규정은 국가가 해당 의무를 이행하기 위하여 지속적으로 노력해야 하기는 하지만 그렇다고 하여 이 목표조항으로부터 국민의 주관적인 권리가 도출될 수 있는 것은 아니다.

라. 입법위임: 법률유보와 의회유보

47. 입법위임

제4항은 교육의 원칙을 법률이 정하는 바에 의하여 보장함을 선언하고 있으나 교육원칙의 핵심요소를 헌법이 명시한 후 그 구체적 내용은 법률로 정하도록 하고 있다.

48. 교육제도 법률주의

제6항은 학교교육 및 평생교육을 포함한 교육제도와 그 운영, 교육재정 및 교원의 지위에 관한 기본적인 사항은 법률로 정하도록 국회에 입법위임을 하고 있다. 이것은 기본적인 사항을 정하는 문제이기 때문에 전형적으로 형식적 의미의 입법자인 국회가 이에 관해서는 직접 입법해야 하며 따라서 행정입법으로의 위임은 금지된다. 다만 기본적인 사항이 구체적으로 무엇인지는 항상 논란이 될 수 있다.

Ⅲ. 주관적 권리로서 교육을 받을 권리

1. 법적 성격

49. 자유권적 기본권 v. 사회권적 기본권

교육을 받을 권리가 자유권적 기본권인가 아니면 사회적 기본권인가의 문제가 제기될 수 있다. 왜냐하면 헌법 제31조 제1항의 조문구조

로 봐서는 그 앞에서 규정된 자유권적 기본권의 문언형식과 별반 다르
지 않고 또한 헌법 자체가 자유권인지 사회적 기본권인지에 관해서는
아무 언급도 하고 있지 않기 때문이다. 그리고 사회적 기본권성을 인정
할 때에도 구체적 권리인지 아니면 추상적 권리나 프로그램규정 혹은
잠재적 권리에 불과한지의 문제가 여전히 제기되고 있다.

이에 관해서는 두 가지 성격을 모두 갖는다고 보는 견해들이 다수
설[20]이다. 가령 교육을 받을 권리 중 자유권적 측면은 구체적 권리성을
갖는 것이지만, 사회권적 측면은 불완전한 구체적 권리성을 갖는 것으
로 이해해야 한다고 하면서도 이 교육을 받을 권리의 주된 성격은 사회
적 기본권으로서의 성격에 있다고 보는 입장[21]도 여기에 포함된다.

50. 다수설: 자
유권적 기본권
이자 사회권적
기본권설

이에 반하여 사회권적 성격만을 인정하는 견해도 없지 않다. 자유
권적 성격을 부인하면서 하나의 권리가 사회적 기본권과 자유권적 기본
권의 성격을 모두 갖는 것으로 보는 것은 모순이라고 하는 견해가 대표
적이다.[22]

51. 사회권적
기본권설

한편 알렉시(R. Alexy)의 규칙과 원칙 모델에 입각하여 교육을 받을
권리 역시 원칙규범으로서 형량이 필요한 잠정적 기본권이라고 보는 입
장[23]도 있다.

52. 잠정적 기
본권설

오늘날 교육을 받을 권리에 대하여 자유권으로만 보는 견해는 보이
지 않는다.

53. 자유권설

생각건대, 교육을 받을 권리는 교육을 체계적으로 받지 않고서는
이 사회와 국가에 편입되어 직업생활을 수행해 나갈 수 없기 때문에, 교
육에 필요한 제반 전제조건들을 충족시켜 줄 것을 국가에 적극적으로
요구할 수 있는 권리라고 하는 측면에서 사회적 기본권의 성격도 가지

54. 결론: 사회
권적 기본권이
자 자유권적 기
본권

---

20) 가령 계희열 (주 5), 761면; 권영성, 헌법학원론, 법문사 2010, 667면. 성낙인, 헌
 법학 법문사 2023, 1526면; 양건 (주 13), 976면; 정종섭 (주 5), 862면; 김하열, 교
 육을 받을 권리의 자유권적 성격과 내용, 헌법학연구 제22권 제3호(2016. 9),
 335-374면; 같은 이, 헌법강의 제5판, 박영사 2023, 679면 이하. 독일에서도 교육
 을 받을 권리에 대해서는 대체로 방어권적 성격과 사회적 기본권의 성격의 두 가
 지 모두 인정한다. 가령 Lutz R. Reuter (주 6), S. 36.
21) 권영성 (주 20), 662-663면.
22) 가령 한수웅, 헌법학 제11판, 법문사 2021, 991-992면.
23) 계희열 (주 5), 751-752면.

지만, 동시에 인간은 천부적으로 스스로 능력에 따라 교육을 받을 자유
를 가진다고 하는 점에서 자유권적 성격도 가짐을 부인할 수 없다.

교육의 자유라고 하는 자유권적 성격을 헌법 제31조 제1항에서 끌
어내고 있으면서도, 부모의 자녀교육권의 헌법적 근거를 굳이 이 교육
을 받을 권리에서가 아니라 헌법 제36조 제1항에서 찾으려는 판례(헌재
과외교습위헌결정[24]))는 모순이 아닌가 생각된다. 왜냐하면 교육을 받을
권리에서 교육을 시킬 자유나 권리를 찾을 수 있다면 부모가 자녀를 양
육하고 가르칠 수 있는 자유나 권리는 당연히 바로 이 넓은 의미의 교
육을 받을 권리에 근거한다고 볼 수 있기 때문이다.

헌법 제36조 제1항의 조문만으로는 전통적인 혼인과 가족생활에
차별적 요소와 인간존엄에 반하는 요소들이 다분히 있었기 때문에 이를
금지하는 차원에서 개인의 존엄과 양성평등을 전제로 성립되고 유지되
며 국가는 이를 보장한다고 한 것이라 보인다. 그러므로 부모가 자녀에
대하여 어떻게 교육을 할 것인가의 문제는 직접적으로는 헌법 제31조에
서 모든 국민의 교육을 받을 권리에서 도출되는 것으로 보는 것이 더
자연스럽다. 왜냐하면 헌법 제15조의 직업선택의 자유가 좁은 의미의
선택의 자유뿐만 아니라 직업행사의 자유와 전직의 자유 등을 모두 포
함하는 넓은 의미의 직업의 자유를 보장하는 것으로 볼 수 있듯이 헌법
제31조의 교육을 받을 권리의 경우, 부모의 자녀에 대한 교육권, 즉 자
녀로 하여금 교육을 시킬 권리가 포함된다고 볼 수 있기 때문이다.[25]

2. 보호영역

교육을 받을 권리에 교육을 시킬 권리가 포함될 뿐만 아니라 방어
적 성격의 자유권과 사회적 기본권의 성격을 모두 찾을 수 있는 넓은

---

24) 헌재 2000. 4. 27, 98헌가16 등, 판례집 제12권 1집, 427.

25) 마찬가지로 넓은 의미의 교육의 권리로 파악하는 견해로 정재황 (주 2), 1172면.
이에 비하여 자유권으로서 자녀의 교육을 받을 자유는 헌법 제31조 제1항에서
그리고 부모의 교육을 시킬 자유(즉 자녀교육권)는 헌법 제36조 제1항 및 헌법
제34조 제1항에서 그 근거를 찾는 견해로 김하열 (주 20, 앞의 것), 344–353면;
김하열 (주 20, 뒤의 것), 682면.

의미의 교육권으로 본다면 기본권의 보호영역 역시 기본권의 성격과 교육주체별로 나누어서 다음과 같이 4가지 측면으로 구분하여 고찰해 볼수 있을 것이다.

가. 교육자유권: '교육을 받을 자유'와 '교육을 시킬 자유'(부모의 자녀교육권)

부모는 '교육을 시킬 권리'[26]의 주체로서 자녀를 낳게 되면 그를 양육하고 교육하여 스스로 독립하여 살 수 있는 능력을 갖출 수 있도록 돕는 역할을 수행하는데 이것은 천부인권적 자유에 속한다. 따라서 국가이든 타인이든 누구든지 이러한 자녀에 대한 자유로운 교육을 간섭하거나 방해한다면 그에 대해서는 방어할 수 있고, 방해배제를 요구할 수 있는 것은 자유권적 기본권의 방어권적 속성이다. 부모의 '교육을 시킬 권리'(자녀교육권)의 헌법적 한계는 자녀의 인간으로서의 존엄과 가치 및 행복추구권이라고 할 수 있을 것이다.[27]

또한 자녀의 경우 '교육을 받을 권리'의 주체로서 어린이 시절에는 스스로 권리주장을 할 수 없으므로, 어린이의 교육을 받을 자유나 권리가 방해받는 경우 그 방해배제를 부모가 대신 주장할 수밖에 없을 것이나 점차 성장하면서부터는 스스로 방어권을 행사할 수 있다.

한편 '교육을 할 권리'는 전술하였듯이 헌법이 명시적으로 규정하고 있지 않으며 다만 입법자의 구체화입법에 따라 부모의 신탁과 위임에 따라 부모의 '교육을 시킬 권리'를 대신 행사할 수 있는 데에 지나지 않으므로 이로부터 자유권적 속성을 찾기는 힘들고 교육공무원 혹은 준공무원으로서 교육제도에 관한 제도보장으로부터 나오는 법적 권한 내지 직무권한에 해당한다고 봐야 할 것이다.

아무튼 부모나 자녀의 교육자유권의 침해가 문제되는 경우 과잉금지원칙에 입각한 엄격한 심사가 이루어질 수 있을 것이나, 교사의 직무권한으로서 수업을 할 권리가 제한되는 경우에는 과잉금지원칙에 입각

58. 부모: 교육을 시킬 권리

59. 교육을 받을 권리

60. 교사: 직무권한

61. 주체에 따른 통제강도의 구분

---

26) 계희열 (주 5), 752면.
27) 동지, 정종섭 (주 5), 869면. 헌재 2009. 10. 29, 2008헌마454, 판례집 제21권 2집 하, 402.

한 엄격한 심사보다는 완화된 심사기준을 동원하는 것이 합당하다고 생
각된다.

나. 교육평등권: 능력에 따라 균등하게 교육을 받을 권리

헌법 제31조 제1항은 "능력에 따라 균등하게 교육을 받을 권리"를
보장하고 있다. 그러므로 이는 헌법 제11조 제1항 제1문의 일반적 평등
권(평등원칙)과 제2문의 차별금지(특히 '문화적 생활영역')에 대하여 교육영
역에서의 특별한 평등권 내지 차별금지라 할 수 있다. 이 평등권 역시
부모는 물론 자녀에게도 인정될 수 있다.

교육과 관련하여 우리 헌법이 굳이 "균등하게"라고 표현한 것은 과
거로부터 내려오던 교육영역에서의 성별과 사회적 신분에 따른 차별의
폐습을 염두에 두고 그에 대한 배격의 의지를 담은 표현이었다고 할 수
있다. 여기에서 말하는 균등은 곧 기회의 균등을 의미한다.[28]

대한민국임시헌장의 기초를 마련한 조소앙 선생의 소위 3균주의는
대한민국 임시헌장(법)뿐만 아니라 1948년 헌법이래 후대의 헌법에 광
범위한 영향을 미쳤는데, 이는 정치와 경제 그리고 교육에 있어서의 평
등(균평·균등)을 의미하는 것이었고, 이러한 '균등' 사상은 헌법 제31조에
는 물론 헌법 제9장 경제에 관한 장 등 헌법 전반에 걸쳐 널리 산재해
있다.[29]

교육과 관련하여 달리 취급할 수 있는 유일한 기준은 "능력"이다.
이 능력은 교육을 받는 주체의 일신전속적인 정신적 · 육체적 능력을 말
하는 것[30]이지, 교육을 시킬 자유의 주체인 부모의 경제력을 의미하는
것은 아니다.

그리고 이 "능력"이라고 하는 기준은 교육영역에서의 평등권에 대
한 헌법적 한계로서 기능한다. 따라서 입법자는 이러한 헌법적 한계를

---

28) 전문위원 유진오, 헌법제정회의록 (주 10), 152면.
29) 방승주, 헌법강의 I – 헌법일반론 · 기본원리론 · 국가조직론, 박영사 2021, 125면.
30) 계희열 (주 5), 738면; 김철수 (주 5), 970면.

근거로 하여 교육기회의 제공과 관련하여 어느 정도 다른 취급을 할 수 있다. 가령 수학능력이 미달되는 사람에 대하여 입학기회를 배제하는 사례를 들 수 있다.

　다만 그것이 능력이 떨어지는 사람은 교육기회를 제공하지 않아도 된다는 말은 아니고, 능력이 떨어지면 떨어지는 대로 국가가 그에 걸맞은 교육기회를 제공할 수 있도록 최대한 노력을 해야 할 의무가 있다는 의미이다. 그것이 국가에게 평생교육을 진흥할 의무와 적어도 초등교육 이상 무상교육을 제공할 의무를 부과한 헌법정신에 부합한다.

> 67. 능력에 따른 교육기회 제공

　여기에서 지원자 수가 입학정원에 미달되었음에도 수학능력이 떨어지는 사람에 대하여 입학을 불허한 처분이 과연 헌법에 위반되는지 여부의 문제가 제기될 수 있다.[31] 이에 대해서는 그 대학이 국·공립인지 사립인지에 따라서 다르게 볼 수 있다. 만일 국·공립대학이라면 입학과 관련해서는 지원자의 기본권에 직접 구속되는 기본권의 수범자라고 할 수 있으므로, 만일 시설과 교육능력 등 충분한 여력(capacity, Kapazität)이 있다면 비록 수학능력에 못 미친다고 판단되는 학생이라 하더라도 그의 입학을 허용해야 할 것이다.[32] 만일 그 학생이 학업과정에서 낙제 등을 받아 적응을 못하는 경우는 할 수 없다 하더라도, 처음부터 입학을 불허할 합당한 법적 근거가 없다. 그 학생이 노력 끝에 대학 졸업을 성공적으로 한다면 아무런 문제가 될 것이 없기 때문이다. 그렇다면 국·공립대학의 경우 입학정원 미달 시 비록 평균적 수학능력에 못 미치는 학생이라 하더라도 일단 입학을 허용해야 할 것이다.

> 68. 국·공립 대학의 입학정원미달과 입학불허처분

　이에 비하여 사립대학의 경우 기본권에 직접 구속을 받는 국가기관이 아니라 오히려 사학의 자유의 주체라 할 수 있으므로 그 대학의 교육철학과 방향에 따라 수학능력이 못 미치는 지원자의 경우 비록 입학정원

> 69. 사학의 자유와 대학의 자치

---

31) 모집정원에 미달함에도 불구하고 원고들이 위 학교가 정한 수학능력이 없다 하여 불합격처분을 한 것은 교육법 제111조 제1항에 위반되지 아니하여 무효라 할 수 없고 또 위 학교에서 정한 수학능력에 미달하는 지원자를 불합격으로 한 처분이 재량권의 남용이라고 볼 수 없다는 취지의 원심판결 인정한 대법원 1983. 6. 28. 선고 83누193 판결 [불합격처분무효확인]. 권영성 (주 20), 668면.

32) 비교가능한 사례로 가령 독일 연방헌법재판소의 대학입학정원제한판결 BVerfGE 33, 303 참조.

에 여유가 더 있다 하더라도 그의 입학을 불허할 수 있는 자유가 있다고 하겠다. 따라서 이 때 이 사립대학의 사학의 자유와 대학의 자치는 수학 능력미달자의 교육평등권에 대한 한계로서 작용할 수 있는 것이다.

70. 심사기준   교육평등권의 침해여부와 관련한 심사기준의 문제가 제기된다.[33] 일단 우리 헌재가 양분하고 있는 자의금지기준과 비례의 원칙에 입각한 엄격한 심사기준은 교육과 관련한 차별에 있어서도 적용될 수 있을 것이다. 다만 자의금지냐 비례원칙의 적용이냐를 구분할 때에는 교육주체의 개인적 노력으로 극복할 수 있는 사유를 기준으로 하는 차별인지 아니면 개인적 노력만으로 극복할 수 없는 사유와 관련된 차등으로서 인적 차별의 성격이 있는지를 고려하여 전자의 경우에는 자의금지를 후자의 경우에는 비례의 원칙에 입각한 엄격한 심사를 적용하여야 할 것이다.[34]

71. 인종·피부색·언어·출신국적·고향·세계관 등을 이유로 한 차별금지   가령 성별·종교·사회적 신분뿐만 아니라 인종·피부색·언어·출신국적·고향·세계관 등을 이유로 교육기회의 제공에 차등을 부여한다면 이는 개인적 노력으로 극복할 수 없는 사유를 근거로 하는 차별에 해당되는 것이므로 그러한 차별을 정당화할 수 있는 보다 더 우월한 공익이 존재하는지 여부에 대하여 비례의 원칙에 입각하여 상세하게 심사를 해야 할 것이다. 그렇지 않고 개인적 노력으로 충분히 극복할 수 있는 사유를 기준으로 하는 차별의 경우는 입법자가 명백하게 자의적으로 같은 것을 다르게, 다른 것을 같게 취급한 경우가 아니라면 평등원칙에 위반되지 않는다고 보아야 할 것이다.

다. 교육청구권

72. 교육청구권   교육을 받을 권리는 국가에 대하여 교육을 받을 기회를 제공해 줄 것을 청구할 수 있는 권리, 즉 교육청구권을 주된 내용으로 한다.

---

33) 정재황 (주 2), 1174면.
34) 방승주, 일반적 평등원칙 심사기준의 발달에 관한 비교법적 고찰, 현동 정만희 교수 정년기념, 한국헌법학의 동향과 과제, 피앤씨미디어 2019, 434-458(455)면; Seung-Ju Bang, Der allgemeine Gleichheitssatz in der Rechsprechung des deutschen Bundesverfassungsgerichts und des koreanischen Verfassungsgerichts, 법학논총 제26집 제1호(2009. 3), 67-98(94)면.

이 교육청구권의 주체는 부모와 자녀 모두에게 해당된다. 부모는 '교육을 시킬' 권리와 의무(헌법 제31조 제2항)의 주체이며, 자녀는 '교육을 받을' 권리의 주체이기 때문이다. 그리고 그에 상응하여 국가는 교육기회를 제공해야 할 의무를 지는데 헌법 제31조 제3항은 의무교육은 무상으로 한다고 함으로써 의무교육의 무상원칙을 선언하고 있다. 그러므로 모든 국민은 헌법과 법률이 정하는 의무교육과 관련하여 교육기회제공청구권[35]을 가진다.

73. 주체 부모·
자녀

헌법은 의무교육을 무상으로 하도록 명령하고 있고, 초·중등교육법은 현재 의무교육의 범위를 6년의 초등교육과 3년의 중등교육으로 하고 있다(교육기본법 제8조 제1항).

74. 의무교육의
무상원칙

무상의 범위가 어디까지인가 하는 것이 논란이 되고 있는데, 이에 관해서는 ⅰ) 무상범위법정설, ⅱ) 수업료무상설, ⅲ) 수업료를 포함하는 교재, 학용품, 급식 등 교육비 일체무상설로 갈린다.[36]

75. 무상의 범
위

생각건대, 경제적 능력이 없다 하더라도 교육을 받는 데 지장이 없도록 수업료를 비롯하여 교육을 받기 위해서 필요한 제반 부대비용을 국가가 부담하는 것이 바람직할 것이다. 다만 구체적으로 수업료의 면제[37]는 일단 헌법적 원칙이라 하더라도, 학용품, 급식비, 통학비 등 교육을 받기 위하여 필요한 제반 부수적 비용과 관련해서 어디까지 국가·지방자치단체가 부담해야 할 것인지는 교육제도와 관련하여 법률로 구체화해야 할 입법자의 몫이라고 보는 것이 타당할 것이다.

76. 수업료 및
제반 부대비용
국가부담

최근 코로나19로 학교에서 감염병예방과 방역을 이유로 대면수업을 할 수 없게 되자, 재택 온라인(online)수업[38]을 할 수밖에 없었다. 이 때 경제적 능력이 없어서 온라인수업을 위한 컴퓨터와 온라인 통신장비 등 관련 교육기자재가 없는 저소득층 학생들의 경우 어떻게 수업에 참

77. 원격수업과
지원

---

35) 계희열 (주 5), 737면.
36) 계희열 (주 5), 747면.
37) 유진오 (주 10), 143면.
38) 소위 '온라인학습권'의 헌법적 근거를 헌법 제10조의 인간존엄권과 헌법 제31조 제1항의 교육을 받을 권리에서 찾으면서 기본권으로 보는 견해로는 박혜영, 공교육상 온라인학습권에 관한 헌법적 고찰, 성균관대학교 법학전문대학원 박사학위 청구논문 2022, 95면.

여할 수 있을 것이고 그 비용은 누가 부담해야 할 것인가의 문제가 제기된다. 코로나19와 같은 감염병의 확산으로 인하여 장기간 대면수업[39] 진행이 어려울 경우 의무교육이 가능하도록 하기 위해서는 저소득층 학생들도 온라인 수업에 차질없이 참여할 수 있도록 국가는 교육기자재의 무상 대여나 지원 등을 통해서 수업참여가능성을 적극적으로 보장해야 할 의무가 있다고 봐야 할 것이며, 그 지원대상과 관련해서는 외국인 학생이라 하더라도 차별은 허용되지 않는다고 봐야 할 것이다.

라. 교육참여권

78. 부모의 알 권리, 청문권, 참여권 보장

　헌법 제31조 제1항과 제2항으로부터 부모의 '교육을 시킬 권리'가 도출되기 때문에, 교육을 위탁한 부모로서는 학교교육에서 어떻게 교육이 이루어지고 있는지 알 권리(정보권)가 있고, 의견을 개진할 권리(청문권)가 있으며, 구체적인 교육방향과 내용 및 교육행정에 대하여도 어느 정도까지는 영향을 미칠 수 있는 권리(참여권)가 보장되어야 할 것이다.[40] 이러한 의미에서 학부모의 교육참여권도 교육을 받을 권리에 의

---

39) 코로나19 대유행 기간 동안 학교의 대면수업금지나 혹은 대면수업/재택온라인수업 병행방식의 수업으로 인하여 자신들의 자녀가 대면으로 학교교육을 받을 권리(Recht auf schulische Bildung)가 침해되었다고 주장하면서 제기한 헌법소원과 관련하여 2021년 11월 19일 독일연방헌법재판소는 "감염병예방이라고 하는 우월적 사유로 인하여 학교의 대면수업이 상당히 오랜 기간동안 이루어지지 못한 경우, 각 주들은 기본법 제7조 제1항에 따라 아동·청소년의 인격발현을 위하여 불가피한 학교수업의 최소한의 기준을 가능한 한 유지할 의무가 있다. 그리하여 각 주들은 대면수업이 금지된 경우에는 가능한 한 원격수업이 이루어질 수 있도록 필요한 조치를 강구해야 한다."고 하면서도, "코로나19 대유행과 같은 장기적 위험상황에서 입법자는 위험의 예방을 위해서 취해지는 부담적 조치들의 기간이 오래 걸리면 걸릴수록, 그만큼 더 보다 근거가 있는 예측(Eischätzung)을 하지 않으면 안 된다. 물론 국가는 인체와 생명에 대한 중대한 위험과 관련하여 국가가 이러한 위험을 방어하기 위한 목적을 추구하면서도 자유를 보다 덜 제한하는 다른 대안에 대한 연구를 아직 충분히 하지 못했다는 이유로, 이러한 중대한 위험을 그대로 감수해도 되는 것은 아니다."고 판시하였다. 하지만 결론적으로는 2021년 4월 22일자 감염병예방법 제28b조 제3항 제2문과 제3조에 따른 일반학교에서의 대면수업의 금지와 제한조치는 기본법 제7조 제1항(학교교육에 대한 국가감독권)과 결부하여 기본법 제2조 제1항(인격의 자유로운 발현권)으로부터 도출되는 아동과 청소년들의 학교교육을 받을 권리를 침해하지 않으며 형식적으로나 실질적으로 헌법에 위반되지 않는다고 판단하였다. BVerfGE 159, 355.

40) 학교운영위원회와 관련한 헌재의 97헌마130판례를 들며 학부모의 교육참여권을

하여 보장된다고 봐야 하지 않을까 한다. 부모의 자녀에 대한 교육권은
이와 같이 자녀교육에 대한 정보권, 청문권, 참여권으로 나누어서 고찰
할 수 있을 것이다.

    다만 이 기본권은 부모가 자녀에 대한 교육을 학교에 위탁한 한에
서, 그리고 헌법 제31조 제4항의 교육의 자주성·전문성·정치적 중립
성의 원칙으로부터 나오는 일정한 제약을 받을 수밖에 없다. 보다 구체
적인 사항은 이 원칙과 학교제도에 관하여 구체화한 입법자의 입법에
의한 제한을 받게 될 것이나, 만일 학교교육에 대한 부모의 교육참여권
이 과도하게 제한되는 경우에는 이를 정당화할 수 있는 보다 우월적인
공익이 필요하다고 할 것이고, 결국 정당화사유의 존재여부와 비례의
원칙 위반 여부에 대해서는 헌법 제37조에 따라 과잉금지의 원칙에 입
각하여 심사할 수밖에 없을 것이다. 다만 학교교육제도에 관해서는 교
육제도에 대한 제도보장원칙과 입법자에게 넓은 형성의 자유가 인정된
다고 하는 측면에서 엄격한 심사기준보다는 완화된 심사기준에 입각하
여 심사하는 것이 적절하다고 봐야 할 것이다.

79. 부모의 교육참여권의 제한과 한계

    사립학교의 경우 학교운영위원회의 설치를 재량사항으로 할 수 있
도록 한 데 대하여 헌법재판소는 청구인이 이 조항으로 인하여 사립학
교의 운영위원회에 참여하지 못하였다 하더라도 그의 교육참여권이 침
해되었다고 할 수 없다는 입장이나 이에 대해서는 4인 재판관의 반대의
견이 있었다.[41] 이후 사립학교 역시 학교운영위원회를 필수적으로 두도
록 법률이 개정되었다(초·중등교육법 제31조 제1항).

80. 사립학교의 학교운영위원회의 설치 재량 규정 합헌

3. 기본권 주체

    교육은 자연인을 상대로 하는 것이기 때문에 기본권주체로서는 자
연인만 고려될 수 있다. 그 가운데 국민의 경우는 당연히 주체가 되지만
외국인의 기본권주체성을 인정할 것인지가 문제될 수 있으며, 일반적으
로 사회적 기본권은 국가의 재정적 부담을 초래하는 권리라는 관점에서

81. 주체: 자연인

    강조하는 견해로 정재황 (주 2), 1178면.

  41) 헌재 1999. 3. 25, 97헌마130, 판례집 제11권 1집, 233.

국민에게만 인정하는 권리로 이해되고 있다.[42]

82. 외국인의 기본권 주체성

이에 반하여 교육을 받을 권리가 자유권적 성격도 가진다는 점을 고려하여 외국인의 기본권주체성을 인정하는 견해[43]도 있다.

83. 외국인의 교육을 받을 권리 주체성인정

살피건대, 교육을 받을 권리가 천부인권적 성격을 띠고 있는 자유권적 속성도 존재한다는 점과 더불어, 교육을 받을 권리가 보장되어야 인간다운 생활을 할 권리를 향유할 수 있으며 나아가 민주주의와 사회국가 및 복지국가의 실현이 가능해진다고 하는 점을 고려해 볼 때, 전술한 바와 같이 교육을 받을 권리를 비롯한 사회적 기본권의 주체성에 외국인도 포함되어야 할 것이다.

84. 유럽인권협약의 적용범위

교육을 받을 권리와 관련된 국제법의 경우 가령 유럽인권협약은 그 인적 적용범위(제1조)와 관련해서 "협약당사국의 고권 하에 있는 모든 사람들"이라고 규정함으로써 교육을 받을 권리를 포함하는 모든 권리들이 영역에 체류하고 있는 불법체류자들에게까지도 보장되고 있다거나, UN 경제, 사회, 문화권규약 상의 교육을 받을 권리는 불법체류 중인 이민자들에게도 인정된다고 하는 점[44]은 우리에게 시사해주는 의미가 크다.

4. 효력: 교육을 받을 권리의 수범자

가. 대국가적 효력

85. 수범자: 국가, 지방자치단체, 국·공립학교

전술한 교육자유권, 교육평등권, 교육청구권, 교육참여권의 구속을 받는 주체는 일단 국가와 지방자치단체 등 공공기관이다. 국·공립학교 역시 국가기관으로서 넓은 의미의 교육을 받을 권리에 구속되며 이를 실현할 의무가 있다.

나. 대사인적 효력

86. 간접적 제3자효: 교육을 받을 자유, 교육을 시킬 자유, 교육평등권

우선 자유권적 측면에서 보장되어야 할 교육을 받을 자유와 교육을 시킬 자유, 그리고 교육평등권의 경우 사인에게도 간접적으로 그 효력이 미친다고 봐야 할 것이다.[45] 따라서 교육자유권이나 교육평등권을

---

42) 가령 권영성 (주 20), 668면; 김철수 (주 5), 970면; 정종섭 (주 5), 863면.
43) 가령 장영수, 헌법학, 홍문사 2022, 839면.
44) Wißmann (주 1), Rn. 15, 18.

제한하거나 침해하는 어떠한 계약의 경우에도 이는 신의칙이나 공서양
속조항, 혹은 불법행위에 관한 민법조항을 통해서 이 기본권의 효력이
사법질서에도 간접적으로 미치며, 그러한 범위 내에서 사인도 간접적으
로 이 기본권에 구속된다고 봐야 할 것이다.

　　나머지 교육청구권이나 교육참여권의 경우 국가가 구체적으로 교　　　87. 교육청구
육시설과 인력을 조달하거나 교육제도를 정비하여 부모로 하여금 학교　　권, 교육참여권
교육에 일정한 범위 내에서 참여시킬 의무를 전제로 하는 것이기 때문　　직접 구속
에 원칙적으로 대사인적 효력은 생각하기 힘드나, 다만 사립학교의 경
우 사립학교 설립자의 사학의 자유가 학부모나 학생의 '교육을 받을 권
리'나 '교육을 시킬 권리'와 실제적으로 조화를 이루는 범위 내에서 일정
한 헌법적 제약을 받을 수밖에 없다. 그리고 이 사학 역시 일정한 범위
내에서는 교육이라고 하는 공적 과제를 수탁받은 공무수탁사인으로서의
지위를 가지기 때문에, 학력평가, 성적증명, 졸업장 수여 등 국가적 교
육행정을 수탁받아 공교육기관으로서 행하는 모든 활동의 범위 내에서
는 학부모와 학생의 "교육자유권"과 "교육평등권", "교육청구권", "교육
참여권"에 모두 직접 구속된다고 봐야 할 것이다.[46]

　　학교교육과 상관 없는 일반 사인들에게는 교육자유권과 교육평등　　　88. 교육자유
권과 관련해서 간접적으로 효력이 미칠 수 있을 뿐이고, 교육청구권과　　권·평등권의
교육참여권의 효력이 미칠 여지는 없다.　　　　　　　　　　　　　　　간접적 제3자효

5. 헌법적 한계

　　헌법적 한계라 함은 기본권에 대하여 헌법이 그 한계를 직접 긋고　　　89. 헌법적 한
있는 내용이 무엇인가 하는 것으로 헌법 제21조 제4항이나 제23조 제2　　계
항과 같이 명문으로 확인하고 있는 경우에는 그것을 논하는 것이 보다
용이하겠으나, 별도의 명문의 한계가 없는 경우라 하더라도 헌법적 차
원에서 설정될 수 있는 한계가 있는가 하는 문제이다. 물론 이러한 한계
를 입법자가 보다 구체화하는 것이 헌법 제37조 제2항에 따른 기본권제

---

45) 동지, 계희열 (주 5), 753면.
46) Wißmann (주 1), Rn. 193.

한입법이라 할 수 있을 것이지만, 헌법적 한계는 이러한 법률에 의한 기본권의 전제가 되는 헌법의 체계적 해석으로부터 나오는 헌법적 한계라 할 수 있다.

90. 다원적인 헌법적 한계

　　교육자유권, 교육평등권, 교육청구권, 교육참여권의 각 측면에 따라 다원적으로 각각의 헌법적 한계를 그어 볼 수 있을 것이다.

가. 교육자유권

91. 각 주체 간 헌법적 한계 형성

　　우선 넓은 의미의 교육을 받을 권리는 각 교육주체의 기본권적 자유가 경합될 수 있는 영역이기 때문에 각 기본권주체들은 상호 간에 헌법적 한계를 형성한다.

92. 자녀의 인격권과 행복추구권 존중하는 범위

　　우선 부모가 자녀를 교육시킬 권리는 자녀의 인간존엄과 행복을 위한 것이기 때문에 자녀의 인격권과 행복추구권을 존중하는 범위 내에서 이루어져야 하지, 자녀교육을 부모의 꿈을 이루는 수단으로 사용하거나 자녀교육을 자신의 사익추구를 위한 도구로 전락시켜서는 안 될 것이다.

93. 부모의 소극적 교육자유권의 한계

　　또한 헌법 제31조의 교육의 의무는 부모의 소극적인 교육자유권, 즉 자녀에 대하여 교육을 시키지 않을 자유의 헌법적 한계라 할 것이다. 모든 국민은 그 보호하는 자녀가 교육을 받게 할 헌법상의 의무를 지기 때문에 교육을 시키지 않을 자유는 없는 것이다.

94. 교육을 받을 자유의 한계

　　다음으로 자녀의 '교육을 받을 자유' 역시 그 부모의 인격권이나 교육을 시킬 자유나 혹은 교사(교원)의 인격권이나 인간존엄권에서 그 한계를 찾을 수 있을 것이다. 즉 자녀의 교육을 받을 자유, 특히 학교에서의 학습의 자유(학습권)는 부모의 교육을 시킬 자유나 부모의 위탁과 국가의 위임을 받은 교사의 수업권에 의하여 일정한 한계 혹은 제약이 이루어질 수밖에 없다.

나. 교육평등권: 교육기회의 균등

95. 능력에 따른 차별

　　교육평등권의 경우 개인의 능력과 상관없는 완전한 획일적 평등교육을 지향하는 것이 아니라, 능력에 따라 균등한 교육을 받을 권리를 우리 헌법이 보장하고 있는 것이다.

따라서 능력에 따른 차등과 차별은 교육평등권의 한계로서 작용할 수 있음은 전술한 바와 같다.

96. 능력에 따른 차별 허용

다. 교육청구권

부모가 자녀의 그리고 자녀가 본인의 교육기회를 제공해 달라고 국가에 청구할 수 있는 교육청구권은 일단 국가에 의한 제도적 정비와 재정적 뒷받침을 전제로 한다. 따라서 우선 입법자가 무상의무교육등 학교교육과 평생교육에 관한 제도와 시설 및 인적 기반을 먼저 잘 정비하고, 그에 따라 교육에 관한 인프라가 구축되었을 때 부모와 자녀 그리고 일반국민들은 국가에 대하여 교육기회제공청구권을 구체적으로 행사할 수 있게 될 것이다.

97. 교육기회제공청구권의 전제

다만 이는 교육제도에 내포되어 있는 객관적, 제도적, 재정적 측면에 따른 한계라고 봐야 할 것이다.

98. 객관적, 제도적, 재정적 한계

라. 교육참여권

교육참여권의 경우 역시 교육시설과 교육제도를 정비할 주체라고 할 수 있는 국가와 공·사교육기관, 교사 등의 법적 지위로 인하여 일정한 한계가 그어질 수밖에 없다.

99. 국가, 공·사교육기관·교사의 법적지위로 인한 한계

특히 교육의 자주성·전문성·정치적 중립성은 학부모의 교육참여권에 대한 헌법 및 제도적 한계로서 작용할 수 있다. 왜냐하면 학부모들이 학교와 교육행정에 자신의 철학과 종교관, 세계관에 따른 교육만을 일방적으로 지나치게 주장하게 되면 이는 다른 학부모들의 교육참여권과 충돌할 수 있을 뿐만 아니라, 또한 교육의 자주성·전문성·정치적 중립성의 원칙이 훼손될 수 있는 가능성도 배제할 수 없기 때문이다.

100. 부모의 교육참여권에 대한 한계: 교육의 자주성·전문성·정치적 중립성

그러므로 헌법 제31조 제4항의 교육의 자주성·전문성·정치적 중립성은 학부모의 교육참여권에 대한 헌법적 한계로 작용할 수 있다.

101. 교육참여권의 한계

6. 제한과 제한의 한계

가. 제 한

102. 헌법 제37 조 제2항에 따른 제한

교육을 받을 권리 역시, 교육자유권, 교육평등권, 교육청구권, 교육 참여권 그 어느 모로 보나 헌법 제37조 제2항에 따라 국가안전보장, 질 서유지, 공공복리를 위하여 필요한 경우에 한하여 법률로써 제한할 수 있다. 다만 그 본질적인 내용을 침해할 수는 없다.

103. 일반적 법 률유보와 제31 조 법률유보와 의 관계

이 헌법 제37조 제2항의 일반적 법률유보와 헌법 제31조 제2항, 제 4항, 제6항의 법률유보 혹은 의회유보와의 관계가 어떻게 되는지의 문 제가 제기될 수 있다.

104. 헌법 제31 조 제2항: 형성 적 법률유보

제2항은 부모에게 적어도 초등교육 이상의 법률이 정하는 의무교육 을 받게 할 의무, 즉 교육의무를 부과하고 있는데, 여기에서의 법률유보 야말로 의무교육의 범위를 정하여 국민에게 교육의 혜택을 부여하고자 하는 형성적 법률유보이다. 따라서 의무교육을 구체화하는 입법은 일단 기본권에 대한 제한은 되기 힘들다고 봐야 할 것이다.

105. 헌법 제31 조 제4항: 형성 적 법률유보

제4항은 헌법이 기본적으로 교육전문가나 교육담당자가 교육을 정 치, 경제, 사회, 종교, 문화 등 그 어떠한 세력이나 세력의 변화에 영향 을 받지 않고 교육 자체의 고유법칙성과 교육학적 방법론에 따라 독립 하여 수행할 수 있도록 교육의 기본적인 원칙을 헌법적으로 확인하고, 그 구체적인 내용은 입법자가 규정하도록 하고 있으므로 이 역시 일응 형성적 법률유보에 해당한다고 봐야 할 것이다.

106. 구체화입 법을 통한 권리 제한 가능

다만 교육의 자주성·전문성·정치적 중립성은 그 자체가 교육의 독립성을 보장하기 위한 원칙에 해당하므로, 부모의 교육을 시킬 권리 (자녀교육권)나 자녀의 교육을 받을 권리의 한계규범으로 작용할 수 있음 은 전술한 바와 같다. 이에 따라 이를 구체화하기 위한 법률은 원칙적으 로 형성적 법률유보에 해당하지만, 구체화입법 과정에서 부모와 학생의 넓은 의미의 교육을 받을 권리는 물론 교사(교원)의 교육을 할 권리(수업 권)를 어느 정도 제한할 수 있는 가능성을 배제할 수 없다.

107. 헌법 제 31조 제6항:

그리고 제6항의 학교교육과 평생교육을 포함하는 교육제도, 교육운 영, 교육재정, 교원지위 등에 대한 기본적인 사항을 법률로 정하도록 입법위임을 하고 있는 것 역시 원칙적으로 형성적 법률유보이지만 구체화 입법 과정에서 교육주체들의 기본권을 어느 정도 제한하는 입법 역시 배제할 수 없다.

형성적 법률유보이자 교육주체들의 기본권 제한 가능

그러므로 제4항과 제6항은 이러한 범위 내에서 헌법 제37조의 일반적 법률유보와의 경합을 완전히 배제할 수는 없다.

108. 일반적 법률유보조항과의 경합

나. 제한의 한계

교육자유권, 교육평등권, 교육청구권, 교육참여권을 포함하는 넓은 의미의 교육을 받을 권리를 제한하는 경우에도 공익을 위해서 필요한 경우에 한하여 제한하여야 하므로 과잉금지원칙을 위반해서는 안 되며, 또한 본질내용 역시 침해해서도 안 된다.

109. 과잉금지원칙 및 본질내용침해금지 원칙 준수

그 밖에 법치국가원리에서 도출되는 입법형식상의 제 원칙들, 가령 법률유보, 의회유보, 명확성의 원칙, 포괄위임입법금지의 원칙 등이 준수되어야 하는 것은 당연하다.

110. 입법형식상의 제 원칙들

다. 헌법재판소의 결정례

(1) 합헌결정 사례

헌법재판소가 합헌으로 본 사례는 다음과 같은 것들이 있다.

111. 합헌 사례

ⅰ) 학교폭력 가해학생에 대한 징계제도

'학교폭력예방 및 대책에 관한 법률' 제17조 제1항 중 '수개의 조치를 병과하는 경우를 포함한다' 및 '출석정지'에 관한 부분(가해학생의 학습의 자유)[47], 학교폭력과 관련하여 가해학생에 대한 조치 중 전학과 퇴학을 제외한 나머지 조치에 대해 재심을 제한하는 학교폭력예방법 제17조의2 제2항(가해학생 보호자의 자녀교육권)[48]이 있다.

112. 학교폭력예방법 제17조 제1항 등

ⅱ) 학원교습시간제한조례(학생의 인격의 자유로운 발현권, 청구인 학부모의 자녀교육권)

---

47) 헌재 2019. 4. 11, 2017헌바140 등, 판례집 제31권 1집, 454. 서기석, 이선애 재판관의 '출석정지'부분에 대한 반대의견 있음.

48) 헌재 2013. 10. 24, 2012헌마832, 판례집 제25권 2집 하, 309. 이정미, 김이수, 안창호 재판관의 재심규정에 대한 반대의견 있음.

113. 부산광역시 조례 등

학교교과교습학원 및 교습소의 교습시간을 05:00부터 22:00까지(고등학생의 경우 05:00부터 23:00까지) 규정하고 있는 '부산광역시 학원의 설립·운영 및 과외교습에 관한 조례' 제9조 본문[49], 학교교과교습학원 및 교습소의 교습시간을 05:00부터 22:00까지 규정하고 있는 '서울특별시 학원의 설립·운영 및 과외교습에 관한 조례' 제5조 제1항[50], 학교교과교습학원 및 교습소의 심야교습을 제한하고 있는 '서울특별시 학원의 설립·운영 및 과외교습에 관한 조례' 제8조 본문, '경기도 학원의 설립·운영 및 과외교습에 관한 조례' 제14조 본문, '대구광역시 학원의 설립·운영 및 과외교습에 관한 조례' 제4조 전단, '인천광역시 학원의 설립·운영 및 과외교습에 관한 조례' 제4조의2 제1항 중 고등학교 교과를 교습하는 학원 등의 교습시간에 관한 부분이 있다.

iii) 검정고시제도

114. 검정고시제도

고시 공고일을 기준으로 고등학교에서 퇴학된 날로부터 6월이 지나지 아니한 자를 고등학교 졸업학력 검정고시를 받을 수 있는 자의 범위에서 제외하고 있는 고등학교 졸업학력 검정고시 규칙 제10조 제1항[51], 중학교 졸업자에게는 졸업과 동시에 학력을 인정하면서 중학교에 상응하는 교육과정인 3년제 고등공민학교 졸업자에 대하여는 중학교 학력을 인정하지 않는 고등학교입학자격검정고시규칙 제15조(평등원칙)[52], 고등학교 퇴학일부터 검정고시 공고일까지의 기간이 6개월 이상이 되지 않은 사람은 고졸검정고시에 응시할 수 없도록 규정한 '초·중등교육법 시행규칙' 제35조 제6항 제2호 본문 중 '고등학교'에 관한 부분[53]이 있다.

iv) 대학입시제도

115. 대학입시제도

2021학년도 대학입학전형기본사항 중 재외국민 특별전형 지원자격 가운데 학생의 부모의 해외체류요건 부분[54], 피청구인이 2021. 4. 29. 발표한 '서울대학교 2023학년도 대학 신입학생 입학전형 시행계획' 중

---

49) 헌재 2009. 10. 29, 2008헌마454, 판례집 제21권 2집 하, 402.
50) 헌재 2009. 10. 29, 2008헌마635, 공보 157, 2083.
51) 헌재 2008. 4. 24, 2007헌마1456, 판례집 제20권 1집 상, 720.
52) 헌재 2005. 11. 24, 2003헌마173, 공보 110, 1234.
53) 헌재 2022. 5. 26, 2020헌마1512 등, 판례집 제34권 1집, 492.
54) 헌재 2020. 3. 26, 2019헌마212, 판례집 제32권 1집 상, 279.

수능위주전형 정시모집 '나'군의 전형방법의 2단계 평가에서 교과평가를
20점 반영하도록 한 '서울대학교 2023학년도 대학 신입학생 입학전형
시행계획' 중 Ⅴ. 수능위주전형 정시모집 '나'군 일반전형 2. 전형방법
가운데 '2단계 교과평가 20점' 부분[55], 서울대학교 총장의 '2022학년도
대학 신입학생 정시모집('나'군) 안내' 중 수능 성적에 최대 2점의 교과이
수 가산점을 부여하고, 2020년 2월 이전 고등학교 졸업자에게 모집단위
별 지원자의 가산점 분포를 고려하여 모집단위 내 수능점수 순위에 상
응하는 가산점을 부여하도록 한 부분[56], 서울대학교 2023학년도 저소득
학생 특별전형의 모집인원을 모두 수능위주전형으로 선발하도록 정한,
피청구인의 2021. 4. 29.자 '서울대학교 2023학년도 대학 신입학생 입학
전형 시행계획' 중 '2023학년도 모집단위와 모집인원' 가운데 기회균형
특별전형Ⅱ의 모집인원 합계를 정한 부분, Ⅵ. 수능위주전형 정시모집
'나'군 기회균형특별전형Ⅱ 2. 전형방법 ■전형요소 및 배점 가운데 '수
능 100 %' 부분[57], '2018학년도 대학수학능력시험 시행기본계획' 중 대
학수학능력시험의 문항 수 기준 70%를 한국교육방송공사 교재와 연계
하여 출제한다는 부분(교육을 통한 자유로운 인격발현권)[58]이 있다.

　ⅴ) 고교입시제도

　고등학교의 입학방법과 절차 등을 대통령령으로 정하도록 위임한
초·중등교육법(2012. 3. 21. 법률 제11384호로 개정된 것) 제47조 제2항(고교평
준화)[59]이 있다.

116. 고교입시
제도

　ⅵ) 도서관이용제도

　대학도서관의 일반인 이용 승인 거부[60]가 있다.

117. 도서관이
용제도

　ⅶ) 유족연금제도

　국가유공자의 자녀의 경우 유족연금지급 대상 자격을 "미성년인 자
녀와 대통령령이 정하는 생활능력이 없는 정도의 장애가 있는 성년인

118. 유족연금
제도

---

55) 헌재 2022. 5. 26, 2021헌마527, 공보 308, 766.
56) 헌재 2022. 3. 31, 2021헌마1230, 판례집 제34권 1집, 317.
57) 헌재 2022. 9. 29, 2021헌마929, 공보 312, 1243.
58) 헌재 2018. 2. 22, 2017헌마691, 판례집 제30권 1집 상, 362.
59) 헌재 2012. 11. 29, 2011헌마827, 판례집 제24권 2집 하, 250. 송두환, 이정미, 이진
　　성 재판관의 반대의견 있음.
60) 헌재 2016. 11. 24, 2014헌마977, 판례집 제28권 2집 하, 309.

자녀"에 한정하고 있는 국가유공자등예우및지원에관한법률 제12조 제2
항 제1문[61]이 있다.

(2) 위헌결정 사례

119. 위헌 사례   헌법재판소가 위헌으로 결정한 사례들은 다음과 같은 것들이 있다.

ⅰ) 검정고시제도

120. 검정고시
제도

검정고시로 고등학교 졸업학력을 취득한 사람들의 수시모집 지원
을 제한하는 내용의 피청구인 국립교육대학교 등의 '2017학년도 신입생
수시모집 입시요강'[62], 고졸검정고시 또는 '고등학교 입학자격 검정고시'
에 합격했던 자는 해당 검정고시에 다시 응시할 수 없도록 응시자격을
제한한 전라남도 교육청 공고 제2010-67호(2010. 2. 1.) 및 제2010-155
호(2010. 6. 2) 중 해당 검정고시 합격자 응시자격 제한 부분[63]이 있다.

ⅱ) 사립대학교원 재임용제도

121. 사립대학
교원 재임용제
도

대학교육기관의 교원은 당해 학교법인의 정관이 정하는 바에 따라
기간을 정하여 임면할 수 있다고 규정한 구 사립학교법 제53조의2 제3
항(교원지위법정주의)[64]이 있다.

ⅲ) 정화구역 내 극장영업금지

122. 정화구역
내 극장영업금
지

학교정화구역 내의 극장 시설 및 영업을 금지하고 있는 학교보건법
제6조 제1항 본문 제2호 중 '극장' 부분(학생들의 행복추구권)[65]이 있다.

7. 기본권의 충돌

123. 학교의 수
업권 v. 종교의
자유

교사나 학교의 수업권(혹은 독일의 경우 국가의 교육과제)이 학생이나
학부모의 종교의 자유와 충돌하는 경우 어떠한 권리가 우선하는가의 문
제가 제기될 수 있다.[66] 가령 중요한 종교행사나 가족적 의무나 혹은
이와 유사한 일로 인하여 수업면제(결석)[67]를 요구할 수 있는지 하는 문

---

61) 헌재 2003. 11. 27, 2003헌바39, 판례집 제15권 2집 하, 297.
62) 헌재 2017. 12. 28, 2016헌마649, 판례집 제29권 2집 하, 537.
63) 헌재 2012. 5. 31, 2010헌마139 등, 판례집 제24권 1집 하, 595.
64) 헌재 2003. 2. 27, 2000헌바26, 판례집 제15권 1집, 176.
65) 헌재 2004. 5. 27, 2003헌가1 등, 판례집 제16권 1집, 670.
66) 이에 관하여는 제2장 제19절 종교의 자유, Ⅳ, 5, (1) 학교에서의 종교교육 문제
(736면 이하)와 Ⅴ, 1. 교육을 받을 권리(739면 이하) 참고.

제가 그것이다.

이 때 종교의 자유가 학교나 교사의 수업권보다 우선한다고 보는
견해[68]가 있다. 무슬림 여학생의 종교의 자유는 그 여학생이 신앙상의
이유로 일정한 복장규정에 복종을 하지 않으면 안 되는 경우에는 남녀
공학에 의한 스포츠수업으로부터 면제해 줄 것을 요구할 수 있다는 것
이다.[69] 즉 학생의 신앙의 자유와 학교(국가)의 교육과제(책임/의무)라고
하는 상호 충돌하는 법익 상호간에 신중한 조정과 조화가 이루어져야
한다는 의미이다.

따라서 학교당국이 가령 성별에 따라 구분된 스포츠수업을 하게 하
는 등, 기대가능한 행정적 조치를 통해서 해당 학생의 양심적 갈등을 고
려할 수 있다면, 해당 학생은 그러한 방식으로 수업에 참여할 수 있을
것이며, 그렇지 않을 경우에는 수업면제를 요구할 수 있는 청구권이 주
어진다고 할 것이다.[70]

또한 학교에서의 수업 방식이나 일정한 내용의 항의의 유인물 살포
등이 허용될 것인지 하는 문제와 관련해서도 학교의 교육과제(책임)와
학생들의 언론의 자유가 충돌할 여지가 있는바, 가령 도발적 언어와 전
면적인 토론거부나 혹은 고성방가나 학내공간을 더럽히는 방법을 통한
의사표현의 형식으로 인하여 학칙에 대한 위반이 초래되는 경우에 비로
소 이러한 의사표현은 양보를 하지 않으면 안 될 것이다.[71]

헌법재판소는 교육부장관이 학교법인 이화학당에게 한 법학전문대
학원 설치인가 중 여성만을 입학자격요건으로 하는 입학전형계획을 인
정한 것과 관련하여 청구인의 직업선택의 자유와 사립대학의 자율성이
충돌하는 경우로 보았으나, 이를 허용한 조치가 청구인의 직업선택의
자유를 침해하는 것은 아니라고 보았다.[72]

124. 종교의 자
유가 우선한다
는 견해

125. 수업면제
청구권

126. 항의 유인
물 살포

127. 이화학당
의 법전원 자격
요건

---

67) 이 문제에 대한 상세한 것은 Wißmann (주 1), Rn. 87 ff.

68) Gerhard Robbers, in: v. Mangoldt/Klein/Starck, GG I, Art. 7 Rn. 15.

69) Gerhard Robbers (주 68), Rn. 16.

70) BVerwG, DÖV 1994, 383 ff. 등을 인용하며 Gerhard Robbers (주 68), Rn. 16;
Wißmann (주 1), Rn. 92.

71) Gerhard Robbers (주 68), Rn. 17.

72) 헌재 2013. 5. 30, 2009헌마514, 판례집 제25권 1집, 337, 344-345.

Ⅳ. 교육의 의무와 의무교육제도의 보장

1. 의무교육제도의 의의

128. 헌법 제31
조 제3항: 의무
교육 무상원칙

헌법 제31조 제2항은 "모든 국민은 그 보호하는 자녀에게 적어도 초등교육과 법률이 정하는 교육을 받게 할 의무를 진다."고 함으로써 자녀를 둔 모든 국민에게 교육의무를 부과하고 있다. 이어서 제3항은 "의무교육은 무상으로 한다."고 함으로써 의무교육의 무상원칙을 선언하고 있으며, 이 두 조항은 국민의 교육을 받을 권리를 가능하게 하는 의무교육제도를 헌법적으로 보장한다고 하는 의의를 가진다.

129. 의무교육
제도의 목적

우선 의무교육제도는 전술한 바와 같이 부모의 '교육을 시킬 권리', 즉 자녀교육권을 남용하여 자녀에게 필요한 학교에 취학을 시키지 않을 경우 그러한 소극적 자유에 한계를 긋고 있다. 그리하여 이 의무교육제도는 대한민국 국민이라면 누구나 초등교육 이상의 교육을 받게 함으로써 시민적 덕목을 갖춘 교양있는 민주시민으로 양성하여 민주공화국과 문화국가를 실현할 수 있도록 하기 위한 헌법제정자의 결단의 소산이라고 할 것이다.

130. 의무교육
의 무상원칙

또한 의무교육의 경우 무상원칙을 선언한 것은 교육을 시킬 경제적 능력이 없는 국민이라 하더라도 "교육을 시킬 권리"나 "교육을 받을 권리"를 현실적으로 실현할 수 있도록 하기 위해서 국가가 의무교육에 관한 한 교육비를 스스로 부담하지 않으면 안되기 때문이다.

131. 무상의무
교육제도의 목
적

결국 이 무상교육제도의 보장은 제도보장을 통하여 주관적 공권의 행사가 현실적으로 가능하게 하기 위한 목적을 가진 것으로서 다른 제도보장의 경우와 같이 이러한 의무교육제도의 최소한의 핵심적인 내용을 헌법이 확인하고, 입법자가 그 핵심적 내용을 포함하여 무상의무교육제도를 더욱 발전시켜 나감으로써, 주관적 공권의 내용을 보다 풍부하게 실현할 수 있도록 하기 위한 목적을 가진다고 할 것이다.

2. 의무교육의 무상원칙

132. 핵심 원칙

의무교육은 무상으로 한다고 하는 무상원칙은 1948년 헌법이래 계속

해서 유지되어 온 의무교육제도의 핵심이라고 할 수 있다. 그러므로 입법
자는 이 의무교육의 무상원칙의 핵심은 침해할 수 없다. 그 핵심이 무엇
인가에 대해서는 논란이 있을 수 있으나 전술하였듯이 수업료면제는
1948년 당시 헌법제정자들도 생각하던 사항이므로 가장 핵심이라고 할
수 있으며, 그 밖의 부수적 비용에 대해서는 국가와 국민의 재정적 능력
여하에 맞추어 입법자가 확대해 나갈 수 있을 것임도 전술한 바 있다.

133. 헌법재판
소의 판례

헌법재판소는 중학교의 학교급식비 중 일부를 학부모에게 부담시
키는 것73)에 대해서는 합헌으로 판단하였지만, 중학교 학생으로부터 학
교운영지원비를 징수한 것74)과 학교용지확보를 위하여 공동주택 수분
양자들에게 학교용지부담금을 부과할 수 있도록 하고 있는 것75)은 의무
교육의 무상원칙에 위반된다고 보았다. 이에 반하여 학교용지부담금의
부과대상을 수분양자가 아닌 개발사업자로 정하고 있는 학교용지 확보
등에 관한 특례법 규정76)에 대해서는 의무교육의 무상원칙에 반하지 않
는다고 보았다.

3. 의무교육의 범위

134. 의무무상
교육: 초 · 중등
교육

우리 헌법은 우선 초등교육을 헌법상 의무교육의 범위로 하고 있으
며 그 밖에 법률이 정하는 교육 역시 의무교육에 포함될 수 있는데 이
입법위임에 따라 교육기본법은 전술하였듯이 6년의 초등교육과 3년의
중등교육을 의무교육으로 하고 있고, 현재 3년의 고등학교교육은 무상
제도가 도입되기는 하였지만 아직 의무교육으로 규정하지는 않은 상태
이다.

135. 취학연령

헌법재판소는 초등교육의 취학연령을 몇 세로 할 것인지에 대해서
는 입법자의 입법정책 영역에 맡겨진 것으로 보고 있다.77) 그리하여 의

---

73) 헌재 2012. 4. 24, 2010헌바164, 판례집 제24권 1집 하, 49, 49－50.

74) 헌재 2012. 8. 23, 2010헌바220, 판례집 제24권 2집 상, 455, 455－456.

75) 헌재 2005. 3. 31, 2003헌가20, 판례집 제17권 1집, 294: 구 학교용지확보에관한특
례법 제2조 제2호, 제5조 제1항 중 제2조 제2호.

76) 헌재 2008. 9. 25, 2007헌가9, 판례집 제20권 2집 상, 424; 헌재 2008. 9. 25. 2007헌
가1, 판례집 제20권 2집 상, 401; 헌재 2010. 4. 29, 2008헌바70, 판례집 제22권 1
집 상, 648, 648.

무취학 시기를 만 6세가 된 다음날 이후의 학년초로 규정하고 있는 교육법 제96조 제1항이 만 6세가 되기 전에 앞당겨서 입학을 허용하지 않는다고 해서 헌법 제31조 제1항의 능력에 따라 균등하게 교육을 받을 권리를 본질적으로 침해하는 것은 아니라고 보았다.[78]

136. 실질적 의미의 법률

그리고 헌법 제31조 제2항의 "법률이 정하는 교육"에서 "법률"은 실질적 의미의 법률이라고 하는 것이 헌법재판소 판례이다. 즉, 법률의 위임이 있을 경우 대통령령으로 의무교육과 관련한 내용을 규정할 수 있다는 것이다.[79]

137. 중학교 의무교육의 단계적 실시

한편 중학교에 대한 의무교육을 단계적으로 실시할 수 있도록 했다고 해서 그것이 평등의 원칙에 위반되는 것은 아니라고도 하였다. 입법자는 평등원칙을 단계적으로 실현할 수 있으며 그 과정에서 어느 정도 발생할 수 있는 차별적 효과가 반드시 헌법 제11조의 평등원칙에 위반되는 것은 아니라고 하는 취지이다. 이는 입법자가 평등원칙을 실현함에 있어서 경험을 축적하면서 '시간적 적응의 자유'를 가질 수 있다고 하는 법리와 맞닿아 있다고 평가할 수 있다.[80]

4. 의무교육경비의 부담자

138. 국가, 지방자치단체

의무교육의 경비를 누가 부담해야 할 것인가와 관련하여 헌법 제10조에서 규정하고 있는 국가의 기본적 인권에 대한 확인의무와 보장의무를 고려할 때, 원칙적으로 국가로 보아야 할 것이지만 지방자치단체 역시 넓은 의미의 국가기관이므로 지방자치단체 역시 기본권의 수범자적 지위에서 벗어날 수 없다.

139. 법률에 따라 지방정부도 가능

그리고 헌법 제31조 제6항에서 교육제도 전반의 기본적인 사항은 법률로 정하고 있는 점에 비추어 보면 의무교육의 경비에 관해서는 민주적 입법자인 국회가 규정하기에 따라 지방정부가 부담하게 할 수도 있을 것이다. 헌법재판소 역시 의무교육 경비를 반드시 중앙정부가 부

---

77) 헌재 1991. 2. 11, 90헌가27, 판례집 제3권, 11.
78) 헌재 1994. 2. 24, 93헌마192, 판례집 제6권 1집, 173, 173-174.
79) 헌재 1991. 2. 11, 90헌가27, 판례집 제3권, 11, 12.
80) 방승주 (주 29), 45-46면.

담해야 하는 원칙이 헌법상 도출되는 것은 아니라고 보고 있다.[81]

5. 의무교육과 소위 홈스쿨링

오늘날 부모들이 자신의 종교관·세계관에 따른 교육이 불가능하다고 판단될 때 공교육제도에 따른 학교에 취학시키지 않고서 소위 부모들이 직접 교사로 활동하는 홈스쿨링[82](가정학교)을 통해서 교육을 하거나 혹은 그러한 홈스쿨링에 보낼 수 있도록 제도적으로 허용하는 입법례들[83]이 있다. 그리고 가령 학교가 지나치게 먼 거리에 있을 경우 자녀들에 대하여 부모가 직접 교육을 할 수밖에 없는 사정이 있을 수도 있으며 그 밖에 학생의 학교에의 부적응, 보다 친숙한 가정환경에서의 교육 필요성 등 그 이유는 다양할 수 있다.[84]

140. 홈스쿨링 제도

이러한 홈스쿨링에 의한 교육은 교육의무에 위배되는 것인가의 문제가 제기될 수 있다.[85]

141. 교육의무 위배 여부

V. 교육의 자주성·전문성·정치적 중립성 및 대학의 자율성 보장

우리 헌법은 교육의 원칙과 관련하여 특별한 언급이 없이 일단 교육의 자주성·전문성·정치적 중립성과 대학의 자율성은 법률이 정하는 바에 의하여 보장된다고 하고 있다. 여기에서 말하는 교육의 자주성·전문성·정치적 중립성의 헌법적 의미와 내용이 무엇인지가 문제

142. 헌법적 의미와 내용

---

81) 헌재 2005. 12. 22, 2004헌라3, 판례집 제17권 2집, 650, 650-651.
82) 이 문제에 관한 국내 연구로는 최규환 (주 9).
83) 이에 관해서는 최규환 (주 9), 14면 이하.
84) 최규환 (주 9), 8면 이하.
85) 이와 관련하여 홈스쿨링을 인정하지 않는다고 해서 그것이 기본권을 침해하는 것은 아니라고 하는 독일 연방헌법재판소 지정재판부의 판례로 BVerfG (2. Kammer des Ersten Senats), Beschluß vom 29. 4. 2003 - 1 BvR 436/03. Wißmann (주 1), Rn. 82: "부모가 초등학교 의무교육 대상자인 아동에 대하여 종교적인 이유에서 학교취학을 거부하면서 공립 또는 사립학교가 아닌 가정학교에서 수업을 하고자 가정수업을 허가해달라고 한 신청에 대하여 거부한 것은 기본권을 침해하지 않는다."

로 제기된다.

1. 교육의 자주성 · 전문성 · 정치적 중립성 및 대학의 자율성 보장의 헌법적 의의

143. 학설과 판례

헌법 제31조 제4항의 교육의 자주성 · 전문성 · 정치적 중립성과 대학의 자율성에 대한 헌법적 보장의 의의에 관해서 학설과 판례를 살펴보면 다음과 같다.

가. 교육의 자주성

144. 교육의 자유와 독립

학설86)과 판례87)에 의하면 "'교육의 자주성'이란, 교육이 정치권력이나 기타의 간섭 없이 그 전문성과 특수성에 따라 독자적으로 교육 본래의 목적에 기하여 조직·운영·실시되어야 한다는 의미에서의 교육의 자유와 독립을 의미"한다고 정의한다. 즉 "교육내용과 교육기구가 교육자에 의하여 자주적으로 결정되고 행정권력에 의한 통제가 배제되어야 함을 의미"한다는 것이다.88) 또한 교육의 자유와 독립이 바로 교육의 자주성이라고 이해하기도 한다.89)

145. 교육의 자주성 관련 구체적 결정례

헌법재판소의 구체적 결정례에 의하면 일부 교육당사자가 교육위원 및 교육감의 선거과정에서 배제된 것90), 일부 선거구에서 시와 군이 하나의 선거구에 속하도록 정해진 전라북도 지역 교육위원 선거구획정91), 근무성적이 극히 불량한 때를 면직사유로 규정한 사립학교법 제58조 제1항 제2호92)는 교육의 자주성을 침해하는 것이 아니라고 한다.

146. 교원직무의 자주성의 한계

한편 헌법재판소는 교원직무의 자주성의 한계에 관하여 "하나는 교

---

86) 계희열 (주 5), 743면.
87) 헌재 2002. 3. 28, 2000헌마283, 판례집 제14권 1집, 211, 226−227을 인용하며 헌재 2011. 12. 29, 2010헌마285, 판례집 제23권 2집 하, 862, 871−872.
88) 계희열 (주 5), 744면; 구병삭 (주 5), 578면. 헌재 2003. 3. 27, 2002헌마573을 인용하며 헌재 2020. 9. 24, 2018헌마444, 판례집 제32권 2집, 337, 344.
89) 가령 신현직 (주 8), 157면; 차수봉 (주 3), 266면.
90) 헌재 2002. 3. 28, 2000헌마283 등, 판례집 제14권 1집, 211, 212.
91) 헌재 2002. 8. 29, 2002헌마4, 판례집 제14권 2집, 233.
92) 헌재 1997. 12. 24, 95헌바29 등, 판례집 제9권 2집, 780.

원직무의 자주성이 교육을 받을 기본권을 가진 피교육자인 학생들의 권익과 복리증진에 저해가 되어서는 아니된다는 것이고, 다른 하나는 국가와 사회공동체의 이념과 윤리의 테두리 안에서 직무의 자주성은 제약을 받게 된다는 것이다. 즉, 교원의 자주성은 그 자체가 책임을 수반하는 것으로서 그것이 피교육자인 학생의 권익과 복지증진에 공헌할 것인가와 국가와 사회공동체의 공동이념 및 윤리와 조화될 수 있는가라는 상대적 관계에서 그 범위가 정해지는 것"이라고 보았다.[93]

나. 교육의 전문성

또한 학설과 판례에 의하면 "'교육의 전문성'이란, 교육정책이나 그 집행은 가급적 교육전문가가 담당하거나, 적어도 그들의 참여 하에 이루어져야 함"을 말한다고 한다.[94]

147. 교육의 전문성 개념

헌법재판소의 구체적 결정례를 살펴보면 사립학교에도 학교운영위원회를 의무적으로 설치하도록 한 초·중등교육법 제31조 등[95], 교육위원과 초·중등학교 교원의 겸직금지[96], 교육감 입후보자에게 5년 이상의 교육경력 또는 교육공무원으로서의 교육행정경력을 요구하는 '지방교육자치에 관한 법률' 제24조 제2항[97]은 교육의 전문성을 침해하지 않거나 그에 부합한다고 한다.

148. 헌법재판소 결정례

한편 지방교육위원선거에서 다수득표자 중 교육경력자가 선출인원의 2분의 1 미만인 경우에는 득표율에 관계없이 경력자 중 다수득표자 순으로 선출인원의 2분의 1까지 우선당선시킨다는 지방교육자치에관한법률 제115조 제2항은 공무담임권이나 평등권을 침해하지 않는다고 4:5 합헌결정[98]이 이루어진 바 있다.

149. 경력자 중 다수득표자 우선당선제

---

93) 헌법재판소 1991. 7. 22, 선고, 89헌가106 결정을 인용하며 헌재 1997. 12. 24, 95헌바29 등, 판례집 제9권 2집, 780, 786-787

94) 계희열 (주 5), 744면; 구병삭 (주 5), 578면; 헌재 2003. 3. 27, 2002헌마573, 판례집 제15권 1집, 319, 332를 인용하며 헌재 2011. 12. 29, 2010헌마285, 판례집 제23권 2집 하, 862, 871-872.

95) 헌재 2001. 11. 29, 2000헌마278, 판례집 제13권 2집, 762.

96) 헌재 1993. 7. 29, 91헌마69, 판례집 제5권 2집, 145.

97) 헌재 2009. 9. 24, 2007헌마117 등, 판례집 제21권 2집 상, 709.

98) 헌재 2003. 3. 27, 2002헌마573, 판례집 제15권 1집, 319.

다. 교육의 정치적 중립성

(1) 학설과 판례

150. 교육의 정치적 중립성 개념

교육의 정치적 중립성이 무엇인가에 대해서는 상당한 논란이 있을 수 있다. 우리 학설과 판례에 의하면 "'교육의 정치적 중립성'이란, 교육이 국가권력이나 정치적 세력으로부터 부당한 간섭을 받지 아니할 뿐만 아니라 그 본연의 기능을 벗어나 정치영역에 개입하지 않아야 한다는 것을 말한다."고 한다.99) 나아가 교육의 정치적 중립성을 보장하기 위하여는, 교육 내용의 정치적 중립성이나 교사의 정치적 중립성뿐만 아니라 교육을 운영하고 감독하는 교육행정의 정치적 중립성도 요구된다고 한다.100)

151. 교사의 정당가입금지 합헌

또한 헌법재판소는 초·중등학교 교사에 대한 정당가입금지는 공무원의 정치적 중립성 및 교육의 정치적 중립성 유지와 그리고 학생의 기본권과 학부모의 자녀교육권과의 갈등을 피하기 위하여 헌법적으로 정당화되어 헌법에 위반되지 아니한다고 본다.101)

152. 5년 이상 교육경력 요구 합헌

또한 교육의원후보자의 자격으로 5년 이상의 교육경력 등을 필수로 요구하는 것도 교육의 전문성 및 정치적 중립성에 의하여 정당화된다고 보았다.102)

153. 국정교과서제도 합헌

그 밖에 국정교과서제도103)는 학문의 자유나 언론·출판의 자유를 침해하는 제도가 아님은 물론 교육의 자주성·전문성·정치적 중립성과도 무조건 양립되지 않는 것이라 하기 어렵다고 한다.

154. 한국사 과목의 국정도서로 정한 부분

한편 '중·고등학교 교과용도서 국·검·인정 구분'(2015. 11. 3. 교육부 고시 제2015-78호) 중 중학교 역사 및 고등학교 한국사 과목의 교과용도서를 각 국정도서로 정한 부분에 대하여 권리보호이익 내지 심판의

---

99) 계희열 (주 5), 745면; 구병삭 (주 5), 578면; 헌재 2004. 3. 25, 2001헌마710, 판례집 제16권 1집, 422, 437를 인용하며 헌재 2011. 12. 29, 2010헌마285, 판례집 제23권 2집 하, 862, 871-872.
100) 헌재 2008. 6. 26, 2007헌마1175, 판례집 제20권 1집 하, 460-465.
101) 헌재 1992. 11. 12, 89헌마88, 판례집 제4권, 739, 762과 헌재 1993. 7. 29, 91헌마69 판례집 제5권 2집, 145, 152를 인용하며 헌재 2004. 3. 25, 2001헌마710, 판례집 제16권 1집, 422, 437-438.
102) 헌재 2020. 9. 24, 2018헌마444, 판례집 제32권 2집, 337, 345.
103) 헌재 1992. 11. 12, 89헌마88, 판례집 제4권, 739, 740. 변정수 재판관의 반대의견 있음. 학계의 위헌설로는 신현직 (주 8), 161면.

이익이 없다면서 각하104)한 바도 있다.

그리고 교육감 후보자 자격에 관하여 후보자 등록신청개시일부터 과거 2년 동안 정당의 당원이 아닌 자로 규정하고 있는 '지방교육자치에 관한 법률' 제24조 제1항105)은 공무담임권과 평등권을 침해하지 않는다고 보았다.

155. 교육감후보자 2년간 비당원요건 합헌

'교육감선거에 관하여 정치자금법의 시·도지사에 적용되는 규정을 준용한다'고 하여 준용되는 규정을 일일이 열거하지 않고 벌칙조항까지 포함하여 준용하는 지방교육자치에 관한 법률 제50조106)에 대해서도 죄형법정주의의 명확성원칙에 위배되지 않는다고 보았다.

156. 정치자금법 준용규정 합헌

(2) 비판적 사견

교육의 정치적 중립성의 의미와 관련하여 국내 학설과 판례가 지향하고 있는 교육의 정치적 중립성의 초점은 정치가 교육에 간섭하지도 말아야 하지만 교육도 정치에 개입하지 말아야 한다는 데에 있다. 이러한 관념 하에 주로 교육공무원으로 하여금 광범위하게 정치활동을 제한하는 쪽으로 정치적 중립성에 관한 입법이 이루어지고 있고, 헌재도 최근에 이르러서야 비로소 기타 정치활동에 대한 제한에 대해서만 위헌으로 판단한 것 외에는 정당가입금지에 대해서는 합헌으로 판단하고 있다.

157. 학설과 판례: 교육과 정치의 상호 개입·간섭금지

그러나 학교에서 이루어져야 할 민주시민으로서의 정치교육의 필요성과 그리고 그와 더불어 정치적 중립성의 한계의 문제에 대하여 좀 더 충분한 논의가 이루어질 필요가 있다고 생각된다. 다시 말해서 학교에서 교육을 통하여 학생들을 장차 책임있고 성숙한 민주시민으로 양성하기 위해서는 적극적인 정치교육이 필요하다.107) 학교교육의 목표는

158. 민주시민으로서 정치교육의 필요성

---

104) 헌재 2018. 3. 29, 2015헌마1060 등, 판례집 제30권 1집 상, 477, 477. 이에 대하여 헌재가 "역사 및 한국사 과목은 개인의 가치관 및 역사관 형성, 다른 나라와의 관계정립에 관한 안목과 관련하여 학생들에게 큰 영향을 미치는 과목임에 틀림없다."라고 밝히면서도 심판이익을 부정하는 것은 자기모순이라고 하면서 본안판단을 했어야 했다고 하는 비판의견이 있다. 정재황 (주 2), 1177면.

105) 헌재 2008. 6. 26, 2007헌마1175, 판례집 제20권 1집 하, 460.

106) 헌재 2014. 7. 24, 2013헌바169, 판례집 제26권 2집 상, 115.

107) 동지, 신현직 (주 8), 166면; 배소연, 교육의 정치적 중립성의 헌법적 의미 회복을 위한 비판적 검토 – 교육입법, 교육행정, 교육판례 분석을 중심으로, 공법연구 제

육체적으로나 정신적으로 아직 모든 면에서 미성숙한 아동과 청소년들에 대하여 정치, 경제, 사회, 문화 등 모든 생활영역에서 장차 정치적 공동체를 이끌어 나갈 성숙하고 능력 있는 민주시민으로 양성하는 것임에도, 교육의 정치적 중립성을 위하여 교사가 학교에서 정치나 종교, 특히 사회적으로 민감할 수 있는 주제에 관하여 어떠한 언급이나 발언과 교육을 할 수 없다고 한다면 이는 전인격적 교육이라고 하는 교육목표에 반한다.

159. 독일의 보이텔스바흐 합의

참고로 독일의 경우에는 학교에서의 정치교육과 교육의 정치적 중립성이 어떻게 이루어져야 할 것인가와 관련하여 소위 보이텔스바흐 합의(Beutelsbacher Konsens)[108]가 자주 거론된다. 이는 ⅰ) 의식화금지(Indoktrinationsverbot), ⅱ) 논쟁원칙(Kontoversitätsgebot), ⅲ) 학생지향원칙(Schülerorientierungsgebot)이라고 하는 3원칙으로 압축될 수 있으며, 학설과 판례가 교육의 정치적 중립성에 관한 원칙으로 널리 받아들이고 있는 것으로 보인다.[109]

160. 정치적으로 성숙한 시민 양성

가령 로버스와 같은 학자는 학교는 헌법과 법률상의 교육목표에 따라서 학생들을 정치적으로 성숙한 시민(politisch mündige Bürger)으로 양성하여야 한다고 하면서 헌법상 민주주의원칙은 이미 전제되어 있고 현존하는 기성 시민 주권의 차원에 안주해서는 안되고, 오히려 정치적 성숙성을 갖추게 하기 위해서는 지식, 경험과 교육을 전제조건으로 하는데, 이러한 민주주의적 전제조건을 갖추는 일이 국가적으로 조직된 학교 교육공동체의 과제라는 것이다. 그리고 이 교육에 있어서 상이한 정치적, 이데올로기적 및 세계관적 노선에 대하여 엄격한 중립성과 관용이 유지되지 않으면 안 된다고 한다.[110]

48집 제4호(2020. 6), 173－201(185)면.

108) 이 원칙에 대한 국내 소개로는 가령 안성경, 교육에서 정치적 중립성이란 무엇인가? － 독일 보이텔스바흐 합의의 함의, 법과인권교육연구 제10권 1호(2017), 25－38면.

109) 가령 Gerhard Robbers (주 68), Rn. 38 ff. Tim Engartner, Politische Bildung als Verfassungsvoraussetzung － Oder－Pädagogische An－ und Überforderungen in Zeiten des Rechtspopulismus, Der Staat 59 (2020), 117 ff. BVerfGE 39, 334; 44, 125; 148, 11.

110) Gerhard Robbers (주 68), Rn. 38－40. 이 교육의 중립성과 관용의 원칙은 만일

학교에서의 정치교육의 필요성과 중립성에 관한 독일의 논의와 학
교교육의 현실[111]을 고려해 볼 때 학교교육에서 학생들을 정치적으로
책임있고 성숙한 민주시민으로서 양성하기 위한 정치교육과 교육의 정
치적 중립성 사이의 한계를 긋는다는 것이 쉬운 일은 아니겠으나, 우리
의 경우 교육의 정치적 중립성이라고 하는 원칙으로 인하여 교육에 책
임이 있는 교사들과 학생들로 하여금 지나치게 정치로부터 거리를 두게
끔 하고 있는 것은 아닌지, 그로 인하여 발생하는 정치교육의 공백상태
에 오로지 정권을 장악한 정치세력 내지 국가권력의 영향력이 일방적으
로 개입[112]하려 할 가능성은 없는지를 신중하게 돌아볼 필요가 있다고
생각된다.[113]

161. 정치교육
의 필요성과 중
립성

국가가 학생들을 의식화(indoktrinieren)시키는 경우에 침해될 수 있다. 그렇다고
해서 모든 교육과 개입이 금지되는 것은 아니고 오히려 국가의 교육책임은 기본
법(헌법)의 교육목표에 따른 교육을 요구한다는 것이다. 하지만 만일 헌법상 교
육목표를 위한 일반적 교육의 차원을 넘어서 일정한 정치적, 이데올로기적, 세계
관적 노선에 봉사하기 위한 의도적인 영향력행사나 선동이 이루진다면 이것이
의식화라는 것이다. 만일 개별 수업에서 어떠한 개별적 노선과 관련하여 의도적
으로 일정한 단어를 정파적으로 혹은 선교적으로 언급한다든가, 일반 여론에서
논란이 되고 있는 일정한 견해에 대하여 악마화하거나 혹은 찬양을 한다든가 하
면 이것이 바로 의식화라는 것이다. 결국 정치적으로 논란이 있는 다양한 개별적
견해들과 노선들이 수업과 수업 외의 학교생활에 전달되고 또한 그에 대하여 비
판적이며 논쟁적으로 토론이 이루어지지 않으면 안 된다는 것이다. 독자적인 정
치적 책임성은 학생들이 정치적 내용으로부터 거리를 둠으로써가 아니라 적극적
인 논쟁을 통하여 생성된다는 것이다. 학교에서는 심지어 극단적인 견해와 소외
자들의 견해에 대하여도 발언기회가 주어져야 하고 또한 다루어져야 한다는 것
이다. 다만 학교에서 개별 정당에 대한 정치적 선전은 허용되지 않으며 또한 상
업적 선전 역시 허용되지 않는다는 것이다.

111) 가령 학교교육에서 인종주의적이며 극우적 정당에 대해서도 정치적 중립성을 지
켜야 하는가의 문제제기로 Hendrik Cremer, Das Neutralitätsgebot in der Bildung -
Neutral gegenüber rassistischen und rechtsextremenen Positionen von Parteien?,
Berlin 2019, S. 20.

112) 실제에 있어 국민교육이란 이름 아래 근대교육의 원칙인 진리의 상대성과 정치
권력으로부터의 독립 내지 중립을 부정하고, 정치적 당파의 교육지배를 배제한다
는 명분 하에 도리어 교원과 학생의 정치적 기본권마저 배제한 채 중립자로 자처
하는 국가권력의 일방적 지배를 관철시키는 원리로 악용되어 온 것이 사실이라
는 견해로 신현직 (주 8), 165면; 배소연 (주 107), 186면.

113) 교육의 자주성·전문성·정치적 중립성에 관한 원칙판결이라 할 수 있는 헌재
1992. 11. 12, 89헌마88, 교육법 제157조에 관한 헌법소원(국정교과서)에 대하여
"문맥상으로나 기타의 판례들로 미루어 볼 때 교육행정권의 교육지배는 부당한
간섭이 될 수 없고 비전문인인 일반 국민들의 교육참여를 배제한 채 학교관리자

162. 선거권연
령의 하향조정
과 정치교육의
활성화

특히나 오늘날 공직선거법과 정당법의 개정으로 선거권연령은 물론 국회의원과 지방자치단체의 장 및 지방의회의원 피선거권연령을 18세로, 또한 청소년들에게 정당추천후보자로서 공직선거에 출마할 수 있는 길을 열어 주는 의미에서 정당가입연령을 16세로 하향조정함으로써 청소년들이 광범위하게 선거와 정당활동에 참여할 수 있는 길이 열렸음을 고려할 때, 학교에서의 건전한 민주시민교육과 정치교육이 더욱 활성화될 필요가 있다고 생각된다. 뿐만 아니라 그들을 가르치는 교사들 역시 더욱 정치적 참여가능성이 확대될 필요가 있다.

163. 최적의 헌
법해석의 방법

그러므로 교원과 학생 그리고 학부모의 기본권을 가능한 한 덜 제한하면서도 교육의 정치적 중립성이라고 하는 원칙을 동시에 잘 실현할 수 있는 최적의 헌법해석의 방법을 새로이 정립할 필요가 있다고 생각된다.

라. 대학의 자율성

164. 대학의 자
율성 개념

대학의 자율성이란 대학의 운영에 관한 모든 사항을 외부의 간섭없이 자율적으로 결정할 수 있는 자유를 말한다.114)

165. 헌법 제22
조에서 보장되
는 대학의 자치
를 확인하는 의
미

대학의 자치는 헌법 제22조의 학문의 자유에서 당연히 보장되는 것으로 전제할 수 있기 때문에 헌법 제31조 제4항에서의 대학의 자율을 법률이 정하는 바에 의하여 보장한다는 것은 다시 한번 이를 확인하는 의미를 가진다고 할 것이다.115)

166. 헌법재판
소의 결정례

헌법재판소는 사립학교 교원이 파산선고를 받으면 당연퇴직되도록 정하고 있는 사립학교법 제57조 중 국가공무원법 제33조 제1항 제2호 부분116), 사학분쟁조정위원회의 설치·기능 및 구성에 관하여 규정한 사립학교법 제24조의2 및 학교법인의 정상화에 관한 제25조의3 제1항이 학교구성원에게 조정위원회의 심의 결과나 과정 중 절차상의 하자에

들만의 교육지배를 정당화시켜주는 위험성을 내포하고 있다고 하는 비판으로 신현직 (주 8), 159면.

114) 계희열 (주 5), 746면.
115) 계희열 (주 5), 746면.
116) 헌재 2008. 11. 27, 2005헌가21, 판례집 제20권 2집 하, 118, 119.

대한 이의제기 절차를 두지 않은 것[117]은 대학의 자율성을 침해하지 않는다고 보았다.

그 밖의 상세한 헌법재판소의 결정례는 "대학의 자유와 자치"[118] 부분을 참고하라.

167. 대학의 자유와 자치

2. 형성적 법률유보

교육의 자주성·전문성·정치적 중립성과 대학의 자율성은 법률이 정하는 바에 의하여 보장된다고 규정하고 있는데 이는 민주적 입법자가 교육의 독립과 정치적 중립성에 관하여 보다 구체적으로 입법을 하도록 위임하고 있는 것이다.

168. 형성적 법률유보

위에서 살펴본 바와 같이 교육을 둘러싸고는 학부모와 학생, 교사 (교원) 그리고 교육행정 당국 등의 이익과 관심사가 첨예하게 대립되거나 경합될 수 있는 영역이기 때문에, 이러한 영역이야 말로 국민에 의하여 직접 선출되어 민주적으로 정당화된 입법자가 법률로써 정해야 하는 영역인 것이다.

169. 입법자가 법률로써 규정

이와 같이 여러 교육주체들 간의 이익과 권리가 충돌될 수 있는 곳에서는 입법자는 가능한 한 모든 당사자의 기본권과 공익이 서로 조화를 이룰 수 있도록 실제적 조화의 원리에 따라 교육제도에 관하여 결정하되 최대한 교육의 독립성과 정치적 중립성을 보장하는 입법을 하지 않으면 안 된다. 그러나 그 실제적 조화를 이루는 일은 쉽지 않은 일이며, 형성입법이라 하더라도 어느 한 당사자의 권리나 이익을 지나치게 제한하는 쪽으로 규정을 한 경우에는 그것이 기본권제한을 의미할 수 있기 때문에 비례의 원칙에 부합되어야 한다.

170. 실제적 조화의 원리

한편 헌법재판소는 지방교육자치의 헌법상 근거 역시 바로 이 헌법 제31조 제4항으로부터 찾고 있다. 특히 지방교육자치와 관련해서 지방자치와 교육자치라고 하는 이중의 자치의 요청으로 말미암아 지방교육자치의 민주적 정당성 요청은 어느 정도 제한이 불가피하다고 하면서

171. 지방교육 자치의 헌법상 근거

---

117) 헌재 2015. 11. 26, 2012헌바300, 판례집 제27권 2집 하, 144, 144-145.
118) 제17절 학문과 예술의 자유, III. 대학의 자유와 자치(629면).

결국 지방교육자치는 '민주주의·지방자치·교육자주'라고 하는 세 가지의 헌법적 가치를 골고루 만족시킬 수 있어야만 한다고 판시하고 있다.[119)]

3. 지방교육자치와 민주주의와의 상관관계

172. 지방적 자치와 문화적 자치

한편 헌법재판소는 지방교육자치와 민주주의와의 상관관계에 관하여 "지방교육자치도 지방자치권행사의 일환으로서 보장되는 것이므로, 중앙권력에 대한 지방적 자치로서의 속성을 지니고 있지만, 동시에 그것은 헌법 제31조 제4항이 보장하고 있는 교육의 자주성·전문성·정치적 중립성을 구현하기 위한 것이므로, 정치권력에 대한 문화적 자치로서의 속성도 아울러 지니고 있다. 이러한 '이중의 자치'의 요청으로 말미암아 지방교육자치의 민주적 정당성요청은 어느 정도 제한이 불가피하게 된다. 지방교육자치는 '민주주의·지방자치·교육자주'라고 하는 세 가지의 헌법적 가치를 골고루 만족시킬 수 있어야만 하는 것이다. '민주주의'의 요구를 절대시하여 비정치기관인 교육위원이나 교육감을 정치기관(국회의원·대통령 등)의 선출과 완전히 동일한 방식으로 구성한다거나, '지방자치'의 요구를 절대시하여 지방자치단체장이나 지방의회가 교육위원·교육감의 선발을 무조건적으로 좌우한다거나, '교육자주'의 요구를 절대시하여 교육·문화분야 관계자들만이 전적으로 교육위원·교육감을 결정한다거나 하는 방식은 그 어느 것이나 헌법적으로 허용될 수 없다."고 판시하고 있다.[120)]

173. 기능적 자치와 지방자치의 결합

현재 우리나라의 교육자치는 소위 기능적 자치와 지방자치가 결합된 형태라고 할 수 있으며, 이 기능적 자치[121)]의 헌법적 근거는 헌법 제31조 제4항의 교육의 자주성·전문성·정치적 중립성이라고 할 수 있고, 교육에 대한 지방자치의 헌법적 근거는 헌법 제117조 제1항의 지방

---

119) 헌재 2000. 3. 30, 99헌바113, 판례집 제12권 1집, 359, 368－369; 헌재 2006. 2. 23, 2003헌바84 판례집 제18권 1집 상, 110, 120를 인용하며 헌재 2008. 6. 26, 2007헌마1175, 판례집 제20권 1집 하, 460, 464.

120) 헌재 2000. 3. 30, 99헌바113, 판례집 제12권 1집, 359, 368－369.

121) 이에 관한 독일 문헌 Winfried Kluth, Funktionale Selbstverwaltung, Tübingen 1997.

자치단체의 주민복리에 관한 사무처리 권한이 될 수 있을 것이다.[122]

Ⅵ. 국가의 의무(국가목표)와 책임

헌법 제31조는 교육과 관련하여 국가의 의무와 책임을 규정하고 있다.

174. 교육에 관한 국가의 의무와 책임

1. 교육에 관한 국가의 의무

가. 의무교육 실시의무

헌법 제31조 제2항이 의무교육은 무상으로 한다고 하였으므로 의무교육과 관련한 교육시설과 교육을 담당할 교원을 확보하여야 하며, 의무교육을 위하여 필요한 모든 재정적 비용을 조달하여야 한다.

175. 시설·교원·재정 확보

교육기본법 제8조는 의무교육에 관하여 규정하고 있으며, 모든 국민은 의무교육을 받을 권리를 가진다고 규정하고 있다.

176. 의무교육을 받을 권리

나. 평생교육진흥의무

헌법 제31조 제5항은 평생교육을 진흥하여야 한다고 함으로써 국가에 평생교육진흥의무를 부과하고 있다. 국가가 평생교육을 진흥해야 하는 이유는 오늘날 정치, 경제, 사회, 문화, 과학 등 국민생활의 모든 영역이 급속도로 발전을 하고 있기 때문에 정규교육을 받은 국민이라 하더라도 수시로 사회변화에 대처하는 교육을 받을 필요가 있기 때문이다. 이 평생교육은 학교교육을 비롯해서 청소년교육, 성인교육, 직업교육 등 국민생활 전반에 걸쳐 이루어질 필요가 있다.[123]

177. 평생교육진흥의무

교육기본법(제10조)은 전 국민을 대상으로 하는 모든 형태의 평생교육은 장려되어야 한다고 하고 있으며, 또한 평생교육을 이수하는 경우에는 그에 상응하는 학교교육의 이수로 인정될 수 있음을 규정하고 있

178. 평생교육제도

---

122) "개개의 어린이들은 자신이 생활하는 구체적 환경 속에서 인간적 성장발달을 해 가는 것이므로, 하나의 생활공동체로서의 지방자치단체의 단위로 교육행정체제가 마련될 것을 우선적으로 요청하게 된다."는 주장으로 신현직 (주 8), 167면.
123) 계희열 (주 5), 742-743면.

다. 그리고 평생교육시설의 종류와 설립·경영 등 평생교육에 관한 기본적인 사항은 따로 법률로 정하도록 하고 있으며 이에 따라 평생교육법이 규정되어 있다.

179. 교사 및 교지 소유의무 합헌

헌법재판소는 학력인정학교 형태의 평생교육시설의 설치자에게 교사 및 교지를 소유할 의무를 부과하는 것[124]은 직업선택의 자유를 침해하지 않는다고 보았다.

다. 교육참여권 보장의무와 제도형성의무

180. 학교의 의무

부모는 자녀에게 교육을 시킬 권리와 자유를 가진다. 그러므로 자녀의 교육을 학교에 위탁한 부모는 교육의 진행상황에 관하여 알 권리와 청문권, 참여권을 가짐은 전술한 바 있다. 학교 역시 이에 상응하여 부모에게 학교교육에 관하여 알릴 의무와 학부모의 의견을 청취하고 합당한 이유가 있을 경우에 이를 반영할 의무, 그리고 부모가 학교운영에 참여할 수 있도록 기회를 마련할 의무를 진다고 해야 할 것이다.

181. 국가의 법제도 형성 의무

다만 이러한 의무는 교육의 자주성·전문성·정치적 중립성과 그로부터 도출되는 학교와 교사의 권한 내지 권리와 실무상 조화가 이루어지지 않으면 안 된다. 그러므로 입법자는 그와 관련된 제도를 법률로 잘 정비하고 형성할 의무가 있다. 그리고 학부모의 참여제도를 형성함에 있어서 입법자는 학부모의 교육을 시킬 권리와 자유로부터 나오는 관심사를 충분히 반영하도록 노력하여야 한다.

182. 학교운영 위원회제도

이를 위하여 초·중등교육법(제2절)은 학교운영위원회제도를 시행하고 있다. 헌법재판소는 사립학교의 경우 학교운영위원회의 설치를 임의적 사항으로 한 것이 교육참여권이나 평등권을 침해하는 것은 아니라고 한다.[125]

라. 교육자유권 존중의무 및 보호의무와 교육감독의무

183. 교육자유권 존중의무

'교육을 받을 권리'와 '교육을 시킬 권리'는 자유권적 측면도 있다.

---

124) 헌재 2004. 8. 26, 2003헌마337, 판례집 제16권 2집 상, 334.
125) 헌재 1999. 3. 25, 97헌마130, 판례집 제11권 1집, 233. 이재화, 조승형, 정경식, 고중석 재판관의 반대의견 있음.

따라서 국가는 이 교육자유권을 국가 스스로가 존중하고 침해하지 말아야 할 의무가 있다.

나아가 이 교육자유권이 사인에 의하여 침해되거나 침해될 위험이 있을 경우에 헌법 제10조의 기본권보호의무에 따라 국가는 가해자로부터 피해자의 교육의 자유가 침해되지 않도록 보호할 의무를 진다고 할 수 있다.

특히 교육영역은 교육을 받을 권리의 기본권주체와 사립학교운영자, 사립학교교원 등 모든 기본권주체들 간의 이해관계가 충돌할 수 있는 영역이기 때문에 어떠한 사인(사립학교, 교원)이 자신의 자유와 권리를 남용하여 다른 사인(학생, 교원)의 기본권적 법익을 침해하거나 침해할 위험이 있는 경우 국가로서는 적극적으로 이를 보호할 의무가 있으며, 또한 교육과 관련해서는 국가로서도 의무교육을 실현해야 할 의무를 지기 때문에 국민의 교육을 받을 권리의 실현을 위해서 학교교육제도에 대하여 감독하고 보호하는 작용을 하지 않으면 안 된다.

그러므로 비록 현행 헌법 제31조는 독일 기본법 제7조[126]나 우리

184. 국가의 기본권보호의무

185. 국가의 학교교육제도 감독 및 보호의무

186. 헌법 제31

---

126) 독일 기본법 제7조 제1항: "전체 학교제도는 국가의 감독하에 놓인다." 독일 통설에 의하면 이 학교제도에 대한 국가감독의 의미는 단순한 일반 감독이 아니라, 교육체제에 대한 전면적 국가주도권을 의미하는 것으로 이해되고 있다. 이 국가감독 개념은 바이마르 헌법 당시에도 있었는데, 당시 안쉬츠(Anschütz)가 학교에 대한 교회와 시민사회의 참여를 방어하기 위하여 확대한 것으로서 확대된 국가감독 개념이 오늘날 기본법 제7조의 국가감독 개념 해석에도 그대로 영향을 미치고 있다{Wißmann (주 1), Rn. 11, 25.}. 그러므로 독일 기본법 제7조의 해석론을 우리 헌법 제31조의 해석론에 무비판적으로 수용하는 일부 학계나 실무의 경우 상당한 헌법해석상의 오류, 예컨대 지나치게 교육제도에 대한 국가주도적 태도와 교육에 대한 과도한 국가적 개입을 허용하는 경향을 초래할 수 있으므로 이 점은 앞으로 시정되어야 할 것이다. 그와 같은 류에 속하는 것으로 가령 "헌법 제31조 제6항이 "국가에게 학교제도를 통한 교육을 시행하도록 위임하였고, 이로써 국가는 학교제도에 관한 포괄적인 규율권한과 자녀에 대한 학교교육의 책임을 부여받았다."고 본 판례(헌재 2000. 4. 27, 98헌가16 등, 판례집 제12권 1집, 427, 428)나, 또한 이와 마찬가지로 헌법 제31조 제6항이 학교교육에 관한 포괄적 책임과 규율권한을 국가에 부여하고 있다고 하면서 "학교교육의 비중에 있어서 국·공립학교가 원칙이고 사립학교가 예외라는 '원칙과 예외'의 관계를 표현하고 있다고 보는 견해{한수웅 (주 22), 994, 996면}가 대표적인데, 이러한 시각은 우리 헌법 제31조 제6항의 입법위임에 따라 입법자는 교육제도의 형성을 국가주도가 아니라 사학 주도로 할 수도 있음을 간과하고 있다고 생각된다. 국·공립을 원칙으로 하고 사학을 예외로 하는 것은 전형적으로 독일기본법 제7조 제1항(학교제도에

조 제6항에서
도출

헌법 제5차 개헌 전까지의 제16조와는 달리 교육기관에 대한 국가감독
권에 관한 명문의 규정은 없지만, 교육영역에서의 교육자유권에 대한
기본권보호의무, 교육청구권 실현의무, 헌법 제31조 제6항의 교육제도
에 대한 입법위임(교육제도 법정주의) 등으로부터 교육에 대한 국가의 감
독의무가 "도출"된다고 보아야 할 것이다.

187. 헌재: 국
가의 개입과 감
독의 필요성 인
정

헌법재판소도 학교교육은 가장 기초적인 국가융성의 자양분이며
사회발전의 원동력이라 할 수 있고, 국가 · 사회적으로 지대한 관심과
영향을 미치는 것이어서 국가의 개입과 감독의 필요성이 그 어느 분야
보다도 크다고 보고 있다.127)

2. 교육에 관한 국가의 책임

188. 교육을 받
을 권리의 수범
자로서의 책임

국가는 국민의 교육을 받을 권리를 실현하기 위해서 필요한 제반
교육시설을 구축하고 인력을 확보하며 재정을 조달해야 할 뿐만 아니라
교육이 가능하도록 하기 위한 책임을 진다. 다만 이는 국민의 교육을 받
을 권리의 수범자로서의 책임이지, 앞에서 강조하였듯이 교육전반을 국
가가 주도해야 한다는 의미는 아니다.

189. 교육인력
특정지역 편중
지양

또한 교육시설이나 교육인력이 특정지역에 편중되거나 커다란 질
적 차이가 없이 전국적으로 적정하게 분포되도록 하고 동시에 지역실정
에 맞는 교육체계를 구축할 의무를 진다.128)

190. 동일지역
출신자 가산점
제도 합헌

이러한 이유에서 헌법재판소는 중등교사 임용시험에서 동일 지역
사범대학을 졸업한 교원경력이 없는 자에게 가산점을 부여하고 있는 것
은 제청신청인 당사자의 공무담임권이나 평등권을 침해하는 것은 아니
라고 보았다.129)

대한 국가감독)과 제4항(사학설립의 자유보장)의 교육제도일 뿐이고 우리 헌법과
는 완전히 다른 내용이다.
127) 헌재 2001. 1. 18, 99헌바63, 판례집 제13권 1집, 60, 67-69.
128) 헌재 2007. 12. 27, 2005헌가11, 판례집 제19권 2집, 691, 701-702.
129) 헌재 2007. 12. 27, 2005헌가11, 판례집 제19권 2집, 691.

VI. 교육제도에 관한 입법위임

1. 교육제도 입법위임의 의의

헌법 제31조 제6항은 "학교교육 및 평생교육을 포함한 교육제도와 그 운영, 교육재정 및 교원의 지위에 관한 기본적인 사항은 법률로 정한 다."고 함으로써 교육제도 전반에 관한 기본적인 입법은 입법자(국회)가 할 것을 위임하고 있다.

191. 입법위임 조항

여기에서 법률로 정한다고 할 때 법률은 실질적 의미의 법률이 아 니라 민주선거에 의하여 직접 선출된 국회가 제정한 형식적 의미의 법 률을 의미한다. 왜냐하면 교육제도에 관한 기본적인 사항은 교육제도와 관련한 가장 본질적이고도 중요한 입법사항을 의미한다고 할 수 있고, 이러한 본질적이고도 중요한 입법사항은 행정입법으로 위임을 해서는 안 되고 반드시 의회가 직접 결정해야 한다고 하는 것이 의회유보 내지 의회입법의 원칙이기 때문이다.

192. 형식적 의 미의 법률

헌법이 교육제도에 관한 기본적인 사항을 반드시 법률로 정하도록 위임하고 있는 이유는 교육이 일시적인 정치세력에 의하여 좌우되거나 집권자의 자의에 의해서 수시로 변경되는 것을 방지하고 일관성 있는 교육이 가능하게 하기 위함이다.130) 교육은 국가백년대계의 기초이기 때문에 교육제도를 쉽사리 변경해서는 안 되며, 변경한다 하더라도 민 주적으로 정당화된 의회에 의하여 충분한 논의를 거쳐서 백년대계를 잘 설계하고 고쳐나가야 한다는 것이다.

193. 일관성 있 는 교육의 실시

2. 교육제도 입법위임의 내용

가. 학교교육 및 평생교육을 포함한 교육제도와 그 운영: 소위 "교육제 도 법정주의"

학교교육은 교육을 받을 권리를 실질적으로 가능하게 하는 가장 중 요한 교육제도이다. 이와 관련하여 독일 연방헌법재판소는 "학교교육이

194. 학교교육 의 목적

---

130) 계희열 (주 5), 746면.

단지 기초적인 문화기술의 습득과 인지능력의 개발에만 기여하는 것은 아니다. 학교교육은 또한 학생들의 정서적 및 감정적 소질을 계발하여야 한다. 학교생활은 학생들의 인격발현을 포괄적으로 촉진하고 특히 사회생활에 대해서까지도 영향을 미칠 수 있게 하는 것을 그 목적으로 한다."131)고 판시하고 있다.

195. 평생교육의 필요성

학교교육뿐만 아니라 평생교육 역시 급변하는 사회변화에 적응하기 위하여 계속해서 필요함은 전술한 바와 같다. 그러므로 이 학교교육과 평생교육을 포함하는 교육제도와 그 운영에 관한 기본적인 사항은 입법자인 국회가 직접 법률로 규정해야 한다.

196. 관련 법률

이를 위한 법률로 교육기본법을 비롯하여 초·중등교육법, 고등교육법, 지방교육자치에 관한 법률, 교육공무원법, 사립학교법, 교육세법 등이 있다.132)

197. 헌재의 결정례

헌법재판소는 학교설립인가를 받지 아니하고 학교의 명칭을 사용하거나 학생을 모집하여 시설을 사실상 학교의 형태로 운영하는 행위를 처벌하는 초·중등교육법 제67조 제2항 제1호가 죄형법정주의의 명확성원칙을 위배하거나, 사학의 자유 등 기본권을 침해하는 것은 아니라고 보았다.133) 또한 자율형 사립고등학교(이하 '자사고')를 후기학교로 정하여 신입생을 일반고와 동시에 선발하도록 한 초·중등교육법 시행령 제80조 제1항과 자사고를 지원한 학생에게 평준화지역 후기학교에 중복지원하는 것을 금지한 시행령 제81조 제5항 중 '제91조의3에 따른 자율형 사립고등학교는 제외한다' 부분이 교육제도 법정주의에 위반하여 청구인들의 기본권을 침해하는 것은 아니라고 보았다.134)

나. 교육재정: 소위 "교육재정 법정주의"

198. 교육재정에 대한 입법위임

의무교육을 비롯한 학교교육, 평생교육을 실시하기 위해서는 막대

---

131) BVerfGE 93, 1 20. 이 결정의 전문번역으로는 방승주, 1995. 5. 16. 제1재판부 "십자가" 결정(BVerfGE 93, 1), 헌법재판소, 헌법재판자료집 제9집 1999, 593-626 (610)면.

132) 계희열 (주 5), 747면.

133) 헌재 2019. 2. 28, 2017헌마460, 판례집 제31권 1집, 236, 236-237; 헌재 2020. 10. 29, 2019헌바374, 공보 289, 1421, 1421; 헌재 2023. 2. 23, 2021헌바143.

134) 헌재 2019. 4. 11, 2018헌마221, 판례집 제31권 1집, 547, 547.

한 비용이 소요되기 때문에, 국민의 교육을 받을 권리를 실현하기 위해 서는 국가가 충분한 교육재정을 조달하지 않으면 안 된다. 이 교육재정 의 부담과 관련해서는 중앙정부뿐만 아니라 지방자치단체 역시 참여하 게 할 수 있으며 이러한 교육재정에 관한 기본적인 사항 역시 형식적 의미의 입법자인 국회가 직접 법률로 규정하여야 한다.

이를 위한 법률로 교육세법이 있으며, 지방교육재정에 관해서는 지 방교육재정교부금법 등이 있다.

199. 관련 법률

헌법재판소의 구체적 결정례를 살펴보면 의무교육 경비를 교부금 과 지방자치단체의 일반회계로부터의 전입금으로 충당토록 규정한 지방 교육재정교부금법 제11조 제1항 등은 헌법의 위임취지에 명백히 반하여 위헌이라고 볼 수 없다고 하였다.[135]

200. 헌재의 결 정례

다. 교원의 지위: 소위 "교원지위 법정주의"

(1) 교원의 헌법상의 지위

ⅰ) 헌법 제31조 제6항의 교원의 지위의 의미

헌법재판소는 헌법 제31조 제6항의 교원의 지위에 관하여 다음과 같이 적절히 판시하고 있다.

201. 교원의 지 위

> 판례 '교원의 지위'란 교원 직무의 중요성 및 그 직무수행능력에 대한 인식의 정도에 따라서 그들에게 주어지는 사회적 대우 또는 존경과 교원의 근무조건· 보수 및 그 밖의 물적 급부 등을 모두 포함하는 의미로서, 위 규정은 단순히 교원의 권익을 보장하기 위한 규정이라거나 교원의 지위를 행정권력에 의한 부당한 침해로부터 보호하는 것만을 목적으로 한 규정이 아니고, 국민의 교육 을 받을 기본권을 실효성 있게 보장하기 위한 것까지 포함하여 교원의 지위를 법률로 정하도록 한 규정이다(헌재 1991. 7. 22, 89헌가106; 헌재 2003. 12. 18, 2002헌바14 등). 또한 여기의 교원에는 국공립대학의 교원뿐만 아니라 사립대 학의 교원도 포함된다(헌재 2003. 12. 18, 2002헌바14 등).
> 그리고 다른 직종 종사자들의 지위에 비하여 특별히 교원의 지위를 법률로 정하도록 한 헌법규정의 취지나 교원이 수행하는 교육이라는 직무상의 특성에 비추어 볼 때, 교원의 지위에 관한 '기본적인 사항'은 교원이 자주적·전문적·중

---

135) 헌재 2005. 12. 22, 2004헌라3, 판례집 제17권 2집, 650.

립적으로 학생을 교육하기 위하여 필요한 중요한 사항으로서 교원의 신분이 부당하게 박탈되지 않도록 하는 최소한의 보호의무에 관한 사항이 포함된다 (헌재 2003. 12. 18, 2002헌바14 등).

한편, 헌법조항에서 말하는 '법률'은 국민의 대표자로서 민주적 정당성을 가진 국회가 제정하는 형식적 의미의 법률을 의미한다. 헌법이 교육의 물적 기반인 교육제도 이외에도 인적 기반인 교원의 지위를 특별히 국회가 제정하는 법률로 정하도록 한 것은 그에 관한 사항을 행정부의 결정에 맡겨두거나 전적으로 사적자치의 영역에만 귀속시킬 수 없을 만큼, 교육을 담당하는 교원의 지위에 관한 문제가 교육 본연의 사명을 완수함에 있어서 중대한 의미를 가지기 때문이다(헌재 2006. 5. 25, 2004헌바72).

(헌재 2014. 4. 24, 2012헌바336, 판례집 26-1하, 56, 59-60)

ⅱ) 그 밖의 헌법상의 지위

202. 국·공립 교원: 공무원의 지위/사립교원: 준공무원의 지위

우선 국·공립교원은 공무원으로서의 지위를 가진다. 또한 사립학교 교원의 경우에도 공무원이라고 할 수는 없지만 공교육체계에서 교육을 받을 권리의 주체인 학생에 대하여 교육할 직무상의 권한을 가지는 사람으로서 준공무원적 지위를 가지기 때문에, 초·중등교육법이나 사립학교법 등이 교원의 신분과 관련하여 국가공무원법상 공무원의 지위를 준용하는 경우가 다수 존재한다.

203. 교원의 기본권주체로서의 지위

그리고 교원은 교육의 정치적 중립성과 교육제도에 관한 여러 구체화입법에 따라 신분이나 정치적 활동에 상당한 제한을 받고 있는 것이 사실이지만 교원 역시 언론·출판·집회·결사의 자유와 양심과 종교의 자유 그리고 노동3권 등 기본권의 주체로서의 지위를 가짐은 당연하다.

204. 교원의 헌법적 지위 존중 입법 필요

그러므로 전술한 바와 같이 헌법 제31조 제6항에 따라 교원지위에 관한 기본적인 사항을 입법자가 규정함에 있어서는 교원의 헌법적 지위와 기본권을 가급적 덜 제한하는 입법을 하여야 할 것이다.

205. 합헌 사례

헌법재판소는 교원의 지위에 관련된 사항에 관한 한 헌법 제31조 제6항이 헌법 제33조 제1항의 근로3권에 우선하여 적용된다고 보았다.136) 그리고 국·공립학교의 교원 등 일반공무원의 노동운동을 금지

---

136) 헌재 1991. 7. 22, 89헌가106, 판례집 제3권, 387, 388-389. 이시윤, 김양균, 변정

한 국가공무원법 제66조 제1항도 헌법에 위반되지 않는다고 보았다.[137]

이에 반하여 최근 헌법재판소는 초·중등학교의 교육공무원이 정 치단체의 결성에 관여하거나 이에 가입하는 행위를 금지한 국가공무원 법(2008. 3. 28. 법률 제8996호로 개정된 것) 제65조 제1항 중 '그 밖의 정치 단체'에 관한 부분은 정치적 표현의 자유 및 결사의 자유를 침해한다고 보았다.[138]

206. 위헌 사례

(2) 교원의 지위에 관한 기본적 입법사항

ⅰ) 교원의 신분보장과 생활보장

교육에 있어서 가장 중추적 역할을 담당하는 사람이 교원이라고 할 수 있다. 교육이 정치권력이나 설립자 혹은 제반 사회세력으로부터 독 립하여 진리에 기반한 참된 교육을 실시하기 위해서는 우선 전문성 있 는 교원이 제대로 양성되어야 하며, 또한 전문직[139]으로서 교원의 신분 이 잘 보장될 수 있어야 하고, 나아가 교원의 대우와 관련해서도 역시 어느 전문직 못지 않은 보상이 이루어져 자부심과 긍지뿐만 아니라 생 활보장이 이루어지지 않으면 안 된다. 이는 공무원이 국민에 대하여 책 임을 지며 그 어떠한 정치권력의 변화에도 불구하고 안정된 행정을 담 당하게 하기 위해서는 전통적으로 직업공무원제에 따라 공무원의 신분 보장과 생활보장이 충분하게 이루어져야 하는 것[140]과 마찬가지이다.

207. 교원의 신 분보장과 생활 보장의 필요성

수 재판관의 반대의견 있음. 마찬가지로 교원지위 법정주의 조항은 교원의 지위 를 보호하는 데에 그 기본 취지가 있는 것이며, 이를 교원의 기본권에 대한 특별 한 예외적 제한의 근거로 삼는 것은 전혀 근거가 없는 자의적 해석이라고 하는 견해로 양건 (주 13), 990면.

137) 헌재 1992. 4. 28, 90헌바27, 판례집 제4권, 255, 271-272.

138) 헌재 2020. 4. 23, 2018헌마551, 판례집 제32권 1집 상, 489, 489. 이선애, 이은애, 이종석 재판관의 반대의견 있음. 관련 해외 판례로 유럽인권법원, EGMR (III. Sektion), Urteil vom 21. 4. 2009 - 68959/01 Enerji Yapi-Yol Sen/Türkei, NZA 2010, 1423; 공무원파업은 직업공무원제의 구조원리와 합치하지 않는다고 하는 입장의 독일연방행정재판소 BVerwG, Urt. v. 27. 02. 2014 - 2 C 1.13.

139) 1965년 10월 5일 ILO·UNESCO의 교원의 지위에 관한 권고(Recommendation concernimg the Status of Teachers) 제6항: "교육은 전문직으로 간주되어야 한다. 그것은 엄격하고도 계속적인 연구를 통하여 습득 유지되는 전문적 지식과 전문 화된 기술을 필요로 하는 공공적 업무의 하나이다. 또한 그것은 교원들에 대하여 그들이 담당하고 있는 학생들의 교육과 복지를 위하여 개인적, 집단적인 책임감 을 요구한다."

208. 형식적 의
미의 법률로 규
정

　　교원이 정치권력과 사회권력으로부터 독립되어 교육의 자주성·전
문성·정치적 중립성을 가지고 제대로 교육을 수행할 수 있도록 기본적
인 사항은 형식적 의미의 입법자인 국회가 직접 법률로 규정하지 않으
면 안 된다.

ⅱ) 교원의 사회적 책임과 윤리

209. 교원의 높
은수준의 윤
리·도덕성 요
구

　　한편 교원은 인간을 대상으로 하는 교육활동의 주체라는 점에서 사
회적 책임을 져야 하고 높은 수준의 윤리·도덕성을 갖추어야 함도 당
연하다.141) 그러한 의미에서 헌법재판소는 교육에 대한 국가의 개입과
감독의 필요성을 강조하고 있으며, 국·공립학교 교원이든 사립학교 교
원이든 본질적 차이가 없다고 보고 있다.142)

210. 교육공무
원법　제43조,
사립학교법 제
56조

　　이에 따라 교육공무원법과 사립학교법이 교원의 권리·의무에 관
하여 규정하고 있다. 교육공무원법 제43조는 교권의 존중과 신분보장에
관하여 규정하고 있으며, 사립학교법 제56조는 의사에 반한 휴직·면직
등의 금지 규정을 둠으로써 교원의 신분을 보장하고 있다. 또한 교원지
위 향상을 위하여 '교원의 지위 향상 및 교육활동 보호를 위한 특별법'
이 있다. 이 법 제2조는 국가, 지방자치단체, 그 밖의 공공단체는 교원
이 사회적으로 존경받고 높은 긍지와 사명감을 가지고 교육활동을 할
수 있는 여건을 조성하도록 노력하여야 한다고 규정하고 있다.

(3) 헌법재판소 결정례

211. 위헌 사례

　　헌법재판소의 구체적 결정례를 살펴보면, 사립대학 교원에 대한 기
간임용제에 대하여 교원지위법정주의에 위반되지 않는다고 본 판례143)
를 변경하여 "객관적인 기준의 재임용 거부사유와 재임용에서 탈락하게
되는 교원이 자신의 입장을 진술할 수 있는 기회 그리고 재임용거부를

---

140) 이에 대해서는 방승주, 공무원연금법상 유족범위의 제한과 기본권, 헌법소송사례
　　연구, 박영사 2002, 52-85(76)면.
141) 헌재 2008. 4. 24, 2005헌마857를 인용하며 헌재 2021. 9. 30, 2019헌마747.
142) 헌재 2001. 1. 18, 99헌바63를 인용하며 헌재 2008. 4. 24, 2005헌마857, 판례집 제
　　20권 1집 상, 665, 670.
143) 헌재 1998. 7. 16, 96헌바33 등, 판례집 제10권 2집, 116.

사전에 통지하는 규정 등이 없으며, 나아가 재임용이 거부되었을 경우 사후에 그에 대해 다툴 수 있는 제도적 장치를 전혀 마련하지 않고 있는 것144)은 헌법 제31조 제6항의 교원지위법정주의에 위반된다."고 보았다. 이에 따라 헌법재판소는 임기가 만료된 교원의 경우 "재임용을 받을 권리 내지 기대권"을 가진다고는 할 수 없지만 적어도 학교법인으로부터 재임용 여부에 관하여 "합리적인 기준과 정당한 평가에 의한 심사를 받을 권리"를 가진다고 보았다.145)

이에 반하여 교원 재임용 심사에 학생교육·학문연구·학생지도라 **212. 합헌 사례**
는 3가지 기준을 예시하는 한편 이를 바탕으로 대학이 객관적이고 적절한 평가기준을 마련할 수 있도록 한 것146), 재임용 재심사를 청구할 수 있는 해임, 파면 또는 면직 교원의 범위를 제한하고 있는 '대학교원 기간임용제 탈락자 구제를 위한 특별법' 제2조 제2호147), 사립학교 교원의 보수에 관한 훈시규정인 교원지위향상을위한특별법 제3조 제2항 중 대학교원의 보수에 관한 부분148)은 교원지위 법정주의에 위배되는 것은 아니라고 보았다.

라. 사립학교운영의 자유와 교육의 공공성

헌법재판소는 사립학교설립의 자유와 운영의 독자성을 헌법 제10 **213. 사학설립**
조의 일반적 행동의 자유와 헌법 제31조 제1항의 교육을 받을 권리, 그 **의 자유와 운영**
리고 헌법 제31조 제4항의 교육의 자주성·전문성·정치적 중립성으로 **의 독자성**
부터 도출되는 기본권의 하나로 인정하고 있다.149)

다만 사립학교의 자유의 위반여부를 심사하는 경우에는 별도로 헌 **214. 사학운영**
법 제31조 제4항의 교육의 자주성·전문성·정치적 중립성 원칙에 대 **의 자유 위반여**
한 위반여부의 문제는 별도로 심사하지 않는다고 하는 것이 확립된 판 **부 심사**
례이다.150)

---

144) 헌재 2003. 2. 27, 2000헌바26, 판례집 제15권 1집, 176, 177-178.
145) 헌재 2003. 12. 18, 2002헌바14 등, 판례집 제15권 2집 하, 466, 467.
146) 헌재 2014. 4. 24, 2012헌바336, 판례집 제26권 1집 하, 56.
147) 헌재 2009. 5. 28, 2007헌바105, 판례집 제21권 1집 하, 671.
148) 헌재 2006. 5. 25, 2004헌바72, 공보 116, 793, 1.
149) 헌재 2001. 1. 18, 99헌바63, 판례집 제13권 1집, 60, 67-69.

헌재의 결정례에 따르면 사립대학 회계의 예·결산 절차에 등록금
심의위원회의 심사·의결을 거치도록 한 사립학교법 제29조 제4항 제1
호, 제31조 제3항 제1호 중 각 '등록금심의위원회'에 관한 부분151)은 사
학운영의 자유를 침해하는 것이 아니다.

3. 교육입법에 있어서 위임입법의 가능성과 한계

헌법 제31조 제2항에서 말하는 "법률"이 실질적 의미의 법률임은
전술한 바와 같다. 즉 법률이 정하는 의무교육에 관해서는 형식적 의미
의 입법자인 국회가 법률로 정해야 하지만 가령 중학교의무교육의 실현
방법이나 단계적 도입 등에 대해서는 행정입법으로의 위임이 가능하다
고 하는 것이 헌법재판소 판례이다.

다음으로 헌법 제31조 제6항의 경우 전술한 바대로 교육제도 전반
의 기본적인 사항은 법률로 정하도록 하고 있기 때문에 기본적인 입법
사항, 즉 교육을 받을 권리의 행사와 실현을 위해서 그리고 교육의 자주
성·전문성·정치적 중립성과 대학의 자율성의 헌법적 원칙과 관련되
는 중요하고도 본질적인 입법사항은 국회가 직접 규정해야 하고 이에
대한 행정입법으로의 위임은 허용되지 않는다.

헌법 제31조 제4항의 교육의 자주성·전문성·정치적 중립성과 대
학의 자율성과 관련되는 입법사항의 경우 과연 행정입법으로의 위임이
가능할 것인가의 문제가 제기될 수 있는데, 기본적이고도 본질적인 내
용은 국회가 직접 규정해야 하겠지만 그다지 중요하다고 할 수 없는 세
부적인 내용에 대해서는 위임도 가능하다고 볼 수 있을 것이다.

헌법재판소 역시 헌법 제31조 제6항 소정의 교육제도 법정주의는
교육제도에 관한 기본방침을 제외한 나머지 세부적인 사항까지 반드시
형식적 의미의 법률만으로 정하여야 한다는 의미는 아니고 입법자가 정
한 기본방침을 구체화하거나 이를 집행하기 위한 세부시행 사항은 하위

---

150) 가령 헌재 2013. 11. 28, 2007헌마1189 등을 인용하며 헌재 2016. 2. 25, 2013헌마
    692, 판례집 제28권 1집 상, 208, 217.
151) 헌재 2016. 2. 25, 2013헌마692, 판례집 제28권 1집 상, 208.

법령에 위임하는 것이 가능하다고 한다.152)

독일헌법학자들은 독일 연방헌법재판소의 판례를 인용하면서 의회 입법자가 결정해야 할 사항으로 우선 교육목표의 대강, 학교형태, 독자적 전공, 필수과목, 전공과목 등과 관련한 수업분야의 형성, 관용 혹은 개방성과 같은 학교교육의 기본적 원칙, 의식화(주입식)교육의 금지, 학부모와의 협력의무를 들고 있다.153) 또한 징계나 퇴학과 같은 학교질서 유지를 위한 조치에 관한 사항도 역시 의회입법사항으로 보는데, 이는 당사자의 학교생활기록과 경력에 심대한 영향을 미치기 때문이다. 이에 반하여 단순한 낙제에 관한 것은 의회입법사항이 아닌 것으로 본다. 이 낙제는 학생의 인격발현의 자유와 상당히 관련이 되기는 하지만 입법자 스스로가 이를 직접 결정을 해야 할 정도로 심각한 것은 아니라고 본다. 성교육의 도입은 법률적 근거를 필요로 한다고 본다. 왜냐하면 이 성교육은 학생의 내밀영역(Intimsphäre) 및 부모의 책임과 중대하게 관련될 뿐만 아니라 이 결정과 관련해서 상당한 논란이 있기 때문이다.154) 이에 반하여 수학수업에 있어서 집합이론의 도입은 학생과 학부모의 권리와 그다지 심대하게 관련되는 것은 아니기 때문에 입법자가 이에 대하여 직접 결정할 필요는 없다고 보고 있다. 그리고 학교수업에 일부 개정된 독일어 맞춤법을 도입할 것인지에 관해서도 형식적 의미의 법률적 규정은 필요하지 않다고 보았다. 이 문제는 입법자가 스스로 규율해야 할 만큼 학생이나 학부모 혹은 다른 사람의 기본권을 본질적으로 제한하는 것이라 할 수 없다는 것이다.155)

이와 유사하지만 약간 다른 우리 헌법재판소 판례로 서울말을 표준어로 하는 규정은 청구인들의 행복추구권을 침해하지 않는다고 본 사례가 있다.156) 다음으로 우리 헌법재판소는 고등학교의 입학방법과 절차

220. 독일의 경우 의회입법자가 결정해야 하는 사항

221. 유사한 헌재 결정례

---

152) 헌재 1991. 2. 11, 90헌가27를 인용하며 헌재 2016. 2. 25, 2013헌마838, 판례집 제 28권 1집 상, 242, 251.
153) BVerfGE 47, 46, 83; 34, 165, 192 f; Gerhard Robbers (주 68), Rn. 28. 같은 취지로, Gröschnur, in: Dreier GG, I, Art. 7 Rn. 55.
154) BVerwGE 47, 194 ff.를 인용하며 Gerhard Robbers (주 68), Rn. 28.
155) BVerfGE 98, 218. 다수가 이러한 견해에 찬성하였지만 반대하는 견해도 있다. 이에 관해서는 Gerhard Robbers (주 68), Anm. 33.

등을 대통령령으로 정하도록 위임한 초·중등교육법 제47조 제2항은 교육제도 법정주의 또는 포괄위임입법금지의 원칙에 위반하여 청구인들의 학교선택권을 침해하는 것은 아니라고 보았다.[157]

---

156) 헌재 2009. 5. 28, 2006헌마618, 판례집 제21권 1집 하, 746.
157) 헌재 2012. 11. 29, 2011헌마827, 판례집 제24권 2집 하, 250.

제 28 절 근로의 권리

I. 서 론

헌법 제32조는 모든 국민의 근로의 권리를 보장하고 있으며 국가의 고용증진과 적정임금보장 의무 및 최저임금제에 관한 제도보장, 근로의 의무, 근로조건기준 법률주의, 여자와 연소자의 근로의 보호, 국가유공자 등에 대한 우선적 근로기회의 보장에 대하여 규정하고 있다.

1. 모든 국민의 근로의 권리

이 헌법 제32조는 헌법 제33조의 근로(노동)3권과 함께 노사간의 관계를 전제로 하여 약자의 위치에 있는 근로자의 권익을 보호하고 그들이 스스로의 힘으로 인간다운 생활을 할 수 있게 하기 위한 기본권과 제도를 보장하기 위한 조항이다.

2. 노사관계를 전제

그러므로 이 헌법 제32조와 제33조의 근로자의 기본권은 헌법 제23조의 재산권 보장과 사유재산제도의 보장, 헌법 제15조의 직업선택의 자유, 헌법 제9장 경제에 관한 장과 더불어 우리 헌법상의 사회적 시장 경제질서를 구성하는 중요한 요소이다.

3. 사회적 시장 경제질서 중요 구성요소

헌법 제31조와 제32조는 노사관계를 전제로 하는 기본권이기 때문에 국민과 국가와의 관계를 주로 대상으로 하는 다른 기본권들과는 달리 처음부터 기본권 충돌에 대한 조화있는 해결뿐만 아니라, 자본이나 기업에 비하여 경제적, 사회적 약자의 처지에 있을 수밖에 없는 노동자나 근로자에 대한 국가의 기본권 보호의 필요성이 보다 강하게 대두될 수 있는 영역이다.

4. 사회적 약자에 대한 기본권 보호 필요성 대두

이러한 필요성으로 인하여 사용자로 하여금 최저임금제나 인간존엄에 부합하는 근로조건을 보장하도록 국가가 강제할 뿐만 아니라(헌법 제32조 제1항, 제3항), 약자인 근로자들이 사용자에 맞서서 대등한 협상을 할 수 있도록 단결권, 단체교섭권, 단체행동권의 노동3권을 보장하되, 공무원인 근로자나 주요 방위산업체에 종사하고 있는 근로자들의 경우

5. 노동3권의 보장

에는 법률이 정하는 바에 의하여 이를 제한할 수 있도록 규정(헌법 제33
조)하고 있는 것이다.

6. 체계적 해석 필요

그러므로 이 근로자의 기본권의 내용과 성격을 이해하기 위해서는
근로의 권리나 근로3권이 태동한 세계사적 배경과 우리 헌법제(개)정사
뿐만 아니라, 다른 기본권 및 헌법조항들과의 체계적 관련을 고려하면
서 해석을 할 필요가 있다.

7. 조문의 구조

한편 이 근로의 권리를 규정하고 있는 헌법 제32조는 헌법 제34조
의 인간다운 생활을 할 권리와 헌법 제31조의 교육을 받을 권리의 조문
구조와 마찬가지로 ⅰ) 주관적 공권의 보장, ⅱ) 제도보장, ⅲ) 국가의
의무(국가목표조항), ⅳ) 입법위임의 요소로 구성되어 있다. 그리고 주관
적 공권인 근로의 권리의 의미내용은 객관적 요소들인 제도보장, 국가
의 의무, 입법위임과의 체계적 관련 가운데서 파악될 수밖에 없다. 한편
국민의 의무 가운데 하나로서 근로의 의무가 규정되어 있는데, 이는 헌
법제정자가 사회국가원리에 있어서 소위 보충성의 원칙을 명문화한 것
으로 이해할 수 있지 않나 생각된다. 즉 근로능력이 있는 사람은 근로의
의무가 있으므로 스스로의 능력으로 생계에 대한 책임을 져야 하고, 원
칙적으로 근로능력을 상실한 사람들에 대해서만 국가와 사회가 그의 생
계에 대해서 보충적으로 책임을 지는 원리인 것이다. 근로의 능력이 있
으나 일할 자리(직장, 취업)를 얻지 못한 사람들에 대해서는 국가가 일할
자리를 제공해야 하는가 혹은 국가가 그들에게 일할 자리를 주선할 책
임과 의무가 있는가 하는 문제가 1948년 헌법안 심의 당시에도 제기되
었는데, 이 문제를 포함해서 근로의 권리의 내용은 후술하는 보호영역
에서 보다 상세하게 고찰해 보기로 한다.

8. 구성요소에 따른 내용과 의미 파악

그러므로 대체로 이러한 구성요소를 따라서 헌법 제32조의 근로의
권리의 내용과 의미를 살펴보기로 한다.

Ⅱ. 주관적 공권으로서 근로의 권리

1. 근로의 권리의 의미

헌법 제32조 제1항의 근로의 권리가 무엇인가에 대해서는 여러 가 지 방법으로 고찰해 볼 수 있을 것이다. 문언적 해석, 역사적 해석, 체계 적 해석이 그것이다.

9. 근로의 권리 해석

첫째, 문언적 해석을 해 보기로 한다. 우선 "근로"의 사전적 의미는 "부지런히 일함"이라는 뜻이다. 결국 근로의 권리는 사전적 의미만을 생 각해 본다면 (부지런히) 일할 권리이다.

10. 문언적 해 석

문언적으로 볼 때 근로의 권리는 근로, 즉 일과 관련된 모든 권리 라고 볼 수도 있고, 근로, 즉 일 할 권리라고 볼 수도 있다. 우선 "근로" 라는 말이 단순히 일을 한다는 의미가 아니라, 일을 해주고 그 반대급부 로 댓가를 받아서 생계를 유지한다고 하는 의미로서 취업을 전제로 하 는 의미라고 해야 할 것이다. 그러므로 모든 국민은 근로의 권리와 의무 를 가진다고 하는 의미는 모든 국민이 생계유지를 위해서 취업을 하여 일을 할 권리를 가지며 또한 의무도 진다는 의미가 된다.

11. 일할 권리

다만 권리를 가진다고 할 때에 그 권리는 주관적 공권으로서 그 권 리를 주장할 상대방(Adressat)을 전제로 하는 개념이다.[1] 그러므로 근로 의 권리가 있다고 할 때에는 그 근로를 할 수 있게 할(일자리를 제공할) 상대방이 필요한데 과연 국가가 그 상대방의 역할을 할 수 있는가의 문 제가 제기된다. 이와 관련해서 국가가 사용자가 되어서 근로자인 공무 원을 고용할 경우에는 어느 정도까지는 근로의 기회를 부여할 수 있겠 으나 자본주의를 경제질서의 근간으로 삼고 있는 국가의 경우 그 밖의 대부분의 국민들의 일 자리는 국가가 책임질 수 없다고 하는 것은 당연 하다. 따라서 그 '일 자리'는 국가가 아니라 사회적 · 경제적 방법으로(제 1항 제2문), 다시 말해서 사용자가 제공하도록 할 수밖에 없을 것이다. 또한 사용자로서도 기업이윤을 얻기 위해서는 근로자를 고용하지 않으

12. 일할 자리 제공의 문제

---

1) 무엇보다 Georg Jellinek, System der subjektiven öffentlichen Rechte, 2. Aufl., Tübingen 1905, S. 67 ff.

면 안 되기 때문에, 근로자에게 일 자리를 제공하는 것을 굳이 법적 의무로 해야 할 필요도 없이 원칙적으로 자본주의의 시장경제에 맡기면 될 일이다. 다만 사용자와 근로자 간에 경제력의 차이가 너무 크다 보면 사용자가 경제력을 남용할 가능성이 있고, 경우에 따라 근로의 능력과 의사가 있음에도 불구하고 일할 자리가 없거나, 부당하게 해고를 당해서 일을 하지 못할 수도 있다. 그러므로 이러한 경우에는 국가가 일자리의 제공, 즉 고용 및 해고와 관련해서 사용자의 경제력 남용에 개입하지 않을 수 없는 것이며, 이것은 또한 헌법 제119조의 경제에 대한 국가의 개입 · 조정 권한의 일환이라 할 수 있다.

13. 국가의 의무

　　아무튼 헌법 제32조 제1항 전체를 문언적으로 해석할 때 일단 일할 자리에 관해서는 원칙적으로 국가가 직접 제공해 주기 힘들다 하더라도, 국가는 사기업인 사용자가 일자리를 제공해 줄 수 있도록, 그리하여 근로능력이 있는 국민이라면 자신의 능력에 맞는 일자리를 찾아 적정 임금을 받으면서 인간다운 근로조건 하에서 일할 수 있도록 고용기회의 창출과 증진을 위해 노력하며, 노 · 사간의 균형있는 경제질서를 구축하여 국민 전체의 삶이 골고루 윤택하게 될 수 있게끔 할 의무를 지는 것이다.

14. 일자리제공 청구권 불포함

　　이러한 의미에서 본다면, 근로의 권리란 원칙적으로 국가에 직접 일할 자리를 요구할 수 있는 '일자리제공청구권'('일할 자리에 관한 권리')이 포함된다고 볼 수는 없을 것이고, 고용증진이나 고용창출정책을 통해서 일할 기회를 제공해 주도록 노력하고 배려(보장)할 것을 요구할 수 있는 '고용증진정책청구권'의 의미는 포함된다고 보아야 할 것이다.

15. 역사적 해석

　　둘째, 역사적 해석을 해 보더라도 다른 결론은 나오지 않는다. 우선 근로의 권리와 근로능력이 있음에도 일자리를 얻지 못하거나 실직을 한 사람에게 실업수당청구권을 최초로 도입한 독일 바이마르헌법의 경우에도 이러한 사회적 기본권에 대해서 직접적인 효력을 가진 것이라기 보다는 국가의 프로그램 혹은 방침규정으로 보는 것이 헌법학계의 지배적 학설이었다. 그리고 1948년 우리 헌법 제정당시의 논의에 비추어 보더라도 근로의 권리가 있다 해서 국가에 직접 일자리를 요구한다든가 실업자의 경우 실업수당을 청구할 수 있는 권리까지 헌법이 직접 보장을 하는 것은 아니고, 오히려 이는 입법자가 법률로 구체화해야 할 사항으로 이해한 것이다(유진오).

이후 헌법개정 과정에서 근로의 권리에 관한 규정 역시 보다 상세한 규정들이 포함된다. 다시 말해서 국가에게 고용증진에 노력할 의무나 최저임금제의 시행의무를 부과한다든가, 인간존엄에 상응하는 근로조건을 법률로 정하도록 입법위임을 하는 것이다.

16. 헌법개정을 통해 상세규정 포함

결국 현행 헌법 제32조 근로의 권리의 의미를 해석함에 있어서는 이러한 헌법제(개)정사를 고려하여 제2항 이하에서 확대된 근로의 권리에 대한 객관적이고 제도적인 측면을 제1항의 주관적 권리와 연관지으면서 구체적인 내용과 보호영역을 도출해 낼 필요가 있을 것이다. 이는 어떠한 의미에서는 같은 조항 내에서의 체계적 해석에 해당된다고도 할 수 있을 것이다.

17. 확대된 근로의 권리

셋째, 체계적 해석을 통한 근로의 권리의 의미는 다음과 같이 추출해 볼 수 있을 것이다. — 특히 일할 환경에 관한 권리 "인간존엄에 상응하는 근로조건 청구권"

18. 체계적 해석

우선 같은 헌법 제32조 제3항은 물론 헌법 제10조의 인간존엄권과 제34조의 '인간다운 생활을 할 권리' 등과의 유기적·체계적 해석을 통해서 근로의 권리를 이해해 본다면, 이는 단순히 고용증진과 창출을 위하여 노력하고 배려해 줄 것을 요구할 수 있는 권리를 넘어서, 노사간의 관계에서 인간존엄에 합당한 근로조건을 요구할 수 있는 권리가 도출된다고 할 수 있다. 그런데 이 때에도 이러한 인간존엄에 상응하는 근로조건을 누구에게 요구할 수 있는 권리인가를 생각해 본다면, 직접적으로는 노·사간의 관계에서 근로자가 사용자에게 요구할 수 있는 권리라고 봐야 할 것이다. 하지만 이 헌법 제32조 제3항이 사용자에게 직접 효력을 가지는 것은 아니다. 오히려 이 조항은 국가를 구속하는 조항으로서 국가는 인간존엄에 상응하는 근로조건의 기준을 보장하도록 입법을 해야 할 의무를 지기 때문에, 결국 제1항과 제3항으로부터 근로자는 국가에 대하여 인간존엄에 상응하는 근로조건의 기준을 법제도적으로 보장해 줄 것을 요구할 수 있는 권리, 즉 인간다운 근로조건기준 보장청구권

19. 헌법 제10조와 제34조 등과의 유기적·체계적 해석

이 도출된다고 봐야 할 것이다. 이 근로조건 기준에 관한 법률로서는 근로기준법이 있으며 그곳에서 규정하는 많은 강행규정은 근로자에 대하여 법률적 권리를 보장하고 있으나 이는 헌법 제32조 제1항 및 제3항과 더불어서 헌법적 권리로 승화할 수 있는 권리도 있다고 생각되며 이는 헌법 제11조의 평등원칙을 고려할 때 더욱 그러한데 이에 대해서는 후술하기로 한다.

20. 근로의 의무와 국가의 일할 자리 제공 의무

체계적 해석이 필요한 또 하나의 조항은 제2항 근로의 의무이다. 만일 국가가 모든 국민에게 근로의 의무를 부과하였다면, 근로의 의사와 능력이 있으나 일할 자리를 얻지 못한 국민에게는 일할 자리를 제공할 의무가 있다고 봐야 하지 않나 하는 문제가 제기된다. 이는 마치 헌법 제31조에서 교육의 의무를 규정한 국가가 무상교육의 기회를 제공할 의무를 지는 것과 마찬가지이다. 일단 체계적 해석에 의할 경우 제1항과 제2항을 고려할 때 국가는 근로능력과 의사가 있으나 실직을 한 국민에게는 우선적으로는 사회적·경제적 방법으로 근로자에게 일할 기회를 주선하도록 해야 할 것이며, 근로의무를 부과하고 있는 이상 보충적으로 그에 상응하여 일할 기회를 찾지 못한 근로자에게 일할 기회를 제공하거나 적어도 실업수당이나 실업보험제도 등을 통하여 실직자가 생계를 이어나갈 수 있도록 할 의무가 있다고 보아야 할 것이다. 물론 이러한 근로의무의 내용 역시 민주주의의 원칙에 따라 법률로 정하도록 하고 있기 때문에 입법자는 이에 관한 입법에 있어서 광범위한 형성의 자유를 가진다고 하겠다.

21. 고용증진정책청구권과 인간다운 근로조건기준 보장청구권

결론적으로 헌법 제32조 제1항의 근로의 권리의 의미는 국가에 대하여 직접 근로(일 자리)를 청구할 수 있는 근로청구권('일할 자리에 관한 권리')은 예외적으로만 인정될 수 있으며, 원칙적으로 근로의 기회를 가질 수 있도록 고용증진정책을 요구할 수 있는 권리, 즉 고용증진정책청구권의 의미를 가진다고 봐야 할 것이다. 그리고 나아가 근로자가 인간존엄에 상응하는 근로조건을 법제도적으로 보장해 줄 것을 요구할 수 있는 권리, 즉 '인간다운 근로조건기준 보장청구권'을 의미한다 할 것이다.

22. 헌법재판소의 개념정의

헌법재판소에 따르면 "근로의 권리란 인간이 자신의 의사와 능력에 따라 근로관계를 형성하고, 타인의 방해를 받음이 없이 근로관계를 계속 유지하며, 근로의 기회를 얻지 못한 경우에는 국가에 대하여 근로의 기회를 제공하여 줄 것을 요구할 수 있는 권리를 말하는바, 이러한 근로의 권리는 생활의 기본적인 수요를 충족시킬 수 있는 생활수단을 확보해 주고 나아가 인격의 자유로운 발현과 인간의 존엄성을 보장해 주는 기본권이다."라고 하고 있다.[2]

2. 법적 성격

다른 사회적 기본권과 마찬가지로 근로의 권리와 관련해서도 그 법적 성격에 대하여 논란이 되고 있다.

23. 법적 성격

가. 학설 · 판례의 입장

학설과 판례에 따르면 근로의 권리 역시 자유권적 성격과 사회적 기본권으로서의 성격이 있다고 한다.

24. 복합적 성격

즉 자유권적 측면은 일할 자유를 국가에 의하여 부당하게 방해받지 않을 권리라고 할 수 있을 것이며, 또한 헌재에 의하면 소위 '일할 환경에 관한 권리' 역시 자유권적 성격이 있다고 하고 있다.

25. 자유권적 성격

> [판례] 헌법 제32조 제1항은 "모든 국민은 근로의 권리를 가진다. 국가는 사회적·경제적 방법으로 근로자의 고용의 증진과 적정임금의 보장에 노력하여야 하며, 법률이 정하는 바에 의하여 최저임금제를 시행하여야 한다."라고 규정하고 있다.
>
> 이는 국가의 개입·간섭을 받지 않고 자유로이 근로를 할 자유와, 국가에 대하여 근로의 기회를 제공하는 정책을 수립해 줄 것을 요구할 수 있는 권리 등을 기본적인 내용으로 하고 있고, 이 때 근로의 권리는 근로자를 개인의 차원에서 보호하기 위한 권리로서 개인인 근로자가 근로의 권리의 주체가 되는 것이고, 노동조합은 그 주체가 될 수 없는 것으로 이해되고 있다.
>
> (헌재 2009. 2. 26, 2007헌바27, 판례집 21-1상, 61, 72)

---

2) 헌재 1991. 7. 22, 89헌가106, 판례집 제3권, 387, 421; 헌재 2002. 11. 28, 2001헌바 50, 판례집 제14권 2집, 668, 678를 인용하며 헌재 2008. 9. 25, 2005헌마586, 판례집 제20권 2집 상, 556, 561.

26. 사회적 기
본권으로서의
성격

그리고 사회적 기본권으로서의 성격은 국가에게 근로기회를 제공
해 달라고 요구할 수 있는 권리, 즉 근로기회제공청구권, 혹은 '일할 자
리에 관한 권리'에 있다고 본다. 이는 국가에게 일정한 급부를 요구하는
권리라는 점에서 사회적 기본권의 성격을 띤다는 것이다.

27. 구체적 권
리 여부

또한 사회적 기본권으로서의 측면에서도 구체적 권리인지 추상적
권리인지가 논란이 된다.

나. 사 견

28. 헌 법 제 정
당시 법적 성격
에 대한 논의

1948년 헌법안 제17조에 근로의 권리와 의무가 규정되었는데 그
법적 성격에 관해서도 논란이 되었다. 즉 이것이 도의적 권리와 의무인
지, 이 권리와 의무는 법률로 정해져야 하는 것 아닌지, 아니면 그 자체
로 구체적인 권리인지에 대하여 의원들의 질문이 쏟아졌다. 이에 대하
여 유진오 전문위원은 이 권리와 의무가 법률적 구체화가 필요하기 때
문에 구체적 권리와 의무라고 할 수는 없지만 그렇다고 해서 도의적 권
리나 의무는 아니라고 한 바 있다.[3]

---

3) "이 제17조에 모든 국민은 근로의 권리와 의무를 가진다고 하는 규정의 근본정
신은 근로를 모든 국민의 의무로 삼는 동시에 근로를 하고 싶으나 근로를 할 자
리가 없어서 근로를 하지 못하는 사람에게 직장을 제공하도록 하자는, 근로를 국
가를 세우는 기본으로 중요시한다는 그 정신을 17조에서 나타낸 것입니다. 그러
나 제17조에 의해서 창설되는 근로의 권리와 의무는 헌법상의 권리와 의무입니
다. 그러므로 이 헌법상의 권리와 의무를 우리가 실지생활에 있어서 구체적으로
주장하려고 할 것 같으면 반드시 이것을 구체화하는 법률이 제정돼야 할 줄 생각
합니다. 그러면 앞으로 제정될 법률로써 실업문제에 관한 것이라든지 근로자의
직장에 관한 문제라든지 또는 국민에게 근로의 의무를 과할 경우라든지 그런 것
은 앞으로 제정될 법률에 의해서 구체화할 것으로 생각이 됩니다. 그러므로 이
조문을 만들 적에 기초자 사이에 만일 그렇다고 하면 이 헌법상의 권리와 의무를
도의적인 권리와 의무라고 보면 어떠냐 하는 말도 있었습니다마는 도의적인 권
리, 도의적인 의무라고 할 것 같으면 하필 헌법에 제정할 필요가 없습니다. 그러
므로 도의적이라는 말은 빼고 헌법에다가 근로의 권리와 의무를 가진다고 제정
하지만 그러나 이것으로써 곧 구체적인 권리와 의무는 창설되는 것이 아니라고
해석하겠습니다." (저자가 현대적 어법에 맞게 수정함.) 전문위원 유진오, 헌법안
제1독회, 1948년 6월 26일. 국회제18차회의, 국회도서관 헌정사자료 제1집, 헌법
제정회의록, 1967, 142면. "근로능력이 있는 사람 그런데 일시 직장이 없는 사람
에게 국가가 직장을 제공할 의무가 있느냐 없느냐 하는 그 말씀으로 생각하는데
헌법상 국가는 그러한 의무를 지게 됩니다. 그러나 그 의미를 구체적으로 실행하
기 위해서는 불가불 법률로써 가령 실업보험제도라든가 기타에 입법이 되지 아

근로의 권리에도 근로와 관련하여 국가로부터 부당하게 간섭을 받지 않을 권리가 있다고 할 수는 있겠으나 그것은 대부분 직업행사의 자유에 포섭될 수 있다. 그러므로 직업선택의 자유가 헌법 제15조에 의하여 넓은 의미로 보장되고 있는 한, 근로의 자유의 자유권적 측면은 헌법 제15조에 의하여 보호되는 것으로 볼 수 있다.

29. 법 제15조에 의한 보호

그리고 '일할 환경에 관한 권리' 역시 그 내용을 살펴보면, 인간존엄에 상응하는 근로조건 기준을 법률로 마련할 국가의 의무로부터 도출될 수 있는 권리라고 할 것인데, 전술하였듯이 이 헌법 제32조 제3항에 사용자는 직접적으로 구속되는 것이 아니다. 그러므로 만일 사용자에 의하여 인간존엄에 반하는 근로조건 가운데서 근로하게 된 결과, 궁극적으로 근로자의 인격권이나 생명권 등이 침해될 위험이 있을 경우, 국가는 헌법 제10조 제2문에 따라 근로자의 생명권이나 인간존엄권을 보호할 의무가 있다. 그러므로 이와 같은 '일할 환경에 관한 권리'는 자유권이라고 하기보다는 입법행위청구권 또는 보호청구권에 다름 아니다. 그러므로 이 '일할 환경에 관한 권리'를 자유권으로 파악한 헌법재판소의 입장에는 동의할 수 없다.(이 청구권의 주체에는 외국인도 포함됨은 후술한다.)

30. 일할 환경에 관한 권리와 인간존엄

그렇다면 나머지는 고용증진정책청구권, 인간다운 근로조건기준 보장청구권인데 이는 원칙적으로 고용증진정책이나 인간다운 근로조건 기준을 보장하도록 법제도를 형성해 줄 것을 요구할 수 있는 권리이다. 그리고 근로의 능력과 의사가 있음에도 불구하고 실직을 한 근로자에게 일할 자리 또는 실업급여나 고용보험제도 등을 통한 생계유지의 보장은 보충적이고 예외적으로만 인정될 수 있다고 봐야 할 것이다.

31. 근로조건 기준 보장청구권

그러므로 이 근로의 권리는 이러한 관점에서는 원칙적으로 국가에게 일정한 행위(정책·제도형성, 보호의무)를, 실직 근로자의 경우 예외적으로 일할 자리나 실업수당 등 생계비를 요구할 수 있다고 하는 의미에서 예외적·제한적 근로청구권의 성격을 가진다.

32. 예외적·제한적 근로청구권

또한 근로자가 (특히 여성이나 외국인 근로자의 경우 더욱) 동일가치노

33. 근로평등권

니하면 그것이 구체화하기는 어려울 줄 생각합니다." 145면.

동에 대하여 동일임금을 보장하는 법제도를 요구할 수 있는 권리가 있다는 점에서 근로평등권도 인정할 수 있다.[4]

34. 근로참여권

끝으로 혹시 예외적으로 국가가 근로(공직)나 취업의 기회{가령 국가나 지방자치단체가 실시하는 공공근로사업(혹은 일자리사업, 과거 취로사업)}를 직접 제공하는 경우 원칙적으로 누구나 평등하게 그 기회에 참여할 수 있어야 하므로, 그러한 의미에서 근로참여권도 역시 인정할 수 있다. 그러므로 헌법 제24조의 공무담임권은 누구나 평등하게 공직에 접근할 수 있는 권리라 할 것이므로 근로의 권리와 직업의 자유에 비하여 특별한 기본권이라 할 수 있을 것이다. 그리고 공공근로에의 참여권은 근로능력이 없는 사람에게도 기회를 제공할 수 있을 것이므로 헌법 제34조의 인간다운 생활을 할 권리에 의해서도 보호될 수 있을 것이다.

35. 복합적 성격

그렇다면 이 근로의 권리는 결국 근로자유권을 제외하고 근로평등권, 예외적·간접적 근로청구권, 근로참여권을 내용으로 하는 복합적 성격을 가지는 것이지만 그 중점과 독자적 성격은 결국 고용증진정책 및 인간다운 근로조건기준 보장청구권, 예외적 근로청구권과 근로참여권에 있다고 봐야 할 것이다.

3. 보호영역

가. 근로자유권?

36. 직업행사의 자유에 의하여 보호

모든 국민은 근로를 함에 있어서 국가로부터 방해받지 않을 자유가 보장됨은 당연하다. 그러나 전술하였듯이 그것은 헌법 제15조의 직업선택과 직업행사의 자유에 의하여 보호되는 영역이므로 굳이 근로의 자유에서 이러한 자유권적 측면을 찾으려 할 필요는 없다.

나. 근로평등권

37. 동일가치노동에 대한 동일임금을 받을 권리

누구든지 고용에 있어서 차별받지 않을 권리가 있음은 물론, 동일가치노동에 대해서는 동일한 임금을 받을 권리가 있다. 만일 성별·종교·

---

4) 남녀고용평등법 제8조는 사업주는 동일한 사업 내의 동일 가치 노동에 대하여는 동일한 임금을 지급하여야 한다고 규정하고 있다.

사회적 신분이나 기타 국적 등을 이유로 해서 임금에 대하여 차별을 한다면 이는 헌법 제11조 제1항에 의하여 금지된다고 볼 수 있을 것이다.

임금뿐만 아니라 그 밖의 근로조건들 역시 마찬가지이다.[5] 다만 헌법 제11조의 직접적 수범자는 국가이므로 사인에 해당되는 사용자의 경우 임금이나 휴가, 승진 등 여러 가지에서 나름대로 근로자를 달리 취급할 수 있을 것인데 이는 사용자의 계약의 자유와 경영의 자유 및 사적 자치에 입각한 것이다. 그러나 그렇다 하더라도 근로관계에 있어서 차별이 해당 근로자의 인권을 침해하는 정도에 이른다고 판단될 경우 헌법 제11조가 근로관계에 관한 사법질서에 간접적으로 효력을 미치게 된다고 할 수 있다.

38. 헌법 제11조의 간접적 효력

그리고 헌법 제32조 제4항은 여자의 근로는 특별한 보호를 받으며, 고용·임금 및 근로조건에 있어서 부당한 차별을 받지 아니한다고 함으로써 고용과 근로관계에 있어서 여자 근로자에 대한 차별금지를 명하고 있다. 후술하는 바와 같이, 이 조항은 헌법 제11조 제1항에 대한 특별평등권에 해당한다.

39. 헌법 제11조 제1항에 대한 특별평등권

이에 따라 입법자는 고용에서 남녀의 평등한 기회와 대우를 보장하고 모성 보호와 여성 고용을 촉진하여 남녀고용평등을 실현함과 아울러 근로자의 일과 가정의 양립을 지원함으로써 모든 국민의 삶의 질 향상에 이바지하는 것을 목적으로 남녀고용평등과 일·가정 양립 지원에 관한 법률(남녀고용평등법)을 시행하고 있다.

40. 남녀고용평등법

다. 예외적·간접적 근로청구권

근로의 권리는 사회적 기본권의 일종으로서 원칙적으로 국가에 근로기회를 직접 요구할 수 있는 근로청구권('일할 자리에 관한 권리')은 단지 예외적·보충적인 경우를 제외하고는 인정될 수 없지만, 사회적·경제적 방법으로(헌법 제32조 제1항 제2문), 즉 사회경제정책을 통해서 근로의 기회, 즉 고용증진정책을 실시할 것을 요구할 수 있는 고용증진정책

41. 고용증진정책청구권

---

5) 근로기준법 제6조는 사용자는 근로자에 대하여 남녀의 성(性)을 이유로 차별적 대우를 하지 못하고, 국적·신앙 또는 사회적 신분을 이유로 근로조건에 대한 차별적 처우를 하지 못한다고 규정하고 있다.

청구권은 포함된다고 봐야 할 것이다.

**42. 최저임금제
실시 요구 가능**

　　동시에 적정한 임금이 보장되도록 최저임금제의 실시를 요구할 수 있으며, 나아가 인간다운 근로조건기준 보장청구권(헌법 제32조 제3항) 역시 보호된다. 이를 통틀어서 우리는 "예외적 · 간접적 근로청구권"이라 할 수 있을 것이다.

**43. 일할 자리
에 관한 권리
포함 여부**

　　그러나 헌법재판소는 근로의 권리에는 '일할 자리에 관한 권리'와 '일할 환경에 관한 권리'가 모두 포함된다고 하는 입장(2014헌마367)이 있는가 하면, "근로의 권리는 사회적 기본권으로서 국가에 대하여 직접 일자리를 청구하거나 일자리에 갈음하는 생계비의 지급청구권을 의미하는 것이 아니라 고용증진을 위한 사회적 · 경제적 정책을 요구할 수 있는 권리에 그치며, 근로의 권리로부터 국가에 대한 직접적인 직장존속청구권이 도출되는 것도 아니다."라고 판시하기도 하였다.[6] 그러므로 '일할 자리에 관한 권리'가 포함될 것인지에 관하여 헌법재판소는 다소 일관되지 못한 입장을 보이고 있으나, 이는 헌법 제32조 제2항의 근로의무까지 포함하는 체계적 해석의 관점에서 볼 때 원칙과 예외에 대하여 잘 정돈하지 못한 데에 기인하고 있는 것 아닌가 한다.

라. 근로참여권

**44. 고용기회의
평등**

　　우선 국가가 직접 공무원인 근로자를 고용할 경우 그 기회는 평등하게 보장되어야 한다. 그것이 바로 헌법 제25조의 공무담임권임은 전술한 바와 같다.

**45. 공공근로기
회의 평등**

　　그리고 근로능력이 있으나 실직한 사람들을 위하여 국가나 지방자치단체가 가령 공공근로사업 등을 실시하는 경우에는 그 기회가 필요한 사람이라면 누구나 차별없이 그 기회를 누릴 수 있어야 한다. 그러한 의미에서 공공근로기회에의 평등한 참여권 역시 근로의 권리에 포함된다고 봐야 할 것이다.

---

6) 헌재 2011. 7. 28, 2009헌마408, 판례집 제23권 2집 상, 118, 129; 헌재 2002. 11. 28, 2001헌바50, 판례집 제14권 2집, 668.

마. 그 밖의 권리들

헌법 제32조 제1항 이하와 관련하여 도출되는 그 밖의 권리와 헌법 제32조 제3항에 대한 구체화 입법에 의하여 형성된 법률적 권리들 가운데 헌법적 권리로 승화될 수 있는 권리들이 있는지 따져봐야 할 것이다.

46. 구체적 입법에 의한 헌법적 권리 인정

(1) 객관적 차원(제도보장, 국가의 의무)으로부터 도출되는 권리들

우선 헌법 제32조 제1항 제2문과 동조 제3항, 제4항으로부터 도출되는 '예외적·간접적 근로청구권'과 '근로평등권'에 대해서는 앞에서 설명하였다.

47. 예외적·간접적 근로청구권

다음으로 헌법 제32조 제5항은 연소자의 근로는 특별한 보호를 받는다고 규정하고 있다. 이 조항은 국가에게 일종의 연소자근로 특별보호의무를 명령하는 조항이라 할 것이다.

48. 연소자근로 특별보호의무

이러한 의무로부터 연소자인 근로자가 근로관계에 있어서 부당한 취급을 받을 경우 국가에 특별한 보호를 청구할 수 있을 것이다. 다만 현재 중학교까지는 의무교육으로 되어 있으므로 원칙적으로 15세 이상 18세 이하의 미성년자인 근로자만 취업이 가능할 것이고(예외적으로 15세 이상으로서 중학교의무교육 재학 중인 연소자는 취업 불가), 이들의 근로는 특별한 보호를 받는다. 그리고 그 구체적인 보호의 내용은 입법자가 법률로 정하여야 할 것이다.

49. 15 – 18세 미성년자 취업 가능

(2) 구체화 입법으로부터 나오는 권리들

다음으로 인간다운 근로조건기준 보장청구권의 구체화 입법으로부터 나오는 법률상의 권리를 과연 헌법적 권리로 볼 수 있을 것인지가 문제될 수 있다. 헌법재판소가 헌법 제32조의 근로의 권리에 포함되는 권리로 인정한 것으로는 연차유급휴가권[7]이 있으며, 이에 반하여 근로의 권리에 포함되는 것이 아니라 단지 법률상의 권리로 본 사례로는 퇴직급여청구권[8], 외국인 근로자의 사업장 변경권[9] 등이 있다.

50. 헌법상 권리: 연차유급휴가권
법률상 권리: 퇴직급여청구권, 외국인 근로자의 사업장 변경권

---

7) 헌재 2008. 9. 25, 2005헌마586, 판례집 제20권 2집 상, 556, 561.
8) 헌재 2011. 7. 28, 2009헌마408, 판례집 제23권 2집 상, 118, 129.
9) 헌재 2011. 9. 29, 2007헌마1083 등을 인용하며, 헌재 2021. 12. 23, 2020헌마395,

4. 주 체

가. 자연인

51. 자연인

근로의 권리는 우선 일을 할 권리이기 때문에 정신적 노동이든 육체적 노동이든 일을 할 수 있는 자연인의 권리라고 보아야 할 것이다.

52. 외국인은 개별적 검토 필요

자연인에는 국민과 외국인이 있으며 국민은 근로의 권리의 주체가 되나 외국인의 경우 근로의 권리의 주체가 될 수 있는지는 근로의 권리의 구체적 내용을 기초로 검토해 볼 필요가 있다.

53. 외국인의 근로평등권 인정

첫째, 근로평등권과 관련해서는 고용이나 임금, 휴가 등 제반 근로조건과 관련하여 외국인 역시 차별받지 않을 권리가 있다. 특히 동일가치노동 동일임금의 원칙은 외국인에게도 적용되어야 하므로 외국인 역시 근로평등권의 주체가 될 수 있다.

54. 외국인의 근로청구권 불인정

둘째, 근로의 권리 가운데 예외적·간접적 근로청구권의 경우 그 가운데서도 우선 국가에 대하여 '일할 자리를 요구할 수 있는 권리'(근로기회제공청구권)가 외국인에게도 인정될 수 있는가 하는 문제이다. 비록 예외적이고 보충적이기는 하지만 국가가 실직자들에 대해서는 일할 자리를 제공할 의무가 있다고 하는 논리는 헌법 제32조 제2항의 근로의 의무를 전제로 한다. 그러므로 만일 외국인은 근로의 의무의 주체가 될 수 없다면 이러한 논리도 성립될 수 없다. 그런데 헌법 제32조 제2항은 모든 국민에게 근로의 의무를 부과하고 있는 것이다. 가령 국방의무, 납세의무 등 다른 국민의 의무 역시 원칙적으로 국민이 의무의 주체가 된다고 봐야 할 것이며 외국인은 국내에 거주하거나 국내법의 적용을 받는 특별한 사정이 있는 예외적인 경우에만 국내법상의 의무(법률 준수의무 등)를 진다고 할 것이다. 따라서 외국인은 헌법상 근로의 의무의 주체가 된다고 할 수 없으므로 외국인은 국가에 대하여 일할 자리 즉 근로기회의 제공을 요구할 권리의 주체도 될 수 없다고 봐야 할 것이다.

55. 고용증진정책청구권 및

다음으로 고용증진정책청구권과 최저임금제 시행청구권이다. 이러한 권리는 국가의 객관적인 의무로부터 도출되는 것으로서 그 자체가

판례집 제33권 2집, 912, 922.

명시적인 헌법적 권리라고 하기 보다는 도출된 권리라고 할 수 있다. 그리고 이 역시 근로의 의무를 전제로 하여 국민에게 부여할 수 있는 권리라고 보는 것이 자연스러울 것이다.

최저임금제 시행청구권은 국민의 권리

하지만 인간다운 근로조건기준 보장청구권의 경우는 조금 다르다. 즉 외국인 역시 국내 사업장에서 고용(취업)허가를 받아 근로를 하고 있는 동안에는 인간존엄에 부합하는 근로조건 가운데서 인간답고 건강하게 일할 권리가 인정된다고 할 수 있다. 열악한 근로환경에서 근로하는 근로자에 대한 국가의 보호의무와 이로부터 나오는 보호 청구권과 인간다운 근로조건기준 보장청구권은 외국인에게도 인정될 수 있는 권리라 할 것이다. 다만 이러한 청구권을 헌법재판소가 자유권으로서 '일할 환경에 관한 권리'로 파악하는 데[10]에는 찬성할 수 없음은 전술한 바와 같다.

56. 근로조건 기준 보장청구권은 외국인에게도 인정

나. 법 인

법인은 구체적으로 정신적·육체적 근로를 할 수 없다. 그러므로 일을 할 수 있는 자연인을 전제로 하는 근로의 권리의 기본권 주체가 될 수 없으며, 헌법재판소 역시 노동조합에 대하여 기본권 주체성을 부인하고 있다.[11]

57. 법인의 기본권 주체성 부인

다. 인공지능로봇

다음으로 오늘날 인공지능(AI)로봇이 인간의 근로를 대체하는 사례가 많으며 앞으로는 더 많아질 것이다. 만일 인공지능로봇이 어떠한 근로를 할 수 있는 능력과 준비가 되어 있음에도 불구하고 일자리를 얻지 못할 경우 이 인공지능로봇이 국가나 기업에 대하여 일자리를 요구할 수 있는 권리가 있겠는가 하는, 아직은 현실화되지 않은 문제를 제기해 볼 수 있을 것이다.

58. 인공지능로봇의 근로의 권리

---

10) 헌재 2007. 8. 30, 2004헌마670, 판례집 제19권 2집, 297, 297. 산업연수생의 퇴직금청구권을 인정한 대법원 판례로, 대법원 2006. 12. 7. 선고 2006다53627 판결; 대법원 2006. 12. 21. 선고 2006다36509 판결. 헌재 2007. 8. 30, 2004헌마670, 판례집 제19권 2집, 297, 308.

11) 헌재 2009. 2. 26, 2007헌바27, 판례집 제21권 1집 상, 61.

<table>
<tr><td>59. 기본권 주체성 불인정</td><td>근로의 권리는 근로할 수 있는 능력과 의사가 있는 그 어떠한 존재가 아니라 사람에게 인정될 수 있는 권리이므로 이 로봇에게 기본권 주체성을 인정할 수는 없다. 다만 인공지능로봇의 일반적인 법인격(가령 EU의 전자인 electronic person[12]) 부여 문제와 관련해서는 그 필요성과 가능성, 그리고 위험성을 동시에 충분히 고려하여 향후 법정책적으로 결정할 문제라고 할 수 있을 것이므로 이에 대하여는 향후의 논의에 맡긴다.[13]</td></tr>
</table>

5. 효 력

가. 대국가적 효력

<table>
<tr><td>60. 주관적 공권</td><td>근로의 권리는 대표적인 사회적 기본권 중의 하나로서 그 권리 주장의 상대방은 국가로서 주관적 공권이다.</td></tr>
<tr><td>61. 직업의 자유 및 공무담임권에 의한 보호</td><td>그리고 근로와 관련되는 자유의 요소는 헌법 제15조의 직업의 자유에 의하여 그리고 공무원 관계에서 발생하는 공직에 대한 평등한 접근권은 헌법 제25조의 공무담임권에 의하여 보호된다.</td></tr>
<tr><td>62. 대 국 가 적 권리</td><td>나머지 근로평등권, 예외적 · 간접적 근로청구권, 근로참여권은 모두 대국가적 권리이다.</td></tr>
</table>

나. 대사인적 효력

<table>
<tr><td>63. 직 · 간접적 사인간 효력</td><td>전술하였듯이 근로의 권리와 근로(노동)3권은 노사관계를 전제로 하는 근로자의 기본권이다. 그러므로 이 기본권은 처음부터 私人 상호간의 관계를 전제로 하는 기본권이기 때문에, 직 · 간접적으로 사인간의 효력이 있을 수밖에 없다. 다만 근로의 권리의 구체적인 내용과 보호영</td></tr>
</table>

---

12) 이에 관해서는 류정희, AI에 관한 국가의 규제와 법적 수용방안 연구, 숙명여대 대학원 박사학위논문 2021, 161면 이하. 인공지능의 의사결정과 자기결정권의 관계에 관해서는 이희옥, 인공지능의 의사결정에 대응한 자기결정권의 보장에 관한 연구, 한양대 대학원 박사학위논문 2020.

13) 다만 인공지능로봇의 법인격을 인정하고 그의 행위에 독자적 책임성을 인정하려는 시도는 그 인공지능로봇의 제조자나 이용자의 민 · 형사책임을 면탈하거나 반감시키기 위한 목적에서 출발했을 가능성이 농후하다고 생각되므로 이 문제에 대한 논의에 있어서 신중한 접근이 필요하다고 하겠다.

역에 따라서 국가를 전제로 하는 권리의 요소와 사법질서에 대한 효력
을 전제로 하는 권리의 요소로 나누어 볼 수 있을 것이다.

우선 국가의 간섭을 받지 않고서 자유롭게 근로를 할 수 있는 권리
의 의미에서의 근로자유권은 넓은 의미의 직업(선택)의 자유에 포섭되는
데 이 경우 사인간에도 간접적 대사인효가 미칠 수 있다. 다만 국가가
일자리를 제공하는 경우(공무담임권, 공공근로사업)에는 일을 할 자리, 즉
근로기회제공청구권은 사인을 상대로 주장할 여지가 없다.

근로평등권의 경우 대표적으로 사인에 대한 효력이 있을 수 있으
나, 이러한 효력 역시 원칙적으로 민법의 일반조항이나 혹은 근로기준
법, 남녀고용평등법과 같은 법률을 통하여 그 효력이 노사관계의 사법
질서에 간접적으로 미치는 것으로 보아야 할 것이다.

예외적·간접적 근로청구권의 경우 국가를 전제로 하는 것이므로
대사인적 효력의 여지가 없으나, 국가의 고용증진정책이나 적정임금 보
장을 위한 최저임금제, 인간다운 근로조건기준 보장, 여자와 연소자, 국
가유공자 등의 특별한 근로보호나 우선취업 등을 위한 제반 법률들을
통해서 노사간의 경제질서가 형성되는 것이므로 헌법 제32조 제1항과
제2항 이하 국가의 의무와 제도보장, 입법위임으로부터 나오는 법제도
를 통하여 사인에게도 간접적으로 효력이 미친다고 봐야 할 것이다.

한편 이와 같이 노사관계를 규율하는 사법질서에서도 종전의 간접적
대사인효(제3자효)는 소위 기본권보호의무 이론으로 충분히 설명이 가능하
다. 다만 어떠한 경우에 노사간의 사적자치에 의한 사법질서에 국가(판사)
가 개입할 수 있을 것인지, 그 기준이 무엇인지의 문제가 제기된다.

이와 관련한 해법으로 가령 독일의 민법학자인 카나리스는 우월적
세력에 의하여 사적자치가 무너지는 경우에는 불가피하게 국가가 개입
하지 않을 수 없다고 하면서 그 요건으로 위법성, 위험성, 의존성을 들
고 있기도 하다. 즉 근로관계와 관련하여 노·사간의 계약이 위법성, 위
험성, 의존성이라고 하는 세 가지 징표가 나타나 사실상 사적자치
(Privatautonomie)가 무너졌다고 인정될 수 있을 경우에는 약자에 대한 보
호필요성이 인정될 수 있다고 하는 것이 그의 주장이다.[14] 다만 카나리

64. 근로자유권
의 간접적 대사
인효

65. 근로평등권
은 간접적 대사
인효

66. 예외적·
간접적 근로청
구권의 간접적
대사인효

67. 기본권보호
의무 이론을 통
한 해석

68. 사적자치의
붕괴시 국가 개
입 가능

스의 이러한 세 가지 요소들에 대하여 독일 연방헌법재판소가 아직 이렇다 할 만한 반응을 보이지 않고 있는 것으로 보아, 사법질서에 국가가 개입할 수 있는 구체적 기준이 무엇인가를 추출하는 것이 간단한 문제는 아니라는 것을 알 수 있다.

69. 기본권 보호의무 이론 적용

어쨌든 이와 같이 노사의 대립과 양자의 기본권 충돌이 빈발할 수 있는 근로기본권의 영역의 경우 사법질서에 있어서 기본권의 효력과 관련해서는 기본권 보호의무 이론이 잘 적용될 수 있는 영역이라고 생각된다.[15]

6. 기본권의 충돌과 경합

가. 다른 기본권과의 충돌 문제

70. 노 · 사간의 기본권 충돌

근로의 권리는 일자리를 얻어 근로를 할 수 있는 권리이며 따라서 노 · 사간의 관계를 전제로 하는 근로자의 권리이므로, 입법자가 근로자의 근로의 권리 보장을 위한 법제도를 형성하는 과정에서는 사용자의 계약의 자유, 직업(영업)의 자유, 재산권 등 기본권을 상당히 제한할 가능성이 농후하다. 물론 노 · 사간의 기본권 충돌 상황을 입법자가 어떻게 조정하는가에 따라서는 근로자의 근로기본권 역시 제한될 가능성이 없지 않다.

71. 구체적 사례

이 문제를 헌법재판소의 구체적 사례를 통해서 살펴보면 다음과 같다.

(1) 재산권과의 충돌

ⅰ) 퇴직금 우선변제제도

72. 퇴직금 우선변제제도

퇴직금 우선변제제도는 다른 담보물권 등 재산권과 충돌될 수 있

---

14) Claus—Wilhelm Canarism Grundrechte und Privatrecht – eine Zwischenbilanz, Berlin/New York 1999. S. 75 ff. 방승주, 사법질서에 있어서 국가의 기본권보호의무, 공법학연구 제7권 제5호(2006. 12), 47–83(70)면; 현소혜, 기본권과 사적 자치 – 국가의 기본권보호의무를 중심으로, 서울대 대학원 석사학위논문 2001, 106–110면 등을 참고하라.
15) 이에 대해서는 방승주(주 14) 논문 및 이 책 제1장, 제4절, IV, 3. 비판 및 사견을 참고하라.

다. 그리하여 헌법재판소는 다른 담보물권에 비하여 퇴직금의 우선변제
권을 인정한 조항에 대하여 청구인의 재산권의 본질적 내용을 침해하여
위헌이라고 선언[16]하였으며 그 후 입법자는 최종 3년 간의 퇴직금에 대
해서만 우선변제권을 인정하는 것으로 해당조항을 개정하였고 이에 대
하여는 후술하듯이 헌법재판소가 합헌결정[17]을 선고하였다.

ⅱ) 임금채권 우선변제제도

헌법재판소는 "입법자가 위와 같은 임금우선특권의 제도적 취지,
법적 성질과 효력, 다른 담보물권자와의 관계 등 모든 사정을 종합적으
로 고려하여 근로자의 임금채권 우선변제제도를 신설하면서 법 시행 전
에 설정된 담보물권자와의 관계에서 소급효를 인정하여 우선변제를 받
을 수 있도록 하는 특별규정을 두지 않았다고 하더라도, 그 내용이 현저
히 불합리하여 헌법상 용인될 수 있는 입법재량의 범위를 현저히 일탈
하였다고 볼 수 없고(오히려 법 시행 전에 설정된 담보물권자의 기존 권리를
해하지 않기 위한 합리적이고 조화로운 입법권의 행사라고 할 것임), 또 최우선
변제를 받을 수 있는 임금 등 채권자의 기준과 범위를 정함에 있어 법
시행 전에 설정된 담보물권자와 함께 배당받는 경우를 제외함으로써(법
시행 이후에 설정된 담보물권자와 함께 배당받는 경우와 비교하여) 차별취급을
하고 있다 하더라도 그것이 합리성이 없는 자의적인 차별이라고 할 수
없다."고 하고 있다.[18]

73. 임금채권
우선변제제도

---

16) 헌재 1997. 8. 21, 94헌바19 등, 판례집 제9권 2집, 243, 257−258.
17) 헌재 2008. 11. 27, 2007헌바36, 판례집 제20권 2집 하, 260, 260−261.
18) 헌재 2006. 7. 27, 2004헌바20, 판례집 제18권 2집, 52, 66. 헌법이 보장하고 있는
   일정한 제도는 특정한 하나의 기본권과만 관련되는 것이 아니라 다른 기본권이나
   헌법원칙 등과 복합적으로 관련되는 내용의 것들이 있을 수 있다. 그러므로 제도
   보장의 역할은 어느 하나의 기본권보장만으로 충분하지 않을 수 있는 전통적인
   제도의 내용들을 헌법적으로 보장함으로써 입법자가 이를 잘 형성하고 그 핵심적
   내용을 침해하지 않도록 하는 데 의미가 있다고 할 수 있을 것이다. 임금채권 우
   선변제제도의 경우 이는 근로자의 임금과 관련되는 제도이므로 인간존엄에 상응
   하는 근로조건에 관한 문제가 될 수 있으면서도 동시에 헌법 제23조의 재산권과
   도 관련될 수 있다. 최저임금제와 달리 임금채권 우선변제제도는 헌법이 아니라
   법률이 보장하는 제도이다. 그 제도의 형성과정에서 입법자는 재산권이나 평등권
   에 구속된다고 할 수 있지만, 담보물권 등 다른 권리주체의 재산권과의 충돌을 실

(2) 사용자의 직업수행의 자유와의 충돌

이미 언급한 바와 같이 입법자가 인간존엄에 부합하는 근로조건기준을 입법하여 근로현장에 적용할 경우 이는 사용자의 직업(영업)의 자유를 상당히 제한할 수 있다.

이와 관련하여 헌법재판소는 업무상 재해로 휴업하여 당해 연도에 출근의무가 없는 근로자에게도 유급휴가를 주도록 되어 있는 구 근로기준법 제60조 제1항, 근로기준법 제60조 제4항의 위헌여부와 관련하여 완화된 기준에 입각한 과잉금지원칙 심사를 한 후 이는 사용자의 직업수행의 자유를 침해하지 않는다고 판단하였다.[19]

나. 다른 기본권과의 경합

(1) 인간다운 생활을 할 권리와의 경합

헌법재판소는 최저임금 산입범위 확대 사례와 같이 근로의 권리와 인간다운 생활을 할 권리가 경합될 경우 "이 사건 산입조항 및 부칙조항과 관련해서는 최저임금의 수준 그 자체보다는, 최저임금 산입범위의 확대로 인하여 근로자가 받는 임금 및 법적 지위상의 불리한 영향이 보다 더 본질적인 문제라고 볼 수 있다."고 하면서 "따라서 이 사건에서 사안과 가장 밀접한 관계에 있는 주된 기본권인 근로의 권리의 침해 여부에 대하여 판단하는 이상, 인간다운 생활을 할 권리의 침해 여부에 대하여는 별도로 판단하지 아니한다."고 정리하였다.[20] 이는 기본권경합과 관련하여 출판사 및 인쇄소의 등록에 관한 법률 제5조의2 제5호 등 위헌제청사건[21]에서 정립된 기본권경합의 법리에 따른 것이다.

(2) 인간으로서의 존엄과 가치 및 행복추구권과의 경합

헌법재판소는 청구인이 헌법 제32조 제3항 및 평등원칙 위배와 더

제적 조화의 원리에 따라 해결해야 하기 때문에 입법자에게 넓은 형성의 자유가 주어질 수 있다고 하는 점에서 헌재의 결정은 타당하다고 할 수 있을 것이다.
19) 헌재 2020. 9. 24, 2017헌바433, 판례집 제32권 2집, 251, 251.
20) 헌재 2021. 12. 23, 2018헌마629 등, 판례집 제33권 2집, 831, 843.
21) 헌재 1998. 4. 30, 95헌가16, 판례집 제10권 1집, 327.

불어서 인간존엄권 및 행복추구권의 침해를 주장한 사건에서 인간존엄
권 및 행복추구권은 다른 기본권에 대한 보충적 기본권이므로 독자적으
로 판단하지 아니한다고 밝히고 있다.[22]

은 보충적 기
본권으로 봄
(헌재)

7. 제한과 제한의 한계

가. 제 한

우선 예외적·간접적 근로청구권의 경우 국가가 적극적으로 근로
기회(일 할 자리)를 보장하거나 혹은 근로자의 고용증진과 적정임금의 보
장, 최저임금제의 시행, 인간다운 근로조건기준 보장입법을 마련하여 시
행할 것을 요구하는 것이므로, 만일 국가(입법자)가 이러한 행위를 전혀
이행하지 않거나(진정 부작위), 혹은 이행하기는 하였으되 불완전·불충
분하게 한 경우(부진정 부작위) 근로청구권에 대한 제한이 된다.

78. 근로청구권
과 관련된 입법
부작위

근로평등권과 관련해서는 만일 입법자가 고용과 근로조건과 관련
하여 근로자를 성별·종교·사회적 신분이나 인종·국적 등을 이유로
차별하는 경우에 근로평등권에 대한 제한이 된다.

79. 근로조건의
차별을 통한 근
로평등권 제한

근로참여권의 경우 국가가 공직이나 그 밖에 공공근로의 기회를 제
공함에 있어서 균등한 기회를 보장하지 않는 경우 근로참여권에 대한
제한이 발생한다.

80. 근로참여권
의 제한

근로의 권리 역시 무한정한 권리는 아니기 때문에 헌법 제37조 제2
항에 따라 국가안전보장·질서유지·공공복리나 혹은 헌법 제23조의
재산권, 헌법 제15조의 직업의 자유, 헌법 제119조의 기업의 경제상의
자유와 창의 등을 이유로 필요한 경우에 한하여 법률로써 제한할 수 있
으나 그 본질적인 내용은 침해할 수 없다.

81. 법률로써
제한 가능

---

22) 헌재 2021. 11. 25, 2015헌바334 등, 판례집 제33권 2집, 547, 553-554. 다만 인간
  존엄권과 헌법 제34조 제3항과의 관계에서 일반·특별의 관계에 있다고 할 수 있
  지만 다른 기본권과의 관계에 있어서 반드시 그렇다고 할 수는 없다. 이에 대하
  여는 제6절, Ⅱ. 기본권 경합의 문제를 참고하라.

나. 제한의 한계

(1) 심사기준과 통제의 강도

82. 심사기준의
문제

심사기준이라 함은 기본권제한의 한계 일탈 여부를 심사함에 있어서 과잉금지원칙을 기준으로 할 것인지 아니면 과소금지원칙을 기준으로 할 것인지의 문제이다.

83. 명백성통제
v. 납득가능성
통제 v. 내용통
제

그리고 통제의 강도의 문제는 가령 과잉금지나 과소금지의 원칙을 적용할 때라 하더라도, 완화된 기준인 명백성통제로 할 것인지 아니면 중간적 기준인 납득가능성통제로 할 것인지 혹은 엄격한 기준이라 할 수 있는 내용통제로 할 것인지 여부이다. 이와 함께 결과통제, 절차통제, 행위통제까지 다차원적으로 통제의 범위를 조절하게 된다면 헌법재판소가 입법자에 대한 통제의 스펙트럼을 매우 다양하게 조절할 수 있게 된다.[23]

i) 심사의 기준

84. 근로의 권
리 침해와 기본
권 보호의무 위
반 동시에 주장
가능

근로의 기본권 영역은 사회적 기본권의 성격이 있지만 동시에 노·사간의 근로관계와 기본권 충돌 가능성을 전제로 하므로 국가의 기본권 보호의무가 작동할 수 있는 영역이다. 그러므로 이 근로의 권리의 침해를 주장하는 헌법소원의 경우에도 동시에 기본권 보호의무 위반 주장이 가능해 질 수 있다.

85. 근로청구권
의 침해 여부:
과소보장금지

결국 근로청구권의 침해여부의 문제가 제기될 경우 위헌여부의 심사기준은 고용증진과 적정임금보장과 최저임금제 그리고 인간다운 근로조건기준 보장과 여자·연소자·국가유공자 등에 대한 특별한 근로보호나 우선취업기회 보장 등을 위하여 필요한 최소한의 기준에도 미치지 못하였는지를 기준으로 하는 소위 과소보장금지(Untermaßverbot der Gewährleistung)가 될 것이다.

86. 근로조건
강요: 과소보호
금지

그리고 사용자에 의한 근로자의 인간존엄에 반하는 근로조건 강요나 대우에 대하여 국가가 근로자의 보호를 위하여 필요한 최소한의 보

---

23) 이에 대하여는 방승주, 헌법재판소의 입법자에 대한 통제의 범위와 강도 – 입법자의 형성의 자유와 그 한계에 대한 헌법재판소의 지난 20년간의 판례를 중심으로, 공법연구 제37집 제2호(2008. 12), 113–171(153–155면)을 보라.

호조치도 이행하지 않은 것인지의 문제는 과소보호금지(Untermaßverbot des Schutzes)가 될 것이다.

결국 양자는 최소한의 기준에도 미치지 못하였는지를 심사하는 과소금지원칙(Untermaßverbot)[24]을 공통분모로 하되 전자(근로청구권, 근로참여권 등 사회적 기본권)는 "보장(Gewährleistung)"이, 후자(보호의무와 보호청구권)는 "보호(Schutz)"가 주로 관건이 된다고 하겠다.

다음으로 근로평등권이 문제될 경우에는 여자의 근로에 대해서는 특별한 차별금지를 헌법이 직접 명령하고 있으므로 제대군인가산점 판결에서 정립된 평등원칙 위반여부의 심사기준에 의할 경우, 비례의 원칙에 입각한 엄격한 심사를 적용하여야 한다.[25] 그리고 가령 동일가치 노동 동일임금 원칙 위반과 같이 근로평등권의 제한으로 인하여 다른 기본권(가령 인격권이나 임금청구권 등)에 대한 중대한 제한이 초래될 수 있는 경우에도 역시 마찬가지이다. 그러나 그 밖의 사항에 따른 차별의 경우에는 자의금지에 입각한 완화된 심사기준을 적용하면 될 것이다.

헌재는 근로의 권리의 침해 여부가 문제될 경우 헌법 제37조 제2항에 따른 과잉금지원칙 심사가 아니라, 단순히 입법재량의 한계를 명백히 일탈하였는지 여부의 심사에 그치는 것이 보통이며, 근로의 권리와 함께 평등권 침해여부의 심사에 있어서도 마찬가지로 자의 금지 기준에 입각한 완화된 심사기준을 사용한다.[26]

한편 헌법재판소는 최소한의 보호조치를 다 하였는지 여부는 문제되고 있는 심판대상 법률조항만에 의할 것이 아니라, "노사관계에 관한 법체계 전반"을 통하여 판단하여야 할 것이라고 하면서, 현행법제상 근로관계의 존속보호를 위하여 국가가 마련하고 있는 보호조치들을 열거

87. 보장과 보호의 차이

88. 여성의 근로 및 다른 기본권의 중대한 제한 시 비례의 원칙에 따른 엄격한 심사

89. 헌법재판소는 명백성 심사 혹은 자의 금지 심사 적용

90. 노사관계에 관한 법체계 전반

---

24) 방승주, 헌법강의 I - 헌법일반론·기본원리론·국가조직론, 박영사 2021, 257-258면.

25) 헌재 1999. 12. 23, 98헌마363, 판례집 제11권 2집, 770. 평등권침해여부의 심사기준에 관하여는 제9절, III.을 보라.

26) 가령 "연차유급휴가권의 내용이 현저히 불합리하여 헌법상 용인될 수 있는 재량의 범위를 명백히 일탈한 경우에 한하여 헌법에 위반된다고 할 수 있다(헌재 2003. 5. 15, 2002헌마90, 판례집 제15권 1집, 581, 601; 헌재 2004. 10. 28, 2002헌마328, 판례집 제16권 2집 하, 195, 204-205 등 참조)." 헌재 2008. 9. 25, 2005헌마586, 판례집 제20권 2집 상, 556, 563,

한 후 이로써 −청구인들을 포함하여− 근로자들에게 최소한의 보호조치는 제공되고 있다고 판단하고 있다.[27]

> 판례 다만, 우리 헌법상 국가(입법자)는 근로관계의 존속보호를 위하여 최소한의 보호를 제공하여야 할 의무를 지고 있다고 할 것이며, 따라서 위 부칙 제3조가 그러한 최소한의 보호의무마저 저버린 것이 아닌지 문제될 수 있겠으나, 국가가 근로관계의 존속을 보호하기 위한 최소한의 보호조치를 취하고 있는지의 여부는 당해 법률조항만에 의할 것이 아니라, 노사관계에 관한 법체계 전반을 통하여 판단하여야 할 것인바, 헌법 제33조에서 노동기본권을 보장하고 있는 점, 법원이 재판을 통하여 고용승계 여부에 관한 당사자의 의사와 태도를 합리적으로 해석함으로써 근로관계 존속보호의 기능을 수행할 가능성이 열려 있는 점, 고용보험제도를 비롯하여 고용안정, 취업기회의 제공, 직업능력의 개발을 위한 부수적 법제가 마련되어 있는 점 등을 고려할 때, 현행법제상 국가는 근로관계의 존속보호를 위한 최소한의 보호조치마저 제공하고 있지 않다고 보기 어렵다.
>
> (헌재 2002. 11. 28, 2001헌바50, 판례집 14-2, 668, 668-669)

91. 입법자의 재량 한계심사 시 고려요소

나아가 헌법재판소가 입법자가 재량의 한계를 명백히 일탈하였는지를 심사하면서 고려한 요소들을 초단시간 근로자에 대하여 퇴직급여의 대상에서 제외한 것에 대한 헌법소원심판을 사례로 들어 본다면 다음과 같은 것들이 있다.

92. 구체적 심사 내용

ⅰ) 근로조건보장의 실질적 목적이 근로자의 권리 뿐만 아니라 사용자의 효율적 기업경영 및 기업의 생산성이라는 측면과 조화를 이룰 필요가 있음, ⅱ) 퇴직급여는 후불임금적 성격을 가지고 있지만 퇴직급여법상 퇴직급여는 사회보장적 성격이 강함, ⅲ) 이와 같은 퇴직급여의 성격 및 기능에 비추어 볼 때 사업 또는 사업장에의 전속성이나 기여도가 낮은 일부 근로자들을 지급대상에서 배제한 것이 명백히 입법형성권의 한계를 일탈하였다고 보기 힘듦[28], ⅳ) 퇴직급여 지급이 제한된다 하더라도 이러한 상황을 보완해 줄 생활보장이나 노후보장을 위한 다른

---

27) 헌재 2002. 11. 28, 2001헌바50, 판례집 제14권 2집, 668, 680−681.
28) 헌재 2021. 11. 25, 2015헌바334 등, 판례집 제33권 2집, 547, 555.

제도가 마련되어 있음, ⅴ) 또한 국제노동기구(ILO) 제175호 「단시간근로협약」(1944) 제8조에서도 단시간근로자의 근로시간 또는 소득이 일정한 기준에 미달하는 경우 법정 사회보장제도의 모든 범주, 고용관계 종료, 연차 유급휴가와 유급휴일, 병가에 대한 제외를 가능하도록 하고 있는 점도 고려요소가 됨[29] 등을 종합하면서 심판대상조항이 헌법상 용인될 수 있는 입법재량의 범위를 현저히 일탈한 것이라 볼 수 없으므로, 헌법 제32조 제3항에 위배되는 것으로 볼 수 없다고 하고 있다.

이러한 심사방식은 일반적인 과잉금지원칙 위반 여부의 심사로부터 벗어나서 과소금지원칙 위반 여부를 심사하면서 전개한 내용이다.

> 93. 과소금지원칙 위반 여부 심사

ⅱ) 통제의 강도[30]

입법자가 부당해고 제한제도를 형성함에 있어서 인간의 존엄에 부합하는 근로조건의 기준을 정하지 않음으로써 근로의 권리를 침해하였는지 여부는 해고로부터 근로자를 보호할 의무를 전혀 이행하지 아니하거나 그 내용이 현저히 불합리하여 헌법상 용인될 수 있는 재량의 범위를 벗어난 것인지 여부에 달려 있다고 함으로써 소위 명백성통제를 통제의 강도로 채택하고 있음을 볼 수 있다.[31] 또한 퇴직급여제도의 형성[32], 상여금 및 복리후생비의 일부를 최저임금에 산입한 것이 근로의 권리를 침해하는지[33] 여부에 대한 심사에 있어서도 마찬가지 법리를 적용하고 있다.

> 94. 명백성통제 적용

한편 근로자가 근로의 권리의 침해를 주장하는 것이 아니라 반대로 사용자가 최저임금제 등으로 인하여 자신의 계약의 자유나 기업의 자유의 침해를 주장하면서 제기한 헌법소원에 있어서는 헌법재판소는 과잉

> 95. 계약의 자유나 기업의 자유 침해 주장 헌법소원

---

29) 헌재 2021. 11. 25, 2015헌바334 등, 판례집 제33권 2집, 547, 557.

30) 이에 관해서는 방승주 (주 23) 참고하라.

31) 헌재 2015. 12. 23, 2014헌바3; 헌재 2017. 5. 25, 2016헌마640를 인용하며, 헌재 2019. 4. 11, 2017헌마820, 판례집 제31권 1집, 527, 540; 헌재 2006. 7. 27, 2004헌바20, 판례집 18-2, 52, 66,

32) 헌재 1999. 9. 16, 98헌마310 등을 인용하며, 헌재 2021. 11. 25, 2015헌바334 등, 판례집 제33권 2집, 547, 554,

33) 헌재 2008. 9. 25, 2005헌마586; 헌재 2015. 5. 28, 2013헌마619를 인용하며, 헌재 2021. 12. 23, 2018헌마629 등, 판례집 제33권 2집, 831, 846.

금지원칙 심사를 하되 완화된 심사의 필요성을 강조하기도 하였다.[34]

(2) 의회유보, 법률유보와 포괄위임입법금지의 원칙

96. 의회유보, 법률유보, 포괄위임입법금지 원칙 준수

그 밖에 헌법 제37조 제2항에 따라 근로의 권리를 제한하기 위해서는 원칙적으로 법률로써 해야 한다. 다만 입법사항을 행정입법으로 위임할 필요성이 있을 때에는 구체적으로 범위를 정하여서 위임을 하여야 한다(헌법 제75조). 이와 같이 기본권 제한에 있어서 입법 형식상의 원칙을 위반하였는지의 문제가 바로 의회유보, 법률유보와 포괄위임입법금지의 원칙인데 입법자는 이 원칙들을 준수하면서 노사간의 기본권 충돌을 조정하여야 한다.

97. 법률유보 원칙 위배 사례

헌재의 구체적 사례를 살며 보면, 법률유보의 원칙에 위배된다고 한 사례로 구 근로기준법 제5조(현행 제6조)와 '국제연합의 경제적·사회적 및 문화적 권리에 관한 국제규약' 제4조에 따라 '동등한 가치의 노동에 대하여 동등한 근로조건을 향유할 권리'를 제한하기 위하여는 법률에 의하여만 하는바, 이를 행정규칙에서 규정하고 있으므로 법률유보의 원칙에도 위배되며, 이 사건 노동부 예규는 청구인의 평등권을 침해한다고 판단[35]한 산업기술연수생 도입기준 완화결정 등 위헌확인 사건이 있다.

98. 산업기술연수생 도입기준 완화 결정

이 사건은 외국인 산업연수생이 근로기준법의 일부만을 적용하도록 한 노동부 예규에 대해서 평등권과 직장선택의 자유, 시장경제질서 위배 등을 주장하면서 제기한 헌법소원인데, 이에 대하여 헌법재판소는 외국인에게도 일할 환경에 관한 권리의 주체성을 인정하고 본안판단을 한 후 평등권 침해를 인정[36]하였으나 막상 "일할 환경에 관한 권리"의 침해에 관해서는 전혀 언급하지 않았다. 이는 청구인이 주장하지 않았기 때문이 아닌가 추정되지만, 다소 의아하다. 왜냐하면 청구인이 주장한 바 없었던 "일할 환경에 관한 권리"의 기본권 주체성을 인정하면서 헌법재판소가 기본권 침해 여부의 심사로 들어간 이상, 일할 환경에 관한 권리의 침해를 인정할 것인지에 관해서도 심사하는 것이 순리가 아

---

34) 헌재 2019. 12. 27, 2017헌마1366 등(2018년, 2019년 적용 최저임금 고시사건).
35) 헌재 2007. 8. 30, 2004헌마670, 판례집 제19권 2집, 297, 298-299.
36) 헌재 2007. 8. 30, 2004헌마670, 판례집 제19권 2집, 297.

니었겠나 생각되기 때문이다. 어쨌든 평등권 침해여부의 심사를 통해 근로의 권리 침해여부에 대해서도 간접적으로 시사는 하였다고 보이고 아울러 법률유보원칙 위반도 확인하였다는 점에서 이 결정은 사회적 기본권 침해를 주장한 헌법소원들 가운데서 흔치 않은 위헌결정 중 하나라고 하는 의미가 있다고 하겠다.

또한 외국인근로자의 사업장변경 제한 문제와 관련하여 사업장 변경 사유로 인정되는 사용자의 근로조건 위반 또는 부당한 처우의 구체적·세부적 내용을 규정함에 있어서는 법률로써 자세히 규정하기보다는, 전문적·정책적 능력을 갖춘 행정부가 상황의 변동에 따라 시의적절하게 탄력적으로 대응할 수 있도록 위임할 필요성이 인정된다고 하면서 그러한 제한이 청구인들의 직장선택의 자유를 침해하지 않는다고 보았다.[37]

99. 외국인근로 자 사업장변경 제한 결정

8. 헌법재판소 판례

가. 근로의 권리 침해 인정 사례

근로의 권리의 침해를 인정한 사례로서는 월급 근로자로서 6개월이 되지 못한 자를 해고예고제도의 적용예외 사유로 규정하고 있는 근로기준법 제35조 제3호(근로의 권리와 평등권 침해)[38]를 들 수 있다. 이 결정은 종전에 같은 조항에 대하여 합헌으로 선고한 선례[39]를 변경한 것이다.

100. 침해 인정 사례

---

37) 헌재 2021. 12. 23, 2020헌마395, 판례집 제33권 2집, 912, 924. 이 사건은 오히려 소위 '일할 환경에 관한 권리'와 밀접한 관련이 있는 사건이 아닌가 생각된다. 하지만 헌법재판소는 사업장 변경 신청권이 당연히 근로의 권리에 포함되는 것은 아니며, 이는 외국인에게도 그 주체성이 인정되는 직장선택의 자유의 보호영역에 포함될 뿐이라고 보고서 심판대상인 사유 제한 조항에 대하여 포괄위임입법금지원칙에 위반되지 않을 뿐만 아니라 직장선택의 자유와 평등권을 침해하지 않았다고 판단하였다. 그리고 모법의 위임에 따라 사업장 변경 가능 사유를 구체화한 해당 고시조항 역시 입법재량을 명백히 일탈했는지 여부에 대한 심사에 국한하여 심사한 결과, 직장선택의 자유는 물론 평등권을 침해하지 않았다고 확인하였다. 다만 이석태, 김기영 재판관은 반대의견을 표명하였는데 반대의견에 동의한다.

38) 헌재 2015. 12. 23, 2014헌바3, 판례집 제27권 2집 하, 553.

39) 헌재 2001. 7. 19, 99헌마663, 판례집 제13권 2집, 66, 66. 권성, 김효종 재판관의 반대의견 있음.

이를 계기로 근로기준법 제26조를 개정하여 계속 근로한 기간이 3개월 미만인 경우에는 예고없이 해고할 수 있도록 통일하였다. 그리고 헌법재판소는 후술하는 바와 같이 이에 대하여는 합헌으로 판단하였다(2016헌마640).

나. 근로의 권리 침해 부인 사례

101. 침해 부인 사례

일용근로자로서 3개월을 계속 근무하지 아니한 자를 해고예고제도의 적용제외사유로 규정하고 있는 근로기준법 제35조 제1호[40], 계속근로기간 1년 이상인 근로자가 근로연도 중도에 퇴직한 경우 중도퇴직 전 1년 미만의 근로에 대하여 유급휴가를 보장하지 않는 근로기준법 제60조 제2항의 '계속하여 근로한 기간이 1년 미만인 근로자' 부분[41], 축산업 근로자에 대하여 근로기준법상 근로시간, 휴일 조항의 적용을 제외하는 구 근로기준법 조항[42], 외국인 근로자 출국만기보험금 지급시기 제한[43], 계속근로기간 1년 미만 근로자에 대한 퇴직급여 미지급[44], 노동조합을 사업소세의 비과세 대상으로 규정하고 있지 않은 지방세법 제245조의 2 제1항[45], 매월 1회 이상 정기적으로 지급하는 상여금 등 및 복리후생비의 일부를 최저임금에 산입하도록 한 최저임금법 제6조 제4항 제2호, 제3호 나목과 최저임금법 부칙 제2조[46], 4인 이하 사업장 부

---

40) 헌재 2017. 5. 25, 2016헌마640, 판례집 제29권 1집, 234.
41) 헌재 2015. 5. 28, 2013헌마619, 판례집 제27권 1집 하, 323. 이정미, 김창종, 안창호, 서기석 재판관의 반대의견 있음.
42) 헌재 2021. 8. 31, 2018헌마563, 판례집 제33권 2집, 187. 이 결정은 헌법불합치결정의견 5인, 기각의견 1인, 각하의견 3인으로, 소위 주문별 평결방식을 택한 연고로 인하여, 적법여부 판단에 있어서 다수가 적법하다고 보고 본안판단으로 들어갔음에도 각하의견 재판관이 위헌여부에 대해여 밝히지 않음으로써 결과적으로 5인의 헌법불합치의견이 있었음에도 불구하고 1인의 기각의견으로 주문이 나온 이상한 케이스라고 하겠다. 이는 헌법재판소가 헌법 제10조의 기본권 확인 의무를 위반한 결정이 아닌가 생각되며, 헌재는 이와 같이 위헌적인 평결방식을 바꾸어 다수가 적법요건이 갖추어졌다고 판단했다면 비록 애초에 각하의견을 냈던 재판관이라 하더라도 위헌여부에 대하여 의견을 제출해야 한다고 생각한다.
43) 헌재 2016. 3. 31, 2014헌마367, 판례집 제28권 1집 상, 471.
44) 헌재 2011. 7. 28, 2009헌마408, 판례집 제23권 2집 상, 118.
45) 헌재 2009. 2. 26, 2007헌바27, 판례집 제21권 1집 상, 61.
46) 헌재 2021. 12. 23, 2018헌마629 등, 판례집 제33권 2집, 831.

당해고 제한조항 등 적용제외[47]), 정직일수를 연가일수에서 공제하도록 규정하고 있는 국가공무원복무규정 제17조 제1항 중 '정직일수' 부분[48]), 구 공무원보수규정 제5조 중 [별표 13] 군인의 봉급표의 "병"의 "월 지급액"에 관한 부분[49]), 근로기준법 제36조 본문 중 퇴직금을 퇴직일로부터 14일 이내에 지급하도록 하는 부분 및 같은 법 제42조 제2항 본문 중 임금을 매월 1회 이상 정기에 지급하도록 하는 부분(계약의 자유, 기업활동의 자유)[50]) 등이 있다.

Ⅲ. 근로의 의무

제32절, Ⅳ, 4. 참조.

Ⅳ. 제도보장: 최저임금제

1. 최저임금제의 의의

헌법 제32조 제1항 제2문 후단은 "국가는 법률이 정하는 바에 의하여 최저임금제를 시행하여야 한다."고 규정하고 있다.

최저임금제란 국가가 임금의 최저한도를 정하고 사용자는 그 이하의 임금으로 근로자를 고용하지 못하도록 함으로써 열악한 지위에 있는 근로자의 물질적인 최저한의 생활을 보장하기 위한 제도를 말한다.[51])

이 조항에 따라 근로자에 대하여 임금의 최저수준을 보장하여 근로자의 생활 안정과 노동력의 질적 향상을 꾀함으로써 국민경제의 건전한 발전에 이바지하는 것을 목적으로 최저임금법이 시행되고 있다.

최저임금법 제4조에 의하면 최저임금은 근로자의 생계비, 유사 근로자의 임금, 노동생산성 및 소득분배율 등을 고려하여 정하는데, 이 경

102. 헌법 제32조 제1항 제2문 후단

103. 열악한 지위의 근로자에 대한 최저한의 생활 보장

104. 최저임금제의 목적

105. 최저임금법 제4조

---

47) 헌재 2019. 4. 11, 2017헌마820, 판례집 제31권 1집, 527.
48) 헌재 2008. 9. 25, 2005헌마586, 판례집 제20권 2집 상, 556.
49) 헌재 2012. 10. 25, 2011헌마307, 판례집 제24권 2집 하, 38.
50) 헌재 2005. 9. 29, 2002헌바11, 공보 108, 995; 헌재 2021. 3. 25, 2020헌바40.
51) 계희열, 헌법학(중), 2007, 761면.

우 사업의 종류별로 구분하여 정할 수 있다(제1항). 그리고 사업의 종류별 구분은 제12조에 따른 최저임금위원회의 심의를 거쳐 고용노동부장관이 정한다(제2항).

106. 최저임금 위원회

이 최저임금위원회는 최저임금에 관한 심의와 그 밖에 최저임금에 관한 중요 사항을 심의하기 위하여 고용노동부 산하에 설치한 위원회이며(제12조), 근로자, 사용자, 공익을 대표하는 위원 각 9명씩 27명의 위원으로 구성된다(제14조).

2. 제도보장으로서 최저임금제의 헌법적 의미

107. 제도보장의 성격

이 최저임금제는 헌법 제32조 제1항이 직접 보장하고 있는 것으로서 일종의 제도보장이라고 할 수 있다. 이 제도보장은 국민의 근로의 권리를 보장하기 위해서 반드시 필요한 제도를 헌법이 직접 규정하되 그 구체적인 내용은 입법자가 구체화하도록 함으로써 기본권 보장을 제도적으로 뒷받침하기 위한 것이다. 따라서 입법자는 이 제도 보장의 핵심 내용을 침해해서는 안 되고, 제도를 구체적으로 형성하여야 한다.

108. 핵심내용의 침해 금지

다만 입법자가 이 최저임금제의 제도보장의 핵심을 위반하였는지 여부는 전술하였듯이 "보장"의 최소한이 수준에 미달하였는지에 관한 심사로 국한된다.

> **판례** 헌법 제32조 제1항은 '법률이 정하는 바에 의하여 최저임금제를 시행하여야 한다.'고 규정하고 있어 최저임금제에 대한 헌법상 근거규정이 존재할 뿐만 아니라, 각 최저임금 고시 부분이 사용자가 근로자에게 지급하여야 할 최저임금액을 정한 것은 불가분의 긴밀한 관계를 형성하고 있는 사용자와 근로자 사이의 상반되는 사적 이해를 조정하기 위한 것으로서, 개인의 본질적이고 핵심적인 자유 영역에 관한 것이라기보다 사회적 연관관계에 놓여 있는 경제 활동을 규제하는 사항에 해당한다고 볼 수 있으므로 그 위헌성 여부를 심사함에 있어서는 완화된 심사기준이 적용된다(헌재 2010. 7. 29, 2008헌마581; 헌재 2013. 10. 24, 2010헌마219 등 참조).
> (헌재 2019. 12. 27, 2017헌마1366 등, 판례집 31-2하, 270, 280.)

3. 최저임금법상 최저임금의 효력

최저임금법 제6조는 최저임금의 효력으로서 다음과 같은 사항을 규정하고 있는데, 우선 사용자는 최저임금의 적용을 받는 근로자에게 최저임금액 이상의 임금을 지급하여야 한다(제1항). 그리고 사용자는 최저임금을 이유로 종전의 임금수준을 낮추어서는 아니 된다(제2항). 또한 최저임금의 적용을 받는 근로자와 사용자 사이의 근로계약 중 최저임금액에 미치지 못하는 금액을 임금으로 정한 부분은 무효로 하며, 이 경우무효로 된 부분은 이 법으로 정한 최저임금액과 동일한 임금을 지급하기로 한 것으로 본다(제3항).

109. 최저임금법 제6조

4. 위헌여부에 대한 헌법재판소 결정례

입법자가 이 최저임금제도를 구체화한 법률이 헌법 제32조 제1항의 근로의 권리나 혹은 사용자의 계약의 자유나 직업(경영)의 자유를 침해하였는지 여부와 관련된 사례를 살펴보면 다음과 같은 것들이 있다.

110. 최저임금제의 근로의 권리 및 계약·직업의 자유 침해 여부

우선 최저임금 고시에 따른 2018년 및 2019년 최저임금제도[52]는 각 최저임금 고시 부분은 최저임금제도의 입법목적을 달성하기 위하여 모든 산업에 적용될 최저임금의 시간당 액수를 정한 것으로 이는 임금의 최저수준 보장을 위한 유효하고도 적합한 수단이라고 보았다.

111. 2018년 및 2019년 최저임금제도

이 사건에서 알 수 있는 바는 국가가 최저임금제를 실시할 의무를 이행하기 위하여 합의를 도출하고 일정한 임금을 최저임금으로 고시할 경우 이 행위가 사용자의 계약의 자유나 직업행사의 자유를 제한하는 측면이 있으므로, 그들이 헌법소원심판을 청구할 경우, 당연히 헌법 제37조 제2항에 따른 과잉금지원칙 위반 여부의 심사를 해야 할 것이라는 점이다.

112. 과잉금지원칙 위반 여부의 심사

하지만 다른 한편 근로자가 이 최저임금이 너무 적다고 하면서 자신의 인간다운 생활을 할 권리나 근로의 권리 등을 침해하였다고 주장

113. 과소(보장)금지원칙 위반여부 심사 국한

---

52) 헌재 2019. 12. 27, 2017헌마1366 등, 판례집 제31권 2집 하, 270, 271.

하는 경우 심사기준은 국가가 최저임금제를 실시할 의무의 최소한에 위반되었는지의 심사, 즉 결국 과소(보장)금지원칙 위반여부를 심사하는데 국한하여야 할 것이다. 이 두 가지의 심사의 결론은 별반 다르지 않게 나올 가능성이 있다고 보인다. 전자의 경우 과잉금지원칙 심사를 하더라도 상당히 완화된 심사를 하게 될 것이며, 후자의 경우에는 처음부터 과소금지원칙으로 완화된 심사기준에 해당되기 때문이다.

114. 구체적 심사 태도

이 결정에서 헌재는 과잉금지원칙 심사, 즉 목적의 정당성, 방법의 적정성, 법익의 균형성 심사는 하였지만 과잉금지원칙 심사에 있어서 가장 핵심적 요소인 침해의 최소성에 관해서는 생략한 것으로 보이고 대신 최저임금결정의 합리성 여부에 대하여 비교적 상세한 검토를 한 후 입법자의 정책결정을 존중해야 함을 다시 한번 강조하였다.

115. 침해의 최소성 심사 생략 방법

이렇게 과잉금지원칙 심사를 하지만 완화된 심사를 하는 것의 의미가 침해의 최소성심사를 생략하는 방법으로 하는 것인지는 앞으로 더 관찰해 봐야 할 대목이라고 생각된다. 아무튼 침해의 최소성 심사는 보통의 경우 상당히 내용적으로 상세한 심사를 하게 되기 때문에 이러한 심사를 생략하고 결정내용의 합리성 여부를 중심으로 심사했다는 것은 상당히 완화된 심사를 한 것으로 보인다.

5. 법률유보와 포괄위임입법금지의 원칙

116. 형성적 법률유보

"법률이 정하는 바에 의하여"라고 하는 규정(헌법 제32조 제1항 제2문 후단)은 원칙적으로 형성적 법률유보라고 할 수 있지만 최저임금제를 어떻게 규정하는가에 따라서 상반된 이해관계에 있는 사용자들에게는 계약의 자유나 경영의 자유에 대한 제한이 될 수도 있다. 그러나 헌법재판소는 그러한 제한은 근로자들의 인간다운 생활과 적정임금의 보장이라는 공익에 의하여 정당화되는 것으로 보았다.[53]

117. 최저임금법 제6조 제5항 사례

한편 헌법재판소는 택시운전근로자들의 최저임금에 산입되는 임금의 범위는 생산고에 따른 임금을 제외한 대통령령으로 정하는 임금으로

---

53) 헌재 2011. 8. 30, 2008헌마477, 공보 179, 1311, 1316.

한다는 내용의 최저임금법 제6조 제5항[54]은 포괄위임입법금지의 원칙
에 위반되지 않는다고 보았다.

V. 국가의 의무: 국가목표조항

1. 근로자의 고용의 증진 노력의무

헌법 제32조 제1항 제2문 전단은 국가는 사회적 · 경제적 방법으로
근로자의 고용의 증진과 적정임금의 보장에 노력하여야 한다고 규정한
다. 그러므로 국가는 근로자의 고용증진 노력의무를 진다.

118. 근로자의 고용증진 노력 의무

고용증진 노력의무를 실현하기 위한 법률로는 고용정책기본법, 직업
안정법, 장애인고용촉진 및 직업재활법, 고용상 연령차별금지 및 고령자고
용촉진에 관한 법률, 건설근로자의 고용개선 등에 관한 법률 등이 있다.

119. 구체화 법률

헌법재판소는 외국거주 외국인 유족의 퇴직공제금 수급 자격을 인
정하지 않은 구 건설근로자의 고용개선 등에 관한 법률 제14조 제2항
중 구 산업재해보상보험법 제63조 제1항 가운데 '그 근로자가 사망할
당시 대한민국 국민이 아닌 자로서 외국에서 거주하고 있던 유족은 제
외한다'를 준용하는 부분은 평등원칙에 위반된다고 보았다.[55]

120. 외국 거주 외국인유족의 퇴직공제금 수급자격

또한 근로기준법 제23조 제1항의 부당해고제한은 근로관계의 존속
을 좌우하는 해고에 있어서 정당한 이유를 요구함으로써 사용자에 의한
일방적인 부당해고를 예방하는 역할을 하므로 근로조건을 이루는 중요
한 사항에 해당하며, 근로의 권리의 내용에 포함된다고 보았다.[56]

121. 부당해고 제한

다음으로 해고예고제도는 근로관계 종료 전 사용자에게 근로자에
대한 해고예고를 하게 하는 것이어서, 근로조건을 이루는 중요한 사항
에 해당하고 근로의 권리의 내용에 포함된다. 그런데 근로조건의 결정
은 근로조건 개선을 위한 법제의 정비 등 국가의 적극적인 급부와 배려
를 통하여 비로소 이루어지는 것이어서, 해고예고제도의 구체적 내용인

122. 해고예고 제도

---

54) 헌재 2011. 8. 30, 2008헌마477, 공보 179, 1311.
55) 헌재 2023. 3. 23, 2020헌바471, 공보 318, 721.
56) 헌재 2019. 4. 11, 2017헌마820, 판례집 제31권 1집, 527, 539.

적용대상 근로자의 범위, 예고기간의 장단 등에 대해서는 입법형성의 재량이 인정된다.[57)]

2. 적정임금의 보장 노력 의무

123. 근로조건의 향상을 위한 단체행동 보장

어느 정도의 임금이 되어야 적정임금이 될 것인가에 대해서는 여러 가지 기준이 있을 수 있고 각자 견해마다 다를 수 있다. 일단 근로자가 근로를 하는 이유는 자신과 가족의 생계유지를 위한 것이므로, 적어도 자신의 가족이 인간다운 생활을 할 수 있을 정도의 임금은 유지되어야 한다고 일응 말할 수 있을 것이다. 하지만 모든 근로자의 근로의 종류와 가치, 생산성이 모두 동일하다고 할 수 없으며 또한 그 근로가 산업과 경제 및 국민생활에 미치는 영향이 모두 같은 것은 아니다. 따라서 적정임금은 근로자와 사용자가 원칙적으로 사적 자치에 입각하여 자율적으로 정하는 것이 원칙이나 일반적으로 열악한 처지에 놓인 근로자들은 사용자의 결정권에 종속되게 마련이므로 양자의 협의의 결과가 늘 적정임금을 보장할 수 있는 것은 아니다. 그러므로 노사의 세력균형을 위하여 헌법 제33조는 근로자의 단결권을 보장하고 단체협약을 통해서 인간다운 생활을 위한 적정임금의 기준을 정할 수 있는 자유와 권리를 보장하였으며, 이 협약이 잘 이루어지지 않을 경우 단체행동을 할 수 있게 함으로써 임금을 비롯한 근로조건의 향상을 꾀할 수 있도록 보장하고 있는 것이다.

124. 영세사업장 근로자의 적정임금 문제

결국 문제는 근로자가 근로3권을 통해서 적정임금에 대한 협약을 할 수 있는 처지에 있지 않은 영세사업장 근로자들의 적정임금이 문제될 것이며, 국가는 이러한 근로자들의 임금도 적정임금이 되도록 노력을 해야 한다는 취지이다. 그리고 이 적정임금의 하한선이 최저임금이라 할 수 있기 때문에 헌법은 국가에게 법률이 정하는 바에 의하여 최저임금제를 시행하도록 의무를 부과하고 있는 것이다.

125. 적정임금·최저임금 보장요구권 도출 안됨

다만 헌법재판소는 이 적정임금과 최저임금의 보장의무로부터 근로자가 국가에게 적정임금이나 최저임금의 보장을 요구할 수 있는 권리

---

57) 헌재 2017. 5. 25, 2016헌마640, 판례집 제29권 1집, 234, 234; 헌재 2015. 12. 23, 2014헌바3, 판례집 제27권 2집 하, 553, 553.

가 바로 도출되는 것은 아니라고 보고 있다.[58]

적정임금보장과 관련된 헌법재판소의 결정례들을 살펴보면 다음과 같은 것들이 있다. 이하에서는 근로의 대가로 받게 되는 임금과 기타 퇴직급여 등을 포함하기로 한다.

126. 헌재 결정례

가. 퇴직금과 퇴직급여제도

근로자가 퇴직한 경우 다른 일 자리를 얻기 전의 기간이나 노후생활을 위하여 사용자로부터 받는 퇴직금이나 퇴직급여는 근로자의 안정된 생계를 위하여 매우 중요하다. 그에 대한 우선변제제도 역시 근로자의 생활안정을 위해서 필수적이다.

127. 퇴직급여와 우선변제제도

퇴직금의 법적 성격에 대해서는 공로보상설, 생활보장설, 임금후불설 등의 논란이 있으나 대법원은 후불임금[59]으로 보다가 한국수자원공사 퇴직금감액규정과 관련해서는 후불임금으로서의 성격 외에도 사회보장적 급여로서의 성격과 공로보상으로서의 성격을 모두 가진다고 한 바 있으나[60] 이 판결의 경우 한국수자원공사의 공사로서의 특수성이 반영되었을 뿐 임금후불설의 입장이 바뀐 것은 아니라는 것이 노동법학계의 일반적 견해라고 한다.

128. 퇴직금의 법적성격

또한 퇴직급여제도에 대하여 헌법재판소는 후불임금적 성격을 가지고 있지만 퇴직급여법의 제정은 근로자의 안정적인 노후생활 보장에 이바지하기 위한 것으로 이 법률상 퇴직급여는 사회보장적 급여로서의 성격이 강하다고 하고 있다.[61]

129. 헌법재판소: 사회보장적 급여로서의 성격

헌법재판소는 외국 거주 외국인 퇴직공제금 제외가 외국인 유족의 재산권 및 건설근로자의 근로의 권리를 침해한다고 주장하면서 제기한

130. 퇴직급여 관련 판례

---

58) 헌재 2012. 10. 25, 2011헌마307를 인용하며, 헌재 2021. 12. 23, 2018헌마629 등, 판례집 제33권 2집, 831, 842-843.

59) 가령 대법원 1969. 1. 21. 선고 68다2130 판결, 대법원 1975. 7. 22. 선고 74다1840 판결, 대법원 1990. 5. 8. 선고 88다카26413 판결.

60) 대법원 1995. 10. 12. 선고 94다36186 판결. 헌재 1997. 8. 21, 94헌바19 등, 판례집 제9권 2집, 243, 255-256.

61) 헌재 2008. 11. 27, 2007헌바36; 헌재 2011. 7. 28, 2009헌마408를 인용하며, 헌재 2021. 11. 25, 2015헌바334 등, 판례집 제33권 2집, 547, 555.

구 건설근로자의 고용개선 등에 관한 법률 제14조 제2항 위헌소원(외국
거주 외국인유족의 퇴직공제금 수급 자격 불인정 사건)결정62)에서 건설근로자
의 근로의 권리 침해여부에 대하여 평등원칙 위반여부를 판단하는 이상
나머지 주장에 대해서는 판단하지 않겠다고 하고 있는데63) 평등원칙과
근로의 권리는 상상적 경합관계에 있는 것이지 일반·특별의 관계로 배
제관계에 있지 않다. 그럼에도 불구하고 근로의 권리 침해여부를 판단
하지 않은 것은 다소 설득력이 없다고 생각된다.

131. 평등권침해 부인 사례

헌법재판소가 평등권 침해를 부인한 퇴직급여 관련 사례로서는 '가
구 내 고용활동'에 대해서는 근로자퇴직급여 보장법을 적용하지 않도록
규정한 근로자퇴직급여 보장법 제3조 단서 중 '가구 내 고용활동' 부
분64)이 있다. 이 결정에서 헌법재판소는 가사사용인을 일반 근로자와
달리 퇴직급여법의 적용범위에서 배제하고 있다 하더라도 합리적 이유
가 있는 차별로서 평등원칙에 위배되지 아니한다고 하였다.65)

나. 임금채권과 퇴직금 우선변제제도

132. 법정담보물권

근로기준법상 임금채권 우선변제제도는 사회정책적인 차원에서
근로자를 두텁게 보호하기 위하여 일정한 임금, 퇴직금 등 채권에 대
하여 임의경매 등 집행절차에서 다른 채권자보다 우선하여 변제를 받
을 수 있는 권리를 인정한 것이고, 이러한 임금우선특권은 당사자의
약정 없이도 법률의 규정에 의하여 당연히 성립하는 법정담보물권이
라고 한다.66)

133. 우선변제제도의 목적

근로기준법상 임금채권 우선변제제도는 사회정책적인 차원에서 근
로자를 두텁게 보호하기 위하여 일정한 임금, 퇴직금 등 채권에 대하여
임의경매 등 집행절차에서 질권 또는 저당권에 의해 담보된 채권 등 다

---

62) 헌재 2023. 3. 23, 2020헌바471, 공보 318, 721, 722.

63) 헌재 2023. 3. 23, 2020헌바471, 공보 318, 721, 725.

64) 헌재 2022. 10. 27, 2019헌바454, 판례집 제34권 2집, 424.

65) 헌재 2022. 10. 27, 2019헌바454, 판례집 제34권 2집, 424, 424-425. 이석태, 김기
영 재판관의 반대의견 있음.

66) 대법원 1994. 12. 27. 선고 94다19242 판결(공1995상, 663)를 인용하며, 헌재 2006.
7. 27, 2004헌바20, 판례집 제18권 2집, 52, 62.

른 채권에 우선하여 변제를 받을 수 있도록 인정한 것이다. 즉 이는 근로자의 최저생활을 보장하고자 하는 공익적 요청에서 예외적으로 일반 담보물권의 효력을 일부 제한하고 임금채권의 우선변제권을 규정한 것[67]이다.

헌법재판소에 따르면 입법자가 근로자의 임금채권 우선변제제도를 신설하면서 법 시행 전에 설정된 담보물권자와의 관계에서 소급효를 인정하여 우선변제를 받을 수 있도록 하는 특별규정을 두지 않았다고 하더라도, 그 내용이 현저히 불합리하여 헌법상 용인될 수 있는 입법재량의 범위를 현저히 일탈하였다고 볼 수 없다고 하면서 청구인의 평등권을 침해하지 않는다고 판단하였다.[68]

134. 헌법재판소의 견해

한편 헌법재판소는 사용자의 파산 시 최종 3개월분의 임금과 최종 3년간 퇴직금에 대하여 최우선변제권을 인정하는 구 근로기준법 제37조 제2항 제1호 및 제2호가 사용자에 대한 담보물권자의 재산권 등 기본권을 침해하지 않는다고 보았다.[69]

135. 퇴직금 우선변제제도

다. 평균임금결정 고시제도

평균임금이란 이를 산정하여야 할 사유가 발생한 날 이전 3개월 동안에 그 근로자에게 지급된 임금의 총액을 그 기간의 총일수로 나눈 금액을 말한다. 근로자가 취업한 후 3개월 미만인 경우도 이에 준한다(근로기준법 제2조 제1항 제5호). 만일 이렇게 해서 산출된 금액이 그 근로자의 통상임금보다 적으면 그 통상임금액을 평균임금으로 한다(동법 제2조

136. 평균임금 결정

67) 헌재 2006. 7. 27, 2004헌바20, 판례집 제18권 2집, 52, 64.
68) 헌재 2006. 7. 27, 2004헌바20, 판례집 제18권 2집, 52, 66. 이 사건에서 헌법재판소는 청구인이 주장하는 재산권과 인간다운 생활을 할 권리는 이 사건 부칙조항에 의하여 제한되지 않는다고 하였으면서도 결론 부분에서 "따라서 이 사건 법률조항은 헌법상 근로자에게 보장된 재산권이나 인간다운 생활을 할 권리(생존권), 평등권을 침해한다고 볼 수 없다."고 하고 있는데, 재산권이나 인간다운 생활을 할 권리를 침해한다고 볼 수 없다고 하는 결론은 불필요하다. 오히려 평등권 위반 여부만을 심사했다면 평등권을 침해하지 않는다고 하는 결론만 명시하는 것이 더 정확하다고 할 것이다. 다시 말해서 제한이 아니어서 본격적인 위헌심사도 하지 않은 재산권이나 인간다운 생활권에 대하여 권리를 침해한다고 볼 수 없다고 하는 막연한 표현은 불필요하다.
69) 헌재 2008. 11. 27, 2007헌바36, 판례집 제20권 2집 하, 260.

제2항). 이 평균임금은 근로자의 퇴직금, 휴업수당이나 연차 유급휴가시 지급하여야 할 임금, 산업재해보상보험법상 각종 급여산정(동법 제36조)의 기준이 될 수 있기 때문에 근로자 뿐만 아니라 산업재해시 그 유족에게도 의미가 적지 않다.

137. 산업재해 보상보험법 제5 조

현행 산업재해보상보험법 제5조에 의하면 근로기준법에 따라 "임금" 또는 "평균임금"을 결정하기 어렵다고 인정되면 고용노동부장관이 정하여 고시하는 금액을 해당 "임금" 또는 "평균임금"으로 한다고 규정되어 있다.

138. 평균임금 고시 부작위는 위헌

그런데 같은 내용을 담고 있는 구 산업재해보상보험법 제4조 제2호 단서 및 근로기준법 시행령 제4조가 정하는 경우에 관하여 피청구인(노동부장관)이 평균임금을 정하여 고시하지 아니함으로 인하여 청구인들의 헌법상 보장된 재산권, 재판을 받을 권리, 근로의 권리 등이 침해되었다고 주장하면서 제기한 헌법소원에 대하여 헌법재판소는 피청구인이 평균임금을 고시해야 할 의무가 있음에도 불구하고 하지 않은 행정입법부작위는 헌법에 위반된다고 확인하였다.[70]

3. 여자의 근로에 대한 특별한 보호의무와 차별금지

139. 여자의 근로의 특별한 보호

헌법 제32조 제4항은 여자의 근로는 특별한 보호를 받으며, 고용·임금 및 근로조건에 있어서 부당한 차별을 받지 아니한다고 규정하고 있다.

140. 여성에 대한 고용·임금 등 차별 현실

우리나라에서 과거는 물론 현재까지도 여자근로자는 고용·임금 및 근로조건에 있어서 많은 차별을 받고 있는 현실을 감안하여 헌법 제 (개)정자가 여자 근로자에 대한 특별한 보호와 차별금지를 명령하고 있는 것이다.

141. 헌법 제정자의 의도

우선 특별한 보호와 관련하여 1948년 헌법에는 차별금지는 없었고, 특별한 보호규정은 있었는데 헌법안을 기초한 유진오 선생에 의하면 "본조(제17조) 제3항은 여자와 소년의 근로는 특별한 보호를 받을 것을

---

70) 헌재 2002. 7. 18, 2000헌마707, 판례집 제14권 2집, 65, 78. 권성 재판관의 반대의 견 있음.

규정하였는데, 이는 첫째는 인도적 입장에서, 둘째는 국민의 보건을 위하야 절대로 요청되는 바이며, 그 구체적 방법으로는 위험한 노동이나 풍기상 좋지 못한 노동을 금지한다든가 노동시간을 제한한다든가 취업연령을 제한한다든가 기타 제종의 방법이 있을 것이나 상세한 것은 법률로 규정하여야 할 것"이라고 설명하고 있다.

이 차별금지조항은 헌법 제11조 제1항 제1문의 일반적 평등권과 그리고 제2문의 성별에 따른 차별금지조항에 대하여 특별한 평등명령 내지 차별금지라고 할 수 있다.[71] 이 조항은 헌법 제32조 제1항과 더불어서 여자 근로자들에게 인정될 수 있는 근로평등권의 근거가 된다. 이 조항에 따라 남녀고용평등법이 시행 중이다.

142. 헌법 제11조 제1항과의 관계

근로기준법은 사용자는 18세 이상의 여성을 오후 10시부터 오전 6시까지의 시간 및 휴일에 근로시키려면 그 근로자의 동의를 받아야 한다고 규정하고 있다. 그리고 임산부와 18세 미만자를 오후 10시부터 오전 6시까지의 시간 및 휴일에 근로시키지 못한다고 규정한다(제70조). 산후 1년이 지나지 아니한 여성의 동의가 있는 경우, 임신 중의 여성이 명시적으로 청구하는 경우는 예외적으로 고용노동부장관의 인가를 받으면 근로를 시킬 수 있다(동조 제2항).

143. 근로기준법 제70조

> **독일 연방헌재 판례** 여성의 야간근로를 금지한 근로시간법(1938. 4. 30. Reichsgesetzbl I Seite 447) 제19조 제1항 전단에 대하여 독일 연방헌법재판소는 "남성근로자 및 사무직 여성근로자와 비교할 때 생산직 여성근로자에게 불이익을 주며, 따라서 위 규정은 독일기본법 제3조 제1항과 제3항에 위반된다."고 하면서 기본법 제3조 제1항과 제2항(일반적 평등원칙과 양성평등)에 합치하지 아니한다고 하는 헌법불합치결정을 내렸다.[72]

또한 사용자는 여성과 18세 미만인 사람을 갱내(坑內)에서 근로시키지 못한다. 다만, 보건·의료, 보도·취재 등 대통령령으로 정하는 업무를 수행하기 위하여 일시적으로 필요한 경우에는 그러하지 아니하다(근

144. 근로기준법 제72조−제75조

---

71) 위 제9절, Ⅵ, 1, 가. 성별을 참고하라.
72) BVerfGE 85, 191.

로기준법 제72조), 그 밖에 근로기준법은 생리휴가(제73조), 임산부의 보호
(제74조), 태아검진 시간의 허용(제74조의2), 육아 시간(제75조)에 관한 규
정을 두고 있다.

4. 연소자의 근로의 특별한 보호의무

145. 연소자 근로의 특별한 보호

헌법 제32조 제5항은 연소자의 근로는 특별한 보호를 받는다고 하
고 있다. 이 규정은 연소자의 비인간적 근로조건 하에서 장시간 노동을
강요하고, 임금착취 등이 빈발했던 과거의 경험을 반영한 규정이다.[73]

146. 의무교육자 취업 불가

연소자는 교육을 받을 권리가 있으며 헌법 제31조 제2항에 따라 현
행 교육기본법은 6년간의 초등교육과 3년간의 중등교육에 대하여 의무
교육으로 하고 있으므로 이 연령에 해당되는 연소자는 취업이 불가하다.
결국 고등학교 취학연령에 해당되는 연소자들이 학교교육을 받지 않거
나 혹은 학교교육과 병행하여 근로를 하는 경우 이들은 미성년자로서 정
신적으로나 육체적으로 아직 성숙하지 못한 사회적 약자이므로 헌법은
이들의 근로에 대해서는 특별한 보호를 받는다고 규정하는 것이다.

147. 15세미만 연소자 예외적 근로 허용

이 규정에 따라 근로기준법은 15세 미만인 사람(초·중등교육법에 따라
중학교에 재학 중인 18세 미만인 사람을 포함)은 근로자로 사용하지 못한다
고 규정하고 있다. 다만 대통령령으로 정하는 기준에 따라 고용노동부
장관이 발급한 취직인허증을 지닌 사람은 근로자를 사용할 수 있다(제64
조 제1항). 이 취직인허증은 본인의 신청에 따라 의무교육에 지장이 없는
경우에는 직종을 지정하여서만 발행할 수 있다(동조 제2항).

148. 미성년자의 계약 체결 방법

한편 민법에 따르면 미성년자가 계약을 체결하는 방법으로 첫째 미
성년자 자신이 친권자 또는 후견인의 동의를 얻어서 직접 계약을 체결
하거나(민법 제5조), 둘째 친권자 또는 후견인이 법정대리인으로서 미성
년자의 동의를 얻어서 계약을 체결할 수 있다(민법 제920조). 둘째의 경
우는 법정대리인의 권리남용이 문제될 수 있기 때문에 근로기준법은 대
리에 의한 근로계약의 체결을 금지하고 있다(제67조 제1항). 그리고 친권

---

73) 계희열 (주 51), 763면.

자, 후견인 또는 고용노동부장관은 근로계약이 미성년자에게 불리하다고 인정하는 경우에는 이를 해지할 수 있다(제67조 제2항). 사용자는 18세 미만자를 오후 10시부터 6시까지의 시간 및 휴일에 근로시키지 못하나 18세 미만자의 동의가 있는 경우 고용노동부장관의 인가를 받으면 근로를 시킬 수 있다.

5. 국가유공자 등과 가족의 우선적 근로기회 부여의무

헌법 제32조 제6항은 국가유공자 상이군경 및 전몰군경의 유가족은 법원이 정하는 바에 의하여 우선적으로 근로의 기회를 부여받는다고 규정하여 국가유공자 등과 그 가족에 대한 우선 취업 기회를 보장하고 있다.

149. 국가유공자와 그 가족의 우선 취업 기회 보장

이 조항은 국가와 민족을 위하여 헌신하고 희생한 유공자들과 그 가족에 대하여 국가가 일종의 보상의 방법 중 하나로 우선 취업의 기회를 부여함으로써 그들의 생계를 지원하기 위한 것이다. 국가유공자에 대한 우선 취업을 보장하는 법률로는 '국가유공자 등 예우 및 지원에 관한 법률(국가유공자법)'이 있다.

150. 우선 취업 기회 부여 목적

국가유공자법에는 국가유공자와 그 유족 등의 생활안정 및 자아실현을 위한 취업지원제도가 자세하게 규정되어 있다. 취업지원 실시기관으로 ⅰ) 국가기관, 지방자치단체, 군부대, 국·공립학교, ⅱ) 일상적으로 하루에 20명 이상을 고용하는 공·사기업체 또는 공·사단체(대통령령으로 정하는 제조업체로서 200명 미만을 고용하는 기업체는 제외), ⅲ) 사립학교가 있다(제30조). 그리고 채용시험에 있어서 유형별로 10%와 5%의 가점제도를 두고 있다(제31조).

151. 국가유공자법 규정

과거 헌법재판소는 헌법 제32조 제6항을 근거로 하여 국가유공자 등의 가족의 취업시 가산점을 부여하는 제도에 대하여 평등원칙에 위반되지 않는다[74]고 보았으나, 나중에 판례를 변경하여 이 조항에서 취업보호의 대상이 되는 가족은 "전몰군경의 유가족"에 한한다고 엄격한 문

152. 가산점제도 판례

---

74) 헌재 2001. 2. 22, 2000헌마25, 국가유공자등예우및지원에관한법률 제34조 제1항 위헌확인, 판례집 제13권 1집, 386. 이에 관하여 제9절, Ⅲ, 2, 라. 중간적 심사기준 참고.

언적 해석을 함으로써 가산점제도에 대하여 헌법불합치 결정을 선고[75]
하였다.

Ⅵ. 입법위임: 헌법 제32조 제3항의 소위 근로조건기준 법률주의

1. 근로조건기준 법률주의의 의미

153. 헌법 제32
조 제3항 근로
조건 기준 법률
주의

헌법 제32조 제3항은 근로조건의 기준은 인간의 존엄성을 보장하
도록 법률로 정한다고 규정함으로써 인간존엄에 부합하는 근로조건기준
을 입법자에게 위임하고 있다. 이 헌법 제32조 제3항에 대하여 통상적
으로 소위 근로기준 법정주의라고 칭하고 있다. 그러나 여기에서 말하
는 법률은 원칙적으로 형식적 의미의 법률을 의미한다고 보기 때문에
법정주의라는 말 대신 법률주의로 쓰는 것이 더 타당하다.

154. 근로조건
기준 법률주의
의미와 취지

우선 근로조건기준 법률주의의 의미에 관한 학설을 살펴보면, 근로
계약의 자유로부터 나오는 폐해를 시정하고 경제적 약자인 근로자의 권
익을 보호하려는 것이 근로조건기준 법정주의라고 하면서 계약자유의
원칙의 수정에 그 의미를 두는 것이 대체로 통설적 입장[76]이다.

155. 근로조건
법률주의의 의
미

헌법재판소는 이 근로조건 법률주의의 의미에 대하여 인간존엄의
기준이 사회적·경제적 상황에 따라서 변화하는 상대적 성격을 띠는 만
큼 그에 상응하는 근로조건의 기준도 시대상황에 부합하게 탄력적으로
구체화하도록 법률에 유보한 것이라고 한다.[77] 또한 "인간의 존엄성을

---

75) 헌재 2006. 2. 23, 2004헌마675 등, 국가유공자등예우및지원에관한법률 제31조 제
1항 등 위헌확인, 판례집 제18권 1집 상, 269. 이에 대하여는 방승주 (주 24),
21-22면.

76) 계희열 (주 51), 762면; 김철수, 헌법학개론, 박영사 2007, 996면; 권영성, 헌법학
원론, 법문사 2010, 680면; 허영, 한국헌법론, 박영사 2023, 590면; 성낙인, 헌법학,
법문사 2023, 1550면; 정종섭, 헌법학원론, 박영사 2022, 854면; 홍성방, 헌법학,
현암사 2009, 588면; 이준일, 헌법학강의, 홍문사 2015, 790면; 대체로 유사한 취
지로 한수웅, 헌법학, 법문사 2021, 1030면.

77) 헌재 1999. 9. 16, 98헌마310, 판례집 제11권 2집, 373, 381; 헌재 2003. 7. 24, 2002
헌바51, 판례집 제15권 2집 상, 103, 118-119; 헌재 2006. 7. 27, 2004헌바77, 판례
집 제18권 2집, 108, 116-117 등을 인용하며, 헌재 2011. 7. 28, 2009헌마408, 판
례집 제23권 2집 상, 118, 130.

보장하는 근로조건의 보장은 근로자를 두텁게 보호하는 것뿐만 아니라 사용자의 효율적인 기업경영 및 기업의 생산성이라는 측면과 조화를 이룰 때 달성 가능하고, 이것이 헌법 제32조 제3항이 근로조건의 기준을 법률로 정하도록 한 취지"[78]라고도 한다.

이 규정은 통설이 지적하고 있듯이 경제적으로 열악한 지위에 있는 근로자와 그에 비하여 우월적 지위를 가지는 사용자 간의 사적 자치에 입각한 계약의 자유를 수정하여 근로자의 인간존엄에 상응하는 근로조건과 권익을 보호하기 위한 의미가 있다고 할 수 있지만, 그에 못지않게 다음과 같이 근로조건기준을 규율하는 입법자에 대하여 두 가지의 한계를 부여해 준다고 하는 점에서 헌법적 의의를 찾을 수 있겠다.

156. 인간존엄에 상응하는 근로조건 법적 보장

가. 실질적 · 내용적 한계

첫째, 실질적 · 내용적 한계로서 헌법 제10조에서 보장되는 인간의 존엄성의 보장이다. 인간의 존엄성을 보장하는 근로조건 기준이 어떠한 내용이 되어야 할 것인가가 문제된다. 헌법재판소가 판시하는 바와 달리 인간의 존엄성을 보장하는 근로조건의 기준이 되려면, 사회적 경제적 상황에 따라서 그 최소한의 기준이 달라져서는 안 되고, 적어도 그 최소한의 기준은 어느 정도 헌법적 차원에서 실질적 · 내용적으로 기준이 제시될 수 있어야 한다.

157. 인간의 존엄성 보장

먼저 인간존엄이라고 하는 것은 인간이 국가나 다른 사람의 어떠한 목적을 위한 일방적 수단으로 사용되어서는 안 되고 인격적 주체로서 존중받으며 그의 신체적 · 정신적 · 심령적 정체성과 완전성을 침해받지 않을 권리[79]로 요약할 수 있음은 전술한 바와 같다. 그러므로 인간의 존엄성을 보장하는 근로조건의 기준이 되려면, 근로자의 인격적 주체성과 자율성이 존중되어야 하며, 또한 사용자의 재정적 형편이 아무리 열악하다 하더라도 근로자가 그의 신체적 · 정신적 건강과 생명을 해칠 수 있는 열악하고 유해한 환경으로 내몰려서는 안 된다고 해야 할 것이다.

158. 근로자의 인격적 주체성 및 자율성 존중

159. 안전한 환경 보장

---

78) 헌재 2021. 11. 25. 2015헌바334 등, 판례집 제33권 2집, 547.
79) 위 제7절, V, 8. 참고.

160. 인간존엄
에 반하는 사례

인간존엄에 반하는 근로환경의 사례를 생각해 본다면, 가령 불법체류 외국인 근로자들의 약점을 이용하여 최저임금 이하의 임금을 제공하면서 장시간 강도 높은 노동을 강요하거나 혹은 임금착취를 한다거나, 그 밖에 여성이나 연소자들에 대해서도 야간근로를 강요한다거나 모성보호를 위한 산전·산후 휴가 등을 보장하지 않은 채 일방적으로 근로와 노동을 강요한다거나, 혹은 개인적 양심이나 신앙에 배치되는 활동이나 행위를 강요한다면, 이는 해당 근로자의 인격적 주체성과 그들의 신체적·정신적·심령적 정체성과 완전성을 해하는 일로서, 그들을 사업자의 생산이나 이윤추구를 위한 일방적 수단으로 전락시켜 종국적으로는 그들의 노동력을 착취하는 일이 될 것이다. 그렇다면 사용자의 이러한 근로의 강요나 대우는 인간존엄에 반하는 행위로서 직접적으로는 근로기준법의 강행규정에 위반되며, 또한 민법상 불법행위에 해당하거나 신의성실의 원칙에 반할 뿐만 아니라, 간접적으로는 헌법 제32조 제1항 및 제3항으로부터 나오는 근로자의 근로의 권리와 인간존엄권을 침해하는 행위가 될 것이다.

나. 입법 형식상의 한계: 원칙적 의회유보(위임금지)와 예외적 위임허용의 경우 포괄위임금지

161. 국회의 법
률로써 규정

다음으로 어떠한 근로조건이 인간존엄에 부합하는 근로조건인지에 관한 문제는 원칙적으로 형식적 의미의 법률로, 즉 민주적으로 정당화된 국회가 직접 결정하지 않으면 안 된다고 봐야 할 것이다. 왜냐하면 인간존엄과 직결되는 근로조건은 인간의 존엄성을 보장하기 위한 최소한의 근로조건의 문제이며, 이는 근로자의 근로의 권리와 인간존엄권을 실현하기 위하여 중요하고도 본질적인 입법사항이라 할 수 있기 때문이다.

162. 행정입법
으로 위임 원칙
적 불가

그러므로 인간존엄에 부합하는 근로조건에 해당되는 내용이 무엇인지에 관한 문제는 입법 형식상 국회가 직접 형식적 의미의 법률로 규정하는 것이 원칙이기 때문에, 위임금지를 의미하는 것이라고 봐야 한다. 만일 국회가 스스로 법률로 정해야 할 입법사항을 시행령 등 행정입법으로 위임을 하였다면, 위임을 해서는 안 됨에도 위임을 한 것이기 때문에 그 수권(위임)조항 자체가 의회유보원칙에 위반하여 위헌이 되는 것이다. 요컨대 헌법 제32조 제3항에서 말하는 "법률"은 원칙적으로 "형식적 의미의 법률"로 엄격하게 해석하지 않으면 안 될 것이다.

그러면 예외적으로 행정입법으로의 위임이 가능한 입법사항은 어떠한 것들이 될 것인가의 문제가 제기된다. 이는 당연히 인간의 존엄성과는 별반 상관이 없는 그야말로 입법자가 보다 더 근로자의 권익을 증진시키기 위해서 시혜적 차원에서 입법하였거나, 또한 어느 정도 인간 존엄에 상응하는 근로조건과 관련되기는 하지만 사업장의 그때그때의 개별적·구체적 사정에 맞게 탄력적으로 대응을 해야 하고 할 수 있는, 비본질적이고 세부적인 내용들은 예외적으로 행정입법으로 위임할 수 있다고 할 것이다.

163. 예외적으로 위임 가능한 입법사항

다만 이와 같이 위임을 할 때에도 헌법 제75조에 따라 구체적으로 범위를 정하여서 위임할 입법사항을 가급적 명확하고 상세하게 위임을 해야 할 것이다. 결국 이러한 예외적인 범위 내에서는 헌법 제75조의 포괄위임입법금지의 원칙 위반여부의 심사도 가능하다고 할 수밖에 없다.

164. 포괄위임 입법금지의 원칙 위반여부 심사 가능

2. 헌법 제32조 제3항의 구체화법으로서 근로기준법

가. 근로기준법의 내용

헌법 제32조 제3항의 근로조건기준 법률주의를 실현하기 위하여 제정된 법률이 근로기준법이다.

165. 근로조건 기준 법정주의 실현

근로기준법은 헌법에 따라 근로조건의 기준을 정함으로써 근로자의 기본적 생활을 보장, 향상시키며 균형 있는 국민경제의 발전을 꾀하는 것을 목적으로 한다고 제1조에서 규정하고 있다.

166. 근로기준법의 목적

제1장 총칙에서는 이 법에서 정하는 근로조건은 최저기준이므로 근로관계 당사자는 이 기준을 이유로 근로조건을 낮출 수 없다고 하고 있으며(제3조), 근로조건과 관련된 여러 원칙들을 규정하고 있다.

167. 총칙

제2장에서는 근로계약과 관련하여 근로조건의 명시(제17조), 단시간 근로자의 근로조건(제18조), 근로조건 위반의 법적 효과(제19조), 위약예정의 금지(제20조)와 해고 등의 제한(제23조), 경영상 이유에 의한 해고의

168. 근로계약

제한(제24조), 해고의 예고(제26조), 해고사유 등의 서면통지(제27조), 부당
해고 등의 구제신청절차(제28조) 등 근로자의 고용안정과 관련하여 중요
한 사항들을 규정하고 있다.

169. 임금

　　제3장에서는 임금에 대하여 규정하고 있으며, 임금지급(제43조), 휴
업수당(제46조) 등을 내용으로 한다.

170. 근로시간
과 휴식

　　제4장에서는 근로시간과 휴식에 관해서 상세한 규정들을 두고 있으
며, 휴게(제54조), 휴일(제55조), 보상휴가제(제57조), 연차유급휴가(제60조)
등을 내용으로 한다.

171. 여성과 소
년

　　제5장에서는 여성과 소년을 규정하고 있으며, 제6장에서 안전과 보
건, 제6장의2에서 직장 내 괴롭힘의 금지(신설 2019. 1. 15), 제7장에서 기
능습득, 제8장에서 재해보상, 제9장에서 취업규칙, 제10장에서 기숙사,
제11장에서 근로감독관 등을 규정함으로써 인간존엄에 상응하는 근로조
건을 위한 상세한 규정들을 두고 있다.

나. 근로기준법의 헌법적 문제점

(1) 근로기준법상 적용 배제 대상 조항의 내용적 문제

172. 근로기준
법의 적용범위

　　근로기준법의 적용범위와 관련하여 소위 영세사업장에 대하여는
국가의 감독능력상의 한계와 사업자의 법 준수능력 등을 고려하여 상시
근로자 일정 수 이상 규모의 사업장에 대해서만 근로기준법을 전면 적
용하는 것으로 해왔다.[80] 적용배제대상 사업장은 1989. 3. 29. 개정 근
로기준법(법률 제4099호) 제10조에 의하여 4인 이하의 영세사업장으로 축
소되었으나, 아이러니컬하게도 오늘날에는 유예하고 있는 근로기준법의
조항 수가 오히려 더 많아지고 있는 것 아닌가 생각된다. 그 원인은 사
실상 인간존엄에 부합하는 근로조건기준은 법률상 확대되어 왔음에도 4
인 이하 영세사업장에 대한 적용기준은 여전히 과거에 머물러서 적용배
제되는 조항의 내용이 상대적으로 더 증가한 탓이 아닌가 생각된다.

173. 근로기준
법 시행령의 문
제점

　　현재 근로기준법 시행령 [별표 1](2018. 6. 29. 개정)은 5년 전에 개정
된 후 아직 한번도 개정되지 않은 채로, 그 사이에 근로기준법 제6장의2

---

80) 방승주, 영세사업장에 대한 근로기준법의 적용배제와 근로자의 기본권, 헌법소송
　　사례연구, 박영사 2002, 201 – 220(207 – 209)면

로 "직장 내 괴롭힘의 금지"에 관한 내용이 2019. 1. 15.자로 추가되었음에도 불구하고 이 신설조항들을 비롯하여 전체 합계 46개 규정이 4인 이하 영세사업장에 대해서는 그 적용을 배제하고 있다.

이 가운데 저자가 볼 때에 근로자의 인간존엄의 보장을 위해서 명백히 차별되어서는 안 된다고 생각되는 항목들을 든다면, 첫째, 제65조 제2항(18세 이상 여성 근로자의 보건상 유해·위험한 사업 중 임신 또는 출산에 관한 기능에 유해·위험한 사업에서의 사용금지), 둘째, 제70조 제1항(18세 이상 여성근로자의 야간근로 시 근로자의 동의요건), 셋째, 제73조(여성근로자의 1일의 생리휴가), 넷째, 제74조의2(태아검진시간의 허용), 다섯째, 제75조(육아시간), 여섯째, 제76조의2(직장 내 괴롭힘의 금지), 일곱째, 제76조의3(직장 내 괴롭힘 발생 시 조치), 여덟째, 제77조(기능 습득자의 보호), 아홉째, 제98조(기숙사에서의 사생활 보장)이다. 특히 제74조의2와 제75조의 적용배제는 헌법 제36조 제1항의 혼인과 가족생활기본권 및 국가의 모성보호의무에도 위반된다고 생각된다.

174. 4인 이하 영세사업장 적용 배제와 인간의 존엄성을 보장하는 근로조건의 문제

한편 최근 4인 이하 사업장에 대하여 부당해고 금지조항과 노동위원회 구제절차 관련 조항의 적용을 배제한 데 대한 헌법소원심판에서 헌법재판소는 "부당해고를 제한하는 것이 근로의 권리의 내용에 포함된다 하더라도, 그 구체적 내용인 적용대상 사업장의 범위를 어떻게 정할 것인지, 또 부당해고임이 인정된 경우의 구제절차는 행정기구인 노동위원회를 거칠 수 있게 할 것인지 등에 대해서는 입법자에게 입법형성의 재량이 주어져 있다. 다만, 근로조건의 기준을 정함에 있어 인간의 존엄성을 보장하도록 한 헌법 제32조 제3항에 위반되어서는 안 된다."고 하면서도 결론은 헌법에 위반되지 않는다고 판단하였다.[81]

175. 4인 이하 사업장에 대한 부당해고 금지 조항 및 노동위원회 구제절차 적용 배제 합헌

그러나 2인의 반대의견이 잘 지적하고 있듯이 4인 이하 사업장이라고 해서 부당해고를 해도 된다고 할 수 없고, 또한 구제절차와 관련해서 노동위원회를 거치도록 한 조항과 관련해서도 차별을 정당화할 아무런 이유가 없다. 이와 같은 부당해고조항과 노동위원회의 경유조항의 적용을 영세사업장에도 확대한다고 해서 사업자의 법 준수능력이 문제되는

176. 반대의견

---

81) 헌재 2019. 4. 11, 2017헌마820, 판례집 제31권 1집, 527, 540.

것도 아니고, 그렇다고 20년 전에 문제될 수 있었던 국가의 감독능력이 부족한 것도 아니다. 그럼에도 불구하고 입법자에게 넓은 형성의 자유를 인정하면서 심판 대상 조항에 대하여 합헌결정을 한 것은 동의할 수 없다. 이 조항은 실질적 관점에서 헌법 제32조 제3항에 위반하여 청구인의 근로의 권리를 침해한다고 생각한다.

(2) 의회유보와 포괄위임금지원칙

177. 의회유보의 관점

우선 의회유보의 관점에서 본다면 근로기준법이 인간존엄에 상응하는 근로조건의 기준을 점차 확대하면서 상당히 자세한 규정을 두고 있다고 생각된다.

178. 시행령 위임의 문제

다만 가장 문제될 수 있는 것이 근로기준법의 적용대상과 그 적용유예 내지 배제 대상이 되는 조항의 결정을 시행령에 위임하고 있는 부분이다. 앞에서도 보았듯이 4인 이하의 사업장에 대한 적용배제 규정들의 내용을 보면 헌법 제10조의 인간존엄권, 제17조의 사생활의 기본권, 제36조의 혼인과 가족생활기본권 및 국가의 모성보호규정과 직접 관련될 수 있는 중요하고도 본질적인 내용들이다. 이러한 내용들을 국회가 스스로 결정하지 않고서 대통령령으로 위임을 하였으므로, 이렇게 위임을 한 모법조항인 근로기준법 제11조 제2항은 의회유보원칙에 위반된다고 생각된다.

179. 개별적으로 위임의 명확성 심사 필요

근로기준법의 그 밖의 입법사항에 대해서도 대통령령으로 위임을 하고 있는 조항들이 상당히 있는데, 이러한 규정들이 위임의 필요성은 어느 정도 인정된다 하더라도 과연 위임의 구체성·명확성이 충분하다고 할 수 있을 것인지는 개별적 검토가 필요하다.

180. 완화된 심사기준 적용

그런데 전술한 4인이하 사업장에 대한 근로기준법 적용배제사건에서 헌법재판소는 심판대상조항이 근로기준법 제11조 제1항에 의하여 그 적용이 제외되어 있던 4인 이하 사업장에 적용할 근로기준법 조항을 형성하는 규정이라는 이유로 포괄위임금지원칙 심사에 있어서 완화된 심사기준을 적용한 끝에 이 원칙 역시 위반되지 않았다고 보았다.[82]

---

82) 헌재 2019. 4. 11, 2013헌바112, 판례집 제31권 1집, 378, 386.

그러나 심판대상조항으로 인하여 청구인들의 인간존엄에 상응하는 근로조건 하에서 근로할 권리가 중대하게 침해되고 있을 뿐만 아니라, 근로기준법의 적용과 관련하여 중대한 차별이 이루어지고 있기 때문에, 모법인 근로기준법 제11조 제2항 자체가 의회유보(위임금지)원칙 위반으로 위헌일 뿐만 아니라, 백 보 양보하여 위임 필요성이 인정되는 입법사항이라고 치더라도, 이 위임조항은 지나치게 포괄적이고 광범위하게 위임을 하였으므로 헌법 제75조의 포괄위임입법금지원칙에 위반된다고 판단된다.[83]

181. 의회유보 및 포괄위임입법금지원칙 위반

저자가 판단하기에 근로기준법 제11조 제2항은 상시 4명 이하의 근로자를 사용하는 사업 또는 사업장에 대하여 적용될 근로기준법 조항을 대통령령으로 위임할 것이 아니라, 오히려 그 반대로 예외적으로 적용을 배제할 근로기준법 조항이 무엇인지를 국회에서 치열하게 논쟁을 하여 법률로 구체적으로 규정했어야 할 것이다.

182. 법률로써 규정할 필요성

그 밖에도 헌법재판소가 위임입법의 한계를 일탈하지 않았다고 본 사례로는 최저임금의 적용을 위해 주(週) 단위로 정해진 근로자의 임금을 시간에 대한 임금으로 환산할 때, 해당 임금을 1주 동안의 소정근로시간 수와 법정 주휴시간 수를 합산한 시간 수로 나누도록 한 최저임금법 시행령 제5조 제1항 제2호[84]를 들 수 있으며, 또한 산업재해보상보험법을 모든 사업 또는 사업장에 적용하되, 다만, 사업의 위험률, 규모 및 사업장소 등을 참작하여 대통령령으로 정하는 사업에는 적용하지 아니할 수 있도록 규정한 동법 제4조의 적용범위조항은 대통령령에 규정될 내용의 대강을 예측할 수 있다고 하는 이유로 위임입법의 한계를 일탈한 포괄위임규정이라고 보기 어려우며 헌법 제32조 제3항의 규정에 위반된다고 볼 수 없다고 판단하였다.[85]

183. 위임입법의 한계를 일탈하지 않았다고 본 사례

---

83) 이석태, 김기영 재판관도 심판대상조항은 아무런 기준 없이 근로기준법 조항들의 적용 여부를 대통령령으로 위임함으로써 국회가 보유한 입법권한을 실질적으로 행정부에 전부 일임한 것이라고 하면서 이는 위임의 한계를 일탈하여 포괄위임입법금지원칙에 반하고 동시에 헌법 제32조 제3항의 근로조건 법정주의에도 위배된다고 보았다. 헌재 2019. 4. 11, 2013헌바112, 판례집 제31권 1집, 378(389-390).

84) 헌재 2020. 6. 25, 2019헌마15, 판례집 제32권 1집 하, 468.

184. 근로조건
의 명시의무

그리고 근로계약 체결 시 사용자에게 근로조건의 명시의무를 규정
하면서 이 경우 임금의 구성항목, 계산방법 및 지불방법에 관한 사항의
'명시방법'에 대해서는 대통령령에 위임을 한 근로기준법 제24조 제2
문[86] 역시 포괄위임입법금지의 원칙이나 죄형법정주의 원칙에 위배되
지 않는다고 보았다.

3. 그 밖에 헌법 제32조 제3항 위반여부에 관한 구체적 사례

가. 합헌사례

185. 합헌 사례

헌법재판소가 헌법 제32조 제3항에 위반되지 않는다고 본 사례로
는 다음과 같은 것들이 있다.

(1) 근로기준법 사건

186. 근로기준
법 전면 적용
대상을 5인 이
상사업장에 한
정한 규정

1999년 9월 헌법재판소는 근로기준법의 전면적인 적용 대상을 5인
이상의 근로자를 사용하는 사업장에 한정하고 있는 근로기준법 제10조
제1항 본문[87]에 대하여 헌법 제32조 제3항에 위반되지 않는다고 보았
다. 그 후 거의 20년이 지난 2019년 4월에도 헌법재판소는 4인 이하 사
업장에 대하여 근로기준법상 부당해고 제한조항과 노동위원회 구제절차
조항의 적용을 제외한 근로기준법 시행령 조항[88]에 대하여 여전히 헌법
제32조 제3항에 위반되지 않는다고 결정하였다.

187. 초단시간
근로자의 퇴직
급여제도

그 밖에 4주간을 평균하여 1주간의 소정근로시간이 15시간 미만인
근로자, 즉 이른바 '초단시간근로자'를 퇴직급여제도의 적용대상에서 제
외하고 있는 '근로자퇴직급여 보장법' 제4조 제1항 단서 중 '4주간을 평
균하여 1주간의 소정근로시간이 15시간 미만인 근로자'에 관한 부분[89],

---

85) 헌재 1996. 8. 29, 95헌바36, 판례집 제8권 2집, 90.
86) 헌재 2006. 7. 27, 2004헌바77, 판례집 제8권 2집, 108. 제24조 제2문은 2010년,
  2021년 두 차례의 개정이 있었다.
87) 헌재 1999. 9. 16, 98헌마310, 판례집 제11권 2집, 373. 이에 대하여는 방승주 (주
  80) 참고.
88) 헌재 2019. 4. 11, 2017헌마820, 판례집 제31권 1집, 527. 이에 대하여는 이석태,
  김기영 재판관의 반대의견이 있음.
89) 헌재 2021. 11. 25, 2015헌바334 등, 판례집 제33권 2집, 547, 549. 이에 대하여는

노동위원회에 대한 부당해고 구제신청을 부당해고가 있었던 날로부터 3
개월 이내에 하도록 규정한 근로기준법 제28조 제2항(재판청구권)[90]에
대해서도 마찬가지로 헌법에 위반되지 않는다고 보았다.

또한 구 근로기준법 제41조에서 임금채권의 소멸시효를 3년으로
제한한 것은 헌법 제37조 제2항이 규정하고 있는 기본권 제한 입법의
한계를 일탈하지 않았다고 보았다.[91]

188. 임금채권의 소멸시효

(2) 산업재해보상보험법 사건

헌법재판소는 산업재해보상보험법은 모든 근로자의 업무상 재해를
신속하고 공정하게 보상하여 근로자의 보호에 기여하는 것을 그 이상으
로 하고 있지만, 보험기술적인 측면에서 실제로 어떠한 범위의 사업을
강제적용대상으로 할 것인지, 또는 어떠한 범위의 사업을 적용제외대상
으로 할 것인지는 입법권자가 가지는 입법재량의 영역에 속하는 문제로
서 그 기준이 현저하게 불합리하지 아니하는 한 근로조건에 관한 기준
이 인간의 존엄성을 보장할 수 있어야 한다는 헌법 제32조 제3항의 규
정에 위반된다고 볼 수 없다고 판시하였다.[92]

189. 산업재해보상보험법 적용 대상의 문제

또한 일정 범위의 사업을 산업재해보상보험법의 적용 대상에서 제
외하면서 그 적용제외사업을 대통령령으로 정하도록 규정한 산업재해보
상보험법 제5조 단서[93]에 대해서도 마찬가지로 합헌으로 판단하였다.

190. 산업재해보상보험법의 적용 대상

(3) 기간제 및 단시간근로자 보호 등에 관한 법률 사건

사용자로 하여금 2년을 초과하여 기간제근로자를 사용할 수 없도록
한 '기간제 및 단시간근로자 보호 등에 관한 법률' 제4조 제1항 본문이
오히려 기간제근로자의 기본권(계약의 자유)을 침해하는 것이 아닌지가

191. 2년을 초과하여 기간제근로자 사용 금지 조항

심판대상조항은 인간의 존엄에 상응하는 근로조건에 관한 기준을 갖추지 못한
것으로서 헌법 제32조 제3항에 위배되어 근로의 권리와 평등권을 침해한다고 하
는 이석태, 김기영, 이미선 재판관의 반대의견이 있음.
90) 헌재 2012. 2. 23, 2011헌마233, 공보 185, 521, 521.
91) 헌재 1998. 6. 25, 96헌바27, 판례집 제10권 1집, 811.
92) 헌재 1996. 8. 29, 95헌바36, 판례집 제8권 2집, 90.
93) 헌재 2003. 7. 24, 2002헌바51, 판례집 제15권 2집 상, 103.

문제된 헌법소원에서 헌법재판소는 헌법 제37조 제2항에 따른 과잉금지원칙 위반여부에 대하여 심사하되 완화된 심사기준을 적용한 후 계약의 자유를 침해하지 않는다고 판단하였다.[94]

나. 위헌사례

헌법재판소는 근로자가 사업주의 지배관리 아래 출퇴근하던 중 발생한 사고로 부상 등이 발생한 경우만 업무상 재해로 인정하는 산업재해보상보험법 제37조 제1항 제1호 다목이 평등원칙에 위반된다고 판단하였다.[95] 이는 종래의 3년 전 4:5 합헌결정[96]을 변경한 결정이다.

192. 산업재해보상보험법 관련 위헌 사례

---

94) 헌재 2013. 10. 24, 2010헌마219 등, 판례집 제25권 2집 하, 248, 257. 이정미, 조용호 재판관의 반대의견 있음(기간제근로자의 근로계약 체결의 자유 침해 주장).
95) 헌재 2016. 9. 29, 2014헌바254, 판례집 제28권 2집 상, 316.
96) 헌재 2013. 9. 26, 2012헌가16. 헌법불합치결정이 5인이었으나 위헌결정을 위한 정족수에 미달되어 합헌결정된 사례

제 29 절 　근로자의 노동3권

헌법 제33조는 ① 근로자는 근로조건의 향상을 위하여 자주적인 단결권·단체교섭권 및 단체행동권을 가진다. ② 공무원인 근로자는 법률이 정하는 자에 한하여 단결권·단체교섭권 및 단체행동권을 가진다. ③ 법률이 정하는 주요방위산업체에 종사하는 근로자의 단체행동권은 법률이 정하는 바에 의하여 이를 제한하거나 인정하지 아니할 수 있다.

1. 헌법 제33조 근로자의 노동3권

I. 노동3권의 의의

노동3권이란 자본주의 사회에서 경제적 약자인 근로자들이 근로조건의 향상을 위하여 자주적으로 단체를 결성하고, 그 단체를 통하여 사용자와 교섭하며, 그 교섭이 제대로 이루어지지 아니할 경우에는 단체행동을 할 수 있는 권리이다.[1]

2. 노동3권의 의의

헌법재판소는 노동3권이 자유권적 성격과 사회권적 성격을 함께 가지는 기본권으로 파악한다. 즉 "헌법 제33조 제1항이 보장하는 노동3권은 근로자가 자주적으로 단결하여 근로조건의 유지·개선과 근로자의 복지증진 기타 사회적·경제적 지위의 향상을 도모함을 목적으로 단체를 자유롭게 결성하고, 이를 바탕으로 사용자와 근로조건에 관하여 자유롭게 교섭하며, 때로는 자신의 요구를 관철하기 위하여 단체행동을 할 수 있는 자유를 보장하는 자유권적 성격과 사회·경제적으로 열등한 지위에 있는 근로자로 하여금 근로자단체의 힘을 배경으로 그 지위를 보완·강화함으로써 근로자가 사용자와 실질적으로 대등한 지위에서 교섭할 수 있도록 해주는 기능을 부여하는 사회권적 성격도 함께 지닌 기본권"[2]이라는 것이다.

3. 노동3권의 자유권적·사회권적 성격

---

1) 계희열, 헌법학(중), 박영사 2007, 771면; 허영, 한국헌법론, 박영사 2023, 593면; 권영성, 헌법학원론, 박영사 2010, 682면.
2) 헌재 1998. 2. 27, 94헌바13 등, 판례집 제10권 1집, 32, 43-44.

4. 노동3권의
보장취지

또한 헌법재판소는 "헌법이 근로자의 근로3권을 보장하는 취지는 원칙적으로 개인과 기업의 경제상의 자유와 창의를 존중함을 기본으로 하는 시장경제의 원리를 경제의 기본질서로 채택하면서 노동관계 당사자가 상반된 이해관계로 말미암아 계급적 대립·적대의 관계로 나아가지 않고 활동과정에서 서로 기능을 나누어 가진 대등한 교섭주체의 관계로 발전하게 하여 그들로 하여금 때로는 대립·항쟁하고 때로는 교섭·타협의 조정과정을 거쳐 분쟁을 평화적으로 해결하게 함으로써, 근로자의 이익과 지위의 향상을 도모하는 사회복지국가 건설의 과제를 달성하고자 함에 있다."3)고 판시하고 있다.

Ⅱ. 노동3권의 법적 성격

5. 학설상 논란

노동3권의 성격과 관련해서 학설상 논란이 있으며, 헌법재판소 판례는 초기에는 자유권보다는 사회권적 성격을 가진 것으로 보다가, 추후 사회권적 성격과 자유권적 성격을 모두 가지는 것으로 보는 쪽으로 바뀌었다.

1. 학 설

가. 자유권설

6. 자유권설:
대국가적 방어
권

자유권설에 의하면 근로자의 노동3권은 근로자가 단결·단체교섭·단체행동을 행사함에 있어 국가권력으로부터 부당한 방해나 간섭 또는 제재를 받지 아니할 권리이기 때문에 자유권, 즉 방어권이라고 하는 것이다.4) "근로자가 국가로부터 단결 내지 단체행동을 이유로 제재를 받지 않는 것을 그 주요내용으로 하는 것이므로, 적어도 국가에 대한 기본권으로서는, 이들을 그 제1차적 성질에 있어 근로자의 자유권으로 보는 것이 타당하다."고 한다.5)

---

3) 헌재 1993. 3. 11, 92헌바33, 판례집 제5권 1집, 29, 29.
4) 계희열 (주 1), 186면.
5) 박일경, 제5공화국 헌법, 일조사 1980, 207면; 정덕기, 공무원의 근로삼권에 관한

나. 사회(생활 또는 생존)권설

노동3권이 집회·결사의 자유와 별도로 독립하여 특별히 규정된
것은 그 유래와 목적이 다르다고 한다. 후자가 인간의 자유활동을 일반
적으로 보장하려는 자유권인데 대하여 이 노동3권이 규정된 이유는 근
대 자본주의 사회의 계약자유의 원칙 하에서는 경제적 약자인 근로자는
언제나 고용주에 비하여 불평등하고 열등한 입장에서 근로조건이 결정
되므로, 이것을 특별히 보호하여 근로자의 인간다운 생활을 보장하려는
데에 있기 때문에 노동3권은 생활권적 기본권이라는 것이다.6) 또한 만
약에 자유권으로 본다면 일반적 결사의 자유와 달리 규정할 필요는 없
을 것이며, 노동자에게만 인정할 수도 없을 것이라면서 노동3권 행사로
인한 형사면책·민사면책을 받을 권리가 있다고 하는 견해7) 역시 여기
에 속한다.

7. 사회권설:
근로자의 인간
다운 생활 보장

다. 복합권설

복합권설에 따르면 근로자의 노동3권은 자유권으로서의 성격과 사
회권으로서의 성격을 함께 가지고 있다고 본다. 즉 노동3권의 행사는
국가권력에 의해 방해·간섭·제재를 받지 않는다는 자유권적 측면과
노동3권의 행사를 방해하고 침해하는 사용자 등의 행위에 대하여 국가
에게 적극적으로 보호해 줄 것을 요구할 수 있는 사회권적 측면을 함께
가지고 있다는 것이다.8)

8. 복합권설:
자유권적·사
회권적 측면 모
두 인정

2. 헌법재판소 판례

헌법재판소는 초기에 이를 생존권적 내지 사회권적 기본권9)으로 보

9. 헌법재판소:
복합권설

연구, 중앙대 박사학위논문, 2000, 183면 이하. 유성재, 유니언 숍(Union Shop)협
정과 소극적 단결권, 중앙법학 제5집 제1호(2003), 7-35(26)에서 재인용.

6) 문홍주, 헌법요론, 법문사 1976, 135-136면,

7) 김철수, 헌법학개론, 박영사 2006, 860면.

8) 구병삭, 신헌법원론, 박영사 1996, 636-537면; 허영 (주 1), 596면; 근로자의 노동
3권은 근로자의 권익향상을 위한 권리로서 사회적 기능을 수행한다는 점에서 광
의의 사회권이라고 할 수 있으나, 노동3권의 보장형식이나 보장내용은 자유권이
라는 입장으로 계희열 (주 1), 786면; 유성재 (주 5), 28면.

다가 최근 두 가지 성격을 다 가지는 것으로 보고 있다. 즉 헌법재판소
는 "근로3권은 국가공권력에 대하여 근로자의 단결권의 방어를 일차적
인 목표로 하지만, 근로3권의 보다 큰 헌법적 의미는 근로자단체라는 사
회적 반대세력의 창출을 가능하게 함으로써 노사관계의 형성에 있어서
사회적 균형을 이루어 근로조건에 관한 노사간의 실질적인 자치를 보장
하려는 데 있다. 근로자는 노동조합과 같은 근로자단체의 결성을 통하여
집단으로 사용자에 대항함으로써 사용자와 대등한 세력을 이루어 근로
조건의 형성에 영향을 미칠 수 있는 기회를 가지게 되므로 이러한 의미
에서 근로3권은 '사회적 보호기능을 담당하는 자유권' 또는 '사회권적 성
격을 띤 자유권'이라고 말할 수 있다."10)고 하는 것이 그것이다.

10. 법적 제도
와 법규범 형성
의무

또한 헌법재판소는 근로자의 노동3권은 국가로부터의 자유라고 하
는 측면만 아니라, 근로자단체의 조직, 단체교섭, 단체협약, 쟁의행위 등
에 관한 노동조합관련법의 제정을 통하여 노사간의 세력균형이 이루어
지고 근로자의 근로3권이 실질적으로 기능할 수 있도록 하기 위하여 필
요한 법적 제도와 법규범을 마련하여야 할 의무가 있다는 것을 의미한
다고 강조한다.11)

3. 사　견

11. 자유권설이
타당

자유권설이 옳다고 본다. 겉보기에 사회적 기본권인 것처럼 보이는
이유는 단결권, 단체교섭권, 단체행동권의 행사가 자유인데, 이 자유가
사용자 등 제3자에 의하여 방해받을 경우 이에 대하여 적극적으로 보호
를 해 달라고 요구할 수 있는 보호청구권의 측면 때문으로 생각된다.

12. 국가에 대
해 보호 입법과
보호조치 요구
가능

그러나 이 근로자의 노동3권은 인간다운 생활을 할 권리나 교육을
받을 권리, 근로의 권리와 같이 국가의 - 주로 재정적 지원이 소요되
는 - 적극적인 급부를 요구할 수 있는 권리인 것이 아니다. 오히려 원

---

9) 헌재 1991. 7. 22, 89헌가106, 판례집 제3권, 387, 420.
10) 헌재 1998. 2. 27, 94헌바13 등, 판례집 제10권 1집, 32, 33; 헌재 2009. 2. 26, 2007
헌바27, 판례집 제21권 1집 상, 61, 72.
11) 헌재 1998. 2. 27, 94헌바13 등, 판례집 제10권 1집, 32, 33; 헌재 2009. 2. 26, 2007
헌바27, 판례집 제21권 1집 상, 61, 73-74.

칙적으로 자유권이지만, 근로자들의 근로조건 향상을 위하여 효과적으
로 노동3권을 보호할 수 있기 위해서는 노동법을 통하여 구체적인 제도
와 조직 및 절차가 필요하고, 현대 위험사회에서 오늘날 근로자들이 인
간다운 생활을 누릴 수 있으려면 국가를 상대로 건전한 노사관계와 제
도의 형성을 요구할 수 있어야 한다고 하는 관점에서, 어느 정도 다차원
적이고 복합적인 성격을 찾아 볼 수 있을 뿐이다. 이러한 조직과 절차의
보장에 관하여는 통신·방송의 시설기준과 신문의 기능을 보장하기 위
한 법률을 입법자에게 위임하고 있는 헌법 제21조 제3항과는 달리, 헌
법 제33조 제1항은 구체적으로 아무런 법률유보나 입법위임을 두고 있
지 않다. 또한 "법률이 정하는 바에 의하여"와 같은 소위 (형성적) 법률
유보조항을 두고 있는 여러 청구권적 기본권(헌법 제26조~제30조)이나 참
정권(헌법 제24조~제25조)과도 달리 헌법 제33조 제1항의 노동3권에는
아무런 (형성적) 법률유보조항이 없다. 이 점은 1980년 헌법 제31조 제1
항이 단체행동권에 대하여 법률유보조항을 두었던 것과도 비교된다. 국
가가 노동3권의 실현을 위해서 적극적인 절차와 조직을 형성할 필요가
있다고 하는 것은 이 기본권이 가지는 "객관적 가치질서"로서의 의미[12]
로 인한 것이지 이것이 "사회권적 기본권"이기 때문은 아니다.

다만 근로자의 노동3권은 그 행사를 통해서 근로자의 근로조건 향
상과 이를 통한 권익향상의 목적을 가지는 것이므로 간접적으로는 근로
자의 생활향상과 밀접하게 관련되는 기본권이라는 점은 부인할 수 없을
것이다. 그러나 그렇다고 해서 노동관련 제도와 입법형성 자체가 무상
교육이나 근로기회의 제공, 혹은 생활능력이 없는 자들에 대한 사회보
장·사회복지제도 등과 같이 국가의 재정적 지원이 소요되는 어떠한 급
부행위라고 하기는 곤란하다.[13]

13. 근로조건과 권익향상

그러므로 근로자의 노동3권은 자유권과 사회적 기본권의 복합적 성
격의 기본권이 아니라, 한편으로는 자유권과 다른 한편으로는 객관적
가치질서로서의 측면, 특히 이 노동3권의 행사를 방해하려는 사용자의

14. 자유권과 보호청구권의 복합적 기본권

---

12) 이에 대해서는 제1장, 제2절, II, 2. 이하를 참고하라.
13) 같은 취지로 정종섭, 헌법학원론, 박영사 2022, 788면.

침해적 행위에 대하여 근로자의 노동3권을 보호해 달라고 국가에게 요구할 수 있는 소위 보호청구권이 복합된 기본권으로 보는 것이 더 정확하다.

Ⅲ. 노동3권의 주체

15. 주체: 근로자

노동3권의 기본권 주체는 근로자이다. 우리 헌법이 다른 기본권의 주체는 국민으로 지칭을 하면서도 이 노동3권에 대해서는 "근로자"라고 하는 주어를 쓰고 있다.

1. 근로자

16. 근로를 제공하고 근로의 대가를 받는 사람

이 근로자란 타인에게 근로를 제공하고 임금 등 근로의 대가를 받아 생활을 하는 사람을 일컫는다.[14] 노동조합 및 노동관계조정법이 정의하는 "근로자"라 함은 직업의 종류를 불문하고 임금·급료 기타 이에 준하는 수입에 의하여 생활하는 자(제2조 제1호)를 말한다.

17. 정신적·육체적 노동자 모두 포함

이 근로자에는 육체적 노동자와 정신적 노동자 모두 포함된다.[15] 오늘날에는 육체적 노동과 정신적 노동의 구분이 분명하지 않고 양자가 혼합되어 있는 노동의 경우도 많이 있다.

18. 국민과 외국인 포함

이 근로자에는 일단 자연인이 포함되며 자연인에는 국민과 외국인[16]이 모두 포함된다.

19. 노동단체의 기본권 주체성 인정

이에 반하여 법인이나 단체가 노동3권의 주체가 될 수 있을 것인지가 문제될 수 있다. 특히 근로자가 노동조합을 결성한 경우 이 노동조합

---

14) 허영 (주 1), 596면. "종속적 임노동으로 생활하는 자"로 보는 견해로 양건, 헌법강의, 법문사 2022, 1013면; 문제는 헌법상 근로자의 개념을 어떻게 설정할 것인지에 있다고 하면서 저자와 유사한 헌법적 문제제기를 하고 있는 견해로 김하열, 헌법강의, 박영사 2023, 712면은 '사용자에 대한 종속성'이라는 개념요소를 지나치게 엄격하게 파악함으로써 노동현실에서 근로3권의 보호를 필요로 하는 사람들을 배제해서도 안 될 것이라는 타당한 지적을 하고 있다. 이와 관련해서는 헌법상 '사용자' 개념을 논하면서 후술하겠다.

15) 허영 (주 1), 596면; 계희열 (주 1), 772면; 권영성 (주 1), 685면. 근로기준법 제2조 제1항 제3호: "'근로'란 정신노동과 육체노동을 말한다."

16) 동지, 허영 (주 1), 596면. 김철수 (주 7), 1007면.

이 새로이 근로자들을 가입시킬 뿐 아니라, 다른 노동조합과 더 큰 규모의 노동자 단체를 결성할 수 있어야 할 것이며, 또한 이 노동조합은 단체교섭과 단체행동을 할 수 있어야 근로조건의 향상을 효과적으로 꾀할 수 있을 것이기 때문에, 노동단체의 경우 역시 노동3권의 주체가 된다고 봐야 할 것이다.

2. 사용자나 사용자 단체

다음으로 사용자나 사용자 단체가 이 노동3권의 주체가 될 수 있을 것인지의 문제를 제기해 볼 수 있을 것이다. 가령 독일과 같은 경우에는 사용자 역시 노사의 당사자 중 하나로써 소위 단결의 자유(Koalitionsfreiheit)의 주체가 된다(독일 기본법 제9조 제3항17)).18) 그러나 우리 헌법은 명확하게 "근로자"라는 개념을 쓰고 있기 때문에, 이 개념에 사용자가 들어갈 여지는 없다. 그러므로 사용자나 사용자 단체는 노동3권의 주체가 될 수 없다.19)

20. 사용자 및 사용자 단체는 주체성 불인정

(1) 헌법상 사용자 개념

다만 헌법 제33조 제1항의 근로자 개념은 근로를 제공받고 근로자에게 임금 등 대가를 지불하는 사용자를 전제로 한 개념이다. 그러므로 근로자의 노동3권 행사의 상대방인 사용자 범위를 헌법적으로 어떻게 설정할 것인가의 문제도 매우 중요하다. 왜냐하면 헌법 제33조 제1항은 근로자가 근로조건의 향상을 위하여 자주적인 단결권·단체교섭권 및 단체행동권을 가진다고만 규정했지 사용자가 누구인지는 나와 있지 않기 때문이다. 다시 말해서 법률이 사용자 개념을 지나치게 엄격하게 설정하는 경우 근로자들의 헌법상 노동3권의 행사가 그만큼 제한될 가능성이 있기 때문이다. 그러므로 근로자 개념과 마찬가지로 사용자 개념 역시 근로기준법(제2조 제1항 제2호)이나 노동조합 및 노동관계조정법(제2

21. 헌법적 차원에서 먼저 사용자 개념 확정 필요

---

17) 독일 기본법 제9조 제3항: 경영조건의 유지와 향상을 위하여 단체를 결성할 권리는 모든 사람과 모든 직업에 보장된다."
18) 계희열 (주 1), 773면.
19) 동지, 김철수 (주 7), 1008면; 허영 (주 1), 596면.

조 제2호)이 정하는 개념이 모두 그대로 헌법상의 개념으로 되는 것은 아니다.[20] 오히려 헌법이 근로자에게 노동3권을 보장한 목적과 취지에 따라서 헌법적 차원에서 먼저 사용자 개념이 확정될 필요가 있다. 이 경우 헌법적 차원에서도 사용자의 개념을 반드시 형식적으로 노사간의 근로계약이 체결되어 있는가를 기준으로 하기보다는, 오히려 근로자의 "노동"을 제공받고, 그에 대하여 "임금 등 대가"를 직·간접적으로 지불함으로써 근로자에 대하여 실질적으로 "업무상 지배·복종의 관계"를 형성하고 있는 자는 근로자의 노동3권의 상대방이 되는 사용자라고 봐야 할 것이다.[21]

---

20) 그럼에도 대부분의 국내 학자들은 근로자의 노동3권의 상대방인 사용자의 헌법적 정의를 하지 않거나 한다 하더라도 노동조합 및 노동관계조정법 제2조 제2호의 사용자 정의를 헌법적 사용자 개념으로 간주하고 있는 것으로 보인다. 가령 권영성 (주 1), 686면; 정종섭 (주 13), 791면.

21) 법원도 "노동조합법 제33조 제1항(저자 註: 현행 제29조 제1항) 본문, 제39조 제3호(저자 註: 현행 제81조 제1항 제3호) 소정의 사용자라 함은 근로자와의 사이에 사용종속관계가 있는 자, 즉 근로자와의 사이에 그를 지휘·감독하면서 그로부터 근로를 제공받고 그 대가로서 임금을 지급하는 것을 목적으로 하는 명시적이거나 묵시적인 근로계약관계를 맺고 있는 자를 말한다."고 넓게 개념을 정의하고 있다(대법원 1986. 12. 23. 선고 85누856 판결을 인용하며 대법원 1995. 12. 22. 선고 95누3565 판결; 대법원 1997. 9. 5. 선고 97누3644 판결; 대법원 2008. 9. 11. 선고 2006다40935 판결; 서울행정법원 2023. 1. 12. 선고 2021구합71748 판결.). 최근 이러한 대법원 판결 취지를 법률에 반영하여 하청 등 간접고용 근로자도 원청사용자와 단체교섭 등을 할 수 있도록 사용자 개념을 확대하고(안 제2조 제2호 후단 신설), 노동쟁의의 대상을 '근로조건의 결정에 관한 사항'으로 한정하고 있는 현행법을 개정하여 '근로조건에 관한 사항'으로 확대하며(안 제2조 제5호), 또한 법원이 노동조합 및 조합원들의 공동불법행위에 대하여 이들 각각의 불법행위 책임범위를 구체적으로 산정하지 아니하고 모든 공동불법행위가 각각에게 총 손해발생액 전부를 부담시키고 있어 각 배상의무자별로 각각의 귀책사유와 기여도에 따라 개별적으로 책임범위를 정하도록 하는(안 제3조 제2항 신설) 노동조합 및 노동관계조정법 일부개정법률안(대안)(소위 '노란봉투법')이 2023. 2. 21. 환노위를 통과하여 2023. 6. 국회 본회의에 상정되어 계류 중이다가 2023. 11. 9. 국회 본회의를 통과하였다. 이 소위 '노란봉투법'을 의식한 탓인지 대법원은 최근 2023. 6. 15. 2017다46274판결에서 "위법한 쟁의행위를 결정·주도한 노동조합의 지시에 따라 그 실행에 참여한 조합원으로서는 쟁의행위가 다수결에 의해 결정되어 일단 그 방침이 정해진 이상 쟁의행위의 정당성에 의심이 간다고 하여도 노동조합의 지시에 불응하기를 기대하기는 사실상 어렵고, 급박한 쟁의행위 상황에서 조합원에게 쟁의행위의 정당성 여부를 일일이 판단할 것을 요구하는 것은 근로자의 단결권을 약화시킬 우려가 있다."면서 노동조합의 의사결정이나 실행행위에 관여한 정도 등은 조합원에 따라 큰 차이가 있을 수 있음에도 이러한 사정을

(2) 노동조합법상 사용자 개념과 법원의 확대해석

현행 노동조합 및 노동관계조정법은 "'사용자'라 함은 사업주, 사업의 경영담당자 또는 그 사업의 근로자에 관한 사항에 대하여 사업주를 위하여 행동하는 자를 말한다."(제2조 제2호)고 하며, 근로기준법 역시 "'사용자'란 사업주 또는 사업 경영 담당자, 그 밖에 근로자에 관한 사항에 대하여 사업주를 위하여 행위하는 자를 말한다."(법 제2조 제1항 제2호)고 하고 있으므로 그 의미가 크게 다르지 않다.

사용자는 노동조합 및 노동관계조정법상 부당노동행위(제81조 제1항)를 한 자는 시정을 명하는 구제명령을 이행해야 할 뿐만 아니라(제84조 제3항), 부당노동행위금조항에 위반하는 경우 처벌될 수도 있으므로(제90조), 노동조합법상 근로자와 사용자의 개념은 국민의 노동생활영역에서 기본권적으로 매우 중요한 문제이다.

오늘날 우리 사회에서는 대기업(원청 사업자)이 중소기업(하청 사업자)과 도급계약이나 용역계약을 체결하고 하청 근로자들을 자신들이 직접 사용함으로써 사실상 원청 기업과 하청 근로자들 간에 직·간접적인 근로관계가 형성됨에도 불구하고, 하청 근로자들이 근로조건 향상을 위한 노동운동을 원청 사업자가 탄압하는 사례(노조결성 방해, 단체교섭 불응)가 빈발하여 이에 따른 노동분쟁도 적지 아니 발생하고 있다. 특히 이 하청 근로자들은 하청 사업자가 원청 사업자로부터 도급이나 용역으로 받은 기피작업이나 위험작업에 노출될 가능성이 크기 때문에, 일할 환경이 열악할 뿐만 아니라, 산업재해의 위험은 원청 근로자들보다 훨씬 더 큼에도 불구하고 원청 근로자들에 비하여 임금차별을 받는 등 노동인권의 사각지대에 내몰리게 될 수 있다. 그러므로 국가가 그들의 노

22. 현행 법률상 사용자의 정의

23. 근로자와 사용자의 개념 확정의 중요성

24. 하청 근로자의 노동운동

고려하지 않은 채 위법한 쟁의행위를 결정·주도한 주체인 노동조합과 개별 조합원 등의 손해배상책임의 범위를 동일하게 보는 것은 헌법상 근로자에게 보장된 단결권과 단체행동권을 위축시킬 우려가 있을 뿐만 아니라 손해의 공평·타당한 분담이라는 손해배상제도의 이념에도 어긋난다고 밝히고, "따라서 개별 조합원 등에 대한 책임제한의 정도는 노동조합에서의 지위와 역할, 쟁의행위 참여 경위 및 정도, 손해 발생에 대한 기여 정도, 현실적인 임금 수준과 손해배상 청구금액 등을 종합적으로 고려하여 판단하여야 한다."고 함으로써 원심판결을 파기·환송하였다. 대법원 2023. 6. 15. 선고 2017다46274 판결[손해배상(기)]; 2023. 6. 29. 선고 2017다49013 판결[손해배상(기)].

동인권을 실효성 있게 보호하기 위해서는 이들을 보호하기 위한 입법조
치가 필요할 뿐만 아니라, 입법자가 즉시 입법을 하지 못하여 법적 공백
상태가 존재할 경우에는, 사법부가 법률에 대한 헌법합치적 해석을 통
하여 그들의 노동인권을 보호하는 역할을 수행하지 않을 수 없다.

25. 노란봉투법
국회통과

　이러한 의미에서 최근 소위 '노란봉투법' 개정안 국회 통과는 의미
가 크다. 또한 법원은 노동조합법 제81조 제1항의 "사용자"의 개념을 해
석함에 있어서 실질적으로 업무상 지배 · 복종관계에 있는 사업자도 근
로자의 노동3권 행사의 대상이 되는 사용자 개념에 포함시키고, 이와
동시에 "부당노동행위"의 주체를 실질적으로 확대하는 해석을 함으로
써, 헌법상 근로자들에게 보장되는 노동3권의 의미와 중요성을 제대로
평가(소위 "기본권합치적 해석")하여 노동분쟁 사건에 적용할 필요가 있다
고 생각되고, 실제로 최근 법원은 이러한 헌법합치적 해석을 통하여 노
동인권을 보호하고자 하는 시도를 하고 있어 매우 고무적이다.22)

(3) 사용자의 직장폐쇄

26. 사용자는
영업의 자유에
의해서 보호

　그리고 근로자들과의 단체교섭이 결렬되고, 근로자들이 파업 등 쟁
의에 나설 경우, 그에 대하여 사용자는 직장폐쇄 등으로 맞설 수 있다.
그러나 이 사용자의 직장폐쇄(노동조합 및 노동관계조정법 제46조)행위는
노동3권에 의해서 보호되는 것이 아니라, 헌법 제23조 제1항의 재산권
과 제15조의 직업의 자유로부터 나오는 영업의 자유에 의하여 보호된
다.23) 노동3권의 주체는 근로자일 뿐이라는 이유로 이 직장폐쇄 조항은

---

22) 이러한 사례로 대법원 2020. 3. 25. 선고 2007두8881 판결; 서울행정법원 2023. 1.
12. 선고 2021구합71748 판결. 다만 이렇게 볼 때 "실질적인 근로관계"(법원 표현
에 따르면 소위 "사용복종관계")개념에 입각한 "실질적 사용자"의 행위에 대하여
부당노동행위로 처벌할 가능성이 있기 때문에(노동조합 및 노동관계조정법 제81
조 제1항, 제90조), 상대방과 직접적인 근로계약을 체결하지 않은 상태에서 어떠
한 경우에 원청사용자와 하청근로자 간에 실질적 근로관계가 있다고 할 수 있을
것인지에 대하여 지금까지의 대법원 판례를 참고하여 상세하게 법률로 정할 필
요가 있지 않나 생각된다. 그렇지 않을 경우 소위 예측가능성이 없어 죄형법정주
의원칙 위반 논란에 휩쌓일 소지가 있기 때문이다. 법원은 명시적인 법률조항이
없을 경우에는 최대한 헌법합치적 해석에 입각하여 근로자들의 노동인권을 보호
해야 하지만 형벌과 관련해서는 가급적 죄형법정주의원칙에 위배되지 않는 범위
내에서 헌법합치적 해석이 이루어져야 할 것이다.

위헌이라는 견해24)도 있다.

3. 사용자와 업무상 지배·종속관계에 있는 자영업자

다음으로 사용자와 근로자가 동일한 사람인 소위 자영업자는 노동3권의 주체가 될 수 없다.25) 이와 관련하여 기업에 재화나 용역을 제공하는 자영업자들이 기업과의 교섭력을 높이기 위하여 단체를 조직하여 기업을 상대로 단체교섭과 단체행동을 할 자유와 권리가 있을 것인지 문제된다. 만일 이들이 실질적으로 기업에 재화나 용역을 제공하고 그 대가로 임금을 받아 생활을 하는 사람이며, 전술한 바와 같이 실질적으로 업무상 지배·복종관계에 있는 자영업자라고 볼 수 있다면, 이들 역시 넓은 의미의 근로자로서 헌법 제33조 제1항의 노동3권의 보호를 받아야 하는 근로자에 해당된다고 해석해야 할 것이다.26)

27. 원칙적으로 자영업자의 주체성 불인정

---

23) 헌법상 집회·결사의 자유와 재산권을 사용자의 직장폐쇄권의 헌법적 근거로 드는 견해{허영 (주 1) 578면}가 있으나 사용자 역시 사용자 단체를 결성할 수 있다는 점에서는 결사의 자유가 그 근거가 될 수 있다고 할 수 있겠으나 집회·결사의 자유가 왜 직장폐쇄의 헌법적 근거가 될 수 있는지 의문이다. 이는 독일 기본법 제9조 제3항에 대한 독일식 해석론일 가능성이 크다. 우리 헌법상 보다 정확한 근거조항은 제23조 제1항의 재산권과 헌법 제15조의 직업(영업)의 자유라고 해야 할 것이다. 동지, 한수웅, 노동3권의 법적 성격과 그 한계, 청암 정경식박사 화갑기념논문집, 법과 인간의 존엄, 1997, 216~237(217)면; 헌법 제23조 제1항의 재산권보장만을 그 근거로 드는 견해로 계희열 (주 1), 782면. 기업의 자유만을 그 근거로 드는 견해로 김철수 (주 7), 1014~1015면. 헌법 제119조 제1항에서 그 근거를 찾는 견해로 구병삭 (주 8), 638면. 헌법 제23조 제1항의 재산권과 제119조 제1항의 경제질서를 들고 있는 견해로 정종섭 (주 13), 791면.

24) 김철수 (주 7), 1014면.

25) 허영 (주 1), 597면.

26) 소위 화물연대의 경우 적법한 노조라 할 수 있겠는지 문제가 제기될 수 있다. 현행법상 노동조합 설립신고증을 교부받지 않고서 노동조합이라고 하는 명칭을 사용할 수 없다(노동조합 및 노동관계조정법 제7조 제3항, 제10조, 제12조). 노동조합 및 노동관계조정법상 설립신고를 하지 않거나 설립신고를 하였으나 설립신고증을 교부받지 못하거나 교부를 받았으나 사후적으로 취소통보를 받은 경우 소위 노동조합법상의 보호를 받지 못하는 '법외노조'라고 일컬어진다. 그러나 자영업자라 하더라도 이 자영업자가 기업을 상대로 재화나 용역을 제공하는 일에 주로 종사함으로써 그 대가로 생활하는 자로서 넓은 의미의 헌법 제33조 제1항의 근로자 개념에 포섭될 수 있다면, 이들 역시 자주적인 노동3권의 주체가 될 수 있을 것이다. 그리고 만일 이 근로자의 개념을 엄격하게 해석하여 자영업자는 그 어떠한 경우라도 노동3권의 주체가 되는 근로자에 포함되지 않는다고 해석한다

4. 실직 중의 근로자

또한 실직 중에 있는 근로자의 경우도 근로자에 해당된다고 볼 수 있을 것인지가 논란이 된다. 이에 대해서는 실직 근로자도 노동3권의 주체가 될 수 있다고 보는 견해들[27]이 있는가 하면, 모든 실직자가 다 노동3권을 향유할 수 있는 것은 아니고, 근로의 의사와 능력이 있는 근로자들만 향유할 수 있다고 보기도 한다.[28] 만일 그렇지 않을 경우 사용자에 의하여 부당해고를 당한 근로자들의 경우 노동3권을 행사하여 유효적절하게 대항할 수 없게 될 것이기 때문이라는 것이다.[29]

이와 관련하여 헌법재판소는 '교원의 노동조합 설립 및 운영 등에 관한 법률'의 적용을 받는 교원의 범위를 초 · 중등학교에 재직 중인 교원으로 한정하고 있는 '교원의 노동조합 설립 및 운영 등에 관한 법률' 제2조가 청구인 전국교직원노동조합 및 해직 교원들의 단결권을 침해하

면 이들은 근로조건의 향상을 위하여 헌법상 단결권 · 단체교섭권 및 단체행동권을 행사할 수 없게 될 것이므로, 이들이 헌법 제33조 제1항의 근로자의 범위에 포함될 것인지 여부의 문제는 신중하게 검토해야 할 필요가 있다고 본다. 그리고 이들이 결성한 노동단체가 헌법 제33조 제1항의 단결체에 포함될 수 없다고 판단되는 경우에는, 최소한 보충적으로 집회 · 결사의 자유에 의하여 보호되는 단체이다. 그러나 만일 그들이 재화나 용역을 제공하는 업체에 실질적으로 지배 · 종속적 근로관계에 놓여 있다고 판단될 경우에는 그들은 헌법 제33조 제1항의 근로자에 포함된다고 볼 수 있을 것이다. 아무리 외관상 자영업자로 보인다 하더라도 그들이 재화나 용역을 제공하고 그 대가를 받아 생계를 유지하는 실질적 근로자에 포함될 수 있다면 그들 역시 노동3권의 주체가 될 수 있다고 보아야 하고, 노동관계법률은 그들의 자주적인 단결권 · 단체교섭권 및 단체행동권을 보호할 수 있는 법률이 되어야 하리라고 본다. 그것이 헌법 제32조 제3항에 따라 인간존엄에 부합하는 근로조건 기준을 마련할 국가의 입법의무와 헌법 제33조 제1항의 노동3권이 가지는 객관적 가치질서로서의 헌법적 의미라고 할 것이다. 만일 입법자가 근로자 개념을 지나치게 축소해서 입법자가 인정하는 노동조합 외의 그 어떠한 노동단체도 헌법 제33조 제1항의 보호를 실효성 있게 받지 못하게 한다면, 그 입법은 결국 헌법 제33조 제1항의 노동3권을 과잉하게 제한하는 위헌법률이거나 위헌적인 (보호)입법부작위가 될 가능성이 높다고 보아야 할 것이다. 이러한 점에서 전술한 소위 '노란봉투법'은 근로자의 노동3권을 상당히 강화시킬 수 있는 의미 있는 법률이 아닌가 생각된다.

27) 문홍주 (주 6), 136면; 김철수 (주 7), 1007면, 구병삭 (주 8), 638면; 계희열 (주 1), 772면.
28) 허영 (주 1), 597면.
29) 허영 (주 1), 598면.

지 않는다고 보았다.[30]

　이에 비하여 대법원은 최근 전원합의체판결로 노동조합 및 노동관　30. 전교조에
계조정법 시행령 제9조 제2항이 법률의 위임 없이 법률이 정하지 아니　대한 법외노조
한 법외노조 통보에 관하여 규정함으로써 헌법상 노동3권을 본질적으로　통보 위헌·위
제한하여 그 자체로 무효이며 그에 기초한 고용노동부장관의 전국교직　법
원노동조합에 대한 법외노조 통보는 법적 근거를 상실하여 위법하다고
판결하였다.[31]

5. 공무원인 근로자

　다음으로 공무원인 근로자는 법률이 정하는 자에 한하여 노동3권을　31. 공무원의
가질 수 있으며(헌법 제33조 제2항), 법률이 정하는 주요 방위산업체에 종　노동3권문제
사하는 근로자의 단체행동권은 법률이 정하는 바에 의하여 제한하거나
인정하지 아니할 수 있다(헌법 제33조 제3항). 이에 대하여는 노동3권의
헌법적 한계와 제한에서 언급하기로 한다.

Ⅳ. 노동3권 보장의 헌법적 원칙과 내용

1. 노동3권 보장의 헌법적 원칙

　헌법은 이 노동3권에 관하여 목적상의 원칙과 방법상의 원칙을 직　32. 노동3권의
접 제시하고 있는데, 전자는 "근로조건의 향상을 위하여"이고, 후자는　원칙
"자주적인"이라고 하는 문구이다.[32] 이 문구는 헌법적으로 보장되는 노

---

30) 헌재 2015. 5. 28, 2013헌마671 등, 판례집 제27권 1집 하, 336, 338. 이에 반하여
　　김이수 재판관은 이 사건 법률조항은 법외노조통보 조항 등 다른 행정적 수단과
　　결합하여 단지 그 조직에 소수의 해직 교원이 포함되어 있다는 이유만으로 법외
　　노조통보라는 가장 극단적인 행정조치를 하는 법적 근거가 될 수 있으므로, 노동
　　조합의 자주성을 보호하기 위한 원래의 입법목적과 달리 도리어 이를 저해하는
　　결과를 초래할 수 있다고 하면서 이 사건 법률조항은 교원노조 및 해직 교원이나
　　구직 중인 교사자격소지자의 단결권을 침해하는 것으로서 헌법에 위반된다고 하
　　는 반대의견을 냈다.
31) 대법원 2020. 9. 3. 선고 2016두32992 전원합의체 판결 [법외노조통보처분취소]
32) 같은 취지로 허영 (주 1), 598은 '목적성'과 '자주성'을 그 특징으로 한다고 하고

동3권의 보호영역과 한계를 설정해 주고 있다.

가. 목적성의 원칙: "근로조건의 향상"

33. 근로조건의 향상을 위한 목적

첫째, 헌법상 유효한 노동3권이 되기 위해서는 "근로조건의 향상을 위한" 목적을 가져야 한다(목적성). 근로조건에는 임금, 근로시간, 복지, 휴식, 휴가, 해고 등과 같은 근로와 관련된 제반 조건이 포함된다. 경제적으로 약자인 근로자는 강자인 사용자가 제시하는 근로조건에 일방적으로 예속될 가능성이 있으며, 이로 인하여 열악한 임금, 장시간 근로의 강요, 인간존엄에 반하는 각종 근로환경에의 노출과 노동착취가 이루어졌던 자본주의의 폐해를 반영하여, 우리 헌법 제32조 제3항도 국가로 하여금 인간존엄에 부합하는 근로조건 기준을 법률로 정하도록 입법위임을 하였고, 이에 기하여 근로기준법이 마련되어 시행 중임은 근로의 권리에서 설명한 바 있다. 그러나 이 근로기준법상의 근로조건과 최저임금법상의 최저임금은 그야말로 근로조건의 최소한의 기준이라 할 수 있으므로, 그 이상으로 근로조건을 개선할 수 있으려면 사용자와 대등한 교섭력을 가지고 협상하고 경우에 따라서는 단체행동에 나설 수 있어야 한다.

34. 협약자율 (Tarifautonomie)

한편 사용자가 경영위기에 빠진 경우 단체교섭을 통해서 지금까지의 근로조건보다 더 열악한 근로조건을 체결(단체협약의 불이익 변경)하는 것도 소위 협약자율(Tarifautonomie)에 포함될 수 있기 때문에[33], 근로조건의 향상이라고 하는 목적성의 원칙이 이러한 협약 가능성을 배제하는 것으로 볼 것은 아니다.

35. 경영조건의 향상은 굳이 끌어들일 필요 없음

학설[34]에 따라서는 독일 기본법 제9조 제3항에서 열거되어 있는 경영조건의 향상도 들고 있는데, 이는 우리 헌법에는 없는 요건이며, 오히려 근로자들의 근로조건의 향상이라고 하는 목적과는 상반된 방향으로, 즉 사용자들의 이익을 위한 방향으로 해석될 수 있는 가능성이 있으므로 우리 헌법 제33조 제1항의 해석에 굳이 끌어들여 올 필요는 없지

있다.

33) 동지, 김형배, 노동법, 박영사 2021, 124-125면.
34) 가령 한수웅 (주 23), 227면.

않은가 한다.

나. "자주성"의 원칙

둘째 "자주성"의 원칙이다. 임금인상과 시설개선 등 근로자의 복지 와 인간존엄에 상응하는 근로조건의 향상은 제반 생산비의 증가를 수반 하며, 이는 사용자의 이익과는 충돌할 수밖에 없다. 또한 근로자의 복지 보다 세수나 경제성장에 역점을 둘수록 국가 역시 마찬가지일 수 있다. 그러므로 국가와 사용자는 가능하면 자신들의 뜻에 부합하는 노동단체 의 결성과 활동은 지원하고, 그 반대의 경우는 탄압하려는 유혹을 떨쳐 버리기가 쉽지 않다.

36. 자주성의 원칙

따라서 우리 헌법이 근로자에게 "자주적인" 단결권·단체교섭권 및 단체행동권을 보장한 것은 국가와 사용자로부터 독립되어 진정으로 근 로자의 권익을 대변할 수 있는 노동단체의 결성과 단체활동을 보장하여 사용자와 대등한 교섭력을 확보하고 노·사간에 세력균형(무기평등 Gleichgewicht, Parität)을 이루게 함으로써 근로조건의 향상을 위한 단체교 섭을 실질적으로 가능하게 하기 위함이다. 그리고 이 "자주적인"이라고 하는 서술어는 단결권, 단체교섭권, 단체행동권에 모두 연결된다고 보아 야 할 것이다.

37. 노·사간 세력균형 확보

그러므로 노동단체의 결성·가입·활동과 관련하여 사용자나 국가 가 간섭하거나 개입하려 하는 것은 원칙적으로 자주적인 단결권을 침해 하여 헌법에 위반된다고 봐야 할 것인데, 이러한 원칙에 대한 위반 여부 는 사용자와 국가를 나누어서 각각의 특수한 문제를 고려해 봐야 할 것 이다.

38. 국가의 간섭 원칙적 금지

(1) 사용자로부터의 자주성

노동조합 및 노동관계조정법 제2조 제4호가 "'노동조합'이라 함은 근로자가 주체가 되어 자주적으로 단결하여 근로조건의 유지·개선 기 타 근로자의 경제적·사회적 지위의 향상을 도모함을 목적으로 조직하 는 단체 또는 그 연합단체를 말한다."고 하면서 "사용자 또는 항상 그의

39. 노동조합의 개념

이익을 대표하여 행동하는 자의 참가를 허용하는 경우"나 "경비의 주된 부분을 사용자로부터 원조받는 경우"를 노동조합으로 보지 아니하는 항목으로 열거하고 있다든가[35], 소위 부당노동행위 조항을 두고서 근로자의 노동조합 조직 · 가입 등을 이유로 하는 해고를 금지한다든가(제81조 제1항 제1호), 혹은 노동조합을 조직 또는 운영하는 것을 지배하거나 이에 개입하는 행위[36]와 근로시간 면제한도를 초과하여 급여를 지급하거나 노동조합의 운영비를 원조하는 행위를 원칙적으로 금지하는 것(동조 제1항 제4호)은 입법자가 사용자로부터의 노동3권의 자주성을 보장하기 위한 입법적 노력으로 이해된다.

40. 노조 전임자 급여 지원 금지조항과 노동조합의 운영비 원조 금지조항

이와 관련 헌법재판소는 노조 전임자 급여 지원 금지조항에 대해서는 합헌[37]으로 보았으나, 노동조합의 운영비 원조를 전면 금지한 조항에 대해서는 노사가 우호적이고 협력적인 관계를 맺기 위해서 대등한 지위에서 운영비 원조를 협의할 수 없게 되므로 이는 실질적 노사자치를 구현하고자 하는 근로3권의 취지에도 반하여 노동조합의 단체교섭권을 침해한다고 보았다.[38] 후자의 경우 사용자로부터의 자주성을 목적으로 하는 조항이 오히려 과잉금지원칙에 반하여 노 · 사간의 협약자율, 즉 노 · 사자치를 침해하였다고 본 것이다.

---

35) 동지, 한수웅 (주 23), 225면.

36) 이와 관련하여 헌법재판소는 법인의 대리인 · 사용인 기타의 종업원이 그 법인의 업무에 관하여 근로자가 노동조합을 조직 또는 운영하는 것을 지배하거나 이에 개입하는 행위를 한 때에는 그 법인에 대하여도 벌금형을 과하도록 한 노동조합 및 노동관계조정법 제94조 양벌규정 해당부분은 형벌에 있어서 책임주의원칙에 위반된다고 하여 위헌결정을 선고하였으며(헌재 2019. 4. 11, 2017헌가30, 판례집 31-1, 255.), 마찬가지로 법인의 대리인 · 사용인 기타의 종업원이 그 법인의 업무에 관하여 '노동조합 및 노동관계조정법' 제81조 제1호, 제2호 단서 후단, 제5호를 위반하여 부당노동행위를 한 때에는 그 법인에 대하여도 벌금형을 과하도록 한 동법 제94조의 양벌규정 부분에 대해서도 위헌결정을 선고하였다(헌재 2020. 4. 23, 2019헌가25, 판례집 32-1상, 312). 이러한 위헌결정을 반영하여 2020. 6. 9. 법률 제17432호로 법 제94조 단서에 "다만, 법인 · 단체 또는 개인이 그 위반행위를 방지하기 위하여 해당 업무에 관하여 상당한 주의와 감독을 게을리하지 아니한 경우에는 그러하지 아니하다."고 하는 소위 면책규정을 신설하였다.

37) 헌재 2014. 5. 29, 2010헌마606, 판례집 제26권 1집 하, 354.

38) 헌재 2018. 5. 31, 2012헌바90, 판례집 제30권 1집 하, 66. 김창종, 조용호 재판관의 반대의견 있음.

(2) 국가로부터의 자주성

우선 국가는 근로자들이 노동3권의 행사가 가능할 수 있는 법적·제도적 장치를 마련하고 형성할 책임이 있다. 또한 사회국가원리에 따라 균형있는 국민경제의 성장과 발전을 위해서 경제질서와 노동질서에 어느 정도까지는 개입할 수 있을 뿐만 아니라, 근로자의 노동3권에 대하여 사용자나 제3자가 간섭하거나 방해를 하는 경우 이에 대하여 적극적으로 보호할 의무도 진다.

41. 법적 · 제도적 장치 형성의 책임

그러므로 어느 모로 보나 국가, 특히 입법자는 이러한 노동관련 제도의 형성과정에서 불가피하게 대립하는 노·사 양측의 이해관계를 조정하고 조화를 도모할 수밖에 없으며, 이는 결과적으로 근로자측에서 본다면 자신들의 노동3권에 대한, 그리고 사용자측에서 본다면 자신들의 재산권과 직업(영업)의 자유에 대한, 나아가 양측 모두의 관점에서 본다면 계약의 자유와 사적 자치, 혹은 협약자율(Tarifautonomie)이나 노·사자치에 대한 제한이 될 수 있다.

42. 입법자의 법률규정과 노·사자치의 제한

그렇다면 이러한 입법자의 노동법제에 대한 형성 또는 제한은 원칙적으로 헌법상의 한계에 머무르는 한 근로자의 자주적인 단결권·단체교섭권 및 단체행동권에 대한 부당한 개입이라고 할 수는 없고, 오히려 더 큰 공익의 보호를 위하여 헌법적으로 요청되기까지 한다.

43. 공익을 위한 개입

그러한 형성의 일환으로 도입된 제도가 쟁의행위에 대한 조정제도(노동조합 및 노동관계조정법 제53조~제61조의2, 제71조: 공익사업 등에 대한 조정, 제76조-제78조: 긴급조정)와 중재제도(동법 제62조~제70조, 제79조~제80조)라 할 수 있다.

44. 쟁의행위에 대한 조정제도

조정제도는 일반적으로 자주성의 원칙을 침해하지는 않는 것으로 보나[39], 강제중재제도에 대해서는 견해가 갈린다. 중재에는 당사자의 신청을 전제로 하는 임의중재(노동조합 및 노동관계조정법 제62조 제1호와 제2호)와 노동위원회의 결정에 의한 강제중재{가령 동법 제79조, 2006. 12. 30. 구 노동쟁의조정법(1987. 11. 28. 법률 제3967호로 개정된 것) 제30조 제3호[40], 법률 제8158호로 폐지되기 전 구 노동조합 및 노동관계조정법

45. 강제중재제도와 자주성 원칙의 침해의 문제

---

39) 동지 한수웅 (주 23), 233-234면.

제62조 제3호[41])가 있는데, 어느 것이든 중재재정은 분쟁당사자를 구속
하는 단체협약으로서의 효력을 가진다(노동조합 및 노동관계조정법 제70조
제1항). 학계에서는 당사자의 신청에 의하지 않는 강제중재는 노동3권의
자주성의 원칙을 침해할 가능성이 크므로, 국가개입의 한계에 해당하여
위헌이라고 지적되고 있다.[42] 그러나 헌법재판소는 공익사업에 한정된
강제중재제도에 대하여[43] 뿐만 아니라, 법개정으로 필수공익사업에 한
정된 강제중재제도에 대해서도[44] 역시 합헌으로 선언하였다. 2006년 12
월 동법 개정시 강제중재제도는 폐지되고, 필수유지업무에 대한 쟁위행
위 제한규정으로 대체되었다.

---

40) "공익사업에 있어서 노동위원회가 그 직권 또는 행정관청의 요구에 의하여 중재
에 회부한다는 결정을 한 때" 이에 대하여 4:5 합헌결정으로 헌재 1996. 12. 26,
90헌바19 등.

41) "제71조 제2항의 규정에 의한 필수공익사업에 있어서 노동위원회 위원장이 특별
조정위원회의 권고에 의하여 중재에 회부한다는 결정을 한 때".

42) 김형배 (주 33), 1451-1452면; 한수웅 (주 23), 234면.

43) 헌재 1996. 12. 26, 90헌바19 등, 판례집 제8권 2집, 729. 4인의 합헌의견과 5인의
위헌의견으로 위헌의견이 다수였으나 위헌정족수 부족으로 합헌결정이 선고되었
다. 헌법재판소 4인의 법정(합헌)의견에 의하면 "태업, 파업 또는 직장폐쇄 등의
쟁의행위가 공중운수·전기·수도·가스·방송·의료 등 공익사업에서 발생하면
비록 그것이 일시적이라 하더라도 그 공급중단으로 커다란 사회적 혼란을 야기
함은 물론 국민의 일상생활 심지어는 생명과 신체에까지 심각한 해악을 초래하
게 되고 국민경제를 현저히 위태롭게 하므로, 위와 같은 공익사업에 있어서는 쟁
의행위에 이르기 이전에 노동쟁의를 신속하고 원만하게 타결할 필요성이 특별히
요청된다고 할 것이며, 바로 여기에 현행 노동쟁의조정법상 강제중재제도의 존재
의의가 있다."고 하면서 과잉금지원칙에 위반되지 않는다는 것이다. 이에 반하여
5인의 위헌의견은 "긴급조정 후의 강제중재제도가 존재하고 있음에도 불구하고
긴급조정을 하여야 할 정도의 심각성이 없는 경우까지 단순히 공익사업이라는
이유만으로 강제중재에 회부하도록 되어 있는 노동쟁의조정법 제30조 제3호는
공익사업 근로자들의 단체행동권을 필요 이상으로 제한하는 것"(780.)이며 평등
원칙에도 위반된다고 보았다.

44) 헌재 2003. 5. 15, 2001헌가31, 판례집 제15권 1집, 484. 이 사건에서 위헌의견은
"이 사건 법률조항에 의한 직권중재제도는 그 회부과정이나 중재재정과정, 중재
재정의 불복과정에서 모두 관계당사자의 절차적 참여권이 충분히 보장되지 아니
하여 근로자의 단체행동권을 제한하는 것에 대한 代償措置로서 적절하고 충분한
정도의 것이라고 보기 어렵다."고 하는 선례의 위헌의견에서 다루어지지 않은 중
요한 관점을 지적하였다. 500-501. 90헌바19결정에서는 물론 이 사건에서도 반
대의견들이 더 설득력 있다고 생각된다.

(3) 제3자나 제3세력으로부터의 자주성

이와 관련하여 제3자가 근로자들의 정당한 노동단체 결성, 단체교섭, 단체행동에 대하여 방해하는 행위가 아니라, 오히려 이에 대하여 조언하고 조력하는 행위를 금지하고 처벌할 수 있는 가능성을 배제할 수 없다고 보이는 소위 제3자개입금지조항(구 노동조합 및 노동관계조정법 제12조의2 및 제13조의2와 제45조의2)에 대하여 헌법재판소는 단순 합헌결정[45]을 선고한 바 있다. 그러나 변정수 재판관의 반대의견[46]이 잘 지적하고 있듯이 이 규정들은 1980년 국가보위입법회의법으로 도입되어 노동운동탄압의 구실로 악용되어 왔던 독소조항으로서, 이는 헌법 제33조 제1항의 노동3권과 헌법 제21조 제1항의 언론·출판의 자유를 침해할 뿐만 아니라, 헌법 제13조 제1항의 죄형법정주의원칙으로부터 나오는 명확성의 원칙에도 위반되어 헌법에 위반된다고 생각된다. 이 제3자개입금지조항(노동조합 및 노동관계조정법 제40조[47])은 2006. 12. 30. 법률 제8158호로 삭제되었다.

헌법 제33조 제1항이 말하고 있는 "자주성"은 원칙적으로 국가와 사용자로부터의 독립이며[48], 예외적으로 제3자나 다른 사회적 세력으로부터의 독립의 필요성도 완전히 부인할 수는 없으나, 이 경우에는 오히려 그들이 근로자들의 노동3권 행사를 방해하려 하는 경우 국가가 그들로부터 노동3권의 행사를 보호하기 위한 경우에 한하여 "자주성"보호를 위한 입법을 할 필요가 있다고 새겨야 할 것이다.

2. 노동3권의 내용

가. 단결권

(1) 의 의

단결권이란 근로자들이 근로조건의 향상을 위하여 사용자와 대등

46. 제3자의 노조활동 개입 금지 조항

47. 국가와 사용자로부터의 독립

48. 단결권의 개념

---

45) 헌재 1993. 3. 11, 92헌바33, 판례집 제5권 1집, 29. 김진우/이시윤 재판관의 한정위헌의견, 김양균 재판관의 한정위헌의견, 변정수 재판관의 위헌의견이 있음.

46) 변정수 재판관의 반대의견. 헌재 1993. 3. 11, 92헌바33, 판례집 제5권 1집, 29, 53.

47) 헌재 2004. 12. 16, 2002헌바57, 판례집 제16권 2집 하, 461. 전효숙 재판관의 한정합헌의견 있음.

48) 동지, 허영 (주 1), 599면 각주 1).

한 교섭력을 가질 목적으로 자주적인 단체를 결성하고 이에 가입·활동·탈퇴할 권리를 말한다.[49]

49. 자주적 단체의 결성과 가입·활동·탈퇴할 권리

여기에서 단체란 일시적으로 조직된 쟁의단체도 포함될 수 있으나[50] 일반적으로 단결권이란 어느 정도 지속성이 있는 노동조합을 조직하고 이에 가입·활동·탈퇴할 수 있는 자유와 권리를 의미한다.[51]

(2) 보호영역

50. 개인적 단결권·집단적 단결권

단결권은 근로자 개인이 노동단체를 조직·가입·활동할 수 있는 권리일 뿐만 아니라, 나아가 조직된 그 노동단체 즉 노동조합 자체도 같은 권리를 가진다. 전자를 개인적 단결권, 후자를 집단적 단결권이라 할 수 있는데, 헌법 제33조 제1항은 이 모두를 보호한다.[52]

51. 근로조건의 향상과 관련성

근로조건의 향상과 관련 없는 근로자들의 다른 단체의 경우는 단결권의 보호대상이 될 수는 없고, 헌법 제21조 제1항의 결사의 자유[53]의 보호대상이 될 뿐이다.

ⅰ) 개인적 단결권

52. 근로자 개인의 권리

개인적 단결권은 근로조건의 향상을 위하여 근로자 개인이 국가나 사용자의 간섭을 받지 아니하고 자유로이 노동조합을 결성·가입·활동할 수 있는 권리를 의미한다.[54]

53. 소극적 단결권의 인정

그러나 결성된 단체에 가입하지 않거나, 가입하던 단체에서 탈퇴할 권리인 소위 소극적 단결권도 이 단결권에 포함될 것인지에 대해서는 논란이 있었으나[55], 민주주의와 자본주의 헌법 하에서 '가입은 자유이지만 탈퇴는 자유가 아닌 권리'란 있을 수 없다.[56] 그러므로 소극적 단결

---

49) 계희열 (주 1), 772면.
50) 계희열 (주 1), 772면; 허영 (주 1), 599면.
51) 계희열 (주 1), 772면; 김철수 (주 7), 1010면.
52) 계희열 (주 1), 773면.
53) 위 제15절, Ⅲ, 1, 가. 참조.
54) 계희열 (주 1), 774면.
55) 이에 관해서는 계희열 (주 1), 774면 이하를 보라.
56) 소극적 단결권을 부정하려는 것은 전체주의적 사고라고 비판하면서 유니언샵 (Union Shop)협정은 위헌무효로 보는 견해로 유성재 (주 5), 31-32면.

권 역시 인정된다고 봐야 할 것이며, 유니언샵(Union Shop) 협정을 통한 가입강제는 노동조합에의 가입을 원치 않는 근로자의 소극적 단결권을 침해하여 위헌이라고 봐야 할 것이다.[57]

    그러나 우리 헌법재판소는 소위 유니언샵(Union Shop) 조항에 대한 위헌소원사건[58]에서 소극적 단결권을 인정하고는 있지만[59], 적극적 단결권과 소극적 단결권이 충돌할 경우 전자가 후자에 우선한다고 봄으로써 가입강제를 인정하였다.

54. 유니언샵
(Union Shop)
조항에 대한 위
헌소원사건

ⅱ) 집단적 단결권

    집단적 단결권은 근로자들이 노동단체, 즉 노동조합을 결성한 경우 이 노동조합이 자주적으로 그 단체를 유지하고, 노조원을 가입시키며, 다른 노동단체와 더불어서 더 큰 노동단체를 결성할 수 있는 단체의 권리를 의미한다.

55. 노동단체의
단결권

    학계에서는 단체 존속의 권리(단체의 존립·유지·발전·확장권), 단체 자치의 권리(조직 및 의사형성절차에 대한 자주적 결정권), 단체 활동의 권리(단체교섭·단체협약체결·단체행동권 및 단체선전 및 단체가입권유권)가 여기에 포함된다고 하는 주장[60]도 있다. 그러나 이러한 설명은 단결의 자유만을 보장할 뿐 단체교섭권과 단체행동권을 명시적으로 언급하고 있지 않고 있는 독일 기본법 제9조 제3항에 대한 해석론으로서는 가능하겠으나, 자주적인 단체교섭권과 단체행동권까지 모두 명시적으로 보장하고 있는 우리 헌법 하에서 굳이 단결권 내에 그러한 권리들을 모두 포섭시킬 필요나 이유는 없다.

56. 단체 존속
의 권리, 단체
자치의 권리,
단체 활동의 권
리는 집단적 단
결권에서 배제

(3) 효 력

    근로자의 단결권은 대국가적 효력과 대사인적 효력을 가진다. 우선 근로자의 노동3권은 원 출발 자체가 근로자들이 사용자와 대등한 교섭

57. 대국가적
효력과 대사인
적 효력

---

57) 동지, 유성재 (주 5), 31－33면.
58) 헌재 2005. 11. 24, 2002헌바95 등, 판례집 제17권 2집, 392.
59) 헌재 2005. 11. 24, 2002헌바95 등, 판례집 제17권 2집, 392.
60) 한수웅 (주 23), 217면을 인용하며, 계희열 (주 1), 774면.

력을 가지고 근로조건을 향상시키기 위하여 단체를 결성하고 노사협상을 하고 필요한 경우 단체행동에 나설 수 있는 자유로부터 출발된 것이다. 그리고 이러한 자유가 비록 사회적 기본권들과 함께 규정되어 있음에도 불구하고 그러한 성격은 여전히 벗어날 수 없다. 다시 말해서 근로자들이 근로조건 향상을 위하여 자유로이 단결체를 구성하고, 사용자나 사용자단체와 협상하고, 단체행동을 하는 행위에 대하여 국가가 간섭하거나 개입을 하는 경우 대국가적 방어권으로서의 기능을 할 수 있는 것이 노동3권이다.

58. 기본권 보장 의무와 기본권 보호의무

　　그리고 만일 이 자주적인 단결권의 행사가 사용자의 부당노동행위나 제3자에 의하여 방해될 경우 이에 대하여 국가가 적극적으로 보호할 책임은 국가의 기본권 보호의무에 의한 것이라 할 수 있다. 따라서 이는 헌법 제10조 제2문의 기본권 보장의무와 더불어서, 이 헌법 제33조 제1항으로부터 나오는 객관적 가치질서로서 노동3권 보호의무이다.

59. 직·간접적 대사인적 효력

　　다음으로 노동3권은 전통적으로 노사의 대립을 전제로 하여 대립당사자들 간에 무기의 평등을 기하기 위한 자유이자 권리이기 때문에, 처음부터 노사관계를 전제로 한 자유이며 권리이다. 따라서 이러한 기본권의 경우 사인인 사용자에 대해서도 직·간접적으로 효력을 발휘할 수 있다.

60. 헌법 제33조 제1항: 간접효

　　가령 독일 기본법 제9조 제3항 제2문은 "이 권리를 제한하거나 방해하려는 협정은 무효이며, 이를 목적으로 하는 조치는 위법이다."라고 명시적으로 규정하고 있는 경우 이러한 조항은 소위 직접적인 대사인적 효력을 갖는다. 그러나 이와 같은 명문의 규정이 없는 우리 헌법 제33조 제1항과 같은 경우 민법의 일반조항이나 노동법상 부당노동행위금지 조항(노동조합 및 노동관계조정법 제81조~제86조)을 통하여 간접적인 대사인적 효력을 발휘할 수 있을 뿐이다.[61]

61. 소극적 단결권의 대사인적 효력

　　다음으로 학설에 따라서는 근로자 상호간의 관계에서 소극적 단결권의 대사인적 효력을 주장하는 견해[62]도 있다. 즉 "특히 단체탈퇴 내

---

61) 제1장, 제4절, IV, 3.을 보라. 그 밖에 허영 (주 1), 601면.
62) 허영 (주 1), 601면.

지 소극적 단결권을 상호 존중해야 할 의무를 생기게 한다."는 것이
다.63) 생각건대, 단결권의 경우 적극적 단결권과 소극적 단결권이 서로
충돌할 수 있는 바, 근로자가 사용자에 맞서 대등한 교섭력을 가지고 효
과적으로 단체협약을 체결하기 위해서는 주도적인 노동조합을 결성하여
가입하고, 또한 동료 근로자의 가입을 적극적으로 권유할 자유가 포함
된다고 할 수 있겠지만, 그렇다고 하여 동료의 가입을 강제할 수는 없다
고 봐야 할 것이다.64) 그리하여 노동관계조정법 제81조 제1항 제2호는
근로자가 어느 노동조합에 가입하지 아니할 것 또는 탈퇴할 것을 고용
조건으로 하거나 특정한 노동조합의 조합원이 될 것을 고용조건으로 하
는 행위를 부당노동행위로서 금지하고 있다. 다만 이 조항 단서에서 노

---

63) 허영 (주 1), 601면{각주 2)}은 우리 노동조합법 제81조 제1항 제2호가 근로자들
   의 2/3 이상을 대표하는 노동조합에 대해서는 소위 union shop협정을 인정하고
   있지만, 이 경우에도 사용자는 근로자가 당해 노동조합에서 제명된 것을 이유로
   해고 등 신분상 불리한 행위를 할 수 없도록 하고 있음(단서조항)을 강조한다.
   그리고 서울민사지법(대법원이 아님) 1993. 2. 4. 선고 92가합64489 제41부 판결
   을 소개하면서 "따라서 이러한 union−shop협정이 체결된 경우 근로자가 노조에
   서 임의로 탈퇴했다가 그 탈퇴의사를 철회한 경우 그 철회의사를 노조측에서 수
   용하지 않았다고 하더라도 그것은 결코 해고사유가 될 수 없다는 대법원판례는
   단결권의 대사인적 효력의 관점에서 의미가 있는 판례라고 할 것"이라고 그 의미
   를 소개하고 있다. 이 서울민사지법 판결의 항소심은 1994. 1. 21. 선고 93나11410
   제10민사부판결이고, 상고심은 대법원 1995. 2. 28. 선고 94다15363 판결이다. 이
   상고심 판결에서 대법원은 "노조탈퇴의사를 철회하고 노조에 다시 가입하려는
   근로자에 대하여 이를 거부하고 해고되게 한 것은 노조 자체가 단결권의 정신을
   저버리고 실질상 제명과 같은 효과를 발생시킨 것으로서 노동조합법 제39조 제2
   호 단서에 위반될 뿐만 아니라 유니언 숍 협정에 기한 해고의 목적범위를 일탈한
   것이고, 또한 11명의 탈퇴자 중 3명에 대하여서만 탈퇴의사 철회를 거부하고 해
   고되게 한 것은 다른 탈퇴 근로자들과의 형평에도 반하여 무효"라고 보았다. 결
   국 노조가 탈퇴의사를 철회한 노조원 중 일부를 거부한 것은 그들에 대한 제명에
   해당된다고 본 것이고, 이러한 제명을 이유로 하는 해고는 구 노동조합법 제39조
   제2호의 단서(저자 註: 현행 제81조 제1항 제2호 단서 중 제명부분과 동일)에 대
   한 위반이라고 판단한 것이다. 이 대법원 판결은 제명의 경우에는 해고를 할 수
   없도록 함으로써 소위 유니언샵조항에 대하여 어느 정도 한계를 설정한 구 노동
   조합법 제39조 제2호의 단서조항에 위반된 해고에 대하여 무효로 본 것이며, 그
   러한 의미에서 이 단서조항과 대법원 판결은 근로자의 단결권의 대사인적 효력
   뿐만 아니라, 헌법 제11조의 평등권("형평")의 대사인적 효력의 관점도 드러내 준
   판결 중 하나라고 생각된다.
64) 같은 취지로 소위 유니언샵 조항에 대하여 비판적인 견해로는 김철수 (주 7),
   1010면.

동조합이 당해 사업장에 종사하는 근로자의 3분의2 이상을 대표하고 있을 때에는 근로자가 그 노동조합의 조합원이 될 것을 고용조건으로 하는 단체협약의 체결은 예외로 한다고 함으로써 소위 유니언샵 협정의 유효성을 인정하고 있으나 곧바로 단서 후문에서는 이 경우 사용자는 근로자가 그 노동조합에서 제명된 것 또는 그 노동조합을 탈퇴하여 새로 노동조합을 조직하거나 다른 노동조합에 가입한 것을 이유로 근로자에게 신분상 불이익한 행위를 할 수 없다고 하고 있다.

62. 적극적 단결권의 대사인적 효력

전술하였듯이 헌법재판소는 이 소위 유니언샵 조항에 대하여 적극적 단결권이 소극적 단결권에 우선한다는 이유로 합헌선언을 하였다.[65] 이 헌재 판례의 입장에서 본다면 근로자 상호간에 소극적 단결권을 존중하는 효력이 단결권으로부터 직접 나온다고 보기는 힘들고 오히려 지배적 노동조합에 가입하고자 하지 않은 근로자가 지배적 노동조합에 가입한 근로자들의 적극적 단결권을 존중하고 따라야 할 의무를 지게 되는 결과가 나올 뿐이고, 그 반대의 경우는 아니다.[66] 따라서 유니언샵 조항을 합헌으로 보는 한, 단결권의 대사인적 효력으로부터 단체탈퇴 내지 소극적 단결권을 상호 존중할 의무가 나오는 것이 아니라, 오히려 그 반대로 주도적(지배적) 노동조합 소속 근로자의 적극적 단결권의 - 그 노동조합에 가입하고자 하지 않는 근로자에 대한 - 대사인적 효력이 인정될 뿐이다. 그런데 근로자의 소극적 단결권의 대사인적 효력이 인정된다고 할 수 있으려면, 소위 유니언샵(Union Shop) 협정 조항은 노조에 가입하지 않거나 가입 후 탈퇴하고자 하는 근로자들의 소극적 자유를 침해하여 헌법에 위반된다고 하는 논리 하에서만 주장 가능한 것이 아닌가 생각된다.

63. 다른 노조에의 가입을 이유로 한 해고를 해고권 남용으로 본 사례

그리고 지배적 노조에 가입하지 않은 상태에서 다른 노조에 가입한 근로자에 대한 해고를 사용자의 해고권 남용으로서 무효로 판결한 대법원 판례[67]에 따른다면 이 유니언샵 협정의 효력은 지배적 노조에 가입하지 않은 근로자의 적극적 단결권과 평등권을 존중하는 범위 내에서

---

65) 헌재 2005. 11. 24, 2002헌바95 등, 판례집 제17권 2집, 392.
66) 이에 반하여 허영 (주 1), 601면.
67) 대법원 2019. 11. 28. 선고 2019두47377 판결 [부당해고구제재심판정취소].

효력을 가질 수 있을 뿐이라는 논리이므로, 이 판결 역시 비지배적 노조에 가입한 근로자의 (비지배적 노조에 대해서는 "적극적", 지배적 노조에 대해서는 "소극적") 단결권과 헌법 제11조의 평등권의 간접적 제3자효를 암묵적으로 인정한 사례로 볼 수 있을 것이다.

(4) 제한과 제한의 한계

근로자의 단결권 역시 무제한한 기본권은 아니다. "근로자는 근로조건의 향상을 위하여 자주적인 단결권·단체교섭권 및 단체행동권을 가진다. 다만, 단체행동권의 행사는 법률이 정하는 바에 의한다."고 함으로써 단체행동권의 행사에 개별적 법률유보를 두었던 1980년 헌법 제31조 제1항 단서를 현행헌법 제33조가 삭제하였다는 점을 주목할 필요가 있다. 물론 이 개별적 법률유보조항을 삭제하였다 하더라도 헌법 제37조 제2항에 따라 국가안전보장·질서유지·공공복리를 위하여 필요한 경우에 한하여 법률로써 제한을 할 수 있으나, 헌법개정자가 구 헌법 제31조 제1항 단서에서 이 개별적 법률유보조항을 삭제한 것은 근로자들의 노동3권의 완전한 보장을 통해서 근로자들이 사용자와 대등한 지위를 확보하게 하고자 함이었다고 할 수 있으므로, 이러한 헌법개정자의 정신을 살려서 근로자의 단결의 자유에 대한 제한은 과잉금지의 원칙에 입각하여 엄격한 심사를 해야 할 필요가 있을 것이다.

ⅰ) 심사기준

헌법재판소가 적용한 심사기준을 사례별로 구분해 보면 다음과 같다.

㉠ 헌법 제37조 제2항의 과잉금지원칙 적용사례

헌법재판소는 노동단체가 정치자금을 기부할 수 없도록 규정함으로써 노동조합인 청구인이 정당에 자유로이 정치자금을 기부할 수 있는 권리를 제한하고 있는 정치자금에 관한 법률 제12조 제5호(이하 '이 사건 법률조항')에 대한 위헌확인 결정에서 "노동조합이 근로자의 근로조건과 경제조건의 개선이라는 목적을 위하여 활동하는 한, 헌법 제33조의 단결권의 보호를 받지만, 단결권에 의하여 보호받는 고유한 활동영역을 떠나서 개인이나 다른 사회단체와 마찬가지로 정치적 의사를 표명하거

64. 개별적 법률유보조항 삭제

65. 심사기준

66. 정치자금 거부불가 규정

나 정치적으로 활동하는 경우에는 모든 개인과 단체를 똑같이 보호하는 일반적인 기본권인 의사표현의 자유 등의 보호를 받을 뿐인 것이다."[68] 라고 하였다. 그리고 과잉금지의 원칙에 입각한 심사를 한 끝에 노동단체의 기부금지를 정당화하는 중대한 공익을 인정하기 어려우므로 이 사건 법률조항은 노동단체인 청구인의 표현의 자유 및 결사의 자유의 본질적 내용을 침해할 뿐만 아니라 합리적 이유없이 청구인에 대하여 차별을 하고 있으므로 평등원칙에도 위반된다고 판단하였다.[69] 그 후 입법자는 정치자금에 관한 법률 제12조 제2항으로 단체와 관련된 자금의 정치자금 기부를 금지하였는데, 이 조항에 대해서는 정치활동의 자유 등을 침해하지 않는다고 보았다.[70]

ⓒ 입법재량의 한계를 명백히 일탈하였는지 여부

67. 명백한 입법재량의 한계 일탈 여부에 관한 심사

한편 입법재량의 한계를 명백히 일탈하였는지 여부에 국한하여 심사를 한 사례로는 6급 이하 공무원 중 '노동관계의 조정·감독 등 업무 종사자', 즉 근로감독관과 노동위원회 조사관을 노동조합 가입대상에서 제외한 것이 헌법 제33조 제2항에 의하여 입법자에게 부여된 형성적 재량권의 한계를 넘어 노동부 소속 공무원인 청구인들의 단결권을 제한한다고 보기 어렵다고 한 결정[71]이 있다.

(5) 위헌여부에 대한 판례

ⅰ) 침해 인정 사례

68. 대학 교원의 단결권 부인 위헌
69. 법 외 노조 통보 위헌

헌법재판소는 단결권의 침해를 인정한 사례로 대학 교원에게 단결권을 전면적으로 인정하지 않은 것이 위헌이라고 보았다.[72]

그리고 대법원은 법률의 위임 없이 법률이 정하지 아니한 법외노조 통보에 관하여 규정한 노동조합 및 노동관계조정법 시행령 제9조 제2항에 대하여 의회유보의 원칙에 위반하여 헌법상 노동3권을 본질적으로

---

68) 헌재 1999. 11. 25, 95헌마154, 판례집 제11권 2집, 555 [위헌,각하].
69) 헌재 1999. 11. 25, 95헌마154, 판례집 제11권 2집, 555, 580−581.
70) 헌재 2010. 12. 28, 2008헌바89, 판례집 제22권 2집 하, 659. 김종대 재판관의 위헌 의견, 조대현, 목영준, 송대환 재판관의 헌법불합치 의견이 있었음.
71) 헌재 2008. 12. 26, 2006헌마518, 판례집 제20권 2집 하, 768, 778.
72) 헌재 2018. 8. 30, 2015헌가38, 판례집 제30권 2집, 206, 206−207.

침해하였기 때문에 그 자체로 무효라고 판결하였다.73)

　　ii) 침해 부인 사례

　　그리고 침해를 부인한 사례로서는 공무원 노동조합의 설립 최소단　　70. 합헌 판례
위를 '행정부'로 규정하여 노동부만의 노동조합 결성을 제한한 '공무원
의 노동조합 설립 및 운영 등에 관한 법률' 제5조 제1항 중 '행정부' 부
분 및 노동부 소속 근로감독관 및 조사관의 공무원 노동조합 가입을 제
한한 공노법 제6조 제2항 제4호 및 공무원의 노동조합 설립 및 운영 등
에 관한 법률 시행령 제3조 제4호 가목, 나목74), 노동조합에 가입할 수
있는 특정직공무원의 범위를 "6급 이하의 일반직공무원에 상당하는 외
무행정·외교정보관리직 공무원"으로 한정하여, 소방공무원을 노동조합
가입대상에서 제외한 '공무원의 노동조합 설립 및 운영 등에 관한 법률'
제6조 제1항 제2호75), 5급 이상 공무원의 노동조합가입을 금지하고, 나
아가 6급 이하의 공무원 중에서도 '지휘·감독권 행사자', '업무 총괄자',
'인사·보수 등 행정기관의 입장에 서는 자', '노동관계의 조정·감독 등
업무 종사자' 등의 가입을 금지하는 '공무원의 노동조합 설립 및 운영
등에 관한 법률' 제6조76), 당해 사업장에 종사하는 근로자의 3분의 2 이
상을 대표하는 노동조합의 경우 단체협약을 매개로 한 조직강제{이른바
유니언 샵(Union Shop) 협정의 체결}를 용인하고 있는 노동조합및노동관계
조정법 제81조 제2호 단서77), 노동조합을 설립할 때 행정관청에 설립신
고서를 제출하게 하고 그 요건을 충족하지 못하는 경우 설립신고서를
반려하도록 하고 있는 '노동조합 및 노동관계조정법' 제12조 제3항 제1
호78), 행정관청이 요구하는 경우에는 결산결과와 운영상황을 보고할 의
무를 지우고, 이에 대하여 위반하는 경우 500만 원 이하의 과태료에 처

---

73) 대법원 2020. 9. 3. 선고 2016두32992 전원합의체 판결 [법외노조통보처분취소]
74) 헌재 2008. 12. 26, 2006헌마518, 판례집 제20권 2집 하, 768.
75) 헌재 2008. 12. 26, 2006헌마462, 판례집 제20권 2집 하, 748. 조대현, 송두환 재판
　　관의 위헌의견 있음.
76) 헌재 2008. 12. 26, 2005헌마971 등, 판례집 제20권 2집 하, 666.
77) 헌재 2005. 11. 24, 2002헌바95 등, 판례집 제17권 2집, 392.
78) 헌재 2012. 3. 29, 2011헌바53, 판례집 제24권 1집 상, 538.

하고 있는 노동조합 및 노동관계조정법 제96조 제1항 제2호 중 '제27조
의 규정에 의한 보고를 하지 아니한 자'에 관한 부분[79], 노동운동 기타
공무 이외의 일을 위한 공무원의 집단행위를 금지한 지방공무원법 제58
조 제1항 및 제82조 중 '제58조 제1항' 부분[80], '교원의 노동조합 설립
및 운영 등에 관한 법률'의 적용을 받는 교원의 범위를 초·중등학교에
재직 중인 교원으로 한정하고 있는 '교원의 노동조합 설립 및 운영 등에
관한 법률' 제2조(해직교원들의 단결권)[81], 근로자의 날을 관공서의 공휴
일에 포함시키지 않은 '관공서의 공휴일에 관한 규정' 제2조 본문[82] 등
이 있다.

나. 단체교섭권

(1) 의의와 보호영역

**71. 근로자 단
체가 사용자 또
는 사용자 단체
와 교섭할 권리**

근로자의 단체교섭권이란 근로자가 근로조건의 향상을 위하여 근
로자 단체의 이름으로 사용자 또는 사용자 단체와 자주적으로 교섭할
수 있는 권리를 말한다.[83] 그리고 단체교섭을 하는 이유는 근로조건의
향상을 위하여 사용자와 합의를 보기 위함이다. 이러한 합의를 단체협
약이라 하는데, 이 단체교섭권에는 이 단체협약 체결권도 포함된다.[84]

**72. 목적성 ·
자주성의 원칙
적용**

단체교섭권 역시 근로조건의 향상이라고 하는 목적성의 원칙과 그
리고 자주성의 원칙이 적용된다. 자주성은 국가와 사용자 그리고 제3자
나 제3세력으로부터의 독립과 자유의 원칙 하에 노사가 교섭을 하는 것
을 의미한다. 제3자가 노동조합의 사용자나 사용자 단체와의 교섭에 있
어서 조언과 조력을 하는 것은 자주성 원칙에 배치되지 않는다.

**73. 교섭 및 단
체협약 체결 권
한**

노동조합의 대표자는 그 노동조합 또는 조합원을 위하여 사용자나

---

79) 헌재 2013. 7. 25, 2012헌바116, 판례집 제25권 2집 상, 203.
80) 헌재 2008. 4. 24, 2004헌바47, 판례집 제20권 1집 상, 468. 조대현 재판관의 헌법
불합치, 송두환 재판관의 위헌의견 있음.
81) 헌재 2015. 5. 28, 2013헌마671 등, 판례집 제27권 1집 하, 336. 김이수 재판관의
반대의견 있음.
82) 헌재 2022. 8. 31, 2020헌마1025, 공보 311, 1143.
83) 허영 (주 1), 602면.
84) 헌재 1998. 2. 27, 94헌바13 등, 판례집 제10권 1집, 32.

사용자 단체와 교섭하고 단체협약을 체결할 권한을 가진다(노동조합 및 노동관계조정법 제29조).[85] 그리고 하나의 사업 또는 사업장에서 조직형태와 관계없이 근로자가 설립하거나 가입한 노동조합이 2개 이상인 경우 노동조합은 교섭대표노동조합을 정하여 교섭을 요구해야 한다(동법 제29조의2). 그리고 이에 따라 결정된 교섭대표노동조합의 대표자는 교섭을 요구한 모든 노동조합 또는 조합원을 위하여 사용자와 교섭하고 단체협약을 체결할 권한을 가진다.

단체교섭은 주로 합리적인 근로조건과 적정한 임금의 보장 등 교섭 당사자의 이해관계가 서로 상반되는 문제에 대하여 행해지는 것이 보통이기 때문에 단체교섭의 결과 맺어지는 노사간의 단체협약에 대해서는 일반 사법상 계약에 대한 보호보다도 더 강력한 보호가 요청된다. 이를 위하여 노동조합 및 노동관계조정법은 단체협약에 정한 근로조건 기타 근로자의 대우에 관한 기준에 위반하는 취업규칙 또는 근로계약의 부분은 무효로 한다고 규정(법 제33조)함으로써 단체협약의 구속력을 법적으로 보호하고 있다.

74. 단체협약의
구속력 보호

(2) 효 력

단체협약 체결권을 포함하는 단체교섭권은 먼저 국가로부터 방해 받지 않고서 근로자 단체가 사용자와 단체교섭을 체결할 수 있는 자유가 있다는 점에서 국가의 방해나 간섭을 배제할 수 있는 대국가적 방어권으로서의 효력이 있다.

75. 대국가적
방어권의 효력

한편 만일 사용자가 근로자와의 단체교섭에 불성실하게 임하고, 단체협약을 체결하려 들지 않으면서 근로조건의 향상에 대하여 소극적으로 대처할 경우, 그로 인하여 근로자는 사용자로부터 자신의 정당한 임금이나 보다 나은 근로조건이나 환경에서 일할 권리가 침해될 위험이 있다. 그러한 경우 국가에게 적극적으로 사용자와 근로조건의 향상을 위하여 정당한 교섭을 하고, 단체협약을 체결할 수 있도록 절차와 제도를 마련해 줄 것을 요구하는 보호청구권을 갖는다. 단체교섭을 위한 법

76. 단체교섭을
위한 법적 절차
청구권

---

85) 헌재 1998. 2. 27, 94헌바13 등.

적 절차와 제도를 마련해 줄 것을 요구할 수 있는 권리는 기본권의 객관적 가치질서에서 도출되는 일종의 보호청구권이라고 할 수 있기 때문에 이는 다른 청구권적 기본권이나 혹은 선거권이나 공무담임권과 마찬가지로 법률이 정하는 바에 의하여 보장될 수 있는 것으로 헌법이 직접 전제하고 있는 기본권들과 상당히 유사한 모습을 띤다.

즉 노동3권의 행사를 법률이 정하는 바에 의하여 할 수 있다고 규정하고 있지 않다 하더라도, 결국 노동조합의 결성, 단체교섭 상대방인 사용자나 사용자단체를 누구로 볼 것인지, 단체교섭과 단체협약의 체결과 그 효력, 단체교섭이 결렬될 경우 쟁의의 방법과 절차 등 노·사가 일방적으로 자신의 이익만을 절대적으로 관철시키려는 데서 한 발 양보하여 타협하고 절충하고 조정하기 위한 내용과 절차를 법적으로 형성하지 않으면 안 될 것이다.

77. 절차와 조직규정 필요

그러한 의미에서 이 단체교섭권을 비롯한 노동3권은 대표적으로 입법자가 법률로 절차와 조직에 관한 규정을 마련하지 않으면 실질적으로 기본권 행사에 상당한 어려움이 있을 수 있는 기본권이라 할 것이다.

78. 간접적 대사인적 효력

다음으로 단체교섭권 역시 노사의 대립적 구조를 전제로 한 권리이므로. 이 단체교섭권은 사용자에 대하여 간접적인 대사인적 효력을 가진다. 특히 전술한 바와 같이 노동현실에서 도급계약이나 용역계약을 통하여 다층적 근로관계가 형성되는 경우 경제적으로 약자인 하청 근로자들이 경제적 강자인 원청 사용자를 상대로 단체교섭을 할 수 있을 것인지의 문제가 제기될 수 있는데, 이것은 노동3권의 간접적 제3자효와 국가의 기본권 보호의무이론[86]이 잘 적용될 수 있는 중요한 영역이다. 결국 형식적으로 보면 원청 사용자와 하청사용자 간에 단순한 도급계약 내지 용역계약만 있을 뿐이어서 원청 사용자는 하청 근로자의 단체교섭 상대방인 사용자가 될 수 없을 것으로 보이지만, 노동현실의 실질을 고려해 본다면 원청 사용자와 하청 근로자들 간에 직·간접적으로 노동력과 임금 혹은 대가를 주고 받는 관계로서 업무상 지배·종속관계가 형

---

86) 방승주, 사법질서에 있어서 국가의 기본권보호의무, 공법학연구 제7권 제5호 (2006. 12.), 47-83(78)면.

성되었다고 볼 수 있는 사례가 있을 수 있다. 이러한 경우라면 그 하청 근로자의 노동3권은 실질적인 사용자나 사용자단체에 대하여, 민법상의 일반조항인 신의성실의 원칙이나 공서양속 조항을 통해서나 혹은 노동조합법 제81조의 "부당노동행위"나 단체교섭 상대방인 "사용자" 개념의 해석을 통하여 간접적으로 효력을 미친다고 봐야 한다. 이 때 판사는 민법상 일반조항과 노동조합법상 "부당노동행위"나 "사용자" 개념을 헌법 제33조 제1항의 노동3권의 의미에 합치되게, 즉 헌법(기본권)합치적으로 해석하지 않으면 안 된다. 만일 이러한 해석을 그르치는 경우 재판소원 제도가 허용된다면 그 판결은 헌법재판소에 의하여 위헌 · 취소선언이 될 수 있는 판결이 될 것이다.

노사는 원칙적으로 협약자율과 노사자치의 원칙에 따라서 임금과 근로자의 복지 등 근로조건의 향상을 어느 정도로 어떻게 해야 할 것인지에 관해서 사적 자치와 계약의 자유에 입각하여 단체협약을 맺을 수 있다. 따라서 단체협약권을 굳이 헌법적으로 명시하지 않는다 하더라도 노사간의 단체협약의 체결이 가능하다. 그러나 만일 노사 중 어느 일방이 단체협약을 준수하지 않을 경우 일반 민법상 계약위반의 법리에 따른 해결은 근로자의 보호를 위해서 매우 약하다. 그러므로 단체협약에 법적 구속력을 부여하고 이에 위반되는 계약이나 합의는 무효로 보고 제재를 가하는 노동입법은 근로자의 단체교섭권의 행사를 보다 강력하게 보호할 수 있는 기제(機制)가 된다. 이렇게 단체협약에 법적 구속력을 부여하는 이유는 그렇지 않을 경우 근로조건을 둘러싸고 노사간의 잦은 분쟁으로 인하여 산업평화가 깨어지고 그로 인하여 경제질서와 국민생활에 불안정이 초래될 수 있기 때문이다.

79. 사적자치와 계약의 자유의 적용

이행강제와 관련된 노동조합 및 노동관계조정법 조항들이 과잉입법으로 기본권을 침해하는지 여부에 대한 헌법재판소의 판례들을 살펴보면 다음과 같다.

80. 이행강제와 관련된 판례

우선 위헌결정 사례이다.

81. 위헌 사례

판례 **노동조합법 제46조 위헌제청**

노동조합법(勞動組合法) 제46조 중 "제42조의 규정에 의한 구제명령(救濟命

令)에 위반하거나" 부분은, 노동위원회의 확정되지 아니한 구제명령(救濟命令)을 그 취소 전에 이행하지 아니한 행위를 동법 제43조 제4항 위반의 확정된 구제명령(救濟命令)을 위반한 경우와 차별함이 없이 똑같이 2년 이하의 징역과 3,000만원 이하의 벌금이라는 형벌을 그 제재방법과 이행확보수단으로 선택함으로써, 국민의 기본권 제한방법에 있어 형평을 심히 잃어 위 법률규정의 실제적 내용에 있어 그 합리성과 정당성을 더욱 결여하였다고 할 것이므로 헌법상의 적법절차의 원리에 반하고 과잉금지의 원칙에도 저촉된다고 할 것이다.

(헌재 1995. 3. 23, 92헌가14, 판례집 7-1, 307, 307)

82. 합헌 사례　　　다음으로 합헌결정 사례이다.

> [판례] **노동조합및노동관계조정법 제81조 제3호 위헌소원**
>
> 이 사건 법률 조항은 헌법상 보장된 단체교섭권을 실효성 있게 하기 위한 것으로서 정당한 입법목적을 가지고 있다. 입법자는 이 사건 조항으로써 사용자에게 성실한 태도로 단체교섭 및 단체협약체결에 임하도록 하는 수단을 택한 것인데, 이는 위와 같은 입법목적의 달성에 적합한 것이다. 한편 이 사건 조항은 사용자로 하여금 단체교섭 및 단체협약체결을 일방적으로 강요하는 것은 아니며 "정당한 이유 없이 거부하거나 해태"하지 말 것을 규정한 것일 뿐이고, 어차피 노사간에는 단체협약을 체결할 의무가 헌법에 의하여 주어져 있는 것이므로, 이 사건 조항이 기본권 제한에 있어서 최소침해성의 원칙에 위배된 것이라고 단정할 수 없다. 또한 이 사건 조항은 노동관계 당사자가 대립의 관계로 나아가지 않고 대등한 교섭주체의 관계로서 분쟁을 평화적으로 해결하게 함으로써 근로자의 이익과 지위의 향상을 도모하고 헌법상의 근로3권 보장 취지를 구현한다는 공익을 위한 것인데 비해, 이로 인해 제한되는 사용자의 자유는 단지 정당한 이유 없는 불성실한 단체교섭 내지 단체협약체결의 거부 금지라는 합리적으로 제한된 범위 내의 기본권 제한에 그치고 있으므로, 법익간의 균형성이 위배된 것이 아니다. 따라서 이 사건 조항이 비례의 원칙에 위배하여 청구인의 계약의 자유, 기업활동의 자유, 집회의 자유를 침해한 것이라 볼 수 없다.
>
> (헌재 2002. 12. 18, 2002헌바12, 판례집 14-2, 824, 824-825)

> [판례] **노동조합및노동관계조정법 제92조 제1호 다목 위헌제청**
>
> 이 사건 법률조항은 징계에 관한 중요한 절차에 대한 사항을 단체협약으로

체결하고도 그 단체협약을 지키지 않은 자를 처벌함으로써 징계의 중요한 절차에 관한 단체협약의 이행을 확보하여 궁극적으로는 산업평화를 유지하고 헌법이 보장하고 있는 근로3권의 실현에 기여하고자 하는 것으로 볼 수 있다.

단체협약의 일반적 효력에 근거한 사법상 권리·의무에 대한 제한이나 근로기준법상의 행정상 제재와 같은 수단들은 단체협약의 이행을 직접 강제하거나 그 이행 의무 위반에 대한 직접적인 구제조치가 될 수 없음은 물론 이행에 대한 심리적 강제 또한 그리 크다고 볼 수 없어 단체협약의 이행 확보 수단으로서는 불완전하다.

그렇다면 이행을 확보하고자 하는 단체협약의 내용과 그 단체협약의 이행 여부가 산업평화의 유지와 근로3권의 실현에 미치는 영향, 단체협약 위반의 내용에 대한 비난가능성 등을 입법자가 종합적으로 고려한 결과, 근로자를 징계함에 있어 거쳐야 할 중요한 절차에 관한 단체협약만큼은 반드시 준수되어야 한다고 판단하여, 징계의 중요한 절차에 관한 단체협약을 위반한 자에 대해서는 형사처벌을 가하도록 규정한 것이 자의적인 입법이라고 볼 수는 없다.

(헌재 2007. 7. 26, 2006헌가9, 판례집 19-2, 12, 12-13.)

판례 노동조합법 제46조 위헌제청

이 사건 법률조항은 징계에 관한 중요한 절차에 대한 사항을 단체협약으로 체결하고도 그 단체협약을 지키지 않은 자를 처벌함으로써 징계의 중요한 절차에 관한 단체협약의 이행을 확보하여 궁극적으로는 산업평화를 유지하고 헌법이 보장하고 있는 근로3권의 실현에 기여하고자 하는 것으로 볼 수 있다.

단체협약의 일반적 효력에 근거한 사법상 권리·의무에 대한 제한이나 근로기준법상의 행정상 제재와 같은 수단들은 단체협약의 이행을 직접 강제하거나 그 이행 의무 위반에 대한 직접적인 구제조치가 될 수 없음은 물론 이행에 대한 심리적 강제 또한 그리 크다고 볼 수 없어 단체협약의 이행 확보 수단으로서는 불완전하다.

그렇다면 이행을 확보하고자 하는 단체협약의 내용과 그 단체협약의 이행 여부가 산업평화의 유지와 근로3권의 실현에 미치는 영향, 단체협약 위반의 내용에 대한 비난가능성 등을 입법자가 종합적으로 고려한 결과, 근로자를 징계함에 있어 거쳐야 할 중요한 절차에 관한 단체협약만큼은 반드시 준수되어야 한다고 판단하여, 징계의 중요한 절차에 관한 단체협약을 위반한 자에 대해서는 형사처벌을 가하도록 규정한 것이 자의적인 입법이라고 볼 수는 없다.

(헌재 2007. 7. 26, 2006헌가9, 판례집 19-2, 12, 12-13)

83. 시정명령위
반죄 합헌

    헌법재판소는 행정관청이 노동위원회의 의결을 얻어 위법한 단체
협약의 시정을 명한 경우 그 시정명령에 위반한 자를 500만 원 이하의
벌금에 처하도록 한 '노동조합 및 노동관계조정법'(1998. 2. 20. 법률 제
5511호로 개정된 것) 제93조 제2호 중 "제31조 제3항의 규정에 의한 명령
에 위반한 자" 부분은 죄형법정주의나 과잉금지원칙에 위반되지 않는다
고 보았다.[87]

(3) 제한과 제한의 한계

84. 단체교섭권
의 제한과 제한
의 한계

    단체교섭권 역시 무한한 기본권은 아니므로 노사의 이익보다 더 큰
공익의 보호를 위해서 필요한 경우에 한하여 법률로써 제한될 수 있는
것은 당연하다. 그리고 그 제한의 한계는 과잉금지원칙과 본질내용침해
금지 원칙 등 법치국가원리로부터 도출되는 제반 헌법적 원칙들이라 할
것이다.

85. 과잉금지원
칙의 적용

    단체교섭권 침해여부에 대한 심사와 관련하여 헌법재판소가 적용
한 심사기준은 과잉금지의 원칙인데 그 사례를 보면 다음과 같다.

> **판례** **구 농지개량조합법 제40조 등 위헌소원(제54조)**
>
>   그런데, 헌법 제33조 제1항이 보장하는 단체교섭권은 어떠한 제약도 허용되
> 지 아니하는 절대적인 권리가 아니라 헌법 제37조 제2항에 의하여 국가안전보
> 장·질서유지 또는 공공복리 등의 공익상의 이유로 제한이 가능하며, 그 제한
> 은 노동기본권의 보장과 공익상의 필요를 구체적인 경우마다 비교형량하여 양
> 자가 서로 적절한 균형을 유지하는 선에서 결정된다(헌재 1998. 2. 27. 94헌바
> 13등, 판례집 10-1, 32, 46 참조). 그러므로 단체교섭권을 제한하는 입법을 함에
> 있어서도 기본권제한입법의 헌법적 한계인 과잉금지원칙을 준수하여야 한다.
>
>   (헌재 2005. 6. 30, 2003헌바74, 10)
>
> **선행판례** 헌재 2004. 8. 26, 2003헌바28, 판례집 16-2상, 240, 249; 헌재 2004. 8.
> 26, 2003헌바58 등, 판례집 16-2상, 260, 272.

---

87) 헌재 2012. 8. 23, 2011헌가22, 판례집 제24권 2집 상, 400.

> 판례 최저임금법 제6조 제4항 등 위헌확인(최저임금 산입범위 및 취업규칙 변경 특례절차 사건)
>
> 이 사건 특례조항에 따르면, 사용자가 최저임금 산입을 위하여 1개월을 초과하는 주기로 지급하는 상여금 등 및 복리후생비를 총액의 변동 없이 매월 지급하는 것으로 취업규칙을 변경할 때에는 근로기준법 제94조 제1항에도 불구하고 과반수 노동조합 또는 근로자의 과반수의 동의를 받을 필요 없이 그 의견을 듣기만 하면 된다. 이처럼 이 사건 특례조항은 근로조건에 해당하는 상여금 등 및 복리후생비의 지급주기에 관한 취업규칙의 변경에 대하여 최저임금 산입을 목적으로 하면서 총액의 변동이 없는 경우에는 사용자가 일방적으로 상여금 등 및 복리후생비의 지급주기를 변경할 수 있도록 함으로써 근로자가 근로자단체를 통해 상여금 등 및 복리후생비의 지급주기에 관하여 사용자와 교섭하는 것을 제한하므로, 노동조합인 청구인 조합들과 그 조합원인 청구인 근로자들의 단체교섭권을 제한한다.
>
> (헌재 2021. 12. 23, 2018헌마629 등, 판례집 33-2, 831, 852)

헌법재판소는 위에서 보듯이 최저임금 산입을 위하여 임금지급 주기에 관한 취업규칙을 변경하는 경우 노동조합 또는 근로자 과반수의 동의를 받을 필요가 없도록 규정한 최저임금법 제6조의2 중 '제6조 제4항 제2호 및 제3호 나목에 따라 산입되는 임금'에 관한 부분이 노동조합 및 근로자의 단체교섭권을 침해하는지 여부와 관련하여 과잉금지원칙 위반여부를 심사한 후 합헌판단을 하였다. _{86. 취업규칙 변경시 노조 또는 근로자 과반수의 동의 불요 조항 합헌}

86. 취업규칙 변경시 노조 또는 근로자 과반수의 동의 불요 조항 합헌

같은 헌법소원심판 사건에서 청구인이 주장한 근로의 권리와 단체교섭권 침해와 관련하여 전자의 경우는 명백성통제에 입각한 완화된 심사로, 후자의 경우에는 헌법 제37조 제2항에 따른 과잉금지원칙 심사로 심사한 후 결론적으로 양자의 침해를 모두 부인하였다.[88]

87. 심사(통제)의 강도와 기준

(4) 관련 헌법재판소 판례

ⅰ) 단체교섭권 침해를 인정한 사례

단체교섭권 침해를 인정한 사례로 사용자가 노동조합의 운영비를 원조하는 행위를 부당노동행위로 금지하는 '노동조합 및 노동관계조정

88. 침해 인정 사례

---

88) 헌재 2021. 12. 23, 2018헌마629 등, 판례집 제33권 2집, 831.

법' 제81조 제4호 중 '노동조합의 운영비를 원조하는 행위'에 관한 부분
(노동조합의 단체교섭권)[89]이 있다.

ii) 단체교섭권 침해를 부인한 사례

단체교섭권침해를 부인한 사례로 최저임금 산입을 위하여 임금지
급 주기에 관한 취업규칙을 변경하는 경우 노동조합 또는 근로자 과반
수의 동의를 받을 필요가 없도록 규정한 최저임금법 제6조의2 중 '제6
조 제4항 제2호 및 제3호 나목에 따라 산입되는 임금'에 관한 부분[90],
노조전임자 급여 금지에 관한 노조법 제24조 제2항, '근로시간 면제 제
도'에 관한 노조법 제24조 제4항, 노동조합이 이를 위반하여 급여 지급
을 요구하고 이를 관철할 목적의 쟁의행위를 하는 것을 금지하는 노조
법 제24조 제5항[91], 한국철도공사법 부칙 제8조 제11항이 공무원으로
의제되는 기간은 "근로기준법 제34조의 규정에 의한 퇴직금산정을 위한
계속근로연수에서 이를 제외한다."고 한 것[92], 건설교통부장관의 승인
을 얻어야만 한국고속철도건설공단의 조직, 인사, 보수 및 회계에 관한
규정이 효력을 갖도록 한 구 한국고속철도건설공단법 제31조[93], 보건복
지부장관의 승인을 얻어야만 국민건강보험공단의 인사, 보수 등에 관한
규정이 효력을 갖도록 한 국민건강보험법 제27조[94], 하나의 사업 또는
사업장에 두개 이상의 노동조합이 있는 경우 단체교섭에 있어 그 창구
를 단일화하도록 하고, 교섭대표가 된 노동조합에게만 단체교섭권을 부
여하고 있는 '노동조합 및 노동관계조정법' 제29조 제2항, 제29조의2 제
1항[95], 공항·항만 등 국가중요시설의 경비업무를 담당하는 특수경비원

89. 침해 부인
사례

---

89) 헌재 2018. 5. 31, 2012헌바90, 판례집 제30권 1집 하, 66. 김창종, 조용호 재판관
   의 반대의견 있음.
90) 헌재 2021. 12. 23, 2018헌마629 등, 판례집 제33권 2집, 831. 이선애, 이은애, 이종
   석, 이영진 재판관의 이 사건 특례조항에 대한 일부 반대의견 및 일부 별개의견
   있음.
91) 헌재 2014. 5. 29, 2010헌마606, 판례집 제26권 1집 하, 354.
92) 헌재 2006. 3. 30, 2005헌마337, 판례집 제18권 1집 상, 417.
93) 헌재 2004. 8. 26, 2003헌바28, 판례집 제16권 2집 상, 240. 김영일, 송인준, 전효숙
   재판관의 반대의견 있음.
94) 헌재 2004. 8. 26, 2003헌바58 등, 판례집 제16권 2집 상, 260. 김영일, 송인준, 전
   효숙 재판관의 반대의견 있음.

에게 경비업무의 정상적인 운영을 저해하는 일체의 쟁의행위를 금지하
는 경비업법 제15조 제3항96), 국가 또는 지방자치단체의 정책결정에 관
한 사항이나 기관의 관리·운영에 관한 사항으로서 근무조건과 직접 관련
되지 아니하는 사항을 공무원노동조합의 단체교섭대상에서 제외하고 있
는 공무원의 노동조합 설립 및 운영 등에 관한 법률 제8조 제1항 단서
중 '직접' 부분97), 노동조합을 지배 · 개입하는 행위를 금지하는 노동조
합 및 노동관계조정법 제81조 제4호 본문 중 '근로자가 노동조합을 조
직 또는 운영하는 것을 지배하거나 이에 개입하는 행위' 부분(부당노동행
위에 대한 형사처벌)98) 등이 있다.

다. 단체행동권

(1) 의 의

근로자가 사용자와의 단체교섭에 실패하여 최후의 수단으로서 사
용자에게 근로조건의 향상을 위한 단체협약의 체결을 위력으로 강제할
수 있는 자유가 단체행동권이다.

단체행동권은 근로자와 사용자간에 단체교섭이 원만히 이루어지지
않을 경우에 한해서 선택할 수 있는 최후 수단적인 성질을 갖는 근로자
의 기본권이다.

90. 단체협약의
체결을 위력으
로 강제할 자유

91. 최후 수단
적 성질

(2) 보호영역과 내용

단체행동권은 단체교섭내용을 관철시키기 위한 집단적인 실력행사
를 그 내용으로 하는데 집단적인 실력행사의 구체적인 방법으로는, 집
단적으로 노동력의 제공을 거부하는 동맹파업(strike), 의도적으로 작업능
률을 떨어뜨리는 집단행동으로서 태업(sabotage), 사용자가 생산하는 상
품을 사지 않는 집단행동으로서 불매운동(boycott), 파업효과를 높이기
위해서 파업상태를 순찰 감시하는 시위행위인 감시행위(picketing), 근로

92. 동맹파업,
태업, 불매운동,
감시행위

---

95) 헌재 2012. 4. 24, 2011헌마338, 판례집 제24권 1집 하, 235.
96) 헌재 2009. 10. 29, 2007헌마1359, 판례집 제21권 2집 하, 304.
97) 헌재 2013. 6. 27, 2012헌바169, 판례집 제25권 1집, 519.
98) 헌재 2022. 5. 26, 2019헌바341, 판례집 제34권 1집, 391.

자단체가 생산시설을 점유해서 기업경영을 스스로 행하는 실력행사인
생산관리 등이 있다.99) 마지막 생산관리의 경우는 사용자의 재산권과
영업의 자유라고 하는 기본권적 법익에 대한 침해가능성이 크기 때문에
재산권 및 영업의 자유 그리고 헌법 제119조의 경제질서에 관한 헌법조
항과의 실제적 조화의 범위 내에서만 그 행사가 가능하다.100)

93. 정당한 쟁의행위의 민·형사책임 면제

또한 정당한 쟁의행위는 형사책임과 민사책임을 발생시키지 않는
효과가 있다(노동조합 및 노동관계조정법 제3조, 제4조). 사용자도 근로자가
단체행동권을 행사했다는 이유로 근로자를 해고하거나 근로자에게 불이
익한 처우를 해서는 안된다(동법 제81조 제5호, 제90조, 제94조).

94. 쟁의행위기간 중 근로자 대체제도

쟁의행위기간 중의 근로자 대체제도(동법 제43조)는 당해 사업 내 대
체근로만 허용하며, 근로자 파견을 원칙적으로 금지한다(파견근로자보호
법 제16조 제1항).

95. 직장 폐쇄

사용자는 불가피한 최후의 경우 직장 폐쇄로 대항할 수 있다(동법
제2조 제6호, 제46조).

(3) 한 계
ⅰ) 단체행동권 행사의 한계

96. 목적·방법·절차상 한계

근로자가 단체행동을 함에 있어서는 그 목적·방법·절차상의 한
계를 존중하여야 한다.101)

97. 목적상의 한계, 비폭력·비파괴적 방법, 최후수단성

첫째, 목적상의 한계로 단체행동은 근로조건의 향상을 위해서만 이
루어져야 한다. 근로조건의 향상과 상관 없는 정치적 목적의 단체행동은
허용되지 않는다. 둘째, 단체행동의 실력행사는 비폭력, 비파괴적 방법으
로 이루어져야 한다(법 제42조). 셋째, 단체행동은 다른 모든 방법으로 단
체협약의 체결이 불가능해 질 때, 최후수단으로서 행사되어야 한다.

98. 조정·중재기간 준수

최후의 수단으로만 행사되어야 하므로 조정, 중재 등의 절차를 먼
저 거쳐야 하고(법 제45조), 조정기간(조정의 신청이 있는 날부터 일반사업은
10일, 공익사업은 15일) 내지 중재기간(중재에 회부된 날부터 15일) 등의 전치

---

99) 허영 (주 1), 604-605면.
100) 허영 (주 1), 605면.
101) 이하 허영 (주 1), 605-606면 참고.

절차가 반드시 지켜지지 않으면 안 된다(법 제54조, 제63조).

ⅱ) 단체행동권에 대한 헌법 직접적 제한(한계)

단체행동권과 관련해서는 헌법이 그 주체와 그 행사여부에 관하여 제한할 수 있음을 밝히면서 구체적인 내용은 법률로 위임하고 있다(헌법 제33조 제3항).

이에 따라 노동조합 및 노동관계조정법 제41조 제2항은 방위사업법에 의하여 지정된 주요방위산업체에 종사하는 근로자 중 전력·용수 및 주로 방산물자를 생산하는 업무에 종사하는 자는 쟁의행위를 할 수 없으며, 주로 방산물자를 생산하는 업무에 종사하는 자의 범위는 대통령령으로 정한다고 규정하고 있다.

또 노동조합 및 노동관계조정법 제40조는 직접 근로관계를 맺고 있는 근로자나 당해 노동조합 등 정당한 권한을 가진 자 외에도 법이 정하는 사람 또는 단체에 의한 지원을 제한적으로 허용하면서 그 이외의 사람·단체는 누구든지 노동쟁의행위에 개입해서는 아니된다고 규정[102] 하였으나 이 규정은 전술한 바와 같이 2006. 12. 30.자로 삭제되었다.

(4) 헌법재판소 판례

ⅰ) 단체행동권 침해 인정 사례

헌재가 단체행동권 침해를 인정한 사례로는 다음과 같은 것들이 있다.

> **[판례] 입법부작위 위헌확인**
>
> 헌법 제33조 제2항과 지방공무원법 제58조 제1항 단서 및 제2항에 의하면 조례에 의하여 '사실상 노무에 종사하는 공무원'으로 규정되는 지방공무원만이 단체행동권을 보장받게 되므로 조례가 아예 제정되지 아니하면 지방공무원 중 누구도 단체행동권을 보장받을 수 없게 된다. 따라서 이 사건 부작위는 청구인들이 단체행동권을 향유할 가능성조차 봉쇄하여 버리는 것으로 청구인들의 기본권을 침해한다.
>
> (김종대 재판관의 별개의견, 이강국, 김희옥, 이동흡 재판관의 각하의견 - 자

99. 법률로 제한 가능

100. 방산물자 생산 업무 종사자의 쟁의행위 금지

101. 제3자개입 금지 폐지

102. 단체행동권 침해 인정 사례

---

102) 소위 제3자개입금지조항에 대한 합헌결정으로 헌재 1990. 1. 15, 89헌가103.

기관련성 결여 - 있음).

(헌재 2009. 7. 30, 2006헌마358, 판례집 21-2상, 292, 293)

판례 노동쟁의조정법에 관한 헌법소원

모든 공무원에게 단체행동권, 즉 쟁의권을 근본적으로 부인하고 있는 노동쟁의조정법 제12조 제2항 중 「국가·지방자치단체에 종사하는 노동자」에 관한 부분은 현행 헌법 제33조 제2항의 규정과 저촉되고 충돌되는 것으로 헌법 제37조 제2항의 일반적 법률유보조항에 의하여서도 정당화될 수 없는 것이지만, 헌법 제33조 제2항의 규정은 일부 공무원에게는 단체행동권을 주지 않는다는 것도 전제하고 있으므로 합헌적인 면도 포함되어 있다. 따라서 위 규정은 단순위헌선언을 하여 무효화시킬 법률이 아니고, 앞으로 현행 헌법규정과 충돌됨이 없이 합헌의 상태가 되도록 고쳐져서 재정비되어야 할 규정이다.

(입법개선시한 - 1995년말- 까지 잠정적 계속적용을 명하는 헌법불합치결정. 변정수 재판관의 전부위헌 의견 있음)

(헌재 1993. 3. 11, 88헌마5, 판례집 5-1, 59, 59)

판례 국가보위에관한특별조치법 제9조 등 위헌제청 (구 국가보위에 관한 특별조치법 제11조 제2항 중 제9조 제1항의 위헌 여부)

헌법 제33조는 제1항에서 근로3권을 규정하되, 제2항 및 제3항에서 '공무원인 근로자' 및 '법률이 정하는 주요방위산업체 근로자'에 한하여 근로3권의 예외를 규정한다. 그러므로 헌법 제37조 제2항 전단에 의하여 근로자의 근로3권에 대해 일부 제한이 가능하다 하더라도, '공무원 또는 주요방위사업체 근로자'가 아닌 근로자의 근로3권을 전면적으로 부정하는 것은 헌법 제37조 제2항 후단의 본질적 내용 침해금지에 위반된다. 그런데 심판대상조항은 단체교섭권·단체행동권이 제한되는 근로자의 범위를 구체적으로 제한함이 없이, 단체교섭권·단체행동권의 행사요건 및 한계 등에 관한 기본적 사항조차 법률에서 정하지 아니한 채, 그 허용 여부를 주무관청의 조정결정에 포괄적으로 위임하고 이에 위반할 경우 형사처벌하도록 하고 있는바, 이는 모든 근로자의 단체교섭권·단체행동권을 사실상 전면적으로 부정하는 것으로서 헌법에 규정된 근로3권의 본질적 내용을 침해하는 것이다.

(헌재 2015. 3. 26, 2014헌가5, 판례집 27-1상, 226, 227)

ⅱ) 단체행동권 침해 부인 사례

단체행동권 침해를 부인한 사례로서는 형법 제314조 제1항 중 '위력으로써 사람의 업무를 방해한 자' 부분[103], 공항·항만 등 국가중요시설의 경비업무를 담당하는 특수경비원에게 경비업무의 정상적인 운영을 저해하는 일체의 쟁의행위를 금지하는 경비업법 제15조 제3항[104], 노동쟁의조정법 제30조 제3호, 제31조와 제47조의 "제31조"에 관한 부분 중 각 제30조 제3호에 의하여 중재에 회부된 때에 관한 부분[105], 공항·항만 등 국가중요시설의 경비업무를 담당하는 특수경비원에게 경비업무의 정상적인 운영을 저해하는 일체의 쟁의행위를 금지하는 경비업법 제15조 제3항[106], "방위산업에관한특별조치법에 의하여 지정된 방위산업체에 종사하는 근로자"에 대하여 쟁의행위를 금지시키고 있는 구 노동쟁의조정법 제12조 제2항[107], 안전보호시설의 유지·운영을 정지·폐지 또는 방해하는 내용의 쟁의행위를 제한하는 노동조합 및 노동관계조정법 제42조 제2항 및 제91조 제1호 중 '제42조 제2항' 부분[108] 등이 있다.

103. 단체행동권 침해 부인 사례

Ⅴ. 노동3권의 헌법 직접적 한계와 기본권 충돌

1. 헌법 직접적 한계

노동3권의 헌법 직접적 한계로 공무원인 근로자를 기본권의 주체에서 제한하고 있는 헌법 제33조 제2항을 들 수 있다.

헌법 제33조 제2항에 따라 공무원인 근로자에게 단결권·단체교섭

104. 헌법 제33조 제2항의 헌법 직접적 한계

105. 공무원의 노동3권

---

103) 헌재 2022. 5. 26, 2012헌바66, 판례집 제34권 1집, 346. 유남석, 이석태, 김기영, 문형배, 이미선 재판관의 일부 위헌의견 있음; 헌재 2010. 4. 29, 2009헌바168, 판례집 제22권 1집 하, 74.
104) 헌재 2009. 10. 29, 2007헌마1359, 판례집 제21권 2집 하, 304; 헌재 2023. 3. 23, 2019헌마937, 공보 318, 756.
105) 헌재 1996. 12. 26, 90헌바19 등, 판례집 제8권 2집, 729. 4:5 합헌. 김진우, 황도연, 이재화, 조승형, 고중석 재판관의 위헌의견 있음.
106) 헌재 2009. 10. 29, 2007헌마1359, 판례집 제21권 2집 하, 304. 조대현, 김종대, 송두환 재판관의 반대의견 있음.
107) 헌재 1998. 2. 27, 95헌바10, 판례집 제10권 1집, 65.
108) 헌재 2005. 6. 30, 2002헌바83, 판례집 제17권 1집, 812.

권·단체행동권을 인정할 것인가의 여부, 어떤 형태의 행위를 어느 범위에서 인정할 것인가 등에 대하여 국회가 광범위한 입법형성권을 가진다.[109]

판례 국가공무원법 제66조 제1항 등 위헌소원 등

헌법 제33조 제2항이 직접 '법률이 정하는 자'만이 근로3권을 향유할 수 있다고 규정하고 있어서 '법률이 정하는 자' 이외의 공무원은 근로3권의 주체가 되지 못하므로, '법률이 정하는 자' 이외의 공무원에 대해서도 근로3권이 인정됨을 전제로 하여 헌법 제37조 제2항의 과잉금지원칙을 적용할 수는 없는 것이다. 한편, 국가공무원법 제66조 제1항은 근로3권이 보장되는 공무원의 범위를 사실상 노무에 종사하는 공무원에 한정하고 있으나, 이는 헌법 제33조 제2항에 근거한 것이고, 전체국민의 공공복리와 사실상 노무에 공무원의 직무의 내용, 노동조건 등을 고려해 보았을 때 입법자에게 허용된 입법재량권의 범위를 벗어난 것이라 할 수 없다.

(헌재 2007. 8. 30, 2003헌바51 등, 판례집 19-2, 213, 214)

판례 공무원노조의 비교섭대상

헌법은 제33조 제1항에서 "근로자는 근로조건의 향상을 위하여 자주적인 단결권·단체교섭권 및 단체행동권을 가진다."라고 규정하여 근로자의 자주적인 근로3권을 보장하고 있다. 헌법 제33조 제1항이 보장하는 단체교섭권은 헌법 제37조 제2항에 의하여 국가안전보장·질서유지 또는 공공복리 등의 공익상의 이유로 제한이 가능하며, 그 제한은 노동기본권의 보장과 공익상의 필요를 구체적인 경우마다 비교 형량하여 양자가 서로 적절한 균형을 유지하는 선에서 결정된다(헌재 1998. 2. 27. 94헌바13 등, 판례집 10-1, 32, 46; 헌재 2004. 8. 26. 2003헌바58, 판례집 16-2상, 260, 272 등 참조).

다만 우리 헌법은 위와 같이 제33조 제1항에서 근로자의 자주적인 근로3권을 보장하고 있으면서도, 제2항에서 "공무원인 근로자는 법률이 정하는 자에 한하여 단결권·단체교섭권 및 단체행동권을 가진다."고 규정하여 공무원 역시 근로3권의 주체가 될 수 있지만, 일반 근로자와는 달리 국민 전체에 대한 봉사자로서의 지위 및 그 직무상의 공공성을 가지므로 공무원제도를 합리적으로 유지하면서 주권자인 국민의 권익과 조화를 이루도록 하기 위해 헌법이 특별하게 그 제한을 예정하고 있다. 따라서 국회는 헌법 제33조 제2항에 따라 공무

---

109) 헌재 2008. 12. 26, 2005헌마971 등, 판례집 제20권 2집 하, 666.

원인 근로자에게 단결권·단체교섭권·단체행동권을 인정할 것인가의 여부, 어떤 형태의 행위를 어느 범위에서 인정할 것인가 등에 대하여 광범위한 입법형성의 자유를 가진다(헌재 2007. 8. 30, 2003헌바51 등, 판례집 19-2, 215, 227-229; 헌재 2008. 12. 26, 2006헌마462, 판례집 20-2하, 748, 756 등 참조).

(헌재 2013. 6. 27, 2012헌바169, 판례집 25-1, 519, 530.)

2. 기본권 충돌

가. 다른 기본권과의 충돌의 경우

헌법재판소는 헌법 제31조 제6항과 헌법 제33조 제1항이 충돌할 경우에는 헌법 제31조 제6항은 국민의 교육을 받을 기본적 권리를 보다 효과적으로 보장하기 위하여 교원의 보수 및 근무조건 등을 포함하는 개념인 "교원의 지위"에 관한 기본적인 사항을 법률로써 정하도록 한 것이므로 교원의 지위에 관련된 사항에 관한 한 위 헌법조항이 근로기본권에 관한 헌법 제33조 제1항에 우선하여 적용된다고 보았다.110)

106. 헌법 제31조 제6항과의 충돌시 헌법 제31조가 우선 적용

Ⅵ. 헌법재판소의 노동3권 침해인정 및 침해부인 사례

단결권, 단체교섭권, 단체행동권의 개별적 권리가 아니라 노동3권 전체에 대한 침해 인정사례와 부인사례를 살펴보면 다음과 같다.

107. 노동 3 권 전체에 대한 판례

1. 침해 부인 사례

침해를 부인한 사례로서는 사립학교교원에 대한 근로3권의 제한 또는 금지111), 폭행·협박 등의 위법행위를 수반하지 않는 단순한 집단적 노무제공의 거부행위를 구 형법 제314조가 규정하는 위력에 해당한다고 보아 정당행위로서 위법성이 조각되지 않는 한 형사처벌할 수 있다는 대법원 판례의 해석방법112), 근로3권이 보장되는 공무원의 범위를 사실

108. 노동3권의 침해 부인 사례

---

110) 헌재 1991. 7. 22, 89헌가106, 판례집 제3권, 387. 제27절, Ⅳ, 2, 다, (1), ⅱ) 참고.
111) 헌재 1991. 7. 22, 89헌가106, 판례집 제3권, 387, 387.
112) 헌재 1998. 7. 16, 97헌바23, 판례집 제10권 2집, 243; 헌재 2005. 3. 31, 2003헌바91.

상 노무에 종사하는 공무원에 한정하고 있는 국가공무원법 제66조 제1
항[113]), 노동조합법 제12조의2가 규정하는 제3자개입금지[114]), 근로3권이
보장되는 공무원의 범위를 사실상 노무에 종사하는 공무원에 한정하고
있는 지방공무원법 제58조 제1항[115]), 청원경찰로서 국가공무원법 제66
조 제1항의 규정에 위반하여 노동운동 기타 공무이외의 일을 위한 집단
적 행위를 한 자를 형사처벌하도록 규정한 청원경찰법 제11조[116]), 노동
조합의 대표자 또는 노동조합으로부터 위임을 받은 자에게 단체교섭권
과 함께 단체협약체결권을 부여한 노동조합법 규정[117]), 노동쟁의조정법
제4조 제3호의 의료사업에 관한 부분, 제30조 제3호와, 제31조 중 제30
조 제3호에 의하여 중재에 회부된 때에 관한 부분[118]) 등이 있다.

2. 침해 인정 사례

109. 노동3권의
침해 인정 사례

국가비상사태 하에서 근로자의 단체교섭권 및 단체행동권을 제한
한 구 '국가보위에 관한 특별조치법' 제11조 제2항 중 제9조 제1항에 관
한 부분[119]), 청원경찰의 복무에 관하여 국가공무원법 제66조 제1항을
준용함으로써 노동운동을 금지하는 청원경찰법 제5조 제4항 중 국가공
무원법 제66조 제1항 가운데 '노동운동' 부분을 준용하는 부분[120]) 등이
있다.

---

113) 헌재 1992. 4. 28, 90헌바27, 판례집 제4권, 255.
114) 헌재 1993. 3. 11, 92헌바33, 판례집 제5권 1집, 29, 30; 동종 결정으로 헌재 1990.
　　 1. 15, 89헌가103, 노동쟁의조정법 제13조의2 제45조의2 에 관한 위헌심판, 판례
　　 집 제2권, 4. 김진우, 이시윤, 김양균 재판관의 한정합헌의견 있음.
115) 헌재 2005. 10. 27, 2003헌바50 등, 판례집 제17권 2집, 238, 239.
116) 헌재 2008. 7. 31, 2004헌바9, 판례집 제20권 2집 상, 50.
117) 헌재 1998. 2. 27, 94헌바13 등, 판례집 제10권 1집, 32.
118) 헌재 1996. 12. 26, 93헌바17.
119) 헌재 2015. 3. 26, 2014헌가5, 판례집 제27권 1집 상, 226.
120) 헌재 2017. 9. 28, 2015헌마653, 판례집 제29권 2집 상, 485.

제 30 절　환경권*

I. 서　론

1. 우리 헌법 제35조의 규정과 문제의 제기

　　헌법 제35조 제1항은 "모든 국민은 건강하고 쾌적한 환경에서 생활할 권리를 가지며, 국가와 국민은 환경보전을 위하여 노력하여야 한다"고 규정함으로써 환경권과 국가 및 국민의 환경보전의무를 규정하고 있다.

　　그리고 제2항에서 환경권의 내용과 행사에 관하여는 법률로 정한다고 규정하고 있고, 제3항에서 국가는 주택개발정책 등을 통하여 모든 국민이 쾌적한 주거생활을 할 수 있도록 노력하여야 한다고 규정하고 있다.

　　환경권의 내용과 법적 성격을 둘러싸고는 학계와 실무에서 많은 논란이 있다. 가장 결정적인 논란은 이 환경권의 구체적 권리성 여부인데, 특히 법원 실무에서는 환경권의 구체적 권리성을 부인하는 것으로 보인다. 그 중요한 이유는 환경권의 주체, 내용, 행사방법 등이 모두 불확실하여 입법자가 법률로 구체화하기 전까지는 사법상의 구체적 권리로서 인정하기 힘들다고 하는 점에 있다.[1]

　　이에 관하여 학계에서는 구체적 권리성의 인정설과 부정설로 갈라지고 있어 과연 헌법적 차원에서 환경권의 성질이 무엇이며 구체적 권

1. 헌법 제35조 제1항

2. 헌법 제35조 제2항

3. 환경권의 내용과 법적 성격에 대한 논란

4. 구체적 권리성 인정설과 부정설

---

* 이 저서의 집필과정에서 제30절 환경권의 내용을 요약·압축하여 게재한 논문으로 방승주, 건강하고 쾌적한 환경에서 생활할 권리와 국가목표조항으로서 환경보전의무, 한양대 법학연구소, 법학논총 제40집 제3호(2023. 9), 25－68면.

1) 가령 대법원 1995. 9. 15. 선고 95다23378 판결 [공사중지가처분이의]: "환경권에 관한 헌법 제35조의 규정이 개개의 국민에게 직접으로 구체적인 사법상의 권리를 부여한 것이라고 보기는 어렵고, 사법상의 권리로서의 환경권이 인정되려면 그에 관한 명문의 법률규정이 있거나 관계법령의 규정취지 및 조리에 비추어 권리의 주체, 대상, 내용, 행사방법 등이 구체적으로 정립될 수 있어야 한다."

리성이 있다고 봐야 할 것인지 아니면 법률로 구체화되기 전까지는 아무런 내용이 없는 단지 프로그램 규정에 불과하다고 봐야 할 것인지를 밝힐 필요가 있다.

5. 국가의 환경보전의무의 의미와 내용 해석 필요

그리고 우리 학계에서는 국가의 환경보전의무의 의미와 내용에 대하여 구체적 해석을 거의 하지 않고 있는 것으로 보인다. 그것은 독일과 달리 우리 헌법은 환경권을 개인의 주관적 공권의 형태로 받아들였다는 피상적인 인식에 따른 것이 아닌가 생각된다. 1994년에 환경권인가 국가목표규정인가 하는 오랜 논란 끝에 양자택일의 형식으로 국가목표조항을 선택한 독일과는 달리, 우리는 1980년부터 이미 주관적 공권도 천명하고 국가의 환경보전의무(국가목표조항)도 선언해 왔다. 즉 양자택일이 아니라 두 가지 모두 채택하고 있음에도 우리 헌법이 기본적으로 주관적 공권을 택하였다는 사실에 기하여, 후자 즉 국가목표조항의 헌법적 의미와 내용에 대해서는 별반 관심을 기울이지 않았던 것 아닌가 생각된다.

6. 1987년 헌법에서 제2항 삽입

그러면서 동시에 1987년 헌법에서 환경권의 내용과 행사에 관하여는 법률로 정한다는 규정이 삽입됨으로 말미암아 법원 실무에서는 환경권마저도 사권으로서 구체적 권리성이 없는 '권리 아닌 권리'로 취급하고 말았으니, 결국 주관적 공권도 사실상 껍데기만의 권리로 전락하였고, 또한 국가목표조항도 헌법적 차원에서 그 구체적 내용에 대한 해석론이 제대로 전개되지 않은 채, 헌법상 환경권과 환경보호의 영역은 행정법과 환경법의 영역으로 사실상 내맡겨져 왔던 것이 아닌가 한다.

7. 진정한 의미의 자연환경관련 결정례 찾기 힘듦

그리하여 오늘날과 같은 기후변화의 위기를 맞이하면서도, 헌법재판소에 올라온 환경권에 관한 분쟁사건들은 생활환경에 관한 분쟁사건이 대다수인 데 반하여, 환경보호를 위하여 다툰 진정한 의미의 환경보호 분쟁사건의 경우에는 공권력의 행사성 결여를 이유로 각하[2]되는 등 아직까지 진정한 의미의 환경사건에 대한 헌법재판결정을 찾아 보기 힘든 것이 사실이다.

---

2) 헌재 2003. 1. 30, 2001헌마579, 새만금간척사업에 대한 정부조치계획의 확정발표 등 취소, 판례집 제15권 1집, 135.

다만 최근 청소년기후행동 등 청소년들과 미성년자를 포함한 환경
단체들이 기후보호를 위한 헌법소원심판[3]을 청구한 상태에 있어 앞으
로 헌법재판소가 이 사건에 대하여 어떻게 결정을 하게 될지 주목을 해
볼 필요가 있다.

　　8. 청소년기후
행동의 헌법소
원

그 사이에 독일 연방헌법재판소[4], 아일랜드 대법원[5], 네덜란드 대
법원[6], 남아프리카 공화국[7] 등에서는 2050년 탄소중립을 목표로 온실
가스감축계획을 제대로 이행하지 않는 데 대하여 잇따라 위헌(헌법불합
치)결정을 선고하고 있는바, 이러한 외국 사법기관들의 결정들은 우리에
게 상당한 시사점을 준다고 할 수 있다.

　　9. 독일 등 각
국 헌법재판소
의 기후보호관
련 위헌결정

인간의 온실가스배출과 환경파괴로 인하여 지구온난화가 급속도로
진행되면서 갖가지 이상기후로 온 지구가 몸살을 앓고 있는 오늘날 헌
법 제35조의 환경권과 국가의 환경보전의무에 대한 해석에도 서서히 패
러다임의 전환이 이루어질 필요가 있다고 생각된다.

　　10. 기후변화에
따른 헌법 제35
조의 해석 패러
다임 전환 필요

이하에서는 이러한 문제의식 하에 환경보호에 관한 국제적 동향,
입법례와 연혁 등을 살핀 후 헌법 제35조의 환경권과 국가의 환경보전
의무에 대하여 그 의미와 내용을 구체화시켜 보기로 한다.

　　11. 환경권과
국가의 환경보
전의무의 의미
와 내용 구체화

2. 환경보호에 관한 국제적 동향, 입법례와 연혁

가. 환경보호에 관한 국제적 동향

환경, 즉 자연적 생활기반에 대한 보호는 어느 한 나라의 노력만으
로 될 수 없고, 국제적 협력을 필요로 한다. 그리하여 환경보호의 문제
는 점차 국가간 협력은 물론 여러 가지 국제환경조약을 통하여 실정화

　　12. 환경보호문
제에 대한 국제
간 협력

---

3) 청구인 김도현 외 18, 2020헌마389 저탄소 녹색성장 기본법 제42조 제1항 제1호
　　위헌확인.
4) BVerfGE 157, 30.
5) 아일랜드 대법원, 2020. 7. 31. 판결, 205/19, Ziffer 6.45 ff. BVerfGE 157, 30, Rn. 253.
6) 우르겐다 판결. 이재희, 기후변화에 대한 사법적 대응의 가능성: 기후변화 헌법소
　　송을 중심으로, 저스티스 제182권 제2호(2021), 342-390(357-370)면; 김찬희, 환
　　경권의 위헌심사기준에 관한 연구 - 비교법적 연구를 중심으로, 헌법재판연구원
　　2023, 41면.
7) 김찬희 (주 6), 60면 이하.

되고 있다.

13. 스톡홀름 선언과 지속가능한 개발원칙·사전배려의 원칙

우선적으로 1972년 스톡홀름 선언이 그것이다. 그리고 가장 중심적인 지도원리는 1992년 리우회의 이래로 지속가능한 개발(sustainable development)의 원칙이다.8) 이것은 생태학적 잠재력의 실질을 장기간 보전하는 것을 추구함으로써 자원에 대한 이용과 절제를 광범위하게 재분배하는 결과를 가져온다. 이와 함께 소위 사전배려의 원칙(Vorsorgeprinzip)이 있는데 이것은 논란은 있으나 국제법에서 최소한 개별적으로는 관습법으로 인정되고 있다고 한다.9)

14. 국제인권규약의 한계

반면에 국제인권규약들은 개인의 권리를 지향하고 있기 때문에 환경보호에 관해서는 단지 제한적으로만 그 내용을 받아들이고 있다. 그리하여 생태학적 인권해석은 처음부터 한계에 부딪히게 된다. 예를 들면 시민적 정치적 권리에 관한 국제규약 제6조 제1항으로부터 나오는 생명권에 관한 보호의무가 그러하다. 그리고 경제적, 사회적, 문화적 권리에 관한 국제규약 제11조에서 요청하고 있는 "적정한 생활수준"과 동규약 제12조의 "최대한의 육체적 및 정신적 건강" 역시 급부청구권이 아니라 단지 입법위임의 형식을 띄고 있을 뿐이다. 환경보호와 인권의 명시적인 연관은 아프리카인권헌장 제24조와 아메리카인권헌장 추가의정서 제11조와 같은 지역적 인권규약에서 나타난다.10)

15. 유럽인권협약 개정에 관한 논의

건강한 환경에 관한 인권을 둘러싸고 유럽인권협약 개정안에 관하여 상당한 논란이 이루어졌다. 찬성론자들은 이 규정을 통하여 회원국들로 하여금 그 국민들에 대한 보호의무를 이행하도록 압박할 수 있다고 본 데 반하여, 반대론자들은 집단적인 환경이익을 개인적 권리로 만

---

8) Kloepfer, Bonner Kommentar zum GG, 116. Aktualisierung April 2005, Art. 20a, Rn. 76.

9) Schulze−Fielitz, in: H. Dreier (Hrsg.), Grundgesetz−Kommentar, Bd II, 3. Aufl. 2015, Art 20a Rn. 10: Kloepfer, in: Ehlers/Fehling/Pünder, Besonderes Verwaltungsrecht – Band 2, 3. Nachbarprinzipien, Rn. 85. 이 원리는 오존층 보호를 위한 비엔나협약 및 몬트리올의정서, 기후변화협약, 생물다양성협약, 아프리카 내 유해폐기물의 국경이동 규제에 관한 바마코 협약, 런던덤핑의정서 등 다수의 환경조약에 수용되어 있기도 하다. 이에 관하여는 김홍균, 환경법, 홍문사 2022, 43면.

10) Schulze−Fielitz (주 9), Rn. 12,

들 수는 없다는 점과 또한 오히려 프로그램적인 국가목표조항에 가까
운 그러한 조항은 집행가능성과 사법판단가능성이 적으며, 그러한 조
항은 방어권적 성격이 강한 유럽인권협약의 성격을 넘어서는 것임을
들었다.[11]

나. 입법례

환경보호에 관한 각국의 규정방식은 크게 두 갈래로 갈라진다. 즉
환경보호라고 하는 국가목표규정의 형식으로 규정하는 나라와 환경권이
라고 하는 기본권의 형식으로 규정하고 있는 나라가 그것이다.

환경보호에 관한 헌법적 규정을 두고 있는 나라의 예로서 우선
1971년 스위스 헌법 제24조(현행 1999년 연방헌법 제74조), 1975년 그리스
헌법, 1976년 포르투갈 헌법과 1978년 스페인 헌법 그리고 다수의 EU
회원국들을 들 수 있다.

이 가운데 환경권을 기본권의 형식으로 두면서 동시에 상응하는 국
민의 기본의무로서 환경보호의무를 두고 있는 나라로서 1978년 스페인
헌법 제45조 제1항, 1976/1982/1989년 포르투갈 헌법 제66조 제1항,
1992년 슬로바키아 헌법 제44조, 1992년 에스토니아 헌법 제53조 등이
있다.

그리고 국가목표조항을 두고 있는 나라로서는 1975년 그리스 헌법
제24조, 1975/1978년 스웨덴 헌법 제1장 제2조 제2문, 1983년 네덜란드
헌법 제21조, 1984년 오스트리아의 포괄적 환경보호에 관한 연방헌법률
제1조와 많은 미주와 아프리카 그리고 아랍 국가들을 들 수 있다.

입법례 가운데는 가령 "한편으로 자연과 그 재생능력 그리고 다른
한편으로 자연에 대한 인간의 요구 사이에 지속적으로 균형있는 관계"
로서 지속가능성의 원칙을 실정화하고 있는 1999년 스위스 연방헌법 제
73조의 사례가 있다. 그리고 유럽연합 가운데서 개별적인 동물보호조항
을 헌법적 차원으로 실정화한 것은 독일 기본법 제20a조가 처음이다.[12]

16. 환경보호에
관한 규정방식

17. 헌법적 규
정방식의 예

18. 국민의 기
본의무로서 규
정한 예

19. 국가목표조
항적 규정방식
의 예

20. 각국의 구
체적 입법례

---

11) Schulze-Fielitz (주 9), Rn. 13.
12) 과연 환경보호와 관련된 이익을 국가목표조항으로 둘 것인가 아니면 주관적 공
    권으로서 기본권으로 할 것인가에 대해서는 장·단점이 있을 수 있다. 독일의 경

더 넓은 의미로 1999년 스위스 연방헌법 제120조 제2항은 "피조물의 존엄(Würde der Kreatur)"을 인정한 입법례도 있다.

21. AEUV 제191조 제1항 유럽연합 환경정책의 목표

유럽연합의 경우 유럽연합운영에 관한 조약(AEUV: Vertrag über die Arbeitsweise der Europäischen Union)(이하 '유럽연합운영조약') 제191조 제1항에서 유럽연합 환경정책의 목표에 관하여 "환경의 유지, 보호와 개선, 인간의 건강의 보호, 합리적인 자원개발과 국제적 환경보호조치의 촉진, 특히 기후변화의 방지"로 정의하고 있다.[13]

22. AEUV 제11조: 횡단조항

유럽연합운영조약 제11조(소위 횡단조항: Querschnittsklausel)는 유럽연합의 모든 기관에게 유럽연합정책과 조치들을 확정하고 실행함에 있어서 환경보호의 필요성을 형량에 포함시킬 의무를 부과하고 있다. 이 조항은 후술하는 바와 같이 소위 외부적 통합의 원칙을 고려한 것이다. 이 횡단조항과 더불어서 유럽연합은 그 환경정책을 입안함에 있어서 한정적으로 열거되어 있는 판단근거들과 형량기준들을 고려하여야 한다고 하는 상응하는 조항을 두고 있다(동조약 제191조 제3항). 유럽연합운영조약은 사전배려원리(Vorsorgeprinzip), 원인제공자책임원리(Verursacherprinzip), 높은 보호수준(Ein hohes Schutzniveau, 제191조 제2항 제1문)[14], 지속가능한 발전의 원리(Prinzip der nachhaltigen Entwicklung, 제3조 제3항과 제11조), 인과관계원리(Ursprungsprinzip), 협력의 원리(Kooperationsprinzip), 형량의 원리(Abwägungsprinzip)와 통합의 원리(Integrationsprinzip, 제11조) 등을 환경영역의 원리들로 받아들이고 있다.[15]

우 일부 하급법원들에서 기본법 제2조 제1항으로부터 개인적 환경권을 도출하고 이를 인정하는 결정이 몇 차례 나온 후 연방행정재판소에서 명시적으로 환경기본권은 존재하지 않는다는 부정적 결정이 선고되자 학계에서 이에 관한 격렬한 논쟁이 이루어졌고, 1994년 헌법개정 당시에도 환경기본권의 도입을 주장하는 여러 정당안들이 있었으나 최종적으로는 국가목표조항으로서 환경보호조항이 기본법 제20a조로 도입되기에 이르렀고 2002년에는 여기에 동물보호조항까지 삽입하는 개정이 이루어졌다. Calliess, in: Dürig/Herzog/Scholz(Hrsg.), Grundgesetz—Kommentar, Werkstand: 100. EL. Januar 2023, Art. 20a, Rn. 7－10.

13) Kloepfer (주 8), Rn. 62.
14) 다만 그 원리성에 대해서는 논란이 있다. Kloepfer (주 8), Rn. 65.
15) Kloepfer (주 8), Rn. 64－66.

다. 연 혁

우리 헌법에 환경권이 최초로 도입된 것은 1980년 헌법 제33조에 23. 1980년 헌
서였다. 즉 "모든 국민은 깨끗한 환경에서 생활할 권리를 가지며, 국가 법 제33조
와 국민은 환경보전을 위하여 노력하여야 한다."라고 하는 간단한 규정
이었다.

그 후 1987년 현행 헌법 제35조에서 깨끗한 환경에서 생활할 권리 24. 1987년 헌
가 건강하고 쾌적한 환경에서 생활할 권리로 바뀌고, 제2항에 환경권의 법 제35조 신설
내용과 행사에 관하여는 법률로 정한다고 하는 법률유보조항을 신설하
고, 제3항에서 국가는 주택개발정책 등을 통하여 모든 국민이 쾌적한
주거생활을 할 수 있도록 노력하여야 한다고 하여 국가의 주거환경보호
의무조항을 신설하였다.

1987년 현행 헌법은 환경권을 좀 더 상세하게 규정하는 쪽으로 개 25. 입법자의
정되었으나, 오히려 환경권에 대하여 그 내용과 행사에 관하여는 법률 구체화 필요
로 정한다고 함으로써 외관상 환경권은 입법자가 구체화하지 않으면 보
장될 수 없는 권리인 것처럼 그 효력이 약화된 것이 아닌가 하는 비판
으로부터 자유로울 수 없게 되었다. 그럼에도 불구하고 해석을 통하여
현행 헌법의 환경권과 환경보전의무의 내용을 헌법적 차원에서 실질화
시킬 수 있다면 이 문제는 어느 정도 해소될 수 있을 것이다.

3. 환경보호의 규정방식을 둘러 싼 헌법정책론

우선 일반적인 의미에서 환경권은 환경훼손, 환경위험과 환경리스 26. 환경권의
크의 방지를 요구할 권리라고 할 수 있는데, 막상 이 환경권의 보호영 보호영역 확정
역을 확정하는 것은 그렇게 간단한 일이 아니다. 독일에서도 1994년 환경 의 문제
보호를 위한 헌법개정 당시 기본권으로서의 환경권을 받아들이지 않았
던 가장 중요한 이유가 바로 여기에 있다.16)

그렇다고 하여 환경보호를 단지 국가목표조항으로 규정하고 국가 27. 국가목표조
가 혹은 국가와 국민이 추구해야 할 환경보호의무로서만 규정하는 경우 항으로서 규정
방식의 문제점

---

16) Calliess (주 12), Rn. 10 ff.

에는, 가령 생명권, 건강권, 재산권 등 다른 기본권과 함께 환경훼손이 이루어지는 부분적 보장 외에, 그 밖의 환경보호, 가령 종의 보호나, 동물의 보호, 자연이나 풍경 등의 보호는 그것이 훼손되는 경우라 하더라도 소송 등을 통하여 구제할 수 있는 법적 수단이 없게 된다. 따라서 독일과 같은 경우에도 환경침해에 대한 소송가능성 결여의 문제점을 지적하고[17] 환경권을 일종의 절차적 권리로 이해하면서 정보, 참여, 재판을 청구할 권리에 한하여 기본권으로 명문화하자고 하는 제안[18]도 나오고 있는 실정이다.

28. 우리 헌법의 규정방식

우리 헌법 제35조 제1항의 경우 주관적 공권으로서 환경권을 보장하고 있으면서도 동시에 국가와 국민의 환경보전의무를 부과하고 있기 때문에, 국가목표조항도 함께 규정하고 있음을 간과해서는 안 된다(국가목표조항의 헌법적 의의는 후술한다). 그러므로 우리 헌법의 경우는 단지 객관적인 국가목표조항으로서만 규정했을 때 발생할 수 있는 문제를 헌법적으로 보완하고 있다고 생각된다.

29. 헌법적 차원의 환경권의 의미

다만 헌법 제35조 제2항에서 환경권의 내용과 행사는 법률로 정한다고 하고 있어, 헌법적 차원에서의 환경권은 아무것도 없는 것인가 하는 문제가 제기될 수 있는데, 그렇게 해석할 수는 없다고 본다. 왜냐하면 제1항에서 분명히 국민에게 '건강하고 쾌적한 환경에서 생활할 권리'를 명시적으로 보장하고 있기 때문에, 이 '건강하고 쾌적한 환경에서 생활할 권리'를 구체화하는 제반 법률들은 이 권리를 보장한 헌법의 취지에 부합하지 않으면 안 된다. 그 구체적인 내용 즉, 방어권으로서의 환경자유권, 환경평등권, 환경청구권, 환경참여권 등 다양한 보호영역에 관해서는 후술하기로 한다.

30. 독일에서의 국가목표조항 도입 논의

독일의 경우 환경보호 국가목표조항의 도입에 관한 논의는 1970년대로 거슬러 올라가지만 환경권을 기본권으로서 보장하는 것은 실패하

---

17) Calliess (주 12), Rn. 18.
18) Calliess (주 12), Rn. 18. 그는 "모든 인간은 깨끗하고 건강한 환경과 그 유지 및 보호를 요구할 권리를 가진다. 이것은 정보, 행정절차참여 그리고 재판을 요구할 권리에 의하여 보장된다."고 하는 문구를 기본법 제2조 제3항이나 유럽기본권헌장 제37조에 삽입하자고 제안한다.

였다. 그 가장 큰 원인은 앞에서도 언급되었듯이 환경재는 개인적 법익이 아니라 공공의 법익(공익)이라는 점 때문이다.[19] 유럽연합에서도 명문이든 불문이든 유럽연합 고유의 환경기본권은 없다.[20] 유럽연합기본권헌장에도 환경보호라고 하는 제목을 하고 있는 제37조가 있지만 내용적으로 이것은 기본권이 아니라 유럽연합의 환경보호활동을 목표로 하는 객관적 규범에 불과하다.[21]

아무튼 과연 주관적 공권으로서 환경권을 보장하는 것이 단지 국가목표조항으로서만 규정하는 헌법례보다 환경보호를 위해서 더 효율적이고 성과가 있을 것인지는 단언할 수 없다. 그러나 우리 헌법 제35조 제1항에서 건강하고 쾌적한 환경에서 생활할 권리와 환경보전 국가목표를 규정하고 있고, 또한 제2항에서는 '환경권'의 내용과 행사의 방법은 법률로 정한다고 규정하고 있기 때문에, 우선 제1항의 '건강하고 쾌적한 환경에서 생활할 권리'와 제2항의 '환경권'이 같은 의미인지 다른 의미인지를 먼저 확인하고 혹 다르다면 각각의 의미를 밝혀 주어야 할 것이다. 그리고 주관적 공권 외에 국가목표로서 규정하고 있는 환경보전의무의 내용과 그 효력은 무엇인지를 균형 있게 밝히고 구체화시켜 줄 때 비로소 우리 헌법상의 환경권의 보호영역과 효력이 분명하게 드러날 수 있다.

31. 제1항과 제2항 환경개념 정의와 제1항의 환경보전의무 내용의 구체화 필요의의

4. 환경영역의 특성

가. 불가역성

자연환경은 한번 훼손되거나 파괴되는 경우 그 회복 자체가 거의 불가능하거나, 가능하다 하더라도 수십년 또는 수백년이 걸릴 수 있다. 특히 동·식물의 경우 서식지와 생태환경이 파괴되는 경우 멸종현상이 발생할 수 있으며 어떠한 종이 한번 멸종되고 나면, 이것은 생태계에 또 다른 파급효과를 불러 일으키게 되며, 또한 그 종은 더 이상 되살릴 수

32. 자연환경의 불가역성

---

19) Kloepfer (주 8), Rn. 33.
20) Kloepfer (주 8), Rn. 67.
21) Kloepfer (주 8), Rn. 67.

없게 되는데 이를 불가역성[22]이라고 한다.

33. 온실가스의 집적과 지구온난화의 가속화

특히 오늘날 산업혁명 이후 산업화와 석탄·석유 등 화석연료에 대한 무분별한 남용으로 대기에 CO_2를 비롯한 온실가스가 집적되어 지구온난화가 가속화되어 가고 있는데, 이 지구온난화는 일정한 임계치에 이르게 되면 더 이상 되돌릴 수 없게 된다고 하는 데에 문제의 심각성이 있다.

나. 상호관련성

34. 지구온난화로 인한 이상징후

이 지구온난화는 빙하 등 영구동토층의 얼음을 녹아내리게 하여 해수면의 상승을 유발하며, 또한 해류에 영향을 미치고 이로 인한 엘니뇨와 라니뇨 현상, 그리고 가뭄과 사막화현상, 뇌우, 집중호우, 홍수 등 각종 이상기후의 발생빈도가 오늘날 급격하게 상승하고 있음이 보고되고 있다.

35. IPCC의 보고내용

이러한 이상기후 현상은 이제 산업혁명 전보다 지구온도를 명백하게 2℃ 이하로, 그리고 가능한 한 1.5℃이하로 줄이지 않으면 지구온난화는 임계치에 도달하여 더 이상 돌이킬 수 없는 파국으로 치닫게 될 것이라고 하는 것이 파리기후협약 이후 기후변화에 국제적으로 공동대처하기 위하여 설립된 정부간기후변화위원회(IPCC)의 보고내용이다.[23]

36. 지구생태계의 상호유기적 관계

그리고 동물과 식물, 미생물을 포함하는 지구상의 생태계는 상호 유기적인 관계에 있어 어느 한 요소의 증감이나 변화는 생태계 전체에 영향을 미치므로, 자연환경의 자정능력의 한계를 넘어서게 되면 생태계 전체의 균형이 무너져 인간과 동·식물 등 살아 있는 생물들의 생명의 기반이라고 할 수 있는 환경 자체가 파괴되어, 장차 미래세대에게는 더 이상 오늘날 우리가 누리는 자연환경유산을 그대로 물려 줄 수 없게 되는 위기에 처할 수 있다.[24]

다. 불확실성

37. 이상현상과 불확실성

자연환경은 오늘날 기후변화로 인한 이상기후 현상이 잘 보여주듯

---

22) BVerfGE 157, 30, Rn. 146: Irreversibilität, Rn. 198: Unumkehrbarkeit.
23) BVerfGE 157, 30, Rn. 215.
24) BVerfGE 157, 30, Rn. 193.

이 언제 어디서 갑작스런 이상기후와 환경위험이 발생할지 그리하여 그 위험과 리스크의 정도와 규모가 어떠할지에 대해서 현대 과학적 지식으로도 정확하게 예측할 수 없다는 점이다. 이를 우리는 불확실성[25]이라고 칭할 수 있을 것인데, 이 불확실성으로 인하여 사전에 위험과 리스크를 예방하고 대처하기 위한 조치를 취하는 것 역시 상당히 어려울 수 있다는 것이 문제이다.

이러한 불확실성은 입법자의 판단에 대한 사법기관의 사후적 통제에 상당한 한계로 작용할 가능성이 있다. 이러한 이유에서 입법자에게는 넓은 형성의 자유가 주어지지만, 이로부터 과학기술의 발전 속도에 맞추어 끊임없이 예측판단을 수정하고 현재의 과학적 지식의 결론을 반영해야 할 입법개선의무가 있다.[26]

> **38.** 사후적 통제의 한계와 입법자의 입법개선의무

라. 국제협력필요성

이와 같이 지구의 생태계와 대기, 해양, 기후 등 자연환경은 상호 유기적 관계에 있고 그 상호간의 경계와 벽이 없기 때문에, 환경보호와 기후보호의 문제는 어느 한 나라의 노력만으로 해결될 수 없고, 정부와 민간, 환경단체의 협력과 더 나아가 전지구적, 국제적 협력에 의하지 않으면 그 해결이 불가능하거나 매우 어렵다는 데 환경문제의 특수성이 있다.[27]

> **39.** 전지구적·국제적 협력의 필요

또한 지구환경과 기후의 보호는 단기적 대처로 해결될 수는 없고, 짧게는 수십년, 길게는 수백년에 걸친 장기적 안목을 가지고서 대처해 나가지 않으면 안 된다.

> **40.** 장기적 대처 요구

환경보호와 기후보호의 문제가 가지는 이러한 여러 가지 특성들로부터 환경문제를 대처하기 위하여 국가적, 국제적 환경법영역에서 그동안 정립되어 온 원리와 원칙들이 있으며, 이 원리와 원칙들이 우리 헌법 제35조 제1항의 국가의 환경보전의무로부터도 도출될 수 있을 것인지를 검토해 보고, 그 도출가능성이 인정될 경우 일종의 헌법적 원리로 격상

> **41.** 환경법 영역에서 정립된 원칙들 헌법적 원리로 격상 필요

---

25) BVerfGE 157, 30, Rn. 247.
26) BVerfGE 157, 30, Rn. 248.
27) 동지, BVerfGE 157, 30, Rn. 201. 김홍균 (주 9), 19면.

시켜 환경법 영역을 규율하는 원리들로 적용할 뿐만 아니라, 환경관련 법령의 위헌여부에 관한 심사에 있어서 종래의 심사기준(과잉금지와 과소금지원칙)을 보다 풍부하게 실질화시키고 보충하는 보충적 심사기준으로 삼을 필요가 있다고 생각된다. 이에 대하여는 후술하기로 한다.

Ⅱ. 주관적 공권으로서 환경권

1. 환경의 개념

42. 헌법 제35조 제1항의 개념

헌법 제35조 제1항은 전단에서 "건강하고 쾌적한 환경에서 생활할 권리"를 보장하고 있으며, 후단에서 "국가와 국민은 환경보전을 위하여 노력하여야 한다."고 하고 있다. 전자는 주관적 공권이며, 후자는 환경보전이라고 하는 국가목표이다.

43. 환경의 개념에 관한 학설

우선 주관적 공권으로서 "건강하고 쾌적한 환경에서 생활할 권리"에서 말하는 "환경"이 무엇인지 헌법은 아무런 기준이나 내용을 제시하고 있지 않다. 이와 관련하여 학설은 자연환경만 포함된다고 보는 협의설[28]과 그리고 자연환경 및 생활환경 모두 포함된다고 보는 광의설[29], 끝으로 여기에 사회·문화·정신적 환경까지 모두 포함된다고 보는 최광의설[30]로 나뉜다. 헌법재판소는 환경정책기본법의 정의(제3조)에 따라 광의설의 입장인 것으로 보인다.[31]

---

28) 허영, 한국헌법론, 박영사 2023, 517면; 홍성방, 헌법학(중), 박영사 2015, 362면; 고문현, 헌법학개론, 박영사 2022, 256면; 그는 "환경보호를 규정하고 있는 헌법들이 주로 많이 쓰고 있는 표현은 자연환경인데, 그 이유는 환경의 개념을 협의로 파악하여 자연환경 만큼은 반드시 보호하여야 하겠다는 전세계적 공감대의 헌법적 수용을 의미할 뿐만 아니라, 환경보호에 실효성을 부여하려는 각국 헌법의 의지를 나타내는 것으로 볼 수 있다."고 하고 있다. 고문현, 환경헌법의 바람직한 규정형태, 헌법논총 제15집(2004), 107-132(125)면; 협의설에 까가워 보이는 입장으로 조홍식, 환경법원론, 박영사 2022, 260면.

29) 권영성, 헌법학원론, 법문사 2010, 705면; 구병삭, 신헌법원론, 박영사 1996, 658면; 허완중, 헌법 으뜸편 - 기본권론, 박영사 2020, 609면.

30) 김철수, 헌법학개론, 박영사 2007, 1042면; 정재황, 헌법학 제2판, 박영사 2022, 1214면.

31) "'건강하고 쾌적한 환경에서 생활할 권리'를 보장하는 환경권의 보호대상이 되는 환경에는 자연환경뿐만 아니라 인공적 환경과 같은 생활환경도 포함되므로(환경

생각건대, "건강하고 쾌적한 환경에서 생활할 권리"만을 따로 떼어 놓고서 본다면 수식어를 붙이기에 따라 가정환경, 교육환경, 근로환경, 사회환경, 자연환경 등 다양한 환경을 상정해 볼 수 있으나, 가정은 헌법 제36조 제1항, 교육은 헌법 제31조 제1항, 근로는 헌법 제32조 제1항과 헌법 제33조 제1항, 사회환경은 다양한 자유권에 의하여 모두 보호될 수 있는 반면에, 자연환경을 직접적으로 보호하고 있는 기본권은 없다.

44. 헌법 제35조 제1항의 환경은 자연환경에 중점

나아가 현재 지구온난화로 인하여 지구 곳곳에서 겪고 있는 이상기후현상 등을 고려해 볼 때, 헌법 제35조 제1항의 건강하고 쾌적한 환경에서 생활할 권리와 국가목표로서 환경보전의무의 핵심은 생활환경보다는 자연환경에 중점이 놓여야 할 것이다.

45. 핵심은 자연환경

그리고 이 자연환경은 현세대는 물론 미래 세대와 모든 생명(동·식물, 미생물)의 삶의 기반이자 터전이라 할 수 있기 때문에, 자연환경의 파괴는 더 이상 돌이킬 수 없는 결과를 초래할 수 있다는 점으로 인하여 단순한 생활환경의 문제와는 비교할 수 있는 대상이 아니다. 그럼에도 불구하고 비교할 수 없이 중요한 대상을 그렇지 않은 대상과 혼합하여 규율할 경우 국가, 즉 입법·행정·사법이 환경보전의무를 어떻게 이행해야 할 것인지에 대하여 방향감각을 잃거나 혼선을 빚을 가능성이 농후하다.

46. 생활환경의 문제와 구별

그러므로 점차 악화되어 가고 있는 자연환경과 기후위기에 비추어 볼 때 헌법 제35조 제1항이 중점적으로 보호하고 보전해야 할 대상은 자연환경이고, 생활환경은 기껏해야 다른 기본권에 의하여 보호받지 못할 경우 주관적 공권으로서 '건강하고 쾌적한 환경에서 생활할 권리'에 의하여 보충적으로 보호될 수 있는 것으로 이해하는 것이 환경문제에 대한 제대로 된 접근을 가능하게 할 것이라고 생각된다.

47. 생활환경은 보충적 적용

요컨대, 적어도 헌법 제35조 제1항 전단의 건강하고 쾌적한 환경에서 생활할 권리에서의 "환경"과 후단 즉, 국가목표로서 환경보전의무에

48. 자연환경만을 의미

정책기본법 제3조), 일상생활에서 소음을 제거·방지하여 '정온한 환경에서 생활할 권리'는 환경권의 한 내용을 구성한다." 헌재 2008. 7. 31, 2006헌마711; 헌재 2017. 12. 28, 2016헌마45를 인용하며 헌재 2019. 12. 27. 2018헌마730, 판례집 제31권 2집 하, 315, 320−321.

서의 "환경"개념이 서로 다르지 않다고 새기는 한 이 환경개념은 자연
환경만을 의미한다고 보는 것이 오늘날 환경보호의 세계적 추세에 비추
어 볼 때 타당하다.

백 보 양보하여 환경정책기본법 제3조가 정의하고 있는 바와 같이
"생활환경"도 환경개념에 포함시키려면 주관적 공권으로서의 "건강하고
쾌적한 환경에서 생활할 권리"에서의 환경에만 해당되는 것으로 보되,
후단의 국가목표조항으로서 "환경보전의무"에서의 환경에는 자연환경만
포함되는 것으로 양자를 분리해서 해석하는 것도 적어도 환경보전의 방
향감각을 상실하지 않기 위한 궁여지책은 될 수 있을 것으로 보인다. 국
가목표조항으로서 자연환경보전의무의 구체적 내용은 후술하기로 한다.

2. 환경권의 내용과 보호영역

가. 환경자유권

먼저 헌법 제35조 제1항은 모든 국민에게 건강하고 쾌적한 환경에
서 생활할 권리를 보장하고 있다.

여기에서 문언적으로만 보면, 헌법 제23조 제1항의 재산권보장과
같이 모든 국민의 환경권은 보장된다고 하는 표현을 쓴 것이 아니라, 건
강하고 쾌적한 환경에서 생활할 권리를 보장한다고 규정하고 있다. 이
러한 표현은 헌법 제34조의 인간다운 생활을 할 권리와도 상당히 유사
하다. 헌법 제34조와 제35조의 표현방식으로 보아서 헌법개정자는 모든
국민에게 건강하고 쾌적한 환경에서 인간다운 생활을 할 권리를 보장하
고자 한 것임을 알 수 있다.

위에서도 언급하였듯이 헌법 제35조 제1항이 보장하는 건강하고
쾌적한 환경에서 생활할 권리는 건강하고 쾌적한 자연환경에서 생활할
권리가 중점이라고 보아야 할 것이다.

그러므로 환경자유권이란 국가가 만일 입법, 행정, 사법행위와 사
실상의 공권력 작용이나 권력적 사실행위를 통하여 건강하고 쾌적한 자
연환경을 훼손, 파괴, 침해하는 경우 이에 대하여 방어하고 그 침해결과
의 배제를 요구할 수 있는 권리를 말한다. 즉 국가의 자연환경에 대한

오염 또는 파괴행위에 대한 방어권과 방해배제청구권[32]을 의미한다.

나. 환경평등권

환경평등권이란 건강하고 쾌적한 환경에서 생활할 권리를 누구나 동등하게 누릴 수 있어야 함을 의미한다. 이 환경평등은 현세대 간에서도 적용되어야 하지만, 더 나아가 현세대와 미래 세대 간에도 적용되어야 한다.

자연환경은 유한하고, 특히 오늘날 기후변화로 인하여 2050년까지 인간이 배출할 수 있는 온실가스의 양은 이미 제한되어 있기 때문에, 만일 현 세대가 지나치게 많은 CO_2를 소비하고 나면, 젊은 세대들의 경우 배출할 수 있는 CO_2의 양이 얼마 남지 않기 때문에 그 만큼 자유의 제한을 받을 수밖에 없게 된다. 다시 말해서 자유는 곧 CO_2의 배출을 의미하고, 배출가능한 CO_2의 예산이 얼마 남지 않았다는 것은 자유의 양도 얼마 남지 않았다는 것을 의미한다.[33]

그러므로 자유를 누리되 누구나가 평등하게 자유로울 수 있으려면, 세대 내에서이든 세대 간이든 건강하고 쾌적한 환경을 누릴 수 있는 자유의 양, 곧 배출할 수 있는 CO_2의 양도 공평하여야 한다는 것을 의미한다. 환경평등권은 곧 환경정의를 의미한다.[34]

그러나 건강하고 쾌적한 환경에서 생활할 권리의 공평성을 지나치게 강조하다 보면 그만큼 다른 사람의 재산권이나 자유를 제한할 수 있는 가능성이 있다. 그러므로 환경평등 역시 평등권과 마찬가지로 합리적인 차별은 허용된다고 봐야 하며, 그 합리적 차별의 기준[35]에 대해서는 입법자가 넓은 형성의 자유를 가지고서 결정할 수밖에 없다고 해야

(우측 난외주)
54. 누구나 동등하게 향유할 권리

55. 자유는 곧 CO_2의 배출

56. 환경평등= 환경정의

57. 환경평등에 대한 합리적 차별가능

---

32) 허영 (주 28), 521면.
33) 같은 취지로 무엇보다 2021. 3. 24. 독일연방헌법재판소의 기후보호결정 BVerfGE 157, 30, Rn. 183 ff.
34) 김홍균 (주 9), 53면 이하.
35) 이에 대해서는 제9절, VI. 차별금지; 방승주, 일반적 평등원칙 심사기준의 발달에 관한 비교법적 고찰 - 독일 연방헌법재판소와 한국 헌법재판소 판례의 분석을 중심으로, 현동 정만희 교수 정년기념, 한국 헌법학의 동향과 과제, 피앤씨미디어 2019, 434-458(451-454)면.

할 것이다.

다만 후술하듯이 자연환경은 환경오염이 일정한 임계점에 달할 경
우 더 이상 돌이킬 수 없는 불가역성을 특징으로 한다는 점에서 그러한
임계점에 도달하지 않는 선에서 지속가능한 개발이 가능한 범위 내에서
CO_2배출과 건강하고 쾌적한 환경을 누릴 자유를 갖는다고 보아야 할
것이며, 환경평등권 역시 그러한 한계 내에서의 공평이라고 봐야 할 것
이다.

그리고 또한 재산권과 직업의 자유 등 헌법상 자유권의 보장을 무
시한 완전한 획일적 환경평등을 의미하는 것은 아님을 유의해야 할 것
이다.

다. 환경청구권

환경권 역시 사회적 기본권 중의 하나로 불리우는 이유 중의 하나
가 바로 이 환경청구권적 속성 때문이라고 생각된다. 환경청구권은 국
가를 상대로 건강하고 쾌적한 환경에서 생활할 수 있도록 그러한 환경
을 조성해 줄 것을 청구할 수 있는 권리라고 할 것이다.[36] 건강하고 쾌
적한 자연환경을 조성하는 것 역시 국가의 재정적 뒷받침이 없이는 불
가능할 것이기 때문에, 이 환경청구권은 국가에 의한 급부권적 요소로
서 사회적 기본권 중 하나라 할 것이다.

그러므로 만일 국가가 국민에게 건강하고 쾌적한 환경을 조성해 줄
수 있는 충분한 재정능력을 갖추고 있음에도 불구하고, 그러한 의무를
이행하지 않는다면 이는 사회적 기본권으로서 환경청구권을 침해하는
결과가 될 수 있다.

나아가 국가가 환경을 보전하기 위해서는 환경보호를 위한 구체적
인 절차와 조직을 보장하지 않으면 안 된다. 이 절차와 조직의 보장의무
는 기본권의 객관적 가치질서로부터 파생될 수도 있으나, 우리 헌법 제
35조 제1항은 국가에게 환경보전의무를 부과하고 있기 때문에 이 환경
보전의무로부터도 나올 수 있다. 결국 국민은 환경보전을 위한 절차와

---

36) 허영 (주 28), 523면.

조직을 구성해 줄 것과 또한 후술하는 바와 같이 그러한 절차와 조직에
참여할 수 있도록 요구할 권리가 인정된다고 할 것이다.

또한 제3자가 건강하고 쾌적한 환경을 훼손함으로써 건강하고 쾌적 63. 제3자의 침
해위험에 대한
보호청구권
한 환경에서 생활할 권리나 이익을 해할 경우 그 피해자인 국민은 가해
자인 제3자의 환경침해나 침해의 위험으로부터 자신을 보호해 주도록
국가에 요구할 수 있는 보호청구권을 가진다.[37]

이 보호청구권은 환경자유권의 침해나 침해위험에 대한 보호청구 64. 조성청구권
과의 구별
권이라 할 수 있으므로, 제3자의 침해(환경오염, 환경파괴행위)를 전제로
하지 않는, 건강하고 쾌적한 환경 조성청구권과는 그 성질이 다르다. 즉
이 청구권은 가해자와 피해자 그리고 국가 사이의 기본권보호의무의 3
각관계에서 도출되는 보호청구권[38]이다.

라. 환경참여권

환경참여권이란 국가가 환경보전의무를 이행하기 위하여 환경영향 65. 국민의 환
경참여권
평가나 기타 환경유해가능한 생산품·생산시설의 인·허가에 앞서 환
경무해성 검증 등을 위한 절차와 조직 등에 관한 제도가 마련된 경우
국민이 이 절차와 조직에 적극적으로 참여할 권리를 의미한다.[39]

이는 게오르그 옐리네크(Georg Jellinek)식으로 말하면 일종의 능동적 66. 환경보전을
위한 능동적 지
위
지위[40]로서 국민 자신이 주권자로서 환경보전을 위하여 주도적으로 역
할을 수행할 수 있는 지위에 있음을 보여주는 권리라 할 것이다.

예를 들어서 환경영향평가 등에 환경단체나 환경영향을 받는 인근 67. 청문권 및
절차참여권 포
괄
주민들은 청문권을 보장받을 필요가 있다. 유해물질에 대한 안전성검증
과 어떠한 환경오염의 배출이 가능한 생산시설이나 실험시설에 대하여
국가가 인·허가를 해 줄 경우 환경단체나 환경피해를 입을 개연성이

---

37) 허영 (주 28), 521면은 이를 넓게 국가 이외의 다른 원인에 의해서 발생하는 환경
오염을 막아줄 것을 요구할 수 있는 권리로서 "공해배제청구권"이라 칭하고 있다.
38) 위 제2절, II, 2, 나, (4) 참조.
39) 이에 반하여 환경의 광역성으로 인하여 부정적으로 보는 견해로 허영 (주 28),
523면.
40) Georg Jellinek, System der subjektiven öffentlichen Rechte, 2. Aufl., Tübingen
1905, S. 136 ff.

있는 인근 지역주민 등의 절차참여권을 보장할 필요가 있으며, 건강하고 쾌적한 환경에서 생활할 권리는 이러한 절차참여권을 포괄한다.

3. 법적 성격

68. 법적 성격에 대한 논란

환경권의 법적 성격이 자유권인지 아니면 사회적 기본권인지에 대하여 논란이 되고 있고, 학계[41]와 실무[42]는 대체로 자유권적 성격과 사회권적 성격을 모두 포함하는 종합적 기본권으로 파악하는 것으로 보인다. 그리고 환경권이 과연 구체적 권리[43]인지 아니면 추상적 권리[44]이거나 혹은 단순한 프로그램 규정[45]에 불과한지 혹은 국가목표규정[46]에 불과한지에 대해서도 논란이 되고 있다.

69. 종합적·다차원적 기본권

생각건대, 환경권은 직접적 효력을 가지는 구체적 권리로서 자유권적 측면과 평등권적 측면, 그리고 청구권적 측면과 참여권적 측면 모두를 포괄하는 종합적, 다차원적 기본권으로서의 성격을 가진다고 본다.

---

41) 허영 (주 28), 520면; 권영성 (주 29), 703면; 성낙인, 헌법학, 법문사 2023, 1572면. 이에 반하여 사회적 기본권설로 조홍식 (주 28), 238면.

42) 헌재 2008. 7. 31. 2006헌마711, 판례집 제20권 2집 상, 345, 357; 헌재 2019. 12. 27. 2018헌마730, 판례집 제31권 2집 하, 315, 320.

43) 안용교: 한국헌법, 고시연구사 1989, 565면: "환경보전법의 제정을 입법권에 의무지우고(입법구속), 그 법률의 내용형성에 있어서 일정한 입법재량을 용인한 것으로 보아 환경권을 실현하는 입법이 없거나 입법이 불충분한 경우에는 법원에 그 부작위위헌확인소송을 제기할 수 있는 구체적 권리(재판규범성·주관적 공권성 인정)라고 이해하여야 할 것이다."; 김홍균 (주 9), 27면; 불완전하나마 구체적 권리로 보는 입장으로 권영성 (주 29), 703면; 자유권적 측면에 한하여 구체적 권리로 보면서도 공해배제청구권 중 일부는 사회적 기본권으로서 제35조 제2항과 관련하여 국가목표규정인 동시에 입법위임규정으로 보는 입장으로 계희열, 헌법학 (중), 박영사 2007, 805면; 그 밖에 소구가능한 구체적 권리설로 홍준형, 환경법, 박영사 2005, 37면.

44) 사회권으로서의 환경권은 추상적 권리로 보는 견해로 성낙인 (주 41), 1572면; 조홍식 (주 28), 245면.

45) 김남진/이강혁, 주제중심 헌법, 화학사 1982, 332면; 김철수 (주 30), 1039면 각주 4).

46) "주관적인 규정형식에도 불구하고 일차적으로 환경보전을 위하여 노력해야 할 국가목표와 국가과제의 성격을 가진다."고 하면서 "따라서 이러한 성격의 기본권 규정은 그 본질상 주관적 권리가 아니라 일차적으로 객관적 성격을 가지고 있다."고 보는 견해(가령 한수웅, 헌법학, 법문사 2021, 1070면.)도 있으나 이는 우리 헌법 제35조의 해석론이라기 보다는 독일 기본법 제20a조에 대한 해석론에 가까운 주장이 아닌가 생각되며, 따라서 받아들이기 어렵다.

환경권이 직접적 효력이 있는 권리인지 여부와 관련하여 생각해 본다면, 독일의 경우 환경권이라고 하는 주관적 공권의 형식이 아니라 국가목표조항(기본법 제20a조)만으로 되어 있음에도 이 조항에 대하여 직접적으로 효력을 가지는 구속력 있는 헌법임을 강조하고 있는 것[47]은 우리에게 시사하는 바가 크다. 우리의 경우 개인의 권리의 형식으로 규정하고 있기 때문에 이를 단순한 프로그램규정으로 본다든가 혹은 법률에 의하여 비로소 구체화되는 추상적 권리로 보는 것은 문제가 있다. 제2항이 환경권의 내용과 행사에 관하여는 법률로 규정하도록 하고 있으나, 이미 제1항에서 모든 국민은 건강하고 쾌적한 환경에서 생활할 권리를 가지며 국가와 국민은 환경보전을 위하여 노력하여야 한다고 규정하고 있기 때문에 제1항 전문은 직접적으로 효력을 가지는 구속력 있는 권리라고 해야 할 것이고, 그 보호영역은 헌법적 차원에서 어느 정도 윤곽을 가지고 있다고 보아야 할 것이며 그 내용은 이미 전술한 바와 같다.

70. 직접적 효력을 가지는 권리

만일 구체적 법률이 제정되지 않는 경우는 헌법 제35조 제1항을 근거로 환경자유권, 환경평등권, 환경청구권, 환경참여권을 주장할 수 있어야 할 것이다. 환경자유권 이외의 나머지 보호영역들에 대해서는 적어도 건강하고 쾌적한 환경에서 생활할 권리의 최소한에 대해서는 그 권리를 직접 헌법 제35조 제1항을 근거로 주장할 수 있다고 보아야 할 것이다. 그 말은 일단 관련 법률이 규정되어 있지 않다면 입법자에게 입법부작위를 다툴 수 있을 뿐만 아니라, 법률조항이 있음에도 불구하고 행정부가 환경보호에 등한시하는 경우에는 법률조항을 근거로 해서 그리고 헌법 제35조 제1항을 직접 근거로 해서 환경권의 침해를 다툴 수 있다고 할 것이다. 그리고 보호청구권의 경우에는 국가의 환경권보호의무의 불이행을 다투는 것이기 때문에 부작위에 대한 헌법소원의 형식으로 이루어질 수 있다. 환경침해행위로 인하여 환경이익을 침해당하고 있는 인근주민이 행정부의 환경침해 가능성 있는 작위나 혹은 관련시설의 인·허가에 앞서서 정보를 청구하고 의견을 진술하며 환경영향평가

71. 입법부작위의 경우 부작위 소송가능

---

47) 독일 연방헌법재판소는 기후보호결정에서 기본법 제20a조의 환경보호조항은 사법판단가능성이 있는 법규범(justiziable Rechtsnorm)이라고 한다. BVerfGE 157, 30 (Rn. 197, Rn. 205 ff.); Schulze-Fielitz (주 9), Rn. 24.

나 유해물질 검증과정에 참여할 것을 요구할 수 있는 권리 역시 원칙적으로 관련 법률이 규정되어야 하지만, 만일 해당 법률조항이 아직 입법되지 않았다면 헌법 제35조 제1항을 근거로 하여 그러한 입법의 부작위를 다툴 수 있고, 구체적 법률이 있을 경우 이 법률조항과 헌법 제35조 제1항을 근거로 절차와 조직에의 참여를 주장할 수 있다고 본다.

72. 법률로 권리 구체화

다만 오늘날 상당수의 환경보호관련 입법이 이루어진 상태이므로 이를 근거로 하여 환경권은 더욱 구체적인 권리가 된다고 할 수 있고, 이 권리들은 일정한 요건 하에 헌법 제35조 제1항의 환경권의 구성부분이 될 수 있다고 생각된다. 이는 마치 재산권의 내용과 한계를 구체화하는 법률에 의하여 성립된 공·사법상의 권리가 일정한 요건을 갖춘 경우 헌법 제23조 제1항의 재산권의 내용이 되고[48], 또한 다양한 사회보험법상의 급여수급권이 헌법 제34조 제1항의 인간다운 생활권의 내용을 이루는 것과 같다.[49]

73. 법원의 방해배제청구권 근거 변경 필요

그러므로 헌법적 차원의 환경권만으로는 아무런 사법상의 구체적 권리성이 없다고 하면서 물권적 청구권이나 인격권으로부터만 방해배제청구권의 근거를 찾는 법원의 판례는 앞으로 변경되어야 마땅할 것이다.[50] 만일 그 논리를 계속 고수하려면 재산권과 인간다운 생활권이 헌법적 차원에서 보장되고 또한 법률로도 구체화되어 상호 유기적 관계에 있음에도 왜 환경권의 경우에는 그러한 관계가 될 수 없는지를 설명해야 할 것이다.

74. 간접적 적용이 바람직

다만 헌법적 차원에서 환경권의 구체적 보호영역을 인정한다 하더라도 사법질서에 그 효력을 적용하기 위한 방법은 사적 자치의 보호를 위하여 민법의 일반조항이나 불확정 법개념을 통한 간접적 적용이 바람직할 것이라고 생각하며 이에 대하여는 후술한다.

75. 헌법재판소의 결정 취지

헌법재판소는 "환경권을 행사함에 있어 국민은 국가로부터 건강하고 쾌적한 환경을 향유할 수 있는 자유를 침해당하지 않을 권리를 행사

---

48) 이에 대하여는 제13절, IV, 2. 참조.
49) 이에 대하여는 제26절, IV, 2. 참조.
50) 동지, 김홍균 (주 9), 31면 이하, 그리고 환경권을 사실상 인정한 판례로 대법원 2008. 9. 25. 선고 2006다49284 판결(음성광산 사건).

할 수 있고, 일정한 경우 국가에 대하여 건강하고 쾌적한 환경에서 생활할 수 있도록 요구할 수 있는 권리가 인정되기도 하는바, 환경권은 그 자체 종합적 기본권으로서의 성격을 지닌다."고 보고 있다.[51] 또한 헌법재판소는 "환경권의 내용과 행사는 법률에 의해 구체적으로 정해지는 것이기는 하나(헌법 제35조 제2항), 이 헌법조항의 취지는 특별히 명문으로 헌법에서 정한 환경권을 입법자가 그 취지에 부합하도록 법률로써 내용을 구체화하도록 한 것이지 환경권이 완전히 무의미하게 되는데도 그에 대한 입법을 전혀 하지 아니하거나, 어떠한 내용이든 법률로써 정하기만 하면 된다는 것은 아니다. 그러므로 일정한 요건이 충족될 때 환경권 보호를 위한 입법이 없거나 현저히 불충분하여 국민의 환경권을 침해하고 있다면 헌법재판소에 그 구제를 구할 수 있다고 해야 할 것이다."[52]라고 함으로써 환경권이 입법자에 의하여 공동화되는 것은 허용할 수 없다는 것을 분명히 하고 있다.

4. 환경권의 기본권주체

환경권의 기본권주체 역시 환경자유권, 환경평등권, 환경청구권, 환경참여권에 따라 각각 자연인과 법인으로 나누어 검토해 볼 필요가 있다.

76. 환경권의 양태에 따른 개별적 검토

가. 자연인

건강하고 쾌적한 환경에서 생활할 권리의 주체는 자연인이다. 이 자연인에는 국민과 외국인 그리고 무국적자도 모두 포함된다.

77. 환경자유권: 자연인

그리고 국가는 자연환경을 중심으로 하는 건강하고 쾌적한 환경을 훼손하거나 파괴하거나 그에 부담을 주어서는 안 된다고 하는 환경권의 방어권으로서의 측면은 국민에게든 외국인에게든 모두 마찬가지로 인정된다.

78. 국민과 외국인 모두에 인정

환경평등권 역시 같은 세대 내에서든 서로 다른 세대 간이든 인간이 사용할 수 있는 CO_2예산을 어떠한 한 세대가 지나치게 많이 사용하

79. 환경평등권: 자연인

51) 헌재 2008. 7. 31, 2006헌마711, 판례집 제20권 2집 상, 345, 357; 헌재 2019. 12. 27, 2018헌마730, 판례집 제31권 2집 하, 315, 320.
52) 헌재 2008. 7. 31, 2006헌마711, 판례집 제20권 2집 상, 345, 358를 인용하며 헌재 2019. 12. 27, 2018헌마730, 판례집 제31권 2집 하, 315, 320.

거나 고갈시킨다면, 젊은 세대나 미래세대는 훨씬 더 많은 자유의 제한
을 겪게 될 것이 확실시되므로 환경정의에 부합할 수 없다. 그리고 이러
한 환경정의의 문제는 역시 국민이든 외국인이든 차별없이 적용되어야
하는 문제이다.53)

80. 환경청구
권: 국민

　　환경청구권과 관련하여 외국인이 대한민국을 상대로 건강하고 쾌
적한 환경을 조성해 줄 것을 청구하는 것은 아무래도 곤란하지 않을까
생각된다.

81. 환경참여
권: 자연인

　　그리고 환경참여권, 즉 환경보전을 위한 절차와 조직에 참여할 수
있는 권리의 경우 외국인 역시 그 주체가 될 수 있다고 생각된다. 국가
나 제3자에 의하여 추진되는 도시계획이나 산림벌채, 공유수면매립 등
자연환경파괴로 인하여 초래될 환경영향에 대해서는 그 영향범위에 드
는 모든 사람들이 국가나 제3자의 환경파괴와 관련한 계획입안 단계에
서부터 참여하여 정보를 얻고, 의견을 진술하며, 관련 소송에 참여할 수
있다고 보아야 할 것이므로 외국인 역시 그 주체가 될 수 있다.

나. 법인 또는 단체

82. 법인은 제
외

　　법인은 건강하고 쾌적한 환경에서 생활할 권리의 주체가 될 수 없
다. 법인은 생물학적 의미에서 살아 있는 존재라고 할 수 없고 단지 법
적으로 의제(Fiktion)된 사람일 뿐이기 때문이다.

83. 환경단체의
원고적격문제

　　이에 비하여 독일 등 외국에서는 환경관련 소송에서 환경단체의 원
고적격을 인정하고 있다. 2021. 12. 15. 독일의 헤센(Hessen)州 행정법원

---

53) 방글라데시인과 네팔인도 청구인으로 참여한 독일 연방헌법재판소의 기후보호결
정(BVerfGE 157, 30)에서 독일 연방헌법재판소는 방글라데시와 네팔에 살고 있는
외국인들 역시 헌법소원을 할 수 있는 청구적격이 있다고 보았다. 왜냐하면 기본
법상 기본권은 독일 국가로 하여금 지구촌에서 발생하는 기후변화의 결과로부터
이 외국인들을 보호할 의무가 있다고 하는 것은 처음부터 배제할 수 있는 것은
아니기 때문이라고 한다(Rn. 90, 101). 다만 독일의 주권이 네팔이나 방글라데시
에까지 미치는 것은 아니기 때문에 입법자가 네팔이나 방글라데시에까지 효력을
미치는 적응조치를 취할 수는 없다는 점에서 해당 청구인들은 자기관련성이 없
다고 보았다(Rn. 132). 따라서 독일연방헌법재판소의 기후보호결정에서 방글라데
시인과 네팔인의 헌법소원의 적법성(Zulässigkeit)과 관련하여 약간의 모순적 표현
내지는 혼선이 드러난 것이 아닌가 하는데 이 부분과 관련하여 추후 더욱 자세한
연구, 검토가 필요하다.

은 주택건설계획으로 인하여 사실상 조류보호구역이 파괴될 위험에 처하자 공인된 환경단체가 제기한 규범통제소송을 인용[54]하였으며, 이어 피청구인이 그 인용결정에 대하여 제기한 상고에 대하여 2022. 12. 15. 연방행정재판소가 기각함으로써 원심이 확정되었다.[55] 이 사례는 환경단체가 사실상의 조류보호구역을 지키기 위한 소송으로 건축계획을 백지화시킨 중요한 외국 사례 중 하나라고 할 수 있겠다.

다. 자연?

다음으로 자연 그 자체도 환경권의 기본권주체가 될 수 있겠는가 하는 문제가 제기되며, 에콰도르 헌법[56]의 경우 자연의 권리주체성을 인정하고 있다.

> 84. 자연의 기본권주체성의 문제

하지만 동·식물 등 자연에게 권리주체성을 인정한다 하더라도 자연이 자신의 권리구제를 위하여 독자적으로 소송을 제기할 수 있는 능력은 없기 때문에, 인간이 이를 대리해야 한다.

> 85. 독자적 소송불가

이 문제는 인간중심적 환경보호인가 생태중심적 환경보호인가와 관련되는 문제인데, 우리 헌법은 인간의 존엄을 전제로 하여 기본권을 보장하고 있을 뿐이기 때문에 동·식물 등 자연에 권리주체성을 인정하는 데에는 한계가 있을 수밖에 없다고 생각된다.[57]

> 86. 인간중심적 환경보호인가 생태중심적 환경보호인가?

다만 환경보전을 위하여 법률적 차원에서 자연에 일정한 권리능력을 부여하는 것이 자연환경에 대한 보다 효율적인 방안이 될 수 있을 것인지는 앞으로 더 검토해 보아야 할 사항이다.

> 87. 법률적 차원에서의 검토 별론

---

54) Hessischer Verwaltungsgerichtshof 3. Senat, 15. Dezember 2021, 3 C 1465/16.N, Urteil.

55) BVerwG, Beschluss vom 15. Dezember 2022 — 4 BN 15-22.

56) 에콰도르 헌법(제71조 제2항)은 2008년부터 자연에게 독자적 권리를 부여하고 있다. 그러나 이러한 자연의 권리의 헌법화에 대하여 의미가 있지도 않고 바람직하지도 않다고 하는 견해로 Rudolf Steinberg, NVwZ 2023, S. 138 ff.(145).

57) 동지, Rudolf Steinberg, NVwZ 2023, S. 138 ff. 우리 대법원 역시 천성산 도룡뇽 소송에서 도룡뇽의 당사자능력, 즉 권리주체성을 부인한 바 있다. 대법원 2006. 6. 2. 선고 2004마1148, 1149 결정 [공사착공금지가처분]. 조홍식 (주 28), 252면.

5. 효 력

가. 대국가적 효력

88. 대 국 가 적
효력

건강하고 쾌적한 환경에서 생활할 권리는 대국가적 방어권으로서
의 환경자유권의 측면과 환경평등권, 환경청구권, 환경참여권의 모든 측
면에서 대국가적 효력을 갖는다. 국가는 국민의 건강하고 쾌적한 환경
에서 생활할 권리를 이러한 여러 가지 측면에서 보장하여야 하는 수범
자이다.

89. 국가의 환
경권 구속

만일 국가가 사법상(私法上)의 조직형태를 하고 사법적(私法的) 행위
형식을 빌어서 행위를 하는 경우에도 국가는 이 환경권에 구속된다. 오
늘날 국가기관이 다원적인 조직과 형태를 가진다고 해서 건강하고 쾌적
한 환경에서 생활할 권리에 대한 구속과 환경보전의무로부터 면제되는
것은 아니다.58) 만일 국가의 공적 과제를 사인에게 위임을 하거나 혹은
사고발생의 경우에 국가가 포괄적 책임을 지는 형식으로 사인에게 공적
과제를 위임한 경우에는 그 사인이 공무수탁사인으로서 마찬가지로 헌
법 제35조 제1항의 건강하고 쾌적한 환경에서 생활할 권리와 환경보전
의무의 수범자가 된다.59)

나. 대사인적 효력

90. 간접적 대
사인효

건강하고 쾌적한 환경에서 생활할 권리는 사인 상호간의 관계에서
도 효력을 가진다. 다만 민법상의 일반조항(민법 제2조, 제103조)이나 상린
관계(민법 제217조)에 관한 규정60) 중 "적당한 조처"(제1항), "적당한 것"
(제2항) 등과 같은 불확정 법개념의 해석을 통해서 혹은 법원 실무상 소
위 "수인한도" 법리61)의 탄력적 적용을 통해서 간접적으로 효력을 발휘
한다고 보아야 할 것이다.

---

58) Schulze‒Fielitz (주 9), Rn. 65.
59) Schulze‒Fielitz (주 9), Rn. 65.
60) 윤진수, 환경권 침해를 이유로 하는 유지청구의 허용 여부 ‒ 대법원 1995. 5. 23.
    94마2218 결정, 판례월보 315호(1996. 12), 35‒46(45)면.
61) 김홍균 (주 9), 32면.

6. 형성적 법률유보

헌법 제35조 제2항은 환경권의 내용과 행사에 관하여는 법률로 정한다고 하고 있다. 이 조항에서 말하는 "환경권"이 제1항에서 규정하는 "건강하고 쾌적한 환경에서 생활할 권리"를 의미하는 것인지 의문이 있을 수 있으나, 아직까지 우리 학계와 실무에서 이러한 문제를 제기하는 견해는 보이지 않는다.

제1항에서의 "건강하고 쾌적한 환경에서 생활할 권리"는 생활할 권리에 방점이 있는 반면, "환경권"이라고 할 때에는 환경을 직접 대상으로 하는 권리라는 의미가 있을 수도 있기 때문에, 제1항의 "건강하고 쾌적한 환경에서 생활할 권리"와 제2항에서의 "환경권"의 의미가 반드시 같은 것이라고 단정할 수는 없다고 생각된다.

환경권은 물, 공기, 햇빛, 풍경 등 자연환경을 이루고 있는 소위 환경매체들에 대하여 향유할 수 있는 권리라고 할 것인데, 이러한 환경재들은 본디 개인에게 귀속될 수 있는 법익이 아니라, 인간을 비롯하여 동·식물 등 살아있는 생물들이 누려야 하는 공공재이다.

그러므로 이러한 공공재를 개인적 법익으로 삼아 권리를 주장할 수 있으려면, 그 권리의 주체, 내용, 범위 등에 대하여 입법자가 먼저 구체화할 필요성이 있다.

따라서 헌법 제35조 제2항은 제1항의 건강하고 쾌적한 환경에서 생활할 권리를 비롯해서 깨끗한 공기와 물, 햇빛, 풍경 등에 관하여 개인적 법익으로 보호할 수 있는 범위와 내용에 관하여 구체화하도록 입법자에게 위임을 해 놓은 형성유보조항이라 할 것이다.

그러나 적어도 헌법 제35조 제1항에서 천명하고 있는 '건강하고 쾌적한 환경에서 생활할 권리'는 이 헌법 제35조 제2항의 '환경권'의 핵심이자 본질내용을 이루는 것이라고 봐야 할 것이다. 달리 말해서 '건강하고 쾌적한 환경에 접근할 수 있는 최저한의 권리'는 환경권의 핵심이자 본질내용이므로, 그 내용을 반드시 포함하여 깨끗한 물과 공기, 햇빛 등 환경재에 자유로이 접근하여 향유할 수 있도록 그 내용을 구체화시키지 않으면 안 될 것이다.

7. 한계와 제한

가. 헌법적 한계

97. 건강하고 쾌적한 환경에서 생활할 권리의 한계

건강하고 쾌적한 환경에서 생활할 권리는 그 자체로 절대적인 권리라 할 수는 없다. 즉 헌법은 한편으로는 환경권의 보장과 환경보전의무에 관한 조항을 두고 있지만, 다른 한편으로는 국민의 경제적 기본권(재산권, 직업의 자유, 영업의 자유)을 보장하고, 균형있는 국민경제의 성장(헌법 제119조 제2항), 국토와 자원의 균형있는 개발과 이용(헌법 제120조 제2항), 국토의 효율적이고 균형있는 이용·개발과 보전(헌법 제122조)에 관하여 필요한 계획을 수립하고 필요한 제한과 의무를 부과할 수 있다.

98. 실제적 조화의 필요

또한 재산권과 직업의 자유와 같은 경제적 자유는 쾌적한 환경에서 생활할 권리와 실제적으로 조화를 이루어야 하는 중요한 자유권에 해당한다.

99. 동물보호와 동물실험의 제한

그리고 자연환경의 보호와 관련하여 중요한 요소 중 하나라 할 수 있는 동물보호라고 하는 가치는 학문의 자유에서 그 한계를 만날 수 있다. 다시 말해서 의학이나 생물학 등의 연구를 위해서는 동물실험을 필요로 할 수 있기 때문에, 동물보호는 그러한 범위 내에서 제한을 받을 수밖에 없다고 봐야 할 것이다.

100. 다른 국가목표조항과의 법익형량 필요

그리고 사회보장과 사회복지(헌법 제34조 제2항)[62], 고용증진의무(헌법 제32조 제1항 전단)[63] 등 환경보전 외의 다른 국가목표조항들이 존재하는데, 이러한 다른 국가목표조항 역시 환경보전의 국가목표조항과 법익의 형량 내지 조정이 이루어져야 할 필요성이 있다.

나. 제한과 제한의 한계

101. 법률로써 제한 가능

건강하고 쾌적한 환경에서 생활할 권리 역시 헌법 제37조 제2항에 따라 국가안전보장, 질서유지, 공공복리를 위하여 필요한 경우에 한하여 법률로써 제한할 수 있다.

---

62) 이에 대하여는 제26절, IV, 3. 참조.
63) 이에 대하여는 제28절, V, 1. 참조.

헌법 제37조 제2항에 따른 제한을 할 경우에는 전술한 헌법적 한계를 고려하면서 최적으로 법익을 실현하기 위한 조정을 하는 과정에서 제한이 이루어져야 한다.

이 때에도 건강하고 쾌적한 환경에서 생활할 권리의 본질적인 내용, 즉 인간존엄에 상응하는 최저한의 건강하고 쾌적한 환경에서 생활할 권리는 침해할 수 없다.

다. 위헌여부의 심사기준과 통제의 강도

건강하고 쾌적한 환경에서 생활할 권리의 각 보호영역에 따라서 적용해야 할 심사기준과 통제강도는 각각 다를 수 있다.

(1) 심사기준

먼저 국가가 환경오염을 야기하거나 환경을 파괴함으로써 건강하고 쾌적한 환경에서 생활할 권리를 침해하려 하거나 침해하는 행위를 하는 경우, 즉 환경자유권에 대한 제한의 위헌여부는 헌법 제37조 제2항에 따라 과잉금지(Übermaßverbot)의 원칙을 기준으로 심사하여야 할 것이다. 따라서 그 환경제한행위가 목적의 정당성, 방법의 적정성, 침해의 최소성, 법익의 균형성을 충족하지 않으면 안 된다.

이에 반하여 나머지 환경평등권, 환경청구권, 환경참여권의 경우에는 원칙적으로 입법자에게 넓은 형성의 자유가 인정된다고 할 수 있기 때문에, 이러한 보호영역에 대한 제한이 있는 경우에는 소위 과소(보장)금지(Untermaßverbot)의 원칙에 따라서 국가가 원칙적으로 최소한의 건강하고 쾌적한 환경에서 생활할 권리를 보장하지 않은 것인지의 관점에서 위헌여부를 심사하여야 할 것이다.

그리고 어느 정도까지 환경보호조치를 취하지 않을 때 최소한의 기준을 충족하지 못하여 과소금지원칙에 위배했다고 할 수 있는지는 후술하는 사전배려의 원리, 지속가능한 발전의 원리, 원인제공자부담원리, 협력의 원리, 통합의 원리 등의 헌법 제35조 제1항의 환경보전이라고 하는 국가목표조항으로부터 도출되는 여러 원리들을 고려하면서 충돌하는 법익들에 대하여 구체적, 개별적으로 형량한 후 결론을 내려야 할 것이다.

(2) 통제의 강도[64]

108. 환경자유권: 원칙적으로 엄격한 통제기준

환경자유권의 경우 방어권으로서 일단 원칙적으로 과잉금지의 원칙를 기준으로 엄격한 통제의 강도를 구사할 수 있을 것이나 입법자의 형성의 자유의 정도에 따라서 그 강도는 납득가능성이나 명백성통제 쪽으로 하향조정될 수도 있다.

109. 환경평등권, 환경청구권, 환경참여권: 과소금지를 원칙으로

그리고 나머지 환경평등권과 환경청구권, 환경참여권 등 국가의 적극적인 환경보호조치를 요구하는 권리들의 침해문제가 제기될 경우에는 전술한 바와 같이 과소금지를 원칙으로 한다. 그리고 이 과소금지의 원칙에 따라 위헌여부를 심사할 경우에도 각각의 상황에 따라서 명백성통제를 구사해야 할 때도 있지만, 기후변화문제가 심각한 오늘날 입법자가 장기적 책임을 가지고 환경보호와 기후보호를 해야 할 의무가 있기 때문에, 끊임없이 환경에 미치는 장기적 위험, 즉 리스크에 대하여 사전배려조치를 필요하고도 적절하게 그리고 충분하게 다 하였는지에 대하여 계속해서 관찰하고[65], 또한 필요한 경우 현재의 과학적 지식을 토대로 하여 환경과 기후보호를 위한 입법을 개선해 나가지 않으면 안 된다. 따라서 환경과 기후변화에 초래되는 리스크의 정도에 따라서 통제의 강도는 단순한 명백성통제를 넘어서 납득가능성통제로 더욱 강화될 수 있다.

8. 기본권 경합

110. 생명권, 신체불훼손권, 재산권과 경합

환경권의 경우 생명권과 신체불훼손권(건강권), 재산권과 가장 빈번히 경합될 수 있다. 확성기소음규제 부작위사건(2018헌마730)[66]에서도 청

---

64) 이에 대하여는 방승주, 헌법재판소의 입법자에 대한 통제의 범위와 강도 - 입법자의 형성의 자유와 그 한계에 대한 헌법재판소의 지난 20년간의 판례를 중심으로, 공법연구 제37집 제2호(2008. 12), 113-171(150-153)면.

65) 이 기준에 대하여는 방승주, 박근혜 대통령 탄핵심판에 있어서 생명권보호의무 위반여부, 헌법학연구 제23권 제1호(2017. 3), 39-90(63-72)면.

구인은 환경권과 건강권 및 신체를 훼손당하지 않을 권리의 침해를 주
장하였다.

　헌법재판소는 이 사건에서 주로 환경권이 문제된다는 이유로 건강
권과 신체불훼손권 침해 여부에 대해서는 심사하지 않았다.[67] 우리 헌
법과는 달리 환경권 대신 환경보호 국가목표조항만을 두고 있는 독일에
서는 연방헌법재판소가 전술한 기후보호결정(BVerfGE 157, 30)에서 기본
권보호의무와 기본법 제20a조의 침해는 확인할 수 없다고 본 데 반하
여, 청구인들의 생명권과 신체불훼손권에 대하여 "침해(제한)유사적 사
전효과"(Eingriffsähnliche Vorwirkung)가 있었다고 하는 이유로 헌법불합치
결정을 하였다.

　우리의 경우 환경권과 더불어서 건강권, 신체불훼손권의 침해를 동
시에 주장하는 경우 양자는 상상적 경합관계에 있는 것이지, 건강권(신
체불훼손권)이 환경권에 대하여 혹은 반대로 환경권이 건강권에 대하여
일반·특별의 관계에 있다고 보기는 힘들지 않나 생각된다.

111. 관련판례

112. 상상적 경
합

9. 관련 헌법재판소 판례

가. 환경권 침해 부인 사례

　헌법재판소는 피청구인이 교도소 독거실 내 화장실 창문과 철격자
사이에 안전 철망을 설치한 행위[68], 자연공원내 집단시설지구의 지정·개
발에 관한 자연공원법 제16조 제1항 제4호 및 제21조의2 제1항[69]은 청
구인의 환경권을 침해하지 않는다고 보았다.

　그리고 환경부장관이 자동차 제작자에게 자동차교체명령을 해야
할 헌법상 작위의무는 인정되지 않는다고 보았다.[70]

113. 침해부인
사례

114. 헌법상 자
동차교체명령
의무는 부인

---

66) 헌재 2019. 12. 27, 2018헌마730, 판례집 제31권 2집 하, 315.
67) 헌재 2019. 12. 27, 2018헌마730, 판례집 제31권 2집 하, 315, 320.
68) 헌재 2014. 6. 26, 2011헌마150, 판례집 제26권 1집 하, 568.
69) 헌재 1999. 7. 22, 97헌바9, 판례집 제11권 2집, 112.
70) 헌재 2018. 3. 29, 2016헌마795, 공보 258, 580.

나. 환경권 침해 인정 사례

115. 침해인정
사례: 확성기소
음규제기준 사
건

헌법재판소는 정온한 환경에서 생활할 권리를 환경권의 보호영역에 포함시키고 있다. 확성기를 사용하여 선거운동을 할 때 입법자가 확성기소음규제기준을 마련해 놓지 않은 것이 기본권보호의무를 위반한 것인가가 쟁점이 된 2019. 12. 27. 공직선거법 제79조 제3항 등 위헌확인 사건[71]에서 헌법재판소는 심판대상조항이 청구인의 건강하고 쾌적한 환경에서 생활할 권리를 침해하여 위헌이라고 판단하면서 헌법불합치결정을 선고하였다.[72]

116. 판례변경

이 결정은 동일한 사안에 대하여 합헌결정이 이루어졌던 2006헌마711 입법부작위 위헌확인 사건에서 선고된 합헌결정[73]을 변경한 것이다. 이 선행 결정에서 헌법재판소는 이미 "국가가 기본권의 보호의무를 다하지 않았는지를 헌법재판소가 심사할 때에는 국가가 국민의 기본권적 법익 보호를 위하여 적어도 적절하고 효율적인 최소한의 보호조치를 취했는가 하는 이른바 '과소보호금지원칙'의 위반 여부를 기준으로 삼아야 한다."고 하면서 과소금지원칙을 심사기준으로 삼았으나, 4인의 의견은 심판대상조항이 과소금지원칙을 위반하지 않았다고 본 데 반하여 4인의 헌법불합치의견은 위반하였다고 보았다. 그리고 1인의 별개의견은 과잉금지원칙을 기준으로 심사한 끝에 과잉금지원칙에 위반되지 않는다고 보았다.

---

71) 헌재 2019. 12. 27, 2018헌마730, 판례집 제31권 2집 하, 315, 320-321.
72) 헌재 2019. 12. 27, 2018헌마730, 판례집 제31권 2집 하, 315, 315-316.
73) 헌재 2008. 7. 31, 2006헌마711, 판례집 제20권 2집 상, 345, 359.

Ⅲ. 국민의 환경보전의무

헌법 제35조 제1항 후단은 국가와 국민은 환경보전을 위하여 노력하여야 한다고 규정하고 있다.

그러므로 국민 역시 환경보전의무를 진다(뒤의 제32절, Ⅳ, 5. 참조). 만일 국민의 삶의 기반이 되는 자연환경을 훼손하고 환경오염을 일으키는 경우 국민의 환경보전의무를 위반하는 것이라 할 수 있다.

다만 국민은 헌법이 보장하는 자유와 권리를 행사하는 과정에서 환경에 부담을 주는 오염물질을 배출할 수 있다. 그러나 그것은 소위 수인한도를 넘어서는 정도가 아니라면 그 자체 위법하다고 할 수는 없을 것이다.

그러나 수인한도를 넘어서는 정도로 환경오염물질을 배출하거나 자연환경을 파괴하는 행위를 한다면 이는 환경보전의무에 위배되는 행위로 국가는 그러한 행위에 대하여 행정적, 형사적 제재를 가하거나, 민사상 불법행위에 대한 손해배상책임을 지움으로써 환경보전의무를 강제할 수 있다고 할 것이다.

우선 행정적 제재로서는 행정당국이 산업시설을 인·허가할 때에 그 산업시설로부터 오염물질의 배출을 억제하기 위하여 환경법상의 부관을 붙일 수 있으며, 그 이행의무를 위반할 경우 인가나 허가를 취소하는 등의 다양한 제재를 가할 수 있다.

환경보전의무 역시 게오르크 옐리네크의 4가지 지위론에 따르면 수동적 지위 중의 하나라고 할 것이나, 오늘날 민주공화국의 시민은 공동체 구성원들과 미래세대를 위한 삶의 기반으로서 자연환경의 보전을 단순히 수동적 차원의 의무로 받아들이기 보다는, 책임있는 민주시민 (Citoyen)으로서 당연히 이행해야 할 도덕적 책무라고 보아야 할 것이다. 그것이 나 자신과 공동체 전체를 위하는 일이 되기 때문이다.

Ⅳ. 국가목표조항으로서 환경보전의무

1. 국가목표조항

가. 의 의

123. 국가목표
와 국가목적의
구별

국가목표(Staatsziel)란 가령 국민의 자유와 재산 그리고 안전의 보호
와 같이 헌법의 배후에 존재하는 것으로서 국가에 정당성을 부여하는
국가목적(Staatszweck) 자체와는 구별되는 것으로서, 헌법적으로 규정된
국가의 목표이며 그 자체로서 직접 효력을 가지는 헌법이다.74) 국가목
표는 보다 정확한 목표를 제시하거나 개별적 관점을 강조하거나 목표실
현의 방법과 수단을 규정함으로써 중간적 단계에서 국가목적을 보다 구
체화한다. 그리하여 국가목표는 일반적으로 파악하고 있는 국가목적에
대한 특별한 관점들이 될 수도 있고, 또한 국가목적을 실현하는 수단이
될 수도 있다. 이렇게 볼 때 '국가목적'과 '국가목표'의 개념은 같은 대상
이지만 구체화 정도에서 있어서 서로 다른 것으로 이해할 수 있다.75)
독일의 헌법학자 쇼이너(Scheuner)가 잘 지적하고 있듯이 이 국가목표조
항은 그 자체 매우 동적인 것으로서 아직 앞으로 형성되어야 하는 미래
의 사회적 문제를 가리키며, 또한 국가활동에 한계를 부여하기 보다는
오히려 길을 놓아주는 역할을 하는 객관적인 헌법원리들을 말한다.76)

124. 법적 구속
력 있는 헌법규
정

요컨대, 국가목표조항은 국가활동에 있어서 특정한 과제에 대하여
지속적인 노력을 기울이거나 이를 이행하도록 명령하고 있는 법적으로
구속력 있는 헌법규정이다.77) 그리고 이 국가목표는 객관적인 성격만을

---

74) Calliess (주 12), Rn. 29; Karl—Peter Sommermann, Staatsziele und Staatsziebestimmungen, Tübingen 1997, S. 377.

75) 그러므로 국가목적과 국가목표라고 하는 개념은 구분해야 할 필요가 있다. 이에
반하여 정극원, 헌법 제35조, (사) 한국헌법학회 편, 헌법주석 [I], 1133－1151
(1138)면. 국가목표조항의 헌법적 문제에 관한 국내 문헌으로는 고문현, 환경헌
법, 울산대학교출판부 2005, 33－38면; 고문현 (주 29); 명재진, 국가목표조항의
헌법적 지위와 위헌심사척도에 관한 연구, 충남대 법학연구 제25권 제2호(2014.
9), 13－46면 등.

76) Scheuner, Staatszielbestimmungen, in: Scheuner (Hrsg), FS Forsthoff, S. 325 (336)을
인용하며 Calliess (주 12), Rn. 29.

77) 1983년 독일의 내무부와 법무부 공동으로 위촉된 "국가목표조항/입법위임" 전문가

가질 뿐이기 때문에 이로부터 개인의 어떠한 주관적인 권리가 도출되지
않으나, 기본권보장을 강화할 수 있다고 하는 것이 독일에서의 통설이
다.78)

어떠한 국가적 과제가 국가목표로서 헌법에 규정되는 경우 우선 입 | 125. 최적화명
법자는 그 실현을 위하여 입법을 하여야 하며, 또한 행정과 사법 등 법 | 령
집행기관은 법집행과 법해석에 있어서 이 국가목표조항을 기준으로 해
석하고 적용하여야 한다. 따라서 이 국가목표조항은 원리나 법원칙79)으
로서 작용하는 경우가 많으며, 어떠한 헌법조항이 하나의 원리로서 작
동할 경우 그 원리는 최대한으로 실현될 수 있도록 법집행기관이 모색
하지 않으면 안 되는데 이를 소위 최적화명령(Optimierungsgebot)80)이라
고 한다.

헌법에는 국가가 추구해야 할 구체적인 목표와 과제로 설정하고 있 | 126. 다른 목표
는 것이 여러 가지가 있다. 만일 국가가 추구하는 여러 목표와 과제들이 | 와 상충시 실제
서로 상충할 경우에는 이 목표나 원리들이 잘 절충되고 실제적으로 조 | 적 조화원칙에
화81)가 이루어질 수 있도록 해석해야 한다. | 따라 해석

헌법 제35조 제1항이 규정하고 있는 국가의 환경보호의무는 바로 | 127. 객관적인
이러한 국가목표 중 하나로서 모든 국가기관을 직접 구속하는 객관적인 | 법규범, 법해석
법규범이자 또한 법해석의 원리가 된다.82) 이 환경보호라고 하는 국가 | 의 원리

자문위원회(Sachverständigenkommission)는 국가목표조항을 "국가활동에 대하여 특
정한 과제(사항적으로 한정된 목표)를 지속적으로 준수하거나 이행할 것을 명령하
는 법적으로 구속력 있는 헌법규정"이라고 정의한 바 있는데 국가목표조항의 헌법
적 의미를 함축적이고 정확하게 표현하고 있다. Der Bundesminister des Innern/Der
Bundesminister der Justiz (Hrsg), Staatszielbestimmungen/Gesetzgebungsaufträge,
Bericht der Sachverständigenkommission, 1983, S. 20; f; Kloepfer (주 8), Rn. 20.에서
재인용.

78) Calliess (주 12), Rn. 30; Kloepfer (주 8), Rn. 23.
79) Kloepfer (주 8), Rn. 20.
80) Alexy, Recht, Vernuft, Diskurs, 1995, S. 177 ff.; Calliess (주 12), 31, 109.
81) Kloepfer (주 8), Rn. 26; 콘라드 헷세 저/계희열 역, 통일 독일헌법원론[제20판],
박영사 2001, 203면.
82) 대부분의 국내 교과서들은 주관적 공권으로서 헌법 제35조 제1항 전단만을 다루
는 것이 보통이고, 후단의 국가목표조항으로서 환경보전의무의 구체적 내용에 대
해서는 언급하고 있지 않고 있으나 이것은 헌법 제35조 제1항에 대한 해석에 있
어서 중대한 결함이라고 판단된다. 심지어 "헌법이 '건강하고 쾌적한 환경'을 기
본권으로 보장한다고 하는 것은 결국 자연환경에 나쁜 영향을 미치는 '행위'를

목표는 다른 국가목표들이나 다른 기본권과 때로는 충돌할 수도 있는데, 이 경우에 이 환경보호라고 하는 목표가 언제나 우월한 효력을 가지는 것이 아니고 각 국가목표가 최적으로 실현될 수 있도록 조화를 이루어야 한다.[83]

나. 기본권과의 관계

128. 독일 기본법 제20a조

독일의 경우 기본법 제20a조의 환경보호 국가목표조항은 기본권장(基本權章) 밖에 위치하고 있다. 그리고 그 조항으로부터 국민의 주관적 공권이 도출되는 것은 아니지만, 기본권의 보장을 강화하는 기능을 한다는 것은 전술한 바와 같다. 즉 환경보호의 영역에서 생명권·건강권(기본법 제2조 제2항)과 재산권(기본법 제14조)의 기본권주체는 그 기본권의 침해를 주장하면서 기본법 제20a조를 간접적으로 원용하는 경우 승소가능성이 있으며 이는 최근 독일연방헌재의 기후보호결정(BVerfGE 157, 30)에서 입증된 바 있다.

129. 독일 국가적 결정에 대한 소송금지와 급부청구권 불인정

다만 독일에서는 오로지 이 기본법 제20a조만을 근거로 일정한 국가적 결정에 대하여 소송을 제기할 수는 없고, 그로부터 어떠한 구체적인 급부청구권을 도출할 수도 없다고 본다. 이 국가목표조항은 국가만을 수범자로 하고 있기 때문에, 국민이 행정소송이든지 헌법소원을 통해서 국가의 작위나 부작위를 요구하는 소송을 제기할 수는 없다고 보

'자제' 내지 '규제'해서라도 자연환경이 '건강하고 쾌적한 환경'으로 보전될 수 있도록 노력하겠다는 것"이라고 하면서 "우리 헌법이 국가의 환경보전의무를 환경권의 한 내용으로 규정하고 있는 이유도 그 때문"이라고 하는 견해(허영 (주 28), 517면)는 주관적 공권과 국가목표조항으로서 객관적 환경보전의무를 같은 것으로 뒤 섞어버리는 오류를 범하고 있는 것이 아닌가 생각된다. 독일에서는 이와 같이 국가목표조항이나 객관적인 의무조항과 주관적 공권을 한 데 뒤섞어서 동일하게 취급하는 해석은 찾아보기 힘들다. 이제 우리 헌법학도 헌법제(개)정자가 주관적 공권, 입법위임, 국가목표조항 내지 국가의 의무 등으로 각각 다르게 규정한 것(주로 사회적 기본권들의 경우에 그러한 것들이 많음)은 그 의미를 각각 살려서 다르게 해석하려는 노력을 최대한 기울일 때가 되었다고 본다.

83) 동지, Kloepfer (주 8), Rn. 41, 43; Rudolf Steinberg, Verfassungsrechtlicher Umweltschutz durch Grundrechte und Staatszielbestimmung, NJW 1996, S. 1985(1992); Rudolf Steinberg, Rechte der Natur in der Verfassung?, NVwZ 2023, 138 ff.(140); BVerfGE 157, 30, Rn. 198.

고 있다. 다만 이 환경보호 국가목표조항에 위반되는 어떠한 법률조항
이 기본법 제2조 제1항으로부터 나오는 일반적 행동의 자유를 침해한다
고 주장하면서 헌법소원심판을 청구할 수 있다고 하는 것은 이미 오래
전 독일 연방헌법재판소가 엘페스(BVerfGE 6, 32)판결에서 확인한 바 있
다.[84]

    우리 헌법 제35조 제1항은 같은 조항 내에서 "건강하고 쾌적한 환경
에서 생활할 권리"와 동시에 "국가와 국민의 환경보전의무"를 규정하고
있다. 독일과 달리 우리의 경우는 만일 이 주관적 공권으로서 "건강하고
쾌적한 환경에서 생활할 권리"가 침해되었다고 주장하는 경우에는 얼마
든지 권리구제를 다투는 소송(행정소송이나 헌법소원)을 제기할 수 있다.

    그리고 국가의 환경보전의무라고 하는 국가목표조항은 생명권·건
강권이나 재산권 등 개인의 주관적 공권과 상관없이 하늘, 땅, 바다, 습
지와 갯벌 등에서 벌어지는 환경파괴와 훼손행위를 방지하고, 자연환경
을 지속가능하게 보전하도록 의무를 부과하는 조항이라 할 것이므로 훨
씬 더 넓은 국가의 의무와 과제를 부여하는 객관적 의무조항이라고 할
것이다.

    요컨대 우리 헌법은 주관적 공권과 객관적 의무를 모두 완벽하게
규정하고 있으며, 남는 것은 주관적 공권과 국가의 객관적 의무의 구체
화일 뿐이다.

> 130. 우리 헌법의 경우: 주관적 공권으로 권리구제소송이 가능

> 131. 객관적 의무조항의 성격

> 132. 주관적 공권과 국가목표조항 모두 규정

2. 환경보전의무로부터 도출되는 원칙과 그 헌법적 근거

환경보호와 관련하여 독일과 유럽법 그리고 우리 나라 환경법[85]

> 133. 도출되는 원칙과 근거

---

84) Kloepfer (주 8), Rn. 24; Rudolf Steinberg, NJW 1996, S. 1985 ff.(1992). 그러면서도
Steinberg는 자연향유에 대한 단순한 사실상의 침해에 대해서 모두 기본법 제2조
제1항이 보호하는 것은 아니라고 하고 있다. BVerwGE 54, 211 (220 f.)를 인용하
며, S. 1992.

85) 김홍균 (주 9), 37면 이하: 지속가능한 개발의 원리, 사전예방과 사전배려의 원칙,
오염원인자 책임의 원칙, 협동의 원칙, 환경정의; 박균성/함태성, 환경법, 박영사
2015, 60면 이하: 예방의 원칙, 원인자책임의 원칙, 협동의 원리, 지속가능한 개발
의 원리, 정보공개 및 참여의 원리; 최봉석, 환경법, 청목출판사 2014, 79면: 사전
배려의 원칙, 원인자 부담의 원칙, 협동의 원칙; 홍준형 (주 43): 지속가능한 발전
의 원칙, 환경정의의 원칙, 사전배려의 원칙, 존속보장의 원칙, 원인자책임의 원

영역에서는 사전배려의 원리, 지속가능한 개발(발전)의 원리, 원인제공자
부담의 원리, 협력의 원리, 통합의 원리 등이 거론되고 있으며 이 원리
들은 헌법적 혹은 환경법적 차원의 원리로서 정립되고 있다.86) 그러므
로 이하에서는 그 내용과 우리 헌법상의 근거 등을 살펴 보기로 한다.

가. 사전배려의 원리(Vorsorgeprinzip, precautionary principle)

**134. 사전배려
원리의 의미**

사전배려의 원리란 어떠한 위험이 닥치기 전에 그 위험의 발생을
사전에 예견하고 그 위험이 발생하지 않도록 필요한 대비책을 마련하여
국민의 기본권적 법익을 보호해야 한다고 하는 원리이다.87)

**135. 위험사회
로서의 현대사
회**

우리 현대 사회가 에너지와 생명공학 등 다양한 과학기술의 발전으
로 에너지, 교통, 통신, 식량, 여가 등 인간의 모든 생활영역에 많은 편
익을 가져왔다. 그러나 그에 못지않게 원자력발전소의 사고로 인한 방
사능의 유출, 화석연료의 사용을 통한 CO_2 등 온실가스의 배출, 인체에
흡입될 수 있는 화학물질의 함유, 유전자변형 동·식물의 생산으로 인
한 생태계 교란 가능성과 인체에의 유해가능성 등 다양한 구체적 위험
발생 가능성과 장기적인 리스크 발생의 개연성이 대두되고 있다. 이러
한 광범위한 위험성에 노출되어 있는 현대사회를 우리는 소위 위험사
회88)라고 일컫기도 한다.

**136. 행정법상
사전예방의 원
리**

행정법학에서는 구체적으로 임박한 위험발생 가능성에 대하여 국
민의 생명과 신체 그리고 재산권적 법익의 침해를 사전에 예방하고 보
호하기 위한 원칙과 법리로서 소위 위험방지(Gefahrenabwehr)를 위한 사

칙, 협동의 원칙. 헌법학에서 환경법원칙으로 사전배려원칙, 오염원인자책임원칙,
공동부담원칙, 협력원칙을 들고 있는 견해로는 허완중 (주 29), 611-612면.

86) Schulze—Fielitz (주 9), Rn. 69; Kloepfer (주 8), Rn. 72.

87) Kloepfer (주 8), Rn. 75.

88) 현대 위험사회에서 새로이 출현한 소위 환경국가를 제3세대 국가라고도 칭한다.
즉, 18세기와 제19세기에 인간의 존엄과 자유에 대한 국가적 침해와 도전으로부
터 그 자유를 보장하기 위하여 법치국가가 탄생했으며, 19세기와 20세기에 걸쳐
산업사회의 위기와 도전으로부터 인간의 사회적 안전을 보호하기 위하여 소위
사회국가가 탄생하였고, 이제 20세기와 21세기에 각 국가가 무분별하게 추구하던
산업사회와 이로 인한 생태계 파괴로 인하여 돌이킬 수 없는 환경적 재앙과 위기
에 직면하여 소위 환경국가가 탄생한 것이다. Calliess (주 12), Rn. 99; Calliess,
Rechtsstaat und Umweltstaat, Tübingen 2001, S. 53 ff.

전예방(Prävention)의 원리를 전통적인 경찰법적 원칙으로 삼아 왔다. 그러나 현대 위험사회에서 미래에 발생할지 모르는 장기적 위험, 즉 리스크(Risiko)에 대해서는 이러한 경찰법상의 원리만 가지고서는 충분히 대처할 수 없으며, 위험발생의 가능성보다 훨씬 이전의 시점부터 발생할지 모를 리스크에 대비하기 위한 사전 대책을 국가가 마련하지 않으면 안 된다.[89] 클뢰퍼(Kloepfer)는 사전배려는 위험방지보다 시간적으로 더 전에 발동하는 것이기 때문에 위험방지원리는 사전배려원리에 포함되므로, 위험방지원리를 환경법상의 원리로서 논할 필요는 없다고 보고 있다.[90] 어쨌든 국가는 임박한 위험방지와 발생한 피해의 제거에만 국한해서는 안 된다. 환경보호와 관련하여 오히려 필요한 것은 환경위험의 발생에 사전에 대처할 필요가 있다는 것이며, 이것은 미래세대에 대한 책임의 관점에서도 강조되어야 한다는 것이다.

그러므로 현대 과학기술의 발전으로 인한 생명과 건강에 대한 위협, 기후변화 등 각종의 장기적인 위험(이하 '리스크'라 함)에 대하여 국가가 앞을 바라보며 장기적인 안목을 가지고서 리스크발생 개연성에 대하여 사전에 대비하고 필요한 대책을 강구해야 한다는 원리가 소위 사전배려의 원리이다.[91]

최근 독일 연방헌법재판소가 기후보호결정(BVerfGE 157, 30)에서 강조한 소위 적시성(Rechtzeitigkeit)의 원칙 역시 기후보호가 더 이상 불가역적 상태인 임계점에 달하기 전, 적시에(rechtzeitig) 입법자가 법률로 대책을 마련해야 한다는 취지이므로 넓게 사전배려의 원칙과 다르지 않다. 그리고 독일 기본법 제20a조에 규정되어 있는 "미래세대에 대한 책임" 역시 이 사전배려원리와 지속가능한 개발의 원리의 헌법적 표현에 해당한다고 할 수 있다.

이 사전배려의 원리와 미래세대에 대한 책임은 단지 행정법이나 환경법상의 원리에 그치는 것이 아니고 그 근거를 우리 헌법에서도 찾을 수 있다. 즉 첫째, "밖으로는 항구적인 세계평화와 인류공영에 이바지함

137. 리스크발생 개연성에 대한 사전대비 필요

138. 독일 연방헌법재판소의 적시성 원칙과 같음

139. 헌법적 근거: 헌법전문

---

89) Calliess (주 12), Rn. 123.

90) Kloepfer (주 8), Rn. 72.

91) Calliess (주 12), Rn. 125.

으로써 우리들과 우리들의 자손의 안전과 자유와 행복을 영원히 확보할 것을 다짐하면서"라고 하는 헌법 전문의 문언은 현대 위험사회에서 발생하는 다양한 위험과 리스크로 인한 현세대와 미래 세대들의 안전과 자유와 행복을 보장할 것을 천명하는 것이다. 이렇게 우리와 우리 자손들의 안전과 자유와 행복을 보장하기 위해서는 국가가 모든 위험과 리스크에 대비하여 사전에 필요한 대책을 강구하지 않으면 안 된다고 할 수 있기 때문에, 이 헌법전문은 현대 위험사회에서 일반적 사전배려의 원리의 헌법적 근거가 될 수 있다고 할 것이다.

140. 헌법 제35조 제1항의 보전

둘째, 우리 헌법 제35조 제1항은 국가의 환경보호의무와 관련하여 단순히 "보호"라고 하는 용어를 쓰고 있지 않고 "보전"이라고 하는 용어를 사용하였다. 이 "보전"이라고 하는 단어가 사용된 사례를 보면, 환경보전(헌법 제35조 제1항), 대통령의 "영토의 보전" 책무(헌법 제66조 제2항), 국가의 "국토의 효율적이고 균형있는 이용·개발과 보전"을 위한 제한과 의무부과 권한(헌법 제122조)을 들 수 있다. 즉 환경, 영토, 국토와 관련하여 세 번 보전이라는 용어를 썼는데, 보전이라고 하는 말의 사전적 의미는 "온전하게 보호하여 유지함"[92] "온전하게 잘 지키거나 유지함"[93]이라는 뜻이다.

141. 국가에게 사전배려원리에 따른 환경보호의무 부과

결론적으로 환경을 온전하게 보호하여 유지하기 위해서는 그 환경에 위험을 초래하는 요인이 무엇인지를 정확하게 파악하여 그것을 사전에 차단하고 방어하여 생태계가 온전하게 유지될 수 있도록 보호하지 않으면 안 된다. 이러한 의미에서 우리 헌법 제35조 제1항의 환경보전의무는 국가에게 소위 사전배려의 원리를 전제로 하여 사전에 환경에 대한 위험과 리스크를 예방하여야 할 환경보호의무를 부과하고 있다고 할 수 있을 것이다.

---

92) 국립국어연구원, 표준국어대사전, 두산동아 1999.
93) 고려대학교 민족문화연구원, 고려대한국어대사전, 창작마을 2009.

나. 지속가능한 개발의 원리

지속가능한 개발의 원리가 과연 법적으로 무엇을 의미하는가에 관해서도 논란이 있을 수 있다. 이에 대하여 칼리에스(Calliess)는 지속가능한 발전은 생태계의 자정능력을 지향하는 환경정의에 입각한 경제적 과정과 사회적 조정과정의 조합이라고 한다. 중요한 것은 미래세대의 이익을 위한 생태학적 또는 자연적 생산능력의 보장이라는 것이다.[94]

지속가능한 개발의 원리는 지구와 환경의 천연자원들을 개발할 경우에는 그 자원이 고갈되지 않고 지속적으로 재생산이 가능할 수 있는 범위 내에서 개발을 해야 하며, 재생산이 불가능한 자원의 경우 최대한 절약하여 사용해야 한다고 하는 원리이다.[95] 지구와 자연환경은 원래 인간이 생존하기 위하여 자원과 자연의 소산을 소비하며 산다 하더라도 자연히 그 부족분을 채울 수 있는 소위 재생능력과 자정능력을 지닌다.

그런데 산업혁명 이후 인간의 천연자원에 대한 무분별한 이용과 동·식물에 대한 남획으로 인하여 환경오염물질이 양산되고, 지구상의 수많은 종의 동·식물이 멸종되거나 멸종위기에 빠졌다. 더욱이 대기층에 집적되어 있는 CO_2는 한번 대기층에 배출되면 결코 없어질 수 없으며, 이 CO_2와 온실가스는 대기층에 머물면서 지구의 온도를 계속 상승시키는 역할을 하고, 이로 인한 지구의 온난화는 지구촌에서 전례없는 산불현상을 비롯한 갖가지 이상기후와 자연재해를 일으키고 있다.

이러한 문제로 인하여 파리기후협약에서는 이 지구촌의 온실가스의 배출을 2050년을 기점으로 영(零)으로 축소시키는 소위 탄소중립을 선언하고 이 목표를 달성하기 위하여 각국의 공동노력을 촉구하고 있는 실태에 있다. 이것은 지구온난화의 임계치를 설정한 것이며, 이 임계치를 넘게 될 경우 지구 온난화는 더 이상 인간이 통제할 수 없는 파국상태로 치달을 것이 확실시 되기 때문에, 현 인류와 미래의 인류가 생존을 하면서 지속 가능한 발전을 이루기 위해서는 2050년을 기점으로 탄소중립을 반드시 실현하지 않으면 안 된다고 하는 것이다.

142. 지속가능한 개발의 의미

143. 지속적으로 재생산이 가능한 범위내에서 개발, 재생산이 불가능한 자원은 최대한 절약

144. 산업혁명 이후 환경파괴 문제

145. 탄소중립의 노력

---

94) Calliess (주 12), Rn. 98.
95) Kloepfer (주 8), Rn. 85.

이러한 국제적 및 국내적 탄소중립화 노력은 지속가능한 개발의 원리를 실현하기 위한 것이라 할 수 있다. 그리고 이 지속가능한 개발의 원리는 사전배려의 원리와 밀접 불가분의 관계에 있다고 할 수 있다.[96]

그러므로 이 지속가능한 개발의 원리의 헌법적 근거 역시 우리들과 우리들의 자손의 안전과 자유와 행복을 영원히 확보할 것을 다짐하는 헌법전문과 환경을 온전하게 보호하여 유지한다고 하는 의미를 지니는 헌법 제35조 제1항의 국가의 환경보전의무에서 찾을 수 있을 것이다.

다. 원인제공자부담의 원리

환경법상의 원리 중 하나로 원인제공자[97]부담 내지 원인제공자책임의 원리가 있다.[98] 원인제공자부담의 원리란 환경오염을 유발한 자가 환경오염물질배출의 책임과 그 제거비용에 대한 부담을 진다는 의미이다.

이 원리는 우리 헌법 제10조의 행복추구권으로부터 도출되는 자기책임의 원리로부터 나온다고 할 수 있을 것이다. 우리 헌법재판소는 이 헌법 제10조로부터 나오는 자기책임원리를 자신이 저지른 위법행위나 범죄행위에 대하여 자신의 책임에 비례하는 제재와 형벌을 받아야 하지 그보다 훨씬 중대한 제재나 처벌을 받게 되면 자기책임원리에 위반된다고 하여 과도한 형벌의 경우 바로 헌법 제10조로부터 유래하는 자기책임원리에 반한다고 보았다.[99]

자신이 유발한 환경오염에 대해서는 자신이 책임을 진다고 하는 원인제공자책임 내지 원인제공자부담원리는 근대 시민혁명과 더불어서 탄생한 민주공화국의 책임 있는 민주시민(Citoyen)[100]의 덕목으로서 지극히 상식적이고 보편적인 법원리 중 하나라고 할 수 있다. 이 자기책임의 원

---

96) Kloepfer (주 8), Rn. 85.
97) 국립국어원의 표준국어대사전에는 원인을 유발한 사람이라는 뜻의 단어는 원인자가 아니라 원인 제공자로 나온다. 우리말에 존재하지 않는 단어를 법률용어로 만드는 것은 가급적 지양해야 할 것이므로 이하에서는 원인제공자라고 하는 개념을 사용하기로 한다.
98) Kloepfer (주 8), Rn. 89.
99) 제8절, IX, 1, 나. 참조.
100) 방승주, 민주공화국 100년의 과제와 현행헌법, 헌법학연구 제25권 제2호(2019. 6), 137-192(181)면.

리가 형법영역에서 구체화된 것이 형법상 책임주의 즉 죄형법정주의이며, 민법상 계약법이나 불법행위법의 근간으로 발전하게 된 것이 소위 사적 자치(Privatautonomie)의 원리인데, 이 사적 자치의 원리의 헌법적 근거 역시 헌법 제10조에서 도출되는 계약의 자유로 환원될 수 있다.[101]

다만 오늘날 환경오염물질의 배출원인제공자를 파악하는 것이 쉽지 않은 경우도 있을 수 있고, 또한 확인할 수 있다 하더라도 그 원인제공자가 오염원인을 제거할 수 있는 경제적 능력이 부족하거나 아예 없는 경우가 있을 수 있다. 또한 오늘날 도로교통이나 항공, 해운 등 교통수단을 통하여 배출하는 CO_2 등 오염물질의 배출에는 그 교통수단을 운영하는 자가 원인제공자인지 아니면 이를 이용하는 자가 원인제공자인지 혹은 둘 다인지 등에 대하여 법적으로 논란이 있을 수 있다.[102]

이와 같이 원인제공자의 탐지에 과도한 비용이 들 수 있거나, 원인제공자를 확인하였다 하더라도 그 자의 자력이 부족한 경우, 혹은 오염물질 배출 책임이 여러 단계를 거쳐 일어날 수 있는 경우에는 원인제공자부담원리가 소위 공동부담원리로 전환될 수도 있다.

이는 국가의 환경보전의무로부터 나오는 환경오염의 예방과 제거 의무에 따라 국가가 오염예방이나 제거의 비용을 공동체 구성원 전체에 확대하는 방법으로서, 그 나름대로 합리적 기준을 제시하는 경우 헌법

(우측 난외주)
151. 원인제공자 파악의 어려움

152. 공동부담의 원리로 전환 가능

153. 헌법 제35조 제2항 혹은 헌법 제37조 제2항에 의해 정당화 가능

---

101) 제8절, Ⅴ, 3, 가, (3) 참조.
102) 김영환 교수는 그의 논문, 위험사회에서의 책임구조: 자연재해에 대한 법적 담론, 『자유주의적 법치국가 – 한국에서의 법철학과 형법』, 세창출판사 2018, 120－135 (131)면에서 이와 관련한 문제를 다음과 같이 함축적으로 잘 표현하고 있다. 즉 "그런데 오늘날 생태에 관한 논쟁에서는 이러한 종류의 협동작업의 결과가 핵심이 된다. 즉 숲의 멸종, 오존층 파괴 혹은 온실효과 등은 이러한 효과를 목표로 하는 개인들의 조직적인 공동작업이 아니라, 서로 다른 목적을 추구하는 여러 개인들의 수많은 행위들의 집적의 결과이다. 이와 같은 효과가 여러 개별적인 행위들의 집적으로부터 생겨나는 것이라면, 그와 같은 범세계적인 효과를 개별적인 행위에 인과적으로 귀속시키지 못한다는 것은 자명하다." 같은 내용의 그의 독일어 논문으로 Young－Whan Kim, Zur Veränderung der Verantwortungsstrukturen in der modernen Risikogesellschaft, in: Wolfgang Heinz (Hrsg), Risiko und Prognose – Rechtliche Instrumente zur Regelung von Gefährdungen in Korea, Japan und Deutschland aus zivil－, öffentlich－ und strafrechtlicher Sicht, Vorträge des 2. tri－lateralen – deutsch－japanisch－koreanischen – Seminars, 20.－22. Juni 2006 in Konstanz, S. 25 ff.(33).

제35조 제2항이나 헌법 제37조 제2항에 의하여 헌법적으로 정당화될 수 있을 것이다.

154. 환경오염 및 유해가능성의 입증책임

어쨌든 이 원인제공자부담원리와 사전배려의 원리에 따라 환경에 유해하거나 오염이 가능한 물질을 생산하는 자는 그 물질의 무해성을 스스로 입증하도록 함으로써, 환경오염 가능성이나 유해가능성이 아직 확실치 않은 단계에서 행정당국이 어떠한 물질생산을 위한 시설이나 사업장의 인·허가에 따르는 위험이나 리스크 책임을 스스로 져야 하는 부담으로부터 어느 정도 벗어나서 혁신기업을 지원하고 양성할 수 있는 가능성이 열리게 될 수 있다.103)

155. 요람에서 무덤까지의 원리

즉 원인제공자가 하나부터 열까지, 다시 말해서 그 물질의 생산 단계에서부터 폐기에 이르기까지 모든 환경부담원인에 대한 책임을 스스로 지는 미국법상의 소위 "요람에서부터 무덤까지의 원리"(Cradle – Tomb – Principle)104)가 적용되어야 할 필요가 있다.

156. 피해원인 추정 및 반증책임으로 전환

이 책임은 현재의 과학기술의 단계에서 위험이나 리스크의 개연성이 없다고 해서 완료되는 것이 아니라, 물질생산에 대한 연구와 더불어서 장기적 위험이 발생할 수 있는 가능성이나 개연성까지 스스로 연구하고 장기적 연구 끝에 초기에 연구한 결과를 수정해야 할 필요성이 있다면 그것마저도 스스로 책임을 지게 함으로써 궁극적으로 피해자의 피해원인규명에 대한 책임으로부터 원인제공자의 피해원인추정 및 반증책임으로 입증책임을 전환할 필요성이 있는 것이다.105)

157. 국가는 관찰의무 및 입법개선의무 부담

물론 이러한 원인제공자 부담과 책임원리가 국가를 환경보전의무로부터 면제하는 원리로 잘못 남용되어서는 안 될 것이다. 국가 역시 민간연구자 못지 않게 이하에서 설명할 협력의 원리에 따라서 공동의 책임을 지고, 별도의 연구팀이나 혹은 전문가자문기관을 구성하여 처음부터 끝까지 그 유해성 여부를 관찰하고 조사·연구함으로써, 필요한 경우 민간 생산자로 하여금 환경오염물질의 생산을 중단하거나 다른 기술을 적용하도록 명령을 내려야 하는 관찰의무와 입법개선의무를 진다.

---

103) Kloepfer (주 8), Rn. 75.
104) Kloepfer, Umweltrecht, 4. Aufl., München 2016, § 4, Rn. 69.
105) Calliess (주 12), Rn. 122.

이 원인제공자책임원리가 국가의 환경보전의무를 면제시키는 것이 아니므로 국가 역시 환경오염원인제공자에 대한 통제의 끈을 결코 놓아서는 안 될 것이다.

2023년 8월 24일 일본이 방사성 물질의 완전한 제거가 확실하지 않은 후쿠시마원전 방사능 오염수에 대하여 일정한 처리를 거쳐 해양방류를 시작하였는데, 일본의 방류결정에 대하여 지지를 보낸 우리 정부는 이 오염수 방류가 우리 해역과 국민건강 및 환경에 미치는 영향에 대한 지속적인 관찰·조사·추적의 의무가 있으며, 우리 국민의 생명권·건강권·재산권 보호를 위하여 일본정부에 대한 외교적 보호의무를 지속적으로 이행해야 할 것이다. 만일 지속적인 관찰 및 조사·추적 끝에 해양환경에 대한 단기적 위해가 발견되는 경우에는 물론, 중·장기적 해양생태계의 악화나 해양생물의 멸종, 변형, 기형 등의 위험이 발생하여 미래세대에 대하여 더 이상 현재와 같은 해양환경과 자원을 그대로 물려 줄 수 없게 될 것이 확실시 될 경우[106])에는 대한민국 정부

158. 일본의 방사능 오염수 방류와 국가의 의무

---

106) 국제원자력기구(IAEA)의 사람과 환경보호를 위한 IAEA 안전기준, 근본적 안전 원리(Fundamental Safety Principles), Safety Fundamentals No. SF−1, Principle 7은 "현세대와 미래세대의 보호"라는 제하에 사람과 환경, 미래와 현재는 방사능의 위험으로부터 보호되어야 한다고 하면서 방사능의 영향은 국경을 초월하고 세대를 거쳐서 미칠 수 있기 때문에 방사능 위험으로부터 현세대는 물론 미래세대 그리고 원근 각지의 생태계 전체가 효과적으로 보호되어야 함을 강조하고 있다. 김용수 한양대 원자력공학과 명예교수{[기고] 일본 후쿠시마 원전 삼중수소 오염수의 삼중해법, 2021. 4. 21. 온라인 중앙일보, https://www.joongang.co.kr/article/24045074#home − 최종방문 2023. 10. 6.}에 의하면 IAEA는 2004년 방사성물질의 방출 기준을 포함한 규제 해제 안전 지침(Safety Guide RS−G−1.7, 배제, 면제 및 해제 개념의 적용)을 제정하였으며, 이 지침 5.19에는 방출을 목적으로 하는 임의적 희석은 규제기구의 사전 승인을 받아야 한다고 명시하고 있고, 또 2.13에는 아무리 방사성핵종의 농도가 낮더라도 방출총량은 규제되어야 한다고 강조하고 있다고 한다. 그는 이러한 지침에 의할 때 방출을 목적으로 한 일본의 임의적 희석도 당연히 규제되어야 하지만, 현실적 어려움으로 인하여 희석 방출이 용인된다 하더라도 일본이 계획하고 있는 일조배가 넘는 방출총량은 받아들일 수 없는 막대한 양이기 때문에 이를 용인하는 IAEA의 작금의 행태는 국제기구로서의 역할을 포기한 무책임한 처사라고 비판하면서 전 세계 440여기 원전 중 32%인 140여기 원전이 집중되어 있는 한반도 주변 해역의 안전을 위해서 관련 정보와 자료의 투명한 공개는 물론 오염수 방출에 관한 국제규범의 긴급한 정립필요성을 강조하고 있다. 한편 민주사회를 위한 변호사모임은 제주 해녀 김은아씨와 김종식 전국어민회총연맹 상임부회장 등이 포함된 청구인 40,025명과 고래 164개체

스스로도 이번 방류지지에 대한 책임을 져야 할 것이며, 그 때부터는 더이상의 지지를 철회하고 일본정부에 방류중단과 해양환경오염에 대한 책임을 물어야 마땅할 것이다.

라. 협력의 원리

159. 민·관의 공동노력 필요

협력의 원리(Kooperationsprinzip)란 환경보호를 위해서는 정부의 노력만으로는 안 되고 민·관이 함께 공동으로 노력해야 한다는 것을 의미한다.[107]

160. 무해성 입증을 위한 조직과 절차의 마련 필요

새로운 물질개발에 있어서 무해성을 입증하기 위한 조직과 절차를 마련하는 것은 환경보전의무를 지는 국가의 책임이므로, 환경영향평가나 무해성입증을 위한 자문기구나 민관협력기구(PPP: Public－Private－Partnership)[108]를 두고 환경유해물질이나 오염물질의 배출여부와 환경에 대한 영향을 지속적으로 모니터링하고 조사·연구할 수 있도록 한다면 새로운 과학기술의 연구·개발과 환경보전기술을 동시에 도모할 수 있게 될 것이다.

161. 환경영향 평가 및 유해검 증작업 등의 절 차준수요구

다만 이러한 민관협력을 통한 환경보전의 실효성을 거두기 위해서는 행정부가 관련 당사자 기업의 관계인만을 초청하여 밀실에서 환경영향평가나 유해성 검증작업을 형식적으로 진행한 후 개발의 인·허가를 발부해서는 안 되고, 독립적이고 중립적인 제3의 연구기관과 환경단체, 환경영향이 있을 것으로 예상되는 인근 주민들을 초청하여 청문회를 개최함으로써 환경유해물질 배출가능성 여부에 대하여 투명하고 공개적으로 정보를 제공하고 전문가와 관련자들의 의견을 청취하며, 그렇게 함으로써 객관적인 과학적 검증절차를 거치도록 해야 할 것이다.[109]

를 대리하여 2023. 8. 16. 일본의 후쿠시마 오염수 해양투기 결정에 대한 피청구인 대통령 등의 부작위 및 불충분한 공권력 행사를 대상으로 헌법소원심판(2023헌마 973)을 청구하였다. "민변, 일 오염수 방류 헌법소원...청구인 '고래·해녀' 등 4만여 명": https://www.yna.co.kr/view/AKR20230816080000004 (최종방문 2023. 11. 20).

107) Kloepfer (주 8), Rn. 98 ff.

108) Kloepfer (주 8), Rn. 100.

109) Kloepfer (주 8), Rn. 101.

마. 투명성과 공개성의 원리

투명성과 공개성의 원리는 비단 환경법영역에만 적용되는 원리라고 할 수는 없다. 오히려 가령 입법과 관련해서는 국회의 회의공개의 원칙(헌법 제50조 제1항)과 사법과 관련해서는 재판공개의 원칙(헌법 제109조)이 있다.

결국 오늘날과 같은 기후변화시대에 기후보호와 환경보호를 위해서는 CO_2를 비롯한 온실가스의 배출이 전혀 없거나 혁신적으로 적은, 재생에너지 생산기술과 같은 친환경산업을 육성함으로써[110] 지속가능한 개발과 환경보전을 투명하고 공개적으로 추진할 수 있어야 할 것이다. 환경영향평가나 환경유해물질 배출가능성이 있는 사업의 인·허가 과정에서 이루어지는 유해성 검증과정 역시 투명하고 공개적으로 이루어져야 함은 전술한 바와 같다.

최근 독일 연방헌법재판소의 기후보호결정(BVerfGE 157, 30)에서 연방헌법재판소는 기후보호를 위한 CO_2배출 감축로드맵의 결정은 단순히 법규명령에 위임해서는 안 되고, 야당이 참여한 상태에서 입법과정이 국민 대중에게 투명하고 공개적으로 이루어지는 의회에 의하여 직접 결정되어야 할 필요가 있음을 강조한 바 있다. 독일 연방헌법재판소가 잘 판시하였듯이 환경 특히 기후보호와 관련한 입법은 민주적으로 정당화된 국회에 야당이 참여한 상태에서 투명하고 공개적으로 이루어져야 하지 밀실에서 폐쇄적으로 이루어져서는 결코 안 된다.

2023년 8월 24일 해양방류가 시작된 일본 방사능오염수의 경우 그 처리의 전 과정과 정보가 국제적으로 투명하게 공개되지 않으면 안 되며, 특히 가장 인근국가인 우리 정부의 감시요원의 상시 배치와 통제가 필수적으로 요청된다고 해야 할 것이나 그러한 협의는 이루어지지 못했다. 아무튼 해양방류로 인하여 발생할 수 있는 해양생태계에 대한 영향을 단기적 및 중·장기적 차원에서 지속적으로 관찰·조사·추적하고 모니터링해야 할 뿐만 아니라 그 결과도 인근국가인 대한민국 뿐만 아니라, 전 세계에 공개하지 않으면 안 될 것이며, 대한민국 정부 역시 독

우측 여백 주석:
162. 투명성과 공개성의 원리

163. 인·허가 과정에서의 유해성 검증과정 공개원칙

164. 국회에서 투명하고 공개적으로 이루어질 필요 존재

165. 일본 방사능오염수 처리 과정에서 투명성·공개성원리의 위반

---

110) 허영 (주 28), 519면.

자적으로 그러한 관찰 · 조사 · 추적 · 모니터링을 지속적으로 하여 전 국민에게 정보를 투명하게 공개하지 않으면 안 된다.

바. 통합의 원리

166. 통합의 원리의 의미

통합의 원리란 일정한 환경매체 내에서의 환경오염을 줄이기 위해서 다른 환경매체에 대한 오염을 유발하는 것을 피하고, 전체로서의 환경의 보호를 위한 정책을 추진해야 한다는 것을 의미한다. 가령 재생에너지의 생산을 위하여 풍력발전기를 바다나 산에 설치하는 경우 바다나 산의 자연경관이나 혹은 해양과 숲의 생태계를 해칠 수 있는 가능성도 배제할 수 없다. 이 때에도 어떠한 환경이익을 우선할 것인지에 대한 가치판단과 형량을 하지 않으면 안 된다.

167. 내적통합의 원리

결국 어떠한 한 환경매체의 보호를 위해서 다른 환경매체를 파괴해야 하는 정책은 환경파괴를 통한 환경보호가 될 수 있기 때문에 전체로서의 환경보전에 그다지 플러스가 되지 못할 수도 있다. 그러므로 환경보전정책을 취할 경우 전체로서의 환경을 고려하는 정책을 추진해야 한다는 것이며 이것을 내적 통합의 원리라고 한다.[111]

168. 외적 통합의 원리

이에 비하여 외적 통합의 원리는 국가가 모든 정책을 추진함에 있어서 환경보전을 상수로 고려하지 않으면 안 된다고 하는 원리이다. 다시 말해서 환경보전은 국가의 의무이자 목표조항이라 할 수 있으므로, 이것 자체가 국가가 추진해야 하는 원리로 기능하며, 오늘날 기후변화시대에 있어서는 온실가스배출 중립을 이루기 위하여 국가의 모든 정책에 기후보호와 환경보호를 고려하는 정책을 추진하지 않으면 안 된다는 것이다(가령 유럽연합운영조약 제11조).[112]

169. 통합의 원리의 근거조항: 헌법 제35조 제1항과 헌법전문

우리 헌법 제35조 제1항과 전술한 "우리와 우리들의 자손의 안전과 자유와 행복을 영원히 확보할 것을 다짐"한다는 헌법 전문은 오늘날과 같은 기후위기 시대에는 국가정책을 관통하는 헌법적 원리로 승화시키지 않으면 안 될 것이고, 따라서 이 헌법 제35조 제1항과 헌법 전문은 내적

---

111) Kloepfer (주 8), Rn. 108.
112) Kloepfer (주 8), Rn. 111.

및 외적 통합의 원리의 헌법적 근거조항이 될 수 있다고 할 것이다.

3. 환경보전의무의 구체적 내용

가. 보호법익

헌법 제35조 제1항 제2문의 국가목표로서의 "환경보전"의 대상이 되는 것은 주로 널리 자연환경으로 새겨야 마땅할 것이다. 왜냐하면 인간이 만든 생활환경 자체를 굳이 장기간에 걸쳐 보전해야 할 필요는 없고, 또한 가능하지도 않다. 오히려 보전의 대상이 되는 것 그리고 우리 인간과 미래세대 그리고 동·식물의 생존을 위해서 보전이 필요한 것은 바로 이 자연환경인 것이다.

이 자연환경에는 우리와 우리의 자손들, 즉 미래세대의 생존의 기반이 되는 모든 동·식물들과 자연자원까지 포함된다고 보아야 할 것이다. 특히 우리 헌법은 환경보전이라는 표현을 쓰고 있는데 이 보전에는 지속가능한 발전의 원리의 의미가 포함된다고 할 수 있다. 즉 개별적인 동·식물과 미생물, 그리고 그 상호간의 유기적 관계 일체가 보호의 대상이 되는데, 특히 동·식물의 경우 장기적 보전을 위해서는 개체의 보호차원을 넘어서 종의 보호(Artenschutz)가 중요하다.[113] 즉 인간 역시 자연의 일부이므로 인간을 포함하여 각 동·식물이 멸종되지 않고 다양성이 유지될 수 있도록, 그러기 위해서는 동·식물의 삶의 터전이 되는 공간과 자연환경 자체에 대하여까지 국가는 적극적으로 보호하기 위한 환경보호정책을 펴 나가지 않으면 안 된다.

그리고 헌법 제35조의 환경권과 환경보호의무의 대상에 그러한 정신적·사회적·문화적 환경들까지 모두 포함된다고 볼 수는 없다.[114] 왜냐하면 그러한 인간생활과 관련한 모든 환경은 가령 자유권적 기본권이나 인간다운 생활을 할 권리 등 다른 기본권들에 의하여 충분히 보호될 수 있기 때문이다.

다만 헌법 제35조 제3항은 국가에게 주택개발정책 등을 통하여 모

170. 헌법 제35조 제1항 제2문의 보호대상: 자연환경

171. 환경보전과 지속가능한 발전의 원리

172. 정신적·사회적·문화적 환경은 불포함

173. 주거환경 조성에 관한 의무보장 조항 신설필요

---

113) Kloepfer (주 8), Rn. 77.
114) 동지, Calliess (주 12), Rn. 35; Kloepfer (주 8), Rn. 65.

든 국민이 쾌적한 주거생활을 할 수 있도록 노력할 의무를 부과하고 있다. 이는 곧 국가의 주거환경에 대한 보호의무라고 할 수 있다. 따라서 이 주거환경보호는 성질상 자연환경보호와는 상당히 거리가 있다고 생각된다. 다만 국민이 건강하고 쾌적한 자연환경에서 살 수 있으려면 주거환경 역시 그러한 자연환경이 잘 보전된 상태이지 않으면 안 되기 때문에 헌법개정자가 이 조항을 환경권 관련조항으로 둔 것으로 이해할 수 있다. 그러나 이 조항은 체계상 헌법 제34조 제7항을 신설하여 그쪽으로 위치시키는 것이 더 적합하지 않나 생각된다.115)

나. 효 력

174. 수 범 자 :
국가

환경보호조항의 효력, 즉 그 수범자는 누구인가? 그것은 당연히 국가이며, 국가기관들과 공법인, 그리고 지방자치단체도 여기에 포함된다.116) 이때 국가가 어떠한 노력을 해야 하는가가 문제된다(위 환경권의 효력 참조).

175. 소극적 해
석: 지속가능성
이념과 불합치

이때 국가가 어떠한 노력을 해야 하는가가 문제된다(위 제30절, II, 5. 참조). 여기에 관해서도 우선 소극적 해석에 의하면 국가목표의 실행은 입법자에 속한다고 본다. 따라서 최소한의 수준 내지 과소금지원칙에 저촉되지만 않는다면 아무런 활동을 하지 않아도 된다. 이러한 해석은 환경국가원리나 환경보호조항의 실효성을 전반적으로 박탈하는 결과를 낳게 되며 지속가능성의 기본적 이념과도 합치하지 않는다.

176. 개선명령
의 관점 및 열
악화금지원칙

독일에서는 현실적으로 환경보호를 개선하려고 하였던 헌법개정자의 의지로부터 1994년의 환경상황을 계속적으로 개선하기 위한 출발점으로 보아야 한다고 하면서 이 환경보호조항으로부터 소위 개선명령(Verbesserungsgebot)의 관점을 도출하기도 하고, 전체적으로 더 열악화시켜서는 안 된다고 하는 소위 열악화금지(Verschlechterungsverbot)원칙을 도출하기도 한다.117) 즉 기본법 제20a조의 헌법개정이 된 시점인 1994

---

115) 동지 홍성방 (주 28), 368면. 고문현 (주 28), 130면.
116) Kloepfer (주 8), Rn. 31.
117) Schulze-Fielitz (주 9), Rn. 44; Kloepfer (주 8), Rn. 72, Rn. 94; Thomas Groß, Die Bedeutungs des Umweltstaatsprinzips für die Nutzung erneuerbarer Energien,

년도를 기준으로 자연적 생활기반에 대한 새로운 침해는 그것이 다른
곳에서 보완될 수 있을 때에 한해서만 허용된다거나[118], 최소한 환경보
호와 동물보호 규정들에 대한 철폐는 기본법 제20a조를 고려할 때 충돌
하는 다른 헌법적 법익이 우월할 경우에만 가능하게 될 것이라는 것이
그것이다.[119]

    이 열악화금지원칙에 대해서는 찬반이 엇갈린다. 소극설에 의하면
이 원칙은 지속성의 원칙의 관점에서는 꽤 공감이 가기는 하지만 기후
변화와 관련해서 이러한 시각은 현실적이지 못하다고 지적되고 있
다.[120] 즉, 이 관점을 그대로 적용하게 되면 당장 온실가스의 배출을 절
대적으로 금지하지 않으면 안 될 것이기 때문이라는 것이다. 왜냐하면
계속적인 대기권으로의 온실가스의 배출은 매우 제한된 흡수가능성 밖
에 없기 때문에 계속 지구온난화를 부추기게 될 것이기 때문에 그렇다
는 것이다.

    이에 반하여 법적 환경상태와 사실적 환경상태를 구분하고 헌법상
환경보호조항이 현실적으로 가능한 것 이상을 요구할 수는 없다고 하면
서, 사실상의 환경상황의 열악화는 만일 법률적 상황이 변하지 않고 있
는 한에서는 곧바로 환경보호조항에 위배되는 것은 아니나, 입법자가
효과적으로 대응할 수 있었을 경우에는 그렇지 아니 하다고 보면서 이
것은 곧 소위 환경국가적 퇴보금지(Das umweltstaatliche Rückschrittsverbot)
를 의미한다고 보는 적극설[121]도 있다. 어쨌거나 사실적 상황과 법적
상황의 열악화인가 아니면 개선인가에 대하여는 매우 광범위한 평가의
여지가 존재한다.[122]

**177. 열악화금
지원칙 소극설**

**178. 열악화금
지원칙 적극설**

(1) 입법자의 입법의무

    헌법상 환경보호조항의 명령의 범위 내에서 상반되는 정치적 이해

**179. 의회의 조
정의무**

NVwZ 2011, S. 129 ff.(131).
118) Schulze-Fielitz (주 9), Rn. 44.
119) Kloepfer (주 8), Rn. 94.
120) Thomas Groß (주 117), S. 131.
121) Schulze-Fielitz (주 9), Rn. 44.
122) Schulze-Fielitz (주 9), Rn. 45.

관계들을 타협을 통해서 조정하는 것은 의회가 담당해야 할 일이다. 이러한 이익조정에 적합한 기관이 바로 의회이기 때문이다. 그리고 의회가 제정한 법률의 형식은 법치국가원리에 적합한 기본권제한과 행위를 가능하게 해 준다.

180. 의회의 입법사항

입법자는 전술한 환경법상의 원리에 따라 환경보전을 위한 다양한 입법을 할 수 있다. 그리고 중대한 환경부담적 행위의 경우 통제권과 제한권, 도시계획과 관련한 조치의 경우 환경이익의 고려, 중대한 환경범죄의 경우 처벌, 시설허가에 있어서 최소한의 시민참여 등도 모두 입법사항에 해당될 수 있다.[123]

181. 광범위한 입법형성의 자유 인정

입법자는 환경보호를 위한 입법에서 넓은 형성의 자유를 가진다. 이 국가목표조항으로서 환경보전의무에 있어서 입법형성의 자유는 다른 구체적으로 규정된 입법위임에 있어서보다 더 넓다고 보아야 할 것이다. 그리고 또한 일정한 의미의 행위의무로 구체화될 수 있는 경우는 극히 예외적인 경우에 국한된다고 보는 것이 대체적인 독일 학계의 입장[124]이다.

182. 입법형성의 자유와 관련된 반대견해

다만 CO_2배출과 관련해서는 예외적으로 다른 견해도 있다.[125] 특히 최근 독일 연방헌법재판소의 기후보호결정(BVerfGE 157, 30)의 경우도 입법자에게 2031년부터 2050년까지의 CO_2배출감축과 관련한 구체적인 로드맵을 연방의회가 기후보호법 자체에 직접 2025년보다 더 전에 규정함으로써 소위 장차 CO_2배출감축으로 인한 국민생활 전반(생산, 소비, 기업, 개인 등)에 미치게 될 자유제한의 효과에 대비하여 각자의 계획을 잘 세울 수 있도록[126] 입법개선명령을 하고 있는 것도 일정한 행위의무를 도출하는 것과 무관해 보이지는 않는다.[127]

---

123) Schulze-Fielitz (주 9), Rn. 69.
124) Schulze-Fielitz (주 9), Rn. 69.
125) J./F. Hellmann, Die CCS/Technik nach Maßgabe des Rechts, 2013, S. 79 ff., 105 ff. 를 인용하며 Schulze-Fielitz (주 9), Rn. 71.
126) 독일 연방헌법재판소는 여기에서 소위 계획지평(Planungshorizont)의 생성이라는 표현을 쓰고 있다. BVerfGE 157, 30, Rn. 244, 253.
127) 비록 독일 연방헌법재판소가 이 결정에서 독일 기본법 제20a조나 보호의무위반은 확인할 수 없다고 하고 있으면서도, 청구인들에게 미치는 소위 "제한유사적 사전효과(Eingriffsähnliche Vorwirkung)"를 인정함으로써 헌법소원 청구적격의 난

특히 헌법상 환경보호조항은 입법자에 대해서는 환경보호를 위한 다양한 입법의무를 부과할 뿐만 아니라, 환경법의 개정이 항상 가능하도록 유지하고, 과학기술에 있어서 최신의 지식을 반영하며, 새로이 발생하거나 현재 존재하는 결함이나 보호의 흠결을 제거하는 지속적인 입법개선의무를 통해서 실행된다.[128] 이것은 가령 효력기간에 관한 규정이나, 잠정적 결정제도, 사후적 명령 등을 통해서 변화된 상황에 맞게 탄력적으로 반응할 수 있는 가능성을 부여하는 입법을 통해서 가능하다.

183. 국회의 입법개선의무

그리고 입법자는 만일 구체적인 국가과제가 아직 이행될 수 있을 경우에는 적시에 행위하지 않으면 안 된다. 입법자는 이 경우 예측판단의 자유를 가지며, 또한 환경국가원리를 실현하기 위한 여러 가지 다양한 기구들과 또한 법기술적 형성에 있어서 광범위한 재량을 가진다.

184. 적시에 이행할 의무

그리고 환경보호, 특히 지구온난화로 인한 이상기후 발생 등 전 지구적으로 기후위기가 닥치고 있는 오늘날 파리기후협약을 체결한 모든 국가는 그에 따라 산업화 이전을 기준으로 지구의 온도상승이 명백하게 2℃ 이내로, 그리고 가능한 한 1.5℃ 이내로 되도록 노력할 국제법적 의무를 지며, 이러한 기후보호의무는 우리 헌법 제35조 제1항의 국가의 환경보호의무의 내용에 포함된다고 보아야 한다.[129]

185. 국제법적 의무

관을 돌파하고 난 후, 본안판단에서 생명권과 신체불훼손권 그리고 재산권의 침해를 인정하는 논리를 전개하였으나, 사실상 기본권보호의무 위반을 확인한 것이나 다름 없다고 보인다. 어쨌든 연방헌법재판소가 기본권보호의무 위배는 물론 기본법 제20a조의 침해도 부인하면서도(BVerfGE 157, 30, Rn. 182, 183.) 방어권으로서의 기본권침해는 인정하였다는 점이 상당히 모순적으로 보이는 측면이 있는 것도 사실이다. 독일에서는 이 환경보호라고 하는 국가목표조항이나 환경권을 독일 기본법에 삽입하고자 하는 논의가 70년대부터 시작되었으며, 1981년도에는 "국가목표조항/입법위임"이라고 하는 전문가위원회가 소집되어 활약한 후 헌법에 국가목표조항을 도입할 것을 건의하였으나 헌법개정을 위한 의결정족수에 미달되어 실패하였다. 학계에서도 이 국가목표조항의 도입에 대하여 반대하는 견해가 많았고, 이러한 경향이 기본법 제20a조에 대하여 상당히 제한적으로 해석하는 오늘날의 학설과 그리고 최근 독일 연방헌법재판소의 2021. 3. 24.의 기후보호결정에서의 소극적 태도에 그대로 반영되고 있는 것으로 보는 견해{Calliess (주 12), Rn. 20.}도 있다. 결국 독일 통일조약 제34조에서 인간의 자연적 생활기반을 보호할 과제를 입법자에게 부과한 데 따라 1994년 국가목표조항은 기본법 제20a조로 삽입되었다.

128) Schulze－Fielitz (주 9), Rn. 72.
129) 같은 취지로 독일 연방헌법재판소 BVerfGE 157, 30, Rn. 201.

186. 사전에 그
리고 적시에 대
처 필요

이러한 기후보호를 포함하는 환경보호와 관련해서는 현재의 과학
기술적 지식에 따를 때, 가령 지구온난화가 일정한 임계치에 도달할 경
우 더 이상 돌이킬 수 없는 통제불능의 상태가 될 수 있기 때문에 입법
자의 대응은 전술한 바와 같이 사전에 그리고 "적시에"130) 이루어지지
않으면 안 된다.

(2) 행정부와 사법부에 대한 구속

187. 행정부와
사법부의 환경
보호의무의 구
속

행정부와 사법부 역시 환경권과 환경보호의무조항에 구속되는 수
범자인 것은 당연하다. 다만 행정부와 사법부는 직접적으로는 환경보호
법률에 구속되며 법률유보의 원칙상 구체적인 법률에 근거하여 법령을
해석하고 집행하여야 한다.

188. 정부의 환
경보호의무

우선 행정부에는 정부가 속해 있다. 정부는 국회에 법률안 제출권
을 가지므로(헌법 제52조) 국회의 입법과정에 참여할 수 있는 주체이다.
그러므로 정부는 환경보호와 관련한 입법의 필요성이 있는 것이 무엇인
지를 정부 차원에서 잘 살피고, 입법자인 국회가 환경보호법률을 잘 제
정할 수 있도록 법률안을 작성·제출할 필요가 있다. 이를 통하여 행정
부도 환경인권의 확인의무131)와 보호의무를 이행할 수 있다.

189. 행정부의
행정입법개선
의무

입법자인 국회가 구체적으로 범위를 정하여 위임해 준 범위 내에서
행정부는 대통령령이나 총리령, 부령 등 법규명령을 통하여 환경보호의
무를 이행하여야 한다(헌법 제75조, 제95조). 이러한 법규명령을 발할 경우
에 헌법 제35조 제1항이 가지는 기본권 및 국가목표조항으로서의 의미
와 중요성을 잘 고려하여 현세대는 물론 미래세대를 위하여 자연환경이
잘 보전될 수 있도록 노력하여야 할 것이다. 만일 현행 환경보호관련 시
행령이나 시행규칙이 과학기술의 발전을 따라잡지 못하고 뒤쳐져 있을
경우, 행정부는 새로운 과학기술의 지식을 반영하여 환경에 대한 보호
의무를 "적시에(rechtzeitig)" 이행하기 위한 행정입법개선의무를 지는 것

---

130) 독일 연방헌법재판소 역시 위 기후보호결정에서 "적시성"(Rechtzeitigkeit)를 가장
    많이 강조하고 있다. BVerfGE 157, 30, Rn. 247, 248, 253, 255.
131) 이에 대하여는 방승주, 헌법 제10조, 헌법주석 I, 박영사 2013, 371-372면. 위
    제2절, II, 2, 가. 확인의무 참조.

도 당연하다.

입법자는 환경보호를 위한 입법의무를 이행함에 있어서 경우에 따라 행정부와 사법부에 의식적으로 불확정 법개념[132]과 재량규정[133]을 통하여 환경보호를 위한 해석과 판단여지(Beurteilungsspielraum)[134]를 부여해 줄 수도 있다. 이것은 환경보호와 관련하여 입법은 시간이 오래 걸리지만, 행정과 사법은 가장 빠른 대처가 가능하기 때문에 그러하다.[135]

190. 환경보호를 위한 해석과 판단여지 부여 가능

민주주의원리와 법치국가원리의 차원에서 입법자는 환경보호와 기후보호를 위한 종국적 결정을 스스로 내려야 한다.[136] 하지만 일정한 한계 내에서 행정부나 사법부가 입법자로부터 재량의 여지를 부여받았을 경우 이를 해석함에 있어서는 나름대로 헌법합치적 해석이나 혹은 환경권과 환경보호조항에 지향된 해석을 하여야 한다.[137] 사법부 역시 마찬가지이다. 다만 사법부는 행정부를 통제할 뿐이고, 입법자나 행정부 대신 자신의 독자적인 평가로 대체하려 하거나 명백한 입법자의 결정에도 불구하고 환경보호 국가목표조항을 근거로 이를 수정하려 해서는 안 된다.[138]

191. 행정부와 사법부의 재량의 한계

만일 법집행과정에서 환경보호를 위한 법률조항이 흠결되어 있거나 불확정 법개념이 존재하는 경우 주관적 공권으로서 건강하고 쾌적한 환경에서 생활할 권리나 국가목표조항을 직접 근거로 하는 해석이 중요한 역할을 할 수 있다.[139]

192. 법률조항의 흠결보충과 불확정 법개념에 대한 해석 필요

---

132) Kloepfer (주 8), Rn. 37, 40, 45, 114; Rudolf Steinberg, NJW 1996, S. 1985 ff.(1993).
133) Kloepfer (주 8), Rn. 57.
134) Kloepfer (주 8), Rn. 49.
135) Kloepfer (주 8), Rn. 40; Schulze–Fielitz (주 9), Rn. 75.
136) 원내 야당이 참여하는 입법과정의 "투명성"과 "공개성"을 강조하면서 기후보호와 관련한 모든 본질적인 입법은 의회 스스로 직접 하여야 함에도 법규명령으로 위임을 한 독일의 연방기후보호법의 해당 조항을 헌법불합치로 선언한 연방헌법재판소 결정으로 BVefGE 157, 30, Rn. 213.
137) Schulze–Fielitz (주 9), Rn. 75.
138) Schulze–Fielitz (주 9), Rn. 76; Kloepfer (주 8), Rn. 59.
139) 같은 취지로 Kloepfer (주 8), Rn. 37, 94.

다. 환경보호를 위한 절차와 조직의 보장

193. 절차와 제
반조직구성 필
요
환경보호에 관한 객관적 법원리로서 환경보호 국가목표조항의 역할은 결국 객관적인 차원에서 벌어지는 환경파괴를 금지·중단하고 장기적 관점에서 환경을 보전하기 위한 노력을 다하도록 국가에게 의무를 지운다는 데 의미가 있다. 이는 결국 환경보호를 위하여 필요한 제반 절차와 조직을 마련해야 할 의무라고 할 것이다.140) 필요하다면 단체소송제도도 도입해야 할 것이라고 본다.

194. 절차와 조
직 구비
국가가 환경보전의무를 이행하기 위해서는 다음과 같은 절차와 조직의 구비가 필요하다.

(1) 환경영향평가(Umweltverträglichkeitsprüfung)

195. 환경영향
평가 수행의무
인간행동이 자연환경에 미칠 잠재적인 영향이 실제적으로도 관찰될 수 있어야 하고, 이를 통하여 사전배려원리에 돌파구가 마련된다면, 그때 그때 환경영향평가를 할 수 있는 방안을 모색해야 하고, 자연환경에 심대한 영향을 줄 수 있는 사업의 경우에는 환경영향평가를 반드시 거쳐야 할 것이다. 그리하여 사전배려원리는 환경영향평가를 수행할 의무도 내포할 수 있을 것이다.

196. 자연환경
에 대한 위험의
성질과 정도를
조사
이 경우 환경영향평가는 단순히 기술적인 의미에서가 아니라, 잠재적으로 침해적인 조치가 취해지기 전에 자연환경에 대한 위험의 성질과 정도를 조사하기 위한 원칙적인 의무라고 할 수 있다. 이 환경영향평가는 헌법전문(憲法前文)과 헌법 제35조 제1항의 규정취지에 부합하게 미래세대를 위한 책임의 관점을 고려하면서 원인과 결과에 대한 포괄적이고 장기적 전망을 포함하여야 할 것이다. 그리하여 일정한 계획이 환경에 초래할 수 있는 위험과 리스크를 포괄적으로 그리고 현재의 접근가능한 과학 전문가의 참여하에 조사가 이루어져야 한다. 이 환경영향평가는 특정한 사업의 실행에 있어서 뿐만 아니라, 자연환경의 상태에 체감가능한 영향을 미칠 수 있는 영역과 관련되는 계획과 입법의 경우에

---

140) Kloepfer (주 8), Rn. 79; Epiney, in: Mangoldt/Klein/Starck, GG II, Art. 20a Rn. 79 ff; Rudolf Steinberg, NJW 1996, S. 1985 ff.(1993).

도 모두 실행되어야 한다. 왜냐하면 헌법 제35조 제1항의 국가의 환경
보전의무가 입법자로 하여금 그의 결정에 있어서 환경보전을 효과적으
로 수행하는 것을 보장하기 위해서는 이 환경영향평가가 없어서는 안
될 것이기 때문이다.

　　그러므로 국가의 환경보전의무에는 사업수행이나 계획의 수립, 입
법에 있어서 이 환경영향평가를 실행할 의무가 포함된다고 보아야 할
것이다. 그리고 이 환경영향평가는 단지 형식적으로 국가의 개발사업을
정당화하기 위한 도구로 쓰여서는 안 되고, 실질적으로 장기적 차원에
서 환경에 대한 악영향을 초래할 것인지를 분석하고 평가함으로써 사업
과 계획입안 자체의 타당성 여부를 평가하기 위한 기초가 되지 않으면
안 될 것이나, 어쨌든 그 구체적인 내용은 입법자의 넓은 형성의 자유에
맡겨져 있다고 해야 할 것이다.141)

> 197. 구체적 내용은 입법자에 위임

(2) 대안심사

　　충돌하는 법익들 간의 실제적 조화의 원리에 따른 최적화를 실현하
기 위해서는 환경을 가장 덜 침해하는 다른 대안을 선택할 의무가 나온
다고 할 수 있다. 그렇다면 환경을 침해하는 조치나 입법적 계획에 있어
서는 사전에 환경에 가급적 영향을 덜 끼칠 수 있는 다른 대안이 무엇
인지 그에 대하여 심사할 의무가 있다.

> 198. 덜 침해하는 대안을 선택할 의무

(3) 예측판단에 있어서 입법개선의무

　　장래에 대한 예측판단을 통한 환경보호가 효과를 거두기 위해서는
학문과 기술이 계속해서 발전하고 있으므로 현재 설정되어 있는 환경보
호를 위한 수단이 그것으로 충분한지를 지속적으로 검토하고 발전하고
있는 학문수준에 맞추어 적응시키고 개선해 나가지 않으면 안 된다. 다
시 말해서 입법자는 계속해서 입법개선의무를 진다.142)

> 199. 지속적 검토 및 발전, 개선의 의무

---

141) Epiney (주 140), Rn. 81.
142) Epiney (주 140), Rn. 83. 환경법을 최신의 과학적 지식에 적응시켜야 할 "영구적
　　의무" Rudolf Steinberg, NVwZ 2023, S. 138 ff.(142). 예측판단과 입법개선의무에
　　대하여는 방승주, 독일 연방헌법재판소의 입법자에 대한 통제의 범위와 강도, 헌
　　법논총 제7집(1996), 299－348(308－319, 336－347)면.

(4) 이유제시의무

200. 헌법적 명령과 요청의 준수와 관련된 이유제시의무 존재

헌법적 가치에 대한 사실상의 고려가 사후심사가 가능할 수 있으려면 입법자는 환경보전의무를 위한 헌법적 명령과 요청들을 준수하였는지와 관련하여 이유를 제시할 의무를 진다고 본다.[143] 다만 최근 독일 연방헌재는 연방기후보호결정에서 입법자가 이 이유제시의무에 위반한 것은 아니라고 판시한 바 있다.[144]

(5) 법익형량의 사례

201. 환경내적 충돌

실제로 환경보호라고 하는 법익은 환경매체와 분야별로 각각 다른 법익들이 존재할 수 있기 때문에, 이 환경보호의 국가 목표 내에서도 충돌이 있을 수 있다. 이것을 우리는 환경내적 충돌이라고 할 수 있을 것이다.

202. 기후보호와 자연보호의 충돌 사례

가령 풍력발전이나 태양광 등 재생에너지생산시설을 설치하기 위해서는 자연 경관 등을 해칠 수 있다. 이러한 경우 소위 기후보호와 자연보호가 충돌할 수 있는데, 독일의 경우 기본법 제20a조에 기후보호명령도 포함되는 것으로 본 연방헌법재판소의 기후보호결정 이후로 재생에너지시설의 건축이 생물학적 다양성이나 자연적 생태계의 보호 등 다른 자연보호보다 우선한다고 하는 원칙이 관철되고 있다.[145]

203. 에너지 위기와 환경보호

한편 최근 러시아-우크라이나 전쟁으로 인하여 독일에서 에너지위기가 발생하자 LNG가스 공급망을 급속도로 구축하기 위하여 2022. 5. 24. LNG-가속화법(LNG-Beschleunigungsgesetz)이 제정되었다. 이 법은 LNG공급망 구축 등의 경우 예외적으로 환경영향평가 등의 절차를 생략하였는데, 이는 에너지위기 시 에너지조달이라고 하는 긴급한 공익을 환경보호 보다 우선시한 사례라고 할 수 있을 것이다.[146]

---

143) Epiney (주 140), Rn. 84. Schulze-Fielitz (주 9), Rn. 48, 83.

144) BVerfGE 157, 30, Rn. 241.

145) 시민과 지방자치단체의 풍력발전참여에 관한 메클렌부르크-포어포만(Mecklenburg-Vorpommern)州 법률에 대하여 풍력발전사업자의 직업선택의 자유 등의 침해를 주장하면서 청구인들이 제기한 헌법소원심판에서 연방헌법재판소는 재산권이나 과세평등의 원칙을 침해하지 않는다고 하면서 헌법소원청구를 기각하였다. BVerfGE 161, 63. Rudolf Steinberg, NVwZ 2023, S. 138 ff.(144).

146) Rudolf Steinberg, NVwZ 2023, S. 138 ff.(143).

라. 객관적인 환경보호조항 위반에 대한 법적 구제수단

건강하고 쾌적한 환경에서 생활할 권리가 침해되면 그 침해를 이유로 헌법소원심판을 청구할 수 있다.

|204. 헌법소원|
|심판 청구가능|

그리고 만일 환경오염으로 인하여 생명권, 건강권, 재산권이 침해될 수 있는 경우에는 건강하고 쾌적한 환경에서 생활할 권리의 침해를 동시에 주장하면서 환경보호를 위한 법적 구제수단을 밟을 수 있을 것이다.

|205. 경합적 기|
|본권침해 주장|
|가능|

독일에서는 환경단체의 단체소송제도를 이미 도입하여 공인된 환경단체가 환경보호를 위한 소송을 다룰 수 있도록 허용하고 있다{연방자연보호법 제64조, 2006. 12. 7. 환경구제법(Umweltrechtsbehelfsgesetz)}[147] 그리고 이러한 소송가능성의 확대는 환경법의 유럽화 경향에 따라서 더욱 촉진되고 있다. 그런데 이러한 소송가능성의 확대는 단지 행정소송에 국한될 뿐이다. 즉 환경단체가 법률에 대한 헌법소원의 방법으로 기본법 제20a조의 침해를 주장할 수는 없다.[148]

|206. 단체소송|
|제도|

마. 환경보호의무 위반여부의 심사기준

객관적인 헌법원칙에 대한 위반여부의 문제에도 비례의 원칙을 적용한다.

|207. 비례의 원|
|칙 적용|

(1) 과잉금지(비례)의 원칙

환경보호를 위해서는 충돌하는 국가목표들과 헌법상 법익들을 형량하고 조정을 해야 하기 때문에 비례의 원칙이 적용될 수밖에 없다. 그리하여 모든 국가행위의 적합성(방법의 적합성), 필요성(침해의 최소성), 적정성(법익의 균형성)이라고 하는 비례원칙의 세 가지 요소는 생태학적 관

|208. 비례의 원|
|칙과 생태학적|
|관점의 고려|

---

147) Kloepfer (주 8), Anm. 29; Rudolf Steinberg, NVwZ 2023, S. 138 ff.(144). 다른 분야에서는 가령 소비자보호와 관련하여 중지청구소송법 제3조, 경제영역에서는 공정거래법 제13조, 장애인평등과 관련해서 장애인평등지위법 제13조, 자연과 풍경을 위한 신탁소송에 대해서는 Gassner, Treuhandklage zugunsten von Natur und Landschaft, 1984.

148) Rudolf Steinberg, NVwZ 2023, S. 138 ff.(144).

점, 다시 말해서 환경보호의 관점 하에서도 고려되지 않으면 안 된
다.149)

**209. 환경에 가
장 덜 부담되는
대안의 선택**

특히 침해의 최소성과 관련해서는 동일한 가치가 있는 대안이 있을
경우에는 환경보호조항의 법익인 환경에 가장 덜 부담을 주는 대안이
선택되어야 한다. 극단적인 예외 사례의 경우 생태학적으로 그 자체 적
합성이 있고, 필요성이 있는 조치가 적정하지 않을 수도 있다.150)

**210. 생태학적
비례성의 척도**

비례의 원칙을 적용함에 있어서도 입법자에게는 나름대로 평가와
형성의 여지가 넓게 인정된다. 형량의 요소들로서는 가령 관련 환경법
익의 중요성, 잠재적 피해의 회복가능성, 위험이 추상적이며 광역적 성
격의 것인지, 아니면 단지 구체적이고 국지적 성격의 것인지, 현재 피해
과정의 불가역성, 환경자원의 재생가능성, 재정적 또는 국민경제적 비용
등 여러 가지를 들 수 있다. 또한 생태학적 비례성의 여러 척도들에 따
라서 헌법적인 이유제시의무의 정도가 결정된다는 견해151)도 있다.

**211. 환경국가
적 형량원칙으
로 수정 · 보완**

또한 국가목표로서 환경보호조항은 국가적 계획을 설정함에 있어
서 필요한 형량원칙을 환경국가적 형량원칙으로 수정 · 보완한다. 즉 형
성의 자유가 있는 모든 결정들에 있어서 후대의 보호를 염두에 두었는
가, 상반되는 법익과의 형량에 있어서 후대보호에 적정한 무게를 두고
감안을 하였는가, 구체적인 국가적 결정 상황에서 환경적 관심사에 성
공적으로 비중을 둘 수 있었는가 등을 주의하지 않으면 안 된다.152)

(2) 과소(보호)금지원칙

**212. 퇴보금지
원칙**

국가가 환경보호와 동물보호153)에 관하여 지금까지의 보호의 정도

---

149) Schulze—Fielitz (주 9), Rn. 47.

150) Schulze—Fielitz (주 9), Rn. 47.

151) Schulze—Fielitz (주 9), Rn. 48, 83. 다만 전술하였듯이 최근 독일연방헌법재판소
의 기후보호결정에서는 청구인들이 주장한 이유제시의무의 침해는 받아들이지
않았다. 즉 입법절차의 이유가 아니라 입법절차의 결과가 헌법에 합치하는지 여
부가 중요하다는 이유에서이다. BVerfGE 157, 30. Rn. 241.

152) Schulze—Fielitz (주 9), Rn. 49.

153) 동물보호조항의 헌법적 수용필요성과 독일 입법례에 관한 소개로는 최희수, 헌법
안에서의 동물의 위치와 국가의 의무 - 독일 동물헌법조항의 규범적 의미를 중심
으로, 환경법과 정책 제19권(2017. 9), 1−30면.

보다 퇴보해서는 안 된다고 하면서 소위 퇴보금지(Rückschrittsverbot)원칙을 도출하기도 한다는 점은 전술하였다. 아무튼 객관적인 의무의 위반 여부는 과소금지원칙을 기준으로 심사될 수 있을 것이며, 이는 주관적 공권과 관련하여 방어권 외의 다른 보호영역에 대한 국가의 보호의무와 대응된다고 할 수 있다.

4. 주택개발정책과 쾌적한 주거생활 노력의무

헌법 제35조 제3항은 국가는 주택개발정책 등을 통하여 모든 국민이 쾌적한 주거생활을 할 수 있도록 노력하여야 한다고 규정하고 있다. 주거환경이 열악하면 인간다운 생활을 할 권리는 물론 건강하고 쾌적한 환경에서 생활을 할 권리도 모두 누릴 수 없게 될 것이다. 그러므로 헌법은 국가에 국민의 쾌적한 주거생활을 위해서 노력할 의무를 부과하고 있는 것이다.154)

213. 쾌적한 주거생활을 위해 노력할 국가의 의무

V. 환경보호와 기후보호를 위한 소송에 대한 귀결

1. 헌법소원

가. 적법요건

독일 연방헌법재판소도 네팔인과 방글라데시인이 포함된 청소년들이 제기한 헌법소원심판에서 헌법소원의 청구적격 문제를 소위 "제한(침해)유사적 사전효과"(Eingriffsähnliche Vorwirkung)라고 하는 개념을 창설함으로써 자기관련성과 현재관련성의 장애를 넘어서서 본안판단에 이르렀다.

214. 독일 연방헌재의 제한(침해)유사적 사전효과

이것이 가능했던 이유는 전술한 사전배려원리를 넘어서서 소위 적시의 원칙을 적용하였기 때문이다. 즉 2030년까지 CO_2배출을 지나치게 많이 허용할 경우 2031년 이후부터 CO_2중립목표년도인 2050년까지의 기간 동안 배출이 허용될 수 있는 CO_2의 양(CO_2예산)은 훨씬 더 감축되

215. 사전배려의 원리를 넘어서 적시의 원칙 적용

---

154) 김희옥, 김종대, 민형기, 목영준 재판관의 헌법불합치 의견, 헌재 2008. 7. 31, 2006헌마711, 판례집 제20권 2집 상, 345, 366.

어야 하기 때문에 그만큼 미래세대의 자유를 제한하는 효과가 된다는 것이다.

216. 청소년기후행동 등 헌법소원

우리나라에서도 최근 청소년기후행동을 비롯하여 청소년, 유아, 태아 등이 기후보호헌법소원심판을 청구하였는데, 가장 난제가 CO_2배출 감축관련 법령이 구체적으로 청구인들의 생명권과 건강권을 현재 침해하였는가 하는 문제이다.

217. 자기·현재관련성 결여 가능성

전통적인 행정법(경찰법)상의 위험방지(Gefahrenabwehr)의 법리만을 고수한다면, 이 헌법소원도 자기관련성과 현재관련성을 포함한 청구적격이 없다는 이유로 각하될 가능성을 배제할 수 없다.

218. 사전배려원리의 소송법적 귀결

그러나 전술한 리스크 대비를 위한 사전배려의 원리를 적용하게 되면 문제가 완전히 달라진다. 즉 이 사전배려의 원리는 전술하였듯이 위험방지가 필요하다고 판단하는 시점보다 훨씬 더 이른 시점에 이미 리스크 예방을 필요로 한다는 과학적 판단을 기초로 하기 때문에, 관련 당사자, 특히 미래세대들의 기본권침해의 현재관련성의 시점도 그만큼 이른 시점으로 당겨질 수밖에 없다. 이것이 사전배려원리의 헌법소송법적 귀결이라 할 것이다.

219. 독일 연방헌재의 기후보호결정 법리 적용 가능

그리고 이렇게 아직 미래의 시점에 기본권제한이 될 가능성이 있음에도 적시에 입법적 조치가 취해지지 않으면 미래세대와 청소년들은 기본권침해적 효과를 맞이하게 될 것이라는 독일 연방헌법재판소의 판단은 청소년기후행동 등의 헌법소원심판 청구에도 그대로 적용될 수 있는 매우 유용한 법리라 판단된다.

나. 심사기준

220. 환경자유권의 경우 과잉금지원칙, 기타 과소금지원칙

우선 전술한 바와 같이 환경자유권의 측면에서는 과잉금지원칙이 적용되어야 할 것이며, 그 나머지 환경평등권과 환경청구권 및 환경참여권의 제한에 대해서는 입법자에게 넓은 형성의 자유가 인정되는 한에서 과소(보장)금지의 원칙이 적용된다는 것도 전술한 바와 같다.

221. 엄격심사의 대상

가령 국가나 지방자치단체, 공법상의 사단 등이 운영하는 화력발전이나 관용차를 통한 온실가스배출, 그 밖에 산림벌채나 갯벌 등 공유수

면매립(가령 새만금) 등의 환경오염과 환경파괴 및 훼손과 같이 '건강하고 쾌적한 환경에서 생활할 권리'를 침해하는 경우, 헌법 제37조 제2항의 과잉금지의 원칙에 따라 정당화될 수 있는 환경권 제한인지 여부에 대하여 엄격하게 심사해야 할 것이다.

특히 헌법 제35조 제1항의 환경보전의무와 헌법전문에 헌법적 근거가 있는 사전배려의 원리와 지속가능한 개발의 원리 및 미래세대에 대한 책임을 고려할 때, 국가와 지방자치단체, 공사 등의 온실가스배출은 다른 산업부문에 비하여 그 감축속도를 더욱 가속화하여 조기에 CO_2배출중립화 목표에 도달하지 않으면 안 될 것이라 생각된다.

기후변화와 그로 인한 이상기후의 발생과 환경파괴 등은 입법자가 주로 4년마다 주기적으로 반복되는 선거로 인하여 태생적으로 단기적 정책에만 관심을 두고 장기적인 기후보호와 환경보호의 이슈에 대해서는 우선순위에서 제외할 가능성이 많다는 점을 고려할 때, 기후보호와 환경보호를 등한시하는 입법에 대하여 사법기관이 사법적극주의(judicial activism)를 동원하여 경종을 울릴 필요성이 다분하다고 판단된다.

아무튼 온실가스의 배출을 지나치게 많이 허용하는 입법은 청소년들과 미래세대의 CO_2배출가능성과 일반적 행동의 자유를 미리 박탈하는 효과가 있다고 할 수 있으므로, 그러한 입법에 대하여 과잉금지원칙에 입각한 심사가 필요할 뿐 아니라, 또한 세대 내 및 세대 간 공평한 환경재의 배분원칙, 즉 환경평등에도 배치된다고 할 수 있을 것이다.

다. 통제의 강도

과잉금지원칙이든 과소금지원칙이든 각각의 심사에 있어서도 명백성통제나 납득가능성통제 그리고 내용통제를 각각 조합하여 적용할 수 있을 것이다.

그러나 통상적인 경우 환경권의 침해에 대한 예방이나 결과배제를 요구하는 환경자유권의 경우 국가의 내용통제에 가까운 엄격한 심사를 하게 될 것이며, 과소금지의 원칙의 경우에는 국가가 취한 환경보호조치가 명백하게 전혀 부적합하거나 전혀 불충분한지의 심사에 그치는 명

---

222. 탄소중립 목표 조기달성 필요

223. 사법적극 주의의 적용

224. 과잉금지 원칙과 평등원 칙 심사 필요

225. 심사기준 과 통제의 강도 조합적용

226. 환경자유 권: 내용통제 과소금지원칙: 명백성통제

백성통제가 원칙이다.

227. 사안에 따라 납득가능성 통제 적용가능

그러나 기후변화와 환경오염의 심각성의 정도와 사전배려원리에 따른 조기 대처의 필요성 등에 비례하여, 이 명백성통제는 납득가능성 통제 쪽으로 그 중심이 이동할 수 있기 때문에[155] 매우 동적이라고 봐야 할 것이다.

228. 입법자의 예측판단 및 평가의 우선권

다만 현대의 과학기술의 따른 판단 자체의 불확실성으로 인하여 입법자는 예측판단과 평가의 우선권을 가지며 그만큼 소위 시간적 적응의 자유를 가진다고 할 수 있으나, 환경변화와 기후변화가 초래할 수 있는 파급효과를 고려하여 지속적인 관찰의무와 입법개선의무를 진다고 하는 것은 전술한 바와 같다.

2. 행정소송

229. 중지청구 소송과 가처분 소송청구

국가의 환경오염행위나 환경오염을 야기하는 처분이나 행정계획, 혹은 환경오염을 야기할 수 있는 시설이나 사업장에 대한 인·허가를 발부하는 경우 환경오염으로 자신의 법률상 보호되는 이익을 침해받을 가능성이 있거나 침해받은 자는 그 범위가 어떠하든지 국가를 상대로 환경침해행위나 계획, 혹은 인·허가처분의 위법성확인을 구하는 행정소송과 필요할 경우 그 중지를 요구하는 중지청구소송(Unterlassungsansptuch)[156]

---

155) Calliess (주 12), Rn. 168.

156) 우리 실무에서는 소위 유지청구소송(留止請求訴訟)이라는 개념을 사용하고 있는데, 오늘날 한글세대에 유지(留止)라고 하는 개념은 소위 어떤 상태나 현상을 그대로 보존하거나 변함없이 지탱한다는 정반대의 의미를 가진 유지(維持)와 구분하기 쉽지 않다. 그리고 국립국어원에서 제작한 표준국어대사전에도 청구의 목적에 해당하는 유지(留止)라고 하는 단어는 독립적으로 존재하지 않으며, 유지청구권(留止請求權)이라는 단어가 법률용어로서 소개될 뿐인데, 이는 상법 제424조(유지청구권)의 규정을 그대로 옮긴 것에 지나지 않는다고 보인다. 상법 제424조는 "회사가 법령 또는 정관에 위반하거나 현저하게 불공정한 방법에 의하여 주식을 발행함으로써 주주가 불이익을 받을 염려가 있는 경우에는 그 주주는 회사에 대하여 그 발행을 유지할 것을 청구할 수 있다."는 규정이고, 또한 상법 제402조와 제564조의2에도 유사한 내용의 유지청구권 규정이 있다. 이 조항들에 나오는 "유지"가 중지를 의미하는 留止인지 아니면 계속·지속을 의미하는 維持인지 법률가들에게는 이미 익숙한 표현이 되어서 아무런 문제가 없을는지 모르나 일반인들, 특히 젊은 한글세대에게는 혼동가능성이 다분하다. 환경침해행위를 할 계획을 그만둘 것을 요구하거나 혹은 이미 착수한 환경침해행위를 중단할 것을 요

의 의미에서 가처분소송을 제기할 수 있을 것이다.

다만 행정소송의 경우 환경분쟁 당사자는 불특정 다수일 가능성이 많고, 또한 처분의 직접 상대방이 아니거나, 또한 피해 역시 간접적인 반사적 불이익에 지나지 않는다든가 청구기간이 경과하였다는 등의 이유로 각하되는 경우가 많이 있기 때문에, 환경침해를 유발한 행정처분이 위법하여 취소대상이 될 수 있는지에 대하여 실질적 판단을 받기가 쉽지 않다고 하는 것이 현실이다. 이에 따라 환경관련 행정소송에 있어서도 사고(思考)의 전환이 필요하다고 하는 지적도 나오고 있다.157)

행정청이 환경침해행위를 하거나 환경침해를 유발하는 계획이나 시설과 사업 등에 대하여 인·허가를 함으로 인하여 결과적으로 인근 주민에게 건강하고 쾌적한 환경에서 생활할 권리를 침해하는 경우 이는 행정소송법상 취소소송의 대상이 될 수 있을 뿐만 아니라, 법률상 보호되는 이익을 직접 침해받지 않은 사람이라 하더라도 국가 또는 공공단체의 기관이 법률에 위반되는 행위를 한 때에 직접 자기의 법률상 이익과 관계없이 그 시정을 구하기 위하여 소위 민중소송제도도 마련되어 있다(동법 제3조 제3호).

다만 환경관련 행정소송의 경우 역시 전통적인 경찰법상의 위험방지의 논리로 접근을 할 경우 처분의 위법성이나 권리침해성을 원고측에서 입증하기가 쉽지 않을 수 있다. 그러므로 오늘날 기후보호와 환경보호를 위해서는 위험방지라고 하는 전통적 도식으로부터 벗어나서 리스크에 대한 사전배려(Vorsorge)의 공식으로 패러다임을 전환할 필요성은 행정소송에서도 마찬가지라고 할 수 있다.

그리하여 어떠한 유해가능성이 있는 물질이 유해하다고 하는 것을 원고측에서 입증할 것이 아니라, 그 물질이 무해하다고 하는 것을 피고

230. 행정소송 청구시 예상되는 문제점

231. 행정법상 취소소송과 민중소송제도

232. 사전배려의 공식 도입필요

233. 입증책임의 전환필요

구할 때 모두 계획이나 행위의 중지를 요구할 수 있을 것이므로, 중지청구(Unterlassungsanspruch)"라는 용어로 대체할 필요성이 있지 않나 생각된다. 판례도 이미 그러한 표현을 쓴 사례도 있다. 가령 대법원 2008. 9. 25. 선고 2006다49284 판결(음성광산 사건): 김홍균 (주 9), 940면.

157) 김홍균 (주 9), 943면.

인 행정청이나 혹은 원인제공자인 사업자에게 입증하도록 입증책임 전환을 할 필요가 있으며, 입법자는 이러한 입증책임전환을 입법화할 필요가 있다.

234. 적법요건과 본안판단에 제 원리들의 적용필요

헌법 제35조 제1항에 건강하고 쾌적한 환경에서 생활할 권리뿐만 아니라, 국가목표조항으로서 환경보전의무가 규정되어 있으므로, 이러한 주관적 공권으로서의 환경권과 환경보전에 관한 국가목표조항이 실효성이 있으려면 위에서 언급한 제 원리들, 특히 리스크에 대한 사전배려원리와 지속가능한 개발의 원리가 행정소송의 적법요건과 본안판단 단계에서 구체적으로 적용될 필요가 있다고 할 것이다.

235. 전문가자문위원회의 환경침해 리스크 확인 필요

다만 이 사전배려원리가 이정표 없는 무조건적 사전배려가 되지 않도록 하기 위해서는 합리성과 법적 안정성을 갖추어야 하며 합리적인 형량을 필요로 한다. 대체로 과학적 지식을 기초로 하여 전문가자문위원회의 다수 의사가 환경침해의 리스크를 인정하는 경우 그 견해에 따라 사전배려조치를 취하는 것이 합리적이다.

236. 이유제시의무, 환경이익 보호필요성과 자유제한의 필요성간의 형량

또한 독일의 공법학자 오쎈뷜(Ossenbühl)[158]은 사전배려가 합리성을 갖추려면 첫째, 형식적 요건으로서 명확성의 원칙과 이유제시의무가, 둘째, 내용적 요건으로서 우선순위의 결정 및 비례의 원칙이 필요하다고 하고 있는데, 경청할 만한 주장이라고 생각된다. 그리고 칼리에스 (Calliess)는 여기에 덧붙여서 리스크 판단과 그 평가를 위한 투명한 절차를 보장할 것을 제안[159]하고 있는데 절차적 보장을 통해서 환경에 대한 리스크가 확인될 경우 행정청이 적절한 사전배려조치를 하여야 하며 그것은 새로운 물질을 개발하여 사업을 시작하려는 기업 등 원인제공자에 대한 직업의 자유나 재산권에 대한 제한이 될 수도 있으므로, 절차도입의 전 과정에서 환경이익의 보호필요성과 자유제한의 필요성 간에 비례원칙에 부합하는 형량이 잘 이루어져야 한다고 할 수 있는데 타당한 주장이라고 생각된다.

---

158) Ossenbühl, Vorsorge als Rechtsprinzip im Gesundheits-, Arbeits- und Umweltschutz, NVwZ 1986, S. 161 ff.

159) Calliess (주 12), Rn. 117.

3. 민사소송

환경침해와 관련한 사인간의 민사분쟁은 주로 원고가 피고의 건축 등으로 인하여 일조권이나 조망권, 공원이용권 등 환경이익의 침해를 주장하면서 소위 전면적인 공사중지나 혹은 일정 높이 이상의 공사의 중지를 요구하는 소위 유지청구소송(留止請求訴訟)을 가처분소송의 형태로 제기하는 경우가 보통이다.

가령 부산대와 강암주택 사건의 경우 부산고법[160]은 환경권을 근거로 하는 방해배제청구권을 받아들여 18층을 초과하는 부분의 건축공사를 중지시키는 결정을 하였다. 그러나 이에 대한 상고심[161]에서 대법원은 원심의 결론은 받아들였지만, 환경권을 그 주체, 내용, 행사방법 등에 대하여 법률로 구체화되어야 행사할 수 있는 권리로 보아 환경권의 구체적 권리성을 부인하였고, 대신 민법상 소유권에 기한 방해배제청구권을 근거로 18층을 초과하는 건축에 대해서 이를 금지하는 원심판결을 받아들였다. 따라서 이 대법원판결은 소위 물권적 청구권을 근거로 하여 피고의 일조권침해를 일부 인용하였을 뿐이고, 아직까지 대법원은 환경권을 구체적인 사권으로서 인정하지 않고 있다.

환경권이 사인간에도 직접 효력을 발휘하는지 아니면 간접효력을 발휘할 뿐인지에 관해서는 학설상 논란이 있다. 그런데 사적 자치의 원리를 존중하면서도 환경권이 사법질서에서도 효력을 발휘할 수 있으려면 전술하였듯이 민법상 신의성실원칙(제2조)이나 공서양속(제103조)과 같은 일반조항이나, 불법행위조항(제750조), 그리고 전술한 민법 제217조의 "적당한 조치"와 같은 불확정 법개념을 해석함에 있어서 헌법 제35조 제1항의 건강하고 쾌적한 환경에서 생활할 권리의 구체적 권리성 및 그 기본권의 의미와 중요성을 충분히 고려하는 해석을 통하여 사법질서에 간접적으로 적용된다고 할 수 있을 것이다.

그리고 오늘날과 같은 기후변화시대에 CO_2배출을 영(零)으로 줄여야 하는 목표연도인 2050년까지 배출가능한 CO_2의 양(CO_2예산)은 제한

237. 유지청구 소송 제기가능

238. 부산대와 강암주택 사건

239. 간접적 대사인효

240. 기후위기 시대에 더욱 강력한 대사인효 필요성

---

160) 부산고등법원 1995. 5. 18. 선고 95카합5 판결.
161) 대법원 1995. 9. 15. 선고 95다23378 판결.

되어 있으며 앞으로 에너지, 교통, 산업 등 부문별로 전 국민이 소위 협력의 원리에 따라 온실가스배출을 감축하기 위하여 노력하지 않으면 안된다. 그러므로 이러한 급격한 기후변화는 헌법상 환경권이 사법질서에서 간접적이기는 하지만 더욱 강력한 효력을 발휘하게 하는 계기와 요인이 될 수 있다고 본다.

Ⅵ. 주관적 공권으로서의 환경권과 국가의 환경보전의무와의 관계

241. 환경권과 국가목표조항 모두를 택하는 방식으로 규정

우리 헌법 제35조 제1항은 주관적 공권으로서 건강하고 쾌적한 환경에서 생활할 권리를 보장하고 있으며 동시에 국가의 환경보전의무를 천명하고 있다. 그러므로 우리 헌법은 주관적 권리로서의 환경권과 국가목표조항으로서 환경보전의무를 동시에 두고 있다고 할 수 있다. 이와 같이 우리 헌법은 독일처럼 양자택일 방식으로 환경보전문제에 대처하고 있는 것이 아니라, 양자를 모두 택하는 방식을 취하고 있으므로, 주관적 공권은 물론 국가목표로서의 환경보전의무에 대한 실질적 해석을 등한시해서는 안 된다.

242. 상호 유기적·보완적 관계

결국 이 양자는 상호 유기적·보완적 관계에 있다고 할 수 있다. 그리고 그 내용은 전술한 바와 같은 건강하고 쾌적한 환경에서 생활할 권리의 보호영역과, 또한 국가목표와 객관적인 의무로서 환경보전의무이며, 그로부터 전술한 바와 같은 여러 가지 헌법상의 원리들이 도출된다고 할 수 있다.

243. 주관적 공권으로서 구체적 내용

이 주관적 공권으로서의 환경권은 결코 입법자에 의해서 구체화되지 않으면 보장될 수 없는 추상적 권리에 지나지 않는 것이 아니라, 입법자의 구체화 입법이 없을 경우에는 헌법 제35조 제1항을 근거로 하여 직접 ⅰ) 국가의 환경권에 대한 침해의 중지나 침해배제를 요구할 수 있으며, ⅱ) CO_2배출감축, 깨끗한 물과 공기 등 환경재에 대한 時代間(intertemporal)[162] 및 世代間(intergenerationell)[163] 공평한 배분을 포함하는

---

162) BVerfGE 157, 30, Rn. 122.

환경평등을 요구할 수 있고, iii) 보다 더 건강하고 쾌적한 환경에서 생활할 수 있도록 자연환경의 개선을 요구할 수 있으며, 그리고 끝으로 iv) 환경보전을 위한 조직과 절차에 참여하고 정보제공과 의견진술을 요구할 수 있다고 하겠다.

환경보전의무는 전술한 보호영역들을 실현하기 위하여 객관적인 법제도를 마련하고 형성할 의무라고 할 수 있기 때문에 전술하였듯이 양자는 상호 유기적 · 보완적 관계에 있다고 할 수 있다. 그리고 전술한 환경법상의 제 원리들은 헌법적 차원에서도 국가목표조항으로부터 도출되는 헌법적 원리로 받아들일 수 있다.

244. 환경법상의 원리는 헌법적 원리로 승화 필요

---

163) BVerfGE 157, 30, Rn. 146.

제31절 혼인과 가족생활 기본권

I. 서 론

1. 헌법 제36조 제1항

헌법 제36조 제1항은 "혼인과 가족생활은 개인의 존엄과 양성의 평등을 기초로 성립되고 유지되어야 하며, 국가는 이를 보장한다."고 규정하고 있다. "모든 국민은 ...한 권리를 가진다."고 규정하고 있는 다른 기본권들과 비교할 때, 이 조항이 국민들에게 주관적 권리를 보장한 것인지 의문을 제기할 수 있어 보이기는 하다. 그러나 "국가는 이를 보장한다."고 하는 제2문의 규정을 고려할 때 모든 국민은 혼인과 가족생활 영역에서 개인의 존엄과 양성의 평등을 기초로 혼인하고 가족생활을 영위할 수 있는 자유와 권리가 있으며 국가가 이를 보장해야 하는 것으로 새길 수 있으므로, 이 조항의 주관적 권리로서의 성격을 인정하는 데에는 아무런 문제가 없다.

2. 기본권이자 원칙규범이며 제도보장

우리나라 역시 혼인과 가족생활 영역에서는 전통적으로 가부장제도와 부계혈통주의가 지배해 온 나라라고 할 수 있기 때문에, 이 혼인과 가족생활영역에서의 개인의 존엄과 양성평등권은 이 헌법 규정 자체만으로도 상당히 진보적이며 개혁적 성격을 띤 기본권이자 원칙규범이며 또한 제도보장 중 하나라고 할 수 있다.

3. 제9조와의 관계에 관한 해석 필요

헌법을 해석하기에 따라서는 헌법 제9조의 전통문화의 계승·발전 조항이 전통적으로 내려오던 혼인·가족생활 제도들을 존치시키기 위한 하나의 정당화근거가 될 수 있는 것 아닌가 하는 견해가 있을 수 있다. 그러나, 헌법 제36조 제1항의 혼인과 가족생활기본권은 전통적 가족제도로부터 나오는 다양한 남녀차별적 요소들에 대하여 헌법제정자가 의식적으로 반대하고 혁파하여 혼인과 가족생활 영역에서 개인의 존엄과 양성평등을 실현하고자 한 일종의 근본적 결단에 해당된다고 할 수 있기 때문에, 그에 반하는 악습이나 폐습에 해당되는 전통적 제도들을 소위 전통문화라고 하는 이름으로 정당화할 수는 없다고 봐야 할 것이며 우리 헌법재판소 역시 마찬가지의 입장이다.

한편 오늘날 새로이 다양한 가족 혹은 생활공동체의 형태들이 출현하고 있기 때문에, 이러한 생활공동체들도 헌법 제36조 제1항의 가족 개념에 포함될 수 있을 것인지의 문제가 혼인과 가족생활 영역에서 중요한 이슈로 떠오르고 있다.

4. 오늘날 다양한 생활공동체의 출현

이러한 문제들을 해결하기 위해서는 헌법 제36조 제1항에서 보장하고 있는 혼인과 가족생활기본권이 남녀 양성의 결합을 전제로 하는 기본권인지 아니면 혼인에 관한 권리와 가족에 관한 권리로 분리해서 고찰할 수 있을 것인지와 밀접한 관련이 있다.

5. 혼인과 가족의 분리가능성 여부

독일이나 유럽에서는 소위 다른 형태의 가족형식들은 비록 혼인과 가족생활기본권에 의한 보호는 받지 못한다 하더라도 일반적 행동의 자유나 혹은 사생활의 기본권에 의한 보호는 가능하다고 보는 것이 대체적인 경향이다.

6. 독일 등 유럽에서의 경향

혼인과 가족생활 영역에서의 양성평등은 단순히 가족법 영역에만 머무르는 것이 아니라, 사회보장법, 조세법, 이민법 등 다양한 생활영역에서 실현될 필요가 있다. 그러므로 이하에서는 먼저 혼인과 가족생활기본권의 의의, 입법례와 연혁(II), 헌법 제36조 제1항(III), 헌법 제36조 제2항: 국가의 모성보호의무(IV), 헌법 제36조 제3항: 보건에 관하여 국가의 보호를 받을 권리(보건권)(V), 관련 헌법재판소의 판례(VI)에 대하여 살펴보기로 한다.

7. 사회보장법, 조세법, 이민법 등 영역에서 보호 필요

II. 의의, 입법례와 연혁

1. 의 의

8. 헌법 제36조
제1항의 의의

혼인과 가족생활기본권은 모든 개인은 각자가 존엄한 인격적 주체로서 자신의 자유로운 의사와 남녀평등에 기초하여 혼인 및 가족생활과 관련한 모든 사항에 대하여 자유로이 결정할 수 있는 자유와 권리를 뜻한다. 즉 혼인을 할 것인지 여부와 그리고 가족생활에 있어서 자식을 출산할 것인지, 몇 명의 자식을 출산할 것인지 등 혼인과 가족구성 및 가족생활 전반에 관하여 스스로 결정할 수 있는 자유와 권리가 있다는 것이며 국가가 이를 보장하여야 한다는 것이다.

9. 인류 최초의
기본적 제도

혼인과 가족은 인류 최초의 제도이다.[1] 가족 구성원의 단체라고 할 수 있는 가정은 사회와 국가를 이루기 위한 가장 최소단위의 인간 결합체이다. 그리고 인간은 일반적으로 이 가정에서 태어나고, 자라고, 교육을 받으며, 성년으로 성장하여 사회의 구성원이 된다. 그러므로 가정은 우리 헌법 제10조가 보장하고 있는 인간으로서의 존엄과 가치 및 행복추구권을 실현할 수 있는 가장 기본적인 제도이자 실질적 기반이 된다.

10. 전통제 폐
습에 대한 혁신

인류의 역사를 볼 때 혼인과 가족제도가 언제나 개인의 자율적 의사와 남녀평등만을 전제로 이루어진 것은 아니다. 가령 조혼, 중혼, 축첩, 일부다처제 등과 같이 과거 우리 사회에서나 다른 나라에서 어렵지 않게 찾아볼 수 있는 여러 폐습과 악습들은 주로 경제적 · 사회적으로 약자의 지위에 있었던 여성에 대한 남성의 착취와 지배를 전제로 하는 것들이다. 그리하여 우리 구 민법이나 국적법 역시 부계혈통주의 내지는 남성 호주를 중심으로 하는 가부장제를 기반으로 하여 가족법질서가 형성되어 있었던 것이다. 그러므로 이렇게 가부장제와 부계혈통주의가 지배했던 혼인과 가족제도에 대하여 혼인과 가족생활은 개인의 존엄과 양성평등을 기초로 성립되고 유지된다고 하는 헌법적 선언은 전통적 폐습에 대한 일대 혁신을 의미하는 것이었다. 다만 그 구체적 실현은 민주

---

[1] 무엇보다 성경 창세기 제1장 27절 – 28절, 제2장 24절.

화가 진행되는 과정에서 입법자 스스로 점진적으로 개정해 나가거나 혹은 헌법재판소에 의하여 관련 민법 규정에 대하여 위헌(헌법불합치)결정이 선고되면서 더욱 가속화되었다고 할 수 있다.

개인의 존엄과 양성평등을 기초로 하는 혼인과 가족생활은 곧 민주주의의 이념을 가족관계와 가족 단위에서까지 실현하는 것을 의미하는 것이며, 그만큼 우리 사회와 국가가 이제 누구나 자신의 운명을 자기 스스로 결정할 수 있는 자유와 평등이 널리 보장되고 있는 자유로운 민주국가가 되고 있다는 것을 반증하기도 한다.

다만 아직까지 양극화의 그늘이 짙게 드리우고 있는 사회 현실 가운데서, 사회복지·보장법제나 혹은 조세법, 이민법 등 그 밖의 여러 법제도에까지 혼인과 가족생활기본권 보장의 헌법적 정신을 구현하고 실행하는 것은 앞으로 계속해서 추구해야 할 과제라고 하겠다.

이렇게 개인의 존엄과 양성평등에 입각한 혼인 및 가족생활이 각종 사회복지 및 사회보장제도와 더불어서 더욱 충실히 보장되고 보호될 때, 우리 사회가 현재 겪고 있는 인구감소나 사회의 양극화와 각종 "묻지마" 범죄의 문제도 보다 효과적으로 극복할 수 있게 될 것이며, 그렇게 될 때 비로소 이 혼인과 가족생활 기본권은 진정한 국민통합을 위한 촉매제 역할을 하게 될 것이다.

11. 민주주의 이념을 가족단위에 실현

12. 헌법에 합치되는 법제도로 구체화 필요

13. 각종 사회문제의 극복과 국민통합을 위한 촉매제로서 기능

2. 입법례

혼인과 가족생활의 보호가 최초로 헌법에 명문화된 것은 바이마르 공화국 헌법(제119조 제1항, 제2항)에서였으며[2] 1949년 독일 기본법은 이 바이마르 공화국 헌법의 내용을 계승하고 있다.[3]

14. 최초 헌법에 명문화

---

2) 계희열, 헌법학(중), 박영사 2007, 811면. 바이마르 공화국 헌법 제119조 제1항과 제2항은 다음과 같다. 제1항: "혼인은 가족생활과 민족의 보전 및 융성의 기초로서 헌법의 특별한 보호를 받는다. 혼인은 남녀동권을 기초로 한다." 제2항: "가족의 순결, 건강과 사회적 보호는 국가와 지방자치단체의 과제이다. 다자녀 가족은 조정적 배려에 대한 청구권을 가진다." BVerfGE 6, 55 (73).

3) 독일 기본법 제6조의 혼인과 가족보호조항의 상세한 성립사에 대해서는 BVerfGE 6, 55 (72 f.)을 보라. 그 밖에 Michael Sachs 저/방승주 역, 헌법 Ⅱ – 기본권론, 헌법재판소 2002, 419면.

15. 독일 기본
법 제6조

독일 기본법 제6조⁴⁾는 혼인과 가족의 보호에 관하여 상당히 자세하게 규정하고 있다. 독일의 경우에는 혼인과 가족생활에 대하여 국가적 보호를 보장할 뿐만 아니라, 자녀에 대한 부양과 교육에 대하여 부모의 자연적 권리이자 의무임을 강조하고 있으며, 국가 공동체가 그들의 행위에 대하여 감독함을 명시하고 있고, 나아가 혼인 외 자녀에 대해서도 혼인 내 자녀와 마찬가지로 동등한 조건과 사회에서의 지위가 조성되어야 함을 강조하고 있다.

16. 스위스 연
방헌법 제14조
및 제13조 제1
항

한편 1999년 4월 18일 스위스 연방헌법에 따르면 혼인과 가족은 포괄적으로 보호된다. 스위스 연방헌법 제14조는 혼인을 체결하고, 이를 통하여 가족을 구성할 권리를 보장한다. 또한 제13조 제1항은 현존하는 가족의 가족생활을 보호한다. 이 양 조항의 모델이 된 것은 유럽인권협약의 해당 조항들이다. 즉 연방헌법 제14조는 "혼인과 가족에 대한 권리는 보장된다."고 표현함으로써 유럽인권협약 제12조를 사실상 요약한 것인데 비하여, 연방헌법 제13조 제1항과 유럽인권협약 제8조 제1항은 문구적으로 일치한다. 그리고 연방헌법 제8조 제2항은 일반적인 차별금지의 일환으로 생활형태를 근거로 하는 차별을 명시적으로 금지한다. 따라서 특히 동성애적 지향을 가진 사람들에 대하여 보호가 이루어져야 한다고 한다. 그리고 이 규정은 다른 생활형태에 대해서도 적용된다.⁵⁾ 다만 이러한 다른 생활형태들은 혼인과 동일한 헌법적 보호를 받지는 못한다.⁶⁾

---

4) 즉 "혼인과 가족은 국가질서의 특별한 보호를 받는다(제1항), 자녀의 부양과 교육은 부모의 자연적 권리이자 일차적으로 그들에게 부과된 의무이다. 그리고 그들의 활동에 대하여 국가 공동체가 감시한다(제2항). 또한 양육권자가 의무를 태만히 하거나 또는 그 밖의 이유로 자녀가 방치될 우려가 있을 때에는 그 자녀는 법률을 근거로 해서만 양육권자의 의사에 반하여 가족으로부터 분리될 수 있다(제3항). 어머니는 누구든지 공동체의 보호와 부조를 청구할 권리를 가진다(제4항). 혼인 외 자에게는 입법을 통하여 혼인 내 자에게와 마찬가지로 그들의 육체적 및 정신적 발전을 위한 동일한 조건과 사회에서의 지위가 조성되어야 한다(제5항)". 콘라드 헷세 저/계희열 역, 통일 독일헌법원론(제20판), 박영사 2001, 503면. Udo Steiner, in: Merten/Papier, Handbuch der Grundrechte in Deutschland und Europa, 1. Aufl. 2011, § 108 Schutz von Ehe und Familie.
5) Rainer J. Schweitzer, in: Merten/Papier, Handbuch der Grundrechte in Deutschland und Europa, 1. Aufl. 2007, § 213 Recht auf Ehe und Familie, Rn. 1.

유럽법에서의 혼인과 가족의 보호는 다양한 규정체계들을 통해서 보장된다. 즉 유럽평의회 47개 회원국에 대해서는 유럽인권협약이 혼인을 체결하고 가족을 구성할 권리(유럽인권협약 제12조) 및 가족생활을 존중받을 권리(유럽인권협약 제8조)가 적용되고 있다. 유럽연합법에서는 27개 회원국들에 대해서 유럽기본권헌장의 형식으로 혼인과 가족과 관련해서 유럽인권협약의 보장과 문구가 거의 일치하며, (리스본 조약의 발효와 더불어서) 구속력이 있는 인권보장목록이 존재한다. 유럽연합 기본권헌장 제7조(가족생활 존중요구권) 내지 제9조(혼인체결권과 가족구성권), 가족의 법적, 경제적 및 사회적 보호를 보장하는 제33조·제34조, 일(직업생활)·가정의 양립을 명시적으로 언급하고 있는 제51조 제2항 등이 그것이다.[7] 그리고 유럽연합의 제2차법은 유럽남녀동권지침의 형식에 의한 우회적 방법을 통해서 가령 독일 기본법 제6조와 같은 혼인·가족보호조항의 해석에 강한 영향을 미치고 있다. 고용과 직업생활 영역에서 평등실현을 위한 일반적 전제조건의 확정을 위한 지침(2000/78)을 근거로 유럽사법재판소(EuGH)는 성적 지향을 이유로 하는 차별이 금지된다고 보고, 동성생활동반자의 유족에게도 평등하게 유족급여를 지급할 것을 요구하였다.[8] 또한 추가급여와 관련한 차별적 산정방법과 등록생활동반자에 대한 지급배제에 대하여 지침위반을 확인하였다.[9] 이 지침의 내용들은 일반적 평등원칙을 통해서 독일법으로 흡수·통합되었다고 한다.[10] 2013. 2. 19. 독일연방헌법재판소가 전술한 유럽사법재판소의 유족연금 판결(C-267/06)을 명시적으로 인용한 동성생활동반자의 계자입양(Sukzessivadoption)판결[11]에서 이러한 사실이 잘 드러난다.

아무튼 유럽연합 회원국들의 혼인과 가족의 보호와 관련해서는 회원국 국내 헌법 상황도 중요하지만 전술한 유럽인권협약이나 유럽연합

17. 유럽 법 의 혼인과 가족생활 규정

18. 유럽에서는 유럽인권법원

---

6) Schweitzer (주 5), Rn. 6.
7) Monika Böhm, Dynamische Grundrechtsdogmatik von Ehe und Familie?, VVDStRL 73, Berlin/Boston 2014, S. 211 ff.(243).
8) EuGH Große Kammer(유럽사법재판소 전원재판부) 2008. 4. 1. 판결, C-267/06 — Tadao Maroko/Versorgungsanstalt Deutschen Bühnen.
9) EuGH Große Kammer, 2011. 5. 10. 판결, C-147/08.
10) Böhm (주 7), S. 244.
11) BVerfGE 133, 59 (80).

이나 유럽사법
재판소의 판례
의 영향 중요

법상의 혼인과 가족 기본권과 차별금지조항에 대한 유럽인권법원이나 유럽사법재판소 판결이 회원국 헌법재판기관의 헌법해석에 미치는 영향도 함께 주목하지 않으면 안 된다.[12)

3. 연 혁

19. 대한민국임
시헌장 제3조
남녀평등원칙

일찍이 1919. 4. 11. 대한민국임시헌장 제3조는 "대한민국의 인민은 남녀귀천 급 빈부의 계급이 무하고 일체평등임"이라고 선언함으로써 남녀평등의 원칙은 민주공화국 대한민국의 중요한 건국이념 중 하나로 선포되고 있다. 그리고 이 남녀평등의 사상은 1948년 헌법이 제정되기 전 미 군정 하에서 구성된 대법원이 의용민법상 처의 무능력 규정을 남녀평등원칙에 위반된다고 선언하면서, 현실적으로 효력을 가지는 헌법규범으로서 기능하였다. 이는 남녀평등원칙이 1948년 정부 수립 전에도 일종의 실질적 헌법규범으로서 효력을 발휘하였음을 보여주는 좋은 사례이기도 하다.[13)

20. 1948년 헌
법 제20조

1948년 헌법은 이러한 남녀평등 사상을 기초로 제20조에서 "혼인은 남녀동권을 기본으로 하며 혼인의 순결과 가족의 건강은 국가의 특별한 보호를 받는다."고 규정하였다. 이 규정은 문언만 보더라도 전술한 바이마르 헌법 제119조의 표현을 모델로 하였음을 어렵지 않게 확인할 수 있다. 독일 기본법 제6조 제1항 역시 이 바이마르 헌법 제119조의 혼인과 가족보호조항을 사실상 계승하고 있는 조항이기 때문에, 독일과 우리 헌법상의 혼인과 가족보호조항은 마치 자매조항과도 비견될 수 있다.[14)

---

12) Stefan Mückl, in: Merten/Papier, Handbuch der Grundrechte in Deutschland und Europa, 1. Aufl. 2010, § 141 Ehe und Familie, Rn. 1; Böhm (주 7), S. 249 f.

13) 대법원 1947. 9. 2. 선고 1947민상88 판결. 김선택, 기본권보장의 발전과 기본권학의 과제, 공법연구 제37집 제2호(2008. 12), 53 – 81(57)면. 이 판결에 대하여 양창수, 우리 나라 최초의 헌법재판논의, 서울대학교 법학, 제40권 제2호(2000), 125 – 151면; 허완중, 대한민국 최초의 위헌법률심사, 공법연구 제51집 제3호 (2023. 2), 251 – 284면.

14) 독일 기본법 제6조 제1항의 혼인과 가족보호조항은 헌법 제정 당시에 독일 사회를 지배하던 문화를 반영하고 있기는 하지만 그렇다고 해서 교회법적 전통을 그대로 따른 것이 아니라 세속법, 즉 독일 민법상의 혼인 · 가족제도와 연관하여 규

1962년 헌법은 제31조에서 모든 국민은 혼인의 순결과 보건에 관하여 국가의 보호를 받는다고 규정함으로써 "남녀동권을 기본으로 하며"라고 하는 구절을 삭제하고 보건에 관한 국가의 보호규정을 첨가하였다. 1980년 헌법은 제34조 제1항에서 혼인과 가족생활을 개인의 존엄과 양성의 평등을 기초로 성립되고 유지되어야 한다고 하고, 제2절에서 모든 국민은 보건에 관하여 국가의 보호를 받는다고 규정함으로써 혼인

21. 헌법 개정 연혁

정하고 있을 뿐이다. 민법과 교회법상의 혼인과 가족제도는 관점과 목적에 있어서 분명한 차이를 드러내고 있음을 강조하고 있는 울레{Uhle, BeckOK GG/Uhle, 55. Ed. 15. 5. 2023., GG Art. 6, Rn. 2a.2}에 따르면 국가법(세속법)은 세속적 관점을 기초로 민법상 혼인을 공익에 부합하게 형성하려는 목적을 가지는 데 비하여, 교회법은 종교적 관점에서 교회의 혼인관을 보장하고 전개하려는 목적을 갖는다. 세속법이든 교회법이든 혼인의 성립과 해소에 대하여 규정하고 있으나, 세속법은 이혼에 대해서도 상세한 규정을 두고 있는 데 반하여 교회법의 경우 원칙적으로 혼인의 해소불가를 원칙으로 하고 있기 때문에 이에 관한 규정보다는 혼인성립의 전제조건을 상세하게 규정하고 있다고 설명하고 있다. 아무튼 독일 기본법 역시 혼인과 가족제도에 관하여 세속법인 민법을 기초로 하고 있는 것이지 교회법을 기초로 하고 있는 것이 아니다. 우리 헌법 제6조 역시 교회나 특정한 종교규범을 기초로 하고 있는 것이 아닐 뿐만 아니라, 독일 기본법 제6조 제1항과 내용과 성립사 면에서 상당한 유사성을 가지고 있는 것이 사실이다. 따라서 그러한 공통점을 바탕으로 우리 헌법해석론에 참고가 될 수 있는 독일 헌법학의 해석론들은 우리 현실과 실정법 규정상의 차이에 비추어 비판적으로 잘 수용하면 될 일이지, 기독교적 전통을 가진 국가와 그렇지 않은 국가라고 하는 차이를 이유로 독일식 헌법해석론을 무조건 배격할 이유나 필요는 없을 것이다. 그럼에도 불구하고 "우리 혼인조항은 독일의 혼인헌법과는 전혀 다른 성립사와 목적을 갖고 있다."고 보는 견해{김하열, 혼인 비혼 간의 차등에 대한 위헌심사기준: 헌법은 혼인을 '특별보호'하는가, 헌법재판연구 제9권 제1호(2022. 6), 163−191 (171)}는 독일 역시 기본법 제1조에서 인간존엄을 천명하고, 제3조 제1항, 제2항에서 일반적 평등조항과 남녀동권을 보장하고 있다고 하는 점에서 독일 기본법 제6조 제1항과 우리 헌법 제36조 제1항의 내용과 체계는 크게 다르지 않다고 하는 점을 오해한 것 아닌가 생각된다. 우리 헌법재판소가 이러한 독일 연방헌법재판소의 혼인과 가족보호조항에 대한 해석론을 차용하여 주관적 공권, 제도보장, 가치결단적 원칙규범이나 차별금지조항으로서의 성격을 강조하고 있는 것(가령 헌재 2005. 5. 26. 2004헌가6, 판례집 제17권 1집, 592)은 그 의미가 적지 않다. 실정헌법상 혼인과 가족생활 보호에 있어서 "특별한"이라고 하는 수식어가 있고(독일) 없고(한국)의 차이는 그다지 중요하지 않다(유사한 취지로, Günter Krings, Die "eingetrage Lebenspartnerschaft" für gleichgeschlechtliche Paare – Der Gesetzgeber zwischen Schutzabstandsgebot und Gleichheitssatz, ZRP 2000, S. 409 ff. 413). 독일 기본법 제6조 제1항에서 규정하고 있는 특별한 보호의 의미는 소극적으로 침해에 대한 방어권적 차원을 넘어서 적극적인 보호와 지원을 해야 할 국가적 과제에 있다. 이에 관하여 Monika Böhm (주 7), S. 221.

과 가족생활영역에서 "개인의 존엄"과 "양성평등"이 보장되었다. 1987
년 현행헌법은 제36조 제2항에 국가는 모성의 보호를 위하여 노력하여
야 한다고 하는 모성보호조항을 추가하여 오늘에 이르고 있다.

4. 조문의 구조 및 다른 기본권과의 관계

가. 조문의 구조

22. 헌법 제36
조의 구조

다른 사회적 기본권이 주관적 공권과 국가목표 내지 의무조항 그리
고 입법위임을 순서대로 규정하고 있는 것과는 달리 헌법 제36조는 주
관적 공권으로서 혼인과 가족생활에 관한 권리(제1항), 국가의 모성보호
의무(제2항), 보건에 관하여 국가의 보호를 받을 권리(제3항)를 규정하고
있을 뿐 어디에도 입법위임조항은 없다.

23. 혼인과 가
족생활은 천부
인권적 권리

과연 왜 입법위임조항이 없을까를 생각해 본다면, 혼인과 가족생활
영역에서의 개인의 존엄과 양성평등은 그 뿌리가 헌법 제10조의 인간으
로서의 존엄과 가치 및 헌법 제11조의 평등의 원칙이라 할 수 있다. 그
러므로 기본권 가운데서도 이와 같이 근본적인 헌법적 결단에 해당한다
고 할 수 있는 인권의 요소들은 결코 입법자가 정하는 대로 보장되는
것이 아니라, 매우 천부인권적인 권리에 해당하는 것이라 할 수 있다.

24. 대표적인
전통적 제도보
장

하지만 혼인과 가족생활은 전통적인 제도보장 가운데 대표적인 것
이라 할 수 있다. 그러므로 제1항의 주관적 공권으로서 혼인과 가족생
활 기본권은 동시에 혼인과 가족제도에 대한 핵심내용을 유지하되, 입
법자가 개인의 존엄과 양성의 평등을 기초로 성립되고 유지될 수 있도
록 전통적으로 내려오던 여러 가지 폐습과 악습에 해당되는 가족제도를
개혁하고 혁파해야 할 입법자의 의무를 내포한다. 그러한 의미에서 혼
인과 가족제도를 전통적으로 내려오는 제도 그 자체로 보존시키려 하는
것은 이 헌법 제36조 제1항의 정신에 부합하지 않는다. 그러므로 제도
보장으로서 혼인과 가족제도는 일처일부제를 중심으로 하는 혼인과 가
족제도가 핵심이지만, 혼인을 체결하는 과정과 체결 이후 가족을 형성
하고 가족생활을 영위함에 있어서도 개인의 존엄과 양성평등이 잘 보장
되는 방향으로 형성되어야 하는 것이다.

입법자는 헌법 제36조 제1항에 규정된 근본적인 헌법적 결단을 실현하기 위하여 계속해서 혼인과 가족생활 영역에서 개인의 존엄과 양성평등을 실현하기 위한 입법적 노력을 기울여야 할 뿐만 아니라 가령 사회보장·복지나 조세법 등 다른 법 영역에서도 개인의 자율적 인격과 양성평등을 기초로 하는 가족제도가 잘 육성될 수 있도록 법제도를 형성하여야 할 것이다.

25. 입법자의 입법적 노력 필요

나. 다른 기본권과의 관계

헌법 제36조 제1항은 혼인과 가족생활 영역에 있어서 개인의 존엄권과 양성평등권을 보장하는 조항이다. 그러므로 헌법 제10조의 인간으로서의 존엄과 가치와 그리고 헌법 제11조의 평등원칙이 혼인과 가족생활영역에서 특별히 다시 한번 강조된 규정이라고 할 수 있으므로, 그 조항들에 비하여 특별조항(기본권)이라 할 수 있다.

26. 헌법 제10조와 헌법 제11조에 비하여 특별규정

그러므로 만일 헌법소원심판청구에서 청구인이 한편으로는 혼인과 가족생활기본권과 다른 한편으로 인간존엄권이나 양성평등권의 침해를 동시에 주장하는 경우 특별한 기본권인 헌법 제36조 제1항의 침해여부만 심사하면 되고 굳이 헌법 제10조와 제11조의 위반여부를 심사할 필요는 없다. 헌법 제36조 제1항의 범주에 들어오지 못하는 생활공동체의 경우는 헌법 제10조와 헌법 제11조의 침해를 직접 주장할 수 있음은 별론이다.

27. 특별한 기본권 침해여부만 심사

한편 혼인과 가족생활은 개인의 존엄과 양성의 평등을 기초로 성립되고 유지되어야 하며, 국가는 이를 보장할 의무를 진다. 여기에서 보장이란 후술하듯이 국가가 침해하지 않아야 할 뿐만 아니라 적극적인 보호와 지원, 배려와 제3자에 의한 침해나 침해의 위험이 있을 경우 좁은 의미의 기본권보호의무를 포함한다. 그러므로 혼인과 가족생활은 사실혼이나 인간의 다른 생활공동체에 비하여 헌법이 우월적인 보호를 요구한다고 보아야 할 것이다.

28. 헌법상 우월적 보호 요구

나아가 국가는 모성의 보호를 위하여 노력을 하여야 한다. 이 규정역시 후술하는 바와 같이 헌법 제11조의 일반적 평등의 원칙에 비하여

29. 모성보호조항이 특별한 우대조항

특별한 우대조항이라고 할 수 있다.[15]

30. 혼인과 가
족제도의 차별
(우대)정당화

그러므로 인간의 다른 생활공동체와 가족은 서로 다르기 때문에 비교할 수 있는 대상이 아니며, 나아가 헌법은 양성평등을 기초로 성립되고 유지되고 있는 혼인과 가족에 대하여 다른 생활공동체보다 제도로서 적극적으로 보호를 하도록 명령하고 있기 때문에, 헌법 제36조 제1항은 가족과 인간의 다른 생활공동체들과의 차별(우대)을 정당화할 수 있는 근거조항이 된다고 하겠다.

Ⅲ. 헌법 제36조 제1항

1. 혼인과 가족생활 기본권

가. 혼인과 가족의 개념

(1) 혼인의 개념

31. 혼인의 개
념

헌법 제36조 제1항에서 말하는 혼인은 한 남자와 한 여자가 자율적 의사에 따라 원칙적으로 해소할 수 없는 하나의 가정, 즉 원칙적으로 평생 지속적인 생활공동체를 이루기로 하는 각자의 자유로운 합의에 따라 국가에 의하여 승인된 생활공동체를 의미한다.

32. 혼인의 개
념적 요소

헌법 제36조 제1항이 보장하는 혼인의 개념적 요소로서는 일부일처제, 양성의 결합, 혼인공동체를 형성하기로 하는 자율적 합의, 원칙적 해소불가, 혼인체결에 있어서 국가의 관여를 요소로 한다.[16]

ⅰ) 일부일처제

33. 단일혼

혼인과 가족생활은 개인의 존엄과 양성의 평등을 기초로 성립되고 유지되어야 하며 국가는 이를 보장한다고 하는 우리 헌법 제36조 제1항은 하나의 혼인(단일혼)(Einehe), 즉 일부일처제를 첫 번째 요소로 한다. 따라서 중혼제, 일부다처제나 일처다부제 모두 헌법 제36조 제1항이 보호하는 혼인이라 할 수 없다. 그러나 일부다처제를 허용하는 나라의 남

---

15) 이에 반하여 김하열 (주 14), 169면 이하.
16) Uhle (주 14), Rn. 2 ff.

자와 혼인한 대한민국 여자가 있을 경우 그 혼인은 일단 헌법 제36조 제1항의 보호대상이 되는 혼인이라고 보아야 할 것이다.[17] 그리고 이혼 후 재혼 역시 헌법 제36조 제1항의 보호대상이 된다.[18]

ii) 남녀의 결합

헌법 제36조 제1항은 혼인과 가족생활은 개인의 존엄과 양성의 평등을 기초로 성립되고 유지되어야 하며 국가는 이를 보장하여야 한다고 선언하고 있기 때문에 헌법 제36조 제1항이 보장하고 보호하는 혼인은 양성, 즉 남성과 여성의 결합을 전제로 하는 혼인이다.[19] 그러므로 소위 동성혼이나 동성 생활공동체(동반자관계)는 헌법 제36조 제1항에 의하여 보호되는 혼인이거나 가족에 해당되지 않는다.[20]

34. 남녀의 결합을 전제

---

17) 같은 취지로 Uhle (주 14), Rn. 3.

18) Uhle (주 14), Rn. 3a.

19) 같은 취지로 Uhle (주 14), Rn. 4, 4.2; BVerfGE 131, 239 (259). 이 점을 오해하고 있는 견해로 이재희, 혼인의 헌법적 보장 - 헌법 제36조 제1항을 중심으로, 헌법 재판연구원 2017, 33-34면.

20) 이에 반하여 전광석, 한국헌법론 제17판, 집현재 2023, 507면; 김하열, 헌법상 가족의 개념, 인권과 정의 제510호(2022), 6-24(12)면; 정문식, 헌법상 혼인과 가족생활의 보호 의미와 변화 - 독일헌법상 혼인과 가족생활의 보호에 관한 논의를 중심으로, 한양법학 제28권 제3집(2017. 8), 229-259(254); 이재희 (주 19), 89-90면. 참고로 2002. 7. 17. 동성생활동반자차별금지법에 대한 위헌법률심판(추상적 규범통제)에서 이 법에 대하여 합헌결정을 선고한 독일 연방헌법재판소는 등록된 동성생활공동체를 혼인에 준하여 보호한다고 해서 그것이 독일 기본법 제6조 제1항의 혼인과 가족제도의 보장에 위반되는 것은 아니며, 또한 이성의 생활공동체, 즉 사실혼의 배우자들에 대하여 차별하는 것도 아니므로 평등의 원칙에 위반되지 않는다고 보았다. 왜냐하면 이성의 사실혼배우자들은 여전히 혼인을 체결할 수 있는 가능성이 열려있기 때문이며, 입법자가 이 차별금지법을 제정했다고 해서 헌법상 혼인보호가 달라지는 것은 아니기 때문이라는 것이다. 그리고 자매생활공동체나 친척들간의 생활공동체의 경우 역시 이 동성생활공동체와는 차이가 있기 때문에 입법자가 이들을 달리 취급한 것은 정당화된다고 보았다. BVerfGE 105, 313 (345 ff. 352 f.). 독일에서는 2017. 7. 20.자 동성혼 도입에 관한 법률(BGBl. I 2787)에 의하여 2017. 10. 1.부터는 더 이상 동성생활동반자관계를 새로이 창설할 수 없게 되었다. 동성혼도 민법상 혼인에 포함되는 것으로 합법화(현행 독일 민법 제1353조 제1항 제1문)되었기 때문이다. 상세는 Uhle (주 14), Rn. 38. 우리 제21대 국회에도 현재 성적 지향, 성별정체성 등을 이유로 하는 차별을 금지하거나 전통적 혼인과 가족 개념을 넘어서는 생활동반자관계, 비혼출산 등의 보호를 위하거나 동성혼도입을 위한 여러 법률안들이 제출되어 있다. 가령 2020. 6. 29. 차별금지법안(장혜영의원 대표발의, 의안번호 1116); 2023. 4. 26. 생활동

35. 성전환자의
혼인

성전환자는 법률적으로 성전환이 받아들여진 경우 이성과 혼인할 수 있으며 이 경우는 특별한 사례라 할 것이다.[21]

iii) 자율적 합의

36. 개인의 자
율적 인격성 존
중

헌법 제36조 제1항은 개인의 존엄과 양성의 평등을 기초로 하는 혼인과 가족생활을 보장한다. 여기에서 개인의 존엄이란 개인의 자율적 인격성을 존중하는 것을 말한다. 따라서 혼인 당사자인 남녀가 자유로운 의사에 따라 혼인하기로 합의[22]하는 것이 혼인을 위한 필수적 전제조건이 된다.[23] 다시 말해서 강제혼인은 개인의 존엄의 관점이든 양성평등의 관점이든 허용될 수 없으며, 따라서 헌법 제36조 제1항은 이에 대하여 보호할 수 없다. 그러므로 당사자들 간에 합의가 없는 혼인은 무효이다(민법 제815조 제1호).

독일 연방헌재 판례 독일 연방헌법재판소는 배우자에 대한 연금지급을 농지세(Hofabgabe)의 납부에 대한 다른 배우자의 결정에 좌우시키는 것은 기본법 제3조 제2항(남녀동권)과 결부하여 기본법 제6조 제1항(혼인과 가족의 보호)에 위반된다고 보았다.[24]

반자관계에 관한 법률안(용혜인의원 대표발의, 의안번호 21647); 2023. 5. 31. 모자보건법 일부개정법률안(장혜영의원 대표발의, 의안번호 22394); 2023. 5. 31. 민법 일부개정법률안(장혜영의원 대표발의, 의안번호 22396); 2023. 5. 31. 생활동반자관계에 관한 법률안(장혜영의원 대표발의, 의안번호 22404); 평등 및 차별금지에 관한 법률안(권인숙의원 대표발의, 의안번호 12330). 한편 국민건강보험공단이 합리적인 이유 없이 동성결합 상대방을 사실혼 배우자와 차별하여 피부양자자격을 박탈한 처분은 평등원칙에 위배되어 위법하다고 판단한 판결로 서울고등법원 2023. 2. 21. 선고 2022누32797 판결[보험료부과처분취소]가 있다. 이 판결에 대한 비판으로 음선필, 동성커플과 국민건강보험 – 동성커플을 국민건강보험 피부양자로 인정할 것인가?, 교회와 법 제10권 제1호(2023), 141–164면.

21) Uhle (주 14), Rn. 5. 성전환자의 개명과 호적정정을 인정한 판결로 대법원 2006. 6. 22. 선고 2004스42 전원합의체 결정 [개명·호적정정].

22) 유진오, 헌법해의, 명세당 1949, 55면.

23) Uhle (주 14), Rn. 6. BVerfGE 29, 166 (176); BVerfGE 62, 323 (331).

24) BVerfGE 149, 86 (124). Uhle (주 14), Rn. 7.

iv) 원칙적 해소불가

혼인은 지속적 결합이므로 시한이 없으며 원칙적으로 해소할 수 없다. 다만 교회법상의 혼인과는 달리 세속화된 국법상의 혼인은 파경에 이른 경우 예외적으로 해소될 수 있다. 그 결과 배우자는 다시 혼인을 할 수 있다.

37. 원칙적 해소불가, 예외적 해소가능

그리고 입법자는 혼인은 원칙적으로 해소될 수 없다고 하는 원칙에 따라서 될 수 있으면 혼인이 유지될 수 있도록 혼인법을 형성할 의무가 있다.[25] 그리하여 만일 입법자가 배우자 일방의 해소선언이나 혹은 계약된 기간의 경과나 혹은 쌍방의 양해에 의하여 종료될 수 없고, 혼인계약 체결에 있어서도 국가가 관여하였듯이 혼인해소를 위해서도 역시 마찬가지로 국가가 관여하도록 규정하는 것은 이러한 의무에 부합한다.[26]

38. 국가의 혼인법 형성의무

v) 혼인계약 체결에 있어서 국가의 승인 내지 관여

민법 제812조에 따르면 혼인은 가족관계의 등록 등에 관한 법률에 정한 바에 의하여 신고함으로써 그 효력이 생긴다. 그리고 이 신고는 당사자 쌍방과 성년자인 증인 2인의 연서한 서면으로 하여야 한다. 그러므로 신고는 혼인성립의 요건이며, 헌법 제36조 제1항이 보호하는 혼인은 바로 이와 같이 관청에 신고하여 유효하게 성립된 혼인이라 할 것이다.

39. 신고는 혼인성립의 요건

만일 법률상 혼인신고를 하지 않을 경우 하나의 가정(생활공동체)을 이루기로 한 남녀의 결합이 존재하는지 여부를 분명히 확인할 수 없으므로 국가가 그 생활공동체를 보호하는 데 한계가 있을 수 있다. 그러므로 헌법 제36조 제1항이 보호하는 혼인은 원칙적으로 법률혼이라고 할 수 있다.[27] 다만 사실혼 부부가 자녀를 출산한 경우 이 가족은 헌법 제36조 제1항에 의한 가족으로서 보호를 받을 수 있다.

40. 헌법 제36조 제1항은 법률혼을 보호

---

25) BVerfGE 53, 224 (245 ff.); BVerfGE 55, 134 (141 f.); Uhle (주 14), Rn. 8.

26) Uhle (주 14), Rn. 8.

27) Uhle (주 14), Rn. 12는 사실혼 부부와 동성생활동반자의 경우 독일 기본법 제2조 제1항(일반적 행동의 자유)에 의한 보호를 받을 뿐이라고 보고 있다. BVerfGE 56, 363 (384), BVerfGE 82, 6 (16); BVerfGE 87, 234 (267). 한편 이 일반적 행동의 자유는 - 가령 동거하지도 않고 결혼도 하지 않은 한 쌍의 친척과 같이 - 혼인과 가족을 초월하여 존재하는 가족과 유사한 친밀한 유대도 보호한다.

41. 위장혼인은
보호 배제

　　형식적으로는 유효하게 체결되었지만 민법상 취소가 가능한 혼인
인 소위 위장혼인(Scheinehe)은 형성권의 남용이라고 할 수 있으므로 헌
법 제36조 제1항의 보호영역에서 제외된다.[28]

> **판례** 헌법 제36조 제1항에서 규정하는 '혼인'이란 양성이 평등하고 존엄한 개인
> 으로서 자유로운 의사의 합치에 의하여 생활공동체를 이루는 것으로서 법적으
> 로 승인받은 것을 말하므로, 법적으로 승인되지 아니한 사실혼은 헌법 제36조
> 제1항의 보호범위에 포함된다고 보기 어렵다.
>
> (헌재 2014. 8. 28, 2013헌바119, 판례집 26-2상, 311, 318)

(2) 가족의 개념

42. 사실적 상
황까지 포괄

　　가족의 개념은 혼인의 개념이 민법상의 법적 제도에 의존하는 것보
다는 훨씬 더 사실적 상황까지 포괄하는 넓은 개념이라고 할 수 있다.

43. 혼인과 가
족개념의 분리

　　그리고 가족은 혼인과 더불어서 자연스럽게 생성되는 것이 일반적
이라고 할 수 있지만, 오늘날 부모와 자녀와의 관계는 이러한 법적 혼인
외에도 사실상의 혼인관계에서 생성되는 경우도 존재하고 있기 때문에
이렇게 탄생한 자녀와 부모와의 관계도 헌법상 가족 개념에 포함된다고
볼 수밖에 없다. 다시 말해서 혼인과 가족의 개념은 결합관계가 일반적
이라고 할 수 있으나 생물학적 가족은 이 법적 혼인을 반드시 전제로
하여 탄생되는 것은 아니다. 그리고 이러한 자녀와 부모 간의 관계 역시
법률혼 가운데서 태어난 자녀와 부모 간의 관계와 마찬가지로 동등하게
보호될 필요가 있다. 그러므로 헌법 제36조 제1항에서 규정된 가족개념
을 혼인과 결부해서 해석해야 할 필요는 없을 것으로 보인다.[29] 독일
연방헌법재판소는 법률혼은 물론이거니와 사실혼 가운데서 태어난 자녀
와 부모 간의 관계는 물론, 계자(의붓자녀[30])나 양자간의 관계 역시 모두

---

28) Uhle (주 14), Rn. 13. 가령 체류허가를 받기 위한 목적으로만 위장혼인을 한 경
　　우 사후에 그 사실이 발각될 때에는 그 체류허가에 시한을 정할 수 있다고 보고
　　있는 독일 연방행정재판소 판례로 BVerwGE 65, 174 (179 ff.). Michael Sachs 저/
　　방승주 역 (주 3), 421면.

29) 동지, 계희열 (주 2), 814면.

30) 독일 연방헌법재판소 제1재판부는 2019. 3. 26. 결정(Stifkindadoption 繼子入養)에
　　서 사실혼 가족에 대해서만 계자에 대하여 입양을 금지하고 있는 독일 민법 제

독일 기본법 제6조 제1항에 의하여 보호되는 가족개념에 포함시킴으로써 가족개념을 혼인개념보다 더욱 넓은 의미로 인정하고 있다.[31]

헌법재판소는 진정한 혈연관계를 중시함으로써 친생부인의 소의 제척기간을 출생한 날로부터 1년으로 하고 있는 민법조항에 대하여 이는 진정한 혈연관계에 있지 않는 부의 존엄권과 인격권을 침해한다는 이유로 헌법불합치결정을 선고하면서 친생관계가 존재하지 아니함을 안 날부터 1년 내에 그리고 출생한 날부터 5년 내라고 하는 스위스의 모델을 개정권고한 바 있었으나[32] 입법자는 민법 제847조 제1항을 개정하여 "부(夫)가 그 사유가 있음을 안 날부터 2년내"로 개정한 바 있다.[33]

44. 혈연관계에 있는 않는 부 (夫)의 존엄권 과 인격권 보장

(3) "혼인"과 "가족생활"과의 관계: 결합인가 분리인가?

독일에서도 혼인과 가족생활 기본권보장이 서로 독립적인지 아니면 연관되어 있는지에 관하여는 견해가 갈린다.[34]

45. 결합설과 분리설

혼인과 가족생활을 바이마르 공화국 헌법과는 달리 기본법 하에서는 독립적으로 보호하고 있으며 심지어 독일 기본법 제6조 제1항의 혼인과 가족보호조항을 소위 중립명령(원칙)(Neutralitätsgebot)이라고까지 지칭하는 학자[35]도 있다.

46. 독일 기본 법 하에서는 독 립적 보호

독일 기본법 제6조 제1항이나 우리 헌법 제36조 제1항은 모두 혼인과 가족 또는 가족생활을 한 묶음으로 묶어서 그 보호 내지 보장을 규정하고 있다. 기본적으로 가족의 출발은 곧 혼인이고, 혼인의 개념을 헌법제정자가 처음 규정할 때에는 그 당시에 사회적으로 존재하던 법적 개념으로서의 혼인개념을 염두에 두지 않을 수 없었을 것이다. 그러기

47. 혼인과 가 족생활은 분리 관계

1754조 제1항과 제2항 및 제1755조 제1항 제1문과 제2항에 대하여 기본법 제3조 제1항에 합치하지 아니하며, 입법자에게 2020. 3. 31.까지 동 규정들을 헌법에 합치되게 개정할 의무를 부과하고 입법자의 개정이 있을 때까지 동 규정들의 적용을 정지하는 헌법불합치결정을 선고하였다. BVerfGE 151, 101 (102).

31) 계희열 (주 2), 814면; Uhle (주 14), Rn. 14.
32) 헌재 1997. 3. 27, 95헌가14 등, 판례집 제9권 1집, 193.
33) 이에 대한 합헌결정으로 헌재 2015. 3. 26, 2012헌바357, 판례집 제27권 1집 상, 233.
34) 양자가 독립적이라고 보는 입장으로 R. Gröschner, U. Steiner, 다른 견해로 Uhle, 이에 관하여 Böhm (주 7), S. 225, 각주 66.
35) Frauke Brosius—Gersdorf, Demokrafischer Wandel und Familienförderung, Tübingen 2011, S. 204.

에 이 혼인과 가족생활은 주로 민법상의 혼인과 가족개념을 기반으로
하여 규정된 것이라 할 수 있으나 당시의 혼인과 가족생활에 있어서 존
재하던 폐습을 혁파하라는 명령으로 개인의 존엄과 양성평등을 기초로
성립되고 유지되어야 한다는 문구를 삽입한 것이다. 어쨌든 원칙적으로
혼인과 가족은 서로 결합되어 있는 것으로 보는 것이 맞다. 다만 가족의
경우 혼인이 있든 없든 모성이 자녀를 출산하는 경우 가족이 성립될 수
있으며, 가족은 혼인보다 더욱 사회적 현실을 반영할 수밖에 없는 것이
기 때문에 혼인으로 성립되지 않은 인간공동체의 가족성을 모두 부인할
수는 없다. 따라서 가족과 혼인의 관계는 완전히 결합관계로만 파악할
수 없다는 점을 인정할 수밖에 없다.

나. 법적 성격: 복합적, 다차원적 기본권

**48. 복합적 기
본관 주관적 공
권+제도보장**

혼인과 가족생활 기본권은 주관적 공권으로서의 성격과 제도보장
으로서의 성격을 동시에 갖는다. 그리고 아래 보호영역에서 후술하듯이
주관적 공권으로서의 성격 가운데는 자유권, 사회적 기본권, 기본권보호
의무(보호청구권)(이는 근본적인 가치결단으로서 원칙규범의 내용에 포함될 수도
있음)로서의 측면이 모두 포함된다고 할 수 있다. 그리고 헌법 제36조
제1항은 근본적인 가치결단으로서 원칙규범이라고 하는 성질도 가진다.
이 말은 국가가 혼인 및 가족과 관련되는 사법과 공법의 전체 영역에
대하여 구속력이 있는 가치결단이라고 하는 의미이다.[36]

**49. 모든 국가
기관을 구속**

그러므로 국가는 혼인과 가족생활과 관련되는 모든 법 영역에서 혼
인과 가족생활에 있어서 개인의 존엄과 양성평등이 실현될 수 있도록
보장하고 배려하며 지원해야 한다고 하는 것이며, 이는 입법자 뿐만 아
니라, 법적용기관인 행정부와 사법부가 법률을 해석 · 적용함에 있어서
도 헌법 제36조 제1항을 하나의 해석의 지침과 원칙으로서 적용해야 한
다는 것을 의미한다.

---

36) BVerfGE 6, 55 (72).

판례 헌법 제36조 제1항은 인간의 존엄과 양성의 평등이 가족생활에서도 보장되어야 한다는 요청에서 인간다운 생활을 보장하는 기본권의 성격을 갖는 동시에 그 제도적 보장의 성격도 가진다(헌재 2002. 3. 28, 2000헌바53, 판례집 14-1, 159, 165 등 참조)

(헌재 2011. 2. 24, 2009헌바89 등, 판례집 23-1상, 108, 115)

다. 보호영역

헌법 제36조 제1항이 보장하는 혼인과 가족생활에 관한 권리는 혼인체결의 자유와, 가족구성의 자유, 그리고 가족생활의 자유로 나누어 볼 수 있다.

50. 혼인과 가족생활 기본권의 유형

(1) 혼인과 가족생활에 있어서 존엄권과 자유권

독일에서는 기본법 제6조 제1항의 혼인과 가족의 보호조항은 나치전체주의(Allstaatlichkeit des Nationalsozialismus)에 대한 반작용으로서도 이해되고 있으며37) 혼인과 가족생활의 자유권은 이러한 침해에 대한 방어권으로서의 의미가 있다.

51. 독일: 혼인과 가족보호조항은 나치전체주의에 대한 반작용으로 이해

ⅰ) 혼인의 자유

우선 헌법 제36조 제1항은 혼인의 자유를 보장한다. 혼인의 자유는 누구든지 혼인을 할 것인지, 한다면 누구와, 언제, 어디서, 어떻게 할 것인지를 모두 개인의 자유의사로 결정할 수 있는 권리를 의미한다.

52. 혼인의 자유의 개념

따라서 본인의 의사와 상관없이 부모나, 종교나 사회 혹은 국가가 강제로 맺어주는 혼인은 개인의 존엄을 전제로 하는 혼인이라 할 수 없다. 즉 강제혼인38)은 허용되지 않는다.

53. 강제혼인은 불허

---

37) BVerfGE 6, 55 (71); Axel Frhr. v. Campenhausen, Verfassungsgarantie und sozialer Wandel Das Beispiel von Ehe und Familie, VVDStRL 45, Berlin/New York 1987, S. 17; Monika Böhm (주 7), S. 220.

38) 이 문제에 관하여는 Schubert/Moenius, Zwangsheirat – Mehr als nur ein Straftatbestand: Neue Wege zum Schutz der Opfer, ZRP 2006, S. 33 ff.; Necla Leleg, Heirat ist keine Frage oder Kann durch die Einführung eines Mindestalters für den Nachzug von Ehegatten auf 21 Jahre die "Zwangsehe" verhindert werden?,

54. 국가의 혼
인금지는 혼인
의 자유 침해

뿐만 아니라 남녀가 혼인을 하고자 하는데 국가가 혼인을 하지 못
하도록 금지하는 것 역시 혼인의 자유에 대한 제한이 되며, 가령 동성동
본이라는 이유만으로 혼인을 금지한다면 이는 과잉금지의 원칙에 위반
하여 혼인의 자유를 침해하는 것이 된다. 그러나 근친혼이나 일정한 혈
족의 범위 내에서 혼인을 금지하는 것은 정당한 제한이 될 수 있다. 헌
법재판소 역시 8촌 이내의 혈족 사이에서의 혼인금지조항(민법 제809조
제1항)에 대하여 합헌으로 보고 있다.[39]

55. 사실혼이나
혼인 외 자녀를
출산한 경우 부
모와 자녀 간은
가족으로서 보
호대상

법률상 혼인신고를 하지 않고서 자식을 출산함으로써 사실혼으로
서의 가족을 이룬 경우, 그 가족은 헌법 제36조 제1항의 보호를 받는
데 아무런 문제가 있을 수 없다. 사실혼으로 구성된 가족이라 하더라도
법률혼에 의한 가족과 마찬가지로 국가가 이 가족을 동일하게 보호하기
위한 입법적 노력을 기울일 필요가 있다고 하겠다.

56. 미성년자
혹은 피성년후
견인의 혼인의
자유 제한 정당

미성년자나 피성년후견인이 혼인하고자 할 경우 법정대리인인 부
모나 후견인의 동의가 필요하도록 한 것(민법 제808조)은 혼인의 자유에
대한 정당한 제한이라 할 것이다.

57. 이혼의 자
유 문제

다음으로 혼인의 자유에 소극적 자유로서 이혼의 자유가 포함될 것
인지도 문제될 수 있다. 그러나 혼인은 남녀가 원칙적으로 평생 하나의
생활공동체를 형성하여 평생 동반자로 살아가기로 하는 합의이므로, 원
칙적으로 해소할 수 없는 계약이라고 보아야 한다.

58. 이혼의 자
유는 일반적 행
동의 자유에 의
하여 보장

그렇다고 하더라도 더 이상 혼인을 지속할 수 없을 정도로 가정생
활이 파탄에 이르렀다면 이혼을 하고 홀로 살든가 아니면 새로운 배우
자를 만나 새로운 가족을 구성할 수도 있는데, 이는 개인이 자율적으로
결정할 문제이므로, 이혼을 할 자유 역시 헌법에 의하여 보호된다. 다만
그 헌법적 근거로는 제36조의 혼인과 가족생활에 관한 기본권이 아니라
헌법 제10조의 일반적 행동의 자유에서 찾을 수 있을 것이다.

ZAR 2006, S. 232 ff. 독일의 경우 이민자들의 강제혼인을 방지하기 위하여 강제
혼인방지법을 제정하여 운용하고 있다. 즉 2011. 6. 23.자 강제결혼의 방지 및 강
제결혼의 희생자보호 개선과 그 밖의 체류법 및 난민법 규정의 개정을 위한 법률
(BGBl. I 1266)과 2017. 7. 17. 조혼(아동혼인)방지법(BGBl. I 2429).
39) 헌재 2022. 10. 27, 2018헌바115, 공보 313, 1321, 1321.

그리고 입법자는 이혼 이후 배우자 상호 간 혹은 각자 자녀에 대한 양육이나 보호책임(민법 제837조)을 누가 어떻게 져야 할 것인지 등에 대하여 혼인과 가족법을 통하여 잘 형성할 필요가 있으며, 그러한 범위 내에서 각자가 지는 책임과 의무는 혼인(배우자관계)의 자유에 대한 정당한 제한이 된다고 할 것이다.

59. 이혼 후 자녀에 대한 양육책임의 문제는 혼인의 자유에 대한 정당한 제한

ii) 가족생활에 있어서 존엄권

인간은 자율적 인격을 가진 존엄한 존재이다. 따라서 이러한 존엄한 인격은 혼인과 가족생활에서도 보호되어야 한다. 가족생활에 있어서 존엄권이란 자녀의 출산을 비롯하여 가족관계를 구성함에 있어서 남녀가 자율적 의사에 기하여 결정할 수 있어야 한다는 것을 말한다. 뿐만 아니라 가족관계 내에서 소득활동과 자녀돌봄 및 가사활동 등을 어떻게 배분해야 할 것인지에 대해서도 역시 자율적 의사에 입각하여 결정할 수 있어야 한다는 것을 말한다.

60. 자율적 의사에 따른 가족관계 구성

따라서 이러한 자율적 의사에 반하여 어떠한 가족적 신분관계를 국가가 일방적으로 강제하거나 명령한다면 이는 가족생활에 있어서의 존엄권을 침해하는 것이다. 가령 남성중심의 가부장적 호주제도는 가족생활에 있어서 존엄권과 양성평등권을 침해하여 위헌이라고 할 것이다.[40]

61. 가부장적 호주제도는 양성평등권 침해

> 판례 **민법 제781조 제1항 본문 후단부분 위헌제청 등**
>
> 헌법 제36조 제1항은 혼인과 가족생활은 개인의 존엄을 존중하는 가운데 성립되고 유지되어야 함을 분명히 하고 있다. 혼인과 가족생활은 인간생활의 가장 본원적이고 사적(私的)인 영역이다. 이러한 영역에서 개인의 존엄을 보장하라는 것은 혼인·가족생활에 있어서 개인이 독립적 인격체로서 존중되어야 하고, 혼인과 가족생활을 어떻게 꾸려나갈 것인지에 관한 개인과 가족의 자율적 결정권을 존중하라는 의미이다. 혼인과 가족생활을 국가가 결정한 이념이나 목표에 따라 일방적으로 형성하는 것은 인간의 존엄성을 최고의 가치로 삼고 민주주의원리와 문화국가원리에 터잡고 있는 우리 헌법상 용납되지 않는다. 국가

---

40) 방승주, 호주제의 위헌성 여부 - 헌법재판소 2001헌가9, 2001헌가11(계류중), 헌법소송사례연구, 박영사 2002, 374-392(383)면; 위헌론과 합헌론에 대하여는 378면 각주 1)에서 열거된 문헌들을 보라.

는 개인의 생활양식, 가족형태의 선택의 자유를 널리 존중하고, 인격적·애정적 인간관계에 터잡은 현대 가족관계에 개입하지 않는 것이 바람직하다(헌재 2000. 4. 27, 98헌가16 등, 판례집 12-1, 427, 445, 446 참조).

따라서 혼인·가족제도가 지닌 사회성·공공성을 이유로 한 부득이한 사유가 없는 한, 혼인·가족생활의 형성에 관하여 당사자의 의사를 무시하고 법률의 힘만으로 일방적으로 강제하는 것은 개인의 존엄에 반하는 것이다.

그런데 호주제는 당사자의 의사와 자결권을 무시한 채 남계중심의 가제도의 구성을 강제하고 이를 유지하기 위하여 신분당사자의 법률관계를 일방적으로 형성한다.

(헌재 2005. 2. 3, 2001헌가9 등, 판례집 17-1, 1, 23)

iii) 가족구성과 가족생활형성의 자유

62. 가족구성의 자유

혼인을 하는 경우 일반적으로는 자녀를 출산하여 가족을 구성하게 된다. 물론 자녀를 출산하지 않는다 하더라도 남녀의 혼인만으로도 하나의 가족이 된다(독일에서는 이 경우 혼인으로서만 보며 가족은 양(홀)부모와 자녀와의 관계를 의미한다). 하지만 일반적으로 부모와 자녀를 포함하여 소위 핵가족 단위의 가족이 가장 일반적인 가족의 모습이라고 할 수 있다. 그러므로 혼인을 하더라도 자녀를 낳을 것인지, 낳는다면 몇 명을 언제 낳을 것인지 모두 부부가 자유의사에 따라 결정할 수 있다. 그리고 핵가족 단위로 살 것인지 아니면 조부모와 손자녀가 함께 사는 대가족 단위로 살 것인지 등 역시 가족 구성원들이 자율적으로 결정할 문제이다. 그러나 가족의 기초단위는 일반적으로 부모와 자녀로 구성되는 핵가족이며, 자녀는 출산으로 낳을 수도 있지만 입양을 통해서 가족구성을 할 수도 있다.

63. 가족형성의 자유

나아가 헌법 제36조 제1항의 혼인과 가족생활의 자유권은 이러한 가족계획과 관련한 것 외에도 가족생활에서 필요한 모든 결정을 가족구성원들의 자율적 의사와 합의에 따라 자유로이 내릴 수 있는 권리가 포함되는데 이를 가족생활의 자유라 할 것이다.

64. 가족생활기본권 및 가족생활의 자유에 포함되는 권리

헌법재판소가 가족생활기본권 내지 가족생활의 자유에 포함시키고 있는 것으로는 부모의 자녀에 대한 교육권[41], 학부모의 학교선택권[42],

부모가 자녀의 이름을 지을 자유43), 가족생활을 자유롭게 형성할 권리44), 미성년인 가족구성원이 성년인 가족으로부터 부양과 양육, 보호 등을 받을 권리45) 등이 있다.

> **판례** 표준어 규정 제1장 제1항 등 위헌확인(국어기본법 제14조, 제18조)
>
> 그런데 가족생활을 구성하는 핵심적 내용 중의 하나가 바로 자녀의 양육과 교육이고, 이는 일차적으로 부모의 천부적인 권리인 동시에 부모에게 부과된 의무이기도 하므로, '부모의 자녀에 대한 교육권'은 비록 헌법에 명문으로 규정되어 있지 않지만, 모든 인간이 국적과 관계없이 누리는 양도할 수 없는 불가침의 인권으로서 혼인과 가족생활을 보장하는 헌법 제36조 제1항, 행복추구권을 보장하는 헌법 제10조 및 "국민의 자유와 권리는 헌법에 열거되지 아니한 이유로 경시되지 아니한다."고 규정한 헌법 제37조 제1항에서 나오는 중요한 기본권이 된다 할 것이다(헌재 2000. 4. 27, 98헌가16, 판례집 12-1, 427, 445-451 참조).
>
> (헌재 2009. 5. 28, 2006헌마618, 판례집 21-1하, 746, 757)

헌법재판소는 부모의 자녀교육권 침해여부의 심사에 있어서 광범위한 입법형성권을 인정하지만 그럼에도 불구하고 과잉금지원칙 위반여부를 심사한다.46)

65. 부모의 자녀교육권 침해여부 과잉금지 심사

(2) 혼인과 가족생활 평등권: 양성평등

헌법 제36조 제1항은 혼인과 가족생활은 개인의 존엄뿐만 아니라

66. 양성평등을 기초

---

41) 헌재 2009. 5. 28, 2006헌마618, 판례집 제21권 1집 하, 746, 757; 헌재 2000. 4. 27, 98헌가16 등, 판례집 제12권 1집, 427, 427 – 428; 헌재 2016. 11. 24, 2012헌마854, 판례집 제28권 2집 하, 273, 273; 헌재 2009. 4. 30, 2005헌마514, 판례집 제21권 1집 하, 185, 185; 헌재 2008. 10. 30, 2005헌마1156, 판례집 제20권 2집 상, 1007; 헌재 2008. 10. 30, 2005헌마1156, 판례집 제20권 2집 상, 1007.

42) 헌재 2012. 11. 29, 2011헌마827, 판례집 제24권 2집 하, 250, 261; 헌재 1995. 2. 23, 91헌마204, 판례집 제7권 1집, 267, 267.

43) 헌재 2016. 7. 28, 2015헌마964, 판례집 제28권 2집 상, 222, 222.

44) 헌재 2013. 9. 26, 2011헌가42, 판례집 제25권 2집 상, 610; 헌재 2011. 2. 24, 2009헌바89 등, 판례집 제23권 1집 상, 108, 117. Uhle (주 14), Rn. 27 ff.

45) 헌재 2011. 2. 24, 2009헌바89 등, 판례집 제23권 1집 상, 108, 108 – 109.

46) 헌재 2013. 10. 24, 2012헌마832, 판례집 제25권 2집 하, 309, 317.

양성의 평등을 기초로 성립되고 유지된다고 천명함으로써 혼인은 물론 가족생활에 있어서도 남자와 여자의 결합과 평등을 전제로 하고 있다. 그러므로 이를 혼인과 가족생활 평등권이라 할 수 있을 것이다.

67. 일부일처제만 허용

양성평등은 남자와 여자가 모두 평등한 지위에서 혼인을 하는 것을 전제로 하므로, 일부일처제 외의 그 어떠한 다른 형태의 혼인은 헌법적으로 허용되지 않는다. 다시 말해서 일부다처제나 일처다부제 모두 허용되지 않고, 중혼 역시 금지된다(민법 제810조).

68. 가족구성에 관한 동등한 권리 보장

나아가 가족을 구성함에 있어서도 부부의 동등한 권리가 존중되어야 한다. 그러므로 자녀출산을 포함해서 모든 가족생활 영위에 있어서 부부는 동권을 가지고서 의사결정을 하여야 한다.

69. 의용민법상 처의 무능력조항 위헌

과거에 의용민법은 처의 무능력을 규정하고 있었기 때문에 처가 독자적으로 소송을 제기할 수도 없었다. 해방 후 아직 정부수립 전이었지만 미 군정하 대법원은 이러한 처의 무능력 조항은 남녀평등원칙에 위반된다고 하는 이유로 위헌·무효로 보고서 남편의 동의를 얻지 않는 소제기에 대하여 유효함을 전제로 본안판단까지 하였다.[47] 이러한 의용민법조항이나 축첩, 중혼 등은 모두 남녀동권과 양성평등에 반하므로 헌법적으로 허용될 수 없다.

70. 호주제와 호적제도 폐지

우리 민법 역시 1994년의 전면 개정을 통하여 남녀차별적 요소들을 대폭 개정하였음에도 호주제 등이 여전히 남아 남녀평등에 위반되는 내용을 가지고 있었으나 헌법재판소는 이 호주제가 헌법 제36조의 혼인과 가족생활에 있어서 양성평등원칙에 위반된다는 이유로 헌법불합치결정을 선고하였다. 그 후 호주제와 호적제도는 폐지되고 새로이 가족등록부제도가 도입되었다.

71. 자녀사이의 평등취급 요구

한편 가족생활에 있어서 양성평등은 자녀들 간의 관계에서 아들과 딸에 대한 평등취급을 요구하는 것이다.[48] 그러므로 만일 입법자가 가족생활에 있어서 남자를 여자보다 우대한다든가 그 반대의 입법을 하는 경우 가족생활 양성평등권에 위반된다.

---

47) 대법원 1947. 9. 2. 선고 1947민상88 판결.
48) 동지, 한수웅, 헌법학 제11판, 법문사 2021, 1085면.

다만 헌법 제36조 제1항이 부모와 자녀들 간의 관계에서 항상 획일적 평등을 요구한다고 할 수는 없다. 부모는 자녀에 대한 친권자이며 생래적으로 양육권을 가지기 때문에 자녀가 성년자가 되기까지는 부모와 자녀 간의 관계가 평등하다고 볼 수는 없다. 가령 민법상 자녀에 대한 거소지정권(민법 제914조)에 의해서 자녀의 거주·이전의 자유를 제한할 수 있는 것은 가족생활 평등권에 반하지 않는다.

72. 부모와 자녀 관계의 상대적 평등

판례 민법 제781조 제1항 본문 후단부분 위헌제청 등

헌법 제36조 제1항은 혼인과 가족생활에서 양성의 평등대우를 명하고 있으므로 남녀의 성을 근거로 하여 차별하는 것은 원칙적으로 금지되고, 성질상 오로지 남성 또는 여성에게만 특유하게 나타나는 문제의 해결을 위하여 필요한 예외적 경우에만 성차별적 규율이 정당화된다. 과거 전통적으로 남녀의 생활관계가 일정한 형태로 형성되어 왔다는 사실이나 관념에 기인하는 차별, 즉 성역할에 관한 고정관념에 기초한 차별은 허용되지 않는다.

호주제는 남계혈통을 중심으로 인위적 가족집단인 가를 구성하고 이를 승계한다는 것이 그 본질임은 위에서 본바와 같다. 인위적 가족집단인 가를 구성·유지하는 것이 정당한지 여부를 차치하고서, 남계혈통 위주로 가를 구성하고 승계한다는 것은 성에 따라 아버지와 어머니를, 남편과 아내를, 아들과 딸을, 즉 남녀를 차별하는 것인데, 이러한 차별을 정당화할 만한 사유가 없다.

(헌재 2005. 2. 3, 2001헌가9 등, 판례집 17-1, 1, 18-19.)

판례 국적법 제2조 제1항 제1호 위헌제청

한국인과 외국인 간의 혼인에서 배우자의 한쪽이 한국인 부인 경우와 한국인 모인 경우 사이에 성별에 따른 특별한 차이가 있는 것도 아니고, 양쪽 모두 그 자녀는 한국의 법질서와 문화에 적응하고 공동체에서 흠없이 생활해 나갈 수 있는 동등한 능력과 자질을 갖추었는데도 불구하고 전체 가족의 국적을 가부(家父)에만 연결시키고 있는 구법조항은 헌법 제36조 제1항이 규정한 "가족생활에 있어서의 양성의 평등원칙"에 위배된다.

(헌재 2000. 8. 31, 97헌가12, 판례집 12-2, 167, 168)

(3) 혼인과 가족생활의 자유에 대한 보호청구권

혼인과 가족생활은 위에서 언급하였듯이 개인의 존엄과 양성의 평

73. 국가의 보호의무와 보호청구권

등을 기초로 성립되고 유지되어야 한다. 그럼에도 혼인이 개인의 자율적 의사에 반하여 사인에 의한 강제로 이루어진다든가, 혹은 원치 않는 임신을 하게 하여 강제로 가족을 이루게 한다든가 여하한 형태로든 개인의 자율적 의사에 반하여 사인에 의한 혼인과 가족생활의 강제가 이루어질 경우 그 개인은 적극적으로 국가에 보호를 청구할 수 있으며, 국가는 그 사람의 혼인과 가족생활의 자유권을 보호할 의무를 진다.

74. 형법상 보호규정

만일 이러한 강제혼인이나 강제출산 혹은 강제 가족구성의 경우 모두 형사처벌의 대상이 될 수 있는 범죄를 구성하므로 국가는 이러한 강제행위들에 대해서는 형법으로 보호를 할 수 있다.

75. 강제출산과 관련된 사법질서에 대한 기본권 효력의 문제 발생

하지만 민법상 경제적 곤궁상태, 즉 궁박을 이용하여 형식상 계약을 통하기는 하였지만 사실상 원치 않는 임신을 하게 하거나 출산을 하게 하는 경우 이러한 계약에 대하여 우월적 지위를 이용한 사적 자치의 남용으로서 그 계약을 무효로 봐야 할 것인지의 문제는 간단치는 않다. 이 문제는 사법질서에 있어서 국가의 기본권보호의무[49]의 문제로 다루어야 하는데, 원칙적으로 사적 자치에 입각한 계약은 사법질서에서 존중되어야 하지만, 사실상 우월적 지위를 이용한 계약을 통하여 의사를 위법하게 강제하였다고 할 수 있는 경우가 언제인지 그리고 법원이 계약에 대하여 내용통제를 해야 하는 경우가 언제인지가 문제인데, 기본권의 간접적 대사인효와 사법질서에 있어서 기본권보호의 문제이다.[50]

76. 카나리스의 위법성, 의존성, 위험성

이와 관련하여 독일의 사법학자 카나리스는 사법질서에 있어서 국가, 즉 법원이 기본권보호의무를 실행하기 위한 전제조건으로서 위법성, 의존성, 위험성의 세 가지 요소를 든 바 있다.[51] 다만 이 세 가지 요소 하나 하나에 대한 판단이 구체적 · 개별적 사례마다 다 다를 수 있다는 데에 문제가 있어 보인다.

---

49) 이에 대하여는 방승주, 사법질서에 있어서 국가의 기본권보호의무, 공법학연구 제7권 제5호(2006. 12), 47−83면.

50) 윤진수, 권영준, 김형석, 이동진, 헌법과 사법, 박영사 2018, 169−215면

51) Claus−Wilhelm Canaris, Grundrechte und Privatrecht, Berlin/New York, 1999, S. 75 f.; 방승주 (주 49), 70면.

(4) 혼인과 가족생활을 위한 급부청구권

헌법 제36조 제1항은 혼인과 가족생활은 개인의 존엄과 양성의 평등을 기초로 성립되고 유지되며 국가는 이를 보장한다고 하고 있다. 보장한다고 하는 의미는 단순히 자유를 침해하지 않는다는 차원을 넘어서 국가와 사회의 가장 기초단위로서 모체 내지 생식세포(Keimzelle)라 할 수 있는 혼인과 가족제도를 잘 형성하고 또한 육성할 의무를 포함한다.

77. 혼인과 가족제도를 형성하고 육성할 의무포함

따라서 혼인 적령에 이른 남녀가 경제적 형편이 어려워 혼인이나 가족구성을 하지 못하고 있을 경우 혼인과 가족생활을 유도하기 위하여 최소한의 경제적 지원을 하거나 사회보장(보험)법과 노동관계법 등의 혼인·가족 우호적 형성을 통하여 혼인과 가족구성을 유도할 필요가 있다. 다만 이러한 급부청구권은 헌법을 근거로 국가에 직접 청구할 수 있는 권리라고 하기 보다는 입법자가 법률로 구체화시킬 때 비로소 행사할 수 있는 권리라고 할 것이다. 그러므로 국가의 재정적 능력이 허용되는 범위 안에서 입법자는 혼인과 가족생활을 육성하기 위한 제반 지원 법률들을 제정하고 가족구성원들이 최소한의 가족생활이 가능할 수 있도록 지원과 배려를 하지 않으면 안 된다. 그리고 혼인과 가족을 위한 지원부담은 고용주로 하여금 지게 하는 것 역시 입법자의 형성의 자유의 범위 내에 속한다고 할 것이다.

78. 국가의 재정적 지원과 배려필요

이 혼인과 가족생활에 대한 급부청구권은 헌법 제34조의 인간다운 생활을 할 권리와 국가의 사회보장·사회복지 증진의무, 그리고 헌법 제35조의 쾌적한 주거생활노력의무와 더불어서 모든 국민이 가족단위로 최소한의 인간다운 생활을 보장받을 수 있도록 국가에 적극적으로 지원을 청구할 수 있는 사회적 기본권에 해당한다.

79. 사회적 기본권으로서 급부청구권

타인의 도움을 얻어서 자녀를 출산할 수 있도록(인공수정을 통한 임신과 출산) 지원을 요구할 수 있는 권리가 헌법 제36조 제1항으로부터 직접 도출된다고 하기는 힘들겠지만[52] 입법자가 그러한 지원을 하는 경우[53]

80. 인공수정을 통한 출산지원 가능성

---

52) Uhle (주 14), Rn. 26.
53) 현재 우리 나라에서는 체외수정시술비 지원이 일정 요건 하에 시행되고 있다. https://www.129.go.kr/faq/faq03_view.jsp?n=959 (최종방문 2023. 10. 8.). 또한 모자보건법상 난임 지원대상인 난임의 정의에 사실혼 부부도 포함되는 것으로 개

이는 입법자의 형성의 자유의 범위 내에 속하는 것이라고 할 것이다.

(5) 현존하는 혼인과 가족생활에 대한 존중요구권

81. 사실혼 부부의 가족에 대한 존중요구권

만일 그 어떠한 형태로이든 남녀가 이미 사실상 한 가정을 이루거나 혼인을 하지 않은 채 사실혼 부부로서 자녀를 출산하여 가족을 구성한 경우 이 가족구성원은 헌법 제36조 제1항이 보호하는 가족에 포함된다. 따라서 이들은 현존하는 가족생활에 대한 존중요구권이 인정된다.[54]

> **판례** 헌법 제36조 제1항은 "혼인과 가족생활은 개인의 존엄과 양성의 평등을 기초로 성립되고 유지되어야 하며, 국가는 이를 보장한다."라고 규정하고 있는데, 헌법 제36조 제1항은 혼인과 가족생활을 스스로 결정하고 형성할 수 있는 자유를 기본권으로서 보장하고, 혼인과 가족에 대한 제도를 보장한다. 그리고 헌법 제36조 제1항은 혼인과 가족에 관련되는 공법 및 사법의 모든 영역에 영향을 미치는 헌법원리 내지 원칙규범으로서의 성격도 가지는데, 이는 적극적으로는 적절한 조치를 통해서 혼인과 가족을 지원하고 제삼자에 의한 침해 앞에서 혼인과 가족을 보호해야 할 국가의 과제를 포함하며, 소극적으로는 불이익을 야기하는 제한조치를 통해서 혼인과 가족을 차별하는 것을 금지해야 할 국가의 의무를 포함한다. 이러한 헌법원리로부터 도출되는 차별금지명령은 헌법 제11조 제1항에서 보장되는 평등원칙을 혼인과 가족생활영역에서 더욱 더 구체화함으로써 혼인과 가족을 부당한 차별로부터 특별히 더 보호하려는 목적을 가진다. 이 때 특정한 법률조항이 혼인한 자를 불리하게 하는 차별취급은 중대한 합리적 근거가 존재하여 헌법상 정당화되는 경우에만 헌법 제36조 제1항에 위배되지 아니한다.
>
> (헌재 2002. 8. 29, 2001헌바82, 판례집 14-2, 170.)

라. 기본권 주체

82. 자연인

혼인과 가족생활에 있어서 개인의 존엄과 양성평등은 인간으로서의 권리에 해당한다고 할 수 있으므로, 국민이든 외국인이든 자연인이라고 한다면 모두 그 기본권주체성을 인정할 수 있다.

정되었다(제2조 제11호).
54) Michael Sachs 저/방승주 역 (주 3), 421면.

한국인과 결혼한 중국인 배우자가 결혼동거목적거주 사증발급을 신청함에 있어서 피청구인인 주 중국대한민국대사가 행한 결혼경위 등 기재요구행위에 대한 헌법소원심판55)에서 청구인이 외국인임에도 불구하고 기본권주체임을 전제하고 그 적법요건에 대한 심사는 별도로 하지 않은 것은 외국인의 기본권주체성을 인정한 사례라고 할 수 있을 것이다.

83. 결혼경위 등 기재요구행 위 헌법소원

마. 효 력

(1) 대국가적 효력

헌법 제36조 제1항의 혼인과 가족생활기본권은 우선 대국가적 방어권으로서의 의미를 가지기 때문에 당연히 국가가 그 수범자이다. 그리고 혼인과 가족생활 평등권 역시 국가가 침해하지 말아야 한다. 혼인과 가족생활의 자유를 제3자에 의하여 침해받거나 침해받을 우려가 있을 경우 그것을 보호해야 할 의무를 지는 것 역시 국가이다. 나아가 혼인과 가족생활을 영위하기 위하여 필요한 최소한의 물질적 지원을 요구할 수 있는 권리는 일종의 사회적 기본권으로서 역시 대국가적 권리이다.

84. 수범자: 국가

(2) 대사인적 효력

혼인과 가족생활의 자유는 사인 간의 법질서에 있어서도 효력을 발휘할 수 있지만 다른 자유권의 경우와 마찬가지로 민법의 일반조항이나 불확정 법개념을 통하여 간접적 효력을 발휘한다고 보아야 한다. 즉 혼인을 할 것인지 여부와 가족을 구성할 것인지 여부 이 모든 결정 역시 개인의 자율적 의사에 기초하여 이루어진다. 그러므로 만일 혼인과 가족생활영역에서 개인의 존엄이나 평등이 상대방이나 혹은 다른 가족 구성원에 의하여 침해된 경우, 헌법 제36조 제1항이 직접 효력을 발휘한다고 보게 되면 이 혼인과 가족생활의 자유가 다른 상대방이나 가족구성원에게는 단지 의무조항으로 나타나게 될 뿐이다. 그러나 그 가족구성원 역시 혼인과 가족생활기본권의 주체이기 때문에 이 존엄권과 평등

85. 간접적 대 사인효

---

55) 헌재 2005. 3. 31, 2003헌마87, 판례집 제17권 1집, 437.

권이 직접 효력을 발한다고 할 수는 없다.

86. 혼인이나
가족구성에 대
한 사실상 강제
시 법원 개입
필요

그러므로 민법상 신의성실의 원칙이나 공서양속, 불법행위조항이나 불확정 법개념의 해석을 통하여 간접적으로 효력을 발한다고 해야 할 것이다. 그리고 만일 우월적 지위를 가진 상대방에 의하여 당사자의 평등한 사적 자치가 무너졌다고 볼 수 있을 정도로 혼인이나 가족구성에 대한 사실상의 강제가 이루어졌다고 인정할 수 있는 예외적인 경우에는 당사자 간의 사적 계약이 있었다 하더라도 국가, 즉 법원이 개입하여 내용통제를 함으로써, 침해된 혼인과 가족생활에 있어서의 존엄권과 평등권의 침해를 구제해 줄 필요가 있을 것이다.

바. 한계와 제한

(1) 한 계

87. 자유권과
양성평등권이
상호 간 한계로
작용

혼인과 가족생활기본권의 헌법적 한계는 일단 명시적으로 존재하지는 않는다. 그러나 다른 사람의 혼인과 가족생활기본권, 즉 혼인과 가족생활 자유권과 양성평등권이 상호 간에 헌법적 한계로 작용할 수 있을 것이다.

(2) 제 한

i) 혼인과 가족생활에 있어서 존엄권과 자유권에 대한 제한

88. 헌법 제37
조 제2항에 따
른 제한가능

혼인과 가족생활 기본권 역시 무한한 기본권이 아니며 국가안전보장, 질서유지, 공공복리를 위하여 필요한 경우에 한하여 법률로써 제한할 수 있다(헌법 제37조 제2항).

89. 제한의 사례

친생부인의 소의 제척기간을 출생을 안 날로부터 1년으로 제한56)한다거나 혹은 당사자의 사망사실을 안 날을 기준으로 정한 것57), 동성동본금혼58)은 모두 혼인과 가족생활에 있어서 존엄권에 대한 제한이다. 또한 계모자 사이의 법정혈족관계의 폐지는 미성년인 계자의 가족생활에서의 존엄권에 대한 제한이기는 하나 그 정도는 과도하지 않다고 하

---

56) 헌재 1997. 3. 27, 95헌가14 등, 판례집 제9권 1집, 193, 193.
57) 헌재 2014. 3. 27, 2010헌바397, 판례집 제26권 1집 상, 369, 372.
58) 헌재 1997. 7. 16, 95헌가6, 판례집 제9권 2집, 1, 1-2.

는 것이 헌법재판소의 판례이다.59) 가족구성원 2인이 동의하고 정신과
전문의 1인의 소견서가 있을 경우 가족을 강제입원할 수 있도록 한 소
위 정신건강법상 보호입원제도는 본인의 자율적 의사에 반하여 그를 가
정으로부터 분리시키고 신체를 사실상 감금하는 것이므로 피입원자의
신체의 자유60) 뿐만 아니라 가족생활 기본권을 침해한다고 할 수 있다.

일제 강점기 때 일제가 강제나 속임수로 소위 일본군위안부라고 하
는 성노예로 소녀들을 끌고 간 행위는 전형적으로 혼인과 가족생활 존
엄권을 파괴한 전형적 행위라고 할 수 있다. 가족구성원이 인신매매나
성폭력을 당하여 그 인생이 파괴되는 경우 단지 그 한 사람만이 아니라
그 피해자가 속한 가족 전체가 파괴될 수 있는 것이므로 성범죄는 단순
한 개인범죄가 아니라 그 피해자가 속한 가족구성원에 대한 가족생활에
서의 존엄권을 침해하는 범죄라고 할 것이므로 국가는 그러한 범죄를
방지할 기본권보호의무를 진다.

90. 혼인과 가
족생활의 존엄
권 침해사례:
일본권위안부
성노예 사건

코로나19 대유행기간 동안 코로나19 감염자의 경우 가족 간의 면
회가 허용되지 않은 것은 역시 가족들 상호간의 만남의 자유를 제한한
것이다.61) 또한 코로나19 대유행기간 동안 대면수업을 하지 못한 데 대
하여 가족생활기본권의 침해를 주장하면서 제기한 헌법소원에 대하여
독일 연방헌법재판소는 가족생활기본권의 보호영역에 대한 제한 자체가
존재하지 않는다고 판단하였다. 즉 대면수업의 금지에 의하여 수업시간
동안 할 수 없게 된 국가(학교)의 돌봄서비스(Betreuungsleistung)는 기본법
제6조 제1항의 보호영역에 해당되지 않는다는 것이다. 왜냐하면 보호의
무에 비추어 볼 때 이 돌봄서비스는 부모가 자신들의 자녀를 제3자에게
맡기고 싶다고 하여 언제든지 자유롭게 결정할 수 있는 성질의 것이 아

91. 코로나19
유행에 의한 가
족기본권 제한

---

59) 헌재 2011. 2. 24, 2009헌바89 등, 판례집 제23권 1집 상, 108, 116.

60) 이에 관해서는 방승주, 정신보건법 제24조 제1항과 제2항에 대한 헌법불합치결정
과 신체의 자유의 객관적 가치질서로서의 의미, 제철웅 외 7인, 위험사회와 의사
결정능력 장애인의 자기결정권 행사의 지원, 홍문사 2023, 18−65면.

61) Uhle (주 14), Rn. 27.1. 독일연방헌법재판소는 코로나19 감염병 예방을 위한 접촉
금지와 외출금지에 대하여 코로나19 대유행의 예외적 상황을 근거로 정당화될
수 있는 것으로 보았다. 접촉금지에 대해서는 BVerfGE 159, 223, Rn. 134 ff. 외출
금지에 대해서는 BVerfGE 159, 223, Rn. 254 ff.

니기 때문이라는 것이다. 또한 학교가 대면수업을 하지 못하게 됨으로 말미암아 지게 되는 부모들의 자녀 돌봄에 대한 부담은 부모가 자기 책임 하에 형성해야 하는 가족생활 및 직업생활과 관련되기는 하지만 그렇다고 하여 그것이 가족생활기본권에 대한 사실상의 간접적 제한이라고 할 수는 없고, 오히려 감염병예방을 위한 국가적 조치로 인한 의도하지 않은 부수적 결과에 지나지 않은 것이기 때문에, 부모들에게 추가적인 돌봄서비스와 관련한 방어권도 인정되지 않는다고 보았다.62)

ii) 혼인과 가족생활에 있어서 양성평등권에 대한 제한

92. 제한규정에 대한 엄격심사 필요

혼인과 가족생활에 있어서 양성평등권은 헌법 제11조 제1항 제2문의 성별에 의한 차별금지의 특별한 기본권이라 할 수 있다. 혼인과 가족생활에 있어서 양성평등권은 입법자가 혼인과 가족생활과 관련한 입법을 통하여 남자와 여자를 차별하는 경우 제한될 수 있다. 이 경우 헌법은 혼인과 가족생활에 있어서 양성평등권을 보다 특별하게 보호하고 있다고 할 수 있으므로 남자와 여자를 차별할 경우에는 그러한 차별을 정당화할 수 있는 유형과 비중의 사유가 존재하는지 여부에 대하여 비례의 원칙에 입각한 엄격한 심사를 하여야 한다.

93. 제한에 관한 사례

가령 남성위주의 호주제63)나, 국적법상 부계혈통주의64)는 모두 혼인과 가족생활에 있어서 양성평등권에 대한 제한이며 헌법재판소는 위헌으로 판단하였다. 또한 출생 직후의 자(子)에게 성을 부여할 당시 부(父)가 이미 사망하였거나 부모가 이혼하여 모가 단독으로 친권을 행사하고 양육할 것이 예상되는 경우, 혼인 외의 자를 부가 인지하였으나 여전히 모가 단독으로 양육하는 경우 등과 같은 사례에 있어서도 일방적으로 부의 성을 사용할 것을 강제하면서 모의 성의 사용을 허용하지 않고 있는 것은 개인의 존엄과 양성의 평등을 침해한다고 보았다.65) 또한

---

62) BVerfGE 159, 355, Rn. 206 ff.; Uhle (주 14), Rn. 28.2; 위 제27절, III, 2, 다. 각주 39 참고.

63) 헌재 2005. 2. 3, 2001헌가9 등, 판례집 제17권 1집, 1, 2.

64) 헌재 2000. 8. 31, 97헌가12, 판례집 제12권 2집, 167.

65) 헌재 2005. 12. 22, 2003헌가5 등, 판례집 제17권 2집, 544, 544.

대법원은 남성만을 종중원으로 하는 관습법에 대하여 더 이상 효력을
가질 수 없다고 보았다.66)

iii) 혼인과 가족생활에 있어서 급부청구권에 대한 제한

국가는 개인의 존엄과 양성의 평등을 기초로 하는 혼인과 가족생활   94. 급부청구권
이 될 수 있도록 적극적으로 보장해야 한다. 이는 혼인과 가족생활이 보   에 대한 제한
다 원활하게 이루어질 수 있도록 적극적으로 보호하고 지원해야 할 국
가의 의무를 말하는 것이다. 이것은 전술한 바와 같이 사회적 기본권으
로서 만일 국가가 혼인과 가족생활에 대한 지원과 보호에 관한 입법을
전혀 하지 않고 있다거나 아니면 하기는 하였으되 전혀 부적합 · 불충분
하게 하였다면 이는 사회적 기본권으로서 혼인과 가족생활에 대한 사회
적 기본권을 제한하는 것이 된다.

iv) 혼인과 가족생활에 있어서 존엄권 및 자유권에 대한 제3자의 침해로부터의 국가의 보호의무와 그 이행여부에 대한 통제

만일 혼인과 가족생활에 있어서 개인의 존엄권과 양성평등을 제3자   95. 국가의 보
가 침해하거나 침해할 위험이 있을 경우 국가는 이를 방지하고 보호해   호의무의 이행
야 할 의무를 진다. 가령 만일 제3자가 개인의 자율적 의사와 상관없이
혼인을 강제하거나, 혹은 일부일처제의 원칙을 깨고 상대 배우자를 속
이고서 중혼을 한다거나 일부다처제로 혼인을 체결하였다면 이는 제3자
가 혼인에 있어서 존엄권을 침해하는 것이 된다. 이 경우 입법자는 혼인
에 있어서 개인의 존엄권을 보호하는 입법을 통하여, 그리고 법 적용기
관은 법률에 대한 해석 · 적용과정에서 그러한 혼인의 효력을 무효로 하
고 혼인에 있어서 개인의 존엄권을 보호하기 위한 국가의 보호의무를
이행하여야 한다.

국가가 그러한 보호의무를 다 하였는지 여부를 심사함에 있어서는   96. 과소금지원
과소금지의 원칙을 기준으로 하여 국가가 명백히 아무런 보호조치를 취   칙 적용
하지 아니하였거나 명백히 부적합하거나 불충분한 조치를 취한 경우에

---

66) 대법원 2005. 7. 21. 선고 2002다1178 전원합의체 판결 [종회회원확인].

는 그 위헌을 확인할 수 있다.

(3) 제한의 한계

97. 과잉금지원칙 준수

혼인과 가족생활 자유권은 일종의 대국가적 방어권이므로 이에 대한 국가적 제한은 헌법 제37조 제2항에 따라 과잉금지의 원칙을 준수하지 않으면 안 된다.

98. 평등권심사 기준과 통제강도의 문제

그리고 혼인과 가족생활에 있어서 양성평등권은 전술하였듯이 헌법 제11조 제1항 제2문의 성별에 의한 차별금지(양성평등)에 대한 특별한 평등권이라 할 수 있다. 그러므로 평등권 심사기준과 관련하여 어떠한 통제의 강도를 사용하여 평등위반 여부를 심사해야 할지가 문제될 수 있다.

99. 양성평등: 엄격심사

먼저 혼인과 가족구성의 자유와 관련해서 양성평등이 존중되지 않을 경우 이것은 동시에 개인의 존엄을 침해할 가능성이 있으므로, 이러한 경우에는 엄격한 심사기준을 적용해야 할 것이다. 따라서 비례의 원칙에 입각한 심사기준의 적용이 적합하다.

100. 그 밖의 사례: 자의금지 심사

그러나 다른 가족생활에서 일어날 수 있는 여러 다양한 사례들에 있어서 그것이 개인의 존엄에 대한 침해를 수반하는 것이 아닌 한 입법자는 넓은 형성의 자유를 가진다고 보아야 할 것이다. 그렇다면 그러한 경우에는 원칙적으로 자의금지를 기준으로 하는 심사도 가능하다고 봐야 할 것이다.

101. 입법자의 넓은 형성의 자유 인정영역: 과소금지원칙 적용

다음으로 혼인과 가족생활 자유권을 제3자가 침해하는 데 대하여 국가의 기본권보호의무의 이행이 충분한가 하는 문제와 그리고 혼인과 가족생활 영역에 대하여 국가에 대하여 재정적 능력이 허용되는 한에서 물질적 지원을 청구할 수 있는 권리의 경우 입법자는 넓은 형성의 자유를 가진다. 따라서 이 두 가지 모두 입법자의 조치가 충분한지 여부에 대한 심사는 소위 과소금지의 원칙 위반여부에 국한시키는 것이 타당하다고 하겠다.

> **판례** **구 소득세법 제80조 등 위헌제청**
> 자산소득합산대상배우자의 자산소득이 주된 소득자의 연간 종합소득에 합산

되면 합산전의 경우보다 일반적으로 더 높은 누진세율을 적용받기 때문에, 더 높은 세율이 적용되는 만큼 소득세액이 더 증가하게 되어 합산대상소득을 가진 부부는 자산소득이 개인과세되는 독신자 또는 사실혼관계의 부부보다 더 많은 조세를 부담하게 되는바, 특정한 조세법률조항이 혼인을 근거로 혼인한 부부를 혼인하지 아니한 자에 비해 차별취급하는 것이라면 비례의 원칙에 의한 심사에 의해 정당화되지 않는 한 헌법 제36조 제1항에 위반된다.

(헌재 2005. 5. 26, 2004헌가6, 판례집 17-1, 592, 592)

[판례] **소득세법 제61조 위헌소원**

- 헌법 제36조 제1항의 혼인과 가족생활 기본권에 반하는 차별에 대한 심사 기준:

헌법 제36조 제1항은 "혼인과 가족생활은 개인의 존엄과 양성의 평등을 기초로 성립되고 유지되어야 하며, 국가는 이를 보장한다."라고 규정하고 있는데, 헌법 제36조 제1항은 혼인과 가족생활을 스스로 결정하고 형성할 수 있는 자유를 기본권으로서 보장하고, 혼인과 가족에 대한 제도를 보장한다. 그리고 헌법 제36조 제1항은 혼인과 가족에 관련되는 공법 및 사법의 모든 영역에 영향을 미치는 헌법원리 내지 원칙규범으로서의 성격도 가지는데, 이는 적극적으로는 적절한 조치를 통해서 혼인과 가족을 지원하고 제삼자에 의한 침해 앞에서 혼인과 가족을 보호해야 할 국가의 과제를 포함하며, 소극적으로는 불이익을 야기하는 제한조치를 통해서 혼인과 가족을 차별하는 것을 금지해야 할 국가의 의무를 포함한다. 이러한 헌법원리로부터 도출되는 차별금지명령은 헌법 제11조 제1항에서 보장되는 평등원칙을 혼인과 가족생활영역에서 더욱 더 구체화함으로써 혼인과 가족을 부당한 차별로부터 특별히 더 보호하려는 목적을 가진다. 이 때 특정한 법률조항이 혼인한 자를 불리하게 하는 차별취급은 중대한 합리적 근거가 존재하여 헌법상 정당화되는 경우에만 헌법 제36조 제1항에 위배되지 아니한다.

(헌재 2002. 8. 29, 2001헌바82, 판례집 14-2, 170.)

[판례] **학원의설립운영에관한법률 제22조 제1항 제1호 등 위헌제청**

과외교습을 금지하는 법 제3조에 의하여 제기되는 헌법적 문제는 교육의 영역에서의 자녀의 인격발현권·부모의 교육권과 국가의 교육책임의 경계설정에 관한 문제이고, 이로써 국가가 사적인 교육영역에서 자녀의 인격발현권·부모의 자녀교육권을 어느 정도로 제한할 수 있는가에 관한 것이다. 학교교육에 관한 한, 국가는 교육제도의 형성에 관한 폭넓은 권한을 가지고 있지만, 과외교습과 같은 사적으로 이루어지는 교육을 제한하는 경우에는 특히 자녀인격의 자유로운 발현권과 부모의 교육권을 존중해야 한다는 것에 국가에 의한 규율의 한계가 있으므로, 법치국가적 요청인 비례의 원칙을 준수하여야 한다.
(헌재 2000. 4. 27, 98헌가16 등, 판례집 12-1, 427, 428-429)

2. 혼인과 가족제도의 보장

가. 혼인과 가족 제도보장의 의의

102. 제도보장의 성격

헌법 제36조 제1항의 혼인과 가족생활은 그 자체로 제도보장으로서의 성격을 가진다. 일찍이 혼인과 가족생활 기본권의 제도보장으로서의 성격을 강조한 독일 연방헌법재판소의 초기 판례(BVerfGE 6, 55)에 의하면 제도보장으로서의 성격의 의미는 혼인과 가족의 본질적 구조를 보장하는 것이며 그리하여 혼인과 가족제도보장이 법 현실에서 가지는 법적 효력이라고 하는 것은 혼인법과 가족법 규범의 핵심을 헌법적으로 보장하는 데에 있다고 한다.[67] 그리고 이러한 입장은 오늘날까지도 변함없이 이어지고 있다.[68]

103. 가족제도 보장의 내용 구체화 필요

우리 학설은 혼인과 가족생활 기본권이 동시에 제도보장적 성격을 띤다고 하는 것은 대부분 인정하고 있지만 혼인제도와 가족제도의 구체적 내용이 무엇인지에 대해서는 별반 언급하고 있지 아니하다. 그러므로 그동안 우리 학설과 판례의 기초를 이루어 온 독일의 혼인과 가족제도에 관한 판례와 학설을 참고하여 혼인과 가족제도보장의 주요 내용을 정리해 본다면 다음과 같다.

104. 제도의 핵심적 요소는 불가침

입법자는 혼인과 가족제도를 법적으로 형성함에 있어서 그 구조원리들에 구속된다. 따라서 그 제도들의 핵심적 질서는 입법자의 형성의

---

67) BVerfGE 6, 55 (72).
68) Uhle (주 14), Rn. 29 ff. 가령 혼인과 가족생활의 구조원리는 입법자가 처분할 수 없다고 하는 취지의 독일 연방헌법재판소의 판례들로서는 BVerfGE 31, 58 (69 f.); BVerfGE 80, 81 (92). 또한 혼인과 가족법을 이루는 규정들의 핵심내용을 입법자의 폐지나 구조적 변경으로부터 헌법적으로 보호하는 것이 제도보장이라는 취지로 BVerfGE 10, 59 (66); BVerfGE 31, 58 (69 f.); BVerfGE 62, 323 (330); BVerfGE 80, 81 (92).

자유에 대한 불가침의 한계라고 할 수 있다.[69] 입법자는 혼인과 가족제도를 폐지할 수 없을 뿐만 아니라, 가령 배우자에 의하여 언제든지 해지할 수 있는 혼인제도의 도입[70]이나 중혼의 도입[71]과 같은 혼인과 가족제도의 본질적 핵심을 건드리는 개정은 할 수 없다.

나. 혼인제도의 보장

국가의 법질서가 배우자의 사망이나, 별거 또는 이혼을 초월하여 혼인의 법적 효과가 미치게 함으로써 혼인이 가지는 지속성을 도모하고 있는 것은 일종의 혼인이라고 하는 제도보장의 산물이라 할 수 있다.[72]

다시 말해서 배우자들이 서로에게 지는 인적 책임은 사망이나 이혼으로 종료되는 것이 아니고, 그 이후에까지 지속되도록 보장하는 것이다. 그리하여 혼인이 배우자의 사망이나 이혼으로 종료된 배우자의 보호가 문제되고 있는 경우에도 이 혼인과 가족생활 기본권과 제도보장이 위헌여부의 심사기준으로 동원될 수 있는 것이다.[73]

이러한 배우자 간의 계속적인 인적 책임은 이혼 후의 부양책임[74]에 관한 규정에서 잘 드러난다. 가령 독일의 경우 배우자에 대한 부양책임은 이혼했다고 해서 끝나는 것이 아니라 가사종사와 소득활동은 동일한 가치를 가진다고 보고서 이혼 후에도 서로에게 부양책임을 지게 되는 것이다. 그리고 배우자가 재혼한 경우 그 재혼 가정에 대한 부양책임이 결코 전처에 대한 부양책임보다 우선한다고 할 수 없다. 다시 말해서 이혼을 한 후 재혼하여 새 가정을 이룬 경우 양 가족에 대한 부양책임

105. 사망이나 이혼을 초월한 법적 효과는 제도보장의 산물

106. 사망이나 이혼 후 위헌심사의 기준

107. 배우자간 동일한 부양책임

---

69) BVerfGE 31, 58 (69 f.); BVerfGE 105, 313 (345).

70) BVerfGE 55, 134 (142).

71) BVerwGE 71, 228 (230).

72) Uhle (주 14), Rn. 31; Badura, in: Dürog/Herzog/Scholz, Grundgesetz – Kommentar, Art. 6, Rn. 43.

73) Uhle (주 14), Rn. 31.

74) 이 문제에 관한 독일 연방헌법재판소의 판례로 BVerfGE 57, 361 (389); BVerfGE 66, 84 (93); 이혼 후의 부양책임의 산정에 있어서 가사종사와 소득활동이 가지는 가치의 동일성에 관하여는 BVerfGE 105, 1 (10 ff.). 그리고 부양조정(Versorgungsausgleich)과 관련해서는 BVerfGE 53, 257 (296 f.); BVerfGE 63, 88 (110 ff. 115); BVerfGE 89, 48 (62, 64).

은 동일하게 져야 하는 것이다.

108. 배우자와 자녀의 유류분권

한편 상속법상 배우자가 사망한 후 유족인 배우자와 자녀는 유류분권75)을 가지게 되는데 이 역시 사망 이후까지 미치는 혼인제도의 법적 효과라 할 수 있다.

109. 독일 연방헌법재판소의 합헌사례

혼인의 제도보장과 관련하여 독일 연방헌법재판소가 합헌으로 본 사례로는 1957년 남녀동권법76), 책임주의(Verschuldensprinzip)로부터 파경주의(Zerrüttungsprinzip)로 전환을 한 1976년 혼인과 가족법에 대한 제1차 개정법률77), 부양조정제도의 도입78), 부양조정과 관련한 절반의 원칙79), 혼인과 관련한 물권법의 형성80), 혼인체결에 있어서 호적공무원의 관여81), 상대 배우자에 대하여 생활수요의 충당을 위한 사무(행위)를 할 수 있는 권한을 동거중인 각 배우자에게 부여한 법률적 규정82)을 들 수 있다. 또한 독일 연방헌법재판소 제1재판부는 2001년도에 도입되어 2017년 이래로 더 이상 창설할 수 없게 된 등록생활동반자제도에 대하여 독일 기본법 제6조 제1항의 제도보장과 합치됨을 다수 견해로 판시한 바 있다.83)

110. 독일 연방헌법재판소의 위헌사례

한편 독일 연방헌법재판소가 위헌으로 본 사례로는 가령 예외적인 경우에 절차의 정지를 통해서 대응할 수 있는 가능성을 배제한 채 5년 간의 별거 후에는 예외 없이 이혼이 성립되도록 한 구 독일민법 제1568조 제2항84), 짧은 혼인 기간을 이유로 하는 부양법상의 양육의무에 대

---

75) Uhle (주 14), Rn. 31. 피상속인의 배우자, 자녀 그리고 부모의 유류분권과 관련하여 BVerfGE 67, 329 (341); BVerfGE 91, 346 (359); BVerfGE 112, 332 (352 ff.). 그리고 미망인연금과 관련하여 BVerfGE 62, 323 (329 ff,); BVerfGE 48, 346 (366 f.). 이와 관련 기본법 제6조 제1항에 의하여 입법자가 사실혼 배우자에게 연금청구권을 보장할 의무를 지는 것은 아니라고 하는 결정으로는 BVerfGE 112, 50 (66).

76) BGBl. I 609. BVerfGE 67, 348 (365, 368); BVerfGE 80, 170 (180 f.); Uhle (주 14), Rn. 31.1.

77) BGBl. I 1421. BVerfGE 53, 224 (250); BVerfGE 57, 361 (378 ff.).

78) BVerfGE 53, 257 (296, 299 f.); BVerfGE 89, 48 (62 f.).

79) BVerfGE 66, 324 (330); BVerfGE 87, 348 (356).

80) BVerfGE 15, 328 (332).

81) BVerfGE 29, 166 (176).

82) BVerfGE 81, 1 (6 f.).

83) BVerfGE 105, 313 (345 f.) Papier 재판관(BVerfGE 105, 313, 358−359)과 Haas 재판관(BVerfGE 105, 313, 361 ff.)의 반대의견이 있다.

한 예외규정인 구 독일 민법 제1579조 제1호의 해석·적용[85])의 경우
등을 들 수 있다.

다. 가족제도의 보장

(1) 독일의 학설과 판례

울레(Uhle)는 전술한 판례들의 분석을 토대로 혼인의 제도적 보장은
전반적으로 상당한 실제적 중요성을 얻은 반면, 가족의 제도보장과 가
족법에 대한 구체적 형성에 있어서는 그렇게 말하기 힘들다고 보고 있
다. 어쨌든 가족적인 연대에 대한 원칙적 승인은 혼인과 가족생활 기본
권에서 보장된 제도보장에 속한다고 한다. 구체적으로는 부모의 자녀에
대한 부양권과 또한 미성년 자녀에 대한 부모의 보호가 여기에 속한다.
필요한 경우에 자녀의 그 부모에 대한 부양의무는 이 제도보장이 요구
하는 것은 아니지만 입법자의 형성의 자유의 범위 내에 속한다.[86])

남편에 의한 혼인취소소송에 대한 제한은 기본법 제6조 제1항에 합
치된다.[87]) 이혼한 혼인(배우자)의 자녀와의 인적 왕래에 대한 규정은 허
용된다고 한다. 비록 이 규정이 사실상 재혼에 의하여 성립된 가족관계
에 영향을 미친다 하더라도 그렇다는 것이다.[88])

(2) 헌법재판소 판례

가족제도보장에 관한 우리 헌법재판소 판례들을 살며 보면 다음과
같다.

헌법재판소는 "헌법 제36조 제1항은 혼인과 가족생활에 관한 제도
보장의 성격을 가지고 있으나, 전래의 어떤 가족제도가 헌법 제36조 제

> 111. 가족적 연
> 대 승인: 제도
> 보장

> 112. 남편의 혼
> 인취소소송제
> 한 합헌

> 113. 헌재 판례

> 114. 계모자관
> 계 법정혈족 불
> 인정: 합헌

---

84) BVerfGE 55, 134. Uhle (주 14), Rn. 31.1.
85) BVerfGE 80, 286 (294 ff.).
86) 자녀의 부모에 대한 부양의무의 헌법적 한계에 대하여는 BVerfGE 113, 88 (110).
87) BVerfGE 38, 241 (254 f.).
88) BVerfGE 31, 194 (204). 이 결정에서 연방헌법재판소는 후견법원이 독일 민법 제
   1634조 제2항에 따라, 이혼한 후 보호권이 없는 부모일방과 그 자녀와의 인적 교
   류를 규율하면서 동시에 교류권의 실행을 위한 요건들을 제시하고 특히 보호권
   이 있는 부모 일방에게 그 자녀를 다른 부모에게 넘겨주도록 의무를 부과한 경우
   이는 기본법 제6조에 위반되지 않는다고 판단하였다.

1항이 요구하는 개인의 존엄과 양성평등에 반한다면 헌법 제9조를 근거로 그 헌법적 정당성을 주장할 수는 없다(헌재 2005. 2. 3. 2001헌가9등, 판례집 17-1, 1, 17-18)"고 하면서, "이 사건에서는 헌법이나 민법 제정 이전부터 전래되어 온 계모자관계를 법률로써 폐지하는 것이 전통적인 가족제도의 보장에 반하는지 여부가 문제되는바, 계모자관계를 법정혈족관계로 인정하지 아니하게 된 입법의 취지가 가부장적이고 양성평등에 반하여 오늘날의 가족생활관계에서 타당성이 미약해진 가족질서를 개선하고 가족관계에서 계자가 당할 수 있는 불이익을 방지하기 위한 것이라면, 이는 개인의 존엄과 양성평등에 반하는 전래의 가족제도를 개선하기 위한 입법이므로, 가족제도를 보장하는 헌법 제36조 제1항에 위반된다고 볼 수 없다."고 판시하였다. 한편 "이 사건 법률조항에 의하여 구 민법에 의하여 성립된 계모자관계의 당사자는 친권이나 부양 등 친족관계에 따른 이익에 대한 신뢰가 침해될 수 있으나, 입양에 의하여 법적인 모자관계를 창설할 수 있으며 생계를 같이 하는 경우 부양의무가 유지되는 등 그 침해의 정도는 중하지 않음에 비하여, 계자에 대한 부당한 대우와 양성평등에 반하는 가족질서의 폐해를 시정해야 할 필요성 및 사회 전체의 가족질서를 일관되게 형성하여야 할 공익이 상대적으로 크다고 할 것이므로, 이 사건 법률조항은 가족제도의 보장에 관한 신뢰보호원칙에도 위반되지 아니한다."고 판시하였다.[89]

115. 중혼 취소 청구권의 소멸에 관한 부진정 입법부작위 합헌

또한 헌법재판소는 "제도보장으로서의 혼인은 일반적인 법에 의한 폐지나 제도 본질의 침해를 금지한다는 의미의 최소보장의 원칙이 적용되는 대상으로서 혼인제도의 규범적 핵심을 말하고(헌재 1994. 4. 28. 91헌바15등 참조), 여기에는 당연히 일부일처제가 포함된다. 그런데 중혼은 일부일처제에 반하는 상태로, 언제든지 중혼을 취소할 수 있게 하는 것은 헌법 제36조 제1항의 규정에 의하여 국가에 부과된, 개인의 존엄과 양성의 평등을 기초로 한 혼인과 가족생활의 유지·보장의무 이행에 부합한다. 그렇다면 중혼 취소청구권의 소멸사유나 제척기간을 두지 않음으로 인해 후혼배우자가 처하게 되는 불안정한 신분상 지위가 문제되는

---

89) 헌재 2011. 2. 24, 2009헌바89 등, 판례집 제23권 1집 상, 108, 117-118.

이 사건에서 헌법 제36조 제1항 위반 여부는 직접적으로 문제된다고 보기 어렵다."고 보았다.[90] 한편 "헌법 제10조는 "모든 국민은 인간으로서의 존엄과 가치를 가지며 행복을 추구할 권리가 있다"고 규정하여 모든 국민이 자신의 존엄한 인격권을 바탕으로 자율적으로 자신의 생활영역을 형성해 나갈 수 있는 권리를 보장하고 있다(헌재 1997. 3. 27. 95헌가14 등, 헌재 2005. 12. 22. 2003헌가5등 참조). 그런데 이 사건 법률조항은 중혼을 언제든지 취소할 수 있게 함으로써 법률상 취소되는 혼인의 당사자인 후혼배우자의 인격권 및 행복추구권을 제한하고 있다고 할 수 있으므로, 이 사건에서는 헌법 제10조 위반 여부가 문제된다."고 하였다.[91]

그리고 헌법재판소는 "오늘날 간통죄는 간통행위자 중 극히 일부만 처벌될 뿐만 아니라 잠재적 범죄자를 양산하여 그들의 기본권을 제한할 뿐, 혼인제도 및 정조의무를 보호하기 위한 실효성은 잃게 되었다. 혼인과 가정의 유지는 당사자의 자유로운 의지와 애정에 맡겨야지, 형벌을 통하여 타율적으로 강제될 수 없는 것이므로, 심판대상조항이 일부일처제의 혼인제도와 가정질서를 보호한다는 목적을 달성하는 데 적절하고 실효성 있는 수단이라고 할 수 없다."고 하였다.[92]

116. 간통죄 위헌

그리고 "전문성과 책임성이 요구되는 국제결혼중개업은 증가하는 다문화가정의 혼인과 가족생활의 보장에 관한 것으로서 국가의 규제와 관리가 필요한 영역"이라고 본 후, "따라서 심판대상조항의 자본금 요건은 영세한 중개업체의 난립을 방지하여 전문성과 책임성을 가진 국제결혼중개업자를 보호·육성함으로써 궁극적으로는 이를 이용하는 소비자 및 다문화가정의 피해를 최소화하기 위한 것으로서, 그 입법목적의 정당성이 인정"되며 심판대상조항의 자본금 요건은 국제결혼중개업자의 업무 계속성과 진지성을 담보함으로써 전문성과 책임성을 갖춘 국제결혼중개업자를 양성하기 위한 적절한 수단이 될 수 있다고 보았다.[93]

117. 국제결혼중개업의 자본금요건 합헌

---

90) 헌재 2014. 7. 24, 2011헌바275, 판례집 제26권 2집 상, 1, 5.
91) 헌재 2014. 7. 24, 2011헌바275, 판례집 제26권 2집 상, 1, 5.
92) 헌재 2015. 2. 26, 2009헌바17 등, 판례집 제27권 1집 상, 20, 30.
93) 헌재 2014. 3. 27, 2012헌마745, 판례집 제26권 1집 상, 548, 555.

3. 가치결단적 원칙규범

가. 의 미

118. 혼인과 가족은 가치결단적 원칙규범

가치결단적 원칙규범으로서 혼인과 가족의 보호조항은 혼인과 가족과 관련되는 공·사법상의 모든 법영역에 대한 원칙규범으로서 구속력 있는 가치결단이라고 하는 것을 의미한다.94)

119. 제 3 자의 침해로부터의 보호 뿐만 아니라 급부행위를 통한 적극적 지원과 보호필요

이로부터 국가에 대해서는 혼인과 가족을 침해하거나 그에 부담을 주는 것에 대한 금지(Verbot) 뿐만 아니라 혼인과 가족을 제3자에 의한 침해로부터 적절한 조치를 통하여 보호하고, 나아가 국가적인 급부행위를 통하여 지원할 것을 명하는 원칙(Gebot)이 도출된다. 따라서 이 혼인과 가족보호조항에 포함되어 있는 가치결단적인 원칙규범은 한편으로는 소극적 보호의 차원과 다른 한편으로는 적극적 보호의 차원을 모두 가진다.95)

(1) 소극적 차원: 침해금지(Beeinträchtigungsverbot)와 차별(불이익처우)금지(Benachteiligungsverbot)

120. 불이익처우 금지

침해금지와 차별금지는 국가로 하여금 기본권 보장의 차원에서 혼인 내지 가족의 존재와 관련된 모든 불이익처우(차별)를 금지한다. 침해의 금지는 정신적·인적 관점에서는 물론, 물질적·경제적 관점에서도 요구된다.96)

121. 불리한 대우 금지

침해금지와 차별금지는 특히 혼인과 가족을 다른 생활공동체에 비하여 불리하게 대우하는 것을 거부한다(차별금지).97) 독일의 학설98)과 판례99)에 따르면 이 혼인과 가족보호조항은 일반적 평등원칙에 포함된

---

94) Uhle (주 14), Rn. 33. BVerfGE 6, 55 (71 f.); BVerfGE 55, 114 (126 f.); BVerfGE 105, 313 (342, 346); BVerfGE 131, 239 (259); BVerfGE 133, 377 (409); BVerfGE 137, 273 (342).

95) Uhle (주 14), Rn. 33.

96) BVerfGE 55, 114 (126 f.); BVerfGE 81, 1 (6 f.).

97) BVerfGE 99, 216 (232): BVerfGE 114, 316 (333); Uhle (주 14), Rn. 34.

98) Uhle (주 14), Rn. 34. 입법자가 혼인이나 가족에 불리하게 차별을 하는 경우 국가가 기본법 제6조 제1항에 따라서 혼인과 가족에 대하여 책임을 지는 특별한 보호의무를 준수해야 한다고 하면서. 이 경우 위헌심사의 기준은 기본법 제6조 제1항과 연계하여 기본법 제3조 제1항이라고 하는 견해로는 Badura (주 66), Rn. 32.

기준을 더욱 첨예하게 구체화하는 것이며, 따라서 일종의 특별한 평등원칙[100]을 내포한다고 한다.

    침해금지와 차별금지는 혼인과 가족에 대한 이익을 부당하게 유보하는 것[101]은 물론 혼인을 이유로 하거나 혹은 혼인상 양육공동체 내에서 친권의 행사를 이유로 하는 모든 부담적 차별을 금지한다.[102] 그리고 만일 혼인상의 생활공동체와 경제공동체가 경제적인 법적 효과를 수반하는 근거가 되는 경우, 기혼자에 대하여 부담을 주는 차별에 대해서는 규율되고 있는 생활관계의 성질로부터 명백한 객관적(합리적) 사유(einleuchtende Sachgründe)가 도출될 수 있어야 한다. 혼인상의 생활공동체와 경제공동체를 특징으로 하는 배우자들의 특별한 사정에 대한 고려는 구체적인 조치에 있어서 혼인에 대한 차별로서 간주되어서는 안 된다.[103]

    침해금지와 차별금지는 혼인한 배우자를 혼인하지 않은 자[104]나 혼인과 유사한 생활공동체[105]에 비하여, 그리고 다른 생활형태[106]에 비하여 차별하는 경우 현실화된다. 나아가 혼인한 가족구성원을 혼인하지 않은 가족구성원에 비하여[107], 혹은 가족구성원을 비가족구성원에 비하여[108] 그리고 부모(나 그 일방)를 자녀가 없는 배우자에 비하여[109] 차별하는 경우에도 마찬가지이다.[110]

    이 차별금지는 배우자 간[111], 첫 번째 혼인과 두 번째 혼인 사

122. 친권행사를 이유로 한 부담적 차별 금지

123. 침해금지와 차별금지의 대상

124. 차별금지의 적용배제 영역

---

99) BVerfGE 12, 180 (194); BVerfGE 18, 257 (269); BVerfGE 29, 71 (79); BVerfGE 103, 242 (258).

100) BVerfGE 99, 216 (232). Uhle (주 14), Rn. 34.

101) BVerfGE 12, 151 (167); BVerfGE 82, 60 (89); BVerfGE 99, 216 (232). Uhle (주 14), Rn. 34a.

102) BVerfGE 99, 216 (232); BVerfGE 15, 328 (339 f.); BVerfGE 76, 1 (72),

103) BVerfGE 28, 324 (347); BVerfGE 114, 316 (333); Uhle (주 14), Rn. 34a.

104) BVerfGE 69, 188(205 f.); BVerfGE 99, 216 (232); BVerfGE 114, 316 (333).

105) BVerfGE 67, 186 (195 f.); BVerfGE 107, 205 (215).

106) BVerfGE 105, 313 (346).

107) BVerfGE 112, 50 (62).

108) BVerfGE 28, 104 (112).

109) BVerfGE 82, 60 (80).

110) Uhle (주 14), Rn. 34a.

111) BVerfGE 12, 151 (165, 167). 이와 달리는 BVerfGE 67, 348 (368 f.); BVerfGE 80, 170(180 f.).

이112), 상이한 부부들 간113), 한편으로 혼인(배우자)과 다른 한편으로 가족 간114)에는 적용되지 않는다.

125. 차별금지의 적용여부

관련되는 당사자의 수가 적다든가115) 혹은 어떠한 규정이 혼인 내지 가족을 직접 대상으로 하는 경향이 있는 것은 아니라고 해서116) 차별금지가 인정되지 않는 것은 아니다. 또한 형성된 법상황의 의도하지 않던 부수적 결과(부작용)에 해당되는 혼인과 가족에 대한 차별이라 하더라도 헌법적으로 볼 때 어쨌든 그것을 감수하는 데에는 한계가 있는 것이다.117) 그러나 부담적 측면이 있지만 그에 상응하는 이익제공이 있고 따라서 전체적으로 볼 때 혼인중립적 내지는 가족중립적이라 할 수 있는 규율의 경우에는 위헌적 차별은 존재하지 않는다.118) 그리고 배우자와 가족구성원이 다른 일반인과 마찬가지로 부담을 지거나 그 밖의 사유로 객관적으로 정당화될 수 있는 부담의 경우 역시 위헌적 차별은 존재하지 않는다.119)

(2) 적극적 차원: 보호의무와 지원의무

126. 국가의 지원의무와 보호의무 포함

침해금지 및 차별금지와 더불어서 혼인과 가족생활 기본권은 일반적인 기본권보호의무를 넘어서 혼인과 가족에 대한 국가의 지원의무와 보호의무도 포함한다. 그러므로 국가는 가족 내에서 부모의 자녀에 대한 보호와 양육활동에 대하여 적절한 경제적 조치를 통하여 뒷받침하고 지원하는 것은 국가의 과제이다.120) 이러한 과제를 수행함에 있어서 침해금지 및 차별금지로부터 나오는 의무의 경우와는 달리 국가에게 넓은

---

112) BVerfGE 66, 84 (94 f.).
113) BVerfGE 9, 237 (242 f.); BVerfGE 43, 108 (118); BVerfGE 45, 104 (126); BVerfGE 47, 1 (19).
114) BVerfGE 11, 64 (69).
115) BVerfGE 23, 74 (83).
116) BVerfGE 14, 34 (39).
117) BVerfGE 6, 55 (77); BVerfGE 11, 50 (60); BVerfGE 15, 328 (335); BVerfGE 23, 74 (84).
118) BVerfGE 15, 328 (333); BVerfGE 107, 205 (215 f.).
119) BVerfGE 17, 210 (217 ff.); BVerfGE 87, 234 (256); Uhle (주 14), Rn. 34b.
120) BVerfGE 130, 240 (252); BVerfGE 159, 355, Rn. 205.

형성의 자유가 주어진다. 특히 입법자는 다른 공익적 사유를 고려해야 할 뿐 아니라 또한 지원이 가능한지 여부를 감안하지 않으면 안 되기 때문에 그 점에서 상당한 형성의 자유를 가진다.[121]

그리고 이 입법형성의 자유는 독일 연방헌법재판소의 판례에 따르면 가족의 존재로부터 나오는 모든 재정적 부담에 대하여 조정을 요구하는 것이 아니고 또한 어떠한 구체적인 급부청구권을 매개하는 것이 아닌 한에서 더욱 더 넓어진다.[122]

127. 급부청구권을 매개하지 않음

그리고 가치결단적 원칙규범으로서 혼인과 가족생활 기본권이 실제적인 의미를 가지는 것은 특히 과소금지의 원칙으로서이다. 왜냐하면 혼인과 가족생활에 대한 특별한 보호는 그만큼 과소기준을 상향시켜 줄 것이기 때문이다. 보호의무와 지원의무를 이행함에 있어서 국가 특히 입법자는 넓은 형성의 자유를 가진다고 할 수 있지만, 다른 공익적 관심사와 형량하고 조정함에 있어서 혼인과 가족생활기본권에 대한 특별한 보호필요성을 적절하게 고려할 의무가 있다.[123] 따라서 만일 국가의 가족지원이 명백하게 부적절할 경우에[124] 비로소 혼인과 가족생활기본권으로부터 나오는 보호의무와 지원의무의 위반이 확인될 수 있다.[125]

128. 과소금지원칙이 특별한 의미 제공

국가의 보호의무와 지원의무의 이행과 관련하여 입법자가 형성의 자유를 행사함에 있어서 실질적 관점에서는 특히 혼인과 가족에 대한 세제상의 혜택[126]이 허용될 수 있으며, 또한 가정경제에 대한 공동책임[127]과, 가사와 소득활동의 양립가능성[128] 그리고 자녀돌봄[129]과, 부모

129. 실질적 제도

---

121) BVerfGE 21, 1 (6); BVerfGE 55, 114 (127); BVerfGE 103, 242 (259 f.); BVerfGE 106, 166 (177); BVerfGE 107, 205 (213); BVerfGE 110, 412 (436); BVerfGE 111, 160 (172); BVerfGE 112, 50; BVerfGE 159, 355, Rn. 205; BVerfGE 130, 240 (252). Uhle (주 14), Rn. 35.

122) Uhle (주 14), Rn. 35.

123) BVerfGE 81, 1 (6 f.); BVerfGE 82, 60 (81 f.); BVerfGE 87, 1 (35 f.); BVerfGE 112, 50 (65 f.). Uhle (주 14), Rn. 35.

124) BVerfGE 82, 60 (81 f.); BVerfGE 87, 1 (35 f.); BVerfGE 159, 355, Rn. 205. Uhle (주 14), Rn. 35.

125) Uhle (주 14), Rn. 35.

126) 혼인과 관련하여 BVerfGE 108, 351 (365). Uhle (주 14), Rn. 35a.

127) BVerfGE 61, 18 (25); BVerfGE 62, 323 (332); BVerfGE 75, 382 (392); BVerfGE 112, 50 (65). Uhle (주 14), Rn. 35a.

128) BVerfGE 88, 203 (260); BVerfGE 121, 241 (264); BVerfGE 159, 355, Rn. 205. Uhle

일방이 범죄피해로 사망한 경우 가족에 대한 안전조치[130] 역시 마찬가지이다.

130. 아동돌봄
서비스에 대한
지원

아동돌봄서비스(유아보육원과 유치원)를 위한 지원금에 관한 규정은 입법자의 형성의 자유에 속하며, 상속세 과세에 있어서도 혼인과 가족의 보호는 상속세 공제액과 보다 유리한 세율의 보장을 통해서 이루어질 수 있다.[131] 전체적인 지원조치에 있어서 부모의 경제적 능력[132]과 또한 지원필요성의 차이[133]가 고려될 수 있다.

131. 아동의 알
권리 보장

혼인과 가족에 대한 국가의 보호와 지원의무가 정신적 관심사와 관련되는 한에서 가정평화의 보호를 이유로 아동의 혈통을 알 권리가 저해되어서는 안 된다.[134] 마찬가지로 가정평화교란의 회피라고 하는 이익은 친부확인소송을 정지하기 위한 사유로 충분하지 않다.[135]

132. 코로나19
와 맞벌이부모
에 대한 지원과
관련된 판결

코로나19 대유행기간 초기부터 학교 폐쇄로 인하여 직장을 가진 부모가 아이를 돌봐야 하는 부담과 관련하여 국가가 혼인과 가족생활기본권을 침해하였다고 주장하면서 제기한 헌법소원에 대하여 독일 연방헌법재판소는 기각하였음은 전술한 바와 같다. 다만 이와 관련하여 직장을 가진 부모의 경우 직장생활을 계속하기 위해서는 아이를 돌봐야 하는 별도의 부담에 대하여 국가가 지원해야 할 의무가 있는 것 아닌가의 문제는 계속 제기된다. 즉 만일 국가가 부모의 가정생활과 직장생활을 위한 이러한 부담을 경감시키기 위하여 국가가 아무런 조치를 취하지 않는 것은 명백하게 적절하지 않을 것이기 때문이라는 것이다.[136] 그러나 독일 연방헌법재판소에 따르면 코로나19 대유행기간에 이러한 헌법적 의무는 가령 긴급돌봄서비스제도, 소득활동 중인 부모에 대한 법률적 보상청구권과 그 밖의 규정들로 이행되었기 때문에, 명백하게 부적

(주 14), Rn. 35a.
129) BVerfGE 99, 216 (234). Uhle (주 14), Rn. 35a.
130) BVerfGE 112, 50 (64 ff.). Uhle (주 14), Rn. 35a.
131) BVerfGE 93, 165 (174 f.); BVerfGE 97, 1 (7). Uhle (주 14), Rn. 35a.
132) BVerfGE 107, 205 (213). Uhle (주 14), Rn. 35a.
133) BVerfGE 17, 210 (219 f.); BVerfGE 43, 108 (120 ff.). Uhle (주 14), Rn. 35a.
134) BVerfGE 79, 256 (272 ff.). Uhle (주 14), Rn. 35b.
135) BVerfGE 117, 202 (233). Uhle (주 14), Rn. 35b.
136) BVerfGE 159, 355, Rn 216.

절한 지원정책이라고 할 수는 없다고 판결하였다.[137]

(3) 다른 비혼생활공동체 등과의 관계에서 우대원칙과 거리두기 원칙

독일에서는 혼인과 가족보호조항으로부터 인간의 다른 동거생활형 태, 특히 비혼동거나 동성생활공동체에 대한 금지를 도출할 수 있는 것은 아니라 하더라도[138], 혼인과 가족에 대한 특별한 보호명령으로서 가치결 단적 원칙규범으로서의 차원으로부터 혼인과 가족에 대해서는 인간의 다 른 생활공동체에 대한 관계에서 헌법적으로 보다 우월적 지위가 인정되어 왔다.[139] 그리하여 입법자는 법질서를 형성함에 있어서 이러한 헌법적 가 치결단을 구체화해야 하며(소위 구체화원칙), 혼인과 가족을 인간의 다른 생 활공동체에 비하여 우대해야 하고(우대원칙 내지 특혜원칙)[140], 나아가 일반 법률의 차원에서도 다른 생활공동체와 혼인 간에는 헌법적으로 명령된 거 리두기{소위 거리두기원칙(Abstands- und Distanzierungsgebot)[141] 또는 평준 화금지원칙(Nivellierungsverbot)[142]}을 유지해야 한다고 이해되어 왔다.[143]

133. 기존: 혼
인과 가족에 대
한 우월적 지위
인정

---

137) BVerfGE 159, 355, Rn. 217 ff.

138) von Coelln, in: Sachs (Hrsg), GG, 6 Aufl., 2011, Art. 6, Rn, 47; Krings (주 14), S. 411.

139) Walter Pauly, Sperrwirkungen des verfassungsrechtlichen Ehebegriffs, NJW 1997, S. 1955 ff.(1956); Campenhausen (주 37), S. 20; Krings (주 14), S. 411. 소위 "독점적 특권(exklusive Privilegien)"이라고 하는 해석으로 Scholz/Uhle, "Eingtragene Lebenspartnerschaft" und Grundgesetz, NJW 2001, S. 393 ff.(398); BVerfGE 6, 55 (72); 이러한 우월적 지위를 제도보장으로부터 도출하는 입장으로는 BGHZ 84, 36 (40).

140) Pauly (주 139), S. 1956: Scholz/Uhle (주 139), S. 397 f.; Klaus Ferdinand Gärdiz, Verfassungsgebot Gleichstellung? Ehe und Eingtragene Lebenspartnerschaft im Spiegel der Judikatur des Bundesverfassungsgerichts, in: Arndt Uhle(Hrsg), Zur Disposition gestellt?, Berlin 2014, S. 103 f.; Germann, in: VVDStRL 73, Berlin/Boston 2014, S. 257 ff.(318).

141) Uhle (주 14), Rn. 36; Krings (주 14), S. 411 ff.(413): "보호격차원칙 (Schutzabstandsgebot)"; Klaus Stern, § 100 Ehe, Familie und Eltern/Kind-Beziehunh, in: Klaus Stern, Das Staatsrecht der Bundesrepublik Deutschland, Bd. IV/1, München 2006, S. 315 ff.(430).

142) Scholz/Uhle (주 139), S. 399; Chritian Seiler, Ehe und Familie - noch besonders geschützt? Der Auftrag des Art. 6 GG und das einfach Recht, in: Arndt Uhle(Hrsg), Zur Disposition gestellt?, Berlin 2014, S. 37 ff.(42); von Coelln (주 138), Rn. 48 ff. 반론으로는 Volker Beck, Die verfassungsrechtliche Begründung der eingetragenen Lebenspartnerschaft, NJW 2001, S. 1894 ff.(1899); Gerhard Robbers, Eingetragene

134. 동성생활
동반자관계차
별금지법에 대
한 합헌결정 이
후

그러나 2002년 독일 연방헌법재판소가 소위 생활동반자관계차별금
지법에 대하여 합헌결정[144]을 선고한 이래 입법자가 도입한 동성생활동
반자관계를 사실상 혼인에 버금가는 지위로 보고 혼인을 우대하는 법률
과 관련하여 성적 지향을 근거로 한 동성생활동반자관계에 대한 차별로
간주하고 엄격한 심사기준을 동원한 끝에 연속적으로 위헌결정을 선고
하여 왔다.[145] 이제 혼인과 가족에 대한 특별한 보호를 지적하는 것만
으로는 혼인과 동성생활동반자에 대한 차별을 정당화할 수 있는 충분한
근거가 될 수 없다고 보는 것이다. 왜냐하면 관련 법률들이 독일 기본법
제3조 제3항에 열거된 절대적 차별금지와 비교될 수 있는 성적 지향이
라고 하는 표지와 연관되어 있기 때문이라는 것이다.[146] 그리고 급기야
독일 연방의회는 2017년부터는 아예 정식으로 민법을 개정하여 동성혼
을 합법화시키기에 이르렀다.

135. 거리두기
원칙 포기, 거
리두기금지로
전환

하지만 2002년부터 2017년까지 이루어진 등록생활동반자관계에 관
련한 독일 연방헌법재판소의 일련의 판결들[147]은 혼인과 가족생활에 대
하여 다른 형태의 생활, 즉 동성생활동반자관계 보다 더 특별한 보호를
하지 않고 오히려 일반적 평등의 원칙의 관점에서 혼인과 동일하게 취
급을 해야 한다고 하는 입장으로 선회한 것으로 보인다(소위 '거리두기원
칙'의 사실상 포기 내지는 오히려 '거리두기금지'로 전환). 이러한 의미에서
2002년 이후 동성생활동반자관계와 혼인과의 차별 문제를 판결해 온 독
일 연방헌법재판소가 결국 독일의 동성혼법 도입의 길을 연 장본인

Lebenspartnerschaften, JZ 2001, S. 779 ff.(783 f.).

143) Uhle (주 14), Rn. 36. Krings (주 14), S. 413.

144) BVerfGE 105, 313

145) 이에 대한 비판으로는 von Coelln (주 138), Rn. 50; J. Ipsen, Ehe und Familie, in:
HStR VII, 3. Aufl., 2009, § 154 Rn. 21 f.; Uhle (주 14), Rn. 36; Stern (주 141), Rn.
49 f.

146) BVerfGE 124, 199 (Ls. 2, 226); BVerfGE 133, 377 (411). Uhle (주 8), Rn. 36.1.

147) BVerfGE 105, 313 (Ls. 3, 346 ff.) - 동성생활동반자관계차별금지법; BVerfGE 124,
199 (225 f.) - 유족급여 관련 차별; BVerfGE 126, 400 (420 f.) - 상속세와 증여
세에 있어서 세율, 인적 공제 등과 관련한 차별; BVerfGE 131, 239 (259 ff.) - 공
무원의 가족수당 관련 차별; BVerfGE 132, 179 (188 ff.) - 토지취득세의 공제관
련 차별; BVerfGE 133, 59 - Sukzessivadoption; BVerfGE 133, 377 (409 ff.) - 혼인
배우자와 동성파트너 간 소득세법상 합산가능성의 배제와 이와 관련된 분리절차
의 적용배제와 관련한 차별. Uhle (주 14), Rn. 36.

(Wegbereiter)이었다고 하는 평가가 나오고 있다.148)

그러나 이에 대하여는 혼인과 가족생활의 특별한 보호의 이유가 혼 136. 학계의 비
인과 결부된 배우자 간의 상호 책임에 있는 것이 아니라, 가족을 향한 판
목적성, 즉 혼인으로부터 잠재적으로 가족이 탄생할 수 있는 가능성이
있기 때문이라는 점을 독일 연방헌법재판소가 오해하였다거나149), 혹은
헌법재판소가 헌법해석의 이름으로 사실상 헌법개정150)을 한 것이라는
등의 비판들이 이어졌지만, 현실변화에 따른 일종의 헌법변천으로 이해
하는 견해151)도 존재한다.

주로 문제가 되는 것은 세법영역에서 혼인과 가족생활을 하고 있다 137. 세법영역
는 이유로 인하여 혼인을 하지 않은 소득자에 비하여 더 불리한 취급을 에서의 불이익
하거나 불이익을 가해서는 안 된다는 것이다. 대표적인 사례가 소득세 금지
에 있어서 부부합산과세 제도이며, 독일이나 우리 헌법재판소는 이 부
부합산과세는 일종의 차별금지조항으로서 혼인과 가족보호조항을 침해
한다고 하는 이유로 위헌(헌법불합치)선언을 하였다.

세법영역에서 혼인과 자녀부양을 위한 비용들이 소득세 과세에서 138. 조세입법
고려되지 않을 경우 혼인을 하지 않거나 자녀가 없는 부부에 비하여 불 에서 형성의 자
리한 취급을 받는 결과가 되기 때문에 입법자는 이를 고려하지 않으면 유의 한계로 작
안 된다. 결국 혼인과 가족보호조항은 조세입법자의 형성의 자유의 한 용
계로서 작용하는 것이다.

같은 수입일 경우 자녀가 없는 배우자와 자녀가 있는 가족의 경우 139. 자녀가 있
담세능력이 달라지며 따라서 과세부담 역시 상이하게 이루어져야 한 는 가족의 담세
다.152) 능력

---

148) Uhle (주 14), Rn. 38.
149) Uhle (주 14), Rn. 36.
150) 가령 Hillgruber, in: VVDStRL 73, Berlin/Boston 2014, S. 297 f.: "차가운 헌법개정";
  Michael, 같은 책, S. 299; Grimm, 같은 책, S. 301; Püttner, 같은 책, S. 301; Mager,
  같은 책, S. 302; von Coelln, 같은 책, S. 314; Uhle (주 14), Rn. 36.1,: "허용될 수
  없는 헌법수정적 규범해석", Rn. 37.
151) 가령 Rüdiger Zuck, Die verfassungsrechtliche Gewährleistung der Ehe im Wandel
  des Zeitgeistes, NJW 2009, S. 1449(1454); 유사한 견해로 Böhm (주 7). S. 213 ff.
152) Campenhausen (주 37), S. 40; 조세정의에 관하여는 방승주, 헌법과 조세정의, 헌
  법학연구 제15권 제4호(2009. 12), 1-41.

> 독일 연방헌재 판례 ▌ 부모의 담세능력은 생존에 필요한 생활필수품의 필요와 소
> 득활동과 결부되는 아이돌봄의 필요 그리고 일반적인 돌봄의 필요에 의해서
> 감소된다. 이러한 돌봄의 필요는 자녀와 관련된 최저생계비의 구성부분으로서
> 과세의 대상에서 공제되어야 한다. 아이를 가진 납세의무자는 노동력이나 지
> 불능력을 필요로 하는 돌봄의무로 인하여 자녀가 없는 납세의무자와 비교할
> 때 담세능력이 더 적다. 자녀가 있는 납세의무자가 자신의 자녀를 양육하고
> 돌봐야 할 부모의 양육의무에 기반하는 필요가 소득세의 산정에서 고려되지
> 않는다면, 이들은 자녀가 없어 부모의 의무를 이행할 필요가 없어 담세능력이
> 감소되지 않는 납세의무자에 비하여 불이익한 처우를 받는 것이 될 것이다.
> 이렇게 되면 수평적 평등의 원칙(vgl. BVerfGE 82, 60 〈89 f.〉)이 침해될 것이
> 다.153)

Ⅳ. 헌법 제36조 제2항: 국가의 모성보호의무

1. 모성보호의 헌법적 의의

140. 모성의 개념

　　모성이란 임신을 하거나 출산을 한 어머니154)를 말하며 모성보호란
임신과 출산으로 인하여 당하게 되는 모성의 특별한 부담과 어려움을
국가 공동체가 경감시켜 주기 위하여 지원하고 또한 직장이나 고용에서
의 불이익을 당하지 않도록 배려하는 것을 의미한다.

141. 여성과 관련된 특별한 보호

　　임신과 출산은 오로지 생물학적으로 여성만 할 수 있는 일이다. 따
라서 모성보호는 임신과 출산 그리고 출산 후 요양 등을 포함하여 오로
지 여성과만 관련되는 특수한 부담과 어려움을 돕기 위한 것이다. 따라
서 양육이나 교육 등의 문제는 부모가 공동으로 할 수 있는 것이기 때
문에 모성보호에 포함되지 않는다.155)

142. 혼인여부와 무관

　　임신과 출산은 반드시 혼인을 전제로 해서만 이루어지는 것은 아니
기 때문에 혼인을 했는가 여부는 여기에서 중요하지 않다.

---

153) BVerfGE 99, 216, Rn. 65.
154) 계희열 (주 2), 821면.
155) Brosius—Gersdorf, in: Dreier, Grundgesetz—Kommentar 4. Aufl. 2023, Art 6, Rn.
　　438; Uhle (주 14), Rn. 68.

어머니가 자녀를 낳아 사회의 구성원으로 양육하는 것은 이 사회와 국가의 지속가능한 발전과 유지를 위하여 가장 성스럽고 중요한 일이 아닐 수 없기 때문에 국가는 모성보호를 위하여 노력을 해야 한다.

모성 즉 어머니는 가족을 탄생시켜 사회와 국가를 이루는 가장 중요한 주체이다. 그러므로 인간다운 생활을 할 권리(헌법 제34조 제1항)를 보장하고, 사회복지·사회보장의 증진에 노력할 의무(헌법 제34조 제2항)를 지는 오늘날의 사회국가는 여성의 임신과 출산 그리고 양육의 전 과정에 대해서도 보호할 책임을 지지 않을 수 없으며, 우리 헌법 제36조 제2항은 바로 이것을 확인하고 있는 것이다.

143. 국가의 모성보호의무의 이유

144. 다른 기본권과의 관계

2. 연 혁

"혼인은 남녀동권을 기본으로 하며 혼인의 순결과 가족의 건강은 국가의 특별한 보호를 받는다."고 규정한 1948년 헌법(제20조)과 "모든 국민은 혼인의 순결과 보건에 관하여 국가의 보호를 받는다."고 개정한 1962년 헌법(제31조) 및 1972년 헌법(제31조)과 혼인과 가족생활에 있어서 개인의 존엄과 양성평등을 최초로 도입한 1980년 헌법 제34조도 별도의 모성보호조항을 두고 있지 않았으나 현행 헌법인 1987년 헌법(제36조 제2항)에서 최초로 국가는 모성의 보호를 위하여 노력하여야 한다고 하는 일종의 국가의 의무 내지 국가목표조항을 도입하였다.

145. 헌법규정의 연혁

3. 법적 성격

독일은 모든 어머니에게 공동체의 보호와 배려를 요구할 권리를 가진다고 규정하고 있다(독일 기본법 제6조 제4항). 독일 기본법은 기본권목록에서 대부분 자유권을 보장하고 있고 사회적 기본권은 극히 예외적으로 보장되고 있는데 바로 이 모성에 대한 보호와 배려청구권과 같은 경우 예외적인 사회적 기본권에 해당한다. 그리고 독일 학계에서는 이 권리로부터 동시에 입법위임과 가치결단적 원칙규범으로서의 성격도 도출하고 있다.[156)]

146. 독일: 예외적 사회적 기본권

147. 헌법 제36
조 제2항: 국가
의 의무 혹은
국가목표조항
의 형식

이에 비하여 우리 헌법 제36조 제2항은 주관적 권리의 형식을 취하
고 있는 것이 아니라 국가의 의무 내지 국가목표조항으로서의 형식을
취하고 있다. 이러한 규정 형식의 차이를 무시하고 별다른 논거제시도
없이 우리 헌법 제36조 제2항으로부터 곧바로 주관적 공권을 도출하는
것은 문제가 있다고 보인다. 헌법재판소 역시 분만급여와 관련한 결
정157)에서 "이 사건 법률조항이 바로 청구인의 헌법상 보장된 행복추구
권·평등권을 침해하였거나 모성의 보호와 보건의 보호규정에 위배된다
고 할 수 없다고 할 것"이라고 함으로써 헌법 제36조 제2항을 주관적
권리로 보는 데 대하여 거리를 두고 있는 것으로 보인다.

148. 필요한 지
원과 보호청구
가능

이 국가목표조항으로부터 구체적인 권리가 도출되는 것은 아니지
만 만일 입법자가 모성보호의무를 이행하기 위하여 법률을 제정함으로
써 어머니의 임신·출산·요양 등과 관련한 지원과 보호를 하는 경우,
임신하거나 자녀를 출산한 어머니들은 그러한 구체화법률에 근거하여
필요한 지원과 보호를 청구할 수 있다.

4. 내용과 범위

가. 모성보호의 인적 범위

149. 인적 범위

모성은 전술하였듯이 어머니이다. 그런데 어머니에는 생물학적 어
머니, 유전적 어머니, 법률적 어머니의 다양한 어머니들이 있을 수 있으
므로 각각의 경우를 검토해 볼 필요가 있다.

150. 생물학적
어머니 포함

첫째, 우선 생물학적으로 자녀를 임신하여 출산하는 어머니, 즉 생
모는 당연히 모성보호의 대상에 포함된다는 데 이론의 여지가 있을 수
없다.158)

151. 난자제공
자는 불포함

둘째, 난자나 수정란의 기증자인 유전적 어머니159)는 자신이 직접
임신을 하거나 출산하는 것이 아니기 때문에 임신·출산으로 인하여 발

---

156) 대표적으로 Uhle (주 14), Rn. 68 ff.
157) 헌재 1997. 12. 24, 95헌마390, 판례집 제9권 2집, 817, 832.
158) Brosius—Gersdorf (주 155), Rn. 444; Uhle (주 14), Rn. 70.
159) Brosius—Gersdorf (주 155), Rn. 450; Uhle (주 14), Rn. 70.

생하는 부담과 어려움을 겪지 않는다. 따라서 모성보호의 대상이 포함
되지 않는다.

다만 난자의 제공과 관련해서 그것이 합법화되어 있는지 여부를 떠
나서 난자의 채취와 수술 후 안정이나 요양을 해야 할 필요성 등 난자
채취과정은 정자채취 과정과 비교할 수 없을 정도의 부담과 어려움이
있기 때문에, 그러한 범위 내에서 난자제공을 한 유전적 어머니에 대해
서도 모성보호를 해야 할 필요가 있다고 하는 견해160)가 있다.

또한 대리모(Leihmutter)는 보호대상에 포함된다고 한다.161) 대리모
계약의 금지 여부와 상관 없이 대리모가 국내에서 출산을 할 경우 그녀
에 대한 모성보호를 부인해야 할 이유가 없다.

셋째, 계모나 양모 혹은 보호모와 같은 법률적 어머니의 경우 임신
과 출산 등으로 인한 특별한 부담을 지지는 않는다.162) 그들 역시 자녀
양육에 대하여 부담을 지는 것은 당연하나 이는 헌법 제36조 제1항의
혼인과 가족생활 기본권에 의하여 보호되는 것이지 국가의 모성보호의
무에 의하여 보호되는 것은 아니다.

나. 모성보호의 시간적 범위

자녀가 있다고 해서 계속해서 모성보호가 필요한 것은 아니다. 모
성보호의 시간적 범위는 임신(수태)으로 시작해서 출산과 그리고 산후조
리나 요양이 끝나는 시점에 종료된다고 보아야 할 것이다.163)

나머지 양육과 교육은 어머니가 아니고 아버지가 할 수도 있는 것
이기 때문에, 모성보호의 시간적 범위는 이와 같이 임신과 출산을 전후
로 한 시점에 종료된다고 보는 것이 타당하다.

다. 모성보호의 내용적 범위

우리 헌법 제36조 제2항은 주관적 권리의 형식을 취하지 않고 있기
때문에 임신과 출산에 대한 국가 공권력의 방해나 침해에 대한 방어권

152. 난자제공
자에 대한 보호
필요 견해 존재

153. 대리모 포
함

154. 양모 혹은
보호모는 불포
함

155. 시간적 범
위: 임신부터
산후조리까지

156. 나머지 양
육과 교육은 아
버지도 가능

157. 주관적 방
어권은 헌법 제
36조 제1항에서
보호

160) Brosius–Gersdorf (주 155), Rn. 450.
161) Brosius–Gersdorf (주 155), Rn. 450; Uhle (주 14), Rn. 70.
162) Uhle (주 14), Rn. 70; Brosius–Gersdorf (주 155), Rn. 452 f.
163) Brosius–Gersdorf (주 155), Rn. 451.

은 이 조항에 의해서가 아니라 헌법 제36조 제1항에 이하여 보호된다 (가족생활 형성의 자유).

158. 헌법 제36조 제2항은 특별한 보호의무규정

그리고 혼인과 임신·출산 등을 이유로 여성이 제3자에 의하여 불이익을 받을 경우 국가는 적극적으로 그에 대하여 보호해야 할 의무를 지는데 이러한 보호의무는 일반적으로는 헌법 제36조 제1항의 혼인과 가족생활 기본권으로부터 나오는 것이지만, 어머니를 대상으로 해서는 바로 헌법 제36조 제2항에서 특별한 보호의무규정으로서 더욱 특별히 보호하고 있다고 할 것이다.

159. 국가의 모성보호를 위한 적극적 입법필요

따라서 임신이나 출산 등을 이유로 직업이나 고용 등에서 임신이나 출산을 하지 말 것을 요구한다든가 혹은 임신·출산을 이유로 퇴직을 강요한다거나, 혹은 출산휴가를 보장하지 않는다든가 하는 경우 국가가 나서서 고용주로부터 모성을 보호하는 입법을 적극적으로 하지 않으면 안 된다.

160. 특별한 우대규정

결국 이 헌법 제36조 제2항은 모성에 대한 우대규정이라 할 것이고, 모성보호를 위하여 고용주에게 일정한 의무를 부과하는 입법의 정당화 근거[164]로 기능할 수 있으며, 또한 자녀를 둔 아버지와의 관계에서도 아버지에게는 보장하지 않는 우대를 하더라도 바로 이 헌법 제36조 제2항에 의하여 정당화될 수 있기 때문에, 결국 이 조항은 헌법 제11조 제1항의 성별에 의한 차별금지에 비하여 특별한 우대조항이라 할 것이다. 이는 "여자의 근로는 특별한 보호를 받으며, 고용·임금 및 근로조건에 있어서 부당한 차별을 받지 아니한다."고 하는 여성근로 특별보호조항(제32조 제4항)과도 밀접한 관련이 있는 일종의 모성에 대한 차별금지[165]로서 특별한 평등조항의 의미를 가진다고 할 것이다.

161. 임신과 출산을 이유로 하는 차별금지

그러므로 임신과 출산을 이유로 하는 차별은 헌법 제36조 제1항의 혼인과 가족생활에 대한 국가의 보호의무 위반이 될 수 있지만, 특별히 모성이 그러한 차별을 받는 경우 헌법 제36조 제2항에 위반될 수 있다. 임신과 출산과 관련한 차별금지는 헌법 제36조 제2항이 헌법 제11조 제

---

164) Brosius-Gersdorf (주 155), Rn. 439.
165) Brosius-Gersdorf (주 155), Rn. 455.

1항뿐만 아니라 헌법 제36조 제1항에 대해서도 특별규정이라 할 것이다.

헌법 제36조 제2항이 단순한 프로그램규정이 아니라 법적으로 구속력 있는 헌법위임이자 가치결단적 근본규범이라거나 모성에 대한 보호와 지원이라는 국가의 적극적인 행위를 요구할 수 있다는 점에서 사회적 기본권임과 동시에 모가 될 것인지에 관한 여성의 자기결정권을 국가의 침해에 대하여 방어하는 자유권적 성격도 가진다고 하는 견해들166)도 있으나, 이러한 견해는 모성에게 배려청구권과 보호청구권을 주관적 권리로 보장한 독일 기본법 제6조 제4항에 대한 해석론에 가깝지 우리 헌법의 조문구조와는 맞지 않는다. 자유권과 사회적 기본권으로서의 성격을 가지는 것은 헌법 제36조 제2항이 아니라, 헌법 제36조 제1항의 혼인과 가족생활 기본권이다.

162. 우리 헌법 규정과 독일기본법규정의 차이

국가가 임신·출산으로 인한 특별한 부담에 대한 지원과 보호비용을 국가 스스로 질 것인지 아니면 고용주로 하여금 부담하게 할 것인지167) 등에 대한 결정은 입법자의 넓은 형성의 자유에 속한다.

163. 구체적 내용은 입법자의 형성의 자유에 해당

5. 모성보호입법

헌법 제36조 제2항의 국가목표조항에 근거하여 모성보호를 위하여 제정된 법률로는 모자보건법, 저출산·고령사회기본법. 남녀고용평등과 일·가정 양립 지원에 관한 법률(제6조의2 제2항 제5호), 근로기준법(제74조 임신부의 보호, 제74조의2 태아검진시간의 허용 등)168) 등이 있다.

164. 관련법률

6. 헌재 판례

헌법재판소는 분만급여의 범위·상한기준을 보건복지부장관이 정하도록 위임한 것은 행복추구권, 평등권, 모성보호 및 보건의 보호규정에 위배되지 않는다고 보았다.169)

165. 분만급여의 범위·상한기준

---

166) 계희열 (주 2), 821면; 한수웅 (주 48), 1089면.
167) 한수웅 (주 48), 1089면.
168) 이에 대해서는 위 제28절, VI, 2, 나, (1)을 보라.
169) 헌재 1997. 12. 24, 95헌마390, 판례집 제9권 2집, 817.

166. 육아휴직
신청권

　　또한 군인사법상 육아휴직신청권은 헌법 제36조 제1항 등으로부터 개인에게 직접 주어지는 헌법적 차원의 권리라고 볼 수는 없고, 입법자가 입법의 목적, 수혜자의 상황, 국가예산, 전체적인 사회보장수준, 국민정서 등 여러 요소를 고려하여 제정하는 입법에 적용요건, 적용대상, 기간 등 구체적인 사항이 규정될 때 비로소 형성되는 법률상의 권리라고 보았다. 그리고 이 사건 법률조항은 입법자가 육아휴직신청권이 가지는 근로자로서의 권리성, 육아휴직의 허용 대상을 확대할 경우 예산과 인력이 추가로 소요되는 점, 다른 의무복무군인과의 형평성 등을 고려하여 육아휴직의 허용 대상을 정한 것이므로, 국가가 헌법상 용인될 수 있는 재량의 범위를 명백히 일탈함으로써 사회적 기본권으로서의 양육권을 최소한 보장하여야 할 의무를 불이행한 것으로 볼 수 없다고 보았다.[170)

167. 자기낙태
죄, 의사낙태죄

　　또한 임신한 여성의 자기낙태를 처벌하는 형법 제269조 제1항과 의사가 임신한 여성의 촉탁 또는 승낙을 받아 낙태하게 한 경우를 처벌하는 같은 법 제270조 제1항 중 '의사'에 관한 부분은 각각 임신한 여성의 자기결정권을 침해한다고 보았다,[171)

168. 임신 · 출
산의 변호사시
험 응시기회제
한의 예외 불인
정 문제

　　그리고 병역의무의 이행만을 응시기회제한의 예외로 인정하는 변호사시험법 제7조 제2항에 대하여 임신 및 출산을 이유로 변호사시험에 응시하지 않은 자가 제기한 심판청구에 대하여 청구기간 경과로 각하한 바 있으나, 이와 같은 사안은 임신과 출산을 이유로 하는 불이익과 관련된다고 할 것이므로 만일 본안판단에 들어갔다면 헌법 제36조 제1항, 제2항의 위반여부에 대하여 심사했어야 할 것이다.[172)

---

170) 헌재 2008. 10. 30, 2005헌마1156, 판례집 제20권 2집 상, 1007, 1007－1008.
171) 헌재 2019. 4. 11, 2017헌바127, 판례집 제31권 1집, 404.
172) 헌재 2016. 9. 29, 2016헌마47 등, 판례집 제28권 2집 상, 553.

V. 헌법 제36조 제3항: 보건에 관하여 국가의 보호를 받을 권리(보건권)

1. 의 의

헌법 제36조 제3항은 모든 국민은 보건에 관하여 국가의 보호를 받는다고 규정하고 있다. 이 규정은 "모든 국민은 …할 권리를 가진다."고 하는 형식이 아니라 "보호를 받는다."고 하고 있기 때문에 과연 이 규정이 국민의 주관적 권리를 보장한 것인가 의문이 제기될 수 있다. 그러나 보호를 받는다고 하는 의미는 보호를 받을 수 있다고 하는 의미와 마찬가지이므로 이 규정은 국민의 보건에 관하여 국가의 보호를 받을 권리(보건권)를 규정하는 것이라고 할 수 있다.

169. 보건권 규정

국민의 건강은 국민이 존엄성을 가지고서 행복을 추구하기 위한 가장 기본적인 전제조건이다. 그런데 국민의 건강은 자기 자신만의 노력으로 유지할 수 있는 것이 아니고, 신체적, 정신적 질병이 찾아 올 경우 의사에 의하여 자유롭게 진료를 받고 치료를 할 수 있을 때 건강은 유지될 수 있다. 만일 의사에 의하여 병을 진단받고 치료받는 것이 지나치게 비용이 많이 들 경우 일반인들은 건강한 삶을 잘 유지하기 힘들게 될 것이다. 결국 국민이 의료서비스를 받으면서 건강하게 장수할 수 있기 위해서는 국가가 의료시스템과 사회보험으로서 건강보험제도를 잘 정비하여 국민이 적정한 가격으로 의료서비스를 받을 수 있어야만 한다.

170. 존엄과 행복추구를 위한 기본적 전제조건

그러므로 보건권이라고 하는 것은 국민이 국가에 대하여 보건에 관하여 법적, 제도적으로 보호를 받을 수 있는 권리라고 할 것이다.

171. 보건권의 의의

2. 연 혁

이 보건권은 전술하였듯이 바이마르 헌법 제119조 제2항에 규정되어 있었으며 1948년 헌법은 이 바이마르 헌법 제119조의 규정을 모델로 하여 "혼인은 남녀동권을 기본으로 하며, 혼인의 순결과 가족의 건강은 국가의 특별한 보호를 받는다."고 규정하여(제20조) 1960년 헌법에까지

172. 독일 바이마르 헌법 규정을 모델

이어졌다. 1962년 헌법(제31조)부터는 "모든 국민은 혼인의 순결과 보건에 관하여 국가의 보호를 받는다."고 규정함으로써 가족의 건강권을 개인의 보건권으로 바꾼 후 이 보건권 조항이 현행 헌법에까지 이어지고 있다.

3. 법적 성격

173. 사회적 기본권에 해당

보건에 관하여 국가의 보호를 받을 권리는 그 규정형식이나 혼인과 가족생활 기본권과 같이 규정되어 왔던 연혁을 보거나 체계적으로 볼 때, 국민이 건강과 관련하여 국가의 보호를 받을 권리를 의미하기 때문에 처음부터 국가에 대한 보호청구권의 형식으로 규정되어 있으므로 이는 사회적 기본권에 해당된다고 봐야 할 것이다.

174. 자유권적 방어권적 성격 인정 문제

학설에 따라서는 국가에 의하여 건강을 침해받지 않을 권리가 우선적으로 보호되어야 한다는 의미에서 자유권으로서 방어권적 성격도 가진다고 하는 견해들도 주장되고 있다.173)

175. 자유권적 방어권은 다른 기본권에서 보장

그러나 국가로부터 생명이나 신체를 훼손당하지 않고 건강을 침해받지 않을 권리는 자유권으로서 오히려 인간으로서의 존엄과 가치(헌법 제10조)나 신체의 자유(헌법 제12조)에 내재되어 있는 권리라고 할 수 있다. 즉 신체의 자유에는 신체를 훼손당하지 않을 권리가 포함되어 있으며, 또한 헌법 제12조 제2항에는 고문을 받지 않을 권리도 보장되고 있다. 그리고 인간존엄권은 국가로부터 신체적·정신적·심령적 정체성과 완전성을 침해받지 않을 자유라고 할 수 있기 때문에 만일 국가가 국민의 신체적 건강을 침해하는 경우 국민은 인간존엄권이나 신체의 자유로부터 그러한 침해에 대하여 방어할 수 있다. 국가가 건강을 침해하는 행위를 하는 경우에도 마찬가지이다. 그러므로 헌법 제36조 제3항의 보건에 관하여 국가의 보호를 받을 권리는 순수히 사회적 기본권의 성격만을 가진다고 보아야 할 것이다.

---

173) 다만 방어권으로서의 보건권은 신체의 훼손을 당하지 않을 권리에 의해서 보호되므로 보건권의 사회적 측면이 중요하다고 하고 있다. 계희열 (주 2), 894; 한수웅 (주 48), 1091면.

그 밖에 헌법 제36조 제1항이 주관적 공권으로서의 성격과 제도보장 그리고 가치결단적 원칙규범으로서의 성격을 갖는 것과 연계하여, 국가는 널리 국민의 보건과 건강을 유지하고 보호하기 위하여 적극적으로 노력하고 보건정책을 실시할 의무가 있다고 할 수 있기 때문에, 객관적 차원에서 일종의 국민보건에 관한 하나의 원칙규범이자 객관적 가치질서로서의 성질과 또한 국민보건과 관련한 의료서비스제도와 의료보험제도를 잘 유지하고 보장할 의무도 가지고 있다고 볼 수 있을 것이다.

176. 객관적 차원에서 원칙규범이자 객관적 가치질서에 해당

4. 보호영역과 구체화 입법

이 보건권은 국민이 보건과 관련하여 적극적으로 국가의 보호를 요구할 수 있는 권리이다.

177. 국가에 대한 보호청구권

다른 사회적 기본권과 달리 가령 "법률이 정하는 바에 의하여 국가의 보호를 받는다."(가령 헌법 제34조 제5항)라고 하는 소위 형성유보조항이 없다. 그러나 그럼에도 불구하고 국민이 국가에게 적극적으로 자신의 보건과 관련하여 보호를 요구할 수 있기 위해서는 입법자가 법률로 구체적인 권리의 내용과 행사방법을 규정하지 않으면 안 될 것이다.

178. 구체적인 법률의 형성이 필요

다만 입법자가 전혀 아무런 보건권 보호를 위한 입법을 하지 않는다든가 혹은 완전히 부적절하거나 불충분하게 규정하는 예외적인 경우에는 이 헌법 제36조 제3항을 근거로 하여 국가에 보건과 관련한 보호를 청구할 수 있다고 보아야 할 것이다. 즉 진정입법부작위나 부진정입법부작위에 대한 헌법소원을 통해서 입법자의 입법의무를 확인받을 수 있을 것이므로 이 보건권은 단순히 추상적인 권리가 아니라 구속력이 있는 구체적 권리로서 주관적 공권이라고 할 것이다.

179. 구속력있는 주관적 공권

이 보건권을 보다 구체화하기 위한 법률로는 국민의 질병 · 부상에 대한 예방 · 진단 · 치료 · 재활과 출산 · 사망 및 건강증진에 대하여 보험급여를 실시함으로써 국민보건 향상과 사회보장 증진에 이바지함을 목적으로 하는 『국민건강보험법』이 있으며, 또한 생활이 어려운 사람에게 의료급여를 함으로써 국민보건의 향상과 사회복지의 증진에 이바지함을 목적으로 하는 『의료급여법』이 있다. 그리고 국민 건강에 위해(危

180. 구체적 법률

害)가 되는 감염병의 발생과 유행을 방지하고, 그 예방 및 관리를 위하여 필요한 사항을 규정함으로써 국민 건강의 증진 및 유지에 이바지함을 목적으로 하는 『감염병의 예방 및 관리에 관한 법률』, 『정신건강증진 및 정신질환자 복지서비스 지원에 관한 법률』등이 있다.

5. 주　체

181. 주체: 자연인

　보건은 건강의 보호와 관련된 것이므로 자연인만 주체가 될 수 있다. 이 보건권은 사회적 기본권으로서 인간다운 생활을 할 권리나 인간존엄권과 밀접한 관련이 있는 것이기 때문에 국민만이 아니라 대한민국에 체류하는 외국인 역시 보건에 관하여 국가의 보호를 청구할 수 있다.

182. 국민우선의 원칙 및 상호주의 원칙 적용

　다만 다른 사회적 기본권과 마찬가지로 국가적 재정이 허락되는 범위 내에서, 다시 말해서 가능한 것의 유보 하에 보장되는 권리라 할 것이며, 의료자원이 고갈될 경우에는 국민우선의 원칙과 상호주의의 원칙에 따라서 외국인에 대한 보호가 이루어져야 할 것이다.

6. 효　력

183. 국가와 지방자치단체

　보건권은 주관적 공권으로서 국가가 수범자이다. 그러므로 사인에게 사회적 기본권으로서 보건권을 주장할 여지는 없다. 지방자치단체 역시 보건권의 수범자에 포함된다.

7. 다른 기본권과의 관계

184. 생명권, 신체불훼손권, 인간존엄, 범죄피해자구조청구권과 관련

　이 보건권은 생명권이나 신체불훼손권 그리고 인간존엄권과 밀접한 관련을 가진 권리이다. 그리고 헌법 제30조의 경우 타인의 범죄행위로 인하여 생명·신체에 대한 피해를 받은 국민은 법률이 정하는 바에 의하여 국가로부터 구조를 받을 수 있도록 하고 있는 범죄피해자구조청구권 역시 건강과 직결되는 국가적 보호청구권이라 할 것이므로 국민의 건강보호와 밀접한 관련이 있다. 다만 범죄피해자구조청구권의 경우 그 주체가 범죄피해자나 그 유가족에 국한된다고 할 수 있는 데 비하여, 이

보건권의 주체는 모든 국민이라고 할 수 있다.

8. 제한과 제한의 한계

이 보건권 역시 사회적 기본권으로서 국가가 적극적인 보호조치를 전혀 하지 않거나 완전히 부적합하거나 또는 불충분하게 이행하는 경우 보건권에 대한 제한(침해)이 존재할 수 있다. 결국 보호의무 위반여부는 과소금지원칙에 따라서 심사할 수 있을 것이며, 또한 이미 보장된 법률상의 권리들을 사후적으로 삭감하거나 혹은 제한하는 경우 공익과 사익 간에 적절한 비례관계가 존재하는지 여부는 헌법 제37조 제2항의 비례원칙에 따라서 그 위헌여부를 심사할 수 있을 것이다.

185. 보호의무 위반: 과소금지 원칙 적용 법률상의 권리 제한: 비례의 원칙 적용

판례 마약류 중독자들에 대한 국가적 급부와 배려는 다른 법률조항들에 의하여 충분히 이루어지고 있으므로, 이 사건 법률조항에서 청구인의 치료감호 청구권을 인정하지 않는다 하더라도 청구인의 보건에 관한 권리를 침해한다고 볼 수 없다.

(헌재 2010. 4. 29, 2008헌마622, 판례집 22-1하, 126.)

판례 '정신건강증진 및 정신질환자 복지서비스 지원에 관한 법률', '형의 집행 및 수용자의 처우에 관한 법률'에 있는 다른 제도들을 통하여 국민의 정신건강을 유지하는 데에 필요한 국가적 급부와 배려가 이루어지고 있으므로, 이 사건 법률조항들에서 치료감호대상자의 치료감호 청구권이나 법원의 직권에 의한 치료감호를 인정하지 않는다 하더라도 국민의 보건에 관한 국가의 보호의무에 반한다고 보기 어렵다.

재판관 이선애, 재판관 이은애의 반대의견

(헌재 2021. 1. 28, 2019헌가24 등, 판례집 33-1, 1, 1-2)

VI. 관련 헌법재판소 판례

1. 침해 인정 사례

186. 침해인정
사례

헌법재판소가 혼인과 가족생활 기본권의 침해를 인정한 사례로는
부부의 자산소득을 합산하여 과세하도록 규정하고 있는 소득세법 제61
조 제1항174), 호주제(민법 제778조, 제781조 제1항 본문 후단, 제826조 제3항
본문)175), 혼인 종료 후 300일 이내에 출생한 자를 전남편의 친생자로
추정하는 민법(1958. 2. 22. 법률 제471호로 제정된 것) 제844조 제2항 중
"혼인관계종료의 날로부터 300일 내에 출생한 자"에 관한 부분176), 동
성동본인 혈족사이의 혼인을 금하고 있는 민법 제809조 제1항177), 민법
제847조 제1항 중 '그 출생을 안 날로부터 1년내' 부분178), 1세대 3주택
이상에 해당하는 주택에 대하여 양도소득세 중과세를 규정하고 있는 구
소득세법 제104조 제1항 제2호의3179), 금혼조항을 위반한 혼인을 무효
로 하는 민법 제815조 제2호180), 출생에 의한 국적취득에 있어 부계혈
통주의를 규정한 구 국적법 제2조 제1항 제1호181), 누진과세제도 하에
서 혼인한 부부에게 조세부담의 증가를 초래하는 부부자산소득합산과세
를 규정하고 있는 구 소득세법 제80조 제1항 제2호182)와 소득세법 제61
조 제1항183), 종합부동산세의 과세방법을 '인별합산'이 아니라 '세대별
합산'으로 규정한 종합부동산세법 제7조 제1항 중 전문의 괄호 부분 및
후문, 제2항, 제3항, 제12조 제1항 제1호 중 본문의 괄호 부분 및 단서

---

174) 헌재 2002. 8. 29, 2001헌바82, 판례집 제14권 2집, 170. 김영일, 권성 재판관의 반
대의견과 김효종 재판관의 별개의견 있음.
175) 헌재 2005. 2. 3, 2001헌가9 등, 판례집 제17권 1집, 1, 2.
176) 헌재 2015. 4. 30, 2013헌마623, 판례집 제27권 1집 하, 107.
177) 헌재 1997. 7. 16, 95헌가6 등, 판례집 제9권 2집, 1, 1.
178) 헌재 1997. 3. 27, 95헌가14 등, 판례집 제9권 1집, 193.
179) 헌재 2011. 11. 24, 2009헌바146, 판례집 제23권 2집 하, 222.
180) 헌재 2022. 10. 27, 2018헌바115, 판례집 제34권 2집, 362.
181) 헌재 2000. 8. 31, 97헌가12, 판례집 제12권 2집, 167.
182) 헌재 2005. 5. 26, 2004헌가6, 판례집 제17권 1집, 592. 권성, 송인준 재판관의 반
대의견 있음.
183) 헌재 2002. 8. 29, 2001헌바82, 판례집 제14권 2집, 170.

부분, 제2항('세대별 합산과세')[184], '혼인 중 여자와 남편 아닌 남자 사이에서 출생한 자녀에 대한 생부의 출생신고'를 허용하도록 규정하지 아니한 '가족관계의 등록 등에 관한 법률' 제46조 제2항, '가족관계의 등록 등에 관한 법률' 제57조 제1항 및 제2항(태어난 즉시 '출생등록될 권리')[185] 등이 있다.

> **판례** 부부간의 인위적인 자산 명의의 분산과 같은 가장행위 등은 상속세및증여세법상 증여의제규정 등을 통해서 방지할 수 있고, 부부의 공동생활에서 얻어지는 절약가능성을 담세력과 결부시켜 조세의 차이를 두는 것은 타당하지 않으며, 자산소득이 있는 모든 납세의무자 중에서 혼인한 부부가 혼인하였다는 이유만으로 혼인하지 않은 자산소득자보다 더 많은 조세부담을 하여 소득을 재분배하도록 강요받는 것은 부당하며, 부부 자산소득 합산과세를 통해서 혼인한 부부에게 가하는 조세부담의 증가라는 불이익이 자산소득합산과세를 통하여 달성하는 사회적 공익보다 크다고 할 것이므로, 소득세법 제61조 제1항이 자산소득합산과세의 대상이 되는 혼인한 부부를 혼인하지 않은 부부나 독신자에 비하여 차별취급하는 것은 헌법상 정당화되지 아니하기 때문에 헌법 제36조 제1항에 위반된다.
> (헌재 2002. 8. 29, 2001헌바82, 판례집 14-2, 170, 170-171[186])

> **판례** 금혼조항을 위반한 혼인을 무효로 하는 민법 제815조 제2호의 위헌여부
> 가. 이선애, 이은애, 이종석, 이영진, 이미선 재판관의 헌법불합치의견
> 이 사건 무효조항은 이 사건 금혼조항의 실효성을 보장하기 위한 것으로서 정당한 입법목적 달성을 위한 적합한 수단에 해당한다. 다만, 이미 근친혼이 이루어져 당사자 사이에 부부간의 권리와 의무의 이행이 이루어지고 있고, 자녀를 출산하거나 가족 내 신뢰와 협력에 대한 기대가 발생하였다고 볼 사정이

---

184) 헌재 2008. 11. 13, 2006헌바112 등, 판례집 제20권 2집 하, 1, 1.
185) 헌재 2023. 3. 23, 2021헌마975, 공보 318, 797. 이선애 재판관의 반대의견(생부인 청구인들의 가족생활 기본권 침해) 있음.
186) 이에 관하여 수직적 조세정의의 한계문제로 보면서 부부합산과세에서 누진세의 과도한 적용을 위헌으로 보는 헌재결정에 대하여 합당하다고 보는 견해로 방승주 (주 152), 1－41(10). 이에 대하여 혼인에 대한 특별한 보호는 소득세법에 대하여 불필요한 "유탄"을 초래한다고 하면서 비판적으로 보는 시각(김하열 (주 14), 163－191(188))이 있으나 이러한 견해는 전체로서 혼인과 가족생활을 보호하는 헌법 제36조 제1항이 가지는 "가치결단적 원칙규범"으로서의 의미를 제대로 파악하지 못한 견해라고 생각된다.

있는 때에 일률적으로 그 효력을 소급하여 상실시킨다면, 이는 가족제도의 기능 유지라는 본래의 입법목적에 반하는 결과를 초래할 가능성이 있다. 이 사건 무효조항의 입법목적은 근친혼이 가까운 혈족 사이의 신분관계 등에 현저한 혼란을 초래하고 가족제도의 기능을 심각하게 훼손하는 경우에 한정하여 무효로 하더라도 충분히 달성 가능하고, 위와 같은 경우에 해당하는지 여부가 명백하지 않다면 혼인의 취소를 통해 장래를 향하여 혼인을 해소할 수 있도록 규정함으로써 가족의 기능을 보호하는 것이 가능하므로, 이 사건 무효조항은 입법목적 달성에 필요한 범위를 넘는 과도한 제한으로서 침해의 최소성을 충족하지 못한다. 나아가 이 사건 무효조항을 통하여 달성되는 공익은 결코 적지 아니하나, 이 사건 무효조항으로 인하여 제한되는 사익 역시 중대함을 고려하면, 이 사건 무효조항은 법익균형성을 충족하지 못한다. 그렇다면, 이 사건 무효조항은 과잉금지원칙에 위배하여 혼인의 자유를 침해한다.

　나. 유남석, 이석태, 김기영, 문형배 재판관의 헌법불합치의견

　이 사건 금혼조항에 대한 반대의견에서 밝히는 바와 같이 이 사건 금혼조항은 그 금지의 범위가 지나치게 광범위하여 헌법에 합치되지 아니하므로, 이 사건 무효조항도 무효로 하는 근친혼의 범위가 너무 광범위하여 헌법에 합치되지 아니한다. 이 사건 금혼조항의 개선입법으로 금지되는 근친혼의 범위가 합헌적으로 축소되는 경우에 그와 같이 축소된 금혼 범위 내에서 이 사건 무효조항은 그 입법목적의 정당성과 수단의 적합성이 인정된다. 이 사건 무효조항의 입법목적은 가령 직계혈족 및 형제자매 사이의 혼인과 같이 근친혼이 가족제도의 기능을 심각하게 훼손하는 경우에 한정하여 그 혼인을 무효로 하고 그 밖의 근친혼에 대하여는 혼인의 취소를 통해 장래를 향하여 혼인이 해소될 수 있도록 규정함으로써 기왕에 형성된 당사자나 그 자녀의 법적 지위를 보장하더라도 충분히 달성될 수 있다. 그럼에도 이 사건 무효조항은 이 사건 금혼조항을 위반한 경우를 전부 무효로 하고 있어서 침해최소성과 법익균형성에 반한다. 그렇다면 이 사건 무효조항은 과잉금지원칙에 위배하여 혼인의 자유를 침해한다.

(헌재 2022. 10. 27, 2018헌바115, 판례집 34-2, 362, 363-364)

2. 침해 부인 사례

187. 침해부인 사례

　헌법재판소가 혼인과 가족생활 기본권의 침해를 부인한 사례로는 다음과 같은 것들이 있다. 즉 친생자관계 존부의 당사자가 사망한 경우

이해관계인이 그 사망을 안 날로부터 2년 내에 검사를 상대로 친생자관
계부존재확인의 소를 제기할 수 있도록 한 민법 제865조 제2항 중 이해
관계인이 검사를 상대로 친생자관계부존재확인의 소를 제기하는 경우에
관한 부분[187], 친양자 입양을 청구하기 위해서는 친생부모의 친권상실,
사망 기타 동의할 수 없는 사유가 없는 한 친생부모의 동의를 반드시
요하도록 한 구 민법 제908조의2 제1항 제3호[188], 1990년 개정 민법의
시행일인 1991. 1. 1.부터 그 이전에 성립된 계모자 사이의 법정혈족관
계를 소멸시키도록 한 민법(1990. 1. 13. 법률 제4199호) 부칙 제4조 중 "전
처의 출생자와 계모 사이의 친족관계"에 관한 부분[189], 구 상속세법 제
11조 제1항 제1호 나목 단서 중 "제4조의 규정에 의하여 상속재산에 가
산한 증여재산중 배우자에게 증여한 재산의 가액을 차감한 금액" 부
분[190], "여호주가 사망하거나 출가하여 호주상속이 없이 절가된 경우,
유산은 그 절가된 가(家)의 가족이 승계하고 가족이 없을 때는 출가녀
(出家女)가 승계한다."는 구 관습법[191], 일반 상해치사죄보다 가중처벌을
하고 있는 존속상해치사죄(형법 제259조 제2항 위헌소원)[192], 8촌 이내의
혈족 사이에서는 혼인할 수 없도록 하는 민법 제809조 제1항[193], 사실
혼 배우자에게 상속권을 인정하지 않는 민법 제1003조 제1항 중 '배우
자' 부분[194], 구 소득세법 제43조 제3항 중 "거주자 1인과 그와 대통령
령이 정하는 특수관계에 있는 자가 사업소득이 발생하는 사업을 공동으
로 경영하는 사업자 중에 포함되어 있는 경우에는 당해 특수관계자의
소득금액은 그 지분 또는 손익분배의 비율이 큰 공동사업자의 소득금액
으로 본다."고 규정한 부분[195], 배우자로부터 증여를 받은 때에 '300만

---

187) 헌재 2014. 3. 27, 2010헌바397, 판례집 제26권 1집 상, 369.
188) 헌재 2012. 5. 31, 2010헌바87, 판례집 제24권 1집 하, 364.
189) 헌재 2011. 2. 24, 2009헌바89 등, 판례집 제23권 1집 상, 108.
190) 헌재 2001. 11. 29, 99헌바120, 판례집 제13권 2집, 596.
191) 헌재 2016. 4. 28, 2013헌바396 등, 판례집 제28권 1집 상, 603. 이정미, 안창호 재
    판관의 위헌의견 있음.
192) 헌재 2002. 3. 28, 2000헌바53, 판례집 제14권 1집, 159.
193) 헌재 2022. 10. 27, 2018헌바115, 판례집 제34권 2집, 362.
194) 헌재 2014. 8. 28, 2013헌바119, 판례집 제26권 2집 상, 311.
195) 헌재 2006. 4. 27, 2004헌가19, 판례집 제18권 1집 상, 459.

원에 결혼년수를 곱하여 계산한 금액에 3천만 원을 합한 금액'을 증여세과세가액에서 공제하도록 규정한 구 상속세법 제31조 제1항 본문 제1호('증여재산공제 조항')196), 이른바 고교평준화지역에서 일반계 고등학교에 진학하는 학생을 교육감이 학교군별로 추첨에 의하여 배정하도록 하는 초 · 중등교육법시행령 제84조 제2항197), 학교폭력과 관련하여 가해학생에 대한 조치 중 전학과 퇴학을 제외한 나머지 조치에 대해 재심을 제한하는 학교폭력예방법 제17조의2 제2항(부모의 자녀교육권)198), 학교교과교습학원 및 교습소의 심야교습을 제한하고 있는 '서울특별시 학원의 설립 · 운영 및 과외교습에 관한 조례' 제8조 본문, '경기도 학원의 설립 · 운영 및 과외교습에 관한 조례' 제14조 본문, '대구광역시 학원의 설립 · 운영 및 과외교습에 관한 조례' 제4조 전단, '인천광역시 학원의 설립 · 운영 및 과외교습에 관한 조례' 제4조의2 제1항 중 고등학교 교과를 교습하는 학원 등의 교습시간에 관한 부분(학부모의 자녀교육권)199), 고등학교를 교육감이 추첨에 의하여 배정하도록 한 초 · 중등교육법 시행령(학부모의 학교선택권)200), 심야시간대 청소년의 인터넷게임 이용금지 강제적 셧다운제201), 자사고를 후기학교로 규정하고, 자사고 지원자에게 평준화지역 후기학교 중복지원을 금지한 초 · 중등교육법 시행령 제80조 제1항 등202)이 그것이다.

3. 기　타

188. 침해인정
반대의견

　　그 밖에 직접성 결여로 각하되었으나 혼인의 자유 등을 침해하였다고 보는 반대의견이 제시된 사례가 있다.

---

196) 헌재 2012. 12. 27, 2011헌바132, 판례집 제24권 2집 하, 418.
197) 헌재 2009. 4. 30, 2005헌마514, 판례집 제21권 1집 하, 185.
198) 헌재 2013. 10. 24, 2012헌마832, 판례집 제25권 2집 하, 309(이정미, 김이수, 안창호 재판관의 반대의견 있음).
199) 헌재 2016. 5. 26, 2014헌마374, 판례집 제28권 1집 하, 360.
200) 헌재 2012. 11. 29, 2011헌마827, 판례집 제24권 2집 하, 250.
201) 헌재 2014. 4. 24, 2011헌마659 등, 판례집 제26권 1집 하, 176.
202) 헌재 2019. 4. 11, 2018헌마221, 판례집 제31권 1집, 547.

판례 외국인의 결혼동거목적 사증발급 신청 시 한국인 배우자인 초청인이 국제결혼 안내프로그램을 이수하였다는 증명서를 첨부하거나 초청장에 국제결혼 안내프로그램 이수번호를 기재하여야 한다는 출입국관리법 시행규칙(2011. 3. 7. 법무부령 제733호로 개정된 것) 제9조의4 제2항 및 국제결혼 안내프로그램(이하 '이 사건 프로그램'이라 한다) 이수대상자를 구체적으로 정하고 있는 '국제결혼 안내 프로그램 이수 대상 및 운영사항'(2011. 3. 7. 법무부고시 제2011-88호, 이하 '운영사항'이라 한다) 중 이수대상자에 관한 부분(이하 이들을 통칭하여 '이 사건 심판대상조항'이라 한다)에 대해 기본권침해의 직접성이 인정되는지 여부(소극)

박한철, 이진성 재판관의 반대의견

면제대상자에 해당하지 않는 청구인이 이 사건 심판대상조항에 따르지 않는 경우 결혼동거목적 사증이 발급될 수 없다는 권리관계는 이 사건 심판대상조항에 의해 이미 확정된 것이므로, 기본권침해의 직접성이 인정된다.

이 사건 심판대상조항이 이 사건 프로그램의 이수대상으로 특정 7개국 국적의 외국인과 혼인한 한국인을 규정하고 있는바, 특정 7개국은 출입국행정, 국제결혼 등 제반여건에 대하여 각기 다른 사정을 가지고 있는 나라들로 각 국가마다 합리적인 선정 이유가 있어야 할 것이지만, 그러한 이유를 찾아볼 수 없다. 그러므로 이 사건 심판대상조항이 특정 7개국 국적의 외국인과 혼인한 한국인에게 이 사건 프로그램 이수를 의무화하는 것은 청구인의 평등권과 혼인의 자유, 가족결합권을 침해하는 것이다.

(헌재 2013. 11. 28, 2011헌마520, 판례집 25-2하, 532.)

그리고 태아의 성별에 대한 고지금지조항(의료법 제19조의2 제2항 위헌확인 등)의 위헌여부와 관련하여 다수의견은 부모의 태아성별에 대한 접근을 방해받지 않을 권리의 침해로 본 반면, 별개의견의 경우 부모의 태아에 대한 보호양육권에 대한 침해로 본 바 있다.203)

189. 태아의 성별고지금지

---

203) 헌재 2008. 7. 31, 2004헌마1010 등, 판례집 제20권 2집 상, 236.

제 3 장   기본의무론

제 32 절   국민의 의무

제 3 장   기본의무론

제 32 절   국민의 의무

Ⅰ. 국민의 의무의 개념과 기본권과의 관계

1. 개   념

우리 헌법은 제2장에 국민의 권리뿐만 아니라 의무에 대해서도 명시적으로 규정하고 있다. 헌법에서는 '국민의 권리와 의무'라는 표제 아래에서 헌법상 의무에 대해서 규정하고 있기 때문에 국민의 의무라고 하거나 독일에서 영향을 받은 경우에는 기본의무(Grundpflicht)로 표현하기도 한다.

헌법에 명시된 국민의 기본의무로, 납세의 의무(제38조), 국방의 의무(제39조 제1항), 교육을 받게 할 의무(제31조 제2항), 근로의 의무(제32조 제2항), 환경보전의 의무(제35조 제1항)를 규정하고 있으며, 헌법에 명시적으로 규정하고 있지는 않으나 당연히 전제되어 있는 것으로 인정할 수 있는 것으로 헌법과 법률에 대한 복종의무, 타인의 권리를 존중할 의무를 들 수 있으며, 논자에 따라 허용된 위험을 감수할 의무 등도 들어진다.

여기에서 말하는 국민의 기본의무는 공익을 위하여 헌법상 요청되는 의무[1]를 뜻하며, 개인이 국가 공동체를 유지하기 위하여 국가에 대하여 부담해야 하는 헌법이 특별히 규정하거나 묵시적으로 인정되는 의무를 말한다. 헌법상 기본의무는 따라서 ① 명시적 혹은 묵시적으로 헌

1. 국민의 의무, 기본의무

2. 헌법상 국민의 의무

3. 헌법상 국민에게 부과된 국가공동체에 대한 의무

---

1) Volkmar Götz, Grundpflichten als verfassungsrechtliche Dimension, in: VVDStRL 41, S. 12.

법상 부과되는 ② 국민을 주체로 하는 ③ 국가 공동체에 대하여 부담하는 의무라고 할 수 있다.[2] 다만, 헌법상 기본의무의 주체를 국민으로만 봐야 할 것인지 여부는 논란의 여지가 있다. 이 부분에 대해서는 후술하기로 한다.

2. 기본의무와 기본권의 관계

4. 기본권과 기본의무

정치적 공동체의 구성원은 한편으로 기본권의 주체로서 국가에 대하여 자신의 권리를 침해하지 말 뿐만 아니라 더 나아가 적극적으로 이를 보장해 줄 것을 요구할 수 있는 권리를 가지지만, 다른 한편으로 그는 이 정치적 공동체를 유지하기 위하여 어떠한 행위를 하거나 급부를 제공하거나 혹은 국가의 일정한 행위에 대하여 수인할 의무를 지지 않으면 안 된다.[3] 이러한 상황에서 기본권과 기본의무는 어떠한 관계에 있다고 보아야 하는지, 특히 양자의 대칭관계가 있는지 없는지 여부가 문제된다.[4]

5. 비대칭적 관계

우선 기본권과 기본의무는 결코 대칭(Symmetrie)적 관계에 있지 않다. 입법례에 따라서는 권리와 의무가 대칭적으로 규정된 경우가 있으나(가령 동독 헌법) 우리 헌법에서는 모든 기본권에 기본의무가 상응하여 존재하는 것은 아니다. 따라서 기본권과 기본의무를 균형적·대칭적 관계로 볼 수는 없다. 기본권은 원칙적으로 자유의 보장이라는 의미와 목적을 가지며, 따라서 어떠한 행위를 할 것인지 하지 않을 것인지에 대하여 선택할 가능성이 있을 때 비로소 자유의 본질이 보장될 수 있는 것이다. 만일 어떠한 행위를 반드시 하지 않으면 안 되는 의무가 있을 경우 더 이상 선택의 여지와 자유는 존재할 수 없다. 그러므로 권리와 의무가 대칭적으로 규정된 경우에는 사실상 권리는 의무에 매몰되어 더 이상 자유가 남아 있을 여지가 없다.[5]

---

2) 이준일·서보건·홍일선, 헌법상 기본의무에 관한 연구, 헌법재판연구 제23권, 2012, 3면.

3) 홍성방, 국민의 기본의무, 공법연구 제34집 제4호 제1권 (2006), 309-336 (315면).

4) 기본의무와 기본권의 관계에 대한 더 자세한 내용은, 이준일·서보건·홍일선 (주 2), 52면 이하 참고.

논자에 따라서는 기본의무를 기본권과 대비하여 정반합의 관계 6. 상호 보완적 관계
(Antithetische Gegenüberstelltung)에서 반대명제로 설명하기도 한다. 그러나
기본의무가 기본권과 반대명제의 관계에 있다고 하기는 힘들다. 자유로
운 민주 헌법국가에서 기본권과 기본의무는 명제와 반대명제와 같은 대
립적 관계가 아니라, 상호 보완적이며 불가분의 관계에 있다고 보아야
할 것이다.6)

요컨대 자유로운 민주 공화국이 제대로 유지될 수 있기 위해서는 7. 자유를 가진 시민에게 책임 과 의무가 부과
자유가 있는 곳에 책임이 따르기 마련이며, 또한 자유에 따르는 책임과
의무를 자발적으로 이행할 용의와 덕성을 갖춘 시민(Citoyen)만이 그 공
동체가 보장하는 자유를 누릴 수 있는 진정한 자격이 있다고 보아야 할
것이다.

3. 기본의무와 기본권제한

기본의무는 정치적 공동체가 필요로 하는 공익적 과제를 위하여 개 8. 기본권제한 과의 관계
인에게 일정한 행위를 요구하거나 혹은 국가적 행위를 감수(수인)할 것
을 법적으로 요구하기 마련이다. 그리하여 헌법상 기본의무는 결과적으
로 기본권의 제한을 수반하게 된다. 여기에서 기본의무와 기본권이 어
떠한 관계가 있는 것인지의 문제가 제기될 수 있다.

독일에서는 기본의무와 기본권제한의 관계와 관련하여 동일시설과 9. 독일 학설
구분설로 나뉘어진다.7)

동일시설8)에 의하면 기본의무는 항상 개인의 자유를 법률을 통하여 10. 동일시설
간접적으로 제한하는 형식으로 이루어지기 때문에, 기본의무는 기본권제

---

5) 동지, Albrecht Randelzhofer, in: Handbuch der Grundrechte Band IV, Grundrechte
und Grundpflichten §37 Rn. 42–44: 각 개별기본권은 어떤 것을 하지 않을 소극
적 요소를 포함하고 있으나, 예외적으로 자식을 양육할 부모의 권리는 소극적 요
소를 갖지 않는다.

6) 동지 Albrecht Randelzhofer (주 5), §37 Rn. 53.

7) 이와 관련하여 더 자세한 내용은, 이준일·서보건·홍일선 (주 2), 63면 이하 참고.

8) 이러한 견해로 Böckenförde, Grundpflichten als verfassungsrechtliche Dimension,
in: VVDStRL 41(1983), S.114 ff; H. H. Klein, Über Grundpflichten, Der Staat 14
(1975), S. 153 ff; 양건, 헌법강의, 법문사 2022, 1072면.

한의 영역 하에 놓이게 되며,9) 따라서 진정한 기본의무는 존재하지 않는
다고 본다.10) 가령 클라인(Hans. H. Klein)은 기본의무 그 자체에 이미 기
본권제한이 포함되어 있다고 본다. 그리하여 법치국가적 헌법에 어떤 기
본의무가 규정되어 있다면, 그것은 헌법 직접적으로 정당화되는 기본권
의 제한이자 법률의 구체화를 통한 기본권의 제한이 된다고 보았다.11)

11. 기본권제한
과 구별설

반대로 양자를 구별하는 견해12)는 기본권과 기본의무는 본질적인
기능의 차이가 존재한다는 점을 지적하며, 기본의무는 기본권제한과는
다른 독자적인 헌법적 지위에 있다고 한다. 기본의무와 기본권제한은
모두 헌법적으로 보장되는 자유를 제한하고, 또한 형식적인 법률을 통
하여 구체화되어야 한다는 점에서 서로 유사성이 있지만, 여전히 기본
의무와 기본권제한은 다음과 같은 차이가 존재한다.13) 우선 기본권제한
은 타인과 공동체의 이익을 위하여 기본권 주체의 기본권 행사를 제한
하는 것이지만, 기본의무는 개별기본권의 행사를 제한하는 것이 아니라,
공익을 위하여 개인에게 특정한 작위, 급부, 수인의 의무를 부과하는 것
이다.14) 또한 기본권제한은 개별기본권 영역과 관련되는 문제이지만,
기본의무는 여러 기본권의 보호영역과 관련될 수 있다. 예를 들어 국방
의 의무의 실현이 신체의 자유, 거주·이전의 자유, 직업의 자유, 언
론·출판의 자유, 집회·결사의 자유 등을 동시에 제한하게 될 수 있으
며,15) 납세의 의무의 경우도 재산권과 영업의 자유 등 경제적 기본권을
동시에 제한할 수 있는 가능성이 있는 것과 같다.16)

---

9) Hasso Hofmann, Grundpflichten als verfassungsrechtliche Dimension, in: VVDStRL 41, S. 76.
10) Albrecht Randelzhofer (주 5), §37 Rn. 54.
11) H. H. Klein (주 8), 153 (158).
12) Götz (주 1), S.12 ff; Hofmann (주 9), S. 76 f; 정종섭, 헌법학원론, 박영사 2023, 976−977면; 계희열, 헌법학 (중), 박영사 2007, 832면.
13) 계희열 (주 12), 832면.
14) Albrecht Randelzhofer (주 5), §37 Rn. 54.
15) 계희열 (주 12), 832면; Albrecht Randelzhofer (주 5), §37 Rn. 55.
16) 이와 관련하여 헌법상 국민이 부담하는 기본의무는 국가공동체의 보존·유지를 목적으로 하여 헌법이 직접적으로 설정한 의무이므로, 헌법 제37조 제2항에 따라 기본권을 제한할 때 국민이 부담하게 되는 수인의무와는 그 차원과 성격이 다르기 때문에, 헌법상 기본의무 부과에 관한 법률의 위헌심사에서는 헌법 제37조 제2항의 과잉금지원칙을 적용하는 것은 우리 헌법의 규범체계와 맞지 않다고 하는

아무튼 기본권제한은 어차피 공익목적을 위하여 입법자가 법률로 기본권을 제한할 필요가 있을 경우에 동원될 수 있는 개념이다. 그리고 기본의무 역시 국가가 정치적 공동체의 유지·보전을 위해서 필요한 유·무형의 행위와 물질적 급부의 제공이나 혹은 수인을 요구한다는 점, 그리고 입법자가 헌법상 의무를 법률상 의무로 구체화시킬 때에 비로소 국민이 구체적 의무를 지고 이행할 수 있게 된다는 점에서 서로 공통점을 가지고 있는 것은 사실이다.

12. 기본권제한과 구별가능

그러나 기본권의 제한은 한편으로는 헌법직접적 한계(가령 헌법 제21조 제4항, 헌법 제23조 제2항)나 다른 한편으로는 개별적 법률유보나 일반적 법률유보(헌법 제37조 제2항)를 통하여 헌법제정자가 입법자에게 법률로 제한할 수 있도록 명시적 또는 묵시적으로 수권17)을 하고 있는 데 비하여, 국민의 의무의 초점은 국민의 기본권의 제한을 직접적 목적으로 하는 것이 아니라 국가 공동체의 유지, 보전을 위하여 필요한 사항의 조달을 직접 목적으로 하되, 그 목적을 달성하기 위하여 국민의 여러 기본권의 제한이 간접적으로 초래될 수 있을 뿐이다. 그리고 기본의무의 이행방법은 의무의 종류에 따라서 차이가 있기는 하지만 원칙적으로 국민이 직접 의무의 이행방법을 선택할 수 있다(가령 납세의무의 이행을 보유하고 있던 금융자산으로 이행하든지 혹은 부동산을 매각하는 방법으로 하든지 그 선택은 자유이다.). 그러므로 의무의 이행에 있어서도 여전히 자유의 본질은 유지되어야 한다. 다만 이 점은 기본권의 제한과 관련해서 그 본질내용은 침해할 수 없다고 하는 헌법 제37조 제2항의 기본권제한의 한계와 밀접한 관련을 가진다. 이것은 의무의 이행 자체가 기본권의 제한을 수반하기 때문에 나오는 문제라고 할 것이다.

13. 목적의 차이 존재

아무튼 기본의무와 기본권제한은 헌법적 차원에서는 일단 체계적으로 구분되는 개념이라고 할 수 있지만 구체적 실행에서는 의무는 어쩔 수 없이 기본권제한을 동반하기 때문에 공통점이 있을 수밖에 없다. 이에 관한 과도한 논란은 기본의무를 헌법에 두지 않고 있는 독일에서

14. 구체적 실행에 있어서는 공통점

견해로 김종대 재판관의 별개의견, 헌재 2010. 10. 28, 2009헌바67, 판례집 제22권 2집, 101 (123-127).

17) 이에 관하여는 앞의 제1장 제5절 기본권의 제한 참조.

는 모르겠으나 우리 헌법하에서는 그다지 필요하지 않다고 생각된다.

Ⅱ. 기본의무의 주체

15. 의무의 주체로서의 국민

원칙적으로 기본권에서 그 주체에 관하여 논해야 하듯이, 기본의무와 관련해서도 그 주체가 문제될 수 있다.

16. 자연인

우선 기본의무에 있어서도 그 원칙적 주체는 자연인이라고 할 수 있으며, 따라서 그 가운데 국민은 당연히 기본적 의무의 주체가 된다. 다만 외국인도 헌법상 기본의무의 주체로 인정할 것인지는 논란의 여지가 있다.

17. 권리성질설의 적용

개별 기본권에서 외국인의 기본권주체성을 논의할 때, 판례와 학설은 대체로 기본권을 권리의 성질에 따라 분류하여 인간의 권리와 국민의 권리로 나누고, 인간의 권리에 해당하는 기본권에 한하여 외국인의 기본권 주체성을 인정한다.[18]

18. 의무성질에 따른 구분설

이와 유사하게 기본의무도 인간의 의무(Menschenpflicht)와 국민의 의무(Staatsbürgerliche Pflicht)로 나눌 수 있다는 견해[19]에 의하면, 헌법은 일단 영토에 거주하는 모든 인간을 대상으로 효력을 발하는 것이기 때문에, 원칙적으로 기본의무는 영토에 거주하는 모든 인간의 의무라고 한다. 다만 병역의 의무는 원칙적으로 국민을 대상으로 하기 때문에 국민의 의무가 된다.[20]

19. 의무성질에 따른 구분불가설

이와는 반대로 헌법상 명시된 기본의무는 인간의 의무가 될 수 없으며 원칙적으로 국민의 의무라는 견해[21]도 존재한다. 기본의무는 자연

---

18) 이와 관련하여서는 제1장 제3절 기본권의 보호영역과 주체 참고.

19) 안용교, 국민의 헌법상 기본의무, 고시계 제19권 제12호, 국가고시학회, 42면; 허완중, 기본의무를 구체화하는 법률의 위헌심사기준, 헌법재판연구원 연구보고서 2013, 10면 재인용.

20) 홍성방 (주 3), 309－336 (319면); 이준일 · 서보건 · 홍일선 (주 2), 6－7면, 인간의 의무에 대한 설명은 자연법에 근거하여 인간의 의무를 설명하는 견해와 각각의 국가에서 인정되는 의무를 취합한 후 모든 국가에 공통으로 인정되는 의무를 인간의 의무로 이해하는 견해, 그리고 의무규정에 대한 효력대상 또는 효력근거를 기준으로 인간의 의무를 설명하려는 견해로 나누어진다고 한다.

21) 허완중 (주 19), 10면; 성낙인, 헌법학, 법문사 2023, 1658면; 한수웅, 헌법학, 법문사 2021, 1098면; 정종섭 (주 12), 978면.

적 의무를 토대로 하지 않으며, 헌법을 통해서 실정화되기 때문에 기본의무는 국민의 의무일 수밖에 없다는 것이다.[22]

살피건대, 헌법상 명시적인 기본의무와 관련하여 그 성질에 따라 인간의 의무와 국민의 의무로 나눌 이유는 없다. 기본권은 인간이 인간으로서 가져야 할 당연한 권리인 천부인권을 실정 헌법에서 확인하고 보장했다고 볼 수 있는 것도 있기 때문에, 그 성질상 천부인권적 속성의 기본권과 국민에게만 인정되는 국민의 권리로 구별할 수 있겠지만, 기본의무는 처음부터 헌법에 의하여 그 수범자가 국민으로 한정되어 있다. 그리고 국가를 전제로 하지 않은 천부적인 의무라는 개념은 사실상 존재할 수 없는 것이다.

20. 천부적인 의무는 비존재

한편 헌법상 기본의무가 인간의 의무인지 국민의 의무인지와는 별개로, 국내에 거주하고 있는 외국인에게는 헌법상 기본의무의 주체성을 인정할 수 있다는 견해[23]에 의하면, 기본의무는 국적을 가진 국민에 대해서만 부과되는 것이 아니라, 영토에 거주하고 있는 모든 사람에 대하여 부과된다는 것이다. 외국인 역시 자신의 자유와 권리의 보장을 위하여 국가에게 일정한 행위를 요구할 수 있는 주체가 될 수 있기 때문에, 자신의 자유와 권리의 보장을 위해서는 자유로운 국가의 조직과 유지가 전제되어야 하고, 그러한 목적으로 부여된 기본의무도 당연히 부담해야 한다고 본다.[24] 외국인에 대하여 오늘날의 기본권과 인권의 국제화 추세에 따라 원칙적으로 기본권 주체성을 인정할 수 있다면, 헌법의 적용범위에 있는 한 그에 상응하는 기본의무에 대해서도 국민과 마찬가지로 외국인도 의무의 주체로 인정된다는 것이다.

21. 외국인의 의무주체성 인정설

그러나 헌법상 기본의무는 원칙적으로 국민이 의무의 주체가 된다고 보아야 하며, 독일 바이마르헌법에서도 기본의무를 국적을 가진 국민의 의무로만 이해하여 왔다.[25] 다만 외국인의 경우에는 국내에 거주

22. 개별조항에 따라 외국인에게 의무의 주체성 인정가능

---

22) 허완중 (주 19), 10면.
23) 기본의무를 인간의 의무로 보는 견해에 대하여 기본의무는 인간에게 천부적으로 부과되는 의무라고 볼 수 없고, 항상 개인이 국가를 전제로 하여 그 시민으로서 지는 의무로 보아야 한다는 견해로, 계희열 (주 12), 829면; 한수웅 (주 21), 1098면; 허완중 (주 19), 12-13면.
24) 계희열 (주 12), 829면.

하거나 국내법을 적용받는 특별한 사정이 있을 때에만 예외적으로 헌법
상 의무의 주체가 된다고 할 것이기 때문에 개별 기본의무에 대하여 언
제 외국인이 의무의 주체가 되는가에 대해서는 각각 개별적으로 검토할
필요가 있다.

23. 법인의 기
본의무 주체성

한편 법인이 기본의무의 주체가 될 수 있을 것인지 여부의 문제도
제기될 수 있는데, 이에 관해서도 역시 개별적 검토가 필요하다.26)

24. 법인의 주
체성 인정 영역

우선 납세의 의무, 재산권의 공공복리적합의무, 환경보전의무의 경
우 그 주체가 반드시 자연인일 것을 요구하는 것은 아니기 때문에 법인
에 대해서도 주체성을 인정할 수 있다. 다만 국방의 의무와 관련하여 병
역의 의무에 대해서는 성질상 법인에게 그 주체성을 인정할 수 없겠지
만, 방위산업체와 같은 법인은 넓은 의미에서 국방의 의무의 주체가 될
수 있다고 봐야 할 것이다.

25. 교육을 받
게 할 의무와
근로의 의무:
자연인만 주체

이에 반하여 헌법 제31조 제1항의 교육을 받게 할 의무의 경우 자
녀에 대한 양육의 의무가 있는 부모(자연인)에게 한정된 것으로 보아야
할 것이며, 헌법 제32조 제2항의 근로의 의무 역시 그 성질상 자연인만
이 주체가 될 수 있다고 할 것이다.

Ⅲ. 법적 성격 및 효력

1. 법적 성격

26. 법률유보적
성격

헌법상 기본의무는 그 자체로 곧바로 현실적이고 구체적 의무가 되
는 것은 아니고, 입법자에 의하여 법률로 구체화될 때 비로소 현실적이
고 구체적인 의무가 될 수 있다. 이러한 의미에서 기본의무는 법률유보
가 필요하며 형성적 법률유보가 달린 청구권적 기본권이나 사회적 기본
권 등과 유사한 구조와 속성을 지닌다. 기본의무는 입법위임규정과 결
부될 경우가 있으며 동시에 프로그램적 성격을 가지고 있어서, 기본의
무는 명시적 혹은 묵시적으로 법률유보를 내포한다. 따라서 기본의무에

---

25) 계희열 (주 12), 829면.
26) 동지 Albrecht Randelzhofer (주 5), §37 Rn. 20.

명시된 공동체의 목표들은 법적인 형성을 필요로 하며, 그 목적구속에
의하여 일반적인 법치국가적 원칙인 과잉금지원칙에 따라 통제된다.[27)]

또한 기본의무는 선언적 성격의 헌법규정이라는 특성도 가진다. 즉,
헌법상 기본의무는 의회에 대해서는 법률로 이를 구체적으로 규정하여
공포할 의무를 부과하는 것이며, 이로써 국민의 의무와 관련하여 법적
인 질서를 형성할 기본원칙을 선언하는 것이다.[28)]

따라서 입법자가 기본의무를 구체화하는 입법행위를 하지 않으면
대부분의 기본의무는 '불완전한 법(leges imperfecta)에 지나지 않으며,[29)]
결국 기본의무는 "잠재적인 법(potentielles Recht)" 혹은 "규정되어야 하는
법(zu setzendes Recht)"에 불과하다고 할 수 있다.[30)] 이러한 의미에서 이
기본의무는 프로그램규정이라 할 수 있을 것이다.

27. 헌법규정적
선언의 성격

28. 구체적 입
법행위 요구

2. 효 력

기본의무는 국가가 국민에 대하여 일정한 행위를 부과하는 것이기
때문에, 기본의무의 주체와 국가와의 관계에서 법적인 효력이 발생한다.
따라서 기본의무는 원칙적으로 대국민적 효력을 가진다.[31)]

29. 대국민적
효력

---

27) Hofmann (주 9), S. 77-78.
28) Hofmann (주 9), S. 78.
29) 홍성방 (주 3), 323-324면.
30) Hofmann (주 9), S. 81; 계희열 (주 12), 831면.
31) 이에 대하여, 기본의무는 국민과 국가의 관계에서 법적 효력이 발생하기 때문에
 국가와 지방자치단체에 효력이 미치며 대국가적 효력을 가지며, 대사인적 효력도
 인정할 수 있다는 견해로 홍성방 (주 3), 328면.

Ⅳ. 내 용

1. 납세의 의무(헌법 제38조)

30. 납세의 의무

헌법 제38조는 "모든 국민은 법률이 정하는 바에 의하여 납세의 의무를 진다."라고 규정하며 국민에 대하여 세금을 납부해야 할 의무를 지우고 있다. 이러한 납세의 의무는 국가 또는 지방자치단체가 재정수요를 충족시키거나 경제적·사회적 특수정책의 실현을 위하여 특별한 반대급부 없이 모든 사람에게 강제적으로 부과징수하는 과징금을 의미한다.[32]

31. 반대급부 없는 경제적 부담

납세의 의무는 국가가 모든 국민에게 지우는 경제적 부담이자 동시에 사회국가 실현의 방법적 기초가 된다. 세금은 금전적인 부담이라는 점에서 사용료·수수료와 같을 수 있으나, 특별한 반대급부를 조건으로 하지 않는다는 점에서 그것들과 차이가 있다.[33]

32. 납세의 의무 주체: 국민 외국인: 법률상 의무

모든 자연인은 납세의무의 주체가 된다. 납세의무는 모든 경제주체를 그 대상으로 하기 때문에 국내에서 경제활동을 하는 외국인도 의무의 주체에 포함되는지 문제가 될 수 있다. 그러나 앞서 언급한 바 있듯이 외국인은 원칙적으로 헌법상 기본의무의 주체가 되지 않으며, 따라서 국내에 재산이 있거나 과세대상의 행위를 한 외국인에 부여되는 납세의 의무는 법률상 의무에 해당한다고 보아야 할 것이다.

33. 내국 사법인: 인정, 외국 사법인: 법률상 의무 주체

내국 사법인의 경우에는 납세의 의무의 주체로 인정할 수 있다. 다만 외국 사법인이 지는 납세의무의 경우 법률상 의무에 해당한다고 보아야 할 것이다.

34. 구체적 법률

납세의 의무는 국세기본법, 국세징수법, 법인세법, 상속세 및 증여세법, 소득세법, 부가가치세법, 관세법, 지방세법 등에 의해 구체화 된다.[34]

---

32) 헌재 1990. 9. 3, 89헌가95, 판례집 제2권, 245 (251)
33) 허영, 한국헌법론, 박영사 2023, 705면.
34) 허영 (주 33), 705면.

가. 조세법률주의

헌법 제38조와 더불어 헌법 제59조는 "조세의 종목과 세율은 법률로 정한다."라고 규정함으로써 조세법률주의를 명시하고 있다. 이러한 헌법규정을 근거로 하는 조세법률주의는 과세요건 법정주의 및 과세요건 명확주의를 핵심적 내용으로 한다.35)

과세요건 법정주의는 납세의무를 성립시키는 납세의무자·과세물건·과세표준·과세기간·세율 등의 과세요건과 부과·징수절차를 모두 국민의 대표기관인 국회가 제정한 법률로 규정하여야 한다는 것을 의미하며, 과세요건 명확주의란 과세요건을 법률로 규정하였다고 하더라고 그 규정의 내용이 지나치게 추상적이고 불명확하면 과세관청의 자의적인 해석과 집행을 초래할 염려가 있으므로 그 규정 내용이 명확하고 일의적(一義的)이어야 한다는 것을 의미한다.36)

과세요건을 국민의 대표기관인 국회가 제정한 법률로 규정하도록 한 것은, 조세의 부과로 인하여 국민의 재산권에 대한 중대한 침해를 가져올 수 있기 때문에, 해석상 애매함이 없도록 규정하여 국민의 재산권을 보장하고 국민생활의 법적 안정성과 예측가능성을 보장함에 있다.37)

조세법률주의에 따라 조세에 관하여서는 원칙적으로 법률의 형식으로 규율해야 하지만, 모든 사항에 대하여 예외 없이 형식적 의미의 법률로 규정한다는 것은 사실상 불가능하다. 헌법재판소38)도 "사회현상의 복잡…다기화와 국회의 전문적·기술적 능력의 한계 및 시간적 적응능력의 한계로 인하여 부단히 변천하고 복잡한 사회현상의 세부적인 사항에 관하여까지 모두 예외 없이 형식적 의미의 법률에 의하여 규정한다는 것은 사실상 불가능할 뿐만 아니라 실제에 적합하지도 아니하기 때문

35. 조세법률주의

36. 과세요건 법정주의, 과세요건 명확주의

37. 국민의 재산권 보호

38. 조세법률주의와 위임입법

---

35) 이에 대해서는 방승주, 헌법과 조세정의, 헌법학연구 제15권 제4호, 1-41(4-7)면.

36) 헌재 1989. 7. 21, 89헌마38, 판례집 제1권, 131, 138-139; 헌재 1995. 11. 30, 91헌바1등, 판례집 제7권 2집, 562, 584; 헌재 1999. 12. 23, 99헌가2, 판례집 제11권 2집, 686, 695; 헌재 2002. 6. 27, 2000헌바88, 판례집 제14권 1집, 579 (584).

37) 헌재 1990. 9. 3, 89헌가95, 판례집 제2권, 245 ; 헌재 1995. 11. 30, 93헌바32, 판례집 제7권 2집, 598 (606-607).

38) 헌재 1999. 7. 22, 96헌바80 등 판례집 제11권 2집, 90, 105-106; 헌재 1996. 6. 26, 93헌바2, 판례집 제8권 1집, 525, 532 등.

에, 경제현실의 변화나 전문적 기술의 발달에 즉시 대응하여야 할 필요
등 부득이한 사정이 있는 경우에는 법률은 그 대강만을 정하고 세부적,
전문적, 기술적 사항은 국회 제정의 형식적 법률보다 더 탄력성이 있는
행정입법에 위임함이 허용된다고 할 것이다."라고 하면서 조세에 관한
위임입법의 필요성을 인정하고 있다.

39. 포괄위임입
법금지원칙

다만 우리 헌법 제75조에서 "대통령은 법률에서 구체적으로 범위를
정하여 위임을 받은 사항과 법률을 집행하기 위하여 필요한 사항에 관
하여 대통령령을 발할 수 있다."라고 규정함으로써, 위임입법의 한계를
제시하고 있다.

40. 위임입법의
한계

위임입법이 인정된다고 하더라도 조세분야에 있어서는 일반적 · 포
괄적 위임이 아닌 개별적 · 구체적 위임만 가능하며, 대통령령으로 규정
될 내용 및 범위의 기본사항은 구체적으로 규정되어 있을 필요가 있다.
이는 행정권에 의한 자의적인 법률의 해석과 집행을 방지하고 의회입법
의 원칙과 법치주의를 달성하려는 데 그 의의가 있다.[39] 따라서 조세의
징수에 관해서는 일반적인 급부행정법률과는 달리 그 위임의 요건과 범
위가 보다 엄격하고 명확하게 규정되어야 한다.

41. 백지위임금
지

헌법재판소는 국민의 납세의무의 성부 및 범위와 직접적인 관계를
가지고 있는 중요한 사항에 대해서 위임의 근거규정 그 자체에서 위임
의 범위를 명확하게 해야 하고, 구체적으로 위임된 사항의 처리기준, 처
리지침을 제시하거나 적어도 그 처리에 대한 대강을 예측할 수 있을 정
도여야 한다고 하면서 하위법규에 백지위임을 한 것은 포괄적으로 위임
한 것으로 조세법률주의와 위임입법의 한계에 관한 헌법규정을 위반한
것으로 보았다.[40]

나. 소급과세금지

42. 소급과세금
지원칙

조세는 법률로써 부과될 수 있다고 하더라도 원칙적으로 헌법 제13
조 제2항에 따라 소급과세는 금지된다. 소급적인 효력을 가진 법률을

---

39) 헌재 1991. 2. 11, 90헌가27; 헌재 1994. 7. 29, 92헌바49 · 52(병합); 헌재 1995. 11.
30, 93헌바32, 판례집 제7권 제2집, 598 (607).
40) 헌재 1995. 11. 30, 93헌바32, 판례집 제7권 2집, 598 (608-609).

통하여 조세를 부과하거나 중과세하는 것은 국민의 재산권을 침해하는 것으로 금지된다.[41]

소급입법은 진정소급입법과 부진정소급입법으로 나눌 수 있다.[42] 진정소급입법은 이미 과거에 완성된 사실·법률관계를 규율의 대상으로 하며, 부진정소급입법은 이미 과거에 시작하였으나 아직 완성되지 아니하고 진행과정에 있는 사실·법률관계를 규율대상으로 한다. 헌법 제13조 제2항은 진정소급효를 가진 법률만을 의미하며, 따라서 부진정소급입법은 원칙적으로 허용되고 단지 신뢰보호의 관점에서 입법자의 형성의 자유에 한계가 그어질 뿐이다.[43]

43. 부진정소급입법과 진정소급입법

> **판례** **구 소득세법 제94조 제3호 위헌소원**
>
> 신뢰보호의 원칙은 헌법상 법치국가원리로부터 파생되는 것으로서, 법률의 제정이나 개정시 구법질서에 대한 당사자의 신뢰가 합리적이고도 정당하며 법률의 제정이나 개정으로 야기되는 당사자의 손해가 극심하여 새로운 입법으로 달성하고자 하는 공익적 목적이 그러한 당사자의 신뢰의 파괴를 정당화할 수 없다면, 그러한 새 입법은 신뢰보호의 원칙상 허용될 수 없다(헌재 2001. 4. 26, 99헌바55, 판례집 13-1, 869, 885-886 참조).
>
> 그러나 국민이 가지는 모든 기대 내지 신뢰가 헌법상 권리로서 보호될 것은 아니고, 신뢰의 근거 및 종류, 상실된 이익의 중요성, 침해의 방법 등에 의하여 개정된 법규·제도의 존속에 대한 개인의 신뢰가 합리적이어서 이를 보호할 필요성이 인정되어야 하고, 특히 조세법의 영역에 있어서는 국가가 조세·재정정책을 탄력적·합리적으로 운용할 필요성이 매우 큰 만큼, 조세에 관한 법규·제도는 신축적으로 변할 수밖에 없다는 점에서 납세의무자로서는 구법질서에 의거한 신뢰를 바탕으로 적극적으로 새로운 법률관계를 형성하였다든지 하는 특별한 사정이 없는 한 원칙적으로 현재의 세법이 변함없이 유지되리라고 기대하거나 신뢰할 수는 없다(1998. 11. 26, 97헌바58, 판례집10-2, 673, 682;

---

41) 헌재 1995. 3. 23, 93헌바18 등, 판례집 제7권 1집, 376, 383; 헌재 1998. 11. 26, 97헌바58, 판례집 제10권 2집, 673, 680; 헌재 2002. 2. 28, 99헌바4, 판례집 제14권 1집, 106 (115); 헌재 1995. 10. 26, 94헌바12, 판례집 제7권 2집, 447, 457−459; 헌재 2001. 4. 26, 99헌바55, 판례집 제13권 1집, 869, 884 .

42) 이에 관한 내용은 방승주, 헌법강의 I, 박영사 2021, 224−240면 참고.

43) 헌재 2004. 6. 24, 2002헌바15, 판례집 제16권 제1집, 719 (731); 헌재 2002. 7. 18, 99헌마574, 판례집 제14권 2집, 29, 43.

헌재 2002. 2. 28, 99헌바4, 판례집 14-1, 106, 116 참조).

(헌재 2003. 4. 24, 2002헌바9, 판례집 15-1, 406, 415).

다. 조세평등주의(공평과세)

44. 조세평등주의

조세법의 영역에서도 헌법 제11조 제1항이 규정하는 평등원칙이 적용되어야 한다.[44] 평등원칙은 같은 것은 같게 다른 것은 다르게 취급하라는 원리로서[45] 세법영역에서는 조세평등주의로 나타난다.

45. 평등원칙의 적용

조세평등주의의 원칙에 따라 조세의 부과와 징수는 납세자의 담세능력에 상응하여, 동일한 담세능력을 가진 납세의무자에게는 동일한 조세를 부과하고 상이한 담세능력을 가진 납세의무자에게는 차등적인 조세를 부과해야 한다. 조세부담은 납세의무자들 사이에 공정하고 평등하게 이루어져야 하며 합리적인 이유없이 납세의무자를 불리하게 차별하거나 우대하는 것은 허용되지 않는다.[46]

46. 광 범 위 한 입법형성의 자유 인정

다만 입법자는 조세법의 분야에서도 광범위한 입법형성의 자유를 가지며, 입법형성의 영역 내에서 구체적으로 납세의무자를 어떻게 대우할 것인지 결정할 재량을 갖는다. 헌법재판소는 입법자의 결정이 현저하게 비합리적이고 불공정한 조치라고 인정될 때에는 조세평등주의에 위반된다고 하며, 조세평등주의 위반여부는 평등원칙에 대한 위반 여부 심사와 마찬가지로 대체로 합리성심사를 적용[47]하고 있다.

> **판례** 조세평등주의는 헌법 제11조 제1항이 규정하는 평등원칙이 세법영역에서 구현된 것으로 조세의 부과와 징수는 납세자의 담세능력에 상응하여 공정하고 평등하게 이루어져야 하고 합리적 이유없이 특정의 납세의무자를 불리하게 차

---

44) 이에 대해서는 방승주 (주 35), 1–41(8면 이하) 참조.

45) 평등원칙에 관해서는 제2장 제9절 평등권 참조.

46) 헌재 1996. 8. 29, 95헌바41, 판례집 제8권 2집, 107, 116–117; 헌재 1998. 5. 28, 95헌바18, 판례집 제10권 1집, 583, 593; 헌재 2002. 6. 27, 2001헌바44, 공 70, 545, 548; 헌재 2002. 10. 31, 2002헌바43, 판례집 제14권 2집, 529, 538; 헌재 2012. 4. 24, 2011헌바125, 판례집 제24권 제1집 하, 146 (150); 헌재 2015. 5. 28, 2013헌마831, 공보 224, 923 (924) 등.

47) 헌재 2011. 6. 30, 2010헌바430, 판례집 제23권 1집 하, 408, 415; 헌재 2007. 4. 26, 2006헌바71, 판례집 제19권 1집, 502, 512; 헌재 2001. 12. 20, 2000헌바54, 판례집 제13권 2집, 819, 824 등 참조

별하거나 우대하는 것은 허용되지 아니한다는 원칙이다. 입법자는 조세법의
분야에서도 광범위한 입법형성의 자유를 가지므로 구체적인 조세관계에서 납
세자들을 동일하게 대우할 것인지 혹은 달리 대우할 것인지를 일차적으로 결
정할 수 있는 것이기는 하지만, 이러한 결정을 함에 있어서는 재정정책적, 국
민경제적, 사회정책적, 조세기술적 제반 요소들에 대한 교량을 통하여 그 조세
관계에 맞는 합리적인 조치를 하여야만 평등의 원칙에 부합할 수 있다. 조세
감면의 우대조치의 경우에도 비록 조세감면이 조세평등의 원칙에 반하고 국가
나 지방자치단체의 재원의 포기이기도 하여 가급적 억제되어야 하며 특히 정
책목표달성이 필요한 경우에 그 감면혜택을 받는 자의 요건을 엄격히 하여 한
정된 범위 내에서 예외적으로 허용되어야 하는 것이기는 하나, 특정 납세자에
대하여만 감면조치를 하는 것이 현저하게 비합리적이고 불공정한 조치라고 인
정될 때에는 조세평등주의에 반하여 위헌이 된다고 할 것이다(헌법재판소
1995.6.29. 선고, 94헌바39 결정 참조).

(헌재 1996. 8. 29, 95헌바41, 판례집 8-2, 107, 116-117).

그러나 혼인한 부부에게 조세부담을 증가시키는 부부자산소득 합 **47. 부부자산소**
산과세를 규정한 구 소득세법 제80조 등 위헌제청 사건에서는 비례의 **득 합산과세**
원칙에 따른 엄격한 심사를 적용한 바 있다.[48]

[판례] 헌법 제36조 제1항은 "혼인과 가족생활은 개인의 존엄과 양성의 평등을
기초로 성립되고 유지되어야 하며, 국가는 이를 보장한다."고 규정하여 혼인과
가족생활에 불이익을 주지 않도록 국가에게 명령하고 있다. 이는 적극적으로
는 적절한 조치를 통해서 혼인과 가족을 지원하고 제3자에 의한 침해 앞에서
혼인과 가족을 보호해야 할 국가의 과제를 포함하고, 소극적으로는 불이익을
야기하는 제한조치를 통해서 혼인과 가족을 차별하는 것을 금지해야 할 국가
의 의무를 포함한다. 이러한 헌법원리로부터 도출되는 차별금지명령은 헌법
제11조 제1항의 평등원칙과 결합하여 혼인과 가족을 부당한 차별로부터 특별
히 더 보호하고자 하는 목적을 가진다. 따라서 특정한 조세법률조항이 혼인을
근거로 혼인한 부부를 혼인하지 아니한 자에 비해 차별취급하는 것이라면 비
례의 원칙에 의한 심사에 의해 정당화되지 않는 한 헌법 제36조 제1항에 위반
된다. 이는 단지 차별의 합리적 이유의 유무만을 확인하는 정도를 넘어, 차별

---

48) 헌재 2005. 5. 26, 2004헌가6, 판례집 제17권 1집, 592 (600). 위 제31절, Ⅲ, 1, 바,
   (3) 참고.

의 이유와 차별의 내용 사이에 적정한 균형관계가 이루어져 있는지에 대해서도 심사하여야 함을 의미한다(헌재 2001. 2. 22, 2000헌마25, 판례집 13-1, 386, 403; 2003. 6. 26, 2002헌가14, 판례집 15-1, 624, 657 등 참조).

조세관련법령에서 과세단위를 정하는 것이 입법자의 입법형성의 재량에 속하는 정책적 문제라고 하더라도 위와 같은 헌법원리에 따른 제한의 범위를 넘어설 수는 없는 것이므로 위 헌법 제36조 제1항이 조세법률관계에서 납세의무자의 담세력과 생활실태에 부합하는 공평과세 실현을 제한하는 원리로 작용하는 것은 아니라는 견해는 받아들이기 어렵다.

(헌재 2005. 5. 26, 2004헌가6, 판례집 17-1, 592, 600)

라. 과잉과세금지

48. 실질적 조세법률주의

헌법 제38조 및 제59조에 근거를 둔 조세법률주의에 따라 조세의 부과는 형식적 측면에서 과세요건 법정주의 및 과세요건 명확주의에 합치해야 할 뿐만 아니라 실질적 측면에서 조세법의 목적이나 내용이 기본권 보장의 헌법이념과 이를 뒷받침하는 헌법상의 원칙에 합치될 것이 요구된다.[49] 따라서 조세관련 입법의 경우에도 과잉금지원칙을 준수해야 하며, 과세로 국민의 재산권을 과도하게 침해하는 것은 헌법적으로 허용되지 않는다.[50]

2. 국방의 의무(헌법 제39조)

가. 의 의

49. 국방의 의무 의의

헌법 제39조 제1항은 '모든 국민은 법률이 정하는 바에 의하여 국방의 의무를 진다.'라고 함으로써 모든 국민에 대하여 국방의 의무를 부과하고 있다. 여기서 말하는 국방의 의무란, 외부 적대세력의 직·간접적인 침략행위로부터 국가의 독립을 유지하고 영토를 보전하기 위한 의무를 말한다.

---

49) 헌재 1997. 11. 27, 95헌바38, 판례집 제9권 2집, 591, 600−601; 헌재 1999. 5. 27, 97헌바66 등, 판례집 제11권 1집, 589, 611; 헌재 2012. 2. 23, 2011헌가8, 판례집 제24권 1집 상, 1, 12.

50) 방승주, 과세의 재산권적 한계, 헌법학연구 제13권 제1호(2007. 3), 411−447(435−439)면.

현대전은 첨단 과학기술에 의한 무기와 정보의 전쟁일 뿐만 아니라, 국민 전체가 힘을 합쳐야 하는 총력전이라고 할 수 있다. 따라서 국방의무는 단지 병역의무의 이행을 통한 직접적인 병력형성의무만을 의미하는 것이 아니며, 병역법, 향토예비군설치법, 민방위기본법, 비상대비자원관리법 등에 의한 간접적인 병력형성의무 및 병력형성이후 군작전명령에 복종하고 협력하여야 할 의무도 포함한다.[51]

국방의 의무는 헌법 제10조 제1항에서 보장되는 인간의 존엄과 가치 및 생명권, 행복추구권 그리고 헌법 제23조 제1항에서 보장되는 재산권 등 국민 기본권에 대한 국가의 보호의무에 의하여 정당화될 수 있다. 국가가 국민을 보호하기 위한 의무를 이행하기 위하여 국민에게 국방의 의무를 부여하는 것이다. 여기에서 기본권과 기본의무로서의 국방의 의무와의 관계가 분명해진다. 국가는 국민의 생명권과 안전에 대한 외세나 적으로부터의 위협과 공격에 대하여 국민을 효과적으로 보호해야 할 기본권보호의무를 지며, 또한 이 국가의 기본권보호의무로부터 자신과 가족을 보호해 줄 것을 요구할 수 있는 국민의 보호청구권이 도출된다. 그러므로 국방의 의무의 경우 국가의 존립과 헌법질서의 수호·유지에 기여해야 하는, 다시 말해서 정치적 공동체의 유지·보전과 관련된 개인의 의무와 자신을 외적의 침입으로부터 보호해 줄 것을 요구할 수 있는 보호청구권이 서로 상응한다고 할 수 있다.[52]

국방의 의무가 헌법상 명시적으로 규정되어 있다 하더라도, 구체적인 의무가 될 수 있으려면 병역법 등 법률에 의하여 그 의무의 내용이 구체화되어야 한다. 입법자에게는 국방의 의무를 법률로써 구체적으로 형성할 입법형성의 자유가 주어지며, 국가의 안보상황, 재정능력 등의 여러가지 사정을 고려하여 국가의 독립을 유지하고 영토를 보전함에 필요한 범위 내에서 일정한 국민에게 병역의무를 부과할 수 있다.[53] 병역의무는 국방의 의무의 주요한 구성부분이라 할 수 있지만, 그렇다고 하

50. 직·간접적 병력형성의무

51. 국가의 기본권보호의무와의 관계

52. 입법을 통한 구체화 필요

---

51) 헌재 1995. 12. 28, 91헌마80, 판례집 제7권 2집, 851, 868; 헌재 1999. 2. 25, 97헌바3, 판례집 제11권 1집, 122, 130.
52) 동지, Albrecht Randelzhofer (주 5), § 37 Rn. 32.
53) 헌재 1999. 2. 25, 97헌바3, 판례집 제11권 1집, 122, 130.

여 병역의무와 국방의 의무가 동일한 것은 아니다.[54]

53. 병역의무의 한계

병역의무로 인하여 의무자의 기본권은 여러 가지 방면(일반적 행동의 자유, 신체의 자유, 거주이전의 자유, 직업의 자유, 양심의 자유 등)에서 제한되거나 제약을 받을 수밖에 없다. 현재 남북이 여전히 군사적으로 대치하고 있는 현실을 고려할 때, 병역의무의 구체적 형성을 통하여 국가안보와 국방을 어떻게 효율적으로 달성할 것인지는 입법자의 형성의 자유에 달려 있다고 할 수 있다. 다만 그 입법형성에 있어서는 법치국가원리로부터 도출되는 헌법적 원리에 의하여 그 한계가 그어진다고 할 것이다.[55]

나. 주 체

54. 국방의 의무의 주체: 국민

국방의 의무의 주체는 원칙적으로 국가구성원인 대한민국 국민이며, 직접적인 병역의무는 병역법 제3조에 따라 징집대상자인 대한민국 남성에 한한다.

55. 외국인의 국방의 의무주체 문제

외국인도 국방의 의무의 주체가 될 것인지에 관해서는 상황에 따라 방위의 차원에서 외국인도 국방의 의무에 협력하고 동참해야 할 의무가 있다는 견해[56]와 국방의 의무가 만인의 의무로 보아야 할 근거가 없다는 견해[57]로 나뉜다.

56. 원칙적으로 국민만 지는 의무

생각건대, 국방의 의무는 원칙적으로 국민만 지는 의무라고 보아야 할 것이다. 다만 전쟁 등 국가위기가 발발했을 경우 외적의 침략이나 공격을 받아 그 지역에 소속된 구성원들이 자주적으로 방어를 해야 하는 상황에서는 예외적으로 외국인 역시 최소한의 방어행위에 협조해야 할 의무가 있다고 보는 것이 당연할 것이며, 이에 관해서 입법자가 법률로 규율하는 것은 입법자의 형성의 자유의 범위 내에 속한다고 보아야 할 것이다.

57. 법인의 의무 주체성 인정

한편 앞서 언급한 바 있듯이 방위산업체와 같은 법인에게 병역의무를 부과할 수는 없겠지만, 그들에게 전쟁에 대비한 군수물자를 생

---

54) 헌재 2010. 11. 25, 2006헌마328, 판례집 제22권 2집 하, 446 (453).
55) 헌재 1999. 2. 25, 97헌바3, 판례집 제11권 1집, 122, 130.
56) 계희열 (주 12), 834면; 권영성, 헌법학원론, 법문사 2010, 720면.
57) 김철수, 헌법학개론, 박영사 2007, 1166면.

산하고 조달할 의무를 부과할 수 있다는 의미에서 법인도 국방의 의무
의 주체로 인정할 수도 있을 것이다.

다. 내 용

(1) 남성에 대한 병역의무의 부과

헌법상 국방의무의 주체는 모든 국민이다. 이러한 국방의무의 구체
적인 내용은 병역법 등 법률에 의하여 정해진다.

현행 병역법은 평시에 군대의 구성원이 될 자, 국가비상사태의 발
생시에 군대의 구성원이 될 자 및 군사지원업무를 수행할 자들의 복무
내용 등 법률관계를 규율하는 것으로 국가안보를 위하여 적정한 병력규
모를 상시적으로 유지하고 국가비상사태 발생을 대비하여 전력의 탄력
성을 확보하고자 하는 목적을 가진다.[58]

문제는 현행 병역법 제3조 제1항 전문은 "대한민국 국민인 남성은
대한민국 헌법과 이 법에서 정하는 바에 따라 병역의무를 성실히 수행
하여야 한다."고 규정하고, 동법 제8조에 대한민국 국민인 남성은 18세
부터 병역준비역에 편입된다고 명시하고 있어, 병역법상 병역의무의 주
체는 남성임을 명시하고 있다는 점이다. 병역법 제3조 제1항 후문에서
여성에 대해서는 "여성은 지원에 의하여 현역 및 예비역으로만 복무할
수 있다."라고 규정하고 있어서 여성에게는 병역의무를 부과하고 있지
않아 성별에 의한 차별이 아닌가 하는 문제가 제기된다.

이와 관련하여 병역법 제3조 제1항 등에 대한 헌법소원심판사건에
서 청구인들은 헌법 제39조가 모든 국민에게 국방의 의무를 부과하고
있음에도 불구하고 병역법 조항들은 남성에게만 병역의무를 부과함으로
써, 남성과 여성을 차별취급하고 있다고 주장하면서, 여성에 대한 일괄
적인 병역면제는 과잉금지원칙에 위배하여 평등권을 침해한다고 주장하
였다.[59] 헌법재판소의 다수의견은 국방의 의무와 병역의무를 분리하며,
병역의무는 국방의 의무의 주요한 부분을 이루고 있지만 동일한 것은

58. 남성의 병
역의무

59. 병역법의
입법 목적

60. 성별에 의
한 차별 문제의
제기

61. 병역법 제3
조 제1항의 위
헌확인 소송

---

58) 헌재 2010. 11. 25, 2006헌마328, 판례집 제22권 2집 하, 446 (452).
59) 헌재 2010. 11. 25, 2006헌마328, 판례집 제22권 2집 하, 446 (451).

아니고, 국방의 의무를 입법을 통해 구체화하는 과정에서 남성과 여성에 대하여 다른 범위의 의무를 부과하는 것이 헌법적으로 정당한 것인지 살펴보아야 한다고 하였다.[60]

62. 평등원칙에 위반된다는 견해

병역법이 남성에 대해서만 병역의무를 부과하는 것에 대하여 합리적 사유가 없는 차별이 아닌가 하는 문제는 계속 제기되어 왔다. 이 법률조항이 평등원칙에 위반된다는 견해들에 의하면, 병역의무의 대상을 정함에 있어서 입법자가 넓은 형성의 자유를 가진다 하더라도 원칙적으로 평등원칙에 구속되어야 한다고 본다.[61] 남성과 여성간의 신체적 차이와 사회적 역할의 차이를 인정하더라도, 모든 국방의무를 남성에게만 부과하는 것은 전통적인 성역할에 의한 고정관념에 따른 차별[62]이라는 것이다.

63. 합리적 차별에 해당

그러나 헌법재판소는 "이 사건 법률조항이 헌법이 특별히 평등을 요구하는 경우나 관련 기본권에 중대한 제한을 초래하는 경우의 차별취급을 그 내용으로 하고 있다고 보기 어려운 점, 징집대상자의 범위 결정에 관하여는 입법자의 광범위한 입법형성권이 인정되는 점에 비추어, 이 사건 법률조항이 평등권을 침해하는지 여부는 완화된 심사척도에 따라 자의금지원칙 위반여부에 의하여 판단"하고 있다.[63] 결론적으로 헌법재판소는 남녀의 신체적 특징의 차이와 경제적 비용 및 전투력 형성, 남녀간에 발생할 수 있는 성적 문제들을 고려할 때, 이 사건 법률조항이 합리적 이유가 없는 차별취급으로서 자의금지원칙에 위배하여 평등권을 침해한 것이라고 볼 수는 없다고 판단하였다.[64]

---

60) 헌재 2010. 11. 25, 2006헌마328, 판례집 제22권 2집 하, 446 (453).

61) 평등원칙에 위반된다는 견해로, 이준일·서보건·홍일선 (주 2), 88면; 양현아, 병역법 제3조 제1항 등에 관한 헌법소원을 통해 본 '남성만의' 병역의무제도, 여성연구 제75권 제2호 (2008), 135-172면; 이혜정, 성 평등한 국방 의무의 부담, 공법학연구 제24권 제2호 (2023), 57-86면; 병역을 이행하기 위한 남녀간의 유의미한 신체적 차이는 없다는 견해로 황동혁, 기본의무의 평등 -병역법 제3조 제1항 등 위헌확인 사건을 중심으로, 공법학연구 제22권 제1호 (2021), 75-94면 참고.

62) 재판관 이공현, 재판관 목영준의 위헌의견, 헌재 2010. 11. 25. 2006헌마328, 판례집 제22권 2집 하, 446 (466).

63) 헌재 2010. 11. 25, 2006헌마328, 판례집 제22권 2집 하, 446 (455).

64) 헌재 2010. 11. 25, 2006헌마328, 판례집 제22권 2집 하, 446; 헌재 2011. 6. 30, 2010헌마460, 판례집 제23권 1집 하, 519; 헌재 2014. 2. 27, 2011헌마825, 병역법 제3조 제1항 위헌확인; 헌재 2023. 9. 26, 2019헌마423, 병역법 제3조 제1항 전문 등 위헌확인.

(2) 병역의무의 이행으로 인하여 불이익한 처우 금지

헌법 제39조 제2항은 병역의무의 이행으로 인하여 불이익한 처우를 금지하고 있다. 여기서 말하는 '불이익한 처우'란, 헌법재판소에 의하면 단순한 사실상·경제상의 불이익을 모두 포함하는 것이 아니라, 법적인 불이익을 의미한다고 한다[65] 또한 병역의무 이행을 직접적 이유로 차별적 불이익을 가하거나, 병역의무를 이행하는 것이 결과적, 간접적으로 그렇지 않은 경우보다 오히려 불이익을 받는 결과를 초래하여서는 아니 된다는 것을 말한다.[66]

64. 불이익한 처우 금지

헌법재판소는 병역법에 따라 군복무를 하는 것은 국민이 마땅히 해야할 의무이므로 특별한 희생이라고 볼 수 없고, 따라서 국가가 개인에게 일일이 보상해야 할 필요가 있는 것은 아니라고 보았다.

65. 특별희생성 부인

> **[판례]** 헌법 제39조 제1항에 규정된 국방의 의무는 외부 적대세력의 직·간접적인 침략행위로부터 국가의 독립을 유지하고 영토를 보전하기 위한 의무로서, 헌법에서 이러한 국방의 의무를 국민에게 부과하고 있는 이상 병역법에 따라 군복무를 하는 것은 국민이 마땅히 하여야 할 이른바 신성한 의무를 다하는 것일 뿐, 국가나 공익목적을 위하여 개인이 특별한 희생을 하는 것이라고 할 수 없다. 국민이 헌법에 따라 부과되는 의무를 이행하는 것은 국가의 존속과 활동을 위하여 불가결한 일인데, 그러한 의무를 이행하였다고 하여 이를 특별한 희생으로 보아 일일이 보상하여야 한다고 할 수는 없는 것이다.
>
> 그러므로 헌법 제39조 제2항은 병역의무를 이행한 사람에게 보상조치를 취하거나 특혜를 부여할 의무를 국가에게 지우는 것이 아니라, 법문 그대로 병역의무의 이행을 이유로 불이익한 처우를 하는 것을 금지하고 있을 뿐이다. 그리고 이 조항에서 금지하는 "불이익한 처우"라 함은 단순한 사실상, 경제상의 불이익을 모두 포함하는 것이 아니라 법적인 불이익을 의미하는 것으로 보아야 한다. 그렇지 않으면 병역의무의 이행과 자연적 인과관계를 가지는 모든 불이익 —그 범위는 헤아릴 수도 예측할 수도 없을 만큼 넓다고 할 것인데— 으로부터 보호하여야 할 의무를 국가에 부과하는 것이 되어 이 또한 국민에게 국방의 의무를 부과하고 있는 헌법 제39조 제1항과 조화될 수 없기 때문이다.
>
> 그런데 가산점제도는 이러한 헌법 제39조 제2항의 범위를 넘어 제대군인에

---

65) 헌재 1999. 12. 23, 98헌바33, 판례집 제11권 2집, 732 (747).
66) 헌재 1999. 2. 25, 97헌바3, 판례집 제11권 1집, 122, 133.

게 일종의 적극적 보상조치를 취하는 제도라고 할 것이므로 이를 헌법 제39조
제2항에 근거한 제도라고 할 수 없다.

(헌재 1999. 12. 23, 98헌바33, 판례집 11-2, 732, 746-747)

66. 군형법의
적용의 문제

또한 소집으로 입영한 예비역에게 군형법이 적용되도록 한 경우는
군사상의 범죄로 인하여 형벌이라는 제재를 받는 것이기 때문에 국방
의 의무를 이행하느라 입는 불이익이라고 할 수 없다고 하였으며,[67] 사
회복무요원에게 현역병의 봉급에 해당하는 보수를 지급하도록 정한 병
역법 시행령에 대하여 위 조항은 병역의무를 이행하느라 입는 불이익
이라고 할 수는 있으나, 병역의무이행으로 인하여 불이익한 처우를 받
는 것이라고 할 수는 없다고 하면서, 또한 심판대상 조항이 사회복무요
원에게 현역병의 봉급에 해당하는 보수를 지급하도록 한다고 하여 곧
바로 헌법 제34조 제2항, 제4항에 위배된다고 볼 수는 없다고 판단하
였다.[68]

67. 군법무관의
변호사개업지
제한의 문제

반면에 군법무관의 변호사개업지(開業地)제한에 대하여 병역의무의
이행을 위하여 군법무관으로 복무한 후 개업하는 경우에도 적용하는 것
은 병역의무의 이행으로 인하여 불이익한 처우를 받는 것이 되어 헌법
제39조 제2항에 위반된다고 판시하였다.[69]

(3) 병역의무와 양심적 병역거부

68. 양심적 병
역거부와 대체
복무제 인정

국방의 의무와 관련하여 문제가 되는 것으로 양심적 병역거부와 대
체복무제의 인정여부이다. 헌법 제19조는 모든 국민에게 양심의 자유를
보장한다.[70]

69. 대체복무제
입법부작위 위
헌

이미 앞에서 언급했듯이, 헌법재판소는 양심상의 이유로 병역을 거
부하는 병역법 제88조 제1항에 대하여 입법자에게 대체복무제도를 도입
할 것을 권고하면서 합헌으로 선언하여 왔으나, 최근 병역법 제5조가

---

67) 헌재 1999. 2. 25, 97헌바3, 판례집 제11권 1집, 122, 133－134.
68) 헌재 2019. 2. 28, 2017헌마374 등, 판례집 제31권 1집, 175, 183.
69) 헌재 1989. 11. 20, 89헌가102, 판례집 제1권, 329.
70) 제2장 제18절, Ⅳ. 참고.

대체복무제도를 병역의 한 유형으로 규정하지 않는 것에 대하여 헌법불합치결정을 선언한 바 있다.[71] 이에 따라 병역법 제5조에 대체복무요원 및 대체역을 신설[72]하고, '대체역의 편입 및 복무 등에 관한 법률'이 제정되었다.

3. 교육을 받게 할 의무(헌법 제31조 제2항)[73]

가. 의 의

헌법 제31조 제2항은 "모든 국민은 그 보호하는 자녀에게 적어도 초등교육과 법률이 정하는 교육을 받게 할 의무를 진다"라고 규정함으로써, 자녀를 양육하는 부모에 대하여 그 자녀에게 교육을 시킬 의무를 부과하고 있다.

> 70. 교육을 받게 할 의무

자녀를 교육받게 할 의무는 부모가 부담하는 양육의 의무(권리)와 밀접한 관련을 갖는다. 부모는 자녀를 양육하고 교육하여 자녀 스스로가 독립적으로 생활할 수 있는 능력을 갖출 수 있도록 도와야 한다. 그 어떤 자녀도 자신의 부모나 보호자가 교육을 시켜주지 않는다면, 교육을 받을 가능성은 사실상 없거나 매우 희박해진다.

> 71. 부모의 양육의무

특히 앞에서 언급한 바 있듯이, 부모의 교육을 시킬 의무는 자녀에 대하여 교육을 '시킬' 부모의 권리를 당연한 전제로 하고 있으며, 따라서 헌법 제31조 제2항은 부모의 권리이자 자유로서의 성격을 갖는다. 그러나 이러한 부모의 헌법상 의무는 부모의 소극적인 권리, 즉 교육을 시키지 않을 자유에 대한 헌법적 한계에 해당한다고 할 수 있다.

> 72. 부모의 권리이자 의무

나. 주 체

헌법상 교육을 받게 할 의무의 주체는 부모, 친권자나 후견인 등

> 73. 부모, 보호자

---

71) 헌재 2018. 6. 28, 2011헌바379 등, 판례집 제30권 1집, 370 참고.
72) 병역법 제5조 제1항 제6호 대체역: 병역의무자 중「대한민국헌법」이 보장하는 양심의 자유를 이유로 현역, 보충역 또는 예비역의 복무를 대신하여 병역을 이행하고 있거나 이행할 의무가 있는 사람으로서「대체역의 편입 및 복무 등에 관한 법률」에 따라 대체역에 편입된 사람.
73) 이하의 내용은 제2장 제27절, Ⅳ. 교육의 의무와 의무교육제도의 보장의 내용을 참고할 것.

자녀의 보호자이며, 국가나 지방자치단체는 헌법 제31조 제3항에 따른 무상 의무교육의 책임주체가 된다.[74]

74. 외국인의 의무 주체성 인정

다만 외국인의 경우에도 자신의 자녀에게 교육을 받게 할 의무의 주체가 되는지 문제가 될 수 있다. 헌법 제31조 제1항의 교육을 받을 권리는 외국인의 자녀에 대해서도 적용된다. 따라서 이에 상응하여 외국인 자녀의 부모 혹은 보호자도 교육을 받게 할 의무의 주체가 될 것이다.[75]

75. 법인의 의무 주체성 불인정

앞서 언급하였듯이 법인은 교육을 받게 할 의무의 주체가 될 수 없다.

다. 내 용

(1) 헌법 제31조 제3항과의 관계

76. 헌법 제31조 제3항과의 관계

헌법 제31조 제2항에 따라 모든 국민은 보호하고 있는 자녀에게 교육을 받게 할 의무를 지며, 국가는 그러한 의무를 이행할 수 있도록 제반시설을 갖추어야 한다. 따라서 자녀에게 교육을 받게 할 의무는 헌법 제31조 제3항의 의무교육의 무상의 원칙과 밀접하게 관련된다.

77. 교육의무의 실현을 위한 의무교육 무상의 원칙

의무교육 무상의 원칙은 교육을 받을 권리를 보다 실효성 있게 보장하기 위한 것으로 보호자의 경제적 능력의 차이로 인하여 교육의 기회가 박탈되는 것을 방지하는 데 그 목적이 있다. 따라서 국가는 교육을 통하여 개인에게 인격을 자유로이 발현할 기회를 제공하고 개인이 성숙한 민주시민으로 양성될 수 있도록 국민에게 교육기회를 제공할 의무를 진다. 이러한 의미에서 헌법 제31조 제3항이 의무교육을 무상으로 하도록 한 것은 헌법 제31조 제2항에서 부모에게 교육의무를 부과한 데 대한 국가적 대응이라고 할 수 있다.[76]

78. 학교용지 조달을 위하여 특정집단에게 비용 징수: 의무교육 무상성 위반

헌법재판소는 의무교육에 필요한 학교시설은 국가의 일반적인 과제에 해당하며, 학교용지는 의무교육을 시행하기 위한 물적 기반으로서 필수조건이므로 이를 달성하기 위한 비용은 국가가 일반재정에서 충당

---

74) 성낙인 (주 21), 1663면.
75) 교육을 받을 권리의 외국인 기본권 주체에 대해서는 앞의 제27절, Ⅲ, 3. 참고.
76) 계희열 (주 12), 836면.

하여야 한다고 하며, 특정집단으로부터 별도의 비용을 추가로 징수하는
것은 의무교육의 무상성에 반한다고 하였다.[77]

(2) 헌법 제31조 제6항과의 관계

구체적으로 어떻게 교육의무를 이행해야 하는지는 법률에 의하여
규정된다. 헌법 제31조 제6항은 "학교교육 및 평생교육을 포함한 교육
제도와 그 운영, 교육재정 및 교원의 지위에 관한 기본적인 사항은 법률
로 정한다."라고 규정함으로써, 헌법 제31조 제2항에 규정된 부모의 교
육의무를 실현할 수 있는 법제도의 구체적 형성을 입법자에게 위임하고
있다.

헌법 제31조 제2항은 의무교육에 대하여 '초등교육'과 '법률이 정하
는 교육'으로 나누고 있는데, 이와 관련하여 헌법재판소는 헌법 제31조
제2항에서 규정하는 '법률이 정하는 교육'이란 '중등교육 이상의 교육'을
말하며 중등의무교육 실시의 정도, 방법에 관한 기본적·본질적 사항 내
지 요소, 최소한 중등의무교육을 전면실시할 것인가 혹은 부분적으로 실
시할 것인가 그리고 부분실시하는 경우 부분적 우선실시의 기준을 어떻
게 설정할 것인지에 대하여는 법률로써 규정하여야 한다고 판시하였
다.[78]

헌법 제31조 제2항의 '법률'은 형식적 의미의 법률뿐만 아니라 그러
한 법률의 위임에 근거하여 제정된 대통령령도 포함하는 실질적 의미의
법률로 해석된다.[79] 그러나 법률이 교육을 실시하는 기본적 기준 및 실제
적·절차적 제도에 대하여 전혀 규정하지 않고 완전히 대통령령의 임의
에 맡기는 것은 헌법 제31조 제2항 및 제6항에 위반된다고 보아야 할 것
이다.[80]

*79. 헌법 제31
조 제6항과의
관계*

*80. 초등교육과
법률이 정하는
교육*

*81. 형식적 의
미 뿐만 아니라
실질적 의미의
법률*

---

77) 헌재 2005. 3. 31, 2003헌가20, 판례집 제17권 제1집, 294, 302 – 303.
78) 헌재 2001. 4. 26, 2000헌가4, 판례집 제13권 1집, 783, 794 – 795
79) 헌재 1991. 2. 11, 90헌가27, 판례집 제3권, 11, 28 – 29.
80) 재판관 김영일, 권성, 송인준 반대의견 헌재 2001. 4. 26, 2000헌가4, 판례집 제13
   권 1집, 783, 795 – 798.

4. 근로의 의무(헌법 제32조 제2항)

가. 의 의

82. 육체적 · 정신적 노동

헌법 제32조 제2항은 모든 국민에 대하여 근로의 의무를 명시적으로 부과하고 있다. 근로란, 노동과 동일한 개념으로 육체적 노동뿐만 아니라 정신적 노동까지 포함한다.[81]

83. 독일 바이마르 헌법상의 근로의 의무 규정

역사적으로 보면 사회주의 국가에서 헌법에 명시적으로 근로의 의무가 규정되어 왔다.[82] 1919년 독일 바이마르헌법의 경우 제163조 제1항에 "모든 독일인은 자신의 자유를 침해하지 않고 공공복리를 위하여 자신의 정신적 · 육체적 능력을 행사할 도덕적 의무가 존재한다."라며 윤리적 · 도덕적 의무로서의 근로의 의무를 명시하였다.[83]

84. 근로의 의무의 법적 성격 논란

이러한 점에서 자유민주주의 국가의 헌법상의 근로의 의무 규정 자체는 이례적인 것[84]이며, 우리 헌법에 규정된 근로의 의무의 법적 성격이 윤리적인 것인지 법적인 것인지 그리고 근로의 의무 규정 자체가 성립될 수 있는 것인지 여부에 대하여 논란의 여지가 없지 않다.

나. 법적 성격

85. 법적 성격에 관한 학설

구체적으로 근로의 의무가 무엇인지에 관하여 윤리적 의무설과 법적 의무설이 존재한다.

86. 윤리적 의무설

윤리적 의무설[85]에 의하면, 자유민주주의의 자본주의국가에서 이른바 '게으를 자유'도 인정되어야 하고 그 책임에 대해서는 자기 스스로 지는 것이므로, 우리 헌법이 부과하고 있는 근로의무는 도덕적 또는 윤리적 의무에 해당하는 것이지 모든 국민이 획일적으로 반드시 복종해야 하는 의무에 해당하지는 않는다는 것이다.[86]

87. 법적 의무설

반대로 법적 의무설[87]에 의하면, 근로의 의무에 관한 내용과 조건

---

81) 성낙인 (주 21), 1664면.
82) 권영성 (주 56), 724면.
83) Götz (주 1), S. 11.
84) 한수웅 (주 21), 1109면.
85) 허영 (주 33), 710면; 권영성 (주 56), 724-725면; 정종섭 (주 12), 986면.
86) 허영 (주 33), 710면.

을 법률로써 정할 수 있다는 점을 근거로 입법자는 직업선택의 자유 및 강제노역의 금지 등의 헌법원칙에 위배되지 않는 한, 법률로써 근로의 의무를 규정할 수 있으며, 따라서 근로를 하지 않는 자에 대해서는 공적 부조나 사회보험(실업보험)을 제공하지 않는 등의 일정한 불이익을 주는 것이 정당화될 수 있다.[88] 다만 법적 의무설에서도 강제근로는 예외적으로만 가능하다는 견해에 의하면, 개인의 소극적 권리, 즉 근로하지 않을 권리에 대한 헌법직접적인 제한이라고 하면서, 근로의 의무는 헌법적 의무로서 국가적 재난과 같은 비상사태[89]에도 불구하고 근로의 능력이 있음에도 근로하지 않는 자에 대하여 헌법적 비난을 가할 수 있다는 의미[90]로 이해될 수 있다고 한다.

이와 관련하여 1948년 6월 26일 제18차 국회 본회의(헌법제정회의)에서의 유진오 전문위원의 발언을 고려해 볼 때, 헌법제정자가 근로의 의무를 단순히 도의적 의무로 규정할 의도는 없었던 것으로 보인다.[91]

역사적으로 살펴볼 때, 전체주의 국가일수록 노동의무를 강조하고 강제노동을 통하여 개인의 존엄을 침해하였던 사례들을 생각해 본다면, 근로의 의무는 인간의 자유와 민주주의 이념(헌법 제32조 제2항)과는 잘 합치되지 않는 것이 사실이다. 그러나 우리 헌법제정자가 빼앗긴 조국을 되찾은 후 국민의 근로의무를 통하여 부강한 나라를 건설하겠다고 하는 일념으로 근로의 권리와 함께 근로의 의무를 실정화 했다고 할 수 있고, 이 의무는 어느 정도 윤리적·도덕적 의무로서의 성격을 배제할 수 없다고 하는 점을 고려하여야 할 것이다. 만일 근로를 하지 않고 사회복지급여금만으로 게으르게 살고자 하는 사람에 대하여 국가가 어느 정도 취업의 의무를 부과하고 그 의무를 이행하지 않는 자들에 대해서는 제한된 범위 내에서 제재를 가할 수도 있다는 점을 고려한다면 근로의 의무규정이 전혀 필요 없다고 단언할 수는 없을 것이다. 또한 전술하였듯이 이

88. 헌법제정자의 의도

89. 근로의무규정의 필요성

---

87) 계희열 (주 12), 837면; 이준일·서보건·홍일선 (주 2), 122면; 성낙인 (주 21), 1664면; 양건 (주 8), 1083면; 김철수 (주 57), 1171면.
88) 김철수 (주 57), 1172면.
89) 이준일·서보건·홍일선 (주 2), 122면.
90) 성낙인 (주 21), 1664면.
91) 이에 관해서는 제2장 제28절 근로의 권리 II, 2, 나 주 3 참고.

근로의 의무는 오늘날 현대 사회국가에 있어서 개인은 각자의 생계유지를 원칙적으로 각자의 노력과 책임으로 해결해야 한다고 하는 소위 보충성의 원칙과도 밀접한 관련성을 가진다(제28절, I과 II, 1. 참고).

90. 법적인 의무에 해당

헌법상의 근로의 의무는 일종의 프로그램적 성격을 갖는 규정에 해당한다고 보아야 할 것이다.[92] 따라서 입법자에 의하여 법률로써 근로의 의무와 내용이 구체화되어야 하며, 그 때에 비로소 법적 의무가 될 수 있을 것으로 보인다. 그러나 그렇다고 하여 원칙적으로 법적인 의무로서 강제근로가 허용된다고 볼 수는 없다.

다. 주 체

91. 주체: 국민

근로의 의무의 주체는 자연인으로, 헌법 제32조 제2항에 명시하고 있듯이 국민은 당연히 근로의무의 주체에 해당한다. 그러나 외국인과 법인은 헌법상 근로의 의무의 주체가 될 수 없다고 보아야 할 것이다(제28절, II, 4, 가. 참고).

라. 내 용

(1) 민주주의 원칙에 따른 법률로 규정

92. 민주주의 원칙에 따라 법률로 구체화

헌법 제32조 제2항 제2문은 "국가는 근로의 의무의 내용과 조건을 민주주의원칙에 따라 법률로 정한다."고 규정하고 있다. 근로의 의무도 다른 의무와 마찬가지로 그 내용과 조건에 대해서는 법률로써 구체화되어야 한다. 따라서 원칙적으로 헌법에 의하여 직접 효력이 발생하는 것은 아니다.[93] 여기에서 무엇이 민주주의원칙인가 하는 문제가 제기되는데, 이는 통상 국민에 의하여 민주적으로 선출되고 정당화된 입법자인 국회가 헌법이 정한 의결절차인 다수결의 원칙(헌법 제49조)에 따라 공개적이고 투명한 토론절차를 거쳐서 법률 내용을 정할 것을 요구하는 것이다. 그리고 또한 민주주의원칙은 소수자의 보호를 포함하는 인권의 존중을 그 실질적 내용으로 한다는 점도 여기에서 굳이 새삼 강조할 필

---

92) 허영 (주 33), 710면.
93) 계희열 (주 12), 837면.

요는 없을 것이다(헌법강의 I, 제2장, 제6절 민주주의원리 참고).

따라서 근로의 의무의 내용과 범위를 규정할 때에는 근로의 의무와   93. 입법형성의
다른 헌법규정과의 관계를 고려하면서 헌법 전체를 통일적으로 해석을   한계
해야 할 필요가 있다. 즉 헌법 제10조의 인간의 존엄성과 헌법 제12조 제
1항의 강제노역의 금지, 헌법 제15조의 직업의 자유와 헌법 제23조의 재
산권과 사유재산제도의 보장 등 기본적 인권의 보장과 헌법 제119조 이
하의 경제질서에 관한 장 등 헌법 전반을 고려해야 하며, 이러한 기본권
과 헌법규정에 의하여 입법자의 입법형성의 자유에 한계가 그어진다.[94]

(2) 강제근로의 금지

위에서 언급하였듯이, 근로의 의무의 내용과 조건을 법률로써 규정   94. 강제근로의
할 때 입법자는 민주주의원칙에 따라 정해야 한다고 하는 헌법적 기속   금지
을 받는다. 따라서 입법자는 근로의 의무를 부과함에 있어서 본인의 의
사나 다른 선택의 가능성과 상관없이 획일적으로 노동을 강제할 수는
없다 자유민주주의 국가에서는 소위 '게으를 자유'도 존재하는 것이다.
다만 그 '게으를 자유'에 대한 책임은 그 개인이 져야 하기 때문에 근로
의 능력과 기회가 있음에도 불구하고 게으를 자유를 남용하다가 생계유
지가 곤란하게 된 자들에게까지 무조건 국가가 사회적 부조를 제공해야
하는 것은 아니다.[95]

만약 근로의 의무를 법적으로 규정한다면, 최소한의 강제로 국한하   95. 강제근로규
여야 하고, 선택적으로 이행할 수 있는 방법을 제시하여야 한다. 근로의   정의 한계
의무의 불이행으로 인한 제재의 경우에도 실업급여의 삭감[96]이나 금전
적 대납 가능성 등을 통한 간접 강제에 그쳐야 하지, 자유형을 부과하는
등의 직접적 강제의 방법을 취해서는 안 될 것이다.[97]

한편 벌금을 납입하지 못한 사람에게 벌금의 납입을 강제하는 노역   96. 노역장유치
장유치의 경우 강제근로인지 여부가 문제된 바 있으나, 헌법재판소는   조항

---

94) 계희열 (주 12), 837면.
95) 허영 (주 33), 710면.
96) 허영 (주 33), 710면.
97) 계희열 (주 12), 837면.

노역장유치조항은 강제노동 자체를 내용으로 하는 형별과는 구별된다고
판단한 바 있다.[98)]

5. 환경보전의 의무(헌법 제35조 제1항 제2문)

97. 환경보전의
의무

헌법은 제35조 제1항 제2문에 "국민은 환경보전을 위하여 노력하
여야 한다."라고 하여 헌법 제35조는 국가와 국민 모두의 환경보전의
무[99)]를 규정하고 있다. 자연환경의 파괴는 생명·신체의 보호와 같은
가장 중요한 기본권적 법익의 침해로 이어질 수 있다. 국가에 대해 환경
보전의무를 규정한 것은 국민의 생명·신체의 안전을 보장하기 위한 것
으로, 현재 살아있는 사람뿐만 아니라 앞으로 태어날 미래세대의 기본
권까지 보호하고 보장해야 하는 국가의 기본권보호의무를 명문화한 것
이다.[100)]

98. 국가 및 개
인 모두의 책임

환경의 오염과 파괴 혹은 오늘날 기후변화는 한 세대에서 끝나는
문제가 아니며, 지속적으로 악화될 수 있거나 일정한 임계점을 넘어설
경우에는 인간이 통제할 수 없이 걷잡을 수 없는 파국으로 치달을 가능
성이 있다는 점을 그 특징으로 한다. 따라서 환경 파괴의 문제는 국가가
홀로 해결할 수 없고, 단순히 국가의 책임을 넘어서 공동체로서 함께 살
아가는 개인 모두가 책임지고 해결하고, 또한 극복해야 할 과제에 해당
한다. 환경 파괴가 개인의 삶의 질을 저하시키고 생존의 기반을 파괴할
수 있다는 점에서, 환경보전의무는 개인의 환경권 뿐만 아니라 인간다
운 생활의 보장과 생명권 그리고 인간의 존엄성을 보호하는 데 그 특별
한 의의가 있음은 전술한 바와 같다.

99. 법률유보와
헌법적 한계

환경보전의무도 다른 헌법상 기본의무와 마찬가지로 구체적인 내
용과 범위는 입법자에 의하여 법률로 규정되어야 한다. 환경정책의 실
현을 위한 국가적 규제는 국민의 다른 기본권, 즉 헌법 제23조 제1항의
재산권, 헌법 제15조의 영업의 자유 등을 제한할 수 있기 때문에 환경

---

98) 헌재 2017. 10. 26, 2015헌바239 등, 판례집 제29권 2집 하, 17 (24).
99) 이하의 자세한 내용은 앞의 제30절, III 및 IV 참고.
100) 헌재 2015. 9. 24, 2013헌마384, 판례집 제27권 2집 상, 658, 685

보전의무를 구체화하는 입법도 헌법 제37조 제2항의 비례의 원칙을 준수해야 한다는 점에서 기본권제한의 한계 하에 놓인다.

6. 재산권의 공공복리적합의무(헌법 제23조 제2항)101)

헌법상 국민의 의무로서 기본권 조항에 직접적으로 규정되어 있는 조항으로 재산권의 공공복리적합의무가 있다. 헌법 제23조 제2항은 재산권의 행사는 공공복리에 적합하도록 하여야 한다고 규정함으로써, 재산권의 헌법 직접적인 한계를 규정하고 있다.

헌법 제23조 제2항의 재산권 행사는 재산권 주체가 자신의 재산권을 사용·수익·처분하는 일체의 행위를 말한다. 이러한 재산권의 행사는 신성불가침의 절대적인 자유가 아니며, 공동체에서 정한 일정한 사회적 의무를 지는 권리에 해당한다. 재산권과 그 행사의 구체적인 내용과 한계는 법률로 구체화된다. 다만 이러한 입법에도 헌법 제37조 제2항의 비례의 원칙과 본질내용침해금지라고 하는 기본권제한의 한계가 존재하며, 사회적 기속의 수인한도를 넘어서는 경우에는 헌법 제23조 제3항에 위반될 수 있다.102)

100. 재산권 공공복리적합의무

101. 법률유보와 헌법적 한계

7. 헌법에 열거되지 않은 의무

헌법에 명시적으로 열거되어 있는 기본의무인 납세의 의무, 국방의 의무, 교육을 받게 할 의무, 근로의 의무, 환경보전의 의무, 재산권의 공공복리적합의무 외에도 다음과 같은 헌법에 열거되지 않은 불문의 헌법적 의무가 거론된다.

102. 열거되지 않은 의무

가. 헌법과 법률에 대한 복종의무

헌법과 법률에 대한 복종의무는 헌법상 당연히 전제되고 있는 기본의무이다. 헌법의 효력범위 내에 있는 모든 사람은 헌법과 법률에 복종

103. 헌법과 법률에 대한 복종의무

---

101) 이하의 내용은 제2장 제13절 V. 재산권의 헌법 직접적 한계 부분 참고.
102) 이에 관하여 앞의 제13절, VII. 참고.

해야 할 가장 우선적인 의무를 진다. 다른 헌법상 기본의무의 경우 그것이 법적 구속력을 발휘하기 위해서는 원칙적으로 입법자가 법률을 통하여 그 의무를 구체화할 필요가 있지만, 헌법과 법률에 대한 국민의 복종의무는 입법자의 구체적인 법률형성이 없이도 국민을 직접 구속하는 헌법적 의무에 해당한다고 할 수 있다.[103]

104. 법치국가의 원리에서 도출되는 당연한 의무

특히 이센제(Iseense)는 법률에 대한 복종의무에 대하여 법치국가에서 당연한 전제에 해당하는 것이며, 이 의무는 선험적인 것으로 자연법적 규범에 해당한다고 보았다.[104] 이러한 점에서 법치국가원리로부터 국가에게는 법률에 의하여 다스릴 의무가 도출되고, 이에 상응하여 국민에게는 법률에 복종해야 하는 의무가 도출된다는 것이다.[105]

105. 국법질서에 대한 순종의무

헌법재판소도 국가의 존립과 기능을 유지하기 위해서는 국민의 국법질서에 대한 순종의무는 이를 위한 당연한 이념적 기초라고 하면서, 헌법과 법률을 준수할 의무는 국민의 기본의무로서 헌법상 명문의 규정이 없다고 하더라도 헌법상 자명한 것이라고 보았다.[106]

> **판례** **준법서약제 등 위헌확인**
>
> 국가의 존립과 기능은 국민의 국법질서에 대한 순종의무를 그 당연한 이념적 기초로 하고 있다. 특히 자유민주적 법치국가는 모든 국민에게 사상의 자유와 법질서에 대하여 비판할 수 있는 자유를 보장하고 정당한 절차에 의하여 헌법과 법률을 개정할 수 있는 장치를 마련하고 있는 만큼 그에 상응하여 다른 한편으로 국민의 국법질서에 대한 자발적인 참여와 복종을 그 존립의 전제로 하고 있다. 따라서 헌법과 법률을 준수할 의무는 국민의 기본의무로서 헌법상 명문의 규정은 없으나 우리 헌법에서도 자명한 것이다.
>
> (헌재 2002. 4. 25, 98헌마425 등, 판례집 14-1, 351, 363 [기각, 각하])

나. 타인의 권리를 존중할 의무

106. 타인의 권리를 존중할 의무

헌법은 공동체에 살고 있는 모든 개인의 자유와 권리를 기본권으로

---

103) 한수웅 (주 21), 1103−1104면.
104) J. Isensee, Die verdrängten Grundpflichten des Bürgers, DÖV 1982, 609 (612).
105) Randelzhofer (주 5), Rn. 37−38.
106) 헌재 2002. 4. 25, 98헌마425 등, 판례집 제14권 1집, 351 (363).

서 보장하며 이로써 모든 사람은 평등하게 자유를 향유할 수 있다. 한 개인이 자신의 권리와 자유를 향유할 권리는 모든 사람에게 평등하게 적용되어야 하며, 따라서 각자의 자유의 행사는 타인의 자유의 행사와 조화를 이루어야 한다.107) 개인에게는 자신의 자유와 권리행사로 인하여 다른 사람의 자유와 권리를 침해하는 것은 허용되지 않으며, 타인의 권리를 존중할 의무가 존재한다.108)

다. 허용된 위험을 감수할 의무(Gefahrtragungspflicht)

학자109)에 따라서는 허용된 위험을 감수할 의무도 불문의 기본의무에 속한다고 주장하고 있다. 그에 따르면 허용된 위험을 감수할 의무란 사회적 현실에서 그 사용이 허용된 과학기술에 불가피하게 수반되는 위험을 감수할 의무를 말한다. 헌법은 명시적으로 허용된 위험을 감수할 의무를 규정하고 있지는 않다. 다만 독일의 호프만(Hofmann)은 연방헌법 재판소의 원자력발전소의 설립에 관한 Kalkar I 판결에서 위험을 감수할 기본의무를 도출한 바 있다.110)

국가에게는 사회국가적 활동을 보장하고 경제적 성장을 위한 정책을 실행해야 할 의무가 존재한다. 이러한 국가의 의무는 사회의 과학기술의 발전에 대한 책임도 포함한다.111)

현재의 과학기술의 수준에서 요구될 수 있는 설비의 설치 및 운영 시에, 현재의 수준에서 발생된 위험이 예견불가능한 경우이거나 혹은 이미 그것이 인식된 경우에도 위험의 발생을 완전히 배제하기 어려운 경우에는 사회구성원이 불가피하게 사회적으로 적절히 부담해야 하는 위험에 해당하며, 따라서 사회구성원에게는 이러한 위험을 수인해야 할 의무가 있다는 것이다.112)

107. 허용된 위험을 감수할 의무

108. 국가의 책임

109. 사회구성원이 불가피하게 부담해야 하는 위험

---

107) 계희열 (주 12), 840면.
108) 앞의 제2절, II, 2, 나, (4), (나), 3) 참고: "neminem laedere"; 정종섭 (주 12), 987－988면.
109) 가령 계희열 (주 12), 840면.
110) Randelzhofer (주 5), Rn. 40.
111) 계희열 (주 12), 841면.
112) Randelzhofer (주 5), Rn. 40; 계희열 (주 12), 840－841면.

라. 그 밖의 기본의무

110. 그 밖의 의무에 대한 검토

위에서 언급한 의무들 외에도 헌법에 명시적으로 열거되지 않은 기본의무로서, 증언의무[113], 조국에 대한 충성의무[114], 국가수호의무[115] 등이 언급되고 있다.

111. 증언의무?

검토해 보건대, 우선 증언의무와 같은 경우 입법자가 법률상 의무로 규정할 수는 있으나 과연 헌법상의 기본의무라고 해야 할 필요가 있을까 의문이다.

112. 조국에 대한 충성의무?

그리고 독일의 경우 "교수의 자유는 헌법충성으로부터 자유롭지 아니하다."고 규정하고 있어 헌법충성의무를 규정하고 있는 입법례에 해당한다.[116] 이러한 정도의 헌법충성의무는 우리 헌법에서는 명문규정이 없다 하더라도 불문의 원칙이라고 할 수는 있을 것이다. 하지만 이와 달리 조국에 대한 충성의무는 조금 다르지 않을까 한다. 국민이 국방의무나 납세의무, 교육의무, 환경보전의무 등 전술한 명시적 의무들을 충실하게 이행한다면 그 자체가 조국에 대한 충성으로서 충분하지 않은가 생각되기 때문이다. 자칫 충성의 기준을 정하는 자가 충성스럽지 못한 국민을 배제하거나 제재할 수 있는 가능성도 배제할 수 없다고 하는 문제를 고려한다면 신중을 기할 필요가 있다.

113. 소위 국가수호의무?

또한 국가수호의무의 경우도 명시적 국방의무가 존재하는데 굳이 불문의 기본의무로 국가수호의무를 인정해야 할 필요가 있을 것인가 하는 의문이 생긴다.

114. 결론

결론적으로 이상에서 거론된 불문의 기본의무들은 우리 헌법 하에서 사실상 필요하지 않으며, 명시적 기본의무가 충분히 규정되어 있음을 고려할 때 이러한 불문의 기본의무들은 단지 학문적 사족에 지나지 않을 수 있다고 생각된다.

---

113) 계희열 (주 12), 841면.
114) 권영성 (주 56), 717면.
115) 성낙인 (주 21), 1657면.
116) 위 제14절, III, 1. 참조.

░ 판례색인 ░

• 독일 판례

− 연방헌법재판소

▧ 사항색인 ▧

저자 약력

- 고려대학교 법과대학 법학과 (법학사)
- 동 대학원 법학과 공법전공 (법학석사)
- 독일 Phillips-Universität Marburg L.L.M.
- 독일 Leibniz Universität Hannover Dr. jur. (법학박사)
- 전 헌법재판소 헌법연구원
- 미국 하버드 로스쿨 풀브라이트 방문학자 (Harvard Law School Fulbright Visiting Scholar) (2013. 9 ~ 2014. 8)
- 독일 콘슈탄츠 대학교(Universität Konstanz) 법과대학 방문학자 (2017. 9 ~ 2018. 2)
- 현 국회 입법지원위원
- 현 법제처 법제자문관
- 현 한양대학교 법학전문대학원 교수

주요 저서 및 논문

〈저서〉
- 헌법강의 Ⅰ (2021)
- 헌법사례연습 (2015)
- 헌법소송사례연구 (2002)
- 공권력의 불행사에 대한 헌법소원심판 구조 연구 (2018) (공저)

〈논문〉
- 건강하고 쾌적한 환경에서 생활할 권리와 국가목표조항으로서 환경보전의무 (법학논총 2023)
- 코로나19로 인한 영업제한과 손실보상 – 그 헌법적 성격과 한계 (공법학연구 2022)
- 코로나19사태에 대비한 국회 원격회의와 원격표결제도 도입에 관한 헌법적 고찰 (공법연구 2020)
- 사후적으로 위헌선언된 긴급조치에 대한 국가배상책임 (헌법학연구 2019)
- 민주공화국 100년의 과제와 현행헌법 (헌법학연구 2019)
- 선거운동의 자유와 제한에 대한 평가와 전망 (헌법학연구 2017)
- 박근혜 대통령 탄핵심판에 있어서 생명권보호의무 위반여부 (헌법학연구 2017)
- Constitutionality of the Agreement between the Foreign Affairs Ministers of the Republic of Korea and Japan on the Issue of 'Comfort Women' on 28 December 2015 (ICL Journal 2016)

외 다수

헌법강의 Ⅱ

초판발행	2024년 1월 5일

지은이	방승주
펴낸이	안종만 · 안상준

편 집	김상인
기획/마케팅	조성호
표지디자인	이수빈
제 작	고철민 · 조영환

펴낸곳	**(주)박영사**
	서울특별시 금천구 가산디지털2로 53, 210호(가산동, 한라시그마밸리)
	등록 1959. 3. 11. 제300-1959-1호(倫)

전 화	02)733-6771
f a x	02)736-4818
e-mail	pys@pybook.co.kr
homepage	www.pybook.co.kr
ISBN	979-11-303-4140-8 93360

copyright©방승주, 2024, Printed in Korea

정 가	65,000원